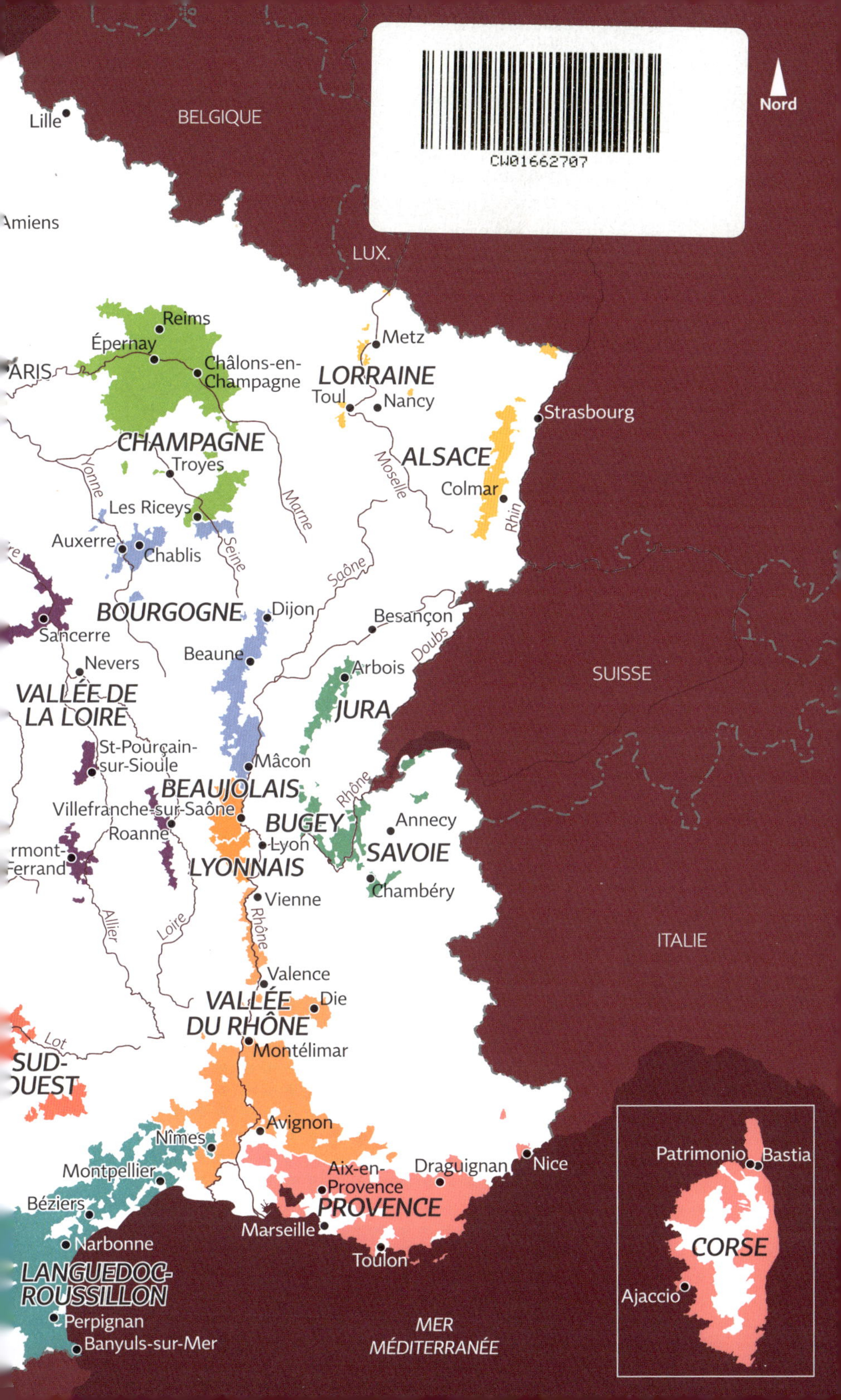
Nord
BELGIQUE
LUX.
Lille
Amiens
PARIS
Reims
Épernay
Châlons-en-Champagne
CHAMPAGNE
Troyes
Les Riceys
LORRAINE
Metz
Toul
Nancy
Strasbourg
ALSACE
Colmar
Moselle
Rhin
Marne
Seine
Yonne
Auxerre
Chablis
Saône
BOURGOGNE
Dijon
Besançon
Doubs
Sancerre
Beaune
Nevers
Arbois
VALLÉE DE LA LOIRE
JURA
SUISSE
St-Pourçain-sur-Sioule
Mâcon
BEAUJOLAIS
Rhône
Villefranche-sur-Saône
BUGEY
Annecy
Roanne
Lyon
SAVOIE
Clermont-Ferrand
LYONNAIS
Chambéry
Vienne
Allier
Loire
ITALIE
Valence
VALLÉE DU RHÔNE
Die
Lot
SUD-OUEST
Montélimar
Avignon
Nîmes
Montpellier
Aix-en-Provence
Draguignan
Nice
Béziers
PROVENCE
Marseille
Narbonne
Toulon
LANGUEDOC-ROUSSILLON
Perpignan
Banyuls-sur-Mer
MER MÉDITERRANÉE
Patrimonio
Bastia
CORSE
Ajaccio

LE GUIDE HACHETTE DES VINS

Sélection 2021

LE GUIDE HACHETTE DES VINS

Direction Hachette Pratique : Catherine Saunier-Talec.

Direction de l'ouvrage : Stéphane Rosa.

Responsable éditoriale : Anne Le Meur.

Ont collaboré : Guillaume Baroin; Claude Bérenguer; Richard Bertin, *œnologue*; Pierre Bichonnier; Olivier Borneuf; Anne Buchet, *chambre d'Agriculture du Loir-et-Cher*; Jean-Jacques Cabassy, *œnologue*; Philippe Cazali; Éric Champion; Pierre Carbonnier; Étienne Carre, *laboratoire de Touraine*; Béatrice de Chabert, *œnologue*; Chloé Chamouton; Jacques Conscience; François Constand; Christine Cuperly; Gérard Delorme; Sébastien Durand-Vieil; Régis d'Espinay; Michel Garat; Laurent Gotti; Robert Lala, *œnologue*; Évelyne Léard-Viboux; Antoine Lebègue; Cécile Marot; François Merveilleau; Mariska Pezzutto, *œnologue*; Stéphane Pillias; Julien Ralento; Magali Sarfati Boisset; Anne Seguin; Claude Theulier Saint Germain; Paul Vailhé; Yves Zier.

Rédaction des articles « Vignerons de l'année » : Pierre Carbonnier (D. Losfelt ; L. Dal Zovo ; Y. et B. Amirault ; T. Spadoni ; M., D. et F. Combard ; B. et C. Dousseau) ; Christine Cuperly (P. Klée ; D. Depond ; M. Davesne ; Y. Leccia ; A.-M. Selle et S. Thomas) ; Laurent Gotti (T. et P. Laforest ; F. Teitgen ; L. David ; P.-F. et D. Capitain ; B. Droin ; R. Maby ; S. Robert) ; Evelyne Léard-Viboux (B. Benoit ; C., J.-P. et A. Chevallier-Bernard).

Lecture-correction : Natacha Dimakopoulos; Sylvie Eng; Kathy Koch; Marjorie Poitte.

Informatique éditoriale : Sébastien Lequime, Marie-Line Gros-Desormeaux, Sylvie Eng, Marjorie Poitte.

Nous exprimons nos très vifs remerciements aux 1 500 membres des commissions de dégustation réunies spécialement pour l'élaboration de ce guide, lesquels, selon l'usage, demeurent anonymes, ainsi qu'aux organismes qui ont bien voulu apporter leur appui à l'ouvrage ou participer à sa documentation générale : l'Institut national de l'Origine et de la Qualité, INAO; l'Institut national de la Recherche agronomique, INRA; la direction de la Concurrence de la consommation et de la répression des fraudes; UBIFRANCE; la DGDDI; les Comités, Conseils, Fédérations et Unions interprofessionnels; FranceAgriMer; l'Institut des hautes études de la vigne de Montpellier et l'Agro-Montpellier; l'université Paul Sabatier de Toulouse et l'ENSAT; les Syndicats viticoles; les Chambres d'agriculture; les laboratoires départementaux d'analyse; les lycées agricoles d'Amboise, d'Avize, de Blanquefort, de Bommes, de Montagne-Saint-Émilion, de Montreuil-Bellay, d'Orange; le lycée hôtelier de Tain-l'Hermitage; le CFPPA d'Hyères; l'Institut rhodanien; l'Union française des œnologues et les Fédérations régionales d'œnologues; pour le Grand-Duché de Luxembourg, l'Institut viti-vinicole luxembourgeois, la Marque nationale du vin luxembourgeois, le Fonds de solidarité.

Responsable artistique : Cécilia Rehbinder.

Couverture : Nicolas Gallois.

Conception graphique : Pauline Ricco et Nicolas Gallois.

Illustrations et mise en page des introductions : Bertrand Loquet

Cartographie : Légendes Cartographie/Romuald Belzacq.

Production : Stéphanie Vieux.

Composition et photogravure : Nord Compo (Villeneuve-d'Asq).

Impression, reliure : Rotolito (Italie).

ET **ARRIVA** LE **17 MARS**

Et arriva le 17 mars. Jour 1 d'une « nouvelle » année que l'on voyait rimer avec… vin. Mais rien ne se passa comme prévu. *Annus horribilis* dirait Elisabeth II…

Dans ce contexte qu'il n'est pas nécessaire de rappeler, cette édition 2021 du Guide Hachette des Vins est véritablement extraordinaire au sens premier du terme, hors de l'ordinaire, pandémie de Covid-19 et confinement obligent. Une situation qui s'accommode très mal des dégustations.

Il nous a donc fallu nous adapter, au moment où les dégustations en région battaient leur plein, trouver des solutions respectant les règles de sécurité de nos dégustateurs et de nos organisateurs, ainsi que l'interdiction de réunions de plus de 10 personnes. Nous avons donc dû, notamment, limiter le nombre de dégustateurs à 2 personnes par jury (au lieu de 3 minimum), lors de sessions en comité très restreint. Nous avons dû également procéder à de nouveaux dépôts d'échantillons lorsque ceux-ci n'avaient pu être effectués, trouver des lieux susceptibles de nous accueillir avec un maximum de sécurité sanitaire. Bref, tout sauf une sinécure…

Mais à aucun moment, il ne nous a semblé pensable d'annuler cette édition. Pour une raison simple et essentielle à nos yeux : contribuer, même modestement, à la promotion des vins et des producteurs français, plus que jamais indispensable en cette période pour le moins incertaine et dont on ne connaît pas encore les conséquences économiques sur notre vignoble.

Grâce à quoi, ces dégustations, même largement décalées dans le temps et tenant compte de ces contraintes inédites, ont permis au Guide Hachette de voir le jour. Ce en respectant nos fondamentaux : dégustation de tous les vins présentés, sans ostracisme aucun et sans frais d'inscription, à l'aveugle, en région, par des professionnels locaux et de manière collégiale.

Un Guide dont la sortie a logiquement été décalée dans le temps (mi-octobre au lieu de début septembre), avec une sélection plus resserrée autour des vins notés de 1 à 3 étoiles (pas de vins cités sans étoile cette année), afin de pouvoir assurer le délai le plus court possible d'édition.

Tout cela n'aurait pu être réalisé sans l'aide, plus que jamais précieuse, de toute la filière viticole, de nos organisateurs en régions et de nos dégustateurs. Leur volonté farouche de nous aider, l'énergie développée pour braver les contraintes, et parfois les peurs, furent elles aussi extraordinaires. Un immense merci donc à toutes celles et ceux qui nous ont apporté leur concours.

Portez-vous bien et… à votre santé !

Stéphane Rosa

Directeur du Guide Hachette des Vins

LES VIGNERONS DE L'ANNÉE

Alsace
Philippe Klée (Dom. Henri Klée)

Beaujolais
Thomas et Pierre Laforest (Dom. Laforest)

Bordelais
Fabien Teitgen (Ch. Smith-Haut-Laffite)
Ludovic David (Ch. Marquis de Terme)

Bourgogne
Pierre-François et Delphine Capitain (Dom. Capitain-Gagnerot)
Benoît Droin (Dom. Jean-Paul et Benoît Droin)

Champagne
Didier Depond (champagne Salon)
Michel Davesne (champagne Deutz)

Jura
Benjamin Benoit (Cellier Saint-Benoit)

Savoie
Chantal, Jean-Pierre et Antoine Chevallier-Bernard (Dom. Chevallier-Bernard)

Languedoc
Diane Losfelt (Ch. de L'Engarran)

Roussillon
Laurent Dal Zovo (Dom. de Vial-Magnères)

Provence
Magali, Delphine et François Combard (Figuières)

Corse
Yves Leccia (Dom. Yves Leccia)

Sud-Ouest
Anne-Marie Selle et Sylvain Thomas (Ch. Bouissel)
Brigitte et Corinne Dousseau (Dom. Sergent)

Vallée de la Loire
Yannick et Benoît Amirault (Dom. Yannick Amirault)
Thierry Spadoni (Dom. des Trottières)

Vallée du Rhône
Richard Maby (Dom. Maby)
Stéphane Robert (Dom. du Tunnel)

TABLE DES CARTES

TABLE DE TABLEAUX DES CLASSEMENTS

SOMMAIRE

LE GUIDE HACHETTE DES VINS : MODE d'EMPLOI

Quels vins sont dégustés ?

Chaque édition est entièrement nouvelle : les vins sélectionnés ont été dégustés dans l'année. Le Guide remet ainsi tous les ans les compteurs à zéro pour déguster le dernier millésime mis en bouteilles. Le vin n'étant pas un produit industriel, chaque nouveau millésime possède des caractéristiques propres. Un producteur peut avoir très bien réussi une année et moins bien la suivante… ou l'inverse ! De plus, chaque année, de nouveaux producteurs s'installent ou arrivent aux commandes de domaines existants. Le Guide vous fait découvrir les meilleurs d'entre eux.

Comment les vins sont-ils dégustés ?

Les vins sont dégustés à l'aveugle. Les dégustateurs ne connaissent ni le nom du producteur, ni celui du vin ou de la cuvée qu'ils goûtent. Cela leur permet de s'affranchir de paramètres subjectifs, tels que la notoriété du domaine ou l'esthétique de l'étiquette. Les jurés connaissent seulement l'appellation et le millésime qu'ils jugent.

Qui déguste les vins ?

Les dégustateurs sont des professionnels du monde du vin (œnologues, négociants, courtiers, sommeliers…). Ils possèdent tous les repères pour juger de la qualité d'un vin et maîtrisent le vocabulaire de la dégustation, ce qui leur permet de bien décrire les vins et donc d'apporter au lecteur l'information la plus complète possible.

Comment sont notés les vins ?

Les vins sont décrits (couleur, qualités olfactives et gustatives) et notés par les jurés sur une échelle de 0 à 5.

Note du dégustateur	Qualité du vin	Note finale du vin
0	vin à défaut	éliminé
1	petit vin ou vin moyen	éliminé
2	vin réussi	éliminé
3	vin très réussi	★
4	vin remarquable	★★
5	vin exceptionnel	★★★

Les notes doivent être comparées au sein d'une même appellation. Il est en effet impossible de juger des appellations différentes avec le même barème.

Pourquoi certaines étiquettes sont-elles reproduites et non les autres ?

L'étiquette signale un coup de cœur ♥ décerné à l'aveugle par les jurys à une cuvée. Elle est reproduite librement, sans qu'aucune participation financière directe ou indirecte ne soit demandée au producteur concerné. De même, la présentation des vins aux dégustations du Guide par les producteurs est entièrement gratuite.

Pourquoi certains vins ne sont-ils pas dans le Guide ?

Des vins connus, parfois même réputés, peuvent être absents de cette édition : soit parce que les producteurs ne les ont pas présentés, soit parce qu'ils ont été éliminés.

À quoi correspondent les durées de garde indiquées dans les notices ?

Ces temps de garde sont donnés par les dégustateurs, sous réserve de bonnes conditions de conservation, et sont indicatifs. Ils ne correspondent en aucune façon à une « date limite de consommation », mais au moment où l'on estime que le vin peut commencer à être bu pour être apprécié pleinement (apogée). Certains vins gardent en effet toutes leurs qualités des années après avoir atteint leur apogée (on parle alors de longévité).

Et le plaisir dans tout cela ?

Nous n'oublions pas que le vin est fait pour être bu à table, en bonne compagnie, et qu'une bouteille raconte une histoire qui dépasse le cadre strict de la dégustation technique. C'est pourquoi, une fois la dégustation terminée et l'anonymat levé par nos équipes, le Guide prend plaisir, pour chaque vin retenu, à parler des hommes et des femmes qui le font, des terroirs et des paysages, des meilleurs moments pour le découvrir et des plats pour le mettre en valeur.

AVERTISSEMENTS

• La dégustation à la propriété est bien souvent gratuite. On n'en abusera pas : elle représente un coût non négligeable pour le producteur qui ne peut ouvrir ses vieilles bouteilles.

• Les amateurs qui conduisent un véhicule n'oublieront pas qu'ils ne doivent pas boire le vin, mais le recracher comme le font les professionnels. Si des crachoirs ne sont pas spontanément proposés dans les caves, vous pouvez en demander.

• Les prix présentés sous forme de fourchette (pour les vins, gîtes ruraux et chambres d'hôtes) sont soumis à l'évolution des cours et donnés sous toutes réserves.

• Le pictogramme **V** signale les producteurs pratiquant la vente à la propriété. Toutefois, certains vins sélectionnés ont parfois une diffusion quasi confidentielle. S'ils ne sont pas disponibles au domaine, nous invitons le lecteur à les rechercher auprès des cavistes (en ville ou en ligne), des grandes surfaces et des négociants, ou sur les cartes des restaurants.

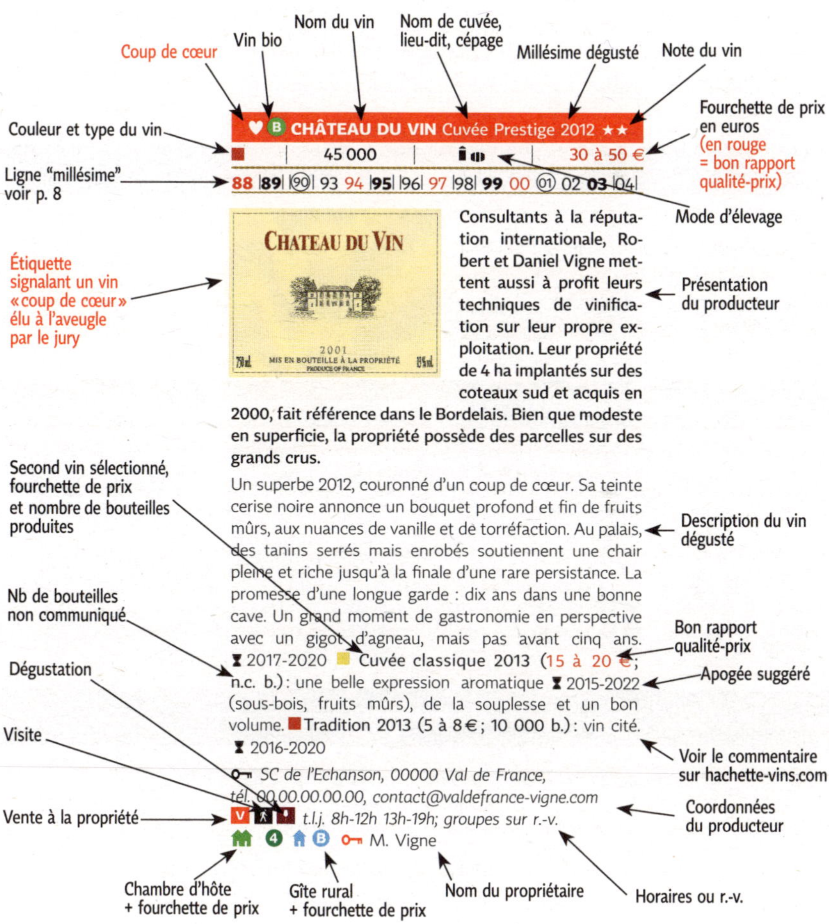

SYMBOLES UTILISÉS DANS LE GUIDE

LES VINS

La reproduction d'une étiquette et le symbole ♥ signalent un « coup de cœur » décerné à l'aveugle par les jurys.

★★★ vin exceptionnel

★★ vin remarquable

★ vin très réussi

2009 millésime ou année du vin dégusté

- B vin biologique
- vin blanc sec tranquille
- vin blanc doux tranquille
- vin rouge tranquille
- vin rosé tranquille
- vin blanc effervescent
- vin demi-sec effervescent
- vin rosé effervescent

50 000, 12 500... nombre moyen de bouteilles du vin présenté

- élevage en cuve
- élevage en fût
- apogée suggéré

LES PRODUCTEURS

- V vente à la propriété
- dégustation à la propriété
- conditions de visite (r.-v. = sur rendez-vous)
- adresse du producteur
- nom du propriétaire, si différent de celui figurant dans l'adresse
- gîte rural
- chambres d'hôtes

n.c. information non communiquée

LES PRIX

• Les prix (prix moyen de la bouteille en France par carton de 12) sont donnés sous toutes réserves. L'indication de la fourchette de prix **en rouge signale un bon rapport qualité/prix.**

- 5 €	5 à 8 €	8 à 11 €	11 à 15 €	15 à 20 €	20 à 30 €	30 à 50 €	50 à 75 €	75 à 100 €	+ 100 €

• Chambres d'hôtes
Prix moyen par nuit en haute saison

1 = - de 50 €
2 = 51 à 65 €
3 = 66 à 80 €
4 = 81 à 100 €
5 = + de 100 €

• Gîte rural
Prix moyen par semaine en haute saison

A = - de 300 €
B = 301 à 400 €
C = 401 à 500 €
D = 501 à 600 €
E = + de 600 €

LES MILLÉSIMES

(82) **83** **85** |**86**| **89** |90| 91 92 93 |**95**| |**96**| 97 **98** **99** **00** (01) 02 **03** 04 **05**

83 01 les millésimes en rouge sont prêts (01 = millésime 2001)

99 05 les millésimes en noir sont à garder (05 = millésime 2005)

|**95**| 02 les millésimes en noir entre deux traits verticaux sont prêts pouvant attendre

83 95 les meilleurs millésimes sont en gras

(90) les millésimes exceptionnels sont dans un cercle

Les millésimes indiqués n'impliquent pas une disponibilité à la vente chez le producteur. On pourra les trouver aussi chez les cavistes ou les restaurateurs.

OÙ **ACHETER ?**

Grandes surfaces, cavistes traditionnels ou en ligne, salons, enchères… Les lieux et les modes d'achat n'ont jamais été aussi nombreux, et Internet a changé la donne en multipliant les offres et les possibilités. Chaque circuit a des avantages et des inconvénients. Tout dépend de vos priorités.

L'ACHAT EN LIGNE

L'achat sur Internet est en pleine expansion. La toile est en quelque sorte la plus grande cave du monde. Près d'un Français sur trois a déjà acheté du vin sur le web.

Les avantages

Praticité : on commande de chez soi, on peut souvent panacher les vins et on est livré à domicile.

Offre multiple : on peut se procurer des vins non seulement auprès des cavistes en ligne, mais aussi auprès des boutiques virtuelles, des vignerons, des négociants, des coopératives, des grandes enseignes et des cavistes traditionnels, des revues et des guides.

Comparaison des prix facilitée.

Les inconvénients

Documentation souvent touffue ou parfois inexistante.

Les frais de port et les délais de livraison : ils peuvent être une source de mauvaises surprises. Renseignez-vous avant de commander...

La fiabilité du vendeur : elle peut être sujette à caution. Informez-vous dans la presse et sur les forums avant de passer à l'achat.

LE CAVISTE

Détaillant du vin, souvent installé dans les centres-villes, le caviste indépendant visite les vignobles pour garnir ses rayons. Le caviste succursaliste, lui, est affi lié à une chaîne de magasins et se fournit auprès d'une centrale d'achat.

Les avantages

Le conseil : les cavistes sont souvent des passionnés.

La dégustation : les cavistes ont souvent à coeur d'organiser des animations autour de vins.

Des cuvées originales : on peut y découvrirdes vins provenant de petites propriétés, des vins bio et parfois des vins nature intéressants.

Les inconvénients

Des prix souvent plus élevés qu'en grande surface, puisque le détaillant achète en quantité limitée. Les petites propriétés auprès desquelles ils se fournissent livrent elles aussi de petits volumes.

Les sélections : certains cavistes privilégient les régions viticoles qu'ils apprécient au détriment des autres.

LES CLUBS DE DÉGUSTATION

Ils sont souvent proposés par des négociants ou des cavistes.

Les avantages

Découverte de vins originaux et de qualité sans passer trop de temps en recherches.

Les inconvénients

Une offre malgré tout assez fermée.

LES VENTES AUX ENCHÈRES

Les avantages

La disponibilité de vieux millésimes et de crus rares. Les enchères sont aujourd'hui possibles par Internet.

Les inconvénients

La conservation des bouteilles : renseignez-vous sur leur état (niveau du vin dans la bouteille), leurs conditions de stockage, leur historique. Faites appel à un expert. Mise de fond importante : les achats se font généralement par lot, et les vins cultes sont souvent inabordables.

L'ACHAT À LA PROPRIÉTÉ

S'il demande du temps, l'achat à la propriété est un plaisir pour l'amateur : il donne l'occasion de rencontres et de découvertes, et permet de s'initier à l'élaboration du vin de façon vivante et sympathique.

Les avantages

La dégustation : goûter avant d'acheter, c'est l'idéal ! Nous avons dit « goûter » (il faut recracher !)

La compréhension du vin : un homme vous parle de son métier et de ses vins.

La découverte d'une région, de ses paysages : pour apprendre la géographie de façon ludique.

La possibilité de suivre un vin, millésime après millésime.

Les inconvénients

Les prix ne sont souvent pas moins élevés en vente directe : le producteur veille à ne pas concurrencer ses autres clients (les négociants).

La distance et le repérage de l'exploitation en pleine campagne. La disponibilité du producteur et les horaires de visite : il faut souvent prendre rendez-vous.

LES SALONS

Les producteurs de vins viennent périodiquement en ville à la rencontre de leurs clients. C'est l'occasion pour le consommateur de voir une offre très large.

Les avantages

La dégustation : goûter avant d'acheter, c'est l'idéal !

La compréhension du vin : un homme vous parle de son métier et de ses vins.

Les inconvénients

La difficulté à se repérer dans le salon : préparez votre parcours et évitez les heures d'affluence.

LES GRANDES SURFACES

Près de 80 % des vins sont achetés en grandes surfaces, car le supermarché ou l'hypermarché est souvent le seul lieu d'achat de vins pour les consommateurs éloignés des centres urbains et des vignobles.

Les avantages

La praticité : tous les éléments du repas peuvent être achetés sur place.

L'importance de l'offre : environ 800 références sont disponibles en hypermarché.

Des prix resserrés : les enseignes achètent de gros volumes et ont des marges de négociation.

Des foires aux vins : en septembre-octobre, les enseignes proposent plus de crus de prestige qu'à l'ordinaire, notamment en bordeaux ; au printemps, elles mettent en avant les vins à boire l'été (vins rosés, vins blancs secs et vins rouges fruités notamment).

Parfois des bornes interactives et des applications numériques mises à disposition.

Les inconvénients

Pas de conseil, sauf parfois en période de foire aux vins.

Indications sommaires dans les rayons (couleur et types de vins, parfois régions).

Les volumes importants et constants sont privilégiés : les régions de petites propriétés (Bourgogne, Alsace, Corse...) sont peu présentes. On trouve souvent beaucoup de vins de négoce et de coopérative et peu de vins haut de gamme en dehors des foires aux vins.

Les marques de distributeurs

Ce sont les marques de la grande distribution, qui se fournissent en général auprès des négociants et des coopératives. Il s'agit souvent de vins d'entrée de gamme, dont l'origine est souvent indiquée en petits caractères sur la contre-étiquette.

DES **CONTENANTS** ET DES **CONTENUS**

Non, nous n'allons pas vous encombrer l'esprit avec le Nabuchodonosor de 15 litres équivalant à 20 bouteilles de champagne, et avec toute la kyrielle de flacons aux noms de rois très antérieurs aux Mérovingiens. Les noms sont compliqués à prononcer, les bouteilles peu maniables. Examinons plutôt les contenants que nous avons tous les jours sous les yeux en magasin. Ces contenants donnent quelques indices sur le contenu.

La bordelaise

Caractéristiques : cylindrique avec des épaules carrées, idéale pour retenir les dépôts de vins tanniques.

Régions : Bordelais, Sud-Ouest, Provence, Languedoc-Roussillon (parfois) et vignobles produisant des vins tanniques, dans l'Ancien et le Nouveau Monde.

La champenoise

Caractéristiques : une bouteille lourde pour résister à la pression du gaz carbonique qui produit les bulles au débouchage. Le plus souvent, elle est sombre, la lumière altérant rapidement ce type de vin (le coffret est utile).

Régions : toutes les régions produisant des vins effervescents.

La flûte d'Alsace

Caractéristiques : modèle officiel et exclusif des vins d'Alsace.

La bourguignonne

Caractéristiques : épaules tombantes.

Régions : Bourgogne, Beaujolais, vallée du Rhône, Centre-Loire (Sancerre), pinot noir et chardonnay du Nouveau Monde.

Le clavelin jurassien

Caractéristiques : une forme trapue et une contenance de 62 cl. Modèle exclusif pour le vin jaune.

Régions : Jura

La bouteille de muscadet

Caractéristiques : bouteille élancée.

Régions : Pays nantais. De forme un peu différente, les bouteilles de vins d'Anjou sont également élancées.

La provençale

Caractéristiques : une forme cintrée. Un des modèles pour les vins de Provence.

Régions : Provence

Des indices tout relatifs.

Si certaines bouteilles sont réservées à des régions (Alsace, Jura) ou appellations, les producteurs ont de plus en plus de liberté dans le choix des contenants. Les aires d'emploi de ces bouteilles sont très vastes, dépassant la région.

Les **bouchons**

Synthétiques : peu élastiques, difficiles à remettre. Pour les vins à boire sans délai.

En liège aggloméré : peu qualitatifs, vins à boire jeunes.

Liège plein : pour les vins de qualité; très longs pour les vins de garde. Des qualités d'élasticité mais un risque de goût de bouchon.

Bouchons Diam : faits à partir de granules de liège traités selon une technologie brevetée qui permet d'extraire du liège des molécules responsables de mauvais goûts.

Capsule à vis : répandue dans l'hémisphère sud ; parfois utilisée pour les blancs et les vins à boire jeunes en Europe. Évite le goût de bouchon… et l'usage du tire-bouchon.

Les **formats** les plus répandus

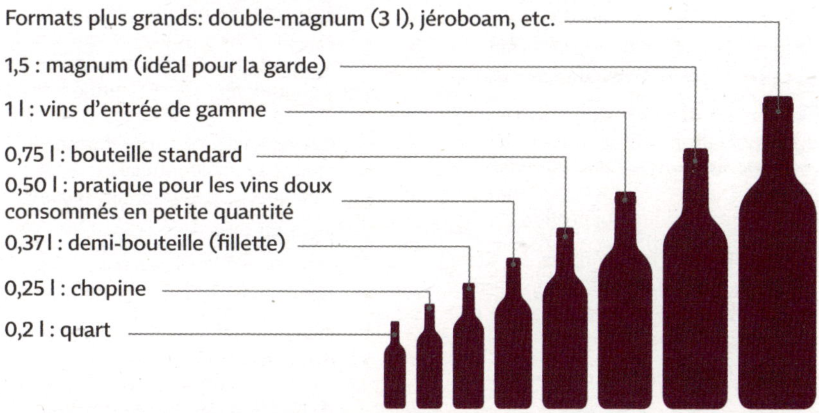

Le Bag-in-Box ou fontaine à vins

Le principe : un emballage composé d'une poche souple en plastique multicouche, d'une boîte en carton avec une poignée de transport et d'un robinet. Le robinet empêche l'air de rentrer et la poche souple se rétracte après le service : le vin ne s'oxyde pas.

Les avantages : la durée de conservation de 6 semaines après ouverture. Idéal pour une consommation quotidienne en petite quantité et aussi pour organiser des buffets en libre-service.

Les inconvénients : ne sont proposés en Bib que des vins d'entrée ou de moyenne gamme (AOC régionales, vins IGP…).

QUE DIT L'ÉTIQUETTE ?

L'étiquette est une carte de visite et un certificat d'authenticité du vin. C'est aussi son enseigne publicitaire. Elle est souvent complexe, avec des mentions obligatoires, des mentions facultatives et des mentions libres. La décrypter permet d'avoir un premier aperçu du contenu de la bouteille, même si le vin réserve toujours des surprises.

LES MENTIONS OBLIGATOIRES

1 **Nom et adresse de l'embouteilleur** : il est responsable du vin.

2 **Numéro de lot.**

3 **Volume** : contenance de la bouteille.

4 **Degré d'alcool** : il indique le pourcentage d'alcool pur par rapport au volume de liquide contenu dans la bouteille.

5 **Mise en garde des femmes enceintes.**

6 **Contient des sulfites** : cette mention doit apparaître si le vin en contient à partir de 10 mg/l, car des allergies sont possibles.

7 **Catégorie du vin** : AOC (AOP), IGP, Vin de France (ou Vin de la Communauté européenne). Ces termes indiquent la place du vin dans une hiérarchie qualitative officielle.

8 **Pays de provenance du vin.**

Le cas des effervescents

Sont obligatoires les mentions indiquant la teneur en sucre : du plus vif au plus doux, brut nature, extra-brut, brut, extra-dry, demi-sec, doux.

LES MENTIONS FACULTATIVES

9 **Nom du domaine, du château ou marque** : elle est cependant toujours présente, car elle identifie le vin et son propriétaire.

10 **Millésime** : l'année de récolte influe sur la qualité du vin. Notez que 15 % du vin peuvent provenir d'une autre année de récolte.

D'AUTRES MENTIONS UTILES

Indication du ou des cépage(s) (variété de vigne) à l'origine du vin. Il transmet certains caractères au vin. Par exemple, les vins de gamay sont souvent vifs et fruités, les vins de cabernet-sauvignon sont charpentés. Cette mention n'est pas indiquée dans des vins d'appellations prestigieuses (ex. montrachet, issu du cépage chardonnay).

Lieu-dit d'où provient le vin (fréquent en Bourgogne, en Alsace…).

Classement (en Bordelais par exemple).

Médaille obtenue par le vin à un concours.

Information sur le style de vin ou sur son mode de vinification, par exemple : « élevé en fût de chêne », « doux », « vin gris », « crémant » ou « méthode traditionnelle » (vin effervescent de qualité élaboré selon la même méthode que le champagne), « vendanges tardives » (moelleux issu d'une récolte de raisins surmûrie, comme en Alsace), « sélection de grains nobles » (vin liquoreux issu de raisins touchés par la pourriture noble)…

Nom de la cuvée : cuvée du Grand-Père, cuvée Prestige, cuvée Pierre, Paul ou Jacques..., les vignerons donnent souvent un nom à leur vin qui l'identifie et qui renvoie (ou pas) à une information plus ou moins précise (nom d'un aïeul, d'un enfant, d'une parcelle...).

LES CATÉGORIES RÉGLEMENTAIRES DE VINS

Beaucoup de vins tirent leur nom et leur réputation du lieu géographique d'où ils naissent. C'est le sens de l'appellation. Il en existe aujourd'hui dans le monde entier.

L'Appellation d'Origine Contrôlée (env. 60 % des volumes en France) : le sommet de la hiérarchie officielle des vins (appelée aussi AOP : appellation d'origine protégée).
• L'AOC garantit une origine et un style de vin.
• Terme toujours accompagné d'un nom géographique (Bourgogne, Bordeaux…)
• Aire géographique délimitée selon les aptitudes viticoles du terroir (sol, pente, microclimat).
• Cahier des charges très précis à la vigne et au chai traduisant des « usages locaux et constants » (cépages locaux, taille de la vigne, culture, élaboration des vins…).

Indication Géographique Protégée (env. 33 % des volumes en France), anciennement « vins de pays ».
• Terme toujours accompagné d'un nom géographique : Pays d'Oc, Côtes de Gascogne, Côte Vermeille...
• Aire géographique délimitée (souvent plus large que les AOC).

• Cahier des charges moins contraignant que pour les AOC (liste de cépages souvent large, moins de contraintes culturales à la vigne).

Les Vins de France (env. 7 % des volumes) étaient anciennement appelés « vins de table ».
• L'échelon de base de la production viticole.
• France : simple provenance (le vin peut provenir d'un mélange de plusieurs vignobles français).
• Peu de contraintes : sont seulement proscrites les pratiques œnologiques interdites par l'Union européenne.
• Vins standard ou au contraire vins de vignerons « hors normes », « vins d'auteur ».

LA HIÉRARCHIE DES APPELLATIONS

Dans les grands vignobles historiques comme la Bourgogne, les AOC s'ordonnent selon une hierarchie. Les moins vastes, les plus prestigieuses, sont au sommet de la pyramide.

Qu'est-ce qu'un cru classé ?

En Bordelais, il s'agit d'un château (d'une propriété) inscrit dans un classement. En Bourgogne et en Alsace, il s'agit d'un terroir délimité pour sa qualité (1er cru, grand cru).

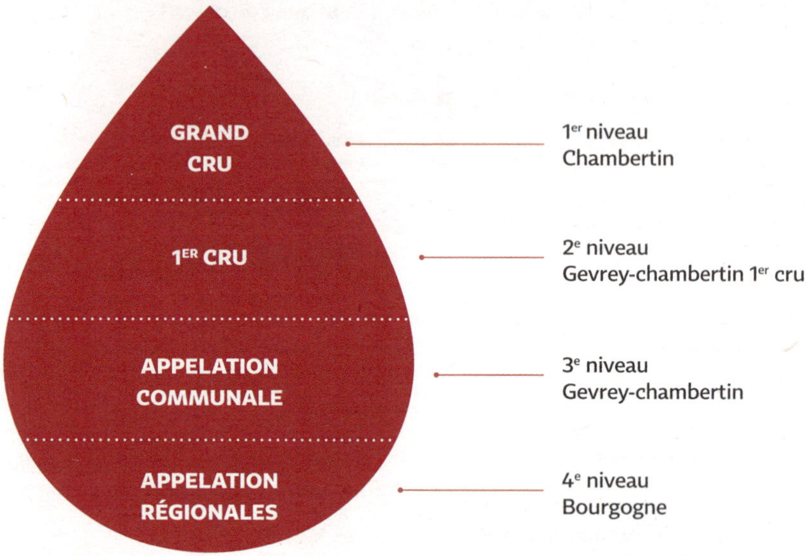

LE VIN BIO

Il s'agit d'un vin issu de l'agriculture biologique et vinifié selon un cahier des charges spécifique.

• Au vignoble, aucun produit chimique de synthèse, insecticide ou désherbant, pas d'OGM.

• Au chai, le vigneron doit suivre un cahier des charges défini par l'Union européenne (dose de soufre plus faible, pratiques interdites).

• Le domaine peut prétendre à la mention sur l'étiquette après une période de conversion du vignoble de 3 ans.

• Le logo européen peut être apposé et le numéro de l'organisme certificateur chargé des contrôles est obligatoire si la mention bio est revendiquée.

• Le logo français AB est facultatif.

Le vin nature

Cette mention indique qu'il s'agit d'un vin bio sans aucun additif ou presque (notamment pas de soufre ajouté). Il n'existe pas pour l'heure de cahier des charges.

DÉGUSTER LE VIN

La dégustation fait appel à la vue, à l'odorat puis au goût. Le toucher intervient aussi, qui perçoit la température du vin, la chaleur de l'alcool, l'austérité ou le velouté des tanins, le gaz des effervescents. Même l'ouie participe souvent au plaisir de l'amateur, avec le « ploc » du bouchon que l'on extrait ou le friselis des bulles des vins effervescents.

LA ROBE DU VIN : LA COULEUR

La robe, c'est la couleur du vin, et aussi son intensité et sa limpidité. Les nuances de la robe peuvent vous donner une indication sur l'âge du vin et sur son profil. Elles tiennent au cépage (la syrah donne des vins rouges colorés, le gamay des vins plus clairs) ; elles traduisent aussi le degré de vieillissement ou évolution du vin (reflets violets des vins rouges jeunes, reflets brique des vins rouges âgés, reflets verts des vins blancs jeunes qui foncent avec l'âge). Le vin laisse aussi parfois sur les parois du verre des larmes (ou jambes) qui traduisent la présence de glycérol, un composé visqueux au goût sucré qui donne au vin son onctuosité, son « gras ».

Vins rouges légers et fruités

Reflets violets pour les vins jeunes

Vins blancs toniques et fruités et vins blancs jeunes

Jaune-vert

Vins rouges puissants et charpentés

Reflets violets

pour les vins jeunes

Vins blancs étoffés et ronds

Jaune paille

Certains vins rouges doux et vins rouges âgés

Reflets brique

Vins blancs doux ou vins blancs secs trop vieux

Jaune orangé

Rosés clairet

Rose grenadine

presque rouge

Rosés gris

Rose très pâle aux reflets argentés

Le nez du VIN : les **ARÔMES**

On parle de « nez du vin » : ce sont les parfums que l'on perçoit en respirant le vin. Lorsqu'on agite le verre, le vin s'aère et révèle de nouveaux arômes. L'examen au nez révèle parfois aussi des défauts, comme le rédhibitoire goût de bouchon. Les dégustateurs identifient les arômes par analogie et les classent par familles : arômes fruités, floraux, végétaux, épicés, minéraux...

LES PRINCIPALES FAMILLES D'ARÔMES

Minéral	Iode	Silex	Pierre à fusil	Craie	Mine de crayon	Pétrole		
Floral	Aubépine	Acacia	Tilleul	Miel	Rose	Violette	Fleur d'oranger	
Fruité	Citron	Pamplemousse	Orange	Ananas	Litchi	Melon	Muscat	Pomme
Végétal	Champignon	Herbe fraîche	Fougère	Anis	Citronnelle	Feuille de cassis	Menthe	
Épices	Vanille	Cannelle	Clou de girofle	Safran	Poivre	Muscade		
Empyreumatique	Pain grillé	Torréfié	Amande grillée	Noisette grillée	Note fumée	Bois brûlé	Cacao	
Confiserie	Caramel	Miel	Bombons	Guimauve	Réglisse			
Animal	Cuir	Gibier	Fourrure					
Divers	Beurre	Chocolat	Patisserie	Brioche	Levure	Laitage		

LES SENSATIONS EN BOUCHE

C'est en bouche que l'on apprécie vraiment la qualité et l'harmonie d'un vin. Les dégustateurs décomposent en étapes la perception du vin au palais (synonyme de bouche), parlant de l'attaque (premières sensations), du milieu de bouche et de la finale (dernières sensations).

Le vin en bouche doit donner une sensation d'équilibre entre les saveurs, dont les principales sont l'acidité, la douceur, l'amertume et parfois, le salé.

L'acidité, présente dans tous les vins, domine nettement dans les vins blancs secs toniques et fruités.

La douceur (le sucré) n'est présente que dans les vins doux. Toutefois, l'alcool, qui n'est autre que du sucre transformé par la fermentation, donne une impression de rondeur presque moelleuse. Et parfois chaleureuse.

Les tanins sont présents dans les vins rouges – dans une moindre mesure dans ceux qui sont légers et fruités. Ils donnent une légère amertume (un côté granuleux) aux vins jeunes et une sensation d'astringence qui laisse la bouche sèche. C'est pourquoi il faut laisser vieillir les vins charpentés et tanniques pour que leurs tanins s'arrondissent.

Les saveurs en bouche : en bouche, le vin diffuse aussi en s'échauffant de nouveaux arômes, perçus par voie rétronasale. Si ces arômes sont multiples, on parle de complexité. S'ils se prolongent, on parle de longueur ou de persistance : autant de qualités.

Le vocabulaire des sensations en bouche

LES DEGRÉS DE L'ACIDITÉ

Manque	Satisfaisant			Excès
plat, mou	tendre	frais, vif	nerveux	vert, mordant, agressif

Un vin vif : le bourgogne aligoté

LES DEGRÉS DU SUCRÉ

Absence	Satisfaisant			Excès
sec	tendre, souple	doux, moelleux	liquoreux	lourd, pommadé, sirupeux

Un vin doux : le sauternes

LES DEGRÉS DE LA PUISSANCE ALCOOLIQUE

Manque	Satisfaisant			Excès
pauvre, mince	léger	généreux, vineux	puissant, chaleureux, capiteux	alcooleux, brûlant

Un vin chaleureux : le châteauneuf-du-pape

LA PRÉSENCE DES TANINS (VINS ROUGES)

Faible présence	Présence harmonieuse			Présence excessive
gouleyant, souple	soyeux, velouté, fondu	construit, structuré	charpenté, tannique, solide, viril	rustique, anguleux, grossier, astringent, âpre, séchant, dur, acerbe

Un vin tannique : le pauillac

Simplifions le vin : le vin en **10 PROFILS**

Il existe plus de 400 appellations en France et de nombreux vins en IGP, liés eux aussi à une zone géographique. Nous les avons classés en 4 types et 10 profils.

Type	Robe	Équilibre (sensations en bouche)	Exemples
Vins rouges légers et fruités		Forte présence de l'acidité (fraîcheur)	Beaujolais Anjou-gamay
Vins rouges charnus et fruités		Présence mesurée des tanins	Saumur-champigny Bergerac
Vins rouges puissants et charpentés		Forte présence des tanins (impression de charpente)	Pauillac Pommard Côte-rôtie
Vins rouges solaires et épicés		Forte présence de l'alcool	Châteauneuf-du-pape Bandol
Vins rouges doux		Forte présence de l'alcool et du sucre	Rivesaltes Banyuls Maury
Vins rosés		Forte présence de l'acidité (fraîcheur), parfois douceur	Côtes-de-provence Tavel
Vins blancs toniques et fruités		Forte présence de l'acidité (fraîcheur)	Sancerre Chablis
Vins blancs étoffés et ronds		Acidité tempérée par une certaine présence de l'alcool	Meursault Condrieu
Vins blancs doux		Forte présence de la douceur (équilibrée par une sensation de fraîcheur)	Sauternes Alsace vendanges tardives Coteaux-du-layon
Vins effervescents		Forte présence de l'acidité (fraîcheur), douceur (pour les demi-secs et doux)	Champagne Crémants

Arômes dominants
Arômes fruités
Arômes fruités et floraux Arômes épicés (élevage en fût)
Arômes fruités et floraux Arômes épicés (si élevage en fût) Arômes de sous-bois
Arômes fruités et floraux Arômes épicés Arômes de sous-bois
Style Vintage Style Tawny
Arômes de vins blancs Arômes de vins rouges
Arômes fruités et floraux Arômes végétaux Arômes minéraux
Arômes fruités et floraux Arômes épicés Arômes lactiques Arômes de torréfaction (élevage en fût)
Arômes fruités et floraux (élevage en fût)
Arômes fruités et floraux (rosés) Arômes pâtissiers

QUAND **BOIRE** LE VIN ?

La plupart des vins listés dans cet ouvrage peuvent être débouchés sitôt achetés. Seuls font exception les vins rouges puissants et charpentés, riches en tanins. Ces tanins permettent une bonne conservation, mais donnent de la dureté aux vins jeunes. Les vins rouges légers et fruités, pauvres en tanins, sont agréables dès l'achat mais déclinent assez vite : la plupart doivent être débouchés dans les trois ans. Il en va de même de presque tous les blancs toniques et fruités, et de nombreux effervescents. Quant aux rosés, ils sont pour la plupart à boire dans l'année. De nombreux vins fort buvables dès l'achat ont un certain potentiel de garde : ils se bonifient durant plusieurs années (voir tableau).

Type	Consommation possible	Potentiel de garde
Vins rouges légers et fruités	Dès l'achat	2 à 3 ans
Vins rouges charnus et fruités	Après 3 ans de garde au moins 5 à 10 ans selon l'appellation et le millésime	5 à 10 ans
Vins rouges puissants et charpentés	Après 3 ans de garde au moins 5 à 10 ans selon l'appellation et le millésime	10 ans et + 20 ans et + pour les grands crus
Vins rouges solaires et épicés	Dès l'achat Après 2 à 3 ans selon l'appellation et le millésime	5 ans 20 ans pour certaines appellations et certains millésimes
Vins rouges doux	Dès l'achat (style tawny) Après 5 ans (style vintage)	20 ans (style tawny) 50 ans (style vintage)
Vins rosés	Dès l'achat	1 an (3 ans pour certains : tavel, bandol)
Vins blancs toniques et fruités	Dès l'achat	3 à 5 ans (la plupart) 10 ans (certains rieslings)
Vins blancs étoffés et ronds	Dès l'achat Après 2 à 3 ans selon l'appellation et le millésime	5 à 10 ans 15 ans pour les grands crus bourguignons
Vins blancs doux	Dès l'achat pour les moelleux légers	5 ans pour les moelleux légers 30 ans et + pour les liquoreux (sauternes, sélections de grains nobles)
Vins effervescents	Dès l'achat	5 ans 10 ans et + pour les champagnes millésimés

SERVIR LE VIN

Pour apprécier le vin à sa juste valeur, il faut le déboucher avec soin, le servir et le maintenir à la bonne température pour qu'il exprime tous ses arômes et montre un bel équilibre de saveurs. Vous servez plusieurs vins ? Pensez à l'ordre de service et n'oubliez pas la carafe d'eau.

DÉBOUCHER LA BOUTEILLE : LES TIRE-BOUCHONS

Cep de vigne

Maniement délicat : il perce le bouchon.

À levier

Pas très « pro », mais très pratique.

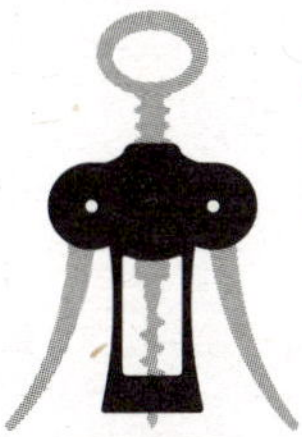

Limonadier

L'outil professionnel ; le petit levier permet de prendre appui sur le bord du goulot.

À vis sans fin

Le Screw pull ®

Impératif !

- Découpez la capsule en dessous de la bague du goulot.
- Ne percez pas le bouchon en enfonçant trop loin la vrille : cela peut déposer des morceaux de liège dans la bouteille.
- Débouchage du champagne : retirer la capsule, défaire le muselet (fil de fer torsadé) en maintenant le bouchon d'une main. Faire pivoter la bouteille en la saisissant par la base (c'est elle qui doit tourner). Ne pas laisser sauter le bouchon.

CHOISIR LE BON VERRE

Le verre tulipe

Muni d'un pied, il est resserré au col pour concentrer les senteurs. Sa contenance est de 35 à 45 cl.

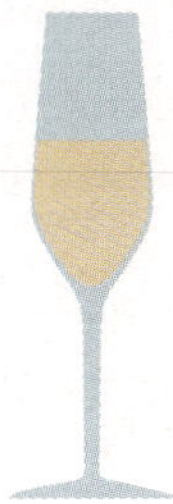

La flûte à champagne

Afin de mettre en valeur les arômes, elle est préférable à la coupe qui provoque une disparition rapide des bulles. Elle ne doit pas être trop étroite ou trop droite.

Les **MILLÉSIMES**

Les vins de qualité sont millésimés à l'exception des vins de liqueur, de certains vins doux naturels et de nombreux effervescents élaborés par assemblage de plusieurs années. Dans ce cas, la qualité du produit dépend du talent de l'assembleur, mais ces vins ne gagnent pas à vieillir. Des conditions météorologiques au moment de la maturation et de la récolte, la qualité des millésimes varie selon les régions viticoles et selon les producteurs.

Il est d'usage de résumer la qualité des millésimes dans des tableaux de cotation, mais il faut en connaître les limites. Ces notes, des moyennes, ne prennent pas en compte les microclimats, pas plus que les efforts de tris de raisins à la vendange ou les sélections des vins en cuve. On peut élaborer un excellent vin dans une année cotée zéro.

Propositions de cotation (de 0 à 20)

	Alsace	Beaujolais	Bordeaux rouge	Bordeaux liquoreux	Bordeaux sec	Bourgogne rouge	Bourgogne blanc	Champagne	Jura (vin jaune)	Languedoc-Roussillon	Provence rouge	Sud-Ouest rouge	Sud-Ouest blanc liquoreux	Loire rouge	Loire blanc liquoreux	Rhône (nord)	Rhône (sud)
1945	20		20	20	18	20	18	20					19				
1946	9		14	9	10	10	13	10					12				
1947	17		18	20	18	18	18	18					20				
1948	15		16	16	16	10	14	11					12				
1949	19		19	20	18	20	18	17					16				
1950	14		13	18	16	11	19	16					14				
1951	8		8	6	6	7	6	7					7				
1952	14		16	16	16	16	18	16					15				
1953	18		19	17	16	18	17	17					18				
1954	9	9	10			14	11	15					9				
1955	17	13	16	19	18	15	18	19					16				
1956	9	6	5										9				
1957	13	11	10	15		14	15						13				
1958	12	7	11	14		10	9						12				
1959	20	13	19	20	18	19	17	17					19				
1960	12	5	11	10	10	10	7	14					9				
1961	19	16	20	15	16	18	17	16					16				
1962	14	13	16	16	16	17	19	17					15				
1963		6					10										
1964	18	8	16	9	13	16	17	18					16				
1965					12								8				
1966	12	11	17	15	16	18	18	17					15				
1967	14	13	14	18	16	15	16						13				
1968																	
1969	16	14	10	13	12	19	18	16					15				

	Alsace	Beaujolais	Bordeaux rouge	Bordeaux liquoreux	Bordeaux sec	Bourgogne rouge	Bourgogne blanc	Champagne	Jura (vin jaune)	Languedoc-Roussillon	Provence rouge	Sud-Ouest rouge	Sud-Ouest blanc liquoreux	Loire rouge	Loire blanc liquoreux	Rhône (nord)	Rhône (sud)
1970	14	13	17	17	18	15	15	17					15				
1971	18	15	16	17	19	18	20	16					17				
1972	9	6	10		9	11	13						9				
1973	16	7	13	12		12	16	16					16				
1974	13	8	11	14		12	13	8					11				
1975	15	7	18	17	18		11	18					15				
1976	19	16	15	19	16	18	15	15					18				
1977	12	9	12	7	14	11	12	9					11				
1978	15	12	17	14	17	19	17	16					17				
1979	16	13	16	18	18	15	16	15					14				
1980	10	10	13	17	18	12	12	14					13			15	
1981	17	14	16	16	17	14	15	15					15				
1982	15	12	18	14	16	14	16	16			17	17	15	14		14	15
1983	20	17	17	17	16	15	16	15	16			16	18	12		16	16
1984	15	11	13	13	12	13	14	5		13		10		10		13	15
1985	19	16	18	15	14	17	17	17	17	18	17	17	17	16	16	17	16
1986	10	15	17	17	12	12	15	12	17	15	16	16	16	13	14	15	13
1987	13	14	13	11	16	12	11	10	16	14	14	14		13		16	12
1988	17	15	16	19	18	16	14	18	16	17	17	18	18	16	18	17	15
1989	16	16	18	19	18	16	18	16	17	16	16	17	17	20	19	18	16
1990	18	14	18	20	17	18	16	18	18	17	16	16	18	17	20	19	19
1991	13	15	13	14	13	14	15	11		14	13	14		12	9	15	13
1992	15	9	12	10	14	15	17	12		13	9	9		14		11	16
1993	13	11	13	8	15	14	13	12		14	11	14	14	13	12	11	14
1994	12	14	14	14	17	14	16	12		12	10	14	15	14	12	14	11
1995	12	16	16	18	17	14	16	16	17	15	15	15	16	17	17	15	16
1996	13	14	15	18	16	17	18	19	18	13	14	14	13	17	17	15	13
1997	16	13	14	18	14	14	17	15	16	13	13	13	16	16	16	14	13
1998	13	13	15	16	14	15	14	13	14	17	16	16	13	14		18	18
1999	10	11	14	17	13	13	12	15	17	15	16	14	10	12	10	16	14
2000	12	12	18	10	16	11	15	15	16	16	14	14	13	16	13	17	15
2001	13	11	15	17	16	13	16	9		16	14	16	18	13	16	17	11
2002	11	10	14	18	16	17	17	17	14	12	11	15	14	14	10	8	9
2003	12	15	15	18	13	17	18	14	17	15	13	14	17	15	17	16	14
2004	13	12	14	10	17	13	15	16	13	15	15	13	15	14	10	12	16
2005	15	18	18	17	18	19	18	14	17	15	12	16	17	16	18	16	18
2006	12	12	14	16	14	14	16	15	15	15	16	13	15	10	10	16	15
2007	16	14	14	17	15	12	13	13	14	16	14	12	14	12	13	15	18
2008	14	14	15	16	15	14	15	16		15	12	13	12	15	12	14	14
2009	15	18	18	18	19	17	16	15		15	14	18	17	17	14	18	16
2010	14	16	18	18	19	16	17	14		18	14	15	12	17	16	16	15
2011	15	15	16	17	15	14	15	16		15	16	14	13	15	15	14	14
2012	16	14	14	12	14	14	15	18		16	14	15	13	13	10	15	15
2013	15	15	11	17	13	14	15	14		17	13	13	15	15	13	15	15
2014	13	16	16	16	17	16	16	14		15	13	15	14	17	16	13	13
2015	16	17	18	18	17	18	16	17		17	16	16	17	16	15	19	19
2016	14	16	18	19	17	17	16	15		18	15	17	15	15	18	18	18
2017	15	17	13	17	16	15	16	13		17	14	15	16	17	15	17	17
2018	17	16	17	16	16	18	18	17		18	14	16	15	18	16	15	14
2019	17	18	18	17	18	18	19	18		17	15	14	14	18	17	18	18

SERVIR LE VIN À LA BONNE TEMPÉRATURE

Type	Température idéale
Vins rouges légers et fruités	14 à 16 °C
Vins rouges charnus et fruités	15 à 17 °C
Vins rouges puissants et charpentés	Bordelais : 16 à 18 °C Bourgognes : 15 à 16 °C
Vins rouges solaires et épicés	14 à 16 °C
Vins rouges doux	15 à 16 °C
Vins rosés	8 à 10 °C
Vins blancs toniques et fruités	8 à 10 °C
Vins blancs étoffés et ronds	10 à 12/14 °C
Vins blancs doux	8 à 9 °C
Vins effervescents	8 à 9 °C

L'ORDRE DE SERVICE DES VINS : UNE MONTÉE EN PUISSANCE

Les vins blancs : avant les vins rouges.

Les vins à boire jeunes : avant les vins de garde.

Les vins élevés en cuve : avant les vins élevés en fût.

Les vins les plus légers : avant les vins les plus forts en alcool.

Les vins secs : avant les vins doux.

Les vins servis les plus frais : avant les vins à température ambiante.

Cet ordre ne peut pas toujours être respecté : par exemple, les fromages appellent souvent des vins fruités et simples, rouges et même blancs secs (chèvre), tandis que la viande rouge qui les précède se marie avec des vins rouges plus ou moins charpentés.

Les solutions : boire de l'eau entre chaque vin ; choisir un vin unique à accorder avec le plat principal.

Bon à savoir !

Le froid durcit les tanins des vins rouges.

Une température trop fraîche empêche l'expression des arômes.

Une température trop élevée fait ressortir l'alcool et les arômes les plus lourds.

Le vin se réchauffe de 1°C toutes les 2 minutes.

LES **METS** ET LES **VINS** : CONNAÎTRE LES ALLIANCES ET MÉSALLIANCES

Certains plats, par leur texture ou leurs arômes, sont difficiles à marier avec les vins. Ils sont rares. D'autres ne tolèrent que certains profils de vins.

QUELQUES REPÈRES À CONNAÎTRE

Les légumes verts

Ils durcissent les vins, surtout dans les soupes cuites à l'eau. Servis seuls, les légumes verts ne forment guère d'accords envoûtants avec les vins, même s'ils tolèrent les vins blancs toniques et fruités, les rouges légers et fruités et les rosés secs. Cependant, les légumes accompagnent souvent des viandes, et l'accord se fait sur l'ingrédient principal du plat. Quant aux asperges, par leur goût prononcé, elles altèrent la saveur de nombreux vins (à l'exception de certains blancs toniques et fruités comme les muscats secs).

Les coquillages et les poissons

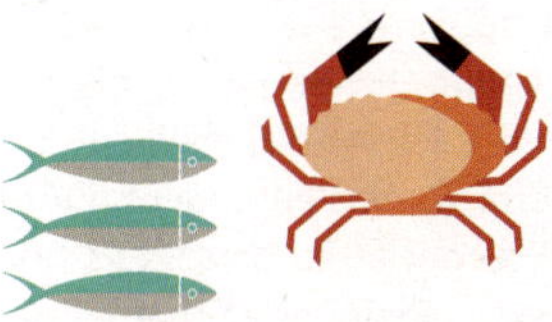

Les huîtres et coquillages crus, les poissons de mer très iodés ne s'entendent pas avec les vins rouges. Certains amateurs les apprécient cependant avec des rosés très secs. Vous ferez votre choix dans les vins blancs toniques et fruités. Cuisinés à la crème ou au beurre, ces plats s'entendent avec les vins blancs étoffés et ronds, à l'huile d'olive, avec les rosés.

Les viandes rouges
(bœuf, agneau, canard)

Grillée, rôtie ou en sauce, la viande rouge ne s'entend pas avec les vins blancs. Elle s'accorde en revanche à merveille avec les vins rouges un peu tanniques, charnus et fruités ou puissants et charpentés.

Les viandes blanches (veau, porc, poulet, dinde)

Elles sont très accommodantes et s'entendent avec la plupart des profils de vins. Leur goût étant délicat, il faut seulement éviter la confrontation avec les vins rouges puissants et charpentés, et les plus solides des vins solaires.

Les œufs

Les œufs ont une texture très enveloppante qui tapisse le palais ; ils n'acceptent guère que des vins vifs, à choisir surtout parmi les vins blancs toniques et fruités, les rosés secs, des rouges légers et fruités et les moins tanniques des rouges charnus et fruités.

Les épices et les condiments

Les épices, présentes dans de nombreuses cuisines du monde (chinoise, indienne, orientale), s'accordent avec de nombreux vins, en particulier les vins rouges solaires et épicés et les rosés. Cependant, les épices utilisées en abondance « terrassent » le goût des crus les plus solides. Il en va de même des condiments employés en excès, comme l'ail. Quant au vinaigre et la moutarde, ils sont classés parmi les « ennemis » du vin. Quelques gouttes de vinaigre balsamique sont possibles : en matière de gastronomie comme de dégustation, c'est l'excès qui gâche tout !

Les fromages

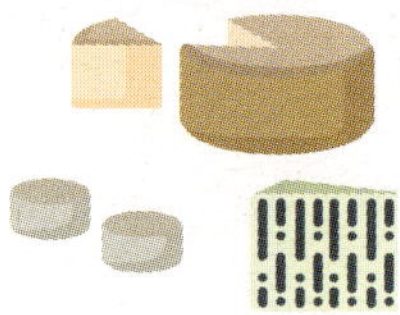

Les fromages forts en goût (bleus, pâte molles à croûte fleurie comme le camembert) gâchent de nombreux vins. En général, ils ne s'entendent guère avec les vins faibles en alcool et en acidité. Ils ont peu d'affinités avec les vins tanniques et charpentés (sauf s'il s'agit de rouges doux comme le banyuls). D'une façon générale, on risque moins de se tromper en choisissant un vin blanc, sec ou doux, à condition qu'il ait suffisamment d'étoffe et d'acidité.

Les desserts

Les desserts sucrés (gâteaux à la crème, pâtisseries orientales) sont à éviter avec les vins secs, y compris avec le champagne et autres effervescents (sauf les demi-secs et doux et quelques rosés) qui paraîtront agressifs. L'accord, même avec un vin doux, est possible, mais lourd… et calorique. Les vins secs, avec ou sans bulles, peuvent s'accorder avec les fruits.

METS ET VINS : LES GRANDS PRINCIPES D'ACCORDS

	Vins rouges	Vins blancs	Vins rosés	Vins effervescents
Mariages régionaux	Bordeaux et cèpes de Bordeaux Beaujolais et saucisson de Lyon	Alsace riesling et choucroute	Côtes-de-provence et ratatouille	Champagne et fromage chaource
Mariage des semblables	Banyuls (vin doux naturel) riche et onctueux et gâteau au chocolat	Meursault étoffé et rond et viande blanche en sauce	Cabernet-d'anjou fruité et suave et dessert aux fruits rouges	Clairette-de-die suave et crêpes à la fleur d'oranger
Mariage des contraires	Vin doux liquoreux et fromage bleu au goût amer et salé	Touraine sauvignon vif et charcuteries grasses (rillettes)	Côte-de-toul vif et quiche	Champagne brut et poisson en sauce

L'ALSACE ET LA LORRAINE

Les vins d'Alsace, blancs en très large majorité, s'identifient par leur cépage : la plupart d'entre eux sont aujourd'hui élaborés à partir d'une seule variété. La région fournit aussi de beaux vins de terroir, en particulier les grands crus, et des effervescents, les crémant-d'alsace.
À l'abri des Vosges, le vignoble alsacien s'étire sur plus de 170 km, de Thann, au sud, à Marlenheim, au nord, avec à l'extrême nord un îlot limitrophe de l'Allemagne, près de Wissembourg. Il a déserté la plaine pour se concentrer sur les collines qui bordent à l'est le massif vosgien. Les Vosges arrêtent l'humidité océanique, si bien que l'Alsace est l'une des régions les moins arrosées de France, malgré des orages estivaux.
La géologie crée une grande diversité de terroirs. La présence d'un champ de failles à la limite du massif ancien et de la plaine du Rhin, fossé d'effondrement, explique que chaque village compte de nombreux types de sols : granites, gneiss, grès, calcaires, marnes, argiles, sables… Chaque cépage s'y exprime différemment.
Florissant jusqu'à la fin du XIXe s., le vignoble lorrain est aujourd'hui l'un des plus petits de France. Produits sur les départements de la Meuse, de la Moselle et de la Meurthe-et-Moselle, les vins lorrains (AOC côtes-de-toul et moselle, IGP Côtes de Meuse) sont déclinés dans les 3 couleurs, mais ce sont surtout les vins gris, des rosés de couleur... grise ou pelure d'oignon issus de pinot et de gamay, qui font leur réputation.

Principaux **millésimes** dégustés dans cette **édition**

TYPES DE VIN	CARACTÉRISTIQUES DU MILLÉSIME	QUALITÉ DU MILLÉSIME
Blancs 2018	De la quantité et de la qualité, avec une grande chaleur estivale, des vendanges précoces et très étalées, des volumes et des rendements généreux, et un raisin globalement très sain. Les vins sont aromatiques, chaleureux, denses mais pas lourds malgré des acidités faibles, avec des équilibres assurés, notamment en pinot gris, belle réussite de l'année. À noter aussi de beaux rieslings de garde.	★★★★☆
Rouges 2018	Une très belle année pour les rouges avec des vins généreux, intenses, bien structurés, de bonne garde.	★★★★☆
Blancs 2017	Grande précocité et petits rendements. Du gel en avril, des périodes caniculaires en été, des maturités parfois difficiles dans la plaine, les coteaux et les grands crus s'en sortant mieux. Globalement, un millésime réussi, notamment les blancs secs, fruités, de bonne concentration et d'une acidité équilibrée. À noter aussi une production accrue de vendanges tardives et de sélections de grains nobles.	★★★☆☆
Rouges 2017	Ils ont globalement souffert des difficultés du millésime, car ils proviennent le plus souvent de vignobles de plaine. Des vins au profil souple et fruité, aux tanins fondus.	★★☆☆☆

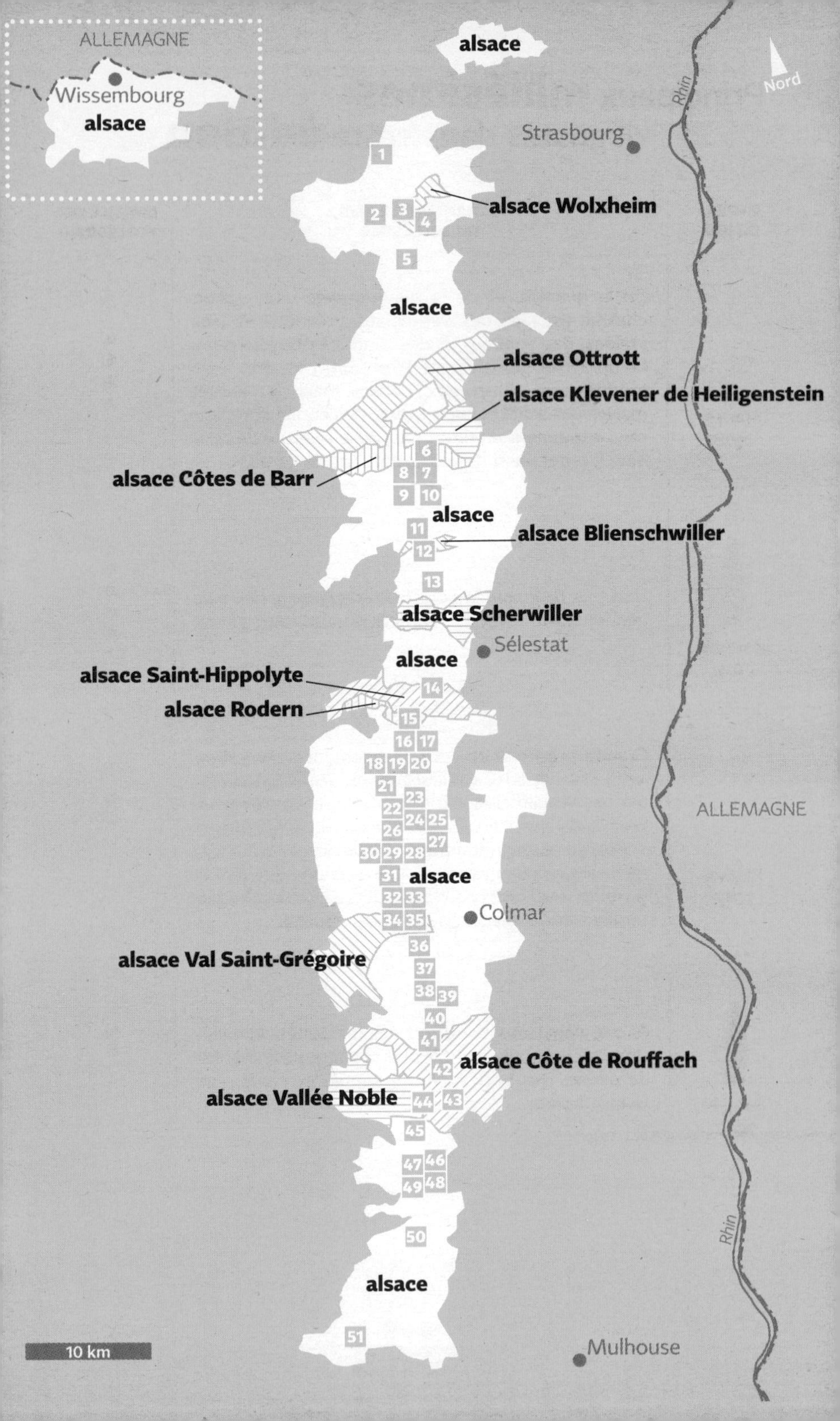
ALLEMAGNE
Wissembourg
alsace
alsace
Nord
Rhin
Strasbourg
1
2
3
4
alsace Wolxheim
5
alsace
alsace Ottrott
alsace Klevener de Heiligenstein
6
alsace Côtes de Barr
8
7
9
10
alsace
11
alsace Blienschwiller
12
13
alsace Scherwiller
Sélestat
alsace
alsace Saint-Hippolyte
14
alsace Rodern
15
16
17
18
19
20
21
23
22
24
25
26
27
30
29
28
31
alsace
32
33
34
35
Colmar
ALLEMAGNE
36
alsace Val Saint-Grégoire
37
38
39
40
41
42
alsace Côte de Rouffach
alsace Vallée Noble
44
43
45
47
46
49
48
50
alsace
Rhin
51
10 km
Mulhouse

AOC alsace

Dénominations
de l'AOC alsace

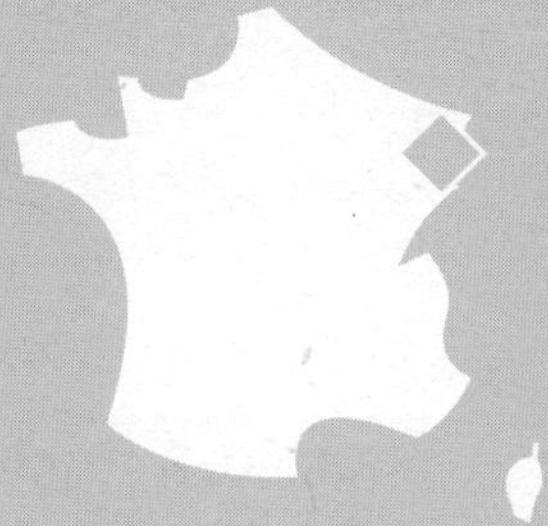

AOC alsace grand cru

1 Steinklotz
2 Altenberg de Bergbieten
3 Engelberg
4 Altenberg de Wolxheim
5 Bruderthal
6 Kirchberg de Barr
7 Zotzenberg
8 Wiebelsberg
9 Kastelberg
10 Moenchberg
11 Muenchberg
12 Winzenberg
13 Frankstein
14 Praelatenberg
15 Gloeckelberg
16 Kanzlerberg
17 Altenberg de Bergheim
18 Kirchberg de Ribeauvillé
19 Osterberg
20 Geisberg
21 Rosacker
22 Schoenenbourg
23 Froehn
24 Sonnenglanz
25 Mandelberg
26 Sporen
27 Marckrain
28 Mambourg
29 Furstentum
30 Schlossberg
31 Kaefferkopf
32 Wineck-Schlossberg
33 Florimont
34 Sommerberg
35 Brand
36 Hengst
37 Steingrubler
38 Pfersigberg
39 Eichberg
40 Hatschbourg
41 Goldert
42 Steinert
43 Vorbourg
44 Zinnkoepflé
45 Pfingstberg
46 Spiegel
47 Kessler
48 Saering
49 Kitterlé
50 Ollwiller
51 Rangen

L'Alsace en un clin d'œil

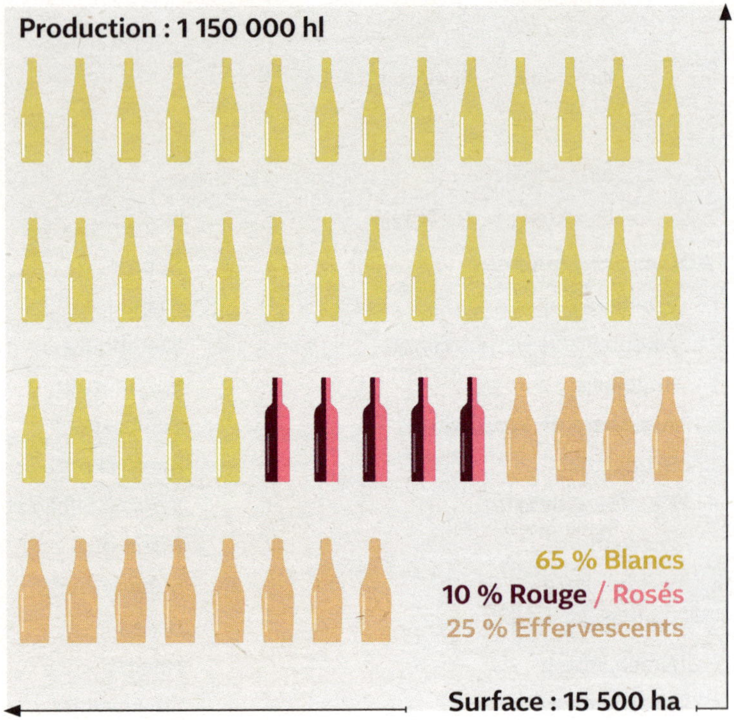

Types de vins

Principaux **cépages**

- Riesling
- Pinot blanc
- Gewurztraminer
- Pinot gris
- Auxerrois
- Sylvaner
- Muscats
- Chasselas
- Klevener de Heiligenstein
- Chardonnay
- Pinot noir (moins de 10 % des surfaces)

Hiérarchie des vins

AOC
alsace grand cru
Avec nom de l'un des 51 grands crus délimités

AOC
alsace avec dénomination géographique
Commune ou lieu-dit

AOC
régionales alsace et crémant-d'alsace
Avec mention du cépage en dénomination

Un peu d'**histoire**

- **Moyen Âge :** essor du vignoble sous l'influence des évêchés et des abbayes, puis des villes.
- **XVIe s. :** les vins d'Alsace étaient exportés dans toute l'Europe.
- **XVIIe s. :** guerre de Trente Ans (famines, pestes, conflits). La viticulture alsacienne est ruinée.
  1648 : l'Alsace devient française ; le vignoble s'étend à nouveau avec des cépages communs.
- **Début du XIXe s. :** le vignoble atteint une superficie de 30 000 ha
- **Fin du XIXe s. :** les vins d'Alsace sont concurrencés par les vins du Midi et le vignoble est ravagé par le phylloxéra.
- **Milieu du XXe s. :** la superficie viticole est tombée à 9 500 ha.
- **Après 1945 :** le vignoble bénéficie de la croissance économique et adopte le cadre français des AOC. Les coopératives se développent.
- **À partir de 1975 :** délimitation de grands crus
- **2011 :** reconnaissance de 13 dénominations communales et de lieux-dits, avec des conditions de production plus exigeantes — Blienschwiller et Côtes de Barr (pour le sylvaner), Ottrott, Rodern et Saint-Hippolyte (pour le pinot noir), Wolxheim et Scherwiller (pour le riesling), Heiligenstein (pour le klevener), Bergheim (pour le gewurztraminer), Coteaux du Haut-Koenigsbourg, Côte de Rouffach, Vallée Noble et Val Saint-Grégoire.

Mots-clés de l'Alsace

1 Grands crus

Rares vins de terroir (4 % de la production) portant l'empreinte de leur lieu de naissance. Officiellement délimités à partir de 1975, souvent de réputation très ancienne, ils bénéficient de sols, de pentes et d'expositions privilégiés. Ils sont essentiellement réservés aux cépages riesling, gewurztraminer, pinot gris et muscat. On compte 51 grands crus.

2 Sélection de grains nobles

Dénomination attribuée aux vins liquoreux (alsace ou alsace grand cru) issus de vendanges atteintes par la pourriture noble (*Botrytis cinerea*) et obligatoirement de cépages dits « nobles » : gewurztraminer, riesling, pinot gris et muscat. Les vins ne sont commercialisés qu'après 18 mois d'élevage. Les teneurs en sucre sont de 256 g/l pour le riesling et le muscat, 279 g/l pour le pinot gris et le gewurztraminer.

3 Vendanges tardives

Dénomination attribuée aux vins moelleux (alsace ou alsace grand cru) issus de vendanges surmûries et de cépages dits « nobles » : gewurztraminer, riesling, pinot gris et muscat. Les vins ne sont commercialisés qu'après 18 mois d'élevage. Les teneurs en sucre sont de 220 g/l pour le riesling et le muscat, 243 g/l pour le pinot gris et le gewurztraminer.

4 Route des vins

Route viticole longue de plus de 170 km et parcourant 73 communes dans le Haut-Rhin et le Bas-Rhin. La création, dès 1953, de la route des Vins d'Alsace a fait de cette région une pionnière en matière de tourisme viticole. Tout au long de l'année, de nombreuses manifestations se déroulent dans les localités qui la jalonnent : foires aux vins (Guebwiller, Ammerschwihr, Ribeauvillé, Barr, Molsheim, Colmar), fêtes des vendanges, marchés de Noël…

5 Confrérie Saint-Étienne d'Alsace

Groupement né au XIV^{e}s. et restauré en 1947, installé au château de Kientzheim, près de Kaysersberg. Autrefois, la qualité des vins d'Alsace était vérifiée par les notables d'Ammerschwihr, lesquels organisaient un banquet tous les 26 décembre, à la Saint-Étienne.

6 Flûte

Bouteille élancée, typique des vins du Rhin, dans laquelle sont vendus les vins d'Alsace.

Le **vigneron** de l'année

Philippe **Klée**

(Dom. Henri Klée)

Ce domaine reçoit deux coups de cœur cette année, pour un pinot gris Sélection de grains nobles 2017 et pour un riesling grand cru Wineck-Schlossberg 2018. Une consécration pour Philippe Klée, installé en 1985, et pour sa famille, qui ne ménagent pas leur peine pour perpétuer l'héritage constitué par 12 générations autour du berceau de Katzenthal, près de Colmar.

• Comment résumer les millésimes 2017 et 2018 ?

2017 a été précoce, mais le gel d'avril m'a fait perdre plus de 50 % des volumes sur certaines parcelles, le gewurztraminer étant le plus touché. Heureusement, l'été indien a permis une belle production de liquoreux, issus de raisins d'une grande richesse (350 g/l de sucres pour ce pinot gris) En 2017, les raisins étaient moins botrytisés que flétris car il y avait peu d'humidité. L'année 2018 a été également précoce, avec un été chaud et sec. Le grand cru Wineck-Schlossberg est exposé au sud, et les sols de granite désagrégés sont drainants. J'ai sélectionné pour cette cuvée de vieux rieslings, capables malgré la chaleur de puiser l'eau au plus profond grâce à leur système racinaire développé.

• Quel est votre style de liquoreux ? Et de riesling ?

J'aime les liquoreux puissants, concentrés, mais dotés d'une finale acide. Pour ces vins doux, nous privilégions le gewurztraminer et le pinot gris, plus demandés. Je vinifie toujours en sec mes rieslings, mais je recherche des acidités mûres et des arômes de surmaturation comme le miel et la cire, qui s'associent aux agrumes dans les vins jeunes, d'emblée agréables et expressifs, et à la minéralité après quelques années. Pour obtenir ce résultat, je vendange toujours le plus tard possible, fin octobre pour ce riesling.

• Quels sont vos millésimes mémorables ?

2003, 2005, 2009, 2015, 2017 et 2018. Des millésimes chauds.

• Un mot sur la propriété ?

Notre ancêtre, en 1624, était vigneron et tonnelier. Notre famille s'est toujours exclusivement dédiée à la vigne. Elle met en valeur celles du Wineck-Schlossberg (15 % des surfaces) depuis la nuit des temps. C'est mon père qui a commencé la vente en bouteille dans les années 1950. Aujourd'hui, nous exploitons 12,5 ha dans 7 communes proches. À présent, l'exploitation occupe 5 personnes : mon épouse et moi, ma sœur, un fils, Martin, à la vigne, et l'autre, Antoine, formé 3 ans à Beaune, à la cave. Nous avons remplacé les foudres de bois par 27 cuves Inox, qui permettent mieux de réguler les températures. Nous avons obtenu la certification Haute valeur environnementale, pratiquons labours et enherbements, n'utilisons plus d'engrais. L'agriculture biologique suppose plus de main d'œuvre et un matériel spécifique. Nous l'avons en ligne de mire, mais pas dans l'immédiat.

♥ Les coups de cœur

- **Alsace grand cru Wineck-Schlossberg Riesling 2018**
- **Alsace pinot gris Sélection de grains nobles 2017**

ALSACE EDELZWICKER

Production : 23 080 hl

Cette dénomination ancienne désigne les vins issus d'un assemblage (*Zwicker* en alsacien) de cépages. N'oublions pas qu'il y a un siècle, les parcelles du vignoble alsacien plantées d'une seule variété étaient rares. Aujourd'hui, on utilise le terme «edelzwicker» pour désigner tout assemblage de cépages blancs de l'AOC alsace, qui peuvent être vinifiés ensemble ou séparément. On a ajouté l'adjectif *Edel* (noble) pour marquer la présence plus fréquente aujourd'hui de cépages nobles, tels que le riesling, le gewurztraminer ou le pinot gris, dans sa composition. Particulièrement apprécié des Alsaciens, l'edelzwicker est servi en carafe dans la plupart des winstubs. Le terme de «gentil» désigne aussi traditionnellement des vins d'assemblage.

B CLÉMENT KLUR Voyou Katz 2018 ★

| | 2200 | | 11 à 15 € |

Les Klur sont vignerons depuis le XVII[e]s., mais c'est en 1999 que Clément Klur a créé le domaine, qui couvre 5 ha autour de Katzenthal, village enserré dans un vallon près de Colmar. Ici, tout est bio et «écolo»: la conduite de la vigne (biodynamie), la cave ronde, la vinification et jusqu'aux logements de vacances. En 2017, la famille s'est recentrée sur les activités d'accueil; elle a confié la gestion de l'exploitation viticole au domaine voisin Léon Heitzmann, exploité lui aussi en biodynamie, ainsi que la commercialisation de ses cuvées.

Le trio muscat, sylvaner et riesling nous vaut cette cuvée déjà appréciée l'an dernier. Le nez, complexe et délicat, mêle fragrances florales et senteurs de pêche blanche, teintées d'une pointe minérale. Équilibré et frais, alliant des impressions de rondeur à une fraîcheur acidulée, le palais offre une finale réglissée, un rien saline. Un vin bien fait. (Sucres résiduels: 2,6 g/l.) ⧗ 2020-2023

VINS CLÉMENT KLUR, 2, Grand-Rue, 68770 Ammerschwihr, tél. 03 89 47 10 64, contact@vinsklur.com V *t.l.j. sf dim. 9h-12h 13h-18h*

JEAN-CLAUDE KOEHLER ET FILS L'Alliance des nobles 2018 ★

| | 5230 | | 5 à 8 € |

Depuis 1621 jusqu'à 1999, date d'installation de Christian Koehler, de nombreuses générations de vignerons se sont succédé sur ce domaine situé à une vingtaine de kilomètres au sud de Colmar à l'entrée de la Vallée Noble, réputée pour son climat préservé. La famille exploite 7 ha de vignes, dont des parcelles en grand cru Zinnkoepflé.

Muscat (40 %), pinot gris et gewurztraminer, trois cépages réputés «nobles». Leur assemblage a donné naissance à un vin très expressif et complexe au nez, mêlant des nuances fraîches (agrumes, bourgeon de cassis) à des notes plus mûres de pêche jaune et de miel. Les fruits exotiques s'épanouissent dans un palais rond, riche et puissant, marqué en finale par une touche d'amertume. Beaucoup d'arômes et du caractère. (Sucres résiduels: 6 g/l.) ⧗ 2020-2023

DOM. JEAN-CLAUDE KOEHLER ET FILS, 7, rue de Soultzmatt, 68250 Westhalten, tél. 03 89 47 01 23, contact@vins-koehler.fr V *t.l.j. 8h30-11h30 13h30-18h; dim. sur r.-v.*

FRÉDÉRIC MOCHEL Traenheim 2017 ★

| | 1100 | | 11 à 15 € |

Une famille installée en 1669 à l'ouest de Strasbourg après la guerre de Trente Ans. Guillaume Mochel a pris en 2001 les rênes de la propriété après des stages qui l'ont mené jusqu'en Nouvelle-Zélande. Après avoir obtenu la certification Haute Valeur environnementale (2017), il a engagé en 2018 la conversion bio de l'exploitation. Sur les 10 ha du domaine, la moitié est implantée dans le grand cru Altenberg de Bergbieten.

Pinot gris et auxerrois s'allient dans cette cuvée élevée neuf mois en fût. Bien que les barriques soient anciennes, le bois laisse une légère empreinte beurrée au nez, floral et fruité. Le vin doit sans doute au pinot gris sa matière dense et vineuse, équilibrée par un trait d'acidité qui souligne la finale aux accents de pamplemousse. (Sucres résiduels: 1,4 g/l.) ⧗ 2020-2023

DOM. FRÉDÉRIC MOCHEL, 56, rue Principale, 67310 Traenheim, tél. 03 88 50 38 67, info@mochel.alsace V *r.-v.*

MAXIMILIEN ZAEPFFEL Origine 2018 ★

| | 1900 | 11 à 15 € |

Le nom Zaepffel viendrait d'un terme de vieil alsacien signifiant «puiser au tonneau». La famille, très ancienne, est enracinée dans le vignoble depuis 1559! L'actuel vigneron, fort d'une expérience acquise dans plusieurs domaines et de 10 ha de vignes sur les terroirs granitiques de Dambach-la-Ville (en conversion bio), a voulu créer des vins. Il a fondé sa maison de négoce en 2018.

Cultivés sur le terroir le plus réputé de Dambach-la-Ville, le Frankstein, gewurztraminer, riesling et sylvaner, ont été vinifiés séparément et assemblés par tiers, pour donner naissance à ce moelleux de belle origine. D'un jaune d'or brillant, ce 2018 libère des parfums complexes: fleurs, miel, agrumes, mangue, fruits jaunes confiturés, abricot sec et coing. Suave en attaque, il se déploie avec richesse et générosité, équilibré par ce qu'il faut de fraîcheur et par une heureuse amertume en finale. Pour l'apéritif, un dessert ou un plat exotique sucré-salé. (Sucres résiduels: 36,1 g/l.) ⧗ 2020-2023

FAMILLE ZAEPFFEL, 28, rte du Vin, 67650 Dambach-la-Ville, tél. 03 88 85 55 90, famille.zaepffel@gmail.com V *t.l.j. sf dim. 14h-18h*

ALSACE GEWURZTRAMINER

Superficie : 2 897 ha / Production : 172 116 hl

Le cépage qui est à l'origine de ce vin est une forme particulièrement aromatique de la famille des traminers. Un traité publié en 1551 le désigne déjà comme une variété typiquement alsacienne. Celle-ci atteint dans ce vignoble un optimum de qualité, ce qui lui a conféré une réputation unique dans la viticulture mondiale. Son vin est corsé, bien charpenté, sec ou moelleux, et caractérisé par un bouquet merveilleux,

plus ou moins puissant selon les situations et les millésimes. Le gewurztraminer, qui a une production relativement faible et irrégulière, est un cépage précoce aux raisins très sucrés.

FRÉDÉRIC ARBOGAST Geierstein 2018 ★

■	6000		11 à 15 €

Installé en 2003 à Westhoffen, dans la partie septentrionale du vignoble alsacien, à 25 km de Strasbourg, Frédéric Arbogast perpétue une lignée vigneronne remontant à 1601. Il est établi au centre du village, près de l'église Saint-Martin, et travaille 16 ha en lutte raisonnée. Il vinifie sans levurage.

Issu d'un coteau plein sud aux sols argilo-calcaires, ce gewurztraminer moelleux ne manque pas de puissance. Plutôt évolué au nez, il s'ouvre sur les épices et sur une touche fumée, que l'on retrouve en bouche avec des arômes fruités. Souple et suave en attaque, le palais dévoile une riche matière et une finale chaleureuse, de belle longueur, tonifiée par une pointe de vivacité. (Sucres résiduels: 42 g/l.) ⧗ 2020-2025

⊶ VIGNOBLE FRÉDÉRIC ARBOGAST, 3, pl. de l'Église, 67310 Westhoffen, tél. 06 45 58 94 95, frederic@vignoble-arbogast.fr V r.-v.

CAVE DE CLEEBOURG 2018 ★

■	44000		8 à 11 €

La cave de Cleebourg a été fondée en 1946 pour sauver le vignoble situé à l'extrémité nord de l'Alsace, à la limite de l'Allemagne et à 80 km du tronçon principal de la route des Vins. La coopérative vinifie les vendanges de 200 ha de vignes implantés dans les villages proches de Wissembourg.

Demi-sec ou moelleux léger, ce 2018, d'abord discret, s'ouvre sur des notes de fruits jaunes, abricot en tête, nuancées de touches plus vives, acidulées, de fruit de la Passion. Suave et rond, le palais garde son équilibre grâce à un trait de fraîcheur qui souligne en finale le retour du fruit de la Passion. Un vin élégant qui s'accordera à des mets sucrés-salés. (Sucres résiduels: 16,5 g/l.) ⧗ 2020-2024

⊶ CAVE VINICOLE DE CLEEBOURG, rte du Vin, 67160 Cleebourg, tél. 03 88 94 50 33, olivier.kreutzberger@cave-cleebourg.com V t.l.j. 8h-12h 14h-18h E

B EBLIN-FUCHS Sélection de grains nobles 2017 ★

■	3800		30 à 50 €

Établis à Zellenberg, petit village perché voisin de Riquewihr, José, Henri et Christian Eblin sont les héritiers d'une lignée de vignerons remontant au XIIIᵉs. Ils ont adopté la biodynamie dès 1999. Leur domaine couvre environ 11 ha répartis dans 6 communes, avec des parcelles dans 4 grands crus.

D'un jaune soutenu, ce 2017, encore fermé, laisse poindre à l'aération des notes caractéristiques d'un vin liquoreux: fruits confits, datte, figue sèche. Le fruit confit s'affirme dans un palais ample, riche et fondu, encore marqué par les sucres en finale. Un vin d'une belle finesse, qui gagnera encore en expression et en harmonie avec le temps. (Sucres résiduels: 130 g/l ; bouteilles de 50 cl.) ⧗ 2022-2030

⊶ EARL EBLIN-FUCHS, 19, rte du Vin, 68340 Zellenberg, tél. 03 89 47 91 14, alsace@eblin-fuchs.com V r.-v. B

♥ FRÉDÉRIC ENGEL ET FILS Vieilles Vignes 2018 ★★

■	2500		8 à 11 €

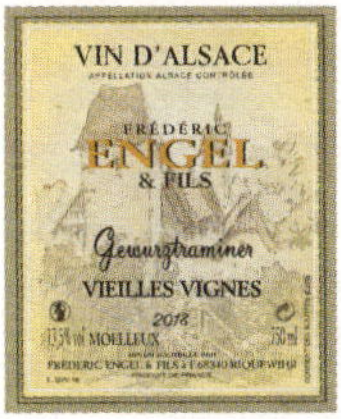

Un domaine créé en 1960 par Frédéric Engel. Le vignoble couvre 8 ha et le siège de l'exploitation est situé tout près des remparts de Riquewihr. Yvan et Alain Engel, fils de Frédéric, ont pris les rênes de la propriété en 1994.

Issu de vignes de plus de 40 ans, ce moelleux aux reflets or reste discret au nez mais laisse deviner une réelle finesse. C'est en bouche qu'il donne toute sa mesure, dévoilant d'excellentes qualités d'arômes et de structure: des notes florales, compotées, avec une exquise touche d'abricot qui traduit la maturité de la vendange, une matière riche, généreuse, équilibrée et longue. (Sucres résiduels: 38 g/l.) ⧗ 2020-2026

⊶ GAEC FRÉDÉRIC ENGEL ET FILS, 36, rue des Remparts, 68340 Riquewihr, tél. 03 89 47 83 88, yvanengel@orange.fr V r.-v.

JOSEPH FREUDENREICH Vendanges tardives 2017 ★★

■	1800	20 à 30 €

Des ancêtres se sont installés en 1737 à Eguisheim, cité médiévale où la famille reçoit les visiteurs dans une ancienne cour dîmière. Joseph Freudenreich vend son vin en bouteilles dès 1900 pour les ouvriers des mines de potasse où il travaille également. Son petit-fils Marc commence à vinifier en 1978 et prend la tête du domaine dix ans plus tard. Il a été rejoint par sa fille Amélie en 2015. Le vignoble familial est implanté autour d'Eguisheim et de Saint-Hippolyte.

Paille doré, ces Vendanges tardives s'ouvrent après aération sur les arômes épicés typés du cépage, accompagnés de notes de coing et de citron confits évoquant la surmaturation. L'attaque suave et fondue est vite relayée par un trait de vivacité qui laisse une impression de finesse. Intense, dense et frais, ce vin encore jeune mérite de vieillir. (Sucres résiduels: 72 g/l.) ⧗ 2022-2029

⊶ JOSEPH FREUDENREICH ET FILS, 3, cour Unterlinden, 68420 Eguisheim, tél. 03 89 41 36 87, info@joseph-freudenreich.fr V t.l.j. sf dim. 9h-12h 13h30-18h 4

JOSEPH FRITSCH Vendanges tardives 2017 ★

■	3000	20 à 30 €

Héritiers d'une lignée enracinée dans le petit bourg fortifié de Kientzheim, les Fritsch accueillent les visiteurs dans leur ancienne cave datant de 1703. Joseph, installé en 1977, a aménagé une cuverie moderne et transmis en 2010 à son fils Pascal le domaine: 9,5 ha, pas moins de 40 parcelles disséminées dans 4 communes, avec des vignes dans 2 grands crus. Propriété certifiée Haute valeur environnementale.

Un nez chaleureux, très discret, pour ces Vendanges tardives, qui s'ouvrent à l'aération sur des nuances de pâte de fruits et d'épices, avec une touche fumée. Plus expressif, le palais déploie une matière ample et gourmande, aux arômes gourmands de litchi, de mangue et de coing. La longue finale épicée rend optimiste sur le potentiel de cette bouteille. (Sucres résiduels: 87 g/l.) ⧗ 2022-2030

DOM. JOSEPH FRITSCH, 31, Grand-Rue, 68240 Kientzheim, tél. 03 89 78 24 27, contact@joseph-fritsch.com V t.l.j. 10h-12h 14h-18h; dim. sur r.-v.

♥ B DOM. GROSS Kastelweg 2017 ★★

2400 | 15 à 20 €

La famille Gross est établie à Gueberschwihr, village vigneron cossu au beau clocher roman, situé au sud de Colmar. Louis Gross fonde le domaine en 1956, son fils Henri l'exploite et le transmet en 1980 à Rémy, rejoint par son fils Vincent. Ces derniers tirent le meilleur du grand cru local. Ils exploitent leurs 9 ha de vignes en biodynamie (certification bio en 2014).

En simple alsace ou en grand cru Goldert, les Gross, père et fils, peuvent afficher un palmarès flatteur. Notamment en gewurztraminer moelleux ou liquoreux. D'un jaune paille brillant, celui-ci, issu d'un lieu-dit exposé plein sud, a fait l'unanimité. Les jurés saluent son nez intense, entre fruits jaunes surmûris (abricot), pâte d'amandes et citron confit, puis sa bouche alliant structure et finesse, où l'on retrouve l'abricot confit. De la présence. (Sucres résiduels: 21 g/l.) ⧗ 2020-2025

DOM. GROSS, 11, rue du Nord, 68420 Gueberschwihr, tél. 03 89 49 24 49, contact@domainegross.fr V r.-v.

♥ B BERNARD HAEGELIN Bollenberg 2018 ★★

3200 | 8 à 11 €

Bernard Haegelin a commencé la mise en bouteilles en 1976. À partir de 1992, il a passé le relais à ses fils Christian et Michel. Ces derniers exploitent plus de 10 ha au sud de la route des Vins, notamment sur la colline sèche du Bollenberg et les pentes du Pfingsberg. Après des essais, ils ont adopté la démarche biodynamique.

Le Bollenberg est un terroir réputé au microclimat très sec. Le gewurztraminer s'y est gorgé de soleil pour donner naissance à ce moelleux qui vaut au domaine un coup de cœur – un pinot noir de même origine avait été distingué l'an dernier. À la robe or intense et lumineux répond un nez riche, complexe, expansif, bien ouvert sur la rose, le litchi, le miel et les fruits confits, avec une touche de cédrat. Le prélude à une bouche ample, puissante et opulente sans lourdeur, qui finit sur un plaisant retour du fruit confit relevé des notes poivrées du cépage. (Sucres résiduels: 39 g/l.) ⧗ 2020-2030

BERNARD HAEGELIN, 26, rue de l'Église, 68500 Orschwihr, tél. 03 89 76 14 62, bernard.haegelin@wanadoo.fr V t.l.j. 8h-18h; sam. 9h-17h; dim. sur r.-v.

MATERNE HAEGELIN ET FILLES
Sélection de grains nobles Granum Augustinus nobile 2017 ★

2605 | 30 à 50 €

Des ancêtres vivaient déjà à Orschwihr en 1616. Depuis 1987, Régine Garnier, rejointe par sa fille Élise, est à la tête du domaine familial mis en valeur par son père Materne Haegelin. Situé dans le tronçon sud de la route des Vins, le vignoble (16 ha) est implanté principalement en coteaux, sur des terroirs différents. En conversion bio.

Dédié à l'arrière-petit-fils de Materne Haegelin, Augustin, ce liquoreux or intense séduit moins par sa concentration que par son harmonie. Au nez, les fragrances florales et épicées du cépage se nuancent de notes d'abricot sec et d'orange confite. Ample, fondu et gourmand, le palais est salué pour sa fraîcheur et pour sa finesse. (Sucres résiduels: 137 g/l; bouteilles de 50 cl.) ⧗ 2020-2030

MATERNE HAEGELIN ET SES FILLES, 45, Grand-Rue, 68500 Orschwihr, tél. 03 89 76 95 17, vins@materne-haegelin.fr V t.l.j. 8h30-12h 14h-18h30 B

HUEBER Vieilles Vignes 2018 ★

15000 | 5 à 8 €

Fondé en 1936, ce domaine de 11 ha a son siège au milieu des vignes, à l'entrée de Riquewihr, la cité viticole la plus visitée de la région. Installé en 1996, Valentin Hueber a étudié la sommellerie et suivi les traces de son père et de cinq générations en développant l'œnotourisme sur la propriété.

Vieilles vignes? Un demi-siècle. Et l'année 2018, vraiment solaire et précoce: ce gewurztraminer a été récolté la dernière semaine d'août, et dans le verre, on découvre des éclats dorés et d'intenses parfums mêlant les fleurs et les épices du cépage à des touches de fruits cuits qui évoquent la surmaturation. Dès l'attaque, ce vin affirme sa suavité et sa puissance, en harmonie avec des notes de fruits secs. Malgré sa richesse, qui masque quelque peu les arômes, ce moelleux bien fondu montre une certaine élégance. (Sucres résiduels: 24 g/l.) ⧗ 2020-2025

SARL HUEBER ET FILS, 6, rte de Colmar, 68340 Riquewihr, tél. 03 89 47 92 30, jeanpaul.hueber68@orange.fr V t.l.j. 9h-12h 13h-18h 1 B

♥ MARCEL IMMÉLÉ
Sélection de grains nobles 2017 ★★★

1800 | 20 à 30 €

Originaire de Suisse, la famille Immélé a fait souche en 1831 au sud de Colmar, à Voegtlinshoffen, village perché qui offre une vue imprenable sur le vignoble et la plaine d'Alsace. Le premier viticulteur de la lignée a vécu à la fin du XIXes. Aujourd'hui, Marcel exploite 9 ha de vignes avec son fils Marc qui l'a rejoint en 1997.

Une robe soutenue, d'un or éclatant; un nez aussi intense que complexe, mêlant fruits confits, touches balsamiques, épicées et tostées; un palais à l'unisson, ample, riche et puissant, tendu par une fine acidité qui lui donne relief et persistance. Une réelle harmonie tout au long de la dégustation, de la profondeur, du potentiel: un modèle de liquoreux. (Sucres résiduels: 125 g/l.) ⧗ 2022-2030

MARCEL IMMÉLÉ, 8, rue Roger-Frémeaux, 68420 Voegtlinshoffen, tél. 06 80 03 72 48, immele@vins-immele.net D

KUENTZ Sélection 2018 ★

■	8000		8 à 11 €

Héritière d'une tradition viticole remontant au milieu du XVIIe s., la famille Kuentz est établie à Pfaffenheim, au sud de Colmar. Romain et son fils Michel exploitent 8 ha de vignes autour de leur village (avec des parcelles dans le grand cru Steinert), ainsi qu'à Rouffach, Gueberschwihr et Herrlisheim.

Une cuvée souvent retenue dans le Guide. D'un jaune soutenu, le 2018 s'épanouit à l'aération, livrant des arômes de fruits frais d'une belle finesse. Le fruit prend des tons plus mûrs, voire confits, dans un palais riche, ample et bien équilibré. Un moelleux gourmand et «jovial», selon un dégustateur. (Sucres résiduels: 36,2 g/l.) ⧗ 2020-2025

ROMAIN KUENTZ ET FILS, 22, rue du Fossé, 68250 Pfaffenheim, tél. 03 89 49 61 90, vinskuentz@yahoo.fr V *t.l.j. 9h-12h 14h-19h; dim. sur r.-v.* B

MAISON PETTERMANN Cuvée particulière 2018 ★

■	10000		11 à 15 €

1928: fondation du domaine et premières vinifications par Fernand Pettermann; 1961: son fils Roland se lance dans la vente en bouteilles. Depuis 2004, Didier, le petit-fils du fondateur, est à la tête de la propriété: pas moins de 20 ha, autour de Dambach-la-Ville.

Le gewurztraminer à l'origine de cette cuvée de moelleux a été récolté le 17 octobre, six semaines après le début des vendanges. Il est issu de sols granitiques, ce qui n'est pas le plus fréquent pour ce cépage. Est-ce la raison de son originalité? Sa robe est soutenue, son nez intense s'ouvre sur le clou de girofle, le pain d'épice, le zeste d'orange. Les fruits cuits s'affirment dans une bouche généreuse, bien équilibrée entre puissance et douceur, avant une finale aux accents de réglisse. (Sucres résiduels: 25 g/l.) ⧗ 2020-2024

MAISON PETTERMANN, 9, rue de Dieffenthal, 67650 Dambach-la-Ville, tél. 03 88 92 42 01, contact@maison-pettermann.fr V *r.-v.*

RUHLMANN-DIRRINGER 2018 ★

■	16000		8 à 11 €

Au service du vin depuis plus de cinq générations, cette famille de vignerons est établie à Dambach-la-Ville, cité resserrée dans les vestiges de son enceinte; elle accueille les visiteurs dans une demeure de 1578. Rémy Dirringer exploite 15 ha sur les terres majoritairement granitiques des environs de sa commune. Domaine en conversion bio.

Vendangé début octobre, ce gewurztraminer a donné naissance à un moelleux à la fois doux et chaleureux, fidèle reflet du millésime. Le nez discret s'ouvre sur la rose, les fruits compotés et les agrumes. Souple en attaque, suave et généreuse, la bouche est rafraîchie par une finale mentholée. (Sucres résiduels: 25 g/l.) ⧗ 2020-2025

EARL RUHLMANN-DIRRINGER, 3, imp. de Mullenheim, 67650 Dambach-la-Ville, tél. 03 88 92 40 28, ruhlmanndirringer@gmail.com V *t.l.j. sf dim. 10h-18h*

B LOUIS SCHERB ET FILS 2018 ★★

■	3992		5 à 8 €

La famille est établie à Gueberschwihr depuis 1690. Louis Scherb vend son vin en tonneau avant-guerre, ses fils Joseph et André développent la vente en bouteilles dans les années 1970. Installée en 2002, la troisième génération, avec Agnès Burner et son mari, exploite 12 ha – en bio certifié depuis 2013.

Jaune clair, ce moelleux apparaît encore réservé au nez, tout en laissant deviner une bonne concentration. L'aération révèle des fragrances florales, des notes de fruits cuits et des touches plus fraîches d'agrumes. L'abricot sec ressort dans un palais de belle tenue, qui tire une réelle élégance de sa fraîcheur. «Une bonne suprise pour le millésime», conclut une dégustatrice. (Sucres résiduels: 27,7 g/l.) ⧗ 2020-2025

LOUIS SCHERB ET FILS, 1, rte de Saint-Marc, 68420 Gueberschwihr, tél. 03 89 49 30 83, louis.scherb@wanadoo.fr V *t.l.j. sf dim. 9h-12h 13h30-18h30* 3 C

B EDMOND SCHUELLER Réserve 2018 ★

■	3000	8 à 11 €

Au pied des donjons qui dominent le vignoble de Husseren-les-Châteaux, point culminant de la route des Vins au sud de Colmar, Damien Schueller, installé en 1999, triple la surface du domaine (6 ha) patiemment constitué par son père Edmond, ancien salarié viticole. La propriété est en bio certifié depuis 2013.

D'un jaune doré lumineux, ce moelleux monte en puissance sur des arômes d'épices et de fruits exotiques bien mûrs. Le fruit prend des tons presque confits dans une bouche ample, d'une belle richesse, à la longue finale marquée par un retour épicé. Un gewurztraminer bien typé et plutôt complexe. (Sucres résiduels: 31 g/l.) ⧗ 2020-2025

VINS EDMOND SCHUELLER, 26, rte du Vin, 68420 Husseren-les-Châteaux, tél. 06 82 33 40 78, info@alsace-schueller.com V *r.-v.* 3 C

ALINE ET RÉMY SIMON Silbergrub 2018 ★

■	4000		8 à 11 €

Installés dans la maison des grands-parents datant de 1772, Aline et Rémy Simon exploitent depuis 1996 le petit vignoble familial situé au pied du Haut-Kœnigsbourg, à la limite des deux départements alsaciens: 2 ha à l'origine, près de 8 ha aujourd'hui. Leurs fils Xavier et Grégory les ont rejoints sur l'exploitation.

D'un jaune soutenu, ce moelleux s'ouvre sur les épices, le litchi et des notes de surmaturation. On retrouve au palais les épices alliées à la mangue. Assez complexe, ample, concentré, riche et persistant, ce vin montre une douceur marquée mais bien fondue, équilibrée en finale par une pointe de fraîcheur et par une touche d'amertume. Il pourra donner la réplique à des fromages bleus. (Sucres résiduels: 46,5 g/l.)

DOM. ALINE ET RÉMY SIMON, 12, rue Saint-Fulrade, 68590 Saint-Hippolyte, tél. 03 89 73 04 92, alineremy.simon@wanadoo.fr V r.-v.

♥ VINCENT SPANNAGEL Cuvée H 2018 ★★

2000 | 11 à 15 €

Une famille enracinée à Katzenthal depuis la fin du XVIIes. Le domaine (11 ha aujourd'hui) a été constitué en 1959 par André Spannagel, qui a passé le relais à son fils Vincent en 1982, rejoint en 2009 par Patrice. Emblème du village, le donjon du Wineck, entouré de vignes, a donné son nom au grand cru granitique où la famille cultive avec bonheur les quatre cépages nobles.

Élégant, le mot revient sur toutes les fiches de dégustation pour décrire ce moelleux tout doré, sûrement de grande origine. Élégance du nez qui monte en puissance sur des notes de rose et de fruits frais; élégance d'un palais ample, gras, bien fondu, allégé en finale par une belle arête acide qui lui donne longueur et finesse, finale saline. Caractéristique du cépage par sa rondeur comme par ses arômes de rose et d'épices, ce 2018 «tout en dentelle» offre la puissance du millésime, avec une tension rare dans cette année chaude. (Sucres résiduels: 45 g/l.) ⧗ 2020-2025

DOM. VINCENT SPANNAGEL, 82, rue du Vignoble, 68230 Katzenthal, tél. 03 89 27 52 13, domainespannagel@gmail.com V r.-v.

DOM. STIRN Vendanges tardives 2017 ★

4000 | 20 à 30 €

Odile et Fabien Stirn se sont installés en 1999 sur l'exploitation familiale créée au XIXes. Œnologues, ils ont repris les vinifications au domaine. Leurs vignes (10 ha aujourd'hui) sont disséminées entre Beblenheim et Turckheim, si bien qu'ils disposent d'une belle mosaïque de terroirs, avec des parcelles dans 5 grands crus (Brand, Mambourg, Sonnenglanz, Schlossberg et Marckrain).

Issu de raisins passerillés et botrytisés, ce 2017 offre tout ce que l'on recherche dans des vendanges tardives: une somptueuse robe jaune d'or, un nez intense et complexe, aux arômes de surmaturation (coing, miel, raisin sec) que l'on retrouve dans une bouche riche et longue. Il gagnera à attendre pour permettre aux sucres de se fondre. (Sucres résiduels: 125 g/l.) ⧗ 2022-2030

DOM. FABIEN STIRN, 3, rue du Château, 68240 Kaysersberg-Vignoble, tél. 03 89 47 30 58, domainestirn@free.fr V *t.l.j. 9h-12h 13h30-17h30; dim. sur r.-v.*

ALSACE KLEVENER-DE-HEILIGENSTEIN

Superficie: 42 ha / Production: 2 893 hl

Le klevener-de-heiligenstein n'est autre que le vieux traminer (ou savagnin rose) connu depuis des siècles en Alsace. Il a fait place progressivement à sa variante épicée ou gewurztraminer dans l'ensemble de la région, mais il est resté vivace à Heiligenstein et dans cinq communes voisines. Ses vins sont originaux, à la fois très bien charpentés, élégants et discrètement aromatiques.

PAUL DOCK Cuvée Tradition 2018 ★

4000 | 8 à 11 €

Héritier d'une lignée installée au XVIIIes. à Heiligenstein, au pied du mont Sainte-Odile, Paul Dock a fondé son domaine en 1972. Le vignoble s'étend sur 9,5 ha et le klevener-de-heiligenstein représente 35 % de sa production. Patrick est venu rejoindre son père il y a plusieurs années.

Déjà appréciée dans le millésime précédent, cette cuvée se maintient à un très bon niveau. Les larmes sur les parois du verre annoncent sa puissance et le nez où percent les fruits confits traduit une certaine surmaturation. On y trouve aussi des fruits exotiques, des notes balsamiques et florales (violette, jasmin, fleurs jaunes). En bouche, ce vin sec affiche richesse et puissance, allégé par une belle vivacité et par une agréable amertume en finale. (Sucres résiduels: 12 g/l.) ⧗ 2020-2024

EARL PAUL DOCK ET FILS, 55, rue Principale, 67140 Heiligenstein, tél. 03 88 08 02 49, vinsdock@orange.fr V *t.l.j. 9h30-12h 13h30-18h*

HABSIGER 2018 ★

7620 | 8 à 11 €

Paul et Simone Habsiger se sont établis en 1967 à Gertwiller, village proche de Barr réputé pour son pain d'épice. Ils ont abandonné la polyculture-élevage au milieu des années 1980. Installé en 1992, leur fils Alain dispose d'une exploitation à taille humaine (environ 10 ha) et d'une maison à colombage de 1733, coiffée d'un nid de cigognes.

Jaune clair à reflets verts, ce vin sec élevé six mois en fût de chêne est apprécié pour sa finesse. Discret au nez, il s'ouvre à l'aération sur des évocations de fleurs séchées, de mangue et d'épices. Une petite note boisée bien intégrée perce dans une bouche fraîche en attaque, ample et longue. (Sucres résiduels: 9 g/l.) ⧗ 2020-2024

EARL ALSACE HABSIGER, 15, rue Principale, 67140 Gertwiller, tél. 06 77 41 97 38, alsace.habsiger@gmail.com V *t.l.j. sf dim. 8h-12h 13h30-18h30*

♥ B JEAN ET HUBERT HEYWANG Lieu-dit Schwendehiesel 2018 ★★

6000 | 8 à 11 €

Située au pied du mont Sainte-Odile, dans le village de Heiligenstein renommé pour son cépage klevener, une exploitation fondée en 1955 par Jean Heywang et dirigée depuis 1990 par son fils Hubert. Couvrant 7 ha, elle a obtenu en 2011 la certification bio.

Moelleux léger, ce 2018 montre une excellente tenue cette année. Son fruité monte en puissance à l'aération, sur des notes de mirabelle et de mangue assorties de touches d'épices et de sous-bois. Les fruits secs viennent compléter cette palette complexe dans une bouche riche, généreuse et longue, marquée en finale par une légère amertume. (Sucres résiduels : 25 g/l.) ⧗ 2020-2026

⊶ JEAN ET HUBERT HEYWANG, 7, rue Principale, 67140 Heiligenstein, tél. 03 88 08 91 41, contact@heywang-vins.fr V *t.l.j. 10h-12h 14h-19h*

DOM. G. METZ 2018 ★

	1400		11 à 15 €

C'est le gendre de Gérard Metz, Éric Casimir, d'origine champenoise, qui conduit le domaine familial, dont il a porté la superficie de 14 à 18 ha (avec des parcelles en grand cru). L'exploitation est implantée à Itterswiller, petit village bas-rhinois très fleuri, situé à flanc de coteau.

Ce moelleux léger a séduit par sa palette aromatique à la fois mûre et fraîche. Il s'ouvre sur les fruits exotiques et l'orange, avec des nuances végétales presque muscatées, citronnées et mentholées. Vif en attaque, il se développe ensuite avec rondeur et souplesse, marqué en finale par des notes épicées. ⧗ 2020-2024

⊶ DOM. GÉRARD METZ, 40, rte du Vin, 67140 Itterswiller, tél. 03 88 57 80 25, info@vinsgerardmetz.net V *t.l.j. sf dim. 10h30-12h30 16h30-19h*

ALSACE MUSCAT

Superficie : 351 ha / Production : 18 487 hl

Deux variétés de muscat servent à élaborer ce vin sec et aromatique qui donne l'impression de croquer du raisin frais. Le premier, dénommé de longue date muscat d'Alsace, n'est autre que celui que l'on connaît mieux sous le nom de muscat blanc à petits grains (parfois dénommé muscat de Frontignan). Comme il est tardif, on le réserve aux meilleures expositions. Le second, plus précoce et de ce fait plus répandu, est le muscat ottonel.

AGATHE BURSIN Bollenberg 2018 ★

	1000		11 à 15 €

Œnologue, Agathe Bursin a réalisé son rêve: reprendre les vinifications sur le domaine familial, qui apportait ses raisins à la coopérative depuis la mort de son arrière-grand-père. Installée en 2001, elle exploite avec passion et méticulosité le petit vignoble qu'elle agrandit peu à peu (6 ha). Elle propose des vins de terroir, issus notamment du grand cru Zinnkoepflé.

Né sur les pentes sèches du Bollenberg, lieu-dit réputé, ce 2018 s'affirme à l'aération, livrant d'élégants parfums frais et typés, muscatés et mentholés. Fruité et floral au palais, un rien réglissé, équilibré et persistant, il allie la générosité de l'année et une fine acidité, avec un agréable côté salin. De la personnalité et «une belle subtilité pour un millésime chaud». (Sucres résiduels: 7 g/l.) ⧗ 2020-2024

⊶ AGATHE BURSIN, 11, rue de Soultzmatt, 68250 Westhalten, tél. 03 89 47 04 15, agathe.bursin@wanadoo.fr V *r.-v.*

HORCHER Sélection 2018 ★★

	1800		8 à 11 €

Domaine situé au cœur de la route des Vins, près de Riquewihr. À sa création par Alfred Horcher en 1920, il ne comptait que 1 ha de vignes. Ernest Horcher débute la vente en bouteilles en 1953, transmet la propriété à Alfred Hubert en 1981. Depuis 2014, les enfants de ce dernier, Thomas, Lise et Irène, travaillent sur l'exploitation: 11 ha disséminés sur 6 communes et plus de 40 parcelles, dont certaines en grand cru (Mandelberg, Sporen et Kaefferkopf).

Le nez séduisant s'ouvre à l'aération sur la fleur blanche, teintée de notes suaves de confiserie. Après une attaque vive, le vin dévoile une douceur marquée, rafraîchi par une belle fraîcheur qui lui donne élégance et allonge. Il fera merveille à l'apéritif. (Sucres résiduels: 17 g/l.) ⧗ 2020-2023

⊶ FAMILLE HORCHER, 8, rue du Vignoble, 68630 Mittelwihr, tél. 03 89 47 93 26, info@horcher.fr V *t.l.j. sf dim. 8h-11h45 14h-18h*

MARZOLF 2017 ★

	1200		5 à 8 €

Viticulteurs depuis 1730, les Marzolf se sont établis en 1904 à Gueberschwihr, village aussi connu pour son clocher roman de grès rose que pour l'ancienneté de son vignoble. Après Paul et René, Denis, installé en 1985, conduit l'exploitation, qui comprend des parcelles dans le grand cru local, le Goldert.

Un profil très tonique pour ce muscat au nez élégant et bien ouvert sur l'acacia, nuancé de touches de bourgeon de cassis, de menthe et de bois de cèdre. La bouche, dans le droit-fil, dévoile une belle tension qui met en valeur des arômes d'agrumes. Marquée par une fine touche de pamplemousse, la finale signe un vin dynamique que l'on verrait bien avec un feuilleté de saumon aux asperges. (Sucres résiduels: 3 g/l.) ⧗ 2020-2023

⊶ MARZOLF, 9, rte de Rouffach, 68420 Gueberschwihr, tél. 03 89 49 31 02, vins@marzolf.fr V *t.l.j. 9h-11h45 13h30-18h*

ROLLY GASSMANN Moenchreben de Rorschwihr 2017 ★★

	7000		15 à 20 €

Domaine né de l'union de Marie-Thérèse Rolly avec Louis Gassmann, établis à Rorschwihr, village dominé par le Haut-Kœnigsbourg. Héritiers de lignées remontant à 1611, ces vignerons ont constitué un vaste domaine de 53 ha. Pierre Gassmann élabore de multiples cuvées, vinifiées par lieux-dits et types de sol. Il a inauguré en 2018 un impressionnant bâtiment sur 6 niveaux qui regroupe ses 7 anciens sites: un chai enterré et une salle de dégustation panoramique.

L'automne était bien avancé, début octobre, quand les raisins à l'origine de cette cuvée ont été vendangés. Il en résulte un vin discret et suave au nez, qui révèle toutes ses qualités en bouche: harmonieux, frais et long, il donne l'impression de croquer dans le raisin muscat, avec une touche de coing qui évoque la surmaturation. «Une image parfaite du cépage vinifié en moelleux», selon un dégustateur. (Sucres résiduels: 51 g/l.) ⧗ 2020-2025

SAS ROLLY GASSMANN, 15, Grand-Rue, 68590 Rorschwihr, tél. 03 89 73 63 28, rollygassmann@wanadoo.fr r.-v.

♥ B ÉRIC ROMINGER 2018 ★★

2200 | 11 à 15 €

Situé dans la Vallée Noble, au sud de Colmar, le domaine a été créé en 1970 par le père d'Éric Rominger. Ce dernier en a pris les rênes en 1986 et s'est rapidement distingué dans le Guide. Après sa disparition prématurée en 2014, Claudine Rominger poursuit son œuvre. Exploité en biodynamie, le vignoble couvre 11 ha, dont plus du tiers en grand cru (Saering et surtout Zinnkoepflé, majestueux coteau plein sud culminant à plus de 400 m).

Issu de muscat ottonel, ce vin a enchanté les dégustateurs par son nez explosif et typé, entre acacia, pêche blanche, litchi et bergamote. Malgré sa robe dorée et ses parfums exubérants, il offre la droiture élégante d'un vin sec, typique en cela des muscats d'Alsace. Gras et vif à la fois, d'une rare finesse aromatique, avec un côté minéral et salin qui lui donne beaucoup de relief, il s'accordera à des plats végétariens aux légumes croquants. (Sucres résiduels: 1 g/l.) ⧗ 2020-2023

DOM. ÉRIC ROMINGER, 16, rue Saint-Blaise, 68250 Westhalten, tél. 03 89 47 68 60, vins-rominger.eric@orange.fr t.l.j. 9h-12h 14h-18h; dim. sur r.-v.

ALSACE PINOT BLANC OU KLEVNER

Superficie: 3 303 ha / Production: 267 672 hl

Sous ces deux dénominations (la seconde étant un vieux nom alsacien), le vin de cette appellation peut provenir de deux cépages: le pinot blanc vrai et l'auxerrois blanc. Ce sont des variétés assez peu exigeantes, capables de donner des résultats remarquables dans des situations moyennes, car leurs vins allient agréablement fraîcheur, corps et souplesse. Dans la gamme des vins d'Alsace, le pinot blanc représente le juste milieu et il n'est pas rare qu'il surclasse certains rieslings.

B PIERRE ARNOLD Auxerrois 2018 ★★

2600 | 5 à 8 €

Cette propriété familiale a pignon sur rue au cœur de la cité fortifiée de Dambach-la-Ville. Création en 1711, premières mises en bouteilles en 1926, certification bio en 2012. À la tête du domaine depuis 1986, Pierre Arnold cultive 8 ha, avec des parcelles sur le grand cru de sa commune, le Frankstein, aux sols granitiques. Formé en Côte-d'Or, il élève certains de ses vins dans des pièces bourguignonnes.

Aussi remarquable que dans le millésime précédent, cet auxerrois élevé en foudre de chêne séduit par son nez concentré et fruité, prélude à une bouche complexe, harmonieuse et longue. Il accompagnera tout un repas. ⧗ 2020-2024

PIERRE ARNOLD, 16, rue de la Paix, 67650 Dambach-la-Ville, tél. 03 88 92 41 70, alsace.pierre.arnold@orange.fr t.l.j. 9h-18h; dim. sur r.-v.

DOM. DU BOUXHOF Bouxberg 2018 ★

2500 | 8 à 11 €

Implantée au milieu des vignes, cette propriété aux imposants bâtiments, ancienne abbaye cistercienne, a été acquise en 1925 par la famille Edel, au service du vin depuis le XVIIIes. Jean-Michel Edel est depuis 1987 à la tête du domaine: 8,5 ha de vignes (en conversion bio à partir de 2020) et des vergers, dont les fruits sont distillés.

Une robe profonde, jaune doré, pour ce 2018 qui s'ouvre à l'aération sur des notes de pêche. Ample en attaque, intense et long, un pinot blanc typé et harmonieux. ⧗ 2020-2023

DOM. DU BOUXHOF, rue du Bouxhof, 68630 Mittelwihr, tél. 03 89 47 90 34, edel.bouxhof@online.fr t.l.j. sf lun. 9h-12h30 14h-19h; f. 2eme sem. de janv.

DOM. HENRI FLORENCE ET FILS 2018 ★

2500 | 5 à 8 €

Claude Florence travaille depuis 1988 sur le domaine familial créé en 1947, dont il a pris la tête en 2002. Il exploite près de 10 ha autour d'Ammerschwihr, gros bourg viticole au nord-ouest de Colmar, ainsi que dans les villages voisins. Dans sa cave, les foudres de bois traditionnels côtoient quelques cuves Inox.

Le nez, réservé, s'ouvre sur la pêche. Ce fruité s'affirme dans une bouche persistante, marquée en finale par une légère suavité. Un pinot blanc intense et fin, qui fera merveille sur volailles et viandes blanches. ⧗ 2020-2023

EARL HENRI FLORENCE ET FILS, 1, rue des Merles, 68770 Ammerschwihr, tél. 03 89 47 35 69, claude.florence0210@orange.fr t.l.j. sf dim. 9h-11h45 13h15-18h30

MURIEL GUETH Auxerrois Vieilles Vignes 2018 ★

1200 | 8 à 11 €

Une famille établie depuis deux siècles à Gueberschwihr, au sud de Colmar. Installés en 1970, Jean-Claude et Bernadette Gueth ont commercialisé leurs vins à partir de 1982. Aujourd'hui, leur domaine couvre 8 ha et leur fille, Muriel Gueth, vinifie depuis 1996. L'exploitation s'est installée en 2018 dans des locaux modernes au milieu des vignes.

Un auxerrois né de vignes de 60 ans plantées non loin du grand cru Goldert. Un peu discret mais précis au nez, il libère des parfums de fruits jaunes avant de dévoiler une bouche souple, équilibrée et longue. ⧗ 2020-2023

DOM. GUETH, 1, Brunnmattweg, 68420 Gueberschwihr, tél. 03 89 49 33 61, cave@vin-alsace-gueth.com r.-v.

DOM. G. METZ
Auxerrois Harmony L'Accord parfait 2018 ★

■	6000	5 à 8 €

C'est le gendre de Gérard Metz, Éric Casimir, d'origine champenoise, qui conduit le domaine familial, dont il a porté la superficie de 14 à 18 ha (avec des parcelles en grand cru). L'exploitation est implantée à Itterswiller, petit village bas-rhinois très fleuri, situé à flanc de coteau.

Un nez fruité et frais, un palais tout aussi fruité, ample, de belle longueur, légèrement salin: un vin aimable et consensuel, qui formera d'heureux accords avec de nombreux mets de la terre et de la mer. ⧗ 2020-2023

DOM. GÉRARD METZ, 40, rte du Vin, 67140 Itterswiller, tél. 03 88 57 80 25, info@vinsgerardmetz.net V *t.l.j. sf dim. 10h30-12h30 16h30-19h*

DOM. NICOLLET 2018 ★

■	4800		5 à 8 €

Reconstitué en 1920 après le phylloxéra, ce domaine est situé dans la Vallée Noble, à environ 20 km au sud de Colmar. Gérard Nicollet commence la vente en bouteilles dans les années 1960. Installé en 2004, Marc exploite avec sa compagne Sara 14 ha de vignes, dont plusieurs parcelles en grand cru Zinnkoepflé.

Un domaine souvent distingué pour ses vins moelleux et liquoreux du grand cru Zinnkoepflé. En cette année solaire, il signe un vin sec au nez frais et précis, entre fleurs blanches et fruits jaunes, et à la bouche intensément fruitée, ample, de belle longueur. ⧗ 2020-2023

GÉRARD NICOLLET ET FILS, 33, rue de la Vallée, 68570 Soultzmatt, tél. 03 89 47 03 90, vinsnicollet@wanadoo.fr V *t.l.j. sf dim. 9h-12h 14h-18h*

ANTOINE STOFFEL Eguisheim Auxerrois 2018 ★★

■	1600		8 à 11 €

Cité médiévale préservée au plan circulaire, Eguisheim se flatte d'être le berceau du vignoble alsacien. Établi à quelques pas du centre, le domaine est conduit depuis 2015 par Mathieu Kuehn, petit-fils d'Antoine Stoffel. Le vignoble de 8 ha est en conversion bio depuis 2017.

Plus d'une fois remarqué dans des éditions précédentes, cet auxerrois d'Eguisheim séduit par la finesse de ses arômes de fruits jaunes. Très présent en bouche, intense, complexe, équilibré, il laisse le souvenir d'une réelle harmonie. ⧗ 2020-2023

DOM. ANTOINE STOFFEL, 21, rue de Colmar, 68420 Eguisheim, tél. 03 89 41 32 03, domaine@antoinestoffel.com V *t.l.j. sf dim. 9h-12h 14h-18h*

ZIMMERMANN
Côteaux du Haut-Kœnigsbourg
Auxerrois Réserve 2018 ★★

■	9760		5 à 8 €

Perpétuant une lignée de vignerons remontant à 1693, la famille Zimmermann – Vincent, depuis 1984 – est installée à Orschwiller, village veillé par le château du Haut-Kœnigsbourg, à la limite des deux départements alsaciens. Elle dispose d'un coquet domaine de 17 ha, avec des parcelles dans deux grands crus.

Pinot blanc et auxerrois sont presque toujours vinifiés en sec. Vincent Zimmermann a tiré du second un moelleux (38,6 g/l de sucres résiduels) surprenant mais fort harmonieux, tout d'or vêtu, aux discrets accents de surmaturation (fruits jaunes bien mûrs). Un vin intense, riche, gras et long, parfait à l'apéritif et avec certains mets exotiques. ⧗ 2020-2025

EARL A. ZIMMERMANN ET FILS, 3, Grand-Rue, 67600 Orschwiller, tél. 03 88 92 08 49, zimmermann.jp@evc.net V *t.l.j. 8h30-12h 13h-18h30; dim. sur r.-v.*

ALSACE PINOT GRIS

Superficie : 2 355 ha / Production : 165 954 hl

La dénomination locale tokay qui fut donnée au pinot gris pendant quatre siècles ne laisse pas d'étonner, puisque cette variété n'a jamais été utilisée en Hongrie orientale... Selon la légende, le tokay aurait été rapporté de ce pays par le général Lazare de Schwendi, grand propriétaire de vignobles en Alsace. Son aire d'origine semble être, comme celle de tous les pinots, le territoire de l'ancien duché de Bourgogne. Ce cépage a connu une expansion spectaculaire. Le pinot gris peut produire un vin capiteux, très corsé, plein de noblesse, susceptible de remplacer un vin rouge sur les plats de viande. Lorsqu'il est somptueux comme en 1989, 1990 ou 2000, années exceptionnelles, c'est l'un des meilleurs accompagnements du foie gras.

DOM. PIERRE ADAM
Katzenstegel Cuvée Théo 2018 ★

■	7000		11 à 15 €

Une exploitation fondée en 1950 par Pierre Adam à Ammerschwihr, important bourg viticole au nord-ouest de Colmar. Elle s'est notablement agrandie: Rémy Adam, à la tête de la propriété depuis 1990, dispose de 16 ha de vignes, avec des parcelles dans 2 grands crus: le Kaefferkopf d'Ammerschwihr et le Schlossberg, situé dans le village voisin de Kientzheim.

Né sur un coteau exposé au sud, aux sols granitiques, ce pinot gris moelleux est l'une des valeurs sûres du domaine. Le 2018, vendangé le 1er octobre, offre un profil particulièrement riche et chaleureux, reflet d'une année solaire: la robe or laisse des larmes sur le verre, l'expression aromatique est centrée sur le coing et le raisin confits, nuancés de miel; la bouche apparaît ample et généreuse, avec ce qu'il faut d'acidité pour apporter à l'ensemble tonus et profondeur. Du caractère. (Sucres résiduels: 30 g/l.) ⧗ 2020-2026

DOM. PIERRE ADAM, 8, rue du Lt-Louis-Mourier, 68770 Ammerschwihr, tél. 03 89 78 23 07, info@domaine-adam.com V *t.l.j. 8h-12h 13h30-18h30*

LÉON BAUR 2018 ★★

■	7500		8 à 11 €

Fondé en 1738, ce domaine familial établi au cœur de la cité médiévale d'Eguisheim s'étend sur 10 ha répartis sur plusieurs communes. À sa tête depuis

40 ans, Jean-Louis Baur a été rejoint en 2010 par sa fille Caroline. Adossée à l'ancien rempart du village, la cave abrite des cuves modernes en Inox et des foudres de chêne. Exploitation certifiée Haute valeur environnementale.

Or pâle, ce pinot gris réunit nombre de qualités du cépage: un nez très floral, un palais plus fruité, gras, puissant et long, tonifié par une belle fraîcheur qui lui confère précision, droiture et élégance. Une qualité de finesse appréciable dans un millésime solaire. Demi-sec ou moelleux léger, ce vin se placera facilement à table, aussi bien sur une volaille, que sur des saint-jacques ou du poisson en sauce. (Sucres résiduels: 11,8 g/l.) ⧗ 2020-2026

MAISON LÉON BAUR, 22, rue du Rempart-Nord, 68420 Eguisheim, tél. 03 89 41 79 13, contact@leon-baur.com V *t.l.j. 9h-12h 13h30-18h30*

HUBERT BECK
Réserve du chevalier 2017 ★

10150 | 11 à 15 €

Faisant remonter son arbre généalogique à 1596, la famille Beck est aussi ancienne que les maisons à pignons de la vieille cité fortifiée de Dambach-la-Ville où elle est établie. Sa maison s'appuie sur un vignoble en propre de 45 ha, avec des parcelles dans le grand cru local, le Frankstein. Depuis 2011, elle confie ses vendanges à la maison Ruhlmann-Schutz.

Issu de sols granitiques et de raisins récoltés à la mi-octobre dans une année très précoce, ce 2017 offre au nez des caractères de surmaturation: le coing ressort, assorti de touches minérales, et se confirme en bouche, nuancé d'une note de sous-bois. Ample, gras et puissant, sans être trop doux, marqué par une amertume de bon aloi en finale, ce moelleux bien typé, équilibré et persistant pourra être servi de l'apéritif au dessert. (Sucres résiduels: 32 g/l.) ⧗ 2020-2025

HUBERT BECK, 34, rue du Mal-Foch, 67650 Dambach-la-Ville, tél. 03 88 92 41 86, alsace.beck@free.fr V *r.-v.*

FRANÇOIS BLÉGER Vieilles Vignes 2018 ★

6400 | 8 à 11 €

Originaires de Suisse, les Bléger sont arrivés en 1562 à Saint-Hippolyte, au pied du Haut-Kœnigsbourg. Alors que ses parents vendaient leur vin en vrac au négoce, François Bléger – qui avait étudié la sociologie avant de se former à la viticulture – s'est lancé dans la mise en bouteilles à son installation, en 1996. Il dispose de 9 ha répartis sur 4 communes.

Déjà apprécié dans le millésime précédent, ce pinot gris or clair, issu de sols granitiques, présente un caractère moins moelleux que son devancier, offrant plutôt le profil d'un demi-sec. Chaleureux au nez, il libère à l'aération de légères touches fruitées et fumées. La pêche mûre s'affirme dans un palais très équilibré, onctueux et suave, tonifié par une acidité minérale. La finale d'une grande persistance est marquée par une touche d'amertume. (Sucres résiduels: 25,5 g/l.) ⧗ 2020-2024

DOM. FRANÇOIS BLÉGER, 63, rte du Vin, 68590 Saint-Hippolyte, tél. 03 89 73 06 07, domaine.bleger@wanadoo.fr V *r.-v.*

♥ DOM. BORÈS
Schieferberg Sélection de grains nobles 2017 ★★★

925 | 30 à 50 €

Au sud de Barr, le village de Reichsfeld est situé en pleine montagne, au fond d'un vallon encaissé abrité par l'Ungersberg, point culminant du Bas-Rhin: le cadre de vie de Marie-Claire et Pierre Borès, installés en 1988. Le couple exploite ses 10 ha de vignes sur les coteaux abrupts du Schieferberg – l'un des rares terroirs de schistes d'Alsace.

Cette cuvée confirme les atouts du Schieferberg, terroir schisteux d'altitude, qui a valu au domaine un coup de cœur l'an dernier pour un riesling moelleux du même millésime. Ce liquoreux impressionne d'emblée: sa robe intense, d'un ambre cuivré, annonce sa concentration. Très ouvert, le nez déploie une palette captivante par sa complexité, panier de fruits secs et confits (abricot, coing, figue, datte) rehaussé de notes de café et de poivre. Ces arômes confits se prolongent dans un palais ample et riche, d'une rare densité, tendu par une arête acide qui souligne sa longue finale. Le type même du vin de méditation. (Sucres résiduels: 169 g/l.) ⧗ 2020-2030

DOM. BORÈS, 15, lieu-dit Leh, 67140 Reichsfeld, tél. 03 88 85 58 87, contact@domaine-bores.fr V *r.-v.*

DIETRICH 2018 ★

8000 | 8 à 11 €

La famille cultive la vigne depuis 1620, mais il a fallu attendre le début des années 1960 pour que Laurent Dietrich abandonne la polyculture et se lance dans la vente en bouteilles. Son fils Michel exploite 18 ha autour de la cité fortifiée de Dambach-la-Ville et de villages proches (Dieffenthal, Itterswiller et Albé). Domaine en conversion bio.

Un profil demi-sec pour ce pinot gris issu de sols granitiques. D'abord fermé, il demande de l'aération pour laisser poindre des notes d'abricot sec. Pêche, mirabelle..., le fruit jaune se confirme en attaque dans une bouche chaleureuse, vivifiée en finale par une belle acidité qui met en valeur un plaisant retour de l'abricot sec, accompagné de miel et d'écorce de mandarine. (Sucres résiduels: 15 g/l.) ⧗ 2020-2025

FAMILLE DIETRICH, 3, rue des Ours, 67650 Dambach-la-Ville, tél. 03 88 92 41 31, famille@vins-dietrich.com V *t.l.j. sf dim. 9h-12h 13h-19h*

PAUL DOCK 2018 ★

4000 | 5 à 8 €

Héritier d'une lignée installée au XVIIIe s. à Heiligenstein, au pied du mont Sainte-Odile, Paul Dock a fondé son domaine en 1972. Le vignoble s'étend sur 9,5 ha et le klevener-de-heiligenstein représente 35 % de sa production. Patrick est venu rejoindre son père il y a plusieurs années.

Vinifié en sec, ce 2018 or soutenu apparaît fermé au nez. Plus expressif en bouche, il dévoile des arômes de fruits confits finement épicés, en harmonie avec une matière onctueuse. Une agréable fraîcheur apporte relief et allonge à l'ensemble. Viandes blanches, poissons en sauce, cuisines du monde, ce pinot gris s'accordera avec de nombreux mets. (Sucres résiduels: 9 g/l.) ⧗ 2020-2025

EARL PAUL DOCK ET FILS, 55, rue Principale, 67140 Heiligenstein, tél. 03 88 08 02 49, vinsdock@orange.fr V t.l.j. 9h30-12h 13h30-18h

DOM. DUSSOURT
Rittersberg Réserve Prestige 2018 ★

■	5333	▮	15 à 20 €

Officier des armées de Louis XIV, le premier Dussourt fait souche en Alsace à la fin du XVIIes. et ses descendants ne tardent pas à s'intéresser au vin. André débute la vente en bouteilles en 1964 avant de passer le relais à son fils Paul en 1987. Couvrant 12 ha, le domaine a son siège à Scherwiller, village proche de Sélestat reconnu en dénomination communale pour son riesling.

Un pinot gris né sur les pentes aux sols granitiques du Rittersberg («mont des Chevaliers»), dominé par le château de l'Ortenbourg. Vinifié en sec, il s'habille d'or pâle et reste réservé au nez, s'ouvrant à l'aération sur les fruits secs ou confits. Puissant et intense en bouche, il réussit à concilier rondeur et élégance. Un bon reflet du cépage et du millésime, qui formera d'heureux accords avec des volailles. (Sucres résiduels: 12 g/l.)

DOM. DUSSOURT, 2, rue de Dambach, 67750 Scherwiller, tél. 03 88 92 10 27, domaine.dussourt@orange.fr V t.l.j. sf dim. 9h-12h 14h-18h

JEAN-PAUL ECKLÉ Cuvée Léon 2018 ★

■	3000	◍	8 à 11 €

Établi près de Colmar, dans le village de Katzenthal blotti dans un vallon et dominé par le donjon du Wineck, Emmanuel Ecklé exploite depuis 1996 les 9,5 ha du domaine familial. Une valeur sûre, notamment pour ses rieslings du Wineck-Schlossberg et du lieu-dit Hinterburg.

En 2018, les raisins ont été laissés sur pied jusqu'au 10 octobre, soit 5 semaines après le début des vendanges, pour obtenir ce vin jaune d'or, aux parfums de fruits compotés et épicés évoquant avec discrétion la surmaturation; le prélude à une bouche souple, d'une grande richesse en sucres, tonifiée par une attaque vive et par une touche d'amertume en finale. Pour l'apéritif ou le dessert. (Sucres résiduels: 80 g/l.) ⧗ 2020-2025

SCEA JEAN-PAUL ECKLÉ ET FILS, 29, Grand-Rue, 68230 Katzenthal, tél. 03 89 27 09 41, eckle.jean-paul@wanadoo.fr V t.l.j. sf dim. 9h-12h 13h30-18h

PAUL FAHRER Vieilles Vignes 2018 ★

■	2100	▮	5 à 8 €

En 1938, Marcel Fahrer s'installe dans l'ancienne résidence du bailli de la forteresse du Haut-Kœnigsbourg; il effectue les premières mises en bouteilles en 1950. Paul le rejoint 20 ans plus tard, spécialise l'exploitation et élabore ses premiers crémants en 1980. Dirigé depuis 2009 par son fils Jean-Yves, œnologue, le domaine compte 6,5 ha de vignes et a engagé sa conversion bio en 2020.

La robe surprenante, aux reflets roses, rappelle la couleur gris rosé de la peau du pinot gris. Quant au nez, vineux, suave et gourmand, il se partage entre les fruits d'été à noyau et la confiserie. La bouche, dans le droit-fil, apparaît puissante, intense et longue, gorgée d'arômes de pêche de vigne, tonifiée en finale par une pointe de fraîcheur et par un soupçon d'amertume. Un moelleux léger qui trouvera facilement sa place à l'apéritif ou à table. (Sucres résiduels: 26 g/l.) ⧗ 2020-2025

DOM. PAUL FAHRER, 3, pl. de la Mairie, 67600 Orschwiller, tél. 03 88 92 86 57, vins@paulfahrer.fr V r.-v.

B PAUL GINGLINGER Les Prélats 2018 ★

■	11100	▮	11 à 15 €

Domaine fondé en 1610 à 5 km au sud de Colmar, dans la cité médiévale d'Eguisheim. Michel Ginglinger, fils de Paul et œnologue diplômé, en a pris la tête en 2002 après avoir exercé ses talents comme maître de chai en Bourgogne, en Afrique du Sud et au Chili. Il exploite 12 ha (avec des parcelles dans deux grands crus) et a converti son vignoble à l'ariculture biologique.

Issu de sols argilo-calcaires, ce pinot gris a été vinifié en sec. Son nez délicat associe les fleurs et les fruits mûrs à des nuances de cire d'abeille. En bouche, le vin affiche la puissance chaleureuse du cépage, équilibrée par un trait de fraîcheur qui lui confère tonus et allonge. Il accompagnera aussi bien des tourtes et viandes blanches que des poissons et crustacés en sauce. (Sucres résiduels: 5 g/l.) ⧗ 2020-2024

PAUL GINGLINGER, 8, pl. Charles-de-Gaulle, 68420 Eguisheim, tél. 03 89 41 44 23, info@paul-ginglinger.fr V t.l.j. 9h-12h 14h-18h

GOCKER Vieilles Vignes 2018 ★

■	4500	▮	11 à 15 €

Philippe et Andrée Gocker, installés en 1978, perpétuent une tradition vigneronne remontant au XVIes. Situé au cœur de la route des Vins, leur domaine de 8 ha est implanté à Mittelwihr et dans trois communes voisines: Hunawihr, Bennwihr et Riquewihr.

Déjà apprécié dans les 2 millésimes précédents, ce pinot gris moelleux aux reflets dorés offre une expression réussie du cépage et de l'année. Le nez sur le coing et les fruits secs révèle sans ostentation sa richesse. La bouche, à l'unisson, se développe avec ampleur et persistance, avec ce qu'il faut de fraîcheur pour assurer un bel équilibre. On y retrouve le coing, allié à la pêche et, en finale, au raisin sec. Pour l'apéritif, le dessert ou un plat sucré-salé. (Sucres résiduels: 35 g/l.) ⧗ 2020-2024

EARL PHILIPPE GOCKER, 1, pl. des Cigognes, 68630 Mittelwihr, tél. 03 89 49 01 23, domaine.gocker@hotmail.fr V t.l.j. sf dim. 8h-12h 14h-19h; f. 15-31 août

GOETTELMANN Cuvée Hélène 2018 ★

■	3814	▮	5 à 8 €

Après ses études, Michel Goettelmann a fait des stages qui l'ont mené jusqu'en Californie et en Nouvelle-Zélande, puis a rejoint en 1986 le domaine familial. Il en a pris la direction en 1991 et a effectué sa première mise en bouteilles en 1995. Aujourd'hui,

il exploite plus de 8,5 ha autour de Châtenois et de Scherwiller, près de Sélestat. Propriété certifiée Haute valeur environnementale.

Encore réservé, ce 2018 s'ouvre à l'aération sur des notes florales accompagnées de nuances de fruits secs traduisant la surmaturation. Plus expressif et fruité en bouche, ample et gras, il est soutenu par une fine acidité qui lui donne allonge et élégance. Moelleux léger ou demi-sec, il trouvera sa place aussi bien à l'apéritif qu'au repas, avec du poisson en sauce par exemple. (Sucres résiduels: 10 g/l.) ⧗ 2020-2024

⊶ MICHEL GOETTELMANN, 27 A, rue des Goumiers, 67730 Châtenois, tél. 03 88 82 12 40, mgoettelmann@wanadoo.fr t.l.j. 8h-12h 13h-19h; dim. 9h-12h 14h-18h

DOM. GROSS Christine 2017 ★

■	2500	🍾	15 à 20 €

La famille Gross est établie à Gueberschwihr, village vigneron cossu au beau clocher roman, situé au sud de Colmar. Louis Gross fonde le domaine en 1956, son fils Henri l'exploite et le transmet en 1980 à Rémy, rejoint par son fils Vincent. Ces derniers tirent le meilleur du grand cru local. Ils exploitent leurs 9 ha de vignes en biodynamie (certification bio en 2014).

Issu de sols sablonneux, ce moelleux attire par son nez bien ouvert et complexe, véritable panier de fruits; on respire dans le verre la pêche mûre, l'abricot et la mangue, et même un soupçon suave de fraise, avec des touches florales (aubépine, pivoine) et du sous-bois. Le fruit jaune domine la palette aromatique dans un palais d'une douceur marquée, tendu par une fine acidité qui lui confère de l'ossature et un bel équilibre. (Sucres résiduels: 19 g/l.) ⧗ 2020-2024

⊶ DOM. GROSS, 11, rue du Nord, 68420 Gueberschwihr, tél. 03 89 49 24 49, contact@domainegross.fr r.-v.

DOM. HAEGI Sélection de grains nobles 2017 ★

■	1000	🍾	30 à 50 €

Boulangers de père en fils, les Haegi sont devenus vignerons en 1949 après le mariage de Charles avec la fille d'un viticulteur du village. Depuis 1985, c'est Daniel qui conduit les 9 ha de l'exploitation, à Mittelbergheim et dans le village voisin d'Eichhoffen. Il cultive 3 cépages sur le Zotzenberg, grand cru local.

D'un jaune soutenu, ce liquoreux, encore fermé et jeune au nez, libère à l'aération des notes de fleurs blanches et de fruits mûrs. D'une égale discrétion en bouche, il intéresse surtout par ses qualités de structure: ampleur, richesse et longueur. Il devrait gagner en expression avec le temps. (Sucres résiduels: 122 g/l.) ⧗ 2022-2030

⊶ DOM. HAEGI, 33, rue de la Montagne, 67140 Mittelbergheim, tél. 03 88 08 95 80, info@haegi.fr t.l.j. sf dim. 9h-12h 13h30-18h

FAMILLE HEBINGER Saint-Jacques 2018 ★

■	800	🛢	11 à 15 €

Le domaine s'est spécialisé après 1945. Aujourd'hui, Christian et Véronique Hebinger, établis à Eguisheim depuis 1985 et rejoints par Denis, cultivent leurs 11 ha autour de la petite cité médiévale et vers Wintzenheim – en biodynamie (certification bio en 2009). Leurs fleurons: des parcelles en grand cru (Hengst, Eichberg, Pfersigberg).

Déjà très réussi dans le millésime précédent, ce vin sec est issu d'un lieu-dit calcaro-gréseux situé en bas du grand cru Eichberg. Il tire aussi une partie de ses caractères de son élevage en fût de 300 l qui laisse une empreinte vanillée au nez comme en fin de bouche. Boisé avec mesure, vif en attaque et bien construit, il gagnera à une petite garde. (Sucres résiduels: 3,9 g/l.) ⧗ 2022-2025

⊶ FAMILLE HEBINGER, 14, Grand-Rue, 68420 Eguisheim, tél. 03 89 41 19 90, famille@vins-hebinger.fr r.-v.

PH. HEITZ Hahnenberg Sélection de grains nobles 2017 ★★

■	700	🍾	30 à 50 €

Le père, Fernand, a planté les premiers ceps en 1958. Philippe, qui a repris l'exploitation en 1986, l'a agrandie, convertie à l'agriculture biologique tout en élargissant la gamme des vins. Le vignoble couvre 7 ha autour de Molsheim, à une petite trentaine de kilomètres de Strasbourg.

Aménagé en terrasses, le coteau du Hahnenberg aurait été mis en valeur par les moines, comme le grand cru proche du Bruderthal. Il a donné naissance à ce vin liquoreux qui a tout pour plaire: une robe or profond, un nez riche, miellé et confit, un palais dans le même registre, complexe, fondu et persistant, et, surtout, dénué de toute lourdeur malgré son extrême richesse. Superbe. (Sucres résiduels: 130 g/l; bouteilles de 50 cl.) ⧗ 2020-2030

⊶ PHILIPPE HEITZ, 4, rue Ettore-Bugatti, 67120 Molsheim, tél. 03 88 38 25 38, contact@vins-heitz.com t.l.j. 9h-12h 13h30-19h; dim. sur r.-v.

HUEBER Vieilles Vignes 2018 ★

■	15000	🍾	5 à 8 €

Fondé en 1936, ce domaine de 11 ha a son siège au milieu des vignes, à l'entrée de Riquewihr, la cité viticole la plus visitée de la région. Installé en 1996, Valentin Hueber a étudié la sommellerie et suivi les traces de son père et de 5 générations en développant l'œnotourisme sur la propriété.

Un pinot gris demi-sec proche du remarquable 2017, un poil plus doux et rond que son devancier, millésime oblige. Ses attraits n'en sont pas moins réels: une robe or jaune, un nez expressif, franc et gourmand, entre ananas, mangue, abricot et miel mille-fleurs, une bouche aux arômes de fruits exotiques, qui reste harmonieuse malgré une richesse assez marquée. (Sucres résiduels: 23 g/l.) ⧗ 2020-2025

⊶ SARL HUEBER ET FILS, 6, rte de Colmar, 68340 Riquewihr, tél. 03 89 47 92 30, jeanpaul.hueber68@orange.fr t.l.j. 9h-12h 13h-18h

BERNARD HUMBRECHT Gaentzbrunnen Premiers Frimas 2017 ★

■	2200	11 à 15 €

À Gueberschwihr, au sud de Colmar, le visiteur est impressionné par les maisons vigneronnes aussi anciennes que cossues, comme la demeure Renaissance

à pignon de la famille Humbrecht. La lignée remonte à 1620, les mises en bouteilles à 1968. Jean Humbrecht, ingénieur en agriculture, et son frère Guillaume ont rejoint leur père Jean-Bernard en 2014 et 2016 respectivement. Le domaine couvre plus de 9 ha.

Le nom de la cuvée suggère que le pinot gris à l'origine de ce 2017 a été cueilli à surmaturité. Un moelleux or clair, s'ouvrant sur les fleurs blanches avant de s'orienter vers les fruits mûrs, voire compotés, avec une nuance de figue sèche. En bouche, après une attaque fraîche, il se montre riche et chaleureux, bien fondu et assez long. Il trouvera sa place à l'apéritif, au dessert ou sur certains fromages. (Sucres résiduels: 56 g/l.) ⧗ 2020-2025

⊶ DOM. BERNARD HUMBRECHT ET FILS, 10, pl. de la Mairie, 68420 Gueberschwihr, tél. 03 89 49 31 42, vins.bernard.humbrecht@orange.fr V *t.l.j. 9h-12h 13h-18h30; dim. 10h-12h 14h-18h*

B KAMM Les Terrasses volcaniques 2018 ★

	800		11 à 15 €

Fondé en 1905, ce domaine compte aujourd'hui 7 ha autour de Dambach-la-Ville, important village viticole fortifié situé entre Bar et Sélestat. Comme de nombreux producteurs alsaciens, Jean-Louis Kamm et son fils Éric – qui conduit la propriété depuis 2005 – ont franchi le pas: ils ont engagé en 2010 la conversion bio de leur vignoble, jusqu'alors exploité en lutte raisonnée.

Issu de sols gréso-volcaniques et vinifié en barrique, ce pinot gris associe de subtiles notes florales, des arômes toastés et des accents de fruits secs évoquant la pistache et l'amande. Floral, épicé et plus fruité en bouche, ample, gras et suave, il reste harmonieux malgré quelques rondeurs. Il trouvera sa place avec des viandes blanches ou du poisson en sauce. (Sucres résiduels: 8 g/l.) ⧗ 2020-2023

⊶ VINS JEAN-LOUIS ET ÉRIC KAMM, 59, rue du Mal-Foch, 67650 Dambach-la-Ville, tél. 03 88 92 49 03, jl.kamm@orange.fr V *r.-v.*

♥ DOM. HENRI KLÉE
Sélection de grains nobles 2017 ★★★

	4 600		20 à 30 €

Urbain Klée, né au XVIe s., aurait acquis les premières vignes en 1624... Henri Klée se lance dans la vente directe au milieu du siècle dernier. Philippe lui succède en 1985, rejoint en 2016 par Martin qui prépare la relève. Fort d'un vignoble de 12,5 ha aux environs de Katzenthal, à l'ouest de Colmar, le domaine s'est équipé d'une nouvelle cuverie en 2013, tout en développant l'hébergement. Une propriété bien connue de nos lecteurs.

Le 1er coup de cœur du domaine était un 1990... Ce liquoreux obtient la même distinction. Or soutenu, il laisse de longues larmes sur les parois du verre et déploie des parfums exubérants de pêche, de mangue et de coing confits. En bouche, il enchante: intensité, richesse, équilibre, longueur, tout est là. «Un émerveillement des papilles.» Et quel potentiel! Il sera encore meilleur dans 10 ans. Il accompagnera foie gras poêlé, fromages bleus et desserts. (Sucres résiduels: 140 g/l; bouteilles de 50 cl.) ⧗ 2022-2035

⊶ DOM. HENRI KLÉE, 11, Grand-Rue, 68230 Katzenthal, tél. 03 89 27 03 81, contact@vins-klee-henri.com V *r.-v.* E

ARTHUR METZ
Cuvée Michel Léon 2018 ★

	25 400	8 à 11 €

Arthur Metz est une maison de négoce créée en 1904, dans le giron des Grands Chais de France depuis 1991. Elle regroupe trois sites dans le Bas-Rhin et se fournit auprès de quelque 650 viticulteurs cultivant environ 1 000 ha.

Or profond aux reflets orangés, ce 2018 s'ouvre à l'aération sur les fruits mûrs, voire confits. Le coing pointe en bouche, où le vin, encore réservé, séduit par son équilibre: une attaque vive et acidulée, un développement ample et gras et une belle fraîcheur en finale. Entre moelleux léger et demi-sec, ce vin sera parfait avec une volaille ou une viande blanche. Son acidité s'accordera aussi avec des fromages. (Sucres résiduels: 12 g/l.) ⧗ 2021-2025

⊶ ARTHUR METZ, 102, rue du Gal-de-Gaulle, 67520 Marlenheim, tél. 03 88 59 28 60, nstrub@arthurmetz.fr V *t.l.j. 10h-12h30 14h-18h*

LUCIEN MEYER ET FILS
Sélection de grains nobles 2017 ★

	800		20 à 30 €

Installé en 1982, Jean-Marc Meyer perpétue l'exploitation fondée par un de ses arrière-grands-pères un siècle plus tôt, et implantée à environ 10 km au sud de Colmar. Sa propriété compte 9 ha, dont 1,5 sur le Hatschbourg, le grand cru dominant son village.

Après un remarquable pinot gris vendanges tardives dans le millésime précédent, ce liquoreux vieil or recueille une belle étoile. Après aération, il déploie une palette complexe: fruits mûrs à tendance exotique, pâte de coings, touches toastées et fumées. En bouche, il offre la richesse, la densité, la puissance et l'ampleur de ce type de vin, sur des notes de fruits confits. Une finale d'une rare longueur, tendue et un rien amère, porte loin des arômes de mangue et d'agrumes. (Sucres résiduels: 147 g/l.) ⧗ 2020-2030

⊶ LUCIEN MEYER ET FILS, 57, rue du Mal-Leclerc, 68420 Hattstatt, tél. 03 89 49 31 74, info@earl-meyer.com V *r.-v.* C

MOCHEL-LORENTZ
Cuvée Alouettes 2018 ★

	5 600		5 à 8 €

Établi à Traenheim, gros village viticole situé à 25 km à l'ouest de Strasbourg, Philippe Lorentz a pris en 1980 la suite d'une lignée de vignerons remontant à 1634. À la tête de 14 ha de vignes, il exploite des parcelles dans le grand cru Altenberg de Bergbieten. Domaine certifié Haute valeur environnementale.

Demi-sec ou moelleux léger, ce pinot gris s'ouvre à l'aération sur un plaisant fruité dominé par la pêche, qui se prolonge dans une bouche ample et suave, légèrement épicée et teintée d'une pointe d'amertume en finale. Produits de la mer et desserts sucrés mis à part, sa rondeur s'accordera à de nombreux mets. (Sucres résiduels: 14 g/l.) ⧗ 2020-2024

⊶ *DOM. MOCHEL-LORENTZ, 19, rue Principale, 67310 Traenheim, tél. 03 88 50 38 17, plorentz@mochel-lorentz.com* V r.-v.

MAISON PETTERMANN
Terroir Fleur d'automne 2018 ★

■	6000		11 à 15 €

1928: fondation du domaine et premières vinifications par Fernand Pettermann; 1961: son fils Roland se lance dans la vente en bouteilles. Depuis 2004, Didier, le petit-fils du fondateur, est à la tête de la propriété: pas moins de 20 ha, autour de Dambach-la-Ville.

Issu de sols granitiques, ce pinot gris est resté sur pied jusqu'au 30 octobre, d'où le nom de cette cuvée, qui a divisé nos dégustateurs: les uns auraient souhaité moins de douceur; les autres apprécient l'intensité de ses arômes de coing, nuancés de notes d'agrumes et d'une touche de gingembre. Ils verraient bien ce moelleux chaleureux et suave sur de la cuisine indienne. (Sucres résiduels: 40 g/l.) ⧗ 2020-2025

⊶ *MAISON PETTERMANN, 9, rue de Dieffenthal, 67650 Dambach-la-Ville, tél. 03 88 92 42 01, contact@maison-pettermann.fr* V r.-v.

CHRISTOPHE RIEFLÉ
Vendanges tardives 2017 ★

■	1200		15 à 20 €

De vieille souche vigneronne, Christophe Rieflé a créé son exploitation en 2003, avec chai et cuverie. Premier millésime vinifié en 2005 et de nombreuses sélections dans le Guide. Il exploite 16 ha autour de Pfaffenheim, à 15 km au sud de Colmar.

Le pinot gris à l'origine de ces vendanges tardives a été récolté dans les derniers jours d'octobre. Dans le verre, un vin jaune d'or soutenu, aux arômes de fruits jaunes confits, d'hydromel et de cire d'une belle richesse. Le prélude à une bouche ample, riche et suave, rafraîchie par une fine acidité. Avec sa finale aux accents de sucre d'orge, ce vin plaira d'emblée aux becs sucrés. Une petite garde est conseillée. (Sucres résiduels: 60 g/l.) ⧗ 2022-2026

⊶ *CHRISTOPHE RIEFLÉ, 32_A, rue de la Lauch, 68250 Pfaffenheim, tél. 03 89 49 77 85, christopheriefle@aol.com* V *t.l.j. sf dim. 8h-12h 14h-18h*

ROLLY GASSMANN
Rotleibel de Rorschwihr
Vendanges tardives 2017 ★★

■	15000		20 à 30 €

Domaine né de l'union de Marie-Thérèse Rolly avec Louis Gassmann, établis à Rorschwihr, village dominé par le Haut-Kœnigsbourg. Héritiers de lignées remontant à 1611, ces vignerons ont constitué un vaste domaine de 53 ha. Pierre Gassmann élabore de multiples cuvées, vinifiées par lieux-dits et types de sol. Il a inauguré en 2018 un impressionnant bâtiment sur 6 niveaux qui regroupe ses 7 anciens sites: un chai enterré et une salle de dégustation panoramique.

Le Rotleibel est l'un des nombreux terroirs de Rorschwihr, à l'est du village. Une belle parcelle (plus de 4 ha) est à l'origine de ces vendanges tardives d'un jaune doré, dont le nez complexe, entre coing et poire confite, exprime avec élégance la surmaturité, voire la pourriture noble. Riche, concentré, miellé et long, équilibré par un trait d'acidité en finale, ce pinot gris est déjà très agréable, malgré une forte présence des sucres qui gagneront à se fondre. (Sucres résiduels: 92 g/l.)

⊶ *SAS ROLLY GASSMANN, 15, Grand-Rue, 68590 Rorschwihr, tél. 03 89 73 63 28, rollygassmann@wanadoo.fr* V r.-v.

B JOSEPH RUDLOFF
Vendanges tardives 2017 ★

■	15000		20 à 30 €

Entre Kintzheim et Bergheim, au pied du Haut-Kœnigsbourg, pas moins de 65 ha répartis sur 150 parcelles, en bio certifié (biodynamie) depuis 2003. Fernand Engel débute les vinifications au domaine en 1949; son fils Bernard agrandit le vignoble et engage la conversion bio; la troisième génération, représentée par Sandrine et Xavier Baril (ce dernier œnologue) gère aujourd'hui la propriété, avec l'aide d'Amélie, l'arrière-petite-fille du fondateur. Un domaine très régulier en qualité. Deux étiquettes: Fernand Engel et Joseph Rudloff.

Sans avoir l'intensité du millésime précédent, ce 2017 issu de raisins passerillés et botrytisés (à 80 %) illustre une fois de plus le savoir-faire des vinificateurs: netteté de la robe jaune d'or, finesse du nez partagé entre fruits blancs confits et touches de sous-bois, équilibre réussi entre acidité, sucres et onctuosité, finale suave de belle longueur, tout est homogène, délicat et bien typé vendanges tardives. (Sucres résiduels: 106 g/l.) ⧗ 2020-2026

⊶ *DOM. FERNAND ENGEL, 1, rte du Vin, 68590 Rorschwihr, tél. 03 89 73 77 27, info@fernand-engel.fr* V *t.l.j. sf dim. 8h-11h30 13h-18h*

GILBERT RUHLMANN FILS
Légende d'automne 2018 ★

■	2500		11 à 15 €

Fondée en 1958 par Gilbert Ruhlmann et conduite aujourd'hui par la deuxième génération – Guy et Pascal Ruhlmann –, l'exploitation s'étend sur 15 ha autour de Scherwiller, pittoresque village traversé par un ruisseau, près de Sélestat. Elle a son siège dans un corps de ferme du XVIIIes.

En humant ce vin jaune doré, «on entre chez le fleuriste», puis la palette s'oriente vers les fleurs séchées et le thym, nuancés de notes balsamiques et d'arômes de surmaturation. La pêche fraîche entre en scène au palais. Une certaine mâche et une belle acidité donnent de la tenue au palais et équilibrent la douceur de la finale. Un pinot gris harmonieux qui pourra accompagner des plats exotiques relevés ou des viandes blanches aux fruits. (Sucres résiduels: 82 g/l.) ⧗ 2020-2025

⊶ *GILBERT RUHLMANN FILS, 31, rue de l'Ortenbourg, rte des Vins, 67750 Scherwiller, tél. 03 88 92 03 21, info@vinruhlmann.fr* V *t.l.j. 8h15-11h45 13h30-18h30*

DOM. SCHEIDECKER ET FILS
Réserve 2018 ★★

	4000		8 à 11 €

Philippe Scheidecker a constitué son domaine en 1990, à partir de terres familiales. Rejoint en 2013 par son fils Laurent, il est établi à Mittelwihr, au nord-ouest de Colmar. Son vignoble, qui couvre 12 ha, comporte des parcelles dans 3 grands crus: Froehn, Sporen et Mandelberg.

Ce moelleux aux légers reflets cuivrés doit être aéré pour livrer de subtils parfums fruités. Au palais, il déploie des arômes de coing et déroule une matière puissante et ample, soutenue par une belle trame acide qui porte loin la finale. Une pointe saline et de beaux amers lui donnent du relief. Un pinot gris chaleureux et harmonieux, superbe image du cépage et du millésime. (Sucres résiduels: 38 g/l.) ⧗ 2020-2025

DOM. SCHEIDECKER ET FILS, 13, rue des Merles, 68630 Mittelwihr, tél. 03 89 49 01 29, contact@scheidecker-fils.com V t.l.j. 8h-12h 14h-19h D

DOM. SCHIRMER 2018 ★

	10300	5 à 8 €

Les Schirmer sont établis depuis le XIXe s. au sud de Colmar. Lucien Schirmer, qui a spécialisé le domaine dans les années 1970, a passé le relais en 1991 à Thierry. Ce dernier exploite 11 ha de vignes, dont une partie est située dans le grand cru du Zinnkoepflé.

Issu de sols argilo-gréseux, ce pinot gris de style demi-sec, encore fermé, libère à l'aération des fragrances florales et des nuances de pêche et d'abricot. Vif en attaque, il déploie une matière ample et ronde, aux accents de fruits compotés tendue par une belle acidité. Un vin équilibré, mais encore discret et austère. (Sucres résiduels: 10 g/l.) ⧗ 2021-2025

DOM. SCHIRMER, 22, rue de la Vallée, 68570 Soultzmatt, tél. 03 89 47 03 82, vins.alsace.schirmer@orange.fr V t.l.j. 9h-12h 13h-19h; dim. sur r.-v. E

MARC SCHUELLER
Vendanges tardives 2016 ★

	2080		20 à 30 €

Une famille d'origine suisse installée au sud de Colmar après la guerre de Trente Ans. Le grand-père de l'actuel producteur acquiert la propriété en 1934, son fils Maurice développe la mise en bouteilles en 1965 et passe le relais à Marc Schueller en 1994. En conversion bio, le domaine compte 10 ha autour de Gueberschwihr, avec comme fleuron des vignes dans le grand cru Goldert.

En 2016, les vendanges se sont étalées jusqu'en novembre et même plus tard pour les liquoreux: le 6 décembre pour cette cuvée. Celle-ci a divisé les jurés: certains l'auraient souhaitée plus concentrée, tandis que d'autres louent son nez mêlant fruits confits, miel, cire et épices et son palais ample et riche, rafraîchi par une pointe citronnée. (Sucres résiduels: 66 g/l.) ⧗ 2021-2026

MAURICE SCHUELLER, 17, rue Basse, 68420 Gueberschwihr, tél. 03 89 49 31 80, marc@vins-schueller.com V t.l.j. sf dim. 9h-12h 13h30-18h D

JEAN-VICTOR SCHUTZ
Prestige Sélection 2017 ★★

	10150		11 à 15 €

Les Schutz sont alliés aux Ruhlmann, établis depuis le XVIIe s. à Dambach-la-Ville, importante et pittoresque cité viticole. Créée en 1997, cette maison de négoce mise sur la grande distribution et sur l'export et dispose de 45 ha de vignes. Elle s'est étendue dans les Corbières (Ch. Valmont).

Issu de sols granitiques, ce pinot gris moelleux offre un nez discrètement fruité et minéral, avec une petite note «pierre à fusil». En bouche, sa rondeur et sa puissance, soulignées par des arômes de coing confit, sont équilibrées par une franche acidité, avec un côté salin et une pointe d'amertume qui donnent à ce vin allant et allonge. Malgré sa richesse, il pourra accompagner un repas et même certaines recettes de poissons et de crustacés. (Sucres résiduels: 32 g/l.) ⧗ 2020-2025

JEAN-VICTOR SCHUTZ, 34, rue du Mal-Foch, 67650 Dambach-la-Ville, tél. 03 88 92 41 86, vins@ruhlmann-schutz.fr 2

ALINE ET RÉMY SIMON
Vieilles Vignes 2018 ★

	2700		8 à 11 €

Installés dans la maison des grands-parents datant de 1772, Aline et Rémy Simon exploitent depuis 1996 le petit vignoble familial situé au pied du Haut-Kœnigsbourg, à la limite des deux départements alsaciens: 2 ha à l'origine, près de 8 ha aujourd'hui. Leurs fils Xavier et Grégory les ont rejoints sur l'exploitation.

Discret au nez, ce pinot gris moelleux semble plus simple, moins raffiné que le 2017, superbe coup de cœur. Ce millésime mérite pourtant de figurer dans le Guide. Sa palette bien typée met en avant le coing et le sous-bois, et sa bouche d'une richesse marquée est soutenue par une belle acidité. La finale sur l'agrume confit se teinte d'une légère amertume. Du caractère et une certaine profondeur. (Sucres résiduels: 44,7 g/l.) ⧗ 2020-2024

DOM. ALINE ET RÉMY SIMON, 12, rue Saint-Fulrade, 68590 Saint-Hippolyte, tél. 03 89 73 04 92, alineremy.simon@wanadoo.fr V r.-v. 2 A

B ANDRÉ STENTZ
Rosenberg Vendanges tardives 2017 ★

	1140		20 à 30 €

Les ancêtres de ces vignerons se sont fixés en 1674 à Wettolsheim, près de Colmar. Arrivé en 1976 à la tête du domaine (9 ha aujourd'hui), André Stentz, désormais épaulé par son fils Xavier, a adhéré à la bio dès 1984. Parmi ses vins de terroir, les gewurztraminers et pinots gris du grand cru Steingrübler et les rieslings du Mandelberg.

D'un or intense, ce liquoreux laisse des larmes sur les parois du verre et libère des notes de fruits très mûrs et de miel, assortis d'un léger fumé. Ample et suave au palais, il montre une belle concentration et ce qu'il faut de fraîcheur. Pour l'heure très présents, les sucres devraient se fondre avec le temps. (Sucres résiduels: 83 g/l.) ⧗ 2021-2027

ANDRÉ STENTZ, 2, rue de la Batteuse, 68920 Wettolsheim, tél. 03 89 80 64 91, contact@andre-stentz.fr V r.-v.

LA CAVE DU VIEIL ARMAND
Vendanges tardives 2016 ★

| 14 374 | | 20 à 30 € |

Créée en 1959, la coopérative la plus méridionale du vignoble tire son nom du sommet vosgien du Vieil Armand, siège de violents combats pendant la Première Guerre mondiale. Elle regroupe près d'une centaine d'adhérents cultivant 140 ha dans les cantons de Cernay, Soultz et Guebwiller. Une partie de la production est en conversion bio.

Le pinot gris à l'origine de ces vendanges tardives à la robe jaune d'or a été récolté à l'entrée de l'hiver, le 9 décembre. Le nez mêle les fleurs, les fruits très mûrs, le coing confit et le sous-bois. Si sa puissance est mesurée, le palais intéresse par son ampleur et par son bon équilibre entre une douceur très marquée et une belle fraîcheur. La finale acidulée, teintée d'une légère amertume, lui donne du relief. (Sucres résiduels: 86 g/l.) ⧗ 2020-2026

LA CAVE DU VIEIL ARMAND, 1, rte de Cernay, 68360 Soultz-Wuenheim, tél. 03 89 76 73 75, caveau@cavevieilarmand.com V t.l.j. 9h-12h 14h-18h30; dim. 10h-12h 14h-18h

ALBERT ZIEGLER Bollenberg 2018 ★

| 5 061 | | 8 à 11 € |

Albert Ziegler, fils d'agriculteurs, vend les premières bouteilles en 1972. En 1988, Christine Ziegler et Michel Voelklin s'installent sur le domaine familial, puis en prennent les rênes 10 ans plus tard. Anne-Cécile et Élodie les ont rejoints sur l'exploitation qui compte aujourd'hui 20 ha autour d'Orschwihr, au sud du vignoble, sur des coteaux réputés qui jouissent d'un microclimat très préservé (Bollenberg, grand cru Pfingstberg).

Au nord-est d'Orschwihr, la colline sèche du Bollenberg bénéficie d'un ensoleillement tout au long du jour. Le lieu de naissance de ce pinot gris moelleux dont la robe or soutenu annonce la richesse. Quant au nez, sa palette aromatique (jasmin, fruits jaunes, pêche au sirop, raisin sec, pruneau et foin) traduit une vendange très mûre, voire surmûrie. Dans le droit-fil, le palais se montre ample, suave et généreux sans céder à la lourdeur. Une vinification en finesse. (Sucres résiduels: 59 g/l.) ⧗ 2020-2025

EARL ALBERT ZIEGLER, 10, rue de l'Église, 68500 Orschwihr, tél. 03 89 76 01 12, ziegler.voelklin@wanadoo.fr V r.-v.

ALSACE PINOT NOIR

Superficie : 1 509 ha / Production : 108 326 hl

L'Alsace est surtout réputée pour ses vins blancs; mais sait-on qu'au Moyen Âge les rouges y occupaient une place considérable? Après avoir presque disparu, le pinot noir (le meilleur cépage rouge des régions septentrionales) a connu une notable expansion. On connaît bien le type rosé ou rouge léger, vin agréable, sec et fruité, susceptible d'accompagner une foule de mets comme d'autres rosés. Cependant, la tendance est à élaborer un véritable vin rouge de garde à partir de ce cépage.

A. L. BAUR 2018 ★

| 4 500 | | 5 à 8 € |

Balcon dominant sur la plaine d'Alsace, Voegtlinshoffen, au sud-est de Colmar, réunit de très beaux terroirs et concentre des talents, comme ceux de Régine Baur, qui exploite avec son beau-frère Dominique Pierrat (à la vigne) un domaine de 7 ha, avec des parcelles dans le grand cru Hatschbourg.

À une robe profonde répond un nez intense, sur le fruit noir (cassis, myrtille, cerise) nuancé de notes grillées, et un palais dans le même registre, ample, puissant et structuré, de belle longueur, rafraîchi par une pointe d'acidité. Un rosé profond qui tire vers le rouge. ⧗ 2020-2023

EARL A.-L. BAUR, 4, rue Roger-Frémeaux, 68420 Voegtlinshoffen, tél. 03 89 49 30 97, albauralsace@orange.fr V t.l.j. 9h30-19h30; dim. sur r.-v. B

BESTHEIM Exception 2018 ★

| 16 960 | | 15 à 20 € |

Né en 1997 de la fusion des caves de Westhalten, d'Obernai et de Bennwihr et de la vénérable maison de négoce Heim, fondée en 1765, le groupe Bestheim est devenu, après d'autres fusions, un opérateur de premier plan en Alsace, vinifiant quelque 1 350 ha.

Élevée 12 mois en fût, cette cuvée affiche une robe sombre et jeune, à reflets violets. Intense et complexe, elle s'ouvre sur des arômes de petits fruits des bois bien mûrs, relayés par des notes de pain grillé et de vanille. En bouche, sa générosité s'accompagne d'une belle mâche et d'une tension qui lui confèrent un réel équilibre. Ses tanins encore fermes appellent la garde. ⧗ 2022-2026

BESTHEIM-CAVE DE BENNWIHR, 3, rue du Gal-de-Gaulle, 68630 Bennwihr, tél. 03 89 49 09 29, vignobles@bestheim.com V r.-v.

DOM. BOEHLER
Lieu-dit Seiler 2018 ★★★

| 2100 | | 15 à 20 € |

Malgré l'héritage industriel des Bugatti, Molsheim reste attachée au vin – le vin, rêve séculaire des Boehler, tanneurs de père en fils sous l'Ancien Régime. Antoine (mort en 1827) lève les yeux vers le cru Bruderthal, y achète les premiers rangs de vigne. Création du domaine en 1892, première mise en bouteilles en 1970. Installés en 1989, René et Josiane spécialisent, agrandissent et modernisent la propriété (8 ha aujourd'hui, en conversion bio) qu'ils transmettent en 2018 à leur fils Julien.

Parmi la gamme de lieux-dits dont dispose le domaine, celui-ci, caractérisé par des sols profonds, marno-calcaires, convient au pinot noir, à en juger par cette cuvée, élevée 11 mois en fût sans filtration. Le bois ne laisse guère d'empreinte aromatique: le nez franc et flatteur est centré sur les fruits rouges bien mûrs. Équilibré, structuré et persistant, bien fondu et élégant, ce vin sera bientôt prêt et saura vieillir avec grâce. ⧗ 2021-2027

DOM. BOEHLER, 4, pl. de la Liberté, 67120 Molsheim, tél. 03 88 38 53 16, rene.boehler@orange.fr V r.-v.

JUSTIN BOXLER
Vignes sélectionnées Barriques 2018 ★★★

■ | 1570 | | 15 à 20 €

Une famille établie depuis 1672 à Niedermorschwihr, où elle exploite aussi un hôtel. Justin Boxler lance la vente en bouteilles, ses enfants étendent le domaine et modernisent les installations, la 3e génération engage en 2019 la conversion bio de la propriété qui suivait depuis 10 ans cette démarche sans certification. Le vignoble couvre 12 ha répartis dans 5 communes, avec des parcelles dans 4 grands crus.

Les plus vieux pinots noirs du domaine (50 ans) ont été vinifiés en barrique pour élaborer cette cuvée qui a recueilli un concert d'éloges. Ses atouts ? Une robe profonde; un boisé subtilement torréfié et vanillé au nez, laissant toute sa place au fruit noir; une bouche harmonieuse, fraîche en attaque, généreuse et longue, bien tenue par les tanins. Puissant sans surmaturité, charpenté sans surextraction, un vin élégant, appelé à une belle garde. ⧗ 2022-2027

⊶ GAEC JUSTIN BOXLER, 15, rue des Trois-Épis, 68230 Niedermorschwihr, tél. 03 89 27 11 07, justin@vinsboxler.fr V *t.l.j. 8h-12h 14h-19h*

Ⓑ DOM. BROBECKER L'Exception 2018 ★★★

■ | 600 | | 15 à 20 €

Pascal Joblot a repris en 1997 les rênes du domaine qui porte le nom de son beau-père. L'agriculture raisonnée a précédé la conversion bio, engagée en 2009. Bien que modeste en superficie (4 ha), la propriété possède des parcelles sur les deux grands crus d'Eguisheim.

De la couleur et du fruit à revendre, une bouche intense, flatteuse par sa souplesse et pourtant consistante et longue; un élevage en barrique de 20 mois qui respecte le raisin: nos jurés ont savouré ce moment de dégustation. Quelle intensité, quelle agréable texture! Une réserve? Il n'y en aura pas pour tout le monde... ⧗ 2020-2026

⊶ DOM. BROBECKER, 3, pl. de l'Église, 68420 Eguisheim, tél. 06 87 52 80 72, joblot.brobecker@gmail.com V *r.-v.* Ⓔ

DOM. ERNEST BURN Clos Saint-Imer 2018 ★

■ | 3000 | | 15 à 20 €

Héritier d'une tradition vigneronne remontant au XVIIes., Ernest Burn s'est attelé à partir de 1934 à la reconstitution, parcelle après parcelle, du vénérable Clos Saint-Imer, ancienne possession des évêques de Bâle située en haut du grand cru Goldert, à Gueberschwihr. Aujourd'hui, son fils Francis exploite 10 ha (dont 5 ha pour le seul Clos Saint-Imer).

L'élevage sous bois reste discret dans l'expression aromatique de ce vin, dominée par d'avenantes notes de fruits rouges. La bouche, à l'unisson, se montre fruitée et longue, souple en attaque mais bien structurée, sans excès de chaleur: un vin équilibré en somme, agréable dans sa jeunesse. ⧗ 2020-2024

⊶ DOM. ERNEST BURN, 8, rue Basse, 68420 Gueberschwihr, tél. 03 89 49 20 68, contact@domaine-burn.fr V *t.l.j. 8h30-12h 13h30-18h30; dim. 15h-18h*

♥ DISCHLER 2018 ★★

■ | 2760 | | 5 à 8 €

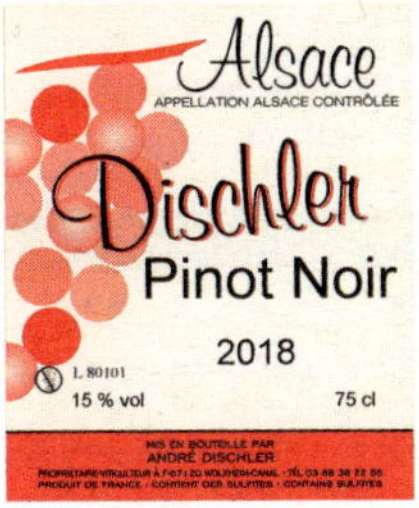

Une propriété de 11,5 ha implantée à Wolxheim, l'une des dix-neuf communes viticoles proches de la capitale régionale, qui constituent la «Couronne d'or» de Strasbourg. Née en 1860, l'exploitation est restée en polyculture jusque dans les années 1970. André Dischler en a pris la tête en 1999.

Il n'est pas passé inaperçu. Un rosé, signale le producteur. Un rosé à l'alsacienne: pas de saumon pastel, mais un rubis éclatant, une robe de clairet, de rouge léger. Au nez, des fruits rouges plutôt que des fleurs ou des agrumes, la cerise caractéristique du cépage, des baies noires, le tout relevé de poivre. En bouche, de l'ampleur et de la richesse, un trait pimpant d'acidité et une fine présence tannique pour donner matière et longueur. Un vin frais et gourmand, qui pourra se garder. ⧗ 2020-2025

⊶ EARL ANDRÉ DISCHLER, 23, Le Canal, 67120 Wolxheim, tél. 03 88 38 22 55, domaine.dischler@gmail.com V *t.l.j. sf dim. 8h-12h 13h-19h* Ⓒ

CHARLES FAHRER Vieilles Vignes 2018 ★

■ | 6530 | | 5 à 8 €

De vieille souche vigneronne, Charles Fahrer a lancé son étiquette en 1965 et transmis son exploitation à son fils en 1988. Aujourd'hui, Thierry et Nathalie Fahrer cultivent plus de 9 ha de vignes disséminés sur une quarantaine de parcelles en contrebas du Haut-Kœnigsbourg, y compris dans le grand cru Praelatenberg.

Le pinot noir a des affinités avec les sols argilo-calcaires. Cette cuvée montre que, planté sur des sols granitiques, il peut donner des vins fort estimables, comme ce 2018 à la robe profonde et aux arômes mûrs de cerise noire et d'épices. Ample, onctueux et riche, adossé à des tanins fondus et tonifié par une pointe de fraîcheur, c'est un vin gourmand et flatteur, qui ne manque pas de potentiel. ⧗ 2021-2026

⊶ EARL CHARLES FAHRER ET FILS, 5-7, Grand-Rue, 67600 Orschwiller, tél. 03 88 92 08 25, charles.fahrer@evc.net V *t.l.j. 8h30-12h 13h-18h* Ⓑ

DOM. FLEISCHER Rosé fraîcheur 2018 ★

■ | 1600 | | 8 à 11 €

Modeste viticulteur, apporteur de raisins à la coopérative, Hubert Fleischer s'est fait vigneron. Lorsqu'il a créé sa cave, en 1990, il avait en tout et pour tout 2 ha. Après avoir acquis et replanté des coteaux en friches, il est aujourd'hui à la tête de près de 10 ha de vignes autour de Pfaffenheim, au sud de Colmar.

Saumon soutenu, ce rosé dévoile un nez tout en petits fruits rouges, groseille en tête. En bouche, il offre toutes les qualités attendues des vins de cette couleur: un fruité gourmand et de la fraîcheur; avec en outre la puissance et la maturité de l'année, de la structure, de la longueur et quelques petits grammes de sucres résiduels qui lui vont bien. Pour l'apéritif comme pour des grillades. ⧗ 2020-2022

⊶ DOM. FLEISCHER, 28, rue du Moulin, 68250 Pfaffenheim, tél. 03 89 49 62 70, fleischer@domaine-fleischer.com V r.-v.

BERNARD HAEGELIN Bollenberg 2018 ★

■	906		15 à 20 €

Bernard Haegelin a commencé la mise en bouteilles en 1976. À partir de 1992, il a passé le relais à ses fils Christian et Michel. Ces derniers exploitent plus de 10 ha au sud de la route des Vins, notamment sur la colline sèche du Bollenberg et les pentes du Pfingsberg. Après des essais, ils ont adopté la démarche biodynamique.

Le 2017 avait été élu coup de cœur. Son successeur lui ressemble quelque peu, avec un surcroît de richesse et de souplesse, reflet de l'année solaire sur un terroir sec. Nos dégustateurs ont aimé la subtilité de ses parfums floraux, son expression en bouche fruitée et boisée, ses tanins mûrs et arrondis qui le rendent déjà agréable à boire tout en autorisant la garde. ⧗ 2021-2026

⊶ BERNARD HAEGELIN, 26, rue de l'Église, 68500 Orschwihr, tél. 03 89 76 14 62, bernard.haegelin@wanadoo.fr V *t.l.j. 8h-18h; sam. 9h-17h; dim. sur r.-v.*

PHILIPPE HEITZ Hahnenberg 2018 ★

■	1500		11 à 15 €

Le père, Fernand, a planté les premiers ceps en 1958. Philippe, qui a repris l'exploitation en 1986, l'a agrandie, convertie à l'agriculture biologique tout en élargissant la gamme des vins. Le vignoble couvre 7 ha autour de Molsheim, à une petite trentaine de kilomètres de Strasbourg.

Aménagé en terrasses, le coteau du Hahnenberg, aux sols marno-calcaires, est un terroir propice au pinot noir, qui a donné naissance à une cuvée harmonieuse, tant par ses parfums de fruits rouges intenses et typés du cépage que par sa bouche équilibrée, à la fois souple et droite, qui prolonge bien le nez. ⧗ 2020-2024

⊶ PHILIPPE HEITZ, 4, rue Ettore-Bugatti, 67120 Molsheim, tél. 03 88 38 25 38, contact@vins-heitz.com V *t.l.j. 9h-12h 13h30-19h; dim. sur r.-v.*

MEYER-FONNÉ Réserve 2018 ★

■	7000		8 à 11 €

D'origine suisse, les Meyer ont fait souche à Katzenthal en 1732. Ils se sont orientés vers la viticulture au XXᵉs. Arrière-petit-fils du fondateur, Félix Meyer, installé en 1992, a longtemps suivi la démarche bio, sans certification, avant d'engager la conversion de sa propriété. À la tête de plus de 18 ha de vignes réparties sur 7 communes proches de Colmar, il peut jouer sur une large palette de terroirs, et notamment sur 5 grands crus.

Déjà mûr dans les derniers jours d'août, le pinot noir à l'origine de cette cuvée a été élevé 12 mois dans le bois. Ces fûts de réemploi n'ont guère marqué le vin, qui s'exprime sur d'intenses arômes de fruits rouges caractéristiques du cépage. Ce fruité se prolonge dans un palais ample et puissant, où tout est bien fondu. Une bouteille élégante, faite pour maintenant. ⧗ 2020-2024

⊶ DOM. MEYER-FONNÉ, 24, Grand-Rue, 68230 Katzenthal, tél. 03 89 27 16 50, felix@meyer-fonne.com V *t.l.j. sf dim. 9h-11h30 14h-17h30*

DOM. DU MITTELBURG Cuvée Timéo 2017 ★

■	1300		15 à 20 €

Il ne reste que quelques pierres du «château du centre» (Mittelburg) qui a donné son nom au domaine, situé au sud de Colmar. Plus intéressants sont les calcaires et argilo-calcaires des terroirs de Pfaffenheim, village où sont établis les Martischang depuis le XVIᵉs. Michel a pris la succession d'Henri en 2007.

Un 2017 à la robe soutenue, encore jeune. Un séjour de 16 mois en barrique lui a légué de subtiles touches toastés et fumées, qui soulignent des arômes de mûre et de cassis. Cette expression élégante se prolonge dans un palais structuré, soutenu par des tanins soyeux. Le boisé déjà fondu permettra d'apprécier bientôt cette jolie bouteille. ⧗ 2021-2025

⊶ HENRI MARTISCHANG, 15, rue du Fossé, 68250 Pfaffenheim, tél. 03 89 49 60 83, vin.h.martischang@free.fr V *t.l.j. sf dim. 8h-12h 14h-18h30*

STÉPHANE ET MICKAËL MOLTÈS Sonnenglaenzlé 2018 ★

■	4200		11 à 15 €

Un domaine implanté à une dizaine de kilomètres au sud de Colmar. Antoine Moltès commercialise les premiers vins en 1925, son fils Roland explore les terroirs. Installés au tournant de ce siècle, Mickaël et Stéphane ont aménagé un nouveau chai, se sont orientés graduellement vers la bio, engageant la conversion du vignoble en 2012; ils ont aussi agrandi la propriété, passée de 17 à 27 ha en 2019.

Le nom du lieu-dit, exposé à l'est et au sud-est, évoque l'éclat du soleil, qui n'a certainement pas manqué en 2018. Le vin a séjourné en barrique, 12 mois, moins longtemps que d'autres millésimes antérieurs. Si bien que ce pinot noir d'un rouge profond apparaît peu marqué par le bois; il offre un nez intense, gourmand et élégant, aux nuances de griotte bien typées du cépage. En bouche, sa puissance est équilibrée par une fine acidité qui souligne sa longue finale. Une réelle harmonie. ⧗ 2021-2025

⊶ DOM. MOLTÈS, 8, rue du Fossé, 68250 Pfaffenheim, tél. 03 89 49 60 85, domaine@vin-moltes.com V *t.l.j. sf dim. 9h-12h 14h-17h30*

DOM. SCHEIDECKER ET FILS Rouge d'Alsace 2018 ★★

■	2000		11 à 15 €

Philippe Scheidecker a constitué son domaine en 1990, à partir de terres familiales. Rejoint en 2013 par son fils Laurent, il est établi à Mittelwihr, au nord-ouest de Colmar. Son vignoble, qui couvre 12 ha, comporte des parcelles dans 3 grands crus: Froehn, Sporen et Mandelberg.

Des vignes de 30 ans, plantées sur des sols marno-calcaires, un élevage en fût de 12 mois. Dans le verre, un vin à la robe profonde et jeune, au nez précis et complexe: les fragrances florales délicatement épicées de la pivoine s'allient aux arômes flatteurs des petits fruits des bois, le tout souligné d'un merrain bien intégré. Frais en attaque, puissant, dense et persistant, le palais s'appuie sur des tanins enrobés, élégamment boisés. Un vin gourmand et harmonieux, belle expression d'un millésime chaud. ⧗ 2021-2027

DOM. SCHEIDECKER ET FILS, 13, rue des Merles, 68630 Mittelwihr, tél. 03 89 49 01 29, contact@scheidecker-fils.com V t.l.j. 8h-12h 14h-19h D

SCHOENHEITZ Herrenreben 2018 ★

■	2099		20 à 30 €

Wihr-au-Val est le dernier village viticole quand on remonte la vallée de Munster. Ses coteaux, exposés plein sud, avaient périclité après 1945. Dans les années 1970, Henri Schoenheitz a commencé à les replanter. Prénommé également Henri, son fils continue son œuvre. Il a vendu ses premières bouteilles en 1980 et met en valeur aujourd'hui un coquet domaine de 17 ha.

Herrenreben, ou le «coteau des Seigneurs», ancienne terre des comtes de Ribeaupierre: ce pinot noir est de noble origine. Né en altitude, c'est une valeur sûre. Le 2018 affiche une robe profonde à reflets violets. Son élevage en fût apporte de la complexité à sa palette aromatique, teintant de vanille et de notes empyreumatiques un fruit noir quelque peu en retrait. On retrouve ce boisé bien fondu dans un palais puissant et frais, aux tanins encore jeunes et vifs en finale. ⧗ 2022-2027

SARL HENRI SCHOENHEITZ, 1, rue de Walbach, 68230 Wihr-au-Val, tél. 03 89 71 03 96, cave@vins-schoenheitz.fr V t.l.j. sf dim. 9h-12h 14h-19h

B **EDMOND SCHUELLER**
Terres chaudes 2018 ★

■	3200	8 à 11 €

Au pied des donjons qui dominent le vignoble de Husseren-les-Châteaux, point culminant de la route des Vins au sud de Colmar, Damien Schueller, installé en 1999, triple la surface du domaine (6 ha) patiemment constitué par son père Edmond, ancien salarié viticole. La propriété est en bio certifié depuis 2013.

Terres chaudes... et année chaude. Dans le verre, ce 2018 rouge intense montre pourtant un réel équilibre, une belle maturité sans excès d'alcool. Le nez est tout en petits fruits bien mûrs, cerise noire en tête. Quant à la bouche, elle déploie une matière fondue, sans aspérités, dynamisée en finale par une légère tension qui lui donne de l'allonge. Un plaisir durable. ⧗ 2021-2027

VINS EDMOND SCHUELLER, 26, rte du Vin, 68420 Husseren-les-Châteaux, tél. 06 82 33 40 78, info@alsace-schueller.com V r.-v. 3 C

JEAN-MARC SIMONIS 2018 ★

■	2800		8 à 11 €

Héritier d'une lignée de viticulteurs remontant à 1660, Jean-Marc Simonis gère depuis 1993 le domaine familial qui a son siège au centre d'Ammerschwihr, à 8 km au nord-ouest de Colmar. Ce sont ses grands-parents qui ont débuté la vente en bouteilles. Le propriétaire choie particulièrement le grand cru local, le Kaefferkopf.

Un pinot noir élevé en foudre pour 85 % et en barrique pour 15 %. Ce petit apport de chêne imprime une légère empreinte boisée à un nez fruité bien typé. Le fruit s'affirme dans un palais riche et persistant, dont les tanins fondus laissent une impression de finesse. De la présence et de l'élégance. ⧗ 2021-2024

JEAN-PAUL SIMONIS ET FILS, 1, rue des Chasseurs-Besombes-et-Brunet, 68770 Ammerschwihr, tél. 03 89 47 13 51, jmsimonis@orange.fr V r.-v.

DOM. JEAN SIPP Osmose 2017 ★

■	3000		30 à 50 €

Établi dans une demeure Renaissance qui appartint jadis à la puissante famille des Ribeaupierre, seigneurs de Ribeauvillé, Jean-Guillaume Sipp perpétue depuis 2014 avec brio une tradition viticole inaugurée en 1654 par son ancêtre porteur du même prénom. Il dispose de 25 ha de vignes, avec des parcelles dans plusieurs crus renommés (Altenberg de Bergheim, Kirchberg de Ribeauvillé).

Osmose ? Certainement celle du vin et de la barrique (neuve pour un tiers), où ce millésime a séjourné 14 mois : «De beaux fruits en bouche, le chêne n'est pas dominant, il est bien intégré», écrit un dégustateur. De cette cuvée, on apprécie la franchise, l'intensité et l'élégance du nez, puis la structure solide, la puissance et la vivacité de la bouche, qui laisse une impression d'harmonie grâce à ses tanins déjà fondus. ⧗ 2022-2026

EARL DOM. JEAN SIPP, 60, rue de la Fraternité, 68150 Ribeauvillé, tél. 03 89 73 60 02, domaine@jean-sipp.com V t.l.j. sf dim. 9h-12h 14h-18h 4

STRAUB Élevé en barrique 2017 ★

■	1500		8 à 11 €

Installé en 1980 sur le domaine familial, entre Barr et Sélestat, Jean-Marie Straub cultive 7 ha de vignes autour de Blienschwiller, dont plusieurs parcelles dans le grand cru local, le Winzenberg. Dans sa cave voûtée de 1714 s'alignent les foudres traditionnels en bois.

Dans la lignée du remarquable 2016, ce millésime est resté plus longtemps en barrique (18 mois). Un vin coloré aux reflets violets de jeunesse, marqué au nez par des notes d'élevage vanillées et épicées qui laissent poindre le fruit noir et la cerise. On retrouve ce fruit, allié à un boisé marqué, dans un palais souple en attaque, étayé par des tanins fondus et tonifié en finale par une belle acidité. ⧗ 2021-2026

EARL JEAN-MARIE STRAUB, 61, rte des Vins, 67650 Blienschwiller, tél. 03 88 92 40 42, jean-marie.straub@wanadoo.fr r.-v.

MAISON VONVILLE
Rouge d'Ottrott Stéphane 2018 ★★

■	10000		15 à 20 €

En 2002, Stéphane Vonville a rejoint Jean-Charles sur ce domaine fondé en 1830 au pied du mont Sainte-Odile. Alors qu'en Alsace 90 % des vins sont blancs, le pinot noir représente 70 % de leurs 13 ha de vignes. Il faut dire que la propriété est implantée à Ottrott,

village bas-rhinois connu depuis 900 ans pour ses vins rouges, qui bénéficie depuis 2011 d'une dénomination communale pour ce cépage. Après avoir suivi une démarche bio sans certification, Stéphane Vonville a engagé la conversion bio de son vignoble.

Un grand vin, concluent les jurés. Une cuvée issue de ceps âgés de 50 ans. Après une longue macération (3 semaines), elle achève sa fermentation en barrique et reste 15 mois dans le chêne. Il en résulte une robe profonde, un nez puissant, qui laisse percevoir une complexité naissante, et un palais bien construit, généreux et persistant. Du potentiel. ⧗ 2022-2026

EARL VONVILLE, 4, pl. des Tilleuls, 67530 Ottrott, tél. 06 87 32 47 04, info@vins-vonville.com V *t.l.j. 9h-12h 13h30-18h30* B

♥ B DOM. WELTY Quintessence 2018 ★★

■ | 1680 | | 20 à 30 €

Rejoint en 2012 par son fils Jérémy, Jean-Michel Welty s'est installé en 1984 sur l'exploitation familiale, dont les lointaines origines remontent à 1738. Implanté à Orschwihr, à 25 km au sud de Colmar, au pied de la colline du Bollenberg, le vignoble (10 ha) bénéficie d'un climat très sec. Longtemps conduit en agriculture raisonnée, il s'est converti à la biodynamie (certification en 2018).

Nos dégustateurs ont pris un plaisir évident à décrire cette cuvée issue de vignes de 60 ans. Au terme d'un élevage de 10 mois en fût, ce 2018 se pare d'une robe profonde et jeune, à reflets violets, et laisse de longues larmes sur les parois du verre. Il libère les arômes fruités du cépage, soulignés par les nuances toastées, légèrement vanillées et fumées de la barrique. On retrouve au palais cette alliance harmonieuse du raisin et du merrain, mise en valeur par une fine acidité et par des tanins bien fondus pour un vin aussi jeune. Complexité, velouté élégant de la texture, fraîcheur et longueur de la finale, le jury est conquis. ⧗ 2021-2026 ■ **Ancestral 2018 ★ (11 à 15 €; 5000 b.)** B Le pinot noir élevé en cuve du domaine naît aussi de vieilles vignes. Moins complexe que la cuvée « barrique », il s'en rapproche par sa matière intense, puissante, fondue et fraîche et séduit par son fruité persistant. ⧗ 2020-2025

DOM. JEAN-MICHEL WELTY, 24, Grand-Rue, 68500 Orschwihr, tél. 03 89 76 09 03, vinswelty@gmail.com V *t.l.j. 8h30-11h45 13h30-18h30; dim. sur r.-v.* 3 B

ALSACE RIESLING

Superficie : 3 376 ha / Production : 247 952 hl

Le riesling est le cépage rhénan par excellence, et la vallée du Rhin, son berceau. Il s'agit d'une variété tardive pour la région, dont la production est régulière et bonne. Le riesling alsacien est souvent sec, ce qui le différencie d'une façon générale de son homologue allemand. Ses atouts résident dans l'harmonie entre son bouquet délicat, son corps et son acidité assez prononcée mais extrêmement fine. Or, pour atteindre cette qualité, il doit provenir d'une bonne situation. Le riesling a essaimé dans de nombreux autres pays viticoles, où la dénomination riesling, sauf s'il est précisé « riesling rhénan », n'est pas totalement fiable: une dizaine d'autres cépages ont été ainsi baptisés dans le monde!

B ANSTOTZ ET FILS
Glintzberg Vieilles Vignes 2018 ★

■ | 4 500 | | 8 à 11 €

Un domaine implanté à 25 km à l'ouest de Strasbourg. Début de la mise en bouteilles en 1950; installation de Marc Anstotz en 1980; de Nicolas, en 2010; aujourd'hui, 15 ha en bio certifié (2012) et de beaux vins, notamment les rieslings de terroir. En 2014, les vignerons ont quitté leur ferme de 1580 pour s'établir dans des locaux plus vastes et fonctionnels. Ils ont bien sûr emporté sur le nouveau site les anciens foudres de bois aux verrous sculptés.

Aussi apprécié que le précédent millésime, ce riesling naît sur un sol à dominante marneuse, riche en fer. Au nez, une évocation de fruits exotiques, un soupçon de sous-bois: ce 2018 est timide comme son devancier. C'est en bouche qu'il se révèle, dévoilant une matière concentrée et une certaine rondeur, bien équilibrée par un trait d'acidité qui lui donne de l'allonge et une réelle élégance. (Sucres résiduels:1,1 g/l.) ⧗ 2021-2025

DOM. ANSTOTZ ET FILS, 11, rue des Hirondelles, 67310 Balbronn, tél. 03 88 50 30 55, christine.anstotz@wanadoo.fr V *t.l.j. sf dim. 9h-12h 13h30-18h*

DOM. BADER Terroir solaire 2015 ★

■ | 600 | | 11 à 15 €

Œnologue, Pierre Scharsch a racheté en 2004 cette ancienne propriété (XVII^e^s.) de la région de Barr, restructuré le vignoble et engagé en 2016 la conversion bio du domaine. L'exploitation couvre aujourd'hui 11 ha.

Terroir solaire? Un sol sablo-siliceux. L'année 2015 fut également solaire et ce riesling, récolté vers la mi-septembre, était déjà gorgé de sucres; il a été vinifié en moelleux. Le vin séduit par ses caractères évoquant une vendange tardive: robe jaune d'or, nez intense et complexe, minéral, fruité (fruits jaunes), avec des nuances de rhubarbe, de cire et d'encaustique. La minéralité et la surmaturation (miel) se confirment dans un palais ample, riche, harmonieux et fondu, marqué en finale par des notes d'agrumes confits. Parfait sur une volaille ou sur un tajine. (Sucres résiduels:31 g/l.)

DOM. BADER, 1, rue de l'Église, 67680 Epfig, tél. 03 88 85 51 61, vinsbader@gmail.com V *r.-v.*

B DOM. BARMÈS-BUECHER
Rosenberg 2018 ★

■ | 6 264 | | 15 à 20 €

Né en 1985 du mariage de Geneviève Buecher et de François Barmès, héritiers l'un comme l'autre de familles de vignerons-propriétaires remontant au XVII^e^s., ce domaine est situé à 5 km au sud-ouest de Colmar. Conduit depuis 1998 en biodynamie

(certification en 2001), il compte aujourd'hui 7 terroirs, dont 3 grands crus. Après la disparition de leur père en 2011, les deux enfants du couple fondateur, Sophie et Maxime (au chai), ont rejoint l'exploitation.

À la carte des vins du domaine, trois rieslings de terroirs. Issu du Rosenberg, aux sols argilo-calcaires et gréseux, celui-ci affiche une robe dorée qui annonce un nez concentré, riche et mûr, sur les fruits jaunes, et une bouche intense, marquée en finale par une pointe d'amertume. (Sucres résiduels: 0,5 g/l.) ⧗ 2021-2025

⊶ DOM. BARMÈS-BUECHER, 30, rue Sainte-Gertrude, 68920 Wettolsheim, tél. 03 89 80 62 92, info@barmes-buecher.com V r.-v.

CHARLES BAUR Cuvée Charles 2017 ★

	9 660		8 à 11 €

Les Baur sont établis à Eguisheim depuis le XVIIIe s. Charles Baur débute la vente en bouteilles en 1948, son fils Armand, œnologue, prend le relais en 1980, rejoint en 2010 par Arnaud, ingénieur agronome. Le tandem a engagé en 2011 la conversion bio du vignoble, qui couvre 17 ha, avec des parcelles dans 3 grands crus; il exploite en outre 1 ha de verger pour l'eau-de-vie.

Issu d'un terroir argilo-calcaire, ce 2017 offre un nez déjà bien ouvert sur le fruit, mâtiné des notes minérales, «pétrolées», caractéristiques des rieslings évolués. On retrouve ce caractère dans un palais vif en attaque, plein, à la finale ciselée et saline. (Sucres résiduels: 6,15 g/l.) ⧗ 2020-2025

⊶ DOM. CHARLES BAUR, 29, Grand-Rue, 68420 Eguisheim, tél. 03 89 41 32 49, cave@vinscharlesbaur.fr V t.l.j. 9h-12h 13h30-18h30; dim. 9h-12h

PIERRE ET FRÉDÉRIC BECHT
Sélection de grains nobles 2015 ★

	1000		30 à 50 €

Pierre Becht et son fils Frédéric sont établis à Dorlisheim, village viticole jouxtant Molsheim, à 25 km à l'ouest de Strasbourg. Ils exploitent 22 ha de vignes, pour moitié dans leur village et pour l'autre au lieu-dit Stierkopf, près de Mutzig.

Année ensoleillée jusque dans l'arrière-saison, 2015 a été propice à l'élaboration de sélections de grains nobles, comme ce riesling qui allie dans une belle harmonie les caractères d'un liquoreux et ceux du cépage: robe jaune d'or, nez raffiné, entre fleurs blanches et minéralité. Une minéralité qui se prolonge dans un palais ample et miellé. De l'élégance. (Sucres résiduels: 95 g/l.) ⧗ 2020-2030

⊶ DOM. PIERRE ET FRÉDÉRIC BECHT, 26, fg des Vosges, 67120 Dorlisheim, tél. 03 88 38 18 32, info@domaine-becht.com V t.l.j. sf dim. 8h30-12h 14h-18h

HUBERT BECK
Réserve du chevalier 2017 ★

	10 520		11 à 15 €

Faisant remonter son arbre généalogique à 1596, la famille Beck est aussi ancienne que les maisons à pignons de la vieille cité fortifiée de Dambach-la-Ville où elle est établie. Sa maison s'appuie sur un vignoble en propre de 45 ha, avec des parcelles dans le grand cru local, le Frankstein. Depuis 2011, elle confie ses vendanges à la maison Ruhlmann-Schutz.

Planté en terrasses sur un coteau aux sols argilo-calcaires, ce riesling est resté sur pied jusqu'au début du mois d'octobre. Dans le verre, un vin sec à l'expression aromatique d'une belle finesse, alliant notes florales, minérales et citron confit. Assez complexe, à l'unisson du nez, la bouche est bien construite, de l'attaque souple à la finale vive et saline. (Sucres résiduels: 8,2 g/l.) ⧗ 2021-2025

⊶ HUBERT BECK, 34, rue du Mal-Foch, 67650 Dambach-la-Ville, tél. 03 88 92 41 86, alsace.beck@free.fr V r.-v.

BECKER Kronenburg 2018 ★

	3466		11 à 15 €

Établie à Zellenberg près de Riquewihr, une exploitation dont les origines remontent à 1610, aujourd'hui gérée par deux frères, Jean-Philippe et Jean-François Becker. Ces vignerons disposent en propre de 10 ha, en bio certifié depuis 2001.

Un riesling bien connu de nos lecteurs, né dans un lieu-dit argilo-marneux comme le grand cru Schoenenbourg qu'il jouxte à l'est. Le 2018 se signale par un nez intense et frais; d'abord délicatement florale, sa palette s'oriente vers la groseille à maquereau et les fruits blancs. En bouche, on retrouve les fleurs, des notes suaves de violette, en harmonie avec une attaque ample, puis une belle acidité donne à l'ensemble dynamisme, relief et longueur. Un vin gourmand et harmonieux. (Sucres résiduels: 11 g/l.) ⧗ 2020-2026

⊶ GAEC JEAN-PHILIPPE ET JEAN-FRANÇOIS BECKER, 2, rte d'Ostheim, 68340 Zellenberg, tél. 06 07 39 59 06, jphilippebecker@aol.com V r.-v. D

FRANCIS BECK ET FILS
Lieu-dit Hertenstein Cuvée Louis 2016 ★★

	1600		11 à 15 €

Installé en 1974 sur le domaine familial proche de l'église romane Sainte-Marguerite, Francis Beck quitte la coopérative et fonde son domaine avec son épouse Monique. Depuis 2004, leur fils Julien, œnologue, perpétue avec Céline l'exploitation familiale. Certifié Haute valeur environnementale, en conversion bio, le vignoble s'étend aujourd'hui sur près de 10 ha autour d'Epfig, important village viticole proche de Barr.

Le Hertenstein est un terroir colluvial exposé plein sud, typé par la présence d'argiles et de galets en profondeur. En 2016, on a vendangé jusqu'à la fin de l'automne. Ce riesling a ainsi été récolté le 29 octobre. Malgré des notes miellées et une certaine richesse traduisant la surmaturation, il s'agit d'un vin sec. Ample en attaque, il est tendu par une ligne de fraîcheur acidulée qui lui confère une rare finesse. Intense, minéral («pétrolé») et iodé, il offre une longue finale saline. «Un riesling austère, j'adore», conclut un dégustateur. (Sucres résiduels: 7,7 g/l.) ⧗ 2020-2030

⊶ FRANCIS BECK ET FILS, 79, rue Sainte-Marguerite, 67680 Epfig, tél. 03 88 85 54 84, vins@francisbeck.com V t.l.j. sf dim. 10h-12h 14h-19h A

DOM. BOEHLER Hahnenberg 2018 ★★

| | 1700 | | 11 à 15 € |

Malgré l'héritage industriel des Bugatti, Molsheim reste attachée au vin – le vin, rêve séculaire des Boehler, tanneurs de père en fils sous l'Ancien Régime. Antoine (mort en 1827) lève les yeux vers le cru Bruderthal, y achète les premiers rangs de vigne. Création du domaine en 1892, première mise en bouteilles en 1970. Installés en 1989, René et Josiane spécialisent, agrandissent et modernisent la propriété (8 ha aujourd'hui, en conversion bio), qu'ils transmettent en 2018 à leur fils Julien.

Le Hahnenberg de Molsheim est un coteau pentu et assez haut perché, aux sols pauvres, calcaires et caillouteux. Un terroir tardif: même en 2018, le vigneron a attendu le 10 octobre pour récolter les raisins à l'origine de ce superbe vin qui reste sec, malgré sa robe or jaune. Le nez complexe marie le miel et les fruits secs de la surmaturation aux agrumes et à la minéralité typés du cépage. Ample et souple en attaque, frais et long, le palais est soutenu par une franche vivacité qui assure un parfait équilibre. Original, c'est « le vin d'une nouvelle génération », conclut un juré conquis. (Sucres résiduels: 8 g/l.) ⧗ 2020-2025

DOM. BOEHLER, 4, pl. de la Liberté, 67120 Molsheim, tél. 03 88 38 53 16, rene.boehler@orange.fr V r.-v.

DOM. LÉON BOESCH Breitenberg ★

| | 2900 | | 15 à 20 € |

Matthieu Boesch a pris avec Marie la succession de son père Gérard. Le couple exploite environ 15 ha à l'entrée de la Vallée Noble, avec des vignes dans le grand cru Zinnkoepflé. Installée depuis le XVIIIe s. à Soultzmatt, la famille a déménagé dans le village voisin de Westhalten et construit en 2010 une cave enterrée bioclimatique qui cadre bien avec sa démarche biodynamique.

Issu d'un terroir gréseux, ce riesling encore sur sa réserve s'ouvre à l'aération sur des notes fruitées et réglissées. Riche, bien fondu, il est équilibré par une belle acidité teintée d'agrumes. (Sucres résiduels: 0,9 g/l.)

DOM. LÉON BOESCH, 6, rue Saint-Blaise, 68250 Westhalten, tél. 03 89 47 01 83, boesch@domaine-boesch.fr V r.-v.

DOM. BORÈS Sandt Vieilles Vignes 2018 ★

| | 2050 | | 11 à 15 € |

Au sud de Barr, le village de Reichsfeld est situé en pleine montagne, au fond d'un vallon encaissé abrité par l'Ungersberg, point culminant du Bas-Rhin: le cadre de vie de Marie-Claire et Pierre Borès, installés en 1988. Le couple exploite ses 10 ha de vignes sur les coteaux abrupts du Schieferberg – l'un des rares terroirs de schistes d'Alsace.

Le nom du lieu-dit, Sandt, évoque certainement le sable issu de la décomposition du grès vosgien où ces vieux ceps plongent leurs racines. Terroir chaud, année chaude... Au nez, un vin très aromatique – des fleurs, des agrumes, des fruits exotiques –, presque muscaté, voire sauvignonné! En bouche, on retrouve le cépage: franche vivacité, finale longue et ciselée. C'est bien du riesling et c'est bon. (Sucres résiduels: 8 g/l.) ⧗ 2020-2025

DOM. BORÈS, 15, lieu-dit Leh, 67140 Reichsfeld, tél. 03 88 85 58 87, contact@domaine-bores.fr V r.-v.

PAUL BUECHER Rosenberg 2018 ★

| | 3000 | | 11 à 15 € |

D'origine suisse, la famille Buecher s'est établie près de Colmar après la guerre de Trente Ans. Après Paul Buecher, qui a vendu en 1959 les premiers vins en bouteilles, se sont succédé Henri, Jean-Marc, puis Jérôme, à la tête du domaine depuis 2004. L'exploitation, agrandie à chaque génération, est passée de 5 à 30 ha; elle s'est étendue dans les grands crus et convertie à l'agriculture biologique.

Reflet de son terroir marno-calcaire, ce riesling reste réservé au nez; il laisse poindre de délicates fragrances de fleurs et de bergamote qui se prolongent en bouche. Ample en attaque, il est encore marqué par des sucres résiduels qui demandent à se fondre. La finale minérale laisse cependant une impression d'élégance. (Sucres résiduels: 4,5 g/l.) ⧗ 2021-2025

GAEC PAUL BUECHER ET FILS, 15, rue Sainte-Gertrude, 68920 Wettolsheim, tél. 03 89 80 64 73, vins@paul-buecher.com V *t.l.j. sf dim. 9h-12h 13h30-17h*

DIETRICH Lanzenberg 2015 ★

| | 2500 | | 11 à 15 € |

La famille cultive la vigne depuis 1620, mais il a fallu attendre le début des années 1960 pour que Laurent Dietrich abandonne la polyculture et se lance dans la vente en bouteilles. Son fils Michel exploite 18 ha autour de la cité fortifiée de Dambach-la-Ville et de villages proches (Dieffenthal, Itterswiller et Albé). Domaine en conversion bio.

Le Lanzenberg est un terroir granitique comme le grand cru voisin du Frankstein. Les vieux ceps (50 ans) qui y plongent leurs racines ont engendré un riesling qui a bien évolué. Typé, frais, droit et structuré, il a pour atout son élégance. On aime aussi son expression aromatique complexe et nette: notes végétales, minérales, agrumes, fleurs blanches, cire d'abeille, fruits blancs. (Sucres résiduels: 5 g/l.) ⧗ 2020-2024

FAMILLE DIETRICH, 3, rue des Ours, 67650 Dambach-la-Ville, tél. 03 88 92 41 31, famille@vins-dietrich.com V *t.l.j. sf dim. 9h-12h 13h-19h*

EBLIN-FUCHS
Muehlforst Vieilles Vignes 2018 ★

| | 2400 | | 11 à 15 € |

Établis à Zellenberg, petit village perché voisin de Riquewihr, José, Henri et Christian Eblin sont les héritiers d'une lignée de vignerons remontant au XIIIe s. Ils ont adopté la biodynamie dès 1999. Leur domaine couvre environ 11 ha répartis dans 6 communes, avec des parcelles dans 4 grands crus.

Marno-calcaire, bien exposé au sud, le Muehlforst est l'un des meilleurs terroirs de Hunawihr, propice au riesling qui s'y dore au soleil. Voyez ce 2018: à sa robe jaune intense répond un nez complexe, élégant et bien ouvert, mêlant les fleurs blanches et des notes confites de surmaturation. Concentré, ample et riche, le palais est soutenu par une acidité tranchante, qui souligne la finale aux accents de cédrat. (Sucres résiduels: 3,3 g/l.) ⧗ 2020-2025

EARL EBLIN-FUCHS, 19, rte du Vin, 68340 Zellenberg, tél. 03 89 47 91 14, alsace@eblin-fuchs.com V r.-v.

FAHRER-ACKERMANN
Terroir du Haut-Kœnigsbourg 2018 ★

	4000		8 à 11 €

En 1999, Vincent Ackermann, fils de vigneron et salarié viticole, rachète l'exploitation de son employeur, située au pied du Haut-Kœnigsbourg, et, 5 ans plus tard, une maison datée de 1709 sise à Rorschwihr, pour aménager des chambres d'hôtes. Son domaine couvre 10 ha.

Une approche flatteuse et typée pour ce riesling au nez floral, citronné et subtilement minéral. Dans une belle continuité aromatique, la bouche se montre souple en attaque et tendue par une fine acidité qui lui donne de l'élégance. (Sucres résiduels: 8 g/l.) ⧗ 2020-2025

DOM. FAHRER-ACKERMANN, 10, rte du Vin, 68590 Rorschwihr, tél. 03 89 73 83 69, vincent.ackermann@wanadoo.fr V r.-v. 3 D

LUC FALLER Fruehmess 2017 ★

	1700		15 à 20 €

Luc Faller a succédé en 1989 à son père Henri sur le domaine familial situé autour d'Itterswiller, petit village très fleuri proche de Barr. Avec sa femme Myriam, il cultive 8 ha en bio certifié et en biodynamie.

Issu d'un terroir sablonneux, ce 2017 affiche une robe jaune doré. Au nez, il mêle les agrumes et une minéralité déjà affirmée, avec une touche évoluée de cire d'abeille. Après une attaque fraîche et citronnée, la bouche est marquée par une pointe de rondeur tout en gardant un bel équilibre. Parfait sur un poisson en sauce. (Sucres résiduels: 4,9 g/l.) ⧗ 2020-2023

HENRI ET LUC FALLER, 51, rte des Vins, 67140 Itterswiller, tél. 03 88 85 51 42, vin.faller@orange.fr V r.-v.

FROEHLICH Cuvée particulière 2018 ★★

	3500		5 à 8 €

Michel Froehlich a pris en 1992 la succession de son père Fernand, qui s'était lancé dans la mise en bouteilles. Si le siège du domaine est situé dans la plaine, au nord de Colmar, les 11 ha de vignes sont disséminés dans 4 villages réputés: Beblenheim, Zellenberg, Ribeauvillé et Riquewihr.

Le vigneron a attendu la mi-octobre pour récolter à belle maturité les rieslings à l'origine de cette cuvée. S'il montre une certaine rondeur, ce 2018 n'est pas moelleux pour autant. Bien ouvert au nez, il se partage entre d'élégantes notes de fleurs blanches, un léger miel et une pointe de minéralité. Ample et suave en attaque, il est tonifié par un trait d'acidité qui souligne sa finale salivante marquée par l'amertume du pamplemousse. (Sucres résiduels: 14,8 g/l.) ⧗ 2021-2025

FERNAND FROEHLICH ET FILS, 29, rte de Colmar, 68150 Ostheim, tél. 03 89 86 01 46, vins-alsace@domaine-froehlich.fr V t.l.j. 8h-11h30 13h30-18h30; dim. sur r.-v. G

PIERRE-HENRI GINGLINGER
Vendanges tardives 2017 ★

	700	20 à 30 €

Établi dans la vieille cité d'Eguisheim, au sud de Colmar, ce domaine familial dont les origines remontent à 1610 a son siège dans une maison de 1684. Mathieu Ginglinger, qui a succédé en 2003 à son père Pierre-Henri, conduit l'exploitation en bio (certification en 2004). Après avoir acquis des vignes à l'extrême sud de la route des Vins, il dispose aujourd'hui de 15 ha, avec des parcelles dans 3 grands crus.

En cette année chiche en volume, Mathieu Ginglinger a élaboré une microcuvée de vendanges tardives qui offre tout ce que l'on peut attendre de ce type de vin: une robe or intense; un nez encore jeune et réservé mais concentré, qui s'ouvre sur des notes d'écorce d'agrumes, de fruits exotiques et de miel; une bouche fine, fraîche, et longue, aux accents de citron confit, teintée en finale d'une agréable amertume. Un liquoreux aérien. (Sucres résiduels: 74 g/l.) ⧗ 2020-2030

PIERRE-HENRI GINGLINGER, 33, Grand-Rue, 68420 Eguisheim, tél. 03 89 41 32 55, info@vins-ginglinger.fr V t.l.j. 9h30-12h 13h30-18h30 4 D

CAVE VINICOLE DE HUNAWIHR
Lieu-dit Muehlforst 2018 ★

	16000		8 à 11 €

Fondée en 1954 au cœur de la route des Vins, la cave de Hunawihr regroupe majoritairement des viticulteurs de ce village. La coopérative vinifie le fruit de 200 ha et propose une large gamme de vins (dont 5 grands crus). Elle a 4 marques: Peter Weber, L'Unabelle, Armand Schreyer et Kuhlmann-Platz (ancienne maison de négoce rachetée en 1985).

Après un riesling 2017 coup de cœur l'an dernier, voici un autre vin du même cépage, issu d'un terroir différent. Jouxtant le grand cru Rosacker à Hunawihr, le Muehlforst possède des sols calcaires et jouit d'une exposition plein sud. Dans une année solaire comme 2018, il a donné naissance à un vin assez riche, dont le nez floral et fruité (pêche blanche) se teinte de nuances de surmaturation. Ce caractère est contrebalancé en bouche par une franche vivacité et par une pointe de minéralité qui donnent un côté ciselé à la finale. (Sucres résiduels: 8 g/l.) ⧗ 2020-2025

CAVE VINICOLE DE HUNAWIHR, 48, rte de Ribeauvillé, 68150 Hunawihr, tél. 03 89 73 61 67 V t.l.j. 9h-12h 14h- 18h

MARCEL IMMÉLÉ 2018 ★

	9000		5 à 8 €

Originaire de Suisse, la famille Immélé a fait souche en 1831 au sud de Colmar, à Voegtlinshoffen, village perché qui offre une vue imprenable sur le vignoble et

la plaine d'Alsace. Le premier viticulteur de la lignée a vécu à la fin du XIXᵉs. Aujourd'hui, Marcel exploite 9 ha de vignes avec son fils Marc qui l'a rejoint en 1997.

Né sur argilo-calcaire, ce riesling demande un peu d'aération avant de révéler des notes minérales et grillées. Ample et riche en attaque, complexe, il est tendu par un trait d'acidité qui souligne sa longue finale saline. Un bel équilibre. (Sucres résiduels: 7 g/l.) ⧗ 2020-2025

⊶ MARCEL IMMÉLÉ, 8, rue Roger-Frémeaux, 68420 Voegtlinshoffen, tél. 06 80 03 72 48, immele@vins-immele.net

CH. D'ISENBOURG
Clos Les Tommeries 2018 ★

■	11300	11 à 15 €

Château, un terme rare dans le vignoble alsacien. Aux portes nord de Rouffach, une forteresse médiévale a fait place au début du XIXᵉs. à un manoir aménagé au siècle suivant en hôtel de luxe. D'origine ecclésiastique, le domaine viticole est un authentique clos de 27 ha, cultivé en terrasses et planté des 5 principaux cépages alsaciens. Il appartient à la maison Dopff et Irion.

Avec son nez discrètement floral et citronné, puis minéral à l'aération, et son palais souple en attaque, tendu par une acidité saline, encore un peu tranchante, marqué en finale par une pointe d'amertume, voilà un riesling bien typé, qui se plaira sur tous les produits de la mer. (Sucres résiduels: 7 g/l.) ⧗ 2021-2026

⊶ DOPFF ET IRION, Ch. de Riquewihr, 1, cour du Château, 68340 Riquewihr, tél. 03 89 47 92 51, contact@dopff-irion.com V t.l.j. 10h-18h

KARCHER Harth 2018 ★

■	8500		8 à 11 €

Fondée en 1956 et exploitée depuis 1991 par Georges et Nathalie Karcher, cette propriété a son siège au cœur du vieux Colmar, à deux pas de la zone piétonne, dans une ferme de 1602. Une grande partie des 10 ha de vignes est implantée sur des terroirs de graves de la Hardt, au nord-ouest de la ville.

Sur les graves, durant l'été très sec de 2018, ce riesling a dû avoir chaud... Il s'en est sorti. Vendangé fin août, il a donné naissance à un vin certes un peu svelte mais typé, droit et équilibré. Le nez livre de discrets arômes d'agrumes (citron et pamplemousse confits); le palais, souple en attaque, est tonifié par une finale acidulée. (Sucres résiduels: 6 g/l.) ⧗ 2020-2024

⊶ DOM. ROBERT KARCHER ET FILS, 11, rue de l'Ours, 68000 Colmar, tél. 03 89 41 14 42, info@vins-karcher.com V t.l.j. 8h-12h 14h-19h; dim. 8h-12h

DOM. DU MANOIR
Clos du Letzenberg 2018 ★

■	1500		8 à 11 €

En 1979, Jean-Francis Thomann, fils d'un petit viticulteur d'Ingersheim, a repris le Clos du Letzenberg, aménagé en 1852 sur un coteau escarpé dominant la vallée de la Fecht, puis laissé à l'abandon après 1914. Il a fini par lâcher son travail à la banque et a impliqué ses proches dans l'aventure. La famille a restauré les murs de soutènement en pierre sèche, défriché, planté et bichonne aujourd'hui 10 ha de vignes.

Cultivé sur des terrasses exposées plein sud, ce riesling à la robe jaune intense brille moins par son expression aromatique florale et grillée que par sa concentration. On conseille de l'aérer avant le service. (Sucres résiduels: 1,5 g/l.) ⧗ 2021-2025

⊶ DOM. DU MANOIR, 56, rue de la Promenade, 68040 Ingersheim, tél. 03 89 27 23 69, domainedumanoir@gmail.com V t.l.j. 10h-12h 14h-18h; dim. sur r.-v.

DOM. G. METZ Cru du Fruehmess 2018 ★

■	1260		11 à 15 €

C'est le gendre de Gérard Metz, Éric Casimir, d'origine champenoise, qui conduit le domaine familial, dont il a porté la superficie de 14 à 18 ha (avec des parcelles en grand cru). L'exploitation est implantée à Itterswiller, petit village bas-rhinois très fleuri, situé à flanc de coteau.

Planté sur les sols sablonneux, argilo-gréseux d'un terroir d'Itterswiller bien abrité, exposé au sud, ce riesling a tiré de l'été sec et chaud de 2018 un nez intense, un peu iodé, aux nuances de fruits jaunes. Minéral, équilibré et fondu au palais, il est prêt. (Sucres résiduels: 1,9 g/l.) ⧗ 2020-2024

⊶ DOM. GÉRARD METZ, 40, rte du Vin, 67140 Itterswiller, tél. 03 88 57 80 25, info@vinsgerardmetz.net V t.l.j. sf dim. 10h30-12h30 16h30-19h

CAVE DU ROI DAGOBERT
Racines et terroirs 2018 ★

■	10880		8 à 11 €

Dagobert ? Le roi mérovingien avait un palais et des vignes dans cette contrée située au nord de la route des Vins, à une vingtaine de kilomètres de Strasbourg. Fondée en 1952, la coopérative de Traenheim rassemble 960 ha et regroupe quelque 250 adhérents, ce qui ne l'empêche pas de proposer une gamme de vins de terroir. Elle travaille en association avec la Cave de Turckheim.

La cave a proposé plus d'une fois de superbes rieslings de terroir. Celui-ci, sans atteindre des sommets, apparaît bien typé avec son nez finement floral, citronné et végétal, prélude à une bouche fraîche, tout en finesse. (Sucres résiduels: 6,6 g/l.) ⧗ 2020-2026

⊶ CAVE DU ROI DAGOBERT, rte de Scharrachbergheim, 67310 Traenheim, tél. 03 88 50 69 00, dagobert@cave-dagobert.com V t.l.j. 9h-19h

RUHLMANN
Blettig Vieilles Vignes 2017 ★★

■	10520		8 à 11 €

Les Schutz sont alliés aux Ruhlmann, établis depuis le XVIIᵉs. à Dambach-la-Ville, importante et pittoresque cité viticole. Créée en 1997, cette maison de négoce mise sur la grande distribution et sur l'export et dispose de 45 ha de vignes. Elle s'est étendue dans les Corbières (Ch. Valmont).

Dans la dernière édition, les jurés avaient donné une étoile à un riesling du même millésime. Cette cuvée diffère par son origine: elle provient d'argilo-calcaires et non d'un terroir granitique. Complexe au nez, elle mêle la pêche surmûrie, voire confite, à des notes minérales. En bouche, après une attaque souple, elle se montre fine et fraîche, offrant une finale vive et salivante. (Sucres résiduels: 8 g/l.) ⧗ 2020-2025

RUHLMANN-SCHUTZ, 34, rue du Mal-Foch, 67650 Dambach-la-Ville, tél. 03 88 92 41 86, vins@ruhlmann-schutz.fr V t.l.j. sf dim. 9h-12h 14h-19h ❷

SCHERB Vendanges tardives 2017 ★

	1052		11 à 15 €

L'Alsace est pionnière en matière d'œnotourisme. Vignerons depuis 4 générations, les Scherb ont repris un restaurant familial en 1954, au lendemain de l'inauguration de la route des Vins. Ils y ont ajouté un hôtel. Les propriétaires accueillent aussi les visiteurs dans leur cave au cœur du pittoresque village de Gueberschwihr, au sud de Colmar. Fort de 15 ha de vignes, le domaine est certifié Haute valeur environnementale.

Ces vignerons possèdent à Gueberschwihr et à Rouffach des terroirs propices à l'obtention de liquoreux: ils collectionnent les sélections pour ce type de vins. Cette année, des vendanges tardives jaune doré. Encore jeune et réservé mais flatteur, le nez libère des arômes d'agrumes confits nuancés de notes de tisane. On retrouve les fruits confits, associés à la pâte d'amandes, dans un palais ample, concentré, de belle longueur. Très présents en finale, les sucres devraient se fondre avec le temps. (Sucres résiduels: 84,3 g/l. ; bouteilles de 50 cl.) ⧗ 2020-2027

DOM. BERNARD SCHERB ET FILS, 3, rue Basse, 68420 Gueberschwihr, tél. 03 89 49 33 82, vins.scherb@orange.fr V t.l.j. 8h30-12h 14h-18h

Ⓑ SCHIEFERKOPF Lieu-dit Buehl 2018 ★

	9858		30 à 50 €

Célèbre dans la vallée du Rhône, Michel Chapoutier s'intéresse particulièrement aux terroirs schisteux. En 2008, il a acquis avec 4 associés un domaine de 8 ha situé à 380 m d'altitude, sur le Felsberg à Bernardvillé. Jadis cultivé par les Cisterciens et aujourd'hui exploité en bio, le vignoble pentu est implanté sur la seule veine de schistes bleus d'Alsace, des roches très anciennes, du Précambrien. Les premières cuvées, issues de sélections parcellaires, ont été lancées en 2011 sous la marque Schieferkopf.

Un riesling de terroir déjà repéré par nos jurés dans le millésime précédent. Celui-ci montre une certaine souplesse, reflet d'un millésime chaud, de son exposition sud et peut-être de la fermentation malolactique, peu pratiquée pour les blancs de la région. Les jurés croient aussi percevoir dans sa palette un soupçon boisé laissé par l'élevage en foudre. Un riesling original donc, mais fort agréable. Si le vinificateur a voulu lui assurer un certain potentiel, les dégustateurs suggèrent de l'apprécier jeune, sur des saint-jacques à la crème. (Sucres résiduels: 1,3 g/l.) ⧗ 2020-2025 **Lieu-dit Fels 2018 ★ (30 à 50 €; 3922 b.)** Ⓑ Issu d'une parcelle où les schistes affleurent, orientée au sud-est, un riesling jaune doré, concentré et puissant au nez comme en bouche. Si sa palette joue sur la surmaturation (fruits jaunes), il reste traversé par une belle acidité. (Sucres résiduels: 0,2 g/l.) ⧗ 2020-2025

SCHIEFERKOPF, 2, pl. de l'Église, 67140 Reichsfeld, tél. 04 75 08 28 65, chapoutier@chapoutier.com

Ⓑ DOM. FERNAND SELTZ
Vieilles Vignes 2018 ★

	2800		11 à 15 €

Michel Seltz est établi à Mittelbergheim, village aussi connu pour ses maisons vigneronnes d'époque Renaissance que pour son coteau du Zotzenberg, classé en grand cru. Sur ce terroir de choix, il cultive plusieurs cépages. Le domaine est exploité en bio certifié depuis 2010.

Une couleur jaune intense pour ce riesling issu d'un terroir argilo-calcaire. Tout aussi intense, complexe, le nez s'ouvre sur des fragrances florales, nuancées de notes d'agrumes et de touches minérales. La pêche s'ajoute à cette palette dans un palais ample et rond en attaque, marqué en finale par la fraîcheur du zeste d'agrumes. La petite pointe de sucre devrait se fondre avec le temps. Un bel équilibre. (Sucres résiduels: 7 g/l.) ⧗ 2021-2026

EARL FERNAND SELTZ ET FILS, 42, rue Principale, 67140 Mittelbergheim, tél. 03 88 08 93 92, seltz.michel@wanadoo.fr V r.-v.

JOËL SIEGLER Cuvée personnelle 2018 ★

	6750		5 à 8 €

Domaine constitué en 1945 à Mittelwihr, village voisin de Riquewihr, au cœur du vignoble alsacien. Installé en 1993, Joël Siegler exploite 8 ha de vignes.

Planté sur argilo-calcaires et récolté dès la fin août en cette année chaude, le riesling a donné naissance à un vin de plaisir immédiat, au nez flatteur et bien ouvert, entre fruits jaunes et minéralité, et au palais équilibré, à la finale nerveuse. (Sucres résiduels: 0 g/l.) ⧗ 2020-2023

JOËL SIEGLER, 8, rue des Merles, 68630 Mittelwihr, tél. 03 89 47 91 73, siegler-kuster@orange.fr ❺

ALINE ET RÉMY SIMON
Burgreben 2018 ★

	3300		8 à 11 €

Installés dans la maison des grands-parents datant de 1772, Aline et Rémy Simon exploitent depuis 1996 le petit vignoble familial situé au pied du Haut-Kœnigsbourg, à la limite des deux départements alsaciens: 2 ha à l'origine, près de 8 ha aujourd'hui. Leurs fils Xavier et Grégory les ont rejoints sur l'exploitation.

Burgreben, ou les «vignes du château», en contrebas de la montagne boisée dominée par le Haut-Kœnigsbourg. Elles ont donné naissance à un riesling dont la robe dorée annonce le côté solaire et expansif. Le nez évoque les fruits jaunes charnus de l'été, nuancé de notes de pierre à fusil. En bouche, des arômes d'abricot sec, de fruits mûrs et de confiture de rhubarbe s'accordent avec une attaque puissante et suave, équilibrée par une acidité bien intégrée qui donne à l'ensemble du dynamisme. Un beau vin exprimant la puissance du millésime sans excès de sucre et d'alcool. (Sucres résiduels: 5,5 g/l.) ⧗ 2020-2027

DOM. ALINE ET RÉMY SIMON, 12, rue Saint-Fulrade, 68590 Saint-Hippolyte, tél. 03 89 73 04 92, alineremy.simon@wanadoo.fr V r.-v.

DOM. DE LA TOUR BLANCHE 2018 ★

	7400		8 à 11 €

La Tour Blanche? L'ancienne prison de Riquewihr, l'une des cités viticoles les plus connues d'Alsace où la famille Klack est au service du vin depuis 1628. Aux commandes depuis 1997, Daniel et Estelle exploitent 8 ha de vignes, avec des parcelles dans les deux grands crus Schoenenbourg et Sporen. Le vigneron vinifie dans des foudres de bois centenaires. Domaine certifié Haute valeur environnementale.

Pour ce riesling, le producteur dit avoir recherché le gras, grâce à un long élevage sur lies fines avec bâtonnage. De fait, c'est bien cette qualité que saluent les dégustateurs qui décrivent un vin bien doré, riche, onctueux et mûr, sans déplorer le manque de fraîcheur affectant certains 2018. Le nez, discret, minéral, semble un peu en retrait, mais il s'ouvre sur le fruit à l'aération. (Sucres résiduels: 1,2 g/l.) ⧗ 2020-2025

DOM. DE LA TOUR BLANCHE, 18, rue de la 1re-Armée, 68340 Riquewihr, tél. 03 89 47 92 44, vins.klack@domainedelatourblanche.fr V *t.l.j. 9h-12h 14h-18h30*

DOM. LAURENT VOGT
Lieu-dit Rothstein Vendanges tardives 2017 ★

	1800		20 à 30 €

Une maison vigneronne du XVIIIe s. cossue et typique, dans la partie du vignoble proche de Strasbourg. Laurent et Marie-Anne Vogt ont spécialisé et agrandi le domaine. Thomas et Sylvie Vogt ont pris le relais en 1998 et engagé la conversion bio des 11 ha de vignes (certification en 2013).

Wolxheim bénéficie d'une dénomination communale pour ses rieslings fort réputés. Né d'un terroir gréseux (Rothstein ou «pierre rouge»), celui-ci, récolté à la fin octobre, a engendré un liquoreux bien doré qui s'ouvre sur le citron confit, le miel d'acacia et les fruits exotiques surmûris. Ample, riche et puissant, c'est un vin charmeur et suave. (Sucres résiduels: 62 g/l.) ⧗ 2020-2027

DOM. LAURENT VOGT, 4, rue des Vignerons, 67120 Wolxheim, tél. 03 88 38 81 28, thomas@domaine-vogt.com V *t.l.j. 8h-12h 13h-18h30; dim. sur r.-v.*

CH. WAGENBOURG Tradition 2018 ★

	5500	5 à 8 €

À 25 km au sud de Colmar, Soultzmatt s'étire le long de la Vallée Noble, ainsi désignée en raison des 7 châteaux qui la gardaient. De ces forteresses, une seule est restée debout: Wagenbourg, acquise par la famille Klein, établie dans le village en 1605. Bien abritées par les plus hauts reliefs des Vosges, les vignes (11 ha) sont exploitées depuis 1987 par Jacky et Mireille Klein.

Les arômes de pêche blanche bien mûre de ce riesling traduisent la chaleur de 2018 et la maturité de la vendange. Une expression en harmonie avec une bouche suave et opulente, qui conserve un bel équilibre grâce à une finale vive et ciselée aux accents d'agrumes. Parfait pour une volaille ou un poisson en sauce. (Sucres résiduels: 9 g/l.) ⧗ 2020-2025

JOSEPH ET JACKY KLEIN (CH. WAGENBOURG), 25A, rue de la Vallée, 68570 Soultzmatt, tél. 03 89 47 01 41, chateauwagenbourg@orange.fr V *t.l.j. sf dim. 8h-12h 13h30-18h*

JEAN-BERNARD ZIEGLER 2018 ★

	2800		8 à 11 €

Vigneron à Orschwihr, au sud de la route des Vins, Jean-Bernard Ziegler s'est lancé dans la mise en bouteilles à la propriété après avoir pris en 1988 les rênes du domaine familial. Il exploite aujourd'hui 10 ha de vignes à Orschwihr, Bergholtz, Bergholtz-Zell, Soultzmatt, Rouffach et Westhalten. Exploitation certifiée Haute valeur environnementale et en conversion bio.

Une belle maturité pour ce riesling qui est resté sur pied jusqu'en octobre. Son nez finement floral se teinte de notes de fruits jaunes et d'agrumes confits. La mise en bouche dévoile une matière riche et souple, aux arômes miellés et confits. Toutefois, le vin apparaît bien sec, un trait d'acidité iodée, salivante, lui donnant équilibre, tonus et allonge. Parfait pour un poisson au beurre blanc, des crustacés ou une volaille. (Sucres résiduels: 7 g/l.) ⧗ 2020-2026

JEAN-BERNARD ZIEGLER, 1, rue de l'Été, 68500 Orschwihr, tél. 03 89 76 90 12, jean-bernardziegler@wanadoo.fr V *t.l.j. 10h-12h 14h-18h; sam. dim sur r.-v.*

DOM. ZINCK Terroir 2018 ★★

	3000		15 à 20 €

Philippe Zinck, rejoint par Pascale, a repris en 1997 le vignoble fondé en 1964 par son père Paul autour de la vieille cité médiévale d'Eguisheim, et a porté sa superficie à 18 ha, avec des parcelles dans 4 grands crus. Il l'a d'abord conduit en lutte raisonnée avant d'adopter progressivement la bio à partir de 2011, d'abord sans certification. Depuis 2018, le domaine est en conversion à la biodynamie.

Né d'un terroir argilo-calcaire, ce riesling a impressionné nos dégustateurs par son ampleur, sa richesse, son intensité et surtout par sa vivacité. Une vivacité que l'on pressent dès l'approche, en découvrant un nez frais et minéral qui gagne en intensité à l'aération. Tonique dès l'attaque, «pointu», franc, salin, bien sec et complexe, il offre une finale ciselée et se démarque agréablement de cuvées ayant souffert de la sécheresse ou de la chaleur. «C'est un riesling!» Parfait avec un poisson noble juste grillé. (Sucres résiduels: 7,1 g/l.)

DOM. ZINCK, 18, rue des Trois-Châteaux, 68420 Eguisheim, tél. 03 89 41 19 11, info@zinck.fr V *t.l.j. sf dim. 9h-12h 14h-18h*

ALSACE SYLVANER

Superficie : 1 376 ha / Production : 108 268 hl

Les origines du sylvaner sont très incertaines, mais son aire de prédilection a toujours été limitée au vignoble allemand et à celui du Bas-Rhin en France. C'est un cépage extrêmement intéressant grâce à son rendement et à sa régularité de production. Son vin est d'une grande fraîcheur, assez acide, doté d'un fruité discret. On trouve en réalité 2 types de sylvaner sur le marché. Le premier, de loin supérieur, provient de terroirs bien exposés et peu enclins à la surproduction. Le second est un vin sans prétention, agréable et frais.

FRANÇOIS BRAUN 2018 ★

| 3300 | | 5 à 8 € |

Une famille enracinée depuis le XVIes. à Orschwihr, à quelque 25 km au sud de Colmar. En polyculture jusqu'au début du XXes., le domaine a débuté la mise en bouteilles après la Seconde Guerre mondiale, avec François Braun. Installés respectivement en 1980 et en 1991, Philippe et son frère Pascal sont à la tête d'une structure de négoce qui commercialise surtout les vins de leurs 21 ha de vignes et les eaux-de-vie de leurs vergers.

La robe or jaune et les parfums intenses, gourmands et complexes (agrumes, fruits exotiques, fruits jaunes presque confits et miel) suggèrent une vendange très mûre, voire surmûrie. Dans le même registre, le palais se développe avec ampleur, rondeur et gras, tout en restant sec. Une longue finale un rien austère, teintée d'amertume, laisse le souvenir d'un vin bien fait, qui s'accordera avec des plats au curry. ⧗ 2020-2023

FRANÇOIS BRAUN ET SES FILS, 19, Grand-Rue, 68500 Orschwihr, tél. 03 89 76 95 13, francois-braun@orange.fr V t.l.j. sf dim. 8h-11h30 14h-17h

B GEIGER-KOENIG Vieilles Vignes 2018 ★

| 1400 | | 5 à 8 € |

Domaine constitué en 1980 au sud de Barr par Richard et Simone Geiger, l'un comme l'autre d'ascendance vigneronne. Conduit depuis 2010 en bio certifié par leur fils Patrick, il couvre 13 ha répartis sur 7 communes, autour de Bernardvillé, village niché dans la montagne, et d'Epfig, commune située en plaine. Attaché à la biodiversité, Patrick Geiger élève sur 27 ha de prairies naturelles des vaches Highlands qui fument ses vignes et cultive des fruitiers dont il tire de l'eau-de-vie.

Issu du terroir de schistes de la montagne, ce sylvaner a été récolté au cœur de l'automne, le 20 octobre. Le vin n'en est pas moins sec. Au nez, il mêle l'ananas et l'abricot. Tendu, structuré et persistant, il pourra se garder un peu. ⧗ 2020-2024

SIMONE, RICHARD ET PATRICK GEIGER-KOENIG, 21, rue Principale, 67140 Bernardvillé, tél. 03 88 85 56 84, vinsgeigerkoenig@gmail.com V t.l.j. 8h30-19h

MURIEL GUETH Vieilles Vignes 2017 ★★

| 1700 | | 8 à 11 € |

Une famille établie depuis deux siècles à Gueberschwihr, au sud de Colmar. Installés en 1970, Jean-Claude et Bernadette Gueth ont commercialisé leurs vins à partir de 1982. Aujourd'hui, leur domaine couvre 8 ha et leur fille, Muriel Gueth, vinifie depuis 1996. L'exploitation s'est installée en 2018 dans des locaux modernes au milieu des vignes.

Vieilles Vignes? Le qualitatif n'est pas usurpé, les ceps ont 65 ans. La récolte s'est déroulée vers la fin des vendanges, le 28 septembre. Il en résulte une robe soutenue, jaune doré, et des arômes intenses, entre fleurs et fruits mûrs, qui prennent en bouche des tons abricotés. Bien fondu, le vin n'est pas moelleux pour autant. Soutenu par une fine acidité, il se montre frais et persistant. Parfait pour une blanquette de veau. ⧗ 2020-2023

DOM. GUETH, 1, Brunnmattweg, 68420 Gueberschwihr, tél. 03 89 49 33 61, cave@vin-alsace-gueth.com V r.-v.

RENÉ ET MICHEL KOCH Zellberg 2018 ★

| 2000 | | 5 à 8 € |

Georges Koch a inauguré la vente directe en 1958. René lui a succédé en 1970, rejoint en 1996 par Michel. Depuis 2006, ce dernier tient les rênes du domaine qui couvre 12 ha autour de Nothalten, village-rue du pays de Barr. Son fleuron: le riesling du grand cru local, le Muenchberg.

Déjà apprécié l'an dernier, un sylvaner de bonne origine, issu d'un coteau aux sols marno-calcaires. On aime son nez expressif et frais, sur la fleur blanche, et son palais de belle tenue, gras, fruité et tonique, à la finale vive et longue. ⧗ 2020-2023

DOM. RENÉ ET MICHEL KOCH, 5, rue de la Fontaine, 67680 Nothalten, tél. 03 88 92 41 03, contact@vin-koch.fr V r.-v.

ALSACE GRAND CRU

Superficie : 850 ha / Production : 43 278 hl

Dans le but de promouvoir les meilleures situations du vignoble, un décret de 1975 a institué l'appellation «alsace grand cru», liée à un certain nombre de contraintes plus rigoureuses en matière de rendement et de teneur en sucre. Une appellation réservée au gewurztraminer, au pinot gris, au riesling et au muscat, jusqu'au décret de mars 2005 qui autorise l'introduction du sylvaner, en assemblage avec le gewurztraminer, le pinot gris et le riesling dans le grand cru Altenberg de Bergheim et en remplacement du muscat dans le grand cru Zotzenberg. Les terroirs, délimités, produisent le nec plus ultra des vins d'Alsace. En 1983, un décret a défini un premier groupe de 25 lieux-dits admis dans cette appellation. Il a été complété par 3 décrets en 1992, 2001 et 2007. Avec le Kaefferkopf, reconnu en 2007, le vignoble d'Alsace compte 51 grands crus, répartis sur 47 communes. Leurs surfaces sont comprises entre 3 ha et 80 ha et leur terroir présente une certaine homogénéité géologique.

LES CINQUANTE ET UN GRANDS CRUS ALSACIENS

Grands crus	Communes	Surface délimitée (ha)
Altenberg-de-bergbieten	Bergbieten (67)	30
Altenberg-de-bergheim	Bergheim (68)	35
Altenberg-de-wolxheim	Wolxheim (67)	31
Brand	Turckheim (68)	58
Bruderthal	Molsheim (67)	18
Eichberg	Eguisheim (68)	57
Engelberg	Dahlenheim, Scharrachbergheim (67)	14
Florimont	Ingersheim, Katzenthal (68)	21
Frankstein	Dambach-la-Ville (67)	56
Froehn	Zellenberg (68)	14
Furstentum	Kientzheim, Sigolsheim (68)	30
Geisberg	Ribeauvillé (68)	8
Gloeckelberg	Rodern, Saint-Hippolyte (68)	23
Goldert	Gueberschwihr (68)	45
Hatschbourg	Hattstatt, Vœgtlinshoffen (68)	47
Hengst	Wintzenheim (68)	76
Kaefferkopf	Ammerschwihr (68)	71
Kanzlerberg	Bergheim (68)	3
Kastelberg	Andlau (67)	6
Kessler	Guebwiller (68)	28
Kirchberg-de-barr	Barr (67)	40
Kirchberg-de-ribeauvillé	Ribeauvillé (68)	11
Kitterlé	Guebwiller (68)	25
Mambourg	Sigolsheim (68)	62
Mandelberg	Mittelwihr, Beblenheim (68)	22
Marckrain	Bennwihr, Sigolsheim (68)	53
Moenchberg	Andlau, Eichhoffen (67)	12
Muenchberg	Nothalten (67)	18
Ollwiller	Wuenheim (68)	36
Osterberg	Ribeauvillé (68)	24
Pfersigberg	Eguisheim, Wettolsheim (68)	74
Pfingstberg	Orschwihr (68)	28
Praelatenberg	Kintzheim (67)	18
Rangen	Thann, Vieux-Thann (68)	19
Rosacker	Hunawihr (68)	26
Saering	Guebwiller (68)	27
Schlossberg	Kientzheim (68)	80
Schœnenbourg	Riquewihr, Zellenberg (68)	53
Sommerberg	Niedermorschwihr, Katzenthal (68)	28
Sonnenglanz	Beblenheim (68)	33
Spiegel	Bergholtz, Guebwiller (68)	18
Sporen	Riquewihr (68)	23
Steinert	Pfaffenheim, Westhalten (68)	38
Steingrubler	Wettolsheim (68)	23
Steinklotz	Marlenheim (67)	40
Vorbourg	Rouffach, Westhalten (68)	72
Wiebelsberg	Andlau (67)	12
Wineck-schlossberg	Katzenthal, Ammerschwihr (68)	27
Winzenberg	Blienschwiller (67)	19
Zinnkoepflé	Soultzmatt, Westhalten (68)	68
Zotzenberg	Mittelbergheim (67)	36

Exposition	Sols	Cépages de prédilection
S.-E.	Marnes dolomitiques du keuper	Riesling, gewurztraminer
S.	Sols marno-calcaires caillouteux d'origine jurassique	Gewurztraminer
S.-S.-O.	Terroir du lias, marno-calcaires riches en cailloutis	Riesling
S.	Granite	Riesling, gewurztraminer
S.-E.	Marno-calcaires caillouteux du muschelkalk	Riesling, gewurztraminer
S.-E.	Marnes mêlées de cailloutis calcaires ou siliceux	Gewurztraminer, puis riesling, pinot gris
S.	Calcaires du muschelkalk	Gewurztraminer
S. et E.	Marno-calcaires recouverts d'éboulis calcaires du bathonien et du bajocien	Gewurztraminer, puis riesling
S.-E.	Arènes granitiques	Riesling
S.	Marnes schisteuses	Gewurztraminer
S.	Sols bruns calcaires caillouteux	Gewurztraminer, puis riesling
S.	Marnes dolomitiques du muschelkalk	Riesling
S.-E.	Sols bruns à dominante sableuse de grès vosgien	Gewurztraminer, pinot gris
E.	Marnes riches en cailloutis calcaires	Gewurztraminer
S.-E.	Marnes	Gewurztraminer, pinot gris, muscat
S.-E.	Marno-calcaires oligocènes	Gewurztraminer, pinot gris
E. et S.-E.	Sols bruns d'origine granitique, calcaire ou gréseuse	Gewurztraminer, assemblages
S. et S.-O.	Marno-calcaires	Riesling, gewurztraminer
S.	Schistes caillouteux	Riesling
S.-E.	Sable de grès rose et matrice argileuse	Gewurztraminer
S.	Calcaires du jurassique moyen	Gewurztraminer, riesling, pinot gris
S.-S.-O.	Marnes dolomitiques	Riesling
S.-O.	Grès	Riesling
S.	Marno-calcaires	Gewurztraminer
S.-S.-E.	Marno-calcaires oligocènes	Riesling, gewurztraminer
E.	Marno-calcaires	Gewurztraminer
S.	Sols limono-sableux du quaternaire	Riesling
S.	Terroirs sablonneux du permien	Riesling
S.-S.-E.	Marnes caillouteuses	Riesling
E.-S.-E.	Sols triasiques assez marneux	Gewurztraminer, puis riesling
S.-E.	Sols caillouteux calcaires de l'oligocène	Gewurztraminer, puis riesling
S.-E.	Grès et calcaires du buntsandstein et du muschelkalk	Riesling
E.-S.-E.	Sables gneissiques	Riesling
S.	Sols volcaniques	Pinot gris, riesling
E.-S.-E.	Marnes et calcaires du muschelkalk	Riesling
S.-E.	Sols marno-sableux avec cailloutis	Riesling
S.	Arènes granitiques	Riesling
S. et S.-E.	Marnes du keuper recouvertes de calcaires coquilliers	Riesling
S.	Arènes granitiques	Riesling
S.-E.	Conglomérats et marnes de l'oligocène	Gewurztraminer, pinot gris
E.	Marnes de l'oligocène et sables gréseux du trias	Gewurztraminer
S.-E.	Sols marneux du lias	Gewurztraminer
E.	Cailloutis calcaires oolithiques	Gewurztraminer, pinot gris
S.	Marnes oligocènes	Gewurztraminer, riesling, pinot gris
S.	Marnes recouvertes d'éboulis calcaires du muschelkalk	Riesling, gewurztraminer
S.-S.-E.	Marno-calcaires	Gewurztraminer, puis riesling, pinot gris
S.	Sables gréseux triasiques	Riesling
S. et S.-E.	Granite	Riesling
S.-S.-E.	Arènes granitiques	Riesling
S.	Terroir calcaro-gréseux	Gewurztraminer
S.	Calcaires jurassiques et conglomérats marno-calcaires de l'oligocène	Riesling, sylvaner

DOM. PIERRE ADAM
Kaefferkopf Gewurztraminer 2018 ★

	3500		15 à 20 €

Une exploitation fondée en 1950 par Pierre Adam à Ammerschwihr, important bourg viticole au nord-ouest de Colmar. Elle s'est notablement agrandie: Rémy Adam, à la tête de la propriété depuis 1990, dispose de 16 ha de vignes, avec des parcelles dans 2 grands crus: le Kaefferkopf d'Ammerschwihr et le Schlossberg, situé dans le village voisin de Kientzheim.

Le gewurztraminer est le cépage majoritaire sur le grand cru Kaefferkopf. Celui de Pierre Adam se signale par sa régularité. Le 2018 ressemble beaucoup à ses devanciers, avec peut-être un léger surcroît de sucres perceptible en attaque. D'un jaune d'or intense, il mêle au nez la finesse de la violette et la richesse de la confiture de coings. L'abricot, la noisette et les épices viennent compléter cette palette dans une bouche ample et riche, allégée en finale par un trait d'acidité qui lui confère harmonie et longueur. (Sucres résiduels: 30 g/l.) ⧗ 2020-2028

DOM. PIERRE ADAM, 8, rue du Lt-Louis-Mourier, 68770 Ammerschwihr, tél. 03 89 78 23 07, info@domaine-adam.com V *t.l.j. 8h-12h 13h30-18h30*

JEAN-BAPTISTE ADAM
Kaefferkopf Gewurztraminer Cuvée Jean-Baptiste 2018 ★★

	13313		15 à 20 €

Sise à Ammerschwihr, important village viticole au nord-ouest de Colmar, cette vénérable maison a été fondé en 1614. Ses caves du XVIIᵉs. abritent d'anciens foudres de chêne encore en usage. Elle associe une structure de négoce et un domaine exploité en biodynamie.

Issue de sols granitiques, cette cuvée monte en puissance à l'aération, délivrant des parfums délicats de rose, de fruits exotiques et de poivre. Ces arômes s'épanouissent dans un palais généreux et persistant, riche sans le moindre embonpoint. Un moelleux intense et typé. (Sucres résiduels: 58 g/l.) ⧗ 2020-2027

JEAN-BAPTISTE ADAM, 5, rue de l'Aigle, 68770 Ammerschwihr, tél. 03 89 78 23 21, jbadam@jb-adam.fr V *t.l.j. 8h30-12h 14h-18h; f. dim. de janv. à Pâques*

DOM. ALLIMANT-LAUGNER
Praelatenberg Riesling 2017 ★

	2800		11 à 15 €

Établie dans le vignoble depuis le XVIIIᵉs., la famille Allimant a un ancêtre célèbre, Antoine, qui suivit Napoléon dans toutes ses campagnes, puis acheta des vignes sur les côtes du Haut-Kœnigsbourg. Agrandi par l'alliance entre les Allimant et les Laugner, le domaine (12 ha sur 3 communes) est conduit depuis 1984 par Hubert Laugner, rejoint en 2013 par son fils Nicolas.

Le riesling est à son aise sur le coteau de Praelatenberg aux sols de granite et de gneiss. Faisant suite à un 2016 bien réussi, celui-ci dévoile un nez expressif, évolué et miellé, qui rappelle le terroir et sans doute aussi la date tardive des vendanges, le 12 octobre. Puissant, harmonieux, frais et long, il montre une belle tenue. (Sucres résiduels: 4,2 g/l.) ⧗ 2021-2026

ALLIMANT-LAUGNER, 10, Grand-Rue, 67600 Orschwiller, tél. 03 88 92 06 52, vins@allimantlaugner.fr V *t.l.j. sf dim. 9h-12h 13h30-18h*

PIERRE ARNOLD Frankstein Riesling 2018 ★

	1500		11 à 15 €

Cette propriété familiale a pignon sur rue au cœur de la cité fortifiée de Dambach-la-Ville. Création en 1711, premières mises en bouteilles en 1926, certification bio en 2012. À la tête du domaine depuis 1986, Pierre Arnold cultive 8 ha, avec des parcelles sur le grand cru de sa commune, le Frankstein, aux sols granitiques. Formé en Côte-d'Or, il élève certains de ses vins dans des pièces bourguignonnes.

Au nez, une palette d'arômes typés, d'une belle fraîcheur: la minéralité et les notes citronnées caractéristiques du cépage s'allient au tilleul et à la camomille. Le côté minéral se confirme dans un palais tendu, « droit comme un i », selon un dégustateur. La signature de ce terroir granitique. Un riesling fait pour les produits de la mer, dont l'acidité tranchera aussi avec le gras d'une sauce à la crème. (Sucres résiduels: 0 g/l.) ⧗ 2021-2026

PIERRE ARNOLD, 16, rue de la Paix, 67650 Dambach-la-Ville, tél. 03 88 92 41 70, alsace.pierre.arnold@orange.fr V *t.l.j. 9h-18h; dim. sur r.-v.*

DOM. BARMÈS-BUECHER
Hengst Gewurztraminer 2018 ★★

	900		15 à 20 €

Né en 1985 du mariage de Geneviève Buecher et de François Barmès, héritiers l'un comme l'autre de familles de vignerons-propriétaires remontant au XVIIᵉs., ce domaine est situé à 5 km au sud-ouest de Colmar. Conduit depuis 1998 en biodynamie (certification en 2001), il compte aujourd'hui 7 terroirs, dont 3 grands crus. Après la disparition de leur père en 2011, les deux enfants du couple fondateur, Sophie et Maxime (au chai), ont rejoint l'exploitation.

Les sols marno-calcaires du Hengst favorisent le gewurztraminer, très présent dans ce grand cru. Ce cépage avait engendré un superbe 2016, coup de cœur l'an dernier. Offrant lui aussi de petits volumes, le 2018 ne démérite en rien. Sa palette aromatique est dominée par les fruits secs et les épices. On retrouve au palais les épices, qui donnent un caractère bien typé à ce moelleux expressif, consistant et équilibré, aussi rond que long, au fort potentiel. (Sucres résiduels: 44,6 g/l.) ⧗ 2020-2024

DOM. BARMÈS-BUECHER, 30, rue Sainte-Gertrude, 68920 Wettolsheim, tél. 03 89 80 62 92, info@barmes-buecher.com V *r.-v.*

DOM. CHARLES BAUR
Eichberg Muscat Sélection de grains nobles 2017 ★

	1123		30 à 50 €

Les Baur sont établis à Eguisheim depuis le XVIIIᵉs. Charles Baur débute la vente en bouteilles en 1948, son fils Armand, œnologue, prend le relais en 1980, rejoint en 2010 par Arnaud, ingénieur agronome. Le tandem a engagé en 2011 la conversion bio du vignoble, qui couvre 17 ha, avec des parcelles dans

3 grands crus; il exploite en outre 1 ha de verger pour l'eau-de-vie.

Les grands crus contribuent largement au palmarès de ces vignerons. Dominé par les 3 châteaux d'Eguisheim, l'Eichberg bénéficie d'un climat très sec. Les vignerons y cultivent tous les cépages nobles, y compris le rare muscat, d'où ils ont tiré un liquoreux très convaincant. Sa couleur or, son extrême richesse sont bien celles d'une sélection de grains nobles. Cette opulence ne masque en rien les arômes floraux et muscatés du cépage, qui s'affirment dès le premier coup de nez et s'épanouissent avec intensité et longueur en bouche. Pour l'apéritif ou un dessert fruité. (Sucres résiduels: 107,6 g/l.) ⧗ 2020-2028

DOM. CHARLES BAUR, 29, Grand-Rue, 68420 Eguisheim, tél. 03 89 41 32 49, cave@vinscharlesbaur.fr V *t.l.j. 9h-12h 13h30-18h30; dim. 9h-12h*

DOM. JEAN-MARC BERNHARD
Furstentum Pinot gris 2016 ★★

	800		15 à 20 €

Fondé en 1802, le domaine avait développé une activité de négoce à partir de 1850. En 1982, Jean-Marc Bernhard a préféré redevenir vigneron. Avec 11 ha répartis sur 5 communes, la famille dispose d'une belle palette de terroirs, avec des parcelles dans 6 grands crus. Aux commandes depuis 2000, Frédéric, œnologue, a engagé la conversion bio du vignoble.

À l'entrée de la vallée de Kaysersberg, le coteau du Furstentum se signale par ses fortes pentes et par son exposition au sud-sud-ouest. Les Bernhard y ont récolté en 2016, début octobre, du pinot gris à l'origine de cette rare cuvée. Ses atouts? Un nez expressif et complexe, mêlant ananas et agrumes confits, miel, sous-bois, notes minérales et fumées; un palais à l'unisson, intense, ample, chaleureux et long, rafraîchi par une belle acidité. Concentré mais plus demi-sec que moelleux, ce vin trouvera sa place à table. (Sucres résiduels: 14 g/l.) ⧗ 2020-2026

DOM. JEAN-MARC ET FRÉDÉRIC BERNHARD, 21, Grand-Rue, 68230 Katzenthal, tél. 03 89 27 05 34, vins@jeanmarcbernhard.fr V *r.-v.*

LÉON BEYER Eichberg Riesling R de Beyer 2018 ★★

	3600		30 à 50 €

Héritier d'une lignée remontant à 1580, Émile Beyer fonde en 1867 sa maison de négoce à Eguisheim, pittoresque cité médiévale aux rues concentriques. Au siècle dernier, ses descendants, baptisés Léon comme le pape qui naquit ici au XI es., lui donnent une belle notoriété en misant sur les grandes tables et sur l'export. Forte d'un vignoble en propre d'une vingtaine d'hectares, la société est dirigée par Marc Beyer, rejoint par son fils Yann-Léon. Le credo de la maison: le vin d'Alsace doit être sec, fait pour la table.

Ici, on n'aime guère la séduction facile des vins gavés de sucres. Nos jurés non plus... Une opulence replète vaut élimination de la cuvée tout autant qu'une maigreur revêche. Quant à ce riesling, il a fait l'unanimité précisément pour sa minéralité intense et pour sa fraîcheur salivante. Un exploit dans une année solaire et sur les sols chauds et caillouteux du grand cru Eichberg. Une bouteille faite pour l'apéritif, les crustacés et les poissons nobles. (Sucres résiduels: 4 g/l.) ⧗ 2021-2030

Pfersigberg Riesling Comtes d'Eguisheim 2018 ★★ (30 à 50 €; 4400 b.) Cuvée de prestige de la maison, elle brille par son nez intensément minéral et par sa matière puissante, vive et typée. (Sucres résiduels: 4 g/l.) ⧗ 2023-2030

LÉON BEYER, 2, rue de la-1re-Armée, 68420 Eguisheim, tél. 03 89 21 62 30, contact@leonbeyer.fr V *t.l.j. sf mar. 10h-12h 14h-18h; f. janv. fév.*

ANDRÉ BLANCK ET SES FILS
Schlossberg Gewurztraminer 2018 ★

	5000		11 à 15 €

Établie dans le centre historique de Kientzheim, cette propriété a son siège dans l'ancienne cour des chevaliers de Malte, voisine du château Schwendi et du musée du Vin. Les Blanck cultivent la vigne depuis 1675 et Michel et Charles, fils d'André, perpétuent ce savoir-faire sur les 15 ha de l'exploitation, forte de parcelles dans 2 grands crus.

Si le riesling est le cépage roi sur le coteau abrupt du Schlossberg, aménagé en terrasses, le gewurztraminer s'y est fait une petite place. Sur ce substrat granitique, il engendre des bouteilles d'une réelle finesse, à l'image de celle-ci. Sa robe or soutenu annonce une grande générosité qui se confirme en bouche. Sa puissance rime avec élégance, en harmonie avec des arômes de rose et d'agrumes. «Un vin stylé», conclut un dégustateur. (Sucres résiduels: 36 g/l.) ⧗ 2020-2026

ANDRÉ BLANCK ET SES FILS, Ancienne-Cour-des-Chevaliers-de-Malte, Kientzheim, 68240 Kientzheim, tél. 03 89 78 24 72, info@andreblanck.com V *t.l.j. sf dim. 9h-12h 14h-18h*

BOTT FRÈRES
Kirchberg de Ribeauvillé Riesling 2017 ★

	3800		20 à 30 €

Maison fondée en 1835 à Ribeauvillé par un brasseur. La famille mena de front activités brassicole et viticole jusqu'au tournant du XXes. Forts de 20 ha en propre, les Bott sont aujourd'hui vignerons et négociants. Après Pierre, ce sont Laurent et Nicole qui gèrent la maison avec leur fils Paul.

Exposé au sud et au sud-ouest, le coteau pentu du Kirchberg surplombe la cité de Ribeauvillé. Ses sols marno-calcaires et gréseux donnent naissance à des vins solides. Le riesling est majoritaire sur ses flancs. Ici, un vin fort apprécié pour son nez finement minéral et pour sa belle matière qui privilégie la vivacité. (Sucres résiduels: 3,64 g/l.) ⧗ 2021-2027

DOM. BOTT FRÈRES, 13, av. du Gal-de-Gaulle, 68150 Ribeauvillé, tél. 03 89 73 22 50, vins@bott-freres.fr V *r.-v.*

BURGHART-SPETTEL
Kaefferkopf Pinot gris 2018 ★★

	600		15 à 20 €

Le domaine est implanté entre Colmar et Riquewihr, dans le village viticole de Mittelwihr, connu pour sa colline des Amandiers. Héritier d'une tradition remontant au XIXes., Bertrand Spettel, rejoint par Jérôme en 2007, exploite 15 ha de vignes répartis sur 7 communes, avec des parcelles dans 3 grands crus.

Le pinot gris n'est pas le cépage le plus cultivé sur le Kaefferkopf, grand cru d'Ammerschwihr. Il est à l'origine d'une cuvée qui sera difficile à dénicher. Dommage, car ce moelleux brille tant par l'agrément et la puissance de sa palette aromatique (coing et abricot confits, miel) que par l'élégance de sa matière riche, soyeuse, fraîche et longue. (Sucres résiduels: 49 g/l.) ⧗ 2020-2028 ■ **Schlossberg Pinot gris 2018 ★ (15 à 20 €; 1300 b.)** : né sur un célèbre grand cru granitique de Kientzheim, un moelleux frais et salin, d'une belle finesse, au nez puissant et complexe, entre fruits secs et confits, coing et miel. Du potentiel. (Sucres résiduels: 53 g/l.) ⧗ 2020-2027

EARL DOM. BURGHART-SPETTEL, 9, rte du Vin, 68630 Mittelwihr, tél. 03 89 47 93 19, burghart-spettel@orange.fr V t.l.j. sf dim. 10h-18h

AGATHE BURSIN Zinnkoepflé Riesling 2018 ★

■ | 2500 | | 15 à 20 €

Œnologue, Agathe Bursin a réalisé son rêve: reprendre les vinifications sur le domaine familial, qui apportait ses raisins à la coopérative depuis la mort de son arrière-grand-père. Installée en 2001, elle exploite avec passion et méticulosité le petit vignoble qu'elle agrandit peu à peu (6 ha). Elle propose des vins de terroir, issus notamment du grand cru Zinnkoepflé.

Agathe Bursin cultive plusieurs cépages sur le vaste coteau pentu qui domine sa commune de Westhalten. Elle a récolté ce riesling le 4 octobre, un mois après le début des vendanges. Le vin n'en est pas moins sec, mais son nez, encore discret, s'ouvre à l'aération sur de subtiles notes confites évoquant la surmaturation. Dans le même registre, le palais affiche la puissance d'un grand cru. La petite rondeur perçue en finale devrait se fondre avec le temps. (Sucres résiduels: 4 g/l.) ⧗ 2022-2027

AGATHE BURSIN, 11, rue de Soultzmatt, 68250 Westhalten, tél. 03 89 47 04 15, agathe.bursin@wanadoo.fr V r.-v.

CATTIN FRÈRES
Hatschbourg Gewurztraminer 2018 ★★

■ | 26494 | 11 à 15 €

Originaire de Suisse, établie à Voegtlinshoffen en 1720, la famille Cattin se spécialise dans la viticulture dès 1850. L'exploitation prospère à partir de 1978, avec Jacques et son frère Jean-Marie: le domaine s'agrandit (71 ha aujourd'hui, certifié Haute valeur environnementale), tandis que se développe une structure de négoce, qui commercialise ses bouteilles sous diverses étiquettes, avec une gamme bio. Ingénieur agronome, Jacques (du même prénom que son père) a rejoint l'affaire en 2007. Un bar à vins a ouvert en 2017.

Le Hatschbourg s'étage en contrebas de Voegtlinshoffen. Ses sols lourds, argilo-calcaires, et son exposition sud et sud-est, ainsi que le temps sec et ensoleillé du millésime ont offerts d'excellentes conditions de maturation au gewurztraminer, resté sur le cep jusqu'au 23 octobre. Il en résulte un moelleux au nez intense, complexe et flatteur, partagé entre la rose et les fruits mûrs. Son équilibre en bouche rend ce vin particulièrement séduisant: une belle fraîcheur contrebalance sa douceur et étire sa finale épicée. (Sucres résiduels: 38 g/l.) ⧗ 2020-2026

CWL CATTIN FRÈRES, 19, rue Roger-Frémeaux, 68420 Vœgtlinshoffen, tél. 03 89 49 30 21, contact@cattin.fr V t.l.j. 10h-19h

♥ DOPFF AU MOULIN
Schoenenbourg Riesling 2017 ★★

■ | 7036 | | 15 à 20 €

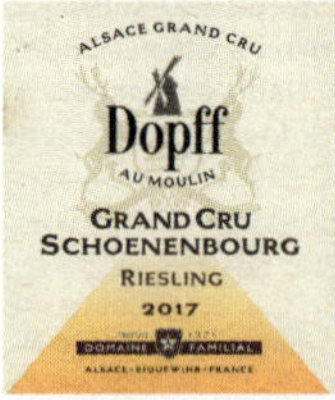

Fondée en 1634, une célèbre maison de négoce sise à Riquewihr. Les Dopff ont associé leur nom aux métiers du vin à partir de 1574 et se sont établis dans la cité au XVII[e]s. Après 4 générations de maîtres tonneliers, Jean Dopff s'installe comme courtier en vins. La société détient en propre l'un des plus vastes domaines de la région: 65 ha (dont 12 ha en grand cru).

Le Schoenenbourg, c'est le coteau dont les pentes abruptes, orientées sud et sud-est, plongent sur Riquewihr. Un terre d'élection du riesling: cette cuvée obtient son troisième coup de cœur, et encore se limite-t-on aux plus récents. Les raisins ont été récoltés bien mûrs, le 4 octobre, pour donner un vin concentré et long. Intense, complexe et précis, le nez exprime surtout, pour l'heure, des notes florales et fruitées (fruits blancs, agrumes) tout en finesse. La minéralité perce dans un palais puissant et droit, à la longue finale saline. De l'élégance et du potentiel. (Sucres résiduels: 3,1 g/l.) ⧗ 2022-2030 ■ **Brand Gewurztraminer 2018 ★ (20 à 30 €; 13907 b.)** Issu du grand cru granitique de Turckheim, un moelleux équilibré, ample et long, aux arômes subtils et bien typés de rose et d'épices. (Sucres résiduels: 23 g/l.) ⧗ 2020-2026

DOM. DOPFF AU MOULIN, 2, av. Jacques-Preiss, 68340 Riquewihr, tél. 03 89 49 09 69, domaines@dopff-au-moulin.fr V t.l.j. 10h-19h

B DOM. FERNAND ENGEL
Gloeckelberg Pinot gris 2018 ★★★

■ | 3000 | | 15 à 20 €

Entre Kintzheim et Bergheim, au pied du Haut-Kœnigsbourg, pas moins de 65 ha répartis sur 150 parcelles, en bio certifié (biodynamie) depuis 2003. Fernand Engel débute les vinifications au domaine en 1949; son fils Bernard agrandit le vignoble et engage la conversion bio; la troisième génération, représentée par Sandrine et Xavier Baril (ce dernier œnologue) gère aujourd'hui la propriété, avec l'aide d'Amélie, l'arrière-petite-fille du fondateur. Un domaine très régulier en qualité. Deux étiquettes: Fernand Engel et Joseph Rudloff.

Le pinot gris du Gloeckelberg est l'une des valeurs sûres du domaine. Les sols chauds, cristallins de ce coteau, et son exposition sud et sud-est en font un terroir très précoce. Dans une année solaire comme 2018, le 7 septembre, le jour des vendanges, les raisins étaient botrytisés et passerillés à 60 %. Il en résulte un moelleux puissant, ample, onctueux et persistant, aux arômes complexes et gourmands de fruits jaunes (abricot), de mangue et de fruits confits. Un plaisir durable. (Sucres résiduels: 101 g/l.) ⧗ 2020-2026

DOM. FERNAND ENGEL, 1, rte du Vin, 68590 Rorschwihr, tél. 03 89 73 77 27, info@fernand-engel.fr V t.l.j. sf dim. 8h-11h30 13h-18h

CAVE LES FAÎTIÈRES
Praelatenberg Gewurztraminer 2017 ★

| 6400 | | 11 à 15 € |

Rebaptisée Les Faîtières, la cave vinicole d'Orschwiller, fondée en 1957, s'approvisionne dans 3 villages situés en contrebas du château du Haut-Kœnigsbourg: Orschwiller, Kintzheim et Saint-Hippolyte (134 ha au total). C'est aussi le nom de sa marque.

Le coteau pentu du Praelatenberg qui domine Orschwiller, était cultivé par les moines dès le IXe s. Ses sols de gneiss, siliceux et caillouteux, sont réputés donner des vins à la fois concentrés et fins. Effet terroir? Effet millésime? Ce gewurztraminer jaune pâle séduit par sa fraîcheur. Au nez, des notes de citron et de mandarine vivifient les fragrances de rose typées du cépage. Au palais, le vin se montre à la fois puissant et alerte. Un moelleux élégant. (Sucres résiduels: 38 g/l.) ⧗ 2020-2025

CAVE LES FAÎTIÈRES, 3, rte du Vin, 67600 Orschwiller, tél. 03 88 92 09 87, cave@cave-orschwiller.fr V *t.l.j. 10h-12h 13h-19h*

DOM. MARCEL FREYBURGER
Kaefferkopf Trilogie 2018 ★★

| 2580 | | 15 à 20 € |

Située dans le centre du village d'Ammerschwihr, important bourg viticole au nord-ouest de Colmar, l'exploitation est conduite depuis 1996 par Christophe Freyburger, fils de Marcel. Elle a doublé sa superficie depuis les origines et s'étend aujourd'hui sur plus de 8 ha, avec des parcelles dans le Kaefferkopf, le grand cru local. En conversion bio.

Sur ce grand cru, Christophe Freyburger cultive gewurztraminer, riesling et pinot gris. La cuvée Trilogie réunit les trois cépages vinifiés ensemble: le Kaefferkopf est l'un des rares grands crus dont le cahier des charges autorise l'assemblage. Le gewurztraminer (70 %) lègue à ce moelleux ses arômes de rose, de litchi et d'épices, ainsi que sa matière puissante et ample. Le riesling (25 %) apporte sa finesse et une certaine fraîcheur; le pinot gris contribue à la complexité de l'ensemble. Du caractère, de la longueur: ce vin s'est placé sur les rangs pour un coup de cœur. (Sucres résiduels: 32 g/l.) ⧗ 2021-2027

DOM. MARCEL FREYBURGER, 13, Grand-Rue, 68770 Ammerschwihr, tél. 03 89 78 25 72, info@freyburger.fr V *t.l.j. 9h-12h 14h-18h; dim. sur r.-v.*

J. FRITSCH Schlossberg Riesling 2018 ★

| 1684 | | 8 à 11 € |

Héritiers d'une lignée enracinée dans le petit bourg fortifié de Kientzheim, les Fritsch accueillent les visiteurs dans leur ancienne cave datant de 1703. Joseph, installé en 1977, a aménagé une cuverie moderne et transmis en 2010 à son fils Pascal le domaine: 9,5 ha, pas moins de 40 parcelles disséminées dans 4 communes, avec des vignes dans 2 grands crus. Propriété certifiée Haute valeur environnementale.

Sur Furstentum, grand cru marno-calcaire, les Fritsch cultivent du gewurztraminer; sur le Schlossberg aux sols granitiques, ils privilégient le riesling. C'est ce dernier qui a pris l'avantage cette année. Ses attraits: un nez aérien, entre fleurs et fruits blancs, vivifié par des touches végétales et mentholées; un palais à l'unisson, plutôt souple, plaisant par son attaque citronnée et par sa finale fraîche, un rien saline. De la finesse. (Sucres résiduels: 6,67 g/l.) ⧗ 2021-2025

DOM. JOSEPH FRITSCH, 31, Grand-Rue, 68240 Kientzheim, tél. 03 89 78 24 27, contact@joseph-fritsch.com V *t.l.j. 10h-12h 14h-18h; dim. sur r.-v.*

B PAUL GASCHY
Pfersigberg Gewurztraminer 2017 ★

| 1120 | | 15 à 20 € |

Les premières bouteilles ont été commercialisées en 1964 sous le nom de Paul Gaschy. Bernard a spécialisé l'exploitation en 1974; Hervé, aux commandes depuis 2001, a construit une nouvelle cuverie et engagé la conversion bio de son vignoble (certification en 2012). Il conduit 9 ha au sud-ouest de Colmar et détient des parcelles dans 3 grands crus.

Issu d'un grand cru abrité et solaire, ce gewurztraminer affiche une robe or jaune qui annonce la surmaturation. Le nez confirme cette impression, mêlant la rose et les épices du cépage à des notes de fruits mûrs, voire confiturés. Poire et ananas confits, mangue, miel, l'expression aromatique au palais reste dans la même tonalité, en harmonie avec une matière ample, chaleureuse et suave; la finale épicée, tonifiée par une pointe de vivacité, laisse le souvenir d'un moelleux riche et équilibré. (Sucres résiduels: 59,7 g/l.) ⧗ 2020-2025

PAUL GASCHY, 16, Grand-Rue, 68420 Eguisheim, tél. 03 89 41 67 34, contact@paulgaschy.com V *r.-v.* B

JEAN GEILER Florimont Gewurztraminer 2018 ★★

| 19800 | | 11 à 15 € |

Fondée en 1926 par 36 vignerons, la coopérative d'Ingersheim, proche de Colmar, compte 175 adhérents et vinifie le fruit d'un vignoble de 390 ha dans le Haut-Rhin, avec des parcelles dans 10 grands crus. Jean Geiler est sa marque. Son siège abrite un musée du Vigneron et une salle accueillant expositions et événements culturels.

Tous les cépages nobles prospèrent sur la colline du Florimont qui bénéficie du microclimat très sec et ensoleillé caractéristique du secteur de Colmar. Le gewurztraminer y a donné naissance à un moelleux charmeur d'emblée par ses arômes intenses de fruits exotiques (mangue et goyave, avec une touche d'agrumes), qui prennent en bouche des accents compotés. Le palais n'est pas en reste: riche, équilibré et long, il promet une bonne garde. (Sucres résiduels: 39 g/l.) ⧗ 2020-2028

CAVE JEAN GEILER, 45, rue de la République, 68040 Ingersheim, tél. 03 89 27 90 27, vin@geiler.fr V *t.l.j. 9h-12h 14h-18h*

B PIERRE-HENRI GINGLINGER
Pfersigberg Gewurztraminer 2018 ★★

| n.c. | | 15 à 20 € |

Établi dans la vieille cité d'Eguisheim, au sud de Colmar, ce domaine familial dont les origines remontent à 1610 a son siège dans une maison de 1684. Mathieu Ginglinger, qui a succédé en 2003 à son père Pierre-Henri, conduit l'exploitation en bio (certification en 2004). Après avoir acquis des vignes à l'extrême sud

de la route des Vins, il dispose aujourd'hui de 15 ha, avec des parcelles dans 3 grands crus.

Pfersigberg, ou la «colline des pêchers»: le nom du grand cru signale un coteau particulièrement sec et abrité. Le gewurztraminer est très présent sur ce terroir et Mathieu Ginglinger en a tiré un 2018 encore plus apprécié que le millésime précédent. Nos dégustateurs saluent ses arômes de fruits mûrs, son palais à la fois puissant, onctueux et frais, notamment sa longue finale épicée, si typée, aux accents de poivre et de gingembre. (Sucres résiduels: 34,2 g/l.) ⧗ 2020-2026

PIERRE-HENRI GINGLINGER, 33, Grand-Rue, 68420 Eguisheim, tél. 03 89 41 32 55, info@vins-ginglinger.fr V t.l.j. 9h30-12h 13h30-18h30 4 D

DOM. JEAN-MARIE HAAG
Zinnkoepflé Gewurztraminer Cuvée Marie 2018 ★★

1500 | 15 à 20 €

À l'origine, un lopin entretenu le dimanche par le grand-père de l'actuel vigneron, qui était ouvrier des mines de potasse. Aujourd'hui, une propriété de 7,5 ha au cœur de la Vallée Noble, à 20 km au sud de Colmar, exploitée depuis 1988 par Jean-Marie Haag. De beaux vins de terroir, notamment les gewurztraminers nés sur le grand cru Zinnkoepflé, majestueux coteau abrité par le Grand et le Petit Ballon.

Un des *must* du domaine, très souvent en bonne place dans le Guide, trois fois au sommet. Le 2018 se maintient à un haut niveau: avec sa robe or, son expression typée, florale, exotique et épicée, et son palais harmonieux, remarquable par sa puissance comme par sa fraîcheur, ce vin moelleux montre bien la qualité attendue d'un grand cru – un relief et un potentiel dignes du Zinnkoepflé. (Sucres résiduels: 40 g/l.) ⧗ 2020-2028

DOM. JEAN-MARIE HAAG, 17, rue des Chèvres, 68570 Soultzmatt, tél. 03 89 47 02 38, info@domaine-haag.fr V r.-v.

VIGNOBLE HAEFFELIN-HEYBERGER
Eichberg Pinot gris 2017 ★★

1200 | 8 à 11 €

Héritier d'une lignée remontant à 1770, Daniel Haeffelin s'est installé en 1987 sur le domaine familial. En 1993, il a transféré l'exploitation hors des murs d'Eguisheim, tout en maintenant le caveau de vente au cœur de la pittoresque cité médiévale. Il été rejoint en 2012 par ses fils Sébastien et Damien. Après la reprise en 2011 du domaine de Jean-Claude Heyberger, la famille dispose de 16 ha.

Le pinot gris de l'Eichberg, l'un des grands crus d'Eguisheim, est une valeur sûre du domaine. Déjà apprécié dans les deux millésimes précédents, ce moelleux est salué cette année pour son expression aromatique, sa puissance et sa finesse. Sa palette complexe décline des arômes de surmaturation: fruits secs, coing, fruits confits, miel. Sa générosité et son gras s'accompagnent d'une belle fraîcheur qui étire la finale et qui laisse une impression de droiture et d'harmonie. (Sucres résiduels: 40 g/l.) ⧗ 2020-2026

VIGNOBLE HAEFFELIN-HEYBERGER, 35, Grand-Rue, 68420 Eguisheim, tél. 03 89 41 77 85, contact@vins-haeffelin.fr V r.-v.

♥ HARTWEG
Sonnenglanz Gewurztraminer 2018 ★★

2900 | 15 à 20 €

Fondée au nord de Colmar en 1930, cette exploitation est conduite depuis 1972 par Jean-Paul Hartweg, rejoint par son fils Frank en 1996. Le tandem exploite autour du joli village de Beblenheim un vignoble de 10 ha dont les fleurons sont en grand cru (Sonnenglanz, Mandelberg).

Le «rayon de soleil» (Sonnenglanz) se goûte ici dans le verre. En 2018, le gewurztraminer s'est doré tout l'été dès le matin sur les pentes de ce grand cru exposé au sud-est, et n'a été vendangé que le 24 septembre. Il en résulte un moelleux d'un jaune doré intense, au nez expansif et typé de rose et de litchi, nuancé d'une note miellée de surmaturation. Les fruits exotiques se mêlent aux fruits secs dans une bouche généreuse et ronde, riche sans lourdeur, à la longue finale épicée: un nouveau coup de cœur pour ce domaine au brillant palmarès. (Sucres résiduels: 46 g/l.) ⧗ 2020-2028

VINS D'ALSACE FRANK HARTWEG, 39, rue Jean-Macé, 68980 Beblenheim, tél. 03 89 47 94 79, frank.hartweg@free.fr V t.l.j. sf dim. 9h- 11h45 14h- 17h45; sam. sur r.-v. B

B JEAN ET HUBERT HEYWANG
Kirchberg de Barr Riesling 2018 ★

1770 | 11 à 15 €

Située au pied du mont Sainte-Odile, dans le village de Heiligenstein renommé pour son cépage klevener, une exploitation fondée en 1955 par Jean Heywang et dirigée depuis 1990 par son fils Hubert. Couvrant 7 ha, elle a obtenu en 2011 la certification bio.

Barr et son coteau réputé du Kirchberg jouxte au sud Heiligenstein où sont installés ces vignerons. Les Heywang ont tiré de ce grand cru un riesling encore réservé, qui s'ouvre sur le fruité caractéristique du cépage. En bouche, ce 2018 séduit par sa complexité, sa finesse et sa fraîcheur. (Sucres résiduels: 4 g/l.) ⧗ 2022-2026

JEAN ET HUBERT HEYWANG, 7, rue Principale, 67140 Heiligenstein, tél. 03 88 08 91 41, contact@heywang-vins.fr V t.l.j. 10h-12h 14h-19h

HIRTZ Zotzenberg Sylvaner 2018 ★★

1300 | 8 à 11 €

Établis dans l'un des plus pittoresques villages du Bas-Rhin, près de Barr, Edy et Élisabeth Hirtz conduisent depuis 1992 le domaine familial: 9 ha, avec des parcelles dans le grand cru local. Ici, pas de foudres de bois, mais des cuves Inox, plus à même de préserver le potentiel aromatique des cépages, selon le vigneron.

Exposé à l'est et au sud, le vignoble du Zotzenberg, à Mittelbergheim, plonge ses racines dans des sols argilo-calcaires qui retiennent l'humidité. Il est réputé de longue date pour son sylvaner, si bien que ce cépage, qui fournissait jadis en plaine du petit vin blanc à boire sous la tonnelle, est ici admis en grand cru, à titre d'exception. Vendangé le 5 octobre en année chaude, le cépage affiche sa maturité. Intense et tonique au nez, ce 2018 mêle les fleurs blanches et les fruits mûrs. Rond en attaque, il est tendu par une belle fraîcheur qui étire sa finale. Un vin bien construit. (Sucres résiduels: 6,2 g/l.) ⧗ 2020-2023

DOM. HIRTZ, 13, rue Rotland, 67140 Mittelbergheim, tél. 03 88 08 47 90, edy.hirtz@orange.fr V *t.l.j. 10h-12h 14h-18h*

CAVE VINICOLE DE HUNAWIHR
Osterberg Riesling Gamme Calixte 2018 ★

3000 | 11 à 15 €

Fondée en 1954 au cœur de la route des Vins, la cave de Hunawihr regroupe majoritairement des viticulteurs de ce village. La coopérative vinifie le fruit de 200 ha et propose une large gamme de vins (dont 5 grands crus). Elle a 4 marques: Peter Weber, L'Unabelle, Armand Schreyer et Kuhlmann-Platz (ancienne maison de négoce rachetée en 1985).

Le grand cru Osterberg domine Ribeauvillé, cité limitrophe de Hunawihr. Ce coteau marno-calcaire et gréseux favorise le riesling. Discret au nez, celui-ci libère à l'aération des notes minérales, puis des senteurs fraîches de fleur de sureau et d'agrumes, citron vert en tête. Au palais, il se montre vif et long, citronné et légèrement salin. Un vin racé, tout en finesse. (Sucres résiduels: 6 g/l.) ⧗ 2020-2025

CAVE VINICOLE DE HUNAWIHR, 48, rte de Ribeauvillé, 68150 Hunawihr, tél. 03 89 73 61 67 V *t.l.j. 9h-12h 14h- 18h*

DOM. HURST
Brand Pinot gris Sélection de grains nobles 2017 ★★

1800 | 20 à 30 €

Héritiers d'une lignée vigneronne établie à Turckheim depuis le XVIIes., Armand et Nicole Hurst ont géré entre 1989 et 2016 l'exploitation familiale, fondée en 1926. Ils l'ont cédée à l'entrepreneur Marc Rinaldi, déjà propriétaire du Dom. Martin Schaetzel. Le vignoble (12,5 ha aujourd'hui) est en conversion bio.

Coteau pentu aux sols granitiques, exposé au sud et au sud-est, le Brand est un terroir précoce et solaire, comme son nom le suggère. Quant au millésime 2017, sa précocité et sa belle arrière-saison ont favorisé l'élaboration de liquoreux comme celui-ci. Les jurés saluent sa robe or aux reflets orangés, son nez précis et fin mêlant les fruits confits et la note fumée du cépage et sa bouche ample, riche et longue. Une bouteille de garde. (Sucres résiduels: 130 g/l; bouteilles de 50 cl.) ⧗ 2023-2030

DOM. ARMAND HURST, 8, rue de la Chapelle, 68230 Turckheim, tél. 03 89 27 40 22, domaine@armand-hurst.fr V *t.l.j. sf dim. 9h-12h 13h30-18h; sam. 9h-12h 14h-18h*

JACQUES ILTIS
Altenberg de Bergheim Gewurztraminer 2016 ★★

2000 | 15 à 20 €

Établis à la limite des 2 départements alsaciens, au pied du château du Haut-Kœnigsbourg, Benoît et Christophe Iltis, les fils de Jacques, conduisent depuis 1999 le domaine familial: aujourd'hui, près de 14 ha de vignes et une cave recelant d'anciens foudres de chêne légués par des ancêtres tonneliers.

Après un remarquable riesling 2017 du même grand cru, ce gewurztraminer 2016 illustre le potentiel de ce coteau plein sud, aux sols marno-calcaires. Au nez, il allie des notes miellées traduisant la surmaturation à des nuances plus fraîches de rhubarbe confite. En bouche, ce moelleux se distingue par son équilibre et par son fruité intense. Un vin de garde, typique de son terroir et de son millésime. (Sucres résiduels: 40 g/l.) ⧗ 2020-2026

DOM. JACQUES ILTIS ET FILS, 1, rue Schlossreben, 68590 Saint-Hippolyte, tél. 03 89 73 00 67, jacques.iltis@iltis.fr V *t.l.j. 8h30-12h 14h-18h; sam. dim. sur r.-v.*

DOM. KIRRENBOURG Brand Riesling 2017 ★

1300 | 30 à 50 €

Fondée en 1803, cette maison de vignerons-négociants s'est lancée dans la vente en bouteilles au début des années 1930, avec Martin Schaetzel. Son neveu Jean, œnologue, a repris l'affaire en 1979 et converti à la biodynamie (1997) ses vignes en propre. Il l'a revendue en 2015 à l'industriel Marc Rinaldi, qui l'a rebaptisée, a fait construire de nouveaux chais entre Kientzheim et Kaysersberg, acquis des terroirs en grands crus et confié en 2017 à Samuel Tottoli la direction des domaines. Aujourd'hui, 11 ha, en biodynamie (certification en 2018).

Né sur un terroir chaud, de nature granitique, ce riesling dévoile déjà une belle minéralité au nez. Ce côté minéral s'allie à un fruité presque confit dans un palais d'une rare puissance, qui offre une longue finale aux accents « pétrolés » caractéristiques du cépage. La générosité de ce vin s'accordera à des viandes blanches et à du poisson en sauce. (Sucres résiduels: 14,9 g/l.)

SAS KIRRENBOURG, 15_C, rte du Vin, 68240 Kaysersberg, tél. 03 89 47 11 39, com@kirrenbourg.fr V *r.-v.*

♥ DOM. HENRI KLÉE
Wineck-Schlossberg Riesling 2018 ★★

4900 | 8 à 11 €

Urbain Klée, né au XVIes., aurait acquis les premières vignes en 1624… Henri Klée se lance dans la vente directe au milieu du siècle dernier. Philippe lui succède en 1985, rejoint en 2016 par Martin qui prépare la relève. Fort d'un vignoble de 12,5 ha aux environs de Katzenthal, à l'ouest de Colmar, le domaine s'est équipé d'une nouvelle cuverie en 2013, tout en développant l'hébergement. Une propriété bien connue de nos lecteurs.

Les vignes de ce grand cru semblent partir à l'assaut du donjon du Wineck. Ce coteau bien abrité bordant un vallon, aux sols granitiques, est une terre d'élection du riesling. Les Klée ont laissé mûrir leur raisin jusqu'à fin octobre pour en tirer un vin pourtant sec, qui a d'emblée enchanté nos dégustateurs par sa présence et par son expression aromatique: aubépine, notes de surmaturation (miel, fruits secs), avec une touche épicée. La fleur blanche, la mirabelle et le coing s'épanouissent dans une bouche ronde en attaque, vivifiée par une arête acide qui souligne la longue finale un rien fumée. L'harmonie même. (Sucres résiduels: 5 g/l.) ⧗ 2021-2028

⊶ *DOM. HENRI KLÉE, 11, Grand-Rue, 68230 Katzenthal, tél. 03 89 27 03 81, contact@vins-klee-henri.com* V *r.-v.*

ANNE DE LAWEISS Kaefferkopf 2018 ★

■	17000	🍾	11 à 15 €

Né en 1997 de la fusion des caves de Westhalten, d'Obernai et de Bennwihr, et de la vénérable maison de négoce Heim, fondée en 1765, le groupe Bestheim est devenu, après d'autres fusions, un opérateur de premier plan en Alsace, vinifiant quelque 1 350 ha.

Marque de la cave de Kientzheim-Kaysersberg, dans l'orbite de Bestheim depuis 2014. Sur l'étiquette de ce vin, pas de nom de cépage – une mention facultative mais généralisée en Alsace –, car le cahier des charges du grand cru Kaefferkopf autorise les assemblages. Dans cette cuvée, le gewurztraminer (58 %) apporte son ampleur et son gras. Avec le riesling (31 %) et le pinot gris (11 %), il compose un moelleux puissant et harmonieux, à la palette complexe: agrumes, mangue, torréfaction et minéralité au nez, fruits jaunes au palais, avec un plaisant retour des agrumes en finale. (Sucres résiduels: 31 g/l.) ⧗ 2020-2026 ■ **Schlossberg Riesling 2018 ★ (11 à 15 €; 62480 b.)** Issu d'un grand cru granitique et d'une année solaire, un riesling nerveux, très expressif (fleurs blanches, agrumes, minéralité), de bonne longueur. (Sucres résiduels: 4,5 g/l.) ⧗ 2021-2026

⊶ *ANNE DE LAWEISS, 3, rue du Gal-de-Gaulle, 68630 Bennwihr, tél. 03 89 49 09 29, vignobles@bestheim.com* V *r.-v.*

♥ Ⓑ GUSTAVE LORENTZ
Altenberg de Bergheim Riesling Vieilles Vignes 2018 ★★

■	25000	🍾	20 à 30 €

Fondée en 1836, cette maison de négoce a son siège au cœur de Bergheim. Elle dispose en propre d'un important vignoble (33 ha) conduit en bio certifié depuis 2012. Elle a particulièrement investi dans le grand cru local, l'Altenberg de Bergheim, dont elle exploite 12 ha, et a obtenu le premier coup de cœur du Guide dans cette AOC: un riesling 1976.

Exposé plein sud, ce coteau pentu aux sols argilo-marneux et gréseux était déjà réputé au XIIᵉ s. Superbe image de ce terroir et de l'année solaire, ce riesling clair et cristallin dans le verre, encore discret, dévoile à l'aération un côté minéral évoquant le caillou, allié à des notes complexes d'agrumes, de fruits jaunes et à un léger fumé que l'on retrouve en bouche. Cette minéralité aux accents de silex s'affirme dans un palais très sec, tendu et long. Puissance et délicatesse, le jury est conquis. (Sucres résiduels: 1,97 g/l.) ⧗ 2022-2030 ■ **Kanzlerberg Pinot gris 2018 ★★ (20 à 30 €; 3200 b.)** Ⓑ Issu d'un grand cru de Bergheim aux sols marno-calcaires, un moelleux fait pour la table. Harmonieux, fondu, frais et long, marqué en finale par une noble amertume, il est également servi par son expression aromatique: minéralité, fruits jaunes, torréfaction. (Sucres résiduels: 21 g/l.) ⧗ 2020-2028

⊶ *GUSTAVE LORENTZ, 91, rue des Vignerons, 68750 Bergheim, tél. 03 89 73 22 22, info@gustavelorentz.com* V *t.l.j. sf dim. 10h-12h 14h-18h*

Ⓑ FRÉDÉRIC MALLO
Rosacker Riesling Vieilles Vignes 2018 ★

■	2000	🍾	11 à 15 €

Conduit depuis 1992 par Dominique Mallo, ce domaine familial est établi à Hunawihr, village célèbre par son église fortifiée du XVᵉ s. Après avoir cultivé son domaine en lutte raisonnée, le vigneron l'a converti à l'agriculture biologique. Il cultive 7 ha, avec des parcelles dans 2 grands crus, notamment dans celui de sa commune, le Rosacker.

Le Rosacker s'étage entre Hunawihr et les hauteurs boisées qui couronnent le village, avec vue sur la plaine d'Alsace à l'est. Le caractère plutôt tardif de ce terroir favorise le riesling. Des vignes de plus de 60 ans sont à l'origine de ce millésime, au nez plutôt chaleureux, floral, minéral et épicé. On retrouve la minéralité dans un palais structuré, équilibré et persistant, à la fois gras et tendu, marqué en finale par de beaux amers. De l'élégance. (Sucres résiduels: 5 g/l.) ⧗ 2022-2028 ■ **Rosacker Pinot gris Vieilles Vignes 2018 ★ (11 à 15 €; 500 b.)** Ⓑ Une expression aromatique riche et complexe (abricot et fruits jaunes confits, figue, pain grillé, sous-bois) pour ce vin de style demi-sec, suave et équilibré, puissant et très long. (Sucres résiduels: 12 g/l.) ⧗ 2020-2026

⊶ *EARL FRÉDÉRIC MALLO, 2, rue Saint-Jacques, 68150 Hunawihr, tél. 06 62 74 11 35, dominique@vinsmallo.com* V *t.l.j. sf dim. 8h-12h 13h30-18h*

JEAN-PAUL MAULER
Mandelberg Gewurztraminer 2018 ★★★

■	1920	🍾	11 à 15 €

Si la propriété remonte à 1868, ce sont les grands-parents de l'actuel exploitant qui se sont lancés dans la viticulture en 1935; ses parents, Jean-Paul et Yvette, ont débuté la vente en bouteilles dans les années 1960. Installé en 2004, Julien Mauler conduit avec Aurélie 7,5 ha de vignes dans 5 communes proches de Riquewihr, au cœur du vignoble, avec des parcelles dans 2 grands crus, Mandelberg et Schoenenbourg.

Le Mandelberg est un terroir calcaire orienté au sud et bien abrité, comme l'atteste la présence d'amandiers en bordure des vignes. En 2018, le gewurztraminer à l'origine de cette cuvée a été vendangé dès le 28 août. Julien Mauler en a tiré un moelleux au nez intense, partagé entre les arômes variétaux, litchi en tête, et des notes de cire et de miel évoquant la surmaturation. En bouche, ce vin a impressionné par sa puissance, sa richesse et sa longueur, et aussi par sa fraîcheur, qui lui confère une rare harmonie et un grand potentiel de garde. (Sucres résiduels: 38 g/l.) ⧗ 2020-2030 ■ **Mandelberg Pinot gris 2018 ★★ (11 à 15 €; 760 b.)** Arômes intenses et élégants de fruits confits, de miel et de torréfaction, richesse, gras, ampleur, très longue finale. Une vendange tardive? Non, le pinot gris a été récolté fin août; le reflet du soleil de l'année sur un grand terroir. (Sucres résiduels: 98 g/l.) 2020-2030

DOM. JEAN-PAUL MAULER, 3, pl. des Cigognes, 68630 Mittelwihr, tél. 03 89 47 93 23, vins.jpmauler@orange.fr V r.-v.

♥ HUBERT MEYER
Winzenberg Gewurztraminer 2018 ★★★

2500 | 11 à 15 €

Les Meyer se succèdent de père en fils depuis 1722. Hubert a développé la vente en bouteilles, Pierre l'a rejoint en 2009 avant de prendre la tête de l'exploitation en 2014. Les 13 ha du domaine sont répartis sur des terroirs variés, autour de Blienschwiller et des communes voisines de Dambach-la-Ville, Nothalten et Epfig, au sud de Barr. Le fleuron de la propriété: les parcelles dans le Winzenberg, grand cru de Blienschwiller.

Les gewurztraminers d'Alsace donnent souvent des vins moelleux. Celui-ci est bien un vin doux, issu de raisins récoltés le 11 octobre, plus de 5 semaines après le début des vendanges. Riche, il ne fait aucune concession à la mollesse. On loue sa puissance, sa densité, sa persistance. Et aussi sa séduction. Son expression aromatique intense, florale, miellée et épicée s'accompagne d'une minéralité qui est sans doute la signature du terroir granitique. De la force et de la délicatesse. (Sucres résiduels: 62 g/l.) 2020-2025

EARL HUBERT MEYER, 34, rte des Vins, 67650 Blienschwiller, tél. 03 88 92 47 33, contact@vins-hubert-meyer.fr V t.l.j. 8h-12h 13h-19h

♥ DOM. DU MITTELBURG
Steinert Pinot gris 2018 ★★★

2500 | 11 à 15 €

Il ne reste que quelques pierres du «château du centre» (Mittelburg) qui a donné son nom au domaine, situé au sud de Colmar. Plus intéressants sont les calcaires et argilo-calcaires des terroirs de Pfaffenheim, village où sont établis les Martischang depuis le XVI[e]s. Michel a pris la succession d'Henri en 2007.

Des sols chauds, très calcaires et caillouteux, une année solaire… Il en résulte un moelleux d'une rare richesse, au nez bien ouvert sur le coing confit et l'abricot, au palais ample, onctueux, puissant et long. Son intensité et son élégance font toute la différence. Et dire que le pinot gris à l'origine de ce vin opulent, aux arômes de surmaturation, a été vendangé le 28 août… Une bouteille de garde, à déboucher à l'apéritif ou au dessert. (Sucres résiduels: 75 g/l.) 2020-2030 **Steinert Gewurztraminer 2018 ★ (11 à 15 €; 3000 b.)** Des arômes intenses de surmaturation (mangue compotée, fruits confits), du fruit de la Passion, avec la note de rose qui signe le cépage pour ce moelleux harmonieux et persistant, reflet de son terroir et de son millésime. (Sucres résiduels: 78 g/l.) 2020-2028

HENRI MARTISCHANG, 15, rue du Fossé, 68250 Pfaffenheim, tél. 03 89 49 60 83, vin.h.martischang@free.fr V t.l.j. sf dim. 8h-12h 14h-18h30

MOCHEL-LORENTZ
Altenberg de Bergbieten Riesling 2018 ★

2781 | 8 à 11 €

Établi à Traenheim, gros village viticole situé à 25 km à l'ouest de Strasbourg, Philippe Lorentz a pris en 1980 la suite d'une lignée de vignerons remontant à 1634. À la tête de 14 ha de vignes, il exploite des parcelles dans le grand cru Altenberg de Bergbieten. Domaine certifié Haute valeur environnementale.

Mis en valeur dès les rois mérovingiens, ce grand cru nordiste, à dominante marno-calcaire, est dédié pour les trois quarts au riesling. Philippe Lorentz a donné à ce cépage tardif tout le temps nécessaire pour mûrir, ne le récoltant qu'en octobre, un mois après le début des vendanges. Il a obtenu un vin puissant, qui laisse des larmes sur les parois du verre. Si ce 2018 déploie une palette gourmande centrée sur les fruits mûrs, teintée de minéralité, c'est un vin parfaitement sec, racé, tendu et long, marqué en finale par une légère amertume. (Sucres résiduels: 3 g/l.) 2022-2027

DOM. MOCHEL-LORENTZ, 19, rue Principale, 67310 Traenheim, tél. 03 88 50 38 17, plorentz@mochel-lorentz.com V r.-v.

B DOM. NEUMEYER Bruderthal Pinot gris 2018 ★

4840 | 20 à 30 €

Créée en 1925 par un arrière-grand-père des exploitants actuels, ouvrier des célèbres usines Bugatti à Molsheim, non loin de Strasbourg, la propriété a longtemps fourni beaucoup de sylvaners destinés à la population de la cité bas-rhinoise. Gérard Neumeyer s'y installe en 1987, convertit à la bio les 16 ha de vignes et enrichit la gamme de vins, misant sur le grand cru local, le Bruderthal. Marie Neumeyer-Tonner, employée sur l'exploitation depuis 10 ans, et son frère, Jérôme Neumeyer, fort d'expériences à l'étranger, ont pris les rênes du domaine en 2016.

Le domaine cultive les 4 cépages «nobles» dans le Bruderthal, «vallée des Frères» mise en valeur dès le Moyen Âge par les moines. Une belle parcelle (plus de 1 ha) de pinot gris est à l'origine de ce moelleux à la robe jaune orangé, intensément fruité (fruits confits, coing et abricot), équilibré, frais et persistant, montrant un petit côté salin. Déjà très agréable, ce vin saura vieillir. (Sucres résiduels: 46,2 g/l.) 2020-2026 **Bruderthal Riesling 2018 ★ (20 à 30 €; 4380 b.)** B Au nez, la discrétion souvent observée chez les rieslings nés sur des terroirs marno-calcaires, qui laisse cependant percevoir une complexité naissante. Jeunesse, finesse et fraîcheur. (Sucres résiduels: 4 g/l.) 2022-2026

DOM. NEUMEYER, 29, rue Ettore-Bugatti, 67120 Molsheim, tél. 03 88 38 12 45, contact@neumeyer.fr V t.l.j. sf dim. 9h-12h 14h-18h

B DOM. RIEFLÉ Steinert Pinot gris 2018 ★

1383 | 20 à 30 €

Fondé en 1850, le domaine a pris son visage actuel dans les années 1980 avec Jean-Claude Rieflé. Il est

aujourd'hui géré par les deux frères Thomas et Paul Rieflé, qui ont converti le vignoble à l'agriculture biologique. Il dispose de 23 ha de vignes au sud de Colmar, avec des parcelles dans 2 grands crus, le Steinert et le Zinnkoepflé. La famille a repris en 2011 le Dom. Seppi Landmann, qui garde son identité.

Terroir calcaire et pierreux, le Steinert est réputé pour l'intensité de ses vins. Ce pinot gris répond bien à ce profil. Élégant au nez, il dévoile une large gamme d'arômes: agrumes mûrs, fruits jaunes, poire séchée, pain grillé et poivre. Sa palette s'enrichit encore en bouche, où apparaissent la fleur séchée et de subtiles notes épicées peut-être laissées par une fermentation en demi-muids et barriques. Ample mais sec, ce vin séduit aussi par sa vivacité citronnée qui lui donne une rare longueur. De la profondeur, de la finesse, du potentiel. (Sucres résiduels: 10,3 g/l.) ⌛ 2021-2027

DOM. RIEFLÉ-LANDMANN, 7, rue du Drotfeld, 68250 Pfaffenheim, tél. 03 89 78 52 21, riefle@riefle.com V t.l.j. sf dim. 9h-12h 14h-18h

CHRISTOPHE RIEFLÉ
Steinert Gewurztraminer 2017 ★★

■ | 1300 | | 11 à 15 €

De vieille souche vigneronne, Christophe Rieflé a créé son exploitation en 2003, avec chai et cuverie. Premier millésime vinifié en 2005 et de nombreuses sélections dans le Guide. Il exploite 16 ha autour de Pfaffenheim, à 15 km au sud de Colmar.

«Belle expression d'un terroir grand cru», conclut un dégustateur. De fait, si la gamme aromatique de cette cuvée est celle du cépage (la rose et le litchi, la mangue, les épices), ce moelleux doré intense brille par son intensité, son gras, sa puissance et par sa finale persistante et épicée. Sans excès d'opulence, il trouvera sa place de l'apéritif au dessert. (Sucres résiduels: 35 g/l.) ⌛ 2020-2025

CHRISTOPHE RIEFLÉ, 32_A, rue de la Lauch, 68250 Pfaffenheim, tél. 03 89 49 77 85, christopheriefle@aol.com V t.l.j. sf dim. 8h-12h 14h-18h

JEAN-PAUL SCHAFFHAUSER
Steingrubler Gewurztraminer 2018 ★

■ | 6250 | | 8 à 11 €

Jean-Paul Schaffhauser a débuté la mise en bouteilles en 1984. Il a transmis sa propriété en 1996 à Catherine et Jean-Marc, rejoints en 2018 par leur fils Antoine. Les vignerons ont engagé la conversion bio d'une partie du domaine. Ils exploitent plus de 12 ha, répartis sur autant de villages autour de Wettolsheim, près de Colmar; ils achètent aussi du raisin à des viticulteurs de la commune. Dans leur gamme, des vins de terroir (grands crus Hengst et Steingrubler, notamment).

Les sols du Steingrubler, à forte composante marneuse, sont propices au gewurztraminer. Le domaine consacre plus d'un hectare du grand cru à ce cépage d'où il tire des vins d'une belle tenue. Le 2018, récolté le 8 octobre, dévoile une légère et élégante surmaturation dans sa palette, où les notes fruitées et épicées s'accompagnent de nuances de zeste d'agrumes. Suave en attaque, il est tendu par une belle fraîcheur typée du terroir. Un moelleux bien construit, élégant et persistant. (Sucres résiduels: 41,8 g/l.) ⌛ 2020-2026

JEAN-PAUL SCHAFFHAUSER, 8, rte du Vin, 68920 Wettolsheim, tél. 03 89 79 99 97, schaffhauser.jpaul@free.fr V t.l.j. sf dim. 8h30-12h 14h-18h30

PAUL SCHERER Eichberg Gewurztraminer 2018 ★

■ | 1750 | | 11 à 15 €

Établi à Husseren-les-Châteaux, point culminant de la route des Vins au sud de Colmar, Didier Scherer perpétue depuis 1994 une exploitation dont les origines remontent à 1750. Sa cave date de la même époque. En alsace comme en alsace grand cru, il se distingue souvent par ses gewurztraminers.

Situé entre Eguisheim et Husseren-les-Châteaux, le grand cru Eichberg, exposé au sud-est, bénéficie d'un climat très sec. Ses sols marno-calcaires conviennent au gewurztraminer, cépage à l'origine de ce moelleux très bien constitué. Le nez monte en puissance, libérant de délicates senteurs de fruits mûrs. Plus expressif, le palais déploie des notes florales et exotiques d'une grande précision et séduit par sa richesse, son équilibre et sa longueur. (Sucres résiduels: 62 g/l.) ⌛ 2020-2025

PAUL SCHERER ET FILS, 40, rue Principale, 68420 Husseren-les-Châteaux, tél. 03 89 49 30 34, paul.didier.scherer@orange.fr V r.-v.

♥ DOM. SCHIRMER
Zinnkoepflé Gewurztraminer 2018 ★★★

■ | 2300 | | 11 à 15 €

Les Schirmer sont établis depuis le XIXe s. au sud de Colmar. Lucien Schirmer, qui a spécialisé le domaine dans les années 1970, a passé le relais en 1991 à Thierry. Ce dernier exploite 11 ha de vignes, dont une partie est située dans le grand cru du Zinnkoepflé.

Après un coup de cœur pour un sylvaner 2017, c'est un des fleurons du domaine qui se hisse au sommet: un vin issu du vaste coteau dominant Soultzmatt, qui culmine à plus de 400 m à l'entrée de la Vallée Noble. Abrité par le Petit Ballon et le Grand Ballon, très sec mais ventilé, ce terroir est une terre d'élection du gewurztraminer, témoin ce 2018 né de raisins vendangés à la mi-octobre. Un moelleux vieil or qui libère de délicates fragrances de rose et de litchi nuancées de notes de cire d'abeille. Ces arômes s'épanouissent avec persistance dans une bouche opulente, soulignés par un trait acidulé. Un vin intense, harmonieux, précis et profond. (Sucres résiduels: 71 g/l.) ⌛ 2020-2028

DOM. SCHIRMER, 22, rue de la Vallée, 68570 Soultzmatt, tél. 03 89 47 03 82, vins.alsace.schirmer@orange.fr V t.l.j. 9h-12h 13h-19h; dim. sur r.-v.

ALBERT SCHOECH
Mambourg Gewurztraminer 2018 ★

■ | 21150 | | 11 à 15 €

Maison de négoce fondée en 1840 par Joseph Schoech, fils d'un tonnelier, et restée dans la même famille. Elle dispose de caves du XVIIe s. et de foudres centenaires, ainsi que d'une cuverie moderne. À sa carte, 5 grands crus. La marque perpétue la mémoire d'Albert Schoech, qui fut maire d'Ammerschwihr et membre fondateur de la confrérie Saint-Étienne après 1945, tout en faisant prospérer l'entreprise viticole.

Grand cru exposé plein sud, année solaire… Dans le verre, un moelleux aux arômes typés et flatteurs, fruités, épicés et miellés, qui se prolongent dans un palais consistant, rond et équilibré, de belle persistance. De très bonne facture, cette cuvée n'a rien de confidentiel. (Sucres résiduels: 52,7 g/l.) ⧗ 2020-2026

⊶ VINS D'ALSACE ALBERT SCHOECH, pl. du Vieux-Marché, 68770 Ammerschwihr, tél. 03 89 78 23 17, vin@schoech.fr

B DOM. MAURICE SCHOECH
Kaefferkopf Gewurztraminer 2017 ★

| 7000 | | 15 à 20 € |

Pépiniéristes, sommeliers, courtiers, vignerons, les Schoech sont au service du vin depuis 1650. Aujourd'hui, Sébastien et Jean-Léon Schoech exploitent 18 ha aux environs d'Ammerschwihr, importante cité viticole qui ouvre chaque année le cycle des foires aux vins en avril. Ils détiennent des parcelles dans 5 grands crus et ont engagé en 2014 la conversion bio de leur vignoble.

Le gewurztraminer occupe plus de la moitié de la surface de ce grand cru d'Ammerschwihr. Récolté en octobre, il a donné ici naissance à un vin au nez de rose, de fruits jaunes et d'épices; au palais, des arômes gourmands d'abricot confituré s'épanouissent dans une matière d'une belle ampleur. La longue finale est teintée d'une agréable amertume. Un moelleux typé et droit. (Sucres résiduels: 30 g/l.) ⧗ 2020-2026

⊶ DOM. MAURICE SCHOECH ET FILS, 4, rte de Kientzheim, 68770 Ammerschwihr, tél. 03 89 78 25 78, domaineschoech@free.fr V t.l.j. sf dim. 8h-12h 13h30-18h D

DOM. SCHOFFIT
Rangen Pinot gris Clos Saint-Théobald 2018 ★

| 7000 | | 30 à 50 € |

À la tête d'un domaine de 17 ha, la famille Schoffit ne se contente pas de son vignoble autour de Colmar. Son fleuron, le Clos Saint-Théobald, qui lui a valu de nombreux coups de cœur, se trouve à l'extrémité méridionale de la route des Vins, à Thann, dans le grand cru Rangen. Un terroir d'origine volcanique, aux sols pierreux, sombres et chauds, aux pentes vertigineuses, accueillantes aux gewurztraminer, riesling et pinot gris.

Toujours au rendez-vous du Guide, ce pinot gris du Rangen déploie au nez des arômes confits et miellés traduisant la surmaturation. On retrouve ce registre confit dans un palais intense et puissant, tendu par une belle acidité qui lui donne équilibre et droiture. Encore jeune, promis à une longue garde, ce moelleux déjà agréable pourrait bien gagner en cave une étoile ou deux supplémentaires. (Sucres résiduels: 58 g/l.) ⧗ 2021-2030

Rangen Pinot gris Clos Saint-Théobald Sélection de grains nobles 2017 ★ (50 à 75 €; 2600 b.) Le Rangen offre une grande aptitude à produire des liquoreux, notamment en pinot gris. Ce 2017 en a tous les caractères: robe or soutenu, expression aromatique confite et miellée, palais riche, gras et long. À attendre pour un meilleur fondu. (Sucres résiduels: 125 g/l.) ⧗ 2022-2030

⊶ DOM. SCHOFFIT, 68, Nonnenholzweg, 68000 Colmar, tél. 03 89 24 41 14, domaine.schoffit@free.fr V r.-v.

MAURICE SCHUELLER
Goldert Muscat 2017 ★

| 1380 | | 11 à 15 € |

Une famille d'origine suisse installée au sud de Colmar après la guerre de Trente Ans. Le grand-père de l'actuel producteur acquiert la propriété en 1934, son fils Maurice développe la mise en bouteilles en 1965 et passe le relais à Marc Schueller en 1994. En conversion bio, le domaine compte 10 ha autour de Gueberschwihr, avec comme fleuron des vignes dans le grand cru Goldert.

Ces vignerons choient leur muscat du Goldert. Le 2017 a mûri lentement jusqu'aux vendanges le 10 octobre, sans prendre pour autant d'arômes de surmaturation ni se gorger de sucres. C'est un vin sec, qui offre des parfums floraux, «typés du muscat ottonel» (75 %), selon un dégustateur au nez affûté. On respire aussi dans le verre de la pêche blanche et de discrètes notes de raisin muscat. En bouche, cette cuvée séduit par son fruit, par sa rondeur harmonieuse et par sa finale teintée d'une agréable amertume. (Sucres résiduels: 3,5 g/l.) ⧗ 2020-2025

⊶ MAURICE SCHUELLER, 17, rue Basse, 68420 Gueberschwihr, tél. 03 89 49 31 80, marc@vins-schueller.com V t.l.j. sf dim. 9h-12h 13h30-18h D

♥ JEAN-MARC SIMONIS Kaefferkopf 2018 ★★

| 1900 | | 11 à 15 € |

Héritier d'une lignée de viticulteurs remontant à 1660, Jean-Marc Simonis gère depuis 1993 le domaine familial qui a son siège au centre d'Ammerschwihr, à 8 km au nord-ouest de Colmar. Ce sont ses grands-parents qui ont débuté la vente en bouteilles. Le propriétaire choie particulièrement le grand cru local, le Kaefferkopf.

Le 51e grand cru d'Alsace, le Kaefferkopf, est l'un des rares à autoriser les vins d'assemblage. Jean-Marc Simonis a déjà soumis avec succès de telles cuvées à nos jurys. En mariant deux cépages et un grand terroir, il a obtenu un moelleux plébiscité par les jurés. Complexe et élégant, le nez joue sur les agrumes, les fruits jaunes et le miel. Puissant, ample et long, le palais allie l'onctuosité caressante et la suavité parfumée du gewurztraminer (60 %) à la vivacité du riesling, tonifié en finale par de séduisants amers. Un plaisir durable. (Sucres résiduels: 27 g/l.)

⊶ JEAN-PAUL SIMONIS ET FILS, 1, rue des Chasseurs-Besombes-et-Brunet, 68770 Ammerschwihr, tél. 03 89 47 13 51, jmsimonis@orange.fr V r.-v.

B ÉTIENNE SIMONIS
Marckrain Gewurztraminer 2018 ★★

| 2500 | 15 à 20 € |

Des Simonis cultivaient déjà la vigne au XVIIes. Le domaine actuel a été constitué par René Simonis, qui

a obtenu les premières distinctions dans le Guide et passé le relais en 1996 à Étienne. Ce dernier exploite les 7 ha de la propriété en biodynamie certifiée depuis 2011. En vue, ses grands crus Kaefferkopf et Marckrain.

Qu'il provienne du Kaefferkopf ou du Marckrain, le gewurztraminer contribue largement au palmarès de ce vigneron. Les sols marno-calcaires du second et son exposition est et sud-est lui ont permis en 2018 d'obtenir un moelleux élégant malgré son extrême richesse. Sa palette aromatique mêle la rose et la mangue à des notes de surmaturation (cire et raisin sec). Florale et opulente en attaque, la bouche est servie par une pointe d'acidité qui souligne les arômes de fruits exotiques et d'épices de la finale. (Sucres résiduels: 90 g/l.) ⧗ 2020-2028

⊶ ÉTIENNE SIMONIS, 2, rue des Moulins, 68770 Ammerschwihr, tél. 03 89 47 30 79, simonis.etienne@gmail.com V t.l.j. sf dim. 9h-12h 13h30-18h

PAUL SPANNAGEL
Kaefferkopf Pinot gris 2018 ★★

■	1800	▮	15 à 20 €

Le premier de la lignée vivait en 1598 à Katzenthal, village lové dans un vallon à quelques kilomètres à l'ouest de Colmar. Paul Spannagel se lance dans la vente en bouteilles en 1960. Depuis 1988, ce sont Yves et Claudine Spannagel, rejoints en 2011 par Jérôme et Marie, qui perpétuent l'exploitation (7 ha avec des parcelles dans deux grands crus).

Ces vignerons tirent de remarquables cuvées de leur pinot gris du Kaefferkopf, cépage qui n'est pas le plus cultivé dans ce grand cru. Ce 2018 s'ouvre sur les agrumes, le sous-bois et sur un léger fumé, puis s'oriente vers les fruits jaunes mûrs, les fruits exotiques et le miel. Suave en attaque, ample, fondu et gras, le palais est tendu par une fine acidité qui met en valeur des arômes d'agrumes confits, d'abricot compoté et d'amande douce. La longue finale se teinte d'une plaisante amertume. Un moelleux qui rappelle une vendange tardive avec légèreté et finesse. (Sucres résiduels: 25 g/l.) ⧗ 2020-2030

⊶ DOM. PAUL SPANNAGEL ET FILS, 1, Grand-Rue, 68230 Katzenthal, tél. 03 89 27 01 70, paul.spannagel@gmail.com V t.l.j. sf dim. 8h-12h 14h-18h

STEINER Sporen Pinot gris 2018 ★

■	1600	▮	15 à 20 €

Domaine fondé en 1895 et conduit par Philippe Steiner, qui représente la quatrième génération. Son vignoble est implanté autour des villages d'Herrlisheim, de Hattstatt et de Riquewihr, avec des parcelles dans le grand cru Hatschbourg. Le propriétaire vient de s'équiper d'une nouvelle cave et d'une salle de dégustation panoramique.

Le Sporen est l'un des 2 grands crus de Riquewihr. Le pinot gris prospère sur ses sols argilo-marneux. Vendangé le 12 octobre, les raisins ont permis d'obtenir un moelleux mariant au nez fruits confits, amande, noisette grillée et touches fumées. Le prélude à un palais ample, puissant, gras et long, qui rappelle une vendange tardive par sa concentration et par ses arômes de surmaturation. (Sucres résiduels: 75 g/l.) ⧗ 2020-2030

⊶ VINS STEINER, 13, rte du Vin, 68420 Herrlisheim-Vignoble, tél. 03 89 49 30 70, steiner.vins@wanadoo.fr V t.l.j. 9h-12h 14h-18h30

DOM. STIRN
Sonnenglanz Gewurztraminer 2018 ★

■	2800	◍	11 à 15 €

Odile et Fabien Stirn se sont installés en 1999 sur l'exploitation familiale créée au XIXᵉs. Œnologues, ils ont repris les vinifications au domaine. Leurs vignes (10 ha aujourd'hui) sont disséminées entre Beblenheim et Turckheim, si bien qu'ils disposent d'une belle mosaïque de terroirs, avec des parcelles dans 5 grands crus (Brand, Mambourg, Sonnenglanz, Schlossberg et Marckrain).

Les vignerons soulignent la «belle trame acidulée» des vins du grand cru Sonnenglanz. Nos dégustateurs évoquent, eux aussi, la «fraîcheur acidulée» de ce 2018. Ils apprécient également son expression aromatique fruitée, qui s'intensifie en bouche sur des notes de surmaturation et des nuances plus fraîches de fruits exotiques: la mangue, l'ananas confit et le fruit de la Passion. Un moelleux riche et équilibré. (Sucres résiduels: 58 g/l.) ⧗ 2020-2030

⊶ DOM. FABIEN STIRN, 3, rue du Château, 68240 Kaysersberg-Vignoble, tél. 03 89 47 30 58, domainestirn@free.fr V t.l.j. 9h-12h 13h30-17h30; dim. sur r.-v.

LA CAVE DU VIEIL ARMAND
Ollwiller Gewurztraminer 2018 ★

■	19813	▮	11 à 15 €

Créée en 1959, la coopérative la plus méridionale du vignoble tire son nom du sommet vosgien du Vieil Armand, siège de violents combats pendant la Première Guerre mondiale. Elle regroupe près d'une centaine d'adhérents cultivant 140 ha dans les cantons de Cernay, Soultz et Guebwiller. Une partie de la production est en conversion bio.

Ce grand cru sudiste aux sols marno-gréseux est réputé pour ses vins généreux et opulents. Ce gewurztraminer moelleux répond bien à ce profil, sans céder à l'embonpoint. On aime ses parfums délicats de rose et de litchi qui montent en puissance et se teintent de notes confites de surmaturation, puis sa bouche ronde et riche, offrant une finale épicée et ciselée grâce à une pointe de fraîcheur bienvenue. (Sucres résiduels: 53,2 g/l.) ⧗ 2020-2025

⊶ LA CAVE DU VIEIL ARMAND, 1, rte de Cernay, 68360 Soultz-Wuenheim, tél. 03 89 76 73 75, caveau@cavevieilarmand.com V t.l.j. 9h-12h 14h-18h30; dim. 10h-12h 14h-18h

DOM. WACH
Wiebelsberg Riesling 2017 ★

■	1300	◍	15 à 20 €

Installé en 1976 à Andlau, ancienne commune viticole longeant une vallée resserrée, Guy Wach est l'héritier d'une lignée remontant à 1748: des tonneliers, puis des vignerons. Il a transmis en 2017 à son fils Pierre le domaine familial (8 ha), qui comprend des parcelles dans les 3 grands crus de la commune, favorables au riesling. La démarche, déjà largement bio, devrait

permettre d'engager la conversion de la propriété courant 2020.

Dominant Andlau au nord-ouest, le coteau du Wiebelsberg, aux sols de grès rose, est presque entièrement planté de riesling. Celui-ci, dans le verre, allie au nez des notes citronnées à une belle minéralité que l'on retrouve dans un palais gras, tendu et très persistant. Du potentiel. (Sucres résiduels: 5,7 g/l.) ⧗ 2021-2028

DOM. GUY WACH, 5, rue de la Commanderie, 67140 Andlau, tél. 03 88 08 93 20, info@guy-wach.fr V r.-v. 4 C

ZIEGLER-MAULER
Mandelberg Gewurztraminer Les Amandiers 2017 ★★

■	1000	🍾	11 à 15 €

Créé au début des années 1960, ce domaine situé au cœur de la route des Vins a commencé à vendre son vin en bouteilles au cours de la décennie suivante. À la tête de l'exploitation depuis 1996, Philippe Ziegler conduit près de 6 ha de vignes selon une démarche proche du bio, sans certification.

Le gewurztraminer occupe plus de la moitié des surfaces de ce grand cru aux sols argilo-calcaires, réputé pour sa précocité. Récolté début octobre, il est à l'origine de ce moelleux au nez intense marqué par la surmaturation. Ce caractère se confirme en bouche par des notes de miel et de cire d'abeille, en harmonie avec une matière à la fois onctueuse et harmonieuse. (Sucres résiduels: 37 g/l.) ⧗ 2020-2024

DOM. J.J. ZIEGLER-MAULER ET FILS, 2, rue des Merles, 68630 Mittelwihr, tél. 03 89 47 90 37, vins.zieglermauler@orange.fr V r.-v.

CRÉMANT-D'ALSACE

Superficie : 3 017 ha / Production : 235 705 hl

La reconnaissance de cette appellation, en 1976, a donné un nouvel essor à la production de vins effervescents élaborés selon la méthode traditionnelle, qui existait depuis longtemps à une échelle réduite. Les cépages qui peuvent entrer dans la composition du crémant-d'alsace sont le pinot blanc, l'auxerrois, le pinot gris, le pinot noir, le riesling et le chardonnay.

BESTHEIM Grand Prestige 2017 ★

●	14 879	11 à 15 €

Né en 1997 de la fusion des caves de Westhalten, d'Obernai et de Bennwihr, et de la vénérable maison de négoce Heim, fondée en 1765, le groupe Bestheim est devenu, après d'autres fusions, un opérateur de premier plan en Alsace, vinifiant quelque 1 350 ha.

Un nez jeune, d'une belle finesse, pour ce crémant élevé 15 mois sur lattes. Sa robe saumon pastel est parcourue d'un élégant cordon de bulles. Ses arômes de fruits frais (pêche) se prolongent dans un palais vineux, un peu chaleureux, tonifié par une finale fraîche. ⧗ 2020-2023

BESTHEIM - CAVE DE WESTHALTEN, 52, rte de Soultzmatt, 68250 Westhalten, tél. 03 89 49 09 29, vignobles@bestheim.com V r.-v.

♥ BRUCKER 2017 ★★★

●	7100	🍾	5 à 8 €

Dominé par le Ballon des Vosges et le Vieil-Armand – où les combats firent rage pendant la Première Guerre mondiale –, Wuenheim est situé à l'extrémité méridionale de la route des Vins. Germain Brucker y a créé un vignoble en 1956, conduit depuis 1997 par son fils Thomy, qui exploite des parcelles dans 2 grands crus et propose aussi des eaux-de-vie de fruits.

Le pinot blanc (40 %), le pinot noir et le chardonnay à parts égales composent ce crémant sudiste qui a suscité un concert d'éloges. Les jurés saluent la finesse et la persistance de sa bulle, l'intensité et l'élégance de son nez délicatement floral, qualités que l'on retrouve dans une bouche structurée et longue. Du caractère et du charme. ⧗ 2020-2024

EARL DOM. VITICOLE BRUCKER, 2, rte de Cernay, 68500 Wuenheim, tél. 03 89 76 73 54, domaine.brucker@free.fr V *t.l.j. 8h-12h 13h30-18h30* 1

JEAN-PAUL ECKLÉ ★

●	14 000	🍾	5 à 8 €

Établi près de Colmar, dans le village de Katzenthal blotti dans un vallon et dominé par le donjon du Wineck, Emmanuel Ecklé exploite depuis 1996 les 9,5 ha du domaine familial. Une valeur sûre, notamment pour ses rieslings du Wineck-Schlossberg et du lieu-dit Hinterburg.

Le riesling entre à hauteur de 20 % dans ce brut issu de pinot blanc majoritaire. Même assemblage que l'an dernier, mais cette version apparaît un cran au-dessus avec sa robe jaune doré, son nez expressif et fin, entre fruits confits et légères notes beurrées, et son palais bien construit. Elle laisse la bouche fraîche malgré une certaine ampleur. ⧗ 2020-2023

SCEA JEAN-PAUL ECKLÉ ET FILS, 29, Grand-Rue, 68230 Katzenthal, tél. 03 89 27 09 41, eckle.jean-paul@wanadoo.fr V *t.l.j. sf dim. 9h-12h 13h30-18h* C

B ENGEL 2017 ★

●	16 000	🍾	8 à 11 €

Établie au cœur de l'Alsace viticole, au pied du château du Haut-Kœnigsbourg, la famille commercialise son vin depuis 1958. Les frères Engel exploitent aujourd'hui 20 ha de vignes, dont une bonne part est située dans le grand cru Praelatenberg. Hubert est aux vignes, Christian au chai, rejoint aujourd'hui par Pierre, qui représente la troisième génération. Domaine en bio certifié depuis 2014.

Né de pinot blanc et d'auxerrois, ce crémant gourmand et équilibré séduit surtout par sa palette aromatique élégante alliant notes beurrées, touches toastées, fleurs et fruits exotiques tels que la mangue. ⧗ 2020-2023

DOM. ENGEL FRÈRES, 1, rue des Vignes, Haut-Kœnigsbourg, 67600 Orschwiller, tél. 03 88 92 01 83, vins-engel@wanadoo.fr V t.l.j. *sf dim. 9h-12h 13h-18h* B

MATHIEU ET LOUIS GOETZ 2017 ★

●	2200		8 à 11 €

Mathieu Goetz, rejoint en 2012 par son fils Louis, a agrandi l'exploitation familiale, située à 20 km de Strasbourg. Implanté à Wolxheim, village réputé pour son riesling, son vignoble compte 11 ha et comprend des parcelles dans le grand cru Altenberg de Wolxheim, au pied du rocher du Horn.

Ce n'est pas la première fois qu'un crémant rosé du domaine est distingué. Cette version ne manque pas d'attraits: une robe d'un saumon franc animée d'une mousse fine et légère, un fruité gourmand, un palais harmonieux, ample et délicatement acidulé. Du caractère. ⧗ 2020-2023

VINS MATHIEU ET LOUIS GOETZ, 2, rue Jeanne-d'Arc, 67120 Wolxheim, tél. 03 88 38 10 47, mathieu.goetz@wanadoo.fr V t.l.j. *9h-12h 13h30-18h30*

HAEFFELIN-HEYBERGER 2016 ★

●	3000	5 à 8 €

Héritier d'une lignée remontant à 1770, Daniel Haeffelin s'est installé en 1987 sur le domaine familial. En 1993, il a transféré l'exploitation hors des murs d'Eguisheim, tout en maintenant le caveau de vente au cœur de la pittoresque cité médiévale. Il été rejoint en 2012 par ses fils Sébastien et Damien. Après la reprise en 2011 du domaine de Jean-Claude Heyberger, la famille dispose de 16 ha.

Si ses bulles apparaissent un peu foisonnantes, ce crémant d'un rose tendre est salué pour l'intensité de ses arômes de fruits mûrs et pour sa bouche nette et fraîche, de belle longueur. ⧗ 2020-2023

VIGNOBLE HAEFFELIN-HEYBERGER, 35, Grand-Rue, 68420 Eguisheim, tél. 03 89 41 77 85, contact@vins-haeffelin.fr V *r.-v.*

HAULLER ★

●	n.c.	8 à 11 €

Tonneliers à Dambach-la-Ville depuis le XVIIIᵉs., les Hauller sont devenus viticulteurs au début du siècle dernier. En 1996, ils créent une structure de négoce, la Cave du Tonnelier, et en 2004 aménagent de nouveaux locaux à Sélestat. Le domaine en propre s'est agrandi depuis 2014, passant de 10 à 27 ha, du Bas-Rhin à Soultzmatt. Avec Ludovic et Guillaume, la nouvelle génération s'est installée en 2015.

D'une couleur légère, ce crémant rosé apparaît bien ouvert au nez, délivrant un joli fruité dominé par la pêche. En bouche, malgré une pointe de douceur et d'amertume en finale, il laisse une impression flatteuse de fraîcheur. Pour l'apéritif ou un dessert aux fruits rouges. ⧗ 2020-2023 ● ★ **(8 à 11 €; n.c.)** D'abord très discret, ce crémant laisse découvrir à l'aération une palette d'arômes intéressants: acacia, mandarine, pâte à pain, biscotte. Ample et plutôt rond, il reste équilibré grâce à une finale fraîche. Sa richesse lui permettra d'être servi aussi bien à l'apéritif qu'avec un dessert pas trop sucré. ⧗ 2020-2023

JEAN HAULLER ET FILS, 3, rue de la Gare, 67650 Dambach-la-Ville, tél. 03 88 92 40 21, contact@hauller.fr V t.l.j. *sf sam. dim. 8h30-12h 14h-17h*

B CLÉMENT KLUR 2015 ★

●	15000		11 à 15 €

Les Klur sont vignerons depuis le XVIIᵉs., mais c'est en 1999 que Clément Klur a créé le domaine, qui couvre 5 ha autour de Katzenthal, village enserré dans un vallon près de Colmar. Ici, tout est bio et «écolo»: la conduite de la vigne (biodynamie), la cave ronde, la vinification et jusqu'aux logements de vacances. En 2017, la famille s'est recentrée sur les activités d'accueil; elle a confié la gestion de l'exploitation viticole au domaine voisin Léon Heitzmann, exploité lui aussi en biodynamie, ainsi que la commercialisation de ses cuvées.

Laurence Heitzmann a élaboré une cuvée de pinot blanc issue de la récolte 2015 – année solaire. On imagine une vendange dans un état sanitaire parfait, qui a permis la réussite de ce crémant vinifié sans soufre, avec un dosage faible ou nul. Après 36 mois de repos sur lattes, ce vin séduit par sa bulle fine et par son expression aromatique complexe, agréablement évoluée (fleurs et fruits confits au nez, avec des notes épicées et réglissées au palais). Quant à la bouche, même si elle manque un poil d'acidité pour certains, elle montre une ampleur flatteuse. ⧗ 2020-2023

VINS CLÉMENT KLUR, 2, Grand-Rue, 68770 Ammerschwihr, tél. 03 89 47 10 64, contact@vinsklur.com V t.l.j. *sf dim. 9h-12h 13h-18h*

ALBERT KLUR Sensations ★★

●	7980		8 à 11 €

Les deux frères Nicolas et Guillaume Klur ont repris en 2003 le domaine familial, qui a son siège à Katzenthal, village enserré dans un vallon près de Colmar. Réparti dans 4 communes proches de la préfecture du Haut-Rhin (outre Katzenthal, Ammerschwihr au nord, Wettolsheim et Eguisheim au sud), leur vignoble couvre 10 ha, avec des parcelles dans 5 grands crus.

Pinot blanc (40 %), auxerrois et pinot gris (à parité) composent ce brut au nez d'une belle finesse, alliant un fruité frais à des notes de tabac. À la fois ample et fraîche, persistante, cette cuvée offre un équilibre et une tenue remarquables. Un crémant de caractère, adapté à l'apéritif comme au repas. ⧗ 2020-2024

DOM. ALBERT KLUR, 61, rue d'Ammerschwihr, 68230 Katzenthal, tél. 03 89 27 22 51, vinsalbertklur@orange.fr V t.l.j. *9h-12h 13h30-18h30* B

ARTHUR METZ Extra-brut ★

●	34842	8 à 11 €

Arthur Metz est une maison de négoce créée en 1904, dans le giron des Grands Chais de France depuis 1991. Elle regroupe trois sites dans le Bas-Rhin et se fournit auprès de quelque 650 viticulteurs cultivant environ 1000 ha.

Important élaborateur de crémant, Arthur Metz en propose de nombreuses cuvées. Celle-ci assemble pinot blanc, auxerrois et pinot noir (30 %) et vieillit au moins 15 mois sur lattes. Discrètement fruitée et florale, elle tire de son faible dosage (extra-brut) une fraîcheur acidulée en bouche. ⧗ 2020-2023 ● **Cuvée spéciale 1904 ★ (8 à 11 €; 193 276 b.)** Pas moins de 5 cépages (pinot blanc et auxerrois en tête) composent cette cuvée élevée 18 mois sur lattes. On aime l'élégance de son nez entre fleurs blanches et notes briochées, et la finesse de sa bouche, qui laisse une impression de légèreté. ⧗ 2020-2023

ARTHUR METZ, 102, rue du Gal-de-Gaulle, 67520 Marlenheim, tél. 03 88 59 28 60, nstrub@arthurmetz.fr V *t.l.j. 10h-12h30 14h-18h*

B DOM. MITTNACHT FRÈRES Extra-brut 2016 ★

● | 8400 | | 11 à 15 €

Domaine créé en 1963 à Hunawihr, village célèbre pour son église fortifiée. Il est conduit depuis 1985 par Marc et son cousin Christophe Mittnacht, tous deux œnologues, qui ont adopté en 1999 la bio, puis la biodynamie. Pierre, fils du premier, a rejoint l'exploitation, qui compte 11 ha à Hunawihr et Ribeauvillé, avec des parcelles dans 2 grands crus.

Pas moins de 5 cépages composent cette cuvée: l'auxerrois (55 %), le chardonnay, le riesling, les pinots noir et gris. Cet assemblage et un long élevage sur lattes (au moins 30 mois) lui confèrent au nez comme en bouche une palette aromatique complexe, légèrement évoluée, alliant notes beurrées et toastées, fleurs et nuances confites. Un faible dosage (extra-brut) donne de la tension à un palais ample, bien structuré et long. ⧗ 2020-2023

DOM. MITTNACHT FRÈRES, 27, rte de Ribeauvillé, 68150 Hunawihr, tél. 03 89 73 62 01, contact@mittnachtfreres.fr V *r.-v.*

PFAFF Extra-brut Zéro dosage ★★

● | 10 000 | | 8 à 11 €

Sélection parcellaire, vendanges manuelles pour plus de 90 % de la récolte et vinifications exigeantes ont permis à la Cave de Pfaffenheim, créée en 1957, de bénéficier d'une belle notoriété. Forte de plus de 300 ha cultivés par ses 145 adhérents, la coopérative propose un large éventail de cuvées, notamment plusieurs grands crus de Pfaffenheim et du voisinage, tous situés au sud de Colmar.

Fraîcheur, vivacité, ces mots reviennent sous toutes les plumes. Zéro dosage ? Aucun sucre n'est ajouté après le dégorgement. Avec des raisins gorgés du soleil de 2018, un surcroît de douceur ne s'imposait sans doute pas… La robe à reflets verts est animée de bulles fines; le nez associe des nuances beurrées, florales et citronnées complexes que l'on retrouve dans une bouche de belle tenue, harmonieuse et alerte. Parfait pour l'apéritif et les produits de la mer. ⧗ 2020-2023

CAVE DES VIGNERONS DE PFAFFENHEIM, 5, rue du Chai, 68250 Pfaffenheim, tél. 03 89 78 08 08, cave@pfaffenheim.com V *t.l.j. 9h-12h 14h-18h*

JEAN RAPP 2017 ★

● | 6900 | | 5 à 8 €

Vignerons et éleveurs de père en fils depuis 1764, les Rapp sont installés à Dorlisheim, au sud-ouest de Strasbourg. L'exploitation s'est spécialisée à partir des années 1960 et une nouvelle cave, plus vaste, a été aménagée en 2004, à l'arrivée de Guillaume, qui exploite 10 ha. La plupart des vins du domaine sont élevés en foudres, dont certains sont plus que centenaires.

Issu exclusivement d'auxerrois, ce crémant s'ouvre à l'aération sur des notes complexes, agréablement évoluées et allie finesse et intensité en bouche. Un beau représentant des bulles alsaciennes. ⧗ 2020-2023

JEAN RAPP, 1, fg des Vosges, 67120 Dorlisheim, tél. 03 88 38 28 43, vins-rapp@wanadoo.fr V *t.l.j. sf dim. 8h30-12h 13h30-18h30*

DOM. RUNNER ★

● | 10 000 | | 5 à 8 €

Dirigé par Francis Runner depuis 1997, ce domaine familial créé en 1935 couvre près de 12 ha autour de Pfaffenheim, au sud de Colmar, avec des vignes dans le grand cru local, le Steinert.

L'assemblage de ce brut fait la part belle au chardonnay (80 %), complété par les riesling et pinot. Un crémant à la mousse fine formant une belle couronne, discret au nez, subtilement floral et fruité, plus expressif en bouche, de bonne tenue, plaisant par sa fraîcheur. ⧗ 2020-2023

DOM. RUNNER, 1, rue de la Liberté, 68250 Pfaffenheim, tél. 03 89 49 62 89, francoisrunner@aol.com V *r.-v.* B

♥ SCHALLER Extra-brut 2017 ★★

● | 18 000 | | 8 à 11 €

La famille Schaller fait remonter son arbre généalogique à 1609. Les ancêtres étaient charpentiers et tonneliers. Le domaine s'est spécialisé en viticulture au début du siècle dernier. Patrick Schaller a transmis en 2003 à son fils Charles un vignoble de 8 ha à Mittelwihr et dans les environs, au cœur de la route des Vins – ainsi qu'un vif intérêt pour le crémant.

Formé au lycée viticole d'Avize, en Champagne, Charles Schaller bichonne ses crémants, témoin cette cuvée issue de pinot blanc (75 %) et de riesling. À peine dosée (extra-brut), vinifiée sans fermentation malolactique, elle fait preuve d'une agréable vivacité qui souligne sa longue finale. Les jurés saluent aussi la finesse de sa palette aromatique alliant légères notes beurrées, fleurs blanches et agrumes. Bien structuré et typé, un crémant pour l'apéritif comme pour la table. ⧗ 2020-2023

EARL EDGARD SCHALLER ET FILS, 1, rue du Château, 68630 Mittelwihr, tél. 03 89 47 90 28, edgard.schaller@wanadoo.fr V *t.l.j. 9h-12h 14h30-18h30*

SPECHT 2017 ★

● | 3000 | | 8 à 11 €

Créé en 1955 par Alfred Specht qui a spécialisé en viticulture l'exploitation familiale, le domaine a été

repris en 1978 par ses fils Jean-Paul et Denis, qui l'ont transmis à Thibault en 2018. Les vignerons sont aujourd'hui à la tête de 11,5 ha et disposent de parcelles dans le grand cru de leur village, le Mandelberg.
Une robe pâle à reflets verts pour ce crémant né de l'assemblage de pinot blanc et d'auxerrois, complétés par un appoint de chardonnay. Discret et frais, le nez s'ouvre sur les fleurs blanches et sur le pamplemousse. On retrouve les agrumes au palais, en harmonie avec une attaque vive et une finale nerveuse. Un crémant typé et direct que l'on verrait bien à l'apéritif ou avec des fruits de mer. ⧗ 2020-2023

⊶ DOM. SPECHT, 2, rue des Églises, 68630 Mittelwihr, tél. 03 89 47 90 85, contact@vins-alsace-specht.fr V t.l.j. sf dim. 8h-12h 13h30-18h

CAVE DE TURCKHEIM ★

● | 100 000 | ▮ | 5 à 8 €

Fondée en 1955, cette coopérative dispose des 380 ha de ses adhérents. Elle propose des vins haut de gamme en volumes intéressants, tels les grands crus (9 références, avec le Brand de Turckheim en vedette) ou les vendanges tardives, ainsi qu'une gamme de vins bio.
Cette cuvée libère des arômes précis et frais, fruités et un rien anisés, teintés au palais de notes de groseille à maquereau et de bonbon anglais. Vive en attaque, à la fois onctueuse et fraîche, elle montre une belle élégance. ⧗ 2020-2023

⊶ CAVE DE TURCKHEIM, 16, rue des Tuileries, 68230 Turckheim, tél. 03 89 30 23 60, info@cave-turckheim.com V t.l.j. 9h-19h

Ⓑ DOM. LAURENT VOGT Chardonnay ★

● | 7 000 | ▮ | 8 à 11 €

Une maison vigneronne du XVIIIe s. cossue et typique, dans la partie du vignoble proche de Strasbourg. Laurent et Marie-Anne Vogt ont spécialisé et agrandi le domaine. Thomas et Sylvie Vogt ont pris le relais en 1998 et engagé la conversion bio des 11 ha de vignes (certification en 2013).
Une expression discrète pour ce crémant équilibré, qui s'ouvre sur des notes de fleurs blanches et de pain frais avant de dévoiler une bouche ronde, rafraîchie par une finale citronnée et mentholée. ⧗ 2020-2023

⊶ DOM. LAURENT VOGT, 4, rue des Vignerons, 67120 Wolxheim, tél. 03 88 38 81 28, thomas@domaine-vogt.com V t.l.j. 8h-12h 13h-18h30; dim. sur r.-v.

WAEGELL 2016 ★★

● | 3 452 | ▮ | 5 à 8 €

Gérard et Nathalie Waegell ont repris en 1989 le domaine familial fondé en 1932 à Nothalten, entre Sélestat et Obernai. Ils exploitent 9 ha répartis sur 5 communes, dont une parcelle dans le grand cru Muenchberg.
D'un rose saumon tendre parcouru de cordons de fines bulles, ce crémant séduit d'emblée, minéral et frais, aux nuances d'agrumes (orange) teintés d'une légère évolution. Complexe au palais, à la fois vineux et dynamique, de belle persistance, il laisse une impression de finesse. ⧗ 2020-2023

⊶ WAEGELL, 77, rte du Vin, 67680 Nothalten, tél. 03 88 92 63 78, domaine.waegell@gmail.com V t.l.j. sf dim. 9h- 18h; f. janv.-fév. Ⓑ

WILLM ★

● | 547 326 | 8 à 11 €

Fondée à Barr en 1896 par Adolphe Willm, viticulteur et restaurateur, cette maison de négoce a pour fleuron le Clos Gaensbronnel, dans le grand cru Kirchberg de Barr. Elle est aujourd'hui dans le giron du groupe Wolfberger.
Des bulles fines et persistantes dans une robe saumon léger, un nez assez vineux sur les fruits rouges, rafraîchi par des notes d'agrumes, un palais fruité, gourmand, puissant et tonique: un rosé harmonieux et bien présent. ⧗ 2020-2023

⊶ ALSACE WILLM, 6, Grand-Rue, 68420 Eguisheim, tél. 03 89 41 24 31, contact@alsace-willm.com V t.l.j. 10h-18h30

WOLFBERGER Cuvée Prestige Saint-Léon IX ★

● | 36 553 | 11 à 15 €

La coopérative d'Eguisheim, créée en 1902 près de Colmar, compte aujourd'hui 450 adhérents et vinifie 8 % de la superficie du vignoble alsacien, soit environ 1 200 ha, dont 15 grands crus. Parmi ses marques: Wolfberger et Lucien Albrecht.
Cuvée haut de gamme de la cave, dédiée à un pape du Moyen Âge natif d'Eguisheim. Composée de pinot blanc et d'auxerrois, avec un soupçon de chardonnay, elle s'ouvre sur de fines notes beurrées, grillées et épicées. Plus jeune au palais, entre fleurs blanches et agrumes, elle fait preuve d'une belle vivacité jusqu'à la finale citronnée. ⧗ 2020-2022

⊶ WOLFBERGER, 6, Grand-Rue, 68420 Eguisheim, tél. 03 89 22 20 20, contact@wolfberger.com V t.l.j. 8h-12h 14h-18h; sam. dim. 10h-12h 14h-18h

La **Lorraine** en un clin d'œil

Production : 4 200 hl

55 % Rosés
20 % Rouges
15 % Blancs
10 % Effervescents

Surface : 100 ha

Types de vins

- Rosés (vins gris)
- Rouges
- Blancs secs
- Effervescents (IGP)

Un peu d'**histoire**

- **1890 :** le vignoble couvre 30 000 ha.
- **Tournant du xxe s. :** crise phylloxérique, plantation de cépages hybrides de moindre qualité.
- **1907 :** crise économique viticole.
- **1914-1918 :** Première Guerre mondiale, industrialisation de la région et exode rural.
- **1951 :** les pouvoirs publics reconnaissent l'originalité des vignobles lorrains grâce au classement AOVDQS.
- **1998 :** les côtes-de-toul passent en AOC.
- **2011 :** les vins-de-moselle deviennent AOC moselle.

Principaux **cépages**

- Auxerrois
- Muller-thurgau
- Pinot blanc
- Pinot gris
- Gamay
- Pinot noir

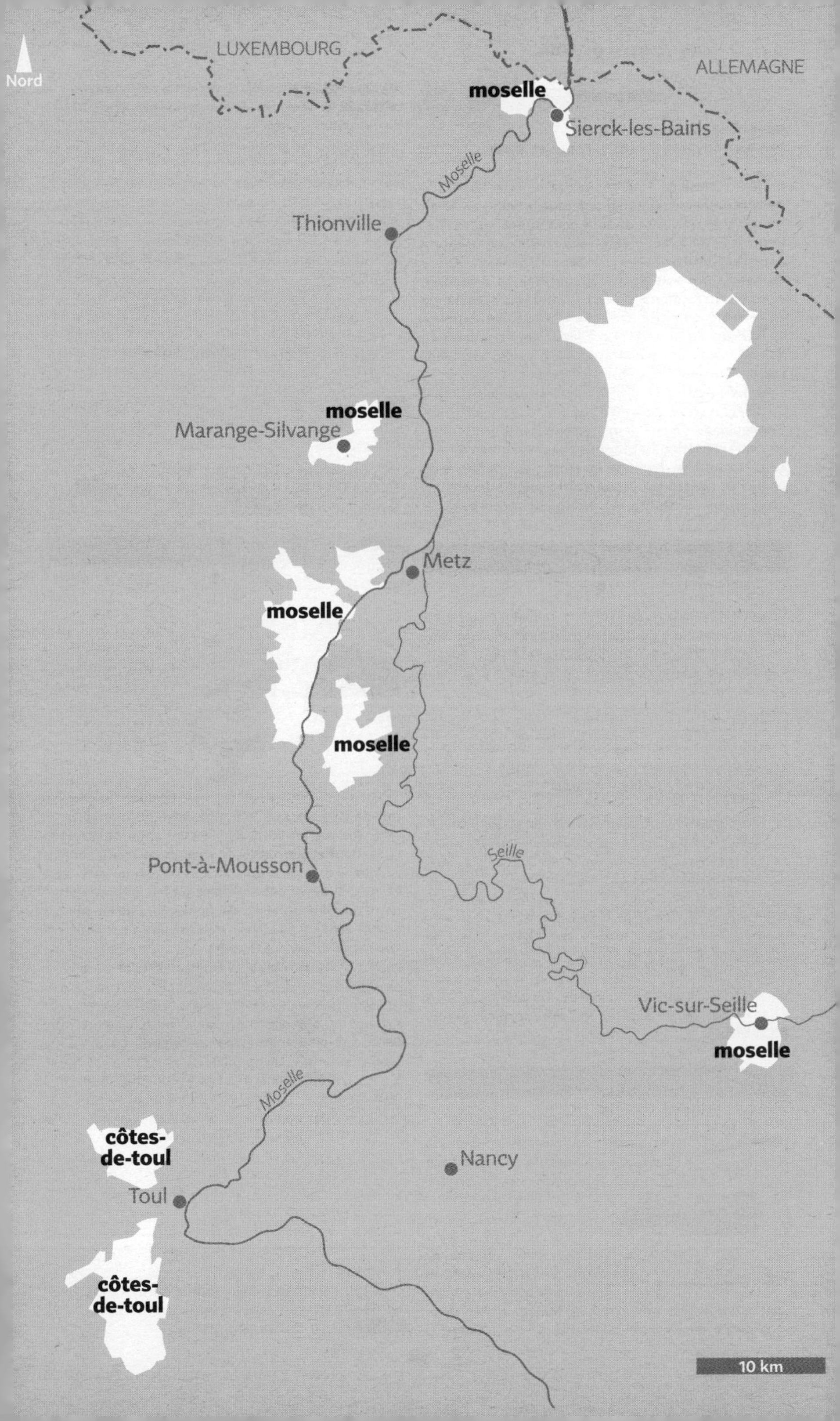
Nord
LUXEMBOURG
ALLEMAGNE
moselle
Sierck-les-Bains
Moselle
Thionville
moselle
Marange-Silvange
Metz
moselle
moselle
Seille
Pont-à-Mousson
Vic-sur-Seille
moselle
Moselle
côtes-de-toul
Nancy
Toul
côtes-de-toul
10 km

CÔTES-DE-TOUL

Superficie : 57 ha
Production : 2 544 hl (85 % rouge et rosé)

Situé à l'ouest de Toul et du coude caractéristique de la Moselle, le vignoble a accédé à l'AOC en 1998. Il couvre le territoire de huit communes qui s'échelonnent le long d'une côte résultant de l'érosion de couches sédimentaires du Bassin parisien. On y rencontre des sols de période jurassique composés d'argiles oxfordiennes, avec des éboulis calcaires en notable quantité, très bien drainés et exposés au sud ou au sud-est. Le climat semi-continental, qui renforce les températures estivales, est favorable à la vigne. Toutefois, les gelées de printemps sont fréquentes. Le gamay domine toujours, bien qu'il régresse sensiblement au profit du pinot noir. L'assemblage de ces deux cépages produit des vins gris caractéristiques, obtenus par pressurage direct. Le pinot noir seul, vinifié en rouge, donne des vins corsés et agréables; l'auxerrois d'origine locale, en progression constante, des vins blancs tendres.

FRANCIS DEMANGE Auxerrois 2019 ★★

■ | 3400 | ▮ | 5 à 8 €

Lorsque l'on arrive de Toul, la maison de Francis Demange est l'une des premières du village de Bruley. Installé en 1994, ce viticulteur exploite un modeste vignoble de 2,6 ha qu'il tient de son père et de son grand-père.

Dans la lignée du millésime précédent, cet auxerrois séduit d'emblée par son nez à la fois puissant et fin, d'une belle fraîcheur, partagé entre fleurs blanches et poire mûre, avec une note d'ananas. Dans le même registre, la bouche se montre aussi ronde que longue, tonifiée en finale par une pointe vive, teintée d'une agréable amertume. ⧗ 2020-2023 ■ **Pinot noir 2019 ★ (5 à 8 €; 3400 b.)** Élevé en cuve, équilibré, assez consistant et persistant, très flatteur par ses arômes de cerise, de framboise et de cassis caractéristiques du pinot noir, un «vin plaisir» fait pour les années qui viennent. ⧗ 2020-2023 ■ **Gris 2019 ★ (5 à 8 €; 6250 b.)** Un peu rond mais de belle longueur, vif et acidulé en finale, un gris à la palette agréable et typée, entre rose, groseille, fraise et cerise. ⧗ 2020-2021

FRANCIS DEMANGE, 93, rue des Triboulottes, 54200 Bruley, tél. 06 82 34 10 08, francisdemange@livre.fr V *r.-v.*

♥ VINCENT LAROPPE Auxerrois 2019 ★★

■ | 13000 | ▮ | 8 à 11 €

Les descendants du vigneron du château de Bruley sont restés attachés aux productions locales, vins et eaux-de-vie. Depuis François Laroppe, au XVIIIe s., de nombreuses générations se sont succédé. Plus près de nous, Marcel, artisan de la renaissance du vignoble toulois, et Michel, œnologue comme son fils Vincent. Ce dernier a repris la maison en 2003 : 22 ha de vignes (en conversion bio depuis 2017) et une structure de négoce. Une valeur sûre.

Ce n'est pas la première fois que le domaine obtient un coup de cœur pour son auxerrois. Ce 2019 d'un or vert lumineux offre tous les attraits des vins issus de ce cépage : un nez expressif et délicat, entre acacia et pêche blanche, une bouche à l'unisson, d'une agréable rondeur, tonifiée par une belle fraîcheur qui étire la finale. L'harmonie même. ⧗ 2020-2023 ■ **Gris 2019 ★★ (8 à 11 €; 18000 b.)** Partagé entre pinot noir et gamay, avec un appoint d'auxerrois, ce gris à la rose saumon pâle et aux arômes de fraise, de sucre d'orge et de bonbon anglais séduit par sa droiture, sa fraîcheur et sa longueur. ⧗ 2020-2021 ■ **La Chaponière 2018 ★★ (11 à 15 €; 5300 b.)** Reflet d'un millésime mémorable, ce pinot noir élevé 12 mois en fûts (neufs à 80 %) a suffisamment de puissance et d'intensité pour assimiler l'élevage qui teinte ses arômes de fruits rouges et de cassis de notes épicées et toastées. De la structure et du potentiel. ⧗ 2022-2026

SAS LAROPPE, 253, rue de la République, 54200 Bruley, tél. 03 83 43 11 04, contact@domaine-laroppe.fr V *t.l.j. sf dim. 9h-12h 14h-18h* 2

♥ LELIÈVRE Gris 2019 ★★★

■ | 26000 | ▮ | 8 à 11 €

Si la propriété se transmet de père en fils depuis la Révolution, avant la dernière guerre, la vigne partageait ici l'espace avec le houblon et les vergers. Le domaine produit d'ailleurs toujours de la mirabelle de Lorraine. Première mise en bouteilles en 1971. Arrivée en 2008 sur l'exploitation de David (à la gestion) et Vincent (à la vigne et au chai), qui succèdent à leur père Roland après un tour de France et du monde viticoles. À côté de leur propriété (aujourd'hui plus de 17 ha de vignes, en conversion bio depuis 2018), les Lelièvre mènent une activité de négoce et développent l'export.

Le cheval de bataille du domaine, qui valut à la famille un premier coup de cœur au temps de la génération précédente. Ici, un modèle du genre (gamay 80 %), avec sa robe saumon clair lumineux, son nez élégant, entre fleurs et fruits rouges écrasés, et sa bouche puissante, fraîche et longue, aux arômes de groseille et de fraise. ⧗ 2020-2021 ■ **Auxerrois Les Évêques 2018 ★ (15 à 20 €; 2600 b.)** Issu d'une vinification originale tant pour le cépage que pour la région (fermentation en fût et élevage partiel en barrique sur lies), un blanc puissant, gras et long, à l'expression complexe (aubépine, fruits blancs mûrs, vanille, notes toastées), pour viandes blanches et poissons en sauce. ⧗ 2020-2024 ■ **Pinot noir 2018 ★ (11 à 15 €; 13000 b.)** Élevé en cuve, un pinot noir aux arômes subtils de fruits rouges et de cassis, à la bouche aussi ronde que longue, soutenue par des tanins soyeux. ⧗ 2021-2025

SARL LELIÈVRE V-D, 1, rue de la Gare, 54200 Lucey, tél. 03 83 63 81 36, info@vins-lelievre.com V *t.l.j. 9h-12h 14h-18h*

DOM. DE LA LINOTTE Gris 2019 ★★

■ | 5900 | | 5 à 8 €

Après avoir travaillé à Sancerre et en Champagne, Marc Laroppe est revenu planter dans son village de Bruley, en 1993, un petit vignoble de quelque 2 ha, qui contribue à la renaissance discrète du Toulois viticole. S'appuyant sur l'œnotourisme, la propriété est devenue une valeur sûre de la région.

Gourmand, friand, voici un excellent représentant de l'appellation. La robe saumon léger est bien dans le type, tout comme le nez, aromatique, partagé entre fleurs, fruits rouges et bonbon, et la bouche alerte et longue, où se déploient de jolis arômes de fraise, de framboise et de grenadine. ⧗ 2020-2021 ■ **Auxerrois 2019** ★ **(5 à 8 €; 3300 b.)** Un nez discret, sur la fleur blanche et l'agrume, un palais aux arômes de pêche et de fruits exotiques en harmonie avec une matière ronde, tonifiée par une finale acidulée. ⧗ 2020-2023

MARC LAROPPE, 90, rue Victor-Hugo, 54200 Bruley, tél. 06 89 53 61 90, domainedelalinotte@orange.fr
V r.-v. 2

B DOM. MIGOT Auxerrois 2019 ★

■ | 2600 | | 5 à 8 €

Jeune agriculteur, Camille Migot a repris en 2013 les 2 ha de vignes de son père Alain, bien connu des lecteurs. Il les a convertis à l'agriculture biologique tout en agrandissant peu à peu son domaine (6 ha aujourd'hui) en louant des terres en bio certifié à un viticulteur à la retraite et en plantant.

Succédant à un 2018 élu coup de cœur, il est peut-être plus rond que son devancier, mais il laisse un bon souvenir, grâce à son nez aromatique, où se mêlent les fleurs blanches, les fruits exotiques, la pêche jaune et la prune, qui s'épanouissent au palais. Une finale vive et teintée d'amertume confère à la bouche une belle harmonie. ⧗ 2020-2023 ■ **Pinot noir 2019** ★ **(5 à 8 €; 5000 b.)** B Une robe rubis soutenu, des parfums de fruits rouges et de cassis bien mûrs qui se prolongent dans une bouche ronde avec élégance, assez étoffée, de bonne persistance, un profil agréable pour ce pinot noir élevé en cuve. ⧗ 2020-2025

EARL DOM. MIGOT, 108, Grande-Rue, 54200 Lucey, tél. 03 83 63 87 31, domaine-migot@orange.fr
V *ven. sam. 9h-12h 14h-18h30*

DOM. RÉGINA
Pinot noir Cuvée Aux Chênes Élevé en fût de chêne 2018 ★

■ | 6000 | | 8 à 11 €

Cadres dans l'industrie locale de pneumatiques, Isabelle et Jean-Michel Mangeot (décédé en 2015) ont repris une vigne de 1,7 ha à Bruley en 1997, un an avant la promotion du côtes-de-toul en AOC. Ils se sont reconvertis à plein temps et avec passion dans la viticulture à l'époque de la fermeture de leur site. Leur domaine a connu une réelle extension (15,6 ha aujourd'hui, dont 2 ha de jeunes plantations) et acquis une belle notoriété.

Il annonce son intensité par une robe grenat soutenu. Malgré un séjour de 10 mois dans le chêne, c'est le fruit que l'on perçoit d'emblée, un fruit généreux aux nuances de baies rouges compotées et de cerise à l'eau-de-vie. Le prélude à une bouche puissante et ronde, étayée par des tanins fins qui rendent ce vin déjà agréable. Un reflet fidèle d'un millésime particulièrement solaire, où la chaleur s'est attardée jusqu'au moment des vendanges, donnant des raisins très riches. ⧗ 2020-2025

DOM. RÉGINA, 350, rue de la République, 54200 Bruley, tél. 03 83 64 49 52, contact@domaineregina.com V *r.-v.*

LES VIGNERONS DU TOULOIS
Gris 2019 ★★

■ | 7000 | | 5 à 8 €

Fondée en 1989, cette coopérative se flatte d'être la plus petite de France : 8 adhérents, 10 ha. Sa taille réduite ne l'a pas empêché d'aménager, en 2003, un centre de pressurage et un chai.

Saumon aux reflets ambrés, il libère des fragrances florales, des parfums de fraise, de framboise et de bonbon anglais. Dans le même registre, la bouche de belle longueur s'impose par sa puissance et par son gras, équilibrés par une belle acidité. ⧗ 2020-2021

LES VIGNERONS DU TOULOIS, 43, pl. de la Mairie, 54113 Mont-le-Vignoble, tél. 03 83 62 59 93, vigneronsdutoulois@orange.fr
V *t.l.j. sf dim. lun. 14h-18h*

MOSELLE

Superficie : 42 ha
Production : 1 648 hl (55 % blanc)

Le vignoble s'étend sur les coteaux qui bordent la vallée de la Moselle; ceux-ci ont pour origine les couches sédimentaires formant la bordure orientale du Bassin parisien. L'aire délimitée se concentre autour de trois pôles principaux : le premier au sud et à l'ouest de Metz, le deuxième dans la région de Sierck-les-Bains, le troisième dans la vallée de la Seille, autour de Vic-sur-Seille. La viticulture est influencée par celle du Luxembourg tout proche, avec ses vignes hautes et larges et sa dominante de vins blancs secs et fruités. En volume, cette appellation reste très modeste, et son expansion est contrariée par l'extrême morcellement de la région.

DOM. LES BÉLIERS
Pinot noir Rubis 2018 ★★

■ | 4500 | | 11 à 15 €

Créée en 1983 par Michel et Robert Maurice sur les coteaux oubliés d'Ancy, en amont de Metz, cette propriété (6 ha aujourd'hui) est gérée depuis 2008 par Alain et Ève Maurice, cette dernière étant l'œnologue. Une approche agro-forestière, à forte inspiration biologique et biodynamique, est ici privilégiée, et le domaine est en conversion bio.

Rubis intense et sombre, la robe annonce une juste extraction. Quant au nez, il s'ouvre sur des notes caractéristiques du pinot noir : la cerise, escortée de la mûre et de la baie de sureau, qui prennent à l'aération des tons légèrement confiturés et se prolongent en bouche. L'élevage, très discret, soutient une matière ample et riche, servie par une belle fraîcheur qui confère équilibre et potentiel à cette bouteille. Le reflet d'un millésime remarquable en Lorraine – mais le vin avait obtenu la même note l'année précédente. ⧗ 2021-2025 ■ **Auxerrois 2019 ★ (8 à 11 €; 3300 b.)** Ⓑ Discret mais bien typé, un auxerrois à l'expression florale et fruitée (poire, ananas) et à la bouche fraîche et citronnée. ⧗ 2020-2023

⊶ EARL DOM. LES BÉLIERS, 52, rte de Gorze, 57130 Ancy-Dornot, tél. 03 87 30 90 07, domaine-beliers@orange.fr V r.-v. 5

DOM. DE LA CROIX DE MISSION
Pinot noir Pink Angel 2019 ★

■	340	🍾	8 à 11 €

À Marange-Silvange, à 15 km au nord de Metz, le vignoble, en déclin depuis le développement de l'industrie minière à la fin du XIXe s., couvrait encore 123 ha au début du siècle dernier. Aujourd'hui, il connaît une modeste renaissance grâce à des passionnés comme Philippe Joly, qui a planté à partir de 1995 un microdomaine (1,6 ha) sur les coteaux pentus du village.

Bien différent des gris de Toul, issus de pressurage direct, ce rosé est le fruit d'une macération de pinot noir (30 h). Il en retire une robe soutenue, tirant sur le rouge. Discret, il s'ouvre à l'aération sur des notes chaleureuses de fruits rouges compotés. On retrouve cette expression dans un palais souple et généreux, tonifié par une finale acidulée. De petits tanins confèrent à cette bouteille une certaine mâche et un potentiel supérieur à de nombreux rosés. ⧗ 2020-2022

⊶ PHILIPPE JOLY, 74, rue de la République, 57535 Marange-Silvange, tél. 06 74 41 42 38, jolyphilippe57@aol.com V r.-v.

DOM. SONTAG
Pinot gris Emerlin 2019 ★★

■	1500	🍾	8 à 11 €

La petite ville de Contz-les-Bains épouse le cours sinueux de la Moselle, aux confins du Luxembourg et de l'Allemagne. Les coteaux bordant la rivière sont couverts de vignes. Claude Sontag, aux commandes du domaine familial depuis 2007, y exploite 5 ha. En conversion bio.

Emerlin est le nom de la parcelle où naît ce pinot gris, cépage qui avait valu à la propriété un coup de cœur pour un 2016. Ce 2019 or pâle enchante par la finesse de son nez, partagé entre agrumes, notes florales et fruits exotiques, nuancés de touches fumées et grillées. La poire et la pêche s'ajoutent aux fruits tropicaux dans une bouche structurée et ronde en attaque, tendue par trait d'acidité qui lui donne dynamisme et fraîcheur. On espère goûter les millésimes suivants. ⧗ 2020-2024 ■ **Cuvée Charmes 2019 ★ (8 à 11 €; 1500 b.)** Issu d'une sélection parcellaire, ce vin tire son caractère de l'auxerrois. Un blanc puissant, suave et équilibré, bien fruité (pêche, fruits exotiques, agrumes légèrement confits) – «charmeur», selon un juré. ⧗ 2020-2023

⊶ EARL DOM. SONTAG, 5, rue Saint-Jean, 57480 Contz-les-Bains, tél. 06 78 59 35 95, claude.sontag@gmail.com V r.-v.

♥ Ⓑ CH. DE VAUX Les Gryphées 2019 ★★★

■	16000	🍾	8 à 11 €

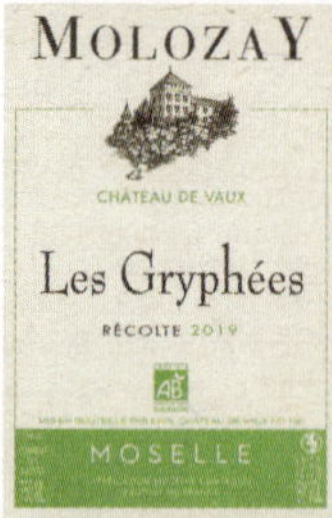

Marie-Geneviève Molozay, descendante d'une lignée de négociants de Metz, est œnologue; Norbert Molozay a été «vinificateur volant», mettant son expertise en vinification au service de nombreux vignobles de France et du Nouveau Monde. Ils ont repris l'exploitation de ce vignoble où l'on produisait du Sekt (mousseux) à l'époque allemande. S'ils proposent des bulles, c'est surtout par leurs vins tranquilles ambitieux qu'ils ont assuré une belle notoriété à ce domaine du pays messin qui couvre aujourd'hui 14 ha (en bio certifié).

Ce blanc issu d'assemblage (auxerrois, complété par du pinot gris, du muller-thurgau et un petit appoint de gewurztraminer) obtient son 5e coup de cœur avec ce 2019. On loue l'intensité, l'harmonie et la fraîcheur de son nez où la fleur de sureau rencontre la pêche blanche, l'ananas et les agrumes, et sa bouche dans le droit-fil, étoffée, vive et persistante, à la finale teintée d'épices et de la note tonique, un rien amère, du pamplemousse. Pour l'apéritif, des carpaccios de saint-jacques, des terrines de légumes, ou encore des viandes blanches à la citronnelle… ⧗ 2020-2023 ■ **Les Boserés 2019 ★ (8 à 11 €; 3000 b.)** Ⓑ Né de pinot noir majoritaire et d'un appoint de gamay, un rosé à la robe soutenue, au nez gourmand de fruits rouges acidulés (fraise, groseille), nuancés de bonbon et de myrtille, et à la bouche tonique et vive. ⧗ 2020-2021

⊶ EARL CH. DE VAUX, 4, pl. Saint-Rémi, 57130 Vaux, tél. 03 87 60 20 64, contact@chateaudevaux.com V t.l.j. sf dim. lun. 14h30-18h

IGP CÔTES DE MEUSE

DOM. DE LA GOULOTTE 2019 ★

■	2700	🍾	- de 5 €

Un petit domaine de 6,5 ha transmis de père en fils depuis deux siècles, et conduit depuis 1979 par Philippe et Évelyne Antoine, qui sont aussi distillateurs.

Or pâle, un vin blanc sec bien typé de l'auxerrois, avec ses parfums de fleurs blanches, de pêche et de poire, légèrement citronnés, et sa bouche franche où l'on retrouve le fruit blanc, marquée en finale par une fraîcheur tonique. ⧗ 2020-2023

⊶ EARL DU DOM. DE LA GOULOTTE, 6, rue de l'Église, 55210 Saint-Maurice-sous-les-Côtes, tél. 03 29 89 38 31, domainedelagoulotte@orange.fr V t.l.j. 9h-12h 13h30-14h

DOM. DE GRUY Auxerrois 2019 ★

■	5000	🍾	- de 5 €

Situé à proximité du lac de Madine, aux pieds des vergers de mirabelles, ce petit domaine de 4,5 ha est conduit par Laurent Degenève depuis 1986. Il

s'est également spécialisé dans les eaux-de-vie de mirabelle de Lorraine, de poire, de framboise et de quetsche, dans les marcs et crèmes de fruit.

Une fois de plus, la propriété propose un auxerrois typé et plaisant. D'un or vert très pâle, le 2019 s'ouvre sur la poire et les agrumes, avec une touche de pierre à fusil. Au palais, il déploie une belle ampleur, en harmonie avec des arômes mûrs et suaves de fleurs blanches, de pêche de vigne et de mirabelle. Si son équilibre penche vers la rondeur, il n'en reste pas moins fort agréable. ⧗ 2020-2023

⊶ EARL DE GRUY, 7, rue des Lavoirs, 55210 Creuë, tél. 03 29 89 30 67, laurent.degeneve@wanadoo.fr V r.-v.

♥ DOM. DE MONTGRIGNON Gris 2019 ★★

■ | 5500 | | - de 5 €

Les Pierson sont les héritiers d'une lignée de vignerons établis en Lorraine depuis la Révolution. Régulièrement présent dans le Guide, leur domaine a participé à la relance du vignoble meusien dans les années 1970 et notamment des vins de Billy-sous-les-Côtes, renommés dès le début du XIVᵉs. Renaud Pierson, œnologue, a pris la suite de son père Daniel en 2010, en association avec son épouse Valérie depuis 2019. Le couple exploite 8 ha de vignes, en conversion bio depuis 2017. Il produit aussi des effervescents et des mirabelles (le fruit et l'eau-de-vie).

Pour la 2ᵉ année consécutive, le domaine obtient un coup de cœur en gris. Un rosé à dominante de gamay, complété par 10 % de pinot noir. La robe brillante, saumon clair, offre la couleur attendue; le nez, discret, s'ouvre à l'aération sur la fraise et sur la framboise. C'est en bouche que ce vin dévoile toute sa séduction : des arômes gourmands de fruits rouges, une remarquable ampleur, une légère suavité équilibrée par des impressions acidulées. ⧗ 2020-2021

⊶ EARL DE MONTGRIGNON, 6, chem. des Vignes, 55210 Billy-sous-les-Côtes, tél. 03 29 89 58 02, info@domaine-montgrignon.com V r.-v.

Ⓑ DOM. DE MUZY Les Marpaux 2019 ★★

■ | 6000 | | 5 à 8 €

Jean-Marc Liénard a fait renaître à partir de 1982 le vignoble de son père et de son grand-père, planté sur les côtes meurtries par la Grande Guerre, au cœur du village de Combres-sous-les-Côtes : 11,5 ha de vignes aujourd'hui, conduits en biodynamie, auxquels s'ajoutent pour l'eau-de-vie des vergers, notamment des mirabelliers. Référence incontournable en IGP côtes-de-meuse, la propriété a vu revenir en 2011 la nouvelle génération avec Thibaud et Angélique, qui ont débuté comme *winemakers* en Nouvelle-Zélande.

Si le domaine a obtenu la plupart de ses coups de cœur grâce à des vins issus de pinot noir, ce blanc issu d'une sélection parcellaire de vieilles vignes d'auxerrois brille régulièrement. Il convainc par son intensité qui s'annonce au nez et se confirme en bouche. Très persistants, ses arômes de pêche et de poire sont mis en valeur par un remarquable équilibre entre rondeur et fraîcheur. ⧗ 2020-2023 ■ **Chardonnay 2018 ★ (8 à 11 €; 10600 b.)** Ⓑ Élevé 11 mois en fût, un blanc rond et équilibré, de belle longueur, mêlant au nez comme en bouche des notes d'élevage (vanille, caramel au lait) et des arômes de fleurs blanches, de pêche et de fruits exotiques. ⧗ 2021-2025 ■ **Pinot noir 2019 ★ (8 à 11 €; 17500 b.)** Ⓑ Rond, souple et équilibré, plus tannique en finale, un vin rouge élevé 10 mois en fût, aux arômes de framboise, de baie de sureau et de mûre soulignés d'une note caramélisée. ⧗ 2020-2025

⊶ SARL DE MUZY, 3, rue de Muzy, 55160 Combres-sous-les-Côtes, tél. 03 29 87 37 81, info@domainedemuzy.fr V r.-v.

LE BEAUJOLAIS ET LE LYONNAIS

À l'est de la Saône, entre Mâcon et Lyon, le Beaujolais est rattaché officiellement à la Bourgogne viticole. Il affirme pourtant sa propre personnalité par ses paysages vallonnés, par son habitat plus dispersé et par un cépage presque exclusif, le gamay noir à jus blanc, qui lègue aux vins rouges un fruité pimpant.

Si une promotion dynamique a rendu le beaujolais nouveau célèbre dans le monde entier, la région propose aussi des vins plus étoffés et complexes : les beaujolais, les beaujolais-villages et les 10 crus. Des vins qui naissent au nord et au sud de Villefranche-sur-Saône : au nord, sur des sols anciens, de granite, de schiste et de porphyre favorables au gamay et patrie des crus ; au sud, sur des sols calcaires dits de « pierre dorée » qui donnent des vins plus souples et légers (l'essentiel des beaujolais et beaujolais-villages).

Le vignoble lyonnais se limite à quelques îlots répartis sur 49 communes, dans une région de polyculture et d'arboriculture : aux confins du Beaujolais et au nord-ouest de Lyon, ainsi qu'au sud-ouest de la capitale du Rhône.

Principaux **millésimes** dégustés dans cette **édition**

TYPES DE VIN	CARACTÉRISTIQUES DU MILLÉSIME	QUALITÉ DU MILLÉSIME
Rouges 2019	De nombreuses intempéries : gel de printemps, sécheresse en juin-juillet, grêle en été, des volumes et des rendements en forte chute, mais des raisins mûrs, sains, offrant une belle acidité naturelle. Les vins sont très bien équilibrés, frais, profonds, offrant un bon potentiel de garde.	★★★★★
Rouges 2018	Un millésime chaleureux, solaire, précoce, offrant un volume généreux et une très belle qualité de raisins, mais avec aussi parfois de la surmaturité et une qualité assez hétérogène : certains vins sont trop mûrs et mous, d'autres pleins de fruit, charnus, soyeux, denses, équilibrés, de garde.	★★★☆☆
Rouges 2017	Un millésime offrant un raisin très sain malgré de forts épisodes de grêle en juillet sur certains crus. Les zones non ou peu touchées ont produit des vins éclatants de fruit, profonds, denses, concentrés, aux tanins mûrs et veloutés, avec parfois des acidités un peu plus faibles que d'habitude et des degrés plus élevés.	★★★★☆

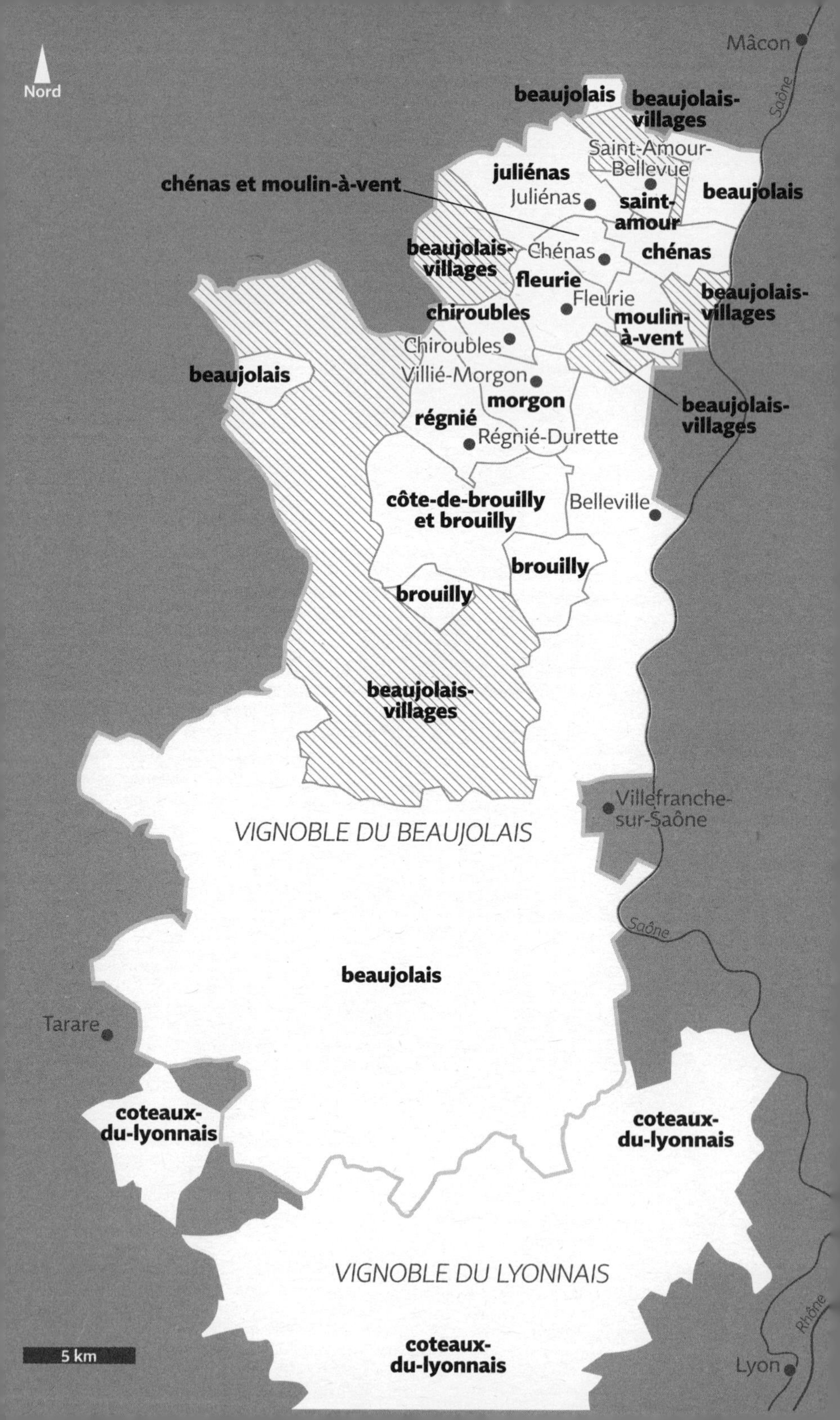

Nord
Mâcon
Saône
beaujolais
beaujolais-villages
Saint-Amour-Bellevue
juliénas
chénas et moulin-à-vent
Juliénas
saint-amour
beaujolais
beaujolais-villages
Chénas
chénas
fleurie
Fleurie
beaujolais-villages
chiroubles
moulin-à-vent
Chiroubles
beaujolais
Villié-Morgon
morgon
beaujolais-villages
régnié
Régnié-Durette
côte-de-brouilly et brouilly
Belleville
brouilly
brouilly
beaujolais-villages
Villefranche-sur-Saône
VIGNOBLE DU BEAUJOLAIS
Saône
beaujolais
Tarare
coteaux-du-lyonnais
coteaux-du-lyonnais
VIGNOBLE DU LYONNAIS
Rhône
5 km
coteaux-du-lyonnais
Lyon

AOC beaujolais
(peut être produite
sur l'ensemble du vignoble)

AOC beaujolais-villages

Le **Beaujolais** en un clin d'œil

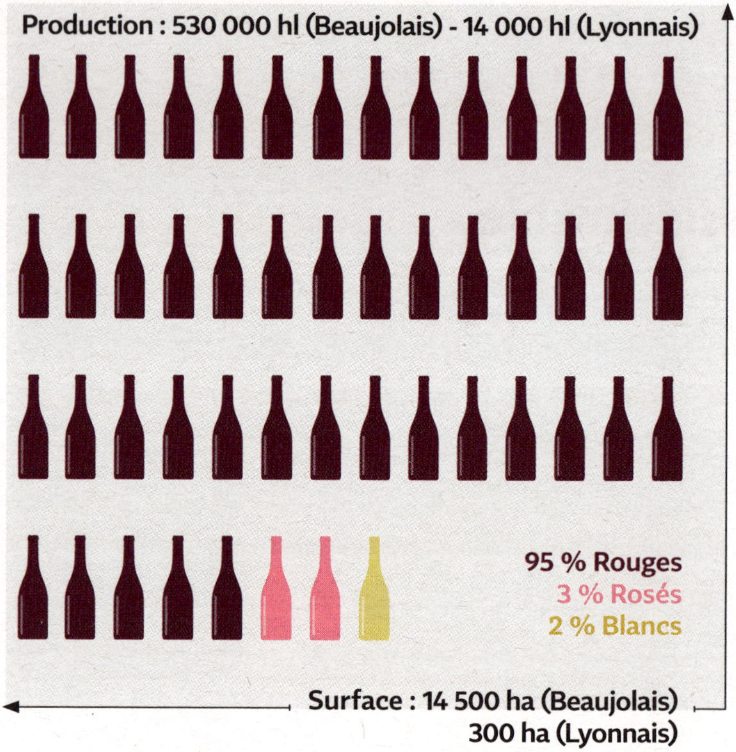

Types de vins

Rouges

Blancs secs

Rosés

Principaux **cépages**

- **Gamay noir à jus blanc**
- **Chardonnay**
- **Aligoté (coteaux-du-lyonnais)**

Hiérarchie des vins

10 AOC
dites « crus du Beaujolais »

1 AOC
sous-régionale : beaujolais-villages (38 communes)

1 AOC
régionale : beaujolais*

*La moitié de la production du vignoble et les deux tiers des beaujolais nouveaux.

À noter également la possibilité de produire dans les 3 couleurs en AOC coteaux-bourguignons, couvrant la Bourgogne et le Beaujolais.

Un peu d'**histoire**

- **59 av. J.-C. :** invasion des légions romaines de Jules César. Implantation de vignes dans l'aire actuelle de Juliénas.
- **XIIIe s. :** les sires de Beaujeu se taillent un fief dans la région, qui leur doit son nom de Beaujolais.
- **XVIIe s. et XVIIIe s. :** les nobles et notables lyonnais, notamment des soyeux, plantent des vignobles qu'ils confient à des métayers.
- **Fin XIXe s. :** le chemin de fer facilite la commercialisation des vins du Beaujolais à Paris.
- **1927 :** naissance de la 1re cave coopérative du Beaujolais, à Fleurie.
- **1936 :** reconnaissance des AOC chiroubles, chénas, fleurie, morgon, moulin-à-vent.
- **1937 :** reconnaissance de l'AOC beaujolais.
- **1946 :** reconnaissance de l'AOC saint-amour.
- **1950 :** reconnaissance de l'AOC beaujolais-villages.
- **1951 :** création du beaujolais nouveau.
- **1985 :** la date de commercialisation annuelle du beaujolais nouveau est fixée au 3e jeudi de novembre par décret.
- **1988 :** reconnaissance de l'AOC régnié.
- **2018 :** labellisation du Beaujolais « Géoparc mondial » par l'Unesco.

Mots-clés du Beaujolais

1 Crus

Terroirs remarquables à l'origine des vins de plus longue garde du Beaujolais ; 10 crus ont été délimités en AOC.

2 Gamay noir à jus blanc

Cépage vedette du Beaujolais, aux grains noir-violet, à peau fine et au jus abondant. Ses vins sont fruités et légers. Mais les crus du Beaujolais, s'ils portent la marque du gamay, varient selon les terroirs. Certains d'entre eux, tels le morgon et le moulin-à-vent, peuvent vieillir plusieurs années. Les vignerons élaborent d'ailleurs certaines cuvées à la bourguignonne en éraflant les raisins, en les faisant macérer plus longtemps et en les élevant en fût.

3 Vinification à la beaujolaise (ou macération semi-carbonique)

Technique qui consiste en une courte macération des grappes de raisin entières, une partie de la fermentation s'accomplissant à l'intérieur de la baie. Il en résulte une structure peu tannique et une palette très fruitée.

4 Nouveau (vin)

Vin primeur élaboré et commercialisé dans l'année de la vendange du raisin. L'arrivée du beaujolais nouveau, chaque 3e jeudi de novembre, est un événement annuel, célébré jusqu'au Japon. Ce vin de primeur représente encore un petit tiers des volumes (et plus de 70 % de l'AOC beaujolais). Lorsqu'il est élaboré de façon naturelle, c'est un vin rouge tendre et gouleyant, résultat d'une macération semi-carbonique courte, de l'ordre de 4 jours, favorisant souplesse et fruité pimpant.

5 Métayage

Mode d'exploitation viticole qui consiste à partager la récolte et certains frais entre l'exploitant et le propriétaire, ce dernier devant fournir les terres, le logement, le cuvage avec le gros matériel de vinification, les produits de traitement, les plants. Le vigneron, ou métayer, possède l'outillage pour la culture, assure la main-d'œuvre, honore les dépenses dues aux récoltes, veille au parfait état des vignes. Aujourd'hui encore, une part non négligeable des surfaces est exploitée de cette façon.

6 Bouchon lyonnais

Restaurant servant la cuisine lyonnaise traditionnelle, accompagnée des vins de la région. Le mot « bouchon » désigne la boule de branchages que chaque restaurateur suspend à l'entrée de son établissement comme enseigne.

7 Pot

Bouteille de 46 cl à fond épais typique des « bouchons » lyonnais.

Les **vignerons** de l'année

Thomas et Pierre **Laforest**

(Dom. Laforest)

Thomas et Pierre, les deux fils de Jean-Marc Laforest, ont pris la relève l'exploitation familiale à partir de 2016. À la tête de 20 ha (brouilly, côte-de-brouilly, régnié, beaujolais-villages), ils font partie de cette génération qui impulse un nouvel élan aux vins du Beaujolais.

• Fin des préjugés

« On sent que les amateurs de vins redécouvrent les crus du Beaujolais, notamment la génération des trentenaires, quarantenaires. Les préjugés commencent à s'effacer. Je pense que cela va durer car nous avons la chance de connaître une succession de beaux millésimes et d'avoir de plus en plus de vignerons qui travaillent bien », explique Thomas Laforest. Le Beaujolais a donc un bel avenir devant lui, un constat que l'on ne peut que partager au vu des résultats obtenus par le Dom. Laforest dans cette nouvelle édition du Guide : deux coups de cœur pour leurs régnié et brouilly, tous deux sur le millésime 2019. Des vins signés par de tout jeunes vignerons. Les jumeaux Thomas et Pierre (29 ans) ont pris en main les rênes du domaine familial et de ses 20 ha vignes en 2016. Après une formation dans le vin (Bac pro et BTS), et un apprentissage au Ch. de Pizay pour Pierre, ils n'ont pas tardé pour prendre leurs marques.

• Des cuvaisons et des élevages plus longs

En vinification, ils s'inscrivent dans la tradition beaujolaise (macération à 100 % en vendanges entières), tout en allongeant un peu les temps de cuvaisons et en réduisant le plus possible les doses de soufre. Le régnié a connu une cuvaison d'une dizaine de jours, tandis que le brouilly a macéré 14 jours, suivis pour ce dernier d'un élevage pour partie en fût. Le résultat : des vins expressifs, gourmands, mais aussi d'une bonne structure. L'un des objectifs des deux frères est d'ailleurs d'allonger les durées d'élevage à l'avenir et d'utiliser un peu plus le fût de chêne sur les crus pour leur faire gagner une dimension supplémentaire. Côté vignes, l'aspect environnemental est au cœur des préoccupations des deux vignerons. La certification Haute valeur environnementale a été obtenue et la priorité est maintenant au développement du travail des sols.

• Des coups de cœur bien typés

Avec ses deux coups de cœur, le millésime 2019 restera dans leurs mémoires. « L'année a été chaude, mais nous avons eu un peu de pluie, ce qui a permis de conserver le fruit. Le profil des vins reste bien typique de la région. Les vinifications ont été assez compliquées avec des fermentations qui ont été longues mais qui ont permis de développer des arômes expressifs. Le régnié s'exprime sur le fruit, avec un caractère féminin, et le brouilly se montre plus tannique et charpenté », conclut Thomas Laforest.

Les coups de cœur

- **Brouilly 2019**
- **Régnié 2019**

BEAUJOLAIS

Superficie : 5 972 ha / Production : 245 000 hl

L'appellation beaujolais fournit près de la moitié de la production du vignoble et près de 75 % des primeurs; elle est principalement localisée au sud de Villefranche. À côté des vins rouges et rosés, quelques blancs sont élaborés à partir du chardonnay, notamment dans le canton de La Chapelle-de-Guinchay, zone de transition entre les terrains siliceux des crus et ceux, calcaires, du Mâconnais. Dans le secteur des Pierres dorées, au sud de Villefranche et à l'est du Bois-d'Oingt, les vins rouges ont des arômes plus fruités que floraux, parfois nuancés de pointes végétales; colorés, charpentés, un peu rustiques, ils se conservent assez bien. Dans la partie haute de la vallée de l'Azergues, vers l'ouest, on retrouve les roches cristallines qui donnent des vins avec de la mâche et des accents minéraux, ce qui les fait apprécier un peu plus tardivement. Enfin, les zones plus en altitude offrent des vins vifs, plus légers en couleur, mais aussi plus frais les années chaudes. Le beaujolais supérieur ne provient pas d'un terroir délimité spécifique; il est surtout produit dans l'AOP beaujolais. L'appellation peut être revendiquée pour des vins dont les moûts présentent, à la récolte, une richesse en équivalent alcool de 0,5 % vol. supérieure à ceux de l'AOC beaujolais, les raisins provenant de parcelles sélectionnées et contrôlées avant la récolte. Tous ces vins sont dégustés traditionnellement dans les «pots» beaujolais, flacons de 46 cl à fond épais qui garnissent les «bouchons» lyonnais.

♥ DOM. J. BOULON 2019 ★★

12000 | 5 à 8 €

«J» comme Jacques, Jules et Jean Boulon, qui se sont succédé à la tête du domaine (28 ha aujourd'hui) transmis de père en fils depuis 6 générations. La fille (Ludivine) et le gendre (Hugo Matray) de Jacques Boulon sont à la tête du domaine depuis 2017. Ils élaborent des cuvées en beaujolais, morgon, moulin-à-vent et crémant-de-bourgogne.

Coup de cœur l'an dernier avec un beaujolais rouge, le domaine fait aussi bien cette année, mais avec un chardonnay qui témoigne de la générosité du soleil de l'été 2019. Une cuvée issue de jeunes vignes (15 ans) plantées sur un terroir argilo-siliceux. Elle est également le fruit d'une vinification en cuve à basse température. Ce coup de cœur souligne le caractère rond, ample, généreux, exotique mais aussi minéral de ce beaujolais blanc, qui évoque la mangue, l'abricot et le fruit de la Passion. ⧗ 2020-2023

DOM. J. BOULON, 1331, rte des Mayets, 69220 Corcelles-en-Beaujolais, tél. 04 74 66 47 94, domaine.j.boulon@wanadoo.fr V *t.l.j. sf dim. 8h-12h 14h-18h*

♥ DOM. BOURBON
Les Terrasses Pierres dorées 2018 ★★

10000 | 8 à 11 €

À 28 ans, Jean-Luc Bourbon a abandonné le transport routier pour rejoindre le village de son enfance, dans la partie sud du Beaujolais. Il s'est installé en 2002 sur le domaine fondé en 1939 par son grand-père, après s'être fait la main sur... le muscadet. Il exploite 16 ha de vignes plantées à forte densité, en coteaux : l'assurance de petits rendements.

Des raisins égrappés, une cuvaison longue de 28 jours, dans le style « côtes-du-rhône », explique Jean-Luc Bourbon, et un élevage en cuve ont donné naissance à un beaujolais riche, expressif et complexe. Le nez s'exprime avec intensité sur des notes de fruits, d'épices mais aussi de fleurs. Une belle présence tannique et une grande longueur lui assurent une prospère longévité. ⧗ 2021-2025 **Chardonnay des Pierres dorées Cuvée Marion 2018 ★★ (8 à 11 €; 3000 b.)** En provenance de chardonnays qui s'épanouissent sur des sols argilo-calcaires, cette cuvée porte le nom de la fille aînée de Jean-Luc Bourbon. Un vin qui conjugue équilibre et longueur, avec une bouche ample, rehaussée par une agréable note citronnée. ⧗ 2020-2023

DOM. BOURBON, Le Marquison, 69620 Theizé, tél. 04 74 71 14 13, domaine-bourbon@orange.fr V r.-v.

LA BURGONDIE 2019 ★

55000 | 5 à 8 €

En 2015, les Caves Bailly Lapierre de l'Yonne et les Vignerons de Buxy fondent la Compagnie de Burgondie, une union de coopératives regroupant leurs moyens commerciaux, marketing et logistiques. En septembre 2016, l'Alliance des Vignerons Bourgogne Beaujolais (AVB) a rejoint cette entité.

Après un tri méticuleux des raisins, une vinification semi-carbonique a été mise en œuvre. L'expression aromatique de cette cuvée se montre spontanément séduisante sur des notes de fruits noirs. Des tanins présents mais soyeux soutiennent une matière dense et équilibrée en bouche. ⧗ 2021-2025

LA COMPAGNIE DE BURGONDIE, 3, quai de l'Yonne, hameau de Bailly, CS 10003, 89530 Saint-Bris-le-Vineux, tél. 03 86 34 96 38, commercial@burgondie.info V *t.l.j. 9h-12h 14h-18h*

♥ OLIVIER COQUARD Cuvée Romain 2018 ★★

1000 | 8 à 11 €

Venue du Lyonnais, la famille Coquard compte de nombreux vignerons. Olivier a repris le domaine familial (13 ha aujourd'hui) en 1998, après des

études de viticulture et d'œnologie à Beaune. Il élabore du beaujolais dans les trois couleurs, du côte-de-brouilly et du crémant-de-bourgogne.
Cette cuvée est née en 2005 avec la naissance du fils d'Olivier Coquard. C'est aussi un clin d'œil à l'histoire antique de son village d'élection. Elle est constituée de très vieilles vignes de 90 ans dont les raisins ont été vinifiés en grappes entières. Le domaine a favorisé une extraction douce qui a porté ses fruits, car le vin est des plus soyeux et parfaitement équilibré. Il exhale des notes complexes de mûre, d'épices et de fleurs. ⧗ 2020-2025

⊶ OLIVIER COQUARD, 285, chem. de la Cheville, 69480 Pommiers, tél. 06 75 06 39 72, ocoquard@orange.fr V r.-v.

OLIVIER DEPARDON Alexis 2018 ★★

■	10 000	🍾	5 à 8 €

Bien connu des lecteurs du Guide, un domaine constitué en 1848. À sa tête depuis 1985, Olivier Depardon (septième génération), aujourd'hui rejoint par son fils Alexis, propose, sur ses 27 ha, du morgon, du régnié, du beaujolais et du beaujolais-villages.
La première cuvée de blanc du domaine porte le nom du fils d'Olivier Depardon. Le fils a grandi, les vignes et le vin aussi. Ce dernier offre de belles notes de fleurs, de fruits blancs et d'amande. La bouche, ample et équilibrée, fait également preuve d'une belle longueur. ⧗ 2020-2023

⊶ SARL OLIVIER DEPARDON, Les Hulins, BP_18, 69910 Villié-Morgon, tél. 04 74 69 15 89, depardon.olivier.morgon@wanadoo.fr V r.-v.

CH. DE L'ÉCLAIR La Réserve 2018 ★★

■	5700	🍾	5 à 8 €

Ancienne propriété de Victor Vermorel, industriel, inventeur du pulvérisateur de bouillie bordelaise (appelé l'« Éclair ») et sénateur du Rhône au début du XXe s., le château et son vignoble d'une vingtaine d'hectares appartiennent aujourd'hui à la Sicarex, un organisme d'État dont le rôle est de poursuivre des recherches en matière de viticulture et de vinification.
Une cuvée dont la version 2015 obtint un coup de cœur. Le nez du millésime 2018 se montre intense sur des notes de petits fruits rouges. Une macération longue des raisins a favorisé l'extraction d'une matière ample, concentrée et très bien équilibrée. Un vin déjà très plaisant et qui évoluera harmonieusement. ⧗ 2020-2024

⊶ CH. DE L' ÉCLAIR, 905, rue du Château-de-l'Éclair, Liergues, 69400 Porte-des-Pierres-Dorées, tél. 04 74 02 22 40, vins@chateaudeleclair.com V r.-v.

DOM. GIRIN Coteaux du Razet Vieilles Vignes 2019 ★★

■	10 000	🍾	8 à 11 €

Constitué à partir de 1890 dans la région des Pierres dorées, au sud du vignoble, ce domaine s'est agrandi au fil des générations. Aujourd'hui, il compte 38 ha, exploités depuis 1978 par Henri Girin, rejoint en 1990 par son frère Bernard. En 2016, avec Thibaut, revenu de Nouvelle-Zélande, la cinquième génération s'est installée sur l'exploitation.
Une sélection parcellaire en provenance de vénérables vignes soixantenaires, plantées sur un terroir sableux et granitique, qui a donné une cuvée d'une belle fraîcheur et d'une grande harmonie. Les notes de fruits rouges et la souplesse des tanins composent un ensemble gouleyant et friand. ⧗ 2020-2023 ■ **Séduction 2019 ★ (5 à 8 €; 10 000 b.)** Le millésime 2019 n'a pas fait dans la demi-mesure sur le plan ensoleillement et températures. Les raisins ont atteint de belles maturités, en témoigne ce beaujolais aux puissantes notes de fruits noirs et à la structure riche et gourmande. ⧗ 2020-2023

⊶ DOM. GIRIN, 62, rte de Vergus, 69620 Saint-Vérand, tél. 06 32 21 68 61, vinsgirin@domainegirin.fr V *t.l.j. sf dim. 10h-12h 14h-18h*

ŒDORIA Instant bon'œur 2019 ★★

■	20 000	🍾	5 à 8 €

La cave du Beau Vallon de Theizé et celle des Vignerons de Liergues ont décidé de s'unir en 2009 : Œdoria est leur marque commune. Cette nouvelle entité dispose de 1 000 ha (pour 350 adhérents), essentiellement situés au sud du vignoble, à l'ouest de Villefranche-sur-Saône.
Charmeur, fin et élégant, ce rosé dispose de tous les atouts pour égayer une table estivale. Un bouquet de roses accompagné de fines notes de fruits rouges se développe au nez. La bouche est à la fois fraîche, charnue et d'une bonne longueur. Une belle réussite pour ce rosé vinifié en pressurage direct. ⧗ 2020-2021

⊶ ŒDORIA, 25, rte de Cottet, 69620 Theizé, tél. 04 74 71 48 00, contact@oedoria.com V *t.l.j. 9h-12h 14h-18h30; dim. 9h-12h*

CH. D'OUILLY Vieilles Vignes 2018 ★

■	1200	🍾	5 à 8 €

Valérie et Jean-Claude Pignard sont à la tête de ce vaste domaine (26 ha, dont 3 ha en conversion bio), dans la famille depuis trois générations. Le domaine a longtemps fait de la vente au négoce sa priorité. Aujourd'hui, il se tourne vers la vente aux particuliers.
Issu de ceps de 60 ans plantés sur un terroir argilo-calcaire, ce beaujolais est armé pour vieillir harmonieusement quelques années. Il dévoile des notes complexes et intenses de fruits rouges et noirs et d'épices. Expressive, la bouche est aussi bien structurée. ⧗ 2021-2024

⊶ DOM. D' OUILLY, 778, rte des Maisons-Neuves, 69400 Arnas, tél. 04 74 68 06 07, jcv.pignard@orange.fr V *r.-v.*

B DOM. DES PAMPRES D'OR Prestige 2018 ★

■	5000	🛢	8 à 11 €

Un domaine de 12 ha conduit en agriculture biologique depuis 2018, situé au sud du Beaujolais, dans la région des Pierres dorées. Julien Perras a repris l'exploitation familiale de ses parents en 2006 et a vu sa sœur Bérengère le rejoindre en 2017. Il a notamment diversifié les cépages (pinot noir, chardonnay, etc.).
Élevé en fût pendant 6 mois, ce beaujolais en provenance de 3 ha d'un terroir argilo-calcaire reste toutefois nettement dominé par les petits fruits rouges et quelques notes végétales. D'une structure ronde, la bouche se distingue par sa souplesse. ⧗ 2020-2023

DOM. DES PAMPRES D'OR, 1710, rte de Châtillon, 69210 Saint-Germain-Nuelles, tél. 04 74 01 42 85, contact@vignoble-perras.fr V r.-v.

DOM. ROMY Impérial rosé 2019 ★

	6000		8 à 11 €

Installé depuis 1976, Dominique Romy a passé la main à son fils Nicolas, qui exploite aujourd'hui 30 ha de vignes au pays des Pierres dorées, avec des pratiques à mi-chemin entre l'agriculture et le bio.

Un rosé vinifié en pressurage direct et en macération très courte. En provenance d'un terroir argilo-calcaire du sud du vignoble, cette cuvée développe une aromatique complexe sur des notes de rose, de pivoine et une pointe végétale. La bouche fait preuve d'équilibre entre vinosité et fraîcheur. ⧗ 2020-2021

DOM. ROMY, 1090, rte de Saint-Pierre, 69480 Morancé, tél. 06 68 09 36 50, contact@domaineromy.fr V r.-v.

CAVE DE SAINT-JULIEN 2018 ★

	2000		5 à 8 €

Créée en 1988, cette coopérative vinifie aujourd'hui près de 280 ha. Petite structure, comme il en existe de moins en moins, elle voit cependant augmenter les surfaces dont elle dispose. Une cave régulièrement en vue dans ces pages.

Un beau représentant de l'appellation dans sa version blanche. Le nez beurré et grillé évolue vers de fines notes de fleurs blanches. Après une attaque douce, la bouche gagne en fraîcheur et en équilibre. Une finale harmonieuse conclut la dégustation. ⧗ 2020-2023

CAVE COOP. DE SAINT-JULIEN, 45, rue du Cep, 69640 Saint-Julien, tél. 04 74 67 57 46, cave.stjulien@wanadoo.fr V r.-v.

TERRA ICONIA 2019 ★

	40000		5 à 8 €

Créée en 1961, la Cave beaujolaise du Bois-d'Oingt est désormais nommée Vignerons des Pierres dorées. Elle regroupe depuis 2011 trois coopératives (Le Bois-d'Oingt, Saint-Vérand et Saint-Laurent-d'Oingt) et dispose de 500 ha. Sa marque principale, Terra Iconia, rend hommage avec ses cuvées Terre d'Oingt à ce superbe village situé dans la partie sud du vignoble.

Issue de chardonnays de 25 ans plantés sur un terroir argilo-calcaire, cette cuvée s'exprime avec finesse sur des notes de fleurs blanches, d'abricot et d'agrumes. La générosité du millésime est plus évidente en bouche, avec un caractère exotique équilibré par une pointe de fraîcheur végétale. ⧗ 2020-2023

VIGNERONS DES PIERRES DORÉES, 439, rte Fleurie, Le Bady, 69620 Saint-Vérand, tél. 04 74 71 62 81, mlachaud@vigneronsdespierresdorees.com V r.-v.

ANTOINE VILAND Vieilles Vignes 2019 ★

	5000		5 à 8 €

Antoine Viland, établi à Létra, au cœur du pays des Pierres dorées, cultive environ 22 ha. Il vend désormais en bouteilles la majeure partie de sa production et propose aussi le cru chénas. Ce jeune vigneron installé en 2007 est un adepte des macérations longues en grappes entières.

Un vin en provenance des plus vieilles vignes du domaine dont les raisins ont été vinifiés en grappes entières. Des notes puissantes de fruits rouges et noirs montent au nez et la bouche se distingue par une agréable rondeur et une belle longueur. ⧗ 2020-2023

DOM. ANTOINE VILAND, La Roche, 69620 Létra, tél. 04 74 71 54 46, vilandantoine@orange.fr V r.-v.

BEAUJOLAIS-VILLAGES

Superficie : 4 780 ha
Production : 177 000 hl (99 % rouge et rosé)

Le beaujolais-villages provient de 39 communes situées au nord du vignoble, dans une zone comprise dans sa quasi-totalité entre la zone des beaujolais et celle des crus. Le mot « villages » a été adopté en 1950 pour remplacer la multiplicité des noms de communes qui pouvaient être ajoutés à l'appellation beaujolais sur l'étiquette aux fins de distinguer des productions considérées comme supérieures. Une écrasante majorité de producteurs ont opté pour cette mention qui favorise la commercialisation, même si 30 communes – celles dont le nom ne correspond pas à celui d'un des crus – gardent le droit, pour éviter toute confusion, d'ajouter leur nom à celui de beaujolais. Les beaujolais-villages se rapprochent des crus et en ont les contraintes culturales (taille en gobelet ou en éventail, cordon simple ou double charmet, degré initial des moûts supérieur de 0,5 % vol. à celui des beaujolais). Originaires de sables granitiques, ils sont rouge vif, fruités, gouleyants : les têtes de cuvée des vins primeurs. Nés sur les terrains granitiques, plus en altitude, ils présentent une belle vivacité qui permet une consommation dans l'année, voire une petite garde. Entre ces deux extrêmes, toutes les nuances sont possibles, mais les vins allient toujours finesse, arômes et corps.

DOM. BOURDON 2018 ★

	3300		8 à 11 €

Ce domaine de 17,5 ha possède deux caves : un chai moderne au cœur du hameau de Pouilly et une magnifique cave voûtée en pierre à Vergisson. À sa tête, Sylvie et François Bourdon représentent la 5e génération. Leurs enfants Antoine et Benoît les ont rejoint en 2019.

Les notes grillées et les parfums de fruits secs qui se dégagent du verre résultent d'un élevage pour partie en demi-muid pendant une durée de 8 mois. Le nez laisse aussi percevoir des touches de fruits blancs et de beurre. Une matière friande, ronde et aromatique se déploie en bouche. ⧗ 2021-2023

DOM. BOURDON ET FILS, rue de la Chapelle, Pouilly, 71960 Solutré-Pouilly, tél. 03 85 35 81 44, francoisbourdon2@wanadoo.fr V r.-v.

DOM. BURNICHON Privilège 2017 ★★

1000 | 11 à 15 €

Représentant la troisième génération, Daniel et Marie-Claude Burnichon exploitent ce vignoble familial depuis 1976. Des vignes d'un âge respectable (cinquante ans), cultivées sur 2 ha de sols granitiques.

Vinifiée en grappes entières et élevée pendant 10 mois en fût, cette cuvée provient de vieilles vignes implantées dans le nord du vignoble. Au nez, elle évoque les fruits rouges, le cacao et une touche empyreumatique. Des tanins tout en velours soutenus par un boisé qui va se fondre structurent une bouche longue et équilibrée. ⧗ 2021-2025

DOM. BURNICHON, 78, chem. du Marronnier, 69430 Quincié-en-Beaujolais, tél. 06 87 34 67 88, daniel.burnichon@orange.fr V r.-v.

DOM. DES COMBIERS Prestige 2018 ★

2000 | 5 à 8 €

Pour aller à Vauxrenard, commune de l'aire des beaujolais-villages où est établi ce domaine familial, il faut franchir une ligne de crête au nord-ouest de Fleurie. Laurent Savoye, qui a pris en 2006 la succession de son père Yves, exploite 8 ha en beaujolais-villages, en fleurie et en mâcon-villages.

Élevage en cuve et vinification en grappes entières, Laurent Savoye a procédé de manière traditionnelle pour donner naissance à ce vin à la présence aromatique suave, confiturée, mais aussi épicée et florale. Rond et long en bouche, ce 2018 est soutenu par une belle fraîcheur. ⧗ 2020-2023

LAURENT SAVOYE, Les Combiers, 1320, rte des Combiers, 69820 Vauxrenard, tél. 04 74 04 11 06, savoyelaurent@gmail.com V r.-v.

♥ DOM. DES CRAIS Gargantua Les Esservies 2018 ★★

1500 | 11 à 15 €

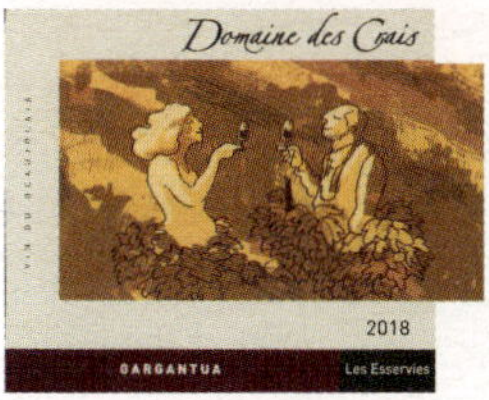

Benjamin Tissier représente la quatrième génération de vignerons de la famille. Il a succédé en 2019 à son père Jean-Luc. Accompagné de sa compagne Andrea, il produit une gamme de vins du Mâconnais et du Beaujolais.

L'ambition est récompensée, puisque ce beaujolais-villages a connu une cuvaison longue de 15 jours, ainsi qu'un élevage de 10 mois en fûts de chêne récents. Le nez s'ouvre sur des notes intenses et harmonieuses de fruits noirs confiturés et de vanille : le boisé est présent mais bien digéré. Des tanins fermes laissent entrevoir un bon potentiel de garde, mais la bouche dévoile aussi et surtout un vin dynamique et élégant. ⧗ 2022-2025

DOM. DES CRAIS, 754, Grand-Rue, 71570 Leynes, tél. 06 43 93 19 60, andreadomainedescrais@gmail.com V t.l.j. 10h30-18h30

DOM. DE CROIFOLIE Rosé Labise 2019 ★

5500 | 5 à 8 €

Gérard Crozet a pris en 1994 la suite des deux générations précédentes à la tête de l'exploitation familiale, implantée à Salles-Arbuissonnas. Le vignoble couvre 8 ha dans l'aire des beaujolais-villages.

Un rosé vineux, profond et complet, qui méritera d'être dégusté à table comme à l'apéritif. Des notes intenses de groseille à maquereau et d'agrumes montent au nez. La bouche dégage une certaine puissance dès l'attaque et garde un profil ample jusqu'à la finale. ⧗ 2020-2021

DOM. DE CROIFOLIE, 32, chem. de la Météorite, 69460 Salles-Arbuissonnas, tél. 04 74 67 58 30, gecrozet@wanadoo.fr V r.-v.

DOM. LE FAGOLET Granit rouge 2018 ★

8000 | 8 à 11 €

Paul Girard mène ce domaine de près de 18 ha présent sur les trois couleurs de l'appellation beaujolais-villages et sur le cru brouilly. Une exploitation située sur les coteaux de Vaux-en-Beaujolais où les sélections parcellaires ont fait leur apparition. La nouvelle génération s'apprête à prendre le relais.

Une cuvée vinifiée sans soufre dans l'objectif de produire un vin fruité et gourmand. La traditionnelle macération en raisins entiers a aussi été mise en œuvre. Le résultat est un vin riche en bouche, sur des notes de fruits confits et de cassis, avec une touche florale. ⧗ 2020-2023

DOM. LE FAGOLET, 2932, rte d'Arbuissonnas, 69460 Vaux-en-Beaujolais, tél. 06 71 95 83 12, contact@le-fagolet.com V r.-v.

DOM. GARDOT 2019 ★

800 | 8 à 11 €

Un tout récent domaine créé en 2018 par Maxime Garnier et Amélie Jondot. Les vignes sont principalement situées sur un coteau surplombant Fleurie face à la célèbre Madone du village : 8 ha exposés au sud-sud-est.

Une petite cuvée en volume, issue de 43 ares de chardonnay. Un vin déjà ouvert sur des notes de fruits à chair blanche et de fleurs. Une gourmandise perceptible au nez comme en bouche, de la rondeur et une certaine sucrosité se dégageant de cette dernière. ⧗ 2020-2023

DOM. GARDOT, 10, allée des Géraniums, 69115 Chiroubles, tél. 06 75 81 61 76, domaine.gardot@gmail.com V r.-v.

DOM. DES HAYES Vieilles Vignes 2018 ★

8000 | 5 à 8 €

Installé depuis 1971, Pierre Deshayes représente la cinquième génération à la tête de l'exploitation créée par son arrière-grand-père en 1920. La cave de vinification a été rénovée en 2004 et le vignoble compte aujourd'hui 14 ha.

Issue d'un terroir granitique de 3 ha et de vignes de 45 ans, cette cuvée se montre flatteuse et généreuse. Au nez, elle déploie des notes de fruits noirs (cassis notamment) qui s'affinent avec l'aération. En bouche, les tanins sont solides et permettent de parier sur un vieillissement bénéfique. ⧗ 2021-2024

DOM. DES HAYES, 326, rte du Trève, Les Grandes-Vignes, 69460 Le Perréon, tél. 06 71 20 71 34, domainedeshayes@wanadoo.fr V r.-v.

♥ DOM. DES MERGEYS
Le Bouteau 2018 ★★

700 | 8 à 11 €

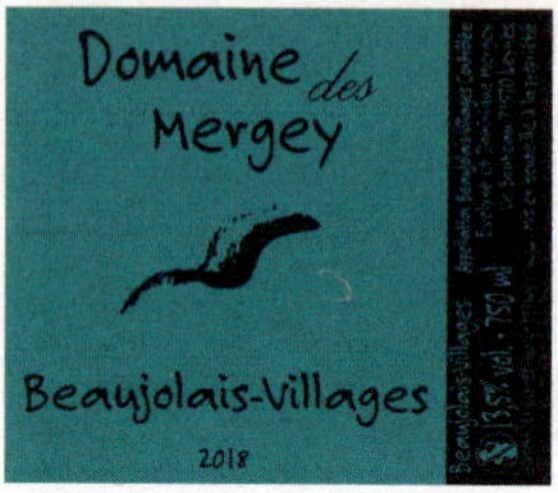

Amateurs de vin, Évelyne et Dominique Mergey ont acquis en 1994 ce petit domaine de 3,5 ha, cultivé de manière très raisonnée. Ils ont confié l'élaboration des vins à Gérard Descombes, ancien propriétaire des lieux, avant que ce dernier ne la confie à son fils Sylvain.

L'élevage long de 11 mois en cuve n'est sans doute pas étranger à la fraîcheur mais aussi à l'équilibre de ce beaujolais-villages blanc. Le nez présente des notes complexes et riches, évoquant l'amande, la poire, les agrumes ou encore le tilleul. Une générosité aromatique que l'on retrouve en bouche et qu'une pointe citronnée en finale relève élégamment. ⧗ 2020-2023

DOM. DES MERGEYS, 97, imp. de la Vernette, Le Bouteau, 71570 Leynes, tél. 03 85 23 80 87, d.mergey@gmail.com V r.-v. 4 E

CH. DE NÉTY Grand Vin 2018 ★

5000 | 5 à 8 €

Le sommet de la colline de Néty abrite un joli parc et le Ch. de Néty. Une belle propriété qui appartient depuis toujours à la famille Guinand, transmise en ligne directe depuis 7 générations.

Une cuvée vinifiée à la beaujolaise et affinée par un élevage en fût de 12 mois pour 15 % du vin. Elle se montre intense et flatteuse au nez, sur des notes de fruits frais (cerise, pêche de vigne). Au palais, les tanins se manifestent avec finesse. ⧗ 2021-2023

COMPAGNIE VINICOLE DE BOURGOGNE, rte de Saint-Loup-de-la-Salle, 71150 Chagny, tél. 03 85 87 51 04

♥ DOM. DU PÈRE BENOIT 2019 ★★

2500 | 8 à 11 €

En 1991, Laurence Benoit et son mari Pascal Mutin ont pris la suite de Roger Benoit sur ce domaine de 16 ha situé au pied du mont Brouilly. Ils élaborent des cuvées en appellations beaujolais, morgon, brouilly, côte-de-brouilly et crémant-de-bourgogne.

Ce blanc magnifique séduit par sa finesse et son équilibre. Vinifié à basse température, il évoque des arômes nets et francs d'acacia, de tilleul et de fruits à chair blanche. Très harmonieuse, ample et longue, la bouche est soutenue de bout en bout par une belle acidité. Un vin complet et un bon ambassadeur des chardonnays du Beaujolais. ⧗ 2020-2023

DOM. PÈRE BENOIT, 80, rte de Beaujeu, 69220 Saint-Lager, tél. 04 74 66 81 20, domaineperebenoit@orange.fr V *t.l.j. sf dim. 10h30-12h30 14h-19h*

CH. DE PLANTIGNY 2019 ★

30600 | 5 à 8 €

Fondée en 1865 à Mâcon, la maison de négoce Mommessin a acquis un vaste patrimoine en Bourgogne et en Beaujolais et noué des partenariats avec des domaines. Elle constitue aujourd'hui une des marques les plus importantes du groupe Boisset.

Des notes de cassis, de framboise et de pêche forment une puissante expression aromatique. Elle est également mise en valeur dans une bouche persistante et bien concentrée, construite sur des tanins soyeux. ⧗ 2021-2023

MOMMESSIN, 403, rte de Saint-Vincent, 69430 Quincié-en-Beaujolais, tél. 04 74 69 09 61, nesme.l@mommessin.fr

DOM. SAINT-SORLIN La Côte à Papy 2018 ★

3500 | 5 à 8 €

Une exploitation familiale transmise de père en fils depuis plusieurs générations. Créé par le grand-père d'Éric Jacquet, en 1952, le domaine s'étend sur 17 ha.

Une cuvée hommage au grand-père d'Éric Jacquet qui a planté les vignes de ce terroir, par ailleurs à l'origine du domaine. Un vin à l'aromatique flatteuse, sur des notes de cerise et d'épices. Une matière charnue vient tapisser le palais, animé par une finale persistante. ⧗ 2020-2023

DOM. SAINT-SORLIN, Le Bourg, 69640 Montmelas-Saint-Sorlin, tél. 04 74 67 37 60, domaine.saint.sorlin@orange.fr V r.-v.

♥ CH. DE VAUX
La Réserve de Jacques 2018 ★★

2500 | 8 à 11 €

La famille de Vermont exploite depuis 1834 et 5 générations (Yannick depuis 2015) ce domaine dont le caveau et la cave datent du XIIe s. Le vignoble couvre aujourd'hui une superficie de 12,5 ha (dont des parcelles de brouilly).

L'équipe du domaine a procédé à une vinification longue, au moins 20 jours, en raisins égrappés, suivie d'un élevage en fût de 12 mois. Des choix d'élaboration d'un vin de garde qui ont porté leurs fruits. La vanille, les fruits noirs confiturés et des notes florales composent une olfaction intense et harmonieuse. Le palais est à la fois puissant, concentré et fin, souligné par une trame tannique élégante et parfaitement équilibrée. ⧗ 2023-2025 ■ **Les Verseaux 2019 ★★ (5 à 8 €; 6500 b.)** Situé sur une forte pente granitique, le lieu-dit d'un hectare et demi à l'origine de ce vin est exposé au plein soleil. Il a donné un vin intense, aux notes de café, de cacao, de cassis et de pivoine, à la bouche charnue et persistante. ⧗ 2021-2025

CH. DE VAUX, 139, imp. du Clos, 69460 Vaux-en-Beaujolais, tél. 06 08 83 33 71, devermontyannick@orange.fr V r.-v.

▶ BROUILLY ET CÔTE-DE-BROUILLY

Superficie : 1 597 ha / Production : 71 188 hl

Deux appellations placées sous la protection de la colline de Brouilly où s'élève une chapelle construite sous le Second Empire et dédiée à la Vierge pour implorer sa protection des vignes contre l'oïdium. Le vignoble de l'AOC côte-de-brouilly, installé sur les pentes du mont, repose sur des granites et des schistes très durs, vert-bleu, dénommés « cornes-vertes » ou diorites. Cette montagne serait un reliquat de l'activité volcanique du primaire, à défaut d'être, selon la légende, le résultat du déchargement de la hotte d'un géant ayant creusé la Saône... La production est répartie sur quatre communes : Odenas, Saint-Lager, Cercié et Quincié. L'appellation brouilly, elle, ceinture la montagne en position de piémont. Elle s'étend sur les communes déjà citées et déborde sur Saint-Étienne-la-Varenne et Charentay; sur la commune de Cercié se trouve le terroir bien connu de la Pisse-Vieille.

BROUILLY

Superficie : 1 256 ha / Production : 56 000 hl

DOM. DE BEL-AIR Briante 2018 ★★

| 25000 | 8 à 11 € |

Dans la famille Lafont depuis plusieurs générations, cette propriété perchée sur la colline de Bel-Air domine la vallée de l'Ardières : des bâtiments de granit bleu construits en 1849, des caves voûtées et un vignoble de 22,5 ha, avec des parcelles dans 6 appellations. À sa tête depuis 1985, Jean-Marc Lafont a créé une structure de négoce à son nom pour compléter sa gamme.

Ce brouilly ample et structuré possède toutes les caractéristiques d'un vin qui gagne à être attendu. Le nez développe des notes de cerise confite, de framboise et de fraise, des épices ajoutant à cette belle complexité. En bouche, des tanins corsés apportent une belle structure et demandent à s'affiner. ⧗ 2023-2025

DOM. DE BEL-AIR, Dom. de Bel-Air, 69430 Lantignié, tél. 04 74 04 82 08, info@dombelair.com V r.-v.

DOM. DE BERGIRON 2019 ★

| 5000 | 5 à 8 € |

Jean-Luc Laplace produit essentiellement du côte-de-brouilly et du brouilly sur son domaine de 11 ha. Les deux cuvées, régulièrement présentes dans ces pages, naissent sur un terroir assez similaire, caillouteux, plus argileux pour le premier, davantage sableux et limoneux pour le second.

Une cuvée au profil flatteur et fruité dont le pouvoir de séduction se vérifie tout au long de la degustation. Le nez associe des notes de fruits noirs, de rose et de pivoine. Une structure souple vient enrober le palais. ⧗ 2021-2023

DOM. DE BERGIRON, 85, rte de Pizay, 69220 Saint-Lager, tél. 04 74 66 88 42, jl.laplace@wanadoo.fr V r.-v.

DOM. BERTRAND Pisse-Vieille 2017 ★★

| 10000 | 11 à 15 € |

Domaine créé en 1956 et conduit depuis 1974 par Maryse et Jean-Pierre Bertrand, rejoints par leur fils Julien. Installés au sud-est du mont Brouilly, ils exploitent sur 15,5 ha une belle palette de crus : moulin-à-vent, régnié, fleurie et juliénas. De longue date en agriculture raisonnée, le domaine a engagé la conversion bio en 2017.

Un brouilly qui a été vinifié sans soufre après éraflage de la moitié des raisins. L'élevage a été mené en fût pendant 12 mois. Des choix qui dénotent une certaine ambition ; une volonté de tirer le meilleur parti de ce terroir recompensée. D'une belle élégance et d'une grande profondeur aromatique, avec des fruits noirs et des notes florales, ce vin fait preuve de gourmandise et de rondeur en bouche. ⧗ 2022-2025

DOM. BERTRAND, 350, rte des Combes, 69220 Charentay, tél. 06 95 53 55 91, domainebertrand@outlook.fr V r.-v. 3

DOM. DE BRIANTE Naturellement 2017 ★

| 18000 | 8 à 11 € |

Jeune œnologue d'origine bourguignonne, Lauren Faupin-Schneider a fait le tour du monde des vignobles avant de prendre la direction en 2011 du Dom. de Briante : un château du XVIIIᵉs., un parc aux arbres centenaires et 14 ha de vignes, en brouilly (6 ha), côte-de-brouilly, moulin-à-vent et beaujolais blanc.

Issu d'un terroir de 4 ha, vinifié en partie en raisins égrappés et pendant une période relativement longue (16 jours), ce brouilly évoque un caractère fumé-épicé mâtiné de fruits rouges. Une matière élégante, souple et complexe se livre en bouche. ⧗ 2021-2023

DOM. DE BRIANTE, 810, rte de Briante, 69220 Saint-Lager, tél. 06 83 31 28 50, lfaupin@mail.com V r.-v. 5 E

CH. DE LA CHAIZE Les Deux Amis 2017 ★★

| 75000 | 11 à 15 € |

Ce château Grand Siècle, construit en 1674 selon les plans de Jules Hardouin-Mansart, est pourvu de jardins dessinés par André Le Nôtre. Le vignoble est l'un des plus vastes du Beaujolais : il compte 99 ha d'un seul tenant. Il a été racheté en 2017 par la famille Gruy. De nombreux projets sont en cours de réalisation, dont le passage en bio.

Le domaine convoque Jean de La Fontaine et sa fable pour baptiser cette cuvée fruit de l'assemblage de deux lieux-dits cadastraux. Elle a été élaborée en égrappant la moitié de la récolte, puis élevée en cuve. Le nez s'ouvre sur des notes de fruits noirs très intenses. Une matière élégante, «aristocratique», portée par des tanins d'une belle présence, se fait sentir en bouche. ⧗ 2021-2024 ■ **La Chaize-Monopole 2017 ★ (20 à 30 €; 18 000 b.)** Le lieu-dit qui a donné son nom au Château est ici à l'honneur. Un vin qui mêle au nez les fruits rouges et les épices. Légèrement acidulé en bouche, il fait preuve d'une bonne ampleur également. ⧗ 2021-2023

⊶ DOM. DU CH. DE LA CHAIZE, La Chaize, 69460 Odenas, tél. 04 74 03 41 05, contact@chateaudelachaize.fr V r.-v.

GILBERT CHETAILLE 2018 ★★

■ | 3500 | | 5 à 8 €

Établi à l'ouest du mont Brouilly, Gilbert Chetaille a repris en 2005 le domaine familial avec l'ambition de vendre du vin à la propriété. Il a agrandi en 2010 son exploitation, laquelle atteint 8 ha aujourd'hui. Quatre crus figurent à sa carte: brouilly, côte-de-brouilly, moulin-à-vent et morgon.

Gilbert Chetaille a procédé à un égrappage partiel pour une durée de cuvaison de 8 jours. Une réussite qui repose sur une méthode éprouvée donc, pour un vin onctueux et bien équilibré d'où s'expriment des notes de cerise à l'eau-de-vie, de griotte, d'épices. Un brouilly qui saura vieillir harmonieusement. ⧗ 2023-2025

⊶ GILBERT CHETAILLE, 1041, rte des Hauts-de-Chavanne, 69430 Quincié-en-Beaujolais, tél. 06 73 58 86 17, gilbert.chetaille@orange.fr V r.-v.

DOM. CHEVALIER MÉTRAT Les Mines 2018 ★

■ | 7000 | | 8 à 11 €

Exploité en métayage à partir de 1956 par Michel Chevalier, ce domaine a été acquis en 1987 par sa fille Marie-Noëlle et son époux Sylvain Métrat. Leurs 10 ha de vignes couvrent le versant sud de la colline de Brouilly.

Trois hectares de gamays d'une soixantaine d'années ont participé à la réalisation de cette cuvée complexe et longue. Une texture ample, dense et expressive se révèle au palais. L'ensemble fait preuve d'une belle harmonie. ⧗ 2023-2025

⊶ DOM. CHEVALIER-MÉTRAT, 374, chem. du Roux, 69460 Odenas, tél. 06 07 99 23 50, domainechevaliermetrat@wanadoo.fr V r.-v.

DOM. DES CHEVALIERS 2019 ★

■ | 44900 | | 8 à 11 €

Rebaptisée Les Vins Aujoux, l'ancienne Société vinicole beaujolaise a étendu son rayon d'action au cours du siècle dernier en s'alliant avec d'autres sociétés (Jacques Depagneux, Joannès Chanut...). Elle propose des vins du Mâconnais et du Beaujolais en provenance de domaines partenaires.

Riche et puissant, porté par une trame tannique enrobée, ce brouilly est un bel exemple de la rencontre réussie entre un millésime très solaire et les terroirs granitiques de l'appellation. Le nez, quant à lui, évoque d'élégantes notes florales. ⧗ 2022-2025

⊶ SAS LES VINS AUJOUX, 44, rue des Sarments, 69820 Fleurie, tél. 04 69 37 00 89, aujoux@aujoux.fr

CLOS BERGERON 2018 ★★

■ | 1000 | | 8 à 11 €

Descendant d'une famille de vignerons, Mathieu Verchère s'est installé en 2015 après des études à Beaune et une expérience californienne. Il produit du brouilly et du fleurie sur 11 ha.

Une petite cuvée issue de 24 ares situés au cœur de l'appellation. Mathieu Verchère livre ici un brouilly associant les fruits rouges (fraise, framboise) à de fines notes florales. Si sa puissance lui autorise quelques années de garde, le palais offre aussi un toucher soyeux et une texture gourmande qui autorise une dégustation plus tôt. ⧗ 2021-2025

⊶ MATHIEU VERCHÈRE, 155, rte de Beauvoir, 69220 Saint-Lager, tél. 04 74 04 33 22, mathieu.verchere@gmail.com V r.-v. 2

CLOS DE PONCHON Pisse-Vieille 2018 ★★

■ | n.c. | | 8 à 11 €

Florent Dufour s'est installé en 1998 sur le domaine familial qu'il n'a eu de cesse d'agrandir. Il dispose aujourd'hui d'une coquette exploitation de 18 ha avec plusieurs crus à sa carte (chiroubles, morgon, brouilly, moulin-à-vent).

On retrouve une nouvelle fois cette cuvée dans le Guide (coup de cœur sur le millésime 2015). Elle sort du lot par son équilibre impeccable, son ampleur et tout simplement le plaisir qu'elle procure spontanément. Les notes de cerise, de framboise et la finesse de ses tanins y participent pleinement.

⊶ DOM. DUFOUR PÈRE ET FILS, 602, rte de Ponchon, 69430 Régnié-Durette, tél. 04 74 04 35 46, florent-dufour@wanadoo.fr V r.-v.

MAISON COQUARD Fruité Minéral Hypéa 2019 ★

■ | 90000 | | 8 à 11 €

Issu d'une longue lignée de vignerons, Christophe Coquard a vinifié sur trois continents et travaillé pour plusieurs négociants du Beaujolais, avant de lancer en 2005 sa propre structure adossée au domaine familial situé dans le pays des Pierres dorées.

À la recherche du fruit et de la minéralité dans ses vins, Christophe Coquard insiste ici sur les granites bleus et roses qui composent les sols de l'appellation. Cette cuvée ne manque effectivement pas de caractère et affiche de la vinosité. Des notes de cerise noire se manifestent au nez. ⧗ 2022-2025

⊶ SARL MAISON COQUARD, 86, rue Manon-Roland, Le Boitier, 69620 Theizé, tél. 04 74 71 11 59, contact@maison-coquard.com V r.-v.

DOM. DES CORINDONS Cuvée Paris 1163 2019 ★

■ | 10000 | | 8 à 11 €

Un jeune domaine, constitué en 2013 par Vincent Denis et son fils Aurélien, qui ont acheté plusieurs parcelles (6,5 ha) sur la commune de Saint-Lager, à l'est du mont Brouilly. Celui-ci en confie l'exploitation au Dom. Jambon Père et Fils, implanté dans le même village.

Les 3,5 ha dont disposent Vincent et Aurélien Denis ont donné une cuvée d'une bonne concentration, structurée par des tanins denses, qui reflète à la fois son terroir et la grande maturité des raisins obtenus au cours de ce millésime 2019. Du caractère. ⧗ 2022-2025

DOM. DES CORINDONS, 2, chem. de la Carrière, Le Ripan, 69690 Bessenay, tél. 06 66 55 79 30, vincent.denis@gmail.com

PIERRE-ANDRÉ DUMAS Les Pierreuses 2018 ★★

■ | 3000 | | 11 à 15 €

Ce domaine de 16 ha propose essentiellement du brouilly et du côte-de-brouilly. Il se décline en deux étiquettes : Pierre-André Dumas pour les vins de ces deux crus, élevés en fût, et Terres d'Alice, pour les beaujolais et beaujolais-villages.

Inutile de se lancer dans un long exposé pour expliquer l'origine du nom de cette cuvée en provenance d'un terroir où le minéral domine. Au nez, ce brouilly évoque le cassis, le végétal noble, les fleurs coupées. Mais il se distingue aussi et surtout par son dynamisme, son ampleur et même son onctuosité. Un vin complet. ⧗ 2021-2025

PIERRE-ANDRÉ DUMAS, 631, rte de Charentay, 69460 Odenas, tél. 04 74 03 40 89, pierreandredumas@bbox.fr V *r.-v.*

PHILIPPE DUPOND Côtes de Nervers 2019 ★★

■ | 5000 | | 11 à 15 €

Hervé Dupond et son frère Philippe, issus d'une famille installée dans la région depuis 1860, conduisent un domaine installé au nord du Beaujolais, sur des pentes très raides et orientées au sud. Ils ont également fondé une maison de négoce établie à Cercié-en-Beaujolais, qui propose une large gamme de crus de la région.

Une cuvée issue de gamays plantés en coteau, dont les raisins ont été vinifiés en vendanges entières. Puissance, gourmandise et équilibre sont les points forts de ce brouilly à la présence affirmée. Une intensité qui est perceptible dès les premières notes aromatiques, centrées sur le cassis, la violette et la cerise. ⧗ 2022-2025

CÔTES DE NERVERS, La Garenne, 69220 Charentay, tél. 04 74 66 77 80, info@terroirs-et-talents.fr V *r.-v.*

DOM. DES FOUDRES 2019 ★

■ | 11500 | | 8 à 11 €

Jean-Philippe Sanlaville a pris en 1991 les commandes du domaine familial situé à Vaux-en-Beaujolais, pittoresque village popularisé par Gabriel Chevallier sous le nom de Clochemerle. Établi dans l'aire du beaujolais-villages, il exploite un vignoble de 25 ha, avec des parcelles dans les crus brouilly, chénas, morgon et moulin-à-vent.

Jean-Philippe Sanlaville a procédé à une vinification carbonique à basse température et un élevage en cuve pour donner un vin long et déjà plaisant, centré sur la cerise à maturité. Un brouilly qui saura certainement vieillir harmonieusement, mais qui pourra s'apprécier jeune avec ses tanins fondus. ⧗ 2021-2024

DOM. DES FOUDRES, allée du Plagerêt, 69460 Vaux-en-Beaujolais, tél. 04 74 03 20 67, info@domainedesfoudres.com V *t.l.j. sf dim. 10h-12h 14h-18h*

MAISON JAMBON Pure 2019 ★

■ | 9000 | | 11 à 15 €

Exploitation familiale depuis 5 générations, le domaine des Maisons Neuves est situé au pied du Mont Brouilly. Il a été certifié Haute valeur environnementale en 2018. Regroupant depuis 2005 les domaines de Robert Jambon et de ses deux fils Emmanuel et Dominique, il s'étend sur 40 ha.

Une cuvée qui dégage une certaine élégance aussi bien au nez qu'en bouche. Des arômes fins et aériens de groseille, de cassis et d'épices montent au nez. La bouche, d'un beau volume, est soutenue par des tanins ronds et par une agréable acidité. ⧗ 2021-2024

SCEA MAISON JAMBON, 166, chem. de Bergeron, 69220 Saint-Lager, tél. 06 22 77 63 29, contact@vinsmaisonjambon.com V *t.l.j. sf dim. 9h-12h 15h-19h*

DOM. DE LAFAYETTE 2018 ★

■ | 7045 | | 8 à 11 €

Georges Dubœuf, décédé début 2020, a créé en 1964 un négoce-éleveur qui a largement contribué à la notoriété du Beaujolais. Aujourd'hui sous la conduite de son fils Franck, la société travaille avec de nombreux vignerons et coopératives et réalise 75 % de son chiffre d'affaires à l'international. Georges Dubœuf fut aussi pionnier en matière d'œnotourisme avec son Œnoparc (Hameau Georges Dubœuf) aménagé en 1993 dans l'ancienne gare de Romanèche-Thorins.

Sur un terroir granitique agrémenté d'un peu d'argile, des gamays de 55 ans ont livré un vin charmeur et intense. Le nez évoque les fruits mûrs et la pivoine. Riche, ample mais aussi dynamique, la bouche donne un plaisir spontané. ⧗ 2020-2023

LES VINS GEORGES DUBŒUF, 208, rue de Lancié, 71570 Romanèche-Thorins, tél. 03 85 35 34 20, gduboeuf@duboeuf.com V *t.l.j. 10h-18h*

♥ DOM. LAFOREST 2019 ★★

■ | 45000 | | 5 à 8 €

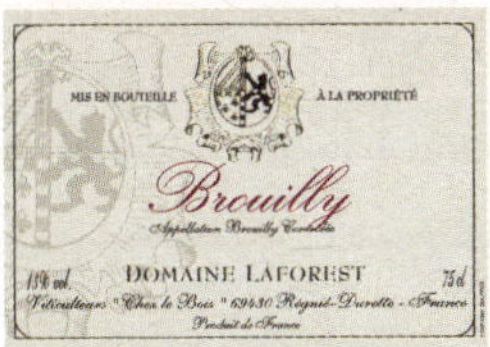

Vigneron comme son père et son grand-père, Jean-Marc Laforest a pris les rênes en 1973 d'un domaine qui compte aujourd'hui 20 ha. Ses deux fils Thomas et Pierre ont pris la relève en 2016. L'exploitation propose les crus brouilly, côte-de-brouilly et régnié ainsi que du beaujolais-villages.

Un sol pauvre de granite en décomposition est à l'origine de cette cuvée née des gamays d'environ 40 ans, dont les raisins ont été vinifiés selon la traditionnelle macération carbonique. Le nez fait preuve d'une certaine suavité tout en conservant de la vigueur : on y remarque notamment des notes de framboise et de groseille. Un équilibre que l'on retrouve en bouche : rondeur et fraîcheur se marient remarquablement et confèrent beaucoup de gourmandise à ce vin. ⧗ 2022-2025

DOM. LAFOREST, 793, rte du Bois, 69430 Régnié-Durette, tél. 04 74 04 35 03, domaine.laforest@orange.fr V t.l.j. sf dim. 8h-20h

DOMINIQUE LENOIR Saburin Sud 2018 ★

■	9000		8 à 11 €

Dominique Lenoir a repris le domaine de ses parents à partir de 1985. Basé à Quincié-en-Beaujolais, il exploite des vignes sur Morgon et Brouilly.

Saburin Sud est un terroir granitique où Dominique Lenoir exploite un peu plus d'un hectare voué à la production de cette cuvée. Cette dernière a connu un élevage long de 14 mois, après une vinification carbonique. Dans le verre, un brouilly qui évoque les fruits rouges compotés (framboise, fraise, groseille). Les tanins sont fins, souples, dégageant une impression d'équilibre. ⏳ 2021-2023

DOM. DE LA SAIGNE, 2508, rte de Cherves, 69430 Quincié-en-Beaujolais, tél. 04 74 69 02 03, lenoir.fils@orange.fr V r.-v.

DOM. ALAIN MERLE Vieilles Vignes 2019 ★

■	6000		8 à 11 €

Située sur l'ancienne voie romaine menant de Lyon à Autun, l'exploitation a vue sur des lieux emblématiques du Beaujolais : le mont Brouilly au sud, la côte du Py à l'est et les deux clochers de l'église de Régnié-Durette à l'ouest. Conduite depuis 1989 par Alain Merle, elle couvre 11 ha et propose des morgon, régnié, beaujolais-villages et beaujolais (blancs).

Les très vieilles vignes, 90 ans, de cette parcelle installée sur un terroir argilo-calcaire ont donné naissance à un 2019 particulièrement gourmand et plaisant. Le fruit s'exprime avec intensité et longueur aussi bien au nez qu'en bouche. Un profil flatteur qui ne manque pas de fraîcheur pour autant. ⏳ 2020-2023

ALAIN MERLE, 389, voie romaine Les Bois, 69430 Régnié-Durette, tél. 06 89 85 27 46, al1-merle@orange.fr V t.l.j. sf dim. 8h-20h

CH. MOULIN-FAVRE Vieilles Vignes 2019 ★

■	50000		8 à 11 €

Campé au milieu des vignes sur le coteau de Combiaty, à 427 m d'altitude, ce domaine de 17 ha (dont 11 en brouilly) est travaillé par Armand et Céline Vernus, qui représentent la sixième génération de viticulteurs.

Les vieilles vignes du domaine sont âgées d'une soixantaine d'années. Les raisins ont été égrappés à 80 % puis pigés pour obtenir un vin ouvert sur les fruits noirs, les épices et la réglisse, riche et structuré en bouche, construit sur des tanins présents mais sans agressivité. ⏳ 2022-2025

CH. MOULIN-FAVRE, 310, rte de Saint-Vincent, 69460 Saint-Étienne-la-Varenne, tél. 06 70 16 12 68, moulin-favre@wanadoo.fr V r.-v. 3 B

JEAN-GUILLAUME PASSOT 2017 ★

■	1550		8 à 11 €

Héritier de nombreuses générations de vignerons (cinq du côté paternel et du côté maternel), Jean-Guillaume Passot a passé un BTS « Viti-œno » et s'est installé en 2005 sur 80 ares en côte-de-brouilly. Le domaine compte aujourd'hui 6 ha répartis sur les crus brouilly, côte-de-brouilly et morgon.

Une cuvée issue de raisins égrappés aux trois quarts puis élevée en cuve. Elle dégage de jolis arômes de fruits noirs et une touche florale. Riche et ronde, la bouche se montre bien équilibrée et d'une longueur honorable. ⏳ 2021-2023

JEAN-GUILLAUME PASSOT, 2764, voie Romaine, 69910 Villié-Morgon, tél. 06 72 04 98 57, jgpassot@yahoo.fr V r.-v.

DOM. TANO PÉCHARD Terres amoureuses 2019 ★

■	2500		8 à 11 €

Patrick Péchard, installé en 1982, a donné à son exploitation le nom de son père Antoine - « Tano » pour les copains-, disparu en 1984. Implanté sur la colline de Durette, le domaine bénéficie d'un panorama à 360 ° et son vignoble couvre 11 ha. Un spécialiste du régnié.

Patrick Péchard a opté pour un élevage en cuve pour ce brouilly dont le nom évoque le caractère collant de l'argile que l'on trouve dans ce terroir. Un vin très équilibré, structuré par de beaux tanins et mis en valeur par un fruité intense et des notes poivrées. ⏳ 2021-2025

DOM. TANO PÉCHARD, Aux Bruyères, 210, rte du Bois, 69430 Régnié-Durette, tél. 04 74 04 38 89, contact@tanopechard.com V r.-v.

ROBERT PERROUD En Saburin Pollen 2018 ★

■	5500		11 à 15 €

Héritier d'une lignée de vignerons remontant à la Révolution, Robert Perroud, installé en 1990 au sud du mont Brouilly, cultive 12,5 ha en viticulture très raisonnée. Avec son frère, il a planté dans la partie sud du Beaujolais des parcelles qu'il conduit en bio non certifié.

Une sélection parcellaire dans laquelle Robert Perroud retrouve régulièrement des notes de pain d'épice, de cire… qui ont inspiré le nom de la cuvée. Les épices et les notes florales sont au rendez-vous de ce millésime 2018. Le milieu de bouche est ferme, bien construit et incite à la garde. ⏳ 2022-2025

DOM. ROBERT PERROUD, 775, rte des Balloquets, 69460 Odenas, tél. 06 15 12 28 42, robertperroud@orange.fr V r.-v.

CH. DE SAINT-LAGER 2019 ★★

■	26000		8 à 11 €

Le Ch. de Pizay exploite un vaste domaine de 75 ha et commercialise par ailleurs sous l'étiquette Ch. de Saint-Lager un brouilly issu d'un vignoble de 8,5 ha, anciennes terres de la baronnie de Saint-Lager sur le flanc est du mont Brouilly.

Pascal Dufaitre a procédé à une traditionnelle vinification à la beaujolaise pour donner naissance à un vin souple, plaisant et plein. Au nez, des arômes intenses de cerise, de confiture de fruits rouges et de violette se mêlent d'épices. Une générosité qui se confirme en bouche avec une finale persistante. Le tout dans l'équilibre. ⏳ 2021-2024

CH. DE SAINT-LAGER, 69220 Saint-Lager, tél. 04 74 66 26 10, contact@vins-chateaupizay.com t.l.j. sf dim. 8h30-12h30 13h30-17h

♥ LES TOURS DE PIERREUX 2019 ★★

■ | 80 000 | | 8 à 11 €

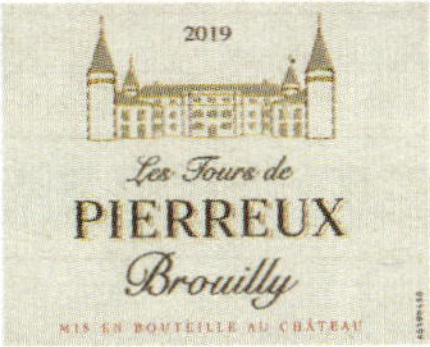

Fondée en 1865 à Mâcon, la maison de négoce Mommessin a acquis un vaste patrimoine en Bourgogne et en Beaujolais et noué des partenariats avec des domaines. Elle constitue aujourd'hui une des marques les plus importantes du groupe Boisset.

C'est la maison Mommessin qui exploite les 98 ha de vignes de ce château au cachet gothique et dont les caves, campées au milieu des vignes au sud du mont Brouilly, datent du XVIIes. Des caves dotées de belles rangées de foudres qui permettent d'élever les vins en préservant le fruit, mais aussi d'apporter une grande harmonie dans la texture en bouche. C'est le cas de ce 2019 particulièrement convaincant, qui développe des arômes floraux de violette et de lilas. Au palais, l'attaque est riche, puis un bel équilibre rehaussé d'une pointe minérale se déploie jusqu'en finale. ⧗ 2023-2026 ■ **Ch. de Briante 2019 ★ (8 à 11 €; 100 000 b.)** Un vin élevé en fût qui séduit par la rondeur de sa texture et sa belle longueur. Le nez évoque la fraise et la cerise. ⧗ 2021-2023

MOMMESSIN, 403, rte de Saint-Vincent, 69430 Quincié-en-Beaujolais, tél. 04 74 69 09 61, nesme.l@mommessin.fr

DOM. ROBERT VALLETTE 2019 ★

■ | 15 000 | | 8 à 11 €

Non loin de la voie verte beaujolaise, qui relie pour le plaisir des promeneurs Beaujeu à Saint-Jean-d'Ardières, le domaine, fondé en 1939, est conduit depuis 1983 par Robert Vallette (la troisième génération). Ce dernier a développé la vente directe. Il exploite 13 ha de vignes et propose notamment du brouilly, du régnié et du morgon.

Sur un sol argileux, limoneux mais aussi sableux, 4 ha de gamay (62 ans) ont donné un brouilly taillé pour bien vieillir. Ses arômes évoquent les fleurs et sa matière en bouche témoigne d'une bonne concentration. ⧗ 2022-2025

DOM. ROBERT VALLETTE, 2292, rte des Crus, 69220 Cercié, info@domaine-vallette.com r.-v.

CÔTE-DE-BROUILLY

Superficie : 310 ha / Production : 14 000 hl

DOM. BARON DE L'ÉCLUSE Les Garances 2018 ★

■ | 4 500 | | 15 à 20 €

Cette propriété familiale de 6 ha de vignes d'un seul tenant couvre les pentes sud-est du mont Brouilly. Après avoir vinifié plusieurs années dans divers pays du Nouveau Monde, Jean-François Pegaz, œnologue, a succédé en 2015 à son oncle qui assurait la conduite de l'exploitation depuis 1971.

Un vin issu d'une vendange partiellement égrappée et d'un élevage en fût de 14 mois. Des choix ambitieux qui ont vu naître un côte-de-brouilly bien structuré, mais sans excès, d'une grande persistance aromatique autour de la cerise burlat, de la mûre et des épices. En bouche, les tanins se montrent soyeux et agréables. ⧗ 2021-2025

DOM. BARON DE L'ÉCLUSE, montée de l'Écluse, 69460 Odenas, tél. 06 40 57 19 94, baron.delecluse2@orange.fr t.l.j. sf dim. 10h-12h 14h-19h; f. 2eme sem. août

DOM. DE BERGIRON 2019 ★★

■ | 2 000 | | 5 à 8 €

Jean-Luc Laplace produit essentiellement du côte-de-brouilly et du brouilly sur son domaine de 11 ha. Les deux cuvées, régulièrement présentes dans ces pages, naissent sur un terroir assez similaire, caillouteux, plus argileux pour le premier, davantage sableux et limoneux pour le second.

Déjà bien noté avec son brouilly dans cette même édition, Jean-Luc Laplace propose une cuvée particulièrement plaisante avec ce côte-de-brouilly. Le nez se montre très aromatique, centré sur des notes de petits fruits rouges frais. La bouche apparaît bien équilibrée autour de tanins fondus. ⧗ 2021-2023

DOM. DE BERGIRON, 85, rte de Pizay, 69220 Saint-Lager, tél. 04 74 66 88 42, jl.laplace@wanadoo.fr r.-v.

GILBERT CHETAILLE 2018 ★

■ | 2 000 | | 8 à 11 €

Établi à l'ouest du mont Brouilly, Gilbert Chetaille a repris en 2005 le domaine familial avec l'ambition de vendre du vin à la propriété. Il a agrandi en 2010 son exploitation, laquelle atteint 8 ha aujourd'hui. Quatre crus figurent à sa carte : brouilly, côte-de-brouilly, moulin-à-vent et morgon.

Une cuvée vinifiée pendant 12 jours avec un égrappage pour moitié des raisins. L'élevage en fût de 15 mois est peu perceptible au nez comme en bouche. L'intensité aromatique est au rendez-vous sur des notes de cassis et de violette. La bouche se montre profonde et bien équilibrée. ⧗ 2021-2025

GILBERT CHETAILLE, 1041, rte des Hauts-de-Chavanne, 69430 Quincié-en-Beaujolais, tél. 06 73 58 86 17, gilbert.chetaille@orange.fr r.-v.

DOM. DES FOURNELLES Godefroy 2018 ★★

■ | 6 000 | | 11 à 15 €

Depuis 2015, le domaine a été repris par la fille et le gendre d'Alain Bernillon, Mariannick et Guillaume Dumontet. La propriété, implantée sur le versant sud-est du mont Brouilly, s'étend aujourd'hui sur 8 ha et produit deux crus : brouilly et côte-de-brouilly.

Une petite parcelle de 80 ares, sur le lieu-dit Godefroy, est à l'origine de cette cuvée vinifiée en macération semi-carbonique. Un vin plein, ample, aux notes épicées, florales et fruitées. Sa matière dense et sa minéralité lui assurent un bon potentiel de garde. ⧗ 2023-2027

DOM. DES FOURNELLES, 137, montée de Godefroy, 69220 Saint-Lager, tél. 06 79 17 27 53, domainedesfournelles@outlook.fr V r.-v.

♥ DOM. LAGNEAU
Vieilles Vignes Cuvée Didier 2018 ★★★

■ | 8000 | | 8 à 11 €

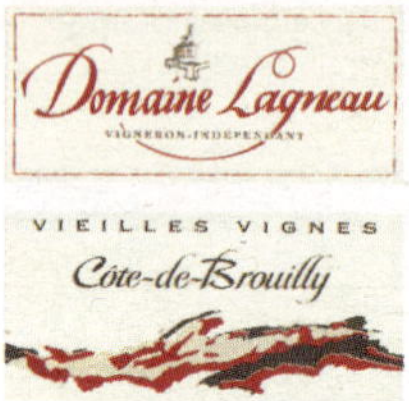

Didier Lagneau, huitième génération, a repris en 2018 le domaine familial. Il exploite ce patrimoine né de 4 ha de vignes à la fin des années 1970 et niché dans une vallée tranquille de Quincié. Le vignoble compte aujourd'hui 19 ha.

Sur un terroir de schistes bleus de 1,5 ha, les gamays aidés par le soleil du millésime 2018 ont donné un vin riche, harmonieux, mais aussi d'une belle finesse minérale. Au nez, une pointe d'épices vient se mêler aux notes de fruits noirs et rouges. La matière en bouche se montre ample, parfaitement équilibrée et laisse percevoir une large gamme aromatique, fruitée, florale (iris) et épicée. Une grande réussite. ⧗ 2022-2026

DOM. LAGNEAU, 941, rte d'Huire, 69430 Quincié-en-Beaujolais, tél. 04 74 69 20 70, dilagneau@wanadoo.fr V r.-v. 3 B

DOM. DU PAVILLON DE CHAVANNES
Cuvée des Ambassades 2018 ★

■ | 20000 | | 8 à 11 €

Le Dom. du Pavillon de Chavannes, établi au pied du mont Brouilly, a été créé en 1864. Il compte aujourd'hui 15 ha, essentiellement des vieilles vignes, qu'il exploite en côte-de-brouilly.

Le nez s'ouvre avec finesse et élégance sur des notes de fruits frais et d'autres plus confiturées. Souples en attaque, les tanins s'affirment ensuite au palais, tout en restant plaisants. Une longue finale conclut la dégustation. ⧗ 2023-2026

DOM. DU PAVILLON DE CHAVANNES, 936, rue des Hauts-de-Chavannes, 69430 Quincié-en-Beaujolais, tél. 04 74 04 35 01, pauljambon@orange.fr V r.-v.

DOM. DU PÈRE JEAN Tradition 2018 ★

■ | 8200 | | 8 à 11 €

Julien Matray a repris le domaine en 2018, succédant ainsi à son père Bernard. Une exploitation, en cours de certification Terra Vitis, qui a été agrandi à différentes reprises par acquisitions et plantations, et qui s'étend aujourd'hui sur 11 ha, dont près de 7 ha en côte-de-brouilly.

Une cuvée qui s'appuie sur l'usuelle vinification en vendanges entières et un élevage en cuve. Elle dispose des atouts d'un vin en devenir : sa structure montre une belle solidité dans l'équilibre et sa palette aromatique est large : des notes de minéralité et de pivoine montent au nez. ⧗ 2022-2025 ■ **Les Berthaudières 2018 ★ (15 à 20 €; 2000 b.)** À la différence de la cuvée Tradtion, Les Berthaudières a connu un élevage en foudre pendant 12 mois. Sa texture est fondue en bouche et des notes complexes de petits fruits s'expriment avec finesse. ⧗ 2021-2024

DOM. DU PÈRE JEAN, 185, rte de la Glacière, 69220 Saint-Lager, tél. 04 74 66 85 59, domaineduperejean@gmail.com V r.-v.

DOM. DE LA POYEBADE 2019 ★

■ | 10000 | | 8 à 11 €

Installé depuis 1987, Marc Duvernay représente la quatrième génération de vignerons à la tête de cette exploitation familiale de 6 ha située au pied du mont Brouilly et constituée de vieilles vignes. Il propose des brouilly et des côte-de-brouilly.

Sur des arômes de fruits frais assez intenses et portés par une pointe acidulée en finale, ce côte-de-brouilly fait preuve d'une belle élégance. Une finesse qui s'accompagne d'une certaine complexité et d'une bonne longueur. ⧗ 2022-2025

DOM. DE LA POYEBADE, 2231, rte de Beaujeu, La Poyebade, 69460 Odenas, tél. 06 30 16 42 87, marc.duvernay@orange.fr V r.-v.

CH. DES RAVATYS
Mathilde Courbe 2018 ★

■ | 30000 | | 8 à 11 €

Situés au pied de la colline de Brouilly, le château et son vignoble de 30 ha (en conversion bio) ont été achetés au milieu du XIXe s. par l'ingénieur Auguste Solet, entrepreneur de travaux publics en Algérie. Ce dernier en fit hériter sa nièce Mathilde Courbe qui les légua en 1937 à l'Institut Pasteur. Les bâtiments sont entourés d'un parc planté d'arbres centenaires.

Le château honore, avec cette cuvée, la mémoire de la bienfaitrice de l'Institut Pasteur. La traditionnelle vinification en grappes entières pratiquée par Axel Joubert donne un vin aromatique, sur les fruits rouges frais, et d'une bonne structure au palais. ⧗ 2021-2024 ■ **Cuvée Louis Pasteur 2018 ★ (11 à 15 €; 5000 b.)** La cuvée dédiée au savant, et par ailleurs père de l'œnologie moderne, est en partie élevée en fût pendant 12 mois. Elle développe des arômes de cassis et de confiture de fruits. Le boisé est donc bien intégré, mais une pointe de fermeté tannique en bouche incite à la patience. ⧗ 2023-2025

CH. DES RAVATYS, Dom. de l'Institut Pasteur, Ch. des Ravatys, 69220 Saint-Lager, tél. 04 74 66 80 35, contact@chateaudesravatys.com V t.l.j. 8h-12h 14h-18h; sam. dim. sur r.-v. E

DOM. DE LA ROCHE SAINT-MARTIN
2018 ★

■ | 3300 | | 5 à 8 €

Jean-Jacques Béréziat, bien connu des lecteurs du Guide, a pris en 1979 les commandes de ce domaine situé au pied du mont Brouilly. Il dispose de 9 ha de vignes, dont une partie importante (6,3 ha) sur sables et alluvions nourrit ses vins de Brouilly.

En provenance d'un hectare sur un terroir de roches magmatiques (porphyre et granite), ce vin développe d'intenses notes de fruits noirs à haute maturité. Sa matière est riche, adossée à des tanins bien présents mais agréables. ⧗ 2023-2025

DOM. DE LA ROCHE SAINT-MARTIN, 1079, rte de Briante, 69220 Saint-Lager, tél. 06 80 62 59 11, jjbereziat@wanadoo.fr V r.-v.

DOM. LES ROCHES BLEUES
Soleil de Brulhié 2017 ★

■	20 000		11 à 15 €

Acheté en 1968 et rénové par les beaux-parents de Dominique Lacondemine, actuel exploitant, le domaine est implanté sur le granite bleu de la Côte de Brouilly. Sa cave voûtée servit naguère de salle des fêtes au village. Aujourd'hui, le vigneron conduit près de 9 ha partagés entre brouilly et côte-de-brouilly.

Brulhié est l'ancien nom de Brouilly, et les vignes (3 ha) sont exposées plein sud. La maturité des raisins est en effet perceptible à travers des notes de fruits noirs compotés. Dotée d'une solide structure tannique, la bouche est aussi puissante, marquée par un boisé qui demande encore à se fondre. ⧗ 2023-2026

LES ROCHES BLEUES, 961, rte du Mont-Brouilly, 69460 Odenas, tél. 04 74 03 43 11, domainelesrochesbleues@outlook.com V *t.l.j. 8h30-19h; dim. sur r.-v.*

DOM. ROCHETTE 2018 ★

■	3000		8 à 11 €

Après le décès de son père Joël en 2009, Matthieu Rochette et son épouse Chantal ont repris le flambeau de l'exploitation, qui compte près de 11 ha. Le domaine propose du beaujolais et du beaujolais-villages, ainsi que les crus brouilly, côte-de-brouilly, régnié et morgon.

Un vin élevé pendant 12 mois en fût et issu d'un demi-hectare de gamay. Au nez, le boisé est légèrement perceptible, mais se marie bien avec des notes intenses de cassis. La bouche est ample, harmonieuse et une pointe de fermeté tannique incite à la patience. ⧗ 2023-2025

EARL DOM. ROCHETTE, 460, rte du Chalet, 69430 Régnié-Durette, tél. 04 74 04 35 78, vinsdomainerochette@orange.fr V *r.-v.*

SIGNÉ VIGNERONS Les Pierres bleues 2019 ★★

■	34 000		5 à 8 €

Deux des plus grandes coopératives de la région, l'une dans l'extrême sud du Beaujolais (Bully) et l'autre plus au nord (Quincié), dans la zone des beaujolais-villages et des crus, se sont unies en 2010, constituant Signé Vignerons : une entité forte de quelque 1 700 ha de vignes, qui vinifie plus de 10 % de la production de la région. Chaque cave continue néanmoins de vinifier séparément ses vins. Le négociant Louis Tête a rejoint le groupement en 2012. La structure de commercialisation, Agamy (anagramme de gamay), inclut même depuis 2015 les caves des Coteaux du Lyonnais et des Vignerons foréziens.

La cave signe une bien jolie cuvée ouverte sur des notes de groseille et de fraise. Les tanins se livrent avec souplesse, tout en étant soutenus par une agréable touche acidulée qui allonge la finale. ⧗ 2021-2023

SCA AGAMY, La Martinière, 69210 Bully, tél. 04 37 55 50 35, contact@agamy.fr V *r.-v.*

DOM. DE VAVRIL Cuvée de l'Héronde 2018 ★★

■	2000		8 à 11 €

Salarié viticole jusqu'en 2001 puis prestataire de services, Jean-Luc Ducruix s'est installé en 2005 à Beaujeu, sur 10 ha, sur des coteaux dominant le village, exposés plein sud. À sa carte, du beaujolais-villages, du morgon, du chiroubles, du régnié et du côte-de-brouilly.

L'Héronde est le lieu-dit sur lequel se situe la parcelle à l'origine de ce vin (un peu plus d'un hectare), qui séduit par son caractère particulièrement gourmand, soyeux et équilibré. Un profil charmeur renforcé par une grande intensité aromatique, sur des notes de fruits rouges frais et de cassis. ⧗ 2021-2023

DOM. DE VAVRIL, lieu-dit Vavril, 69430 Beaujeu, tél. 06 75 56 25 32, jlducruix69@gmail.com V *r.-v.*

CHÉNAS

Superficie : 244 ha / Production : 9 500 hl

D'après la légende, ce lieu était autrefois couvert d'une immense forêt de chênes. Un bûcheron, constatant le développement de la vigne plantée naturellement par quelque oiseau, se mit en devoir de défricher pour introduire la noble plante; celle-là même qui s'appelle aujourd'hui le «gamay noir». Situé aux confins du Rhône et de la Saône-et-Loire, dans les communes de Chénas et de La Chapelle-de-Guinchay, le chénas est l'une des plus petites AOC du Beaujolais. Nés à l'ouest, sur des terrains pentus et granitiques, ses vins sont colorés et puissants, avec des arômes floraux (rose et violette); ils rappellent les moulin-à-vent produits sur la plus grande partie des terroirs de la commune. Issus du secteur plus limoneux et moins accidenté de l'est, ils présentent une charpente plus ténue.

JEAN BARONNAT 2017 ★

■	n.c.	8 à 11 €

Fondée en 1920 par Jean Baronnat, l'une des dernières affaires familiales encore indépendantes du Beaujolais, dirigée depuis 1985 par Jean-Jacques Baronnat, petit-fils du fondateur. La maison, bien implantée dans le Beaujolais, mais aussi en Bourgogne, a étendu sa gamme de vins au sud de la France. Une habituée du Guide.

Un vin issu d'une traditionnelle fermentation semi-carbonique. Au nez, il présente de belles notes de griotte avec une pointe d'évolution. Un joli fruit se confirme dans une bouche caractérisée par une petite fermeté tannique. ⧗ 2021-2023

JEAN BARONNAT, 491, rte de Lacenas, 69400 Gleizé, tél. 04 74 68 59 20, info@baronnat.com V *r.-v.*

♥ DOM. DES GRANDS ROCS Vieilles vignes 2018 ★★★

18 600 | 8 à 11 €

Le Dom. de la Motte a changé de mains en 2018 et a été rebaptisé Dom. des Grands Rocs. Éric Sorais et ses associés y exploitent 17 ha de vignes en brouilly, chénas, côte-de-brouilly, juliénas et coteaux bourguignons.

Une nouvelle page d'histoire pour ce domaine qui s'écrit en lettres d'or, avec 3 étoiles et un coup de cœur : difficile de faire mieux ! L'œnologue Guillaume Laplace a opté pour un égrappage complet et un élevage de 10 mois en cuve sur lies. Dans le verre, un vin qui exhale de très beaux et intenses arômes de fruits à parfaite maturité. La bouche apparaît ample, puissante, longue et parfaitement équilibrée. ⧗ 2023-2027

DOM. DES GRANDS ROCS, 432, rte de la Grand-Raie, 69220 Saint-Lager, tél. 06 61 84 33 04, contact@domaine-des-grands-rocs.fr V *r.-v.*

CAVE DE JULIÉNAS-CHAINTRÉ Tradition du Bois de la Salle 2019 ★

10 000 | 5 à 8 €

Filiale de l'Union des caves coopératives de Juliénas et de Chaintré, nouvel ensemble regroupant 290 ha de vignoble, Les Vignerons du Prieuré sont installés à Juliénas, au château du Bois de la Salle. La structure distribue de nombreux crus en Beaujolais et en Mâconnais.

Né de gamays de 45 ans environ plantés sur des sols granitiques, ce vin séduit par son aromatique franche et spontanée, centrée sur les fruits rouges, et par son caractère friand en bouche, les tanins s'affermissant toutefois un peu en finale. ⧗ 2021-2025

VIGNERONS ASSOCIÉS JULIÉNAS-CHAINTRÉ, Ch. du Bois de la Salle, 69840 Juliénas, tél. 04 74 04 41 66, contact@julienaschaintre.fr V *t.l.j. 10h-12h 14h-18h ; f. 3e w-e de janv.*

DOM. GAËL MARTIN En Nervat 2018 ★★

2 000 | 8 à 11 €

Installé en 2004 à l'âge de 19 ans sur le domaine familial, Gaël Martin (4e génération) est établi en Mâconnais, aux confins du Beaujolais. Son vignoble de 22 ha est à cheval sur les 2 régions, si bien qu'il propose aussi bien du bourgogne blanc et du saint-véran que du juliénas, du saint-amour, du chiroubles et du chénas.

Sur le lieu-dit En Nervat, Gaël Martin dispose de 30 ares de gamays cinquantenaires dont il a tiré cette cuvée remarquable. Un vin qui allie la longueur, l'équilibre et l'élégance. Et pour que le tableau soit complet, la puissance aromatique, autour d'un fruité mûr, est aussi de la partie. Un chénas de bonne garde. ⧗ 2023-2025

DOM. GAËL MARTIN, Les Truges, 71570 Saint-Vérand, tél. 03 85 40 64 22, gaelmartin.vins@outlook.fr V *t.l.j. sf dim. 9h-12h 13h30-19h*

DOM. MATRAY 2018 ★

4 500 | 8 à 11 €

Lilian Matray exploite avec sa femme Sandrine le domaine familial de 15 ha. Leur fille Célia les a rejoints en 2016, devenant la sixième génération de vignerons de la famille. Ils sont présents sur les crus juliénas, chénas, moulin-à-vent, saint-amour.

Une cuvée vinifiée en vendange entière qui a ensuite été successivement élevée 4 mois en cuve et 4 mois en fût. Le nez s'exprime puissamment sur des notes de fruits à haute maturité. Sur un profil un peu anguleux en bouche, il reste toutefois avenant. ⧗ 2022-2025

DOM. LILIAN, SANDRINE ET CÉLIA MATRAY, rte des Paquelets, Les Paquelets, 69840 Juliénas, tél. 04 74 04 45 57, domaine.matray@wanadoo.fr V *t.l.j. 8h-20h ; dim. 8h-12h*

PIRON ET LAMELOISE Volcanic 2018 ★

50 000 | 11 à 15 €

Les Piron exploitent la vigne depuis au moins 14 générations. Dominique Piron, aujourd'hui, met en valeur 85 ha, et si la spécialité du domaine est le morgon, il produit aussi dans les crus moulin-à-vent, régnié, fleurie et chénas.

Un tel nom de cuvée laisse entendre le caractère granitique du terroir qui l'a vu naître. Environ 30 % du vin ont été élevés en fût après une vinification en vendange partiellement égrappée. Le résultat est un chénas complexe, évoquant la cerise confite, le pruneau et l'anis, campé sur une solide trame tannique mais sans perdre en harmonie. ⧗ 2022-2025

DOMAINES DOMINIQUE PIRON, 1216, rte du Cru, Morgon, 69910 Villié-Morgon, tél. 04 74 69 10 20, piron@domaines-piron.fr V *r.-v.*

DOM. DU POURPRE 2018 ★

5 000 | 5 à 8 €

Installé depuis 1978, Bernard Méziat représente la cinquième génération sur ce domaine d'une vingtaine d'hectares. Il propose des moulin-à-vent, chénas et fleurie.

L'élevage en cuve pendant un an a parfaitement mis en valeur le potentiel aromatique de ce vin généreux du début à la fin de la dégustation. Les fruits rouges bien mûrs s'en donnent à cœur joie. Une texture équilibrée, harmonieuse et puissante amplifie l'appréciation. ⧗ 2021-2025

DOM. DU POURPRE, 32, rue Jean-Marie-Méziat, 69840 Chénas, tél. 04 74 04 48 81, meziat.bernard@wanadoo.fr V *t.l.j. 8h-18h*

CHIROUBLES

Superficie : 334 ha / Production : 13 800 hl

Le plus haut des crus du Beaujolais s'étend sur une seule commune perchée à près de 400 m d'altitude, dans un site en forme de cirque aux sols constitués de sable granitique léger et maigre. Issu de gamay comme les autres crus, le chiroubles, considéré comme le plus « féminin » des crus du Beaujolais, est élégant, fin, peu chargé en tanins, charmeur, avec

des arômes de violette. Rapidement prêt, il rappelle parfois le fleurie ou le morgon, crus limitrophes. Chiroubles est aussi la petite patrie du grand ampélographe Victor Pulliat, né en 1827, dont les travaux consacrés à l'échelle de précocité et au greffage des espèces de vigne ont contribué à mettre un terme à la crise phylloxérique; pour parfaire ses observations, le savant avait rassemblé dans son domaine de Tempéré plus de 2 000 variétés! La fête des Crus, organisée en avril, rappelle son souvenir.

DOM. CHANTE-GRILLONS 2019 ★

■ | 18 600 | 🍾 | 8 à 11 €

Fondée en 1865 à Mâcon, la maison de négoce Mommessin a acquis un vaste patrimoine en Bourgogne et en Beaujolais et noué des partenariats avec des domaines. Elle constitue aujourd'hui une des marques les plus importantes du groupe Boisset.

Un vin complexe, ample, élégant et d'une belle intensité aromatique qui séduira les amateurs de l'appellation la plus en altitude du Beaujolais. Les notes de fruits rouges (fraise, cerise) que l'on y rencontre souvent sont bien présentes, tout comme les arômes d'épices et de fruits noirs. Une cuvée au bon potentiel de garde. ⧗ 2022-2025

⊶ MOMMESSIN, 403, rte de Saint-Vincent, 69430 Quincié-en-Beaujolais, tél. 04 74 69 09 61, nesme.l@mommessin.fr

STEEVE CHARVET 2018 ★

■ | 14 000 | 🍾 | 8 à 11 €

Installé en 2011, Steeve Charvet représente la cinquième génération sur ce domaine de Chiroubles, qui couvre aujourd'hui 9 ha. Son grand-père pratiquait l'élevage et cultivait 4 ha; son père Armand a débuté la vente en bouteilles. Outre le chiroubles, le vigneron propose du morgon et du beaujolais.

Un chiroubles de belle facture qui illustre le caractère subtil et délicat des vins de l'appellation. Son expression aromatique, sur les fruits rouges frais et la pivoine, est intense. Une texture puissante se fait sentir en bouche et la finale se montre agréablement persistante. ⧗ 2023-2025

⊶ DOM. STEEVE CHARVET, 2255, rte de Chiroubles, 69115 Chiroubles, tél. 06 50 20 71 25, charvet-steeve@orange.fr V r.-v. A

CAVE DES GRANDS VINS DE FLEURIE 2019 ★★

■ | 10 000 | 🍾 | 8 à 11 €

Fondée en 1927, cette cave a eu à sa tête pendant près de 40 ans la première femme présidente de coopérative: Marguerite Chabert. Aujourd'hui principal producteur de fleurie (un tiers du volume), elle vinifie les quelque 300 ha de vignes de ses 300 adhérents. Outre les fleurie, elle propose plusieurs crus du Beaujolais.

Une cuvée issue d'une dizaine d'hectares sur un terroir argilo-calcaire planté de vignes d'une cinquantaine d'années. Des gamays en pleine force de l'âge qui ont donné un vin d'une remarquable élégance: des notes florales (pivoine) s'expriment tout au long de la dégustation et la bouche affiche une texture généreuse. ⧗ 2021-2024

⊶ CAVE DES PRODUCTEURS DE FLEURIE, 213, rue des Vendanges, 69820 Fleurie, tél. 04 74 04 11 70, commercial@cavefleurie.com V *t.l.j. 10h-12h 14h-18h*

DOM. DE LA GROSSE PIERRE 2018 ★

■ | 25 000 | 🍾 | 11 à 15 €

Un domaine familial fondé en 1953, et mené depuis 2018 par Pauline Passot, troisième génération. Cette dernière exploite 9 ha en appellation chiroubles essentiellement, ainsi qu'en fleurie et en morgon.

Le nom évocateur de ce lieu-dit de l'appellation a donné sa dénomination au domaine, mais aussi une identité à cette cuvée. Un vin issu d'une vinification en grappes entières, qui fait valoir une certaine fraîcheur aromatique et un bon équilibre en bouche, à défaut d'être particulièrement concentré. ⧗ 2021-2023

⊶ DOM. DE LA GROSSE PIERRE, 409, rte de la Grosse-Pierre, 69115 Chiroubles, tél. 06 73 37 70 06, contact@lagrossepierre.fr V *r.-v.* 4

SOPHIE ET GUILLAUME JONCY Les Roches 2018 ★

■ | 3000 | 🍾 | 8 à 11 €

Un domaine avec vue sur le mont Brouilly, dont le vignoble, converti au bio depuis 2017, couvre 25 ha, avec des parcelles en côte-de-brouilly, morgon, régnié, chiroubles et beaujolais-villages. Jean-Paul Joncy s'y est installé en 1979, relayé par son fils Guillaume et sa belle-fille Sophie. Depuis 2018, ces derniers sélectionnent également des cuvées dans le Beaujolais et le Mâconnais auprès de petits domaines familiaux, des «vignerons copains».

Les Roches est un lieu-dit de l'appellation sur lequel le domaine met en valeur 80 ares de gamays soixantenaires. Une macération semi-carbonique a permis d'obtenir un vin d'une bonne consistance sans manquer de finesse et doté d'une belle expression aromatique centrée sur les fruits rouges, typée d'un chiroubles bien né. ⧗ 2021-2023

⊶ GUILLAUME JONCY, 249, rte du Chavagnon, 69430 Quincié-en-Beaujolais, tél. 06 08 07 51 76, domaine.joncy@orange.fr

DOM. PASSOT-COLLONGE Bel-Air 2018 ★

■ | 2041 | 🍾 | 8 à 11 €

Héritiers de lignées vigneronnes remontant au milieu du XIXe s., Bernard et Monique Passot se sont installés en 1990. Monique a repris seule l'exploitation en 2016 après le départ à la retraite de son mari. Un domaine de 6 ha doté d'une palette fournie de cuvées dans plusieurs crus.

Égrappés aux deux tiers, les raisins de cette cuvée issue d'un micro-terroir de 62 ares ont donné une bouteille bien typée du millésime et de l'appellation. L'intensité, le gras et l'onctuosité reflètent le caractère solaire du millésime. La franchise aromatique, présente ici, est aussi l'un des points forts des chiroubles bien faits.

⊶ PASSOT-COLLONGE, 210, imp. du Colombier, 69910 Villié-Morgon, tél. 04 74 69 10 77, mbpassot@yahoo.fr V *r.-v.* 3

DOM. DU PRESSOIR FLEURI
Vieilles Vignes 2019 ★★

■ | 4000 | | 5 à 8 €

Franck Brunel a repris en 2001 avec son épouse Sandrine le domaine de son beau-père, dont les origines remontent à 1789. Les 12,5 ha de vignes sont répartis dans 3 crus : chiroubles, morgon et fleurie, auxquels s'ajoutent des parcelles en beaujolais blanc, en beaujolais-villages (dédiées au rosé) et en crémant-de-bourgogne.

Un chiroubles qui dépasse par sa puissance et sa structure les standards de l'appellation. Le nez offre un bouquet complexe de fruits et d'épices. En bouche, les tanins se montrent structurés, mais ne se départissent pas d'un caractère fondu du meilleur effet. De bonne garde assurément. ⧗ 2023-2026

⊶ DOM. DU PRESSOIR FLEURI, 95, rue de la Bascule, 69115 Chiroubles, tél. 04 74 04 23 12, dom.pressoirfleuri@numericable.fr V r.-v.

DOM. DE ROCHEFORT 2019 ★

■ | 14400 | | 8 à 11 €

Un domaine qui a vu le jour à l'initiative d'un groupe d'amis originaires de Bourgogne. Les vins sont vinifiés par la Cave du Château de Chénas.

Une incontestable réussite pour cette cuvée qui marie la générosité et l'intensité du millésime 2019 avec l'élégance naturelle des vins de l'appellation. Un fruité frais et croquant se manifeste aussi bien au nez qu'en bouche, accompagné de notes florales. ⧗ 2021-2025

⊶ DOM. DE ROCHEFORT, 3, rue des Chobins, Gigny, 21200 Beaune

DOM. RUET La Fontenelle 2019 ★★

■ | 11000 | | 8 à 11 €

Fondé en 1926 au nord du mont Brouilly, ce domaine familial couvre 20 ha, avec des parcelles dans 4 crus : brouilly, côte-de-brouilly, régnié et morgon. Une valeur sûre du Beaujolais : le premier coup de cœur fut un 1984 et bien d'autres ont suivi. David Duthel a pris les rênes de l'exploitation en 2010, complétée par une activité de négoce.

Fraîche et gourmande au nez, l'expression aromatique de cette cuvée vinifiée en grappes entières évoque notamment la pivoine et la griotte. Après une attaque franche et souple, des tanins assez fermes mais agréables viennent tapisser le palais. Un vin complet et harmonieux qui pourra vieillir sans mauvaise surprise. ⧗ 2022-2026

⊶ SARL DOM. RUET, Voujon, 178, rte du Château, 69220 Cercié, tél. 04 74 66 85 00, ruet.beaujolais@orange.fr V t.l.j. sf sam. dim. 9h-12h 14h-17h B ⊶ EARL Dom.Ruet

FLEURIE

Superficie : 858 ha / Production : 35 500 hl

Posée au sommet d'un mamelon totalement planté de gamay, une chapelle semble veiller sur le vignoble : c'est la Madone de Fleurie, qui marque l'emplacement du troisième cru du Beaujolais par ordre d'importance, après le brouilly et le morgon. L'aire d'appellation ne s'échappe pas des limites communales, et sa géologie est assez homogène, avec des sols constitués de granites à grands cristaux qui donnent au vin finesse et élégance. Certains aiment le fleurie frais, d'autres le servent à 14-15 °C. Ce vin entre traditionnellement dans la préparation de l'andouillette à la beaujolaise. Printanier, il charme par ses arômes aux tonalités d'iris et de violette. Certains terroirs aux noms évocateurs figurent sur l'étiquette : La Rochette, La Chapelle-des-Bois, Les Roches, Grille-Midi, La Joie-du-Palais…

DOM. DU CLOS DES GARANDS
Les Garants Vieilles Vignes 2018 ★

■ | 4000 | | 11 à 15 €

En 2004, Audrey Charton a pris la suite de sa mère à la tête de ce domaine familial d'un seul tenant d'environ 6 ha, créé en 1947. Son vignoble en coteaux est exposé au sud-sud-ouest.

Un fleurie vinifié en macération semi-carbonique et élevé pendant un an en foudre. Expressif à l'olfaction (cerise, violette, épices), il montre une belle structure en bouche et une bonne persistance en finale. ⧗ 2021-2025

⊶ DOM. DU CLOS DES GARANDS, 60, rte des Garants, 69820 Fleurie, tél. 04 74 69 80 01, closdesgarands@orange.fr V t.l.j. 10h-19h 5

CLOS LA MADONE Monopole 2018 ★

■ | 2000 | | 11 à 15 €

En 1842, le fondateur du château nomma son domaine la Grand'Grange comme un pied de nez à son frère cadet qui, lui, avait hérité d'un domaine nommé La Petite Grange. Aujourd'hui, le vignoble compte 14 ha repris en 2009 par Per Hakon Schmidt et Marianne Philip, couple d'avocats danois.

Un élevage mixte et long de 14 mois a abouti à cette cuvée harmonieuse, bien structurée et en devenir. Des notes boisées, épicées mais aussi fruitées (fruits noirs) se font sentir au nez. Un fleurie qui s'éloigne de l'image souvent accolée à cette appellation du vin travaillé plus en finesse qu'en puissance. ⧗ 2023-2026

⊶ CH. GRAND'GRANGE, lieu-dit La Grande Grange, 69460 Le Perréon, tél. 06 69 12 39 77, info@chateaugrandgrange.com V r.-v.

DOM. DES COMBIERS
La Cadole 2018 ★★

■ | 3000 | | 11 à 15 €

Pour aller à Vauxrenard, commune de l'aire des beaujolais-villages où est établi ce domaine familial, il faut franchir une ligne de crête au nord-ouest de Fleurie. Laurent Savoye, qui a pris en 2006 la succession de son père Yves, exploite 8 ha en beaujolais-villages, en fleurie et en mâcon-villages.

La Cadole est une petite cabane en pierre construite au milieu des vignes pour permettre au vigneron de s'abriter. La vinification en grappes entières a ici été parfaitement conduite pour faire ressortir des notes intenses, épicées et fruitées. La bouche dégage de la suavité. Une rondeur renforcée par un caractère confituré et chocolaté. ⧗ 2021-2024

LAURENT SAVOYE, Les Combiers, 1320, rte des Combiers, 69820 Vauxrenard, tél. 04 74 04 11 06, savoyelaurent@gmail.com *r.-v.*

DOM. COTEAUX DES OLIVIERS La Madone 2018 ★

570 | 8 à 11 €

Patrick Dufour est à la tête depuis 1988 de cette exploitation de 15 ha située à 3 km de Beaujeu, capitale historique du Beaujolais. Le vigneron effectue lui-même toutes les opérations culturales « dans le strict respect de la tradition » et produit du morgon, du côte-de-brouilly et du beaujolais-villages sur des vignobles majoritairement en coteaux.

Le domaine dispose d'une petite parcelle dans le terroir de la Madone dont il tire une cuvée élevée en fût pendant 8 mois. Le vin est intense et complexe, marqué par des notes épicées (vanille), mais le boisé demande à se fondre. ⧗ 2023-2025

DOM. COTEAUX DES OLIVIERS, 374, chem. des Oliviers, 69430 Quincié-en-Beaujolais, tél. 04 74 04 37 78, coteauxdesoliviers@free.fr *r.-v.*

LIONEL DESPRES Madone 2019 ★

17300 | 8 à 11 €

Niché à flanc de coteaux, le domaine est situé au hameau de la Presle, au pied de la fameuse chapelle de la Madone. Lionel Despres exploite 8 ha de vignes âgées en moyenne de 40 ans, en appellations fleurie et chiroubles.

Cette cuvée est issue d'un peu plus de 2 ha dans le plus fameux des terroirs de l'appellation : La Madone. Sous le soleil de l'été 2019, les vignes ont donné des raisins à pleine maturité et un vin souple et croquant, accompagnés au nez comme en bouche de plaisantes notes de fruits noirs. ⧗ 2022-2025

LIONEL DESPRES, La Presle, 69820 Fleurie, tél. 06 32 27 88 77, lionel.despres@laposte.net *r.-v.*

DOM. DES DEUX NOYERS 2019 ★

26000 | 8 à 11 €

Créée en 1929, la cave coopérative de Bel-Air, installée non loin du secteur des crus, près de Belleville, a fusionné en 2008 avec celle de Chiroubles. Forte de 350 producteurs qui vinifient 1 100 ha, elle propose la plupart des AOC du Beaujolais ainsi que des AOC régionales bourguignonnes.

Élevé pendant 6 mois en cuve après une vinification semi-carbonique, ce fleurie séduit par son expression de fruits rouges frais. Une netteté et une élégance qui se confirment en bouche. Des tanins encore un peu fermes en finale aujourd'hui incitent toutefois à la patience. ⧗ 2023-2025

VINESCENCE, 131, rte Henri-Fessy, Saint-Jean d'Ardières, 69220 Belleville-en-Beaujolais, tél. 04 74 06 16 05, com@vinescence.fr *t.l.j. 9h-12h 14h-18h*

DOM. DE FA Roche Guillon 2017 ★

12000 | 20 à 30 €

La famille d'Alain Graillot, célèbre vigneron de la vallée du Rhône, a gardé un lien avec ses racines du sud de la Bourgogne. En 2014, elle a notamment acquis des vignes à Saint-Amour et, l'année suivante, à Fleurie, sur des sols granitiques propices au gamay.

Un vin issu d'une parcelle d'un peu plus de 3 ha plantée sur un sol granitique, exploitée depuis 2015 par le domaine. Annonçant un élevage de 12 mois en fût, la démarche est ambitieuse. Elle est aussi réussie : ce fleurie fait preuve d'une grande concentration et d'une agréable richesse aromatique (cassis, cerise, myrtille). ⧗ 2023-2026

DOM. DE FA, 974, rte de Vers, 71700 Royer, contact@domainegraillot.com *r.-v.*

CAVE DE FLEURIE Présidente Marguerite Subtil 2019 ★

10000 | 8 à 11 €

Fondée en 1927, cette cave a eu à sa tête pendant près de 40 ans la première femme présidente de coopérative : Marguerite Chabert. Aujourd'hui principal producteur de fleurie (un tiers du volume), elle vinifie les quelque 300 ha de vignes de ses 300 adhérents. Outre les fleurie, elle propose plusieurs crus du Beaujolais.

La cuvée hommage à l'ancienne présidente de la cave est régulièrement présente dans le Guide. Après un millésime 2018 particulièrement réussi, elle est à nouveau au rendez-vous avec une expression aromatique d'une bonne intensité autour des fruits noirs et une bouche bien équilibrée, structurée et longue. Un vin complet et de bonne garde. ⧗ 2022-2025

CAVE DES PRODUCTEURS DE FLEURIE, 213, rue des Vendanges, 69820 Fleurie, tél. 04 74 04 11 70, commercial@cavefleurie.com *t.l.j. 10h-12h 14h-18h*

♥ CH. DE FLEURIE 2019 ★★

40000 | 11 à 15 €

Une imposante maison de maître du XVIIIe s. avec son cuvage et ses caves, où s'alignent les foudres, un parc et 13 ha de vignes implantées sur des arènes granitiques appelées localement « gore ». Le domaine appartient à la maison Jean Loron.

Les gamays en provenance de plusieurs parcelles situées à proximité du château (lieux-dits Les Rochaux, Point du Jour, La Madone) sont nés sur des terroirs de sables et d'arènes granitiques. Comme à l'accoutumée chez Loron, la vinification a été réalisée en chapeau immergé avec une bonne partie de raisins entiers. Le vin, à la fois fruité, frais, ample et fin, se montre parfaitement équilibré. Des tanins soyeux et délicats lui assurent une texture croquante. La version 2018 avait également obtenu le coup de cœur. ⧗ 2022-2026

CH. DE FLEURIE, Le Bourg, 69820 Fleurie, tél. 03 85 36 81 20, vinloron@loron.fr

DOM. GARDOT 2018 ★

■	1400		11 à 15 €

Un tout récent domaine créé en 2018 par Maxime Garnier et Amélie Jondot. Les vignes sont principalement situées sur un coteau surplombant Fleurie face à la célèbre Madone du village : 8 ha exposés au sud-sud-est.

Une petite parcelle d'environ 40 ares, de vieux gamays de 60 ans et une vinification en grappes entières, c'est le tryptique gagnant pour ce fleurie solide et complexe. Les tanins sont un peu fermes pour l'heure, mais ils devraient s'affiner avec la garde. ⧗ 2023-2026

DOM. GARDOT, 10, allée des Géraniums, 69115 Chiroubles, tél. 06 75 81 61 76, domaine.gardot@gmail.com V *r.-v.*

CAVE DU CH. DES LOGES Prestige 2019 ★

■	41860	8 à 11 €

Née en 1958, cette petite coopérative, qui regroupe 150 viticulteurs exploitant 450 ha de vignes, est une valeur sûre du Guide. Elle a acheté dès ses débuts le Ch. des Loges, une belle propriété du XVIIIe s. dans le parc de laquelle elle a construit ses chais.

Une cuvée issue de la traditionnelle macération semi-carbonique beaujolaise qui se distingue par ses notes de fruits noirs (cassis, myrtille) d'une bonne intensité. Structuré par des tanins présents mais élégants, le palais se livre avec équilibre. ⧗ 2023-2025

CAVE DU CH. DES LOGES, 163, rue de Louveignie, 69460 Le Perréon, tél. 04 74 03 22 83, chais@caveduperreon.fr V *t.l.j. 8h-12h 14h-17h30*

DOM. DES MARRANS Les Marrans 2018 ★

■	20000		11 à 15 €

Créé en 1970 à Fleurie par Jean-Jacques et Liliane Mélinand à partir de vignes familiales, le domaine a été repris par leur fils Mathieu en 2009. Celui-ci, qui a vinifié auparavant en Australie et en Nouvelle-Zélande, conduit aujourd'hui 20 ha de vignes répartis sur 6 appellations, dont 4 crus. Une valeur sûre.

C'est ce lieu-dit situé autour du domaine qui a donné son nom à l'exploitation : 4 ha qui ont engendré un vin harmonieux, puissant et profond, ouvert sur des notes expressives de fruits et d'épices, de vanille notamment. ⧗ 2023-2026

DOM. DES MARRANS, 109, rte des Marrans, 69820 Fleurie, tél. 04 74 04 13 21, contact@domainedesmarrans.com V *r.-v.* 2

DOM. DU NIAGARA 2018 ★

■	15000		8 à 11 €

Exposé au sud, ce domaine (17 ha) est le plus en altitude de l'appellation. Également à la tête du Dom. de la Madone (propriété de sa famille depuis 6 générations), Arnaud Despres produit différentes cuvées en fleurie, ainsi que du viognier.

Une vinification en raisins entiers complétée par un élevage en cuve de 10 mois ont donné naissance à un fleurie à l'expression aromatique nette et franche, sur des notes de violette et de fruits rouges. La bouche se distingue par son équilibre et sa souplesse. ⧗ 2021-2024

SARL DOM. DE LA MADONE, 1230, rte de la Madone, 69820 Fleurie, tél. 04 74 69 81 51, domainedelamadone@wanadoo.fr V *r.-v.* 4 G

DOM. PASCALIS DE LA CHAUP Montgenas 2018 ★

■	1352		20 à 30 €

Ce domaine, repris en 2010 par Jean-Christophe Pouplier, se situe sur la colline de Montgenas à environ 300 m d'altitude. Dominé par la Madone, il s'appuie sur un terroir composé de granite planté de vignes certifiées HVE3 depuis 2019.

Une cuvée issue du lieu-dit Montgenas et de seulement 40 ares de vignes âgées d'une soixantaine d'années. Bâtie sur des tanins agréables, elle évolue en souplesse et en finesse en bouche, et charme également par la fraîcheur de son fruit. ⧗ 2021-2023

DOM. PASCALIS DE LA CHAUP, lieu-dit Les Rochaux, 69820 Fleurie, tél. 06 14 05 36 98, pascalisdelachaup@free.fr V *r.-v.* E

CH. DE RAOUSSET Grille-Midi 2018 ★

■	30000		11 à 15 €

Les origines de ce domaine, dans la même famille depuis 1930, remontent à 1761. Le domaine actuel a été constitué par Gaston de Raousset qui réunit des parcelles en chiroubles, morgon et fleurie - 35 ha de vignes. La propriété, aujourd'hui aux mains de quatre de ses héritiers, est dirigée par Axel Joubert.

Les raisins en provenance d'une dizaine d'hectares ont été vinifiés en grappes entières, puis le vin a été élevé en foudre pendant 10 mois. Le résultat: un fleurie tout en rondeur, doté de tanins souples et qui s'exprime sur des notes délicates de fruits et d'épices. ⧗ 2021-2025

CH. DE RAOUSSET, 21, rte de Verchère, 69115 Chiroubles, tél. 04 74 69 17 28, info@chateauderaousset.com V *t.l.j. 8h-12h 14h-18h; sam. dim. sur r.-v.*

DOM. DE ROCHE-GUILLON Lieu-dit La Tonne 2018 ★

■	15000		8 à 11 €

Valérie et Bruno Copéret se sont installés en 1984 sur le vignoble familial, rejoints en 2014 par leur fils Cyril. Le domaine, qui couvre 12 ha, propose 3 crus : fleurie principalement, chénas et moulin-à-vent.

Une cuvée originaire du lieu-dit La Tonne, où Bruno Copéret exploite 3 ha. Elle séduit par son fruit, évoquant un gamay à bonne maturité, par la souplesse de ses tanins, son équilibre et sa persistance. ⧗ 2021-2023

DOM. DE ROCHE-GUILLON, 50, rte de Roche-Guillon, 69820 Fleurie, tél. 04 74 69 85 34, roche-guillon.coperet@wanadoo.fr V *t.l.j. 9h-18h* 2

JULIÉNAS

Superficie : 565 ha / Production : 24 000 hl

Un cru impérial d'après l'étymologie: Juliénas tiendrait en effet son nom de Jules César, de même que Jullié, l'une des quatre communes qui composent l'aire géographique de l'appellation (avec Émeringes et Pruzilly, cette dernière se trouvant en Saône-et-Loire). Implanté sur des terrains granitiques à l'ouest et sur des terrains sédimentaires avec alluvions anciennes à l'est, le gamay engendre des vins bien charpentés, riches en couleur, appréciés au printemps après quelques mois de conservation. Gaillards et espiègles, ceux-ci sont à l'image des fresques qui ornent le caveau de la vieille église, au centre du bourg. Dans cette chapelle désaffectée est remis, chaque année à la mi-novembre, le prix Victor-Peyret à l'artiste, peintre, écrivain ou journaliste, qui a le mieux «tasté» les vins du cru; celui-ci reçoit alors 104 bouteilles: 2 par week-end...

ARNAUD AUCŒUR
Les Ganelites Vieilles Vignes 2019 ★

■ | 50 000 | 11 à 15 €

En 1825, Jean-Claude Aucœur plante les premiers ceps à Villié-Morgon. Œnologue, Arnaud, qui représente la dixième génération sur le domaine, s'est installé en 1998. Une activité de négoce complète la production de l'exploitation familiale (14 ha) et lui permet de proposer une belle palette de 9 crus.

De ce terroir de schistes granitiques est né un vin puissant, riche, intense. La finesse n'est pas sa qualité première, mais son expression aromatique (fruits confits, touche grillée) et son équilibre en font une bouteille qui trouvera facilement sa place à table en accompagnement d'une pièce de bœuf par exemple. ⧗ 2021-2025

⊶ LES VINS ARNAUD AUCŒUR, 135, imp. du Colombier, 69910 Villié-Morgon, tél. 04 74 04 16 89, arnaudaucoeur@vignobleaucoeur.com V *r.-v.*

DOM. GUILLAUME BLANCHET 2017 ★

■ | 2500 | 🍾 | 11 à 15 €

Après des études en viticulture-œnologie, Guillaume Blanchet s'est installé à Vauxrenard sur deux appellations : juliénas et beaujolais. À la tête de 6,5 ha, il se tourne vers l'agro-écologie depuis 2018.

Guillaume Blanchet a pratiqué une longue macération carbonique et un élevage en cuve de 9 mois pour obtenir un juliénas à la fois frais, élégant et gourmand, dont le nez associe des touches végétales et florales. ⧗ 2021-2024

⊶ GUILLAUME BLANCHET, 2059, rte des Bourrons, 69820 Vauxrenard, tél. 06 49 98 04 41, guillaume@domaineblanchet.fr V *r.-v.*

CH. DES CAPITANS 2018 ★

■ | 2643 | 🛢🍾 | 8 à 11 €

Georges Dubœuf, décédé début 2020, a créé en 1964 un négoce-éleveur qui a largement contribué à la notoriété du Beaujolais. Aujourd'hui sous la conduite de son fils Franck, la société travaille avec de nombreux vignerons et coopératives et réalise 75 % de son chiffre d'affaires à l'international. Georges Dubœuf fut aussi pionnier en matière d'œnotourisme avec son Œnoparc (Hameau Georges Dubœuf) aménagé en 1993 dans l'ancienne gare de Romanèche-Thorins.

Macération carbonique d'une douzaine de jours et élevage en fût pour 20 % donnent un juliénas d'un bel équilibre. Son nez évoque les fruits noirs, le poivre et la cannelle. Une structure intense s'impose en bouche et la finale se prolonge. La fougue de 2018 est bien maîtrisée. ⧗ 2022-2025

⊶ LES VINS GEORGES DUBŒUF, 208, rue de Lancié, 71570 Romanèche-Thorins, tél. 03 85 35 34 20, gduboeuf@duboeuf.com V *t.l.j. 10h-18h*

DOM. CHÂTAIGNIER DURAND
Vieilles Vignes 2019 ★

■ | 10 000 | 🍾 | 8 à 11 €

Jean-Marc Monnet s'est installé en 1981. À cheval sur le Mâconnais et le Beaujolais, son domaine propose en blanc du saint-véran et en rouge 2 crus du Beaujolais : chiroubles et juliénas.

Nous sommes ici sur un terroir d'origine volcanique pour une cuvée issue d'une classique vinification semi-carbonique. L'élevage en cuve de 6 mois a préservé le caractère floral (iris) et fruité (fruits noirs) de ce vin doté d'une bouche ronde et charnue. ⧗ 2021-2024

⊶ JEAN-MARC MONNET, Les Bucherats, 69840 Juliénas, tél. 06 17 52 70 38, monnet.jm@free.fr V *r.-v.*

DOM. DU CLOS DU FIEF 2018 ★

■ | 9000 | 🍾 | 8 à 11 €

Francis Tête, tonnelier et régisseur de cave, a créé l'exploitation. Son fils Raymond a débuté la vente en bouteilles, Michel et Françoise ont développé le domaine, qui couvre aujourd'hui 17,5 ha - en beaujolais-villages, saint-amour et juliénas. L'arrivée de Sylvain en 2015 marque le passage à la quatrième génération.

Des raisins vinifiés sans égrappage, en provenance de vignes de 65 ans sur un terroir de granite rose ont donné une cuvée à la structure affirmée mais agréable. Le nez, ouvert sur des touches végétales, témoigne de ce parti pris pour les vendanges entières. ⧗ 2021-2025

⊶ DOM. DU CLOS DU FIEF, Les Gonnards, rue du Gamay, 69840 Juliénas, tél. 04 74 04 41 62, domaine@micheltete.com V *r.-v.*

CHRISTOPHE COQUARD Jules César 2019 ★

■ | 90 000 | 🍾 | 8 à 11 €

Issu d'une longue lignée de vignerons, Christophe Coquard a vinifié sur trois continents et travaillé pour plusieurs négociants du Beaujolais, avant de lancer en 2005 sa propre structure adossée au domaine familial situé dans le pays des Pierres dorées.

Très régulièrement sélectionnée, cette cuvée vinifiée en vendange entière séduit par sa grande harmonie. La texture tannique est riche, soyeuse et gourmande. Une sensation de plénitude qui se confirme du début à la fin de la dégustation, d'autant que d'intenses notes de fruits noirs se font également sentir. ⧗ 2023-2025

SARL MAISON COQUARD, 86, rue Manon-Roland, Le Boitier, 69620 Theizé, tél. 04 74 71 11 59, contact@maison-coquard.com V r.-v.

DOM. DE CÔTES RÉMONT En Broussaud 2019 ★

4900 | 8 à 11 €

À leur retraite, en 2011, Catherine et Dominique Olry ont décidé de reprendre le domaine familial de madame, fondé au XVIIIes., un vignoble de 60 ha d'un seul tenant planté sur des coteaux pentus, sous le pic de Rémont. Le couple s'appuie sur l'expérience de son maître de chai, M. Granchamp.

Cette cuvée est le fruit d'une sélection parcellaire (74 ares), sur un lieu-dit planté de vignes de 70 ans environ. Ouverte à l'olfaction sur des notes de fruits rouges frais, elle se distingue en bouche par son équilibre, sa fraîcheur et sa rondeur davantage que par sa puissance. ⧗ 2021-2023

DOM. DE CÔTES RÉMONT, 744, chem. de Rémont, 69840 Chénas, tél. 06 78 24 59 08, olryfamily@chenascotesremont.com V r.-v.

DOM. LE COTOYON 2018 ★

4000 | 5 à 8 €

Établi aux confins du Mâconnais dans le village haut perché de Pruzilly, à 400 m d'altitude, Frédéric Bénat conduit depuis 1979 un vignoble de 16 ha partagé entre les crus juliénas et saint-amour.

Un hectare de gamay implanté sur un terroir composé de roche bleue est à l'origine de ce juliénas d'une bonne intensité. Celui-ci évoque les fruits rouges et la confiture de mûrs au nez. Les tanins sont assez prononcés en bouche. ⧗ 2023-2025

DOM. LE COTOYON, Les Ravinets, 71570 Pruzilly, tél. 03 85 35 12 90, geoffray@lecotoyon.com V r.-v.

CAVE DES GRANDS VINS DE FLEURIE 2019 ★★

10 000 | 8 à 11 €

Fondée en 1927, cette cave a eu à sa tête pendant près de 40 ans la première femme présidente de coopérative : Marguerite Chabert. Aujourd'hui principal producteur de fleurie (un tiers du volume), elle vinifie les quelque 300 ha de vignes de ses 300 adhérents. Outre les fleurie, elle propose plusieurs crus du Beaujolais.

Une cuvée issue d'une dizaine d'hectares sur un terroir argilo-calcaire planté de vignes d'une cinquantaine d'années. Des gamays en pleine force de l'âge qui ont donné un vin d'une remarquable élégance : des notes florales (pivoine) s'expriment tout au long de la dégustation et la bouche affiche une texture généreuse. ⧗ 2021-2024

CAVE DES PRODUCTEURS DE FLEURIE, 213, rue des Vendanges, 69820 Fleurie, tél. 04 74 04 11 70, commercial@cavefleurie.com V t.l.j. 10h-12h 14h-18h

DOM. GAËL MARTIN Le Clos 2018 ★

5000 | 8 à 11 €

Installé en 2004 à l'âge de 19 ans sur le domaine familial, Gaël Martin (4e génération) est établi en Mâconnais, aux confins du Beaujolais. Son vignoble de 22 ha est à cheval sur les 2 régions, si bien qu'il propose aussi bien du bourgogne blanc et du saint-véran que du juliénas, du saint-amour, du chiroubles et du chénas.

Un juliénas vinifié et élevé en cuve (8 mois), qui séduira les amateurs de vins à la charpente tannique bien affirmée. Le nez évoque des notes d'épices douces, de réglisse et de fruits noirs. Une cuvée dotée d'un bon potentiel de garde. ⧗ 2023-2025

DOM. GAËL MARTIN, Les Truges, 71570 Saint-Vérand, tél. 03 85 40 64 22, gaelmartin.vins@outlook.fr V t.l.j. sf dim. 9h-12h 13h30-19h

DOM. DU MOULIN BERGER Vayolette 2018 ★★

4000 | 8 à 11 €

D'abord salarié (en 1973) sur les vignes de ce domaine, Michel Laplace les exploite en métayage à partir de 1976 avant d'en devenir propriétaire en 1998. En 2014, il a pris sa retraite et transmis le domaine à ses fils Romain et Cyril. Le vignoble compte aujourd'hui 25 ha à cheval sur le Mâconnais et le Beaujolais.

Un juliénas issu d'un terroir argilo-calcaire et de gamays âgés d'une soixantaine d'années. Cyril et Romain Laplace ont procédé à un élevage en foudre de 8 mois pour obtenir cette cuvée centrée sur des notes balsamiques (résine) et des arômes de fruits mûrs. Les tanins, concentrés et suaves, incitent à être optimiste sur son potentiel de garde. ⧗ 2023-2025

DOM. DU MOULIN BERGER, 745, imp. de la Gagère, 71570 Saint-Amour-Bellevue, tél. 06 32 37 83 99, scev-vignobles-laplace@orange.fr V r.-v.

♥ DOM. BENJAMIN PASSOT Vayolette 2017 ★★

1700 | 8 à 11 €

Jeune viticulteur, Benjamin Passot a connu ses premières expériences viticoles à Vosne-Romanée. Il a parallèlement développé son propre domaine et s'est installé sur quelques arpents de Juliénas à partir de 2017. Il a depuis repris des vignes sur Chénas et Chiroubles.

Premier millésime à la tête de son propre vignoble pour Benjamin Passot et premier coup de cœur ! Il signe un juliénas, élevé pendant 10 mois en fût, d'une grande finesse et d'une réelle harmonie. Des notes florales et boisées se marient avec bonheur au nez. La bouche s'appuie sur des tanins tout en élégance et s'étire dans une longue finale pleine de fraîcheur. Le plaisir est déjà là. ⧗ 2021-2025

DOM. BENJAMIN PASSOT, 29, rue de Citeaux, 21700 Agencourt, tél. 06 10 75 51 05, pass.au.vin@sfr.fr V r.-v.

DOM. DES PIVOINES
Vieilles Vignes Élevé en fût de chêne 2017 ★

1600 | 8 à 11 €

Ce domaine de 6,5 ha, transmis depuis 4 générations, est la propriété de Patrick Thévenet. Ce dernier a

choisi la pivoine, arôme emblématique du chénas, pour baptiser son domaine.

Une cuvée « vieilles vignes » effectivement, puisque les ceps mobilisés sont âgés de 86 ans. Côté élevage, elle a été logée en fût de chêne pendant 12 mois. Le boisé est perceptible mais ne nuit pas à la complexité et à l'élégance : des notes florales sont notamment perceptibles. La bouche se montre à la fois ample et fraîche. ⧗ 2022-2025

⊶ *ALAIN PEYTEL, imp. Les Fouillouses, 69840 Juliénas, tél. 06 88 57 85 57, alain.peytel@wanadoo.fr*
V *t.l.j. 8h-19h* 2

♥ DOM. SANCY 2018 ★★

■	4000	🍾	8 à 11 €

Thomas Broyer a repris le domaine familial en 2014 : 10 ha sur les appellations juliénas, chénas et saint-amour. Il vinifie « à la beaujolaise » et travaille ses sols.

Un vignoble de 4 ha sur un terroir argilo-calcaire, planté de vignes de 70 ans et une vinification pour moitié en vendange entière sont les caractéristiques marquantes de cette cuvée particulièrement séduisante. Un vin de caractère ouvert au nez sur le poivre et les fruits noirs à bonne maturité, porté en bouche par la minéralité et par des tanins puissants mais soyeux. ⧗ 2023-2027

⊶ *THOMAS BROYER, Les Bucherats, 69840 Juliénas, tél. 06 88 88 71 73, domainesancy@orange.fr*
V *t.l.j. 8h-12h 14h-18h*

DOM. SÈVE 2018 ★

■	3000	🍾	5 à 8 €

Installé en 1990 sur le domaine familial, Laurent Sève représente la quatrième génération. Son vignoble de 16 ha est implanté autour du Bois d'Oingt, sur les coteaux des Pierres dorées.

Une cuvée issue d'un terroir granitique d'un hectare et élevée en cuve pendant 8 mois. Elle présente des notes de fruits frais (framboise notamment) typiques d'un gamay bien né. La bouche délivre une bonne structure mais semble ne pas avoir encore dévoilé toutes ses qualités. Encore un peu de patience. ⧗ 2021-2024

⊶ *LAURENT SÈVE, av. du 8-Mai-1945, Le Bois-d'Oingt, 69620 Le Bois-d'Oingt, tél. 06 89 86 34 91, laurent.seve69@orange.fr* V *r.-v.*

DOM. DE TROIZELLE 2019 ★

■	9000	🍾	5 à 8 €

Installé en 1983 sur le domaine familial (9 ha) établi dans l'aire du juliénas, Jean-François Perraud propose également du saint-amour et du moulin-à-vent.

Un vin issu d'un égrappage à 25 % et d'une longue macération carbonique (17 jours). Des choix de vinification tournés vers la production d'un vin de bonne garde ; ce que confirme la dégustation de ce vin évoquant les fruits noirs et rouges (mûre, groseille), à la bouche ample et longue. ⧗ 2022-2024

⊶ *DOM. DE TROIZELLE, Les Belins, 69840 Jullié, tél. 06 81 36 30 96, jean.francois.perraud@wanadoo.fr*
V *r.-v.*

MORGON

Superficie : 1 120 ha / Production : 48 600 hl

Le deuxième cru en importance après le brouilly est localisé sur une seule commune, celle de Villié-Morgon. Le gamay y engendre des vins robustes, généreux, fruités, évoquant la cerise, le kirsch et l'abricot. Ces caractéristiques sont dues aux sols issus de la désagrégation de schistes à prédominance basique, imprégnés d'oxyde de fer et de manganèse, que les vignerons désignent par les termes de « terre pourrie ». Des vins qui présentent ces qualités on dit qu'ils « morgonnent ». Non loin de l'ancienne voie romaine reliant Lyon à Autun, la colline du Py, croupe aux formes parfaites culminant à 300 m d'altitude, fournit l'archétype des vins de l'appellation. Cette Côte du Py est sans doute le plus connu des cinq *climats* de l'AOC. Vin de garde (jusqu'à dix ans les meilleures années), le morgon peut prendre des allures de bourgogne. La commune de Villié-Morgon se flatte d'avoir été la première à se préoccuper de l'accueil des amateurs de vins du Beaujolais : ouvert en 1953, son caveau, aménagé dans les caves du château de Fontcrenne, peut recevoir plusieurs centaines de personnes.

DOM. DES ARCADES 2019 ★

■	37000	🍾	8 à 11 €

Un domaine de 6 ha distribué par la maison Thorin. Fondé en 1843 par une vieille famille du Beaujolais, ce négoce, qui s'approvisionne auprès de 450 viticulteurs, est maintenant une filiale du groupe Boisset. Il décline dans sa gamme les différentes « terres » du Beaujolais.

Un vin qui se présente avec puissance et une certaine originalité dans son expression aromatique. Outre les classiques fruits noirs et fruits rouges à l'eau-de-vie, il évoque aussi l'olive et le curry. La matière en bouche est dense, tenue par une bonne acidité. Un morgon aux tonalités... méridionales. ⧗ 2022-2026

⊶ *DOM. DES ARCADES, Morgon, 69910 Villié-Morgon, tél. 04 74 69 09 10*

♥ ARNAUD AUCŒUR Vieilles Vignes 2019 ★★

■	50000	11 à 15 €

En 1825, Jean-Claude Aucœur plante les premiers ceps à Villié-Morgon. Œnologue, Arnaud, qui représente la dixième génération sur le domaine, s'est installé en 1998. Une activité de négoce complète la production de l'exploitation familiale (14 ha) et lui permet de proposer une belle palette de 9 crus.

Une cuvée conséquente du domaine qui représente pas moins de 7 ha. Issue d'un terroir de schistes granitiques, elle témoigne par son expression aromatique de la grande générosité du soleil en 2019. Des notes de fruits noirs à haute maturité et de chocolat montent au nez. Une touche mentholée ajoute à sa complexité. Une texture suave, réglissée, puissante mais aussi élégante prend place au palais. Une finale intense conclut la dégustation. Après ses trois coups de cœurs dans l'édition précédente, Arnaud Aucœur continue d'afficher son grand talent. ⧗ 2023-2028 ■ **Côte du Py 2019 ★ (11 à 15 €; 50000 b.)** Ce morgon se montre riche, rond et puissant en bouche. Les épices et la cerise noire constituent ses caractéristiques aromatiques. Un Côte du Py intense, bien armé pour la garde. ⧗ 2023-2028

LES VINS ARNAUD AUCŒUR, 135, imp. du Colombier, 69910 Villié-Morgon, tél. 04 74 04 16 89, arnaudaucoeur@vignobleaucoeur.com V r.-v.

PATRICK BOULAND Les Charmes 2018 ★

■ | 7000 | | 8 à 11 €

Patrick Bouland dirige depuis 1982 ce domaine bien connu des habitués du Guide. Avec sa femme Claudie, il est installé sur 11,5 ha de vignes dans les appellations morgon, chiroubles et beaujolais.

Des gamays de 60 ans et une vinification en grappes entières sont à l'origine de ce morgon élégant et long. Le nez s'ouvre progressivement sur des notes d'épices, de réglisse et une pointe végétale. Expressive et construite sur des tanins fondus, la bouche se montre gourmande. ⧗ 2022-2025

PATRICK BOULAND, 77, montée des Rochauds, 69910 Villié-Morgon, tél. 04 74 69 16 20, patrick.bouland@free.fr V r.-v.

DOM. GÉRARD BRISSON Les Charmes Vieilles vignes 2018 ★

■ | 8000 | | 11 à 15 €

Dans la famille Brisson depuis 1954, ce domaine est implanté à mi-coteau sur le lieu-dit Les Charmes. Gérard Brisson revendique la production de vins structurés taillés pour la garde.

Des cuvaisons longues, en grappes entières, et un élevage en fût de 12 mois ont fait de ce morgon un vin bâti pour une garde prospère. Au nez, le cassis, la violette et une touche végétale se font sentir. Les tanins se développent avec puissance et vigueur, mais dans l'équilibre. ⧗ 2023-2026

DOM. GÉRARD BRISSON, Les Pillets, 2240, voie Romaine, 69910 Villié-Morgon, tél. 04 74 04 21 60, vin.brisson@wanadoo.fr V t.l.j. sf dim. 9h-12h 14h-18h

ANTHONY CHARVET Fontriante 2018 ★

■ | 6000 | | 8 à 11 €

Anthony Charvet a travaillé plusieurs années chez Georges Boulon, tout en vinifiant à son compte : 73 ares à ses débuts, 3,6 ha aujourd'hui, en chiroubles, fleurie et morgon. Pas de levures aromatiques ici, ni de thermovinification, mais la recherche de « vins de terroir » non standardisés.

Fontriante est un lieu-dit sur lequel Anthony Charvet exploite 1,3 ha. Il fait macérer ses raisins, égrappés à 70 %, sans soufre, puis procède à un élevage en jarre. Le nez évoque le cassis et plus généralement les baies à maturité, agrémentés d'une touche épicée. La bouche se révèle souple et ronde, avec toutefois une pointe de fermeté tannique en finale. ⧗ 2022-2025

ANTHONY CHARVET, 9, rte du Kiosque, 69115 Chiroubles, tél. 06 50 07 25 01, anthony.charvet@live.fr V r.-v.

DOM. FRANCK CHAVY 1920 2019 ★

■ | 10000 | | 11 à 15 €

Fils et petit-fils de vignerons, Franck Chavy s'est installé en 1991 sur quelques hectares de morgon. Par le biais de rachats et de métayages, il a agrandi son domaine, lequel compte aujourd'hui 10 ha, tout en prenant ses marques dans le Guide, dont il est une valeur sûre. Un palmarès auquel contribuent sans doute des vignes plantées à haute densité (10 000 pieds/ha) et des macérations longues.

Une cuvée hommage au grand-père de Franck Chavy, né en 1920. Ce dernier a lui-même cultivé ces vignes octogénaires. La vinification a visé à extraire toutes les qualités de raisins bien concentrés : le vin fait effectivement preuve d'une grande profondeur et d'une belle intensité aromatique. Un morgon de bonne garde. ⧗ 2022-2026

EARL FRANCK CHAVY, 200, rte de Lachat, 69430 Régnié-Durette, tél. 06 07 16 18 85, franck.vinchavy@orange.fr V r.-v. 2 C

DOM. DE LA CROIX MULINS 2019 ★★

■ | 10000 | 5 à 8 €

Créé en 1961, le domaine s'étend au pied de la célèbre Côte du Py à Morgon. Les vignes sont plantées sur des « morgons », sols issus de la désagrégation des schistes pyriteux et riches en oxyde de fer, composé qui colore à la fois la terre et les vins.

Un morgon qui séduit par son équilibre. Les fruits noirs et les épices se sont donné rendez-vous au nez. La bouche se montre tannique et puissante, mais sans sacrifier la finesse. Un vin qui traduit avec une grande lisibilité le caractère de son terroir : « un morgon qui morgonne », pour utiliser l'expression locale consacrée. ⧗ 2023-2028

DOM. DE LA CROIX MULINS, Les Raisses, 356, rte de Beaujeu, 69910 Villié-Morgon, tél. 06 18 05 78 65, domainecroixmulins@orange.fr V r.-v.

JEAN-PIERRE DUCROUX Cuvée Vieilles Vignes 2019 ★

■ | 4000 | | 5 à 8 €

Jean-Pierre Ducroux a pris la suite des deux générations précédentes et s'est installé en 1989 sur le domaine implanté dans un hameau de Villié-Morgon. Il exploite près de 14 ha de vignes en AOC morgon, régnié et beaujolais-villages.

Les vieilles vignes de cette parcelle de 3 ha sont âgées d'une cinquantaine d'années. Après une vinification en vendange entière, le vin a été élevé en cuve. Le nez développe des notes intenses de cassis et de petits fruits rouges. La bouche apparaît ronde, riche et puissante. ⧗ 2022-2025

JEAN-PIERRE DUCROUX, 87, imp. des Deux-Clochers, Saint-Joseph, 69910 Villié-Morgon, tél. 04 74 69 91 96, ducroux-jeanpierre@orange.fr V r.-v.

DOM. DUFOUR Les Champs brûlés 2018 ★

■ | 7300 | 8 à 11 €

Florent Dufour s'est installé en 1998 sur le domaine familial qu'il n'a eu de cesse d'agrandir. Il dispose aujourd'hui d'une coquette exploitation de 18 ha avec plusieurs crus à sa carte (chiroubles, morgon, brouilly, moulin-à-vent).

Des notes florales, des fruits noirs (myrtille, mûre), des épices, voilà une expression aromatique qui ne manque pas de complexité. Après une belle attaque en bouche, la matière affirme sa présence dans l'harmonie et la longueur. ⧗ 2022-2025

DOM. DUFOUR PÈRE ET FILS, 602, rte de Ponchon, 69430 Régnié-Durette, tél. 04 74 04 35 46, florent-dufour@wanadoo.fr V r.-v.

CH. GAILLARD 2019 ★

■ | 12000 | | 5 à 8 €

La cave du Beau Vallon de Theizé et celle des Vignerons de Liergues ont décidé de s'unir en 2009 : Oedoria est leur marque commune. Cette nouvelle entité dispose de 1 000 ha (pour 350 adhérents), essentiellement situés au sud du vignoble, à l'ouest de Villefranche-sur-Saône.

Issue d'un terroir siliceux de 2 ha planté de gamay de 30 ans, ce morgon se distingue par sa texture soyeuse et assurément gourmande. Un pouvoir de séduction perceptible dès le nez, intense et profond, sur les fruits noirs. Plénitude et équilibre sont au rendez-vous. ⧗ 2021-2025

ŒDORIA, 25, rte de Cottet, 69620 Theizé, tél. 04 74 71 48 00, contact@oedoria.com V *t.l.j. 9h-12h 14h-18h30; dim. 9h-12h*

DOM. DES GAUDETS 2018 ★

■ | 6000 | | 8 à 11 €

Représentant la sixième génération sur le domaine, Christophe Sornay a pris les rênes de l'exploitation en 2003, à la disparition de son père Noël. Il conduit 12 ha de vignes en appellations beaujolais, morgon et régnié.

Éraflée à 50 % et mise à macérer pendant 14 jours, cette cuvée se distingue par son équilibre et sa fraîcheur. Elle présente des arômes d'épices, de fruits noirs et de pivoine. Sa trame est construite sur des tanins d'une belle finesse et témoigne d'une bonne maturité du fruit. ⧗ 2021-2025

DOM. DES GAUDETS, 312, rue Baudelaire, 69910 Villié-Morgon, tél. 06 80 87 89 32, domainedesgaudets@orange.fr V r.-v.

ALAIN GAUTHIER 2018 ★

■ | 6000 | | 8 à 11 €

Alain Gauthier est installé depuis 1984 sur le domaine familial, au cœur de l'appellation morgon.

De ce terroir schisteux d'un peu moins d'un hectare et demi, Alain Gauthier a tiré un morgon puissant et généreux. Le nez développe des notes complexes et raffinées de cassis et de cerise à l'eau-de-vie. La bouche, ferme mais plaisante, incite à la patience. ⧗ 2022-2025

DOM. ALAIN GAUTHIER, La Roche-Pilée, 125, rte d'Avenas, 69910 Villié-Morgon, tél. 04 74 69 15 87, earl.des.rochauds@orange.fr V r.-v.

DOM. DES GÉNÉRATIONS Vieilles Vignes 2019 ★

■ | 15000 | | 8 à 11 €

Fabien Collonge, qui a pris la suite de son père André en 1997, vit en hauteur, sur les contreforts des monts du Beaujolais (Le Truges, son hameau, culminant à 450 m). Fondé en 1892, le domaine familial, rebaptisé Dom. des Générations, compte 15 ha de vignes en morgon, chiroubles et beaujolais.

Les vieilles vignes dont il est question pour cette cuvée sont âgées d'une soixantaine d'années. Les raisins ont été égrappés à 40 % et vinifiés sans soufre. Ils livrent un vin d'un premier abord peu expressif, qui dévoile à l'aération des notes de cerise, de framboise et de rose. Le palais se montre harmonieux et rond. ⧗ 2021-2024

DOM. DES GÉNÉRATIONS, Le Truges, 2866, rte d'Avenas, 69910 Villié-Morgon, tél. 06 30 02 63 18, f.collonge@orange.fr V r.-v. B

DOM. DE GRANDE FERRIÈRE Cuvée Caractère 2018 ★★

■ | 4600 | | 8 à 11 €

Julien Nesme a rejoint son père Martial sur l'exploitation familiale qui couvre 15 ha, avec des parcelles en morgon. Martial est un passionné de mécanique et de vieux tracteurs, qu'il expose dans son domaine.

Une parcelle de 70 ares sur un terroir granitique est à l'origine de ce vin harmonieux, à l'enveloppe tannique fondue. Le nez se montre fin, aromatique, sur des arômes de fruits rouges mûrs et d'épices. L'élevage en cuve pendant une année a parfaitement respecté son équilibre. ⧗ 2021-2025

DOM. DE GRANDE FERRIÈRE, 831, rte des Rochons, 69220 Belleville-en-Beaujolais, tél. 06 72 33 83 14, nesme.julien@orange.fr V *t.l.j. sf dim. 9h-12h 14h-18h30*

B SANDRINE HENRIOT 2018 ★★

■ | 1500 | | 11 à 15 €

Originaire de Bourgogne, Sandrine Henriot s'est installée en 2018. Elle a repris un domaine certifié en biodynamie depuis 2010. Elle est à la tête de 3,3 ha en régnié, morgon et beaujolais-villages.

Une macération semi-carbonique particulièrement réussie. Cette cuvée présente une remarquable finesse aromatique autour de la griotte et de la réglisse. Une matière charnue, campée sur des tanins solides, donne un ensemble riche mais aussi très soyeux. Un premier millésime plus qu'encourageant. ⧗ 2022-2027

SANDRINE HENRIOT, 5238, rte de Saint-Joseph, 69430 Régnié-Durette, tél. 06 23 29 11 56, sand_henriot@yahoo.fr V r.-v.

DOM. D'HERVELYNE 2018 ★

■ | 4000 | 5 à 8 €

En 1969, Michel et Christiane Rampon s'installent sur l'exploitation familiale dominant les coteaux de

l'Ardières. Leur fils Hervé les rejoint en 1991, tandis que le domaine s'agrandit grâce aux vignes laissées par les grands-parents partant à la retraite (8,5 ha aujourd'hui en régnié, morgon et villages).

Une vinification en grappes entières, sur une dizaine de jours, a permis à Michel Rampon d'obtenir un morgon structuré, un peu sévère pour l'heure, mais harmonieux. Un bel ensemble qui s'ouvre sur du fruit frais et des épices. Sa longueur laisse elle aussi entrevoir de belles promesses. ⧗ 2023-2027

DOM. D' HERVELYNE, La Tour-Bourdon, 740, rte du Châlet, 69430 Régnié-Durette, tél. 04 74 04 32 15, gaec.rampon@wanadoo.fr t.l.j. 8h-19h

GUÉNAËL JAMBON Côte du Py Réserve 2018 ★★

■ | 30000 | | 8 à 11 €

Guénaël Jambon est à la tête de ce domaine implanté au cœur de la Côte du Py, le terroir le plus connu de l'AOC morgon. Il dispose d'une vingtaine d'hectares dans cette appellation, ainsi qu'en fleurie et en beaujolais-villages.

Coup de cœur l'an dernier avec cette même cuvée version 2017, et très régulièrement présent dans le Guide ces dernières années, Guénaël Jambon maintient le bon cap. Il nous propose ici un morgon puissant et d'une grande profondeur. Les raisins, en provenance de vignes de 50 ans, macérés en grappes entières et élevés à 20 % en fût, ont visiblement été récoltés à haute maturité : les notes de fruits noirs s'associent aux épices. Les tanins sont concentrés et la finale, longue et intense, achève de convaincre. ⧗ 2023-2028

GUÉNAËL JAMBON, LES ROCHES DU PY, 597, rte de la Chaponne, La Côte du Py, 69910 Villié-Morgon, tél. 06 03 49 73 06, guenael-jambon@wanadoo.fr r.-v.

DOM. DE JAVERNIÈRE Côte du Py 2018 ★★

■ | 6112 | | 8 à 11 €

Georges Dubœuf, décédé début 2020, a créé en 1964 un négoce-éleveur qui a largement contribué à la notoriété du Beaujolais. Aujourd'hui sous la conduite de son fils Franck, la société travaille avec de nombreux vignerons et coopératives et réalise 75 % de son chiffre d'affaires à l'international. Georges Dubœuf fut aussi pionnier en matière d'œnotourisme avec son Œnoparc (Hameau Georges Dubœuf) aménagé en 1993 dans l'ancienne gare de Romanèche-Thorins.

La macération semi-carbonique est ici à l'honneur, livrant un vin aux notes de cassis confituré, de poivre, avec une touche grillée. Structurée par une solide charpente, la bouche réalise l'équilibre idéal entre acidité, alcool et consistance des tanins. Un bon candidat à une garde heureuse. ⧗ 2023-2027

LES VINS GEORGES DUBŒUF, 208, rue de Lancié, 71570 Romanèche-Thorins, tél. 03 85 35 34 20, gduboeuf@duboeuf.com t.l.j. 10h-18h

DOM. DE LEYRE-LOUP 2017 ★★

■ | 9000 | | 5 à 8 €

Un domaine de 10 ha constitué graduellement par Christophe Lanson. En 1993, il achète 6 ha en morgon puis reprend en 2010 une exploitation de près de 3 ha en fleurie. En 2015, il se lance dans la production des blancs. Parallèlement, il a rénové le cuvage et créé un chai d'élevage en fût.

Une cuvée obtenue par vinification traditionnelle avec égrappage partiel des raisins et élevage en cuve. Ce morgon séduit par son harmonie et son intensité aromatique sur les fruits noirs à haute maturité. En bouche, il développe du volume, des tanins soyeux, fondus et une bonne longueur. ⧗ 2022-2026

DOM. DE LEYRE-LOUP, 1024, rte de Corcelette, 69910 Villié-Morgon, tél. 06 15 03 73 16, info@leyre-loup.com r.-v.

MOMMESSIN Grandes Mises Côte du Py 2019 ★

■ | 20000 | | 8 à 11 €

Fondée en 1865 à Mâcon, la maison de négoce Mommessin a acquis un vaste patrimoine en Bourgogne et en Beaujolais et noué des partenariats avec des domaines. Elle constitue aujourd'hui une des marques les plus importantes du groupe Boisset.

De ce terroir emblématique de la Côte du Py, la maison Mommessin tire un morgon qui se met en valeur par son caractère floral et flatteur. Des notes de violette, d'iris et de pivoine sont à la parade. On y trouve aussi des fruits noirs et des épices. Une générosité qui se confirme dans une bouche ample, soyeuse, d'une bonne tenue. ⧗ 2022-2025

MOMMESSIN, 403, rte de Saint-Vincent, 69430 Quincié-en-Beaujolais, tél. 04 74 69 09 61, nesme.l@mommessin.fr

DOM. PASSOT-COLLONGE Les Charmes 2018 ★★

■ | 3360 | 8 à 11 €

Héritiers de lignées vigneronnes remontant au milieu du XIXᵉs., Bernard et Monique Passot se sont installés en 1990. Monique a repris seule l'exploitation en 2016 après le départ à la retraite de son mari. Un domaine de 6 ha doté d'une palette fournie de cuvées dans plusieurs crus.

Bernard et Monique Passot ont procédé à un éraflage aux deux tiers des raisins pour cette cuvée en provenance d'une parcelle d'un peu plus d'un hectare. Une remarquable réussite où l'élégance et l'équilibre jouent les premiers rôles. Le nez évoque les fruits rouges frais (framboise, fraise, cerise), mais aussi la pivoine. La fraîcheur et le soyeux des tanins flattent le palais. ⧗ 2022-2025

PASSOT-COLLONGE, 210, imp. du Colombier, 69910 Villié-Morgon, tél. 04 74 69 10 77, mbpassot@yahoo.fr r.-v. 3

♥ CH. DE POUGELON 2018 ★★

■ | 9500 | | 8 à 11 €

Propriété de la famille Descombe, le Ch. de Pougelon exploite près de 12 ha sur le terroir des beaujolais-villages, à l'ouest du mont Brouilly, mais aussi sur plusieurs crus.

En provenance d'un terroir sablonneux sur un

socle granitique, cette cuvée conjugue fraîcheur, élégance et harmonie. L'équipe technique du domaine a opté pour une vinification à la bourguignonne et un élevage en cuve. Une réussite remarquable qui débouche sur un morgon intense et long, à dominante épicée, plus particulièrement poivrée, évoquant également le fruit noir bien mûr. ⧗ 2022-2026

VINS DESCOMBE, 462, rue du Beaujolais, 69460 Saint-Étienne-des-Oullières, tél. 04 74 03 41 73, info@descombe.com V t.l.j. sf sam. dim. 8h30-12h 14h-17h

DOM. DES SOUCHONS Grands Cras 2017 ★

■ | 5204 | fût | 11 à 15 €

Grands Vins Sélection est un négoce assembleur fondé en 1946 par deux familles du Mâconnais. Depuis 1988, la société est spécialisée dans le négoce et l'embouteillage de vins pour la grande distribution. Elle présente aussi des vins de domaines partenaires.

Le domaine des Souchons, né en 1752, compte 14 ha sur Morgon. Cette cuvée issue du terroir schisteux des Grands Cras a été partiellement élevée en fût de 400 l. Le boisé est bien fondu et le nez s'exprime sur des notes fines de fruits et d'épices. Le palais présente un profil bien équilibré, de la minéralité et une belle longueur. ⧗ 2022-2026

DOM. DES SOUCHONS, 1304, rte de Morgon, 69910 Villié-Morgon, tél. 04 74 69 54 49, contact@1752signaturewines.com

DOM. ROBERT VALLETTE Élevé en fût de chêne 2018 ★

■ | 5000 | fût, cuve | 11 à 15 €

Non loin de la voie verte beaujolaise, qui relie pour le plaisir des promeneurs Beaujeu à Saint-Jean-d'Ardières, le domaine, fondé en 1939, est conduit depuis 1983 par Robert Vallette (la troisième génération). Ce dernier a développé la vente directe. Il exploite 13 ha de vignes et propose notamment du brouilly, du régnié et du morgon.

Implantées sur un sol d'argile et de schiste, les vignes du domaine ont atteint près de 80 ans. Cette cuvée, élevée en fût pendant 10 mois, présente un profil structuré. Les tanins sont fermes et l'aromatique, intense et complexe, évoque le cassis et des notes grillées. ⧗ 2023-2027

DOM. ROBERT VALLETTE, 2292, rte des Crus, 69220 Cercié, info@domaine-vallette.com V r.-v.

MOULIN-À-VENT

Superficie : 648 ha / Production : 25 700 hl

Le « seigneur » des crus du Beaujolais fut l'un des premiers, dès 1924, à avoir été délimité – par un jugement du tribunal civil de Mâcon qui lui donna aussi le droit d'utiliser le nom de moulin-à-vent. Il campe sur les coteaux de deux communes, Chénas, dans le Rhône, Romanèche-Thorins, en Saône-et-Loire. Le moulin qui symbolise l'appellation se dresse à une altitude de 240 m au sommet d'un mamelon, au lieu-dit Les Thorins. Le gamay noir s'enracine dans des sols peu profonds d'arènes granitiques. Riche en éléments minéraux tels que le manganèse, ce terroir apporte aux vins une couleur rouge profond, un arôme rappelant l'iris, un bouquet et un corps qui, quelquefois, font qu'on les compare à leurs cousins bourguignons de la Côte-d'Or. S'il peut être apprécié dans les premiers mois de sa naissance, le moulin-à-vent supporte une garde de quelques années (jusqu'à dix ans dans les grands millésimes). Selon un rite traditionnel, chaque millésime est porté aux fonts baptismaux, d'abord à Romanèche-Thorins (fin octobre), puis dans tous les villages et, début décembre, dans la « capitale ».

CH. DE CHÉNAS Cœur de granit 2019 ★

■ | 40000 | cuve | 8 à 11 €

Cette « superstructure », réorganisée en 2013, est le fruit de la réunion de cinq coopératives : Cave d'Azé, Cave de Viré, Cave du Ch. de Chénas, Cave du Ch. des Loges et la Cave des Vignerons des Pierres Dorées. Elle assure la commercialisation des vins de 900 producteurs du Beaujolais et du Mâconnais.

Un vin issu de terroirs d'arène granitique et de vignes d'une soixantaine d'années. Le nez déploie notamment des notes florales, épicées et végétales. D'une généreuse rondeur, le palais ne manque pas d'élégance pour autant. Une cuvée qui a l'avenir devant elle. ⧗ 2022-2026

CAVE DU CH. DE CHÉNAS, 910, rte de la Bruyère, 69840 Chénas, tél. 04 74 04 48 19, cave.chenas@wanadoo.fr V t.l.j. 8h-12h 14h-18h

DOM. DE CHÊNEPIERRE 2019 ★

■ | 20000 | fût, cuve | 8 à 11 €

Christophe Lapierre a pris en 2008 les rênes de l'exploitation familiale, le Dom. de Chênepierre (11 ha répartis entre chénas, moulin-à-vent, beaujolais-villages), après le départ à la retraite de ses parents. Une partie de sa surface est vinifiée par la coopérative de Chénas (sous l'étiquette « Dom. Christophe Lapierre »).

Un beau vin, équilibré et riche qui séduira les amateurs de moulin-à-vent de garde. Un élevage mixte bien mené a permis d'obtenir un vin harmonieux, ferme, de bonne longueur, doté d'une expression aromatique franche et agréable, associant une touche fumée aux fruits rouges. ⧗ 2023-2027

DOM. DE CHÊNEPIERRE, Les Deschamps, 69840 Chénas, tél. 06 68 68 63 86, lapierre-christophe@wanadoo.fr V t.l.j. 8h-12h 14h-19h

DOM. DE COLONAT Vieilles vignes 2019 ★

■ | 15000 | fût, cuve | 15 à 20 €

Les Collonge cultivent la vigne depuis le XVIIe s. En 1828, un ancêtre, ancien maréchal ferrant, achète le domaine actuel, conduit depuis 1977 par Bernard et Christine Collonge, rejoints en 2008 par leur fils Thomas. Ce dernier vole de ses propres ailes depuis 2018, à la tête de 12 ha en morgon, fleurie, régnié, moulin-à-vent et brouilly.

Éraflés à 90 %, des raisins issus de vignes de plus de 50 ans sont à l'origine d'un vin ample et gras. Une pointe acidulée lui assure de l'équilibre en bouche. Le nez se distingue par de fines notes de réglisse et de fruits noirs et rouges. ⧗ 2023-2026

DOM. DE COLONAT, 4505, voie Romaine, 69910 Villié-Morgon, tél. 04 74 69 91 43, thomas@domaine-de-colonat.fr V r.-v.

DOM. DES FONTAGNEUX 2018 ★

■	12 000		5 à 8 €

Philippe et Patrice Collet doivent leur domaine à un ancêtre natif de la Chapelle-de-Guinchay, marchand de vin à Bercy au XIXᵉs., qui s'offrit les vignes et construisit la maison et la cuverie. Ils exploitent aujourd'hui 3,2 ha dédiés au moulin-à-vent.

Voilà un moulin-à-vent construit sur un profil élégant et frais dans un millésime qui met peu en avant ce type de qualités. Une traditionnelle vinification beaujolaise, en raisins entiers, suivie d'un élevage en cuve de 9 mois a permis d'extraire une matière à la fois ronde et fraîche. ⧗ 2023-2026

DOM. DES FONTAGNEUX, 2352, rte des Deschamps, 69840 Chénas, tél. 03 85 36 72 87, contact@domainedesfontagneux.com V r.-v.

DOM. MAURICE GAY Vieilles Vignes 2018 ★

■	10 000		8 à 11 €

Un domaine constitué depuis peu par Maurice et Teresa Gay, notamment sur la base du domaine Gay-Copéret, bien connu des fidèles du Guide. Maurice Gay privilégie les travaux manuels.

Complexe et intense au nez, cette cuvée séduit spontanément par ses notes de pivoine, de mûre ou encore de fruits rouges. Des tanins souples structurent une bouche longue et équilibrée, qui devrait gagner encore en élégance avec la garde. ⧗ 2023-2026

DOM. MAURICE GAY, 589, rte du Venet, 69840 Chénas, tél. 06 08 66 55 40, gaymaurice@orange.fr V r.-v.

GRANGER Les Chassignols 2018 ★★

■	5 800		8 à 11 €

Pascal Granger est le descendant d'une lignée de vignerons remontant au Premier Empire. Depuis 1983, il exploite 22 ha de vignes réparties sur 4 communes (Jullié, Chénas, La Chapelle-de-Guinchay, Leynes). Il propose 7 cuvées (dont 3 crus : juliénas, chénas, moulin-à-vent). Il a été rejoint en 2010 par son fils Jean-Philippe.

Un hectare de gamays soixantenaires implantés sur le terroir granitique de Chassignol est à l'origine de cette cuvée d'une complexité remarquable. Sa palette aromatique fait preuve d'intensité et de générosité, sur des notes de fruits noirs confiturés. Une texture volumineuse prend place en bouche, où les tanins font valoir à la fois concentration et souplesse. ⧗ 2023-2026

DOM. DE LA CROIX ROUGE, Les Poupets, rte du Gamay, 69840 Juliénas, tél. 06 80 63 14 45, ma.granger@wanadoo.fr V r.-v.

DOM. DE GRY-SABLON Vieilles Vignes 2019 ★

■	10 000		11 à 15 €

En 1900, M. Besson, l'arrière-grand-père, s'établit à Émeringes. Cet inventeur du premier filtre-presse cultivait 2 ha auxquels il adjoignit une distillerie et une tonnellerie. Installés en 1991, Dominique Morel, œnologue, et son épouse Christine exploitent aujourd'hui 17 ha, avec des parcelles dans 6 crus, complétés par une activité de négoce.

Avec cette cuvée harmonieuse, Dominique Morel a visiblement trouvé le bon dosage en matière d'élevage : un mixte à parts égales entre la cuve et le fût. Un vin équilibré, long, soyeux, qui déploie une belle complexité aromatique autour de nuances florales et fruitées (cerise, fraise). ⧗ 2023-2025

DOM. DE GRY-SABLON, 415, rte des Chavannes, 69840 Émeringes, tél. 06 86 87 87 19, gry-sablon@wanadoo.fr V r.-v.

CÉLINE ET NICOLAS HIRSCH 2018 ★

■	4 000		11 à 15 €

Après avoir bourlingué en France et à l'étranger, les jeunes œnologues Céline et Nicolas Hirsch se sont installés dans le Beaujolais, où ils ont racheté en 2011 un petit domaine de 5,5 ha proposant 3 crus : chénas, moulin-à-vent et juliénas.

Un vin qui demande du temps et de l'aération pour s'ouvrir sur le plan aromatique. La bouche, construite sur des tanins solides, offre un volume intéressant. Environ 30 % de vendange entière a été conservé au cours de la vinification. L'élevage s'est poursuivi en fût pendant 11 mois. ⧗ 2023-2026

DOM. CÉLINE ET NICOLAS HIRSCH, Les Brureaux, 69840 Chénas, tél. 06 79 66 09 44, domainehirsch@yahoo.fr V r.-v.

MAISON LE NID Tradition 2018 ★

■	8 000		15 à 20 €

Anciennement dénommé Dom. du Petit Chêne, ce vignoble en moulin-à-vent a été repris en 2012 par Paul Lardet, industriel à la tête d'une entreprise de métallurgie fabriquant du matériel de cuverie. Ce dernier l'a rebaptisé Le Nid en 2014 et le conduit avec ses trois enfants en agriculture raisonnée. Le domaine s'étend sur 6 ha.

Cette cuvée résulte d'un assemblage de divers terroirs de l'appellation. Elle a été vinifiée en grappes entières puis élevée en foudre pendant 10 mois. D'un profil volumineux et structuré, ce vin a la qualité d'une bouteille de garde. Des arômes de cassis, de poivre, de confiture de fraises montent au nez. ⧗ 2023-2025

MAISON LE NID, 51, rue des Champs-de-Cour, Moulin-à-Vent, 71570 Romanèche-Thorins, tél. 06 82 88 61 01, contact@lenid.fr V r.-v.

DOM. DES MAISONS NEUVES Les Bois Combes 2019 ★

■	9 000		11 à 15 €

Exploitation familiale depuis 5 générations, le domaine des Maisons Neuves est situé au pied du Mont Brouilly. Il a été certifié Haute valeur environnementale en 2018. Regroupant depuis 2005 les domaines de Robert Jambon et de ses deux fils Emmanuel et Dominique il s'étend sur 40 ha.

Un moulin-à-vent qui présente toutes les caractéristiques de la réussite. Sa texture en bouche est pleine, longue et persistante. Le nez s'ouvre sur des notes de fruits rouges et une touche grillée. Il devrait gagner en expressivité avec un peu de garde. ⧗ 2023-2025

*SCEA MAISON JAMBON,
166, chem. de Bergeron, 69220 Saint-Lager,
tél. 06 22 77 63 29, contact@vinsmaisonjambon.com
t.l.j. sf dim. 9h-12h 15h-19h*

MONT VERRIER 2018 ★

| 6400 | | 11 à 15 € |

Un domaine riche d'une longue histoire (fondé en 1697), qui fut repris par Gérard Legrand en 2007, alors que la menace d'un démantelement planait. Il est aujourd'hui constitué de 40 hectares de vignes cultivées en HVE niveau 3.

L'équipe du domaine a procédé à une macération longue, 20 jours, en vendange entière suivie d'un élevage en foudre de 12 mois. Des choix qui ont donné un vin d'une généreuse texture et d'une bonne concentration. Le nez évoque la confiture de fraises, les épices et la réglisse. ⧗ 2023-2025

*EARL DOM. DU MONT VERRIER,
434, rte de Plantigny, 69640 Saint-Julien,
tél. 04 74 67 42 84, contact@domainemontverrier.com
r.-v. 5*

CH. DU MOULIN-À-VENT
Les Terrasses du Château 2018 ★

| 90000 | | 11 à 15 € |

Après un parcours dans l'édition de logiciels, Jean-Jacques Parinet a racheté en 2009 le Ch. du Moulin-à-Vent à la famille Flornoy-Bloud, qui en était propriétaire depuis 100 ans. Sur ce domaine de 30 ha exclusivement en moulin-à-vent, il suit une démarche bio, sans certification.

Un moulin-à-vent qui joue la carte de la finesse plutôt que de la concentration. Le nez évoque les fruits noirs accompagnés d'une touche végétale. La bouche, axée sur la souplesse, est relevée par une bonne acidité. ⧗ 2021-2024

*CH. DU MOULIN-À-VENT,
4, rue des Thorins, 71570 Romanèche-Thorins,
tél. 03 85 35 50 68, info@chateaudumoulinavent.com
t.l.j. sf dim. 9h30-12h30 14h-18h; f. 1er-16 août*

LES VINS DU PENLOIS
Sous l'aile du moulin 2018 ★

| 14500 | | 11 à 15 € |

Quatre générations de vignerons se sont succédé depuis 1922 à la tête de ce domaine. Maxence Besson, héritier de cette lignée, exploite 28 ha répartis sur plusieurs appellations (beaujolais, beaujolais-villages, morgon, juliénas et moulin-à-vent).

Sous l'aile du Moulin, s'épanouissent près de 2 ha de gamays soixantenaires qui ont visiblement bien profité du soleil de 2018, mais sans surmaturité. Le résultat est un vin harmonieux, gourmand, d'une belle et élégante fraîcheur aromatique (épices, pivoine). Un moulin-à-vent de caractère. ⧗ 2023-2026

*SARL LES VINS DU PENLOIS,
215, rue du Penlois, 69220 Lancié, tél. 04 74 04 13 35,
commercial@penlois.fr r.-v.*

♥ MAXIME TRONCY Chassignol 2017 ★★

| 1400 | | 11 à 15 € |

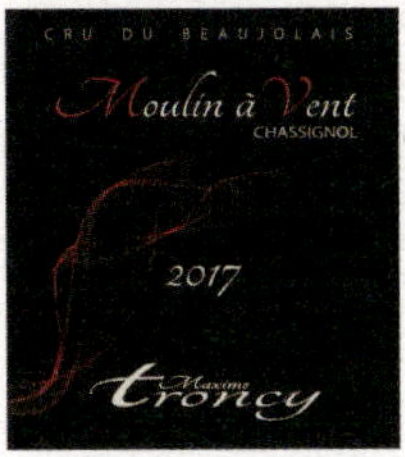

Jeune vigneron, Maxime Troncy s'est installé en 2013. Il produit notamment du moulin-à-vent, du chénas et plusieurs cuvées de beaujolais rouge. Il a entamé une conversion en agriculture biologique sur ses 10 ha en 2019.

De vieilles vignes de près de 100 ans sur le terroir granitique de Chassignol, une vinification longue de 17 jours avec une partie de vendanges égrappées et un élevage de 12 mois en fût de chêne. Voilà qui plante les grandes lignes de cette cuvée ambitieuse. Une ambition unanimement saluée par le jury. Doté d'une texture charnue, structuré et enrobé par des tanins soyeux, ce moulin-à-vent présente aussi une grande longueur. Le boisé est là, mais n'enlève rien à sa fraîcheur et à sa complexité aromatique, sur des notes de pivoine et de fruits noirs. ⧗ 2023-2028

*MAXIME TRONCY, 22, imp. du Ricottier,
69640 Cogny, tél. 06 10 89 48 52, maxtroncy@hotmail.com r.-v.*

DOM. DE LA VIGNE ROMAINE 2019 ★

| 7777 | 8 à 11 € |

Christian Hyvernat a pris en 2019 la suite de Thierry Guimaret sur cette exploitation de Romanèche-Thorins où l'on trouve les vestiges d'une villa gallo-romaine. Il confie à la cave du Ch. de Chénas le fruit de sa récolte et à la maison Dubœuf le soin de commercialiser ses vins.

Une nouvelle page, sous la houlette de Christian Hyvernat, qui s'ouvre bien pour le domaine. Ce moulin-à-vent séduit par sa consistance et son harmonie générale. Doté d'une longue finale, il se distingue aussi par sa finesse et sa franchise aromatique. ⧗ 2023-2026

*DOM. DE LA VIGNE ROMAINE,
71570 Romanèche-Thorins*

RÉGNIÉ

Superficie : 313 ha / Production : 15 000 hl

Officiellement reconnu en 1988, le plus jeune des crus s'insère entre le morgon au nord et le brouilly au sud, confortant ainsi la continuité des limites entre les dix appellations locales beaujolaises. À l'exception de 5,9 ha sur la commune voisine de Lantignié, il est totalement inclus dans le territoire de la commune de Régnié-Durette, autour de la curieuse église aux clochers jumeaux qui symbolise l'appellation. Orienté nord-ouest/sud-est, le vignoble s'ouvre largement au soleil levant et à son zénith, ce qui lui a permis de s'implanter à une altitude entre 300 et 500 m. Le gamay s'enracine dans un sous-sol sablonneux et caillouteux – le terroir s'inscrit dans le massif granitique dit de Fleurie. On trouve aussi quelques secteurs à tendance argileuse. Aromatiques, fruités et floraux, charnus et souples, les régnié sont souvent qualifiés de rieurs et de féminins.

DOM. DES BRAVES 2018 ★

10 000 | 8 à 11 €

Salariés viticoles, puis propriétaires à partir de 1903, les Cinquin sont installés au hameau des Braves à Régnié-Durette. Paul, champion cycliste amateur et ami des coureurs du Tour de France, a laissé en 1988 le guidon à la sixième génération : Franck et Anne-Virginie. À leur carte, les crus régnié et morgon, des beaujolais-villages et des rosés, élaborés à partir de 16 ha de vignes.

C'est la principale cuvée du domaine avec pas moins de 14 ha mobilisés. Le nez s'ouvre sur des notes intenses de fruits noirs et rouges frais. La bouche est ronde et bien équilibrée. ⧗ 2021-2023

⊶ DOM. DES BRAVES, 756, rte des Braves, 69430 Régnié-Durette, tél. 06 44 02 02 83, franck.cinquin@wanadoo.fr V *r.-v.*

DOM. DE COLETTE Coteaux de Vallière 2018 ★

2 000 | 8 à 11 €

Vigneron précoce, Jacky Gauthier s'est installé en 1980 à seulement 17 ans, en demandant à ses parents de l'émanciper. Son domaine, implanté sur des coteaux exposés au sud-est, s'étend sur 15 ha, avec des parcelles dans 4 crus (moulin-à-vent, régnié, morgon et fleurie). Pierre-Alexandre, fils de Jacky, a rejoint le domaine.

Une vinification en grappes entières et un élevage en cuve de 8 mois ont présidé à l'élaboration de cette cuvée. Un vin expressif et harmonieux qui développe des arômes de cerise, de pruneau et de fraise. La texture est agréable en bouche. Pour un plaisir immédiat. ⧗ 2020-2023

⊶ DOM. DE COLETTE, 4245, rte de Saint-Joseph, 69430 Lantignié, tél. 04 74 69 25 73, domainedecolette@wanadoo.fr V *r.-v.*

DOM. DE LA COMBE AU LOUP 2018 ★

12 800 | 8 à 11 €

Les Méziat cultivent la vigne depuis 1870. Premières mises en bouteilles avec le grand-père Albert, installation de Gérard en 1970, création du domaine en 1983. David, arrivé en 1993, conduit aujourd'hui, avec son épouse Nathalie, 13 ha en *villages*, morgon, chiroubles et régnié.

Un vin harmonieux qui s'appuie sur une vinification en grappes entières et un élevage long de 11 mois en cuve. Il s'exprime avec complexité et intensité au nez, autour des fruits rouges et des épices. Il se montre croquant et long en bouche, des notes épicées revenant en finale. ⧗ 2021-2025

⊶ DOM. DE LA COMBE AU LOUP, 56, rue de la Bascule, 69115 Chiroubles, tél. 04 74 04 24 02, david.meziat@meziat.com V *t.l.j. sf dim. 8h30-19h*

RÉGINE ET DIDIER COSTE-LAPALUS Tradition 2018 ★

n.c. | 5 à 8 €

En 1999, Régine et Didier Coste-Lapalus ont décidé de reprendre les vignes familiales louées jusqu'alors à un fermier. Les parcelles situées au sud de Régnié offrent une splendide vue sur les Alpes.

Une cuvée issue d'un hectare de gamay planté sur du granite rose. Le nez présente un profil frais, floral, immédiatement flatteur. Souple et harmonieuse, la bouche offre spontanément du plaisir. ⧗ 2020-2023

⊶ RÉGINE ET DIDIER COSTE-LAPALUS, 280, chem. des Bruyères, 69430 Régnié-Durette, tél. 04 74 04 38 04, lapalus.rd@wanadoo.fr V *r.-v.*

DOMINIQUE JAMBON 2019 ★

6 000 | 5 à 8 €

Dominique Jambon, installé en 1983 sur un métayage en beaujolais-villages, a repris des vignes familiales en 1995, puis du morgon, et construit un cuvage (2003). Il exploite aujourd'hui 9,5 ha, dont 0,5 ha de chardonnay, et tient beaucoup à ses vignes anciennes plantées à haute densité (10 000 pieds/ha), même si elles exigent beaucoup de travail.

Né d'un vignoble constitué de ceps de 55 ans sur 2 ha, ce régnié propose des notes complexes à dominante fruitée. Construite sur des tanins présents, sa texture fait preuve d'une bonne concentration et permet d'envisager l'avenir avec optimisme. ⧗ 2022-2025

⊶ DOMINIQUE JAMBON, 152, chem. de la Croix-d'Arnas, 69430 Lantignié, tél. 04 74 04 80 59, dominique.jambon@wanadoo.fr V *r.-v.*

♥ DOM. LAFOREST 2019 ★★

30 000 | 5 à 8 €

Vigneron comme son père et son grand-père, Jean-Marc Laforest a pris les rênes en 1973 d'un domaine qui compte aujourd'hui 20 ha. Ses deux fils Thomas et Pierre ont pris la relève en 2016. L'exploitation propose les crus brouilly, côte-de-brouilly et régnié ainsi que du beaujolais-villages.

Jean-Marc Laforest récolte là son deuxième coup de cœur dans cette même édition après celui décerné à son brouilly 2019. C'est assez rare pour être signalé. Il exploite 7 ha sur l'appellation régnié. Un terroir de sable et de granite qui a donné naissance à un vin expressif (poivron, fruits rouges bien mûrs), franc, intense et concentré en bouche, disposant d'une structure qui le rend apte à la garde. ⧗ 2021-2025

⊶ DOM. LAFOREST, 793, rte du Bois, 69430 Régnié-Durette, tél. 04 74 04 35 03, domaine.laforest@orange.fr V *t.l.j. sf dim. 8h-20h*

DOM. LAGNEAU Cuvée Gérard Vieilles Vignes 2018 ★

40 000 | 8 à 11 €

Didier Lagneau, huitième génération, a repris en 2018 le domaine familial. Il exploite ce patrimoine né de 4 ha de vignes à la fin des années 1970 et niché dans une vallée tranquille de Quincié. Le vignoble compte aujourd'hui 19 ha.

Dans la famille Lagneau, Gérard est le prénom du père. La cuvée, conséquente en volume, provient d'une dizaine d'hectares. Elle se distingue par son harmonie en bouche, sa souplesse et ses notes de fruits rouges d'une bonne intensité. ⌛ 2021-2023

DOM. LAGNEAU, 941, rte d'Huire, 69430 Quincié-en-Beaujolais, tél. 04 74 69 20 70, dilagneau@wanadoo.fr V r.-v.

SAINT-AMOUR

Superficie : 313 ha / Production : 14 900 hl

Ce vin au nom séducteur a conquis de nombreux consommateurs étrangers, et une très grande part des volumes produits alimente le marché extérieur. Le visiteur pourra le découvrir dans le caveau créé en 1965 au lieu-dit Le Plâtre-Durand, avant de continuer sa route vers l'église et la mairie qui, au sommet d'un mamelon, dominent la région. À l'angle de l'église, une statuette rappelle la conversion du soldat romain qui donna son nom à la commune. Des peintures, aujourd'hui disparues, d'une maison du hameau des Thévenins, qui auraient témoigné de la joyeuse vie menée pendant la Révolution dans cet « hôtel des Vierges », expliqueraient, elles aussi, le nom du village... Incluse dans le département de Saône-et-Loire, l'appellation est délimitée sur des sols argilo-siliceux décalcifiés de grès et de cailloutis granitiques, faisant la transition entre les terrains purement primaires au sud et les terrains calcaires au nord, qui portent les AOC saint-véran et mâcon. Deux « tendances œnologiques » ici : l'une favorise une cuvaison longue dans le respect des traditions beaujolaises, qui confère aux vins nés sur les roches granitiques le corps nécessaire pour la garde ; l'autre, de type primeur, donne des vins consommables plus tôt.

♥ B DOM. BERGERON Clos du Chapitre 2019 ★★

■ | 4900 | 🍾 | 8 à 11 €

Représentant la quatrième génération de vignerons, les frères Jean-François et Pierre Bergeron se sont associés en 1996 et ont regroupé leurs deux exploitations pour constituer cet imposant domaine de 38,5 ha.

Le Clos du Chapitre est un lieu-dit de l'appellation sur lequel les frères Bergeron disposent de 70 ares de vieilles vignes. Un terroir limono-argileux mis en valeur par une vinification en grappes entières et un élevage en cuve de 6 mois. Doté d'une grande puissance aromatique, très fruité, ce 2019 ne renie pas le caractère solaire du millésime. Les tanins sont soyeux et délicats en bouche, et une longue finale conclut la dégustation. ⌛ 2022-2026

DOM. JEAN-FRANÇOIS ET PIERRE BERGERON, Les Rougelons, 69840 Émeringes-en-Beaujolais, tél. 06 80 13 20 12, domaine-bergeron@wanadoo.fr V *t.l.j. 7h30-12h30 13h30-19h*

DOM. DE LA CROIX CARRON 2019 ★★

■ | 61000 | | 8 à 11 €

Daniel et Fabien Adoir sont à la tête de ce domaine d'une douzaine d'hectares. La maison Joseph Pellerin, fondée en 1912 et passée dans le giron de la famille Boisset, assure la distribution de leurs vins.

Un vin remarquable par son nez de fruits noirs (cassis, myrtille) et par sa belle structure bâtie sur des tanins enveloppés. Charpenté mais sans excès, il devrait connaître une belle évolution avec les années, une pointe d'acidité venant apporter un surcroît de longueur et de potentiel. ⌛ 2023-2025

DOM. DE LA CROIX CARRON, 869, rte des Crus-du-Beaujolais, 71570 Saint-Amour-Bellevue, tél. 06 32 37 97 59, fabien.adoir@sfr.fr V *r.-v.*

DOM. DES DUC 2018 ★★

■ | 30000 | 🍾 | 8 à 11 €

Les frères Pascal et Laurent Duc sont les descendants d'une longue lignée de vignerons de Saint-Amour (dix générations). L'exploitation compte 14 ha de vignes dans le Beaujolais et le Mâconnais.

Laurent Duc a su tirer de son terroir argilo-siliceux un saint-amour d'une grande richesse. Le nez s'exprime sur des notes généreuses de fruits confits et de kirsch. Une bouteille remarquable également par sa structure aussi intense que souple. ⌛ 2023-2025 ■ **Vieilles vignes 2018 ★ (11 à 15 € ; 10000 b.)** Un saint-amour d'une grande intensité aromatique sur des notes de cerise noire et de fruits rouges confits comme des gamays à bonne maturité savent les exprimer. Une texture onctueuse se déploie en bouche, avec de la longueur et de l'équilibre. ⌛ 2023-2025

DOM. DES DUC, 1640, rte de Saint-Amour, 71570 Saint-Amour-Bellevue, tél. 06 26 22 38 02, domaine.des.duc@gmail.com V *t.l.j. 8h-12h 14h-18h*

PIERRE DUPOND Climat Clos de la Brosse 2018 ★

■ | 5300 | 🍾 | 11 à 15 €

Hervé Dupond et son frère Philippe, issus d'une famille installée dans la région depuis 1860, conduisent un domaine installé au nord du Beaujolais, sur des pentes très raides et orientées au sud. Ils ont également fondé une maison de négoce établie à Cercié-en-Beaujolais, qui propose une large gamme de crus de la région.

Un terroir composé de pierres bleues et de schiste exposé plein sud a donné ce vin qui conserve de l'élégance et de la fraîcheur. Si on ajoute une bonne concentration et de l'intensité aromatique, l'ensemble aboutit à un saint-amour complet. ⌛ 2022-2025

PIERRE DUPOND, La Terrière, 1031, rte du Château, 69220 Cercié, tél. 04 74 66 77 80, info@terroirs-et-talents.fr V *r.-v.*

MOMMESSIN Grandes Mises 2019 ★

■ | 20000 | 🍾 | 8 à 11 €

Fondée en 1865 à Mâcon, la maison de négoce Mommessin a acquis un vaste patrimoine en Bourgogne et en Beaujolais et noué des partenariats avec des

domaines. Elle constitue aujourd'hui une des marques les plus importantes du groupe Boisset.

Sur des notes de fruits rouges et de cassis, le nez joue plutôt la discrétion et la finesse. Le vin ne cache pas pour autant sa richesse en bouche. Les tanins sont soyeux et la finale se fait longue et persistante. ⧗ 2023-2025

⊶ MOMMESSIN, 403, rte de Saint-Vincent, 69430 Quincié-en-Beaujolais, tél. 04 74 69 09 61, nesme.l@mommessin.fr

DOM. DES MOUILLES 2019 ★

■	10 000	🍾	8 à 11 €

Viticulteurs à Juliénas depuis le début du XVII[e]s., les Perrachon ont acheté en 1877 le Ch. de la Bottière, puis le Dom. des Pérelles à Romanèche-Thorins (moulin-à-vent). À son installation en 1989, Laurent Perrachon a acquis le Dom. des Mouilles, puis des parcelles en morgon, fleurie et saint-amour : en tout, 35 ha, avec des vignes dans 6 crus. Avec Maxime et Adrien, la nouvelle génération a rejoint le domaine en 2016.

Une cuvée élaborée pour moitié en raisins égrappés, qui a connu 9 mois d'élevage en cuve. Elle s'exprime sur une gamme aromatique évoquant la cerise, la fraise des bois et le sous-bois. La bouche est concentrée, avec une pointe de fermeté tannique qui ne nuit pas à l'harmonie générale. ⧗ 2023-2025

⊶ DOM. DES MOUILLES, Les Mouilles, 69840 Juliénas, tél. 04 74 04 40 44, sarl@vinsperrachon.com V t.l.j. sf dim. 8h-12h30 13h30-18h E

DOM. DES PINS Gourmandise des Pins 2018 ★

■	3 500	🍾	8 à 11 €

L'ancien propriétaire étant parti à la retraite, son ami de longue date, Joseph de Sonis, a repris le domaine en 2011. Le vignoble couvre 9 ha.

De gourmandise, il est en effet question dans ce vin qui fait exploser son fruit en bouche : framboise, cassis, cerise… Le nez annonçait déjà une belle intensité, qui s'amplifie à l'aération. Un vin de plaisir spontané. ⧗ 2020-2024

⊶ DOM. DES PINS, 120, rue de La Piat, 71570 Saint-Amour, tél. 06 61 77 32 94, joseph.de-sonis@orange.fr V r.-v.

LES VIGNERONS DU PRIEURÉ Réserve des angelots 2019 ★

■	25 000	🍾	5 à 8 €

Filiale de l'Union des caves coopératives de Juliénas et de Chaintré, nouvel ensemble regroupant 290 ha de vignoble, Les Vignerons du Prieuré sont installés à Juliénas, au château du Bois de la Salle. La structure distribue de nombreux crus en Beaujolais et en Mâconnais.

Un saint-amour issu de 3,5 ha de gamay implanté sur un terroir de silice et d'argile. Les raisins vinifiés en grappes entières ont donné un vin sur le fruit (cerise, pêche, framboise) et doté d'une texture en finesse. ⧗ 2021-2023

⊶ VIGNERONS ASSOCIÉS JULIÉNAS-CHAINTRÉ, Ch. du Bois de la Salle, 69840 Juliénas, tél. 04 74 04 41 66, contact@julienaschaintre.fr V t.l.j. 10h-12h 14h-18h; f. 3e w-e de janv.

DOM. DES RAVINETS Cuvée Vieilles Vignes 2019 ★

■	12 500	8 à 11 €

En 2009, Romain Spay a repris le domaine familial de 10 ha de vignes en saint-amour et pouilly-fuissé auparavant conduit par Christine Spay.

Beaucoup de fruit, une belle présence en bouche et de la longueur, ce saint-amour vinifié en grappes entières offre déjà beaucoup de plaisir. Le nez évoque une large palette de fruits rouges : framboise, fraise, cerise, mais aussi des touches florales. ⧗ 2020-2023

⊶ DOM. DES RAVINETS, 140, rue du Paradis, 71570 Saint-Amour-Bellevue, tél. 06 82 98 28 41, elvire.romain@orange.fr V r.-v.

JEAN-FRANÇOIS TRICHARD 2019 ★★

■	25 000	8 à 11 €

Jean-François Trichard a repris en 2005 l'exploitation de son oncle Georges, bien connu de nos premiers lecteurs. Installé à La Chapelle-de-Guinchay, en Saône-et-Loire, il a un pied en Beaujolais et un autre en Bourgogne, produisant sur 13,5 ha du chénas, du saint-amour, du mâcon Chaintré et du pouilly-fuissé.

D'une texture gourmande en bouche et d'une expression aromatique complexe, ce saint-amour témoigne de la rencontre réussie entre un beau terroir et un millésime particulièrement qualitatif. Au nez, les fruits noirs (myrtille, cassis) rencontrent la groseille et une note florale. Des tanins de belle facture participent à l'harmonie de l'ensemble. ⧗ 2023-2026

⊶ JEAN-FRANÇOIS TRICHARD, 2347, rte de Juliénas, 71570 La Chapelle-de-Guinchay, tél. 03 85 23 19 93, trichardjf@orange.fr V r.-v.

COTEAUX-DU-LYONNAIS

Superficie : 300 ha
Production : 14 000 hl (90 % rouge et rosé)

La vigne, qui s'étendait sur plus de 12 000 ha dans les monts du Lyonnais durant la seconde moitié du XIX[e]s., a fortement décliné avec la crise phylloxérique et l'expansion de l'agglomération lyonnaise, pour ne plus couvrir que quelques îlots répartis sur quarante-neuf communes, dans une région de polyculture et d'arboriculture: aux confins du Beaujolais et au nord-ouest de Lyon, ainsi qu'au sud-ouest de la capitale du Rhône. La production est assurée par la coopérative de Sain-Bel et par plusieurs domaines particuliers. Dans ce paysage vallonné aux sols variés (granites, roches métamorphiques, roches sédimentaires, alluvions), les influences méditerranéennes sont plus prononcées que dans le Beaujolais ; pourtant, le relief, plus ouvert aux aléas climatiques des types océanique et continental, limite l'implantation de la vigne à moins de 500 m d'altitude et l'exclut des expositions au nord. Les meilleures situations se trouvent au niveau du plateau. Les coteaux-du-lyonnais ont été consacrés AOC en 1984. Les vins rouges et rosés, majoritaires, les fruités et gouleyants, proviennent du gamay vinifié selon la méthode beaujolaise; les vins blancs, du chardonnay et de l'aligoté.

DOM. DU CLOS SAINT-MARC Authentique 2019 ★

| 13000 | | 5 à 8 € |

Quatre associés sont aux commandes de ce grand domaine de 18 ha consacré majoritairement au gamay et constitué en 1983 au sud-ouest de Lyon. Le plus important vignoble de l'AOC coteaux-du-lyonnais.

Récoltés sur un terroir sablo-granitique de 3 ha, les chardonnays ont donné un vin à la fois rond et frais. L'élevage en cuve a parfaitement respecté son expression délicate sur des notes d'aubépine, de poire et de pamplemousse. L'ensemble est friand et équilibré. ⧗ 2020-2023

DOM. DU CLOS SAINT-MARC, 60, rte des Fontaines, 69440 Taluyers, tél. 04 78 48 26 78, contact@clos-st-marc.com V lun.-jeu. 17h-18h30; ven. sam. 15h-18h30

♥ **DOM. MAZILLE DESCOTES**
Blanc sélection 2018 ★★

| 1200 | | 5 à 8 € |

Situé à Millery, à 15 km au sud de Lyon, ce domaine de 8,5 ha dirigé par Anne Mazille est né du regroupement en 2009 de deux propriétés familiales anciennes.

Déjà coup de cœur avec le millésime 2016, cette cuvée fera à nouveau la joie des amateurs des chardonnays de l'appellation et la surprise de ceux qui les découvriront. Un vin vinifié et élevé en fût de chêne qui évoque les fleurs blanches et la vanille. Sa texture ronde et ample se déploie avec équilibre et longueur au palais. Un vin remarquablement bien élaboré, dans un style bourguignon. ⧗ 2021-2024

DOM. MAZILLE DESCOTES, 8_bis, rue du 8-Mai, 69390 Millery, tél. 04 26 65 91 17, mazille.descotes@gmail.com V t.l.j. sf dim. 17h30-19h; sam. 10h-19h

SIGNÉ VIGNERONS Vieilles Vignes 2019 ★★

| 45000 | | 5 à 8 € |

Deux des plus grandes coopératives de la région, l'une dans l'extrême sud du Beaujolais (Bully) et l'autre plus au nord (Quincié), dans la zone des beaujolais-villages et des crus, se sont unies en 2010, constituant Signé Vignerons : une entité forte de quelque 1 700 ha de vignes, qui vinifie plus de 10 % de la production de la région. Chaque cave continue néanmoins de vinifier séparément ses vins. Le négociant Louis Tête a rejoint le groupement en 2012. La structure de commercialisation, Agamy (anagramme de gamay), inclut même depuis 2015 les caves des Coteaux du Lyonnais et des Vignerons foréziens.

Des parcelles de vieilles vignes ont été sélectionnés au nord de l'appellation pour élaborer cette cuvée. Pour partie élevée en fût de chêne, elle dégage un fruité qui n'en est pas moins très expressif. Une large gamme de petites baies y est perceptible : framboise, cassis, groseille... Suave et construite sur des tanins fondus, la bouche se montre déjà très agréable. ⧗ 2020-2023

SCA AGAMY, La Martinière, 69210 Bully, tél. 04 37 55 50 35, contact@agamy.fr V r.-v.

LE BORDELAIS

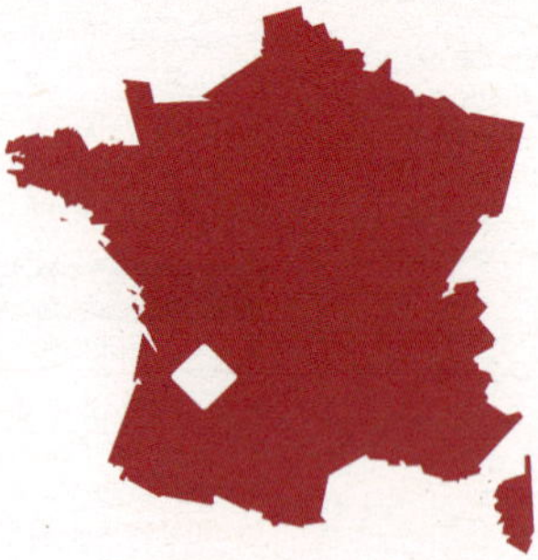

Jouissant d'une renommée internationale, le Bordelais constitue le plus vaste vignoble d'appellation de France et l'un des plus prestigieux grâce à ses crus classés. Ce vignoble s'organise autour de trois axes fluviaux : la Garonne, la Dordogne et leur estuaire commun, la Gironde.

Si les vins rouges sont largement majoritaires, il offre tous les styles de vins, issus le plus souvent de l'assemblage de plusieurs cépages : en rouge, dominent le merlot et les cabernets ; en blanc, le sémillon et le sauvignon.

À côté des vastes appellations régionales, il est d'usage de distinguer la « rive gauche » (de la Garonne et de la Gironde : Graves et Médoc), à laquelle s'ajoutent les vignobles des vins liquoreux, et la « rive droite » (de la Dordogne et de la Gironde : Libournais, Bourgeais, Blayais). Entre ces deux rives de la Garonne et de la Dordogne, on trouve la vaste zone de l'Entre-deux-Mers.

Principaux **millésimes** dégustés dans cette **édition**

TYPES DE VIN	CARACTÉRISTIQUES DU MILLÉSIME	QUALITÉ DU MILLÉSIME
Blancs secs 2019	De belles conditions climatiques avec une floraison « à la normale », un été caniculaire, des pluies bienvenues avant la récolte apportant de la fraîcheur aux raisins. Au final, des blancs secs très équilibrés, très frais, dynamiques et longs.	★★★★★
Rouges 2018	Une pression très forte du mildiou en mai et juillet, des épisodes de grêle fulgurants, puis un été plus clément, très ensoleillé, voire caniculaire, pour une récolte à maturité. Si certains vins sont déséquilibrés par l'alcool, la plupart offrent un touché très soyeux, de la structure, du volume et de très beaux équilibres. Un 2018 solaire et de garde.	★★★★★
Blancs 2017	Sans atteindre le même niveau que les rouges, les blancs secs sont également de bonne qualité, avec beaucoup de fruité, de rondeur et de maturité (parfois un peu trop). Nés d'un botrytis tardif, les liquoreux sont bien réussis, fruités (exotiques), riches et onctueux.	★★★★☆
Rouges 2017	Un millésime difficile, très précoce, impacté par de fortes gelées fin avril (perte de 40 % de la production) et une arrière-saison peu ensoleillée et très pluvieuse. Les rouges sont plutôt souples et légers, parfois un peu acides et de garde moyenne, même si certains crus pointus dans leurs sélections et ayant vendangé avant les pluies s'en sortent bien.	★★☆☆☆
Blancs liquoreux 2017	Vendangés plus tardivement, les liquoreux s'en sortent bien mieux que les rouges, avec de belles conditions météo au moment de la récolte. Les vins sont très expressifs, riches, puissants, avec une concentration en sucre souvent élevée, même si certains manquent parfois d'un peu de fraîcheur.	★★★★☆

AOC du Médoc

1. médoc
2. haut-médoc
3. saint-estèphe
4. pauillac
5. saint-julien
6. listrac-médoc
7. moulis-en-médoc
8. margaux

AOC des Graves

9. graves et graves supérieures
10. pessac-léognan

AOC des vins liquoreux

11. sauternes
12. barsac
13. cérons
14. sainte-croix-du-mont
15. loupiac
16. cadillac

AOC de l'Entre-deux-Mers

17. entre-deux-mers
18. premières-côtes-de-bordeaux
19. cadillac-côtes-de-bordeaux
20. graves-de-vayres
21. entre-deux-mers-haut-benauge et bordeaux-haut-benauge
22. côtes-de-bordeaux-saint-macaire
23. sainte-foy-côtes-de-bordeaux

AOC du Blayais et Bourgeais

24. blaye, côtes-de-blaye et blaye-côtes-de-bordeaux
25. côtes-de-bourg

AOC du Libournais

26. fronsac
27. canon-fronsac
28. pomerol
29. lalande-de-pomerol
30. saint-émilion et saint-émilion grand cru
31. saint-georges-saint-émilion
32. lussac-saint-émilion
33. montagne-saint-émilion
34. puisseguin-saint-émilion
35. francs-côtes-de-bordeaux
36. castillon-côtes-de-bordeaux

MÉDOC **Sous-région viticole**

bordeaux et bordeaux supérieur (ces AOC peuvent être produites sur l'ensemble du vignoble)

Le **Bordelais** en un clin d'œil

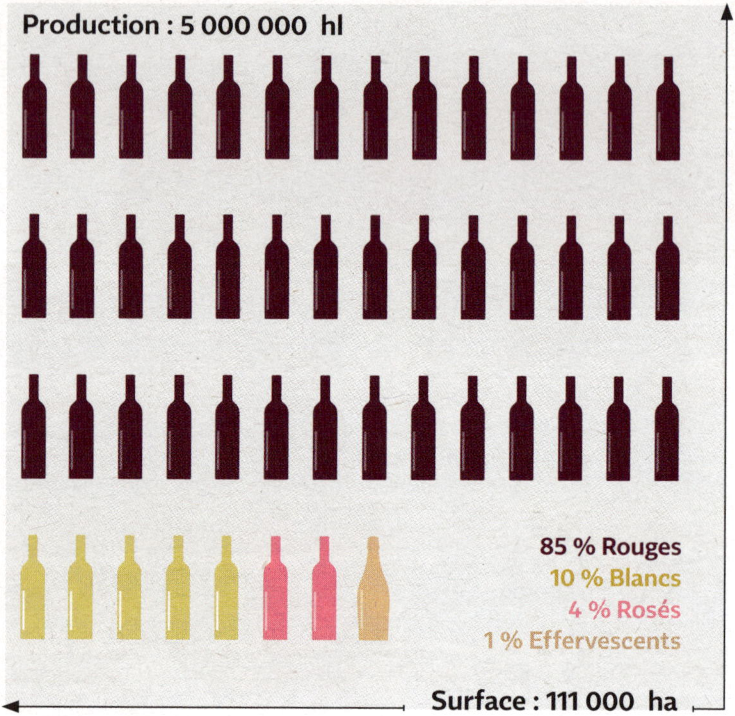

Types de vins

Principaux **cépages**

- Merlot
- Cabernet-sauvignon
- Cabernet franc
- Malbec
- Petit verdot
- Carménère
- Sauvignon blanc
- Sémillon
- Muscadelle
- Ugni blanc
- Colombard

Hiérarchie des vins

AOC COMMUNALES
pauillac, margaux, pomerol, saint-émilion, etc.

AOC SOUS - RÉGIONALES
Médoc, haut-médoc, graves, entre-deux-mers, etc.

AOC RÉGIONALES
Bordeaux, bordeaux supérieur, crémant-de-bordeaux

Un peu d'**histoire**

- **Ier s. :** apparition du vignoble.
- **XIIe s. :** essor du claret (vin rouge léger) et du commerce avec la Grande-Bretagne, à la suite du mariage (1152) d'Aliénor d'Aquitaine et d'Henri Plantagenêt, futur roi d'Angleterre.
- **XVIIe s. :** élargissement de la clientèle aux Hollandais, amatrice de vins blancs doux. Progrès techniques : vieillissement en fût, mise enbouteille…
- **XVIIIe s. :** le goût des Anglais s'oriente vers des vins de meilleure qualité (*new French clarets*) et la relation bon terroir/grand vin se développe.
- **XIXe s. :** période faste par l'extension du commerce avec le chemin de fer et le libre-échange.
- **1855 :** classement des crus du Médoc et du Sauternais.
- **Fin XIXe s.:** apparition du phylloxéra.
- **Après 1945 :** renouveau grâce aux progrès de l'œnologie et millésimes d'exception (1961, 1982, 1989, 1990…).
- **1955 :** classement des vins de Saint-Émilion.
- **1959 :** classement des vins des Graves.
- **Années 1980 à 2000 :** développement de la superficie du vignoble.
- **2016 :** inauguration de la Cité du vin à Bordeaux.

Mots-clés

du Bordelais

1 Rive droite, rive gauche

Par rive droite, on désigne essentiellement le Libournais (AOC saint-émilion, pomerol…), au nord de la Dordogne, et par rive gauche, les vignobles du sud de la Garonne et de la Gironde (Médoc, Graves). On parle aussi des côtes, issus des versants des vallées (AOC côtes-de-bourg, castillon, cadillac…)

2 Assemblage

À Bordeaux, le cépage apparaît rarement sur les étiquettes. En effet, plusieurs variétés sont très souvent assemblées dans un même vin. Merlot, cabernet-sauvignon, parfois cabernet franc, jouent les premiers rôles en rouge ; sémillon, sauvignon, et parfois muscadelle, en blanc.

3 Merlot

Cépage noir le plus cultivé en France, principalement en Gironde, où il est assemblé au cabernet-sauvignon et parfois à d'autres variétés comme le cabernet franc et le malbec. Dans le Bordelais, il est étroitement associé aux appellations de la rive droite de la Dordogne, telles que pomerol et saint-émilion, où il est majoritaire, mais il a progressé partout, jusqu'en Médoc. Il domine les assemblages en AOC régionales (bordeaux, bordeaux supérieur). Ses vins sont ronds ; leurs arômes de fruits rouges plus ou moins confiturés évoquent le pruneau lorsque le raisin est très mûr et prennent des nuances de sous-bois, de cuir et d'épices avec le temps. Assemblé au cabernet-sauvignon, le merlot confère de la souplesse aux vins qui peuvent ainsi être bus plus rapidement.

4 Cabernet-sauvignon

Cépage noir le plus diffusé dans le monde après le merlot. Il tient ses lettres de noblesse du Bordelais, notamment du Médoc et des Graves, où il trouve son terroir de prédilection : de belles croupes de graves, des terres chaudes et bien drainées particulièrement propices à cette variété tardive. En Bordelais, le cabernet-sauvignon n'est jamais vinifié seul, mais il peut représenter jusqu'à 75 % du total, le solde étant généralement fourni par le merlot, le cabernet franc ou le petit verdot. Il donne des vins très colorés, denses et tanniques, aux arômes de cassis et de cèdre, qui doivent attendre quelques années pour donner leur pleine mesure. L'élevage en barrique leur donne de la complexité.

5 Vins de garde

Vins rouges du Médoc et du Libournais, liquoreux de Sauternes : le vignoble est célèbre pour ses grands vins de garde, rouges comme blancs secs et doux.

6 Crus classés

Le Bordelais doit sa renommée à ses nombreux crus classés, qui sont des châteaux, des domaines, et non des terroirs comme en Bourgogne. On distingue 5 classements différents dans la région (voir page suivante) : le classement impérial de 1855 du Médoc et du Sauternais, le classement de Saint-Émilion, le classement des Graves, le classement des crus bourgeois et celui des crus artisans.

7 Châteaux

À Bordeaux, on ne parle pas de « Domaine » mais de « Châteaux ». Le vignoble en compte plusieurs centaines de différents époques. Ils sont le symbole de la prospérité du vignoble bordealais à travers les siècles.

8 Primeurs

La vente de vins en primeur est une pratique d'origine bordelaise vieille de deux siècles, à ne pas confondre avec les « vins primeurs », qui concerne des vins mis en vente avant le printemps suivant la récolte (comme le beaujolais nouveau). Le système bordelais consiste à vendre au printemps suivant la récolte des vins dont l'élevage n'est pas encore terminé. Le prix est fixé à l'issue d'une semaine (très médiatique) de dégustations par des professionnels (acheteurs, négociants, presse), et est largement influencé par les notes des critiques. Cette pratique permet au négoce d'acheter le vin près de 2 ans avant leur mise sur le marché à un prix plus intéressant que celui du vin en bouteille. Elle offre aussi aux domaines une avance de trésorerie très utile. À l'origine uniquement accessible aux professionnels, elle s'est étendue aux particuliers.

9 Second vin

Un vin produit par un château à partir de jeunes vignes ou de cuvées jugées insuffisantes pour l'élaboration du « grand vin », vendu sous un autre nom que ce dernier, à un prix un peu plus abordable.

10 Vins de garage

Des microcuvées de luxe, plus chères que des grands crus, nées d'une sélection très rigoureuse des raisins. Des vins très denses, concentrés et boisés, sortes de prototypes haut de gamme. Jean-Luc Thunevin en fut l'inspirateur en créant le Ch. Valandraud (saint-émilion).

Classements ★★★★★

Les crus classés du Bordelais sont des châteaux, des domaines, et non des terroirs.

Il existe 5 classements:

Notoriété	Révisable	Catégorie
Le classement de 1855 Médoc et Sauternes	Unique révision : 1973, promotion de Château Mouton-Rothschild du rang de 2e grand cru classé au rang de 1er grand cru classé	En rouge : 60 crus du Médoc et un cru de Pessac-Léognan (Ch. Haut-Brion) selon 5 catégories (du 1er au 5e cru) En blanc liquoreux : 27 crus des appellations sauternes et barsac : un 1er cru supérieur (Ch. d'Yquem), 11 1ers crus, 15 2e crus
Le classement des vins de Graves	Pas sujet à révision	16 crus classés qui appartiennent tous à l'AOC pessac-léognan. 7 crus en rouge, 3 crus en blanc, 6 crus en rouge et blanc
Le classement des vins de Saint-Émilion	Tous les 10 ans par l'INAO (Institut national de l'origine et de la qualité)	64 grands crus classés et 18 1ers grands crus classés (dont 4 1ers grands crus classés A et 14 classés B)
Le classement des crus bourgeois du Médoc	Chaque année depuis 2010, la sélection officielle est publiée en septembre	Qualité et valeur des vins rouges produits dans l'une des 8 appellations du Médoc
Le classement des crus artisans	Publication de la liste tous les 10 ans	Qualité et valeur des vins produits dans de petites propriétés (moins de 5 hectares) dans l'une des 8 appellations du Médoc

Les appellations régionales du **Bordelais** en un clin d'œil

Production : 1,5 Mhl

80 % Rouges
11 % Blancs
6 % Rosés
2 % Crémants
1 % Clairets

Surface : 54 000 ha

Types de vins

Rouges | **Blancs secs** | **Blancs doux** | **Rosés** | **Clairets** | **Effervescents**

Toute la Gironde viticole

Des vins provenant de l'ensemble du vignoble girondin (à l'exclusion des zones forestières, des dunes littorales et de l'essentiel des zones urbanisées).

Variété des terroirs et des styles

Les bordeaux régionaux (appelés aussi « génériques ») expriment une large palette de terroirs et proposent un bel éventail de styles de vins : rouges (largement majoritaires), blancs (secs ou beaucoup plus rarement doux), rosés, clairets et effervescents.

Base de la pyramide

Base de la pyramide des appellations, les bordeaux génériques constituent la 1re appellation de Gironde par le volume et sont un réel gisement pour l'amateur en quête de nouveautés.

Le **Blayais** et le **Bourgeais** en un clin d'œil

Production : 460 000 hl

95 % Rouges
5 % Blancs

Surface : 10 000 ha

Types de vins

- Rouges
- Blancs secs

Principaux **cépages**

- Merlot
- Cabernet-sauvignon
- Cabernet franc
- Malbec
- Sémillon
- Sauvignon
- Muscadelle
- Colombard
- Ugni blanc

Les terroirs

Une région très vallonnée, aux confins charentais de la Gironde, et une atmosphère intimiste apportée par de nombreuses vallées. Les vignobles tirent parti de la présence de l'estuaire. Les meilleurs terroirs se trouvent à proximité de l'eau. Le Blayais offre des sols assez diversifiés (calcaires, sables, argilo-calcaires), le Bourgeais des sols plus homogènes (argilo-calcaires et graves) et des collines qui lui ont valu le surnom de « petite Suisse girondine ».

À taille humaine

Les caves coopératives tiennent une place importante dans le Blayais et le Bourgeais. Un grand nombre de propriétés familiales de taille moyenne se partagent ensuite le vignoble.

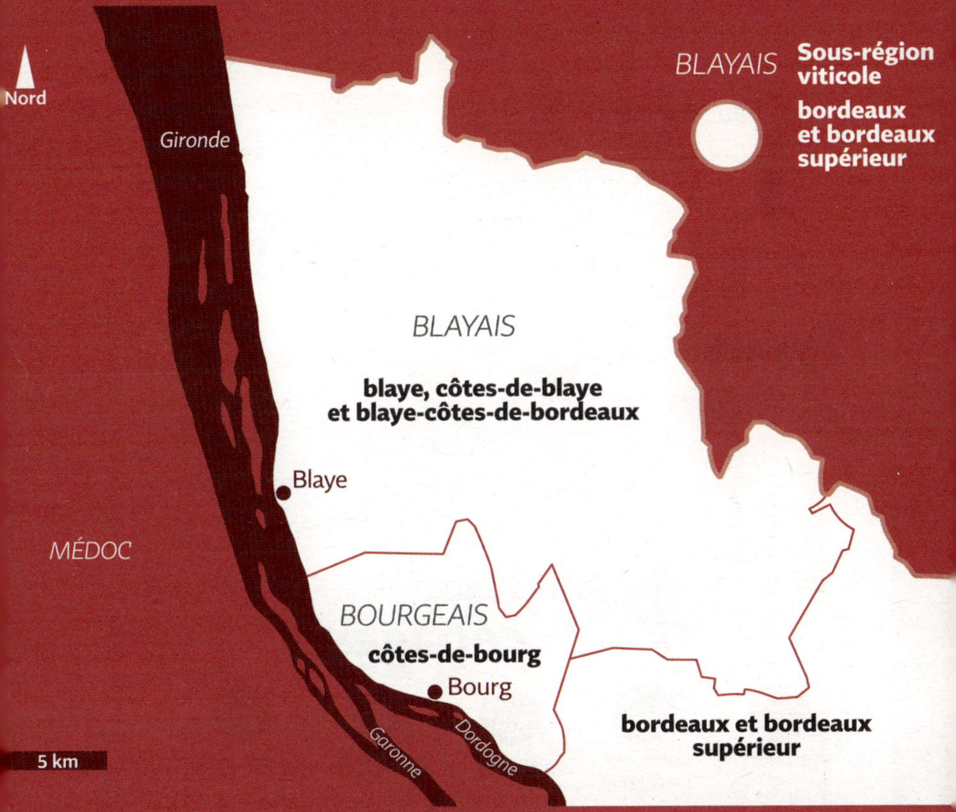

3 appellations, du rouge et un peu de blanc

Côté Blayais, on trouve la petite AOC blaye, dédiée aux seuls vins rouges, longuement élevés en fût, et les blaye-côtes-de-bordeaux, majoritairement des rouges à dominante de merlot et de rares blancs. Une seule AOC en Bourgeais (côtes-de-bourg), consacrée essentiellement aux rouges, là aussi dominés par le merlot, avec un retour notable du malbec dans les assemblages. Il existe aussi une petite production de blancs.

Des sites historiques

À voir : la grotte de Pair-Non-Pair (avec ses fresques préhistoriques, presque dignes de celles de Lascaux), la citadelle de Blaye (inscrite, avec d'autres fortifications, au patrimoine mondial par l'Unesco en 2008) ou celle de Bourg, des châteaux et autres anciens pavillons de chasse.

Le **Libournais** en un clin d'œil

Production : 650 000 hl

99 % Rouges
1 % Blancs

Surface : 15 200 ha

Types de vins

- Rouges
- Blancs secs
- Blancs doux (francs-côtes-bordeaux)

Principaux **cépages**

- Merlot
- Cabernet-sauvignon
- Cabernet franc
- Petit verdot
- Malbec
- Sémillon
- Muscadelle
- Sauvignon

Un autre monde

Le vignoble apparaît dès la sortie de la ville et recouvre presque intégralement plusieurs communes aux appellations renommées comme fronsac, pomerol ou saint-émilion, avec un morcellement en une multitude de petites ou moyennes propriétés. Les grands domaines, du type médocain, ou les grands espaces caractéristiques de l'Aquitaine sont ici absents.

Le règne du merlot

Le merlot domine le vignoble du Libournais et ses terroirs calcaires. Il donne finesse, rondeur et fruité aux vins et leur permet de bien vieillir, même s'ils sont de moins longue garde que ceux d'appellations à dominante de cabernet-sauvignon.

Le classement de Saint-Émilion

Les vins de Saint-Émilion sont absents du classement impérial de 1855, un oubli qui s'explique par le fait que ce dernier a été l'œuvre de la Chambre de commerce de Bordeaux, alors que la région de Saint-Émilion dépend de celle de Libourne. Ils bénéficient de leur propre classement depuis 1955, régulièrement

revu (dernière révision en 2012). Ont été promus en grands crus classés A les châteaux Pavie et Angelus qui ont rejoint les châteaux Ausone et Cheval-Blanc. Viennent ensuite 14 1ers grands crus classés B, puis 64 grands crus classés.

Pomerol

L'une des plus prestigieuses appellations du Bordelais, et l'une des plus discrètes aussi. Ici, pas de classement des crus, bien que le terroir soit remarquable, notamment en raison de la présence de grès ferrugineux, appelé « crasse de fer » dans le sous-sol. Des vins mythiques naissent ici, comme Petrus, archétype du pomerol.

Les « satellites de Saint-Émilion »

Séparées de l'AOC saint-émilion par le ruisseau de la Barbanne, 4 AOC incluant dans leur nom celui de Saint-Émilion produisent des vins rouges de même style. On parle des « satellites de Saint-Émilion » : lussac-saint-émilion, montagne-saint-émilion, puisseguin-saint-émilion, saint-georges-saint-émilion, auxquels il faut ajouter castillon-côtes-de-bordeaux et francs-côtes-bordeaux, situés plus à l'est.

Entre **Garonne** et **Dordogne** en un clin d'œil

Production : 220 000 hl

60 % Rouges
40 % Blancs

Surface : 5 000 ha

Types de vins

- Rouges
- Blancs secs
- Blancs doux

Principaux **cépages**

- Merlot
- Cabernet-sauvignon
- Cabernet franc
- Petit verdot
- Malbec
- Sémillon
- Muscadelle
- Sauvignon

L'Entre-deux-Mers

Le terme désigne à la fois la région comprise entre la Garonne et la Dordogne, et une appellation de vins blancs secs qui n'occupe qu'une partie de la zone géographique. Si les vins blancs vifs et fruités sont ici les plus connus, ce vaste ensemble produit une majorité de vins rouges, notamment en appellations régionales bordeaux et bordeaux-supérieur.

Une mosaïque d'appellations

Outre l'entre-deux-mers, dédiée aux seuls blancs secs, on trouve dans la partie centrale de la région, les confidentielles AOC entre-deux-mers-haut-benauge (blancs secs) et bordeaux-haut-benauge (blancs moelleux). Dans la partie sud, le long de la rive droite de la Garonne, s'étendent les « vins de côte » : côtes-de-bordeaux (rouges), cadillac-côtes-de-bordeaux (rouges), premières-côtes-de-bordeaux (blancs moelleux) et côtes-de-bordeaux-saint-macaire (blancs secs, moelleux ou liquoreux). Au nord, face à Fronsac, naissent les graves-de-vayres (rouges dominants et blancs secs). Enclavée entre les départements de la Dordogne et du Lot-et-Garonne, voisine du Berge-

racois, on trouve l'AOC sainte-foy-côtes-de-bordeaux (rouges dominants, blancs secs et rares moelleux).

Patrimoine

Vallonnés, l'Entre-deux-Mers et le pays de Sainte-Foy-la-Grande offrent des paysages harmonieux, rehaussés par l'habitat. Des bastides (villes du Moyen-Âge) aux églises romanes, en passant par les moulins (fortifié sou non), le patrimoine de la région est riche.

La région des **Graves** en un clin d'œil

Production : 220 000 hl

75 % Rouges
25 % Blancs

Surface : 5 300 ha

Types de vins

- Rouges
- Blancs secs
- Blancs doux (graves-supérieures)

Principaux **cépages**

- Merlot
- Cabernet-sauvignon
- Cabernet franc
- Petit verdot
- Malbec
- Sémillon
- Muscadelle
- Sauvignon
- Sauvignon gris

Vignoble historique de Bordeaux

Dès l'époque romaine, les rangs de vignes ont commencé à encercler la capitale de l'Aquitaine et à produire, selon l'agronome Columelle, « un vin se gardant longtemps et se bonifiant au bout de quelques années ». C'est au Moyen-Âge qu'apparaît le nom de Graves, en référence aux sols faits de cailloux roulés *(grabas de Burdeus)*. Il désigne alors tous les pays situés en amont de Bordeaux, entre la rive gauche de la Garonne et le plateau landais. Par la suite, le Sauternais s'individualise pour constituer, dans cette région des Graves, une enclave vouée aux liquoreux.

3 appellations

Les vins se déclinent en 3 AOC et 2 couleurs, rouge et blanc. L'AOC graves, la plus vaste, se développe du nord de la banlieue de Bordeaux au sud de Langon. Une appellation est consacrée aux vins moelleux et liquoreux : graves-supérieures. L'aire de l'AOC pessac-léognan, au sud et à l'ouest de Bordeaux, jusqu'à Martillac, regroupe 10 communes.

Un classement original

Lors du classement impérial de 1855, le château Haut-Brion a été le seul cru non

médocain à être classé (1er cru). En 1953, 12 crus l'ont rejoint pour former le classement des vins rouges des Graves. En 1959, 8 autres ont été classés pour leur vin blanc. Le classement des Graves est le seul en Gironde à comprendre aussi bien des vins blancs secs que des vins rouges. Il est exclusivement composé de vins de l'AOC pessac-léognan.

Des exploitations familiales

Les petites propriétés de moins de 5 ha sont encore nombreuses. Le vignoble moyen dans les Graves reste de taille humaine, autour de 15 ha. La région se singularise aussi par l'absence de caves coopératives.

Le **Médoc** en un clin d'œil

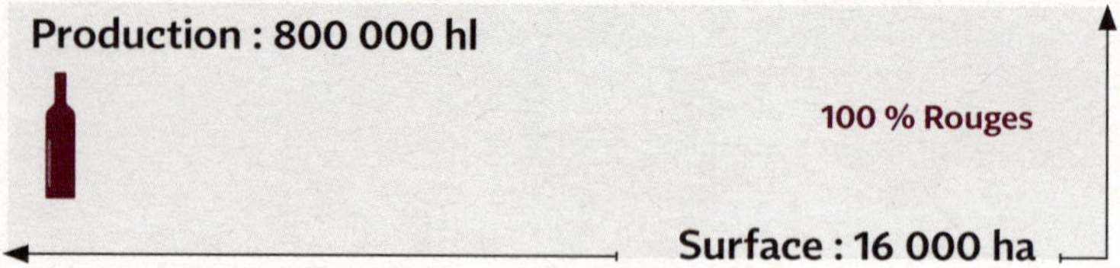

Types de vins

Rouges

Principaux **cépages**

Merlot

Cabernet-sauvignon

Cabernet franc

Petit verdot

Les graves médocaines

Sur la rive gauche de la Gironde, le Médoc viticole s'étire sur plus de 80 km de long pour 10 de large. Sa grande richesse réside avant tout dans ses croupes de graves, descendant en pente douce vers l'estuaire, particulièrement favorables aux vins rouges de qualité. On distingue le Haut-Médoc, de Blanquefort à Saint-Seurin-de-Cadourne, et le nord Médoc, de Saint-Germain-d'Esteuil à Saint-Vivien.

Classement de 1855

Une autre hiérarchie s'applique aux domaines avec, au sommet, les crus classés de 1855. Incluant par exception le Ch. Haut-Brion, également 1er cru classé des Graves, c'est le plus ancien des classements officiels. Il a été réalisé sous le Second Empire, en fonction des cours des vins. Il hiérarchise les crus en 5 catégories (des 1ers aux 5e crus classés). Hormis la promotion de Mouton-Rothschild au rang de 1er cru en 1973, il n'a jamais été modifié.

Le royaume des vins rouges et du cabernet-sauvignon

Les vins du Médoc, parmi les plus prestigieux de France et du monde, sont tous issus d'un assemblage de cépages, avec en tête le cabernet-sauvignon, puis le merlot, suivi du cabernet franc, du petit verdot et très accessoirement du malbec.

Hiérarchie des vins

Le vignoble se répartit entre 8 AOC : 2 sous-régionales — médoc et haut-médoc (60 % du vignoble médocain) —, et 6 communales (saint-estèphe, pauillac, saint-julien, listrac-médoc, moulis-en-médoc, margaux) qui produisent les vins les plus réputés et la plupart des crus classés.

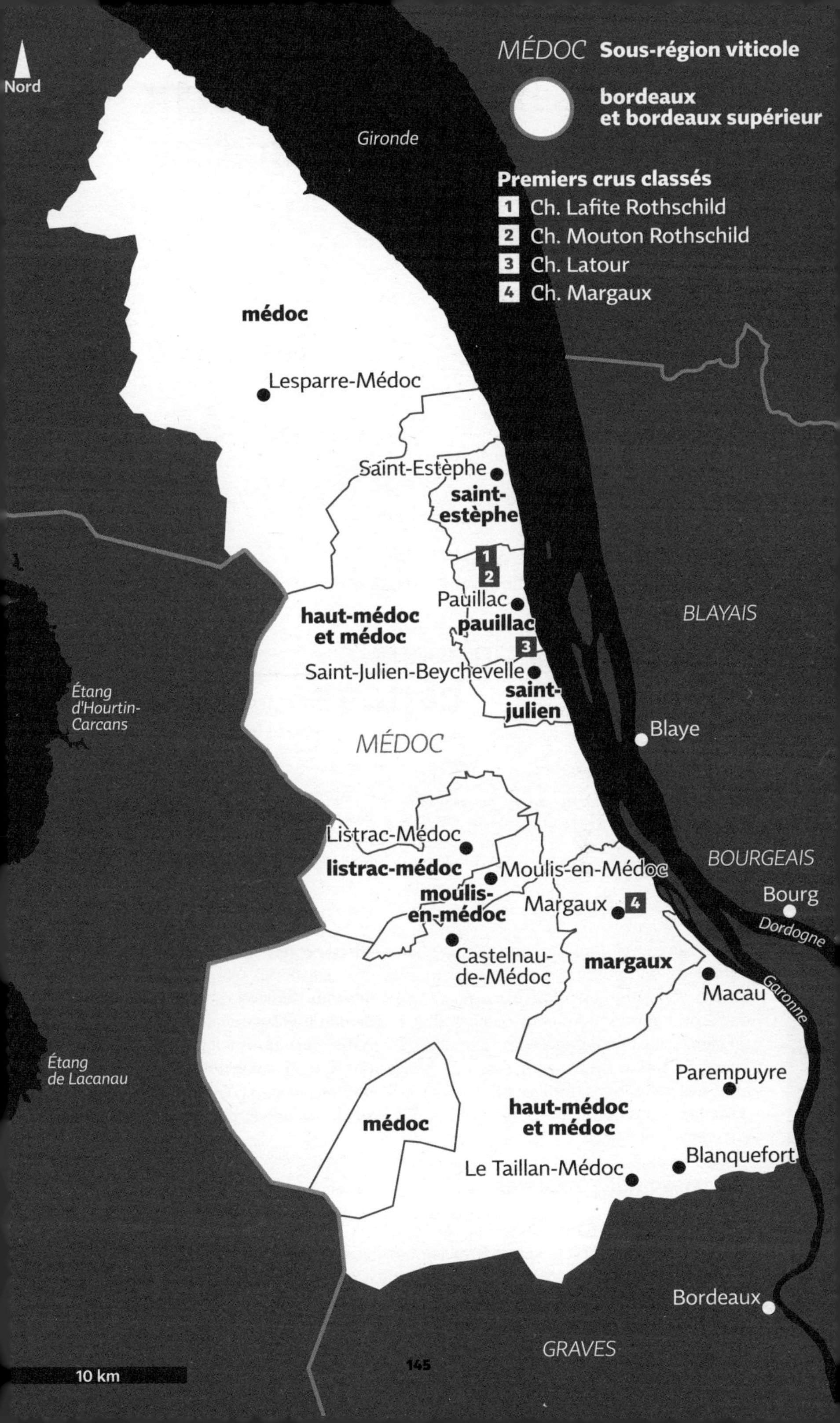
Nord
MÉDOC Sous-région viticole
bordeaux
et bordeaux supérieur
Premiers crus classés
1 Ch. Lafite Rothschild
2 Ch. Mouton Rothschild
3 Ch. Latour
4 Ch. Margaux
Gironde
médoc
Lesparre-Médoc
Saint-Estèphe
saint-estèphe
1
2
Pauillac
pauillac
3
haut-médoc et médoc
BLAYAIS
Saint-Julien-Beychevelle
saint-julien
Étang d'Hourtin-Carcans
Blaye
MÉDOC
Listrac-Médoc
listrac-médoc
Moulis-en-Médoc
BOURGEAIS
moulis-en-médoc
Margaux
4
Bourg
Dordogne
Castelnau-de-Médoc
margaux
Macau
Garonne
Étang de Lacanau
Parempuyre
médoc
haut-médoc et médoc
Le Taillan-Médoc
Blanquefort
Bordeaux
GRAVES
10 km

Les vins blancs **liquoreux** en un clin d'œil

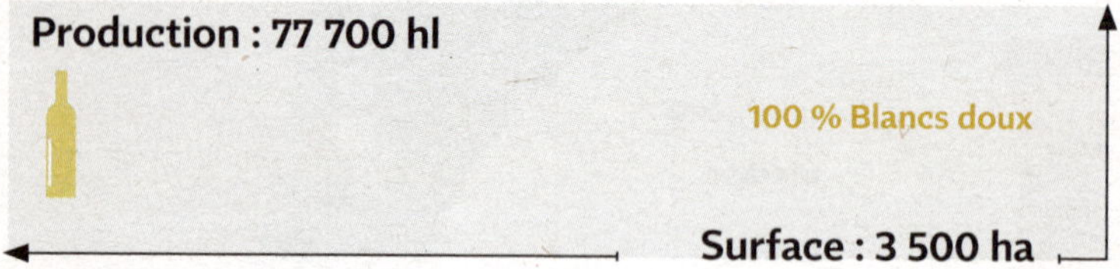

Types de vins

Principaux **cépages**

Sémillon · Sauvignon · Muscadelle

La magie du Ciron

Entre Langon et Cadillac, une petite région située de part et d'autre de la Garonne, autour de son confluent avec le Ciron, s'est spécialisée en blancs liquoreux. Simple hasard ? Assurément non, car c'est l'apport des eaux froides de la petite rivière landaise, au cours entièrement couvert d'une voûte de feuillages, qui donne naissance à un climat automnal particulier : brouillard du matin, suivi du soleil l'après-midi. Celui-ci favorise l'action du *Botrytis cinerea*, champignon de la pourriture noble. On pratique alors des vendanges tardives par tries successives, en passant plusieurs fois (jusqu'à 11) dans les vignes pour ne ramasser que les grains desséchés par le *Botrytis* et donc concentrés en sucre.

Un classement impérial

Les liquoreux du Sauternais ont connu un tel succès que 22 châteaux de la rive gauche (devenus 27 à la suite de divisions) figurent au classement impérial de 1855, aux côtés des grands crus rouges du Médoc. Ce classement distingue un seul 1er cru supérieur, le Château d'Yquem, des 1ers et 2ds crus. Ne sont concernées que les AOC sauternes et barsac.

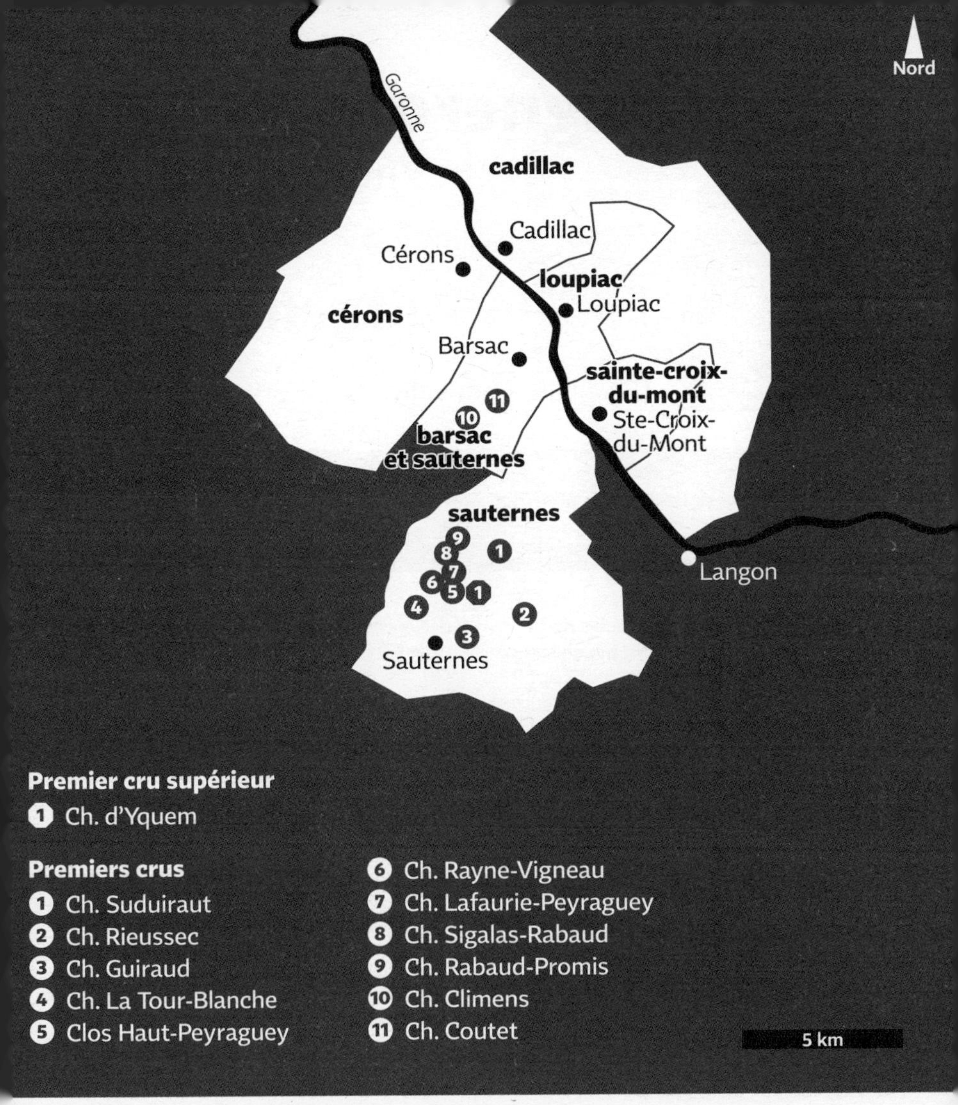

Des AOC privilégiées

On distingue 6 AOC consacrées aux liquoreux : des vins généralement issus d'assemblages, nés de sémillon (souvent majoritaire) et de sauvignon, parfois associés à la muscadelle. Les AOC « reines » sont sauternes et barsac, qui ont atteint une renommée internationale. Elles sont très proches du Ciron et donnent en général des vins plus concentrés. Un peu plus éloignées, 4 autres AOC profitent également de la rivière : sainte-croix-mont, loupiac et cadillac, sur la rive droite de la Garonne, cérons sur la rive gauche. Leurs vins sont un peu moins liquoreux que les sauternes.

Les **vignerons** de l'année

Fabien **Teitgen**

(Ch. Smith-Haut-Laffite)

Après un doublé l'an dernier, Fabien Teitgen, directeur technique du Ch. Smith-Haut-Laffite, signe deux nouveaux coups de cœur dans cette édition. Il nous précise son approche de la vigne, du vin et explique les raisons de ce succès.

• Vous qualifiez votre approche de la culture de la vigne de « bio précision ». Comment définiriez-vous ce concept ?
Depuis que le rachat du Château par Florence et Daniel Cathiard, l'idée a été de mettre en place une viticulture respectueuse des lieux. Pour faire un vin de terroir, il faut que la vigne fonctionne avec son sol. Nous sommes repartis sur une viticulture plus traditionnelle, de « grand-père », en retrouvant un savoir-faire, notamment celui des travaux manuels, en utilisant du compost, etc. Un retour au bon sens paysan centré sur le sol et la plante. Une approche bio en fait. Et le terme « précision » renvoie aux nouveaux outils (cartographie des vignes par satellite, drones, tri optique des raisins) qui nous permettent d'avoir une plus grande capacité à comprendre. Ces deux aspects se complètent.

Le château est-il certifié bio ?
Oui, officiellement depuis cette année. Dès le rachat en 1990, il a été décidé de la suppression des herbicides, de la machine à vendanger et des fertilisations chimiques. Ce n'est donc pas nouveau… Nous avons fait des essais en biodynamie en 1996. Au fil des années, nous nous sommes de plus en plus inscrits dans une démarche bio.

• Un mot sur ce millésime 2018 en blanc ?
Un millésime compliqué, avec des difficultés liées au mildiou, un peu de grêle aussi. Finalement, nous avons réussi à bien travailler les raisins restés sur pied et à les faire mûrir. Nous avons vendangé l'esprit relativement tranquille, avec une récolte par tries successives, pas à pas. C'est la dégustation des raisins qui déclenche les vendanges chez nous. Ce millésime s'inscrit dans ce que l'on cherche à faire : des vins avec une belle richesse, de la concentration, mais aussi une bonne énergie. Parler de structure, de consistance pour un vin blanc cela surprend un peu les gens, mais pour moi un blanc, c'est un vin pour la table.

• Comment s'est déroulé le millésime 2017, marqué par le gel de printemps ?
Nous avons été très peu été impactés sur les terroirs du grand vin, à l'inverse des terroirs du second vin. L'année s'est bien passé par la suite, avec des dates de vendanges et une vinification classique. Nous sommes à 60 % de cabernet-sauvignon, 35 % de merlot, le reste en cabernet franc et petit verdot. C'est un millésime un peu plus frais et tendu que 2015 et 2016. Les vendanges étaient précoces, avec des conditions météo plus fraîches et humides. C'est un millésime avec moins de densité, de tanins, mais qui reste tout de même bien constitué. Une année « classique » dans le bon sens du terme : pas une grande année, mais un bon millésime chez nous.

Les coups de cœur
- **Pessac-léognan 2017**
- **Pessac-léognan 2018**

Ludovic **David**

(Ch. Marquis de Terme)

Sous la houlette de son directeur, Ludovic David, le Ch. Marquis de Terme mène depuis 2009 une politique d'envergure pour faire rayonner ce grand cru classé de Margaux. Le millésime 2017 obtient un coup de cœur pour sa finesse et la complexité de son fruit.

• De Thomas Jefferson à Ludovic David

À défaut d'être l'une des propriétés les plus prestigieuses du Médoc, le Ch. Marquis de Terme (4e grand cru classé) est l'un des plus dynamique de son vignoble. Son potentiel ne fait pas de doute. Thomas Jefferson, alors en passe de devenir le 3e président des États-Unis, y séjourna en 1787 et le classa parmi les 16 meilleurs vins qu'il ait pu déguster. Une date plus récente est à retenir pour comprendre l'évolution de la propriété : 2009. Cette année-là, les propriétaires (la famille Sénéclauze depuis 1935) changent d'équipe, avec nomment Ludovic David à la direction. Un changement vécu comme le point de départ d'une nouvelle ère. De nombreuses innovations et un nouveau dynamisme sont apportés afin de valoriser les 40 ha. Au programme : arrachage, replantation, réaménagements. On y ajoutera l'ouverture du château en vue d'y proposer une large gamme d'activités oenotouristiques…

• 2017, du gel et du charme

Le coup de cœur obtenu pour le 2017, marqué par une refonte de l'étiquette du château, couronne ce travail de fond. Un millésime 2017 impacté par un gel printanier qui a naturellement réduit les rendements et mis en exergue les qualités de finesse mais aussi de séduction des vins du cru. « Le millésime 2017 a un caractère charmeur, élégant, avec cette expression de fruits confits, de confiture de fruits noirs, qui est la marque de fabrique des belles années chez nous », explique Lucie Gendreau, responsable œnotourisme.

• Œnotourisme

Une cuvée qui résulte d'un assemblage classique de cabernet-sauvignon (60 %), de merlot (33 %) et d'une touche de petit verdot (7 %). Des raisins en provenance d'un plateau constitué de graves typiques de Margaux. Si cette évocation vous donne envie d'une rencontre, in situ, avec ce vin et plus généralement avec le domaine, l'une des nombreuses formules d'accueil saura certainement vous tenter : simple dégustation ou balade pédagogique à vélo dans les vignes, en passant par une journée vigneronne complète…

Le coup de cœur

- **Margaux 2017**

➜ LES APPELLATIONS RÉGIONALES DU BORDELAIS

BORDEAUX

Superficie : 39 415 ha / Production : 1 700 000 hl

CH. BASTIAN
Réserve Élevé en barrique de chêne 2018 ★

■ | 28 000 | | 5 à 8 €

Brigitte et Stéphane Savigneux dirigent un ensemble de 35 ha de vignes répartis entre le Ch. d'Eyran (pessac-léognan) et le Ch. Bastian (bordeaux). Le premier est une ancienne maison forte dont le château a été reconstruit en 1629 et acquis par la famille de Brigitte (famille de Sèze) en 1796. Le second cru a été acheté en 1984 : une ancienne métairie de l'abbaye de Rivet, à Auros, qui étend son vignoble sur 10 ha.

Un bouquet aux parfums généreux de vanille et de pain toasté ouvre la dégustation. En bouche, les tanins sont bien fondus et laisse une sensation agréable de rondeur et de suavité. On peut d'ores et déjà l'apprécier, pourquoi pas sur une salade landaise ou un plateau de charcuterie ? ⧗ 2020-2024

SCEA DU CH. D' EYRAN, 20, av. du Sable d'Expert, 33650 Saint-Médard-d'Eyrans, tél. 05 56 77 54 37, accueil@savigneux.com V t.l.j. sf dim. lun. 14h-18h

CH. BEL-AIR 2018 ★

■ | 20 000 | | 8 à 11 €

Les vignobles Méric constituent un bel ensemble de 50 ha commandé par le château de Bel-Air, l'une des plus anciennes propriétés familiales de Sainte-Croix-du-Mont dont les origines remontent à 1648. Trois étiquettes ici : Bel-Air, en AOP sainte-croix-du-mont, Croix de Bern, en cadillac-côtes-de-bordeaux, et Haut-Valentin, en cadillac.

Pas de barrique pour cette cuvée qui fleure bon la griotte et le cassis frais. Léger, juteux, aux tanins fondus, voilà un vin qui privilégie le plaisir immédiat et le partage entre amis. On peut le déguster dès à présent sur des grillades. ⧗ 2020-2023

SCEA VIGNOBLES MÉRIC, Ch. Bel Air, 33410 Sainte-Croix-du-Mont, tél. 06 80 01 28 43, vignobles.meric@orange.fr V t.l.j. 8h-12h30 14h-19h

CH. LE BELVUE
Le Belvue sans soufre 2018 ★★

■ | 1000 | | 8 à 11 €

Michel et Yvette Roure, issus d'une famille d'agriculteurs, acquièrent leurs premières vignes en 1971 : 7 ha d'une propriété à l'abandon, 63 ha en AOC bordeaux aujourd'hui. Laurent a rejoint ses parents en 1991 et signé sa première vinification sur le millésime 1999.

Une cuvée sans soufre parfaitement exécutée. Le bouquet est un beau panier de fruits frais rappelant la fraise et la mûre finement relevées de notes poivrées. Centrée elle aussi sur le fruit, la bouche est ample, souple et longue, portée par des tanins fondus. Le vin plaisir par excellence. ⧗ 2020-2023

SCEA BELVUE LES FILIÈRES, 1, Belvue, 33540 Saint-Félix-de-Foucaude, tél. 06 07 99 59 20, contact@chateaubelvue.com r.-v.

BLAISSAC 2018 ★

■ | 1970 000 | | - de 5 €

Fondé à Bordeaux en 1949 par 9 frères et sœurs, le groupe Castel a connu une croissance considérable, devenant le premier producteur de vin en France, le troisième dans le monde, avec un empire qui s'étend de Bordeaux au continent africain. Outre ses nombreuses marques, il possède une vingtaine de propriétés sur l'ensemble du vignoble français.

Au nez, du cassis et de la prune bien mûrs pour cette cuvée construite sur le fruit. Souple en attaque, ronde, généreuse et bien enrobée dans son développement, elle déploie une finale est assez discrète mais bien équilibrée. ⧗ 2020-2023

SAS CASTEL FRÈRES, 21, rue Georges-Guynemer, 33290 Blanquefort, tél. 05 56 95 54 00, contact@chateaux-castel.com

CH. DE BOISSAC Cuvée spéciale 2018 ★

■ | 50 000 | | - de 5 €

Installé au cœur de l'entre-deux-mers, à mi-chemin entre Naujan et Postiac à 30 km de Bordeaux, ce domaine, propriété du couple Duchesne, est conduit par Laurent Mazeaux.

Un bouquet généreux de cassis et de violette pour ce vin à la jolie robe rubis intense. Gourmand en attaque, le vin possède une bonne trame tannique qui lui apporte du volume et une bonne tenue en bouche. On peut l'ouvrir ou attendre quelques années. ⧗ 2020-2024

SCEA VIGNOBLES LAURENT MAZEAU, Ch. de Costis, 33760 Targon, tél. 05 57 34 55 10, ducmaze@wanadoo.fr V r.-v.

BONNANGE Le Petit Merle 2018 ★★

■ | 2000 | | 8 à 11 €

Propriété de 10 ha en appellations bordeaux et blaye-côtes-de-bordeaux, ce domaine développe une gamme originale de vins à base d'un seul cépage comme le Petit Merle, Le Cab ou encore le Cot. La conversion bio est engagée.

Une couleur qui en dit long sur la concentration de ce 100 % merlot. Le bouquet est une effusion de cassis bien mûr et de quetsche, tandis que des épices viennent agrémenter l'ensemble à l'aération. Dense et structurée, la bouche déploie une longue finale aux tanins enrobés. Un bon vin pour la table qui pourra s'oublier en cave quelques années. ⧗ 2023-2025

SCEA VIGNOBLES BONNANGE, 10, chem. des Roberts, 33390 Saint-Martin-Lacaussade, tél. 06 85 52 48 08, contact@chateaubonnange.fr V r.-v.

CH. BONNET Réserve 2018 ★

■ | 395 000 | | 11 à 15 €

André Lurton, disparu en 2019, conduisait depuis 1953 le Ch. Bonnet (et sa déclinaison Tour de Bonnet), un fief historique qui était aussi son lieu de naissance

et le premier cru acquis par son grand-père Léonce Récapet en 1897. Un domaine de 300 ha, valeur sûre en entre-deux-mers et bordeaux, qui entre dans un vaste «empire» de 600 ha, dont 260 en pessac-léognan, l'autre «patrie» d'André Lurton (Couhins-Lurton, La Louvière…). Les 7 enfants d'André Lurton poursuivent son œuvre, avec Jacques à la présidence des vignobles.

Ce bordeaux présente un bouquet bien équilibré de cassis et de réglisse, agrémenté de quelques notes boisées de moka. La bouche se veut rassurante, dans une construction classique, aux tanins fermes mais bien enrobés. Un bordeaux qui fera l'unanimité autour de la table. ⌛ 2023-2026

SAS LES VIGNOBLES ANDRÉ LURTON, Ch. Bonnet, 33420 Grézillac, tél. 05 57 25 58 58, andrelurton@andrelurton.com V *r.-v.*

B CH. DE BOUILLEROT Cep d'antan 2018 ★

■ | 3200 | | 8 à 11 €

Un domaine de 8 ha conduit en bio, dans la même famille depuis 1935 et 4 générations, régulièrement à l'honneur pour son Palais d'or liquoreux en côtes-de-bordeaux-saint-macaire et pour ses bordeaux rouges. Après 10 ans comme préparateur en pharmacie, Thierry Bos a repris les commandes du cru familial en 1990.

Ce vin issu du trio malbec-petit verdot-carménère a convaincu le jury dans un style expressif et sans fard. L'absence de bois fait la part belle aux notes de cassis et de mûre, tandis qu'en bouche les tanins apportent de la chair et du volume, donnant à l'ensemble un profil gourmand et enjoué. ⌛ 2022-2025

THIERRY BOS, 8, Lacombe, 33190 Gironde-sur-Dropt, tél. 06 80 20 32 25, info@bouillerot.com V *r.-v.*

CH. BOUTILLOT 2017 ★

■ | 18000 | | - de 5 €

Yvon Mau est l'une des plus importantes maison de négoce de la place de Bordeaux, fondée en 1897 et propriété depuis 2001 du géant catalan de la bulle, Freixenet. Elle propose des vins de marque et diffuse également des vins de crus bordelais mais aussi bourguignons.

L'intensité mesurée de la robe annonce un vin de demi-corps avec, au nez, des arômes de kirsch et de réglisse. La bouche apparaît en effet souple et légère, et se déploie jusqu'en finale sans aspérité. Un vin à boire sur le fruit. ⌛ 2020-2023

SA YVON MAU (CH. BOUTILLOT), rue Sainte-Pétronille, 33190 Gironde-sur-Dropt, tél. 05 56 61 54 54

CH. BRANDA 2018 ★

■ | 8500 | | - de 5 €

Un cru dans le giron du groupe Lamont Financière, propriété d'un investisseur chinois, Jian Liu, qui a acquis depuis 2012 une vingtaine de propriétés bordelaises, essentiellement sur la rive droite.

Ce bordeaux propose un bouquet très ouvert sur les fruits noirs confiturés et les épices. Une attaque franche et équilibrée ouvre sur une bouche ferme, dotée de tanins saillants mais sans dureté. Un vin bien construit qui gagnera à vieillir quelques années. ⌛ 2023-2026

SAS LAMONT FINANCIÈRE, Lieu-dit Branda, 33240 Cadillac-en-Fronsadais, tél. 05 33 88 00 20, contact@lamontfinanciere.fr

CH. CANDELEY 2018 ★

■ | 40000 | | 8 à 11 €

Fort de son atavisme vigneron et de son expérience acquise dans de grands domaines, Sébastien Petit s'est installé en 2008 sur 19 ha dans l'Entre-deux-Mers : des vignes exposées plein sud autour d'une bâtisse du XVII[e]s. et de dépendances du XIX[e]s.

Mélange chaleureux de fruits noirs bien mûrs et de notes chocolatées, le nez affiche un profil très ensoleillé. Crémeuse, riche et relativement puissante, la bouche se met au diapason dans un style gourmand et savoureux. Des grillades sont à prévoir. ⌛ 2022-2025

SÉBASTIEN PETIT, Ch. Guichot, 33790 Saint-Antoine-du-Queyret, tél. 05 56 61 33 78, haut-rieuflaget@wanadoo.fr V *r.-v.*

CH. DE CAPPES 2018 ★

■ | 66600 | | 5 à 8 €

Un domaine de 30 ha, propriété des Boulin depuis cinq générations, dirigé par Cédric depuis 2010. De bons bordeaux régionaux et côtes-de-bordeaux-saint-macaire secs et doux.

Un bouquet de raisins bien mûrs s'exprime au nez dans un registre confituré et épicé, agrémenté d'une touche plus fraîche de menthol. En bouche, les tanins sont bien enrobés dans une matière riche et corsée. Un vin généreux possédant un bon potentiel de garde. ⌛ 2023-2027

EARL BOULIN, Bidalet, 33490 Saint-André-du-Bois, tél. 06 08 91 48 58, chateau.decappes@laposte.net V *r.-v.*

CH. CARDAN 2018 ★

■ | 32000 | | - de 5 €

Créée en 2007 dans l'Entre-deux-Mers, l'Union de Guyenne regroupe les coopératives de Saint-Pey-Génissac et de Sauveterre-Blasimon pour quelque 300 vignerons et 4 600 ha, faisant de cette structure la premier producteur de Bordeaux.

Un 100 % merlot aux arômes de cuir, de tabac et de cèdre. À l'aération, des notes de framboise et de menthe complètent l'ensemble. En bouche, le vin s'exprime en volume et s'appuie sur une bonne charpente. La finale est séveuse et bien équilibrée. ⌛ 2023-2025

USCA UNION DE GUYENNE, 15, Bourrassat, 33540 Sauveterre-de-Guyenne, tél. 05 56 71 10 04, p.mondin@ugbordeaux.fr V *t.l.j. sf dim. lun. 9h-12h15 13h30-18h15*

DOM. DU CARRELET 2017 ★

■ | 5200 | | 5 à 8 €

Ce cru est depuis 2017 la propriété de Frédéric Labatut, également chef d'exploitation d'un autre domaine à Fronsac et qui gère l'exploitation en

compagnie de son fils, marin d'état. Le Carrelet symbolise le lien entre la terre (la vigne) et la mer (l'Isle qui borde le vignoble) et fait écho à la pêche au filet encore pratiquée au château.

Les notes vanillées de l'élevage se fondent harmonieusement dans un fruit mûr aux accents de myrtille et de prune. Des arômes prolongés par une bouche ample et veloutée, dotée de tanins soyeux et d'une jolie finale légèrement iodée. ⧗ 2023-2027

FRÉDÉRIC LABATUT, 1, Labory, 33141 Saillans, tél. 06 98 63 39 28, tinonins@hotmail.fr V

CH. LA CAUSSADE 2018 ★

	15000		5 à 8 €

Implantée à Sainte-Croix depuis 8 générations, la famille Armand fait partie des institutions locales pour ses liquoreux renommés. Elle y conduit 2 crus (labellisés Haute Valeur Environnementale) : la Caussade et la Rame, son fleuron, dont les vins étaient déjà réputés au XIXe s. Angélique et Grégoire Armand ont pris la suite de leur père Yves en 2009.

Jeu des contrastes très réussi pour cette cuvée issue à parts égales de merlot et de cabernet-sauvignon. Si le nez s'entiche d'arômes confits de prune et de cerise noire, la bouche privilégie la légèreté et la fraîcheur au volume et à la puissance. On imagine volontiers un lapin aux pruneaux pour l'accompagner. ⧗ 2020-2024

GFA CH. LA RAME, La Rame, 33410 Sainte-Croix-du-Mont, tél. 05 56 62 01 50, dgm@wanadoo.fr V *t.l.j. sf dim. 9h-12h30 13h30-18h; sam. sur r.-v.*

CH. LA COMMANDERIE DE GOMBEAU 2018 ★

	130 000		- de 5 €

Une propriété de 82 ha, située au cœur de l'Entre-Deux-Mers, dont Marie-José Degas a cédé en 2018 la gérance à ses filles Diane et Eugénie, préservant ainsi la patte féminine qui caractérisait le domaine.

Les 2 ans d'élevage en cuve Inox ont apporté une belle patine à ce vin ouvert sur des arômes de tabac, de cuir et de confiture de mûre. La bouche, à l'unisson du nez, déploie une matière ample et suave, bien relevée en finale par des tanins veloutés. On peut l'apprécier dès à présent sur une viande grillée. ⧗ 2020-2024

SCEA VIGNOBLES DEGAS, 36-38, rte de Créon, 33750 Saint-Germain-du-Puch, tél. 05 57 24 02 44, contact@vignoblesdegas.fr V *t.l.j. 9h-12h 14h-18h; sam. 10h-12h30*

CH. COURTIEU 2018 ★★

	133333		5 à 8 €

Les Coteaux d'Albret, la cave coopérative de Mesterrieux, fondée en 1935, regroupe près de 80 vignerons dont la majorité a repris l'exploitation familiale.

Un joli vin à la couleur franche et profonde qui développe des parfums purs et ciselés de myrtille, de cassis et d'épices douces. La bouche joue la carte de l'équilibre entre puissance et fraîcheur. Des tanins au grain soyeux animent la finale et donnent une présence élégante et enlevée à l'ensemble. ⧗ 2022-2025

SCA LES COTEAUX D' ALBRET, Martinaud, 33540 Mesterrieux, tél. 05 56 71 41 07, coteauxdalbret@orange.fr V *t.l.j. 9h-12h 14h-17h30*

CH. LA CROIX D'HOURQUET 2018 ★

	86000		5 à 8 €

Une propriété familiale de 27 ha située sur les coteaux de Saint-Macaire à Saint-André-du-Bois, conduite depuis 2008 par Aurélie Izquierdo (2e génération).

Une robe sombre aux reflets violines habille ce 2018 ouvert sur des arômes fringants de violette et de mûre. Le palais se montre frais et gourmand, bien soulignée par une fine acidité qui vient aussi égayer une finale légèrement épicée. ⧗ 2020-2024

SCEA VIGNOBLES IZQUIERDO, Carbouey, 33490 Saint-André-du-Bois, tél. 05 56 76 44 38, vignobles-izquierdo@orange.fr V *r.-v.*

CH. DOMI-COURS 2018 ★★

	180 000		- de 5 €

Dans l'Entre-deux-Mers, le promontoire de Roquefort fut un ancien oppidum gaulois. Après le rachat de la propriété en 1976 par l'industriel Jean Bellanger, un chai très moderne, aménagé en partenariat avec la faculté d'œnologie de Bordeaux, a vu le jour. Premières vinifications en 1987. Aujourd'hui, un vaste domaine (240 ha, dont 100 ha de vigne) conduit depuis 1995 par Frédéric Bellanger. Ce dernier dirige également le Ch. Domi-Cours, acquis en 2002 : 20 ha sur la commune de Cours-les-Bains, en terres bazadaises.

Un beau travail d'élevage pour ce bordeaux aux arômes élégants de mûre, de violette et de Zan. En bouche, le vin semble avoir oublié le fût et livre une matière fruitée, ample, pulpeuse, aux tanins soyeux. Une pointe mentholée en finale apporte un supplément d'âme et laisse une sensation de fraîcheur agréable. Voilà un fort joli 2018 que l'on pourra oublier en cave quelques années. ⧗ 2023-2027

SC DU CH. ROQUEFORT, lieu-dit Roquefort, 33760 Lugasson, tél. 05 56 23 97 48, info@chateau-roquefort.com V *r.-v.* 5

DOURTHE
La Grande Cuvée 2018 ★★

	400 000		5 à 8 €

Célèbre négoce fondé en 1840 par Pierre Dourthe, propriétaire de plusieurs crus (Belgrave en haut-médoc, Le Boscq en saint-estèphe, Rahoul en graves, Grand Barrail Lamarzelle Figeac en saint-émilion grand cru) et élaborateur de vins de marque de qualité (Dourthe N° 1, La Grande Cuvée, Terroirs d'exception). Une valeur sûre restée étroitement liée au Médoc, intégrée depuis 2007 au groupe familial champenois Alain Thiénot.

Issu d'une sélection des meilleurs lots en barriques, ce vin développe un nez complexe de cacao, de cassis et de mûres confites. Dense et crémeuse en attaque, la bouche déroule une matière ample, bien épaulée par des tanins boisés sans dureté aucune. La finale est d'une persistance remarquable. ⧗ 2022-2025

CVBG DOURTHE-KRESSMANN, 35, rue de Bordeaux-Parempuyre, CS 80004, 33295 Blanquefort Cedex, tél. 05 56 35 53 00, contact@dourthe.com

CH. FERREYRES 2018 ★★

■ | 70 000 | 🍾 | 5 à 8 €

Une propriété de 42 ha située au sud-est de Saint-Émilion, en conversion bio depuis 2019. À sa tête, Florian Bouchon, œnologue, qui a repris le domaine en 2015.

L'élevage exclusif en cuve fait la part belle aux arômes de cassis, de quetsche et d'épices douces. L'aération enrichit le nez de parfums réglissés que l'on retrouve dans un palais ample, dense et tannique. La finale, longue et équilibrée, augure un solide potentiel de garde. ⧗ 2024-2028

EARL VIGNOBLE FLORIAN BOUCHON, 1, Peyrouton, 33350 Pujols, tél. 06 11 19 25 00, contact@chateau-ferreyres.fr V r.-v.

♥ CH. LA FONTAINE DE GENIN 2018 ★★

■ | 35 000 | 🛢🍾 | 8 à 11 €

Œnologue de formation, Benoît Prevôt a repris en 2004 cette vigne familiale de 7 ha, tout en poursuivant ses activités de consultant dans le Libournais et à l'étranger (en Chine et en Argentine, notamment).

Un vin aux contours parfaitement maîtrisés, d'un charme fou. Le bouquet se pare de fruits bien mûrs aux accents kirschés et vanillés. Soyeux, ample et gourmand, le palais est un modèle d'équilibre. La finale, longue et savoureuse, confirme le style raffiné de cette belle cuvée. On pourra l'oublier en cave quelques années. ⧗ 2022-2027

BENOÎT PREVÔT, Mondon, 33350 Sainte-Radegonde, tél. 05 56 78 30 14, benoitprevot33@gmail.com

GINESTET Mascaron 2018 ★

■ | 30 000 | 🍾 | 5 à 8 €

Depuis plus d'un siècle, Ginestet est l'une des principales maisons de négoce bordelaises, aujourd'hui intégrée au groupe Taillan. Pour l'une de ses marques phares, déclinée en cinq AOC, elle a choisi comme emblème le mascaron, masque sculpté décorant de nombreuses façades de Bordeaux. Elle vend 18 millions de bouteilles dans 70 pays.

Les reflets violines de la robe attestent de la jeunesse du vin, à l'instar du nez, centré sur des parfums frais de baies noires et d'épices douces. Gourmande, dotée de tanins souples, la bouche est ronde et sans aspérité. Une bouteille à apprécier sur le fruit. ⧗ 2020-2024

SA MAISON GINESTET, 19, av. de Fontenille, 33360 Carignan-de-Bordeaux, tél. 05 56 68 81 82, contact@ginestet.fr V r.-v.

CH. LA GRANDE MÉTAIRIE 2018 ★

■ | 80 000 | 🍾 | 5 à 8 €

Jean-Luc Buffeteau, revenu en 1998 sur les terres familiales, conduit 29 ha de vignes sur les coteaux vallonnés de l'Entre-deux-Mers, au cœur du Sauveterrois, dans les communes de Castelviel et Gornac. Il y produit deux étiquettes : La Grande Métairie et Haut Dambert.

Une extraction douce des tanins du cabernet-sauvignon a donné ce vin souple et bien équilibré, frais et léger, qui privilégie le fruit à la structure et qui s'offre dès à présent à la dégustation. Tout indiqué pour un plateau de charcuterie. ⧗ 2020-2023

SCEA VIGNOBLES BUFFETEAU, lieu-dit Dambert, 33540 Gornac, tél. 05 56 61 97 59, vignoblesbuffeteau@gmail.com V r.-v.

♥ CH. GRAND JEAN 2018 ★★

■ | 190 000 | 🍾 | 5 à 8 €

Héritier de dix générations, Michel Dulon exploite aujourd'hui 140 ha de vignes, implantées essentiellement sur la rive droite de la Garonne et dans l'Entre-deux-Mers, et réparties sur quatre crus : Ch. Grand Jean, propriété la plus ancienne et la plus vaste avec ses 100 ha, située à Soulignac; Ch. Julian, acquis en 1998 à Targon; Ch. du Vallier, à Langoiran (20 ha); Ch. Haut-Pezat, 8 ha en saint-émilion grand cru, acquis en 2013 à Vignonet.

Un robe profonde et brillante habille ce bordeaux au nez ensoleillé de fruits rouges compotés. À l'aération, apparaît une touche pâtissière engageante. La bouche est un modèle de séduction : ronde, crémeuse, soyeuse et parfaitement équilibrée, elle s'étire jusqu'en finale sur des notes épicées qui relève l'ensemble. À déguster dès à présent ou dans quelques années sur des plats mijotés. ⧗ 2020-2025 ■ **Ch. Julian 2018 ★★ (5 à 8 €; 30 000 b.)** À un bouquet profond et gourmand de cassis et de cerise burlat à maturité répond une bouche ample, soyeuse et bien équilibrée, dotée d'une finale séveuse qui rappelle avec élégance les arômes du nez. À un souffle du coup de cœur. ⧗ 2021-2025

SC DULON, 133, Grand-Jean, 33760 Soulignac, tél. 05 56 23 69 16, info@vignobles-dulon.com V *t.l.j. sf sam. dim. 8h30-12h30 14h-17h*

DOM. DES GRAVES D'ARDONNEAU 2018 ★

■ | 13 000 | 🛢🍾 | 5 à 8 €

Un domaine incontournable du Blayais, en rouge comme en blanc. La famille Rey écrit son histoire viticole depuis 1763 sur les terres du hameau d'Ardonneau. Installé en 1981 à la tête de 60 ha, Christian Rey a été rejoint en 2005 par son fils Laurent et par sa fille Fanny en 2008. De nouveaux chais sont sortis de terre en 2017.

Très ouvert sur les fruits noirs confits, le nez livre à l'aération quelques notes exotiques de vanille et de coco. Ample et veloutée, la bouche s'entiche d'une pointe acidulée qui dynamise la finale. Un vin bien construit. ⧗ 2021-2025

SCEA SIMON REY ET FILS, 1, Ardonneau, 33620 Saint-Mariens, tél. 05 57 68 66 98, gravesdardonneau@wanadoo.fr V t.l.j. sf dim. 9h-12h30 14h30-18h

CH. HAUT BELLEGARDE 2018 ★

■	260 000		5 à 8 €

Le Ch. Tour de Bellegarde est une demeure du XIXe s récemment restaurée. Elle domine un vignoble de 74 ha de vignes (69 ha de vignes rouges et 5 ha de blancs) située à Villegouge, petit village de 1300 habitants à une vingtaine de kilomètres au nord-est de Bordeaux.

Un nez bien équilibré de fraise et de mûre, agrémenté de quelques notes de pain toasté. Une bonne attaque en bouche, sur des tanins serrées mais bien enrobés, du volume, de la matière, une finale persistante : ce bordeaux est une valeur sûre. ⧗ 2022-2025

SCEA DES VIGNOBLES FAURE, Lieu-dit l'Éperon, 33240 Vérac, tél. 05 57 74 71 14, contact@chateauleperon.com V t.l.j. 9h-12h 14h-17h

CH. HAUT GRAND CHAMP 2018 ★

■	166 000		- de 5 €

Implantée à Ladaux, au coeur de l'Entre-Deux-Mers, cette propriété d'une centaine d'hectares est gérée par Christophe et David Flaujac qui, depuis 2015, engagent de nombreuses démarches environnementales.

La dégustation débute par un joli nez de fruits rouges frais qui rappellent la framboise et la cerise rouge. Une pointe mentholée rehausse l'ensemble et apporte une sensation de fraîcheur que l'on retrouve en bouche. Un vin léger et alerte, que l'on appréciera dès à présent. ⧗ 2020-2023

GAEC DE FREYBERNAT, 30, chem. de Freybernat, 33760 Ladaux, tél. 06 13 15 44 22, vignoblesflaujac@wanadoo.fr V r.-v.

CH. HAUT-MONDAIN Grande Réserve 2018 ★

■	120 000		5 à 8 €

Arrivé d'Algérie en 1961, Charles Yung a bâti un vaste ensemble de propriétés dans le Bordelais ainsi qu'un négoce : aujourd'hui, plus de 132 ha de vignes, principalement implantées sur les coteaux de Garonne, autour de Béguey. Son fils Jean-Christophe est aux commandes depuis 1992, rejoint en 2006 par son frère Rodolphe, qui a pris en main la commercialisation.

Un boisé bien proportionné pour ce vin riche mais équilibré aux accents de fruits noirs, de vanille et de girofle. Veloutée et gourmande, la bouche livre une matière élancée, au retour légèrement acidulée en finale. ⧗ 2022-2025

SCEA CHARLES YUNG ET FILS, 8, chem. de Palette, BP 38, 33410 Béguey, tél. 05 56 62 94 85, r.yung@wanadoo.fr V t.l.j. sf sam. dim. 9h-12h 13h30-18h30

CH. HAUT PASQUET 2018 ★

■	65 000		5 à 8 €

Fondés en 1880 à Escoussans, au sud de Bordeaux, les vignobles Dubourg constituent une vaste exploitation familiale de 83 ha, répartis sur neuf appellations et plusieurs étiquettes, de la rive droite de la Dordogne (Saint-Émilion) à la rive gauche de la Garonne (Sauternes). Bernard et Nadine Dubourg sont aux commandes depuis 1970, épaulés par leurs enfants : Valérie, responsable administrative et financière depuis 1999, et Benoît, responsable des chais et des vignobles depuis 1995.

Le nez bien mûr de ce 2018 rappelle la prune noire et la myrtille, agrémentées à l'aération de quelques d'épices douces. En bouche, les tanins se fondent dans une matière riche et onctueuse qui reste équilibrée grâce à une acidité bien proportionnée. Un vin bien construit. ⧗ 2021-2025

SCEA DES VIGNOBLES DUBOURG, 545, Nicot, 33760 Escoussans, tél. 05 56 23 93 08, bdubourg@wanadoo.fr V r.-v.

CH. HAUT-RIEUFLAGET 2018 ★★

■	40 000		- de 5 €

Installé en 1969 dans l'Entre-deux-Mers comme jeune agriculteur, Jean-Dominique Petit a, au fil des ans, agrandi la propriété familiale, qui atteint aujourd'hui 70 ha. Ses bordeaux sont régulièrement présents dans le Guide.

Des merlots bien mûrs sont à l'origine de ce vin au nez riche et intense de fraise écrasée et d'épices douces. L'aération complète le bouquet de notes plus complexes de mûre et de chocolat. Dense et structuré, le palais est parfaitement épaulé par des tanins soyeux et intégrés qui étirent la finale. Un bordeaux savoureux, que l'on pourra l'oublier en cave quelques années. ⧗ 2022-2027

SCEA JEAN-DOMINIQUE PETIT, Ch. Haut-Rieuflaget, 33790 Saint-Antoine-du-Queyret, tél. 05 56 61 33 78, haut-rieuflaget@wanadoo.fr V r.-v.

CH. HAUT VALLON 2018 ★

■	114 267		- de 5 €

En 1934, 126 vignerons s'unissent pour créer la coopérative de Sauveterre-de-Guyenne, à quelques hectomètres de la bastide fondée en 1281 par Édouard Ier, roi d'Angleterre. En 2012, elle s'est associée avec la cave de Blasimon et regroupe quelque 2 000 ha de vignes et 250 vignerons.

Un profil épicé et réglissé pour le nez de ce vin généreux, qui livre à l'aération des arômes de cassis confits et de mûre. Des tanins fermes soutiennent une bouche riche mais bien équilibrée. Voilà qui devrait promettre de beaux accords sur des gibiers en sauce. ⧗ 2022-2025

CAVE DE SAUVETERRE BLASIMON ESPIET, 15, Bourrassat, 33540 Sauveterre-de-Guyenne, tél. 05 56 61 55 20, p.mondin@ugbordeaux.fr V t.l.j. sf dim. lun. 9h-12h 13h30-18h15

CH. LABATUT BOUCHARD 2018 ★

■	90 000		5 à 8 €

Ancien architecte, Michel Pélissié a racheté en 2008, au sud des Graves, le Ch. de Landiras. Un domaine historique, ancienne terre épiscopale au XIIe s., qui a gardé le souvenir de Jeanne de Lestonnac, nièce de Montaigne et fondatrice de la Compagnie de Marie-Notre-Dame. Aujourd'hui, une belle unité (près de 60 ha), renforcée

depuis 2013 par les châteaux La Ouarde et Peyron-Bouché : plus de 80 ha en tout, plantés à haute densité et conduits par le régisseur, François Puerta. Autre étiquette : Labatut Bouchard.

Expressif et engageant, le nez déploie des arômes frais de framboise et d'airelle. La bouche fait écho à l'olfaction et affiche un style rond et équilibré autour de tanins fondus. On appréciera ce vin dès à présent, sur des grillades par exemple. ⧗ 2020-2023

SCA DOM. LA GRAVE, Ch. de Landiras, 4, rte des Frères Bordes, 33720 Landiras, tél. 05 56 76 76 61, chateau.landiras@orange.fr V r.-v.

CH. DES LÉOTINS 2018 ★★

■	15 000		5 à 8 €

Ce vignoble de 140 ha, appartenant à la famille Lumeau depuis huit générations, fait partie des plus grandes propriétés du Sauveterrois. Depuis 2008, c'est Xavier Lumeau qui a pris les rênes de l'exploitation, avec le souhait de diversifier les cépages avec la plantation de parcelles de petit verdot et de malbec.

Ce 100 % petit verdot a séduit le jury par son nez intense de mûre sauvage et de violette. Ample, tannique mais équilibré en bouche, il se montre suffisamment structuré pour être oublié en cave quelques années. Une belle bouteille de caractère qui trouvera un compagnon de choix dans la cuisine épicée. ⧗ 2022-2028 ■ **Cuvée Capucine 2018 ★★ (- de 5 €; 10 000 b.)** Belle maturité pour ce 100 % merlot qui livre un nez généreux de fruits noirs confiturés et d'épices douces. En bouche, il séduit par son amplitude, sa texture soyeuse et ses tanins fondus. La finale est longue et parfaitement équilibrée. Un joli vin au style universel. ⧗ 2021-2025

SCEA DES LÉOTINS, Les Léotins, 33540 Sauveterre-de-Guyenne, tél. 05 56 71 50 25, chateau.leotins@orange.fr V *t.l.j. sf dim. 8h-12h 14h-18h*

CH. MARJOSSE 2018 ★

■	150 000		8 à 11 €

Pierre Lurton, directeur de Cheval Blanc et de Yquem, a repris en 1991 ce cru de l'Entre-deux-Mers, séduit par son terroir apparenté à celui de Saint-Émilion. Vignoble entièrement restructuré (50 ha), création d'un nouveau chai, premières cuvées en 2000 et, depuis, des vins très réguliers en qualité.

Ce vin livre un bouquet épanoui de figue fraîche et de framboise, souligné de fines notes vanillées. Rond et équilibré, le palais s'apprécie aussi pour sa texture veloutée et sa finale déliée. On verrait bien ce vin en compagnie d'un filet mignon aux champignons. ⧗ 2022-2026

SARL PIERRE LURTON, Ch. Marjosse, Lieu-dit La Moulinasse, 33420 Grézillac, tél. 05 57 55 57 80, contact@marjosse.com V *r.-v.*

MARQUIS DE BERN Élevé en fût de chêne 2018 ★

■	150 000		5 à 8 €

C'est en 1998 que Philippe et Éric Gonfrier démarrent une activité d'acheteurs de raisins et de vinificateurs sous le nom : Les Chais de Rions. Installée sur la commune éponyme, cette structure regroupe une cinquantaine de viticulteurs pour une superficie de 350 ha environ.

Dominé par les fruits noirs, le nez se pare à l'aération de notes d'amande grillée et de moka. La bouche, ample et dense, est bien enrobée par un élevage proportionné et soutenue par des tanins soyeux. ⧗ 2022-2027

SARL LES CHAIS DE RIONS, Ch. de Marsan, BP 7, 33550 Lestiac-sur-Garonne, tél. 05 56 72 14 38, contact@vignobles-gonfrier.fr V *t.l.j. 9h-17h30*

CH. DE MONS 2018 ★

■	48 000		8 à 11 €

Terres bordelaises est une filiale du groupe Les Grands Chais de France, qui diffuse une vaste gamme de domaines girondins, parmi lesquels Bastor-Lamontagne, Saint-Robert, Faizeau, Haut-Mouleyre, Laubès.

Un nez fougueux ouvre la dégustation sur des notes de cuir et de mûre sauvage. À l'aération, quelques notes poivrées viennent agrémenter l'ensemble. Franc et souple en attaque, le vin déploie ensuite une bouche ronde et gouleyante. Un bordeaux que l'on pourra apprécier aussi bien dès à présent qu'après quelques années de garde. ⧗ 2020-2025 ■ **Ch. Bois Perthuis 2018 ★ (8 à 11 €; 483 000 b.)** Le bouquet fleure bon le merlot bien mûr et déploie des arômes de cerise noire et de myrtille. Puissante et structurée, la bouche livre une sève dense de fruits noirs, soutenue par des tanins bien intégrés. ⧗ 2023-2027 ■ **Ch. Haut-Mouleyre 2018 ★ (8 à 11 €; 69 600 b.)** Puissant et rond à la fois, ce vin affiche des arômes de raisins bien mûrs qui rappellent la quetsche et le kirsch. Les tanins en bouche sont bien fondus et soutiennent une matière déliée, légèrement épicée en finale. ⧗ 2020-2025 ■ **Ch. Laubès 2018 ★ (8 à 11 €; 67 200 b.)** Un vin au style classique qui fleure bon les fruits noirs fraîchement cueillis. La bouche est pulpeuse, portée par des tanins présents mais bien intégrés. Quelques notes mentholées apportent une agréable fraîcheur en finale qui laisse espérer un bon potentiel de garde. ⧗ 2023-2027

SCEA TERRES BORDELAISES, 33210 Preignac, tél. 05 57 98 07 20, vcachau@lgcf.fr

CH. MOULIN DE BERNAT Cuvée de la viticultrice 2018 ★

■	20 000		8 à 11 €

Installée en 2001, Frédérike Bouzon-Petit exploite un vignoble de 14 ha non loin de Sauveterre-de-Guyenne. En plus du vin, elle propose aussi à la vente du fromage bio issu de sa chèvrerie.

Un vin généreux qui fleure bon les fruits bien mûrs, aux accents de mûre et de prune. En bouche, il se montre charnu, bien équilibré et de bonne allonge. Ses tanins encore fermes en finale appellent une petite garde et feront merveille sur une entrecôte. ⧗ 2022-2026

FRÉDÉRIKE BOUZON-PETIT, Ch. Moulin de Bernat, 33790 Saint-Antoine-du-Queyret, tél. 05 56 61 33 78 V *r.-v.*

CH. MOULIN DE MALLET 2018 ★

■	246 000		- de 5 €

Propriété familiale depuis 1898, le domaine a été agrandi petit à petit pour devenir l'activité principale

de la famille Couderc en 1985. Situé sur le plateau argilo-calcaire de Pujols, le vignoble de 45 ha est conduit avec passion et rigueur par Julien Couderc.

Voilà un merlot bien né aux accents de cerise noire et de réglisse. Souple et enlevé en bouche, le vin déploie une trame tannique élégante et une longue finale aux tonalités kirschées. Un bordeaux savoureux et délié, qui fera son office sur des tournedos. ⧗ 2021-2025

SCEA SERGE COUDERC ET FILS, Moulin de Mallet, 33350 Pujols, tél. 05 57 40 55 84, moulindemallet@hotmail.fr r.-v.

CH. DE L'ORANGERIE 2018 ★★

■ | 100 000 | | 5 à 8 €

Les ancêtres de Jean-Christophe Icard ont constitué à partir de 1790 un domaine qui s'est agrandi au fil des générations. Conduit depuis 1994 par l'actuel exploitant, le vignoble familial couvre quelque 130 ha, dont 75 ha de vignes, dans l'Entre-deux-Mers et la région de Cadillac. Plusieurs étiquettes ici : L'Orangerie, La Sablière Fongrave et même des « produits sous licence » signés par le célèbre dessinateur belge Philippe Geluck, créateur du personnage Le Chat.

Résultat d'un élevage exclusif en cuve, ce vin déploie des arômes frais de griotte, de violette et de menthe, finement rehaussés de notes épicées. Parfaitement équilibrée, la bouche dévoile une texture soyeuse et délicate, supportée par des tanins fins et veloutés. Déjà très agréable, ce vin pourra cependant attendre quelques années en cave. ⧗ 2020-2026

SCEA DES VIGNOBLES JEAN-CHRISTOPHE ICARD, lieu-dit le Jardinet, 33540 Saint-Félix-de-Foncaude, tél. 05 56 71 53 67, orangerie@chateau-orangerie.com

CH. PENIN Natur 2018 ★

■ | 26 000 | | 8 à 11 €

L'une des valeurs sûres des appellations régionales, avec plusieurs coups de cœur à son actif. Un cru de 45 ha établi sur un terroir de graves, sur la rive gauche de la Dordogne, face à Saint-Émilion. Fondé par la famille Carteyron en 1854, il est dirigé depuis 1982 par Patrick, œnologue.

Ce 100 % merlot sans sulfite ni produit d'origine animale propose un nez frais de framboise et de violette. En bouche, il se montre souple et léger. Une bouteille simple et de bon goût, qui s'offre dès à présent à la dégustation. ⧗ 2020-2023

CH. PENIN, 39, imp. Couponne, 33420 Génissac, tél. 05 57 24 46 98, vignoblescarteyron@orange.fr V r.-v.

CH. PETIT BOIRAC 2018 ★

■ | 65 000 | | 5 à 8 €

Après sa fusion avec la cave de Saint-Christophe-de-Double, la coopérative de Saint-Pey-Génissac (première productrice de crémant-de-bordeaux avec plus d'un million de cols par an) change de nom en 2018 pour prendre celui de sa marque de crémant, Louis Vallon. Sous ce nouveau nom sont groupés 120 adhérents pour un vignoble de 1 200 ha.

100 % merlot pour cette cuvée épanouie aux arômes de griotte et de poivre. Une belle structure tannique se dévoile dans une bouche ample et charnue, étirée dans une longue finale. Un vin déjà agréable mais suffisamment structuré pour être oublié quelques années. ⧗ 2021-2026

SCA CAVE LOUIS VALLON, 36, av. de la Mairie, 33350 Saint-Pey-de-Castets, tél. 05 57 40 52 07, p.mondin@ugbordeaux.fr V t.l.j. sf dim. 8h30-12h 14h-17h30

CH. PLESSIS 2018 ★

■ | 47 333 | | - de 5 €

Héritiers d'une longue lignée vigneronne remontant à 1850, Serge Forcato et son fils David ont entrepris en 2017 de faire renaître les vins blancs du Ch. Plessis, longtemps dédié aux seuls vins rouges. En outre, il lance un vin sous le nom de Ch. Lary Lacombe situé sur les terres de Saint-Vivien de Monségur.

Le tiers de cabernets présent dans l'assemblage offre au nez des accents mentholés et épicés qui relèvent judicieusement des arômes plus riches de mûre et de cassis à maturité. Tannique, étirée et légèrement épicée, la bouche propose une structure dynamique, bien équilibrée par une fine acidité. ⧗ 2023-2027

GAEC FORCATO ET FILS, 5, lieu-dit Lacombe, 33580 Saint-Vivien-de-Monségur, tél. 05 56 61 62 50, serge.forcato@orange.fr

CH. LES RICAUDELLES 2018 ★★

■ | 57 000 | | - de 5 €

Éric et Sophie Meynaud conduisent depuis 1998 une vaste propriété de 120 ha dont le siège est situé à Landerrouat, à la limite du Lot-et-Garonne. Trois étiquettes à la carte des vins : Clos Moulin Pontet, Franc Couplet et les Ricaudelles.

Un bouquet complexe de cassis et de cerise, agrémenté à l'aération, de notes de cèdre et de pin, ouvre la dégustation. Soyeux en attaque, le vin se développe harmonieusement sur des tanins racés et livre en finale une sève dense aux accents végétaux. Un joli vin au style raffiné qui fera merveille sur des plats provençaux. ⧗ 2022-2025 ■ **Ch. Franc Couplet Privilège 2018 ★ (- de 5 €; 127 000 b.)** Issu d'une longue cuvaison, ce vin propose un nez épanoui de confiture de cerise et d'épices douces. La bouche est construite sur des tanins consistants mais bien intégrés à une matière dense et veloutée. Un style gourmand qui appelle les grillades au barbecue. ⧗ 2021-2025

EARL CH. FRANC COUPLET, rte de Laussac, 33790 Landerrouat, tél. 05 56 61 34 10, eric.meynaud@wanadoo.fr V r.-v. E

CH. LA ROSE VIDEAU 2018 ★★★

■ | 12 000 | | 5 à 8 €

Originaire de Champagne (Côte des Blancs), la famille Gonet s'est aussi forgé une solide renommée dans le Bordelais : en graves-de-vayres avec les châteaux Lesparre (acquis en 1986), Lathibaude et Durand Bayle, valeurs sûres conduites en bio, ainsi qu'en pessac-léognan (Haut-Bacalan, Eck, Haut l'Évêque, Saint-Eugène) et en AOP régionales (La Chapelle Bordes, La Rose Videau).

Un grand vin n'est pas forcément boisé. La preuve avec ce vin 100 % cuve qui a fait l'unanimité pour son nez complexe et sa bouche équilibrée, aux lignes élancées. Les arômes de mûre sauvage, d'épices et de cacao perçus à l'olfaction se prolongent dans une matière parfaitement découpée, qui donne une sensation d'harmonie très aboutie. La finale, d'une remarquable densité, est portée par des tanins soyeux et s'étire avec élégance sur des saveurs épicées. ⧗ 2024-2028

SCEV MICHEL GONET ET FILS, Ch. Lesparre, 33750 Beychac-et-Caillau, tél. 05 57 24 51 23, info@gonet.fr V r.-v.

CH. ROUSSET-CAILLAU 2018 ★

■ | 50 000 | | 5 à 8 €

Depuis 1929, quatre générations se succèdent à la tête du vignoble familial : 60 ha dans l'Entre-deux-Mers aujourd'hui, répartis entre le domaine historique, le Ch. Rousset-Caillau, et le Ch. Terre Blanque, acquis en 2010. L'ensemble est conduit depuis 2008 par Catherine Falgueyret et son mari Sébastien Léglise.

Une belle vendange a permis d'engendrer ce nez engageant de cassis et de violette, qui gagne, à l'aération, quelques notes poivrées. En bouche, on croque dans une matière riche et pulpeuse que des tanins bien dosés accompagnent jusqu'en finale. ⧗ 2022-2026

EARL FALGUEYRET-LÉGLISE, Rousset, 33540 Saint-Sulpice-de-Pommiers, tél. 05 56 71 60 69, sebastienleglise@gmail.com V *t.l.j. sf sam. dim. 9h-12h 14h-17h*

CH. LA SAUVEGARDE L'Authentique 2018 ★

■ | 20 000 | | 8 à 11 €

Chasse, cèpes et vignes composent l'environnement de ce domaine de 30 ha isolé au milieu des bois et commandé par une bastide du XVIIIᵉs. À sa tête depuis 1999, Sébastien Petit, souvent en vue pour ses vins d'appellations régionales.

Cette cuvée élaborée sans sulfite livre au nez des parfums frais de framboise et d'airelle. Une belle attaque acidulée faisant écho au nez ouvre sur une belle bouche dotée de tanins mûrs et habilement relevée par une pointe épicée en finale. ⧗ 2022-2025

SCF DU CH. LA SAUVEGARDE, Ch. la Sauvegarde, 33790 Soussac, tél. 05 56 61 33 78 V *r.-v.*

TERRE DE VIGNERONS Depuis 1935 2018 ★

■ | 33 000 | | - de 5 €

Créée sous ce nom en 2012, Terre de Vignerons est l'union de production et de commercialisation d'une douzaine de coopératives de l'Entre-deux-Mers et du Pays duraquois. Elle représente 13 000 ha de vignes et 1 500 coopérateurs, dont les raisins sont accueillis sur 19 sites de production. Elle vend ses propres marques, des vins de propriété et des marques de distributeurs. Un acteur de poids de la coopération girondine.

100 % petit verdot pour ce vin au nez ensoleillé de quetsche et de poivre. Une belle matière se déploie en bouche, dense et tonique, qui déroule en finale un ruban savoureux d'épices et de tabac. On l'accompagnera de plats orientaux. ⧗ 2023-2027

TERRE DE VIGNERONS, 17-19, rte des Vignerons, 33790 Landerrouat, tél. 05 56 61 33 73, a.mauro@terredevignerons.com

CH. THIEULEY 2018 ★

■ | 100 000 | | 8 à 11 €

L'histoire viticole des Courselle débute en 1949 avec l'achat du Ch. Thieuley, non loin de la Sauve-Majeure, par André Courselle. Sous l'impulsion de Francis et, depuis 2004, de ses filles Sylvie et Marie, le vignoble s'étend aujourd'hui sur 80 ha et trois crus : Thieuley, une référence en bordeaux, Ch. Saint-Genès, destiné à l'export, et Clos Sainte-Anne, 5 ha de graves à Capian.

Des notes subtiles de cannelle au premier nez, complétées à l'aération par des arômes plus généreux de cassis et de mûre. Voilà un vin expressif et bien construit qui dévoile une bouche séveuse et longue, aux tanins fondus. ⧗ 2023-2027

SCEA VIGNOBLES COURSELLE, 560, rte de Grimard, 33670 La Sauve, tél. 05 56 23 00 01, contact@thieuley.com V *t.l.j. sf dim. 8h30-12h15 13h30-17h30; sam. sur r.-v.*

CH. TOUR DE MIRAMBEAU Réserve 2018 ★★

■ | 160 000 | | 8 à 11 €

Vigneronne depuis plus de deux siècles, la famille Despagne, établie au cœur de l'Entre-deux-Mers, est un acteur incontournable du vignoble bordelais, à la tête de 300 ha répartis sur plusieurs crus – Bel Air Perponcher, Tour de Mirambeau, Rauzan Despagne, Lion Beaulieu, Mont-Pérat – conduits par les enfants de Jean-Louis (Thibault, Gabriel et Basaline) et par Joël Elissalde, directeur technique. Leurs vins sont souvent en vue dans ces pages, dans les trois couleurs.

Des jus bien équilibrés ont donné naissance à un vin frais et complexe, ouvert sans réserve sur des arômes de fruits noirs et de cèdre. Les tanins possèdent le grain des raisins bien nés et donnent une suite heureuse en finale. Un vin très agréable aujourd'hui, qui pourra cependant s'oublier en cave quelques années. ⧗ 2021-2028 ■ **Ch. Mont-Pérat 2017 ★ (20 à 30 €; 110 000 b.)** Fermentation en cuve béton et élevage court en barrique, voilà une combinaison réussie pour ce vin gourmand aux arômes de fruits bien mûrs. Les tanins du bois apportent de la densité et de la structure en bouche et l'enrichissent de notes épicées aux accents exotiques. Un passage en carafe sera le bienvenu si l'on veut apprécier ce vin dans ses jeunes années. ⧗ 2023-2028

SCEA DESPAGNE RIVE DROITE (CH. TOUR DE MIRAMBEAU), 2, Le Touyre, 33420 Naujan-et-Postiac, tél. 05 57 84 55 08, contact@despagne.fr V *t.l.j. sf sam. dim. 8h30-12h 13h30-16h30*

CH. LES TOURELLES 2018 ★

■ | 40 000 | | 11 à 15 €

Établis à Loupiac depuis 8 générations, les Darriet exploitent plusieurs crus (64 ha en tout) sur les 2 rives de la Garonne. Leurs rouges sont de qualité, mais ils possèdent aussi un réel savoir-faire en matière de vin blanc, doux comme sec – Philippe Darriet, l'œnologue, est chercheur à la faculté de Bordeaux et spécialiste du sauvignon.

De jolies notes de tabac et de fruits confits pour ce vin à forte proportion de cabernet-sauvignon. La bouche, s'appuyant sur des tanins souples et bien intégrés, déroule une texture crémeuse qui n'a pas laissé le jury indifférent. Un vin déjà savoureux, et pour quelques années encore. ⧗ 2020-2025

SC J. DARRIET, 8, rue Jean-Faux-Ouest, 33410 Loupiac, tél. 05 56 62 61 75, contact@vignoblesdarriet.fr V *t.l.j. 8h30-12h30 13h30-17h30; sam. dim. sur r.-v.*

CH. VALVIGNES 2018 ★

60 000 | - de 5 €

Bernard Rivière a repris en 1975 le domaine de ses parents. Il agrandit le vignoble, qui couvre aujourd'hui 30 ha, plantés sur des collines et hauts coteaux argilo-calcaires dominant la vallée de la Garonne. La propriété est désormais dirigée par son fils Julien.

Cacao et prune au nez, complété à l'aération par quelques notes épicées : voilà un vin d'une belle maturité, qui délivre en bouche une matière riche et onctueuse, aux accents réglissés. La finale est de bonne allonge et bien structurée. ⧗ 2022-2025

JULIEN RIVIÈRE, 1, Viremolle, 33490 Saint-Martin-de-Sescas, tél. 06 50 53 60 35, julienriviere@wanadoo.fr V *r.-v.*

BORDEAUX CLAIRET

Superficie : 925 ha / Production : 52 000 hl

CH. CAMINADE HAUT-GUÉRIN 2019 ★

6 600 | 5 à 8 €

Situé sur un plateau de graves et d'argiles dominant Saint-Émilion, ce vignoble familial s'étend sur 40 ha d'un seul tenant sur les hauteurs de Génissac. Pierre Caminade y est aux commandes depuis 2013.

Une belle robe soutenue comme il se doit habille ce clairet expressif et complexe : on y découvre des arômes d'épices, de menthol, puis de fruits rouges mûrs (cerise, groseille). La bouche apparaît ample, longue et bien équilibrée entre suavité et fine acidité. Un beau classique. ⧗ 2020-2022

CH. CAMINADE HAUT-GUÉRIN, 1758, rte de Moulon, 33420 Génissac, tél. 05 57 50 29 72, vignoblescaminade@orange.fr V *t.l.j. sf sam. dim. 9h-12h 14h-18h*

♥ CHAI DE BORDES 2019 ★★

10 000 | 5 à 8 €

Propriétaire de nombreux crus et acteur majeur du négoce bordelais à travers différentes marques (Chai de Bordes, Pierre Dumontet), Cheval Quancard a été fondé par Pierre Quancard en 1844, sous le nom de Quancard et Fils. La maison est toujours dirigée par ses descendants.

D'une belle couleur vive et brillante, ce clairet séduit aussi par son bouquet intense et frais de petits fruits rouges mâtiné de nuances florales. On retrouve les fruits rouges avec gourmandise, sur des saveurs de clafoutis, dans une bouche ample, charnue, soyeuse et longue, soulignée par une fraîcheur bien sentie. De l'harmonie de bout en bout. ⧗ 2020-2022

SA CHEVAL QUANCARD, 2I, La Mouline, 4, rue du Cabourney, 33565 Carbon-Blanc Cedex, tél. 05 57 77 88 88, chevalquancard@chevalquancard.com V *r.-v.*

PIERRE CHANAU 2019 ★

90 000 | - de 5 €

Fondée en 1933, la coopérative de Rauzan, dans l'Entre-deux-Mers, a fusionné en 2008 avec la cave de Grangeneuve (Romagne), puis en 2016 avec celle de Nérigean pour constituer les Caves de Rauzan : pas moins de 400 adhérents, de 65 châteaux et 3 500 ha de vignes. Des appellations régionales et de l'entre-deux-mers.

Destiné à la grande distribution (Chanau est l'anagramme d'Auchan), ce clairet à large dominante de cabernet franc présente bien dans sa robe franche et vive comme dans son bouquet intense de fruits rouges et de bonbon anglais. La bouche apparaît souple, dynamique et de belle longueur. Un rosé friand. ⧗ 2020-2021

LES CAVES DE RAUZAN, L'Aiguilley, 33420 Rauzan, tél. 05 57 84 19 95, patricia.aniello@cavesderauzan.com V *r.-v.*

CH. LAMOTHE DE HAUX 2019 ★

12 500 | 5 à 8 €

Établi au sommet d'un coteau argilo-calcaire, Lamothe de Haux étend ses vignes sur 60 ha, comprenant aussi le Ch. Manos, dédié aux cadillac, acquis en 1991. Depuis 1956 et 4 générations, le domaine se transmet par les femmes. À sa tête aujourd'hui, Maria et Damien Chombart.

Merlot et cabernet-sauvignon à parts égales pour ce clairet vif et brillant, ouvert sur des parfums gourmands de cerise au kirsch et de fraise. En bouche, il se montre rond, suave et ample, souligné par une juste acidité. Un ensemble très harmonieux. ⧗ 2020-2022

CH. LAMOTHE DE HAUX, 295, chem. de l'Église, 33550 Haux, tél. 05 57 34 53 00, info@chateau-lamothe.com V *r.-v.* E

CH. MAISON NOBLE 2019 ★

5 000 | 5 à 8 €

Appartenant à une ancienne famille de tonneliers cognaçais et de viticulteurs, Jean-Bertrand Marque a quitté à trente-cinq ans le monde de l'expertise comptable pour renouer en 2012 avec l'héritage familial et reprendre ce cru de 20 ha situé au nord de Pomerol.

Une large part (90 %) est donnée au merlot dans ce clairet d'une belle teinte vive, centré à l'olfaction sur des arômes de cassis, de groseille et de réglisse. La bouche se révèle ample, suave et bien structurée, avec une ligne acidulée du meilleur effet en soutien. ⧗ 2020-2022

CH. MAISON NOBLE, 1, Maison-Noble, 33230 Maransin, tél. 06 17 66 56 33, jmarque@chateau-maisonnoble.com r.-v.

CH. PENIN 2019 ★

45000 · 5 à 8 €

L'une des valeurs sûres des appellations régionales, avec plusieurs coups de cœur à son actif. Un cru de 45 ha établi sur un terroir de graves, sur la rive gauche de la Dordogne, face à Saint-Émilion. Fondé par la famille Carteyron en 1854, il est dirigé depuis 1982 par Patrick, œnologue.

Après un magnifique coup de cœur dans le millésime 2018, le clairet du domaine fait belle impression dans sa version 2019. Belle robe couleur cerise intense et brillante, nez soutenu de fruits rouges, d'amande douce et de poivre, bouche ample, consistante et suave, aux tanins polis. Un beau classique de l'appellation. ⧗ 2020-2022

CH. PENIN, 39, imp. Couponne, 33420 Génissac, tél. 05 57 24 46 98, vignoblescarteyron@orange.fr r.-v.

CH. TURCAUD 2019 ★

16800 · 5 à 8 €

Un cru de 50 ha fondé en 1973 par Simone et Maurice Robert, conduit avec le même talent depuis 2009 par leur fille Isabelle et son époux Stéphane Le May. Abandon progressif du désherbage chimique, rendements limités, approche parcellaire pour chaque cuvée, certification Terra Vitis : un travail de précision au service des AOP régionales et des entre-deux-mers.

Une belle présentation pour ce clairet couleur grenat, ouvert sur les fruits rouges, le bonbon anglais et les épices. La bouche affiche du volume, de la densité, de la vinosité, du fruit et de la longueur. ⧗ 2020-2022

EARL VIGNOBLES ROBERT, 1033, rte de Bonneau, 33670 La Sauve, tél. 05 56 23 04 41, chateau-turcaud@wanadoo.fr r.-v.

BORDEAUX ROSÉ

CH. BALLAN-LARQUETTE 2019 ★

10500 · 5 à 8 €

Installé en 1992 à la suite de ses parents, Régis Chaigne a modernisé progressivement le domaine. Il utilise ainsi depuis plusieurs années des modèles mathématiques de prévision météo pour limiter les risques, diminuer les traitements et viser une maturité optimale du raisin. Aujoud'hui, le vignoble s'étend sur 48 ha.

Profil singulier pour ce rosé estampillé malbec à la couleur vive et brillante. Le bouquet est dominé par la violette et la groseille, tandis qu'en bouche le cassis déploie sa puissance. L'ensemble reste équilibré et laisse une sensation agréable en finale. ⧗ 2020-2021

EARL VIGNOBLES CHAIGNE ET FILS, Ch. Ballan-Larquette, 33540 Saint-Laurent-du-Bois, tél. 05 56 76 46 02, regis@chaigne.fr r.-v.

BARON DE LESTAC 2019 ★

377000 · - de 5 €

Fondé à Bordeaux en 1949 par 9 frères et sœurs, le groupe Castel a connu une croissance considérable, devenant le premier producteur de vin en France, le troisième dans le monde, avec un empire qui s'étend de Bordeaux au continent africain. Outre ses nombreuses marques, il possède une vingtaine de propriétés sur l'ensemble du vignoble français.

Beaux reflets violines pour cet assemblage à majorité de merlot, qui s'entiche de parfums d'iris et de grenadine. Plutôt gourmand en bouche, le vin trouve son équilibre grâce à une acidité fringante qui relève la finale. ⧗ 2020-2021

SAS CASTEL FRÈRES, 21, rue Georges-Guynemer, 33290 Blanquefort, tél. 05 56 95 54 00, contact@chateaux-castel.com

LES HAUTS DE BEL-AIR 2019 ★

500000 · - de 5 €

Savas (Société d'approvisionnement de vins, d'alcools et de spiritueux) est une maison de négoce fondée en 1978, présidée par Évelyne Courriades, qui propose des vins de marque du Bordelais.

Fruits croquants et juteux au nez, qui rappellent la fraise et la griotte, soulignés à l'aération par une pointe mentholée. La bouche est vineuse et tonique à la fois, et s'affirme en finale dans un registre épicé. Voilà un rosé qui possède une vraie personnalité. ⧗ 2020-2021

SA SAVAS, 28, rue de Capeyron, 33200 Bordeaux, tél. 05 56 92 19 20, charlotte-chelhane@savas-sa.fr

♥ CH. DU BERNAT L'Exception 2019 ★★

89333 · 5 à 8 €

Une propriété familiale constituée à la fin du XIXᵉs. dans l'Entre-deux-Mers, acquise en 1962 par Guy Rénier. Son fils Jean-Philippe, qui en a pris la tête en 2008, dispose d'un vignoble de 29 ha implanté sur le calcaire de Frontenac, exploité par sa famille. Un calcaire à astéries propice au merlot.

Du soleil, ce rosé n'en a pas manqué ! Au nez, les arômes de mangue et de fruit de la Passion dominent, soulignés par quelques notes de bonbon anglais. Tendre et consistant à la fois, le palais déploie un beau volume et s'installe en finale sur des notes plus fraîches de violette et d'œillet. ⧗ 2020-2021

SCEA DU BERNAT, 10, Le Bernat, 33420 Jugazan, tél. 05 57 55 58 32, jugazan.dubernat@gmail.com r.-v.

CHAI DE BORDES 2019 ★

35000 · - de 5 €

Propriétaire de nombreux crus et acteur majeur du négoce bordelais à travers différentes marques (Chai

de Bordes, Pierre Dumontet), Cheval Quancard a été fondé par Pierre Quancard en 1844, sous le nom de Quancard et Fils. La maison est toujours dirigée par ses descendants.

Teinte légère et parfums discrets pour ce rosé d'apéritif qui fleure bon la fraise des bois et le bonbon anglais. Rond, souple, de plaisir immédiat, il se livre sans aspérité en bouche et laisse un souvenir agréable en finale. ⧗ 2020-2021

SA CHEVAL QUANCARD, 21, La Mouline, 4, rue du Cabourney, 33565 Carbon-Blanc Cedex, tél. 05 57 77 88 88, chevalquancard@chevalquancard.com V r.-v.

CH. CANEVELLE 2019 ★

■	8200		- de 5 €

Béatrice et René Morel ont eu un coup de cœur, c'était en 1960, pour cette jolie propriété surplombant la vallée du Dropt, au cœur de l'Entre-deux-Mers. Outre un vignoble de 29 ha, le domaine, qui fait partie du réseau Natura 2000, abrite aussi des espèces rares d'orchidées sauvages, de papillons et de libellules.

Joli bouquet entraînant de cassis frais et d'amande qui fera la joie des amateurs de cabernet. Juteuse et tonique, la bouche n'en reste pas moins vineuse et laisse envisager quelques accords, comme une viande blanche par exemple. ⧗ 2020-2021

SCEV MOREL, Lieu-dit Chagnon, 33190 Loubens, tél. 06 81 55 65 01, chateaucanevelle@aol.com V r.-v.

LA CLOSERIE SAINT-VINCENT 2019 ★

■	3730		5 à 8 €

Jean-François Réaud a repris en 1983 le vignoble du grand-père, créé en 1904 sous le nom de Dom. du Grand Moulin; il l'a largement restructuré et modernisé, et lui a donné le nom plus flatteur de « château ». Le vignoble couvre aujourd'hui 40 ha.

Belle couleur rose pétale soutenue qui fait écho aux arômes riches de fraise, de framboise et de réglisse. Assez corsé en bouche, le vin n'en reste pas moins élégant. Une touche de perlant apporte une sensation de légèreté et donne à l'ensemble un profil équilibré. ⧗ 2020-2021

SCEA DU GRAND MOULIN, 1289, av. de la Liberté, 33820 Saint-Aubin-de-Blaye, tél. 05 57 58 70 37, ludivine@vignoblesgabriel.com

DOURTHE N°1 2019 ★

■	60000		5 à 8 €

Célèbre négoce fondé en 1840 par Pierre Dourthe, propriétaire de plusieurs crus (Belgrave en haut-médoc, Le Boscq en saint-estèphe, Rahoul en graves, Grand Barrail Lamarzelle Figeac en saint-émilion grand cru) et élaborateur de vins de marque de qualité (Dourthe N° 1, La Grande Cuvée, Terroirs d'exception). Une valeur sûre restée étroitement liée au Médoc, intégrée depuis 2007 au groupe familial champenois Alain Thiénot.

Une couleur profonde pour ce rosé, qui annonce un nez riche de fruits rouges légèrement mentholés. Une bonne structure se déploie en bouche, portée par une acidité discrète qui vient souligner quelques notes poivrées en finale. Un vin bien construit. ⧗ 2020-2021

CVBG DOURTHE-KRESSMANN, 35, rue de Bordeaux-Parempuyre, CS 80004, 33295 Blanquefort Cedex, tél. 05 56 35 53 00, contact@dourthe.com

PIERRE DUMONTET
Cuvée Hortense 2019 ★

■	45000		- de 5 €

Propriétaire de nombreux crus et acteur majeur du négoce bordelais à travers différentes marques (Chai de Bordes, Pierre Dumontet), Cheval Quancard a été fondé par Pierre Quancard en 1844, sous le nom de Quancard et Fils. La maison est toujours dirigée par ses descendants.

Une couleur saumonée pour ce vin aux parfums de pamplemousse rose et de pivoine. Rond en attaque, le palais déroule une matière veloutée, gourmande, d'une belle persistance. ⧗ 2020-2021

SA CHEVAL QUANCARD, 21, La Mouline, 4, rue du Cabourney, 33565 Carbon-Blanc Cedex, tél. 05 57 77 88 88, chevalquancard@chevalquancard.com V r.-v.

CH. DE FONTENILLE
Belle Rosée 2019 ★★

■	12000		8 à 11 €

En 1290, le site de Fontenille, dans l'Entre-deux-Mers, possédait déjà des vignes. Alors rattaché à l'abbaye de la Sauve-Majeure, ce domaine au terroir argilo-siliceux est devenu autonome au XVIIes. Depuis 1998, il est conduit par Stéphane Defraine, à la tête de 49 ha de vignes dont 17 en blanc et 32 en rouge.

Une seyante rose pétale soutenu pour cet assemblage de cabernets, aux arômes puissants de framboise et d'orange sanguine. Construit sur une trame acide bien ciselée, le palais affiche un profil à la fois vineux et très souple. Les agrumes reviennent en finale et laissent un sensation agréable de fraîcheur. ⧗ 2020-2021

SC CH. DE FONTENILLE, 1315, rte de Grimard, 33670 La Sauve, tél. 05 56 23 03 26, contact@chateau-fontenille.com V r.-v.

GASPARD DE LALUNE 2019 ★

■	13000		5 à 8 €

Depuis 1929, quatre générations se succèdent à la tête du vignoble familial : 60 ha dans l'Entre-deux-Mers aujourd'hui, répartis entre le domaine historique, le Ch. Rousset-Caillau, et le Ch. Terre Blanque, acquis en 2010. L'ensemble est conduit depuis 2008 par Catherine Falgueyret et son mari Sébastien Léglise.

Une majorité de malbec pour ce rosé aux accents floraux et anisés. L'attaque en bouche privilégie la souplesse et la gourmandise. En finale, une pointe acidulée redonne de l'élan sur des notes de groseille et de framboise. ⧗ 2020-2021

EARL FALGUEYRET-LÉGLISE, Rousset, 33540 Saint-Sulpice-de-Pommiers, tél. 05 56 71 60 69, sebastienleglise@gmail.com V t.l.j. sf sam. dim. 9h-12h 14h-17h

GINESTET 2019 ★

10000 | - de 5 €

Depuis plus d'un siècle, Ginestet est l'une des principales maisons de négoce bordelaises, aujourd'hui intégrée au groupe Taillan. Pour l'une de ses marques phares, déclinée en cinq AOC, elle a choisi comme emblème le mascaron, masque sculpté décorant de nombreuses façades de Bordeaux. Elle vend 18 millions de bouteilles dans 70 pays.

Une teinte rose pastel habille ce rosé fringant aux parfums de pêche blanche et de menthe. Une sensation de fraîcheur que l'on retrouve dans une bouche soulignée par une acidité équilibrée et prolongée par une finale légèrement épicée. ⧗ 2020-2021

SA MAISON GINESTET, 19, av. de Fontenille, 33360 Carignan-de-Bordeaux, tél. 05 56 68 81 82, contact@ginestet.fr V r.-v.

CH. LABATUT Cuvée Prestige 2019 ★

63000 | - de 5 €

À l'époque où il a lancé les premières foires aux vins (1973), Édouard Leclerc a acheté des vignobles dans l'Entre-deux-Mers, développés par sa fille Hélène Levieux jusqu'en 2002 puis dirigés par son petit-fils Vincent et aujourd'hui par Sylvie, l'épouse de ce dernier. Trois châteaux : Labatut, Lagnet et Roques-Mauriac, 100 ha au total.

Une robe pale aux reflets saumonés pour ce rosé aux arômes délicats de pêche de vigne et de fleurs blanches. Le vin confirme ce style délicat et enlevé en bouche; l'équilibre est agréable et assure une bonne présence des arômes jusqu'en finale. ⧗ 2020-2021

GFA LES 3 CHÂTEAUX, 1, Lagnet, 33350 Doulezon, tél. 05 57 40 51 84, contact@les3chateaux.com V r.-v.

CH. LAMOTHE-VINCENT 2019 ★★

45000 | 5 à 8 €

Un vaste cru de 92 ha dans l'Entre-deux-Mers, fondé en 1920 par les arrière-grands-parents. Ses atouts : un chai très moderne et les compétences complémentaires de Christophe Vincent (aux vignes) et de Fabien (au chai). Saint Vincent les inspire, dit-on, mais ce sont plutôt leur formation technique poussée et leur exigence qui font de ce domaine une référence en bordeaux et bordeaux supérieur.

Une belle robe saumonée qui suggère une vinification en douceur. Des arômes de pêche blanche et d'églantine marquent le premier nez, complétés par le cassis et la grenadine à l'aération. Souple et acidulé en attaque, le vin prend de l'ampleur en milieu de bouche sans jamais s'alourdir. Un rosé diablement agréable et bien construit. ⧗ 2020-2022

SCEA VIGNOBLES VINCENT, 3, chem. Laurenceau, 33760 Montignac, tél. 05 56 23 97 72, info@lamothe-vincent.com V r.-v.

♥ CH. LARY LACOMBE 2019 ★★

10666 | - de 5 €

Héritiers d'une longue lignée vigneronne remontant à 1850, Serge Forcato et son fils David ont entrepris en 2017 de faire renaître les vins blancs du Ch. Plessis, longtemps dédié aux seuls vins rouges. En outre, il lance un vin sous le nom de Ch. Lary Lacombe situé sur les terres de Saint-Vivien-de-Monségur.

Suivant la mode des rosés légers, ce vin est un modèle du genre. Le pamplemousse et la rose ont la part belle au nez, avec une pointe acidulée de groseille qui dynamise l'ensemble. Élégant en attaque, le palais déroule une matière délicate et enlevée, suivant ainsi la promesse faite à l'olfaction. Un rosé tout en finesse. ⧗ 2020-2021

GAEC FORCATO ET FILS, 5, lieu-dit Lacombe, 33580 Saint-Vivien-de-Monségur, tél. 05 56 61 62 50, serge.forcato@orange.fr

CH. MAROT 2019 ★

162660 | 5 à 8 €

Thierry Bonnet s'est installé en 1999 à la tête de ce domaine, dans sa famille depuis quatre générations et situé à Soussac, point culminant de la Gironde. Une particularité : le vigneron a choisi de vinifier la quasi totalié de sa production en rosé.

Profil gourmand et printanier pour ce rosé intense, aux arômes de cerise et de berlingot. En bouche, le vin est bien équilibré, aromatique et de bonne allonge. Il laisse un souvenir agréable de fruits frais en finale. ⧗ 2020-2021

EARL THIERRY BONNET, Ch. Marot, 33790 Soussac, tél. 05 57 58 70 37, ludivine@vignoblesgabriel.com

CH. DE MARSAN 2019 ★

40000 | 5 à 8 €

Paul Gonfrier, rapatrié d'Algérie, rachète au début des années 1960 le Ch. de Marsan, terre noble fondée au XVIes. sur la rive droite de la Garonne : le berceau des domaines familiaux. Ses fils Philippe et Éric suivent ses traces après 1985. Aujourd'hui, pas moins de 400 ha et 12 châteaux.

Ce rosé de teinte très pâle dévoile un nez discret : les fruits blancs dominent, agrémentés de notes florales à l'aération. En bouche, il affiche un bel équilibre et joue la carte de la délicatesse. ⧗ 2020-2021

SAS GONFRIER FRÈRES, Ch. de Marsan, BP 7, 33550 Lestiac-sur-Garonne, tél. 05 56 72 14 38, contact@vignobles-gonfrier.fr V t.l.j. sf sam. dim. 9h-17h30

CH. MILORD 2019 ★

5200 | 5 à 8 €

Le Ch. Milord est situé en appellation bordeaux, entre-deux-mers et bordeaux supérieur, dans le village

de Grezillac dans la Nouvelle-aquitaine. Stéphane Apelbaum est actuellement aux commandes.

Un rosé sans fard dans le verre, qui fleure bon la fraise et la framboise. Rond, assez léger en bouche, le vin s'acoquine en finale de quelques notes de pamplemousse qui apportent un rebond bienvenu. ⧗ 2020-2021

SAS CH. MILORD, 1, Milord, BP_23, 33420 Grézillac, tél. 05 57 84 52 19, alexandre@bordeauxlink.wine V r.-v.

MISSION SAINT VINCENT 2019 ★

■	153 000		- de 5 €

Producta Vignobles est un négoce à actionnariat coopératif créé en 1949, qui regroupe 2 500 opérateurs et 2 000 ha de vignes dans une cinquantaine d'appellations du Bordelais et du Sud-Ouest. Dans son catalogue, une centaine de marques et 150 châteaux.

La robe est intense, ornée de reflets pétale de rose, le nez expressif, sur des arômes de fraise et de grenadine. En bouche, le fruit est bien équilibré par une acidité tonique aux accents de rhubarbe. Un vin dynamique qui remplira son office à l'apéritif. ⧗ 2020-2021

SA PRODUCTA VIGNOBLES, 13, av. de la Résistance, 33310 Lormont, tél. 05 57 81 18 18, producta@producta.com

MONTFOLLET Le Valentin 2019 ★

■	43 000		5 à 8 €

Le Ch. Montfollet, l'un des fers de lance du Blayais et du Bourgeais, est conduit depuis 1991 par Dominique Raimond, président de la cave, également propriétaire des châteaux Haut Lalande, Graulet (120 ha de vignes au total) et Merigot. Dominique Raimond fait partie de la coopérative de Cars (1937), rebaptisée en 2011 «Châteaux solidaires», qui vinifie séparément les vendanges d'une dizaine de châteaux adhérents, sélectionnés très rigoureusement.

Le nez primesautier de ce rosé s'ouvre sur des arômes de pêche de vigne et de groseille. Bien équilibrée, la bouche apparaît souple et gourmande. Un vrai «vin de plaisir», à servir bien frais en apéritif. ⧗ 2020-2021

SCEA RAIMOND, 9, Le Piquet, 33390 Cars, tél. 05 57 42 13 15, d.raimond@chateaux-solidaires.com V r.-v. E
SCA Châteaux Solidaires

CH. DE L'ORANGERIE 2019 ★

■	200 000		- de 5 €

Les ancêtres de Jean-Christophe Icard ont constitué à partir de 1790 un domaine qui s'est agrandi au fil des générations. Conduit depuis 1994 par l'actuel exploitant, le vignoble familial couvre quelque 130 ha, dont 75 ha de vignes, dans l'Entre-deux-Mers et la région de Cadillac. Plusieurs étiquettes ici : L'Orangerie, La Sablière Fongrave et même des «produits sous licence» signés par le célèbre dessinateur belge Philippe Geluck, créateur du personnage Le Chat.

La robe saumon pâle est en harmonie avec les arômes délicats de grenade et de bonbon arlequin, qui s'entichent à l'aération de quelques notes florales. Légère et fluide, la bouche est très apéritive, quelques notes d'agrumes venant embellir la finale. ⧗ 2020-2021 ■ **Ch. de la Sablière Fongrave 2019 ★ (- de 5 €; 50 000 b.)** Un merlot rosé aux arômes ensoleillés de fraise et de fleurs d'oranger, complétés à l'aération de notes subtiles d'épices douces. La bouche affiche une bonne amplitude et une texture veloutée. L'acidité, bien intégrée, accompagne une finale de bonne persistance. ⧗ 2020-2021

SCEA DES VIGNOBLES JEAN-CHRISTOPHE ICARD, lieu-dit le Jardinet, 33540 Saint-Félix-de-Foncaude, tél. 05 56 71 53 67, orangerie@chateau-orangerie.com

CH. RAUZAN DESPAGNE Réserve 2019 ★

■	22 000		8 à 11 €

Les Despagne sont à la tête de 300 ha répartis sur plusieurs crus, conduits par les enfants de Jean-Louis (Thibault, Gabriel et Basaline) et par Joël Élissalde, directeur technique. Rauzan Despagne est un ancien relais de chasse du XVII[e]s. acquis en 1990, aujourd'hui lieu de résidence de Gabriel Despagne, graphiste et créateur des étiquettes de la maison.

Une couleur provençale pour ce rosé à dominante de cabernet. Les fruits à chair blanche dominent au nez, saupoudrés de quelques notes florales. À la fois tonique et charnu, le palais fait preuve d'un bel équilibre et de longueur, et se voit dynamisé par une finale saline. ⧗ 2020-2021

SCEA VIGNOBLES DESPAGNE (CH. RAUZAN DESPAGNE), 2, Le Touyre, 33420 Naujan-et-Postiac, tél. 05 57 84 55 08, contact@despagne.fr V *t.l.j. sf sam. dim. 8h30-12h 13h30-16h30*

FAMILLE ROCHET C'est la vie ! 2019 ★

■	5 000		5 à 8 €

Dans la même famille depuis 1865, ce cru est conduit depuis 1997 par Fabienne, Daniel et Martine Rochet. Établi sur la rive droite de la Garonne, à l'extrémité sud-est du vignoble girondin, il s'étend aujourd'hui sur 100 ha.

100 % malbec pour ce rosé profond et volubile, aux parfums de violette et de noyau de cerise. Une matière dense marque la bouche, mais aucune lourdeur cependant, le vin reste bien équilibré par des notes acidulées en finale. ⧗ 2020-2022

EARL ROCHET, 5, Malbat, 33190 La Réole, tél. 05 56 61 02 42, contact@chateaumalbat.com V *t.l.j. sf sam. dim. 8h30-12h 13h-17h*

CH. SISSAN 2019 ★

■	10 000		5 à 8 €

La famille Yung possède plusieurs crus sur lesquels elle produit des vins depuis trois générations, en AOC régionales et en cadillac-côtes-de-bordeaux : Grimont, son domaine phare et historique (25 ha acquis en 1959), situé à Quinsac, Sissan, à Camblanes (23,5 ha), et Montjouan, à Bouliac (8 ha).

Voilà un bon rosé de pressurage direct aux faux airs provençaux par sa couleur diaphane. Le bouquet est délicat, centré sur des arômes de poire et d'agrumes, tandis que la bouche affiche un caractère plus vineux et une bonne persistance. Un mélange des genres original et très réussi. ⧗ 2020-2022

CH. GRIMONT, Ch. Grimont, 33360 Quinsac, tél. 05 56 20 86 18, info@vignobles-yung.fr V *r.-v.; f. en août*

CH. TERRES DOUCES
Le Jardin d'Aphrodite 2019 ★

■ | 50000 | 5 à 8 €

Situé au cœur de l'Entre-deux-Mers, dans le petit village de Cazaugitat («jardin jeté» en occitan), ce domaine est propriété de la famille Bonhur depuis 1978.

Voilà un rosé fringant et tonique qui fait la part belle aux fruits acidulés : le pamplemousse domine au nez, tandis que la groseille donne le ton en bouche. Une pointe végétale vient marquer la finale et donne un relief bienvenu à l'ensemble. ⧗ 2020-2021

SC VIGNOBLES BONHUR, 26, Le Bourg, 33790 Cazaugitat, tél. 05 56 61 31 72, bsd-vins@wanadoo.fr V *r.-v.*

CH. TOUR DE BONNET 2019 ★

■ | 50000 | 5 à 8 €

André Lurton, disparu en 2019, conduisait depuis 1953 le Ch. Bonnet (et sa déclinaison Tour de Bonnet), un fief historique qui était aussi son lieu de naissance et le premier cru acquis par son grand-père Léonce Récapet en 1897. Un domaine de 300 ha, valeur sûre en entre-deux-mers et bordeaux, qui entre dans un vaste «empire» de 600 ha, dont 260 en pessac-léognan, l'autre «patrie» d'André Lurton (Couhins-Lurton, La Louvière...). Les 7 enfants d'André Lurton poursuivent son œuvre, avec Jacques à la présidence des vignobles.

Une couleur œil de perdrix pour ce rosé subtil aux parfums de menthe poivrée. La bouche est harmonieuse et laisse place à des notes plus intenses de sureau et de litchi. La finale est bien équilibrée et de bonne persistance. ⧗ 2020-2021

SAS LES VIGNOBLES ANDRÉ LURTON, Ch. Bonnet, 33420 Grézillac, tél. 05 57 25 58 58, andrelurton@andrelurton.com V *r.-v.*

CH. TOUR DE MIRAMBEAU 2019 ★

■ | 55000 | 8 à 11 €

Vigneronne depuis plus de deux siècles, la famille Despagne, établie au cœur de l'Entre-deux-Mers, est un acteur incontournable du vignoble bordelais, à la tête de 300 ha répartis sur plusieurs crus – Bel Air Perponcher, Tour de Mirambeau, Rauzan Despagne, Lion Beaulieu, Mont-Pérat – conduits par les enfants de Jean-Louis (Thibault, Gabriel et Basaline) et par Joël Elissalde, directeur technique. Leurs vins sont souvent en vue dans ces pages, dans les trois couleurs.

Robe pâle et parfums enlevés de rose ancienne pour ce rosé 100 % cabernet. En bouche, le vin se révèle plus généreux sur des notes de cassis juteux. On pourra le déguster sur des grillades ou un tajine. ⧗ 2020-2022

SCEA DESPAGNE RIVE DROITE (CH. TOUR DE MIRAMBEAU), 2, Le Touyre, 33420 Naujan-et-Postiac, tél. 05 57 84 55 08, contact@despagne.fr V *t.l.j. sf sam. dim. 8h30-12h 13h30-16h30*

♥ CH. TROIS FONDS
Cuvée Coralie 2019 ★★

■ | 2600 | 5 à 8 €

Les vignobles Valpromy-Deffarge constituent un bel ensemble de 74 ha, conduit par la même famille depuis trois générations. Trois étiquettes ici : les châteaux Galouchey, Trois Fonds et Tour de Goupin.

Malgré la proportion élevé de cabernet, ce rosé affiche une couleur pâle et brillante. Au nez, il dévoile des parfums délicats de rose et d'airelle. Souple, tonique et étirée, la bouche privilégie la finesse à la puissance. Un vin délicat et d'une grande harmonie. ⧗ 2020-2021

EARL VALPROMY-DEFFARGE, 1, Goupin, 33890 Gensac, tél. 05 57 47 40 76, sebastien@vignobles-deffarge.fr

VERMONT 2019 ★

■ | 21000 | 5 à 8 €

Commandée par un ravissant château du XIXᵉs. entouré de 40 ha de vignes, cette propriété de l'Entre-deux-Mers appartient à la même famille depuis les années 1880. La quatrième génération – Élisabeth et son mari David Labat – est aujourd'hui aux commandes.

Une couleur pétale de rose brillante pour ce rosé aux parfums floraux et épicés. En bouche, le jury salue sa finesse de texture et son style aérien. Un vin léger et délicat porté par une acidité ciselée. ⧗ 2020-2021

SCEA CH. VERMONT, Ch. Vermont, 33760 Targon, tél. 05 56 23 90 16, chateauvermont@chateau-vermont.fr V *t.l.j. 9h-12h 14h-18h; sam. dim. sur r.-v.*

CH. DE VIAUT 2019 ★

■ | 13600 | 5 à 8 €

En 1991, Frédéric Boudat et son épouse Françoise Cigana ont abandonné leur profession dans le secteur médical pour reprendre les vignes de la famille Cigana. Ils ont aménagé un chai (1998) et agrandi le vignoble. Aujourd'hui, les Vignobles Boudat-Cigana totalisent 120 ha. Ils ont leur siège dans l'Entre-deux-Mers, au Ch. de Viaut, et proposent du bordeaux supérieur, du sainte-croix-du-mont et des graves.

La couleur rose très pâle s'aligne sur un nez discret, légèrement épicé. La bouche est délicate, gouleyante, à la finale déliée. Un vin de plaisir qui fera l'unanimité à l'apéritif. ⧗ 2020-2021

SARL VIGNOBLES BOUDAT-CIGANA, Ch. de Viaut, 33410 Mourens, tél. 05 56 61 31 31, fboudat@orange.fr V r.-v.

VILLA DES DUNES 2019 ★

	50000		5 à 8 €

Dans le giron du groupe CVBG (Alain Thiénot), cette maison de négoce fondée en 1864 par Alphonse Delor est l'une des plus anciennes sur la place de Bordeaux.

Un bouquet engageant de cerise et de fraise des bois pour ce rosé d'une couleur soutenue. En bouche, on croque dans une matière charnue et juteuse qui fait écho aux parfums du nez. Un joli vin équilibré. ⧗ 2020-2021

MAISON DELOR, 35, rue de Bordeaux-Parempuyre, CS_80004, 33295 Blanquefort Cedex, tél. 05 56 35 53 00, contact@delor-bordeaux.com

BORDEAUX BLANC

Superficie : 6 740 ha / Production : 418 650 hl

CH. ARGADENS 2019 ★

	40000		5 à 8 €

La famille Sichel, également propriétaire du Ch. Angludet à Margaux, a acquis en 2002 cette propriété du XIIIe s. située à Saint-André du Bois. Couvrant 39 ha au total, le vignoble est cultivé en agriculture raisonnée.

Nez original de pomme au four et d'agrumes qui dévoile à l'aération des notes subtiles de fleur d'oranger. La proportion élevée de sémillon pare la bouche d'un gras ample et velouté qui accompagne la finale sur des notes pâtissières. Le poisson en sauce sera un choix judicieux à table. ⧗ 2020-2023

SCEA CH. ARGADENS, La Salle d'Arche, 33490 Saint-André-du-Bois, ventes.france@sichel.fr

CH. BALLAN-LARQUETTE 2019 ★

	32800		5 à 8 €

Installé en 1992 à la suite de ses parents, Régis Chaigne a modernisé progressivement le domaine. Il utilise ainsi depuis plusieurs années des modèles mathématiques de prévision météo pour limiter les risques, diminuer les traitements et viser une maturité optimale du raisin. Aujoud'hui, le vignoble s'étend sur 48 ha.

Combinaison gagnante des 2 cépages bordelais qui apportent tour à tour fraîcheur et gourmandise. Si le bouquet se montre exubérant, sur des notes d'agrumes et de melon, la bouche privilégie l'équilibre et la suavité. La finale affiche une belle longueur aux accents citronnés et laisse présager les plus beaux accords sur des poissons grillés. ⧗ 2020-2023

EARL VIGNOBLES CHAIGNE ET FILS, Ch. Ballan-Larquette, 33540 Saint-Laurent-du-Bois, tél. 05 56 76 46 02, regis@chaigne.fr V r.-v.

CH. BELŒIL 2019 ★★

	19600		5 à 8 €

La famille d'Amécourt fait remonter son arbre généalogique au XIIIe s. Parmi ses nombreuses branches, l'une s'est fixée dans le Sud-Ouest et possède de vastes vignobles dans l'Entre-deux-Mers et le Bergeracois.

Farandole d'arômes au nez, qui s'ouvre sur des notes d'aubépines et de tilleul pour céder la place à des parfums plus intenses de bourgeon de cassis et de menthe. Un bouquet riche qui n'est pas sans lien avec un encépagement original de sauvignon gris et de muscadelle. La bouche est très bien équilibrée et laisse une sensation agréable en finale. On imagine déjà les fruits de mers en apéritif. ⧗ 2020-2023 **Ch. Bellevue 2019 ★ (5 à 8 €; 61600 b.)** Les reflets jaune-vert brillants de la robe font écho au nez de citron vert et d'amande. La bouche ne dénote pas et développe une matière ciselée et bien équilibrée qui se prolonge agréablement en finale. ⧗ 2020-2024

SCEA FAMILLE D' AMÉCOURT, Ch. Bellevue, 33540 Sauveterre-de-Guyenne, tél. 05 56 71 54 56, sceafamille.damecourt@neuf.fr V r.-v.

CH. BENEYT Grande Réserve 2019 ★

	3000		8 à 11 €

Perpétuant le domaine familial, Joël Vrignaud (cinquième génération) est installé depuis 1994. Il exploite 11 ha de vignes sur les coteaux escarpés de la rive droite de la Garonne, dans l'aire des cadillac-côtes-de-bordeaux.

Un court élevage en fût a eu raison des arômes végétaux pour ne laisser au nez que des notes fines de poires et de fleurs blanches. En bouche, le vin affiche un beau volume et s'étire en longueur sur une acidité bien équilibrée. ⧗ 2022-2025

SCEA CH. BENEYT, lieu-dit Beneyt, 33410 Rions, tél. 06 30 56 06 06, chateau.beneyt@gmail.com V r.-v.

CH. DE BONHOSTE 2019 ★★

	26000		5 à 8 €

Sylvaine et Yannick Fournier ont pris en 2005 la suite de leurs parents, Bernard et Colette, qui ont constitué leur domaine en 1977 à partir de vignes familiales : 66 ha aujourd'hui, dont une petite partie en Bergeracois. Bonhoste, en Gironde, est implanté sur la rive gauche de la Dordogne, en face de Saint-Émilion. Les vignerons disposent d'une cave creusée dans la roche et ont aménagé une étonnante chambre d'hôtes dans un foudre.

La part belle faite à la muscadelle donne au bouquet une inflexion gourmande inattendue, aux accents de pèche et de brugnon. En bouche, c'est le sauvignon qui reprend ses droits avec des notes de sauge et d'agrumes. L'ensemble évolue harmonieusement et laisse le souvenir d'une sensation équilibrée et persistante. ⧗ 2020-2024

EARL DES VIGNOBLES FOURNIER, 5, lieu-dit Bonhoste, 33420 Saint-Jean-de-Blaignac, tél. 05 57 84 12 18, contact@chateaudebonhoste.com V r.-v. 5

♥ B CH. CAJUS Cuvée des anges 2018 ★★

3600 | 11 à 15 €

Convertie en bio dès 1998, lorsque Suzanne Veyron l'a reprise, cette propriété couvre 10 ha sur un terroir argilo-calcaire. Ici, on tient compte du cycle lunaire dans le travail de la vigne comme du vin.

Le nez, comme la couleur de la robe, est une ode au soleil : il rappelle le melon, la papaye et la vanille. La bouche est plus gourmande et laisse apparaître les épices du bois. Le sémillon donne le ton et remplit la finale de notes mellifères, laissant espérer les plus beaux accords sur des poissons nobles comme le turbot. ⧗ 2022-2026 ■ **2019 ★★** (5 à 8 €; 8500 b.) ♥ B Si le sauvignon donne le ton au nez, sur des arômes de pamplemousse et de buis, c'est le sémillon qui apporte en bouche le volume et la chair. Cette alliance réussie donne un vin complet, friand et parfaitement équilibré, qui fera l'unanimité à l'apéritif sur quelques entrées de la mer. ⧗ 2020-2024

⊶ SCEA CH. CAJUS, lieu-dit Cajus, 9, chem. de Jonqueyres, 33750 Saint-Germain-du-Puch, tél. 05 57 24 01 15, contact.cajus@gmail.com V r.-v. 3

DOM. DU CHEVAL BLANC Cuvée Grandes Vignes 2019 ★

40000 | 8 à 11 €

Propriété de la famille Chaussié depuis le XII^e^s., situé en plein cœur de l'Entre-deux-Mers, le dom. possède un vignoble de 42 ha. Aujourd'hui, c'est Denis Chaussié, onzième génération, qui est à la tête du domaine.

Une fois n'est pas coutume, le sauvignon est minoritaire. La nectarine et la poire envahissent le verre, complétés à l'aération par des notes pâtissières. Légèrement perlante, la bouche fait la part belle aux agrumes et donne à l'ensemble un caractère élancé. Parfait à l'apéritif. ⧗ 2020-2023

⊶ CRUS ET DOMAINES DE FRANCE, rte de Balizac, 33720 Landiras, tél. 05 57 98 07 20, mdesaintjau@lgcf.fr

CHEVAL QUANCARD Réserve 2019 ★★

25000 | 5 à 8 €

Propriétaire de nombreux crus et acteur majeur du négoce bordelais à travers différentes marques (Chai de Bordes, Pierre Dumontet), Cheval Quancard a été fondé par Pierre Quancard en 1844, sous le nom de Quancard et Fils. La maison est toujours dirigée par ses descendants.

Travail de composition remarquable entre les notes boisées de pain toasté et les arômes de pamplemousse du sauvignon. La bouche offre beaucoup de volume sans sacrifier son équilibre et s'étire longuement en finale sur des notes savoureuses d'agrumes. En apéritif ou sur des poissons grillés. ⧗ 2021-2024

⊶ SA CHEVAL QUANCARD, 2I, La Mouline, 4, rue du Cabourney, 33565 Carbon-Blanc Cedex, tél. 05 57 77 88 88, chevalquancard@chevalquancard.com V r.-v.

CH. LES COMBES 2019 ★

8000 | 5 à 8 €

Les Borderie exploitent 48 ha : en bordeaux supérieur avec Les Gravières de la Brandille, créées en 1963 dans le secteur de Coutras, au nord du Libournais; en lussac et en bordeaux avec Les Combes, dans la famille depuis la fin du XIX^e^s.; et en lalande, avec le Ch. Vieille Dynastie, acquis en 2011. Frédéric Borderie est aux commandes depuis 2005.

Issu de sauvignons à parfaite maturité, ce vin livre un bouquet de fleurs blanches et de sureau, finement complété par une pointe briochée. Bien équilibrée en bouche, la matière se déploie harmonieusement jusqu'en finale, dynamisée par une pointe acidulée bienvenue. Un vin franc et bien pensé. ⧗ 2020-2023

⊶ EARL VIGNOBLES BORDERIE, 117, rue de la République, 33230 Saint-Médard-de-Guizières, tél. 05 57 69 83 01, jpborderie@wanadoo.fr V r.-v.

CH. LA COMMANDERIE DE QUEYRET 2019 ★★

20000 | 5 à 8 €

En 1967, Claude et Simone Comin ont établi leur domaine à l'emplacement d'une ancienne commanderie des Templiers du XIII^e^s. En 2013, leur fille Sylvie a pris seule les commandes du vignoble : 105 ha dans l'Entre-deux-Mers (85 ha en rouge, 20 ha en blanc) et des vins souvent en bonne place, dans les deux couleurs.

Joli nez pour ce 100 % sauvignon qui préfère l'élégance des fleurs à l'exubérance du bourgeon de cassis. Chèvrefeuille et tilleul ont la part belle, suivis à l'aération par quelques notes mellifères. On retrouve cette élégance florale dans une bouche savoureuse, légèrement acidulée. Voilà un bon vin qui fera son office sur un turbot grillé par exemple. ⧗ 2020-2024

⊶ EARL DES VIGNOBLES COMIN, 33790 Saint-Antoine-du-Queyret, tél. 05 56 61 31 98, vignoble.comin@wanadoo.fr V r.-v.

CH. LA CROIX DE QUEYNAC 2019 ★

15000 | - de 5 €

Stéphane Gabard a repris en 1999 avec son épouse Paola la propriété familiale établie dans la vallée de l'Isle, au nord de Fronsac. Son vignoble de 41 ha est dédié aux appellations régionales, qu'il propose sous les étiquettes Ch. la Gabarre, Ch. la Croix de Queynac et Ch. Queynac.

Le citron de Menton et une pointe de jacinthe pour cette cuvée à dominante de sauvignon. Une belle attaque sur des notes acidulées qui font écho au nez ouvre sur une bouche bien équilibrée, qui s'étire harmonieusement jusqu'en finale. ⧗ 2020-2023 ■ **Ch. la Gabarre 2019 ★**

(- de 5 €; 10 000 b.) Au bouquet fin d'agrumes et de fleurs blanches répond une bouche dense et fraîche, aux accents délicats de citron et de fruits blancs. Timide au nez, loquace au palais, un vin qui conviendra parfaitement aux crustacés. ⧗ 2020-2023

⊶ EARL VIGNOBLES GABARD, 25, rte de Cavignac, 33133 Galgon, tél. 05 57 74 30 77, contact@vignoblesgabard.com V t.l.j. sf dim. 9h-12h30 14h-18h; sam. 9h-12h

♥ DOURTHE La Grande Cuvée 2019 ★★

400 000		5 à 8 €

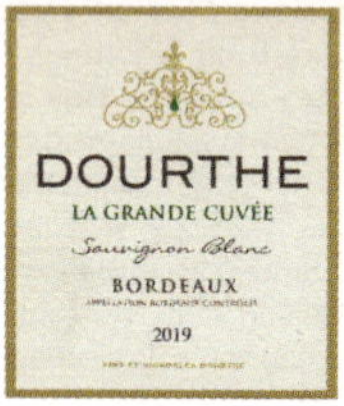

Célèbre négoce fondé en 1840 par Pierre Dourthe, propriétaire de plusieurs crus (Belgrave en haut-médoc, Le Boscq en saint-estèphe, Rahoul en graves, Grand Barrail Lamarzelle Figeac en saint-émilion grand cru) et élaborateur de vins de marque de qualité (Dourthe Nº 1, La Grande Cuvée, Terroirs d'exception). Une valeur sûre restée étroitement liée au Médoc, intégrée depuis 2007 au groupe familial champenois Alain Thiénot.

Un sauvignon 100 % cuve Inox, c'est l'assurance d'une expression préservée, ici autour de parfums d'agrumes et de fleurs de sureau. Un court élevage sur lie a donné une épaisseur bienvenue en bouche. L'ensemble donne un profil gourmand et très équilibré qui met en exergue l'expression pure du cépage. Les fruits de mer et les fromages de chèvre seront des compagnons de choix. ⧗ 2020-2024 ■ **Dourthe Nº 1 2019 ★ (8 à 11 €; 500 000 b.)** Voilà un sauvignon qui se veut plus subtil que puissant, développant des notes de citron vert et de fleurs blanches à l'aération. Tonique et élancée, la bouche privilégie un profil apéritif en attaque, pour finir en gourmandise sur des notes exotiques. ⧗ 2020-2023

⊶ CVBG DOURTHE-KRESSMANN, 35, rue de Bordeaux-Parempuyre, CS 80004, 33295 Blanquefort Cedex, tél. 05 56 35 53 00, contact@dourthe.com

DUCOURT Réserve de famille 2018 ★

1790		8 à 11 €

En 1858, la famille Ducourt s'établit au château des Combes, à Ladaux, petit village au sud-est de Bordeaux. C'est sous l'impulsion d'Henri Ducourt, installé en 1951 et relayé depuis par ses enfants et petits-enfants, que le vignoble familial prend son essor, pour atteindre aujourd'hui 450 ha répartis sur 13 châteaux dans l'Entre-deux-Mers et le Saint-Émilionnais. Un ensemble dirigé par Philippe Ducourt depuis 1980.

Élevage parfaitement maîtrisé pour ce vin aux parfums exotiques rappelant la mangue et l'ananas. La bouche joue la carte de la gourmandise et déploie une matière veloutée qui fait écho au nez. Son équilibre et sa richesse pourront l'amener sur des volailles ou des poissons en sauce. ⧗ 2021-2024

⊶ SC VIGNOBLES DUCOURT, 18, rte de Montignac, 33760 Ladaux, tél. 05 57 34 54 00, ducourt@ducourt.com V r.-v.

Ⓑ CH. FRANC-BAUDRON Verso 2019 ★

12 000		5 à 8 €

Une propriété dans la famille Guimberteau depuis sept générations. Après une expérience en Alsace, Sophie et son compagnon savoyard Charles Foray ont repris en 2010 la conduite des 42 ha de vignes et opté pour la conversion bio.

Né de raisins bien mûrs, ce vin développe des arômes atypiques de pêche blanche et de brugnon. Pulpeuse et généreuse, la bouche est bien proportionnée, et livre en finale quelques notes iodées savoureuses. ⧗ 2020-2023

⊶ EARL CH. FRANC-BAUDRON, 1, imp. Baudron, 33570 Montagne, tél. 05 57 74 62 65, contact@chateau-franc-baudron.com V r.-v.

CH. LA FREYNELLE 2019 ★

18 000		5 à 8 €

Transmis de père en fils depuis 1789 et sept générations, ce domaine familial est conduit depuis 1991 par Véronique Barthe. Le vignoble de 80 ha est établi sur des croupes argilo-calcaires de l'Entre-deux-Mers.

Belle déclinaison d'agrumes au nez qui invite à la dégustation. La bouche, plus contrastée, joue la carte de la gourmandise. Pamplemousse et yuzu s'expriment dans une matière équilibrée et veloutée et donnent à l'ensemble un profil très apéritif. ⧗ 2020-2023

⊶ SCEA VIGNOBLES VÉRONIQUE BARTHE, 9, Peyrefus, 33420 Daignac, tél. 05 57 84 55 90, veronique@vbarthe.com V r.-v.

CH. DU GIRONS 2019 ★

30 667		- de 5 €

Créée en 2007 dans l'Entre-deux-Mers, l'Union de Guyenne regroupe les coopératives de Saint-Pey-Génissac et de Sauveterre-Blasimon pour quelque 300 vignerons et 4 600 ha, faisant de cette structure la premier producteur de Bordeaux.

Ce blanc propose un nez expressif de bourgeon de cassis et d'agrumes qui ne décevra pas les amateurs du genre. Léger, le palais reste équilibré pour finir sur une pointe acidulée. Un vin alerte et cohérent. ⧗ 2020-2023

⊶ USCA UNION DE GUYENNE, 15, Bourrassat, 33540 Sauveterre-de-Guyenne, tél. 05 56 71 10 04, p.mondin@ugbordeaux.fr V t.l.j. sf dim. lun. 9h-12h15 13h30-18h15

CH. DU GRAND PLANTIER 2019 ★

30 000		- de 5 €

Issus d'une très ancienne famille de producteurs de Monprimblanc, les Albucher conduisent un bel ensemble de 45 ha répartis sur plusieurs appellations et proposent une large gamme de vins. Souvent en vue pour leurs liquoreux de Loupiac et leurs bordeaux secs.

Le nez fleure bon les raisins mûrs légèrement muscatés, agrémentés à l'aération de notes exotiques. D'abord chaleureuse, la bouche trouve ensuite son équilibre sur des arômes citronnés. La finale est de bonne allonge. ⧗ 2020-2023

GAEC DES VIGNOBLES ALBUCHER, Ch. du Grand Plantier, 33410 Monprimblanc, tél. 05 56 62 99 03, chateaudugrandplantier@orange.fr V r.-v.

CH. LE GRAND VERDUS Grande Réserve 2018 ★★

| 1200 | | 20 à 30 € |

Un manoir Renaissance acquis en 1810 par Claude Deschamps, architecte du pont de Pierre à Bordeaux, et transmis par mariage à la famille Le Grix de la Salle. Ce sont aujourd'hui Antoine et son fils aîné Thomas qui conduisent le Grand Verdus, vaste unité de 110 ha implantée dans l'Entre-deux-Mers. Autre étiquette : le Ch. la Loubière.

Joli nez pour ce 100 % sémillon rappelant la poire, l'ananas et la papaye, complété, à l'aération, par quelques notes vanillées. La bouche est un modèle d'équilibre entre gras et volume. D'une bonne longueur, la finale s'entiche d'une pointe iodée qui rehausse l'ensemble. Un joli vin qui s'accompagnera par exemple de Saint-Jacques poelées. ⧗ 2021-2025

SCEA PHILIPPE ET ANTOINE LE GRIX DE LA SALLE, Ch. le Grand Verdus, 33670 Sadirac, tél. 05 56 30 50 90, chateau@legrandverdus.com V r.-v.

LES HAUTES TERRES 2018 ★

| 800 | | 11 à 15 € |

Les vignobles Latorse, aujourd'hui conduits par la troisième génération, représentent un vaste ensemble de 120 ha à l'origine de plusieurs étiquettes en appellations régionales.

Subtil élevage en barriques pour ce 100 % sauvignon qui développe un nez complexe de litchi, de citron et de sureau. En bouche, le bois apporte un crémeux bienvenu qui contraste harmonieusement avec les parfums exotiques du cépage. Un vin bien construit qui pourra s'apprécier aussi bien à table qu'en apéritif. ⧗ 2021-2024

SC DES VIGNOBLES LATORSE, rte de Gabaron, 33670 La Sauve, tél. 05 56 23 92 76, vignobles.latorse@wanadoo.fr V *t.l.j. sf sam. dim. 8h30-12h 14h-18h*

CH. HAUT-GARRIGA Élevé en fût de chêne 2018 ★

| 3000 | | 5 à 8 € |

La famille Barreau cultive la vigne depuis 1782 et la plantation des premiers pieds de vignes au lieu-dit Garriga. La sixième génération est aujourd'hui à la tête d'un coquet vignoble de 75 ha, répartis entre les châteaux Haut-Garriga, le fief historique, et Courteau. Une famille qui s'invite avec une grande régularité dans les chapitres bordeaux rosé, bordeaux sec et entre-deux-mers du Guide.

Joli bouquet qui mélange judicieusement la citronnelle aux fruits exotiques, finement relevés d'une pointe florale. Le toucher en bouche est soyeux et privilégie la délicatesse à la puissance. L'ensemble affiche de justes proportions pour l'apéritif ou une entrée à base de poissons. ⧗ 2020-2023

EARL VIGNOBLES C. BARREAU ET FILS, 1, Garriga, 33420 Grézillac, tél. 05 57 74 90 06, chateau-haut-garriga@wanadoo.fr V *t.l.j. sf dim. 8h-12h 14h-18h*

♥ CH. HAUT-MOULEYRE 2019 ★★

| 20 615 | | 5 à 8 € |

Terres bordelaises est une filiale du groupe Les Grands Chais de France, qui diffuse une vaste gamme de domaines girondins, parmi lesquels Bastor-Lamontagne, Saint-Robert, Faizeau, Haut-Mouleyre, Laubès.

Une mise en bouteille rapide a permis de conserver les arômes les plus subtils du sauvignon. Les fleurs blanches et la groseille s'agrémentent de notes exotiques, et le tout compose un bouquet des plus engageant. La bouche est délicate, tendre, soyeuse et s'étire en finale sur des notes citronnées persistantes. Un vin parfait pour l'apéritif, qui pourra être servi également sur des poissons d'eau douce. ⧗ 2020-2025 **Ch. Timberlay 2019 ★ (5 à 8 €; 13 965 b.)** Le bouquet fringant évoque le citron et l'ananas. On retrouve ces arômes subtils dans une matière souple et dépouillée. Un vin de plaisir qui tient toutes ses promesses et qui fera son office à l'apéritif. ⧗ 2020-2023

SCEA TERRES BORDELAISES, 33210 Preignac, tél. 05 57 98 07 20, vcachau@lgcf.fr

CH. LAURENCE 2018 ★

| 1800 | | 11 à 15 € |

Fils d'ouvrier viticole, directeur technique au Ch. la Fleur de Boüard (Hubert de Boüard, lalande-de-pomerol) et consultant avec ce même Hubert de Boüard auprès d'une soixantaine de châteaux dans le Bordelais et à l'étranger, Philippe Nunes a acheté en 2005 un microcru de 38 ares en montagne-saint-émilion, le Clos Bertineau puis, en 2012, le Ch. Laurence (8 ha) dans l'Entre-deux-Mers.

Ce vin développe un bouquet frais, complexe, aux accents vanillés, qui se déploie sur des notes exotiques. La bouche fait écho au nez dans un style élégant et équilibré qui privilégie la vivacité à la puissance. Retour finement poivré en finale qui donne un rebond bienvenu à l'ensemble. ⧗ 2021-2025

SCEA VIGNOBLES LAURENCE, 5, rte des Mimosas, 33450 Montussan, tél. 06 81 99 37 32, contact@chateaulaurence.fr V *r.-v.*

CH. LEROY-BEAUVAL Seigneur de Beauval 2018 ★★

| 3900 | | 5 à 8 € |

En 2012, les Leroy acquièrent le Ch. de Beauval afin de réhabiliter son histoire viticole, débutée au XVIII[e]s. puis abandonnée jusque dans les années 1970. Le vignoble s'étend aujourd'hui sur 52 ha.

Un nez plein d'éclat ouvre la dégustation sur des arômes floraux de tilleul et de chèvrefeuille. En bouche, ces parfums délicats s'entichent de notes de fruits exotiques qui donnent à l'ensemble un sentiment d'harmonie. Les poissons à chair fine seront des compagnons de choix. ⧗ 2021-2024

LE BORDELAIS

SASU CH. LEROY-BEAUVAL, 102, rte de Beauval, 33450 Saint-Sulpice-et-Cameyrac, tél. 05 24 73 22 50, contact@chateauleroybeauval.com t.l.j. sf sam. dim. 8h30-12h 13h-16h

CH. MALAGAR 2019 ★

	26000		5 à 8 €

Est-il besoin de rappeler que ce domaine fut «la résidence secondaire principale» de François Mauriac, acquis par son arrière-grand-père en 1843? Classé Monument historique, il est aussi un lieu de culture vivante ouvert au public. Son vignoble (23,7 ha) que la maison Cordier avait acquis en 1990 appartient depuis 2004 à Jean Merlaut, propriétaire de Gruaud-Larose à Saint-Julien.

Joli bouquet enlevé qui fait la part belle aux notes de buis, de bourgeon et d'agrumes. Travail judicieux sur la texture en bouche, qui apporte volume et consistance à ce vin finement acidulé en finale. Un style qui fera l'unanimité à l'apéritif. ⧗ 2020-2023

SCEA CH. MALAGAR, 45, rte de Dudon, 33880 Baurech, tél. 05 56 21 37 24, infos@chateau-malagar.com r.-v.

ESPRIT DE MALROMÉ 2018 ★★

	10000		8 à 11 €

Un domaine ancien de l'Entre-deux-Mers, dont les premières traces remontent au XVIes., avec la construction de la «maison noble de Taste» par Étienne de Rostéguy de Lancre. En 1780, il est cédé à Catherine de Forcade, veuve du baron de Malromé, qui rebaptise le château en mémoire de son époux. Le cru, entré dans la famille Henri de Toulouse-Lautrec en 1883, fut la dernière résidence du peintre, qui y mourut en 1901. Repris en 2013 par un riche entrepreneur cambodgien, Kim Huynh, il consacre une large partie de ses 40 ha à la vigne, sous la direction de Charles Estager.

Voilà un vin atypique et séduisant, aux parfums originaux de réglisse et de bois de rose. Si le nez est assez discret, la bouche compense par sa matière dense et généreuse, et déploie en finale une sève parfumée, finement citronnée. ⧗ 2020-2024

SCEA VIGNOLES MALROMÉ, Ch. Malromé, 33490 Saint-André-du-Bois, tél. 05 56 76 25 42, contact@malrome.com t.l.j. sf lun. mar. 10h-12h30 14h-17h30

♥ PAVILLON BLANC DE CH. MARGAUX 2017 ★★★

	n.c.		+ de 100 €

Le blanc de Margaux existe depuis le XIXes.; ce «vin blanc de sauvignon» est devenu «Pavillon Blanc» en 1920, et son étiquette n'a pas changé depuis. Un vin né du seul sauvignon, planté sur une douzaine d'hectares d'une ancienne parcelle de graves.

En 2017, le gel a frappé ici comme ailleurs (jusqu'à -6 °C la nuit du 27 avril), mais les parcelles de sauvignon blanc ont été sauvées grâce au système antigel d'aspersion mis en place au domaine. En outre, la précocité du sauvignon lui a permis d'éviter les pluies de la fin de saison et d'engendrer un raisin mûr et sain. Grâce à quoi, le Pavillon blanc 2017 affiche une grande élégance de bout en bout. La robe est pimpante, or pâle. Le nez se montre aussi intense que délicat : miel et de fleur d'acacia, boisé toasté, cédrat, pamplemousse. Ample, allègre, vibrante, d'une fraîcheur admirable mais avec aussi beaucoup de sève et de gras qui arrondissent les angles, la bouche ne manque de rien et s'étire dans une longue finale épicée (gingembre, poivre blanc) et fruitée (citron en marmelade). Un blanc majuscule. ⧗ 2023-2030

SCA DU CH. MARGAUX, BP_31, 33460 Margaux, tél. 05 57 88 83 83, chateau-margaux@chateau-margaux.com

CH. LA MAUBERTE 2019 ★★

	13300	5 à 8 €

Depuis plus d'un siècle, Ginestet est l'une des principales maisons de négoce bordelaises, aujourd'hui intégrée au groupe Taillan. Pour l'une de ses marques phares, déclinée en cinq AOC, elle a choisi comme emblème le mascaron, masque sculpté décorant de nombreuses façades de Bordeaux. Elle vend 18 millions de bouteilles dans 70 pays.

Au nez, un profil enlevé aux accents floraux qui rappellent la pivoine, l'aubépine et le chèvrefeuille. Arômes que l'on retrouve dans une bouche délicate, pure, soyeuse, sans fard. La finale est persistante sur des notes mellifères qui rappelle l'olfaction. ⧗ 2020-2024

Mimbeau 2019 ★ (5 à 8 €; 30000 b.) Le nez évolue dans un registre tonique et végétal qui rappelle le laurier, la noisette fraîche et le buis. La bouche est au diapason. Dans un style percutant, elle déploie une matière citronnée, vive et élancée. ⧗ 2020-2023

SA MAISON GINESTET, 19, av. de Fontenille, 33360 Carignan-de-Bordeaux, tél. 05 56 68 81 82, contact@ginestet.fr r.-v.

CH. MONTAUNOIR 2019 ★★

	6000		5 à 8 €

Avec son époux Philippe Durand, Geneviève Ricard-Durand est établie depuis 1999 sur le vignoble familial, acquis en 1966 par son grand-père : 27 ha de vignes et plusieurs étiquettes – les châteaux de Vertheuil, Montaunoir et Grand Pique-Caillou – en appellations régionales et en sainte-croix-du-mont. La conversion en agriculture biologique est engagée.

Composition originale de sauvignon gris et de muscadelle qui donne au nez un profil généreux rappelant les épices, le pamplemousse et l'ananas. En bouche, l'acidité renforce les arômes et donne à l'ensemble un caractère juteux et tonique. Un bon vin qui fera l'unanimité à l'apéritif. ⧗ 2020-2023

SCEA DES VIGNOBLES RICARD, Ch. de Vertheuil, 1, Le Cros, 33410 Sainte-Croix-du-Mont, tél. 05 56 62 02 70, vignobles.ricard@free.fr r.-v.

CH. MONT-PÉRAT 2018 ★★

| 95000 | | 15 à 20 € |

Vigneronne depuis plus de deux siècles, la famille Despagne, établie au cœur de l'Entre-deux-Mers, est un acteur incontournable du vignoble bordelais, à la tête de 300 ha répartis sur plusieurs crus – Bel Air Perponcher, Tour de Mirambeau, Rauzan Despagne, Lion Beaulieu, Mont-Pérat – conduits par les enfants de Jean-Louis (Thibault, Gabriel et Basaline) et par Joël Elissalde, directeur technique. Leurs vins sont souvent en vue dans ces pages, dans les trois couleurs.

Mariage réussi du bois et du sauvignon, qui se traduit au nez par de fines notes végétales de sauge, de sureau et une pointe vanillée. En bouche, les épices du bois s'accompagnent d'arômes exotiques et réveillent une finale généreuse mais équilibrée. Joli vin de table. ⧗ 2021-2025

SCEA VIGNOBLES DESPAGNE, 2, Le Touyre, 33420 Naujan-et-Postiac, tél. 05 57 84 55 08, contact@despagne.fr V *t.l.j. sf sam. dim. 8h30-12h 13h30-16h30*

CH. MOULIN DE VIGNOLLE 2019 ★

| 34133 | | - de 5 € |

En 2004, Bruno Belly récupère l'exploitation familiale composée de 28 ha de vignes répartis entre 20 ha de rouge et 8 ha de blanc.

Belle surprise au nez, qui dévoile de fines notes d'aubépines et d'acacia. La proportion élevée de colombard n'y est pas étrangère et participe aussi à l'équilibre subtil de la bouche. Si la finale reste modeste, les proportions harmonieuses rendent ce vin séduisant. ⧗ 2020-2023

BRUNO BELLY, 6, chez Gufrin, 33820 Pleine-Selve, moulin-de-vignolle@orange.fr

CH. PÂQUERETTE 2019 ★

| 5000 | | 5 à 8 € |

Yvon et Pâquerette Dubost, venus à la vigne par le biais de leurs pépinières viticoles, ont constitué à partir de 1958 un bel ensemble de crus, aujourd'hui conduit par leur fils Laurent : Lafleur du Roy à Pomerol, Bossuet en bordeaux supérieur, La Vallière à Lalande et Pâquerette en bordeaux sec.

Voilà un sauvignon qui joue habilement avec le côté végétal, développant au nez des notes subtiles de bourgeon de cassis, de sauge et de zeste d'agrumes. La bouche est de demi-corps, affichant un profil tonique et enlevé. La finale reste fraîche et citronnée. ⧗ 2020-2023

SARL LAURENT DUBOST, 13, chem. de Jean-Lande, Catusseau, 33500 Pomerol, tél. 05 57 51 74 57, sarl.dubost.l@wanadoo.fr V *r.-v.; f. en août*

CH. DE PARENCHÈRE 2019 ★

| 19800 | | 5 à 8 € |

Aux confins des départements de la Gironde et de la Dordogne, un château de style périgourdin, construit en 1570 par Pierre de Parenchère, gouverneur de la région de Sainte-Foy-la-Grande, et un vaste cru (67 ha de vignes), régulier en qualité. Raphaël Gazaniol, viticulteur rapatrié du Maroc, l'a acquis en 1958, puis transmis à son fils Jean et sa petite-fille Julia. En 2005, un amateur de vins suédois, M. Landin, également propriétaire d'un vignoble à Montalcino en Toscane, a racheté le domaine.

Le nez exprime avec précision les parfums enlevés du citron de Menton, complétés par quelques notes pâtissières de l'élevage sur lies. En bouche, la matière dense et généreuse est bien équilibrée par une acidité revigorante qui donne à l'ensemble un profil tonique et enjoué. ⧗ 2020-2023

SAS CH. DE PARENCHÈRE, Ch. de Parenchère, BP 57, 33220 Ligueux, tél. 05 57 46 04 17, info@parenchere.com V *t.l.j. sf sam. dim. 9h-12h 14h-18h*

CH. PERAYNE 2019 ★★

| 6000 | | 8 à 11 € |

Remontant à la première moitié du XIXe s., ce château est la propriété de Henri Luddecke et couvre 21 ha sur sol argilo-calcaire.

Ce bordeaux dévoile un bouquet remarquable d'intensité qui déploie tout l'arsenal aromatique du sauvignon : sureau, groseille, buis, citron et pêche blanche. La bouche est sans concession : nerveuse, tendue, dynamique, elle s'effile sur une trame acide qui fait écho aux parfums citronnés du nez. ⧗ 2020-2023

SCEA KURT LUEDDECKE, Ch. Perayne, 33490 Saint-André-du-Bois, tél. 06 48 63 53 95, julius.luddecke@gmail.com V *r.-v.*

CH. LA PEYRUCHE 2018 ★

| 2500 | | 5 à 8 € |

Construit au début du XVIIe s. par le Sieur Dunoyer, conseiller au parlement de Bordeaux, le Ch. La Peyruche, «la pierre rugueuse» en gascon, tire son nom des roches calcaires sur lesquelles se trouve la propriété. Le vignoble couvre 20 ha, propriété depuis 2017 de Bernard Weisgerber. La conversion bio est engagée.

Le bouquet exhale des parfums de fruits blancs finement épicés par la barrique. Un tiers du vin seulement a été élevé en fût, laissant ainsi une certaine dynamique citronnée s'exprimer en bouche. Un beau travail d'assemblage qui trouvera sa place sur des fruits de mer. ⧗ 2020-2024

SCEA DES VIGNOBLES PEROY, 4, la Peyruche, 33550 Langoiran, tél. 05 56 67 36 01, contact@chateau-lapeyruche.com V *r.-v.*

CH. PILET Les Hauts de Massonne 2019 ★

| 6000 | | - de 5 € |

Famille au service du vin depuis un siècle. En 1964, Jean et Yvette Queyrens acquièrent leur première vigne au lieu-dit Pilet, puis reprennent les domaines de leurs parents (Ch. du Pin-Franc et Ch. des Graves du Tich) et débutent la vente en bouteilles. Aujourd'hui, leurs fils Patrick et Christophe, avec à leurs côtés Jean-Yves, le petit-fils, exploitent un vignoble de 70 ha dans l'Entre-deux-Mers.

De faux airs sancerrois marquent le nez d'arômes de pierre à fusil et de fruits blancs. En bouche, le vin retrouve un caractère plus «sudiste» et dévoile une matière bien mûre qui s'entiche de quelques notes épicées. ⧗ 2020-2023

SC VIGNOBLES JEAN QUEYRENS ET FILS, 3, Grand-Village-Sud, 33410 Donzac, tél. 05 56 62 97 42, scvjqueyrens@orange.fr V r.-v.

CH. ROC MEYNARD 2019 ★

20000 | 5 à 8 €

En 1987, Philippe Hermouet s'est installé sur les terres familiales : 35 ha d'un seul tenant, répartis en deux crus, le Clos du Roy, cru de 4 ha à Saillans (fronsac), et Roc Meynard, 28 ha dans la commune voisine de Villegouge. Plantations et rachats de vignes ont porté l'ensemble à 50 ha, à l'origine de quatre étiquettes en fronsac, bordeaux supérieur et bordeaux.

Le nez offre un joli mélange de fruit exotiques et acidulés qui rappelle entre autres l'ananas et la groseille à maquereau. Même jeu de contrastes en bouche, où le gras du sémillon répond à la vivacité du sauvignon. Voilà un vin bien composé qui pourra s'apprécier sur des entrées de la mer. ⧗ 2020-2023

SCEA VIGNOBLES HERMOUET, 1, Tessendey, 33141 Saillans, tél. 05 57 55 07 41, contact@vignobleshermouet.com V t.l.j. sf sam. dim. 8h30-12h00 13h30-16h30

CH. LA SABLIÈRE FONGRAVE 2019 ★

80000 | - de 5 €

Les ancêtres de Jean-Christophe Icard ont constitué à partir de 1790 un domaine qui s'est agrandi au fil des générations. Conduit depuis 1994 par l'actuel exploitant, le vignoble familial couvre quelque 130 ha, dont 75 ha de vignes, dans l'Entre-deux-Mers et la région de Cadillac. Plusieurs étiquettes ici : L'Orangerie, La Sablière Fongrave et même des «produits sous licence» signés par le célèbre dessinateur belge Philippe Geluck, créateur du personnage Le Chat.

Muscadelle et sémillon ont la part belle aux côtés du sauvignon dans ce vin qui s'exprime dans un registre minéral, citronné et légèrement floral. En bouche, le gras du sémillon donne du volume, tandis que le sauvignon déroule sa trame acidulée jusqu'en finale. L'ensemble cohabite harmonieusement dans un style très avenant. ⧗ 2020-2023

SCEA DES VIGNOBLES JEAN-CHRISTOPHE ICARD, lieu-dit le Jardinet, 33540 Saint-Félix-de-Foncaude, tél. 05 56 71 53 67, orangerie@chateau-orangerie.com

B CH. SUAU 2019 ★

60000 | 5 à 8 €

Ancien pavillon de chasse du duc d'Épernon (1554-1642), ce domaine doit son nom à la famille Suau, propriétaire des lieux au XVIIᵉs. Après avoir souvent changé de mains au XXᵉs., il est entré en 1985 dans la famille Bonnet, avant d'être repris en 2014 par Bacchus Investments. Le vignoble couvre 66 ha, conduits en bio.

De jolies notes de fruits mûrs s'expriment au nez, rappelant entre autres la poire et la prune d'Italie, avec l'acacia en complément. Bien que le sauvignon domine, le nez comme la bouche évoluent dans un style généreux et riche qui prédispose ce vin aux poissons comme aux viandes blanches. ⧗ 2020-2024

SCEA DU DOM. DU CH. SUAU, 600, Suau, 33550 Capian, tél. 05 56 72 19 06, contact@chateausuau.com V r.-v.

CH. SUDUIRAUT 2018 ★★

21000 | 11 à 15 €

Sous le règne d'Henri IV, Suduiraut était un château fort et se nommait «cru du Roy». Incendié pendant la Fronde, il a été reconstruit en 1670 par le comte Blaise de Suduiraut, donnant le magnifique château Grand Siècle que nous connaissons aujourd'hui, entouré de jardins imaginés plus tard par Le Nôtre. Le vignoble, reconstitué lui aussi au XVIIᵉs., couvre aujourd'hui 91 ha plantés sur un sol sablo-graveleux. Depuis 1992, le domaine est dans le giron d'Axa Millésimes (Pichon Baron à Pauillac, entre autres), qui en a confié la direction à Christian Seely.

Ce vin développe un bouquet subtil et raffiné aux accents anisés, qui livre à l'aération des notes plus profondes de fruits blancs compotés. L'attaque est soyeuse, puis le vin s'étire sur une trame acide bien aiguisée, légèrement épicée. Les huîtres s'imposent. ⧗ 2020-2025 **Vieilles Vignes 2018 ★ (30 à 50 €; 4000 b.)** Malgré la dominante de sémillon, le bouquet s'exprime avec fougue dans un registre mellifère et épicé. Belle matière en bouche, qui livre une sève généreuse aux parfums d'abricot. La finale est dense et aromatique, on regrettera peut-être un léger manque d'acidité. Un vin fait pour la table. ⧗ 2022-2026

CH. SUDUIRAUT, 33210 Preignac, tél. 05 56 63 61 92, contact@suduiraut.com V r.-v.

CH. TANESSE 2019 ★★

24000 | 5 à 8 €

Paul Gonfrier, rapatrié d'Algérie, rachète au début des années 1960 le Ch. de Marsan, terre noble fondée au XVIᵉs. sur la rive droite de la Garonne : le berceau des domaines familiaux. Ses fils Philippe et Éric suivent ses traces après 1985. Aujourd'hui, pas moins de 400 ha et 12 châteaux.

Élevé pour un tiers en barriques, ce vin porte un boisé subtil au service de parfums complexes rappelant la groseille, le sureau et la coriandre. Riche et puissante, la bouche n'en reste pas moins équilibrée et fraîche, et déploie une longue finale aux accents épicés et mentholés. ⧗ 2021-2025

SAS GONFRIER FRÈRES, Ch. de Marsan, BP 7, 33550 Lestiac-sur-Garonne, tél. 05 56 72 14 38, contact@vignobles-gonfrier.fr V t.l.j. sf sam. dim. 9h-17h30

CH. TERRES DOUCES
Le Jardin d'Aphrodite 2019 ★

80000 | 5 à 8 €

Situé au cœur de l'Entre-deux-Mers, dans le petit village de Cazaugitat («jardin jeté» en occitan), ce domaine est propriété de la famille Bonhur depuis 1978.

Une dominante de sémillon pour ce vin rappelant le cédrat et l'anis à l'olfaction. Équilibré, de demi-corps et longiligne, le vin glisse en bouche sans aspérité et laisse une agréable sensation mentholée en finale. ⧗ 2020-2023

SC VIGNOBLES BONHUR, 26, Le Bourg, 33790 Cazaugitat, tél. 05 56 61 31 72, bsd-vins@wanadoo.fr V r.-v.

CH. THIEULEY Cuvée Francis Courselle 2018 ★

| 16000 | | 8 à 11 € |

L'histoire viticole des Courselle débute en 1949 avec l'achat du Ch. Thieuley, non loin de la Sauve-Majeure, par André Courselle. Sous l'impulsion de Francis et, depuis 2004, de ses filles Sylvie et Marie, le vignoble s'étend aujourd'hui sur 80 ha et trois crus : Thieuley, une référence en bordeaux, Ch. Saint-Genès, destiné à l'export, et Clos Sainte-Anne, 5 ha de graves à Capian.

Ce bordeaux livre un bouquet subtil d'abricot et de pêche, agrémenté à l'aération de notes épicées. Portée par un bel élevage en barrique, la bouche déploie un joli volume et fait écho aux arômes du nez. Belle longueur en finale. ⧗ 2021-2025

SCEA VIGNOBLES COURSELLE, 560, rte de Grimard, 33670 La Sauve, tél. 05 56 23 00 01, contact@thieuley.com V *t.l.j. sf dim. 8h30-12h15 13h30-17h30; sam. sur r.-v.*

CH. TOUR DE GOUPIN 2019 ★

| 40000 | | 5 à 8 € |

Les vignobles Valpromy-Deffarge constituent un bel ensemble de 74 ha, conduit par la même famille depuis trois générations. Trois étiquettes ici : les châteaux Galouchey, Trois Fonds et Tour de Goupin.

Voilà un bouquet très aromatique qui rappelle le bonbon de sureau et les fleurs blanches. La bouche est au diapason dans un style léger, sans fard, à la finale acidulée. Ce vin sera un compagnon de choix à l'apéritif. ⧗ 2020-2023

EARL VALPROMY-DEFFARGE, 1, Goupin, 33890 Gensac, tél. 05 57 47 40 76, sebastien@vignobles-deffarge.fr

CH. LA VERRIÈRE 2019 ★★

| 120000 | | 5 à 8 € |

Les Bessette sont implantés depuis plusieurs générations à Landerrouat, où ils ont acquis le Ch. la Verrière, créé en 1900 aux confins du Lot-et-Garonne. Restructuré dans les années 1960 par André Bessette, relayé à partir de 1999 par son fils Alain, ce cru de 60 ha s'est imposé comme une référence en appellations régionales. Autre étiquette de la famille Bessette : le Ch. Bailloux-Rival, acquis en 2005.

Ce vin propose une expression immaculée du sauvignon à travers des parfums de fruits blancs et citron vert. La matière «croque» en bouche et sert habilement les arômes frais déjà perçus au nez. Un style classique qui fera merveille à l'apéritif. ⧗ 2020-2023

EARL ANDRÉ BESSETTE, 8, La Verrière, 33790 Landerrouat, tél. 05 56 61 39 56, alainbessette@orange.fr V *r.-v.*

BORDEAUX SUPÉRIEUR

CH. DE L'AUBRADE Cuvée Prestige Élevé en fût de chêne 2018 ★★

| 12000 | | 5 à 8 € |

Après ses études d'œnologie, Jean-Christophe Lobre s'est installé en 1995 à la tête du vignoble créé en 1974 par ses parents Jean-Pierre et Paulette. Il conduit aujourd'hui, avec son épouse Andréa depuis 2010, un vaste domaine de 70 ha et poursuit ainsi une tradition familiale qui remonte à 1735.

Un bordeaux racé aux notes de cèdre et de moka, complétées à l'aération de parfums délicats de violette et de rose. Tannique mais soyeuse, la bouche construit harmonieusement son édifice autour d'arômes savoureux qui font écho à l'olfaction. Une très belle composition qui donnera son meilleur dans quelques années. ⧗ 2023-2028 ■ **2018 ★ (5 à 8 €; 12000 b.)** La prune, le cassis et la cerise noire évoluent en bouche dans un écrin délié et onctueux, soutenu par des tanins souples qui font la part belle au fruit. La finale, fraîche et enjouée, laisse le souvenir agréable d'un vin léger qui accompagnera sans difficulté les grillades au barbecue. ⧗ 2020-2023

EARL VIGNOBLES J.-C. LOBRE, lieu-dit Jamin, 33580 Rimons, tél. 05 56 71 55 10, vinslobre@free.fr V *r.-v.*

CH. BABY 2018 ★

| 60000 | | 5 à 8 € |

Un domaine entré en 2013 dans le giron du groupe chinois Lamont-Financière, propriétaire de plusieurs crus bordelais, dont le Ch. l'Enclos dans la même appellation sainte-foy-bordeaux.

La robe encre intense fait écho aux arômes très mûrs de quetsche, de mûre et de chocolat. Imposant dès l'attaque par sa puissance tannique, la bouche trouve son équilibre sur une trame acide bienvenue qui soutient l'ensemble jusqu'en finale. Un vin franc et structuré. ⧗ 2024-2028

CH. BABY, Ch. Baby, 33220 Saint-André-et-Appelles, tél. 05 33 88 00 20, contact@lamontfinanciere.fr

CH. BARREYRE 2018 ★

| 20000 | | 8 à 11 € |

Issu d'une ancienne famille de la bourgeoisie bordelaise, qui donna de nombreux magistrats et consuls de la Bourse, Nicolas Barreyre fonda ce domaine dans les années 1750. Le vignoble, dirigé par Claude Gaudin, s'étend aujourd'hui sur 16 ha, plantés sur des palus médocains (sols argileux).

10 % de petit verdot ont suffi pour pimenter un bouquet riche et fruité de notes enlevées de gingembre et de paprika. Les tanins, au grain patiné, balisent la bouche jusqu'en finale, accompagnés par une fine amertume cacaotée apportée par la barrique. Du caractère et du potentiel. ⧗ 2024-2028

SC CH. BARREYRE, 19, av. de la Libération, 33460 Macau, tél. 05 57 88 07 64, vitigestion@vitigestion.com V *r.-v.*

CH. BELLEVUE FAVEREAU Cuvée Prestige 2018 ★

| 26000 | | 8 à 11 € |

Établie dans l'Entre-deux-Mers, la famille Galineau exploite la vigne depuis quatre générations. Situé au point culminant de la commune de Pellegrue (125 m), son domaine s'étend sur 56 ha, commandé par une bâtisse agrandie au début du XXes. grâce

LE BORDELAIS

aux moellons de deux moulins à vent aujourd'hui disparus.

Fruits confiturés et épices douces, voilà une jolie promesse olfactive qui trouve un écho persistant dans une bouche dense, tannique et généreuse. En finale, les tanins cèdent la place à un fruit pulpeux, légèrement acidulé, qui apporte un supplément de relief à l'ensemble. ⧗ 2023-2027

EARL VIGNOBLES MICHEL GALINEAU ET FILS, 1, Moulin de Favereau, 33790 Pellegrue, tél. 06 73 92 97 44, vignobles.galineau@wanadoo.fr V *t.l.j. sf dim. 9h-12h 14h-17h*

CH. BRUNI 2018 ★★

■ | 106 667 | | 5 à 8 €

Créée en 2007 dans l'Entre-deux-Mers, l'Union de Guyenne regroupe les coopératives de Saint-Pey-Génissac et de Sauveterre-Blasimon pour quelque 300 vignerons et 4 600 ha, faisant de cette structure la premier producteur de Bordeaux.

Issu d'une sélection parcellaire rigoureuse, ce 100 % cabernet-sauvignon est un concentré de fruits noirs qui s'agrémente de notes poivrées à l'aération. Une pointe mentholée anime une bouche dense et tannique, accompagnée de saveurs de cassis et de myrtille en rétro-olfaction. D'une longueur remarquable, cette cuvée de garde pourra aussi s'apprécier dans ses jeunes années. ⧗ 2023-2028 ■ **Les Trois Tours 2018 ★ (5 à 8 €; 106 667 b.)** Un bordeaux juteux et fringant à souhait, souple, aux tanins fondus, d'une longueur respectable, qui goûte les fruits noirs fraîchement cueillis comme la mûre et la prune d'Ente. Un joli vin plaisir à servir dans sa jeunesse. ⧗ 2021-2024 ■ **Marquis de Génissac Élevé en fût de chêne 2018 ★ (5 à 8 €; 6 600 b.)** Le nez offre un bel écrin vanillé aux arômes de fruits noirs bien mûrs. Arômes que l'on savoure dans une matière de demi-corps, élégamment boisée et d'une bonne allonge. La dégustation termine sur des notes gourmandes de myrtille et laisse une bouche franche et nette. ⧗ 2022-2025

USCA UNION DE GUYENNE, 15, Bourrassat, 33540 Sauveterre-de-Guyenne, tél. 05 56 71 10 04, p.mondin@ugbordeaux.fr V *t.l.j. sf dim. lun. 9h-12h15 13h30-18h15*

CH. LA CAPELLE
Cuvée Capella 2017 ★

■ | 4 000 | | 5 à 8 €

Louis Feyzeau acquiert le vignoble en 1948 sur la rive gauche de la Dordogne. Son fils Jean-Raymond le restructure et son petit-fils Olivier le conduit depuis 2002. Un ensemble d'une trentaine d'hectares en AOP régionales.

Au nez, des arômes framboise, de cassis et de menthe poivrée font très bon ménage. Onctueuse et charnue, la bouche délivre des saveurs généreuses de crème de fruits noirs sur un lit de tanins tendres et effilés. Une jolie composition que l'on peut boire ou attendre. ⧗ 2021-2026

SCEA VIGNOBLES FEYZEAU, 1, La Capelle, 33500 Arveyres, tél. 05 57 51 09 35, vignoblesfeyzeau@orange.fr V *r.-v.*

♥ CH. CAZAT-BEAUCHÊNE
2017 ★★

■ | 40 000 | | 8 à 11 €

Ce domaine créé en 2003 s'étend sur 125 ha, dont 52 ha de vignes et 73 ha de forêt et de prés, non loin de Lussac-Saint-Émilion. Le Ch. Saint-Sauveur est le second vin du Ch. Cazat-Beauchêne.

L'élevage exclusif en cuve a préservé une olfaction pure et complexe de kirsch, de réglisse et de poivre mentholé. Franc en attaque, le vin déploie progressivement sa sève en bouche, soutenu par des tanins ronds et veloutés. On retrouve la réglisse dans une finale longue et harmonieuse. Un bordeaux « très supérieur ». ⧗ 2022-2027

SCEA CH. CAZAT-BEAUCHÊNE, 2808, rte de Puynormand, 33570 Petit-Palais-et-Cornemps, tél. 05 57 69 86 92, clementine.li@hy-camelia.fr V *r.-v.*

♥ CHARME D'ALIÉNOR 2018 ★★

■ | 26 000 | | 5 à 8 €

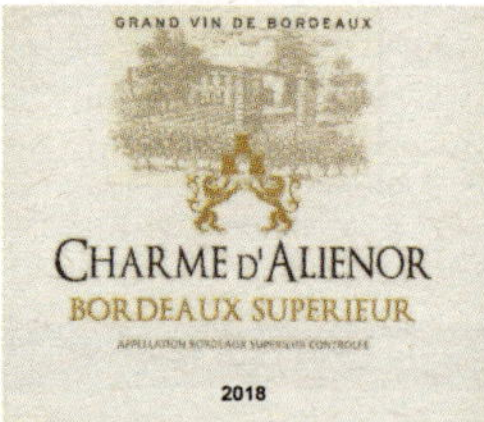

En 1934, 126 vignerons s'unissent pour créer la coopérative de Sauveterre-de-Guyenne, à quelques hectomètres de la bastide fondée en 1281 par Édouard Ier, roi d'Angleterre. En 2012, elle s'est associée avec la cave de Blasimon et regroupe quelque 2 000 ha de vignes et 250 vignerons.

Le seul cabernet-sauvignon dans un océan de merlot, voilà le pari réussi de la cave avec cette belle cuvée aux arômes intenses de cassis frais, de menthol et de vanille. Dense et suave dès l'attaque, le palais étend longuement sa matière noble et riche, cadrée en douceur par des tanins soyeux et épicés. Savoureux, et pour longtemps. ⧗ 2023-2028

CAVE DE SAUVETERRE BLASIMON ESPIET, 15, Bourrassat, 33540 Sauveterre-de-Guyenne, tél. 05 56 61 55 20, p.mondin@ugbordeaux.fr V *t.l.j. sf dim. lun. 9h-12h 13h30-18h15*

CH. CLOS MOULIN PONTET 2018 ★

■ | 44 000 | | 5 à 8 €

Éric et Sophie Meynaud conduisent depuis 1998 une vaste propriété de 120 ha dont le siège est situé à Landerrouat, à la limite du Lot-et-Garonne. Deux étiquettes à la carte des vins : Clos Moulin Pontet et Franc Couplet.

Cassis, pivoine et menthe poivrée : un joli bouquet pour cette cuvée équilibrée, d'un bon volume, aux tanins souples et fondus. La finale est de bonne tenue et augure de belles surprises à table sur des viandes mijotées. ⧗ 2020-2024 ■ **Ch. Franc Couplet 2018 ★ (5 à 8 €; 27000 b.)** Une longue cuvaison a permis d'extraire des arômes intenses de fruits noirs qui rappellent le cassis écrasé. De bonne densité, la bouche reste parfaitement équilibrée, soutenue par des tanins toniques mais intégrés, qui s'effacent en finale. ⧗ 2021-2025

EARL CH. FRANC COUPLET, rte de Laussac, 33790 Landerrouat, tél. 05 56 61 34 10, eric.meynaud@wanadoo.fr V r.-v.

DOM. DE COURTEILLAC 2017 ★

■ | 103000 | | 8 à 11 €

Fils de viticulteur saint-émilionnais (Ch. Larmande), Dominique Meneret fut négociant en vin pendant trente ans avant d'acquérir cette propriété en 1998, qu'il a restructuré à la vigne (28 ha) et au chai.

Un beau classique aux accents kirschés et épicés qui rappellent le coulis de cerise et la vanille. Chaleureuse, la bouche n'en reste pas moins équilibrée par des tanins mentholés. La finale s'acoquine de notes généreuses de pâte de fruits, rappelant au passage l'excellente maturité de la vendange. ⧗ 2023-2026

SCA DOM. DE COURTEILLAC, 2, Courteillac, 33350 Ruch, tél. 05 57 40 79 48, contact@domainedecourteillac.com

CH. CROIX-MOUTON 2018 ★

■ | 336000 | | 11 à 15 €

Fils de Jean-François Janoueix, Jean-Philippe Janoueix s'est d'abord installé à Lalande (Ch. Chambrun, vendu à Silvio Denz) avant de créer en 2001 le Ch. La Confession à Saint-Émilion, réunion des châteaux Barreau et Haut-Pontet. Il produit aussi du bordeaux supérieur (Croix-Mouton et Le Conseiller) et du pomerol (Sacré-Cœur, en fermage).

Couleur profonde, arômes puissants de cassis, d'épices et de boisé torréfié agrémentés de senteurs plus fraîches de framboise et de groseille : l'approche est engageante. Une composition savoureuse que l'on retrouve dans une bouche souple et tendre, aux tanins bien fondus. ⧗ 2022-2026

SCEA CH. CROIX-MOUTON, Lieu-dit Mouton, 33240 Lugon-et-l'Île-du-Carnay, tél. 05 57 48 13 13, contact@jpjdomaines.com V r.-v.

CH. DOMS 2018 ★

■ | 20000 | | 5 à 8 €

Une chartreuse du XVIIes., des bâtiments monastiques transformés en chai, un vignoble transmis de mère en fille depuis cinq générations (28 ha aujourd'hui). Aux commandes, Hélène Durand (depuis 1998) et sa fille Amélie (depuis 2015). Ingénieur agronome et œnologue, la seconde fait le vin.

100 % merlot et 100 % cuve Inox pour ce vin expressif, ouvert sur la cerise noire et le poivre. Le prélude à une bouche déliée, sans aspérité, dotée de tanins souples et délicats, et d'une jolie finale sur le fruit qui résume agréablement l'esprit de ce vin enjoué. ⧗ 2021-2025

SCE VIGNOBLES PARAGE, 10, chem. de Lagaceye, 33640 Portets, tél. 06 74 94 69 38, chateau.doms@wanadoo.fr V r.-v.

CH. L'ÉPERON 2018 ★

■ | 130000 | | 8 à 11 €

Le Ch. Tour de Bellegarde est une demeure du XIXes récemment restaurée. Elle domine un vignoble de 74 ha de vignes (69 ha de vignes rouges et 5 ha de blancs) située à Villegouge, petit village de 1300 habitants à une vingtaine de kilomètres au nord-est de Bordeaux.

Des arômes de violette et de myrtille marquent l'olfaction d'une empreinte fraîche et dynamique. Un profil que l'on retrouve dans une bouche ample, fraîche et déliée, épaulée par un boisé savamment dosé, aux tonalités vanillées. Un ensemble bien équilibré. ⧗ 2022-2026

SCEA DES VIGNOBLES FAURE, Lieu-dit l'Éperon, 33240 Vérac, tél. 05 57 74 71 14, contact@chateauleperon.com V *t.l.j. 9h-12h 14h-17h*

B CH. L'ESCART O. Khayyam 2018 ★

■ | 10000 | | 15 à 20 €

Ancienne étape sur le chemin de Saint-Jacques-de-Compostelle, ce domaine proche de Bordeaux est dédié à la vigne depuis 1752. Un cru de 34 ha d'un seul tenant sur Saint-Loubès, conduit depuis 1996 par Gérard Laurent et en biodynamie depuis 2009.

Aucune faute de prosodie pour cette cuvée harmonieuse, hommage au poète et savant persan Omar Khayyam, grand amateur de vin. Un vin ici qui fleure bon le cassis et le cèdre du Liban au nez et qui affiche un profil tonique en bouche, avec en soutien des tanins fermes et une jolie pointe épicée en finale. ⧗ 2024-2028

SCEA CH. L' ESCART, 70, chem. Couvertaire, 33450 Saint-Loubès, tél. 05 56 77 53 19, info@chateaulescart.com V r.-v.

CH. FRACHET Cuvée Prestige 2018 ★

■ | 61333 | | 5 à 8 €

L'ex-château Ricmont créé en 1772 dans l'Entre-deux-Mers, sur la rive droite de la Garonne, est situé aux portes de Bordeaux. En 2004, il a été acheté et rebaptisé par Bernard Frachet, négociant en vins, et par son épouse Jocelyne. Le vignoble de 12 ha est implanté sur une terrasse limono-graveleuse.

Issus des terrasses graveleuses qui dominent la Garonne, ces merlots bien nés ont engendré un vin subtil, aux arômes frais de griotte, d'airelles et de vanille. Une palette qui s'enrichit de notes mentholées dans une bouche équilibrée, ronde sans manquer de fraîcheur, aux tanins bien extraits. ⧗ 2023-2026

SCEA FRACHET ET FILS, 11, av. de Bordeaux, 33360 Cénac, tél. 05 56 20 16 94, chateau.frachet@orange.fr

CH. LA GABARRE 2018 ★★

■ | 30000 | | - de 5 €

Stéphane Gabard a repris en 1999 avec son épouse Paola la propriété familiale établie dans la vallée de l'Isle, au nord de Fronsac. Son vignoble de 41 ha est dédié aux appellations régionales, qu'il propose sous les étiquettes Ch. la Gabarre, Ch. la Croix de Queynac et Ch. Queynac.

Vendangé à juste maturité, le couple merlot-cabernet-sauvignon s'affranchit du bois ici pour livrer un bouquet pur et intense de cerise bigarreau et de menthe poivrée. Franche et tonique, la bouche s'égaye de saveurs acidulées qui font écho aux parfums du nez. En finale, les épices apportent un rebond bienvenu à l'ensemble. Voilà une belle réussite dans un style original et fringant. ⧗ 2021-2026

EARL VIGNOBLES GABARD, 25, rte de Cavignac, 33133 Galgon, tél. 05 57 74 30 77, contact@vignoblesgabard.com V t.l.j. sf dim. 9h-12h30 14h-18h; sam. 9h-12h

CH. GALAND 2018 ★

■ | 10 000 | | 8 à 11 €

Pharmacien et œnologue, auteur d'une thèse apportant sa contribution au *French Paradox*, Jean Galand est établi à... La Malatie. À la tête du vignoble familial depuis 1999, il soigne 8 ha de vignes répartis en deux crus : le Ch. Galand (en bordeaux supérieur) et le Ch. Canon (en canon-fronsac) établi sur les pentes plein sud du coteau du même nom, qui domine la Dordogne.

Issu de vieilles vignes de 60 ans, ce vin délivre des arômes puissants de cassis et de patchouli. En bouche, il se montre riche et dense, soutenu par un élevage opportun et des tanins au grain fin qui étirent la finale. Une cuvée bâtie pour durer. ⧗ 2024-2028

SCEA VIGNOBLES GALAND ET ENFANTS, La Malatie, 33126 Fronsac, tél. 06 27 05 05 38, pharmaciejeangaland@orange.fr V t.l.j. 9h-12h 14h-18h

CH. LE GARDERA 2018 ★★

■ | 90 000 | | 5 à 8 €

Paul Gonfrier, rapatrié d'Algérie, rachète au début des années 1960 le Ch. de Marsan, terre noble fondée au XVIe s. sur la rive droite de la Garonne : le berceau des domaines familiaux. Ses fils Philippe et Éric suivent ses traces après 1985. Aujourd'hui, pas moins de 400 ha et 12 châteaux.

Des merlots volubiles aux jolis arômes de framboise et d'airelles, complétés de cabernet-sauvignon, composent l'architecture raffinée de cette cuvée longiligne et équilibrée. Finesse et élégance priment en bouche, où la matière s'effile comme un ruban jusqu'en finale sur des tonalités acidulées rappelant le nez. ⧗ 2023-2027 **■ Ch. du Grand Bern 2018 ★ (5 à 8 €; 100 000 b.)** Coulis de fruits rouges et notes vanillées pour le bouquet de ce vin à dominante de merlot. Le fruit évolue sans contrainte dans une bouche souple, soutenue par une agréable fraîcheur et des tanins délicats. ⧗ 2022-2025 **■ Ch. de Marsan 2018 ★ (5 à 8 €; 100 000 b.)** Belle maturité de raisin pour ce vin suave et ensoleillé, aux parfums de ciste et de cerise burlat. Glissant à pas comptés en bouche, la matière livre un fruité généreux et des tanins très effacés. Un vin prêt à boire, que l'on servira sur des viandes légèrement épicées. ⧗ 2020-2024 **■ Ch. Le Gardera 2018 ★ (5 à 8 €; 30 000 b.)** Ⓑ Des raisins bio pour cette cuvée aux courbes généreuses, embellie de notes vanillées. Le kirsch et la réglisse imprègnent une bouche ample et pulpeuse, dynamisée par des tanins sapides qui étirent agréablement la finale. ⧗ 2022-2026

SAS GONFRIER FRÈRES, Ch. de Marsan, BP 7, 33550 Lestiac-sur-Garonne, tél. 05 56 72 14 38, contact@vignobles-gonfrier.fr V t.l.j. sf sam. dim. 9h-17h30

CH. GENLAIRE 2018 ★

■ | 164 000 | | 5 à 8 €

Les Coteaux d'Albret, la cave coopérative de Mesterrieux, fondée en 1935, regroupe près de 80 vignerons dont la majorité a repris l'exploitation familiale.

Les 40 % de cabernet franc donnent le ton de cette cuvée aux parfums engageants de framboise et de cerise noire. Fraîche et enjouée, la bouche est une ode aux fruits rouges que des tanins énergiques dynamisent jusqu'en finale. Un bon vin qui fera son office sur des viandes en sauce. ⧗ 2022-2025

SCA LES COTEAUX D' ALBRET, Martinaud, 33540 Mesterrieux, tél. 05 56 71 41 07, coteauxdalbret@orange.fr V t.l.j. 9h-12h 14h-17h30

CH. GRAND JOUR 2018 ★★

■ | 170 000 | | 5 à 8 €

Un cru de plus de 80 ha commandé par un château de la fin du XVIIe s., désormais dans le giron du groupe chinois Lamont-Financière.

Voilà un vin bien élevé aux arômes nets et francs de framboise et de cerise à l'eau-de-vie, agrémenté des notes de pain toasté du fût de chêne. Cette composition trouve un écho persistant dans un palais raffiné, aux tanins gras et puissants, parfaitement intégrés dans une chair généreuse et finement acidulée. La garde est recommandée. ⧗ 2024-2028

SAS LAMONT FINANCIÈRE (CH. GRAND JOUR), 87, av. des Côtes-de-Bourg, 33710 Prignac-et-Marcamps, tél. 05 57 33 09 68, contact@lamontfinanciere.fr

CH. LE GRAND VERDUS Grande Réserve 2018 ★★

■ | 12 000 | | 20 à 30 €

Un manoir Renaissance acquis en 1810 par Claude Deschamps, architecte du pont de Pierre à Bordeaux, et transmis par mariage à la famille Le Grix de la Salle. Ce sont aujourd'hui Antoine et son fils aîné Thomas qui conduisent le Grand Verdus, vaste unité de 110 ha implantée dans l'Entre-deux-Mers. Autre étiquette : le Ch. la Loubière.

De petits rendements, des vendanges manuelles et un élevage pondéré en fût de chêne, voilà la recette minutieuse de cette Grande Réserve aux parfums riches et complexes de cassis et de boîte à cigares. Bordé par les tanins de la barrique, le vin déploie jusqu'en finale une matière déliée mais concentrée, aux accents vanillés. On réservera son service sur des plats raffinés. ⧗ 2024-2028

SCEA PHILIPPE ET ANTOINE LE GRIX DE LA SALLE, Ch. le Grand Verdus, 33670 Sadirac, tél. 05 56 30 50 90, chateau@legrandverdus.com V r.-v.

CH. HAUT DAMBERT Cuvée Grand Chêne 2018 ★★

■ | 26 000 | | 8 à 11 €

Jean-Luc Buffeteau, revenu en 1998 sur les terres familiales, conduit 29 ha de vignes sur les coteaux vallonnés de l'Entre-deux-Mers, au cœur du Sauveterrois, dans les communes de Castelviel et Gornac. Il y produit deux étiquettes : La Grande Métairie et Haut Dambert.

Une dominante de cabernet-sauvignon pour cette cuvée bien nommée qui fleure bon le bâton de vanille et la confiture de mûre. Un superbe soyeux caractérise la bouche et fait presque oublier l'imposante architecture de ce vin aux tanins puissants mais élancés. La finale s'entiche de notes de cannelle qui donnent à l'ensemble une agréable touche de gourmandise. ⧗ 2024-2028

SCEA VIGNOBLES BUFFETEAU, lieu-dit Dambert, 33540 Gornac, tél. 05 56 61 97 59, vignoblesbuffeteau@gmail.com V r.-v.

CH. HAUT-GAUSSENS 2018 ★

■ | 56 000 | | 5 à 8 €

Situé au nord-ouest du Fronsadais, un cru de 15 ha. Après Daniel, le fondateur du domaine en 1941, et Michel, la troisième génération de Lhuillier est aux commandes depuis 2001, avec Stéphane et Delphine.

Un bouquet original de figue et de prune d'Ente pour ce vin à dominante de merlot (95 %). La bouche se montre élégante, de demi-corps, étayée par des tanins soyeux et fondus. Une cuvée qui privilégie le fruit à la puissance. ⧗ 2020-2025

SCEA CH. HAUT-GAUSSENS, 4, Les Gaussens, 33240 Vérac, tél. 06 17 57 48 45, chateauhautgaussens@orange.fr V r.-v.

CH. HAUT NADEAU Réserve du propriétaire 2018 ★

■ | 47 000 | | 5 à 8 €

Situé dans cette région de l'Entre-deux-Mers appelé Haut-Benauge, ce domaine, dans la famille du propriétaire depuis 1945, a longtemps vendu son raisin au négoce. Œnologue à la faculté de Bordeaux, Patrick Audouit a repris en 1992 l'exploitation, qui couvre 19 ha.

Un joli nez friand de fruits frais rappelant la framboise, la mûre et la groseille pur ce vin dominé par une écrasante majorité de merlot. En bouche, l'édifice tannique est de belle facture et donne un relief agréable en finale. ⧗ 2022-2025

SCEA CH. HAUT NADEAU, 3, chem. d'Estévenadeau, 33760 Targon, tél. 06 95 99 25 96, hautnadeau@hotmail.fr V r.-v.

CH. JEAN MATHIEU 2018 ★

■ | 2500 | | 11 à 15 €

L'édition 2014 du Guide a découvert le premier millésime de Delphine Violeau-Brasseur, viticultrice discrète qui s'est installée en 2011 à Libourne, sur 5,5 ha de vignes.

90 % de cabernet franc pour cette cuvée aux senteurs puissantes de cerise noire, de truffe et de chocolat. Riche et tannique en attaque, la bouche trouve rapidement son rythme de croisière pour finir avec élan sur des notes mentholées. Un vin plein de gourmandise que l'on appréciera volontiers sur des grillades au feu de bois. ⧗ 2023-2027

DELPHINE VIOLEAU-BRASSEUR, Ch. La Paillette, 8 bis, chem. du Roy, 33500 Libourne, tél. 06 08 01 76 23, dbrasseur33@orange.fr V r.-v.

B LA JOLY 2018 ★

■ | 40 000 | | 11 à 15 €

Établie de longue date à Saint-Laurent-du-Bois, la famille Raymond voit apparaître la première génération de vignerons au Ch. de Lagarde en 1850 avec 15 ha. Sept générations plus tard, Lionel Raymond, installé en 2000 à la suite de son père Jean-Pierre, conduit un vaste ensemble de 200 ha, entièrement convertis à l'agriculture biologique, soit la plus grande exploitation du genre en Bordelais, complété par une activité de négoce en 2010.

Voilà un vin franc et enjoué, aux parfums délicats de groseille et de framboise, qui s'acoquinent à l'aération de quelques notes fumées. En bouche, les tanins encore fermes ont le pedigree des raisins bien nés et devraient donner une suite heureuse à ce vin pulpeux et bien équilibré. ⧗ 2022-2026

MAISON RAYMOND, lieu-dit Lagarde, 33540 Saint-Laurent-du-Bois, tél. 05 56 76 43 63, contact@maison-raymond.vin V r.-v.

CH. LAGNET 2018 ★★

■ | 20 000 | | 15 à 20 €

À l'époque où il a lancé les premières foires aux vins (1973), Édouard Leclerc a acheté des vignobles dans l'Entre-deux-Mers, développés par sa fille Hélène Levieux jusqu'en 2002 puis dirigés par son petit-fils Vincent et aujourd'hui par Sylvie, l'épouse de ce dernier. Trois châteaux : Labatut, Lagnet et Roques-Mauriac, 100 ha au total.

Un 100 % cabernet-sauvignon qui n'a pas vu le bois. Dans le verre, un vin bien ouvert sur la cerise et le cassis. Des arômes gourmands prolongés par un palais dense et frais, qui s'appuie sur des tanins mûrs et élancés et qui déploie une longue finale fruitée. ⧗ 2022-2027 ■ **Ch. Labatut Cuvée Prestige 2018 ★ (5 à 8 €; 30 000 b.)** Aux arômes de fraise et de framboise répond une bouche souple, aux tanins bien enrobés et fondus. Un vin de plaisir immédiat très bien exécuté, qui fera merveille sur des grillades. ⧗ 2020-2025 ■ **Ch. Roques Mauriac Cuvée Hélène 2018 ★ (5 à 8 €; 60 000 b.)** Un élevage bien pensé épaule les parfums délicats du cabernet franc, ici dominant, et habille les tanins fins et savoureux du palais d'une patine vanillée bien dosée. Un vin sur la souplesse que l'on pourra associer à des viandes blanches ou des volailles. ⧗ 2021-2025

GFA LES 3 CHÂTEAUX, 1, Lagnet, 33350 Doulezon, tél. 05 57 40 51 84, contact@les3chateaux.com V r.-v.

CH. LALÈNE 2017 ★★

■ | 26 666 | | 11 à 15 €

Un cru de 26 ha, installé sur la commune de Bossugan, à l'est de la Gironde, propriété de la famille de Laurent Cioci depuis 1845. Ce dernier est aux commandes depuis 2004.

Une vendange bien mûre et un élevage dans de bons merrains, voilà la combinaison gagnante de cette cuvée aux parfums complexes de cuir, de mûre et de laurier. En bouche, l'imposant édifice tannique se fond dans une chair dense et généreuse, avec en appoint une trame acide parfaitement ciselée qui lui donne de l'allonge. Superbe dans sa construction, cette belle

LE BORDELAIS

bouteille devrait gagner à vieillir quelques années en cave. ⏳ 2024-2030

SCEA VIGNOBLES CIOCI, 2, Ch. Lalène, 33350 Bossugan, tél. 06 09 84 22 94, sceavignoblescioci@bbox.fr V r.-v.

CH. LAMOTHE Les Grands Terroirs 2018 ★

| 60 000 | | 5 à 8 € |

Un vaste cru de 92 ha dans l'Entre-deux-Mers, fondé en 1920 par les arrière-grands-parents. Ses atouts : un chai très moderne et les compétences complémentaires de Christophe Vincent (aux vignes) et de Fabien (au chai). Saint Vincent les inspire, dit-on, mais ce sont plutôt leur formation technique poussée et leur exigence qui font de ce domaine une référence en bordeaux et bordeaux supérieur.

Ce 2018 propose un joli bouquet de fruits noirs relevé de fines notes épicées apportées par les 15 % de malbec. Soutenue par des tanins gras et vanillés, la bouche offre du volume et une finale persistante sur un bon boisé aux tonalités grillées. Du caractère. ⏳ 2023-2028 **Ch. Lamothe-Vincent Héritage 2018 ★ (8 à 11 €; 80 000 b.)** Une belle cuvée née de raisins bien mûrs, animée par un boisé soutenu aux accents de vanille et de coco. Ample et veloutée, la bouche se développe harmonieusement sur des saveurs de fruits confits, légèrement épicées en finale. ⏳ 2024-2028

SCEA VIGNOBLES VINCENT, 3, chem. Laurenceau, 33760 Montignac, tél. 05 56 23 97 72, info@lamothe-vincent.com V r.-v.

CH. LAUDUC Prestige 2018 ★

| 30 000 | | 8 à 11 € |

Conduit par les frères Régis et Hervé Grandeau, ce cru familial fondé en 1930, naguère dédié à la production de lait, de raisins de table et de fruits, étend son vignoble de 110 ha sur les plus hauts coteaux argilo-calcaires et graveleux de Tresses, à une dizaine de kilomètres de Bordeaux. Un domaine régulier en qualité.

Des parfums empyreumatiques animent le premier nez, puis se développent à l'aération des notes engageantes de myrtille et de cassis. On retrouve ces saveurs juteuses de fruits noirs dans une matière onctueuse et délectable qui caresse le palais jusqu'en finale. Un charme incontestable et un bon potentiel de garde. ⏳ 2024-2028

SCEA VIGNOBLES GRANDEAU, 5, chem. de Lauduc, 33370 Tresses, tél. 05 57 34 43 56, contact@lauduc.fr V *t.l.j. sf dim. 10h-12h30 14h-18h30*

Ⓑ CH. LAVERGNE DULONG 2017 ★

| 12 559 | | 30 à 50 € |

Un domaine de 20 ha d'un seul tenant, dont 14 ha de vignes conduites en biodynamie.

« Très cabernet », commente le jury : un avis conforme à l'encépagement de ce vin aux arômes puissants de cassis écrasé et de réglisse mentholée. La bouche livre une matière dense aux tanins séveux et épicés. Une bonne bouteille qui mérite de vieillir en cave pour livrer tout son potentiel. ⏳ 2024-2028

SCEA CH. LAVERGNE MONTUSSAN, Ch. Lavergne, 23, rte du Courneau, 33450 Montussan, tél. 05 56 72 19 52, yuxue.li@lavergne-dulong.fr V r.-v.

CH. LEROY-BEAUVAL 2018 ★

| 15 000 | | 11 à 15 € |

En 2012, les Leroy acquièrent le Ch. de Beauval afin de réhabiliter son histoire viticole, débutée au XVIII[e]s. puis abandonnée jusque dans les années 1970. Le vignoble s'étend aujourd'hui sur 52 ha.

Bel usage de la barrique qui parfume discrètement les notes de fruits noirs d'une pointe de muscade. L'attaque est franche et sans lourdeur. Portée par des tanins boisés au grain raffiné, la bouche s'étire ensuite avec élégance sur des saveurs de mûre et de myrtille. De belles proportions qui offrent un solide potentiel de garde. ⏳ 2024-2028

SASU CH. LEROY-BEAUVAL, 102, rte de Beauval, 33450 Saint-Sulpice-et-Cameyrac, tél. 05 24 73 22 50, contact@chateauleroybeauval.com V *t.l.j. sf sam. dim. 8h30-12h 13h-16h*

CH. LESPARRE 2018 ★★

| 80 000 | | 5 à 8 € |

Originaire de Champagne (Côte des Blancs), la famille Gonet s'est aussi forgé une solide renommée dans le Bordelais : en graves-de-vayres avec les châteaux Lesparre (acquis en 1986), Lathibaude et Durand Bayle, valeurs sûres conduites en bio, ainsi qu'en pessac-léognan (Haut-Bacalan, Eck, Haut l'Évêque, Saint-Eugène) et en AOP régionales (La Chapelle Bordes, La Rose Videau).

Des merlots plantés sur un sol de boulbènes ont donné leur plein potentiel dans ce vin profond, ouvert sur des arômes de myrtille et de cassis écrasé. Dotée de tanins puissants, la bouche déroule une matière ample, dense et structurée, et pousse loin la finale. Une belle bouteille de garde. ⏳ 2023-2030 **Ch. La Rose Videau Cuvée Prestige 2018 ★ (5 à 8 €; 80 000 b.)** Un nez à l'expression printanière de fruits rouges fraîchement cueillis et de fleurs séchées, un palais généreux, dense et fruité, porté par des tanins fermes et mentholés : un vin au caractère bien affirmé. ⏳ 2023-2026

SCEV MICHEL GONET ET FILS, Ch. Lesparre, 33750 Beychac-et-Caillau, tél. 05 57 24 51 23, info@gonet.fr V r.-v.

CH. LIEUMENANT 2018 ★

| 272 000 | | 5 à 8 € |

Le vignoble Cardarelli a été créé en 1953 à Massugas, entre Castillon-la-Bataille et Sainte-Foy-la-Grande, par d'anciens métayers viticoles. Ce sont depuis 1990 leurs trois petits-fils, épaulés de leurs épouses, qui conduisent ce vaste ensemble de 550 ha répartis sur plusieurs crus. Aujourd'hui, la quatrième génération est prête à prendre la relève.

Le pourpre de la robe rappelle les arômes de fruits rouges du nez : griotte, framboise et groseille. Un joli panier de fruits qui s'accompagne en bouche de tanins souples et soyeux. La finale est élégamment relevée par une fine fraîcheur aux accents réglissés, qui donne à l'ensemble une dynamique agréable et enjouée. ⏳ 2023-2027

SCEA HAUSSMANN CARDARELLI, La Borne-Nord, 33790 Massugas, tél. 05 56 61 48 13, qualite-vignoblescardarelli@gmail.com V r.-v.

CH. MAISON NOBLE
Cuvée Prestige 2018 ★

■ | 15000 | | 5 à 8 €

Appartenant à une ancienne famille de tonneliers cognaçais et de viticulteurs, Jean-Bertrand Marque a quitté à trente-cinq ans le monde de l'expertise comptable pour renouer en 2012 avec l'héritage familial et reprendre ce cru de 20 ha situé au nord de Pomerol.

Issu d'une sélection des plus vieilles vignes du domaine, ce vin possède la couleur et la concentration espérées. Le cassis, la cerise à l'eau-de-vie et la réglisse animent le bouquet. La bouche offre une agréable rondeur autour de tanins bien extraits et d'un bon boisé cacaoté. ⌛ 2023-2027

CH. MAISON NOBLE, 1, Maison-Noble, 33230 Maransin, tél. 06 17 66 56 33, jmarque@chateau-maisonnoble.com V *r.-v.*

CH. MAJOUREAU
Cuvée Hyppos 2018 ★

■ | 15000 | | 5 à 8 €

L'une des belles étiquettes en saint-macaire, également présente en AOC régionales. Un cru de 40 ha, propriété des Delong depuis cinq générations, en polyculture jusqu'en 1981, date de la première mise en bouteilles. Mathieu, désormais épaulé par sa sœur Émeline, est aux commandes depuis 2002.

Un joli classique, gourmand et enjôleur, qui développe, après 10 mois d'élevage en barrique, des notes de mûre et de cannelle, complétées à l'aération d'une pointe empyreumatique. La bouche est tenue par des tanins ligneux bien dosés et déploie des saveurs vanillées jusqu'en finale. ⌛ 2023-2028 ■ **Les Vignes du Paradis 2017 ★ (15 à 20 €; 2000 b.)** Ces merlots «édéniques» n'ont pas manqué de lumière : cassis, myrtille et confiture de mûre, voilà un nez ensoleillé qui supporte volontiers les notes épicées de la barrique. Un merrain qui, en compagnie d'une trame tannique serrée, tient bien le vin en bouche, sans toutefois écraser le fruit. Un solide potentiel de garde en perspective. ⌛ 2024-2030

SCEA VIGNOBLES DELONG, Ch. Majoureau, 1, Majoureau, 33490 Caudrot, tél. 05 56 62 81 94, familledelong@hotmail.com V *r.-v.*

Ⓑ CH. LA MOTHE DU BARRY
Cuvée Design 2018 ★

■ | 15000 | | 8 à 11 €

À la retraite de ses parents, qui ont mis en bouteilles à partir de 1970, Joël Duffau a repris une partie de leur vignoble du Ch. les Arromans, venant compléter ainsi le Ch. la Mothe du Barry qu'il avait créé en 1985. Il commande aujourd'hui un ensemble de 40 ha converti au bio. Ses deux étiquettes sont incontournables en bordeaux et en entre-deux-mers.

Mélange agréable de noix de coco et de pâte de fruit, ce vin aux courbes généreuses se frange en bouche de tanins corsetés, ce qui donne un ensemble dense et équilibré. La finale, juteuse et de bonne allonge, augure une belle évolution en bouteille. ⌛ 2024-2028 ■ **Le Barry 2018 ★ (11 à 15 €; 10000 b.)** Ⓑ Une cuvée parcellaire qui s'exprime avec délicatesse dans un registre enjoué de violette et de mûre sauvage au nez. Une palette agrémentée de notes épicées dans un palais structuré, stimulé par une acidité percutante en finale. Un vin tonique et concentré, au bon potentiel de garde. ⌛ 2024-2030

JOËL DUFFAU, 490, rte du Pont-Riveau, 33420 Moulon, tél. 05 57 74 93 98, vignobles.jduffau@orange.fr V *t.l.j. sf dim. 8h-12h 14h-19h* 5

CH. MOUSSEYRON Joris 2018 ★

■ | 14000 | | 5 à 8 €

Un domaine familial de 28 ha datant de 1880, juché sur les hauteurs de Saint-Pierre-d'Aurillac. Joris Larriaut, représentant la cinquième génération aux commandes du vignoble, a pris la suite de son père Jacques en 2014.

Un tiers de cabernet-sauvignon pour donner de l'élan à des merlots aux accents confiturés. Un fruité tendre et gourmand qui trouve un bel écrin dans une bouche bien charpentée par les tanins du merrain. Une construction solide et un bon potentiel de garde. ⌛ 2024-2028

SCEA JORIS LARRIAUT, 31, rte de Gaillard, 33490 Saint-Pierre-d'Aurillac, tél. 05 56 76 44 53, larriautjacques@wanadoo.fr V *r.-v.*

CH. L'OMBRIÈRE 2018 ★★

■ | 60000 | | 5 à 8 €

Les vignobles Latorse, aujourd'hui conduits par la troisième génération, représentent un vaste ensemble de 120 ha à l'origine de plusieurs étiquettes en appellations régionales.

Au nez, les petits fruits noirs finement épicés sont agrémentés d'une pointe sauvage rappelant le cuir. En bouche, on découvre un vin ample, frais et enlevé, légèrement vanillé par la barrique et soutenu par des tanins soyeux qui apportent la dernière touche d'élégance à cette cuvée remarquable par ses proportions et son toucher. ⌛ 2024-2030 ■ **Ch. Canteloup 2018 ★★ (5 à 8 €; 40000 b.)** Au nez, ce vin évolue sur le fruit frais et une succession agréable de senteurs de cassis et de framboise. En bouche, il apparaît pulpeux, souple, croquant et frais. ⌛ 2021-2025

SC DES VIGNOBLES LATORSE, rte de Gabaron, 33670 La Sauve, tél. 05 56 23 92 76, vignobles.latorse@wanadoo.fr V *t.l.j. sf sam. dim. 8h30-12h 14h-18h*

♥ CH. DE PARENCHÈRE Cuvée Raphaël 2017 ★★

■ | 35000 | | 11 à 15 €

Aux confins des départements de la Gironde et de la Dordogne, un château de style périgourdin, construit en 1570 par Pierre de Parenchère, gouverneur de la région de Sainte-Foy-la-Grande, et un vaste cru (67 ha de vignes), régulier en qualité. Raphaël Gazaniol, viticulteur rapatrié du Maroc, l'a acquis en 1958, puis transmis à son fils Jean et sa petite-fille Julia. En 2005, un amateur

de vins suédois, M. Landin, également propriétaire d'un vignoble à Montalcino en Toscane, a racheté le domaine.

Merlot et cabernet-sauvignon à part égales pour cette superbe cuvée qui fleure bon la myrtille, le cassis et le cuir. En bouche, elle déploie une matière dense et charnue sur un lit de tanins veloutés à souhait. Les fruits noirs animent une longue finale savoureuse et rappellent la concentration remarquable de cette belle bouteille. ⧗ 2024-2030

SAS CH. DE PARENCHÈRE, Ch. de Parenchère, BP 57, 33220 Ligueux, tél. 05 57 46 04 17, info@parenchere.com V t.l.j. sf sam. dim. 9h-12h 14h-18h

CH. PENIN Les Cailloux 2017 ★★

■	20000		11 à 15 €

L'une des valeurs sûres des appellations régionales, avec plusieurs coups de cœur à son actif. Un cru de 45 ha établi sur un terroir de graves, sur la rive gauche de la Dordogne, face à Saint-Émilion. Fondé par la famille Carteyron en 1854, il est dirigé depuis 1982 par Patrick, œnologue.

Remarquable de complexité et d'élégance, cette cuvée dénote par son profil à la fois raffiné et puissant. Aux arômes profonds de cassis et de poivre répond un boisé fin et épicé. Un boisé qui est ici au service du vin : les tanins du merrain habillent la bouche d'une texture soyeuse et épousent en finale un fruité plein d'éclat. ⧗ 2024-2030

CH. PENIN, 39, imp. Couponne, 33420 Génissac, tél. 05 57 24 46 98, vignoblescarteyron@orange.fr V r.-v.

CH. PEY LA TOUR
Réserve du Château 2017 ★★

■	250000		11 à 15 €

Ancienne maison noble, un vaste domaine (176 ha) de l'Entre-deux-Mers, à Salleboeuf, acquis par la maison Dourthe en 1990.

Cette cuvée à dominante de merlot s'ouvre sur des nuances élégantes de vanille, de cassis et de myrtille. Superbe dès l'attaque, la bouche déroule une matière séveuse, crémeuse et suave, finement relevée de notes épicées. D'une persistance remarquable, la finale s'habille de subtils parfums d'encens qui donnent du relief à cet ensemble plein de noblesse. ⧗ 2024-2030

SC VIGNOBLES DOURTHE (CH. PEY LA TOUR), 32, av. de la Tour, 33370 Sallebœuf, tél. 05 56 35 53 00, contact@dourthe.com V r.-v.

CH. LA PEYRE
Cuvée Burdigala Élevé en amphore 2018 ★★

■	1800		11 à 15 €

Une propriété existant depuis 1879, dont les 45 ha de vignes sont conduits depuis 1989 par Francis Lapeyre. Depuis 2019, le vignoble est en conversion bio.

Une cuvée sans merlot, élevée exclusivement en amphore. Au nez apparaissent des parfums d'encens, de bois de santal et de cassis. Un profil original et engageant prolongé par une bouche ample, pure, déliée, aux tanins bien fondus et veloutés, qui fait la part belle au fruit. Un charme irrésistible. ⧗ 2023-2028 ■ **Saint-Hilaire Élevé en fût de chêne 2018 ★ (5 à 8 €; 6500 b.)** Tabac, cèdre et cassis, ce 2018 issu pour moitié de cabernet-sauvignon séduit dès l'olfaction. Le cépage marque la bouche de ses tanins serrés, enrobés par un élevage millimétré. Le malbec et le petit verdot, qui complètent le trio, jouent les modérateurs en donnant de la chair à cette base très structurée. Un vin bâti pour durer. ⧗ 2024-2030

SCEA LAPEYRE ET FILS, Loyasson Nord, 33540 Saint-Hilaire-du-Bois, tél. 06 59 86 94 36, fabienlapeyre@yahoo.fr V t.l.j. sf dim. 9h-12h 14h-18h

CH. PICON Cuvée Louis 2017 ★★

■	40000		5 à 8 €

Ce cru important (65 ha) du pays foyen, aux confins du Périgord, porte le nom de son propriétaire au XVIIIe s., consul de Sainte-Foy-la-Grande. Acheté en 1992 par le négociant girondin GRM, il a été entièrement rénové et fait preuve d'une belle régularité en bordeaux supérieur.

100 % quercus pedonculata (entendez chêne français) pour ce joli duo cabernet-sauvignon-merlot aux arômes enjôleurs de pudding et de mûre confite. Le vin absorbe sans difficulté le merrain en bouche et livre un mélange savoureux d'épices boisées et de fruits confits. Superbe de densité et d'équilibre, ce vin à la puissance contenue gagnera à vieillir en cave. ⧗ 2024-2030

SCEA CH. GUILLAUME, Ch. Picon, 432, imp. Guillaume-Blanc, 33220 Saint-Philippe-du-Seignal, tél. 05 57 46 48 16, guillaume@chateaupicon.fr V r.-v.

CH. PUY FAVEREAU
Cuvée Tradition 2018 ★★

■	40000		5 à 8 €

Situé dans la vallée de l'Isle, au nord-est du Libournais, ce domaine avait été laissé à l'abandon dans les années 1960 après une série de gels désastreux (dont celui de 1956). Il a été acquis en 1979 par la famille Le Pottier qui l'a reconstitué. Il couvre aujourd'hui 31 ha.

Voilà un mariage des contrastes parfaitement réussi. L'acidité et les tanins du cabernet-sauvignon ont trouvé un écrin ample et pulpeux dans la chair du merlot. Cette complémentarité naturelle donne un ensemble vibrant et dynamique aux parfums puissants de cassis et de violette. Une pointe vanillée rappelle la présence d'un élevage qui vient lier la matière en finale. ⧗ 2024-2028 ■ **Ch. Haut Nivelle Prestige Élevé en fût de chêne 2018 ★ (5 à 8 €; 50000 b.)** Couleur d'encre et fruits noirs très mûrs, voilà une vendange qui n'a pas manqué de soleil. En bouche, si la puissance est une évidence, l'élevage en barrique apporte une belle sensation d'harmonie et de rondeur. Un ensemble des plus gourmands et qui vieillira sereinement. ⧗ 2024-2028

SCEA LES DUCS D'AQUITAINE, 2, rte de Cornemps, 33660 Saint-Sauveur-de-Puynormand, tél. 05 57 69 69 69, vignobles@lepottier.com V r.-v.

CH. RECOUGNE 2018 ★

■ | 866 600 | | 8 à 11 €

Ce domaine réputé situé dans le Fronsadais, au nord de Libourne, est propriété de la famille Milhade depuis 1938. Xavier Milhade a aujourd'hui passé la main à ses enfants Marc et Elodie, qui ont la charge de ce vignoble de coteaux, étendu sur 100 ha.

Issu de vignes en coteaux, ce vin possède l'éclat des terroirs plus frais et déploie au nez des parfums enlevés de framboise et de cerise. Souple et dense à la fois, la bouche a le toucher des merlots bien nés. De bonne allonge en finale, elle reste droite et élancée. Un beau flacon que l'on peut boire ou attendre. ⧗ 2021-2027

SCEA RECOUGNE, 1, rte de Savignac, 33133 Galgon, tél. 05 57 50 33 33, chateaux@xm-wines.com V r.-v.

B CH. LA ROBERTERIE Selectus 2017 ★

■ | 18 367 | | 8 à 11 €

Cette propriété de l'Entre-deux-Mers, qui appartint à un maître d'armes de Napoléon au début du XIXe s., a changé plusieurs fois de propriétaires avant d'entrer dans le giron de la famille Zimmer en 2014. Le vignoble, étendu sur 10,8 ha, est certifié bio depuis 2012.

Cette cuvée séduit pas son style «patiné» au nez et suave en bouche. Les arômes caressants de mûre confite, de myrtille et de vanille trouvent écho dans un palais ample et velouté, aux tanins fondus. Un vin séducteur, qui possède aussi un beau potentiel de garde. ⧗ 2024-2028

SARL ARLIVIN, Lieu-dit Robert, 33890 Juillac, tél. 05 57 69 65 97, maite@laroberterie.com V r.-v.

CH. ROBERTPEROTS Cuvée Olivia Élevé en fût de chêne 2018 ★

■ | 67 000 | | 5 à 8 €

Créée sous ce nom en 2012, Terre de Vignerons est l'union de production et de commercialisation d'une douzaine de coopératives de l'Entre-deux-Mers et du Pays duraquois. Elle représente 13 000 ha de vignes et 1 500 coopérateurs, dont les raisins sont accueillis sur 19 sites de production. Elle vend ses propres marques, des vins de propriété et des marques de distributeurs. Un acteur de poids de la coopération girondine.

Un 100 % merlot bien mûr qui se pare d'étoffes vanillées pour glisser à pas comptés sur des notes de mûre confite et de cacao. Rond et équilibré, le palais est très aimable, épaulé par des tanins fondus; il joue la gourmandise sans être racoleur. ⧗ 2023-2025 ■ **Ch. Haut Labrousse 2018 ★ (- de 5 €; 67 000 b.)** Une majorité de cabernets pour ce vin qui n'a pas connue le bois, ouvert sur des parfums de poivre et de cassis. Les tanins, bien présents, rythment la bouche de tonalités enlevées et en soulignent les saveurs subtiles de violette. La finale est juteuse et bien équilibrée. ⧗ 2020-2025

TERRE DE VIGNERONS, 17-19, rte des Vignerons, 33790 Landerrouat, tél. 05 56 61 33 73, a.mauro@terredevignerons.com

♥ B CH. ROC DE VILLEPREUX 2018 ★★

■ | 61 300 | | 8 à 11 €

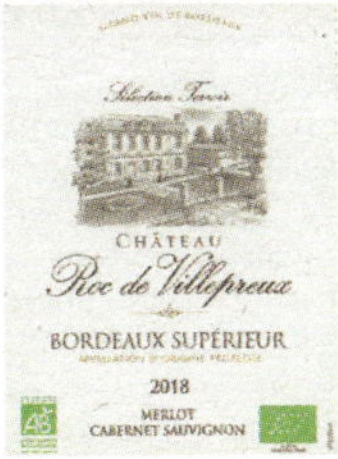

Propriété de la famille Chaussié depuis le XIIe s., situé en plein cœur de l'Entre-deux-Mers, ce domaine possède un vignoble de 42 ha. Aujourd'hui, c'est Denis Chaussié, onzième génération, qui en est à la tête.

Le soleil s'est installé dans cette bouteille et illumine le nez d'arômes intenses et généreux de mûre juteuse et de cassis. Pulpeuse à souhait, la bouche, ornée de tanins tendres et effilés, regorge de fruit et s'étire harmonieusement dans une finale longue et tonique, parfumée de violette. Un charme irrésistible. ⧗ 2024-2028 ■ **Ch. de Balan 2018 ★ (8 à 11 €; 24 000 b.)** Un joli bordeaux frais et fringant, aux tanins souples et enrobés, qui s'entiche d'arômes délicats de de framboise, de groseille et de patchouli. Reposant sur une trame acide bien dosée, le palais affiche un profil séveux et dynamique qui fait écho aux parfums fruités du nez. ⧗ 2022-2025

CRUS ET DOMAINES DE FRANCE, rte de Balizac, 33720 Landiras, tél. 05 57 98 07 20, mdesaintjau@lgcf.fr

B CH. SAINT-JULIAN 2018 ★

■ | 60 000 | | 8 à 11 €

Implanté sur les argilo-calcaires de Saint-Christophe-des-Bardes, à l'est de l'AOC, un petit domaine de 6 ha, en bio, planté de merlot (87 %) et de cabernet-sauvignon. Patrice Bigou, à la tête d'une trentaine d'hectares, possède également les Châteaux Saint-Julian et Virecourt Conté en bordeaux supérieur, eux aussi en agriculture bio.

Un profil très expressif pour ce vin élevé en cuve béton : liqueur de cassis, mûre confiturée et musc. Des arômes que l'on retrouve fondus dans une bouche dotée d'une imposante structure tannique mais parfaitement enrobée par la chair du merlot (80 % de l'assemblage). ⧗ 2023-2027

SCEA LE BOUSQUET, 3, Tauzinat-Est, 33330 Saint-Christophe-des-Bardes, tél. 05 57 74 43 07, vdurand@scealebousquet.com V r.-v.

CH. TAUSSIN 2018 ★

■ | 50 000 | | 5 à 8 €

Dans la même famille depuis 1865, ce cru est conduit depuis 1997 par Fabienne, Daniel et Martine Rochet. Établi sur la rive droite de la Garonne, à l'extrémité sud-est du vignoble girondin, il s'étend aujourd'hui sur 100 ha.

Un profil de coureur de fond pour ce vin équilibré entre cabernet-sauvignon et merlot. Le cassis et la menthe poivrée évoluent dans une bouche fringante en attaque, fraîche, svelte et dense à la fois, cadrée par des tanins fins. ⧗ 2023-2028

EARL ROCHET, 5, Malbat, 33190 La Réole, tél. 05 56 61 02 42, contact@chateaumalbat.com V *t.l.j. sf sam. dim. 8h30-12h 13h-17h*

CH. TIMBERLAY
Cuvée Prestige Marie Paule Élevé en fût de chêne 2018 ★

■ | 29 901 | | 8 à 11 €

Héritier d'une longue lignée vigneronne, Robert Giraud a créé son négoce en 1975 et possède plusieurs crus en AOC régionales et en saint-émilion : un ensemble de 150 ha, dont près de 115 pour le Ch. Timberlay, berceau de la famille situé sur le sommet du coteau de Montalon, à Saint-André-de-Cubzac. Philippe Giraud et sa sœur Florence conduisent la maison depuis 1995.
Une structure athlétique pour ce vin élevé en fût de chêne pendant 12 mois. Ample et corpulent en attaque, bien soutenu par les tanins du merrain, il finit suave et caressant en finale. Voilà la jolie plastique de cette cuvée parfumée de cassis et de menthe poivrée. ⧗ 2024-2028

SAS ROBERT GIRAUD, Dom. de L'Oiseau, 33240 Saint-André-de-Cubzac, tél. 05 57 43 01 44, france@robertgiraud.com V *r.-v.*

CH. TOUR DE GILET 2018 ★

■ | 4 000 | | 8 à 11 €

Ce petit vignoble (à peine 6 ha) du Haut-Médoc appartenait au XIIe s. à l'abbaye de Gilet. Il est entouré de jalles, petits canaux creusés dès cette époque pour drainer les palus argileux et y cultiver la vigne.
Étonnante proportion de petit verdot (70 %) qui marque le nez de baies noires et de coriandre. La bouche, plus sauvage, s'entiche de parfums de venaison qui accompagnent des tanins ligneux denses et fermes. Une belle pièce de viande maturée sera le compagnon idéal. ⧗ 2024-2028

SCEA TOUR DE GILET, Cadiot, 33290 Ludon-Médoc, tél. 05 57 88 07 64, vitigestion@vitigestion.com V *r.-v.*

CH. LA TUILERIE DU PUY Cuvée Tradition 2018 ★

■ | 60 000 | | 5 à 8 €

Propriété de la famille Regaud depuis 1616, un vaste domaine de l'Entre-deux-Mers (77 ha), regardant la vallée du Dropt et la bastide de Monségur. Jean-Pierre Regaud, installé en 1979, l'équipe d'une cuverie thermorégulée. Son fils Michaël prend la suite en 1996, après une première expérience en Californie.
De la justesse dans ce vin à l'équilibre raffiné. À défaut de puissance, il déploie une matière souple et ronde, parfumée de notes fraîches de fruits des bois. Le vin de plaisir par excellence. ⧗ 2020-2024

SCEA REGAUD, 7, Aux Tuileries, 33580 Le Puy, tél. 05 56 61 61 92, vignobles.regaud@wanadoo.fr V *t.l.j. 8h30-18h; sam. dim. sur r.-v.*

CH. LA TULIPE 2017 ★

■ | 120 000 | | 11 à 15 €

Un vénérable manoir et un vignoble d'une petite vingtaine d'hectares sur la rive droite de la Dordogne, à l'ouest du Fronsadais : l'ancien Ch. de la Garde, acheté en 1994 par le compositeur néerlandais Ilja Gort qui l'a rebaptisé… la Tulipe.
« Tendre et élégant », conclut le jury : voila qui résume bien le style de ce vin joyeux, sans prétention, qui fleure bon le cassis, la réglisse et le bois de rose. Généreux en attaque, le palais s'appuie sur des tanins soyeux. Une pointe anisée vient rehausser la finale et laisse une sensation agréable de fraîcheur. ⧗ 2022-2026

SCEA DU CH. DE LA GARDE, 235, rte du Chemin-Court, 33240 Saint-Romain-la-Virvée, tél. 05 57 58 21 05, info@chateaulatulipe.fr V *r.-v.* 5

CH. VERMONT La Grande Cuvée 2018 ★

■ | 24 000 | | 11 à 15 €

Commandée par un ravissant château du XIXe s. entouré de 40 ha de vignes, cette propriété de l'Entre-deux-Mers appartient à la même famille depuis les années 1880. La quatrième génération – Élisabeth et son mari David Labat – est aujourd'hui aux commandes.
Un joli panier gourmand de mûre, de truffe et de cacao au premier nez, complété à l'aération de notes de pain toasté. La bouche est souple en attaque, puis gagne en volume dans son développement. La finale se dote d'une fine acidité, probablement apportée par les 10 % de petit verdot qui complètent l'assemblage. ⧗ 2023-2027

SCEA CH. VERMONT, Ch. Vermont, 33760 Targon, tél. 05 56 23 90 16, chateauvermont@chateau-vermont.fr V *t.l.j. 9h-12h 14h-18h; sam. dim. sur r.-v.*

VIEUX CHÂTEAU RENAISSANCE
Élevé en fût de chêne 2018 ★

■ | 11 000 | | 5 à 8 €

À proximité du castrum de Pommiers et de la bastide de Sauveterre-de-Guyenne, cette propriété de 28 ha appartenant à la famille Turtaut est certifiée Haute Valeur Environnementale depuis 2018.
Beaucoup de fruits pour cette cuvée en partie conduite en vinification intégrale. Framboise, cassis et cerise se manifestent au nez, puis accompagnent un palais pulpeux, fraîchement acidulé, épaulé par un boisé qui apporte une consistance bienvenue en finale. ⧗ 2023-2027

EARL DES VIGNOBLES TURTAUT, Descombes, 33540 Saint-Sulpice-de-Pommiers, tél. 05 56 71 59 54, vignobles@turtaut.fr V *r.-v.*

CRÉMANT-DE-BORDEAUX

Production : 19 560 hl (85 % blanc)

AOC depuis 1990, le crémant-de-bordeaux est élaboré selon les règles très strictes de la méthode traditionnelle – communes à toutes les appellations de crémant – à partir de cépages classiques du Bordelais, blancs comme noirs. Les crémants sont généralement blancs mais ils peuvent aussi être rosés.

B RÉMY BRÈQUE ★

● | 5 000 | | 5 à 8 €

En 1927, Rémy Brèque, professeur de violon, se passionne pour la « méthode champenoise ». Il se lance alors dans l'élaboration de bulles dans ses caves souterraines de Saint-Gervais, anciennes carrières de pierres ayant servi à la construction de la ville de

Bordeaux. En 1967, son petit-fils, Claude Bonnefis, et son épouse Maryse prennent le relais. Depuis 1987, c'est la quatrième génération (Frédéric et Yannick Bonnefis) qui est aux commandes.

Ce pur sémillon bio se présente dans une robe cristalline aux reflets jaunes. Il déploie des arômes discrets mais fins de fleurs blanches et de menthol relevés d'une touche poivrée. En bouche, il se montre frais et friand, avec une jolie finale acidulée. ⧗ 2020-2022

SARL MAISON RÉMY BRÈQUE, 8, rue du Cdt-Cousteau, 33240 Saint-Gervais, tél. 05 57 43 10 42, remy.breque@orange.fr V

CELENE
Diamant Blanc de blancs Brut nature 2015 ★

●	20 000		11 à 15 €

Spécialisée depuis sa création en 1947 dans les effervescents, la société Ballarin, sise dans l'Entre-deux-Mers, a été rachetée en 2015 par les vignobles Lannoye (propriétaires de plusieurs domaines dans le Libournais) et rebaptisée Celene.

Mi-sémillon mi-muscadelle, ce blanc de blancs millésimé revêt une belle robe dorée. Il s'ouvre sur des arômes d'amande douce, de pomélo et d'ananas frais. La bouche offre du volume et la fraîcheur attendue d'un brut nature, avec une finale aiguisée qui réveille les papilles. ⧗ 2020-2022

SAS CELENE, lieu-dit la Clotte, 33550 Haux, tél. 05 56 67 11 30, contact@celene-bordeaux.com V *r.-v.*

CHAPPUT ★

●	14 000		8 à 11 €

Famille au service du vin depuis un siècle. En 1964, Jean et Yvette Queyrens acquièrent leur première vigne au lieu-dit Pilet, puis reprennent les domaines de leurs parents (Ch. du Pin-Franc et Ch. des Graves du Tich) et débutent la vente en bouteilles. Aujourd'hui, leurs fils Patrick et Christophe, avec à leurs côtés Jean-Yves, le petit-fils, exploitent un vignoble de 70 ha dans l'Entre-deux-Mers.

Le seul sémillon est à l'œuvre dans ce crémant finement doré, ouvert sur des parfums gourmands de miel, de pain d'épices et de fleur de châtaigner. On retrouve ce profil charmeur dans une bouche ronde et consistante, qui ne manque pas d'élégance. ⧗ 2020-2022

SC VIGNOBLES JEAN QUEYRENS ET FILS, 3, Grand-Village-Sud, 33410 Donzac, tél. 05 56 62 97 42, scvjqueyrens@orange.fr V *r.-v.*

CH. GARBES-CABANIEU 2016 ★

●	14 666		5 à 8 €

Un domaine de 47 ha dans la famille d'Hervé David depuis six générations. Ce dernier y a pris la suite de son père en 1979, épaulé par son épouse Marinette au commercial, son fils Thomas à la vigne et au chai, ainsi que sa fille Laure et son gendre Miguel. Un travail en famille donc.

Ce pur sémillon aux reflets ambrés séduit par son bouquet floral, épicé et miellé. En bouche, il prend un virage plus tendu, plus minéral, avec en point d'orgue une jolie finale acidulée. ⧗ 2020-2022

SAS VIGNOBLES HERVÉ DAVID, Ch. Garbes-Cabanieu, 1, le Boucher, 33410 Monprimblanc, tél. 05 56 62 97 59, garbes-cabanieu@wanadoo.fr V *r.-v.* B

JAILLANCE ★

●	250 000		5 à 8 €

Cette coopérative fondée en 1950 est l'acteur principal du Diois viticole : 224 adhérents pour quelque 1 100 ha de vignes (dont 14 % cultivés en bio), soit plus de 70 % de la production locale. La cave s'est aussi développée dans le Bordelais au début des années 2000 en intégrant la maison Brouette, où elle produit du crémant-de-bordeaux.

D'un bel or paille éclatant, ce crémant né du seul sémillon évoque la fleur de vigne, la noisette et l'aubépine. En bouche, il conjugue un côté charnu, mature, à une bonne acidité en finale. ⧗ 2020-2022

SAS BROUETTE, 2, ZA du Bois-Marin, La Marquette, 33240 Peujard, tél. 05 57 68 42 09, info@jaillance.com V *t.l.j. sf sam. dim. 9h-12h 14h-17h*

CRÉMANT DE THIEULEY 2018 ★

●	6 000	11 à 15 €

L'histoire viticole des Courselle débute en 1949 avec l'achat du Ch. Thieuley, non loin de la Sauve-Majeure, par André Courselle. Sous l'impulsion de Francis et, depuis 2004, de ses filles Sylvie et Marie, le vignoble s'étend aujourd'hui sur 80 ha et trois crus : Thieuley, une référence en bordeaux, Ch. Saint-Genès, destiné à l'export, et Clos Sainte-Anne, 5 ha de graves à Capian.

Souvent en vue pour ses vins tranquilles, le domaine montre ici qu'il maîtrise aussi la bulle. Une bulle née de sémillon et de cabernet franc à parts égales. Dans le verre, un crémant très clair, étincelant, qui s'ouvre à l'aération sur les fruits secs, le pamplemousse et de fines notes minérales. En bouche, place au citron confit et au genêt, soutenus par une bonne acidité. ⧗ 2020-2022

SCEA VIGNOBLES COURSELLE, 560, rte de Grimard, 33670 La Sauve, tél. 05 56 23 00 01, contact@thieuley.com V *t.l.j. sf dim. 8h30-12h15 13h30-17h30; sam. sur r.-v.*

LE CRÉMANT DE TURCAUD 2018 ★

●	8 900		11 à 15 €

Un cru de 50 ha fondé en 1973 par Simone et Maurice Robert, conduit avec le même talent depuis 2009 par leur fille Isabelle et son époux Stéphane Le May. Abandon progressif du désherbage chimique, rendements limités, approche parcellaire pour chaque cuvée, certification Terra Vitis : un travail de précision au service des AOP régionales et des entre-deux-mers.

Le sauvignon gris (28 %) accompagne le sémillon dans ce crémant en robe claire, au joli nez floral (acacia) et fruité (pêche de vigne). La bouche est tendre, généreuse, légèrement suave, mais avec une bonne fraîcheur mentholée pour assurer l'équilibre. ⧗ 2020-2022

EARL VIGNOBLES ROBERT, 1033, rte de Bonneau, 33670 La Sauve, tél. 05 56 23 04 41, chateau-turcaud@wanadoo.fr V *r.-v.*

♥ LOUIS VALLON ★★

43956 | 5 à 8 €

Après sa fusion avec la cave de Saint-Christophe-de-Double, la coopérative de Saint-Pey-Génissac (première productrice de crémant-de-bordeaux avec plus d'un million de cols par an) change de nom en 2018 pour prendre celui de sa marque de crémant, Louis Vallon. Sous ce nouveau nom sont groupés 120 adhérents pour un vignoble de 1 200 ha.

Avec un coup de cœur pour un rosé dans l'édition précédente, la cave récidive avec un blanc étincelant, né de sémillon, de merlot et d'un peu de cabernet franc. Le nez séduit d'emblée avec ses arômes délicats de citron confit, de menthe et d'œillet. On retrouve les agrumes dans une bouche aussi fraîche qu'élégante, dotée d'une texture fine et d'une belle longueur. Une bulle diablement friande et alerte. ⌛ 2020-2022

SCA CAVE LOUIS VALLON, 36, av. de la Mairie, 33350 Saint-Pey-de-Castets, tél. 05 57 40 52 07, p.mondin@ugbordeaux.fr V *t.l.j. sf dim. 8h30-12h 14h-17h30*

➜ LE BLAYAIS ET LE BOURGEAIS

BLAYE

Superficie : 49 ha / Production : 2 100 hl

L'appellation, qui tire son nom de la fière citadelle construite par Vauban et qui s'étend dans trois cantons autour de la cité, connaît un regain d'intérêt depuis qu'en 2000 une nouvelle charte qualitative encourage la production de vins rouges charpentés et de garde, élevés 18 mois minimum.

CH. MARQUIS DE VAUBAN
La Cuvée du Roy Élevé en fût de chêne 2018 ★★

32000 | 15 à 20 €

Situé à quelques centaines de mètres de la Citadelle, le vignoble des Lepage-Macé (50 ha) fut la propriété du duc de Saint-Simon, auquel Louis XIV rendit plusieurs fois visite et dont il appréciait aussi le vin, dit-on. Trois étiquettes blayaises ici : les châteaux Marquis de Vauban, la Voile d'or et le Cône.

Issue des plus belles vignes de merlot du domaine, cette cuvée couleur rubis intense livre un fruité complexe et généreux de mûre, de cassis et de cèdre. En bouche aussi le bois s'efface au profit du fruit, laissant au passage de fins tanins au grain soyeux apporter leur soutien. Longue et équilibrée, la finale déroule un ruban épicé, mentholé et réglissé. Un beau vin de garde. ⌛ 2024-2030

SCEA LEPAGE-MACÉ, rte des Cônes, 33390 Blaye, tél. 05 57 42 80 37, contact@decancave.fr V *t.l.j. 9h-12h 14h-19h*

♥ B CH. MONDÉSIR-GAZIN Bardon 2017 ★★★

6000 | 15 à 20 €

En 1990, Marc Pasquet, ancien photographe, et son épouse Laurence ont acquis des vignes à Plassac, dans le Blayais, ainsi qu'en côtes-de-bourg et en saint-émilion grand cru. Leur propriété totalise 14 ha. Deux étiquettes : Haut Mondésir (côtes-de-bourg) et Mondésir-Gazin (blaye).

Le malbec est un grand cépage adapté au réchauffement climatique, vers lequel se tournent des producteurs toujours plus nombreux. Parmi les meilleurs exemples, ce 100 % malbec conquérant. Après 22 mois de fût, il se pare d'une couleur profonde et brillante, et déploie un bouquet spectaculaire et complexe : mûre, cerise noire, violette, anis et chocolat. Une composition enjôleuse qui trouve un prolongement intense dans une bouche dense et riche, cadrée par des tanins aussi puissants que soyeux. D'une longueur remarquable, la finale apporte une belle dynamique sur des notes fraîches et mentholées. Une valeur (très) sûre pour la cave. ⌛ 2025-2032

EARL DOM. MONDÉSIR-GAZIN, 77, rte de l'Estuaire, 33390 Plassac, tél. 05 57 42 29 80, mondesirgazin@gmail.com V *r.-v.*

BLAYE-CÔTES-DE-BORDEAUX

Superficie : 6 490 ha
Production : 335 000 hl (95 % rouge)

L'appellation produit des vins rouges assemblant merlot, cabernet-sauvignon, cabernet franc et malbec ainsi que quelques blancs, qui associent sauvignon, sémillon et muscadelle. Les seconds sont en général secs, et on les sert en début de repas, alors que les rouges, puissants et fruités, de moyenne garde, accompagnent les viandes et les fromages.

CH. ANGLADE-BELLEVUE
Cuvée Passion 2018 ★

6666 | 5 à 8 €

Une valeur sûre du Blayais que ce domaine fondé en 1953 par Michel Mège, vinifié en coopérative jusqu'en 1993. Aujourd'hui, les fils Alain et Bruno conduisent un vignoble de 50 ha répartis sur les communes d'Anglade et de Générac.

Une composition judicieuse pour ce vin ouvert sur les fruits très mûrs et légèrement épicés par 12 mois d'élevage en barrique. Le fruit s'impose également dans une bouche riche et tannique, qui déploie un bon volume. Une belle structure qui lui permettra de bien vieillir. ⌛ 2024-2028

SCEA MÈGE FRÈRES, Les Lamberts, 33920 Générac, tél. 06 37 91 94 70, scea-mege@mege-freres.fr V *r.-v.*

CH. BARBÉ 2018 ★

■ | 110 000 | | 5 à 8 €

La famille Bayle-Carreau exploite la vigne depuis la fin du XIXe s. et cinq générations. Elle dispose de cinq propriétés dans le Blayais (Pardaillan, Carelle, Barbé) et le Bourgeais (Carpena, Eyquem, Landreau), conduites aujourd'hui par Xavier Carreau, son beau-frère Alain Jourdan et Cyril, le fils de ce dernier.

Un bon vin aux lignes bien dessinées. Au nez, les parfums sont discrets mais fleurent bon la framboise et la cerise. Une pointe toastée signale la présence de l'élevage en barrique, que l'on retrouve dans une bouche souple et fluide. Un profil « vin de plaisir » que l'on dégustera dans ces jeunes années. ⧗ 2021-2025

SAS VIGNOBLES BAYLE-CARREAU, rte de l'Estuaire, 33710 Bayon-sur-Gironde, tél. 05 57 64 32 43, contact@bayle-carreau.com V r.-v.

CH. BELLEVUE Amphorae 2018 ★

■ | 10 700 | | 20 à 30 €

Philippe et Martine Chéty ont été rejoints en 1999 par leur fils Christophe, puis, en 2012, par sa sœur Isabelle sur leurs terres de Saint-Trojan où la famille cultive la vigne depuis 1698. La propriété compte 26 ha en côtes-de-bourg.

Un 100 % merlot élevé en amphore qui a séduit le jury par son fruité sans fard, aux accents de mûre et de framboise. Fraîche et pulpeuse, la bouche s'exprime en souplesse avant de laisser les tanins manifester leur présence en finale. Beaucoup de charme. ⧗ 2023-2027

SCEA FAMILLE CHÉTY, 5, Mercier, 33710 Saint-Trojan, tél. 05 57 42 66 99, info@chateau-mercier.fr V *t.l.j. sf sam. dim. 8h30-12h30 13h30-18h* 4 B

CÉDRIC BERGERON Ode à l'Amóni 2018 ★★

■ | 300 | | 11 à 15 €

Fils de Jean-Michel Bergeron (Ch. Haut la Valette), Cédric a acquis en 2015 2 petits lopins de terre de 1,10 ha sur Cars.

Amóni ? Comprenez « enclume », en hommage à un aïeul vigneron et maréchal-ferrant. Mais aucune lourdeur ici, plutôt de l'harmonie dans ce vin aux parfums empyreumatiques, agrémentés à l'aération d'arômes de truffe et de sous-bois. La mûre et le cassis dominent dans un palais velouté, aux tanins fondus et poudrés, étiré dans une finale bien allongée. ⧗ 2023-2027

CÉDRIC BERGERON, 3, Les Martins, 33390 Cars, tél. 06 21 83 05 90, cedricbergeron.vigneron@gmail.com V *r.-v.*

CH. BONNANGE 2018 ★

■ | 20 000 | | 15 à 20 €

Propriété de 10 ha en appellations bordeaux et blaye-côtes-de-bordeaux, ce domaine développe une gamme originale de vins à base d'un seul cépage comme le Petit Merle, Le Cab ou encore le Cot. La conversion bio est engagée.

Un caractère solaire affirmé marque les arômes de fruits noirs d'une pointe confiturée. L'élevage de 12 mois en barrique complète la palette de notes vanillées. Notes que l'on retrouve en bouche, fondues dans une matière ample et charnue. ⧗ 2023-2028

SCEA VIGNOBLES BONNANGE, 10, chem. des Roberts, 33390 Saint-Martin-Lacaussade, tél. 06 85 52 48 08, contact@chateaubonnange.fr V *r.-v.*

B CH. LA BRAULTERIE DE PEYRAUD Cuvée Prestige 2018 ★★

■ | 24 000 | | 8 à 11 €

Un domaine blayais de 38 ha converti au bio, conduit en famille par Marie-Hélène Lapouméroulie au chai et son frère Olivier David à la vigne.

10 % de malbec aux côtés du merlot dans ce vin au nez engageant, centré sur les fruits noirs bien mûrs (cassis, mûre) relevés d'épices orientales. À ce bouquet bien parfumé répond une bouche bien structurée, ample et veloutée, aux tanins fermes mais fins, bien enrobés dans la chair. Une très belle construction, au potentiel certain. ⧗ 2024-2028

SARL LA BRAULTERIE MORISSET, 1, Les Graves, 33390 Berson, tél. 05 57 64 39 51, braulterie@wanadoo.fr V *r.-v.*

CH. CAILLETEAU BERGERON Prestige 2018 ★

■ | 40 000 | | 5 à 8 €

Marie-Pierre Dartier et son frère Pierre-Charles se sont installés en 1992 sur le domaine familial de Cailleteau Bergeron, créé par leurs grands-parents en 1933. Un vignoble qu'ils ont étendu à plus de 45 ha, comprenant 2 autres crus : Ch. Clos Mansio et Ch. Perrin. À noter la présence du rare carménère dans les assemblages depuis 2018.

L'usage d'amphores pour atténuer l'influence des barriques neuves a permis de livrer un vin équilibré aux arômes préservés de violette et de quetsche. Charmeur, rond, d'un bon volume, le palais s'agrémente de subtiles notes vanillées subtiles qui n'écrasent jamais le fruit. Un ensemble bien construit. ⧗ 2023-2027

EARL DARTIER, 24, Bergeron, 33390 Mazion, tél. 05 57 42 11 10, info@cailleteau-bergeron.com V *t.l.j. sf dim. 9h-12h 14h-17h* E

CH. CAP SAINT-MARTIN Cuvée Prestige 2018 ★

■ | 26 000 | | 8 à 11 €

Situé dans un village voisin de Blaye, ce cru domine l'estuaire de la Gironde. Depuis 1904, il s'est agrandi au fil des générations pour couvrir aujourd'hui 20 ha entre Cars et Saint-Martin-la-Caussade. La famille Ardoin (Béatrice et Pierre depuis 1990) l'exploite avec un réel savoir-faire, soucieuse de conserver les vieilles vignes et de réduire les interventions au cours des vinifications.

Un vin friand, de demi-corps, aux tonalités acidulées, qui privilégie la rondeur à la puissance. En bouche comme au nez, ce sont les fruits des bois qui dominent, habilement soulignés par une bonne tension en finale. Parfait pour des grillades au feu de bois. ⧗ 2022-2026

SCEA DES VIGNOBLES ARDOIN, 11, rte de Mazerolles, 33390 Saint-Martin-Lacaussade, tél. 05 57 42 91 73, vignobles.ardoin@wanadoo.fr V *r.-v.*

CH. LA CASSAGNE-BOUTET 2018 ★

■ | 30000 | | 5 à 8 €

Denis Vergez a repris en 1998 le Ch. de Cassagne-Boutet, commandé par une bâtisse du XVII[e]s et classé cru bourgeois dans le Cock et Féret de 1874. Rejoint par son fils Nicolas, il a pris aussi les rênes du Ch. Combelongue et conduit un ensemble de 15 ha de vignes complété de 10 ha de céréales, de jachères et de pâtures.

Ce vin dévoile un joli bouquet intense et généreux de fruits mûrs, qui s'enrichit à l'aération de notes plus sauvages de bacon fumé. Une belle matière se déploie dans une bouche séveuse, riche, dense et bien équilibrée jusqu'en finale. ⧗ 2023-2027

SC VIGNOBLES FONTEMOING-VERGEZ, Ch. la Cassagne-Boutet, lieu-dit Martineau, 33390 Cars, tél. 06 95 22 77 79, chateaulacassagneboutet@gmail.com V t.l.j. sf sam. dim. 8h-12h 14h-18h

CH. DU CAVALIER Cuvée Prestige 2018 ★

■ | 50000 | | 5 à 8 €

Denis Lafon exploite dans le Blayais un vignoble de 36 ha répartis sur 3 châteaux : Grand Barrail 16 ha, fief historique acquis en 1967 sur Plassac, Gardut Haut Cluzeau (1971), 8 ha sur Cars, et Cavalier, le siège administratif, 12 ha sur Cars également.

Une approche engageante, un brin évoluée, pour ce 2018 aux accents de cuir, de tabac et de fruits confits. Cette «patine» apporte en bouche un crémeux savoureux qui enrobe les tanins du bois jusqu'en finale. Une puissance contenue qui ravira les amateurs de vins suaves. ⧗ 2023-2026

SARL VIGNOBLES DENIS LAFON, Bracaille 1, 33390 Cars, tél. 05 57 42 33 04, vignobles@denislafon.com V t.l.j. sf sam. dim. 9h-12h 14h-17h

CH. LE CHAY Élevé en fût de chêne 2018 ★★

■ | 15000 | | 8 à 11 €

Les Raboutet cultivent la vigne à Berson depuis cinq générations. Didier et Sylvie, installés en 1983, ont donné le relais à leur fille Aurélie en 2018, rejointe par son mari en 2020, aujourd'hui à la tête d'un vignoble de 38 ha répartis entre les 20 ha argilo-calcaires du Ch. le Chay (Blayais) et les 18 ha argilo-graveleux du Ch. Groleau (Bourgeais).

«Concentration et finesse dans une même bouteille», voilà ce qui résume l'avis du jury, conquis par les arômes intenses de cerise à l'eau-de-vie et de pain grillé qui se dégagent de l'olfction. La bouche n'est pas en reste et déploie une matière ample, dense et charnue, épaulée par des tanins soyeux et bien enrobés. Une pointe vanillée se manifeste en finale et apporte une touche de gourmandise supplémentaire. ⧗ 2024-2030

EARL VIGNOBLES RABOUTET, 1, Le Chay, 33390 Berson, tél. 05 57 64 39 50, lechay@wanadoo.fr V r.-v.

CH. LES DONATS 2018 ★

■ | 15000 | | 5 à 8 €

Deux anciens cadres parisiens devenus vignerons en 1994 dans le Bourgeais et le Blayais. Stéphane Donze et Lucie Marsaux-Donze ont fait du Ch. Martinat (11 ha sur petites graves et argiles à Lansac) une référence des côtes-de-bourg. Autre étiquette dans la même appellation : le Ch. Bel Air l'Escudier (12 ha). Ils exploitent aussi 3,6 ha de vignes du côté du Blayais voisin, à Teuillac, avec le Ch. les Donats.

100 % merlot et pas de bois pour ce vin bien bien équilibré, au nez engageant de petits fruits noirs et d'épices douces. Ronde et tendre en attaque, la bouche s'exprime dans un style souple et soyeux, épaulée par des tanins fins et discrets. ⧗ 2022-2025

SCEV MARSAUX-DONZE, Ch. Martinat, 33710 Lansac, tél. 06 11 17 08 28, s.donze@chateau-martinat.com V r.-v.

CH. FONTARABIE 2018 ★

■ | 500000 | | 5 à 8 €

Plaisance, Belair Courbet, Fontarabie, La Bardonne, Bois de Tau, Jansenant : Alain Faure s'est installé en 1977 à la tête des vignes familiales, étendues alors sur 17 ha. Sa fille Delphine en a pris la tête aujourd'hui et exploite un vaste vignoble d'une centaine d'hectares répartis sur plusieurs châteaux du Blayais et du Bourgeais.

Belle proportion de cabernet-sauvignon (40 %) pour l'appellation, ce qui donne un nez enlevé de cassis et de menthe, finement rehaussé d'une pointe épicée. Bien équilibré en bouche, le vin a bien digéré les 12 mois de barrique et s'étire jusqu'en finale sur des notes vanillées. ⧗ 2023-2027 ■ **Les Hauts de Ch. Fontarabie 2018 ★ (5 à 8 €; 40000 b.)** Au nez, des parfums généreux de myrtille agrémentés de notes vanillées bien dosées. Souple et ample, la bouche est soutenue par les tanins cacaotés de la barrique. ⧗ 2023-2027

VIGNOBLES A. FAURE, 2 bis, Bois de Tau, 33710 Saint-Ciers-de-Canesse, tél. 05 57 42 68 80, belair.coubet@wanadoo.fr V r.-v.

CH. LA GAMAYE Cuvée Distinction 2018 ★★

■ | 3000 | | 11 à 15 €

Vigneronne depuis 6 générations, la famille Bourceau est représentée par Wilfried depuis 2017. Ce jeune vigneron, sensible aux enjeux écologiques, décide un an plus tard de convertir l'ensemble de l'exploitation à l'agriculture biologique.

Vendanges manuelles, vinification intégrale et élevage de 18 mois en barrique, tout a été pensé pour concevoir un vin complexe et parfumé. Au nez, les fruits noirs se mêlent aux épices. Des arômes (cassis et poivre) qui évoluent aussi dans une bouche fine, ciselée, aux tanins élégants qui étirent bien la finale. Une cuvée qui ne manque pas de distinction en effet, ni de potentiel. ⧗ 2023-2028

EARL VIGNOBLES BOURCEAU, 1, la Gamaye, 33390 Berson, tél. 06 20 25 50 25, wilfried@vignobles-bourceau.fr

CH. GIGAULT Cuvée Viva 2017 ★★

■ | 19466 | | 11 à 15 €

Ancien négociant devenu vigneron, Christophe Reboul Salze a acquis les châteaux Les Grands Maréchaux en 1997 et Gigault en 1998, complétés en 2011 par le Ch. Belle Colline : 3 domaines qui vendaient leurs vins en vrac, au négoce, et tous situés dans le Blayais.

« De la rondeur, du gras, de la fraîcheur, un bon vin équilibré », voilà comment le jury résume ce joli vin, soutenu par un boisé fin et élégant qui parfume le nez de notes de vanille et de clou de girofle. En bouche, les tanins sont fins et viennent en soutien de généreuses saveurs de framboise bien mûre. La finale prolonge harmonieusement l'ensemble sur un note acidulée qui donne du relief. ⧗ 2023-2028 ■ **Ch. Belle Coline 2017 ★ (11 à 15 €; 24 577 b.)** Baptisé du nom de la fille du propriétaire, ce joli vin affiche des proportions harmonieuses tournées vers le fruit. En bouche, des tanins souples qui confèrent une mâche soyeuse, des arômes soutenus de fruits rouges et une agréable fraîcheur mentholée. ⧗ 2023-2027

⊶ SCEA CH. GIGAULT, 1, Gigault, 33390 Mazion, tél. 05 57 32 62 59, chateau.gigault@gmail.com V *r.-v.*

PRÉLUDE DU GRAND MOULIN 2017 ★

■	4 533		- de 5 €

Jean-François Réaud dirige depuis 1983 le Ch. le Grand Moulin, créé en 1904 par son grand-père et dont les 40 ha de vignes s'étendent au cœur de l'appellation blaye-côtes-de-bordeaux, complétés par une activité de négoce.

Une construction solide et ambitieuse pour cet assemblage de 4 cépages (dont le malbec) qui concentre des arômes puissants de quetsche, de pruneaux et d'épices mentholées. Des flaveurs ensoleillées qu'on retrouve dans une bouche souple et déliée en attaque, plus intense et structurée dans son développement. ⧗ 2023-2027

⊶ SCEA RÉAUD ET FILLES, 1289, av. de la Liberté, 33820 Saint-Aubin-de-Blaye, tél. 05 82 84 26 01, maylis@vignoblesgabriel.com

CH. GRAND SECRET 2017 ★★

■	9 000		11 à 15 €

Après avoir œuvré dans le négoce bordelais, puis défendu les intérêts des vins du Blayais, l'ancien directeur du syndicat viticole, Jean Lissague, est passé de « l'autre côté de la barrière » en 2012 pour signer ses propres cuvées, issues de 2 ha et vinifiées par les Châteaux Solidaires.

Cette cuvée confidentielle est bien connue des lecteurs. Elle trouve encore une fois l'adhésion du jury pour son style boisé sur mesure qui n'étouffe pas les fruits et apporte rondeur et velouté à une bouche ample et sans aspérité, dotée de tanins fondus et soyeux. Une belle finale déliée ajoute à son élégance. Un vin que l'on pourra apprécier dans ses jeunes années. ⧗ 2022-2026

⊶ SARL JEAN LISSAGUE, BP 83, 33240 Saint-André-de-Cubzac, tél. 06 63 01 50 44, jean@lissague.fr *r.-v.*

CH. LA GRANGE D'ORLÉAN 2018 ★

■	80 400		- de 5 €

Native de Blaye, Anne Venancy travaille avec son mari Christian un vignoble de 12 ha réparti entre Eyrans et Saint-Androny. L'encépagement est classique : merlot, cabernet-sauvignon, cabernet franc et malbec.

Un vin bien construit, aux tanins tendres et au fruité précis. Myrtille, cassis et épices douces forment un mariage harmonieux à l'olfaction. La bouche apparaît souple, tendre, équilibrée et s'étire agréablement dans une finale sans aspérité. ⧗ 2022-2025

⊶ SAS ROBIN, Ch. la Grange d'Orléan, 1, Gayet, 33390 Saint-Androny, tél. 05 57 64 40 60, venancy.anne@wanadoo.com

♥ DOM. DES GRAVES D'ARDONNEAU
Cuvée Prestige Élevé en fût de chêne 2018 ★★

■	100 000		5 à 8 €

Un domaine incontournable du Blayais, en rouge comme en blanc. La famille Rey écrit son histoire viticole depuis 1763 sur les terres du hameau d'Ardonneau. Installé en 1981 à la tête de 60 ha, Christian Rey a été rejoint en 2005 par son fils Laurent et par sa fille Fanny en 2008. De nouveaux chais sont sortis de terre en 2017.

Résultat d'une vendange mûre et bien travaillée, ce vin est une merveille de complexité avec ses parfums raffinés de mûre sauvage, de poivre de Sichuan et de violette. À l'aération, quelques notes vanillées viennent agrémenter le nez d'une touche pâtissière. La bouche est large, dense, puissante et longue, magnifiquement épaulée par un élevage de grande qualité qui sert le fruit sans le masquer. ⧗ 2025-2030 ■ **Cuvée Prestige Élevé en fût de chêne 2019 ★★ (5 à 8 €; 13 500 b.)** Au nez, cette belle cuvée livre des notes vanillées et beurrées, complétées à l'aération d'un fruité généreux qui rappelle le citron confit, la poire et le chèvrefeuille. Ample et pulpeuse, la bouche déroule une matière dense et suave aux accents épicés. La finale est encore sur l'élevage et devrait trouver sa pleine harmonie d'ici peu. A un souffle du coup de cœur. ⧗ 2021-2025

⊶ SCEA SIMON REY ET FILS, 1, Ardonneau, 33620 Saint-Mariens, tél. 05 57 68 66 98, gravesdardonneau@wanadoo.fr V *t.l.j. sf dim. 9h-12h30 14h30-18h*

CH. HAUT-CANTELOUP
Cuvée Prestige 2018 ★★

■	43 000		5 à 8 €

Catherine et Sylvain Bordenave, relayés depuis 2003 par leurs fils Alexandre et Vincent, ont fait des châteaux Haut-Canteloup et les Pierrères des références incontournables du Blayais. À leur disposition, un beau vignoble de 51 ha : 30 ha de vignes rouges dans la commune de Fours et 20 ha de vignes blanches à Saint-Palais-de-Blaye.

Superbe expression de fruits bien mûrs qui rappellent la prune bleue, la myrtille et le cassis, finement soulignés par les notes de torréfaction de la barrique. Le palais, d'un grande harmonie, se révèle ample et riche, porté par des tanins fermes et dynamisé par une acidité bien proportionnée. La finale s'affranchit des notes boisées pour livrer un fruit pur et frais. ⧗ 2025-2030 ■ **Élevé en fût de chêne 2019 ★ (5 à 8 €; 5 800 b.)** Au nez, une expression solaire de fruits exotiques aux accents citronnés, enrichie d'une pointe vanillée qui rappelle la barrique. La bouche affiche une belle épaisseur grâce à l'élevage sur lie et fait un long écho à l'olfaction. Un vin bien construit qui devrait trouver sa place aux côtés d'une volaille rôtie. ⧗ 2021-2025

⊶ EARL BORDENAVE ET FILS, 8, chem. de la Palanque, 33390 Fours, tél. 05 57 42 87 12, chateau-hautcanteloup@wanadoo.fr V t.l.j. sf dim. 9h-12h 14h-18h

CH. HAUT-COLOMBIER 2017 ★★

■ | 40000 | | 8 à 11 €

Les Chéty exploitent la vigne sur les coteaux de Cars depuis 1803. Les frères Olivier et Emmanuel, fils de Jean, conduisent aujourd'hui, en bio certifié, un vignoble de 40 ha à l'origine de vins régulièrement sélectionnés dans ces pages.

La maîtrise des contenants de vinification (cuve ciment, barrique, amphore) donne à cette cuvée une complexité supérieure, manifeste au nez par des arômes subtils d'airelles, de framboise, de violette et d'épices douces. La bouche est une caresse, aérienne et dense à la fois, qui s'étire sur une trame tannique de grande qualité. Un fruit juteux domine en finale et laisse l'agréable souvenir d'un vin délié mais de très bonne garde. ⧗ 2024-2030

⊶ EARL VIGNOBLES JEAN CHÉTY ET FILS, 1, les Blancs, 33390 Cars, tél. 05 57 42 10 28, chateau.hautcolombier@wanadoo.fr V r.-v.

CH. HAUT LA VALETTE Distinction 2017 ★

■ | 7500 | | 5 à 8 €

Jean-Michel Bergeron, installé en 1978 et accompagné par son fils Cédric depuis 2008, conduit un domaine de 22 ha, agrandi en 2000 grâce à l'acquisition de vignes paternelles.

La part belle faite au malbec (60 %) donne au nez des tonalités enlevées, aux accents épicés. Le poivre et la violette dominent dans une bouche onctueuse et riche, tenue par des tanins puissants mais bien pris dans la chair. Un solide potentiel de garde en perspective. ⧗ 2024-2030

⊶ JEAN-MICHEL BERGERON, 3, lieu-dit les Martins, 33390 Cars, tél. 06 76 8128 95, jean-michel-bergeron@wanadoo.fr V r.-v.

CH. HAUT SOCIONDO 2018 ★

■ | 90000 | | 5 à 8 €

Créée en 1950, cette petite exploitation familiale couvre aujourd'hui près de 16 ha. Dirigée par Jean-François Renaud, elle est située à Saint-Aubin de Blaye.

Les fruits noirs bien mûrs dominent le nez dans un registre confituré que l'on retrouve en bouche. La matière est charnue, tannique, mais gagne en équilibre au fil de la dégustation. La finale plus souple augure d'un bon développement d'ici quelques mois. ⧗ 2022-2026 ■ **Signature 2017 ★ (5 à 8 €; 6133 b.)** Au nez, des accents mentholés accompagnent les fruits bien mûrs : cassis, myrtille et quetsche. Un joli panier de fruits que l'on retrouve dans une bouche ronde et dense, structurée par des tanins civilisés. Une cuvée qui pourra s'apprécier dans sa jeunesse. ⧗ 2022-2025

⊶ SCEA HAUT SOCIONDO, 1289, av. de la Liberté, 33820 Saint-Aubin-de-Blaye, tél. 05 82 84 62 03, jerome@vignoblesgabriel.com

CH. LACAUSSADE SAINT-MARTIN Trois Moulins 2018 ★

■ | 53300 | | 8 à 11 €

Œnologue diplômé de l'université de Bordeaux, Jacques Chardat a racheté en 1991 l'une des plus anciennes propriétés du Blayais (XIXe s.), autrefois dédiée à la vigne et à la culture céréalière (d'où la présence de moulins) : un domaine de 60 ha (dont 55 ha en rouge) adossé aux premiers coteaux ensoleillés bordant l'estuaire de la Gironde, face aux vignobles de Saint-Julien.

Un rouge savoureux, de demi-corps, aux arômes délicats de fraise et de fruits des bois. Arômes prolongés par une bouche souple et discrètement boisée, qui laisse une sensation fraîche de menthe poivrée en finale. Une bouteille déjà agréable, et qui évoluera bien. ⧗ 2022-2026

⊶ SCEA CH. LABROUSSE, 8, rte de Labrousse, 33390 Saint-Martin-Lacaussade, tél. 05 57 32 51 61, j.chardat@corlianges.com V r.-v.

CH. LUC DE BEAUMONT 2018 ★★

■ | 158000 | | 5 à 8 €

Les Schweitzer (Luc depuis 1994) cultivent la vigne depuis 5 générations au Ch. Bourdieu, l'un des plus anciens domaines du Blayais (1464), qui doit son nom aux « bourdieux », exploitations viticoles qui se développèrent après la guerre de Cent Ans.

Un merlot dans son plus simple apparat, sans élevage en barrique. Cassis, mûre et violette ouvrent le bal olfactif, complétés à l'aération de notes poivrées. En bouche, c'est une matière savoureuse, aux tanins veloutés, qui s'affirme avec panache et sans aucune dureté. L'ensemble est très harmonieux et laisse une sensation de grande finesse en finale. ⧗ 2024-2030 ■ **Ch. Bourdieu 2018 ★ (5 à 8 €; 287000 b.)** Un merlot plein de charme, aux arômes de fruits noirs fraîchement cueillis, agrémentés de notes mentholées apportées par les cabernets (13 % de l'assemblage). À l'image du nez, la bouche affiche un style fringant, frais et léger, et s'étire jusqu'en finale sur des notes acidulées. ⧗ 2021-2026

⊶ SCEA VIGNOBLES LUC SCHWEITZER, Ch. Bourdieu, 33390 Berson, tél. 05 57 42 68 71, contact@chateau-bourdieu.com V r.-v.

CH. DES MATARDS Cuvée Nathan 2018 ★★

■ | 36000 | | 8 à 11 €

Cette exploitation familiale de 80 ha, propriété des Terrigeol depuis 3 générations, se situe à Saint-Ciers-sur-Gironde aux limites de 2 départements. Le mariage des terroirs de la Gironde et de la Charente-Maritime permet à la propriété d'offrir une gamme des plus variées : vins du Blayais – dont elle est l'une des valeurs sûres avec son Ch. des Matards, ses pineaux et cognacs (Dom. de la Margotterie). Depuis 2016, c'est Quentin Terrigeol qui officie au chai.

Un joli merrain pour élever cette cuvée raffinée aux parfums de rose et de framboise. Texture de taffetas et structure en dentelle, voilà un vin qui fait preuve de toucher sans jamais manquer de matière. Un jeu d'équilibriste parfaitement exécuté qui cache par ailleurs une excellent potentiel de garde. ⧗ 2024-2030 ■ **Cuvée Quentin 2018 ★ (8 à 11 €; 26000 b.)** Un sauvignon aux parfums exotiques qui rappelle l'ananas et le fruit de la Passion : l'élevage est parfaitement intégré et sert bien le fruit. La bouche est à l'avenant, fruitée, souple, fraîche, légère. ⧗ 2020-2024

SCEA TERRIGEOL ET FILS, 27, av. du Pont-de-la-Grâce, Le Pas-d'Ozelle, 33820 Saint-Ciers-sur-Gironde, tél. 05 57 32 61 96, info@vignobles-terrigeol.com V t.l.j. 8h-12h30 13h45-18h; sam. dim. sur r.-v.

CH. MONCONSEIL-GAZIN 2018 ★★

■ | 90 000 | | 8 à 11 €

En 1989, Jean-Michel Baudet a pris la suite de son père Michel à la tête d'un vignoble regroupant 3 propriétés familiales : Monconseil-Gazin, son fleuron (on raconte que Charlemagne y aurait tenu conseil après une bataille contre les Sarrasins), Ricaud et La Petite Rauque.

Un longue macération a permis d'extraire toute la sève de ce vin puissant, au nez généreux de fruits mûrs légèrement épicés. La prune, le chocolat et le cuir s'expriment en bouche, accompagnés par des tanins fermes et aiguisés qui poussent loin la finale, aux accents un brin sauvages. Un vin au caractère bien trempé. ⧗ 2024-2030

SCEA VIGNOBLES MICHEL BAUDET, 15, rte de Compostelle, 33390 Plassac, tél. 05 57 42 16 63, chateau@monconseilgazin.com V t.l.j. sf dim. 9h30-12h30 14h-18h

♥ CH. MOULIN NEUF 2018 ★★

■ | 65 000 | | 5 à 8 €

Installé à son compte depuis 2000, Laurent Glémet s'est associé en 2006 avec son père pour créer un vignoble qu'il conduit aujourd'hui seul : 30 ha répartis entre les châteaux Moulin Neuf, dans le Blayais, et Chamaille, dans le Bourgeais.

Les 12 mois d'élevage en barriques n'auront pas été vain pour peaufiner l'édifice né de nobles merlots qui dispensent au nez des parfums complexes de fruits noirs et d'épices. Imprégnée de cassis, de myrtille et de réglisse, la bouche s'appuie sur des tanins soyeux, bien polis par le bois, et gagne en volume au fil de la dégustation. La finale, finement vanillée, s'étire longuement et harmonieusement pour s'achever sur une note poivrée qui dynamise l'ensemble. Un superbe vin qui mérite les meilleures pièces de bœuf. ⧗ 2025-2030

SCEA VIGNOBLES GLÉMET, Le Moulin-Neuf, 33920 Saint-Christoly-de-Blaye, tél. 05 57 42 55 38, chateau.moulin-neuf@orange.fr V r.-v.

CH. PINET LA ROQUETTE Le Bouquet 2018 ★

■ | 6 000 | | 8 à 11 €

Un petit domaine de 9 ha d'un seul tenant, dominé par « La Roquette », un tertre rocheux occupé dès la préhistoire. À sa tête depuis 2001, Stéphane et Valérie Nativel, couple d'ingénieurs dans l'armement convertis à la vigne.

Un nom bien trouvé pour ce vin bien parfumé en effet, ouvert sur des arômes engageants de cassis écrasé, de patchouli et de torréfaction. En bouche, les tanins sont bien présents mais sans excès ni dureté et viennent en soutien d'une matière fraîche et dense. Une valeur sûre pour la cave. ⧗ 2023-2028 ■ **L'Esprit 2018 ★ (8 à 11 €; 4 000 b.)** Un bouquet généreux et engageant de cassis, de mûre et de vanille précède une bouche tout en gourmandise, soutenue par des tanins ligneux et longilignes qui s'étirent jusqu'en finale. Un vin bien construit, de demi-corps. ⧗ 2022-2026

EARL NATIVEL, 4, lieu-dit Pinet, 33390 Berson, tél. 05 57 42 64 05, pinelroquette@orange.fr V t.l.j. sf sam. dim. 9h-12h 13h30-18h B

CH. PUYNARD 2018 ★

■ | 31 000 | | 8 à 11 €

Un domaine de 17 ha (en conversion bio) établi sur les hauteurs de Berson, commandé par un château dont les fondations remontent au XIIIe s. Ancienne propriété, entre autres, du duc de Saint-Simon, gouverneur de Blaye au XVIIe s., elle a été reprise en 2016 par un couple d'Irlandais, Andrew Eakin et Naomi Murtagh, propriétaire d'une enseigne de caviste indépendant à Londres.

Pas de bois pour ce 100 % merlot au nez frais et mentholé. En bouche, les fruits noirs dominent et imprègnent une matière souple et juteuse, dynamisée par une pointe végétale en finale. Une construction harmonieuse, que l'on pourra apprécier dans ses jeunes années. ⧗ 2022-2026 ■ **The Steps 2018 ★ (11 à 15 €; 4 000 b.)** Un boisé bien fondu aux nuances chocolatées pour ce vin à dominante de cabernet-sauvignon. Suave et souple, la bouche s'appuie sur des tanins bien intégrés. La finale est équilibrée sans jamais trahir la présence de l'élevage. ⧗ 2023-2027

SCEA CH. PUYNARD, 6, av. de la Libération, 33390 Berson, tél. 05 57 64 33 21, info@chateaupuynard.com V r.-v.

CH. LA RAZ CAMAN 2019 ★★

■ | 30 000 | | - de 5 €

Une ancienne terre noble, propriété au XVIIe s. du chevalier seigneur de la Raz Caman, entrée en 1857 dans la famille de Jean-François Pommeraud. Ce dernier, installé en 1973, a donné une nouvelle vie à ce vignoble, qui s'étend aujourd'hui sur 51 ha.

Beaucoup d'éclat pour ce 100 % sauvignon aux parfums pénétrants de citron, de pamplemousse et de pêche. À l'image du nez, la bouche, scintillante de fraîcheur, brille par ses arômes juteux d'ananas et de fruit de la Passion. La finale, longue et savoureuse, conclut la dégustation élégamment sur des saveurs amères de zeste d'agrumes. Un vin raffiné, très apéritif, qui fera des merveilles sur un plateau de fruits de mer. ⧗ 2020-2024

SCEV VIGNOBLES POMMERAUD, 4, Ch. la Raz Caman, 33390 Anglade, tél. 05 57 64 41 82, raphael.pommeraud@larazcaman.com V t.l.j. sf sam. dim. 9h-12h 14h-17h E

CH. SEGONZAC Vieilles Vignes 2018 ★

■ | 46 000 | | 11 à 15 €

Cette propriété a été créée en 1887 par Jean Dupuy, ministre de l'Agriculture sous la troisième République

et fondateur du Petit Parisien. À la tête de l'exploitation aujourd'hui : Guillaume de la Quintinie.

La proportion élevée de malbec (30 %) n'est pas étrangère au profil épicé et floral du nez : violette et anis à la première olfaction, agrémentés de notes plus suaves de quetsche à l'aération. De bonne constitution, la bouche s'appuie sur des tanins ronds qui apportent de la texture et de l'allonge en finale. Un vin qui mérite de vieillir en cave pour révéler son potentiel. ⧗ 2024-2028

SCEA CH. SEGONZAC, 39, Segonzac, 33390 Saint-Genès-de-Blaye, tél. 05 57 42 18 16, segonzac@chateau-segonzac.com V r.-v.

CH. SIFFLE MERLE
Cuvée Prestige Élevé en fût de chêne 2017 ★

■ | 8000 | | 11 à 15 €

Implanté sur 3 communes, le domaine de Franck Cot s'étend sur 25 ha et offre une intéressante diversité de terroirs et d'expositions, tous certifiés Terra Vitis depuis 2010.

Un merlot bien rythmé par l'élevage en barrique, qui sert une matière ample et généreuse, garnie de tanins soyeux. La mûre et le cassis dominent tout au long de la dégustation, agrémentés en finale d'une note gourmande de caramel. Densité et équilibre, voilà la combinaison réussie de cette cuvée. ⧗ 2023-2027

EARL VIGNOBLES MACAGE, Le Merle, 33860 Marcillac, tél. 05 57 32 41 34, chateau-siffle-merle@orange.fr V r.-v.

♥ CH. TAYAT 2019 ★★

■ | 17333 | | - de 5 €

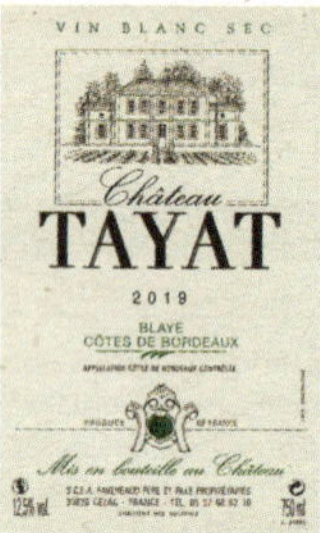

Les Favereaud cultivent la vigne depuis 7 générations, en Charente pour commencer, au début du XIXᵉs., puis en Gironde. Ils conduisent aujourd'hui 32 ha, répartis entre les Ch. Baconne (AOP bordeaux) et Tayat dans le Blayais, acquis par Guy Favereaud et son fils Bernard en 1972. Ce dernier conduit l'ensemble avec son épouse Josiane, sa fille Karine et son gendre Sébastien.

Un 100 % sauvignon construit autour du fruit : agrumes, pêche, poire et fruits exotiques, la corbeille est pleine pour le plus grand bonheur du jury. La bouche, au diapason, s'appuie sur une fine trame acide qui dynamise ces mêmes parfums frais et ensoleillés. La finale ne déçoit pas : longue et équilibrée, elle laisse le souvenir d'un vin exquis et délicat. ⧗ 2020-2024

SCEA FAVEREAUD PÈRE ET FILS, Ch. Tayat, 2, Tayat, 33620 Cézac, tél. 05 57 68 62 10, contact@chateautayat.com V *t.l.j. sf dim. 8h30-12h 14h-19h*

CH. TERRE-BLANQUE
Noémie 2018 ★

■ | 20000 | | 8 à 11 €

Un domaine de 15 ha d'un seul tenant (en cours de conversion bio) au pied de la citadelle de Blaye, acquis en 2011 par Odile et Thierry Bazin, qui, après une longue carrière en entreprise, ont opté pour la vigne.

Joli nez de fruits rouges bien mûrs, orné de notes vanillées finement dosées. Croquante et charnue à souhait, la bouche est de bonne constitution. Un bon vin frais, équilibré, offrant un fruité pulpeux qu'accompagne sans l'étouffer un bel élevage en barrique. ⧗ 2023-2026

SCEA TERRE-BLANQUE, 1, lieu-dit Sesque, 33390 Saint-Gènes-de-Blaye, tél. 05 57 58 26 57, odile@terreblanque.com V *t.l.j. 10h-13h 14h-18h; sam. dim. sur r.-v.*

CH. DES TOURTES
Cuvée Prestige 2018 ★

■ | 22000 | | 11 à 15 €

Lise et Philippe Raguenot ont créé le Ch. des Tourtes en 1967, un cru régulier en qualité qui couvre 72 ha de vignes, auxquels s'ajoutent depuis 1998 les 26 ha du Ch. Haut Beyzac (haut-médoc). Aux commandes depuis 1997 : les filles des fondateurs, Emmanuelle et Marie-Pierre, accompagnées par Éric Lallez. À noter aussi la production de crémant.

Une vendange à juste maturité pour cette cuvée élancée, aux accents acidulés de griotte et de mûre sauvage. L'élevage en barrique a bien été digéré par le vin, quelques notes vanillées pointant en finale sans jamais dominer le fruit. Un vin plein de charme que l'on appréciera sur le fruit. ⧗ 2021-2025

SARL VIGNOBLES RAGUENOT (CH. DES TOURTES), 65, rue Léonce-Planteur, 33820 Saint-Caprais-de-Blaye, tél. 05 57 32 65 15, contact@vignoblesraguenot.fr V *t.l.j. sf dim. 9h-12h 14h-17h*

CH. VIEUX PLANTY 2018 ★

■ | 30000 | | 5 à 8 €

Arnaud Ovide s'est installé en 2001 sur les terres de Saint-Aubin-de-Blaye, où il exploite aujourd'hui un vignoble de 36 ha, atteints par achats successifs. Deux étiquettes ici : Vieux Planty et son second vin Tertre du Boilon.

Résultat d'une sélection des meilleures parcelles du vignoble, cette cuvée interpelle par sa concentration de fruits noirs confiturés et de moka. Ourlée de tanins ronds et veloutés, la bouche affiche sa puissance sans dureté et s'étire dans une longue finale dense et vanillée. ⧗ 2023-2028

EARL DU VIEUX PLANTY, 569, rue de l'Église, 33820 Saint-Aubin-de-Blaye, tél. 05 57 64 50 88, arnaud@chateauvieuxplanty.com V r.-v.

CH. DU VIEUX PUIT 2018 ★★

■ | 200000 | | 5 à 8 €

Vigneron et pépiniériste comme son père et son grand-père avant lui, Jean-Pierre Bouillac a acquis peu à peu ses propres vignes, à partir de 1983, sous le nom de Ch. du Vieux Puit, complété en 2007 par le Ch. Clos du Loup, pris en fermage. Autre étiquette : le Ch. Haut Perdrias. L'ensemble constitue aujourd'hui un vignoble de 80 ha.

Associant une vendange bien mûre à un élevage sans bois, ce vin fait la part belle à un fruité intense centré sur la confiture de prunes. Jamais lourde, la bouche livre une sève généreuse et mentholée, soutenue par des tanins fins. Un mariage abouti entre puissance contenue, fraîcheur bien dosée et fruité gourmand. ⧗ 2023-2028

⊶ *SCEA DU VIEUX PUIT, 10, Réaud, 33860 Reignac, tél. 05 57 32 41 76, info@vignoblesbouillac.com* V r.-v.

CH. LE VIROU
Les Vieilles Vignes 2019 ★★

	10000		5 à 8 €

Propriété de Pierre-Jean Larraqué, ce domaine entièrement clos par un mur de 4 km de long abrite une vaste surface de 98 ha, dont 74 de vignes. Depuis 2002, David Caillaud en est le régisseur.

Des raisins bien mûrs adossés à un élevage de qualité, voilà la recette à succès de ce vin aux parfums gourmands d'abricot, de pêche et de noisette grillée. Riche et gras, le palais trouve l'équilibre grâce à une excellente acidité qui accompagne la dégustation jusqu'en finale. Le dernier mot est aux agrumes, laissant sur une agréable sensation de fraîcheur et de légèreté. Un 2019 qui n'a pas à rougir de la comparaison avec son «grand frère» de 2018, élu coup de cœur. ⧗ 2021-2025

⊶ *SCEA CH. LE VIROU, 3, rue le Virou, 33920 Saint-Girons-d'Aiguevives, tél. 06 87 31 12 86, david.caillaud@groupe-lvi.com*

CÔTES-DE-BOURG

Superficie : 3 920 ha / Production : 210 600 hl

L'AOC est située au sud du Blayais, sur la rive droite de la Gironde puis de la Dordogne. Avec le merlot comme cépage dominant, les rouges se distinguent souvent par leur couleur et leurs arômes typés de fruits rouges. Plutôt tanniques mais agréables dans leur jeunesse, ils peuvent vieillir de trois à huit ans. Peu nombreux, les blancs sont en général secs.

CH. LES AUBASTONS 2018 ★★

	88000		- de 5 €

Conduite depuis 2009 par David Arnaud (cinquième génération), cette exploitation familiale de 32 ha, plantée sur graves, tire son nom d'un ancien moulin datant de la Révolution française, aujourd'hui «décapité», dont les ruines se dressent au milieu des vignes. Depuis 2018, le vignoble est conversion bio.

Un beau nez de fruits des bois, net et puissant, agrémenté de quelques notes torréfiées à l'aération, ouvre la dégustation. On retrouve ce panier champêtre dans un palais rond et pulpeux, bordé de tanins soyeux et de notes boisées aux accents empyreumatiques. Jolie construction, à la puissance contenue, qui livre en finale une sève équilibrée et juteuse. ⧗ 2023-2027 **Ch. Tour des Graves Sauvignon blanc 2019 ★ (5 à 8 €; 12000 b.)** Litchi, pamplemousse, mandarine de Corse et menthol, voilà un belle entrée en matière pour ce 100 % sauvignon blanc rond et gourmand. Sa richesse en bouche lui donne un profil original que l'on exploitera volontiers à l'apéritif sur quelques crustacés. ⧗ 2020-2022

⊶ *EARL VIGNOBLES ARNAUD, 100, av. de Royan, 33710 Teuillac, tél. 06 48 26 47 08, info@arnaudvignobles.fr* V *t.l.j. sf dim. 8h-12h30 14h-18h*

CH. DE BARBE 2018 ★

	130000		8 à 11 €

Propriété des marquis de Barbe jusqu'en 1774, reconstruit au XVIII[e]s. par de nouveaux acquéreurs, juste après la Révolution, le château a été transmis de génération en génération jusqu'en 1993. Il a été acquis par la famille Richard, un des plus gros distributeurs de cafés et de boissons de l'Île-de-France, qui a investi dans des domaines viticoles, notamment en Bordelais. Avec ses 80 ha implantés sur le terroir argilo-calcaire de Villeneuve (dont 42 en AOC côtes-de-bourg), c'est sans doute le plus vaste vignoble de l'appellation.

Pas de fût pour ce joli vin de fruit, qui dévoile une matière charnue et bien équilibrée. La framboise et l'airelle perçues au nez reviennent en bouche, soutenues par de tanins fondus, souples et déliés qui laissent s'exprimer un jus frais et acidulé. ⧗ 2022-2025 **Pourpre 2018 ★ (11 à 15 €; 10000 b.)** Voilà un vin déjà bien ouvert sur des arômes de kirsch et de sous-bois, relevés de quelques notes torréfiées bien dosées. Veloutée et consistante, la bouche contraste avec le nez dans un style charnu et tonique, porté par des tanins goûteux. Très agréable aujourd'hui, cette cuvée pourra cependant vieillir quelques années. ⧗ 2022-2028

⊶ *SC VILLENEUVOISE, Ch. de Barbe, 33710 Villeneuve, tél. 05 57 42 64 00, chateaudebarbe@wanadoo.fr* V *t.l.j. 9h-12h 14h-17h*

CH. LA BARDE 2018 ★★

	26000		8 à 11 €

Un cru dans le giron du groupe Lamont Financière, propriété d'un investisseur chinois, Jian Liu, qui a acquis depuis 2012 une vingtaine de propriétés bordelaises, essentiellement sur la rive droite.

Classé dans les premiers crus bourgeois par le Féret de 1868, ce domaine n'a rien perdu de son éclat. En 2018, il livre un jus de cabernets de toute beauté. D'une grande intensité, le nez évoque le cassis bien mûr. Un fruité prolongé par un palais soyeux et pulpeux. Dynamisée par des tanins aiguisés, la finale s'étire longuement sur des saveurs épicées aux accents mentholés. Un vin remarquable de fraîcheur et de finesse. ⧗ 2023-2028

⊶ *SAS LAMONT FINANCIÈRE, Lieu-dit Branda, 33240 Cadillac-en-Fronsadais, tél. 05 33 88 00 20, contact@lamontfinanciere.fr*

CH. BIDOU 2018 ★

	40000		8 à 11 €

Après avoir travaillé 20 ans au côté de son père Alain Faure, d'une vieille lignée vigneronne du Bourgeais, Agnès Faure-Havart a repris en 2016 les propriétés familiales, avec son mari Christophe : Ch. Plaisance, Ch. Le Ferreau-Belair, Vieux Château Grenet, Ch. Bidou et Ch. Douzillac. Elle propose aussi des cuvées de négoce.

De jolies notes de quetsche et de romarin finement torréfiées composent un bouquet aussi plaisant qu'original. Ces mêmes arômes évoluent dans une bouche fluide, déliée, ourlée de tanins bien fondus. Un vin ensoleillé et engageant par sa souplesse et son fruité généreux. ⧗ 2021-2025

SARL A ET C SÉLECTION, 3, Coubet, 33710 Villeneuve, tél. 05 57 64 93 99, christophe.havart@orange.fr

CH. DU BOIS DE TAU 2018 ★★

■	80 000		5 à 8 €

Plaisance, Belair Courbet, Fontarabie, La Bardonne, Bois de Tau, Jansenant : Alain Faure s'est installé en 1977 à la tête des vignes familiales, étendues alors sur 17 ha. Sa fille Delphine en a pris la tête aujourd'hui et exploite un vaste vignoble d'une centaine d'hectares répartis sur plusieurs châteaux du Blayais et du Bourgeais.

Cabernet-sauvignon et merlot à parts quasi égales pour ce vin puissant aux arômes pénétrants de cassis, de mûre et de crème de café. Ample, riche, structuré, opulent, mais non sans équilibre, le palais s'étire agréablement sur une trame tannique ciselée, aux accents épicés. Une très belle construction, élégante et ambitieuse, qui promet une belle évolution en bouteille. ⧗ 2024-2028 ■ **Ch. Belair-Coubet Cuvée Tradition 2018 ★ (5 à 8 €; 60 000 b.)** Une part importante de cabernet-sauvignon (40 %) pour ce 2018 au nez de cassis et de mûre confite. Puissant et vanillé en attaque, le palais s'appuie sur des tanins mûrs et s'étire dans une finale riche et chaleureuse. Un vin qui appelle les viandes relevées. ⧗ 2024-2028

VIGNOBLES A. FAURE, 2 bis, Bois de Tau, 33710 Saint-Ciers-de-Canesse, tél. 05 57 42 68 80, belair.coubet@wanadoo.fr V r.-v.

CH. DE BROGLIE Moulin du Grand Puy 2018 ★

■	5300		11 à 15 €

Au XVIII[e]s., un vaste domaine appartenant à de riches commerçants de Bordeaux, les Denis de Lansac. Une Lansac épouse un Piémontais du nom d'Elzéar Jean-Marie de Broglie. La propriété a été morcelée au XIX[e]s. en plusieurs exploitations. Celle-ci a de nouveaux propriétaires depuis 2009.

Un court passage en fût de chêne (6 mois) a suffi pour dynamiser ce vin généreux, couleur rubis, aux senteurs framboisées. En bouche, des tanins « rondelets » soutiennent une matière généreuse qui trouve ainsi une consistance bienvenue jusqu'en finale. ⧗ 2023-2027

SCEA VIGNOBLES DU PUY, Ch. de Broglie, 1, Le Petit-Puy, 33710 Lansac, tél. 06 08 43 96 51, dominique.bonnet0578@orange.fr V r.-v.

♥ BLANC DE BRÛLESÉCAILLE 2018 ★★

■	12 000		8 à 11 €

Déjà connu sous le Second Empire, le Ch. Brûlesécaille, l'une des références en côtes-de-bourg, a été acquis en 1924 par la famille de Guillaume Rodet, ancien ingénieur en télécommunications arrivé à sa tête en 2017. Le vignoble de 30 ha a été complété en 1996 par 2 ha en saint-émilion avec le Ch. Yon Saint-Christophe. Autre étiquette : Ch. la Gravière (côtes-de-bourg).

Une vinification quasi bourguignonne pour cet assemblage de sauvignon gris (25 %) et de sauvignon doré qui fait mouche. Amande grillée, cannelle et fruits exotiques, le nez invite à poursuivre. On découvre alors une bouche ample et crémeuse, sur la même ligne aromatique que le bouquet, parfaitement équilibrée par des notes minérales et zestées. Longue et légèrement iodée, la finale lui confère un éclat supplémentaire. Un vin très élégant, qui fera merveille sur des volailles et des poissons gras. ⧗ 2021-2025

GFA RODET-RÉCAPET, 29, rte des Châteaux, 33710 Tauriac, tél. 05 57 68 40 31, cht.brulesecaille@orange.fr V *t.l.j. sf dim. 9h-12h 14h-19h*

CH. BUJAN 2018 ★★

■	70 000		8 à 11 €

Séduit par cette propriété implantée en face de Margaux, à l'entrée de l'estuaire, déjà mentionnée en 1834, Pascal Méli, ingénieur et conseiller agricole, quitte le nord de la France et s'installe en 1987 avec sa femme Marielle, architecte, sur les coteaux de Gauriac : 17,5 ha, exposés au sud, sur des terroirs variés.

Ce vin se distingue par ses arômes engageants de violette, de mûre et de cuir. Une belle matière se dévoile en bouche, à la fois charnue et tannique, enrobée d'un boisé tapissant et finement dosé. La finale, aromatique et persistante, déploie un fruit juteux et enjoué qui donne à l'ensemble une sensation d'harmonie très aboutie. ⧗ 2024-2030

PASCAL MÉLI (CH. BUJAN), 6, rte de la Crête, 33710 Gauriac, tél. 05 57 64 86 56, pmeli@alienor.fr V r.-v.

CH. CASTAING 2018 ★

■	80 000		5 à 8 €

Depuis 1876, 5 générations de vignerons et de tonneliers se sont succédé au Ch. Haut-Guiraud, qui couvre un coteau argilo-calcaire dominant l'estuaire, en côtes-de-bourg. Conduite par Christophe Bonnet depuis 1998, la propriété couvre aujourd'hui 45 ha. À ce domaine s'ajoute le Ch. Castaing, aquis en 1978.

Une dominante de merlot pour ce vin finement boisé et fruité, qui rappelle la myrtille, la mûre et le café à l'olfaction. En bouche, les fruits noirs se mêlent à une pointe végétale qui dynamise la dégustation et les tanins se montrent ronds et fondus. La finale, souple et déliée, revient sur des notes torréfiées qui donnent à l'ensemble une épaisseur bienvenue. ⧗ 2023-2027

EARL BONNET ET FILS, Ch. Haut-Guiraud, 33710 Saint-Ciers-de-Canesse, tél. 05 57 64 91 39, bonnetchristophe@wanadoo.fr V r.-v.

CH. COLBERT Cuvée Prestige 2018 ★★

■	20 000		5 à 8 €

Un vignoble de 22 ha établi sur les coteaux argilo-calcaires de Comps. Le château néogothique a été construit grâce à la prime versée en 1880 par l'armateur du Colbert : un navire ensablé dans la Gironde au pied du domaine fut remis à flot grâce à l'ingéniosité du propriétaire de l'époque qui employa comme flotteurs ses barriques vides. Barriques où séjourne aujourd'hui une cuvée Prestige souvent remarquée.

Il semble que le style très ouvragé du Château ait inspiré ce vin aux dimensions imposantes, cadré par des tanins soyeux. La mûre et la myrtille se fondent dans une matière dense et charnue, qui révèle en rétro-olfaction quelques notes pâtissières de la barrique. Construit avec raffinement, ce vin aux coupes franches et nettes dispose d'une belle architecture pour évoluer en bouteille. ⧗ 2024-2030 ■ **2018 ★ (5 à 8 €; 60000 b.)** Complémentaire de la cuvée Prestige, ce vin privilégie la fraîcheur en jouant sur les fruits rouges (cerise et framboise) et une pointe végétale bien dosée. À la fois rond et tonique en bouche, il s'appuie sur une fine acidité et des tanins souples. ⧗ 2022-2027

SCA CH. COLBERT, 33, rte des Coteaux, 33710 Comps, tél. 05 57 64 95 04, chateau-colbert@wanadoo.fr V r.-v.

CH. DONIS 2018 ★

■ | 20000 | | 8 à 11 €

Ce domaine a été crée en 2005, et d'emblée converti en bio. Coopérateur jusqu'en 2013, Vincent Mercier, l'actuel propriétaire, produit désormais sa propre étiquette. Premier millésime : 2014

Du merlot, de la cuve ciment et du bio, voilà le trio gagnant de ce vin joyeux, friand, centré sur les fruits noirs bien mûrs et légèrement épicés. La bouche propose une chair pulpeuse et riche, soulignée par des tanins ronds. La finale, souple et déliée, progresse sur des notes gourmandes de mûre et de cassis. Simple et de bon goût (fruité). ⧗ 2021-2025

VINCENT MERCIER, 10, rte du Belvédère, 33710 Gauriac, tél. 06 08 49 45 71, vmercier.bio@orange.fr V r.-v.

AMÉTHYSTE DE GENIBON 2018 ★★

■ | 6000 | | 8 à 11 €

Un vignoble implanté sur les hauteurs de Bourg, acquis par l'arrière-grand-père de Christine Sudre en 1891 : 30 ha aujourd'hui. Aux commandes depuis 1987, son mari Jean-Samuel Eynard. Ici, on se flatte d'avoir introduit la machine à vendanger dès 1985. Son usage est maîtrisé à en juger par de fréquentes mentions dans le Guide.

Des notes parfumées de violette et de mûre trahissent une présence importante de malbec (55 %). L'aération complète ce joli bouquet de notes plus gourmandes rappelant le moka et le caramel. Mariage très abouti de bois et de fruit, la bouche offre des saveurs suaves de cassis mûr qui feraient presque oublier les tanins solides et ligneux de la barrique. La dégustation se termine harmonieusement sur des notes anisées qui donne à l'ensemble un style enlevé et très élégant. ⧗ 2024-2030

EARL EYNARD-SUDRE, 2, Genibon, 33710 Bourg-sur-Gironde, tél. 05 57 68 25 34, genibon@orange.fr V r.-v.

CH. GRAND-MAISON 2018 ★★

■ | 6000 | | 11 à 15 €

Cette propriété de 6,5 ha d'un seul tenant implantée sur les hauteurs de Bourg a été acquise en 2004 par Jean Mallet, viticulteur, et par Hervé Romat, œnologue, qui l'exploitent en commun.

La couleur dense et pourpre annonce la concentration et la profondeur d'un bouquet, centré sur des parfums de mûre, de quetsche, de vanille et de réglisse. Puissante, la bouche s'adosse à des tanins de grande qualité qui étirent la finale, finement acidulée. Superbe d'harmonie et de force tranquille, c'est un vin bâti pour durer. ⧗ 2025-2032

SCEA CH. GRAND-MAISON, Valades, 33710 Bourg, tél. 05 57 64 24 04, cht.grandmaison-bourg@wanadoo.fr V r.-v.

LE BORDELAIS

CH. DE LA GRAVE Caractère 2018 ★★

■ | 70000 | | 11 à 15 €

Sur les hauteurs de Bourg, un domaine dans la famille depuis plus d'un siècle, commandé par un petit château du XVes. revisité au XIXes., avec des tours en poivrière. Valérie et Philippe Bassereau en ont pris les rênes en 1990. La surface du vignoble (45 ha) leur permet de proposer des vins qui n'ont rien de confidentiel.

Servis magnifiquement par un boisé millimétré, les arômes de myrtille et de cassis perçus au nez progressent dans une bouche riche et veloutée, soutenue par des tanins veloutés et un beau boisé torréfié. D'une belle allonge, la finale laisse le souvenir agréable d'un vin très harmonieux et diablement gourmand. ⧗ 2024-2028

SC PHILIPPE BASSEREAU, 1, La Grave, 33710 Bourg, tél. 05 57 68 41 49, info@chateaudelagrave.com V *t.l.j. sf dim. 10h-12h 14h-18h* 4

CH. GRAVETTES-SAMONAC L'Élégance 2018 ★

■ | 45000 | | 5 à 8 €

Dans la famille Giresse depuis 1950, un domaine de 34 ha implanté sur les hauteurs de l'appellation côtes-de-bourg. Sylvie Giresse, qui était aux commandes depuis 1986, a transmis en 2014 l'exploitation à son fils Cyril, qui représente la 4e génération.

Le nez est engageant avec ses arômes de fruits rouges confiturés légèrement toastés par la barrique. Ce même fruité (groseille, fraise) évolue sans heurt dans une bouche souple et fringante, dynamisée par une acidité ciselée que l'on retrouve en finale sur des notes framboisées. Les tanins, bien fondus, s'intègrent parfaitement à l'ensemble. ⧗ 2023-2027

EARL VIGNOBLES GIRESSE, 8, av. des Côtes-de-Bourg, 33710 Samonac, tél. 05 57 68 21 16, gravettes.samonac@orange.fr V *t.l.j. sf dim. 9h-12h 14h-18h*

CH. GROS MOULIN Les Lys du Moulin 2019 ★

■ | 10000 | | 5 à 8 €

Dominant la Dordogne, le domaine est dans la famille depuis 1757. À cette époque, un moulin et un seul petit hectare de vignes aux côtés de cultures diverses. Aujourd'hui, 32 ha de merlot, de malbec et de cabernet franc, sur un terroir argilo-calcaire. En 2010, la 11e génération – représentée par Rémy Eymas – s'est installée, perpétuant cette saga.

Les lys sont restés sur le moulin : ce blanc fait plutôt la part belle aux fruits exotiques et au pamplemousse, rehaussés d'une pointe mentholée. Finement boisée, la bouche livre une matière crémeuse sur des parfums d'abricot, avec en finale une pointe acidulée qui relève l'ensemble. ⧗ 2020-2024 ■ **Per vitem ad vitam 2018 ★ (11 à 15 €; 6000 b.)** Le cabernet franc (80 %) épaulé par la barrique neuve (pour 60 % du vin) a livré ici un jus tonique et vineux, aux parfums frais de cassis, de mûre et de poivron rouge. D'un bon rapport entre les tanins et le fruit, la bouche s'étire harmonieusement jusqu'en finale. Un vin que l'on pourra sereinement oublier en cave. ⧗ 2024-2028

SCEA DU CH. GROS MOULIN,
7, Gros-Moulin, 33710 Bourg, tél. 06 88 02 78 88,
chateau.gros.moulin@wanadoo.fr V r.-v.

CH. HAUT-GRAVIER
Cuvée Réserve 2018 ★

■ | 2400 | | 5 à 8 €

Une propriété fondée en 1900, dans la famille Petit depuis 3 générations, partagée au gré des successions entre les enfants et petits-enfants. Le Ch. Haut-Gravier et ses 11 ha en côtes-de-bourg sont exploités par Christine Petit depuis 1995, d'abord en cave coopérative, puis en nom propre depuis 2000.

Un 100 % merlot bien mûr, ouvert sur les fruits noirs confiturés relevés de notes mentholées. Doté de tanins ronds et fondus, le palais déploie une sève ample et généreuse. Un joli vin qui trouvera sa place aux côtés de belles grillades au sarment. ⧗ 2023-2028

EARL VIGNOBLES FRANCIS PETIT,
70, rue de l'Hôtel-de-Ville, 33710 Pugnac,
tél. 06 73 95 41 53, christine.roy@hotmail.fr
t.l.j. sf sam. dim. 10h-13h 14h-18h O

CH. HAUT LA POINTE 2018 ★

■ | 13332 | | 8 à 11 €

Alliance Bourg, regroupement des coopératives de Pugnac, de Tauriac, de Lansac et d'Aubie, propose une gamme étendue de vins dans les AOP du Blayais et du Bourgeais, ainsi qu'en appellations régionales.

Un vin solaire. Au nez, les arômes de cassis, de cerise noire et de confiture de prune se mêlent à une note plus évoluée de cuir. La bouche joue la carte de la gourmandise. Ample et tendre, portée par des tanins doux, elle déroule une matière onctueuse et chaleureuse qui appelle les grillades. ⧗ 2023-2026

SCV ALLIANCE BOURG,
42, rte de la Cave, BP 17, 33710 Pugnac,
tél. 05 57 68 93 56, accueil@alliancebourg.com V
t.l.j. 9h-12h 14h-18h

CH. HAUT MOUSSEAU
Cuvée Prestige 2018 ★★

■ | 12000 | | 8 à 11 €

Fils d'agriculteurs, Dominique Briolais a acquis en 1976 un vignoble de 3 ha en côtes-de-bourg. Épaulé par sa fille Aurore, il conduit aujourd'hui un vignoble de 35 ha (Ch. Haut Mousseau et Ch. Terrefort-Bellegrave) sur plusieurs communes de l'appellation. En 1991, il a traversé l'estuaire pour s'implanter sur la rive gauche, à Jau-Dignac-et-Loirac, en achetant le Ch. Pontac Gadet (11 ha) en AOP médoc.

Joli mariage des contrastes entre le cabernet-sauvignon et le merlot. Au nez, le cabernet semble dominer par ses arômes puissants de cassis, de poivre et de réglisse. En bouche, le merlot apporte sa chair ample, ronde et pulpeuse, soutenue par un boisé raffiné aux accents vanillés et des tanins soyeux. L'ensemble est d'une remarquable harmonie jusqu'en finale. ⧗ 2024-2030

SCEA VIGNOBLES BRIOLAIS,
220, rte des Vignobles, 33710 Teuillac, tél. 05 57 64 34 38,
aurorebriolais@vignobles-briolais.com V r.-v.
2 B

CH. LACOUTURE Carpe diem 2018 ★

■ | 6000 | | 5 à 8 €

Romain Sou s'est installé en 2002 sur la propriété familiale, achetée en 1930 par son aïeul Gervais Sou et commandée par une bâtisse en partie construite au XVIes. par le chanoine Lacouture. Il conduit un vignoble de près de 12 ha en côtes-de-bourg. Ce passionné de bande dessinée organise sur son domaine, à chaque printemps, une manifestation « BD et vin ».

Un jus de raisins bien mûrs 100 % cuve Inox qui fleure bon les fruits frais (griotte, cassis, myrtille). Belle impulsion en bouche, sur ces mêmes notes fruitées, portée par des tanins bien fondus dans la chair. Un vin bien construit, que l'absence de bois n'empêchera nullement de vieillir quelques années. ⧗ 2023-2028 ■ **Cuvée Adrien 2017 ★ (15 à 20 €; 5850 b.)** Malbec, cabernet-sauvignon et merlot à parts égales pour ce vin engageant et équilibré, aux parfums de cerise rouge et de framboise relevés d'épices. Souple et velouté, épaulé par des tanins fermes mais bien intégrés, le palais offre une mâche soyeuse, sans dureté. L'ensemble promet de beaux accords sur une pièce du boucher. ⧗ 2023-2028

ROMAIN SOU, 3, rte du Fronton, 33710 Gauriac,
tél. 06 62 10 82 31, chateaulacouture@orange.fr
V r.-v.

♥ CH. LAMOTHE Malbec 2017 ★★

■ | 6600 | | 8 à 11 €

Un petit château et ses chais du XVIIIes. Il prospère au XIXes. sous l'impulsion d'un négociant bordelais. Le cru a été acquis en 1900 par un viticulteur de Lansac, l'arrière-grand-père d'Anne Pousse-Pessonnier, laquelle en a pris les rênes en 1991. Le vignoble couvre 22 ha.

Un vin enthousiasmant, à forte dominante de malbec (85 %) et issu de sélections massales. Le charme opère d'emblée avec un nez fin et complexe de violette, de fruits noirs et de chocolat mentholé. On retrouve les petits fruits noirs bien mûrs en bouche, enrobés dans une chair veloutée, soutenus par des tanins fermes et saillants. La finale, d'une grande persistance, déploie de fines notes anisées qui apportent fraîcheur et équilibre. Beaucoup d'allure et un solide potentiel. ⧗ 2025-2032

EARL VIGNOBLES CH. LAMOTHE,
1, Ch. Lamothe, 33710 Lansac, tél. 05 57 68 41 07,
chateaulamothe@yahoo.fr V r.-v.

CH. LAROCHE Les Elfes 2018 ★★

14 000 | 11 à 15 €

Établi au Ch. Laroche, château fort de la guerre de Cent Ans puis maison noble rasée et reconstruite plusieurs fois, Roland de Onffroy, Varois d'origine, ingénieur agronome formé à Angers, conduit depuis 1994 un vignoble de 34 ha répartis entre le Bourgeais et le Blayais. Plusieurs étiquettes ici : Laroche et Bourg des Eyquems dans la commune de Tauriac, Monseigneur à Pugnac et Clos Bertin à Cézac.

Une couleur encre et profonde pour cette cuvée généreusement pourvue en fruits noirs concentrés et mâtinés de vanille. L'aération complète le bouquet de notes plus subtiles de girofle et de violette. Autant d'arômes prolongés par une bouche ample et riche, épaulée par des tanins veloutés et par un beau boisé épicé qui épousent une longue finale dense et chaleureuse. De longue garde assurément. ⧗ 2025-2032 ■ **2018 ★★ (5 à 8 €; 162 533 b.)** L'usage intelligent de la saignée en cours de vinification a permis d'obtenir un jus d'une remarquable densité, parfaitement élevé en barriques. Cassis, myrtille, mûre et cacao s'entrelacent harmonieusement dans une bouche dense et soyeuse, dotée de tanins fermes mais sans dureté, extraits avec doigté. ⧗ 2024-2028

BARON ROLAND DE ONFFROY, 2, chem. des Augers, 33710 Tauriac, tél. 05 57 68 20 72, rolanddeonffroy@wanadoo.fr V r.-v.

CH. LARRAT Sauvignon 2019 ★

3 700 | - de 5 €

Dans la famille Larrat depuis 1972, ce cru (autrefois nommé Dom. de Grillet) s'étend sur environ 16 ha dans le Bourgeais, non loin de l'église romane de Lafosse et du moulin de Lansac, et possède aussi des parcelles dans le Blayais.

Au nez, des arômes sauvignonnés d'agrumes et de buis, qui cèdent la place, à l'aération, à des parfums plus riches de mangue et d'ananas. En bouche, une bonne « percussion » autour de saveurs amyliques et citronnées. Parfait en apéritif ou sur des crustacés. ⧗ 2020-2023

EARL DU DOM. DE GRILLET, 205, rte de Lansac, 33710 Pugnac, tél. 06 16 60 91 17, info@domainedegrillet.fr V r.-v.

CH. MARTINAT 2017 ★

50 000 | 11 à 15 €

Deux anciens cadres parisiens devenus vignerons en 1994 dans le Bourgeais et le Blayais. Stéphane Donze et Lucie Marsaux-Donze ont fait du Ch. Martinat (11 ha sur petites graves et argiles à Lansac) une référence des côtes-de-bourg. Autre étiquette dans la même appellation : le Ch. Bel Air l'Escudier (12 ha). Ils exploitent aussi 3,6 ha de vignes du côté du Blayais voisin, à Teuillac, avec le Ch. les Donats.

Au nez, ce joli 2017 dévoile des parfums élégants de cassis et de violette agrémentés de notes torréfiées de café et de cacao. Ces mêmes arômes évoluent dans une bouche riche et onctueuse, ourlée de tanins fermes mais au grain fin. La finale, encore sur l'élevage, n'en reste pas moins agréable. De belles promesses pour l'avenir. ⧗ 2024-2028

SCEV MARSAUX-DONZE, Ch. Martinat, 33710 Lansac, tél. 06 11 17 08 28, s.donze@chateau-martinat.com V r.-v.

♥ CH. MERIGOT 2018 ★★

42 500 | 8 à 11 €

Le Ch. Montfollet, l'un des fers de lance du Blayais et du Bourgeais, est conduit depuis 1991 par Dominique Raimond, président de la cave, également propriétaire des châteaux Haut Lalande, Graulet (120 ha de vignes au total) et Merigot. Dominique Raimond fait partie de la coopérative de Cars (1937), rebaptisée en 2011 « Châteaux solidaires », qui vinifie séparément les vendanges d'une dizaine de châteaux adhérents, sélectionnés très rigoureusement.

Nés sur les célèbres graves rouges qui dominent l'appellation (100 m d'altitude), le merlot et le malbec ont donné naissance à ce vin suave et gracieux. Fruits noirs compotés, vanille et cannelle composent un bouquet enjôleur. Des arômes auxquels fait écho une bouche ample, tendre, crémeuse et charnue, aux tanins veloutés et d'un toucher remarquable. De douces notes pâtissières apportées par la barrique lui confèrent un supplément de complexité et de consistance en finale. ⧗ 2024-2030 ■ **Ch. Montfollet Altus 2018 ★ (8 à 11 €; 48 000 b.)** Joli nez boisé de moka, de chocolat et de cannelle, complété à l'aération d'arômes de quetsche et de myrtille. Voilà un bel usage de la barrique, qui vient aussi soutenir une bouche fondue, dense et charnue, aux tanins soyeux. ⧗ 2024-2030

SCEA RAIMOND, 9, Le Piquet, 33390 Cars, tél. 05 57 42 13 15, d.raimond@chateaux-solidaires.com V r.-v.
E *SCA Châteaux Solidaires*

CH. DE MONTEBERIOT 2018 ★★

14 800 | 11 à 15 €

Ce domaine des côtes-de-bourg tire son nom de Sulpicius de Monteberiot, moine du XIVe s. qui fonda le village de Mombrier. Il a été baptisé ainsi par Gilles et Marie-Hélène Marsaudon, un ancien décorateur événementiel et une ex-commerciale dans le vin reconvertis dans la vigne, qui ont acquis en 2003 ce vignoble de 7,3 ha.

Issu d'un élevage mixte, combinant cuve ciment et fût de chêne, ce vin a bénéficié du meilleur traitement pour révéler toute sa substance. Au nez, le cassis, la groseille et la cerise se mêlent à des notes d'amandes grillées et de cannelle. On retrouve ce joli panier gourmand dans un palais ample et généreux, doté de tanins boisés au grain soyeux. La finale apporte une belle dynamique autour des mêmes notes fruitées et acidulées que celles perçues à l'olfaction. ⧗ 2024-2030

SCEA MONTEBERIOT, Le Maine, 33710 Mombrier, tél. 06 07 50 98 18, contact@monteberiot.com V r.-v.

CH. NODOZ Sauvignon blanc 2019 ★

| 10 000 | | 5 à 8 € |

Cru déjà connu avant la Révolution, reconstitué au XIXe s. par un négociant amateur de Bordeaux et racheté en 1930 par la famille Magdeleine. Jean-Louis, installé en 1979, a conforté sa réputation avant de passer le relais en 1999 à sa fille Sandrine et à son gendre Jean-François Cénac, aujourd'hui à la tête de la propriété. Nodoz, valeur sûre du Bourgeais, couvre aujourd'hui 40 ha à Tauriac, Lansac et Bourg. Autre vin : Ch. Galau.

Voilà un 100 % sauvignon blanc sans fioriture, aux notes intenses de citron vert, de buis et de fleurs blanches, qui possède tous les atouts du vin d'apéritif : fraîcheur, franchise et légèreté. Contrat rempli et plaisir assuré pour cette cuvée à boire dans sur le fruit. ⌛ 2020-2023 ■ **2018 ★ (8 à 11 €; 30 000 b.)** De la barrique neuve pour ce 100 % merlot bien en chair. Arômes intenses et généreux de mûre confite, de myrtille et de vanille, bouche riche et dense, aux tanins puissants mais enrobés : une jolie cuvée bien dans le ton solaire du millésime. ⌛ 2024-2028 ■ **Ch. Galau 2018 ★ (8 à 11 €; 60 000 b.)** Privilégiant le fruit à la barrique, cette cuvée bien pensée agrémente ses arômes de quetsche et de cassis de fines notes boisées aux accents de vanille et de cacao. En bouche, le fût accompagne bien la matière, ample et pulpeuse, équilibrée jusqu'en finale. ⌛ 2023-2026

EARL CH. NODOZ, 18, chem. de Nodoz, 33710 Tauriac, tél. 05 57 68 41 03, chateau.nodoz@wanadoo.fr V t.l.j. sf dim. 8h30-12h30 13h30-18h30

CH. PUYBARBE 2017 ★★

| 22 000 | | 15 à 20 € |

Acquis en 2018 par Anna et Riku Vaananen, ce domaine régulièrement en vue dans ces pages, appartenait à la famille Orlandi depuis 1952. Il est situé sur le point culminant de l'appellation côtes-de-bourg. Le vignoble de 36 ha est cultivé sans herbicides ni fertilisants chimiques.

Une longue cuvaison de 40 jours a permis d'extraire toute la sève de ce 2017 aux parfums enivrants de myrtille et de cassis, ensauvagés de notes de cuir et de foin coupé. Soutenue par des tanins puissants, la bouche est d'une remarquable densité et déploie une longue et délicieuse finale qui évoque un coulis de fruits noirs finement épicé. Du style et du potentiel. ⌛ 2024-2030

SAS CH. PUYBARBE, 6, Puybarbe, 33710 Mombrier, tél. 09 67 64 52 49, contact@chateaupuybarbe.com V r.-v.

CH. PUY DESCAZEAU
Cuvée Cardinal Élevé en fût de chêne 2018 ★

| 7 000 | | 11 à 15 € |

En aval de Bourg, sur la corniche girondine, ce domaine d'environ 12 ha est commandé par une élégante chartreuse en pierre calcaire blonde de Bourg. Ses chais sont alimentés en eau par un ancien puits maçonné de 35 m de profondeur. Les actuels propriétaires, Martine et Jean-Marc Médio, l'ont acquis en 1998 et l'exploitent en famille.

Du fruit, des épices et un joli boisé, tout cela s'exprime avec netteté et précision au nez, puis dans une bouche ronde et chaleureuse, qui profite des bons tanins du merrain pour gagner en allonge sur des saveurs de framboise légèrement mentholées. De l'harmonie et une belle expression aromatique. ⌛ 2023-2027

SCEA VIGNOBLES MÉDIO, 23, rte des Vignobles, 33710 Gauriac, tél. 06 12 47 75 75, jmmedio@club-internet.fr V r.-v. 4

CH. DE REYNAUD La Volière 2018 ★★

| 4 800 | | 8 à 11 € |

Après avoir exercé le métier de journalistes en région parisienne, Sandrine et Bernard Capdevielle se sont établis en 1999 à Bourg, non loin de la rivière, sur une surface à taille humaine (5,5 ha) afin de tout maîtriser, élaboration et commercialisation. La reconversion est réussie.

La part pour moitié de barriques neuves a permis à cette belle vendange de grandir dans un écrin adapté. Offrant un mariage subtil de fruits noirs et d'épices boisées au nez comme en bouche, ce vin possède un beau volume et des tanins fins et veloutés qui renforcent son caractère soyeux. En finale, on retrouve un jus épicé de mûre et de cassis frais qui se prolonge harmonieusement. Un vin très équilibré, vinifié avec justesse et bâti pour une longue vie en cave. ⌛ 2024-2030 ■ **2018 ★ (5 à 8 €; 15 200 b.)** À un joli nez expressif de cassis et de mûre rehaussé d'une pointe végétale fait écho un palais pulpeux, enjoué, délié, aux tanins souples et fondus. Un vin à boire dans ses jeunes années. ⌛ 2021-2025

BERNARD CAPDEVIELLE, Ch. de Reynaud, 1, lieu-dit Reynaud, 33710 Bourg-sur-Gironde, tél. 05 57 68 44 13, chateau.reynaud@wanadoo.fr V r.-v.

CH. ROMFORT Noble Terre 2018 ★

| 45 000 | | 8 à 11 € |

Stéphane Heurlier est arrivé du Nord de la France en 1992. Ce fils de céréalier a acheté 2 propriétés, le Ch. la Bretonnière et le Ch. Tour de Guiet, s'est entouré de spécialistes et, après 20 ans de restructuration du vignoble (15 ha) et la construction d'un nouveau chai, il produit aujourd'hui ses vins.

Les levures indigènes sont utilisées pour la fermentation. Au nez, se déploient des parfums de réglisse et de fraise écrasée. De demi-corps, suave, tendre, rond et délicat, ce vin joue la carte de l'élégance plutôt que celle de la puissance. ⌛ 2023-2026 ■ **2018 ★ (5 à 8 €; 50 000 b.)** Un peu plus de merlot que dans la cuvée Noble Terre pour ce vin charmeur, souple et fruité, prolongé par une belle finale déliée sur la pâte de fruits et les épices. ⌛ 2022-2025

EARL LA BRETONNIÈRE, 1, La Bretonnière, 33390 Mazion, tél. 06 15 88 33 76, sheurlier@cegetel.net V r.-v.

CH. SIRAC 2018 ★

| 70 000 | | 5 à 8 € |

Une propriété familiale de 30 ha exploitée depuis 3 générations par la famille Bousseau : Marc et son épouse Agnès depuis 1982, épaulés par leur fils Vincent depuis 2011. Le vignoble est dédiée aux appellations régionales (Ch. de l'Hurbe) et aux côtes-de-bourg (Ch. Sirac).

Pas de bois pour ce vin fringant aux arômes de fruits rouges rappelant la framboise et la griotte. Un ton primesautier que l'on retrouve dans une bouche ample, équilibrée, aux tanins fondus. La finale, soutenue par des tanins discrets, apporte une jolie pointe épicée qui rehausse l'ensemble. ⧗ 2022-2026

EARL VIGNOBLES MARC ET AGNÈS BOUSSEAU, 27, rte de l'Hurbe, 33240 Saint-Laurent-d'Arce, tél. 05 57 43 44 06, a-m.hurbe@orange.fr
V *t.l.j. sf dim. 9h-12h 14h-19h*

♥ CH. DE TASTE 2018 ★★

■ | 20000 | | 11 à 15 €

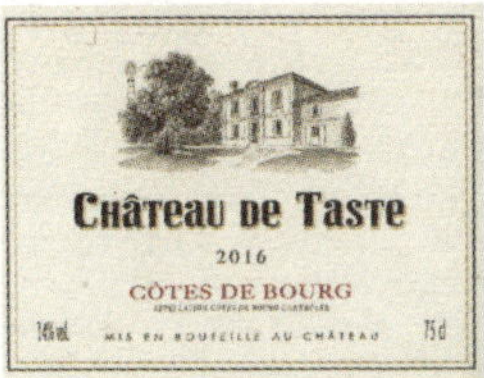

Un ancien château féodal, rendez-vous des royalistes pendant la Commune, dans la famille Martin depuis 7 générations. En 2016, changement de propriétaires : Alphone et Laurent Pinto de Magalhaes ont pris la suite à la tête d'un vignoble de 14 ha, sur lequel le malbec a été replanté de manière significative (20 % de la surface).

Le fruit du malbec, la chair du merlot et la structure des cabernets, telle la recette « magique » de ce vin au charme incontestable, qualifié « d'épicurien » par le jury. Au nez, la mûre et la myrtille se mêlent à de fines notes torréfiées. Arômes prolongés par une bouche ample, ronde, gourmande, appuyée sur des tanins soyeux et sur un beau boisé cacaoté, dotée d'une longue finale qui s'étire langoureusement sur des notes fruitées et épicées. ⧗ 2025-2030 ■ Ch. Barrié 2018 ★★ (5 à 8 €; 30000 b.) 100 % cuve Inox et une extraction douce au menu de ce vin souple, aromatique et enjôleur. Des parfums frais de mûre et de violette évoluent dans un palais délicat, aux tanins doux et goûteux. Rond, pulpeux et légèrement acidulé, ce 2018 possède le charme des vins sans fard, qui privilégient le fruit à la puissance. ⧗ 2021-2026

SCEA VIGNOBLES DE TASTE ET BARRIÉ, 2, Barrié, 33710 Lansac, tél. 06 75 68 66 34
V *r.-v.*

LE LIBOURNAIS

CANON-FRONSAC ET FRONSAC

Bordé par la Dordogne et l'Isle, le Fronsadais offre des paysages tourmentés, avec deux tertres atteignant 60 et 75 m, d'où la vue est magnifique. Point stratégique, cette région joua un rôle important, notamment au Moyen Âge – une puissante forteresse, aujourd'hui disparue, y fut construite à l'époque de Charlemagne – puis lors de la Fronde de Bordeaux. Le Fronsadais a gardé de belles églises et de nombreux châteaux. Très ancien, le vignoble produit sur six communes des vins de caractère, à la fois corsés, fins et distingués. Toutes ces localités peuvent revendiquer l'appellation fronsac, mais Fronsac et Saint-Michel-de-Fronsac sont les seules à avoir droit, pour les vins produits sur leurs coteaux (sols argilo-calcaires sur banc de calcaire à astéries), à l'appellation canon-fronsac.

CANON-FRONSAC

Superficie : 300 ha / Production : 16 200 hl

CH. BARRABAQUE Prestige 2017 ★

■ | 10000 | | 15 à 20 €

Les canon-fronsac de Barrabaque font référence; le cru se défend aussi en fronsac. Un domaine créé au XVIIIe s., dans la famille Noël depuis son acquisition en 1936 par le grand-père ch'ti, brasseur et négociant en vins. Sa fille Nicole a pris la suite jusqu'en 2004, année de l'arrivée aux commandes de Caroline Noël-Barroux, aujourd'hui à la tête de 9,2 ha de vignes. Incontournable.

Des vendanges en petites cagettes et un tri minutieux des raisins ont été nécessaires pour obtenir un vin puissant et raffiné. Le nez est un concentré de myrtille et de cassis, subtilement relevé par une pointe vanillée. La dégustation confirme un profil charpenté mais équilibré que l'élevage accompagne sur une longue finale. ⧗ 2025-2030

SCEV NOËL, 4, lieu-dit Barrabaque, 33126 Fronsac, tél. 06 07 46 08 08, chateaubarrabaque@yahoo.fr
V *r.-v.*

CH. GRAND RENOUIL 2017 ★

■ | 1100 | | 20 à 30 €

Les Ponty, d'origine corrézienne, sont établis à Fronsac depuis le début du XXe s. et propriétaires du Ch. Pavillon depuis 1925 et du Ch. Grand Renouil depuis 1938. Michel Ponty, installé en 1986, propose aussi des vins en AOC régionale avec le Clos Virolle et le blanc de Grand Renouil.

Un modèle du genre de la rive droite qui, encore cette année, a séduit le jury par son expression intense de fruits noirs et d'épices. La bouche, ample et veloutée, dévoile successivement des arômes de myrtille, de cassis et de mûre, pour finir en douceur sur une note finement boisée. Séduisant maintenant, il pourra s'enticher de notes complexes avec le temps. ⧗ 2024-2030

EARL VIGNOBLES PONTY, 3, rue du Port-de-Fronsac, 33126 Fronsac, tél. 05 57 51 29 57, info@vignoblesponty.com
V *r.-v.*

♥ CH. MAZERIS 2017 ★★

■ | 20000 | | 11 à 15 €

Un domaine fondé en 1769 par la famille de Cournuaud. Neuf générations s'y sont succédé, avec Patrick depuis 1994, rejoint par ses fils Jean et Matthieu. Le vignoble, d'un seul tenant, couvre 17 ha sur les hauteurs de Saint-Michel-de-Fronsac.

Le fût de chêne n'est pas un prérequis pour obtenir les faveurs du jury. La preuve avec ce vin envoûtant. Le bouquet évoque avec intensité les fruits rouges frais. La bouche est élégante, ample, délicate, équilibrée par les 20 % de cabernet franc, et s'étire harmonieusement sur une finale longue et parfumée. Un très beau vin que l'on pourra apprécier aussi bien jeune que patiné par la garde. ⧗ 2024-2030

EARL DE COURNUAUD, 5, Ch. Mazeris, 33126 Saint-Michel-de-Fronsac, tél. 05 57 24 96 93, contact@chateau-mazeris.com r.-v.

♥ VINEA Cuvée Marius 2017 ★★

■ | 3400 | | 11 à 15 €

Situé dans le Fronsadais, le Ch. Haut-Peychez est un petit cru de 3,3 ha établi sur un plateau calcaire offrant une belle vue sur la vallée de l'Isle. Dans la même famille depuis 1853, il est depuis 2008 dirigé par Éric Ravat, qui exploite aussi un petit hectare en canon-fronsac (Vinea).

À la couleur violine et brillante répond un nez tout aussi lumineux. Les notes de cassis et de mûre sont équilibrées par de fines nuances de chêne rappelant le moka et la cannelle. En bouche, les tanins mûrs et chocolatés sont parfaitement fondus dans le vin et donnent une sensation de persistance remarquable. ⧗ 2023-2028

ÉRIC RAVAT, 2, Peychez, 33126 Fronsac, tél. 06 77 74 22 20, christian.ravat@wanadoo.fr *t.l.j. sf dim. 8h-12h 14h-19h*

CH. VRAI CANON BOUCHÉ 2017 ★

■ | 35000 | | 20 à 30 €

Ce cru réputé du Fronsadais couvre 13 ha sur le tertre de Canon, un très beau terroir de calcaire à astéries recouvert d'argiles; il avait été repris en 2005 par l'homme d'affaires hollandais Philip de Haseth-Möller, qui en avait confié la direction à Jean de Laitre, épaulé par Stéphane Derenoncourt. Une équipe maintenue après le rachat du cru en 2014 par La Française REM, société de gestion déjà très investie dans le vignoble français.

Issus d'une viticulture sans désherbants ni pesticides, les raisins sont vendangés soigneusement pour préserver leur intégrité jusqu'à la fermentation. Le résultat est à la hauteur des efforts fournis : un nez en dentelle, une bouche juteuse, dans laquelle on croque littéralement dans le fruit. Un vin friand qui possède toutefois un bon potentiel de garde. ⧗ 2023-2028

SAS LES GRANDS VIGNOBLES DE BORDEAUX (CH. VRAI CANON BOUCHÉ), 1, le Tertre-de-Canon, 33126 Fronsac, tél. 06 23 30 37 50, contact@chateauvraicanonbouche.com r.-v.

FRONSAC

Superficie : 830 ha / Production : 44 400 hl

♥ CH. BEAUSÉJOUR 2017 ★★

■ | 23000 | | 8 à 11 €

Remontant à 1868, la propriété appartient à la famille Sudrat depuis 1914. Le vignoble est réparti entre les AOC pomerol (Ch. Bel-Air, 913 ha) et fronsac (Ch. Beauséjour, 23 ha).

La couleur ne manque pas sur ce millésime, et ce château ne déroge pas à la règle avec une couleur rubis très profonde. Le bouquet est complexe et élégant : mélange de fruit rouges et de noirs saupoudré d'épices orientales. En bouche, on est séduit par le soyeux de la texture et l'équilibre remarquable qui se prolonge jusqu'en finale. La puissance des tanins, parfaitement intégrés à la structure, laisse présager un avenir radieux. ⧗ 2025-2030

SCEA VIGNOBLES SUDRAT-MELET, 5, chem. de la Cabanne, 33500 Pomerol, tél. 05 57 51 02 45, vignsudrat-melet@wanadoo.fr r.-v.

CH. DE CARLES 2017 ★

■ | 21300 | | 11 à 15 €

Un domaine commandé par un château des XVe et XVIes., construit sur le tertre de Fronsac par les Carles, puissante dynastie de la noblesse parlementaire de Bordeaux. Il est depuis 1900 dans la famille Chastenet de Castaing, dont descend Constance Droulers, installée en 1983 avec son mari Stéphane. Le couple a fait du vignoble (15 ha) un haut lieu des vins du Fronsadais. Haut-Carles, sélection parcellaire lancée en 1994, collectionne les étoiles et les coups de cœur dans le Guide.

Un nez discret n'est pas un défaut quand celui-ci exprime avec délicatesse des notes florales et finement fruitées (framboise, fraise des bois). En bouche, on reste dans la mesure avec une matière délicate et souple, dynamisée en finale par des tanins de caractère. ⧗ 2024-2028 ■ **Haut-Carles 2017 ★ (30 à 50 €; 2017 b.)** Souvent étoilée, cette cuvée confirme son statut. La vinification dite intégrale confère un nez très aromatique, caractérisé ici par les fruits rouges confits et les épices. La bouche donne priorité à la gourmandise et au plaisir immédiat. Les tanins, bien intégrés, garantissent toutefois la possibilité de l'oublier en cave. ⧗ 2022-2027

SCEV CH. DE CARLES, lieu-dit Carles, 33141 Saillans, tél. 05 57 84 32 03, contact@hautcarles.com r.-v.

CH. CARLMAGNUS 2017 ★★

■ | 48000 | | 11 à 15 €

Petit-fils d'Ernest Roux, qui possédait de nombreux crus en Fronsadais, Arnaud Roux-Oulié, ancien

champion de France d'escrime, exploite depuis 1998 plusieurs crus dans ce secteur : Lagüe, Montcanon, Vincent et Carlmagnus, domaine au nom inspiré par l'empereur Charlemagne, qui serait passé par Fronsac, où il aurait fait construire une forteresse.

Superbe ouverture sur des notes truffées et vanillées, qui cèdent rapidement la place à des arômes fins de cerise et de cassis. La bouche affiche beaucoup de classe : à la fois dense et équilibrée, elle déroule un ruban de fleurs et de fruits sur une longue finale. Une belle cuvée qui a frôlé le coup de cœur. ⌛ 2026-2030

SARL MAISON ROUX-OULIÉ, Ch. Lagüe, 33126 Fronsac, tél. 05 57 51 24 68, arnaud.rouxoulie@gmail.com V r.-v.

CH. DE LA DAUPHINE 2017 ★★

	92300		20 à 30 €

Un bel écrin de 53 ha en conversion bio, commandé par un château du XVIIIe s., qui doit son nom à un séjour de Marie-Josèphe de Saxe, dauphine de Louis XV. L'industriel Jean Halley, qui l'avait acquis auprès de Jean-Pierre Moueix en 2000, a cédé le cru en 2015 à la famille Labrune.

L'élégance est de mise avec ce fronsac qui privilégie l'équilibre et les proportions à la puissance. Le bouquet est superbe de finesse : les arômes de framboise et de groseille sont en harmonie avec les notes cacaotées et vanillées d'un boisé raffiné. La bouche se révèle soyeuse et s'achève sur des notes fruitées et chocolatées du meilleur effet. ⌛ 2024-2030

SASU CH. DE LA DAUPHINE, rue Poitevine, 33126 Fronsac, tél. 05 57 74 06 61, contact@chateau-dauphine.com V r.-v.

CH. FONTAINE-SAINT-CRIC 2017 ★

	4000		11 à 15 €

Un cru de poche (1,50 ha) implanté sur les coteaux de Saint-Aignan, acquis en 2002 par des associés et amis de différentes nationalités.

Bel exemple d'une vinification maîtrisée en fût de chêne, le nez se partage harmonieusement entre notes vanillées et parfums de mûre sauvage. Un jeu d'équilibriste que l'on retrouve en bouche où les tanins soyeux de l'élevage s'intègrent dans une matière ample et généreuse. Un vin plein de charme. ⌛ 2022-2026

SA CH. FONTAINE-SAINT-CRIC, 13, Saint-Cric, 33126 Saint-Aignan, tél. 06 75 01 29 74, xavier.grassies@laposte.net V r.-v.

CH. HAUCHAT La Rose 2017 ★

	5000		11 à 15 €

Vignerons depuis le XVIIIe s. et neuf générations, les Saby – depuis 1997 les frères Jean-Christophe et Jean-Philippe, tous deux œnologues comme leur père Jean-Bernard – possèdent plusieurs crus dans le Libournais et exploitent un ensemble de 68 ha.

Joli bouquet complexe de fruits rouges compotés associés à des notes tertiaires qui rappellent le cuir et le tabac. Souple en attaque, la bouche dévoile progressivement sa structure pour finir sur des tanins fermes en finale. Une belle bouteille en devenir. ⌛ 2024-2027

EARL VIGNOBLES JEAN-BERNARD SABY ET FILS, Ch. Rozier, 7, au Sable, 33330 Saint-Laurent-des-Combes, tél. 05 57 24 73 03, ets.saby@orange.fr V r.-v.

CH. MAGONDEAU 2017 ★

	3700		8 à 11 €

Maître Puiffe de Magondeau, notaire à Libourne et ancien propriétaire, a donné son nom à ce cru de Saillans, entré en 1934 dans la famille d'Olivier Goujon. Ce dernier, représentant la 3e génération, s'est installé en 1989 à la tête d'un vignoble de 16 ha.

De style plus immédiat que la cuvée Beau Site, ce vin met en avant le fruit du merlot en le préservant de tout élevage en chêne. Les arômes de fruits bien mûrs comme la cerise et la prune dominent à l'olfaction. On les retrouve dans une bouche souple, fluide et agréable. ⌛ 2021-2025 ■ **Beau Site 2017 ★ (15 à 20 €; 1757 b.)** À l'olfaction, des parfums de cerise à l'eau-de-vie et de quetsche d'abord, de vanille et de toast ensuite. La bouche fait écho au nez dans un style chaleureux, dense, que l'élevage accompagne judicieusement jusqu'en finale. ⌛ 2024-2028

SCEV VIGNOBLES GOUJON ET FILS, 1, Le Port, 33141 Saillans, tél. 05 57 84 32 02, vignoblegoujon@gmail.com V r.-v.

CH. MOULIN HAUT-LAROQUE 2017 ★

	4500		20 à 30 €

Moulin Haut-Laroque, aujourd'hui 16 ha, a été créé par la famille Hervé, dont l'ancêtre, marin breton, s'était installé à Saillans en 1607. La première mise en bouteilles remonte à 1890. Le domaine est l'un des porte-drapeaux de l'appellation fronsac, avec nombre d'étoiles et de coups de cœur à son actif. Il est conduit depuis 1977 par Jean-Noël Hervé, rejoint en 2012 par son fils Thomas.

Belle réussite pour cette cuvée habituée aux récompenses. Le nez est une combinaison harmonieuse des notes animales, épicées et fruitées (fraise, prune rouge). La bouche est de bonne densité; on y retrouve les fruits rouges que les tanins viennent soutenir en finale. ⌛ 2023-2026

SARL JEAN-NOËL HERVÉ, 1, Le Moulin, 33141 Saillans, tél. 05 57 84 32 07, contact@moulinhautlaroque.com V r.-v.

CH. PUY GUILHEM Cuvée Tradition 2017 ★

	5400		20 à 30 €

Cette propriété, dont le nom signifie «la hauteur de Guillaume», est commandée par un château de style Empire établi sur le point culminant du plateau de Saillans, dominant la vallée de l'Isle. Le vignoble couvre 11 ha, pour moitié en fronsac, pour l'autre en canon-fronsac.

Issu de raisins bien mûrs, ce vin développe au nez des arômes de confiture de prune et de cerise. Une certaine richesse aromatique soutenue en bouche par une structure tannique bien présente qui donne du volume et de l'éclat à la finale. ⌛ 2023-2026

SAS CH. PUY GUILHEM, 1, Puy Guilhem, 33141 Saillans, tél. 05 57 24 95 98, puyguilhem@outlook.fr

CH. LES ROCHES DE FERRAND
Grande Sélection 2017 ★

	10 000		11 à 15 €

Originaires du Fronsadais, ces producteurs ont étendu leur vignoble sur l'autre rive de l'Isle, en appellation lalande. Rémy Rousselot, installé en 1986 sur le domaine familial, exploite 21 ha et propose quatre vins : Châteaux Vray Houchat, Les Roches de Ferrand (fronsac), Pont de Guestres et au Pont de Guîtres (lalande).

Une régularité de métronome pour cet habitué du Guide qui livre une cuvée au nez explosif de fruits des bois et de réglisse. Bel équilibre en bouche, soutenu par un élevage présent mais bien intégré, que l'on retrouve jusqu'en finale avec une pointe épicée. Un vin bien construit. ⧗ 2023-2026

RÉMY ROUSSELOT, 6, Signat, 33126 Saint-Aignan, tél. 05 57 24 95 16, vignobles.rousselot@outlook.com V t.l.j. sf sam. dim. 9h-12h 13h30-17h

CH. LA ROUSSELLE 2017 ★

	6 900		15 à 20 €

Commandé par une grande demeure du XVIIIe s., ce cru de Fronsac domine la vallée de la Dordogne. Il a été racheté, puis restauré en 1970 par la famille Davian, qui a commercialisé ses premières bouteilles en 1986. Le vignoble de 4,5 ha est établi au-dessus d'anciennes carrières de pierre.

Le nez est un véritable cocktail de fruit. Pas étonnant quand on connaît la proportion élevée de cabernet franc (35 %) qui participe à l'assemblage. La bouche elle aussi fait écho à ce cépage emblématique des calcaires du plateau. Plus en finesse qu'en volume, elle se veut fruitée et délicate pour finir harmonieuse et sans lourdeur. Un vin de plaisir sans équivoque. ⧗ 2022-2025

SAS ENZO IDE (LUCIA), Ch. la Rousselle, 33126 La Rivière, tél. 05 57 51 83 31, lucia33@orange.fr V r.-v.

CH. LA VALADE L'Intime 2017 ★

	1 800		20 à 30 €

En 2005, Hervé Roux a pris la suite de son père à la tête de l'exploitation familiale dominant la vallée de l'Isle, sur le versant sud-est des coteaux de Fronsac. Son domaine compte 18 ha de vignes.

Le premier nez s'ouvre sur des senteurs de violette. Suivent de près le cassis et la mûre, que l'on retrouve dans une bouche souple et agréable. L'ensemble est d'une belle harmonie et laisse le souvenir en finale d'un vin élégant. ⧗ 2022-2025

EARL VIGNOBLES J. B. ROUX ET FILS, 2, La Valade, 33126 Fronsac, tél. 06 98 89 30 08, chateaulavalade@orange.fr V t.l.j. 9h-12h 14h-19h

♥ CH. LA VIEILLE CURE 2017 ★★

	49 000		20 à 30 €

88 89 90 93 **94 95** 96 **97 98** 99 00 **01 02** 03 **04 05** 06 **07** 08 09 **|10|** |11| |12| |13| |14| **15 16 17**

Acquis en 1986 par un groupe d'amis américains et racheté en juillet 2018 par un français amateur de vins de Bordeaux, ce cru, indiqué sur la carte de Belleyme de 1780, couvre 20 ha d'un seul tenant. Les vignes sont implantées sur des coteaux argilo-calcaires à 65 m d'altitude, bien exposés, longeant la rivière l'Isle. Une valeur sûre de l'AOC fronsac.

Les sols argilo-calcaires et le tiers de cabernets dans l'assemblage ne sont pas étrangers à la réussite de ce fronsac. Alliance de concentration et de précision, le nez déploie une belle expression de fruits noirs que l'élevage souligne avec élégance. Puissant et onctueux en bouche, le vin cède progressivement la place à des tanins mûrs et puissants qui étirent la finale. Beaucoup d'allure aujourd'hui, il serait cependant dommage de ne pas l'oublier en cave. ⧗ 2024-2030

SCEA CH. LA VIEILLE CURE, Coutreau, 33141 Saillans, tél. 05 57 84 32 05, vieillecure@wanadoo.fr V r.-v.

CH. VIEUX MOULEYRE 2017 ★

	3 000		11 à 15 €

Anna et Jacques Favier sont à la tête depuis 2000 de ce petit cru de Fronsac : 2 ha plantés sur le tertre argilo-calcaire de la Mouleyre (80 m d'altitude). Trois étiquettes ici : Ch. Vieux Mouleyre, le grand vin, Sagesses, une cuvée haut de gamme, et le Petit Âne.

Coup de cœur l'année dernière avec la cuvée Sagesses, le domaine signe ici un joli fronsac au style caressant, souple et onctueux en bouche. On y retrouve tous les arômes du merlot bien mûr, la cerise noire d'abord, la prune ensuite, le tout saupoudré de notes épicées. Un joli vin au charme indéniable. ⧗ 2023-2025

SCEA CHRISTIAN RAVAT ET FILS, 1, Peychez, 33126 Fronsac, tél. 06 77 74 22 20, christian.ravat@wanadoo.fr V r.-v.

CH. VILLARS 2017 ★

	41 000		15 à 20 €

Revenu en 1991 sur le domaine familial dont il a pris les rênes en 1998, après avoir exercé la profession d'œnologue-conseil dans le Blayais, Thierry Gaudrie a, depuis, beaucoup contribué à faire de ce cru de 30 ha – dans sa famille depuis deux siècles – une référence en fronsac. Le vignoble est installé sur des coteaux dominant la vallée de l'Isle.

Joli développement de fruits rouges et d'épices exotiques au nez. L'attaque en bouche est suave et souple à la fois. Le gras de la texture enrobe des tanins mûrs qui assurent une bonne présence en finale, en compagnie de notes de fraise et de fruits des bois. ⧗ 2023-2026

SCEV VIGNOBLE JEAN-CLAUDE GAUDRIE ET FILS, Ch. Villars, 33141 Saillans, tél. 05 57 84 32 17, chateau.villars@wanadoo.fr
V r.-v.

POMEROL

Superficie : 785 ha / Production : 40 500 hl

Pomerol est l'une des plus petites appellations girondines et l'une des plus discrètes sur le plan architectural. Au XIXes., la mode des châteaux du vin, d'architecture éclectique, ne semble pas avoir séduit les Pomerolais, qui sont restés fidèles à leurs habitations rurales ou bourgeoises. Néanmoins, l'aire d'appellation possède quelques demeures élégantes comme le Ch. de Sales (XVIIes.), sans doute l'ancêtre de toutes les chartreuses girondines, ou le Ch. Beauregard, l'une des plus charmantes constructions du XVIIIes., reproduite par les Guggenheim dans leur propriété new-yorkaise de Long Island.

Cette modestie du bâti sied à une AOC dont l'une des originalités est de constituer une sorte de petite république villageoise où chaque habitant cherche à conserver l'harmonie et la cohésion de la communauté; un souci qui explique pourquoi les producteurs sont toujours restés réservés quant au bien-fondé d'un classement des crus.

La qualité et la spécificité des terroirs auraient pourtant justifié une reconnaissance officielle du mérite des vins de l'appellation. Comme tous les grands terroirs, celui de Pomerol est issu du travail d'une rivière, l'Isle, née dans le Massif central. Le cours d'eau a commencé par démanteler la table calcaire pour y déposer des nappes de cailloux, travaillées ensuite par l'érosion. Il en résulte un enchevêtrement de graves ou de cailloux roulés. La complexité des terrains semble inextricable : toutefois, il est possible de distinguer quatre grands ensembles : au sud, vers Libourne, une zone sablonneuse; près de Saint-Émilion, des graves sur sables ou argiles (terroir proche de celui du plateau de Figeac); au centre de l'AOC, des graves sur ou parfois sous des argiles (Petrus); enfin, au nord-est et au nord-ouest, des graves plus fines et plus sablonneuses.

Cette diversité n'empêche pas les pomerol de présenter une analogie de structure. Très bouquetés, ils allient la rondeur et la souplesse à une réelle puissance, ce qui leur permet d'être de longue garde tout en pouvant être bus assez jeunes. Ce caractère leur ouvre une large palette d'accords gourmands, aussi bien avec des mets sophistiqués qu'avec des plats très simples.

B CH. BEAUREGARD 2017 ★

■	25 000	(barrique)	50 à 75 €

75 78 81 (82) 83 84 **85** 86 88 89 90 92 **93 94 95 96 97**
98 99 00 01 02 |**03**| 04 |05| 06 07 08 |09| |**10**| |11| |**12**|
|13| 14 **15 16** 17

Commandé par une superbe chartreuse du XVIIes., Beauregard compte 17,5 ha de vignes en bordure sud-est du plateau de Catusseau, complétés par 8 ha en lalande (Pavillon Beauregard). Un cru très régulier, dont la gestion est confiée à Vincent Priou. Propriété depuis 1991 du Crédit Foncier, il a été vendu en juillet 2014 aux familles Moulin (groupe Galeries Lafayette) et Cathiard (Ch. Smith Haut Lafitte). Un nouveau cuvier a été aménagé, l'agriculture biologique adoptée. Le domaine est ouvert au tourisme.

Après un magnifique coup de cœur dans le beau millésime 2016, Beauregard signe, dans une année plus compliquée, un 2017 tout à fait honorable. La robe est limpide, avec des reflets auburn. Le nez, d'une agréable finesse, évoque les épices douces et la marmelade de fruits rouges sur fond boisé élégant et fondu, aux tonalités balsamiques. La bouche apparaît souple et fraîche en attaque, puis se fait ample et ronde, étayée par une jolie fraîcheur et des tanins veloutés. Tanins qui se renforcent dans une finale marquée par une pointe d'amertume et une note de poivron bien typée cabernet franc. ⧗ 2023-2030

SCEA CH. BEAUREGARD, 73, rue de Catusseau, 33500 Pomerol, tél. 05 57 51 13 36, contact@chateau-beauregard.com
V r.-v. 5

CH. BONALGUE 2017 ★★

■	31 700	(barrique)	50 à 75 €

L'un des crus de la famille Bourotte, bien implantée dans le Libournais. Un domaine de 4,6 ha né en 1931 de la réunion de trois parcelles au cœur du plateau de Pomerol, près de l'église du village.

Une robe profonde, des parfums complexes de mûre, myrtille, cassis, réglisse et café : l'approche est engageante. D'un charme irrésistible, la bouche possède le toucher soyeux des merlots sur argile. Les tanins, fruit d'une extraction millimétrée, imposent un rythme suave et onctueux, et soutiennent une longue finale aux tonalités chocolatées. Loquace sans être racoleur, voilà un pomerol séduisant qui réservera de belles surprises dans quelques années. ⧗ 2025-2030

SAS PIERRE BOUROTTE, 62, quai du Priourat, BP 79, 33502 Libourne Cedex, tél. 05 57 51 62 17, contact@jbaudy.fr V r.-v.

♥ CH. LE BON PASTEUR 2017 ★★

■	9 000	(barrique)	75 à 100 €

78 79 81 (82) **83 85 86 88** 89 90 **92 93 94** (95) 96 **97** |(98)
| **99 00 01** 02 03 04 |**05**| |06| 08 |09| **10** 11 12 |13| **14**
15 **16 17**

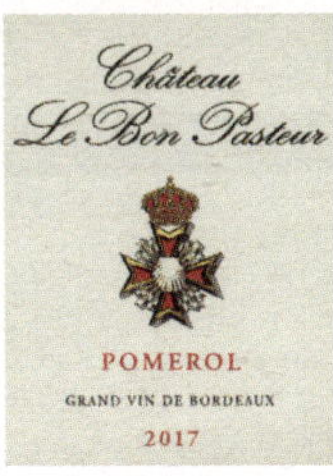

Michel Rolland possédait plusieurs crus dans le Libournais, avec pour fleuron Bon Pasteur, dans la famille depuis les années 1920 : 7 ha morcelés en 23 parcelles, aux confins nord-est de Pomerol. Bertineau Saint-Vincent (5,6 ha en lalande) et Rolland-Maillet (3,3 ha en saint-émilion) complètent la propriété, passée en 2013 sous pavillon chinois (le groupe Golding basé à Hong-Kong); l'équipe technique est restée en place.

Magnifique réussite de ce vin à la complexité supérieure, qui fait écho au non moins superbe 2016. Un premier nez de pivoine et de cassis, suivi à l'aération de notes de Zan, d'épices douces et de moka : le bouquet est intense, varié, racé. L'attaque est superbe d'amplitude et d'élégance. Le toucher soyeux de la texture fait oublier l'édifice tannique imposant qui tient le vin en équilibre et l'accompagne dans une longue finale aux accents iodés. Puissance et finesse dans un seul et même verre. ⧗ 2025-2035

SAS LE BON PASTEUR, 11, chem. Maillet, 33500 Pomerol, tél. 05 57 24 52 58, contact@chateaulebonpasteur.com V r.-v.

CH. BOURGNEUF 2017 ★

■	26 500		30 à 50 €

Une propriété de 9 ha d'un seul tenant, propriété de la famille Vayron depuis 1840 et huit générations. Frédérique Vayron, après un cursus universitaire en philosophie suivi d'un cycle « viti-oeno », en a pris les rênes en 2008.

Joli nez fin, au boisé subtil, qui déploie des parfums de fruits rouges et d'amande grillée à l'aération. En bouche, le vin s'appuie sur des tanins bien nés qui donnent de l'élan à une finale fraîche et enlevée. Un pomerol délicat et aérien, qui privilégie l'élégance à la puissance. ⧗ 2023-2028

SCEA CH. BOURGNEUF VAYRON, 1, chem. de Bourgneuf, 33500 Pomerol, tél. 06 17 84 48 06, chateaubourgneufvayron@wanadoo.fr V r.-v.

B CH. LE CHEMIN 2017 ★

■	1200		30 à 50 €

Héritier d'une lignée présente dans le Libournais depuis le XVI[e]s., François Despagne gère depuis 1996 le Ch. Grand Corbin Despagne, cru classé au nord-ouest de l'appellation Saint-Emilion. Sa famille lui a aussi transmis en 2009 le Ch. le Chemin, petit vignoble de 92 ares situé en pomerol, à la limite de Saint-Emilion, qu'il exploite en bio.

Un joli pomerol au style frais et enjoué. Les fruits rouges et la menthe poivrée perçus à l'olfaction s'invitent aussi dans un palais pulpeux, doté de tanins fins et aiguisés. La finale, tonique et épicée, apporte une énergie supplémentaire. ⧗ 2023-2027

SCV DESPAGNE AUDEBERT, Ch. le Chemin, 3, Barraillot, 33330 Saint-Émilion, f-despagne@grand-corbin-despagne.com V r.-v.

CH. LA CLÉMENCE 2017 ★

■	2200		50 à 75 €

Christian Dauriac conduit depuis 1971 le Ch. Destieux, grand cru classé de Saint-Émilion depuis 2006 : 8 ha d'un seul tenant en haut du coteau de Saint-Hippolyte, complétés par 7 ha sur les terres de Lisse (Ch. Montlisse) et 2,8 ha à Pomerol (La Clémence).

Un bouquet plaisant de cannelle sur fond de fruits noirs ouvre la dégustation. La bouche, ample et ronde, prolonge agréablement le nez sur des notes de mûre et de cassis confits. Les tanins, doux et soyeux, font honneur à l'appellation et assurent une finale goûteuse. Un 2017 harmonieux, bien typé pomerol. ⧗ 2023-2027

SCEA DAURIAC, 33330 Saint-Hippolyte, tél. 05 57 24 77 44, contact@vignoblesdauriac.com V r.-v.

LE CLOS DU BEAU-PÈRE 2017 ★

■	6000		30 à 50 €

L'un des crus de Jean-Luc Thunevin, l'homme de Valandraud (aujourd'hui 1er grand cru classé de Saint-Émilion) : 4 ha de vignes acquis en 2006.

Un pomerol 100 % merlot au caractère affirmé. Intense et chaleureux, le nez impose sa puissance sur des notes de kirsch, de prune et de pudding. Des notes épicées (clou de girofle) complètent l'ensemble à l'aération. Mariage subtil de puissance et d'onctuosité, la bouche déploie une matière dense et tannique, épaulée par un boisé bien dosé. ⧗ 2025-2030

SAS THUNEVIN (CLOS DU BEAU-PÈRE), BP 88, 33330 Saint-Émilion, tél. 05 57 55 09 13, thunevin@thunevin.com V

CLOS L'ÉGLISE 2017 ★★

■	n.c.		+ 100 €

Sylviane Garcin, née Cathiard, est propriétaire de plusieurs crus en pessac-léognan (Haut-Bergey, Branon) et depuis 2000 du Ch. Barde-Haut, cru de Saint-Émilion, qui a été classé en 2012. Acquis par la famille en 1997, le Clos l'Église (un peu moins de 6 ha en pomerol), planté par les Hospitaliers, remonte au XII[e]s. et formait une unité de 14 ha au XVIII[e]s., scindée à une époque postérieure. C'est maintenant Hélène Garcin-Lévêque, fille de Sylviane, qui gère avec son époux ce cru.

L'une des belles surprises du millésime, ce 2017 s'appuie sur une vendange bien mûre qui se traduit à l'olfaction par de généreux arômes confits de mûre, de prune et de coulis de fraise. De la richesse, ce vin n'en manque pas non plus en bouche, qui déploie une sève dense et savoureuse portée par des tanins fins et serrés. En finale, on retrouve les fruits noirs du bouquet, soulignés d'une élégante pointe vanillée. ⧗ 2025-2030

SC CLOS L'ÉGLISE, 1, Clinet, 33500 Pomerol, tél. 05 57 25 72 55, info@chateaybardehaut.com V r.-v.

CH. LA CONSEILLANTE 2017 ★★

■	39 590		+ de 100 €

L'un des crus les plus prestigieux de Pomerol, auquel Catherine Conseillan, propriétaire au XVII[e]s., donna son nom. Acquis en 1871 par Louis Nicolas, dont les initiales ornent toujours l'étiquette, il est aujourd'hui cogéré par ses héritiers Bertrand et Jean-Valmy Nicolas, et dirigé par Marielle Cazaux. Le vignoble s'étend sur 12 ha d'argile (merlot) et de graves (cabernet franc).

Survol du vignoble en hélicoptère pour brasser l'air, brûlots dans les vignes, le cru a pu éviter en partie les affres du gel de la fin avril : 2 ha « seulement » ont été touchés en bas du plateau. Grâce à quoi, le grand vin (85 % de merlot et 15 % de cabernet franc) tient largement son rang. Au nez, il dévoile des senteurs vanillées agrémentées à l'aération de notes de violette, de mûre et de rose poivrée. Mariage subtil d'élégance et de puissance, le palais déploie un superbe volume autour d'une texture soyeuse caractéristique des grands merlots sur argile, épaulée par des tanins puissants, au grain velouté, qui étirent la matière sur une longue finale florale et mentholée. ⧗ 2025-2035

SC DES HÉRITIERS NICOLAS, Ch. la Conseillante, 33500 Pomerol, tél. 05 57 51 15 32, contact@la-conseillante.com

CH. LA CROIX 2017 ★

■ | 23000 | | 30 à 50 €

Négociants-éleveurs et producteurs d'origine corrézienne, les Janoueix sont propriétaires de nombreux crus dans le Libournais. Leur histoire débute en 1898 quand Jean Janoueix fonde son commerce de vin, aidé de ses quatre fils. Joseph acquiert son propre domaine (Haut Sarpe) en 1930 et crée sa maison de négoce en 1932. Jean-François est aujourd'hui aux commandes de ce vaste ensemble.

Provenant des graves de la haute terrasse, ce vin bien né possède le charme de la discrétion. Le nez, privilégiant la délicatesse à l'intensité, dévoile de fines notes framboisées aux accents floraux. La bouche, au diapason, propose une matière ample et suave, aux tanins soyeux. L'ensemble donne un vin élégant, au potentiel caché mais certain. ⧗ 2025-2030

SC CH. LA CROIX, 37, rue Pline-Parmentier, BP 192, 33506 Libourne Cedex, tél. 05 57 51 41 86, info@j-janoueix-bordeaux.com V r.-v.

CH. LA CROIX DE GAY 2017 ★

■ | 17400 | | 30 à 50 €

Ce cru situé autour du hameau du Pignon est resté dans la même famille, par filiation directe, depuis le XVe s. C'est Chantal Raynaud-Lebreton qui le dirige depuis 1998 – son frère Alain ayant revendu ses parts en 2009. Le domaine ne couvre plus que 6 ha. Il s'est équipé en 2014 d'un nouveau cuvier aux cuves de béton tronco-cylindriques, en forme de tulipe.

Très belle maturité de raisin pour ce pomerol au bouquet généreux de quetsche et de cerise à l'eau-de-vie, complété à l'aération par des notes pâtissières de la barrique. Le vin « merlote » agréablement dans un palais tendre, parfumé de notes de vanille et de pain toasté, doté de tanins prometteurs. ⧗ 2024-2028

SCEV CH. LA CROIX DE GAY, 8, chem. de Saint-Jacques-de-Compostelle, lieu-dit Pignon, 33500 Pomerol, tél. 05 57 51 19 05, contact@chateau-lacroixdegay.com V r.-v.

CH. DU DOM. DE L'ÉGLISE 2017 ★

■ | 30000 | | 50 à 75 €

Philippe Castéja, qui dirige la maison Borie-Manoux, est très présent dans le Libournais. À l'ombre du clocher de Pomerol, ce cru de 9 ha, cité dès 1589, est un ancien bien ecclésiastique, acquis en 1973 par la famille Castéja. Ses sols de graves et d'argiles sont plantés à plus de 90 % de merlot.

Le nez fleure bon la violette, la mûre et le cassis, embellis de notes vanillées à l'aération. En bouche, ce vin possède un charme indéniable par sa texture crémeuse et ses tanins ronds et caressants. Si la finale est encore un peu sévère, elle trouvera son harmonie dans quelques années. ⧗ 2024-2030

INDIVISION CASTÉJA-PREBEN-HANSEN, 33500 Pomerol, tél. 05 56 00 00 70, domaines@borie-manoux.fr V

CH. FAYAT 2017 ★

■ | 8447 | | 15 à 20 €

Clément Fayat, propriétaire du Ch. la Dominique, cru classé de Saint-Émilion, depuis 1969, et du Ch. Clément Pichon en haut-médoc, s'est intéressé au pomerol à partir de 1984, faisant l'acquisition du Ch. Prieurs de la Commanderie. Il a depuis acheté deux châteaux, La Commanderie de Mazeyres (2000), puis Vieux Bourgneuf (2006). Le Ch. Fayat résulte de la fusion en 2009 de ces trois crus. Au total, 16 ha de vignes plantées sur des sols variés.

La légèreté des sables s'exprime avec charme dans ce vin de demi-corps, aux parfums enjôleurs de cassis et de framboise. Finement épicée, la bouche possède l'amplitude pomerolaise tout en ayant le rebond et la fraîcheur propre au millésime. Les tanins, bien fondus dans la matière, participent indéniablement à l'élégance de ce vin délicat, aux proportions harmonieuses. ⧗ 2023-2028

SAS VIGNOBLES CLÉMENT FAYAT, 18, av. Georges-Pompidou, 33330 Saint-Émilion, tél. 05 57 51 31 36, contact@vignobles.fayat.com

CH. FEYTIT-CLINET 2017 ★

■ | 15000 | | 50 à 75 €

Jérémy Chasseuil, œnologue, a repris en 2000, à la suite de son père, ce cru familial de 6,7 ha jusqu'alors exploité en fermage. Restructuration du vignoble, baisse des rendements, tri sévère à la vendange…, il en a fait un domaine qui compte, en progrès constant.

Cassis frais, violette et mûre sauvage pour ce joli vin très équilibré, aux tanins parfaitement extraits. Ample et charnue, la bouche possède un agréable soyeux sans être légère pour autant et se prolonge harmonieusement dans une finale fruitée et goûteuse. Un jeu d'équilibriste très bien exécuté. ⧗ 2024-2028

JÉRÉMY CHASSEUIL (CH. FEYTIT-CLINET), 1, chem. de Feytit, 33500 Pomerol, tél. 06 85 52 33 18, jeremy.chasseuil@orange.fr V r.-v.

CH. LA FLEUR-PÉTRUS 2017 ★★

■ | n.c. | | + de 100 €

82 83 85 86 88 (89) **90** 95 **96 98** 99 01 02 03 04 |05| |**06**|
|07| |**08**| |09| (10) **11** (12) **13 14** (15) (16) **17**

Implanté sur le plateau de Pomerol, contigu à Lafleur à l'ouest et à Petrus au sud, c'est le plus vaste des crus pomerolais (18,7 ha) de la famille Moueix, acquis dès 1953; il a été agrandi en 1994 grâce à l'acquisition d'une butte graveleuse du Ch. le Gay. Un château réputé pour l'élégance de ses vins.

Après un trio épatant de millésimes (2014, 2015, 2016), la Fleur-Pétrus signe un 2017 « cistercien », une fois n'est pas coutume, droit dans ses bottes et encore sévère pour l'heure. Au nez, l'élevage se fait sentir pleinement, avec en arrière-plan des notes de fruits rouges mûrs et de pruneaux. En bouche, l'attaque massive ne laisse aucun doute : nous sommes en présence d'un pomerol puissant, ferme, dense, volumineux, plus austère qu'à son habitude, avec une finale bien tendue et serrée. Vous dire que la garde s'impose est un euphémisme… ⌛ 2025-2035

ÉTS JEAN-PIERRE MOUEIX, 54, quai du Priourat, BP_129, 33502 Libourne Cedex, tél. 05 57 51 78 96, info@jpmoueix.com

♥ CH. LE GAY 2017 ★★

■	15 000		+ de 100 €

Grande figure de Pomerol disparue en 2013, Catherine Péré-Vergé, héritière des cristalleries d'Arques, exploitait 3 domaines pomerolais qu'elle a portés au sommet : Montviel, acquis en 1985, Le Gay et La Violette, complétés par La Gravière en lalande. Un ensemble conduit aujourd'hui par son fils Henri Parent.

Un vrai pomerol qui assume sa puissance, dans un écrin de soie. Chaleureux, le nez affiche un profil ensoleillé de mûre confite, de myrtille et de fleurs séchées. À l'aération, les notes plus sourdes de la barrique enrichissent l'ensemble de senteurs pâtissières et cacaotées. Superbe de volume et de densité, tapissante et équilibrée, la bouche livre une sève profonde et savoureuse, étayée par des tanins soyeux et réglissés. De longue garde assurément. ⌛ 2025-2035 ■ **Ch. la Violette 2017 ★★ (+ de 100 €; 6 000 b.)** Des merlots bien nés sur des graves fines ont donné son raffinement aromatique à ce pomerol ouvert la rose et la mûre, agrémenté à l'aération de réglisse et de poivre. Plus fin que puissant, le palais a pour lui la délicatesse et la douceur de ses tanins, le soyeux de sa texture et une longueur remarquable. La finale, encore un peu fougueuse, exige quelques années de vieillissement en bouteille. ⌛ 2025-2030 ■ **Ch. Montviel 2017 ★★ (30 à 50 €; 1 300 b.)** Alchimie parfaite du bois et du raisin, le bouquet raffiné de ce 2017 convoque des parfums balsamiques de pin, d'encens et de cèdre sur un lit de fruits noirs à juste maturité. Ample et soyeuse en attaque, la bouche est avenante et pulpeuse, dotée de tanins tendres et d'une finale agréablement épicée. ⌛ 2025-2030

SCEA VIGNOBLES PÉRÉ-VERGÉ, 11, chem. Chantecaille, 33500 Pomerol, tél. 05 57 25 34 34, communication@montviel.com V r.-v.

CH. GAZIN 2017 ★★

■	89 000		75 à 100 €

(90) **91** 92 **93** 94 (95) (96) 97 **98** 99 **00** 01 **02** (03) **04** |(05)| |(06)| |**07**| |**08**| |**09**| **10** 11 12 |**13**| 14 15 **16 17**

L'un des domaines les plus réputés de Pomerol, ancienne propriété des Hospitaliers de Saint-Jean-de-Jérusalem, entré dans la famille Bailliencourt en 1918. L'un des plus étendus aussi, 26 ha d'un seul tenant sur un superbe terroir argilo-graveleux, où naissent des pomerol d'un grand classicisme.

Une superbe profondeur aromatique pour ce 2017 de haut rang fleurant bon le cèdre, le chocolat, la mûre, le cassis, le réglisse et le graphite. D'un soyeux remarquable en attaque, le palais s'adosse à des tanins puissants mais parfaitement intégrés dans une chair dense et caressante. La finale, longue et explosive, a le toucher délicat des grands pomerols. ⌛ 2025-2032

SCEA CH. GAZIN, 1, chem. de Chantecaille, 33500 Pomerol, tél. 05 57 51 07 05, contact@gazin.com r.-v.

Ⓑ CH. GOMBAUDE-GUILLOT 2017 ★

■	18 390		50 à 75 €

Claire Laval a repris en 1983 avec son mari Dominique Techer Gombaude-Guillot, un vignoble familial d'environ 8 ha, créé en 1860 au cœur du plateau de Pomerol. Acquis en 1996, le Clos Plince (1 ha environ) s'est ajouté à ce cru. Le couple a engagé la conversion bio de l'ensemble dès 1997 (certification en 2000) et confié en 2015 à son fils Olivier la gestion de ces propriétés.

Une proportion importante de cabernet franc (30 %) pour ce vin aux parfums enjoués de mûre et de myrtille, agrémentés de notes subtiles de moka à l'aération. La bouche déploie une chair pulpeuse et ronde, ourlée de tanins à la fois mûrs et fermes. Encore serrée, la finale a besoin de temps pour s'épanouir. ⌛ 2025-2030

SCEA FAMILLE LAVAL-POMEROL, 4, chem. les Grand'Vignes, 33500 Pomerol, tél. 05 57 51 17 40, gombaude@free.fr V r.-v.

CH. GRANDS SILLONS GABACHOT 2017 ★★

■	3 800		20 à 30 €

Jean Janoueix est l'un de ces nombreux Corréziens fondateurs de maisons en Libournais. Créée en 1898, la sienne s'est séparée en plusieurs branches. Pierre-Emmanuel, l'un de ses arrière-petits-fils, fort d'un diplôme d'ingénieur, a pris en main en 2000 les vignobles familiaux : les châteaux La Bastienne (15 ha en montagne-saint-émilion), Pierhem (1,8 ha à Pomerol) et Vieux Doumayne (80 ares en saint-émilion grand cru).

Superbe 2017 au bouquet complexe de cerise, de cuir, de poivre et de fleurs séchées. Une même générosité aromatique caractérise la bouche, aux saveurs généreuses de fraise et d'épices, étayée par une solide trame tannique. D'une grande allonge, la finale conclut admirablement la dégustation sur des saveurs salines et torréfiées. ⌛ 2023-2030

SARL VIGNOBLES PIERRE-EMMANUEL JANOUEIX, La Bastienne, BP 33, 33570 Montagne, tél. 05 57 74 53 18, pejx@pejanoueix.com V r.-v.

CH. LA GRAVE 2017 ★

■	n.c.		30 à 50 €

Longtemps appelé La Grave Trigant de Boisset (du nom d'un ancien propriétaire), ce domaine de 9 ha est

établi sur le versant ouest du plateau de Pomerol, sur des terrains graveleux. Il est entré dans le giron des établissements Moueix en 1971.

D'un abord fermé et un peu animal, ce pomerol s'ouvre à l'aération sur un boisé léger, vanillé, qui ne masque pas le fruit, noir et mûr. En bouche, il affiche une belle présence : du volume, du gras, des tanins ronds qui lui confèrent une mâche agréable, une jolie finale épicée et réglissée. Un bon classique, qui vieillira sereinement. ⧗ 2023-2028

ÉTS JEAN-PIERRE MOUEIX, 54, quai du Priourat, BP_129, 33502 Libourne Cedex, tél. 05 57 51 78 96, info@jpmoueix.com

CH. HAUT-MAILLET 2017 ★

■ | 12000 | | 30 à 50 €

Les Estager, négociants et propriétaires d'origine corrézienne, sont établis depuis 1912 dans le Libournais. Côté vignobles, conduits par Michèle Estager et son fils François, 4 appellations : pomerol (La Cabanne, Plincette, Haut-Maillet), saint-émilion (Gourdins), lalande (Gachet) et montagne (La Papeterie).

Voilà un pomerol riche et concentré pour le millésime. Aux notes vanillées du premier nez succèdent à l'aération des arômes généreux de fruits noirs bien mûrs. Puis le cassis et la cerise à l'eau-de-vie évoluent dans une bouche ample et crémeuse, équilibrée par une pointe de fraîcheur et soutenue par des tanins ronds lui conférant une mâche agréable et gourmande. Un pomerol qualifié « d'épicurien ». ⧗ 2024-2028

SCEA VIGNOBLES JEAN-PIERRE ESTAGER, 35, rue de Montaudon, 33500 Libourne, tél. 05 57 51 04 09, estager@estager.com V *r.-v.*

♥ CH. HOSANNA 2017 ★★★

■ | n.c. | | + de 100 €

Bordé par de prestigieux domaines – Petrus à l'est, Vieux Château Certan au sud, Lafleur au nord – ce cru de 4,5 ha est né du partage du Ch. Certan-Giraud. L'encépagement comprend 30 % de cabernet franc aux côtés du merlot. Acquis et rebaptisé par la famille Moueix en 1999, Hosanna est une valeur sûre de l'appellation.

Fidèle au style du cru, le 2017 se présente dans une robe profonde et dense. Une densité que l'on retrouve tout au long de la dégustation, à commencer par le bouquet, centré sur des notes de cassis mûr et de boisé délicat. Mais c'est en bouche que l'on touche à l'exceptionnel : une attaque fondue à souhait ouvre sur un palais crémeux, onctueux, d'un velouté et d'un volume incroyables, porté par des tanins policés et soyeux. La longue finale épicée (cannelle) et cacaotée conforte le caractère diablement sensuel de ce vin, et son solide potentiel de garde. ⧗ 2025-2035

ÉTS JEAN-PIERRE MOUEIX, 54, quai du Priourat, BP_129, 33502 Libourne Cedex, tél. 05 57 51 78 96, info@jpmoueix.com

CH. LAFLEUR DU ROY 2017 ★

■ | 17000 | | 20 à 30 €

Yvon et Pâquerette Dubost, venus à la vigne par le biais de leurs pépinières viticoles, ont constitué à partir de 1958 un bel ensemble de crus, aujourd'hui conduit par leur fils Laurent : Lafleur du Roy à Pomerol, Bossuet en bordeaux supérieur, La Vallière à Lalande et Pâquerette en bordeaux sec.

Fringant et enjoué, tel est le style de ce pomerol aux parfums de fruits rouges finement vanillés. Souple et franc, le palais se montre pulpeux et frais, puis légèrement poivré en finale. La trame tannique porte l'ensemble avec élégance et s'insère bien dans la chair de ce joli vin. ⧗ 2024-2028

SARL LAURENT DUBOST, 13, chem. de Jean-Lande, Catusseau, 33500 Pomerol, tél. 05 57 51 74 57, sarl.dubost.l@wanadoo.fr V *r.-v.; f. en août*

CH. LAFLEUR-GAZIN 2017 ★

■ | n.c. | | 30 à 50 €

Cette petite propriété de 8,5 ha établie sur les pentes douces qui regardent la Barbanne, dans la partie nord du plateau de Pomerol, s'inscrit entre les châteaux Lafleur et Gazin, comme son nom l'indique. Propriété de Madame Delfour-Borderie, elle est exploitée en métayage par les établissements Moueix depuis 1976.

Au nez, les fruits noirs bien mûrs, légèrement confits, se mêlent à un boisé épicé et quelques notes de cuir de Russie. Le palais, passé une attaque ferme, se révèle suave, plein, croquant, étayé par des tanins mûrs, extraits avec doigté, et par un joli boisé cacaoté. La finale renoue avec la petite sévérité perçue en début de bouche. Un pomerol qui doit encore se fondre, mais le potentiel est là, bien solide. ⧗ 2025-2030

ÉTS JEAN-PIERRE MOUEIX, 54, quai du Priourat, BP_129, 33502 Libourne Cedex, tél. 05 57 51 78 96, info@jpmoueix.com

CH. LATOUR À POMEROL 2017 ★

■ | n.c. | | 50 à 75 €

Un petit domaine de 7,9 ha entourant l'église de Pomerol, installé sur des terroirs variés, majoritairement argileux et graveleux. Acheté en 1917 par Edmonde Loubat (Petrus) et légué par sa nièce Mme Lacoste au Foyer de Charité de Châteauneuf-de-Galaure, il est exploité en fermage depuis 1963 par la société Jean-Pierre Moueix.

Le nez propose un joli mariage entre un boisé délicat, aux tonalités de vanille et de tabac blond, et un fruité mûr (framboise, myrtille). Une attaque fraîche et ferme ouvre sur une bouche ronde, presque crémeuse, dotée de tanins fondus, sans aspérité, et d'une belle longueur finale. Un pomerol aimable, de demi-corps. ⧗ 2023-2028

ÉTS JEAN-PIERRE MOUEIX, 54, quai du Priourat, BP_129, 33502 Libourne Cedex, tél. 05 57 51 78 96, info@jpmoueix.com

CH. LÉCUYER 2017 ★

■ | 4 800 | | 30 à 50 €

Agriculteur en Eure-et-Loire, François Petit acquiert Tournefeuille en 1998, pièce maîtresse (17,5 ha à Néac) d'un vignoble familial étendu aussi sur Pomerol (Lécuyer) et Saint-Émilion (La Révérence), aujourd'hui conduit par son fils Émeric.

Un vin d'une belle consistance pour le millésime. Fin et volubile, le bouquet évoque les fruits rouges, la violette et la rose. D'une texture soyeuse, la bouche possède une trame tannique solide mais au grain fin sur laquelle s'appuient des notes de framboise et de fraise écrasée. ⧗ 2024-2028

SCEA PETIT LÉCUYER, 24, rue de l'Église, 33500 Néac, tél. 05 57 51 18 61, ipineaud@chateau-tournefeuille.com r.-v.

CH. NÉNIN 2017 ★

■ | 15 000 | | 50 à 75 €

Commandé par une belle demeure du XVIII[e]s., ce cru de 32 ha, situé au sud de l'appellation, à l'entrée du village de Catusseau, est l'un des plus importants de Pomerol. Sa surface lui permet d'accéder à la plupart des terroirs de l'AOC. En 1997, Jean-Hubert Delon (Léoville Las Cases à Saint-Julien) et sa sœur Geneviève d'Alton l'ont acheté et ont entrepris d'importants travaux de restructuration; ils ont augmenté la part du cabernet franc par rapport au merlot, qui reste dominant.

Une part très importante de cabernet franc dans le 2017 de Nénin : 42 %. Au nez, le vin affiche un boisé soutenu, des notes camphrées et mentholées, puis arrivent les fruits mûrs, la cerise notamment, et les épices douces. En bouche, l'attaque est souple et fraîche, le développement dense, crémeux et rond, autour de tanins fondus et moelleux. ⧗ 2023-2028

CH. NÉNIN, 66, rte de Montagne, 33500 Pomerol, tél. 05 56 73 25 26, contact@leoville-las-cases.com r.-v.

CH. PETIT-VILLAGE 2017 ★

■ | 25 500 | | 75 à 100 €

Dans le giron d'Axa Millésimes depuis 1989, un cru réputé, qui doit son nom aux anciens bâtiments qui formaient un petit hameau. Bien situé sur la partie la plus haute du plateau de Pomerol, son vignoble compose un triangle de 10,5 ha d'un seul tenant sur graves profondes enrobées d'argiles.

Le cru, qui a été épargné par les gelées de 2017, signe un pomerol de belle facture. La robe affiche une bonne densité pour le millésime. Le nez, d'un abord réservé, s'ouvre doucement à l'aération sur la vanille, la fraise, la mûre et (un peu) la violette. Une attaque vive, voire nerveuse, introduit un palais souple, ample, sur l'amande et les fruits mûrs, avec en soutien des tanins ronds qui se resserrent légèrement en finale, accompagnés par une touche de poivre et une fine amertume. ⧗ 2023-2028

CH. PETIT-VILLAGE, 126, rte de Catusseau, 33500 Pomerol, tél. 05 57 51 21 08, contact@petit-village.com r.-v.

CH. LA RENAISSANCE 2017 ★

■ | 17 333 | | 30 à 50 €

La famille de Lavaux exploite plusieurs crus en Libournais : en saint-émilion grand cru, le Ch. Martinet (17 ha) et le Ch. Bellevue en copropriété avec les Boüard de Laforest; en pomerol, une dizaine d'hectares avec les châteaux Haut-Cloquet, Saint-Pierre, Clos du Vieux Plateau Certan et la Renaissance (6 ha). S'y ajoutent des vignes en fronsac, lalande et bordeaux.

Un merrain de qualité pour ce pomerol aux accents de fruits des bois et de cannelle à l'olfaction. Bien équilibré, crémeux et structuré à la fois, le palais affiche un style longiligne qui privilégie la fraîcheur à la puissance. Déjà très agréable en dégustation, il n'en reste pas moins un vin de garde que l'on pourra oublier quelques années en cave. ⧗ 2023-2027

SCEA LA RENAISSANCE, 64, av. du Gal-de-Gaulle, 33500 Libourne, tél. 05 57 74 05 89, contact@chateau-martinet.com t.l.j. sf sam. dim. 9h-12h 14h-17h

♥ CH. ROUGET 2017 ★★

■ | 45 000 | | 50 à 75 €

99 00 01 **02 03** 04 |05| |06| **07** |**08**| |09| **10 11** 12 |13| 14 **15** 16 **17**

En 1992, les Labruyère, originaires du Beaujolais (moulin-à-vent) et aujourd'hui propriétaires en Bourgogne (Jacques Prieur) et en Champagne, ont acquis ce domaine réputé dès le XVIII[e]s. Ils l'ont hissé parmi les grands de Pomerol, grâce à des vins d'une remarquable régularité, nés de 18 ha de vignes établies en pente douce sur le plateau de Pomerol.

Grâce à sa situation idéale sur le plateau, ce vin bénéficie d'un apport de cabernet franc (15 %) qui égaye le nez de délicates notes florales rappelant la violette et la jacinthe. À l'aération, la fraise et le café complètent ce bouquet équilibré et complexe. Ample, riche et structurée, la bouche déploie une puissance contenue et une longueur remarquable, pour finir en queue de paon sur des notes de cèdre. Un 2017 d'une consistance et d'une élégance admirables, qui prouve une nouvelle fois l'aisance du cru quel que soit le millésime. ⧗ 2025-2030

SAS SGVP, 4-6, rte de Saint-Jacques-de-Compostelle, 33500 Pomerol, tél. 05 57 51 05 85, info@chateau-rouget.com r.-v.

CH. SAINT-PIERRE 2017 ★

■ | 5 000 | | 50 à 75 €

Propriétaire du négoce Horeau-Beylot, fondé en 1740, la famille de Lavaux est établie au Ch. Martinet,

à Saint-Émilion, d'où elle gère plusieurs vignobles, à Pomerol (Saint-Pierre, Clos du Vieux Plateau Certan, Haut Cloquet), Lalande (Clos des Galevesses) et Fronsac (Dufort Pontus). Elle est aussi copropriétaire du Ch. Bellevue (grand cru classé de Saint-Émilion).

Reposant sur la célèbre crasse de fer qui a fait la réputation, notamment, de Petrus, ce cru a produit un 2017 abouti. Au bouquet riche, profond et engageant de girofle et de mûre répondent en bouche des saveurs de cassis et de vanille qui persistent en finale. Riche, puissant, tannique mais sans manquer du velouté propre au pomerol, voilà un vin sérieux qui a frôlé la deuxième étoile. ⧗ 2025-2030

SCEA DE LAVAUX, 64, av. du Gal-de-Gaulle, 33500 Libourne, tél. 05 57 74 05 89, contact@chateau-martinet.com t.l.j. sf sam. dim. 9h-12h 14h-17h

CH. TOUR MAILLET 2017 ★★

■ | 10 000 | | 20 à 30 €

99 (01) 02 03 04 |05| |06| |07| |08| |09| |10| |11| |12| |13| 14 15 **16 17**

Au lendemain de la guerre de 1914, Pierre Lagardère acquiert 1 ha de vignes dans le secteur de Maillet, à Pomerol. Ses petits-fils et arrière-petits-fils, Jean-Claude et Gaël, conduisent aujourd'hui un vignoble de 17 ha à Montagne (Ch. Négrit et Ch. Rocher Calon) et de 2 ha à Pomerol (Ch. Tour Maillet).

Ce vin a de la prestance et le montre dès le bouquet, ouvert sur des arômes enlevés de mûre, de framboise et de violette. Arômes qui se prolongent dans une bouche ample et soyeuse, aux tanins ciselés. Le boisé se fond admirablement dans la matière et apporte un supplément de rondeur. La finale, de grande classe, confirme ce style aimable, presque aérien, qui n'exclut pas la puissance, ni la garde. ⧗ 2024-2030

SCEV LAGARDÈRE, 19, rte de Négrit, 33570 Montagne, tél. 05 57 74 61 63, vignobleslagardere@wanadoo.fr t.l.j. 8h-12h 14h-19h

CH. LA TRIBUNE 2017 ★★

■ | 1585 | | 30 à 50 €

Une micro-propriété de 37 ares reprise en 2011 par un groupe d'investisseurs souhaitant créer de toute pièce un grand pomerol. Fûts de chêne et jarre en terre cuite font partie de l'arsenal œnologique.

Une entrée dans le Guide en fanfare pour ce jeune domaine avec un 2017 dont le style raffiné s'exprime d'emblée par des arômes subtils de violette et de rose, complétés à l'aération par des notes de fruits frais et de cannelle. Soutenue par une trame tannique d'une grande finesse, la bouche affiche un volume et un soyeux remarquables. La finale, longue et serrée, laisse serein sur le solide potentiel de ce pomerol. ⧗ 2025-2032

SARL CH. LA TRIBUNE, 38, chem. de Plince, 33500 Libourne, tél. 06 07 21 71 25, chateau-la-tribune@orange.fr r.-v.

CH. TROTANOY 2017 ★★★

■ | n.c. | | + de 100 €

88 89 (90) 92 94 (95) (96) 97 98 99 00 (01) |02| |03| |04| |05| |06| |07| |08| |09| (10) **11 12 13 14** (15) (16) (17)

Difficile à cultiver, le sol riche en argiles (graves sur argiles et argiles noires profondes sur crasses de fer) a donné son nom à ce cru de 7,2 ha : « trop anoi » (« trop ennuie » en vieux français). La maison Jean-Pierre Moueix en tire le meilleur depuis 1953. Un pilier de l'appellation.

Du corps, de la puissance, du volume : Trotanoy 2017 ne déroge pas à son profil habituel, même dans ce millésime qui a engendré quelques désillusions et… dilutions dans le verre. La robe est intense et le nez, profond, vineux, ouvert sur les fruits mûrs, les épices douces, le fumé et une note plus fraîche et minérale de silex. Une attaque ferme, un développement impressionnant de richesse et de densité autour de tanins enveloppants : le palais en impose par sa structure et son amplitude, mais aussi par son fruité croquant nuancé de tabac blond et d'épices. Un grand pomerol de garde. ⧗ 2025-2035

ÉTS JEAN-PIERRE MOUEIX, 54, quai du Priourat, BP_129, 33502 Libourne Cedex, tél. 05 57 51 78 96, info@jpmoueix.com

CH. VIEUX MAILLET 2017 ★

■ | 8400 | | 20 à 30 €

Installés en 2000 au Ch. de Lussac, Griet Van Malderen, fille d'un industriel flamand, et son mari Hervé Laviale, ancien journaliste, ont investi dans plusieurs vignobles libournais, où ils associent viticulture et œnotourisme. Ils ont acquis Vieux Maillet (pomerol) en 2004, 8,65 ha dans le secteur du Maillet – complétés par une petite vigne en lalande, vers le moulin de Lavaud – et, en 2005, Franc Mayne (cru classé de Saint-Émilion).

« Du merlot à souhait », résume le jury. En effet, le nez comme la bouche sont des modèles de merlot pomerolais : fruits rouges et noirs, épices et nuances florales pour les arômes; rondeur, velouté, amplitude et puissance contenue pour la bouche. Ajoutons à cela le style Vieux Maillet fait de chair et de tonicité, et l'on obtient un pomerol de belle facture, au bon potentiel de garde. ⧗ 2024-2028

SCEA CH. VIEUX MAILLET, 16, chem. de Maillet, 33500 Pomerol, tél. 05 57 74 56 58, info@chateaudelussac.com r.-v.

CH. VRAY CROIX DE GAY 2017 ★

■ | 10 415 | | 75 à 100 €

La famille Guichard était propriétaire depuis 1832 de plusieurs crus en Libournais : son fief et fleuron, Ch. Siaurac en lalande, Vray Croix de Gay en pomerol et Le Prieuré en saint-émilion grand cru. Un ensemble dirigé depuis 2004 par Paul Goldschmidt, qui avait épousé Aline Guichard. En 2014, Artémis Domaines (groupe Pinault, détenteur par ailleurs de Ch. Latour) a pris une participation dans les châteaux familiaux, qui ont opté à partir de 2016 pour l'agriculture

LE BORDELAIS

biologique, sous la houlette de Pénélope Godefroy, directrice technique formée à la biodynamie.

Voilà un bon classique de l'appellation qui livre une matière équilibrée et suave, au boisé généreux mais fondu dans la chair. Si le nez présente des notes vanillées, la bouche fait la part belle aux fruits noirs, soutenus par des tanins doux et ronds. ⧗ 2023-2027

SC CH. SIAURAC AND CO, Ch. Siaurac, Ciorac, 33500 Néac, tél. 05 57 51 64 58, info@siaurac.com V r.-v.

LALANDE-DE-POMEROL

Superficie : 1 130 ha / Production : 61 400 hl

Créé, comme celui de Pomerol qu'il jouxte au nord, par les Hospitaliers de Saint-Jean-de-Jérusalem (à qui l'on doit aussi l'église de Lalande qui date du XII^e^s.), ce vignoble produit, à partir des cépages classiques du Bordelais, des vins rouges colorés, puissants et bouquetés qui jouissent d'une bonne réputation, les meilleurs pouvant rivaliser avec les pomerol et les saint-émilion.

CH. ARNAUD DE GRAVETTE 2017 ★

■	2000		11 à 15 €

Petit cru créé en 2003 au moment du partage de l'exploitation familiale, il porte le nom de son propriétaire, Éric Arnaud, complété d'une référence à la nature du sol, *gravette* signifiant « petits cailloux ».

Les merlots de gravette ont parlé : cassis, prune et mûre confite pour un nez gourmand et flatteur. Arômes que l'on retrouve dans un palais dense, vineux, structuré par des tanins bien présents mais bien extraits. Un vin sérieux et généreux que l'on pourra oublier en cave. ⧗ 2024-2028

CH. ARNAUD DE GRAVETTE, 16, la Coutaude, 33910 Sablons, tél. 06 38 52 38 34, ericmh.arnaud@orange.fr *r.-v.*

CH. BERTINEAU SAINT-VINCENT 2017 ★

■	6900		20 à 30 €

Michel Rolland possédait plusieurs crus dans le Libournais, avec pour fleuron Bon Pasteur, dans la famille depuis les années 1920 : 7 ha morcelés en 23 parcelles, aux confins nord-est de Pomerol. Bertineau Saint-Vincent (5,6 ha en lalande) et Rolland-Maillet (3,3 ha en saint-émilion) complètent la propriété, passée en 2013 sous pavillon chinois (le groupe Golding basé à Hong-Kong); l'équipe technique est restée en place.

La robe grenat, brillante et profonde, fait écho aux parfums intenses de fraise, de cassis et de mûre qui se dégagent de l'olfaction. Une solide charpente tannique s'impose en bouche, non sans élégance, enrobée dans une chair de fruits mûrs qui donne à l'ensemble une sensation agréable de volume et d'équilibre. ⧗ 2024-2028

SAS LE BON PASTEUR, 11, chem. Maillet, 33500 Pomerol, tél. 05 57 24 52 58, contact@chateaulebonpasteur.com V *r.-v.*

CH. DE CHAMBRUN 2017 ★

■	3000		20 à 30 €

Un vignoble mis en valeur dans les années 1770, entré un siècle plus tard dans la famille du général de Moncets à qui l'on doit le château, le parc et le nom du cru. Un domaine de 20 ha en montagne-saint-émilion (la Bastidette, 1 ha) et surtout en lalande-de-pomerol (Ch. Moncets, Ch. de Chambrun), propriété aujourd'hui de la société Rhocube, l'ensemble étant dirigé par Antoine Bourseau.

Si le nez s'exprime en puissance sur des arômes de fruits noirs bien mûrs, la bouche surprend par son style longiligne et frais qui rappelle à tort les cabernets. C'est bien une dominante de merlot qui donne ce style élancé et alerte au palais, discrètement soutenu par des tanins mûrs et effilés. La finale est bien équilibrée et augure une belle évolution dans les quelques années à venir. ⧗ 2023-2026

SAS MONCETS, chem. du Roussillon, 33500 Néac, tél. 05 57 51 19 33, contact@chambrun.fr V *t.l.j. sf sam. dim. 9h-12h 14h-18h*

CH. LA CROIX CHAIGNEAU 2017 ★

■	32000		11 à 15 €

Issu d'une famille enracinée à Saint-Émilion depuis le XVII^e^s., André Chatonnet, disparu en 2007, s'était établi en 1967 au Ch. Haut-Chaigneau, où il avait fait construire un « temple du vin » dans le style néoclassique. Son fils Pascal, œnologue et biologiste, continue son œuvre. Il exploite 30 ha de vignes, en lalande essentiellement, ainsi qu'en saint-émilion. Une valeur sûre.

Une belle proportion de cabernet franc a donné ce style frais et élancé à ce lalande, qui se distingue au nez par des arômes de framboise et de fleurs séchées. Finement habillée de notes boisées, la bouche propose une matière pulpeuse qui s'appuie en finale sur des tanins mûrs et savoureux. ⧗ 2023-2027

GFA J. ET A. CHATONNET, chem. des Trois-Bois, 33500 Néac, tél. 05 57 51 31 31, contact@vignobleschatonnet.com V *r.-v.* 4

CH. LA CROIX DES MOINES 2017 ★

■	60000		11 à 15 €

Les Trocard sont établis dans le Libournais depuis 1628. Leurs domaines ont connu un formidable essor au lendemain de la Seconde Guerre mondiale. Aux commandes depuis 1976, Jean-Louis Trocard, épaulé par ses enfants Benoît et Marie, a porté le vignoble à près de 100 ha répartis dans plusieurs crus et appellations.

Beau travail de vinification parcellaire qui se traduit au nez par un mélange équilibré de fruits rouges et de noirs subtilement agrémentés d'une pointe vanillée. La puissance de la bouche est bien contenue par un élevage habile de 14 mois qui tempère les tanins et habille la finale de notes fraîches et mentholées. ⧗ 2022-2028

SCEA DES VIGNOBLES JEAN-LOUIS TROCARD, 1175, rue Jean-Trocard, 33570 Les Artigues-de-Lussac, tél. 05 57 55 57 90, contact@trocard.com V *r.-v.*

DOM. DU GRAND ORMEAU 2017 ★

	3000		11 à 15 €

Issu d'une longue lignée vigneronne, Jean-Paul Garde a conduit entre 1974 et 2014 les vignes familiales (31 ha aujourd'hui), réparties dans trois appellations libournaises : lalande, montagne et pomerol. Son fils Frédéric, qui travaillait à ses côtés depuis 1996, a pris les rênes de l'exploitation.

Un lalande élevé en cuve, ce n'est pas si fréquent. Celui-ci propose dès lors un fruit sans fard aux accents de mûre et de cassis écrasé, agrémentés de notes originales de thé noir. Une belle franchise se dégage du palais, dynamisé par des tanins soyeux et prolongé par une finale qui fait la part belle aux fruits juteux et bien mûrs. Du charme à revendre. ⌛ 2022-2026

SCEA VIGNOBLES JEAN-PAUL GARDE, 1, les Cruzelles, 33500 Néac, tél. 05 57 51 40 43, garde@domaine-grand-ormeau.com V r.-v.

CH. HAUT-SURGET 2017 ★

	15000		11 à 15 €

En cinq générations, la famille Ollet-Fourreau, de Néac (lalande), a constitué une belle unité de 35 ha, essentiellement en lalande (Haut-Surget, Lafleur Vauzelle), complétée par des vignes en pomerol (Grand Moulinet), en bordeaux (Fleur Saint-Espérit) et en saint-émilion grand cru (Grand Cardinal).

Un bouquet percutant, appuyé par un boisé dominant, ouvre la dégustation sur des notes de vanille et de cannelle, complétées à l'aération par de beaux parfums de cassis et de prune à l'eau-de-vie. « Prometteur », c'est le mot que le jury a choisi pour décrire une bouche structurée, à la finale encore serrée, qui devrait trouver sa plénitude dans quelques années. ⌛ 2024-2028

GFA CH. HAUT-SURGET, 18, av. de Chevrol, 33500 Néac, tél. 05 57 51 28 68, chateauhautsurget@wanadoo.fr V r.-v.

CH. LA MISSION 2017 ★

	5000		11 à 15 €

Jean-Marie Garde exploite 2 crus limitrophes à Pomerol, au terroir et à l'encépagement similaires (avec une présence originale du malbec) : le Clos René – ancienne propriété familiale connue au XVIII[e]s. sous le nom de « Reney » – et Moulinet-Lasserre, complétés par une vigne en lalande (La Mission).

La couleur rubis profond de ce lalande tranche avec un nez délicat de framboise et d'airelle, au fond légèrement épicé. L'équilibre en bouche s'appuie sur des tanins fins qui laissent la place à un fruit juteux et enjoué. Un vin de plaisir au charme incontestable. ⌛ 2022-2025

SCEA GARDE-LASSERRE, 3, rue du Grand-Moulinet, 33500 Pomerol, tél. 05 57 51 10 41, clos-rene-pomerol@wanadoo.fr V r.-v.

CH. DE VIAUD 2017 ★★

	7418		15 à 20 €

Un petit domaine de 2,78 ha entièrement dédié à l'appellation lalande-de-pomerol, acquis par Sébastien Godineau en 2016.

Il aura fallu 12 mois d'élevage en barrique pour contenir la puissance remarquable de ce vin aux arômes concentrés de moka et de prunes à l'eau-de-vie. D'un beau volume, la bouche affiche la même densité qu'au nez et s'appuie sur des tanins intenses mais au grain soyeux. La finale est fraîche et d'une réelle longueur, ce qui promet le meilleur dans quelques années. ⌛ 2024-2030

SAS CH. DE VIAUD, 10, rte de Viaud, 33500 Lalande-de-Pomerol, tél. 05 57 51 17 86, chateaudeviaud1@orange.fr V r.-v.

▶ SAINT-ÉMILION ET SAINT-ÉMILION GRAND CRU

Établi sur les pentes d'une colline dominant la vallée de la Dordogne, Saint-Émilion (3 300 habitants) est une petite ville viticole charmante et paisible. C'est aussi une cité chargée d'histoire. Étape sur le chemin de Saint-Jacques-de-Compostelle, ville forte pendant la guerre de Cent Ans et refuge des députés girondins proscrits sous la Convention, elle possède de nombreux vestiges évoquant son passé. La légende fait remonter le vignoble à l'époque romaine et attribue sa plantation à des légionnaires. Mais il semble que sa véritable origine se situe au XIII[e]s. Quoi qu'il en soit, Saint-Émilion est aujourd'hui le centre de l'un des plus célèbres vignobles du monde qui, en 1999, a été incrit au patrimoine mondial par l'Unesco. L'aire d'appellation, répartie sur 9 communes, comporte une riche gamme de sols. Tout autour de la ville, le plateau calcaire et la côte argilo-calcaire (d'où proviennent de nombreux crus classés) donnent des vins d'une belle couleur, corsés et charpentés. Aux confins de Pomerol, les graves produisent des vins d'une très grande finesse (cette région possédant aussi de nombreux grands crus). Mais l'essentiel de l'appellation est représenté par les terrains d'alluvions sableuses descendant vers la Dordogne, qui produisent de bons vins. Pour les cépages, on note une nette domination du merlot, complété par le cabernet franc, appelé bouchet dans cette région, et, dans une moindre mesure, par le cabernet-sauvignon.

L'appellation saint-émilion peut être revendiquée par tous les vins produits dans la commune et dans huit autres villages environnants. La seconde appellation, saint-émilion grand cru, ne correspond pas à un terroir défini, mais à des critères d'élaboration plus exigeants : rendements plus faibles, élevage de dix-sept mois minimum, mise en bouteilles à la propriété obligatoire. C'est parmi les saint-émilion grand cru que sont choisis les châteaux qui font l'objet d'un classement. Ce dernier constitue l'une des originalités de la région de Saint-Émilion. Assez récent (il ne date que de 1955), il est régulièrement et systématiquement revu. La première révision a eu lieu en 1958 ; la dernière, en 2006, a été contestée devant les tribunaux pour être, à l'issue d'une longue procédure, annulée par le tribunal administratif de Bordeaux. Pour mettre fin au vide juridique, le Parlement a voté en mai 2009 un article de loi rétablissant l'ancien classement de 1996 auquel s'ajoutent les promus de 2006, classement valable jusqu'à la récolte 2011 incluse.

Pour les saint-émilion grand cru, la dégustation Hachette s'est faite en distinguant les classés (y compris les premiers) des non-classés. Les étoiles et commentaires correspondent donc à ces deux critères.

SAINT-ÉMILION

Superficie : 5 400 ha (grands crus inclus)
Production : 51 000 hl

CH. ALTIMAR Puy Versannes 2017 ★★

■ | 1400 | | 15 à 20 €

Altimar est l'anagramme du prénom de l'œnologue Martial Junquas, issu d'une famille de vignerons de Néac (Ch. Haut Chatain), qui a créé ce domaine en 2009 : 9 ha en pomerol, lalande montagne, saint-émilion et AOC régionales.

Ce premier millésime en saint-émilion rencontre un franc succès. Le bouquet, explosif et complexe, est dominé par les fruits rouges et la réglisse, agrémentés de notes de cèdre et de vanille. La bouche n'est pas en reste et s'affirme dès l'attaque avec puissance sur des tanins fermes mais intégrés. La finale, longue et juteuse, fait l'unanimité. Un beau vin de garde. ⧗ 2024-2030

CH. ALTIMAR, 6, Châtain, 33500 Néac, tél. 06 88 34 77 96, contact@chateau-altimar.com V *r.-v.*

CH. L'ANCIEN-MOULIN 2017 ★

■ | 4500 | | 8 à 11 €

Un ancien moulin à eau installé sur le Tailhas, ruisseau qui sépare les communes de Libourne et de Saint-Émilion, a donné son nom à ce cru de poche, la rocade de contournement de Libourne ayant amputé la propriété en 1989. Bernard Cany, qui produit aussi en pomerol (Petit Clos Taillefer), est aux commandes depuis 1991.

Quelques reflets grenat se distinguent à la marge d'une robe profonde et intense. Le nez, dominé par les fruits rouges, s'entiche de notes originales de camphre et de grillé. La bouche privilégie la rondeur, même si les tanins ressortent en finale. ⧗ 2023-2026

CH. ANCIEN-MOULIN, 192, rte de Saint-Émilion, 33500 Libourne, tél. 06 30 59 95 51, bernardcany@sfr.fr V *r.-v.*

CH. BARBEROUSSE 2017 ★

■ | 20000 | | 11 à 15 €

Bien connu des lecteurs du Guide, Stéphane Puyol exploite la vigne dans le Libournais (20 ha en saint-émilion et en saint-émilion grand cru) depuis 1977 avec son Ch. Barberousse, certifié HVE3 depuis le millésime 2020, et son voisin le Ch. Montremblant. Il vinifie également dans le Bergeracois depuis l'acquisition en 1991 du Ch. Lamothe-Belair, situé sur le plateau de Belair, dans le prolongement du coteau de Saint-Émilion.

Le nez évoque les fruits rouges compotés. La bouche est charpentée et laisse un temps ressortir les notes boisées. L'ensemble est équilibré et peut s'apprécier dès maintenant. ⧗ 2020-2025

CH. BARBEROUSSE, Ch. Barberousse, 33330 Saint-Émilion, tél. 05 57 24 74 24, chateau-barberousse@wanadoo.fr V *r.-v.*

MAYNE-FIGEAC 2017 ★

■ | 1500 | 5 à 8 €

Établi sur sables et graves dans le secteur de Figeac, ce petit cru de moins de 2 ha est dans la famille Chambret depuis 6 générations.

Voici un joli vin de plaisir qui privilégie le fruit à la puissance. Au nez, les petits fruits rouges ont la parole, ponctués de notes réglissées et poivrées. La bouche est au diapason : les tanins sont fondus et la texture généreuse, tandis qu'une pointe mentholée aiguillonne la finale. Et tout cela à prix doux. ⧗ 2022-2024

CH. MAYNE-FIGEAC, 101, rte de Saint-Émilion, 33500 Libourne, tél. 05 57 74 12 98, chateaumayne.figeac@sfr.fr V *r.-v.*

CH. MOULIN DU JURA Prestige 2017 ★

■ | 6500 | | 8 à 11 €

Les Berlureau exploitent depuis six générations un vignoble de 11,5 ha en montagne-saint-émilion (Croix-Jura) et en saint-émilion (Moulin du Jura). Les chais ont remplacé un ancien moulin et une boulangerie qui ont fait partie du décor jusqu'au XIXes.

Rien de vosgien dans cette cuvée très libournaise où le merlot règne en maître. Cerise et cassis signent un nez finement boisé, auquel répond une bouche expressive, ample et généreuse. Même si le boisé vient titiller la finale, l'ensemble reste agréable et pourra s'apprécier dans sa jeunesse. ⧗ 2021-2025

MOULIN DU JURA, 13, rte de Libourne, 33570 Montagne, tél. 06 22 89 78 81, contact@moulindujura.fr V *r.-v.*

CH. ROLLAND-MAILLET 2017 ★

■ | 5200 | | 20 à 30 €

Michel Rolland possédait plusieurs crus dans le Libournais, avec pour fleuron Bon Pasteur, dans la famille depuis les années 1920 : 7 ha morcelés en 23 parcelles, aux confins nord-est de Pomerol. Bertineau Saint-Vincent (5,6 ha en lalande) et Rolland-Maillet (3,3 ha en saint-émilion) complètent la propriété, passée en 2013 sous pavillon chinois (le groupe Golding basé à Hong-Kong); l'équipe technique est restée en place.

Une vendange manuelle suivie d'un double tri aura été nécessaire pour engendrer un vin qui fleure bon le cassis et les notes orientales. La bouche, issue d'une juste extraction, possède une belle matière dense et serrée. Un bon vin qui gagnera à vieillir quelques années en cave. ⧗ 2023-2026

SAS LE BON PASTEUR, 11, chem. Maillet, 33500 Pomerol, tél. 05 57 24 52 58, contact@chateaulebonpasteur.com V *r.-v.*

CH. TOUR PUYBLANQUET 2017 ★

■ | 4 000 | | 8 à 11 €

En 2012, suite au décès de leur père, Corinne Lapoterie et son frère Philippe (cinquième génération) ont repris la propriété familiale (8 ha), située non loin de Valandraud, et dans leur famille depuis 1902.

Une fois n'est pas coutume, voici un saint-émilion sans fût de chêne. Le nez est un véritable panier de fruits qui rappelle le cassis et la mûre, tandis que des notes épicées de cannelle viennent rehausser l'ensemble. La bouche est ronde et suave, avec des tanins mûrs en soutien. Un joli vin qui s'offre à la dégustation dès aujourd'hui. ⧗ 2020-2025

CH. TOUR PUYBLANQUET, 3, Bouguet, 33330 Saint-Étienne-de-Lisse, tél. 05 57 40 18 32, chateau.tourpuyblanquet@orange.fr
V *t.l.j. 9h-12h 14h-18h*

SAINT-ÉMILION GRAND CRU

Superficie : 5 400 ha / Production : 72 000 hl

CH. BALESTARD LA TONNELLE 2017 ★

■ Gd cru clas. | 34 500 | | 30 à 50 €

Issu d'une famille déjà établie à Saint-Émilion au XVII[e]s., Jacques Capdemourlin est à la tête de deux crus classés saint-émilionnais, Cap de Mourlin (14 ha) et Balestard la Tonnelle (10 ha), ainsi que du Ch. Roudier (30 ha) en montagne-saint-émilion. Il a vendu en 2017 Petit-Faurie de Soutard à son voisin le Ch. Soutard.

Des formes séduisantes pour cet habitué du Guide. Aux épices qui apportent du relief au nez répondent des arômes de fruits noirs juteux tels le cassis et la myrtille. En bouche, on retrouve ce profil généreux et équilibré. Les tanins soutiennent bien l'ensemble et apportent volume et texture jusqu'en finale. Un vin très harmonieux, qui pourrait s'apprécier dans ses premières années après un passage en carafe. ⧗ 2022-2028

CH. ROUGIER, 5, rte de Labatut, 33570 Montagne, tél. 05 57 74 62 06, info@vignoblescapdemourlin.com
V *r.-v.*

CH. BARDE-HAUT 2017 ★

■ Gd cru clas. | 60 000 | | 50 à 75 €

Sylviane Garcin-Cathiard, propriétaire de plusieurs crus en pomerol (Clos l'Église) et pessac-léognan (Haut-Bergey et Branon), a acquis en 2000 ce cru de 17 ha situé sur les hauteurs de Saint-Christophe-des-Bardes, à l'extrémité du plateau de Saint-Émilion. Un domaine promu au rang de grand cru classé en 2012.

Ce cru signe un vin aux rondeurs alléchantes. Le grain de café torréfié s'invite au nez, suivi à l'aération par quelques notes fruitées de bonne maturité. La bouche, d'un beau volume, est portée par des tanins souples et soyeux, que le bois enrobe de notes toastées et vanillées. L'ensemble trouve son harmonie dans la gourmandise, ce qui devrait séduire un large public. ⧗ 2023-2027

CH. BARDE-HAUT, 33330 Saint-Christophe-des-Bardes, tél. 05 57 25 72 55, info@chateaubardehaut.com V *r.-v.*

CH. BEAU-SÉJOUR BÉCOT 2017 ★

■ 1er gd cru clas. B | 85 000 | | 75 à 100 €

82 83 85 (86) **87 88 89** 90 93 **94 95 96** 97 98 **99** 00 **01** 02 **03** |**04**| |**05**| |(06)| |07| |08| 09 10 **11** 12 13 15 **16** 17

Déjà planté de vigne à l'époque romaine, ce cru de 19 ha situé au sommet du plateau calcaire de Saint-Émilion conserve ses vins dans d'anciennes carrières de 7 ha creusées par les moines au Moyen Âge. Acquis en 1969 par Michel Bécot, il est aujourd'hui dirigé par ses fils Dominique (à la vigne) et Gérard (à la cave), épaulés par Juliette, la fille de ce dernier.

Les raisins ont semble-t-il bénéficié des meilleures attentions pour engendrer ce joli vin expressif et fruité. Les arômes de baies noires dominent au nez. On les retrouve dans une bouche généreuse et pleine de charme. Voilà un bon vin rond, sur le fruit, qui pourra se garder quelques années. ⧗ 2023-2028

CH. BEAU-SÉJOUR BÉCOT, 33330 Saint-Émilion, tél. 05 57 74 46 87, contact@beausejour-becot.com
V *r.-v.*

♥ CH. BÉLAIR-MONANGE 2017 ★★

■ 1er gd cru clas. B | n.c. | | + de 100 €

10 11 12 13 14 15 16 17

Acquis en 2008 par les établissements Jean-Pierre Moueix, ce cru de 12,5 ha, anciennement Ch. Bélair, fut alors rebaptisé Bélair-Monange en l'honneur de l'épouse de Jean Moueix (grand-père de Christian, l'actuel dirigeant), Anne-Adèle Monange, première femme de la famille établie à Saint-Émilion en 1931. Un vaste programme de replantation sur 20 ans a été engagé depuis lors. À partir du millésime 2012, le domaine intègre les 11 ha du Ch. Magdelaine.

Les efforts considérables entrepris à Bélair-Monange depuis 2008 continuent de produire leurs effets, ce qu'avaient déjà montré les 3 précédents millésimes. La version 2017 du cru conforte encore un peu plus cette impression, avec une profondeur remarquable qui s'ajoute à l'élégance naturelle du vin produit sur ce terroir. Des traits de caractère que l'on perçoit d'emblée à travers une robe rubis soutenu et un nez aussi intense que fin et complexe : notes fumées et poivrées, fruits rouges bien mûrs, touche végétale fraîche, nuance de graphite. En bouche, le vin se montre imposant, opulent, puissant, mais aussi très onctueux, offrant des tanins soyeux et un fruit d'une parfaite maturité, avec en finale une pointe de fraîcheur bienvenue. Savoureux, et pour longtemps. ⧗ 2025-2035

CLASSEMENT DES GRANDS CRUS DE SAINT-ÉMILION

Les 2015 dégustés cette année sont régis par ce classement révisé en 2012.

SAINT-ÉMILION PREMIERS GRANDS CRUS CLASSÉS

A

Château Angelus

Château Ausone

Château Cheval Blanc

Château Pavie

B

Château Beauséjour (héritiers Duffau-Lagarrosse)

Château Beau-Séjour-Bécot

Château Bélair-Monange

Château Canon

Château Canon la Gaffelière

Château Figeac

Clos Fourtet

Château la Gaffelière

Château Larcis Ducasse

La Mondotte

Château Pavie Macquin

Château Troplong Mondot

Château Trottevieille

Château Valandraud

SAINT-ÉMILION GRANDS CRUS CLASSÉS

Château l'Arrosée

Château Balestard la Tonnelle

Château Barde-Haut

Château Bellefont-Belcier

Château Bellevue

Château Berliquet

Château Cadet-Bon

Château Cap de Mourlin

Château le Châtelet

Château Chauvin

Château Clos de Sarpe

Château la Clotte

Château la Commanderie

Château Corbin

Château Côte de Baleau

Château la Couspaude

Château Dassault

Château Destieux

Château la Dominique

Château Faugères

Château Faurie de Souchard

Château de Ferrand

Château Fleur Cardinale

Château La Fleur Morange

Château Fombrauge

Château Fonplégade

Château Fonroque

Château Franc Mayne

Château Grand Corbin

Château Grand Corbin-Despagne

Château Grand Mayne

Château les Grandes Murailles

Château Grand-Pontet

Château Guadet

Château Haut-Sarpe

Clos des Jacobins

Couvent des Jacobins

Château Jean Faure

Château Laniote

Château Larmande

Château Laroque

Château Laroze

Clos la Madeleine

Château la Marzelle

Château Monbousquet

Château Moulin du Cadet

Clos de l'Oratoire

Château Pavie Decesse

Château Peby Faugères

Château Petit Faurie de Soutard

Château de Pressac

Château le Prieuré

Château Quinault l'Enclos

Château Ripeau

Château Rochebelle

Château Saint-Georges-Côte-Pavie

Clos Saint-Martin

Château Sansonnet

Château la Serre

Château Soutard

Château Tertre Daugay

Château la Tour Figeac

Château Villemaurine

Château Yon-Figeac

ÉTS JEAN-PIERRE MOUEIX, 54, quai du Priourat, 33502 Libourne Cedex, tél. 05 57 51 78 96, info@jpmoueix.com

CH. BELLEFONT-BELCIER 2017 ★

Gd cru clas. | 35000 | | 50 à 75 €

96 97 98 99 00 01 02 04 05 06 |07| |**08**| 09 10 11 **12** 13 **15** 16 17

Propriété datant de la fin du XVIIIe s., ce grand cru de 13,5 ha (classé depuis 2006) est idéalement situé sur le coteau argilo-calcaire de Saint-Laurent-des-Combes, entre les Châteaux Larcis Ducasse et Tertre Roteboeuf. Acquis en 2012 par un industriel de la métallurgie, Songwei Wang, puis revendu en 2015 à un Chypriote, il a été acheté fin 2017 par le Chinois Peter Kwok, propriétaire en Libournais depuis 1997 avec Haut-Brisson et déjà à la tête de sept propriétés. À la direction de ces Vignobles K, Jean-Christophe Meyrou.

Une belle expression au nez où la finesse prime sur l'intensité. Le merlot s'exprime avec délicatesse sur des notes de cerise burlat et de mûre. Le palais présente une belle structure dès l'attaque, portée par des tanins fermes qui devraient trouver leur place dans quelques années. Une pointe tourbée vient marquer la finale et apporte un soupçon d'originalité. ⧗ 2024-2030

CH. BELLEFONT-BELCIER, 1, Cassevert, 33330 Saint-Christophe-des-Bardes, tél. 05 57 24 77 15, contact@vignoblesk.com V r.-v.

CH. BRUN 2017 ★

| 3900 | | 11 à 15 €

Descendants de l'illustre famille Decazes, la famille Brun est propriétaire de Ch. Brun depuis 1571 ! Étalé sur les pentes d'une colline au nord-ouest de Saint-Émilion, le vignoble de 10 ha bénéficie d'un sol argilo-calcaire et d'une exposition plein-sud.

Les notes d'élevage se dissipent rapidement pour faire place à des arômes subtils de framboise et d'airelle. Une note toastée demeure après l'aération et apporte une pointe de gourmandise à l'ensemble. La bouche est souple et onctueuse. Les tanins sont fondus et apportent du liant jusqu'en finale. Un vin très équilibré et déjà très agréable. ⧗ 2022-2026

CH. BRUN, 8, au Sable, 33330 Saint-Christophe-des-Bardes, tél. 05 57 24 77 06, chateaubrun@orange.fr V *t.l.j. sf sam. dim. 8h-12h 13h30-17h*

CALICES DE FAUGÈRES Calice 2017 ★

| 57600 | | 20 à 30 €

Fondé en 1823 par la famille de Pierre-Bernard (Péby) Guisez, qui lui donna dans les années 1980 ses premières lettres de noblesse, ce cru est depuis 2005 la propriété de Silvio Denz. Agrandissement du vignoble (37 ha aujourd'hui), nouveau chai-cathédrale réalisé en 2009 par Mario Botta, l'homme d'affaires suisse spécialisé dans le luxe qui a fait de Faugères un fleuron de Saint-Émilion, hissé au rang de cru classé en 2012, comme son « cousin » Péby-Faugères.

À peine né et déjà un nez profond qui fleure bon les fruits rouges bien mûrs et le cuir, parfaitement soutenu par un élevage maîtrisé. La bouche est pure, cristalline, mais aussi séveuse, bâtie sur des tanins bien élevés. On retrouve la fraîcheur de l'olfaction dans une finale épicée et savoureuse. ⧗ 2024-2028

CH. FAUGÈRES, Faugères, 33330 Saint-Étienne-de-Lisse, tél. 05 57 40 34 99, info@vignobles-silvio-denz.com V r.-v.

CH. CANON 2017 ★

1er gd cru clas. B | n.c. | | + de 100 €

89 90 96 97 **98** 99 |**00**| |01| 02 **03** |04| |**05**| |**06**| |07| |08| **09** **10** 11 **12** **13** 14 16 17

Grand cru fondé en 1760 par le capitaine de frégate et corsaire Jacques Kanon, qui y développa la monoculture de la vigne, élevé au rang de 1er cru classé dès 1954. La famille Fournier, installée ici en 1919, céda le domaine au groupe Chanel en 1996. Niché contre la cité médiévale, le cru est idéalement implanté au sud du plateau calcaire de Saint-Émilion. Il recèle en sous-sol d'immenses caves creusées pendant des siècles pour bâtir Libourne et Bordeaux. Après John Kolasa, parti à la retraite, c'est Nicolas Audebert (également aux commandes de Rauzan-Ségla en margaux, des mêmes propriétaires) qui dirige le vignoble : 34 ha, dont 12 provenant du grand cru classé Matras, acquis en 2011, qui alimente désormais le second vin, Croix Canon.

Voici un Canon très allongé. Sur une trame fraîche et ciselée par des tanins aiguisés, au grain fin, les arômes de cassis et de mûre prennent une saveur juteuse et s'agrémentent d'une légère touche iodée. Un vin original et bien construit. ⧗ 2023-2030

CH. CANON, lieu-dit Saint-Martin, rte du Milieu, 33330 Saint-Émilion, tél. 05 57 55 23 45, contact@chateau-canon.com

CH. CANTELAUBE 2017 ★

| 3000 | | 50 à 75 €

La propriété autrefois destinée à moudre les productions de céréales locales, grâce à ses très vieux moulins à vent et à eau, a été transformée au fil de temps en une propriété exclusivement viticole. Ch. Cantelaube profite de sa situation sur des sols atypiques à Saint-Émilion, composés de galets, de graviers et de sylex, pour produire des vins à fort caractère en viticulture biologique (conversion en cours).

Voilà un caractère bien trempé qui s'exprime dès le nez sur des notes intenses de framboise, de cèdre et de fumé. La bouche, dense et veloutée, est dynamisée par une acidité bien équilibrée. Un vin qui n'a pas dit son dernier mot et qui promet de belles surprises aux plus patients. ⧗ 2025-2030

CH. CANTELAUBE, 1, Moulin de Carré, 33330 Saint-Émilion, tél. 06 62 12 96 85, accueil@chateaucantelaube.fr V *t.l.j. 10h-19h ; sam. dim. sur r.-v.*

CH. CANTIN 2017 ★

| 20216 | | 20 à 30 €

La Société fermière des Grands Crus de France est la structure spécialisée dans le Bordelais du groupe Grands Chais de France. Son œnologue Vincent Cachau

vinifie le fruit de quinze propriétés représentant quelques 500 ha dans les différentes AOC bordelaises.

Le vignoble qui constitue cette cuvée était déjà mentionné au Moyen-Âge. Le signe peut-être d'une qualité supérieure que le jury a parfaitement identifiée. Un nez de belle intensité s'ouvre sur des arômes fringants de griotte et de framboise. La bouche est fraîche et structurée, et l'élevage en barrique lui apporte des notes complexes de graphite et de fumé qui harmonisent l'ensemble. ⧗ 2024-2030

SCEA SOCIÉTÉ FERMIÈRE DES GRANDS CRUS DE FRANCE, Ch. Cantin, 33330 Saint-Christophe-des-Bardes, tél. 05 57 98 07 20, vcachau@lgcf.fr

CH. CAP DE MOURLIN 2017 ★

Gd cru clas.	18 500		30 à 50 €

Issu d'une famille déjà établie à Saint-Émilion au XVIIe s., Jacques Capdemourlin est à la tête de deux crus classés saint-émilionnais, Cap de Mourlin (14 ha) et Balestard la Tonnelle (10 ha), ainsi que du Ch. Roudier (30 ha) en montagne-saint-émilion. Il a vendu en 2017 Petit-Faurie de Soutard à son voisin le Ch. Soutard.

Un tiers de cabernet et des sols argilo-calcaires, voilà les 2 composantes essentielles de ce beau vin construit en longueur. Au nez, c'est la framboise et la cerise qui s'expriment sur fond de notes boisées finement suggérées. La fraîcheur domine en bouche et la trame tannique effilée assure longueur et équilibre en finale. ⧗ 2024-2028

SCEA CAPDEMOURLIN, 5, rte de Labatut, 33330 Saint-Émilion, tél. 05 57 74 62 06, info@vignoblescapdemourlin.com V r.-v.

♥ CH. CHEVAL BLANC 2017 ★★

1er gd cru clas. A	n.c.		+ de 100 €

(61) 64 66 69 70 71 75 76 78 79 80 81 82 83 85 86 88 89 (90) 92 93 94 95 97 98 99 00 01 02 03 04 05 06 07 08 09 10 11 12 13 14 (15) (16) 17

À l'origine simple métairie de Figeac, Cheval Blanc devient une propriété indépendante en 1832 quand le président du tribunal de Libourne, Jean-Jacques Ducasse, l'achète et fait construire le château actuel. Ses descendants entreprennent des travaux importants, notamment de drainage, et dès la fin du Second Empire, le cru atteint ses dimensions actuelles (39 ha) et se situe parmi les plus renommés de Saint-Émilion. Son terroir, de type pomerolais avec des graves et des sables anciens sur argiles, explique l'originalité de son encépagement à dominante de cabernet franc, complété par le merlot. Les descendants du président Ducasse restent à la tête du cru jusqu'à son rachat en 1998 par Bernard Arnault (LVMH) et Albert Frère. Ces derniers placent Pierre Lurton à la direction générale et dotent le château en 2011 d'un nouveau chai, dessiné par Christian de Portzamparc.

Lorsqu'ils sont bien nés, les cabernets font des merveilles à Saint-Émilion. À Cheval Blanc, ils donnent au nez un caractère floral et enlevé sans pareil. Le merlot joue aussi pleinement son rôle en apportant des notes plus riches de mûre et de cassis en fond. Cette symbiose parfaite des cépages se retrouvent en bouche où puissance et fraîcheur se combinent pour le meilleur. Il en ressort une texture soyeuse, des tanins ciselés et une finale interminable qui promet un futur radieux si l'on sait attendre. ⧗ 2025-2040 ■ **Le Petit Cheval 2017 ★ (+ de 100 €; n.c.)** Voilà un Petit Cheval qui a tout d'un grand. Si le nez s'entiche de notes anisées et mentholées, la bouche offre la même nervosité que le grand vin, avec cependant une gourmandise dans la texture qui le rend plus accessible aujourd'hui. La fraîcheur en finale, caractéristique du domaine, laisse espérer une bonne garde. ⧗ 2023-2030

SC DU CHEVAL BLANC, Ch. Cheval Blanc, 33330 Saint-Émilion, tél. 05 57 55 55 55, contact@chateau-chevalblanc.com

CH. LES CLAVELINES 2017 ★

	6000		15 à 20 €

Héritier d'une lignée de propriétaires bien connus dans les vignobles du Libournais, du Castillonnais de l'Entre-deux-Mers, Johan Aubert a rejoint en 2009 le navire amiral de sa famille, La Couspaude, grand cru classé de Saint-Émilion. Il a acquis en 2015 Les Clavelines, un petit vignoble (3,5 ha) sur les sols argilo-sableux de Saint-Pey-d'Armens, au sud-est de l'appellation.

Des notes finement vanillées et des arômes de cerise burlat bien mûre ouvrent le bal olfactif. La bouche est longue et veloutée, bâtie sur une structure tannique à la fois puissante et élégante et sur une agréable fraîcheur. ⧗ 2024-2028

JOHANN AUBERT, 29, chem. Finchette-Lalande, 33350 Sainte-Terre, tél. 06 18 76 92 85, yohann.aubert@gmail.com V r.-v.

CLOS BADON-THUNEVIN 2017 ★

	5000		30 à 50 €

Ce cru est la propriété de Jean-Luc Thunevin. Il a été créée avant 1900 sur la commune de Saint-Émilion. Le vignoble, situé en bas des célèbres coteaux de la côte Pavie, a été acheté en 1998. Il est depuis lors exploité par la même équipe qui élabore Ch.Valandraud.

Issu d'une vendange bien mûre, ce vin présente au nez un concentré de fruits rappelant la quetsche et la cerise burlat. Quelques notes toastées de la barrique apparaissent à l'aération. En bouche, la matière est dense et séveuse. Soutenue par des tanins puissants, elle affiche une bonne persistance en finale et développe des notes subtiles de moka et de cacao. Un bon vin à l'excellent potentiel de garde. ⧗ 2025-2030

CLOS BADON-THUNEVIN, 6, rue Guadet, 33330 Saint-Émilion, tél. 05 57 55 09 13, thunevin@thunevin.com V r.-v.

CLOS DE LA CURE 2017 ★

■ | 13 600 | | 20 à 30 €

La famille Bouyer, de vieille souche vigneronne (un ancêtre était jurat de Saint-Émilion au Moyen Âge) conduit, à travers le Clos de la Cure et le Ch. Milon, un ensemble de 18 ha dans le Saint-Émilionnais, complété en 2010 par une petite parcelle de 56 ares à Pomerol (Clos 56).

Ce vin présente un nez fin rappelant la violette et les fruits rouges. L'aération apporte des notes cacaotées qui enrichissent l'ensemble et rappellent l'élevage de 12 mois en barrique. L'équilibre est assuré dès l'attaque. Les tanins possèdent le grain fin de raisins bien nés. La dégustation se termine en beauté sur des notes chocolatées qui appellent des plats relevés. ⧗ 2025-2030

SCEA DES DOMAINES BOUYER, Ch. Milon, lieu-dit Milon, 33330 Saint-Christophe-des-Bardes, tél. 05 57 24 77 18, contact@domaines-bouyer.com V *r.-v.*

CH. CLOS DE SARPE 2017 ★

■ Gd cru clas. | 13 500 | | 50 à 75 €

Ce petit vignoble de 3,7 ha d'un seul tenant, bien situé sur le plateau argilo-calcaire de Saint-Christophe-des-Bardes, au nord-est de la juridiction de Saint-Émilion, a été acheté en 1923 par la famille Beyney au baron de Bogeron. Installé en 1983, Jean-Guy Beyney, incarnant la troisième génération, a vu son domaine accéder au rang de cru classé avec le classement de 2012. Il a engagé en 2017 la conversion bio du cru.

Le style plus frais et structuré du cru a convaincu le jury. Les arômes nobles de cèdre et de tabac blond attestent d'un élevage de qualité. On croque dans le cassis juteux en bouche, tandis que la fin de bouche s'affirme avec vigueur sur des tanins serrés. Quelques années de vieillissement sont recommandées avant de le déguster. ⧗ 2025-2030

CH. CLOS DE SARPE, Saint-Christophe-des-Bardes, 33330 Saint-Émilion, tél. 05 57 24 72 39, chateau@clos-de-sarpe.com V *r.-v.*

CLOS DES JACOBINS 2017 ★

■ Gd cru clas. | 9 600 | | 30 à 50 €

Après plusieurs expériences dans le vignoble bordelais, Thibaut et Magali Decoster s'installent en 2004 à la tête de deux crus de Saint-Émilion : le Clos des Jacobins, 8,5 ha sur argilo-calcaires en pied de côte, classé depuis 1955, et le Ch. la Commanderie, 6 ha au sommet d'une croupe graveleuse, classé depuis 2012. En 2017, ils reprennent l'exploitation des châteaux de Candale et Roc de Candale (8 ha sur argilo-calcaires), ouvrent un restaurant et une boutique, conjuguant leurs deux passions : vignoble et art de vivre.

Une véritable friandise olfactive ouvre la dégustation sur des arômes de réglisse et de chocolat. À l'aération, la mûre et le cassis s'associent à l'élevage et donnent un ensemble très engageant. Un belle association que l'on retrouve au palais, auquel des tanins fins et racés apportent un glissant agréable et une sensation d'harmonie. ⧗ 2023-2028 ■ **Ch. de Candale 2017 ★ (30 à 50 €; 6000 b.)** Au nez, la proportion élevée de cabernet franc (25 %) apporte une pointe fraîche de violette qui complète harmonieusement les notes de cassis et de myrtille. La bouche est ample, bien portée par un élevage maîtrisé qui enrobe des tanins fondus, ce jusqu'en finale. L'ensemble est équilibré et gourmand. ⧗ 2023-2027

CLOS DES JACOBINS, BP_67, 33330 Saint-Émilion, tél. 05 57 51 19 91, contact@mtdecoster.com V *r.-v.*

CH. CLOS DES PRINCE 2017 ★

■ | 12 000 | | 20 à 30 €

Également courtiers en vins, Marie-Christine et Gilles Prince ont acquis en 2000 un petit vignoble (4 ha) établi sur les sables à crasse de fer de Saint-Laurent-des-Combes, à l'est de Saint-Émilion, qu'il cultive dans un esprit « haute couture ». La conversion bio est engagée.

Ce vin présente au nez une expression flatteuse de fruits rouges bien mûrs et de réglisse. Équilibrée dès l'attaque, le palais privilégie l'éclat à la puissance. Le jury parle de « tension » en bouche. La trame en finale est à cette image, élancée et tonique. ⧗ 2024-2028

CH. CLOS DES PRINCE, Ferrandat-Sud, 33330 Saint-Laurent-des-Combes, tél. 05 57 84 64 14, chateau-closdesprince@orange.fr V *r.-v.*

CLOS DUBREUIL 2017 ★

■ | 8 500 | | + de 100 €

Les Trocard sont établis dans le Libournais depuis 1628. Leurs domaines ont connu un formidable essor au lendemain de la Seconde Guerre mondiale. Aux commandes depuis 1976, Jean-Louis Trocard, épaulé par ses enfants Benoît et Marie, a porté le vignoble à près de 100 ha répartis dans plusieurs crus et appellations.

Un vin joliment parfumé qui fleure bon les épices orientales et les fruits noirs bien mûrs. La bouche est corpulente mais n'en reste pas moins équilibrée. Sa texture crémeuse apporte de la gourmandise et de l'amplitude. En finale, les tanins s'expriment avec race et persistance. ⧗ 2024-2030

CLOS DUBREUIL, 11, lieu-dit Jean-Guillot, 33390 Saint-Christophe-des-Bardes, tél. 05 57 55 57 90, bt@trocard.com

♥ CLOS FOURTET 2017 ★★

■ 1er gd cru clas. B | 35 000 | | + de 100 €

85 86 87 88 89 90 91 92 93 94 (95) 96 97 98 99 |00| 01 |02| |03| 04 |(05)| |06| |07| 08 09 10 11 12 (13) 14 15 16 17

Cet illustre grand cru est un vrai clos ceint de murs (20 ha), établi à l'emplacement d'un fortin romain (« un fourtet »), face à la collégiale de Saint-Émilion, sur le fameux plateau calcaire à astéries de la cité. Il a souvent changé de mains, toujours celles

d'authentiques familles bordelaises, comme les Ginestet et les Lurton. Ces derniers l'ont considérablement amélioré, avant de le céder en 2001 à Philippe Cuvelier et son fils Matthieu (Ch. Poujeaux à Moulis), qui, avec l'appui de Stéphane Derenoncourt et de Jean-Claude Berrouet, maintiennent haut cette exigence de qualité et ont entrepris un travail de fond toujours en cours sur le vignoble. La biodynamie est pratiquée sur 15 ha.

Le bouquet, riche en fruits noirs, est finement relevé de notes toastées et épicées. Ces arômes élégants, savamment composés, se retrouvent en bouche dans un écrin raffiné. Les tanins sont d'une remarquable finesse et donnent à la texture un soyeux unique qui se prolonge jusqu'en finale. Un vin très séduisant aujourd'hui, qui ferait presque oublier son excellent potentiel de garde. ⧗ 2025-2035 ■ **La Closerie de Fourtet 2017 ★ (20 à 30 €; 12000 b.)** Le nez discret mais raffiné fait la part belle aux épices sur un fond de fruits rouges. La bouche est vineuse et longiligne, privilégiant la souplesse à la démonstration de force. ⧗ 2023-2027

CLOS FOURTET, 1, Châtelet-Sud, 33330 Saint-Émilion, tél. 05 57 24 70 90, closfourtet@closfourtet.com V r.-v.

CH. CLOS SAINT-ÉMILION PHILIPPE 2017 ★

■ | 8000 | | 15 à 20 €

Un vignoble de 8 ha pour moitié en saint-émilion, pour moitié en grand cru, fondé en 1927 par Léon Galhaud, pépiniériste à Saint-Émilion, et conduit depuis 1991 par son petit-fils Jean-Claude Philippe, médecin de métier, sa femme Nicole et leurs trois enfants.

On se laisse volontiers séduire par ce bouquet bien composé de fruits rouges et noirs, agrémenté d'un subtil boisé vanillé. Les proportions en bouche sont agréables et privilégient le plaisir immédiat. Les tanins souples offrent une finale déliée et juteuse. Un bon vin au style classique et maîtrisé. ⧗ 2022-2026

CH. CLOS SAINT-EMILION PHILIPPE, 2, lieu-dit Beychet, 33330 Saint-Émilion, tél. 06 88 08 14 03, vignobles.philippe@wanadoo.fr V r.-v.

B CLOS SAINT-JULIEN 2017 ★

■ | 4000 | | 30 à 50 €

Le plus petit des trois crus saint-émilionnais (Gaillard, Petit Gravet Aîné) de Catherine Papon-Nouvel, installée en 1998 à la suite de son père à la tête des vignobles familiaux et par ailleurs propriétaire en castillon-côtes-de-bordeaux (Ch. Peyrou). La vigne couvre 1,5 ha (en bio certifié) sur un terroir de roche calcaire.

Ce grand cru dévoile un nez en dentelle de fruits rouges et noirs saupoudrés d'épices douces. L'équilibre en bouche est porté par des tanins denses et structurés, parfaitement enrobés par un boisé crémeux bien proportionné. La finale est longue mais encore austère. Quelques années de cave devraient révéler tout le potentiel de cette belle cuvée. ⧗ 2024-2028

CLOS SAINT-JULIEN, Clos Saint-Julien, 33330 Saint-Émilion, tél. 05 57 24 72 44, chateau.gaillard@wanadoo.fr

CLOS SAINT-MARTIN 2017 ★★

■ Gd cru clas. | 5000 | | 50 à 75 €

Petit vignoble (1,3 ha) enclavé entre les premiers grands crus classés Angelus, Canon, Beauséjour Duffau et Beau-Séjour Bécot, le Clos Saint-Martin, ancienne «vigne du curé» de la paroisse, appartient à la famille Reiffers depuis 1850. En 2013, la famille Cuvelier (Clos Fourtet) a pris une participation dans la propriété, mais Sophie Fourcade (née Reiffers), aux commandes depuis 1998, reste l'actionnaire majoritaire. Les autres crus de la famille Reiffers (Les Grandes Murailles et Côte De Baleau) sont quant à eux passés entièrement dans le giron des Cuvelier.

Petit par la taille, grand par le vin, cela suffirait à résumer le style percutant et structuré de ce clos de caractère. Profond et déjà très expressif, le nez est une composition dynamique de myrtille et de violette agréablement saupoudrées de notes épicées et boisées. Savoureuse, dense, chaleureuse, la bouche est d'une remarquable densité. La finale est digne des plus grands, associant des tanins puissants à une fraîcheur «crayeuse», écho savoureux au terroir d'origine. ⧗ 2026-2035

CLOS SAINT-MARTIN, BP 20017, 33330 Saint-Émilion, tél. 05 57 24 71 09, clossaintmartin.saintemilion@gmail.com r.-v.

CH. LA CONFESSION 2017 ★

■ | 16000 | | 30 à 50 €

Fils de Jean-François Janoueix, Jean-Philippe Janoueix s'est d'abord installé à Lalande (Ch. Chambrun, vendu à Silvio Denz) avant de créer en 2001 le Ch. la Confession en saint-émilion grand cru, réunion des châteaux Barreau et Haut-Pontet. Il produit aussi du bordeaux supérieur (Croix Mouton), du saint-georges-saint-émilion (Cap Saint-Georges) et du pomerol (Sacré Cœur, en fermage, La Croix Saint-Georges).

Ce vin donne le ton dès l'olfaction, concentré aromatique de fruits juteux bien mûrs aux accents de myrtille et de cassis. La bouche est élégante et élancée. Les tanins sont fins mais fermes, ce qui donne de la longueur et de la tenue en finale. Un bon vin en devenir. ⧗ 2024-2028

CH. LA CONFESSION, lieu-dit Haut-Pontet, 33330 Saint-Émilion, tél. 05 57 48 13 10, contact@jpjdomaines.com V r.-v.

B CH. COUTET 2017 ★

■ | 45000 | | 20 à 30 €

Le vignoble du Ch. Coutet, situé à 500 m du village de Saint-Émilion, appartient à la famille David Beaulieu depuis plus de 400 ans. Le vignoble, classé en bio depuis 2012, possède un encépagement qui fait la part belle aux cabernets (35 %) et à un cépage historique, que l'on retrouve plus au sud, le malbec (7 %).

La puissance aromatique de ce vin s'exprime dans un registre floral, agrémenté de notes juteuses de cassis. On retrouve ces arômes dans un palais tonique, frais et long, bien structuré par des tanins au grain fin. ⧗ 2024-2028

CH. COUTET, Ch. Coutet, 33330 Saint-Émilion, tél. 06 08 24 59 67, chateau.coutet@gmail.com r.-v.

B CH. CROIX DE LABRIE 2017 ★★

■	9000	◍	+ de 100 €

Dans le début des années 1990 né l'expression «vins de garage» qui désigne non sans humour les vins de Saint-Émilion produits en toute petite quantité «dans un garage au lieu d'un chai». Ch. Croix de Labrie est de ceux-là. Son vignoble de 5,79 ha, cultivé en bio, est installé sur le plateau de Saint-Christophe-des-Bardes, juste à côté de Pavie. Il est la propriété d'Axelle et Pierre Courdurié.

Un vin à la robe profonde et brillante, au nez concentré et complexe. Se succèdent harmonieusement des arômes de fruits noirs bien mûrs portés par des notes d'élevage raffinées, aux accents cacaotés et torréfiés. La bouche n'est pas en reste : dense et charnue, elle déploie sa structure imposante sans aucune lourdeur. Bien au contraire, la puissance est contenue dans une matière pure et fruitée qui persiste longuement sur des arômes de myrtille et de mûre sauvage. ⧗ 2025-2030

⊶ CH. CROIX DE LABRIE, 8 bis, Peymouton-Sud, 33330 Saint-Christophe des Bardes, tél. 06 20 68 90 24, pierre@chateau-croix-de-labrie.fr V r.-v.

CH. FIGEAC 2017 ★

■ 1er gd cru clas. B	58 000	◍	+ de 100 €

62 **64 66** ⑦⓪ **71** 74 **75 76** 77 **78** 79 80 **81 82 83 85 86** 87 **88 89** 90 **93** 94 |⑨⑤| |96| 97 |**98**| |99| |00| |01| |02| |04| |05| |06| |07| 09 10 **11 12** ⑬ 14 **15** 16 17

Le plus vaste domaine de Saint-Émilion (40 ha de vignes plantées sur trois croupes de graves günziennes), situé à l'ouest de la cité, en bordure de Pomerol. Un vignoble atypique, à l'accent médocain – 70 % de cabernets, répartis à parts égales entre franc et sauvignon –, adapté à son terroir de graves. Un haut lieu de l'appellation façonné par la famille Manoncourt, propriétaire depuis 1892, et notamment par Thierry, décédé en 2010, à qui l'on doit le «style Figeac» et cet encépagement original. Son épouse et ses quatre filles en ont confié en 2013 la co-gérance à Jean-Valmy Nicolas (cogérant de La Conseillante à Pomerol) et la direction générale à Frédéric Faye, son ancien directeur technique. Depuis le millésime 2012, Michel Rolland est l'œnologue-conseil de ce 1er grand cru classé B depuis 1955.

On comprend mieux la proportion élevée de cabernets quand l'on savoure ces tanins graciles et ce parfum floral pénétrant qui fait la réputation de Ch. Figeac. Mais, en 2017, ce sont les épices qui prennent le dessus, accompagnées d'arômes de cassis et de cerise. La trame tannique, à la fois fine et consistante, cimente une bouche dense et racée qui, si elle ne possède pas l'extraordinaire allonge de certains millésimes antérieurs, reste savoureuse et conserve un potentiel certain pour les amateurs de vins de garde. ⧗ 2025-2035

⊶ CH. FIGEAC, Ch. de Figeac, 33330 Saint-Émilion, tél. 05 57 24 72 26, chateau-figeac@chateau-figeac.com

LA FLEUR D'ARTHUS 2017 ★

■	15 000	◍	15 à 20 €

Jean-Denis Salvert a créé ce petit cru en 1999 : 5,5 ha sur le terroir de graves et de sables de Vignonet, au sud de l'appellation.

Issu d'une vendange à bonne maturité, ce vin déploie des arômes généreux de fruits rouges confiturés et d'épices qui invitent à la dégustation. La bouche, à l'image du nez, est voluptueuse et allie des tanins cacaotés à une matière équilibrée. Un vin digne de son rang. ⧗ 2023-2026

⊶ LA FLEUR D'ARTHUS, 24, La Grave, 33330 Vignonet, tél. 06 08 49 18 11, fleurdarthus@orange.fr
V *t.l.j. 9h-12h 13h-17h*

CH. FOMBRAUGE 2017 ★

■ Gd cru clas.	170 000	◍	30 à 50 €

L'origine du château remonte au XVe s. et aux seigneurs de Fombrauge. Ce vaste domaine, l'un des plus imposants de Saint-Émilion (44,65 ha), est la propriété depuis 1999 de Bernard Magrez, acteur incontournable du vignoble bordelais. Le classement de 2012 l'a fait entrer dans le cercle des grands crus classés.

Ce 2017 dévoile au nez des saveurs vanillées et épicées qui soulignent un fruité fin et acidulé aux accents de groseille et de framboise. L'équilibre en bouche est bien assuré, alliant les tanins du bois à une matière ample et suave. La puissance est contenue en finale, promesse d'une évolution de qualité dans les prochaines années. ⧗ 2025-2030

⊶ CH. FOMBRAUGE, Lieu-dit Fombrauge, 33330 Saint-Christophe-des-Bardes, tél. 05 57 24 77 12, chateau@fombrauge.com V r.-v. ⑤

B CH. FONPLÉGADE 2017 ★

■ Gd cru clas.	n.c.	◍	50 à 75 €

00 01 04 05 **06 07** 08 |⓪⑨| |10| 12 **13** 14 **15 16** 17

De rachats en successions, l'histoire du cru débute réellement en 1852 avec Jean-Pierre Beylot, à l'origine de la maison de maître et des bâtiments d'exploitation. Un cru passé en 1863 dans les mains du duc de Morny, demi-frère de Napoléon III, et de sa sœur la comtesse de Gabard. Le négociant libournais Armand Moueix reprend le domaine en 1953, jusqu'à l'arrivée en 2004 de Denise et Stephen Adams. Ces derniers ont entrepris une rénovation de fond des installations techniques et du vignoble : 18,5 ha sur le coteau sud du plateau de Saint-Émilion, en bio certifié depuis 2013.

L'utilisation variée de contenants de vinification a permis au cru d'élaborer un vin complet, charmeur et structuré. Le bouquet, déjà ouvert, est un mélange sophistiqué d'amande grillées, de cèdre et de myrtille qui invite à la dégustation. Véritable caresse en bouche, la matière s'adosse à des tanins savoureux qui s'expriment avec plus de vigueur dans une finale persistante. Un potentiel de garde certain. ⧗ 2025-2030

⊶ CH. FONPLÉGADE, 1, Fonplégade, 33330 Saint-Émilion, tél. 05 57 74 43 11, chateaufonplegade@fonplegade.fr
V r.-v.

CH. FRANC LA ROSE 2017 ★

■	30 000	◍	20 à 30 €

Les Trocard sont établis dans le Libournais depuis 1628. Leurs domaines ont connu un formidable essor au lendemain de la Seconde Guerre mondiale. Aux commandes depuis 1976, Jean-Louis Trocard, épaulé par

ses enfants Benoît et Marie, a porté le vignoble à près de 90 ha répartis dans plusieurs crus et appellations.
Au nez, on plonge dans un panier de griottes fraîches et épicées. Le boisé est très discret et trouve son rôle en bouche. Les tanins sont fins et bien enrobés par une matière pulpeuse et suave. La finale se montre équilibrée et juteuse. Un bon vin sans équivoque. ⧗ 2023-2027

SCEA DES VIGNOBLES JEAN-LOUIS TROCARD, 1175, rue Jean-Trocard, 33570 Les Artigues-de-Lussac, tél. 05 57 55 57 90, bt@trocard.com V *r.-v.*

CH. FRANC MAYNE 2017 ★

Gd cru clas. | 23 000 | | 30 à 50 €

Franc-Mayne, cru classé depuis l'origine (1959), au vignoble de 7 ha totalement renové et bien situé sur le plateau calcaire de Saint-Émilion, a été repris en 2018 par la famille Savare. L'œnotourisme, autre spécialité du domaine, demeure une priorité pour la nouvelle équipe menée par Martine Cazeneuve, avec l'ouverture de cinq chambres d'hôtes au printemps 2019. Le domaine est en conversion bio.
Un beau travail de vinification a permis au domaine de conserver tout le potentiel aromatique du millésime sur des notes engageantes de cassis et de mûre. La cannelle et la vanille du bois viennent compléter l'ensemble et se fondre dans une matière souple, aux tanins fondus. ⧗ 2023-2026

CH. FRANC MAYNE, 14, la Gomerie, 33330 Saint-Émilion, tél. 05 57 24 62 61, info@chateaufrancmayne.com V *r.-v.* 5

B CH. LA GRÂCE FONRAZADE Persevero 2017 ★

| 7 000 | | 15 à 20 €

François-Thomas Bon et sa compagne ont acquis en 2010 le Ch. Gardegan, situé dans le village du même nom; un cru qui n'avait plus connu de vendange depuis les années 1980. Les chais ont été rénovés, le vignoble agrandi, pour atteindre aujourd'hui 11 ha (en conversion bio). Un domaine complété en 2012 par le Ch. la Grâce Fonrazade, lui aussi entièrement rénové à la vigne et au chai, et converti au bio.
Un assemblage de 2 types de sols, argilo-calcaire et sablonneux, est à l'origine de ce vin à la fois suave et structuré. Si le nez s'entiche de notes puissantes de cassis et de réglisse, la bouche privilégie en attaque une approche délicate et caressante. Ce n'est qu'en finale que la structure s'exprime et laisse présager le meilleur pour cette cuvée très réussie. ⧗ 2023-2028

CH. LA GRÂCE FONRAZADE, 4, rte de Jaquemeau, 33330 Saint-Émilion, tél. 06 70 02 81 67, persevero@lagracefonrazade.com V *r.-v.* E

LES ANGELOTS DE GRACIA 2017 ★

| n.c. | | 50 à 75 €

Gracia, Les Angelots de Gracia et de Nerville : trois étiquettes pour ce petit domaine familial constitué à partir d'une parcelle de vignes héritée en 1994, qui dispose d'un chai «lilliputien» au cœur de Saint-Émilion, dans une bâtisse du XIIIes. Le propriétaire, Michel Gracia, entrepreneur-tailleur de pierre, s'est converti à la vigne. Il est aujourd'hui aidé de ses filles Marina et Caroline.
Le terroir argilo-sablonneux s'est exprimé avec finesse dans ce vin aux accents floraux et vanillés. Ce profil aromatique s'affiche en contraste avec une matière dense et structurée en bouche, qui finit par s'envoler en finale sur des notes fraîches et épicées. Un vin très agréable, au bon potentiel de garde. ⧗ 2024-2028 ■ **Gracia 2017 ★ (75 à 100 €; n.c.)** Dans une opposition de style avec les Angelots, cette cuvée affiche ses ambitions avec un nez concentré de fruits rouges bien mûrs et des notes toastées très appuyées. En bouche, c'est l'opulence, les tanins y soutiennent une matière dense et fruitée qui pousse loin la finale et laisse augurer un bel avenir. Un vin de caractère. ⧗ 2026-2030

MICHEL, MARINA ET CAROLINE GRACIA, rue du Thau, BP_8, 33330 Saint-Émilion, tél. 05 57 24 77 98, michelgracia@wanadoo.fr *r.-v.*

CH. LES GRANDES MURAILLES 2017 ★

Gd cru clas. | 6 000 | | 50 à 75 €

Les «grandes murailles», l'un des emblèmes de la cité médiévale de Saint-Émilion, sont les vestiges d'un cloître bénédictin du XIIes. Le petit vignoble attenant (2 ha plantés du seul merlot) appartenait à la famille Reiffers depuis 1643, de même que La Côte de Baleau. Deux crus classés que Sophie Fourcade (née Reiffers), aux commandes depuis 1998, a hissé au rang de valeurs sûres de l'appellation, et qui ont été rachetés en 2013 par Philippe Cuvelier, propriétaire du Clos Fourtet.
L'unique merlot composant ce vin affirme sa force et sa sève dans une matière à parfaite maturité. Les fruits noirs légèrement kischés prennent le dessus sur l'élevage et annoncent une suite riche en couleur. La bouche se révèle dense, bien élevée, portée par des tanins puissants. La finale, encore ferme, trouvera son harmonie dans quelques années. Un vin en devenir. ⧗ 2025-2030

SCEA CH. CÔTE DE BALEAU, Ch. Côte de Baleau, 33330 Saint-Émilion, tél. 05 57 24 71 09, contact@cotedebaleau.com *r.-v.*

CH. GRAND MAYNE 2017 ★

Gd cru clas. | 40 000 | | 30 à 50 €

Ce cru, dans la famille Nony depuis 1934, a conservé son ancien nom (« grand domaine » en vieux français) : au XIXes., il constituait, avec près de 300 ha, la plus vaste propriété de Saint-Émilion. Aujourd'hui, les vignes couvrent les pentes douces à l'ouest du plateau, sur 17 ha.
Une approche séduisante du millésime qui a privilégié les petits fruits rouges finement boisés à la concentration. Ce style paye en bouche : la matière est souple et fine, les tanins soyeux et la finale de bonne persistance. Cela rend la dégustation très agréable aujourd'hui, même si le vin possède un bon potentiel de garde. ⧗ 2022-2027

CH. GRAND MAYNE, 33330 Saint-Émilion, tél. 05 57 74 42 50, contact@grand-mayne.com V *r.-v.*

CH. GRAND PONTET 2017 ★

Gd cru clas. | 20 000 | 30 à 50 €

Ancienne propriété du négociant Barton et Guestier, dans la famille Bécot depuis 1980. Sylvie Pourquet-Bécot conduit depuis 2000 ce cru classé de 14 ha, voisin de celui dirigé par ses frères Dominique et Gérard,

Ch. Beau-Séjour Bécot. Les terroirs sont proches, argilo-calcaires.

Issu de raisins bien mûrs, ce vin s'affirme dans un style généreux, caractérisé par des notes confiturées de cerise et de prune. Quelques épices poivrées du fût du chêne apportent à l'ensemble du caractère et un équilibre bien pensé. On retrouve ce joli travail d'élevage dans une bouche séveuse et corsée, soutenue par des tanins mûrs et serrés. Un beau vin que l'on devra aérer dans ses premières années avant de le servir. ⧗ 2024-2030

CH. GRAND PONTET, Ch. Grand-Pontet, 33330 Saint-Émilion, tél. 05 57 74 46 88, contact@chateaugrandpontet.com V r.-v.

CH. HAUT VEYRAC 2017 ★

■ | 26600 | | 20 à 30 €

Situé dans la partie orientale de l'appellation Saint-Émilion, ce domaine de 10 ha d'un seul tenant est la propriété depuis 6 générations des familles Claverie et Castaing. La dernière, représentée par Caroline, Guillaume et Olivier Claverie, a pris les commandes de la propriété en 2013. Elle a adopté une technique de vinification sans soufre ajouté qui utilise la bioprotection.

Ce grand cru présente un nez solaire qui fleure bon les arômes de fruits très mûrs (quetsche, liqueur de cassis, kirsch), relevés par les notes cacaotées et vanillées du fût de chêne. Si la bouche apparaît riche et chaleureuse, elle n'en reste pas moins séduisante grâce à ses tanins raffinés. ⧗ 2023-2028

CH. HAUT VEYRAC, Saint-Étienne-de-Lisse, 33330 Saint-Émilion, tél. 05 57 40 02 26, contact@chateau-haut-veyrac.com V r.-v.

CH. LALANDE DE GRAVET 2017 ★

■ | 18000 | | 20 à 30 €

Propriétaire de vignes depuis plus de deux siècles, la famille Aubert – aujourd'hui les frères Alain, Daniel et Jean-Claude, épaulés par leurs enfants – exploite 300 ha et de nombreux domaines du Bordelais, essentiellement en Libournais, avec pour fleuron le Ch. la Couspaude, grand cru classé de Saint-Émilion depuis 1996, acquis en 1908. En 2015, Cécile Aubert-Macarez a acquis le Ch. Lalande de Gravet, une propriété de 5,7 ha située au sud-ouest du village de Saint-Émilion.

Un 2017 plein de race qui exprime les plus nobles arômes du merlot à maturité. Le cassis et la myrtille s'agrémentent de notes balsamiques et de boîte à cigares dans un écrin boisé aux justes proportions. La structure en bouche est encore serrée mais promet un avenir radieux que l'on devine dans une finale juteuse et éclatante de fraîcheur. ⧗ 2024-2028

CH. LALANDE DE GRAVET, 57 bis, av. de l'Europe, 33350 Saint-Magne-de-Castillon, contact@lalandedegravet.com V r.-v.

CH. LANIOTE 2017 ★

■ Gd cru clas. | 10500 | | 30 à 50 €

89 93 94 95 96 98 99 00 01 02 03 |05| |06| |07| |08| |**09**| |12| |13| 15 **16** 17

Nous sommes ici chez l'une des familles les plus saint-émilionnaises qui soit. Elle exploite hors les murs un cru classé de 5 ha d'un seul tenant sur le haut du plateau argilo-calcaire de Saint-Émilion. Le domaine, fondé en 1821 par Pierre Lacoste, marchand de vin de Libourne, s'est transmis en ligne directe sur huit générations jusqu'à Arnaud de la Filolie, l'actuel propriétaire, et son épouse Florence Ribéreau-Gayon, œnologue. La famille possède aussi, intra-muros, 3 monuments de la cité : la grotte de l'ermitage de Saint-Émilion, la chapelle de la Trinité (XIII[e]s.) et les catacombes.

Ce vin privilégie la souplesse à la puissance et séduit par son fruité soutenu de fraise et de framboise, finement relevé par un élevage modéré. À ce nez frais et très engageant, succède une bouche équilibrée et sans excès, à la structure fine. ⧗ 2022-2026

CH. LANIOTE, Ch. Laniote, 3, Lieu-dit La Niotte, 33330 Saint-Émilion, tél. 05 57 24 70 80, contact@laniote.com V r.-v. 5

♥ LYNSOLENCE 2017 ★★

■ | 8400 | | 30 à 50 €

Denis Barraud, œnologue, s'est installé en 1971 à la tête du vignoble familial, constitué à la fin du XIX[e]s. Un bel ensemble de 36 ha répartis sur les 2 rives de la Dordogne et sur plusieurs crus – 7 ha en saint-émilion et saint-émilion grand cru (Les Gravières, Lynsolence) et 29 ha en AOP régionales (La Cour d'Argent) – et des vins qui retiennent régulièrement l'attention des dégustateurs.

La vinification intégrale pour partie de cette cuvée a produit l'effet désiré. Le bouquet est une explosion aromatique de petits fruits rouges juteux qui rappellent la framboise, la cerise et la fraise. L'élevage est taillé sur mesure, les notes de cannelle et de clou de girofle apportant un relief bienvenu. La promesse faite au nez est tenue en bouche avec une matière ample et dense et une finale longue et structurée. ⧗ 2026-2035

CH. LES GRAVIÈRES, 355, port de Branne, 33330 Saint-Sulpice-de-Faleyrens, tél. 06 08 32 26 04, denis.barraud@wanadoo.fr V r.-v.

CH. MARO DE SAINT-AMANT Léo 2017 ★

■ | 600 | | 11 à 15 €

Jusqu'alors spécialiste du matériel de chai, Stéphane Bedenc s'est installé en 2001 à partir d'une parcelle de 1 ha à proximité de Libourne (Ch. Villhardy), complétée en 2005 par les 4,5 ha de Maro de Saint-Amant, au sud de l'appellation.

À la fois puissant et élégant, le nez mélange les fruits noirs bien mûrs et les épices du bois. Bien solide dès l'attaque, la bouche fait écho à la puissance du bouquet et déroule des tanins denses et fermes, adoucis par un bon boisé. Un beau vin de garde. ⧗ 2025-2030

CH. MARO DE SAINT-AMANT, 225, Destieu, 33330 Saint-Sulpice-de-Faleyrens, tél. 06 70 27 55 40, vignobles-bedenc@wanadoo.fr V t.l.j. 8h-12h 14h-18h

CH. MONTLISSE 2017 ★

■	12000		15 à 20 €

Christian Dauriac conduit depuis 1971 le Ch. Destieux, grand cru classé de Saint-Émilion depuis 2006 : 8 ha d'un seul tenant en haut du coteau de Saint-Hippolyte, complétés par 7 ha sur les terres de Lisse (Ch. Montlisse) et 2,8 ha à Pomerol (La Clémence).

Ce grand cru livre un bouquet délicat et floral, aux soupçons vanillés. Le palais est d'une belle harmonie, sans aspérité ni faiblesse, soutenue par des tanins soyeux. On y retrouve les arômes de pivoine et de cassis. Une jolie caresse qui se prolonge agréablement sans jamais s'affadir. ⧗ 2024-2028

SCEA DAURIAC, 33330 Saint-Hippolyte, tél. 05 57 24 77 44, contact@vignoblesdauriac.com
V r.-v.

CH. PAVIE 2017 ★★

■ 1er gd cru clas. A	85000		+ de 100 €

85 86 88 (90) 91 92 93 94 95 96 |98| |99| |00| |01| |02| |04| |06| |07| |08| (09) (10) 11 (12) 13 14 (15) 16 17

Véritablement constitué au XIXe s., Pavie étend son vaste vignoble de 37 ha sur la côte éponyme, l'un des berceaux de la viticulture locale au IVe s. Son terroir unique en trois parties – le plateau calcaire, sa côte d'argiles denses et profondes, son pied de côte sablo-argileux légèrement graveleux justifie son intégration en 2012 au gotha des 1ers grands crus classés A. Une élévation due aussi aux investissements considérables de son propriétaire depuis 1998, Gérard Perse, homme d'affaires ayant fait fortune dans la grande distribution. Inauguré en 2013, un nouveau chai signé Alberto Pinto, décorateur de palais et de palaces, consacre la montée au firmament du cru et permet des vinifications encore plus précises.

La robe carmin profond est d'une grande concentration, supérieure à la moyenne du millésime. Comme la couleur, le nez est d'une puissance remarquable, caractérisée par des arômes pénétrants de fruits des bois. À l'aération apparaissent des notes de cèdre et de graphite pour composer un bouquet complexe et raffiné. Au palais, c'est une matière dense et veloutée qui caresse les papilles. Les tanins, superbes de finesse, apportent allonge et profondeur dans une finale puissante et savoureuse. ⧗ 2025-2040

SCA CH. PAVIE, Dom. de Pavie, 33330 Saint-Émilion, tél. 05 57 55 43 43, contact@vignoblesperse.com
V r.-v.

CH. PAVIE DECESSE 2017 ★

■ Gd cru clas.	5000		+ de 100 €

85 86 88 (89) 90 91 92 93 94 95 96 97 98 99 |00| |01| |02| |04| |06| |07| |08| 09 10 11 12 13 14 15 (16) 17

Acquis par Gérard Perse en 1997, ce cru de 3,65 ha a été détaché de Pavie en 1885 par son propriétaire de l'époque, Ferdinand Bouffard. Il a depuis longtemps acquis une personnalité propre, née d'un terroir spécifique, intégralement situé sur le haut de la côte Pavie mêlé d'argiles, et d'un encépagement largement dominé par le merlot (90 %, pour 10 % de cabernet franc).

Belle maturité pour ces merlots qui fleurent bon les fruits confits et les épices. En attaque, c'est la puissance qui s'exprime sur des tanins fermes mais bien intégrés. La suite en bouche trouve progressivement son équilibre et laisse en finale une sensation agréable et savoureuse. Voilà un vin large et volubile qui fera des merveilles sur une côte de bœuf. ⧗ 2025-2030

SCA CH. PAVIE (CH. PAVIE DECESSE), Dom. de Pavie, 33330 Saint-Émilion, tél. 05 57 55 43 43, contact@vignoblesperse.com

CH. PIERRE 1ER 2017 ★

■	20000		15 à 20 €

Le Ch. Croix Figeac fait peau neuve en changeant de nom et d'étiquette et devient Ch. Pierre 1er en hommage au père du propriétaire Jean Dutruilh, Pierre Dutruilh. Le vignoble est implanté non loin du Ch. Cheval Blanc, et la conversion bio est en cours.

L'étiquette change mais le style reste. On retrouve ce bouquet bien élevé, caractérisé par des notes de caramel et de réglisse en première olfaction, puis des arômes de cerise et de prune à l'aération. Une belle matière se déploie en bouche, riche, dense et de bonne persistance. ⧗ 2024-2028

CH. PIERRE 1ER, lieu-dit Bellevue, 33330 Saint-Émilion, tél. 06 73 89 18 13, jdgammes@wanadoo.fr r.-v.

CH. PLAISANCE 2017 ★★

■	40000		15 à 20 €

Ce cru, connu depuis 1881, est situé au bord de la route reliant Saint-Émilion à Branne, au sud de la juridiction. Le terroir mêle des graves aux sables et aux argiles. Derek Egan en est le propriétaire depuis 2006.

Le nez affiche une profondeur évidente et plonge le dégustateur dans un panier de fruits allant de la mûre au cassis, en passant par des notes de moka et de cacao. Dès l'attaque, on découvre une bouche ample et soyeuse, relevée d'épices douces (cannelle) et soutenue par des tanins fermes et serrés, mais au grain fin. En finale, l'élevage s'efface pour laisser parler un fruit juteux de belle maturité. Le coup de cœur fut mis aux voix. ⧗ 2025-2032

■ Vieux Ch. des Moines 2017 ★ (15 à 20 €; 20000 b.) Le nez est un concentré de fruits frais (mûre, cassis), enrichi d'une touche de coco apportée par le bois. En bouche, le vin semble construit pour la garde et s'appuie sur une trame tannique solide et serrée. ⧗ 2026-2030

CH. PLAISANCE, 256, Plaisance, 33330 Saint-Sulpice-de-Faleyrens, tél. 05 57 24 78 85, sonia@chateauplaisance.info

CH. DE PRESSAC 2017 ★

■ Gd cru clas.	93500		30 à 50 €

97 98 01 02 04 05 06 07 08 |10| |11| |12| |13| 14 15 16 17

Un cru classé (depuis 2012), vaste (36 ha) et historique à double titre : il fut le cadre en 1453 de la reddition des Anglais après la bataille de Castillon et, au XVIIIe s., le seigneur du lieu introduisit le cépage appelé auxerrois, puis noir de Pressac et finalement malbec. Il a été acquis en 1997 et entièrement rénové par Jean-François Quenin, ancien cadre du groupe Darty et ancien président du Conseil des vins de Saint-Émilion.

Beaucoup d'élégance au nez, sur des arômes de fruits frais et d'épices douces, et déjà très expressif. La bouche est harmonieuse, au boisé intégré et aux jolies proportions. Un vin chatoyant et plein de charme. Son équilibre devrait lui assurer un bonne garde. ⧗ 2024-2028

■ **Ch. Tour de Pressac 2017 ★ (20 à 30 €; 45 000 b.)** Une robe profonde habille ce vin au nez complexe d'épices et de cassis écrasé. La structure dense et serrée de la bouche laisse peu à peu la place aux fruits noirs bien mûrs pour finir harmonieusement sur des notes minérales. Un vin à la classe incontestable qui a besoin de quelques années pour s'épanouir. ⧗ 2024-2028

CH. DE PRESSAC, Ch. de Pressac, 33330 Saint-Étienne-de-Lisse, tél. 05 57 40 18 02, contact@chateaudepressac.com V r.-v.

CH. QUINAULT-L'ENCLOS 2017 ★

■ Gd cru clas.	n.c.		30 à 50 €

|**02**| 03 04 |**05**| |06| **07** 08 10 14 15 16 17

Cet important domaine (20 ha) peut à juste titre mentionner L'Enclos sur son étiquette : son vignoble clos de murs est enserré dans l'agglomération libournaise. En 2008, il a changé de mains : le Dr Alain Raynaud l'a cédé au baron Frère et à Bernard Arnault (LVMH). Il est conduit par les équipes de Pierre Lurton, qui suivent aussi le Ch. Cheval Blanc et ont engagé sa conversion à l'agriculture biologique. Les soins portés au cru se sont traduits par sa promotion lors du dernier classement des saint-émilion, en 2012.

Le nez joue la carte des épices sur un fond de cassis bien mûr, agrémenté d'un boisé bien intégré et de jolies notes de rose fanée. La bouche, comme le bouquet, joue sur l'équilibre entre boisé et fruité, s'appuyant sur des tanins fondus, mais un peu plus serrés en finale. ⧗ 2024-2030

SC DE CHEVAL BLANC (CH. QUINAULT L'ENCLOS), 30, rue Videlot, 33500 Libourne, tél. 05 57 55 55 55, chaiquinault@orange.fr

CH. LA RENOMMÉE Reynaud 2017 ★

■	20 000		20 à 30 €

En 2014, cette propriété de 12 ha a changé de mains et a été agrandie. Elle est maintenant constituée en groupement foncier viticole et accueille de multiples associés amoureux du vin. La gérance est assurée par Jean-Noël Doublet.

Un nom prédestiné pour cette cuvée qui fleure bon la myrtille et la liqueur de cassis. L'élevage en fût ajoute une touche exotique de coco et civilise la structure massive et ample de la bouche. Une cuvée à fort potentiel. ⧗ 2025-2030

CH. LA RENOMMÉE, Au Bois de l'Or, BP_111, 33330 Saint-Émilion, tél. 05 57 24 65 93, info@larenommee.fr V r.-v. E

CH. ROCHEBELLE 2017 ★

■ Gd cru clas.	16 000		30 à 50 €

Propriété des Faniest depuis 1847, Rochebelle doit son nom aux roches que l'on extrayait de ses carrières au XVIIIe s. Conduit aujourd'hui par Philippe Faniest et sa fille Émilie, œnologue, ce petit domaine de 2,7 ha est situé au-dessus du Château Pavie, face à la cité de Saint-Émilion. Petit train, caves monolithes, jeux de lumière : le concept d'œnotourisme est ici bien rodé, et les visiteurs sont légion. Ses vins, réguliers en qualité, lui ont valu d'être promu en 2012 au rang de cru classé.

De beaux arômes de violette et d'œillet remplissent le verre, pour venir s'enrichir à l'aération de nuances vanillées. La bouche est délicate au toucher, dense dans la structure. Les tanins sont consistants mais possèdent le grain fin des raisins bien nés. L'ensemble finit harmonieusement sur des notes minérales et laisse une sensation agréable de fraîcheur mentholée. ⧗ 2025-2030

CH. ROCHEBELLE, Le Bourg, 33330 Saint-Laurent-des-Combes, tél. 05 57 51 30 71, faniest@orange.fr V *t.l.j. 10h-13h 14h-18h*

CH. ROL VALENTIN 2017 ★

■	5 429		30 à 50 €

Ancien footballeur professionnel, Éric Prissette acquiert en 1994 une vigne de 2 ha au nord-ouest du plateau de Saint-Émilion, surface qu'il porte rapidement à 7,3 ha. En 2009, il vend le domaine à Nicolas et Alexandra Robin, vignerons à Castillon (Ch. Laussac) et à Pomerol (Clos Vieux Taillefer), qui maintiennent haut l'exigence de qualité.

Le couple Robin connaît un bon tonnelier, et cela se sent! Un bon boisé épicé et fumé saupoudre délicatement les arômes de framboise et de myrtille, agrémentés de nuances de cuir de Russie. En bouche, on découvre un vin de belle concentration, ample, aux tanins veloutés, avec une juste fraîcheur en soutien. ⧗ 2024-2028

CH. ROL VALENTIN, 5, Les Cabannes-Sud, 33330 Saint-Émilion, tél. 05 57 40 13 76, contact@vignoblesrobin.com V r.-v.

CH. ROZIER 2017 ★

■	25 000		15 à 20 €

Vignerons depuis le XVIIIe s. et neuf générations, les Saby – depuis 1997 les frères Jean-Christophe et Jean-Philippe, tous deux œnologues comme leur père Jean-Bernard – possèdent plusieurs crus dans le Libournais et exploitent un ensemble de 68 ha.

Le nez développe des arômes frais de cerise, de groseille et d'airelle. En bouche, on découvre un vin sur la souplesse et la rondeur, soutenu par une trame tannique civilisée. L'ensemble est harmonieux et s'appréciera dans sa jeunesse. ⧗ 2022-2025

EARL VIGNOBLES JEAN-BERNARD SABY ET FILS, Ch. Rozier, 7, au Sable, 33330 Saint-Laurent-des-Combes, tél. 05 57 24 73 03, ets.saby@orange.fr V r.-v. B

CH. SAINT-GEORGES CÔTE PAVIE 2017 ★

■ Gd cru clas.	15 000		30 à 50 €

97 98 00 03 05 |08| |09| |10| |11| |**12**| |13| 14 **16** 17

Ce cru classé de 5,7 ha – 5 ha implantés sur la côte argilo-calcaire de Pavie et 50 ares attenants à Ausone – fut une dépendance de l'abbaye de la Sauve-Majeure au Moyen Âge (époque à laquelle il prit son nom de Saint-Georges), puis la propriété de la famille de Grailly à partir du XVIIe s. Entré en 1873 dans la famille Masson, d'origine corrézienne, il est aujourd'hui conduit par la cinquième génération.

Voilà un vin bien pensé autour du fruit, dans un style généreux et puissant au nez : cerise, framboise et airelles en première olfaction, suivis de notes boisées rappelant le tabac, le cèdre et la cannelle. La bouche évolue en rondeur, sur des tanins veloutés et une acidité taillée au millimètre. Très bon équilibre à défaut de puissance, n'est-ce pas là le signe d'un vin raffiné? ⌛ 2024-2028

CH. SAINT-GEORGES CÔTE PAVIE, Ch. Saint-Georges Côte Pavie, BP_66, 33330 Saint-Émilion, tél. 05 57 74 44 23, mariegabriellemasson@gmail.com V r.-v.

CH. SAINT-HUBERT 2017 ★

■ | 6000 | | 20 à 30 €

Propriétaire de vignes depuis plus de deux siècles, la famille Aubert – aujourd'hui les frères Alain, Daniel et Jean-Claude, épaulés par leurs enfants – exploite 300 ha et de nombreux domaines du Bordelais, essentiellement en Libournais, avec pour fleuron le Ch. la Couspaude, grand cru classé de Saint-Émilion depuis 1996, acquis en 1908.

Ce vin propose un nez de bonne intensité, qui demande cependant un peu d'aération avant de dévoiler ses arômes de cerise burlat et de prune. Quelques notes de pain grillé viennent compléter l'ensemble. La bouche, équilibrée, possède un joli gras qui enrobe des tanins fins et déploie une jolie finale poivrée. ⌛ 2023-2026

CH. LA COUSPAUDE, 33330 Saint-Émilion, tél. 05 57 40 15 76, vignobles.aubert@wanadoo.fr

CH. SANCTUS 2017 ★

■ | 6500 | | 20 à 30 €

Né de la fusion de deux propriétés voisines, ce domaine de 15 ha, établi sur le plateau argilo-calcaire de Saint-Christophe-des-Bardes, au nord-est de Saint-Émilion, appartient depuis 1990 aux familles Duval-Fleury et Corneau. Anciennement Ch. La Bienfaisance, ce cru a changé de nom en 2015 pour devenir Ch. Sanctus – nom du premier vin issu des meilleures parcelles, La Bienfaisance de Sanctus devenant le deuxième vin. Aux commandes du chai depuis 2012, Caroline Gaullier.

Voilà un 1er vin digne de son rang. On est d'emblée séduit par les notes florales et fruitées du nez, finement aiguisées par des accents mentholés. Le palais dévoile une matière ample, généreuse, voluptueuse, portée par des tanins soyeux. ⌛ 2024-2028 ■ **La Bienfaisance 2017 ★ (15 à 20 €; 20000 b.)** L'usage modéré de la barrique neuve met en exergue un fruit éclatant de fraîcheur. Le nez, très élégant, évoque la rose et la pivoine, puis la mûre et la myrtille. En bouche, les tanins sont présents sans excès, le fruité est bien marié au merrain et la finale de bonne longueur. ⌛ 2023-2026

CH. SANCTUS, 39, Le Bourg, 33330 Saint-Christophe-des-Bardes, tél. 05 57 24 65 83, contact@chateau-sanctus.fr

CH. SANSONNET 2017 ★★

■ Gd cru clas. | 21000 | | 30 à 50 €

98 99 00 01 02 03 04 **05** 06 07 **08** |**09**| 10 |**11**| ⑫ |13| ⑭ **15 16 17**

Ancienne propriété du duc Decazes, président du Conseil de Louis XVIII, ce cru classé régulier en qualité a été acquis en 2009 par Christophe Lefévère et son épouse Marie-Bénédicte. C'est cette dernière, docteur en pharmacie et fille d'un exploitant de la région, qui gère le domaine. Le vignoble, à l'encépagement classique (merlot à 85 % et cabernet franc), couvre près de 7 ha sur l'un des points hauts du plateau argilo-calcaire de Saint-Émilion. Déclassé en 1996, il a retrouvé son rang en 2012.

Si les premières impressions sont chaleureuses, le deuxième nez, après aération, se distingue par une finesse remarquable et un fruité pimpant. L'attaque en bouche, puissante et volumineuse, contraste de prime abord avec le nez, pour progressivement étirer sa charpente et gagner en suavité. La finale, dense et équilibrée, revient sur un fruit bien mûr et joliment dessiné. Un vin très jeune qui dévoile des courbes somptueuses après quelques minutes dans le verre, signe d'un grand potentiel qui exigera des conditions idéales de conservation. ⌛ 2025-2032 ■ **Ch. Harmonie 2017 ★ (15 à 20 €; 2100 b.)** La faible proportion de fût de chêne et la grande taille de ces derniers (500 l) font la part belle aux arômes fruités de myrtille et de cassis bien mûrs, subtilement rehaussés de notes de réglisse. La bouche possède la belle mâche des raisins récoltés à maturité. Dense et bien équilibrée, elle déploie une finale persistante et savoureuse. ⌛ 2024-2028

CH. SANSONNET, 1, Lieu-dit Sansonnet, 33330 Saint-Émilion, tél. 09 60 12 95 17, contact@chateau-sansonnet.com

LES TERRASSES DE SAINT-CHRISTOPHE 2017 ★

■ | 20000 | | 11 à 15 €

L'achat de vignobles bordelais par des investisseurs asiatiques n'est pas nouveau. En 1997, le Taïwanais Peter Kwok a acquis, avec sa fille Elaine, le Ch. de Haut-Brisson et ses 20 ha de vignes implantées sur les sables et graves de Vignonet, au sud de l'appellation. En 2011, il a étendu son portefeuille en reprenant, avec sa fille Karen, le Ch. Tour Saint-Christophe (20 ha aujourd'hui), situé à Saint-Christophe-des-Bardes, avant d'acquérir en 2015 les 12,6 ha du Ch. Tourans à Saint-Étienne-de-Lisse. Il est aussi propriétaire en pomerol et en lalande.

Notes de violette et de foin coupé au nez, voilà une entrée en matière très printanière. Une sensation de légèreté confirmée en bouche à travers des tanins souples et fondus et une jolie finale tout en rondeur. Un vin de détente à boire sur le fruit. ⌛ 2022-2025

CH. TOUR SAINT-CHRISTOPHE, 1, Cassevert, 33330 Saint-Christophe-des-Bardes, tél. 05 57 24 77 15, contact@vignoblesk.com V r.-v.

♥ CH. VALANDRAUD 2017 ★★

■ 1er gd cru clas. B | 2500 | | + de 100 €

|**01**| 02 |**05**| 06 07 |08| **10** |**11**| **12 14 15** ⑯ **17**

Valandraud n'est plus le «vin de garage» qui a fait la réputation de Jean-Luc Thunevin dans les années 1990. Les 60 ares acquis en 1989 dans le vallon de Fongaban, entre Pavie-Macquin et La Clotte, sont devenus un cru à part entière : 10 ha aujourd'hui, essentiellement sur Saint-Étienne-de-Lisse. La consécration est arrivée en 2012 avec l'accession

au rang de 1er grand cru classé B, sans passer par la case «classé».

Une sélection exigeante à la vendange a permis d'obtenir ce nez profond et complexe au relief inespéré pour le millésime. Le nez, d'une remarquable plénitude, associe des arômes généreux de mûre avec des senteurs plus aiguisées de groseille et de menthe, et avec de subtiles notes balsamiques rappelant notamment le cèdre. La bouche n'est pas en reste et développe une matière dense et veloutée, soutenue par des tanins soyeux, à parfaite maturité, qui poussent loin la finale aux tonalités réglissées. ⧗ 2026-2035

CH. VALANDRAUD, 6, rue Guadet, 33330 Saint-Émilion, tél. 05 57 55 09 13, thunevin@thunevin.com V r.-v. 5

CH. VIEUX SARPE 2017 ★

■	5474		20 à 30 €

Négociants-éleveurs et producteurs d'origine corrézienne, les Janoueix sont propriétaires de nombreux crus dans le Libournais. L'histoire débute en 1898 quand Jean Janoueix fonde son commerce de vin, aidé de ses quatre fils. L'un d'eux, Joseph, acquiert son propre domaine (Haut Sarpe) en 1930 et créé sa propre maison de négoce en 1932. C'est aujourd'hui son fils Jean-François qui est aux commandes de ce vaste ensemble.

Puissance et volupté dans un même verre, voilà Vieux Sarpe. Le nez déploie des arômes intenses et complexes de myrthe, de cassis et d'anis. En bouche, l'imposante structure tannique se fond harmonieusement dans une matière riche et veloutée, soulignée par une fine acidité qui amène du nerf et de la longueur. ⧗ 2026-2030

CH. HAUT SARPE, 37, rue Pline-Parmentier, BP_192, 33506 Libourne Cedex, tél. 05 57 51 41 86, info@j-janoueix-bordeaux.com

CH. VIRAMIÈRE 2017 ★★

■	8000		15 à 20 €

Créée en 1931, la coopérative de Saint-Émilion est un acteur incontournable du Libournais, et ses cuvées – vins de marque (Aurélius, Galius) ou de domaines (une cinquantaine de propriétés apportent leur vendange à la «coop») – sont régulièrement au rendez-vous du Guide.

Le rubis profond de ce vin présage une concentration supérieure à la moyenne. Le bouquet ne déçoit pas et remplit le verre de notes riches de cassis, de mûre, de quetsche et de vanille, agrémentés d'une pointe d'encens. C'est une sensation de plénitude qui domine en bouche, les tanins faisant corps avec une matière dense à la texture soyeuse. L'allonge est remarquable et laisse espérer un bon potentiel de garde. ⧗ 2025-2030

UNION DE PRODUCTEURS DE SAINT-ÉMILION, Lieu-dit Haut-Gravet, BP_27, 33330 Saint-Émilion, tél. 05 57 24 70 71, contact@udpse.com V r.-v.

CH. LA VOÛTE 2017 ★

■	5500		30 à 50 €

Gaëtan Moreau exploite un petit vignoble sur le plateau argilo-calcaire de Saint-Étienne-de-Lisse, à l'est de l'appellation. Pour son grand cru, il sélectionne 1,12 ha de vieux merlots qu'il vendange à la main et élève seize mois en barrique.

Issu du plateau calcaire qui a fait la réputation de l'appellation, ce vin affiche un bouquet à la hauteur de son origine : cèdre, réglisse, cassis et mûre. La bouche est «identitaire» au dire du jury, comprenez portée par la fraîcheur du terroir, qui s'associe à des tanins soyeux et qui vient dynamiser plus encore la finale. ⧗ 2023-2028

CH. LA VOÛTE, Bel-Air, 33330 Saint-Étienne-de-Lisse, tél. 06 11 51 85 89, moreaulavoute@gmail.com V r.-v.

SÉBASTIEN XANS Entre amis 2017 ★

■	3000		15 à 20 €

En 2008, Sébastien Xans a racheté quelques arpents de vieux merlots plantés par son arrière-grand-père maternel sur la commune du Vignonet. Il les a complétés par une autre parcelle, plantée par son arrière-grand-père paternel sur les sables et les graves de Saint-Sulpice-de-Faleyrens.

Ce vin présente un nez intense de fruits noirs associés aux épices de la barrique. La bouche présente une matière dense et profonde, au toucher soyeux, soutenue par des tanins de qualité, encore un peu fermes en finale. ⧗ 2024-2028

SÉBASTIEN XANS, 335, Bois-Grouley, 33330 Saint-Sulpice-de-Faleyrens, tél. 06 87 93 92 29, sebastien.xans@orange.fr V r.-v. 4

▶ LES AUTRES APPELLATIONS DE LA RÉGION DE SAINT-ÉMILION

Plusieurs communes, limitrophes de Saint-Émilion et placées jadis sous l'autorité de sa jurade, sont autorisées à faire suivre leur nom de celui de leur célèbre voisine. Toutes sont situées au nord-est de la petite ville, dans une région pleine de charme, rythmée par des collines dominées par de prestigieuses demeures historiques et des églises romanes. Les sols sont très variés et l'encépagement est le même qu'à Saint-Émilion; aussi la qualité des vins est-elle proche de celle des saint-émilion.

LUSSAC-SAINT-ÉMILION

Superficie : 1 440 ha / Production : 85 000 hl

Lussac-saint-émilion est l'une des aires du Libournais les plus riches en vestiges gallo-romains. Au centre et au nord de l'AOC, le plateau est composé de sables du Périgord alors qu'au sud le coteau argilo-calcaire forme un arc de cercle bien exposé.

CH. BERTIN 2017 ★

■	3000		8 à 11 €

Vignerons depuis le XVIIIe s. et neuf générations, les Saby – depuis 1997 les frères Jean-Christophe et Jean-Philippe, tous deux œnologues comme leur père Jean-Bernard – possèdent plusieurs crus dans le Libournais et exploitent un ensemble de 68 ha.

De ce petit clos de 1,2 ha dédié au seul merlot, les Saby tirent un lussac expressif, centré sur les fruits rouges et de fines notes réglissées, apprécié également pour son équilibre et son élégance en bouche, autour de fins tanins. ⧗ 2022-2025

EARL VIGNOBLES JEAN-BERNARD SABY ET FILS, Ch. Rozier, 7, au Sable, 33330 Saint-Laurent-des-Combes, tél. 05 57 24 73 03, ets.saby@orange.fr V r.-v.

CH. CROIX DE RAMBEAU 2017 ★

7000 | 11 à 15 €

Les Trocard sont établis dans le Libournais depuis 1628. Leurs domaines ont connu un formidable essor au lendemain de la Seconde Guerre mondiale. Aux commandes depuis 1976, Jean-Louis Trocard, épaulé par ses enfants Benoît et Marie, a porté le vignoble à près de 90 ha répartis dans plusieurs crus et appellations.

Un soupçon de cabernet franc (10 %) dans ce lussac ouvert sur les fruits noirs rehaussés d'épices. La bouche apparaît souple et fraîche, dotée de tanins assez discrets et d'une longueur honorable. ⧗ 2021-2025

SCEA DES VIGNOBLES JEAN-LOUIS TROCARD, 1175, rue Jean-Trocard, 33570 Les Artigues-de-Lussac, tél. 05 57 55 57 90, bt@trocard.com V r.-v.

CH. CROIX DU RIVAL 2017 ★

18200 | 11 à 15 €

Créée par un groupe d'amis réunis autour de Stephan von Neipperg (Canon La Gaffelière à Saint-Émilion) et Didier Miqueu, la SCEA Winevest Saint-Émilion a acquis en 2005 le Ch. Soleil, 20 ha à Puisseguin, complétés en 2007 de 13,5 ha en lussac avec le Ch. Croix du Rival.

Souvent présent dans les pages du Guide, ce domaine signe un 100 % merlot plutôt réservé à l'olfaction, quelques notes de fruits noirs mâtinés d'épices et de chocolat se révélant à l'agitation. En bouche, de vigoureux tanins amènent une bonne densité et appellent la garde, confirmée par une finale bien serrée. ⧗ 2023-2027

SCEA CH. CROIX DU RIVAL, Girard, 32, rte de Saint-Émilion, 33570 Puisseguin, tél. 09 75 69 65 75, info@chateausoleil.fr

LA FLEUR DE CH. DE HAUT-PIQUAT 2017 ★

17600 | 15 à 20 €

Les Rivière sont vignerons et négociants depuis 1875 dans le Libournais. Outre leurs saint-émilion grand cru (Clos des Menuts, Cheval Brun, Grand Rivallon), ils exploitent aussi dans les « satellites » avec les châteaux Beaulieu (3,5 ha) en montagne, Haut-Piquat (22 ha) et Picampeau (8 ha) en lussac, ainsi qu'en AOC régionales avec le Ch. Lavagnac (20 ha).

Ce lussac issu du seul merlot délivre une belle complexité aromatique : petites baies noires, nuances vanillées et chocolatées. Croquante, souple, dotée de tanins fins, la bouche signe un harmonieux et alerte. ⧗ 2021-2025

SARL VIGNOBLES JEAN-PIERRE RIVIÈRE, Ch. Haut-Piquat, 33570 Lussac, tél. 05 57 55 59 59, jpriviere@riviere-stemilion.com V t.l.j. 9h-18h; sam. dim. sur r.-v.; f. 15-31 août

CH. DES LANDES Cuvée Prestige 2017 ★

2100 | 11 à 15 €

Conducteur de fours dans une tuilerie locale, Paul Lassagne achète en 1952 un petit vignoble (2 ha) à Lussac et fonde le Ch. des Landes ; son fils Daniel l'agrandit et crée en 1985 le Ch. des Arnauds (4 ha) ; il transmet en 2012 la propriété à Nicolas, qui dispose de 48 ha en lussac-saint-émilion (Ch. des Landes), en lalande-de-pomerol (Ch. Maltus) et en bordeaux (Ch. des Arnauds).

Une agréable approche fruitée agrémentée de notes chocolatées pour ce lussac élevé 14 mois en barriques. En bouche, on découvre un vin ferme, aux tanins serrés qui amènent un brin de sévérité en finale. ⧗ 2022-2026

EARL VIGNOBLES CH. DES LANDES, 5, La Grenière, 33570 Lussac, tél. 05 57 74 68 05, info@chateau-des-landes.fr V t.l.j. sf dim. 8h30-12h 14h-18h

CH. LUCAS 2017 ★

25000 | 15 à 20 €

Ce château tire son nom d'un lieu-dit situé sur le plateau de Lussac-Saint-Émilion. Ce sont les moines de l'abbaye de Faize qui, à la fin du XVIe s., le donnèrent à la famille Vauthier pour bons et loyaux services. Frédéric Vauthier, aux commandes depuis plus de vingt ans, y conduit aujourd'hui un vignoble de 20 ha en conversion bio.

Dans un millésime 2017 au cours duquel il a subi les violentes agressions du gel (sur 85 % du vignoble), ce domaine propose un lussac gourmand, souple et rond, sur le fruit au nez comme en bouche, agrémenté de légères notes torréfiées. ⧗ 2021-2025

SCEA LUCAS, Ch. Lucas, 4, les Vignes de Normand, 33570 Lussac, tél. 06 80 04 17 96, chateau.lucas.fred.vauthier@wanadoo.fr V r.-v.

♥ CH. ROSE PERRIÈRE 2017 ★★

10000 | 15 à 20 €

Jean-Luc Sylvain, tonnelier réputé du Libournais, exerce son talent non seulement sur le contenant mais aussi sur le contenu, à travers deux domaines : le Ch. la Perrière à Lussac, un cru de 14 ha d'origine monastique acquis en 2003, et le Clos les Grandes Versannes, grand cru de Saint-Émilion, une petite vigne (1 ha) plantée sur les sables et les graves de Saint-Sulpice-de-Faleyrens, dans sa famille depuis trois générations.

Valeur sûre de l'appellation, la Rose Perrière signe avec ce 2017 issu de merlot (80 %) et des deux cabernets un vin épatant dans ce millésime pudiquement qualifié de « compliqué ». Au nez, un boisé délicat côtoie les fruits noirs mûris à point, la cerise confite et la réglisse. La bouche se révèle volumineuse, veloutée, dotée de tanins soyeux et d'une longue finale pleine de fraîcheur qui ajoute à son élégance. ⧗ 2023-2030

VIGNOBLES JEAN-LUC SYLVAIN, Ch. La Rose Perrière, 33570 Lussac, tél. 05 57 55 14 64, mail@vignobles-jlsylvain.com V t.l.j. sf sam. dim. 9h-12h 14h-17h

MONTAGNE-SAINT-ÉMILION

Superficie : 1 600 ha / Production : 91 600 hl

Montagne dispose d'un riche patrimoine architectural et d'une église romane (Saint-Martin) qui constitue l'un des joyaux de la région. Ses terroirs sont variés : argilo-calcaires ou graves. Le visiteur pourra apprécier la vocation viticole du village dans l'écomusée du Libournais.

CH. BONFORT 2017 ★

■ | 8000 | | 8 à 11 €

Propriétaire de nombreux crus et acteur majeur du négoce bordelais à travers différentes marques (Chai de Bordes, Pierre Dumontet), Cheval Quancard a été fondé par Pierre Quancard en 1844, sous le nom de Quancard et Fils. La maison est toujours dirigée par ses descendants.

Forte d'une longue expérience, la maison Cheval Quancard a géré au mieux les embûches du millésime 2017. Pour preuve, ce montagne qui restitue avec succès le concentré des typicités du Saint-Emilionnais. Drapé de pourpre limpide, ce vin frais et fruité, centré sur la myrtille et le cassis, se montre ouvert dès l'olfaction. Gourmand et équilibré en bouche, il apparaît affable et vivant, sans lourdeur aucune. ⧗ 2021-2025

SA CHEVAL QUANCARD, 2I, La Mouline, 4, rue du Cabourney, 33565 Carbon-Blanc Cedex, tél. 05 57 77 88 88, chevalquancard@chevalquancard.com V r.-v.

CH. CLOS DE BOÜARD 2017 ★

■ | 28372 | | 20 à 30 €

Coralie de Boüard a passé son enfance au Ch. Angélus (saint-émilion premier grand cru classé A) et y a travaillé, aux côtés de son père, dans le domaine de la communication, du marketing et des ventes. En 2014, elle a pris la direction du Ch. La Fleur de Boüard (lalande-de-pomerol), puis a racheté en 2016 un vignoble de 30 ha en montagne-saint-émilion : le Ch. Clos de Boüard (anciennement Ch. Tour Musset).

Marqué par un boisé jugé excessif par certains dégustateurs, ce vin détient néanmoins un potentiel puissant qu'une longue aération permet de déceler. Il lui faudra du temps pour se montrer à son avantage. ⧗ 2024-2028

CH. CLOS DE BOÜARD, 10, rte de Saint-Christophe, 33570 Montagne, tél. 05 57 25 25 13, contact@lafleurdebouard.com V *t.l.j. sf sam. dim.*

CLOS LA CROIX D'ARRIAILH 2017 ★★

■ | 2950 | 15 à 20 €

Les Laporte, aujourd'hui Clément et Rémi, sont établis depuis cinq générations sur cette exploitation de 9,5 ha située au lieu-dit Arriailh, à 3 km de Pomerol et de Saint-Émilion. Ils proposent deux étiquettes : Croix-Beauséjour et Clos La Croix d'Arriailh.

L'olfaction de ce 2017 fleure bon les fruits mûrs (cerise noire, mûre), agrémentés d'un zeste d'épices douces. La bouche, à la fois dynamique et gracieuse, évolue vers une finale tout en onctuosité. Une jolie gourmandise. ⧗ 2023-2028 ■ **Ch. Croix Beauséjour Tradition 2017** ★ (8 à 11 €; 16910 b.) En dépit d'un millésime compliqué, ce vin tient sa réussite de son fruité épicée et de sa souplesse gourmande et fringante. À boire dans sa jeunesse. ⧗ 2021-2024

CH. CROIX BEAUSÉJOUR, 5, rte d'Arriailh, 33570 Montagne, tél. 05 57 74 59 21, contact@croixbeausejour.com V *r.-v.* 3

CH. COUCY Lieu-dit Coucy 2017 ★

■ | 26027 | | 11 à 15 €

Implanté sur les coteaux argilo-calcaires de Montagne, ce domaine de 20 ha d'un seul tenant porte le nom d'une lignée anglaise installée en Aquitaine au XVe s. Il a été repris en 2017 par Florence Galande.

Ce vin ample et harmonieux offre des arômes confits au nez comme en bouche, qui enrobent un boisé un brin austère à ce stade. Attendre encore un peu. ⧗ 2023-2027

CH. COUCY, 25, rte des Vallons, Lieu-dit Coucy, 33570 Montagne, tél. 05 57 24 16 08, contact@chateaucoucy.com V *t.l.j. sf sam. dim. 9h-17h* E

♥ CH. LA COURONNE Réserve 2017 ★★

■ | 28000 | | 11 à 15 €

Le vignoble du Château la Couronne (11 ha plantés en merlot), orienté plein sud, fait face au village de Saint-Émilion. En 1994, l'autodidacte Thomas Thiou a racheté ces terres à vignes qui produisaient déjà du vin au début du XIX[e]s.

Douze mois d'élevage en barrique n'ont pas entamé le relief gourmand de ce montagne dont le fruité conquérant, fondé sur la myrtille et le cassis, fut déterminant pour l'obtention du coup de cœur. Né du seul merlot enraciné sur un terroir calcaire, ce vin, qui n'a reçu aucune adjonction de soufre durant ses 9 mois d'élevage, charme également le palais par son équilibre souverain, sa chair moelleuse et l'élégance de son boisé. Un nectar qui se boit déjà avec délice, mais qui vieillira bien. ⧗ 2021-2026

CH. LA COURONNE, 5, Grand-Rue, 33570 Montagne, tél. 05 57 74 66 62, thomas@chateaulacouronne.fr V *r.-v.*

CH. FLAUNYS 2017 ★

■ | 6000 | | 11 à 15 €

François et Maria-Dolorès Linard, couple d'ingénieurs en agroalimentaire, ont acquis en 2001 le Ch. la Claymore, du celte ClaimhMhor, la grande épée des Highlanders : le domaine fut une zone de garnison des troupes écossaises lors de la bataille de Castillon. Le vignoble couvre aujourd'hui 43,8 ha répartis sur trois AOC : lussac (La Claymore, La Haute Claymore, Moulin de Fontmurée), montagne (Flaunys et Grand Barail) et bordeaux supérieur (Cilorn et Faise).

Ce 100 % merlot enraciné sur l'argile et le grès se présente dans une robe dense et sombre. Bien qu'un peu boisé, il ne manque pas d'arômes fruités (fruits noirs), se montre équilibré en bouche, avec une finale sur de

LE BORDELAIS

beaux amers. Une courte garde lui apportera plus encore de finesse. ⌛ 2022-2025

CH. CLAYMORE, Ch. la Claymore, Maison-Neuve, 33570 Lussac, tél. 05 57 74 67 48, contact@laclaymore.fr V t.l.j. sf sam. dim. 9h-12h 14h-16h

CH. DE MAISON NEUVE 2017 ★

■	133 000		8 à 11 €

Vinifiée en coopérative jusqu'en 1969, l'exploitation a été reprise à cette date par Michel Coudroy qui est graduellement sorti de la cave. Il exploite aujourd'hui un important vignoble de 80 ha répartis sur plusieurs crus, notamment Maison Neuve en montagne-saint-émilion, Haut-Tropchaud en pomerol et la Faurie Maison Neuve en lalande-de-pomerol.

La robe, foncée, annonce un début d'évolution. Une olfaction sur des notes fruitées relayée par une bouche ample et consistante, confirme la réussite de ce montagne mûr et rond qu'une finale plus austère perturbe un tantinet. ⌛ 2021-2025

VIGNOBLES MICHEL COUDROY, Ch. de Maison-Neuve, BP_04, 33570 Montagne, tél. 05 57 74 62 23, michel-coudroy@orange.fr V t.l.j. 9h-12h 14h-17h

CH. DES MOINES 2017 ★★

■	12 000		15 à 20 €

Les Tapon sont enracinés en Libournais depuis des siècles. Nicole, fille de Raymond, et Jean-Christophe Renaut, y exploitent 30 ha (en bio certifié depuis le millésime 2012); l'essentiel (21,5 ha) se trouve en montagne-saint-émilion avec le Ch. des Moines, fondé au XVIes. par les bénédictins de Cîteaux, et Gay Moulins, planté du seul bouchet (nom local du cabernet franc).

Finaliste du coup de coeur, ce montagne séduira les amateurs de vins charnus. Au nez, il offre une pimpante expression fruitée mâtinée d'un boisé harmonieux. Le palais affiche des arômes intenses de fruits rouges et noirs titillés d'épices douces. La finale, elle aussi très aromatique, rivalise d'allonge et de fraîcheur. Une belle plénitude pour cette bouteille de garde. ⌛ 2024-2030

CH. RAYMOND TAPON, 23, rue Guadet, BP 38, 33330 Saint-Émilion, tél. 05 57 74 61 20, information@tapon.net V r.-v.

CH. NÉGRIT 2017 ★

■	50 000		8 à 11 €

Au lendemain de la guerre de 1914, Pierre Lagardère acquiert 1 ha de vignes dans le secteur de Maillet, à Pomerol. Ses petits-fils et arrière-petits-fils, Jean-Claude et Gaël, conduisent aujourd'hui un vignoble de 17 ha à Montagne (Ch. Négrit et Ch. Rocher Calon) et de 2 ha à Pomerol (Ch. Tour Maillet).

Un 100 % merlot dont les premières perceptions ont divisé les dégustateurs, certains lui trouvant un nez un peu trop animal, d'autres appréciant son côté « gourmand ». Après une longue aération, le consensus est apparu, mettant l'accent sur une belle fraîcheur fruitée et sur une évolution, en finale, vers les épices. On n'oubliera pas de carafer ce vin avant le service. ⌛ 2021-2025 **■ Ch. Rocher-Calon 2017 ★ (8 à 11 €; 50 000 b.)** Ce pur merlot dévoile un bouquet léger et aérien centré sur les petits fruits rouges. En bouche, ses tanins, légèrement anguleux, soulignent la vive franchise de son attaque. Voilà un vin qui a besoin de s'assouplir. Accordons-lui une petite garde afin que s'atténuent ses aspérités tanniques. ⌛ 2022-2025

SCEV LAGARDÈRE, 19, rte de Négrit, 33570 Montagne, tél. 05 57 74 61 63, vignobleslagardere@wanadoo.fr V t.l.j. 8h-12h 14h-19h

CH. LA PAPETERIE 2017 ★

■	4 500	11 à 15 €

Les Estager, d'origine corrézienne, sont établis depuis quatre générations dans le Libournais, comme négociants et producteurs. Claude et son fils Charles conduisent aujourd'hui trois crus, en pomerol (Lafleur Grangeneuve), en lalande (Fougeailles) et en montagne-saint-émilion (La Papeterie).

Derrière sa robe grenat striée de violine, ce vin se livre avec discrétion (fruits noirs) au nez, puis se montre plaisant en bouche : sa rondeur, sa souplesse et ses notes poivrées séduisent, malgré une finale légèrement austère. ⌛ 2022-2025

CHARLES ESTAGER, 1, dieu-dit Foujailles, 33500 Néac, tél. 05 57 51 35 09, contact@estager-vin.com V r.-v.

CH. TEYSSIER 2017 ★★

■	10 000		8 à 11 €

Après avoir travaillé dans des domaines du Nouveau Monde, puis pour un grand cru classé de Saint-Émilion, Thomas Durand-Teyssier a pris la tête en 2007, à moins de trente ans, de la propriété fondée en 1973 par son grand-père : un vignoble d'un seul tenant, en montagne et en puisseguin, implanté sur un terroir très calcaire.

Ce montagne est un beau représentant de l'appellation : robe cerise limpide parcourue d'éclairs orangés, nez empreint d'arômes fruités (groseille confiturée, pruneau) et torréfiés, bouche ample et riche, dynamisée par une finale fraîche et sans aucune dureté. Pour la garde. ⌛ 2023-2027

CH. TEYSSIER, 1, Teyssier, 33570 Puisseguin, tél. 05 57 74 63 11, chateau.teyssier@orange.fr V r.-v.

VIEUX CHÂTEAU DES ROCHERS Tradition 2017 ★

■	7 500		5 à 8 €

Technicien d'élevage dans un organisme professionnel, Jean-Claude Rocher a repris en 1995 la propriété familiale fondée par son père Abel en 1964 — un domaine qui s'étend sur 5 ha de vieilles vignes à dominante de merlot en appellation montagne-saint-émilion.

Issu du seul merlot, ce montagne séducteur en diable, épuré de tout artifice boisé, dévoile une belle énergie autour des fruits rouges mûrs contrebalancés par une fraîcheur élégante, le tout soutenu par des tanins harmonieux et prolongé par une finale svelte, persistante et intense. ⌛ 2021-2024

VIEUX CHÂTEAU DES ROCHERS, 15, imp. de Mirande, 33570 Montagne, tél. 06 80 64 49 75, vieuxchateaudesrochers@gmail.com V r.-v.

♥ VIEUX CHÂTEAU PALON 2017 ★★

20200 | 20 à 30 €

Grégory Naulet s'est installé comme jeune agriculteur en 2000 sur ce cru de 5,5 ha aux sols argilo-calcaires. Il a restructuré le vignoble et créé une unité de vinification pour en faire une très bonne référence de l'appellation montagne-saint-émilion.

Les jurés n'ont pas tergiversé. Ce montagne est un vin racé. Boisé avec délicatesse (15 mois d'élevage en barrique), il dévoile des notes de fruits cuits sublimées par des touches réglissées et finement épicées. La bouche, puissante et concentrée, toute en richesse fruitée, avec une finale un rien confite, conserve un style fin et harmonieux. Une superbe bouteille de garde. 2023-2030

VIEUX CHÂTEAU PALON, Mondou, 33330 Saint-Sulpice-de-Faleyrens, tél. 06 89 10 90 01, vignobles.naulet@wanadoo.fr V r.-v.

PUISSEGUIN-SAINT-ÉMILION

Superficie : 745 ha / Production : 43 000 hl

La plus orientale des appellations voisines de Saint-Émilion est implantée sur des sols à dominante argilo-calcaire, avec quelques secteurs d'alluvions graveleux. Le vignoble est exposé au sud-sud-est.

CH. BERNON BÉCOT 2017 ★

10000 | 11 à 15 €

En 2015, Caroline et Pierre Bécot, quatrième génération de la famille Bécot (propriétaire du Ch. Beau-Séjour Bécot, 1er grand cru classé de saint-émilion), ont acquis ces 9 ha de vignes plus que trentenaires plantées sur le plateau de Puisseguin.

Un « beau bébé » que ce puisseguin élaboré à partir de 95 % de merlot complétés de cabernet-franc. Un long élevage de 15 mois en barriques n'a pas nui à l'harmonie de ce vin plaisant, dont la séduction repose sur un fruité pimpant auquel un discret toasté assure un brin de supplément d'âme. Petite sévérité en finale toutefois, que la garde atténuera. 2022-2026

SCEA BERNON BÉCOT, Ch. Bernon Bécot, lieu-dit Bernon Ouest, 33570 Puisseguin, tél. 06 79 11 36 65, bernon.becot@gmail.com V r.-v.

CH. CLARISSE Vieilles vignes 2017 ★★

5700 | 30 à 50 €

Détenu pendant plus d'un siècle par la famille Estager, ce cru de 20 ha, établi sur les hauteurs argilo-calcaires du plateau de Puisseguin, est depuis 2009 la propriété d'Olivia et Didier Le Calvez (figure de l'hôtellerie de luxe), qui l'ont renommé du prénom de leur fille. Le vignoble est en conversion bio depuis 2016.

Encore marquée par un long séjour au contact du bois, cette cuvée s'exprime avec vigueur, comme l'annonce le pourpre intense de sa robe. Une riche olfaction (torréfaction, vanille, fruits noirs) précède une bouche armée de tanins solides, mais au grain soyeux, et de saveurs chocolatées. Encore austère, la finale laisse augurer une longévité de plusieurs années. 2023-2030

SAS LE CALVEZ-MATHÉ, Ch. Clarisse, lieu-dit Croix-de-Justice, 33570 Puisseguin, tél. 09 67 02 76 49, contact@chateau-clarisse.com V *t.l.j. sf sam. dim. 10h-13h 14h-17h*

CH. DES LAURETS 2017 ★★

98380 | 15 à 20 €

Edmond de Rothschild – arrière-petit-fils de James, qui fit entrer Lafite dans la famille en 1868 – a acquis en 1973 le Ch. Clarke, en listrac, et le Ch. Malmaison, en moulis, avant de fonder la Compagnie vinicole Baron Edmond de Rothschild, propriétaire de plusieurs crus en Bordelais et dans le Nouveau Monde.

Un habitué des récompenses du Guide dont le classicisme, construit sur l'équilibre, a séduit les dégustateurs. L'olfaction, centrée sur les fruits noirs (myrtille, cassis) et de fins arômes toastés, en appelle à l'onctuosité. Onctuosité confirmée dans une bouche ample, structurée par des tanins soyeux et soulignée par une fine fraîcheur. 2023-2030

EXPLOITATION VINICOLE BENJAMIN DE ROTHSCHILD, Ch. des Laurets, 1, Laurets, 33570 Puisseguin-St-Émilion, tél. 05 57 74 63 40, contact@edrh-wines.com V r.-v.

CH. SOLEIL 2017 ★

31300 | 11 à 15 €

Créée par un groupe d'amis réunis autour de Stephan von Neipperg (Canon La Gaffelière à Saint-Émilion) et Didier Miqueu, la SCEA Winevest Saint-Émilion a acquis en 2005 le Ch. Soleil, 20 ha à Puisseguin, complétés en 2007 de 13,5 ha en lussac avec le Ch. Croix du Rival.

À l'olfaction, les séductions du merlot (80 % de l'assemblage) se développent, intenses, autour des fruits noirs mûris à point. La bouche, bien équilibrée entre le fruit et le bois, affiche un caractère souple et rond. 2021-2025

SCEA CH. CROIX DU RIVAL, Girard, 32, rte de Saint-Émilion, 33570 Puisseguin, tél. 09 75 69 65 75, info@chateausoleil.fr

L'ÉCUREUIL DE TEILLAC 2017 ★

5066 | 11 à 15 €

Un petit cru de proche (1,6 ha) acquis en 2017 par un groupe d'amis néerlandais tombés sous le charme du lieu et de son parc peuplé d'arbres centenaires.

Premier millésime pour les nouveaux propriétaires avec le second vin du domaine : un pur merlot qui doit son nom aux nombreux écureuils peuplant le parc. Une jolie robe rubis, une olfaction où les fruits rouges jouent le premier rôle, une bouche ronde et équilibrée, sans lourdeur ni sophistication : un vin qui plaît par sa franchise. 2020-2024

SARL DIONYSOS FRANCE, 11 rue des Écoles, 33570 Puisseguin, tél. 06 47 94 18 80 V r.-v.

SAINT-GEORGES-SAINT-ÉMILION

Superficie : 200 ha / Production : 11 500 hl

Séparé du plateau de Saint-Émilion par la rivière Barbanne, le terroir de l'appellation saint-georges présente une grande homogénéité avec des sols presque exclusivement argilo-calcaires.

CH. CAP SAINT-GEORGE 2017 ★

■ | 46500 | | 15 à 20 €

Fils de Jean-François Janoueix, Jean-Philippe Janoueix s'est d'abord installé à Lalande (Ch. Chambrun, vendu à Silvio Denz) avant de créer en 2001 le Ch. la Confession en saint-émilion grand cru, réunion des Châteaux Haut-Pontet (devenu second vin) et Barreau. Il produit aussi du saint-georges-saint-émilion (Cap Saint-Georges et son second Cap d'Or), du pomerol (Sacré-Cœur, Croix Saint-Georges) et du bordeaux supérieur (Croix Mouton).

D'un millésime difficile à maîtriser, Cap Saint-George tire un vin harmonieux, dont la structure ronde et fondue révèle un beau travail au chai, le tout accompagné d'un joli fruité enrichi d'un boisé aux accents de caramel. ⧗ 2021-2025

SCEA CH. CAP SAINT-GEORGES, lieu-dit Cap d'Or, 33570 Saint-Georges-Saint-Émilion, tél. 05 57 48 13 10, contact@jpjdomaines.com V *r.-v.*

CLOS DU PAVILLON SAINT-GEORGE 2017 ★

■ | 2000 | | 30 à 50 €

Enracinés en Libournais depuis des siècles, les Tapon — aujourd'hui Nicole, épaulée par son compagnon Jean — Christophe Renaut - y exploitent 32 ha et plusieurs propriétés (en bio certifié depuis le millésime 2012), dont l'essentiel (21,5 ha) en montagne-saint-émilion avec le Ch. des Moines. Situé à proximité de l'église et du lavoir de Saint-Georges, le Clos du Pavillon Saint-Georges a été acquis en 2004 : un cru de poche de 0,62 ha.

La parure grenat de cet élégant saint-georges s'enlumine d'éclairs cerise, beau prélude à un nez expressif, marqué par la présence fraîche du cassis. La bouche, où s'épanouit un fruité soyeux, affiche une agréable tonicité, un boisé affirmé mais de qualité et des tanins élégants. Un 100 % merlot de belle facture qui peut encore se bonifier quelques années. ⧗ 2022-2026

SCEA CLOS DU PAVILLON SAINT-GEORGES, Nicole Tapon et Jean-Christophe Renaut, 23, rue Guadet BP_38, 33330 Saint-Émilion, tél. 05 57 74 61 20, information@tapon.net V *r.-v.*

CH. HAUT-SAINT-GEORGES 2017 ★

■ | 8000 | | 15 à 20 €

En 1995, le brasseur belge M. van der Kelen a acquis 15 ha dans deux appellations satellites de Saint-Émilion : le Ch. la Grande Barde, en montagne, et le Ch. Haut-Saint-Georges (6 ha), en saint-georges. Une grande partie des vins est exportée outre-Quiévrain. Entièrement modernisés, les chais de la propriété sont installés dans d'immenses cavités souterraines. Le Ch. Haut-Saint-Georges, avec plusieurs coups de cœur à son actif, est une valeur sûre.

Merlot et malbec (10 %) pour ce 2017 vinifié en demi-muids puis élevé 18 mois en barriques neuves. Une longue finale marquée par la présence de tanins fondus vient couronner la dégustation de ce saint-georges onctueux et harmonieux qu'annonce une olfaction complexe : fruits noirs réglissés, tabac, feuilles mortes, zeste de vanille. ⧗ 2021-2025

SCEA LA GRANDE BARDE, 2, rte de Puisseguin, 33570 Montagne, tél. 05 57 74 64 98, chateaulagrandebarde@wanadoo.fr V *r.-v.*

CH. SAINT-ANDRÉ CORBIN 2017 ★

■ | 25000 | | 11 à 15 €

Vignerons depuis le XVIIIe s. et neuf générations, les Saby – depuis 1997 les frères Jean-Christophe et Jean-Philippe, tous deux œnologues comme leur père Jean-Bernard – possèdent plusieurs crus dans le Libournais et exploitent un ensemble de 68 ha.

Saint-André Corbin appartient aux Saby depuis 2003 : 17 ha établis sur le site d'une villa gallo-romaine du IVe s. ayant appartenu au poète Ausone. Malgré les énormes difficultés du millésime 2017, le domaine signe un saint-georges de belle constitution, né du merlot (80 %) et de vénérables ceps de cabernet-franc plantés entre 1921 et 1938. Dans le verre, un vin sombre aux reflets cerise, centré sur les fruits noirs et de fines notes vanillées, frais, élégant, long et équilibré en bouche, aux tanins ronds. ⧗ 2022-2025

EARL VIGNOBLES JEAN-BERNARD SABY ET FILS, Ch. Rozier, 7, au Sable, 33330 Saint-Laurent-des-Combes, tél. 05 57 24 73 03, ets.saby@orange.fr V *r.-v.*

CASTILLON-CÔTES-DE-BORDEAUX

Superficie : 3 000 ha / Production : 160 000 hl

Située à l'est du vignoble de Saint-Émilion et de ses satellites, l'appellation (anciennement bordeaux-côtes-de-castillon puis côtes-de-castillon) jouxte à l'ouest les vignobles périgourdins. Elle s'étend sur les neuf communes de Belvès-de-Castillon, Castillon-la-Bataille, Saint-Magne-de-Castillon, Gardegan-et-Tourtirac, Sainte-Colombe, Saint-Genès-de-Castillon, Saint-Philippe-d'Aiguilhe, Les Salles-de-Castillon et Monbadon. Les vins ont bénéficié en 1989 d'une appellation à part entière, les viticulteurs s'engageant à respecter des normes de production plus sévères, notamment en ce qui concerne les densités de plantation, fixées à 5 000 pieds par hectare.

CH. D'AIGUILHE 2017 ★

■ | 80000 | | 20 à 30 €

Propriété depuis 1999 du comte Stephan von Neipperg, bien établi dans le Saint-Émilionnais avec entre autres le grand cru classé Canon la Gaffelière, ce vaste cru de 140 ha est commandé par un château fort du XIIIe s. qui joua un rôle actif pendant la guerre de Cent Ans.

De la noblesse dans le verre pour ce vin aux parfums complexes de framboise et de sous-bois. En bouche, l'équilibre subtil, porté par des tanins soyeux, se prolonge jusqu'en finale sur des notes ferreuses caractéristiques des merlots bien nés. Un joli vin prêt à boire, mais que l'on pourra oublier en cave quelques années. ⧗ 2021-2026

CH. D' AIGUILHE, 1, Aiguilhe-Sud, 33350 Saint-Philippe-d'Aiguilhe, tél. 05 57 40 63 56, info@neipperg.com V r.-v.

CLOS LAURIÈRE Élevé en fût de chêne 2017 ★

■ | 2000 | | 5 à 8 €

Un petit cru (environ 2 ha aujourd'hui) en castillon, installé dans un ancien relais de diligence de Saint-Genès. Cadre agricole durant trente ans dans une exploitation de Montagne, René Allard en a pris les commandes en 1982, puis l'a transmis à Laurent et à Isabelle en 2009.

La présence importante du malbec (15 %) n'est pas étrangère aux arômes subtils de grenade et de violette de ce castillon, délicatement soulignés par des notes boisées de vanille et d'épices. En bouche, le merlot reprend ses droits et donne à une matière réglissée de l'ampleur et un juste équilibre. Un bon vin qui fera son office sur des fromages à pâte molle. ⧗ 2023-2028

DOM. DU CAUFFOUR, 15, Le Cauffour, 33350 Saint-Genès-de-Castillon, tél. 06 22 08 81 16, domaineducauffour@orange.fr V t.l.j. 8h-12h 13h-19h

CH. CÔTE MONTPEZAT Cuvée Compostelle 2017 ★

■ | 6000 | | 11 à 15 €

Le Calaisien Dominique Bessineau est établi dans le Libournais depuis 1989 avec le Ch. Côte Montpezat (30 ha en castillon et en AOC régionales), ancien relais de poste de 1620 situé sur le chemin de Compostelle, auquel se sont ajoutés en 1991 les 6 ha de puisseguin du Ch. Haut-Bernat.

Aux arômes fins de cerise et de pivoine répond un boisé généreux qui donne à l'ensemble un profil riche et engageant. La bouche est agréable, bien enrobée, et s'appuie sur des tanins présents mais intégrés, même s'ils se resserrent quelque peu en finale. Un vin sur la bonne voie... ⧗ 2023-2028

CH. CÔTE MONTPEZAT, 8, Brousse, 33350 Belvès-de-Castillon, tél. 05 57 56 05 55, bessineau@cote-montpezat.com V r.-v.

♥ CH. LA CROIX LARTIGUE 2017 ★★

■ | 8550 | | 20 à 30 €

Cette propriété de 8 ha appartient depuis 2016 à la Maison Kavaklidere, la première entreprise privée et familiale de production de vins en Turquie, possédant plus de 650 ha dans différentes régions du pays. Autre acquisition : le Ch. Claud-Bellevue, cru de 10 ha en castillon. Aujourd'hui le domaine est accompagné par les équipes de Stéphane Derenoncourt.

La proportion élevée de cabernet franc n'est pas étrangère au profil enlevé du bouquet. Dans un style fin et épuré, le cassis bien mûr s'habille de notes vanillées et lactées apportées par le fût de chêne. En bouche, la matière apparaît veloutée à souhait, puis cède progressivement la place à des tanins fermes mais savoureux et d'une réelle finesse de grain. Un vin très bien structuré qui devrait totalement s'épanouir dans quelques années. ⧗ 2024-2030

SCEA LA CROIX LARTIGUE, 5, Lartigue, 33350 Belvès-de-Castillon, tél. 07 89 32 38 74, olivier.verdier@lacroixlartigue.com V r.-v.

♥ DOM. GONZAGUE MAURICE Victor 2017 ★★

■ | 8000 | | 8 à 11 €

Après avoir œuvré dans plusieurs domaines bordelais, Gonzague Maurice s'est installé en 2006 à Montagne dans un domaine commandé par une folie du XVIIIe s., ancienne garçonnière du seigneur local. Travaillant dans l'esprit bio, il produit du vin dans les appellations montagne-saint-émilion, puisseguin et castillon.

Issue d'un élevage exclusivement en cuve béton, cette cuvée « merlote » sur des arômes de fruits noirs confiturés aux accents épicés. Soyeuse, charmeuse et complexe, la bouche n'en reste pas moins équilibrée. Quelques tanins se manifestent en finale et laissent présager un bon potentiel de garde. ⧗ 2024-2028

DOM. GONZAGUE MAURICE, 2, imp. de Larue, 33570 Montagne, tél. 06 61 77 77 33, gonzaguemaurice@hotmail.com V r.-v.

CH. PICORON 2017 ★

■ | 11700 | | 20 à 30 €

Le Bordelais n'intéresse pas que les Chinois : en 2015, des Australiens, Frank Kalyk, juriste dans une première vie, et son épouse Glenda ont acheté le Ch. Picoron (ancienne propriété de Philippe Bardet, plus de 7 ha en AOC castillon), avec en tête un projet œnotouristique : gîte à louer et production viticole.

Le merlot bien mûr s'exprime ici avec éloquence : cassis juteux et cerise noire au premier nez, finement rehaussés à l'aération d'une touche de violette. La bouche est bien élevée et laisse aux parfums vanillés du bois le soin d'apporter un caractère plus généreux à l'ensemble. Un vin bien construit qui méritera un gibier en sauce en accompagnement. ⧗ 2024-2028 ■ **Petit Picoron 2017 ★ (11 à 15 €; 17220 b.)** L'absence d'élevage en fût laisse la part belle aux fruits noirs : prune, mûre et cassis dominent, soutenus par une pointe réglissée. La matière se montre juteuse et glissante en bouche, épaulée par des tanins fondus et épicés. On préférera une viande blanche ou de la charcuterie pour l'accompagner. ⧗ 2022-2026

CH. PICORON, lieu-dit Picoron, 33350 Sainte-Colombe, tél. 06 75 72 93 94, contact@chateaupicoron.fr V r.-v.

CH. LE REY Les Argileuses 2018 ★

26000 | 11 à 15 €

Composée de 12 ha d'un seul tenant sur les sols argilo-calcaires de la rive droite de la Dordogne, cette belle propriété, située à Saint-Colombe, appartient à la famille Roque depuis l'époque de Louis XIIIe s. Le dernier descendant de cette famille, Philippe Le Roy a passé la main en 2016 au trio d'amis Peter Kwok, Philippe Lambrecht et Jean-Christophe Meyrou, le local de l'étape.

Voilà un castillon fin et élancé qui fleure bon les fruits frais. Groseille et fraise des bois ouvrent le premier nez, rapidement complétées par des pointes épicées. L'équilibre en bouche est subtil et s'appuie sur des tanins bien fondus. Un style délicat qui n'est pas sans lien avec les rares argiles bleues qui ont donné leur nom à cette cuvée. ⧗ 2022-2025

CH. LE REY, 1, Cassevert, 33330 Saint-Christophe-des-Bardes, tél. 05 57 24 77 15, contact@vignoblesk.com V r.-v.

➜ ENTRE GARONNE ET DORDOGNE

ENTRE-DEUX-MERS

Superficie : 1 480 ha / Production : 59 050 hl

L'appellation entre-deux-mers ne correspond pas exactement à l'Entre-deux-Mers géographique, puisque, regroupant les communes situées entre Dordogne et Garonne, elle en exclut celles qui disposent d'une appellation spécifique. Il s'agit d'une appellation de vins blancs secs dont la réglementation n'est guère plus contraignante que pour l'appellation bordeaux. Mais, dans la pratique, les viticulteurs cherchent à réserver pour cette appellation leurs meilleurs vins blancs. Aussi la production est-elle volontairement limitée. Le cépage le plus important est le sauvignon qui communique aux entre-deux-mers un arôme particulier très apprécié, surtout lorsque le vin est jeune. Sémillon et muscadelle complètent l'encépagement.

CH. BRONDEAU DU TERTRE 2019 ★

8000 | 5 à 8 €

Un vaste domaine de 50 ha de vignes et 60 ha de forêts et prairies, commandé par un château du XVIIIe s. construit selon les plans de Victor Louis et propriété des Glotin depuis 1930. Plusieurs étiquettes ici, en graves-de-vayres et entre-deux-mers : Goudichaud, Haut Bessac, Fage, Haut Beaumard, Brondeau du Tertre, La Fleur des Graves.

Trois mois de fût pour cette cuvée née de sauvignon et de muscadelle (20 %). Au nez, la discrétion est de mise, avec quelques notes florales qui pointent à l'aération. La bouche est vive, acidulée, sans manquer de rondeur grâce à l'apport du bois. ⧗ 2020-2023

EARL CH. GOUDICHAUD, 17, chem. de Goudichaud, 33750 Saint-Germain-du-Puch, tél. 05 57 24 57 34, contact@chateaugoudichaud.fr V *t.l.j. sf sam. dim. 8h30-12h 13h30-17h30*

CH. CASTENET 2019 ★★

39000 | 5 à 8 €

Mylène et Guillaume Guennec, enfants de viticulteurs de la région, ont pris la suite en 2010 de François Greffier, vigneron réputé pour ses entre-deux-mers, désormais retiré des affaires. Ils conduisent aujourd'hui un vignoble de 35 ha, auxquels s'ajoutent les 8 ha du Ch. Valade pris en fermage auprès de la famille Hoffman.

Un très joli vin de plaisir que ce 2019 ouvert sur un fruité croquant d'agrumes à l'olfaction. Arômes prolongés, en compagnie de nuances muscatées et de notes de fruits jaunes confiturés, par une bouche ample, consistante, crémeuse, mais qui ne manque pas de la fraîcheur attendue. Un équilibre impeccable. ⧗ 2020-2023

EARL CASTENET, 3, Castenet, 33790 Auriolles, tél. 05 56 61 40 67, vignoblescastenet@orange.fr V r.-v.

♥ CHEVAL QUANCARD Cuvée Clémence Élevé en fût de chêne 2019 ★★★

186000 | 5 à 8 €

Propriétaire de nombreux crus et acteur majeur du négoce bordelais à travers différentes marques (Chai de Bordes, Pierre Dumontet), Cheval Quancard a été fondé par Pierre Quancard en 1844, sous le nom de Quancard et Fils. La maison est toujours dirigée par ses descendants.

Une seyante robe or vert habille cette superbe cuvée née de sauvignon (70 %), de sémillon et de muscadelle (10 %). Le nez déploie des arômes très fins de citron, de fruits exotiques et de fleurs blanches. La bouche est un monument d'équilibre entre une franche vivacité, une texture soyeuse, tendre, presque suave, et une finale magistrale, pleine de tonus. ⧗ 2021-2023 **Les Vendanges de Lise Élevé en fût de chêne 2019 ★★ (- de 5 €; 80000 b.)** Finement boisé, le nez évoque aussi les fruits blancs et les fruits exotiques. La bouche, à l'unisson du bouquet, se révèle ample, fraîche et fine. Un ensemble harmonieux et élégant. ⧗ 2020-2023

SA CHEVAL QUANCARD, 21, La Mouline, 4, rue du Cabourney, 33565 Carbon-Blanc Cedex, tél. 05 57 77 88 88, chevalquancard@chevalquancard.com V r.-v.

♥ CH. DE CRAIN 2019 ★★

60000 | 5 à 8 €

Bâti au XIIIe s. par le roi Edouard IV d'Angleterre, c'est l'un des plus vieux châteaux d'Aquitaine. Depuis cinq générations, le domaine exploite 45 ha de vignes sur un sol argilo-calcaire.

Le trio classique sauvignon-sémillon-muscadelle est à l'œuvre dans ce vin d'une belle clarté. Au nez, les nuances florales se mêlent à des arômes plus exotiques de sirop de mangue et plus douces de miel frais. Une belle complexité à laquelle fait écho une bouche ample, longue, élégante et alerte. Une vraie gourmandise. ⧗ 2020-2023

SCA CH. DE CRAIN, 3, rte de Crain, 33750 Baron, tél. 06 89 06 37 02, chateau.decrain@wanadoo.fr V r.-v.

CH. DARZAC 2019 ★

	50000		5 à 8 €

Aux origines du domaine, une dot acquise par un ancêtre grognard de l'armée napoléonienne, marié le même jour que l'Empereur. Aujourd'hui, 50 ha dans l'Entre-deux-Mers répartis entre les châteaux Fondarzac et Darzac, conduits depuis 1996 par Stéphane et Alain, fils de Claude Barthe.

Au nez, les nuances florales dominent, puis arrivent à l'agitation des notes de fruits blancs. En bouche, le vin affiche un bel équilibre entre fine sucrosité et acidité bien dosée qui amène de la longueur. Un bon classique. ⧗ 2020-2023

SCA VIGNOBLES CLAUDE BARTHE, 22, rte de Bordeaux, 33420 Naujan-et-Postiac, tél. 06 08 01 08 77, alain@vignoblesclaudebarthe.com V r.-v.

B DELOR Nature 2019 ★

	16000		5 à 8 €

Dans le giron du groupe CVBG (Alain Thiénot), cette maison de négoce fondée en 1864 par Alphonse Delor est l'une des plus anciennes sur la place de Bordeaux.

Le dernier né de la maison Delor : un vin « bio » qui met clairement en avant le raisin sur son étiquette. Dans la bouteille, un assemblage à parts quasi égales de sauvignon, sémillon et muscadelle. Dans le verre, un joli vin au nez mentholé, poivré et fruité (agrumes, fruits exotiques), à la bouche tout aussi expressive (épices, buis, silex chaud, genêt), empreinte d'une acidité soutenue qui intensifie la finale. ⧗ 2020-2023

MAISON DELOR, 35, rue de Bordeaux-Parempuyre, CS_80004, 33295 Blanquefort Cedex, tél. 05 56 35 53 00, contact@delor-bordeaux.com

CH. LA GRANDE MÉTAIRIE 2019 ★★

	67200		5 à 8 €

Jean-Luc Buffeteau, revenu en 1998 sur les terres familiales, conduit 29 ha de vignes sur les coteaux vallonnés de l'Entre-deux-Mers, au cœur du Sauveterrois, dans les communes de Castelviel et Gornac. Il y produit deux étiquettes : La Grande Métairie et Haut Dambert.

Au nez, les fruits exotiques et les fruits blancs sont de mise. En bouche, la vivacité est bien présente, montante jusqu'à la finale, aux tonalités acidulées. Mais l'ensemble reste équilibré par une touche de gras qui amène une aimable rondeur. ⧗ 2020-2023

SCEA VIGNOBLES BUFFETEAU, lieu-dit Dambert, 33540 Gornac, tél. 05 56 61 97 59, vignoblesbuffeteau@gmail.com V r.-v.

CH. HAUT-GARRIGA 2019 ★

	15000		- de 5 €

La famille Barreau cultive la vigne depuis 1782 et la plantation des premiers pieds de vignes au lieu-dit Garriga. La sixième génération est aujourd'hui à la tête d'un coquet vignoble de 75 ha, répartis entre les châteaux Haut-Garriga, le fief historique, et Courteau. Une famille qui s'invite avec une grande régularité dans les chapitres bordeaux rosé, bordeaux sec et entre-deux-mers du Guide.

Un joli nez finement sauvignonné (fruits exotiques, buis) ouvre la dégustation. En bouche, le vin se montre à la fois très frais et très charnu, avec une belle présence aromatique qui fait écho à l'olfaction et une finale pleine de nerf. Un bon représentant de l'appellation. ⧗ 2020-2023

EARL VIGNOBLES C. BARREAU ET FILS, 1, Garriga, 33420 Grézillac, tél. 05 57 74 90 06, chateau-haut-garriga@wanadoo.fr V *t.l.j. sf dim. 8h-12h 14h-18h*

CH. DE L'HOSTE-BLANC Vieilles Vignes 2018 ★

	7000		8 à 11 €

Henri Baylet et son fils Michel ont acquis le Ch. Landereau en 1959, puis le Ch. de l'Hoste Blanc en 1980. Installé en 1988, Bruno Baylet, troisième du nom, exploite aujourd'hui 80 ha dans l'Entre-deux-Mers.

D'une teinte soutenue aux tonalités dorées, cette cuvée s'ouvre sur des arômes gourmands et riches de miel, d'orange confite et de... pétrole, qui lui donne un air alsacien. En bouche, on retrouve ce profil généreux et suave qui signe un millésime solaire, mais avec de beaux amers qui viennent dynamiser la finale. ⧗ 2020-2023

CH. LANDEREAU, RD 671, 33670 Sadirac, tél. 05 56 30 64 28, vignoblesbaylet@free.fr V *t.l.j. sf dim. 8h-12h 13h30-17h30*

CH. LA LANDE DE TALEYRAN 2019 ★★

	40000		5 à 8 €

Après une expérience en tant que maître de chai aux États-Unis, Arnaud Burliga a rejoint son père Jacques en 2005. Ce dernier a constitué les domaines familiaux en reprenant en 1984 le Ch. la Lande de Taleyran, puis deux autres propriétés : aujourd'hui, 50 ha de vignes en AOC régionales et en entre-deux-mers.

Sauvignon (60 %) et sémillon composent un vin d'une belle limpidité, ouvert sur des arômes explosifs de fruits exotiques, de pêche de vigne et de fleurs blanches. On retrouve cette intensité aromatique dans une bouche très fraîche, très longue, très équilibrée. ⧗ 2020-2023

EARL VIGNOBLES BURLIGA, 6, rte de l'Église, 33750 Beychac-et-Caillau, tél. 05 56 72 98 93, contact@burliga.com V *t.l.j. sf sam. dim. 9h-12h 14h-18h*

CH. MONTLAU 2019 ★

	5500		5 à 8 €

Le Ch. Montlau est situé sur un ancien site gallo-romain dominant la vallée de la Dordogne. Armand Schuster de Ballwil, arrivé à la tête de la propriété en 1970, et son fils y conduisent un vignoble de 25 ha, dont 3 ha sont réservés aux cépages blancs.

Frais et élégant, le nez de ce 2019 évoque les fruits blancs sur fond de nuances florales. Une attaque souple ouvre sur un palais alerte et long, aux tonalités fruitées. ⧗ 2020-2023

⊶ ARMAND SCHUSTER DE BALLWIL, Ch. Montlau, 1313, allée du Château, 33420 Moulon, tél. 05 57 84 50 71, contact@chateau-montlau.com V r.-v.

CH. LA MOTHE DU BARRY Cuvée French Kiss 2019 ★

■	30 000		5 à 8 €

À la retraite de ses parents, qui ont mis en bouteilles à partir de 1970, Joël Duffau a repris une partie de leur vignoble du Ch. les Arromans, venant compléter ainsi le Ch. la Mothe du Barry qu'il avait créé en 1985. Il commande aujourd'hui un ensemble de 40 ha converti au bio. Ses deux étiquettes sont incontournables en bordeaux et en entre-deux-mers.

Les deux sauvignons (blanc et gris) à parts égales sont associés au sémillon dans cette cuvée florale et fruitée à l'olfaction. La bouche fait preuve d'une grande vivacité qui lui confère une belle allonge. Un entre-deux-mers tonique, un bon classique en somme. ⧗ 2020-2023

⊶ JOËL DUFFAU, 490, rte du Pont-Riveau, 33420 Moulon, tél. 05 57 74 93 98, vignobles.jduffau@orange.fr V *t.l.j. sf dim. 8h-12h 14h-19h* 5

CH. MOULIN DE LAUNAY 2019 ★

■	150 000		5 à 8 €

Vignerons depuis 200 ans et cinq générations, les Greffier (Ludovic depuis 2016) exploitent l'un des plus vastes domaines de l'Entre-deux-Mers : 74 ha de vignes blanches autour de la Butte de Launay, point culminant de la Gironde, à partir desquelles sont produit des vins labellisés végan.

Les deux sauvignons, du sémillon (majoritaire), de la muscadelle et de l'ugni blanc sont assemblés dans ce vin végan : lors de la clarification du vin, une colle végétale (et non animale) est utilisée. Dans le verre, un entre-deux-mers ouvert sur le pamplemousse et les fruits blancs mûrs. La bouche, pleine de fraîcheur (on y retrouve les agrumes), affiche beaucoup de peps. ⧗ 2020-2023

⊶ SCEA CLAUDE ET BERNARD GREFFIER, 3, Trochon, 33790 Soussac, tél. 05 56 61 31 51, contact@vignoblesgreffier.com V *r.-v.*

CH. DE L'ORANGERIE Grande Cuvée 2019 ★

■	80 000		- de 5 €

Les ancêtres de Jean-Christophe Icard ont constitué à partir de 1790 un domaine qui s'est agrandi au fil des générations. Conduit depuis 1994 par l'actuel exploitant, le vignoble familial couvre quelque 130 ha, dont 75 ha de vignes, dans l'Entre-deux-Mers et la région de Cadillac. Plusieurs étiquettes ici : L'Orangerie, La Sablière Fongrave et même des «produits sous licence» signés par le célèbre dessinateur belge Philippe Geluck, créateur du personnage Le Chat.

Ce 2019 d'une belle brillance évoque le sauvignon mûr à souhait. En bouche, il se montre nerveux, tonique, très aromatique (fruits blancs, agrumes, fruits exotiques). Un vin sincère. ⧗ 2020-2023 ■ **Ch. de la Sablière Fongrave 2019 ★ (- de 5 €; 80 000 b.)** Un vin très floral et fruité au nez, fin, équilibré et frais en bouche. ⧗ 2020-2023

⊶ SCEA DES VIGNOBLES JEAN-CHRISTOPHE ICARD, lieu-dit le Jardinet, 33540 Saint-Félix-de-Foncaude, tél. 05 56 71 53 67, orangerie@chateau-orangerie.com

CH. JEAN DE PEY 2019 ★

■	13 000		- de 5 €

Dirigée depuis 1986 par Annie Merlet-Brunet, cette propriété étend ses 30 ha de vignes au cœur de l'Entre-deux-Mers, sur les coteaux argilo-calcaires qui entourent Sauveterre-de-Guyenne, célèbre pour sa bastide fondée en 1281 par Édouard [er], roi d'Angleterre.

Buis, tilleul, jasmin, fruits jaunes mûrs, le nez est engageant. En bouche, le vin se montre plutôt gras et vineux, mais une bonne acidité vient en soutien et apporte longueur et équilibre. ⧗ 2020-2023

⊶ EARL ANNIE MERLET-BRUNET, Jean de Pey, Le Puch, 33540 Sauveterre-de-Guyenne, tél. 06 80 95 09 49, amerletbrunet@orange.fr V *r.-v.*

CH. PLESSIS 2019 ★

■	21 333		- de 5 €

Héritiers d'une longue lignée vigneronne remontant à 1850, Serge Forcato et son fils David ont entrepris en 2017 de faire renaître les vins blancs du Ch. Plessis, longtemps dédié aux seuls vins rouges. En outre, il lance un vin sous un vin sous le nom de Ch. Lary Lacombe situé sur les terres de Saint-Vivien de Monségur.

Une belle robe étincelante, un bouquet d'épices, de silex et d'amande amère : l'approche est engageante. La bouche ne déçoit pas : une belle fraîcheur, une expression aromatique intense (citron confit, ananas), de la longueur. Une jolie friandise. ⧗ 2020-2023

⊶ GAEC FORCATO ET FILS, 5, lieu-dit Lacombe, 33580 Saint-Vivien-de-Monségur, tél. 05 56 61 62 50, serge.forcato@orange.fr

CH. LA ROSE DU PIN 2019 ★

■	65 336		5 à 8 €

En 1858, la famille Ducourt s'établit au château des Combes, à Ladaux, petit village au sud-est de Bordeaux. C'est sous l'impulsion d'Henri Ducourt, installé en 1951 et relayé depuis par ses enfants et petits-enfants, que le vignoble familial prend son essor, pour atteindre aujourd'hui 450 ha répartis sur 13 châteaux dans l'Entre-deux-Mers et le Saint-Émilionnais. Un ensemble dirigé par Philippe Ducourt depuis 1980.

Un terroir repéré en 1965 par Henri Ducourt, situé entre les lieux-dits À la Rose et Le Pin de Cornet, est à l'origine de ce domaine. Des reflets jaune pâle agrémentés d'un liseré grisé soulignent la fraîcheur du millésime. Fraîcheur que l'on retrouve au nez comme en bouche à travers des parfums de silex, d'agrumes et de fruits exotiques. Un vin fringant. ⧗ 2020-2023 ■ **Ch. Beauregard-Ducourt 2019 ★ (5 à 8 €; 58 067 b.)** Un vin centré sur les agrumes confits, le genêt et la menthe poivrée au nez, suave, riche et vanillé en bouche, apaisé par une jolie fraîcheur en finale. ⧗ 2020-2023

⊶ SC VIGNOBLES DUCOURT, 18, rte de Montignac, 33760 Ladaux, tél. 05 57 34 54 00, ducourt@ducourt.com V *r.-v.*

CH. ROUGIER 2019 ★★

| 15000 | | 5 à 8 € |

Après ses études d'œnologie, Jean-Christophe Lobre s'est installé en 1995 à la tête du vignoble créé en 1974 par ses parents Jean-Pierre et Paulette. Il conduit aujourd'hui, avec son épouse Andréa depuis 2010, un vaste domaine de 70 ha et poursuit ainsi une tradition familiale qui remonte à 1735.

Le coup de cœur fut mis aux voix pour ce 2019 limpide et brillant, ouvert sans réserve sur des parfums de fleurs blanches et de fruits exotiques. Une attaque tout en souplesse ouvre sur une bouche ronde, tendre, caressante, avec une fraîcheur bien sentie en soutien. Beaucoup de charme et d'harmonie dans ce vin. ⧗ 2020-2023

EARL VIGNOBLES J.-C. LOBRE, lieu-dit Jamin, 33580 Rimons, tél. 05 56 71 55 10, vinslobre@free.fr V r.-v.

CH. TOUR DE MIRAMBEAU Réserve 2019 ★★

| 90000 | | 8 à 11 € |

Vigneronne depuis plus de deux siècles, la famille Despagne, établie au cœur de l'Entre-deux-Mers, est un acteur incontournable du vignoble bordelais, à la tête de 300 ha répartis sur plusieurs crus – Bel Air Perponcher, Tour de Mirambeau, Rauzan Despagne, Lion Beaulieu, Mont-Pérat – conduits par les enfants de Jean-Louis (Thibault, Gabriel et Basaline) et par Joël Elissalde, directeur technique. Leurs vins sont souvent en vue dans ces pages, dans les trois couleurs.

Une belle expression florale et fruitée se dégage de ce vin, agrémentée de nuances minérales (silex). La bouche, à l'unisson du bouquet, apparaît souple, légère, fraîche, délicate et longue. Un entre-deux-mer sur la finesse. ⧗ 2020-2023

SCEA DESPAGNE RIVE DROITE (CH. TOUR DE MIRAMBEAU), 2, Le Touyre, 33420 Naujan-et-Postiac, tél. 05 57 84 55 08, contact@despagne.fr V *t.l.j. sf sam. dim. 8h30-12h 13h30-16h30*

CH. TURCAUD 2019 ★

| 120000 | | 5 à 8 € |

Un cru de 50 ha fondé en 1973 par Simone et Maurice Robert, conduit avec le même talent depuis 2009 par leur fille Isabelle et son époux Stéphane Le May. Abandon progressif du désherbage chimique, rendements limités, approche parcellaire pour chaque cuvée, certification Terra Vitis : un travail de précision au service des AOC régionales et des entre-deux-mers.

Fidèle au rendez-vous, Turcaud signe un bel entre-deux-mers évoquant les fruits jaunes mûrs relevés d'épices et d'agréables nuances végétales. Un profil aromatique prolongé par une bouche fraîche, d'un bon volume et persistante. ⧗ 2020-2023

EARL VIGNOBLES ROBERT, 1033, rte de Bonneau, 33670 La Sauve, tél. 05 56 23 04 41, chateau-turcaud@wanadoo.fr V *r.-v.*

CH. VERMONT La Grande Cuvée 2018 ★

| 4000 | | 11 à 15 € |

Commandée par un ravissant château du XIX^e^s. entouré de 40 ha de vignes, cette propriété de l'Entre-deux-Mers appartient à la même famille depuis les années 1880. La quatrième génération – Élisabeth et son mari David Labat – est aujourd'hui aux commandes.

Élevée 12 mois en fût, cette cuvée associe un boisé vanillé à des notes de miel et des nuances plus fraîches et sauvignonnées. En bouche, elle se montre vive, ample et longue, encore dynamisée par une finale aux tonalités acidulées. ⧗ 2020-2023

SCEA CH. VERMONT, Ch. Vermont, 33760 Targon, tél. 05 56 23 90 16, chateauvermont@chateau-vermont.fr V *t.l.j. 9h-12h 14h-18h; sam. dim. sur r.-v.*

GRAVES-DE-VAYRES

Superficie : 660 ha
Production : 35 300 hl (85 % rouge)

Malgré l'analogie du nom, cette région viticole, située sur la rive gauche de la Dordogne, non loin de Libourne, est sans rapport avec la zone viticole des Graves. Les graves-de-vayres correspondent à une enclave relativement restreinte de terrains graveleux, différents de ceux de l'Entre-deux-Mers. Cette dénomination a été utilisée dès le XIXes., avant d'être officialisée en appellation en 1937. Initialement, elle correspondait à des vins blancs secs ou moelleux, mais la production des vins rouges, qui peuvent bénéficier de la même appellation, est devenue majoritaire. Une part importante des vins rouges est cependant commercialisée sous l'appellation régionale bordeaux.

CH. BARRE GENTILLOT Vieilles Vignes 2018 ★

| 90000 | | 5 à 8 € |

Exploitées depuis sept générations par la même famille, les 48 ha de vignes de ce domaine constituent la troisième propriété des vignobles Pierre-Jean Larraqué, et s'étendent autour d'une bâtisse du XVIIes., aux allures de cathédrale.

Fruits bien mûrs presque kirschés pour cette cuvée judicieusement élevée en fûts de chêne. Les notes de torréfaction soulignent les arômes de prune dans un écrin velouté et suave. La finale dévoile quelques notes toastées qui apportent de la gourmandise. Une cuvée habilement travaillée qu'il faudra oublier quelques années avant de l'apprécier. ⧗ 2024-2028 ■ **Ch. Gentillot 2019 ★ (5 à 8 €; 40000 b.)** Ce vin offre un panier de fruits noirs très mûrs, presque confits, rappelant la cerise noire et la mûre. La bouche, souple et veloutée, privilégie le plaisir avant la structure. ⧗ 2021-2025

SCEA BARRE GENTILLOT, Ch. de Barre, 33500 Arveyres, tél. 05 57 24 80 26

CH. BROUSCAILLOU 2019 ★★

| 1200 | | 5 à 8 € |

En 2015, après 8 ans passés à se former au Ch. les Artigaux, Marie Bazin a pris en fermage un peu plus de 3 ha de vignes en graves-de-vayre. Son ancien « patron », Bruno Baudet, lui prête quelques cuves et un bout de son chai pour vinifier.

Le seul sémillon est à l'œuvre dans ce vin doré à l'or fin, ouvert sur des parfums d'agrumes confits, de bois de rose et de buis. La bouche affiche de la consistance et un très agréable profil acidulé. Belle finale sur la longueur et la fraîcheur. ⧗ 2020-2024

MARIE BAZIN, 200, imp. des Combes, 33420 Génissac, tél. 06 66 79 08 96, marinette.bazin@hotmail.fr V *r.-v.*

♥ CH. CANTELAUDETTE Cuvée Prestige 2019 ★★

| 30 000 | | 5 à 8 € |

Longtemps exploité en polyculture, ce cru fondé en 1870 par l'aïeul de Jean-Michel Chatelier est désormais dédié à la vigne seule (55 ha), à l'origine de graves-de-vayres et de bordeaux très réguliers en qualité et proposés sous plusieurs étiquettes.

Rouge et blanc, Cantelaudette brille dans toutes les couleurs cette année. Cette cuvée à la robe cristalline s'ouvre sur de fines notes florales (rose, œillet) mâtinées d'agrumes. En bouche, elle y ajoute de douces nuances boisées (vanille, brioche) qui s'équilibrent parfaitement avec une acidité parfaitement dosée. Un vin harmonieux et délicat. ⌛ 2021-2025 ■ **Cuvée Prestige 2018 ★★ (5 à 8 €; 100 000 b.)** ♥ La robe, scintillante, est d'un rouge rubis immaculé. Résultat d'une vinification minutieuse, le nez est remarquable de précision et de complexité. Les notes résineuses soulignent admirablement les arômes de fruits noirs et de vanille. La bouche est un modèle d'harmonie qui laisse présager la plus belle des suites si on laisse le temps faire son office. ⌛ 2024-2028

JEAN-MICHEL CHATELIER, 1, Cantelaudette, 33500 Arveyres, tél. 05 57 24 84 71, jm.chatelier@orange.fr V *r.-v.*

CH. JEAN DUGAY 2019 ★

| 14 000 | | - de 5 € |

Quatre générations se sont succédé sur le domaine familial Jean Dugay, aujourd'hui dirigé par Nathalie Ballet et son frère Bruno, également propriétaires depuis 1990 du Ch. la Caussade, ancien relais de chasse du Ch. de Vayres. Leur vignoble s'étend sur 63 ha. Autre étiquette : le Ch. Haut Branda en AOC régionales.

Né du seul sauvignon, ce vin très expressif évoque le pamplemousse et les fleurs blanches. Une attaque souple introduit une bouche pleine de fraîcheur, encore dynamisée par de beaux amers en finale. ⌛ 2020-2023

GFA VIGNOBLE BALLET, La Caussade, 33870 Vayres, tél. 06 75 25 87 56, vignoble.ballet@orange.fr V *t.l.j. 8h30-12h 13h30-17h30*

CH. GOUDICHAUD 2019 ★★

| 12 000 | | 5 à 8 € |

Un vaste domaine de 50 ha de vignes et 60 ha de forêts et prairies, commandé par un château du XVIIIe s. construit selon les plans de Victor Louis et propriété des Glotin depuis 1930. Plusieurs étiquettes ici, en graves-de-vayres et entre-deux-mers : Goudichaud, Haut Bessac, Fage, Haut Beaumard, Brondeau du Tertre, La Fleur des Graves.

Une forte dominante de sauvignon (85 %) dans ce 2019 associant au nez les agrumes, les fruits exotiques, le genêt et des notes résinées. Une complexité aromatique que l'on retrouve dans une bouche ample, longue et très fraîche. Un vin d'une grande harmonie. ⌛ 2021-2024 ■ **Ch. Fage 2019 ★ (5 à 8 €; 15 000 b.)** Un vin dominé par le sémillon (60 %), ouvert sur la mangue, le sirop d'ananas et des notes minérales. En bouche, de la fraîcheur et de l'équilibre. ⌛ 2020-2023 ■ **Ch. la Fleur des Graves 2019 ★ (8 à 11 €; 10 000 b.)** Ananas, litchi, mangue, une cuvée au profil exotique, acidulée et consistante en bouche. ⌛ 2020-2023

EARL CH. GOUDICHAUD, 17, chem. de Goudichaud, 33750 Saint-Germain-du-Puch, tél. 05 57 24 57 34, contact@chateaugoudichaud.fr V *t.l.j. sf sam. dim. 8h30-12h 13h30-17h30*

CH. HAUT-GAYAT Quintessence 2018 ★

| 5 000 | | 11 à 15 € |

Les Degas dirigent un vaste vignoble familial de 100 ha qui doit beaucoup aux femmes, aux commandes depuis trois générations : après Marie-José Degas, installée en 1985, ce sont ses petites-filles Diane et Eugénie qui ont pris la relève.

La vinification intégrale en fût de chêne a porté ses fruits... Le nez rappelle avec gourmandise le coulis de fruits rouges, rehaussé de notes de cuir et d'épices. La bouche est onctueuse, non sans structure, pour finir harmonieusement sur des notes confites. Un style agréable et généreux qui devrait séduire un large public. ⌛ 2024-2028

SCEA VIGNOBLES DEGAS, 36-38, rte de Créon, 33750 Saint-Germain-du-Puch, tél. 05 57 24 02 44, contact@vignoblesdegas.fr V *r.-v.*

CH. JUNCARRET 2019 ★

| 9 600 | | 5 à 8 € |

Un château du XVIe s., demeure du trésorier général de France sous l'Ancien Régime. Depuis 1955, la famille Rouquette en est propriétaire et produit sur 29 ha des graves-de-vayres et des bordeaux dans les trois couleurs.

Les deux sauvignons et la muscadelle pour ce vin aux nuances florales (œillet, acacia), agrémenté de miel frais et de menthe poivrée. La bouche apparaît suave et riche, avec une juste fraîcheur en soutien. ⌛ 2020-2023

SCEA CH. JUNCARRET, av. de Juncarret, 33870 Vayres, tél. 05 57 74 85 23, contact@juncarret.fr V *r.-v.*

CH. LESPARRE Vinifié en fût de chêne 2018 ★

| 240 000 | | 8 à 11 € |

Originaire de Champagne (Côte des Blancs), la famille Gonet s'est aussi forgé une solide renommée dans le Bordelais : en graves-de-vayres avec les châteaux Lesparre (acquis en 1986), Lathibaude et Durand-Bayle, des valeurs sûres, ainsi qu'en pessac-léognan (Haut-Bacalan, Eck, Haut l'Évêque, Saint-Eugène) et en AOC régionales (La Chapelle Bordes, La Rose Videau).

La couleur, profonde et brillante, en dit long sur la richesse de cette cuvée habituée aux récompenses. Au nez, les notes de vanille et de chocolat dominent, avant de céder la place aux fruits noirs. La bouche est une caresse suave et tendre qui dévoile une finale longue et fraîche, pleine de promesses pour les années à venir. ⧗ 2024-2028 ■ **Ch. Durand-Bayle 2018 ★ (5 à 8 €; 80000 b.)** Des reflets violines attestent de la jeunesse du vin. Le nez, épicé et fringant, mélange subtilement notes cacaotées et petits fruits noirs. En bouche, on croque dans le cassis, pour découvrir en finale des tanins fermes mais équilibrés. Une cuvée élégante. ⧗ 2024-2028 ■ **Ch. Durand-Bayle 2018 ★ (8 à 11 €; 15000 b.)** Une cuvée mi-sémillon mi-sauvignon, au nez fruité (mangue, pêche) et vanillé (élevage en fût), à la bouche fraîche et persistante. ⧗ 2020-2023

⊶ SCEV MICHEL GONET ET FILS, Ch. Lesparre, 33750 Beychac-et-Caillau, tél. 05 57 24 51 23, info@gonet.fr V *r.-v.*

SAINTE-FOY-BORDEAUX

Superficie : 370 ha
Production : 17 250 hl (90 % rouge)

À l'extrémité orientale de l'Entre-deux-Mers et aux portes du Périgord, sur les rives de la Dordogne, la bastide médiévale de Sainte-Foy-la-Grande a donné son nom à un vignoble qui propose des rouges marqués par le merlot ainsi que quelques blancs, surtout secs.

CH. BELLEVUE PEYCHARNEAU 2017 ★★

■ | 42000 | | 5 à 8 €

Un vignoble établi sur les hauteurs de Sainte-Foy-la-Grande, à l'est de l'Entre-deux-Mers : 14 ha sur un plateau rocheux dominant la vallée de la Dordogne et le reste sur des coteaux très pentus.

Ce sainte-foy propose une belle palette aromatique au nez qui évoque la cerise Napoléon, le cassis, la pivoine et le boisé grillé. On retrouve ces parfums nobles dans un palais structuré par des tanins fins et élancés qui apportent volume et persistance. ⧗ 2023-2027

⊶ CH. BELLEVUE PEYCHARNEAU, 19, rte de Bergerac, 33220 Pineuilh, tél. 06 82 28 44 50, info@bellevue-peycharneau.fr V *r.-v.*

♥ CH. DES CHAPELAINS Diamant noir 2017 ★★

■ | 2892 | | 15 à 20 €

Pierre Charlot est un vigneron qui compte dans l'AOC sainte-foy. Depuis 1991, il redonne ses lettres de noblesse à ce domaine de 48 ha, dans sa famille depuis le XVIIe s., dont il tire des cuvées qui laissent rarement indifférent et visent avant tout l'expression du fruit. L'une de ses devises : *Life is too short to drink bad wine.*

Ciselé et éclatant comme un diamant, le nez de ce sainte-foy évoque les fruits rouges finement saupoudrés de notes cacaotées. La bouche déroule une matière élégante, suave et équilibrée sans jamais perdre de volume. Quelques notes gourmandes de griotte ajoutent un surcroît de présence en finale. Un vin au charme incontestable, qui pourra se garder plusieurs années. ⧗ 2023-2028 ■ **Les Temps modernes 2017 ★★ (8 à 11 €; 14685 b.)** Un vin plutôt bavard et coloré qui s'exprime au nez sur des notes de kirsch et de prune noire. Quelques notes chocolatées et épicées viennent s'ajouter à l'aération et donnent à l'ensemble un profil gourmand et enjoué. En bouche, c'est un bel exercice de style qui laisse place à la gourmandise sans jamais s'alourdir. ⧗ 2023-2027

⊶ CH. DES CHAPELAINS, 1, les Chapelains-Rambaux, 33220 Saint-André-et-Appelles, tél. 05 57 41 21 74, chateaudeschapelains@wanadoo.fr V *t.l.j. sf sam. dim. 8h-12h 14h-18h*

CH. L'ENCLOS 2019 ★

■ | 16000 | | 5 à 8 €

Ancienne propriété d'Éric Bonneville, aux commandes à partir de 2003, ce cru de 18 ha est passé sous pavillon asiatique en 2013. Une valeur sûre en sainte-foy, notamment avec sa cuvée Triple A.

Une belle teinte cristalline jaune-vert habille ce vin au nez mentholé et exotique. La texture est veloutée en bouche et s'accorde aux notes de fruit de la Passion. Une sensation agréable de fraîcheur termine la dégustation. Un joli vin qui fera son office sur des produits de la mer. ⧗ 2021-2025

⊶ CH. L' ENCLOS, 3, rte de Bergerac, 33220 Pineuilh, tél. 05 57 33 09 68, contact@lamontfinanciere.fr

♥ CH. GRAND MONTET Cuvée Marius 2018 ★★

■ | 1400 | | 15 à 20 €

Un cru de 30 ha conduit depuis 1987 par Marie-France et Didier Roussel, et qui est régulier en qualité depuis sa sortie de la cave coopérative en 2001. Outre ses sainte-foy, le domaine réserve, les bonnes années, 30 ares de vignes dédiés à une production confidentielle de liquoreux. Depuis 2019, leurs enfants ont rejoint l'exploitation et participent pleinement à la vie de l'entreprise.

Harmonie et concentration sont les maître-mots de cette cuvée hommage au fondateur Marius. Si le bois marque le nez de senteurs nobles de santal et d'épices, il laisse la place à des arômes bien mûrs de cerise et de quetsche à l'aération. En bouche, la matière se déploie lentement sur un fond réglissé et des tanins d'une grande finesse, et livre une finale pleine d'allant. Un vin prometteur. ⧗ 2024-2030 ■ **2018 ★★ (8 à 11 €; 1500 b.)** Intense et complexe, le bouquet s'ouvre sur des notes mellifères, relayées à l'agitation par des arômes de noix et d'abricot. Les sucres sont parfaitement intégrés et donnent à l'ensemble un équilibre abouti. La finale, légèrement épicée, rend la matière plus aérée et laisse une sensation agréable de fraîcheur. ⧗ 2021-2027

CH. GRAND MONTET, 6, Le Grand-Montet, 33220 Saint-André-et-Appelles, tél. 05 57 46 10 23, chateaugrandmontet@orange.fr V t.l.j. 8h-12h 14h-18h

CH. HOSTENS-PICANT 2017 ★

■ | 20 000 | | 20 à 30 €

Rouge ou blanc, sec ou moelleux, ce domaine de 42 ha, régulièrement présent dans ces pages, joue pour toutes ses cuvées la carte de l'appellation sainte-foy-bordeaux. À sa tête, Yves et Nadine Hostens-Picant, installés en 1986 (premières vinifications en 1990, date de la construction du chai), aujourd'hui épaulés par leurs filles Charlotte et Valentine.

Des merlots bien mûrs et un peu de cabernet franc sont à l'origine de ce bouquet explosif de cassis souligné par quelques notes épicées. La bouche se montre corpulente, ample et mûre, épaulée par une fine vivacité qui lui donne de la longueur et du tonus. ⧗ 2023-2028

CH. HOSTENS-PICANT, Grangeneuve-Nord, 33220 Les Lèves-et-Thoumeyragues, tél. 05 57 46 38 11, chateauhp@gmail.com V r.-v.

CH. MARTET Les Hauts de Martet 2017 ★

■ | 20 004 | | 15 à 20 €

Propriétaire de l'une des plus anciennes et importantes maisons de négoce belge (1886), Patrick de Coninck conduit depuis 1991 ce cru de 32 ha, ancienne maison hospitalière sur le chemin de Compostelle. Après avoir entièrement restructuré le vignoble (90 % arrachés et replantés du seul merlot), il en a fait l'une des références incontournables de l'appellation sainte-foy.

Plantés sur le point culminant de l'appellation, les merlots ont atteint leur pleine maturité sans perdre leur acidité. Le résultat est une combinaison de fruits rouges juteux et un palais ample et équilibré, mis en valeur par une fine vivacité et des tanins élégants. ⧗ 2023-2028

CH. MARTET, 176, rte de Martet, 33220 Eynesse, tél. 05 57 41 00 49, chai.martet@gmail.com V r.-v.

CADILLAC-CÔTES-DE-BORDEAUX

Superficie : 2 975 ha / Production : 112 425 hl

L'appellation (anciennement premières-côtes-de-bordeaux rouges) s'étend sur une soixantaine de kilomètres le long de la rive droite de la Garonne, des portes de Bordeaux jusqu'à Verdelais. Les vignobles sont implantés sur des coteaux qui dominent le fleuve et offrent de magnifiques points de vue. Les sols y sont très variés : en bordure de la Garonne, ils sont constitués d'alluvions récentes; sur les coteaux, on trouve des sols graveleux ou calcaires; l'argile devient de plus en plus abondante au fur et à mesure que l'on s'éloigne du fleuve. Les vins ont acquis depuis longtemps une réelle notoriété. Ils sont colorés, corsés, puissants; produits sur les coteaux, ils ont en outre une certaine finesse. Les vins blancs de cette zone, moelleux ou liquoreux, continuent d'être revendiqués en appellation premières-côtes-de-bordeaux.

CH. DE LESTIAC Prestige 2018 ★

■ | 28 000 | 8 à 11 €

Paul Gonfrier, rapatrié d'Algérie, rachète au début des années 1960 le Ch. de Marsan, terre noble fondée au XVIᵉs. sur la rive droite de la Garonne : le berceau des domaines familiaux. Ses fils Philippe et Éric suivent ses traces après 1985. Aujourd'hui, pas moins de 400 ha et 12 châteaux.

Si elle hésite entre le rubis et le grenat, la couleur de cette cuvée Prestige est expressive. Le bouquet est plus discret mais agréable par ses arômes fruités et boisés. Rond, souple et bien équilibré, le palais se montre lui fort plaisant. ⧗ 2023-2026 ■ **Ch. Baracan 2018 ★ (8 à 11 €; 100 000 b.)** Un vin expressif, frais, harmonieux et bien structuré. ⧗ 2023-2026

SAS GONFRIER FRÈRES, Ch. de Marsan, BP 7, 33550 Lestiac-sur-Garonne, tél. 05 56 72 14 38, contact@vignobles-gonfrier.fr V t.l.j. sf sam. dim. 9h-17h30

CH. PASCOT Prestige 2018 ★

■ | 7 000 | | 11 à 15 €

Un petit vignoble de 3,5 ha déjà recensé au XVIIIᵉs. et acquis en 1990 par Nicole et Frédéric Doermann, retraités de l'Éducation nationale; leur fils Franck, biologiste, assure les vinifications.

Très prometteuse dans son élégante livrée d'un grenat soutenue, cette cuvée Prestige est plus discrète dans son expression aromatique. Toutefois, après une attaque souple et ronde, elle se montre beaucoup plus éloquente au palais, où apparaissent de solides tanins, un bon volume et une jolie finale toastée. ⧗ 2022-2025

CH. PASCOT, 16, chem. du Moulin-de-Rambal, 33360 Latresne, tél. 06 76 75 48 27, chateaupascot33@gmail.com V r.-v. 4

CH. LA RAME La Charmille 2018 ★

■ | 21 000 | | 11 à 15 €

Implantée à Sainte-Croix depuis 8 générations, la famille Armand fait partie des institutions locales pour ses liquoreux renommés. Elle y conduit 2 crus (labellisés Haute Valeur Environnementale) : la Caussade et la Rame, son fleuron, dont les vins étaient déjà réputés au XIXᵉs. Angélique et Grégoire Armand ont pris la suite de leur père Yves en 2009.

En dépit d'un côté un peu astringent en finale, ce vin reste intéressant avec une structure ronde et suave. Celle-ci permet de profiter pleinement de son bouquet où s'établit un plaisant équilibre entre les fruits noirs et la vanille. ⧗ 2022-2025

GFA CH. LA RAME, La Rame, 33410 Sainte-Croix-du-Mont, tél. 05 56 62 01 50, dgm@wanadoo.fr V t.l.j. sf dim. 9h-12h30 13h30-18h; sam. sur r.-v.

DOM. DE SAINT-AMAND 2018 ★

■ | 7 000 | | 11 à 15 €

Ancienne ferme du XVIIᵉs., ce château commande un petit vignoble de 3,2 ha dominant la vallée de la Garonne avec un beau point de vue sur les Landes. Il a

été acquis en 2018 par une jeune vigneronne, Sarah Simon.

Premier millésime pour Sarah Simon, et une belle bouteille à découvrir. Si le bouquet aux notes discrètes de fruits rouges et d'épices reste assez timide, le palais se révèle plus expressif et s'appuie sur une solide structure tannique qui autorise une garde certaine. ⌛ 2024-2027

⊶ DOM. DE SAINT-AMAND, Lieu-dit Saint-Amand, 33880 Cambes, tél. 06 30 49 00 13, contact@domainedesaintamand.fr V 🚶 ▮ *r.-v.*

CH. SISSAN Grande réserve 2018 ★

■	150 000	🍾	8 à 11 €

La famille Yung possède plusieurs crus sur lesquels elle produit des vins depuis trois générations, en AOC régionales et en cadillac-côtes-de-bordeaux : Grimont, son domaine phare et historique (25 ha acquis en 1959), situé à Quinsac, Sissan, à Camblanes (23,5 ha), et Montjouan, à Bouliac (8 ha).

Limpide et brillante, la teinte de ce vin ne manque pas de classe. Le bouquet confirme ses promesses par sa jolie complexité autour des fruits noirs, de la vanille et de l'amande amère. Tout comme la bouche, bien équilibrée, structurée, fraîche et d'une bonne longueur. ⌛ 2023-2026

⊶ CH. GRIMONT, Ch. Grimont, 33360 Quinsac, tél. 05 56 20 86 18, info@vignobles-yung.fr V 🚶 ▮ *r.-v. ; f. en août*

Ⓑ **CH. SUAU** 2018 ★

■	20 000	🛢	11 à 15 €

Ancien pavillon de chasse du duc d'Épernon (1554-1642), ce domaine doit son nom à la famille Suau, propriétaire des lieux au XVIIes. Après avoir souvent changé de mains au XXes., il est entré en 1985 dans la famille Bonnet, avant d'être repris en 2014 par Bacchus Investments. Le vignoble couvre 66 ha, conduits en bio.

Ce 2018 porte beau dans sa robe d'un rubis sombre élégant. Il séduit aussi par son bouquet d'une belle complexité : fruits noirs, épices douces, clou de girofle. Au palais, le bois est encore présent mais la matière tannique est là pour lui permettre de se fondre en toute harmonie. Du potentiel. ⌛ 2023-2027

⊶ SCEA DU DOM. DU CH. SUAU, 600, Suau, 33550 Capian, tél. 05 56 72 19 06, contact@chateausuau.com V 🚶 ▮ *r.-v.*

CH. DU VALLIER 2018 ★

■	55 000	🛢	8 à 11 €

Héritier de dix générations, Michel Dulon exploite aujourd'hui 140 ha de vignes, implantées essentiellement sur la rive droite de la Garonne et dans l'Entre-deux-Mers, et réparties sur quatre crus : Ch. Grand Jean, propriété la plus ancienne et la plus vaste avec ses 100 ha, située à Soulignac ; Ch. Julian, acquis en 1998 à Targon ; Ch. du Vallier, à Langoiran (20 ha) ; Ch. Haut-Pezat, 8 ha en saint-émilion grand cru, acquis en 2013 à Vignonet.

Rubis à reflets violets, la robe franche et profonde est prometteuse. Et pas menteuse, comme le prouvent le bouquet, alliance harmonieuse du fruit et du bois, et le palais, dense et tannique. Tout annonce un joli vin dès que le boisé se sera fondu. ⌛ 2023-2026

⊶ SC DULON, 133, Grand-Jean, 33760 Soulignac, tél. 05 56 23 69 16, info@vignobles-dulon.com V 🚶 ▮ *t.l.j. sf sam. dim. 8h30-12h30 14h-17h*

CÔTES-DE-BORDEAUX-SAINT-MACAIRE

Superficie : 53 ha / Production : 1 010 hl

Cette appellation, qui prolonge vers le sud-est celle des premières-côtes-de-bordeaux, produit des vins blancs secs et liquoreux.

CH. DE JAYLE Plaisir fruité 2019 ★

■	2 800	🍾	- de 5 €

Les Pellé exploitent la vigne depuis 1840 ; la dernière génération (Denis Pellé) est aux commandes depuis 1991, à la tête de trois domaines et 70 ha : Les Ancres, Champs de Lucas et Jayle, en bordeaux et côtes-de-bordeaux-saint-macaire.

Des sauvignons de 30 ans sont à l'origine de ce vin pâle et limpide, ouvert sur des arômes de mangue, de poire, de citron et de menthol. Une belle expression que prolonge une bouche vive, dynamique, soulignée par de beaux amers en finale. ⌛ 2020-2023

⊶ EARL VIGNOBLES PELLÉ, 1-2, Jayle, 33490 Saint-Martin-de-Sescas, tél. 05 56 63 60 90, contact@vignoblespelle.com V 🚶 ▮ *t.l.j. f. sam. dim. 9h-12h 14h-18h* ❷

CÔTES-DE-BORDEAUX

Définie en 2009, c'est l'appellation générique de tous les vins rouges de côtes (Bourg excepté), d'abord connus par leurs dénominations géographiques complémentaires : Blaye, Cadillac, Castillon et Francs. La superficie théorique de l'AOC couvre 13 500 ha, mais une grande partie des raisins est destinée aux « côtes » assortis d'une dénomination géographique complémentaire (castillon-côtes-de-bordeaux, par exemple). Tous ces vignobles occupent des pieds ou des pentes de coteaux, ou encore les proches plateaux. Les sols à dominante argilo-calcaire favorisent le merlot, qui domine les assemblages.

CLOS CARMELET Tabanac 2018 ★

■	300	🛢	15 à 20 €

Un petit cru familial de 3 ha conduit depuis 2004 par Gilles Hébrard (troisième génération) : un ensemble de parcelles situées sur les coteaux de la rive droite de la Garonne, voisin du château Carmelet. Les vins sont élevés et conservés dans une ancienne carrière d'extraction de pierre de taille.

Si le bois est encore présent dans ce vin des plus confidentiels, il n'efface pas la fraîcheur du bouquet, au fond bien fruité. Souple en attaque, le palais, ample et charnu, révèle une bonne structure, portée par des tanins mûrs et denses, et déploie une longue finale. ⌛ 2022-2025

GILLES HÉBRARD, 103, rte de Rouquey, 33550 Tabanac, tél. 06 64 38 03 00, closcarmelet@hotmail.fr V *r.-v.*

CH. LA CLYDE
Élevé en fût de chêne 2017 ★

■	2700		11 à 15 €

Un domaine de poche (1,8 ha) repris en 2016 par les Jouny, ingénieurs de métier et passionnés de vin, qui rêvaient d'avoir leur propre domaine et un projet pour leur retraite. Un cru «travaillé comme un grand jardin», qu'ils envisagent de convertir à l'agriculture bio et biodynamique.

Sa taille modeste n'a pas empêché ce cru de bien réussir son 2017, un millésime pourtant difficile. D'un rouge assez soutenu, sa robe met en confiance par sa limpidité et son brillant. Un bouquet aux notes torréfiées et de fruits noirs. Le palais confirme ses promesses par son ampleur, sa souplesse et sa complexité, avec en agrément une charmante touche café-chocolat. ⧗ 2022-2025

FLORENCE JOUNY, 55, pl. Miatte, 33550 Tabanac, tél. 06 14 27 66 83, laclyde@orange.fr V *r.-v.*

CH. DUDON
Cuvée Jean-Baptiste Dudon 2018 ★

■	6000		5 à 8 €

En 1975, Jean Merlaut (Ch. Gruaud-Larose, à Saint-Julien) a repris en main le Ch. Dudon, dans sa famille depuis 1961 et commandé par une chartreuse construite au XVIIIe s. par Jean-Baptiste Dudon. Il a assuré sa rénovation, à la vigne et aux chais, et étoffé sa surface en 2009 en achetant les vignes du Ch. Laroche. L'ensemble couvre aujourd'hui 70 ha.

Très frais dans présentation avec sa robe vive, ce 2018 l'est aussi dans son expression aromatique aux délicates notes fruitées, agrémentées d'une vanillé discret. Bâtie sur des tanins fins et souples, le palais affiche un bon volume et une longueur très appréciable. ⧗ 2021-2023 ■ **Ch. Laroche 2018 ★ (5 à 8 €; 6000 b.)** Une jolie robe sombre pour ce 2018 qui s'inscrit bien dans l'appellation et le millésime par son côté généreux, corsé et séveux invitant à une courte garde. On aime aussi son expression aromatique centrée sur les fruits mûrs. ⧗ 2022-2024

SARL DUDON, 45, rte de Dudon, 33880 Baurech, tél. 05 57 97 77 35, infos@chateau-dudon.com V *r.-v.*

CH. DE GARBES Sélection 2017 ★

■	8000		8 à 11 €

La famille David est propriétaire du Ch. de Garbes depuis 1900 et six générations. Aujourd'hui, c'est une belle unité de 65 ha sur les coteaux de la Garonne, conduite par Jean-Luc et Annie David et leurs trois enfants. Autre étiquette : Dom. de la Gravette.

Rond et bien équilibré en bouche, doté d'un bon volume, de tanins soyeux et d'une agréable fraîcheur en finale, ce 2018 met séduit aussi par son bouquet puissant et généreux de fruits rouges mûrs. ⧗ 2023-2026

SARL VIGNOBLES DAVID GARBES, 1, Garbes, 33410 Gabarnac, tél. 05 56 62 92 23, contact@garbes.fr V *r.-v.*

CH. GARBES CABANIEU
Élevé en fût de chêne 2017 ★

■	27830		5 à 8 €

Un domaine de 47 ha dans la famille d'Hervé David depuis six générations. Ce dernier y a pris la suite de son père en 1979, épaulé par son épouse Marinette au commercial, son fils Thomas à la vigne et au chai, ainsi que sa fille Laure et son gendre Miguel. Un travail en famille donc.

S'annonçant par une jolie robe rouge brillant, ce vin séduit par l'intensité de son expression aromatique aux notes confites et finement boisées. Le fruit et le bois se marient tout aussi harmonieusement dans une bouche ample, ronde, dotée de tanins fermes mais sans dureté. ⧗ 2023-2026

SAS VIGNOBLES HERVÉ DAVID, Ch. Garbes-Cabanieu, 1, le Boucher, 33410 Monprimblanc, tél. 05 56 62 97 59, garbes-cabanieu@wanadoo.fr V *r.-v.*

♥ CH. LA PEYRUCHE
Élevé en fût de chêne 2018 ★★

■	18500		5 à 8 €

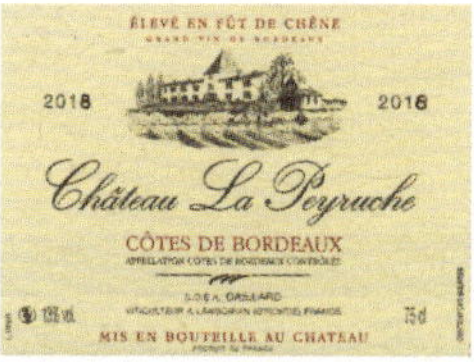

Construit au début du XVIIe s. par le Sieur Dunoyer, conseiller au parlement de Bordeaux, Le Ch. La Peyruche, «la pierre rugueuse» en gascon, tire son nom des roches calcaires sur lesquelles se trouve la propriété. Le vignoble couvre 20 ha, propriété depuis 2017 par Bernard Weisgerber. La conversion bio est engagée.

Le cru a changé de propriétaire et de direction en 2017. Un changement qui n'a pas nui à la qualité du vin sur la foi de ce 2018 doté d'une magnifique robe de velours et d'un bouquet intense et gourmand de fruits mûrs, de caramel, de vanille et de noix. Doux à l'attaque, le palais, ample et généreux, poursuit dans le même esprit avec de belles saveurs de fruits noirs concentrés et de boisé fin, le tout soutenu par une élégante trame tannique. Une très belle bouteille avec le charme de la jeunesse et un solide potentiel. ⧗ 2023-2028 ■ **Ch. Ligassonne L'Enclos 2018 ★★ (11 à 15 €; 6000 b.)** Un pur merlot ample, frais, expressif (cerise noire, griotte, groseille, boisé fondu), parfaitement équilibré, aux tanins fermes, aussi racés que prometteurs. ⧗ 2023-2026

SCEA DES VIGNOBLES PEROY, 4, la Peyruche, 33550 Langoiran, tél. 05 56 67 36 01, contact@chateau-lapeyruche.com V *r.-v.*

CH. SAINTE-MARIE Alios 2018 ★★

■	20000		8 à 11 €

Ce domaine fut autrefois administré par les moines de la Sauve-Majeure. Depuis quatre générations, les Dupuch (Stéphane depuis 1997) sont aux commandes et en ont fait une propriété importante (80 ha) de l'Entre-deux-Mers. Ils exploitent aussi dans le Haut-Médoc le Ch. Peyredon Lagravette, petit cru d'à peine plus de 4 ha.

Ce très joli vin séduit d'emblée par la richesse et l'élégance de son bouquet, ouvert sur les fruits rouges mûrs sur fond de boisé toasté. Aussi souple que fin, porté par des tanins soyeux, le palais a déjà trouvé un très bel équilibre. Un 2018 plein de charme et de tendresse, que l'on pourra apprécier dans sa jeunesse. ⧗ 2022-2025

SCEA LES HAUTS DE SAINTE-MARIE, 51, rte de Bordeaux, 33760 Targon, tél. 05 56 23 64 30, contact@chateau-sainte-marie.com V r.-v.

CH. SAINT-HUBERT 2017 ★

■ | 6000 | | 11 à 15 €

Basé à Monprimblanc, à cheval sur l'Entre-deux-Mers et les Côtes de Bordeaux, Laurent Réglat peut jouer sur plusieurs appellations et types de vins, ayant même un pied dans les Graves. Souvent en vue pour ses liquoreux (cadillac, sainte-croix-du-mont), il ne néglige pas pour autant les vins rouges (cadillac-côtes-de-bordeaux, graves).

Il porte beau ce 2017 dans sa robe rouge à reflets brillants. Il développe aussi de jolis arômes de mûre et de confiture que soutient une présence bien dosée du bois. Souple, charnu et goûteux, le palais s'appuie sur une bonne structure tannique qui se confirme en finale. ⧗ 2023-2026

EARL VIGNOBLES LAURENT RÉGLAT, Ch. de Teste, 33410 Monprimblanc, tél. 06 07 30 43 83, vignobles.l.reglat@wanadoo.fr V *t.l.j. sf sam. dim. 9h-12h 14h-17h30*

CH. SAINT-OURENS Cuvée Nelly 2018 ★

■ | 1200 | | 15 à 20 €

Un petit domaine bien exposé sur les coteaux de Langoiran, racheté en 1990 à un exploitant sans successeur par Michel Maës, ingénieur en agriculture, et son épouse Yvette. Ce derniers conduisent 10 ha de vignes, aujourd'hui en cours de conversion bio.

Élevée pendant 12 mois en fûts neufs de l'Allier, cette cuvée dominée par le cabernet-sauvignon porte encore la marque du bois dans son bouquet, où s'exprime aussi un bon raisin autour de notes de fruits rouges. Bien équilibré, corsé, charpenté par de solides tanins, le palais confirme le bon potentiel de cette bouteille. ⧗ 2023-2028 ■ **Ôde à Dune et Rémo 2018** ★ **(5 à 8 €; 8600 b.)** Un vin chaleureux, séveux, boisé et bien structuré, bâti pour bien vieillir. ⧗ 2023-2027

EARL MICHEL MAËS, 57, rte de Capian, 33550 Langoiran, tél. 05 56 67 39 45, maesmichel@hotmail.com V *t.l.j. 8h-13h 14h-19h*

CH. LA TOUR SAINT-BLAISE 2018 ★

■ | 21822 | | 5 à 8 €

Jérôme et Stéphane Coureau, par ailleurs négociants sur la place de Bordeaux, conduisent le Ch. du Haut Guérin, un domaine ancien du Blayais, dans leur famille depuis 1871. Le vignoble couvre plus de 30 ha. Autres propriétés familiales : Ch. la Tour saint Blaise (côtes-de-bordeaux) et Ch. les Eyraux (bordeaux supérieur).

Belle réussite dans un style classique que ce 2018 d'un rouge profond. Une robe intense qui annonce la puissance du bouquet, où le bois est encore très présent mais sans étouffer les arômes de fruits noirs. On retrouve ces derniers dans une bouche ample, vineuse, dotée d'une belle matière tannique qui ne laisse planer aucun doute sur le potentiel de ce vin. ⧗ 2023-2027

SARL CH. DU HAUT GUÉRIN, Ch. du Haut Guerin, 33920 Saint-Savin, tél. 05 57 58 40 47, j.coureau@cgmvins.com r.-v.

LE BORDELAIS

➜ LA RÉGION DES GRAVES

GRAVES

Superficie : 3 420 ha
Production : 138 835 hl (75 % rouge)

CH. D'ARDENNES 2018 ★

■ | 15000 | | 8 à 11 €

Les Dubrey sont enracinés à Illats (non loin de Barsac) depuis le XVII[e]s et propriétaires de ce cru depuis 1068. Ardennes? L'endroit où, au Moyen Âge, on défrichait des clairières afin de planter la vigne.

Brillante et limpide, la robe jaune clair de ce 2018 mi-sémillon mi-sauvignon met en confiance. Bien qu'encore un peu fermé, le bouquet séduit par ses notes fines de chèvrefeuille, de fruit de la Passion et de feuilles de vigne. Rond et soutenu par ce qu'il faut d'acidité, le palais révèle un bon équilibre. ⧗ 2021-2024

SCEA CH. D' ARDENNES, 1, Ardennes, 33720 Illats, tél. 05 56 62 53 66, contact@chateau-ardennes.com V *r.-v.*

CH. D'ARGUIN Vieilli en fût de chêne 2018 ★★

■ | 7200 | | 11 à 15 €

Basé à Bordeaux et spécialisé dans le service et le conseil aux entreprises, le groupe Pouey International a investi dans le vin. Il détient dans les Graves le Ch. d'Arguin et le Dom. du Reys, à Saint-Selve, près de la Brède.

Bien typé graves par sa robe aussi brillante que soutenue, ce vin charme par l'ampleur et la complexité de son bouquet ouvert sur les fleurs blanches et les agrumes. Une complexité à laquelle fait écho un palais souple et long, souligné par une pointe de vivacité bien sentie et un élevage parfaitement fondu. ⧗ 2020-2024

SA POUEY INTERNATIONAL, 21, chem. de Gaillardas, BP_50, 33650 La Brède, tél. 05 56 78 49 10, blacampagne@pouey-international.fr V *r.-v.*

CH. BEAUREGARD DUCASSE Albertine Peyri 2018 ★

■ | 8500 | | 11 à 15 €

Situé près du château de Roquetaillade, ce cru a été reconstitué et agrandi à partir de 1981 par Jacques Perromat, œnologue, dont la famille est bien implantée dans les Graves et en Sauternais. Son fils Albert est aux commandes depuis 2018. Les vignes (47 ha certifiée HVE) sont installées sur l'un des points culminants de l'appellation.

Limpide et brillante, la teinte évoque l'or blanc. Une clarté qui annonce la délicatesse du bouquet, floral, miellé et pâtissier. Ample et d'une belle élégance, la bouche reflète l'équilibre de l'encépagement (60 % sémillon, 40 % sauvignon) par celui qui s'établit entre la rondeur et l'acidité. ⧗ 2020-2024

EARL VIGNOBLES JACQUES PERROMAT, Ducasse, 33210 Mazères, tél. 05 56 76 81 55, aperromat@mjperromat.com V t.l.j. sf sam. dim. 9h-12h 14h-17h

CH. DE BEAU-SITE 2018 ★★

	50000		11 à 15 €

Un pavillon du XVIIIe s., un parc, un arboretum : avec le Ch. de Castres (graves), José Rodrigues-Lalande, ingénieur et œnologue, a acquis en 1996 un beau quartier général. Il s'est agrandi en 2012 dans cette même AOC en achetant le Ch. de Beau-Site, après s'être implanté en pessac-léognan en 2004, avec l'acquisition des 18 ha du Ch. Roche-Lalande. En 2013, il a encore acquis en pessac-léognan le Ch. Pont Saint-Martin. Pas moins de 40 ha pour cette exploitation familiale.

La teinte, grenat à reflets violets, est engageante. Fruits rouges mûrs, violette, notes fumées et épicées, la complexité du bouquet est remarquable. Puissant dès l'attaque, le palais repose sur une solide trame tannique qui sait montrer sa force sans jamais devenir agressive. Une belle bouteille de garde. ⧗ 2025-2030 ■ **Ch. Tour de Castres 2018 ★★ (8 à 11 €; 70000 b.)** Viril et élégant, ce vin développe un bouquet intense et d'une belle complexité (cassis, fruits rouges, cassis, tabac, sous-bois, épices...). Puissant, gras, concentré et long, avec de la fraîcheur en appui, le palais ne manque de rien. ⧗ 2024-2030 ■ **Ch. Tour de Castres 2018 ★ (8 à 11 €; 15000 b.)** Pêche, fleur d'acacia, buis, menthe, ce vin présente une large palette aromatique et déploie une bouche ronde et riche, épaulée par un bon boisé. ⧗ 2021-2024

EARL VIGNOBLES RODRIGUES-LALANDE, 33640 Castres-sur-Gironde, tél. 05 56 67 51 51, contact@chateaudecastres.fr V r.-v. 5

CH. LE BOURDILLOT Séduction 2018 ★

	60000		5 à 8 €

Originaire d'Arras, Jules Haverlan a acquis en 1906 un vignoble installé sur des graves profondes, qui appartenait en 1818 au comte de Lynch : le Ch. le Bourdillot, une propriété de 21 ha qui propose majoritairement des graves rouges; une valeur sûre complétée en 1956 par le Dom. des Lucques, à Portets. L'ensemble est dirigé depuis 1991 par Patrice Haverlan, petit-fils de Jules, et sa fille Valentine.

Vin gourmand, ce 2018 porte la marque du merlot (70 %) dans son joli bouquet fruité agrémenté de quelques notes épicées. En bouche, ces arômes s'associent à des tanins fins et soyeux pour composer un ensemble des plus aimables et d'une belle longueur. ⧗ 2023-2026

EARL PATRICE HAVERLAN, 11, rue de l'Hospital, 33640 Portets, tél. 05 56 67 11 32, patrice.haverlan@gmail.com V r.-v.

CH. DE LA BRÈDE 2018 ★

	8000		20 à 30 €

Fleuron culturel des Graves, le Ch. de la Brède est un manoir médiéval (XIIe-XVe s.) où naquit le philosophe Montesquieu, qui aimait s'y retirer pour écrire son œuvre et surveiller son vignoble. Le domaine a été replanté en 2008, puis confié en fermage à Dominique Haverlan.

Montesquieu qui était un grand spécialiste des vins blancs – il en distinguait une dizaine de types – aurait certainement beaucoup apprécié l'élégance de ce 2018. Celle-ci ne se limite pas seulement au charme de sa robe, jaune paille à reflets verts. Son bouquet n'a rien à envier à sa présentation avec de jolis arômes de fruits jaunes et blancs, de fleurs et de boisé fumé. Quant au palais, il plaît par sa rondeur « très sémillon » et par sa fraîcheur finale « très sauvignon ». ⧗ 2020-2024

SCE DOMINIQUE HAVERLAN, 35, rue du 8-mai-1945, 33640 Portets, tél. 05 56 67 18 63, dominique.haverlan@libertysurf.fr V r.-v.

CH. BRONDELLE 2017 ★

	16000		11 à 15 €

À la tête du Ch. Brondelle situé dans la partie sud des Graves et acquis par son grand-père en 1927, Jean-Noël Belloc a étendu son vignoble dans cette appellation (Ch. Andréa) ainsi qu'en pessac-léognan (Ch. d'Alix) et en AOC régionales. En sauternes, il a acquis les 4 ha du Ch. Fontaine à Fargues-de-Langon.

Fruits rouges confiturés, poivron, vanille, grillé, le bouquet de ce 2017 séduit par sa complexité et son côté gourmand. À la fois frais et charnu, avec du volume et des tanins soyeux, le palais ne déçoit pas. ⧗ 2022-2025

EARL VIGNOBLES BELLOC, lieu-dit Brondelle, 33210 Langon, tél. 05 56 62 38 14, chateau.brondelle@wanadoo.fr V r.-v.

CH. DE CÉRONS 2018 ★

	25000		15 à 20 €

Le Ch. de Cérons est une superbe chartreuse bâtie à la fin du XVIIIe s. par le marquis de Calvimont. Son vignoble de 25 ha environ est implanté sur un plateau de graves dominant la Garonne. Aux commandes depuis 2012 de cette propriété familiale, Xavier et Caroline Perromat ont entrepris un important travail de rénovation (restructuration du vignoble, cuverie, nouveau chai à barriques). Autre étiquette : Ch. Calvimont (graves).

Ce graves mi-merlot mi-cabernet-sauvignon dévoile un nez intense et harmonieux mariant les fruits rouges à un bon boisé toasté. Riche et puissant, le palais porte encore la marque de l'élevage, mais sa structure tannique et sa fraîcheur lui assurent un solide potentiel. ⧗ 2025-2030

SAS XC PERROMAT DOMAINES, Ch. de Cérons, 1, Latour, 33720 Cérons, tél. 05 56 27 01 13, perromat@chateaudecerons.com V t.l.j. sf dim. 10h-17h

LES OISEAUX DE CHANTEGRIVE 2018 ★★

	10000		11 à 15 €

Constitué ex nihilo en 1967 par le courtier Henri Lévêque, ce cru qui couvrait 2 ha à l'origine est

aujourd'hui une belle unité de près de 100 ha (certifiés HVE3), qu'exploite toujours sa famille, conseillée depuis 2006 par Hubert de Boüard. Une valeur sûre des Graves, avec de nombreux coups de cœur à son actif.

Cette cuvée est issue d'une nouvelle gamme à destination des restaurateurs et cavistes, des vins voulus «croquants et fruités», nés des plus jeunes vignes du domaine. Objectif atteint sur la foi de ce 2018 paré d'une belle robe à reflets argentés, qui joue pleinement la carte de l'élégance. D'abord dans son bouquet aux notes de fleurs, d'agrumes et de miel soutenues par un boisé fin et délicat. Ensuite dans son palais rond, souple, fruité, étiré dans une longue finale nette et sans bavure, qui amène un surcroît d'énergie. ⌛ 2020-2024 ■ **Ch. de Chantegrive Caroline 2018 ★ (15 à 20 €; 110 000 b.)** Ce vin propose un bouquet délicatement floral, relayé par une bouche ample, ronde, soyeuse, épaulée par un boisé bien dosé. ⌛ 2021-2025

SAS VIGNOBLES LÉVÊQUE,
44, cours Georges-Clemenceau, 33720 Podensac,
tél. 05 56 27 17 38, courrier@chateau-chantegrive.com
t.l.j. 9h-12h 13h30-16h30

CLOS FLORIDÈNE 2018 ★

■	93 000		20 à 30 €

Valeur sûre des Graves, ce cru, créé en 1982, l'un des crus des domaines Denis Dubourdieu (135 ha), couvre aujourd'hui 42 ha sur le plateau calcaire de Pujols-sur-Ciron, près de Barsac, avec quelques parcelles sur les terrasses caillouteuses d'Illats. Son nom évoque les prénoms de ses fondateurs : Florence et Denis Dubourdieu, ce dernier professeur d'œnologie célèbre pour ses travaux sur les arômes, disparu en 2016. À sa tête, leurs fils Fabrice et Jean-Jacques.

Très séduisant dans sa robe d'or brillante et soutenue, ce vin retient l'attention par son bouquet frais et élégant de fleurs blanches, de kiwi et de raisin mûr. La bouche apparaît très fraîche, très souple, sans manquer ni de chair ni de longueur. ⌛ 2020-2024

EARL DOMAINES DENIS DUBOURDIEU, 15, Gravas, 33720 Barsac, tél. 05 56 62 96 51, contact@denisdubourdieu.fr r.-v.

CH. DOMS 2018 ★

■	90 000		8 à 11 €

Une chartreuse du XVIIe s., des bâtiments monastiques transformés en chai, un vignoble transmis de mère en fille depuis cinq générations (28 ha aujourd'hui). Aux commandes, Hélène Durand (depuis 1998) et sa fille Amélie (depuis 2015). Ingénieur agronome et œnologue, la seconde fait le vin.

Une dominante de merlot (70 %) dans ce graves d'un rouge sombre et profond. Le bouquet est un peu sur la réserve, mais ses notes fines de fruits rouges, vanille et de cuir font bon ménage. La bouche, plus ouverte sur le fruit et les épices, riche et ample, affiche une solide structure tannique renforcée par un bon boisé qui confirme le potentiel de cette belle bouteille. ⌛ 2024-2028 ■ **2019 ★ (8 à 11 €; 26 000 b.)** Un nez délicat de fleurs blanches et d'agrumes, un palais frais, tendu, fruité et long : un graves blanc dynamique et expressif. ⌛ 2020-2023

SCE VIGNOBLES PARAGE,
10, chem. de Lagaceye, 33640 Portets,
tél. 06 74 94 69 38, chateau.doms@wanadoo.fr
r.-v.

CH. DORLÉAC 2018 ★★

■	6 666		8 à 11 €

Fondé en 1938 par Christian Labat, ce domaine familial dispose d'un coquet vignoble de 48 ha, dont 23 ha à Sainte-Croix-du-Mont, son berceau, complétés par des vignes dans les Graves (Ch. Dorléac), sur l'autre rive de la Garonne. L'ensemble est conduit depuis 2000 par Virginie Barbe, petite-fille du fondateur.

Si l'élevage marque encore le bouquet de ce 2018, il n'étouffe pas le côté fruité apporté par l'originalité de l'encépagement avec 97 % de merlot que complète un soupçon de petit verdot et de cabernet-sauvignon. La bouche est dense, charnue, corsée, structurée par des tanins fins et soyeux, et allongée par une agréable fraîcheur. ⌛ 2024-2028

SARL DES VIGNOBLES LABAT-LAPOUGE,
Les Arroucats, 3, Vilate-Sud, 33410 Sainte-Croix-du-Mont,
tél. 05 56 62 07 37, chateau_arroucats@hotmail.com
t.l.j. 8h-12h 13h-17h30; sam. dim. sur r.-v.

CH. FERNON DUMEZ 2018 ★

■	29 000		8 à 11 €

En 1991, Frédéric Boudat et son épouse Françoise Cigana ont abandonné leur profession dans le secteur médical pour reprendre les vignes de la famille Cigana. Ils ont aménagé un chai (1998) et agrandi le vignoble. Aujourd'hui, les Vignobles Boudat-Cigana totalisent 120 ha. Ils ont leur siège dans l'Entre-deux-Mers, au Ch. de Viaut, et proposent du bordeaux supérieur, du sainte-croix-du-mont et des graves.

Bien typé graves par ses arômes d'amande grillée, de noisette et de pêche, ce vin séduit aussi par son palais ample, savoureux et frais, étiré dans une longue finale aux notes d'agrumes et de buis, signature du sauvignon (60 % de l'assemblage). ⌛ 2020-2023

SARL VIGNOBLES BOUDAT-CIGANA, Ch. de Viaut, 33410 Mourens, tél. 05 56 61 31 31, fboudat@orange.fr
r.-v.

LES GALETS DE LOU 2018 ★

■	20 000		11 à 15 €

Établi sur les hauteurs de Loupiac, le Ch. du Cros est étroitement lié à l'histoire du duché anglo-gascon d'Aquitaine au Moyen Âge. Fief des Boyer depuis quatre générations, ils commandent un vignoble de 90 ha sur les deux rives de la Garonne, produisant sous diverses étiquettes des vins de qualité, notamment en blanc.

Une robe d'un jaune brillant et limpide, un bouquet subtil d'agrumes, de buis et de fleurs blanches, une bouche souple en attaque, ample, élégante et longue dans son développement : ce graves a tout bon. ⌛ 2020-2024

SA VIGNOBLES MICHEL BOYER,
Ch. du Cros, 33410 Loupiac, tél. 05 56 62 99 31,
info@chateauducros.com t.l.j. sf sam. dim.
9h-12h30 13h30-17h30

SENSATION DE CH. GRAND BOURDIEU 2018 ★

■ | 50000 | | 8 à 11 €

Dominique Haverlan, fils de viticulteurs, a su rassembler de beaux terroirs de graves sur une centaine d'hectares, à travers plusieurs domaines : Vieux Château Gaubert, son fer de lance (une quarantaine d'hectares constitué au cours des années 1980), Haut-Pommarède (33 ha acquis en 2010), et Ch. Grand Bourdieu (22 ha). Une valeur sûre.

Le merlot (65 %) et le cabernet-sauvignon composent un 2018 intense et élégant, qui porte beau dans sa robe sombre et concentrée. On aime aussi ses arômes bien mariés de fruits rouges et de boisé toasté, sa suavité en bouche, sa belle trame de tanins fins et soyeux, et sa longue finale sur le fruit. ⧗ 2023-2027

GFA DES DOMAINES HAVERLAN, 35, rue du 8-Mai-1945, 33640 Portets, tél. 05 56 67 18 63, dominique.haverlan@libertysurf.fr
V r.-v.

CH. DE LANDIRAS Jeanne de Landiras 2018 ★★

■ | 10000 | | 11 à 15 €

Ancien architecte, Michel Pélissié a racheté en 2008, au sud des Graves, le Ch. de Landiras. Un domaine historique, ancienne terre épiscopale au XII[e]s., qui a gardé le souvenir de Jeanne de Lestonnac, nièce de Montaigne et fondatrice de la Compagnie de Marie-Notre-Dame. Aujourd'hui, une belle unité (près de 60 ha), renforcée depuis 2013 par les châteaux La Ouarde et Peyron-Bouché : plus de 80 ha en tout, plantés à haute densité et conduits par le régisseur, François Puerta.

Avec cette cuvée à dominante de merlot (75 %), le cru rend un bel hommage à la sainte bordelaise, nièce du philosophe Michel de Montaigne. Aussi complexe qu'élégant, le bouquet marie avec bonheur les notes de fruits (mûre et cassis) et de bois (épices). Ample, riche et rond sans lourdeur, le palais s'appuie sur des tanins fins et soyeux, et déploie une longue finale pleine de fraîcheur qui ne laisse aucun doute sur son potentiel de garde. ⧗ 2024-2030

SCA DOM. LA GRAVE, Ch. de Landiras, 4, rte des Frères Bordes, 33720 Landiras, tél. 05 56 76 76 61, chateau.landiras@orange.fr
V r.-v.

CH. LASSALLE 2018 ★★

■ | 12400 | | 8 à 11 €

Une propriété des Graves de 16,5 ha, où le château ressemble à une ferme. Mais elle ne manque pas de lettres d'ancienneté, car elle appartient depuis 1770 à la même famille. Fabien Lalanne, qui a succédé à son oncle en 2005, représente la huitième génération.

D'un jaune paille à reflets brillants, la robe de ce graves mi-sauvignon mi-sémillon est prometteuse. Le bouquet convoque de jolis parfums de jasmin et de pamplemousse sur fond de boisé très fondu. La bouche apparaît fine, vive, alerte, fruitée (pêche blanche, agrumes) et longue, encore stimulée par de beaux amers en finale. Tout indiqué pour les produits de la mer. ⧗ 2020-2023

SCEA LABRE LALANNE, 2, allée Lassalle, 33650 La Brède, tél. 05 56 78 49 65, contact@chateaulassalle.com V t.l.j. 9h-12h 14h-18h; sam. dim. sur r.-v.

♥ CH. LÉHOUL Élevé en fût de chêne 2019 ★★

■ | 3600 | | 11 à 15 €

Le 9 ventôse an VI (1798), Georges Lehoult vend un vignoble à un aïeul. Le cru est établi sur une belle croupe de graves et de sables, à l'orée de la forêt, au sud de l'appellation. Éric Fonta connaît à fond son terroir de quelque 98 ha, où il plante de nombreux cépages qu'il vendange à la main. Une valeur sûre.

Deux étoiles et un nouveau coup de cœur dans le ciel déjà très étoilé d'Éric Fonta. S'annonçant par une somptueuse robe d'or aux reflets argentés, cette cuvée dominée par le sauvignon (70 %) et récoltée à la main se présente avec classe. Un profil élégant auquel fait écho un bouquet complexe de miel, de fleurs blanches, d'agrumes, de litchi et de pêche. La bouche est au diapason : ample, riche, puissante sans lourdeur aucune, elle est étayée par un boisé racé, une fraîcheur citronnée et de beaux amers en finale. Une très belle bouteille de garde. ⧗ 2022-2028 ■ **Plénitude 2018 ★ (15 à 20 €; 8000 b.)** Un joli vin mi-merlot mi-cabernet-sauvignon, expressif (fruits rouges mûrs, notes grillées), gras, rond, suave et long, un peu plus serré en finale. ⧗ 2023-2027

EARL FONTA ET FILS, rte d'Auros, 33210 Langon, tél. 06 81 20 28 76, chateaulehoul@orange.fr
V r.-v.

CH. LUDEMAN Les Cèdres 2019 ★

■ | 9000 | | 8 à 11 €

Exploitation créée par Paul Dauvin en 1931, dans le secteur méridional des Graves, à Langon. Pascal Molinari, arrière-petit-fils du fondateur installé en 1988, a passé en 2015 le relais à sa fille Charlotte. Fort de 22 ha, le domaine propose plusieurs étiquettes : Ludeman, Pont de Brion, Rivière Lacoste.

D'un beau jaune doré brillant et limpide, ce 2019 séduit par sa complexité aromatique, des notes de fleurs blanches et de miel venant s'ajouter aux parfums d'agrumes et de pêche. Frais, ample et bien équilibré, le palais se développe avec beaucoup de finesse. ⧗ 2020-2026 ■ **Ch. Pont de Brion Divo 2018 ★ (20 à 30 €; 1200 b.)** Bien typé graves par l'élégance de son bouquet aux notes de fruits des bois et de bruyère, ce vin aux tanins souples et ronds sait montrer son potentiel tout en gardant un caractère frais et gourmand. ⧗ 2023-2027

SCEA VIGNOBLES MOLINARI, Ludeman, 33210 Langon, tél. 05 56 63 09 52, vignoblesmolinari@chateaupontdebrion.com
V r.-v.

CH. MAGNEAU 2019 ★

30000 | 8 à 11 €

Vignerons paisibles travaillant sérieusement loin de l'agitation médiatique, Jean-Louis et Bruno Ardurats sont les héritiers d'une lignée de viticulteurs remontant au règne d'Henri IV. L'encépagement de leur vignoble de 40 ha privilégie les blancs (25 ha).

Jaune pâle à reflets argentés, la robe ne manque pas d'allure. Le bouquet non plus : d'une bonne intensité, il est fortement marqué par le sauvignon, bien que celui-ci ne représente que 40 % de l'assemblage, avec ses notes de citron, de pêche et de buis. Arômes prolongés par une bouche fraîche, ample, persistante, bien tendue en finale. ⧗ 2020-2023

EARL LES CABANASSES ARDURATS ET FILS, 12, chem. Maxime-Ardurats, 33650 La Brède, tél. 05 56 20 20 57, ardurats@chateau-magneau.com
t.l.j. 8h30-12h30 14h30-18h30; sam. dim. sur r.-v.

♥ CH. MILLET Cuvée Henri 2019 ★★

6000 | 11 à 15 €

Ancienne propriété du comte de Ravez, garde des Sceaux de Louis-Philippe, cette vaste unité (80 ha aujourd'hui) a été achetée en 1962 par la famille Solorzano, d'origine espagnole (Rioja). Essentiellement située dans les Graves, elle regroupe plusieurs crus.

Impressionnant dans sa robe d'un jaune soutenu, ce vin l'est aussi par la complexité de son bouquet où les agrumes et la pêche s'acoquinent avec les notes grillées du bois pour composer un ensemble plein de charme. Toujours présent en attaque, l'élevage se fait ensuite plus discret tandis que s'affirment les fruits dans une bouche ample, riche, charnue et longue. Un blanc de caractère et de gastronomie. ⧗ 2021-2024

SARL DOMAINES DE LA METTE, 17, rte de Mathas, 33640 Portets, tél. 05 56 67 18 18, domainesdelamette@wanadoo.fr r.-v.

CH. DU MONT Cuvée Gabriel 2017 ★

20000 | 11 à 15 €

Paul Chevassier a constitué le vignoble du Ch. du Mont au début du XXᵉs., à Sainte-Croix-du-Mont. Son gendre Pierre Chouvac et, depuis 2000, son petit-fils Hervé l'ont développé sur les deux rives de la Garonne, dans les Graves et le Sauternais (25 ha aujourd'hui), mais Sainte-Croix est resté le cœur du domaine, dont il est l'un des porte-drapeaux. Autre étiquette : Ch. Valentin.

Une robe entre pourpre et rubis, de jolis arômes à la fois fins et intenses de fruits rouges, de vanille et d'épices, ce 2017 sait se présenter, et la suite ne déçoit pas. Souple en attaque, charnue, ronde et suave dans son développement, la bouche s'appuie sur des tanins soyeux et sur un boisé bien ajusté. ⧗ 2023-2027

CH. DU MONT, lieu-dit Pascaud, 33410 Sainte-Croix-du-Mont, tél. 06 89 96 54 73, chateau-du-mont@wanadoo.fr r.-v.

♥ CH. DES PLACES 2018 ★★

110000 | 8 à 11 €

Domaine familial né au début du XXᵉs. quand un tonnelier nommé Daniel Subervie acquit quelques parcelles dans les Graves. Premières mises en bouteilles en 1960. Aux commandes depuis 2006, Fabrice et Philippe Reynaud représentent la cinquième génération. Ils ont restructuré et agrandi leur domaine (62 ha) tout en s'équipant d'un chai très moderne. Depuis 2018, ils sont en cours de conversion au bio (20 % du vignoble). Trois étiquettes ici : Ch. des Places, Ch. Lagrange et Ch. Pontet Reynaud.

Une belle pluie d'étoiles pour les Reynaud et leurs trois crus. Honneur au Ch. des Places avec un superbe 2018. À l'attrait d'une très belle teinte rouge profond ourlé de violet s'ajoute l'intensité d'un bouquet fruité (myrtille, cassis), vanillé et grillé. Tout à la fois riche et délicat, le palais se développe harmonieusement en révélant une structure ample et soyeuse et de gourmandes saveurs de fruits mûrs. ⧗ 2024-2030 ■ **Ch. Pontet Reynaud 2018 ★★ (8 à 11 €; 80000 b.)** Un beau vin solide et prometteur, tant par son bouquet intense (fraise, mûre, boisé toasté) que par sa bouche dense, suave et bien structurée. ⧗ 2024-2030 ■ **Ch. Lagrange 2018 ★ (11 à 15 €; 80000 b.)** À un bouquet expressif (fruits rouges et vanille) répond un palais gras et onctueux, porté par des tanins soyeux. ⧗ 2024-2028

EARL VIGNOBLES REYNAUD, 46, av. Maurice-La-Châtre, 33640 Arbanats, tél. 05 56 67 20 13, contact@vignobles-reynaud.fr
t.l.j. 9h-12h 14h-17h30; sam. dim. sur r.-v.

CH. DE PORTE PÈRES 2018 ★

12000 | 11 à 15 €

En 1976, Valérien Ducau, issu d'une famille de viticulteurs, achète des vignes en graves. Il appelle son petit domaine Clos Graouères (graves, en gascon). En blanc, il propose notamment du cérons sous l'étiquette Moulin de Valérien. Autres étiquettes : le Cru des Sescassots et Porte Pères.

Issu d'une majorité de merlot (70 %), ce vin développe un joli bouquet de framboise et de fraise des bois bien mûres agrémenté de notes de cacao. Une générosité que l'on retrouve dans un palais rond et équilibré, doté de tanins bien enrobés. ⧗ 2023-2025

SCEA VIGNOBLES DUCAU, RD 1113, 33720 Podensac, tél. 05 56 27 16 80, vignobles.ducau@wanadoo.fr
r.-v.

CH. DE PORTETS 2018 ★

24000 | 8 à 11 €

« Ancienne baronnie de Gascq », lit-on sur l'étiquette. Au Moyen Âge, une forteresse dominant la Garonne, remplacée par un élégant château, avec une façade Renaissance, une tour de Gascq du XIVᵉs. et un parc

aux arbres centenaires. Le cru (72 ha dans les Graves), repris en 1956 par Jules Théron, ingénieur agronome rapatrié d'Algérie, est aujourd'hui conduit par sa petite-fille Marie-Hélène Yung-Théron.

D'une jolie couleur jaune paille, la robe inspire confiance par sa limpidité et son brillant. Délicat et d'une bonne complexité, le bouquet conjugue notes d'herbe fraîche, de buis et d'agrumes à la présence du bois. Un boisé aux tonalités fumées et grillées qui se confirme dans un palais ample, ferme, frais et long. ⧗ 2021-2024

SCEA THÉRON-PORTETS, Ch. de Portets, 33640 Portets, tél. 05 56 67 12 30, contact@chateaudeportets.fr V r.-v.

B CH. RAHOUL 2017 ★

■	90 000		15 à 20 €

Le chevalier Rahoul construisit dans les Graves une belle chartreuse en 1646. Devenu viticole dès le XVIIIe s., développé au siècle suivant par une famille d'armateurs, le cru couvre environ 40 ha. Il est passé entre plusieurs mains avant son acquisition en 1986 par le négociant champenois Alain Thiénot, qui le confie en 2007 aux équipes de la maison Dourthe. Une valeur sûre.

S'annonçant par une belle robe rubis à reflets noirs, ce 2017 séduit par la finesse et la complexité de son bouquet, qui va de la cerise au chocolat noir en passant par le café. Ample, puissant, généreux, bâti sur des tanins serrés, le palais est solidement constitué. Un graves bien armé pour affronter la garde. ⧗ 2024-2030 ■ **2018 ★ (20 à 30 €; 33 000 b.)** L'élégance de la robe, jaune paille à reflets verts, se retrouve dans le bouquet aux notes de fleurs blanches et de vanille, ainsi que dans le palais, frais et alerte, souligné par une note de minéralité. ⧗ 2021-2024

SARL CH. RAHOUL, 4, rte du Courneau, 33640 Portets, tél. 05 56 35 53 00, contact@dourthe.com r.-v.

CH. SIMON 2018 ★

■	10 000		8 à 11 €

La famille Dufour cultive la vigne dans les Graves et en Sauternais depuis 1814 au Ch. Simon, qui tire son nom d'un hameau de Barsac. Trois générations – la dernière étant Anne-Laure Dufour, arrivée en 2011 – œuvrent aujourd'hui de concert sur les 38 ha du domaine. Autre étiquette : Ch. de Rieufret.

Ce graves mi-sauvignon mi-sémillon arbore une jolie robe entre or et paille. Au nez, il développe de fins parfums de fruits exotiques, de poire, de fleurs blanches et d'épices. La bouche se montre harmonieuse, offrant à la fois du gras et de la fraîcheur, une pointe d'amertume venant stimuler la finale. ⧗ 2021-2024 ■ **Agapes de Rieuflet 2017 ★ (11 à 15 €; 10 000 b.)** Ce 2017 largement dominé par le cabernet-sauvignon (80 %) propose un nez plutôt discret mais harmonieux de fruits rouges et de boisé toasté. Franc en attaque, le palais se révèle ample et ronde, étayé par des tanins enrobés. ⧗ 2023-2026

EARL DUFOUR, 7, Simon, 33720 Barsac, tél. 05 56 27 15 35, contact@chateausimon.fr V t.l.j. 8h30-12h30 13h30-17h30; sam. dim. sur r.-v.

CH. DE TESTE Moléon Prestige 2017 ★

■	2 500		15 à 20 €

Basé à Monprimblanc, à cheval sur l'Entre-deux-Mers et les Côtes de Bordeaux, Laurent Réglat peut jouer sur plusieurs appellations et types de vins, ayant même un pied dans les Graves. Souvent en vue pour ses liquoreux (cadillac, sainte-croix-du-mont), il ne néglige pas pour autant les vins rouges (cadillac-côtes-de-bordeaux, graves).

D'une bonne intensité aromatique (fruits rouges mûrs, pruneau, épices douces), ce 100 % merlot développe une solide structure tannique qui témoigne d'une extraction bien conduite. Son volume et ses saveurs de chocolat et de moka lui apportent un côté gourmand que prolonge une longue finale goûteuse et prometteuse. ⧗ 2024-2030

EARL VIGNOBLES LAURENT RÉGLAT, Ch. de Teste, 33410 Monprimblanc, tél. 06 07 30 43 83, vignobles.l.reglat@wanadoo.fr V t.l.j. sf sam. dim. 9h-12h 14h-17h30

CH. TOUR DE CALENS 2017 ★

■	10 700		8 à 11 €

Descendants de marins, les Doublet sont enracinés dans le vignoble bordelais depuis la fin du XVIIIe s. et depuis 1975 au Ch. Vignol, ancienne propriété de Montesquieu dans l'Entre-deux-Mers, passée entre les mains d'armateurs bordelais au XIXe s. En 1987, ils ont traversé la Garonne pour investir à Beautiran, dans les Graves du nord, avec le Ch. Tour de Calens, puis en saint-émilion grand cru avec le Ch. Saint-Ange en 2009.

Une large dominante de cabernet-sauvignon (80 %) dans ce graves ouvert sur de plaisants arômes de fruits rouges frais. On retrouve le fruit dans un palais gras, d'un bon volume, étayé par des tanins qui se raffermissent en finale. ⧗ 2023-2026

SCEA BERNARD ET DOMINIQUE DOUBLET, 6, RN 113, 33750 Saint-Quentin-de-Baron, tél. 05 57 24 12 93, info@famille-doublet.fr V r.-v.

PESSAC-LÉOGNAN

Superficie : 1 610 ha
Production : 71 145 hl (80 % rouge)

Correspondant à la partie nord des Graves (appelée autrefois Hautes-Graves), la région de Pessac et de Léognan constitue depuis 1987 une appellation communale, inspirée de celles du Médoc. Sa création, qui aurait pu se justifier par son rôle historique (c'est l'ancien vignoble périurbain qui produisait les clarets médiévaux), s'explique par l'originalité de son sol. Les terrasses que l'on trouve plus au sud cèdent la place à une topographie plus accidentée. Le secteur compris entre Martillac et Mérignac est constitué d'un archipel de croupes graveleuses qui présentent d'excellentes aptitudes vitivinicoles par leurs sols, composés de galets très mélangés, et par leurs fortes pentes garantissant un excellent drainage. L'originalité des pessac-léognan a été remarquée par les spécialistes bien avant la création de l'appellation. Ainsi, lors du classement impérial de 1855, Haut-Brion fut le seul château non médocain à

être classé (1er cru). Puis, lorsqu'en 1959 seize crus de graves furent classés, tous se trouvaient dans l'aire de l'actuelle appellation communale.
Les vins rouges possèdent les caractéristiques générales des graves, tout en se distinguant par leur bouquet, leur velouté et leur charpente. Quant aux blancs secs, ils se prêtent à l'élevage en fût et au vieillissement qui leur permet d'acquérir une très grande richesse aromatique, avec de fines notes de genêt et de tilleul.

LES CRUS CLASSÉS DES GRAVES

NOM DU CRU CLASSÉ	VIN CLASSÉ	NOM DU CRU CLASSÉ	VIN CLASSÉ
Ch. Bouscaut	🟥 🟨	Ch. Latour-Martillac	🟥 🟨
Ch. Carbonnieux	🟥 🟨	Ch. Malartic-Lagravière	🟥 🟨
Dom. de Chevalier	🟥 🟨	Ch. La Mission Haut-Brion	🟥
Ch. Couhins	🟨	Ch. Olivier	🟥 🟨
Ch. Couhins-Lurton	🟨	Ch. Pape Clément	🟥
Ch. Fieuzal	🟥	Ch. Smith-Haut Lafitte	🟥
Ch. Haut-Bailly	🟥	Ch. La Tour-Haut-Brion	🟥
Ch. Haut-Brion	🟥		

CH. BARDINS 2017 ★

🟥 | 25 500 | | 15 à 20 €

Bardins fut d'abord un moulin, sur le cours de l'Eau Blanche. Un château Napoléon III, avec sa tourelle en poivrière, et une reproduction de la grotte de Lourdes, œuvre d'une propriétaire pieuse, composent le décor. Le cru (9,4 ha en conversion bio) est dans la famille Bernardy de Sigoyer depuis quatre générations.
Seconde année en conversion bio, le millésime 2017 témoigne de l'ampleur du travail qualitatif entrepris par l'équipe de Bardins. S'annonçant par une belle robe d'un grenat intense, ce vin reste encore un peu sur la réserve au nez, avant d'exprimer pleinement sa personnalité à travers un palais dense, charnu et frais à la fois, porté par des tanins serrés et agrémentés de jolis arômes fruités. ⌛ 2023-2027

⊶ EARL DU CH. BARDINS, 124, av. de Toulouse, 33140 Cadaujac, tél. 05 56 30 78 01, contact@chateaubardins.com V r.-v.

CH. BOUSCAUT 2017 ★★

🟥 Cru clas. | 33 283 | | 30 à 50 €

97 98 **99** 00 04 05 06 07 08 |09| |10| |11| |12| |13| 14 16 **17**

Disposant d'un vignoble de 50 ha d'un seul tenant bordant la route de Toulouse, ce cru est commandé par une superbe demeure du XVIII[e]s. entourée d'un parc aux arbres centenaires. Acquis en 1979 par Lucien Lurton, propriétaire de nombreux crus, notamment dans le Médoc, il est conduit depuis 1992 par sa fille Sophie et son gendre Laurent Cogombles et est certifié Haute Valeur Environnementale niveau 3 depuis 2018.
Bien que très touché par les gelées des 27 et 28 avril (40 % du vignoble, dont une grande partie des parcelles de cabernet-sauvignon), le cru a bénéficié d'une bonne précocité pour les parcelles épargnées. Celle-ci a permis d'obtenir un vin aussi expressif que complexe par son bouquet de fruits rouges mûrs, de boisé fumé, de goudron chaud et d'épices douces. Le palais se montre ample, dense, onctueux, bien cadré par des tanins fermes et fins et par un boisé racé. ⌛ 2024-2028 🟥 **Les Chênes de Bouscaut 2017 ★ (20 à 30 €; 34 604 b.)** Un second vin très agréable par son nez charmeur de cassis, de mûre et d'épices, et par son palais frais, souple, bien équilibré, aux tanins soyeux. ⌛ 2022-2025

⊶ SAS CH. BOUSCAUT, 1477, av. de Toulouse, 33140 Cadaujac, tél. 05 57 83 12 20, cb@chateau-bouscaut.com V r.-v. E

CH. BOUSCAUT 2018 ★

🟨 Cru clas. | 20 702 | | 30 à 50 €

98 **99** 00 **01** 03 04 05 **06** 07 09 **11 12** |**13**| |14| **15** 16 17 18

Disposant d'un vignoble de 50 ha d'un seul tenant bordant la route de Toulouse, ce cru est commandé par une superbe demeure du XVIII[e]s. entourée d'un parc aux arbres centenaires. Acquis en 1979 par Lucien Lurton, propriétaire de nombreux crus, notamment dans le Médoc, il est conduit depuis 1992 par sa fille Sophie et son gendre Laurent Cogombles et est certifié Haute Valeur Environnementale niveau 3 depuis 2018.
Après une première approche boisée, le blanc de Bouscaut s'ouvre sur un bouquet bien typé sauvignon (60 % de l'assemblage) de buis et d'agrumes, de pamplemousse notamment. Rond, souple, d'un bon volume, le palais déploie aussi une belle vivacité qui lui donne de l'allonge en finale. ⌛ 2022-2025

⊶ SAS CH. BOUSCAUT, 1477, av. de Toulouse, 33140 Cadaujac, tél. 05 57 83 12 20, cb@chateau-bouscaut.com V r.-v. E

CH. BROWN 2018 ★

🟨 | 11 352 | | 30 à 50 €

Commandé par une élégante chartreuse et son pigeonnier du XVIII[e]s., ce vaste cru (60 ha dont 35 ha en vignes) doit son nom à un marchand de biens écossais, John Lewis Brown, propriétaire au XIX[e]s. Après quelques années difficiles, le domaine revit à la suite de son rachat en 1994 par Bernard Barthe; efforts perpétués depuis fin 2004 par les familles Mau et Dirkzwager. Le cru est dirigé par Jean-Christophe Mau et le vignoble est certifié Haute Valeur Environnementale niveau 3 depuis 2018.
Suivant une série exceptionnelle de millésimes élus coups de cœur (2012, 2013, 2014, 2015, 2017), le blanc de Brown

2018 se montre un peu moins ambitieux mais tout de même d'un très bon niveau. Au nez, il présente des notes beurrées, toastées, miellées et confites qui signent la chaleur du millésime. On retrouve cette maturité et ce boisé consistant dans une bouche ample, riche, dense. Un blanc sur la puissance. ⧗ 2022-2025 ■ **2017 ★ (30 à 50 €; n.c.)** Un pessac au nez d'une jolie complexité, ouvert sur le café, le menthol et les fruits noirs, agrémenté de touches végétales et florales. La bouche est fraîche en attaque, puis offre un bon volume et de la mâche autour de tanins assez serrés, avec un côté salin en finale. ⧗ 2023-2027

SCEA CH. BROWN, 5, allée John-Lewis-Brown, 33850 Léognan, tél. 05 56 87 08 10, contact@chateau-brown.com V r.-v.

CH. LE BRUILLEAU 2018 ★

■	16 000		11 à 15 €

Dans la famille Bédicheau depuis quatre générations, ce petit cru étend son vignoble sur une dizaine d'hectares situés dans le sud de l'appellation, près de La Brède et du château de Montesquieu.

S'annonçant par une couleur jaune d'or soutenue, ce vin à dominante de sémillon (60 %) développe un bouquet expressif et généreux d'orange et d'abricot confits. À l'unisson, le palais apparaît suave et riche, dynamisé par une pointe d'amertume en finale. Un pessac bien dans le ton du millésime. ⧗ 2021-2024

SCEA BÉDICHEAU, 12, chem. du Bruilleau, 33650 Saint-Médard-d'Eyrans, tél. 05 56 72 70 45, chateau.lebruilleau@orange.fr V r.-v.

CH. CANTELYS 2018 ★

■	1500		15 à 20 €

Outre Smith Haut Lafitte, leur navire amiral, les Cathiard possèdent plusieurs vignobles dans l'appellation pessac-léognan, dont ce cru de 20 ha créé en 1987 par Dominique Lurton et acquis en 1995.

Fidèle à la tradition du cru, ce vin présente un bouquet aussi expressif qu'agréable dans lequel s'établit un bel équilibre entre le raisin et l'élevage. La même impression d'harmonie se dégage du palais, à la fois puissant et élégant, gras et frais. ⧗ 2021-2025

SAS D. CATHIARD, Ch. Cantelys, 62, av. du Site-Montesquieu, 33650 Martillac, tél. 05 57 83 11 22, c.meyrou@smith-haut-lafitte.com V r.-v.

CH. CARBONNIEUX 2017 ★★

■ Cru clas.	160 000		30 à 50 €

90 91 92 93 **94** 95 **96** 97 98 99 **00 01** 02 **03** 04 |**05**| |(06)| |07| |08| |09| 10 |11| |12| |13| 14 15 |16| **17**

Un cru très ancien, déjà exploité au XIIIe s., ancienne dépendance du monastère de l'abbaye de Sainte-Croix au XVIIe s. Occupant sur les hauteurs de Léognan une belle croupe de graves garonnaises, son vaste vignoble couvre 92 ha. Anthony Perrin l'a acquis après le grand gel de 1956, replanté, réhabilité et transmis à ses fils Éric et Philibert.

Brillante et soutenue, la robe grenat à reflets violets met en confiance. Le bouquet ne la dément pas : d'une belle intensité, il développe des arômes de cerise noire, de cassis et de boisé fumé et chocolaté. Souple en attaque, le palais déploie ensuite une matière ample, ronde et dense, épaulée par des tanins extraits avec mesure et par une belle acidité qui lui donne du nerf. ⧗ 2023-2027 ■ **Croix de Carbonnieux 2017 ★ (15 à 20 €; 45 000 b.)** Encore un peu fermé à l'olfaction, ce vin affiche de la fraîcheur et une structure solide qui lui permettront de bien évoluer. ⧗ 2023-2026

SCEA A. PERRIN ET FILS, Ch. Carbonnieux, 33850 Léognan, tél. 05 57 96 56 20, info@chateau-carbonnieux.fr V r.-v.

CH. CARBONNIEUX 2018 ★

■ Cru clas.	130 000		30 à 50 €

00 01 **02 03** 04 05 06 07 **08** 09 10 12 13 |14| 15 16 **17** 18

Un cru très ancien, déjà exploité au XIIIe s., ancienne dépendance du monastère de l'abbaye de Sainte-Croix au XVIIe s. Occupant sur les hauteurs de Léognan une belle croupe de graves garonnaises, son vaste vignoble couvre 92 ha. Anthony Perrin l'a acquis après le grand gel de 1956, replanté, réhabilité et transmis à ses fils Éric et Philibert.

Au nez, des notes réglissées accompagnent la mangue et la pêche blanche. En bouche, le vin se montre délicat de texture et bien tendu par une fine acidité qui met en relief son côté sauvignonné (70 % de l'assemblage), avec des notes de fruits acidulés, de buis et de fleurs blanches. ⧗ 2022-2025

SCEA A. PERRIN ET FILS, Ch. Carbonnieux, 33850 Léognan, tél. 05 57 96 56 20, info@chateau-carbonnieux.fr V r.-v.

CH. COUHINS 2018 ★★

■ Cru clas.	25 295		20 à 30 €

Classé en blanc, ce cru de 28 ha situé aux portes de Bordeaux appartint à la famille Gasqueton, longtemps propriétaire de Calon Ségur (saint-estèphe), avant d'être acquis par l'INRA en 1968, qui en a fait sa vitrine en matière de recherches vitivinicoles. La conversion bio est engagée.

De l'apéritif aux fromages à pâte molle, en passant par un poisson noble en sauce, ce très beau vin – qui comme toujours ici fait la part belle aux sauvignons (96 % de blanc, 4 % de gris) – pourra accompagner tout un repas grâce à son équilibre et sa délicatesse. Ces qualités apparaissent dès le bouquet, ouvert sur de jolies notes de fleurs (lilas, acacia) et d'agrumes. Elles se confirment en bouche : du gras, du volume, mais aussi beaucoup de fraîcheur et un toucher soyeux. ⧗ 2022-2026 ■ **La Dame de Couhins 2018 ★ (15 à 20 €; 15 901 b.)** À un nez intense d'amande, de noisette et d'agrumes répond un palais puissant, chaleureux et corsé, à la finale encore un peu austère mais prometteuse. Un joli blanc de garde. ⧗ 2022-2026 ■ **2017 ★ (20 à 30 €; 36 016 b.)** Le nez est assez réservé pour l'heure, sur les fruits rouges et le boisé toasté. La bouche se montre souple et fraîche en attaque, plus chaleureuse et suave dans son développement. ⧗ 2023-2027

SAS CH. COUHINS, chem. de la Gravette, 33140 Villenave-d'Ornon, tél. 05 56 30 77 61, couhins-bordeaux@inra.fr V r.-v.

CH. COUHINS-LURTON 2018 ★★

Cru clas. | 10 000 | | 20 à 30 €

98 99 00 **01 02** 03 04 **05 06 08** 10 **11** |12| |13| |14| **15 16** 17 **18**

Un cru situé à Villenave d'Ornon, aux portes de Bordeaux, connu sous le nom de « Bourdieu de la Gravette » à la fin du XVII[e]s. André Lurton le reprit en fermage en 1967, avant d'acheter en 1972 une partie du domaine devenu entre-temps propriété de l'INRA (Ch. Couhins), puis le château et les bâtiments d'exploitation en 1992. Un vignoble – 6 ha plantés du seul sauvignon, complétés en 1988 de 17 ha en rouge – auquel il a redonné son lustre d'antan. Figure emblématique de l'appellation, André Lurton est décédé en mai 2019. Ses sept enfants poursuivent son œuvre, avec Jacques Lurton à la présidence des vignobles.

Comme l'annonce la robe, d'un jaune pâle à reflets verts, ce vin affiche un caractère souple et délicat. Il séduit d'emblée par son bouquet frais et élégant d'orange confite, de citron et de pamplemousse, agrémenté d'une touche minérale (coquille d'huître) et vanillée. On retrouve les agrumes dans une bouche ample et tendre, soulignée par une fine acidité qui pousse loin la finale. Un pessac aussi alerte qu'élégant. ⧗ 2021-2025

SAS LES VIGNOBLES ANDRÉ LURTON (CH. COUHINS-LURTON), 48, chem. de Martillac, 33140 Villenave-d'Ornon, tél. 05 56 64 75 87, contact-val@andrelurton.com V r.-v.

CH. D'ECK 2018 ★

| 5300 | | 15 à 20 €

Originaire de Champagne (Côte des Blancs), la famille Gonet s'est aussi forgé une solide renommée dans le Bordelais : en graves-de-vayres avec les châteaux Lesparre (acquis en 1986), Lathibaude et Durand Bayle, valeurs sûres conduites en bio, ainsi qu'en pessac-léognan (Haut-Bacalan, Eck, Haut l'Évêque, Saint-Eugène) et en AOC régionales (La Chapelle Bordes, La Rose Videau).

Un beau vin classique et expressif. Le bouquet, d'une agréable fraîcheur, associe des notes de miel et de fruits blancs à l'apport du bois (toast, brioche). Le palais apparaît tendre, rond, soyeux, avec un beau retour du brioché qui renforce son caractère gourmand. ⧗ 2020-2024

SCEV MICHEL GONET ET FILS, Ch. Lesparre, 33750 Beychac-et-Caillau, tél. 05 57 24 51 23, info@gonet.fr V r.-v.

CH. D'EYRAN 2018 ★★

| 10 000 | | 15 à 20 €

Brigitte et Stéphane Savigneux dirigent un ensemble de 35 ha de vignes répartis entre le Ch. d'Eyran (pessac-léognan) et le Ch. Bastian (bordeaux). Le premier est une ancienne maison forte dont le château a été reconstruit en 1629 et acquis par la famille de Brigitte (famille de Sèze) en 1796. Le second cru a été acheté en 1984 : une ancienne métairie de l'abbaye de Rivet, à Auros, qui étend son vignoble sur 10 ha.

Avec sa belle couleur jaune paille nuancée de reflets jade, la robe donne d'emblée le ton. Le bouquet, d'abord un peu hésitant, s'ouvre à l'aération sur des arômes d'agrumes et de fleur d'acacia. C'est en bouche que le vin se révèle pleinement : du volume, du gras, un toucher délicat, une fraîcheur bien sentie en soutien, de la longueur. Un pessac à l'équilibre très assuré, et pour longtemps. ⧗ 2021-2026

SCEA DU CH. D' EYRAN, 20, av. du Sable d'Expert, 33650 Saint-Médard-d'Eyrans, tél. 05 56 77 54 37, accueil@savigneux.com V *t.l.j. sf dim. lun. 14h-18h*

CH. FERRAN 2018 ★★

| 19 000 | | 15 à 20 €

Ce cru de 20 ha, qui fit partie jadis des domaines de Montesquieu, est propriété depuis 1885 de la famille Béraud-Sudreau. Longtemps resté l'une des « belles endormies » du Bordelais, il est en plein renouveau depuis l'arrivée en 1999 de la cinquième génération incarnée par Philippe et Ghislaine Lacoste.

Souple en attaque, gras, d'un beau volume et doté d'une longue finale pleine de fraîcheur, ce vin a de nombreux atouts qui lui permettent de parfaitement mettre en valeur son magnifique bouquet. Intense, complexe et complet, celui-ci déploie une très large palette allant des agrumes aux fleurs (aubépine et acacia), en passant par des notes de vanille et de brioche. ⧗ 2021-2025

SCEA CH. FERRAN, 15, rte de Lartigue, 33650 Martillac, tél. 06 64 88 16 17, ferran@chateauferran.com V *r.-v.*

CH. DE FRANCE 2018 ★★

| 15 000 | | 20 à 30 €

Commandé par une belle maison de maître du XVIII[e]s., ce cru a été acheté en 1971 par Bernard Thomassin, ancien distillateur venu de la région parisienne, qui l'a restauré. Son fils Arnaud est aux commandes depuis 1996. Son vignoble de 44 ha, entièrement restructuré, est situé sur une croupe de graves profondes, l'un des plus hauts coteaux de la terrasse de Léognan.

Majoritaire avec 80 % de l'encépagement, le sauvignon marque le bouquet d'une note caractéristique de buis qu'accompagnent des parfums d'agrumes et de fleurs blanches. Une attaque souple ouvre sur une bouche ronde, tendre, soyeuse, ample, dynamisée par une longue finale fraîche et saline. De l'élégance et une harmonie sans faille. ⧗ 2021-2025

SAS THOMASSIN, 98, av. du Mont-de-Marsan, 33850 Léognan, tél. 05 56 64 75 39, contact@chateau-de-france.com V *r.-v.*

CH. LA GARDE 2018 ★

| 15 400 | | 30 à 50 €

À l'élégance très bordelaise de sa chartreuse du XVIII[e]s., ce cru de 50 ha d'un seul tenant, propriété de la maison Dourthe depuis 1990, ajoute un bel environnement et une vue panoramique, avec trois croupes et un plateau de graves sur le point culminant de la commune de Martillac. Les sols se caractérisent par leur diversité : graves, calcaires, argiles.

S'annonçant par une jolie robe à reflets dorés, ce vin déploie un bouquet fruité d'agrumes et de fruits exotiques mâtiné de nuances végétales. En bouche, il affiche un beau volume et de l'énergie, bien stimulé par une fine acidité qui lui confère de l'allonge et de l'élégance. ⧗ 2020-2024

SC DU CH. LA GARDE, 1, chem. de la Tour, 33650 Martillac, tél. 05 56 35 53 00, contact@dourthe.com r.-v.

CH. GAZIN ROQUENCOURT 2017 ★

| 30 000 | | 20 à 30 € |

Implanté depuis le XVII[e]s. sur une belle croupe de graves argileuses, ce cru d'une vingtaine d'hectares a été acquis en 2006 par Alexandre Bonnie, propriétaire de Malartic-Lagravière. Il est suivi par les équipes techniques de ce cru classé qui ont restructuré le vignoble et l'ont doté de nouveaux équipements. Cultivé selon une démarche proche de l'agriculture biologique, il est entouré de prairies, de jachères fleuries, de bois et de haies.

Vive et intense, la robe est animée de prometteurs reflets violines de jeunesse. Le bouquet est plus discret mais intéressant par ses notes de rose et de réglisse qui apparaissent à l'aération. Portée par des tanins soyeux, la bouche séduit par sa rondeur et son profil velouté. ⧗ 2023-2027 **2018 ★ (20 à 30 €; 8 500 b.)** Un pessac souple, fin, délicat, centré sur d'agréables arômes de pamplemousse et de citronnelle, avec un boisé vanillé et fond en soutien. ⧗ 2020-2024

SC DU CH. MALARTIC-LAGRAVIÈRE, 59, chem. de Gazin, 33850 Léognan, tél. 05 56 64 75 08, malartic-lagraviere@malartic-lagraviere.com r.-v.

CH. HAUT-BAILLY 2017 ★★

| Cru clas. | 50 000 | | 75 à 100 € |

90 92 93 94 (95) 96 97 98 99 |00| **|01|** **|02|** **|03|** **|04|** **|05|** **|06|** |07| |08| **09 10 11** 12 |13| **14 16 17**

Créé en 1630 par un financier parisien, Firmin Le Bailly, ce cru situé aux portes de Bordeaux acquiert sa notoriété au XIX[e]s. sous l'impulsion d'Alcide Bellot des Minières. Un prestige renforcé à partir de 1955 par la famille Sanders, puis par le banquier américain Robert G. Wilmers. Son fils Chris Wilmers a repris la gouvernance, toujours avec Véronique Sanders aux commandes. Le vignoble, intégralement voué aux cépages rouges, couvre 33 ha d'un seul tenant.

Après un irrésistible millésime 2016, élu coup de cœur, Haut-Bailly signe un 2017 digne de son rang, dans un millésime autrement plus compliqué… La robe est limpide, brillante. Au nez, un beau boisé fumé, épicé (cannelle) et cacaoté s'associe à un fruité intense (fruits noirs mûrs). En bouche, le vin se montre à la fois ample, consistant, très élégant et d'une grande fraîcheur, étayé par des tanins d'une remarquable finesse. Sa finale longue, tendue, intense, confirme et renforce son profil énergique. ⧗ 2024-2030

SAS CH. HAUT-BAILLY, 103, av. de Cadaujac, 33850 Léognan, tél. 05 56 64 75 11, mail@haut-bailly.com r.-v.

CH. HAUT-LAGRANGE 2018 ★

| 7 000 | | 15 à 20 € |

S'il est de création récente (1989, par Francis Boutemy), ce cru est l'héritier d'une longue histoire. Son vignoble est déjà présent en 1764 sur la carte de Belleyme. Couvrant aujourd'hui 8,5 ha, il est exploité par Ghislain Boutemy, œnologue et agronome.

Élégant et racé, ce vin l'est par son attrayante robe d'un jaune brillant comme par son bouquet délicat de fruits blancs et de menthe poivrée. Très bien équilibré, le palais s'inscrit dans le même esprit, porté par une fraîcheur minérale. ⧗ 2020-2024

SAS CH. HAUT-LAGRANGE, 89, av. de la Brède, 33850 Léognan, tél. 05 56 64 09 93, contact@hautlagrange.com V t.l.j. 9h-12h 13h-17h; sam. dim. sur r.-v.

CH. HAUT-PLANTADE 2018 ★

| 6 500 | | 20 à 30 € |

Un ancêtre était vigneron en Corrèze au XVIII[e]s. La famille s'est consacrée au négoce des vins vers la Belgique, puis a acquis une vieille bergerie entourée de terres à vignes et de crus célèbres (Chevalier, Fieuzal, Malartic-Lagravière). Alain Plantade a créé dans les années 1970 ce domaine qui compte aujourd'hui une dizaine d'hectares. Vincent Plantade, qui en a pris la tête en 1989, exploite aujourd'hui 8,5 ha en AOC pessac-léognan.

Souple et agréable tout au long de la dégustation, ce vin associe un bouquet d'agrumes (pamplemousse) et de fleurs blanches à un palais rond, gras, consistant, avec une belle fraîcheur en soutien. ⧗ 2020-2024

SCEA PLANTADE PÈRE ET FILS, allée de Gazin, 33850 Léognan, tél. 06 03 01 15 34, hautplantade@wanadoo.fr V r.-v.

LES HAUTS DE MARTILLAC 2017 ★

| 40 000 | | 15 à 20 € |

Un pavillon du XVIII[e]s., un parc, un arboretum : avec le Ch. de Castres (graves), José Rodrigues-Lalande, ingénieur et œnologue, a acquis en 1996 un beau quartier général. Il s'est agrandi en 2012 dans cette même AOC en achetant le Ch. Beau-Site, après s'être implanté en pessac-léognan en 2004, avec l'acquisition des 18 ha du Ch. Roche-Lalande. En 2013, il a encore acquis en pessac-léognan le Ch. Pont Saint-Martin. Pas moins de 40 ha pour cette exploitation familiale.

Une très belle présentation pour ce 2017 d'un grenat profond à reflets violets. Une intensité qui se retrouve dans un bouquet mêlant fruits noirs (mûre, myrtille), épices et violette. Souple à l'attaque, le palais monte ensuite en volume et en puissance, et s'étire dans une jolie finale épicée. ⧗ 2023-2026 **Ch. Pont-Saint-Martin 2017 ★ (20 à 30 €; 30 000 b.)** Doté d'une belle expression aromatique (fruits rouges, cacao et torréfaction), ce pessac présente une structure ferme en bouche, épaulée par un boisé soutenu et une pointe de fraîcheur bien dosée. ⧗ 2023-2026

EARL VIGNOBLES RODRIGUES-LALANDE, 33640 Castres-sur-Gironde, tél. 05 56 67 51 51, contact@chateaudecastres.fr V r.-v. 5

CH. LAFARGUE Prestige 2017 ★

| 17 250 | | 20 à 30 € |

Une propriété familiale conduite par les quatrième et cinquième générations : Jean-Pierre Leymarie, né sur la propriété, et sa fille Carole Peyrout, qui a rejoint le domaine en 2016. Maraîcher à ses débuts, Jean-Pierre Leymarie a succédé à son père en 1983 et agrandi la propriété, qui compte aujourd'hui 18 ha en pessac-léognan.

Au nez, des arômes intenses de fruits rouges et de sous-bois. En bouche, du volume, de la fraîcheur, des tanins solides et de la longueur. Voilà qui dresse le profil d'un pessac de caractère, bâti pour bien évoluer. ⧗ 2024-2028

SCEA CH. LAFARGUE, 9, imp. de Domy, 33650 Martillac, tél. 05 56 72 72 30, scea@chateau-lafargue.com V *t.l.j. sf sam. dim. 8h-12h30 13h30-17h*

CH. LARRIVET HAUT-BRION 2017 ★

75 000 | 30 à 50 €

Château de Canolle, La Rivette, Brion-Larrivet, Haut-Brion Larrivet, le cru a changé plusieurs fois de nom (et de propriétaires) avant de prendre, en 1949, celui de Larrivet Haut-Brion. Une belle unité de 75 ha, propriété de Philippe et Christine Gervoson depuis 1987.

Profonde et sombre, la robe laisse deviner un bon potentiel. La charpente, solide, bâtie sur des tanins denses mais soyeux, le volume en bouche et le bouquet expressif et généreux (fruits noirs mûrs) confortent ce potentiel. ⧗ 2024-2028 ■ **2018 ★ (30 à 50 €; 20 000 b.)** Un palais délicat, élégant et de beaux arômes de fleurs blanches, d'agrumes et de fruits exotiques composent un joli blanc printanier, dominé par le sauvignon (75 %). ⧗ 2020-2024

SAS CH. LARRIVET HAUT-BRION, 84, av. de Cadaujac, 33850 Léognan, tél. 05 56 64 75 51, secretariat@larrivethautbrion.fr V *r.-v.*

CH. LATOUR-MARTILLAC 2018 ★

Cru clas. | 40 000 | 30 à 50 €

90 91 92 93 94 95 96 97 98 99 00 01 02 03 04 05 06 07 08 09 10 |11| |12| |13| 15 16 **17** 18

Si beaucoup de grands noms du négoce bordelais ont choisi de s'implanter dans le Médoc, les Kressmann ont opté pour les Graves et ce cru acquis en 1930, qui doit son nom à une tour ornant sa cour, vestige d'un château bâti au XII[e]s. par des ancêtres de Montesquieu. Une belle unité de 50 ha réputée autant pour ses blancs que pour ses rouges.

Une belle robe limpide et brillante habille ce vin ouvert sur des complexes et engageantes senteurs de menthe poivrée, d'agrumes et de pêche sur fond de boisé vanillé. La bouche apparaît vive, tonique en attaque, plus vineuse et dense dans son développement. De la maturité avec ce qu'il faut de fraîcheur. ⧗ 2022-2025

SAS VIGNOBLES JEAN KRESSMANN, 8, chem. Latour, 33650 Martillac, tél. 05 57 97 71 11, chateau@latourmartillac.com V *r.-v.*

♥ CH. LATOUR-MARTILLAC 2017 ★★

Cru clas. | 100 000 | 30 à 50 €

90 91 92 94 95 96 97 98 99 00 01 02 03 04 05 |06| |07| |08| |09| 10 **11** 12 14 16 **17**

Si beaucoup de grands noms du négoce bordelais ont choisi de s'implanter dans le Médoc, les Kressmann ont opté pour les Graves et ce cru acquis en 1930, qui doit son nom à une tour ornant sa cour, vestige d'un château bâti au XII[e]s. par des ancêtres de Montesquieu. Une belle unité de 50 ha réputée autant pour ses blancs que pour ses rouges.

De la présentation à la finale, une grande fraîcheur se dégage de ce vin. Et là ne s'arrête pas son charme. Quoiqu'encore un peu discret, son bouquet laisse déjà apparaître de jolies notes de fruits noirs mûrs. Plus expressif, avec un côté épicé, réglissé et fumé, le palais, ample, énergique et long, développe une structure ferme qui garantit son avenir. Beau retour du fruit en finale. ⧗ 2024-2028 ■ **Ch. Lagrave-Martillac 2017 ★ (20 à 30 €; 56 000 b.)** Une belle complexité aromatique (fruits noirs et épices) pour ce vin charnu, suave et goûteux en bouche. ⧗ 2023-2026

SAS VIGNOBLES JEAN KRESSMANN, 8, chem. Latour, 33650 Martillac, tél. 05 57 97 71 11, chateau@latourmartillac.com V *r.-v.*

♥ CH. LA LOUVIÈRE 2018 ★★

50 000 | 20 à 30 €

Non classé, Ch. la Louvière, limitrophe de Carbonnieux et Haut-Bailly, n'en est pas moins un cru emblématique de Pessac-Léognan – par l'élégance de son château classé monument historique, par l'ancienneté de son vignoble (XIV[e]s.), par le rôle de son propriétaire (André Lurton, décédé en 2019) dans la naissance de l'AOC et par la qualité constante de ses vins. Les sept enfants Lurton poursuivent désormais l'œuvre de leur père, avec Jacques à la présidence des vignobles.

D'un seyant jaune pâle aux reflets argentés, ce 2018 livre un bouquet délicat et complexe d'agrumes, de pêche et de fleurs blanches sur fond de bon boisé vanillé. En bouche, il se montre très dynamique, ample, séveux, au toucher fin et soyeux, avec une longue finale pleine de fraîcheur qui ajoute à son élégance et son énergie. ⧗ 2022-2027

SAS LES VIGNOBLES ANDRÉ LURTON, 149, av. de Cadaujac, 33850 Léognan, tél. 05 56 64 75 87, lalouviere@andrelurton.com V *r.-v.*

CH. MALARTIC-LAGRAVIÈRE 2018 ★

Cru clas. | 20 000 | 50 à 75 €

Sur l'étiquette, trois mâts en l'honneur du comte de Malartic, amiral sous le règne de Louis XV, dont la famille fut propriétaire du cru au XVIII[e]s. Depuis son rachat en 1996 par les Bonnie, d'origine belge, ce vignoble de 53 ha implanté sur une belle croupe de graves a bénéficié d'un vaste plan de rénovation, à la vigne et au chai. Une valeur sûre de l'appellation, dans les deux couleurs, codirigée depuis 2013 par Jean-Jacques Bonnie et sa sœur Véronique.

Très élégant dans sa robe dorée à reflets verts, ce vin charme par son bouquet marqué par le sauvignon (90 %) avec des notes de buis, d'agrumes et de fleurs blanches. En bouche, il conjugue vivacité citronnée, volume, gras et onctuosité. Sa longue finale pleine de fraîcheur achève de convaincre. ⧗ 2022-2026

SC DU CH. MALARTIC-LAGRAVIÈRE, 43, av. de Mont-de-Marsan, 33850 Léognan, tél. 05 56 64 75 08, malartic-lagraviere@malartic-lagraviere.com V r.-v.

CH. MALARTIC-LAGRAVIÈRE 2017 ★★

Cru clas. | 75 000 | | 30 à 50 €

Sur l'étiquette, trois mâts en l'honneur du comte de Malartic, amiral sous le règne de Louis XV, dont la famille fut propriétaire du cru au XVIIIᵉs. Depuis son rachat en 1996 par les Bonnie, d'origine belge, ce vignoble de 53 ha implanté sur une belle croupe de graves a bénéficié d'un vaste plan de rénovation, à la vigne et au chai. Une valeur sûre de l'appellation, dans les deux couleurs, codirigée depuis 2013 par Jean-Jacques Bonnie et sa sœur Véronique.

De la robe d'un rubis brillant à sa longue finale, ce pessac-léognan s'inscrit dans l'esprit de l'appellation par sa finesse. Le bouquet fait apparaître de jolies notes d'élevage en complément d'un fruité intense et confituré. Bien équilibré, le palais est ample, suave, gourmand, cadré par des tanins délicats, au grain fin, et par un beau boisé cacaoté. De quoi affronter la garde. ⧗ 2025-2030 ■ **La Réserve de Malartic 2017 ★ (15 à 20 €; 50 000 b.)** Au nez, des notes de violette et de raisin mûr. En bouche, de la souplesse et des tanins fondus. Un second vin très aimable. ⧗ 2022-2025

SC DU CH. MALARTIC-LAGRAVIÈRE, 43, av. de Mont-de-Marsan, 33850 Léognan, tél. 05 56 64 75 08, malartic-lagraviere@malartic-lagraviere.com V r.-v.

CH. OLIVIER 2018 ★

Cru clas. | 36 000 | | 30 à 50 €

05 06 07 08 09 **10 11** 12 |13| **16** 17 18

Relais de chasse du Prince Noir puis résidence de la grand-mère de Montesquieu, ce château aux allures de forteresse, édifié au XIIᵉs. et transformé aux XIVᵉ et XVIIIᵉs., est la propriété de la famille de Bethmann depuis 1886. Son vignoble de 60 ha d'un seul tenant s'étend sur des terroirs variés comportant de belles graves sur socle argilo-calcaire.

Classique et élégant dans sa robe jaune paille à reflets dorés, ce 2018 développe un joli bouquet de fleurs blanches et d'agrumes. Arômes prolongés par une bouche souple et bien construite, avec ce qu'il faut d'acidité pour lui donner de la fermeté. ⧗ 2021-2024

SAS CH. OLIVIER, 175, av. de Bordeaux, 33850 Léognan, tél. 05 56 64 73 31, mail@chateau-olivier.com V r.-v.

CH. PAPE CLÉMENT 2017 ★★

Cru clas. | 100 000 | | 75 à 100 €

92 (93) **94** 96 **97 98** 99 00 **01 03 05 07** |**08**| |**09**| |10| 14 **15 16 17**

La première pièce et l'une des plus illustres de la collection de Bernard Magrez, «l'homme aux quarante châteaux», propriétaire des lieux depuis les années 1980. L'une des plus anciennes aussi : ce cru appartint à la fin du XIIIᵉs. à Bertrand de Goth, noble d'Aquitaine qui devint pape d'Avignon sous le nom de Clément V. Le vignoble resta ensuite longtemps rattaché à l'archevêché de Bordeaux; classé en rouge, il s'étend aujourd'hui sur 63 ha.

D'emblée, ce vin montre sa puissance par sa couleur grenat sombre. Au nez, il convoque les fruits rouges et noirs bien mûrs agrémentés de nuances florales et fumées. En bouche, il se montre alerte en attaque, puis monte en gamme autour de tanins fermes et d'une fraîcheur propre au millésime qui se manifeste dans une finale tendue et serrée. Du volume, de l'intensité, du caractère : un beau pessac de garde. ⧗ 2025-2030

SASU CH. PAPE CLÉMENT, 216, av. du Dr-Nancel-Penard, 33600 Pessac, tél. 05 57 26 38 38, accueil@pape-clement.com V r.-v. 5

CH. PICQUE CAILLOU 2017 ★★

| 60 000 | | 20 à 30 €

Situé au cœur de l'agglomération bordelaise, ce cru au nom évocateur de son terroir est conduit depuis 2007 par Paulin Calvet, de la célèbre lignée de négociants, propriétaire du domaine depuis 1947. Couvrant 22 ha, il figure parmi les derniers vignobles de Mérignac. La propriété est conduite en système de management environnemental.

Élégant et racé, ce vin développe un bouquet gourmand de cassis mûr mâtiné d'une note épicée. Rond et souple en attaque, le palais développe un beau volume et une agréable sucrosité, bien épaulé par des tanins denses et par un boisé racé, fumé et cacaoté. ⧗ 2024-2028 ■ **2018 ★ (20 à 30 €; 8 231 b.)** Un joli bouquet aux fraîches notes mentholées et un palais alerte et croquant composent un blanc très aimable. ⧗ 2021-2024

GFA CH. PICQUE CAILLOU, 93, av. Pierre-Mendès-France, 33700 Mérignac, tél. 05 56 47 37 98, contact@picque-caillou.com V r.-v.

CH. DE QUANTIN 2018 ★

| 20 000 | | 8 à 11 €

Fondé au XVIIᵉs. par l'avocat bordelais Jacques de Cruzeau, Cruzeau est un cru d'ancienne notoriété qui fut abandonné après le phylloxéra. Situé au sud de l'appellation pessac-léognan, il fut découvert en 1973 par André Lurton, par hasard, après une tempête qui avait déraciné les pins et révélé son beau terroir de graves. Entièrement reconstitué, le vignoble couvre aujourd'hui 97 ha. Depuis la disparition d'André Lurton en 2019, ses sept enfants prennent la relève, avec Jacques à la présidence des vignobles familiaux.

Le second vin du Ch. Cruzeau est un pur sauvignon, et cela se sent dès le premier nez avec ses notes d'agrumes, de fruits exotiques, de buis et de fleurs blanches. La bouche se montre vive sans manquer de gras, bien équilibrée en somme. ⧗ 2020-2024

SAS LES VIGNOBLES ANDRÉ LURTON (CH. DE CRUZEAU), 1, allée de Cruzeau, 33650 Saint-Médard-d'Eyrans, tél. 05 57 25 58 58, contact-val@andrelurton.com

CH. DE ROUILLAC 2018 ★

| 4 000 | | 20 à 30 € |

Ancien footballeur devenu chef d'entreprise, Laurent Cisneros a vendu l'entreprise familiale et quitté la Charente pour acquérir en 2010 ce cru de 30 ha, ancienne propriété du baron Haussmann. Il a aussitôt entrepris d'importants travaux pour améliorer la qualité du vin (cuvier HQE), tout en raisonnant les pratiques viticoles.

Nettement sauvignon (90 % de l'assemblage) dans son développement aromatique avec ses notes fraîches de buis et d'agrumes, ce vin se montre vif, tendu et élégant en bouche, offrant un retour très agréable du citron vert en finale. Un pessac franc du collier. ⧗ 2021-2024

SCEA CH. DE ROUILLAC, 12, chem. du 20-août-1949, 33610 Canéjan, tél. 05 57 12 84 63, info@chateauderouillac.com V r.-v.

♥ CH. SMITH HAUT LAFITTE 2017 ★★

Cru clas. | 120 000 | | 75 à 100 €

90 91 92 **93 94 95** 96 97 **98** 99 **00 01 02** 03 04 |05| |**06**| |07| |**08**| **09 10 11** 12 13 **14 15 16 17**

Ce cru ancien fondé en 1365 doit son nom au navigateur écossais George Smith, installé ici au XVIII[e]s. Lui succéderont M. Duffour-Dubergier, maire de Bordeaux, puis Louis Eschenauer, grande figure du négoce bordelais. En 1990, Florence et Daniel Cathiard acquièrent le domaine et lancent de grands travaux : création de deux chais souterrains, reprise du travail du sol sans désherbant, intégration de leur propre tonnellerie, développement de l'œnotourisme avec Les Caudalies, complexe hôtelier et centre de vinothérapie. Le vignoble couvre aujourd'hui 78 ha sur une belle croupe de graves.

Après un magnifique 2016, Smith Haut Lafitte signe un 2017 tout aussi admirable. Le vignoble a été épargné par les épisodes de gel de la fin du mois d'avril et de beaux raisins mûrs et sains ont pu entrer dans le grand vin (60 % de cabernet-sauvignon, 35 % de merlot, 4 % de cabernet franc et 1 % de petit verdot). D'un grenat sombre et profond, la robe donne envie d'aller plus loin. Le bouquet se révèle élégant et complexe, ouvert sur une large palette allant des fruits noirs à la truffe, en passant par les épices, la rose et le menthol. La bouche, à la fois tendre et fraîche en attaque, évolue sur des tanins bien serrés, au grain fin, se fait ample et dense jusqu'à la finale, longue, fraîche, fruitée (cerise) et épicée. Un pessac majuscule. ⧗ 2025-2030 ■ **Les Hauts de Smith 2017 ★ (20 à 30 €; 111 000 b.)** Un second vin souple et aimable, doté de tanins mûrs et fondus, et d'un bouquet délicat de fruits rouges, de fleurs et d'épices. ⧗ 2022-2025

SAS D. CATHIARD, chem. du Carosse, 33650 Martillac, tél. 05 57 83 11 22, c.meyrou@smith-haut-lafitte.com V r.-v. 5

♥ CH. SMITH HAUT LAFITTE 2018 ★★

| 25 000 | | + de 100 €

90 91 **92** 93 94 95 **96 97** (98) **99 00 01 02 03 04** 05 06 **07** 08 **09 10** 11 |**12**| |**13**| 14 15 **16 17 18**

Ce cru ancien fondé en 1365 doit son nom au navigateur écossais George Smith, installé ici au XVIII[e]s. Lui succéderont M. Duffour-Dubergier, maire de Bordeaux, puis Louis Eschenauer, grande figure du négoce bordelais. En 1990, Florence et Daniel Cathiard acquièrent le domaine et lancent de grands travaux : création de deux chais souterrains, reprise du travail du sol sans désherbant, intégration de leur propre tonnellerie, développement de l'œnotourisme avec Les Caudalies, complexe hôtelier et centre de vinothérapie. Le vignoble couvre aujourd'hui 78 ha sur une belle croupe de graves.

Coup de cœur en rouge et en blanc, Smith Haut Lafitte fait des étincelles cette année! Le domaine signe un authentique vin de caractère avec ce 2018 d'une brillance irréprochable, au nez aussi fin que complexe, associant agrumes, fruits blancs, notes florales et vanillées. La bouche se révèle alerte et fraîche en attaque, ample, riche, dense et onctueuse dans son développement, avec en finale un retour de la vivacité et de fines notes poivrées. ⧗ 2023-2028

SAS D. CATHIARD, chem. du Carosse, 33650 Martillac, tél. 05 57 83 11 22, c.meyrou@smith-haut-lafitte.com V r.-v. 5

DOM. DE LA SOLITUDE 2017 ★

| 80 000 | | 15 à 20 €

« Une clairière au milieu de la forêt » : ainsi Olivier Bernard définit-il le Ch. Chevalier, un domaine aux origines anciennes, acquis en 1983 par sa famille (des négociants). Il a agrandi le vignoble (45 ha aujourd'hui), implanté sur un très beau terroir de graves, réalisé d'importants investissements et fait de Chevalier l'un des piliers de l'appellation pessac-léognan. Olivier Bernard a aussi en fermage le Dom. de la Solitude, propriété des sœurs de la Sainte Famille, et le Ch. Lespault-Martillac, propriété de son voisin Claude Bolleau. En 2015, il a repris également l'exploitation du Ch. Suau, 2e cru classé de Sauternes.

Une très belle présentation pour ce vin à l'éclatante robe rubis à reflets violets. Le bouquet dévoile d'attrayantes notes de menthol, d'œillet, d'amande douce et de vanille fraîche. Le palais s'appuie des tanins soyeux qui lui apportent une réelle onctuosité et côté presque crémeux. ⧗ 2023-2027 ■ **2018 ★ (15 à 20 €; 20 000 b.)** Un blanc expressif et gourmand avec ses arômes de fruits blancs confits (coing, poire), de citronnelle et de vanille. La bouche, ronde et suave, reste dans le même ton. ⧗ 2023-2025 ■ **Ch. Lespault-Martillac 2017 ★ (20 à 30 €; 30 000 b.)** Un 2017 sombre, tirant vers le noir, au nez intense de pruneau et de cerise bien mûre, au palais tout aussi généreux et charmeur, porté par des tanins bien fondus. ⧗ 2023-2025

DOM. DE LA SOLITUDE, 10, rte de la Solitude, 33650 Martillac, tél. 05 56 72 74 74, olivierbernard@domainedelasolitude.com V r.-v.

CH. LE THILL COMTE CLARY 2017 ★

■	8500		20 à 30 €

En 2012, Florence et Daniel Cathiard ont acquis les 11,6 ha (3 ha de blanc et 8,6 ha de rouge) du Ch. le Thil Comte Clary, commandé par une chartreuse du XVIIIes. et voisin de leur emblématique Ch. Smith Haut-Lafitte.

Une très belle présentation, d'un grenat profond à reflets violets, pour ce vin au bouquet aussi élégant que complexe (fruits rouges, cassis, épices, toast). Après une attaque tout en souplesse, le palais fait apparaître une belle puissance autour de tanins fermes et d'un boisé soutenu, mais sans perdre en élégance et en suavité. ⧗ 2024-2028

SC D. CATHIARD (CH. LE THIL COMTE CLARY), 35, chem. le Thil, 33850 Léognan, tél. 05 57 83 11 22, c.meyrou@smith-haut-lafitte.com V r.-v.

➜ LE MÉDOC

MÉDOC

Superficie : 5 700 ha / Production : 300 000 hl

L'ensemble du vignoble médocain a droit à l'appellation médoc, mais en pratique celle-ci n'est utilisée que dans le nord de la presqu'île, à proximité de Lesparre, les communes situées entre Blanquefort et Saint-Seurin-de-Cadourne pouvant revendiquer celle de haut-médoc ou des communales, dans le cadre de leurs zones délimitées spécifiques. Malgré cela, l'appellation médoc est la plus importante en superficie et en volume.
Les médoc se distinguent par une couleur très soutenue. Avec un pourcentage de merlot plus important que dans les vins du haut-médoc et des appellations communales, ils possèdent souvent un bouquet fruité et beaucoup de rondeur en bouche. Certains, provenant de croupes graveleuses isolées, associent aussi une grande finesse et une certaine richesse tannique.

CH. D'ARGAN 2017 ★

■ Cru bourg.	66600		8 à 11 €

Un cru dans le giron du groupe Lamont Financière, propriété d'un investisseur chinois, Jian Liu, qui a acquis depuis 2012 une vingtaine de propriétés bordelaises, essentiellement sur la rive droite.

Si la robe de ce 2017 demeure un peu discrète, quoique d'une jolie couleur entre pourpre et grenat, son bouquet est plus expressif avec des notes florales et cacaotées. Doux et rond à l'attaque, le palais porte la marque de l'élevage, avec une belle structure en soutien. ⧗ 2022-2025

SAS LAMONT FINANCIÈRE, Lieu-dit Branda, 33240 Cadillac-en-Fronsadais, tél. 05 33 88 00 20, contact@lamontfinanciere.fr

CH. BOIS CARRÉ 2017 ★

■	6000		8 à 11 €

Commencée en 1870, la construction du château – en réalité une maison bourgeoise – s'arrêta pour cause de phylloxéra et ne fut achevée qu'en 2001 après dix ans de travaux. David Renouil y conduit depuis 1999 un petit vignoble de 6 ha sur argilo-calcaires, qui doit son nom au site gallo-romain situé sur la commune de Saint-Yzans-de-Médoc.

La profondeur de la robe, d'un rouge soutenu, et la complexité du bouquet (fruits mûrs, épices) rendent très plaisante la présentation de ce vin qui, sans être très structuré, se montre agréable par sa rondeur et sa délicatesse. ⧗ 2021-2025

DAVID RENOUIL, 1, rue de Mazails, Queyzans, 33340 Saint-Yzans-de-Médoc, tél. 06 08 68 45 61, vanessadavid33@hotmail.fr V t.l.j. 8h-12h 14h-18h

CH. LE BOURDIEU 2017 ★

■ Cru bourg.	196400		8 à 11 €

Reconstitué en 1978 par Guy Bailly, ce cru ancien bâti sur une croupe de graves fut au début du XIXes. la propriété de Philippe Delacourt, géographe du roi ayant cartographié le Médoc.

Renforcés par une touche de petit verdot, le cabernet-sauvignon et le merlot s'allient heureusement pour donner un ensemble bien équilibré et élégant, dont l'intense expression aromatique (fruits mûrs) pourra être appréciée sans avoir à attendre trop longtemps. ⧗ 2022-2025

CH. LE BOURDIEU, 1, rte de Troussas, 33340 Valeyrac, tél. 05 56 41 58 52, guybailly@lebourdieu.fr V t.l.j. sf sam. dim. 8h30-12h30 14h-18h

CH. BOURNAC 2017 ★

■ Cru bourg.	50000		8 à 11 €

Venu de Picardie, Pierre Secret s'est installé en 1975 sur cette propriété établie sur une croupe argilo-calcaire de Civrac, dont il a reconstitué le vignoble avec ses fils Hubert et Didier. Les fils de ce dernier, Guillaume et Thibaud, conduisent aujourd'hui un ensemble 45 ha répartis entre les crus bourgeois La Chandellière (31 ha) et Bournac (14 ha).

Majoritaire avec 62 %, le cabernet-sauvignon apporte sa marque au bouquet avec une note de poivron qui s'ajoute aux fruits à noyau et aux petits fruits rouges. Ample et bien construite, la bouche est encore assez ferme, appelant un peu de patience. ⧗ 2023-2026

GAEC DE CAZAILLAN SECRET FRÈRES ET FILS, 11, rte des Petites-Granges, lieu-dit Bournac, 33340 Civrac-en-Médoc, tél. 06 23 52 08 97, thibaud.secret@gmail.com V t.l.j. 8h-12h 14h-18h; sam. dim. sur r.-v.

CH. LA BRANNE 2017 ★

■ Cru bourg.	80000		8 à 11 €

Passer de 6 à 29 ha en un quart de siècle, c'est très bien; le faire en maintenant la qualité, c'est mieux. Voilà ce qu'ont réussi Philippe et Fabienne Videau, installés en 1986 sur cette propriété familiale et sortis de la cave coopérative en 1999.

Une fois encore, les Videau nous offre une belle bouteille. Tant par sa robe d'un grenat intense et brillant que par son bouquet où le bois encore présent ne masque pas les fruits noirs. La bouche, fraîche et tannique, achève de convaincre. ⌛ 2022-2026

EARL FABIENNE ET PHILIPPE VIDEAU, Ch. la Branne, 2, rte de Peyrere, 33340 Bégadan, tél. 05 56 41 55 24, labranne@wanadoo.fr V *t.l.j. sf dim. 9h-12h 14h-18h*

CH. LA CARDONNE 2017 ★

Cru bourg.	150000		15 à 20 €

Les domaines CGR constituent un vaste ensemble de 125 ha et plusieurs crus dans l'appellation médoc, propriété depuis 2016 de la famille Huang.

S'annonçant par une jolie robe d'un grenat profond et brillant, ce 2017 séduit par son bouquet ouvert qui fait défiler des notes chaudes d'épices et de fruits cuits. Après un attaque fraîche, il révèle du volume et une solide structure tannique qui perce derrière la présence encore sensible du bois. Pour la garde. ⌛ 2025-2030 **Cru bourg. Ch. le Vivier Cuvée Grande Réserve 2017 ★ (8 à 11 €; 20000 b.)** Ouvert sur des arômes d'épices, de sous-bois et de gibier, ce vin se montre généreux et ample en bouche. Un bon potentiel en perspective. ⌛ 2025-2030

DOMAINES CGR, rte de la Cardonne, 33340 Blaignan, tél. 05 56 73 31 51, cgr@domaines-cgr.com V *r.-v.*

CLOS MANOU 2017 ★

	45000		20 à 30 €

En 1998, Stéphane Dief et son épouse Françoise louent 12 ares pour créer leur vignoble. D'achats de parcelles en acquisitions de petits crus soigneusement sélectionnés, leur propriété s'étend aujourd'hui sur 17 ha, avec quelques vignes très anciennes, notamment une petite parcelle de merlot pré-phylloxérique plantée en 1850. Elle est devenue une référence en médoc.

S'annonçant par une robe d'un grenat prometteur, ce 2017 reste encore assez fermé à l'olfaction, dominé par un bon merrain. Frais et agréable en attaque, le palais montre à travers sa solide structure tannique qu'il conserve un bon potentiel d'évolution. ⌛ 2022-2030 **Petit Manou Petit Manou 2017 ★ (11 à 15 €; 41000 b.)** Sans être très puissant, le second vin du domaine se révèle bien équilibré, frais et franc. ⌛ 2022-2025

SARL SOGEVITI (CLOS MANOU), 7, rue du 19-Mars-1962, 33340 Saint-Christoly-Médoc, tél. 05 56 41 54 20, commerciale@clos-manou.com V *r.-v.*

CH. CÔTES DE BLAIGNAN 2017 ★

Cru bourg.	86000		8 à 11 €

Cinq générations de Francisco (depuis 1870) ont œuvré sur ce vignoble de 32 ha situé sur l'un des points culminants du Médoc. Le domaine doit son nom à une croix située à l'entrée d'Ordonnac, ancien repère pour les pèlerins se dirigeant vers Compostelle. Jean Francisco est aux commandes depuis 1980.

D'une belle couleur rouge intense, ce vin capte l'attention par la complexité de son bouquet alliant fruits mûrs et réglisse, comme par sa fraîcheur en bouche et par l'élégance et la fermeté de sa structure. ⌛ 2023-2028

CH. DE LA CROIX, 6, chem. de la Croix, 33340 Ordonnac, tél. 05 56 09 04 14, cdlc@chateau-de-la-croix.com V *t.l.j. sf dim. 9h-12h30 14h-17h*

L'ENCLOS DE SIGOGNAC
Parcelles d'exception 2017 ★

	3000		20 à 30 €

Propriété de plus de 40 ha acquise en 2009 par les Allard, ce cru très ancien remonte au XVIes. La moitié du vignoble est conduite en bio.

Issu d'une petite parcelle plantée à parts égales de merlot et de cabernet-sauvignon, ce vin d'une jolie couleur rubis présente un bouquet agréable et fin de cassis et de réglisse, avant de développer une bouche souple et fraîche. ⌛ 2022-2025

SAS VIGNOBLES ALLARD, Ch. Sigognac, 33340 Saint-Yzans-de-Médoc, tél. 05 56 09 05 04, l.allard@chateau-sigognac.fr t.l.j. sf dim. 8h- 16h f. Noël

CH. D'ESCURAC 2017 ★

Cru bourg.	3300		11 à 15 €

Jean Landureau acquiert la propriété en 1934, qu'il transforme en haras. Son fils Jean-Michel développe la culture de la vigne et porte ses raisins à la coopérative, jusqu'à l'arrivée de la troisième génération et de Jean-Marc, installé en 1990. Après la disparition de ce dernier, c'est sa fille Anne qui a pris le relais de ce domaine régulier en qualité, en conversion à la biodynamie depuis 2018.

D'un abord agréable avec une jolie couleur grenat soutenu, ce vin se montre plaisant par son bouquet où de délicates notes grillées viennent se fondre dans un ensemble de fruits frais. La fraîcheur de la présentation se retrouve au palais. Porté par des tanins bien fondus, bien fruité, celui-ci laisse sur le souvenir d'une structure harmonieuse qui s'ouvre sur une longue finale. ⌛ 2024-2028

SCFED LANDUREAU, Ch. d'Escurac, 17, rte d'Escurac, 33340 Civrac-en-Médoc, tél. 05 56 41 50 81, contact@chateaudescurac.com V *r.-v.*

CH. FLEUR LA MOTHE 2017 ★

Cru bourg.	37000		11 à 15 €

Antoine Médeville, Henri Boyer et Édouard Massie, œnologues-conseils associés depuis vingt ans, souhaitaient élaborer leur propre vin. En 2008, ils ont acquis Fleur La Mothe, classé cru bourgeois en 1932, 15 ha d'un joli terroir de graves et d'argilo-calcaires sur le plateau de Saint-Yzans. En 2012, ils achètent Villa Carmin, un vignoble voisin de 2 ha.

Une dominante (50 %) de merlot dans ce vin issu également de cabernet-sauvignon (40 %) et de petit verdot. Avec de fines notes de fruits allant de la fraise à la prune, le bouquet sait capter l'attention. Au palais, le bois se fait plus présent, mais dès l'attaque on sent du volume et la présence de bons tanins qui doivent permettre à l'ensemble de bien évoluer. ⌛ 2023-2028

SCEA DES ŒNOLOGUES, 4, rue de l'Étoile, 33340 Saint-Yzans-de-Médoc, tél. 05 56 59 67 06, contact@chateaufleurlamothe.fr V *r.-v.*

CH. LA FRANCE DELHOMME 2017 ★

■	14 000	◍	20 à 30 €

Issu d'une lignée de viticulteurs médocains, Patrick Bouey, à la tête d'un négoce familial basé à Ambarès, acquiert en 1998 les châteaux La France Delhomme (28 ha), Maison Blanche (31 ha) et Lestruelle (27 ha aujourd'hui) sur le plateau de Saint-Yzans et d'Ordonnac, complétés en 2015 par le Ch. du Mont.

Le bouquet de ce 2017 fait la part belle aux notes de fruits mûrs (cassis et framboise) et aux épices. Le palais se montre souple et frais en attaque, puis déploie un bon volume autour de tanins élégants et soyeux. Un ensemble harmonieux. ⧗ 2023-2027

⊶ BOUEY GRANDS VINS ET CHÂTETAUX, 1, rue de Lamena, 33340 Saint-Yzans-de-Médoc, tél. 05 56 09 05 01, contact@bouey-maisonblanche.fr V r.-v.

GRAND SAINT-BRICE 2017 ★

■	57 781	◍	5 à 8 €

Créée en 1934 à Saint-Yzans, la cave Saint-Brice est l'une des plus anciennes coopératives du Médoc. Elle regroupe aujourd'hui plus de 100 ha appartenant à une soixantaine de coopérateurs.

Marque phare de la cave, ce Grand Saint-Brice affirme sa personnalité par un bouquet expressif et complexe (fruits, noirs, menthol, sous-bois, boisé délicat), comme par son palais équilibré, structuré par des tanins fins et par un élevage bien dosé. ⧗ 2023-2026

⊶ SCV CAVE SAINT-BRICE, 10, rue de la Colonne, 33340 Saint-Yzans-de-Médoc, tél. 05 56 09 09 03, saintbrice@orange.fr V t.l.j. sf dim. 8h-12h 14h-18h

CH. LE GRAND SIGOGNAC 2017 ★

■	30 000	▮	11 à 15 €

En 1725, le jeune Irlandais Thomas Barton crée son affaire à Bordeaux. En 1802, son petit-fils Hugh fonde avec l'armateur Daniel Guestier une firme de négoce, qui propose aujourd'hui des vins de plusieurs régions viticoles françaises. Barton et Guestier est le plus ancien négoce du Bordelais, également propriétaire de crus.

S'annonçant par une belle robe grenat, limpide et brillante, ce vin développe des parfums de fruits rouges mûrs soutenus par de fines notes boisées. Souple et frais, le palais offre un bon équilibre. ⧗ 2021-2024

⊶ SASU BARTON ET GUESTIER, 87, rue du Dehez, 33290 Blanquefort, tél. 05 56 95 48 00, contact@barton-guestier.com

CH. HAUT CONDISSAS Prestige 2017 ★★

■	20 000	◍	50 à 75 €

Rollan de By, implanté sur les graves argileuses de Bégadan (2 ha lors de son acquisition en 1989, 52 ha aujourd'hui), est la première pièce du vaste ensemble de crus médocains constitué par Jean Guyon, ancien décorateur d'intérieur, complété depuis par les châteaux Haut Condissas (une valeur sûre de l'AOC), Tour Seran, La Clare, Greysac, de By et du Monthil. Au total, une belle unité de 180 ha singularisée par une forte proportion de merlot dans l'encépagement.

Résolument classique dans sa robe d'un profond rouge rubis, ce vin, qui présente une proportion non négligeable de petit verdot (20 %), l'est aussi avec son bouquet de fruits rouges légèrement confiturés sur un fond de merrain bien toasté. Ample et gras, le palais poursuit dans la même ligne en révélant une structure tannique élégante et un boisé torréfié de belle tenue. Une bouteille d'avenir. ⧗ 2024-2030

⊶ SASU LA HAUTE COUTURE DU VIN BY JEAN GUYON, 18, rte de By, 33340 Bégadan, tél. 05 56 41 58 59, infos@rollandeby.com

LOUDENNE LE CHÂTEAU 2017 ★

■ Cru bourg.	120 000	◍	20 à 30 €

Une chartreuse rose du XVII[e]s., un chai et un petit port du XIX[e]s., une collection de roses anciennes, le « Pink Château », comme on le surnomme (il est recouvert de crépi rose), est un haut lieu touristique du Médoc. C'est aussi un beau terroir de 130 ha (dont 62 ha de vignes) établi sur une croupe de graves en bordure de l'estuaire. Passé en 2013 des Lafragette au groupe chinois de spiritueux Moutai.

Un bouquet très fruité, avec un délicat soutien du bois et une note de minéralité : son expression aromatique rend cette bouteille déjà très plaisante. Ronde, charnue et souple sans manquer toutefois de structure : la bouche est au diapason. ⧗ 2021-2025

⊶ SAS CH. LOUDENNE, Ch. Loudenne, 33340 Saint-Yzans-de-Médoc, tél. 05 56 73 17 88, contact@chateau-loudenne.com V t.l.j. sf dim. lun. 10h-13h 14h-18h; nov.-mars sur r.-v.; f. noël

CH. LOUSTEAUNEUF 2017 ★

■	50 000	◍	11 à 15 €

Acquis par Danielle et Serge Segond à leur retour d'Algérie en 1962, ce cru de 28 ha s'est doté en 1993 d'un chai à l'initiative de Bruno Segond, qui a quitté la coopérative de Bégadan pour créer son propre vin. Depuis 2017, des amphores sont également utilisées au chai.

S'il n'a pas trouvé son expression aromatique définitive, ce joli vin, rond sans manquer de fraîcheur, bâti autour de tanins policés et d'un boisé fondu, se montre bien équilibré. ⧗ 2022-2025

⊶ EARL CH. LOUSTEAUNEUF, 2, rte de Lousteauneuf, 33340 Valeyrac, tél. 05 56 41 52 11, chateau.lousteauneuf@wanadoo.fr V r.-v.

CH. MOULIN DE CANHAUT 2017 ★

■ Cru bourg.	40 000	◍	11 à 15 €

Cru de 43 ha au nord de l'AOC, acquis dans les années 1950 par René Poitevin et sorti de la coopérative en 1991 par Guillaume, petit-fils de l'acquéreur. Un bon ambassadeur des médoc avec Poitevin, le grand vin, Lamothe Pontac, issu de parcelles plus jeunes, et Moulin de Canhaut, dernier-né sur 6 ha.

Une jolie teinte, d'un rouge rubis soutenu, et un bouquet fruité mettent en confiance. Toutefois, c'est au palais que se révèle complètement la personnalité de ce 2017 à l'attaque très fraîche et aux tanins denses et fermes. ⧗ 2023-2026

EARL POITEVIN, 16, rue du 19-Mars-1962, 33590 Jau-Dignac-Loirac, tél. 05 56 09 45 32, contact@chateau-poitevin.com r.-v.

CH. L'OR DES TERRES 2017 ★

■ | 3385 | | 15 à 20 €

Créé en 2009 par Sébastien Fontaneau avec un demi-hectare et un garage en guise de chai, ce micro-cru de 81 ares cherche à élaborer un vin aussi naturel que possible, sans sulfites.

S'il attend d'être en bouche pour exprimer pleinement sa personnalité, avec beaucoup de souplesse dans l'attaque, ce vin soyeux et long sait aussi attirer l'attention par sa superbe robe d'un rubis profond. Encore un peu fermé, le bouquet annonce sa future complexité par de chaudes notes de confiture qui viennent s'ajouter aux arômes de sous-bois. ⧗ 2023-2026

SÉBASTIEN FONTANEAU, 37bis, rue de la Colonne, 33340 Saint-Yzans-de-Médoc, tél. 05 56 09 32 61, seb.fontaneau@orange.fr r.-v.

CH. PATACHE D'AUX 2017 ★

■ Cru bourg. | 170 000 | | 20 à 30 €

Céréalier rapatrié de Tunisie, Claude Lapalu rachète en 1964 à la famille Delon le Ch. Patache d'Aux en Médoc, puis le Ch. Leboscq. Son fils Jean-Michel, œnologue, lui succède en 1992 et poursuit son œuvre, constituant autour de Patache d'Aux un petit empire de crus bourgeois sur plus de 250 ha et plusieurs étiquettes (Liversan, Lieujan, Fonpiqueyre, Plagnac...). L'ensemble a été repris en 2016 par les vignobles Antoine Moueix.

Premier millésime certifié HVE3, ce 2017 séduit par son côté gourmand. Son caractère apparaît dès la présentation avec une aimable robe rouge cerise et un bouquet aux délicats parfums de fruits rouges, de réglisse et de vanille. Souple en attaque, d'une belle longueur, bien équilibré, soutenu par un bois bien dosé, le palais fait preuve de consistance et d'une bonne présence tannique en finale. ⧗ 2023-2027 ■ **Cru bourg. Ch. Leboscq 2017 ★ (8 à 11 €; 88 900 b.)** Un médoc ouvert sur les fruits noirs et le cacao, souple et frais en bouche, plus ferme et vif en finale. ⧗ 2022-2025

SC CH. PATACHE D'AUX, rte de Saint-Saturnin, 33340 Bégadan, tél. 05 56 41 50 18, chrystel.meunier@amoueix.fr

♥ CH. POTENSAC 2017 ★★

■ | 260 000 | | 20 à 30 €

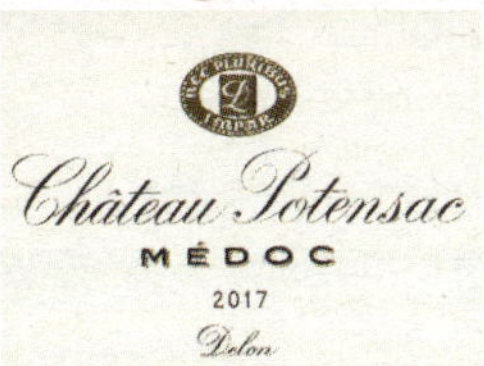

Belle unité située sur l'un des points culminants du nord du Médoc, ce cru réputé conduit par Jean-Hubert Delon (Léoville Las Cases) étend l'essentiel de ses 84 ha sur des croupes argilo-graveleuses au sous-sol calcaire et à forte proportion de graves, un terroir proche de celui de Saint-Estèphe. Incontournable.

La robe d'un grenat profond met en confiance. Le bouquet confirme cette agréable impression par son intensité et par sa complexité : fruits rouges, cassis, pruneau, violette et un léger boisé qui appuie le tout. La bouche fait preuve de fraîcheur et d'une réelle élégance autour de tanins à la fois fermes et fins. Une longue et savoureuse finale conclut heureusement ce beau parcours. ⧗ 2023-2030

SCEA CH. POTENSAC, Ch. Potensac, 33340 Ordonnac, tél. 05 56 73 25 26, contact@leoville-las-cases.com r.-v.

CH. SAINT-HILAIRE 2017 ★

■ Cru bourg. | 60 000 | | 11 à 15 €

Adrien Uijttewaal, né dans le Limousin et fils d'éleveurs laitiers hollandais, a créé à partir de 1983 le Ch. Saint-Hilaire, à cheval entre Jau, Queyrac et Gaillan, établi essentiellement sur des croupes de graves dominant l'estuaire. En 2006, il a acquis le Ch. Gémeillan, à Queyrac, dont il a doublé la surface en 2013 (59 ha aujourd'hui) en ajoutant des vignes à Valeyrac.

À l'attrait de sa robe profonde, entre rubis et grenat, s'ajoute celui d'un bouquet complexe et original avec des notes de cerise à l'eau-de-vie et de vanille Bourbon. Le palais, qui révèle une forte extraction, se révèle suave, généreux et dense, avec une belle finale tannique. ⧗ 2024-2030

EARL A. ET F. UIJTTEWAAL, 13, rue de la Rivière, 33340 Queyrac, tél. 06 72 14 81 87, chateau.st.hilaire@wanadoo.fr r.-v. f. juil. août

CH. TROUSSAS 2017 ★★★

■ Cru bourg. | 66 667 | | 8 à 11 €

Uni-Médoc est le premier producteur de vins de l'appellation médoc. La cave rassemble quelque 160 viticulteurs qui exploitent 1 000 ha, essentiellement sur les communes de Bégadan, Ordonnac, Prignac et Queyrac.

Les Ferris, propriétaires du cru, n'ont pas à regretter d'avoir fait confiance à l'équipe d'Uni-Médoc pour élaborer leur vin. D'emblée, celui-ci montre ses qualités par l'intensité de sa robe grenat qu'animent de jolis reflets rubis. D'un abord un peu discret, le bouquet s'ouvre ensuite sur les fruits rouges et noirs. Ample, puissant et long, en même temps que fin et bien équilibré, le palais offre une belle expression de vin du Médoc. ⧗ 2024-2030 ■ **Merrain rouge 2017 ★ (5 à 8 €; 250 000 b.)** Un vin au bouquet intense de fruits rouges mûrs sur fond de bon bois, à la bouche longue et bien structurée par des tanins fondus et par une pointe de fraîcheur bien sentie. ⧗ 2023-2026 ■ **Ch. la Fleur des Aubiers 2017 ★ (5 à 8 €; 64 000 b.)** Un vin complet avec une belle complexité aromatique (toast grillé, sous-bois, fruits rouges), une bonne structure tannique, de la fraîcheur et une longue finale. ⧗ 2022-2025 ■ **Ch. Courbian Élevé en fût de chêne 2017 ★ (5 à 8 €; 30 933 b.)** Un vin qui propose un joli bouquet (cassis et vanille) relayé par un palais ample, velouté, aux tanins soyeux et au boisé fondu. ⧗ 2023-2027 ■ **Ch. Gaumaran 2017 ★ (5 à 8 €; 66 667 b.)** À un joli bouquet fruité et épicé répond une bouche fraîche, souple, plutôt légère mais agréable et équilibrée. À boire jeune. ⧗ 2021-2023

LES VIGNERONS D' UNI-MÉDOC, 14, rte de Soulac, 33340 Gaillan-en-Médoc, tél. 05 56 41 03 12, cave@uni-medoc.com t.l.j. 8h30-12h30 14h-18h

CH. LES TUILERIES 2017 ★

Cru bourg.	38 000		8 à 11 €

À la tête de 28 ha, les Dartiguenave ont de solides racines médocaines, leurs aïeux ayant été maîtres de chai et tonneliers au XIXes. Sur ce terroir argilo-calcaire, le merlot est bien représenté. Trois étiquettes : Ch. les Tuileries, Ch. Moulin de Bel Air et Ch. Terre Blanche.

Si la robe rubis de ce vin fait preuve d'une certaine timidité, la suite de la dégustation révèle un ensemble élégant, tant par son bouquet aux fines notes de fraise et de vanille que dans son développement au palais, frais, fruité, souple et équilibré, soutenu par des tanins assagis et un boisé bien dosé. ⌛ 2023-2026

SCEA DARTIGUENAVE ET FILS, Ch. les Tuileries, 6, rue Lamena, 33340 Saint-Yzans-de-Médoc, tél. 05 56 09 05 31, contact@chateaulestuileries.com V t.l.j. 9h-12h 14h-18h

CH. VIEUX ROBIN 2017 ★

Cru bourg.	66 000		15 à 20 €

Un vignoble de 19 ha situé au cœur de l'appellation, à l'orée d'un bois, conduit par la même famille depuis six générations, aujourd'hui par Didier et Maryse Roba ainsi que leur fils Olivier. Deux étiquettes : Vieux Robin et Les Anguilleys. Le vignoble est certifié Haute Valeur Environnementale depuis 2018.

Une robe d'un rouge franc et limpide, un bouquet certes encore discret, mais offrant de fines notes de cassis et de réglisse, l'approche est engageante. Puis, passé une fraîche et souple, le vin dévoile en bouche une jolie structure, dotée de tanins fermes sans excès. ⌛ 2023-2026

SCE CH. VIEUX ROBIN, 3, rte des Anguilleys, 33340 Bégadan, tél. 05 56 41 50 64, contact@chateau-vieux-robin.com V r.-v. 4

HAUT-MÉDOC

Superficie : 4 600 ha / Production : 255 000 hl

Le territoire spécifique de l'appellation haut-médoc serpente autour des appellations communales. Cette AOC est la seconde en importance de la presqu'île médocaine. Ses vins jouissent d'une grande réputation, due en partie à la présence de cinq crus classés dans l'aire d'appellation, les autres se trouvant dans les appellations communales.

En Médoc, le classement des vins a été réalisé en 1855, soit près d'un siècle avant celui des graves. Cette antériorité s'explique par l'avance prise par la viticulture médocaine à partir du XVIIIes.; car c'est là que s'est en grande partie produit « l'avènement de la qualité », lié à la découverte des notions de terroir et de cru, c'est-à-dire à la prise de conscience de l'existence d'une relation entre le milieu naturel et la qualité du vin.

Les haut-médoc se caractérisent par leur générosité, mais sans excès de puissance. D'une réelle finesse au nez, ils présentent généralement une bonne aptitude au vieillissement. Ils devront être bus chambrés et iront très bien avec les viandes blanches, les volailles ou le gibier à plume. Bus plus jeunes et servis frais, ils pourront aussi accompagner certains poissons.

CH. D'AGASSAC 2017 ★

Cru bourg.	70 805		20 à 30 €

Tours, douves aux dimensions d'un étang, cette ancienne maison forte médiévale est un vrai décor de roman de cape et d'épée. Elle commande aujourd'hui une belle unité de 100 ha (dont plus de 43 ha dédiés à la vigne), appartenant à Groupama.

Paré d'une teinte soutenue, ce 2017 est encore un peu fermé dans son expression aromatique, mais son palais, bien équilibré et structuré, promet une jolie bouteille dès que son bouquet ce sera ouvert. ⌛ 2024-2027

CH. D' AGASSAC, 15, rue du Château-d'Agassac, 33290 Ludon-Médoc, tél. 05 57 88 15 47, contact@agassac.com V t.l.j. 10h-18h; oct.-mars sur r.-v.

CH. BARATEAU 2017 ★

Cru bourg.	54 000		11 à 15 €

Fait original, le nom du château ne vient pas de la famille qui l'a fait construire ou d'un lieu-dit, mais du curé de Saint-Laurent qui bénit la pose de la première pierre en 1820. Le domaine (24 ha) a appartenu successivement aux familles Thollon, Pla et Leroy avant d'être racheté en 2011 par le groupe chinois Bel Eden.

D'un rouge rubis intense avec un liseré vif, la robe de ce vin est aussi fraîche que prometteuse. Discret mais élégant, le bouquet poursuit dans le même esprit de fraîcheur. Le palais, ample, gras, équilibré et long, confirme ces bonnes dispositions. ⌛ 2023-2026

CH. BARATEAU, rte Saint-Julien, 33112 Saint-Laurent-du-Médoc, tél. 05 56 59 42 07, cb@chateau-barateau.com

CH. BELGRAVE 2017 ★

5e cru clas.	129 000		20 à 30 €

83 85 86 89 (90) **94** 95 **96 97 98 99 00** 01 **02** 03 04 05 **06 07** |08| |09| 10 11 12 13 **14** 15 **16** 17

Un ancien pavillon de chasse au XVIIes. Le nom de Bellegrave apparaît en 1845, lorsque Bruno Devès, négociant à Bordeaux, restructure la propriété et bâtit la demeure, les chais et les cuviers. Classé en 1855, ce cru situé à la lisière de Saint-Julien étend ses 59 ha sur des croupes de graves et de galets au soubassement argileux. Propriété de la maison Dourthe depuis 1979.

Encore une fois, ce cru prouve sa régularité en offrant un joli vin dans un millésime difficile. L'intensité de sa robe d'un pourpre soutenu, l'élégance du bouquet comme l'ampleur, la puissance et l'équilibre du palais promettent une jolie bouteille dès que ce 2017 se sera un peu assagi. ⌛ 2024-2028

CH. BELGRAVE - VIGNOBLES DOURTHE, Ch. Belgrave, 33112 Saint-Laurent-Médoc, tél. 05 56 35 53 00, contact@dourthe.com r.-v.

CH. BERNADOTTE 2017 ★

	120 000		15 à 20 €

Une destinée peu commune pour ce cru. Il doit son nom à Germaine Bernadotte, qui épousa en 1615 un certain Jeandou du Pouey dont le fils garda le nom de Bernadotte (il est l'ancêtre du maréchal d'Empire et

des actuels souverains de Suède). Proche de Pauillac, le domaine (55 ha) a appartenu au Ch. Pichon Comtesse à partir de 1997, pour être finalement vendu en 2012 au groupe asiatique King Power.
L'intensité de la robe, d'un rouge sombre, se retrouve dans le bouquet que soutient un boisé encore très présent mais de qualité. Bien équilibré, le palais allie rondeur et puissance maîtrisée grâce au caractère soyeux des tanins. Charnue, goûteuse et longue, la finale confirme la bonne impression de la dégustation. ⧗ 2024-2028

⊶ CH. BERNADOTTE, 2, rte du Fournas, 33250 Saint-Sauveur, tél. 05 56 59 57 04, bernadotte@chateau-bernadotte.com V r.-v.

CH. DU CARTILLON 2017 ★

■ | 23 674 | | 15 à 20 €

La Société fermière des Grands Crus de France est la structure spécialisée dans le Bordelais du groupe Grands Chais de France. Son œnologue Vincent Cachau vinifie le fruit de quinze propriétés, représentant 390 ha dans les différentes AOC bordelaises.
L'intensité de la robe, entre violet et grenat, se retrouve dans le bouquet aux généreuses notes de fruits noirs et d'épices. Fraîche en attaque, puis ronde, riche et bien équilibrée, la bouche s'appuie sur une bonne présence tannique. ⧗ 2023-2026

LE CLASSEMENT DE 1855 REVU EN 1973

Classement	Nom du domaine	Appellation
Premiers crus	Ch. Haut-Brion	Pessac-Léognan
	Ch. Lafite-Rothschild	Pauillac
	Ch. Latour	Pauillac
	Ch. Margaux	Margaux
	Ch. Mouton-Rothschild	Pauillac
Deuxièmes crus	Ch. Brane-Cantenac	Margaux
	Ch. Cos-d'Estournel	Saint-Estèphe
	Ch. Ducru-Beaucaillou	Saint-Julien
	Ch. Durfort-Vivens	Margaux
	Ch. Gruaud-Larose	Saint-Julien
	Ch. Lascombes	Margaux
	Ch. Léoville-Barton	Saint-Julien
	Ch. Léoville-Las-Cases	Saint-Julien
	Ch. Léoville-Poyferré	Saint-Julien
	Ch. Montrose	Saint-Estèphe
	Ch. Pichon-Longueville-Baron	Pauillac
	Ch. Pichon-Longueville Comtesse-de-Lalande	Pauillac
	Ch. Rauzan-Gassies	Margaux
	Ch. Rauzan-Ségla	Margaux
Troisièmes crus	Ch. Boyd-Cantenac	Margaux
	Ch. Calon-Ségur	Saint-Estèphe
	Ch. Cantenac-Brown	Margaux
	Ch. Desmirail	Margaux
	Ch. Ferrière	Margaux
	Ch. Giscours	Margaux
	Ch. d'Issan	Margaux
	Ch. Kirwan	Margaux
	Ch. Lagrange	Saint-Julien
	Ch. La Lagune	Haut-Médoc
	Ch. Langoa Barton	Saint-Julien
	Ch. Malescot-Saint-Exupéry	Margaux
	Ch. Marquis d'Alesme-Becker	Margaux
	Ch. Palmer	Margaux

Classement	Nom du domaine	Appellation
Quatrièmes crus	Ch. Beychevelle	Saint-Julien
	Ch. Branaire-Ducru	Saint-Julien
	Ch. Duhart-Milon-Rothschild	Pauillac
	Ch. Lafon-Rochet	Saint-Estèphe
	Ch. Marquis de Terme	Margaux
	Ch. Pouget	Margaux
	Ch. Prieuré-Lichine	Margaux
	Ch. Saint-Pierre	Saint-Julien
	Ch. Talbot	Saint-Julien
	Ch. La Tour Carnet	Haut-Médoc
Cinquièmes crus	Ch. d'Armailhac	Pauillac
	Ch. Batailley	Pauillac
	Ch. Belgrave	Haut-Médoc
	Ch. Camensac	Haut-Médoc
	Ch. Cantemerle	Haut-Médoc
	Ch. Clerc Milon	Pauillac
	Ch. Cos-Labory	Saint-Estèphe
	Ch. Croizet-Bages	Pauillac
	Ch. Dauzac	Margaux
	Ch. Grand-Puy-Ducasse	Pauillac
	Ch. Grand-Puy-Lacoste	Pauillac
	Ch. Haut-Bages-Libéral	Pauillac
	Ch. Haut-Batailley	Pauillac
	Ch. Lynch-Bages	Pauillac
	Ch. Lynch-Moussas	Pauillac
	Ch. Pédesclaux	Pauillac
	Ch. Pontet-Canet	Pauillac
	Ch. du Tertre	Margaux

SCEA SOCIÉTÉ FERMIÈRE DES GRANDS CRUS DE FRANCE, Ch. du Cartillon, 33460 Lamarque, tél. 05 57 98 07 20, vcachau@lgcf.fr

DOM. DE CARTUJAC 2017 ★

■	59 200		11 à 15 €

Établis depuis deux siècles à Saint-Laurent où leurs aïeux élevaient des moutons dans la lande médocaine, les Saintout, également présents en saint-julien, sont très attachés à leurs origines paysannes. Ce cru aux sols argilo-graveleux compte 33 ha.

À l'égal de la robe, le bouquet fait preuve d'une certaine discrétion, qui ne l'empêche pas de se montrer agréable avec des parfums de petits fruits rouges soutenus par un bois bien dosé. À la fraîcheur de l'attaque succède un milieu de bouche sur la rondeur et la souplesse, porté par des tanins mûrs. ⧗ 2022-2025

SCEA VIGNOBLES BRUNO SAINTOUT, Dom. de Cartujac, 20, Cartujac, 33112 Saint-Laurent-Médoc, tél. 05 56 59 90 71, contact@vignobles-saintout.fr V r.-v.

LA CLOSERIE DE CAMENSAC 2017 ★

■	93 600		11 à 15 €

Commandé par une chartreuse sobre et élégante du XVIIIes., ce cru classé de 75 ha jouxte à l'ouest l'appellation saint-julien. Après avoir appartenu entre 1964 et 2005 à la famille Forner, qui en a rénové les chais, il a été acquis par Céline Villars-Foubet et Jean Merlaut, respectivement à la tête de Chasse-Spleen (moulis) et de Gruaud Larose (saint-julien).

Mi-merlot mi-cabernet-sauvignon, ce vin d'un beau pourpre profond dévoile des arômes intenses de boisé toasté et de fruits rouges et noirs. La bouche apparaît ample dès l'attaque, fraîche et de bonne densité. ⧗ 2023-2027

CH. DE CAMENSAC, rte de Saint-Julien, 33112 Saint-Laurent-Médoc, tél. 05 56 59 41 69, info@chateaucamensac.com V r.-v.

CH. COMTESSE DU PARC 2017 ★

■	20 000	11 à 15 €

La famille Anney est propriétaire de deux crus dans le Médoc : le Ch. Tour des Termes, acquis en 1938 (36 ha en saint-estèphe), qui tire son nom d'une tour d'architecture féodale située sur la parcelle Les Termes et représentée sur l'étiquette; le Ch. Comtesse du Parc (9 ha en haut-médoc), dans la famille deuis 1779. Christophe Anney dirige l'ensemble depuis 1983.

Dans ce millésime difficile, les Anney proposent un vin de caractère. Celui-ci s'annonce dès la présentation avec une robe très jeune et un bouquet expressif où les fruits rouges mûrs se taillent la part du lion. Charnu et bien soutenu par le bois, le palais, souple, frais et fruité à l'attaque, révèle ensuite une bonne structure tannique. ⧗ 2024-2028

CH. TOUR DES TERMES, Ch. Tour-des-Termes, 2, rue du Pigeonnier, 33180 Saint-Estèphe, tél. 05 56 59 32 89, contact@chateautourdestermes.com V *t.l.j. sf sam. dim. 9h-12h 14h-16h*

♥ CH. DE COUDOT 2017 ★★

■ Cru artisan	25 000		15 à 20 €

Le quartier (lieu-dit dans le Médoc) de Coudot, dans la commune de Cussac, au sud de Beychevelle, a longtemps été un bastion des crus artisans. On en comptait une dizaine au XIXes. Joël Blanchard s'attache à maintenir cette tradition en exploitant ce vignoble familial de près de 10 ha, dont il a pris les rênes en 1981.

S'il ne revendique que le modeste titre de cru artisan, ce vin sait montrer qu'il a de grandes ambitions, qu'il affiche sans détour. L'intensité de sa couleur comme la complexité de son bouquet gourmand aux saveurs de noyau sont fort prometteuses. Tout comme sa structure corsée soutenue par de beaux tanins serrés et consistants qui présentent la force nécessaire pour permettre au bois de se fondre sereinement. Un haut-médoc de garde assurément. ⧗ 2024-2030

CH. DE COUDOT, 9, imp. de Coudot, 33460 Cussac-Fort-Médoc, tél. 05 56 58 90 71, ch.coudot@wanadoo.fr V r.-v.

CH. COUFRAN 2017 ★

■	240 000		11 à 15 €

Les Miailhe ont formé une lignée de courtiers remontant à la Révolution et ont possédé de nombreux crus en Médoc, dont Coufran, acquis en 1924 à Saint-Seurin-de-Cadourne, au nord de Saint-Estèphe. Avec 76 ha, c'est le plus vaste vignoble de la commune. Le domaine se singularise par son encépagement à forte dominante de merlot.

À l'agrément d'un joli bouquet frais et complexe, où les fruits rouges (fraise et framboise) s'associent au bois et aux épices, s'ajoute celui d'un palais reposant sur des tanins fins et bien extraits. ⧗ 2023-2027

CH. COUFRAN, rte de Cadourne, 33180 Saint-Seurin-de-Cadourne, tél. 05 56 59 31 02, emiailhe@coufran-verdignan.com r.-v.

CH. CROIX DU TRALE 2017 ★

■	23 200		8 à 11 €

Depuis sa sortie de la cave coopérative en 1999, ce domaine familial s'invite avec régularité dans le Guide. Les 15 ha de vignes qui entourent le chai sont plantés sur des terroirs graveleux et argilo-calcaires, et se répartissent équitablement entre le merlot et le cabernet-sauvignon.

D'une belle couleur rubis, ce 2017 fort réussi développe un bouquet complexe aux jolies notes de mûre, framboise, vanille et poivre, avant de révéler une structure souple et bien équilibrée qui s'ouvre sur une longue finale. ⧗ 2023-2025

CROIX DU TRALE, 3, rte du Trale, 33180 Saint-Seurin-de-Cadourne, tél. 05 56 59 72 73, chateaucroixdutrale@orange.fr V *t.l.j. 9h-13h 14h-19h*

LE HAUT-MÉDOC DE DAUZAC 2017 ★

■ | 10 000 | | 11 à 15 €

Après des heures glorieuses au XIXe s., ce cru a sombré dans la léthargie dans la première moitié du XXe s., avant de renaître grâce aux Miailhe, venus de Siran, aux Châtelier, arrivés de Champagne, et enfin, en 1989, à la MAIF qui a confié en 1992 la gestion à André Lurton. La fille de ce dernier, Christine Lurton Bazin de Caix, a dirigé le domaine entre 2005 et 2013. Laurent Fortin l'a remplacée et en 2014, André Lurton a cédé sa participation à la MAIF. Le vignoble compte 45 ha d'un seul tenant.

Ce 2017 bien constitué, ferme mais sans excès, pourra être attendu ou servi jeune pour apprécier pleinement la fraîcheur et la complexité du bouquet où les notes de menthol et de réglisse se mêlent heureusement aux fruits mûrs. ⧗ 2022-2027

SE CH. DAUZAC, 1, av. Georges-Johnston, 33460 Labarde, tél. 05 57 88 32 10, contact@chateaudauzac.com V *r.-v.*

CH. DILLON 2017 ★★

■ Cru bourg. | 41 300 | | 11 à 15 €

Une destinée peu commune pour ce château qui doit son nom à un propriétaire irlandais du XVIIIe s., Robert Dillon. Le cru appartint ensuite à François Seignouret, figure marquante de la Nouvelle-Orléans, avant de devenir en 1986 un important lycée agricole et viticole, qui s'appuie sur un domaine d'environ 35 ha.

Très médocain par son élégance, ce vin d'une belle teinte rubis foncé se distingue par son bouquet mariant de fines notes de fruits rouges, de brioche et de guimauve à un boisé bien dosé. Au palais, cette impression d'harmonie se prolonge autour de tanins bien intégrés et prometteurs. ⧗ 2024-2027

CH. DILLON, rue Arlot-de-Saint-Saud, 33290 Blanquefort, chateau-dillon@chateau-dillon.com V *r.-v.*

CH. LA FON DU BERGER 2017 ★★

■ Cru bourg. | 40 000 | | 11 à 15 €

Créée en 1983 par Gérard Bougès, cette propriété familiale, que dirige aujourd'hui son fils, est respectueuse des traditions médocaines par son encépagement diversifié autour du cabernet-sauvignon (60 %), du merlot (35 %), du cabernet franc et du petit verdot. À la carte : du haut-médoc et du pauillac.

S'annonçant par une jolie robe animée de reflets bleutés de jeunesse, ce 2017 n'attend pas longtemps pour montrer sa forte personnalité. Fin, concentré et puissant, le bouquet marie harmonieusement les notes fruitées et boisées. Corsé et charpenté en même temps que gras et charnu, le palais s'appuie sur de puissants tanins qui garantissent un solide potentiel à ce haut-médoc passé à un souffle du coup de cœur. ⧗ 2024-2030

CH. LA FON DU BERGER, 5, rte du Fournas, 33250 Saint-Sauveur, tél. 05 56 59 51 43, vignoblesdouges@lafonduberger.com V *r.-v.*

DOM. GRAND-LAFONT 2017 ★

■ Cru artisan | 2 000 | | 11 à 15 €

Constitué en 1965, un petit cru de moins de 5 ha, mais dont les parcelles sont enclavées dans celles de deux crus classés (ou mitoyennes de ceux-ci) : La Lagune et Cantemerle. C'est dire si le terroir sablo-graveleux est de qualité. Philippe Lavanceau a pris en 2007 les commandes du vignoble.

Très original par son bouquet à l'accent méditerranéen, avec de notes de... citron et rancio, ce haut-médoc un peu atypique devient beaucoup plus classique par son palais structuré : « il en a dans le ventre », conclut un dégustateur. ⧗ 2024-2028

DOM. GRAND LAFONT, 3, rue Lafont, 33290 Ludon-Médoc, tél. 06 84 36 10 86, contact@grandlafont.com V *r.-v.*

CH. HAUT-BERNONES 2017 ★

■ | 24 000 | | 8 à 11 €

Pendant longtemps, la cave de Listrac, fondée en 1935, a été choisie par la prestigieuse Compagnie internationale des Wagons-Lits pour figurer sur la carte des vins des voitures-restaurants. Cela a valu une réelle célébrité à la coopérative qui, par sa production (40 adhérents, 160 ha) et par les crus indépendants qu'elle vinifie, joue encore son rôle de locomotive dans l'appellation. Elle propose aussi des moulis et haut-médoc.

Rond et chaleureux, ce vin séduit par ses saveurs de baies noires qui se prolongent au palais et s'associent à des tanins fins et bien enrobés pour composer un ensemble d'un bon potentiel. ⧗ 2023-2026

SCA VIGNERONS ASSOCIÉS MOULIS, LISTRAC ET CUSSAC-FORT-MÉDOC, 21, av. de Soulac, 33480 Listrac-Médoc, tél. 05 56 58 03 19, contact@vigneronsassocies.fr V *t.l.j. 8h30-12h 14h-18h*

CH. HAUTS DE PLAISANCE 2017 ★

■ | 38 000 | | 8 à 11 €

Propriété au XVIIIe s. du baron de Brane – plus connu pour son Ch. Brane Mouton (l'actuel Mouton-Rothschild) – devenue Pontoise Cabarrus en 1795, un cru bien situé au bord de l'estuaire sur un terroir de graves, au nord de Saint-Estèphe. Acquis par la famille Tereygeol en 1959, agrandi (7 ha à l'origine, 28 ha aujourd'hui), et exploité à présent par la troisième génération.

Très élégant dès la présentation avec sa jolie robe rubis, ce second vin l'est aussi dans son expression aromatique avec des parfums de baies mûres et de pruneaux qu'appuie un boisé bien dosé. Dense, charnu et tannique, le palais possède un fort joli volume. ⧗ 2024-2028

DOM. TEREYGEOL, 29, rue Georges-Mandel, 33180 Saint-Seurin-de-Cadourne, tél. 05 56 59 34 92, pontoisecabarrus@orange.fr V *t.l.j. sf sam. dim. 9h-12h30 14h-17h30*

CH. JULIEN 2017 ★★

■ | 20 000 | | 11 à 15 €

Authentique famille médocaine enracinée dans la région depuis 1810, les Meyre figurent parmi les

pionniers du tourisme vitivinicole (on ne parlait pas encore d'œnotourisme à l'époque dans la presqu'île). En 2010, Nathalie et Julien Meyre ont repris les crus familiaux (55 ha) : le Ch. Cap Léon Veyrin, berceau familial en listrac-médoc, et les châteaux Julien et Bibian, en haut-médoc, acquis à la fin des années 1980.
D'un joli rouge, brillant et limpide, ce haut-médoc présente un bouquet de bon augure offrant un mariage sans fausse note du fruit et du bois. Des promesses qui se confirment dès l'attaque, harmonieuse et gourmande autour de saveurs de noyau et d'amande, puis par un développement solide autour de tanins à la fois fermes et fins invitant à la patience. ⌛ 2024-2028 ■ **Cru bourg. Ch. Bibian 2017 ★ (11 à 15 €; 42 000 b.)** Franc, complexe et très bien bâti par des tanins encore jeunes mais de qualité, un vin très prometteur. ⌛ 2023-2027

SCE VIGNOBLES ALAIN MEYRE, 54, rte de Donissan, 33480 Listrac-Médoc, tél. 05 56 58 07 28, contact@vignobles-meyre.com V t.l.j. sf sam. dim. 9h-17h 2

♥ B CH. LA LAGUNE 2017 ★★

■ 3e cru clas. | 90 000 | 50 à 75 €

81 82 83 85 86 88 (89) 90 91 93 94 |95| |96| 97 |98| 99 |00| |01| |02| |04| 05 06 |07| 08 09 10 11 12 13 14 15 16 17

Premier cru classé rencontré par le visiteur arrivant de Bordeaux par la route des vins du Médoc, ce château a été racheté en 2000 par Jean-Jacques Frey, homme d'affaires déjà détenteur de maisons prestigieuses en Champagne et dans la vallée du Rhône. De notoriété ancienne, La Lagune associe une élégante chartreuse du XVIIIe s., de superbes chais, un vaste vignoble (110 ha dont 75 pour le grand vin) et un terroir de choix – de fines graves sablonneuses. Autant d'atouts mis en valeur par une équipe dynamique autour de Caroline Frey, fille du propriétaire et œnologue du domaine depuis 2004. Le domaine est certifié bio depuis le millésime 2016.
Toujours fidèle à sa tradition d'excellence, l'équipe de La Lagune ne laisse planer aucun doute sur la qualité de son 2017, qui s'affiche dès l'examen de la robe d'un beau rouge grenat à reflets violines. Framboise, cassis et vanille : la complexité du bouquet n'a d'égale que sa densité. Le palais n'est pas en reste. Après une attaque aussi franche que souple, on retrouve la complexité aromatique du nez, tandis que s'épanouissent des tanins puissants et veloutés. Un ensemble voluptueux, au potentiel évident. ⌛ 2024-2030

CH. LA LAGUNE, 81, av. de l'Europe, 33290 Ludon-Médoc, tél. 05 57 88 82 77, contact@chateau-lalagune.com r.-v. 5

CH. LAMOTHE BERGERON 2017 ★

■ Cru bourg. | 230 000 | 20 à 30 €

Un cru bourgeois qui produit du vin depuis le Moyen Age. Il doit son nom à l'agronome Jacques de Bergeron, qui mit au point une méthode de greffe au début du XIXe s. Commandé par une bâtisse du XIXe s., le vignoble couvre près de 80 ha, propriété des maisons de cognac H. Mounier et Hardy.
Avec une belle teinte entre rubis et grenat, l'examen visuel met en confiance, tout comme le bouquet, intense et complexe, ouvert sur de fines notes toastées en appoint des fruits rouges. Offrant une bonne présence tannique, la bouche apparaît longue et charnue. ⌛ 2023-2027

CH. LAMOTHE BERGERON, 49, chem. des Graves, 33460 Cussac-Fort-Médoc, tél. 05 56 58 94 77, contact@lamothebergeron.fr V r.-v.

CH. LARRIEU-TERREFORT 2017 ★

■ | 15 900 | 8 à 11 €

Située à Labarde, cette propriété acquise en 1970 par la famille de Thierry Durousseau, est établie à cheval sur les appellations margaux et haut-médoc. Outre son vignoble, replanté à partir de 1989 (9 ha), elle comporte de nombreux prés où paissent des vaches de race limousine, élevées pour leur viande.
Limpide et brillante, la robe pourpre ne laisse planer aucun doute sur l'élégance de ce haut-médoc aux parfums délicats de fraise et de mûre agrémentés d'épices et d'une note originale de fleurs séchées. Souple et frais en attaque, rond et charnu dans son développement, porté par une bonne structure, le palais se révèle équilibré. ⌛ 2024-2028

SCEA CH. LARRIEU-TERREFORT, 2, av. Georges-Johnston, 33460 Labarde, tél. 06 12 25 03 40, chateau-larieu-terrefort@hotmail.fr V r.-v.

CH. DE LAUGA 2017 ★

■ Cru artisan | 35 000 | 8 à 11 €

Installé en 2007, Charles Brun représente la 7e génération de vignerons à la tête de ce cru artisan fondé en 1898, dont le vignoble couvre 13 ha sur un terroir de graves garonnaises.
Quelques reflets violets témoignent de la jeunesse de ce vin dont le bouquet encore fermé commence à s'ouvrir sur des notes de myrtille. Souple et frais à l'attaque, le palais se montre plutôt friand tout en développant une certaine structure tannique en finale. ⌛ 2023-2026

CH. DE LAUGA, 13, chem. de la Rue, 33460 Cussac-Fort-Médoc, tél. 06 16 55 14 90, chateau@lauga.com V t.l.j. sf dim. 9h-12h30 13h30-18h

CH. MAUCAMPS 2017 ★

■ Cru bourg. | 22 000 | 15 à 20 €

Giscours, Cantemerle, il suffit de nommer les voisins de ce cru macalais pour deviner qu'il possède un terroir de choix. De fait, celui-ci (33 ha) est composé de belles graves garonnaises. D'origine aristocratique, la propriété, constituée au XVIIIe s., appartient à la famille Tessandier depuis 1954.
Une profonde robe rubis à reflets cerise, un bouquet d'une belle intensité autour de jolies notes fumées, toastées, vanillées et fruitées (cerise noire), ce vin sait se présenter. Il ne déçoit pas en bouche. Après une attaque pleine de charme, on découvre des tanins bien enrobés et des saveurs gourmandes de mûre et de cerise. ⌛ 2023-2026

CH. MAUCAMPS, 19, av. de la Libération, 33460 Macau, tél. 05 57 88 07 64, maucamps@wanadoo.fr V *r.-v.*

CH. LE MEYNIEU 2017 ★

12000 | 11 à 15 €

Jacques Pedro et son fils Hervé conduisent un bel ensemble composé de trois propriétés : Ch. le Meynieu, 22 ha en haut-médoc, Ch. Lavillotte, 11 ha en saint-estèphe, complétés par les 3 ha contigus du Dom. de la Ronceray. Deux autres étiquettes sont produites ici : Ch. Aillan (saint-estèphe) et Ch. la Gravière (haut-médoc).

Ce vin présente un bel équilibre. D'abord dans son expression aromatique qui réalise un mariage gourmand entre la vanille et les fruits rouges. Ensuite au palais, où l'on retrouve les arômes du bouquet, qui s'accordent avec des tanins soyeux pour former un ensemble élégant et bien construit. ⧗ 2023-2026

SCEA DES DOMAINES PEDRO, 8, rue Lamartine, 33180 Vertheuil, tél. 05 56 73 32 10, lesdomainespedro@orange.fr V *r.-v.*

CH. MOULIN DE BLANCHON 2017 ★

Cru bourg. | 70000 | 11 à 15 €

Voisine de Sociando-Mallet, une propriété créée *ex nihilo* en 1992 par Henri Négrier, ancien salarié viticole, rejoint par ses enfants. Aujourd'hui, 30 ha (merlot et cabernet-sauvignon à parité). Un domaine régulier en qualité qui pratique en outre des prix doux et commercialise l'essentiel de sa production en vente directe.

Encore un peu discret dans son expression aromatique dominée par le moka, ce vin corsé et charpenté possède la structure nécessaire pour être attendu afin de perdre son actuelle sévérité. ⧗ 2021-2027

CH. MOULIN DE BLANCHON, 3, rue des Casaillons, 33180 Saint-Seurin-de-Cadourne, tél. 05 56 59 38 66, contact@chateau-moulin-de-blanchon.com V *t.l.j. 9h-12h 14h-19h*

CH. MOULIN DES MOINES 2017 ★

Cru bourg. | 30000 | 11 à 15 €

La famille de Jean-Charles Prévosteau exploite depuis 6 générations ce domaine auparavant conduit par les moines de l'abbaye de Vertheuil. Agrandi en 1997, le vignoble est à forte majorité de cabernet-sauvignon (70 %), que complètent le merlot (20 %) et le petit verdot (10 %).

Agréable à l'œil dans sa robe rouge sombre, ce vin livre un bouquet intense de fruits rouges relevés d'épices douces. Au palais, il prend toute sa dimension avec une attaque ample, une bonne structure, de la concentration et une plaisante suavité. ⧗ 2024-2028

CH. DES MOULINS, Le Gouat, 33180 Vertheuil, tél. 06 23 26 44 47, chateaudesmoulins@wanadoo.fr V *t.l.j. 9h-20h*

CH. PEYRABON 2017 ★

Cru bourg. | 138130 | 11 à 15 €

Ce cru déjà mentionné en 1766 sur la carte de Belleyme fut maintes fois racheté au fil des siècles : dix-neuf propriétaires jusqu'à son acquisition en 1998 par Patrick Bernard, P-D.G. de Millésima, qui a beaucoup investi à la vigne et au chai. Le vignoble s'étend sur 50 ha, 45 ha en AOC haut-médoc (Peyrabon) et 7 ha en pauillac (Fleur Peyrabon).

En dépit d'un léger liseré orange, la robe met en confiance par sa belle teinte grenat. Sans être très puissant, le bouquet confirme cette première impression par son mariage gourmand des notes fruitées et boisées. Le palais poursuit dans le même esprit. ⧗ 2022-2025

CH. PEYRABON, rte de Fournas, Vignes-de-Peyrabon, 33250 Saint-Sauveur, tél. 05 56 59 57 10, contact@chateau-peyrabon.com V *r.-v.*

CH. PRIEURÉ DE BEYZAC 2017 ★

Cru bourg. | 20000 | 11 à 15 €

Cru bourgeois présent dans le classement de 1932, ce vignoble situé à Vertheuil, au cœur de la presqu'île médocaine, a été abandonné par la suite avant d'être ressuscité par les Charlassier qui exploitent aujourd'hui 14 ha de vignes.

Ce vin présente de fines notes de fruits mûrs et de toast. Arômes prolongés par un palais frais et bien équilibré, qui s'appuie sur des tanins soyeux. ⧗ 2024-2027

EARL CHARLASSIER, 1, rte de Beyzac, 33180 Vertheuil, tél. 05 56 41 36 22, vignoble.charlassier@sfr.fr V *r.-v.*

CH. DE SAINTE-GEMME 2017 ★

78000 | 8 à 11 €

«Pierre précieuse» (gemme), c'est ainsi que ce terroir de graves garonnaises est considéré. La famille Bouteiller, également propriétaire du Ch. Lanessan et du Ch. Lachesnaye, a racheté ce domaine en 1962.

Souple et harmonieux, ce vin ne cherche pas les performances athlétiques, mais il joue la carte de la finesse et se montre assez charmeur en développant un bouquet de fruits confits aussi gourmand que les saveurs du palais (amande et caramel). ⧗ 2023-2026

CH. DE SAINTE-GEMME, Lanessan, 33460 Cussac-Fort-Médoc, tél. 05 56 58 94 80, infos@lanessan.com V *r.-v.* E

CH. SOCIANDO-MALLET 2017 ★★

288524 | 30 à 50 €

82 85 86 88 89 90 91 93 95 96 97 98 99 00 01 02 03 04 |05| |06| |07| |09| |10| |11| |12| |13| 14 15 16 17

Au XVII^e^s., une terre noble appartenant à une famille basque, les Sossiando. Confisquée à la Révolution, elle a connu plusieurs propriétaires. À la fin du siècle dernier, Jean Gautreau a mis en lumière son potentiel. Courtier chez Miailhe, il crée sa société à la fin des années 1950 pour vendre des vins dans le Benelux. Un client le charge de trouver une propriété avec un beau terroir. Il découvre Sociando-Mallet : dominant l'estuaire, une superbe croupe de graves sur sous-sol argileux. Le client ne donnant pas suite, il l'achète pour lui en 1969, le restructure, l'agrandit (à l'origine 5 ha, aujourd'hui 83), bâtit un chai. Non classé, c'est un des crus qui compte dans l'appellation, conduit désormais par Sylvie, fille de Jean Gautreau, décédé en 2019.

Ce millésime est l'un des derniers signés par Jean Gautreau. Très belle expression de l'appellation, c'est un authentique vin de garde, tout en se montrant déjà fort agréable. Tant par son bouquet mariant harmonieusement les fruits mûrs et le bois, que par son palais ample et long, doté de tanins denses et bien enrobés composant avec des arômes fruités du meilleur effet. ⧗ 2024-2030 ■ **La Demoiselle de Sociando-Mallet 2017 ★ (15 à 20 €; 220672 b.)** Un peu anguleux certes, mais avec une bonne structure, ample, longue et bien équilibrée. ⧗ 2023-2027

CH. SOCIANDO-MALLET, rte de Mapon, 33180 Saint-Seurin-de-Cadourne, tél. 05 56 73 38 80, contact@sociandomallet.com V r.-v.

CH. LA TOUR CARNET 2017 ★★

■ 4e cru clas. | 218736 | 20 à 30 €

83 85 86 (88) 89 90 93 94 (96) 97 98 99 00 01 02 03 04 05 06 07 |08| |09| |10| |11| 12 16 17

La rencontre d'une tour et de douves médiévales avec un logis du siècle des Lumières aurait pu aboutir à un mélange étrange. Bien au contraire, il en résulte un ensemble fort harmonieux. Depuis 2000, ce château et son vaste vignoble (112 ha) établi sur un splendide terroir de graves est l'un des quatre crus classés de Bernard Magrez, homme d'affaires collectionneur de vignobles.

Classique dans sa présentation avec une robe sombre et intense, ce 2017 livre un bouquet expressif de baies noires et d'épices. En bouche, il se révèle chaleureux, savoureux, ample et d'une belle densité tannique. Un haut-médoc de caractère, au solide potentiel. ⧗ 2024-2030

CH. LA TOUR CARNET, rte de Beychevelle, 33112 Saint-Laurent-Médoc, tél. 05 56 73 30 90, latour@latour-carnet.com V *t.l.j. 10h-12h 14h-18h* 5

CH. TOUR DU HAUT MOULIN 2017 ★

■ Cru bourg. | 59700 | | 15 à 20 €

Installé en 1987 à 500 m du Fort-Médoc à Cussac, Lionel Poitou a succédé à cinq générations sur ce domaine fondé en 1870. Il exploite 10 ha de vignes en haut-médoc, entre les AOC margaux et saint-julien.

D'un beau rubis intense et profond, la teinte de la robe est prometteuse, comme le bouquet, jeune et déjà expressif avec ses notes de fruits mûrs. Au palais, des saveurs complexes (fruits et toast) et des tanins bien enrobés confirment les promesses de la présentation. ⧗ 2024-2028

CH. TOUR DU HAUT MOULIN, 24, av. du Fort-Médoc, 33460 Cussac-Fort-Médoc, tél. 05 56 58 91 10, contact@chateau-tour-du-haut-moulin.com V *t.l.j. sf sam. dim. 9h15-11h45 14h15-17h30*

CH. TOUR DU MAYNE 2017 ★

■ | 30000 | | 8 à 11 €

Cette vaste propriété (170 ha dont 100 de vignes) est située au cœur du bourg du même nom, entre les appellations margaux, moulis et l'estuaire. Elle appartient depuis 1971 à la famille Castel qui l'a dotée d'équipements performants, dont un chai circulaire.

S'annonçant par une robe légère, ce vin élégant se montre d'emblée agréable par son bouquet délicatement fruité. Son caractère apparaît pleinement au palais avec un plaisant équilibre, de la rondeur et des tanins souples qui permettront de l'apprécier sans avoir à faire preuve de trop de patience. ⧗ 2022-2025

CH. D' ARCINS, 1, pl. du Château, 33340 Arcins-Margaux, tél. 05 56 58 91 29, contact@chateaux-castel.com V *t.l.j. sf dim. 9h-12h 14h-17h*

CH. TOURTERAN 2017 ★

■ Cru bourg. | 50666 | | 11 à 15 €

Créé avec 6 ha en 1962, le Ch. Ramage la Batisse, commandé par une chartreuse entourée d'une garenne, couvre aujourd'hui une soixantaine d'hectares, sur des terrains sablo-graveleux, qui englobent aussi les parcelles du Ch. Tourteran. Depuis 1996, ces deux propriétés appartiennent à la MACIF.

Comme le laisse deviner sa robe d'une jolie couleur mais pas très intense, ce vin joue plus la carte de l'élégance que celle de la puissance. Rond et souple, doté de tanins soyeux, le palais s'apprécie aussi par la fraîcheur de ses arômes de fruits noirs et rouges. ⧗ 2022-2025 ■ **Cru bourg. Ch. Ramage la Batisse 2017 ★ (15 à 20 €; 93568 b.)** Un vin souple et plaisant, avec de beaux parfums de fruits noirs et rouges que soutient un bois bien dosé. ⧗ 2022-2025

CH. TOURTERAN, Tourteran, 33250 Saint-Sauveur, tél. 05 56 59 57 24, ramagelabatisse@wanadoo.fr V *r.-v.*

CH. TROIS MOULINS 2017 ★★

■ Cru bourg. | 80000 | | 8 à 11 €

Avec les châteaux Cambon la Pelouse (acquis en 1996) et Trois Moulins, Jean-Pierre Marie, après une longue première carrière dans la grande distribution, a acquis en 1996 deux beaux domaines en haut-médoc, disposant d'un terroir de graves de grande qualité. Deux crus aujourd'hui dotés d'équipements performants, complétés en 2001 par un petit vignoble en appellation margaux (L'Aura de Cambon la Pelouse), et acquis en 2019 par un groupe australien.

Rond et fin, ce 2017 n'est pas un monstre de puissance mais il possède néanmoins une bonne structure. Bien équilibrée, celle-ci met en valeur l'élégance et la complexité de l'expression aromatique, dont la palette va de la cerise noire à la violette, en passant par des notes de toast et de cuir. ⧗ 2023-2026

SCEA CAMBON LA PELOUSE, 5, chem. de Canteloup, 33460 Macau, tél. 05 57 88 40 32, contact@cambon-la-pelouse.com V *r.-v.*

LISTRAC-MÉDOC

Superficie : 635 ha / Production : 25 205 hl

Correspondant exclusivement à la commune éponyme, listrac-médoc est l'appellation communale la plus éloignée de l'estuaire. Original, son terroir correspond au dôme évidé d'un anticlinal, où l'érosion a créé une inversion de relief. À l'ouest, à la lisière de la forêt, se développent trois croupes de graves pyrénéennes, dont les pentes et le sous-sol souvent calcaire favorisent le drainage naturel des sols. Le centre de l'AOC, le dôme évidé, est occupé par la plaine de

Peyrelebade, aux sols argilo-calcaires. Enfin, à l'est s'étendent des croupes de graves garonnaises.
Le listrac est un vin vigoureux; toutefois, contrairement au style d'autrefois, sa robustesse n'implique plus aujourd'hui une certaine rudesse. Si certains vins restent un peu durs dans leur jeunesse, la plupart contrebalancent leur force tannique par leur rondeur. Tous offrent un bon potentiel de garde, jusqu'à quinze ans dans les grands millésimes.

CH. CAP LÉON VEYRIN 2017 ★

■ Cru bourg. | 40 000 | | 15 à 20 €

Authentique famille médocaine enracinée dans la région depuis 1810, les Meyre figurent parmi les pionniers du tourisme vitivinicole (on ne parlait pas encore d'œnotourisme à l'époque dans la presqu'île). En 2010, Nathalie et Julien Meyre ont repris les crus familiaux (55 ha) : le Ch. Cap Léon Veyrin, berceau familial en listrac-médoc, et les châteaux Julien et Bibian, en haut-médoc, acquis à la fin des années 1980.
Sans être très soutenue, la teinte de ce 2017 est d'un joli rubis. Au nez, de belles notes de fruits rouges se marient harmonieusement à un bon boisé torréfié. Rond, ample, suave bien équilibré, le palais s'appuie sur des tanins soyeux. ⧗ 2023-2026

SCE VIGNOBLES ALAIN MEYRE, 54, rte de Donissan, 33480 Listrac-Médoc, tél. 05 56 58 07 28, contact@vignobles-meyre.com V *t.l.j. sf sam. dim. 9h-17h* ❷

CH. CLARKE 2017 ★

■ | 10 000 | | 30 à 50 €

86 88 89 90 95 96 97 98 99 00 01 02 03 04 05 06 07 08 |09| |10| |11| |12| 13 14 16 17

Plantée au Moyen Âge par des cisterciens dépendant de l'abbaye de Vertheuil, la vigne est fort ancienne sur ce cru situé dans la plaine de Peyrelebade. Acquis en 1973 par le Baron Edmond de Rothschild, qui y a entrepris de très importants travaux de rénovation, il dispose d'un vignoble de 55 ha établi sur un terroir calcaire et argilo-calcaire, qui se distingue par son encépagement à forte proportion de merlot (70 %). Un pilier de l'appellation listrac.
Dans le difficile millésime 2017, Clarke tient son rang. D'une couleur cerise noire aux reflets grenat, la robe de ce joli vin est en harmonie avec le côté gourmand du bouquet, ouvert sur les fruits mûrs (cassis et confiture de cerises) et un boisé toasté et vanillé qui reste mesuré. Le palais séduit par son volume, ses tanins fins et ses saveurs de chocolat, de pain grillé et de framboise. ⧗ 2023-2027

SAS EXPLOITATION VINICOLE BARON EDMOND DE ROTHSCHILD, Ch. Clarke, 33480 Listrac-Médoc, tél. 05 56 58 38 00, contact@edrh-wines.com V *t.l.j. sf sam. dim. 9h-12h 14h-17h*

CH. MARTINHO 2017 ★

■ | 7 028 | | 20 à 30 €

D'origine portugaise, Miguel Martinho Afonso a travaillé dans plusieurs grands crus médocains avant de créer en 2001 son entreprise de travaux viticoles et d'acquérir sept ans plus tard une petite vigne (1,5 ha) à Listrac qu'il exploite en parallèle de son activité de prestataire pour les grands crus médocains. Quelque peu agrandi (2,8 ha), le cru s'est doté en 2018 d'un nouveau chai.
Ce 2017 dévoile des arômes de prune et de cerise qui cohabitent harmonieusement avec une note toastée bien intégrée. Des saveurs que l'on retrouve dans une bouche ample, dense, dotée d'une solide structure tannique pour le millésime. ⧗ 2023-2027

MIGUEL MARTINHO AFONSO, 13, rte du Port, 33460 Lamarque, tél. 05 56 58 95 81, contact@chateaumartinho.com V *r.-v.*

CH. SAINT-MARTIN 2017 ★

■ | 27 600 | | 11 à 15 €

Pendant longtemps, la cave de Listrac, fondée en 1935, a été choisie par la prestigieuse Compagnie internationale des Wagons-Lits pour figurer sur la carte des vins des voitures-restaurants. Cela a valu une réelle célébrité à la coopérative qui, par sa production (40 adhérents, 160 ha) et par les crus indépendants qu'elle vinifie, joue encore son rôle de locomotive dans l'appellation. Elle propose aussi des moulis et haut-médoc.
Élaboré à la cave coopérative mais issu d'un cru familial (propriété de Michel Chevalier, aidé de son fils Cédric), ce listrac qui n'a pas connu le bois se distingue par l'intensité de son bouquet de fruits rouges et d'épices. Souple, frais, d'une bonne longueur et porté par des tanins soyeux et fondus, le palais se montre tout aussi agréable. Une bouteille que l'on pourra savourer dans sa jeunesse. ⧗ 2021-2024

SCA VIGNERONS ASSOCIÉS MOULIS, LISTRAC ET CUSSAC-FORT-MÉDOC, 21, av. de Soulac, 33480 Listrac-Médoc, tél. 05 56 58 03 19, contact@vigneronsassocies.fr V *t.l.j. 8h30-12h 14h-18h*

CH. SARANSOT-DUPRÉ 2017 ★

■ Cru bourg. | 12 000 | | 11 à 15 €

Propriété des Raymond depuis 1875, un cru familial très régulier en qualité. Son vignoble de 17 ha est implanté sur des sols argilo-calcaires comparables à ceux de Saint-Émilion, ce qui explique la présence notable du merlot et du cabernet franc (accompagnés du cabernet-sauvignon et d'un soupçon de petit verdot et de carmenère). Deux étiquettes de listrac ici : Saransot-Dupré et Pérac.
Entre rouge cerise et rubis, la robe est légère mais élégante, à l'image du bouquet, ouvert sur des notes de fruits rouges et de boisé toasté. Des arômes prolongés par une bouche assez souple, aux tanins veloutés, quoiqu'un peu plus stricts en finale. ⧗ 2023-2025

SC CH. SARANSOT-DUPRÉ, 4, Grande-Rue, 33480 Listrac-Médoc, tél. 05 56 58 03 02, y@saransot-dupre.com V *r.-v.*

MARGAUX

Superficie : 1 490 ha / Production : 60 900 hl

Margaux est le seul nom d'appellation à être aussi un prénom féminin. Est-ce un hasard? Si les margaux présentent une excellente aptitude à la garde, ils se

distinguent des autres grandes appellations communales médocaines par leur délicatesse que soulignent des arômes fruités d'une agréable finesse. Ils constituent l'exemple même des bouteilles tanniques généreuses et suaves.
Leur originalité tient à de nombreux facteurs. Les aspects humains ne sont pas à négliger. À l'écart de Saint-Julien, de Pauillac et de Saint-Estèphe, les viticulteurs margalais ont moins privilégié le cabernet-sauvignon : tout en restant minoritaire, le merlot prend ici une importance accrue. Par ailleurs, l'appellation, la plus vaste des communales du Médoc, s'étend sur le territoire de cinq communes : Margaux et Cantenac, Soussans, Labarde et Arsac. Dans chacune d'elles, seuls les terrains présentant les meilleures aptitudes vitivinicoles font partie de l'AOC. Le résultat est un terroir homogène composé d'une série de croupes de graves. Celles-ci s'articulent en deux ensembles : à la périphérie se développe un système faisant penser à une sorte d'archipel continental, dont les «îles» sont séparées par des vallons, ruisseaux ou marais tourbeux; au cœur de l'appellation, dans les communes de Margaux et de Cantenac, s'étend un plateau de graves blanches, d'environ 6 km sur 2, découpé en croupes par l'érosion. C'est dans ce secteur que sont situés nombre des 21 grands crus classés de l'appellation.

CH. BELLEVUE DE TAYAC 2017 ★

Cru bourg. | 20000 | | 30 à 50 €

Héritier d'une lignée au service du vin, Vincent Fabre conduit plusieurs châteaux médocains (92 ha en tout), dont Bellevue de Tayac, 4 ha en margaux, depuis 2014. Ici, pas de château au sens classique du terme, mais une façade de chai composée d'une trame de lames de cuivre doré et d'Inox, d'un treillis à reflets multicolores qui évoluent au fil des heures, des nuages et de la végétation.

Sans prétendre rivaliser avec certains millésimes antérieurs particulièrement réussis, comme le 2013 remarquable coup de cœur du Guide 2017, ce joli margaux, ample, riche et bien équilibré, séduit par ses saveurs de noyau et de noisette. Le bois est encore très présent mais la structure tannique permettra d'attendre qu'il se fonde complètement. ⧗ 2023-2027

⊶ DOMAINES FABRE, 33250 Cissac, tél. 05 56 59 58 16, info@domaines-fabre.com V r.-v.

CH. BOYD-CANTENAC 2017 ★★

3e cru clas. | 21000 | | 30 à 50 €

(82) **83 85 86 88** 89 **90 95** 96 97 **98 99 00** 02 03 04 |**05**| |**06**| |07| |08| (09) **10** 11 **13 14** 15 (16) **17**

Un beau terroir de graves siliceuses maigres (17 ha), un encépagement diversifié, intégrant le petit verdot, et une famille aux solides racines médocaines, les Guillemet (propriétaires depuis 1932). Ces derniers ne sacrifient pas aux modes et visent l'équilibre et la finesse dans leurs vins. Un grand cru authentique, créé en 1754 par un négociant de Belfast, conduit depuis 1996 par l'œnologue et agronome Lucien Guillemet.

S'annonçant par une belle robe pourpre, ce margaux bien typé développe un joli bouquet naissant dans lequel les fruits rouges et noirs et le bois (épices douces, amande) trouvent un bon point d'équilibre. Ample, riche et étoffée, la bouche s'appuie sur des tanins fermes. Elle se porte garante du potentiel de cette bouteille, tout en séduisant déjà par ses saveurs truffées et chocolatées. ⧗ 2024-2028

⊶ CH. BOYD-CANTENAC, 11, rte de Jean-Fauré, 33460 Cantenac, tél. 09 61 62 55 63, contact@boyd-cantenac.fr V r.-v.

CH. CANTENAC BROWN 2017 ★

3e cru clas. | 100000 | | 50 à 75 €

82 83 85 86 88 89 (90) **91 92 93 94 95 96** 97 **98** 99 00 **02 03 04** |05| |06| |07| |08| **09 10 11 12** 13 **14 15 16** 17

Commandé par un imposant château de style néo-Tudor construit au XIXe s. par le peintre animalier écossais John Lewis Brown, ce domaine – 48 ha plantés sur de belles graves au cœur de l'appellation – a connu une seconde jeunesse d'abord grâce au groupe Axa, et, depuis 2006, sous l'impulsion de la famille Halabi, qui en a confié la direction à José Sanfins.

D'un grenat brillant, le 2017 de Cantenac Brown s'ouvre sur des arômes soutenus de fruits rouges mûrs sur fond de boisé toasté bien dosé. La bouche est fraîche, fruitée, portée par un boisage adapté et par des tanins souples et fins. Un margaux qui ne joue pas les costauds mais qui plaît par son élégance. ⧗ 2023-2026

⊶ CH. CANTENAC BROWN, 33460 Margaux, tél. 05 57 88 81 81, contact@cantenacbrown.com V r.-v.

CH. LE COTEAU 2017 ★

| 33000 | | 20 à 30 €

Situé au sud de l'appellation margaux, ce cru est l'une des dernières propriétés familiales de l'AOC, conduite et développée depuis 1993 par Éric Léglise, à la tête aujourd'hui de 12 ha.

À l'intensité de la robe, d'un beau grenat, fait écho celle du bouquet, ouvert sur des notes fraîches de griotte agrémentées de senteurs de cigare et de grillé. Le palais, adossé à des tanins soyeux, confirme les bonnes dispositions de la présentation par son équilibre.

⊶ CH. LE COTEAU, 39, av. Jean-Luc-Vonderheyden, 33460 Arsac, tél. 05 56 58 82 30, chateaulecoteau@orange.fr V r.-v.

CH. DEYREM VALENTIN 2017 ★

Cru bourg. | 65200 | | 20 à 30 €

Si à Margaux beaucoup de petits crus ont disparu, rachetés par des classés, certains vignobles familiaux résistent, comme celui-ci, très ancien (1730), qui s'étend sur 16 ha à Soussans. Il est conduit depuis 1972 par Jean Sorge, épaulé par la cinquième génération (ses filles Sylvie et Christelle). Un domaine qui se singularise par un encépagement diversifié.

Ce vin d'un rubis profond offre un bouquet expressif de fruits rouges mûrs. En bouche, il développe une structure tannique souple, accompagnée par un boisé fondu et une agréable fraîcheur. ⧗ 2022-2025

⊶ CH. DEYREM VALENTIN, 1, rue Valentin-Deyrem, 33460 Soussans, tél. 05 57 88 35 70, contact@chateau-deyrem-valentin.com V r.-v.

CH. LA GALIANE 2017 ★

■ | 33300 | | 15 à 20 €

La famille Renon possède 2 crus margalais : le Ch. Charmant (près de 2,6 ha), exploité depuis le début du XIXes. et 3 générations, et le Ch. Galant (6,8 ha), qui doit son nom au général Galian à la tête des troupes anglaises lors de l'occupation de l'Aquitaine au XVes.

Frais, souple et bien équilibré, ce vin à la délicate structure tannique met aussi en valeur une belle expression aromatique centrée sur les fruits rouges (fraise et framboise) au nez comme en bouche. ⧗ 2023-2025

CH. LA GALIANE, 14, rue de Luze, 33460 Soussans, tél. 05 57 88 35 27, scea.rene.renon@wanadoo.fr V r.-v.

CH. GISCOURS 2017 ★

■ 3e cru clas. | 240000 | | 50 à 75 €

82 83 85 (86) 88 89 90 91 93 94 97 98 99 00 01 02 03 04 |05| |06| |07| |08| 09 10 11 12 14 15 16 17

Giscours est l'un des plus vastes domaines du Médoc (100 ha), commandé par un château monumental, construit par la famille des comtes de Pescatore, des banquiers, pour accueillir l'impératrice Eugénie lorsqu'elle se rendait dans sa villégiature de Biarritz. Très représentatif du grand cru médocain par ses bâtiments, Giscours l'est aussi par son beau terroir de graves profondes, d'une grande homogénéité. Ce troisième cru classé de margaux possède également des parcelles en appellation haut-médoc pour deux étiquettes : Ch. Duthil et le Haut-Médoc de Giscours.

Même s'il ne s'exprime pas encore complètement, le bouquet s'annonce intéressant par sa complexité naissante autour de belles notes de café et d'épices. Le palais apparaît souple en attaque, plein, long et harmonieux dans son développement, porté par des tanins soyeux. ⧗ 2024-2028

CH. GISCOURS, 10, rte de Giscours, 33460 Labarde, tél. 05 57 97 09 09, giscours@chateau-giscours.fr V r.-v.

CH. GRAND TAYAC 2017 ★

■ | 25000 | | 20 à 30 €

L'aïeul, qui louait ses bras dans les propriétés voisines, a débuté avec un demi-hectare à la fin du XIXes. Les quatre générations suivantes ont agrandi le domaine. Installés en 1986, Alain et Corinne Roses, disposent d'un vignoble de 16 ha à cheval sur plusieurs appellations : haut-médoc, où se trouve l'essentiel du vignoble, margaux (Ch. Grand Tayac, acquis en 2004) et moulis, où se trouve une petite parcelle.

Issu de vignes de 55 ans, ce margaux possède une matière onctueuse qui s'appuie sur une structure souple de tanins bien fondus. Son bouquet aux notes de fruits rouges, de prune et de vanille contribue aussi à son attrait. ⧗ 2023-2027

SCEA DE HAUT BELLEVUE, 10, chem. des Calinottes, 33460 Lamarque, tél. 05 56 58 91 64, contact@chateauhautbellevue.com V r.-v.

CH. D'ISSAN 2017 ★★

■ 3e cru clas. | 100000 | | 50 à 75 €

82 83 85 86 88 89 90 93 94 95 96 98 99 00 01 02 03 04 |05| |06| 07 |08| 09 10 11 12 13 14 15 16 17

Dans son château fort médiéval d'un côté, manoir du XVIIes. de l'autre, ce cru classé marie les styles et les époques avec une réelle harmonie, que l'on retrouve dans le chai et sa charpente en forme de carène de navire. Aux commandes depuis 1945, la famille Cruse – associée depuis 2013 à Jacky Lorenzetti, déjà solidement implanté en Médoc – conduit un vignoble de 55 ha planté sur un beau terroir argilo-graveleux au cœur de l'appellation.

Peut-être grâce à la proximité de l'estuaire de la Gironde, l'essentiel du vignoble a été épargné par le gel et a bénéficié d'une floraison très homogène en 2017. Ces conditions très favorables, jointes aux efforts entrepris depuis plusieurs années pour améliorer le cru, expliquent la très belle qualité de ce vin qui affiche d'emblée ses ambitions par l'éclat de sa robe rubis. Une intensité à laquelle fait écho un nez de fruits rouges frais (cerise) mâtinés de discrètes notes grillées. Le palais se révèle ample, dense et long, doté de tanins fins et soyeux, et bien servi par un bois parfaitement intégré. ⧗ 2025-2030 ■ **Blason d'Issan 2017 ★ (20 à 30 €; 120000 b.)** Un second vin fort plaisant par son bouquet frais et fruité comme par sa bouche ronde et charnue, aux tanins bien fondus. ⧗ 2023-2026

SC CH. D' ISSAN, chem. de la Ménagerie, BP_5, 33460 Margaux-Cantenac, tél. 05 57 88 35 91, issan@chateau-issan.com V r.-v.

CH. LABÉGORCE 2017 ★

■ | 120000 | | 20 à 30 €

Bel édifice néoclassique s'élevant au milieu de son vignoble, à la sortie de Margaux et en direction de Pauillac, ce cru a bénéficié d'importants investissements depuis son achat par la famille Perrodo en 1989, également propriétaire du Ch. Marquis d'Alesme. La fusion en 2009 avec le Ch. Labégorce Zédé lui a permis de retrouver son vignoble d'origine (70 ha), celui d'avant le partage de 1794. Nathalie Perrodo-Samani a pris les commandes des propriétés familiales en 2006, après le décès de son père Hubert.

Très classique dans sa belle robe pourpre, ce vin se montre expressif par son bouquet aux profondes notes de fruits rouges et noirs, d'épices, de toasté et de fourrure. Dense, concentré, puissant, le palais s'appuie sur une solide structure de tanins serrés qui annonce une belle bouteille de garde. ⧗ 2024-2030

SC CH. LABÉGORCE, rte de Labégorce, 33460 Margaux, tél. 05 57 88 71 32, contact@labegorce.com V r.-v.

CH. LASCOMBES 2017 ★★

■ 2e cru clas. | 193500 | | 75 à 100 €

82 83 85 (86) 88 89 90 95 96 97 98 00 02 03 04 |05| |06| |07| |08| |09| (10) 11 12 13 14 15 16 17

Fondé au XVes. par le chevalier Antoine de Lascombes, acquis en 1952 par Alexis Lichine, puis par le négoce Bass & Charrington en 1971, ce cru

s'est assoupi jusqu'à son rachat en 2001 par le fonds d'investissement américain Colony Capital. Un grand programme a été mis en place sous la conduite de Dominique Befve, ancien des domaines Rothschild, pour rénover ce vaste vignoble de 130 ha très morcelé. Lascombes, racheté en 2011 par la MACSF, a aujourd'hui retrouvé son rang.

Même si le gel a sévèrement touché le domaine, ce 2017 se montre un digne représentant de l'appellation. Outre sa teinte d'un joli pourpre, son bouquet séduit par ses arômes frais de baies noires et par ses notes d'épices et de sous-bois. Chaleureux, ample, dense, consistant, le palais s'appuie sur des tanins veloutés, au grain très fin, et délivre de jolies saveurs s'inscrivant dans le prolongement de l'olfaction. ⧗ 2025-2030

CH. LASCOMBES, 1, cours de Verdun, 33460 Margaux, tél. 05 57 88 70 66, contact@chateau-lascombes.fr V r.-v.

♥ CH. MARGAUX 2017 ★★

■ 1er cru clas.	n.c.		+ de 100 €

61 70 71 75 78 79 80 81 |(82)| 83 84 |85| |86| 87 |88| |89| |90| 91 92 |93| |94| |(95)| |(96)| |97| |(98)| |(99)| |(00)| |01| |02| |03| |04| (05) (06) 07 (08) (09) (10) 11 (12) 13 14 (15) (16) 17

Un mythe dressé au bout d'une longue allée de platanes. La majesté de la demeure de style néopalladien (bâtie en 1810), qui a succédé à une ancienne maison forte appartenant à de grandes familles de la région, a contribué à sa renommée. Le domaine est constitué à la fin du XVIes., et le vignoble créé à la fin du siècle suivant par un parent des Pontac. Passé entre plusieurs mains au fil des siècles, il est acquis en 1977 par André Mentzelopoulos (Felix Potin). Drainage, replantations, tonnellerie intégrée... une vaste rénovation du domaine est engagée, à la vigne, au chai et au château, et fait entrer le cru dans l'ère moderne. Le nouveau chai, œuvre de Norman Foster, a été inauguré en 2015. Le vignoble de 99 ha doit aussi sa qualité à son terroir d'exception, une vaste et superbe dalle calcaire recouverte de graves fines. Il est conduit depuis 1980 par Corinne Mentzelopoulos, fille d'André, qui a pu compter pendant plus de 30 ans sur Paul Pontallier, entré en 1983 au château et devenu directeur en 1990 : une carrière qui s'est hélas achevée prématurément en mars 2016. Ingénieur agronome, Philippe Bascaules, qui a travaillé 20 ans au château avant de diriger un grand domaine californien, le remplace en 2017.

Dans cette année 2017 difficile, le cru aura connu, comme beaucoup d'autres, les affres du gel de la fin avril, mais seulement 10 % des parcelles rouges furent touchées. L'été fut chaud et sec en juillet et en août, à l'image de 2016, mais début septembre fut marqué par de fortes précipitations qui vinrent perturber les vendanges : ramasser vite des raisins pas assez mûrs avant l'arrivée du botrytis ou espérer un retour du soleil pour vendanger plus mûr? Margaux choisit la deuxième option, bien lui en prit : les vendanges se déroulèrent sous un grand beau temps entre le 12 septembre et le 3 octobre. Dans le verre, un margaux qui représente 37 % de la récolte, né de 89 % de cabernet-sauvignon, 8 % de merlot, 2 % de cabernet franc et 1 % de petit verdot. Robe grenat sombre, nez élégant sur le boisé torréfié et le cèdre avec, un peu en retrait pour l'heure, les fruits noirs mâtinés de nuances florales : l'approche est racée, mais c'est en bouche que le vin s'impose. Beaucoup de volume, beaucoup de fraîcheur, beaucoup de fruit (un fruit croquant et juteux de cerise burlat), des tanins soyeux et enveloppants qui renforcent son profil suave et velouté, et une très longue finale sur les fruits rouges compotés. Un margaux très tactile et gorgé de fruit, magnifique compromis entre la puissance et l'élégance. ⧗ 2025-2040

SCA DU CH. MARGAUX, BP_31, 33460 Margaux, tél. 05 57 88 83 83, chateau-margaux@chateau-margaux.com

PAVILLON ROUGE DU CH. MARGAUX 2017 ★

■	n.c.		+ de 100 €

82 83 84 85 86 88 89 90 93 95 96 97 98 99 00 01 |02| |03| |04| |05| |06| |07| |08| 09 10 11 12 13 14 15 16 17

Le second vin de Ch. Margaux. Apparu au XIXes., il prend son nom définitif en 1908 et n'est plus produit à partir des années 1930 jusqu'à l'arrivée d'André Mentzelopoulos en 1977. Il n'a cessé de croître afin d'améliorer la qualité du « premier » : il est issu des vins non retenus, lors des assemblages, pour le grand vin. Depuis quelques années, la sélection d'un troisième vin vient renforcer la qualité du Pavillon.

Un « second » qui tient son rang très dignement. Dans l'assemblage : 76 % de cabernet-sauvignon, 17 % de merlot, 4 % de cabernet franc et 3 % de petit verdot. Au nez, une première approche boisée, sur le cèdre, le bois de santal et le cacao, relayée à l'aération par les petits fruits rouges. En bouche, le vin montre une grande fraîcheur dès l'attaque, le boisé reste soutenu mais bien pris dans une matière ample et très charnue (surtout pour le millésime), avec en soutien des tanins souples et soyeux. Une belle finale sur les épices et le café vient conforter l'ensemble. Un margaux très équilibré, charmeur et élégant. ⧗ 2025-2030

SCA DU CH. MARGAUX (PAVILLON ROUGE), BP_31, 33460 Margaux, tél. 05 57 88 83 83, chateau-margaux@chateau-margaux.com

♥ CH. MARQUIS D'ALESME 2017 ★★

■	54 000		50 à 75 €

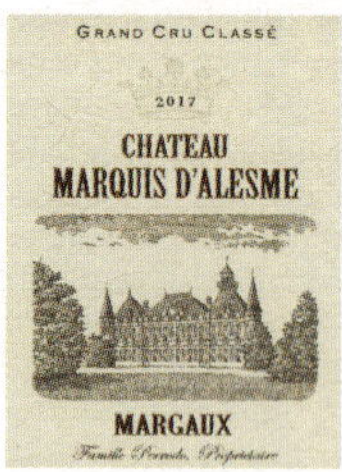

Commandé par un vaste château de style néo-Louis XIII se dressant au cœur de Margaux, ce domaine de 15 ha est le cru phare des vignobles Perrodo, également propriétaires de Labégorce. Acquis en 2006, il est dirigé par Nathalie Perrodo (fille d'Hubert, décédé l'année du rachat) et Marjolaine de Coninck, direc-

trice générale (ancienne responsable de Fonplégade à Saint-Émilion).

Résultat de plusieurs années d'investissements et d'efforts, ce très beau 2017 charme par sa progression au cours de la dégustation. Presque timide dans sa présentation visuelle, il fait preuve d'élégance par son bouquet frais d'épices et de sous-bois. En bouche, il s'affirme pleinement en développant une structure aussi fine qu'ample et puissante, aux tanins raffinés. Une très belle bouteille de garde, d'une harmonie sans faille. ⧗ 2025-2030

SC CH. MARQUIS D'ALESME, rte de Labégorce, 33460 Margaux, tél. 05 57 81 13 20, contact@marquis.wine V r.-v.

♥ CH. MARQUIS DE TERME 2017 ★★

4e cru clas.	150 000		30 à 50 €

82 (83) **85 86 89** 90 93 **94 95** 96 97 **98** 99 (00) 01 02 03 04 **05** 06 |**08**| |**09**| **10 11 12 13** 14 15 16 **17**

À cheval sur les communes de Margaux et de Cantenac, ce cru fondé en 1762 est propriété de la famille Sénéclauze depuis 1935. Aux commandes du vignoble de 40 ha, un nouveau directeur depuis 2009, Ludovic David, ingénieur agronome qui a fait ses armes dans le Libournais, chez Bernard Magrez. En 2019, un restaurant s'est ouvert en complément des activités touristiques proposées.

Le dynamisme du cru ne se limite pas au seul domaine touristique. Très sensible à l'environnement, il est certifié HVE3, il fait aussi – et surtout – porter l'essentiel de ses efforts sur la qualité de sa production comme en témoigne la réussite de ce millésime. Bien que touché par le gel sur plus d'un tiers de la propriété, Marquis de Terme signe un fort joli vin au nez très expressif et complexe de fruits rouges, de vanille, d'épices et de chocolat. Le palais distingue par sa belle matière ronde et onctueuse, son volume, ses tanins mûrs et très fins, sa longueur. ⧗ 2025-2030

CH. MARQUIS DE TERME, 3, rte de Rauzan, 33460 Margaux, tél. 05 57 88 30 01, mdt@chateau-marquis-de-terme.com V r.-v.

♥ CH. MONBRISON 2017 ★★

	40 000		30 à 50 €

Acquis en 1922 par l'Américain Robert M. David, ce cru fondé au XVIIIe s. et commandé par une élégante gentilhommière a été remis sur les rails dans les années 1980 par son petit-fils Jean-Luc Vonderheyden (disparu en 1992). Le frère de ce dernier, Laurent, conduit aujourd'hui un vignoble de 14 ha d'un seul tenant, au sud de Margaux.

D'une belle couleur bordeaux à reflets grenat, ce vin sait se présenter. Son bouquet offre une belle palette aromatique autour de notes soyeuses de fruits rouges mûrs nuancées de touches chocolatées. Charnu, rond et puissant à la fois, le palais se déploie harmonieusement sur une trame de tanins d'une grande finesse, pour s'ouvrir sur une longue finale fruitée. De la profondeur et du potentiel. ⧗ 2025-2030

CH. MONBRISON, 1, allée de Monbrison, 33460 Arsac, tél. 05 56 58 80 04, lvdh33@wanadoo.fr r.-v.

CH. MONGRAVEY 2017 ★

Cru bourg.	51 000		20 à 30 €

La famille Bernaleau est propriétaire de plusieurs crus dans la partie sud du Médoc, dont le plus connu est le Ch. Mongravey en margaux, constitué en 1981. Dernier-né (2011), le Ch. Galland est un micro-cru (à peine 1 ha) en moulis, situé sur l'un des plus hauts points du Médoc, au pied d'un ancien moulin médiéval.

Une seyante robe pourpre habille ce margaux au nez intense de fruits rouges agrémentés de nuances épicées et chocolatées. Le palais dévoile une structure puissante autour de tanins encore un peu sévères mais de qualité. ⧗ 2025-2030

SARL MONGRAVEY, 8, av. Jean-Luc-Vonderheyden, 33460 Arsac, tél. 05 56 58 84 51, chateau.mongravey@wanadoo.fr V r.-v.

CH. PALMER 2017 ★★

3e cru clas.	n.c.		+ de 100 €

82 83 84 **85** (86) **88 89 90 91 92 93 94 95 96 97 98 99 00** |**01**| |**02**| |**03**| |04| |**05**| |**06**| |**07**| **08 09** (10) **11 12 13** 14 **15** 16 **17**

L'histoire veut que le général britannique Charles Palmer ait, lors d'un voyage en France en 1814, succombé au charme de Marie de Gascq, qui cherchait preneur pour son cru médocain. Palmer était né. Suivent en 1853 les frères Pereire, banquiers influents qui édifient le château actuel et développent le vignoble, puis, à partir de 1938, les familles Mähler-Besse, Sichel, Mialhe et Ginestet (ne restent plus que les deux premières). Géré depuis 2004 par Thomas Duroux, ce 3e cru classé, souvent considéré comme un « super-second », étend ses 66 ha sur les moutonnements de Cantenac.

Si la partie ouest du vignoble de Palmer a souffert du gel, le savoir-faire de l'équipe du château a permis d'obtenir un vin tout à fait digne du cru et de sa renommée. Annonçant sa jeunesse par l'intensité de sa robe, il développe un bouquet naissant et prometteur de baies mûres que soutient un bois bien dosé. Riche, savoureux, ample, très équilibré, le palais s'appuie sur des tanins denses mais enrobés et sur un boisé harmonieux aux tonalités épicées et grillées qui se portent garants de l'aptitude à la garde de ce 2017 fort réussi. ⧗ 2025-2030

Alter Ego 2017 ★ (50 à 75 €; n.c.) Riche, corsé et séveux, un vin très agréable, portée par une belle structure tannique, certes encore un peu austère, mais pleine de promesses pour l'avenir. ⧗ 2024-2028

SC DU CH. PALMER, 33460 Cantenac, tél. 05 57 88 72 72, chateau-palmer@chateau-palmer.com r.-v.

CH. PAVEIL DE LUZE 2017 ★

■ Cru bourg. | 142 000 | | 20 à 30 €

Remontant au XVIIe s., un vaste château possédant une roseraie et un vignoble de 32 ha d'un seul tenant, implanté sur les graves garonnaises du plateau de Soussans. Le baron Alfred de Luze a acquis en 1862 la propriété, gérée depuis 2016 par une de ses descendantes, Marguerite de Luze.

Classique dans sa robe grenat, ce margaux dévoile un bouquet à dominante vanillée. Le palais, intense et riche, est porté par des tanins puissants et fermes qui demandent à s'arrondir. La promesse d'une belle évolution en cave. ⧗ 2024-2028

CH. PAVEIL DE LUZE, 3, chem. du Paveil, 33460 Soussans, tél. 09 75 64 57 97, contact@chateaupaveildeluze.com V r.-v.

CH. RAUZAN-SÉGLA 2017 ★

■ 2e cru clas. | 140 000 | | 50 à 75 €

82 **83 85** (86) **88 89 90** 91 **92 93 94 95** (96) **97** (98) **99** (00) |01| |02| **03 04 05** |06| |07| |08| **09 10 11 12** |13| **14 15** 16 17

L'un des crus les plus anciens de Margaux, créé en 1661 par Pierre de Rauzan. Cet ancien fief de la seigneurie de Ch. Margaux fut scindé en deux sous la Révolution, donnant Rauzan-Gassies et Rauzan-Ségla. Quelque peu endormi au cours du XXe s., le cru classé (une mosaïque de 70 ha aujourd'hui) s'est «réveillé» à partir de 1994, date de sa reprise par la famille Wertheimer (Chanel), qui a beaucoup investi, tant au château qu'à la vigne et au chai. Depuis, Rauzan-Ségla a retrouvé son rang, d'abord sous la direction de John Kolasa, aujourd'hui à la retraite, puis sous celle de Nicolas Audebert, revenu d'Argentine et du Cheval des Andes (LVMH) pour s'occuper des vignobles du groupe Chanel.

L'équipe de Rauzan-Ségla s'est adaptée aux rudes conditions du millésime 2017 par une sélection rigoureuse. Le résultat est un vin qui se distingue par son élégance aromatique centrée sur de fines notes épicées et fruitées. Ample et bien équilibré entre fraîcheur et rondeur, le palais s'adosse à des tanins soyeux et fins bien dans le ton de l'appellation. ⧗ 2024-2030

CH. RAUZAN-SÉGLA, rue Alexis-Millardet, 33460 Margaux, tél. 05 57 88 82 10, contact@rauzan-segla.com

CH. SIRAN 2017 ★★

■ | 120 000 | | 30 à 50 €

Ancienne propriété de l'arrière-grand-mère de Toulouse-Lautrec, le Ch. Siran est entré dans la famille Miailhe en 1859. Depuis 2007, c'est Édouard Miailhe qui en détient les clés. Le vignoble s'étend sur 36 ha : 9 ha en bordeaux supérieur, 2 ha en haut-médoc et 25 ha en margaux, au sud de l'aire d'appellation, sur le plateau de croupes graveleuses de Labarde ; un terroir de grande qualité qui lui aurait sans doute valu d'intégrer le fameux classement de 1855 si les Miailhe étaient arrivés plus tôt.

Épargné par le gel pour la partie du domaine se trouvant sur le plateau de Dauzac, le cru en a tiré profit pour élaborer un vin à la personnalité bien affirmée. Le nez associe les fruits mûrs à un boisé épicé et grillé. Ample, intense, puissante, la bouche s'appuie sur des tanins fermes mais au grain très fin. Un authentique vin de garde. ⧗ 2025-2032

CH. SIRAN, 13, av. du Comte-J.-B.-de-Lynch, 33460 Labarde, tél. 05 57 88 34 04, commercial@chateausiran.com V r.-v.

CH. LA TOUR DE BESSAN 2017 ★

■ | 44 600 | | 20 à 30 €

Œnologue de formation, Marie-Laure Lurton a pris la tête en 1992 de trois domaines médocains de son père Lucien : Villegeorges (haut-médoc), Duplessis (moulis) et La Tour de Bessan (margaux). Ce dernier, acquis en 1972 et situé à Soussans, doit son nom à une tour du XIIIe s.

Une dominante de merlot dans ce margaux aux jolis reflets grenat, auquel de délicats apports boisés et fruités donnent un visage aimable. La bouche se montre à la fois fraîche, ronde et fruitée, soutenue par des tanins bien fondus.

CH. LA TOUR DE BESSAN, 17, chem. de Villegeorges, 33480 Avensan, tél. 05 57 88 84 23, contact@marielaurelurton.com V r.-v.

MOULIS-EN-MÉDOC

Superficie : 630 ha / Production : 23 830 hl

Ruban de 12 km de long sur 300 à 400 m de large, moulis est la moins étendue des appellations communales du Médoc. Elle offre pourtant une large palette de terroirs.
Comme à Listrac, ceux-ci forment trois ensembles. À l'ouest, près de la route de Bordeaux à Soulac, le secteur de Bouqueyran présente une topographie variée, avec une crête calcaire et un versant de graves anciennes (pyrénéennes). Au centre, une plaine argilo-calcaire prolonge celle de Peyrelebade (voir listrac-médoc). Enfin, à l'est et au nord-est, près de la voie ferrée, se développent des croupes de graves du Günz (graves garonnaises) qui constituent un terroir de choix. C'est dans ce dernier secteur que se trouvent les buttes réputées de Grand-Poujeaux, Maucaillou et Médrac.
Charnus, les moulis se caractérisent par leur caractère suave et délicat. Tout en étant de garde (sept à huit ans), ils peuvent s'épanouir un peu plus rapidement que les vins des autres appellations communales.

CH. ANTHONIC 2017 ★

■ | 11 290 | | 15 à 20 €

Le cru s'est d'abord appelé Puy Minjon, puis Graves-Queytignan, avant de prendre, en 1922, son nom actuel. Une authentique propriété familiale, forte de 28 ha sur argilo-calcaires, dirigée depuis 1993 par Jean-Baptiste Cordonnier, ingénieur agronome, qui y a réalisé d'importants investissements à la vigne et au chai. Soucieux de biodiversité, ce dernier a planté des haies entre les parcelles et a engagé en 2016 la conversion bio de son domaine.

Bien typé, ce vin annonce sa solide structure par la profondeur de sa robe, entre pourpre et rubis. Rond, riche et équilibré, le palais retrouve les arômes de fruits rouges et noirs du bouquet, soutenus par un boisé bien dosé. ⧗ 2023-2027

⊶ CH. ANTHONIC, rte du Maliney, 33480 Moulis-en-Médoc, tél. 05 56 58 34 60, contact@chateauanthonic.com V *t.l.j. sf sam. dim. 9h-16h; mer. 9h-13h*

CH. BISTON-BRILLETTE 2017 ★★

Cru bourg.	61300		15 à 20 €

Né en 1827, ce cru fut démembré pendant la crise des années 1930. En 1963, la marque et 5 ha de vignes sont achetés par la famille Lagarde, dont les héritiers, Christiane et Michel Barbarin, sont toujours aux commandes. La superficie du vignoble est aujourd'hui de 26,50 ha. Depuis 2015, le cru est certifié HVE3 et s'est engagé dans la démarche SME (système de management environnemental).

Mi-merlot mi-cabernet-sauvignon, ce 2017 se présente dans une jolie robe d'un rubis intense et limpide. Le bouquet dévoile des parfums frais de framboise et de mûre rehaussés de notes fumées et vanillées. La bouche apparaît ample, ronde et riche, épaulée par d'élégants tanins et par un boisé parfaitement ajusté. ⧗ 2023-2028

⊶ EARL CH. BISTON-BRILLETTE, 91, rte de Tiquetorte, 33480 Moulis-en-Médoc, tél. 05 56 58 22 86, contact@chateaubistonbrillette.com V *t.l.j. sf dim. 10h-12h 14h-18h; sam. 10h-12h*

CH. CAROLINE 2017 ★

Cru bourg.	30000		11 à 15 €

Les Chanfreau, viticulteurs rapatriés d'Algérie, possèdent plusieurs crus dans le Médoc, gérés aujourd'hui par Jean Chanfreau, ingénieur agronome, avec son épouse Marie-Hélène et sa sœur Caroline Chanfreau-Philippon. Encadrant la route de Soulac, un peu avant le bourg de Listrac en arrivant de Bordeaux, les domaines de Fonréaud et Lestage sont commandés par 2 châteaux de style Napoléon III (de l'architecte Garros pour le premier). Les 2 crus, de même que le Clos des Demoiselles, acquis en 1962, possèdent un beau terroir de graves pyrénéennes, avec des calcaires et argilo-calcaires pour Lestage. En 1981, les Chanfreau ont également acquis le Ch. Caroline en AOC moulis-en-médoc (6 ha).

Si la robe reste un peu timide, le bouquet fait preuve d'une jolie complexité autour de notes de mûre, de vanille et de poivre blanc. Puissant, tannique, vineux, le palais est bâti pour bien évoluer. ⧗ 2023-2027

⊶ CH. LESTAGE, 33480 Listrac-Médoc, tél. 05 56 58 02 43, contact@vignobles-chanfreau.com V *r.-v.*

HAUT BRILLETTE 2017 ★

	15000		8 à 11 €

Dans la famille Flageul depuis 1976, ce vaste domaine certfié HVE3 étend ses terres sur 110 ha, dont 43 ha sont dédiés à la vigne et plantés sur la croupe de graves dominant le Tiquetorte, ruisseau séparant Moulis et Avensan.

Un peu discret dans sa présentation, ce vin monte ensuite en intensité avec un bouquet aux jolies notes de fruits noirs (cassis), de fleurs (violette) et d'épices (poivre blanc). Rond, riche et bien équilibré, le palais révèle une bonne structure tannique. ⧗ 2023-2026

⊶ CH. BRILLETTE, rte de Peyvignau, 33480 Moulis-en-Médoc, tél. 05 56 58 22 09, contact@chateau-brillette.fr V *r.-v.*

CH. MALMAISON Baronne Nadine de Rothschild 2017 ★

	26000		20 à 30 €

Edmond de Rothschild – arrière-petit-fils de James, qui fit entrer Lafite dans la famille en 1868 – a acquis en 1973 le Ch. Clarke, en listrac, et le Ch. Malmaison, en moulis, avant de fonder la Compagnie vinicole Baron Edmond de Rothschild, propriétaire de plusieurs crus en Bordelais et dans le Nouveau Monde.

Comme la robe, entre rouge et grenat, le bouquet est charmeur avec ses sympathiques notes de cacao et de fruits rouges et noirs. Fraîche, souple et bien équilibrée, la bouche poursuit dans le même esprit. ⧗ 2022-2024

⊶ BARONNE NADINE DE ROTHSCHILD (CH. MALMAISON), 33480 Listrac-Médoc, tél. 05 56 58 38 00, contact@edrh-wines.com V *t.l.j. sf sam. dim. 9h-12h 14h-17h*

CH. MYON DE L'ENCLOS 2017 ★

	8000		11 à 15 €

Issu d'une famille d'agriculteurs de Listrac, Bernard Lartigue a créé le Ch. Mayne Lalande en 1982 ; un domaine qui s'étend aujourd'hui sur 15 ha à l'ouest de la commune, à l'orée de la pinède, complété depuis par les 5 ha de vignes du Ch. Myon de L'Enclos dans l'appellation « sœur », moulis-en-médoc.

D'une couleur soutenue, la robe met en confiance, et le bouquet ne la dément pas. Aussi intense que complexe, il passe des notes de fruits mûrs aux épices, en passant par des senteurs de sous-bois et de cigare. Riche et d'une bonne puissance, le palais porte encore la marque de l'élevage, mais sa structure va lui permettre de bien évoluer. ⧗ 2024-2028

⊶ CH. MYON DE L'ENCLOS, 7, rte du Mayne, 33480 Listrac-Médoc, tél. 05 56 58 27 63, blartigue2@wanadoo.fr V *t.l.j. sf sam. dim. 9h-12h30 14h-17h30* 5

CH. POUJEAUX 2017 ★

	140000		20 à 30 €

82 83 85 (86) **87 88 89 90 93 94 95 96 97 98 99 00** 01

02 03 04 |**05**| |**06**| 07 |**08**| |**09**| |**10**| 11 12 13 **14** 15 **16** 17

Oublié du classement de 1855, Moulis étant resté longtemps un pays de céréaliculture, ce cru figure néanmoins parmi les plus réputés du Médoc. Ancienne seigneurie dépendante de Latour Saint-Maubert, futur Ch. Latour, il connaît un essor dans les années 1920 avec la famille Theil, qui unifia le vignoble – aujourd'hui 68 ha d'un seul tenant sur le beau terroir de graves de Grand-Poujeaux – et porta le domaine au sommet de l'appellation. Depuis 2008, il appartient à Philippe Cuvelier, propriétaire du Clos

Fourtet (1er grand cru classé de Saint-Émilion), qui maintient haut l'exigence de qualité.

S'il est encore dominé par le bois, ce vin développe un bouquet gourmand de griotte et de fruits noirs mûrs agrémentés de notes de caramel et de chocolat. On retrouve la maturité du fruit dans un palais rond, riche, crémeux même, épaulé par de bons tanins de garde. ⧗ 2023-2027

CH. POUJEAUX, 450, av. de la Gironde, 33480 Moulis-en-Médoc, tél. 05 56 58 02 96, contact@chateaupoujeaux.com r.-v.

PAUILLAC

Superficie : 1 215 ha / Production : 53 215 hl

À peine plus peuplé qu'un gros bourg rural, Pauillac est une vraie petite ville, agrémentée d'un port de plaisance sur la route du canal du Midi. C'est un endroit où il fait bon déguster, à la terrasse des cafés sur les quais, les crevettes fraîchement pêchées dans l'estuaire. C'est aussi, et surtout, la capitale du Médoc viticole, tant par sa situation géographique au centre du vignoble, que par la présence de trois 1ers crus classés (Lafite, Latour et Mouton) complétés par une liste assez impressionnante de quinze autres crus classés. La commune compte aussi une coopérative qui assure une production importante.

L'aire d'appellation est coupée en deux en son centre par le chenal du Gahet, petit ruisseau séparant les deux plateaux qui portent le vignoble. Celui du nord, qui doit son nom au hameau de Pouyalet, se distingue par une altitude légèrement plus élevée (une trentaine de mètres) et par des pentes plus marquées.

Détenant le privilège de posséder deux 1ers crus classés (Lafite et Mouton), il se caractérise par une parfaite adéquation entre sol et sous-sol, que l'on retrouve aussi dans le plateau de Saint-Lambert, au sud du Gahet. Ce dernier bénéficie de la proximité du vallon du Juillac, petit ruisseau marquant la limite méridionale de la commune, qui assure un bon drainage, et de ses graves de grosse taille, particulièrement remarquables sur le terroir du 1er cru de ce secteur, Château Latour.

Provenant de croupes graveleuses très pures, les pauillac allient la puissance et la charpente à l'élégance et à la délicatesse de leur bouquet. Comme ils évoluent très heureusement au vieillissement (jusqu'à vingt-cinq ans), il convient de les attendre.

CH. D'ARMAILHAC 2017 ★

5e cru clas.	n.c.		50 à 75 €

82 83 84 85 (86) 87 88 89 90 92 93 94 95 96 97 98 99 00 01 02 03 04 |05| |06| |07| |08| 09 10 11 12 13 14 15 16 17

Ce cru ancien – on en trouve la trace dès le XVIIes. – dispose d'un vaste vignoble de 73 ha au nord de Pauillac, sur trois groupes de parcelles. Voisin de Mouton Rothschild, ce qui ne l'empêche pas d'affirmer sa propre personnalité, il appartient lui aussi à la société Baron Philippe de Rothschild, depuis 1933.

Comme le laisse deviner sa belle teinte grenat foncé, ce pauillac affiche un bon potentiel. Le bouquet fait la part belle aux fruits noirs, avec un discret soutien du bois qui s'exprime par des notes épicées. Ferme et dense dès l'attaque, le palais révèle une solide puissance tannique et une belle concentration. ⧗ 2024-2028

SA BARON PHILIPPE DE ROTHSCHILD (CH. D'ARMAILHAC), 10, rue de Grassi, 33250 Pauillac, tél. 05 56 73 20 20, webmaster@bpdr.com

♥ CH. BATAILLEY 2017 ★★

5e cru clas.	28 000		50 à 75 €

82 83 85 86 88 89 90 92 93 95 (96) 97 98 99 00 01 02 03 04 |05| |06| |07| |08| 09 10 11 12 13 15 16 17

Le navire amiral de la maison Borie Manoux, vénérable maison de négoce fondée en 1870 par les Castéja, l'une des plus anciennes familles de Pauillac, propriétaire du cru depuis 1932. Une belle unité de 55 ha à l'extrémité sud-ouest de l'appellation, qui devrait son nom à une bataille s'étant déroulée sur ces terres en 1453.

Le 2017 de Batailley, qui associe un soupçon de petit verdot au cabernet-sauvignon (80 %) et au merlot, tient dignement son rang de cru classé. La robe est pleine de promesses avec sa belle teinte pourpre sombre. Aussi intense que complexe, le nez développe avec beaucoup d'élégance des arômes de fruits noirs, de violette, de fumée et de réglisse. Frais et souple en attaque, le palais révèle ensuite la présence d'une solide structure tannique prise dans une matière ample et charnue. Une longue finale épicée confère un supplément d'âme à ce pauillac d'une grande harmonie. ⧗ 2024-2028

Ch. Haut Bages Monpelou 2017 ★ (15 à 20 €; 60 000 b.) Un pauillac bien équilibré, rond, charnu et soyeux, bien fruité, avec un boisé ajusté en appoint. ⧗ 2023-2027

SC CH. BATAILLEY, 33250 Pauillac, tél. 05 56 00 00 70, domaines@borie-manoux.fr r.-v.

CH. CLERC MILON 2017 ★

5e cru clas.	n.c.		75 à 100 €

82 83 85 86 87 88 89 90 92 93 94 (95) 96 97 98 99 00 01 02 03 04 |05| |06| |07| |08| 09 10 11 12 13 14 15 16 17

Ce cru classé fut acquis à la Révolution par la famille Clerc, qui ajouta à son nom celui d'un hameau de Pauillac, puis par le baron Philippe de Rothschild en 1970. Situé entre Mouton et Lafite, dans la partie nord-est de l'appellation, il dispose d'un vignoble de 41 ha implanté sur un terroir de choix (pour l'essentiel, la croupe de Mousset qui surplombe la Gironde) et d'un nouveau chai depuis 2011.

Encore un peu fermé et dominé par le bois, le bouquet se montre intéressant par sa complexité naissante autour de notes de fruits rouges et noirs, de fumée et d'épices. La bouche présente un très bel équilibre entre des tanins bien serrés, une chair ample et séveuse et un élevage bien ajusté. ⧗ 2024-2030

SA BARON PHILIPPE ROTHSCHILD
(CH. CLERC MILON), lieu-dit Mousset, 33250 Pauillac,
tél. 05 56 73 20 20, webmaster@bpdr.com
V r.-v.

CH. DUHART-MILON 2017 ★

4e cru clas.	n.c.		+ de 100 €

81 82 83 85 86 87 88 89 90 91 92 93 94 95 96 97 98 |99| |00| |01| |02| |03| |04| |05| |06| |07| |08| 09 10 11 12 13 14 15 16 17

Ces anciennes terres du « Prince des vignes », Nicolas-Alexandre de Ségur (XVIIIe s.), furent longtemps propriété des Castéja, qui donnèrent son nom au cru (celui d'un corsaire de Louis XV établi à Pauillac à sa retraite, dont la maison orne aujourd'hui l'étiquette). Vendu en 1937, morcelé et en déclin, le vignoble de Duhart-Milon a été racheté en 1962 par les Rothschild, qui l'ont restructuré, agrandi et lui ont redonné son lustre de 4e cru classé. Le vignoble couvre aujourd'hui 76 ha attenants au Ch. Lafite, sur le coteau de Milon qui prolonge le plateau des Carruades.

Le gel des 26 et 27 avril 2017 a touché 5 ha du vignoble de Duhart-Milon, dans ses secteurs les plus froids, mais la suite fut plus sereine, et les raisins ont pu mûrir lentement jusqu'aux vendanges. Dans le verre, un pauillac né de 76 % de cabernet-sauvignon et 24 % de merlot, paré d'une belle robe sombre tirant vers le noir. Une profondeur que l'on retrouve à l'olfaction autour de fruits rouges mûrs nuancés d'une touche de cuir et de cannelle. Le fruit est aussi bien présent dans une bouche ferme et solide mais sans rugosité, épaulée par une fraîcheur minérale, « pierreuse », qui renforce son caractère un peu austère tout en lui conférant une belle longueur. Un vin sérieux mais très harmonieux, qui peut voir loin. ⧗ 2025-2035

SC CH. DUHART-MILON,
rue Étienne-Dieuzède, 33250 Pauillac,
tél. 05 56 73 18 18, visites@lafite.com

CH. HAUT-BATAILLEY Verso 2017 ★

■	n.c.		20 à 30 €

La famille Cazes, propriétaire du Ch. Lynch-Bages, a acquis en 2017 ce cru classé auprès de la famille Des Brest-Borie, qui en était propriétaire depuis 1932. Une belle unité d'une quarantaine d'hectares à l'extrémité sud-ouest de l'appellation, qui devrait son nom à une bataille s'étant déroulée sur ces terres en 1453. C'est au XVIIe s. que des vignes y ont été plantées, tandis que le parc du château est dû au paysagiste de Napoléon III, Barillet-Deschamps.

Seconde étiquette du Ch. Haut-Batailley, ce Verso 2017 est un digne représentant du cru. Tant par sa robe d'un rouge vif animé de beaux reflets grenat que par son bouquet de fruits rouges (cerise et fraise) agrémenté de notes boisées. Attaquant avec beaucoup de fraîcheur, le palais se montre fort agréable par son côté équilibré et soyeux, plus en finesse qu'en puissance. ⧗ 2023-2027

SASU CH. HAUT-BATAILLEY,
Ch. Haut-Batailley, 33250 Pauillac, tél. 05 56 73 24 00,
contact@jmcazes.com

CH. HAUT DE LA BÉCADE 2017 ★

■	22 000		15 à 20 €

La Rose Pauillac est une petite coopérative fondée en 1933 par une trentaine de propriétaires. Elle propose quatre cuvées, avec pour fer de lance, le Ch. Haut de la Bécade, domaine personnel de Sylvie Rainaud, présidente de la cave : 7 ha encerclés de crus classés dans le hameau de Bages, au sud de l'appellation.

Bien typé pauillac par sa robe d'un grenat profond, ce vin est encore un peu marqué par l'élevage, mais le bois, aux tonalités torréfiées, se marie harmonieusement avec les fruits frais. Le palais se montre souple en attaque, frais et finement tannique dans son développement, avec une jolie longueur en prime. ⧗ 2024-2027

SCV LA ROSE PAUILLAC,
44, rue du Mal-Joffre, BP 14, 33250 Pauillac,
tél. 05 56 59 26 00, larosepauillac@wanadoo.fr
V t.l.j. sf dim. 8h-12h 14h-18h

CARRUADES DE LAFITE 2017 ★

■	n.c.		+ de 100 €

85 86 88 89 90 92 93 94 95 96 97 98 99 00 01 |02| |03| |04| |05| |06| |07| 08 09 10 11 12 13 14 15 16 17

Second vin de Lafite Rothschild, les Carruades offrent des caractéristiques proches du grand vin, avec une personnalité propre liée à une proportion supérieure de merlot et à des parcelles spécifiques destinées à sa production. Son nom provient du « plateau des Carruades », ensemble de parcelles jouxtant la croupe du château, acquises en 1845.

Une seyante robe foncée habille le Carruades 2017, né de 65 % de cabernet-sauvignon, 30 % de merlot et de 5 % de cabernet franc. Au nez, d'élégantes notes de boisé fumé, de graphite et de tabac brun accompagnent les fruits noirs et la réglisse, agrémentés d'une petite touche animale. Une belle attaque à la fois ronde et ferme ouvre sur un palais fruité, épicé et très frais, doté de tanins serrés. Un ensemble équilibré mais qui doit encore se fondre. ⧗ 2025-2032

SC CH. LAFITE ROTHSCHILD
(CARRUADES DE LAFITE), 33250 Pauillac,
tél. 05 56 73 18 18, visites@lafite.com

CH. LAFITE-ROTHSCHILD 2017 ★★

1er cru clas.	n.c.		+ de 100 €

59 (61) 64 66 69 70 73 75 76 77 78 79 80 81 |82| |83| 84 85 |86| 87 |88| |89| 90 92 93 94 |(95)| |(96)| 97 |(98)| 99 |(00)| |01| |(02)| |(03)| (04) (05) (06) (07) (08) (09) (10) (11) 12 13 (14) (15) (16) 17

Ancienne seigneurie, dont la juridiction s'étendait au nord de Pauillac, le domaine doit aux Ségur – parlementaires bordelais et grands propriétaires de vignes – son château et une vocation viticole établie dès le XVIIe s., qui lui a valu d'être élevé au rang de 1er cru classé en 1855. Mais il doit aux Rothschild, qui l'ont acquis en 1868, d'avoir été à l'abri des divisions et autres cessions qui ont affaibli tant de propriétés prestigieuses. Il doit aussi à l'équipe formée par Éric de Rothschild, aux commandes depuis 1974, et Charles Chevallier, son directeur technique jusqu'en 2016, sa modernisation et ses outils performants, tel son célèbre chai circulaire

imaginé par Ricardo Bofill. Outils qui permettent de révéler pleinement la personnalité d'un terroir exceptionnel planté de 112 ha de vignes : une superbe croupe de graves fines et profondes sur un sous-sol calcaire. Éric Kohler a pris en 2016 la direction technique du Lafite, Charles Chevallier restant consultant et ambassadeur du château.

Les terribles épisodes de gel des 26 et 27 avril 2017 qui ont tant blessé le vignoble bordelais ont miraculeusement épargné Lafite. La suite s'est déroulée sans encombre, avec une fleur précoce, des précipitations équilibrées et un été un peu plus frais qu'à l'accoutumée mais serein, qui a engendré une maturation lente et harmonieuse des raisins. Le cabernet-sauvignon entre à 97 % dans le grand vin, avec le merlot (2,5 %) et le petit verdot en complément. La robe est sombre, dense, le nez profond : moka grillé, cèdre, menthe poivrée, fruits noirs (cassis, myrtille) s'y déploient harmonieusement mais avec encore un peu de réserve pour l'heure. En bouche, le vin se montre opulent et crémeux dès l'attaque, porté par des tanins policés d'une belle finesse et par une fraîcheur remarquable, renforcée par une longue finale sur le poivre blanc. Et le meilleur est à venir… ⧗ 2025-2040

⊶ SC CH. LAFITE ROTHSCHILD (CH. LAFITE ROTHSCHILD), 33250 Pauillac, tél. 05 56 73 18 18, visites@lafite.com

♥ CH. LATOUR 2017 ★★★

■ 1er cru clas. | n.c. | ◨ | + de 100 €

(61) 67 71 73 74 75 76 77 78 79 80 81 |82| |83| 84 |85| |86| 87 |88| |89| |90| |91| 92 93 94 |(95)| |96| |97| |(98)| |99| |(00)| |01| |(02)| (03) 04 (05) (06) 07 (08) (09) (10) (11) (12) 13 (14) (15) (16) (17)

Maison forte, dite de Saint-Maubert, commandant une importante seigneurie au Moyen Âge et protégeant l'accès à Bordeaux, le site de Latour fit l'objet d'une bataille pendant la guerre de Cent Ans. Toutefois, l'événement marquant de son histoire fut l'unification du domaine par Arnauld de Mullet à la fin du XVIes. Elle a permis au cru de posséder très tôt un vignoble homogène (65 ha aujourd'hui), établi sur une belle croupe de grosses graves claires, dont le cœur – le terroir dit de l'Enclos (47 ha) – donne naissance au grand vin. Autre atout, la stabilité : la propriété est restée entre les mains des descendants des Ségur, illustre famille du vignoble médocain, jusqu'en 1962. Après un passage « sous pavillon britannique » (groupe Pearson), le cru a été acquis en 1993 par l'industriel François Pinault, qui a beaucoup investi à la vigne (arrachages et replantations) et à la cave (nouveau chai souterrain, rénovation du cuvier).

Latour enchaîne les millésimes avec une aisance déconcertante, qu'ils soient solaires ou maussades, comme 2017. Les grands terroirs parlent toujours… Ici, un pauillac sombre et dense comme il se doit, au bouquet intense et d'un charme fou : pain brioché, café grillé, épices douces, cerise noire, violette, le bois et le raisin s'en donnent à cœur joie, et en toute harmonie. En bouche, le vin est opulent, riche, volumineux, mais avec aussi un caractère très délié, très délicat, très fondu, autour de tanins tendres et d'un boisé racé (cèdre, cannelle) parfaitement pris dans la chair. La finale, d'une longueur impressionnante, à la fois crémeuse et d'une grande fraîcheur, laisse une impression d'équilibre idéal. ⧗ 2025-2040

⊶ SARL CH. LATOUR DIFFUSION, Saint-Lambert, 33250 Pauillac, tél. 05 56 73 19 80, s.guerlou@chateau-latour.com

LES FORTS DE LATOUR 2017 ★★

■ | n.c. | ◨ | + de 100 €

82 83 85 86 87 88 89 90 92 94 95 96 97 98 99 |00| |01| |02| |03| |04| |05| |06| |07| 08 09 10 11 12 13 14 15 16 17

Le second vin du Ch. Latour, élaboré généralement avec une plus forte proportion de merlot et à partir de parcelles extérieures à l'Enclos (et des jeunes vignes de celui-ci), cœur historique du vignoble réservé au grand vin.

Une même densité de robe que pour le grand vin dans les Forts, et un pauillac qui tire clairement son épingle du jeu dans un millésime peu évident. Si le nez est quelque peu réservé de prime abord, il déploie à l'aération de jolies notes d'épices douces et de noyau de cerise mâtinées d'une touche animale qui lui donne un petit air sauvage. En bouche, un volume certain, beaucoup de fraîcheur et des tanins « carrés » bien dans le ton du cru mais au grain fin, sans aspérité ni dureté. Un pauillac encore assez fougueux mais plein de promesses. ⧗ 2025-2035

⊶ SARL CH. LATOUR DIFFUSION, Saint-Lambert, 33250 Pauillac, tél. 05 56 73 19 80, s.guerlou@chateau-latour.com

CH. LYNCH-BAGES 2017 ★★

■ 5e cru clas. | n.c. | ◨ | + de 100 €

(82) 83 84 85 86 87 88 89 90 91 92 93 94 95 96 97 (98) 99 (00) 01 02 03 04 |05| |06| |07| |08| 09 10 11 12 13 (14) 15 16 17

Le nom de ce cru associe celui des négociants irlandais propriétaires au XVIIIes. et celui d'un hameau situé aux portes sud de Pauillac. Son succès résulte, depuis les années 1930, du travail continu de trois générations de Cazes : Jean-Charles, André et Jean-Michel. La part de ce dernier, qui a passé la main à son fils Jean-Charles, est essentielle. Sa réussite est liée à la qualité des vins, nés d'un vaste vignoble de 100 ha, et aussi à une vraie stratégie de développement, incluant un négoce et des infrastructures touristiques (hôtel-restaurant, commerces).

Fidèle à sa réputation, le cru signe un bien beau pauillac dans ce millésime pourtant bien compliqué et qui fait suite aux merveilleux 2014, 2015 et 2016, tous élus coup de cœur. Classique dans sa robe sombre et profonde, le 2017 séduit d'emblée par son bouquet fin de noyau, de cassis et de boisé torréfié et épicé. La bouche trouve un bon point d'équilibre entre des tanins très fins et soyeux, une fraîcheur bien présente qui signe le millésime et un boisé racé. La longue et intense finale confirme le solide potentiel de cette bouteille. ⧗ 2024-2030

SAS CH. LYNCH-BAGES, Ch. Lynch-Bages, 33250 Pauillac, tél. 05 56 73 24 00, contact@jmcazes.com V r.-v.

CH. LYNCH-MOUSSAS 2017 ★

5e cru clas. | 220 000 | | 30 à 50 €

Propriété depuis le XVIIIe s. du comte Lynch, jusqu'à sa division en deux, donnant Lynch Moussas et Lynch-Bages. Émile Castéja, entré dans la famille en 1919, reprend ce domaine en 1969 et restructure vignes et chai. Son fils Philippe est aux commandes depuis 2001 de ce cru de 35 ha, proche de Batailley, également propriété des Castéja.

Un pauillac d'un bel équilibre. Celui-ci s'affirme dès le bouquet par de fines notes boisées et fruitées bien mariées. Il se confirme dans un palais souple et frais en attaque, épaulé par des tanins doux et bien extraits. ⧗ 2023-2026

SC CH. LYNCH-MOUSSAS, Ch. Lynch-Moussas, 33250 Pauillac, tél. 05 56 00 00 70, domaines@borie-manoux.fr V r.-v.

♥ CH. MOUTON ROTHSCHILD 2017 ★★

1er cru clas. | n.c. | | + de 100 €

73 74 **75 76** 77 **78 79** 80 81 |82| |83| **84** |85| |(86)| **87** |88| |89| |90| **91 92 93 94** (95) |96| **97** |(98)| |99| |(00)| |01| |02| |03| |04| (05) (06) (07) (08) (09) (10) (11) **12 13** (14) (15) **16 17**

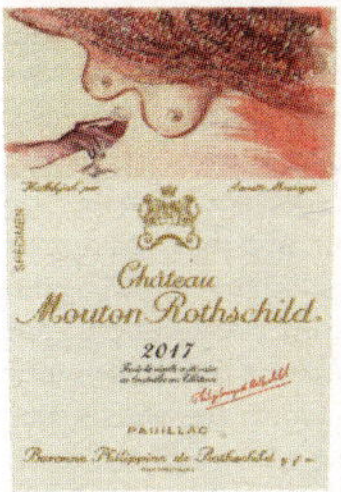

Acquis en 1853 par la famille Rothschild, Ch. Mouton Rothschild est fortement lié à la personnalité du baron Philippe. Arrivé à la tête du cru en 1922, ce dernier lui redonne ses lettres de noblesse en le modernisant (construction du célèbre «grand chai», notamment) – un travail qui aboutit en 1973 à la révision du classement de 1855 et à l'accession de Mouton au rang de 1er cru classé. Le baron Philippe a aussi fait du domaine le socle d'un petit empire comprenant d'autres vignobles et une maison de négoce. Il a également joué un rôle important dans l'histoire du vin en étant l'un des premiers à pratiquer la mise en bouteilles au château, dès 1926, et en faisant illustrer ses étiquettes par des artistes. À partir de 1988, sa fille Philippine, disparue en 2014, a poursuivi son œuvre. Les enfants de cette dernière, Camille et Philippe Sereys de Rothschild et Julien de Beaumarchais de Rothschild, lui ont succédé. Philippe Dhalluin est le directeur depuis 2003. À sa disposition, un vignoble de 84 ha situé pour l'essentiel sur une croupe de graves très profondes dite «Plateau de Mouton» et un tout nouveau cuvier sorti de terre en 2013.

L'étiquette 2017 a été confiée à la graphiste et plasticienne française Annette Messager, qui a souhaité associer, dans un élan biblique, le lait et le vin. Dans le verre, un pauillac digne de son rang, malgré le gel qui a touché deux parcelles mais a épargné la croupe de graves au cœur du grand vin. Dans le verre, un pauillac éclatant dans sa robe grenat brillant. Au nez, une grande complexité : fruits mûrs (prune, cerise), boisé épicé et torréfié, notes de graphite et de violette. Très frais en attaque, le palais poursuit dans le même esprit délié, porté par des tanins d'une admirable finesse jusque dans sa très longue finale. Un Mouton qui mise sur l'élégance, et cela lui va très bien. ⧗ 2025-2040

SA BARON PHILIPPE DE ROTHSCHILD, lieu-dit le Pouyalet, 33250 Pauillac, tél. 05 56 73 20 20, webmaster@bpdr.com V r.-v.

LE PETIT MOUTON DE MOUTON ROTHSCHILD 2017 ★

| n.c. | | + de 100 €

Petit Mouton était le nom de résistance de la baronne Philippine de Rothschild pendant la Seconde Guerre mondiale. En 1994, il est devenu celui du second vin du cru, réalisé à partir des vignes les plus jeunes. L'étiquette s'inspire d'un dessin de style «Art Déco» réalisé en 1927 par le peintre-affichiste Jean Carlu.

Très racé dans sa robe rubis soutenu, ce Petit Mouton partage la fraîcheur de son «grand frère». S'il se montre un peu moins expressif au nez, il laisse poindre de jolis arômes de fruits rouges, de poivre et de silex. En bouche, il apparaît ample, dense, étayé par des tanins soyeux et un beau boisé torréfié, avec toujours cette ligne fraîche en appoint. ⧗ 2024-2030

SA BARON PHILIPPE DE ROTHSCHILD, lieu-dit le Pouyalet, 33250 Pauillac, tél. 05 56 73 20 20, webmaster@bpdr.com V r.-v.

CH. PIBRAN 2017 ★★

| 21 900 | | 30 à 50 €

Ce cru constitué au début du XXe s. est propriété d'Axa Millésimes depuis 1987. Entièrement restructuré après l'acquisition du voisin Tour Pibran en 2001 par la compagnie d'assurances, ce domaine se hisse maintenant au niveau des plus grands. À sa disposition, un vignoble de 17 ha établi sur la belle croupe de graves de Pontet Canet et d'Armailhac, au nord de l'appellation, et l'expertise de l'équipe de Pichon-Longueville Baron, également propriété d'Axa Millésimes.

Si elle semble hésiter entre le pourpre et le rubis, la robe de ce très joli 2017 ne laisse planer aucun doute sur son intensité. Celle-ci se retrouve dans le bouquet qui se révèle également d'une réelle complexité avec de fines notes de fruits mûrs, de pain d'épices et de fumée. Rond, gras, suave, ample et long, le palais s'appuie sur des tanins bien fondus et veloutés qui renforcent son caractère enveloppant. ⧗ 2025-2030

SCI TOUR PIBRAN, Ch. Pibran, 33250 Pauillac, tél. 05 56 73 17 17, contact@pichonbaron.com

CH. PICHON-LONGUEVILLE BARON 2017 ★★

2e cru clas. | 167 600 | | + de 100 €

82 83 84 **85 86 87 88 89** (90) **91 92 93 94 95** (96) **97 98 99** |00| **01** |02| **03** |04| |(05)| |06| |07| |08| (09) (10) **11 12 13 14** (15) **16 17**

Le vignoble originel fut constitué au XVIIe s. par Jacques de Pichon, baron de Longueville. Divisé en deux en 1850, le cru revient en partie à Raoul

de Pichon-Longueville (l'autre devenant Pichon Comtesse), qui y fait édifier le château actuel. Inspiré de celui d'Azay-le-Rideau, le bâtiment contraste avec les lignes horizontales du chai construit après le rachat du domaine en 1987 par Axa Millésimes. L'assureur y a entrepris d'importants travaux de rénovation, sous la conduite de Jean-Michel Cazes, puis de Christian Seely, Jean-René Matignon assurant la direction technique. Depuis 2001, la politique de sélection a été intensifiée : ne sont désormais utilisés pour le grand vin que 40 ha sur les 73 que compte ce terroir d'exception, fait de belles graves garonnaises, voisin immédiat de Latour.

Comme toujours ici, le grand vin de Pichon Baron se distingue par son équilibre parfait entre puissance et élégance, perceptible dès l'examen de sa robe à la fois profonde et brillante. Le nez, complexe et riche, développe de beaux arômes de fruits rouges et noirs un rien confiturés, qu'appuient de discrètes notes d'élevage (épices douces, nuances fumées) et une pointe de minéralité. Bâtie sur des tanins soyeux, au grain très fin, le palais conjugue intensité, volume et grande fraîcheur. ⧗ 2025-2035 ■ **Les Griffons de Pichon Baron 2017 ★ (30 à 50 €; 90 100 b.)** Un pauillac sombre, au nez discret mais élégant de cerise, de mûre, de cacao et de café, à la bouche ample, dense, charnue, dotée de tanins fins. ⧗ 2024-2028 ■ **Les Tourelles de Pichon Baron 2017 ★ (30 à 50 €; 66 000 b.)** Fruits mûrs, épices et toast, le bouquet est engageant. La bouche se montre bien équilibrée autour de tanins soyeux et fondus, et d'une jolie finale sur la fraîcheur. ⧗ 2023-2027

SE PICHON-LONGUEVILLE, Ch. Pichon Baron, 33250 Pauillac, tél. 05 56 73 17 17, contact@pichonbaron.com V r.-v.

CH. PICHON-LONGUEVILLE COMTESSE DE LALANDE 2017 ★

■ 2e cru clas. | n.c. | | + de 100 €

82 83 84 **85** (86) 87 (88) **89** 90 **91** 92 **93 94 95** 96 **97 98 99 00 01 02** |**03**| |**04**| **05 06** |07| |**08**| **09 10 11 12** 13 **14 15 16** 17

Fondé à la fin du XVIIes., ce cru n'a connu en trois siècles que trois familles à sa tête. En 1850, Virginie de Pichon Longueville, comtesse de Lalande par son mariage, hérite avec ses deux sœurs des trois cinquièmes du vignoble de leur père, le reste allant aux fils (Pichon Baron). Le domaine restera dans la famille jusqu'à son rachat en 1925 par Édouard et Louis Miailhe. À partir de 1978, May-Éliane de Lencquesaing, fille du premier, donne une renommée internationale à ce cru de 90 ha, dont la singularité tient aux 11 ha situés sur la commune de Saint-Julien et à l'importance donnée au merlot (35 %) dans son encépagement. Une renommée et un esprit « féminin » (jusque dans le grand vin) perpétués depuis 2007 par une autre famille, les Rouzaud, propriétaires du champagne Roederer.

Très élégant dans sa robe rubis qu'animent des reflets rouge cerise, ce 2017 reste un peu plus discret dans son expression aromatique, offrant de légères notes fruitées et boisées. Il prend de l'ampleur au palais autour de tanins soyeux et fondus et d'une pointe de vivacité qui lui donne du nerf et de l'allonge. ⧗ 2024-2030

SCI DU DOM. DE CH. PICHON-LONGUEVILLE COMTESSE DE LALANDE, 33250 Pauillac, tél. 05 56 59 19 40, pichon@pichon-comtese.com r.-v.

CH. PLANTEY 2017 ★

■ Cru bourg. | 98 000 | | 15 à 20 €

Ce cru bourgeois d'une taille respectable (30 ha) est l'une des propriétés médocaines de la famille Meffre. Le merlot, légèrement majoritaire, et le cabernet-sauvignon font pratiquement jeu égal dans son encépagement.

D'une belle teinte rubis à reflets rouges vifs, la présentation de ce 2017 met en confiance; de même que le bouquet, très expressif, avec de belles notes de fruits rouges et de fleurs que soutient un bois bien dosé. La bouche apparaît fraîche, svelte et bien équilibrée, portée par des tanins souples. Jolie finale rappelant une vendange mûre. ⧗ 2023-2027

SCE CH. PLANTEY, rte du Plantey, 33250 Pauillac, tél. 05 56 59 32 30, claude.j.meffre@wanadoo.fr V r.-v.

SAINT-ESTÈPHE

Superficie : 1 230 ha / Production : 54 200 hl

À quelques encablures de Pauillac et de son port, Saint-Estèphe affirme un caractère terrien avec ses rustiques hameaux pleins de charme. Correspondant (à l'exception de quelques hectares compris dans l'appellation pauillac) à la commune elle-même, l'appellation est la plus septentrionale des six AOC communales médocaines. L'altitude moyenne est d'une quarantaine de mètres et les sols sont formés de graves légèrement plus argileuses que dans les appellations plus méridionales. L'appellation compte cinq crus classés, et les vins qui y sont produits portent la marque du terroir. Celui-ci renforce nettement leur caractère, avec, en général, une acidité des raisins plus élevée, une couleur plus intense et une richesse en tanins plus grande que pour les autres vins du Médoc. Très puissants, ce sont d'excellents vins de garde.

CH. LE BOSCQ 2017 ★★

■ Cru bourg. | 90 000 | | 30 à 50 €

Commandé par une belle demeure de la fin du XIXes., ce cru de 18 ha, appartenant à la maison Dourthe depuis 1995, possède un terroir intéressant : une croupe de graves garonnaises sur argile regardant l'estuaire. Il dispose d'un cuvier modèle équipé de cuves de petite capacité et sans pompes.

La robe, d'un rubis intense, et le palais, souple à l'attaque, ample, long et bien charpenté par des tanins fermes et fins à la fois, encadrent et mettent en valeur un bouquet élégant, fruit du mariage harmonieux de raisins mûrs et d'un élevage bien dosé. Une belle bouteille de garde dans un millésime pourtant bien compliqué avec le gel dévastateur de la fin avril, mais auquel le domaine a échappé grâce à sa situation privilégiée au bord de l'estuaire. ⧗ 2023-2028

CH. LE BOSCQ -VIGNOBLES DOURTHE, 33180 Saint-Estèphe, tél. 05 56 35 53 00, contact@dourthe.com r.-v.

CH. COS LABORY 2017 ★

■ 5e cru clas. | 109 000 | | 30 à 50 €

82 **83 85 86** 88 89 (90) 91 **92** 93 94 95 **96 97 98 99** 00 **01** 02 03 **04** |05| |**06**| 07 |**08**| **09 10** 11 **12** 13 **14 15 16** 17

Un authentique domaine familial, encore habité, fait rare, par ses propriétaires. Dans la même famille depuis 1922, Cos Labory est le lieu de résidence de Bernard Audoy, actuel président de l'appellation saint-estèphe. Le cru a été uni à Cos d'Estournel jusqu'en 1810, année de son achat par François Labory. D'une superficie assez modeste pour un classé (18 ha), son vignoble se répartit entre 3 grands ensembles, dont un en forme de croissant, à l'ouest du château. Tous sont composés de graves, mais sur des socles plus ou moins argileux.

Derrière une robe d'un rubis intense à reflets pourpres se dresse un bouquet fumé et épicé. Le palais, frais, tonique, d'un bon volume, dévoile des tanins serrés qui vont permettre à l'ensemble d'avoir le temps de se fondre et de s'affiner. ⧗ 2024-2028

CH. COS LADORY, 33180 Saint-Estèphe, tél. 05 56 59 30 22, contact@cos-labory.com V r.-v.

CH. HAUT COTEAU 2017 ★

■ | 18 000 | | 15 à 20 €

Vignoble familial créé en 1908 et resté un demi-siècle en coopérative, ce cru couvrant 19 ha dans le nord de l'appellation est conduit depuis 2018 par Frédéric Brousseau, qui a succédé à son père Bernard.

Régulier en qualité, ce cru propose un 2017 ayant une belle allure. Par sa robe d'un seyant rouge frais, limpide et brillant, comme par son bouquet complexe et intense de fruits rouges confiturés, de violette et d'épices douces. On apprécie aussi sa bouche ronde, séveuse, aux tanins denses et serrés, et sa longue finale. ⧗ 2024-2028

HAUT COTEAU, 16, rte du Vieux-Moulin, Saint-Corbian, 33180 Saint-Estèphe, tél. 05 56 59 39 84, chateau.haut-coteau@wanadoo.fr V *t.l.j. sf dim. 10h-12h 14h-17h*

CH. HAUT-MARBUZET 2017 ★

■ | 300 000 | | 20 à 30 €

85 86 88 89 90 92 93 94 95 96 97 98 **99** |**00**| |**01**| |**02**| |**03**| |**04**| |05| |06| |**07**| **08 09 10** 11 12 13 14 **15** 16 17

Dans l'après-guerre, Hervé Duboscq était sous-chef de gare à Langon. Pour améliorer l'ordinaire, il s'est établi représentant en bouchons. De voies en vin, il s'installe marchand de vin. Puis, de vin en vignes, il acquiert en 1952 7 ha de l'ancien cru des Mac Carthy, Irlandais émigrés à Saint-Estèphe, dont les héritiers avaient découpé le domaine pour le revendre. Cinquante ans durant, les Duboscq père et fils ont rassemblé les pièces éparses et reconstitué le puzzle (65 ha). Henri Duboscq a pris la suite de son père en 1973 ; ses fils Bruno et Hughes l'ont suivi. Le domaine est aujourd'hui l'une des références de l'appellation.

Le Haut-Marbuzet 2017 s'annonce par une superbe robe rubis brillant. Fruits rouges frais, épices, réglisse, sous-bois, le bouquet est lui aussi particulièrement expressif. Souple et ronde en attaque, la bouche développe ensuite une solide structure tannique qui pousse loin la finale et laissent serein sur le potentiel de ce vin. ⧗ 2024-2028

CH. HAUT MARBUZET, Ch. Haut-Marbuzet, 33180 Saint-Estèphe, tél. 05 56 59 30 54, henri.dubosq@haut-marbuzet.net V *r.-v.*

CH. L'INSOUCIANCE 2017 ★

■ | 13 700 | | 20 à 30 €

C'est au départ à la retraite d'un coopérateur que 5 amis passionnés de vigne et de vin ont acquis en 2010 ces terres sous le conseil avisé d'Éric Boissenot. À leur disposition, un cru de poche de 1,88 ha.

Bien typé, ce 2017 est un vrai vin de garde qui tient les promesses de sa robe d'une couleur soutenue. D'abord par la richesse de son bouquet, à la fois puissant et fin, ouvert sur les fruits rouges mûrs et un boisé frais ; ensuite par sa bouche ample, fraîche, aux tanins solides, garants de son potentiel. ⧗ 2024-2030

CH. L' INSOUCIANCE, 17, rue de Lestage, 33180 Saint-Seurin-de-Cadourne, tél. 06 11 02 99 30, chateau-l-insouciance@hotmail.fr

CH. LILIAN LADOUYS 2017 ★

■ Cru bourg. | 247 516 | | 20 à 30 €

Au XIVes., La Doys était une métairie de Lafite. Après avoir connu son heure de gloire à la charnière des XIXe et XXes., sous le nom de Ch. Ladouys, ce cru avait pratiquement disparu. Il a été ressuscité (et rebaptisé du nom de son épouse) par Christian Thiéblot dans les années 1980, puis par la Natexis à partir de 1989. En 2008, nouveau changement de propriétaires avec Jacky et Françoise Lorenzetti (Pédesclaux à Pauillac), qui ont vendu leur réseau d'agences immobilières pour investir dans la vigne. Ils ont entrepris un vaste programme de restructuration des 45 ha de vignes.

Si la robe demeure discrète, quoique d'une jolie couleur rubis, le bouquet est prometteur par sa puissance et sa complexité (fruits rouges mûrs, vanille, réglisse, nuances florales). Souple à l'attaque, le palais apparaît frais, solide, porté par des tanins encore un peu stricts mais prometteurs. ⧗ 2024-2027 ■ **La Devise de Lilian 2017 ★ (11 à 15 € ; 119 200 b.)** Un second vin qui présente un profil proche du grand vin : le bouquet, fruité et épicé, comme les tanins, encore assez sévères, affichent une jolie puissance. ⧗ 2024-2026

CH. LILIAN LADOUYS, Blanquet, 33180 Saint-Estèphe, tél. 05 56 59 22 59, contact@chateau-lilian-ladouys.com V *r.-v.*

CH. MEYNEY 2017 ★★

■ | 20 400 | | 30 à 50 €

90 92 93 94 **95 96** 97 99 00 01 02 04 |05| |06| |**08**| 09 10 12 13 **14** 15 **16 17**

Ancien prieuré des Couleys, couvent de l'ordre des Feuillants au XVIIes., développé successivement par les familles Luetkens et Cordier, ce cru de 51 ha régulier en qualité, voisin de Montrose, serait l'un des berceaux de la viticulture stéphanoise. Il est depuis 2004 dans le giron de CA Grands Crus (groupe Crédit

Agricole), propriétaire entre autres de Grand-Puy Ducasse (pauillac).

Comme l'annonce sa robe soutenue, ce vin a du caractère. Le bouquet dévoile des arômes d'épices et de cacao qui se joignent aux fruits rouges pour composer un bel ensemble, intense et complexe. La bouche apparaît ample, solide, puissante et longue, en même temps que très élégante. ⧗ 2024-2030

CH. MEYNEY, 4, quai Antoine-Ferchaud, 33250 Pauillac, tél. 05 56 59 00 40, contact@cagrandscrus.fr

CH. MONTROSE 2017 ★★

■ 2e cru clas. | n.c. | | + de 100 €

(82) 83 85 86 87 88 89 90 91 92 93 94 95 96 97 98 |99| |00| |01| 02 |03| |04| |05| |06| |07| 08 09 10 11 12 13 14 15 16 17

Entouré de 95 ha de vignes d'un seul tenant, Montrose a pour seul horizon l'estuaire de la Gironde. Autrefois, ses sols très pauvres, essentiellement des graves sur argiles, étaient des pâturages couverts de bruyères, qui formaient d'immenses plaques roses lors de la floraison. Ce qui a valu son nom au domaine, transformé en vignoble à la fin du Premier Empire par Étienne-Théodore Dumoulin, développé par Mathieu Dolfuss à partir de 1866 et par les Charmolüe après 1896. Ces derniers ont maintenu intacts le prestige et la qualité de Montrose à travers tout le XXes., avant de céder le cru en 2006 à Martin et Olivier Bouygues, qui en ont confié en 2012 la direction à Hervé Berland et ont entrepris un vaste programme de rénovation.

Dans ce millésime pudiquement qualifié de compliqué, Montrose tient son rang avec un 2017 « très Bordeaux » dans sa robe rubis soutenu. Le bouquet dévoile de puissants parfums de fruits rouges mûrs et de vanille. Souple et rond en attaque, ample, plus intense et corpulent dans son développement, le palais est soutenu par des tanins fermes et un boisé racé porteurs d'un bon potentiel. ⧗ 2024-2030 ■ **La Dame de Montrose 2017 ★ (30 à 50 €; n.c.)** Un second vin au joli bouquet fruité, souple et frais en bouche, aux tanins fondus et soyeux. ⧗ 2023-2025

CH. MONTROSE, Ch. Montrose, 33180 Saint-Estèphe, tél. 05 56 59 30 12, chateau@chateau-montrose.com r.-v.

CH. ORMES DE PEZ 2017 ★

■ | n.c. | | 20 à 30 €

89 90 95 96 97 98 99 00 01 02 03 04 06 07 |08| 09 10 12 13 15 16 17

Si Lynch-Bages, à Pauillac, est le navire amiral des Domaines Jean-Michel Cazes, ce n'est pas le premier cru acquis par la famille Cazes. Ce titre revient aux Ormes de Pez, situé au nord de l'appellation saint-estèphe, acheté par Jean-Charles Cazes en 1940. Le vignoble couvre 40 ha sur un terroir typique de graves garonnaises.

Sans être très puissant, ce 2017 souple, soyeux et bien équilibré en bouche met en valeur l'élégance de son expression aromatique en mariant avec succès les notes fruitées et boisées (épices et vanille). ⧗ 2023-2026

CH. ORMES DE PEZ, rte des Ormes, 33180 Saint-Estèphe, tél. 05 56 73 24 00, contact@jmcazes.com V r.-v. 5

CH. PHÉLAN SÉGUR 2017 ★★

■ | 200 000 | | 30 à 50 €

88 89 90 91 93 94 95 96 97 98 99 00 01 |02| 03 |(04)| |05| |06| 07 |08| 09 10 11 12 13 14 15 16 17

Situé sur le plateau à côté du bourg de Saint-Estèphe, ce cru allie un impressionnant ensemble de bâtiments néo-classiques à un terroir de premier choix : 70 ha de graves argileuses. Et aussi des propriétaires de renom. Bernard Phélan, possédant déjà le domaine de Garamey, acheta en 1810 des terres venant de Joseph-Marie de Ségur, comte de Cabanac (qui n'avait qu'une simple homonymie avec les Ségur de Lafite et Calon). Puis, pendant longtemps, les Delon, une référence en Médoc. Et depuis 1985, Xavier Gardinier.

À l'élégance de la belle robe rubis du Phélan 2017 répond celle du bouquet, ouvert sur des notes fruitées agrémentées d'une touche de cuir. Souple à l'attaque, le palais apparaît ample, gras et long, très bien constitué autour de tanins fermes, au grain fin. ⧗ 2025-2030

CH. PHÉLAN SÉGUR, rue des Écoles, 33180 Saint-Estèphe, tél. 05 56 59 74 00, phelan@phelansegur.com V r.-v.

CH. TOUR DES TERMES 2017 ★★

■ Cru bourg. | 70 000 | | 20 à 30 €

La famille Anney est propriétaire de deux crus dans le Médoc : le Ch. Tour des Termes, acquis en 1938 (36 ha en saint-estèphe), qui tire son nom d'une tour d'architecture féodale située sur la parcelle Les Termes et représentée sur l'étiquette; le Ch. Comtesse du Parc (9 ha en haut-médoc), dans la famille deuis 1779. Christophe Anney dirige l'ensemble depuis 1983.

Comme toujours ici, une dominante peu commune de merlot (60 %). Au nez, se manifestent d'élégantes notes de fruits rouges mûrs enrobées par un beau boisé grillé. Souple à l'attaque, le palais monte ensuite en puissance et en concentration, porté par des tanins à la fois serrés et élégants. La longue et belle finale épicée achève de convaincre. ⧗ 2025-2030

CH. TOUR DES TERMES, Ch. Tour-des-Termes, 2, rue du Pigeonnier, 33180 Saint-Estèphe, tél. 05 56 59 32 89, contact@chateautourdestermes.com V *t.l.j. sf sam. dim. 9h-12h 14h-16h*

SAINT-JULIEN

Superficie : 920 ha / Production : 41 775 hl

Pour l'une saint-julien, pour l'autre Saint-Julien-Beychevelle, saint-julien est la seule appellation communale du Haut-Médoc à ne pas respecter scrupuleusement l'homonymie entre les dénominations viticole et municipale. La seconde, il est vrai, a le défaut d'être un peu longue, mais elle correspond parfaitement à l'identité humaine et au terroir de la commune et de l'aire d'appellation, à cheval sur deux plateaux aux sols caillouteux et graveleux.

Situé exactement au centre du Haut-Médoc, le vignoble de Saint-Julien constitue, sur une superficie assez réduite, une harmonieuse synthèse entre margaux et pauillac. Il n'est donc pas étonnant d'y trouver onze crus classés, dont cinq seconds. À l'image de leur terroir, les vins offrent un bon équilibre entre

les qualités des margaux (notamment la finesse) et celles des pauillac (la puissance). D'une manière générale, ils possèdent une belle couleur, un bouquet fin et typé, du corps, une grande richesse et de la sève. Mais, bien entendu, les quelque 6 millions de bouteilles produites en moyenne chaque année en saint-julien sont loin de se ressembler toutes, et les dégustateurs les plus avertis noteront les différences qui existent entre les crus situés au sud – plus proches des margaux – et ceux du nord – plus près des pauillac –, ainsi qu'entre ceux qui sont à proximité de l'estuaire et ceux qui se trouvent plus à l'intérieur des terres, vers Saint-Laurent.

CH. BEYCHEVELLE 2017 ★★

■ 4e cru clas. | 267300 | | 75 à 100 €

82 **83 85 86 88** (89) 90 91 92 93 **94 95** 96 **97** |**98**| |99| |**00**| |01| |02| |03| |**04**| 05 06 |**07**| 08 **09** 10 **11 12 13 14 15** 16 **17**

Le « Versailles bordelais ». Beychevelle est un petit bijou d'architecture classique. Son prestige lui vient aussi des puissantes familles qui en furent propriétaires. Son nom viendrait d'ailleurs d'un grand amiral de France, duc d'Épernon sous Henri III, qui exigeait que les navires passant devant son château « baissent voiles » en signe d'allégeance. Né au XVIIes. et développé au XVIIIes., son vignoble (90 ha) a beaucoup évolué, ce qui explique sa dispersion actuelle sur toute l'AOC. Il s'est équipé en 2017 d'un nouveau chai sur les plans d'Arnaud Boulain. Appartenant depuis 2011 aux groupes Suntory et Castel, il est dirigé par Philippe Blanc.

À Saint-Julien comme partout en Médoc, les grands terroirs regardent le fleuve ; un atout qui en 2017 les a protégés du gel. Cette belle bouteille, parfaitement dans l'esprit de l'appellation par son harmonie, prouve que Beychevelle a pleinement profité de son privilège. Complexe dans son expression aromatique avec ses notes fruitées bien mûres (cassis et griotte) et boisées (fumées et toastées), ce vin se révèle d'une grande richesse en bouche, offrant beaucoup de volume et de longueur, porté par des tanins bien enrobés. ⧗ 2024-2030

SC CH. BEYCHEVELLE, 33250 Saint-Julien-Beychevelle, tél. 05 56 73 20 70, beychevelle@beychevelle.com
r.-v.

CLOS DU MARQUIS 2017 ★★

■ | 85000 | | 50 à 75 €

Souvent considéré comme le second vin de Léoville Las Cases, le Clos du Marquis, créé en 1902, est en réalité un cru à part entière. Son vignoble, planté sur un terroir de graves du Mindel très homogène, est situé au nord-ouest du village de Saint-Julien, le grand clos étant quant à lui au nord-est.

L'intensité de la robe, d'un grenat limpide et profond, trouve un bel écho dans un nez élégant et puissant, alliant un bon boisé torréfié et épicé aux fruits rouges et noirs mûrs. Elle se prolonge dans un palais ample, dense, gras, doté de tanins fins et serrés et d'une longue finale. ⧗ 2024-2030

SC DU CH. LÉOVILLE LAS CASES (CLOS DU MARQUIS), 33250 Saint-Julien-Beychevelle, tél. 05 56 73 25 26, contact@leoville-las-cases.com
r.-v.

CH. LA FLEUR LAUGA 2017 ★

■ Cru artisan | 6000 | | 30 à 50 €

Ancien Ch. Capdet, ce cru a été acheté en 2015 par Charles Brun, déjà propriétaire du Ch. Lauga à Cussac (haut-médoc), et un groupe d'investisseurs, qui l'ont baptisé La Fleur Lauga.

Mis en confiance par la robe d'une belle couleur rubis foncé, on découvre un bouquet d'une bonne complexité avec des notes de fruits rouges et noirs bien mûrs, d'épices et de chocolat. Souple en attaque, le palais se montre charnu, bien concentré, structuré par des tanins ronds. ⧗ 2024-2027

CH. DE LAUGA, 13, chem. de la Rue, 33460 Cussac-Fort-Médoc, tél. 06 16 55 14 90, chateau@lauga.com
t.l.j. sf dim. 9h-12h30 13h30-18h

CH. DU GLANA 2017 ★★

■ | 134000 | | 20 à 30 €

Pierre et brique, la bichromie du château, construit en 1870, annonce l'architecture soulacaise et la Pointe du Médoc. Le vignoble (43 ha) est lui bien juliénois, planté sur des graves garonnaises. Installés en 1961, les Meffre y ont réalisé d'importants investissements, qu'ils poursuivent aujourd'hui (création d'un nouveau chai à barriques et d'un caveau souterrain).

Au nez, les fruits rouges compotés se mêlent à un bon boisé chocolaté. En bouche, on découvre un vin sérieux, plein, généreux, dont la montée en puissance jusqu'en finale révèle une solide structure s'appuyant sur des tanins fermes et prometteurs. Un caractère bien trempé. ⧗ 2024-2030

CH. DU GLANA, 5, Le Glana, 33250 Saint-Julien-Beychevelle, tél. 05 56 59 06 47, contact@chateau-du-glana.com
r.-v.

CH. GLORIA 2017 ★

■ | 245000 | | 30 à 50 €

82 **83** 84 85 86 87 **88 89** 90 **91** 93 94 **95** 96 97 98 99 00 **01 02** 03 04 |(05)| |06| |07| |08| 09 10 **11** 12 13 14 15 **16** 17

Ce cru, qui s'étend aujourd'hui sur 50 ha, a été constitué ex nihilo à partir de 1942 par l'une des grandes figures du vignoble, Henri Martin, qui pendant des années a acheté des parcelles provenant de grands crus classés, au centre de Beychevelle, ainsi qu'à l'ouest et au nord de l'appellation. Sa fille Françoise et son mari Jean-Louis Triaud, qui dirigeaient Gloria et l'ensemble des Domaines Martin, ont transmis en 2016 les commandes de leurs propriétés à leur fils Jean.

S'annonçant par une seyante robe pourpre, ce 2017 se fait plus discret mais charmeur dans son expression aromatique, centrée sur des notes de cassis et d'épices. Souple, suave, étayée par des tanins bien fondus, de bonne longueur, la bouche confirme le profil séducteur de ce 2017. ⧗ 2023-2026

DOMAINES MARTIN, Ch. Gloria, 33250 Saint-Julien-Beychevelle, tél. 05 56 59 08 18, contact@domaines-martin.com
r.-v.

CH. GRUAUD LAROSE 2017 ★

2e cru clas. | 150 000 | 50 à 75 €

82 83 84 85 (86) 87 88 89 90 91 92 93 94 |(95)| 96 97 98 |99| |(00)| |01| |02| |03| |04| 05 06 07 08 09 10 11 (12) 13 14 15 16 17

Créé au début du XVIIIes. par la famille Gruaud, le domaine passe en 1771 dans les mains des Larose, qui ajoutent leur nom et font construire le château, de style néo-classique. En 1812, les Balguerie et Sarget achètent la propriété, puis se séparent, donnant naissance à Gruaud Larose-Bethmann et Gruaud Larose-Sarget. La réunification intervient en 1934, grâce à Désiré Cordier. Vendu en 1983 à des investisseurs institutionnels, Gruaud Larose est racheté en 1997 par le groupe familial Taillan (Merlaut), à la tête aujourd'hui d'un vaste vignoble de 82 ha, presque d'un seul tenant.

Une robe pourpre et limpide habille ce vin au bouquet délicat de fruits rouges à maturité soutenus par un boisé toasté. La bouche apparaît souple, ronde, aimable, adossée à des tanins fins et prolongée par une finale gourmande. Un Gruaud-Larose au profil assez léger mais très élégant. ⧗ 2023-2027

CH. GRUAUD LAROSE, 33250 Saint-Julien-Beychevelle, tél. 05 56 73 15 20, gl@gruaud-larose.com V r.-v.

♥ CH. LÉOVILLE BARTON 2017 ★★★

2e cru clas. | 145 000 | 75 à 100 €

82 83 85 86 88 |89| |(90)| 91 93 94 95 |96| 97 |98| |99| |00| 01 02 |03| 04 (05) |06| 07 |08| 09 10 |11| 12 |13| 14 15 16 (17)

Si l'Irlandais Thomas Barton a installé aux Chartrons son affaire de négoce en 1725, ce n'est qu'en 1821 que son petit-fils Hugh acquiert le château Langoa, puis en 1826 une partie de l'ancien domaine de Léoville, propriété née au début du XVIIes. et scindée en plusieurs parties à la Révolution. Un domaine resté depuis lors dans la famille Barton (Lilian Barton Sartorius depuis 2006), dont les quelque 50 ha de vignes s'étendent au sud du bourg de Saint-Julien. Pas de demeure ni de chai ici, vinifications et élevages se déroulent à Langoa.

Drapé dans une robe d'un grenat intense et brillant, le grand vin du cru affiche un bouquet d'une grande intensité autour des fruits mûrs et de notes gourmandes de vanille et de biscuit. Impressionnant de volume, de puissance, de richesse et de fraîcheur, il prend son envol en bouche et s'étire dans une très longue finale. Un saint-julien d'une profondeur admirable. ⧗ 2025-2032 ■ **La Réserve de Léoville Barton 2017 ★ (30 à 50 €; 50 000 b.)** Un second vin au nez discret mais charmeur de mûre et de myrtille, étayé par un boisé doux, et au palais puissant, gras et persistant. ⧗ 2024-2028

CH. LÉOVILLE BARTON, 33250 Saint-Julien-Beychevelle, tél. 05 56 59 06 05, chateau@barton-family-wines.com

♥ CH. LÉOVILLE LAS CASES 2017 ★★

2e cru clas. | n.c. | + de 100 €

(61) 62 64 67 69 70 71 75 76 78 79 (82) (83) 85 (86) |88| |89| |90| 91 92 93 |(00)| |01| |02| |(03)| |04| (05) 06 07 08 (09) (10) 11 12 13 14 (15) 16 17

Las Cases ne se contente pas de posséder, avec 98 ha, les trois cinquièmes de l'ancien domaine de Léoville – divisé entre 1826 et 1846 pour aboutir aux trois Léoville connus aujourd'hui –, le cru possède le cœur historique du vignoble, le Grand Clos. Près de 60 ha plantés sur de belles graves reposant en profondeur sur des graves argilo-sableuses, au voisinage de Latour et de la Gironde, complétés par l'actuel Clos du Marquis. À cet avantage s'ajoute celui d'être géré depuis 1900 par la même famille, les Delon (aujourd'hui Jean-Hubert), qui l'ont doté, notamment depuis 2002, d'équipements à la pointe du progrès.

Si le premier bouquet laisse apparaître une nette domination du bois, bien vite l'élégance et la complexité caractéristiques du cru apparaissent autour de beaux arômes de fruits rouges bien mûrs agrémentés d'une note de violette. Après une attaque toute en rondeur, le palais entame un virage plus intense et puissant, porté par des tanins d'une très grande finesse de grain et par une fraîcheur bien dosée qui pousse loin, très loin, la finale. Un saint-julien d'un raffinement incomparable. ⧗ 2025-2035 ■ **Le Petit Lion du Marquis de Las Cases 2017 ★★ (50 à 75 €; 60 000 b.)** Ample, puissant, élégant et bien équilibré, ce vin aux tanins soyeux tient toutes les promesses de sa belle robe dense et profonde et de son bouquet très harmonieux, boisé avec justesse et bien fruité. ⧗ 2024-2030

CH. LÉOVILLE LAS CASES, 33250 Saint-Julien-Beychevelle, tél. 05 56 73 25 26, contact@leoville-las-cases.com

♥ CH. LÉOVILLE POYFERRÉ 2017 ★★

2e cru clas. | 208 000 | + de 100 €

79 80 82 (83) 85 86 88 89 90 91 93 94 95 96 97 98 99 00 01 |(02)| |03| 04 |05| |06| 07 08 09 10 11 12 13 14 15 16 17

Comme les deux autres crus nés de l'ancien domaine de Léoville, Poyferré – du nom du comte de Poyferré, issu d'une maison noble d'Armagnac, qui hérita du vignoble par son épouse lors de la

scission – bénéficie d'un terroir de choix. Celui-ci, d'une superficie de 80 ha, se répartit sur toute la commune de Saint-Julien : à l'est, près de la Gironde, des graviers et galets bruns; à l'ouest, des sables noirs. Des atouts mis en valeur depuis 1979 par Didier Cuvelier, dont la famille, d'anciens négociants en vins à Lille, acquit la propriété en 1920.

2015, 2016, 2017 : Léoville Poyferré signe une trilogie de millésimes remarquables. Un nouveau coup de cœur donc pour le cru, avec un vin certes timide de prime abord, mais qui s'ouvre à l'aération sur des arômes élégants de fruits noirs et de boisé toasté. C'est véritablement en bouche qu'il s'affirme : beaucoup de chair, du gras, une puissance et une densité impressionnantes, et une longueur haut dessus de la moyenne. De grande garde assurément. 2025-2035 ■ **Ch. Moulin Riche 2017 ★ (30 à 50 €; 94289 b.)** Fin, frais et élégant dans son expression aromatique, ample et solide en bouche, un saint-julien sérieux et prometteur. 2025-2030

CH. LÉOVILLE POYFERRÉ, 38, rue Saint-Julien, 33250 Saint-Julien, tél. 05 56 59 08 30, lp@leoville-poyferre.fr V *r.-v.*

CH. SAINT-PIERRE 2017 ★★

■ 4e cru clas. | 80000 | | 50 à 75 €

82 **83 85** (86) **88 89** 90 **93** 94 (95) (96) 97 **98** 99 **01 02 03** **04** |05| |**06**| |**07**| |**08**| **09 10 11 12** 13 **14 15** 16 **17**

Ce cru ancien (XVIIe s.) a connu des heures sombres, ayant été totalement dispersé à la suite de plusieurs successions. Henri Martin le reconstitua à partir de 1982. Le vignoble couvre 17 ha, planté sur un beau terroir de graves reposant sur une couche argilo-sablonneuse. La fille d'Henri Martin, Françoise, et son mari Jean-Louis Triaud, qui le conduisaient, ont passé la main en 2016 à leur fils Jean.

À la fois flatteur, complexe et racé, le bouquet évoque la griotte, le toast grillé, la brioche, la vanille et les épices. La bouche apparaît ample, riche et longue, étayée par des tanins et un boisé solides qui ne laissent aucun doute sur le potentiel de ce saint-julien de caractère. 2025-2032 ■ **Esprit de Saint-Pierre 2017 ★ (15 à 20 €; 18000 b.)** Souple et plaisant, cet aimable 2017 pourra être servi assez jeune pour profiter pleinement de son joli bouquet fruité, cacaoté et épicé. 2023-2025

DOMAINES MARTIN (CH. SAINT-PIERRE), 33250 Saint-Julien-Beychevelle, tél. 05 56 59 08 18, contact@domaines-martin.com V *r.-v.*

CH. TALBOT 2017 ★

■ 4e cru clas. | 320000 | | 50 à 75 €

82 83 (85) **86 88** 89 90 **93** 94 **95** 96 97 98 99 **00 01** 02 **03** 04 |**05**| 06 07 |08| |**09**| **10** 11 12 13 14 **15** 16 17

Portant le nom du connétable gouverneur de la Guyenne anglaise battu à Castillon-la-Bataille en 1453, ce château situé sur une croupe de graves, au centre de l'appellation saint-julien, se donne modestement des airs de grosse maison bourgeoise raffinée et confortable, sans souci ostentatoire. Tout autour se déploie un vaste vignoble de 106 ha d'un seul tenant, à l'origine de saint-julien élégants et bien typés, d'une grande régularité dans la qualité. Un cru acquis par Désiré Cordier en 1917, conduit aujourd'hui par son arrière-petite-fille Nancy et son mari Jean-Paul Bignon, qui en ont confié la direction générale à Jean-Michel Laporte.

Dans sa robe pourpre brillante et limpide, ce vin a fière allure. Le bouquet affiche une belle complexité, mariant les apports de l'élevage (toast, épices douces) aux fruits noirs bien mûrs. On retrouve cette complexité dans une bouche aussi large que longue, aux tanins bien enrobés. 2025-2030

CH. TALBOT, 33250 Saint-Julien-Beychevelle, tél. 05 56 73 21 50, talbot@chateau-talbot.com *r.-v.*

LES VINS BLANCS LIQUOREUX

CADILLAC

Superficie : 128 ha / Production : 6 000 hl

Ennoblie par son splendide château du XVIIe s., surnommé le «Fontainebleau girondin», la bastide de Cadillac est souvent considérée comme la capitale des Premières-Côtes. Elle est aussi, depuis 1980, une appellation de vins liquoreux.

CLOS CARMELET Tabanac 2017 ★★

■ | 1600 | | 8 à 11 €

Un petit cru familial de 3 ha conduit depuis 2004 par Gilles Hébrard (troisième génération) : un ensemble de parcelles situées sur les coteaux de la rive droite de la Garonne, voisin du Ch. Carmelet. Les vins sont élevés et conservés dans une ancienne carrière d'extraction de pierre de taille.

Authentique liquoreux, ce vin se montre fort bien typé. D'abord par sa belle robe bouton d'or brillante et limpide. Ensuite par son bouquet très expressif de fruits confits, de miel et de vanille. Enfin par son développement au palais, qui associe une attaque souple à une structure ample, riche, longue, bien équilibrée par une fine fraîcheur. 2023-2030

GILLES HÉBRARD, 103, rte de Rouquey, 33550 Tabanac, tél. 06 64 38 03 00, closcarmelet@hotmail.fr V *r.-v.*

CH. HAUT-MOULEYRE 2018 ★

■ | 6598 | | 11 à 15 €

Terres bordelaises est une filiale du groupe Les Grands Chais de France, qui diffuse une vaste gamme de domaines girondins, parmi lesquels Bastor-Lamontagne, Saint-Robert, Faizeau, Haut-Mouleyre, Laubès.

Racé et élégant, ce vin gourmand dévoile un bouquet charmeur de fleurs et fruits blancs et de vanille. Le palais, bien équilibré, poursuit dans le même esprit, avec un «côté moderne» qui met en valeur son expression aromatique. 2022-2026

SCEA TERRES BORDELAISES, 33210 Preignac, tél. 05 57 98 07 20, vcachau@lgcf.fr

CH. TANESSE 2018 ★

6000 | 8 à 11 €

Paul Gonfrier, rapatrié d'Algérie, rachète au début des années 1960 le Ch. de Marsan, terre noble fondée au XVIes. sur la rive droite de la Garonne : le berceau des domaines familiaux. Ses fils Philippe et Éric suivent ses traces après 1985. Aujourd'hui, pas moins de 400 ha et 12 châteaux.

Abricot, marmelade d'orange, citron confit, vanille et épices, la richesse et la complexité du bouquet contribuent largement au charme de ce vin, dont le palais est lui aussi bien construit avec du gras, de la rondeur et une bonne longueur. ⧗ 2022-2026

SAS GONFRIER FRÈRES,
Ch. de Marsan, BP 7, 33550 Lestiac-sur-Garonne,
tél. 05 56 72 14 38, contact@vignobles-gonfrier.fr
V *t.l.j. sf sam. dim. 9h-17h30*

LOUPIAC

Superficie : 350 ha / Production : 12 550 hl

Entre Cadillac à l'ouest et Sainte-Croix-du-Mont à l'est, ce vignoble très ancien couvre les côtes de la rive droite de la Garonne, en face de Sauternes. Par son orientation, ses terroirs et son encépagement, il est très proche de celui de Sainte-Croix-du-Mont. Toutefois, comme sur la rive gauche, les vins produits vers le nord ont souvent un caractère plus moelleux que liquoreux.

♥ CH. DU GRAND PLANTIER
Élevé en fût de chêne 2018 ★★

5000 | 8 à 11 €

Issus d'une très ancienne famille de producteurs de Monprimblanc, les Albucher conduisent un bel ensemble de 45 ha répartis sur plusieurs appellations et proposent une large gamme de vins. Souvent en vue pour leurs liquoreux de Loupiac et leurs bordeaux secs.

Ce vin, élevé 12 mois en fûts de chêne, est encore un peu dominé par le bois. Toutefois, derrière ce boisé soutenu mais racé, on sent une solide constitution qui lui permettra de se fondre avec le temps : le palais offre beaucoup de densité, de volume et de mâche, avec une fine fraîcheur bien dosée en soutien qui lui amène l'équilibre et la longueur. Et la dégustation fait aussi apparaître une fort jolie progression aromatique autour d'arômes d'écorce d'oranges. ⧗ 2024-2030

GAEC DES VIGNOBLES ALBUCHER,
Ch. du Grand Plantier, 33410 Monprimblanc,
tél. 05 56 62 99 03, chateaudugrandplantier@orange.fr V *r.-v.*

CH. DE ROUQUETTE 2017 ★★

30000 | 11 à 15 €

Établis à Loupiac depuis 8 générations, les Darriet exploitent plusieurs crus (64 ha en tout) sur les 2 rives de la Garonne. Leurs rouges sont de qualité, mais ils possèdent aussi un réel savoir-faire en matière de vin blanc, doux comme sec – Philippe Darriet, l'œnologue, est chercheur à la faculté de Bordeaux et spécialiste du sauvignon.

Les Darriet proposent ici un loupiac fort réussi. Le bouquet s'ouvre sur des arômes gourmands de fruits confiturés (pêche, abricot, ananas), relayés par un palais tout aussi goûteux, rond, souple, charnu, avec ce qu'il faut de liqueur et de vivacité. ⧗ 2023-2030

SC J. DARRIET,
8, rue Jean-Faux-Ouest, 33410 Loupiac,
tél. 05 56 62 61 75, contact@vignoblesdarriet.fr
V *t.l.j. sf sam. dim. 8h30-12h30 13h30-17h30*

SAINTE-CROIX-DU-MONT

Superficie : 400 ha / Production : 15 000 hl

Un site de coteaux abrupts dominant la Garonne, trop peu connu en dépit de son charme, et un vin ayant trop longtemps souffert (à l'égal des autres appellations de liquoreux de la rive droite, loupiac et cadillac) d'une réputation de vin de noces ou de banquets.
Pourtant, cette aire d'appellation située en face de Sauternes mérite mieux : à de bons terroirs, en général calcaires, avec des zones graveleuses, elle ajoute un microclimat favorable au développement du botrytis. Quant aux cépages et aux méthodes de vinification, ils sont très proches de ceux du Sauternais. Les vins, autant moelleux que véritablement liquoreux, offrent une plaisante impression de fruité.

♥ CH. LA CAUSSADE 2018 ★★

56000 | 8 à 11 €

Implantée à Sainte-Croix depuis 8 générations, la famille Armand fait partie des institutions locales pour ses liquoreux renommés. Elle y conduit 2 crus (labellisés Haute Valeur Environnementale) : la Caussade et la Rame, son fleuron, dont les vins étaient déjà réputés au XIXes. Angélique et Grégoire Armand ont pris la suite de leur père Yves en 2009.

S'il est moins célèbre que le Ch. la Rame, l'autre cru de la famille Armand, ce vignoble possède lui aussi un grand potentiel et bénéficie des mêmes soins. Pour preuve ce très beau 2018. Souple, ronde et ample, sa bouche le prouve; tout comme son bouquet aux belles notes d'agrumes, d'abricot et de raisins confits. Une vraie bouteille de caractère. ⧗ 2023-2030 **Ch. la Rame 2018 ★ (11 à 15 €; 30000 b.)** Une belle palette aromatique (fruits blancs, abricot, boisé fin), du volume, du gras juste ce qu'il faut, de la longueur et un bon équilibre rendent ce vin particulièrement séduisant. ⧗ 2022-2026

GFA CH. LA RAME, La Rame, 33410 Sainte-Croix-du-Mont, tél. 05 56 62 01 50, dgm@wanadoo.fr V t.l.j. sf dim. 9h-12h30 13h30-18h; sam. sur r.-v.

CH. CRABITAN-BELLEVUE 2017 ★★

■	40 000		5 à 8 €

Belle unité de 42 ha implantée sur les coteaux sud dominant la rive droite de la Garonne, ce domaine de la famille Solane (Nicolas depuis 1994) est présent dans plusieurs appellations avec différents types de vins, mais son cœur bat pour le sainte-croix-du-mont.

À un bouquet aussi élégant que puissant, avec d'harmonieux arômes confits et empyreumatiques, répond un palais souple à l'attaque, très expressif (orange, abricot, miel), offrant une belle liqueur, du gras, du volume et de la longueur. Un très joli sainte-croix, complet et complexe. ⧗ 2023-2030

GFA BERNARD SOLANE ET FILS, Crabitan, 33410 Sainte-Croix-du-Mont, tél. 05 56 62 01 53, crabitan.bellevue@orange.fr V r.-v.

CH. LA GRAVE 2017 ★

■	12 000		8 à 11 €

La famille Bridet-Tinon a acquis le cœur de La Grave en 1929, juste avant le krach boursier. Le vignoble s'est peu à peu agrandi à partir des années 1970, complété entre autres des 5 ha du Ch. Grand Peyrot acquis en 1977; il compte 25 ha aujourd'hui. Virginie Tinon, aux commandes depuis 1999, a converti les vignes rouges du cru à l'agriculture biologique (certification à partir du millésime 2014).

Se présentant dans une belle robe jaune paille limpide et brillante, ce vin séduit par son joli bouquet aux notes fraîches d'agrumes et de fleurs blanches, avant de se développer généreusement au palais, avec beaucoup d'équilibre, de souplesse, de fraîcheur et d'élégance. ⧗ 2022-2025 ■ **Ch. Grand Peyrot 2017 ★ (8 à 11 €; 6000 b.)** Souple en attaque, ample et puissant dans son développement, un vrai liquoreux au joli bouquet de fruits confits et de fleurs blanches. ⧗ 2022-2025

EARL VIGNOBLE TINON, Ch. la Grave, 33410 Sainte-Croix-du-Mont, tél. 05 56 62 01 65, contact@vignobletinon.fr V r.-v.

CH. DU MONT Cuvée Pierre 2018 ★

■	16 000		11 à 15 €

Paul Chevassier a constitué le vignoble du Ch. du Mont au début du XXᵉs., à Sainte-Croix-du-Mont. Son gendre Pierre Chouvac et, depuis 2000, son petit-fils Hervé l'ont développé sur les deux rives de la Garonne, dans les Graves et le Sauternais (25 ha aujourd'hui), mais Sainte-Croix est resté le cœur du domaine, dont il est l'un des porte-drapeaux. Autre étiquette : Ch. Valentin.

Drapé dans une robe soutenue, ce vin plaira tout particulièrement aux amateurs de liquoreux traditionnels par ses arômes de rôti et de raisins surmûris, comme par sa puissante liqueur en bouche. Un sainte-croix sur la puissance. ⧗ 2023-2027

CH. DU MONT, lieu-dit Pascaud, 33410 Sainte-Croix-du-Mont, tél. 06 89 96 54 73, chateau-du-mont@wanadoo.fr V r.-v.

CÉRONS

Superficie : 49 ha / Production : 1 335 hl

Enclavés dans les graves (appellation à laquelle ils peuvent aussi prétendre, à la différence des sauternes et des barsac), les cérons assurent une liaison entre les barsac et les graves supérieures, moelleuses. Là ne s'arrête pas leur originalité, qui réside aussi dans une sève particulière et une grande finesse.

CLOS BOURGELAT 2018 ★★

■	6 000		11 à 15 €

Un domaine remontant au XVIIIᵉs. Arrivé à sa tête en 1980, Dominique Lafosse a passé en 2013 le relais à son fils Antoine, qui représente la septième génération. Implanté à Cérons, le vignoble de 14 ha privilégie le cépage sémillon. À sa carte, des cérons et surtout des graves, majoritairement blancs.

Si la robe reste un peu discrète, quoique nette et brillante, le bouquet, à la fois fruité (agrumes) et floral (fleurs blanches), fait preuve d'une jolie complexité et offre un profil aérien. Un trait de caractère que l'on retrouve dans un palais rond, souple, équilibré, fin et expressif. ⧗ 2023-2028

EARL DOMINIQUE LAFOSSE, 4, Caulet-Sud, 33720 Cérons, tél. 05 56 27 01 73, domilafosse@wanadoo.fr V r.-v.

GRAND ENCLOS DU CH. DE CÉRONS 2018 ★

■	2 600		30 à 50 €

Issu d'un très ancien domaine, propriété des marquis de Calvimont du XVIᵉ au XVIIIᵉs., ce cru de Cérons (30 ha), qui a aussi droit à l'appellation graves, connaît depuis 2000 une seconde jeunesse grâce à Giorgio Cavanna, un ingénieur italien amoureux de la France, qui l'a racheté après avoir géré un domaine familial de grand renom en Toscane, le Castello di Ama.

Complexe à souhait, ce 2018 associe dans une bouche ample et riche une puissante liqueur à une réelle finesse, presque aérienne. Ce sens de l'équilibre, très « cérons », s'exprime notamment dans la palette aromatique autour de notes de fruits secs, de fruits confits et des parfums plus frais, de citron notamment. ⧗ 2024-2028

SCEA DU GRAND ENCLOS DE CÉRONS, 12, pl. Charles-de-Gaulle, 33720 Cérons, tél. 05 56 27 01 53, lea.grandenclos@orange.fr V r.-v.

SAUTERNES

Superficie : 1 735 ha / Production : 34 260 hl

Si vous visitez un château à Sauternes, vous saurez tout sur ce propriétaire qui eut un jour l'idée géniale d'arriver en retard pour les vendanges et de décider, sans doute par entêtement, de faire ramasser les raisins surmûris malgré leur aspect peu engageant. Mais si vous en visitez cinq, vous n'y comprendrez

plus rien, chacun ayant sa propre version, qui se passe évidemment chez lui. En fait, nul ne sait qui «inventa» le sauternes, ni quand ni où.
Si en Sauternais, l'histoire se cache toujours derrière la légende, la géographie, elle, n'a plus de secret. Chaque caillou des cinq communes constituant l'appellation (dont Barsac, qui possède sa propre appellation) est recensé et connu dans toutes ses composantes.
Il est vrai que c'est la diversité des sols (graveleux, argilo-calcaires ou calcaires) et des sous-sols qui donne un caractère à chaque cru, les plus renommés étant implantés sur des croupes graveleuses. Obtenus avec trois cépages – le sémillon (de 70 à 80 %), le sauvignon (de 20 à 30 %) et la muscadelle –, les sauternes sont dorés, à la fois onctueux et délicats. Leur bouquet «rôti» se développe et gagne en complexité avec le temps : miel, noisette et orange confite enrichissent sa palette. Les plus grandes bouteilles vivent des décennies. Il est à noter que les sauternes sont les seuls vins blancs à avoir été classés en 1855.

CH. L'AGNET LA CARRIÈRE 2018 ★

■ | 15000 | 20 à 30 €

Les Mallard exploitent la vigne depuis 1870. Laurent, installé avec sa mère en 1991 et en solo depuis 2001, conduit plusieurs crus à Sauternes (L'Agnet La Carrière), à Saint-Émilion (La Croix Fourche Mallard) et dans l'Entre-deux-Mers, berceau de la propriété (Vieux Liron et Naudonnet Plaisance).

La robe jaune paille et le joli bouquet floral sont séduisants et témoignent de la légèreté de ce sauternes. Légèreté qui se confirme dans un palais souple, frais, subtilement citronné, doté d'une longue finale au caractère encore un peu boisé qui se fondra d'ici peu. ⧗ 2022-2028

LAURENT MALLARD, Ch. Naudonnet Plaisance, 33760 Escoussans, tél. 05 56 23 93 04, contact@laurent-mallard.com V r.-v.

Ⓑ CH. BASTOR-LAMONTAGNE 2018 ★

■ | 14929 | | 20 à 30 €

82 83 84 **85 86 88 89** (90) 94 95 **96 97** 98 99 **00** 01 02
|**03**| 04 |05| 06 |07| 08 |**09**| |10| |11| |12| 13 14 15 17 18

Bastor est déjà un domaine important au XVIIIes. Orienté vers la polyculture, il se spécialise à partir de 1839 sous l'impulsion d'Amédée Larrieu, alors propriétaire de Haut-Brion. Aujourd'hui, une belle unité de 46 ha, plantée sur un terroir sablo-graveleux, l'une des plus vastes du Sauternais. Propriété du Crédit Foncier depuis 1987, le cru (converti à l'agriculture biologique) a été acheté en juillet 2014 par les familles Moulin (groupe Galeries Lafayette) et Cathiard (Smith Haut Lafitte), puis en 2018 par les Terres Bordelaises (groupe des Grands Chais de France). Autres étiquettes : Ch. Bordenave et Ch. du Haut Pick.

Précurseur des sauternes dits «modernes», Bastor-Lamontagne propose un vin fidèle à sa réputation de légèreté et d'élégance. Des notes florales et d'abricot frais composent un bouquet à la fois aérien et d'une belle intensité. Généreux, puissant mais jamais lourd, le palais révèle aussi une belle vitalité et cette fraîcheur recherchée, renforcée par de beaux amers en finale. ⧗ 2023-2032 ■ **So Sauternes 2018 ★ (20 à 30 €; 39213 b.)** Ⓑ Une cuvée conçue comme un sauternes d'apéritif dont la légèreté et le caractère fruité conviennent à toutes les fantaisies gastronomiques. Délicatement marqué de notes de caramel, le bouquet est encore naissant. En bouche, le caractère confit de figue mûre est bien rafraîchi par la vivacité d'une finale longue et poivrée. ⧗ 2021-2027

SCEA TERRES BORDELAISES (CH. BASTOR-LAMONTAGNE), Ch. Bastor-Lamontagne, 33760 Escoussans, tél. 05 57 98 07 20, vrachau@lgcf.fr

CLOS DADY 2017 ★

■ | 1500 | | 30 à 50 €

Ce cru de 5 ha dispersés sur une vingtaine de parcelles a changé de mains en 2011. Productrice en graves (Clos des Remparts) et en sauternes (Clos Dady, surnom donné à la grand-mère de la vigneronne), Catherine Gachet a cédé la propriété familiale à l'homme d'affaires russe Eli Ragimov.

Un nez de « ruche », écrit un dégustateur, tant est profonde la note de cire d'abeille du bouquet. En bouche, le vin se révèle frais et confit à la fois, traduisant une belle harmonie renforcée par une finale stimulée par de savoureuses touches poivrées. Gourmand et expressif. ⧗ 2022-2028

CLOS DADY, Ch. les Remparts, 33210 Preignac, tél. 05 56 62 20 01, clos.dady@wanadoo.fr V r.-v.

CH. DOISY DAËNE 2017 ★★

■ Gd cru clas. | 20500 | | 30 à 50 €

Un cru de 33 ha établi près de Cadillac, sur un coteau exposé plein sud. Acquis en 1958 par Jacques David, il a été repris en 1976 par sa fille Florence et son gendre, l'éminent Denis Dubourdieu (œnologue de renom et professeur à l'université de Bordeaux, disparu en 2016), qui, après l'avoir entièrement restructuré, en ont fait l'une des valeurs sûres des cadillac-côtes-de-bordeaux. Le domaine est aujourd'hui dirigé par Jean-Jacques Dubourdieu.

«Bon sang ne saurait mentir» : ce cru conforte chaque année la pertinence de cette maxime tant la continuité est assurée à Doisy Daëne depuis le décès du regretté Denis Dubourdieu en 2016. D'intensité mesurée et très élégante, la robe annonce un vin frais et délicat, «moderne» d'aucuns diraient. Une explosion d'arômes de fruits compotés marque le bouquet. Un éclat aromatique que l'on retrouve dans un palais plein de fraîcheur, racé, long et très bien mis en valeur par un élevage de qualité. Déjà savoureux, ce sauternes a néanmoins encore besoin de quelques années pour exprimer toutes ses qualités. ⧗ 2024-2035

CH. DOISY DAËNE, Ch. Doisy Daëne, 15, Gravas, 33720 Barsac, tél. 05 56 62 96 51, contact@denisdubourdieu.fr V *t.l.j. sf sam. dim. 8h-12h30 13h30-17h30*

CH. DOISY-VÉDRINES 2018 ★★

■ 2e cru clas. | 40000 | | 30 à 50 €

Des trois Doisy (Daëne, Dubroca et Védrines) – les 3 châteaux ne faisaient qu'un lors du classement de 1855 – il est le plus grand (34 ha). Son nom lui a été donné en mémoire des chevaliers de Védrines,

anciens propriétaires. Un domaine typiquement barsacais par son terroir de terres rouges et de graves fines reposant sur des calcaires éclatés. Il a été acquis au milieu du XIXᵉs. par des ancêtres de la famille Castéja, également à la tête de la maison de négoce Joanne.

Situé sur le terroir de Barsac, ce 2ᵉ cru classé en possède toutes les qualités : élégance, finesse et race sont ici réunies. Le bouquet, intense, exhale des arômes délicats de fleurs printanières et de fruit confit soutenus par un boisé subtil. Alliant fraîcheur et opulence, la bouche révèle un vin sensuel, d'une belle douceur, ample et long. ⧗ 2023-2035

CH. DOISY-VÉDRINES, 1, Védrines, 33720 Barsac, tél. 05 56 27 15 13, doisy-vedrines@orange.fr r.-v.

CH. DE FARGUES 2016 ★★

■ | 22000 | | + de 100 €

Forteresse ruinée par un incendie en 1687, dont les solides murailles se dressent encore sur une hauteur, au milieu des ceps, Fargues est le berceau des Lur-Saluces depuis 1472, illustre famille propriétaire pendant plusieurs siècles du Ch. d'Yquem; un exemple sans doute unique en Bordelais de longévité patrimoniale. Le vignoble, 20 ha aujourd'hui, est complanté de sémillon (80 %) et de sauvignon. Il est dirigé depuis 1968 par Alexandre de Lur-Saluces.

Ce 2016 commence à nous livrer ses secrets et son bouquet s'anime d'agréables arômes d'agrumes confits mâtinés de vanille et de cannelle. Ample, généreux et puissant sans jamais être lourd, le vin se révèle au fil de la dégustation avec élégance et pureté. Le classicisme à son meilleur. ⧗ 2024-2035

CH. DE FARGUES, 8, rte des Écoles, 33210 Fargues, tél. 05 57 98 04 20, fargues@chateaudefargues.com V *r.-v.*

CH. FILHOT 2017 ★

■ 2ᵉ cru clas. | 20000 | | 20 à 30 €

Un château aux allures de palais, du XVIIIᵉs. pour le bâtiment central, de 1850 pour les ailes : un vaste ensemble de 2 ha. Le cru se distingue aussi par le prestige de ses propriétaires : les Filhot, établis ici en 1709, grande famille de la noblesse bordelaise dès le XVᵉs., puis les Lur-Saluces, dont descendent les propriétaires actuels, les Vaucelles. Un cru qui se singularise enfin par la superficie du vignoble (62 ha), par la place du sauvignon dans l'encépagement (autour d'un tiers) et par le choix d'une vinification à basse température, en cuves Inox.

De légers reflets verts animent la robe brillante et traduisent la fraîcheur de ce vin qui doit beaucoup à l'importante proportion de sauvignon dans son encépagement. Le bouquet, délicat, conjugue notes d'abricot frais et d'angélique. En bouche, l'harmonie est au rendez-vous, le caractère confit étant équilibré par de frais arômes de pêche blanche. Ce très joli sauternes élégant et sans lourdeur sera parfait pour un apéritif ou un début de repas. ⧗ 2022-2030

CH. FILHOT, Ch. Filhot, 33210 Sauternes, tél. 05 56 76 61 09, filhot@filhot.com V *t.l.j. sf sam. dim. 9h-12h 14h-17h*

♥ CH. HAUT-BERGERON 2018 ★★

■ | 18000 | | 20 à 30 €

Propriété de l'une des plus anciennes familles de viticulteurs du Sauternais, les Lamothe – présents ici depuis le XVIIIᵉs. –, le Ch. Haut-Bergeron dispose d'un vignoble de 37 ha à cheval sur les communes de Sauternes (graves et argiles) et de Barsac (calcaires). De nombreuses parcelles sont contiguës à celles d'Yquem, de Lafaurie-Peyraguey et de Climens.

La tradition a du bon et elle est à nouveau récompensée ici avec ce sauternes classique dont le coup de cœur fait écho à ceux obtenus sur les millésimes 2011 et 2013. Le nez exhale de gourmandes notes confites et miellées qui trouvent un prolongement intense dans un palais large, riche, chaleureux, puissant, au caractère liquoreux affirmé et à la finale longue et savoureuse. Du caractère et du potentiel assurément. ⧗ 2024-2035 ■ **Ch. Fontebride 2017 ★ (15 à 20 €; 15000 b.)** Un cru qui séduit régulièrement nos dégustateurs. Toute la tradition est réunie dans ce vin à la robe d'or cuivrée, aux arômes confits d'agrumes et de raisins de Smyrne, et au palais voluptueux, d'une belle élégance, étiré dans une agréable finale vanillée. ⧗ 2023-2030

CH. HAUT-BERGERON, 3, Piquey, 33210 Preignac, tél. 05 56 63 24 76, info@chateaubergeron.com V *t.l.j. sf sam. dim. 8h30-12h 14h-17h30*

CH. HAUT-MAYNE 2016 ★

■ | 20000 | | 20 à 30 €

Ancienne propriété du comte de Chalup, ce cru appartient à la famille Roumazeilles depuis 1929 (grand millésime de sauternes s'il en fut !). Implanté à Preignac, le vignoble s'étend sur 14,55 ha.

D'une belle couleur ambrée, ce 2016 présente la palette des sauternes traditionnels à l'olfaction : pain d'épices, miel, cire d'abeille, fruits confits. Ce caractère confit se confirme en bouche autour de saveurs d'abricot et de généreuses notes vineuses et miellées. Un vin riche, opulent, mais qui reste harmonieux : une parfaite expression du classicisme sauternais ⧗ 2023-2030

CH. HAUT-MAYNE, 5, lieu-dit Le Mayne, 33210 Preignac, tél. 06 81 38 51 54, julien.roumazeilles@wanadoo.fr V *t.l.j. 8h30-12h 14h-18h*

CH. LAMOURETTE 2016 ★

■ | 7000 | | 20 à 30 €

Une propriété transmise de mère en fille depuis 1860. Anne-Marie Léglise en conduit la destinée depuis 1980. La charmante demeure, dans le style des villas d'Arcachon du XIXᵉs., illustre l'étiquette des vins.

Ce vin peut se boire en toute occasion et ravira les amateurs de sauternes traditionnel par son bouquet de fruits confits et de miel. Le caractère fruité domine la bouche et lui confère une fine tension qui en atténue la concentration. Un vin bien construit et un parfait accompagnement pour le foie gras. ⧗ 2023-2030

CH. LAMOURETTE, 4, La Mourette, 33210 Bommes, tél. 05 56 76 63 58, chateaulamourette@orange.fr V r.-v.

♥ CH. LAVILLE 2018 ★★★

■	15 000		20 à 30 €

Propriété très ancienne, le Ch. Laville fut dans les années 1900 l'un des pionniers de la mise en bouteilles au château. Aujourd'hui augmenté du Ch. Delmond, un vignoble voisin, ce domaine de 36 ha très régulier en qualité produit en sauternes et en graves (Ch. Mouras). Aux commandes depuis 1997, Jean-Christophe Barbe, œnologue et maître de conférences à Bordeaux Sciences Agro.

Un nouveau coup de cœur pour ce cru avec un 2018 qui possède toutes les qualités attendues d'un sauternes au classicisme assumé. Le bouquet et ses saveurs généreuses d'abricot confit laisse peu de doute sur la richesse de ce vin. De fait, le palais apparaît opulent, consistant, puissant, mais évoluant avec volupté, et la finale finement boisée achève de convaincre. Un très joli vin pour les amateurs de sauternes traditionnels. ⧗ 2024-2035

CH. LAVILLE, Ch. Laville, 33210 Preignac, tél. 05 56 63 59 45, chateaulaville@hotmail.com V r.-v.

CH. DU MONT Cuvée Jeanne 2017 ★

■	1800		11 à 15 €

Paul Chevassier a constitué le vignoble du Ch. du Mont au début du XXe s., à Sainte-Croix-du-Mont. Son gendre Pierre Chouvac et, depuis 2000, son petit-fils Hervé l'ont développé sur les 2-rives de la Garonne, dans les Graves et le Sauternais (25 ha aujourd'hui), mais Sainte-Croix est resté le cœur du domaine, dont il est l'un des porte-drapeaux. Autre étiquette : Ch. Valentin.

Cette cuvée confidentielle exalte tout le classicisme de Sauternes, et l'on est d'emblée conquis par sa couleur vieil or, ses arômes d'abricot sec et d'épices finement soulignés de notes miellées. Le palais révèle un vin rond, suave, tout en douceur, persistant sur des notes de fruits confits. ⧗ 2023-2032

CH. DU MONT, lieu-dit Pascaud, 33410 Sainte-Croix-du-Mont, tél. 06 89 96 54 73, chateau-du-mont@wanadoo.fr V r.-v.

CH. MONT-JOYE 2016 ★

■	1200		15 à 20 €

En plein cœur du plateau de Barsac, Franck Glaunès conduit le Ch. Mont-Joye et ses 10 ha de vignes. Un cru au nom énigmatique qui désignerait en ancien français les monticules de pierres qui marquaient le bord des chemins menant à Saint-Jacques de Compostelle. Le vigneron possède également les 12 ha du Dom. du Pas-Saint-Georges à Casseuil (AOC bordeaux rouge).

Ce cru produit régulièrement des sauternes de garde. Ce 2016 ne déroge pas à la règle, et ses quelques années d'évolution nous laissent entrevoir un joli vin aux arômes confits de coing et d'abricot, dont la richesse en bouche est étayée par une certaine fermeté. ⧗ 2023-2030

CH. MONT-JOYE, Ch. Mont-Joye, 33720 Barsac, tél. 06 08 69 35 41 V r.-v.

CH. DE RAYNE VIGNEAU 2016 ★★

■ 1er cru clas.	35 000		30 à 50 €

Célèbre pour les cailloux multicolores de son terroir de graves argileuses et surtout pour ses sauternes, ce cru classé de 84 ha fut propriété de la famille de Pontac – Catherine de Pontac devenue Madame de Rayne lui a donné son nom au XIXe s. –, puis entra dans le giron du négoce Cordier-Mestrezat, avant d'être acquis en 2004 par le Crédit Agricole. Finalement, ce dernier a cédé en 2015 la majorité de ses participations au distributeur Trésor du patrimoine, spécialiste de la vente à distance.

Situé à Bommes, ce cru occupe indiscutablement l'un des meilleurs terroirs de l'appellation, et il lui faut toujours un peu de temps pour révéler toutes ses qualités. Discret pour l'heure dans ses arômes de fruits confits et de cire d'abeille, ce 2016 d'une belle densité, long et riche, possède la concentration et l'opulence des grands millésimes. Il ne vous manque plus que quelques années pour en apprécier l'harmonie. ⧗ 2023-2035 ■ **Madame de Rayne 2017 ★★ (20 à 30 €; 40 000 b.)** Cette Madame de Rayne, second vin de Rayne Vigneau, est habillée d'une belle robe bouton d'or printanière, apanage de sa jeunesse. Le bouquet, aux intenses arômes confits, est déjà très expressif, tandis qu'en bouche, l'abricot sec et le zeste d'orange composent une agréable symphonie. Très classique, c'est un sauternes concentré, riche et opulent, mais d'une belle harmonie. ⧗ 2022-2032

CH. DE RAYNE VIGNEAU, 4, Le Vigneau, 33210 Bommes, tél. 05 56 76 61 63, chateau@raynevigneau.fr V t.l.j. 10h-12h 14h-18h

CH. ROMER DU HAYOT 2016 ★

■ 2e cru clas.	6000		20 à 30 €

C'est en 1851 que le Ch. Romer, situé sur la commune de Fargues, est entré dans la famille du Hayot, qui succédait ainsi au Comte de la Myre-Mory. Quatre ans plus tard, le désormais Ch. Romer du Hayot était élevé au rang de 2e cru classé. Un cru toujours dans cette même famille, avec Catherine et Fabienne du Hayot aujourd'hui aux commandes.

Des notes intenses et généreuses de cire d'abeille et de mirabelle mûre composent le bouquet puissant de ce 2016 qui a bien entamé sa maturation. On retrouve en bouche cette belle concentration sur des saveurs confites et épicées. La finale, encore à parfaire, possède une discrète et vivifiante amertume. ⧗ 2023-2030

VIGNOBLES DU HAYOT, Andoyse, 33720 Barsac, tél. 05 56 27 15 37, contact@vignobles-du-hayot.com V r.-v.

CH. ROUMIEU 2017 ★

■	25 000		20 à 30 €

Ce cru de 15 ha, établi sur le plateau du haut Barsac et contigu à Doisy-Védrines et Climens, est propriété

des Craveia depuis le XVIII[e]s. À sa disposition, un superbe chai de style néo-basque, construit en 1896 par Fargeaudoux, l'un des architectes d'Arcachon, et un terroir argilo-calcaire, lui, bien barsacais, avec des sables rouges recouvrant du calcaire à astéries. Vincent Craveia est aux commandes depuis 2009.

Valeur sûre du Sauternais, ce petit cru familial de Barsac ne nous déçoit jamais : d'un beau vieil or aux nuances orangées, ce vin d'un classicisme assumé arbore en bouche de belles saveurs confites bien mises en valeur par un caractère subtilement boisé. «Old Style», écrit un dégustateur : sans doute, ce n'est pas un défaut et c'est très bon ! ⧗ 2023-2032

CH. ROUMIEU, Lapinesse, 33720 Barsac, tél. 05 56 27 21 01, contact@chateau-roumieu.fr V r.-v.

CH. SIGALAS-RABAUD 2018 ★★

1er cru clas. | 15 000 | 30 à 50 €

83 85 **86** 87 **88 89** 90 91 92 94 (95) 96 **97 98 99** 00 |**01**| |02| |03| |04| |05| |**06**| |07| |**08**| |09| |10| |11| **13** 14 16 **18**

Constitué au XVII[e]s. par une famille de magistrats au parlement de Bordeaux, le Ch. Rabaud, acquis par Henri Sigalas, devient Sigalas-Rabaud en 1863. En 1903, son fils Pierre cède à la famille Promis 30 ha pour ne garder que «le bijou du terroir», soit les 14 ha actuels, plantés sur une croupe de graves sur argiles. L'histoire sera ensuite mouvementée (mise en fermage, regroupements, divisions), jusqu'à la reprise des terres familiales en 1951 par Marie-Antoinette de Lambert des Granges, née Sigalas, dont la petite-fille, Laure de Lambert Compeyrot, assure aujourd'hui la direction.

Ce 2018 est une parfaite expression du magnifique terroir de ce 1er cru dont on apprécie la qualité constante. Ayant bénéficié d'un élevage de 18 mois en barriques, ce vin est très jeune et son bouquet est encore marqué par les notes vanillées du bois. La bouche, ample et d'une grande élégance, révèle des saveurs confites et miellées discrètement soulignées par une touche de vivacité qui apporte de l'équilibre et de l'allonge. À mettre en cave quelques années pour en apprécier toute l'harmonie. ⧗ 2024-2032 ■ **Lieutenant de Sigalas 2017 ★ (20 à 30 €; 7130 b.)** Un bon «second» que ce Lieutenant. Un bouquet élégant de pêche blanche et de nectarine précède une bouche harmonieuse, d'un bon volume, imprégnée d'agréables saveurs de fruits confits, à la finale fraîche et longue. ⧗ 2020-2030

CH. SIGALAS-RABAUD, Ch. Sigalas-Rabaud, 33210 Bommes, tél. 05 57 31 07 45, contact@chateau-sigalas-rabaud.com V r.-v. 5

CH. SUDUIRAUT 2017 ★★

1er cru clas. | 70 000 | 50 à 75 €

83 85 86 88 89 (90) 96 |(97)| |**99**| |01| |02| |**04**| |**05**| |06| |**07**| |08| |09| |**10**| |11| (13) **14 15 17**

Sous le règne d'Henri IV, Suduiraut était un château fort et se nommait «cru du Roy». Incendié pendant la Fronde, il a été reconstruit en 1670 par le comte Blaise de Suduiraut, donnant le magnifique château Grand Siècle que nous connaissons aujourd'hui, entouré de jardins imaginés plus tard par Le Nôtre. Le vignoble, reconstitué lui aussi au XVII[e]s., couvre aujourd'hui 91 ha plantés sur un sol sablo-graveleux. Depuis 1992, le domaine est dans le giron d'Axa Millésimes (Pichon Baron à Pauillac, entre autres), qui en a confié la direction à Christian Seely.

Ce 1er cru à la réputation affirmée ne déroge pas aux canons du sauternes traditionnel, et l'on est d'emblée séduit par sa couleur vieil or et son bouquet intense d'abricot sec, de zeste d'agrumes et de miel. La bouche est au diapason : des saveurs généreuses de coing et de fruits blancs confits, de la puissance, de l'opulence et de la volupté. Un sauternes très liquoreux, encore assez «compact» pour l'heure, mais qui reste très harmonieux, et on devine sans peine son solide potentiel. ⧗ 2024-2040

CH. SUDUIRAUT, 33210 Preignac, tél. 05 56 63 61 92, contact@suduiraut.com V r.-v.

CH. LA TOUR BLANCHE 2017 ★

1er cru clas. | 16 000 | 30 à 50 €

83 85 86 88 89 **90** 91 94 **95 96** |**97**| **99** |01| |**02**| |03| |04| |05| 06 |**07**| 08 |10| |11| |12| **13** 14 15 16 17

On pourrait croire que le nom du cru vient de la tour blanche (en fait, un pigeonnier autrefois) se trouvant sur le domaine. En réalité, il dérive du nom d'un ancien propriétaire, monsieur de Latourblanche, trésorier général de Louis XVI. Légué à l'État en 1909 par le mécène Daniel Iffla, dit Osiris, ce cru classé est aussi un lycée viticole, où les futurs professionnels trouvent un beau terrain d'apprentissage (42 ha de vignes) pour s'initier aux subtilités du Botrytis cinerea. Aux commandes du chai, Philippe Pelicano.

Ce 1er cru classé produit chaque année des vins puissants et généreux. C'est bien le cas du 2017, dominé au nez par des arômes de fruits blancs compotés. La bouche, ample riche, opulente, convoque l'abricot et la pêche confits. Un digne représentant du cru, d'une belle facture classique. ⧗ 2023-2035 ■ **Les Charmilles de la Tour Blanche 2017 ★ (20 à 30 €; 13000 b.)** Un second vin d'un or pâle jeune et pimpant. Le bouquet est discret mais fin et le palais, d'une belle élégance, plutôt léger, offrant un agréable caractère confit sans excès. Le parfait exemple du sauternes d'apéritif. ⧗ 2020-2025

CH. LA TOUR BLANCHE, 1 ter, Tour Blanche, 33210 Bommes, tél. 05 57 98 02 73, tour-blanche@tour-blanche.com V r.-v.

CH. TUYTTENS 2018 ★

■ | 16 000 | 11 à 15 €

Philippe Mercadier a acquis pendant 25 ans son savoir-faire à la direction du Ch. Suduiraut. Une expérience qui profite aujourd'hui à ses 3 crus sauternais, conduits avec l'aide de ses 2 fils : les châteaux Haut Coustet, Pechon et Tuyttens.

Des senteurs douces de pâte de fruit dominent le bouquet de ce 2018. On les retrouve en début de bouche, lui conférant un caractère aimable et soyeux. Puis la dégustation évolue vers des notes de torréfaction, de miel et de pain d'épices plus chaleureuses, avant une finale longue et dense. Du caractère. ⧗ 2023-2030

VIGNOBLES MERCADIER, 8, rte de Villandraut, 33210 Fargues, tél. 06 24 03 90 18, emercadier@vignoblesmercadier.com V r.-v.

LES CRUS CLASSÉS DU SAUTERNAIS EN 1855

PREMIER CRU SUPÉRIEUR
Ch. d'Yquem
PREMIERS CRUS
Ch. Climens
Clos Haut-Peyraguey
Ch. Coutet
Ch. Guiraud
Ch. Lafaurie-Peyraguey
Ch. Rabaud-Promis
Ch. Rayne-Vigneau
Ch. Rieussec
Ch. Sigalas-Rabaud
Ch. Suduiraut
Ch. La Tour-Blanche

SECONDS CRUS
Ch. d'Arche
Ch. Broustet
Ch. Caillou
Ch. Doisy-Daëne
Ch. Doisy-Dubroca
Ch. Doisy-Védrines
Ch. Filhot
Ch. Lamothe (Despujols)
Ch. Lamothe (Guignard)
Ch. de Malle
Ch. Myrat
Ch. Nairac
Ch. Romer
Ch. Romer du Hayot
Ch. Suau

LA BOURGOGNE

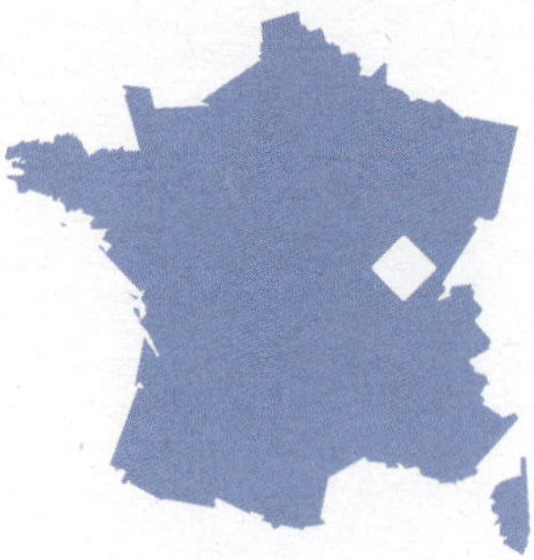

Un vignoble historique, l'un des plus anciens de France, modelé au Moyen Âge par les moines, puis les ducs de Bourgogne, et riche de domaines aux apparences souvent modestes mais de grand prestige. Inscrit en 2015 au patrimoine mondial de l'Unesco, il n'occupe guère que 4 % du vignoble planté en France, mais ne compte pas moins de 84 appellations, un record.

Ses deux principaux cépages, le pinot noir et le chardonnay, qui y règnent en maître, sont à l'origine de vins fins et de crus si célèbres qu'ils ont acquis une réputation mondiale. À la simplicité de l'encépagement s'oppose l'extrême variété de micro-terroirs, appelés localement *climats* (plus de 600), qui détermine l'immense déclinaison des vins bourguignons.

Une variété qui se répartit sur plusieurs ensembles viticoles : du nord au sud, les vignobles de l'Yonne (Chablisien), la Côte de Nuits et la Côte de Beaune (qui toutes deux forment la Côte d'Or), le Mâconnais et la Côte chalonnaise.

Reflet de ce vignoble morcelé, la hiérarchisation des vins bourguignons, qui peut paraître complexe, est d'une grande logique et définit 4 niveaux : les appellations régionales (plus de 50 % de la production), les appellations communales, dits aussi *villages* (plus de 30 % de la production), les premiers crus (environ 10 % de la production) et, en haut de la pyramide, les grands crus.

Principaux **millésimes** dégustés dans cette **édition**

TYPES DE VIN	CARACTÉRISTIQUES DU MILLÉSIME	QUALITÉ DU MILLÉSIME
Blancs secs 2019	Un millésime de haut vol malgré une météo contrastée (hiver doux, gel d'avril, été très chaud et sec) et des volumes en baisse (notamment en Mâconnais). Malgré la chaleur estivale, les blancs ont conservé beaucoup de fraîcheur, de fruit, de volume et d'équilibre entre un fruité franc et une fine acidité.	★★★★★
Rouges 2018	Des volumes généreux et une grande qualité, de l'eau très présente l'hiver, un printemps clément, un été sec et chaud et un raisin d'une maturité parfaite. Les rouges sont admirables, à la fois très expressifs, frais, structurés et longs. De grande garde.	★★★★★
Blancs secs 2018	Une très grande année, dans toutes les sous-régions. Les vins se montrent très aromatiques, à la fois amples, denses, généreux et élégants, avec une fraîcheur préservée.	★★★★★
Rouges 2017	Un millésime chaud et précoce, avec une récolte volumineuse et saine. Les rouges sont fruités, tendres, mais assez souples, voire légers, du fait de rendements parfois élevés. Les grands crus sont plus denses, mais restent de moindre garde que 2015 ou 2016.	★★★☆☆
Blancs secs 2017	Un très bon millésime en blanc, avec de bons niveaux de maturité et une production homogène à l'origine de vins consistants, plutôt solaires mais qui gardent de beaux équilibres.	★★★★☆

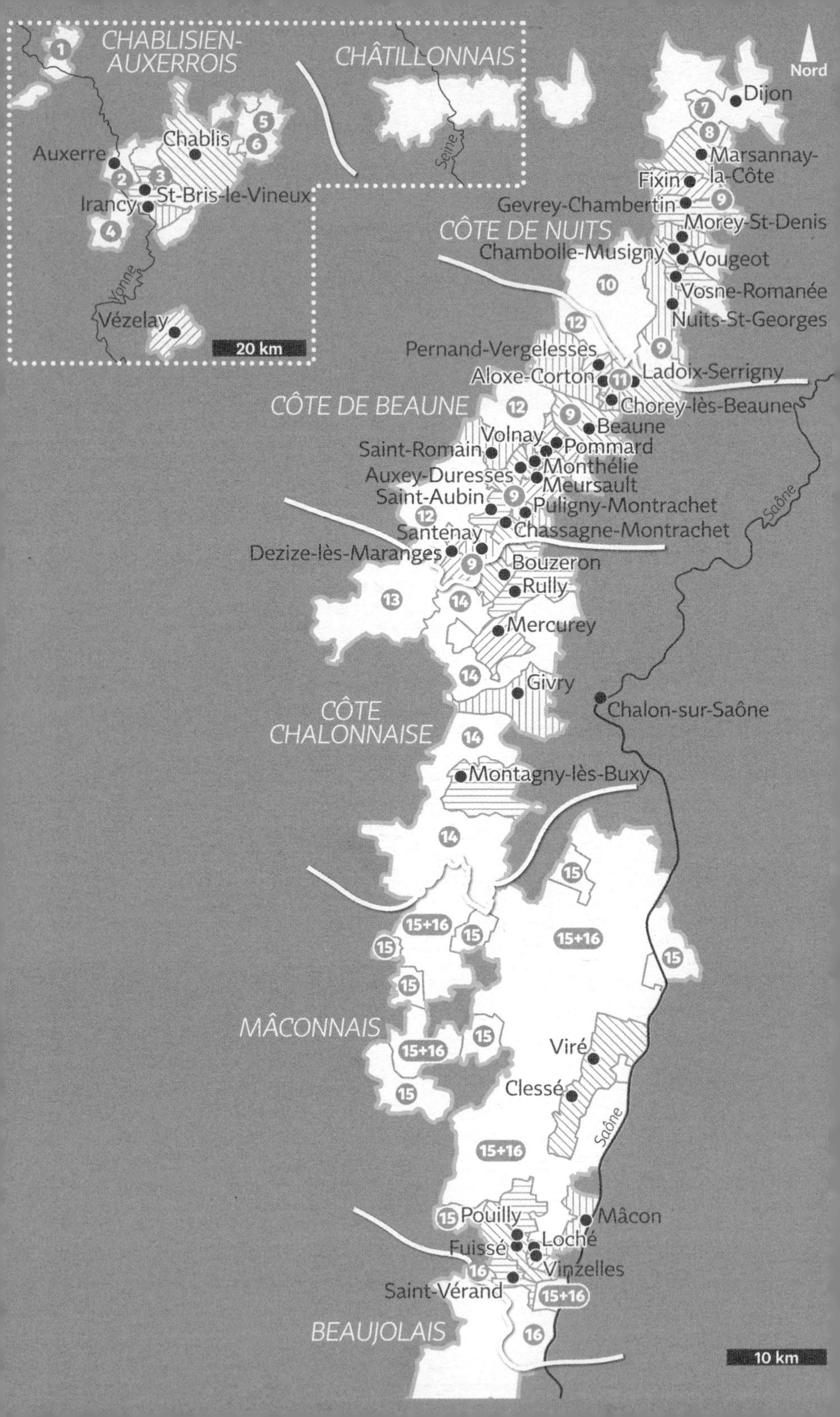
CHABLISIEN-
AUXERROIS
CHÂTILLONNAIS
Nord
Dijon
Chablis
Auxerre
St-Bris-le-Vineux
Irancy
Yonne
Seine
Vézelay
20 km
Marsannay-
la-Côte
Fixin
Gevrey-Chambertin
CÔTE DE NUITS
Morey-St-Denis
Chambolle-Musigny
Vougeot
Vosne-Romanée
Nuits-St-Georges
Pernand-Vergelesses
Aloxe-Corton
Ladoix-Serrigny
CÔTE DE BEAUNE
Chorey-lès-Beaune
Beaune
Volnay
Pommard
Saint-Romain
Monthélie
Auxey-Duresses
Meursault
Saint-Aubin
Puligny-Montrachet
Santenay
Chassagne-Montrachet
Dezize-lès-Maranges
Bouzeron
Rully
Mercurey
Givry
Chalon-sur-Saône
Saône
CÔTE
CHALONNAISE
Montagny-lès-Buxy
MÂCONNAIS
Viré
Clessé
Pouilly
Mâcon
Fuissé
Loché
Vinzelles
Saint-Vérand
BEAUJOLAIS
10 km
1
2
3
4
5
6
7
8
9
10
11
12
13
14
15
16
15+16

MÂCONNAIS Sous-région viticole

AOC communales

AOC régionales de Bourgogne

bourgogne, coteaux bourguignons, crémant-de-bourgogne, bourgogne-aligoté, bourgogne-passetoutgrain (ces AOC peuvent être produites sur l'ensemble du vignoble)

Dénominations géographiques complémentaires de l'AOC bourgogne

1. bourgogne Côte Saint-Jacques
2. bourgogne Côtes d'Auxerre
3. bourgogne Chitry
4. bourgogne Coulanges-la-Vineuse
5. bourgogne Épineuil
6. bourgogne Tonnerre
7. bourgogne Montrecul
8. bourgogne Le Chapitre
9. bourgogne Côte-d'Or
10. bourgogne-hautes-côtes-de-nuits
11. bourgogne La Chapelle Notre-Dame
12. bourgogne-hautes-côtes-de-beaune
13. bourgogne Côtes du Couchois
14. bourgogne-côte-chalonnaise

AOC régionales du Mâconnais

15. mâcon
16. mâcon-villages

Le **Bourgogne** en un clin d'œil

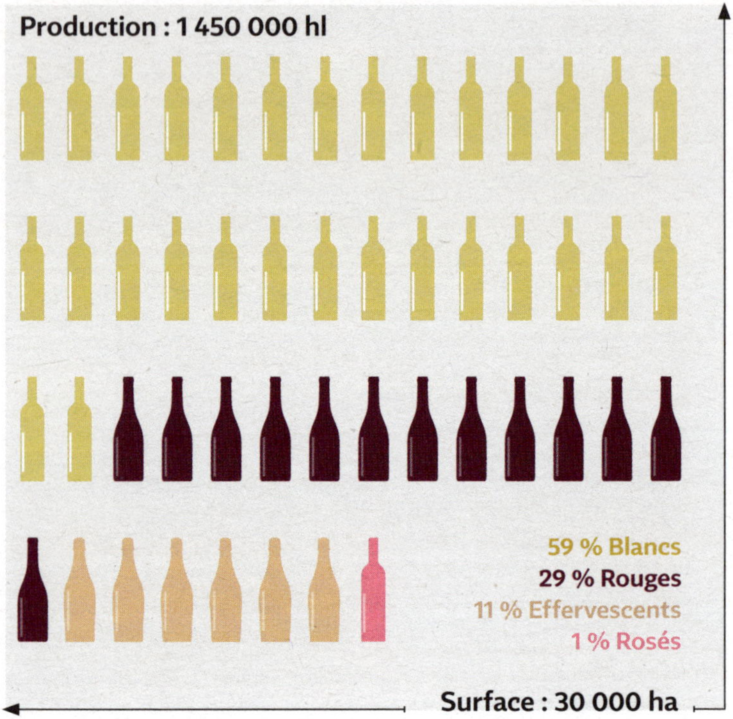

Types de vins

Blancs secs

Rouges

Rosés

Effervescents

Principaux **cépages**

- Pinot noir
- Gamay noir à jus blanc
- César (rare)
- Chardonnay
- Aligoté
- Sauvignon (à Saint-Bris)
- Sacy (rare)
- Melon (rare)

Hiérarchie des vins

Grands crus
(romanée-conti, corton, etc.)

1ers crus
(beaune 1er cru, volnay 1er cru, etc.)

AOC communales ou *villages*
(beaune, volnay, etc.)

AOC régionales
régionales (bourgogne, crémant-de-bourgogne, etc.)

Un peu d'**histoire**

- **Ier-IIe s. :** les Gallo-Romains plantent des vignes.
- **312 :** Eumène, président de l'université d'Autun, défend la qualité du terroir bourguignon dans un discours adressé à l'empereur Constantin Auguste.
- **909 :** fondation de l'ordre monastique de Cluny et essor chalonnais et mâconnais.
- **1098 :** fondation de l'ordre monastique de Cîteaux (Clos de Vougeot).
- **XIIe s. :** l'abbé Bernard de Clairveaux instaure les règles de vie cistercienne. Essor du vignoble et des méthodes de vinification.
- **XIVe-XVe s. :** les ducs de Bourgogne développent le vignoble.
- **1395 :** ordonnance de Philippe le Hardi : le cépage gamay est banni au profit du pinot noir.
- **1429 :** création de l'ordre de la Toison d'Or par Philippe le Bon : le vin de Bourgogne est le vin des chevaliers.
- **1443 :** construction des hospices de Beaune par Nicolas Rolin, dotés de vignobles.
- **1693 :** ordonnance de Fagon, le vin de Bourgogne est prescrit à Louis XIV. Essor de sa consommation à la cour.
- **XVIIIe :** apparition des négociants-éleveurs.
- **1728 :** : l'abbé Claude Arnoux publie le 1er livre sur les crus de Bourgogne.
- **1789 :** Révolution, vente des biens de l'église comme biens nationaux, démembrement du vignoble entre plusieurs propriétaires.
- **1855 :** hiérarchisation des vins bourguignons par le docteur Lavalle.
- **1875-1888 :** crise du phylloxéra et replantation du vignoble à partir de greffage sur des plants américains.
- **1923 :** création de la 1re cave coopérative dans l'Yonne (La Chablisienne). Le mouvement se généralise dans le sud de la Bourgogne.
- **1932 :** création de la Paulée de Meursault.
- **1934 :** création de la Confrérie des Chevaliers du Tastevin.
- **1938 :** 1re Saint-Vincent tournante.
- **2015 :** les *climats* sont inscrits au patrimoine mondial de l'humanité.

Mots-clés de la Bourgogne

1 Rôle des moines

Ce vignoble historique, l'un des plus anciens de France, a été façonné au Moyen-Âge par les moines des abbayes de Cluny (fondée en 910) et de Cîteaux (fondée en 1098). Les Cisterciens notamment, qui ont pour ambition de restaurer la règle de saint Benoît dans son austérité primitive, vont identifier les meilleurs terroirs (les *climats*), constituer des clos, comme le célèbre Clos de Vougeot et ses pressoirs médiévaux (XIIe s.), sélectionner les meilleurs cépages, formaliser les travaux de la vigne et propager la viticulture.

2 Climat

Parcelle de vignes portant le nom d'un lieu-dit (entité cadastrale), délimitée pour les spécificités de son terroir, c'est-à-dire de son sol, de son climat et de son exposition. Le terme souligne bien l'importance des microclimats dans la diversité des vins de Bourgogne. Il existe 600 *climats*, inscrits au patrimoine mondiale de l'Unesco. Sur l'étiquette des vins, leur nom peut apparaître sous l'appellation régionale, communale, premier cru ou grand cru.

3 Clos

Parcelle entourée de murs, héritage des vignes cultivées par les moines et le seigneurs au Moyen Âge (le clos-de-bèze, créé en 640, par exemple). Certains clos bourguignons sont des monopoles, entre les mains d'un seul propriétaire (par exemple, clos-de-tart ou clos-des-corton Faiveley), mais d'autres comme le clos-de-vougeot (quelque 80 producteurs) ont connu un fort démembrement après la Révolution.

4 Monocépage

Les vins de Bourgogne sont majoritairement issus d'un seul cépage, pinot noir en rouge, chardonnay en blanc. Ils sont dits « monocépages », par opposition aux vins d'assemblages fréquents dans d'autres régions.

5 Chardonnay

Il est l'un des premiers cépages blancs de qualité au monde, sa polyvalence en ayant fait le cépage international par excellence : il supporte tous les terroirs, toutes les latitudes, les excès de rendements, les attaques de l'oïdium, les élevages en fût de chêne musclés… C'est aussi le cépage quasi exclusif de la Bourgogne, sa patrie d'origine, où il trouve ce petit supplément d'âme qui donne aux vins blancs une allure altière et minérale dans le Chablisien, opulente et racée en Côte d'Or, riche et fruitée en Saône-et-Loire et dans le Mâconnais.

6 Pinot noir

Cépage noir presque exclusif des vins rouges de Bourgogne, région dont il aime le terroir calcaire, la latitude tempérée et le climat semi-continental. Exigeant, peu productif mais hautement qualitatif, il déteste les terroirs chauds, les gros rendements et l'excès d'humidité. Lors de la vinification, il réclame aussi beaucoup d'égards. Récolté à bas rendements et vinifié avec sobriété, il donne en général des vins peu colorés, d'une subtilité et d'une élégance remarquables, aux arômes de griotte et de petits fruits rouges et noirs, mais surtout qui expriment une multitude de nuances selon le terroir d'origine ; des vins qui, pour les plus racés, peuvent vieillir très longtemps.

7 1ers et grands crus

Reflet d'un vignoble très morcelé et d'une grande variété, la réglementation définit 4 niveaux dans la hiérarchie des vins bourguignons : à la base, les appellations régionales, puis les AOC communales, les 1ers crus et, au sommet, les grands crus (voir page suivante).

8 Villages

Autre nom donné aux appellations communales comme nuits-saint-georges ou beaune. Une aire d'appellation communale, ou *village*, peut s'étendre sur plusieurs communes.

9 Négoce-éleveur

L'une des spécificités de la Bourgogne est le rôle prépondérant joué par les négociants-éleveurs, apparus au XVIIIe s. Dans la plupart des régions de France, le négociant commercialise des vins finis, en bouteille. En Bourgogne, les négociants sont aussi dits « éleveurs » car ils achètent des raisins aux domaines pour ensuite les vinifier eux-mêmes en leur apportant un « style maison », dans une approche très similaire à celle des vignerons. Ils sont aussi le plus souvent propriétaires de vignes (10 % du vignoble). À l'inverse, nombre de domaines ont créé leur propre négoce pour étoffer leur gamme. Aujourd'hui, le négoce commercialise environ les deux tiers des vins de Bourgogne.

10 Vente aux enchères des hospices de Beaune

C'est la vente publique, le troisième dimanche de novembre, des cuvées de l'important domaine des hospices de Beaune, constitué au fil des siècles grâce à des donations. Son produit est destiné à des investissements médicaux. Institutionnalisée en 1859, cette vente attire les foules. Variant en fonction des volumes produits, de la réputation du millésime et de la conjoncture, les montants atteints donnent la température du marché. Depuis 2005, c'est la maison Christie's qui organise la vente.

11 Chevalier du Tastevin

Confrérie née en 1934, dans une période de crise économique viticole, elle est une résurrection d'anciennes confréries des XVIIe et XVIIIe siècles. Elle célèbre la Bourgogne viticole à travers ses Chapitres, cérémonies organisées dans le château du Clos de Vougeot, où sont intronisés de nouveaux chevaliers. Deux fois par an, elle organise une dégustation des vins jugés caractéristiques de leur appellation et de leur millésime. Son nom vient du « tastevin », ou « tâte-vin », petite tasse en argent destinée à mirer le vin et à le goûter au chai.

12 Saint-Vincent tournante

Saint Vincent est le patron des vignerons. En Bourgogne, il est vénéré dans chaque village, où sa statue en bois sculpté est précieusement hébergée chaque année par une famille vigneronne différente. Apparues au Moyen Âge avec les « sociétés de secours mutuel », les manifestations traditionnelles de la Saint-Vincent ont été relancées en 1938 par la Confrérie des chevaliers du Tastevin. Depuis, chaque année, le saint est célébré dans un village différent (d'où le nom de Saint-Vincent tournante), lors d'un week-end portes ouvertes, avec dégustations et défilés de confréries.

Classements des *climats*

C'est à l'intérieur des appellations communales (*villages*) que la hiérarchie des crus s'établit. Dès le Moyen Âge, les moines ont défini une hiérarchie des terroirs selon la qualité des vins produits. En 1855, le docteur Lavalle a proposé une liste des meilleurs crus dans son ouvrage *Histoire et statistiques de la Côte d'Or.* Six ans plus tard, le Comité d'agriculture de Beaune s'en est inspiré pour établir la classification destinée à l'Exposition universelle de Paris de 1862. Aujourd'hui, le classement est pratiquement identique.

Les *climats* non classés

produisent des vins d'appellation communale. La mention du *climat* sur l'étiquette est laissée à la discrétion du vigneron. Elle doit apparaître en caractères plus petits que celle de la commune.

Les premiers crus

proviennent de *climats* délimités au sein d'un village et distingués pour leur potentiel. L'étiquette indique à la fois le nom du village et celui du *climat* (souvent sur la même ligne) : par exemple, volnay Caillerets, meursault Charmes. Leur liste est officialisée par décret.

Les grands crus

occupent le sommet de la pyramide (1 % de la production). Ils ont été sélectionnés parmi les meilleurs *climats*. Ils forment des appellations à part entière, dont le nom est en vedette sur l'étiquette : par exemple, chambertin, montrachet.

Les **appellations** régionales de la Bourgogne

Production : 770 000 hl

51 % Blancs
27 % Rouges
1 % Rosés
21 % Effervescents

Surface : 14 400 ha

Types de vins

- Rouges
- Blancs secs
- Rosés
- Effervescents

Principaux **cépages**

- Pinot noir
- Gamay noir à jus blanc
- Chardonnay
- Aligoté
- Pinot gris (pour les rosés)
- Melon de Bourgogne
- Pinot blanc
- Sacy

La base de la pyramide des AOC

Les AOC régionales, qui occupent la base de la pyramide des appellations bourguignonnes, peuvent être produites dans les communes viticoles des département de l'Yonne, de la Côte-d'Or, de la Saône-et-Loire et dans le canton de Villefranche-sur-Saône (département du Rhône). Elles incluent donc le Beaujolais.

Des appellation extensives

Compte tenu de la dispersion géographique de cette aire, l'AOC bourgogne est parfois associée à un nom de lieu-dit, de commune ou de terroir (ex. : bourgogne Montrecul, bourgogne Chitry, bourgogne Épineuil, bourgogne Côtes d'Auxerre...). Les AOC régionales se déclinent aussi en AOC coteaux-bourguignons (la plus générale et la plus extensive, qui remplace les bourgogne-grand-ordinaire), bourgogne-passetoutgrain, bourgogne-aligoté et crémant-de-bourgogne. Sur les hauteurs, en arrière de la Côte d'Or, les AOC bourgogne-hautes-côtes-de-nuits et bourgogne-hautes-côtes-de-beaune, ainsi que, dans le Mâconnais, les vastes AOC mâcon, mâcon + nom de commune et mâcon-villages sont également de niveau régional.

Le **Chablisien** en un clin d'œil

Production : 275 000 hl*

*Villages, 1ers crus et grands crus

Surface : 6 000 ha*

Types de vins

Rouges | **Blancs secs** | **Rosés**

Principaux **cépages**

Pinot noir (irancy)

César (irancy)

Chardonnay (appelé aussi beaunois)

Hiérarchie des vins

- **Chablis grand cru**
- **Chablis 1er cru**
- **AOC communales** (irancy, saint-bris, petit-chablis et chablis)
- **AOC régionales + dénomination** (Auxerre, Chitry, Vézelay, Tonnerre, etc.)
- **AOC régionales**

Un terroir calcaire propice au chardonnay

Cette sous-région inclut les territoires de la commune de Chablis et de 19 communes voisines. Le terroir se distingue par des coteaux en forte pente qui longent les deux rives du Serein, affluent de l'Yonne : des sols calcaires de marnes jurassiques (kimméridgien, portlandien) propices à l'expression délicate du chardonnay, ce qu'avaient déjà perçus, au XIIe siècle, les moines cisterciens de la toute proche abbaye de Pontigny.

La minéralité, concept très chablisien

Le climat continental et le sous-sol calcaire confèrent aux blancs chablisiens une minéralité très typique, associée à des arômes de silex, de caillou mouillé, de mine de crayon, et aux sensations de tension, de droiture, de vivacité.

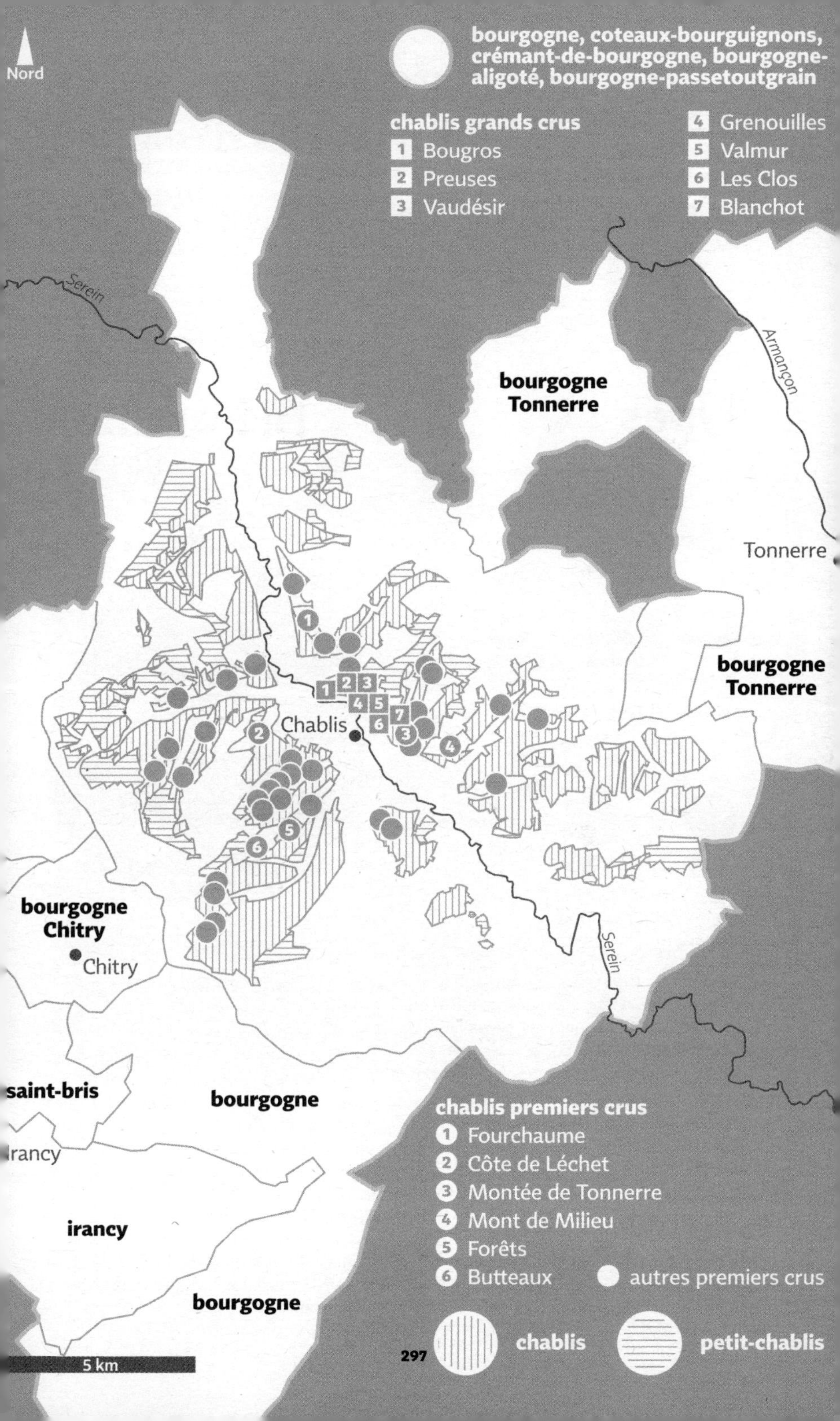
Nord
bourgogne, coteaux-bourguignons, crémant-de-bourgogne, bourgogne-aligoté, bourgogne-passetoutgrain
chablis grands crus
1 Bougros
2 Preuses
3 Vaudésir
4 Grenouilles
5 Valmur
6 Les Clos
7 Blanchot
Serein
Armançon
bourgogne Tonnerre
Tonnerre
bourgogne Tonnerre
Chablis
bourgogne Chitry
Chitry
saint-bris
bourgogne
irancy
irancy
bourgogne
chablis premiers crus
1 Fourchaume
2 Côte de Léchet
3 Montée de Tonnerre
4 Mont de Milieu
5 Forêts
6 Butteaux
autres premiers crus
chablis
petit-chablis
5 km

La **Côte de Nuits** en un clin d'œil

Production : 72 500 hl*

*Villages, 1ers crus et grands crus

Surface : 1 800 ha*

Types de vins

Rouges

Blancs secs

Rosés

Principaux cépages

Pinot noir

Chardonnay

Un terroir favorable au pinot noir

Au sud de Dijon, entre Marsannay et Corgoloin, la Côte de Nuits s'étire en une côte étroite (quelques centaines de mètres seulement), coupée de combes de style alpestre, avec des bois et des rochers. Le climat continental y est plus froid qu'en Côte de Beaune, marqué par des vents froids et secs. Elle se présente comme une façade de coteaux orientés plein sud, en pente douce, avec les grands crus à mi-hauteur, entourés des 1ers crus autour, les AOC communales et régionales occupant le haut et le creux des bas de pentes. Le terroir est un millefeuille de couches calcaires ni trop maigre ni trop épais favorable au pinot noir.

Hiérarchie des vins

Grands crus
(voir carte ci-contre)

1ers crus

AOC communales ou *villages*
(ex. : gevrey-chambertin, chambolle-musigny, vosne-romanée, nuits-saint-georges…)

AOC sous-régionale bourgogne-hautes-côtes-de-nuits

AOC régionales

Le royaume du pinot noir et des grands crus

Les vins rouges sont ici largement dominants (90 %), avec les blancs et de très rares rosés en complément. Le pinot noir y produit les vins les plus structurés de toute la Bourgogne, aptes à de longues gardes. La Côte de Nuits est aussi la patrie des grands crus (24, contre 7 en Côte de Beaune), répartis autour de 7 villages : Gevrey-Chambertin, Morey-Saint-Denis, Chambolle-Musigny, Vougeot, Flagey-Echézeaux, Vosne-Romanée et Nuits-Saint-Georges).

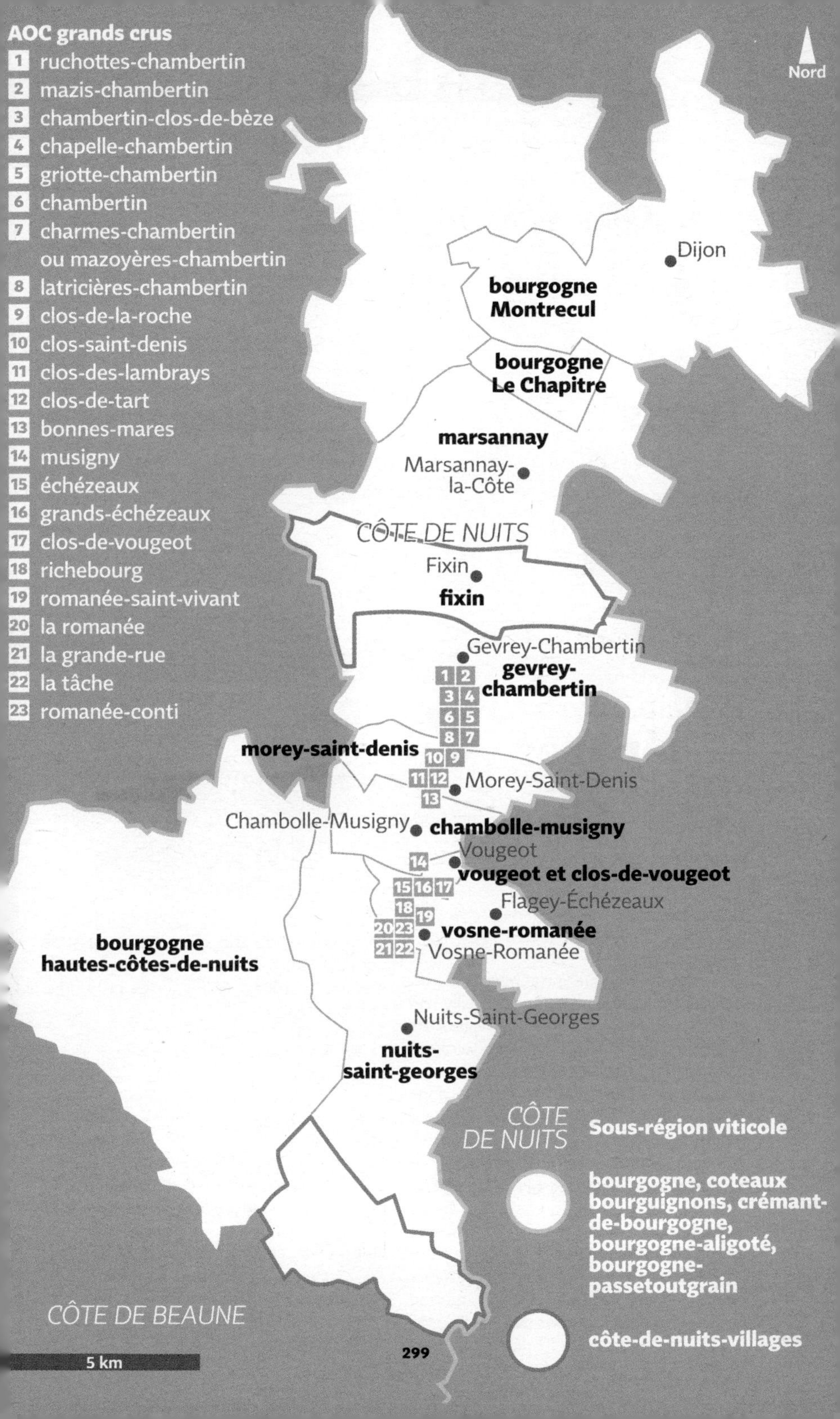
AOC grands crus
1 ruchottes-chambertin
2 mazis-chambertin
3 chambertin-clos-de-bèze
4 chapelle-chambertin
5 griotte-chambertin
6 chambertin
7 charmes-chambertin ou mazoyères-chambertin
8 latricières-chambertin
9 clos-de-la-roche
10 clos-saint-denis
11 clos-des-lambrays
12 clos-de-tart
13 bonnes-mares
14 musigny
15 échézeaux
16 grands-échézeaux
17 clos-de-vougeot
18 richebourg
19 romanée-saint-vivant
20 la romanée
21 la grande-rue
22 la tâche
23 romanée-conti
Nord
Dijon
bourgogne Montrecul
bourgogne Le Chapitre
marsannay
Marsannay-la-Côte
CÔTE DE NUITS
Fixin
fixin
Gevrey-Chambertin
gevrey-chambertin
morey-saint-denis
Morey-Saint-Denis
Chambolle-Musigny
chambolle-musigny
Vougeot
vougeot et clos-de-vougeot
Flagey-Échézeaux
vosne-romanée
Vosne-Romanée
bourgogne hautes-côtes-de-nuits
Nuits-Saint-Georges
nuits-saint-georges
CÔTE DE NUITS
Sous-région viticole
bourgogne, coteaux bourguignons, crémant-de-bourgogne, bourgogne-aligoté, bourgogne-passetoutgrain
côte-de-nuits-villages
CÔTE DE BEAUNE
5 km

La **Côte de Beaune** en un clin d'œil

Production : 160 000 hl*

*Villages, 1ers crus et grands crus

Surface : 3 900 ha*

Types de vins

Blancs secs **Rouges** **Rosés**

Principaux cépages

Chardonnay **Pinot noir**

Hiérarchie des vins

AOC grands crus
(voir carte ci-contre)

AOC communales 1ers crus

AOC communales ou *villages*
(ex. : beaune, maranges, auxey-duresses, saint-aubin, meursault…)

AOC sous-régionale bourgogne-hautes-côtes-de-beaune

AOC régionales

Un terroir varié, favorable aux blancs comme aux rouges

La Côte de Beaune prolonge celle de Nuits entre Ladoix-Sérgigny et Cheilly-lès-Maranges, sur une bande de vignobles large de 1 ou 2 km. Le climat tempéré est soumis à des vents humides, ce qui entraîne une plus grande précocité dans la maturation. Elle présente un paysage de coteaux arrondis et coupés de larges combes, comme celle, imposante, de Saint-Romain. Le terroir, plus varié qu'en Côte de Nuits, est fait de calcaires divers et de terrains marneux souvent propices au chardonnay. Néanmoins, si la Côte de Beaune est réputée pour ses grands blancs riches, onctueux et de grande garde, notamment autour de la colline du Montrachet au sud, elle produit aussi de grands vins rouges, au nord, autour de la colline de Corton et ses terres profondes et colorées.

Les « montagnes » aux grands crus

La Côte de Beaune possède 7 grands crus qui se concentrent sur les deux « montagnes » de Corton et de Montrachet. Pernand-Vergelesses, Ladoix-Sérigny et Aloxe-Corton se partagent la 1re avec ses 2 grands crus corton en rouge (et un peu blanc) et corton-charlemagne (blanc). À cheval sur Puligny et Chassagne, le Montrachet (« mont chauve ») abrite 5 grands crus exclusivement blancs.

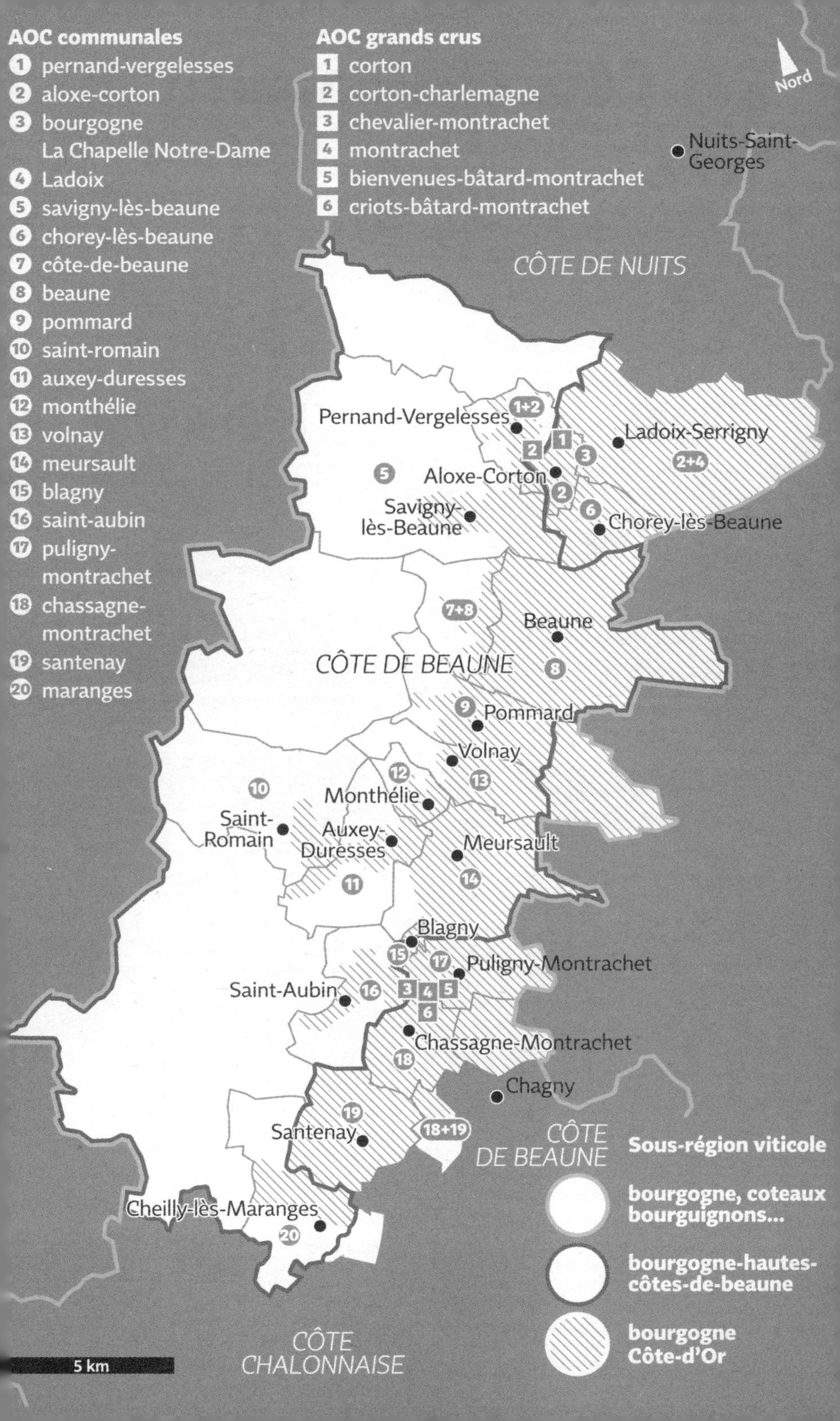
AOC communales
1 pernand-vergelesses
2 aloxe-corton
3 bourgogne La Chapelle Notre-Dame
4 Ladoix
5 savigny-lès-beaune
6 chorey-lès-beaune
7 côte-de-beaune
8 beaune
9 pommard
10 saint-romain
11 auxey-duresses
12 monthélie
13 volnay
14 meursault
15 blagny
16 saint-aubin
17 puligny-montrachet
18 chassagne-montrachet
19 santenay
20 maranges
AOC grands crus
1 corton
2 corton-charlemagne
3 chevalier-montrachet
4 montrachet
5 bienvenues-bâtard-montrachet
6 criots-bâtard-montrachet
Nord
Nuits-Saint-Georges
CÔTE DE NUITS
Pernand-Vergelesses
Ladoix-Serrigny
Aloxe-Corton
Savigny-lès-Beaune
Chorey-lès-Beaune
Beaune
CÔTE DE BEAUNE
Pommard
Volnay
Monthélie
Saint-Romain
Auxey-Duresses
Meursault
Blagny
Puligny-Montrachet
Saint-Aubin
Chassagne-Montrachet
Chagny
Santenay
Cheilly-lès-Maranges
CÔTE DE BEAUNE
Sous-région viticole
bourgogne, coteaux bourguignons...
bourgogne-hautes-côtes-de-beaune
bourgogne Côte-d'Or
5 km
CÔTE CHALONNAISE

La **Côte chalonnaise** en un clin d'œil

Production : 72 500 hl

Surface : 1 800 ha

Types de vins

- Blancs secs
- Rouges
- Rosés

Principaux **cépages**

- Chardonnay
- Aligoté (bouzeron)
- Pinot noir

Hiérarchie des vins

1ers crus
(présents dans toutes les AOC communales sauf en bouzeron)

AOC communales
(mercurey, givry, rully, bouzeron, montagny)

AOC sous-régionale bourgogne-côte-chalonnaise

AOC régionales
(souvent associées à la dénomination Côtes du Couchois)

Une région autant favorable aux rouges qu'aux blancs

Située entre Chagny et Saint-Genoux-le-National, la Côte chalonnaise étend son vignoble au sud de la Côte de Beaune, sur des collines de faible altitude, à l'ouest de la vallée de la Saône. Son climat continental tempéré et son terroir calcaire (et marneux par endroits) plaisent autant au pinot noir qu'au chardonnay, ainsi qu'à l'aligoté, spécialité de Bouzeron.

Cinq villages viticoles

Ce vignoble, longtemps dans l'ombre de la Côte d'Or, a beaucoup progressé. Il se répartit autour de 5 villages donnant lieu à des AOC communales : bouzeron (blancs), rully, mercurey, givry (rouges et blancs) et montagny (blancs). À noter également, l'importance des crémants (AOC régionale) dans la région, historiquement nés à Rully.

L'importance des coopératives

La Côte chalonnaise s'adosse à des caves coopératives importantes qui, alliées à celles du Mâconnais, assurent quasiment la moitié de la production.

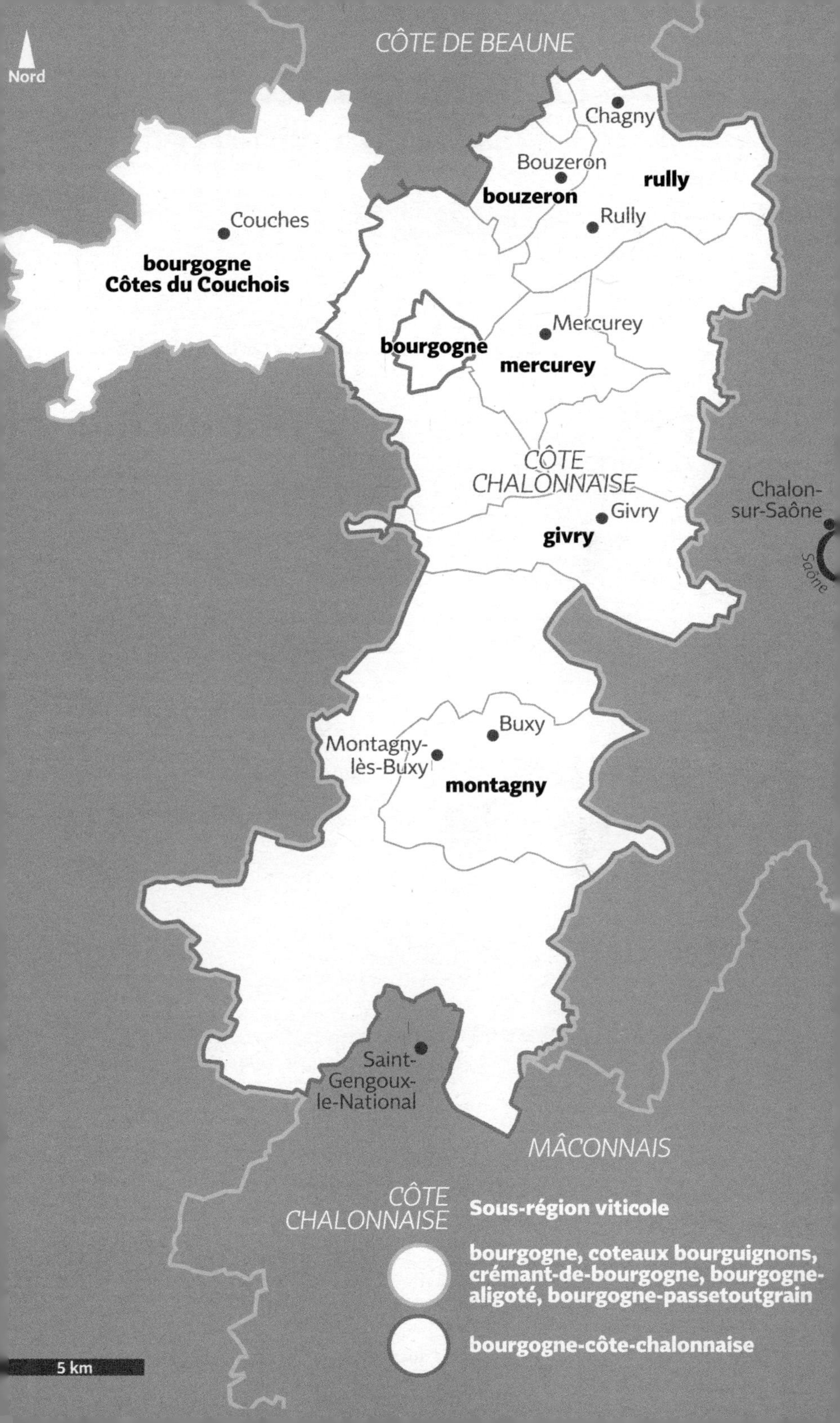
Nord
CÔTE DE BEAUNE
Chagny
Bouzeron
rully
bouzeron
Rully
Couches
bourgogne
Côtes du Couchois
Mercurey
bourgogne
mercurey
CÔTE
CHALONNAISE
Chalon-
sur-Saône
Givry
givry
Saône
Buxy
Montagny-
lès-Buxy
montagny
Saint-
Gengoux-
le-National
MÂCONNAIS
CÔTE
CHALONNAISE
Sous-région viticole
bourgogne, coteaux bourguignons,
crémant-de-bourgogne, bourgogne-
aligoté, bourgogne-passetoutgrain
bourgogne-côte-chalonnaise
5 km

Le **Mâconnais** en un clin d'œil

Production : 101 500 hl

Surface : 2 100 ha

Types de vins

Blancs secs

Rouges

Rosés

Principaux **cépages**

Chardonnay

Pinot noir

Gamay noir à jus blanc

Hiérarchie des vins

AOC communales (pouilly-fuissé, pouilly-loché, pouilly-vinzelles, saint-véran, viré-clessé)

AOC mâcon-villages (dédiée aux seuls blancs)

AOC mâcon (dans les 3 couleurs)

AOC régionales

Des roches emblématiques pour un blanc prestigieux

Emblèmes de la région, les versants bien exposés des spectaculaires roches jumelles de Solutré et Vergisson, aux sols calcaires, sont le berceau des plus prestigieux vins blancs du Mâconnais avec l'AOC pouilly-fuissé.

De rares liquoreux

Il est à noter que les villages de Viré et de Clessé défendant une longue tradition de vins liquoreux, favorisés par la proximité de la Saône et son brouillard matinal qui offre les bonnes conditions pour la pourriture noble. La production demeure néanmoins très confidentielle.

Un terroir favorable aux vins blancs

Entre Tournus et Mâcon, le Mâconnais, surnommé le « grenier à vins de la Bourgogne » (il représente ¼ de la production bourguignonne), est l'incarnation de la Bourgogne sudiste avec son climat continental aux airs méridionaux qui favorise une maturité plus précoce qu'en Côte d'Or. Le paysage propose un jeu de collines aux sols sédimentaires calcaires et marneux favorables au chardonnay (85 % de la production).

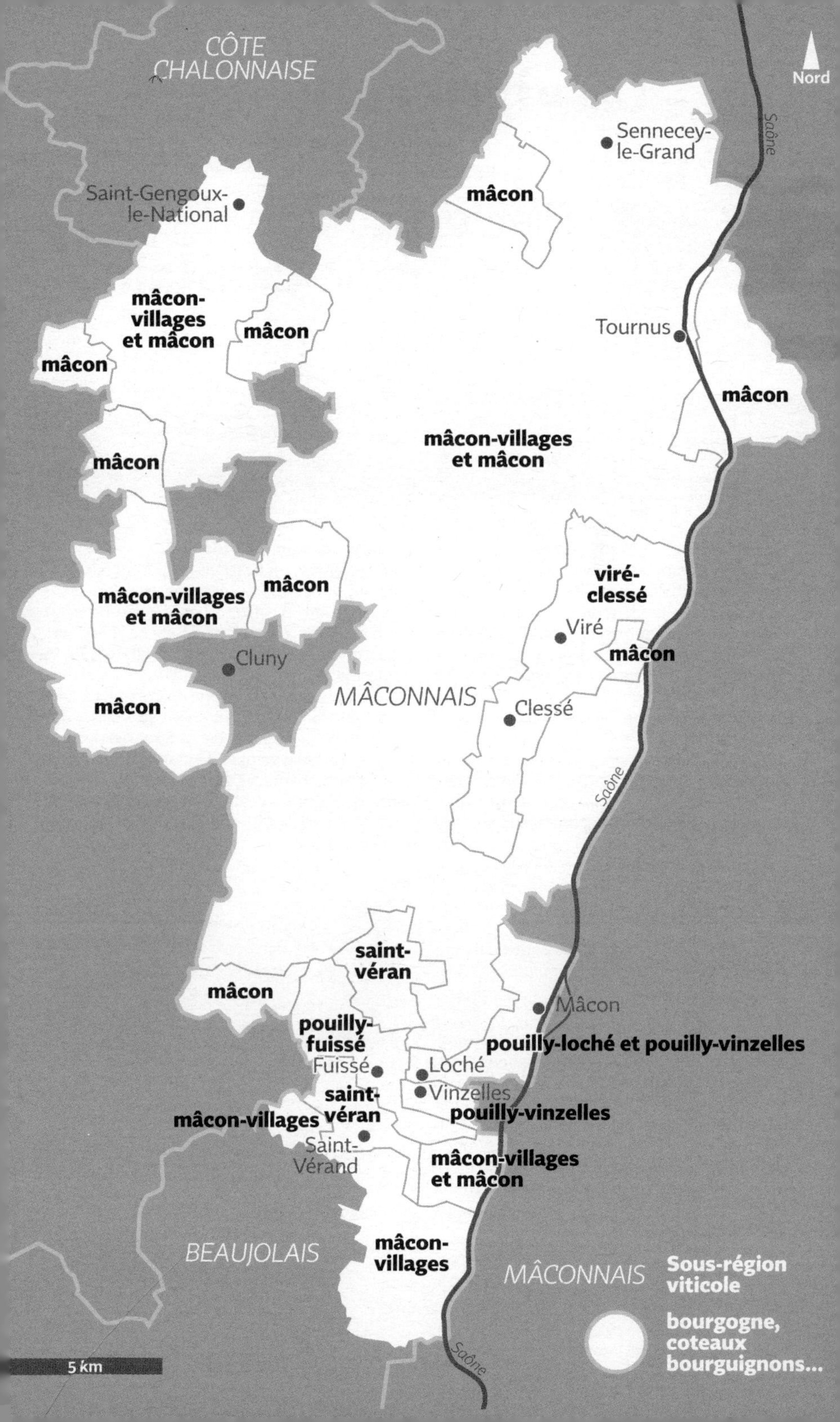

CÔTE CHALONNAISE
Nord
Saône
Sennecey-le-Grand
Saint-Gengoux-le-National
mâcon
mâcon-villages et mâcon
mâcon
mâcon
mâcon
Tournus
mâcon
mâcon-villages et mâcon
mâcon
viré-clessé
mâcon-villages et mâcon
mâcon
Viré
mâcon
Cluny
mâcon
MÂCONNAIS
Clessé
Saône
saint-véran
mâcon
Mâcon
pouilly-fuissé
pouilly-loché et pouilly-vinzelles
Fuissé
Loché
Vinzelles
saint-véran
mâcon-villages
pouilly-vinzelles
Saint-Vérand
mâcon-villages et mâcon
BEAUJOLAIS
mâcon-villages
MÂCONNAIS
Sous-région viticole
bourgogne, coteaux bourguignons…
5 km
Saône

Les **vignerons** de l'année

© Laurent Gotti

Pierre-François et Delphine **Capitain**

(Dom. Capitain-Gagnerot)

Le domaine ne récolte pas moins de trois coups de cœur dans cette édition du Guide ! Ils récompensent une exploitation qui, sous la houlette d'une nouvelle génération, a su garder son âme tout en allant de l'avant.

• Vers le bio et la biodynamie

Le Dom. Capitain-Gagnerot est exemplaire d'une transmission familiale réussie. Lorsque que la nouvelle génération, incarnée par Pierre-François Capitain et sa sœur Delphine, arrive au domaine, les projets de changements dans les vignes ne manquent pas. Pierre-François est notamment convaincu par l'approche bio et biodynamie. Il a vu ces types de culture à l'œuvre au cours de ses différentes expériences qui l'on amené de la Nouvelle-Zélande au Québec, en passant par Châteauneuf-du-Pape. Son père est plus sceptique. « Nous avons commencé sur 3 ha et nous avons constaté que les raisins mûrissaient mieux et qu'il n'y avait pas plus de maladies dans les vignes », se souvient Pierre-François Capitain. Il n'en fallait pas plus pour que le projet de conversion de l'ensemble du domaine, 15 ha tout de même, trouve l'adhésion de toute l'équipe.

« Aujourd'hui c'est mon père qui me pousse à aller vers la certification », souligne Pierre-François. Cette dernière a été lancée et devrait donc aboutir prochainement. « Les traitements à base de tisane de presle, d'ortie, de sauge, etc., préconisés en biodynamie sont très efficaces. Je fais beaucoup de vélo, cela me permet de repérer les coins où je peux récolter les plantes. Je suis quelqu'un de proche de la nature. Plus jeune, je préférais camper que d'aller en boîte de nuit… », précise Pierre-François.

• L'expression du fruit

En cave, les vinifications s'opèrent en vendange entièrement égrappée et privilégient l'expression du fruit. Les cuvaisons sont relativement courtes, 15 jours et le recours au fût de chêne neuf très modéré (30 % maximum). Implantée dans l'un des trois villages qui encadre la colline de Corton, Ladoix-Serrigny, la famille Capitain est spécialiste des appellations du nord de la Côte de Beaune, dont une belle gamme de grands crus corton et corton-charlemagne. Ce qui ne l'empêche pas de mettre en valeur deux *climats* emblématiques de la Côte de Nuits : clos-vougeot et échézeaux.

Les coups de cœur

- **Aloxe-corton Les Moutottes 2018**
- **Corton-charlemagne 2018**
- **Échézeaux En Orveaux 2018**

Benoît **Droin**

(Dom. Jean-Paul et Benoît Droin)

Les amateurs de grands chablis peuvent s'y fier les yeux fermés : le Dom. Droin fait preuve d'une remarquable constance à très haut niveau qualitatif depuis de nombreuses années. Les vins y sont purs, francs et complexes. Et ça n'est pas le fruit du hasard.

• Moins de bois et vinifications « à la carte »

Incarnée par Benoît, la nouvelle génération Droin a pris en main les vignes familiales depuis déjà 20 millésimes. Après un parcours de 5 années d'études couronnées par l'obtention d'un diplôme d'œnologue à Dijon, Benoît Droin a fait évoluer ce domaine, à la réputation déjà solide, avec pragmatisme et par touches successives. « Dans les années 1980-1990, le domaine a beaucoup boisé ses vins. Aujourd'hui, les amateurs veulent de plus en plus des vins frais, du fruit et pas trop d'alcool. J'ai souhaité davantage retrouver les caractéristiques de nos différents terroirs. Désormais, une partie de nos vins est vinifiée en cuve et l'autre partie en fût. Pour les Clos par exemple, c'est moitié-moitié. Certains 1ers crus ou même le grand cru Les Blanchots ne sont pas vinifiés en fût. Chaque terroir a sa sensibilité et nous vinifions 'à la carte' », expose Benoit Droin.

• Timing et nuances

Travailleur de fond et adepte de cyclisme, le jeune vigneron peut aussi compter sur un sens aiguisé du timing : « Un grand chablis, on l'obtient par le travail de la vigne bien sûr, mais aussi en ne poussant pas la maturité du chardonnay trop loin. Il faut savoir vendanger à la bonne date pour exprimer au mieux le terroir, la minéralité. (...) À Chablis, nous avons une seule origine de sol, le calcaire du kimméridgien, et un seul cépage. Malgré tout, il existe énormément de nuances. Les coteaux sont exposés très différemment. Dans les grands crus par exemple, Les Blanchots regardent plein est, au soleil levant, tandis que Les Clos sont au soleil couchant. Il y a également les cas particuliers de Valmur et de Vaudésir, situés dans des vallées, avec des expositions opposées au sein du même *climat*. Ce sont aussi des vallées fermées au nord, avec peu de vent et des microclimats qui expliquent que les deux versants ont été classés en grand cru. »

• Valmur, puissance et minéralité

Récompensé par un coup de cœur cette année, Valmur est un terroir propice aux vins puissants, massifs, mais avec beaucoup de minéralité également, qui donne des grands chablis de garde, à déguster sur une viande blanche en sauce, du homard ou même des fromages affinés. La version 2018 du domaine s'inscrit pleinement dans ce profil.

Le coup de cœur

Chablis grand cru Valmur 2018

LES APPELLATIONS RÉGIONALES DE BOURGOGNE

COTEAUX BOURGUIGNONS

Superficie : 120 ha
Production : 5 000 hl (75 % rouge et rosé)

L'appellation bourgogne-grand-ordinaire, qui signifiait le « bourgogne du dimanche », tombée en désuétude en raison de son nom devenu peu commercial, a été remplacée par les coteaux bourguignons (mais les deux mentions coexistent toujours pour l'heure). À la base de la hiérarchie des AOC bourguignonnes, elle s'étend sur l'ensemble de la Bourgogne viticole et produit des rouges, des clairets, des rosés et des blancs. Elle peut faire appel à tous les cépages de la région, y compris à des variétés locales en voie de disparition, comme le tressot et le melon (le cépage du muscadet). En blanc, les principaux cépages sont le chardonnay et l'aligoté; en rouge et en rosé, le pinot noir et surtout le gamay.

FRANÇOIS D'ALLAINES Sur le fruit 2018 ★

■ | 4 000 | | 8 à 11 €

Après l'école hôtelière, François d'Allaines crée son négoce en 1990 à la frontière entre Saône-et-Loire et Côte-d'Or, puis son domaine en 2009. Cet adepte des élevages longs en fût est souvent au rendez-vous du Guide.

Un vin mi-gamay mi-pinot noir, élevé en cuve béton et en fût de chêne. Le nez, gourmand, évoque la cerise rouge et le cassis. Une attaque souple ouvre sur une bouche souple et fine, aux tanins veloutés qui se resserrent un peu en finale. ⧗ 2020-2023

SARL FRANÇOIS D' ALLAINES, 2, imp. du Meix-du-Cray, 71150 Demigny, tél. 03 85 49 90 16, francois@dallaines.com
V *r.-v.*

LA BURGONDIE 2019 ★

■ | 25 000 | | 5 à 8 €

En 2015, les Caves Bailly Lapierre de l'Yonne et les Vignerons de Buxy fondent la Compagnie de Burgondie, une union de coopératives regroupant leurs moyens commerciaux, marketing et logistique. En septembre 2016, l'Alliance des Vignerons Bourgogne Beaujolais (AVB) a rejoint cette entité.

Ce 2019 met en valeur le seul gamay. Au nez, des arômes de cerise et de cassis se mêlent à une touche d'épices. La bouche affiche une bonne structure tannique adoucie par un agréable fruité suave. Un peu de cave ne pourra que le bonifier. ⧗ 2022-2025

LA COMPAGNIE DE BURGONDIE, 3, quai de l'Yonne, hameau de Bailly, CS 10003, 89530 Saint-Bris-le-Vineux, tél. 03 86 34 96 38, commercial@burgondie.info
V *t.l.j. sf sam. dim. 9h-12h 14h-18h*

RAPHAËL DUBOIS 2018 ★

■ | 2 500 | | 8 à 11 €

Raphaël Dubois a créé en 2000 une petite société de négoce qui permet d'étoffer la gamme présentée par le domaine familial (R. Dubois et Fils) où il officie avec sa sœur Béatrice. Au départ, seules les appellations chambolle-musigny et vosne-romanée étaient proposées. La société s'est ensuite diversifiée afin d'avoir une gamme plus représentative de la Bourgogne.

Née d'une vigne de chardonnay de 35 ans, cette cuvée dévoile au nez des arômes élégants et bien typés de fleurs blanches, de brioche et de miel. En bouche, elle se montre tendre, ronde, souple et fruitée (citron, pêche, kiwi). ⧗ 2020-2023

SARL RAPHAËL DUBOIS, 24, rue de la Courtavaux, 21700 Premeaux-Prissey, tél. 03 80 62 30 61, rdubois@wanadoo.fr V *t.l.j. 9h-11h30 14h-17h30; dim. sur r.-v.*

DOM. NATHALIE RICHEZ
Cuvée des Lys 2018 ★

■ | 800 | | 11 à 15 €

À 37 ans, souhaitant réorienter sa vie professionnelle, Nathalie Richez a pris le chemin de la « viti » de Beaune, avant de s'installer en 2011 sur un domaine de 15 ha allant de la Côte chalonnaise aux hautes-côtes-de-beaune.

Nos jurés ont aimé la robe dorée de ce vin ouvert sur des arômes de fruits jaunes et de vanille. Ils ont aussi salué la texture ronde, charnue et fruitée (pêche) de sa bouche. Un ensemble harmonieux. ⧗ 2020-2023

NATHALIE RICHEZ, 15, rue du Nantil, 71150 Chagny, tél. 06 47 27 96 92, nathalierichez.vinsaufeminin@orange.fr V *t.l.j. sf dim. 10h-12h30 14h30-18h*

BOURGOGNE

Superficie : 3 200 ha
Production : 154 500 hl (65 % rouge)

L'appellation s'étend sur presque toute la superficie du vignoble régional : de l'Yonne et du Châtillonnais, au nord, au Mâconnais, au sud. Elle comprend même, en théorie, la zone des crus du Beaujolais, la plupart des appellations communales beaujolaises pouvant se « replier » en AOC bourgogne (ces bourgognes sont alors issus de gamay). Ceux qui sont produits en Bourgogne au sens strict naissent en rouge du pinot noir et en blanc du chardonnay (appelé autrefois beaunois dans l'Yonne). À côté des rouges et des blancs, l'appellation fournit de petits volumes de rosés et de clairets.
L'étendue du vignoble et la tradition régionale d'individualiser la production des terroirs et de *climats* ont conduit à compléter le nom de « bourgogne » de ceux d'aires historiques beaucoup plus restreintes, toujours délimitées : lieux-dits (Le Chapitre à Chenôve, Montrecul à Dijon, La Chapelle Notre-Dame à Serrigny, La Côte Saint-Jacques à Joigny), villages ou zones plus étendues. Les coteaux de l'Yonne produisent ainsi le bourgogne Chitry, Épineuil, Tonnerre, Coulange-la-Vineuse, Côtes d'Auxerre, Vézelay (ce dernier en blanc). Quant au bourgogne Côtes du Couchois, c'est un vin rouge provenant de six communes à l'extrémité nord de la Côte chalonnaise.
Les bourgognes offrent les arômes de leurs cépages, avec des nuances liées à leurs origines :

fleurs blanches, fruits secs, agrumes, notes beurrées, parfois grillées et miellées dans les blancs, fruits rouges et noirs dans les rouges. Plus souples et moins complexes que les *villages* et les crus, ils sont de petite ou moyenne garde (deux à cinq ans).

VIGNOBLE ANGST
Chitry 2018 ★

2000 | 8 à 11 €

Un domaine de création récente (2013), installé dans l'Yonne à Pontigny, village célèbre pour son abbaye cistercienne. Le vignoble de 10 ha est conduit par un jeune couple, Céline et Antoine Angst, qui ne sont pas issus du monde viticole. La conversion bio est à l'étude.

Un nez délicat qui butine le jasmin et le lilas avant de s'ouvrir sur des notes de noisette et d'amande. Une attaque tonique sur les fruits blancs ouvre sur une bouche tout aussi agréable, à la fois vive et concentrée. ⧗ 2020-2023

SARL VIGNOBLE ANGST, 1, rue Pasteur, 89230 Pontigny, tél. 03 86 40 17 33, ca.angst@wanadoo.fr
V *t.l.j. sf dim. 9h-18h30*

DOM. ARNAUD BAILLOT
Haut Tartre 2018 ★

1800 | 15 à 20 €

Un jeune domaine complété par une structure de négoce, créé en 2016 par Arnaud Baillot et son épouse Laure Hudelot-Noellat. À la carte, une gamme allant des AOC régionales aux grands crus.

Ce bourgogne dévoile un nez expressif et élégant de cerise, de framboise et de rose. Une attaque ronde et suave ouvre sur un palais croquant et équilibré, porté par des tanins fins. Jolie finale reglissée en prime. ⧗ 2022-2025

SCEA HAUT TARTRE, ZA Les Bonnes-Filles, 21200 Levernois, tél. 06 20 02 62 16, contact@arnaudbaillot.com V *r.-v.*

BAILLY-LAPIERRE
Chitry 2018 ★★

20000 | 5 à 8 €

Aujourd'hui, 430 vignerons apportent leurs raisins à la cave de Bailly-Lapierre, qui fut à l'origine du crémant-de-bourgogne. Principal élaborateur d'effervescents de la région, la coopérative propose une vaste gamme de crémants de qualité, qui reposent dans les immenses galeries souterraines d'une ancienne carrière calcaire. Elle fournit aussi des vins tranquilles. Une valeur sûre.

Un très joli chardonnay, vif, énergique, racé. Le nez floral et légèrement végétal évolue vers les arômes d'agrumes à l'aération. La bouche, bien structurée, se nourrit de fruits blancs tandis que la minéralité renforce la fraîcheur. Très plaisant. ⧗ 2020-2023

SCA CAVES BAILLY-LAPIERRE, quai de l'Yonne, 89530 Saint-Bris-le-Vineux, tél. 03 86 53 76 55, nathaliec@bailly-lapierre.fr V *r.-v.*

♥ B DOM. J.-LOUIS ET J.-CHRISTOPHE BERSAN
Côtes d'Auxerre Cuvée Louis Bersan 2017 ★★

10000 | 15 à 20 €

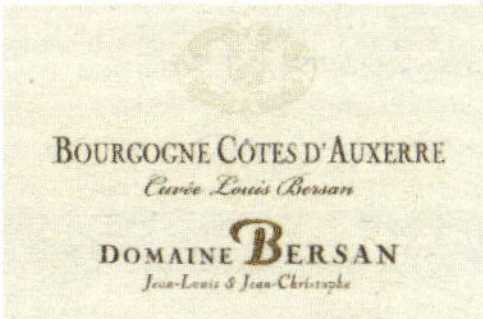

Le village de Saint-Bris, dans l'Yonne, compte plusieurs Bersan. Fondé en 2009 après une scission familiale, le domaine de Jean-Louis et Jean-Christophe compte 21 ha répartis sur les communes de Chablis, Irancy et Saint-Bris, exploités en bio (certifié depuis 2012).

C'est bien parce que la vinification se fait naturellement que les vins du domaine respirent leur terroir. À plus forte raison quand ils sont issus de vieilles vignes comme cette cuvée en tous points remarquable. Quatorze mois d'élevage en fût, cela forge aussi le caractère. Au nez, les fruits rouges s'affirment, relevés de notes épicées. Des arômes que l'on retrouve dans une bouche ample et charnue, aux tanins bien fondus, étirée dans une longue finale sur la fraîcheur. ⧗ 2021-2025 **Côtes d'Auxerre Cuvée Louis Bersan 2018 ★ (15 à 20 €; 7000 b.)** B À un nez délicat de fleurs blanches succède une bouche qui s'ouvre sur le croquant du fruit pour finir sur la fraîcheur de la minéralité. La version 2017 de cette cuvée obtint un coup de cœur. ⧗ 2020-2024

SCEA JEAN-LOUIS ET JEAN-CHRISTOPHE BERSAN, 20, rue du Dr-Tardieux, 89530 Saint-Bris-le-Vineux, tél. 03 86 53 33 73, jean-louis.bersan@wanadoo.fr
V *r.-v.*

DOM. BERTAGNA Les Croix Blanches 2017 ★

5095 | 11 à 15 €

Ce domaine de 17 ha rayonne sur un beau patrimoine de 5 grands crus. Il est dirigé depuis 1982 par la famille Reh, originaire de la Moselle allemande, et depuis 1988 par Eva Reh-Siddle. Une valeur sûre, notamment pour ses vougeot et son monopole le Clos de la Perrière.

Un blanc issu d'une très jeune vigne de 5 ans. Une jolie robe pâle, des senteurs intenses de miel, de pomme et de fleur d'acacia, un palais gras et long stimulé par de beaux amers en finale : un ensemble harmonieux, expressif et bien construit. ⧗ 2020-2023

SARL DOM. BERTAGNA, 16, rue du Vieux-Château, 21640 Vougeot, tél. 03 80 62 86 04, contact@domainebertagna.com V *t.l.j. sf jeu. dim. 10h-12h 13h30-17h30*

DOM. BORGNAT Coulanges-la-Vineuse 2018 ★

12000 | 8 à 11 €

À partir de 1980, la famille Borgnat a redonné sa vocation originelle au château d'Escolives, ancienne ferme viticole fortifiée bâtie au XVIIes. dotée de vastes caves voûtées. Depuis 2001, Benjamin Borgnat et son épouse Églantine conduisent les 18 ha de vignes du domaine.

Un Coulanges des plus classiques que l'on ouvrira avec succès pour partager un casse-croûte. Sa robe lumineuse aux reflets rubis est déjà un signe d'élégance. Un nez précis et très frais précède une bouche fine et souple, qui s'exprime sur le fruit mûr (griotte). ⧗ 2020-2023

⊶ EARL DOM. BORGNAT, Ch. d'Escolives, 1, rue de l'Église, 89290 Escolives-Sainte-Camille, tél. 03 86 53 35 28, eglantine@domaineborgnat.fr V r.-v.

BOUCHARD PÈRE ET FILS 2018 ★

■ | 550000 | | 5 à 8 €

Fondée en 1731 et propriété du Champagne Joseph Henriot depuis 1995, cette maison de négoce est à la tête d'un vaste vignoble de 130 ha, dont 12 ha en grands crus et 74 ha en 1ers crus. Elle propose une très large gamme de vins, des AOC les plus prestigieuses aux simples régionales, qui reposent dans les magnifiques caves enterrées de l'ancien château de Beaune (XVes.), conservatoire unique de très vieux millésimes.

Ce 2018 limpide et brillant présente un nez expressif de griotte et de mûre mâtiné de notes de sous-bois. En bouche, il apparaît souple et rond, souligné par une pointe de vivacité bien sentie et par des tanins fins. Une agréable finale épicée conclut la dégustation. ⧗ 2022-2025 ■ **2018 ★ (5 à 8 €; 260000 b.)** Un blanc d'une belle complexité au nez (fougère, fenouil, citron, poire), fin, minéral et frais en bouche. De l'élégance et de l'énergie. ⧗ 2020-2024

⊶ SAS MAISON BOUCHARD PÈRE ET FILS, 15, rue du Château, 21200 Beaune, tél. 03 80 24 80 24, contact@bouchard-pereetfils.com V *r.-v.*

DOM. BUISSON-BATTAULT 2018 ★★

■ | 7000 | | 11 à 15 €

Installé sur l'exploitation familiale depuis 1991, François Buisson exploite 8,5 ha. Le siège de son domaine est installé dans une ancienne moutarderie, qui rappelle cette autre spécialité bourguignonne.

Ce bourgogne vient de Meursault : on connaît pire lieu de naissance pour un chardonnay. Après 12 mois passés en cuve et en fût, il se présente dans une ravissante robe or blanc, le nez bien ouvert sur des parfums de mangue, de fleurs blanches et de boisé vanillé. La bouche apparaît ample et riche, sous-tendue par une fine fraîcheur. L'équilibre est impeccable. ⧗ 2021-2024

⊶ SCEA A. BUISSON-BATTAULT ET FILS, 5, rue du 11-Novembre, 21190 Meursault, tél. 06 11 37 19 83, buisson-battault@club-internet.fr V *r.-v.*

EDMOND CHALMEAU ET FILS
Chitry Les Trameures 2018 ★

■ | 7000 | | 11 à 15 €

Une ancienne famille vigneronne installée au cœur de Chitry : Franck Chalmeau a pris la suite de son père Edmond en 1991, avant d'être rejoint par son frère Sébastien. Un domaine passé peu à peu de la polyculture à la seule viticulture (17 ha) et devenu une référence pour ses bourgogne Chitry.

Les Trameures : une colline réputée de Chitry pour son exposition et son sous-sol. Et, dans ce millésime 2018, une cuvée très représentative de l'appellation. Quinze mois de fûts pour aboutir à ce nez de fruits rouges franc et expressif. En bouche, de la rondeur et de la délicatesse. Un vin de plaisir. ⧗ 2020-2024

⊶ EARL EDMOND CHALMEAU ET FILS, 20, rue du Ruisseau, 89530 Chitry, tél. 03 86 41 42 09, domaine.chalmeau@wanadoo.fr V *r.-v.*

CHAMPY
Cuvée Edmé 2018 ★

■ | 18000 | | 15 à 20 €

Fondée en 1721, la plus ancienne maison de négoce bourguignonne, établie dans le centre historique de Beaune, est désormais propriété du seul Pierre Beuchet, auparavant associé à Pierre Meurgey. Sous la direction de l'œnologue Dimitri Bazas, elle exploite 28 ha de vignes en propre, essentiellement en Côte de Beaune, mais s'approvisionne aussi plus au nord.

Un bourgogne d'un beau rubis éclatant, au nez complexe de fruits (griotte, cassis), de violette et de Zan sur un fond boisé fondu. La bouche se montre franche et vive, avec en soutien des tanins encore un peu réactifs. Jolie finale poivrée. À attendre un peu. ⧗ 2021-2024

⊶ SASU CHAMPY, 3-5, rue du Grenier-à-Sel, 21200 Beaune, tél. 03 80 25 09 99, contact@maisonchampy.com V *t.l.j. 10h-12h30 14h-19h*

CH. DES CORREAUX
2018 ★

■ | 2700 | | 5 à 8 €

L'histoire vigneronne de la famille Bernard a débuté en 1803. Située aux confins du Beaujolais et du Mâconnais, cette exploitation était connue des lecteurs du Guide sous le nom de Ch. de Leynes. En 2002, Jean Bernard a reconstitué le domaine, étendu sur 15 ha, relayé en 2014 par son fils Germain.

Ce blanc d'une belle limpidité s'ouvre sur des notes intenses de fleurs blanches. En bouche, il se montre consistant et bien tendu, minéral et salin. Un bourgogne résolument sur la fraîcheur. ⧗ 2020-2023

⊶ EARL GERMAIN BERNARD, 282, rte des Correaux, 71570 Leynes, tél. 03 85 35 11 59, contact@chateaudescorreaux.com V *r.-v.*

PIERRE DAMOY 2017 ★★

■ | 12695 | | 20 à 30 €

Établi sur les plus beaux terroirs de Gevrey, Pierre Damoy, très en vue pour ses grands crus (notamment ses chambertin, clos-de-bèze, chapelle-chambertin), est aux commandes depuis 1992 d'un domaine de 10,5 ha complété en 2007 par une affaire de négoce. Une valeur sûre.

Ce 2017 est né sur la commune de Gevrey-Chambertin, terre d'élection du pinot noir. Derrière sa robe concentrée, il exprime des arômes intenses de Zan, de café, de grillé et de cerise rouge bien mûre. En bouche, il apparaît riche, charnu, corsé, étayé par des tanins bien en place. Un beau bourgogne pour la cave. ⧗ 2023-2025

⊶ SCEV DOM. PIERRE DAMOY, 11, rue du Mal-de-Lattre-de-Tassigny, 21220 Gevrey-Chambertin, tél. 03 80 34 30 47, info@domaine-pierre-damoy.com

♥ DAMPT FRÈRES
Tonnerre Chevalier d'Éon 2018 ★★

■ | 62572 | | 8 à 11 €

Un père, Bernard Dampt, vigneron à Collan de 1980 à 1998, comme 3 générations avant lui; 3 frères, Éric, Emmanuel et Hervé; plusieurs exploitations: une pour chaque frère, une pour la fratrie. Les frères sont indissociables, mais chacun a son rôle à jouer, et tous font leurs propres vins.

Pas toujours facile de savoir quel frère est à l'origine du vin chez les Dampt, mais finalement seul le résultat compte. Et avec ce chardonnay de Tonnerre, on n'est pas déçu. Une cuvée aussi illustre que sa dénomination. Dans le verre : un Chevalier d'Éon bien sous tous rapports, au nez délicat de fleurs jaunes sur fond de noisette, et à la bouche tout aussi élégante, dominée par le pamplemousse, avec de la rondeur, de la fraîcheur et une jolie tension minérale. ⧗ 2020-2024 ■ **Épineuil 2018 ★ (8 à 11 €; 7584 b.)** Fruité au nez (fraise des bois), franc, précis et gourmand en bouche, ce bourgogne est très bien équilibré. ⧗ 2020-2024

EARL EMMANUEL DAMPT, 3, rte de Tonnerre, 89700 Collan, tél. 03 86 55 29 55, emmanuel@dampt.com V *t.l.j. 9h-12h30 13h30-18h*

LA FONTAINE GOBY
Les Brûlis 2018 ★★

■ | 8000 | | 8 à 11 €

Installés en Tonnerrois depuis 1992, Laurent et Marie-Noëlle Ternynck conduisent un vignoble de 14 ha, complété par une structure de négoce en 2014. Ils signent des vins très souvent en bonne place dans le Guide, notamment en appellations régionales. La conversion bio est engagée.

Ce rouge de l'Yonne d'un ravissant rubis intense dévoile un bouquet non moins séducteur de cassis, de fraise, de pivoine et d'aubépine. Une élégance florale et fruitée à laquelle fait écho un palais tendre, gras et suave sans lourdeur, avec en soutien une fine fraîcheur minérale et des tanins veloutés et fondus. Une bien jolie gourmandise. Le coup de cœur fut mis aux voix. ⧗ 2020-2023 ■ **Dom. de Mauperthuis Grande Réserve 2018 ★ (5 à 8 €; 28000 b.)** Un vin expressif et typé pinot noir (cerise griotte), équilibré, à la fois frais, rond et soyeux, aux tanins fins et fondus. ⧗ 2020-2024

EARL MAUPERTHUIS, 3, Grande-Rue-de-Chablis, 89800 Préhy, tél. 03 86 41 42 70, ternynck@hotmail.com V *r.-v.*

DOM. FOURREY 2018 ★★

■ | 4650 | | 8 à 11 €

À Milly, la propriété est adossée au coteau des Lys et à la Côte de Léchet. Héritier de trois générations de vignerons, Jean-Luc Fourrey a repris le domaine familial et ses 25 ha de vignes en 1992. Il conduit son vignoble en Haute Valeur Environnementale et, pratiquant des élevages un peu plus longs chaque année, il cherche à faire des vins équilibrés et puissants.

Une jeune vigne de 18 ans est à l'origine de ce bourgogne bien typé en provenance du Chablisien. Au nez, des arômes de petits fruits rouges font très bon ménage avec un boisé léger et fondu. Un mariage heureux confirmé par une bouche tout en finesse, longue et ample, bâtie sur des tanins soyeux. ⧗ 2020-2025

JEAN-LUC FOURREY, 6, rue du Château, Milly, 89800 Chablis, tél. 03 86 42 14 80, domaine.fourrey@orange.fr V *r.-v.*

DOM. ANNE ET ARNAUD GOISOT
Côtes d'Auxerre 2018 ★

■ | 25000 | | 5 à 8 €

Installé depuis 1981 à Saint-Bris dans une maison bourgeoise du XIXᵉs., au milieu d'un parc arboré, ce couple de vignerons est aujourd'hui à la tête de 26 ha et s'illustre régulièrement avec ses Côtes d'Auxerre.

Un soupçon de césar (5%) pour donner du corps à ce pinot noir élevé en cuves pendant 12 mois. Au nez, c'est la discrétion qui domine, la fraîcheur mentholée et les notes épicées tardant à se révéler. En bouche, la cerise donne la réplique à des tanins encore bien marqués. La finale est agréable, sur la fraîcheur. ⧗ 2021-2025

EARL ANNE ET ARNAUD GOISOT, Caves, 4 bis, rte de Champs, 89530 Saint-Bris-le-Vineux, tél. 03 86 53 32 15, aa.goisot@wanadoo.fr V *t.l.j. sf dim. 8h-12h 13h30-19h*

♥ B GUILHEM ET JEAN-HUGUES GOISOT
Côtes d'Auxerre La Ronce 2018 ★★

■ | 6398 | | 15 à 20 €

Une valeur sûre de l'Auxerrois que ce domaine installé dans une ancienne place forte de Saint-Bris abritant un corps de garde. Jean-Hugues Goisot et son fils Guilhem exploitent en bio et biodynamie un vignoble de 28 ha et élèvent leurs vins dans de vénérables caves des XIᵉ et XIIᵉs.

Un élevage en fûts pendant 15 mois cela vous façonne un caractère, et ce remarquable pinot noir n'en manque pas. Les fruits bien mûrs embaument le nez sans nier la fraîcheur. En bouche, que du bonheur! Une attaque ample et généreuse, des tanins soyeux et une fine acidité qui apporte fraîcheur et longueur. ⧗ 2021-2025 ■ **Côtes d'Auxerre Le Court Vit 2018 ★ (11 à 15 €; 5235 b.)** B À un nez toasté et beurré fait écho une bouche dense, riche et bien boisée. ⧗ 2021-2025

DOM. GUILHEM ET JEAN-HUGUES GOISOT, 30, rue Bienvenu-Martin, 89530 Saint-Bris-le-Vineux, tél. 03 86 53 35 15, domaine.jhg@goisot.com V *r.-v.*

DOM. CÉLINE ET FRÉDÉRIC GUEGUEN
Côtes salines 2019 ★

■ | 5500 | | 8 à 11 €

Frédéric Gueguen et son épouse Céline, fille de Jean-Marc Brocard, ont d'abord travaillé pour le compte

de ce dernier, notamment au Dom. des Chenevières, avant de décider de voler de leurs propres ailes en 2013. Ils conduisent aujourd'hui un vignoble de 25 ha dans le Chablisien et l'Auxerrois, dont ils ont engagé la conversion bio.

Avec une minéralité qui apparaît dès le premier nez, le nom de cette cuvée est bien respecté. Une cuvée née d'une jeune vigne de 12 ans, très fraîche en effet, minérale donc, mais aussi citronnée et dotée d'une texture fine et souple. Un bourgogne blanc bien chablisien. ⧗ 2020-2023

DOM. CÉLINE ET FRÉDÉRIC GUEGUEN, 31, Grande-Rue-de-Chablis, 89800 Préhy, tél. 06 08 74 63 85, contact@chablis-gueguen.fr r.-v.

DOM. JEAN GUITON
2018 ★★

8472 | 15 à 20 €

Jean Guiton est installé depuis 1973 à Bligny, dans la plaine de Pommard. Les vignes (11,3 ha) sont quant à elles implantées sur la Côte, notamment à Savigny. Guillaume, le fils, est arrivé au début des années 2000.

Ce bourgogne de la Côte d'Or porte beau dans sa robe grenat aux reflets violines. Au nez, il respire le fruit (cassis, mûre, cerise), avec en fond un boisé à peine perceptible. Une même impression de fraîcheur fruitée préservée apparaît en bouche, où le vin montre aussi qu'il en a sous les tanins. Du fruit, du nerf, du caractère : un rouge des plus complets. ⧗ 2023-2025

SCEA DOM. JEAN GUITON, 4, rte de Pommard, 21200 Bligny-lès-Beaune, tél. 03 80 21 62 07, domaine.guiton@wanadoo.fr r.-v.

♥ DOM. HOUBLIN-VERNIN
Coulanges-la-Vineuse 2018 ★★

17000 | 8 à 11 €

Jean-Luc Houblin s'installe en 1988 avec 50 ares à Migé, dans le finage de Coulanges-la-Vineuse : plantations puis reprise des vignes familiales, il exploite aujourd'hui 16 ha (certifiés HVE3) qu'il vinifie en vins tranquilles et en effervescents.

Habitué aux appréciations étoilées, Jean-Luc Houblin a encore séduit les dégustateurs avec ce 2018. Le nez, très expressif, évoque un panier de cerises fraîchement cueillies. Une attaque puissante ouvre sur une bouche gourmande de fruits rouges qui enrobent des tanins bien fondus. Grande concentration et superbe équilibre. À garder. ⧗ 2022-2026

SCEA DOM. HOUBLIN-VERNIN, 1, passage des Vignes, 89580 Migé, tél. 03 86 41 69 87, contact@houblin.com t.l.j. sf dim. 8h-12h 14h-19h

CH. DE JAVERNAND
2018 ★

3000 | 11 à 15 €

Complété par 3 ha dans le sud-Mâconnais, sur la commune de Serrières, le domaine s'étend dans le Beaujolais sur 10 ha de vignes (chiroubles). La conversion bio est engagée depuis 2018.

Ce chardonnay du Mâconnais dévoile des senteurs expressives et généreuses d'abricot bien mûr. On retrouve cette maturité de fruit dans une bouche ample, onctueuse et charnue, avec ce qu'il faut de vivacité pour l'équilibre et la longueur. ⧗ 2020-2023

EARL CH. DE JAVERNAND, 421, imp. de Javernand, 69115 Chiroubles, tél. 09 63 29 82 13, chateau@javernand.com r.-v.

CH. DE LABORDE
H 2018 ★

5500 | 11 à 15 €

Après avoir vécu au Canada, Hervé Kerlann a acheté le Ch. de Laborde aux Hospices de Beaune en 1998. Il y élève et vinifie patiemment ses vins, en bonne partie produits à partir d'un vignoble qu'il exploite directement. Le château, datant de plus de 3 siècles, renoue ainsi avec son passé viticole. Une activité de négoce complète la gamme.

H comme Hervé pour cette cuvée issue d'achats de raisins. Au nez, le vin « pinote » bien (cerise et autres fruits rouges mûrs). En bouche, il apparaît équilibré entre un fruité soutenu, un boisé dosé et une assise tannique ferme qui lui permettra de bien évoluer. ⧗ 2023-2025

CH. DE LABORDE, 1, rte de Géanges, Laborde-au-Château, 21200 Meursanges, tél. 03 80 26 59 68, contact@herve-kerlann.com r.-v.

CLOS DU CH. DE LACHASSAGNE
Chardonnay Prestige 2018 ★

12500 | 11 à 15 €

Les origines de ce domaine établi au cœur du pays des Pierres dorées remontent à 1535. Celui-ci resta propriété des Rochechouart-Mortemart et des Laguiche jusqu'à son rachat en 1977. Aujourd'hui, 62 ha clos de murs entourent le château, qui date de 1810-1830, et 26 ha sont dévolus au vignoble. L'exploitation est dirigée depuis 2007 par Olivier Bosse-Platière et son épouse Véronique.

Le terroir de Lachassagne est réputé depuis la cour de Louis XVI pour la qualité de ses vins. Le chardonnay y trouve un sol argilo-calcaire pour s'exprimer pleinement, à l'image de ce vin élevé 12 mois en fûts, au nez subtil et complexe de fleurs blanches, d'eucalyptus, de pomme et de crème fraîche. Le palais se montre à la fois vif, énergique, minéral et concentré. ⧗ 2021-2024 ■ **Prestige 2018 ★ (11 à 15 €; 12500 b.)** Entièrement élevé en fût durant 9 mois, ce vin associe les fruits rouges à un fin vanillé. Un fruité (groseille, framboise, cassis) prolongé par un palais ferme, frais et persistant. Un peu d'attente est conseillé. ⧗ 2023-2025

SARL CH. DE LACHASSAGNE, 416, rue du Château, 69480 Lachassagne, tél. 09 71 25 00 53, contact@chateaudelachassagne.com r.-v.

OLIVIER LEFLAIVE Les Sétilles 2018 ★

| | 110 000 | | 20 à 30 € |

Négociant-éleveur établi à Puligny-Montrachet depuis 1984, Olivier Leflaive, l'une des références de la Côte de Beaune, collectionne les étoiles, côté cave (négoce et domaine) et côté hôtellerie : 4 pour son hôtel de Puligny. Au chai, l'œnologue Franck Grux et son complice Philippe Grillet.

Quand quantité rime avec qualité. Cette cuvée issue de pas moins de 70 parcelles des villages de Meursault et de Puligny dévoile un bouquet intense et concentré de vanille, de tilleul et de citron. La bouche est fraîche, tonique, croquante, enrobée par un léger gras et prolongée par une jolie finale épicée. ⧗ 2021-2024 ■ **Cuvée Margot 2017 ★ (15 à 20 €; 41000 b.)** Une vingtaine de parcelles dans ce rouge de prime abord animal, plus fruité et boisé à l'aération. La bouche se révèle bien fondue et charnue, étayée par des tanins fins. ⧗ 2022-2025

OLIVIER LEFLAIVE FRÈRES, pl. du Monument, 21190 Puligny-Montrachet, tél. 03 80 21 37 65, contact@olivier-leflaive.com V *r.-v.* 5

CHRISTOPHE LEPAGE 2018 ★★

| | 6 000 | | 5 à 8 € |

Christophe Lepage s'est installé en 2009 à la tête de la petite exploitation familiale (4,5 ha) créée dans les années 1960 par son grand-père à Champlay, aux portes de Joigny, et reprise par son père en 1970. À sa carte, uniquement de l'AOC bourgogne.

Un vin en provenance du sud de la Bourgogne et d'une jeune vigne de 16 ans. Mais on le sait bien depuis Corneille, «aux âmes bien nées, la valeur n'attend point le nombre des années». Un élevage de 8 mois en cuve Inox a mis en avant, au nez comme en bouche, la fraîcheur des agrumes et des fleurs blanches, ainsi que la minéralité des lieux. Un bourgogne expressif, dynamique et intense. ⧗ 2020-2024

CHRISTOPHE LEPAGE, 9, rue Principale, Grand-Longueron, 89300 Champlay, tél. 03 86 62 05 58, domaine_lepage@yahoo.fr V *r.-v.*

LOU DUMONT 2017 ★

| | 21 000 | | 15 à 20 € |

Fondée en 2000 à Nuits-Saint-Georges par le Japonais Koji Nakada, ancien sommelier, et son épouse Jae-Hwa Park, cette petite maison de négoce, aujourd'hui implantée à Gevrey, crée un pont entre la Bourgogne et l'Asie, 96 % de la production partant à l'export. En 2012, le couple Nakada a acquis ses premières vignes en propre : environ 1 ha de vignes en conversion bio.

Après 18 mois de fût, ce bourgogne présente un nez un brin animal de prime abord, ouvert sur les fruits rouges (griotte, framboise) et le pruneau à l'aération. En bouche, il se révèle rond, charnu, bien fruité, épaulé par des tanins soyeux qui renforcent son caractère gourmand. ⧗ 2021-2024

SARL MAISON LOU DUMONT, 32, rue du Mal-de-Lattre-de-Tassigny, 21220 Gevrey-Chambertin, tél. 03 80 51 82 82, sales@loudumont.com V *r.-v.* 5

♥ CATHERINE ET CLAUDE MARÉCHAL Côte d'Or Gravel 2018 ★★

| | 24 820 | | 20 à 30 € |

Installé dans la plaine de Pommard depuis 1981, le couple Maréchal fait partie des valeurs sûres de la Côte de Beaune. Il conduit, avec minutie et dans un esprit bio (pas de désherbants chimiques, levures indigènes, limitation du soufre), un vignoble de 12,5 ha offrant une large gamme d'appellations.

Un nouveau coup de cœur pour les Maréchal avec un «simple» bourgogne qui n'a rien de simpliste. Ce Gravel se présente dans une jolie robe d'un grenat éclatant, le nez bien ouvert sur la griotte, la réglisse et le thym. Une attaque franche et vive introduit un palais ample et rond étayé par des tanins bien présents mais sans dureté et par un boisé parfaitement fondu. Tout cela lui confère un caractère très gourmand tout en autorisant la garde. ⧗ 2021-2025

EARL CATHERINE ET CLAUDE MARÉCHAL, 6, rte de Chalon, 21200 Bligny-lès-Beaune, tél. 03 80 21 44 37, marechalcc@orange.fr V *r.-v.*

♥ CH. DE MARSANNAY En Montre Cul 2018 ★★

| | 11 500 | | 20 à 30 € |

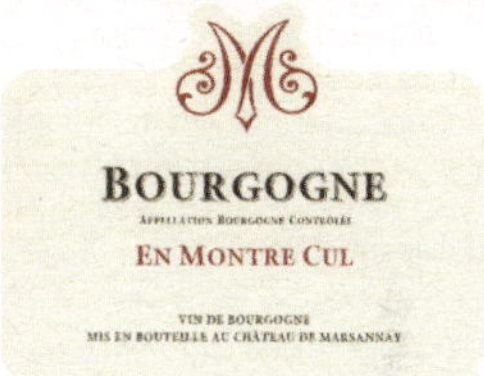

Le domaine du Ch. de Marsannay s'étend sur près de 40 ha, en conversion bio. Il est présent aussi bien en appellations villages, 1ers crus que grands crus de la Côte de Nuits. Il appartient depuis 2012 à la famille Halley, également propriétaire du Ch. de Meursault. De nombreux investissements qualitatifs ont été menés.

Bien connu des collectionneurs d'étiquettes, ce terroir pentu – on comprend mieux dès lors le nom du *climat*... – est ici exploité sur un peu plus de 2 ha : du volume donc, mais aussi, et surtout, beaucoup de qualités. À commencer par la robe, d'un beau grenat limpide. Au nez, le cassis, la cannelle, le café torréfié et le poivre s'en donnent à cœur joie. À ce bouquet concentré et intense répond une bouche ample, dense et tout aussi expressive (griotte, boisé fumé, fruits secs), épaulée par des tanins veloutés et par une finale longue et intense. Une très belle bouteille de garde. ⧗ 2023-2028 ■ **Bourgogne du Château 2018 ★ (15 à 20 €; 18500 b.)** Un nez d'une bonne complexité (pruneau, fruits rouges, notes végétales et fumées) et un palais rond, fondu, soyeux composent un bourgogne fort aimable et gourmand. ⧗ 2022-2025

SC CH. DE MARSANNAY, 2, rue des Vignes, 21160 Marsannay-la-Côte, tél. 03 80 51 71 11, domaine@chateau-marsannay.com V *r.-v.*

DOM. ALAIN MATHIAS
Tonnerre Côte de Grisey 2018 ★★

8700		15 à 20 €

En 1982, Alain Mathias, géomètre, devient vigneron, plante dans l'Yonne et participe à la renaissance du vignoble d'Épineuil. Il adopte graduellement la démarche bio et obtient la certification en 2015. Cette même année, son fils Bastien et sa belle-fille Carole, tous deux œnologues, ont pris les rênes de la propriété, qui couvre 13 ha à Épineuil et en Chablisien. Une petite structure de négoce complète l'activité depuis 2015.

C'est la parcelle emblématique du domaine qui délivre ce remarquable chardonnay ayant bénéficié d'un élevage mixte de 10 mois. Le nez séduit avec ses parfums de fleurs blanches (acacia) relevés de notes poivrées. Une belle matière se déploie dans une bouche qui évolue sur la fraîcheur et déroule une longue finale très tonique. ⧗ 2021-2024 **Tonnerre 2018 ★ (8 à 11 €; 9588 b.)** Un joli vin au nez très fin, à la fois floral et fruité, vif et tendu en bouche. Du dynamisme et de l'élégance. ⧗ 2020-2023

SCEV DOM. ALAIN MATHIAS, rte de Troyes, 89700 Épineuil, tél. 03 86 54 43 90, mail@domainealainmathias.com V *t.l.j. sf dim. lun. 9h-12h 14h-18h*

DOM. BERNARD MILLOT
2018 ★★

3000		11 à 15 €

Un domaine mentionné depuis 1888 et qui porte le nom de Millot depuis 4 générations. Le vignoble couvre 7,5 ha en meursault, puligny-montrachet et beaune, conduits depuis 2010 par Émilien Millot.

D'un beau rubis soutenu, ce bourgogne de la Côte de Beaune s'ouvre sur des arômes aussi intenses que subtils de fruits rouges et de poivre blanc. Le palais conjugue suavité, finesse des tanins, volume et légère tension en finale. Un vin complet et élégant. ⧗ 2022-2025

EARL BERNARD MILLOT, 27, rue de Mazeray, 21190 Meursault, tél. 03 80 21 20 91, domaine.millotb@wanadoo.fr V *r.-v.*

OLIVIER MORIN
Chitry Olympe 2018 ★★

25000		15 à 20 €

Ici, on cultive la vigne depuis le XVIIIe s. et l'on récolte les étoiles avec une belle constance. Olivier Morin, après 10 années dans les médias et la musique, est revenu au domaine familial en 1992, prenant la suite de son père Michel. Il exploite un vignoble de 14 ha dans l'Yonne, complété par une activité de négoce.

Olympe est l'ancienne propriétaire de sa plus vieille vigne et Olivier Morin ne manque pas de lui rendre hommage en produisant ce superbe chardonnay. « De la matière et de la nervosité, un bourgogne complet et plaisant à souhait », selon le jury. Le nez se montre très floral (acacia, fleur d'oranger), avec quelques touches fruitées. Une élégance qui se prolonge en bouche avec un fruit concentré et tapissant, accompagné par une vivacité minérale assurant l'équilibre. ⧗ 2020-2024

OLIVIER MORIN, 2, chem. de Vaudu, 89530 Chitry, tél. 03 86 41 47 20, chitry@olivier-morin.fr V *r.-v.*

GÉRARD PERSENOT
Côtes d'Auxerre Vieilles Vignes 2018 ★

9000		8 à 11 €

Un domaine familial icaunais conduit de père en fils depuis 1858. Gérard Persenot en a pris les commandes en 1978.

Il y a de la couleur dans ce pinot. Il y a aussi beaucoup d'élégance, notamment au nez qui s'exprime sur des arômes fins de fruits rouges. On les retrouve dans une bouche bien structurée, fraîche et friande. ⧗ 2020-2023

SARL GÉRARD PERSENOT, 20, rue de Gouaix, 89530 Saint-Bris-le-Vineux, tél. 03 86 53 61 46, gerard@persenot.com V *r.-v.*

DOM. PETITJEAN
Côte d'Auxerre Terre Blanche 2018 ★

10500		5 à 8 €

Au cœur du village de Saint-Bris-le-Vineux, dans un dédale de rues étroites, cette cave a été créée en 1950. Romaric et Mathias Petitjean ont repris l'exploitation familiale, qui compte aujourd'hui 21 ha de vignes.

Un élevage mixte pendant 12 mois pour aboutir à cette cuvée séduisante par sa fraîcheur et son élégance. Le nez, discret mais délicat, invite à faire connaissance avec le palais. Ce dernier plaît par sa très belle fraîcheur minérale venant souligner une matière soyeuse, imprégnée de fruits jaunes. ⧗ 2020-2024

SCEA DOM. PETITJEAN, 16, rue Basse, 89530 Saint-Bris-le-Vineux, tél. 03 86 53 31 04, domainepetitjean@orange.fr V *r.-v.*

HENRI PION Racines croisées 2017 ★

1800		15 à 20 €

Héritiers de leur père Henri, fondateur d'une maison de distribution de vins fins de Bourgogne dans les années 1950, les frères Olivier et Christian Pion se sont lancés dans l'activité de négociants-éleveurs en 2012, en partenariat avec plus de 300 domaines familiaux. Leur gamme Racines croisées a vu le jour avec le millésime 2013.

D'un seyant doré intense, ce 2017, passé 12 mois en fût, exprime des arômes de fruits blancs et d'abricot à l'olfaction. En bouche, il affiche un beau relief autour d'une fine acidité aux tonalités minérales et citronnées, sans manquer ni de gras ni de longueur. ⧗ 2020-2023

SAS HENRI PION, 4, imp. des Lamponnes, 21190 Meursault, tél. 03 80 20 80 55, info@henri-pion.com

ISABELLE ET DENIS POMMIER 2018 ★★

15000		11 à 15 €

Établis à Chablis, Isabelle et Denis Pommier exploitent un domaine de 22 ha créé en 1990 et très régulier en qualité. Après avoir conduit 15 ans leur vignoble en lutte raisonnée, ils ont obtenu la certification bio en 2014.

Logiquement plus souvent en vue pour ses vins blancs, ce domaine chablisien montre ici qu'il s'y entend aussi en pinot noir. Dans le verre, un bourgogne intense en couleur et en arômes (fruits rouges, fines notes épicées), qui allie en bouche une matière dense et ronde à une fraîcheur bien dosée et à des tanins d'une réelle finesse, avec un boisé qui reste à sa place, sans excès. De l'équilibre à tous les étages. ⧗ 2022-2025

SARL MAISON POMMIER, 31, rue de Poinchy, 89800 Chablis, tél. 03 86 42 83 04, isabelle@denis-pommier.com V r.-v.

DOM. LA RENARDE
Les Corbaisons 2018 ★★

■	3900		8 à 11 €

Créé dans les années 1970 par Paul Perret, alors coopérateur à la Cave de Buxy, ce domaine de 18 ha est aujourd'hui entre les mains de son gendre Grégory Peyre (en 2007) et de son fils Gaspard (en 2011). En 2016, ils vinifient pour la première fois dans leur chai flambant neuf.

Le coup de cœur fut mis aux voix pour ce vin. Ses arguments : une ravissante robe grenat, un nez intense de fruits à noyau, de cassis et de fleurs, une bouche fruitée, franche, fraîche, soyeuse, aux tanins fondus et fins. Le pinot comme on l'aime. ⧗ 2020-2024

EARL DOM. LA RENARDE, 2, chem. de la Praye, 71390 Jully-les-Buxy, tél. 06 70 07 66 51, contact@domainelarenarde.com V r.-v.

DOM. ARMELLE ET BERNARD RION
La Croix Blanche Vieilles Vignes 2018 ★

■	9000		11 à 15 €

Un domaine fondé en 1896 et transmis de père en fils depuis 5 générations; de père en fille aujourd'hui, Alice (avec son mari Louis) ayant rejoint ses parents Armelle et Bernard Rion en 2008. Elle vinifie, avec le moins d'interventions possibles à la vigne et au chai, le fruit de 8 ha de vignes, du simple bourgogne au grand cru. Revenue en 2018 sur ses terres natales, Mélissa, sœur d'Alice, a en charge le développement œnotouristique de la propriété.

Un bourgogne né sur un *climat* situé entre Vosne-Romanée et Nuits-Saint-Georges et de vénérables vignes de 70 ans. Au nez, de discrètes mais élégantes notes fruitées et toastées se font sentir. En bouche, si l'attaque est souple, le développement se révèle plus puissant et consistant autour de tanins fermes, encore un peu sévères en finale. Bon pour la cave. ⧗ 2023-2026

DOM. ARMELLE ET BERNARD RION, 8, rte Nationale, 21700 Vosne-Romanée, tél. 03 80 61 05 31, rion@domainerion.fr V *t.l.j. sf dim. 9h-18h*

DOM. ROTISSON
Les Chères 2019 ★★

■	15000		8 à 11 €

Un domaine créé en 1920 et acquis en 1998 par Didier Pouget. Couvrant 20 ha (certifiés HVE) dans le pays des Pierres dorées, il fait preuve de régularité, en rouge et en blanc, et propose non seulement des beaujolais, mais aussi les AOC régionales bourguignonnes.

Trois petits mois de cuve pour ce chardonnay bien né : cela suffit pour en extraire un vin épatant de franchise, bien ouvert au nez sur des arômes de fleurs blanches, d'agrumes et de fruits secs. Une netteté aromatique à laquelle fait écho une bouche pleine de fraîcheur et de minéralité, enrobée par un bon gras qui arrondit les angles. ⧗ 2020-2023

SCEA DOM. DE ROTISSON, 363, chem. de Conzy, 69210 Saint-Germain-Nuelles, tél. 04 74 01 23 08, didier.pouget@domaine-de-rotisson.com V *t.l.j. 9h-12h30 14h-17h30; dim. sur r.-v.*

CH. DE ROUGEON
Hommage 2018 ★

■	2200		15 à 20 €

Un domaine ancien, viticole depuis plus de 2 siècles, situé entre Givry et Montagny, repris en 1981 par Dominique Bouchard. Un vignoble alors en friche que Dominique et son épouse Isabelle vont faire revivre : 13 ha aujourd'hui, conduits par les 7e et 8e générations.

Un hommage à Dominique Bouchard, aujourd'hui disparu et qui a tant fait pour le domaine. Dans le verre, un vin limpide, au nez discret mais élégant de fruits rouges, nuancé de notes florales et vanillées, et à la bouche ample et soyeuse, d'une puissance contenue en dépit d'une petite sévérité de jeunesse en finale. ⧗ 2022-2025

EARL DOMINIQUE BOUCHARD, Rougeon, 71390 Bissey-sous-Cruchaud, tél. 03 85 92 02 54, contact@chateauderougeon.com V r.-v.

DOM. SAINT-PANCRACE
Côtes d'Auxerre Terroir de Vaux 2018 ★★

■	3000		5 à 8 €

Xavier Julien, l'un des rares vignerons installés à Auxerre, a planté ses premiers ceps en 1997; il exploite aujourd'hui 5 ha de vignes. Le domaine tient son nom d'une tour fortifiée, propriété de la famille.

Xavier Julien sait tirer le meilleur du terroir de Vaux. Ce 2018 en est la preuve. Le nez, très aromatique, associe les fruits (framboise, cassis) à des notes légèrement végétales puis florales (rose, violette). La bouche est vive, dotée de tanins souples. Quelques épices pour finir et une belle fraîcheur sur toute la longueur. ⧗ 2020-2023

■ **Côtes d'Auxerre La Côte d'Or 2018 ★ (8 à 11 €; 5000 b.)** Un joli vin plaisir avec son nez gourmand de framboise et sa bouche friande et bien équilibrée, portée par la fraîcheur. ⧗ 2020-2023

XAVIER JULIEN, Dom. Saint-Pancrace, 17, rue Rantheaume, 89000 Auxerre, tél. 03 86 51 69 71, domaine.saintpancrace@wanadoo.fr V r.-v.

CH. DE SANTENAY
Clos de la Chaise Dieu 2018 ★

■	82000		15 à 20 €

Ce majestueux château aux tuiles vernissées, aussi appelé «château Philippe le Hardi», fut propriété du premier duc de la grande Bourgogne (1342-1404). Dans le giron du Crédit Agricole depuis 1997, il étend son vaste vignoble sur 95 ha répartis dans plusieurs AOC beaunoises et chalonnaises, sous la houlette de Jean-Philippe Archambaud depuis 2019.

Une belle robe couleur paille habille ce vin au nez agréable et frais de fruits blancs et de pamplemousse. Une fraîcheur fruitée, agrémentée de nuances florales en finale, que l'on retrouve dans une bouche souple et fine. ⧗ 2020-2023

TERROIRS ET CHÂTEAUX DU CH. DE SANTENAY, 1, rue du Château, 21590 Santenay, tél. 03 80 20 61 87, contact@chateau-de-santenay.com V r.-v.

FRANCINE ET OLIVIER SAVARY
Épineuil 2018 ★★

■ | 5000 | | 8 à 11 €

Installés dans le Chablisien en 1984 sur un domaine de poche (1 ha), Francine et Olivier Savary conduisent aujourd'hui un coquet vignoble de 20 ha.

Un 2018 aux arômes de fraise des bois et de sureau, qui laisse au palais une sensation de rondeur grâce à des tanins fins. La belle matière fruitée et épicée persiste agréablement, avec une pointe de fraîcheur de bon augure pour la garde. ⧗ 2021-2024

FRANCINE ET OLIVIER SAVARY, 4, chem. des Hâtes, 89800 Maligny, tél. 03 86 47 42 09, f.o.savary@orange.fr V *t.l.j. sf dim. 8h-12h 14h-17h30*

SEGUIN-MANUEL
2018 ★

■ | 8000 | | 11 à 15 €

Thibaut Marion a repris en 2004 cette maison fondée à Savigny en 1824 et aujourd'hui basée à Beaune. En parallèle de son activité de négoce, il exploite un domaine (certifié bio en 2015) dont il a porté la superficie de 3,5 à 8,5 ha, essentiellement en Côte de Beaune. Une valeur sûre, notamment pour ses savigny.

Ce bourgogne jaune pâle dévoile un nez complexe associant des parfums de lys et de fleur d'oranger à des notes pâtissières et fruitées (coing). En bouche, il affiche un bel équilibre entre rondeur, souplesse et acidité. Une jolie finale rectiligne lui amène un surcroît de personnalité. ⧗ 2020-2023

SARL SEGUIN-MANUEL, 2, rue de l'Arquebuse, 21200 Beaune, tél. 03 80 21 50 42, contact@seguin-manuel.com V r.-v.

SORIN-COQUARD
Côte d'Auxerre 2018 ★★

■ | 12000 | | 8 à 11 €

Domaine familial associant le Bourguignon Pascal Sorin, qui a pris la suite de 2 générations, et son épouse Christine, viticultrice champenoise, installés en 1999. Leur fils Pierre s'apprête à les rejoindre. Le vignoble familial, certifié HVE3, couvre 25 ha dans l'Yonne.

Un chardonnay qui n'a rien à envier au chablis tant il est remarquable et respectueux de son terroir. Le nez est intense, évoluant sur des notes de pierre chaude et de silex. La bouche se révèle puissante dès l'attaque et déploie une grande fraîcheur minérale aux tonalités calcaires. Un vin bien ciselé et harmonieux. ⧗ 2021-2025

■ **Côtes d'Auxerre 2018 ★ (8 à 11 €; 35000 b.)** Un nez fruité agrémenté de senteurs vanillées et poivrées, et une bouche vive et mentholée, aux tanins souples, composent un joli vin dynamique. ⧗ 2020-2023

EARL SORIN COQUARD, 17, rue de Grisy, 89530 Saint-Bris-le-Vineux, tél. 06 13 38 42 30, domaine.sorin.coquard@wanadoo.fr V *t.l.j. sf dim. 9h30-12h 13h30-19h*

DOM. LA TOUR BARJOLE
Côtes du Couchois Vieilles Vignes 2018 ★★

■ | 4000 | | 5 à 8 €

La famille Dessendre cultive la vigne dans le Couchois, entre la Côte chalonnaise et les Hautes-Côtes de Beaune, depuis plus de 400 ans. Un attachement sans faille que perpétuent depuis 1985 Marie-Anne et Jean-Claude, à la tête de 10 ha de vignes.

De vénérables vignes de 70 ans sont à l'origine de ce Côtes du Couchois d'une belle densité de robe, ouvert sur des arômes intenses de fruits rouges frais, de cassis, de menthol et de poivre. La bouche se montre souple en attaque, fraîche et gorgée de fruit, puis elle développe une belle trame tannique qui donne confiance en l'avenir de ce vin complet et élégant. ⧗ 2022-2025

EARL MARIE-ANNE ET JEAN-CLAUDE DESSENDRE, Dom. de la Tour Bajole, 11, rue de la Chapelle, 71490 Saint-Maurice-lès-Couches, tél. 03 85 45 52 90, domaine-de-la-tour-bajole@wanadoo.fr V r.-v.

BOURGOGNE-PASSETOUTGRAIN

Superficie : 600 ha / Production : 31 650 hl

Cette appellation réservée aux rouges et rosés est produite dans l'aire du bourgogne-grand-ordinaire. Les vins assemblent obligatoirement pinot noir et gamay, le premier représentant au minimum un tiers de l'ensemble. Les meilleurs contiennent des quantités identiques de chacun des deux cépages, voire davantage de pinot noir. Confidentiels, les rosés sont obtenus par saignée, par opposition aux «gris». Tous ces vins sont légers et friands et doivent être consommés jeunes.

DOM. DU MERLE Côte à mon cœur 2018 ★★

■ | 2000 | | 8 à 11 €

Conduit par Michel Morin, ce domaine de 9 ha est situé à Sennecey-le-Grand, en Côte chalonnaise. Certains vestiges attestent la vocation viticole de ce village bourguignon vieux de plus de 2 000 ans.

Mi-pinot noir mi-gamay, ce passetoutgrain revêt une belle robe franche et limpide. Au nez, il évoque la framboise, puis le cuir et le thym. En bouche, il se montre très souple, rond, généreusement fruité (cerise), soutenu par un boisé parfaitement fondu et des tanins soyeux. Un «pinot plaisir», conclut le jury. ⧗ 2020-2023

EARL DOM. DU MERLE, rue de la Mare, 71240 Jugy, tél. 06 83 25 26 92, domainedumerle@sfr.fr V r.-v.

♥ DOM. BERNARD MILLOT
100 Noms 2018 ★★

■ | 1500 | | 8 à 11 €

Un domaine mentionné depuis 1888 et qui porte le nom de Millot depuis 4 générations. Le vignoble couvre 7,5 ha en meursault, puligny-montrachet et beaune, conduits depuis 2010 par Émilien Millot.

La robe est profonde, intense. L'annonce d'un bouquet non moins soutenu de fruits rouges, de sureau, de Zan et de rose. La bouche attaque avec franchise et netteté, puis monte en puissance, se fait ample, riche, suave et concentrée, portée par des tanins soyeux et un boisé savamment dosé. Une finale pleine de fraîcheur vient conclure en beauté ce passetoutgrain de haut vol. ⧗ 2021-2025

EARL BERNARD MILLOT, 27, rue de Mazeray, 21190 Meursault, tél. 03 80 21 20 91, domaine.millotb@wanadoo.fr V r.-v.

BOURGOGNE-ALIGOTÉ

Superficie : 1 590 ha / Production : 96 000 hl

Le cépage aligoté donne des vins plus vifs et plus précoces que le chardonnay, mais le terroir influe sur lui autant que sur les autres cépages. Il y a ainsi autant de profils d'aligotés que de zones où on les élabore. Les aligotés de Pernand étaient connus pour leur souplesse et leur nez fruité (avant de céder la place au chardonnay); ceux des Hautes-Côtes sont recherchés pour leur fraîcheur et leur vivacité; ceux de Saint-Bris dans l'Yonne semblent emprunter au sauvignon quelques traces de sureau, sur des saveurs légères. Le bourgogne-aligoté constitue un excellent vin d'apéritif. Associé à de la liqueur de cassis, il devient alors le célèbre « kir ». L'appellation a trouvé ses lettres de noblesse dans le petit village de Bouzeron près de Chagny (Saône-et-Loire), où elle est devenue en 2001 une appellation *village*.

♥ AMBROISE 2018 ★★

4 500 | 5 à 8 €

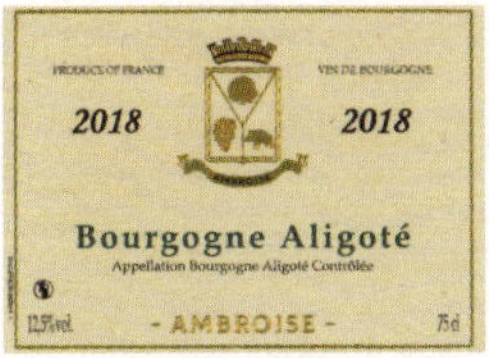

Si la famille Ambroise cultive la vigne depuis le XVIIIe s., elle n'en vit que depuis les années 1960. Installé depuis 1987, Bertrand Ambroise laisse la place à ses enfants Ludivine et François, à la tête d'un vignoble de 21 ha (en bio certifié depuis 2013), complété par une activité de négoce-élevage.

Produit à partir de vignes situées sur la commune de Premeaux-Prissey, cette cuvée élevée en cuve durant 10 mois se présente dans une belle robe cristalline. Au nez, elle met en avant des parfums intenses d'agrumes et de fleurs blanches agrémentés d'une fine minéralité. Une attaque vive sur le fruit ouvre sur une bouche ronde, riche et longue, avec en soutien une fraîcheur acidulée bien dans le ton de l'appellation. Un très beau classique. ⧗ 2020-2023

MAISON AMBROISE, 8, rue de l'Église, 21700 Premeaux-Prissey, tél. 03 80 62 30 19, contact@ambroise.com V r.-v.

DOM. BADER-MIMEUR
Les Pierres 2017 ★

1700 | 11 à 15 €

En 1919, Charles Bader, négociant en vin à Paris, épouse Élise Mimeur, de Chassagne-Montrachet. Leurs héritiers exploitent près de 8 ha, et 98% des vignes du Ch. de Chassagne. Ingénieur de formation, Alain Fossier veille depuis 1993 sur le domaine, notamment sur les 5 ha du clos du château. Sa fille Nathalie Bernard l'a rejoint en 2017 et opère à la vigne et au chai.

Une robe lumineuse et dorée, des senteurs gourmandes de beurre, de brioche, de noisette et d'agrumes : l'approche est engageante. La bouche ne déçoit pas : de la vivacité, de la matière, un boisé fondu, une belle finale minérale sur le silex. ⧗ 2020-2023

SARL BADER-MIMEUR, 1, chem. du Château, 21190 Chassagne-Montrachet, tél. 03 80 21 30 22, info@bader-mimeur.com V r.-v.

CHRISTINE, ÉLODIE ET PATRICK CHALMEAU
2018 ★

14 000 | 5 à 8 €

Patrick Chalmeau a repris en 1977 avec sa femme Christine les quelques arpents plantés par son grand-père vers 1945, devenus 18 ha aujourd'hui. Leur fille Élodie les a rejoints en 2010 sur ce domaine souvent en vue pour ses blancs de Chitry.

5,60 ha et 14 000 bouteilles : des chiffres qui indiquent que le cœur de cette exploitation bat pour l'aligoté. Ici, un 2018 au nez plaisant de poire et de pêche blanche, à la bouche alerte, avec une jolie vivacité qui « bouscule les papilles » et une finale citronnée. Un aligoté bien typé. ⧗ 2020-2022

EARL CHRISTINE, ÉLODIE ET PATRICK CHALMEAU, 76, rue du Ruisseau, 89530 Chitry, tél. 03 86 41 43 71, contact@chalmeau-chitry.com V r.-v.

EDMOND CHALMEAU ET FILS
2018 ★

6500 | 5 à 8 €

Une ancienne famille vigneronne installée au cœur de Chitry : Franck Chalmeau a pris la suite de son père Edmond en 1991, avant d'être rejoint par son frère Sébastien. Un domaine passé peu à peu de la polyculture à la seule viticulture (17 ha) et devenu une référence pour ses bourgogne Chitry.

À Chitry, l'aligoté trouve un terroir pour s'exprimer en majesté. Les Chalmeau y cultivent 4,40 ha à l'origine d'un joli 2018 au nez flatteur de citronnelle et de fleurs blanches, à la bouche vive, fine et minérale. Pas de doute, nous sommes bien en bourgogne-aligoté. ⧗ 2020-2022

EARL EDMOND CHALMEAU ET FILS, 20, rue du Ruisseau, 89530 Chitry, tél. 03 86 41 42 09, domaine.chalmeau@wanadoo.fr V r.-v.

DOM. CHEVROT ET FILS
Cuvée des Quatre Terroirs 2018 ★

11 000 | 8 à 11 €

Depuis sa création, l'exploitation est passée de 5 ha à 18 ha. Les fils de Fernand et Catherine Chevrot, Pablo et Vincent, tous deux œnologues, se sont installés au début de ce siècle et ont engagé la conversion bio de la propriété. Le cheval est revenu labourer la vigne comme à l'époque de Paul et Henriette, fondateurs du domaine en 1930.

BOURGOGNE

Cette cuvée attire l'œil par sa couleur au jaune pâle et limpide. Au nez, elle déploie des arômes d'agrumes, de fruits et fleurs blancs. En bouche, elle mise sur la fraîcheur. Au final, un aligoté bien dans le ton de l'appellation, alerte et fruité. ⧗ 2020-2022

EARL DOM. CHEVROT ET FILS, 19, rte de Couches, 71150 Cheilly-lès-Maranges, tél. 03 85 91 10 55, contact@chevrot.fr V r.-v.

DOM. COLBOIS
2018 ★

	10000		5 à 8 €

Rejoint en 2009 par son fils Benjamin, Michel Colbois est établi depuis 1970 à Chitry-le-Fort. Ses blancs sont souvent en bonne place dans le Guide, qu'ils proviennent du chardonnay ou de l'aligoté. Son vignoble couvre 20 ha.

Ce 2018 à la robe dorée s'ouvre sur de discrètes notes d'agrumes. En bouche, il apparaît riche et dense, mais sans manquer de la fraîcheur attendu d'un aligoté. Un bon compromis entre le millésime et le cépage. ⧗ 2020-2022

EARL DOM. MICHEL COLBOIS, 69, Grande-Rue, 89530 Chitry, tél. 03 86 41 43 48, contact@colbois-chitry.com V t.l.j. sf dim. 8h30-12h 13h30-18h

♥ B CH. DE MELIN 2018 ★★

	15000		8 à 11 €

La famille cultive la vigne depuis 7 générations. Ingénieur dans le BTP, Arnaud Derats a repris le domaine de son grand-père Paul Dumay à Sampigny-lès-Maranges. En 2000, il a acquis le Ch. de Melin (XVIᵉs.) à Auxey-Duresses et y a transféré ses caves. Le vignoble (28 ha) a engagé graduellement sa conversion bio (certification en 2012 pour certaines appellations).

Cette belle cuvée d'aligoté fait rimer quantité et qualité. Elle se présente dans une robe claire, limpide, brillante. Une netteté que l'on retrouve au nez à travers des arômes francs de fleurs blanches et de citron. Arômes prolongés par une bouche ample, d'une grande souplesse, longue et fraîche à souhait. ⧗ 2020-2023

SCEA DOM. DU CH. DE MELIN, 120, rte de Beaune, hameau de Melin, 21190 Auxey-Duresses, tél. 03 80 21 21 19, derats@chateaudemelin.com V t.l.j. sf dim. 10h-12h 14h-18h

MILLEBUIS
Silex 2018 ★

	45000		5 à 8 €

Créée durant la crise de 1929, la cave des Vignerons de Buxy poursuit son développement. Cette coopérative a su rassembler et valoriser les producteurs d'un même terroir et les impliquer dans son fonctionnement.

Une belle robe or pâle habille cet aligoté expressif et gourmand avec son nez d'amande, de pain frais, de miel et de fleurs blanches. La bouche se montre ronde et onctueuse, équilibrée par une juste acidité qui lui donne de l'allonge. ⧗ 2020-2022

SCA CAVE DES VIGNERONS DE BUXY, Les Vignes-de-la-Croix, 71390 Buxy, tél. 03 85 92 03 03, accueil@vigneronsdebuxy.fr V r.-v.

L'ŒUVRE DE PERRAUD 2019 ★

	20000		11 à 15 €

Après des études au lycée agricole de Mâcon-Davayé, Jean-Christophe Perraud s'installe sur l'exploitation familiale, alors adhérente à la cave coopérative. Aux commandes depuis 2008, il vinifie désormais dans son nouveau chai le fruit des 30 ha que compte le domaine, très régulier en qualité.

Cet aligoté du Mâconnais séduit d'emblée par sa robe claire aux reflets dorés et par son nez expressif et franc de pamplemousse, de pêche et de fleurs blanches. En bouche, il affiche une belle nervosité et un fruité persistant. Un bon classique. ⧗ 2020-2022

EARL DOM. PERRAUD, 64, rte d'Hurigny, Nancelle, 71960 La Roche-Vineuse, tél. 03 85 32 95 12, domaineperraud@gmail.com V r.-v.w

CH. DE ROUGEON
La Cabane 2018 ★

	3000		11 à 15 €

Un domaine ancien, viticole depuis plus de 2 siècles, situé entre Givry et Montagny, repris en 1981 par Dominique Bouchard. Un vignoble alors en friche que Dominique et son épouse Isabelle vont faire revivre : 13 ha aujourd'hui, conduits par les 7ᵉ et 8ᵉ générations.

D'un bel or vif, cet aligoté déploie des arômes intenses de fleurs blanches et d'agrumes agrémentés de touches végétales. Franche, fraîche, souple, la bouche est encore dynamisée par une fine amertume en finale. ⧗ 2020-2022

EARL DOMINIQUE BOUCHARD, Rougeon, 71390 Bissey-sous-Cruchaud, tél. 03 85 92 02 54, contact@chateauderougeon.com V r.-v.

CRÉMANT-DE-BOURGOGNE

Superficie : 1 935 ha / Production : 125 850 hl

Comme toutes les régions viticoles françaises, ou presque, la Bourgogne avait son appellation pour les vins mousseux élaborés sur l'ensemble de son aire géographique. La qualité n'était pas très homogène et ne correspondait pas, la plupart du temps, à la réputation de la région, sans doute parce que les mousseux se faisaient à partir de vins trop lourds. Reconnue en 1975, l'appellation crémant-de-bourgogne a remplacé l'AOC bourgogne mousseux en 1984. Elle impose des conditions de production aussi strictes que celles de la région champenoise et calquées sur celles-ci. Elle connaît actuellement un bon développement. Un crémant-de-bourgogne peut être un blanc de blancs élaboré généralement par un assemblage de chardonnay et d'aligoté, ou

il peut assembler des cépages blancs avec le pinot noir et/ou le gamay vinifiés en blanc. Il existe aussi des rosés.

BAILLY-LAPIERRE
Vive-la-Joie 2013 ★★

● | 10 000 | 🍾 | 11 à 15 €

Aujourd'hui, 430 vignerons apportent leurs raisins à la cave de Bailly-Lapierre, qui fut à l'origine du crémant-de-bourgogne. Principal élaborateur d'effervescents de la région, la coopérative propose une vaste gamme de crémants de qualité, qui reposent dans les immenses galeries souterraines d'une ancienne carrière calcaire. Elle fournit aussi des vins tranquilles. Une valeur sûre.

Pinot noir (65 %) et chardonnay pour cette cuvée souvent en vue dans ces pages. Un 2013 aux bulles fines et nombreuses sur fond d'or éclatant. Au nez, de discrètes mais élégantes notes de fleurs blanches et de fruits secs. En bouche, beaucoup de vivacité, voire de nervosité, de la droiture, des arômes frais, mentholés et minéraux. Un crémant tendu et ciselé, qui ne fait pas son âge. ⧗ 2020-2023 ● ★ **(8 à 11 €; 480 000 b.)** Pinot noir (85 %) et gamay à l'œuvre dans ce rosé d'un beau rouge léger, à la mousse fine et au nez ouvert de fraise et de framboise. Un fruité franc prolongé par une bouche nette, fraîche, équilibrée. ⧗ 2020-2023

SCA CAVES BAILLY-LAPIERRE, quai de l'Yonne, 89530 Saint-Bris-le-Vineux, tél. 03 86 53 76 55, nathaliec@bailly-lapierre.fr V r.-v.

JEAN-CHARLES BOISSET
N° 69 ★

● | 31 000 | 🍾 | 15 à 20 €

Une maison de négoce développée par Jean-Charles Boisset, fils de Jean-Claude, négociant et propriétaire réputé de la Côte de Nuits.

Une seyante robe limpide et saumonée habille ce crémant né de chardonnay, pinot noir, gamay et aligoté. Le nez, intense, évoque les fruits rouges frais (groseille, grenadine) et le pamplemousse. La bouche affiche un bel équilibre entre une touche de douceur et une fraîcheur bien sentie, le tout sur des arômes fruités et réglissés. ⧗ 2020-2023

SASU BOISSET EFFERVESCENCE (JEAN-CHARLES BOISSET), 5, quai Dumorey, 21700 Nuits-Saint-Georges, tél. 03 80 62 61 00, info@imaginarium-bourgogne.com V t.l.j. 10h-19h; lun. 14h-19h

♥ LOUIS BOUILLOT
Perle d'Aurore ★★★

● | 36 000 | 🍾 | 8 à 11 €

Une maison de négoce spécialiste des crémants fondée en 1877 à Nuits-Saint-Georges par Louis Bouillot, dans le giron du groupe Boisset depuis 1997. Une valeur sûre.

Cette maison enfile les coups de cœur comme des perles. Ici, une Perle d'Aurore née de chardonnay (45 %), pinot noir (35 %), gamay et aligoté. Un beau cordon de bulles fines animent une robe rose saumon. Au nez, les fruits sont à la fête : fraise et cassis. En bouche, un équilibre impeccable entre un dosage bien fondu, un fruité tout aussi soutenu qu'à l'olfaction, une texture d'une grande souplesse et une fraîcheur remarquable. Au final, un crémant d'une harmonie rare. ⧗ 2020-2023 ● **Perle Rare Grand Millésime 2016 ★★ (8 à 11 €; 20 000 b.)** Un millésimé d'une grande élégance à tous les stades de la dégustation : robe limpide, d'un beau jaune doré; nez raffiné de pêche de vigne, de brioche et de pain frais; bouche goûteuse et fruitée, très finement texturée, à l'acidité discrète. ⧗ 2020-2023 ● **Perle de Molesme ★★ (8 à 11 €; 43 000 b.)** Une Perle extraite des terroirs de Molesme, dans le Châtillonnais. Un crémant or pâle, aux bulles fines et abondantes, au nez floral (chèvrefeuille) et fruité (pêche de vigne), à la bouche fraîche et délicate, étirée dans une finale énergique. ⧗ 2020-2023 ● **Perle d'Ivoire Blanc de blancs ★★ (8 à 11 €; 42 000 b.)** Un blanc de blancs né de chardonnay (85 %) et d'aligoté. Jolie robe dorée, bulles intenses et persistantes, nez distingué de violette, de rose et de citron, bouche fine, légère et vive, mise en relief par un fruité soutenu (agrumes, pêche blanche) : un crémant diablement charmeur. ⧗ 2020-2023

SARL MAISON LOUIS BOUILLOT, passage Montgolfier, 21700 Nuits-Saint-Georges, tél. 03 80 62 61 61, info@louis-bouillot.com V t.l.j. 10h-19h; lun. 14h-19h

DOM. BRUNO DANGIN
Cuvée Grand Classique ★

● | 9978 | 🍾 | 8 à 11 €

Après avoir travaillé 40 ans dans la maison Paul Dangin, créée avec ses frères, Bruno Dangin prend en 2010 la tête de ce domaine de quelque 3 ha qu'il cultive en bio (conversion en cours). Depuis 2015, c'est Matthieu, son fils, qui dirige l'exploitation.

Assemblage classique de pinot noir (60 %) et de chardonnay, ce crémant aux tonalités dorées révèle un joli bouquet de fleurs blanches légèrement épicé. La bouche apparaît souple, légère, fraîche, bien dosée. Un plaisir simple mais pas simpliste. ⧗ 2020-2022

MATTHIEU DANGIN, rte de Mézières, 21330 Molesme, tél. 06 88 87 19 79, bruno-dangin@live.fr V r.-v.

CLAUDE GHEERAERT
Tradition ★★

● | 10 000 | 🍾 | 5 à 8 €

Claude Gheeraert a créé en 1991 cette petite exploitation familiale de 7 ha, située au cœur du Châtillonnais et spécialisée dans l'élaboration de crémant-de-bourgogne.

Ce 100 % chardonnay porte beau dans sa robe brillante aux reflets gris, animée par un cordon franc de fines bulles. On aime aussi ses arômes d'agrumes et de pain grillé, comme sa bouche vive et minérale. Un crémant dynamique. ⧗ 2020-2023

EARL DES VIGNES DE JOURS, 1, rue Haute, 21400 Mosson, tél. 03 80 93 71 67, claude.gheeraert@nordnet.fr V *t.l.j. sf dim. 10h30-18h* B

CH. DE LAVERNETTE
Brut nature ★★

3506 | 11 à 15 €

Ancienne propriété des moines de Tournus, le domaine, aux confins du Mâconnais et du Beaujolais, a été acquis par la famille en 1596. Descendant des Lavernette, Bertrand de Boissieu quitte la coopérative en 1988; son fils Xavier prend le relais en 2007. Il pratique la biodynamie depuis 2005 (certifiée en 2010). Sur ses 13 ha de vignes, il produit des vins du Beaujolais, du bourgogne d'appellations régionales et des pouilly-fuissé.

Ce brut nature est aussi un blanc de blancs, né du seul chardonnay. La robe est bien dorée, ornée de reflets verts. La bulle est délicate, tout comme le nez, ouvert sur les fleurs blanches. La bouche ne déçoit pas : fine, aérienne, nette, fraîche, centrée sur des notes d'amande. ⧗ 2020-2023

CH. DE LAVERNETTE, 70, chem. de la Vernette, 71570 Leynes, tél. 03 85 35 63 21, chateau@lavernette.com V *r.-v.*

LOUIS LORON
Royale ★★

16000 | 8 à 11 €

Maison de négoce familiale fondée à Fleurie en 1932 qui, outre ses vins tranquilles du Beaujolais et du Mâconnais, s'est fait une spécialité du crémant-de-bourgogne.

Royal en effet ce pur chardonnay. La robe scintille, parcourue de bulles en rang ordonné et fin. Le nez, complexe, évoque la viennoiserie, la vanille et les fleurs blanches. La bouche, à l'unisson du bouquet, apparaît dynamique, fraîche, équilibrée. ⧗ 2020-2023

SAS LOUIS LORON ET FILS, Le Vivier, 69820 Fleurie, tél. 04 74 04 10 22, fernand.loron@wanadoo.fr V *r.-v.*

♥ B LA LUOLLE Blanc de noirs 2017 ★★

1800 | 15 à 20 €

Sandrine et Olivier Dovergne exploitent depuis 2017 ce domaine de 8 ha conduit en culture biologique et biodynamique, ayant autrefois appartenu à Guy Chaumont. Ils proposent également un gîte et des visites sensorielles.

Un seul défaut à ce blanc de noirs : sa confidentialité. Il n'y en aura pas pour tout le monde et c'est bien dommage... La robe est brillante, dorée aux reflets ambrés, la bulle abondante et tenace. Le pain grillé et les épices composent un bouquet puissant et flatteur. Le prélude gourmand à une bouche tout aussi intense, riche, vineuse mais jamais lourde, aux arômes de viennoiserie et de fruits blancs. ⧗ 2020-2023

SARL MAISON DE LA LUOLLE, imp. de la Luolle, 71390 Moroges, tél. 06 21 86 05 27, domaine@laluolle.fr V *r.-v.* C

DOM. MILLET Intensément ★

500 | 8 à 11 €

Philippe Millet, jeune agriculteur beauceron, s'installe à Tonnerre dans les années 1960 et crée son domaine en 1980, à la ferme de Marcault. Ses 2 fils Baudouin et Paterne ont pris en 2002 sa succession. Leur domaine couvre 13,7 ha, dont 9 ha en petit-chablis.

Une dominante de pinot noir (70%) aux côtés du chardonnay dans cette micro-cuvée qui n'usurpe pas son nom. Intense en effet est la bulle, formant une mousse abondante et crémeuse. Intense est le nez, ouvert sur le pain grillé, les fruits blancs et une touche minérale. Intense est la bouche, puissante, ample, complexe (notes toastées, miel, pomme) et longue, épaulée par une bonne acidité. ⧗ 2020-2023

DOM. MILLET, rte de Viviers, ferme de Marcault, 89700 Tonnerre, tél. 03 86 75 92 56, intensement@chablis-millet.com V *r.-v.*

CHARLY NICOLLE Brut nature ★

10000 | 8 à 11 €

Les arrière-grands-parents de Charly Nicolle cultivaient déjà la vigne. À la suite des générations précédentes, le jeune vigneron s'est lancé dans l'aventure. Installé à Fleys, à l'est de Chablis, il a quitté le domaine familial de La Mandelière en 2001 pour voler de ses propres ailes, choyant ses 17 ha de chardonnay, et s'est imposé comme une valeur sûre du Chablisien.

Un blanc de noirs non dosé d'un beau jaune soutenu, animé par une bulle très fine, presque évanescente. Au nez, il associe les fruits rouges à des senteurs de pivoine. La bouche apparaît vive dès l'attaque, dense, structurée, persistante. Bien dans le ton d'un blanc de noirs. Sans dosage. ⧗ 2020-2023

CHARLY NICOLLE, 17, rue des Pré-Girots, 89800 Fleys, tél. 09 54 94 40 83, contact@chablis-charlynicolle.com V *r.-v.*

ŒDORIA Claude Denis 2017 ★★

20000 | 8 à 11 €

La cave du Beau Vallon de Theizé et celle des Vignerons de Liergues ont décidé de s'unir en 2009 : Œdoria est leur marque commune. Cette nouvelle entité dispose de 1 000 ha (pour 350 adhérents), essentiellement situés au sud du vignoble, à l'ouest de Villefranche-sur-Saône.

Le coup de cœur fut mis aux voix pour ce pur chardonnay. Ses atouts ? Une belle robe dorée, des bulles fines et persistantes, un nez délicat d'agrumes, de pomme verte et de fleurs blanches, une bouche énergique, fraîche et fruitée, plus arrondie en finale. Un crémant aussi équilibré qu'élégant. ⧗ 2020-2023 ● **Moulin des Verny Cuvée Excellence** ★ (5 à 8 €; 50000 b.) Chardonnay (80%) et gamay pour ce crémant brillant et doré, à la mousse discrète, au nez ouvert, floral (acacia, tilleul), brioché et miellé, à la bouche fraîche, fruitée (pêche, agrumes) et mentholée. ⧗ 2020-2022

ŒDORIA, 25, rte de Cottet, 69620 Theizé, tél. 04 74 71 48 00, contact@oedoria.com V *t.l.j. 9h-12h 14h-18h30; dim. 9h-12h*

LES ORFÈVRES DU VIN
Cuvée Impériale ★★

● | 13 850 | | 8 à 11 €

Cette cave coopérative créée en 1929 regroupe aujourd'hui 70 adhérents pour 120 ha de vignes et propose une large gamme de vins du Mâconnais complétée par quelques cuvées beaujolaises.

Ce pur chardonnay revêt une robe intense, couleur jaune paille, parcourue de bulles délicates. Expressif au nez, il évoque la pêche de vigne et les fleurs blanches. La bouche se révèle ample, droite, vive et longue, et la finesse de l'effervescence lui confère un surcroît d'élégance. ⧗ 2020-2023

SCA LES ORFÈVRES DU VIN, En Condemine, 71850 Charnay-lès-Mâcon, tél. 03 85 34 54 24, michael.dafre@cave-charmay.com V *r.-v.*

LOUIS PICAMELOT
Jeanne Thomas 2015 ★★

● | 12 332 | | 11 à 15 €

Cette maison de négoce, propriétaire de 14 ha en Côte de Beaune et en Côte chalonnaise, a été fondée en 1926 par Louis Picamelot et reprise par son petit-fils Philippe Chautard en 1987. Dans sa cuverie installée en 2006 au creux de la roche à Rully naissent de beaux crémants de terroir ou d'assemblage et quelques vins tranquilles.

Chardonnay (85 %) et aligoté composent cette cuvée aux bulles fines et nombreuses. À un premier nez sur la noisette et l'amande succèdent des arômes de fruits blancs mûrs et de menthol. La bouche apparaît très bien équilibrée entre une très légère sucrosité, une belle fraîcheur anisée et une bonne concentration. ⧗ 2020-2023

SARL ÉTABLISSEMENTS LOUIS PICAMELOT, 11_bis, rue du Moulin-à-Vent, 71150 Rully, tél. 03 85 87 13 60, info@louispicamelot.com V *r.-v.*

GABIN ET FÉLIX RICHOUX 2017 ★★

● | 15 000 | | 11 à 15 €

Cette famille de vignerons est établie à Irancy depuis le XVIᵉs. Elle a misé sur la viticulture dès le milieu des années 1970. Gabin et Félix, les 2 enfants de Thierry et Corine Richoux, ont pris les rênes du domaine en 2015, avec à leur disposition un vignoble de 21,5 ha converti au bio (certifié) et à la biodynamie (non certifiée).

Pinot noir, chardonnay et un peu (10 %) d'aligoté pour ce crémant de haut lignage. La robe est bien dorée, avec de beaux reflets argentés. La bulle est fine, le nez ouvert et complexe, sur les agrumes et une touche originale de chocolat. La bouche offre beaucoup de volume et de fraîcheur, et s'étire dans une finale longue et nette. ⧗ 2020-2023

GABIN ET FÉLIX RICHOUX, 73, rue Soufflot, 89290 Irancy, tél. 03 86 42 21 60, irancy.richoux@orange.fr V *t.l.j. sf dim. 9h-12h 14h-18h*

♥ ALBERT SOUNIT Blanc de noirs ★★

● | 5413 | | 8 à 11 €

Fondée en 1851 par Flavien Jeunet, cette maison de négoce, qui possède aussi 16 ha de vignes en propre, a été reprise dans les années 1930 par la famille Sounit, qui l'a cédée à son importateur danois en 1993. L'une des valeurs sûres de la Côte chalonnaise, en vins tranquilles comme en effervescents.

Un nouveau coup de cœur pour la vénérable maison Sounit, d'une régularité sans faille. Son blanc de noirs se présente dans une seyante robe or pâle aux reflets roses, animée par une fine effervescence. La feuille de cassis, la cerise et la framboise composent un bouquet bien typé pinot noir. Un fruité soutenu auquel fait écho une bouche d'une grande souplesse en attaque, plus vineuse et puissante dans son développement, soutenue par une fraîcheur bien dosée qui lui confère beaucoup d'allonge. ⧗ 2020-2023

MAISON ALBERT SOUNIT, 5, pl. du Champ-de-Foire, 71150 Rully, tél. 03 85 87 20 71, albert.sounit@wanadoo.fr V *r.-v.*

GÉRALD TALMARD
Blanc de blancs 2017 ★

● | 4 200 | 8 à 11 €

Les Talmard sont viticulteurs de père en fils depuis 1645. Installé en 1997, Gérald ne fait pas défaut à la tradition familiale et conduit selon les principes de l'agriculture biologique (sans certification) ses 30 ha de vignes.

Une mousse onctueuse, des bulles fines et élégantes, une couleur dorée à souhait : l'approche est engageante. Le nez se révèle bien fruité (agrumes mûrs, fruits blancs) et un brin amylique. La bouche conjugue volume, rondeur et vivacité dans un équilibre bien assuré. ⧗ 2020-2023

SARL GÉRALD TALMARD, 700, rte de Chardonnay, 71700 Uchizy, tél. 03 85 40 59 40, gerald.talmard@wanadoo.fr V *t.l.j. 8h-18h; dim. 9h-12h*

DOM. CATHERINE ET DIDIER TRIPOZ ★

● | 5000 | | 8 à 11 €

En 1988, la famille Tripoz succède à la famille Chevalier à la tête de cette exploitation de Charnay couvrant 12 ha. Situé sur un chemin de randonnée, à proximité de la voie verte, le domaine accueille aussi bien les marcheurs que les cyclotouristes.

Ce brut, qui doit tout au chardonnay, se présente dans une robe jaune intense, le nez empreint de parfums intenses de fleurs blanches et d'agrumes. La bouche prend des tonalités plus suaves de miel agrémentées de nuances fumées. Un crémant au profil gourmand et à son apogée. ⧗ 2020-2021

EARL CATHERINE ET DIDIER TRIPOZ, 450, chem. des Tournons, 71850 Charnay-lès-Mâcon, tél. 03 85 34 14 52, didier.tripoz@wanadoo.fr V *r.-v.*

DOM. ROLAND VAN HECKE ★

| | 2600 | | 8 à 11 € |

C'est sur les coteaux du Châtillonnais, non loin de la Champagne, qu'en 1991, Roland Van Hecke a planté ses premiers ceps sur les terres d'une exploitation agricole. Il dispose aujourd'hui d'un vignoble de 5,5 ha principalement consacré aux crémants.

Pinot noir (80 %) et chardonnay pour ce rosé d'un rouge léger et brillant, ouvert sur des parfums gourmands de pâte de fruits rouges. Un fruité que ne renie pas la bouche, fraîche, nette et sapide. ⧗ 2020-2022

EARL DE BEAUREGARD, 5, rue de l'Église, 21570 Grancey-sur-Ource, tél. 03 80 93 79 07, roland.van-hecke@wanadoo.fr V r.-v.

VITTEAUT-ALBERTI ★★

| | 59 324 | | 8 à 11 € |

L'une des belles références du crémant-de-bourgogne, fondée en 1951 par Lucien Vitteaut, reprise par son fils Gérard en 1969 et dirigée depuis 2010 par sa petite-fille Agnès. La maison possède en propre 23 ha de vignes en Côte chalonnaise et dans les Hautes-Côtes de Beaune.

Pinot noir et chardonnay à parts égales dans ce crémant qui fait aussi appel à l'aligoté. Des bulles abondantes traversent une robe pâle et limpide. Le nez, expressif, convoque la pêche, l'abricot, la pomme et une pointe de minéralité. La bouche, fraîche, fine et longue, y ajoute des notes gourmandes de brioche et de pain grillé. ⧗ 2020-2023 **Blanc de blancs ★ (8 à 11 €; 27 197 b.)** Une mousse onctueuse, des bulles persistantes, un bouquet élégant de fleurs blanches, de fruits à noyaux et de cire d'abeille agrémenté d'une touche minérale, une bouche ronde et consistante qui ne manque pas de fraîcheur : un crémant abouti et complet. ⧗ 2020-2023

SARL VITTEAUT-ALBERTI, 16, rue de la Buisserolle, 71150 Rully, tél. 03 85 87 23 97, contact@vitteaut-alberti.fr V *t.l.j. sf dim. 9h-12h 14h-18h*

LE CHABLISIEN

PETIT-CHABLIS

Superficie : 780 ha / Production : 46 000 hl

Cette appellation constitue la base de la hiérarchie bourguignonne dans le Chablisien et provient des parcelles installées à la périphérie des appellations plus prestigieuses. Moins complexe que le chablis, le petit-chablis possède une acidité un peu plus élevée. Autrefois consommé en carafe, dans l'année, il est maintenant mis en bouteilles. Victime de son nom, il a eu de la peine à se développer, mais il semble qu'aujourd'hui le consommateur ne lui tienne plus rigueur de son adjectif dévalorisant.

DOM. GUY ET OLIVIER ALEXANDRE 2018 ★

| | 30 000 | | 5 à 8 € |

Une exploitation familiale qui se transmet depuis 3 générations, dirigée depuis 2012 par Olivier Alexandre, fils de Guy. Le vignoble de 13 ha (certifié HVE niveau 3) est réparti sur 4 communes.

Bien ajusté dans sa robe jaune pâle aux reflets brillants, ce petit-chablis séduit par son élégance et sa vivacité. Le nez floral flirte avec les arômes de fruits blancs (pêche). La bouche est marquée par la fraîcheur portée par une minéralité persistante. Typique de l'appellation. ⧗ 2020-2023

DOM. ALEXANDRE, 36, rue du Serein, 89800 La Chapelle-Vaupelteigne, tél. 03 86 42 44 57, info@chablis-alexandre.com V *t.l.j. sf lun. dim. 9h-12h 14h-18h; f. 15-31/08*

DANIEL BOCQUET 2018 ★

| | 4 000 | | 5 à 8 € |

À la limite du Tonnerrois, le petit village de Béru fait partie des vingt communes situées dans l'aire d'appellation chablis. Daniel Bocquet y est installé depuis 1972, secondé par ses fils Jérôme et Bruno arrivés respectivement en 1995 et en 1998. Le vignoble couvre 20 ha.

Petite production mais une belle qualité et une harmonie très réussie. Le nez est délicat avec ses notes iodées et légèrement herbacées. En bouche, c'est tout le terroir qui s'exprime. Certes la minéralité domine le fruit, mais cette cuvée ne manque pas de rondeur. ⧗ 2020-2023

SCEA DANIEL BOCQUET, 11, Grande-Rue, 89700 Béru, tél. 03 86 75 92 25, bocquet.daniel2@wanadoo.fr V r.-v.

OLIVIER BOUSSARD 2018 ★

| | 12 000 | | 5 à 8 € |

Issu de plusieurs générations d'agriculteurs, Olivier Boussard a planté ses premières vignes en 1992 sur le domaine du Montpierreux à Venoy, en AOC bourgogne, et créé parallèlement sa cuverie à Nitry, à la frontière du vignoble chablisien, sur l'exploitation familiale agricole.

Si la robe est claire et le nez encore réservé, ce petit-chablis ne manque pas d'arguments dès lors qu'on le prend en bouche. La matière fruitée donne la réplique à une acidité bien présente sur toute la longueur. Un vin droit, vif et très bien équilibré. ⧗ 2020-2023

DOM. BOUSSARD, rte de Chablis, 89310 Nitry, tél. 03 86 33 65 87, contact@domaineboussard.fr V *t.l.j. sf dim. 9h-12h30 13h30-18h*

DOM. DE CHAUDE ÉCUELLE 2018 ★

| | 13 200 | | 5 à 8 € |

La famille Vilain est installée dans le Chablisien depuis plusieurs générations, sur 33 ha. « Chaude Écuelle » est un lieu-dit où sont plantées certaines vignes du domaine. Ces parcelles, éloignées des habitations, obligeaient jadis les vignerons à emporter leur repas, qu'ils réchauffaient sur place dans des écuelles de terre cuite.

Il y a du gras et de la rondeur dans ce petit-chablis élevé en cuve pendant 15 mois. Déjà au nez, où des notes beurrées soulignent les parfums de fruits jaunes. Gourmande, tendre et persistante, la bouche trouve son équilibre dans un fond minéral qui ajoute de la longueur et de la tonicité. ⧗ 2020-2023

DOM. DE CHAUDE ÉCUELLE, 35, Grande-Rue, 89800 Chemilly-sur-Serein, tél. 03 86 42 40 44, chaudeecuelle@wanadoo.fr V r.-v.

DOM. DU COLOMBIER
2018 ★★

63000 | 8 à 11 €

Cette exploitation familiale de 54 ha, qui se transmet de père en fils depuis 1887, est dirigée par 3 frères, Jean-Louis, Thierry et Vincent Mothe. Le domaine fait partie des incontournables du vignoble de Chablis, quelle que soit l'appellation.

Un élevage court (6 mois en cuve) pour obtenir cette cuvée d'une belle vivacité. Le nez n'est pas le plus expressif mais il ne manque pas de finesse avec ses arômes d'aubépine et ses notes citronnées. Puis il explose en bouche, l'acidité soulignant avec à-propos un fruité bien présent. Un vin franc et droit. ⧗ 2020-2023

DOM. DU COLOMBIER, 42, Grand-Rue, 89800 Fontenay-près-Chablis, tél. 03 86 42 15 04, domaine@chabliscolombier.com V r.-v.

DOM. DE LA CÔTE DE FASSE
2018 ★

3938 | 8 à 11 €

Un domaine de 20 ha (sur des terroirs hétérogènes) fondé en 1989 par Françoise Gagnepain et 2 de ses enfants, Laurent et Isabelle. Ces derniers sont désormais aux commandes, épaulés par Paul, fils de Laurent.

Séduisant dans sa robe jaune à reflets verts, ce petit-chablis est bâti sur le fruit. Le nez est révélateur avec ses arômes de pêche et de fleurs blanches. La bouche s'ouvre sur la fraîcheur du fruit, avec une discrète mais fine minéralité en soutien. Élégant et harmonieux. ⧗ 2020-2023

DOM. DE LA CÔTE DE FASSE, voie du Gain, 89800 Beine, tél. 03 86 42 46 85, gaec.gagnepain@orange.fr V t.l.j. sf dim. 10h-12h 14h-18h

♥ DOM. DES MARRONNIERS
2018 ★★

15000 | 8 à 11 €

Créé en 1976 par Marie-Claude et Bernard Légland, ce domaine (21 ha) a été repris en 2013 par un autre couple, Marie-Noëlle et Laurent Ternynck. Ce ne sont pas des inconnus puisqu'ils sont déjà à la tête du Dom. de Mauperthuis, à Massangis, avec lequel ils collectionnent les étoiles du Guide.

Un petit-chablis comme on les aime : à la fois vif et soyeux, rond et tendu. Un vin vivant qui respire son terroir. Le nez n'est qu'un bouquet de fleurs. Une dominante florale qui persiste sur des notes de tilleul et d'acacia dans une bouche ample et longue, avec en soutien une juste acidité apportant la vivacité nécessaire à son équilibre. Un « grand » petit-chablis. ⧗ 2020-2023

DOM. DES MARRONNIERS, 3, Grande-Rue-de-Chablis, 89800 Préhy, tél. 03 86 41 42 70, contact@chablismarronniers.com V r.-v.

DOM. DE LA MOTTE 2018 ★

54000 | 8 à 11 €

Henri Michaut a planté les premières vignes en 1947 et a été longtemps coopérateur à La Chablisienne. À sa suite, sa famille s'est lancée avec succès dans la vinification ; aujourd'hui conduit par Adrien Michaut, le domaine couvre plus de 52 ha et s'est imposé comme une valeur sûre du Chablisien.

Ce vin bien typé et très agréable se distingue par sa fraîcheur. À un nez floral et légèrement fruité (fruits exotiques) répond une bouche beurrée et légèrement acidulée. Un ensemble bien structuré et harmonieux. ⧗ 2020-2023

DOM. DE LA MOTTE, 35, rue du Ruisseau, 89800 Beine, tél. 03 86 42 49 61, domainemotte@chablis-michaut.fr V t.l.j. 10h30-18h30; mer. dim. sur r.-v.

DOM. PASSY LE CLOU 2017 ★

90000 | 11 à 15 €

La famille Patrice a créé le Dom. Patrice dans les années 1950. En 2017, Gérard Patrice a cédé le domaine aux Descombe (également propriétaire dans le Beaujolais et la vallée du Rhône), qui le renomme alors Dom. Passy le Clou.

La famille Descombe n'a pas manqué son entrée dans le vignoble chablisien. Une première étoile pour un premier millésime ! Le nez de cette cuvée est élégant et dominé par des notes de fruits mûrs. Le fruit est toujours présent en bouche avec des saveurs citronnées qui apportent la fraîcheur attendue. ⧗ 2020-2023

DOM. PASSY LE CLOU, 5, rue des Fossés, 89800 Beines, tél. 06 73 88 78 03, info@passyleclou.com

CHRISTOPHE PATRICE 2018 ★★

30000 | 8 à 11 €

Originaire de Beine, Christophe Patrice travaille dans le domaine familial auprès de son père et de ses oncles depuis 1996. En 2006, il s'établit en solo sur un vignoble de 5 ha et acquiert en 2011 le Dom. Daniel Roblot. À sa disposition aujourd'hui, un vignoble de 19 ha.

L'appellation petit-chablis reste une valeur sûre avec un terroir propice à l'expression de sa minéralité. C'est bien ce qui fait la force de cette cuvée franche et bien typée. Un nez floral et subtil pour séduire ; une bouche ronde et miellée pour régaler, avec une fine fraîcheur minérale pour apporter l'équilibre et l'allonge. Un vin très agréable et harmonieux. ⧗ 2020-2023

CHRISTOPHE PATRICE, 52, rte Nationale, 89800 Beine, tél. 06 60 23 37 52, christophe.patrice@orange.fr V t.l.j. 8h-18h

PASCAL ROBIN
Vignes de Beine 2018 ★★

1320 | 8 à 11 €

Une nouvelle structure de négoce-éleveur, créée en 2018 par l'autodidacte Pascal Robin, qui vinifie dans

BOURGOGNE

un esprit biodynamique, en respectant les cycles lunaires.

Quelle réussite pour ce passionné, nouveau venu dans le monde du vin, qui a signé un 1er millésime remarquable. Un nez élégant qui butine entre la fleur et le fruit, une bouche ample, ronde et onctueuse, soutenue par une belle acidité : c'est parfait ! ⧗ 2020-2023

⊶ MAISON PASCAL ROBIN, 4, rte de Bât-d'Âne, Nangis, 89290 Quenne, tél. 06 85 58 48 63, cabotte.pascal.robin@orange.fr V r.-v.

MAISON OLIVIER TRICON 2018 ★

■	30000		11 à 15 €

Un négociant chablisien renommé en France comme à l'étranger. Après avoir travaillé dans différents vignobles français et comme maître de chai sur le domaine familial, il a créé son affaire et racheté à sa famille l'important Dom. de Vauroux (46 ha avec des parcelles dans des 1ers crus réputés et en grand cru).

On sait où l'on est avec ce petit-chablis très représentatif de l'appellation. Le nez, porté par des arômes fruités, s'exprime sur la fraîcheur. Une fraîcheur que l'on retrouve en bouche grâce à la minéralité. Bien équilibré et typé. ⧗ 2020-2023

⊶ MAISON OLIVIER TRICON, rte d'Avallon, BP_56, 89800 Chablis, tél. 03 86 42 10 37, maison.tricon@gmail.com V r.-v.

DOM. VINCENT WENGIER 2018 ★

■	2660		8 à 11 €

Un domaine familial de 25 ha situé dans le village de Préhy, au cœur du vignoble chablisien, repris en 1998 par Vincent Wengier et son épouse Sophie.

Le nez est séduisant et complexe avec ses arômes fruités et herbacés qui croisent des notes florales et minérales. La bouche est droite, avec une minéralité qui a pris le pouvoir. Pour autant le fruit est bien présent, surtout en attaque. Une belle fraîcheur anime la finale. ⧗ 2020-2023

⊶ DOM. VINCENT WENGIER, 45, Grande-Rue, 89800 Prehy, tél. 06 51 22 77 39, dwengier@orange.fr V r.-v.

CHABLIS

Superficie : 3 150 ha / Production : 187 000 hl

Le chablis doit à son sol ses qualités inimitables de fraîcheur et de légèreté. Les années froides ou pluvieuses lui conviennent mal, son acidité devenant alors excessive. En revanche, il conserve lors des années chaudes une fraîcheur et une minéralité que n'ont pas les vins blancs de la Côte-d'Or, également issus du chardonnay. On le boit jeune, mais il peut vieillir jusqu'à dix ans et plus, gagnant ainsi en complexité.

DOM. BEAUFUMÉ 2018 ★

■	6000		8 à 11 €

Bernard Beaufumé a quitté la cave coopérative, à laquelle le domaine a apporté ses raisins pendant 24 ans, pour vinifier désormais sa propre production, épaulé par son épouse Valérie.

Un chablis très typé, qui exprime bien son terroir. Au nez, la minéralité relègue les parfums de fruits exotiques au second plan. La bouche à la fois soyeuse et tendue est à la hauteur de l'olfaction. Un vin de plaisir immédiat. ⧗ 2020-2023

⊶ DOM. BEAUFUMÉ, 5, rue des Vignes, 89800 Lignorelles, tél. 06 46 56 93 09, scevdomainebeaufume@orange.fr V r.-v.

DANIEL BOCQUET 2018 ★★

■	6000		5 à 8 €

À la limite du Tonnerrois, le petit village de Béru fait partie des vingt communes situées dans l'aire d'appellation chablis. Daniel Bocquet y est installé depuis 1972, secondé par ses fils Jérôme et Bruno arrivés respectivement en 1995 et en 1998. Le vignoble couvre 20 ha.

Vivacité, équilibre : il n'en faut pas plus pour classer cette cuvée parmi les meilleures du millésime. Le nez, intense, s'exprime sur les fruits exotiques. La bouche est au diapason : ample, alerte, longue gourmande de fruits blancs et jaunes soulignés par un trait d'acidité. Un chablis aussi puissant qu'harmonieux. ⧗ 2021-2025

⊶ SCEA DANIEL BOCQUET, 11, Grande-Rue, 89700 Béru, tél. 03 86 75 92 25, bocquet.daniel2@wanadoo.fr V r.-v.

PASCAL BOUCHARD Le Classique 2018 ★★

■	144800		11 à 15 €

Une maison de négoce établie à Chablis et spécialisée depuis le début du XXes. dans les vins de l'Yonne. Elle est entrée dans le giron du groupe Albert Bichot en 2015.

Une cuvée qui porte bien son nom tant elle est typée. Un vin de terroir, élégant, racé et très harmonieux. Le nez convoque le citron vert mâtiné de notes iodées. On entre en bouche sur une pointe d'acidité, mais très vite le fruit apporte de la rondeur et assure l'équilibre de ce vin de caractère. ⧗ 2021-2025

⊶ SAS PASCAL BOUCHARD, 3, rue du Pressoir, 89800 Chablis, tél. 03 86 42 18 64, info@pascalbouchard.com V *t.l.j. sf sam. dim. 8h30-12h 13h30-17h*

DOM. DE CHAUDE ÉCUELLE 2018 ★

■	13190		8 à 11 €

La famille Vilain est installée dans le Chablisien depuis plusieurs générations, sur 33 ha. « Chaude Écuelle » est un lieu-dit où sont plantées certaines vignes du domaine. Ces parcelles, éloignées des habitations, obligeaient jadis les vignerons à emporter leur repas, qu'ils réchauffaient sur place dans des écuelles de terre cuite.

Un nez complexe qui hésite entre les fruits (agrumes) et la minéralité. Une belle intensité aromatique, annonciatrice d'une bouche marquée par l'acidité. Mais une acidité qui se fond dans une matière charnue pour donner un vin tonique, élégant, d'une grande fraîcheur. ⧗ 2021-2025

DOM. DE CHAUDE ÉCUELLE, 35, Grande-Rue, 89800 Chemilly-sur-Serein, tél. 03 86 42 40 44, chaudeecuelle@wanadoo.fr V *r.-v.*

JEAN COLLET ET FILS 2018 ★

	45000		15 à 20 €

La famille Collet piochait déjà le kimméridgien en 1792. Romain, le petit dernier d'une dynastie de vignerons chablisiens (fils de Gilles, petit-fils de Jean), est depuis 2009 aux commandes de l'exploitation familiale : 40 ha en conversion bio.

10 mois d'élevage en cuves Inox pour obtenir ce vin qui ne fait pas dans la dentelle mais plutôt dans l'opulence et la générosité. Le terroir et sa minéralité sont aussi au rendez-vous, au nez comme bouche, apportant une belle tension et de l'équilibre, avec en prime des arômes citronnés qui confèrent un surcroît de fraîcheur à tous les étages. ⧗ 2021-2025

SARL JEAN COLLET ET FILS, 15, av. de la Liberté, 89800 Chablis, tél. 03 86 42 11 93, collet.chablis@orange.fr V *t.l.j. sf dim. 9h-12h 13h30-17h30; f. août*

DOM. JEAN-CLAUDE COURTAULT 2018 ★

	40000		8 à 11 €

Originaire de Touraine, Jean-Claude Courtault arrive dans le Chablisien en 1984 et s'installe à Lignorelles pour fonder son domaine, qui couvre 22 ha aujourd'hui (dont 1 de bourgogne Épineuil), complété par une activité de négoce. Sa fille Stéphanie a pris la relève en 2019. Avec son mari Vincent Michelet, elle a aussi créé en parallèle sa propre exploitation (Dom. Michelet) : les 2 domaines travaillent en synergie, en mutualisant leurs moyens.

L'élevage sur lies fines en cuves Inox n'est sans doute pas étranger à la réussite de cette très belle cuvée. Tout y est : la finesse, la rondeur, la vivacité. Un très joli nez à la fois fruité (agrumes) et floral (aubépine, fleur d'oranger). En bouche, l'attaque est franche, avec du gras et des notes citronnées. Très élégant. ⧗ 2021-2025

DOM. JEAN-CLAUDE COURTAULT, 1, rte de Montfort, 89800 Lignorelles, tél. 03 86 47 50 59, contact@chablis-courtault-michelet.com V *r.-v.*

DAMPT FRÈRES Vieilles vignes 2018 ★

	25820		15 à 20 €

Un père, Bernard Dampt, vigneron à Collan de 1980 à 1998, comme trois générations avant lui; trois frères, Éric, Emmanuel et Hervé; plusieurs exploitations : une pour chaque frère, une pour la fratrie. Les frères sont indissociables, mais chacun a son rôle à jouer, et tous font leurs propres vins.

Un chablis qui a bénéficié d'un élevage mixte (cuve et fût) pendant 11 mois. Résultat : un vin généreux avec un fruité très présent au nez comme en bouche. Belle amplitude avec de la rondeur et une minéralité qui sert de support. À déguster sur sa fraîcheur. ⧗ 2020-2024

DAMPT FRÈRES, rue de Fleys, 89700 Collan, tél. 03 86 55 29 55, vignoble@dampt.com V *t.l.j. 9h-12h30 13h30-18h*

DOM. DELALOYE Les Plantes 2018 ★

	4000		8 à 11 €

La première vigne du domaine, créé de toutes pièces par Pierre et Murielle Delaloye (accompagnés de leur fils Julien), a été plantée en 1981 ; le vignoble s'étend aujourd'hui sur 14 ha. Si une partie du vin est vendu en vrac, le chablis, le chablis 1er cru et le bourgogne rouge sont mis en bouteilles.

Une parcelle bien identifiée pour un vin classique mais très réussi. Les fruits jaunes et blancs s'imposent au nez, agrémentés de parfums exotiques (ananas). C'est le fruit qui domine aussi en bouche, avant que la minéralité n'apporte de la tension et de la vivacité. Un chablis sur la fraîcheur. ⧗ 2021-2025

DOM. DELALOYE, 7, rue de la Fontaine, 89800 Préhy, tél. 03 86 41 42 16, murielle.delaloye@hotmail.fr V *r.-v.*

JEAN-PIERRE ET ALEXANDRE ELLEVIN 2018 ★

	25000		8 à 11 €

Si la famille cultive la vigne depuis la nuit des temps, c'est Jean-Pierre Ellevin, à partir de 1975, qui a spécialisé l'exploitation en la dédiant au chardonnay. Son fils Alexandre, qui l'a rejoint en 2004, se charge des vinifications. Le domaine a son siège à Chichée, au sud-est de Chablis, et les 16 ha de vignes s'étendent sur les 2 rives du Serein.

Un chablis typique de son appellation. D'abord floral (chèvrefeuille), le nez s'ouvre ensuite sur la minéralité (pierre à fusil). Une belle pureté se manifeste en bouche, une fine acidité ajoutant de la tonicité. Et la finale crayeuse n'enlève rien à la finesse de ce vin sans détour. ⧗ 2020-2024

DOM. ELLEVIN, 7, rue du Pont, 89800 Chichée, tél. 03 86 42 44 24, jean-pierre.ellevin@wanadoo.fr V *t.l.j. 8h30-17h30*

DOM. FILLON 2018 ★

	13000		8 à 11 €

Propriété familiale reprise en cogérance par Hervé Fillon et sa sœur Frédérique en 1995 (troisième génération). Établis dans le joli village de Saint-Bris-le-Vineux, les Fillon exploitent un vignoble de 37 ha dédié aux appellations régionales et aux AOC du Chablisien.

On a vendangé tard chez les Fillon, et des raisins bien mûrs. Une maturité qui se retrouve à l'heure de la dégustation. Le nez est riche et généreux, et la bouche, du même tonneau, ample dès l'attaque, avec du gras et des notes beurrées. La minéralité reste en retrait. Un vin de plaisir immédiat. ⧗ 2020-2024

DOM. FILLON, 53, rue Bienvenu-Martin, 89530 Saint-Bris-le-Vineux, tél. 03 86 53 30 26, domaine.fillon@gmail.com V *r.-v.*

DOM. RAOUL GAUTHERIN ET FILS 2018 ★★

	53000		11 à 15 €

Les Gautherin font du vin depuis 8 générations, c'est dire l'enracinement de cette famille dans le vignoble

chablisien. Aujourd'hui, c'est Alain, le fils de Raoul, qui est aux commandes de ce domaine de 17 ha.

Un élevage de 10 mois en cuve Inox pour aboutir à ce chablis en tous points remarquable. Au nez, les parfums intenses de fleurs blanches, d'acacia et de citron plantent le décor. La bouche, à l'unisson, confirme l'élégance et la richesse de cette cuvée : attaque fruitée, volume, tension minérale et longue finale sur des notes acidulées. ⌛ 2021-2025

⊶ DOM. RAOUL GAUTHERIN ET FILS, 3, av. Aristide-Briand, 89800 Chablis, tél. 03 86 42 11 86, domainegautherin@wanadoo.fr V r.-v.

GAUTHERON Cuvée Émeraude 2018 ★

■	10 000		11 à 15 €

Vignerons de père en fils depuis 1809, les Gautheron sont établis à l'est de Chablis. Alain, installé en 1977, représente la 6e génération et Cyril, arrivé en 2001, la 7e. Le père et le fils exploitent un domaine qui s'est agrandi (il est passé de 8 à 30 ha entre 1977 et aujourd'hui) et modernisé. Une belle régularité en chablis et en petit-chablis.

Le nez de fleurs blanches (aubépine, acacia) invite à la dégustation. Un joli bouquet qui se fond rapidement dans le fruit pour aboutir à une cuvée très élégante. La bouche, marquée par les agrumes, est vive et tendue, avec une finale saline qui ajoute de la longueur. Beaucoup de fraîcheur et de finesse. ⌛ 2020-2024

⊶ ALAIN ET CYRIL GAUTHERON, 18, rue des Prégirots, 89800 Fleys, tél. 03 86 42 44 34, vins@chablis-gautheron.com V t.l.j. sf dim. 8h-12h 13h30-18h

DOM. ALAIN GEOFFROY 2018 ★★

■	60 000		15 à 20 €

Perpétuant une tradition viticole remontant à 1850, Alain Geoffroy, figure du vignoble chablisien, conduit un important domaine de 55 ha dont le siège est à Beine, village de la rive gauche du Serein, à l'ouest de Chablis. Pour la vinification, il privilégie l'élevage en cuve afin de préserver la fraîcheur des chablis.

Avec Alain Geoffroy, la qualité s'inscrit dans la continuité. Coup de cœur avec son chablis 2016, le vigneron de Beines obtient deux étoiles avec son millésime 2018. Un vin remarquable transporté par la fraîcheur. Le nez exotique et légèrement brioché invite à poursuivre en bouche. Là, le palais se régale de fruits jaunes et d'agrumes sur un fond acidulé. ⌛ 2021-2025

⊶ DOM. ALAIN GEOFFROY, 4, rue de l'Équerre, 89800 Beine, tél. 03 86 42 43 76, info@chablis-geoffroy.com V t.l.j. sf sam. dim. 8h-12h 13h30-17h30

B GUILHEM ET JEAN-HUGUES GOISOT Faucertaine 2018 ★

■	2732		11 à 15 €

Une valeur sûre de l'Auxerrois que ce domaine installé dans une ancienne place forte de Saint-Bris abritant un corps de garde. Jean-Hugues Goisot et son fils Guilhem exploitent en bio et biodynamie un vignoble de 28 ha et élèvent leurs vins dans de vénérables caves des XIe et XIIes.

Ce vigneron de Saint-Bris a l'habitude de sortir des sentiers battus. Il est l'un des rares à présenter une cuvée entièrement élevée en fût. Pour autant le boisé est bien fondu et n'est guère perceptible ni au nez ni en bouche. Cette dernière apparaît vive dès l'attaque, avec une matière bien présente pour répondre à l'acidité. Très bel équilibre. ⌛ 2021-2025

⊶ DOM. GUILHEM ET JEAN-HUGUES GOISOT, 30, rue Bienvenu-Martin, 89530 Saint-Bris-le-Vineux, tél. 03 86 53 35 15, domaine.jhg@goisot.com V r.-v.

DOM. CÉLINE ET FRÉDÉRIC GUEGUEN 2018 ★

■	4800		11 à 15 €

Frédéric Gueguen et son épouse Céline, fille de Jean-Marc Brocard, ont d'abord travaillé pour le compte de ce dernier, notamment au Dom. des Chenevières, avant de décider de voler de leurs propres ailes en 2013. Ils conduisent aujourd'hui un vignoble de 25 ha dans le Chablisien et l'Auxerrois, dont ils ont engagé la conversion bio.

Le fruit mûr (abricot) envahit le nez, ce qui ne nuit pas à son élégance. Dans le prolongement, la bouche se révèle ample, gourmande, offrant beaucoup de consistance. La finale sur les zestes d'orange apporte une belle fraîcheur et de l'originalité. ⌛ 2021-2025

⊶ DOM. CÉLINE ET FRÉDÉRIC GUEGUEN, 31, Grande-Rue-de-Chablis, 89800 Préhy, tél. 06 08 74 63 85, contact@chablis-gueguen.fr V r.-v.

CAVES JACQUINOT Terroir de Conrois 2018 ★

■	3150		8 à 11 €

La famille Jacquinot exploite la vigne depuis le XVIIIes. Dans les années 1950, Roland Jacquinot créé son domaine à Chichée. Depuis 1992, son fils Jean-Pierre a pris la relève avec ses enfants. À leur disposition, un vignoble de 7,25 ha en petit-chablis, chablis et chablis 1er cru.

Cette cuvée, issue de vignes plantées en sélection massale, a été élevée en cuve pendant 12 mois. Le fruit bien mûr se manifeste au nez, avec une touche grillée. La bouche est intense, charnue, avec une minéralité qui assure l'équilibre. Un chablis de caractère. ⌛ 2021-2025

⊶ CAVES JACQUINOT, 4, rue Neuve-du-Prieuré, 89800 Chichée, tél. 03 86 42 13 62, chablis.jacquinot@gmail.com V r.-v.

LAMBLIN 2018 ★

■	40 000		11 à 15 €

Le village de Maligny se situe au nord de l'aire d'appellation chablis. La famille Lamblin y est établie depuis plus de trois siècles et douze générations. Autant dire que cette maison de négoce fait partie des incontournables du vignoble chablisien.

Un grand classique qui représente bien son terroir. Robe or pâle aux reflets verts et brillants; nez vif et frais, légèrement citronné, avec des senteurs de verveine; bouche délicate sur les agrumes, d'une jolie persistance, offrant un équilibre impeccable entre la rondeur et l'acidité. ⌛ 2021-2025

LAMBLIN ET FILS, rue Marguerite-de-Bourgogne, 89800 Maligny, tél. 03 86 98 22 00, infovin@lamblin.com
V *t.l.j. sf dim. 8h-12h30 14h-17h; sam. 8h-12h30*

LAROCHE
Les Chanoines 2018 ★

	500 000		11 à 15 €

Négociant et producteur, Michel Laroche est l'une des figures du Chablisien. Fort d'un vignoble passé de 6 ha à la fin des années 1960 à 100 ha aujourd'hui, le domaine - fondé en 1850 - a son siège à l'Obédiencerie, un ancien monastère bâti au-dessus d'un caveau du IXe s. ayant abrité les reliques de saint Martin. Une signature incontournable des vins de Chablis, entrée en 2009 dans le giron du groupe Advini. Michel Laroche se consacre désormais à sa nouvelle propriété créée à partir de vignes familiales, le Dom. d'Henri.

Beaucoup de tendresse dans cette cuvée. Le nez, très aromatique, s'épanouit sur les fleurs blanches : acacia, aubépine, chèvrefeuille. Une finesse que l'on retrouve en bouche en compagnie de notes citronnées et vanillées et d'un soupçon de noisette. Harmonieux et séduisant.
⧗ 2020-2024

DOM. LAROCHE, 22, rue Louis-Bro, 89800 Chablis, tél. 03 86 42 89 00, info@larochewines.com
V *r.-v.*

DOM. JEAN-CLAUDE MARTIN
2018 ★

	2600		11 à 15 €

Un domaine familial fondé en 1981 par Jean-Claude Matin à Courgis, 14 ha conduits depuis 2017 par ses enfants Claudia et Frédéric.

Un chablis gourmand et harmonieux. Le nez s'ouvre sur les fruits mûrs (pêche, abricot) avant de livrer des notes minérales. Le gras du fruit tapisse le palais, ce qui n'exclut pas la vivacité apportée par une minéralité subtile. Un bel équilibre pour ce vin à maturité.
⧗ 2020-2024

DOM. JEAN-CLAUDE MARTIN, 5, rue de Chante-Merle, 89800 Courgis, tél. 03 86 41 40 33, domainejcmartin@orange.fr V *r.-v.*

DOM. MICHAUT FRÈRES
2018 ★

	40 000		8 à 11 €

Henri Michaut a planté les premières vignes en 1946 et a été longtemps coopérateur à La Chablisienne. À sa suite, sa famille s'est lancée avec succès dans la vinification; aujourd'hui conduit par Adrien Michaut, le domaine couvre plus de 21 ha, exclusivement sur la commune de Beine, et s'est imposé comme une valeur sûre du Chablisien.

Pomme verte, fruits secs, notes citronnées, léger parfum de truffe, la complexité du nez interpelle. En bouche, le terroir nous rappelle à l'ordre, la typicité est au rendez-vous avec un juste équilibre entre la matière et l'acidité. Un chablis tonique et puissant. ⧗ 2022-2025

MICHAUT FRÈRES, 35, rue du Ruisseau, 89800 Beine, tél. 03 86 42 49 61, michautfreres@chablis-michaut.fr
V *r.-v.*

BAUDOIN MILLET
2018 ★

	26 500		11 à 15 €

Philippe Millet, jeune agriculteur beauceron, s'installe à Tonnerre dans les années 1960 et crée son domaine en 1980, à la ferme de Marcault. Ses 2 fils Baudouin et Paterne ont pris en 2002 sa succession. Leur domaine couvre 13,7 ha, dont 9 ha en petit-chablis.

Paré d'une belle robe jaune pâle, ce 2018 n'est pas des plus expansifs. Une discrétion surtout marquée au nez où la minéralité et les fruits blancs s'expriment doucement. Le vin affiche son caractère en bouche : la nervosité y emboite le pas d'une belle tension minérale.
⧗ 2021-2025

DOM. MILLET, rte de Viviers, ferme de Marcault, 89700 Tonnerre, tél. 03 86 75 92 56, intensement@chablis-millet.com V *r.-v.*

ÉLÉONORE MOREAU
2018 ★

	8600		11 à 15 €

Le Dom. Moreau et Fille, jadis exploitation viticole puis ferme agricole et laitière, redevient viticole en 1982 avec l'arrivée de Laurent Moreau, qui replante des vignes. Sa fille Éléonore, arrivée sur l'exploitation (14 ha) en 2011 et aux commandes depuis 2016, commercialise désormais les bouteilles sous son propre nom. La conversion bio est engagée depuis 2019.

Le domaine s'est lancé dans la conversion bio en 2019 mais cette cuvée, signée Eléonore Moreau, a déjà été élaborée dans cet esprit avec un élevage long (15 mois) et peu d'interventions pendant la vinification. Il en résulte un vin bien typé avec son nez fruité, minéral, finement épicé, et sa bouche très pure, transportée par la minéralité. Un vin de caractère à oublier en cave.
⧗ 2022-2025

DOM. MOREAU ET FILLE, 1, rte de Lichères, 89310 Poilly-sur-Serein, tél. 06 78 44 99 94, eleonoremoreau.chablis@gmail.com V *r.-v.*

CHARLY NICOLLE
Per Aspera 2018 ★

	80 000		11 à 15 €

Les arrière-grands-parents de Charly Nicolle cultivaient déjà la vigne. À la suite des générations précédentes, le jeune vigneron s'est lancé dans l'aventure. Installé à Fleys, à l'est de Chablis, il a quitté le domaine familial de La Mandelière en 2001 pour voler de ses propres ailes, choyant ses 17 ha de chardonnay, et s'est imposé comme une valeur sûre du Chablisien.

Per aspera ad astra (par des chemins ardus jusqu'aux étoiles) : Charly Nicolle cultive les citations mais c'est bien son vin qui le mène aux étoiles. Une en l'occurrence avec ce chablis élevé en cuves et en fûts. Le nez flirte avec les fleurs blanches et les agrumes. La bouche est consistante sur un fond légèrement boisé et une fine minéralité lui apporte de la fraîcheur.
⧗ 2021-2025

CHARLY NICOLLE, 17, rue des Pré-Girots, 89800 Fleys, tél. 09 54 94 40 83, contact@chablis-charlynicolle.com
V *r.-v.*

BOURGOGNE

♥ DOM. JACQUES PICQ ET SES ENFANTS 2018 ★★

5280 | 8 à 11 €

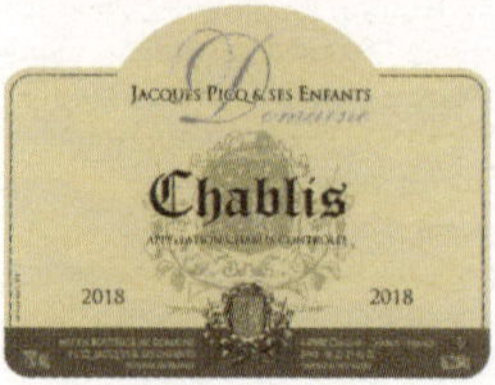

Depuis 3 générations, la famille Picq exploite un domaine viticole qui compte 15 ha autour de Chichée. Ce village au sud-est de Chablis comporte des 1ers crus intéressants sur les 2 rives du Serein.

Une cuvée de haute volée qui séduit par son élégance et sa fraîcheur. Tout y est dans ce remarquable millésime. Le nez, d'une grande complexité aromatique, est stimulé par des arômes floraux, des notes citronnées et des senteurs minérales. La bouche, ample et gourmande, est soutenue par une acidité bien maîtrisée. Un vin droit, tendu, parfaitement ciselé. ⧗ 2021-2025

DOM. JACQUES PICQ ET SES ENFANTS, 8, rte de Chablis, 89800 Chichée, tél. 06 22 29 46 72, domaine.picqjacques@gmail.com V r.-v.

♥ CAMILLE ET LAURENT SCHALLER 2018 ★★

15 000 | 8 à 11 €

De 1980 à 2014, ce domaine vendait ses moûts à la coopérative. L'arrivée de Camille, fils de Laurent Schaller, change la donne et le premier vin élaboré à la propriété sort la même année de la toute nouvelle cuverie.

Les frères Schaller apprennent vite et ce 2018 remarquable signe leur savoir-faire. Un vin bien typé, franc, qui restitue la minéralité du terroir. Le nez, complexe et intense, évoque la pierre à fusil, le chèvrefeuille et les agrumes. Le palais se régale d'une matière onctueuse et consistante soulignée par une fine trame minérale. De l'équilibre et de l'élégance à tous les étages. ⧗ 2021-2025

CAMILLE ET LAURENT SCHALLER, 20, Grande-Rue-de-Chablis, 89800 Préhy, tél. 06 81 85 07 95, domaine@chablis-schaller.com V r.-v.

PHILIPPE TUPINIER 2018 ★

5000 | 11 à 15 €

Philippe Tupinier, de formation horticole, a travaillé pendant une décennie dans un domaine du Chablisien avant de s'installer en 2007 comme jeune agriculteur. Il exploite 6,3 ha et propose aussi des vins de négoce.

Un vin bien typé, long et tendu. Ce chablis élevé en cuve pendant 9 mois est d'emblée séduisant avec son nez d'une grande finesse, dominé par les fruits jaunes et les agrumes. La bouche est une ligne droite : une attaque franche et vive, un milieu bien ciselé, beaucoup de fraîcheur et une pointe épicée en finale. ⧗ 2021-2025

DOM. PHILIPPE TUPINIER, 7, Petite-Rue, 89230 Bleigny-le-Carreau, tél. 03 86 41 85 23, domainetupinier@orange.fr V *t.l.j. sf dim. 9h-12h 14h-18h*

♥ DOM. YVON ET LAURENT VOCORET 2018 ★★

16 400 | 11 à 15 €

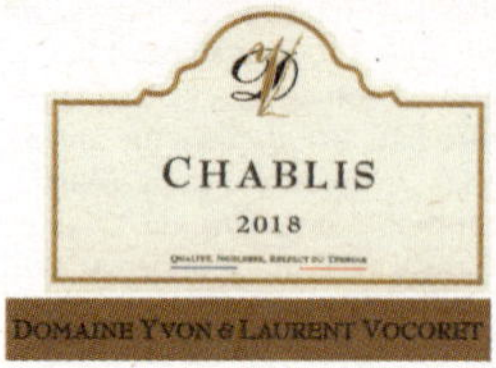

Héritier d'une lignée remontant à 1713, conteur patoisant, bon vivant et pilier chablisien, Yvon Vocoret est une figure du vignoble. A la tête depuis 1980 du domaine familial (25 ha), situé à Maligny, il a aujourd'hui passé le relais à son fils Laurent.

Yvon Vocoret peut dormir tranquille, la relève est bien assurée. Dans la famille, on laisse le temps au temps et on sait respecter la nature car, souvent, elle fait bien les choses... C'est le cas avec ce magnifique 2018, aussi généreux que le vigneron. Le nez est à la fois fin et puissant avec ses arômes de fruits blancs et ses notes citronnées. Une grande amplitude avec un côté friand, tonique, beaucoup de fraîcheur et d'élégance : la bouche est savoureuse. ⧗ 2022-2025

DOM. YVON ET LAURENT VOCORET, 9, chem. de Beaune, 89800 Maligny, tél. 03 86 47 51 60, domaine.yvon.vocoret@wanadoo.fr V *t.l.j. 8h-12h 14h-18h; dim. sur r.-v.; f. août*

DOM. WATSON
Adroit de Vaudécorce 2018 ★

n.c. | 11 à 15 €

Anglais, juriste international et amoureux de Chablis, Chris Watson signe désormais son propre vin à partir de vignes sur Chichée et Irancy. Les vins sont vinifiés par les frères Dampt.

Une première sélection dans le Guide pour Chris Watson avec un millésime 2018 particulièrement réussi. Le nez, complexe, se promène entre la minéralité et les fruits mûrs. La bouche, gourmande et franche, trouve sa vivacité dans la minéralité. Un ensemble bien équilibré. ⧗ 2020-2024

DOM. WATSON ET CLARK, rue de Fleys, 89700 Collan

CHABLIS PREMIER CRU

Superficie : 770 ha / Production : 43 900 hl

Le chablis 1er cru provient d'une trentaine de lieux-dits sélectionnés pour leur situation et la qualité de leurs produits. Il diffère du précédent moins par une maturité supérieure du raisin que par un bouquet plus complexe et plus persistant, où se mêlent des arômes de miel d'acacia, un soupçon d'iode et des nuances végétales. Le rendement est limité à 50 hl à l'hectare. Tous les vignerons s'accordent à situer l'apogée du chablis 1er cru vers la cinquième année, lorsqu'il « noisette ». Les *climats* les plus complets

sont Montée de Tonnerre, Fourchaume, Mont de Milieu, Forêt ou Butteaux, et Côte de Léchet.

BARDET ET FILS
Fourchaume 2018 ★

| 1930 | | 15 à 20 € |

Les frères Bardet, Philippe et Michel, exploitent des vignes depuis 1991 à Préhy, mais leur caveau de dégustation est situé dans la petite cité de Noyers-sur-Serein. Leurs fils respectifs, Damien et Alexandre, ont rejoint le domaine familial de 9 ha, complété par une activité de négoce en 2009.

C'est sous leur casquette de négociant que les Bardet ont proposé ce Fourchaume. Un 1er cru classique, bien identifié à l'appellation. Un joli nez floral et fruité (agrumes) précède une bouche bien équilibrée, à la fois ronde et tendue par une fine minéralité. ⧗ 2023-2027

DOM. BARDET ET FILS, Ferme de la Borde, 89310 Noyers-sur-Serein, tél. 07 70 97 46 40, vins.bardet@free.fr V r.-v.

SAMUEL BILLAUD
Les Vaillons Vieilles vignes 2018 ★

| 4000 | | 20 à 30 € |

Après vingt années passées sur la propriété familiale (le réputé Dom. Billaud-Simon, vendu à Faiveley en 2014), Samuel Billaud a créé en 2010 sa propre maison de négociant-vinificateur, qui propose un éventail de cuvées à partir de sélections parcellaires.

Des vignes de 60 ans, cela donne forcément du caractère au vin. C'est bien le cas de cette cuvée prometteuse dans la durée. Son nez élégant s'ouvre sur les fruits blancs. La bouche est bien structurée, avec une présence minérale qui épouse la matière. Une légère amertume vient dynamiser la finale. ⧗ 2022-2027 **Les Fourneaux 2018 ★ (20 à 30 €; 8000 b.)** Minéral au nez, dominé par les agrumes en bouche, ce 1er cru séduit par sa belle fraîcheur de bout en bout. Un bon classique. ⧗ 2021-2024

SAMUEL BILLAUD, 8, bd Tacussel, 89800 Chablis, tél. 06 37 52 50 32, samuel.billaud@orange.fr V r.-v.

DOM. BILLAUD-SIMON
Montée de Tonnerre 2018 ★★

| 16900 | | 30 à 50 € |

Un domaine historique de Chablis, fondé en 1815, qui a connu un grand développement après 1945 (première mise en bouteilles à la propriété en 1954). Aujourd'hui, 17 ha et toute la hiérarchie des AOC du Chablisien, avec un bel éventail de 1ers crus et de grands crus prestigieux. En 2014, la propriété a été vendue à la maison nuitonne Faiveley. Une valeur sûre du Guide.

Une très belle expression minérale dans ce 1er cru de la rive droite particulièrement élégant. Le nez, tout en finesse, donne le ton. Il s'ouvre délicatement sur les fruits exotiques. Quant à la bouche, elle conjugue parfaitement volume, rondeur et fraîcheur, avec en finale une tension qui signe les meilleurs chablis. ⧗ 2022-2027 **Fourchaume 2018 ★★ (30 à 50 €; 2100 b.)** À un nez élégant centré sur le citron confit répond une bouche généreuse, vive, légèrement épicée, dégageant une grande fraîcheur. ⧗ 2023-2028

DOM. BILLAUD-SIMON, 1, quai de Reugny, 89800 Chablis, tél. 03 86 42 10 33, contact@billaud-simon.com

JEAN-MARC BROCARD
Vau de Vey 2018 ★★

| 59000 | | — | 20 à 30 € |

Valeur sûre du vignoble chablisien, Jean-Marc Brocard a créé son domaine en 1974 à partir de 1 ha de vignes. Aujourd'hui, ce sont 200 ha qui sont exploités par sa famille. À l'arrivée de Julien, la propriété a engagé sa conversion progressive vers la biodynamie. Une activité de négoce complète l'ensemble.

Un vin franc et direct. Ce 1er cru sait où il va, récitant sa gamme des caractéristiques de l'appellation au fil de la dégustation. Le nez est d'une grande richesse aromatique avec ses parfums de fleurs (jasmin), de fruits exotiques et de zeste d'orange sur un fond de minéralité. La bouche n'est pas en reste. À la fois vive et souple, ronde et tendue, elle est remarquable d'harmonie. ⧗ 2022-2027

JEAN-MARC BROCARD, 3, rte de Chablis, 89800 Préhy, tél. 03 86 41 49 00, info@brocard.fr V r.-v.

JEAN COLLET ET FILS
Montée de Tonnerre 2018 ★

| 12500 | | 20 à 30 € |

La famille Collet piochait déjà le kimméridgien en 1792. Romain, le petit dernier d'une dynastie de vignerons chablisiens (fils de Gilles, petit-fils de Jean), est depuis 2009 aux commandes de l'exploitation familiale : 40 ha en conversion bio.

Un élevage en fût pendant 16 mois et un boisé bien fondu pour ce vin « pas très typé mais bien mené », souligne un dégustateur. Le nez, encore discret, libère des arômes de fruits blancs et de citron. La bouche apparaît ample dès l'attaque, ronde et gourmande, relevée par une pointe acidulée. ⧗ 2023-2030

SARL JEAN COLLET ET FILS, 15, av. de la Liberté, 89800 Chablis, tél. 03 86 42 11 93, collet.chablis@orange.fr V *t.l.j. sf dim. 9h-12h 13h30-17h30; f. août*

DOM. SÉBASTIEN DAMPT
Les Vaillons 2018 ★

| 5800 | | 15 à 20 € |

Installé à Chablis, Sébastien Dampt, fils de Daniel Dampt, vigneron à Milly, conduit depuis 2007 son propre domaine de 8,5 ha. Sous l'enseigne « Maison Dampt », il a ouvert une maison de négoce qu'il dirige avec son frère Vincent.

Un vin harmonieux et délicat, exprimant la richesse du chardonnay et la minéralité du terroir. Le nez est très floral (lilas, jasmin), mais aussi minéral. Une élégance et une vivacité que l'on retrouve en bouche autour de notes mentholées et d'une pointe de salinité en finale. ⧗ 2022-2026

SÉBASTIEN DAMPT, 23_C, rue du Château, 89800 Milly, tél. 03 86 18 96 50, sebastien@sebastien-dampt.com V r.-v.

DAMPT FRÈRES
Montée de Tonnerre 2018 ★

996 | 15 à 20 €

Un père, Bernard Dampt, vigneron à Collan de 1980 à 1998, comme trois générations avant lui; trois frères, Éric, Emmanuel et Hervé; plusieurs exploitations : une pour chaque frère, une pour la fratrie. Les frères sont indissociables, mais chacun a son rôle à jouer, et tous font leurs propres vins.

Un 1er cru signé Emmanuel Dampt. 11 mois d'élevage en cuve avec un petit passage en fût (12 %) pour obtenir ce vin généreux. Un nez tout en fruit et légèrement boisé précède une bouche puissante, concentrée, avec une agréable pointe d'amertume en finale. ⧗ 2022-2030 **Vaucoupin 2018 ★ (11 à 15 €; n.c.)** C'est Éric qui est à la manœuvre dans l'élaboration de cette cuvée très élégante. Un nez de fleurs blanches agrémenté de notes grillées, une bouche vive et bien ciselée soulignée par la minéralité, tout est en place. ⧗ 2022-2030

DAMPT FRÈRES, rue de Fleys, 89700 Collan, tél. 03 86 55 29 55, vignoble@dampt.com V t.l.j. 9h-12h30 13h30-18h

♥ DOM. JEAN DAUVISSAT PÈRE ET FILS
Montmains 2017 ★★

1087 | 15 à 20 €

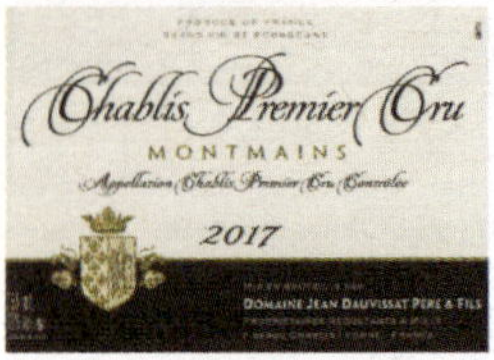

Cette exploitation familiale de 22 ha, qui propose des petit-chablis, des chablis et cinq 1ers crus, avait cessé de commercialiser sa production dans les années 1990. L'arrivée de Fabien Dauvissat à la tête de la propriété a remis ce domaine sur le devant de la scène chablisienne. La conversion bio est engagée depuis 2019.

Ce très beau vin dégage une grande complexité aromatique tout au long de la dégustation. Le nez, très élégant, est un bouquet de fleurs blanches. L'entrée en bouche est tout aussi florale, mais très vite les fruits exotiques s'installent. Une grande richesse et beaucoup de fraîcheur portée par la minéralité complètent le portrait diablement charmeur de ce 1er cru. ⧗ 2023-2030 **Côte de Léchet 2017 ★ (15 à 20 €; 4733 b.)** Si le nez est encore discret, la bouche explose de vivacité et propose une belle harmonie entre les fruits exotiques et l'acidité. ⧗ 2023-2026

JEAN DAUVISSAT PÈRE ET FILS, 11, rue de Léchet, 89800 Milly, tél. 06 85 95 34 68, fabien@jeandauvissat.com V r.-v.

DOM. BERNARD DEFAIX
Côte de Lechet 2018 ★★

60000 | 20 à 30 €

La maison Defaix est un domaine (en conversion bio) ayant pignon sur rue à Milly, repris par Sylvain et Didier Defaix, les fils de Bernard. C'est aussi une maison de négoce créée en parallèle, qui travaille dans le même esprit que le domaine.

12 mois d'élevage (20 % en fût, 80 % en cuve) pour obtenir cette remarquable cuvée, vive et fruitée. Souvent rustique, le Côte de Léchet se confond, ici, en élégance. Le nez intense évoque une corbeille de fruits exotiques. La bouche est tout aussi séduisante, avec un fruité intense qui tapisse le palais. Une subtile acidité accompagne ce bel ensemble dans un parfait équilibre. ⧗ 2023-2030

DOM. BERNARD DEFAIX, 17, rue du Château, Milly, 89800 Chablis, tél. 03 86 42 40 75, contact@bernard-defaix.com V r.-v.

JEAN DURUP Fourchaume 2018 ★

24922 | 15 à 20 €

Les Durup sont établis à Maligny depuis... 1560. Jean Durup a repris en 1968 l'exploitation familiale qui comptait alors seulement 2 ha. Aujourd'hui, il conduit 198 ha de vignes sur différents terroirs de Chablis. C'est le domaine indépendant le plus vaste de Bourgogne.

Un classique dans la gamme des Fourchaume, voisins géographiques de la côte des grands crus. Un vin élégant qui dégage plus de finesse que de puissance. Au nez déjà, où la fleur et le fruit prennent position. En bouche, tout est fraîcheur, avec un fruité soutenu par la minéralité. Une légère amertume vient stimuler la finale. ⧗ 2023-2027

SA JEAN DURUP PÈRE ET FILS, 4, Grande-Rue, 89800 Maligny, tél. 03 86 47 44 49, contact@domainesdurup.com V t.l.j. sf sam. dim. 8h-12h 13h30-16h45

DOM. NATHALIE ET GILLES FÈVRE
Mont de Milieu 2018 ★

3000 | 20 à 30 €

Dix générations de vignerons depuis le XVIIIe s. et des coopérateurs de père en fils depuis 1923. En 2004, Nathalie et Gilles Fèvre, tous deux œnologues, ont pris la décision de valoriser leur propre production en bouteilles. Ils sont désormais à la tête d'un domaine de 50 ha, en conversion vers l'agriculture biologique.

Un vin simple mais pas simpliste, qui ne se livre pas facilement. Il faut être patient pour que le nez révèle ses senteurs de fleurs blanches (aubépine). La bouche est plus expressive, généreuse, suave, ayant trouvé son équilibre entre le gras et la fraîcheur, renforcée par une finale acidulée. ⧗ 2023-2028

DOM. NATHALIE ET GILLES FÈVRE, rte de Chablis, 89800 Fontenay-près-Chablis, tél. 03 86 18 94 47, domaine@nathalieetgillesfevre.com V r.-v.

CH. DE FLEYS Les Fourneaux 2018 ★★

3000 | 15 à 20 €

Le premier de la lignée, Julien Philippon, venu du Morvan, s'installe en 1868 comme bûcheron et constitue peu à peu le domaine familial. Son héritier André achète en 1988 le château de Fleys, un ancien pavillon de chasse. Une belle vitrine qu'il a transmise à ses enfants Béatrice, Benoît et Olivier avec un vignoble de 25 ha implanté à l'est de Chablis, sur la rive droite du Serein.

Vendanges manuelles, élevage en cuves Inox pendant 15 mois, la famille Philippon produit des vins racés, typiques de l'appellation. C'est le cas avec cette remarquable bouteille. Certes, le nez est encore discret, mais la bouche, à la fois onctueuse, tonique, élégante et bien équilibrée, suffit à notre bonheur. ⧗ 2023-2028

GAEC DOM. DU CH. DE FLEYS, 2, rue des Fourneaux, 89800 Fleys, tél. 03 86 42 47 70, philippon.beatrice@orange.fr V r.-v.

DOM. FOURREY
Mont de Milieu 2018 ★★

	6900		15 à 20 €

À Milly, la propriété est adossée au coteau des Lys et à la Côte de Léchet. Héritier de trois générations de vignerons, Jean-Luc Fourrey a repris le domaine familial et ses 25 ha de vignes en 1992. Il conduit son vignoble en Haute Valeur Environnementale et, pratiquant des élevages un peu plus longs chaque année, il cherche à faire des vins équilibrés et puissants.

Élevé pendant 12 mois en cuve, ce 1er cru de la rive droite du Serein fait mouche avec son équilibre remarquable et son étonnante fraîcheur. Le nez délicat mêle les senteurs de fleurs blanches aux arômes de fruits. Du gras, de la rondeur et de la vivacité apportée par une acidité citronnée, tout est en harmonie en bouche et le plaisir immédiat, et pour longtemps. ⧗ 2022-2026

JEAN-LUC FOURREY, 6, rue du Château, Milly, 89800 Chablis, tél. 03 86 42 14 80, domaine.fourrey@orange.fr V r.-v.

GARNIER ET FILS
Côte de Jouan 2017 ★

	3195		20 à 30 €

Ce domaine est né la même année que le Guide : 1985. Première cuverie en 1992. Aujourd'hui 24 ha, conduits par Xavier et Jérôme Garnier. Ici, la priorité est donnée au fruit et au terroir, et l'on a plutôt tendance à laisser faire la nature. Pas de levurage, mais des fermentations longues ; pas de filtration non plus.

Avec son Côte de Jouan 2016, Jérôme Garnier avait obtenu un coup de cœur. Son 2017 est bien ciselé et d'une grande pureté, résultat d'un élevage mixte (12 mois en foudres et 6 mois en cuves) bien maîtrisé. Derrière la fraîcheur prometteuse du nez, la bouche est à la hauteur : vive, tonique et longue, elle affiche une belle droiture. ⧗ 2023-2028

GARNIER ET FILS, chem. de Méré, 89144 Ligny-le-Châtel, tél. 03 86 47 42 12, info@chablis-garnier.com

DOM. GAUTHERON
Vaucoupin 2018 ★

	8000		15 à 20 €

Vignerons de père en fils depuis 1809, les Gautheron sont établis à l'est de Chablis. Alain, installé en 1977, représente la 6e génération et Cyril, arrivé en 2001, la 7e. Le père et le fils exploitent un domaine qui s'est agrandi (il est passé de 8 à 30 ha entre 1977 et aujourd'hui) et modernisé. Une belle régularité en chablis et en petit-chablis.

Les notes citronnées sont une constante dans la dégustation de ce Vaucoupin. Au nez, des senteurs de fleurs blanches complètent la gamme des arômes. La bouche s'inscrit dans la continuité, les zestes de citron assurant la vivacité d'un ensemble bien équilibré. Un vin droit, tranchant, bien typé chablis. ⧗ 2023-2027

ALAIN ET CYRIL GAUTHERON, 18, rue des Prégirots, 89800 Fleys, tél. 03 86 42 44 34, vins@chablis-gautheron.com V *t.l.j. sf dim. 8h-12h 13h30-18h*

DOM. DES GENÈVES
Les Fourneaux 2018 ★

	5300		11 à 15 €

La famille Aufrère cultive la vigne depuis cinq générations. Le domaine actuel a été constitué en 1986 par Dominique Aufrère à partir de vignes familiales et il couvre aujourd'hui 21 ha. Stéphane, l'un de ses 2 fils, l'a rejoint en 1993, et conduit désormais la propriété.

Un soupçon de bois, surtout perceptible au nez, dans cette cuvée très élégante et bien équilibrée. Le bouquet, très fin, s'ouvre sur des notes florales légèrement teintées de miel. Une finesse que l'on retrouve dans une bouche fraîche dès l'attaque, soulignée par un trait de minéralité. Très plaisant. ⧗ 2023-2028

DOM. DES GENÈVES, 3, rue des Fourneaux, 89800 Fleys, tél. 03 86 42 10 15, domainegeneves@wanadoo.fr V *t.l.j. sf dim. 8h-12h 13h30-17h*

DOM. HAMELIN
Vau Ligneau 2018 ★

	27000		15 à 20 €

Héritier d'au moins sept générations de vignerons, Charles Hamelin et son père Thierry conduisent un vignoble de 37 ha sur les communes de Lignorelles, Beine et Poinchy.

90 % de cette cuvée ont été élevés en cuve sur lies et 10 % en fût. Une vinification précise pour obtenir ce vin harmonieux et flatteur. Le nez élégant est dominé par des notes végétales. L'entrée en bouche se fait sur le fruit et la suite associe rondeur et fraîcheur ; la minéralité arrive en finale pour ajuster l'équilibre et donner de l'allonge. ⧗ 2022-2027

DOM. HAMELIN, 6, rte de Bleigny, 89800 Lignorelles, tél. 03 86 47 54 60, domaine.hamelin@orange.fr V *t.l.j. sf sam. dim. 9h-12h 14h-18h*

LAMBLIN ET FILS
Vaillon 2018 ★

	10000		15 à 20 €

Le village de Maligny se situe au nord de l'aire d'appellation chablis. La famille Lamblin y est établie depuis plus de trois siècles et douze générations. Autant dire que cette maison de négoce fait partie des incontournables du vignoble chablisien.

Une cuvée bien équilibrée qui régale le palais après avoir séduit le nez ; un nez intense mais délicat qui décline des arômes de fruits blancs. Le palais s'exprime davantage sur la minéralité, enveloppée de gras, et dévoile d'agréables amers en finale. Une belle longueur et de la fraîcheur. ⧗ 2023-2028

LAMBLIN ET FILS, rue Marguerite-de-Bourgogne, 89800 Maligny, tél. 03 86 98 22 00, infovin@lamblin.com V *t.l.j. sf dim. 8h-12h30 14h-17h ; sam. 8h-12h30*

BOURGOGNE

♥ DOM. DES MALANDES Montmains 2018 ★★

	9000		20 à 30 €

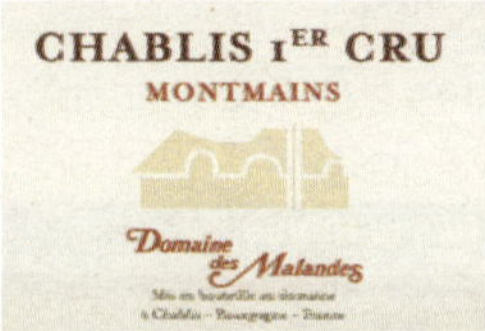

Une valeur sûre du vignoble chablisien, qui collectionne les coups de cœur du Guide. Un domaine créé en 1949 par André Tremblay, couvrant aujourd'hui 30 ha. Lyne Marchive, fille du fondateur, l'a dirigé seule de 1972 à 2018, date de la reprise par ses enfants Richard Rottiers (à la direction) et Amandine Marchive (au commercial), qui entendent développer une viticulture plus respectueuse de l'environnement (désherbage mécanique, labour à cheval).

Coup de cœur l'an dernier avec son grand cru Vaudésir 2017, le domaine récidive avec ce Montmains tiré des vignes plantées par le grand-père Tremblay en 1963. Un vin racé, vif, tendu ; un 1er cru dans les règles de l'art. Le nez, tout en délicatesse, évoque les fleurs et fruits blancs agrémentés de notes mentholées. Une fraîcheur mentholée qui se prolonge dans une bouche ample, longue et parfaitement ciselée par la minéralité des lieux. ⧗ 2023-2030

DOM. DES MALANDES, 11, rte d'Auxerre, 89800 Chablis, tél. 03 86 42 41 37, contact@domainedesmalandes.com V r.-v. 3

DOM. MAUPA
Adroit de Vaucoupin 2018 ★★

	1300		11 à 15 €

Consacré essentiellement à l'appellation chablis, ce domaine, transmis de père en fils depuis six générations, est situé dans le joli village de Chichée, au sud-est de Chablis. Bruno Maurice est aux commandes depuis 1996, rejoint en 2020 par ses deux enfants.

Un très joli 1er cru qui coche toutes les cases de la typicité chablisienne. Le plaisir commence au nez. Puissant, il libère des arômes de fruits jaunes avec des touches citronnées. La bouche est plus complexe encore, et l'acidité du fruit et une fine minéralité lui apportent une belle vivacité. Un vin à la fois ample, riche et très frais, long et harmonieux. ⧗ 2023-2030

EARL DU MAUPA, 6, rte de Chablis, 89800 Chichée, tél. 06 35 55 02 74, domainemaupa@yahoo.com V r.-v.

DOM. DE LA MEULIÈRE
Mont de Milieu 2018 ★

	19000		15 à 20 €

Neuf générations de vignerons se sont succédé sur ce domaine dont l'origine remonte à 1774. C'est Ulysse qui débuta la mise en bouteilles au domaine, en 1926. Depuis 2000, ce sont les frères Laroche, Nicolas (au chai) et Vincent (à la vigne), qui gèrent l'exploitation située à Fleys, au sud-est de Chablis, et ses 27,3 ha de vignes.

Vincent et Nicolas Laroche signent un 1er cru vif et droit qui s'exprime sur la minéralité. Présente au nez, avec des notes iodées, cette dernière donne aussi la réplique aux fruits dans une bouche riche, puissante et bien équilibrée. ⧗ 2022-2027

DOM. DE LA MEULIÈRE, 18, rte de Mont-de-Milieu, 89800 Fleys, tél. 03 86 42 13 56, contact@chablis-meuliere.com V *t.l.j. 9h-12h 13h30-18h*

DOM. LOUIS MOREAU
Vau Ligneau 2018 ★★

	74500		15 à 20 €

Louis Moreau, installé en 1994, représente la sixième génération d'une famille de propriétaires et négociants dans le Chablisien depuis 1814. Il est à la tête de 50 ha répartis en deux domaines (Louis Moreau et Biéville) et dans toutes les appellations chablisiennes.

Un vin bien équilibré, prometteur, avec beaucoup de finesse. Le nez, « explosif », convoque des arômes intenses de fruits exotiques. La bouche n'est pas en reste. Le fruit épouse la minéralité pour aboutir à un 1er cru frais, long et très élégant. ⧗ 2023-2030 **Vaillons 2018 ★ (20 à 30 €; 21200 b.)** À un nez très aromatique (agrumes, fleurs blanches) succède une bouche souple et soyeuse. Un 1er cru expressif et gourmand. ⧗ 2023-2027

DOM. LOUIS MOREAU, 2-10, Grande-Rue, 89800 Beines, tél. 03 86 42 69 44, boutique@louismoreau.com V *t.l.j. 10h-12h30 14h-18h; lun 14h-18h; dim 10h-12h30*

J. MOREAU ET FILS
Fourchaume 2018 ★

	10500		20 à 30 €

Difficile de s'y retrouver à Chablis entre toutes les familles Moreau. Fondé en 1814 par Jean-Joseph Moreau, ce négoce, le plus ancien du Chablisien et d'une régularité sans faille, est devenu propriété du groupe Boisset en 1997.

Un élevage mixte (65 % en cuve, 35 % en fût) pour obtenir cette cuvée au boisé bien maîtrisé. Le nez est séduisant avec sa palette d'arômes allant des fleurs blanches aux notes minérales (coquilles d'huître), en passant par les fruits blancs sur fond brioché. La bouche est beaucoup plus concentrée sur le fruit, avec un côté acidulé qui ajoute de la vivacité. Un vin délicat et complexe. ⧗ 2022-2027

J. MOREAU ET FILS, rte d'Auxerre, 89800 Chablis, tél. 03 86 42 88 00, depuydt.l@jmoreau-fils.com V r.-v.

MOREAU-NAUDET
Forêts 2017 ★★

	9000		30 à 50 €

Des ancêtres vignerons au XVIIe s., un aïeul, Alfred Naudet, chargé des délimitations de l'appellation. Le domaine naît du mariage, en 1950, de Marie Naudet avec René Moreau. En 1991, Stéphane Moreau arrive sur l'exploitation. Il porte la superficie du vignoble de 7 à 25 ha. Après son décès (2016), c'est Virginie, sa femme, qui dirige l'exploitation.

La maison a adopté depuis longtemps les élevages longs (22 mois ici) et mixtes (1/3 en fût, 2/3 en cuve), et le résultat est à la hauteur avec ce millésime 2017 qui ne demandait qu'à être dorloté. Le nez plante le décor avec ses arômes de fruits blancs et de fruits secs. En bouche, fruité et minéralité font bon ménage. La vivacité est au rendez-vous et l'équilibre, parfait. ⌛ 2023-2030

MOREAU-NAUDET, 4, chem. de la Vallée-de-Valvan, 89800 Chablis, tél. 03 86 42 14 83, moreau.naudet@wanadoo.fr

SYLVAIN MOSNIER
Côte de Lechet 2018 ★

■	4450	🍾	15 à 20 €

D'abord professeur de mécanique, Sylvain Mosnier, petit-fils de vignerons, a repris en 1978 les vignes de son grand-père et agrandi son domaine autour de Beine. Sa fille Stéphanie a quitté son métier d'ingénieure pour revenir en 2005 sur l'exploitation, qui compte aujourd'hui 19 ha. Elle vinifie depuis 2007 et dirige le domaine depuis 2013 et la retraite de son père.

Stéphanie Mosnier ne s'est pas trompée dans l'élaboration de cette cuvée très réussie. Le nez intense s'exprime sur des arômes de fleurs blanches et de fruits jaunes sur un fond végétal. La bouche est séduisante, offrant une matière gourmande de fruits à maturité. Un 1er cru plus rond que vif. ⌛ 2023-2028

EARL SYLVAIN MOSNIER, 36, rte Nationale, 89800 Beine, tél. 03 86 42 43 96, s_mosnier@orange.fr V r.-v.

CHARLY NICOLLE
Mont de Milieu 2018 ★★

■	7200	🛢🍾	15 à 20 €

Les arrière-grands-parents de Charly Nicolle cultivaient déjà la vigne. À la suite des générations précédentes, le jeune vigneron s'est lancé dans l'aventure. Installé à Fleys, à l'est de Chablis, il a quitté le domaine familial de La Mandelière en 2001 pour voler de ses propres ailes, choyant ses 17 ha de chardonnay, et s'est imposé comme une valeur sûre du Chablisien.

Il n'en finit plus en bouche ce 1er cru très harmonieux et tout aussi délicat. Une bouteille qui réunit tout ce que le terroir peut restituer, principalement la minéralité. Le nez est une offrande de fleurs blanches. Quant à la bouche, puissante, aromatique, elle a trouvé son équilibre entre gras et acidité. ⌛ 2023-2030

CHARLY NICOLLE, 17, rue des Pré-Girots, 89800 Fleys, tél. 09 54 94 40 83, contact@chablis-charlynicolle.com V r.-v.

DOM. OUDIN
Vaucoupins 2018 ★

■	2000	🍾	15 à 20 €

Dans cette exploitation familiale où les filles ont pris la mesure de l'héritage, Nathalie Oudin a été la première à s'investir en 2007. Sa sœur Isabelle l'a rejointe en 2012. Leur domaine couvre 9 ha.

Ce n'est pas le plus connu des 1ers crus mais il est le porte-étendard de la commune de Chichée et une signature pour les sœurs Oudin. Un vin séduisant, bien dans l'esprit de l'appellation : un nez qui conjugue les arômes de fruits jaunes avec des notes florales et une bouche tout aussi élégante, offrant une jolie matière qui épouse une minéralité discrète. ⌛ 2023-2028

DOM. OUDIN, 5, rue du Pont, 89800 Chichée, tél. 06 03 24 48 93, domaine.oudin@wanadoo.fr V r.-v.

CÉLINE ET ROMAIN POULLET
Vaillons 2018 ★

■	1800	🍾	11 à 15 €

Né en 1976, Romain Poullet, après ses études au lycée viticole de Beaune, a créé son domaine en 2000 à Maligny, au nord de Chablis, tout en secondant ses parents sur leur propriété. En 2014, il a pris leur succession et dispose à présent de 11 ha de vignes, complétés par une activité de négoce depuis 2010.

Petite production certes, mais la qualité est au rendez-vous. 10 mois d'élevage en cuves pour ce 1er cru d'excellente tenue. Rien ne manque. Le nez, tout en finesse, s'ouvre sur un bouquet de fleurs. Le fruit (pêche de vigne) prend le relais en bouche, l'acidité l'accompagnant sur la longueur. De la fraîcheur et de l'harmonie. ⌛ 2022-2027

CÉLINE ET ROMAIN POULLET, 19, rue Chanteprime, 89800 Maligny, tél. 03 86 98 21 83, domainedeschaumes@wanadoo.fr V r.-v.

DOM. DENIS RACE
Vaillons 2018 ★

■	8600	🍾	11 à 15 €

Régulièrement distingué dans le Guide, Denis Race exploite 18 ha en Chablisien. Ses filles Claire et Marine l'ont rejoint sur le domaine familial et s'apprêtent à prendre la relève. À la carte, des petit-chablis, des 1ers crus et des grands crus d'une régularité sans faille dans la qualité. Une valeur sûre.

Denis Race va pouvoir prendre sa retraite rassuré. Ses deux filles sont déjà aux manettes et la typicité du terroir est toujours une signature maison. C'est ce que cette cuvée exprime au nez, puissant, minéral, agrémenté de notes d'abricot, mais aussi en bouche, où le vin se montre frais et délicat autour de notes calcaires. ⌛ 2023-2027

DOM. DENIS RACE, 15, rue de la Croix-Duché, 89800 Chablis, tél. 03 86 42 45 87, domaine@chablisrace.com V *t.l.j. sf dim. 9h-12h 14h-17h30*

MAISON RÉGNARD
Montée de Tonnerre 2018 ★

■	4000	🍾	20 à 30 €

La maison Régnard (négoce et domaine) a pignon sur rue à Chablis depuis 1860. Elle a été rachetée en 1984 par le Baron Patrick de Ladoucette, bien connu dans le Centre-Loire, également présent dans d'autres vignobles, notamment bourguignons.

Un vin séduisant avec sa jolie robe aux reflets verts dorés. Le nez, très aromatique, s'ouvre sur les fruits (pamplemousse, litchi). En bouche, on croque avec délice dans le zeste de citron qui apporte beaucoup de vivacité. Un vin plaisant par sa tonicité et son élégance. ⌛ 2022-2026

MAISON RÉGNARD, 28, bd Tacussel, 89800 Chablis, tél. 03 86 42 10 45, regnard.chablis@wanadoo.fr V *t.l.j. 10h-12h 13h-17h*

♥ DOM. GUY ROBIN
Vaillons Vieilles Vignes 2018 ★★

7700 | 15 à 20 €

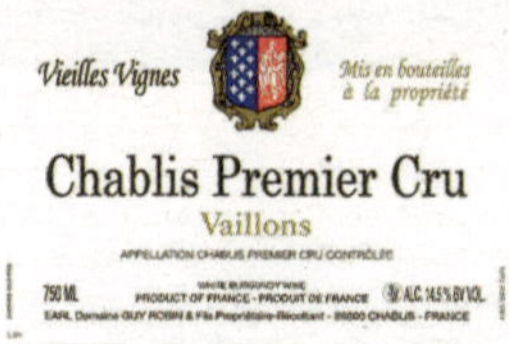

Denise et Guy Robin, deux figures du vignoble chablisien, ont passé la main en 2007. Leur fille Marie-Ange a quitté les bureaux pour revenir à la terre. Celle de l'exploitation familiale, fondée en 1954, avec ses 20 ha et de nombreux grands crus dans une cave riche de quelque 120 fûts de chêne.

Ce n'est pas sans une certaine fierté que Marie-Ange Robin doit savourer ce coup de cœur pour son remarquable Vaillons, elle qui n'était pas destinée à la vigne, mais qui tire aujourd'hui le meilleur des parcelles plantées par ses parents. Le nez de son 1er cru charme par ses délicates senteurs florales. D'une grande amplitude, dense et longue, soutenue par un boisé bien fondu et par une fine acidité qui apporte la fraîcheur attendue, la bouche ne manque de rien. ⧗ 2022-2030

DOM. GUY ROBIN, 13, rue Berthelot, 89800 Chablis, tél. 03 86 42 12 63, contact@domaineguyrobin.com V r.-v.

FRANCINE ET OLIVIER SAVARY
Vaillons 2018 ★★

5000 | 15 à 20 €

Installés dans le Chablisien en 1984 sur un domaine de poche (1 ha), Francine et Olivier Savary conduisent aujourd'hui un coquet vignoble de 20 ha.

Il remplit toutes les cases de l'appellation, ce 1er cru d'excellente tenue, élevé en cuve Inox pendant 9 mois. Le nez apparaît intense et floral. La bouche ? Ample et fruitée, riche et minérale, elle affiche un équilibre très assuré et beaucoup de tonicité. ⧗ 2023-2030

FRANCINE ET OLIVIER SAVARY, 4, chem. des Hâtes, 89800 Maligny, tél. 03 86 47 42 09, f.o.savary@orange.fr V *t.l.j. sf dim. 8h-12h 14h-17h30*

DOM. SOUPÉ
Montée de Tonnerre 2018 ★★

3100 | 20 à 30 €

Un domaine familial de 15 ha conduit par les frères Soupé depuis 2012. À la carte, toutes les AOC chablisiennes, du petit-chablis aux grands crus.

Un vin droit et bien typé. C'est toute la vivacité et la minéralité chablisiennes qui s'expriment dans ce 1er cru. Le nez, encore discret, hésite entre la fleur et le fruit. Pas de fioritures en bouche : c'est tendu, nerveux, frais, la minéralité y donne la réplique aux agrumes. What else ? ⧗ 2023-2030

DOM. SOUPÉ, 13, rue Jules-Rathier, 89800 Chablis, tél. 06 78 19 66 43, contact@domainesoupe.com V

DOM. TIXIER Montmains 2018 ★★

2029 | 15 à 20 €

Un domaine fondé en 1988 par Martine Letessier à partir de 40 ares de vignes. Plantations et baux portent progressivement le vignoble à ses 7 ha actuels. Les raisins sont portés en cave coopérative jusqu'en 2003. En 2007, Thomas Tixier, le fils, arrive sur le domaine pour prendre en charge les vinifications.

C'est le genre de vin qui fait saliver. Un vin issu de vignes ayant puisé dans la profondeur du sol toute la minéralité qui caractérise le terroir. On retiendra aussi la finesse du nez avec ses senteurs de fleurs blanches et ses notes citronnées. Quant à la bouche, elle allie rondeur et acidité dans un parfait équilibre gustatif. Long, frais et très plaisant. ⧗ 2023-2030

DOM. TIXIER, 7, chem. des Sanguinots, 89800 Courgis, tél. 03 86 41 42 72, domaine-tixier@orange.fr V r.-v.

DOM. GÉRARD TREMBLAY
Fourchaume 2018 ★

35000 | 15 à 20 €

Gérard Tremblay s'est longtemps partagé entre les vignes héritées de ses parents et les voitures de rallye, son autre passion. Avec son épouse Hélène, ils ont passé le relais en 2014 à leurs enfants Éléonore et Vincent.

Si Gérard Tremblay, le pilote de rallye, se régalait dans les virages, ses enfants, qui ont pris les commandes du domaine, nous invitent plutôt à suivre une ligne droite avec ce vin franc et direct : un nez floral et minéral (coquilles d'huîtres), une bouche charnue, dominée par les agrumes et tendue par l'acidité. La fraîcheur est constante et l'équilibre parfait. ⧗ 2022-2027

DOM. GÉRARD TREMBLAY, 12, rue de Poinchy, 89800 Chablis, tél. 03 86 42 40 98, gerard.tremblay@wanadoo.fr V r.-v.

MAISON OLIVIER TRICON Montmains 2018 ★

10000 | 15 à 20 €

Un négociant chablisien renommé en France comme à l'étranger. Après avoir travaillé dans différents vignobles français et comme maître de chai sur le domaine familial, il a créé son affaire et racheté à sa famille l'important Dom. de Vauroux (46 ha avec des parcelles dans des 1ers crus réputés et en grand cru).

Un 1er cru de la rive gauche très harmonieux, séduisant, avec une belle longueur en bouche. L'élégance se révèle déjà au nez où la minéralité se fond dans les arômes d'agrumes. La bouche est gourmande, offrant du gras et de la rondeur. Un trait minéral (pierre à fusil) assure la vivacité. ⧗ 2022-2027

MAISON OLIVIER TRICON, rte d'Avallon, BP_56, 89800 Chablis, tél. 03 86 42 10 37, maison.tricon@gmail.com V r.-v.

DOM. VENTOURA Fourchaume 2018 ★

3600 | 15 à 20 €

Ancien coopérateur, Thomas Ventoura a décidé de vinifier lui-même à partir du millésime 2014. À sa disposition, un vignoble de 11 ha qu'il conduit de manière bio mais sans certification.

Thomas Ventoura a élaboré un vin d'une grande finesse au terme de 10 mois d'élevage pour moitié en cuves, moitié en fûts. Une finesse qui s'exprime au nez avec des notes fruitées, végétales et minérales. La bouche est tout aussi séduisante, gourmande et fraîche. L'acidité finale renforce le plaisir. ⧗ 2022-2027

DOM. VENTOURA, 3, rue des Puits, 89800 Fontenay-près-Chablis, tél. 06 08 92 40 00, contact@domaine-ventoura.com V *r.-v.*

♥ BRUNO VERRET Beauroy 2018 ★★

| | 30 000 | | 15 à 20 € |

La famille Verret cultive la vigne depuis deux siècles et demi dans l'Yonne. Pionnier dans le vignoble de l'Auxerrois pour la mise en bouteilles et la commercialisation directe pratiquées dès les années 1950, ce vaste domaine (60 ha) demeuré familial fréquente très régulièrement les pages du Guide, notamment pour ses irancy, saint-bris, bourgognes Côtes d'Auxerre et bourgogne-aligoté.

Les années se suivent et se ressemblent pour Bruno Verret et son 1er cru Beauroy. Coup de cœur avec le millésime 2017, il récidive avec son 2018, pourtant très différent. Mais tout aussi remarquable si l'on en juge par les appréciations du jury. La délicatesse l'emporte au nez avec ses arômes de fruits jaunes mûrs, de poire, de miel d'acacia et de fleurs blanches La bouche apparaît ample, riche, gourmande de fruits, avec une belle salinité et une ligne de vivacité qui apportent de la droiture et de la longueur. Un vin complet et complexe. ⧗ 2023-2030

SARL BRUNO VERRET, 13, rte de Champs, 89530 Saint-Bris-le-Vineux, tél. 03 86 53 31 81, dverret@domaineverret.com V *t.l.j. sf dim. 9h-12h 14h-18h*

DOM. VOCORET ET FILS
Montée de Tonnerre 2018 ★

| | 8 750 | | 15 à 20 € |

Les Vocoret se succèdent depuis quatre générations. Installé dans les locaux de l'ancienne coopérative laitière de Chablis, leur domaine (38 ha) a pour originalité d'élever ses vins dans des foudres et des demi-muids. De grands contenants qui permettent d'arrondir le boisé.

Sur la droite de la côte des grands crus, la Montée de Tonnerre est une appellation recherchée qui donne des vins complexes. C'est le cas de ce 2018 qui ne manque pas de caractère avec son nez de fruits mûrs. Un fruité généreux qui se prolonge dans une bouche dynamisée par un côté minéral « calcaire ». ⧗ 2023-2027

DOM. VOCORET, 40, rte d'Auxerre, 89800 Chablis, tél. 03 86 42 12 53, contact@domainevocoret.com V *t.l.j. sf dim. 8h-12h 14h-18h; sam. 9h-12h30 14h-18h*

GUILLAUME VRIGNAUD
Mont de Milieu 2018 ★★

| | 2 500 | | 20 à 30 € |

Les Vrignaud ont planté leurs premières vignes en 1955. Ils ont débuté en 1999 la vente en bouteilles avec l'arrivée de Guillaume à la tête du domaine et de ses 27 ha de vignes.

Petite production mais quelle qualité! Un vin bien typé, racé, d'une grande élégance. Le nez, tout en finesse, conjugue parfums d'abricots et de fruits secs. La bouche est onctueuse, offrant du fruit, du volume, une belle salinité et une fine tension minérale en finale. C'est frais, long et très harmonieux. ⧗ 2023-2030

SARL GUILLAUME VRIGNAUD, 10, rue de Beauvoir, 89800 Fontenay-près-Chablis, tél. 03 86 42 15 69, guillaume@domaine-vrignaud.com

CHABLIS GRAND CRU

Superficie : 103 ha / Production : 5 200 hl

Issu des coteaux les mieux exposés de la rive droite, divisés en sept lieux-dits – Blanchot, Bougros, Les Clos, Grenouilles, Les Preuses, Valmur, Vaudésir –, le chablis grand cru possède à un degré plus élevé toutes les qualités des précédents, la vigne se nourrissant d'un sol enrichi par des colluvions argilo-pierreuses. Quand la vinification est réussie, un chablis grand cru est un vin complet, à forte persistance aromatique, auquel le terroir confère un tranchant qui le distingue de ses rivaux de la Côte-d'Or. Sa capacité de vieillissement stupéfie, car il peut exiger huit à quinze ans pour s'apaiser, s'harmoniser et acquérir un inoubliable bouquet de pierre à fusil, voire, pour Les Clos, de poudre à canon!

MAISON DAMPT Blanchot 2018 ★

| | 900 | | 30 à 50 € |

Installé à Chablis, Sébastien Dampt, fils de Daniel Dampt, vigneron à Milly, conduit depuis 2008 son propre domaine de 8 ha. Sous l'enseigne « Maison Dampt », il a ouvert une maison de négoce qu'il dirige avec son frère Vincent.

Un an d'élevage en barriques de 228 l pour obtenir cette cuvée très réussie. Le nez puissant nous interpelle avec ses arômes de fruits exotiques et ses légères notes végétales. La bouche est carrée, sans fioriture, bien équilibrée, avec un boisé bien fondu qui accompagne le fruit sur la longueur. Très plaisant. ⧗ 2023-2027

MAISON DAMPT, 1, chem. des Violettes, 89800 Chablis, tél. 03 86 42 47 23, maisondampt@orange.fr V *r.-v.*

♥ JEAN-PAUL ET BENOÎT DROIN
Valmur 2018 ★★★

| | 5 700 | | 30 à 50 € |

Chez les Droin, on est vigneron de père en fils depuis 1620. Si Jean-Paul Droin est devenu l'historien du vignoble de Chablis, son fils Benoît a apporté sa patte à cette exploitation de 26 ha à partir de 2002. Un domaine d'une admirable régularité, qui collectionne les coups de cœur, notamment dans les grands crus.

BOURGOGNE

Chez les Droin, il y a rarement de millésime sans coup de cœur, et généralement dans le haut de gamme. Cet exceptionnel Valmur n'a pas dérogé à la règle. Un vin qui exprime son terroir et surpasse ce millésime chaud. Le nez, puissant et élégant, s'ouvre sur une fine minéralité agrémentée de notes diablement gourmandes de beurre fondu et de boisé grillé et toasté. La bouche est parfaitement ciselée, très minérale, passant du silex à la coquille d'huîtres. Un vin d'une grande fraîcheur et d'une longueur impressionnante. ⧗ 2023-2030
■ **Grenouilles 2018 ★ (30 à 50 €; 2700 b.)** C'est le terroir qui s'exprime dans ce vin au nez élégant, centré sur le fruit. Le prélude à une bouche bien formatée, offrant un bel équilibre entre la matière et l'acidité. ⧗ 2023-2028

JEAN-PAUL ET BENOÎT DROIN, 14_bis, rue Jean-Jaurès, BP_19, 89800 Chablis, tél. 03 86 42 16 78, benoit@jeanpaulbenoit-droin.fr

DOM. NATHALIE ET GILLES FÈVRE
Les Preuses 2018 ★

■ | 5000 | | 50 à 75 €

Dix générations de vignerons depuis le XVIIIᵉs. et des coopérateurs de père en fils depuis 1923. En 2004, Nathalie et Gilles Fèvre, tous deux œnologues, ont pris la décision de valoriser leur propre production en bouteilles. Ils sont désormais à la tête d'un domaine de 50 ha, en conversion vers l'agriculture biologique.

Il y a de la dentelle dans ce vin souple et très élégant. Le nez délicat s'ouvre sur un bouquet de fleurs blanches avec une pointe de poivre blanc et un rappel minéral (pierre à fusil). La bouche continue sur la même trajectoire : beaucoup de finesse et de vivacité. Un vin droit, franc et d'une grande fraîcheur. ⧗ 2023-2028

DOM. NATHALIE ET GILLES FÈVRE, rte de Chablis, 89800 Fontenay-près-Chablis, tél. 03 86 18 94 47, domaine@nathalieetgillesfevre.com
V r.-v.

DOM. FOURREY
Vaudésir 2018 ★

■ | 945 | | 30 à 50 €

À Milly, la propriété est adossée au coteau des Lys et à la Côte de Léchet. Héritier de trois générations de vignerons, Jean-Luc Fourrey a repris le domaine familial et ses 25 ha de vignes en 1992. Il conduit son vignoble en Haute Valeur Environnementale et, pratiquant des élevages un peu plus longs chaque année, il cherche à faire des vins équilibrés et puissants.

Une production confidentielle mais une cuvée d'excellente tenue qui coche toutes les cases de l'appellation. Séduisante avec son nez exotique et légèrement poivré, elle est bien équilibrée en bouche : le fruit en ouverture, suivi de notes briochées et une longue finale portée par l'acidité. ⧗ 2023-2030

JEAN-LUC FOURREY, 6, rue du Château, Milly, 89800 Chablis, tél. 03 86 42 14 80, domaine.fourrey@orange.fr V r.-v.

♥ DOM. LONG-DEPAQUIT Les Vaudésirs 2018 ★★

■ | 13200 | | 50 à 75 €

Propriété de la maison Albert Bichot depuis 1968, ce domaine de près de 44 ha abrite un château du XVIIIᵉs., en plein cœur de Chablis : un cadre idéal pour valoriser ses vins et plus particulièrement ses grands crus.

Il est loin d'être à son apogée ce grand cru qui a déjà du caractère mais qui n'a pas livré tous ses secrets. D'une grande complexité aromatique, le nez est surtout marqué par le fruit (agrumes, pêche jaune) et quelques notes épicées. Dès l'entrée en bouche, on croque dans le fruit jaune, bien mûr, pour finir sur la salinité. Un vin d'une grande richesse et parfaitement équilibré. Bon pour la garde. ⧗ 2023-2030

DOM. LONG-DEPAQUIT, 45, rue Auxerroise, 89800 Chablis, tél. 03 86 42 11 13, chateau-long-depaquit@albert-bichot.com
V *t.l.j. sf dim. 9h-12h30 14h-18h*

♥ DOM. DES MALANDES
Vaudésir 2018 ★★★

■ | 5000 | | 30 à 50 €

Une valeur sûre du vignoble chablisien, qui collectionne les coups de cœur du Guide. Un domaine créé en 1949 par André Tremblay, couvrant aujourd'hui 30 ha. Lyne Marchive, fille du fondateur, l'a dirigé seule de 1972 à 2018, date de la reprise par ses enfants Richard Rottiers (à la direction) et Amandine Marchive (au commercial), qui entendent développer une viticulture plus respectueuse de l'environnement (désherbage mécanique, labour à cheval).

Vaudésir est souvent le grand cru de tous les contrastes : bien en chair et volumineux, sec et minéral. Ce 2018 est très bien typé et fait écho au 2017, lui aussi distingué par un coup de cœur. On aime d'emblée son nez très raffiné et d'une réelle complexité avec ses arômes d'agrumes, de fruits blancs, de fleurs, de noisette grillée et de vanille. La bouche est ample, droite, précise et soyeuse à la fois, avec un boisé bien fondu en soutien et une finale d'une longueur exceptionnelle. Un vin d'une élégance rare. ⧗ 2023-2030

DOM. DES MALANDES, 11, rte d'Auxerre, 89800 Chablis, tél. 03 86 42 41 37, contact@domainedesmalandes.com V r.-v. 3

LOUIS MICHEL ET FILS
Vaudésir 2017 ★

■ | 3000 | | 50 à 75 €

La famille Michel est établie à Chablis depuis 1850 et six générations. C'est aujourd'hui Guillaume qui

est aux commandes, à la tête d'un vignoble de 25 ha établi sur les deux rives du Serein, avec des parcelles dans trois grands crus et cinq 1ers crus. Une tradition familiale depuis plusieurs décennies : l'élevage en cuve de tous les vins, pour favoriser la précision et la fraîcheur.

Toute la minéralité du terroir dans ce millésime 2017 d'une étonnante vivacité. Le nez délicat de fleurs blanches agrémenté de notes citronnées incite à poursuivre la dégustation. On découvre alors une bouche ample et souple, avec une belle minéralité en soutien. L'équilibre est très réussi et la fraîcheur au rendez-vous. ⧗ 2022-2025

⊶ LOUIS MICHEL ET FILS, 9, bd de Ferrières, 89800 Chablis, tél. 03 86 42 88 55, contact@louismicheletfils.com V *r.-v.*

MOREAU-NAUDET
Valmur 2017 ★★

| 1800 | | 50 à 75 €

Des ancêtres vignerons au XVIIe s., un aïeul, Alfred Naudet, chargé des délimitations de l'appellation. Le domaine naît du mariage, en 1950, de Marie Naudet avec René Moreau. En 1991, Stéphane Moreau arrive sur l'exploitation. Il porte la superficie du vignoble de 7 à 25 ha. Après son décès (2016), c'est Virginie, sa femme, qui dirige l'exploitation.

Une subtile utilisation du bois dans ce grand cru remarquable, élaboré dans les règles de la maison (cuve et fût) et longuement élevé pendant 22 mois. La minéralité propre aux Valmur est bien présente à l'olfaction, mais elle se fond dans un fruit mûr à souhait et des senteurs d'aubépine. Des arômes prolongés par une bouche très riche, rehaussée par une finale épicée. Une belle longueur, du volume et une fraîcheur bien dosée. ⧗ 2023-2030

⊶ MOREAU-NAUDET, 4, chem. de la Vallée-de-Valvan, 89800 Chablis, tél. 03 86 42 14 83, moreau.naudet@wanadoo.fr

DOM. DE OLIVEIRA LECESTRE
Les Clos 2018 ★

| 2000 | | 20 à 30 €

Un vaste domaine de près de 55 ha créé en 1955. Aujourd'hui, c'est la fille de Lucien de Oliveira qui est à la tête de cette exploitation familiale. Pour conduire le vignoble, elle a trouvé du renfort en la personne de sa propre fille.

C'est le plus grand (en superficie) des grands crus. Un vin de caractère paraît souvent austère tant il est réservé. Ce n'est pas le cas avec ce 2018, au nez très élégant et fruité. La bouche est ample, gourmande, avec une belle acidité qui s'installe sur la longueur. ⧗ 2023-2026

⊶ GAEC DE OLIVEIRA LECESTRE, 11, rue des Chenevières, 89800 Fontenay-près-Chablis, tél. 03 86 42 40 78, gaecdeoliveira@wanadoo.fr V *t.l.j. sf sam. dim. 8h-12h 14h-17h; f. 15-30 août*

♥ DOM. PINSON FRÈRES
Les Clos 2018 ★★

| 10000 | | 30 à 50 €

Établis dans le Chablisien dès 1640, les Pinson exportaient du vin aux États-Unis en 1880. Louis Pinson constitue son domaine en 1983. Ses fils Laurent et Christophe portent sa superficie de 4 à 14 ha. Charlène Pinson, fille de Laurent, les rejoint en 2008. Complétés par une gamme de négoce depuis 2013, les vins de la propriété sont régulièrement mentionnés dans le Guide.

L'exposition plein sud donne du soleil à ce vin puissant et élégant. Le nez vagabonde sur un éventail de fruits, de fleurs blanches et de vanille. La bouche offre beaucoup d'ampleur, accompagnée par un boisé certes encore marqué mais qui ne masque pas un beau fruité croquant, le tout soutenu par une minéralité (silex) impeccable qui lui apporte fraîcheur et longueur. Un grand cru très prometteur. ⧗ 2023-2030

⊶ DOM. PINSON, 5, quai Voltaire, 89800 Chablis, tél. 03 86 42 10 26, contact@domaine-pinson.com V *t.l.j. sf dim. 8h-12h 13h30-17h30; sam. sur r.-v.*

MAISON RÉGNARD Les Clos 2018 ★★

| 2000 | | 30 à 50 €

La maison Régnard (négoce et domaine) a pignon sur rue à Chablis depuis 1860. Elle a été rachetée en 1984 par le Baron Patrick de Ladoucette, bien connu dans le Centre-Loire, également présent dans d'autres vignobles, notamment bourguignons.

Un élevage d'un an en cuve Inox et c'est tout le terroir chablisien qui s'exprime dans sa fraîcheur minérale. Le nez délicat se frotte au silex, à la pierre à fusil, avant de convoquer des arômes floraux. La bouche est généreuse, gourmande de fruits exotiques, soulignée sur toute sa longueur par un trait d'acidité. Un grand cru très frais et très harmonieux. ⧗ 2023-2030

⊶ MAISON RÉGNARD, 28, bd Tacussel, 89800 Chablis, tél. 03 86 42 10 45, regnard.chablis@wanadoo.fr V *t.l.j. 10h-12h 13h-17h*

DOM. GUY ROBIN Valmur 2018 ★

| 5800 | | 30 à 50 €

Denise et Guy Robin, deux figures du vignoble chablisien, ont passé la main en 2007. Leur fille Marie-Ange a quitté les bureaux pour revenir à la terre. Celle de l'exploitation familiale, fondée en 1954, avec ses 20 ha et de nombreux grands crus dans une cave riche de quelque 120 fûts de chêne.

Toute en élégance avec sa robe jaune à reflets verts, ce grand cru séduit aussi par la finesse de son nez, ouvert sur des notes d'épices et de fruits exotiques. La bouche apparaît ronde, gourmande, généreuse, avec une minéralité subtile qui donne l'équilibre et assure la longueur. Un vin puissant et franc, sans artifices. ⧗ 2023-2028

⊶ DOM. GUY ROBIN, 13, rue Berthelot, 89800 Chablis, tél. 03 86 42 12 63, contact@domaineguyrobin.com V *r.-v.*

SÉGUINOT-BORDET Vaudésir 2018 ★★

| 1300 | | 50 à 75 € |

Une des plus anciennes familles du Chablisien, établie à Maligny sur la rive droite du Serein. Jean-François Bordet a repris en 1998 l'exploitation de son grand-père Roger Séguinot. Le domaine couvre aujourd'hui 15 ha, complété par une activité de négoce en 2002.

C'est avec sa casquette de négociant que Jean-François Bordet a présenté ce grand cru remarquable, élevé en fûts pendant 12 mois. Le nez croise quelques notes d'amande en se promenant dans un jardin de fleurs blanches. La bouche est portée par la vivacité avec des saveurs minérales et citronnées qui accompagnent un fruité très concentré. C'est tendu, frais et savoureux. ⧗ 2023-2030

SARL JEAN-FRANÇOIS BORDET, 8, chem. des Hâtes, 89800 Maligny, tél. 03 86 47 44 42, jf.bordet@wanadoo.fr V r.-v.

SIMONNET-FÈBVRE Les Clos 2018 ★

| 6300 | | 30 à 50 € |

Reprise en 2003 par Louis Latour, cette maison de négoce-éleveur fondée en 1840 est une référence en Chablisien. Une solide renommée qui dépasse largement les frontières de France, 85 % de la production partant à l'export.

Un classique de l'appellation mais assez discret au nez. Après aération, quelques senteurs florales apparaissent. L'attaque en bouche se fait aussi en douceur. La finesse est dans le fruit, aux tonalités exotiques, et la vivacité bien présente. Un vin frais et très équilibré. ⧗ 2023-2026

SIMONNET-FEBVRE, 30, rte de Saint-Bris, 89530 Chitry-le-Fort, tél. 03 86 98 99 00, caveau@simonnet-febvre.com V r.-v.

DOM. VOCORET ET FILS Blanchot 2018 ★

| 12400 | | 30 à 50 € |

Les Vocoret se succèdent depuis quatre générations. Installé dans les locaux de l'ancienne coopérative laitière de Chablis, leur domaine (38 ha) a pour originalité d'élever ses vins dans des foudres et des demi-muids. De grands contenants qui permettent d'arrondir le boisé.

Voici un vin généreux, très concentré, qui séduit dès l'olfaction avec ses arômes élégants et complexes de fleurs blanches, de beurre frais, de vanille et de mentholé. Le palais régale avec ses saveurs de fruits blancs mâtinées de notes miellées. La minéralité arrive en finale pour apporter fraîcheur et longueur. ⧗ 2023-2026

DOM. VOCORET, 40, rte d'Auxerre, 89800 Chablis, tél. 03 86 42 12 53, contact@domainevocoret.com V *t.l.j. sf dim. 8h-12h 14h-18h; sam. 9h-12h30 14h-18h*

IRANCY

Superficie : 165 ha / Production : 6 800 hl

Ce petit vignoble situé à une quinzaine de kilomètres au sud d'Auxerre a vu sa notoriété confirmée, devenant AOC communale. Les vins d'Irancy ont acquis une réputation en rouge, grâce au césar (ou romain), cépage local datant peut-être du temps des Gaules. Ce dernier est assez capricieux; lorsqu'il a une production faible à normale, il imprime un caractère particulier au vin et, surtout, lui apporte un tanin permettant une très longue conservation. Lorsqu'il produit trop, il donne difficilement des vins de qualité; c'est la raison pour laquelle il n'a pas fait l'objet d'une obligation dans les cuvées. Le pinot noir, principal cépage de l'appellation, donne sur les coteaux d'Irancy un vin de qualité, très fruité, coloré. Les caractéristiques du terroir sont surtout liées à la situation topographique du vignoble, qui occupe essentiellement les pentes formant une cuvette au creux de laquelle se trouve le village. Le terroir déborde sur les deux communes voisines de Vincelotte et de Cravant, où les vins de la Côte de Palotte sont particulièrement réputés.

BENOÎT CANTIN
Grande-Côte 2018 ★

| 42946 | | 11 à 15 € |

Établie depuis 1950 à Irancy, cette exploitation familiale est dédiée au pinot noir, en particulier à l'irancy. À sa tête depuis 1993, Benoît Cantin fait partie des valeurs sûres de l'appellation. Son domaine couvre 16 ha.

Une jolie robe grenat habille cet irancy très marqué par les fruits rouges. Si le premier nez est légèrement mentholé, les arômes de cerise, de fraise et de framboise s'installent ensuite durablement. La bouche est bien structurée, tannique, avec de la rondeur et un fond acidulé qui apporte une juste fraîcheur. ⧗ 2023-2026

BENOÎT CANTIN, 35, chem. des Fossés, 89290 Irancy, tél. 03 86 42 21 96, cantin.benoit@orange.fr V *t.l.j. sf dim. 9h30-12h 13h30-18h*

VICOMTE JEAN-PIERRE COLINOT
Les Mazelots 2017 ★★

| 5700 | | 15 à 20 € |

Un domaine de référence à Irancy, étendu sur 14 ha en propre. Aux commandes, Anita Colinot et son chef de cave Thomas Carré, qui vinifie les lieux-dits les plus connus d'Irancy (Palotte, Les Mazelots, Côte du Moutier, Les Cailles, Boudardes...).

Jean-Pierre Colinot n'a pas attendu ce millésime 2017 pour faire valoir ses titres de noblesse. Figure du vignoble d'Irancy, il sait qu'il peut compter sur le savoir-faire de Thomas Carré pour signer des vins remarquables comme ce Mazelots élevé en cuve. Au nez de fruits rouges, agrémenté de nuances épicées, succède une bouche généreuse, charnue, persistante, tannique, très bien équilibrée. ⧗ 2023-2027

DOM. VICOMTE JEAN-PIERRE COLINOT, 1, rue des Chariats, 89290 Irancy, tél. 03 86 42 33 25, earlcolinot@orange.fr V r.-v.

STÉPHANIE COLINOT
La Comme 2018 ★

| 3900 | | 15 à 20 € |

Après avoir vinifié 16 millésimes au domaine familial de son père Jean-Pierre, Stéphanie Colinot s'est installée en solo sur un petit domaine de 3,5 ha à

partir duquel elle produit de l'irancy et des appellations régionales de l'Yonne.

Une parcelle en bas de coteau, une vendange totalement égrappée et un élevage en cuve pendant 10 mois, Stéphanie Colinot maîtrise toutes les facettes de l'appellation. Si le nez de cette cuvée apparaît discret, plutôt floral, la bouche est beaucoup plus expressive, centrée sur les fruits rouges. On aime aussi son équilibre assuré entre fraîcheur et rondeur. ⧗ 2023-2025

⊶ STÉPHANIE COLINOT, 3, rue Reine-de-Sicile, 89144 Ligny-le-Châtel, tél. 06 81 27 08 32, colinotstephanie@gmail.com V 🍷 *r.-v.*

DOM. LA CROIX MONTJOIE
2018 ★

■	9000	◫	11 à 15 €

Tous deux ingénieurs agronomes et œnologues, Sophie et Matthieu Woillez sont installés depuis 2009 dans la commune de Tharoiseau. Leur vignoble de 10 ha, planté principalement de chardonnay, couvre un coteau face à Vézelay. La conversion bio est engagée.

Habitués au chardonnay du Vézelien, Sophie et Matthieu Woillez savent aussi tirer le meilleur du pinot noir. Cette cuvée élevée en fûts anciens pendant 12 mois peut en témoigner. Le nez, délicat, fait la part belle aux fruits rouges. La bouche conjugue avec beaucoup d'harmonie finesse des tanins, richesse de la matière et saveurs acidulées. ⧗ 2023-2025

⊶ DOM. LA CROIX MONTJOIE, 50, Grande-Rue, 89450 Tharoiseau, tél. 03 86 32 40 94, contact@lacroixmontjoie.com V 🚶 🍷 *avr. à oct. t.l.j. sf dim. 10h-19h*

DAMPT FRÈRES
2018 ★

■	43592	◫ 🍾	11 à 15 €

Un père, Bernard Dampt, vigneron à Collan de 1980 à 1998, comme trois générations avant lui; trois frères, Éric, Emmanuel et Hervé; plusieurs exploitations : une pour chaque frère, une pour la fratrie. Les frères sont indissociables, mais chacun a son rôle à jouer, et tous font leurs propres vins.

Un classique de l'appellation, élégant dans sa robe grenat assez soutenue et complémentaire entre la bouche et le nez. Un nez aux arômes de noyau de cerise sur un fond végétal. Beaucoup de fruit en bouche aussi (framboise, cassis, groseille), un bon volume et de la fraîcheur avec une jolie finale acidulée. ⧗ 2023-2025

⊶ DAMPT FRÈRES, rue de Fleys, 89700 Collan, tél. 03 86 55 29 55, vignoble@dampt.com V 🚶 🍷 *t.l.j. 9h-12h30 13h30-18h*

DOM. FÉLIX
Cuvée Saint-Féréol 2018 ★

■	2500	◫ 🍾	15 à 20 €

Ancien fonctionnaire, Hervé Félix, cédant à un vieil atavisme, reprend en 1987 avec son épouse Marie-Claire l'exploitation où les siens se sont succédé de père en fils depuis le XVIIe s. Établi à Saint-Bris, gros village viticole de l'Yonne, il propose de nombreux types de vins. En 2016, après une solide expérience dans de grands groupes industriels, Olivier (en charge de la vigne et du chai) a rejoint ses parents sur ce domaine de 29 ha, conduit de manière « très raisonnée », proche du bio.

Des vendanges fin septembre et des raisins bien mûrs pour la vinification. Une maturité qui se retrouve à l'heure de la dégustation à travers des arômes de cerise confite au nez. Dans la continuité, la bouche se révèle ample, gourmande de fruits rouges et soulignée par un trait d'acidité qui assure l'équilibre. ⧗ 2023-2025

⊶ DOM. FÉLIX, 17, rue de Paris, 89530 Saint-Bris-le-Vineux, tél. 03 86 53 33 87, domaine.felix@wanadoo.fr V 🚶 🍷 *t.l.j. sf dim. 9h-12h 14h-18h*

OLIVIER MORIN 2018 ★

■	4000	◫	15 à 20 €

Ici, on cultive la vigne depuis le XVIIIe s. et l'on récolte les étoiles avec une belle constance. Olivier Morin, après 10 années dans les médias et la musique, est revenu au domaine familial en 1992, prenant la suite de son père Michel. Il exploite un vignoble de 14 ha dans l'Yonne, complété par une activité de négoce.

Réputé pour ses vins de Chitry, Olivier Morin, avec sa casquette de négociant, a proposé cet irancy d'excellente tenue. Élevé en fûts pendant 15 mois, son vin affiche un joli caractère et beaucoup d'élégance. Le nez, discret mais fin, se promène entre les fleurs des champs et les petits fruits rouges. Des petits fruits bien mûrs qui tapissent aussi un palais bien structuré et plein de fraîcheur.

⊶ OLIVIER MORIN, 2, chem. de Vaudu, 89530 Chitry, tél. 03 86 41 47 20, chitry@olivier-morin.fr V 🚶 🍷 *r.-v.*

Ⓑ GABIN ET FÉLIX RICHOUX Les Cailles 2017 ★★

■	9000	◫ 🍾	15 à 20 €

Cette famille de vignerons est établie à Irancy depuis le XVIe s. Elle a misé sur la viticulture dès le milieu des années 1970. Gabin et Félix, les 2 enfants de Thierry et Corine Richoux, ont pris les rênes du domaine en 2015, avec à leur disposition un vignoble de 21,5 ha converti au bio (certifié) et à la biodynamie (non certifiée).

Une bien belle cuvée réalisée par les frères Richoux. Un irancy dans toute sa splendeur avec ses dominantes de fruits rouges, de cerise notamment, qui embaument le nez. La bouche est soyeuse, généreuse, ronde et persistante, évoluant sur des tanins bien fondus pour trouver l'équilibre. ⧗ 2023-2026 ■ **Veaupessiot 2017 ★ (15 à 20 €; 10600 b.)** Ⓑ Beaucoup de caractère dans cet irancy riche et corsé qui régale le palais, mais qui séduit aussi par la fraîcheur et l'élégance de son bouquet, centré sur les fruits rouges. ⧗ 2023-2027

⊶ GABIN ET FÉLIX RICHOUX, 73, rue Soufflot, 89290 Irancy, tél. 03 86 42 21 60, irancy.richoux@orange.fr V 🍷 *t.l.j. sf dim. 9h-12h 14h-18h*

SIMMONET-FEBVRE
Paradis 2018 ★

■	7800	◫	15 à 20 €

Reprise en 2003 par Louis Latour, cette maison de négoce-éleveur fondée en 1840 est une référence en Chablisien. Une solide renommée qui dépasse

largement les frontières de France, 85 % de la production partant à l'export.

18 mois d'élevage en fûts pour ce pinot noir habillé dans une robe carmin aux reflets violets. Le nez hésite entre les senteurs de fleurs des champs et les arômes de fruits rouges bien mûrs. La maturité du fruit s'exprime aussi en bouche et enrobe des tanins bien fondus. Un vin intense et persistant. ⧗ 2023-2025

SIMONNET-FEBVRE, 30, rte de Saint-Bris, 89530 Chitry-le-Fort, tél. 03 86 98 99 00, caveau@simonnet-febvre.com V *r.-v.*

BRUNOT VERRET
Fût de chêne 2018 ★★

	32000		11 à 15 €

La famille Verret cultive la vigne depuis deux siècles et demi dans l'Yonne. Pionnier dans le vignoble de l'Auxerrois pour la mise en bouteilles et la commercialisation directe pratiquées dès les années 1950, ce vaste domaine (60 ha) demeuré familial fréquente très régulièrement les pages du Guide, notamment pour ses irancy, saint-bris, bourgognes Côtes d'Auxerre et bourgogne-aligoté.

Un irancy comme on les aime : franc, racé, élégant. Le pinot noir chante dans la bouteille. Au nez, ce sont les fruits rouges qui dominent, accompagnés de notes poivrées et vanillées. En bouche, on croque le fruit (cerise, fraise des bois, cassis) avec gourmandise. Étayée par des tanins soyeux, elle ne manque ni de finesse ni de fraîcheur. Une cuvée parfaitement équilibrée. ⧗ 2023-2028

SARL BRUNO VERRET, 13, rte de Champs, 89530 Saint-Bris-le-Vineux, tél. 03 86 53 31 81, dverret@domaineverret.com V *t.l.j. sf dim. 9h-12h 14h-18h*

SAINT-BRIS

Superficie : 133 ha / Production : 7 950 hl

VDQS (1974) puis AOC (2001), les saint-bris proviennent essentiellement de la commune du même nom. L'appellation est réservée au sauvignon. Ce cépage est surtout planté sur les plateaux calcaires, où il atteint toute sa puissance aromatique. Contrairement aux vins de sauvignon de la vallée de la Loire ou du Sancerrois, le saint-bris fait généralement sa fermentation malolactique, ce qui lui confère une certaine souplesse.

DOM. GRAND ROCHE
2018 ★

	57000		5 à 8 €

Un domaine conduit depuis 1987 par Erick Lavallée : 22 ha répartis dans l'Auxerrois et le Chablisien.

Le nez, intense et complexe, navigue entre les senteurs de buis, de tilleul, de verveine et de fruits jaunes. Une élégance qui se prolonge en bouche. L'attaque est gourmande tout en restant soyeuse, l'acidité apporte de la tension, renforcée par une jolie finale saline. ⧗ 2020-2023

ÉRICK LAVALLÉE, 6, rte de Chitry, 89530 Saint-Bris-le-Vineux, tél. 03 86 53 84 07, domaine@grandroche.fr V *r.-v.*

♥ DOM. GÉRARD PERSENOT 2018 ★★

	15000		8 à 11 €

Un domaine familial icaunais conduit de père en fils depuis 1858. Gérard Persenot en a pris les commandes en 1978.

9 mois d'élevage en cuves Inox ont engendré ce remarquable sauvignon. L'aération libère des arômes floraux et légèrement citronnés. Après une attaque souple, le palais prend de la rondeur et du volume autour de saveurs de fruits exotiques, pour finir sur une vivacité parfaitement ajustée qui lui apporte beaucoup de dynamisme et d'allonge. ⧗ 2020-2024

SARL GÉRARD PERSENOT, 20, rue de Gouaix, 89530 Saint-Bris-le-Vineux, tél. 03 86 53 61 46, gerard@persenot.com V *r.-v.*

LA CÔTE DE NUITS

BOURGOGNE-HAUTES-CÔTES-DE-NUITS

Superficie : 657 ha
Production : 28 750 hl (80 % rouge)

L'appellation s'applique à des vins rouges, rosés et blancs nés dans 16 communes de l'arrière-pays, ainsi que sur les parties de communes situées au-dessus des appellations communales et des crus de la Côte de Nuits. Cette production a augmenté notablement depuis 1970, date avant laquelle ce secteur proposait des vins plus régionaux, bourgogne-aligoté essentiellement. C'est à cette époque que des terrains, plantés avant le phylloxéra, ont été reconquis. La reconstitution du vignoble s'est accompagnée d'un effort touristique, avec en particulier la construction d'une Maison des Hautes-Côtes où l'on peut découvrir les productions locales – dont les liqueurs de cassis et de framboise.

Les coteaux les mieux exposés donnent certaines années des vins qui peuvent rivaliser avec des parcelles de la Côte, notamment en blanc : le chardonnay, d'un millésime à l'autre, donne des vins d'une meilleure régularité que le pinot noir.

AMBROISE 2018 ★

	7100		11 à 15 €

Si la famille Ambroise cultive la vigne depuis le XVIIIe s., elle n'en vit que depuis les années 1960. Installé depuis 1987, Bertrand Ambroise laisse la place à ses enfants Ludivine et François, à la tête d'un vignoble de 21 ha (en bio certifié depuis 2013), complété par une activité de négoce-élevage.

Une cuvée élevée pour 30 % en fût neuf de grande contenance (400 l), qui s'ouvre sur des notes de brioche, de poire et de pêche. La bouche, ample et citronnée, présente sur un profil bien structuré. Le boisé enveloppe judicieusement l'ensemble. ⧗ 2022-2025

MAISON AMBROISE, 8, rue de l'Église, 21700 Premeaux-Prissey, tél. 03 80 62 30 19, contact@ambroise.com V r.-v.

DOM. YVES BAZIN PÈRE ET FILLE 2018 ★

	7641		8 à 11 €

Installé à Villars-Fontaine, au cœur des Hautes-Côtes-de-Nuits, Yves Bazin a repris en 1982 l'exploitation familiale alors dédiée à la culture des petits fruits et des céréales qu'il a planté entièrement en vigne : près de 12 ha aujourd'hui, exploités avec son épouse. Madeline, l'une de ses filles, travaille depuis 2013 au domaine.

Une cuvée issue d'un peu plus de 3 ha de chardonnay, élevée en foudre pendant une année. Une volonté de préserver le fruit couronnée de succès. Le nez développe des notes d'agrumes et une touche végétale. La bouche dévoile un profil vigoureux, ample et frais qui séduira les amateurs de bourgognes dynamiques. ⧗ 2022-2025

DOM. YVES BAZIN PÈRE ET FILLE, 2, rte de la Côte-de-Nuits, 21700 Villars-Fontaine, tél. 03 80 61 35 25, contact@domaine-bazin.fr V r.-v.

DOM. CORNU-CAMUS 2018 ★★

	8500		8 à 11 €

Un domaine de 12 ha créé par Pierre Cornu et sa femme Bernadette Camus en 1981. Après un master en biologie et un BTS en viticulture-œnologie, leur fille Lydia est devenue cogérante en 2008. Christophe Pertuzot, le mari de cette dernière a rejoint l'exploitation familiale en 2009.

Coup de cœur l'an dernier avec cette même cuvée du millésime 2017, le domaine présente un très beau 2018, fruit de 1,5 ha de pinot noir de 40 ans. La pivoine, la groseille et la framboise se manifestent au nez avec beaucoup de franchise. Une complexité que l'on retrouve dans une bouche dense et aussi large que longue. ⧗ 2022-2025

DOM. PIERRE CORNU-CAMUS, 2, rue Varlot, 21420 Échevronne, tél. 03 80 21 57 23, pierre@domainecornucamus.fr V r.-v.

RAPHAËL DUBOIS 2018 ★★

	8000		11 à 15 €

Raphaël Dubois a créé en 2000 une petite société de négoce qui permet d'étoffer la gamme présentée par le domaine familial (R. Dubois et Fils) où il officie avec sa sœur Béatrice. Au départ, seules les appellations chambolle-musigny et vosne-romanée étaient proposées. La société s'est ensuite diversifiée afin d'avoir une gamme plus représentative de la Bourgogne.

Une cuvée qui a pris ses habitudes dans le Guide depuis quelques années. On pense notamment à un superbe 2016, élu coup de cœur. Le chardonnay se plaît dans les côteaux des Hautes-Côtes-de-Nuits; il donne ici un vin ouvert sur d'élégantes notes de fleurs blanches et de noisette grillée (élevage en demi-muid). En bouche, la concentration est équilibrée par une touche minérale et une vivacité qui rappelle les agrumes. ⧗ 2022-2025

SARL RAPHAËL DUBOIS, 24, rue de la Courtavaux, 21700 Premeaux-Prissey, tél. 03 80 62 30 61, rdubois@wanadoo.fr V *t.l.j. 9h-11h30 14h-17h30; dim. sur r.-v.*

GLANTENET PÈRE ET FILS 2018 ★

	5298		8 à 11 €

La famille Glantenet cultive la vigne depuis le XVIII[e]s. et commercialise ses vins depuis 1997. À la frontière entre hautes-côtes-de-beaune et hautes-côtes-de-nuits, le domaine, conduit par Jean-François Glantenet, s'étend sur 25 ha répartis sur 5 communes autour de Magny-lès-Villers.

Une belle gamme d'agrumes et de subtiles touches florales et épicées se développent au nez. L'élevage en fût de 12 mois a respecté la fraîcheur et la pureté de beaux chardonnay issus d'un peu plus de 2 ha. Salin et équilibré, il présente un profil rafraîchissant. ⧗ 2021-2025

DOM. GLANTENET PÈRE ET FILS, 16, rue de l'Aye, 21700 Magny-lès-Villers, tél. 06 08 45 91 63, glantenet@orange.fr V r.-v.

DOM. DOMINIQUE GUYON
Les Dames de Vergy 2018 ★

	25000		15 à 20 €

Dominique Guyon a de la ressource dans les Hautes-Côtes. Cela remonte aux années 1970, alors qu'il cherche à compléter la gamme du domaine familial, il repère à Meuilley un coteau en friche exposé au plein sud. Après bien des efforts, il réussit à fusionner 350 parcelles pour créer un vignoble de 23 ha d'un seul tenant.

Une cuvée élevée pour moitié en cuve et pour moitié en fût pendant 12 mois. Frais et floral, le nez évoque la pivoine et les fruits noirs. Équilibrée, ample, bien structurée, profonde, la bouche présente les qualités d'un vin complet qui gagnera à être attendu quelques années. ⧗ 2022-2025

DOM. DOMINIQUE GUYON, 21420 Savigny-lès-Beaune, tél. 03 80 67 13 24, domaine@guyon-bourgogne.com V r.-v.

DOM. HOFFMANN-JAYER 2017 ★★

	12850		15 à 20 €

La reprise du Dom. Jayer-Gilles par André Hoffmann en 2017 a donné naissance à cette exploitation de 10 ha. Avec une prédominance de rouges, notamment ceux de la Côte de Nuits, la gamme va des AOC régionales (bourgogne-hautes-côtes-de-beaune et bourgogne-hautes-côtes-de-nuits) au grand cru échezeaux.

Une belle bouteille qui s'exprime en puissance et avec complexité. Au nez, les fruits rouges et noirs se marient à un boisé soutenu mais de grande qualité. La bouche est ample, dense, construite sur une solide trame tannique. Une finale longue et gourmande conclut la dégustation. Un hautes-côtes au caractère bien trempé que quelques années de garde feront rentrer dans le rang. ⧗ 2024-2030 **2017 ★ (15 à 20 €; 4500 b.)** Un assemblage de chardonnay et de pinot blanc (30 %) élevé en fût qui se distingue par sa belle expression aromatique centrée sur les fleurs blanches, les agrumes et la vanille. Très équilibré, le palais fait aussi preuve d'une belle longueur. ⧗ 2023-2025

DOM. HOFFMANN-JAYER, 1, rue du Meix-Grenot, 21700 Magny-lès-Villers, tél. 03 80 62 91 79, domaine@hoffmann-jayer.com V r.-v.

CH. DE LABORDE Cuvée K 2018 ★★

	4 000		11 à 15 €

Après avoir vécu au Canada, Hervé Kerlann a acheté le Ch. de Laborde aux Hospices de Beaune en 1998. Il y élève et vinifie patiemment ses vins, en bonne partie produits à partir d'un vignoble qu'il exploite directement. Le château, datant de plus de 3 siècles, renoue ainsi avec son passé viticole. Une activité de négoce complète la gamme.

Les lecteurs du Guide ne seront pas surpris de retrouver cette cuvée emblématique de la maison. Sa version 2018 propose un profil ciselé et minéral. Elle s'ouvre sur des notes de jasmin, de fruits blancs et de réglisse. La bouche se montre concentrée mais aussi saline. Le charme agit jusqu'à la finale, longue et d'une belle vivacité. 2021-2025

CH. DE LABORDE, 1, rte de Géanges, Laborde-au-Château, 21200 Meursanges, tél. 03 80 26 59 68, contact@herve-kerlann.com V r.-v.

PIERRE LAURENT 2018 ★

	30 000		11 à 15 €

Une exploitation d'une quinzaine d'hectares répartis sur 2 communes. Mené par Pierre Laurent, le domaine domine l'Etang-Vergy. Le château a presque entièrement disparu, seuls subsistent quelques rares vestiges, mais le site reste « un havre de paix et de méditation » selon ses propriétaires.

Le millésime 2018 a permis d'atteindre une belle maturité et cette cuvée emporte l'adhésion par le fondu de ses tanins et une belle intensité aromatique autour de notes gourmandes de fraise et de cerise. 2022-2025

SCEV DOM. DES CHAMBRIS, rue du Chassin, 21220 Chevannes, tél. 03 80 61 44 77, contact@domaine-chambris.fr V r.-v.

LUDOVIC MARTIN Cuvée des copains 2018 ★

	1209		15 à 20 €

Descendant d'une famille de marchands de vin, Ludovic Martin s'est lancé dans le négoce en 2016 avec l'aide d'amis et de son épouse, œnologue formée à Dijon. L'activité lui permet aussi de vinifier 2 nuits-saint-georges.

Une cuvée qui chante l'amitié avec justesse et suavité. Le nez « pinote » bien : les arômes subtils de petits fruits rouges et de fleurs s'expriment généreusement. La bouche, enveloppée par un beau boisé, ne manque pas de finesse ni d'élégance. 2021-2025

SASU MARTVIN, Ch. de Bligny-lès-Beaune, 14, Grande-Rue, 21200 Bligny-lès-Beaune, tél. 06 15 57 85 57, martvin57@hotmail.com r.-v.

PROSPER MAUFOUX Vigne au Roy 2018 ★★

	17 000		15 à 20 €

Constitué en 1860, le négoce Prosper Maufoux est une institution à Santenay, installé dans l'hôtel particulier bâti en 1838 pour Jacques-Marie Duvault, alors unique propriétaire de la Romanée-Conti. Il a été repris en 2010 par Éric Piffaut et la maison André Delorme, spécialiste des vins de la Côte chalonnaise : la fusion des 2 entités a donné la Maison des Grands crus.

Décidément, une belle réussite pour les blancs dans cette édition. Ici, un 2018 ouvert sur des notes de mandarine du premier nez, qui laissent la place à de délicates touches de fleurs blanches. Concentrée et longue, la bouche est précise, tenue par une fine trame minérale. Un hautes-côtes des plus élégants. 2022-2025

MAISON PROSPER MAUFOUX, 3-5, rue des Lanières, 21190 Saint-Aubin, tél. 03 80 20 68 71, contact@prosper-maufoux.com V r.-v.

MARSANNAY

Superficie : 227 ha
Production : 9 650 hl (85 % rouge et rosé)

Les géographes discutent encore sur les limites nord de la Côte de Nuits car, au XIXe s., un vignoble couvrant les communes situées de part et d'autre de Dijon constituait la Côte dijonnaise. Aujourd'hui, à l'exception de quelques vestiges comme les Marcs d'Or et les Montreculs, l'urbanisation a chassé les ceps de Dijon et de la commune voisine de Chenôve.

Marsannay, puis Couchey ont longtemps approvisionné la ville de grands ordinaires et manqué en 1935 le coche des AOC communales. Petit à petit, les viticulteurs ont replanté ces terroirs en pinot, et la tradition du rosé – vendu sous l'appellation « bourgogne rosé de Marsannay » – s'est développée. Puis ils ont de nouveau proposé des vins rouges et blancs comme avant le phylloxéra et, après plus de vingt-cinq ans d'efforts et d'enquêtes, l'AOC marsannay a été reconnue en 1987.
L'appellation se décline en « marsannay rosé » et « marsannay » (vins rouges et vins blancs). Le rosé peut être produit sur une aire plus extensive, dans le piémont sur les graves, tandis que rouges et blancs doivent provenir uniquement du coteau des trois communes de Chenôve, Marsannay-la-Côte et Couchey.
Les marsannay rouges sont charnus, un peu sévères dans leur jeunesse; il faut les attendre quelques années. Peu répandus dans la Côte de Nuits, les vins blancs sont ici particulièrement recherchés pour leur finesse et leur solidité. Il est vrai que le chardonnay, mais aussi le pinot blanc, trouvent dans des niveaux marneux propices leur terroir d'élection.

DOM. CHARLES AUDOIN Clos du Roy 2017 ★

	5 600		20 à 30 €

Cyril Audoin (5e génération) a repris en 2008 le domaine familial, après des stages à Petrus (Pomerol), puis en Californie. Le vignoble couvre 14 ha, dont 12 ha plantés dans le village d'élection du domaine : Marsannay. Il est en conversion à la viticulture biologique.

Une cuvée issue d'un terroir situé au nord de l'appellation (commune de Chenove), sur lequel Charles Audoin exploite 1 ha tout juste. Elle déploie un nez spontanément agréable mêlant le cassis, la framboise et les épices douces. Structurée par des tanins bien présents mais soyeux, la bouche fait preuve de longueur. ⧗ 2023-2030 ■ **Au Champs Salomon 2018 ★ (20 à 30 €; 1600 b.)** Le chardonnay a acquis depuis quelques temps déjà ses lettres de noblesse dans le village de Marsannay. Ce vin gourmand et d'une belle intensité aromatique en apporte une nouvelle preuve. Il a été élevé en demi-muid pendant 14 mois et gagnera à être attendu quelques années. ⧗ 2023-2026

DOM. CHARLES AUDOIN, 7, rue de la Boulotte, 21160 Marsannay-la-Côte, tél. 03 80 52 34 24, contact@domaine-audoin.fr V r.-v.

CLOSERIE DES ALISIERS
Vieilles Vignes 2018 ★

■ | 10 000 | | 15 à 20 €

Venu du Chablisien, Stéphane Brocard a quitté en 2007 le domaine familial fondé par son père pour créer son négoce, établi à Longvic, aux portes sud de Dijon. Il propose une jolie gamme de vins dans une dizaine d'appellations bourguignonnes.

Le nez marie les fruits noirs aux épices. En bouche, on découvre un marsannay rond et d'un bel équilibre, construit sur des tanins denses mais au touché agréable. Une rondeur qui s'accompagne d'une longue finale, au fruité persistant. Une cuvée au bon potentiel de garde. ⧗ 2023-2028

MAISON STÉPHANE BROCARD, , rue de l'Ingénieur-Bertin, 21600 Longvic, tél. 03 80 52 07 71, s.brocard@orange.fr V r.-v.

DEREY FRÈRES
Les Genelières 2018 ★

■ | 2100 | | 20 à 30 €

Les Derey possèdent un titre envié depuis les ducs de Bourgogne : celui de métayers – depuis 1981 – de la ville de Dijon sur le Clos des Marcs d'or. L'exploitation, établie à Couchey, l'une des communes de l'AOC marsannay, dispose de 20 ha de vignes. En 2013, le fils de Pierre et Suzanne Derey a rejoint ses parents au domaine.

Avec une vinification en vendanges entières (à 80 %) et un élevage long en fût (18 mois), la volonté de la famille Derey de proposer des vins de garde est intacte. Les fruits noirs (cassis, myrtille) se marient avec un boisé épicé au nez. Les tanins sont bien structurés et donnent de la corpulence à la bouche. Le meilleur est à venir. ⧗ 2024-2030

DEREY FRÈRES, 1, rue Jules-Ferry, 21160 Couchey, tél. 03 80 52 15 04, derey-freres@wanadoo.fr V *t.l.j. 9h30-12h 14h-18h; sam. dim. sur r.-v.*

JEAN-MICHEL GUILLON ET FILS
Les Quenicières 2018 ★★

■ | 1220 | | 20 à 30 €

Établi à Gevrey, Jean-Michel Guillon a débuté en 1980 sur un domaine de 2,3 ha, dont il a porté la superficie à plus de 15 ha répartis dans de nombreuses appellations (mazis, gevrey, morey, clos-de-vougeot). Il vient de passer la main à son fils Alexis après 40 millésimes et des vins d'une grande régularité dans le Guide.

Jean-Michel Guillon fait partie de ces vignerons de Gevrey-Chambertin qui affectionne cette appellation voisine. Elle le lui rend bien avec cette cuvée ouverte sur des notes de fruits à pleine maturité (cassis, cerise noire) et de boisé bien intégré. La bouche est ample, équilibrée, soutenue par des tanins fins et une trame fraîche qui lui apporte beaucoup de longueur. ⧗ 2023-2030

DOM. JEAN-MICHEL GUILLON ET FILS, 33, rte de Beaune, 21220 Gevrey-Chambertin, tél. 03 80 51 83 98, contact@domaineguillon.com V r.-v. D

OLIVIER GUYOT
Les Longeroies 2017 ★

■ | 5500 | | 20 à 30 €

Olivier Guyot a repris le domaine familial en 1990. Cet adepte des labours au cheval exploite, dans un esprit bio et biodynamiste, 16 ha répartis en de nombreuses petites parcelles, dans la partie nord de la Côte de Nuits, entre Marsannay et Gevrey. Son fils David l'a rejoint en 2018.

La famille Guyot dispose d'un hectare et demi de ce terroir qui court sur une large partie du côteau nord de l'appellation. Cette cuvée a été élevée 16 mois en fût, mais elle laisse la part belle aux fruits rouges (fraise, framboise). Après une belle attaque en bouche, des tanins soyeux donnent fière allure à l'ensemble. ⧗ 2022-2025

DOM. OLIVIER GUYOT, 39, rue de Mazy, 21160 Marsannay-la-Côte, tél. 03 80 52 39 71, contact@domaineguyot.fr V r.-v.

HUGUENOT Champs Perdrix 2018 ★

■ | 10 000 | | 20 à 30 €

Depuis 1790, 10 générations se sont succédé sur ce domaine de 21 ha, réputé pour ses marsannay, ses gevrey et ses fixin. Philippe Huguenot a pris la suite de son père Jean-Louis en 1996 et lancé la conversion bio de son vignoble.

Des vignes de 50 ans sur un peu moins de 2,5 ha ont donné naissance à un 2018 d'une belle élégance. Le nez évoque les fruits rouges, les épices douces et un boisé fin. Le caractère solaire du millésime n'a pas empêché Philippe Huguenot de préserver la fraîcheur qui fait la subtilité du pinot noir de la Côte de Nuits et que l'on retrouve dans une bouche alerte et longue. ⧗ 2023-2025

HUGUENOT PÈRE ET FILS, 7, ruelle du Carron, 21160 Marsannay-la-Côte, tél. 03 80 52 11 56, contact@domainehuguenot.com V r.-v.

CHRISTOPHE JOLIVET
Les Longeroies 2017 ★

■ | 952 | | 20 à 30 €

Christophe Jolivet s'est reconverti en 2016 dans la production de vin en achetant du raisin ou des moûts issus de l'agriculture biologique. Il a débuté dans ce qu'il est convenu d'appeler un « wine studio » (sur le concept californien) : un lieu où tout l'équipement est laissé à la disposition des vignerons ou négociants débutants.

BOURGOGNE

Adepte du minimum d'intervention en cuverie, Christophe Jolivet penche plutôt pour les vins élégants que puissants. Ce marsannay, issu d'un beau terroir de l'AOC, le confirme. Les petits fruits rouges, les épices et un boisé fin forment un nez de belle facture. La bouche est dynamique, fraîche et longue. ⧗ 2023-2025

CHRISTOPHE JOLIVET, 14, Grande-Rue, Le Château, 21200 Bligny-lès-Beaune, vins-christophe.jolivet@hotmail.com V r.-v.

CH. DE MARSANNAY
Clos de Jeu 2018 ★

■	10 000		20 à 30 €

Le domaine du Ch. de Marsannay s'étend sur près de 40 ha, en conversion bio. Il est présent aussi bien en appellations villages, 1ers crus que grands crus de la Côte de Nuits. Il appartient depuis 2012 à la famille Halley, également propriétaire du Ch. de Meursault. De nombreux investissements qualitatifs ont été menés.

Un terroir qui rappelle le passé médiéval de Marsannay, lieu de tournois chevaleresques. Le vin est solidement bâti et n'a pas besoin de fendre l'armure pour faire valoir la finesse de ses tanins. Au nez, se développent des notes de fruits noirs, d'épices et de violette. ⧗ 2023-2030 ■ **2018 ★ (20 à 30 €; 29 000 b.)** La cuvée «ronde», comme on appelle ici l'assemblage de plusieurs terroirs de l'appellation, ne fait aucun complexe. Vinifié en grappes entières pour 20 %, elle s'ouvre sans se faire prier sur des notes de fruits juteux (cerise, mûre) et dévoile une bouche souple et gourmande. ⧗ 2022-2025

SC CH. DE MARSANNAY, 2, rue des Vignes, 21160 Marsannay-la-Côte, tél. 03 80 51 71 11, domaine@chateau-marsannay.com V r.-v.

FIXIN

Superficie : 95 ha
Production : 3 960 hl (95 % rouge)

Après avoir admiré les pressoirs des ducs de Bourgogne à Chenôve et dégusté le marsannay, on rencontre Fixin, qui donne son nom à une AOC où l'on produit surtout des vins rouges. Les fixin sont solides, charpentés, souvent tanniques et de bonne garde. Ils peuvent également revendiquer, au choix, à la récolte, l'appellation côte-de-nuits-villages.
Les *climats* Hervelets, Arvelets, Clos du Chapitre et Clos Napoléon, tous classés en 1ers crus, sont parmi les plus réputés, mais c'est le Clos de la Perrière qui en est le chef de file puisqu'il a même été qualifié de «cuvée hors classe» par d'éminents écrivains bourguignons et comparé au chambertin; ce clos déborde un tout petit peu sur la commune de Brochon. Autre lieu-dit : Le Meix-Bas.

CLOS SAINT-LOUIS
Clos Entre Deux Velles Monopole 2018 ★

■	2000		20 à 30 €

Succédant à ses parents, Philippe et Martine, Virginie Bernard a pris la tête du domaine en 2016. Elle mène un vignoble de 18 ha, répartis sur 3 finages : Marsannay, Gevrey-Chambertin et Fixin. Un domaine créé en 1910 dont la vigneronne représente la 5e génération.

Un terroir situé entre les villages de Fixin et de Fixey, exploité en monopole (3,5 ha) par Virginie Bernard. Y est né ce vin en devenir qui, après une attaque franche, déploie une structure puissante. Le nez présageait déjà de bonnes perspectives par sa fraîcheur aromatique et ses généreuses notes de mûre et de cassis. ⧗ 2023-2025

DOM. DU CLOS SAINT-LOUIS, 4, rue des Rosiers, 21220 Fixin, tél. 03 80 52 45 51, contact@closstlouis.fr V *t.l.j. sf sam. dim. 9h-12h 13h-18h*

OLIVIER DEFRANCE 2018 ★

■	1500		15 à 20 €

Issu d'une ancienne famille implantée depuis 1610 à Fixin, Olivier Defrance, cinquième génération, a repris en 2012 le flambeau de son père Michel sur ce domaine (4 ha) qui porte désormais son nom.

Une petite parcelle de chardonnay qui nous avait déjà prouvé sa parfaite adaptation à son terroir avec le millésime 2015 (coup de cœur). La version 2018 développe un premier nez aux arômes boisés-vanillés, puis gagne en précision à l'aération avec des notes de fleurs blanches et de pêche. Ample et fraîche, la bouche présente un bon équilibre. ⧗ 2021-2024

CAVEAU SAINT-VINCENT MAISON DEFRANCE, 38, rte des Grands-Crus, 21220 Fixin, tél. 03 80 52 47 21, defrance.olivier21@gmail.com V *t.l.j. 9h30-11h30 14h-18h; dim. sur r.-v.* 2

DEREY FRÈRES Les Hervelets 2018 ★★

■ 1er cru	5200		30 à 50 €

Les Derey possèdent un titre envié depuis les ducs de Bourgogne : celui de métayers – depuis 1981 – de la ville de Dijon sur le Clos des Marcs d'or. L'exploitation, établie à Couchey, l'une des communes de l'AOC marsannay, dispose de 20 ha de vignes. En 2013, le fils de Pierre et Suzanne Derey a rejoint ses parents au domaine.

Un 1er cru du nord de l'appellation dont la famille Derey exploite 90 ares. Une cuvée vinifiée à 20 % en vendanges entières et élevée longuement (20 mois). Une très belle réussite tant la finesse des tanins, la longueur de la finale et la complexité des arômes (cerise, cassis, violette) séduisent. ⧗ 2022-2026

DEREY FRÈRES, 1, rue Jules-Ferry, 21160 Couchey, tél. 03 80 52 15 04, derey-freres@wanadoo.fr V *t.l.j. 9h30-12h 14h-18h; sam. dim. sur r.-v.*

DOM. ALAIN JEANNIARD En Combe Roy 2018 ★

■	1900		20 à 30 €

Après une carrière dans l'industrie, Alain Jeanniard est revenu à ses racines vigneronnes (qui remontent au XVIIIes.) pour reprendre en 2000 le Dom. de Morey : 0,5 ha à l'époque, 7 ha aujourd'hui. Il a également créé une affaire de négoce en 2003.

Un tout petit *climat* de 75 ares situé sous les deux 1ers crus du nord de l'appellation. Alain Jeanniard en exploite la moitié environ et propose un vin au nez expressif et frais de fruits rouges et à la bouche solidement structurée et d'un bel équilibre. ⧗ 2023-2026

DOM. ALAIN JEANNIARD, 4, rue aux Loups, 21220 Morey-Saint-Denis, tél. 06 84 56 13 89, domaine.ajeanniard@wanadoo.fr V r.-v.

PATRICK LAGRANGE Les Treuilles 2018 ★

■	600		20 à 30 €

Patrick Lagrange, retraité de la restauration et de la commercialisation de caves à vins, s'est engagé en 2009 comme négociant-éleveur confidentiel à Fixin, vinifiant de petits lots de vendanges intéressants.

Le fixin blanc de la petite parcelle vinifiée par Patrick Lagrange est une nouvelle fois présent dans le Guide. Le nez se livre dans un registre flatteur de pêche et d'amande. Bien équilibrée, profonde, la bouche est aussi longue et fraîche. Le boisé devrait se fondre avec le temps. ⧗ 2023-2025

PATRICK LAGRANGE, 22, rue Abbé-Chevalier, 21220 Fixin, tél. 06 63 71 15 15, palagrange@orange.fr V r.-v.

DOM. GÉRARD SEGUIN La Place 2018 ★

■	3400		15 à 20 €

Établi vers 1850, Alexis Seguin, petit propriétaire à Gevrey, fut l'un des premiers en Bourgogne à greffer avec des bois américains. Le domaine s'est peu à peu agrandi, pour atteindre 6,3 ha aujourd'hui, conduits par Gérard Seguin, son épouse Chantal et leur fils Jérôme. Régulièrement en vue pour ses gevrey.

Un demi-hectare de pinot noir de 45 ans sont à l'origine de ce fixin bâti sur une structure équilibrée et ferme. Entièrement égrappés, les raisins ont livré des notes fraîches de fruits rouges. ⧗ 2022-2025

DOM. GÉRARD SEGUIN, 11-15, rue de l'Aumônerie, 21220 Gevrey-Chambertin, tél. 03 80 34 38 72, domaine.gerard.seguin@wanadoo.fr V r.-v.

GEVREY-CHAMBERTIN

Superficie : 410 ha / Production : 17 280 hl

Au nord de Gevrey, trois appellations communales sont produites sur la commune de Brochon : fixin sur une petite partie du Clos de la Perrière, côte-de-nuits-villages sur la partie nord (lieux-dits Préau et Queue-de-Hareng) et gevrey-chambertin sur la partie sud. En même temps qu'elle constitue l'appellation communale la plus importante en volume, la commune de Gevrey-Chambertin abrite des 1ers crus tous plus grands les uns que les autres. La combe de Lavaux sépare la commune en deux parties. Au nord, on trouve, entre autres *climats*, les Évocelles (sur Brochon), les Champeaux, la Combe aux Moines (où allaient en promenade les moines de l'abbaye de Cluny qui furent au XIIIes. les plus importants propriétaires de Gevrey), les Cazetiers, le Clos Saint-Jacques, les Varoilles, etc. Au sud, les crus sont moins nombreux, presque tout le coteau étant en grand cru; on peut citer les *climats* de Fonteny, Petite-Chapelle, Clos-Prieur, entre autres. Les vins de cette appellation sont solides et puissants dans le coteau, élégants et subtils dans le piémont. À ce propos, il y a lieu de réfuter une opinion erronée selon laquelle l'appellation gevrey-chambertin s'étendrait jusqu'à la ligne de chemin de fer Dijon-Beaune, dans des terrains qui ne le mériteraient pas. Cette information, qui fait fi de la sagesse des vignerons de Gevrey, nous donne l'occasion d'apporter une explication : la Côte a été le siège de nombreux phénomènes géologiques, et certains de ses sols sont constitués d'apports de couverture, dont une partie a pour origine les phénomènes glaciaires du quaternaire. La combe de Lavaux a servi de «canal», et à son pied s'est constitué un immense cône de déjection dont les matériaux sont semblables à ceux du coteau. Dans certaines situations, ils sont simplement plus épais, donc plus éloignés du substratum. Essentiellement constitués de graviers calcaires plus ou moins décarbonatés, ils donnent ces vins élégants et subtils dont nous parlions précédemment.

DOM. CHARLES AUDOIN 2017 ★

■	2000		20 à 30 €

Cyril Audoin (5e génération) a repris en 2008 le domaine familial, après des stages à Petrus (Pomerol), puis en Californie. Le vignoble couvre 14 ha, dont 12 ha plantés dans le village d'élection du domaine : Marsannay. Il est en conversion à la viticulture biologique.

Le domaine poursuit la mise en place d'une viticulture au plus près de ses terroirs. Ce gevrey intense, d'une belle présence en bouche, en est la récompense. Une structure gourmande qui s'accompagne d'une bonne longueur et de notes de griotte et d'épices. Il attendra en cave, sans crainte, quelques années. ⧗ 2023-2025

DOM. CHARLES AUDOIN, 7, rue de la Boulotte, 21160 Marsannay-la-Côte, tél. 03 80 52 34 24, contact@domaine-audoin.fr V r.-v.

ARNAUD BAILLOT Vieilles Vignes 2018 ★

■	900		30 à 50 €

Un jeune domaine complété par une structure de négoce, créé en 2016 par Arnaud Baillot et son épouse Laure Hudelot-Noellat. À la carte, une gamme allant des AOC régionales aux grands crus.

Un gevrey au profil aérien qui offre spontanément du plaisir à travers des notes fraîches de cassis, de violette et de groseille. Ses tanins délicats mis en relief par une bonne acidité rendent ce vin d'ores et déjà accessible. ⧗ 2021-2025

SCEA HAUT TARTRE, ZA Les Bonnes-Filles, 21200 Levernois, tél. 06 20 02 62 16, contact@arnaudbaillot.com V r.-v.

DOM. DES BEAUMONT Vieilles Vignes 2018 ★

■	8000		30 à 50 €

Thierry Beaumont (septième génération) a créé son domaine en 1991 en reprenant les vignes familiales et commercialise son vin en bouteille, sous son patronyme, depuis 1999. Le vignoble couvre 5,5 ha à Morey, Chambolle et Gevrey. Les cuvées de ce vigneron peu interventionniste à la vigne et au chai, qui a investi dans un outil de travail moderne, sont chaque année au rendez-vous du Guide.

Née d'un peu plus d'un hectare et demi de vignes âgées de 70 ans, cette cuvée qui a connu un élevage d'un an en fût traduit la belle maturité des fruits du millésime 2018. Après une attaque vive, la bouche prend de la dimension, portée par de bons tanins, et se conclut sur une note d'amande grillée. ⧗ 2023-2025

DOM. DES BEAUMONT, 9, rue Ribordot, 21220 Morey-Saint-Denis, tél. 03 80 51 87 89, contact@domaine-des-beaumont.com V *t.l.j. 10h30-18h30*

ANNE ET SÉBASTIEN BIDAULT
Vieilles Vignes 2018 ★★

■	4900		30 à 50 €

Sébastien et Anne Bidault se sont installés en 2000, cultivant alors un micro-vignoble de 5 ares de gevrey-chambertin; ils exploitent 1,2 ha aujourd'hui, sur 5 appellations (gevrey, morey, chambolle-musigny, aloxe-corton et clos-de-la-roche).

Le climat solaire du millésime 2018 a visiblement été parfaitement dompté par Anne et Sébastien Bidault. Ce gevrey né de pinots noirs de 70 ans se distingue par sa fraîcheur et son équilibre. Le fruit s'exprime avec intensité aussi bien au nez qu'en bouche et monte en puissance à l'aération. Après des notes empyreumatiques, il évoque la groseille, agrémenté de notes de menthol. ⧗ 2023-2025

ANNE ET SÉBASTIEN BIDAULT, 9, rue des Jardins, 21220 Morey-Saint-Denis, tél. 06 73 84 03 34, annebidault@yahoo.fr V *r.-v.*

DOM. CLUNY
Vieilles Vignes 2018 ★

■	3500		30 à 50 €

Un domaine familial basé au nord de Gevrey-Chambertin (à Brochon). La famille Cluny, représentée aujourd'hui par Camille et Léa, cultive la vigne depuis le début du XXes. Les viticultrices sont à la tête de 7 ha à Gevrey mais aussi en appellations chambolle-musigny, côte-de-nuits-villages, etc.

En provenance d'une parcelle d'un demi-hectare plantée de vignes de 80 ans, cette cuvée présente au nez des notes empyreumatiques et poivrées. La bouche est bien équilibrée, bâtie sur des tanins un peu fermes pour l'heure mais prometteurs. Un bel avenir s'offre à lui. ⧗ 2023-2030

SARL HERVÉ CLUNY, 9, rue du Rapitot, 21220 Brochon, tél. 06 88 76 60 99, domainecluny@gmail.com V *r.-v.*

DOM. FAIVELEY
Les Cazetiers 2018 ★

■ 1er cru	14300		75 à 100 €

Ce domaine fondé à Nuits-Saint-Georges en 1825 est un nom qui compte en Bourgogne, depuis 7 générations. À sa tête depuis 2005, Erwan Faiveley, qui a succédé à son père François. Aujourd'hui, c'est l'un des plus importants propriétaires de vignes en Bourgogne : 120 ha du nord de la Côte de Nuits au sud de la Côte chalonnaise, dont 10 ha en grand cru et près de 25 ha en 1er cru.

Avec plus de 4 ha, le Dom. Faiveley est le principal propriétaire de ce beau terroir du nord de Gevrey-Chambertin. Déjà bien en vue dans la dernière édition du Guide avec le millésime 2017, cette cuvée confirme sa propension à donner un vin d'une belle structure, taillé pour la garde. Un gevrey étiré dans une longue finale, qui s'exprime sur des notes de fruits frais et d'épices. ⧗ 2025-2030

DOM. FAIVELEY, 8, rue du Tribourg, 21700 Nuits-Saint-Georges, tél. 03 80 61 04 55, contact@domaine-faiveley.com

CAMILLE GIROUD
Les Crais 2017 ★★

■	6000		50 à 75 €

Fondée en 1865, cette vénérable maison beaunoise, discrète mais reconnue des amateurs, est propriété d'investisseurs américains depuis 2002. Autrefois spécialiste de la commercialisation de vieux vins, elle vit aujourd'hui avec son temps et c'est Carel Voorhuis qui assure les vinifications. Elle présente à sa carte de nombreux grands crus, régulièrement sélectionnés dans ces pages, et aussi de « simples » 1ers crus.

Avec son nez enjôleur de petits fruits rouges et de vanille, ce gevrey procure spontanément beaucoup de plaisir. La bouche campe sur une trame tannique sérieuse mais toujours plaisante. Provenant du cœur de l'appellation, cette cuvée peut se prévaloir d'être à la fois bien représentative de son village et du millésime. Tout proche du coup de cœur. ⧗ 2023-2030

SAS CAMILLE GIROUD, 3, rue Pierre-Joigneaux, 21200 Beaune, tél. 03 80 22 12 65, contact@camillegiroud.com *r.-v.*

DOM. A.-F. GROS
2018 ★

■	1400		50 à 75 €

Le domaine a été créé en 1988 par Anne-Françoise Gros et son mari François Parent à Pommard. Leurs enfants Caroline et Mathias conduisent aujourd'hui un vignoble de 14 ha dans les deux Côtes, mais aussi en Beaujolais (moulin-à-vent). Un domaine incontournable qui collectionne les coups de cœur.

Le nez de ce gevrey évoque les fruits frais comme la framboise, la cerise, le cassis, mais aussi un bon boisé épicé. Bâtie sur une solide trame tannique qui lui permettra de passer les années, la bouche conjugue concentration et longueur. ⧗ 2023-2030

DOM. A.-F. GROS, 1, pl. de l'Europe, 21630 Pommard, tél. 03 80 22 61 85, contact@af-gros.com V *r.-v.*

S. C. GUILLARD
Aux Corvées Vieilles Vignes 2017 ★★

■	4500		15 à 20 €

Michel Guillard, installé en 1979, exploite un petit domaine très régulier de 4,8 ha, dédié aux seuls terroirs de Gevrey, avec un beau patrimoine de vieilles vignes, les premières ayant été plantées en 1911 par le grand-père, Auguste Lyonnet, dit Henri.

Cette cuvée régulièrement sélectionnée dans le Guide (coup de cœur avec le millésime 2014) provient d'une parcelle située à proximité du village de Gevrey et dont les pinots noirs ont atteint l'âge respectable de 70 ans. En cave, des cuvaisons assez longues et un élevage en fûts (la moitié neufs) de 18 mois ont donné un 2017 de garde, doté de tanins puissants mais d'une belle finesse, qui accompagnent des notes de cassis, de griotte et de torréfaction. ⧗ 2023-2030 ■ **1er cru Les**

Corbeaux 2017 ★★ (20 à 30 €; 3000 b.) Un *climat* qui jouxte le grand cru mazis-chambertin et qui ne nourrit pas de complexe auprès de son illustre voisin à en juger par ce vin ouvert sur des notes de café, de cassis et de cerise, à la fois charnu et fin en bouche, soutenu par des tanins harmonieux relevés par des touches épicées. ⧗ 2023-2030 ■ **1er cru Lavaux Saint-Jacques 2017 ★ (20 à 30 €; 560 b.)** Des trois 1ers crus du domaine, le Lavaux Saint-Jacques est le plus prestigieux. Réputé pour livrer des vins de garde d'une belle finesse tannique, cette cuvée fait honneur à son statut. Ce vin est en effet velouté et déploie des notes délicates florales et de petits fruits rouges (framboise). ⧗ 2023-2030

SCEA GUILLARD, 3, rue des Halles, 21220 Gevrey-Chambertin, tél. 03 80 34 32 44 V r.-v.

DOM. HERESZTYN-MAZZINI
Vieilles vignes 2017 ★

■ | 2500 | | 20 à 30 €

Après 10 ans passés sur le domaine familial fondé par son grand-père Jan – un immigré polonais qui acquit quelques ceps à Gevrey dans les années 1930 –, Florence Heresztyn a décidé de voler de ses propres ailes avec son compagnon Simon Mazzini, viticulteur champenois de la Montagne de Reims. Depuis 2012, ils exploitent 6 ha de vignes entre Gevrey-Chambertin et Chambolle-Musigny.

Des vignes de 65 ans sur une parcelle d'un peu plus d'un hectare sont à l'origine de cette cuvée de caractère, aux tanins encore un peu anguleux à ce stade mais d'une belle qualité. Un vin en devenir qui s'exprime sur des notes de framboise, de mûre et une pointe vanillée. Un peu de patience. ⧗ 2023-2026

DOM. HERESZTYN-MAZZINI, 27, rue Richebourg, 21220 Gevrey-Chambertin, tél. 03 80 33 62 71, info@heresztyn-mazzini.com V r.-v.

♥ HUGUENOT
Les Crais 2018 ★★

■ | 19500 | | 30 à 50 €

Depuis 1790, 10 générations se sont succédé sur ce domaine de 21 ha, réputé pour ses marsannay, ses gevrey et ses fixin. Philippe Huguenot a pris la suite de son père Jean-Louis en 1996 et lancé la conversion bio de son vignoble.

Les Crais est un terroir relativement vaste (26 ha), situé à la hauteur du village de Gevrey-Chambertin. Le domaine Huguenot en cultive près de 3 ha. Des pinots noirs de 50 ans qui s'y épanouissent et ont donné un 2018 particulièrement réussi, ample, long, racé, aux tanins fondus et veloutés. Le support idéal pour d'élégants arômes boisés (café, chocolat) et fruités (fraise, cassis). ⧗ 2023-2028 ■ **1er cru Les Fontenys 2018 ★ (50 à 75 €; 1800 b.)** Un vin taillé pour une longue garde mais qui se montre sous un jour séduisant dès aujourd'hui. L'aromatique marie harmonieusement le fruité et le boisé. La bouche est bien équilibrée, suave tout en affichant une solide structure. ⧗ 2023-2030

HUGUENOT PÈRE ET FILS, 7, ruelle du Carron, 21160 Marsannay-la-Côte, tél. 03 80 52 11 56, contact@domainehuguenot.com V r.-v.

DOM. LUCIEN JACOB
2018 ★★

■ | 3800 | | 20 à 30 €

Établis depuis 1989 dans le village d'Échevronne au cœur des terroirs des Hautes-Côtes, Chantal, Jean-Michel et Christine Jacob conduisent un domaine de 17 ha et produisent du vin dans les deux Côtes, mais aussi des crèmes de petits fruits traditionnelles.

Ce gevrey demande un peu d'aération pour dévoiler toute sa complexité : il évoque alors la rose, la réglisse et des notes plus classiques d'un pinot noir bien né (cassis, cerise). En bouche, toutes les qualités d'un vin plaisir sont au rendez-vous : c'est charnu, souple, fin et fruité. ⧗ 2022-2025

DOM. LUCIEN JACOB, 11, pl. de la Mairie, 21420 Échevronne, tél. 03 80 21 52 15, lucien-jacob@wanadoo.fr V r.-v.

ALAIN JEANNIARD
2018 ★

■ | 1000 | | 30 à 50 €

Après une carrière dans l'industrie, Alain Jeanniard est revenu à ses racines vigneronnes (qui remontent au XVIIIes.) pour reprendre en 2000 le Dom. de Morey : 0,5 ha à l'époque, 7 ha aujourd'hui. Il a également créé une affaire de négoce en 2003.

Une cuvée issue d'une petite parcelle de 20 ares et qui a connu un élevage long en fût de 16 mois. Les notes boisées se font sentir au nez comme en bouche (vanille, notes grillées). Des touches de petits fruits et une bonne souplesse des tanins laissent une sensation favorable. ⧗ 2023-2025

DOM. ALAIN JEANNIARD, 4, rue aux Loups, 21220 Morey-Saint-Denis, tél. 06 84 56 13 89, domaine.ajeanniard@wanadoo.fr V r.-v.

RÉMI JEANNIARD
Vieilles Vignes 2018 ★

■ | 1500 | | 20 à 30 €

Après avoir travaillé près de 20 ans avec son père, Rémi Jeanniard a repris une partie des vignes familiales en 2004 et s'est construit une nouvelle cuverie. Il exploite aujourd'hui 5,8 ha, à Morey-Saint-Denis principalement.

Rémi Jeanniard fait partie des habitués de notre sélection en gevrey. Déjà étoilée avec le millésime 2017, cette cuvée présente dans sa version 2018 une belle palette de fruits rouges (cerise, framboise) et de vanille. La bouche fait preuve d'ampleur et se conclut par une jolie finale saline. ⧗ 2023-2025

RÉMI JEANNIARD, 19-21, rue de Cîteaux, 21220 Morey-Saint-Denis, tél. 03 80 58 52 42, remijeanniard@orange.fr V r.-v.

BOURGOGNE

JEAN-PHILIPPE MARCHAND
Vieilles Vignes 2017 ★★

■	1200	◍	30 à 50 €

Les vignobles Marchand ont été fondés en 1813 à Morey et agrandis en 1983 par l'achat d'une vigne à Gevrey-Chambertin. Héritier de 6 générations, Jean-Philippe Marchand gère, depuis 1984, le domaine familial – installé dans une ancienne fabrique de confitures de Gevrey, ainsi qu'une affaire de négoce.

D'une belle intensité aromatique, ce gevrey «pinote» bien autour de la framboise, la fraise et la cerise, agrémentées d'une touche florale. En bouche, les tanins sont soyeux sans manquer pour autant de vigueur. Un profil de vin de garde. ⧗ 2024-2030

⊶ JEAN-PHILIPPE MARCHAND, 4, rue Souvert, 21220 Gevrey-Chambertin, tél. 03 80 34 33 60, contact@marchand-jph.fr V *t.l.j. 10h-12h30 13h30-18h*

♥ B DOM. THIERRY MORTET
Vignes Belles 2017 ★★

■	3500	◍	30 à 50 €

Thierry Mortet, dont les vins figurent souvent dans le Guide, s'est installé en 1992 sur une partie du domaine familial, qu'il a agrandi, portant sa superficie à 8,5 ha aujourd'hui, convertis à l'agriculture biologique à partir de 2007. Il est particulièrement à l'aise sur les terroirs de son village.

Un gevrey issu d'un lieu-dit joliment nommé, situé au sud de l'appellation, sous le Clos de Bèze. Thierry Mortet y exploite 70 ares qui ont donné un 2017 expressif et complexe, ouvert sur des notes de fruits des bois, de pivoine et de poivre. La bouche fait preuve d'élégance, d'équilibre, de volume et de consistance. L'ensemble donne une cuvée bien représentative de son appellation et de son millésime. Elle vieillira en toute quiétude. ⧗ 2023-2028 ■ **2018 ★★ (30 à 50 €; 18000 b.)** La cuvée principale du domaine. Le nez s'ouvre spontanément sur la cerise, la violette, la réglisse et les fruits rouges. En bouche, c'est un vin ample, aux tanins souples, qui dégage une grande énergie, prolongé par une belle finale épicée. ⧗ 2023-2026

⊶ DOM. THIERRY MORTET, 16, pl. des Marronniers, 21220 Gevrey-Chambertin, tél. 03 80 51 85 07, domainethierrymortet@gmail.com V *r.-v.*

MANUEL OLIVIER 2018 ★

■	2660	◍	30 à 50 €

Installé en 1990, Manuel Olivier, fils d'agriculteurs, a commencé par cultiver les vignes et petits fruits dans les Hautes-Côtes-de-Nuits. Aujourd'hui spécialisé en viticulture, il exploite un vignoble de 12 ha, complété depuis 2007 par une structure de négoce qui lui a permis de mettre un pied en Côte de Beaune.

Après une cuvaison de 5 à 6 semaines et un passage de 18 mois en fût, ce gevrey livre des notes de fruits rouges, de fraise notamment, et d'épices. La bouche est construite sur des tanins souples et fins. Un ensemble harmonieux. ⧗ 2022-2025

⊶ DOM. MANUEL OLIVIER, 7, rue des Grandes-Vignes, hameau de Corboin, 21700 Nuits-Saint-Georges, tél. 03 80 62 39 33, contact@domaine-olivier.com V *t.l.j. sf dim. 9h-12h30 14h-19h*

LES PARCELLAIRES DE SAULX 2017 ★

■	1800	◍	50 à 75 €

Le Manoir Murisaltien a été acquis en 2017 par un couple d'Américains passionnés d'art de vivre à la française. Propriétaires également du Dom. de Belleville à Rully et du Ch. le Clos de la Commaraine à Pommard, ainsi que de la maison de champagne Leclerc Briant, ils ambitionnent de vinifier une gamme de vins très qualitative dans leur cave de Meursault. Sur cette base est née la maison Les Parcellaires de Saulx.

Un gevrey plus en souplesse et en fraîcheur qu'en puissance, mais qui saura vieillir harmonieusement. Après un nez s'exprimant sur les fruits noirs, le Zan et la torréfaction, il se distingue par une belle énergie en bouche. ⧗ 2023-2026

⊶ LES PARCELLAIRES DE SAULX, 4, rue du Clos-de-Mazerays, 21190 Meursault, tél. 03 80 21 21 83, contact@de-saulx.com V *r.-v.*

♥ DOM. QUIVY Les Corbeaux 2018 ★★

■ 1er cru	1100	◍	75 à 100 €

Installé en 1981 dans une belle maison du XVIIIe s. (inscrite aux Monuments historiques), Gérard Quivy conduit un petit vignoble de 7 ha et propose une gamme étendue de vins de Gevrey et de Brochon, des villages, 1ers et grands crus (chapelle et charmes) souvent en très bonne place dans le Guide.

Une cuvée passée près du coup de cœur avec le millésime 2017 dans la précédente édition. Ce *climat* remarquable, situé près du grand cru mazis-chambertin, livre un 1er cru épatant. Le nez fait preuve d'intensité sur des notes de fruits noirs et rouges et d'épices agrémentées d'une nuance florale. La bouche est ample, onctueuse, dotée de tanins soyeux et soutenue par une belle acidité. L'ensemble dégage une grande harmonie et devrait gagner encore en équilibre une fois les notes boisées intégrées. ⧗ 2025-2030 ■ **Les Journaux 2018 ★ (30 à 50 €; 2400 b.)** Un gevrey en provenance de la partie la plus au nord de l'appellation (commune de Brochon). Un vin aux notes persistantes de myrtille, de cassis et de réglisse, porté par une trame tannique dense et puissante. ⧗ 2024-2030

⊶ DOM. QUIVY, 7, rue Gaston-Roupnel, 21220 Gevrey-Chambertin, tél. 03 80 34 31 02, gerard.quivy@wanadoo.fr V *t.l.j. 9h-12h 14h-18h*

DOM. HENRI REBOURSEAU Fonteny 2017 ★

■ 1er cru	4500	◍	75 à 100 €

Ce domaine a été créé en 1919 par le général Henri Rebourseau, qui regroupa les vignes de son père

autour de la maison familiale, une belle bâtisse du XVIIIᵉ s. Son arrière-petit-fils Jean de Surrel est aujourd'hui aux commandes d'un vignoble de 13,4 ha, fort d'un joli patrimoine de grands crus et en conversion à la biodynamie.

Une cuvée dense et encore un peu austère, qui a bénéficié d'un long élevage en fût de 17 mois. Le nez est logiquement marqué par des notes boisées, mais laisse entrevoir une bonne complexité. Un gevrey consistant, puissant et long en bouche, à mettre en cave. ⧗ 2025-2030

DOM. HENRI REBOURSEAU, 10, pl. du Monument, 21220 Gevrey-Chambertin, tél. 03 80 51 88 94, domaine@rebourseau.com

DOM. HENRI RICHARD Les Tuileries 2017 ★

■ | 2700 | | 30 à 50 €

Patrick Maroiller, régisseur de ce domaine de 4,5 ha certifié bio, a cédé la place en 2012 aux petits-enfants du fondateur, Sarah et Richard Bastien, qui souhaitent développer la mise en bouteilles à la propriété, une partie de la production étant vendue en vrac.

Une cuvée issue de raisins partiellement égrappés et élevée pendant un an en fût. Le nez livre de délicates notes florales et épicées. Une matière gourmande et fine vient flatter le palais. Un gevrey friand et déjà plaisant. ⧗ 2021-2024

DOM. HENRI RICHARD, 75, rte de Beaune, 21220 Gevrey-Chambertin, tél. 09 62 08 00 17, info@domainehenririchard.com V r.-v. E

CH. DE SANTENAY 2017 ★★

■ | 6000 | | 30 à 50 €

Ce majestueux château aux tuiles vernissées, aussi appelé «château Philippe le Hardi», fut propriété du premier duc de la grande Bourgogne (1342-1404). Dans le giron du Crédit Agricole depuis 1997, il étend son vaste vignoble sur 95 ha répartis dans plusieurs AOC beaunoises et chalonnaises, sous la houlette de Jean-Philippe Archambaud depuis 2019.

Une cuvée issue de raisins entièrement éraflés, qui a connu un élevage à 25% en fût de chêne neuf. D'une grande finesse aromatique, centrée sur la griotte et le cassis, elle se montre aussi séduisante par la délicatesse de ses tanins. Une bouche soyeuse mais aussi longue et concentrée qui laisse deviner de très bonnes perspectives de vieillissement. ⧗ 2023-2030

TERROIRS ET CHÂTEAUX DU CH. DE SANTENAY, 1, rue du Château, 21590 Santenay, tél. 03 80 20 61 87, contact@chateau-de-santenay.com V r.-v.

DOM. GÉRARD SEGUIN Vieilles Vignes 2018 ★

■ | 10500 | | 20 à 30 €

Établi vers 1850, Alexis Seguin, petit propriétaire à Gevrey, fut l'un des premiers en Bourgogne à greffer avec des bois américains. Le domaine s'est peu à peu agrandi, pour atteindre 6,3 ha aujourd'hui, conduits par Gérard Seguin, son épouse Chantal et leur fils Jérôme. Régulièrement en vue pour ses gevrey.

Une cuvée concentrée et complexe qui représente une bonne partie de la production du domaine puisqu'elle mobilise près du tiers de ses vignes. Le nez évoque la mûre et la réglisse agrémentées d'une pointe de menthol. Portée par un support tannique dense, la bouche présente une belle longueur. ⧗ 2023-2030

DOM. GÉRARD SEGUIN, 11-15, rue de l'Aumônerie, 21220 Gevrey-Chambertin, tél. 03 80 34 38 72, domaine.gerard.seguin@wanadoo.fr V r.-v.

DOM. TRAPET-ROCHELANDET Les Champs Chenys Vieilles Vignes 2017 ★

■ | 1500 | | 30 à 50 €

Laurent Trapet-Rochelandet, sixième génération de viticulteur, a pris la tête du domaine familial en 2015. Il cultive près de 7 ha de vignes, avec notamment le grand cru ruchottes-chambertin à la gamme. Cette dernière compte aussi les *climats* Petite Chapelle, Champs Chenys ou encore Bel Air.

Ce jeune vigneron est à la tête d'une petite parcelle dans ce *climat* du sud de l'appellation. Il en a tiré un vin expressif, ouvert sur des notes de fruits noirs à haute maturité et de rose séchée, souple, rond et gourmand en bouche. Une fine vivacité lui ajoute de la vigueur en finale. ⧗ 2022-2025

EARL DOM. TRAPET-ROCHELANDET, 9 bis, rue du Chambertin, 21220 Gevrey-Chambertin, tél. 06 62 12 99 26, domaine-trapet@bbox.fr V r.-v.

♥ DOM. DES VAROILLES Clos des Varoilles Vieilles Vignes Monopole 2017 ★★

■ 1er cru | 15000 | | 50 à 75 €

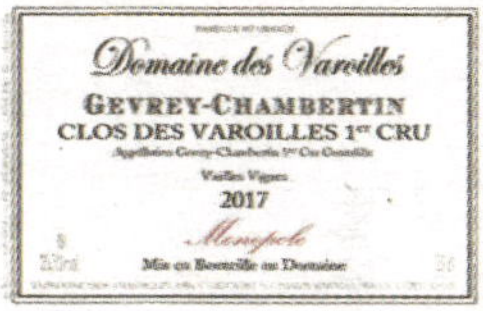

Bien connu pour ses gevrey et ses charmes-chambertin, ce domaine conduit depuis 1990 par Gilbert Hammel dispose de 10 ha répartis dans de nombreux crus prestigieux de Gevrey, dont plusieurs en monopole (Clos des Varoilles, Clos du Meix, Clos du Couvent et La Romanée).

Un *climat* qui a donné son nom à la propriété. Et pour cause, il en constitue 6 des 10 ha et s'étend d'un seul tenant dans la fameuse combe Lavaux. Un joyau remarquablement mis en valeur par une vinification soignée et un élevage de 18 mois en fût. Le nez évoque avec délicatesse la framboise fraîche associée à des notes florales. La bouche est ample, dense, sérieuse, structurée par des tanins d'une remarquable finesse. Équilibre et longueur sont au rendez-vous. ⧗ 2024-2030 ■ **Clos du Meix des Ouches Monopole 2017 ★ (30 à 50 €; 4000 b.)** Un autre monopole exploité par le domaine. Le terroir situé au-dessus du village s'étend sur 1 ha. Le nez offre une grande complexité aromatique, mêlant notamment la pivoine et les petits fruits rouges. Plus discret en bouche, il se dévoile avec finesse et longueur. ⧗ 2024-2028

DOM. DES VAROILLES, rue de la Croix-des-Champs, 21220 Gevrey-Chambertin, tél. 03 80 34 30 30, contact@domaine-varoilles.com V r.-v.

BOURGOGNE

CHAMBERTIN

Superficie : 13 ha / Production : 437 hl

Bertin, vigneron à Gevrey, possédant une parcelle voisine du Clos de Bèze et fort de l'expérience qualitative des moines, planta les mêmes ceps et obtint un vin similaire : c'était le « champ de Bertin », d'où Chambertin.

♥ DOM. HENRI REBOURSEAU 2017 ★★

Gd cru	n.c.		+ de 100 €

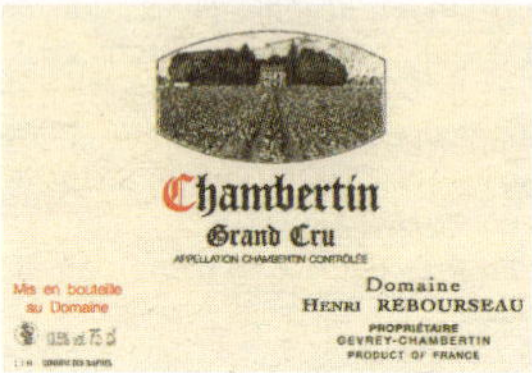

Ce domaine a été créé en 1919 par le général Henri Rebourseau, qui regroupa les vignes de son père autour de la maison familiale, une belle bâtisse du XVIII[e]s. Son arrière-petit-fils Jean de Surrel est aujourd'hui aux commandes d'un vignoble de 13,4 ha, fort d'un joli patrimoine de grands crus et en conversion à la biodynamie.

Le domaine est l'heureux exploitant de près d'un demi-hectare de ce qui fut, il y a quelques siècles, le champ d'un certain monsieur Bertin. Un vin élevé sous bois pendant 17 mois, travaillé par gravité pour préserver au mieux son potentiel et qui se distingue par la grande qualité de ses tanins. Une texture particulièrement fine, soyeuse et élégante qui lui vaut de figurer tout en haut du tableau d'honneur du Guide cette année. Avec ses notes de petits fruits rouges, d'épices douces, de rose fraîche, ce raffinement s'annonçait déjà au nez. ⧗ 2025-2035

DOM. HENRI REBOURSEAU, 10, pl. du Monument, 21220 Gevrey-Chambertin, tél. 03 80 51 88 94, domaine@rebourseau.com

CHAMBERTIN-CLOS-DE-BÈZE

Superficie : 15 ha / Production : 510 hl

Les religieux de l'abbaye de Bèze plantèrent en 630 une vigne dans une parcelle de terre qui donna un vin particulièrement réputé : ce fut l'origine de l'appellation. Les vins de cette aire AOC peuvent également s'appeler chambertin.

♥ JÉRÔME CASTAGNIER 2018 ★★

Gd cru	n.c.		+ de 100 €

Installé depuis 2004 sur le domaine familial de Morey-Saint-Denis, Jérôme Castagnier exploite (en biodynamie non certifiée) un vignoble de 4 ha en Côte de Nuits. Ses grands crus, notamment ses clos-de-vougeot, clos-de-la-roche et clos-saint-denis, lui permettent de s'illustrer avec une réelle constance. Il a également développé une activité de négoce à son nom pour compléter sa gamme, toujours en Côte de Nuits.

Un grand cru en devenir qui confirme, s'il le fallait, la capacité de Jérôme Castagnier à mettre en valeur quelques-uns des plus beaux terroirs de la Côte de Nuits. Il s'illustre ici avec un clos-de-bèze issu d'un achat de raisins. D'abord sur la retenue, le nez développe à l'aération des arômes élégants d'épices, de fraise, de cerise ou encore de cassis. Après une attaque ample et gourmande, la bouche dévoile de beaux tanins qui font sentir leur présence tout en restant souples. Un vin d'une grande présence au palais, à la fois intense et d'une réelle élégance. ⧗ 2025-2035

SARL JÉRÔME CASTAGNIER, 20, rue des Jardins, 21220 Morey-Saint-Denis, tél. 06 08 06 67 79, jeromecastagnier@yahoo.fr V t.l.j. sf sam. dim. 9h-12h 14h-17h

FRÉDÉRIC MAGNIEN 2018 ★

Gd cru	1500		+ de 100 €

Frédéric Magnien est un fin vinificateur en chambolle et l'une des valeurs sûres de cette appellation, et plus largement des grands crus de la Côte de Nuits. Après avoir travaillé 4 ans sur le domaine de son père Michel, dont il vinifie toujours les vins, exercé un an dans des vignobles du Nouveau Monde (Californie, Australie) et obtenu un diplôme d'œnologie à Dijon, il a lancé en 1995 sa maison de négoce.

Frédéric Magnien poursuit sa démarche singulière d'élevage pour partie de ses cuvées en jarre en terre cuite avec un objectif : boiser le moins possible ses vins. Avec ce clos-de-bèze, il propose un grand cru très harmonieux et empreint d'une touche de fraîcheur florale. Le nez développe aussi des notes de cerise et de cassis. La bouche conjugue volume, longueur et élégance. ⧗ 2025-2030

EURL FRÉDÉRIC MAGNIEN, 26, rte Nationale, 21220 Morey-Saint-Denis, tél. 03 80 58 54 20, frederic@fred-magnien.com V r.-v.

LATRICIÈRES-CHAMBERTIN

Superficie : 7 ha / Production : 275 hl

DOM. FAIVELEY 2018 ★

Gd cru	5800		+ de 100 €

Ce domaine fondé à Nuits-Saint-Georges en 1825 est un nom qui compte en Bourgogne, depuis 7 générations. À sa tête depuis 2005, Erwan Faiveley, qui a succédé à son père François. Aujourd'hui, c'est l'un des plus importants propriétaires de vignes en Bourgogne : 120 ha du nord de la Côte de Nuits au sud de la Côte chalonnaise, dont 10 ha en grand cru et près de 25 ha en 1er cru.

Avec 1,2 ha, le domaine est un important propriétaire de ce grand cru situé tout au sud de Gevrey-Chambertin. Le nez de ce 2018 évolue dans un registre gourmand de cerise noire, de réglisse et de chocolat, avec en prime une pointe florale. Le palais, tout en longueur, se distingue par le raffinement de sa texture dans un millésime pourtant chaleureux. ⧗ 2025-2030

⊶ DOM. FAIVELEY, 8, rue du Tribourg, 21700 Nuits-Saint-Georges, tél. 03 80 61 04 55, contact@domaine-faiveley.com

DOM. CHANTAL RÉMY 2017 ★

Gd cru	1200		+ de 100 €

Florian, le fils de Chantal Remy, est arrivé en 2011 dans cette jeune exploitation créée par sa mère en 2009. Ils sont à la tête de vignes héritées du Dom. Louis Rémy. Le domaine exploite 3 grands crus et le Clos des Rosiers, monopole de Morey-Saint-Denis.

D'une aromatique complexe et délicate, ce latricières-chambertin révèle une belle facette de la typicité de ce terroir. Un *climat* qui donne des vins généralement moins spectaculaires que les grands crus voisins, mais capables d'une belle longueur et d'un grand raffinement. Le nez évoque les épices, la cerise fraîche et le Zan. La bouche se montre ample, ronde et généreuse dans ce millésime de belle maturité. ⧗ 2024-2030

⊶ DOM. CHANTAL RÉMY, 1, pl. du Monument, 21220 Morey-Saint-Denis, tél. 03 80 34 32 59, domaine.chantal.remy@orange.fr V *r.-v.*

CHARMES-CHAMBERTIN

Superficie : 29 ha / Production : 1 115 hl

DOM. DES BEAUMONT 2018 ★

Gd cru	1500		+ de 100 €

Thierry Beaumont (septième génération) a créé son domaine en 1991 en reprenant les vignes familiales et commercialise son vin en bouteille, sous son patronyme, depuis 1999. Le vignoble couvre 5,5 ha à Morey, Chambolle et Gevrey. Les cuvées de ce vigneron peu interventionniste à la vigne et au chai, qui a investi dans un outil de travail moderne, sont chaque année au rendez-vous du Guide.

Une cuvée qui avait déjà récolté une étoile pour le millésime 2017 dans la dernière édition du Guide. Le *climat* des charmes-chambertin réputé pour donner des vins en finesse gagne ici en puissance avec le solaire millésime 2018. C'est toutefois un vin laissant une impression finale de fraîcheur qui se présente ici, porté par des tanins tendres et enveloppé dans un boisé d'une belle finesse composant harmonieusement avec des notes de fruits noirs (mûre, myrtille) et une touche de réglisse. ⧗ 2024-2030

⊶ DOM. DES BEAUMONT, 9, rue Ribordot, 21220 Morey-Saint-Denis, tél. 03 80 51 87 89, contact@domaine-des-beaumont.com
V *t.l.j. 10h30-18h30*

DOM. HENRI REBOURSEAU 2017 ★

Gd cru	n.c.		+ de 100 €

Ce domaine a été créé en 1919 par le général Henri Rebourseau, qui regroupa les vignes de son père autour de la maison familiale, une belle bâtisse du XVIIIes. Son arrière-petit-fils Jean de Surrel est aujourd'hui aux commandes d'un vignoble de 13,4 ha, fort d'un joli patrimoine de grands crus et en conversion à la biodynamie.

Présent aussi dans la sélection des chambertin et des mazis-chambertin, le domaine donne un aperçu de la large gamme de grands crus dont il dispose dans son village d'élection. Un vin bâti sur une solide structure tannique, qui incite à la patience avant de le proposer sur table, mais qui dispose de toutes les qualités, complexité et maturité aromatique en tête (myrtille, épices, touche florale), pour donner beaucoup de plaisir dans quelques années. ⧗ 2025-2030

⊶ DOM. HENRI REBOURSEAU, 10, pl. du Monument, 21220 Gevrey-Chambertin, tél. 03 80 51 88 94, domaine@rebourseau.com

MAZIS-CHAMBERTIN

Superficie : 8,8 ha / Production : 275 hl

DOM. HENRI REBOURSEAU 2017 ★

Gd cru	n.c.		+ de 100 €

Ce domaine a été créé en 1919 par le général Henri Rebourseau, qui regroupa les vignes de son père autour de la maison familiale, une belle bâtisse du XVIIIes. Son arrière-petit-fils Jean de Surrel est aujourd'hui aux commandes d'un vignoble de 13,4 ha, fort d'un joli patrimoine de grands crus et en conversion à la biodynamie.

Un travail de vinification et de mise en bouteille par gravité, évitant ainsi les pompages, est l'une des lignes directrices du domaine. Libérant une délicate note florale en première approche, le nez évoque ensuite les épices, le cassis à haute maturité et la cerise. La bouche, d'un beau volume, est construite sur des tanins fins laissant un touché élégant et frais. ⧗ 2025-2030

⊶ DOM. HENRI REBOURSEAU, 10, pl. du Monument, 21220 Gevrey-Chambertin, tél. 03 80 51 88 94, domaine@rebourseau.com

MOREY-SAINT-DENIS

Superficie : 96 ha
Production : 3 822 hl (95 % rouge)

Entre Gevrey-Chambertin et Chambolle-Musigny, Morey-Saint-Denis constitue l'une des plus petites appellations communales de la Côte de Nuits. Outre d'excellents 1ers crus (en majorité rouges), la commune possède cinq grands crus ayant une appellation d'origine contrôlée particulière : clos-de-tart, clos-saint-denis, bonnes-mares (en partie), clos-de-la-roche et clos-des-lambrays. Les vins rouges de cette commune apparaissent comme intermédiaires entre les puissants gevrey et les délicats chambolle. Les vignerons présentent au public les morey-saint-denis, et uniquement ceux-ci, le vendredi précédant la vente des Hospices de Nuits (3e semaine de mars) lors d'un Carrefour de Dionysos à la salle des fêtes communale.

BOURGOGNE

DOM. DES BEAUMONT
Les Millandes 2018 ★

1er cru | 1900 | 30 à 50 €

Thierry Beaumont (septième génération) a créé son domaine en 1991 en reprenant les vignes familiales et commercialise son vin en bouteille, sous son patronyme, depuis 1999. Le vignoble couvre 5,5 ha à Morey, Chambolle et Gevrey. Les cuvées de ce vigneron peu interventionniste à la vigne et au chai, qui a investi dans un outil de travail moderne, sont chaque année au rendez-vous du Guide.

Dans le style que l'on connaît bien à Thierry Beaumont, ce 1er cru souligne une belle maturité de fruits : les notes de mûre sont à l'honneur, accompagnées par un boisé vanillé et épicé. Une chair croquante et des tanins fondus se font sentir en bouche. ⧗ 2023-2028

DOM. DES BEAUMONT, 9, rue Ribordot, 21220 Morey-Saint-Denis, tél. 03 80 51 87 89, contact@domaine-des-beaumont.com V *t.l.j. 10h30-18h30*

DOM. CHANTAL RÉMY
Clos des Rosiers 2017 ★

1200 | 50 à 75 €

Florian, le fils de Chantal Remy, est arrivé en 2011 dans cette jeune exploitation créée par sa mère en 2009. Ils sont à la tête de vignes héritées du Dom. Louis Rémy. Le domaine exploite 3 grands crus et le Clos des Rosiers, monopole de Morey-Saint-Denis.

Un terroir au nom évocateur, entouré par le Clos des Lambrays et une magnifique roseraie. La recherche d'élégance et de finesse de la famille Rémy va bien à ce morey. Un vin bien structuré mais sans dureté, évoquant la cerise noire, le cassis et le poivre, qui se conclut par une finale soyeuse. Déjà agréable, il pourra aussi vieillir sereinement. ⧗ 2021-2025

DOM. CHANTAL RÉMY, 1, pl. du Monument, 21220 Morey-Saint-Denis, tél. 03 80 34 32 59, domaine.chantal.remy@orange.fr V *r.-v.*

DOM. ANNE ET HERVÉ SIGAUT
Les Millandes 2018 ★

1er cru | 2100 | 30 à 50 €

Depuis le départ à la retraite d'Hervé Sigaut en 2008, son épouse Anne, qui assurait les vinifications depuis 2004, est seule aux commandes. Une valeur sûre en chambolle-musigny, fer de lance de ce domaine de 7 ha.

À proximité du village de Morey-Saint-Denis, Les Millandes est l'un des terroirs de la commune qui mériterait d'être mieux connu. Les vins s'y expriment généralement avec densité et puissance. Cette cuvée à la fois solide et bien équilibrée, qui évoque la griotte et les épices à l'olfaction, confirme cette propension incitant à la garde. ⧗ 2023-2028

SCEA DOM. ANNE ET HERVÉ SIGAUT, 12, rue des Champs, 21220 Chambolle-Musigny, tél. 03 80 62 80 28, contact@domaine-sigaut.com V *r.-v.*

CLOS-DE-LA-ROCHE

Superficie : 13,4 ha / Production : 450 hl

♥ DOM. PIERRE AMIOT ET FILS
2018 ★★

Gd cru | 3500 | + de 100 €

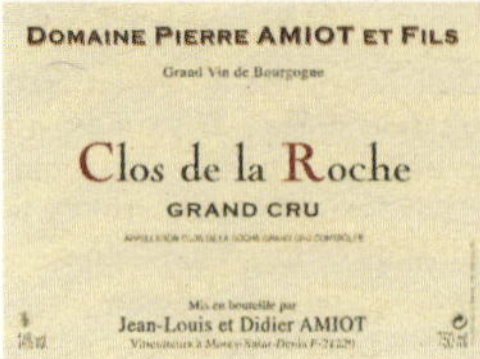

Un domaine établi à Morey-Saint-Denis depuis 5 générations et conduit aujourd'hui par les fils de Pierre Amiot, Jean-Louis et Didier. Le vignoble couvre 8 ha à Morey, essentiellement, et à Gevrey. Souvent en vue pour ses morey et ses clos-de-la-roche.

L'unique grand cru du domaine, sur une parcelle conséquente de 1,20 ha, est à la parade avec ce millésime 2018. Il faut toutefois un peu de patience pour que son aromatique fine et fraîche donne la pleine mesure de sa complexité : la rose, le cassis et le tabac flattent alors le nez. Au palais, les tanins sont présents mais très raffinés, enveloppés par un boisé parfaitement maîtrisé. La finale, d'une grande longueur, se manifeste avec une pointe de fraîcheur florale. Un vin complet et complexe, et pour longtemps. ⧗ 2025-2035

DOM. PIERRE AMIOT ET FILS, 27, Grande-Rue, 21220 Morey-Saint-Denis, tél. 03 80 34 34 28, contact@domainepierreamiot.fr V *r.-v.*

♥ DOM. CASTAGNIER
2018 ★★

Gd cru | 2000 | 75 à 100 €

Installé depuis 2004 sur le domaine familial de Morey-Saint-Denis, Jérôme Castagnier exploite (en biodynamie non certifiée) un vignoble de 4 ha en Côte de Nuits. Ses grands crus, notamment ses clos-de-vougeot, clos-de-la-roche et clos-saint-denis, lui permettent de s'illustrer avec une réelle constance. Il a également développé une activité de négoce à son nom pour compléter sa gamme, toujours en Côte de Nuits.

Avec 60 ares en clos-de-la-roche, Jérôme Castagnier est un vigneron qui est présent dans les deux clos du nord de sa commune d'élection. Deux terroirs aux typicités bien différentes mais que le vigneron a appris à mettre en valeur avec un évident sens de la précision. Le nez de ce 2018 se livre sur des notes intenses de cerise, de groseille et de mûre. En bouche, l'ampleur de la matière se fait sentir sans attendre et la concentration des tanins ne se dément pas jusqu'à la finale, longue et racée, centrée sur les fruits noirs et les épices. ⧗ 2025-2035

DOM. CASTAGNIER, 20, rue des Jardins, 21220 Morey-Saint-Denis, tél. 03 80 34 31 62, jeromecastagnier@yahoo.fr V *r.-v.*

DOM. CHANTAL RÉMY
2017 ★

Gd cru | 1200 | | + de 100 €

Florian, le fils de Chantal Remy, est arrivé en 2011 dans cette jeune exploitation créée par sa mère en 2009. Ils sont à la tête de vignes héritées du Dom. Louis Rémy. Le domaine exploite 3 grands crus et le Clos des Rosiers, monopole de Morey-Saint-Denis.

Un vin d'une grande longueur et d'une superbe finesse de tanins qui confirme que nous sommes bien ici sur un grand terroir de la Côte de Nuits. Le nez évoque le cèdre, la pivoine et le cassis. Il monte à la fois en intensité et en précision à l'aération. L'attaque en bouche se montre délicate, avant qu'une matière harmonieuse et ample ne fasse valoir sa profondeur. ⧗ 2025-2030

DOM. CHANTAL RÉMY, 1, pl. du Monument, 21220 Morey-Saint-Denis, tél. 03 80 34 32 59, domaine.chantal.remy@orange.fr V *r.-v.*

CLOS-SAINT-DENIS

Superficie : 6 ha / Production : 200 hl

♥ DOM. CASTAGNIER
2018 ★★

Gd cru | 1700 | | 75 à 100 €

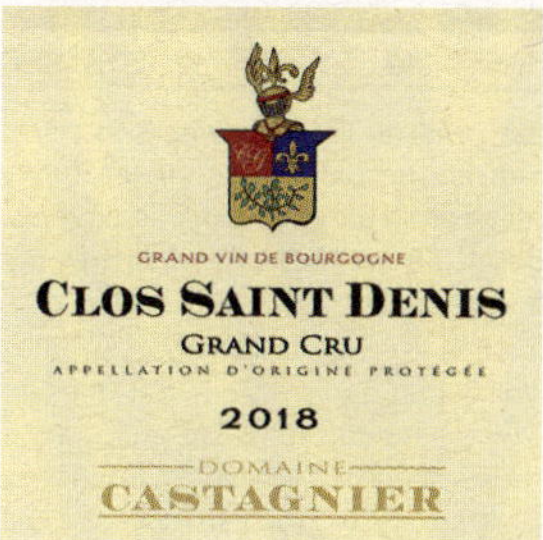

Installé depuis 2004 sur le domaine familial de Morey-Saint-Denis, Jérôme Castagnier exploite (en biodynamie non certifiée) un vignoble de 4 ha en Côte de Nuits. Ses grands crus, notamment ses clos-de-vougeot, clos-de-la-roche et clos-saint-denis, lui permettent de s'illustrer avec une réelle constance. Il a également développé une activité de négoce à son nom pour compléter sa gamme, toujours en Côte de Nuits.

Et un nouveau coup de cœur au palmarès de Jérôme Castagnier, le troisième rien que dans cette édition ! Le vigneron apprécie particulièrement ce terroir du clos-saint-denis qu'il compare volontiers à une composition de Mozart par son imparable harmonie… Il le lui rend bien avec cette cuvée à la texture d'une grande élégance et à l'aromatique complexe et subtile, centrée sur les petits fruits noirs (cassis, mûre, prune). Le terroir parle, mais le vinificateur aussi fait preuve d'une grande maîtrise. Un duo gagnant pour un vin de très grande classe, à la fois ample, long, intense et d'une finesse remarquable. ⧗ 2025-2035

DOM. CASTAGNIER, 20, rue des Jardins, 21220 Morey-Saint-Denis, tél. 03 80 34 31 62, jeromecastagnier@yahoo.fr V *r.-v.*

CHAMBOLLE-MUSIGNY

Superficie : 152 ha / Production : 6 050 hl

Commune de grande renommée malgré sa petite étendue, Chambolle-Musigny doit sa réputation à la qualité de ses vins et à la notoriété de ses 1ers crus, dont le plus connu est le *climat* des Amoureuses. Tout un programme ! Mais Chambolle a aussi ses Charmes, Chabiots, Cras, Fousselottes, Groseilles et autres Lavrottes… Le petit village aux rues étroites et aux arbres séculaires abrite des caves magnifiques (domaine des Musigny).

Toujours rouges, les chambolle sont élégants et subtils. Ils allient la force des bonnes-mares à la finesse des musigny, à l'image d'un pays de transition dans la Côte de Nuits.

DOM. DES BEAUMONT
Les Chardannes 2018 ★

| 2100 | | 30 à 50 €

Thierry Beaumont (septième génération) a créé son domaine en 1991 en reprenant les vignes familiales et commercialise son vin en bouteille, sous son patronyme, depuis 1999. Le vignoble couvre 5,5 ha à Morey, Chambolle et Gevrey. Les cuvées de ce vigneron peu interventionniste à la vigne et au chai, qui a investi dans un outil de travail moderne, sont chaque année au rendez-vous du Guide.

Régulièrement présente dans le Guide, cette cuvée est issue d'une parcelle située au nord du vignoble de Chambolle-Musigny. Un demi-hectare qui permet à Thierry Beaumont de présenter un 2018 ouvert sur des notes de myrtille et un boisé empyreumatique présent mais de bon aloi, à la bouche dense et concentrée, dynamisée par une finale fraîche. ⧗ 2024-2030

DOM. DES BEAUMONT, 9, rue Ribordot, 21220 Morey-Saint-Denis, tél. 03 80 51 87 89, contact@domaine-des-beaumont.com V *t.l.j. 10h30-18h30*

♥ CHRISTOPHE BUISSON Aux Échanges 2017 ★★

1er cru | 590 | | 75 à 100 €

Plutôt que maçon, comme son père, Christophe Buisson a choisi d'être vigneron. D'abord courtier, il crée son domaine à Saint-Romain en 1996 : 7 ha (en bio) complétés en 2007 par une petite activité de négoce (sous le nom Christophe Buisson), et des vins souvent en vue en saint-romain et en auxey-duresses. En 2015, le domaine a fusionné avec le négoce Alex Gambal pour devenir le Dom. Gambal-Buisson. Les vins sont issus de raisins et de moûts vinifiés par Christophe.

Un 1er cru situé en contrebas du village au sein duquel Christophe Buisson dispose visiblement d'un bel approvisionnement. Il a su le vinifier avec talent pour donner un chambolle expressif et complexe, aux arômes bien typés de pivoine, de myrtille et de réglisse. La bouche est à la fois consistante et veloutée, et déploie une finale très longue, élégante, qui emporte spontanément l'adhésion. ⧗ 2024-2030

SARL CHRISTOPHE BUISSON, 34, rue de la Tartebouille, 21190 Saint-Romain, tél. 06 64 86 07 29, sarlchristophebuisson@wanadoo.fr V r.-v.

♥ DOM. RENÉ CACHEUX ET FILS
Les Argillères 2017 ★★

■ | 1500 | | 30 à 50 €

En 2005, après avoir travaillé sur d'autres exploitations viticoles, Gérald Cacheux a succédé à ses parents à la tête de ce petit domaine familial (3,26 ha), fondé en 1966. Il exploite des vignes sur Vosne-Romanée et Chambolle-Musigny.

Ce terroir se situe dans le prolongement nord du prestigieux grand cru musigny. Le domaine y dispose de 30 ares de pinots noirs âgés de 45 ans en moyenne. Ils ont donné naissance à ce chambolle à l'expression florale ouverte et séductrice : la violette côtoie la rose, mais aussi la cerise et la framboise. La bouche se montre intense, ample, consistante, mais ne s'écarte jamais de la délicatesse. Un grand vin qui peut croire en l'avenir. ⧗ 2024-2030

DOM. RENÉ CACHEUX ET FILS, 28, rue de la Grand-Velle, 21700 Vosne-Romanée, tél. 03 80 61 28 72, gerald.cacheux@free.fr V r.-v.

DOM. CLUNY
Les Charmes 2018 ★★

■ 1er cru | 350 | | 50 à 75 €

Un domaine familial basé au nord de Gevrey-Chambertin (à Brochon). La famille Cluny, réprésentée aujourd'hui par Camille et Léa, cultive la vigne depuis le début du XXe s. Les viticultrices sont à la tête de 7 ha à Gevrey mais aussi en appellations chambolle-musigny, côte-de-nuits-villages, etc.

La parcelle est petite, seulement 8 ares, mais le vin est grand. Il s'ouvre sur des notes de pâtisserie, de vanille, de myrtille et de mûre. La bouche est concentrée, corpulente, tout en dévoilant un profil gourmand. Un 1er cru charmeur, sans mauvais jeu de mots, et bien représentatif de son appellation. ⧗ 2023-2030

SARL HERVÉ CLUNY, 9, rue du Rapitot, 21220 Brochon, tél. 06 88 76 60 99, domainecluny@gmail.com V r.-v. E

DIGIOIA-ROYER
Vieilles Vignes Les Fremières 2017 ★

■ | 5300 | | 20 à 30 €

Souvent en vue pour ses chambolle-musigny, Michel Digioia exploite depuis 1999 ce petit domaine familial de 5 ha créé en 1933 par son grand-père Victor Moretti. Une bonne part de ses vignes est dédiée aux appellations régionales et communales.

Frais et élégant, ce chambolle ne laisse pas pour autant la concentration en chemin. Tous les 2017 ne peuvent pas en dire autant... Un équilibre qui fait office de support à de belles notes de griotte, de myrtille et de réglisse. ⧗ 2023-2028

DIGIOIA-ROYER, 16, rue du Carré, 21220 Chambolle-Musigny, tél. 03 80 61 49 58, micheldigioia@wanadoo.fr V r.-v.

OLIVIER GUYOT
Vieilles Vignes 2018 ★

■ | 2300 | | 30 à 50 €

Olivier Guyot a repris le domaine familial en 1990. Cet adepte des labours au cheval exploite, dans un esprit bio et biodynamiste, 16 ha répartis en de nombreuses petites parcelles, dans la partie nord de la Côte de Nuits, entre Marsannay et Gevrey. Son fils David l'a rejoint en 2018.

D'un abord discret, ce chambolle livre après aération des notes délicates de rose, de cassis et de framboise. La bouche fait preuve d'une bonne ampleur, d'équilibre et de complexité. Une cuvée qui devrait s'épanouir avec quelques années de garde. ⧗ 2024-2028

DOM. OLIVIER GUYOT, 39, rue de Mazy, 21160 Marsannay-la-Côte, tél. 03 80 52 39 71, contact@domaineguyot.fr V r.-v.

RÉMI JEANNIARD
Vieilles Vignes 2018 ★

■ | 3100 | | 20 à 30 €

Après avoir travaillé près de 20 ans avec son père, Rémi Jeanniard a repris une partie des vignes familiales en 2004 et s'est construit une nouvelle cuverie. Il exploite aujourd'hui 5,8 ha, à Morey-Saint-Denis principalement.

Ce chambolle harmonieux s'ouvre sur des notes spontanément florales (pivoine, iris), agrémentées d'arômes de framboise. La bouche est rendue ronde et gourmande par une fine sucrosité aux tonalités réglissées. Intense et d'une bonne concentration, cette cuvée se montre aussi séduisante que complexe. ⧗ 2023-2028

RÉMI JEANNIARD, 19-21, rue de Cîteaux, 21220 Morey-Saint-Denis, tél. 03 80 58 52 42, remijeanniard@orange.fr V r.-v.

MANUEL OLIVIER 2018 ★★

■ | 1870 | | 50 à 75 €

Installé en 1990, Manuel Olivier, fils d'agriculteurs, a commencé par cultiver les vignes et petits fruits dans les Hautes-Côtes-de-Nuits. Aujourd'hui spécialisé en viticulture, il exploite un vignoble de 12 ha, complété depuis 2007 par une structure de négoce qui lui a permis de mettre un pied en Côte de Beaune.

Un chambolle d'un grand équilibre, bien représentatif de son appellation par la qualité et la finesse de ses tanins. Il s'ouvre sur des notes bien fruitées de myrtille, de cassis et de framboise. Puis des arômes de rose apparaissent après quelques instants d'aération. Une netteté aromatique que l'on retrouve de l'attaque à la finale dans une bouche ample, élégante et longue. ⧗ 2024-2030

DOM. MANUEL OLIVIER, 7, rue des Grandes-Vignes, hameau de Corboin, 21700 Nuits-Saint-Georges, tél. 03 80 62 39 33, contact@domaine-olivier.com V t.l.j. sf dim. 9h-12h30 14h-19h

CH. DE SANTENAY
2018 ★

| 1400 | 50 à 75 € |

Ce majestueux château aux tuiles vernissées, aussi appelé «château Philippe le Hardi», fut propriété du premier duc de la grande Bourgogne (1342-1404). Dans le giron du Crédit Agricole depuis 1997, il étend son vaste vignoble sur 95 ha répartis dans plusieurs AOC beaunoises et chalonnaises, sous la houlette de Jean-Philippe Archambaud depuis 2019.

L'élevage long de 18 mois en fût de chêne (dont 20% neuf) de ce chambolle est à peine perceptible : le vin se présente avec une grande pureté, évoquant les fruits rouges, la violette, la rose et la réglisse. La bouche est très fraîche, harmonieuse et d'une grande élégance. ⧗ 2023-2030

TERROIRS ET CHÂTEAUX DU CH. DE SANTENAY, 1, rue du Château, 21590 Santenay, tél. 03 80 20 61 87, contact@chateau-de-santenay.com V r.-v.

CLOS-DE-VOUGEOT

Superficie : 50 ha / Production : 1 630 hl

Tout a été dit sur le Clos! Comment ignorer que plus de soixante-dix propriétaires se partagent ses quelque 50 ha? Un tel attrait n'est pas dû au hasard; c'est bien parce que le célèbre Clos produit du bon vin et que tout le monde en veut! Il faut faire la différence entre les vins «du dessus», ceux «du milieu» et ceux «du bas», mais les moines de Cîteaux, lorsqu'ils ont élevé le mur d'enceinte, avaient tout de même bien choisi leur lieu… Fondé au début du XIIᵉs., le Clos atteignit très rapidement sa dimension actuelle; l'enceinte d'aujourd'hui est antérieure au XVᵉs. Quant au château, construit aux XIIᵉ et XVIᵉs., il mérite qu'on s'y attarde un peu. La partie la plus ancienne comprend le cellier, de nos jours utilisé pour les chapitres de la Confrérie des Chevaliers du Tastevin, actuelle propriétaire des lieux, et la cuverie, qui abrite à chaque angle quatre magnifiques pressoirs d'époque.

B DOM. D'ARDHUY
Petit Maupertui 2018 ★

| Gd cru | 2400 | + de 100 € |

Un domaine fondé en 1947 comprenant notamment six grands crus et quinze 1ers crus. Près de 40 ha de vignes, de Puligny-Montrachet à Gevrey-Chambertin, dans les Côtes de Beaune et de Nuits. Un vignoble certifié en biodynamie depuis 2012. L'œnologue Vincent Bottreau est aux commandes du chai depuis 2016.

Le domaine dispose d'un peu plus d'un demi-hectare dans la partie sud du Clos. Cette cuvée a été vinifiée en grande majorité à partir de raisins égrappés, puis a été élevée à 40% en fût neuf. Elle conjugue structure et fraîcheur et déploie une longue finale qui ajoute à son charme. Un vin d'équilibre dans un millésime généreusement ensoleillé. ⧗ 2023-2030

SARL GABRIEL D' ARDHUY, Le Clos des Langres, 21700 Corgoloin, tél. 03 80 62 98 73, domaine@ardhuy.com V r.-v.

MANUEL OLIVIER 2018 ★

| Gd cru | 498 | + de 100 € |

Installé en 1990, Manuel Olivier, fils d'agriculteurs, a commencé par cultiver les vignes et petits fruits dans les Hautes-Côtes-de-Nuits. Aujourd'hui spécialisé en viticulture, il exploite un vignoble de 12 ha, complété depuis 2007 par une structure de négoce qui lui a permis de mettre un pied en Côte de Beaune.

Manuel Olivier est un adepte des macérations longues avec une partie des raisins restés entiers. Son vin livre des notes fruitées de mûre et de cerise, agrémentées d'une touche florale de violette. La bouche, veloutée, est le support d'arômes fins et flatteurs qui font écho à l'olfaction. Comme pour tout grand cru bien né, la finale est persistante. ⧗ 2023-2030

DOM. MANUEL OLIVIER, 7, rue des Grandes-Vignes, hameau de Corboin, 21700 Nuits-Saint-Georges, tél. 03 80 62 39 33, contact@domaine-olivier.com V t.l.j. sf dim. 9h-12h30 14h-19h

ÉCHÉZEAUX

Superficie : 35 ha / Production : 1 235 hl

♥ DOM. CAPITAIN-GAGNEROT
En Orveaux 2018 ★★

| Gd cru | 1200 | + de 100 € |

Vénérable domaine familial de 15 ha fondé en 1802 et implanté à Ladoix-Serrigny. Depuis 2010, Pierre-François Capitain (8ᵉgénération) est seul maître à bord; son père Patrice et son oncle Michel restant à l'écoute. Propriété en vue notamment pour ses ladoix, aloxe et échézeaux.

En Orveaux voisine avec Chambolle-Musigny au débouché d'une combe qui porte le même nom. Ce 2018 a été vinifié en vendange totalement égrappé et élevé 15 mois en fût. Le nez dispense des notes de cassis, de cerise bien mûre et d'épices. Charnu, ample, dense, ferme et long, le palais présente toutes les caractéristiques d'un très beau vin de grande garde. ⧗ 2025-2032

MAISON CAPITAIN-GAGNEROT, 38, rte de Dijon, 21550 Ladoix-Serrigny, tél. 03 80 26 41 36, contact@capitain-gagnerot.com V r.-v.

DOM. CONFURON GINDRE 2018 ★

| Gd cru | 1500 | 50 à 75 € |

Avec une superficie de 11,5 ha, le domaine de François Confuron s'étend sur 3 villages : Gevrey-Chambertin, Nuits-Saint-Georges et Vosne-Romanée.

À un nez profond évoquant les fruits très mûrs, la cerise notamment, et un boisé bien intégré, répond une bouche ronde, soyeuse et d'une grande persistance. Un échezeaux consistant et suave qui peut se vanter d'être un excellent ambassadeur de son terroir d'origine et du millésime 2018. ⧗ 2024-2030

FRANÇOIS CONFURON GINDRE, Dom. Confuron Gindre, 21700 Vosne-Romanée, tél. 03 80 61 20 84, domaine.confuron.gindre@gmail.com V *r.-v.*

♥ DOM. HOFFMANN-JAYER
Échezeaux-du-Dessus 2017 ★★

Gd cru | 2970 | + de 100 €

La reprise du Dom. Jayer-Gilles par André Hoffmann en 2017 a donné naissance à cette exploitation de 10 ha. Avec une prédominance de rouges, notamment ceux de la Côte de Nuits, la gamme va des AOC régionales (bourgogne-hautes-côtes-de-beaune et bourgogne-hautes-côtes-de-nuits) au grand cru échezeaux.

Ce grand cru est le porte-drapeau du domaine en Côte de Nuits. Les 54 ares de pinot noir âgés de 50 ans et plantés dans la partie médiane du secteur des grands crus de Flagey ont donné un 2017 complet, qui évoque au nez les fruits noirs, les épices et une touche florale. La bouche allie un grand volume, une texture soyeuse et élégante, un bel équilibre et une grande longueur. Il a été vinifié en vendanges égrappées à 100 % et mis en fût pendant 18 mois. ⧗ 2024-2030

DOM. HOFFMANN-JAYER, 1, rue du Meix-Grenot, 21700 Magny-lès-Villers, tél. 03 80 62 91 79, domaine@hoffmann-jayer.com V *r.-v.*

LOUIS LATOUR
2018 ★★

Gd cru | 1822 | + de 100 €

Une maison familiale toujours indépendante, fondée en 1797 et conduite successivement par 10 générations de Latour. Un acteur incontournable de la Bourgogne viticole et le plus important propriétaire de grands crus de la Côte-d'Or (28 ha sur les 48 que compte son vignoble). Les raisins sont vinifiés à Aloxe-Corton, berceau de la famille, et la maison possède sa propre tonnellerie.

Ce vin est une très belle réussite qui tient, outre les qualités intrinsèques du terroir, à l'évidente maturité des fruits récoltés, mais aussi à un élevage soigné de 12 mois dans les fûts de la tonnellerie maison. De bonnes fées se sont donc penchées sur cet échézeaux aux notes de fruits noirs et d'épices. La bouche, ample et longue, s'appuie sur des tanins consistants et ronds à la fois. Un grand cru déjà plaisir mais qui bien entendu saura aussi vieillir harmonieusement. ⧗ 2023-2030

DOM. LOUIS LATOUR, 18, rue des Tonneliers, 21200 Beaune, tél. 03 80 24 81 00, contact@louislatour.com

DOM. NUDANT 2018 ★

Gd cru | 1700 | 75 à 100 €

Un Guillaume Nudant d'Aloxe-Corton était déjà vigneron en 1453. Son descendant, Guillaume également, a rejoint en 2003 son père Jean-René sur le domaine familial de 16 ha, planté pour l'essentiel autour de la montagne de Corton, complété par une activité de négoce.

Le domaine a réussi une notable percée en Côte de Nuits en disposant de 66 ares dans ce grand cru. Au nez, son 2018 évoque les fruits rouges et noirs ainsi que les épices. Un profil épicé que l'on retrouve dans un palais bâti sur une structure consistante, corsée et longue, étayée par des tanins bien présents mais sans aspérité. ⧗ 2025-2030

DOM. NUDANT, 11, rte de Dijon, 21550 Ladoix-Serrigny, tél. 03 80 26 40 48, domaine.nudant@wanadoo.fr V *r.-v.*

DOM. DE LA ROMANÉE-CONTI 2018 ★★

Gd cru | n.c. | + de 100 €

De ce grand cru parmi les plus vastes de Bourgogne (plus de 35 ha), La Romanée-Conti est l'un des plus importants propriétaires : elle en possède une belle parcelle de 4 ha 67 a 37 ca. Y naît le plus précoce des grands crus du domaine, réputé moins complexe que les grands-échézeaux « glorieux aîné dont il brûle d'égaler la fortune », selon Aubert de Villaine.

Une belle robe violine et dense, un nez au caractère floral et végétal de rose en bouton, nuancé de fragrances d'épices douces à l'aération, l'échézeaux 2018 ne manque ni de charme ni d'intensité à l'approche. Une fois en bouche, le vin développe un volume certain autour de tanins étoffés, une ampleur renforcée par une finale qui fait résonner la nature dense et argileuse du terroir. ⧗ 2025-2032

SC DU DOM. DE LA ROMANÉE-CONTI, 1, rue Derrière-le-Four, 21700 Vosne-Romanée, tél. 03 80 62 48 80

GRANDS-ÉCHÉZEAUX

Superficie : 7,5 ha / Production : 240 hl

DOM. DE LA ROMANÉE-CONTI 2018 ★★

Gd cru | n.c. | + de 100 €

Le domaine de la Romanée-Conti est propriétaire de 3 ha 52 a et 63 ca des 7,5 ha de ce grand cru mitoyen du Clos de Vougeot, dont il est très proche aussi par son terroir. Comme le Clos de Vougeot, les Grands Échézeaux ont appartenu à l'abbaye de Cîteaux. Dans le verre, un vin souvent droit, d'une grande élégance, « aristocrate ».

La vendange entière et ses arômes primaires marquent le premier nez du grand cru, drapé dans une élégante robe violine. Puis arrivent le poivre vert et une touche de poivron. Arômes prolongés par un palais corpulent, aux tanins fermes et un brin sévères, signe d'une jeunesse encore fougueuse. Puis le terroir reprend ses droits, apportant une fine salinité en finale. Un caractère affirmé et un solide potentiel. ⧗ 2025-2035

SC DU DOM. DE LA ROMANÉE-CONTI, 1, rue Derrière-le-Four, 21700 Vosne-Romanée, tél. 03 80 62 48 80

VOSNE-ROMANÉE

Superficie : 150 ha / Production : 5 955 hl

Là aussi, la coutume bourguignonne est respectée : le nom de Romanée est plus connu que celui de Vosne. Quel beau tandem ! Comme Gevrey-Chambertin, cette commune est le siège d'une multitude de grands crus ; mais il existe à proximité des *climats* réputés, tels les 1ers crus Suchots, Les Beaux-Monts, Les Malconsorts et bien d'autres.

DOM. RENÉ CACHEUX ET FILS Les Suchots 2017 ★

1er cru | 2700 | 75 à 100 €

En 2005, après avoir travaillé sur d'autres exploitations viticoles, Gérald Cacheux a succédé à ses parents à la tête de ce petit domaine familial (3,26 ha), fondé en 1966. Il exploite des vignes sur Vosne-Romanée et Chambolle-Musigny.

C'est la cuvée phare du domaine puisque ce 1er cru représente presque un hectare de l'exploitation. Elle a connu un élevage long (18 mois) pour un résultat très convainquant. Des notes élégantes de fruits sont mises en valeur par un boisé délicat. La bouche est bien équilibrée, ample et longue. ⧗ 2023-2030

DOM. RENÉ CACHEUX ET FILS, 28, rue de la Grand-Velle, 21700 Vosne-Romanée, tél. 03 80 61 28 72, gerald.cacheux@free.fr V r.-v.

DOM. CONFURON GINDRE Les Chaumes 2018 ★

1er cru | 2200 | 30 à 50 €

Avec une superficie de 11,5 ha, le domaine de François Confuron s'étend sur 3 villages : Gevrey-Chambertin, Nuits-Saint-Georges et Vosne-Romanée.

Ce vigneron de Vosne-Romanée exploite 37 ares de ce *climat* qui jouxte le 1er cru Malconsorts au sud du village. Au nez, un boisé bien intégré (élevage de 18 mois en fût) s'associe à des notes de mûre et de cassis. La bouche est consistante, avec une pointe de fermeté tannique en finale. ⧗ 2024-2030 ■ **2018 ★ (20 à 30 € ; 8500 b.)** Un vosne suave, dense et complexe, ouvert sur des notes de fruits noirs et une touche toastée bien ajustée. ⧗ 2023-2025

FRANÇOIS CONFURON GINDRE, Dom. Confuron Gindre, 21700 Vosne-Romanée, tél. 03 80 61 20 84, domaine.confuron.gindre@gmail.com V r.-v.

CAMILLE GIROUD Les Chalandins 2017 ★

3900 | 50 à 75 €

Fondée en 1865, cette vénérable maison beaunoise, discrète mais reconnue des amateurs, est propriété d'investisseurs américains depuis 2002. Autrefois spécialiste de la commercialisation de vieux vins, elle vit aujourd'hui avec son temps et c'est Carel Voorhuis qui assure les vinifications. Elle présente à sa carte de nombreux grands crus, régulièrement sélectionnés dans ces pages, et aussi de « simples » 1ers crus.

À cheval entre les villages de Vosne-Romanée et Flagey-Échezeaux, Les Chalandins est un *climat* de bas de côteau au sol épais. Des vignes de 50 ans sont à l'origine de ce vin très harmonieux, bien équilibré entre boisé et fruité, construit sur des tanins d'une belle finesse. Un joli pinot de la Côte de Nuits, élevé 18 mois en fût. ⧗ 2023-2028

SAS CAMILLE GIROUD, 3, rue Pierre-Joigneaux, 21200 Beaune, tél. 03 80 22 12 65, contact@camillegiroud.com r.-v.

DOM. A.-F. GROS Aux Réas 2018 ★

9700 | 50 à 75 €

Le domaine a été créé en 1988 par Anne-Françoise Gros et son mari François Parent à Pommard. Leurs enfants Caroline et Mathias conduisent aujourd'hui un vignoble de 14 ha dans les deux Côtes, mais aussi en Beaujolais (moulin-à-vent). Un domaine incontournable qui collectionne les coups de cœur.

Situé au sud de l'appellation, en limite avec Nuits-Saint-Georges, le *climat* Aux Réas fait partie des spécialités de la famille Gros. Le domaine y dispose d'une belle parcelle de 1,63 ha. Régulièrement sélectionné dans le Guide, ce vin exprime des notes de framboise et de groseille dans sa version 2018. En bouche, il se montre d'une belle élégance et d'une grande finesse. ⧗ 2023-2026

DOM. A.-F. GROS, 1, pl. de l'Europe, 21630 Pommard, tél. 03 80 22 61 85, contact@af-gros.com V r.-v.

♥ DOM. MICHEL NOËLLAT Les Suchots 2018 ★★

1er cru | 5000 | 75 à 100 €

Alain (au commercial) et Jean-Marc Noëllat (à la vigne et au chai) ont pris en 1990 la relève de leur père Michel sur ce vaste domaine de 25 ha. Ils ont été rejoints en 2012 et en 2015 par la 6e génération – Sophie, fille d'Alain, et Sébastien, fils de Jean-Marc –, qui a repris l'exploitation en 2018. Une valeur sûre de la Côte de Nuits, notamment pour ses vosne-romanée.

Les Suchots est un 1er cru relativement vaste situé au nord du village. Ses voisins ne sont autres que les grands crus romanée-saint-vivant et échézeaux. Le domaine Noëllat en exploite 1,8 ha planté de vignes de 70 ans. Un vin qui a été élevé pendant 18 mois en fût et présente certes quelques touches boisées, mais surtout des notes de mûre, de cassis et de fraise propres aux grands pinots noirs. La bouche, ample et racée, dévoile une texture tout en velours, qui se déploie avec longueur et force élégance. ⧗ 2024-2030

DOM. MICHEL NOËLLAT, 5, rue de la Fontaine, 21700 Vosne-Romanée, tél. 03 80 61 36 87, contact@domaine-michel-noellat.com V r.-v.

ARMELLE ET BERNARD RION
Dame Juliette 2018 ★

■ | 3400 | | 30 à 50 €

Un domaine fondé en 1896 et transmis de père en fils depuis 5 générations; de père en fille aujourd'hui, Alice (avec son mari Louis) ayant rejoint ses parents Armelle et Bernard Rion en 2008. Elle vinifie, avec le moins d'interventions possibles à la vigne et au chai, le fruit de 8 ha de vignes, du simple bourgogne au grand cru. Revenue en 2018 sur ses terres natales, Mélissa, sœur d'Alice, a en charge le développement œnotouristique de la propriété.

Une cuvée hommage à la mère de Bernard Rion. Elle représente un demi-hectare de vignes âgées de 75 ans. À un nez expressif de framboise et de fraise des bois à maturité répond une bouche à la structure fine et d'une bonne longueur. Un vin déjà gourmand qui saura bien vieillir. ⧗ 2023-2026

DOM. ARMELLE ET BERNARD RION, 8, rte Nationale, 21700 Vosne-Romanée, tél. 03 80 61 05 31, rion@domainerion.fr V *t.l.j. sf dim. 9h-18h*

DOM. DANIEL RION ET FILS
2017 ★

■ | 8424 | | 30 à 50 €

Domaine créé en 1955 par Daniel Rion à partir des 2 ha à Vosne reçus du grand-père. La vente directe date de 1978 et de l'arrivée des fils. Ces derniers, aux commandes depuis 1995, date du départ à la retraite de leur père, exploitent aujourd'hui 15 ha dans 6 villages nuitons.

Une cuvée en provenance de 2 parcelles vinifiées séparément. Elle a été élevée pendant 17 mois en fût et livre des arômes élégants et frais de fruits rouges. Des qualités que l'on retrouve dans un palais à la structure tannique raffinée. « C'est le bouquet de fleurs du domaine », aime à souligner la famille Rion. ⧗ 2023-2026

DOM. DANIEL RION ET FILS, 17, RD 974, 21700 Premeaux-Prissey, tél. 03 80 62 31 28, contact@domaine-daniel-rion.com V *r.-v.*

RICHEBOURG

Superficie : 7,5 ha / Production : 200 hl

♥ DOM. DE LA ROMANÉE-CONTI
2018 ★★★

■ Gd cru | n.c. | | + de 100 €

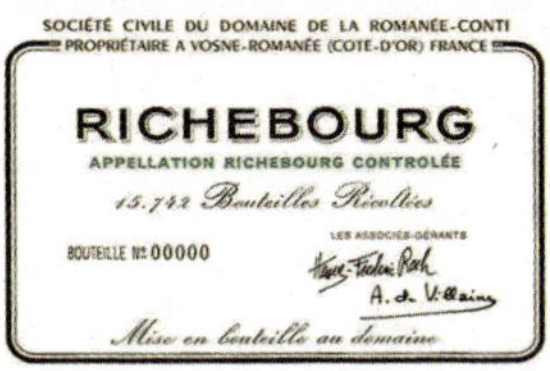

Avec 3,51 ha, le domaine possède près de la moitié de l'appellation (8 ha environ). Des vignes mitoyennes (au nord-est) de celles de la Romanée-Conti; on prête d'ailleurs souvent au richebourg le même caractère soyeux que son prestigieux voisin. Ce que l'on sait moins, c'est qu'il s'agit d'une vigne de Cîteaux vinifiée jadis au château du Clos de Vougeot.

Un seigneur. Le richebourg 2018 du domaine en impose d'emblée par sa robe d'un violine intense et frais. Au nez, il déploie de superbes senteurs de racine de tubéreuse, de baies roses et une touche de vétiver. Une fois en bouche, sa densité et son volume impressionnent, tout comme le grain serré de ses tanins apporté par la vendange entière. On « mâche » littéralement le vin, relevé par des notes de poivre vert, avant qu'il ne se tende en finale, frais, vertical, élancé, très long. Le boire avant 8 à 10 ans serait pécher… ⧗ 2028-2040

SC DU DOM. DE LA ROMANÉE-CONTI, 1, rue Derrière-le-Four, 21700 Vosne-Romanée, tél. 03 80 62 48 80

ROMANÉE-CONTI

Superficie : 1,63 ha / Production : 46 hl

♥ DOM. DE LA ROMANÉE-CONTI 2018 ★★★

■ Gd cru | n.c. | | + de 100 €

84 |88| |89| |90| |91| |94| |95| (96) (97) **98 01 03** (05) (06) (08) (09) (10) **12** (13) (14) (15) (16) (17) (18)

Un domaine, le plus prestigieux de Bourgogne, dont les limites n'ont pratiquement pas varié depuis le XVIe s. (1 ha 81 a 40 ca aujourd'hui), une appellation (en monopole) et un vin né d'une petite vigne d'exception plantée sur un carré presque parfait d'environ 150 m de côté. La quintessence du terroir bourguignon. Une histoire emblématique de la Bourgogne viticole également. Propriété jusqu'en 1584 du prieuré de Saint-Vivant, elle resta dans la famille Croonembourg jusqu'en 1760 et son acquisition par celui qui lui donna son nom définitif et son prestige, Louis-François de Bourbon, prince de Conti. En 1869, Jacques-Marie Duvault-Blochet fait entrer le cru dans la famille de Villaine, associée depuis 1942 aux Leroy. La gestion quotidienne du domaine était assurée depuis 1974 par Henry-Frédéric Roch (famille Leroy) et Aubert de Villaine, aujourd'hui épaulés par le neveu de ce dernier, Bertrand de Villaine, et par un chef de cave de talent, Bernard Noblet. Ce dernier, après quarante ans de (très) bons et loyaux services, a pris sa retraite en janvier 2018, remplacé par Alexandre Bernier, qui travaillait déjà à ses côtés depuis plusieurs années. Suite au décès prématuré, en novembre 2018, de Henry-Frédéric Roch, c'est Perrine Fenal, fille de Lalou Bize-Leroy, qui prend la suite aux côtés d'Aubert de Villaine.

Seulement 18 hl/ha pour la romanée-conti 2018 : à la rareté s'ajoute le caractère exceptionnel du millésime. Un millésime qui ne fut pas de tout repos pourtant. Qui mieux qu'Aubert de Villaine pour en parler : « Si l'hostilité de la nature fut manifeste et si les obstacles qu'elle nous opposait : mildiou, canicule, orages, humidité et l'accélération de la végétation qui en résulte, n'étaient, pour chacun, pas nouveaux, leur virulence a constitué un scénario inédit qui nous a laissés, la vigne et nous, haletants au moment de faire des vendanges qui sont parmi les plus précoces de ces 50 dernières années.» Un millésime déjà «légendaire» qui fait penser au caniculaire et très précoce 2003, mais avec beaucoup moins de journées de canicule et des orages peu importants et réguliers qui ont donné à la vigne le complément d'eau nécessaire. Grâce à quoi les raisins vendangés étaient très mûrs, très sains : «ce que l'on avait perdu en quantité, on l'avait peut-être gagné en qualités de densité et d'expression.», rappelle Aubert de Villaine, qui conclut ainsi sur le millésime : «le fruit intense de 2015 et l'extrême maturité de 2003 combinés pour nous offrir peut-être un nouveau 1947, millésime de légende s'il en est...» La dégustation confirme l'immense potentiel du cru 2018 : une robe pure, brillante autant que profonde; un nez tout en délicatesse de bouton de rose à peine éclos mâtiné d'un fruité mûr et intense; une bouche d'une finesse incomparable, offrant un toucher exquis autour de tanins de velours et une finale épicée d'une longueur impressionnante. ⧗ 2028-2045

SC DU DOM. DE LA ROMANÉE-CONTI,
1, rue Derrière-le-Four, 21700 Vosne-Romanée,
tél. 03 80 62 48 80

ROMANÉE-SAINT-VIVANT

Superficie : 9,3 ha / Production : 240 hl

B DOM. DE L'ARLOT 2018 ★

Gd cru | 1300 | | + de 100 €

Un domaine fondé au XVIIIᵉs., réputé pour ses nuits-saint-georges et propriété d'Axa Millésimes depuis 1987. L'œnologue Géraldine Godot, ancienne régisseuse de la maison Alex Gambal, a pris en 2015 la relève de Jacques Devauges (ex-Vougeraie et Frédéric Magnien). Le domaine, sous la direction générale de Christian Seely, étend son vignoble sur 15 ha (aujourd'hui cultivé en biodynamie), dont 2 monopoles en nuits-saint-georges 1er cru : le Clos des Forêts et le Clos de l'Arlot.

D'un beau grenat profond et soutenu, ce grand cru livre un bouquet discret mais élégant et complexe d'épices, de rose fraîche, de violette et de cerise. À l'unisson du nez, la bouche affiche un profil plus en finesse qu'en concentration, autour de tanins délicats qui se raffermissent un peu en finale. ⧗ 2025-2030

DOM. DE L' ARLOT, 14, RD 974,
21700 Premeaux-Prissey, tél. 03 80 61 01 92, contact@arlot.fr V r.-v.

DOM. DE LA ROMANÉE-CONTI 2018 ★★

Gd cru | n.c. | | + de 100 €

Avec 5,28 ha, le domaine est le plus important propriétaire de ce grand cru historique (9,3 ha), qui doit sa naissance et son nom au prieuré de Saint-Vivant (fondé en 900), auquel le duc de Bourgogne céda en 1131 les terres de la future appellation dont une partie deviendra la Romanée-Conti. Exploitée en fermage par le domaine à partir de 1966, la parcelle a été rachetée aux Marey-Monge en 1988.

Derrière une robe «ecclésiastique» couleur rouge cardinal apparaît un nez complexe mariant le bois de rose à un pot-pourri de roses anciennes. Dès l'attaque, la bouche se fait ample, vineuse, tapissante, veloutée, soutenue par des tanins serrés, mais avec une finesse de grain «très saint-vivant», et par un socle minéral qui allonge la finale. Le temps est son allié. ⧗ 2025-2035

SC DU DOM. DE LA ROMANÉE-CONTI,
1, rue Derrière-le-Four, 21700 Vosne-Romanée,
tél. 03 80 62 48 80

BOURGOGNE

LA TÂCHE

Superficie : 6 ha / Production : 95 hl

DOM. DE LA ROMANÉE-CONTI 2018 ★★★

Gd cru | n.c. | | + de 100 €

72 73 75 78 (79) 80 |81| |82| |85| |87| |89| |91| |92| |96| |(97)| |(98)| (99) 00 (02) (04) (05) 06 08 (09) (11) 12 (13) (14) (15) (16) 17 (18)

L'autre monopole du domaine, 6 ha 6 a 20 ca situés au sud de la Romanée-Conti. Son nom provient d'une ancienne expression bourguignonne : «faire une tâche», signifiant cultiver la vigne en échange d'une rémunération forfaitaire. Acquis par La Romanée-Conti en 1933, ce grand cru n'a connu que 4 propriétaires depuis le XVIIᵉs. Des greffons de ses vignes ont permis de reconstituer le vignoble de La Romanée-Conti entre 1947 et 1948, créant ainsi un lien de parenté entre les 2 vins.

Une robe violine au disque carminé, un bouquet «brut», sauvage, corsé de muscade, de cannelle et de bois de santal : la version 2018 du grand cru s'annonce imposante, puissante. La bouche confirme : un jus franc, des tanins «clairs», précis, bien serrés, une finale indomptable, d'une longueur qui semble éternelle. Cette cuvée fera date dans l'histoire du cru et du domaine. ⧗ 2025-2040

SC DU DOM. DE LA ROMANÉE-CONTI,
1, rue Derrière-le-Four, 21700 Vosne-Romanée,
tél. 03 80 62 48 80

NUITS-SAINT-GEORGES

Superficie : 306 ha
Production : 12 030 hl (97% rouge)

Cette bourgade de 5 500 habitants est l'une des plus petites capitales du vin de Bourgogne. Elle accueille le siège de nombreuses maisons de négoce et de liquoristes qui produisent le cassis de Bourgogne, ainsi que d'élaborateurs de vins mousseux qui furent à l'origine du crémant-de-bourgogne. Elle a également son vignoble des Hospices, avec vente aux enchères annuelle de la production le dimanche précédant les Rameaux, et abrite le siège administratif de la confrérie des Chevaliers du Tastevin.
La cité donne son nom à l'appellation communale la plus méridionale de la Côte de Nuits. Cette dernière, qui déborde au sud sur la commune de Premeaux,

n'engendre pas de grands crus comme ses voisines du nord, mais elle compte de très nombreux 1ers crus réputés, aux caractères fort divers selon leur situation au nord ou au sud de Nuits. Tous ces vins ont en commun une grande richesse tannique qui leur confère un solide potentiel de garde (de cinq à quinze ans).
Parmi les 1ers crus, les plus connus sont les Saint-Georges, dont on dit qu'ils portaient déjà des vignes en l'an mil, les Vaucrains, les Cailles, les Champs-Perdrix, les Porrets, sur la commune de Nuits, et les Clos de la Maréchale, des Argillières, des Forêts-Saint-Georges, des Corvées, de l'Arlot, sur Premeaux.

DOM. BONY GACHOT
Les Damodes 2018 ★★

■ | 4000 | | 20 à 30 €

Fabienne Bony a repris les vignes familiales en 2000. Elle a agrandi l'exploitation tout en restant de taille modeste, 7 ha, sur Nuits-Saint-Georges et Vosne-Romanée essentiellement.
La vigneronne est à la tête de près de 90 ares de ce joli terroir des hauteurs nord de l'appellation, dont une bonne partie est classée en 1er cru. Le vin s'ouvre spontanément sur les fruits rouges accompagnés de notes boisées. Franche, fraîche et intense, la bouche retranscrit la minéralité de ses origines. ⧗ 2023-2028

DOM. BONY GACHOT, 5, rue de Vosne, 21700 Nuits-Saint-Georges, tél. 06 83 87 39 05, fabiennebony@gmail.com V *t.l.j. sf dim. 9h-12h 14h-18h; sam. sur r.-v.*

♥ ARNAUD BOUÉ
2018 ★★

■ | 600 | | 20 à 30 €

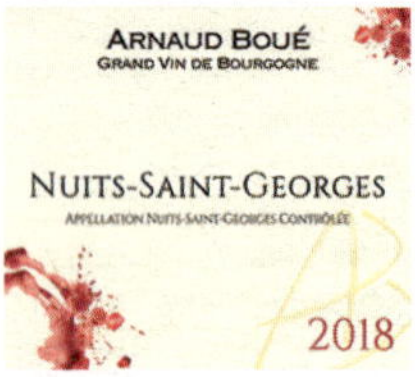

Arnaud Boué a fondé son négoce en 2018 à partir d'un financement participatif. Il achète des raisins auprès d'un petit nombre de fournisseurs fidèles « incités à produire selon un cahier des charges bio et biodynamique ». Une activité qu'il mène sur la Côte de Nuits et le nord de la Côte de Beaune.
Un premier coup de cœur pour cette toute jeune maison. Le fruit d'une sélection visiblement rigoureuse de l'approvisionnement, d'une vinification bien sentie (30% vendanges entières et élevage sans fût neuf) et d'un bon millésime. Les fruits noirs, la myrtille en particulier, sont à l'honneur au nez. La bouche, remarquable, apparaît ample, fondue, soyeuse et longue, étayée par des tanins fins. ⧗ 2023-2030 ■ **1er cru Les Chabœufs 2018 ★★ (30 à 50 €; 300 b.)** Ce 1er cru a été vinifié avec 30% de vendanges entières et cela se remarque par son aromatique dominée par des notes de fleurs séchées associées à un fruité très mûr. La bouche fait preuve d'une grande concentration mais aussi de finesse. ⧗ 2023-2030

MAISON ARNAUD BOUÉ, 6, rue du Château, 21700 Villers-la-Faye, tél. 06 77 99 45 26, contact@arnaudboue.com V *r.-v.*

DOM. JEAN CHAUVENET
Les Vaucrains 2018 ★★

■ 1er cru | 2100 | | 50 à 75 €

Christine et Christophe Drag ont repris la propriété familiale en 1994 à la suite du départ à la retraite de Jean Chauvenet, père de Christine et fondateur du domaine en 1969. Ils exploitent aujourd'hui un vignoble de 9,17 ha et s'imposent comme une valeur sûre de l'appellation nuits-saint-georges.
Évoquer le *climat* Les Vaucrains, c'est convoquer l'image même de l'appellation nuits-saint-georges : un vin de garde, solide, profond et parfois ferme, surtout dans sa jeunesse. Nous sommes effectivement dans le secteur sud du village, celui qui produit les vins les plus emblématiques de l'AOC. Cette cuvée le confirme : elle est large d'épaules, concentrée, tout en évoquant les fruits noirs et la torréfaction. ⧗ 2023-2030 ■ **2018 ★★ (20 à 30 €; 18000 b.)** Une belle réussite du domaine dans ce millésime qui demandait de l'attention en cuverie. Une cuvée équilibrée, ample et d'une belle longueur. Un vin complet par sa structure, mais aussi particulièrement expressif avec ses notes démonstratives de framboise et de mûre. ⧗ 2023-2030

DOM. JEAN CHAUVENET, 6, rue de Gilly, 21700 Nuits-Saint-Georges, tél. 03 80 61 00 72, domaine-jean.chauvenet@orange.fr V *r.-v.*

DOM. DU CLOS DES POULETTES
Les Vaucrains 2018 ★★

■ 1er cru | 2300 | | 30 à 50 €

Appartenant à une famille dont la présence sur la côte viticole est attestée depuis l'époque de Louis XIV, ce domaine se transmet par les femmes depuis des générations. Hélène Michaut en a pris la tête en 2014 et l'a rebaptisé Dom. du Clos des Poulettes. Le vignoble couvre 16 ha, notamment à Nuits-Saint-Georges et Vosne-Romanée.
Le domaine dispose d'une belle superficie sur ce terroir de caractère de l'appellation : 1,38 ha. Ce 2018 séduit par ses arômes de cassis très mûr et par sa richesse et sa persistance en bouche. Une concentration qui ne nuit en rien à son équilibre, les tanins étant bien fondus. Un vin promis à un bel avenir. ⧗ 2023-2030 ■ **1er cru Clos des Poulettes 2017 ★ (50 à 75 €; 3700 b.)** C'est le *climat* qui a donné son nom au domaine. Un vignoble d'un hectare tout juste situé sur les hauteurs du coteau. Le vin allie avec harmonie fraîcheur et rondeur, et plaît aussi par ses notes de cerise noire et de vanille. ⧗ 2023-2026

DOM. DU CLOS DES POULETTES, 8, rue du Petit-Paris, 21700 Corgoloin, tél. 03 80 62 98 02, michaut.helene@poulette.fr V *r.-v.*

ÉDOUARD DELAUNAY
Le Village Vieilles Vignes 2017 ★

■ | 4446 | | 30 à 50 €

Laurent et Catherine Delaunay, fondateurs de la maison de vins Badet-Clément à Nuits-Saint-Georges, ont fait renaître la maison de négoce Édouard Delaunay, fondée en 1893 par l'arrière-grand-père de Laurent. Elle propose une gamme de vins essentiellement issus de la Côte de Beaune et de la Côte de Nuits, allant de l'appellation régionale jusqu'au grand cru.

Un nuits *village* dominé par des arômes de fruits rouges. Un profil gourmand renforcé par une bouche dense et d'une belle rondeur. Ce profil flatteur n'occulte pas une bonne trame acide qui lui assurera une longévité de plusieurs années. ⧗ 2023-2030

ÉDOUARD DELAUNAY, 10, rue Lavoisier, 21700 Nuits-Saint-Georges, tél. 03 80 61 46 31, contact@edouard-delaunay.com

RAPHAËL DUBOIS
Clos des Argillières 2017 ★

1er cru	2500		30 à 50 €

Raphaël Dubois a créé en 2000 une petite société de négoce qui permet d'étoffer la gamme présentée par le domaine familial (R. Dubois et Fils) où il officie avec sa sœur Béatrice. Au départ, seules les appellations chambolle-musigny et vosne-romanée étaient proposées. La société s'est ensuite diversifiée afin d'avoir une gamme plus représentative de la Bourgogne.

La macération des raisins, pour moitié non égrappés, pendant un petit mois a donné naissance à une cuvée aux arômes réglissés et floraux. Une structure ample s'impose dès l'attaque en bouche, mais c'est un sentiment d'élégance qui prend ensuite le dessus. Une pointe d'acidité bien sentie incite à la garde. ⧗ 2023-2030

SARL RAPHAËL DUBOIS, 24, rue de la Courtavaux, 21700 Premeaux-Prissey, tél. 03 80 62 30 61, rdubois@wanadoo.fr V *t.l.j. 9h-11h30 14h-17h30; dim. sur r.-v.*

DOM. R. DUBOIS ET FILS
2017 ★

	18000		20 à 30 €

Béatrice Dubois et son frère Raphaël, installés depuis 1991, conduisent 21 ha de vignes dans les deux Côtes. La première vinifie, après avoir passé plusieurs années à l'étranger; le second s'occupe de la vente. Ils ont développé en 2000 une affaire de négoce pour étoffer leur gamme.

Un heureux mélange de vanille, de fruits rouges et de myrtille monte au nez de ce joli nuits-saint-georges, le tout légèrement enrobé d'un boisé grillé. Longueur et finesse sont au rendez-vous dans une bouche intense, conclue par une finale chaleureuse qui rappelle que le soleil a été au rendez-vous en 2017. ⧗ 2023-2026

DOM. R. DUBOIS ET FILS, 7, rte de Nuits-Saint-Georges, 21700 Premeaux-Prissey, tél. 03 80 62 30 61, contact@domaine-dubois.com V *t.l.j. 9h-11h30 14h-17h30; dim. sur r.-v.*

DOM. GUY ET YVAN DUFOULEUR
Clos des Perrières 2017 ★★

1er cru	4400		50 à 75 €

Les Dufouleur perpétuent une tradition vigneronne qui remonte à la fin du XVIe s. Le domaine actuel est né de la fusion en 2007 de 2 domaines familiaux. Guy Dufouleur étant décédé, le vignoble (28 ha) est aujourd'hui dirigé par son fils aîné Yvan, épaulé à la gérance par Xavier, frère de Guy.

Le domaine dispose de 77 ares de pinot noir dans ce terroir de haut de coteau. Il en tire un vin qui offre une belle palette aromatique centrée sur la griotte et les épices. Présentant une structure dense et riche, soutenue par des tanins fermes et fins à la fois, ouvert sur de jolies notes de réglisse, ce vin prend toute sa place au palais. ⧗ 2023-2030 ■ **Aux Saint-Julien 2017 ★★ (30 à 50 €; 3000 b.)** Situé au nord de la commune, ce terroir fait partie des *climats* qui font la transition avec Vosne-Romanée. Le domaine y dispose de 46 ares à l'origine d'un vin flatteur et expressif, à dominante florale, qui séduit aussi par la finesse de ses tanins. ⧗ 2023-2026

DOM. GUY ET YVAN DUFOULEUR, 15, rue Thurot, BP 80138, 21700 Nuits-Saint-Georges, tél. 03 80 61 09 35, gaelle.dufouleur@21700-nuits.com V *t.l.j. sf dim. 9h30-12h30 14h-18h30*

PHILIPPE GAVIGNET
Les Chabœufs 2018 ★

1er cru	6000		30 à 50 €

Installé en 1979 à la suite de son père Michel, Philippe Gavignet, qui incarne la quatrième génération à la tête du domaine familial, est le premier à se consacrer pleinement à la vigne. Son fils Benoît et sa fille Élodie travaillent dorénavant à ses côtés. Ce spécialiste des nuits-saint-georges exploite aujourd'hui 14 ha.

Philippe Gavignet exploite 1 ha du *climat* Les Chabœufs, un remarquable terroir du sud de l'appellation. Il en tire un 2018 d'une très belle concentration aromatique, centré sur des notes de fruits noirs, de myrtille notamment, mises en valeur par un boisé bien intégré. La bouche conjugue ampleur et longueur autour de tanins fins. ⧗ 2024-2030 ■ **Vieilles Vignes 2018 ★ (20 à 30 €; 6200 b.)** Un élevage de 17 mois en fût, dont un quart neuf, a participé à la complexité aromatique de ce *village* traduisant par ailleurs une belle maturité de fruit. D'une belle concentration, la bouche donne une sensation de plénitude confirmée par une longue finale. ⧗ 2023-2028

DOM. PHILIPPE GAVIGNET, 36, rue du Dr-Louis-Legrand, 21700 Nuits-Saint-Georges, tél. 03 80 61 09 41, contact@domaine-gavignet.fr V *t.l.j. 9h-12h 14h-17h30; sam. dim. sur r.-v.*

B CAMILLE GIROUD
2017 ★

	600		30 à 50 €

Fondée en 1865, cette vénérable maison beaunoise, discrète mais reconnue des amateurs, est propriété d'investisseurs américains depuis 2002. Autrefois spécialiste de la commercialisation de vieux vins, elle vit aujourd'hui avec son temps et c'est Carel Voorhuis qui assure les vinifications. Elle présente à sa carte de nombreux grands crus, régulièrement sélectionnés dans ces pages, et aussi de « simples » 1ers crus.

Un nuits qui correspond parfaitement au profil des 2017 bien réussis. Il s'ouvre spontanément sur une gamme aromatique fine et élégante, mariant de gourmandes notes de framboise à un boisé de qualité. Une attaque charnue ouvre sur un milieu de bouche bien équilibré, aux tanins fondus qui en font un vin agréable dès aujourd'hui. ⧗ 2021-2025

SAS CAMILLE GIROUD, 3, rue Pierre-Joigneaux, 21200 Beaune, tél. 03 80 22 12 65, contact@camillegiroud.com r.-v.

DOM. HOFFMANN-JAYER
Les Hauts-Poirets 2017 ★★

| | 1520 | | 50 à 75 € |

La reprise du Dom. Jayer-Gilles par André Hoffmann en 2017 a donné naissance à cette exploitation de 10 ha. Avec une prédominance de rouges, notamment ceux de la Côte de Nuits, la gamme va des AOC régionales (bourgogne-hautes-côtes-de-beaune et bourgogne-hautes-côtes-de-nuits) au grand cru échezeaux.

Une visite dans ce *climat* permet de dominer la partie sud de l'appellation. Le domaine y cultive 31 ares qui ont donné un 2017 long et intense, construit sur des tanins soyeux. Des notes florales et un bon boisé vanillé lui assurent également une belle élégance aromatique. ⧗ 2023-2027

DOM. HOFFMANN-JAYER, 1, rue du Meix-Grenot, 21700 Magny-lès-Villers, tél. 03 80 62 91 79, domaine@hoffmann-jayer.com V r.-v.

ALAIN JEANNIARD
Les Damodes 2018 ★

| 1er cru | 1200 | | 50 à 75 € |

Après une carrière dans l'industrie, Alain Jeanniard est revenu à ses racines vigneronnes (qui remontent au XVIIIe s.) pour reprendre en 2000 le Dom. de Morey : 0,5 ha à l'époque, 7 ha aujourd'hui. Il a également créé une affaire de négoce en 2003.

Les Damodes fait partie de ces *climats* qui, à l'extrême nord de l'appellation, voisinent avec ceux de Vosne-Romanée. Un voisinage qui se traduit bien souvent dans le verre par une rondeur et un fondu dans les tanins qui contrastent avec les vins en provenance du sud de l'appellation. Cette bouteille ne fait pas exception. Elle propose de surcroît une expression aromatique complexe sur le cassis et les épices. ⧗ 2023-2030

DOM. ALAIN JEANNIARD, 4, rue aux Loups, 21220 Morey-Saint-Denis, tél. 06 84 56 13 89, domaine.ajeanniard@wanadoo.fr V r.-v.

DOM. MICHEL NOËLLAT
Aux Boudots 2018 ★★

| 1er cru | 2500 | | 75 à 100 € |

Alain (au commercial) et Jean-Marc Noëllat (à la vigne et au chai) ont pris en 1990 la relève de leur père Michel sur ce vaste domaine de 25 ha. Ils ont été rejoints en 2012 et en 2015 par la 6e génération – Sophie, fille d'Alain, et Sébastien, fils de Jean-Marc –, qui a repris l'exploitation en 2018. Une valeur sûre de la Côte de Nuits, notamment pour ses vosne-romanée.

Déjà crédité d'un coup de cœur dans la sélection des vosne-romanée, le domaine décroche 2 étoiles supplémentaires avec ce 1er cru intense, concentré, dense et velouté à la fois. Les notes boisés et fruitées font bon ménage au nez. L'ensemble laisse une impression de caractère et de puissance. ⧗ 2024-2030

DOM. MICHEL NOËLLAT, 5, rue de la Fontaine, 21700 Vosne-Romanée, tél. 03 80 61 36 87, contact@domaine-michel-noellat.com V r.-v.

♥ LES PARCELLAIRES DE SAULX
2017 ★★

| | 1210 | | 50 à 75 € |

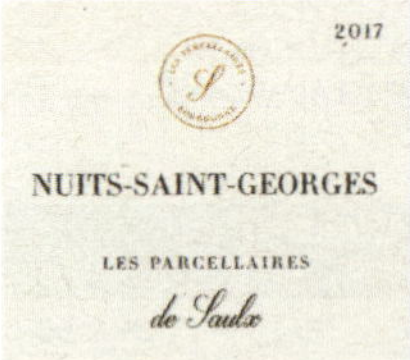

Le Manoir Murisaltien a été acquis en 2017 par un couple d'Américains passionnés d'art de vivre à la française. Propriétaires également du Dom. de Belleville à Rully et du Ch. le Clos de la Commaraine à Pommard, ainsi que de la maison de champagne Leclerc Briant, ils ambitionnent de vinifier une gamme de vins très qualitative dans leur cave de Meursault. Sur cette base est née la maison Les Parcellaires de Saulx.

La maison revendique une approche « haute couture » en ne procédant qu'à des vinifications parcellaires. Résultat : des petites cuvées mais qui sortent régulièrement du lot. C'est le cas de ce nuits particulièrement équilibré et fin. Son expression aromatique, sur la vanille et les fruits rouges, joue la carte de la gourmandise. Des touches florales et épicées ajoutent à sa complexité. La bouche est élégante, raffinée, longue. ⧗ 2023-2028

LES PARCELLAIRES DE SAULX, 4, rue du Clos-de-Mazerays, 21190 Meursault, tél. 03 80 21 21 83, contact@de-saulx.com V r.-v.

DOM. DANIEL RION ET FILS
Aux Vignerondes 2017 ★★

| 1er cru | 3169 | | 50 à 75 € |

Domaine créé en 1955 par Daniel Rion à partir des 2 ha à Vosne reçus du grand-père. La vente directe date de 1978 et de l'arrivée des fils. Ces derniers, aux commandes depuis 1995, date du départ à la retraite de leur père, exploitent aujourd'hui 15 ha dans 6 villages nuitons.

Un *climat* du nord de l'appellation qui joue généralement la carte de la finesse. C'est effectivement le soyeux des tanins et plus généralement la rondeur de la matière qui sont ici à souligner. Ce vin se montre aussi puissant quant à son expression aromatique évoquant avec générosité les fruits noirs, notamment le cassis. ⧗ 2023-2030 **Les Grandes Vignes 2017 ★ (30 à 50 €; 6460 b.)** Nous sommes ici sur un terroir de colluvions limono-argileux de bas de pente situé tout au sud de l'appellation. Dans le verre, une cuvée riche et longue, qui propose des notes animales et mentholées. Un ensemble harmonieux et qui ne manque pas de caractère. ⧗ 2023-2030

DOM. DANIEL RION ET FILS, 17, RD 974, 21700 Premeaux-Prissey, tél. 03 80 62 31 28, contact@domaine-daniel-rion.com V r.-v.

MORGAN TRUCHETET
Les Topons 2018 ★

| | 1700 | | 30 à 50 € |

Domaine établi à Premeaux-Prissey, le village aux deux églises, celle de Premeaux et celle de Prissey. Jean-Pierre Truchetet s'est installé en 1980 avec son

épouse Sylvie et exploite 5,3 ha. La sixième génération, les 2 enfants du vigneron, Morgan et Julie, ont pris en main le domaine en 2019.

Les Truchetet ont procédé à des achats de raisins sur une parcelle voisine de celle du domaine familial. Vinifié en vendanges entières, ce joli vin de garde se distingue par l'épaisseur de sa matière et la consistance de ses tanins. Un bel ambassadeur de son appelation et de son millésime. ⌛ 2024-2028

EARL TRUCHETET, 5, rue des Masers, 21700 Premeaux-Prissey, tél. 06 25 85 03 39, morgantruchetet@gmail.com V r.-v.

DOM. FABRICE VIGOT Vieilles Vignes 2017 ★★

■ | 2300 | | 20 à 30 €

Fabrice Vigot est installé depuis 1990 à la tête d'un petit domaine de 6,5 ha constitué à partir de vignes familiales, en vosne-romanée pour l'essentiel, dont il est devenu l'une des bonnes références, de même qu'en échézeaux et en nuits-saint-georges.

La vanille, une belle expression florale et une pointe musquée se manifestent au nez. En bouche, on découvre un vin aux tanins bien présents pour l'heure, mais qui fait preuve aussi d'une bonne rondeur. Un ensemble harmonieux qui devrait vieillir favorablement. ⌛ 2023-2030

DOM. FABRICE VIGOT, 20, rue de la Fontaine, 21700 Vosne-Romanée, tél. 03 80 61 13 01, fabrice.vigot@orange.fr V r.-v.

CÔTE-DE-NUITS-VILLAGES

Superficie : 148 ha
Production : 6 345 hl (95 % rouge)

Cette appellation associe cinq communes situées aux deux extrémités de la Côte de Nuits : au nord, Fixin (qui a aussi sa propre appellation) et Brochon (dont une partie du vignoble est classée en gevrey-chambertin); au sud, aux portes de la Côte de Beaune, Premeaux, Prissey (commune fusionnée avec la précédente), Comblanchien, réputée pour son « marbre », une pierre calcaire extraite de son coteau, et enfin Corgoloin, qui marque la limite sud de l'appellation tout comme celle de la Côte de Nuits, au niveau du Clos des Langres. Dans ce dernier village, la « montagne » diminue d'altitude et le vignoble s'amenuise; sa largeur ne dépasse guère 200 m. Rouges le plus souvent, les côtes-de-nuits-villages sont d'un bon niveau qualitatif et assez abordables.

DOM. CHEVALIER 2017 ★

■ | 5900 | | 15 à 20 €

Installé en 1994 sur ce domaine créé en 1850 par son arrière-grand-père Émile, Claude Chevalier exploite avec trois de ses filles – Chloé à la vigne et au chai, Julie au commercial et Anaïs à la comptabilité – un vignoble de 15 ha situé au pied et sur les pentes de la montagne de Corton. Une valeur sûre de la Côte de Beaune.

Enveloppées dans un boisé bien intégré et de bon aloi, les notes florales (rose) et de fruits bien mûrs sont à l'honneur. La bouche se montre vive, fringante et persiste sur une touche poivrée. Un pinot noir de charme, accessible dès aujourd'hui. ⌛ 2021-2025

SCEA CHEVALIER PÈRE ET FILS, 2, Grande-Rue-de-Buisson, Cidex 18, 21550 Ladoix-Serrigny, tél. 03 80 26 46 30, contact@domaine-chevalier.fr V r.-v.

DOM. CLUNY Les Créoles 2018 ★★

■ | 800 | | 15 à 20 €

Un domaine familial basé au nord de Gevrey-Chambertin (à Brochon). La famille Cluny, représentée aujourd'hui par Camille et Léa, cultive la vigne depuis le début du XXᵉs. Les viticultrices sont à la tête de 7 ha à Gevrey mais aussi en appellations chambolle-musigny, côte-de-nuits-villages, etc.

Un *climat* du nord de la Côte de Nuits (commune de Brochon) dont le nom évoque de petits cailloux. Les pinots noirs de 60 ans du domaine qui y sont plantés livrent un vin à la tonalité florale et fruitée (fruits rouges), accompagné par un boisé fin. La bouche fait preuve de densité autour de tanins fermes mais harmonieux. ⌛ 2023-2027

SARL HERVÉ CLUNY, 9, rue du Rapitot, 21220 Brochon, tél. 06 88 76 60 99, domainecluny@gmail.com V r.-v.

♥ DOM. DÉSERTAUX-FERRAND Les Perrières 2018 ★★

■ | 14000 | | 11 à 15 €

Ce domaine familial de 19,5 ha implanté à Corgoloin, village-frontière entre les deux Côtes, celle de Nuits et celle de Beaune, est conduit depuis 1995 par Vincent Désertaux, son épouse Geneviève et sa sœur Christine. Souvent en vue pour ses côtes-de-nuits-villages.

Les Perrières est un terroir de près de 5 ha situé à l'extrême sud de la Côte de Nuits. Le domaine dispose de plus de la moitié de ce *climat* et sait manifestement en tirer la quintessence. Cette cuvée, élevée pendant un an en fût, exhale de très flatteuses notes de fruits rouges et de réglisse. La bouche, franche en attaque, se révèle ample, consistante et longue, étayée par des tanins fins et soyeux. ⌛ 2023-2028

EARL DOM. DÉSERTAUX-FERRAND, 135, Grande-Rue, 21700 Corgoloin, tél. 03 80 62 98 40, contact@desertaux-ferrand.com V r.-v.

LOUIS MAX 2018 ★

■ | 10000 | | 20 à 30 €

Maison de négoce fondée en 1859 par Evgueni-Louis Max, émigré de Géorgie. Depuis 2007, elle est la propriété de Philippe Bardet, un amateur de vin genevois qui a confié en 2014 à David Duband, célèbre vigneron

de la Côte de Nuits, la responsabilité de la vinification et de l'élevage des vins de la maison. Elle dispose, en plus de ses achats de raisins, d'un vignoble en propre de 20 ha à Mercurey et de 165 ha dans les Corbières. Sur les flacons, des étiquettes reconnaissables entre toutes, dessinées par Pierre Le Tan.

Vinification pour partie en vendanges entières et élevage majoritairement en cuve (80 %), l'approche assez originale montre son efficacité. La palette aromatique évoque la pivoine et la cerise. D'une bonne ampleur dès l'attaque, la bouche est soutenue par une bonne vivacité et se conclut en finesse. ⧗ 2021-2025

SA LOUIS MAX, 6, rue de Chaux, 21700 Nuits-Saint-Georges, tél. 03 80 62 43 00, n.lanier.garde@louis-max.fr

♥ DOM. PILLOT-HENRY
2018 ★★

15 000 | 15 à 20 €

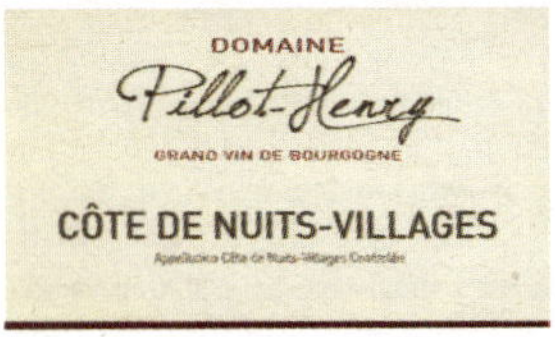

Fils d'un vigneron propriétaire de quelques ares de pommard 1er cru Les Charmots, Thomas Henry, après avoir travaillé pendant 10 ans comme technicien en viticulture, a repris un domaine à Comblanchien en 2007 (le caveau est à Pommard) et exploite aujourd'hui 10 ha de vignes entre Nuits-Saint-Georges et Pommard.

Une cuvée qui compte au domaine puisqu'elle « pèse » près de 3 ha. Un très bel ambassadeur pour cette jeune exploitation. Le nez marie avec bonheur les fruits rouges, les baies noires et un boisé fin issu d'un élevage de 11 mois en fût. D'un profil souple et charmeur, la bouche est aussi consistante, équilibrée et longue. ⧗ 2023-2026

EARL PILLOT-HENRY, 7, rue Nouvelle, 21700 Comblanchien, tél. 06 28 29 73 97, earl.pillot-henry@orange.fr
V r.-v.

DOM. TRUCHETET
2018 ★

3100 | 20 à 30 €

Domaine établi à Premeaux-Prissey, le village aux deux églises, celle de Premeaux et celle de Prissey. Jean-Pierre Truchetet s'est installé en 1980 avec son épouse Sylvie et exploite 5,3 ha. La sixième génération, les 2 enfants du vigneron, Morgan et Julie, ont pris en main le domaine en 2019.

Un demi-hectare situé sur la commune de Comblanchien a donné cette cuvée aux notes complexes de mûre, de myrtille et de fruits rouges. Bâtie sur des tanins solides mais assez fondus, elle ne renie pas son appartenance à son appellation. ⧗ 2023-2027

EARL TRUCHETET, 5, rue des Masers, 21700 Premeaux-Prissey, tél. 06 25 85 03 39, morgantruchetet@gmail.com
V r.-v.

LA CÔTE DE BEAUNE

BOURGOGNE-HAUTES-CÔTES-DE-BEAUNE

Superficie : 815 ha
Production : 39 500 hl (85 % rouge)

Cette appellation est située sur une aire géographique comprenant une vingtaine de communes et débordant sur le nord de la Saône-et-Loire. Comme celui des hautes-côtes-de-nuits, ce vignoble s'est développé depuis les années 1970-1975.
Le paysage est pittoresque et de nombreux sites méritent une visite, comme Orches, La Rochepot et son château, Nolay et ses halles. Enfin, les Hautes-Côtes, qui étaient autrefois une région de polyculture, sont restées productrices de petits fruits destinés à alimenter les liquoristes de Nuits-Saint-Georges et de Dijon. Cassis et framboise servent à élaborer des liqueurs et des eaux-de-vie d'excellente qualité. L'eau-de-vie de poire des Monts de Côte-d'Or trouve également ici son origine.

FRANÇOIS D'ALLAINES
En Clos Bortier 2017 ★

2700 | 15 à 20 €

Après l'école hôtelière, François d'Allaines crée son négoce en 1990 à la frontière entre Saône-et-Loire et Côte-d'Or, puis son domaine en 2009. Cet adepte des élevages longs en fût est souvent au rendez-vous du Guide.

Après un élevage de 19 mois dont 17 en fût, ce hautes-côtes distille des parfums fruités (cassis) et épicés. Une attaque ronde ouvre sur une bouche fine, élégante et longue, où l'on retrouve les caractéristiques du nez. ⧗ 2021-2025

SARL FRANÇOIS D' ALLAINES, 2, imp. du Meix-du-Cray, 71150 Demigny, tél. 03 85 49 90 16, francois@dallaines.com V r.-v.

DOM. BOURGOGNE-DEVAUX
La Perrière 2018 ★

5000 | 11 à 15 €

Sylvie Bourgogne a repris en 1986 le domaine créé en 1899 par son arrière-grand-père. Contrainte de vendre la production en raisin et de réduire le vignoble (2,75 ha aujourd'hui), elle a vinifié son premier hautes-côtes-de-beaune en 2012. En 2015, elle a transmis l'exploitation à ses deux fils, Luc, également chargé d'affaires dans la banque, et Fabrice, formé à la « viti-oeno » de Beaune.

Depuis la reprise des vinifications en 2012, les hautes-côtes du domaine sont régulièrement en vue dans ces pages. Ici, un 2018 au nez discret mais élégant de griotte et de chocolat, fruité, frais et bien équilibré en bouche, soutenu par des tanins souples. Jolie finale épicée. ⧗ 2022-2025

SAS DOM. BOURGOGNE-DEVAUX, 2, chem. de Mavilly, 21190 Meloisey, tél. 06 03 11 65 40, domaine.bourgogne@gmail.com
V r.-v.

JEAN CHARTRON Vieilles Vignes 2018 ★

| 5650 | | 15 à 20 € |

Créé en 1859 par le tonnelier Jean-Édouard Dupard, ce domaine d'une grande constance, bien implanté dans les grands crus de Puligny, étend son vignoble sur 13 ha – dont 90 % de chardonnay et trois monopoles (Clos de la Pucelle et Clos du Cailleret en puligny, Clos des Chevaliers en chevalier-montrachet) –, conduits en bio non certifié. Jean-Michel Chartron est aux commandes depuis 2004, épaulé depuis 2015 par sa sœur Anne-Laure; l'un de ses credo : «Du bois, oui, mais pas trop.» Une valeur sûre.

Une cuvée souvent en vue, née d'un *climat* situé sur Meloisey. Au nez, les fleurs et fruits blancs s'associent à des notes minérales et beurrées. On retrouve les fruits blancs (poire, pomme) agrémentés d'agrumes dans une bouche fraîche, énergique, soulignée par de beaux amers en finale. ⧗ 2021-2024

EURL JEAN CHARTRON, 8 bis, Grande-Rue, 21190 Puligny-Montrachet, tél. 03 80 21 99 19, info@jeanchartron.com V r.-v.

GILBERT ET PHILIPPE GERMAIN Vieilles Vignes 2018 ★

| 1880 | | 11 à 15 € |

Gilbert Germain a créé l'exploitation en 1962 avec son épouse Bernadette dans le pittoresque village de Nantoux, en Hautes-Côtes. Philippe, le fils, a repris le flambeau en 1995, débuté la vente en bouteilles et développé le parcellaire : son vignoble couvre aujourd'hui 20 ha.

Ces vieilles vignes ont 50 ans. Elles ont donné naissance à un joli vin au nez brioché, floral et fruité. Une attaque souple et minérale prélude à un palais tout en rondeur, où le boisé persiste en final. ⧗ 2022-2025

EARL GILBERT ET PHILIPPE GERMAIN, rue du Vignoble, 21190 Nantoux, tél. 03 80 26 05 63, germain.vins@wanadoo.fr V r.-v.

B JEAN-MICHEL GIBOULOT 2018 ★★

| 1512 | | 11 à 15 € |

Un domaine familial créé en 1935, conduit depuis 1996 par Jean-Michel Giboulot, à la tête d'un vignoble de 12 ha. En agriculture biologique depuis 2010.

Ce hautes-côtes est passé par 10 mois de fût avant de connaître la bouteille. Dans le verre, un vin d'une grande élégance, au nez délicat d'aubépine, de fruits blancs et de brioche. La bouche séduit par sa finesse, sa souplesse et sa fraîcheur, renforcée par une belle finale saline et épicée. ⧗ 2021-2024

EARL DOM. JEAN-MICHEL GIBOULOT, 27, rue du Gal-Leclerc, 21420 Savigny-lès-Beaune, tél. 03 80 21 52 30, jean-michel.giboulot@wanadoo.fr

DOM. FRANCK LAMARGUE 2018 ★

| 1200 | | 8 à 11 € |

En 2005, à l'issue de ses études à Beaune, Franck Lamargue s'est associé à son ancien maître de stage pour fonder un domaine qu'il dirige seul depuis 2011. Installé à La Rochepôt dans une ancienne tuilerie, il exploite 12 ha de vignes en hautes-côtes et dans 5 communes du sud de la Côte de Beaune, de Monthelie aux Maranges.

Ce hautes-côtes dévoile au nez des senteurs fraîches de fleurs et fruits blancs sur un discret fond boisé. Une fraîcheur que l'on retrouve dans une bouche qui ne manque ni de gras ni de longueur. Un ensemble bien équilibré. ⧗ 2021-2024

EARL FRANCK LAMARGUE, 63, rte de Beaune, 21340 La Rochepot, tél. 06 60 25 57 88, domaineflamargue@outlook.fr V t.l.j. 9h30-12h30 14h-18h30

HENRI LATOUR ET FILS 2018 ★

| 12050 | | 11 à 15 € |

Les Latour cultivent la vigne depuis 7 générations à Auxey-Duresses. Installé en 1992, François Latour exploite, avec son fils Sylvain, un domaine de 15 ha dont l'essentiel est implanté dans sa commune d'origine, le reste à Saint-Romain et à Meursault.

Ce vin ouvert sur les fruits rouges bien mûrs évoque aussi le bois de rose et le sous-bois. Une attaque nette et fraîche ouvre sur une bouche ample, souple, aux tanins soyeux et patinés, et un brin poivrée en finale. Gourmand. ⧗ 2022-2025

EARL HENRI LATOUR ET FILS, 51, rte de Beaune, 21190 Auxey-Duresses, tél. 03 80 21 65 49, h.latour.fils@wanadoo.fr V r.-v.

DOM. DU LYCÉE VITICOLE 2018 ★

| 16237 | | 11 à 15 € |

Créé en 1884 en pleine crise du phylloxéra, le «Viti» de Beaune a formé des générations de producteurs aux techniques de la vigne et du vin. Il conduit aujourd'hui un domaine de 20 ha qui sert d'outil pédagogique et expérimental.

Au nez, ce vin dévoile des parfums de petits fruits rouges et d'épices. En bouche, il se montre ample, riche, rond et long, soutenu par des tanins fins. Un hautes-côtes bien dans le ton de ce millésime solaire. ⧗ 2021-2025

DOM. DU LYCÉE VITICOLE DE BEAUNE, 16, av. Charles-Jaffelin, 21200 Beaune, tél. 03 80 26 35 81, expl.beaune@educagri.fr V t.l.j. sf sam. dim. 8h30-12h 13h30-17h30

DOM. NICOLAS PÈRE ET FILS En Château 2018 ★★

| 5000 | | 11 à 15 € |

Un domaine familial de 18 ha établi sur les hauteurs de Nolay, dans les Hautes-Côtes beaunoises, et conduit depuis 1987 par Alain Nicolas, représentant la cinquième génération. En 2019, ses enfants Mylène et Benoit l'ont rejoint sur l'exploitation.

Ce hautes-côtes né de vignes de 45 ans présente un nez délicat de fruits rouges mûrs. On retrouve ce fruité agrémenté d'une touche de café dans une bouche ample et dense, épaulée par des tanins soyeux. La finale lui apporte un surcroît de fraîcheur. ⧗ 2022-2026 **Vieilles Vignes 2018 ★ (8 à 11 €; 5500 b.)** Un vin ouvert sur la myrtille, la cerise et un bon boisé. La bouche se montre ferme et consistante. Pour la cave. ⧗ 2023-2026 **2018 ★ (8 à 11 €; 8000 b.)** Un très joli nez pour ce blanc : jasmin, orange, iode, touche grillée. En bouche, du volume, de la rondeur, du gras, mais aussi une belle tension minérale en soutien. ⧗ 2021-2024

BOURGOGNE

EARL NICOLAS PÈRE ET FILS, 38, rte de Cirey, 21340 Nolay, tél. 03 80 21 82 92, contact@domaine-nicolas.fr V t.l.j. sf dim. 9h-12h 13h30-18h

DOM. CLAUDE NOUVEAU Vieilles Vignes 2018 ★

■ | 10500 | | 11 à 15 €

Souvent en vue pour ses maranges et ses santenay, ce domaine établi dans le hameau de Marcheseuil, dans les Hautes-Côtes de Beaune, s'étend sur 14 ha. En 2010, Claude Nouveau en a confié les rênes à son gendre Stéphane Ponsard, rejoint en 2015 par son épouse Aline.

De vénérables ceps de 65 ans sont à l'origine de cette cuvée qui n'a pas connu le bois. Au nez, se déploie une senteur gourmande de fraises écrasées, à peine relevée d'épices (poivre). Une attaque souple introduit une bouche fruitée, ample et longue, dotée de tanins bien en place. ⌛ 2022-2025

DOM. CLAUDE NOUVEAU, Marcheseuil, 21340 Change, tél. 03 85 91 13 34, domaine@claudenouveau.com V r.-v. D

PARIS L'HOSPITALIER Les Abeilles 2018 ★

■ | 24200 | | 15 à 20 €

Pierre Colin et Olivier Seguin se sont associés en 2005 pour créer leur maison. Après des débuts dans la vente de vins fins, ils ont initié en 2008 une activité de négoce-éleveur, appuyés par leur œnologue, Olivier Bosse-Platière.

Produite en limite avec les Maranges, sur la commune de Paris-l'Hôpital, cette bouteille livre des parfums gourmands de fruits rouges confiturés. On retrouve ces fruits gorgés de soleil (la framboise notamment) dans une bouche généreuse, ample et bien structurée. Un vin solaire. ⌛ 2022-2026

SARL MAISON COLIN SEGUIN, 4, rte de Dijon, 21700 Nuits-Saint-Georges, tél. 03 85 40 20 20, sophie.doche@maison-colin-seguin.com

DOM. PINQUIER 2018 ★

■ | 3600 | | 8 à 11 €

En 1994, Thierry Pinquier a pris la relève de ses parents Colette et Maurice, ouvriers vignerons fondateurs du domaine en 1954. Aujourd'hui, le vignoble compte 6 ha.

Ce hautes-côtes présente un nez accueillant de petits fruits frais (framboise, mûre et cassis) et de réglisse. Arômes prolongés par un palais souple en attaque, rond et dense dans son développement, dominé par les épices en finale. ⌛ 2023-2026

THIERRY PINQUIER, imp. des Belges, 5, rue Pierre-Mouchoux, 21190 Meursault, tél. 06 80 02 57 84, domainepinquier@orange.fr V *t.l.j. 9h-12h 14h-19h; dim. 9h-12h* 3

DOM. CHRISTIAN REGNARD 2018 ★

■ | 8300 | | 11 à 15 €

En 2010, Florian Regnard a rejoint son père Christian sur le domaine familial situé à Sampigny, l'un des trois villages de l'AOC maranges. Parcelle après parcelle, il agrandit le vignoble (aujourd'hui 12 ha dans la partie sud de la Côte de Beaune et dans les Hautes-Côtes) et fait bouger les lignes en matière de culture, de vinification et de commercialisation.

2018 est le premier millésime vinifié et élevé dans la toute nouvelle cuverie du domaine. Ce hautes-côtes en ressort le nez ouvert sur la vanille et de fines notes d'églantine. En bouche, il affiche un bon équilibre entre le gras, le côté solaire du millésime et la fraîcheur apportée par des arômes d'agrumes. ⌛ 2021-2024

DOM. CHRISTIAN REGNARD, 14, rte de Cheilly, 71150 Sampigny-lès-Maranges, tél. 03 85 45 51 29, florian.regnard@hotmail.fr V r.-v. E

DOM. DE LA ROCHE AIGUË La Dalignère 2018 ★

■ | 4400 | | 8 à 11 €

Florence et Éric Guillemard, établis à la sortie d'Auxey-Duresses depuis 1995, conduisent un vignoble de 14 ha en auxey-duresses, saint-romain, meursault, pommard et hautes-côtes. Leur fille Lucie les a rejoints en 2016.

Une cuvée souvent en vue dans ces pages. La version 2018 s'exprime sur des arômes de fruits rouges et noirs bien mûrs, la marque du millésime. À l'unisson du bouquet, la bouche apparaît souple en attaque, élégante par sa finesse tannique sans manquer de corps, et déploie une jolie finale fruitée. ⌛ 2023-2027 ■ **2018 ★ (8 à 11 €; 11600 b.)** La cuvée générique en hautes-côtes est un vin bien fruité, bien mûr, à la bouche enveloppante, chaleureuse, de bonne concentration. ⌛ 2023-2025

EARL LA ROCHE AIGUË, 145, rte de Beaune, Melin, 21190 Auxey-Duresses, tél. 03 80 21 28 33, guillemarderic@wanadoo.fr V r.-v.

DOM. DU VIEUX PRESSOIR 2018 ★

■ | 1700 | | 8 à 11 €

Éric Duchemin s'est installé en 1991 à Sampigny-lès-Maranges sur un domaine qui compte aujourd'hui 9,5 ha (en AOC maranges, santenay et hautes-côtes-de-beaune) et qui tire son nom d'un énorme pressoir du XVII[e]s. utilisé jusqu'en 1939.

Né de jeunes ceps de 12 ans, ce hautes-côtes du secteur des Maranges associe au nez un bon boisé aux fruits jaunes mûrs (pêche et abricot). La bouche, au diapason du bouquet, se montre riche, ample et tendre, relevée par une finale saline. ⌛ 2021-2024

EARL ÉRIC DUCHEMIN, Dom. du Vieux Pressoir, 16, Grande-Rue, 71150 Sampigny-lès-Maranges, tél. 03 85 91 12 71, domaine.vieux.pressoir@wanadoo.fr V r.-v.

LADOIX

Superficie : 94 ha
Production : 4 065 hl (75 % rouge)

Porte de la Côte de Beaune, cette appellation mériterait d'être mieux connue. Elle porte le nom d'un des trois hameaux de la commune de Ladoix-Serrigny, les deux autres étant Serrigny, près de la ligne de chemin de fer, et Buisson. Ce dernier est situé exactement à la frontière géographique des Côtes de Nuits et de Beaune, marquée par la combe de Magny. Au-delà

commence la montagne de Corton, aux grandes pentes à intercalations marneuses, constituant avec toutes ses expositions, est, sud et ouest, l'une des plus belles unités viticoles de la Côte.
Ces différentes situations contribuent à la variété des ladoix rouges, auxquels s'ajoute une production de vins blancs mieux adaptés aux sols marneux de l'argovien; c'est le cas des Gréchons, par exemple, *climat* situé sur les mêmes niveaux géologiques que les corton-charlemagne, plus au sud, et qui donnent des vins très typés.
Autre particularité : bien que jouissant d'une classification favorable donnée par le Comité de viticulture de Beaune en 1860, Ladoix ne possédait pas de 1ers crus, omission qui a été réparée par l'INAO en 1978 : La Micaude, La Corvée et Le Clou d'Orge, aux vins de même caractère que ceux de la Côte de Nuits, Les Mourottes (basses et hautes), de tempérament sauvage, Le Bois-Roussot, Sur la Lave, sont les principaux de ces 1ers crus.

DOM. CACHAT-OCQUIDANT 2018 ★

■	5000	◖◗	15 à 20 €

À la tête de 12 ha de vignes répartis tout autour de la montagne de Corton, Jean-Marc Cachat et son fils David figurent en bonne place dans le Guide, surtout pour leurs rouges, majoritaires dans leur carte des vins.
Ce vin flatte le nez avec de fines notes de fleurs blanches, d'agrumes et d'ananas. La bouche apparaît ample, souple, délicate, équilibrée, stimulée par une jolie finale iodée et acidulée. ⧗ 2021-2025

EARL DOM. CACHAT-OCQUIDANT ET FILS, 3, pl. du Souvenir, Cidex 1, 21550 Ladoix-Serrigny, tél. 03 80 26 45 30, domaine.cachat@wanadoo.fr V r.-v.

CAPITAIN-GAGNEROT La Micaude Monopole 2018 ★

■ 1er cru	8000	◖◗	20 à 30 €

Vénérable domaine familial de 15 ha fondé en 1802 et implanté à Ladoix-Serrigny. Depuis 2010, Pierre-François Capitain (8e génération) est seul maître à bord; son père Patrice et son oncle Michel restant à l'écoute. Propriété en vue notamment pour ses ladoix, aloxe et échézeaux.
Sur 1,63 ha, cette vigne en monopole tire son nom du patois bourguignon signifiant « mi-côte ». La robe affiche un grenat intense et le nez évoque la vanille et la griotte. La bouche est solide, bien structurée par un élevage de 17 mois en fût et par des tanins fins. De garde. ⧗ 2024-2028

MAISON CAPITAIN-GAGNEROT, 38, rte de Dijon, 21550 Ladoix-Serrigny, tél. 03 80 26 41 36, contact@capitain-gagnerot.com V r.-v.

EDMOND CORNU ET FILS La Corvée 2017 ★

■ 1er cru	2400	◖◗	30 à 50 €

Edmond Cornu, à la retraite, a laissé en 1985 la conduite des 16 ha du domaine familial à son fils Pierre, épaulé par son épouse Édith et son cousin Emmanuel. Installée à Ladoix, la famille Cornu exploite ses vignes en Haute valeur environnementale, en adaptant ses pratiques viticoles et œnologiques dans le respect de la biodiversité, de la faune et de la flore.
Avec 7,14 ha, cette Corvée est de loin le plus grand des onze 1ers crus de Ladoix. Les Cornu y cultivent une vigne de 75 ans, à l'origine d'un ladoix aux parfums suaves de mûre et de groseille sur fond de boisé vanillé. Une attaque fruitée ouvre sur une bouche puissante et longue, aux tanins fermes et de garde. ⧗ 2025-2030

EDMOND CORNU ET FILS, Le Meix-Gobillon, 6, rue du Bief Cidex_34, 21550 Ladoix-Serrigny, tél. 03 80 26 40 79, domaine@cornu-edouard-et-fils.fr V r.-v.

DOM. CRUCHANDEAU Les Ranches 2018 ★

■	2000	◖◗	15 à 20 €

Julien Cruchandeau, originaire de Chenôve, a longtemps eu deux vies : viticulteur donc, et musicien jusqu'en 2010, avant de se consacrer pleinement à son domaine créé en 2003 : 7 ha répartis sur les trois Côtes (de Beaune, de Nuits et chalonnaise).
Une cuvée vinifiée entièrement en raisins égrappés, avec de longues macérations de 4 semaines sans pigeage. Le résultat est un ladoix au nez gourmand de figue, de raisin sec, de vanille et de poivre. On retrouve ces arômes dans une bouche riche, généreuse, aux tanins caressants. ⧗ 2024-2028

DOM. CRUCHANDEAU, 4, rue Robert, 21700 Chaux, tél. 06 74 85 79 62, domaine.cruchandeau@gmail.com V r.-v.

DOM. MAILLARD PÈRE ET FILS Les Chaillots 2018 ★

■	3000	◖◗	15 à 20 €

Représentant la 10e génération de viticulteurs sur le domaine (1766), Pascal Maillard (au chai) et son frère Alain (à la vigne) exploitent un vignoble constitué par leur père Daniel à partir de 1952. Aujourd'hui, pas moins de 19 ha répartis dans 7 communes aux environs de la montagne de Corton, ainsi qu'à Pommard et à Volnay. Une valeur sûre, notamment en corton et en chorey.
Calé sous les 1ers crus, en plein coteau, le *climat* Les Chaillots, entendez les « cailloux », a donné dans ce millésime généreux une cuvée à la robe aussi intense que son nez de griotte mûre et d'épices. Une saveur fruitée prolongée par une bouche tannique et de bonne longueur. Pour la cave. ⧗ 2024-2028

SAS DOM. MAILLARD PÈRE ET FILS, 2, rue Joseph-Bard, 21200 Chorey-lès-Beaune, tél. 03 80 22 10 67, contact@domainemaillard.com V r.-v.

DOM. MARATRAY-DUBREUIL En Naget 2018 ★

■ 1er cru	4000	◖◗	20 à 30 €

Domaine de Ladoix-Serrigny fondé en 1935 lorsque le père de Maurice Maratray préféra réinvestir ses gains dans l'achat de vignes plutôt que dans son entreprise de travaux publics. Maurice Maratray épousa la fille de Pierre Dubreuil, figure de Pernand. Aujourd'hui, l'exploitation couvre 18 ha; elle est dirigée depuis 1997 par François-Xavier Maratray et sa sœur Marie-Madeleine.
Ce domaine exploite 53 ares ce petit 1er cru calé sous le bois de Corton. Acacia et aubépine se partagent la

palette aromatique d'un nez tout en finesse. La bouche se montre aussi élégante et tendre que persistante. ⧗ 2022-2025

EARL DOM. MARATRAY-DUBREUIL, 5, pl. du Souvenir, 21550 Ladoix-Serrigny, tél. 03 80 26 41 09, contact@domaine-maratray-dubreuil.com V t.l.j. sf sam. dim. 8h-12h 13h30-17h30

MESTRE PÈRE ET FILS Le Clou d'Orge 2018 ★

| | 2400 | | 20 à 30 € |

Cinq générations de viticulteurs se sont succédé ici depuis 1887. Des Maranges à Ladoix en passant par Chassagne et Aloxe, les frères Mestre (Gilbert, Gérard et Michel) exploitent un vignoble de 17 ha.

Les 2,5 ha de ce *climat* sont situés à l'entrée de la combe des Buis et bénéficient d'une exposition sud-ouest. Les Mestre y cultivent 50 ares de chardonnay qui ont donné ce vin doré, aux parfums floraux (acacia) et vanillés, à la bouche souple et bien équilibrée entre rondeur fruitée et fraîcheur minérale. ⧗ 2021-2024

MESTRE PÈRE ET FILS, 12, pl. du Jet-d'Eau, 21590 Santenay, tél. 03 80 20 60 11, contact@mestre-pere-et-fils.fr V t.l.j. sf dim. 10h-12h30 14h30-18h

♥ DOM. NUDANT Les Gréchons 2018 ★★

| 1er cru | 4600 | | 20 à 30 € |

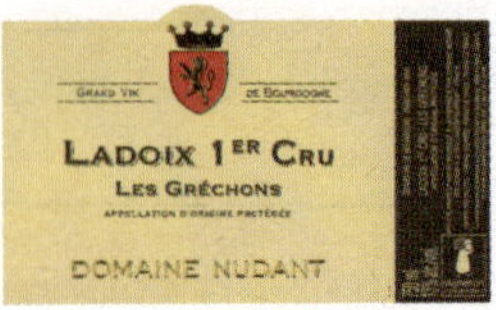

Un Guillaume Nudant d'Aloxe-Corton était déjà vigneron en 1453. Son descendant, Guillaume également, a rejoint en 2003 son père Jean-René sur le domaine familial de 16 ha, planté pour l'essentiel autour de la montagne de Corton, complété par une activité de négoce.

On prend le même producteur et on change juste de millésime… L'unique coup de cœur de l'appellation vient, comme dans l'édition précédente, du Dom. Nudant et de ce 1er cru établi sur les hauteurs prolongeant la colline de Corton. Après 12 mois de fût et 2 mois de cuve, ce 2018 se présente dans une robe brillante et dorée. Le nez, charmeur et gourmand, évoque le beurre et l'amande grillée. Le prélude à une bouche ample, souple et soyeuse, dynamisée par des saveurs acidulées d'agrumes, avant de revenir sur l'amande grillée en finale. ⧗ 2023-2030

DOM. NUDANT, 11, rte de Dijon, 21550 Ladoix-Serrigny, tél. 03 80 26 40 48, domaine.nudant@wanadoo.fr V r.-v.

ALOXE-CORTON

Superficie : 118 ha
Production : 4 380 hl (98 % rouge)

Encerclé par les vignes, Aloxe-Corton est l'un des trois villages établis au pied de la Montagne de Corton, à l'extrémité nord de la Côte de Beaune. Les terroirs les plus réputés sont situés sur la pente, en grand cru (corton et corton-charlemagne) et en 1er cru, sur des terrains marneux et calcaires. Parmi ces derniers, Les Maréchaudes, Les Valozières, Les Lolières (Grandes et Petites) sont les plus connus. Plusieurs châteaux aux tuiles vernissées méritent le coup d'œil.

DOM. ARNOUX PÈRE ET FILS Les Chaillots 2018 ★★

| | 5000 | | 20 à 30 € |

Créée en 1950, cette exploitation familiale, installée à Chorey-lès-Beaune, est dirigée depuis 2008 par Pascal Arnoux, troisième du nom à la tête du domaine. Au menu, une large gamme de vins de la Côte de Beaune (une vingtaine d'appellations sur plus de 20 ha entre Beaune et Corton), souvent en vue dans ces pages.

Des 80 ares plantés il y a 35 ans sur ce *climat*, ressort un vin rubis intense qui livre un parfum acidulé de cassis et de mûre sur fond de boisé élégant aux tonalités de cannelle. La bouche apparaît ample, tendre, équilibrée, dotée d'un très joli toucher autour de tanins soyeux et d'une longue finale sur les fruits et la réglisse. Du potentiel pour la garde. ⧗ 2025-2030

SCEA DOM. ARNOUX PÈRE ET FILS, 5, rue de Ley, 21200 Chorey-lès-Beaune, tél. 03 80 22 57 98, contact@arnoux-pereetfils.com V r.-v.

JEAN-BAPTISTE BOUDIER Les Combes 2018 ★

| | 1100 | | 30 à 50 € |

Après des expériences viticoles en France, dans des domaines renommés (Haut-Brion, Gauby, Rossignol, Vieux Télégraphe) et en Nouvelle-Zélande, Jean-Baptiste Boudier s'est installé à Pernand-Vergelesses en 2015, sur 4 ha.

Du côté de Pernand, ce *climat* bénéficie d'une exposition idéale au sud-est et des vents frais irriguant sa combe. Sur cette terre rouge, les blancs sont rares. Ici, un aloxe plaisant par son caractère expressif, floral et boisé, comme par sa bouche ample et fraîche. De quoi être attendu. ⧗ 2023-2026

JEAN-BAPTISTE BOUDIER, 1, rue de Pralot, 21420 Pernand-Vergelesses, tél. 06 19 37 81 48, jb.boudier@gmail.com V r.-v.

♥ CAPITAIN-GAGNEROT Les Moutottes 2018 ★★

| 1er cru | 4000 | | 30 à 50 € |

Vénérable domaine familial de 15 ha fondé en 1802 et implanté à Ladoix-Serrigny. Depuis 2010, Pierre-François Capitain (8e génération) est seul maître à bord; son père Patrice et son oncle Michel restant à l'écoute. Propriété en vue notamment pour ses ladoix, aloxe et échézeaux.

Ce *climat*, le plus petit de l'appellation, est classé pour moitié en grand cru corton, pour moitié en 1er cru. Le domaine en extrait régulièrement de jolies cuvées, à l'image de ce 2018 admirable, paré d'une robe pourpre de grande intensité. Après 17 mois d'élevage en fût, le boisé se marie parfaitement à la fraise des bois. Riche en tanins charnus et soyeux, la bouche apparaît ample, dense et longue, offrant une très belle mâche. Un peu de patience est conseillée. ⧗ 2025-2030

MAISON CAPITAIN-GAGNEROT, 38, rte de Dijon, 21550 Ladoix-Serrigny, tél. 03 80 26 41 36, contact@capitain-gagnerot.com V *r.-v.*

JEAN-FRANÇOIS CHAPELLE
Les Petites Lolières 2017 ★

1er cru	1220		30 à 50 €

En 1989, Roger Chapelle et son fils Jean-François ont créé une structure de négoce qui commercialise en exclusivité les vins du domaine familial (18 ha en bio certifié), situé à l'extrémité sud de la Côte de Beaune. Il détient aussi des parcelles à l'autre bout de la Côte, autour de la montagne de Corton. En 2002, l'activité a été étendue à des vignerons partenaires pour élargir les gammes.

Ce *climat* de 1,64 ha de la pointe nord de l'appellation sur la commune de Ladoix, est situé dans les « quartiers chics » des grands crus. Le nez évoque les fruits rouges frais mâtinés de notes empyreumatiques (15 mois de fût). Soutenu par des tanins bien en place mais au grain soyeux, le palais fait preuve d'une belle longueur. Un peu de vie en cave sera bienvenue. ⧗ 2023-2027

SARL JEAN-FRANÇOIS CHAPELLE, Le Haut-Village, 21590 Santenay, tél. 03 80 20 60 09, contact@domainechapelle.com V *t.l.j. 9h-12h 14h-17h; sam. dim. sur r.-v.*

DOM. CHAPUIS
2017 ★

	6000		20 à 30 €

Un domaine familial fondé en 1872 par un ancêtre ouvrier viticole à Aloxe-Corton. Maurice Chapuis et son épouse Anne-Marie, aux commandes depuis 1985, ont cédé la place à leur fils Pierre en 2018, à la tête aujourd'hui d'un vignoble de 12 ha, complété par une activité de négoce.

Ce *village* se présente dans une robe soutenue et propose un nez expressif de framboise sur fond de boisé délicat, aux tonalités de vanille. Des arômes prolongés avec une belle persistance par une bouche fraîche et fine. ⧗ 2022-2025

DOM. MAURICE CHAPUIS, 3, rue de Boulmeau, 21420 Aloxe-Corton, tél. 03 80 26 40 99, info@domainechapuis.com V *r.-v.*

BERNARD DUBOIS ET FILS
Les Brunettes 2017 ★

	2900		20 à 30 €

Cette famille de Chorey exploite la vigne de père en fils depuis 1850. Le vignoble s'étend aujourd'hui sur 13 ha. Régulier en qualité, notamment pour ses aloxe et ses savigny.

Le village de Chorey, où est établi le domaine, regarde Aloxe du pied de la plaine. Il n'y a qu'à traverser la route des vins pour y récolter le fruit : 1,19 ha ici, qui ont donné un vin aux senteurs intenses de fruits noirs et de boisé, frais en bouche, étayé par des tanins francs. ⧗ 2022-2025

JACQUES DUBOIS, 14, rue des Moutots, 21200 Chorey-lès-Beaune, tél. 06 29 74 46 75, domaine@dubois-bernard.fr V *r.-v.*

DOM. ANTONIN GUYON
Les Fournières 2017 ★

1er cru	9000		30 à 50 €

Ce domaine s'est constitué à partir des années 1960 un vaste vignoble de 48 ha, principalement en 1ers et grands crus, allant de Gevrey-Chambertin à Meursault. Une exploitation régulière en qualité, conduite par Dominique Guyon, fils d'Antonin.

Situé au pied de Corton, ce *climat*, l'un des plus vastes 1ers crus de l'appellation (5,56 ha), réussit souvent bien au domaine. Le 2017 ne fait pas exception. Au nez, des senteurs de fruits rouges se mêlent à de fines nuances végétales. La bouche apparaît ample, généreuse et longue, adossée à des tanins fondus qui lui confèrent une agréable souplesse. Un aloxe que l'on pourra apprécier aussi bien dans sa jeunesse qu'après un peu de garde. ⧗ 2022-2026

DOM. ANTONIN GUYON, 21420 Savigny-lès-Beaune, tél. 03 80 67 13 24, domaine@guyon-bourgogne.com V *r.-v.*

♥ DOM. MAILLARD PÈRE ET FILS 2018 ★★

	4600		20 à 30 €

Représentant la 10e génération de viticulteurs sur le domaine (1766), Pascal Maillard (au chai) et son frère Alain (à la vigne) exploitent un vignoble constitué par leur père Daniel à partir de 1952. Aujourd'hui, pas moins de 19 ha répartis dans 7 communes aux environs de la montagne de Corton, ainsi qu'à Pommard et à Volnay. Une valeur sûre, notamment en corton et en chorey.

Une vénérable vigne de 70 ans est à l'origine de cet aloxe bien né. À l'œil, la couleur pourpre impose son intensité. Au nez, la groseille se mêle à de fines nuances florales et épicées. Au palais, l'équilibre est irréprochable autour d'un fruité gourmand, d'une fraîcheur savamment dosée et de tanins de taffetas d'une grande élégance. ⧗ 2023-2027

SAS DOM. MAILLARD PÈRE ET FILS, 2, rue Joseph-Bard, 21200 Chorey-lès-Beaune, tél. 03 80 22 10 67, contact@domainemaillard.com V *r.-v.*

DOM. MEUNEVEAUX
2018 ★

	1000		20 à 30 €

Un domaine familial fondé au début du XXe s. et conduit depuis 1990 par Didier et Yvonne Meuneveaux, rejoints en 2009 par leur fils Freddy et leur belle-fille Daisy, œnologue. Le vignoble s'étend sur 6 ha, essentiellement à Aloxe-Corton.

Le chardonnay est plus que rare à Aloxe, mais il mérite d'exister dans cette terre de vin rouge quand il se présente aussi beau. Au nez, ce 2018 déploie de belles senteurs de fruits à chair blanche avec un côté acidulé. En bouche, il se montre souple, frais et long, avec en finale de fines nuances florales. ⧗ 2021-2024

DOM. MEUNEVEAUX, rue Boulmeau, 21420 Aloxe-Corton, tél. 06 27 95 42 25, domaine.meuneveaux@gmail.com V t.l.j. sf dim. 8h-12h 14h-18h

DOM. NUDANT La Toppe au vert 2017 ★

1er cru	1856		30 à 50 €

Un Guillaume Nudant d'Aloxe-Corton était déjà vigneron en 1453. Son descendant, Guillaume également, a rejoint en 2003 son père Jean-René sur le domaine familial de 16 ha, planté pour l'essentiel autour de la montagne de Corton, complété par une activité de négoce.

Le nom étrange de ce *climat* mérite explication : il associe la friche (« toppe ») à un terrain en pente (« vert » ou « vers » en bourguignon). Ce producteur de Ladoix y exploite 32 ares qui ont donné, via une macération à froid de ses raisins, un vin expressif (fruits rouges et épices), solidement bâti en bouche, porté par des tanins de garde et d'une très belle longueur. Cave obligatoire. ⧗ 2023-2028

DOM. JEAN-RENÉ NUDANT, 11, rte de Dijon, 21550 Ladoix-Serrigny, tél. 03 80 26 40 48, domaine.nudant@wanadoo.fr V r.-v.

DOM. JEAN-MARC ET HUGUES PAVELOT 2017 ★

	1500		20 à 30 €

Installés à Savigny-lès-Beaune, Jean-Marc et Hugues Pavelot comptent parmi les fidèles du Guide et s'illustrent très régulièrement avec leurs savigny. En 2000, Hugues a rejoint son père sur l'exploitation familiale qui s'étend aujourd'hui sur 13 ha.

Cet aloxe-corton de belle facture présente un nez expressif de framboise et de vanille. On retrouve les fruits rouges dans une bouche fraîche et longue, étayée par des tanins fins et relevée en finale par de jolies notes poivrées. ⧗ 2022-2025

JEAN-MARC ET HUGUES PAVELOT, 21, rue Chanson-Maldant, 21420 Savigny-lès-Beaune, tél. 03 80 21 55 21, hugues.pavelot@wanadoo.fr V r.-v.

VINCENT PRUNIER 2017 ★

	2400		20 à 30 €

Au départ, en 1988, 2,5 ha de vignes hérités des parents, non viticulteurs; le vignoble couvre 12,5 ha aujourd'hui, et Vincent Prunier s'est imposé comme l'une des valeurs sûres de la Côte de Beaune. En complément de son domaine, il a créé une petite structure de négoce en 2007.

Cette cuvée est issue de la partie négoce de Vincent Prunier. Parée d'une robe au rubis soutenu, elle présente un nez de fruits rouges et noirs (mûre et cassis) accompagné d'une touche épicée. Sa maturité se ressent dans une bouche à la matière tannique élégante jusque dans sa persistance finale. ⧗ 2022-2025

SARL VINCENT PRUNIER, 53, rte de Beaune, 21190 Auxey-Duresses, tél. 03 80 21 27 77, sarl.prunier.vincent@orange.fr V r.-v.

DOM. RAPET PÈRE ET FILS 2017 ★

	9000		30 à 50 €

Ce domaine ancien (1765) et incontournable de Pernand-Vergelesses est conduit par Vincent Rapet depuis 1985. S'il se passionne pour sa commune natale, ce dernier travaille les appellations voisines avec le même soin, sur un vignoble de 20 ha. Une valeur sûre de la Côte de Beaune.

Avec quasiment 2 ha, cette appellation représente pas moins de 10 % du domaine. Une cuvée au volume important qui offre un jus au fruit soyeux ainsi qu'un parfum flatteur de petits fruits rouges. Avec sa longue finale, il détient toute la matière nécessaire pour défier le temps. ⧗ 2023-2027

SAS DOM. RAPET PÈRE ET FILS, 2, pl. de la Mairie, 21420 Pernand-Vergelesses, tél. 03 80 21 59 94, vincent@domaine-rapet.com V r.-v.

DOM. GEORGES ROY ET FILS Les Cras 2018 ★

	1900		15 à 20 €

Vincent Roy, le vinificateur, installé en 1998, et sa sœur Claire, arrivée quelques années plus tard, conduisent un domaine familial de 9 ha, établi dans la plaine de Chorey-lès-Beaune, en vue notamment pour ses chorey et ses aloxe-corton. Alors que la propriété vendait sa production au négoce, ils ont développé la vente directe.

Le duo Roy exploite 32 ares au sein de ce *climat* de 8,35 ha. En ressort une bouteille au rubis limpide. Pour le nez, des petits fruits rouges frais et bien mûrs sont habillés d'une touche de fougère. Doté d'une attaque vive, de tanins soyeux, le palais s'étire sur le fruit. Cet aloxe sera à boire dans sa jeunesse. ⧗ 2021-2024

DOM. GEORGES ROY ET FILS, 20, rue des Moutots, 21200 Chorey-lès-Beaune, tél. 03 80 22 16 28, domaine.roy-fils@wanadoo.fr V r.-v.

PERNAND-VERGELESSES

Superficie : 135 ha
Production : 5 640 hl (52 % rouge)

Situé à la jonction de deux vallées, exposé plein sud, le village de Pernand est sans doute le plus « vigneron » de la Côte. Rues étroites, caves profondes, vignes de coteaux, hommes de grand cœur et vins subtils lui ont fait une solide réputation, à laquelle de vieilles familles bourguignonnes ont largement contribué. Il possède le bois de Corton, ainsi qu'une partie des terroirs en grand cru de la célèbre « montagne ». Parmi les 1ers crus, le plus réputé est l'Île des Vergelesses, qui donne des vins tout en finesse.

B **DOM. FRANÇOISE ANDRÉ** Sous Frétille 2017 ★

1er cru	3370		30 à 50 €

Un domaine de 11 ha (en bio certifié depuis 2012), créé en 1983 par Françoise André, l'un des derniers à avoir ses caves derrière les remparts de Beaune. Auparavant confiée au Comte Sénard, la gestion est assurée depuis 2009 par Lauriane André, belle-fille de la propriétaire.

Du haut de ses 385 m, le sommet boisé de la colline de Frétille domine le village et donne son nom aux parcelles attenantes. Ici, un beau 2017 au nez fin de pêche, d'agrumes, de fruits secs et de beurre. Le palais se révèle aussi élégant que rond, boisé avec mesure et étiré dans une longue finale saline. ⧗ 2023-2026

SC DOM. FRANÇOISE ANDRÉ, 7, rempart Saint-Jean, 21200 Beaune, tél. 06 24 66 38 86, andre.lauriane@domainefa.fr V r.-v.

DOM. AURÉLIE BERTHOD 2018 ★

■ | 3160 | | 15 à 20 €

Aurélie Berthod est la compagne de Vincent Berthod, propriétaire du Dom. de la Galopière. Elle a créé en 2017 sa propre exploitation de 5,5 ha, qu'elle conduit en lutte raisonnée sur Pernand-Vergelesses, Beaune et Chorey-lès-Beaune.

Ce *village* déploie un bouquet intense et frais de cassis et de fruits rouges sur fond de bon boisé fumé. Souple en attaque, la bouche monte progressivement en puissance et en volume, portée par des tanins soyeux et par une belle finale sur la fraîcheur. ⧗ 2023-2027

SCEA DOM. AURÉLIE BERTHOD, 6, rue de l'Église, 21200 Bligny-lès-Beaune, tél. 03 80 21 46 50, aurelie.berthod@sfr.fr V r.-v.

♥ MAISON CHAMPY En Caradeux 2018 ★★

■ 1er cru | 7000 | | 30 à 50 €

Fondée en 1721, la plus ancienne maison de négoce bourguignonne, établie dans le centre historique de Beaune, est désormais propriété du seul Pierre Beuchet, auparavant associé à Pierre Meurgey. Sous la direction de l'œnologue Dimitri Bazas, elle exploite 28 ha de vignes en propre, essentiellement en Côte de Beaune, mais s'approvisionne aussi plus au nord.

Du côté de Savigny, les 5,23 ha de ce *climat* placé sur les hauteurs de la colline sont classés en *village*, tandis que les 14,38 ha situés juste en dessous revendiquent un niveau de 1er cru. La maison Champy en signe une version 2018 bien sous tous rapports : robe éclatante aux tonalités or vert, nez gourmand et complexe de verveine, de fleur d'oranger, d'aubépine, de mandarine et de boisé grillé, bouche à la fois vive et généreuse, dense et énergique, large et longue. Cette bouteille plaît déjà beaucoup, et pour encore longtemps. ⧗ 2021-2026

SASU CHAMPY, 3-5, rue du Grenier-à-Sel, 21200 Beaune, tél. 03 80 25 09 99, contact@maisonchampy.com V t.l.j. 10h-12h30 14h-19h

DOM. CHANSON Les Vergelesses 2017 ★★

■ 1er cru | 16000 | | 30 à 50 €

L'une des plus anciennes maisons de négoce de Bourgogne, fondée en 1750, reprise en 1999 par le Champagne Bollinger. En plus de ses achats de raisins, elle dispose d'un important vignoble de 45 ha et de l'expertise de Jean-Pierre Confuron, son œnologue-conseil. Un style reconnaissable grâce à ses vinifications en grappes entières. Son fief est situé autour de Beaune, mais Chanson propose aussi des appellations en Côte de Nuits.

Le plus connu des 1ers crus de Pernand et une cuvée souvent en vue dans le Guide. Dans le verre, un vin couleur de cerise noire, ouvert sur des arômes de cassis et de myrtille, au palais à la fois ample, consistant et fin, étayé par des tanins fermes qui invitent à la garde. Du caractère et du potentiel. ⧗ 2023-2027

SA CHANSON PÈRE ET FILS, 10, rue Paul-Chanson, 21200 Beaune, tél. 03 80 25 97 97, chanson@domaine-chanson.com V r.-v.

DOM. DENIS PÈRE ET FILS Île des Vergelesses 2017 ★

■ 1er cru | 2400 | | 20 à 30 €

En 1940, Raoul Denis, vigneron des Hospices de Beaune comme l'étaient son père et son grand-père, reprend le vignoble familial (14 ha aujourd'hui). Christophe tient le flambeau depuis 1992.

Ce 2017 dévoile un nez frais de fruits rouges et noirs qui invite à poursuivre. On découvre alors une bouche fine et soyeuse, aux tanins veloutés, un brin plus serrés en finale. ⧗ 2023-2026

EARL DOM. DENIS PÈRE ET FILS, 4, chem. des Vignes-Blanches, 21420 Pernand-Vergelesses, tél. 03 80 21 50 91, contact@domaine-denis.com V r.-v. B

♥ DUPASQUIER ET FILS 2018 ★★

■ | 2700 | | 15 à 20 €

Dans la famille Dupasquier depuis 5 générations – Thomas et Vincent sont aujourd'hui aux commandes –, ce domaine dispose de 10 ha répartis autour de Nuits-Saint-Georges et de la montagne de Corton. En 2019, il a fait son retour à Premeaux-Prissey et en a profité pour agrandir sa cuverie.

Né de jeunes vignes de 20 ans, ce pernand cristallin libère des senteurs gourmandes et harmonieuses de poire, de pêche blanche et de jasmin sur fond de minéralité. Minéralité à laquelle fait écho une bouche ample, fraîche, très énergique, qui s'étire longuement sur de beaux amers en finale. ⧗ 2022-2025

SCEA DOM. DUPASQUIER ET FILS, 4, rte de Nuits-Saint-Georges, 21700 Premeaux-Prissey, tél. 03 80 61 13 78, dupasquier.domaine@wanadoo.fr V r.-v.

JEAN-CHARLES FAGOT Les Fichots 2018 ★

■ 1er cru | 900 | | 15 à 20 €

Installé entre Chagny et Puligny-Montrachet, Jean-Charles Fagot, propriétaire de 4 ha de vignes, s'est fait négociant pour étoffer sa carte des vins. Il est également devenu restaurateur en 1998 en ouvrant l'Auberge du Vieux Vigneron, où il propose une cuisine du terroir.

BOURGOGNE

Au nez, ce 1er cru met en avant la rose et la cerise sur fond de boisé élégant aux tonalités d'épices douces. En bouche, il apparaît frais, fruité et fin, soutenu par des tanins souples et fondus. ⧗ 2022-2025

⊶ *SARL JEAN-CHARLES FAGOT, rte de Beaune, 21190 Corpeau, tél. 03 80 21 30 24, jeancharlesfagot@free.fr* V *r.-v.*

JEAN FÉRY ET FILS Les Combottes 2018 ★

	4 560		20 à 30 €

Un domaine familial des Hautes-Côtes de Beaune créé en 1890 et développé dans les années 1990 par Jean-Louis Féry : aujourd'hui, 15 ha en bio certifié (depuis 2011) en Côte de Nuits et en Côte de Beaune. Depuis 2016, Frédéric Féry, fils de Jean-Louis, assure la gestion du domaine, avec notamment l'appui de Laurence Danel, œnologue.

Après un magnifique 2017, coup de cœur dans l'édition précédente, le domaine signe un beau 2018 jaune d'or, au nez de vanille, de beurre, de coing et de citron. La bouche se révèle ronde, enveloppée, grasse sans lourdeur, bien équilibrée et allongée par une fine acidité. ⧗ 2022-2025

⊶ *SARL DOM. JEAN FÉRY ET FILS, 1, rte de Marey, 21420 Échevronne, tél. 03 80 21 59 60, fery.vin@orange.fr* V *r.-v.*

DOM. JOANNET 2018 ★

	7 500		11 à 15 €

Les Joannet, Michel le père et Fabien le fils, sont installés en plein cœur des Hautes-Côtes de Nuits. Ils exploitent 21 ha de vignes répartis en un vaste éventail allant de Pernand-Vergelesses à Vosne-Romanée, dont près de la moitié est dédiée aux hautes-côtes.

Les *villages* trouvent dans les bas de coteaux, autour des 250 m, un terrain argilo-calcaire mêlé de chaillots, résidus siliceux de calcaires à silex, idéal pour leur épanouissement. Ici, un pernand au profil aromatique séduisant de fruits rouges frais agrémentés d'une touche de café torréfié. La bouche offre un bon volume autour de tanins fermes jusqu'en finale. ⧗ 2023-2026

⊶ *EARL DOM. MICHEL JOANNET, 76, Grande-Rue, 21700 Marey-lès-Fussey, tél. 06 77 80 91 17, domaine-michel.joannet@wanadoo.fr* V *r.-v.*

PIERRE MEURGEY Sous Frétille 2017 ★

	1er cru	576		30 à 50 €

Né en 1959 aux Hospices de Beaune, Pierre Meurgey est issu d'une longue lignée de régisseurs de domaines viticoles, œnologues et courtiers en vins bourguignons. Après avoir racheté la maison Champy en 1990, il a fondé en 2013 une activité de négoce sous son nom pour les vins de la Côte d'Or et lancé en 2014 la marque Meurgey-Croses, spécialisée en vins du Mâconnais – sa mère est originaire d'Uchizy.

Ce 1er cru d'altitude (entre 300 et 400 m) trouve ici une digne expression de son rang. D'un beau jaune pâle, il convoque les fleurs (camomille, chèvrefeuille), les agrumes et des notes beurrées à l'olfaction. En bouche, il conjugue en toute harmonie élégance et rondeur, fruité et boisé, et déploie une jolie finale sur le gingembre et le citron. ⧗ 2021-2025

⊶ *SARL PIERRE MEURGEY, 25, bd Clemenceau, 21200 Beaune, tél. 09 81 83 29 04, mmeurgey@pierremeurgey.com* V *r.-v.*

DOM. ROLLIN PÈRE ET FILS 2017 ★★

	13 000		15 à 20 €

Longtemps modestes vignerons au service d'autres exploitations, les Rollin (aujourd'hui Rémi et Simon) se sont mis peu à peu à leur compte ; ils exploitent depuis 1932 et 4 générations un domaine de 14 ha à Pernand-Vergelesses, appellation dans laquelle leurs vins brillent régulièrement, dans les deux couleurs.

Coup de cœur l'an passé avec son *village* blanc Les Cloux 2017, ce domaine incontournable de l'appellation revient avec un très beau vin rouge produit sur près de 2 ha. La robe est couleur brillante, le nez très fruité, sur la cerise, la groseille, le cassis. Des arômes que l'on retrouve avec intensité dans une bouche ronde, tendre et dense, étayée par des tanins fins et veloutés. Savoureux. ⧗ 2023-2025

⊶ *EARL ROLLIN PÈRE ET FILS, 49, rte des Vergelesses, 21420 Pernand-Vergelesses, tél. 03 80 21 57 31, contact@domaine-rollin.com* V *r.-v.*

HENRI DE VILLAMONT Les Belles Filles 2018 ★★

	4 280		20 à 30 €

Ce propriétaire (10 ha : 6 ha en savigny, 4 ha en Côte de Nuits) et négociant-éleveur, dans le giron du groupe suisse Schenk depuis 1964, élève ses vins dans une cuverie spectaculaire créée entre 1880 et 1888 à Savigny-lès-Beaune par Léonce Bocquet, alors unique propriétaire du Clos de Vougeot.

On raconte que ce sont des jeunes (et sans doute jolies) femmes venues d'un couvent près de Changey, au-dessus de Pernand, qui auraient conduit les habitants à nommer ce lieu ainsi, plus exactement Sous le Bois de Noël et Belles Filles. Les étiquettes ne conservent généralement que la deuxième partie, on comprend aisément pourquoi… Dans le verre, un *village* au nez fruité et élégant de cerise fraîche et de cassis, à la bouche dense, volumineuse, bien structurée et longue. Une bouteille qui vieillira sans crainte. ⧗ 2023-2026

⊶ *HENRI DE VILLAMONT, rue du Dr-Guyot, 21420 Savigny-lès-Beaune, tél. 03 80 21 50 59, contact@hdv.fr* V *r.-v.*

CORTON

Superficie : 95 ha / Production : 2 985 (95 % rouge)

Au nord de la Côte de Beaune, la « montagne de Corton » est constituée, du point de vue géologique, de différents niveaux auxquels correspondent plusieurs types de vins. Couronnées par le bois qui pousse sur les calcaires durs du rauracien (oxfordien supérieur), les marnes argoviennes laissent apparaître sur plusieurs dizaines de mètres des terres blanches propices aux vins blancs. Elles recouvrent la « dalle nacrée », calcaire en plaquettes qui recèle de nombreuses coquilles d'huîtres de grande dimension; sur cette formation ont évolué des sols bruns propices au pinot noir.

L'appellation corton peut produire du vin blanc, mais elle est surtout connue en rouge. Les Bressandes naissent sur des terres rouges et allient la puissance à la finesse. En revanche, dans la partie haute des Renardes, des Languettes et du Clos du Roy, les terres blanches donnent en rouge des vins charpentés qui, en vieillissant, prennent des notes animales sauvages que l'on retrouve dans Les Mourottes de Ladoix. Le corton est le grand cru le plus important en volume.

DOM. ARNOUX PÈRE ET FILS
Le Rognet 2018 ★

Gd cru	1600		50 à 75 €

Créée en 1950, cette exploitation familiale, installée à Chorey-lès-Beaune, est dirigée depuis 2008 par Pascal Arnoux, troisième du nom à la tête du domaine. Au menu, une large gamme de vins de la Côte de Beaune (une vingtaine d'appellations sur plus de 20 ha entre Beaune et Corton), souvent en vue dans ces pages.

Le secteur du Rognet et Corton, situé sur la commune d'Aloxe, bénéficie d'une exposition sud-est, sur un terroir de calcaire et de marnes appelé « dalle nacrée ». Dans le verre, un corton sombre, au nez complexe mêlant fruits noirs, violette, notes fumées et toastées du fût. La bouche apparaît pulpeuse, large, puissante, dotée de tanins solides. À mettre en cave. ⧗ 2025-2030

SCEA DOM. ARNOUX PÈRE ET FILS, 5, rue de Ley, 21200 Chorey-lès-Beaune, tél. 03 80 22 57 98, contact@arnoux-pereetfils.com V *r.-v.*

DOM. BERTAGNA
Les Grandes Lolières 2017 ★

Gd cru	1087		+ de 100 €

Ce domaine de 17 ha rayonne sur un beau patrimoine de 5 grands crus. Il est dirigé depuis 1982 par la famille Reh, originaire de la Moselle allemande, et depuis 1988 par Eva Reh-Siddle. Une valeur sûre, notamment pour ses vougeot et son monopole le Clos de la Perrière.

Le temps ne fera pas peur à ce 2017 à la trame riche et ample. Élevé durant 18 mois en fût, il dévoile des parfums complexes de lilas, d'œillet et de fruits noirs mûrs. La bouche se révèle séveuse, dense, suave, portée par des tanins soyeux. Un corton aussi intense qu'élégant. ⧗ 2025-2030

SARL DOM. BERTAGNA, 16, rue du Vieux-Château, 21640 Vougeot, tél. 03 80 62 86 04, contact@domainebertagna.com V *t.l.j. sf jeu. dim. 10h-12h 13h30-17h30*

Ⓑ DOM. HENRI ET GILLES BUISSON
Les Renardes 2018 ★

Gd cru	1500		75 à 100 €

Franck et Frédérick ont repris le domaine familial. Les 19 ha du vignoble sont en AOC saint-romain, corton, meursault, auxey-duresses, pommard, volnay 1er cru, monthélie, bourgogne-aligoté et crémant-de-bourgogne. La certification bio et biodynamique est acquise depuis 2018.

Le nom de ce *climat* du haut de la colline, parmi les plus réputés de Corton, viendrait des terriers de renard, abondants près des bois. Les Buisson en cultivent 47 ares qui ont donné ce vin au bouquet épanoui de fruits noirs, de cacao et de vanille. Après aération, il dispense en bouche des saveurs franches de fruits rouges sur fond de boisé bien intégré. On apprécie aussi sa texture soyeuse épaulée par des tanins fermes et sa jolie finale épicée. Ce corton n'a pas dit son dernier mot… ⧗ 2025-2030

DOM. HENRI ET GILLES BUISSON, imp. du Clou, 21190 Saint-Romain, tél. 03 80 21 22 22, contact@domaine-buisson.com V *r.-v.*

DOM. ANTONIN GUYON
Bressandes 2017 ★

Gd cru	3500		75 à 100 €

Ce domaine s'est constitué à partir des années 1960 un vaste vignoble de 48 ha, principalement en 1ers et grands crus, allant de Gevrey-Chambertin à Meursault. Une exploitation régulière en qualité, conduite par Dominique Guyon, fils d'Antonin.

On raconte que trois demoiselles Bressand venues de la Saône-et-Loire voisine étaient propriétaires à cet endroit d'une carrière qui fut remblayée et plantée en vigne. Une autre version, plus plausible, évoque les broussailles et buissons qui colonisaient autrefois la colline. Le domaine y cultive une jolie parcelle de 86 ares. Il en tire un corton ouvert sur un nez mariant la griotte à la rose, à la bouche vineuse, dense, dotée d'une ossature solide et d'une bonne longueur. En devenir. ⧗ 2025-2030

DOM. ANTONIN GUYON, 21420 Savigny-lès-Beaune, tél. 03 80 67 13 24, domaine@guyon-bourgogne.com V *r.-v.*

♥ LOUIS LATOUR
Clos de la Vigne au Saint 2018 ★★

Gd cru	9778		75 à 100 €

Une maison familiale toujours indépendante, fondée en 1797 et conduite successivement par 10 générations de Latour. Un acteur incontournable de la Bourgogne viticole et le plus important propriétaire de grands crus de la Côte-d'Or (28 ha sur les 48 que compte son vignoble). Les raisins sont vinifiés à Aloxe-Corton, berceau de la famille, et la maison possède sa propre tonnellerie.

On trouve les premières mentions écrites de ce Clos en… 1375, dans les registres du Chapitre de Saulieu, et la maison Latour l'exploite depuis 1738. Une parcelle de 1,80 ha dédiée au pinot noir, située sur Aloxe-Corton, côté Pernand. Dans le verre, un superbe corton couleur cerise burlat, au nez complexe et floral de glycine, de lys et de lilas agrémenté de notes poivrées et fruitées. La bouche offre une trame dense et soyeuse autour de tanins d'une grande finesse et d'une belle fraîcheur qui lui amène longueur et tension. Ce vin, qui a parfaitement dompté la chaleur de 2018, peut voir venir. ⧗ 2025-2032

DOM. LOUIS LATOUR, 18, rue des Tonneliers, 21200 Beaune, tél. 03 80 24 81 00, contact@louislatour.com

♥ CH. DE MEURSAULT 2018 ★★

Gd cru	2 636		+ de 100 €

L'emblématique Ch. de Meursault, haut-lieu du tourisme bourguignon et du folklore vineux – on y célèbre la fameuse Paulée le lendemain de la vente des Hospices de Beaune – a souvent changé de mains : famille de Pierre de Blancheton jusqu'à la Révolution; famille Serre au XIXᵉs.; famille du comte de Moucheron; famille Boisseaux (maison Patriarche) à partir de 1973. En décembre 2012, nouveau changement : la famille Halley achète le domaine. Ce sont aujourd'hui 65 ha de vignes. Aux commandes du chai : Emmanuel Escutenaire.

Cette cuvée a bénéficié d'un égrappage total et d'un tri optique avant de connaître 18 mois d'élevage en fût. Elle revêt une seyante robe rubis intense et dévoile un nez non moins soutenu de fleurs et de fruits mûrs. Au palais, les tanins, fermes mais fins, affirment leur nature de grand cru, tout en offrant un côté charmeur et gourmand. Une longue finale pleine de fraîcheur apporte longueur et dynamisme. Laissez ce corton grandir, il vous le rendra bien. ⧗ 2025-2032

SCEV DOM. DU CH. DE MEURSAULT, rue du Moulin-Foulot, 21190 Meursault, tél. 03 80 26 22 75, domaine@chateau-meursault.com V r.-v.

♥ DOM. NUDANT Les Bressandes 2018 ★★

Gd cru	2 300		50 à 75 €

Un Guillaume Nudant d'Aloxe-Corton était déjà vigneron en 1453. Son descendant, Guillaume également, a rejoint en 2003 son père Jean-René sur le domaine familial de 16 ha, planté pour l'essentiel autour de la montagne de Corton, complété par une activité de négoce.

Ce corton de haut lignage est issu d'une jolie parcelle de 60 ares qui donne des cuvées souvent en vue dans ces pages. La version 2018 fait des étincelles. Elle livre des arômes intenses et élégants d'épices douces, de boisé grillé, de rose et de pivoine. Une attaque douce ouvre sur un palais ample, caressant, tout en finesse, aux tanins soyeux et doté d'une longue finale saline. Du style et du raffinement : l'esprit des Bressandes. ⧗ 2025-2030

DOM. NUDANT, 11, rte de Dijon, 21550 Ladoix-Serrigny, tél. 03 80 26 40 48, domaine.nudant@wanadoo.fr V r.-v.

DOM. JACQUES PRIEUR Bressandes 2017 ★

Gd cru	n.c.	50 à 75 €

Ce domaine de belle notoriété, établi de longue date à Meursault (fin du XVIIIᵉs.), dispose de 22 ha de vignes pour 22 appellations, exclusivement des 1ᵉʳˢ et des grands crus (hormis son meursault Clos de Mazeray, conduit en monopole). Entré dans le capital en 1988, Jean-Pierre Labruyère en est devenu l'actionnaire principal en 2006 et son fils Édouard en est l'actuel directeur général. La famille Labruyère est également propriétaire à Pomerol (Ch. Rouget), dans le Beaujolais, son fief d'origine (Dom. Labruyère), et en Champagne. Elle peut s'appuyer sur le talent sans faille de Nadine Gublin, l'œnologue maison depuis 1990 en charge de la direction technique depuis 2009. Une structure de négoce (Labruyère-Prieur Sélection) a été créée en 2013 pour étendre la gamme bourguignonne.

Ce Bressandes a grandi 18 mois dans les caves du domaine et cela se sent : un boisé soutenu aux accents de santal, de vétiver et d'épices accompagnent un fruité pour l'heure discret. Une attaque tout en finesse ouvre sur un palais à la fois vineux et frais, qui fait ressortir la minéralité du terroir. ⧗ 2023-2028

SCEA DOM. JACQUES PRIEUR, 6, rue des Santenots, 21190 Meursault, tél. 03 80 21 23 85, info@prieur.com

DOM. RAPET PÈRE ET FILS 2018 ★

Gd cru	4 000		50 à 75 €

Ce domaine ancien (1765) et incontournable de Pernand-Vergelesses est conduit par Vincent Rapet depuis 1985. S'il se passionne pour sa commune natale, ce dernier travaille les appellations voisines avec le même soin, sur un vignoble de 20 ha. Une valeur sûre de la Côte de Beaune.

Après 15 mois de fût, ce corton sombre présente un nez expressif et généreux de violette, de rose et de fruits confiturés. Dense, charnu, solaire, charpenté, le palais garde un bel équilibre grâce à l'apport d'une fraîcheur bien dosée qui lui permettra aussi de voir venir. ⧗ 2025-2030

SAS DOM. RAPET PÈRE ET FILS, 2, pl. de la Mairie, 21420 Pernand-Vergelesses, tél. 03 80 21 59 94, vincent@domaine-rapet.com V r.-v.

DOM. DE LA ROMANÉE-CONTI 2018 ★★

Gd cru	n.c.		+ de 100 €

En 2008, le Dom. de la Romanée-Conti a étendu sa gamme prestigieuse vers Aloxe-Corton en prenant en fermage les vignes en corton du Dom. Prince Florent de Mérode : 2,27 ha répartis sur 3 *climats* de renom, Le Clos du Roi (0,57 ha), Les Bressandes (1,19 ha) et Les Renardes (0,5 ha).

Les vendanges ont débuté le 31 août à Corton, soit les plus précoces depuis 2003. Comme le rappelle Aubert de Villaine dans son rapport de vendanges 2018, il s'agit « des vendanges parmi les plus précoces de ces 50 dernières années. On peut rappeler, pour ceux qui nient le réchauffement climatique, que dans les années 1970 la moyenne des dates de vendanges était le 5 octobre. La moyenne de ces 10 dernières années : 15 septembre. » CQFD... Dans le verre, un corton d'un pourpre intense, au nez délicat de violette agrémenté d'un doux fumé venu d'un élevage intégral en fût neufs bien géré. Puis à l'aération, arrivent des notes de mûre écrasée, signe d'une haute maturité. La bouche est diablement tendre et veloutée dès l'attaque, soutenue par des tanins amples et soyeux, avant qu'une saveur de poivre blanc ne vienne stimuler la finale, longue et soutenue. Sans doute le corton le plus abouti du domaine depuis son premier millésime en 2009. ⧗ 2025-2030

SC DU DOM. DE LA ROMANÉE-CONTI, 1, rue Derrière-le-Four, 21700 Vosne-Romanée, tél. 03 80 62 48 80

DOM. TAUPENOT-MERME 2017 ★★

Gd cru | n.c. | + de 100 €

En 1963, Jean Taupenot, de Saint-Romain, épouse Denise Merme et se fixe à Morey. Aujourd'hui, leurs enfants Romain et Virginie conduisent, en bio non certifié, un vignoble de 13 ha avec un pied en Côte de Nuits et l'autre en Côte de Beaune. Un domaine constant en qualité. Romain a développé par ailleurs, sous son nom, une petite structure de négoce.

Le coup de cœur fut mis aux voix pour ce 2017 d'un beau rubis aux reflets violines. Au nez, il dévoile des parfums élégants de rose et de pivoine sur un fond légèrement épicé. La bouche est ample, concentrée, puissante et longue, stimulée par une finale aux tonalités végétales du meilleur effet. Un corton très soigné. ⧗ 2025-2030

DOM. TAUPENOT-MERME, 33, rte des Grands-Crus, 21220 Morey-Saint-Denis, tél. 03 80 34 35 24, romain.taupenot@orange.fr V r.-v.

CORTON-CHARLEMAGNE

Superficie : 52 ha / Production : 2 240 hl

Le grand cru corton-charlemagne provient de la partie haute de la « montagne de Corton », propice au chardonnay – cépage qui a aujourd'hui totalement remplacé l'aligoté, autorisé jusqu'en 1948. Il tire son nom de l'empereur carolingien qui, dit-on, aurait fait planter ici des vignes blanches pour ne pas tacher sa barbe. La plus grande partie de la production vient des communes de Pernand-Vergelesses et d'Aloxe-Corton. Vins de garde, les corton-charlemagne atteignent leur plénitude après cinq à dix ans.

B GABRIEL D'ARDHUY 2018 ★

Gd cru | 5000 | | + de 100 €

Un domaine fondé en 1947 comprenant notamment six grands crus et quinze 1ers crus. Près de 40 ha de vignes, de Puligny-Montrachet à Gevrey-Chambertin, dans les Côtes de Beaune et de Nuits. Un vignoble certifié en biodynamie depuis 2012. L'œnologue Vincent Bottreau est aux commandes du chai depuis 2016.

Un corton-charlemagne joliment doré, qui libère au nez des senteurs élégantes de vétiver, de poivre blanc et de santal. Au palais, il se révèle bien équilibré, frais, bien tendu, avec une saveur citronnée persistante jusqu'en finale. « Un enfant qui prendra du muscle avec l'âge », conclut un juré. ⧗ 2025-2030

SARL GABRIEL D' ARDHUY, Le Clos des Langres, 21700 Corgoloin, tél. 03 80 62 98 73, domaine@ardhuy.com V r.-v.

♥ MAISON CAPITAIN-GAGNEROT 2018 ★★

Gd cru | 2500 | | 75 à 100 €

Vénérable domaine familial de 15 ha fondé en 1802 et implanté à Ladoix-Serrigny. Depuis 2010, Pierre-François Capitain (8e génération) est seul maître à bord; son père Patrice et son oncle Michel restant à l'écoute. Propriété en vue notamment pour ses ladoix, aloxe et échézeaux.

Dans un millésime qualifié de chaud par les producteurs bourguignons, ce 2018 fait des étincelles. La robe est d'une grande élégance, or aux reflets blancs. Une élégance à laquelle fait écho un nez délicat de noisette, d'amande grillée et de fleurs blanches. La bouche est au diapason : ample, fraîche, soyeuse et longue, offrant une saveur « racinaire proche du terroir » selon le jury, conquis par le charme de ce grand cru. ⧗ 2025-2030

MAISON CAPITAIN-GAGNEROT, 38, rte de Dijon, 21550 Ladoix-Serrigny, tél. 03 80 26 41 36, contact@capitain-gagnerot.com V r.-v.

DOM. DENIS PÈRE ET FILS 2018 ★★

Gd cru | 3000 | | 50 à 75 €

En 1940, Raoul Denis, vigneron des Hospices de Beaune comme l'étaient son père et son grand-père, reprend le vignoble familial (14 ha aujourd'hui). Christophe tient le flambeau depuis 1992.

Un corton-charlemagne de haute extraction, au nez fin de noisette grillée et de beurre citronné. Une attaque tonique introduit une bouche ample et longue, tout aussi délicate et racée que l'olfaction, soulignée par une fraîcheur savamment dosée. Un grand blanc bâti pour vieillir. ⧗ 2025-2030

EARL DOM. DENIS PÈRE ET FILS, 4, chem. des Vignes-Blanches, 21420 Pernand-Vergelesses, tél. 03 80 21 50 91, contact@domaine-denis.com V r.-v. B

DOM. FAIVELEY 2018 ★

Gd cru | 5300 | | + de 100 €

Ce domaine fondé à Nuits-Saint-Georges en 1825 est un nom qui compte en Bourgogne, depuis 7 générations. À sa tête depuis 2005, Erwan Faiveley, qui a succédé à son père François. Aujourd'hui, c'est l'un des plus importants propriétaires de vignes en Bourgogne : 120 ha du nord de la Côte de Nuits au sud de la Côte chalonnaise, dont 10 ha en grand cru et près de 25 ha en 1er cru.

Le grand cru étend ses 71,42 ha de vignes sur 5 villages formant un collier vert autour du cou de la colline de Corton. La maison Faiveley y cultive 86 ares à l'origine d'un 2018 ouvert sur des parfums de brioche aux amandes et de boisé fumé, à la bouche ample, riche, suave, savoureuse et longue. ⧗ 2025-2030

DOM. FAIVELEY, 8, rue du Tribourg, 21700 Nuits-Saint-Georges, tél. 03 80 61 04 55, contact@domaine-faiveley.com

DOM. LA GALOPIÈRE
2018 ★

| 290 | 75 à 100 € |

Après avoir enseigné l'œnologie pendant 4 ans, Gabriel Fournier s'est installé en 1982 sur le domaine familial. Il exploite avec son fils Vincent 11,5 ha de vignes répartis dans plusieurs AOC de la Côte de Beaune, de Chassagne-Montrachet à la colline de Corton.

Cette micro-cuvée aura passé 11 mois dans un seul tonneau. Elle en ressort dotée d'une robe dorée à l'or fin et d'un nez de fruits jaunes mûrs (abricot, mirabelle) et de fleurs blanches sur fond de boisé bien intégré. On retrouve les fruits jaunes dans une bouche ample, vineuse, étirée dans une jolie finale sur la fraîcheur. ⧗ 2025-2030

VINCENT ET GABRIEL FOURNIER ET FILS, 6, rue de l'Église, 21200 Bligny-lès-Beaune, tél. 03 80 21 46 50, cgfournier@wanadoo.fr
V r.-v.

♥ CAMILLE GIROUD
2017 ★★

| 1500 | + de 100 € |

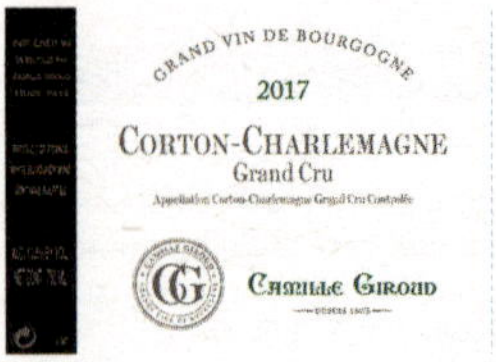

Fondée en 1865, cette vénérable maison beaunoise, discrète mais reconnue des amateurs, est propriété d'investisseurs américains depuis 2002. Autrefois spécialiste de la commercialisation de vieux vins, elle vit aujourd'hui avec son temps et c'est Carel Voorhuis qui assure les vinifications. Elle présente à sa carte de nombreux grands crus, régulièrement sélectionnés dans ces pages, et aussi de «simples» 1ers crus.

Cette cuvée d'un or pâle étincelant livre un bouquet complexe de chèvrefeuille, d'agrumes et de boisé grillé issu d'un élevage de 12 mois en fût. En bouche, elle impressionne par son ampleur, sa richesse, sa texture soyeuse et par sa longue finale minérale. Un très bel équilibre entre puissance et finesse. ⧗ 2025-2030

SAS CAMILLE GIROUD, 3, rue Pierre-Joigneaux, 21200 Beaune, tél. 03 80 22 12 65, contact@camillegiroud.com r.-v.

DOM. ANTONIN GUYON 2017 ★

| Gd cru | 3900 | + de 100 € |

Ce domaine s'est constitué à partir des années 1960 un vaste vignoble de 48 ha, principalement en 1ers et grands crus, allant de Gevrey-Chambertin à Meursault. Une exploitation régulière en qualité, conduite par Dominique Guyon, fils d'Antonin.

Le domaine est une valeur sûre de l'appellation, avec plusieurs coups de cœur au palmarès, auquel son 2017 ajoute une étoile pour son élégante robe brillante, pour son nez aux parfums d'amande verte et de beurre, et pour sa bouche pulpeuse, riche et fraîche à la fois, avec une ligne minérale en soutien. Une bouteille taillée pour la cave. ⧗ 2025-2030

DOM. ANTONIN GUYON, 21420 Savigny-lès-Beaune, tél. 03 80 67 13 24, domaine@guyon-bourgogne.com
V r.-v.

DOM. NUDANT 2018 ★

| Gd cru | 1500 | 75 à 100 € |

Un Guillaume Nudant d'Aloxe-Corton était déjà vigneron en 1453. Son descendant, Guillaume également, a rejoint en 2003 son père Jean-René sur le domaine familial de 16 ha, planté pour l'essentiel autour de la montagne de Corton, complété par une activité de négoce.

Les 25 ares de corton-charlemagne du domaine sont situés sur Ladoix. Ils ont donné un vin pâle et brillant, aux parfums veloutés et gourmands de céréale grillée, de chèvrefeuille et de fruits blancs. De l'énergie, de la minéralité, du fruit, du volume, de la longueur, un toucher fin : le palais a tout pour plaire. ⧗ 2025-2030

DOM. NUDANT, 11, rte de Dijon, 21550 Ladoix-Serrigny, tél. 03 80 26 40 48, domaine.nudant@wanadoo.fr
V r.-v.

SAVIGNY-LÈS-BEAUNE

Superficie : 350 ha
Production : 13 350 hl (85 % rouge)

Au nord de Beaune, Savigny est un village vigneron par excellence. L'esprit du terroir y est entretenu, et la confrérie de la Cousinerie de Bourgogne est le symbole de l'hospitalité bourguignonne. Les Cousins jurent d'accueillir leurs convives «bouteilles sur table et cœur sur la main».
« Nourrissants, théologiques et morbifuges » selon la tradition, les savigny sont souples, tout en finesse, fruités, agréables jeunes tout en vieillissant bien. Parmi les 1ers crus, on citera Aux Clous, Aux Serpentières, Les Hauts Jarrons, Les Marconnets, Les Narbantons.

DOM. ARNOUX PÈRE ET FILS
Les Pimentiers 2018 ★

| 7200 | 15 à 20 € |

Créée en 1950, cette exploitation familiale, installée à Chorey-lès-Beaune, est dirigée depuis 2008 par Pascal Arnoux, troisième du nom à la tête du domaine. Au menu, une large gamme de vins de la Côte de Beaune (une vingtaine d'appellations sur plus de 20 ha entre Beaune et Corton), souvent en vue dans ces pages.

Ce terroir engage les vignes à grimper le coteau : il tient son nom de «pimont», qui désigne le pied de la montagne. Avec 16 ha, c'est le plus vaste *climat* de rang communal de l'appellation. Pascal Arnoux y exploite 1,5 ha, à l'origine de cette cuvée sombre, qui s'exprime sur le chocolat et les fruits frais au nez. Riche et concentrée, la bouche s'adosse à des tanins soyeux enrobés d'une touche boisée de cacao. Le temps est son atout. ⧗ 2024-2030

SCEA DOM. ARNOUX PÈRE ET FILS, 5, rue de Ley, 21200 Chorey-lès-Beaune, tél. 03 80 22 57 98, contact@arnoux-pereetfils.com V r.-v.

♥ BOUCHARD AÎNÉ ET FILS 2018 ★★

	7010		20 à 30 €

Dans le groupe Boisset depuis 1992, ce négoce beaunois a été fondé en 1750 par Michel Bouchard et son fils aîné Joseph. C'est dans l'ancien hôtel du Conseiller du Roy (XVIIIe s.) que sont entreposés les fûts d'élevage de cette maison historique proposant une large gamme de vins de toute la Bourgogne, ainsi que du Beaujolais et de la vallée du Rhône.

Si le chardonnay ne représente que 45 ha sur l'appellation, il n'en produit pas pour autant de moins bonnes cuvées qu'en pinot noir. À l'instar de ce vin dont nos jurés louent la brillance de la robe, comme l'élégance florale (acacia, aubépine) de son nez. Passé une attaque vive et tonique, le palais se révèle riche et suave, imprégné de subtiles notes d'amande et de noisette grillée, avant de déployer de nobles amers dans une finale longue et fraîche. ⧗ 2023-2028

SA BOUCHARD AÎNÉ ET FILS, 4, bd du Mal-Foch, 21200 Beaune, tél. 03 80 24 06 66, bouchard@bouchard-aine.fr V t.l.j. 9h30-18h
La Famille des grands vins Bonpas

CHRISTOPHE BUISSON 2017 ★

	3300		20 à 30 €

Plutôt que maçon, comme son père, Christophe Buisson a choisi d'être vigneron. D'abord courtier, il crée son domaine à Saint-Romain en 1996 : 7 ha (en bio) complétés en 2007 par une petite activité de négoce (sous le nom Christophe Buisson), et des vins souvent en vue en saint-romain et en auxey-duresses. En 2015, le domaine a fusionné avec le négoce Alex Gambal pour devenir le Dom. Gambal-Buisson. Les vins sont issus de raisins et de moûts vinifiés par Christophe.

Ce vin d'un beau pourpre brillant présente un discret nez de cerise noire et de vanille. Une attaque gourmande sur le fruit (cerise, mûre, myrtille) ouvre sur une bouche riche et soyeuse, qui montre un peu plus les muscles en finale. ⧗ 2022-2026

SARL CHRISTOPHE BUISSON, 34, rue de la Tartebouille, 21190 Saint-Romain, tél. 06 64 86 07 29, sarlchristophebuisson@wanadoo.fr V r.-v.

Ⓑ DOM. LOUIS CHENU PÈRE ET FILLES
Les Hauts Jarrons 2017 ★

1er cru	4500		20 à 30 €

Établies à Savigny, Juliette et Caroline, les 2 filles de Louis Chenu, perpétuent la tradition vinicole familiale depuis 1997 (2003 pour la seconde). Elles ont depuis converti la totalité de leur vignoble (9,5 ha) à l'agriculture biologique.

Ce 1er cru des hauteurs tire son nom de « jarrie », qui signifie « broussaille » et a donné à la Provence le mot « garrigue ». À Savigny, un terrain pierreux, donc idéal pour la culture de la vigne, à l'origine d'un vin expressif et un rien sauvage avec ses arômes d'humus et de petits fruits des bois. Après une attaque franche, le palais se révèle rond et assez concentré, structuré par de bons tanins et prolongé par une jolie finale poivrée. ⧗ 2023-2028

EARL LOUIS CHENU PÈRE ET FILLES, 12, rue Joseph-de-Pesquidoux, 21420 Savigny-lès-Beaune, tél. 03 80 26 13 96, juliette@louischenu.com V r.-v.

DOM. DUBOIS D'ORGEVAL
Les Pimentiers 2017 ★★

	3400		15 à 20 €

Installée sur la commune de Chorey-lès-Beaune, la famille Dubois d'Orgeval met en valeur 13 ha de vignes en appellations de la Côte de Beaune.

Sur un terroir de ce *climat* calcaire et caillouteux fait aussi croiser le fer au pinot noir. Le domaine y exploite une vigne de 50 ans à l'origine d'un savigny au nez élégant et intense de fruits rouges teintés de vanille. On retrouve cette finesse dans une bouche florale et fruitée, d'une belle fraîcheur et aux tanins extraits avec mesure. ⧗ 2023-2026

EARL DOM. DUBOIS D'ORGEVAL, 3, rue Joseph-Bard, 21200 Chorey-lès-Beaune, tél. 03 80 24 70 89, duboisdorgeval@aol.com V r.-v.

PHILIPPE ET ARNAUD DUBREUIL
Les Vergelesses 2018 ★

1er cru	3120		15 à 20 €

Anciennement Dubreuil-Cordier, ce domaine familial a été créé en 1950 par le grand-père d'Arnaud Dubreuil. Ce dernier a pris la suite de son père Philippe en 2010, à la tête d'un vignoble de 11 ha. Aujourd'hui, il cultive 12,35 ha avec l'acquisition d'un demi-hectare de hautes-côtes-de-beaune blanc, un demi-hectare de hautes-côtes-de-beaune rouge et l'arrivée d'un corton grand cru Les Grandes Lolières en blanc.

Ce lieu-dit est évoqué dans une charte de 830 sous le nom de « Vergelosse ». L'ancienne voie allant de Beaune à Vergy en serait à l'origine. Dans le verre, un 2018 profond aux reflets rubis, ouvert sur les fruits noirs et un bon vanillé apporté par 12 mois de fût. La bouche est charnue, dotée de tanins souples et d'une agréable fraîcheur en finale. ⧗ 2022-2025

EARL DOM. PHILIPPE ET ARNAUD DUBREUIL, 4, rue Pejot, 21420 Savigny-lès-Beaune, tél. 03 80 21 53 73, dubreuil.cordier@aliceadsl.fr V r.-v.

Ⓑ JEAN FÉRY ET FILS
Ez Connardises 2018 ★

	5750		20 à 30 €

Un domaine familial des Hautes-Côtes de Beaune créé en 1890 et développé dans les années 1990 par Jean-Louis Féry : aujourd'hui, 15 ha en bio certifié (depuis 2011) en Côte de Nuits et en Côte de Beaune. Depuis 2016, Frédéric Féry, fils de Jean-Louis, assure la gestion du domaine, avec notamment l'appui de Laurence Danel, œnologue.

Cette parcelle de 2 ha d'un seul tenant, emblématique du domaine, a donné un savigny joliment doré, au nez intense et gourmand de fleurs blanches, de miel et de beurre. La bouche affiche une belle fraîcheur aux tonalités acidulées d'agrumes, avec une pointe de boisé grillé en soutien. ⧗ 2022-2025

SARL DOM. JEAN FÉRY ET FILS, 1, rte de Marey, 21420 Échevronne, tél. 03 80 21 59 60, fery.vin@orange.fr V *r.-v.*

GILBERT ET PHILIPPE GERMAIN
Les Hauts-Marconnets 2018 ★★

1er cru | 2124 | 20 à 30 €

Gilbert Germain a créé l'exploitation en 1962 avec son épouse Bernadette dans le pittoresque village de Nantoux, en Hautes-Côtes. Philippe, le fils, a repris le flambeau en 1995, débuté la vente en bouteilles et développé le parcellaire : son vignoble couvre aujourd'hui 20 ha.

Des ceps de 50 ans ont produit cette bouteille d'un beau rouge concentré, au nez intense de fruits rouges et de sous-bois. L'annonce d'une bouche ample, puissante et bien équilibrée, où l'on retrouve un fruité de cerise bien typé pinot, agrémenté de notes de café. Pour la cave. ⧗ 2024-2028

EARL GILBERT ET PHILIPPE GERMAIN, rue du Vignoble, 21190 Nantoux, tél. 03 80 26 05 63, germain.vins@wanadoo.fr V *r.-v.*

B JEAN-MICHEL GIBOULOT 2018 ★★

7394 | 15 à 20 €

Un domaine familial créé en 1935, conduit depuis 1996 par Jean-Michel Giboulot, à la tête d'un vignoble de 12 ha. En agriculture biologique depuis 2010.

Cette belle cuvée offre un bouquet complexe et racé de fleurs jaunes et blanches sur fond de boisé fondu. Une attaque sur le fruit ouvre sur un palais rond, généreux et long, soutenu par un élevage très bien maîtrisé et par une juste acidité. ⧗ 2022-2025

EARL DOM. JEAN-MICHEL GIBOULOT, 27, rue du Gal-Leclerc, 21420 Savigny-lès-Beaune, tél. 03 80 21 52 30, jean-michel.giboulot@wanadoo.fr

DOM. LUCIEN JACOB Les Vergelesses 2018 ★★

1er cru | 3000 | 20 à 30 €

Établis depuis 1989 dans le village d'Échevronne au cœur des terroirs des Hautes-Côtes, Chantal, Jean-Michel et Christine Jacob conduisent un domaine de 17 ha et produisent du vin dans les deux Côtes, mais aussi des crèmes de petits fruits traditionnelles.

Ce 1er cru né de ceps de 30 ans livre des senteurs fines et harmonieuses de fraise, de sous-bois et de vanille. En bouche, il évolue sur les fruits noirs compotés soustendus par un boisé discret et s'adosse à des tanins extraits avec délicatesse. Le coup de coeur fut mis aux voix pour ce vin très équilibré. ⧗ 2025-2030 **2018 ★ (15 à 20 €; 9700 b.)** Un savigny au nez plaisant de fruits rouges et noirs mûrs agrémenté d'une note de cuir. La bouche est franche, fraîche et souple, soutenue par des tanins élégants. ⧗ 2023-2026

DOM. LUCIEN JACOB, 11, pl. de la Mairie, 21420 Échevronne, tél. 03 80 21 52 15, lucien-jacob@wanadoo.fr V *r.-v.*

DOM. PIERRE ET JEAN-BAPTISTE LEBREUIL
Aux Grands Liards 2018 ★

3900 | 15 à 20 €

Un domaine fondé en 1935 à partir de 2 ha, développé au cours des années 1960 par Pierre Lebreuil, repris en 2000 par son fils Jean-Baptiste, aujourd'hui à la tête de 13,5 ha en Côte de Beaune. Régulièrement en vue pour ses savigny.

Au bord du Rhoin, le ruisseau de Savigny, 3 *climats* portent le nom de « Liards ». Si on les additionne, ils deviennent le plus important lieu-dit de l'appellation avec 18 ha, dont 6,59 ha pour les Grands Liards. Dans le verre, un savigny au nez épicé, grillé et fruité (framboise et cassis), au palais riche et onctueux, doté de tanins soyeux et d'une belle finale réglissée. ⧗ 2023-2028

EARL PIERRE ET JEAN-BAPTISTE LEBREUIL, 17, rue Chanson-Maldant, 21420 Savigny-lès-Beaune, tél. 03 80 21 52 95, domaine.lebreuil@wanadoo.fr V *r.-v.*

♥ CATHERINE ET CLAUDE MARÉCHAL
Vieilles Vignes 2018 ★★

13200 | 30 à 50 €

Installé dans la plaine de Pommard depuis 1981, le couple Maréchal fait partie des valeurs sûres de la Côte de Beaune. Il conduit, avec minutie et dans un esprit bio (pas de désherbants chimiques, levures indigènes, limitation du soufre), un vignoble de 12,5 ha offrant une large gamme d'appellations.

Cette cuvée issue de vignes de 60 ans revêt une robe profonde, couleur cerise noire, et dévoile des parfums intenses de petits fruits rouges sur fond de boisé grillé. Arômes prolongés par une bouche souple en attaque, ample et ferme dans son développement, mais sans dureté, étayée par des tanins d'une grande élégance. Une longue et belle finale réglissée vient conclure la dégustation. ⧗ 2023-2028

EARL CATHERINE ET CLAUDE MARÉCHAL, 6, rte de Chalon, 21200 Bligny-lès-Beaune, tél. 03 80 21 44 37, marechalcc@orange.fr V *r.-v.*

B ALBERT MOROT
La Bataillère aux Vergelesses Monopole 2017 ★

1er cru | 6500 | 20 à 30 €

Si le château de la Creusotte possède un parc magnifique, non loin de celui de la Bouzaise, il a d'autres atouts dans sa cave également. Régulier en qualité, ce domaine beaunois de 8 ha exploite une jolie collection de 1ers crus.

Un *climat* monopole du domaine, situé dans les Vergelesses. Après un long élevage en fût de 14 mois, ce savigny présente un nez élégant de vanille et de cassis. En bouche, il affiche de la richesse, de la puissance tannique, de la densité et de la persistance. Un beau vin de caractère. ⧗ 2024-2028

SAS MAISON ALBERT MOROT, Ch. de la Creusotte, 20, av. Charles-Jaffelin, 21200 Beaune, tél. 03 80 22 35 39, geoffroy@albertmorot.fr V r.-v.

♥ DOM. RAPET PÈRE ET FILS
Aux Fournaux 2017 ★★

1er cru | 56500 | 20 à 30 €

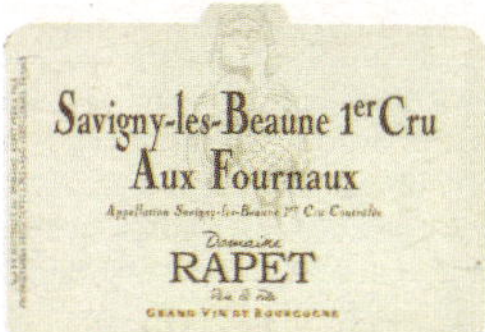

Ce domaine ancien (1765) et incontournable de Pernand-Vergelesses est conduit par Vincent Rapet depuis 1985. S'il se passionne pour sa commune natale, ce dernier travaille les appellations voisines avec le même soin, sur un vignoble de 20 ha. Une valeur sûre de la Côte de Beaune.

Des vestiges de fourneaux à charbon retrouvés sur cette parcelle donnent son nom à ce *climat* au sol graveleux, voisin de Pernand. Vincent Rapet y exploite 90 ares de pinot noir qui ont donné ce superbe savigny d'un seyant pourpre soutenu, ouvert sans réserve sur la griotte mûre et la réglisse. On retrouve les fruits rouges, mâtinés d'épices, dans une bouche d'une grande élégance, dotée de tanins fins et veloutés et d'une fraîcheur impeccable qui lui donne beaucoup d'allonge et de perspective de garde. ⧗ 2024-2030

SAS DOM. RAPET PÈRE ET FILS, 2, pl. de la Mairie, 21420 Pernand-Vergelesses, tél. 03 80 21 59 94, vincent@domaine-rapet.com V r.-v.

DOM. ROLLIN PÈRE ET FILS
Aux Grands Liards 2017 ★

4200 | 20 à 30 €

Longtemps modestes vignerons au service d'autres exploitations, les Rollin (aujourd'hui Rémi et Simon) se sont mis peu à peu à leur compte ; ils exploitent depuis 1932 et 4 générations un domaine de 14 ha à Pernand-Vergelesses, appellation dans laquelle leurs vins brillent régulièrement, dans les deux couleurs.

Cette cuvée entièrement égrappée offre un nez discret mais élégant de mûre et de myrtille agrémenté d'un boisé fin. Un mariage du bois et du fruit que l'on retrouve dans une bouche dense, aux tanins fermes et à la fraîcheur bien sentie. ⧗ 2023-2026

EARL ROLLIN PÈRE ET FILS, 49, rte des Vergelesses, 21420 Pernand-Vergelesses, tél. 03 80 21 57 31, contact@domaine-rollin.com V r.-v.

CHOREY-LÈS-BEAUNE

Superficie : 134 ha
Production : 5 240 hl (95 % rouge)

Situé dans la plaine, près de Savigny-lès-Beaune et d'Aloxe-Corton, en face du cône de déjection de la combe de Bouilland, le village produit une majorité de vins rouges friands et faciles d'accès.

DOM. AURÉLIE BERTHOD 2018 ★

2800 | 11 à 15 €

Aurélie Berthod est la compagne de Vincent Berthod, propriétaire du Dom. de la Galopière. Elle a créé en 2017 sa propre exploitation de 5,5 ha, qu'elle conduit en lutte raisonnée sur Pernand-Vergelesses, Beaune et Chorey-lès-Beaune.

Ce 2018 libère des senteurs franches de fruits rouges, de cerise notamment. Arômes auxquels fait écho une bouche ample, consistante, équilibrée et longue, dotée de tanins fins. Un beau classique. ⧗ 2023-2025

SCEA DOM. AURÉLIE BERTHOD, 6, rue de l'Église, 21200 Bligny-lès-Beaune, tél. 03 80 21 46 50, aurelie.berthod@sfr.fr V r.-v.

DOM. CORNU-CAMUS Les Beaumonts 2018 ★

3000 | 11 à 15 €

Un domaine de 12 ha créé par Pierre Cornu et sa femme Bernadette Camus en 1981. Après un master en biologie et un BTS en viticulture-œnologie, leur fille Lydia est devenue cogérante en 2008. Christophe Pertuzot, le mari de cette dernière a rejoint l'exploitation familiale en 2009.

Si à Chorey il n'y a pas de 1ers crus, on compte toutefois 19 *climats* cadastrés et répertoriés. Encastrés entre les premières vignes d'Aloxe-Corton, à l'ouest, et de Savigny, à l'est, Les Beaumonts couvrent à eux seuls un tiers de l'appellation. Dans le verre, un chorey ouvert sur les fruits rouges frais relevés d'épices, au palais concentré et bien structuré par des tanins fins. ⧗ 2023-2026

DOM. PIERRE CORNU-CAMUS, 2, rue Varlot, 21420 Échevronne, tél. 03 80 21 57 23, pierre@domainecornucamus.fr V r.-v.

CHAI GARNEROT Plante des plantes 2018 ★

856 | 20 à 30 €

Un tout jeune domaine et son négoce créés en 2018 par Caroline Fyot et Alexia Russo à Mercurey. Les vignes couvrent 5 ha, essentiellement en Côte de Beaune et Côte chalonnaise. La conversion bio est en cours et certaines parcelles sont cultivées en biodynamie.

Un premier millésime pour les deux vigneronnes et déjà un travail très abouti avec cette « belle plante » née de très vénérables vignes de 90 ans. Au nez, de jolies notes de fraise et de framboise s'associent aux épices et à de fraîches senteurs mentholées. La bouche est souple en attaque, puis monte en puissance autour de tanins fermes mais sans agressivité qui poussent loin la finale. Une belle bouteille de garde. ⧗ 2024-2030

CH. DE GARNEROT, 1, rue du Crêt, 71640 Mercurey, tél. 06 62 10 47 94, contact@chateaudegarnerot.fr V r.-v.

MICHEL GAY ET FILS 2017 ★

4000 | 15 à 20 €

Les Gay sont plusieurs à Chorey. Ici, c'est le domaine des fils de Michel : Sébastien, installé en 2000, et Laurent, l'œnologue, qui l'a rejoint en 2010. Incarnant la 4e génération, ils disposent de 15 ha à Chorey et dans les communes voisines.

Souvent en vue pour son chorey rouge, ce domaine du cru s'y entend aussi en chardonnay. Ici, un vin pâle et brillant, ouvert sur les fleurs blanches agrémentées d'une touche de brioche. Une attaque franche introduit une bouche ample et fraîche, étirée dans une jolie finale minérale. ⧗ 2021-2024

DOM. MICHEL GAY ET FILS, 1B, rue des Brenots, 21200 Chorey-lès-Beaune, tél. 03 80 22 22 73, michelgayetfils@orange.fr V *r.-v.*

DOM. PANSIOT
2018 ★

	10500		11 à 15 €

Un vaste domaine de 21 ha créé en 1981 (5 ha à l'origine) par Éric Pansiot, associé depuis 2000 avec son épouse Chantal et le Gallois Marc Thomson. En 2004, sa fille Émilie les a rejoints. Un pied dans chaque Côte et une dizaine d'appellations en production.

Ce chorey limpide et brillant exhale des fragrances de fruits noirs et rouges bien mûrs. Arômes prolongés par une bouche ronde et souple, étayée par des tanins fins. Une bouteille que l'on pourra apprécier dans sa jeunesse. ⧗ 2022-2025

SCEA DOM. PANSIOT, 21, imp. du Château-de-la-Chaume, 21700 Corgoloin, tél. 06 64 90 68 57, domaine-pansiot@bbox.fr V *r.-v.*

DOM. POULLEAU PÈRE ET FILS
2018 ★

	2933		15 à 20 €

Depuis le départ à la retraite de son père Michel en 1996, Thierry Poulleau (à la technique) et son épouse Florence (au commercial) gèrent les 8,3 ha du domaine familial créé par le grand-père Gaston et signent des vins souvent en vue, notamment des volnay, des chorey et des côte-de-beaune.

Ce vin d'un beau rubis intense dévoile un nez élégant de fruits rouges et d'épices. En bouche, il se montre tendre et gourmand, porté par des tanins souples, et déploie une jolie finale tout en finesse. ⧗ 2022-2025

SCEA DOM. MICHEL POULLEAU PÈRE ET FILS, 7, rue du Pied-de-la-Vallée, 21190 Volnay, tél. 03 80 21 26 52, domaine.poulleau@wanadoo.fr V *r.-v.*

DOM. GEORGES ROY ET FILS
2018 ★

	13500		11 à 15 €

Vincent Roy, le vinificateur, installé en 1998, et sa sœur Claire, arrivée quelques années plus tard, conduisent un domaine familial de 9 ha, établi dans la plaine de Chorey-lès-Beaune, en vue notamment pour ses chorey et ses aloxe-corton. Alors que la propriété vendait sa production au négoce, ils ont développé la vente directe.

Coup de cœur avec leur 2017 rouge, les Roy signent un 2018 de belle facture, au nez complexe et gourmand de prune, de figue, de cerise et d'épices. La bouche se montre généreuse, fruitée et poivrée, soutenue par des tanins fins et soyeux. ⧗ 2023-2026

DOM. GEORGES ROY ET FILS, 20, rue des Moutots, 21200 Chorey-lès-Beaune, tél. 03 80 22 16 28, domaine.roy-fils@wanadoo.fr V *r.-v.*

CH. DU VAL DE MERCY
2017 ★

	1880		15 à 20 €

En 1680, les vins étaient produits par le Clos du Château du Val de Mercy. Établi à Chitry, le nouveau propriétaire du domaine (30 ha) perpétue la tradition viticole au-delà de ses terres pour fournir des vins du Chablisien, de l'Auxerrois et de la Côte de Beaune. Une activité de négoce complète la gamme de la propriété.

Ce 2017 se présente avec intensité dans une seyante robe rubis. Le nez, élégant, évoque les fruits mûrs, la fraise confite notamment. En bouche, il se montre légèrement suave, d'un volume appréciable et bien épaulé par des tanins délicats. Jolie touche minérale en finale. ⧗ 2022-2025

CH. DU VAL DE MERCY, 4, rue des Écoles, 21630 Pommard, tél. 03 80 22 77 34, roy@valdemercy.com V *r.-v.*

BEAUNE

Superficie : 410 ha
Production : 15 650 hl (85 % rouge)

En termes de superficie, l'appellation beaune est l'une des plus importantes de la Côte. Beaune, ville d'environ 23 000 habitants, est aussi et surtout la capitale viti-vinicole de la Bourgogne. Siège d'un important négoce, centre d'un nœud autoroutier, la cité possède un patrimoine architectural qui attire de nombreux touristes. La vente des vins des Hospices est devenue un événement mondial et représente l'une des ventes de charité les plus illustres. Les vins, essentiellement rouges, sont pleins de force et de distinction. La situation géographique a permis le classement en 1er cru d'une grande partie du vignoble : Les Bressandes, Le Clos du Roy, Les Grèves, Les Teurons et Les Champimonts figurent parmi les plus prestigieux.

DOM. ARNOUX PÈRE ET FILS
En Genêt 2018 ★

1er cru	5500		20 à 30 €

Créée en 1950, cette exploitation familiale, installée à Chorey-lès-Beaune, est dirigée depuis 2008 par Pascal Arnoux, troisième du nom à la tête du domaine. Au menu, une large gamme de vins de la Côte de Beaune (une vingtaine d'appellations sur plus de 20 ha entre Beaune et Corton), souvent en vue dans ces pages.

Genêt est le nom d'une source qui jaillit au pied de la colline de Beaune. Le domaine y cultive 87 ares de pinot noir qui ont donné ce 1er cru bien ouvert sur les fruits rouges mâtinés d'un bon boisé grillé. La bouche est ample, intense tout autant qu'élégante, avec en soutien des tanins fins. Déjà agréable, cette bouteille vieillira harmonieusement. ⧗ 2021-2025

SCEA DOM. ARNOUX PÈRE ET FILS, 5, rue de Ley, 21200 Chorey-lès-Beaune, tél. 03 80 22 57 98, contact@arnoux-pereetfils.com V *r.-v.*

BOURGOGNE

DOM. BERTHELEMOT
Les Bressandes 2018 ★★

1er cru | 2100 | | 20 à 30 €

Un domaine créé par Brigitte Berthelemot en 2006 avec la reprise des vignes de Jean Garaudet et d'Yves Darviot : 15 ha aujourd'hui (certifiés Haute valeur environnementale) dans plusieurs communes de la Côte de Beaune et dans les Hautes-Côtes, administrés avec Marc Cugney. Un duo complémentaire, à en juger par sa régularité depuis son installation.

Ce 1er cru de renom tient son nom de Jean Bressans, chanoine de Beaune qui vécut au XIIIe s. Brigitte Berthelemot en exploite une belle parcelle de 1 ha à l'origine d'un beaune savoureux, au nez profond et concentré de griotte et de cassis, et à la bouche ample, dense et longue, aux tanins veloutés. ⧗ 2023-2028

SCE DOM. BRIGITTE BERTHELEMOT, 24, rue des Forges, BP 30008, 21190 Meursault, tél. 03 80 21 68 61, contact@domaineberthelemot.com V r.-v.

DOM. BILLARD-GONNET
Clos des Mouches 2018 ★

1er cru | 600 | | 50 à 75 €

Cette famille établie à Pommard depuis 1766 est aujourd'hui à la tête de 10 ha. La propriété propose plusieurs 1ers crus de sa commune, complétés par une parcelle de Clos des Mouches en beaune blanc.

Ce *climat* est réputé produire des grands vins dans les deux couleurs. Ici, un blanc couleur paille qui dévoile une palette délicate de fleurs blanches et jaunes. La bouche apparaît ample, riche, onctueuse et longue, pétrie de saveurs gourmandes d'abricot mûr et soutenue par un bon boisé toasté. ⧗ 2022-2026

EARL DOM. BILLARD-GONNET, rte d'Ivry, 21630 Pommard, tél. 03 80 22 17 33, billard.gonnet@wanadoo.fr

BOUCHARD AÎNÉ ET FILS
Clos du Roi 2018 ★★

1er cru | 4434 | | 30 à 50 €

Dans le groupe Boisset depuis 1992, ce négoce beaunois a été fondé en 1750 par Michel Bouchard et son fils aîné Joseph. C'est dans l'ancien hôtel du Conseiller du Roy (XVIIIe s.) que sont entreposés les fûts d'élevage de cette maison historique proposant une large gamme de vins de toute la Bourgogne, ainsi que du Beaujolais et de la vallée du Rhône.

Ce Clos du Roi porte beau dans sa robe grenat intense et séduit tout autant par son nez mêlant la fraise compotée aux épices. En bouche, il se montre dense, corpulent, profond et long, soutenu par une fraîcheur minérale et par des tanins solides et fort prometteurs. Un vin viril et de garde. ⧗ 2025-2030 **1er cru Les Marconnets 2018 ★ (30 à 50 €; 8000 b.)** Un 1er cru généreux au nez comme en bouche, né de raisins visiblement bien mûrs, riche, puissant mais sans dureté, bien boisé mais sans excès. ⧗ 2024-2030

SA BOUCHARD AÎNÉ ET FILS, 4, bd du Mal-Foch, 21200 Beaune, tél. 03 80 24 06 66, bouchard@bouchard-aine.fr V t.l.j. 9h30-18h

DOM. CACHAT-OCQUIDANT Saint-Désiré 2018 ★

| 5000 | | 20 à 30 €

À la tête de 12 ha de vignes répartis tout autour de la montagne de Corton, Jean-Marc Cachat et son fils David figurent en bonne place dans le Guide, surtout pour leurs rouges, majoritaires dans leur carte des vins.

Cette cuvée d'un seyant jaune paille brillant livre un bouquet léger mais plaisant de chèvrefeuille, de mandarine et de citron. En bouche, elle se montre équilibrée, alliant fine sucrosité et boisé toasté venu de 11 mois d'élevage. ⧗ 2021-2024

EARL DOM. CACHAT-OCQUIDANT ET FILS, 3, pl. du Souvenir, Cidex 1, 21550 Ladoix-Serrigny, tél. 03 80 26 45 30, domaine.cachat@wanadoo.fr V r.-v.

DOM. CAUVARD Les Pertuisots 2017 ★★

1er cru | 2000 | | 30 à 50 €

Depuis 1974, Henri et Jacqueline Cauvard sont à la tête de cette exploitation familiale, rejoints en 2007 par leur fils Julien. Installés au cœur de Beaune, ils exploitent aujourd'hui 18 ha de vignes sur 5 villages de la Côte de Beaune.

Le nom de ce *climat*, situé au milieu de la montagne de Beaune, vient d'une déformation du mot « pertuis » qui signifie « détroit, défilé ». Un 1er cru côté Pommard, un des plus petits de Beaune. Les Cauvard y cultivent 43 ares à l'origine d'un vin bien fruité, ouvert sur la framboise, la mûre et la myrtille, au palais charnu et long, structuré par des tanins fins et soyeux. Belle finale sur les épices. ⧗ 2023-2028

EARL DOM. CAUVARD, 34, rte de Savigny, 21200 Beaune, tél. 03 80 22 29 77, julien.cauvard@wanadoo.fr V r.-v.

CH. DE LA CHARRIÈRE
Clos des Vignes Franches 2018 ★

1er cru | 2080 | | 20 à 30 €

Issu de la division en 1981 des vignes paternelles entre les quatre enfants Girardin, le Dom. Yves Girardin comptait 3 ha à ses débuts. L'acquisition en 2004 du Ch. de la Charrière a porté à 21 ha la superficie de cette propriété qui a son siège dans le hameau de Santenay-le-Haut.

Derrière d'intenses reflets rubis apparaissent des notes de fruits noirs confiturés qui renvoient à la chaleur du millésime. La bouche se révèle aussi ample et dense qu'onctueuse et élégante, bâtie sur des tanins fins et pourvue d'une belle longueur. ⧗ 2023-2028

EARL DOM. YVES GIRARDIN, 1, rte de Dezize-lès-Maranges, 21590 Santenay, tél. 03 80 20 64 36, yves.girardin-domaine@orange.fr V r.-v.

DOM. COSTE-CAUMARTIN
Les Chouacheux 2017 ★

1er cru | 2300 | | 20 à 30 €

Cet ancien domaine de Pommard est entré en 1793 dans la famille des actuels propriétaires. Jadis directeur d'une usine d'imprégnation du bois, Jérôme Sordet a officié entre 1988 et 2014 à la tête du vignoble de 12,2 ha qu'il a transmis à Benoît.

Côté Pommard, ce *climat* aurait autrefois été planté de saules, «chouacheux» en patois. La vigne y a pris ses droits et Jérôme Sordet en tire de 33 ares un 1er cru très avenant et élégant avec son nez de fleurs blanches et de boisé fin, comme avec sa bouche ronde, tendre, briochée et fruitée (fruits blancs), qui ne manque ni de fraîcheur ni de longueur. ⧗ 2021-2025

EARL DOM. COSTE-CAUMARTIN, 2, rue du Parc, 21630 Pommard, tél. 03 80 22 45 04, domaine@costecaumartin.fr V t.l.j. sf dim. 10h-12h 14h-18h

ÉDOUARD DELAUNAY Les Grèves 2017 ★

■ 1er cru | 2099 | | 30 à 50 €

Laurent et Catherine Delaunay, fondateurs de la maison de vins Badet-Clément à Nuits-Saint-Georges, ont fait renaître la maison de négoce Édouard Delaunay, fondée en 1893 par l'arrière-grand-père de Laurent. Elle propose une gamme de vins essentiellement issus de la Côte de Beaune et de la Côte de Nuits, allant de l'appellation régionale jusqu'au grand cru.

Le plus grand des 1ers crus beaunois, l'un des plus réputés aussi, a souvent la préférence du pinot noir, qui donne chez les Delaunay un joli 2017 couleur rubis, mêlant senteurs florales, fruitées (fruits rouges) et torréfiées. Le palais est soyeux et frais à la fois, doté de tanins bien marqués mais fins qui lui confèrent une bonne mâche et de la longueur. ⧗ 2024-2028

ÉDOUARD DELAUNAY, 10, rue Lavoisier, 21700 Nuits-Saint-Georges, tél. 03 80 61 46 31, contact@edouard-delaunay.com

RODOLPHE DEMOUGEOT Les Beaux Fougets 2018 ★

■ | 3500 | | 20 à 30 €

Établi à Meursault depuis 1992, Rodolphe Demougeot exploite aujourd'hui un vignoble de 7,8 ha, dont 6 ha de pinot noir, entre Savigny et Chassagne. Labours au cheval, refus des désherbants et des engrais chimiques, l'orientation est résolument biologique, et la vinification peu interventionniste.

Ce *climat* classé en communal touche les 1ers crus Boucherottes et Épenotes dans le piémont, côté Pommard. On a connu plus mauvais voisins de palier. Après 12 mois de fût, ce beaune à la robe profonde dispense des arômes intenses de fruits noirs bien mûrs sur un fond boisé et légèrement végétal. Passé une attaque franche, il présente une bouche solide et fraîche, cadrée par des tanins fermes. Sérieux et de bonne garde. ⧗ 2024-2028

EARL DOM. RODOLPHE DEMOUGEOT, 2, rue du Clos-de-Mazeray, 21190 Meursault, tél. 03 80 21 28 99, rodolphe.demougeot@orange.fr V r.-v.

FRANÇOIS GAY ET FILS Les Teurons 2018 ★

■ 1er cru | 1740 | | 20 à 30 €

Établies dans la plaine de Chorey, 7 générations de vignerons ont porté ce nom depuis 1880. Pascal Gay, fils de François, a pris les commandes de l'exploitation familiale en 1998.

Ce *climat* constitué de terres rouges forme un tertre placé au milieu de la colline de Beaune. Un terroir réputé pour ses vins de pinot noir, mais qui donne aussi de belles choses avec le chardonnay, témoin ce vin né d'une très jeune vigne de 6 ans. Au nez, des notes discrètes et fines de fleurs blanches, de pêche, d'abricot et de vanille. En bouche, de l'équilibre entre une chair ronde, une bonne fraîcheur aux tonalités citronnées et un boisé aux accents de noisette. ⧗ 2022-2025

EARL FRANÇOIS GAY ET FILS, 9, rue des Fiètres, 21200 Chorey-lès-Beaune, tél. 03 80 22 69 58, dom.gay.francois.fils@orange.fr V r.-v.

GILBERT ET PHILIPPE GERMAIN En l'Orme Monopole 2017 ★

■ | 4690 | | 20 à 30 €

Gilbert Germain a créé l'exploitation en 1962 avec son épouse Bernadette dans le pittoresque village de Nantoux, en Hautes-Côtes. Philippe, le fils, a repris le flambeau en 1995, débuté la vente en bouteilles et développé le parcellaire : son vignoble couvre aujourd'hui 20 ha.

Avec ses 2 ha, c'est le plus petit des 1ers crus de Beaune. Il est établi au sommet du vignoble beaunois, tout proche de Savigny. Philippe Germain en est l'unique propriétaire et il en a extrait un 2017 intense et généreux, aux parfums veloutés de fruits noirs mûrs, de réglisse et de pivoine, à la bouche ample, massive, charnue, dotée de tanins fermes et d'une belle longueur. Pour la cave. ⧗ 2023-2030

EARL GILBERT ET PHILIPPE GERMAIN, rue du Vignoble, 21190 Nantoux, tél. 03 80 26 05 63, germain.vins@wanadoo.fr V r.-v.

B JEAN-MICHEL GIBOULOT Clos du Roi 2018 ★

■ 1er cru | 2624 | | 30 à 50 €

Un domaine familial créé en 1935, conduit depuis 1996 par Jean-Michel Giboulot, à la tête d'un vignoble de 12 ha. En agriculture biologique depuis 2010.

Un *climat* réputé, dont le nom renvoie à Louis XI et son emprise sur les domaines des ducs de Bourgogne. Dans le verre, un 1er cru racé, au nez bien typé de cerise et de fruits noirs, à la bouche ample, étoffée, puissante mais sans dureté, avec une agréable fraîcheur en soutien. ⧗ 2023-2028

EARL DOM. JEAN-MICHEL GIBOULOT, 27, rue du Gal-Leclerc, 21420 Savigny-lès-Beaune, tél. 03 80 21 52 30, jean-michel.giboulot@wanadoo.fr

♥ DOM. DU LYCÉE VITICOLE 2018 ★★

■ | 12000 | | 15 à 20 €

Créé en 1884 en pleine crise du phylloxéra, le «Viti» de Beaune a formé des générations de producteurs aux techniques de la vigne et du vin. Il conduit aujourd'hui un domaine de 20 ha qui sert d'outil pédagogique et expérimental.

Ce lycée réputé pour la formation des futurs viticulteurs français possède un vignoble qui leur sert au quotidien pour apprendre le métier. Il décroche la mention très bien avec les félicitations du jury pour ce beaune épatant, à la robe profonde et intense, ouvert sur les petits fruits (cerise, groseille, cassis) et un beau boisé vanillé. On retrouve les fruits dans une bouche ample, gourmande et longue, étayée par des tanins bien en place, au grain fin et soyeux. Un *village* qui tutoie le niveau 1er cru. ⧗ 2023-2028

DOM. DU LYCÉE VITICOLE DE BEAUNE, 16, av. Charles-Jaffelin, 21200 Beaune, tél. 03 80 26 35 81, expl.beaune@educagri.fr t.l.j. sf sam. dim. 8h30-12h 13h30-17h30

DOM. SÉBASTIEN MAGNIEN
Les Aigrots 2018 ★★

■ 1er cru | 5000 | | 20 à 30 €

Sébastien Magnien, originaire des Hautes-Côtes, a créé en 2004 son domaine à partir des vignes maternelles, 12 ha aujourd'hui. Il se dit très interventionniste à la vigne pour les travaux manuels (ce qui permet de limiter les intrants), beaucoup moins au chai (macérations longues, pas de surextraction, usage modéré de fûts neufs).

Un *climat* des hauteurs peu connu mais d'une qualité très régulière chez Sébastien Magnien. Son 2018 se présente dans une robe intense, ouvert sur des parfums profonds et complexes de fruits rouges et d'épices douces. Au palais, il se montre rond, soyeux, avec en soutien une belle minéralité et des tanins veloutés. Un 1er cru déjà très agréable, que l'on pourra apprécier dans sa jeunesse. ⧗ 2022-2026

EARL DOM. SÉBASTIEN MAGNIEN, 6, rue Pierre-Joigneaux, 21190 Meursault, tél. 03 80 21 28 57, domainesebastienmagnien@orange.fr r.-v.

♥ DOM. MAILLARD PÈRE ET FILS 2018 ★★

■ | 5300 | | 20 à 30 €

Représentant la 10e génération de viticulteurs sur le domaine (1766), Pascal Maillard (au chai) et son frère Alain (à la vigne) exploitent un vignoble constitué par leur père Daniel à partir de 1952. Aujourd'hui, pas moins de 19 ha répartis dans 7 communes aux environs de la montagne de Corton, ainsi qu'à Pommard et à Volnay. Une valeur sûre, notamment en corton et en chorey.

Les Maillard signent un beaune majuscule avec ce *village* d'un rouge intense et brillant, au nez certes discret mais très subtil de violette et de cerise. Le vin prend son envol en bouche avec une matière parfaitement équilibrée, à la fois ample, riche, ronde et fraîche, étayée par des tanins d'une finesse admirable et prolongée par une belle finale aux tonalités poivrées. Déjà du plaisir, et pour longtemps. ⧗ 2022-2030

SAS DOM. MAILLARD PÈRE ET FILS, 2, rue Joseph-Bard, 21200 Chorey-lès-Beaune, tél. 03 80 22 10 67, contact@domainemaillard.com r.-v.

DOM. MARATRAY-DUBREUIL
Les Cent Vignes 2017 ★

■ 1er cru | 1100 | | 30 à 50 €

Domaine de Ladoix-Serrigny fondé en 1935 lorsque le père de Maurice Maratray préféra réinvestir ses gains dans l'achat de vignes plutôt que dans son entreprise de travaux publics. Maurice Maratray épousa la fille de Pierre Dubreuil, figure de Pernand. Aujourd'hui, l'exploitation couvre 18 ha; elle est dirigée depuis 1997 par François-Xavier Maratray et sa sœur Marie-Madeleine.

Deuxième plus vaste 1er cru avec ses presque 24 ha, ce *climat* touche les premières maisons beaunoises situées au pied de la colline. Les Maratray y exploitent 22 ares à l'origine de ce beaune sombre et profond, centré sur des parfums de mûre, de cassis et de framboise, d'une texture souple et charnue en bouche. ⧗ 2022-2026

EARL DOM. MARATRAY-DUBREUIL, 5, pl. du Souvenir, 21550 Ladoix-Serrigny, tél. 03 80 26 41 09, contact@domaine-maratray-dubreuil.com t.l.j. sf sam. dim. 8h-12h 13h30-17h30

CH. DE MEURSAULT
Grèves Les Trois Journaux 2017 ★

■ 1er cru | 4700 | | 50 à 75 €

L'emblématique Ch. de Meursault, haut-lieu du tourisme bourguignon et du folklore vineux – on y célèbre la fameuse Paulée le lendemain de la vente des Hospices de Beaune – a souvent changé de mains : famille de Pierre de Blancheton jusqu'à la Révolution; famille Serre au XIXe s.; famille du comte de Moucheron; famille Boisseaux (maison Patriarche) à partir de 1973. En décembre 2012, nouveau changement : la famille Halley achète le domaine. Ce sont aujourd'hui 65 ha de vignes. Aux commandes du chai : Emmanuel Escutenaire.

Une sélection des meilleures parcelles au sein du 1er cru Grèves. Dans le verre, un joli beaune limpide, très fruité (fruits noirs, cerise), à la bouche ronde, riche, dotée de tanins veloutés et d'une longueur tout à fait appréciable. ⧗ 2023-2026

SCEV DOM. DU CH. DE MEURSAULT, rue du Moulin-Foulot, 21190 Meursault, tél. 03 80 26 22 75, domaine@chateau-meursault.com r.-v.

Ⓑ ALBERT MOROT Marconnets 2017 ★★

■ 1er cru | 2400 | | 30 à 50 €

Si le château de la Creusotte possède un parc magnifique, non loin de celui de la Bouzaise, il a d'autres atouts dans sa cave également. Régulier en qualité, ce domaine beaunois de 8 ha exploite une jolie collection de 1ers crus.

Avec le charmeur millésime 2017, ce «régional de l'étape» signe une belle série de 1ers crus, avec en tête ce Marconnets très bien né, au nez complexe et gourmand de petits fruits rouges et de boisé vanillé et grillé. On retrouve la fraîcheur des fruits rouges dans une bouche aussi large que longue, généreuse et bien structurée par des tanins fins. ⧗ 2023-2028 ■ **1er cru Bressandes 2017 ★★ (30 à 50 €; 6300 b.)** Ⓑ Un 1er cru au nez discrètement fruité et boisé, tout en rondeur et en souplesse en bouche, plus expressif aussi (cerise, framboise, épices douces) et d'une belle longueur. ⧗ 2023-2026 ■ **1er cru**

Aigrots 2017 ★ (20 à 30 €; 4000 b.) Ⓑ Un vin bien fruité et accompagné par un bon boisé, au palais équilibré entre rondeur veloutée et tanins fermes mais fins. ⧗ 2023-2026

⊶ SAS MAISON ALBERT MOROT, Ch. de la Creusotte, 20, av. Charles-Jaffelin, 21200 Beaune, tél. 03 80 22 35 39, geoffroy@albertmorot.fr V r.-v.

DOM. POULLEAU PÈRE ET FILS
Les Prévoles 2018 ★

■	4220		20 à 30 €

Depuis le départ à la retraite de son père Michel en 1996, Thierry Poulleau (à la technique) et son épouse Florence (au commercial) gèrent les 8,3 ha du domaine familial créé par le grand-père Gaston et signent des vins souvent en vue, notamment des volnay, des chorey et des côte-de-beaune.

Les Poulleau exploitent 98 ares de pinot noir sur ce vaste *climat* beaunois. Ils en tirent cette cuvée aux jolis reflets violines, ouverte sans réserve sur le fruit à l'olfaction (mûre, cassis, cerise), bien structurée en bouche par des tanins présents sans être agressifs et soulignée par une agréable acidité. ⧗ 2022-2025

⊶ SCEA DOM. MICHEL POULLEAU PÈRE ET FILS, 7, rue du Pied-de-la-Vallée, 21190 Volnay, tél. 03 80 21 26 52, domaine.poulleau@wanadoo.fr V r.-v.

DOM. JACQUES PRIEUR
Clos de la Féguine Monopole 2017 ★★

■ 1er cru	6300		50 à 75 €

Ce domaine de belle notoriété, établi de longue date à Meursault (fin du XVIIIe s.), dispose de 22 ha de vignes pour 22 appellations, exclusivement des 1ers et des grands crus (hormis son meursault Clos de Mazeray, conduit en monopole). Entré dans le capital en 1988, Jean-Pierre Labruyère en est devenu l'actionnaire principal en 2006 et son fils Édouard en est l'actuel directeur général. La famille Labruyère est également propriétaire à Pomerol (Ch. Rouget), dans le Beaujolais, son fief d'origine (Dom. Labruyère), et en Champagne. Elle peut s'appuyer sur le talent sans faille de Nadine Gublin, l'œnologue maison depuis 1990 en charge de la direction technique depuis 2009. Une structure de négoce (Labruyère-Prieur Sélection) a été créée en 2013 pour étendre la gamme bourguignonne.

Ce vin existe aussi dans une version chardonnay, mais la grande majorité de son terroir est planté en pinot noir. Un *climat* en monopole de 1,59 ha situé au sein du 1er cru Aux Coucherias. Dans le verre, un 1er cru grenat sombre, au joli nez de mûre et de sous-bois, au palais ample, puissant, gras et long, doté de tanins denses et d'une belle trame fruitée. ⧗ 2023-2030

⊶ SCEA DOM. JACQUES PRIEUR, 6, rue des Santenots, 21190 Meursault, tél. 03 80 21 23 85, info@prieur.com

DOM. RAPET PÈRE ET FILS
Grèves 2017 ★

■ 1er cru	2500		30 à 50 €

Ce domaine ancien (1765) et incontournable de Pernand-Vergelesses est conduit par Vincent Rapet depuis 1985. S'il se passionne pour sa commune natale, ce dernier travaille les appellations voisines avec le même soin, sur un vignoble de 20 ha. Une valeur sûre de la Côte de Beaune.

Avec ses 34 ha, ce vaste *climat* représente plus de 10 % de la surface totale des 1ers crus beaunois. Le domaine Rapet y cultive 35 ares qui ont donné ce vin expressif, sur les petits fruits rouges mûrs. Un fruité qui se prolonge dans une bouche souple, soyeuse, aux tanins fondus et élégants. ⧗ 2023-2025

⊶ SAS DOM. RAPET PÈRE ET FILS, 2, pl. de la Mairie, 21420 Pernand-Vergelesses, tél. 03 80 21 59 94, vincent@domaine-rapet.com V r.-v.

DOM. JOËL REMY
Les Cent Vignes 2018 ★

■ 1er cru	n.c.		20 à 30 €

Un domaine fondé en 1853 au sud-est de Beaune, repris en 1988 par Joël Remy (5e génération), qui met en valeur avec son épouse Florence et leur fils Maxime, arrivé en 2015, un vignoble de 12 ha répartis dans plusieurs appellations de la Côte de Beaune.

Le nom de ce *climat* vient d'un ancien hameau nommé Sanvignes aujourd'hui disparu. Pour ce vin, une vigne de 50 ans. Au nez, une jolie concentration de fruits noirs et d'épices. En bouche, du fruit toujours, une fraîcheur minérale, de l'intensité, du volume, de la longueur et une bonne structure. ⧗ 2023-2026

⊶ SARL DOM. REMY, 4, rue du Paradis, 21200 Sainte-Marie-la-Blanche, tél. 03 80 26 60 80, domaine.remy@wanadoo.fr V r.-v.

Ⓑ DOM. ROSSIGNOL-FÉVRIER
Les Chardonnereux 2018 ★★

■	2400		20 à 30 €

Un domaine familial ancien avec ses 5 siècles de présence vigneronne à Volnay. Une longue histoire perpétuée depuis 2000 par Fréderic Rossignol, aujourd'hui à la tête d'un vignoble de 7 ha cultivé en biodynamie.

Ce *climat* peu connu, situé à l'entrée de Beaune et penchant vers Pommard, tire son nom du petit oiseau qui se nourrit des graines du chardon. Frédéric Rossignol en exploite une parcelle de 45 ares. Dans le verre, un vin rubis limpide, qui évoque la griotte et le boisé vanillé (15 mois de fût) à l'olfaction, à la bouche souple et soyeuse dotée de tanins fins. Un beaune sur l'élégance plutôt que la puissance, que l'on pourra apprécier dans sa jeunesse. ⧗ 2021-2025

⊶ EARL DOM. ROSSIGNOL-FÉVRIER PÈRE ET FILS, 7, rue de Mont, 21190 Volnay, tél. 03 80 21 64 23, rossignol-fevrier@wanadoo.fr V r.-v.

CÔTE-DE-BEAUNE

Superficie : 35 ha
Production : 990 hl (70 % rouge)

À ne pas confondre avec le côte-de-beaune-villages, l'appellation côte-de-beaune ne peut être produite que sur quelques lieux-dits de la montagne de Beaune.

DOM. LEJEUNE
Les Monsnières 2018 ★

4800 | 15 à 20 €

Domaine transmis par les femmes depuis 1850, mais administré et vinifié par les hommes : François Jullien de Pommerol, ancien professeur à la « Viti » de Beaune décédé en 2017, rejoint en 2005 par son gendre Aubert Lefas, qui en assure aujourd'hui la direction. Vinifications en grappes entières et longs élevages sous bois sont leur signature, notamment pour les pommard, le cœur de leurs 10 ha, complétés par une activité de négoce.

On suppose que la vaste parcelle des Monsnières (6,14 ha), située à l'orée du bois de la montagne de Beaune, était la propriété d'un fermier qui payait un loyer aux chanoines de Notre-Dame de Beaune. Le domaine y cultive une jeune vigne de 10 ans à l'origine d'un vin au nez frais d'agrumes et de menthol. Nos jurés ont aussi aimé son équilibre entre richesse et fraîcheur en bouche, sa présence et sa longueur. ⧗ 2021-2024

DOM. LEJEUNE, 1, pl. de l'Église, 21630 Pommard, tél. 03 80 22 90 88, commercial@domaine-lejeune.fr V t.l.j. sf dim. lun. 9h-12h 14h-18h

DOM. POULLEAU PÈRE ET FILS
Les Mondes Rondes 2018 ★

8020 | 15 à 20 €

Depuis le départ à la retraite de son père Michel en 1996, Thierry Poulleau (à la technique) et son épouse Florence (au commercial) gèrent les 8,3 ha du domaine familial créé par le grand-père Gaston et signent des vins souvent en vue, notamment des volnay, des chorey et des côte-de-beaune.

Une cuvée souvent en vue dans ces pages, née sur les hauteur de la montagne de Beaune (361 m). Elle propose un joli nez de fruits rouges frais (framboise, cerise) agrémentés d'une note florale. Un fruité prolongé par une bouche alerte, élégante, aux tanins fins et d'une belle longueur. ⧗ 2021-2025

SCEA DOM. MICHEL POULLEAU PÈRE ET FILS, 7, rue du Pied-de-la-Vallée, 21190 Volnay, tél. 03 80 21 26 52, domaine.poulleau@wanadoo.fr V r.-v.

POMMARD

Superficie : 320 ha / Production : 12 900 hl

C'est l'appellation bourguignonne la plus connue à l'étranger, sans doute en raison de sa facilité de prononciation… Les formations de calcaires tendres sont particulièrement favorables au pinot noir qui produit des vins colorés, solides, tanniques et de garde (jusqu'à dix ans). Les meilleurs *climats* sont classés en 1ers crus, dont les plus connus sont Les Rugiens et Les Épenots.

BOUCHARD AÎNÉ ET FILS
Les Charmots 2018 ★

1er cru | 3560 | 50 à 75 €

Dans le groupe Boisset depuis 1992, ce négoce beaunois a été fondé en 1750 par Michel Bouchard et son fils aîné Joseph. C'est dans l'ancien hôtel du Conseiller du Roy (XVIIIe s.) que sont entreposés les fûts d'élevage de cette maison historique proposant une large gamme de vins de toute la Bourgogne, ainsi que du Beaujolais et de la vallée du Rhône.

Un *climat* argilo-calcaire parfaitement exposé, dont le nom désigne des champs retournés à la friche. Y est né ce vin sombre et profond, au nez de fruits rouges mûrs et de grillé, à la bouche ample, concentrée, riche, dense, dotée de tanins fermes et de garde. ⧗ 2024-2030 ■ **La Chanière 2018 ★ (30 à 50 €; 1500 b.)** Un pommard au nez complexe et élégant de rose, de Zan, de violette et de cerise sur fond de boisé fumé, à la bouche équilibrée et fruitée, étayée par des tanins souples et soyeux. ⧗ 2023-2028

SA BOUCHARD AÎNÉ ET FILS, 4, bd du Mal-Foch, 21200 Beaune, tél. 03 80 24 06 66, bouchard@bouchard-aine.fr V t.l.j. 9h30-18h

DOM. COSTE-CAUMARTIN
Les Fremiers 2017 ★★

1er cru | 8500 | 30 à 50 €

Cet ancien domaine de Pommard est entré en 1793 dans la famille des actuels propriétaires. Jadis directeur d'une usine d'imprégnation du bois, Jérôme Sordet a officié entre 1988 et 2014 à la tête du vignoble de 12,2 ha qu'il a transmis à Benoît.

Un *climat* situé en limite avec Volnay. Le coup de cœur fut mis aux voix pour ce pommard dense et profond, aux parfums intenses de fruits rouges relevés d'épices (poivre, cannelle). Le palais se montre ample, suave et long, soutenu par des tanins fermes mais fins et par un beau boisé vanillé. ⧗ 2024-2030 ■ **1er cru Le Clos des Boucherottes Monopole 2017 ★ (30 à 50 €; 7000 b.)** Un vin expressif, qui « pinote » à souhait à l'olfaction, agrémenté d'épices douces et de nuances végétales. La bouche est équilibrée entre fruité et boisé, et entre une chair dense et des tanins fins. ⧗ 2023-2028

EARL DOM. COSTE-CAUMARTIN, 2, rue du Parc, 21630 Pommard, tél. 03 80 22 45 04, domaine@costecaumartin.fr V t.l.j. sf dim. 10h-12h 14h-18h

♥ RODOLPHE DEMOUGEOT 2018 ★★

7000 | 30 à 50 €

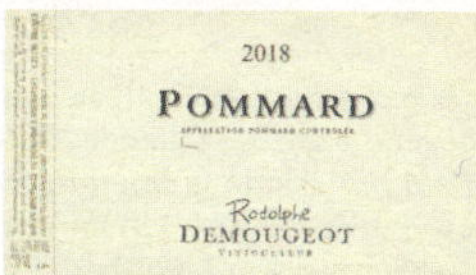

Établi à Meursault depuis 1992, Rodolphe Demougeot exploite aujourd'hui un vignoble de 7,8 ha, dont 6 ha de pinot noir, entre Savigny et Chassagne. Labours au cheval, refus des désherbants et des engrais chimiques, l'orientation est résolument biologique, et la vinification peu interventionniste.

Coup de cœur l'an passé avec son 1er cru Charmots Le Coeur des Dames 2017, Rodolphe Demougeot fait aussi bien avec son *village* 2018. Un pommard très expressif et élégant, ouvert sur les fruits rouges (cerise griotte, fraise), la violette et le poivre. La bouche, tout aussi loquace, sur le fruit et un beau boisé empyreumatique, apparaît ample, fraîche et franche, étayée par des tanins bien présents mais au grain fin. ⧗ 2025-2030

EARL DOM. RODOLPHE DEMOUGEOT, 2, rue du Clos-de-Mazeray, 21190 Meursault, tél. 03 80 21 28 99, rodolphe.demougeot@orange.fr V r.-v.

DOM. GAVIGNET PÈRE ET FILS Les Saussilles 2018 ★

■ | 3200 | | 20 à 30 €

L'histoire débute vers 1900, lorsqu'Honoré Gavignet, vigneron à la Romanée-Conti, fonde son domaine à Nuits-Saint-Georges. Son arrière-petit-fils, Arnaud, qui est passé par la maison Bichot et par une coopérative languedocienne, est à la tête de la propriété depuis 2008. Il exploite des vignes sur la Côte de Nuits et la Côte de Beaune, et en Champagne également depuis 2016.

Ce *climat* est implanté sur 8 ha, dont plus de la moitié sont classés en *village*. Les Gavignet y cultivent 47 ares à l'origine d'un pommard pourpre brillant, aux arômes de framboise et de groseille, à la bouche fraîche, ample et tannique. ⧗ 2025-2030

DOM. GAVIGNET PÈRE ET FILS, 71, rue Félix-Tisserand, 21700 Nuits-Saint-Georges, tél. 03 80 61 03 87, contact@maurice-gavignet.com V *t.l.j. sf dim. 9h-12h 14h-18h*

DOM. GERMAIN PÈRE ET FILS La Chanière 2017 ★

■ | 4000 | | 20 à 30 €

Un domaine créé en 1955 par Bernard Germain, rejoint en 1976 par son fils Patrick, avec lequel il lance la mise en bouteilles. En 2010, Arnaud, le petit-fils, s'installe sur l'exploitation. Il conduit 16 ha en HVE niveau 3 depuis 2018, complétés par une activité de négoce à son nom.

Produite à partir de 1 ha, cette cuvée grenat distille d'agréables senteurs fruitées agrémentées d'une pointe de vanille. On retrouve ce fruité dans une bouche élégante, ronde et persistante, aux tanins fondus et soyeux. ⧗ 2023-2027

DOM. GERMAIN PÈRE ET FILS, 34, rue de la Pierre-Ronde, 21190 Saint-Romain, tél. 03 80 21 60 15, contact@domaine-germain.com V *t.l.j. sf dim. 8h30-12h 13h30-18h*

ALBERT GRIVAULT Clos Blanc 2017 ★

■ 1er cru | 5400 | | 30 à 50 €

Un domaine créé en 1879 par Albert Grivault, ancien distillateur de Béziers devenu vigneron ; un dégustateur expert également, qui représenta la Bourgogne au jury du Concours des vins de l'Exposition universelle de Paris en 1900. Ses héritiers – Claire Bardet à la gérance depuis 2004 – exploitent aujourd'hui un vignoble de 6 ha, essentiellement planté en chardonnay, dont le meursault 1er cru Clos des Perrières, un clos de 1 ha monopole du domaine.

Une cuvée régulière en qualité, née sur un terroir de piémont à la terre blanche et fine venu du cône de déjection de la combe. D'un rubis intense, elle dévoile des arômes de fleurs sauvages, de fruits noirs, de vanille et d'épices. La bouche se révèle ample, suave, sur les fruits confiturés, avec de bons tanins fermes en soutien. ⧗ 2024-2028

SCE DOM. ALBERT GRIVAULT, 7, pl. du Murger, 21190 Meursault, tél. 03 80 21 23 12, albert.grivault@wanadoo.fr V *r.-v.*

♥ DOM. A.-F. GROS Les Pezerolles 2018 ★★

■ 1er cru | 2000 | | 50 à 75 €

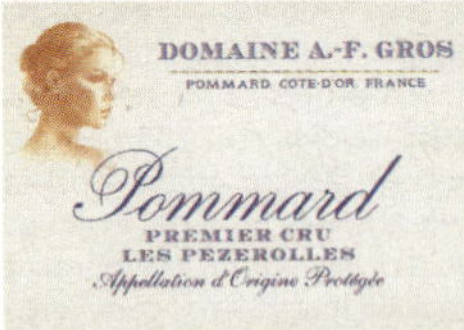

Le domaine a été créé en 1988 par Anne-Françoise Gros et son mari François Parent à Pommard. Leurs enfants Caroline et Mathias conduisent aujourd'hui un vignoble de 14 ha dans les deux Côtes, mais aussi en Beaujolais (moulin-à-vent). Un domaine incontournable qui collectionne les coups de cœur.

Une cuvée souvent en vue, née d'un *climat* petit par la surface (5,91 ha) mais de haute réputation. Le domaine en signe une version 2018 de haut rang, au nez racé, à la fois minéral et fruité. La bouche conjugue fermeté, volume et élégance autour de tanins soyeux et fins qui poussent loin la finale. ⧗ 2025-2030

DOM. A.-F. GROS, 1, pl. de l'Europe, 21630 Pommard, tél. 03 80 22 61 85, contact@af-gros.com V *r.-v.*

JEAN-LUC JOILLOT Les Petits Épenots 2018 ★

■ 1er cru | 2088 | | 50 à 75 €

Valeur sûre en pommard, Jean-Luc Joillot s'est installé en 1982 sur le domaine familial, aujourd'hui constitué de 14 ha, avec 60 parcelles dans son cru d'origine. Simon Goutard, le fils de son épouse, est depuis 2015 aux commandes des vinifications, qu'il a « assouplies ».

Dans le chaleureux millésime 2018, Jean-Luc Joillot propose avec ce pommard un vin intense, sur la mûre, le Zan et la violette, avec en soutien un bon boisé empyreumatique. La bouche est énergique en attaque, ample, charnue, dotée de tanins souples et d'une belle finale épicée. ⧗ 2023-2028

EARL DOM. JEAN-LUC JOILLOT, 6, rue Marey-Monge, 21630 Pommard, tél. 03 80 24 20 26, contact@domaine-jaillot.com V *r.-v.*

DOM. LEJEUNE Les Trois Follots 2018 ★

■ | 5000 | | 30 à 50 €

Domaine transmis par les femmes depuis 1850, mais administré et vinifié par les hommes : François Jullien de Pommerol, ancien professeur à la « Viti » de Beaune décédé en 2017, rejoint en 2005 par son gendre Aubert Lefas, qui en assure aujourd'hui la direction. Vinifications en grappes entières et longs élevages sous bois sont leur signature, notamment pour les pommard, le cœur de leurs 10 ha, complétés par une activité de négoce.

D'un pourpre soutenu aux reflets violines, ce joli *village* dévoile des parfums flatteurs de cassis et de cerise noire bien mûrs. Passé une attaque souple et tendre, la bouche se montre plus tannique, offrant une belle mâche et une finale épicée. ⧗ 2024-2028

DOM. LEJEUNE, 1, pl. de l'Église, 21630 Pommard, tél. 03 80 22 90 88, commercial@domaine-lejeune.fr V t.l.j. sf dim. lun. 9h-12h 14h-18h

DOM. SÉBASTIEN MAGNIEN Les Perrières 2017 ★

■	3000		20 à 30 €

Sébastien Magnien, originaire des Hautes-Côtes, a créé en 2004 son domaine à partir des vignes maternelles, 12 ha aujourd'hui. Il se dit très interventionniste à la vigne pour les travaux manuels (ce qui permet de limiter les intrants), beaucoup moins au chai (macérations longues, pas de surextraction, usage modéré de fûts neufs).

Un nom de *climat* très répandu en Côte-d'Or, souvent issu d'anciennes carrières de pierre. Ici, un terroir longeant une ancienne voie romaine qui fut empierrée afin de la rendre plus praticable. Dans le verre, un pommard sombre et intense, au nez de fruits rouges et de boisé toasté, à la bouche corsée et tannique, bâtie pour durer. ⧗ 2024-2030

EARL DOM. SÉBASTIEN MAGNIEN, 6, rue Pierre-Joigneaux, 21190 Meursault, tél. 03 80 21 28 57, domainesebastienmagnien@orange.fr V r.-v.

CH. DE MEURSAULT Clos des Épenots 2017 ★

■ 1er cru	8436		75 à 100 €

L'emblématique Ch. de Meursault, haut-lieu du tourisme bourguignon et du folklore vineux – on y célèbre la fameuse Paulée le lendemain de la vente des Hospices de Beaune – a souvent changé de mains : famille de Pierre de Blancheton jusqu'à la Révolution; famille Serre au XIXes.; famille du comte de Moucheron; famille Boisseaux (maison Patriarche) à partir de 1973. En décembre 2012, nouveau changement : la famille Halley achète le domaine. Ce sont aujourd'hui 65 ha de vignes. Aux commandes du chai : Emmanuel Escutenaire.

Une cuvée souvent en vue, notamment un mémorable millésime 2014 qui obtint un coup de cœur. Le 2017 est un très bon cru. Il distille des parfums élégants de fruits rouges mûrs, de réglisse et de toasté. La bouche se révèle à la fois concentrée et veloutée, bien fruitée et boisée avec justesse. Un 1er cru qui gagnera sa seconde étoile en cave. ⧗ 2024-2030

SCEV DOM. DU CH. DE MEURSAULT, rue du Moulin-Foulot, 21190 Meursault, tél. 03 80 26 22 75, domaine@chateau-meursault.com V r.-v.

DOM. MOISSENET-BONNARD
Les Petits Noizons 2018 ★

■	1500		20 à 30 €

Souvent en vue pour ses pommard, Jean-Louis Moissenet, issu d'une longue lignée vigneronne, a débuté comme responsable du rayon fruits et légumes dans la grande distribution, avant de reprendre en 1988 les vignes familiales provenant de sa grand-mère, Madame Henri Lamarche. Depuis 2015, c'est sa fille Emmanuelle-Sophie qui conduit le domaine et ses 6 ha de vignes.

Coiffant les 1ers crus au sommet de la colline de Pommard, ce *climat* de 13,72 ha était autrefois planté de noyers, d'où son nom de Noizons. Le domaine y cultive 31 ares à l'origine d'un pommard au nez agréable de fruits mûrs (griotte, mûre) et de boisé fumé. La bouche est suave, charnue, bien structurée par de bons tanins de garde. ⧗ 2024-2030

SARL JEAN-LOUIS MOISSENET-BONNARD, 4, rue des Jardins, 21630 Pommard, tél. 03 80 24 62 34, emmanuelle-sophie@moissenet-bonnard.com V r.-v.

BENJAMIN MONTHELIE 2017 ★★

■	750		15 à 20 €

Un petit domaine de 3 ha créé en 2011 par Benjamin Monthelie, dont les deux grands-pères étaient vignerons, l'un à Pommard, l'autre à Volnay. Pas de produits chimiques à la vigne ici, des vinifications en cuve bois et des élevages en fût assez longs de 18 mois en général.

Ce pommard a participé au super jury du coup de cœur. Ses arguments ? Une belle robe brillante, un nez discret mais subtil de fruits rouges et de poivre, une bouche fraîche, dynamique, longue et fruitée, aux tanins fins. Une belle bouteille de garde. ⧗ 2024-2030

BENJAMIN MONTHELIE, 5, rue de la Croix, 21630 Pommard, tél. 06 62 20 66 72, monthelieben@hotmail.fr V r.-v.

LUCIEN MUZARD ET FILS
Les Cras Vieilles Vignes 2017 ★

■	978		30 à 50 €

Domaine de 18 ha fondé à partir de 1965 par le Santenois Lucien Muzard. Ses fils Hervé et Claude Muzard, vignerons et négociants, ont pris la relève dans les années 1990, avec brio : leurs vins, notamment leurs santenay, collectionnent les étoiles du Guide.

Né d'une vénérable vigne de 90 ans, ce pommard à la robe sombre livre un nez élégant mariant la griotte au poivre et à des notes de sous-bois. La bouche apparaît souple en attaque, puis se fait plus corpulente et riche, mais sans dureté, étayée par des tanins fins et prolongée par une jolie finale réglissée. ⧗ 2023-2027

DOM. LUCIEN MUZARD ET FILS, 1, rue de la Chapelle, 21590 Santenay, tél. 03 80 20 61 85, lucienmuzard71@gmail.com V r.-v.

B **DOM. PARENT** Les Épenots 2017 ★

■ 1er cru	3763		50 à 75 €

Fondé en 1803, ce domaine historique de Pommard possède une belle collection de *villages* et de 1ers crus dans cette appellation, dont il est l'une des valeurs sûres. Il est dirigé depuis 1998 par Anne Parent et Catherine Pagès-Parent, filles de Jacques, qui disposent de 10 ha de vignes (en bio certifié et en biodynamie sans certification), complétés par une activité de négoce.

Habituée du Guide, cette cuvée délivre des parfums expressifs de confiture de fraises agrémentés de la vanille apportée par 18 mois de fût. La bouche est équilibrée, soutenue par des tanins souples et soyeux et par une fine acidité. ⧗ 2023-2026

DOM. PARENT, pl. de l'Église, 21630 Pommard, tél. 03 80 22 15 08, contact@domaine-parent.com r.-v.

BOURGOGNE

DOM. RAPET Les Cras 2018 ★★

■ | 2000 | | 15 à 20 €

Natifs de Saint-Romain, où ils habitent l'ancien moulin, les Rapet exploitent l'ancienne propriété des Passerotte qui la confièrent à leur neveu François Rapet. Depuis 1995, c'est le fils de ce dernier, Jean-François, qui est aux commandes. Il a continué d'agrandir le vignoble, qui compte aujourd'hui 14,5 ha.

Calé en bas de coteau côté Volnay, ce *climat* est l'un des plus grands terroirs classés en «communale» à Pommard avec ses 10,7 ha de galets, de sable et de graviers. Jean-François Rapet y exploite 29 ares qui ont donné cette cuvée très expressive (cassis, groseille, mûre, violette), tendre, élégante et charnue en bouche, étayée par des tanins fondus. ⧗ 2023-2028

EARL DOM. FRANÇOIS RAPET ET FILS, 1, rue Sous-le-Château, 21190 Saint-Romain, tél. 03 80 21 22 08, domainerapetfrancois@orange.fr V t.l.j. sf dim. 10h-12h 14h-18h

SARL DOM. REMY, 4, rue du Paradis, 21200 Sainte-Marie-la-Blanche, tél. 03 80 26 60 80, domaine.remy@wanadoo.fr V r.-v.

VOLNAY

Superficie : 207 ha / Production : 7 735 hl

Blotti au creux du coteau, le village de Volnay évoque une jolie carte postale bourguignonne. Moins connu que Pommard son voisin, le vignoble n'a rien à lui envier. Ses vins sont tout en finesse; ils vont de la légèreté des Santenots, situés sur la commune voisine de Meursault, à la solidité et à la vigueur du Clos des Chênes ou des Champans. Nous ne citerons pas tous ses trente 1ers crus, de peur d'en oublier... Le Clos des Soixante Ouvrées y est également très connu et donne l'occasion de définir cette mesure : 4 ares et 28 centiares, unité de base des terres viticoles, correspondant à la surface travaillée à la pioche par un ouvrier au Moyen Âge dans sa journée.

♥ MICHEL REBOURGEON
Cuvée William 2017 ★★

■ | 2025 | | 20 à 30 €

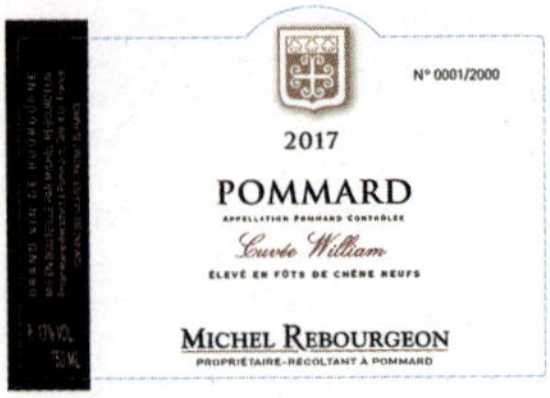

Ce domaine établi au cœur de Pommard a pris le nom de Dom. Michel Rebourgeon en 1964 avec les parents de Delphine Whitehead. Cette dernière est aux commandes depuis 1996 avec son mari Stephen et exploite un petit vignoble de 4,25 ha en AOC beaune, pommard et volnay. Leur fils William les rejoint en 2017.

Cette cuvée est née de ceps de 95 ans. Une vénérable origine pour un pommard des plus nobles à la dégustation. Belle robe dense et sombre, nez complexe de groseille, de kirsch et d'épices, bouche longue, généreuse, ample, florale et fruitée, soutenue par des tanins fermes et fins : tout y est. Et pour longtemps... ⧗ 2025-2030

EARL MICHEL REBOURGEON, 7, pl. de l'Europe, 21630 Pommard, tél. 06 03 52 42 32, michel.rebourgeon@wanadoo.fr V r.-v.

DOM. JOËL REMY
La Chanière 2018 ★★

■ 1er cru | n.c. | | 30 à 50 €

Un domaine fondé en 1853 au sud-est de Beaune, repris en 1988 par Joël Remy (5e génération), qui met en valeur avec son épouse Florence et leur fils Maxime, arrivé en 2015, un vignoble de 12 ha répartis dans plusieurs appellations de la Côte de Beaune.

Ce terroir bien pentu a donné naissance à un 1er cru à la robe intense, couleur bigarreau. Le nez est racé, centré sur les fruits frais comme le cassis et la mûre. Le fruit est également bien présent dans une bouche tonique, ample et longue, aux tanins délicats. ⧗ 2023-2028

♥ DOM. BRIGITTE BERTHELEMOT
Le Village 2018 ★★

■ | 1800 | | 20 à 30 €

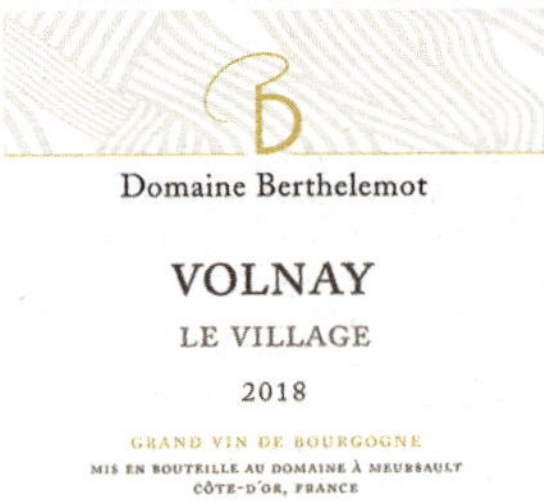

Un domaine créé par Brigitte Berthelemot en 2006 avec la reprise des vignes de Jean Garaudet et d'Yves Darviot : 15 ha aujourd'hui (certifiés Haute valeur environnementale) dans plusieurs communes de la Côte de Beaune et dans les Hautes-Côtes, administrés avec Marc Cugney. Un duo complémentaire, à en juger par sa régularité depuis son installation.

Né d'une toute jeune vigne de 4 ans implantée dans un petit clos surplombant le village, ce volnay fait des étincelles. Au nez, la cerise légèrement compotée se mêle à des notes de poivre et de boisé grillée. La bouche, fruitée et réglissée, se montre tendre et fine, soutenue par des tanins délicats qui renforcent son élégance. ⧗ 2023-2026

SCE DOM. BRIGITTE BERTHELEMOT, 24, rue des Forges, BP 30008, 21190 Meursault, tél. 03 80 21 68 61, contact@domaineberthelemot.com V r.-v.

DOM. BITOUZET-PRIEUR
Taillepieds 2017 ★

■ 1er cru | 1300 | | 30 à 50 €

Aux origines du domaine, deux familles, l'une de Volnay, l'autre de Meursault. Aujourd'hui, 13,5 ha de vignes (pas d'herbicides, compost, travail du sol) et des vins, de Beaune à Puligny, en passant par Meursault et Volnay, mis en musique depuis 2008 par François Bitouzet, seul aux commandes depuis 2012. Un domaine souvent en vue pour ses volnay.

Taillepieds ? Le nom de ce *climat* évoque avec un esprit tout bourguignon la rudesse de ce coteau montant vers la montagne du Chagnot, un coteau risqué pour les orteils des vignerons… Dans le verre, un volnay intense, ouvert sur des senteurs de toasté et de sous-bois, au palais ample, puissant, concentré, bâti pour durer. ⧗ 2025-2030

BITOUZET-PRIEUR, 19, rue de la Combe, 21190 Volnay, tél. 03 80 21 62 13, contact@bitouzet-prieur.com V r.-v.

DOM. HENRI ET GILLES BUISSON
Chanlin 2018 ★

1er cru	1500		50 à 75 €

Franck et Frédérick ont repris le domaine familial. Les 19 ha du vignoble sont en AOC saint-romain, corton, meursault, auxey-duresses, pommard, volnay 1er cru, monthélie, bourgogne-aligoté et crémant-de-bourgogne. La certification bio et biodynamique est acquise depuis 2018.

Le terroir de Chanlin se partage entre Volnay et Pommard, classé en 1er cru dans les 2 communes. Ici, un 2018 né d'une vigne de 60 ans, au nez discret mais racé de cassis, de myrtille et de violette, à la bouche ample, solide, concentrée. Un volnay de caractère, qui doit encore se patiner. ⧗ 2024-2028

DOM. HENRI ET GILLES BUISSON, imp. du Clou, 21190 Saint-Romain, tél. 03 80 21 22 22, contact@domaine-buisson.com V r.-v.

DOM. FAIVELEY Frémiets 2018 ★

1er cru	4000		50 à 75 €

Ce domaine fondé à Nuits-Saint-Georges en 1825 est un nom qui compte en Bourgogne, depuis 7 générations. À sa tête depuis 2005, Erwan Faiveley, qui a succédé à son père François. Aujourd'hui, c'est l'un des plus importants propriétaires de vignes en Bourgogne : 120 ha du nord de la Côte de Nuits au sud de la Côte chalonnaise, dont 10 ha en grand cru et près de 25 ha en 1er cru.

Ce *climat* change d'orthographe selon son appartenance à la commune de Volnay (Frémiets) ou à celle de Pommard (Frémiers). Nous sommes ici à Volnay et le «t» est donc de rigueur. Dans le verre, un vin au joli nez de cassis et de violette relevé de poivre, à la bouche ample, généreuse, concentrée en fruit et bâtie sur des tanins bien en place. Du caractère et du potentiel. ⧗ 2025-2030

DOM. FAIVELEY, 8, rue du Tribourg, 21700 Nuits-Saint-Georges, tél. 03 80 61 04 55, contact@domaine-faiveley.com

DOM. ANTONIN GUYON Clos des Chênes 2017 ★

1er cru	6000		50 à 75 €

Ce domaine s'est constitué à partir des années 1960 un vaste vignoble de 48 ha, principalement en 1ers et grands crus, allant de Gevrey-Chambertin à Meursault. Une exploitation régulière en qualité, conduite par Dominique Guyon, fils d'Antonin.

Ce *climat* situé sous la montagne du Chagnot doit son nom aux chênes qui le surplombent. Dominique Guyon en tire un volnay raffiné et vibrant, ouvert sur les petits fruits rouges, la framboise notamment, agrémentés d'une touche de poivre. On retrouve ce fruité avec intensité dans une bouche à la fois tendre et énergique, dotée de tanins soyeux et d'une jolie finale légèrement saline. ⧗ 2023-2028

DOM. ANTONIN GUYON, 21420 Savigny-lès-Beaune, tél. 03 80 67 13 24, domaine@guyon-bourgogne.com V r.-v.

DOM. MONTHELIE-DOUHAIRET-PORCHERET
En Champans 2017 ★★

1er cru	4200		50 à 75 €

Longtemps régisseur des Hospices de Beaune, André Porcheret acquit en 1989 avec Armande Monthelie-Douhairet ce domaine fondé il y a plus de 3 siècles. Sa petite-fille Cataldina Lippo l'a rejoint en 2004 et conduit désormais le vignoble, qui compte 6,5 ha.

Ce très beau Champans en robe sombre dévoile un nez gourmand de fruits rouges mûrs sur fond de boisé bien dosé. Une attaque franche fait place à un milieu de bouche bien fruitée, ample, vineuse mais jamais lourde, bien épaulée par une fine fraîcheur et des tanins soyeux qui ajoutent à son élégance. ⧗ 2023-2028

SCE MONTHELIE-DOUHAIRET-PORCHERET, 1, rue Cadette, 21190 Monthelie, tél. 03 80 21 63 13, contact@domainemontheliedouhairet.com V r.-v.

PASCAL MURE 2018 ★

	1136		15 à 20 €

Installé à Volnay depuis 1987, Pascal Mure, rejoint par son fils Fabien, poursuit l'histoire familiale sur ce domaine de près de 9 ha. Il fait partie de ces vignerons discrets qui, dans l'ombre des « locomotives » du cru, s'appliquent à valoriser leur appellation.

Cette cuvée développe à l'olfaction des senteurs de fruits rouges (fraise, cerise) et de réglisse agrémentées d'une touche florale. La bouche apparaît longue, charnue, ronde, ample, aux tanins bien enrobés. ⧗ 2023-2026

EARL PASCAL MURE, 2, Grande-Rue, 21190 Volnay, tél. 03 80 21 61 15, contact@domaine-mure.com V r.-v.

VINCENT PRUNIER Clos des Chênes 2017 ★

1er cru	1800		20 à 30 €

Au départ, en 1988, 2,5 ha de vignes hérités des parents, non viticulteurs; le vignoble couvre 12,5 ha aujourd'hui, et Vincent Prunier s'est imposé comme l'une des valeurs sûres de la Côte de Beaune. En complément de son domaine, il a créé une petite structure de négoce en 2007.

Ce 1er cru présente au nez des parfums de petits fruits rouges compotés qui se mêlent à d'élégantes notes florales et à des senteurs de sous-bois. Une attaque franche ouvre sur une bouche ronde, fruitée, d'un bon volume, aux tanins bien présents mais sans dureté. ⧗ 2023-2026

SARL VINCENT PRUNIER, 53, rte de Beaune, 21190 Auxey-Duresses, tél. 03 80 21 27 77, sarl.prunier.vincent@orange.fr V r.-v.

♥ DOM. REBOURGEON-MURE Caillerets 2018 ★★

1er cru | 1500 | 30 à 50 €

Un ancêtre s'installe à Pommard en 1552 et prend à bail pour 99 ans des vignes de l'abbaye Sainte-Marguerite-de-Bouilland. Aujourd'hui, les Rebourgeon-Mure conduisent 7,5 ha et s'illustrent régulièrement avec leurs pommard et leurs volnay.

Coup de cœur dans l'édition précédente pour sa Cuvée de Maison Dieu 2017 en «simple» bourgogne, le domaine fait aussi bien avec ce volnay issu de l'un des *climats* les plus réputés de l'appellation. Un vin d'une grande classe, au nez complexe et délicat de petits fruits des bois et de violette. La bouche se montre alerte en attaque, puis ample, dense, concentrée, soutenue par un boisé bien intégré et par des tanins veloutés et fins. La finale, rectiligne, tout en fraîcheur et en longueur, ajoute à son élégance. ⧗ 2024-2030

SCEA DOM. REBOURGEON-MURE, 6, Grande-Rue, 21630 Pommard, tél. 03 80 22 75 39, rebourgeon.mure@orange.fr V r.-v.

DOM. ROSSIGNOL-FÉVRIER PÈRE ET FILS Carelle sous la Chapelle 2018 ★

1er cru | 1330 | 30 à 50 €

Un domaine familial ancien avec ses 5 siècles de présence vigneronne à Volnay. Une longue histoire perpétuée depuis 2000 par Fréderic Rossignol, aujourd'hui à la tête d'un vignoble de 7 ha cultivé en biodynamie.

Un *climat* peu connu, calé en contrebas de la chapelle et du cimetière de Volnay. Fréderic Rossignol y cultive 25 ares à l'origine d'un vin au nez fin de framboise, de réglisse et d'églantine, à la bouche concentrée, boisée avec justesse et bien épaulée par des tanins fermes. ⧗ 2025-2030

EARL DOM. ROSSIGNOL-FÉVRIER PÈRE ET FILS, 7, rue de Mont, 21190 Volnay, tél. 03 80 21 64 23, rossignol-fevrier@wanadoo.fr V r.-v.

CHRISTOPHE VAUDOISEY 2018 ★★

6000 | 20 à 30 €

Fondé en 1804, ce domaine a vu passer 8 générations de vignerons. Secondé par son fils Pierre, Christophe Vaudoisey, souvent en vue pour ses volnay, est installé depuis 1985 à la tête de 12 ha en volnay, pommard et meursault.

Coup de cœur l'an passé avec son 1er cru Clos des Chênes 2017, Christophe Vaudoisey signe ici un très beau *village* 2018, au nez intense de fruits noirs. Des arômes prolongés par une bouche souple en attaque, plus concentrée et puissante dans son développement, portée par des tanins racés et par une fine acidité qui lui donne du tonus et de la longueur. ⧗ 2025-2030

SCEV CHRISTOPHE VAUDOISEY, 1, rue de la Barre, 21190 Volnay, tél. 03 80 21 20 14, christophe.vaudoisey@wanadoo.fr V r.-v.

MONTHÉLIE

Superficie : 120 ha
Production : 4 745 hl (85 % en rouge)

Moins connu que ses voisins, Volnay au nord et Meursault au sud, le village de Monthelie est installé à l'entrée de la combe de Saint-Romain qui sépare les terroirs à rouges des terroirs à blancs; ses coteaux exposés au sud donnent des vins d'excellente qualité.

DOM. ÉRIC BOIGELOT 2017 ★

20000 | 15 à 20 €

Après avoir travaillé plusieurs années sur le domaine familial créé en 1918 à Monthelie par l'arrière-grand-père, Éric Boigelot a décidé de fonder son propre vignoble : 3,5 ha à l'origine, 8 ha aujourd'hui, dirigés depuis Meursault, village où il s'est implanté en 1998.

D'un beau rouge vif, ce monthélie propose un nez discret de fruits rouges et d'épices. On retrouve le fruit dans une bouche bien équilibrée, à la fois ronde et fraîche, aux tanins souples et à la finale tonique et saline. ⧗ 2021-2024 **2017 ★ (15 à 20 €; 7000 b.)** Un blanc floral au nez, frais et léger en bouche, qui séduit par son caractère immédiat. ⧗ 2020-2023

SAS DOM. ÉRIC BOIGELOT, 21, rue des Forges, 21190 Meursault, tél. 03 80 21 65 85, vins.eric.boigelot@wanadoo.fr V r.-v.

DOM. LAURENT ET KAREN BOUSSEY Les Toisières 2017 ★

6000 | 15 à 20 €

À la tête du domaine familial depuis 2003, Laurent et Karen Boussey exploitent 14 ha de vignes répartis dans de nombreuses appellations, d'Aloxe-Corton à Meursault.

Dans ce *climat* qui fut une ancienne carrière, on réservait les pierres plates, dites « laves », pour réaliser des toitures. Les Boussey y cultivent un are tout rond à l'origine d'un vin au nez fruité de cerise. Un fruité auquel fait écho un palais frais, franc, aux tanins fins et fondus. ⧗ 2021-2024

EARL DOM. LAURENT BOUSSEY, 1, rue du Pied-de-la-Vallée, 21190 Monthélie, tél. 03 80 20 02 33, laurent.boussey@sfr.fr V r.-v.

DOM. CHANGARNIER Le Clos 2018 ★★

2000 | 20 à 30 €

Complété par une activité de négoce, un domaine régulier en qualité, dans la famille Changarnier depuis le XVIIe s., repris en 2004 par les frères Claude et Antoine, avec Fabrice Groussin aux commandes de la cave depuis 2012. Le vignoble couvre près de 5 ha, en conversion bio avec des pratiques biodynamiques.

Le coup de cœur fut mis aux voix pour ce vin paré d'une robe or vert aussi pure que brillante. Le nez exprime des senteurs d'acacia, de fruits jaunes mûrs et de boisé grillé. La bouche se révèle ample, généreuse et ronde, stimulée par une longue finale saline. ⧗ 2021-2024 **1er cru Les Champs-Folliot 2018 ★ (20 à 30 €; 2700 b.)** Un 1er cru au nez élégant de fruits rouges et de boisé torréfié, au palais aussi large que long, doté de tanins bien présents mais soyeux et d'une agréable fraîcheur. ⧗ 2023-2025

⊸ SCEA DOM. CHANGARNIER, 4, pl. du Puits, 21190 Monthelie, tél. 03 80 21 22 18, infos@domainechangarnier.com V r.-v.

DOM. FABIEN COCHE Les Barbières 2017 ★

1er cru	1500		15 à 20 €

Fabien Coche est à la tête du domaine familial (Coche-Bizouard) depuis 1997 : 12 ha répartis sur Meursault, Pommard, Auxey-Duresses, Monthelie, Saint-Romain, Saint-Aubin, Puligny-Montrachet. Il a développé en 2003 une activité négoce sous son nom.

Avec 1,22 ha, c'est l'un des plus petits *climats* de l'appellation. Il tient son nom d'un ancien front de taille de ce qui fut la carrière locale. Fabien Coche en signe une version très agréable, au nez discret mais fin de cerise noire, de pivoine et d'épices, au palais ample, frais, fruité, soutenu par des tanins fondus. ⧗ 2023-2025

⊸ EARL ALAIN COCHE BIZOUARD, 5, rue de Mazeray, 21190 Meursault, tél. 06 09 84 23 45, contact@fabiencoche.com r.-v.

MAISON COLIN SEGUIN 2018 ★

	7400		15 à 20 €

Pierre Colin et Olivier Seguin se sont associés en 2005 pour créer leur maison. Après des débuts dans la vente de vins fins, ils ont initié en 2008 une activité de négoce-éleveur, appuyés par leur œnologue, Olivier Bosse-Platière.

Ce monthélie dévoile un nez complexe de cerise noire, de fraise, de cassis et d'épices sur fond de boisé bien maîtrisé. La bouche se montre fraîche et avenante, dotée de tanins mûrs et souples. Une bouteille que l'on pourra apprécier dans sa jeunesse. ⧗ 2021-2025

⊸ SARL MAISON COLIN SEGUIN, 4, rte de Dijon, 21700 Nuits-Saint-Georges, tél. 03 85 40 20 20, sophie.doche@maison-colin-seguin.com

DOM. DUBUET-MONTHELIE Les Longènes 2018 ★

	3300		15 à 20 €

L'essentiel des vignes de ce domaine de 8 ha, régulier en qualité, est à Monthelie. Guy Dubuet - Monthelie était le nom de sa mère - a cédé la place en 2004 à son fils David, qui perpétue les labours sur l'ensemble de la propriété.

La version 2017 de ce 1er cru obtint un coup de coeur dans l'édition précédente. Le 2018 fait bonne figure avec son nez intense et fruité de cerise et de framboise. On aime aussi sa bouche ample, suave et ronde, aux tanins souples. ⧗ 2022-2025 **La Goulotte 2018 ★ (15 à 20 €; 1500 b.)** Au nez, des senteurs de chèvrefeuille et de fruits exotiques ; en bouche, de la rondeur autour d'un caractère beurré. Un vin charmeur. ⧗ 2020-2024

⊸ EARL DOM. DUBUET-MONTHELIE, 1, rue Bonne-Femme, 21190 Monthelie, tél. 06 64 46 10 17, david.dubuet@orange.fr V r.-v.

DOM. DUJARDIN Les Champs Fulliot 2017 ★★

1er cru	3000		20 à 30 €

À leur départ à la retraite en 2007, les Bouzerand ont confié les clés du domaine (7 ha) et de ses caves cisterciennes des XIIe et XVes. à Ulrich Dujardin, installé ici depuis 1990. Le vigneron a lancé sa maison de négoce en 2014.

Climat « frontière » avec Volnay, ce 1er cru réputé se plaît en rouge, mais son terrain plus calcaire des hauteurs favorise aussi le chardonnay. Ici, un pinot noir épatant, ouvert sur le cassis et la myrtille relevés d'épices, offrant de la matière, de la fraîcheur et du fruit en bouche, avec en soutien des tanins fermes que le temps affinera. ⧗ 2023-2026 **1er cru Les Vignes Rondes 2017 ★ (20 à 30 €; 3000 b.)** Un 1er cru au nez discret mais subtil de fruits rouges et d'épices douces, à la bouche ronde et croquante, dotée de tanins soyeux. ⧗ 2022-2025 **2018 ★ (15 à 20 €; 10000 b.)** Un vin généreux au nez comme en bouche, ouvert sur des arômes épanouis de fleurs blanches, de pâtisserie et de vanille, sous-tendu par une fine acidité. ⧗ 2021-2025

⊸ SCEA DOM. DUJARDIN, 1, Grande-Rue, 21190 Monthelie, tél. 03 80 21 20 08, domaine-dujardin@orange.fr V r.-v.

♥ MONTHELIE-DOUHAIRET-PORCHERET Les Duresses 2018 ★★

1er cru	1600		20 à 30 €

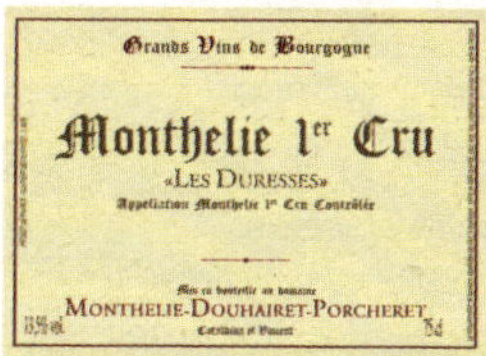

Longtemps régisseur des Hospices de Beaune, André Porcheret acquit en 1989 avec Armande Monthelie-Douhairet ce domaine fondé il y a plus de 3 siècles. Sa petite-fille Cataldina Lippo l'a rejoint en 2004 et conduit désormais le vignoble, qui compte 6,5 ha.

Ce 1er cru est à cheval sur Monthelie et Auxey-Duresses. Le domaine y cultive une vénérable vigne de 60 ans de chardonnay qui, dans le chaleureux millésime 2018, a donné un monthélie étincelant, à la robe brillante et dorée, au nez tout en finesse de petites fleurs blanches et de bergamote. En bouche, on découvre un vin sincère et très équilibré, à la fois ample, généreux et frais, bien cadré par un boisé racé qui laisse respirer le fruit jusque dans sa très longue finale. ⧗ 2023-2025 **1er cru Le Meix Bataille 2017 ★ (20 à 30 €; 2400 b.)** Un 1er cru expressif, sur la griotte agrémentée de touches animales et végétales, riche et soyeux en bouche, encore un peu ferme en finale. ⧗ 2023-2025

⊸ SCE MONTHELIE-DOUHAIRET-PORCHERET, 1, rue Cadette, 21190 Monthelie, tél. 03 80 21 63 13, contact@domainemontheliedouhairet.com V r.-v.

PASCAL MURE Les Toisières 2018 ★

	1796		15 à 20 €

Installé à Volnay depuis 1987, Pascal Mure, rejoint par son fils Fabien, poursuit l'histoire familiale sur ce domaine de près de 9 ha. Il fait partie de ces vignerons discrets qui, dans l'ombre des « locomotives » du cru, s'appliquent à valoriser leur appellation.

D'un seyant doré intense tirant sur le vert, ce vin dévoile des arômes discrets mais fins de santal et d'acacia. Sa texture généreuse en bouche, son gras et sa souplesse, avec toujours ce profil floral agrémenté de citron mûr, le rend gourmand. ⧗ 2020-2023

EARL PASCAL MURE, 2, Grande-Rue, 21190 Volnay, tél. 03 80 21 61 15, contact@domaine-mure.com r.-v.

♥ DOM. LAURENT ET ROMAIN PRUNIER
Les Vignes Rondes 2018 ★★

1er cru | 3050 | | 15 à 20 €

Un domaine de 11 ha conduit depuis 1992 par Laurent Prunier, rejoint en 2019 par son fils Romain (6e génération). Une valeur sûre en auxey-duresses et en monthélie.

Autrefois, les vignes n'étaient pas palissées. Elles étaient plantées « en foule » et suivaient l'arrondi du coteau. Les 2,72 ha de ce *climat* qui longe la route montant au village côté Volnay forment ainsi un cercle. Les Prunier y cultivent 43 ares à l'origine d'une cuvée qui, après 15 mois en fût, dispense des senteurs racées de violette, de cerise et de cassis. La bouche est ample, soyeuse, concentrée, boisée avec mesure et soulignée par une fine acidité. Un vin complet et complexe. ⧗ 2023-2028

EARL DOM. LAURENT ET ROMAIN PRUNIER, 1, rue Traversière, 21190 Auxey-Duresses, tél. 03 80 21 27 51, domaine.prunier@wanadoo.fr r.-v.

DOM. SAINT-FIACRE 2018 ★

| 2000 | | 15 à 20 €

Établis dans la plaine de Tailly et héritiers de plusieurs générations de vignerons, Aline et Joël Patriarche ont pris la tête de ce domaine familial de 5 ha de vignes en 1987.

Ce *village* né d'une vigne de 40 ans dévoile un parfum gourmand de kirsch. La bouche se montre aimable, ronde et équilibrée, bâtie sur des tanins souples et fins. ⧗ 2021-2024

SCEA DOM. SAINT-FIACRE, Aline et Joël Patriarche, 21190 Tailly, tél. 03 80 26 84 38, domaine.stfiacre@orange.fr r.-v.

DOM. DES TERRES DE VELLE Les Duresses 2017 ★

1er cru | 1200 | | 20 à 30 €

Un domaine créé en 2009 par Fabrice Laronze, avec Sophie, son épouse, et Junji Hashimoto, leur bras droit japonais. Établis dans un ancien moulin au bord de la Velle, ces derniers exploitent une petite « mosaïque à la bourguignonne » de 7 ha répartis sur plusieurs AOC de la Côte de Beaune.

La partie la plus haute des Duresses est classée au niveau communal, sur 3,24 ha, tandis qu'en dessous 6,72 ha sont classés en 1er cru et sont contigus à Auxey-Duresses. Les Laronze voient cette parcelle depuis leur maison. Ils en ont tiré un 2017 au joli nez de pivoine et de cerise à l'eau-de-vie, frais et croquant en bouche, mais encore un brin strict en finale. À attendre un peu. ⧗ 2022-2025

SARL DOM. DES TERRES DE VELLE, 2, chem. Sous-la-Velle, 21190 Auxey-Duresses, tél. 03 80 22 80 31, info@terresdevelle.fr r.-v.

AUXEY-DURESSES

Superficie : 135 ha
Production : 5 840 hl (65 % rouge)

Le village d'Auxey-Duresses se niche dans un vallon qui conduit vers les Hautes-Côtes. Son vignoble couvre les deux versants de la combe et se répartit en trois îlots : sur la pente nord, il prolonge le terroir de Monthelie et porte des 1ers crus rouges exposés au midi, comme les Duresses ou le Val, fort réputés ; au fond de la combe, il jouxte des parcelles de Saint-Romain ; sur le versant de Meursault, au sud, il produit d'excellents vins blancs.

PHILIPPE BOUZEREAU
2018 ★

| 30 000 | | 15 à 20 €

Héritier de 9 générations de vignerons, Philippe Bouzereau a pris en 2006 la direction du Ch. de Cîteaux, 18 ha de petites parcelles réparties sur 6 villages de la Côte de Beaune, qu'il exploite avec le moins d'interventions possible à la vigne et au chai. Il a également développé une activité de négoce sous son nom propre et complète ainsi la belle gamme du domaine familial.

L'appellation communale est dominée par le pinot noir, mais à l'instar du reste de la Côte de Beaune le chardonnay progresse encore. Ici, une vigne de 60 ans à l'origine d'un *village* bien doré, au nez frais de fleurs blanches et d'agrumes. La bouche, ample et ronde, affiche un bon équilibre entre minéralité du terroir et richesse du millésime. ⧗ 2021-2024

SARL PHILIPPE BOUZEREAU, 7, pl. de la République, 21190 Meursault, tél. 03 80 21 20 32, caveau@philippe-bouzereau.com r.-v.

♥ DOM. DICONNE
Vieilles Vignes 2017 ★★

| 4000 | | 15 à 20 €

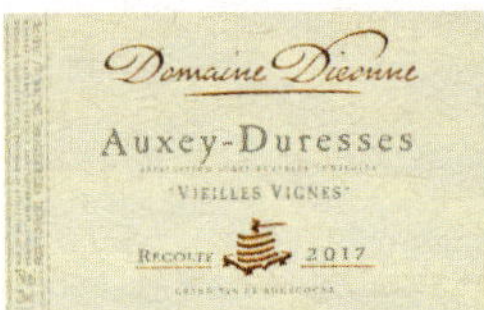

Christophe Diconne s'est installé en 2005 sur le domaine familial d'Auxey-Duresses (10,2 ha), succédant à son grand-père Paul et à son père Jean-Pierre. Souvent en vue pour ses auxey-duresses, dans les deux couleurs.

Ces Vieilles Vignes ont atteint l'âge vénérable de 65 ans. Elles ont donné un auxey des plus recommandables, drapé dans une élégante robe limpide et brillante. Élégance qui caractérise aussi le nez, ouvert sur des arômes de fruits mûrs (poire et pêche) et de miel aussi délicats que gourmands. La bouche, à l'unisson du bouquet, fait preuve de volume, de rondeur, de souplesse, de longueur, avec une juste acidité en soutien. ⧗ 2021-2025

EARL DOM. JEAN-PIERRE DICONNE, 5, rue de la Velle, 21190 Auxey-Duresses, tél. 03 80 21 25 60, contact@domaine-diconne.fr V r.-v.

♥ DOM. DUJARDIN
2018 ★★

2700 | 15 à 20 €

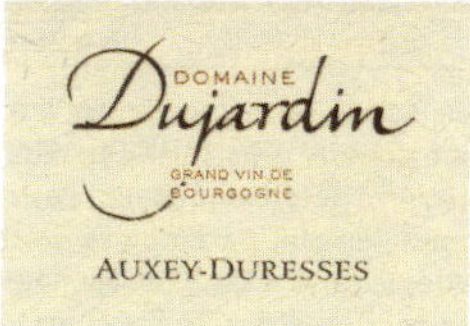

À leur départ à la retraite en 2007, les Bouzerand ont confié les clés du domaine (7 ha) et de ses caves cisterciennes des XIIe et XV[e]s. à Ulrich Dujardin, installé ici depuis 1990. Le vigneron a lancé sa maison de négoce en 2014.

Une belle couleur dorée pour cet auxey imparable, ouvert sur des notes de vanille, d'églantine et de fruits blancs. Le palais apparaît franc, net, précis, bien fruité et parfaitement équilibré entre gras et acidité. Sa longue finale citronnée lui confère un supplément de dynamisme. Beaucoup de présence et du potentiel. ⧗ 2023-2025

SCEA DOM. DUJARDIN, 1, Grande-Rue, 21190 Monthelie, tél. 03 80 21 20 08, domaine-dujardin@orange.fr V r.-v.

DOM. NICOLAS FÈVRE 2017 ★

900 | 15 à 20 €

Si l'activité principale de Nicolas Fèvre est le conseil en œnologie, il a créé son propre petit domaine en reprenant en 2014 une partie des vignes familiales jusqu'alors exploitées en fermage, en saint-romain, en auxey-duresses et en bourgogne-aligoté.

Une cuvée confidentielle, et c'est bien dommage... Au nez, elle propose des arômes flatteurs de framboise et de cassis agrémentés d'une touche d'épices. La bouche se montre riche, séveuse, tannique, boisée avec élégance, sans manquer de fraîcheur. ⧗ 2023-2025

NICOLAS FÈVRE, 7, Petite-Rue, 21190 Saint-Romain, tél. 06 60 72 31 02, domaine.nicolas.fevre@orange.fr V r.-v.

DOM. JESSIAUME
Les Écusseaux 2017 ★

1er cru | 2400 | 20 à 30 €

Acheté en 2007 par sir David Murray, ce domaine fondé en 1850 (9,5 ha, en grande partie à Santenay, et en conversion bio) fait figure de valeur sûre en Côte-d'Or. En 2008, une structure de négoce est venue compléter la production de la propriété. L'œnologue est William Waterkeyn.

Ce *climat* accolé à Meursault est peu connu des œnophiles. Ce 2017 le met en relief à travers un vin au nez joliment épicé et fruité, et au palais solide, carré, corsé et de bonne longueur. La cave est un passage obligé. ⧗ 2023-2028

SCEA DOM. JESSIAUME, 10, rue de la Gare, 21590 Santenay, tél. 03 80 20 60 03, info@jessiaume.com V r.-v.

DOM. FRANCK LAMARGUE
Les Hautés 2018 ★

1900 | 15 à 20 €

En 2005, à l'issue de ses études à Beaune, Franck Lamargue s'est associé à son ancien maître de stage pour fonder un domaine qu'il dirige seul depuis 2011. Installé à La Rochepôt dans une ancienne tuilerie, il exploite 12 ha de vignes en hautes-côtes et dans 5 communes du sud de la Côte de Beaune, de Monthelie aux Maranges.

Ce 2018 d'un brillant doré affiche des parfums délicatement muscatés. En bouche, il évolue sur la fraîcheur des agrumes et de la minéralité du terroir, sans manquer de rondeur ni de gras. ⧗ 2022-2025

EARL FRANCK LAMARGUE, 63, rte de Beaune, 21340 La Rochepot, tél. 06 60 25 57 88, domaineflamargue@outlook.fr V *t.l.j. 9h30-12h30 14h-18h30*

♥ AGNÈS PAQUET
2018 ★★

15 000 | 20 à 30 €

Agnès Paquet a créé son domaine en 2000 à partir d'une parcelle acquise par sa famille dans les années 1950. Installée dans les Hautes-Côtes de Beaune, elle exploite 9,5 ha de vignes, dont une grande partie à Melin, hameau d'Auxey-Duresses. La conversion bio est engagée.

Ce *village* partiellement vinifié en vendange entière (15 %) revêt une robe grenat intense et lumineux. Au nez, il dévoile des parfums intenses et complexes de fruits rouges et noirs agrémentés d'une touche de menthol et de moka. On retrouve le fruit avec la même intensité dans une bouche parfaitement équilibrée, fraîche, ample, puissante, dotée de tanins fins. Un auxey-duresses qui conjugue un caractère bien trempé et une grande élégance. ⧗ 2023-2028

SARL AGNÈS PAQUET, 10, rue du Puits-Bouret, 21190 Meloisey, tél. 03 80 26 07 41, contact@vinpaquet.com V r.-v. D

DOM. LAURENT ET ROMAIN PRUNIER
Le Val 2018 ★

1er cru | 1660 | 15 à 20 €

Un domaine de 11 ha conduit depuis 1992 par Laurent Prunier, rejoint en 2019 par son fils Romain (6e génération). Une valeur sûre en auxey-duresses et en monthélie.

Après 15 mois de fût, ce 1er cru présente un bouquet réservé mais élégant de fruits rouges, de cassis et de vanille. En bouche, il apparaît concentré, vineux, solidement structuré et de bonne longueur. Un auxey de belle garde. ⧗ 2024-2028

EARL DOM. LAURENT ET ROMAIN PRUNIER, 1, rue Traversière, 21190 Auxey-Duresses, tél. 03 80 21 27 51, domaine.prunier@wanadoo.fr r.-v.

BOURGOGNE

DOM. MICHEL PRUNIER ET FILLE
Clos du Val 2017 ★

1er cru | 2800 | | 20 à 30 €

Les Prunier sont vignerons à Auxey depuis 5 générations. Michel, installé en 1968, transmet progressivement à sa fille Estelle un domaine de 12 ha souvent en vue pour ses auxey-duresses.

Ce Clos du Val fait belle impression avec ses arômes de cassis et de framboise mâtinés d'un bon boisé. La bouche ne déçoit pas : du volume, de la richesse, un mariage harmonieux du fruit et du merrain, des tanins fins et une longueur appréciable. ⧗ 2023-2025

EARL DOM. MICHEL PRUNIER ET FILLE, 18, rte de Beaune, 21190 Auxey-Duresses, tél. 03 80 21 21 05, domainemichelprunier-fille@wanadoo.fr V *r.-v.*

DOM. RAPET
Les Hautés 2018 ★

| 2007 | | 11 à 15 €

Natifs de Saint-Romain, où ils habitent l'ancien moulin, les Rapet exploitent l'ancienne propriété des Passerotte qui la confièrent à leur neveu François Rapet. Depuis 1995, c'est le fils de ce dernier, Jean-François, qui est aux commandes. Il a continué d'agrandir le vignoble, qui compte aujourd'hui 14,5 ha.

Ce nom de *climat* répandu autour de Beaune signifie « hauteur moyenne ». Jean-François Rapet en tire un 2018 finement doré, au nez minéral et fruité (fruits à chair blanche). Le palais se révèle souple, rond, friand, fruité, prolongé par une agréable saveur acidulée. ⧗ 2021-2023

EARL DOM. FRANÇOIS RAPET ET FILS, 1, rue Sous-le-Château, 21190 Saint-Romain, tél. 03 80 21 22 08, domainerapetfrancois@orange.fr V *t.l.j. sf dim. 10h-12h 14h-18h*

VAUDOISEY-CREUSEFOND
2018 ★

| 2900 | | 15 à 20 €

Héritiers d'une longue lignée vigneronne, Alexandre Vaudoisey, arrivé en 2011, a pris la suite de son père Henri en 2017. Il exploite 8 ha répartis entre Pommard, leur fief, Auxey-Duresses, Meursault et Volnay, pratique l'enherbement et vinifie avec des levures indigènes.

Le nez, complexe, s'ouvre sur des senteurs délicates d'abricot, de pêche et de menthol. Le palais, ample et souple, affiche un bel équilibre entre le fruit et le bois (8 mois de fût), entre le gras et l'acidité. ⧗ 2020-2023

EARL VAUDOISEY-CREUSEFOND, 16, rte d'Autun, 21630 Pommard, tél. 03 80 22 48 63, vaudoisey-creusefond@wanadoo.fr V *r.-v.*

SAINT-ROMAIN

Superficie : 96 ha
Production : 3 900 hl (55 % blanc)

À l'ouest de Meursault, le site mérite une excursion : le village de Saint-Romain se blottit au fond d'une combe, adossé à de superbes falaises. Son vignoble est situé dans une position intermédiaire entre la Côte et les Hautes-Côtes. Les vins rouges sont fruités et gouleyants; les terrains argileux, avec des bancs marno-calcaires, conviennent bien au chardonnay.

DOM. BAROLET-PERNOT PÈRE ET FILS
2018 ★

| 7300 | | 15 à 20 €

André Barolet s'installe sur le domaine en 1947 et épouse Huguette Pernot dix ans plus tard. En 1985, Didier rejoint l'exploitation, et ensemble ils développent la vente de bouteilles aux particuliers, tout en créant un caveau de dégustation. En 2015, Romain, le fils de Didier, les rejoint sur un domaine qui compte désormais 14 ha répartis sur six appellations.

Cette cuvée issue d'un assemblage de parcelles a passé 12 mois sous bois, dont 40 % de fûts neufs. Pour autant, son nez n'est pas marqué par le boisé et s'exprime plutôt dans un délicat registre floral. La bouche se montre plus saline et crayeuse, avec des notes de pêche également. Jolie tension en finale. ⧗ 2023-2026

EARL DOM. BAROLET-PERNOT PÈRE ET FILS, rue de Poillange, 21190 Saint-Romain, tél. 03 80 21 20 88, baroletromain@gmail.com V *r.-v.* D

B DOM. HENRI ET GILLES BUISSON
Sous Roche 2018 ★

| 14000 | | 20 à 30 €

Franck et Frédérick ont repris le domaine familial. Les 19 ha du vignoble sont en AOC saint-romain, corton, meursault, auxey-duresses, pommard, volnay 1er cru, monthélie, bourgogne-aligoté et crémant-de-bourgogne. La certification bio et biodynamique est acquise depuis 2018.

Des vignes de 60 ans sont à l'origine de cette cuvée. Le nez, d'une belle profondeur, évoque les fruits rouges et noirs et la réglisse. La bouche se révèle concentrée, ample et puissante, étayée par de solides tanins. ⧗ 2023-2027 **Le Jarron 2018 ★ (20 à 30 €; 4000 b.)** B Un blanc bien typé saint-romain, bien frais, droit, ouvert sur les agrumes, soutenu par un bon boisé. ⧗ 2021-2025

DOM. HENRI ET GILLES BUISSON, imp. du Clou, 21190 Saint-Romain, tél. 03 80 21 22 22, contact@domaine-buisson.com V *r.-v.*

DOM. NICOLAS FÈVRE
2018 ★

| 1000 | | 15 à 20 €

Si l'activité principale de Nicolas Fèvre est le conseil en œnologie, il a créé son propre petit domaine en reprenant en 2014 une partie des vignes familiales jusqu'alors exploitées en fermage, en saint-romain, en auxey-duresses et en bourgogne-aligoté.

C'est par un joli bouquet floral (acacia), fruité (fruits à chair blanche) et finement boisé que nous accueille ce saint-romain. La bouche conjugue intensité fruitée, boisé bien dosé, fraîcheur et longueur. ⧗ 2022-2025

NICOLAS FÈVRE, 7, Petite-Rue, 21190 Saint-Romain, tél. 06 60 72 31 02, domaine.nicolas.fevre@orange.fr V *r.-v.*

DOM. GERMAIN PÈRE ET FILS
Sous le Château 2018 ★★

| 6000 | | 15 à 20 € |

Un domaine créé en 1955 par Bernard Germain, rejoint en 1976 par son fils Patrick, avec lequel il lance la mise en bouteilles. En 2010, Arnaud, le petit-fils, s'installe sur l'exploitation. Il conduit 16 ha en HVE niveau 3 depuis 2018, complétés par une activité de négoce à son nom.

L'une des cuvées phare du domaine, issue du plus vaste *climat* de l'appellation, situé, comme son nom l'indique, sous l'ancien château du village. Au nez, des senteurs puissantes de fruits rouges. En bouche, du fruit toujours, du volume, des tanins fermes mais élégants, une grande longueur. Du caractère et du potentiel. ⧗ 2023-2028

⊶ DOM. GERMAIN PÈRE ET FILS, 34, rue de la Pierre-Ronde, 21190 Saint-Romain, tél. 03 80 21 60 15, contact@domaine-germain.com V t.l.j. sf dim. 8h30-12h 13h30-18h

ALAIN GRAS 2018 ★

| 23000 | | 20 à 30 € |

Le grand-père et le père vendaient leur vin au négoce. En reprenant le domaine (14,5 ha) en 1979, Alain Gras s'est lancé dans la mise en bouteilles. Il est aujourd'hui l'une des figures de proue de l'appellation saint-romain.

Dans cette année chaude, la fraîcheur du terroir fut la bienvenue. Si le nez reste assez chaleureux avec ses notes de fruits rouges mûrs, de café et de chocolat, la bouche fait preuve de plus de vivacité, en finale notamment. Elle plaît aussi par son volume et sa fermeté autour de tanins puissants mais au grain fin. ⧗ 2024-2028

⊶ ALAIN GRAS, 7, rue Sous-la-Velle, 21190 Saint-Romain, tél. 03 80 21 27 83, gras.alain1@wanadoo.fr V r.-v.

DOM. MARTENOT MALLARD
La Perrière Les Vieilles Vignes Cuvée Léopold 2018 ★

| 10533 | | 15 à 20 € |

À l'origine, le Dom. de la Perrière, créé par Bernard Martenot. La nouvelle génération a pris la relève en 2010 sur un vignoble de 16 ha et sous l'étiquette Martenot Mallard. Une belle référence en saint-romain.

Coup de cœur dans les deux précédentes éditions du Guide, ce domaine du cru glane une étoile avec ce *climat* réputé dont il exploite 1,58 ha. Fleurs blanches, fruits exotiques, boisé bien intégré, le nez donne envoie de poursuivre. On découvre alors un palais bien équilibré entre gras et acidité (agrumes, finale citronnée). ⧗ 2021-2025

⊶ DOM. MARTENOT MALLARD, 11, rue de la Perrière, 21190 Saint-Romain, tél. 06 42 94 20 63, bernard.martenot@wanadoo.fr V r.-v.

B CH. DE MELIN Sous Château 2018 ★

| 6000 | | 15 à 20 € |

La famille cultive la vigne depuis 7 générations. Ingénieur dans le BTP, Arnaud Derats a repris le domaine de son grand-père Paul Dumay à Sampigny-lès-Maranges. En 2000, il a acquis le Ch. de Melin (XVIes.) à Auxey-Duresses et y a transféré ses caves. Le vignoble (28 ha) a engagé graduellement sa conversion bio (certification en 2012 pour certaines appellations).

Une belle cuvée très saint-romain par son bouquet frais balançant entre fleurs et agrumes, comme par son palais franc en attaque, vif, fruité (pamplemousse), d'une bonne consistance et dotée d'une jolie finale minérale. ⧗ 2021-2025

⊶ SCEA DOM. DU CH. DE MELIN, 120, rte de Beaune, hameau de Melin, 21190 Auxey-Duresses, tél. 03 80 21 21 19, derats@chateaudemelin.com V t.l.j. sf dim. 10h-12h 14h-18h 5

DOM. LAURENT ET ROMAIN PRUNIER
La Combe Bazin 2018 ★

| 3217 | | 15 à 20 € |

Un domaine de 11 ha conduit depuis 1992 par Laurent Prunier, rejoint en 2019 par son fils Romain (6e génération). Une valeur sûre en auxey-duresses et en monthélie.

Cette combe à la forme évasée est avec 13,55 ha l'un des plus grands lieux-dits de l'appellation. Les Prunier y cultivent 51 ares de chardonnay à l'origine de ce saint-romain ouvert sur les fleurs blanches et le boisé grillé. La bouche affiche du volume et un bel équilibre entre gras et fine vivacité. ⧗ 2021-2024

⊶ EARL DOM. LAURENT ET ROMAIN PRUNIER, 1, rue Traversière, 21190 Auxey-Duresses, tél. 03 80 21 27 51, domaine.prunier@wanadoo.fr r.-v.

MEURSAULT

Superficie : 395 ha
Production : 18 540 hl (98 % blanc)

La commune chevauche une vallée qui prolonge celle d'Auxey-Duresses et marque une sorte de frontière : avec Meursault commence la véritable production de grands vins blancs. Certains de ses 1ers crus sont mondialement réputés : Les Perrières, Les Charmes, Les Poruzots, Les Genevrières, Les Gouttes d'Or… Ils allient la subtilité à la force, la fougère à l'amande grillée, l'aptitude à être consommés jeunes au potentiel de garde. Si Meursault est bien la « capitale des vins blancs de Bourgogne », elle n'en fournit pas moins quelques vins rouges, issus des terroirs voisins de Volnay, au nord. Ses « petits châteaux » attestent une opulence ancienne. La Paulée, qui a pour origine le nom du repas pris en commun à la fin des vendanges, est devenue une manifestation qui clôt en novembre les « Trois Glorieuses », journées au cours desquelles se déroule la vente des Hospices de Beaune.

DOM. AEGERTER 2018 ★

| 5400 | | 30 à 50 € |

Jean-Luc Aegerter (disparu en 2017) fonde son négoce en 1988. Il achète ses premières vignes en 1994 (7 ha aujourd'hui), son fils Paul le rejoint en 2001 et est aujourd'hui aux commandes. La maison propose une vaste gamme allant des AOC régionales aux

BOURGOGNE

grands crus, du Chablisien au Mâconnais en passant par les deux Côtes.

Cette cuvée met en avant, sous une robe pâle, un joli nez ouvert sur les fleurs blanches, le miel, le beurre frais et la minéralité du terroir. Une attaque souple ouvre sur une bouche bien équilibrée entre rondeur et acidité, d'une longueur appréciable. ⧗ 2023-2025

SA BPGA, 49, rue Henri-Challand, 21700 Nuits-Saint-Georges, tél. 03 80 61 02 88, infos@aegerter.fr

ARNAUD BAILLOT
Le Limozin 2018 ★★

	900		30 à 50 €

Un jeune domaine complété par une structure de négoce, créé en 2016 par Arnaud Baillot et son épouse Laure Hudelot-Noellat. À la carte, une gamme allant des AOC régionales aux grands crus.

Ce *climat* doit son nom à un ruisson qui prend sa source au pied du coteau des 1ers crus. Arnaud Baillot y cultive 12 ares à l'origine d'un très beau meursault au nez expressif et complexe de fruits jaunes, de fleurs blanches, d'amande et de fumé. La bouche apparaît riche, ample, concentrée, épaulée par un boisé toasté bien dosé. Une bouteille qui évoluera sereinement. ⧗ 2023-2027

SCEA HAUT TARTRE, ZA Les Bonnes-Filles, 21200 Levernois, tél. 06 20 02 62 16, contact@arnaudbaillot.com V r.-v. *SARL H. Beverage*

ARTHUR BAROLET
Clos du Cromin 2018 ★

	2940		30 à 50 €

Derrière cette étiquette se trouve la maison de négoce Henri de Villamont installée à Savigny-lès-Beaune depuis 1880. Ce propriétaire (10 ha) et négociant-éleveur est dans le giron du groupe suisse Schenk depuis 1964.

Au sein du Cromin, il y avait autrefois un clos construit avec les pierres de l'ancienne carrière du Cromey. La maison Barolet en exploite 15 ares qui ont donné un meursault au nez complexe et charmeur (chèvrefeuille, fruits exotiques, agrumes, beurre, toasté). La bouche apparaît ample, profonde, bien enveloppée et dynamisée par une bonne acidité en finale. ⧗ 2023-2025

SARL ARTHUR BAROLET ET FILS, rue du Dr-Guyot, 21420 Savigny-lès-Beaune, tél. 03 80 21 50 59, contact@hdv.fr V r.-v.

GUY BOCARD
Limozin 2015 ★★

	2300		50 à 75 €

Un domaine familial de près de 6 ha établi au cœur de Meursault depuis 3 générations. L'ensemble du vignoble est dédié au meursault et la conversion bio est en cours.

Dernière mise du domaine, le millésime 2015 a livré un meursault de très belle facture, mis aux voix pour un coup de cœur. Ses atouts ? Une seyante robe cristalline aux reflets verts, un nez intense et complexe de fleurs blanches, de menthol, de beurre et de coing, une bouche ample, riche sans lourdeur, puissante, équilibrée par une longue finale pleine de fraîcheur. ⧗ 2023-2026

SCEA DOM. GUY BOCARD, 4, rue de Mazeray, 21190 Meursault, tél. 03 80 21 26 06, commercial@domaineguybocard.com V r.-v.

DOM. JEAN-MARIE BOUZEREAU Poruzot 2018 ★

1er cru	1800		30 à 50 €

Jean-Marie Bouzereau s'est établi en 1994 sur une partie du domaine familial et conduit un vignoble de 10 ha. Valeur sûre de l'appellation meursault, il vinifie aussi en puligny-montrachet, volnay, pommard et beaune.

Ce 1er cru réputé (qui peut aussi s'orthographier « Porusot ») se partage entre la partie du dessus (5,29 ha) et du dessous (1,79 ha). Jean-Marie Bouzereau y possède une parcelle de 25 ares. Son 2018 développe un nez intense d'acacia, de fruits exotiques, de brioche et d'amande grillée. Une attaque souple, une aimable rondeur, de la complexité qui fait écho à l'olfaction, une fine fraîcheur minérale, de la longueur : le palais ne manque de rien.. ⧗ 2023-2027

EARL JEAN-MARIE BOUZEREAU, 5, rue de la Planche-Meunière, 21190 Meursault, tél. 03 80 21 62 41, jm.bouzereau@club-internet.fr V r.-v.

PHILIPPE BOUZEREAU Genevrières 2018 ★★

1er cru	20004		50 à 75 €

Héritier de 9 générations de vignerons, Philippe Bouzereau a pris en 2006 la direction du Ch. de Cîteaux, 18 ha de petites parcelles réparties sur 6 villages de la Côte de Beaune, qu'il exploite avec le moins d'interventions possible à la vigne et au chai. Il a également développé une activité de négoce sous son nom propre et complète ainsi la belle gamme du domaine familial.

Les genévriers qui recouvraient autrefois cette partie pentue de la colline Saint-Christophe ont donné leur nom à ce 1er cru. Dans le verre, un meursault éclatant, doré aux reflets verts, au nez tout en élégance d'agrumes, de mirabelle, de menthol et de noisette grillée. Une élégance à laquelle fait écho une bouche ample, ronde, concentrée mais aussi d'une fraîcheur impeccable. Un vin à la fois solaire et énergique. ⧗ 2023-2028

SARL PHILIPPE BOUZEREAU, 7, pl. de la République, 21190 Meursault, tél. 03 80 21 20 32, caveau@philippe-bouzereau.com V r.-v.

DOM. VINCENT BOUZEREAU Le Poruzot 2017 ★

1er cru	600		50 à 75 €

Issu d'une ancienne famille de vignerons et installé dans l'ancien prieuré du château de Meursault, dont l'un de ses ancêtres était propriétaire, Vincent Bouzereau a pris la suite de son père en 1990 à la tête de ce domaine de 10 ha, souvent en vue pour ses meursault.

Ce Poruzot fait pleurer de belles larmes dorées sur le verre. Au nez, il apparaît minéral, citronné et mentholé. En bouche, il se montre charnu, gras, équilibré par une juste acidité, offrant une persistance digne de son rang. ⧗ 2023-2027

EARL VINCENT BOUZEREAU, 25, rue de Mazeray, 21190 Meursault, tél. 03 80 21 61 08, vincent.bouzereau@wanadoo.fr V r.-v. E

DOM. FABIEN COCHE
Les Chevalières 2017 ★

2000 | 30 à 50 €

Fabien Coche est à la tête du domaine familial (Coche-Bizouard) depuis 1997 : 12 ha répartis sur Meursault, Pommard, Auxey-Duresses, Monthelie, Saint-Romain, Saint-Aubin, Puligny-Montrachet. Il a développé en 2003 une activité négoce sous son nom.

Adepte des élevages longs, Fabien Coche a passé son Chevalières 18 mois en fût. Le nez évoque le toast, le beurre, les fleurs blanches, la pêche et l'ananas. Une belle expression aromatique à laquelle fait écho un palais bien équilibré, gras mais point trop, vif juste ce qu'il faut. ⧗ 2021-2025 **1er cru Goutte d'Or 2017 ★ (50 à 75 €; 1500 b.)** Un 1er cru racé qui combine complexité (pêche blanche, beurre, miel, agrumes), volume, richesse et fraîcheur du terroir. ⧗ 2022-2026

EARL ALAIN COCHE BIZOUARD, 5, rue de Mazeray, 21190 Meursault, tél. 06 09 84 23 45, contact@fabiencoche.com r.-v.

DOM. DUJARDIN
2018 ★

2100 | 20 à 30 €

À leur départ à la retraite en 2007, les Bouzerand ont confié les clés du domaine (7 ha) et de ses caves cisterciennes des XIIe et XVes. à Ulrich Dujardin, installé ici depuis 1990. Le vigneron a lancé sa maison de négoce en 2014.

Vêtu d'une robe aussi claire que brillante, ce meursault distille des parfums d'orange et de fruits jaunes agrémentés d'une pointe de vanille et de menthol. En bouche, il se montre ample, gras, séveux, stimulé par une finale fraîche et persistante, aux accents d'orange amère. ⧗ 2023-2025

SCEA DOM. DUJARDIN, 1, Grande-Rue, 21190 Monthelie, tél. 03 80 21 20 08, domaine-dujardin@orange.fr V r.-v.

♥ DOM. DUPONT-FAHN
Cuvée Vieilles Vignes 2018 ★★

4000 | 20 à 30 €

Depuis le cœur de Monthelie, ce producteur installé en 1987 exploite 4 ha de vignes toutes situées en Côte de Beaune. Une originalité : il produit aussi en IGP Pays d'Oc.

Ce 2018 met en avant le côté solaire de Meursault, renforcé par un millésime chaleureux. Derrière la brillance de sa robe, il dévoile un nez diablement gourmand de fruits jaunes mûrs, de brioche, de vanille et de miel. En bouche, il apparaît ample, rond, suave, mais sans lourdeur aucune, une fine trame minérale lui apportant une juste fraîcheur et une longueur des plus appréciables. ⧗ 2022-2027

MICHEL DUPONT-FAHN, Les Toisières, 21190 Monthelie, tél. 06 08 51 15 13, domaine.dupontfahn@gmail.com

JEAN FÉRY ET FILS
Les Dressoles 2018 ★

5470 | 20 à 30 €

Un domaine familial des Hautes-Côtes de Beaune créé en 1890 et développé dans les années 1990 par Jean-Louis Féry : aujourd'hui, 15 ha en bio certifié (depuis 2011) en Côte de Nuits et en Côte de Beaune. Depuis 2016, Frédéric Féry, fils de Jean-Louis, assure la gestion du domaine, avec notamment l'appui de Laurence Danel, œnologue.

Cette parcelle de Dressoles (*climat* situé côté Monthelie) est en cours de conversion bio. 69 ares de chardonnay à l'origine d'un meursault or paille, au nez de fleurs blanches et d'amande grillée. Ample, vineux, gras, beurré, le palais est structuré par un bon boisé. Une bouteille de garde. ⧗ 2024-2028

SARL DOM. JEAN FÉRY ET FILS, 1, rte de Marey, 21420 Échevronne, tél. 03 80 21 59 60, fery.vin@orange.fr V r.-v.

ALBERT GRIVAULT
Clos des Perrières Monopole 2018 ★★

1er cru | 6979 | + de 100 €

Un domaine créé en 1879 par Albert Grivault, ancien distillateur de Béziers devenu vigneron ; un dégustateur expert également, qui représenta la Bourgogne au jury du Concours des vins de l'Exposition universelle de Paris en 1900. Ses héritiers – Claire Bardet à la gérance depuis 2004 – exploitent aujourd'hui un vignoble de 6 ha, essentiellement planté en chardonnay, dont le meursault 1er cru Clos des Perrières, un clos de 1 ha monopole du domaine.

Coup de cœur l'an passé avec un autre clos, celui du Murger, le domaine signe avec son Clos des Perrières un 1er cru digne de son rang. Un vin d'un bel or pâle qui s'ouvre à l'aération sur un boisé toasté, puis sur les fleurs blanches et la minéralité des lieux. Une minéralité que l'on retrouve en soutien d'une bouche ample, soyeuse, généreuse et longue. ⧗ 2023-2028

SCE DOM. ALBERT GRIVAULT, 7, pl. du Murger, 21190 Meursault, tél. 03 80 21 23 12, albert.grivault@wanadoo.fr V r.-v.

B DOM. HUBER-VERDEREAU
En Dressolles 2018 ★

1500 | 30 à 50 €

Alsacien d'origine et formé à la sommellerie, Thiébaud Huber a repris en 1994 les terres familiales longtemps exploitées en fermage. Il cultive en bio depuis 2001 et en biodynamie depuis 2005 ses 9,2 ha de vignes, répartis sur 7 communes de la Côte de Beaune, complétés en 2011 par un petit négoce.

Ce *village* révèle à l'aération des parfums discrets mais élégants de fleurs blanches et d'agrumes, ainsi qu'un soupçon de boisé. S'il débute avec souplesse en bouche, il passe ensuite en mode « pimpant », comprenez vif et dynamique. ⧗ 2021-2025

SAS DOM. HUBER-VERDEREAU, 23, RD 974, 21190 Meursault, tél. 03 80 21 64 37, contact@huber-verdereau.com V r.-v.

PATRICK JAVILLIER
Les Clousots 2018 ★

	2500		30 à 50 €

Après des études d'œnologie, Patrick Javillier a repris l'exploitation familiale de Meursault et vinifié ses premières cuvées en 1974. Il conduit aujourd'hui un vignoble de 10 ha répartis sur 5 communes de la Côte de Beaune, de Puligny-Montrachet à Pernand-Vergelesses.

Les Clous + Les Crotots = Les Clousots. Ce meursault assemble en effet 2 *climats*. Le soleil de 2018 lui confère une expression aromatique généreuse de fruits jaunes mûrs (abricot, pêche) agrémentée d'une touche beurrée. Rond, concentré, boisé avec mesure, le palais trouve la fraîcheur dans une finale saline et fruitée (pomme verte). ⧗ 2023-2025

GFA JAVILLIER, 9, rue des Forges, 21190 Meursault, tél. 03 80 21 27 87, contact@patrickjavillier.com V r.-v.

LOUIS LATOUR
Poruzots 2018 ★

1er cru	1500		50 à 75 €

Une maison familiale toujours indépendante, fondée en 1797 et conduite successivement par 10 générations de Latour. Un acteur incontournable de la Bourgogne viticole et le plus important propriétaire de grands crus de la Côte-d'Or (28 ha sur les 48 que compte son vignoble). Les raisins sont vinifiés à Aloxe-Corton, berceau de la famille, et la maison possède sa propre tonnellerie.

Ce 1er cru dévoile un nez discret mais élégant de glycine et de vanille. Une attaque souple introduit une bouche bien équilibrée entre une matière riche et tapissante et une fine acidité qui lui donne du nerf et de l'allonge. ⧗ 2023-2026

DOM. LOUIS LATOUR, 18, rue des Tonneliers, 21200 Beaune, tél. 03 80 24 81 00, contact@louislatour.com

AYMERIC MAZILLY Les Charmes 2018 ★

1er cru	600		30 à 50 €

En 2004, Aymeric Mazilly a créé une maison de négoce, tout en continuant de travailler avec son père dans le vignoble familial.

Même si ce n'est que deux pièces, avoir des bouteilles de Charmes est une belle locomotive pour une cave. Aymeric Mazilly propose ici une version expressive et équilibrée de ce 1er cru. Au nez, des arômes de fruits secs, noisette en tête, et de torréfaction. En bouche, du volume, de la rondeur, du gras et une fine acidité aux tonalités minérales en soutien. ⧗ 2023-2026

SARL MAISON AYMERIC MAZILLY, 3, pl. de l'Europe, 21190 Meursault, tél. 06 87 38 14 45, claudinemazilly@orange.fr V r.-v.

CH. DE MEURSAULT
Clos des Grands Charrons 2017 ★

	6100		50 à 75 €

L'emblématique Ch. de Meursault, haut-lieu du tourisme bourguignon et du folklore vineux – on y célèbre la fameuse Paulée le lendemain de la vente des Hospices de Beaune – a souvent changé de mains : famille de Pierre de Blancheton jusqu'à la Révolution; famille Serre au XIXes.; famille du comte de Moucheron; famille Boisseaux (maison Patriarche) à partir de 1973. En décembre 2012, nouveau changement : la famille Halley achète le domaine. Ce sont aujourd'hui 65 ha de vignes. Aux commandes du chai : Emmanuel Escutenaire.

Une cuvée souvent en vue dans ces pages. La version 2017 séduit par son bouquet gourmand de pâte de fruits, de caramel et de fleurs blanches. On aime aussi sa bouche à la fois intense, ronde et fraîche, d'un volume appréciable et d'une belle longueur. ⧗ 2022-2026

SCEV DOM. DU CH. DE MEURSAULT, rue du Moulin-Foulot, 21190 Meursault, tél. 03 80 26 22 75, domaine@chateau-meursault.com V r.-v.

DOM. MOISSENET-BONNARD
Les Vireuils 2018 ★

	2900		20 à 30 €

Souvent en vue pour ses pommard, Jean-Louis Moissenet, issu d'une longue lignée vigneronne, a débuté comme responsable du rayon fruits et légumes dans la grande distribution, avant de reprendre en 1988 les vignes familiales provenant de sa grand-mère, Madame Henri Lamarche. Depuis 2015, c'est sa fille Emmanuelle-Sophie qui conduit le domaine et ses 6 ha de vignes.

Le nom de ce *climat* provient du vieux français « virot », désignant une parcelle épousant la courbe du coteau. Une vigne de 40 ans ici, qui a donné un meursault au nez frais associant fleurs blanches, agrumes et notes végétales. La bouche offre du volume, de la matière, de la fraîcheur, avec en finale une agréable touche d'amertume. ⧗ 2022-2025

SARL JEAN-LOUIS MOISSENET-BONNARD, 4, rue des Jardins, 21630 Pommard, tél. 03 80 24 62 34, emmanuelle-sophie@moissenet-bonnard.com V r.-v.

DOM. JEAN MONNIER ET FILS
Clos du Cromin 2017 ★

	6100		20 à 30 €

Issus d'une longue lignée de vignerons murisaltiens remontant à 1720, Jean-Claude Monnier et son fils Nicolas sont aujourd'hui à la tête d'une exploitation de 15 ha produisant à parts égales (ce qui n'est pas commun) des vins blancs et rouges de la Côte de Beaune.

Avec 1,4 ha, ce domaine est l'un des producteurs les plus importants de ce clos historique de Meursault. Le pain grillé, la vanille, les fleurs blanches et les fruits jaunes composent un nez intense. La bouche est avenante, fraîche, harmonieuse et persistante, agrémentée d'une jolie finale réglissée. On pourra servir ce vin dans sa jeunesse ou l'attendre. ⧗ 2021-2024

SCEA DOM. JEAN MONNIER ET FILS, 20, rue du 11-Novembre, 21190 Meursault, tél. 03 45 63 17 43, contact@domaine-jeanmonnier.com V r.-v.

♥ MONTHELIE-DOUHAIRET-PORCHERET
Le Pré de Manche 2018 ★★

| 1200 | 30 à 50 €

Longtemps régisseur des Hospices de Beaune, André Porcheret acquit en 1989 avec Armande Monthelie-Douhairet ce domaine fondé il y a plus de 3 siècles. Sa petite-fille Cataldina Lippo l'a rejoint en 2004 et conduit désormais le vignoble, qui compte 6,5 ha.

Les 5,84 ha de ce *climat* sont répartis sur 2 parcelles en haut d'un coteau où les barres rocheuses de cet ancien pré forment comme des marches. Le domaine y cultive une vigne de 60 ans à l'origine d'un meursault admirable qui met en lumière ce terroir peu connu. Le nez évoque l'églantine, le jasmin, l'amande et le pamplemousse sur fond de boisé toasté. Des senteurs florales que l'on retrouve dans une bouche à la fois ample, riche et énergique, stimulée par une longue finale minérale. Typicité et grande harmonie. ⧗ 2022-2026

SCE MONTHELIE-DOUHAIRET-PORCHERET, 1, rue Cadette, 21190 Monthelie, tél. 03 80 21 63 13, contact@domainemontheliedouhairet.com V r.-v.

MAX ET ANNE-MARYE PIGUET-CHOUET
Les Narvaux 2018 ★

| 1800 | 30 à 50 €

Un domaine de 10 ha, 100 % familial et 100 % beaunois, né en 1981 de l'union de Max Piguet-Chouet (6e génération de vignerons) avec Anne-Marye (issue de la plus ancienne famille vigneronne de Meursault), rejoints par leurs fils Stéphane et William en 2004. Souvent en vue pour ses auxey-duresses et ses meursault. Depuis 2019, ce sont Stéphane et Anne-Marye qui sont aux commandes.

Une vigne offerte en cadeau de mariage à la famille Chouet en 1860. Dans le verre, un *village* ouvert sur les agrumes et les fruits blancs frais, enveloppant, gras, puissant et dense en bouche. Un meursault bâti pour la garde. ⧗ 2024-2028

EARL MAX ET ANNE-MARYE PIGUET-CHOUET, 16, rte de Beaune, 21190 Auxey-Duresses, tél. 03 80 21 25 78, piguet.chouet@wanadoo.fr V r.-v.

BLAGNY

Superficie : 4,8 ha
Production : 32 hl en *villages*; 183 hl en 1er cru

Situé à cheval sur les communes de Meursault et de Puligny-Montrachet, un vignoble homogène s'est développé autour du hameau de Blagny. On y produit des vins rouges remarquables portant l'appellation blagny, mais la plus grande superficie est plantée en chardonnay pour donner, selon la commune, du meursault 1er cru ou du puligny-montrachet 1er cru.

DOM. LAMY-PILLOT
La Pièce sous le Bois 2017 ★

1er cru | 1500 | 30 à 50 €

René et Thérèse Lamy ont créé en 1973 ce domaine, valeur sûre en chassagne et en saint-aubin. Leurs filles Florence (depuis 1997) et Karine (depuis 2004) conduisent aujourd'hui les 15 ha de vignes avec leurs époux respectifs, Sébastien Caillat (à la vigne) et Daniel Cadot (au commercial).

Une cuvée née sur un *climat* qui se partage entre blagny (vins rouges), puligny ou meursault (vins blancs). Dans le verre, un vin au nez gourmand de cerise, de violette et de boisé toasté, au palais d'une belle longueur et bien charpenté par des tanins puissants qui appellent la pénombre de la cave. ⧗ 2023-2027

DOM. LAMY-PILLOT, 31, rte de Santenay, 21190 Chassagne-Montrachet, tél. 03 80 21 30 52, contact@lamypillot.fr V r.-v.

PULIGNY-MONTRACHET

Superficie : 208 ha
Production : 10 850 hl (99 % blanc)

Centre de gravité des vins blancs de Côte-d'Or, serrée entre ses deux voisines Meursault et Chassagne, cette petite commune tranquille ne représente en surface de vignes que la moitié de Meursault, ou les deux tiers de Chassagne, mais se console en possédant les plus grands crus blancs de Bourgogne, dont le montrachet (en partage avec Chassagne). La position géographique de ces grands crus, selon les géologues de l'université de Dijon, correspond à une émergence de l'horizon bathonien, qui leur confère plus de finesse, plus d'harmonie et plus de subtilité aromatique qu'aux vins récoltés sur les marnes avoisinantes. Les autres *climats* et 1ers crus de la commune exhalent fréquemment des senteurs végétales à nuances résineuses ou terpéniques qui leur donnent beaucoup de distinction.

DOM. ROGER BELLAND
Les Champs-Gains 2018 ★

1er cru | 3000 | 50 à 75 €

Un domaine ancien, dont on trouve trace au XVIIIe s., couvrant aujourd'hui 24 ha. À sa tête, Roger Belland, installé en 1981, sa fille Julie, arrivée en 2003 et chargée des vinifications et leur nouveau collaborateur Martin Boyer. Pas de bio certifié ici, mais une viticulture raisonnée et maîtrisée (enherbement total du vignoble, pas de désherbants), et des vins d'une grande constance.

Une belle robe dorée aux reflets verts habille ce 1er cru ouvert sur des notes de fruits jaunes, de fleurs blanches, de beurre et de vanille. La bouche, tout aussi expressive, se révèle ronde, ample et longue. ⧗ 2022-2025

DOM. ROGER BELLAND, 3, rue de la Chapelle, 21590 Santenay, tél. 03 80 20 60 95, belland.roger@wanadoo.fr V r.-v.

DOM. BRIGITTE BERTHELEMOT
Les Folatières 2018 ★

1er cru	2800		30 à 50 €

Un domaine créé par Brigitte Berthelemot en 2006 avec la reprise des vignes de Jean Garaudet et d'Yves Darviot : 15 ha aujourd'hui (certifiés Haute valeur environnementale) dans plusieurs communes de la Côte de Beaune et dans les Hautes-Côtes, administrés avec Marc Cugney. Un duo complémentaire, à en juger par sa régularité depuis son installation.

Idéalement exposé au sud-sud-est, ce *climat* profite du soleil une majeure partie de la journée. Le domaine y exploite 60 ares qui ont donné, après 10 mois de barrique, un 1er cru au nez subtilement boisé et floral (chèvrefeuille, églantine). La bouche se montre fraîche, alerte, souple et fine. ⧗ 2022-2025

SCE DOM. BRIGITTE BERTHELEMOT, 24, rue des Forges, BP 30008, 21190 Meursault, tél. 03 80 21 68 61, contact@domaineberthelemot.com V r.-v.

JEAN-LOUIS CHAVY Les Folatières 2018 ★

1er cru	8000		30 à 50 €

Héritier d'une lignée vigneronne remontant à 1820, Jean-Louis Chavy exploite depuis 2003 un domaine couvrant 6,5 ha de vignes à Puligny et dans ses environs.

Dans le chaud millésime 2018, Jean-Louis Chavy signe un 1er cru Folatières au nez minéral, fruité (agrumes) et boisé. L'annonce d'une bouche fine et tonique où l'on retrouve les agrumes en première ligne, la fraîcheur du terroir et la rondeur du boisé. ⧗ 2022-2025

DOM. JEAN-LOUIS CHAVY, 27, rue de Bois, 21190 Puligny-Montrachet, tél. 03 80 21 38 85, jeanlouis.chavy@wanadoo.fr V r.-v.

DOM. DE LA CHOUPETTE Les Chalumaux 2018 ★

1er cru	900		30 à 50 €

Les frères jumeaux Jean-Christophe (à la vigne) et Philippe Gutrin (au chai) ont créé leur domaine en 1992. Le vignoble couvre aujourd'hui environ 13 ha répartis en une quinzaine de *climats* dans les communes de Santenay, Chassagne et Puligny-Montrachet.

Calé autour de 300 m sous le hameau de Blagny, ce *climat* doit son nom à la famille Chalumau qui fut propriétaire des lieux. Les frères Gutrin en exploitent 44 ares qui donnèrent un beau coup de cœur en 2017. La version 2018 se distingue par son nez associant la minéralité du terroir au grillé du fût, et par sa bouche ronde, ample, charnue, sans manquer de fraîcheur ni de longueur. Un ensemble bien équilibré. ⧗ 2022-2025

EARL DOM. DE LA CHOUPETTE GUTRIN FILS, 2, pl. de la Mairie, 21590 Santenay, tél. 06 81 46 71 13, gutrinfils@orange.fr V r.-v.

MARC COLIN ET SES FILS Le Trézin 2017 ★

	2900		30 à 50 €

Marc Colin et son épouse Michèle ont créé ce domaine à la fin des années 1970, à partir de 6 ha. Leurs 3 enfants Joseph, Caroline et Damien ont longtemps conduit ensemble le domaine familial, qui comptait 19 ha. En 2017, le premier a pris son indépendance, si bien qu'il reste à Caroline et à Damien 12 ha disséminés sur les communes de Saint-Aubin, Chassagne, Puligny et Santenay. Une valeur sûre de la Côte de Beaune.

De ce terroir situé au sommet de la colline de Blagny, les Colin tirent un puligny soigné, ouvert sur les agrumes et les fleurs blanches sur fond de boisé bien dosé. La bouche associe puissance, concentration et fraîcheur dans un équilibre impeccable. ⧗ 2022-2025

MARC COLIN ET SES FILS, 9, rue de la Chatenière, 21190 Saint-Aubin, tél. 03 80 21 30 43, contact@marc-colin.com r.-v.

LES HÉRITIERS SAINT-GENYS Les Referts 2017 ★★

1er cru	800		50 à 75 €

Créée en 2012 à Chassagne-Montrachet sous l'impulsion de Patrice du Jeu associé à des proches et aux anciens propriétaires des vignes, cette structure exploite 13,5 ha entre Côte de Beaune et Côte chalonnaise complétés d'une activité de négoce. La société a restructuré le domaine et rénové la cuverie. Aux commandes des vinifications, Jean-Baptiste Alinc.

Ce *climat* connu des amateurs trace la limite avec les 1ers crus de Meursault. Le coup de cœur fut mis aux voix pour ce 2017 au nez flatteur de tilleul, d'agrumes et de vanille Bourbon. La bouche affiche un équilibre parfait entre gras et acidité et s'étire dans une longue finale qui ajoute à sa finesse. ⧗ 2022-2027

SARL HÉRITIERS SAINT-GENYS, 1, pl. de l'Église, 21190 Chassagne-Montrachet, tél. 03 80 24 72 63, contact@saint-genys.fr V r.-v.

OLIVIER LEFLAIVE Champ Gain 2017 ★

1er cru	2300		75 à 100 €

Négociant-éleveur établi à Puligny-Montrachet depuis 1984, Olivier Leflaive, l'une des références de la Côte de Beaune, collectionne les étoiles, côté cave (négoce et domaine) et côté hôtellerie : 4 pour son hôtel de Puligny. Au chai, l'œnologue Franck Grux et son complice Philippe Grillet.

Ce 1er cru dévoile un nez frais et franc de fleurs blanches, de pêche et d'abricot, agrémenté d'une touche empyreumatique. La bouche se montre à la fois ample, riche et minérale, avec en soutien un boisé de qualité qui appelle la garde. ⧗ 2023-2028

OLIVIER LEFLAIVE FRÈRES, pl. du Monument, 21190 Puligny-Montrachet, tél. 03 80 21 37 65, contact@olivier-leflaive.com V r.-v. 5

JEAN-LOUIS MOISSENET-BONNARD
Hameau de Blagny 2018 ★

1er cru	900		50 à 75 €

Souvent en vue pour ses pommard, Jean-Louis Moissenet, issu d'une longue lignée vigneronne, a débuté comme responsable du rayon fruits et légumes dans la grande distribution, avant de reprendre en 1988 les vignes familiales provenant de sa grand-mère, Madame Henri Lamarche. Depuis 2015, c'est sa fille Emmanuelle-Sophie qui conduit le domaine et ses 6 ha de vignes.

Ce *climat* de 4,79 ha (dont 4,11 classés en 1ers crus) possède la particularité d'être planté en blanc comme en rouge. Ici, 17 ares de chardonnay, à l'origine d'un joli vin aux senteurs de fruits jaunes mûrs et de boisé toasté, à la bouche ample, charnue, solaire, dynamisée par une fine trame minérale qui amène de la fraîcheur. ⧗ 2022-2025

SARL JEAN-LOUIS MOISSENET-BONNARD, 4, rue des Jardins, 21630 Pommard, tél. 03 80 24 62 34, emmanuelle-sophie@moissenet-bonnard.com V r.-v.

♥ DAVID MORET Les Folatières 2018 ★★

1er cru | 600 | | 50 à 75 €

David Moret a créé en 1999 sa maison de négoce, établie derrière les remparts de Beaune. Cet adepte des élevages longs s'est fait une spécialité de la vinification « haute couture » des blancs de la Côte de Beaune.

Ce 1er cru des hauteurs tient son nom des nappes de brouillard - nommées localement les « follots » - qui parfois apparaissent. Dans le verre, un vin intense et complexe, floral (acacia), fruité, miellé et finement boisé. Une attaque franche et nette ouvre sur une bouche subtile, délicate, très fraîche et longue, soulignée par une belle minéralité qui prend des tonalités salines en finale. ⧗ 2023-2028

SARL DAVID MORET, 1, rue Émile-Goussery, 21200 Beaune, tél. 06 75 01 15 85, davidmoret.vins@orange.fr

DOM. GÉRARD THOMAS ET FILLES
La Garenne 2018 ★

1er cru | 4 500 | | 20 à 30 €

Isabelle et Anne-Sophie sont désormais aux commandes du domaine créé par leur père Gérard Thomas dans les années 1990. Le vignoble couvre 11 ha en saint-aubin (principalement) ainsi qu'en meursault, chassagne et puligny.

Un *climat* situé au-dessus du grand cru montrachet, l'un des plus vastes 1ers crus de l'appellation, dont le nom renvoie à un lieu de chasse au Moyen Âge. Les Thomas en cultivent 57 ares qui ont donné un puligny toasté, fumé, floral (tilleul) et miellé. Souple et vive en attaque, la bouche évolue ensuite vers plus de gras et de rondeur, avant de déployer une longue finale encore un peu boisée. ⧗ 2022-2026

EARL DOM. GÉRARD THOMAS, 6, rue des Perrières, 21190 Saint-Aubin, tél. 03 80 21 32 57, domaine.gerard.thomas@orange.fr V r.-v.

MONTRACHET

Superficie : 8 ha / Production : 350 hl

DOM. DE LA ROMANÉE-CONTI 2018 ★★★

Gd cru | n.c. | | + de 100 €

Outre son corton en rouge et son bâtard-montrachet dédié à la consommation personnelle des propriétaires, le Dom. de la Romanée-Conti est aussi présente en Côte de Beaune avec quelques arpents de vignes en montrachet, 67 ares précisément : un vin aussi rare que prestigieux.

Rapporte de vendanges 2018 : « Le Montrachet a bénéficié de conditions climatiques exceptionnelles : épargné par toutes les maladies, le raisin a mûri de manière régulière et exceptionnellement complète, parfaite même. La récolte, que nous avons faite au milieu de celle des vins rouges, le 7 septembre, est belle, la plus importante depuis longtemps et le vin qui vient de finir sa fermentation est plein de promesses. (...) En sus de cette très belle qualité, le rendement est le plus élevé que nous ayons connu depuis bien longtemps ! » Le vin est superbe en effet. Il se présente dans une robe éclatante, couleur miel. D'abord centré sur l'amande douce, il s'ouvre à l'aération sur une touche de viennoiserie et de miel. La bouche, ample et riche, semble souffler les rayons ardents du soleil 2018 et déploie une longue et douce saveur de gelée royale et de pollen, contrebalancée en finale par une fine ligne minérale qui signe le terroir. L'éternité lui semblera courte... ⧗ 2025-2035

DOM. DE LA ROMANÉE-CONTI (MONTRACHET), 1, rue Derrière-le-Four, 21700 Vosne-Romanée, tél. 03 80 62 48 80

CHEVALIER-MONTRACHET

Superficie : 7,5 ha / Production : 310 hl

♥ JEAN CHARTRON
Clos des Chevaliers Monopole 2018 ★★★

Gd cru | 2 600 | | + de 100 €

Créé en 1859 par le tonnelier Jean-Édouard Dupard, ce domaine d'une grande constance, bien implanté dans les grands crus de Puligny, étend son vignoble sur 14,5 ha dont 90 % de chardonnay et 3 monopoles (Clos de la Pucelle et Clos du Cailleret en puligny, Clos des Chevaliers en chevalier-montrachet) conduits en bio non certifié. Jean-Michel Chartron est aux commandes depuis 2004 et épaulé depuis 2015 par sa sœur Anne-Laure ; l'un de ses credo : « Du bois, oui, mais pas trop ». Une valeur sûre.

L'une des cuvées phare du domaine, un monopole de 58 ares souvent en vue dans ces pages. La version 2018 fait des étincelles. Derrière une robe lumineuse, on découvre des parfums de petites fleurs des murets (aubépine, églantine) et de noisette grillée d'une grande élégance. Une élégance à laquelle fait écho une bouche ample dès l'attaque, tout en finesse, fraîche et d'une longueur exceptionnelle qui culmine dans une finale saline des plus racées. Il faudra être patient pour apprécier tout son potentiel. ⧗ 2025-2035

JEAN CHARTRON, 8 bis, Grande-Rue, 21190 Puligny-Montrachet, tél. 03 80 21 99 19, info@jeanchartron.com V *jeu.-dim. 10h-12h 14h-18h ; f. déc.-avril*

VINCENT GIRARDIN 2017 ★

■	300		+ de 100 €

Une maison de grande qualité créée en 1992 par Véronique et Vincent Girardin, cédée en 2012 à leur partenaire historique la Compagnie des Vins d'Autrefois, dirigée par Jean-Pierre Nié. Les équipes techniques et commerciales sont restées les mêmes, et les vins sont toujours vinifiés à Meursault par Éric Germain, bras droit de Vincent Girardin pendant 10 ans.

Après 18 mois passés sur lies et entièrement en fût, ce chevalier a fière allure dans sa robe d'or pâle. Les fleurs blanches, les fruits secs et un boisé bien intégré composent un bouquet enjôleur. Frais et tendu dès l'attaque, le palais évolue clairement dans le registre de la tension, mis en relief par une finale minérale. ⧗ 2025-2032

VINCENT GIRARDIN, 5, imp. des Lamponnes, 21190 Meursault, tél. 03 80 20 81 00, vincent.girardin@vincentgirardin.com

BÂTARD-MONTRACHET

Superficie : 11,2 ha / Production : 475 hl

JEAN CHARTRON 2018 ★

■	600		+ de 100 €

Créé en 1859 par le tonnelier Jean-Édouard Dupard, ce domaine d'une grande constance, bien implanté dans les grands crus de Puligny, étend son vignoble sur 14,5 ha dont 90 % de chardonnay et 3 monopoles (Clos de la Pucelle et Clos du Cailleret en puligny, Clos des Chevaliers en chevalier-montrachet) conduits en bio non certifié. Jean-Michel Chartron est aux commandes depuis 2004 et épaulé depuis 2015 par sa sœur Anne-Laure ; l'un de ses credo : « Du bois, oui, mais pas trop ». Une valeur sûre.

Seulement 12 ares pour ce grand cru et une vigne de 40 ans. Dans le verre, un vin paré d'or, ouvert sur de délicats arômes lactés, floraux et sur un boisé élégant. La bouche se révèle intense, riche, dense, centrée sur un fruité généreux et prolongée par de beaux amers en finale. ⧗ 2025-2032

JEAN CHARTRON, 8_bis, Grande-Rue, 21190 Puligny-Montrachet, tél. 03 80 21 99 19, info@jeanchartron.com V *jeu.-dim. 10h-12h 14h-18h ; f. déc.-avril*

VINCENT GIRARDIN 2017 ★

■	900		+ de 100 €

Une maison de grande qualité créée en 1992 par Véronique et Vincent Girardin, cédée en 2012 à leur partenaire historique la Compagnie des Vins d'Autrefois, dirigée par Jean-Pierre Nié. Les équipes techniques et commerciales sont restées les mêmes, et les vins sont toujours vinifiés à Meursault par Éric Germain, bras droit de Vincent Girardin pendant 10 ans.

Avec 11,86 ha, c'est le plus vaste des 5 grands crus de la colline. La maison Girardin en tire un 2017 limpide et lumineux à l'œil, expressif et élégant au nez (fleurs blanches, vanille, fruits blancs). La bouche n'est pas en reste et plait par son volume, sa « mâche » et sa fraîcheur. ⧗ 2025-2032

VINCENT GIRARDIN, 5, imp. des Lamponnes, 21190 Meursault, tél. 03 80 20 81 00, vincent.girardin@vincentgirardin.com

BIENVENUES-BÂTARD-MONTRACHET

Superficie : 1,6 ha / Production : 75 hl

VINCENT GIRARDIN 2017 ★★

■	300		+ de 100 €

Une maison de grande qualité créée en 1992 par Véronique et Vincent Girardin, cédée en 2012 à leur partenaire historique la Compagnie des Vins d'Autrefois, dirigée par Jean-Pierre Nié. Les équipes techniques et commerciales sont restées les mêmes, et les vins sont toujours vinifiés à Meursault par Éric Germain, bras droit de Vincent Girardin pendant 10 ans.

Cette micro-cuvée séduit d'emblée par la délicatesse de son nez, ouvert sur le jasmin, le beurre frais et une touche iodée. La bouche apparaît aussi large que longue, suave et élégante, épaulée par un boisé (18 mois de fût) parfaitement intégré. Un grand cru pénétrant. ⧗ 2025-2035

VINCENT GIRARDIN, 5, imp. des Lamponnes, 21190 Meursault, tél. 03 80 20 81 00, vincent.girardin@vincentgirardin.com

CRIOTS-BÂTARD-MONTRACHET

Superficie : 3,5 ha / Production : 145 hl

ROGER BELLAND 2018 ★

■	3000		+ de 100 €

Un domaine ancien, dont on trouve trace au XVIIIes., couvrant aujourd'hui 24 ha. À sa tête, Roger Belland, installé en 1981, sa fille Julie, arrivée en 2003 et chargée des vinifications et leur nouveau collaborateur Martin Boyer. Pas de bio certifié ici, mais une viticulture raisonnée et maîtrisée (enherbement total du vignoble, pas de désherbants), et des vins d'une grande constance.

Unique représentante du plus petit des grands crus de la colline du Montrachet, cette cuvée parée d'une seyante robe d'or aux reflets verts dévoile des arômes élégants et complexes de fleurs blanches, de santal et de curcuma agrémentés d'une touche de boisé. Souple en attaque, la bouche fait ensuite montre de puissance et de densité, prolongée par de beaux amers en finale. ⧗ 2025-2035

DOM. ROGER BELLAND, 3, rue de la Chapelle, 21590 Santenay, tél. 03 80 20 60 95, belland.roger@wanadoo.fr V *r.-v.*

CHASSAGNE-MONTRACHET

Superficie : 300 ha
Production : 15 660 hl (65 % blanc)

Le village de Chassagne est situé au sud de la Côte de Beaune, entre Puligny, Montrachet et Santenay.

Exposé est-sud-est, le vignoble se partage entre pinot noir et chardonnay. La combe de Saint-Aubin, parcourue par la RN 6, forme à peu près la limite méridionale de la zone des vins blancs. Les Clos Saint-Jean et Morgeot, qui donnent des vins solides et vigoureux, sont les 1ers crus les plus réputés de la commune.

DOM. BACHEY-LEGROS
2018 ★★

| 5400 | 30 à 50 €

Régulièrement mentionnés dans le Guide, les Bachey-Legros - Christiane et ses fils Samuel et Lénaïc - sont les 5e et 6e générations à œuvrer sur ce domaine de 19 ha auquel s'est ajoutée une activité de négoce en 2008. En 2017, la propriété s'est équipée d'une nouvelle cuverie.

Coup de cœur dans l'édition précédente pour sa cuvée Les Plantes Momières Vieilles Vignes 2016, ce domaine signe ici un très joli *village* né de jeunes vignes de 9 ans. Le nez, complexe, évoque l'abricot, la viennoiserie chaude et la minéralité des lieux. La bouche se révèle ample, ronde et longue, bien tenue par une fine vivacité. ⧗ 2021-2025

EARL DOM. BACHEY-LEGROS, 12, rue de la Charrière, 21590 Santenay, tél. 06 07 43 00 76, samuel@bachey-legros.fr V r.-v.

♥ DOM. ROGER BELLAND
Morgeot Clos Pitois Monopole 2018 ★★

1er cru | 9000 | 30 à 50 €

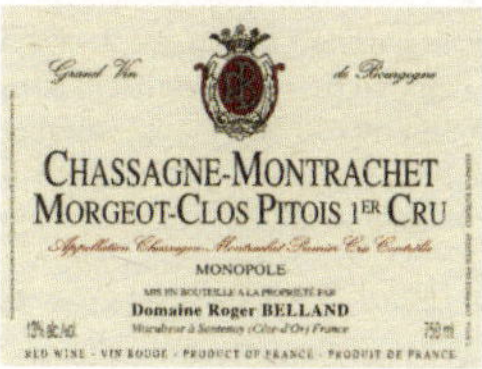

Un domaine ancien, dont on trouve trace au XVIIIes., couvrant aujourd'hui 24 ha. À sa tête, Roger Belland, installé en 1981, sa fille Julie, arrivée en 2003 et chargée des vinifications et leur nouveau collaborateur Martin Boyer. Pas de bio certifié ici, mais une viticulture raisonnée et maîtrisée (enherbement total du vignoble, pas de désherbants), et des vins d'une grande constance.

Une cuvée d'une grande régularité, en rouge comme en blanc, monopole du domaine. Honneur au rouge cette année, avec un 1er cru grenat intense, ouvert sur de généreux parfums de fruits confiturés (framboise, mûre, cassis) agrémentés d'une touche d'épices. On retrouve ces fruits dans une bouche ample, dense, concentrée et longue, aux tanins veloutés et soulignée par une belle fraîcheur. De quoi vieillir avec grâce. ⧗ 2023-2028 **1er cru Morgeot Clos Pitois Monopole 2018 ★ (50 à 75 €; 8000 b.)** La version blanche de ce monopole est un vin rond, riche, gras, puissant, qui se bonifiera avec le temps. ⧗ 2023-2027

DOM. ROGER BELLAND, 3, rue de la Chapelle, 21590 Santenay, tél. 03 80 20 60 95, belland.roger@wanadoo.fr V r.-v.

HUBERT BOUZEREAU-GRUÈRE ET FILLES
Les Blanchots Dessous 2018 ★

| 1800 | 30 à 50 €

Installé en 1965, Hubert Bouzereau exploite avec ses filles Marie-Laure et Marie-Anne un vignoble de 10 ha réparti sur 6 villages de la Côte de Beaune. Un domaine souvent en vue pour ses meursault, puligny et chassagne. Anecdote bien connue des œnophiles bourguignons : le vigneron a figuré en tant que pompier de Meursault dans le cultissime *La Grande Vadrouille* de Gérard Oury, un sujet de conversation savoureux au caveau.

Valeur sûre du domaine, cette cuvée d'un joli feu doré propose un nez voltigeant entre fruits jaunes compotés et fleurs blanches comme l'acacia. Une fois en bouche, elle plaît par son attaque boisée et sa matière riche et dense, prolongée par une finale épicée. ⧗ 2022-2025

DOM. HUBERT BOUZEREAU-GRUÈRE ET FILLES, 22_A, rue de la Velle, 21190 Meursault, tél. 03 80 21 20 05, contact@bouzereaugruere.com V r.-v. 3

CAPUANO-FERRERI
Cuvée Prestige 2018 ★

| n.c. | 30 à 50 €

Associé à l'ancien footballeur Jean-Marc Ferreri, John Capuano – dont le père Gino a créé en 1987 ce domaine implanté à Santenay – exploite 8 ha de parcelles s'égrenant de Beaune à Mercurey. Très régulier en qualité.

Cette cuvée communale propose un nez discret mais élégant de fleurs blanches et de poire. En bouche, elle se montre ronde et riche, parcourue par des arômes gourmands et persistants d'amande, une juste vivacité venant la souligner. ⧗ 2021-2024

SARL DOM. CAPUANO-FERRERI, 14, rue Chauchien, 21590 Santenay, tél. 03 80 20 68 04, john.capuano@wanadoo.fr V r.-v.

DOM. DE LA CHOUPETTE
Morgeot 2018 ★

1er cru | 1800 | 20 à 30 €

Les frères jumeaux Jean-Christophe (à la vigne) et Philippe Gutrin (au chai) ont créé leur domaine en 1992. Le vignoble couvre aujourd'hui environ 13 ha répartis en une quinzaine de *climats* dans les communes de Santenay, Chassagne et Puligny-Montrachet.

Ce *climat* est l'un des 55 1ers cru de Chassagne et regroupe en son sein 20 lieux-dits qui peuvent être revendiqués avec ou sans la mention Morgeot. Celui-ci plaît spontanément par son nez complexe de fruits noirs, de framboise, de violette et de toasté (12 mois de fûts dont 50 à 60 % de bois neuf). On retrouve le boisé (café, caramel) dans une bouche concentrée, soutenue par des tanins fermes. ⧗ 2023-2028

EARL DOM. DE LA CHOUPETTE GUTRIN FILS, 2, pl. de la Mairie, 21590 Santenay, tél. 06 81 46 71 13, gutrinfils@orange.fr V r.-v.

BOURGOGNE

♥ JOSEPH DROUHIN
Morgeot Marquis de Laguiche 2017 ★★

1er cru | n.c. | 50 à 75 €

Créée en 1880, cette maison beaunoise travaille une large palette d'AOC bourguignonnes: de Chablis (38 ha sous l'étiquette Drouhin-Vaudon) à la Côte chalonnaise (3 ha), en passant par les Côtes de Beaune et de Nuits (32 ha). On peut y ajouter les vignes américaines du Dom. Drouhin en Oregon (90 ha) et de Roserock Vineyard (112 ha) dans la région des Eola-Amity Hills. Ce négoce d'envergure grâce à ce vaste domaine de 73 ha – développé par Robert Drouhin à partir de 1957 et désormais géré par ses quatre enfants – est aussi le plus important propriétaire de vignes cultivées en biodynamie. Incontournable.

Coup de cœur dans notre précédente édition avec le millésime 2016, cette cuvée fait aussi bien avec son 2017. Un chassagne né sur le célèbre 1er cru Morgeot et dont les descendants du marquis de Laguiche ont confié la vinification à la maison Drouhin. Derrière la pâleur de sa robe, il décline des parfums persistants et élégants de fleurs blanches et de grillé (12 mois passés en fût). Un boisé racé que prolonge une bouche vive en attaque, ample et généreuse dans son développement, étirée dans une longue finale qui met en relief la minéralité du terroir. Un grand blanc de garde. ⧗ 2023-2030

MAISON JOSEPH DROUHIN, 7, rue d'Enfer, 21200 Beaune, tél. 03 80 24 68 88, christellehenriot@drouhin.com V r.-v.

LOUIS LATOUR Morgeot 2018 ★

1er cru | 4800 | 50 à 75 €

Une maison familiale toujours indépendante, fondée en 1797 et conduite successivement par 10 générations de Latour. Un acteur incontournable de la Bourgogne viticole et le plus important propriétaire de grands crus de la Côte-d'Or (28 ha sur les 48 que compte son vignoble). Les raisins sont vinifiés à Aloxe-Corton, berceau de la famille, et la maison possède sa propre tonnellerie.

Ce 1er cru dévoile un joli nez de fleurs blanches agrémenté d'une touche de beurre. Une attaque souple ouvre sur un palais qui allie fraîcheur et rondeur dans un bon équilibre et qui déploie une finale élégante et saline. ⧗ 2021-2024

DOM. LOUIS LATOUR, 18, rue des Tonneliers, 21200 Beaune, tél. 03 80 24 81 00, contact@louislatour.com

DOM. MARTENOT MALLARD Fontaine Sot 2018 ★

2530 | 20 à 30 €

À l'origine, le Dom. de la Perrière, créé par Bernard Martenot. La nouvelle génération a pris la relève en 2010 sur un vignoble de 16 ha et sous l'étiquette Martenot Mallard. Une belle référence en saint-romain.

Sur ce *climat* abritant une source (« sot » évoque un trou d'eau), le domaine exploite 38 ares à l'origine d'un chassagne aux reflets dorés, ouvert sur des notes de citron sur fond boisé. Souple en attaque, la bouche séduit par sa rondeur et son bon volume, ainsi que par sa finale plus vive et tonique. Un ensemble équilibré. ⧗ 2021-2024

DOM. MARTENOT MALLARD, 11, rue de la Perrière, 21190 Saint-Romain, tél. 06 42 94 20 63, bernard.martenot@wanadoo.fr V r.-v.

DAVID MORET
Vieilles Vignes 2018 ★

4000 | 30 à 50 €

David Moret a créé en 1999 sa maison de négoce, établie derrière les remparts de Beaune. Cet adepte des élevages longs s'est fait une spécialité de la vinification « haute couture » des blancs de la Côte de Beaune.

Avec des chardonnays de 80 ans d'âge, cette étiquette pourrait afficher « très vieilles vignes ». Coup de cœur pour son millésime 2017, cette cuvée fait très bonne figure dans sa version 2018. Un vin couleur paille, au nez expressif de rosée printanière et d'aubépine, au palais gras, rond, fruité (abricot) et à la finale saline. ⧗ 2021-2025

SARL DAVID MORET, 1, rue Émile-Goussery, 21200 Beaune, tél. 06 75 01 15 85, davidmoret.vins@orange.fr

AU PIED DU MONT CHAUVE En Pimont 2017 ★

10000 | 30 à 50 €

Maison de négoce-éleveur créée en 1951 par Louis-Félix Picard. Francine, sa petite-fille, a pris la suite de son père Michel en 2008 avec son frère Gabriel et a rebaptisé en 2011 la société, créant la marque Au Pied du Mont Chauve. Elle dispose de l'imposant château de Chassagne-Montrachet et de ses caves médiévales, et exploite en propre 136 ha de vignes (dont 110 en biodynamie), entre la Côte chalonnaise et la Côte de Beaune.

Au nez, cette cuvée exhale des parfums d'amande, de fleurs blanches et de vanille. En bouche, elle se montre vive en attaque, puis volumineuse, mûre, riche sans lourdeur, stimulée en finale par une belle tension qui lui donne de l'allonge. ⧗ 2023-2026

DOMAINES ET MAISON FAMILLE PICARD, 5, rue du Château, 21190 Chassagne-Montrachet, tél. 03 80 21 98 57, francine.picard@domainesfamillepicard.com V t.l.j. 10h-18h

DOM. CHRISTIAN REGNARD 2018 ★

1200 | 20 à 30 €

En 2010, Florian Regnard a rejoint son père Christian sur le domaine familial situé à Sampigny, l'un des trois villages de l'AOC maranges. Parcelle après parcelle, il agrandit le vignoble (aujourd'hui 12 ha dans la partie sud de la Côte de Beaune et dans les Hautes-Côtes) et fait bouger les lignes en matière de culture, de vinification et de commercialisation.

Derrière les reflets verts de sa robe, cette cuvée dévoile de belles notes de fleurs blanches agrémentées d'une touche de miel. Puis les agrumes s'invitent dans une bouche ronde, concentrée et persistante. ⧗ 2021-2024

DOM. CHRISTIAN REGNARD, 14, rte de Cheilly, 71150 Sampigny-lès-Maranges, tél. 03 85 45 51 29, florian.regnard@hotmail.fr V r.-v.

ROUX PÈRE ET FILS Les Morichots 2018 ★

	3600		30 à 50 €

Créée en 1885, cette maison associant domaine et négoce, gérée par Christian Roux et ses fils Sébastien et Matthieu, est à la tête d'un vaste ensemble de 70 ha répartis sur 15 villages de la Côte-d'Or et de la Côte chalonnaise. Elle propose une vaste gamme de vins, souvent en vue, notamment en saint-aubin, puligny, chassagne et meursault.

Ce chassagne s'ouvre sur de jolies notes de fleurs blanches, de miel et de boisé grillé. En bouche, il se montre vif et tonique en attaque, une fraîcheur qu'il conserve jusqu'à la finale, avec les notes d'élevage encore bien présentes. À encaver. ⧗ 2023-2025

DOM. ROUX PÈRE ET FILS, 42, rue des Lavières, 21190 Saint-Aubin, tél. 03 80 21 32 92, france@domaines-roux.com V r.-v.

DOM. SORINE Vieilles Vignes 2018 ★

	3200		15 à 20 €

Originaires de Santenay, les Sorine font du vin depuis 1929. Christian s'est installé en 1990 à la tête des 12 ha familiaux, rejoint en 2009 par sa femme Emma, enseignante formée à l'œnologie. Ils ont aussi développé une petite activité de négoce pour élargir leur gamme.

Cette cuvé n'usurpe pas son nom : elle est née d'un demi-hectare de vigne planté en 1960. Au nez, elle propose des parfums généreux de fruits noirs confiturés, de café, de vanille et de Zan. La bouche apparaît solidement structurée par des tanins de garde qui doivent encore se patiner. Du caractère et du potentiel. ⧗ 2025-2030

DOM. SORINE, 1, pl. de la Poste, 71150 Cheilly-lès-Maranges, tél. 03 85 87 18 07, christian.sorine@orange.fr V r.-v.

SAINT-AUBIN

Superficie : 162 ha
Production : 8 265 hl (75 % blanc)

Saint-Aubin est dans une position topographique voisine des Hautes-Côtes; mais une partie de la commune joint Chassagne au sud et Puligny et Blagny à l'est. Le 1er cru Les Murgers des Dents de Chien se trouve même à faible distance des Chevalier-Montrachet et des Caillerets. Le vignoble s'est un peu développé en rouge, mais c'est en blanc qu'il atteint le meilleur.

FRANÇOIS D'ALLAINES
Les Frionnes 2017 ★

	3300		20 à 30 €

Après l'école hôtelière, François d'Allaines crée son négoce en 1990 à la frontière entre Saône-et-Loire et Côte-d'Or, puis son domaine en 2009. Cet adepte des élevages longs en fût est souvent au rendez-vous du Guide.

Ce *climat* tient son nom de la nature de son sol parsemé de pierres blanches souvent friables. Ici, il donne une cuvée au nez floral et beurré d'une belle intensité. Une attaque franche introduit un palais rond, soyeux et persistant, dominé par des arômes d'amande. ⧗ 2023-2025

SARL FRANÇOIS D' ALLAINES, 2, imp. du Meix-du-Cray, 71150 Demigny, tél. 03 85 49 90 16, francois@dallaines.com V r.-v.

DOM. BRIGITTE BERTHELEMOT
Les Murgers des Dents de Chien 2018 ★

1er cru	2800		30 à 50 €

Un domaine créé par Brigitte Berthelemot en 2006 avec la reprise des vignes de Jean Garaudet et d'Yves Darviot : 15 ha aujourd'hui (certifiés Haute valeur environnementale) dans plusieurs communes de la Côte de Beaune et dans les Hautes-Côtes, administrés avec Marc Cugney. Un duo complémentaire, à en juger par sa régularité depuis son installation.

Les 16 ha de ce *climat* touchent le vignoble de Puligny par son sommet. Ce 1er cru dévoile une aromatique de petites fleurs blanches et de noisette. La bouche est enveloppante dès l'attaque, ronde et riche, équilibrée et allongée par une saveur saline en finale. ⧗ 2023-2025

SCE DOM. BRIGITTE BERTHELEMOT, 24, rue des Forges, BP 30008, 21190 Meursault, tél. 03 80 21 68 61, contact@domaineberthelemot.com V r.-v.

GILLES BOUTON ET FILS
Les Murgers des Dents de Chien 2018 ★★

1er cru	5500		15 à 20 €

Gilles Bouton a pris la suite de son grand-père Aimé Langoureau en 1977 sur le domaine familial : 4 ha à l'époque, 16 ha aujourd'hui, qu'il exploite depuis 2009 avec son fils Julien. Le vignoble est réparti sur 3 communes : Saint-Aubin, Chassagne et Puligny. Une activité de négoce a été créée en 2015 pour compléter la gamme.

D'un bel or soutenu, ce 1er cru dévoile au nez des notes d'agrumes et de fleurs blanches. La bouche balance entre une texture onctueuse, presque moelleuse, et une fine acidité avant de s'étirer dans une jolie finale minérale. ⧗ 2020-2025

DOM. GILLES BOUTON ET FILS, 24, rue de la Fontenotte, 21190 Saint-Aubin, tél. 03 80 21 32 63, domaine.bouton.gilles@wanadoo.fr V r.-v.

MARC COLIN ET FILS Le Charmois 2017 ★

1er cru	2400		30 à 50 €

Marc Colin et son épouse Michèle ont créé ce domaine à la fin des années 1970, à partir de 6 ha. Leurs 3 enfants Joseph, Caroline et Damien ont longtemps conduit ensemble le domaine familial, qui comptait 19 ha. En 2017, le premier a pris son indépendance, si bien qu'il reste à Caroline et à Damien 12 ha disséminés sur les communes de Saint-Aubin, Chassagne, Puligny et Santenay. Une valeur sûre de la Côte de Beaune.

Ce lieu fut autrefois planté de charmes avant que la vigne n'y prenne racine. La vigne des Colin affiche 35 ans et donne un vin au nez intense et floral d'acacia et d'aubépine. En bouche, la sucrosité des fruits jaunes lui donne un caractère charnu et onctueux, avant une finale minérale et plus vive. ⌛ 2023-2025

MARC COLIN ET SES FILS, 9, rue de la Chatenière, 21190 Saint-Aubin, tél. 03 80 21 30 43, contact@marc-colin.com r.-v.

DOM. JÉRÔME FORNEROT Champ Tirant 2018 ★

| | 1100 | | 15 à 20 € |

Installé en 2004, Jérôme Fornerot est établi à Saint-Aubin, village de ses ancêtres. Son vignoble produit de l'AOC bourgogne, santenay et saint-aubin.

Sur près de 6 ha, ce *climat* s'étire le long de la route qui mène à La Rochepot. Dans le verre, un saint-aubin limpide, ouvert sur des senteurs de fruits secs et de fruits blancs (pomme, poire). Arômes prolongés par une bouche tendre, ample, boisée avec justesse et d'une belle longueur. ⌛ 2021-2024

JÉRÔME FORNEROT, 8, rue des Lavières, 21190 Saint-Aubin, tél. 06 81 32 64 32, domainefornerot@gmail.com V *r.-v.*

♥ **MAISON JANOTSBOS** En Créot 2017 ★★

| 1er cru | 2130 | | 20 à 30 € |

Cette maison de négoce conduite par Thierry Janots, un Bourguignon issu du monde du vin, et par Richard Bos, un restaurateur néerlandais, s'est installée à Meursault en 2005 d'où elle exporte 60 % de sa production.

Ce petit *climat* (2,17 ha) doit son nom (contraction de « Crais Haut ») à des éboulis calcaires que l'on trouve sur ce coteau pentu et rocheux. Il donne un vin cousu d'or, ouvert sur d'élégantes notes de fleur d'oranger, d'églantine et de citron. Une finesse à laquelle fait écho une bouche tendre, ronde, délicate, aux saveurs flatteuses de fruits jaunes et d'amande. Avec un peu de cave, ce saint-aubin ne sera que meilleur. ⌛ 2023-2027

SARL JANOTSBOS, 2, pl. de l'Europe, 21190 Meursault, tél. 06 72 16 92 04, richard@janotsbos.eu V *r.-v.*

DOM. SYLVAIN LANGOUREAU
Bas de Vermarain à l'Est 2018 ★★

| 1er cru | 1800 | | 15 à 20 € |

Représentant la 5e génération, Sylvain Langoureau s'est installé en 1988 à la tête du domaine familial, dont les bâtiments datent de 1647. Fort de 10 ha, le vignoble est régulièrement en vue pour ses saint-aubin blancs.

Dans l'édition précédente, ce producteur du cru avait décroché un coup de cœur avec son saint-aubin Sur le Sentier du Clou 2017. Dans le chaud millésime 2018, il signe un très beau vin né d'un *climat* « froid » situé le long d'une combe, en direction de La Rochepot. Le nez déploie des parfums délicats de fleurs blanches, de fruits secs et d'agrumes. Passé une attaque vive et nette, le palais se montre ample, séveux, consistant, sous-tendu par une belle trame acide et dynamisée par une longue finale saline. ⌛ 2023-2028

DOM. SYLVAIN LANGOUREAU, 20, rue de la Fontenotte, 21190 Saint-Aubin, tél. 03 80 21 39 99, domainesylvainlangoureau@orange.fr V *r.-v.*

AU PIED DU MONT CHAUVE
Le Charmois 2017 ★

| 1er cru | 15 000 | | 30 à 50 € |

Maison de négoce-éleveur créée en 1951 par Louis-Félix Picard. Francine, sa petite-fille, a pris la suite de son père Michel en 2008 avec son frère Gabriel et a rebaptisé en 2011 la société, créant la marque Au Pied du Mont Chauve. Elle dispose de l'imposant château de Chassagne-Montrachet et de ses caves médiévales, et exploite en propre 136 ha de vignes (dont 110 en biodynamie), entre la Côte chalonnaise et la Côte de Beaune.

En limite avec l'appellation chassagne, ce terroir donne des vins qui ressemblent souvent à leur voisin. Ici, un saint-aubin au nez discret mais élégant d'acacia et d'aubépine. La bouche est équilibrée, soyeuse, centrée sur les fruits jaunes enrobés d'une touche de miel. ⌛ 2023-2025

DOMAINES ET MAISON FAMILLE PICARD, 5, rue du Château, 21190 Chassagne-Montrachet, tél. 03 80 21 98 57, francine.picard@domainesfamillepicard.com V *t.l.j. 10h-18h*

DOM. VINCENT PRUNIER
La Chatenière 2017 ★

| 1er cru | 1600 | | 20 à 30 € |

Au départ, en 1988, 2,5 ha de vignes hérités des parents, non viticulteurs; le vignoble couvre 12,5 ha aujourd'hui, et Vincent Prunier s'est imposé comme l'une des valeurs sûres de la Côte de Beaune. En complément de son domaine, il a créé une petite structure de négoce en 2007.

Coteau pentu dans la combe menant à Saint-Aubin, côté Puligny, ce 1er cru réputé, qui doit son nom à l'ancienne présence de châtaigniers, est souvent en vue dans ces pages. Ce 2017 lui fait honneur à travers un joli nez beurré et miellé, agrémenté d'une note plus acidulée de bonbon anglais. La bouche se révèle souple, soyeuse, bien fruitée (fruits jaunes) et d'une bonne longueur. ⌛ 2023-2025

SARL VINCENT PRUNIER, 53, rte de Beaune, 21190 Auxey-Duresses, tél. 03 80 21 27 77, sarl.prunier.vincent@orange.fr V *r.-v.*

SANTENAY

Superficie : 330 ha
Production : 14 040 hl (85 % rouge)

Dominé par la montagne des Trois-Croix, le village de Santenay est devenu, grâce à sa « fontaine salée » aux eaux les plus lithinées d'Europe, une ville d'eau

réputée… C'est donc un village polyvalent, puisque son terroir produit également d'excellents vins. Les Gravières, La Comme, Beauregard en sont les crus les plus connus. Comme à Chassagne, le vignoble présente la particularité d'être souvent conduit en cordon de Royat, élément qualitatif non négligeable.

DOM. DE L'ASTE 2018 ★

2800 | 15 à 20 €

David Moreau s'est installé en 2009 à la tête des 6 ha plantés par ses grands-parents. Ce jeune vigneron se flatte d'être plus interventionniste à la vigne qu'à la cave. Il a lui-même greffé les sélections massales de ses vignes où il pratique aussi labour et enherbement.

Les vins de David Moreau présentent souvent des robes profondes. C'est bien le cas avec ce santenay couleur pourpre, qui dévoile un nez généreux de fruits noirs mûrs agrémenté d'un boisé marqué. Passé une attaque souple, la bouche se fait puissante, suave et consistante, étayée par des tanins bien présents mais soyeux et par ce même boisé soutenu perçu à l'olfaction. Une touche de poivre gris marque la finale. Du potentiel pour ce vin mûr bien dans le ton du millésime. ⧗ 2024-2030

SARL DAVID MOREAU, 2, rue de la Bussière, 21590 Santenay, tél. 06 85 96 30 28, domaine.aste@gmail.com V r.-v.

DOM. BACHEY-LEGROS
Clos des Hâtes Vieilles Vignes 2017 ★★

8600 | 20 à 30 €

Régulièrement mentionnés dans le Guide, les Bachey-Legros – Christiane et ses fils Samuel et Lénaïc – sont les 5e et 6e générations à œuvrer sur ce domaine de 19 ha auquel s'est ajoutée une activité de négoce en 2008. En 2017, la propriété s'est équipée d'une nouvelle cuverie.

De vénérables ceps de 85 ans sont à l'origine de ce vin au nez intense et complexe de bourgeon de cassis, de mûre, de violette et de poivre. Une attaque fruitée fait place à une bouche riche et puissante, charpentée par des tanins fermes et serrés qui laissent peu de doute sur le potentiel de cette cuvée. ⧗ 2025-2030 **1er cru Clos des Gravières 2018 ★ (30 à 50 €; 5200 b.)** Un santenay au caractère floral et toasté, doté d'un palais ample, généreux et gras, reflet gourmand d'un millésime solaire. ⧗ 2023-2026

EARL DOM. BACHEY-LEGROS, 12, rue de la Charrière, 21590 Santenay, tél. 06 07 43 00 76, samuel@bachey-legros.fr V r.-v.

DOM. ROGER BELLAND Charmes 2018 ★★

6000 | 20 à 30 €

Un domaine ancien, dont on trouve trace au XVIIIes., couvrant aujourd'hui 24 ha. À sa tête, Roger Belland, installé en 1981, sa fille Julie, arrivée en 2003 et chargée des vinifications et leur nouveau collaborateur Martin Boyer. Pas de bio certifié ici, mais une viticulture raisonnée et maîtrisée (enherbement total du vignoble, pas de désherbants), et des vins d'une grande constance.

Le *climat* Les Charmes partage avec Meursault la particularité d'être réparti entre Charmes du dessous et du dessus. Ici, un Charmes « tout court » né d'une belle parcelle de 1,15 ha qui offre un bouquet de fruits noirs bien mûrs relevés d'une touche de poivre. On retrouve le fruit accompagné d'un fin boisé dans une bouche ample et bien structurée. ⧗ 2023-2026

DOM. ROGER BELLAND, 3, rue de la Chapelle, 21590 Santenay, tél. 03 80 20 60 95, belland.roger@wanadoo.fr V r.-v.

DOM. BOUTHENET-CLERC Clos Rousseau 2018 ★

1er cru | 1600 | 11 à 15 €

Marc Bouthenet exploite depuis 1988 ce domaine familial de 21 ha, ce qui est loin d'être négligeable à l'échelle bourguignonne. Son beau-fils Antoine Clerc, arrivé en 2009 et aujourd'hui cogérant, compte développer la vente en bouteilles grâce à un nouveau caveau installé à Mercey, hameau de Cheilly-lès-Maranges.

Un *climat* voisin des Maranges souvent en vue dans ces pages. Ici, un 2018 aux parfums subtils de cerise et de framboise agrémentés de zeste d'orange. La bouche apparaît franche et fraîche en attaque, puis elle développe des tanins fermes mais au grain fin. L'ensemble reste alerte et équilibré. ⧗ 2025-2030

EARL DOM. BOUTHENET-CLERC, 11, rue Saint-Louis, Mercey, 71150 Cheilly-lès-Maranges, tél. 06 15 32 78 77, earlbouthenet-clerc@orange.fr V r.-v.

CAPUANO-FERRERI Gravières 2018 ★★

1er cru | n.c. | 20 à 30 €

Associé à l'ancien footballeur Jean-Marc Ferreri, John Capuano – dont le père Gino a créé en 1987 ce domaine implanté à Santenay – exploite 8 ha de parcelles s'égrenant de Beaune à Mercurey. Très régulier en qualité.

Ce santenay pourpre et profond offre à l'olfaction des arômes généreux de fruits mûrs (cassis, pruneau). Arômes prolongés par une bouche suave, ronde, veloutée, aux tanins soyeux, étirée dans une longue et belle finale épicée. ⧗ 2024-2030

SARL DOM. CAPUANO-FERRERI, 14, rue Chauchien, 21590 Santenay, tél. 03 80 20 68 04, john.capuano@wanadoo.fr V r.-v.

B JEAN-FRANÇOIS CHAPELLE
Saint-Jean 2018 ★

3100 | 20 à 30 €

En 1989, Roger Chapelle et son fils Jean-François ont créé une structure de négoce qui commercialise en exclusivité les vins du domaine familial (18 ha en bio certifié), situé à l'extrémité sud de la Côte de Beaune. Il détient aussi des parcelles à l'autre bout de la Côte, autour de la montagne de Corton. En 2002, l'activité a été étendue à des vignerons partenaires pour élargir les gammes.

36 ares parmi les presque 10 ha que compte ce *climat* situé derrière l'église Saint-Jean dans le hameau de Santenay-le-Haut ont produit cette cuvée au nez élégant d'agrumes, de fruits secs et de fleurs blanches. La bouche apparaît franche et fraîche en attaque, plus dense et compacte dans son développement, soutenue par un bon boisé. ⧗ 2023-2026

SARL JEAN-FRANÇOIS CHAPELLE, Le Haut-Village, 21590 Santenay, tél. 03 80 20 60 09, contact@domainechapelle.com V t.l.j. 9h-12h 14h-17h; sam. dim. sur r.-v.

DOM. MAURICE CHARLEUX ET FILS
Clos Rousseau 2018 ★

1er cru	3400		15 à 20 €

Un domaine régulier en qualité; 60 ares au temps de Ferdinand Charleux, en 1894, 10 ha aujourd'hui, en maranges et en santenay. Maurice, figure des Maranges, ayant pris sa retraite en 2008, Vincent, l'aîné de ses trois fils, qui travaille depuis 1999 sur l'exploitation, l'a relayé.

Au nez, ce Clos Rousseau distille des parfums discrets de violette et de groseille. On retrouve ces arômes dans une bouche fraîche, souple, délicate, d'une belle longueur. Un santenay élégant et sapide. ⧗ 2022-2026

DOM. MAURICE CHARLEUX ET FILS, 1, Petite-Rue, 71150 Dezize-lès-Maranges, tél. 03 85 91 15 15, domaine.charleux@wanadoo.fr V r.-v.

FRANÇOISE ET DENIS CLAIR
Clos Genet 2018 ★

	6000		15 à 20 €

Créé par Françoise et Denis Clair en 1986 à partir de 5 ha, ce domaine souvent en vue pour ses saint-aubin et ses santenay couvre aujourd'hui 14 ha, avec une petite activité de négoce en complément. Le fils Jean-Baptiste, arrivé en 2000, assure les vinifications depuis 2011.

Jean-Baptiste Clair exploite 1,2 ha sur les 8,23 que compte ce *climat*, qui a produit de bien belles cuvées au domaine, dont 4 coups de cœur. La version 2018 est un santenay bien fruité (cerise, groseille, mûre) et un brin épicé, souple en attaque, plus ferme et consistant dans son développement, mais sans excès. ⧗ 2023-2026

FRANÇOISE ET DENIS CLAIR, 14, rue de la Chapelle, 21590 Santenay, tél. 03 80 20 61 96, fdclair@orange.fr V r.-v.

MARC COLIN ET SES FILS
2017 ★

	850		20 à 30 €

Marc Colin et son épouse Michèle ont créé ce domaine à la fin des années 1970, à partir de 6 ha. Leurs 3 enfants Joseph, Caroline et Damien ont longtemps conduit ensemble le domaine familial, qui comptait 19 ha. En 2017, le premier a pris son indépendance, si bien qu'il reste à Caroline et à Damien 12 ha disséminés sur les communes de Saint-Aubin, Chassagne, Puligny et Santenay. Une valeur sûre de la Côte de Beaune.

Passé une fine note animale, ce santenay s'ouvre sur des parfums de pamplemousse et de fleur d'oranger. La bouche se révèle ample, riche et ronde, soutenue par un boisé bien intégré. ⧗ 2021-2025

MARC COLIN ET SES FILS, 9, rue de la Chatenière, 21190 Saint-Aubin, tél. 03 80 21 30 43, contact@marc-colin.com r.-v.

JUSTIN GIRARDIN
Beauregard 2017 ★

1er cru	5500		20 à 30 €

Après avoir obtenu en 2013 son BTS «viti-œno» à Beaune et suivi plusieurs stages à Pomerol, Maury et jusqu'en Tasmanie, le jeune Justin Girardin (13e génération) a rejoint en 2013 ses parents Jacques et Valérie sur le domaine familial établi à Santenay-le-Haut (17 ha). Il a créé dans la foulée une activité de négoce en son nom pour compléter la gamme.

Ce *climat*, le plus haut des 1ers crus, étagé entre 350 et 400 m au-dessus des Gravières, l'un des plus vastes aussi, offre une vue unique sur le vignoble du sud de la Côte de Beaune, d'où son nom. Justin Girardin en tire une cuvée de négoce qui séduit par son élégance aromatique (rose, framboise, menthol) et par son palais long, frais, souple, à la fois énergique et gracieux. ⧗ 2022-2026

SAS JUSTIN GIRARDIN, 13, rue de Narosse, 21590 Santenay, tél. 03 80 20 60 12, justin.girardin@gmail.com V r.-v.

DOM. LOUIS JACQUARD
La Comme 2018 ★

1er cru	n.c.	30 à 50 €

Une maison de négoce fondée en 2012 par Louis Jacquard, petit-fils de vigneron de la Côte chalonnaise. Il propose aussi des vins de la Côte de Beaune.

Pamplemousse, amande, fougère, boisé fin, le nez de ce santenay donne envie d'aller plus loin. On découvre alors une bouche intense, longue et équilibrée. Un bon potentiel. ⧗ 2022-2025

LOUIS JACQUARD, 11, Grand-Rue, 71150 Fontaines, tél. 06 70 02 22 53, domaine@louisjacquard.com V r.-v.

DOM. JEANNOT
Clos de la Comme Dessus 2018 ★

	3500		15 à 20 €

Domaine fondé en 1996 par Valérie et Philippe Jeannot, rejoints en 2014 par leur fils Quentin. L'exploitation, qui a son siège dans le Couchois, compte 11 ha de vignes disséminés entre Pommard et les Maranges. Elle propose de nombreuses références en santenay et en maranges.

Coup de cœur dans sa version 2017, cette cuvée propose un 2018 de belle facture, ouvert sur les fruits (groseille, framboise) mâtinés d'un boisé bien intégré (18 mois d'élevage en fût). Un fruité soutenu que l'on retrouve dans un palais frais, aux tanins souples et fins. Un santenay que l'on pourra apprécier dans sa jeunesse. ⧗ 2021-2025

DOM. JEANNOT, 12, D 974, 21190 Meursault, tél. 06 21 60 51 73, domaine.jeannot@gmail.com V r.-v.

DOM. JESSIAUME
La Comme 2018 ★

1er cru	750		20 à 30 €

Acheté en 2007 par sir David Murray, ce domaine fondé en 1850 (9,5 ha, en grande partie à Santenay, et

en conversion bio) fait figure de valeur sûre en Côte-d'Or. En 2008, une structure de négoce est venue compléter la production de la propriété. L'œnologue est William Waterkeyn.

Ce santenay dévoile un nez « très pinot » de petits fruits rouges (cerise, groseille). Un fruité auquel fait écho une bouche soyeuse et très fraîche, aux tanins fins. Des notes plus chaleureuses de chocolat s'invitent en finale. ⧗ 2022-2025

SCEA DOM. JESSIAUME, 10, rue de la Gare, 21590 Santenay, tél. 03 80 20 60 03, info@jessiaume.com V *r.-v.*

♥ MESTRE PÈRE ET FILS
Beaurepaire 2018 ★★

1er cru | 4 500 | 20 à 30 €

Cinq générations de viticulteurs se sont succédé ici depuis 1887. Des Maranges à Ladoix en passant par Chassagne et Aloxe, les frères Mestre (Gilbert, Gérard et Michel) exploitent un vignoble de 17 ha.

Ce terroir implanté sur les hauteurs du village sied parfaitement au chardonnay. La famille Mestre en tire un 2018 de haute expression, qui mêle au nez des arômes complexes et élégants de poire, de fleurs blanches (jasmin, muguet), de thym et de Zan. Le palais débute en souplesse, puis se fait plus gras, plus dense, plus charnu, mais sans jamais perdre en délicatesse grâce au soutien d'une fine trame acide. Un santenay qui s'appréciera tout aussi bien dans sa jeunesse qu'après une longue garde. ⧗ 2022-2030

MESTRE PÈRE ET FILS, 12, pl. du Jet-d'Eau, 21590 Santenay, tél. 03 80 20 60 11, contact@mestre-pere-et-fils.fr V *t.l.j. sf dim. 10h-12h30 14h30-18h*

LUCIEN MUZARD ET FILS
Vieilles Vignes 2018 ★

7705 | 15 à 20 €

Domaine de 18 ha fondé à partir de 1965 par le Santenois Lucien Muzard. Ses fils Hervé et Claude Muzard, vignerons et négociants, ont pris la relève dans les années 1990, avec brio : leurs vins, notamment leurs santenay, collectionnent les étoiles du Guide.

Un vin né de ceps de 60 ans, ouvert sur le cassis confituré, une pointe végétale apportant de la fraîcheur, ample, frais et consistant en bouche, structuré par des tanins fins. ⧗ 2023-2028 **1er cru Maladière 2018 ★ (20 à 30 €; 1764 b.)** Si les frères Muzard sont réputés pour leurs santenay rouges, ils ne négligent pas leurs blancs, à l'image de ce Maladière qui libère à l'aération des arômes de fruits secs et de fruits exotiques (mangue, kiwi) agrémentés d'un joli toasté venu de 11 mois de barrique. La bouche conjugue harmonieusement gras, volume et finesse. ⧗ 2022-2026

DOM. LUCIEN MUZARD ET FILS, 1, rue de la Chapelle, 21590 Santenay, tél. 03 80 20 61 85, lucienmuzard71@gmail.com V *r.-v.*

♥ DOM. CLAUDE NOUVEAU
Grand Clos Rousseau 2018 ★★

1er cru | 7000 | 15 à 20 €

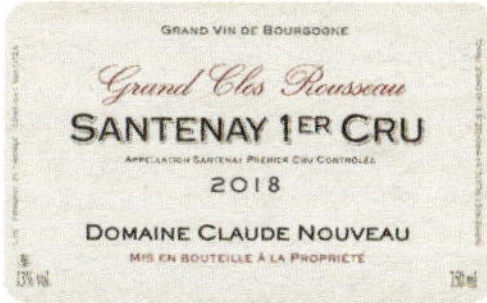

Souvent en vue pour ses maranges et ses santenay, ce domaine établi dans le hameau de Marcheseuil, dans les Hautes-Côtes de Beaune, s'étend sur 14 ha. En 2010, Claude Nouveau en a confié les rênes à son gendre Stéphane Ponsard, rejoint en 2015 par son épouse Aline.

Les 7,92 ha du Grand Clos Rousseau, 1er cru voisin des Maranges, représentent la moitié de la surface du Clos Rousseau. Les Ponsard y exploitent 1,1 ha de pinot noir âgé de 50 ans. Ils en tirent un santenay magnifique, ouvert sur des arômes intenses de fruits noirs et d'épices. Une attaque franche prélude à une bouche ample, dense, aux tanins à la fois serrés et soyeux, avec en finale un long et beau retour épicé et fruité. Un vin de grande garde. ⧗ 2025-2030

DOM. CLAUDE NOUVEAU, Marcheseuil, 21340 Change, tél. 03 85 91 13 34, domaine@claudenouveau.com V *r.-v.*

♥ BERNARD ET FLORIAN REGNAUDOT 2018 ★★

5700 | 11 à 15 €

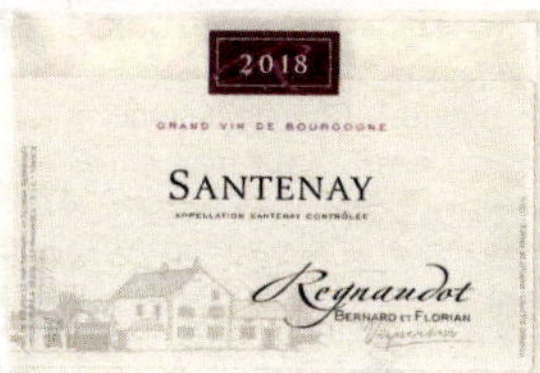

Installé en 1996, le discret mais talentueux Bernard Regnaudot, d'ascendance vigneronne (père et grand-père), a transmis le vignoble familial – 8 ha plantés de vieilles vignes – à son fils Florian en 2015. Un domaine qui s'illustre régulièrement dans son fief des Maranges et qui signe aussi de belles cuvées du village voisin de Santenay.

Florian Regnaudot signe un santenay d'une grande élégance, au nez aussi intense que fin de fruits rouges mûrs et d'épices. Vif et alerte en attaque, doté de tanins soyeux, veloutés, d'un volume certain et d'une longue finale sur le fruit, le palais a fait chavirer le cœur des jurés. À boire jeune ou à attendre. ⧗ 2022-2028

BERNARD ET FLORIAN REGNAUDOT, 14, rte de Nolay, 71150 Dezize-lès-Maranges, tél. 03 85 91 14 90, regnaudot.bernardetflorian@orange.fr V *r.-v.*

DOM. SORINE Beaurepaire 2018 ★

1er cru | 2500 | 15 à 20 €

Originaires de Santenay, les Sorine font du vin depuis 1929. Christian s'est installé en 1990 à la tête des 12 ha familiaux, rejoint en 2009 par sa femme Emma, enseignante formée à l'œnologie. Ils ont aussi développé une petite activité de négoce pour élargir leur gamme.

BOURGOGNE

Ce Beaurepaire dévoile un joli nez de cerise et de cassis mûrs agrémenté d'un bon boisé épicé et de nuances florales. Une attaque ample ouvre sur un palais harmonieux et long, aux tanins délicats, un brin plus serrés en finale. ⧗ 2024-2028

DOM. SORINE, 1, pl. de la Poste, 71150 Cheilly-lès-Maranges, tél. 03 85 87 18 07, christian.sorine@orange.fr V r.-v.

MARANGES

Superficie : 170 ha
Production : 7 450 hl (95 % rouge)

Situé en Saône-et-Loire, à l'extrémité sud de la Côte de Beaune, le vignoble des Maranges regroupe les trois communes de Chailly, Dezize et Sampigny-lès-Maranges qui avaient leur propre appellation jusqu'en 1989. Il comporte six 1ers crus. Les vins rouges ont droit également à l'AOC côte-de-beaune-villages. Fruités, corpulents et charpentés, ils peuvent vieillir de cinq à dix ans.

VINCENT BACHELET
La Fussière Vieilles Vignes 2018 ★

1er cru	17000		15 à 20 €

Originaire d'une vieille famille vigneronne des Maranges (il est fils de Bernard Bachelet), Vincent Bachelet a travaillé avec ses frères avant de s'installer, en 2008, à Chassagne-Montrachet, dans les anciens chais du négociant de Marcilly. Il exploite 20 ha, essentiellement dans la Côte de Beaune.

Étoilé l'an passé avec ce même *climat* mais en version blanche, le domaine signe un 2018 rouge sombre, au nez de cassis et de mûre agrémenté d'une touche vanillée. Des arômes prolongés par une bouche intense, ample, puissante et longue. ⧗ 2023-2028

VINCENT BACHELET, 27, rte de Santenay, 21190 Chassagne-Montrachet, tél. 06 19 77 51 87, contact@vincent-bachelet.com V r.-v.

DOM. MAURICE CHARLEUX ET FILS
Le Clos des Rois 2018 ★★

1er cru	2000		15 à 20 €

Un domaine régulier en qualité ; 60 ares au temps de Ferdinand Charleux, en 1894, 10 ha aujourd'hui, en maranges et en santenay. Maurice, figure des Maranges, ayant pris sa retraite en 2008, Vincent, l'aîné de ses trois fils, qui travaille depuis 1999 sur l'exploitation, l'a relayé.

Quand Louis XI fit main basse sur les domaines des ducs de Bourgogne, quelques-uns des meilleurs arpents, dont cette vigne, prirent le nom de Roi. On retrouve aussi ce *climat* à Beaune, Chenôve et Marsannay. Ce vin, pressenti pour un coup de cœur, séduit d'emblée par son nez de violette et de cerise mâtiné d'une touche de poivre. Concentrée sur les fruits rouges, la bouche s'appuie sur des tanins fins et déploie une belle énergie en finale. ⧗ 2023-2028 **1er cru La Fussière 2018 ★ (15 à 20 € ; 10 800 b.)** Un 1er cru centré sur les fruits rouges mûrs, bien structuré en bouche, long et équilibré. Bâti pour la garde. ⧗ 2023-2028

DOM. MAURICE CHARLEUX ET FILS, 1, Petite-Rue, 71150 Dezize-lès-Maranges, tél. 03 85 91 15 15, domaine.charleux@wanadoo.fr V r.-v.

DOM. CHEVROT ET FILS
Sur le Chêne 2018 ★

	10000		15 à 20 €

Depuis sa création, l'exploitation est passée de 5 ha à 18 ha. Les fils de Fernand et Catherine Chevrot, Pablo et Vincent, tous deux œnologues, se sont installés au début de ce siècle et ont engagé la conversion bio de la propriété. Le cheval est revenu labourer la vigne comme à l'époque de Paul et Henriette, fondateurs du domaine en 1930.

Avec plus de 2 ha plantés sur un dôme d'argile calcaire, cette cuvée est la signature du domaine. Sa robe tire vers la cerise noire et le nez libère des parfums intenses de fruits noirs mûrs et de fougère. La bouche est nette, fraîche, bien équilibrée entre fruits rouges et tanins de qualité. ⧗ 2023-2025

EARL DOM. CHEVROT ET FILS, 19, rte de Couches, 71150 Cheilly-lès-Maranges, tél. 03 85 91 10 55, contact@chevrot.fr V r.-v.

DOM. JEANNOT
La Fussière 2018 ★

1er cru	2000		15 à 20 €

Domaine fondé en 1996 par Valérie et Philippe Jeannot, rejoints en 2014 par leur fils Quentin. L'exploitation, qui a son siège dans le Couchois, compte 11 ha de vignes disséminés entre Pommard et les Maranges. Elle propose de nombreuses références en santenay et en maranges.

Une parcelle de 25 ares a donné naissance à cette cuvée vêtue d'une robe claire, aux jolies notes aromatiques mariant menthol et chocolat. La bouche est bien équilibrée, souple, fruitée (griotte), appuyée sur des tanins de qualité. ⧗ 2022-2025

DOM. JEANNOT, 12, D 974, 21190 Meursault, tél. 06 21 60 51 73, domaine.jeannot@gmail.com V r.-v.

DOM. EDMOND MONNOT ET FILS
Le Saugeot 2018 ★

	9000		11 à 15 €

Installé en 2000, Stéphane Monnot représente la 3e génération sur ce domaine créé en 1928 : 9,5 ha, principalement en appellation maranges. L'installation d'une cuverie moderne permet un travail du raisin par gravité.

La plus grande parcelle (1,5 ha) du domaine, située sur sa commune de Dezize, est à l'origine de ce vin ouvert sur les fruits rouges et noirs compotés et la réglisse. Passé une attaque en finesse, le palais affiche un profil fruité, souple et rond. Un maranges à boire dans sa jeunesse. ⧗ 2021-2024

DOM. EDMOND MONNOT ET FILS, 11, rue de Borgy, 71150 Dezize-lès-Maranges, tél. 03 85 91 16 12, domaineedmondmonnot@gmail.com V r.-v.

DOM. CLAUDE NOUVEAU La Fussière 2018 ★

1er cru	4600		15 à 20 €

Souvent en vue pour ses maranges et ses santenay, ce domaine établi dans le hameau de Marcheseuil, dans les Hautes-Côtes de Beaune, s'étend sur 14 ha. En 2010, Claude Nouveau en a confié les rênes à son gendre Stéphane Ponsard, rejoint en 2015 par son épouse Aline.

Le plus vaste (25,83 ha) des onze 1ers crus de l'appellation. Le domaine y cultive 72 ares qui ont donné ce vin grenat intense, au nez acidulé de groseille et de fraise des bois. On loue également sa bouche ample, bien structurée, dotée de tanins fermes qui lui apportent beaucoup de mâche et de potentiel. ⧗ 2023-2028

DOM. CLAUDE NOUVEAU, Marcheseuil, 21340 Change, tél. 03 85 91 13 34, domaine@claudenouveau.com V r.-v.

DOM. PONSARD-CHEVALIER
La Fussière 2018 ★★

1er cru	2000		15 à 20 €

Reprise en 1977 par Michel Ponsard et Danielle Chevalier qui l'avaient cultivée en fermage pendant plusieurs années, et désormais dirigée par leur fille Coralie, cette exploitation familiale couvre 6,16 ha. Comme nombre de propriétés établies à Santenay, elle dispose aussi de vignes dans trois 1ers crus des Maranges.

Le domaine exploite 35 ares de ce 1er cru réputé. Dans le verre, un beau vin pourpre aux reflets violines, qui s'exprime sur de jolies notes fruitées (cassis) et réglissées à l'olfaction. La bouche est riche, dense, concentrée, chaleureuse, bâtie sur des tanins fins et dynamisée par une finale pleine d'énergie. Le coup de cœur fut mis aux voix. ⧗ 2023-2030 ■ **1er cru Le Clos des Loyères 2018 ★ (15 à 20 €; 900 b.)** Un vin au nez de fraise des bois mâtiné de touches végétales, à la bouche puissante, tannique et corsée. Un 1er cru taillé pour la garde. ⧗ 2025-2030

DOM. PONSARD-CHEVALIER, 2, Les Tilles, 21590 Santenay, tél. 03 80 20 60 87, contact@ponsard-chevalier.fr V r.-v.

BERNARD ET FLORIAN REGNAUDOT
La Fussière 2018 ★

1er cru	2150		11 à 15 €

Installé en 1996, le discret mais talentueux Bernard Regnaudot, d'ascendance vigneronne (père et grand-père), a transmis le vignoble familial – 8 ha plantés de vieilles vignes – à son fils Florian en 2015. Un domaine qui s'illustre régulièrement dans son fief des Maranges et qui signe aussi de belles cuvées du village voisin de Santenay.

Les Regnaudot exploitent 32 ares dans ce *climat* qui compte plus de 25 ha. Ils en tirent un vin digne de son appellation, qui évoque au nez les petits fruits rouges confiturés, la vanille et une originale note de pierre à fusil. Une attaque tendue introduit une bouche droite, tannique et ferme. Un 1er cru au solide potentiel de garde. ⧗ 2025-2030

BERNARD ET FLORIAN REGNAUDOT, 14, rte de Nolay, 71150 Dezize-lès-Maranges, tél. 03 85 91 14 90, regnaudot.bernardetflorian@orange.fr V r.-v.

DOM. J.-C. REGNAUDOT ET FILS
Les Clos Roussots 2018 ★★

1er cru	3300		15 à 20 €

Installés au cœur du village de Dezize, Jean-Claude et Didier Regnaudot cultivent avec talent 6,75 ha de vignes entre Maranges et Santenay. Leurs vins parlent pour eux : le domaine a plusieurs coups de cœur à son actif. Une valeur (très) sûre.

Un passage par la case « finale des coups de cœur » pour cette cuvée au nez délicat de violette, de Zan et de petits fruits noirs. Une attaque vive met en relief une bouche concentrée et longue, dotée de tanins fins et soyeux. S'il est déjà plaisant, ce 1er cru pourra aussi patienter en cave. ⧗ 2022-2026

JEAN-CLAUDE REGNAUDOT ET FILS, 6, Grande-Rue, 71150 Dezize-lès-Maranges, tél. 03 85 91 15 95, regnaudot.jc-et-fils@orange.fr V r.-v.

DOM. SORINE
Vieilles Vignes 2018 ★

	3300		11 à 15 €

Originaires de Santenay, les Sorine font du vin depuis 1929. Christian s'est installé en 1990 à la tête des 12 ha familiaux, rejoint en 2009 par sa femme Emma, enseignante formée à l'œnologie. Ils ont aussi développé une petite activité de négoce pour élargir leur gamme.

Cette cuvée provient d'un assemblage de 3 parcelles dont la plus ancienne fut plantée en 1929. Elle présente une belle complexité aromatique : cerise noire, violette, menthol, réglisse. En bouche, elle se montre énergique et fraîche, encadrée par des tanins fermes, qui demandent à se fondre. ⧗ 2023-2027

DOM. SORINE, 1, pl. de la Poste, 71150 Cheilly-lès-Maranges, tél. 03 85 87 18 07, christian.sorine@orange.fr V r.-v.

LA CÔTE CHALONNAISE

BOURGOGNE-CÔTE-CHALONNAISE

Superficie : 460 ha
Production : 24 150 hl (75 % rouge et rosé)

Située entre Chagny et Saint-Gengoux-le-National (Saône-et-Loire), la Côte chalonnaise possède une identité qui lui a permis d'être reconnue en AOC en 1990. L'appellation produit une majorité de rouges assez fermes dans leur jeunesse, quelques rosés et des blancs de style léger.

LA BURGONDIE 2018 ★

	30000		5 à 8 €

En 2015, les Caves Bailly Lapierre de l'Yonne et les Vignerons de Buxy fondent la Compagnie de Burgondie, une union de coopératives regroupant leurs moyens commerciaux, marketing et logistique. En septembre 2016, l'Alliance des Vignerons Bourgogne Beaujolais (AVB) a rejoint cette entité.

Ce blanc brille de beaux reflets vert tendre. Au nez, il développe de subtiles senteurs fraîches, allant des petites fleurs blanches à la tarte au citron, en passant par des notes plus végétales de fougère et de gentiane. La valse des arômes dans un palais délicat, élégant et mentholé. Un vin d'une grande finesse. ⧗ 2020-2023

LA COMPAGNIE DE BURGONDIE, 3, quai de l'Yonne, hameau de Bailly, CS 10003, 89530 Saint-Bris-le-Vineux, tél. 03 86 34 96 38, commercial@burgondie.info V t.l.j. sf sam. dim. 9h-12h 14h-18h

DOM. JOCELYNE CHAUSSIN
La Fortune 2018 ★★

■	1500		5 à 8 €

Jocelyne Chaussin assure depuis 1988 la continuité de cette petite exploitation familiale (1,33 ha) ancrée depuis trois générations à Bouzeron. Respectueuse de la nature, elle travaille la vigne comme « dans l'ancien temps », sans produit chimique.

Cette cuvée brille d'un or vert intense et dévoile des senteurs complexes de beurre noisette, de pin et de fruits mûrs à chair blanche. Fruité, rond, gras et intense, le palais est équilibré par une fraîcheur très bien dosée, renforcée par une finale puissante et mentholée. ⧗ 2020-2025

DOM. JOCELYNE CHAUSSIN, 3, rue des Dames, 71150 Bouzeron, tél. 06 82 85 38 46, jeanlouis.chaussin@orange.fr V r.-v.

DOM. DAVANTURE
2018 ★

■	3000		8 à 11 €

Les trois frères Davanture (Xavier, Damien et Éric) sont issus d'une longue dynastie de vignerons (huit générations). Ils officient sur un domaine de 22 ha situé à Saint-Désert, village de la Côte chalonnaise connu pour son église fortifiée. Ce grand domaine est géré en viticulture raisonnée, et les vendanges se font exclusivement à la main.

Or paille d'une belle brillance, ce vin offre un nez délicat de tilleul, d'agrumes et de pêche de vigne. En bouche, la fraîcheur et la souplesse se conjuguent à un fruité charnu, sans aucune lourdeur, et à de jolis amers qui perdurent en finale. ⧗ 2020-2023

DOM. DAVANTURE, 26, rue de la Messe, 71390 Saint-Désert, tél. 03 85 47 95 57, domaine.davanture@orange.fr V r.-v.

DOM. DE L'ÉCETTE
2018 ★

■	n.c.		8 à 11 €

Auparavant viticulteur dans le Mâconnais, Jean Daux s'installe dans le Chalonnais (Rully) en 1983. Arrivé sur l'exploitation en 1997, son fils Vincent conduit aujourd'hui ce domaine de 17 ha souvent en vue dans ces pages. En 2019, le domaine s'est équipé d'une nouvelle cave et de nouvelles cuves pour vinifier les blancs. Les anciennes cuves servent à la vinification des vins rouges.

Ce 2018 couleur cerise livre un nez complexe mêlant les fruits noirs mûrs à des notes d'humus. La bouche, d'une belle finesse, possède à la fois du fruit et du fond, avec en soutien une charpente tannique ferme. Un vin à forte personnalité. ⧗ 2023-2027

DOM. DE L'ÉCETTE, 21, rue de Geley, 71150 Rully, tél. 03 85 91 21 52, daux.vincent@wanadoo.fr V r.-v.

GOUFFIER
Les Malpertuis 2018 ★

■	6500		11 à 15 €

Ayant appartenu à la famille Gouffier pendant plus de 200 ans, ce petit domaine de 5,5 ha a été repris en 2012 par Frédéric Gueugneau, qui a créé en parallèle une activité de négoce destinée à l'achat de vendanges sur pied.

Cette cuvée d'un bel or cristallin aux reflets pistache présente une palette aromatique intense et complexe évoquant le citron, l'acacia et la noisette torréfiée. Le palais se révèle ample, riche, bien en chair, sans jamais céder à la lourdeur grâce à l'appui d'une fine acidité. Un vin stylé et équilibré. ⧗ 2020-2024

GOUFFIER, 11, Grande-Rue, 71150 Fontaines, tél. 06 47 00 01 04, contact@gouffier.fr V r.-v.

DOM. NATHALIE RICHEZ
Petites Combes 2018 ★★

■	1020		11 à 15 €

À 37 ans, souhaitant réorienter sa vie professionnelle, Nathalie Richez a pris le chemin de la «viti» de Beaune, avant de s'installer en 2011 sur un domaine de 15 ha allant de la Côte chalonnaise aux hautes-côtes-de-beaune.

Vêtu d'une robe bigarreau au disque violet, ce 2018 offre un nez délicat et subtil de framboise, de cassis et d'épices. La bouche est intense, ample, puissante, dotée de tanins fermes mais bien enrobés dans le fruit et d'une longue finale sur la finesse. ⧗ 2023-2027

NATHALIE RICHEZ, 15, rue du Nantil, 71150 Chagny, tél. 06 47 27 96 92, nathalierichez.vinsaufeminin@orange.fr V t.l.j. sf dim. 10h-12h30 14h30-18h

B CH. DE SASSANGY
2018 ★

■	25500		8 à 11 €

Situé dans l'arrière-pays vallonné de Chalon-sur-Saône, ce domaine est dans la famille Musso depuis plus de 3 siècles : une vaste propriété de 300 ha commandée par un château édifié en 1740 sur les vestiges d'une place forte des Xe et XIIe s. Installés en 1979, Jean Musso et son épouse Geno ont redonné vie à ce vignoble endormi depuis la crise du phylloxéra (50 ares à leur arrivée), qui s'étend aujourd'hui sur 45 ha, conduit en bio.

Ce 2018 affiche une robe étincelante, couleur rubis. D'abord réservé, le nez dévoile peu à peu un fruité frais, agrémenté de nuances florales. De la chair, de la rondeur, des tanins fins et une jolie expression aromatique (cerise, groseille, amande fraîche) : la bouche ne déçoit pas. ⧗ 2022-2025

CH. DE SASSANGY, Le Château, 71390 Sassangy, tél. 03 58 09 73 66, mussojean71@gmail.com V r.-v.

B DOM. DE VILLAINE La Fortune 2018 ★

■	13000		15 à 20 €

Ce domaine situé à Bouzeron exploite 36 ha de vignes en culture biologique, répartis dans les diverses appellations de la Côte chalonnaise. Aubert de Villaine (copropriétaire de la Romanée-Conti) et son épouse Pamela en ont confié la gestion à leur neveu Pierre de Benoist depuis 2001.

Ce vin à la robe profonde, couleur cerise noire aux reflets lilas, dévoile un nez précis et fin de fruits rouges et de vanille. Après une attaque franche et fraîche, la bouche se montre charnue, ronde et voluptueuse. Une jolie gourmandise. ⧗ 2021-2024

SAS DOM. DE VILLAINE, 2, rue de la Fontaine, 71150 Bouzeron, tél. 03 85 91 20 50, contact@de-villaine.com V r.-v.

BOUZERON

Superficie : 47 ha / Production : 2 450 hl

Petit village situé entre Chagny et Rully, Bouzeron est de longue date réputé pour ses vins d'aligoté. Cette variété occupe la plus grande partie du vignoble communal. Planté sur des coteaux orientés est-sud-est, dans des sols à forte proportion calcaire, ce cépage à l'origine de vins blancs vifs s'exprime particulièrement bien, donnant naissance à des vins complexes et d'une « rondeur pointue ». Les vignerons du lieu, après avoir obtenu l'appellation bourgogne-aligoté-bouzeron en 1979, ont réussi à hisser l'aire de production au rang d'AOC communale.

DOM. MICHEL BRIDAY Cuvée Axelle 2018 ★

■	9000		11 à 15 €

Les Briday sont vignerons de père en fils : Stéphane, le fils de Michel, est installé depuis 1989 à la tête de ce domaine qui s'étend sur 15 ha implantés au cœur du village de Rully. Une valeur sûre.

Or à reflets verts, ce 2018 livre une palette complexe de miel d'acacia, de lys blanc et de citron. La rondeur et la générosité du palais sont bien équilibrées par une belle tension finale, qui apporte de la longueur. ⧗ 2020-2023

DOM. MICHEL BRIDAY, 31, Grande-Rue, 71150 Rully, tél. 03 85 87 07 90, domainemichelbriday@orange.fr V r.-v.

B LES CHAMPS DE THÉMIS Les Corcelles 2018 ★

■	3000		15 à 20 €

Xavier Moissenet était substitut du procureur de la République au Tribunal de Grande Instance de Chalon-sur-Saône avant de devenir néo-vigneron en 2014, en acquérant près de 6 ha de vignes sur la Côte chalonnaise, certifiées agriculture biologique.

Teinté d'or aux reflets patinés, ce 2018 séduit par ses arômes multiples parmi lesquels on reconnaît la pêche jaune, le beurre frais ou encore la vanille. Flatté par un boisé bien fondu, le palais se montre riche et rond, équilibré par une finale fraîche et élégante. Un bon ambassadeur de l'appellation. ⧗ 2022-2026

LES CHAMPS DE THÉMIS, rue des Dames, 71150 Bouzeron, tél. 06 80 28 79 96, xavier.moissenet@gmail.com V r.-v.

DOM. DES MOIROTS 2018 ★

■	5320		8 à 11 €

Le domaine est une affaire de famille : celle des Denizot. En 1990, Christophe a rejoint son père Lucien à la tête de l'exploitation (15 ha), qu'il gère en compagnie de sa sœur Muriel et de son cousin Patrice.

Elevé 11 mois en cuve, ce bouzeron enchante par sa teinte d'or pâle brillante et par son nez subtil de fruits blancs et petites fleurs des haies. Adossé à une belle fraîcheur, le palais se montre rond et long. Un joli vin pour coquillages et crustacés. ⧗ 2020-2023

DOM. DES MOIROTS, 14, rue des Moirots, 71390 Bissey-sous-Cruchaud, tél. 03 85 92 16 93, domainedesmoirots@orange.fr V r.-v.

B DOM. DE VILLAINE 2018 ★

■	71200		15 à 20 €

Ce domaine situé à Bouzeron exploite 36 ha de vignes en culture biologique, répartis dans les diverses appellations de la Côte chalonnaise. Aubert de Villaine (copropriétaire de la Romanée-Conti) et son épouse Pamela en ont confié la gestion à leur neveu Pierre de Benoist depuis 2001.

Ce bouzeron élevé en foudres présente une large palette aromatique rappelant la poire, les fleurs blanches, la noisette, le citron et le pain d'épices. La bouche, ample et fraîche, trouve un bel équilibre entre les fruits mûrs et la minéralité. ⧗ 2020-2024

SAS DOM. DE VILLAINE, 2, rue de la Fontaine, 71150 Bouzeron, tél. 03 85 91 20 50, contact@de-villaine.com V r.-v.

RULLY

Superficie : 357 ha
Production : 16 050 hl (65 % blanc)

La Côte chalonnaise assure la transition entre le vignoble de Côte-d'Or et celui du Mâconnais. L'appellation rully déborde de sa commune d'origine sur celle de Chagny, petite capitale gastronomique. Nés sur le jurassique supérieur, les rully sont aimables et généralement de bonne garde. Certains lieux-dits classés en 1er cru ont déjà accédé à la notoriété.

DOM. DES CHAUCHOUX Les Cloux 2018 ★

■ 1er cru	19000		20 à 30 €

Le vignoble a été créé en 1920 par André Belleville. Aujourd'hui, son fils Christian et ses enfants gèrent la propriété et ses 20 ha de vignes.

Jaune d'or teinté de vert, ce rully dévoile un nez grand ouvert sur les fruits blancs, l'ananas et le pamplemousse, le tout soulignés de notes boisées. La bouche se révèle tout en rondeur et suavité, mûre, charnue et épicée, « boostée » par une finale pleine de vivacité. ⧗ 2022-2026

BOURGOGNE

La Crée 2018 ★ (15 à 20 €; 4000 b.) Ce joli vin roule bien en bouche, sur les fruits mûrs et des arômes de brioche. Un rully rond, gourmand et long. ⧗ 2022-2026

DOM. DES CHAUCHOUX (MANIGLEY), 7, rue de la Loppe, 71150 Rully, tél. 03 85 87 12 94, domainedeschauchoux@gmail.com V r.-v.

CORON PÈRE ET FILS
Les Plantenays 2018 ★

	9750		20 à 30 €

Cette maison de négoce fondée en 1875 par Claude Coron et ses deux fils est passée sous la gouvernance de la maison Louis Max en 2003. Elle propose une trentaine d'appellations de toute la Côte-d'Or.

Ce 2018 enchante les papilles par son mariage du bois et du vin. Vanille et fruits jaunes et blancs s'entremêlent harmonieusement dans une matière dense et charnue, avec une saveur de miel d'acacia en appoint. ⧗ 2021-2025

CORON PÈRE ET FILS, 6, rue de Chaux, 21700 Nuits-Saint-Georges, tél. 03 80 62 43 00, n.lanier-garde@louis-max.fr

DOM. DE LA FOLIE
Clos la Filie Monopole 2018 ★

	12900		15 à 20 €

Le Dom. de la Folie jouit d'un panorama exceptionnel de toute la Côte chalonnaise jusqu'à Nuits-Saint-Georges. Il appartient depuis 1870 à la famille Noël-Bouton. La 5e génération – Baptiste (ingénieur) et Clémence Dubrulle (ancienne attachée de presse) – a repris les commandes des 12 ha de vignes familiales en 2010.

Paré d'une robe éclatante, dorée aux reflets argentés, ce rully propose un nez discret mais complexe de fleurs blanches, d'agrumes et de caramel. La bouche, centrée sur le beurre frais et les épices douces, séduit par sa rondeur, sa mâche, son équilibre et sa longueur. ⧗ 2022-2025

DOM. DE LA FOLIE, chem. de la Folie, 71150 Chagny, tél. 03 85 87 18 59, contact@domainedelafolie.fr V r.-v.

DOM. JAEGER-DEFAIX
Les Cloux 2018 ★

1er cru	4500		20 à 30 €

Épouse de Bernard Defaix, vigneron à Chablis, Hélène Jaeger a repris en 2005 l'exploitation de sa grande-tante Henriette Niepce. Elle a engagé la conversion bio dans la foulée.

Ce 2018, timide à l'approche, se dévoile au fur et à mesure de la dégustation. Son olfaction rappelle les agrumes, les fruits exotiques et les petites fleurs blanches délicates. On retrouve cette fraîcheur dans une bouche ronde et avenante, étirée dans une belle finale minérale. ⧗ 2022-2025

DOM. JAEGER-DEFAIX, 20, rue des Buis, 71150 Rully, tél. 03 86 42 40 75, contact@jaeger-defaix.com V r.-v.

JAFFELIN 2018 ★

	6000		15 à 20 €

Cette maison de négoce-éleveur implantée à Beaune depuis 1816 appartient à la galaxie des vins Boisset. Elle conserve son autonomie d'achat avec Marinette Garnier à sa tête, une jeune œnologue qui a pris la suite de Prune Amiot en 2011. En vue notamment pour ses pernand-vergelesses et ses auxey-duresses.

Ce vin couleur or paille dévoile un nez fin et fruité (pêche et abricot) souligné de notes boisées. La bouche se révèle ample et riche, soulignée par des saveurs minérales qui lui amènent une belle allonge et de l'équilibre. ⧗ 2021-2025

MAISON JAFFELIN, 2, rue Paradis, 21200 Beaune, tél. 03 80 22 12 49, jaffelin@maisonjaffelin.com V r.-v.

DOM. CLAUDIE JOBARD
Montagne la Folie 2017 ★

	13000		11 à 15 €

Cette vigneronne installée depuis 2006 dans le village de Demigny, en Saône-et-Loire, a repris en 2011 les vignes de son grand-père Gabriel Billard, ajoutant à sa gamme de rully quelques arpents de pommard et de beaune 1er cru. Le tout représente aujourd'hui 10 ha.

D'une belle limpidité éclairée par des reflets verts, ce vin libère d'abord de délicates senteurs de pamplemousse et de fumée, puis monte en puissance pour s'épanouir sur des parfums mentholés intenses. La bouche, ample et ronde, s'appuie sur une fine acidité citronnée et déploie une longue finale énergique. ⧗ 2021-2025

DOM. CLAUDIE JOBARD, 5, rte de Beaune, 71150 Demigny, tél. 03 85 49 46 81, contact@cjobard.com V r.-v.

DOM. MICHEL JUILLOT Les Thivaux 2018 ★

	8400		15 à 20 €

Fondé par Louis Juillot, développé par son fils Michel et conduit depuis la fin des années 1990 par son petit-fils Laurent, ce domaine emblématique de la Côte chalonnaise couvre 31 ha essentiellement en AOC mercurey, avec des parcelles en Côte de Beaune.

Elevé pour en fût de chêne et en demi-muid, ce 2018 se pare d'une robe dorée éclatante, limpide et franche. Elle diffuse d'intenses parfums boisés, rappelant la brioche et le pain grillé, le tout souligné de fleurs blanches. Au palais, on retrouve l'empreinte boisée, ainsi que des arômes de fruits compotés et d'abricot bien équilibrés par une fine et franche acidité. Un vin au joli grain, qui saura parfaitement tenir dans le temps. ⧗ 2022-2025

DOM. MICHEL JUILLOT, 59-59A, Grande-Rue, 71640 Mercurey, tél. 03 85 98 99 89, infos@domaine-michel-juillot.fr V *t.l.j. sf dim. 9h30-12h 14h-18h; sam. sur r.-v.*

MANOIR DE MERCEY Cuvée Louise 2018 ★

	3000		15 à 20 €

Gérard Berger-Rive a fondé ce domaine en 1943, au cœur des Maranges. Xavier, son fils, a pris la relève en 1977 et développé la surface du vignoble pour la

porter à 22 ha, principalement situés dans le secteur des Hautes-Côtes. La 3e génération (Paul Berger) a rejoint le domaine en 2015.

Un élevage de 9 mois en fût de chêne pour ce vin or vert, aux reflets lumineux. Le nez s'exprime joliment sur des notes de vanille et d'agrumes. Tonique en attaque, la bouche se fait ensuite plus ronde et suave, imprégnée de nuances fruitées. ⧗ 2021-2025

DOM. BERGER-RIVE ET FILS, Manoir de Mercey, 2, rue Saint-Louis, 71150 Cheilly-lès-Maranges, tél. 03 85 91 13 81, contact@berger-rive.fr V r.-v.

DAVID MORET 2018 ★

10 000 | 20 à 30 €

David Moret a créé en 1999 sa maison de négoce, établie derrière les remparts de Beaune. Cet adepte des élevages longs s'est fait une spécialité de la vinification « haute couture » des blancs de la Côte de Beaune.

Ourlée d'or blanc, cette cuvée laisse échapper des senteurs boisées et vanillées, ainsi que des notes de fruits blancs et jaunes. Le palais se distingue par son équilibre entre rondeur et acidité, sans prédominance de l'un ni de l'autre. ⧗ 2021-2025

SARL DAVID MORET, 1, rue Émile-Goussery, 21200 Beaune, tél. 06 75 01 15 85, davidmoret.vins@orange.fr

DOM. NINOT Chaponnière 2018 ★

8180 | 15 à 20 €

Les Ninot sont tonneliers et vignerons depuis le XIVe s. Le grand-père a largement contribué à la naissance et à la renommée de l'appellation. Au décès de ce dernier, la propriété fut divisée entre les cinq enfants. L'un d'eux a tout fait pour maintenir cet héritage dans la famille, mais il n'a pu sauver que sa part et a dû tout recommencer. Depuis 2003, c'est sa fille Erell, rejointe par son frère Flavien en 2013, qui gère les 13 ha du domaine.

D'une belle couleur rouge sang, cette cuvée se révèle intense et complexe autour de senteurs épicées (poivre noir et cannelle) qui accompagnent toute la dégustation. Une attaque franche et nette prélude à une bouche ample, fine et fraîche, aux tanins enrobés et soyeux. ⧗ 2023-2026

DOM. NINOT, le Meix Guillaume, 2, rue de Chagny, 71150 Rully, tél. 03 85 87 07 79, vin@domaineninot.com V r.-v.

SYLVAIN ET LUCIE PONSOT Vauvry 2018 ★★

1er cru | 5550 | 11 à 15 €

Après des études au lycée viticole de Beaune, Sylvain s'installe en 1996 sur la propriété familiale. En 2016, il crée une EARL avec son épouse Lucie, et depuis ils n'ont de cesse d'augmenter la vente en bouteille et de réduire la vente en vrac aux négociants de la région.

Ce vin encore jeune mais prometteur dévoile une belle complexité aromatique : aubépine, noisette grillée, craie, mandarine. Le palais se révèle ample, soyeux et long, équilibré par une vivacité minérale du meilleur effet. ⧗ 2022-2026

EARL SYLVAIN ET LUCIE PONSOT, 5, rue de la République, 71150 Rully, tél. 03 85 87 32 44, sylvain.ponsot@sfr.fr V *t.l.j. sf dim. 9h-12h 14h-18h*

♥ DOM. ROIS MAGES Les Cailloux 2017 ★★

3000 | 15 à 20 €

Anne-Sophie Debavelaere crée son domaine à Rully en 1984. Elle est rejointe plus tard par son fils Félix, alors jeune œnologue fraîchement diplômé. Ensemble, ils gèrent aujourd'hui 11 ha sur plusieurs appellations.

Le terroir argilo-calcaire dont est issue cette splendide cuvée est situé sur le plateau de Rully. Il donne généralement des vins d'une grande minéralité, équilibrés, qui vieillissent bien. Des qualités dont dispose ce 2017 d'un bel éclat d'or blanc, aux senteurs de jasmin, de citron vert et de pamplemousse. La bouche se révèle parfaitement équilibrée entre rondeur et fraîcheur, étirée dans une longue finale saline et minérale. ⧗ 2021-2025

1er cru Les Pierres 2017 ★★ (15 à 20 €; 2500 b.) Né d'un sol superficiellement caillouteux avec des strates d'argile, ce 1er cru dévoile une aromatique avenante (noisettes grillées, chèvrefeuille et brioche au beurre) et une bouche équilibrée, à la fois vive et concentrée. ⧗ 2023-2027

DOM. ROIS MAGES, 21, rue des Buis, 71150 Rully, tél. 03 85 48 65 64, as.debavelaere@gmail.com V r.-v.

CH. DE RULLY Molesme 2017 ★★

1er cru | 17 000 | 20 à 30 €

Fondée en 1875, la maison Antonin Rodet, négoce établi en Côte chalonnaise, propose une vaste gamme de vins de toute la Bourgogne. Elle possède aussi les châteaux de Mercey (45 ha au sud de la Côte de Beaune et en Côte chalonnaise) et de Rully (32 ha en rully), ainsi que le Dom. de la Bressande. Depuis 2010, elle appartient au groupe Boisset.

Née de raisins cueillis à la main début septembre, cette cuvée porte haut l'appellation. Parée d'une robe claire, étincelante de rubis, elle livre d'intenses parfums de de violette et de cassis mêlés aux épices douces et aux arômes vanillés du bois. Le palais, énergique et concentré, frais et doté de tanins souples, est stimulé par une fine fraîcheur minérale et une longue finale sur le fruit. ⧗ 2022-2026

CH. DE RULLY, 55, Grande-Rue, 71640 Mercurey, tél. 03 85 98 12 12, contact@rodet.com V r.-v.

MERCUREY

Superficie : 645 ha
Production : 27 700 hl (80 % rouge)

Situé à 12 km au nord-ouest de Chalon-sur-Saône, Mercurey jouxte au sud le vignoble de Rully. C'est l'appellation communale la plus importante en

BOURGOGNE

volume de la Côte chalonnaise. Le vignoble s'étage entre 250 et 300 m d'altitude autour de Mercurey (fusionnée avec Bourgneuf-Val-d'Or) et de Saint-Martin-sous-Montaigu. Plus charpentés sur marnes, plus fins sur sols caillouteux, les vins sont en général solides et aptes à la garde (jusqu'à six ans, voire davantage). Parmi trente-deux *climats* classés en 1ers crus, on citera Les Champs Martin, Clos des Barrault ou encore Clos l'Évêque.

CH. DE CHAMIREY La Mission 2017 ★

1er cru	11250		30 à 50 €

Propriété de la famille Devillard, ce domaine emblématique a développé son activité viticole dans les années 1930, sous l'impulsion du marquis de Jouennes. Les héritiers de ce dernier, Bertrand Devillard et ses enfants Amaury et Aurore, conduisent aujourd'hui un vaste vignoble de 37 ha.

Drapé d'or, ce vin laisse monter du verre d'intenses arômes mêlant des senteurs fraîches de bergamote et de litchi à des notes plus chaudes de banane flambée et de vanille. Le gras, la densité et la richesse caractérisent le palais, une pointe acidulée venant exacerber les saveurs de fruits. Une bouteille de caractère. ⧗ 2023-2027 ■ **Clos de la Maladière 2017 ★ (20 à 30 €; 6250 b.)** Un vin qui offre une belle harmonie entre le nez (cassis et caramel) et la bouche, ronde et souple. Un *village* flatteur, agréable et soyeux. ⧗ 2021-2025

CH. DE CHAMIREY, rue du Château, 71640 Mercurey, tél. 03 85 45 21 61, contact@domaines-devilland.com V r.-v. 4

B LES CHAMPS DE THÉMIS Les Bouères 2018 ★★

■	1100		15 à 20 €

Xavier Moissenet était substitut du procureur de la République au Tribunal de Grande Instance de Chalon-sur-Saône avant de devenir néo-vigneron en 2014, en acquérant près de 6 ha de vignes sur la Côte chalonnaise, certifiées agriculture biologique.

Des pinots noirs récoltés manuellement début septembre ont donné ce vin rubis foncé, bordé de nombreux reflets brillants. Le nez, discret de prime abord, s'ouvre à l'agitation sur des senteurs flatteuses de petits fruits rouges. Un bouquet que l'on retrouve dans une bouche ronde, soyeuse et équilibrée, soutenue par des tanins fins et un boisé fondu. ⧗ 2023-2028

LES CHAMPS DE THÉMIS, rue des Dames, 71150 Bouzeron, tél. 06 80 28 79 96, xavier.moissenet@gmail.com V *r.-v.*

DOM. DAVANTURE 2017 ★

■	5000		11 à 15 €

Les trois frères Davanture (Xavier, Damien et Éric) sont issus d'une longue dynastie de vignerons (huit générations). Ils officient sur un domaine de 22 ha situé à Saint-Désert, village de la Côte chalonnaise connu pour son église fortifiée. Ce grand domaine est géré en viticulture raisonnée, et les vendanges se font exclusivement à la main.

Après une vendange manuelle le premier jour de septembre et une macération de 15 jours, le jus obtenu sera élevé 12 mois en fût de chêne. Il en résulte un vin rubis à reflets grenat, au nez ouvert de fruits noirs, de raisins mûrs et de framboise, auxquels s'ajoutent des notes minérales. La bouche, elle aussi bien fruitée, se révèle ample, dense, charnue et longue, étayée par des tanins fins. ⧗ 2023-2028

DOM. DAVANTURE, 26, rue de la Messe, 71390 Saint-Désert, tél. 03 85 47 95 57, domaine.davanture@orange.fr V *r.-v.*

DOM. P. ET F. DUVERNAY La Perrière 2018 ★

	5000		15 à 20 €

Propriété fondée par Jean et Thérèse Duvernay en 1970 avec 7 ha de vigne. Aujourd'hui, elle en compte 18 et est dirigée par leur fils Jean-Luc. En 2014, Floriane, la fille de Jean-Luc obtient son diplôme d'œnologue et rejoint le domaine.

De jeunes ceps de 20 ans s'associent aux argiles et aux limons du terroir de la Perrière pour donner cette cuvée dorée, claire et limpide. Le nez rappelle les fleurs blanches comme l'acacia, mais aussi les notes boisées de l'élevage. Finesse, fraîcheur et souplesse caractérisent la bouche, prolongée par une jolie finale minérale et citronnée. ⧗ 2021-2024

EARL DOM. P. ET F. DUVERNAY, 20, rue du Clos l'Evêque, 71640 Mercurey, tél. 03 85 45 12 56, domaine.duvernay@orange.fr V *t.l.j. sf dim. 10h-12h 14h-18h*

CH. D'ETROYES Les Ormeaux 2018 ★

	20000		15 à 20 €

Depuis 1720, les Protheau se sont relayés à Mercurey pour perpétuer la tradition viticole du Ch. d'Etroyes. Le domaine dispose aujourd'hui d'un vignoble de 50 ha en mercurey et rully, dont deux monopoles en mercurey 1er cru : les Clos des Noiterons et le Clos l'Evêque (en blanc).

Ce 2018 d'un seyant jaune pâle offre un nez concentré et complexe dans lequel on discerne de la pâte d'amande, de la vanille et des notes beurrées. L'attaque est nette, le développement ample, long et bien équilibré entre une fine acidité et un gras enrobant. Un vin des plus harmonieux, fin et caressant. ⧗ 2022-2025

CH. D' ETROYES, 16, rue des Varennes, 71640 Mercurey, tél. 03 85 45 10 84, contact@chateau-etroyes.fr V *t.l.j. sf dim. 9h-12h 14h-17h30*

DOM. DE L'ÉVÊCHÉ Les Murgers 2018 ★

■	8000		11 à 15 €

Sylvie et Vincent Joussier sont installés depuis 1985 sur ce domaine de 14 ha auparavant planté en fruitiers. En 2017, après des études à la « Viti » de Beaune et une expérience dans l'Oregon, leur fils Quentin les rejoint dans l'aventure et la cuverie est entièrement rénovée.

Ce 2018 rouge sombre dévoile un nez délicat et soyeux de fruits noirs parsemés de touches boisées. Après une attaque souple et agréable, la bouche, centrée sur les fruits rouges, affiche un bel équilibre entre rondeur, tanins fins et boisé fondu. ⧗ 2023-2026

DOM. DE L' ÉVÊCHÉ, 6, rue de l'Évêché, 71640 Saint-Denis-de-Vaux, tél. 03 85 44 30 43, contact@joussier.com V *t.l.j. sf dim. 8h30-18h30*

CH. FAIVELEY
Clos Rochette Monopole 2018 ★

	35000		20 à 30 €

Ce domaine fondé à Nuits-Saint-Georges en 1825 est un nom qui compte en Bourgogne, depuis 7 générations. À sa tête depuis 2005, Erwan Faiveley, qui a succédé à son père François. Aujourd'hui, c'est l'un des plus importants propriétaires de vignes en Bourgogne : 120 ha du nord de la Côte de Nuits au sud de la Côte chalonnaise, dont 10 ha en grand cru et près de 25 ha en 1er cru.

Né d'un terroir au sol compact, jonché de petites roches, ce Clos Rochette couleur or à reflets brillants présente un bouquet fin de fleurs blanches, complété de la vanille et du grillé apportés par l'élevage. La bouche se révèle bien équilibrée entre acidité, volume et rondeur. Une finale minérale et rectiligne lui confère un supplément de dynamisme. ⧗ 2022-2026

DOM. FAIVELEY, 8, rue du Tribourg, 21700 Nuits-Saint-Georges, tél. 03 80 61 04 55, contact@domaine-faiveley.com

DOM. PATRICK GUILLOT
Cuvée le 3 Louves 2018 ★

1er cru	850		20 à 30 €

Représentant la 3e génération à conduire la propriété familiale, fondée en 1942, Patrick Guillot, installé depuis 1988, exploite près de 6 ha de vignes situés principalement à Mercurey.

Ce 1er cru grenat profond a besoin d'un peu d'aération pour libérer ses arômes de cassis mûrs. La bouche, à l'unisson du bouquet, évoque les fruits mûrs, soutenus par des tanins fermes. Un mercurey puissant et concentré, à mettre en cave. ⧗ 2025-2030

DOM. PATRICK GUILLOT, Chamirey-le-Bon, 9_A, rue de Vaugeailles, 71640 Mercurey, tél. 03 85 45 27 40, domaine.pguillot@orange.fr V *r.-v.*

DOM. JEANNIN-NALTET
Le Clos l'Évêque 2018 ★

1er cru	5405		15 à 20 €

Après une carrière de 10 ans en tant qu'ingénieur en optimisation industrielle et après une formation à la « Viti » de Beaune, Benoît Eschard, neveu de Thierry Jeannin-Naltet, a repris les rênes en 2013 de ce domaine familial de 8,6 ha créé en 1858.

Un vin aux saveurs de vanille, de moka et de framboise, long et bien structuré en bouche, souligné par une fine acidité. ⧗ 2023-2028

DOM. JEANNIN-NALTET, 4, rue de Jamproyes, 71640 Mercurey, tél. 03 85 45 13 83, domaine@jeannin-naltet.fr V *r.-v.*

B DOM. LOUIS MAX
Les Caudroues 2018 ★

	3750		30 à 50 €

Maison de négoce fondée en 1859 par Evgueni-Louis Max, émigré de Géorgie. Depuis 2007, elle est la propriété de Philippe Bardet, un amateur de vin genevois qui a confié en 2014 à David Duband, célèbre vigneron de la Côte de Nuits, la responsabilité de la vinification et de l'élevage des vins de la maison. Elle dispose, en plus de ses achats de raisins, d'un vignoble en propre de 20 ha à Mercurey et de 165 ha dans les Corbières. Sur les flacons, des étiquettes reconnaissables entre toutes, dessinées par Pierre Le Tan.

Des chardonnays de 30 ans, récoltés manuellement puis élevés 10 mois en fût de chêne, ont donné naissance à un vin fin et subtil, à la couleur éclatante. Le nez révèle après aération des notes de lys et de chèvrefeuille. La bouche, élégante, ronde et tendre, révèle des arômes de poivre blanc et sa finale saline lui apporte de la longueur et de la noblesse. ⧗ 2022-2025

SA LOUIS MAX, 6, rue de Chaux, 21700 Nuits-Saint-Georges, tél. 03 80 62 43 00, n.lanier.garde@louis-max.fr

BOURGOGNE

DOM. MEIX-FOULOT Les Veleys 2018 ★

1er cru	8000		20 à 30 €

En 1996, Agnès Dewé de Launay, après quatre années passées aux États-Unis, a repris ce domaine de 20 ha à la suite de son père Paul; un domaine dans sa famille depuis plus de deux siècles.

Ce 1er cru séduit d'emblée par sa robe rubis intense et lumineuse et par ses arômes de fruits frais et d'épices noires. En bouche, on découvre une matière ample et souple, tendre et harmonieuse. ⧗ 2022-2026

DOM. DU MEIX-FOULOT, 11, rue du Clos-du-Roy, 71640 Mercurey, tél. 03 85 45 13 92, meixfoulo@club.fr V *r.-v.*

DOM. NARJOUX-NORMAND 2018 ★

	4500		15 à 20 €

Avant la reprise par Frantz Normand en 1999 de ce domaine familial de 13 ha, Huit générations l'avaient précédé dans la culture de la vigne. Son fils cadet Antoine est en phase de reprendre le domaine.

Paré d'une robe rubis aux reflets violets, ce vin exhale des parfums de cassis et de mûre qui mettent les papilles en joie. La bouche est franche, nette, fruitée, bien équilibrée, soutenue par des tanins de belle origine et prolongée par une longue finale sur les fruits mûrs. ⧗ 2023-2026

DOM. NARJOUX-NORMAND, 6, pl. de Corcelles, 71640 Saint-Martin-sous-Montaigu, tél. 03 85 45 14 28, narjoux-normand@orange.fr V *r.-v.*

PARIS L'HOSPITALIER 2018 ★

1er cru	5100		20 à 30 €

Pierre Colin et Olivier Seguin se sont associés en 2005 pour créer leur maison. Après des débuts dans la vente de vins fins, ils ont initié en 2008 une activité de négoce-éleveur, appuyés par leur œnologue, Olivier Bosse-Platière.

Ce 2018 a séduit le jury par son équilibre et sa finesse. La robe est d'un joli grenat, et le nez évoque la cerise noire et les épices douces. Souple et fraîche, tout en affichant une structure tannique soyeuse, la bouche offre une subtile finale réglissée. ⧗ 2022-2026

SARL MAISON COLIN SEGUIN, 4, rte de Dijon, 21700 Nuits-Saint-Georges, tél. 03 85 40 20 20, sophie.doche@maison-colin-seguin.com

DOM. LAURENT ET ROMAIN PILLOT 2018 ★★

■ | 3000 | | 11 à 15 €

Laurent Pillot et son fils Romain incarnent les 5e et 6e générations de vignerons sur ce domaine de 17 ha, implanté à Mellecey, au sud de Mercurey.

Paré d'une robe rouge vif et brillant, ce mercurey décline harmonieusement des arômes savoureux de feuille de cassis et de gelée de groseilles. Après une attaque soyeuse, il dévoile en bouche une matière riche et onctueuse, qui persiste longuement grâce à une structure tannique fine et bien construite. ⧗ 2022-2026

DOM. LAURENT ET ROMAIN PILLOT, 47, rue des Vendangeurs, 71640 Mellecey, tél. 03 85 45 20 48, domaine.pillot@club-internet.fr

FRANÇOIS RAQUILLET Les Vasées 2018 ★★

■ 1er cru | 7100 | | 20 à 30 €

Héritiers de dix générations de vignerons, François et Emmanuelle Raquillet sont à la tête du domaine familial (14 ha) depuis 1990 et signent avec constance des cuvées de belle facture.

Sous une robe grenat profonde se dévoilent des senteurs de fruits rouges mêlées de notes délicates de pâte d'amande. La bouche se montre ample, tendre et gourmande, bâtie sur des tanins ronds et soyeux. ⧗ 2022-2026 ■ **1er cru Les Veleys 2018 ★ (30 à 50 €; 5000 b.)** D'un bel or étincelant, ce 1er cru livre un nez riche et puissant de pêche blanche et de noisette grillée. La bouche est ample et fraîche, soutenue par un boisé fin. ⧗ 2022-2025 ■ **Vieilles vignes 2018 ★ (15 à 20 €; 15000 b.)** Ce *village* se révèle bien fruité au nez (cerise gorgée de sucre, confiture de mûres), généreux et finement structuré en bouche, discrètement vanillé et poivré. ⧗ 2023-2026

DOM. FRANÇOIS RAQUILLET, 19, rue de Jamproyes, 71640 Mercurey, tél. 03 85 45 14 61, contact@domaine-raquillet.com V r.-v.

CH. DE SANTENAY 2017 ★

■ | 150000 | | 15 à 20 €

Ce majestueux château aux tuiles vernissées, aussi appelé «château Philippe le Hardi», fut propriété du premier duc de la grande Bourgogne (1342-1404). Dans le giron du Crédit Agricole depuis 1997, il étend son vaste vignoble sur 95 ha répartis dans plusieurs AOC beaunoises et chalonnaises, sous la houlette de Jean-Philippe Archambaud depuis 2019.

32 ares de jeunes pinots noirs (15 ans) ont donné naissance à cette cuvée rubis aux reflets pourpres, ouverte au premier nez sur des notes torréfiées, puis après aération sur des senteurs fruitées (groseille, framboise, cassis, bigarreau). L'attaque se fait tout en finesse et en souplesse, puis le palais monte en puissance jusqu'en finale, porté par des tanins soyeux. ⧗ 2023-2026

TERROIRS ET CHÂTEAUX DU CH. DE SANTENAY, 1, rue du Château, 21590 Santenay, tél. 03 80 20 61 87, contact@chateau-de-santenay.com V r.-v.

MICHEL SARRAZIN La Perrière 2018 ★

■ | 8500 | | 15 à 20 €

La généalogie de ce domaine, toujours dans la même famille quelques siècles plus tard, remonte à 1671. Régulièrement distingués dans le Guide, les frères Sarrazin, Guy et Jean-Yves, savent tirer la quintessence des cépages bourguignons et des sols argilo-calcaires de Givry, leur fief d'origine. Le domaine est certifié HVE niveau 3 depuis 2019. Incontournable.

Ce mercurey d'un joli rubis dévoile un bel éventail fruité au nez, composé de cassis, de framboise et de groseille. La bouche se révèle ample, dense et riche, étayée par des tanins consistants et stimulée par des arômes de poivre noir. ⧗ 2023-2026

MICHEL SARRAZIN ET FILS, 26, rue de Charnailles, 71640 Jambles, tél. 03 85 44 30 57, sarrazin2@wanadoo.fr V *t.l.j. sf dim. 8h-12h 13h30-19h*

♥ MAISON ALBERT SOUNIT Noblesse 2017 ★★

■ | 608 | | 30 à 50 €

Fondée en 1851 par Flavien Jeunet, cette maison de négoce, qui possède aussi 16 ha de vignes en propre, a été reprise dans les années 1930 par la famille Sounit, qui l'a cédée à son importateur danois en 1993. L'une des valeurs sûres de la Côte chalonnaise, en vins tranquilles comme en effervescents.

À l'origine de ce vin, des pinots noirs ancrés dans un sol argilo-calcaire, récoltés à la main, puis soigneusement vinifiés et élevés 12 mois en fût de chêne neuf de 228 l. Dans le verre, un mercurey d'une grande noblesse en effet, paré de rubis éclatant, au nez complexe de fraise, de grenadine, de cassis mûr et de réglisse. Une complexité que l'on retrouve dans une bouche ample, fraîche et gourmande, bien concentrée en fruits, qui procure une sensation de finesse, d'énergie et d'équilibre. Une superbe expression du millésime 2017 et du terroir de Mercurey. ⧗ 2022-2026 ■ **1er cru Clos des Montaigus 2017 ★ (20 à 30 €; 3528 b.)** Un 1er cru élégant, au nez floral (rose, violette), fruité (cassis) et mentholé, au palais fin et délicat, quoiqu'un peu plus ferme en finale. ⧗ 2023-2026

MAISON ALBERT SOUNIT, 5, pl. du Champ-de-Foire, 71150 Rully, tél. 03 85 87 20 71, albert.sounit@wanadoo.fr V r.-v.

DOM. DE SUREMAIN En Sazenay 2017 ★

■ 1er cru | 9000 | | 20 à 30 €

Situé au cœur de Mercurey, le Ch. du Bourgneuf est le fief de la famille de Suremain depuis sept générations. Un domaine né en 1870 du regroupement de différentes métairies familiales. La mise en bouteilles date de 1947. Installés en 1979, Yves et Marie-Hélène de Suremain, rejoints en 2005 par leur fils aîné Loïc, exploitent aujourd'hui un vignoble de 19 ha.

L'élégance de ce mercurey apparaît dès le premier regard avec une robe d'un beau grenat aux éclats framboise. Le nez, gourmand à souhait, évolue dans un registre fruité, empyreumatique et épicé. Le palais se montre ample, équilibré et persistant, soutenu par des tanins robustes mais fins. ⌛ 2023-2028

DOM. DE SUREMAIN, Ch. du Bourgneuf, 71, Grande-Rue, 71640 Mercurey, tél. 03 85 98 04 92, contact@domaine-de-suremain.com V *t.l.j. 8h30-12h30 13h30-18h; sam. dim. sur r.-v.*

NATHALIE ET JEAN-CLAUDE THEULOT-JUILLOT La Cailloute Monopole 2018 ★

■ 1er cru | 7000 | | 20 à 30 €

Nathalie et Jean-Claude Theulot dirigent depuis 1986 le domaine créé par leurs grands-parents au début du siècle dernier. Ils ont progressivement étendu le vignoble de 5,5 ha à 12 ha aujourd'hui, comprenant le fameux 1er cru La Cailloute, en monopole.

Une robe profonde d'un rubis tirant sur le pourpre habille ce vin au bouquet vanillé et fruité (framboise), nuancé de notes empyreumatiques dues aux 25 % de fûts neufs présents dans l'élevage. Une attaque tout en puissance prélude à une bouche équilibrée, tapissée d'épices et de fruits noirs, étayée par des tanins massifs mais au grain fin. Une belle bouteille de garde. ⌛ 2025-2030 ■ **Nathalie et Jean-Claude Theulot Juillot Vieilles Vignes 2018 ★ (15 à 20 €; 13000 b.)** Un vin fruité (griotte), épicé et réglissé, frais en bouche, doté de tanins fondus et d'un bel équilibre. ⌛ 2023-2026

DOM. THEULOT-JUILLOT, 4, rue de Mercurey, 71640 Mercurey, tél. 03 85 45 13 87, contact@theulotjuillot.eu V *t.l.j. 8h-12h 13h30-18h; sam. dim. sur r.-v.*

♥ DOM. TUPINIER-BAUTISTA Clos de Touches 2018 ★★

■ | 1600 | | 20 à 30 €

Manuel Bautista exploite depuis 1997 la propriété (10 ha aujourd'hui) de sa belle-famille, les Tupinier, vignerons à Mercurey depuis 1770. Une affaire de négoce a été créée pour l'achat de raisins de la Côte chalonnaise et de la Côte de Beaune.

Habillé d'une robe rubis étincelante, ce vin propose une palette aromatique large : les petits fruits rouges, la framboise notamment, aux fruits noirs (mûre, cassis), le tout rehaussé par de fines notes boisées. La bouche est exquise et de belle densité, fondée sur une matière fraîche et fruitée et sur des tanins d'une grande élégance. Un vin diablement gourmand et délicat. ⌛ 2023-2028 ■ **Vieilles Vignes 2018 ★ (15 à 20 €; n.c.)** Un vin racé, au bouquet intense d'épices (cannelle et poivre noir) et de fruits noirs, au palais profond et élégant. ⌛ 2024-2028 ■ **1er cru Clos du Roy 2018 ★ (20 à 30 €; n.c.)** Une finale encore un peu serrée précède une bouche ample, équilibrée et un nez délicat de petits fruits rouges. ⌛ 2024-2028

TUPINIER-BAUTISTA, 30 ter, rue du Liard, 71640 Mercurey, tél. 03 85 45 26 38, tupinier.bautista@wanadoo.fr V *t.l.j. 9h-12h 14h-18h; sam. dim. sur r.-v.*

VIGNES DU CHAPITRE Vignes du Chapitre 2017 ★

■ | 3250 | | 15 à 20 €

Après des carrières respectives d'avocate et de pilote de ligne, Gatienne et Eric Bouvier ont créé ce micro-domaine de 1,4 ha en 2016, en cours de conversion à l'agriculture biologique.

Vinifié en fût de chêne durant une année, ce 2017 couleur pourpre révèle un nez ouvert de bourgeon de cassis et de raisins mûrs nuancé de notes boisées et minérales. Racé et puissant, le palais développe une matière charpentée et poivrée, soutenue par une trame tannique encore un peu austère. ⌛ 2024-2028

PREMIER CHAPITRE, 12, rue de Jamproyes, 71640 Mercurey, tél. 06 12 69 24 58, eric@premierchapitre.wine V *r.-v.*

B DOM. VIROT Clos des Montaigus 2018 ★

■ 1er cru | 1900 | | 20 à 30 €

Enseignant dans une première vie, Pierre Virot décide de reprendre les vignes familiales en 2015 et les engagent dans une conversion biologique, qu'il obtient en 2018. Son vignoble couvre près de 5 ha.

À un nez gourmand et généreux de fruits mûrs répond un palais rond, puissant mais élégant, long et racé. ⌛ 2023-2028

DOM. VIROT, 3, rue des Marronniers, 71640 Saint-Martin-sous-Montaigu, tél. 06 07 52 29 21, virot.pierre@orange.fr V *r.-v.*

GIVRY

Superficie : 270 hl
Production : 12 580 hl (80 % rouge)

À 6 km au sud de Mercurey, cette petite bourgade typiquement bourguignonne est riche en monuments historiques. Le givry rouge, la production principale, aurait été le vin préféré d'Henri IV. Mais le blanc intéresse aussi. L'appellation s'étend principalement sur la commune de Givry, mais «déborde» aussi légèrement sur Jambles et Dracy-le-Fort.

DOM. CHOFFLET En Choué 2018 ★

■ 1er cru | 25000 | | 15 à 20 €

Après avoir conduit depuis 1988 ce vieux vignoble créé en 1710, Denis Valdenaire a confié, en 2019, ses 14 ha de vignes à son gendre Jonathan Brunot. Une nouvelle cuverie est prévue pour 2021.

Ce vin possède un nez élégant de groseille, de cassis, de rose et de boisé grillé. La bouche se révèle bien équilibrée entre une matière ronde, une agréable fraîcheur, des tanins fins et des arômes gourmands de petits fruits rouges. Un givry harmonieux et suffisant corpulent pour résister au temps. ⌛ 2023-2028 ■ **1er cru Les Galaffres 2018 ★ (15 à 20 €; 12000 b.)** Le nez évoque à l'olfaction la mirabelle, le citron, les fleurs blanches et la fougère. La bouche, d'une aimable rondeur, est soulignée de bout en bout par une petite vivacité qui titille les papilles. ⧗ 2022-2026

DOM. CHOFFLET, hameau de Russilly, 71640 Givry, tél. 06 18 78 56 18, contact@domaine-chofflet.com V r.-v.

♥ DANJEAN-BERTHOUX
Clos du Cras Long 2018 ★★

1er cru | 8150 | 15 à 20 €

Blotti au pied du célèbre mont Avril, le petit village bourguignon de Jambles développe sa vocation viticole ainsi que l'élevage de la célèbre race bovine charolaise. Pascal Danjean y élabore ses vins depuis 1993, à la tête aujourd'hui de 12 ha de vignes.

Grenat sombre aux reflets pourpres, ce 1er cru libère d'intenses et nobles parfums rappelant le poivre noir, le lilas et la fougère. Le palais est ample, dense, étoffé, étayé par des tanins fins et veloutés. La finale, longue et soyeuse, procure une sensation de gourmandise et de fraîcheur. Un vin élégant, d'une grande harmonie. ⧗ 2023-2030 ■ **Meix au Roi 2018 ★ (8 à 11 €; 8682 b.)** Un givry aux senteurs d'épices et de pivoine, à la bouche charnue, ample et harmonieuse. ⧗ 2021-2025

EARL DANJEAN-BERTHOUX, Le Moulin-Neuf, 45, rte de Saint-Désert, 71640 Jambles, tél. 03 85 44 54 74, danjean.berthoux@wanadoo.fr V r.-v.

DOM. DAVANTURE 2018 ★

■ | 2600 | 11 à 15 €

Les trois frères Davanture (Xavier, Damien et Éric) sont issus d'une longue dynastie de vignerons (huit générations). Ils officient sur un domaine de 22 ha situé à Saint-Désert, village de la Côte chalonnaise connu pour son église fortifiée. Ce grand domaine est géré en viticulture raisonnée, et les vendanges se font exclusivement à la main.

Paré d'or blanc à reflets dorés, ce 2018 dévoile un bouquet discret, qui s'ouvre après aération sur des notes de pamplemousse et de fruits exotiques. La bouche est fruitée, légèrement acidulée, et s'étire dans une finale tendre aux tonalités d'acacia et d'aubépine. ⧗ 2021-2025

DOM. DAVANTURE, 26, rue de la Messe, 71390 Saint-Désert, tél. 03 85 47 95 57, domaine.davanture@orange.fr V r.-v.

DOM. DELIANCE En Veau 2017 ★

1er cru | 1700 | 20 à 30 €

Créée en 1947 par Marcel Deliance, cette maison a fondé sa réputation sur ses vins effervescents mais propose aussi de jolis vins tranquilles. Les générations suivantes ont prolongé l'aventure et agrandi le vignoble, qui compte 18 ha aujourd'hui.

Une vendange manuelle fin août, un égrappage total et une cuvaison longue ont donné un joli vin couleur grenat, imprégné de parfums de mûre et de violette. Une attaque acidulée ouvre sur un palais épicé, dense et charnu, souligné par des tanins soyeux. ⧗ 2022-2025

DOM. DELIANCE, 24, Le Buet, 71640 Dracy-le-Fort, tél. 03 85 44 40 59, domaine.deliance@wanadoo.fr V t.l.j. sf dim. 8h-12h 14h-18h

DOM. DESVIGNES La Grande Berge 2018 ★

1er cru | 8600 | 15 à 20 €

Depuis 2016, Gautier Desvignes, épaulé par son père Éric, est à la tête de l'exploitation familiale et de ses 11 ha de vignes, exclusivement en appellation givry (village et 1er cru).

À l'origine de ce vin, une vigne de 37 ans vendangée à la main et un élevage de 5 mois en cuve et 12 mois en fût de chêne. La robe est d'un beau pourpre à reflets encre, le nez fruité (cassis et myrtille) et floral (violette). La bouche se révèle dense et consistante, dotée de tanins fermes. Un bon potentiel de vieillissement. ⧗ 2024-2028

DOM. DESVIGNES, 36, rue de Jambles, 71640 Givry, tél. 06 35 54 91 08, domainedesvignesgivry@orange.fr V r.-v. B

DOM. MOUTON Clos Charlé 2018 ★

1er cru | 13000 | 15 à 20 €

Cette exploitation familiale, installée depuis quatre générations à Givry, dispose aujourd'hui de 12 ha de vignes répartis entre appellations régionales, communales et 1ers crus. Elle est menée par Laurent Mouton.

Ce 2018 d'un seyant grenat profond laisse libre cours aux petits fruits rouges à l'olfaction (cerise griotte et framboise), ainsi qu'aux notes minérales du terroir et boisées de l'élevage. Une attaque vive introduit une bouche longue, charnue et fruitée, aux tanins bien contrôlés. Une jolie gourmandise. ⧗ 2023-2026 ■ **1er cru La Grande Berge 2018 ★ (15 à 20 €; 7000 b.)** Un nez légèrement animal qui après aération se révèle bien fruité et une bouche ample et puissante, aux tanins denses et concentrés, composent un bon vin de garde. ⧗ 2024-2028

DOM. LAURENT MOUTON, 6, rue de l'Orcène, 71640 Givry, tél. 03 85 44 37 99, contact@domainelaurentmouton.com V r.-v.

DOM. PELLETIER-HIBON Le Vigron 2018 ★★

1er cru | 4500 | 15 à 20 €

La propriété n'a cessé de se développer depuis qu'André Pelletier (1898-1953) a pu acquérir quelques parcelles de Givry. Son fils Henri a poursuivi son œuvre jusqu'à sa retraite en 2005, après s'être associé avec son gendre Luc Hibon en 2001. Ce dernier et son épouse exploitent désormais les 7 ha de vignes familiales. En 2019, ils ont fait l'acquisition de charrues interceps hydrauliques leur permettant de se passer de désherbant chimique de synthèse.

Ornée de reflets aubergine, cette cuvée couleur grenat sombre laisse s'exprimer au nez comme au palais de nombreux parfums fruités (cerise, mûre) et épicés (girofle, poivre noir). Puissante dès l'attaque, la bouche est ample, corpulente, solide et déploie une finale fraîche et longue. ⧗ 2024-2028 ■ **Margalice 2018 ★ (11 à 15 €; 2000 b.)** Au nez, des senteurs élégantes de fruits rouges et noirs et d'épices douces. Une attaque corpulente dévoile une bouche fruitée et vanillée, aux tanins souples. Un vin charmeur, enveloppant. ⧗ 2021-2025

EARL PELLETIER-HIBON, 6, rue de la Planchette, 71640 Givry, tél. 06 83 35 75 42, pelletier.hibon@sfr.fr V r.-v.

DOM. RAGOT La Grande Berge 2018 ★

1er cru	14000		20 à 30 €

En 2003, Nicolas Ragot, incarnant la 5e génération, vient épauler son père, Jean-Paul, à la tête de ce domaine familial de quelque 9 ha, établi au cœur de Givry et certifié HVE niveau 3. Il en reprend seul les commandes en 2008.

Une robe brillante à reflets violines habille ce vin expressif, aux arômes de caramel, de brioche, de groseille et de cassis. Une attaque vive introduit une bouche volumineuse et fruitée, soutenue par une trame tannique souple et harmonieuse. ⧗ 2022-2025

DOM. RAGOT, 4, rue de l'École, 71640 Givry, tél. 03 85 44 35 67, vin@domaine-ragot.com V *t.l.j. sf dim. 8h-19h*

♥ MICHEL SARRAZIN ET FILS Les Teppes 2018 ★★

	4500		15 à 20 €

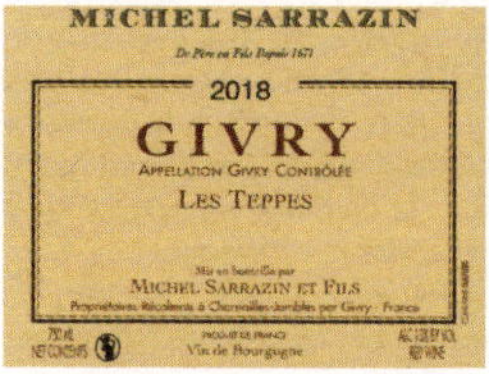

La généalogie de ce domaine, toujours dans la même famille quelques siècles plus tard, remonte à 1671. Régulièrement distingués dans le Guide, les frères Sarrazin, Guy et Jean-Yves, savent tirer la quintessence des cépages bourguignons et des sols argilo-calcaires de Givry, leur fief d'origine. Le domaine est certifié HVE niveau 3 depuis 2019. Incontournable.

Comme à son habitude, la famille Sarrazin finit sur la plus haute marche du podium. D'un rouge très profond, ce givry délivre d'intenses et complexes senteurs d'amande, d'épices douces et de fruits noirs (cerise burlat, mûre). La bouche apparaît ample, intense et dense, boisée, épicée et fruitée, portée par des tanins fins et serrés. Une grande bouteille du niveau d'un 1er cru, à laquelle on réservera un mets de choix. ⧗ 2024-2030

MICHEL SARRAZIN ET FILS, 26, rue de Charnailles, 71640 Jambles, tél. 03 85 44 30 57, sarrazin2@wanadoo.fr V *t.l.j. sf dim. 8h-12h 13h30-19h*

MONTAGNY

Superficie : 310 ha / Production : 17 000 hl

Entièrement vouée aux blancs, Montagny est l'appellation la plus méridionale de la Côte chalonnaise et annonce déjà le Mâconnais. Ses vins peuvent être produits sur quatre communes : Montagny, Buxy, Saint-Vallerin et Jully-lès-Buxy. Plusieurs 1ers crus (les Coères, les Burnins, les Platières…) sont délimités sur la commune de Montagny. Assez subtils, avec des arômes d'agrumes et une touche de minéralité, de bonne garde, les montagny mériteraient d'être mieux connus.

ALINE BEAUNÉ
Chazelle 2018 ★

	5700		20 à 30 €

Aline Beauné s'est installée en 2018 sur les vignes familiales, dont les raisins étaient jusqu'alors portés à la cave coopérative de Buxy. À la tête de 5 ha, elle n'en vinifie que 1,5 ha, le reste étant vendu en moût.

Avec ce premier millésime, élevé 12 mois en cuve et en fût, Aline Beauné signe un vin à la parure d'or qui attire l'œil. L'olfaction évoque discrètement les fleurs blanches. Le palais, bien équilibré entre rondeur et fraîcheur, se montre à la fois iodé et brioché, avant de distiller une fine saveur réglissée en finale. Un beau vin qui demande encore un peu de temps pour s'épanouir. ⧗ 2022-2025

ALINE BEAUNÉ, 9, rue des Fossés, 71390 Buxy, tél. 06 75 01 85 39, contact@alinebeaune.fr V *r.-v.*

DOM. BERTHENET Tête de cuvée 2018 ★

	55000		11 à 15 €

Vigneron depuis 1974, Jean-Pierre Berthenet quitte la cave coopérative de Buxy en 2002 pour vinifier sa propre production, le fruit d'une vingtaine d'hectares. Son fils François l'a rejoint en 2009. L'une des valeurs sûres de l'appellation montagny.

Au nez, d'intenses senteurs florales rappelant l'acacia et le sureau, des notes fruitées de pêche blanche, le tout souligné de menthol. En bouche, le vin se montre frais et percutant, avec ce qu'il faut de rondeur. Un montagny équilibré. ⧗ 2020-2023 **1er cru François Berthenet Les Bonneveaux 2016 ★ (20 à 30 €; 5000 b.)** Il déploie une palette aromatique séduisante, subtil mélange de rose, d'églantine, d'agrumes et de vanille. Le préambule à un palais puissant, aussi large que long, beurré, miellé et citronné. ⧗ 2023-2028

DOM. BERTHENET, 2, rue du Lavoir, 71390 Montagny-lès-Buxy, tél. 09 65 38 99 03, contact@vinsberthenet.com V *t.l.j. 9h-12h 13h30-17h30; sam. dim. sur r.-v.*

DOM. DU CELLIER AUX MOINES
Les Combes 2017 ★

1er cru	1400		20 à 30 €

Fondé en 1130 par les cisterciens, ce domaine – l'un des plus anciens de Bourgogne, classé Monument historique – a été acquis et restauré à partir de 2004 par Philippe Pascal, ancien cadre dirigeant chez LVMH, avec son épouse Catherine et leurs trois enfants. Une cuverie en gravité totale a été inaugurée en 2015 avec une première vinification faite par Guillaume Marko. Le vignoble de 9 ha, en conversion biologique depuis 2016 et biodynamique depuis 2017, est constitué des 4,7 ha de pinot noir du Clos du Cellier aux Moines, un des 1ers crus historiques de Givry, complétés par quelques hectares de chardonnay en Côte de Beaune et à Montagny.

Vinifié en foudres ovoïdes, ce 1er cru d'un beau jaune soutenu évoque le bonbon anglais, les petites fleurs des

BOURGOGNE

champs et la menthe fraîche. Une attaque souple ouvre sur une bouche équilibrée, dynamisée par une finale saline et minérale. ⧗ 2022-2025

⊶ DOM. DU CELLIER AUX MOINES, clos du Cellier-aux-Moines, 71640 Givry, tél. 03 85 44 53 75, contact@cellierauxmoines.fr V r.-v.

FEUILLAT-JUILLOT Les Jardins 2018 ★

1er cru	4000		15 à 20 €

Françoise Feuillat-Juillot, fille d'une illustre famille vigneronne de Mercurey, a posé ses valises en 1989 en s'associant avec un vigneron de Montagny à la tête alors de 8 ha de vignes. Après le décès de ce dernier, elle rachète l'intégralité du domaine, étendu aujourd'hui sur 14,5 ha, dont treize 1ers crus.

Tout le soin apporté aux vignes et une vendange à maturité se révèlent dans ce vin à la robe lumineuse. Le nez évoque les fruits jaunes compotés, les petites fleurs blanches et les fruits secs. La bouche, gourmande et souple, est portée de bout en bout par une belle vivacité qui lui confère de la longueur. ⧗ 2020-2024

⊶ DOM. FEUILLAT-JUILLOT, 11, rte de Montorge, BP_13, 71390 Montagny-lès-Buxy, tél. 06 80 22 73 61, domaine@feuillat-juillot.com V r.-v.

GOUFFIER
Les Jardins 2018 ★

1er cru	24000		20 à 30 €

Ayant appartenu à la famille Gouffier pendant plus de 200 ans, ce petit domaine de 5,5 ha a été repris en 2012 par Frédéric Gueugneau, qui a créé en parallèle une activité de négoce destinée à l'achat de vendanges sur pied.

Or jaune lumineux, ce montagny libère d'intenses parfums de fruits jaunes bien mûrs, de sauge et d'anis. La sensation chaleureuse du nez est vite chassée par une bouche minérale et rectiligne, dans laquelle on retrouve des saveurs de fenouil et de pamplemousse. La finale laisse un souvenir vif et salin, tout indiqué pour les produits de la mer, un bar en croûte de sel par exemple. ⧗ 2021-2025

⊶ GOUFFIER, 11, Grande-Rue, 71150 Fontaines, tél. 06 47 00 01 04, contact@gouffier.fr V r.-v.

MAISON GÉRALDINE LOUISE
Les Chaniots 2018 ★

1er cru	1800		15 à 20 €

Après 20 ans au service de la vigne et du vin des autres (en Côte chalonnaise puis au sud de la Côte de Beaune), Géraldine Lochet lance en 2016 une maison de négoce à taille humaine, où elle s'occupe de tout. Sa cuverie est située à Rosey, petit village de la Côte chalonnaise entre Givry et Buxy. Elle y produit des «micro-cuvées artisanales».

Cette cuvée dorée ornée de reflets verts laisse s'exprimer au nez comme au palais de nombreuses senteurs florales et minérales. La bouche se révèle à la fois généreuse et vive, élégante et persistante, jusqu'à la finale longue et friande. ⧗ 2022-2025

⊶ MAISON GÉRALDINE LOUISE, 5, rue du Prieuré, 71390 Rosey, tél. 06 87 28 99 25, gl@geraldinelouise.com V r.-v.

DOM. DE MONTORGE
Les Chaniots 2017 ★

1er cru	3000		15 à 20 €

Entre Montagny-lès-Buxy et Saint-Vallerin, sur le hameau de Montorge, Charles et Jean-Joseph Flandre ont recréé en 1972 une exploitation familiale à partir de 12 ha de vignes classés exclusivement en montagny 1er cru. En 2014, Yann, le second fils de Jean-Joseph, a pris le relais.

Ce 2017 or pâle à reflets verts dévoile au nez des parfums de chèvrefeuille, de pamplemousse et de beurre. À une attaque éclatante, minérale et iodée, succèdent un milieu de bouche sur les fruits frais et une finale dynamique. ⧗ 2021-2025

⊶ DOM. DE MONTORGE, hameau de Montorge, 71390 Montagny-lès-Buxy, tél. 06 87 68 90 28, domainemontorge@yahoo.fr V r.-v.

➡ LE MÂCONNAIS

MÂCON ET MÂCON-VILLAGES

L'aire de production est assez vaste : du nord au sud, de la région de Tournus jusqu'aux environs de Mâcon, une cinquantaine de kilomètres sur une quinzaine de kilomètres d'est en ouest. À la diversité des situations répond celle des vins. Les appellations mâcon ou mâcon suivi de la commune d'origine sont utilisées pour les rouges, rosés et blancs. Les deux premiers sont le plus souvent issus de gamay, les troisièmes de chardonnay. Les vins blancs peuvent s'appeler aussi mâcon-villages.

B HÉRITIERS AUVIGUE
Solutré 2018 ★

	3600		11 à 15 €

C'est en 1946 que Francis Auvigue s'associe avec 3 autres amis producteurs pour créer une petite maison de négoce spécialisée en pouilly-fuissé. Jean-Pierre et Michel, petits-fils de Francis, prennent la relève dans les années 1970-75 et développent les autres appellations du Mâconnais. En 2017, la société reprend un domaine de 7 ha de vignes et s'installe dans l'ancienne église de Fuissé, réhabilitée en lieu de vinification et de dégustation-vente. Aujourd'hui, ce sont Sylvain Brenas, arrière-petit-fils de Francis, et Céline Hirsh qui sont aux commandes.

Ce mâcon livre un ensemble olfactif des plus intéressants : il mêle habilement le chèvrefeuille et le miel au pain grillé dans un environnement fruité. L'entrée en bouche se montre complexe, le développement se fait autour d'une matière riche, tandis que l'acidité finale lui apporte de la fraîcheur. ⧗ 2020-2024

⊶ HÉRITIERS AUVIGUE, 3131, rte de Davayé, Le Moulin-du-Pont, 71850 Charnay-lès-Mâcon, tél. 03 85 34 17 36, vins.auvigue@wanadoo.fr V r.-v.

CAVE D'AZÉ Azé Sélection prestige 2017 ★

25000 | 5 à 8 €

Fondée en 1927, la cave d'Azé vinifie aujourd'hui 275 ha de vignes sous la houlette de Denis Charlot. Elle s'est taillé une belle réputation pour ses vins blancs, sans négliger ses pinots noirs et ses effervescents, sans oublier non plus sa cuvée originale de liquoreux.

Vêtu d'or paille, ce 2017 offre un bouquet à la fois frais (agrumes, pierre à fusil) et mûr (notes musquées, abricot). Après une attaque franche sur le citron, la bouche se révèle bien habillée, ample, structurée, aromatique et persistance puissante. Tout indiqué pour accompagner du foie gras. ⧗ 2020-2023

SCA CAVE COOPÉRATIVE D'AZÉ, 153, rue Basse, 71260 Azé, tél. 03 85 33 30 92, contact@caveaze.com V *t.l.j. 9h-12h 14h-18h30*

JEAN BARONNAT Azé 2018 ★★

n.c. | 11 à 15 €

Fondée en 1920 par Jean Baronnat, l'une des dernières affaires familiales encore indépendantes du Beaujolais, dirigée depuis 1985 par Jean-Jacques Baronnat, petit-fils du fondateur. La maison, bien implantée dans le Beaujolais, mais aussi en Bourgogne, a étendu sa gamme de vins au sud de la France. Une habituée du Guide.

Ce 2018 arbore une attirante tenue or jaune à reflets verts. Le nez franc et complexe évoque principalement le fruit : pêche blanche, abricot et même une pointe de framboise. Dans la continuité, la bouche se révèle d'abord acidulée puis développe des arômes d'amande fraîche, de menthol, d'ananas confit et de miel d'acacia. ⧗ 2020-2024

JEAN BARONNAT, 491, rte de Lacenas, 69400 Gleizé, tél. 04 74 68 59 20, info@baronnat.com V *r.-v.*

DOM. DU BICHERON Péronne Vieilles vignes 2017 ★

30000 | 5 à 8 €

Créé en 1889 par Antoine Rousset sur 3 ha de vignes, non loin de Cluny et de la roche de Solutré, ce domaine, aujourd'hui conduit par ses arrière-petits-enfants Geneviève et Denis, compte 53 ha.

Ce 2017 séduit d'emblée par sa robe d'un bel or jaune souligné de reflets argentés. Le nez, très généreux, évoque à la fois un bouquet de fleurs, un panier de fruits confits et un bonbon au miel. La bouche ronde et charnue ne sacrifie pas la tension minérale et la saveur légèrement amère qui lui confère du caractère. On verrait bien ce vin avec une lotte à l'armoricaine. ⧗ 2020-2023

DOM. DU BICHERON, 1033, rte de Lanques, 71260 Péronne, tél. 03 85 36 94 53, gene.delbecq@orange.fr V *t.l.j. sf dim. 10h-12h 13h30-18h*

DOM. BOURDON Vergisson 2018 ★

4000 | 8 à 11 €

Ce domaine de 17,5 ha possède deux caves : un chai moderne au cœur du hameau de Pouilly et une magnifique cave voûtée en pierre à Vergisson. À sa tête, Sylvie et François Bourdon représentent la 5e génération. Leurs enfants Antoine et Benoît les ont rejoints en 2019.

Ce vergisson jaune pâle souligné d'or vert offre une jolie palette olfactive mêlant l'abricot, l'acacia, le zeste de citron et la menthe fraîche. Une attaque acidulée, sur le fruit, ouvre sur une bouche fine et d'une belle fraîcheur citronnée sans manquer de gras. Un vin déjà très appréciable mais au bon potentiel de vieillissement. ⧗ 2020-2025

DOM. BOURDON ET FILS, rue de la Chapelle, Pouilly, 71960 Solutré-Pouilly, tél. 03 85 35 81 44, francoisbourdon2@wanadoo.fr V *r.-v.*

BRENOT-BÉRANGER Happy'Naisse 2018 ★★

11000 | 5 à 8 €

Né de parents agriculteurs à Laizé, Guy Béranger s'installe en 1975 à la ferme de Naisse. En 1982, il plante ses premières vignes et apporte sa vendange à la coopérative. Son gendre Christophe Brenot (en 2004) et sa fille Élodie (en 2017) se sont associés à l'aventure de ce vignoble qui compte désormais 20 ha.

Ce vin jaune clair brillant et limpide dévoile de subtiles fragrances de lilas, de muguet et de chèvrefeuille mêlées aux notes de fruits jaunes mûrs. Le prélude à une bouche ronde et gourmande en attaque, dense et minérale dans son développement, avec une vivacité qui arrive sur la finale. Un vin bien dans le ton de l'appellation. ⧗ 2020-2024 **Vieilles vignes 2018 ★★ (8 à 11 €; 5700 b.)** Un vin fort plaisant, à la sucrosité bien balancée par l'acidité. Ses jolies rondeurs lui apportent de l'harmonie et du volume. Belle vivacité aux tonalités salines en finale qui amène du tonus. ⧗ 2020-2025

DOM. DE NAISSE, chem. de Naisse, 71870 Laizé, tél. 03 85 33 45 29, contact@brenotberanger-vins.fr V *r.-v.*

DOM. DES CARMES Les Bordes 2018 ★

1600 | 8 à 11 €

Un domaine familial de 17,5 ha fondé dans les années 1970 par le grand-père de Thomas Rattez. Ce dernier est aux commandes depuis 1998. Vignoble certifié HVE depuis 2019.

Ce 2018 d'un jaune doré aux reflets brillants dévoile un nez très mûr de pêche blanche juteuse, de poire William et de maracuja mâtiné de miel d'acacia. Gourmand et tout aussi aromatique, le palais présente une légère amertume en finale qui lui confère une agréable fraîcheur. ⧗ 2020-2024

DOM. DES CARMES, 1, rte de Mâcon, 71260 Bissy-la-Macônnaise, tél. 06 86 38 35 91, domainedescarmes@orange.fr V *r.-v.*

DOM. CHÊNE Milly Lamartine 2018 ★★

25000 | 5 à 8 €

Vigneronne depuis 1973, la famille Chêne quitte la cave coopérative de Prissé en 1999 pour vinifier et commercialiser sa propre production. Établi en plein cœur du Val Lamartinien, le domaine dispose d'un important vignoble : 45 ha répartis dans plusieurs appellations. Une valeur sûre du Mâconnais.

Près de 3 ha de chardonnays ont donné naissance à ce vin or clair, brillant de mille feux. Son nez pur et franc, sans fioriture, offre des senteurs de fleurs blanches, d'ananas et de citron. La bouche, riche, ronde et très persistante, fait preuve d'une grande générosité. ⧗ 2021-2025

⊶ DOM. CHÊNE, Ch. Chardon, 71960 Berzé-la-Ville, tél. 03 85 37 65 90, domainechene@orange.fr V 🚶 ▪ *t.l.j. 9h30-12h 14h30-19h*

DOM. DES CHENEVIÈRES Les Saints-Jean 2018 ★★

	2800		8 à 11 €

Ce domaine de 45 ha situé à l'ouest de Mâcon est exploité par la même famille depuis six générations. Il s'est forgé une solide réputation avec ses bourgognes d'appellations régionales et ses cuvées de mâcon, souvent en vue dans ces pages. Aujourd'hui, Vincent et Nicolas Lenoir, aidés de leurs épouses et de leurs enfants, sont aux commandes.

D'un bel or soutenu et profond, ce vin issu de vieilles vignes a été élevé 10 mois en fût. Sur les fleurs blanches en première approche, le nez s'intensifie sur des notes de camphre et de thé fumé. L'annonce d'une bouche ample, nette et délicate, joliment boisée et empreinte d'une fine minéralité. ⧗ 2021-2025

⊶ DOM. DES CHENEVIÈRES, 230, rte d'Azé, 71260 Saint-Maurice-de-Satonnay, tél. 03 85 33 31 27, domaine.chenevieres@orange.fr V 🚶 ▪ *t.l.j. sf dim. 9h-12h 14h-18h*

DOM. LES CHENEVIÈRES 2018 ★★

	6919		8 à 11 €

Georges Dubœuf, décédé début 2020, a créé en 1964 un négoce-éleveur qui a largement contribué à la notoriété du Beaujolais. Aujourd'hui sous la conduite de son fils Franck, la société travaille avec de nombreux vignerons et coopératives et réalise 75 % de son chiffre d'affaires à l'international. Georges Dubœuf fut aussi pionnier en matière d'œnotourisme avec son Œnoparc (Hameau Georges Dubœuf) aménagé en 1993 dans l'ancienne gare de Romanèche-Thorins.

Ce vin s'inscrit totalement dans son millésime avec sa robe dorée aux franges verveine et ses arômes francs et minéraux auxquels s'ajoutent de l'acacia, de l'aubépine et de l'amande fraîche. Gras et friand en attaque, le palais se révèle bien équilibré, avec une tension saline en finale. ⧗ 2020-2023

⊶ LES VINS GEORGES DUBŒUF, 208, rue de Lancié, 71570 Romanèche-Thorins, tél. 03 85 35 34 20, gduboeuf@duboeuf.com V 🚶 ▪ *t.l.j. 10h-18h*

MARCEL COUTURIER
Fuissé 2018 ★★

	2000		15 à 20 €

Installé en cave particulière depuis 2005 après avoir été apporteur à la cave coopérative des Grands Crus à Vinzelles, Marcel Couturier revendique une viticulture proche de l'agrobiologie. Son vignoble couvre 12 ha (en cours de conversion bio).

Issu de 26 ares de vieux chardonnays plantés sur un sol argilo-schisteux, ce 2018 offre un nez floral agrémenté de notes de miel d'acacia et de vanille. En bouche, c'est une explosion de saveurs, avec un boisé très bien fondu, une structure fine, en dentelle, et une finale fraîche et longue. ⧗ 2021-2025 ■ **Aux Scellés 2018 ★ (8 à 11 €; 2000 b.)** Ce vin rappelle le printemps avec ses douces senteurs de tilleul et de camomille. La bouche est ample et charnue, soulignée par une fine vivacité bâtie sur de beaux amers. Une bouteille de caractère. ⧗ 2021-2025

⊶ DOM. MARCEL COUTURIER, 730, rte de Fuissé, 71960 Fuissé, tél. 06 23 97 23 21, domainemarcelcouturier@orange.fr V 🚶 ▪ *r.-v.*

DOM. DES CRÊTS
Chardonnay L'Échenault de Serre 2018 ★

	10000		15 à 20 €

Le Dom. des Crêts est né de la rencontre entre François Lequin, vigneron réputé de la Côte de Beaune installé à Santenay, et Matthieu Ponson, entrepreneur passionné de vins et originaire de Cornas : une propriété de 4 ha rachetée en 2014 à Pascal Pauget.

Jasmin, poire et pêche blanche soulignés de fougère et d'une touche épicée : le nez est engageant. La bouche apparaît riche et ample, avec une agréable amertume qui conclut la dégustation sur la fraîcheur. Un vin de belle concentration que l'on verrait bien avec une volaille ou un poisson en sauce. ⧗ 2021-2025

⊶ SCEA DOM. DES CRÊTS, Les Crêts, 71700 Ozenay, tél. 06 31 12 43 07, info@domainedescrets.fr V 🚶 ▪ *r.-v.*

JOSEPH DROUHIN
Bussières Les Clos 2018 ★

	59000		11 à 15 €

Créée en 1880, cette maison beaunoise travaille une large palette d'AOC bourguignonnes : de Chablis (38 ha sous l'étiquette Drouhin-Vaudon) à la Côte chalonnaise (3 ha), en passant par les Côtes de Beaune et de Nuits (32 ha). On peut y ajouter les vignes américaines du Dom. Drouhin en Oregon (90 ha) et de Roserock Vineyard (112 ha) dans la région des Eola-Amity Hills. Ce négoce d'envergure grâce à ce vaste domaine de 73 ha – développé par Robert Drouhin à partir de 1957 et désormais géré par ses quatre enfants – est aussi le plus important propriétaire de vignes cultivées en biodynamie. Incontournable.

Ce 2018 séduit par sa robe or pâle à reflets verts et par son nez intense de pêche blanche, de mirabelle et de citron. Une approche franche prélude à une bouche fine, longue et gourmande, équilibrée par ce qu'il faut d'acidité. ⧗ 2021-2023

⊶ MAISON JOSEPH DROUHIN, 7, rue d'Enfer, 21200 Beaune, tél. 03 80 24 68 88, christellehenriot@drouhin.com V 🚶 ▪ *r.-v.*

DOM. ELOY
Milly-Lamartine 2018 ★

	3500		5 à 8 €

Installé depuis 1987 au cœur de Fuissé, à quelques encablures de Pierreclos, son village d'origine, Jean-Yves Eloy est à la tête d'un domaine de 40 ha.

Une robe limpide et claire, jaune citron, habille ce vin au nez élégant d'amande fraîche, de fleur d'oranger et de mandarine. La bouche se révèle équilibrée, à la fois bien tendue, dense et généreuse. Un vin droit et élégant. ⌛ 2020-2023

DOM. JEAN-YVES ELOY, 200, chem. des Prés, 71960 Fuissé, tél. 03 85 35 67 03, domaine.eloy@outlook.fr V r.-v.

DOM. DE LA FEUILLARDE
Charnay 2018 ★★

	8000		8 à 11 €

Créé en 1934 par Jean-Marie Thomas, ce domaine familial est géré depuis 1988 par son petit-fils Lucien, actif défenseur de l'appellation saint-véran. Les 20 ha du vignoble entourent la propriété située à Prissé, ancien bourg fortifié du Mâconnais.

Solaire, ce vin attire par sa robe paille dorée et par son nez puissant de fleurs blanches et de pêche de vigne bien mûre. La pêche se confirme dans un palais ample, suave, vineux, dynamisé en finale par une fine acidité qui lui confère une très belle allonge. ⌛ 2021-2025

DOM. DE LA FEUILLARDE, La Feuillarde, 71960 Prissé, tél. 03 85 34 54 45, contact@domaine-feuillarde.com V *t.l.j. 8h-12h30 13h30-18h; sam. dim. sur r.-v.*

DOM. FICHET
Igé La Cra 2018 ★★

	13000		15 à 20 €

Les Fichet cultivent la vigne depuis... 25 générations et un certain Stéphanus Fichet au XIVᵉs. Plus près de nous, le domaine a été sorti de la cave coopérative d'Igé par Francis Fichet en 1976. Ses fils Pierre-Yves et Olivier, aux commandes depuis 1999, exploitent aujourd'hui 35 ha de vignes, à partir desquels ils produisent une quinzaine de cuvées différentes nées des 4 cépages de Bourgogne. Une valeur sûre du Mâconnais, complétée en 2006 par une petite structure de négoce.

L'élevage en partie en fût pendant 12 mois a donné un vin couleur paille, au nez généreux rappelant la mangue et le kiwi. Le palais, ample et flatteur, se révèle très aromatique, riche et gras. Un vin d'une belle maturité. ⌛ 2021-2025 **Igé Grand Cra 2017 ★ (30 à 50 €; 1200 b.)** Un vin passé 23 mois en fût, centré sur des arômes de cire d'abeille et de fleurs blanches, concentré et puissant en bouche. ⌛ 2022-2026

SARL DOM. FICHET, 651, rte d'Azé, 71960 Igé, tél. 03 85 33 30 46, contact@domainefichet.fr V *t.l.j. sf 8h-12h 13h-18h30; dim. sur r.-v.*

DOM. DE FUSSIACUS Fuissé 2018 ★

	20000		8 à 11 €

Jean-Paul Paquet est à la tête de cette propriété familiale depuis 1978. Ce domaine porte le nom du seigneur romain Fussiacus qui s'installa à Fuissé. Un domaine très régulier en qualité.

D'abord sur la réserve, ce vin développe après aération de séduisants arômes rappelant le bonbon anglais à la cerise, la groseille et la pomme Granny Smith. Parfaitement en harmonie avec le nez, la bouche, bien fraîche, laisse une sensation de fruits croquants. ⌛ 2020-2023

DOM. DE FUSSIACUS, Les Molards-Hauts, 71960 Fuissé, tél. 03 85 27 01 06, domainespaquet@gmail.com V *r.-v.*

DOM. GAILLARD 2018 ★

	5400		5 à 8 €

En 1981, Roger Gaillard s'installe avec 1 ha de pouilly-fuissé à Davayé. Sa femme Véronique le rejoint en 1988 et, au fil des années, ils développent l'exploitation, en ajoutant de nouvelles appellations (saint-véran, mâcon, crémant-de-bourgogne) à leur escarcelle. Ils ont été rejoints en 2015 par leur fils Romain et leur domaine compte désormais 11 ha.

Un élevage soigné en cuve a donné ce vin pâle aux reflets dorés, ouvert sur des parfums d'agrumes, d'ananas et de fleur de sureau. On retrouve cette complexité dans un palais souple et soyeux, rafraîchi par une jolie finale acidulée. ⌛ 2020-2023

DOM. GAILLARD, 420, rue des Plantes, 71960 Davayé, tél. 03 85 35 83 31, contact@domainegaillard.com V *r.-v.*

DOM. DE LA GARENNE Azé 2018 ★

	30195		15 à 20 €

Implantés à Mercurey, Amaury Devillard et sa sœur Aurore ont fait le pari en 2005 de reprendre la totalité de la distribution des différents domaines de la famille : Ch. de Chamirey et Dom. de la Ferté (Côte chalonnaise), Dom. des Perdrix (Côte de Nuits) et Dom. de la Garenne (Mâconnais).

Ce vin à la couleur des blés offre une olfaction intense rappelant le buis, la poire William et la crème fraîche. Après une attaque soyeuse, se développe une bouche puissante, séveuse et longue. ⌛ 2021-2025

DOM. DE LA GARENNE, 300, rte de Péronne, 71260 Péronne, tél. 03 85 45 21 61, contact@domaines-devillard.com V *r.-v.* 4

ÉRIC ET CATHERINE GIROUD
Uchizy Vieilles vignes 2018 ★

	10000		11 à 15 €

Éric et Catherine Giroud ont créé en 1990 ce domaine de 16 ha implanté à Uchizy, petite bourgade du Tournugeois, au nord de l'appellation. Les premières vinifications datent de 2000.

Limpide et clair, ce vin dévoile un nez intense et gourmand de confiture de pêche blanche et d'abricot. Gardant la même intensité qu'à l'olfaction, le palais se montre ample, riche et rond, avant une finale fraîche et fruitée. ⌛ 2020-2024

EARL GIROUD, 145, rue du Quart, 71700 Uchizy, tél. 03 85 40 52 24, domaine.giroud71@gmail.com V *r.-v.*

CH. DE LA GREFFIÈRE
La Roche vineuse Vieilles vignes 2018 ★

	25000		11 à 15 €

En 2013, Xavier Greuzard a rejoint ses parents Isabelle et Vincent à la tête du Ch. de la Greffière (50 ha), dans sa famille depuis 1924. Un vignoble qu'ils ont pu agrandir l'année d'après en reprenant les 7 ha

d'un seul tenant du Ch. des Bois après le départ à la retraite de son propriétaire.

Ce 2018 couleur d'or rose dévoile un bouquet exubérant de fruits exotiques et de pêche blanche, agrémenté de notes de lupin et de pamplemousse. Souple et équilibrée, la bouche apparaît fraîche, soulignée d'une pointe anisée en finale. Un vin énergique. ⧗ 2020-2024

CH. DE LA GREFFIÈRE, 500, rte de Verzé, 71960 La Roche-Vineuse, tél. 03 85 37 79 11, info@chateaudelagreffiere.com V t.l.j. sf dim. 9h-12h 14h-18h

DOM. MARC JAMBON ET FILS
Le Carruge 2018 ★

	1234		11 à 15 €

Établi à Pierreclos depuis 1752, le Dom. Jambon est dirigé depuis 2017 et la retraite de Marc par son fils Pierre-Antoine et Michel Prudhon. Un domaine de 12 ha réparti sur Pierreclos et Vinzelles, conduit dans un esprit très proche du bio et qui signe de belles cuvées avec une réelle constance.

Ce vin flatteur séduit d'emblée par sa robe paille lumineuse parsemée de reflets bronze et sa palette aromatique riche, imprégnée de son bois d'élevage mais aussi de fruits jaunes mûrs. Corpulent et frais à la fois, le palais développe des arômes de beurre, de vanille et de pain grillé. Un vin de caractère. ⧗ 2022-2026

DOM. MARC JAMBON ET FILS, 38, imp. de la Roche, 71960 Pierreclos, tél. 06 25 68 80 61, contact@domainemarcjambon.fr V r.-v.

DOM. DU MERLE
Clos Bretagne 2018 ★

	1700		5 à 8 €

Conduit par Michel Morin, ce domaine de 9 ha est situé à Sennecey-le-Grand, en Côte chalonnaise. Certains vestiges attestent la vocation viticole de ce village bourguignon vieux de plus de 2 000 ans.

20 ares de jeunes gamays ont produit ce vin couleur violine intense. Le nez fruité et charnu évoque la griotte et la mûre. Une attaque énergique laisse la place à une bouche d'une belle consistance, dotée de tanins souples et d'une finale tout en fraîcheur. ⧗ 2020-2024

DOM. DU MERLE, rue de la Mare, 71240 Sennecey-le-Grand, tél. 06 83 25 26 92, domainedumerle@sfr.fr V r.-v.

♥ DOM. DU CH. DE MESSEY
Cruzille Clos des Avoueries Calcaire 2018 ★★

	2500		15 à 20 €

Anciennement propriétaires du Manoir Murisaltien, maison de négoce de Meursault, et du Ch. de Belleville à Rully, revendus en 2017 à un couple d'Américains passionnés d'art de vivre à la française, les Dumont (Marc et son fils Patrick) se concentrent sur le Ch. de Messey, propriété de 89 ha dont 17 en AOC, acquise en 1988. La direction a été confiée à Frédéric Servais, qui a engagé la conversion bio du vignoble.

Cette cuvée se présente vêtue d'une seyante robe argentée aux reflets pistache. Elle charme aussi par ses senteurs de thym, de fleurs blanches et de toast beurré (11 mois de fût). Le palais se révèle subtil et fin en attaque, puis prend de l'ampleur au fur et à mesure de la dégustation pour finir puissant et racé. Un mâcon au caractère bien trempé. ⧗ 2022-2026 **Cruzille Les Pierres rouges 2018 ★ (15 à 20 €; 2900 b.)** Né d'un terroir d'argiles rouges sur une dalle calcaire, ce vin discrètement abricoté et vanillé au nez dévoile en bouche une structure bien balancée entre gras et acidité. ⧗ 2021-2024

DOM. DU CH. DE MESSEY, Ch. de Messey, 71700 Ozenay, tél. 06 70 66 32 51, frederic.servais@demessey.com V t.l.j. sf sam. dim. 9h-12h 13h30-17h30

DOM. MICHEL
2018 ★

	28 000		11 à 15 €

Ce domaine de 21,5 ha situé dans le pittoresque hameau de Cray est réputé tant pour son excellence que pour sa longévité (fondation en 1840) : les générations se succèdent, la qualité des vins demeure. Il faut dire qu'une attention très particulière est portée à la conduite de la vigne (pas d'engrais chimiques, travail du sol) et à l'élaboration des vins (récolte à maturité et tri manuels, pas de levurage, pas de chaptalisation).

Du piémont du coteau argilo-calcaire de Quintaine, la famille Michel a tiré un mâcon-villages d'un bel or clair, associant au nez fleurs blanches, fruits jaunes et touches minérales. Après une attaque riche, on trouve en bouche une rondeur moelleuse, ainsi que cette même discrète minéralité perçue à l'olfaction. La finale légèrement amère lui confère de la longueur. Un vin racé. ⧗ 2020-2024

DOM. MICHEL, 372, rte de Cray, Cidex 624, 71260 Clessé, tél. 03 85 36 94 27, domainemichelclesse@orange.fr V t.l.j. sf dim. 9h-12h 14h-18h30

DOM. MONTBARBON
Les Origines 2018 ★

	8077		5 à 8 €

Martine et Jacky Montbarbon, vignerons adhérents à la cave coopérative de Viré depuis 1981, s'installent en 2008 en cave particulière et commencent à vinifier leurs 13 ha de vignes. Ils privilégient désormais un entretien du sol le plus naturel possible (labours, sarclages, semis d'engrais vert).

Parée d'une belle robe or clair, cette cuvée élevée un an en cuve présente un nez intensément citronné et floral. La bouche, tout aussi aromatique, s'enrichit de notes fraîches et vivaces. Idéal pour accompagner un beau poisson au beurre citronné. ⧗ 2020-2023

DOM. MONTBARBON, 3, chem. des Vignes, 71260 Viré, tél. 03 85 33 16 98, jacky.montbarbon@orange.fr V t.l.j. sf dim. 14h-18h30; sam. 9h-17h30

DOM. DU MONT ÉPIN
Péronne 2018 ★

	11900		11 à 15 €

Le Dom. de la Croix Senaillet fut créé en 1969 par Maurice Martin, qui a progressivement abandonné la polyculture pour la vigne. En 1990, son fils Richard reprend le domaine familial, avant d'être rejoint par son frère Stéphane en 1992. La propriété de 6,5 ha au départ s'est agrandie pour atteindre 27 ha aujourd'hui, répartis sur 52 parcelles en bio certifié depuis 2010. Forts de leur expérience, ils font l'acquisition en 2015 du Dom. de Mont Épin à Clessé (13 ha en conversion bio).

D'un or jaune vif s'échappent des arômes capiteux de lys, de compote de fruits et de raisins secs. Les saveurs de fruits bien mûrs, presque confits, explosent dans une bouche ample, riche et dense, bien balancée par la fraîcheur des agrumes en finale, qui lui procure une belle longueur. ⧗ 2020-2023

⊶ DOM. DU MONT-ÉPIN, 471, rue des Personnets, 71960 Davayé, tél. 03 85 35 82 83, contact@signaturesmartin.com V r.-v.

Ⓑ DOM. DU CH. DE PIERRECLOS
Pierreclos 2018 ★

	13470		11 à 15 €

Ce domaine est le fruit de la fusion du domaine de la Tour Vayon, créé en 1995 par Anne-Françoise et Jean-Marie Pidault, avec le majestueux château de Pierreclos, édifice médiéval emblématique du Mâconnais qu'ils ont acquis en 2008. Le vignoble couvre près de 9 ha certifiés bio.

Une robe paille à reflets dorés, un nez engageant de pomme, de chèvrefeuille, de rose fanée, d'amande fraîche et de citron : l'approche est engageante. La bouche, joliment dessinée, apparaît fraîche et souple. Un ensemble expressif et bien équilibré. ⧗ 2020-2023

⊶ DOM. DU CH. DE PIERRECLOS, Ch. de Pierreclos, 144, chem. du Château, 71960 Pierreclos, tél. 03 85 35 73 73, contact@chateaudepierreclos.com V *t.l.j. sf sam. 10h-19h* ⑤

DOM. DE QUINTEFEUILLE
Le Clos 2018 ★★

	4400		5 à 8 €

Si le Dom. de Quintefeuille est récent dans le paysage bourguignon, son viticulteur, Serge Lespinasse, dispose déjà d'une solide expérience. Natif du Beaujolais, fils de vigneron, il a commencé comme opticien. En 1999, l'envie de nature et de vigne ainsi que ses origines le rappellent. Il reprend un domaine à Lugny et livre son raisin à la coopérative. Pendant 15 ans, il réapprend son métier, explore ses terroirs, mais il ne fait toujours pas de vin. En 2012, c'est chose faite, il construit son propre chai, quitte la cave coopérative.

D'un bel or clinquant s'échappent des arômes intenses, floraux (lys, lilas et chèvrefeuille) et fruités (abricot et pêche de vigne). La bouche est tout aussi intense, ample, juteuse et fraîche, centrée sur des notes d'agrumes qui lui apportent un zeste acidulé. ⧗ 2020-2025 **Lugny Les Charmes 2018 ★ (8 à 11 €; 9700 b.)** Un vin au nez de peau de pêche et de pain d'épices, également apprécié pour son équilibre en bouche, sa franchise et sa fraîcheur. ⧗ 2020-2024

⊶ DOM. DE QUINTEFEUILLE, 33, rue de l'Écluse, 71260 Lugny, tél. 06 66 77 13 64, slespinasse@quintefeuille-lugny.fr V r.-v.

ÈVE ET MICHEL REY
Vergisson La Roche 2018 ★

	4340		8 à 11 €

Ève et Michel Rey sont à la tête depuis 1988 de ce petit domaine de 3,5 ha, une mosaïque de petites parcelles de vignes situées principalement au pied de la roche de Vergisson. La conversion bio est engagée.

Issu d'une vigne de chardonnay de 35 ans, ce vin doré, limpide et brillant rappelle le jasmin et le citron, mêlés aux notes anisées et mentholées du terroir. La bouche se montre saline et fraîche. ⧗ 2020-2023

⊶ ÈVE ET MICHEL REY, 35, chem. du Sabotier, 71960 Vergisson, tél. 06 81 75 16 41, michel.rey19@wanadoo.fr V r.-v.

DOM. DE LA ROCHETTE
Milly-Lamartine Montagne de Cra 2018 ★

	15000		8 à 11 €

Présente depuis plus de 5 siècles dans le vignoble du Mâconnais, la famille Burrier est propriétaire de l'un des domaines viticoles majeurs de la région, le Ch. de Beauregard. Elle a repris en 2016 l'exploitation du Dom. de la Rochette. En complément, une activité de négoce a été créée, avec une sélection rigoureuse des raisins et des vins retenus.

Ce vin or vif développe un nez exotique (ananas, mangue) agrémenté des notes boisées de son élevage (fruits secs, Zan). Rond, soyeux et minéral à la fois, le palais fait écho aux arômes du nez, et sa finale citronnée lui apporte un surcroît de nerf. ⧗ 2021-2024

⊶ DOM. DE LA ROCHETTE BURRIER, Ch. de Beauregard, 71960 Fuissé, tél. 03 85 35 60 76, joseph.burrier@wanadoo.fr V *t.l.j. sf dim. 8h-12h 13h30-17h30* Ⓔ

DOM. SAUMAIZE-MICHELIN
2018 ★

	4500		11 à 15 €

Respect du terroir et de la plante, tel est le credo de Christine, Roger et Vivien Saumaize, qui exploitent un domaine de 11 ha sur la magnifique commune de Vergisson.

Or blanc brillant et cristallin, ce vin déploie au nez des senteurs acidulées de citron et de bonbon anglais. Rectiligne, franc et droit, le palais se révèle équilibré. Le vin d'apéritif par excellence, à servir frais avec des petits boutons de culotte. ⧗ 2020-2023

⊶ SAUMAIZE-MICHELIN, Le Martelet, 71960 Vergisson, tél. 03 85 35 84 05, saumaize-michelin@wanadoo.fr V r.-v.

BOURGOGNE

♥ VIGNOBLE DE SOMMÉRÉ
La Roche Vineuse Les Noyerets 2018 ★★

5000 | 8 à 11 €

Établi dans le hameau de Sommeré, aux portes de Mâcon, Hervé Santé représente la 5e génération de vignerons sur ce vignoble de 10 ha. Installé en 1996, il revient à la récolte manuelle dès les vendanges 2000.

Or vert brillant et étincelant, ce magnifique mâcon propose une palette fine et subtile associant les fleurs blanches printanières comme le sureau et l'acacia à un beau boisé vanillé (12 mois de fût). La bouche est exquise, ample, parfaitement équilibrée entre rondeur et tension, et la finale énergique et longue amène un supplément d'âme. Un bel enfant de Mâcon né pour servir un mets de choix, pourquoi pas un bar au beurre blanc ? ⧗ 2021-2026 ■ **La Roche Vineuse Les Nongelettes 2018 ★ (5 à 8 €; 6000 b.)** Un vin jaune clair, au nez typique du chardonnay (fleurs et fruits blancs), souple, bien fruité et persistant en bouche. ⧗ 2020-2023

VIGNOBLE DE SOMMERÉ, 32, montée de Monceau, 71960 La Roche-Vineuse, tél. 03 85 37 80 57, herve.sante@orange.fr V r.-v.

THÉVENET ET FILS
Milly-Lamartine Cuvée fût de chêne 2018 ★★

2310 | 8 à 11 €

Le grand-père paternel créa l'exploitation en 1952. Installé en 1971, Jean-Claude, le père, fit prospérer le domaine pour porter sa surface de 3 à 30 ha en 2008 (année de son décès). Ses fils Benjamin, Jonathan et Aurélien sont désormais aux commandes.

De jeunes chardonnays de 7 ans ont donné un vin clair et limpide, aux reflets or vert. Des notes de fruits mûrs et de miel d'acacia soulignés de nuances grillées et vanillées composent une olfaction des plus agréable. La bouche, dans la continuité de l'olfaction, se livre sans retenue dans un mariage harmonieux entre volume, rondeur et fraîcheur. ⧗ 2021-2025

VIGNOBLES ET PÉPINIÈRES THÉVENET ET FILS, 123, chem. du Breu, 71960 Pierreclos, tél. 03 85 35 72 21, thevenetetfils@orange.fr V *t.l.j. 7h30-12h 13h30-18h; sam. dim. sur r.-v.*

VIRÉ-CLESSÉ

Superficie : 390 ha / Production : 22 000 hl

Appellation communale récente née en 1998, viré-clessé a de solides ambitions en matière de vins blancs. Elle a fait disparaître les dénominations mâcon-viré et mâcon-clessé avec le millésime 2002.

Ⓑ DOM. ANDRÉ BONHOMME
Vieilles vignes 2017 ★

22500 | 15 à 20 €

André Bonhomme et son épouse Gisèle ont créé ce domaine en 1956 et l'ont transmis en 2001 à leur gendre Éric Palthey, ancien architecte, et à leur fille Jacqueline, tous deux rejoints entre-temps par leurs enfants Aurélien et Johan. Le travail des vignes est biologique, les vendanges sont manuelles et la vinification est traditionnelle avec des élevages longs. Une valeur sûre en viré-clessé.

Ce vin d'une belle intensité, jaune d'or, livre des notes fumées, toastées et beurrées, ainsi que des arômes de fruits mûrs (pêche de vigne, citron confit, mirabelle). Une attaque franche ouvre sur une bouche fine et légèrement suave, dynamisée par une finale acidulée. Une belle harmonie. ⧗ 2021-2025 ■ **Les Prêtres de Quintaine 2017 ★ (15 à 20 €; 2200 b.)** Ⓑ Un vin très floral, minéral et mentholé au nez, ample bien équilibré, boisé avec justesse en bouche. ⧗ 2022-2026

DOM. ANDRÉ BONHOMME, 12, rue Jean-Large, 71260 Viré, tél. 03 85 27 93 93, contact@vireclessebonhomme.fr V *r.-v.*

DOM. GONDARD-PÉRRIN Aux Quarts 2017 ★

4800 | 11 à 15 €

Implanté au cœur de Viré, Pierre Gondard livrait auparavant la totalité de sa récolte à la cave coopérative du village. Depuis 2008, il vinifie les 22 ha de vignes dans son propre chai, et depuis 2015, son fils Franz-Ludwig est à ses côtés.

Ce vin d'un beau doré soutenu dévoile un nez toasté, vanillé et floral (rose fanée) qui augure d'une bouche plaisante. On n'est pas déçu : après une attaque vive, le fruit domine, soutenu par une tension minérale avant une finale un peu plus chaleureuse. Un vin de belle composition que l'on verrait bien avec un fromage affiné de type époisse. ⧗ 2022-2025

DOM. GONDARD-PÉRRIN, 4, rue René-Boudier, 71260 Viré, tél. 03 85 33 12 47, mylene.gondard@gmail.com V *t.l.j. 9h-18h30; dim. sur r.-v.*

JEAN LORON
Vieilles vignes 2018 ★

80000 | 11 à 15 €

Aux origines de la maison, Jean Loron, vigneron né dans le Beaujolais en 1711. Son petit-fils Jean-Marie fonda en 1821 un commerce d'expédition de vins. Aujourd'hui dirigée par la 8e génération, ce négoce est aussi propriétaire de plusieurs domaines, comme le Ch. de la Pierre (régnié, brouilly), ceux de Fleurie, de Bellevue (morgon), les domaines des Billards (saint-amour) et de la Vieille Église (juliénas).

Issu du négoce, ce viré-clessé finement doré propose un nez intense de fleurs d'acacia, de compotée de pêches blanches et de citron. Enjoué dès la mise en bouche, il développe une matière riche soulignée d'une fine fraîcheur aux accents de citron et de fruit de la Passion. Un bon classique. ⧗ 2021-2024

MAISON JEAN LORON, Pontanevaux, 71570 La-Chapelle-de-Guinchay, tél. 03 85 36 81 20, vinloron@loron.fr V *t.l.j. 9h-12h 14h-17h30*

DOM. MARIN Breillonde 2018 ★

■	1270	🍾	11 à 15 €

Marielle et Robert Marin ont repris l'exploitation familiale en 1976, ainsi qu'une partie du vignoble de Gilbert Mornand, l'illustre maire de Clessé de 1971 à 2014. L'ensemble couvre 22 ha.

Ce viré-clessé doré à souhait propose un nez de tilleul souligné de notes muscatées. La bouche, au fruité dominant, bien équilibrée entre le gras et l'acidité, dévoile des nuances originales de truffe qui lui apportent du caractère et de la longueur. ⧗ 2022-2026

⊶ DOM. ROBERT MARIN, 256, rte de la Vigne-Blanche, 71260 Clessé, tél. 03 85 36 95 92, marin.robert71@orange.fr V r.-v.

DOM. MICHEL
La Barre Vendange levroutée 2017 ★★

■	10300	🛢🍾	20 à 30 €

Ce domaine de 21,5 ha situé dans le pittoresque hameau de Cray est réputé tant pour son excellence que pour sa longévité (fondation en 1840) : les générations se succèdent, la qualité des vins demeure. Il faut dire qu'une attention très particulière est portée à la conduite de la vigne (pas d'engrais chimiques, travail du sol) et à l'élaboration des vins (récolte à maturité et tri manuels, pas de levurage, pas de chaptalisation).

Des conditions climatiques réunissant soleil et brumes matinales sont nécessaires à l'obtention d'une vendange levroutée, terme patois de Clessé qui désigne la couleur ambrée-cuivrée que prennent les baies de raisin surmaturées, comme la couleur du pelage du levraut, souvent hôte des vignes. Ce moelleux développe un nez opulent et très mûr : biscuit breton, ananas, pêche jaune, compote de poire, litchi, baba au rhum… Un éventail aromatique que l'on retrouve dans une bouche riche et veloutée, bien construite autour d'une sucrosité mesurée (14 g/l de sucres résiduels). La finale longue et poivrée achève de convaincre. ⧗ 2024-2030 ■ **Tradition 2018 ★ (11 à 15 €; 65000 b.)** Cette cuvée offre une agréable palette aromatique mêlant la fougère et la noisette, prolongée par une bouche croquante et fraîche. ⧗ 2022-2025

⊶ DOM. MICHEL, 372, rte de Cray, Cidex 624, 71260 Clessé, tél. 03 85 36 94 27, domainemichelclesse@orange.fr V t.l.j. sf dim. 9h-12h 14h-18h30

JEAN-PIERRE MICHEL
Terroirs de Quintaine 2017 ★★

■	30000	🍾	15 à 20 €

Valeur sûre du Mâconnais, ce vigneron exploite 8,7 ha à Quintaine, au cœur de l'AOC viré-clessé, sur les premiers coteaux exposés au soleil levant surplombant la vallée de la Saône, à mi-chemin entre Mâcon et Tournus. Ses pratiques : labour des sols, récolte manuelle à maturité, vinifications longues et « naturelles » (sans chaptalisation ni levurage) conduites, selon la nature des terroirs, en cuve ou en fût, avec des élevages longs sur lies fines.

Née de chardonnays de 70 ans cueillis à la main à la mi-septembre, cette cuvée couleur blé d'or déploie des senteurs délicates d'églantine, de pomme au four, de pêche de vigne et de citron confit. L'entrée en bouche se fait douce et suave, puis la vivacité s'invite pour soutenir et équilibrer une matière riche et mûre. La finale laisse le souvenir d'un vin d'une rare élégance. ⧗ 2022-2027

⊶ JEAN-PIERRE MICHEL, 955, rte de Quintaine, lieu-dit Quintaine, 71260 Clessé, tél. 03 85 23 04 82, vinsjpmichel@orange.fr V r.-v.

DOM. DU MONT ÉPIN 2018 ★

■	16000	🍾	11 à 15 €

Le Dom. de la Croix Senaillet fut créé en 1969 par Maurice Martin, qui a progressivement abandonné la polyculture pour la vigne. En 1990, son fils Richard reprend le domaine familial, avant d'être rejoint par son frère Stéphane en 1992. La propriété de 6,5 ha au départ s'est agrandie pour atteindre 27 ha aujourd'hui, répartis sur 52 parcelles en bio certifié depuis 2010. Forts de leur expérience, ils font l'acquisition en 2015 du Dom. de Mont Épin à Clessé (13 ha en conversion bio).

D'une couleur soleil, limpide et brillante, ce vin offre un nez bien ouvert de surmaturité rappelant le calisson et les raisins de Corinthe. La bouche présente une belle richesse, mais sans lourdeur grâce au soutien d'une trame minérale très crayeuse. ⧗ 2021-2025

⊶ DOM. DU MONT-ÉPIN, 471, rue des Personnets, 71960 Davayé, tél. 03 85 35 82 83, contact@signaturesmartin.com V r.-v.

Ⓑ **DOM. DE LA VERPAILLE**
Harmonie 2018 ★

■	30000	🍾	15 à 20 €

Estelle et Baptiste Philippe s'installent sur l'exploitation familiale en 2004. Ils convertissent l'ensemble du vignoble (20 ha) à l'agriculture biologique et la certification est acquise en 2009.

Né d'un terroir argilo-calcaire, ce chardonnay bien mûr, élevé pendant un an en cuve, se présente dans une robe vieil or brillante et dévoile des senteurs complexes de fruits confits et de fleurs blanches soulignées de menthol. Riche et gras, le palais s'agrémente d'arômes fruités et suaves, et s'achève sur de beaux amers. ⧗ 2022-2025

⊶ DOM. DE LA VERPAILLE, 70, rue Marcel-Laurencin, 71260 Viré, tél. 03 85 33 14 47, domainedelaverpaille@gmail.com V r.-v.

LES VIGNES D'ADÉLIE Quintessence 2018 ★

■	5300	🛢	15 à 20 €

Petit-fils et fils de vigneron, Christian Terrier exerce son métier depuis 1986. En 2009, avec son épouse Sandrine, ils ont créé ce domaine de 12 ha qui propose du viré-clessé et du mâcon Péronne.

Cette cuvée a été élevée 12 mois en fût de chêne de 400 l, sur lies. Vieil or brillant dans le verre, elle se révèle expressive, avec des arômes complexes d'agrumes, de fruits blancs, de raisin sec et de minéralité. La bouche, opulente, ronde, consistante, développe des saveurs généreuses de fruits mûrs et sucrés. Une élégante pointe acidulée en finale lui confère de la fraîcheur et de la longueur. ⧗ 2022-2025

⊶ LES VIGNES D'ADÉLIE, La Troupe, 71260 Clessé, tél. 06 24 28 81 22, lesvignesdadelie@gmail.com V r.-v.

CAVE DE VIRÉ Le Belvédère 2018 ★★

| 20 000 | | 8 à 11 € |

Cette coopérative est née en 1928 pour faire face aux difficultés économiques engendrées par la Première Guerre mondiale et le phylloxera. Une cave réputée depuis toujours pour ses vins blancs, précurseur en matière de commerce puisqu'elle fut la première à vendre au détail en litre et à développer son commerce à l'export. Elle compte 145 adhérents pour 250 ha de vignes.

Ourlée d'or, cette cuvée laisse échapper des senteurs fruitées comme la pêche de vigne et le raisin mûr mêlées à des notes plus fraîches de minéralité, de citron et de chèvrefeuille. Au palais, rondeur et fraîcheur sont en parfait équilibre, on y retrouve avec persistance les agrumes et la pêche. Une longue finale conclut la dégustation en beauté. ⧗ 2021-2024 **En Long Champ 2018 ★ (8 à 11 €; 8 000 b.)** Un joli vin aux senteurs d'agrumes, fraîche et bien fruitée en bouche, à la finale minérale. ⧗ 2020-2023

CAVE DE VIRÉ, 1, rue de la Cave, 71260 Viré, tél. 03 85 32 25 50, maitredechai@cavedevire.com
V t.l.j. 9h-12h 14h-18h

DOM. LE VIROLYS Terroirs Quintaine 2018 ★

| 4 386 | | 8 à 11 € |

Laurent Gondard a créé sa cave de vinification en 2008; auparavant, il avait longtemps livré ses raisins à la cave coopérative du village, comme l'avaient fait avant lui ses ancêtres. À la vigne (22 ha), seuls les engrais produits par l'exploitation sont utilisés et les sols sont labourés.

Ce demi-sec se présente vêtu d'or paille et diffuse d'intenses senteurs rappelant la fleur de robinier, la rose ancienne et le pamplemousse. La bouche se singularise par une chair dense et enveloppante, une vigueur éclatante et une finale épicée. Un vin de caractère, aux senteurs aériennes et à la bouche généreuse. ⧗ 2021-2025

DOM. LE VIROLYS, 9, rue en-Baclot, 71260 Viré, tél. 03 85 33 91 11, laurent.gondard071@orange.fr
V t.l.j. 10h-12h 13h30-18h30; dim. sur r.-v.

POUILLY-FUISSÉ

Superficie : 760 ha / Production : 39 150 hl

Le profil des roches de Solutré et de Vergisson s'avance dans le ciel comme la proue de deux navires; à leur pied, le vignoble le plus prestigieux du Mâconnais, celui du pouilly-fuissé, se développe sur les communes de Fuissé, de Solutré-Pouilly, de Vergisson et de Chaintré. Les pouilly-fuissé ont acquis une très grande notoriété, notamment à l'exportation, et leurs prix ont toujours été en compétition avec ceux des chablis. Ils sont vifs, pleins de sève et complexes. Élevés en fût de chêne, ils acquièrent avec l'âge des arômes d'amande grillée ou de noisette.

JEAN-PIERRE ET MICHEL AUVIGUE
La Frérie 2018 ★★

| 5 500 | | 15 à 20 € |

C'est en 1946 que Francis Auvigue s'associe avec 3 autres amis producteurs pour créer une petite maison de négoce spécialisée en pouilly-fuissé. Jean-Pierre et Michel, petits-fils de Francis, prennent la relève dans les années 1970-75 et développent les autres appellations du Mâconnais. En 2017, la société reprend un domaine de 7 ha de vignes et s'installent dans l'ancienne église de Fuissé, réhabilitée en lieu de vinification et de dégustation-vente. Aujourd'hui, ce sont Sylvain Brenas, arrière-petit-fils de Francis, et Céline Hirsh qui sont aux commandes.

Ce 2018 or pâle présente un nez séduisant de beurre frais, d'agrumes et de fleurs blanches. Une attaque minérale introduit une bouche riche mais fraîche, nuancée de poire et de pêche. La finale est persistante et harmonieuse. ⧗ 2023-2028

VINS AUVIGUE, 100, pl. Saint-Germain, 71960 Fuissé, tél. 03 85 34 17 36, contact@auvigue.fr
V t.l.j. 8h-12h 13h30-17h

DOM. DU BOIS ROSIER 2018 ★

| 6 645 | | 15 à 20 € |

Georges Dubœuf, décédé début 2020, a créé en 1964 un négoce-éleveur qui a largement contribué à la notoriété du Beaujolais. Aujourd'hui sous la conduite de son fils Franck, la société travaille avec de nombreux vignerons et coopératives et réalise 75 % de son chiffre d'affaires à l'international. Georges Dubœuf fut aussi pionnier en matière d'œnotourisme avec son Œnoparc (Hameau Georges Dubœuf) aménagé en 1993 dans l'ancienne gare de Romanèche-Thorins.

Ce pouilly-fuissé brillant aux reflets pistache offre une olfaction complexe assemblant des senteurs boisées (brioche, beurre, noix de muscade) à des notes plus douces de pêche, d'abricot et de fleurs d'acacia. Une attaque vive laisse la place à une bouche souple, florale et longue. ⧗ 2021-2025

LES VINS GEORGES DUBŒUF, 208, rue de Lancié, 71570 Romanèche-Thorins, tél. 03 85 35 34 20, gduboeuf@duboeuf.com V t.l.j. 10h-18h

MARCEL BRUBACH Les Crays 2018 ★

| 1 000 | | 15 à 20 € |

Originaire d'Alsace, Marcel Brubach se fait la main dans de nombreux domaines du Mâconnais et du Beaujolais. Il désire avoir sa propre exploitation, un domaine à taille humaine. Cela se concrétise en 2015 avec 1 ha en fermage. En 2018, l'exploitation s'agrandit de 4 ha. Le domaine produit aujourd'hui en appellation mâcon Solutré et pouilly-fuissé.

18 ares de vignes de 35 ans et 12 mois d'élevage en fût ont donné ce vin limpide, or pâle à reflets verts, qui s'ouvre sur des notes florales puis sur le pamplemousse rose. Après une attaque fraîche, la bouche déploie des notes minérales et iodées qui lui confèrent de la persistance et une agréable fraîcheur.

DOM. MARCEL BRUBACH, rue de la Chapelle, 71960 Solutré-Pouilly, tél. 06 32 83 19 02, marcel.brubach@orange.fr V r.-v.

DOM. CHEVEAU Vers Cras 2017 ★★

| 3 300 | | 20 à 30 € |

Représentant la troisième génération, Nicolas Cheveau et son épouse Aurélie ont développé le

domaine en superficie (20 ha) et privilégié le commerce en bouteilles afin de valoriser leurs terroirs et leur savoir-faire.

Elevé en fût de chêne durant 24 mois, ce 2017 se distingue par sa robe bronze et son nez fin et léger rappelant la pierre chaude, les agrumes et les fleurs blanches fanées. Au palais, on découvre un vin superbement structuré, gras, riche et long, offrant un équilibre parfaitement ajusté entre densité et tension. ⧗ 2023-2028

Au Buchot 2017 ★ (20 à 30 €; 6 000 b.) Encore sous l'emprise de son bois d'élevage, ce vin possède néanmoins tous les atouts pour le digérer : rondeur, consistance et persistance. A mettre en cave. ⧗ 2025-2030

DOM. CHEVEAU, rte des Concizes, 71960 Solutré-Pouilly, tél. 06 83 77 07 25, domaine@vins-cheveau.com V r.-v.

DOM. CORDIER
Vieilles vignes 2018 ★

21000 | 20 à 30 €

Basé à Fuissé, Christophe Cordier a pris la tête de ce vignoble de 30 ha à la suite de son père Roger. Il a élargi sa gamme en créant une affaire de négoce sous son nom. Une référence en Mâconnais, avec les deux casquettes, également présent en Beaujolais.

Net et droit, ce 2018 brille d'or et de bronze dans le verre. Des senteurs fraîches de bourgeons de fleurs et de citron caractérisent le premier nez, qui s'ouvre ensuite sur des notes plus mûres de pêche au sirop et de vanille. Le palais, d'une grande franchise de goût, dévoile une belle trame minérale agrémentée d'arômes d'ananas et de pêche de vigne. Un vin fin et élégant. ⧗ 2022-2026

DOM. CORDIER, Les Molards, 71960 Fuissé, tél. 03 85 35 62 89, domaine.cordier@wanadoo.fr V t.l.j. 8h-12h 13h30-17h30; sam. dim. sur r.-v.; f. 1-15/08

DOM. DOMINIQUE CORNIN
Les Chevrières 2017 ★

6000 | 20 à 30 €

À l'origine, les vignes du domaine (11 ha aujourd'hui) étaient récoltées à la machine et les raisins confiés à la coopérative de Chaintré. En 1995, Dominique Cornin se retire de la cave, opte pour la vendange manuelle et s'oriente peu à peu vers le bio, jusqu'à la certification obtenue en 2009. Son fils Romain l'a rejoint en 2012.

Des reflets d'argent animent la robe de ce vin brillant, au nez élégant et sans ostentation de fleurs blanches, de miel et de pêche jaune. Le prélude à une bouche franche et fraîche en attaque, plus suave dans son développement et bien en cohérence avec le nez. ⧗ 2021-2025

DOM. DOMINIQUE CORNIN, 339, rue de Savy-le-Haut, 71570 Chaintré, tél. 03 85 32 90 87, domaine@cornin.net V r.-v.

DOM. CORSIN Aux Chailloux 2016 ★

1500 | 20 à 30 €

Ce domaine prestigieux, et toujours familial, existe depuis plus d'un siècle. Précurseur dans la vente en bouteilles, il est aujourd'hui entre les mains expertes de Gilles Corsin et de son neveu Jérémy.

Ce pouilly-fuissé frais et agréable, partagé au nez entre les notes florales (tilleul et camomille) et fruitées (pêche juteuse), propose une bouche équilibrée, dans laquelle une fine acidité supporte une matière riche et ronde. Jolie finale sur l'amande fraîche. ⧗ 2021-2025

DOM. CORSIN, 404, rue des Plantes, 71960 Davayé, tél. 03 85 35 83 36, contact@domaine-corsin.com V r.-v.

DOM. MARCEL COUTURIER Clos Reyssié 2018 ★

2000 | 20 à 30 €

Installé en cave particulière depuis 2005 après avoir été apporteur à la cave coopérative des Grands Crus à Vinzelles, Marcel Couturier revendique une viticulture proche de l'agrobiologie. Son vignoble couvre 12 ha (en cours de conversion bio).

Issu de l'un des meilleurs terroirs de Chaintré, candidat au classement en 1er cru, ce vin expressif dévoile des arômes délicats de fleurs blanches et d'amande fraîche. Bien équilibré entre fraîcheur et rondeur, il développe en bouche d'élégantes saveurs fruitées et boisées avant de s'étirer dans une longue finale minérale. ⧗ 2021-2025

DOM. MARCEL COUTURIER, 730, rte de Fuissé, 71960 Fuissé, tél. 06 23 97 23 21, domainemarcelcouturier@orange.fr V r.-v.

LA CROIX-PARDON 2018 ★★

20000 | 15 à 20 €

Présente depuis plus de 5 siècles dans le vignoble du Mâconnais, la famille Burrier est propriétaire de l'un des domaines viticoles majeurs de la région, le Ch. de Beauregard. Elle a repris en 2016 l'exploitation du Dom. de la Rochette. En complément, une activité de négoce a été créée, avec une sélection rigoureuse des raisins et des vins retenus.

La robe or pâle est parcourue de reflets verts lumineux. Des senteurs délicates composent le nez : fleurs blanches, verveine et menthe fraîche. Une délicatesse et une complexité aromatique que l'on retrouve dans une bouche souple, ample, équilibrée, étirée dans une longue finale pleine de fraîcheur. ⧗ 2021-2025

DOM. DE LA ROCHETTE BURRIER, Ch. de Beauregard, 71960 Fuissé, tél. 03 85 35 60 76, joseph.burrier@wanadoo.fr V t.l.j. sf dim. 8h-12h 13h30-17h30

♥ DOM. JOËL CURVEUX ET FILS
Les Vignes blanches 2018 ★★★

2400 | 15 à 20 €

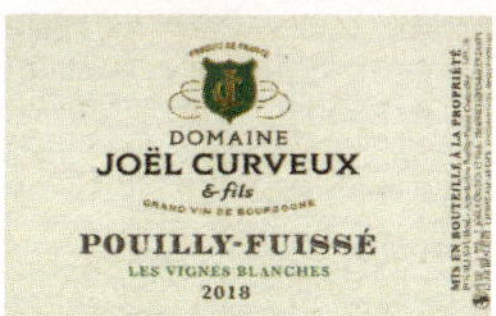

Vignerons de père en fils depuis quatre générations, les Curveux conduisent une petite propriété familiale située sur la commune de Fuissé – 7,5 ha de vignes, principalement en pouilly-fuissé – aujourd'hui dirigée par Joël et son fils Guillaume.

Ce 2018 doré à souhait dévoile un nez ouvert et fin de fleurs blanches et de craie. En bouche, il conjugue volume, texture délicate, grande fraîcheur et déploie une longue finale qui fait écho à l'olfaction en y ajoutant une nuance épicée. Une grande bouteille, sans exubérance, droite, nette et d'une rare élégance. ⧗ 2023-2030 ■ **En Recepey 2018 ★ (11 à 15 €; 5000 b.)** Une robe profonde, couleur paille, une palette aromatique discrète mais complexe (fleurs blanches, pêche, pomme, citron, notes boisées), une bouche fraîche, structurée par une belle minéralité, finale plus charnue sur le fruit mûr : un vin très équilibré. ⧗ 2022-2025

DOM. JOËL CURVEUX ET FILS, 100, rue Cache-Poupons, 71960 Fuissé, tél. 07 86 74 02 24, domaine.curveux@sfr.fr V t.l.j. sf dim. 10h-12h 13h30-18h

DOM. ELOY
Cuvée Prestige Sélection Vieilles vignes 2018 ★

■	600		11 à 15 €

Installé depuis 1987 au cœur de Fuissé, à quelques encablures de Pierreclos, son village d'origine, Jean-Yves Eloy est à la tête d'un domaine de 40 ha.

Séduisante par sa couleur jaune d'or, limpide et brillante, cette cuvée très confidentielle vous emporte dans un tourbillon fruité et floral nuancé de touches boisées (biscotte et pain grillé). Ample et riche, équilibré par de fines notes acidulées, le palais déploie en finale de jolis parfums de zeste d'orange. ⧗ 2022-2025

DOM. JEAN-YVES ELOY, 200, chem. des Prés, 71960 Fuissé, tél. 03 85 35 67 03, domaine.eloy@outlook.fr V r.-v.

♥ B DOM. DES GERBEAUX Vers Cras 2018 ★★

■	1000		20 à 30 €

Ce vignoble familial fut créé en 1896 par Jacques Charvet, l'arrière-grand-père de Jean-Michel Drouin. Il compte aujourd'hui 16,5 ha de chardonnay répartis dans les appellations mâcon, saint-véran et pouilly-fuissé. Une valeur sûre, avec des coups de cœur réguliers dans cette dernière AOC. En 2016, Xavier a pris les commandes, épaulé par son père Jean-Michel.

Issu d'une vendange manuelle début septembre, ce vin élevé en fût de chêne éblouit par sa couleur jaune clair et nette, et par son bouquet minéral et floral intense et charmeur. Une attaque vive et franche ouvre sur un palais bien net, construit sur des fondations fruitées et fumées, agrémentées de notes charmantes de guimauve apportées par la barrique. Un pouilly-fuissé très cohérent et droit dans ses bottes. ⧗ 2023-2030 ■ **Jacques Charvet 2018 ★ (20 à 30 €; 2000 b.)** B Marquée par le réglisse et la pêche de vigne, une cuvée ample, ronde et suave, bâtie pour la garde. ⧗ 2025-2030

SCEV DOM. DES GERBEAUX, Les Gerbeaux, 71960 Solutré-Pouilly, tél. 03 85 35 80 17, j-michel.drouin.gerbeaux@wanadoo.fr V r.-v.

CAVE DES GRAND CRUS BLANCS
Les Verchères Quintessence 2018 ★

■	10000		11 à 15 €

Créée en 1929, la Cave des Grands Crus Blancs a scellé l'union des vignerons de deux villages voisins : Vinzelles et Loché. Surtout présente dans le Mâconnais, la coopérative propose aussi des crus du Beaujolais. Élaborés par un jeune œnologue, Jean-Michel Atlan, ses vins figurent régulièrement dans le Guide.

Cette bouteille séduit d'emblée par sa couleur jaune pâle ourlée de reflets verts et par son nez fin de boisé toasté, de mangue et d'ananas. Légèrement épicée, la bouche conjugue rondeur et fraîcheur sans fausse note. Un bon classique, linéaire et harmonieux. ⧗ 2022-2025

SCA CAVE DES GRANDS CRUS BLANCS, 2367, rte des Allemands, 71680 Vinzelles, tél. 03 85 27 05 70, contact@lesgrandscrusblancs.com V t.l.j. 8h30-12h30 13h30-18h30

♥ DOM. GUERRIN ET FILS
Sur la Roche 2018 ★★

■	3200		15 à 20 €

Un domaine situé à Vergisson, en plein cœur des crus du Mâconnais, entre les célèbres roches de Vergisson et Solutré. Sylvie et Gilles s'y sont installés en 1984 et exploitent 11,5 ha de vignes réparties en 3 appellations : mâcon Vergisson, saint-véran et pouilly-fuissé. Depuis 2017, une de leurs filles, Blandine, est à leurs côtés.

Une robe brillante animée de reflets or gris habille ce vin ouvert sur des arômes enchanteurs et délicats de fruits jaunes et blancs, de miel d'acacia et de fleurs blanches. Un registre de finesse et d'élégance que l'on retrouve dans une bouche parfaitement équilibrée entre richesse et vivacité, étirée dans une longue finale épicée à laquelle de beaux amers apportent de la noblesse. Un grand vin racé. ⧗ 2023-2030

DOM. MAURICE GUERRIN ET FILS, 572, rte des Bruyères, 71960 Vergisson, tél. 03 85 35 80 25, contact@domaineguerrin.com V r.-v.

B CH. DE LAVERNETTE
Cuvée Jean-Jacques de Boissieu 2017 ★

■	5353		20 à 30 €

Ancienne propriété des moines de Tournus, le domaine, aux confins du Mâconnais et du Beaujolais, a été acquis par la famille en 1596. Descendant des Lavernette, Bertrand de Boissieu quitte la coopérative en 1988; son fils Xavier prend le relais en 2007. Il pratique la biodynamie depuis 2005 (certifiée en 2010). Sur ses 13 ha de vignes, il produit des vins du Beaujolais, du bourgogne d'appellations régionales et des pouilly-fuissé.

Cette cuvée, hommage à un ancêtre artiste graveur, affiche une couleur or paille lumineuse et une belle complexité aromatique : notes fumées et minérales, citron, chèvrefeuille. On retrouve ces arômes dans une bouche large et dense, à la finale fraîche et persistante. ⧗ 2021-2025

CH. DE LAVERNETTE, 70, chem. de la Vernette, 71570 Leynes, tél. 03 85 35 63 21, chateau@lavernette.com V r.-v.

GILLES MORAT Bélemnites 2018 ★

| 10 000 | | 20 à 30 € |

Après une carrière dans l'électronique, Gilles Morat a repris le domaine familial en 1997. Il conduit aujourd'hui 6,7 ha de vignes au pied de la roche de Vergisson, qu'il convertit à l'agriculture biologique. Une valeur sûre pour ses pouilly-fuissé.

Issu de chardonnays récoltés à la main le premier jour de septembre, ce vin a ensuite séjourné 11 mois en fût de chêne. Il se présente revêtu d'une belle robe d'or blanc et offre un nez intense et complexe sur les fruits secs, la pierre à fusil, la pêche jaune, la pomme golden et les épices douces. La bouche apparaît tendre et souple, dynamisée par une longue finale citronnée. ⧗ 2021-2025

⊶ DOM. GILLES MORAT, 595, rte des Bruyères, 71960 Vergisson, tél. 06 82 30 06 28, gil.morat@wanadoo.fr V *r.-v.*

SYLVAINE ET ALAIN NORMAND
Aux Vignerais 2018 ★

| 6 000 | | 20 à 30 € |

Alain Normand s'est installé en 1993 à la tête de 13 ha. En 2010, le domaine s'est agrandi considérablement avec le vignoble du père de Sylvaine. Aujourd'hui, 32 ha de vignes répartis sur Solutré, Chaintré, Prissé et La Roche-Vineuse.

Ce 2018 d'un bel or soutenu aux reflets argentés livre un nez frais et délicat à connotation végétale et florale (fleur de sureau, chèvrefeuille). On retrouve ces arômes dans une attaque fraîche, puis le vin se fait plus arrondi et fruité, pour finir sur une jolie note anisée. Un ensemble harmonieux. ⧗ 2021-2025

⊶ SYLVAINE ET ALAIN NORMAND, 10, allée en Darèze, 71960 La Roche-Vineuse, tél. 03 85 36 61 69, vins@domaine-normand.com V *t.l.j. sf dim. 8h-12h30 14h-18h30; sam. sur r.-v.*

FAMILLE PAQUET Les Crays 2017 ★

| 7 500 | | 20 à 30 € |

Fervent défenseur de l'appellation saint-véran, Michel Paquet a toujours eu à cœur de produire des vins de qualité, à forte personnalité. En 2016, il a transmis à ses 3 fils ce joli domaine de près de 12 ha. L'année 2018 marque un tournant important puisqu'une partie du vignoble est en conversion à l'agriculture biologique. Une valeur sûre.

Ce vin élevé pour partie en fût séduit par sa couleur jaune d'or ourlée de paille. Un bouquet de petites fleurs blanches caractérise le premier nez, puis se développent des senteurs boisées de miel et de pain brioché. Une attaque franche et fraîche laisse la place à une bouche charnue reflétant bien la maturité des raisins et un élevage en fût bien digéré. ⧗ 2022-2026

⊶ FAMILLE PAQUET, 5, imp. du Grand-Prè, 71960 Solutré-Pouilly, tél. 03 79 35 00 14, contact@famillepaquet.fr V *r.-v.*

PASCAL RENAUD Vieilles vignes 2018 ★★

| 30 000 | | 11 à 15 € |

Depuis 1987 à la tête de l'ancienne propriété de la famille Balladur, Pascal et Mireille Renaud sont aujourd'hui secondés par leurs enfants Guillaume et Amandine pour cultiver les 19 ha du vignoble, principalement en appellation pouilly-fuissé. Les vins sont tous élevés en demi-muids ou en foudres.

Limpide et brillant, or gris à reflets métalliques, ce superbe pouilly-fuissé dévoile un nez complexe et varié : jasmin, fougère, citron, fruit de la Passion, gingembre… En bouche, il conjugue finesse, souplesse, fraîcheur et longueur. Un vin des plus harmonieux et élégant. ⧗ 2022-2028

⊶ DOM. PASCAL ET MIREILLE RENAUD, imp. du Tonnelier, 71960 Solutré-Pouilly, tél. 03 85 35 84 62, domainerenaudpascal@wanadoo.fr V *r.-v.*

ÈVE ET MICHEL REY
Les Crays 2018 ★

| 2 380 | | 15 à 20 € |

Ève et Michel Rey sont à la tête depuis 1988 de ce petit domaine de 3,5 ha, une mosaïque de petites parcelles de vignes situées principalement au pied de la roche de Vergisson. La conversion bio est engagée.

Or à reflets verts, ce vin se distingue d'emblée par la délicatesse de son olfaction : petites fleurs blanches et fruits jaunes soulignés de miel. Le palais débute sur la vivacité, puis s'assagit autour d'une chair volumineuse et fruitée. ⧗ 2022-2026

⊶ ÈVE ET MICHEL REY, 35, chem. du Sabotier, 71960 Vergisson, tél. 06 81 75 16 41, michel.rey19@wanadoo.fr V *r.-v.*

DOM. G. SAUMAIZE Les Ronchevats 2018 ★★

| 720 | | 20 à 30 € |

Touché dès son plus jeune âge par le virus de la viticulture en accompagnant ses parents dans les vignes, Guy Saumaize s'est naturellement orienté vers le métier de vigneron ; il a également créé une pépinière reconnue et fréquentée par de nombreux producteurs de la région. Annie, son épouse, a repris le flambeau à sa disparition en 2013. Depuis 2018, c'est leur fils Guillaume qui est aux commandes de ce domaine de 15 ha dont il a changé le nom : le Dom. des Maillettes est devenu le Dom. G. Saumaize.

De vieux chardonnays de 80 ans parfaitement cultivés et vinifiés ont donné ce vin or pâle au registre aromatique original : mangue, pêche de vigne, fruit de la Passion et coing. La bouche, ronde en attaque, monte en puissance et en volume, et s'étire dans une longue finale épicée. ⧗ 2023-2030

⊶ DOM. G. SAUMAIZE, 600, rue des Maillettes, 71960 Davayé, tél. 06 25 52 47 42, domainegsaumaize@gmail.com V *r.-v.*

SAUMAIZE-MICHELIN La Marechaude 2018 ★

| 2 000 | | 20 à 30 € |

Respect du terroir et de la plante, tel est le credo de Christine, Roger et Vivien Saumaize, qui exploitent un domaine de 11 ha sur la magnifique commune de Vergisson.

Né de vénérables chardonnays de 80 ans agrippés à la pente vertigineuse des coteaux de Vergisson (40 %), ce vin se révèle déjà harmonieux. Lumineux dans sa robe or pâle, il arbore un nez plaisant minéral et fruité. En

BOURGOGNE

bouche, la finesse est de mise et une belle vivacité vient dynamiser la finale. ⧗ 2022-2026

⊶ *SAUMAIZE-MICHELIN, Le Martelet, 71960 Vergisson, tél. 03 85 35 84 05, saumaize-michelin@wanadoo.fr* V *r.-v.*

DOM. SIMONIN
Les Ammonites 2018 ★

	800		20 à 30 €

Vergisson, paisible village viticole blotti au pied des Roches, mérite un détour pour son panorama époustouflant sur la vallée de la Saône et la chaîne des Alpes. Jacques Simonin y possède 7 ha de chardonnay, qu'il travaille de façon traditionnelle.

Une cuvée bien dorée, fruitée et exotique au nez. La bouche apparaît dense et structurée, soutenue par une belle tension qui pousse loin la finale. Un pouilly-fuissé harmonieux. ⧗ 2021-2025

⊶ *DOM. SIMONIN, 94, rue Froide, 71960 Vergisson, tél. 03 85 35 84 72, domsimonin.ja@wanadoo.fr* V *r.-v.*

DOM. DU CH. DE VERGISSON
Sur la roche 2018 ★

	1700		15 à 20 €

Stéphanie Saumaize et Pierre Desroches sont à la tête de ce domaine de 10 ha situé au pied de la roche de Vergisson. Depuis 2012, ils vinifient leur récolte dans les fameuses caves voûtées et superposées du château de Vergisson.

Ce 2018 brillant et limpide dévoile un nez agréable de fleurs blanches et de citron. En bouche, il fait preuve de générosité et de puissance, tout en affichant une belle vivacité. Il se prolonge en finale sur des saveurs persistantes de fruits jaunes à noyaux. Un équilibre bien en place. ⧗ 2021-2025

⊶ *DOM. DU CH. DE VERGISSON, 101, rue du Château-de-France, 71960 Vergisson, tél. 06 80 71 68 18, pierredesroches@hotmail.fr* V *r.-v.*

CH. VITALLIS
Vieilles vignes 2018 ★★

	10 370		15 à 20 €

Au château Vitallis, vieille demeure seigneuriale de 1305 située au cœur du village de Fuissé, on utilise les techniques les plus modernes en matière de culture de la vigne et de vinification : vendanges à la machine, pressoir pneumatique, cuves thermorégulées et caves et stockage climatisées. Le vignoble, conduit par Denis Dutronc et son fils Maxime, couvre 17 ha.

Ce 2018 élevé 11 mois en fût de chêne puis 4 mois en cuve se présente dans une seyante robe lumineuse, vert clair, presque cristalline. Au nez, il égrène de fines senteurs de poire et de fleurs blanches enveloppées de notes boisées, briochées et toastées. En bouche, il se révèle riche, rond et plein, et déploie une longue finale fruitée. Un pouilly-fuissé de caractère. ⧗ 2023-2030

⊶ *CH. VITALLIS, 106, rue Adrien-Arcelin, 71960 Fuissé, tél. 03 85 35 64 42, denis.dutron@wanadoo.fr* V *t.l.j. 9h-12h 14h-18h; sam. dim. sur r.-v.; f. août*

POUILLY-LOCHÉ

Superficie : 32 ha / Production : 1 500 hl

DOM. CORDIER 2018 ★

	2300		20 à 30 €

Basé à Fuissé, Christophe Cordier a pris la tête de ce vignoble de 30 ha à la suite de son père Roger. Il a élargi sa gamme en créant une affaire de négoce sous son nom. Une référence en Mâconnais, avec les deux casquettes, également présent en Beaujolais.

Ce vin jaune clair dévoile un joli nez de tilleul, de pêche blanche et de beurre frais. La bouche conjugue dans un bon équilibre une matière riche et ronde aux saveurs boisées et une fraîcheur apportée par le terroir. ⧗ 2022-2026

⊶ *DOM. CORDIER, Les Molards, 71960 Fuissé, tél. 03 85 35 62 89, domaine.cordier@wanadoo.fr* V *t.l.j. 8h-12h 13h30-17h30; sam. dim. sur r.-v.; f. 1-15/08*

DOM. MARCEL COUTURIER Le Bourg 2018 ★

	4500		15 à 20 €

Installé en cave particulière depuis 2005 après avoir été apporteur à la cave coopérative des Grands Crus à Vinzelles, Marcel Couturier revendique une viticulture proche de l'agrobiologie. Son vignoble couvre 12 ha (en cours de conversion bio).

Issue de très vieux chardonnays de 80 ans, cette cuvée séduit d'emblée par sa parure dorée, brillante et éclatante. Son nez offre de jolis parfums fruités comme le citron et le fruit de la Passion, agrémentés de nuances florales. La bouche, tout aussi fruitée, persistante, laisse une impression agréable de rondeur et d'équilibre. ⧗ 2020-2024

⊶ *DOM. MARCEL COUTURIER, 730, rte de Fuissé, 71960 Fuissé, tél. 06 23 97 23 21, domainemarcelcouturier@orange.fr* V *r.-v.*

POUILLY-VINZELLES

Superficie : 52 ha / Production : 1 700 hl

DOM. DE FUSSIACUS 2018 ★

	2600		11 à 15 €

Jean-Paul Paquet est à la tête de cette propriété familiale depuis 1978. Ce domaine porte le nom du seigneur romain Fussiacus qui s'installa à Fuissé. Un domaine très régulier en qualité.

Or pâle, limpide et brillant, ce vin propose une palette aromatique à dominante boisée au premier nez (notes beurrées), puis apparaissent l'amande fraîche et le pamplemousse. Des arômes prolongés par une bouche souple et fraîche, encore vivifiée par une finale acidulée. ⧗ 2021-2025

⊶ *DOM. DE FUSSIACUS, Les Molards-Hauts, 71960 Fuissé, tél. 03 85 27 01 06, domainespaquet@gmail.com* V *r.-v.*

DOM. THIBERT PÈRE ET FILS Les Longeays 2017 ★

■	10 829		20 à 30 €

Issus d'une dynastie de vignerons forte de 8 générations, Andrée et René Thibert créent leur propre domaine en 1967, sur 2,5 ha. Aujourd'hui, leurs enfants Sandrine et Christophe sont cogérants d'un vignoble de 20 ha. Une valeur (très) sûre du Mâconnais.

Ce 2017 plaît d'emblée par sa robe jaune pâle ornée de reflets verts et par son éventail aromatique complexe associant les fruits bien mûrs, le miel et la brioche au beurre. Dynamisée par une intense vivacité en attaque, la bouche se montre ensuite florale, riche et suave, avec une finale encore sous l'emprise du bois de l'élevage. Garde conseillée pour ce vin de caractère. ⧗ 2022-2026

DOM. THIBERT PÈRE ET FILS, 20, rue Adrien-Arcelin, 71960 Fuissé, tél. 03 85 27 02 66, info@domaine-thibert.com V r.-v.

SAINT-VÉRAN

Superficie : 680 ha / Production : 37 500 hl

Implantée surtout sur des terroirs calcaires, l'appellation, reconnue en 1971, constitue la limite sud du Mâconnais, entre les AOC pouilly-fuissé, pouilly-vinzelles et beaujolais. Elle est réservée aux vins blancs produits dans huit communes de Saône-et-Loire. Légers, élégants et fruités, les saint-véran accompagnent bien les débuts de repas. Ils sont intermédiaires entre les pouilly-fuissé et les mâcon suivis d'un nom de village.

DOM. CARRETTE Les Mures 2018 ★

■	4 000		11 à 15 €

Vignerons de père en fils depuis plusieurs générations, l'histoire du domaine est marquée par l'achat en 1980 d'une grande maison avec cave voûtée au pied de la roche de Vergisson. C'est aujourd'hui Hervé et Nathalie qui, depuis 2003, sont à la tête de ce vignoble de 15 ha.

D'une teinte pâle, ce 2018 délicat et élégant diffuse des senteurs de fruits jaunes mûrs et de citron. Le palais, généreux, riche, dense et long, distille des saveurs de tilleul et de pêche de vigne du meilleur effet. ⧗ 2021-2025

DOM. CARRETTE, 39, rte des Crays, 71960 Vergisson, tél. 03 85 59 02 74, contact@domaine-carrette.fr V r.-v.

PHILIPPE CHARMOND
La Vieille Vigne de Saint-Claude 2018 ★

■	1960		8 à 11 €

Célèbre pour ses roches de Solutré et de Vergisson, ce joli petit coin du Mâconnais accueille également Philippe Charmond et ses 8 ha de vignes.

Une vigne plantée au sortir de la Seconde Guerre mondiale a donné ce vin doré aux reflets bronze, qui mêle harmonieusement les fruits exotiques à des notes plus végétales de fleurs des haies, le tout souligné de poivre blanc. Bien frais et équilibré, le palais s'étire sur des notes épicées. ⧗ 2021-2025

DOM. PHILIPPE CHARMOND, 263, rue du Château-de-France, 71960 Vergisson, tél. 06 84 25 45 53, philippe.charmond@aol.com V *t.l.j. sf dim. 10h-12h 15h-18h*

CH. CHASSELAS
En Faux 2018 ★

■	3000		11 à 15 €

Ce vénérable domaine viticole remontant au XIVᵉs., commandé par un château des XIVᵉ et XVIIIᵉs. flanqué de 3 tours en poivrière, a été repris en 1999 par Jean-Marc Veyron La Croix et Jacky Martinon. Les 11 ha de vignes sont labellisés HVE (labour, griffage, amendement naturel…)

Ce saint-véran or vert développe une aromatique discrète mais élégante qui allie le chèvrefeuille, la noisette et la vanille. La bouche apparaît tendre, douce et souple, avec une fraîcheur bien sentie en finale qui vient l'alléger. ⧗ 2021-2025

CH. DE CHASSELAS, 161, rue du Château, 71570 Chasselas, tél. 03 85 35 12 01, contact@chateauchasselas.fr V *t.l.j. sf dim. 10h-12h 14h-18h* E

DOM. MICHEL CHAVET ET FILS
2018 ★

■	56 000		8 à 11 €

C'est en 1870 que tout commence par Jacques Léger, puis au fil du temps les générations se succèdent toujours à Davayé. Aujourd'hui, l'exploitation compte 17 ha de vignes en appellation saint-véran, pouilly-fuissé, mâcon blanc et rouge, crémant-de-bourgogne et même fleurie en Beaujolais.

Or clair et léger, ce saint-véran de facture classique respire la pêche jaune et le citron dans un écrin minéral. La bouche, dans la continuité du nez, offre une matière acidulée et fruitée qui lui apporte de la gourmandise. ⧗ 2020-2023

DOM. MICHEL CHAVET ET FILS, 49, rue des Durandys, 71960 Davayé, tél. 06 70 54 63 13, contact@domaine-chavet.fr V r.-v.

DOM. CORSIN
Vieilles vignes 2017 ★★

■	40170		11 à 15 €

Ce domaine prestigieux, et toujours familial, existe depuis plus d'un siècle. Précurseur dans la vente en bouteilles, il est aujourd'hui entre les mains expertes de Gilles Corsin et de son neveu Jérémy.

Un vin issu d'un élevage de 10 mois en cuve et fût de chêne, qui lui a donné puissance et complexité. D'un jaune clair et lumineux, il dévoile un nez intensément fruité (pêche, abricot, pomme verte, pamplemousse), qui s'oriente à l'aération vers les fleurs blanches. Après une attaque vive et minérale, la bouche renoue avec le fruit. Elle se montre concentrée et riche, mais sans jamais céder à la lourdeur grâce à l'appui d'une fine acidité qui lui donne de la droiture. ⧗ 2022-2026

DOM. CORSIN, 404, rue des Plantes, 71960 Davayé, tél. 03 85 35 83 36, contact@domaine-corsin.com V r.-v.

BOURGOGNE

DOM. MARCEL COUTURIER
La Cour des bois 2018 ★

2200 | 11 à 15 €

Installé en cave particulière depuis 2005 après avoir été apporteur à la cave coopérative des Grands Crus à Vinzelles, Marcel Couturier revendique une viticulture proche de l'agrobiologie. Son vignoble couvre 12 ha (en cours de conversion bio).

Paré d'une robe pâle et lumineuse, ce 2018 offre des fragrances de poire et pêche blanche mêlées aux petites fleurs des champs. Après une attaque vive, nerveuse, le palais s'arrondit quelque peu avant de finir sur de beaux amers qui lui apportent de la noblesse. ⧗ 2022-2025

DOM. MARCEL COUTURIER, 730, rte de Fuissé, 71960 Fuissé, tél. 06 23 97 23 21, domainemarcelcouturier@orange.fr V r.-v.

DOM. DE LA CREUZE NOIRE
La Côte 2018 ★

6500 | 11 à 15 €

Loïc Martin, jeune vigneron installé en 2009, exploitait 4 ha de vignes dans la partie méridionale de l'appellation saint-véran. Depuis 2013, il a intégré le domaine familial de ses parents Christine et Dominique Martin, installés depuis 1985 à Leynes, village frontière entre Beaujolais et Mâconnais.

Une jolie couleur or pour cette cuvée au nez tendre de fruits blancs, de cèdre et de toasté. Une attaque souple ouvre sur une bouche ample, consistante et fraîche, boisée avec justesse. ⧗ 2021-2025 **Les Carrales 2018 ★ (11 à 15 €; 6500 b.)** Au nez, des arômes de bonbon acidulé se mêlent à un bon boisé toasté et fumé. La bouche offre du volume, du gras, du fruit et ce qu'il faut de fraîcheur. ⧗ 2021-2025

DOM. DE LA CREUZE NOIRE, La Creuze-Noire, 71570 Leynes, tél. 03 85 37 46 43, domainemartin.dcn@gmail.com V *t.l.j. sf sam. dim. 8h-18h*

♥ DEUX ROCHES La Côte Rôtie 2018 ★★

1640 | 15 à 20 €

L'aventure au domaine commence en 1928 avec les premières vignes que Joanny Collovray possède autour de Davayé, à l'ouest de Mâcon. Deux générations plus tard, les Collovray ont rencontré les Terrier et s'associent au sein du Dom. des Deux Roches qui naît en 1986. Aujourd'hui, la quatrième génération est à l'œuvre... Une valeur sûre du Mâconnais.

Coup de cœur dans l'édition précédente avec sa cuvée Les Cras 2017, le domaine signe cette année une Côte Rôtie admirable. Un saint-véran d'un or profond souligné de reflets bronze, qui associe au nez les fleurs blanches et les fruits mûrs dans un écrin boisé. On apprécie son équilibre parfait entre une aimable rondeur et une fine fraîcheur aux tonalités minérales qui lui donne beaucoup d'allonge en finale. ⧗ 2022-2026

DEUX ROCHES, 181, rte de Mâcon, 71960 Davayé, tél. 03 85 35 86 51, info@collovrayterrier.com V *r.-v.*

DOM. DE LA FEUILLARDE
Vieiles vignes Maison rouge 2018 ★

12000 | 11 à 15 €

Créé en 1934 par Jean-Marie Thomas, ce domaine familial est géré depuis 1988 par son petit-fils Lucien, actif défenseur de l'appellation saint-véran. Les 20 ha du vignoble entourent la propriété située à Prissé, ancien bourg fortifié du Mâconnais.

Ce saint-véran de belle facture, d'un beau doré intense, dévoile à l'olfaction des parfums de fruits blancs soulignés de notes florales (aubépine et acacia). Souple à l'attaque, la bouche se révèle tendre et charnue, soulignée par une fine acidité. ⧗ 2020-2024 **Cuvée Tradition 2018 ★ (8 à 11 €; 30000 b.)** Des notes muscatées au nez et un palais frais et fruité, un brin épicé en finale, pour ce saint-véran bien construit. ⧗ 2020-2023

DOM. DE LA FEUILLARDE, La Feuillarde, 71960 Prissé, tél. 03 85 34 54 45, contact@domaine-feuillarde.com V *t.l.j. 8h-12h30 13h30-18h; sam. dim. sur r.-v.*

DOM. DE FUSSIACUS 2018 ★

9500 | 11 à 15 €

Jean-Paul Paquet est à la tête de cette propriété familiale depuis 1978. Ce domaine porte le nom du seigneur romain Fussiacus qui s'installa à Fuissé. Un domaine très régulier en qualité.

D'un joli jaune citron, ce vin dévoile des arômes de pêche blanche et de silex. En bouche, il déploie une texture soyeuse au goût d'abricot et de pamplemousse, soulignée par une belle fraîcheur qui lui donne de l'allonge. ⧗ 2021-2025

DOM. DE FUSSIACUS, Les Molards-Hauts, 71960 Fuissé, tél. 03 85 27 01 06, domainespaquet@gmail.com V *r.-v.*

GILLES GUERRIN Champs de perdrix 2018 ★

1060 | 11 à 15 €

Un domaine situé à Vergisson, en plein cœur des crus du Mâconnais, entre les célèbres roches de Vergisson et Solutré. Sylvie et Gilles s'y sont installés en 1984 et exploitent 11,5 ha de vignes réparties en 3 appellations : mâcon Vergisson, saint-véran et pouilly-fuissé. Depuis 2017, une de leurs filles, Blandine, est à leurs côtés.

Orné de reflets brillants, ce vin jaune vert et limpide séduit par son nez de fruits exotiques et de vanille. On retrouve la nervosité du citron dans un palais souple et rond, étiré dans une longue finale sur le litchi et le curry. ⧗ 2021-2025

GILLES GUERRIN, 38, imp. de la Truche, 71960 Vergisson, tél. 03 85 35 80 38, sylviegillesguerrin@wanadoo.fr V *r.-v.*

DOM. GAËL MARTIN En Faux Cuvée Victor 2018 ★

5900 | 11 à 15 €

Installé en 2004 à l'âge de 19 ans sur le domaine familial, Gaël Martin (4e génération) est établi en

Mâconnais, aux confins du Beaujolais. Son vignoble de 22 ha est à cheval sur les deux régions, si bien qu'il propose aussi bien du bourgogne blanc et du saint-véran que du juliénas, du saint-amour, du chiroubles et du chénas.

Paré d'une belle robe claire et limpide, ce vin livre un nez agréable mêlant la vanille, le miel, les fruits exotiques et les fleurs blanches. Le palais se révèle ample, généreux, dense et persistant, soutenu par un bon boisé. ⧗ 2021-2025

DOM. GAËL MARTIN, Les Truges, 71570 Saint-Vérand, tél. 03 85 40 64 22, gaelmartin.vins@outlook.fr V *t.l.j. sf dim. 9h-12h 13h30-19h*

GILLES MORAT 2018 ★

8000 | 11 à 15 €

Après une carrière dans l'électronique, Gilles Morat a repris le domaine familial en 1997. Il conduit aujourd'hui 6,7 ha de vignes au pied de la roche de Vergisson, qu'il convertit à l'agriculture biologique. Une valeur sûre pour ses pouilly-fuissé.

Cette cuvée a séjourné 9 mois en cuve avant d'être mise en bouteille. Sa robe jaune pâle éclairée de reflets dorés est engageante. Au nez, elle présente une palette aromatique complexe autour des fruits exotiques et des fleurs blanches. Le palais séduit par son volume, sa fraîcheur et son fruité gourmand. ⧗ 2021-2025

DOM. GILLES MORAT, 595, rte des Bruyères, 71960 Vergisson, tél. 06 82 30 06 28, gil.morat@wanadoo.fr V *r.-v.*

SYLVAINE ET ALAIN NORMAND 2018 ★

1500 | 11 à 15 €

Alain Normand s'est installé en 1993 à la tête de 13 ha. En 2010, le domaine s'est agrandi considérablement avec le vignoble du père de Sylvaine. Aujourd'hui, 32 ha de vignes répartis sur Solutré, Chaintré, Prissé et La Roche-Vineuse.

Vinifié en fût de chêne, ce saint-véran a la couleur de l'or et dégage des senteurs agréables de petites fleurs des haies. Droit et fin, il mêle harmonieusement la fraîcheur et la rondeur en bouche, avec en retrait un léger goût boisé. ⧗ 2020-2025

SYLVAINE ET ALAIN NORMAND, 10, allée en Darèze, 71960 La Roche-Vineuse, tél. 03 85 36 61 69, vins@domaine-normand.com V *t.l.j. sf dim. 8h-12h30 14h-18h30; sam. sur r.-v.*

♥ FAMILLE PAQUET En Crèches 2017 ★★

8500 | 15 à 20 €

Fervent défenseur de l'appellation saint-véran, Michel Paquet a toujours eu à cœur de produire des vins de qualité, à forte personnalité. En 2016, il a transmis à ses trois fils ce joli domaine de près de 12 ha. L'année 2018 marque un tournant important puisqu'une partie du vignoble est en conversion à l'agriculture biologique. Une valeur sûre.

Ce vin né de chardonnays de 40 ans se présente dans une robe or jaune éclatante. Le nez libère des notes de fleurs blanches, de noisette torréfiée, de mangue et de pomme verte. Ces arômes complexes s'épanouissent dans une bouche souple et vive en attaque, aussi large que longue dans son développement, qui finit en beauté sur des notes minérales et mentholées. Un vin diablement séduisant que l'on verrait bien accompagner une poularde truffée. ⧗ 2021-2026

FAMILLE PAQUET, 314, rue des Valanges, 71960 Davayé, tél. 03 79 35 00 14, contact@famillepaquet.fr V *r.-v.*

DOM. DES PÉRELLES Le Clos 2018 ★

1800 | 11 à 15 €

Jean-Yves Larochette a pris en 1990 les rênes du domaine familial. Son exploitation a son siège aux confins du Mâconnais et du Beaujolais, et couvre aujourd'hui 11 ha répartis dans ces 2 régions.

Ce 2018 jaune ourlé d'or se laisse désirer; très discret dans son olfaction, il faut aller le chercher. Après quelques secondes d'aération, il déploie de fines notes minérales et florales. Généreux en attaque, il se montre bien équilibré entre rondeur et fraîcheur. ⧗ 2020-2025

DOM. DES PÉRELLES, 393, rue des Barbiers, 71570 Chânes, tél. 06 82 04 21 57, jy.larochette@orange.fr V *r.-v.* E

B DOM. DES PONCETYS Clos du Château 2018 ★

12000 | 15 à 20 €

Le lycée viticole de Mâcon-Davayé forme les vignerons de Bourgogne et d'ailleurs depuis de nombreuses générations. Le domaine attenant (16 ha) est cultivé en bio, et Frédéric Servais, le maître de chai, entend produire les vins les plus « naturels » possibles. Pour cela, il a renoncé à utiliser tous les intrants de l'œnologie moderne lors des vinifications, hormis le SO2.

Des vignes âgées de plus de 70 ans, cueillies à la main, ont donné ce vin d'un bel éclat or vert, au nez riche de fleurs blanches, de craie et d'épices. De la rondeur, du gras, de la tension et un boisé bien intégré, le palais est harmonieux. ⧗ 2021-2025

DOM. DES PONCETYS, 43, rue des Poncetys, 71960 Davayé, tél. 03 85 33 56 22, domaineponcetys@free.fr V *r.-v.*

CH. PRÉTY 2018 ★

3400 | 11 à 15 €

Établie à l'extrémité sud du Mâconnais, la maison de négoce Colin-Bourisset a pignon sur rue depuis 1821. Elle sélectionne des cuvées parmi les appellations mâconnaises et beaujolaises. Elle est aujourd'hui très implantée sur les marchés lointains, comme la Chine.

Le Ch. de Préty se transmet de génération en génération dans la famille de Philippe Curial, depuis 1850. Les vins sont commercialisés par Colin-Bourrisset. Dans le verre, un saint-véran limpide et brillant, aux reflets or vif, au nez intense de citron, de fruits exotiques, de pomélo et de crème fraîche. La bouche est fraîche, tendue, bien fruitée et longue.

COLLIN-BOURISSET, Pontanevaux, 71570 La-Chapelle-de-Guinchay, tél. 03 85 36 57 25, bienvenue@collinbourisset.com V *t.l.j. sf sam. dim. 9h-12h 14h-17h; f. août*

DOM. SANGOUARD-GUYOT Au Brûlé 2018 ★

	7600		11 à 15 €

Pierre-Emmanuel Sangouard s'est installé en 1997 sur l'exploitation familiale alors tenue par son grand-père et, en 2000, a repris les vignes de ses beaux-parents (Dom. Guyot) : le Dom. Sangouard-Guyot est né (12 ha aujourd'hui). Ici, les traitements sont raisonnés et limités au strict nécessaire, les vignes labourées et les vendanges manuelles. Le vignoble est certifié HVE depuis 2019.

Ce saint-véran jaune pâle est d'un abord timide et se laisse découvrir après quelques tours dans le verre : abricot, toast grillé, noyau de pêche. Après une attaque nette, le palais se montre alerte et frais, avec une jolie pointe minérale en finale. ⧗ 2020-2025

DOM. SANGOUARD-GUYOT, 83, rue du Repostère, 71960 Vergisson, tél. 03 85 35 89 45, domaine@sangouard-guyot.fr V *r.-v.*

VIGNOBLE DE SOMMÉRÉ Au Champ Lière 2018 ★

	4000		11 à 15 €

Établi dans le hameau de Sommeré, aux portes de Mâcon, Hervé Santé représente la 5e génération de vignerons sur ce vignoble de 10 ha. Installé en 1996, il revient à la récolte manuelle dès les vendanges 2000.

Elevé pendant 12 mois en demi-muids sur lies fines, ce 2018 arbore un bel éclat doré. Son olfaction puissante et gourmande marie la poire aux agrumes confits, tandis que son palais ample, riche et puissant déploie de longues notes de cèdre. Un vin de gastronomie. ⧗ 2022-2026

VIGNOBLE DE SOMMERÉ, 32, montée de Monceau, 71960 La Roche-Vineuse, tél. 03 85 37 80 57, herve.sante@orange.fr V *r.-v.*

DOM. DES TROIS DAMES Les Cornillaux 2017 ★★

	600		15 à 20 €

Un jeune domaine créé par Simon Ravaud en 2014, hors cadre familial, par la reprise d'un peu plus de 5 ha de différents propriétaires. Le vignoble est conduit de manière intégrée en limitant les applications de pesticides, en fonction de la pression parasitaire.

Des chardonnays de 60 ans vinifiés sans soufre et avec les levures indigènes ont donné naissance à cette cuvée vêtue d'or brillant. Le nez libère une palette aromatique complexe autour de l'orange amère, de la pomme et de la poire, puis il monte en puissance pour s'épanouir sur des parfums intenses de lys, de jasmin et de miel d'acacia. Dans la continuité, le palais, riche et généreux en attaque, s'affine grâce à une vivacité citronnée et de beaux amers aux accents de pomelos. ⧗ 2019-2022

DOM. DES 3 DAMES, pl. Antoine-Ducrost, 71960 Solutré-Pouilly, tél. 06 15 30 41 82, domainedes3dames@gmail.com V *r.-v.*

DOM. TROUILLET Les Condemines 2018 ★

	1600		11 à 15 €

Au décès de son père Frédéric en 2007, William Trouillet, alors étudiant au lycée viticole de Davayé, revient sur l'exploitation familiale pour seconder sa mère Marie-Agnès, non sans avoir effectué plusieurs stages en France et à l'étranger. Aujourd'hui, l'exploitation (certifiée HVE) s'est beaucoup agrandie et couvre 20 ha.

Issue d'un terroir argilo-calcaire, cette cuvée attire l'œil par sa robe dorée aux reflets vert tendre. Dès le premier nez, des senteurs boisées comme la vanille et le beurre s'échappent du verre, avant de laisser la place à des notes florales. La bouche évolue en finesse, avec en soutien un boisé bien ajusté qui lui apporte un surcroît de structure. ⧗ 2021-2025

DOM. TROUILLET, rte des Concizes, 71960 Solutré-Pouilly, tél. 03 85 35 80 04, domaine.trouillet@wanadoo.fr V *r.-v.*

DOM. DU CH. DE VERGISSON La Côte Rôtie 2018 ★

	2800		11 à 15 €

Stéphanie Saumaize et Pierre Desroches sont à la tête de ce domaine de 10 ha situé au pied de la roche de Vergisson. Depuis 2012, ils vinifient leur récolte dans les fameuses caves voûtées et superposées du château de Vergisson.

Des notes beurrées, florales et légèrement citronnées composent le bouquet de ce vin. La bouche apparaît souple et fraîche en attaque, puis plus suave et volumineuse, soutenue par un élevage en fût bien maîtrisé. ⧗ 2022-2025

DOM. DU CH. DE VERGISSON, 101, rue du Château-de-France, 71960 Vergisson, tél. 06 80 71 68 18, pierredesroches@hotmail.fr V *r.-v.*

LA CHAMPAGNE

C'est dans le vignoble le plus septentrional du pays qu'a été mise au point la méthode champenoise, à l'origine d'un des vins les plus prestigieux du monde, le vin des rois devenu celui de toutes les fêtes. Un vin unique, nulle autre production ne pouvant usurper ce nom.

Poids lourd de l'agriculture française, il représente plus de 4,5 milliards d'euros de chiffre d'affaires, dont la moitié à l'export. En valeur, il contribue à environ un tiers des exportations de vins. Son élaboration particulière sur plusieurs années (en moyenne 3 ans) oblige à un stockage supérieur à 1,4 milliard de bouteilles.

Le vignoble s'étend dans les départements de la Marne (70 %), de l'Aisne et de l'Aube, avec de modestes extensions en Seine-et-Marne et en Haute-Marne. Un même paysage de coteaux se révèle dans tout le vignoble, où l'on distingue cependant plusieurs régions (et donc des styles différents) : la Montagne de Reims ; la Côte des Blancs ; la vallée de la Marne (la zone proche d'Épernay, sur la rive droite, étant appelée « Grande Vallée de la Marne ») ; enfin, à l'extrême sud-est, le vignoble de l'Aube.

Le socle crayeux du terroir est à l'origine de la finesse des vins de la Champagne ; il a également facilité le percement des galeries où mûrissent longuement des millions de bouteilles.

Principaux **millésimes** dégustés dans cette **édition**

TYPES DE VIN	CARACTÉRISTIQUES DU MILLÉSIME	QUALITÉ DU MILLÉSIME
2015	Une superbe année, avec un été très chaud et sec, et une pluie salutaire en août. Les pinots noirs notamment sont excellents, mûrs à point, comme en Bourgogne. Les chardonnays sont un peu plus chaleureux, mais de belle qualité.	★★★★☆
2014	Une année correcte sans plus, marquée par un été froid et humide, et par la mouche drosophile, plus difficile pour les deux pinots et plus favorable au chardonnay, plus mûr.	★★☆☆☆
2013	Comme un peu partout en France, un millésime moyen, frais et humide, avec des vendanges très tardives et des maturités hétérogènes. Les vins sont moins vifs et purs que 2012, avec un petit avantage pour les chardonnays.	★★☆☆☆
2012	Petite année en volume, mais excellente en qualité. D'éprouvants aléas climatiques et des maladies avant un été chaud et sec qui a donné une maturation parfaite. Des chardonnays riches et des pinots noirs magnifiques.	★★★★★
2011	Une année très précoce, placée sous le signe de la fraîcheur, surtout favorable aux champagnes nés de chardonnay, donc aux blancs de blancs.	★★★☆☆

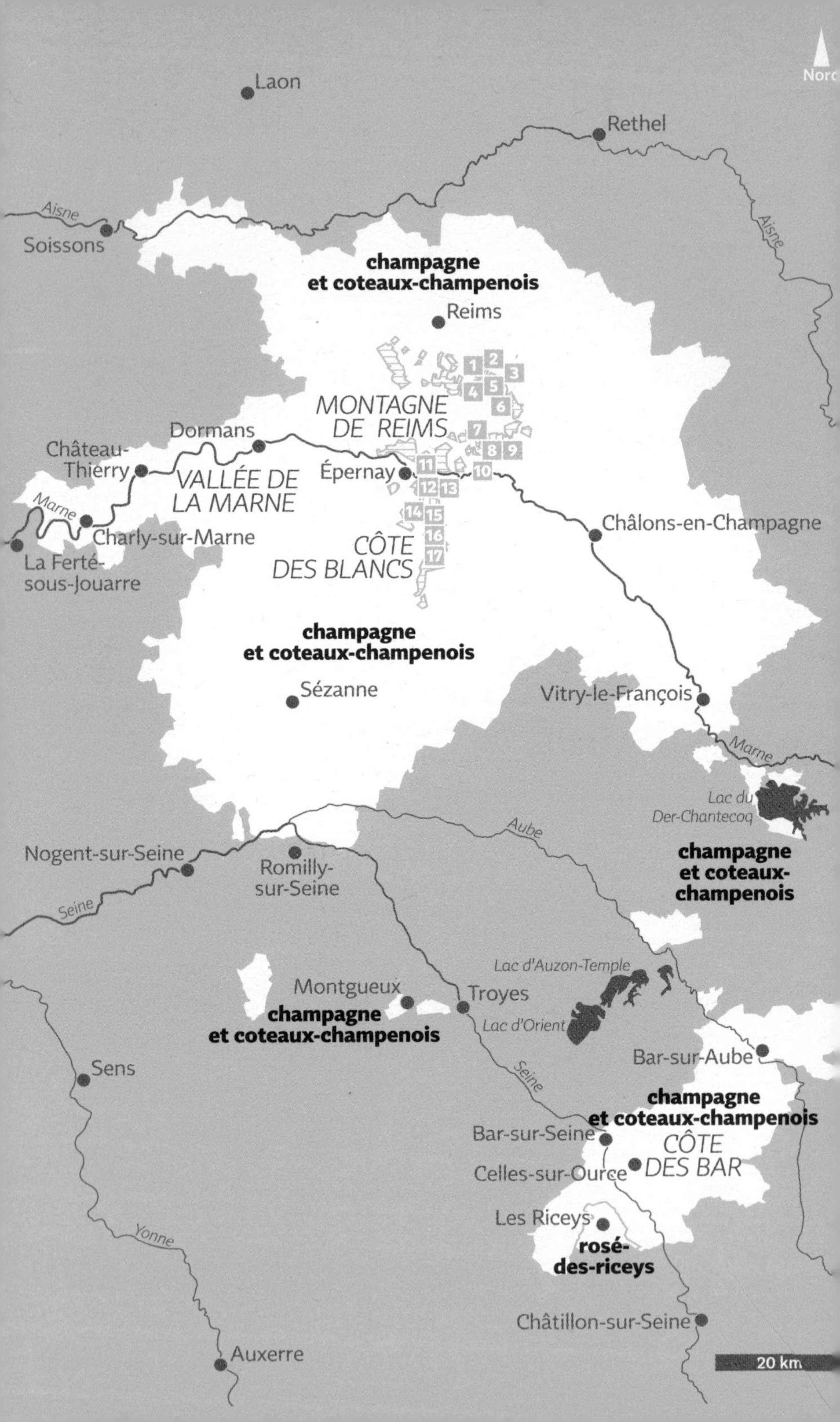
Nord
Laon
Rethel
Aisne
Soissons
Aisne
champagne
et coteaux-champenois
Reims
1
2
3
4
5
6
MONTAGNE
DE REIMS
7
8
9
Dormans
Château-
Thierry
VALLÉE DE
LA MARNE
Épernay
11
10
12
13
Marne
14
15
Charly-sur-Marne
Châlons-en-Champagne
16
CÔTE
DES BLANCS
17
La Ferté-
sous-Jouarre
champagne
et coteaux-champenois
Sézanne
Vitry-le-François
Marne
Lac du
Der-Chantecoq
Aube
champagne
et coteaux-
champenois
Nogent-sur-Seine
Romilly-
sur-Seine
Seine
Lac d'Auzon-Temple
Montgueux
Troyes
champagne
et coteaux-champenois
Lac d'Orient
Sens
Bar-sur-Aube
Seine
champagne
et coteaux-champenois
Bar-sur-Seine
CÔTE
DES BAR
Celles-sur-Ource
Les Riceys
Yonne
rosé-
des-riceys
Châtillon-sur-Seine
Auxerre
20 km

CÔTE DES BAR **Sous-région viticole**

AOC champagne grand cru

pour les vins issus de raisins récoltés sur le territoire des communes suivantes :

1 Puisieulx
2 Sillery
3 Beaumont-sur-Vesle
4 Mailly-Champagne
5 Verzenay
6 Verzy
7 Louvois
8 Bouzy
9 Ambonnay
10 Tours-sur-Marne
11 Aÿ
12 Chouilly
13 Oiry
14 Cramant
15 Avize
16 Oger
17 Le Mesnil-sur-Oger

AOC champagne premier cru

Échelle des crus

Le prix du kilo de raisin payé aux viticulteurs, en Champagne, est fixé en fonction de la qualité des grappes, elle-même liée à leur provenance. Il a servi d'étalon pour le classement en crus : les communes viticoles ont été placées sur une échelle variant de 100 à 80 % : 100 % pour les 17 grands crus, 99 à 90 % pour les 1ers crus et 89 à 80 % pour les autres. Les crus champenois ne prennent donc pas en compte la parcelle, comme en Bourgogne, mais la commune. Les mentions « grand cru » et « premier cru » indiquent que les raisins proviennent exclusivement de communes classées respectivement en grand cru ou en premier cru.

Cépages

Le pinot noir est surtout cultivé sur les coteaux de la Montagne de Reims et de l'Aube, le meunier sur ceux de la Marne, tandis que le chardonnay a donné son nom à la Côte des Blancs.

La **Champagne** en un clin d'œil

Production : 2 00 000 hl

Surface : 33 800 ha

Structure du vignoble

Les neuf dixièmes des superficies appartiennent à des viticulteurs, mais le négoce assure près des trois quarts du chiffre d'affaires et plus de 80 % des exportations. On compte 300 maisons de négoce.

Le statut professionnel du producteur

RM, récoltant-manipulant* : vigneron qui élabore ses cuvées à partir du raisin de son domaine uniquement.

NM, négociant-manipulant* : s'approvisionne en raisin dans tout le vignoble, possède aussi des vignes en propre et élabore ses champagnes.

CM, coopérative de manipulation* : s'approvisionne dans tout le vignoble, possède aussi parfois des vignes en propre. Elle élabore le champagne et le commercialise sous sa marque ou le rétrocède au vigneron qui y appose son nom.

RC, récoltant-coopérateur : confie tout ou partie de l'élaboration à une coopérative.

SR, société de récoltants qui s'unissent pour vinifier et commercialiser.

MA, marque d'acheteur : désigne un champagne acheté par une structure qui ne le fabrique pas (restaurant, enseigne de supermarché…).

*« Manipuler » signifie « élaborer ».

Types de vins

Effervescents blancs	**Effervescents rosés**	**Rouges** (coteaux-champenois)	**Blancs secs** (coteaux-champenois)	**Rosés** (coteaux-champenois rosé-des-riceys)

Principaux **cépages**

Pinot noir (38 %)	Pinot meunier (31 %)	Chardonnay (31 %)
Pinot blanc	Pinot gris	Arbane
petit meslier (très rare)		

Hiérarchie des vins

3 AOC

Champagne
(dont 17 grands crus et 44 1ers crus)

Coteaux-champenois
(rouges et blancs tranquilles)

Rosé-des-riceys
(rosés tranquilles)

Un peu d'**histoire**

- **IIIe s. apr. J.-C. :** les Romains plantent la vigne.
- **À partir du Ve s. :** développement du vignoble sous l'impulsion des abbayes comme Hautvillers ou Saint-Thierry. Les vins produits sont des rouges et des blancs tranquilles. Le sacre des rois à Reims fait connaître la production.
- **Fin du XVIIe s. :** les vins, vendus en tonneaux, sont mis en bouteilles à leur arrivée en Angleterre (invention de la bouteille industrielle en 1825 outre-Manche).
- **1728 :** le conseil du roi autorise le transport du vin en bouteilles.
- **1729 :** la première maison de vin de négoce est fondée : Ruinart.
- **1743 :** la maison de vin de négoce Moët est fondée.
- **XIXe s. :** création de la plupart des grandes maisons ; perfectionnement de l'élaboration du champagne et apparition de différents styles de champagnes. Les vins sont vendus aux États-Unis et en Russie.
- **1804 :** Mme Clicquot lance le 1er champagne rosé.
- **1860 :** Mme Pommery lance les champagnes « bruts », à l'encontre du goût majoritaire de l'époque pour les doux.
- **1870 :** 1ers champagnes millésimés.
- **1884 :** Raymond Abelé invente le banc de dégorgement à la glace.
- **1887 :** arrêt réservant aux producteurs de la région le terme de « champagne ».
- **Début XXe s. :** la crise du phylloxéra, puis la Première Guerre ravagent les vignobles.
- **1927 :** protection juridique de l'appellation contre les usurpations et à la délimitation de l'aire de production.

L'élaboration du **Champagne**

1 Vendanges

La machine à vendanger est interdite : les grains de raisin doivent arriver en parfait état au lieu de pressurage pour que les peaux des raisins noirs ne tachent pas le moût. Les centres de pressurage sont disséminés au cœur du vignoble afin de raccourcir le temps de transport du raisin. Le pressurage est réglementé : de 4 000 kg de raisins, on ne peut extraire que 25,5 hl de moût. Le pressurage est fractionné entre la cuvée (20,5 hl) et la taille (5 hl qui donnent des vins de moindre longévité). Les moûts sont vinifiés très classiquement en vins blancs tranquilles.

2 Assemblage des cuvées

À la fin de l'hiver, le chef de cave goûte les vins tranquilles (dits « clairs ») disponibles et les mêle de façon à obtenir une cuvée qui corresponde au goût adopté par la maison.

3 Tirage et prise de mousse

Une liqueur (dite « de tirage »), composée de levures, de vieux vins et de sucre, est ajoutée au vin au moment de la mise en bouteilles. Les levures transforment le sucre en alcool et il se dégage du gaz carbonique, prisonnier du flacon, qui se dissout dans le vin et forme les bulles. Cette seconde fermentation en bouteilles (la prise de mousse) s'effectue lentement, à basse température (11 °C), dans les caves champenoises.

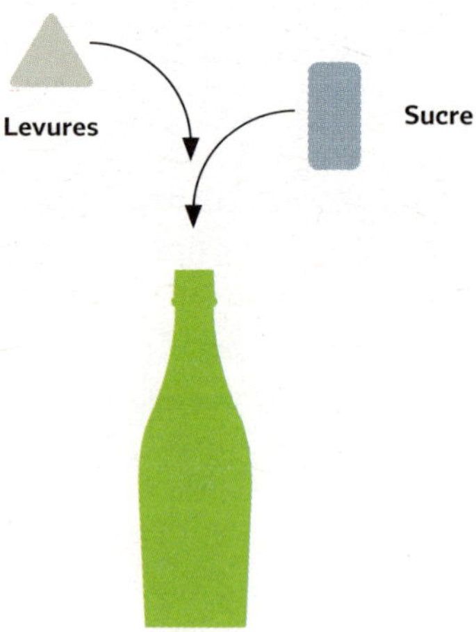

4 Repos sur lies

Les levures forment des lies. Un long vieillissement sur lies est indispensable à la finesse des bulles et à la qualité aromatique. La réglementation fixe un délai de 15 mois entre le tirage et l'expédition (dont 12 mois sur lies) pour la plupart des champagnes, qui est porté à 3 ans pour les millésimés. Ces durées sont supérieures dans la plupart des maisons. Les champagnes les plus complexes mûrissent sur leurs lies entre 5 et 10 ans.

5 Remuage

Cette opération permet d'entraîner les lies vers le col du flacon en inclinant progressivement les bouteilles – à la main, sur des pupitres, ou le plus souvent grâce aux gyropalettes, qui automatisent et raccourcissent le processus.

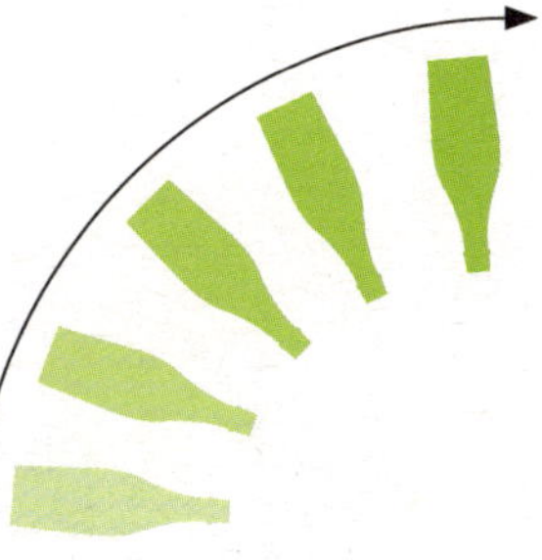

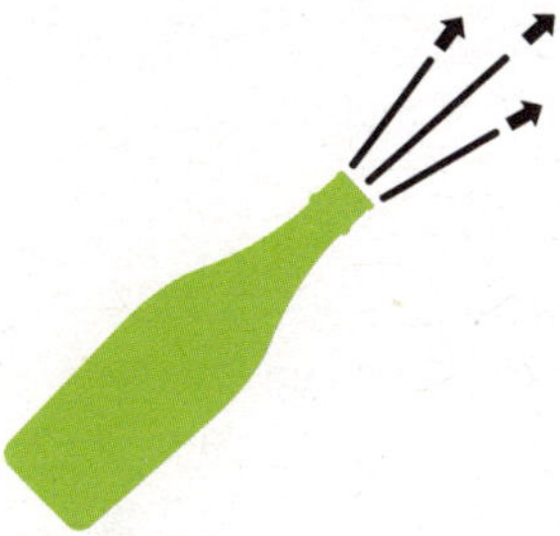

6 Dégorgement

Après 2 ou 3 mois de remuage, on gèle le col dans un bain réfrigérant et on ôte le bouchon ; le dépôt est expulsé sous la pression du gaz carbonique.

7 Dosage

On remplace le vide créé par l'expulsion du dépôt par une « liqueur de dosage » (ou « liqueur d'expédition ») : le plus souvent, composée de sucre de canne dissous dans du vin. Les bouteilles se reposent encore avant l'habillage pour que disparaisse le goût de levure. Selon le dosage, les champagnes sont dits bruts, demi-secs, doux (voir les styles de champagne).

Les styles de **champagne**

Ils dépendent du dosage (voir L'élaboration du champagne) et de l'assemblage. Les cuvées peuvent associer des cépages, des années de récolte, des communes (crus) et des vins vinifiés différemment (en cuve ou en fût).

Blancs d'assemblage :
issus d'un assemblage de cépages blancs et noirs.

Blancs de blancs :
issus du seul cépage chardonnay. Finesse et fraîcheur, arômes de fleurs et de fruits blancs, d'agrumes : on les servira à l'apéritif ou avec des poissons ou des volailles

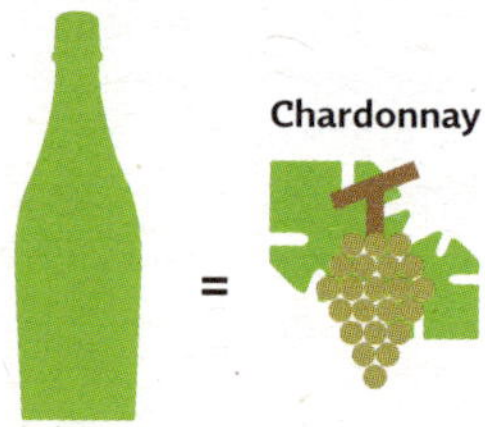

Blancs de noirs :
issus du pinot noir et/ou du pinot meunier vinifiés en blanc. Puissants et vineux, avec des arômes de fruits rouges et d'épices, ils peuvent accompagner un repas.

Rosés d'assemblage :
il est possible d'ajouter un peu de vin rouge au vin blanc pour obtenir un rosé, ce qui est interdit ailleurs en France.

Rosés de saignée :
issus d'une macération de cépages noirs, ils sont colorés et structurés.

Bruts sans année (BSA) : issus de vins d'années différentes.

La grande majorité des champagnes n'est pas millésimée. La situation septentrionale du vignoble ne permet pas de présenter chaque année un champagne de qualité né d'une seule vendange. Les Champenois ont donc créé une banque de vins – les vins de réserve, élaborés dans les années antérieures – dans laquelle peut puiser le chef de cave pour composer des cuvées équilibrées. Certaines sont composées de vins jeunes, d'autres font appel à plus ou moins de vins de réserve. Nés d'un assemblage propre à chaque maison, parfois tenu secret, les bruts sans année représentent le style de la marque.

Millésimés : ils proviennent des vendanges

d'une seule année, précisée obligatoirement sur l'étiquette et le bouchon. Les millésimés ne sont élaborés que dans les meilleures années (la décision de millésimer une année est du ressort de chaque maison). Ils sont plus structurés et complexes que les bruts sans année, grâce à la qualité des vendanges et à un long repos sur lies. Les cuvées de prestige des grandes maisons sont souvent millésimées.

Dosages et types de champagnes

Selon la quantité de liqueur utilisée pour le dosage (voir L'élaboration du champagne), on obtient un type de champagne différent :

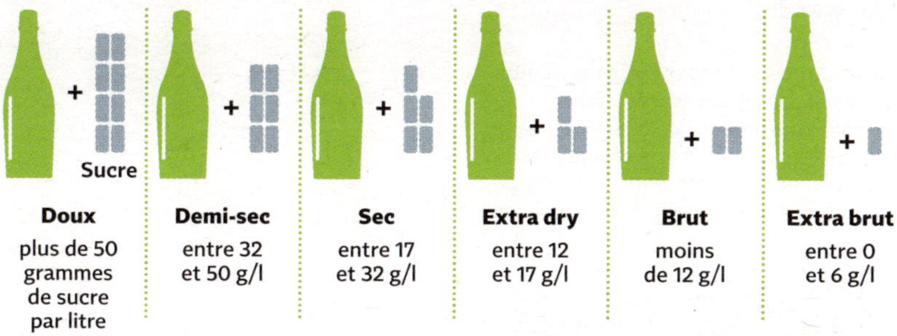

Pour une teneur de moins de 3 g/l et si le vin n'a fait l'objet d'aucune adjonction de sucre, on peut utiliser la mention « **brut nature** », « **non dosé** » ou « **zéro dosage** ».

Les **vignerons** de l'année

© Leif Carlsson

Didier **Depond**

(champagne Salon)

À 12 ans, Aimé Salon, né en 1867 au pied de la Côte des Blancs, débute en vendant des peaux de lapins à Paris. Devenu un homme d'affaires en vue, il crée un champagne à son goût, qui rompt avec les usages de la région : monocépage (chardonnay), monocru (Mesnil-sur-Oger) et toujours millésimé. Faite pour la garde, cette cuvée rare ne compte que 43 millésimes depuis 1905. Questions à Didier Depond, qui préside depuis plus de 20 ans aux destinées de cette maison singulière, adossée au groupe Laurent-Perrier.

• La Champagne s'était fait connaître par ses crus de noirs, comme Aÿ. Aimé Salon a mis en avant la Côte des Blancs et le chardonnay : un précurseur ?
Salon figure de fait parmi les premiers vins connus comme blanc de blancs. Nos raisins proviennent exclusivement du Mesnil-sur-Oger, connu pour le potentiel de ses vins. Les 20 parcelles sont situées à mi-coteau – le « cœur de coteau ». Au total, 10 ha.

• Aimé Salon préférait-il les bruts, à l'opposé du goût de ses contemporains ?
Il avait surtout pour obsession d'élaborer un grand vin de garde en Champagne. Qui dit vin de garde, dit vin peu dosé. Son champagne ne se prêtait dès lors qu'aux apéritifs et à la gastronomie, et non pas aux desserts, trop sucrés. Le chardonnay représente le cépage idéal pour la garde.

• Cherchez-vous à atténuer les irrégularités des années ou à refleter le millésime ?
Chaque millésime conserve sa personnalité. Cependant, l'origine commune des chardonnays crée un lien très fort entre les vins de la collection. Comme les enfants de mêmes parents, nos millésimes possèdent de nombreux traits en commun tout en ayant chacun leur personnalité. Tous sont de garde, mais en terme de longévité, nous avons nos « stars », comme 1996 ou 2008.

• Comment sélectionnez-vous les millésimes ?
La priorité est la qualité des raisins, l'équilibre sucre-acidité, déterminant pour le potentiel de vieillissement. Peu importe le volume. Nous avons ainsi produit entre 18 000 et 60 000 bouteilles par millésime. Nous proposons en moyenne 4 millésimes par décennie.

• Comment les Salon sont-ils vinifiés ?
Nous souhaitons conserver la fraîcheur du chardonnay et la typicité du terroir du Mesnil. Aucune recherche d'arômes boisés, une vinification en cuves Inox, pas de fermentation malolactique. L'élevage sur lies, variable, se prolonge 10 ans au moins : Salon 1985 a passé 14 ans en cave avant d'être commercialisé ! L'âge moyen de nos bouteilles en cave est de 12 ans.

Le coup de cœur

Blanc de blancs Le Mesnil 2007

© Thomas Raffoux

Michel **Davesne**

(champagne Deutz)

Deutz, une maison qui compte à Aÿ. Réputés pour leur finesse, ses pinots noirs entrent dans la majorité des cuvées de la maison, Amour de Deutz constituant la brillante exception. Le Guide a salué cette année deux versions de la nouvelle cuvée Hommage à William Deutz, nées de deux parcelles de pinot noir : Côte Glacière et Meurtet 2012. Entretien avec Michel Davesne, chef de cave.

• Côte Glacière et Meurtet 2012 sont des sélections parcellaires, alors que vos autres cuvées sont des assemblages, dans l'esprit des cuvées traditionnelles des grandes maisons.

Ces 2 parcelles importantes (environ 2 ha chacune) ont toujours été vinifiées à part, mais elles étaient intégrées aux assemblages. Après les avoir associées dans la cuvée Parcelles d'Aÿ 2010, nous avons souhaité élaborer 2 cuvées 2012 reflétant chacune leur parcelle : pas plus de 6 000 bouteilles, alors que nous avons produit 2,4 millions de cols en 2019…

• Élue coup de cœur, Côte glacière réunit générosité et élégance. Meurtet apparaît plus nerveuse, plus juvénile. Des nuances liées à la situation respective des 2 parcelles ?

Effectivement. Côte glacière est en forte pente, exposée plein sud. Les vignes, âgées de près de 50 ans, donnent de petits rendements et des vins plus solaires. Meurtet est orientée au sud-sud-est, moins pentue, plantée de vignes plus jeunes. Les 2 cuvées ont vieilli 6 ans et demi sur lies ; Meurtet est légèrement plus dosée (8 g/l). Mais l'une comme l'autre donnent des champagnes de gastronomie.

• Trois mots pour résumer le style de la maison ?

Pureté, précision et fruit. Les vins sont fermentés à basse température (15-17°C), réalisent leur fermentation malolactique. Pas de bois, mais des cuves Inox, pas moins de 150 permettant une séparation des origines. Les vins de réserve (40 à 50 % des non millésimés) sont eux aussi conservés en cuve. Nous avons réduit les dosages.

• Quelle est votre pratique en matière de cuvées millésimées ?

La décision de millésimer se prend toujours après avoir dégusté les vins clairs, en mars. Nous commençons par élaborer la cuvée Classic, le BSA (80 % des volumes). Le réchauffement climatique a permis de récolter des raisins plus mûrs et de proposer plus souvent des vins millésimés.

• Un mot sur votre parcours ?

Agriculteur dans le Sézannais, au sud de la Champagne, mon père cultivait des vignes. Ingénieur en biotechnologie et amateur de vins, j'ai été embauché en 1985 comme chef de cave chez Palmer et me suis passionné pour le champagne. En 2003, recruté par Deutz, j'ai commencé le 25 août, la veille des vendanges. L'année de la canicule : petits volumes, mais nous avons pu réaliser un Amour de Deutz et un rosé millésimés. Autre année marquante, 2011, gros investissements, nous avons doublé la capacité de la cuverie, une course contre la montre pour que tout soit prêt pour la récolte.

Le coup de cœur

Hommage à William Deutz Côte glacière 2012

CHAMPAGNE

Production : 2 640 000 hl

XAVIER ALEXANDRE Signature A 2007 ★★

1er cru | 2000 | 30 à 50 €

Les Alexandre sont récoltants-manipulants depuis 1933. Xavier a pris en 1994 les rênes du domaine familial qui s'étend sur plus de 7 ha répartis dans 10 communes – dont cinq 1ers crus – situés sur le flanc ouest de la Montagne de Reims, à deux pas de la Cité des Sacres. Propriété certifiée Haute valeur environnementale. (RM)

Vinifiée en fût de chêne, cette cuvée mi-blancs mi-noirs (avec les 2 pinots) offre une image remarquable d'un millésime assez compliqué, arrosé et frais l'été. Nos dégustateurs saluent la finesse et la fraîcheur de ses arômes de citron et de pamplemousse, mâtinés de notes d'épices et de cacao, et celle de son palais net, droit et tendu. Une jeunesse et une vivacité préservée sans doute grâce à l'absence de fermentation malolactique et à un dosage mesuré. ⧗ 2020-2023

CHAMPAGNE XAVIER ALEXANDRE, 1, chem. de Marfaux, via rue Saint-Vincent, 51390 Courmas, tél. 06 26 07 04 08, champagne.xavieralexandre@orange.fr V r.-v.

ALLOUCHERY-PERSEVAL Blanc de noirs Le Tradition ★

1er cru | 35 000 | 15 à 20 €

De souche vigneronne, Émilien Allouchery s'est installé en 2006 après ses études à Avize et à Beaune, suivies d'expériences en Afrique du Sud et en Nouvelle-Zélande. Implanté sur la Montagne de Reims, aux portes de la Cité des Sacres, le domaine familial couvre 8 ha. Propriété certifiée Haute valeur environnementale. (RC)

Loin des profils puissants et amples, ce pur pinot noir associant les récoltes 2016 à 2014 offre un caractère très frais et fruité, du nez tonique sur les agrumes à la bouche tendue et longue. Parfait à l'apéritif ou sur des crustacés. ⧗ 2020-2023

CHAMPAGNE ALLOUCHERY-PERSEVAL, 11, rue de l'Église, 51500 Écueil, tél. 03 26 49 74 61, contact@alloucheryperseval.com V r.-v.

JEAN-ANTOINE ARISTON Extra-brut 100_% Meunier Vinifié en fût de chêne 2014 ★★

1500 | 30 à 50 €

Récoltant-manipulant établi dans un minuscule village de la vallée de l'Ardre, à l'ouest de Reims, Bruno Ariston exploite le domaine familial (7,5 ha), épaulé à la cave par son fils Charles-Antoine. (RM)

Ce meunier, qui a connu le bois, offre une remarquable expression d'un millésime parfois difficile pour les raisins noirs. Il présente une heureuse évolution et séduit par sa complexité, apportée par le temps et par l'élevage. Dans le verre, des senteurs citronnées, florales et exotiques s'allient à des notes beurrées, grillées, confites et miellées. Le café torréfié et le fruit compoté s'imposent dans un palais ample, à la finale fraîche et longue. Maturité et finesse. ⧗ 2020-2023

SCEV CHAMPAGNE JEAN-ANTOINE ARISTON, 4, rue Haute, 51170 Brouillet, tél. 03 26 97 47 02, contact@champagnearistonja.com V r.-v.

MICHEL ARNOULD ET FILS La Grande Cuvée ★

Gd cru | 9500 | 20 à 30 €

Famille établie depuis la fin du XIXes. à Verzenay, grand cru de la Montagne de Reims. Michel Arnould a lancé sa marque en 1961, mais ses aïeux ont commercialisé leurs premières bouteilles dès 1929. Aujourd'hui, les 12 ha de vignes sont conduits par le fils et le gendre de Michel Arnould. (RM)

Grande Cuvée? Elle assemble des raisins de 2 grands crus, des « grands noirs » (70 % de pinot noir de Verzenay) et des « grands blancs » (30 % de chardonnay du Mesnil-sur-Oger), et a connu brièvement le bois. Florale et fraîche au nez, plus grillée en bouche, elle se montre équilibrée, vive et minérale. ⧗ 2020-2023

CHAMPAGNE MICHEL ARNOULD ET FILS, 28, rue de Mailly, 51360 Verzenay, tél. 03 26 49 40 06, contact@champagne-michel-arnould.com V *t.l.j. 9h-12h 14h-17h; dim. 9h-12h*

ASPASIE 2011 ★

10 000 | 30 à 50 €

À la tête de 12 ha de vignes dans la vallée de l'Ardre, Paul-Vincent Ariston a pris en 2011 la suite de son père Rémi sur l'exploitation, dont les origines remontent à 1794. Il commercialise ses champagnes sous la marque Aspasie, créée en hommage à une aïeule. (RM)

Issu des 3 cépages champenois assemblés par tiers, un 2011, millésime qui se signale par sa précocité, sans sécheresse ni chaleur en été. Dans le verre, une belle effervescence, un nez expressif, très beurré et brioché, nuancé de fruits blancs et de notes florales. L'attaque nette, tonique ouvre sur un palais très équilibré, alliant des arômes de pomme cuite à une fraîcheur acidulée, un peu pointue en finale. ⧗ 2020-2023 **Vieilles Vignes Prestige ★ (30 à 50 €; 5000 b.)** Complété par les 2 pinots à parts égales, le chardonnay (50%) apporte à cette cuvée une belle netteté, des arômes d'agrumes et de fruits blancs, un caractère minéral, tendu et dynamique. ⧗ 2020-2023

CHAMPAGNE ASPASIE, 4, Grande-Rue, 51170 Brouillet, tél. 03 26 97 43 46, contact@champagneaspasie.com V r.-v.

PAUL AUGUSTIN ★

10 020 | 15 à 20 €

Repris en 1990 par Éric Ammeux et son épouse Isabelle, ce vignoble familial d'environ 4 ha se partage entre Jonquery, dans un vallon entre Ardre et Marne, et Fontaine-sur-Aÿ, près d'Épernay. Les raisins de Jonquery donnent naissance au champagne Auguste Huiban, ceux de Fontaine-sur-Aÿ à la marque Paul Augustin, lancée en 2005 par Isabelle. (RM)

Un brut sans année tonique, structuré et élégant, issu de chardonnay et de meunier à parts égales. Subtilement floral, fruité et légèrement torréfié au nez, vif en attaque, d'une belle ampleur, il offre une finale persistante et fraîche sur les agrumes. ⧗ 2020-2023 ● **Collection Saint-Martin ★ (30 à 50 €; 1500 b.)** Une belle harmonie entre le nez et la bouche, entre la rondeur du meunier et la fraîcheur du chardonnay (60%), une expression complexe mariant agrumes et subtil boisé, un palais intense et long. ⧗ 2020-2023

CHAMPAGNE PAUL AUGUSTIN, 1, rue de la Barbe-aux-Cannes, 51700 Jonquery, tél. 03 26 58 10 55, info@champagne-maison-huiban.fr V *t.l.j. 9h-12h 13h30-18h; sam. dim. sur r.-v.*

ALBANS D'AULBE Tradition ★

●	22000		11 à 15 €

Une marque du Barséquanais (Aube) créée en 1998 par Jean-Michel et Francine Diligent, rejoints par leur fils Bertrand. Ces récoltants-manipulants exploitent 5 ha de pinot noir et de chardonnay autour de Buxeuil, dans la vallée de la Seine. (NM)

Complété par le chardonnay, le pinot noir compose 75 % de ce brut sans année construit sur la récolte 2017. Séduisant par son expression très florale (fleurs blanches, tilleul) nuancée d'agrumes, ce champagne dévoile en bouche une fraîcheur minérale contrebalancée par une certaine suavité. ⧗ 2020-2023

DILIGENT LECOQ, 3, rue La Voie-du-Bois, 10110 Buxeuil, tél. 03 25 38 50 29, contact@champagne-albansdaulbe.fr V *r.-v.*

AUTRÉAU-LASNOT
Extra-brut Blanc de blancs 2011 ★

●	3100		30 à 50 €

À partir de 1932, la famille Autréau constitue son domaine aux environs de Venteuil, sur la rive droite de la Marne. Aujourd'hui, Fabrice Autréau met en valeur un coquet domaine de 16 ha. (RM)

Un chardonnay issu de la vallée de la Marne et d'une année très précoce, mais assez fraîche et humide l'été. Les raisins blancs se sont bien comportés et ont permis d'élaborer cette cuvée peu dosée. Un champagne intense, à la fois généreux et élégant, aux arômes d'évolution raffinés (citron confit, torréfaction, tabac). ⧗ 2020-2023

AUTRÉAU-LASNOT, 6, rue du Château, 51480 Venteuil, tél. 03 26 58 49 35, info@champagne-autreau-lasnot.com V *t.l.j. 10h-12h 14h-17h30; dim. 10h-12h*

AYALA Majeur ★

●	n.c.		30 à 50 €

Établie à Aÿ, la maison Ayala est née en 1860 de la rencontre de Raphaël-Edmond-Louis Gonzague de Ayala, fils d'un diplomate colombien, et de Berthe-Gabrielle d'Albrecht, nièce du vicomte de Mareuil. Depuis 2005 propriété du Champagne Bollinger, elle a pour chef de cave Caroline Latrive. (NM)

Ce brut sans année illustre le style de la maison, qui privilégie la fraîcheur. Le chardonnay tient sa place (40 %) dans l'assemblage, équilibré par autant de pinot noir et par 20 % de meunier. Les vins de base sont élevés en petite cuve, le repos sur lies se prolonge 3 ans et le dosage est mesuré (7 g/l). Dans le verre, la robe or pâle est animée de bulles fines et persistantes, qui font monter des fragrances de fleurs et de fruits blancs, relayées par une touche briochée. Des notes toniques d'agrumes, de pamplemousse s'ajoutent à cette palette dans un palais structuré et bien construit, à la fois ample et dynamique, marqué par une belle minéralité. De la finesse. ⧗ 2020-2024 ● **Le Blanc de blancs 2013 ★ (50 à 75 €; n.c.)** Le chardonnay s'est assez bien sorti de cette année tardive et revêche. Pour cette cuvée, des raisins de la Côte des Blancs, un vieillissement de 6 ans et un dosage faible pour un brut. Un champagne harmonieux, de bonne longueur, à l'expression aromatique tout en finesse, florale et légèrement briochée. ⧗ 2020-2025

CHAMPAGNE AYALA, 1, rue Edmond-de-Ayala, 51160 Aÿ, tél. 03 26 55 15 44, contact@champagne-ayala.fr V *r.-v.*

JEAN BAILLETTE-PRUDHOMME
Extra-brut Héritage ★

●	1500		20 à 30 €

Un domaine familial de 5 ha situé aux portes sud-est de Reims. Depuis la disparition en 2005 de Jean Baillette, son épouse Marie-France et ses deux filles Laureen et Justine élaborent le champagne. Elles sont attachées au pressoir traditionnel et au remuage manuel. (RM)

Une fois de plus distingué, un champagne issu de chardonnay élevé 12 mois en fût et resté 6 ans sur lies. Après aération, il s'ouvre sur les fleurs et les fruits blancs, nuancés de notes complexes d'eucalyptus et de touches minérales. En bouche, cette minéralité accompagne des notes évoluées de cire et de fruits à l'alcool dans une matière vineuse et équilibrée. Un blanc de blancs adapté au repas. ⧗ 2020-2023

EARL JEAN BAILLETTE ET SES FILLES, 4, rue de la Gare, 51500 Trois-Puits, tél. 06 83 01 62 77, champagnejbp@yahoo.fr V *r.-v.*

ALAIN BAILLY Tradition ★★

●	51132		11 à 15 €

Six générations de viticulteurs. Premières bouteilles vers 1940 (sous d'autres marques), création de l'actuel domaine en 1962 par Alain Bailly, installation de Franck en 1993. Avec ses deux sœurs, Nathalie et Patricia, ce dernier exploite un vignoble de 13 ha composé de 83 parcelles dans la vallée de l'Ardre, ainsi qu'à Sacy et Villedommange, près de Reims. Quelques parcelles sont exploitées en bio sans certification. (RM)

Une fois de plus, ce brut sans année à dominante de meunier (85 %, avec le pinot noir et une goutte de chardonnay en appoint) reçoit un très bon accueil de nos dégustateurs. D'un or jaune animé d'un train de bulles vives, il s'ouvre sur des notes gourmandes de pêche. À la fois ample et frais, il offre une longue finale élégante et citronnée. ⧗ 2020-2023 ● **Réserve ★ (15 à 20 €; 20033 b.)** Issu de meunier majoritaire, un rosé de noirs fruité et réglissé, vineux et riche, de bonne longueur. ⧗ 2020-2022

CHAMPAGNE ALAIN BAILLY, 3, rue du Tambour, 51170 Serzy-et-Prin, tél. 03 26 97 41 58, champagne.bailly@wanadoo.fr V *r.-v.*

CHAMPAGNE

BARBIER-LOUVET Blanc de blancs ★★

1er cru | 3000 | | 15 à 20 €

Fondée en 1835 et conduite depuis 1992 par David Barbier, cette exploitation implantée sur le versant sud de la Montagne de Reims couvre près de 7 ha, avec des parcelles dans plusieurs grands crus et 1ers crus. Propriété certifiée Haute valeur environnementale. (RM)

La Montagne de Reims recèle de très bons terroirs pour le chardonnay, témoin ce blanc de blancs issu des villages voisins de Tauxières et de Trépail, qui contient 40 % de vins de réserve. On salue son nez minéral, crayeux, qui s'ouvre à l'aération sur des nuances d'agrumes – crème au citron et bergamote –, bien prolongé par une bouche fraîche, structurée et saline, marquée en finale par une touche de citron vert. ⧗ 2020-2023

CHAMPAGNE BARBIER-LOUVET, 8, rue de Louvois, 51150 Tauxières-Mutry, tél. 03 26 57 04 79, contact@champagne-barbier-louvet.com V r.-v.

BARDIAU Trait d'union ★★

| 3500 | | 15 à 20 €

Héritier de 5 générations de viticulteurs dans la vallée de l'Ource, au sud de la Côte des Bar (Aube), Jérémy Bardiau a repris l'exploitation familiale en 2014 et s'est lancé l'année suivante dans l'élaboration du champagne. Il a arrêté produits désherbants, insecticides et antipourritures chimiques. L'essentiel de ses 2,6 ha de vignes est implanté sur des formations du Portlandien, peu courantes en Champagne. (RM)

Un rosé d'assemblage de pur pinot noir, à la robe pastel, en harmonie avec un nez aérien et floral. En bouche, il a pour atouts une texture crémeuse, une belle fraîcheur et des arômes gourmands de framboise, d'amande fraîche et de biscuit de Reims. ⧗ 2020-2023 **Blanc de blancs Influence 2015 ★★ (20 à 30 €; 3000 b.)** : élevé pour 20 % sous bois, ce blanc de blancs met en œuvre la vendange 2015. Il s'ouvre sur de belles notes de chèvrefeuille, de pêche blanche et d'épices. Tonique, élégant, de belle longueur, il finit sur une vivacité citronnée. Parfait avec des produits de la mer. ⧗ 2020-2024

CHAMPAGNE BARDIAU, 2, rue des Cannes, 10360 Verpillières-sur-Ource, tél. 06 82 49 91 63, champagnebardiau@gmail.com V *t.l.j. sf dim. 9h-12h 14h-18h*

DE BARFONTARC ★

| n.c. | | 15 à 20 €

Voisine de l'abbaye cistercienne de Clairvaux, la coopérative de Baroville et des environs (Aube), fondée en 1962, a pour marques de Barfontarc et Eugène III, gamme plus récente. La cave vinifie les récoltes de près de 130 ha. Le pinot noir, largement dominant dans le secteur de Bar-sur-Aube, est très présent dans les assemblages. (CM)

Le pinot noir (61 %) laisse une place appréciable au chardonnay dans l'assemblage de ce rosé pastel au nez flatteur de rose, de groseille et de fraise des bois. La fraise s'épanouit dans une bouche équilibrée, marquée en finale par la vivacité un peu amère du pamplemousse et du gingembre. De la finesse. ⧗ 2020-2023

CHAMPAGNE DE BARFONTARC, 18, rue de Bar-sur-Aube, 10200 Baroville, tél. 03 25 27 07 09, champagne@barfontarc.com V *t.l.j. sf sam. dim. 9h-12h 13h30-17h30*

BARON ALBERT Blanc de blancs La Pimpante ★★

| 8000 | | 15 à 20 €

Fondé en 1947 par Albert Baron, repris en 1972 par son fils Claude, largement secondé aujourd'hui par ses 3 filles, Claire, Aline et Lise (ces dernières œnologues), ce négoce dispose d'un important vignoble (55 ha) dans la vallée de la Marne, aux environs de Château-Thierry. Les champagnes élaborés par Lise Baron cultivent la fraîcheur. Leurs marques : Baron Albert, Claude Baron, Jean de La Fontaine, Eugénie Bezard. Maison certifiée Haute valeur environnementale. (NM)

Un blanc de blancs issu de chardonnay vinifié et élevé 6 mois en fût. Expressif et riche au nez, il mêle acacia, fruits blancs et pêche jaune. Le beurre et les fruits secs s'ajoutent à cette palette dans un palais ample et onctueux en attaque, auquel une ligne de fraîcheur donne élégance et persistance. Pour l'apéritif comme pour la table. ⧗ 2020-2024 **L'Enchanteresse ★ (15 à 20 €; 10000 b.)** Mi-blancs, mi-noirs (les 2 pinots), un rosé saumoné aux arômes de fleurs blanches et de fraise compotée, structuré, élégant et frais, marqué en finale par des notes toniques de groseille et d'agrumes. ⧗ 2020-2023 **Claude Baron Saphir ★ (11 à 15 €; 90000 b.)** Mi-blancs, mi-noirs, né des 3 cépages champenois, un brut séduisant par son nez iodé, aux nuances d'orange et de mandarine, comme par sa bouche franche, fruitée et tonique. ⧗ 2020-2023

CHAMPAGNE BARON ALBERT, 1, rue des Chaillots, Le Grand-Porteron, 02310 Charly-sur-Marne, tél. 03 23 82 02 65, baron@champagnebaronalbert.fr V *t.l.j. sf dim. 8h-12h 13h30-17h45; sam. sur r.-v.*

BARON-FUENTÉ Esprit ★

Gd cru | 30000 | | 30 à 50 €

Maison née en 1967 du mariage de Gabriel Baron, vigneron champenois, avec Dolorès Fuenté, originaire d'Andalousie. Elle est gérée depuis 1993 par leurs enfants, Sophie et Ignace, qui s'appuient sur un domaine de 38 ha à l'ouest de Château-Thierry. Deux étiquettes : Baron-Fuenté et Monthuys Père et Fils. (NM)

Chardonnay de la Côte des Blancs (55 %) et pinot noir de la Montagne de Reims font presque jeu égal dans cette cuvée vinifiée pour 25 % en fût, qui s'ouvre sur des notes complexes de fleurs séchées et des touches d'épices. D'une fraîcheur acidulée en attaque, souple dans son développement, de belle longueur, c'est un brut flatteur et bien construit. ⧗ 2020-2023

BARON-FUENTÉ, 21, av. Fernand-Drouet, 02310 Charly-sur-Marne, tél. 03 23 82 01 97, accueil@baronfuente.com V *t.l.j. sf dim. 8h-18h*

BAUCHET Blanc de blancs Saint-Nicaise 2013 ★

1er cru | 3000 | | 30 à 50 €

Viticulteurs au début du XXe s., les Bauchet sont devenus récoltants-manipulants en 1960, tout en

constituant aux environs d'Épernay un domaine de 34 ha, géré depuis 2010 par Robin Bauchet et sa cousine Florence Bauchet-Labelle. Le domaine a son siège à Bisseuil, commune classée en 1er cru sur la rive droite de la Marne. (RM)

Année tardive de réputation médiocre à Bordeaux, 2013 a livré en Champagne des millésimés estimables, notamment en blanc de blancs. Comme celui-ci, qui intéresse par sa fraîcheur et par sa palette aromatique mêlant notes beurrées et toastées, fleurs blanches, miel et fruits jaunes frais. ⧗ 2020-2024

⊶ SAS BAUCHET, 4, rue de la Crayère, Bisseuil, 51150 Bisseuil-Aÿ-Champagne, tél. 03 26 58 92 12, info@champagne-bauchet.fr V r.-v.

BAUDIN FILS Cuvée Vieilles Vignes ★

●	4 000		15 à 20 €

Établie à Cormoyeux, minuscule village proche de la vallée de la Marne, en lisière de la forêt de Hautvillers, la famille Baudin travaille la vigne depuis la fin du XVIIIes. Patrice Baudin, investi sur le domaine dès l'âge de 16 ans, a lancé son champagne en 1991. Il est épaulé par son fils depuis 2016. (RM)

Les vignes ont vraiment de l'âge, près d'un demi-siècle. Du meunier surtout (80 %), avec un appoint de pinot noir et de chardonnay. Dans le verre, un brut qui s'ouvre sur des notes de pain toasté, de pomme, de poire et de citron. Ces arômes de fruits blancs, d'agrumes et de grillé se prolongent dans une bouche vive et acidulée, un rien amère en finale. ⧗ 2020-2023

⊶ EARL BAUDIN FILS, 9, rue des Gouttes-d'Or, 51480 Cormoyeux, tél. 03 26 58 65 01, champagnebaudinfils@orange.fr V r.-v.

J.P. BAUDOIN Cuvée Véronique ★

●	35 000		11 à 15 €

Le premier cep de ce domaine implanté près de Bar-sur-Aube a été planté en 1964, la marque lancée en 1968. L'exploitation s'agrandit vite, acquiert son premier pressoir en 1970. À la tête de la propriété depuis 1980, Jean-Pierre Baudoin élabore ses propres cuvées à partir de 11 ha de vignes. (RM)

Le blanc de blancs du domaine a séduit par son expression aromatique, entre poire et fruits jaunes rehaussés de poivre blanc. On retrouve ce côté épicé dans un palais droit et tendu, bien dosé. ⧗ 2020-2023

⊶ BAUDOIN, 1, rte d'Engente, 10200 Arrentières, tél. 03 25 27 35 86, champagne.jeanpierre.baudoin@wanadoo.fr V r.-v.

BAUDRY Privilège ★

●	50 500		20 à 30 €

Héritiers d'une lignée vigneronne remontant à 1660, Armel et José Baudry exploitent un coquet domaine de 20 ha dans la Côte des Bar. Représentatif de ce secteur aubois, l'encépagement fait une large place au pinot noir. (RM)

Le pinot noir, escorté du chardonnay, donne son caractère à cette cuvée or soutenu, au nez fin et bien ouvert sur les fruits jaunes et le grillé. Un champagne charnu, ample, rond et gourmand, au fruité mis en valeur par une belle tension. ⧗ 2020-2023 ● **2013 ★ (20 à 30 €; 6 856 b.)** Mi-pinot noir, mi-chardonnay, un brut millésimé discrètement évolué au nez, entre cire d'abeille et fruits confits; encore frais en bouche, un rien poivré, il finit sur des notes de fruits secs et d'agrumes. ⧗ 2020-2023

⊶ CHAMPAGNE BAUDRY, 72, Grande-Rue, 10250 Neuville-sur-Seine, tél. 03 25 38 20 59, info@champagne-baudry.fr V r.-v.

BÉATRIX DE GIMBRES Terroir ★

● 1er cru	25 000		20 à 30 €

Marque lancée en 2015 par Béatrice Fagot, qui exploite 11,5 ha autour de Rilly-la-Montagne, village classé en 1er cru, à environ 15 km au sud de Reims. Son fils Barthélemy, qui officie en cave, limite les apports de soufre durant la vinification. Propriété certifiée Haute valeur environnementale.

Les 3 cépages champenois sont assemblés à parts égales dans cette cuvée vieil or au nez complexe, floral, fruité, pâtissier et mentholé. Fruits blancs et notes grillées s'épanouissent dans une bouche fraîche en attaque, ample et équilibrée. Un champagne flatteur. ⧗ 2020-2022

⊶ CHAMPAGNE BÉATRIX DE GIMBRES, 1, allée Dom-Pérignon, 51500 Rilly-la-Montagne, tél. 03 26 02 97 67, welcome@champagne-beatrix-degimbres.com V *t.l.j. sf dim. 9h-12h 14h-18h; f. 3eme août*

BEAUMONT DES CRAYÈRES Extra-brut Grand Meunier ★★★

●	15 000		30 à 50 €

Fondée en 1955, la coopérative de Mardeuil vinifie 85 ha de vignes, principalement implantées sur les coteaux proches d'Épernay. Elle apparaît avec régularité dans les sélections du Guide, sous différentes marques : Beaumont des Crayères, Comte Stanislas, Charles Leprince, Jacques Lorent. (CM)

Un pur meunier loué pour sa finesse, soulignée par un faible dosage. Il s'ouvre sur de subtiles notes d'agrumes, de vanille et de réglisse. On retrouve les agrumes et les épices dans une bouche fraîche et longue, qui conjugue puissance et élégance. Pour l'apéritif comme pour la table. ⧗ 2020-2023

⊶ SCV CHAMPAGNE BEAUMONT DES CRAYÈRES, 64, rue de la Liberté, 51530 Mardeuil, tél. 03 26 55 29 40, contact@champagne-beaumont.com V r.-v.

ALBERT BEERENS Brut nature ★

●	3 000		20 à 30 €

Les origines de ce domaine familial proche de Bar-sur-Aube remontent à 1862. À la tête de la propriété depuis 2005, Anne-Laure Beerens, secondée par Olivier Desfossé, dispose d'un espace de travail modernisé et d'un vignoble de plus de 7 ha planté de 5 cépages : outre le pinot noir, le meunier et le chardonnay, le pinot blanc et le pinot gris. Elle élève ses vins de réserve en foudres de chêne tronconiques. (RM)

Ce champagne n'a reçu aucun sucre ajouté après dégorgement («brut nature»). Il s'agit d'un blanc de noirs (pinot noir 90 %, meunier pour le solde), et il offre bien le profil de ce type de vin : sa robe or soutenu est même «tachée», légèrement rosée. Son nez pinote sur des notes de cerise, de groseille et de cassis. Un fruité qui se prolonge dans une bouche énergique et gourmande, marquée en finale par une pointe d'amertume. ⧗ 2020-2023

CHAMPAGNE ALBERT BEERENS, 37, rue Blanche, 10200 Arrentières, tél. 03 25 27 11 88, contact@champagnebeerens.com V r.-v.

BELIN Bel Instant ★

	14 000		15 à 20 €

L'exploitation familiale s'est tournée vers la viticulture vers 1960, et la première cave date de 1975. Olivier, œnologue, rejoint par Katty 10 ans plus tard, a repris en 1997 le domaine familial qui couvre 8 ha autour d'Essômes-sur-Marne, en aval de Château-Thierry. Les coteaux environnants sont plantés majoritairement de meunier. (RM)

Une couleur vieil or, un nez évolué, beurré et épicé, des arômes de brioche, de vanille et d'abricot sec dans une matière ample et onctueuse : le reflet des raisins noirs qui composent 95 % de cette cuvée (meunier pour l'essentiel). Un champagne de repas à son apogée. ⧗ 2020-2022 **Clair obscur ★ (20 à 30 €; 2500 b.)** Un blanc de noirs mariant meunier (60 %) et pinot noir, vinifié pour 30 % en fût de chêne local. Robe or jaune, nez sur les fruits jaunes bien mûrs, bouche charnue, gourmande et persistante. ⧗ 2020-2023

SCEV CHAMPAGNE BELIN, 30_A, rue Jean-Moulin, hameau l'Aulnois, 02400 Essômes-sur-Marne, tél. 03 23 70 88 43, info@champagne-belin.fr V *t.l.j. sf dim. 9h-12h 14h-17h*

LAURENT BÉNARD
Extra-brut Blanc de noirs 2011 ★

1er cru	3810		30 à 50 €

À la tête du Dom. Bénard-Pitois depuis 1991, Michelle et Laurent Bénard songeaient à l'agriculture biologique. Après avoir mené des essais, ils constituent en 2008, sur les coteaux de Mareuil-sur-Aÿ et de Mutigny, le «Vignoble des sept Arpents» (2,45 ha) exploité en bio, dont les champagnes portent la signature de Laurent Bénard. La certification est acquise en 2012. (RM)

Issue de pinot noir et de meunier à parts égales, cette cuvée n'a reçu l'apport de sulfites qu'à la vendange. Partiellement vinifiée en fût, elle est très peu dosée (2 g/l). Le nez mêle le fruit blanc, poire mûre en tête, à des notes boisées. Ce côté boisé toasté s'affirme dans une bouche assez corpulente et restée fraîche. ⧗ 2020-2023

CHAMPAGNE L. BÉNARD-PITOIS, 23, rue Duval, Mareuil-sur-Aÿ, 51160 Aÿ-Champagne, tél. 03 26 52 60 28, champagnelaurentbenard@orange.fr V *r.-v.*

L. BÉNARD-PITOIS Carte blanche ★

1er cru	36 518		15 à 20 €

Aux commandes depuis 1991, Laurent Bénard représente la troisième génération sur le domaine familial. Il exploite 11 ha de vignes répartis dans deux grands crus et un 1er cru de la Côte des Blancs et dans trois 1ers crus de la Grande Vallée de la Marne. Il vinifie ses vins de base en petite cuve ou en fût pour réaliser des assemblages précis. (RM)

Sa couleur soutenue, or rose, traduit la forte présence des raisins noirs (dans cette version, 75 % de pinot noir et 5 % de meunier), tout comme sa puissance en bouche. Son expression aromatique associe au nez les fruits exotiques et les épices, tandis qu'en bouche se fait jour la fraîcheur un rien amère du pamplemousse. ⧗ 2020-2023

CHAMPAGNE L. BÉNARD-PITOIS, 23, rue Duval, Mareuil-sur-Aÿ, 51160 Aÿ-Champagne, tél. 03 26 52 60 28, benard-pitois@wanadoo.fr V *r.-v. EARL ChampagneBénard-Louis*

F. BERGERONNEAU-MARION
Blanc de blancs ★★

1er cru	4000		30 à 50 €

Héritier d'une lignée de vignerons et de tonneliers remontant au XVIes., Florent Bergeronneau s'est installé en 1982 avec Véronique Marion sur le domaine constitué par son père autour de Villedommange, 1er cru de la «Petite Montagne» de Reims, au sud-ouest de la cité des Sacres. (RM)

Ce blanc de blancs est construit sur la récolte 2015. Intensément minéral, le nez évoque la coquille d'huître. Ce côté salin se prolonge dans une bouche structurée, fraîche et longue, aux arômes d'écorce d'orange mis en valeur par une effervescence caressante. ⧗ 2020-2024 **1er cru Blanc de blancs Élevé en fût de chêne ★ (30 à 50 €; 3500 b.)** L'élevage sous bois n'est guère perceptible dans ce vin vif, salin, bien fondu et long, aux arômes d'agrumes très toniques. ⧗ 2020-2024

CHAMPAGNE FLORENT BERGERONNEAU-MARION, 22, rue de la Prévôté, 51390 Villedommange, tél. 03 26 49 75 26, contact@florent-bergeronneau-marion.fr V *r.-v.*

BERTHELOT-PIOT Rosé de saignée ★★

	1500		20 à 30 €

Installé en 2005, Eddy Berthelot représente la cinquième génération sur ce domaine de la vallée de la Marne. Il travaille de concert avec Chantal et Yves, ses parents. (RM)

Issu de pur meunier macéré 32 heures et vieilli 5 ans en cave, un rosé de saignée bien reconnaissable à sa robe cerise et à son nez évocateur du même fruit, allié à la groseille et à la brioche. Typiques également, la rondeur et la vinosité d'un palais gourmand à souhait. Un champagne qui pourra accompagner un repas comme un dessert aux fruits rouges. ⧗ 2020-2022 **Cuvée Prestige ★ (15 à 20 €; 5500 b.)** : composé de chardonnay et de meunier à parité, vieilli 5 ans sur lies, un brut charnu et frais, séduisant par son expression harmonieuse et évoluée (frangipane, viennoiserie). ⧗ 2020-2022

CHAMPAGNE BERTHELOT-PIOT, 7, rue du Moulin, Neuville, 51700 Festigny, tél. 03 26 58 08 42, contact@champagne-berthelot-piot.fr V *r.-v.* E

PIERRE BERTRAND Blanc de blancs 2014 ★

	2000		20 à 30 €

Pierre Bertrand crée son vignoble à partir de 1946 et devient récoltant-manipulant. Il a 9 enfants dont

beaucoup de garçons, mais c'est sa fille Thérèse qui lui succède en 1982. Bertrand, son petit-fils, a pris la relève en 2010. Il exploite 6 ha dans la Grande Vallée de la Marne, autour de Cumières, 1er cru connu pour sa précocité. (RM)

Du chardonnay de Mardeuil et d'Hautvillers et une vinification partielle en fût pour ce millésimé au nez agréable, mêlant l'aubépine, les fruits blancs et la viennoiserie, bien prolongé par une bouche gourmande, tendre et fondue, aux accents de noisette et de brioche, qui finit sur une petite pointe d'amertume. ⧗ 2020-2024

⊶ PIERRE BERTRAND, 166, rue Louis-Dupont, 51480 Cumières, tél. 03 26 54 08 24, bertrand.pierre7@wanadoo.fr V r.-v.

BILLY BRIFFOTEAUX Tradition ★

● | 15 000 | ▮ | 11 à 15 €

Installé à La Neuville-aux-Larris, petit village niché dans le vallon du Belval, Jean-Pierre Billy a pris les rênes en 1987 du domaine familial : 4,85 ha sur la rive droite de la Marne. Il élabore ses cuvées à la coopérative de Belval-sous-Châtillon. (RC)

Cépage majoritaire de la vallée de la Marne, le meunier est en vedette dans ce champagne (80 %), complété par un appoint de chardonnay et par un soupçon de pinot noir. Un brut apprécié tant pour la fraîcheur de son nez aux nuances d'agrumes et de pomme verte, que pour l'équilibre de sa bouche ample et soyeuse, tonifiée par des arômes citronnés. Parfait pour l'apéritif ou pour les entrées. ⧗ 2020-2023

⊶ CHAMPAGNE BILLY BRIFFOTEAUX, 26, rue de Paradis, 51480 La Neuville-aux-Larris, tél. 03 26 58 14 49, champagne.billy@orange.fr V r.-v.

CHARLES BLIARD ET FILS Extra-brut Nectar 2014 ★★

● | 480 | ▮ | 30 à 50 €

Charles Bliard, natif d'Hautvillers, devient viticulteur en 1884. D'abord chef de cave pour un négociant, son fils installe l'exploitation familiale à Dizy, en face d'Épernay, puis lance son champagne après 1945. En 2009, Bruno et Maxime prennent les rênes de la propriété (6,8 ha) située dans la Grande Vallée de la Marne. (RM)

Un millésime délicat, sauvé par le retour du beau temps en fin d'été. On notera toutefois le caractère confidentiel de cette cuvée, qui met en avant le pinot noir (70 %, avec le chardonnay en appoint). Or jaune, un champagne de repas harmonieux, son nez intense et évolué, sur le miel d'acacia, bien prolongé par un palais concentré, à la fois rond et frais, aux arômes de grillé et de fruits secs. ⧗ 2020-2023

⊶ CHAMPAGNE CHARLES BLIARD ET FILS, 595, av. du Gal-Leclerc, 51530 Dizy, tél. 06 48 25 13 64, champagne.bliard@gmail.com V r.-v.

CH. DE BLIGNY Grande Réserve ★

● | 80 000 | ▮ | 20 à 30 €

Proche de Bar-sur-Aube, ce domaine de 30 ha est commandé par l'un des rares « châteaux du vin » en Champagne, construit à la fin du XVIIIe s. par le marquis de Dampierre, propriétaire d'une verrerie à Bligny. Il appartient depuis 1999 à la famille Rapeneau. (RM)

Mi-chardonnay, mi-pinot noir, ce brut livre des senteurs florales et fruitées, aux nuances mûres de poire et de pêche au sirop, agrémentées de touches pâtissières. Ces arômes se prolongent dans un palais ample et rond, tendu par une belle fraîcheur qui souligne la finale citronnée. Un champagne flatteur. ⧗ 2020-2023

⊶ CHAMPAGNE CH. DE BLIGNY, Ch. de Bligny, 10200 Bligny, tél. 03 25 27 40 11, vl@champagnemartel.com

H. BLIN Extra-brut Blanc de noirs 100% meunier ★

● | 15 000 | ▮ | 20 à 30 €

En 1947, dans les temps difficiles de l'après-guerre, une trentaine de vignerons, autour d'Henri Blin, fondent la « coop » de Vincelles (vallée de la Marne). La cave regroupe aujourd'hui environ 120 adhérents qui cultivent autant d'hectares de vignes, meunier en tête. (CM)

Le meunier lui a légué des arômes gourmands de fruits jaunes, accompagnés au nez comme en bouche de notes de torréfaction. Ce brut montre également l'ampleur et la rondeur du cépage, équilibrées par une finale tonique. Le dosage faible, en extra-brut, préserve sa fraîcheur. ⧗ 2020-2023

⊶ H. BLIN, 5, rue de Verdun, 51700 Vincelles, tél. 03 26 58 20 04, contact@champagne-blin.com V *t.l.j. sf sam. dim. 8h30-12h 14h-17h30; f. 2eme août*

MAXIME BLIN Cuvée Maxime Blin ★

● | n.c. | ▮ | 20 à 30 €

Marque lancée par Maxime Blin, récoltant-manipulant installé en 2004 à la tête d'un vignoble familial de 13 ha dans le massif de Saint-Thierry, au nord-ouest de Reims. (RM)

Issu des 3 cépages champenois à parts égales, un brut frais, minéral et long, aux arômes de beurre, de vanille et de fruits à noyau citronnés. Pour l'apéritif comme pour la table. ⧗ 2020-2023

⊶ MAXIME BLIN, 17, rue des Lombards, 51140 Trigny, tél. 03 26 03 10 97, contact@maximeblin.com V r.-v.

R. BLIN ET FILS Grande Tradition ★

● | n.c. | ▮ | 20 à 30 €

Située dans le massif de Saint-Thierry, au nord-ouest de Reims, cette exploitation de 13 ha, fondée par Robert Blin en 1960, vinifie depuis 1988. Gilles Blin a passé la main à son fils Maxime en 2004. Deux marques : R. Blin et Fils et, depuis 2000, Maxime Blin. (RM)

Souvent très appréciée, cette cuvée mobilise 90 % de chardonnay, complété par le pinot noir. Cette version s'ouvre à l'aération sur des notes minérales, puis sur du fruit blanc et sur des notes plus mûres de mirabelle. Le fruit jaune compoté et l'amande grillée s'affirment dans une bouche généreuse, à la finale épicée. Un champagne gourmand. ⧗ 2020-2023

⊶ CHAMPAGNE R. BLIN ET FILS, 11, rue du Point-du-Jour, 51140 Trigny, tél. 03 26 03 10 97, contact@blinetfils.com V r.-v.

CHAMPAGNE

♥ BOCHET-LEMOINE
Brut nature Cuvée sélectionnée ★★

● | 2000 | | 15 à 20 €

Domaine constitué en 1992 à la suite du mariage de Jacky Bochet avec Valérie Lemoine : après la réunion de vignobles issus des 2 familles, la propriété couvre plus de 8 ha sur la rive droite de la Marne. Pierre Bochet, le fils, a rejoint l'exploitation en 2015. (RM)

Née d'une majorité de raisins noirs (80 %, dont meunier 50 %), élevée 4 ans sur lattes, cette cuvée n'a eu nul besoin de sucre ajouté après dégorgement. Quelle richesse ! Son opulence se devine à la vue de sa robe jaune d'or animée d'un cordon de bulles fines. Puissante et complexe, son expression aromatique mêle le miel, le tilleul, le coing confit et la pomme au four. Ce fruité compoté et gourmand s'épanouit en bouche, en harmonie avec une matière ample et vineuse, allégée par une belle fraîcheur qui étire la finale. ⧗ 2020-2023 ● **Cuvée sélectionnée ★ (11 à 15 €; n.c.)** Meunier (50 %), pinot noir (30 %) et chardonnay au service d'un brut sans année gourmand, à la fois rond et frais, aux arômes de pêche, d'abricot et de viennoiserie. ⧗ 2020-2022

CHAMPAGNE BOCHET-LEMOINE, 3, rue Dom-Pérignon, 51480 Cormoyeux, tél. 03 26 58 64 11, bochet.lemoine@wanadoo.fr V *t.l.j. sf dim. 8h-12h 14h-18h*

P. BOIVIN Extra-brut Blanc de blancs 2008 ★★

● 1er cru | 8 000 | | 30 à 50 €

Domaine créé en 1978, par Patrick Boivin, Parisien, et son épouse Marie Madeleine, petite-fille de vignerons de Cumières, rejoints par leurs filles Céline et Baptistine. Leur vignoble est situé dans la vallée de la Marne et sur les coteaux sud d'Épernay. (RC)

Cette cuvée reflète une fois de plus la qualité du millésime 2008 en Champagne, où les raisins ont trouvé de belles conditions de maturation en septembre, sans perdre en acidité. C'est justement la fraîcheur conservée que nos dégustateurs saluent dans ce blanc de blancs au nez puissant, fruité, brioché et grillé, avec une touche de silex. Le beurre et la noisette s'ajoutent à cette palette dans une bouche harmonieuse et minérale. « Une jeunesse typique du millésime. » ⧗ 2020-2023 ● **1er cru ★ (20 à 30 €; 12 000 b.)** Du meunier dominant (80 %, avec le chardonnay en appoint) pour ce brut discret au nez, aux arômes de fruits jaunes, de brioche et de pain grillé. Un champagne vineux, équilibré par une acidité bien présente. ⧗ 2020-2023

CHAMPAGNE PATRICK BOIVIN, 667, chem. des Champs-de-Linette, 51200 Épernay, tél. 06 84 07 51 12, info@champagne-patrickboivin.com V *r.-v.*

BOLLINGER La Grande Année 2012 ★

● | n.c. | | 30 à 50 €

Célèbre maison fondée en 1829 par Joseph Bollinger, négociant originaire du Wurtemberg. Elle est restée familiale, même si, depuis 2008, elle est présidée par une personne extérieure à la famille, Jérôme Philipon. Forte d'un vignoble de 174 ha à dominante de pinot noir (60 %) et d'un atelier de tonnellerie, elle veille au maintien de son style, fondé sur des assemblages savants de vins vinifiés séparément en fût de chêne (de réemploi pour éviter un boisé dominateur) et en cuve de petite capacité. Quant aux vins de réserve, ils sont conservés en magnum sous « petite mousse ». Le tirage se fait sous bouchage liège. (NM)

Le millésime 2012, chaotique, s'est révélé en Champagne une « grande année ». Bollinger a donc élaboré sa cuvée de prestige, qui assemble 65 % de pinot noir et 35 % de chardonnay de 21 crus, pour l'essentiel des grands crus : Aÿ et Verzenay pour les noirs, Le Mesnil-sur-Oger et Oiry pour les blancs. Des vins vinifiés en fût. Une robe or jaune animée de bulles fines et persistantes, un nez beurré et brioché, avec des nuances de fruits secs, d'amande grillée et de toasté traduisent l'élevage et l'heureuse évolution de ce champagne, qui se confirme dans une bouche aux arômes gourmands de fruits blancs compotés, de fleurs séchées et de fruits à l'eau-de-vie. Une belle présence et de la finesse. ⧗ 2020-2023 ● **★ (30 à 50 €; n.c.)** Les 3 cépages champenois (pinot noir 62 %, chardonnay 24 %, meunier 14 %) contribuent au brut rosé de la maison. Un petit apport (5 %) de vin rouge de Verzenay et d'Aÿ lui donne sa teinte saumon léger et contribue à son expression délicate sur les petits fruits rouges bien mûrs, fraise des bois en tête. De bonne tenue, la bouche n'en laisse pas moins une impression de légèreté aérienne. ⧗ 2020-2023

CHAMPAGNE BOLLINGER, 16, rue Jules-Lobet, 51160 Aÿ-Champagne, tél. 03 26 53 33 66, contact@champagne-bollinger.fr V *r.-v.*

BONNAIRE
Cramant Blanc de blancs Vintage 2012 ★★

● Gd cru | 12 000 | | 30 à 50 €

Comme plus d'un viticulteur champenois, l'arrière-grand-père des vignerons actuels a pris son indépendance vis-à-vis du négoce à la suite de la crise de 1929 et s'est lancé dans la manipulation en 1932. Aujourd'hui, le domaine s'étend sur 25 ha, principalement dans la Côte des Blancs. Il est conduit depuis 2012 par Jean-Emmanuel et Jean-Étienne Bonnaire, fils de Jean-Louis, disparu en 2015. (RM)

Une noble origine et un millésime coté pour ce blanc de blancs à la bulle régulière et fine et au nez discret, entre fruits secs, brioche et épices. Des arômes de viennoiserie et des notes toastées s'épanouissent dans une bouche gourmande, puissante et persistante, marquée en finale par un retour épicé et par une touche réglissée. Un champagne complexe et harmonieux, adapté à la table. ⧗ 2020-2025

CHAMPAGNE BONNAIRE, 120, rue d'Épernay, 51530 Cramant, tél. 03 26 57 50 85, contact@bonnaire.com V *r.-v.*

BONNET-LECONTE Sélection ★

● | 2663 | | 15 à 20 €

La marque Leconte-Agnus devient Bonnet-Leconte : un hommage des frères jumeaux Florian et Enguerran Bonnet et de leur mère Martine, née Leconte, à Gérard Bonnet, disparu en 2014. Établie sur la rive

gauche de la Marne, cette famille cultive la vigne depuis 5 générations, mais elle ne possédait que quelques ares dans les années 1950; elle en compte 9 aujourd'hui et a raffiné ses assemblages. (RM)

Issue majoritairement de meunier (80 %), cette cuvée est presque un blanc de noirs (5 % de chardonnay). Les vins de base ont pour l'essentiel été élevés en foudre de chêne. Le nez mêle les agrumes à des notes plus suaves de miel et de tilleul; la bouche équilibrée montre une rondeur flatteuse. ⧗ 2020-2023

⊶ CHAMPAGNE BONNET-LECONTE, 3, rue des Grèves-Bouquigny, 51700 Troissy, tél. 06 88 48 94 02, bonnet-leconte@orange.fr V 🚶 🍷 *r.-v.*

BOUCHÉ PÈRE ET FILS Vintage 2008 ★★

●	20000	🛢	20 à 30 €

Créée en 1920, cette maison établie à la porte sud d'Épernay a commercialisé ses premières cuvées en 1945. Elle est dirigée par Nicolas Bouché, ingénieur agricole et œnologue, qui dispose d'un important vignoble de 30 ha disséminé sur 11 crus différents. Tous les champagnes de la propriété restent au minimum 4 ans en cave. (NM)

Cette cuvée d'un millésime réputé reçoit un aussi bon accueil que les 2006 et 2005. Le pinot noir y joue le premier rôle (70 %), complété par le chardonnay. Après un séjour en cave de 10 ans, le champagne se pare d'une robe paille doré animée d'une bulle généreuse. Intense au nez, il mêle l'aubépine, le beurre et les agrumes à des notes plus mûres de fruits cuits. Des arômes compotés s'épanouissent dans une bouche harmonieuse, ample, corpulente et longue, vivifiée par une finale minérale et acidulée. Un champagne solaire et racé, adapté à la table. ⧗ 2020-2023

⊶ CHAMPAGNE BOUCHÉ PÈRE ET FILS, 10, rue du Général-de-Gaulle, 51530 Pierry, tél. 03 26 54 12 44, info@champagne-bouche.fr V 🚶 🍷 *t.l.j. sf dim. 8h-13h 14h-17h; f. sam. en janv.-fév.*

BOULACHIN CHAPUT Carte noire ★

●	4000	🍾	15 à 20 €

Un Joseph Boulachin, ouvrier viticole dans la région de Bar-sur-Aube, achète les premières parcelles. Le domaine se développe au XXᵉs. Après une carrière militaire, Albert Boulachin, marié avec Sylvette Chaput, en reprend une partie en 1986 et lance la marque Boulachin-Chaput en 1996. Il a transmis en 2012 les clés de la cave à Geoffrey, l'un de ses 2 fils, qui hérite en 2019 d'une partie du vignoble familial, soit 3,8 ha. (NM)

Privilégiant le pinot noir (80 %, avec le chardonnay en appoint), un brut sans année équilibré, de bonne longueur, à l'expression aromatique intense mêlant agrumes et torréfaction. Adapté au repas, il pourra accompagner volailles et viandes blanches. ⧗ 2020-2023 ● ★ **(15 à 20 €; 4000 b.)** Une dominante de chardonnay (85 %, complété par du pinot noir, dont 10 % de vin rouge élevé en fût) pour ce rosé puissant, aux arômes pâtissiers de calisson et de réglisse. ⧗ 2020-2022

⊶ BOULACHIN-CHAPUT, 21, rue Michelot, 10200 Arrentières, tél. 06 80 70 47 11, contact@champagneboulachinchaput.fr V 🚶 🍷 *t.l.j. sf dim. 9h-12h 14h-18h*

BOUQUET ★

●	2300	🍾	15 à 20 €

Cinq générations se sont succédé sur ce domaine implanté dans la vallée de la Marne. Cécile Bouquet a repris l'exploitation en 2008 et développe l'accueil. (RM)

Né de meunier majoritaire (68 %) assemblé au pinot noir et au chardonnay, ce champagne se pare d'une robe éclatante évoquant la groseille et le bonbon, en harmonie avec un nez tout en fruits rouges – cerise, framboise et fraise des bois. Ce fruité se retrouve dans une bouche ample et ronde avec finesse, de belle longueur. Un rosé équilibré et gourmand. ⧗ 2020-2023

⊶ CHAMPAGNE BOUQUET, 3, rue du Coteau, 51700 Châtillon-sur-Marne, tél. 06 76 69 02 87, champ.cl.bouquet@wanadoo.fr V 🚶 🍷 *t.l.j. 10h30-12h 13h30-17h30*

EDMOND BOURDELAT Coralline ★

●	4000	🛢	15 à 20 €

Les grands-parents de l'actuel propriétaire possédaient quelques pieds de vigne. Son père, Edmond, a lancé son champagne. Bruno, installé à ses côtés en 1990, a pris 9 ans plus tard la tête du domaine. Fort de 4 ha de vignes sur les coteaux sud d'Épernay (Brugny, Mancy, Vinay), il décide d'élaborer ses cuvées : des champagnes vinifiés en fût, qui restent au moins 3 ans en cave. (RM)

Mariant 20 % de chardonnay et 80 % de meunier, dont 15 % vinifié en rouge, cette cuvée affiche une robe d'un rose délicat et offre un nez tout en fruits rouges. On retrouve le petit fruit rouge acidulé, comme la groseille, dans une bouche équilibrée et fraîche, de belle longueur. ⧗ 2020-2022

⊶ CHAMPAGNE EDMOND BOURDELAT, 3, rue des Limons, 51530 Brugny, tél. 06 07 80 31 03, contact@champagne-edmond-bourdelat.fr V 🚶 🍷 *r.-v.*

BOUTILLEZ-GUER Blanc de blancs ★

● 1ᵉʳ cru	4000	🍾	15 à 20 €

La famille Boutillez est établie à Villers-Marmery depuis le XVᵉs. Installé en 1980, Marc Boutillez cultive un peu plus de 5 ha dans ce 1ᵉʳ cru, l'un des rares de la Montagne de Reims où domine le chardonnay. (RM)

Or pâle, ce blanc de blancs, d'abord minéral, s'oriente à l'aération vers la fleur blanche et la pomme verte. On retrouve une minéralité saline dans un palais frais et élégant, très floral, fringant et long. Tout ce qu'il faut pour l'apéritif et les produits de la mer. ⧗ 2020-2023

⊶ CHAMPAGNE BOUTILLEZ-GUER, 38, rue Pasteur, 51380 Villers-Marmery, tél. 03 26 97 95 87, boutillez.guer@orange.fr V 🚶 🍷 *r.-v.*

BRATEAU-MOREAUX Tradition ★

●	25275	🍾	11 à 15 €

Succédant à 2 générations de récoltants-manipulants, Dominique Brateau a repris en 1982 l'exploitation familiale qui couvre aujourd'hui 8 ha sur la rive gauche de la Marne. (RM)

CHAMPAGNE

Un brut sans année qui doit tout au meunier. Plutôt discret au nez, ample en attaque, bien structuré, il offre une finale persistante, fraîche et citronnée. ⧗ 2020-2023 ● **Réserve ★ (11 à 15 €; 12 000 b.)** Subtilement floral et fruité, bien dosé et de bonne longueur, il conjugue l'ampleur du meunier et la fraîcheur du chardonnay, cépages assemblés à parts égales dans cette cuvée. Pour l'apéritif, les fruits de mer et les entrées. ⧗ 2020-2023

DOMINIQUE BRATEAU, 12, rue Douchy, 51700 Leuvrigny, tél. 03 26 58 00 99, champagnebrateau-moreaux@orange.fr V r.-v.

M. BRISMONTIER-HUET ★

●	40 000	15 à 20 €

Domaine constitué en 1922 sur la rive droite de la Marne par Edmond Olivier. La marque a été lancée en 1955 par sa fille. C'est aujourd'hui l'arrière-petite-fille du fondateur, Sandrine Charpentier-Olivier, qui met en valeur le coquet vignoble familial, qui compte 18 ha. Elle exploite aussi la marque M. Brismontier-Huet, issue du vignoble d'une famille de Trélou-sur-Marne. (MA)

Dominé par les raisins noirs (90 %, meunier surtout), mariant la récolte 2014 et 40 % de vins de réserve de l'année précédente, un brut flatteur par son nez fruité (pêche blanche, fruits rouges). Des arômes de fruits frais mis en valeur par la vivacité tonique d'un palais à la finale assez longue et nerveuse, teintée d'agrumes. ⧗ 2020-2023

CHAMPAGNE VEUVE OLIVIER ET FILS, 10, rte de Dormans, 02850 Trélou-sur-Marne, tél. 03 23 70 24 01, michel.brismontier@gmail.com V r.-v.

LOUIS BROCHET Extra-brut Alain 2014 ★★

● 1er cru	10 000		30 à 50 €

Les Brochet cultivent la vigne depuis 1674 à Écueil, 1er cru de la Montagne de Reims. Henri Brochet et Yvonne Hervieux ont lancé après la guerre la marque Brochet-Hervieux et créé le domaine géré pendant 45 ans par leur fils Alain, disparu en 2012. En 2011, nouvelle marque et nouvelle génération, avec Hélène et son frère Louis, œnologue comme son père. Le vignoble familial, à dominante de pinot noir, couvre 13 ha. Exploitation certifiée Haute valeur environnementale, fière de son nouveau tracteur-enjambeur électrique. (RM)

Un Extra-brut millésimé à la robe jaune doré parcourue d'un fin cordon de bulles vives, mariant pinot noir (70 %) et chardonnay. Il libère des parfums engageants de fleurs blanches, de fruits jaunes et de fruits secs avant de dévoiler une bouche élégante, de bonne longueur, souple en attaque et fraîche en finale. ⧗ 2020-2023 ● **1er cru Extra-brut Extra-noir ★ (50 à 75 €; 2 000 b.)** Issue de 2 parcelles de vieux pinots noirs vinifiés en fût, une cuvée séduisante par sa belle matière comme par son expression fruitée, miellée et torréfiée (café). Un champagne de repas. ⧗ 2020-2023

HÉLÈNE ET LOUIS BROCHET, 12, rue de Villers-aux-Nœuds, 51500 Écueil, tél. 03 26 49 77 44, contact@champagne-brochet.com V r.-v.

ÉDOUARD BRUN L'Élégante ★★

● Gd cru	4 000		30 à 50 €

Fondée en 1898, cette structure de négoce familiale porte le nom de son créateur, un ancien tonnelier. Les fûts ou foudres sont toujours utilisés pour la vinification de certaines cuvées. La maison dispose en propre de 10 ha dans la Montagne de Reims et aux environs d'Aÿ. (NM)

Un assemblage de chardonnay majoritaire (80 %), vinifié en cuve, et de pinot noir passé par le bois. Il en résulte un champagne complexe au nez comme en bouche, mêlant le beurre frais, les fruits mûrs, les agrumes et de belles notes d'évolution. Rond et soyeux, le palais est tonifié par un trait d'acidité et par une légère pointe d'amertume en finale. Parfait pour un poisson en sauce. ⧗ 2020-2022

CHAMPAGNE ÉDOUARD BRUN ET CIE, 14, rue Marcel-Mailly, 51160 Aÿ-Champagne, tél. 03 26 55 20 11, contact@champagne-edouard-brun.fr V r.-v.

JACQUES BUSIN Verzenay Tradition ★★★

● Gd cru	40 000		15 à 20 €

Ernest Busin commercialisait déjà son champagne en 1902. Après Pierre et Jacques, Emmanuel Busin a pris en 2006 les commandes de la propriété, forte de près de 11 ha répartis dans 5 grands crus prestigieux de la Montagne de Reims : Verzenay, Mailly-Champagne, Verzy, Sillery et Ambonnay. (RM)

Une belle surprise que ce brut mariant pinot noir majoritaire (70 %) et chardonnay des récoltes 2017 et 2016. La robe or pâle est parcourue de bulles fines qui portent des senteurs intenses et complexes : la fraîcheur du fruit rouge s'accompagne de notes plus évoluées d'amande, de cannelle, de tabac blond et de nuances toastées et grillées. On retrouve cette richesse aromatique dans une bouche persistante, à la fois généreuse et délicate, marquée en finale par une noble amertume. Un brut gourmand et harmonieux. ⧗ 2020-2024

CHAMPAGNE JACQUES BUSIN, 17, rue Thiers, 51360 Verzenay, tél. 03 26 49 40 36, jacques-busin@wanadoo.fr V r.-v.

CAMIAT ET FILS Tradition ★

●	10 000		11 à 15 €

Domaine établi sur les coteaux du Petit Morin. Auguste plante les premiers ceps vers 1940; Paul élabore les premières cuvées dans les années 1950. Après une expérience dans le conseil viticole, Romuald Camiat s'installe en 2008 sur l'exploitation (4,5 ha) et succède à son père en 2014. Il a aménagé une cuverie et obtenu la certification Haute valeur environnementale. (RM)

Pinot noir, meunier et chardonnay concourent à parts égales à cette cuvée jaune pâle animée d'une bulle généreuse et délicate, fruitée et minérale au nez comme en bouche. Gourmand et frais, vivifié en finale par des évocations de zeste d'orange, ce brut sans année sera parfait à l'apéritif. ⧗ 2020-2023

CHAMPAGNE CAMIAT ET FILS, 34, Grande-Rue, 51130 Loisy-en-Brie, tél. 06 10 78 56 63, contact@champagne-camiat.fr V r.-v.

CANARD-DUCHÊNE 2012 ★

| n.c. | | 20 à 30 € |

Fondée en 1868 par Victor Canard, tonnelier, et Léonie Duchêne, vigneronne, cette maison est restée implantée à Ludes, dans la Montagne de Reims, où elle dispose de 6 km de caves. Elle a été reprise en 2003 par le groupe Thiénot. (NM)

L'année 2012 avait mal commencé et les rendements ont été chiches. À la faveur d'un été ensoleillé, les raisins, plus rares, ont allié concentration en sucres et belles acidités. Ici, 41 % de chardonnay grand cru (Chouilly), 46 % de pinot noir et 13 % de meunier issus de 1ers crus et de grands crus (Ambonnay, Verzy). Dans le verre, une robe légère parcourue de bulles élégantes, une palette subtilement florale et une bouche beurrée, tout en finesse, de bonne longueur. Une discrète harmonie. ⧗ 2020-2023

CHAMPAGNE CANARD-DUCHÊNE, 1, rue Edmond-Canard, 51500 Ludes, tél. 03 26 61 09 95, acgabriel@canard-duchene.fr V *t.l.j. sf dim. 10h-18h; f. sam. dim. janv-fév.*

JEAN-YVES DE CARLINI Réserve ★

| Gd cru | 10 000 | | 15 à 20 € |

Roger de Carlini commercialise les premiers champagnes en 1955. Jean-Yves s'installe en 1970, lance sa marque en 1984, devient vigneron indépendant en 1995 et passe le relais en 2009 à sa fille Aude Krantz. Le vignoble couvre 6,5 ha autour de Verzenay, grand cru de noirs dans la Montagne de Reims. (RM)

Mi-chardonnay, mi-pinot noir, ce brut grand cru assemble la récolte de 2017 avec des vins de réserve des 3 années précédentes. Discret au premier nez, il s'ouvre à l'aération sur une palette d'une belle complexité : fleurs et fruits blancs, noisette, touches beurrées et léger grillé. On retrouve la noisette dans un palais équilibré, séduisant par sa longue finale fraîche et minérale. Pour l'apéritif, et aussi pour le poisson ou la volaille. ⧗ 2020-2023

CHAMPAGNE JEAN-YVES DE CARLINI, 13, rue de Mailly, 51360 Verzenay, tél. 03 26 49 43 91, champagne.decarlini@orange.fr V *r.-v.*

DE CASTELLANE ★

| n.c. | | 20 à 30 € |

Bien connue à Épernay pour son beffroi dressé au bout de l'avenue de Champagne, cette maison fondée en 1895 par le vicomte Florens de Castellane a été associée aux fastes de la Belle Époque et des Années folles. Elle a pour emblème la croix rouge de Saint-André. La société est aujourd'hui dans le giron du groupe Laurent-Perrier. (NM)

Le brut sans année de la maison marie 70 % de pinots (pinot noir 40 %, meunier 30 %) à 30 % de chardonnay. Sa robe or pâle aux reflets verts, parcourue d'une effervescence abondante et fine, son nez vif, élégamment grillé, et sa bouche intense, gourmande, subtile et fraîche, à la finale nerveuse, en font un champagne d'apéritif qui s'accordera aussi avec le poisson. ⧗ 2020-2023

DE CASTELLANE, 63, av. de Champagne, 51200 Épernay, tél. 03 26 51 19 19, olivier.kanengieser@castellane.com V *t.l.j. 10h-12h 14h-18h; f. 1er janv.-15 mars*

CASTELNAU
Extra-brut Hors catégorie C.C.F. 2067 ★★★

| 3 600 | | + de 100 € |

Marque lancée en 1916 en l'honneur d'un général de la Grande Guerre, reprise en 2003 par la Coopérative régionale des vins de Champagne. Fondée en 1962 par 24 vignerons, cette structure regroupe aujourd'hui 785 adhérents, 23 coopératives et vinifie aujourd'hui la récolte de près de 900 ha. La commercialisation des bouteilles a bondi : environ 180 000 bouteilles en 2007, près de 900 000 en 2018. Chef de cave depuis 2013, Élisabeth Sarcelet enrichit la gamme et privilégie les longs vieillissements : au moins 5 ans. (CM)

Le nom de cette cuvée élaborée en quantité limitée se réfère aux cols les plus abrupts du Tour de France, dont la maison est partenaire. Les vins de base (85 % de noirs, meunier et pinot noir) ont séjourné 12 mois en fût. D'un jaune pâle animé de bulles fines et alertes, ce champagne a enchanté nos dégustateurs par sa palette expressive et complexe, entre fruits blancs et notes beurrées et vanillées. Ce boisé prend des tons grillés et se fond dans la fraîcheur des agrumes dans un palais riche et puissant, de texture crémeuse, à la finale tonique et longue. Proche du coup de cœur. ⧗ 2020-2024 **2006 ★★ (50 à 75 €; n.c.)** Un vieux millésime mi-blancs mi-noirs (30 % de pinot noir, 20 % de meunier), aux arômes évolués, grillés et toastés. Vif en attaque, rond dans son développement, il est servi par une finale fraîche, minérale et longue aux accents de zeste de citron. ⧗ 2020-2023

CHAMPAGNE CASTELNAU, 5, rue Gosset, 51100 Reims, tél. 03 26 77 89 00, contact@champagne-castelnau.fr V *r.-v.*

CHARLES DE CAZANOVE
Tradition Père et Fils Tête de cuvée ★

| 100 000 | | 20 à 30 € |

Fondée en 1811 par Charles Gabriel de Cazanove, héritier d'une lignée de maîtres verriers, cette maison de négoce rémoise est restée dans la famille jusqu'au milieu du XX[e]s. Depuis 2004, elle fait partie du groupe Rapeneau. Quant à la marque Vieille France, elle a été acquise par les Rapeneau l'année précédente. (NM)

Complétés par 15 % de chardonnay, les 2 pinots s'allient dans cette cuvée à la robe cristalline animée d'un cordon fin et persistant. Ses arômes élégants de citron et d'orange se retrouvent dans une bouche ample, fraîche et longue, qui laisse une impression de légèreté et de finesse. ⧗ 2020-2023 **Tradition Père et Fils 2007 ★ (20 à 30 €; 40 000 b.).** Une année favorable au chardonnay, qui compose 60 % de cette cuvée, avec les 2 pinots en complément. Un champagne vineux et généreux, aux arômes mûrs et complexes de fruits confits, de figue, de brioche et de café. À son apogée. ⧗ 2020-2023

CHAMPAGNE CHARLES DE CAZANOVE, 8, pl. de la République, 51100 Reims, tél. 03 26 88 53 86, boutique@decazanove.com V *t.l.j. 10h-13h 14h- 19h*
Champagne Charles de Cazanove

A. CHAMBERLAIN Réserve ★

| 71 733 | | 15 à 20 € |

Établie aux portes sud d'Épernay, la famille Vollereaux cultive la vigne dès 1805 et commercialise ses

premières bouteilles en 1923. Aujourd'hui, c'est une structure de négoce forte d'un important domaine (40 ha). Pierre Vollereaux a passé en 2012 le relais à son fils Franck qui commercialise ses cuvées sous plusieurs marques : Vollereaux, A. Chamberlain et H. de Choiseul. (NM)

Privilégiant les raisins noirs (80 %, dont meunier 60 %), ce brut sans année dévoile un nez grillé et épicé. Les fruits blancs s'ajoutent à cette palette dans un palais droit et frais, au dosage discret. ⧗ 2020-2023

CHAMPAGNE VOLLEREAUX, 48, rue Léon-Bourgeois, 51530 Pierry, tél. 03 26 54 03 05, contact@champagne-vollereaux.fr V r.-v.

GUY CHARLEMAGNE
Extra-brut Blanc de blancs Mesnillésime Vieilles Vignes 2014 ★

Gd cru	5 694		50 à 75 €

Fondée en 1892 et conduite depuis 1987 par Philippe Charlemagne, cette propriété de 14 ha s'étend pour l'essentiel autour du Mesnil-sur-Oger, au cœur de la Côte des Blancs. Le champagne a été lancé en 1950. Propriété certifiée Haute valeur environnementale. (SR)

Ce blanc de blancs millésimé est le fleuron du domaine. Les vins de base sont vinifiés partiellement en fût sans fermentation malolactique, et le champagne est très peu dosé. L'année 2014, fraîche, a été propice au chardonnay de la Côte des Blancs. Après 6 ans de cave, ce champagne obtient une belle étoile pour ses qualités : une robe dorée animée de bulles fines et dynamiques, un nez élégant et gourmand, minéral, brioché, torréfié et fruité (mangue), prélude à un palais généreux, tendu et long, au boisé bien fondu évoquant le pralin. ⧗ 2020-2024

CHAMPAGNE GUY CHARLEMAGNE, 4, rue de la Brèche-d'Oger, 51190 Le Mesnil-sur-Oger, tél. 03 26 57 52 98, champagneguycharlemagne@orange.fr V r.-v.

J. CHARPENTIER Réserve ★

	30 000		15 à 20 €

Dans les années 1920, Pierre Charpentier fournissait le négoce et produisait du vin rouge. Les mauvaises années, le tonneau valait plus cher que le vin. Installé en 1970, son petit-fils Jacky a développé le domaine et les ventes de champagne. Il est aujourd'hui épaulé par Jean-Marc, œnologue, également diplômé en droit et en marketing. Le vignoble couvre 15 ha dans la vallée de la Marne. Propriété certifiée Haute valeur environnementale. (RM)

Blanc de noirs privilégiant le meunier (80 %), ce brut sans année s'ouvre sur les fruits blancs, la pêche jaune et les épices. Ce fruité gourmand se retrouve au palais, en harmonie avec une matière ronde et riche, équilibrée par une finale acidulée aux accents d'agrumes. Un champagne très flatteur, pour l'apéritif comme pour la table. ⧗ 2020-2023

CHAMPAGNE J. CHARPENTIER, 88, rue de Reuil, 51700 Villers-sous-Châtillon, tél. 03 26 58 05 78, info@jcharpentier.fr V *t.l.j. sf dim. 9h-12h 14h-17h30*

CHASSENAY D'ARCE 2008 ★★★

	42 598		20 à 30 €

Cette coopérative auboise fondée en 1956 fédère aujourd'hui 130 adhérents qui cultivent 315 ha répartis dans 10 villages de la vallée de l'Arce, près de Bar-sur-Seine. Cépage roi de la Côte des Bar, le pinot noir est majoritaire dans l'encépagement local. (CM)

Issue d'un millésime fort coté, cette cuvée plébiscitée l'an dernier se maintient à un haut niveau. Elle assemble pinot noir (58 %) et chardonnay (34 %), complétés par quelques gouttes de meunier et de pinot blanc, et intègre une petite fraction de vins élevés sous bois. Sa palette intense conserve une fraîcheur minérale, tout en dévoilant des touches évoluées d'amande grillée, de figue sèche et de liqueur de fruits. Ces arômes complexes, floraux, fruités et grillés se prolongent dans une bouche élégante, tendue et persistante. ⧗ 2020-2023

CHAMPAGNE CHASSENAY D'ARCE, 11, rue du Pressoir, 10110 Ville-sur-Arce, tél. 03 25 38 30 70, champagne@chassenay.com V *t.l.j. sf dim. lun. 9h-12h 14h-17h30; f. sam. janv.-mars*

GUY DE CHASSEY ★★

1er cru	3 500		20 à 30 €

Sept générations se sont succédé sur cette propriété forte de 9,5 ha dans la Montagne de Reims (à Bouzy et Louvois, en grand cru, et à Tauxières-Mutry, en 1er cru). Aux commandes, Marie-Odile de Chassey et sa fille Ingrid Oudart, qui officie en cave. Attachée au pressoir traditionnel et au remuage manuel, cette dernière vinifie sans fermentation malolactique. Domaine certifié Haute valeur environnementale. Autre étiquette : Nicolas d'Olivet. (RM)

Tirant d'un apport de vin rouge sa teinte saumon franc, ce rosé met en œuvre 70 % de pinot noir de Bouzy et 30 % de chardonnay. Il mêle au nez cerise citronnée, fleurs, brioche et pain d'épice. Riche et onctueux, il montre aussi de la minéralité et une belle tension qui lui donne élégance et longueur. ⧗ 2020-2023 **Gd cru Cuvée de Buretel ★ (15 à 20 €; 30 000 b.)** Né de pinot noir (70 %) et de chardonnay, un champagne rond, vineux et équilibré, de bonne longueur, aux arômes de fleurs miellées et de fruits jaunes, teintés de notes grillées. ⧗ 2020-2023

CHAMPAGNE GUY DE CHASSEY, 1, pl. de la Demi-Lune, Louvois, 51150 Val-de-Livre, tél. 03 26 57 04 45, info@champagne-guy-de-chassey.com V *r.-v.*

FRANÇOIS CHAUMONT
Puisieulx Blanc de noirs ★★

Gd cru	5 000		15 à 20 €

En 1994, François Chaumont reprend un vignoble familial de 5 ha à Puisieulx, grand cru de la Montagne de Reims. Le savoir-faire et les installations de son épouse Marie-Hélène Littière, vigneronne à Œuilly (Champagne Michel Littière), lui permettent de quitter la coopérative en 2008. Domaine certifié Haute valeur environnementale. (RM)

Proche de la cité des Sacres, Puisieulx, grand cru de la Montagne de Reims, a conservé à peine 18 ha de vignes. François Chaumont en détient une part non négligeable, notamment 3 ha de pinot noir à l'origine de cette cuvée remarquable une fois de plus. Avec ses arômes de fruits mûrs présents au nez comme en bouche et son palais riche, fondu et persistant, tendu par une belle acidité, c'est un champagne très harmonieux, adapté à l'apéritif comme à la table. ⧗ 2020-2023

CHAMPAGNE FRANÇOIS CHAUMONT, rue des Murs-Chenots, 51480 Œuilly, tél. 06 17 96 20 33, contact@champagne-francois-chaumont.fr V *r.-v.*

MARC CHAUVET Tradition ★

●	20000		15 à 20 €

Une famille enracinée depuis le XVIe s. à Rilly-la-Montagne, au sud de Reims. Aujourd'hui, Nicolas (à la vigne) et sa sœur Clotilde, œnologue (à la cave), installés en 1996, cultivent 13 ha de vignes, perpétuant le domaine créé en 1964 par leur père Marc. Leurs vins sont vinifiés sans fermentation malolactique. (RM)

Pinot noir, meunier et chardonnay sont assemblés par tiers dans ce brut sans année puissant et équilibré, floral et biscuité, à la finale longue et vive, un rien amère. ⧗ 2020-2023

CHAMPAGNE MARC CHAUVET, 3, rue de la Liberté, 51500 Rilly-la-Montagne, tél. 03 26 03 42 71, champagnemarcchauvet@gmail.com V *r.-v.*

HENRI CHAUVET Blanc de noirs ★

●	28000		15 à 20 €

Le fondateur du domaine, Henri Chauvet, était un viticulteur et pépiniériste qui cultivait vers 1900 les plants greffés nécessaires à la reconstitution du vignoble dévasté par le phylloxéra. Depuis 1987, Damien, son arrière-petit-fils, exploite avec Mathilde 8 ha dans la Montagne de Reims. Propriété certifiée Haute valeur environnementale. (RM)

Déjà retenu dans la précédente édition, ce blanc de noirs privilégie le pinot noir (80 %); il assemble cette année les vendanges 2017 et 2016. On aime sa palette aromatique mêlant notes fruitées, beurrées et touches évoluées de café grillé ainsi que son ampleur élégante. On le verrait bien avec un poisson à la crème. ⧗ 2020-2023 ● **Réserve ★ (15 à 20 €; 16000 b.)** Mi-chardonnay, mi-pinot noir, un brut agréable, au nez frais, entre aubépine, fruits blancs et agrumes, et à la bouche persistante, à la fois ronde et tonique, marquée en finale par des arômes de citron confit. ⧗ 2020-2023

CHAMPAGNE HENRI CHAUVET, 6, rue de la Liberté, 51500 Rilly-la-Montagne, tél. 03 26 03 42 69, contact@champagne-chauvet.com V *r.-v.*

CHAVOST Brut nature Cœur de meuniers ★

●	3000		20 à 30 €

Marque de la coopérative de Chavot-Courcourt, commune des coteaux sud d'Épernay célèbre par son église du XIIe s. campée dans les vignes comme une vigie au-dessus du village. Fondée en 1946 par 20 vignerons, la cave regroupe aujourd'hui plus de 100 adhérents qui cultivent 70 ha. (CM)

Un champagne non dosé qui a pour lui l'ampleur propre aux blancs de noirs, équilibrée par une fraîcheur qui lui donne finesse, dynamisme et longueur. Autre atout, sa palette aromatique entre poire et amande. ⧗ 2020-2023

● **Esprit de blancs ★ (20 à 30 €; 10000 b.).** Du premier coup de nez à la finale, ce blanc de blancs or pâle à la bulle très fine et aux arômes de fruits acidulés se distingue par sa vivacité juvénile. L'élevage sous bois des vins de réserve n'est guère perceptible. Parfait pour l'apéritif ou pour des produits de la mer crus ou grillés. ⧗ 2020-2023

CHAMPAGNE CHAVOST, 16, rue d'Ilbesheim, 51530 Chavot-Courcourt, tél. 03 26 54 31 89, contact@champagne-chavost.com V *r.-v.*

PASCAL CHEMINON Blanc de blancs ★

● 1er cru	36124		15 à 20 €

À la suite de 3 générations, Pascal Cheminon s'est installé en 1975 sur le domaine familial qui couvre un peu plus de 6 ha dans la Montagne de Reims. Son fils Sébastien officie à la cave. Leur village, Villers-Marmery, est l'un des rares de la Montagne où le chardonnay domine l'encépagement. (RM)

Mariant des chardonnays de la récolte 2016 et 40 % de vin de réserve, ce blanc de blancs séduit tant par son nez complexe, délicatement fruité, que par sa bouche gourmande et fraîche. ⧗ 2020-2023 ● **1er cru ★ (15 à 20 €; 3000 b.)** Construit sur la récolte 2015, un rosé frais et long, dominé par le chardonnay qui lui lègue sa vivacité aux accents d'agrumes; vinifié en rouge, le pinot noir (15 %) lui donne sa teinte framboise, ses parfums de petits fruits rouges et une certaine étoffe. ⧗ 2020-2023

CHAMPAGNE PASCAL CHEMINON ET FILS, 5, rue des Sous-la-Ville, 51380 Villers-Marmery, tél. 03 26 97 95 34, cheminon.pascal@orange.fr V *r.-v.*

CHEURLIN-DANGIN Christiane ★★

●	10000		20 à 30 €

Descendant d'une lignée de vignerons aubois remontant au XVIIIe s. et fort d'un vignoble d'environ 20 ha implanté sur les coteaux de l'Ource, près de Bar-sur-Seine, Thomas Cheurlin, aux commandes depuis 2000, a créé en 2012 une maison de négoce. Sa propriété est certifiée Haute valeur environnementale. Deux étiquettes : Cheurlin-Dangin et Comte de Cheurlin. (NM)

Ce blanc de noirs (pinot noir) tire d'une vinification partielle en fût une expression d'une belle complexité : on respire dans le verre des senteurs fraîches, minérales et mentholées, des notes acidulées de fruit de la Passion, puis le beurre et la noisette s'invitent dans une bouche crémeuse et élégante. ⧗ 2020-2023 ● **Comte de Cheurlin Extra-brut Blanc de blancs ★ (50 à 75 €; 6700 b.)** Le pinot blanc (40 %) complète le chardonnay dans cette cuvée à la fois ample et fraîche, qui tire de son passage sous bois des tonalités complexes (amande et pâte d'amandes, thé, fumé, pain grillé, réglisse et pain d'épice aux côté des fruits jaunes). ⧗ 2020-2022

SARL LE SUCHOT, 5, rue des Jardins, 10110 Celles-sur-Ource, tél. 03 25 38 50 26, contact@cheurlin-dangin.fr V *t.l.j. sf dim. 9h-12h 14h-17h30; f. 9-15 août*

J. CLÉMENT Vieilles Vignes 2013 ★

●	2000		20 à 30 €

Premières vignes en 1920, premières bouteilles en 1954. James Clément porte la surface du domaine de

4 à 9 ha et lance une étiquette à son nom. Il transmet en 2004 à son fils Fabien la propriété, implantée pour l'essentiel dans la vallée de la Marne. (RM)

Si cette année fraîche et tardive a moins la cote que la précédente, elle a donné des cuvées millésimées intéressantes, comme ce blanc de noirs (meunier 80 %) né de vignes de plus de 40 ans. Les raisins noirs lui ont légué une robe paille doré aux légers reflets roses, un nez vineux aux accents de prune compotée et de coing confit, prolongé par une bouche généreuse, charnue et persistante, dans le même registre fruité et évolué. Un champagne puissant et patiné, pour la table. ⧗ 2020-2022

CHAMPAGNE J. CLÉMENT, 16, rue des Vignes, 51480 Reuil, tél. 06 10 46 76 59, contact@champagne-clement.fr V *r.-v.*

CLÉMENT ET FILS
Extra-brut Myosotis Champêtre ★★

● | 6000 | | 30 à 50 €

Établie à Congy, dans le secteur des coteaux du Petit Morin, entre la Côte des Blancs et le Sézannais, cette exploitation familiale élabore du champagne depuis 1958 (sous la marque actuelle depuis 1981). Aurélien Clément, qui en a pris les rênes en 2017, reste fidèle au pressoir Coquard traditionnel, au remuage sur pupitre et au dégorgement à la volée. Les cuvées portent le nom de fleurs présentes dans ses vignes. (RM)

Complétés par le chardonnay, pinot noir et meunier à égalité composent les 3/4 de cette cuvée. Un champagne jaune d'or, qui demande de l'aération pour s'ouvrir sur des notes minérales, puis sur des senteurs compotées et confites évoquant la pâte de fruits. La torréfaction s'ajoute à ce fruité évolué dans une bouche ronde, ample et crémeuse, de belle longueur. Du caractère et de l'élégance. ⧗ 2020-2022

CHAMPAGNE CLÉMENT ET FILS, 8, rue des Prés, 51270 Congy, tél. 06 48 06 84 00, contact@champagneclemenetfils.com V *r.-v.*

PAUL CLOUET Sélection Grande Réserve ★★

● | 18000 | | 20 à 30 €

Domaine fondé en 1907 à Bouzy par Paul Clouet et conduit depuis 1992 par Marie-Thérèse Bonnaire, sa petite-fille : 5 ha entre Bouzy, grand cru de noirs, et Chouilly, grand cru de blancs. Les cuvées sont élaborées par Jean-Étienne Bonnaire, le fils de cette dernière, également récoltant à Cramant. (RM)

Un brut sans année associant 70 % de noirs (dont pinot noir 50 %) et 30 % de blancs. Son nez frais, délicatement floral, nuancé de pomme et d'un soupçon de réglisse, prélude à une bouche fine et longue, un rien suave, tonifiée en finale par une pointe d'acidité bienvenue. ⧗ 2020-2023 ● **Gd cru Bouzy Blanc de noirs 2012 ★ (30 à 50 €; 12000 b.)** Un pinot noir né dans un de ses terroirs d'élection et dans un millésime coté et favorable au cépage. Robe or jaune, nez entre confiture de cerises, fruits jaunes mûrs, miel, notes beurrées, vanillées et briochées, palais à l'unisson, ample, gras et énergique, tendu par une finale acidulée. Un beau champagne de repas. ⧗ 2020-2024

CHAMPAGNE PAUL CLOUET, 1, pl. André-Tritant, 51150 Bouzy, tél. 03 26 57 50 85, contact@bonnaire.com V *r.-v.* 5

♥ DOM. RENÉ COLLET Empreinte de terroir ★★★

● | 6500 | | 20 à 30 €

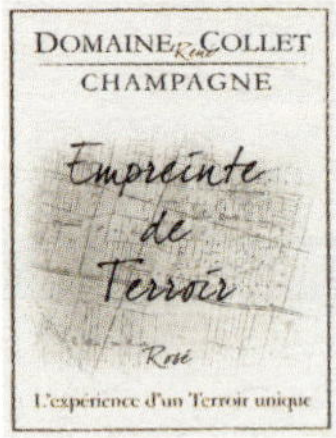

Au début du XXe s., les Collet vendent leurs raisins au négoce. René Collet, coopérateur, lance son champagne en 1973. Ses 3 fils, Thomas, Vincent et Florent, s'installent entre 2001 et 2011, et décident d'élaborer leurs cuvées. Ils disposent de 5 ha de vignes dans le Sézannais. (RM)

Ce rosé saumon aux reflets cuivrés assemble 57 % de pinot noir macéré et 43 % de chardonnay partiellement vinifié en fût de chêne. Il en tire une palette intense et subtile, d'une rare complexité : groseille, cassis, fruits à l'eau-de-vie, agrumes confits, rhubarbe, touche mentholée se rencontrent au-dessus du verre. La framboise et les fruits confits s'accompagnent des notes torréfiées du bois dans un palais structuré, harmonieux et long, à la finale acidulée. Un superbe rosé qui tiendra sa place à table. ⧗ 2020-2023 ● **Chardonnay Empreinte de terroir ★★ (20 à 30 €; 2500 b.)** Mariant des vins de 2014 et de 2013 partiellement vinifiés et élevés en fût, un blanc de blancs patiné, onctueux et élégant. Au nez, du citron et de l'orange confite, en bouche, encore des agrumes, avec un côté beurré et boisé. ⧗ 2020-2023

DOM. COLLET-CHAMPAGNE, 6, ruelle de Louche, 51120 Fontaine-Denis, tél. 03 26 80 22 48, info@domaine-collet-champagne.fr V *r.-v.*

COMTES DE DAMPIERRE
Blanc de blancs Family Réserve 2012 ★

● Gd cru | 5000 | | 75 à 100 €

Audoin de Dampierre est le descendant d'une dynastie champenoise sept fois séculaire. Son arrière-grand-père s'est intéressé au champagne en 1880. Lui-même a créé en 1986 une maison de négoce. Il s'est retiré en 2011, laissant la présidence de la société à l'homme d'affaires Philippe Rosy. Le siège du négoce a été transféré en 2014 à Bouzy, et la marque rebaptisée Comtes de Dampierre. Si l'habillage des bouteilles a été revu, le ficelage à l'ancienne des bouchons a été maintenu pour les cuvées de prestige. (NM)

De noble origine, ce blanc de blancs assemble des chardonnays d'Oger et du Mesnil-sur-Oger d'une excellente année, et il est resté 6 ans sur ses lies. Dans le verre, un bel or jaune, de fines bulles qui font monter des arômes complexes, beurrés, briochés, légèrement épicés. Le prélude à un palais ample et gras, de belle longueur, tonifié par une finale fraîche et minérale. De l'élégance. ⧗ 2020-2025

CHAMPAGNE COMTES DE DAMPIERRE, 22, rue Gambetta, 51150 Bouzy, tél. 03 26 53 16 67, champagne@dampierre.com V *r.-v.*

LA COMTESSE A. Cuvée Mademoiselle Camélia ★

● | 16000 | | 20 à 30 €

Héritière de 5 générations de vignerons, Anaïs Leconte a travaillé dans le marketing de luxe à Paris,

à New York et dans l'horlogerie, à Genève, avant de fonder en 2016 une maison de champagne, dont le nom évoque le surnom donné à sa grand-mère, la « Comtesse ». Les cuvées sont élaborées en famille à partir des vignes de la propriété, implantées dans la vallée de la Marne. (NM)
Dominée par le meunier (80 %), cette cuvée est presque un blanc de noirs (5 % de chardonnay). Elle met en œuvre la récolte 2015, vinifiée en cuve et en fût, mariée à des vins de réserve assemblés en foudre selon le principe de la solera. Un champagne or rose, qui libère des notes florales, puis des arômes de fruits jaunes et d'orgeat. La vanille, le pain grillé se mêlent aux agrumes dans une bouche équilibrée et fraîche, au dosage plutôt généreux. ⏳ 2020-2023

LA COMTESSE A., 3, pl. Saint-Jean, 51700 Troissy, tél. 03 26 52 73 59, anais@la-comtesse-a.com V r.-v.

COMTE STANISLAS Cuvée Sélection 2013 ★★

20 000 | 20 à 30 €

Fondée en 1955, la coopérative de Mardeuil vinifie 85 ha de vignes, principalement implantées sur les coteaux proches d'Épernay. Elle apparaît avec régularité dans les sélections du Guide, sous différentes marques : Beaumont des Crayères, Comte Stanislas, Charles Leprince, Jacques Lorent. (CM)
Un assemblage des 3 cépages champenois faisant la part belle au chardonnay et au pinot noir (45 % chacun) : une robe jaune doré à la mousse active, un nez agréablement beurré et brioché, et un palais marqué par le fruité des raisins noirs, intense et gras, de belle longueur, tendu par une juste vivacité. Un reflet flatteur du millésime. ⏳ 2020-2023

COMTE STANISLAS, 64, rue de la Liberté, 51530 Mardeuil, tél. 03 26 55 29 40, contact@champagne-beaumont.com

CONSTANTINE
Blanc de noirs 100% meunier Solarris ★

10 000 | 20 à 30 €

Nouvelle marque lancée par Pierre Grandin, de vieille souche vigneronne : celui de ses ancêtres qui acquit à Villedommange les premières parcelles naquit en 1689, du vivant de dom Pérignon. Fils de Thierry Grandin, président de la coopérative de La Neuville-aux-Larris, il élabore les cuvées de la cave et celle de sa marque, lancée en 2019 avec la commerciale Marion Mordelles. Il s'appuie sur 5,5 ha de vignes, à Villedommange et dans 4 communes de la vallée de la Marne. (RC)
Issue du coteau de La Neuville-aux-Larris, cette cuvée de pur meunier associe la récolte 2015 à des vins de réserve élevés selon la technique de la solera (d'où le mot-valise qui lui donne son nom). Après aération, elle s'ouvre sur la pomme verte et le citron, nuancés de notes plus mûres d'abricot, de miel et de fruits secs. Dans le même registre à la fois frais et évolué, la bouche se déploie avec rondeur, tonifiée par une belle vivacité. ⏳ 2020-2023

CHAMPAGNE THIERRY GRANDIN, 10, rue de Reims, 51390 Villedommange, tél. 06 89 32 96 08, contact@champagne-constantine.fr V r.-v.

♥ JACQUES COPIN Cuvée Tradition ★★

50 000 | 15 à 20 €

Enfants de viticulteurs, Jacques et Anne-Marie Copin ont fondé en 1963 ce domaine conduit depuis 1995 par leur fils Bruno et sa femme Marielle, épaulés par leurs enfants Lucile et Mathieu. L'exploitation couvre 10 ha dans la vallée de la Marne. (RM)
Né de la vendange 2016 et de vins de réserve des 3 années précédentes, issu de meunier (90 %) et d'un appoint de pinot noir, ce champagne a comblé nos dégustateurs : « un vrai nez de pinot gourmand », reflet « de raisins bien mûrs », écrivent-ils, louant ses arômes de fruits rouges, qui prennent en bouche des tons confiturés, rehaussés de nuances complexes d'acacia, de miel, de fruits secs et de brioche, et d'une touche minérale. Richesse, intensité, dosage juste, heureuse évolution, longueur : l'harmonie même. « Un vrai blanc de noirs », adapté à la table. ⏳ 2020-2023 **Extra-brut Cuvée Blanc de blancs ★★ (20 à 30 €; 5000 b.)** Un nez très expressif, entre fleurs et agrumes, une bouche généreuse et équilibrée, légèrement grillée, minérale, de belle longueur. Une fois de plus apprécié, ce blanc de blancs devrait bien vieillir. ⏳ 2020-2025

CHAMPAGNE JACQUES COPIN ET FILS, 23, rue de la Barre, 51700 Verneuil, tél. 03 26 52 92 47, contact@champagne-jacques-copin.com V *t.l.j. 9h-12h 14h- 18h; dim. 10h-12h*

COPIN-CAUTEL 2014 ★★

3000 | 20 à 30 €

Philippe Copin a pris en 1996 la suite de 3 générations et lancé son champagne en 2010 en associant à son patronyme le nom de jeune fille de son épouse selon la tradition champenoise. Établi dans la vallée de la Marne, il exploite 4 ha, avec quelques parcelles dans la Côte des Blancs, à Mareuil et à Aÿ. Domaine certifié Haute valeur environnementale. (RC)
Le domaine n'a pas hésité à millésimer une cuvée de l'année 2014, pourtant délicate. Il a assemblé 60 % de pinots (pinot noir 50 %) et 40 % de chardonnay pour obtenir cette cuvée qui s'ouvre sur les fleurs blanches et sur les fruits confits. Ample en attaque, le palais bénéficie d'une belle tension qui étire sa finale vive et citronnée. De la droiture et une réelle finesse pour ce champagne qui fera merveille à l'apéritif ou sur des tartares de poisson. ⏳ 2020-2025

CHAMPAGNE COPIN-CAUTEL, 21, rue Bailly, 51700 Vandières, tél. 03 26 52 67 29, champagne.copincautel@orange.fr V r.-v.

STÉPHANE COQUILLETTE Carte d'or ★

15 800 | 15 à 20 €

Installé en 1979 à Chouilly, grand cru de la Côte des Blancs, Stéphane Coquillette conduit plus de 6 ha de vignes implantées dans ce secteur, ainsi que dans la Grande Vallée de la Marne et dans la Montagne de

Reims. Son père Christian l'a longtemps appuyé et ses enfants Diane et Louis se préparent à prendre la relève. Exploitation certifiée Haute valeur environnementale. (RM)

Le chardonnay (34 %) cède le pas au pinot noir dans ce brut au nez brioché, plaisant par sa note épicée, presque poivrée, que l'on retrouve en bouche. La finale est marquée par des notes d'agrumes d'une belle fraîcheur. ⧗ 2020-2023 ● **Gd cru Blanc de blancs Cuvée Diane ★ (20 à 30 €; 5003 b.)** Un nez expressif (fleurs et fruits blancs, vanille et fruits secs) pour ce chardonnay de belle origine, puissant et très vif, qui finit sur des notes d'ananas et d'agrumes. ⧗ 2020-2024

CHAMPAGNE STÉPHANE COQUILLETTE, 15, rue des Écoles, 51530 Chouilly, tél. 06 88 07 63 36, champagne.coquillette@orange.fr V r.-v.

FABRICE COURTILLIER Pur blanc ★★

●	1000		15 à 20 €

Fils et petit-fils de coopérateurs, Fabrice Courtillier, installé en 1997, a investi dans un pressoir pour devenir récoltant-manipulant. Il exploite 6,5 ha de vignes au nord-est de Bar-sur-Aube. (RM)

Une petite parcelle (un quart d'hectare) de chardonnays âgés de 68 ans, est à l'origine de ce blanc de blancs à l'expression fraîche et délicate, florale, fruitée, briochée et minérale. Ce champagne séduit surtout par l'harmonie de son palais alliant ampleur, gras et belle trame acide. La finale minérale et saline laisse un excellent souvenir. ⧗ 2020-2023

CHAMPAGNE FABRICE COURTILLIER, chem. des Écrières, 10200 Colombé-la-Fosse, tél. 03 25 92 62 86, lux.courtillier@orange.fr V r.-v.

LAURENT COURTILLIER Tradition ★

●	8598		11 à 15 €

Laurent Courtillier a pris la suite en 1992 de plusieurs générations de vignerons. Il exploite près de 10 ha au sud-est de l'aire d'appellation champagne, du côté de Bar-sur-Aube. (RM)

Un brut à dominante de chardonnay (75 %, avec le pinot noir en appoint). Avec son nez riche, beurré, heureusement évolué, et sa bouche vineuse et plutôt longue, ronde avec élégance, il pourra accompagner un repas. ⧗ 2020-2023

LAURENT COURTILLIER, 15, Grande-Rue, 10200 Colombé-la-Fosse, tél. 03 25 27 27 15, laurent.courtillier@wanadoo.fr V r.-v.

PIERRE COURTOIS ★

●	36000		11 à 15 €

Succédant à 2 générations, Pierre Courtois a commencé à vinifier au début des années 1970. Aujourd'hui, son fils Michael exploite 6 ha dans la vallée de la Marne, à l'ouest de Château-Thierry. Il a construit un caveau de dégustation en pisé, avec la terre de son vignoble. (RM)

Cépage roi du secteur, le meunier (65 %) laisse une place au chardonnay (30 %) et au pinot noir dans ce brut sans année. Le nez aux nuances d'agrumes est bien prolongé par une bouche tonique, florale, fruitée et briochée, de belle persistance. Un champagne frais et gourmand, pour l'apéritif comme pour la table. ⧗ 2020-2023 ● ★ **(15 à 20 €; 2000 b.)** Né des 3 cépages champenois avec une dominante de meunier (65 %, dont 17 % vinifiés en rouge), un rosé aux arômes de griotte, qui prennent des tons confiturés et kirschés dans une bouche fraîche. ⧗ 2020-2022 ● **Blanc de blancs ★ (15 à 20 €; 2000 b.)** Bien équilibré, tendu, de belle longueur, il offre une expression évoluée. ⧗ 2020-2023

CHAMPAGNE PIERRE COURTOIS, 41, rue de l'Église, 02310 Crouttes-sur-Marne, tél. 03 23 82 15 49, champagnecourtois@orange.fr V r.-v.

A. D. COUTELAS Origin' ★★

●	30000		15 à 20 €

Héritier d'une lignée vigneronne remontant à 1809, Damien Coutelas représente la 8e génération. Installé en 2005, il exploite près de 7 ha dans la vallée de la Marne et a pris le statut de négociant. Selon la tradition familiale, il vinifie ses vins en foudre, sans fermentation malolactique. (RM)

Pinot noir, meunier et chardonnay à parité contribuent à ce brut construit sur la récolte 2015 et vinifié en cuve, aux arômes élégants d'agrumes. Judicieusement dosé, d'une fraîcheur et d'une longueur remarquables, le palais est marqué en finale par la note tonique du pamplemousse. Un champagne d'apéritif qui s'accordera aussi avec les produits de la mer et avec certains fromages. ⧗ 2020-2023

CHAMPAGNE A.D. COUTELAS, 557, av. du Gal-Leclerc, 51530 Dizy, tél. 06 89 42 23 76, contact@champagne-adcoutelas.com V *t.l.j. sf dim. lun. 10h-12h 14h-19h*

DAVID COUTELAS Brut nature Cuvée César 2012 ★★

●	2830		30 à 50 €

Héritiers d'une lignée de viticulteurs remontant à 1813, David et Séverine Coutelas ont pris les rênes en 1997 de l'exploitation familiale : 7,2 ha sur les coteaux bordant la rive droite de la Marne. Le vigneron est attaché aux pratiques de ses ancêtres, notamment aux vinifications en fût – sans fermentation malolactique, pour préserver la vivacité de ses cuvées. (RM)

Dans la lignée du 2008, la version 2012 (autre excellent millésime) de ce champagne non dosé a été fort louée. Elle privilégie elle aussi le chardonnay (66 %), complété par le pinot noir, et passe par le bois. Il en résulte un nez d'une belle finesse, entre fleurs blanches, agrumes et viennoiserie, prélude à une bouche fraîche et minérale, à la finale acidulée et persistante. Un champagne racé. ⧗ 2020-2025 ● **Extra-brut Cuvée César 2013 ★★ (30 à 50 €; 2798 b.)** Cépage dominant de cette cuvée (66 %, avec le pinot noir en appoint), le chardonnay s'est bien tiré de ce millésime. L'élevage sous bois laisse aussi son empreinte épicée sur ce champagne tendu et long, aussi puissant qu'élégant. ⧗ 2020-2025 ● **Prestige ★ (20 à 30 €; 5583 b.)** Presque mi-noirs mi-blancs (chardonnay 48 %), issu des 3 cépages champenois, un brut flatteur, rond et long, qui tire de son élevage en fût une belle complexité (vanille, tilleul, miel, café, agrumes en finale). ⧗ 2020-2023

CHAMPAGNE DAVID COUTELAS, 8, rue du Parc, 51700 Villers-sous-Châtillon, tél. 06 07 57 69 23, david.coutelas@wanadoo.fr V r.-v.

DAVID COUVREUR
Blanc de blancs Élevé en fût de chêne 2007 ★★

● | 2028 | | 50 à 75 €

Récoltant-manipulant issu d'une lignée de tonneliers et de vignerons, David Couvreur est à la tête d'un petit vignoble (1,35 ha) implanté dans le massif de Saint-Thierry, à l'ouest de Reims. (RM)

Année précoce mais difficile, 2007 s'est révélée propice au chardonnay. Celui-ci a été élevé 15 mois dans des fûts de chêne, neufs à 60 %. Paré d'une robe or intense parcourue de bulles fines, il se révèle puissant, élégant et long. Complexe et élégante, sur le beurre, la brioche, le pain grillé et le café, son expression aromatique traduit l'empreinte du boisé. Un champagne de repas à son apogée. ⧗ 2020-2023

CHAMPAGNE DAVID COUVREUR, 18, Grande-Rue, 51140 Prouilly, tél. 03 26 48 58 95, champagne.david.couvreur@gmail.com V r.-v.

DOMINIQUE CRÉTÉ Réserve ★

● | 22300 | | 15 à 20 €

Les Crété cultivent la vigne depuis 1887. En 1980, à 19 ans, Dominique Crété achète une première parcelle, puis d'autres sur les coteaux sud d'Épernay. Il aide son père Roland, avant de lancer en 1994 la marque à son nom. Après avoir hérité du vignoble paternel en 1998, il dispose de près de 8 ha de vignes disséminés de l'Aisne à la Côte des Blancs. (RM)

Composé à 80 % de meunier, avec le chardonnay en appoint, un champagne gourmand, d'une belle élégance, attirant par sa palette aromatique : au nez, de fines senteurs florales, du fruit blanc, une touche de litchi et de miel; en bouche, des notes fraîches d'agrumes, de fruits exotiques et de bonbon acidulé. ⧗ 2020-2023 ● **Sélection ★ (15 à 20 €; 10 267 b.)** Coing, fruits confits, mirabelle, vanille, léger miel, une expression complexe et évoluée pour ce champagne ample, riche et équilibré à dominante de chardonnay (85 %). ⧗ 2020-2022

DOMINIQUE CRÉTÉ, 99, rue des Prieurés, 51530 Moussy, tél. 03 26 54 52 10, champagne-dominique-crete@orange.fr V r.-v.

CRUCIFIX PÈRE ET FILS
Extra-brut Blanc de noirs Épître Act 15 ★

● 1er cru | 1235 | | 30 à 50 €

Agriculteurs possédant quelques vignes, les aïeux apportaient leurs raisins au négoce. Poursuivant l'œuvre des 3 générations précédentes, Jean-Jacques Crucifix et son fils Sébastien, arrivé en 2002, conduisent un vignoble de 6 ha autour d'Avenay-Val-d'Or, 1er cru de la Grande Vallée de la Marne, près d'Aÿ. (RC)

Un champagne de terroir : le pinot noir à l'origine de cette cuvée a été vinifié pour moitié dans des barriques de 300 à 600 l confectionnées avec du bois d'Avenay. Il a été récolté en 2015, belle année propice aux pinots. Il en résulte un nez intensément fruité, légèrement torréfié et une bouche vive, gourmande, de belle longueur, aux arômes de mangue et de fruits confits. Parfait pour un apéritif dînatoire ou une viande blanche. ⧗ 2020-2023

CHAMPAGNE CRUCIFIX PÈRE ET FILS, 3, allée de la Livre, 51160 Avenay-Val-d'Or, tél. 06 81 40 58 37, champagne.crucifix@wanadoo.fr V r.-v.

CUILLIER Originel ★

● | 16000 | | 15 à 20 €

Constitué en 1904 dans le massif de Saint-Thierry, au nord-ouest de Reims, ce vignoble couvre 6,5 ha à Pouillon, à Chenay et à Trigny, où des ancêtres cultivaient la terre au XVIIIes. Récoltant-coopérateur, Patrick Cuillier le gère depuis 1976. (RC)

Emblématique du domaine, cette cuvée associe meunier (50 %), chardonnay (31 %) et pinot noir (19 %). Aussi plaisante que l'an dernier, elle s'ouvre à l'aération sur les agrumes confits nuancés de pralin et de notes pâtissières. La bouche équilibrée dévoile d'agréables arômes de tarte aux fruits. ⧗ 2020-2023 ● **Grande Réserve ★ (15 à 20 €; 16000 b.)** Les pinot noir, meunier et chardonnay à parité, au service d'un champagne or intense, à l'expression mûre, compotée, épicée et miellée, en harmonie avec un palais rond et équilibré, de belle longueur. ⧗ 2020-2023

CHAMPAGNE CUILLIER, 14, pl. d'Armes, 51220 Pouillon, tél. 03 26 03 18 74, contact@champagne-cuillier.fr V *t.l.j. 8h30-12h 13h30-19h*

♥ PAUL DANGIN Prestige 2016 ★★★

● | 22000 | | 20 à 30 €

Une famille enracinée à Celles-sur-Ource, village aubois proche de Bar-sur-Seine. Le champagne a été lancé par Paul Dangin en 1947. Aujourd'hui, la structure de négoce, forte de 50 ha de vignes, mobilise 15 membres de la famille. (NM)

Frais, élégant et complexe, ce champagne, né d'un assemblage à parts égales de pinot noir et de chardonnay vendangés en 2016, fait l'unanimité. Les jurés saluent son nez tout en finesse, aux nuances de chèvrefeuille, de tilleul, de poire et de pêche, qui se prolongent dans un palais gourmand, vif et persistant : l'harmonie même. Idéal à l'apéritif ou sur du poisson. ⧗ 2020-2023

CHAMPAGNE PAUL DANGIN ET FILS, 11, rue du Pont, 10110 Celles-sur-Ource, tél. 03 25 38 50 27, champagne-dangin@wanadoo.fr V *t.l.j. sf sam. dim. 8h-12h 13h30-18h; f. août*

MAXIME DAUVERGNE Séduction ★

● Gd cru | 7000 | | 15 à 20 €

Depuis 1906, les Dauvergne sont vignerons à Bouzy, grand cru de la Montagne de Reims. Installé en 2004, Maxime conduit l'exploitation (2,45 ha) avec son père François et son frère Aurélien. Chaque membre du trio signe sa cuvée. (RC)

Né de pinot noir et de chardonnay à parts égales, ce brut s'annonce par un nez intense et vif, tout en fleurs blanches. Ce côté floral s'épanouit en bouche, sur des notes d'aubépine et de tilleul, en harmonie avec une belle fraîcheur. La finale tonique et longue, teintée d'une légère amertume, laisse le souvenir d'un vin élégant. Comme un blanc de blancs, ce champagne sera parfait à l'apéritif ou avec du poisson. ⧗ 2020-2023 ● **Gd cru Tradition ★ (15 à 20 €; 6000 b.)** Issue de pinot noir majoritaire (80 %, avec du chardonnay en appoint), une cuvée intense, minérale et fraîche, de belle longueur, aux arômes de fleurs blanches et de fruits jaunes nuancés de touches toastées. ⧗ 2020-2023

MAXIME DAUVERGNE, 12, rue Jeanne-d'Arc, 51150 Bouzy, tél. 03 26 57 01 83, champagne.dauvergne@orange.fr V r.-v.

ALAIN DAVID Cuvée René Vieilles Vignes ★★

● | 1500 | | 30 à 50 €

Quatre générations se sont succédé sur ce domaine implanté sur la rive gauche de la Marne. Alain David, installé en 1992, décide de commercialiser ses champagnes, et agrandit son vignoble (de 2,5 à 4,7 ha). Adhérent au Centre vinicole de la Champagne (N. Feuillatte) jusqu'en 2013, il élabore aujourd'hui ses cuvées, confiant seulement le pressurage à la coopérative. (RM)

Les vignes sont vieilles, sans conteste, 67 ans. Du meunier exclusivement, de la récolte 2015, vinifié en fût avec bâtonnage et blocage de la fermentation malolactique. Dans le verre, un blanc de noirs très typé, paré d'une robe or soutenu aux bulles persistantes, bien ouvert sur le beurre et sur les fruits jaunes confits, assortis d'un léger boisé. La bouche, à l'unisson du nez, se révèle structurée, généreuse, aussi ronde que longue. Un champagne de repas à la fois puissant et élégant. ⧗ 2020-2023

ALAIN DAVID, 2, rue de Boursois, 51480 Boursault, tél. 07 87 25 14 71, champagne.a.david@orange.fr V *t.l.j. 9h-12h 14h-18h* 4

CHARLES DEBELLOY Blanc de noirs ★★

● 1er cru | 35000 | | 20 à 30 €

L'arrière-grand-père de Guillaume Leclère travaillait quelques vignes sur les coteaux d'Écueil, village de la Montagne de Reims classé en 1er cru, à quelques kilomètres au sud de la cité des Sacres. Ce dernier a pris en 2012 les rênes de l'exploitation familiale, qui compte 9 ha répartis dans 7 villages différents. (RC)

Le pinot noir, qui prospère à Écueil, est seul à l'œuvre dans cette cuvée aux arômes gourmands de pêche, de brugnon et de frangipane, qui allie rondeur et longueur. Un champagne flatteur, pour l'apéritif comme pour la table. ⧗ 2020-2023 ● **1er cru Zéro Dosage ★ (30 à 50 €; 2000 b.)** Né de pinot noir majoritaire (80 %) et de chardonnay, un brut nature aux arômes évolués (fruits blancs confits, fruits jaunes, notes toastées) et à la bouche structurée, à la fois ronde et fraîche, de bonne longueur. Du caractère. ⧗ 2020-2023

CHAMPAGNE CHARLES DEBELLOY, 3, Grande-Rue, 51500 Écueil, tél. 06 84 98 87 94, champagnecharlesdebelloy@orange.fr V r.-v.

DEGUERNE ET FILS La Divine ★

● 1er cru | 2340 | | 15 à 20 €

Sophie Lauwers-Deguerne est à la tête depuis 2007 du domaine familial créé en 1947. Elle exploite 4,6 ha de vignes autour d'Écueil, village de la Montagne de Reims situé à deux pas de la cité des Sacres.

Pinot noir et chardonnay de la vendange 2015 sont assemblés à parts égales dans ce brut subtilement floral au nez comme en bouche. Un champagne précis, vif, élégant et long, qui sera parfait à l'apéritif tout en s'alliant avec viandes blanches et produits de la mer. ⧗ 2020-2023

CHAMPAGNE H. DEGUERNE ET FILS, 18, rue Saint-Vincent, 51500 Écueil, tél. 03 26 49 86 99, contact@champagne-deguerne.fr V r.-v.

DANIEL DEHEURLES ET FILLES Prestige ★★

● | 19000 | | 15 à 20 €

Établie dans la Côte des Bar, la famille Deheurles a vendu son raisin au kilo jusqu'en 1990, puis s'est lancée dans la manipulation, tout en agrandissant peu à peu son domaine (6,1 ha aujourd'hui). Daniel Deheurles, qui a commercialisé ses premières bouteilles en 1993, travaille désormais avec sa fille Émilie, qui élabore les cuvées. (NM)

Issue de chardonnay majoritaire (60 %) et de pinot noir, cette cuvée s'est placée sur les rangs pour un coup de cœur. Cette version marie la vendange 2017 et des vins de l'année antérieure. Les dégustateurs saluent son fruité intense, gourmand et frais, entre pomme verte, poire, pêche et agrumes, que l'on retrouve dans une bouche structurée, tonique et persistante. Pour l'apéritif comme pour la table. ⧗ 2020-2023 ● **Grande Cuvée ★ (15 à 20 €; 12000 b.)** Privilégiant le pinot noir (70 %), allié au chardonnay et au pinot blanc (10 %), un brut généreux, à l'expression gourmande et mûre (fruits jaunes, pain grillé), allégé par une pointe acidulée en finale. ⧗ 2020-2023 ● **Extra-brut Blanc de blancs Élixir 2015 ★ (20 à 30 €; 1080 b.)** Bien construit et patiné, il porte la marque d'une vinification sous bois et d'une belle évolution dans ses arômes de tarte aux abricots, de fleurs séchées, de miel et, en bouche, de noisette grillée et de cacao. Du caractère. ⧗ 2020-2023

CHAMPAGNE DANIEL DEHEURLES ET FILLES, 1, rue de l'École, 10110 Celles-sur-Ource, tél. 03 25 38 57 64, contact@champagne-daniel-deheurles.com V *t.l.j. sf sam. dim. 8h-12h 13h30-17h30* A

MARCEL DEHEURLES ET FILS Blanc de blancs Opale et Sens ★★

● | 1480 | | 20 à 30 €

Créé en 1970 dans l'Aube, au cœur de la Côte des Bar, ce domaine s'est lancé dans la manipulation au cours de la décennie suivante. Installé en 2006, Benoît Deheurles exploite 7,5 ha répartis sur 5 communes. Outre le chardonnay et le pinot noir, il cultive le pinot blanc, présent dans l'Aube. (RM)

Du chardonnay des récoltes 2015 et 2014, élevé pour 20 % en fût. Cet apport du chêne confère au nez de la complexité, des arômes boisés, beurrés, pâtissiers et torréfiés qui accompagnent en bouche des notes de fruits frais et compotés. Un champagne intense, équilibré et persistant. ⧗ 2020-2023

CHAMPAGNE BENOÎT DEHEURLES, 3, rue de l'École, 10110 Celles-sur-Ource, tél. 03 25 38 55 06, contact@champagne-deheurles.fr V r.-v. A

♥ LOUIS DÉHU Blanc de blancs Léa ★★

● | 4000 | | 20 à 30 €

Conduit depuis 2011 par Thierry Niziolek, ce domaine familial implanté à Venteuil, sur la rive droite de la Marne, compte 11 ha répartis sur plusieurs communes des environs. (RM)

Vinifiée en fût avec bâtonnage, cette cuvée de chardonnay a fait l'unanimité pour son élevage sous bois élégant. Intense, fine et complexe au nez, elle mêle la pêche, la poire cuite, les agrumes confits à une fraîcheur végétale et à une touche vanillée. Allié à un fruité acidulé rappelant l'ananas, ce boisé épicé s'affirme dans une bouche puissante, dynamique et longue. Pour une table de fête. ⧗ 2020-2024 ● **★ (15 à 20 €; 5000 b.)** Saumon tuilé, ce rosé intense et puissant, né de pur pinot noir, assemble du vin blanc et du vin rouge élevé en fût. Il en tire une certaine complexité, un boisé vanillé qui souligne sa palette de fruits rouges. ⧗ 2020-2022

CHAMPAGNE LOUIS DÉHU, 10, bd Saint-Michel, 51480 Venteuil, tél. 03 26 57 64 95, dehu-isabelle@wanadoo.fr V r.-v.

DÉHU PÈRE ET FILS Tradition ★★

● | 40000 | | 15 à 20 €

Installé en 2000 en amont de Château-Thierry, dans l'Aisne, Benoît Déhu perpétue une tradition vigneronne remontant à la fin du XVIIIe s. Récoltant-coopérateur, il confie ses raisins à la Covama, tout en commençant à élaborer des cuvées parcellaires. Il convertit certaines vignes à la bio. Cépage roi du secteur, le pinot meunier est très présent dans ses cuvées. (RC)

Ce sont surtout les pinots (meunier 75 %, pinot noir 10 %) qui concourent à cette cuvée de grande qualité, élaborée par la coopérative. Un champagne d'abord discret, qui s'ouvre à l'aération sur d'élégantes notes de fleurs blanches et de poire avant de dévoiler un palais bien fruité et très persistant, alliant rondeur et fraîcheur. «De la subtilité et du charme.» ⧗ 2020-2023

CHAMPAGNE DÉHU PÈRE ET FILS, 3, rue Saint-Georges, 02650 Fossoy, tél. 03 23 71 90 47, contact@champagne-dehu.com V r.-v.

MAURICE DELABAYE ET FILS Intense ★

● 1er cru | 10000 | | 15 à 20 €

Victor Delabaye fonde l'exploitation en 1921 à Cumières, non loin d'Épernay; Maurice devient récoltant-manipulant dans cette commune et lance sa marque en 1959. Germain, qui lui a succédé en 2001, est épaulé par son fils Victor depuis 2014. Il exploite environ 10 ha autour d'Aÿ, grand cru, et de Cumières, Hautvillers et Dizy, 1ers crus. (RM)

Aussi réussi que l'an dernier, ce brut met en œuvre 60 % de pinot noir, 30 % de meunier et 10 % de chardonnay, et reçoit l'appoint de vin rouge élevé en fût. Très coloré, il offre au nez un panier de groseilles et de mûres, petits fruits qui s'épanouissent dans une bouche gourmande, puissante et longue. ⧗ 2020-2023

CHAMPAGNE MAURICE DELABAYE ET FILS, 16, rue Anatole-France, 51480 Damery, tél. 03 26 51 94 91, champagne-delabaye@outlook.com V r.-v.

V. DELAGARDE Tradition ★

● | 25000 | | 20 à 30 €

De vieille souche vigneronne, Valérie Delozanne et Vincent Delagarde ont repris en 2000 les vignes de leurs parents respectifs : 8 ha à dominante de meunier, cépage très cultivé dans le secteur des monts de Reims et dans la vallée de l'Ardre. Deux étiquettes : V. Delagarde et Yves Delozanne. (RM)

Ce brut sans année fait la part belle aux raisins noirs (90 %, meunier pour l'essentiel) qui lui lèguent une robe or jaune, un nez floral et fruité (pêche blanche, melon, fruits confits) et une bouche riche, gourmande, de belle longueur, vivifiée par une finale nerveuse, un rien saline. ⧗ 2020-2023

CHAMPAGNE DELAGARDE-DELOZANNE, 67, rue de Savigny, 51170 Serzy-et-Prin, tél. 03 26 97 40 18, contact@champagne-delagarde-delozanne.fr V r.-v.

DELAMOTTE Blanc de blancs 2012 ★★

● | 80000 | | 50 à 75 €

L'une des plus anciennes maisons de Champagne, née en 1760. Elle a conservé le nom de son fondateur, conseiller échevin de Reims marié à une riche propriétaire de vignes à Aÿ. Depuis 1988, elle est rattachée au groupe Laurent-Perrier. Société sœur du mythique Salon, elle est établie au Mesnil-sur-Oger, au cœur de la Côte des Blancs, et le chardonnay est très présent dans ses cuvées. (NM)

Un 2012 de très belle facture, qui succède à un 2008 de haut vol. La robe est finement dorée, la bulle légère et élégante. Au nez, des notes briochées et fumées s'associent aux fruits secs, aux agrumes (citron notamment) et aux fleurs blanches. La bouche est un modèle d'équilibre entre une texture délicate, soyeuse, tendre et une fraîcheur nette et minérale, qui amène de la droiture et de la longueur. ⧗ 2020-2030 ● **Blanc de blancs ★★ (30 à 50 €; 263000 b.)** Né de vieilles vignes et resté 4 à 5 ans sur lattes, le blanc de blancs sans année de Delamotte dévoile un nez complexe, mêlant fruits blancs et notes de miel et de cire d'abeille typées des vins de chardonnay patinés. Cette palette évoluée, d'une rare complexité, se déploie dans une bouche ample et longue. De «style grande maison», selon un dégustateur, ce champagne tiendra sa place à table, sur des poissons nobles, des crustacés ou des viandes blanches. ⧗ 2020-2023

CHAMPAGNE DELAMOTTE, 7, rue de la Brèche-d'Oger, 51190 Le Mesnil-sur-Oger, tél. 03 26 57 51 65, champagne@salondelamotte.com

DELAUNOIS-CHANEZ Sublime ★★

● 1er cru | 10158 | | 15 à 20 €

Constitué dans les années 1920, un domaine familial implanté à Rilly-la-Montagne, village classé en 1er cru situé sur le flanc nord de la Montagne de Reims, non

loin de la cité des Sacres. Installée en 2017, Élodie Chanez cultive 3,8 ha et élabore les cuvées. (RM)

Ce brut sans année assemble 2/3 de pinots (pinot noir 40 %, meunier 25 %) et 1/3 de chardonnay. Il mêle au nez des senteurs fraîches de fruits blancs et des nuances plus mûres de pâte de coings, de kirsch et de frangipane. À la fois rond et tendu, acidulé et poivré en finale, il séduit par son équilibre. ⧗ 2020-2023

CHAMPAGNE DELAUNOIS-CHANEZ, 17, rue Roger-Salengro, 51500 Rilly-la-Montagne, tél. 03 26 03 42 87, contact@champagne-delaunois-chanez.fr V r.-v.; f. août

DELFOUR ★

	20000		11 à 15 €

Fondée en 1847, cette structure familiale est présente depuis 5 générations dans la Côte des Bar (Aube) et élabore ses champagnes depuis le début du XXᵉs. Elle a son siège à Baroville, le plus gros village viticole de la région de Bar-sur-Aube, et dispose de 18 ha en propre. Maison certifiée Haute valeur environnementale. (NM)

Né de pur pinot noir, un rosé coloré, au nez intense de petits fruits des bois. Consistant et frais au palais, il dévoile des arômes persistants de cerise. Il pourra accompagner saumon et viandes blanches. ⧗ 2020-2023

CHAMPAGNE PHILIPPE FOURRIER, 39, rue de Bar-sur-Aube, 10200 Baroville, tél. 03 25 27 13 44, contact@champagne-fourrier.fr V t.l.j. sf dim. 9h-12h 13h30-17h30

DELOUVIN-BAGNOST Cuvée Tradition ★

	20000		11 à 15 €

Une famille enracinée à Vandières (vallée de la Marne) depuis le XVIIᵉs., qui commercialise son vin depuis les années 1930. La marque est née en 1975 du mariage des parents de Jérôme Delouvin, installé en 2005. Ses quelque 10 ha de vignes font la part belle au meunier. (RM)

Une nouvelle version de ce brut sans année, née des vendanges 2013 et 2012. Le meunier (70 %, avec le pinot noir et le chardonnay en complément) donne le ton de ce champagne or jaune, vineux, de bonne longueur, aux arômes fruités et évolués de prune et de pomme compotée. ⧗ 2020-2023

CHAMPAGNE DELOUVIN-BAGNOST, 20, rue Bailly, 51700 Vandières, tél. 06 75 20 82 26, champagne.delouvin-bagnost@orange.fr V r.-v.

DELOUVIN NOWACK Carte Rubis ★

	4000		20 à 30 €

Si la marque Delouvin-Nowack est née en 1949 du mariage des parents de l'actuel récoltant, les Delouvin, vignerons ou tonneliers, sont établis à Vandières depuis le XVIIᵉs. et élaborent leurs champagnes depuis 1930. Installé en 1976, Bertrand Delouvin a transmis à Geoffrey 7 ha de vignes dans la vallée de la Marne. Les champagnes de la propriété ne font pas leur fermentation malolactique. (RM)

Rosé de noirs issu de meunier majoritaire, il tire de l'apport de vin rouge sa délicate teinte rose tuilé. Puissant, complexe et évolué au nez, il mêle la brioche et les fruits mûrs. Le fruit rouge s'affirme aux côtés de la viennoiserie dans une bouche équilibrée et fraîche, de bonne longueur, un rien amère en finale. ⧗ 2020-2022

CHAMPAGNE DELOUVIN NOWACK, 29, rue Principale, 51700 Vandières, tél. 03 26 58 02 70, info@champagne-delouvin-nowack.com V r.-v.

DEMILLY DE BAERE Blanc de noirs ★

	10000		20 à 30 €

Gérard Demilly appartient à une famille établie à Bligny (Côte des Bar) depuis le XVIIᵉs. En 1978, il étudie la viticulture et achète avec son épouse Françoise un vignoble (8 ha aujourd'hui) dont le siège occupe une ancienne verrerie du XVIIIᵉs. Après avoir fait ses classes en Australie et en Californie, leur fils Vincent, œnologue, les a rejoints. Autre étiquette : Madame de Sainte-Maure. (NM)

Né des 2 pinots, ce blanc de noirs séduit par la subtilité de son nez aux nuances de tilleul et de pomme compotée et par son palais justement dosé, où l'on retrouve la belle présence des raisins noirs. La finale agréable laisse une impression d'élégance. ⧗ 2020-2023 ● **Fauchon La Grande Histoire ★ (20 à 30 €; 15000 b.)** Élaborée par Demilly de Baere pour le célèbre épicier de luxe, cette cuvée met en œuvre pinot noir, meunier et chardonnay, auxquels s'ajoute le pinot blanc. Ses arômes flatteurs d'acacia et de pêche blanche se prolongent dans une bouche équilibrée, à la fois ronde et fraîche. ⧗ 2020-2023

CHAMPAGNE DEMILLY DE BAERE, Dom. de la Verrerie, 1, rue du Château, 10200 Bligny, tél. 03 25 27 44 81, champagne-demilly@wanadoo.fr V r.-v.

E. DÉSAUTEZ ET FILS Grande Cuvée Saint-Nicolas ★

	2500		15 à 20 €

Fondé en 1905 par Émile Désautez, ce domaine est géré depuis 1975 par sa petite-fille et son gendre Patrick Deibener, qui a construit une nouvelle cave et développé l'élaboration du champagne. Il dispose de près de 4 ha dans les grands crus voisins de la Montagne de Reims : Verzenay, Verzy et Mailly-Champagne. (RM)

Complété par le chardonnay, le pinot noir joue les premiers rôles (65 %) dans ce brut sans année aux arômes de fruits mûrs et de pain, vineux et rond, de bonne longueur, tendu par un trait de fraîcheur acidulée. ⧗ 2020-2023 ● **Gd cru Tradition ★ (15 à 20 €; 23000 b.)** Né de pinot noir majoritaire (75 %), complété par le chardonnay, un brut au nez de fruits blancs et à la bouche équilibrée, aux arômes gourmands de fruits compotés, de fruits confits et de figue. ⧗ 2020-2023

CHAMPAGNE DÉSAUTEZ ET FILS, 22, rue de Mailly, 51360 Verzenay, tél. 03 26 49 40 59, desautezetfils@orange.fr V r.-v.

A. DESMOULINS ET CIE Grande Cuvée du Centenaire ★

	5000		20 à 30 €

Fondée en 1908, cette maison de négoce sise à Épernay est gérée par Jean et Virginie Bouloré,

petit-fils et arrière-petite-fille d'Albert Desmoulins. (NM)
Issue de chardonnay majoritaire (80 %, avec le meunier en complément), ce brut sans année séduit par son expression complexe, florale, minérale, avec des touches d'amande et des nuances beurrées et briochées. On retrouve la complexité du nez dans une bouche harmonieuse, dosée avec justesse, qui finit sur des notes toniques d'agrumes. ⧗ 2020-2024

⊶ CHAMPAGNE A. DESMOULINS ET CIE, 44, av. du Mal-Foch, 51200 Épernay, tél. 03 26 54 24 24, champagne.desmoulins@orange.fr V r.-v.

PAUL DÉTHUNE ★

● Gd cru | 22000 | | 30 à 50 €

Lignée remontant à 1610, propriété constituée en 1840. Des caves du XVIIᵉs. et 7 ha autour d'Ambonnay, grand cru de noirs de la Montagne de Reims. Vignoble conduit depuis 1995 par Pierre et Sophie Déthune, qui élèvent une partie de leurs vins en barrique champenoise et en foudre de chêne. Domaine certifié Haute valeur environnementale. (RM)
Cette cuvée charme par l'élégance de son nez mêlant les fruits jaunes – la pêche, la mirabelle – à des notes de confiserie. En bouche, elle conjugue ampleur et une belle fraîcheur, qui souligne ses arômes de pamplemousse, de citron et de fruits exotiques. ⧗ 2020-2023

⊶ CHAMPAGNE PAUL DÉTHUNE, 2, rue du Moulin, 51150 Ambonnay, tél. 03 26 57 01 88, info@champagne-dethune.com V r.-v.

♥ DEUTZ La Côte Glacière Hommage à William Deutz 2012 ★★★

● | 6000 | | 75 à 100 €

Originaires d'Aix-la-Chapelle, William Deutz et Pierre-Hubert Geldermann, négociants en vins, ont fondé en 1838 cette prestigieuse maison. Longtemps demeurée familiale, la société est entrée en 1993 dans le groupe Roederer. Réputée pour ses assemblages minutieux (30 à 40 crus différents pour son brut Classic), elle s'approvisionne dans un rayon restreint de 30 km autour du grand cru Aÿ, dans la Grande Vallée de la Marne. Michel Davesne est le chef de cave. (NM)
En hommage au fondateur, une nouvelle cuvée parcellaire d'un grand millésime, née du terroir éponyme, situé à Aÿ, et du seul pinot noir. Un blanc de noirs donc, d'une grande présence, ouvert au nez sur des arômes intenses de fruits confits, de tarte aux quetsches, de croissant bien beurré. Un profil généreux et gourmand que l'on retrouve dans une bouche ample, riche, onctueuse, profonde, mais aussi d'une élégance sans faille, soulignée par une fine acidité qui lui confère longueur et raffinement. Un champagne de caractère et de gastronomie, alliant puissance et finesse. ⧗ 2022-2030 ● **Meurtet Hommage à William Deutz 2012 ★★ (75 à 100 €; 6000 b.)** Le champagne millésimé 2012 Hommage à William Deutz se décline en deux cuvées parcellaires de pur pinot noir d'Aÿ. D'une très belle tenue, celle-ci, issue du lieu-dit Meurtet, affiche une robe typée « blanc de noirs », jaune doré aux reflets orangés. Elle dévoile un nez plein de vivacité juvénile et une bouche dynamique à souhait, gorgée de fruits acidulés comme la groseille. Du potentiel. ⧗ 2020-2030 ● **Brut Classic ★★ (30 à 50 €; 2100000 b.)** Un brut assemblant une mosaïque de crus et les 3 cépages champenois par tiers. D'un seyant doré à l'œil, il présente un nez fort plaisant de mirabelle et de fruits blancs. La bouche offre du gras, de la rondeur, de la mâche, et s'achève sur une belle fraîcheur citronnée. ⧗ 2020-2024

⊶ CHAMPAGNE DEUTZ (AŸ), 16, rue Jeanson, 51160 Aÿ, tél. 03 26 56 94 00, france@champagne-deutz.fr V r.-v.

DEVAUX Extra-brut Ultra D ★★

● | 15000 | | 30 à 50 €

Les frères Jules et Auguste Devaux fondent en 1846 une maison de champagne qui a pignon sur rue à Épernay et que la dernière génération, sans héritier, cède en 1987 à l'Union auboise, importante coopérative créée en 1967. Sous la marque Veuve Devaux (ou Devaux), la cave « habille » son haut de gamme, des champagnes vieillis au moins 3 ans. (CM)
Pinot noir (55 %) et chardonnay sont pratiquement à parité dans ce champagne très peu dosé et vieilli 5 ans sur ses lies. Une petite part des vins a fermenté en fût et la majorité des vins de réserve séjournent en foudre. Dans le verre, un champagne or pâle qui s'ouvre sur la fraîcheur des fleurs blanches, puis sur un boisé complexe aux nuances de vanille et de noisette. On retrouve un léger boisé avec des notes de pierre à fusil dans un palais harmonieux à la finale élégante, tendue et longue. Un champagne adapté au repas. ⧗ 2020-2023 ● **D ★ (50 à 75 €; 15000 b.)** Un rosé d'assemblage mi-pinot noir mi-chardonnay, resté 5 ans en cave. Une robe tuilée pastel, un nez beurré et frais, une bouche ronde en attaque, vive et longue, qui laisse une impression de légèreté. ⧗ 2020-2023

⊶ CHAMPAGNE VEUVE A. DEVAUX, hameau de Villeneuve, 10110 Bar-sur-Seine, tél. 03 25 38 30 65, elodiechevriot@champagne-devaux.fr V *t.l.j. sf dim. 10h-18h; f. fév.*

PASCAL DEVILLIERS Tradition ★

● 1ᵉʳ cru | n.c. | | 15 à 20 €

Implantée à Ville-Dommange, joli village de la Petite Montagne de Reims, avec vue sur la cité des Sacres, cette petite exploitation familiale (moins de 2 ha) est conduite depuis 1993 par Florence et Pascal Devilliers, qui représentent la 3ᵉ génération. Le vignoble s'étend sur des coteaux en 1ᵉʳ cru. (RM)
Les 3 cépages champenois (70 % de noirs) contribuent à cette cuvée construite sur la vendange 2015 et sur la précédente. Un champagne rond, crémeux et équilibré, à la palette évoluée et complexe évoquant la pomme très mûre et les fruits compotés. ⧗ 2020-2023

⊶ PASCAL DEVILLIERS, 8, rue de Saint-Lié, 51390 Villedommange, tél. 03 26 49 26 08, contact@champagne-devilliers.com V r.-v.

DIDIER-DUCOS L'Ablutien ★

● | 25 471 | | 15 à 20 €

Un domaine fondé en 1950 par Adrien Didier et Yvonne Ducos, conduit depuis 2001 par leur petit-fils Nicolas Didier et son épouse Clothilde. Le vignoble couvre 8 ha sur les coteaux d'Épernay. Propriété certifiée Haute valeur environnementale. (RM)

L'Ablutien? Originaire de Saint-Martin-d'Ablois, où ce domaine a son siège. Le meunier, majoritaire dans ce village, l'est aussi dans ce brut sans année (80 %), les 2 autres cépages champenois faisant l'appoint. Or jaune, un champagne flatteur grâce à son expression assez complexe, entre fruits blancs, groseille et épices, en harmonie avec un palais souple en attaque et acidulé en finale. ⧗ 2020-2023

DIDIER-DUCOS, 9_bis, rue Julien-Ducos, 51530 Saint-Martin-d'Ablois, tél. 03 26 59 93 39, contact@champagnedidierducos.com V r.-v.

ANDRÉ DILIGENT Grand Millésime 2011 ★

● | 5000 | | 20 à 30 €

Héritiers d'une lignée de viticulteurs, Patrick et Joël Diligent sont établis dans la Côte des Bar (Aube). Ils élaborent du champagne depuis les années 1980 et disposent d'une surface de 11 ha sur les coteaux de la Seine. (RM)

Pinot noir (60 %) et chardonnay composent ce brut millésimé or jaune, au nez floral, beurré et brioché. Les fruits exotiques compotés et la torréfaction s'ajoutent à cette palette dans une bouche enrobée, généreusement dosée, mais équilibrée et de bonne longueur. ⧗ 2020-2023 ● **Atticisme ★ (15 à 20 €; 5000 b.)** Du pinot noir majoritaire (60 %) et du chardonnay des années 2012, 2011 et 2010 au service d'un brut équilibré, de bonne longueur, aux arômes puissants et évolués de fruits jaunes compotés, de beurre et de torréfaction, teintés d'une note de ratafia. ⧗ 2020-2023

ANDRÉ DILIGENT, 23, Grande-Rue, 10110 Buxeuil, tél. 03 25 38 51 78, contact@champagne-andre-diligent.com V *t.l.j. sf sam. dim. 9h-12h 14h-17h; f. août*

DISSAUX-BROCHOT Cuvée Vieilles Vignes ★★

● | 5000 | | 15 à 20 €

Exploitation familiale de 5 ha, reprise en 1975 par Jean-Claude Dissaux et son épouse Catherine qui ont quitté la coopérative pour élaborer leurs cuvées. Le vignoble est disséminé sur 4 communes de la vallée de la Marne et sur 2 villages des coteaux sud d'Épernay. (RM)

Un âge vénérable (90 ans) pour les chardonnay (45 %), pinot noir (45 %) et meunier à l'origine de cette cuvée saluée pour son élégance. Le nez frais mêle l'aubépine et la pêche blanche, bien prolongé par une bouche complexe, ample, dynamique et persistante. Un champagne tout en finesse. ⧗ 2020-2024 ● **★ (15 à 20 €; 6800 b.)** Un rosé d'assemblage issu de pur meunier. Robe rose éclatant, nez puissant et vif sur les fruits rouges, bouche à la fois souple et fraîche, assez longue, aux arômes de fraise et de pêche, légèrement nerveuse et amère en finale. ⧗ 2020-2022

JEAN-CLAUDE DISSAUX-BROCHOT, 2, rue des Cannes, 51700 Binson-et-Orquigny, tél. 03 26 58 05 63, dissaux.brochot@wanadoo.fr V r.-v.

DISSAUX VERDOOLAEGHE ET FILS Rosea ★

● | 1000 | | 15 à 20 €

Carine Verdoolaeghe représente la 4e génération sur l'exploitation familiale créée en 1946 sur la rive droite de la Marne. Son vignoble (4,5 ha) lui a été légué par ses grands-parents et par une tante. (RM)

Un rosé d'assemblage qui doit tout au meunier. Un petit apport de vin rouge lui donne sa teinte rose saumon et son fruité, mâtiné de notes beurrées et briochées. Ample et consistant, le palais finit sur une fraîcheur aux accents d'agrumes, qui laisse une impression d'élégance. ⧗ 2020-2022

CHAMPAGNE DISSAUX VERDOOLAEGHE ET FILS, 11, rue du Lubre, 51700 Binson-et-Orquigny, tél. 06 83 68 16 56, earldissaux@orange.fr V r.-v.

PIERRE DOMI
Cuvée Memory Empreinte de meunier ★

● | 2500 | | 15 à 20 €

Créée en 1947, cette exploitation familiale, conduite depuis 1995 par Stéphane et Thierry Lutz, les petits-fils de Pierre Domi, a son siège à Grauves, village surplombé par des falaises, à l'ouest de la Côte des Blancs. Le vignoble de 8,5 ha s'éparpille sur les coteaux sud d'Épernay. Ici, on pratique encore le remuage sur pupitres et le dégorgement à la volée. (RM)

La robe or animée de bulles fines et alertes montre de légers reflets rosés. Le nez monte en puissance à l'aération, mêlant des notes fraîches de poire à des nuances d'amande, de croissant, de beurre et d'abricot sec. On retrouve la poire dans une bouche structurée et longue, bien équilibrée entre rondeur et tension, un rien amère en finale. Un champagne précis et consistant, adapté au repas. ⧗ 2020-2023

CHAMPAGNE PIERRE DOMI, 10, rue Bruyère, 51190 Grauves, tél. 03 26 59 71 03, contact@champagne-domi.com V r.-v.

DOM PÉRIGNON Vintage 2010 ★★

● | n.c. | | + de 100 €

Le champagne de prestige par excellence, nommé en hommage au «père du champagne». Chargé du vignoble et de la cave de l'abbaye de Hautvillers, dom Pérignon, à qui la tradition attribue l'invention de la méthode champenoise, montra cette maîtrise de l'art de l'assemblage qui fait les grandes cuvées. Après 28 ans dans la maison et 15 millésimes, son lointain successeur, le Vertusien Richard Geoffroy, a passé la main en 2019 à Vincent Chaperon, qui travaillait à ses côtés depuis 13 ans. La composition du Dom Pérignon reste secrète et chaque millésime est une création. Tout au plus sait-on qu'il met en œuvre du chardonnay et du pinot noir des grands crus de la Côte des Blancs et de la Montagne de Reims, ainsi que de Hautvillers, en souvenir de dom Pérignon. (NM)

Voici un Dom Pérignon 2010, millésime frais, de modeste réputation… Un exploit, comme pour le 1993, autre année délicate que la maison n'a pas hésité à millésimer. Le chardonnay (54 %) l'emporte d'une courte tête sur le pinot noir. La robe très pâle, or vert, est parcourue de bulles fines et persistantes. Le nez s'ouvre sur des notes minérales de pierre à fusil et sur des nuances empyreumatiques et épicées (poivre blanc, muscade), avec des touches de sous-bois. Ciselée, tendue, énergique, saline, de belle longueur, la bouche exprime beaucoup de force, malgré un dosage perceptible en finale. De la personnalité et de la complexité. ⧗ 2020-2023 ● **2006 ★★ (+ de 100 €; n.c.)** Le pinot noir constitue 65 % de ce rosé, assemblé au chardonnay. Dans le verre, une robe saumon aux reflets dorés, parcourue d'un cordon de bulles fines et dynamiques, et un nez salué pour sa complexité : de la groseille, de l'airelle, une touche mentholée et de multiples nuances d'évolution (orange confite, fruits secs, notes empyreumatiques, toastées). Cette palette confite s'enrichit encore de pâte d'amandes, de beurre, de sous-bois dans une bouche structurée et persistante, à la finale ample, sur la noisette grillée. Un rosé de repas. ⧗ 2020-2023

⊶ DOM PÉRIGNON, 9, av. de Champagne, 51200 Épernay, tél. 03 26 51 20 20, idesmonstiers@moethennessy.com

♥ DOM RUINART 2007 ★★★

● | n.c. | 🍾 | + de 100 €

La doyenne des maisons de champagne. On pourrait la classer monument historique, comme le sont ses caves creusées dans la craie pendant la période gallo-romaine, inscrites depuis 2015 au patrimoine mondial de l'Unesco. Le fondateur de l'affaire, Nicolas Ruinart, ajouta le négoce en vin en 1729 à son activité de marchand drapier – une autre industrie florissante dans la région à l'époque, bientôt abandonnée. La société est restée familiale jusqu'à son absorption par Moët et Chandon en 1963. Son champagne de prestige tire son nom du moine dom Ruinart, érudit contemporain de dom Pérignon. Au cœur des cuvées Ruinart depuis 1947, le chardonnay, pour un style privilégiant la fraîcheur. (NM)

Le rosé de la cuvée de prestige de Ruinart privilégie (lui aussi) le chardonnay (80 %, issu de 4 grands crus de la Côte des Blancs, ainsi que de Verzenay et de Sillery), complété par du pinot noir d'Aÿ. De couleur pastel aux reflets ambrés, il dévoile après aération un nez complexe, élégant, évolué et fondu, très grillé et brioché, avec du fruit jaune. L'orange confite, la mirabelle et les épices s'invitent dans un palais à la fois puissant et fin, à la finale minérale d'une rare longueur : une réelle séduction. Le 4e coup de cœur consécutif pour la maison et le 3e pour un 2007, «millésime sous-évalué», selon Frédéric Panaiotis, devenu chef de cave cette année-là. ⧗ 2020-2025 ● **R de Ruinart 2011 ★ (50 à 75 €; n.c.)** Un assemblage de chardonnay (51 %) et de pinot noir (49 %) issus de grands et 1ers crus de la Côte des Blancs et de la Montagne de Reims. La robe est délicate, légère, couleur or pâle et animée de bulles très fines. Le nez présente une belle complexité autour d'arômes toastés, floraux (acacia, tilleul) et fruités (fruits jaunes, notes exotiques). On retrouve en bouche la légèreté perçue à l'œil, de la fraîcheur aussi, du fruit, un côté minéral et épicé. Un 2011 au profil plus aérien que puissant.

⊶ CHAMPAGNE RUINART, 4, rue des Crayères, 51100 Reims, tél. 03 26 77 51 51, aaubry@ruinart.com
V r.-v.

G. DORÉ Blanc de blancs Vieilles Vignes ★

● 1er cru | 4 000 | 🍾 | 20 à 30 €

Sous Louis XV, les Monmarthe étaient déjà propriétaires de vignes. En 1930, Ernest élabore les premières bouteilles de champagne. Son arrière-petit-fils, Jean-Guy Monmarthe, s'installe en 1989 à la tête du domaine (17 ha), pour l'essentiel situé dans la Montagne de Reims). En 2014, il prend la succession de Gérard Doré (propriété de 4 ha fondée en 1928 à Ludes), dont il conserve la marque. (RM)

Ce blanc de blancs de la Montagne de Reims met en œuvre la récolte 2014 et les deux années précédentes. Au nez, il associe les fleurs et les fruits frais à des notes plus mûres, confites. Ces nuances d'évolution s'affirment dans une bouche de belle tenue, qui a gardé sa fraîcheur. ⧗ 2020-2023

⊶ CHAMPAGNE G. DORÉ, 32, rue Victor-Hugo, 51500 Ludes, tél. 03 26 61 10 04, champagne.dore@orange.fr V *r.-v.* *⊶ SCEV Monmarthe-Dorée*

DOURDON-VIEILLARD Vieilles Vignes 2012 ★

● | 4 000 | 🍾 | 30 à 50 €

Héritière d'une lignée de vignerons établie depuis 1812 à Reuil, sur la rive droite de la Marne, Fabienne Dourdon, après 10 ans dans le marketing, a pris la relève en 2006 sur ce domaine qui commercialise son vin depuis 1958 et compte près de 10 ha. Exploitation certifiée Haute valeur environnementale. (RM)

Une cuvée marquée par les raisins noirs, favorisés par ce millésime marquant le 200e anniversaire de la fondation du domaine. D'un jaune doré, elle s'ouvre sur la brioche, les fruits secs et confits. Cette palette évoluée se retrouve en bouche, dans une matière souple, onctueuse et suave, tonifiée en finale par une légère pointe d'amertume. Un champagne de repas. ⧗ 2020-2022

⊶ CHAMPAGNE DOURDON-VIEILLARD, 8, rue des Vignes, 51480 Reuil, tél. 03 26 58 06 38, fabienne@champagne-dourdon-vieillard.fr
V *r.-v.*

DOYARD-MAHÉ ★

● 1er cru | 8 000 | 🍾 | 20 à 30 €

Créé en 1927 par Maurice Doyard, cofondateur du Comité interprofessionnel du vin de Champagne, ce domaine de près de 6 ha situé à Vertus, dans la Côte des Blancs, a été géré entre 1988 et 2015 par Philippe Doyard, l'un de ses petits-fils. Sa fille Carole, qui l'avait rejoint en 2005, est maintenant aux commandes et s'inspire de la bio dans la conduite de son vignoble. Le chardonnay est à la base des cuvées de la propriété. (RM)

Dans certains villages de la Côte des Blancs, on aurait du mal à trouver un rang de pinot. Vers le sud, à Vertus, le pinot noir se fait une petite place (5 % des vignes du domaine). De quoi élaborer le vin rouge (12 %) qui donne à ce rosé sa couleur pimpante et soutenue et ses arômes gourmands et persistants de fruits rouges. Le chardonnay (88 %) lui lègue sa fraîcheur croquante qui laisse une impression de légèreté. ⧗ 2020-2023

CHAMPAGNE DOYARD-MAHÉ, 28, chem. des Sept-Moulins, Moulin d'Argensole, Vertus, 51130 Blancs-Coteaux, tél. 03 26 52 23 85, champagne.doyard-mahe@wanadoo.fr V r.-v.

DRAPPIER Grande Sendrée 2010 ★★

●	n.c.		75 à 100 €

Une maison auboise de renom fondée en 1808. Son actuel propriétaire, Michel Drappier, rejoint par ses enfants Charline, Hugo et Antoine, conduit un vignoble de 60 ha (dont 1/3 en bio) aux environs de Bar-sur-Aube, mais il s'approvisionne aussi dans d'autres secteurs auprès de viticulteurs. À la cave, les sulfitages et les dosages sont mesurés. Les bouteilles de prestige, notamment les grands formats, vieillissent dans les vénérables caves creusées en 1152 par les moines de la proche abbaye de Clairvaux, les autres reposant à Reims dans des caves aménagées dans d'anciennes crayères. (NM)

Les millésimés 2010 apparaissent moins nombreux que les 2008 et 2009. Surtout les cuvées riches en raisins noirs. Celle-ci, version «rosé» de la cuvée de prestige de la marque, issue d'une seule parcelle, doit presque tout au pinot noir (92 %, macéré 3 jours). L'élevage se déroule en foudre pour 35 % de la cuvée et le vin est dosé en extra-brut avec de la liqueur élevée sous bois. Un champagne saumon pâle au nez vineux et complexe, entre fruits rouges écrasés et notes boisées (pain grillé, amande). Tout aussi complexe en bouche, structuré, il séduit par sa texture ronde et crémeuse, équilibrée par une finale vive, longue et fruitée. Du corps et de la finesse. ⧗ 2020-2023 ● **Extra-brut Clarevallis ★★ (30 à 50 €; n.c.)** Ⓑ Une cuvée bio issue de 4 cépages (avec 75 % de pinot noir et un soupçon de pinot blanc). Complexe et fraîche dans son expression (acacia, tilleul, poire, pêche, bergamote, citron confit, pamplemousse en finale...), d'une grande longueur, elle conjugue ampleur, puissance, dynamisme et finesse. ⧗ 2020-2025 ● **Carte d'or ★ (30 à 50 €; n.c.)** Dominé par les noirs (85 %, pinot noir surtout), le brut sans année de la maison est complexe (fleurs blanches, fruits jaunes bien mûrs, touche d'agrumes), structuré, élégant et long. ⧗ 2020-2023

CHAMPAGNE DRAPPIER, 14, rue des Vignes, 10200 Urville, tél. 03 25 27 40 15, info@champagne-drappier.com V r.-v.

EMMANUEL DRAVIGNY Carminat ★

● 1er cru	500		15 à 20 €

Issu d'une famille de vignerons, Emmanuel Dravigny a repris un petit domaine (moins de 2 ha) implanté à Vrigny, dans la Petite Montagne de Reims, à l'ouest de la cité des Sacres. En 2015, il a lancé son champagne. Le terroir argilo-sableux favorise le meunier, cépage au cœur de ses cuvées. (RC)

Confidentiel, ce rosé d'assemblage marie les 3 cépages champenois, noirs en tête (88 %, meunier surtout). Il montre des reflets orangés et offre une expression évoluée gourmande (fleurs séchées, cacao et, en bouche, clafoutis). Son ampleur est contrebalancée par une belle tension. ⧗ 2020-2022

CHAMPAGNE EMMANUEL DRAVIGNY, 1, rue du Moulin-Grignon, 51390 Vrigny, tél. 06 74 38 69 68, contact@dravigny.fr V r.-v.

DRIANT-VALENTIN L'Excellence 2008 ★

●	34 000		20 à 30 €

Grauves se niche dans un vallon voisin de la Côte des Blancs ceinturé de coteaux pentus couronnés de bois. Émile Driant a fondé le domaine viticole en 1920. Installé en 2005, son arrière-petit-fils David cultive 8 ha de vignes aux environs, ainsi qu'à Aÿ, et développe l'accueil. En 2018, il a aménagé une nouvelle cuverie qui lui permet d'élargir sa gamme. (RM)

Cette cuvée d'un millésime coté met en avant le chardonnay (80 %), complété par le pinot noir. Sa palette aromatique mûre, suave et fruitée associe les fruits jaunes et le miel, en harmonie avec une bouche gourmande, un peu ronde. Un heureux caractère. ⧗ 2020-2023

CHAMPAGNE DRIANT-VALENTIN, 4, imp. de la Ferme, 51190 Grauves, tél. 03 26 59 72 26, contact@champagne-driant-valentin.com V r.-v.

HERVÉ DUBOIS Blanc de blancs Réserve ★

● Gd cru	8 000		15 à 20 €

Transporteur de vins, Paul Dubois achète en 1920 des terres à Avize pour y semer du fourrage. Après 1930, il devient cultivateur et vigneron; son fils Jean spécialise l'exploitation et son petit-fils Hervé lance son champagne en 1981. Avec Nina, la 4e génération se prépare à prendre la relève. Le domaine dispose de 7 ha, dont 4,5 ha sur la Côte des Blancs. (RM)

Cette cuvée met en œuvre du chardonnay des grands crus Avize, Oger et Cramant; elle marie la récolte 2015 à 30 % de vins tirés d'une réserve perpétuelle. Minérale au nez, elle s'ouvre sur des notes beurrées et des nuances d'agrumes confits qui se prolongent dans une bouche tendue et épicée. ⧗ 2020-2024

HERVÉ DUBOIS, 67, rue Ernest-Vallé, 51190 Avize, tél. 03 26 57 52 45, champagne.dubois@gmail.com V r.-v.

FRANÇOIS DUCHÊNE Cuvée Prestige ★

●	2 000		15 à 20 €

Jérôme Duchêne a pris en 2006 les rênes de l'exploitation familiale fondée en 1969. Il élabore ses champagnes à partir d'environ 6 ha de vignes situés autour de Cumières, dans la Grande Vallée de la Marne. (RM)

Construite pour l'essentiel sur l'année 2015, cette cuvée mariant chardonnay majoritaire (70 %) et pinot noir s'ouvre sur les fruits exotiques, le miel, les fruits secs et les épices. Dans le même registre, la bouche se déploie avec générosité et longueur. ⧗ 2020-2023

CHAMPAGNE FRANÇOIS DUCHÊNE, 105, rue des Fontaines, 51480 Cumières, tél. 03 26 51 70 75, duchenefrancois@neuf.fr V t.l.j. 9h-12h 14h-18h

♥ R. DUMONT ET FILS Extra-brut 2010 ★★★

● | 8846 | | 20 à 30 €

Installés dans un petit village des environs de Bar-sur-Aube, les Dumont perpétuent une tradition viticole qui remonte au XVIIIe s. La dernière génération a constitué un coquet vignoble (25 ha) et fait construire un chai moderne inspiré de l'architecture locale avec ses parements de brique. (RM)

Une des propriétés qui redorera le blason du millésime 2010. Frais, tardif, l'année révèle finalement des cuvées brillant par leur fraîcheur comme celle-ci, dans la lignée des 2008 et 2004. Issue d'une sélection parcellaire dans 4 lieux-dits, elle assemble pinot noir (60 %) et chardonnay. Dans le verre, un champagne doré à la bulle persistante et au nez expansif et complexe, entre poire, pêche et notes toastées. Au palais, rondeur, netteté, dynamisme, longueur : l'élégance même. ⧗ 2020-2023

⊶ R. DUMONT ET FILS, 8, rue de Champagne, 10200 Champignol-lez-Mondeville, tél. 03 25 27 45 95, rdumontetfils@wanadoo.fr V ⚑ ▮ *r.-v.*

DURDON-BOUVAL
Extra-brut Blanc de noirs 100% meunier ★★

● | 3000 | | 15 à 20 €

Ludovic et Sandie Durdon ont pris en 2005 la suite de 3 générations de vignerons sur le domaine familial implanté dans la vallée de la Marne. Ils ont engagé la conversion bio de leurs 3 ha de vignes; la certification a été acquise en 2013 pour le chardonnay et en 2015 pour le meunier et le pinot noir. La coopérative locale (H. Blin) assure la vinification selon le cahier des charges bio. (RC)

Pur meunier des récoltes 2015 et 2014, il montre avec générosité toutes les qualités de son cépage : une robe dorée, un nez fruité exubérant et élégant. Tout aussi raffinée, la bouche déploie toute une gamme d'arômes persistants de fruits blancs et de petites baies rouges. Du caractère et de la finesse. ⧗ 2020-2023 ● **Zéro dosage Blanc de blancs ★ (30 à 50 €; 3000 b.)** Ⓑ Né des vendanges 2015 et 2014, ce brut nature et bio séduit par son équilibre, par sa minéralité crayeuse et par sa belle palette d'arômes (fruits blancs et notes évoluées de pâte de coings, d'abricot confit et de miel). ⧗ 2020-2023

⊶ CHAMPAGNE DURDON-BOUVAL, 11, rue de Verdun, 51700 Vincelles, tél. 06 33 51 49 04, contact@champagne-durdonbouval.com V ⚑ ▮ *r.-v.* ⌂ Ⓔ

ALBÉRIC DUVAT ★★

● | 8000 | | 15 à 20 €

Aux origines du domaine, un viticulteur alsacien arrivé en 1870. Premiers champagnes en 1958 avec Albéric Duvat. Aujourd'hui, 10 ha, à mi-chemin entre Sézanne et Épernay, au carrefour de la Marne, de l'Aisne et de l'Aube, conduits depuis 1990 par Xavier Duvat, rejoint en 2010 par son fils Léonard. (RM)

Un rosé d'assemblage mariant les 3 cépages champenois (70 % de noirs dont 40 % de meunier et 30 % de pinot noir). D'une couleur tendre, il séduit par son olfaction complexe : mentholé, floral, il s'oriente vers le bonbon à la cerise et la pâtisserie. La bouche tient les promesses du nez, fruitée, vive et longue. ⧗ 2020-2023 ● **Xavier Duvat et Fils Tête de cuvée 2014 ★ (20 à 30 €; 5000 b.)** Issu des 3 cépages champenois, chardonnay en tête (60 %), un brut millésimé flatteur. Robe or jaune, nez bien ouvert sur le beurre et le pain grillé, bouche ample et crémeuse, aux arômes de fruits jaunes et de miel, tonifiée par une finale fraîche sur les agrumes. ⧗ 2020-2023

⊶ CHAMPAGNE ALBÉRIC ET XAVIER DUVAT, 20, Grande-Rue, 51270 Fèrebrianges, tél. 03 26 59 35 69, xduvat@wanadoo.fr V ⚑ ▮ *t.l.j. 8h-12h 14h-18h*

EPC Extra-brut Blanc de blancs ★

● | 50000 | 20 à 30 €

Alain Édouard : une « start-up » du champagne, fondée en 2019 par Édouard Roy, jeune entrepreneur, fils d'Alain Roy, vigneron de Bethon, dans le Sézannais (son grand-père fut l'un des membres fondateurs de la coopérative locale), et par Jérôme Queige, ancien directeur commercial d'une grosse structure. Son concept : élaborer des cuvées monocépages (chardonnay), d'une seule année, d'un seul terroir, en partenariat avec les Vignerons de Bethon. Des cuvées peu dosées visant des consommateurs jeunes. (MA)

Une des premières cuvées de la jeune société : du chardonnay de la récolte 2016 – une année assez compliquée, entre gel de printemps et sécheresse de la fin de l'été. Dans le verre, un blanc de blancs élégant, à la fois frais et suave. Au nez, du citron, une touche crayeuse et des notes plus douces de pâtisserie. En bouche, la rencontre de l'agrume mûr, du miel et de l'abricot sec, une attaque vive relayée par une belle ampleur, de la longueur. ⧗ 2020-2023

⊶ CHAMPAGNE EPC, 2, rue de la Liberté, 51120 Vindey, tél. 09 88 05 21 99

ERARD-SALMON Cuvée Prestige ★

● | 18000 | | 15 à 20 €

Vignerons de père en fils depuis cinq générations sur la rive droite de la Marne, les Erard sont devenus récoltants-manipulants en 1981. Installé trois ans plus tard, Sylvain dispose de 9 ha. En 2009, il a acquis des barriques pour proposer un nouveau style de champagne. (RM)

Meunier, pinot noir et chardonnay contribuent à parité à cette cuvée au nez franc, partagé entre pain frais et agrumes, relayés en bouche par le pain grillé et les petits fruits rouges. Un champagne équilibré, de belle longueur. ⧗ 2020-2023

⊶ ERARD-SALMON, 8, rue du Pressoir, 51700 Olizy-Violaine, tél. 03 26 58 13 30, champagne.erard.salmon@orange.fr V ⚑ ▮ *r.-v.*

ESTERLIN Blanc de blancs Cléo 2010 ★

● | 65000 | | 30 à 50 €

En 1947, 3 vignerons fondent à Mancy la coopérative des Coteaux d'Épernay, qui prend pour marque

CHAMPAGNE

Esterlin. Aujourd'hui, 200 adhérents, cultivant 120 ha, et 3 centres de pressurage. Le chardonnay est très présent dans les cuvées de la cave, vinifiées sans fermentation malolactique. (CM)

Une cuvée millésimée haut de gamme qui fermente en fût pour moitié des volumes et qui reste 8 ans sur ses lies. Discret, tout en finesse, le nez s'ouvre sur l'aubépine et sur des notes toastées. On retrouve ce côté grillé et brioché dans une bouche ronde et gourmande, vivifiée par une finale acidulée et fraîche, teintée d'une agréable amertume. ⧗ 2020-2024 ● **Brut nature 2009 ★ (30 à 50 €; 13 500 b.)** Issue d'une année solaire, cette cuvée élaborée avec les 3 cépages champenois (chardonnay 42 %) s'est passée de sucres ajoutés (brut nature) après dégorgement. Après 9 ans de repos sur lies, elle déploie une belle palette d'arômes évolués, beurrés et grillés. Puissante, charnue et longue, elle a gardé sa fraîcheur. ⧗ 2020-2023

CHAMPAGNE ESTERLIN, 25, av. de Champagne, 51200 Épernay, tél. 03 26 59 71 52, contact@champagne-esterlin.fr V r.-v.

FALLET MICHEL 2012 ★

● | 2 910 | | 15 à 20 €

Michel Fallet a repris en 1979 la propriété cultivée avant lui par son père et son grand-père. Avec son fils Sylvain, il exploite environ 4 ha autour de Charly-sur-Marne, gros village viticole situé en aval de Château-Thierry. (RM)

Les raisins noirs majoritaires (60 %, les deux pinots à parité) s'allient aux blancs dans ce brut d'un millésime coté. Discrets au nez, ses arômes légèrement évolués de coing et de fruits confits s'affirment dans un palais plaisant par sa minéralité et par sa fraîcheur. ⧗ 2020-2023 ● **Prestige Blanc de blancs ★ (15 à 20 €; 3 644 b.)** Mariant la vendange 2015 avec des vins des 2 récoltes précédentes, il offre la fraîcheur minérale et saline attendue du chardonnay, avec des arômes de fruits blancs, de zeste d'agrumes et de brioche. ⧗ 2020-2023 ● **Tradition ★ (11 à 15 €; 15 450 b.)** Le chardonnay (36 %) et les 2 pinots (meunier surtout), au service d'un brut sans année onctueux à l'expression florale teintée de notes d'évolution flatteuses (fleurs blanches, miel et cire d'abeille). ⧗ 2020-2023

SAS MICHEL FALLET, 4, rue des Clos-du-Mont, Drachy, 02310 Charly-sur-Marne, tél. 03 23 82 02 55, contact@champagne-fallet-michel.fr V r.-v.

SERGE FAŸE La Louve 2012 ★

● 1er cru | 220 000 | | 30 à 50 €

Créé en 1960 par Robert Faÿe, le domaine a son siège rue Michel-Letellier, plus connu sous le nom de Louvois. Le ministre de la Guerre de Louis XIV avait fait construire un château dans le village du même nom, sur le flanc sud de la Montagne de Reims. Serge Faÿe a lancé son étiquette en 1983; il a transmis en 2015 à sa fille Sophia Delor-Faÿe les 5 ha de vignes familiales. (RM)

La Louve, comme Louvois et ses habitants, les... Louveteaux : le nom de la cuvée millésimée du domaine, mi-blancs, mi-noirs (pinot noir), vinifiée sans fermentation malolactique et élevée 6 ans sur lies. Le 2012 se montre d'entrée généreux, avec son nez de fruits mûrs ou macérés dans l'alcool, bien prolongé par un palais vineux avec élégance, de belle longueur, teinté en finale d'une agréable touche d'amertume. Un champagne de repas. ⧗ 2020-2023 ● **1er cru Réserve ★ (15 à 20 €; 4 000 b.)** Ampleur, fraîcheur, longueur, un très bel équilibre pour ce brut à dominante de pinot noir (80 %), aux arômes floraux et printaniers. ⧗ 2020-2023 ● **1er cru ★ (20 à 30 €; 2 004 b.)** Un rosé d'assemblage (pinot noir 90 %, chardonnay 10 %), aussi frais qu'expressif (agrumes, petits fruits rouges et noirs, bonbon acidulé). ⧗ 2020-2023

SERGE FAŸE, 40, rue Michel-Le-Tellier, 51150 Louvois, tél. 03 26 57 81 66, sergefaye@orange.fr V r.-v.

FENEUIL-COPPÉE Brut nature ★★

● 1er cru | 500 | | 20 à 30 €

Annabelle et Olivier Coppée, frère et sœur, ont repris en 2000 le domaine et la marque créés par leurs parents. Leur vignoble couvre un peu plus de 7 ha à Chamery et à Écueil, villages voisins proches de la cité des Sacres, dans la Montagne de Reims, classés l'un comme l'autre en 1er cru. (RC)

«C'est cette cuvée qu'ils goûtent dans *Le Déjeuner d'huîtres* de Jean-François de Troy», écrit un dégustateur sous le charme. Vu le petit nombre de cols disponibles, il est presque aussi difficile à dénicher que ces flacons du XVIIIes., ce champagne non dosé issu de chardonnay majoritaire (70 %, avec un appoint de pinot noir). Intense, complexe (tilleul, fruits blancs, notes pâtissières, vanille, touches crayeuses, torréfaction), généreux, vif et long, il finit sur l'amertume tonique du cédrat. ⧗ 2020-2023 ● **1er cru ★ (15 à 20 €; 4 453 b.)** Dominé par les 2 pinots (8 % de chardonnay), un rosé cuivré, aux parfums de fruits rouges et d'amande, et au palais équilibré, fondu, de bonne longueur, tout en petits fruits des bois. ⧗ 2020-2022

CHAMPAGNE FENEUIL-COPPÉE, 9, rue des Prés-Éloys, 51500 Chamery, tél. 03 26 97 66 72, info@champagne-feneuilcoppee.com V r.-v.

♥ FENEUIL-POINTILLART
Blanc de noirs Cuvée Louis 2012 ★★

● 1er cru | 2 500 | | 20 à 30 €

Lancée en 1972, cette marque a consacré l'alliance de 2 familles vigneronnes enracinées depuis le XVIIes. à Chamery, 1er cru de la Montagne de Reims. En 2011, la dernière génération, représentée par Astrid et Benjamin Feneuil, a pris les rênes du domaine, qui couvre 7 ha. (RC)

«Enfants de la montagne, buvons du chamery!» proclame l'hymne entonné autrefois par les Chamayots à la Saint-Vincent. Celui-ci est un blanc de noirs (meunier et pinot noir à parité), favorisé par un beau millésime. Or jaune, charmeur et bien ouvert, il allie le fruité généreux des pinots (fruits jaunes et cerise) à des notes beurrées et pâtissières qui se prolongent en bouche. Ample, structuré, il bénéficie d'une finale persistante, ciselée, saline et vive, aux accents d'agrumes. Puissance et finesse. ⧗ 2020-2023

CHAMPAGNE FENEUIL-POINTILLART, 21, rue du Jard, 51500 Chamery, tél. 03 26 97 62 35, champagne.fp@wanadoo.fr V r.-v.

NICOLAS FEUILLATTE Grande Réserve ★

●	n.c.		20 à 30 €

Nicolas Feuillatte est depuis 1986 la marque du Centre vinicole de Chouilly. Fondée en 1972, cette union de producteurs regroupe 82 coopératives, 5 000 adhérents et plus de 2 100 ha répartis dans toute la Champagne. Ses caves stockent des dizaines de millions de bouteilles. (CM)

Une robe tendre pour ce rosé qui mobilise les deux pinots à parts égales, avec un appoint (10 %) de chardonnay. On aime son fruité tonique mêlant la cerise et le citron, qui se prolonge harmonieusement dans une bouche de belle tenue, équilibrée et fraîche. On l'appréciera aussi bien à l'apéritif qu'avec des entrées ou avec une salade de fruits. ⧗ 2020-2023

CHAMPAGNE NICOLAS FEUILLATTE, CD_40A, 51530 Chouilly, tél. 03 26 59 55 50, service-visites@feuillatte.com V r.-v.

DANY FÈVRE Extra-brut Sauvage ★

●	1000		11 à 15 €

Ce domaine fondé en 1880 dispose de près de 9 ha de vignes implantées sur les coteaux de l'Arce, à l'est de Bar-sur-Seine (Aube). Installé en 2012, Stéphane Fèvre a changé ses pratiques avant d'engager en 2017 la conversion bio de la propriété. (RM)

Un blanc de noirs (100 % pinot noir) à la robe or jaune parcourue d'un cordon de bulles vives, qui a pour atouts une expression florale et fruitée (pomme, coing, fruits jaunes) et une bouche ample et franche, de bonne longueur, à la finale saline. ⧗ 2020-2023 ● **2011** ★ (15 à 20 €; **2000 b.**) Intéressant par sa palette aromatique (pêche, agrumes, beurre, fruits secs, cacao, toast et réglisse), un blanc de blancs millésimé équilibré, frais, de belle longueur, marqué en finale par une touche d'amertume. ⧗ 2020-2023

DANY FÈVRE, 8, rue Benoit, 10110 Ville-sur-Arce, tél. 03 25 38 76 63, champagne.fevre@wanadoo.fr V r.-v.

BERNARD FIGUET Blanc de blancs ★★

●	5000	20 à 30 €

Créé au début du XXᵉs. dans la vallée de la Marne, en aval de Château-Thierry, le domaine des Figuet a élaboré ses premiers champagnes en 1947 et couvre aujourd'hui 14 ha. Aux commandes depuis 1992, Éric Figuet, œnologue, a été rejoint en 1999 par son épouse Isabelle et en 2018 par leur fils Maxime, qui représente la 4ᵉ génération. (RM)

Construit sur la récolte 2016, ce chardonnay de la vallée de la Marne s'ouvre sur l'aubépine, la poire et les fruits jaunes. Structuré, précis, tendu et persistant, il devrait s'entendre avec crustacés et autres produits de la mer. ⧗ 2020-2024 ● **Cuvée spéciale** ★ (11 à 15 €; **70000 b.**) Né pour l'essentiel de raisins noirs (95 %, du meunier surtout) de la vendange 2016, un champagne juvénile et élégant, à la fois rond et vif, aux arômes frais et gourmands de fruits blancs, d'agrumes, de crème et de tarte au citron. ⧗ 2020-2023

BERNARD FIGUET, 144, rte Nationale, 02310 Saulchery, tél. 03 23 70 16 32, champagne.bfiguet@wanadoo.fr V t.l.j. 9h-12h 14h-18h

CHARLES DE FLORICOURT ★

●	150000		15 à 20 €

Maison de négoce créée en 1905 par Charles-Émile Ellner, remueur devenu élaborateur. Les générations successives ont agrandi peu à peu le vignoble, qui compte aujourd'hui 50 ha. Jean-Pierre Ellner, petit-fils du fondateur, est aux commandes, épaulé par ses deux filles et ses deux neveux. (NM)

Le chardonnay (60 %, avec le pinot noir en complément) imprime sa marque sur cette cuvée à la robe pâle, jaune vert, parcourue de bulles fines, qui s'ouvre sur la fleur blanche, un léger fruité et sur des notes toastées et pâtissières rappelant l'amande. En bouche, la pomme verte et le zeste de citron s'associent à la prune et à la pâte d'amandes. Des arômes mis en valeur par une belle vivacité teintée d'amertume et par un dosage mesuré. Un champagne complexe, dynamique et long. ⧗ 2020-2023 ● **1ᵉʳ cru** ★ (20 à 30 €; **40000 b.**) Beaucoup de fraîcheur et de délicatesse dans ce rosé mariant chardonnay et pinot noir à parts égales. Robe pastel, nez élégant, entre rose, fraise, pamplemousse et amande grillée, bouche bien construite et longue, marquée en finale par l'amertume tonique du zeste d'agrumes. ⧗ 2020-2023

CHARLES DE FLORICOURT, 6, rue Côte-Legris, 51200 Épernay, tél. 03 26 55 60 25, info@champagne-ellner.fr V r.-v.

FLUTEAU Cuvée Symbiose 2009 ★

●	5000		15 à 20 €

À l'origine, une maison de négoce créée en 1935 par Émile Hérard, vigneron, associé à son gendre Georges Fluteau, fils d'un courtier en vins. Installé en 1996, Thierry Fluteau, lui, a préféré le statut de récoltant-manipulant. Avec son épouse américaine Jennifer et leur fils Jérémy, il conduit dans l'Aube 9 ha de vignes à l'extrême sud de la Côte des Bar. Domaine certifié Haute valeur environnementale. (RM)

Une symbiose entre le chardonnay et le pinot noir qui se partagent équitablement cette cuvée. Aussi apprécié que dans le millésime précédent, ce brut a pour arguments son nez élégant et complexe, qui s'ouvre sur des notes minérales avant de s'orienter vers la poire, les fruits jaunes, le miel, les fruits secs et la brioche, et sa bouche toastée et compotée, à la fois ronde et fraîche, un rien amère en finale. ⧗ 2020-2023

CHAMPAGNE FLUTEAU, 5, rue de la Nation, 10250 Gyé-sur-Seine, tél. 03 25 38 20 02, champagne.fluteau@orange.fr V r.-v.

FOREST-MARIÉ 2008 ★★

● 1ᵉʳ cru	6280		20 à 30 €

Thierry Forest, de Trigny (massif de Saint-Thierry, au nord-ouest de Reims), et Gracianne Marié, d'Écueil (1ᵉʳ cru de la Montagne de Reims au sud de la cité des Sacres), ont uni leur destinée et leurs vignes en 1992 et installé un pressoir dans le village du premier. Rejoints par leurs enfants Louis et Marthe, ils

exploitent 86 parcelles réparties dans les deux secteurs. (RM)

Ce très beau millésime issu à parité de pinot noir et de chardonnay d'Écueil, âgés de 60 ans, et vinifié partiellement sous bois a pris les caractères d'une heureuse évolution. Sa palette est dominée par des notes beurrées et briochées. Sa matière équilibrée, puissante et onctueuse, sa longue finale permettront de l'apprécier au repas. ⧗ 2020-2023 ● **Tradition ★★ (15 à 20 €; 23000 b.)** Issu des 3 cépages champenois (30 % de chardonnay), un brut or jaune à l'expression aromatique élégante (fleurs blanches, amande, torréfaction, épices) et au palais ample et puissant, vivifié par une longue finale citronnée. ⧗ 2020-2023

FOREST-MARIÉ, 20, rue de la Chapelle, 51140 Trigny, tél. 03 26 03 13 23, champagne-forest-marie@orange.fr V r.-v.

MICHEL FORGET Grand Rosé ★★

● 1er cru	5000		20 à 30 €

Perpétuant une tradition vigneronne transmise depuis 6 générations, Michel Forget crée la maison Forget-Brimont en 1978. Il s'associe en 2000 à Frédéric Jorez, fils d'un vigneron de son village. Le tandem exploite sur le flanc nord de la Montagne de Reims un vignoble de 19 ha classé en grand cru et en 1er cru. (NM)

Vieilli 3 ans sur lattes, il privilégie les noirs (85 %, dont 60 % de pinot noir). Un apport de 15 % de vin rouge lui lègue une teinte rose soutenu et une expression dominée par la framboise et le cassis, un rien mentholée. La fraise et la réglisse s'ajoutent à cette palette dans une bouche ample, onctueuse, de belle longueur. Un rosé charmeur parfait pour les desserts aux fruits rouges. ⧗ 2020-2023 ● **1er cru Blanc de blancs ★ (20 à 30 €; 25000 b.)** Plus de 30 mois sur lies pour ce chardonnay équilibré entre rondeur et fraîcheur, aux arômes de beurre et de citron. ⧗ 2020-2023

FORGET-BRIMONT, 11, rte de Louvois, 51500 Craon-de-Ludes, tél. 03 26 61 10 45, contact@champagne-forget-brimont.fr V r.-v.

JEAN FORGET Tradition ★★

● 1er cru	5000		15 à 20 €

Installé en 2000 sur le vignoble familial, Christian Forget est établi à Ludes, dans la Montagne de Reims. Son vignoble, en 1er cru et en grand cru, se répartit entre ce secteur et la Côte des Blancs. (RM)

Issu des pinot noir, meunier et chardonnay à parts égales, ce brut déploie des arômes riches et évolués de fruits confits, relayés par le beurre, les fruits secs et la torréfaction dans une bouche à la fois ronde et fraîche. Un bel apogée pour ce champagne qui trouvera sa place à l'apéritif, avec des copeaux de comté ou de foie gras, ou avec des plats en sauce. ⧗ 2020-2022 ● **1er cru Réserve ★ (15 à 20 €; 1000 b.)** Mi-chardonnay, mi-pinot noir, un brut flatteur, ample et frais, aux arômes mûrs de fruits blancs et jaunes, de miel, de chocolat et d'épices. ⧗ 2020-2023

JEAN FORGET, 2, rue Nationale, 51500 Ludes, tél. 06 52 03 14 18, champagnejforget@aol.com V r.-v.

THIERRY FOURNIER
Blanc de blancs Prestige ★

●	20000		15 à 20 €

Thierry et Murielle Fournier se sont établis en 1983 à Festigny, sur la rive gauche de la Marne, reprenant les vignes des grands-parents. Ils ont porté la surface de leur domaine de 4 à 14,5 ha, répartis sur 11 communes. Le meunier est très présent dans la majorité de leurs cuvées. (RM)

Le chardonnay, assez rare dans ce secteur, fournit la cuvée Prestige de la propriété. Cette version se signale par des arômes évolués de pain grillé, de torréfaction et par une bouche vive et acidulée, qui s'accordera avec des viandes blanches ou des poissons en sauce. ⧗ 2020-2022

THIERRY FOURNIER, 8, rue du Moulin, Neuville, 51700 Festigny, tél. 03 26 58 04 23, thierry.fournier7@wanadoo.fr V r.-v.

PHILIPPE FOURRIER
Blanc de blancs Cuvée Prestige ★

●	45000	15 à 20 €

Fondée en 1847, cette structure familiale est présente depuis 5 générations dans la Côte des Bar (Aube) et élabore ses champagnes depuis le début du XXes. Elle a son siège à Baroville, le plus gros village viticole de la région de Bar-sur-Aube, et dispose de 18 ha en propre. Maison certifiée Haute valeur environnementale. (NM)

Une cuvée souvent sélectionnée. D'un jaune pâle à reflets verts typique d'un blanc de blancs, cette version à la bulle foisonnante libère des arômes toniques de fleurs blanches, d'agrumes et d'ananas frais. Sa suavité un peu marquée au palais est contrebalancée par une finale persistante et acidulée qui rappelle le raisin frais. ⧗ 2020-2023 ● **Delmotte ★ (15 à 20 €; 20000 b.)** Évoquant un rosé de macération, ce rosé de noirs (100 % pinot noir) souple et gourmand a la couleur et les arômes de la cerise, teintée d'agrumes en bouche. ⧗ 2020-2022 ● **Blanc de noirs Sélection ★ (11 à 15 €; 100000 b.)** Avec sa robe dorée, ses arômes de fruits jaunes (abricot et mirabelle), sa bouche puissante, ample et persistante, ce brut 100 % pinot noir présente bien le profil d'un blanc de noirs. ⧗ 2020-2023 ● **Sélection ★ (11 à 15 €; 20000 b.)** Né de pur pinot noir, un rosé à la robe soutenue, gourmand et frais, de bonne longueur, tout en petits fruits rouges compotés. ⧗ 2020-2023

CHAMPAGNE PHILIPPE FOURRIER, 39, rue de Bar-sur-Aube, 10200 Baroville, tél. 03 25 27 13 44, contact@champagne-fourrier.fr V *t.l.j. sf dim. 9h-12h 13h30-17h30*

FRANÇOIS-BROSSOLETTE Tradition ★★

●	35000		15 à 20 €

Six générations se sont succédé sur le domaine implanté à Polisy, village situé à la confluence de la Seine et de la Laigne, dans la Côte des Bar (Aube). La marque, lancée en 1991, réunit le nom du vigneron et le patronyme de son épouse, Sylvie François. Le vignoble s'étend sur 14,5 ha. (RM)

Comme dans le vignoble local, le pinot noir (78 %, avec le chardonnay en appoint) est majoritaire dans cette cuvée jaune doré animée d'une bulle insistante. Ce brut séduit d'emblée par son nez très fruité, nuancé de touches briochées et toastées. Le fruit du pinot prend des tons gourmands de noyau, de cerise kirschée dans une bouche intense, harmonieuse, vive et longue. Du charme et du caractère. ⧗ 2020-2023 ● **2014 ★ (20 à 30 €; 4500 b.)** Né d'un assemblage de pinot noir (55 %) et de chardonnay, un brut millésimé au nez finement floral et légèrement évolué (fleurs séchées, fruits secs, coing), plus frais en bouche (fruits blancs, agrumes). Un champagne bien construit, consistant, de bonne longueur. ⧗ 2020-2023

CHAMPAGNE FRANÇOIS-BROSSOLETTE, 42, Grande-Rue, 10110 Polisy, tél. 03 25 38 57 17, francois-brossolette@wanadoo.fr V r.-v.

FRESNE DUCRET Le Chemin du chemin ★

● 1er cru | 6000 | 20 à 30 €

Sept générations de viticulteurs, premiers champagnes en 1946. Après avoir vinifié en Bourgogne et en Nouvelle-Zélande, puis épaulé ses parents, Pierre Fresne a pris en 2007 les rênes du domaine: 6 ha autour de Villedommange, 1er cru au sud de Reims. (RM)

Née des 3 cépages champenois (avec 35 % de chardonnay), dosée avec mesure (6 g/l), cette cuvée longuement mûrie sur lies assemble la récolte 2013 avec 30 % de vins de réserve des 3 années précédentes. Elle séduit par son nez frais et minéral, aux nuances d'agrumes doux que l'on retrouve dans une bouche tonique, de belle longueur. Du caractère. ⧗ 2020-2023

CHAMPAGNE FRESNE-DUCRET, 10, rue Saint-Vincent, 51390 Villedommange, tél. 03 26 49 24 60, champagne.fresne.ducret@gmail.com V r.-v.

FROMENT-GRIFFON Grande Réserve ★★

● 1er cru | 8000 | 15 à 20 €

Marie et Mathias Froment, œnologues diplômés, exploitent depuis 2002 les 6,6 ha du vignoble créé par l'arrière-grand-père de Mathias dans la Montagne de Reims. Mathias est aussi le vice-président de la coopérative de Sermiers, où il apporte ses raisins; le couple de récoltants intervient dans les assemblages. Propriété certifiée Haute valeur environnementale. (RC)

Déjà très apprécié l'an dernier, ce brut mi-blancs mi-noirs (meunier et pinot noir) met en œuvre la récolte 2016 avec des vins de réserve des 3 récoltes précédentes. Après un long vieillissement sur lattes, il s'ouvre avec élégance sur la fleur blanche et la pêche, avant de dévoiler une bouche fraîche et longue, à la finale citronnée. ⧗ 2020-2023 ● **1er cru Xtra-brut 2013 ★ (20 à 30 €; 1000 b.)** Le chardonnay (60 %) et le pinot noir concourent à cet extra-brut resté au moins 5 ans sur ses lies. Un champagne complexe et évolué, beurré, confit et miellé, plutôt rond, qui a gardé de la fraîcheur. ⧗ 2020-2023

CHAMPAGNE FROMENT-GRIFFON, 2, rue du Clos-des-Moines, 51500 Sermiers, tél. 03 26 46 94 36, contact@champagne-froment-griffon.com V r.-v.

MICHEL FURDYNA Blanc de noirs Réserve ★

● | 19009 | | 15 à 20 €

Les parents de Michel Furdyna ont constitué peu à peu dans la Côte des Bar un vignoble de 9 ha repris par ce dernier en 1976. La première bouteille a été commercialisée 2 ans plus tard. Depuis une quinzaine d'années, Michel transmet sa passion à Matthieu Beroux. Propriété certifiée Haute valeur environnementale. (RM)

Il doit tout au pinot noir, cépage majoritaire dans la plupart des secteurs de l'Aube. Resté 36 mois sur lattes, il séduit par la finesse de ses parfums d'agrumes, prélude à une bouche élégante, tendue, de belle longueur, à l'unisson du nez. Pour l'apéritif, de la volaille et du poisson en sauce. ⧗ 2020-2023

CHAMPAGNE MICHEL FURDYNA, 13, rue du Trot, 10110 Celles-sur-Ource, tél. 03 25 38 54 20, contact@champagne-furdyna.com V r.-v.

GABRIEL-PAGIN FILS ★

● 1er cru | 2462 | | 20 à 30 €

Propriété fondée en 1946 dans la Grande Vallée de la Marne. Aurélien Gabriel, œnologue, qui représente la 3e génération, en a pris les commandes en 2012. Il dispose de 9,5 ha autour d'Avenay-Val-d'Or et dans la Côte des Blancs. Exploitation certifiée Haute valeur environnementale. (RM)

La robe soutenue tire sur le rouge. Un rosé de saignée? Non, ce pur pinot noir naît de l'assemblage de vin blanc avec 25 % de rouge élevé en fût. Après 5 ans sur lattes, il livre un nez puissant et complexe, mêlant le cuir, la cerise confiturée et kirschée, la quetsche et une touche réglissée. Dans le même registre évolué, la bouche se montre vive et équilibrée. Ce rosé, qui plaira aux amateurs rêvant de champagnes rouges, pourra accompagner viandes rouges et gibier. ⧗ 2020-2023

CHAMPAGNE GABRIEL-PAGIN FILS, 4, rue des Remparts, 51160 Avenay-Val-d'Or, tél. 03 26 52 31 03, gabriel.pagin@wanadoo.fr V r.-v.

GANTOIS-LOUVET Blanc de blancs ★

● Gd cru | 16000 | | 15 à 20 €

Viticulteur depuis 45 ans, Yannick Gantois détient 6 ha de précieux chardonnay dans 2 grands crus de la Côte des Blancs, Oger et Cramant. Si une bonne partie de ses raisins sont destinés à une maison réputée, il a souhaité élaborer son propre champagne et lancé son étiquette en 1997. Conservées 3 ans avant commercialisation, ses cuvées sont vinifiées sans fermentation malolactique. (RM)

Ce blanc de blancs s'ouvre sur les fruits blancs et les fruits secs, arômes que l'on retrouve en bouche, teintés d'épices et d'abricot. Équilibré et frais, il trouvera sa place à l'apéritif comme au repas. ⧗ 2020-2023 ● **Gd cru Blanc de blancs 2012 ★ (20 à 30 €; 1000 b.)** Une robe jaune doré pour ce brut millésimé d'une belle année, qui séduit par son expression aromatique évoluée, toastée et briochée, et par sa bouche équilibrée, à la fois ample et fraîche. ⧗ 2020-2023

CHAMPAGNE GANTOIS-LOUVET, 5, chem. de Chalons, 51190 Oger, tél. 06 12 56 36 29, karine.gantois@sfr.fr V r.-v.

GARDET 1895 Origine ★★

●	200000		15 à 20 €

Négociant à Mareuil-sur-Aÿ, Charles Gardet fonda sa maison en 1895, l'installa à Dizy d'abord, puis à Épernay. Son fils Georges la déplaça à Chigny-les-Roses. Depuis, les dirigeants de la maison (aujourd'hui la famille Prieux) se sont succédé et sont demeurés dans la Montagne de Reims. Stéphanie Sucheyre, œnologue, officie en cave. (NM)

S'il met en œuvre les 3 cépages champenois, ce brut sans année n'incorpore qu'une goutte (5 %) de chardonnay aux côtés du meunier et du pinot noir presque à parité. Si bien qu'il montre les caractères d'un blanc de noirs : une robe jaune soutenu, un nez gourmand, sur les petits fruits rouges et la pâte de fruits, prélude à un palais frais en attaque, riche et rond, charpenté et long. Parfait avec viandes, poissons ou crustacés en sauce. ⧗ 2020-2023

CHAMPAGNE GARDET, 13, rue Georges-Legros, 51500 Chigny-les-Roses, tél. 03 26 03 42 03, info@champagne-gardet.com V t.l.j. sf dim. 9h-12h 13h30-17h

GASMAR Elle et moi ★★

●	n.c.		15 à 20 €

Gasmar, comme Gaston et Marius, les fils d'Audrey, diététicienne de formation, et de Thomas Berger, ingénieur en packaging, fort d'une expérience au service de grands groupes de cosmétiques. En 2011, retour au pays et aux sources pour le couple qui reprend près de 6,8 ha de vignes dans la vallée de la Marne et dans la Côte des Blancs. Exploitation certifiée Haute valeur environnementale. (RC)

Mariant meunier (70 %) et chardonnay, un champagne harmonieux et gourmand, au nez brioché et fruité, et à la bouche complexe (agrumes confits, petits fruits rouges, viennoiserie, grillé), ronde et puissante, vivifiée par une finale acidulée. ⧗ 2020-2023 ● **Blanc de blancs ★ (20 à 30 €; 3000 b.)** Une robe pâle à reflets verts parcourue de bulles nerveuses pour ce blanc de blancs au nez discret mais tonique, qui s'ouvre sur les fleurs et les fruits blancs, avec des nuances exotiques et compotées. Complexe et équilibré, il offre une finale sur les agrumes, teintée d'une minéralité crayeuse et saline. ⧗ 2020-2023

CHAMPAGNE GASMAR, 11 B., rue des Sablons, 51700 Troissy, tél. 06 38 83 32 98, champagnegasmar@orange.fr V r.-v. E

GASPARD-CRÉPAUX Blanc de blancs Tradition ★

● Gd cru	17000	15 à 20 €

Héritier de 4 générations de viticulteurs, James Gaspard est établi à Cramant, village de la Côte des Blancs classé en grand cru. Récoltant-manipulant, il met en valeur 6 ha de vignes, implantées à 70 % dans ce terroir réputé dédié au chardonnay. (RM)

Mobilisant la vendange 2017 complétée des récoltes des 2 années précédentes, ce chardonnay or clair marie au nez les fruits confits et la torréfaction. Ces notes grillées s'associent aux agrumes dans un palais intense, ample et rond, tendu par une belle acidité. ⧗ 2020-2023

EARL GASPARD-CRÉPAUX, 69, rue de la Noue, 51530 Cramant, tél. 03 26 58 08 00, james.gaspard@wanadoo.fr V r.-v.

GAUDINAT-BOIVIN Grande Réserve ★

●	8500		15 à 20 €

La famille cultive la vigne depuis 5 générations. Aujourd'hui, les frères Hervé et David Gaudinat sont installés sur la rive gauche de la Marne et exploitent 12,5 ha à Festigny, Leuvrigny, Nesles-le-Repons et Œuilly. La famille élabore ses champagnes depuis les années 1950 – sous la marque Gaudinat-Boivin depuis 1970. Domaine certifié Haute valeur environnementale. (RM)

Née d'un assemblage classique de 60 % de noirs (pinot noir et meunier à parité) et de 40 % de blancs, cette cuvée jaune doré séduit tant par ses arômes de fruits jaunes, pêche en tête, que par sa bouche bien construite, avec son attaque ronde et sa finale tout en fraîcheur. ⧗ 2020-2023 ● **Extra-brut Sélection ★ (15 à 20 €; 3000 b.)** Privilégiant les raisins noirs (85 %, meunier surtout), un champagne faiblement dosé, rond et équilibré, de belle longueur, aux arômes fruités, briochés et grillés. ⧗ 2020-2023

CHAMPAGNE GAUDINAT-BOIVIN, 6, rue des Vignes, Le Mesnil-le-Huttier, 51700 Festigny, tél. 03 26 58 01 52, ch.gaudinat.boivin@wanadoo.fr V r.-v.

GAUTHIER-CHRISTOPHE Cuvée Mathilde ★

●	4000		20 à 30 €

Issus d'une lignée de viticulteurs, Serge Gauthier et son épouse Jacqueline Christophe créent la marque Gauthier-Christophe en 1988 et transmettent leur vignoble à leur fils Laurent et à son épouse Catherine. Installée à Chouilly (Côte des Blancs), la famille cultive les trois cépages champenois sur 6 ha. (RM)

Un blanc de blancs consensuel, beurré, gourmand et fin au nez, équilibré et frais, aux arômes de fruits blancs et de brioche. Parfait pour l'apéritif et les entrées marines. ⧗ 2020-2023 ● **Gd cru Blanc de blancs 2013 ★ (30 à 50 €; 2500 b.)** Une année tardive qui a réussi à ce chardonnay récolté le 1er octobre. Un champagne consistant, vif et long, expressif, d'une belle complexité (fleurs et fruits blancs). Il pourra accompagner du poisson ou une viande blanche. ⧗ 2020-2023

LAURENT GAUTHIER-CHRISTOPHE, 4, rue Saint-Vincent, 51530 Chouilly, tél. 03 26 55 40 02, contact@gauthier-christophe.com V r.-v.

MICHEL GENET MG BB Brut nature ★

● Gd cru	12000		20 à 30 €

Michel Genet a lancé son champagne en 1965. Ce sont maintenant ses enfants, Vincent, Agnès et Antoine, qui perpétuent l'exploitation. Le vignoble s'étend sur plus de 10 ha, dont 7 implantés dans les prestigieux grands crus de Cramant et de Chouilly, dans la Côte des Blancs. (RM)

Ce blanc de blancs marie la récolte 2017 avec des vins de 4 années antérieures; il reste 30 mois sur ses lies et ne reçoit aucun sucre ajouté après le dégorgement. D'abord discret, il s'ouvre sur des nuances minérales et sur un fruité frais (poire et citron), assortis d'une touche réglissée. La fleur et les fruits blancs s'affirment dans une bouche très équilibrée, ample et longue, tendue par une belle vivacité. ⧗ 2020-2023

MICHEL GENET,
27-29, rue des Partelaines,
51530 Chouilly, tél. 03 26 55 40 51,
champagne.genet.michel@wanadoo.fr V r.-v.

GIMONNET-GONET Blanc de blancs L'Origine ★★

Gd cru | 30 000 | | 20 à 30 €

L'un comme l'autre issus de lignées bien connues de la Côte des Blancs, Philippe Gimonnet et son épouse Anne Gonet lancent leur champagne en 1986 et agrandissent leur domaine : 15 ha aujourd'hui, pour l'essentiel dans 4 grands crus de blancs, avec quelques vignes dans la vallée de la Marne. Leur fils Charles a pris les rênes de la propriété en 2012. (RM)

Cette cuvée s'ouvre sur les fleurs blanches, puis s'oriente vers des notes d'abricot qui préludent à une bouche charnue et ronde, à la palette mûre mêlant bergamote, coing et pain d'épice. Une finale citronnée et un dosage mesuré, à la limite de l'extra-brut (6 g/l), donnent tonus et allonge à l'ensemble. Riche et harmonieux, ce blanc de blancs pourra accompagner une poularde ou un poisson en sauce. ⧗ 2020-2023

CHAMPAGNE GIMONNET-GONET,
225, rue du Bas-des-Auges, 51190 Le Mesnil-sur-Oger,
tél. 09 82 29 93 15, contact@
champagne-gimonnet-gonet.com V r.-v.

LIONEL GIRARD ET FILS Prestige ★★

| 2000 | | 20 à 30 €

Quatre générations de viticulteurs se sont succédé sur ce domaine de la rive droite de la Marne. Coopérateur comme ses parents, Lionel Girard dispose d'un petit vignoble de 1,5 ha, qu'il exploite depuis 2007 avec son fils Joris. Il a lancé sa marque en 1983. (RC)

Mi-blancs mi-noirs (les 2 pinots à 25 % chacun), ce brut met en œuvre la vendange 2014. Le fruité intense et très frais du premier nez, entre agrumes, fruits blancs et fruits exotiques, se nuance de notes beurrées et miellées. Tout aussi complexe, le palais montre une belle ampleur en attaque, sur des notes confites et épicées, tendu en finale par une acidité teintée d'agrumes qui lui donne équilibre et persistance. Une réelle harmonie. ⧗ 2020-2023

CHAMPAGNE LIONEL GIRARD ET FILS,
4, ruelle du Pot-d'Étain, 51480 La Neuville-aux-Larris,
tél. 06 72 59 89 06, champagne@
champagnelionelgirard.com V r.-v.

DOM. B. GIRARDIN Blanc de blancs Vibrato 2008 ★

| 3000 | | 20 à 30 €

Bernard Girardin a étendu son vignoble sur les coteaux sud d'Épernay et dans le Vitryat, construit ses caves, acheté son pressoir et créé sa marque en 1971. Sa fille Sandrine Girardin a pour passion le champagne et la musique. Elle aime le jazz, joue du piano et aide son père dans les vignes et à la cave. En 1991, elle opte pour les bulles et rejoint l'exploitation. En 1994, elle compose sa première cuvée : Vibrato. (RM)

Un blanc de blancs du beau millésime 2008, animé de bulles fines et dynamiques. Le nez s'ouvre sur des notes de craie et de silex et sur des senteurs mûres de fruits jaunes confits. On retrouve cette minéralité alliée à des nuances suaves de fruits confits et de nougatine dans une bouche bien construite, ample et généreuse sans mollesse, tonifiée par une finale énergique, de bonne longueur. ⧗ 2020-2023

DOM. B. GIRARDIN, 14, Grande-Rue, 51530 Mancy,
tél. 06 11 63 06 41, info@champagne-bgirardin.com
V r.-v. 4

SABINE GODMÉ Extra-brut Terre de Verzenay ★

Gd cru | 3003 | | 30 à 50 €

Le champagne Godmé existe depuis 1930. Après une expérience aux États-Unis, Sabine Godmé a repris en 1983 avec son époux Jean-Marie Guillaume le domaine créé par ses arrière-grands-parents dans la Montagne de Reims. Marie et Matthieu, les enfants du couple, ont rejoint l'exploitation. Le vignoble (5 ha) est réparti entre Verzenay, Verzy et Beaumont-sur-Vesle (grands crus), Villedommange et Villers-Marmery (1ers crus). Propriété certifiée Haute valeur environnementale. (RM)

Pinot noir (60 %) et chardonnay se partagent cette cuvée. Marqué par un élevage en fût des vins de base, le nez mêle des notes boisées évoquant le pain grillé à de délicats arômes floraux. Le faible dosage (extra-brut) et l'absence de fermentation malolactique confèrent vivacité et droiture à ce champagne puissant, de belle longueur. Parfait à l'apéritif et avec des fruits de mer. ⧗ 2020-2023

CHAMPAGNE SABINE GODMÉ,
1, rue du Phare, 51360 Verzenay, tél. 03 26 49 45 28,
contact@champagne-godme-sabine.fr V t.l.j. sf
dim. 10h-13h 14h-18h; f. 10-19 janv.

PHILIPPE GONET
Extra-brut Blanc de blancs 3210 ★

| 14 750 | | 30 à 50 €

Maison de négoce datant de 1830 et disposant en propre de 19 ha disséminés dans les principaux terroirs de l'appellation. Depuis 2001, elle est conduite par Pierre Gonet et sa sœur Chantal Brégeon, enfants de Philippe. La maison est installée au cœur de la Côte des Blancs et le chardonnay est très présent dans sa gamme. (NM)

La maison cherche à exalter la fraîcheur du chardonnay. Cet extra-brut provient de raisins de la Côte des Blancs et de Montgueux, autre petit terroir aubois favorable au cépage. Il vieillit 3 ans sur ses lies. Un champagne séduisant, tant par son nez floral, tonique et élégant, que par son palais gourmand et équilibré, qui allie ampleur crémeuse et vivacité minérale. ⧗ 2020-2023 **Gd cru Extra-brut Blanc de blancs Belemnita 2008 ★ (+ de 100 €; 3275 b.)** Un nez charmeur et élégant, entre agrumes confits et notes briochées; une bouche complexe, reflétant la noble évolution du chardonnay et la fraîcheur du millésime, avec de la longueur et un côté strict dû au faible dosage. ⧗ 2020-2025

CHAMPAGNE PHILIPPE GONET, 1, rue de la Brèche-d'Oger,
51190 Le Mesnil-sur-Oger, tél. 03 26 57 53 47, office@
champagne-philippe-gonet.com V r.-v.

GOSSET Grand Millésime 2012 ★★

| 70 000 | | 50 à 75 €

«La plus ancienne maison de la Champagne» a été fondée en 1584 – avant que le vin de la région ne prît

CHAMPAGNE

mousse – par Pierre Gosset, échevin d'Aÿ et propriétaire de vignes. À l'époque, les vins de cette ville, souvent rouges, rivalisaient à la cour avec ceux de Beaune. Après Pierre Gosset, 13 générations se sont succédé. Implantée aujourd'hui à Épernay, la société est dans le giron du groupe Renaud-Cointreau. Les champagnes Gosset ne font pas leur fermentation malolactique. En 2016, Odilon de Varine, directeur adjoint et œnologue, a succédé à Jean-Pierre Mareigner, disparu après avoir exercé 33 ans comme chef de cave. (NM)

Le millésime 2012 a la réputation d'être excellent mais plutôt chiche en volume. Ce Grand Millésime n'a pourtant rien de confidentiel. Il assemble du chardonnay majoritaire (67 %), de belle origine (Côte des Blancs et terroirs réputés de la Montagne de Reims), à du pinot noir issu de grands crus. Après un repos de 5 ans, il enchante par son nez subtil, minéral et frais, sur les fruits blancs, le beurre et la viennoiserie, bien prolongé par une bouche tout en finesse, complexe et vive, rehaussée en finale d'une touche acidulée d'abricot et d'une noble amertume. ⧗ 2020-2025 ● **Grand Blanc de blancs ★ (50 à 75 €; 80000 b.)** Beaucoup d'élégance et de subtilité dans ce blanc de blancs construit sur la vendange 2015, mariant une quinzaine de crus de la Côte des Blancs et de la Montagne de Reims et élevé 3 ans en cave. Au nez, des fleurs blanches, de l'amande, de la mangue et des notes acidulées de fruit de la Passion. En bouche, de la finesse et de la vivacité. ⧗ 2020-2024 ● **Grand Rosé ★ (50 à 75 €; 70000 b.)** Mi-chardonnay mi-pinot noir (8 % de vin rouge), un rosé d'assemblage resté 3 ans en cave. Saumon pâle à reflets cuivrés, il plaît par sa fraîcheur et par son expression complexe, entre fraise, notes briochées et épicées. ⧗ 2020-2024

CHAMPAGNE GOSSET, 12, rue Godart-Roger, 51200 Épernay, tél. 03 26 56 99 56, info@champagne-gosset.com t.l.j. sf sam. dim. 8h30-11h45 14h-17h; f. 9-22 août

PIERRE GOULARD Grande Réserve ★★

● | 7650 | | 20 à 30 €

Trois générations se sont succédé sur ce domaine conduit depuis 2014 par Pierre Goulard. Son vignoble compte 6 ha de vignes répartis sur 5 villages du massif de Saint-Thierry et des monts de Reims. (RM)

Les 3 cépages champenois (chardonnay 40 %, pinot noir et meunier à parité) contribuent à cette cuvée mariant la récolte 2016 aux 2 années précédentes. Un champagne flatteur au nez comme en bouche, tant par sa palette gourmande sur le beurre et la viennoiserie que par sa bouche fraîche, minérale et longue, à la finale teintée de notes de citron confit. ⧗ 2020-2022

CHAMPAGNE PIERRE GOULARD, 4, rue de la Couture, 51140 Trigny, tél. 06 78 89 43 94, champagnegoulard@orange.fr r.-v.

H. GOUTORBE Prestige ★

● Gd cru | 20000 | | 15 à 20 €

Au début du XXe s., à l'époque où le vignoble champenois devait se reconstituer, Émile Goutorbe s'est fait pépiniériste viticole. Henri a agrandi peu à peu son domaine et a diversifié son activité en se lançant dans la manipulation après la dernière guerre. Depuis 1970, son fils René, rejoint par ses enfants Élisabeth et Étienne, exploitent aujourd'hui 22 ha et gèrent un hôtel à Aÿ, Étienne étant chargé du vignoble. Propriété certifiée Haute valeur environnementale. (RM)

Privilégiant le pinot noir (70 %, avec le chardonnay en appoint), un brut sans année aux arômes d'agrumes, de fruits secs et de toast qui se prolongent dans un palais généreux, gourmand, épicé et persistant. ⧗ 2020-2022

CHAMPAGNE GOUTORBE, 9_bis, rue Jeanson, 51160 Aÿ, tél. 03 26 55 21 70, info@champagne-henri-goutorbe.com r.-v.

ANDRÉ GOUTORBE ET FILS
Dosage zéro AG 1875 ★★

● | 1000 | | 30 à 50 €

La famille Goutorbe, qui cultive la vigne depuis 1875, a lancé son champagne dès 1902. Après Victor, Armand et André, David s'est installé en 2000. Son vignoble de 12 ha est implanté dans la vallée de la Marne, non loin d'Épernay. Les cuvées de la propriété restent au moins 3 ans sur lies. (RM)

Déjà remarqué auparavant, ce blanc de blancs tiré sous liège et non dosé met en œuvre des chardonnays vinifiés en fût de chêne. Après un repos de 5 ans sur ses lies, il charme par son expression intense, complexe et élégante : fleurs blanches, poire et beurre, nuancés de notes de maturité comme la cire, la figue et les fruits confits, et d'un boisé subtil et bien fondu. Ample en attaque, structuré, servi par une finale acidulée et longue, il laisse une impression d'harmonie. ⧗ 2020-2023 ● **Tradition ★ (11 à 15 €; 36000 b.)** Issu des 3 cépages champenois à parts égales, vieilli 3 ans sur lies, un brut aux arômes d'agrumes, de miel et de pain d'épice en harmonie avec un palais rond et puissant, à la finale citronnée. Un champagne raffiné, malgré un dosage perceptible. ⧗ 2020-2023

CHAMPAGNE ANDRÉ GOUTORBE ET FILS, 6, rue Georges-Clemenceau, 51480 Damery, tél. 03 26 58 43 47, champ.goutorbe-andre@wanadoo.fr r.-v.

ALFRED GRATIEN Cuvée Paradis 2013 ★★

● | 7000 | | 75 à 100 €

Une maison fondée en 1864 par Alfred Gratien, rachetée en 2000 par le groupe allemand Henkell & Co (devenu en 2018 Henkell-Freixenet), qui rassemble de nombreuses marques européennes d'effervescents. Elle a conservé son chef de cave, Nicolas Jaeger, quatrième du nom à travailler pour la marque et à en garder les traditions (absence de fermentation malolactique, élevage des vins de base en pièce champenoise de réemploi). (NM)

Le millésime 2013 n'est pas le plus réputé, mais en Champagne, cette année tardive a donné quelques belles cuvées, comme celle-ci. Le chardonnay, qui semble s'être mieux comporté, est majoritaire (65 %, avec le pinot noir en complément). Le mode d'élaboration de la maison a fait le reste et permis de proposer une cuvée de prestige dans la veine de ses aînées. Dans le verre, une robe dorée à la bulle fine et persistante, un nez expressif et aérien, beurré et légèrement brioché, prolongé par une bouche vive et persistante, aux arômes de fruits secs, marquée en finale par une touche d'amertume. Un champagne de repas. ⧗ 2020-2024 ● **★ (30 à 50 €; 150000 b.)** Un brut né de chardonnay, pinot noir et pinot meunier, paré d'une jolie robe jaune soutenu, au nez riche de vanille et de caramel, à la bouche vive, tendue en attaque, plus ronde et structurée dans son développement, ouverte sur la pomme verte, les fruits jaunes mûrs et les herbes sèches, soutenue par un bon boisé fondu. ⧗ 2020-2023

ALFRED GRATIEN,
30, rue Maurice-Cerveaux, 51200 Épernay,
tél. 03 26 54 38 20, contact@alfredgratien.com
t.l.j. sf dim. lun. 10h-13h 14h-18h

GRATIOT ET CIE Extra-brut Désiré Gratiot 2012 ★

● | 3400 | | 20 à 30 €

Au tournant du XXᵉs., Désiré Gratiot, né en 1868, qui cultive 1,5 ha de vignes, remporte un prix du Concours agricole de Paris pour son vin blanc. Son petit-fils Gérard lance son champagne en 1970. Rémy Gratiot, arrière-petit-fils de Désiré, prend en 2002 les rênes de la maison : 18 ha dans la vallée de la Marne, en aval de Château-Thierry. Il se veut l'ambassadeur du principal cépage local : le meunier. (NM)

Le chardonnay (47 %) et les pinots (meunier 33 %, pinot noir 20 %) font presque jeu égal dans ce brut millésimé livrant un nez subtilement fruité, mêlant pomme verte, prune, fraise et groseille, rehaussé d'une touche briochée. En bouche, ce fruité acidulé, mis en valeur par un dosage faible, s'exprime avec persistance dans une matière soyeuse. Une puissance mesurée mais une réelle séduction. ⧗ 2020-2024

CHAMPAGNE GRATIOT ET CIE,
27, av. Fernand-Drouet, 02310 Charly-sur-Marne,
tél. 03 23 82 06 89, contact@champagne-gratiot.fr
t.l.j. sf sam. dim. 9h-12h 14h-18h

GRUET Cuvée des 3 Blancs ★

● | 69 610 | | 20 à 30 €

Les Gruet cultivaient déjà la vigne sous Louis XIV dans la Côte des Bar, mais c'est Claude Gruet qui a constitué le domaine, se lançant dans l'élaboration du champagne en 1975. Il a transmis à son fils Pierre-Charles un vignoble de 20 ha complété par une structure de négoce. (NM)

Les 3 blancs ? Outre le chardonnay, pilier blanc de la trilogie champenoise, le pinot blanc, cultivé dans l'Aube, et l'arbane, ancien cépage oublié. Dans le verre, un brut or pâle, qui s'ouvre avec discrétion sur les fleurs et les fruits blancs (pêche, poire). On retrouve la suavité délicate de la pêche et de la fleur d'oranger dans une bouche très ronde, vivifiée par des nuances acidulées d'agrumes, de groseille blanche et par une légère amertume. ⧗ 2020-2023

CHAMPAGNE GRUET, 48, Grande-Rue, 10110 Buxeuil,
tél. 03 25 38 54 94, contact@champagne-gruet.com
t.l.j. 8h-12h 13h30-17h30 ; sam. dim. sur r.-v.;
f. sem. du 15 août

MAURICE GRUMIER Extra-brut 100 % pinot noir Les Rosiers Rosé de saignée ★★

● | 1500 | | 30 à 50 €

Héritier d'une lignée remontant à 1743, Amand Grumier commercialise ses premières bouteilles en 1928. Fabien arrive sur le domaine en 1999 et en prend les rênes en 2006. Avec son épouse Hélène, il exploite 8 ha dans la vallée de la Marne. Domaine certifié Haute valeur environnementale. (RM)

Issu d'une seule parcelle et de la vendange 2015, un rosé original, obtenu par macération de pinot noir, suivie d'une vinification en fût sans fermentation malolactique et d'un repos de 4 ans sur lattes. Robe saumon soutenu, nez intense, complexe et frais mêlant fruits rouges et note abricotée à un léger boisé, entre vanille et amande, il captive. Fruité, réglissé et citronné au palais, vineux et net, tonique et long, il pourra accompagner un repas. Du caractère. ⧗ 2020-2025 ● **Extra-brut Solera ★ (50 à 75 €; 1100 b.)** Mariant par tiers les 3 cépages champenois, vieilli 8 ans sur lattes, il assemble les années 2011 à 2005, grâce à la solera, réserve renouvelée chaque année. Un champagne complexe (pomme mûre, abricot, vanille, grillé, touche de réglisse), légèrement boisé, équilibré et persistant. ⧗ 2020-2023

CHAMPAGNE MAURICE GRUMIER,
13, rte d'Arty, 51480 Venteuil, tél. 03 26 58 48 10,
champagnegrumier@wanadoo.fr r.-v.

NICOLAS GUEUSQUIN ★

● 1ᵉʳ cru | 180 000 | | 15 à 20 €

Établi près d'Épernay, un négoce discret mais prospère, créé en 1993 par Nicolas Gueusquin, ingénieur agronome. Toujours dirigé par son fondateur, il s'appuie sur un vignoble en propre de près de 12 ha à Dizy et à Oiry. (NM)

Issu de raisins noirs majoritaires (81 %, pinot noir surtout), ce brut or jaune, aux arômes de pomme mûre et d'épices, se déploie avec rondeur, ampleur et une certaine longueur. ⧗ 2020-2023 ● **Cuvée Prestige ★ (20 à 30 €; 180 000 b.)** Né d'un assemblage des 3 cépages champenois (avec environ 3/4 de noirs, pinot noir en tête), un brut aux arômes d'agrumes soulignés par une franche vivacité. ⧗ 2020-2023

CHAMPAGNE NICOLAS GUEUSQUIN,
5, allée du Petit-Bois, 51530 Dizy, tél. 03 26 59 99 34,
n.gueusquin@sa-lesrochesblanches.fr r.-v.

♥ CÉDRIC GUYOT Cuvée Séduction ★★

● | 1330 | 20 à 30 €

Albert, l'arrière-grand-père, élève des moutons et produit du vin pour sa consommation. Gaston plante de la vigne en 1965. Premières bouteilles en 1970, nouvelles plantations avec Patrice, qui développe la commercialisation. Après avoir vinifié dans la vallée du Rhône et la Napa Valley, Cédric Guyot prend en 2004 la tête du domaine : 5,6 ha dans le Sézannais. (RM)

Ce rosé mérite bien son nom. Né de pinot noir, il est construit sur la récolte 2016. À la robe soutenue, groseille, répond un nez tout en petits fruits, entre cerise fraîche et mûre, rehaussé d'une pointe mentholée. Les fruits rouges s'épanouissent dans une bouche généreuse, souple et ronde, marquée en finale d'une légère pointe tannique. Un remarquable rosé de repas ou de dessert. ⧗ 2020-2022

CHAMPAGNE CÉDRIC GUYOT, 10, rue des Tessards, 51120 Fontaine-Denis-Nuisy, tél. 03 26 80 22 18, info@champagneguyot.com r.-v.

GUYOT-GUILLAUME Brut nature Blanc de noirs ★

6000 | 20 à 30 €

Premiers champagnes Guyot en 1954, plantations entre 1960 et 1980 dans la vallée de l'Ardre. Installé en 1975, Dominique Guyot a ajouté le nom de son épouse sur l'étiquette. En 2016, il a transmis le domaine de 5 ha à Agathe et Thomas, ce dernier œnologue. Adhérents à la coopérative, les Guyot assurent l'élaboration après la prise de mousse. Propriété certifiée Haute valeur environnementale. (RC)

Issu de meunier majoritaire, vieilli 4 ans sur lattes et non dosé, un blanc de noirs à la robe jaune doré parcourue d'un cordon persistant de bulles. Flatteur d'emblée par sa palette aromatique bien fruitée où la mirabelle rencontre les agrumes et une touche réglissée, il suit en bouche cette ligne fruitée et gourmande. ⧗ 2020-2023

CHAMPAGNE GUYOT-GUILLAUME, 9, rue des Sablons, 51390 Méry-Prémecy, tél. 03 26 03 65 25, contact@champagneguyot-guillaume.fr r.-v.

GUYOT-POUTRIEUX Blanc de blancs ★

1er cru | 6500 | 15 à 20 €

Cédric Guyot obtient un diplôme de sommellerie, puis reprend en 2002 le domaine familial fondé en 1920 par son arrière-grand-mère Élise dans la Côte des Blancs. Hommage est rendu à l'aïeule avec la gamme «Les Vertus d'Élise». Autre marque : Guyot-Poutrieux. (RC)

Vieilli 3 ans sur lattes, un chardonnay au nez minéral, épicé et grillé. Son ampleur et sa rondeur sont contrebalancées par une bonne acidité. ⧗ 2020-2023 ● **1er cru Sélection ★ (11 à 15 €; 4000 b.)** Né de très vieilles vignes de chardonnay (60 %) et de pinot noir, un brut sans année élégant, délicat et minéral, aux arômes d'aubépine, de fruits blancs et de toast. Agréable à l'apéritif et avec poissons et crustacés, il sera apprécié comme un blanc de blancs. ⧗ 2020-2023

SCEV LES VERTUS D'ÉLISE, 12, rue du Dr-Bonnet, Vertus, 51130 Blancs-Coteaux, tél. 06 70 72 84 87, guyot.poutrieux@gmail.com r.-v.

JEAN-NOËL HATON Blanc de blancs Extra ★★★

Gd cru | 30000 | 30 à 50 €

Fondé en 1928 par Octave Haton, l'un des pionniers de la manipulation à Damery, ce négoce est dirigé par Jean-Noël Haton depuis 1971; son fils Sébastien officie en cave. La famille s'approvisionne sur 110 ha et détient un vignoble de 20 ha. À la cuverie, plus de 100 cuves, permettant de vinifier les crus séparément, et des fûts utilisés pour certains vins de réserve. (NM)

Vieilli longtemps en cave, ce blanc de blancs à la bulle fine et «volcanique» s'est placé sur les rangs pour un coup de cœur. On loue son nez vif, aussi puissant qu'élégant, bien prolongé par un palais dynamique, tout en fraîcheur, justement dosé, aux arômes d'acacia et de pêche blanche, avec une touche de litchi. La petite fraction de vin de base vinifiée sous bois est peu sensible aromatiquement. Parfait avec des huîtres ou autres produits de la mer. ⧗ 2020-2023 ● **Classic ★ (20 à 30 €; 150000 b.)** Issu des 2 pinots (meunier majoritaire), un blanc de noirs complexe et fin, à la fois rond et frais, typé par sa robe or soutenu et par sa palette très fruitée (pêche et citron confit), nuancée de notes de frangipane et de vanille. ⧗ 2020-2023

CHAMPAGNE JEAN-NOËL HATON, 5, rue Jean-Mermoz, 51480 Damery, tél. 03 26 58 40 45, contact@champagne-haton.com r.-v.

HATON ET FILLES Blanc de blancs René Haton ★

1er cru | 12000 | 20 à 30 €

À Damery, gros bourg viticole sur la rive droite de la Marne, on compte plusieurs branches de la famille Haton. Cette maison a été fondée en 1928 par Eugène Haton et son fils Octave. Elle est dirigée par l'un des petits-fils d'Octave, Philippe Haton, épaulé par son épouse Isabelle. Avec l'installation de leurs filles Élodie et Ophélie en 2017, la marque Haton et Fils est devenue «Haton et Filles». (NM)

Dédié au père du vigneron, ce blanc de blancs reste 36 mois en cave. Cette version, qui met en œuvre la vendange 2016, a intéressé nos dégustateurs par son expression complexe et évoluée, qui tire vers le sous-bois. Ronde en attaque, vive en finale, elle s'accordera avec du poisson et des crustacés cuisinés. ⧗ 2020-2023

CHAMPAGNE HATON ET FILLES, 28, rue Alphonse-Perrin, 51480 Damery, tél. 03 26 58 41 11, contact@champagnehatonetfilles.fr *t.l.j. 9h-12h 14h-18h*

GRATIEN HATTÉ Blanc de chardonnay ★

Gd cru | 3000 | 20 à 30 €

Ludovic Hatté a repris en 1979 le vignoble familial constitué au début du siècle dernier : 10,5 ha dans 4 grands crus de la Montagne de Reims dédiés au pinot noir, ainsi que des parcelles de meunier dans la vallée de l'Ardre. (RM)

Le chardonnay se fraie une place non négligeable dans la Montagne de Reims, même à Verzenay, fief du pinot noir. Ce blanc de blancs, qui associe les vendanges 2016 et 2015, s'annonce par un nez intensément floral. «Un chardonnay dans toute sa fraîcheur» : voilà bien la principale qualité attendue de ce type de champagne. ⧗ 2020-2023

CHAMPAGNE LUDOVIC HATTÉ, 3, rue Thiers, 51360 Verzenay, tél. 03 26 49 43 94, champagneludovichatte@orange.fr r.-v.

♥ CHARLES HEIDSIECK
Blanc de blancs Blanc des millénaires 2006 ★★

n.c. | + de 100 €

La saga des Heidsieck débute avec Florens Louis, originaire d'Allemagne, qui crée en 1785 une structure à l'origine de toutes les maisons Heidsieck. Celle-ci est fondée en 1851 par son petit-neveu Charles-Camille. Ce dernier achète 47 crayères remontant à l'Antiquité pour entreposer

les nombreuses cuvées qu'il entend écouler et part à la conquête des États-Unis, où il se fait l'ambassadeur de la maison. Comme Piper Heidsieck, la marque appartient depuis 2011 au groupe EPI, détenteur de marques haut de gamme. Après Thierry Roset, disparu en 2014, Cyril Brun est le chef de cave. (NM)

Seulement le 6e millésime pour cette cuvée emblématique, après les 1983, 1985, 1990, 1995 et 2004. Un blanc de blancs issu de 5 crus de la Côte des Blancs : Oger, Mesnils-sur-Oger, Avize, Cramant et Vertus. La robe est élégante, joliment dorée, animée de bulles fines et d'une crème évanescente. Au nez, les fleurs blanches se mêlent aux agrumes, à l'orange notamment, au menthol et à des notes gourmandes de noisette. La bouche attaque sur une belle fraîcheur saline, puis se fait ample, riche, suave, presque crémeuse ; on y retrouve la noisette, mais aussi des notes de beurre et de fruits jaunes mûrs. Un 2006 qui associe la fraîcheur minérale, une grande finesse de texture, la générosité et la maturité du millésime. ⧗ 2020-2030 ● **2005 ★★ (75 à 100 €; n.c.)** Il est resté plus de 10 ans sur ses lies, ce rosé du radieux millésime 2005, composé de 37 % de chardonnay pour 63 % de pinot noir, dont 8 % de vin rouge des Riceys. La robe œil-de-perdrix aux reflets tuilés s'anime d'un cordon fourni de fines bulles. Intense, riche et complexe, le nez déploie toute une gamme de notes fruitées aux nuances évoluées : quetsche, orange confite, pain grillé, torréfaction, fruits secs, anis, curry. Le palais, à l'unisson, apporte lui aussi une « explosion d'arômes et de saveurs ». Fruité, épicé, beurré, brioché, il s'impose par son ampleur, sa générosité et sa longueur, offrant une finale débordante de fruit. Un rosé de table. ⧗ 2020-2025 ● **Réserve ★ (50 à 75 €; n.c.)** Issu des 3 cépages champenois (pinot noir 43 %, chardonnay 37 %, meunier 20 %), ce rosé comprend 20 % de vin de réserve. Robe pastel à reflets ambrés, nez complexe et évolué, brioché, toasté et épicé, bouche dans le même registre, à la fois ronde et fraîche, de belle longueur. Pour l'apéritif comme pour la table. ⧗ 2020-2023

CHAMPAGNE CHARLES HEIDSIECK, 12, allée du Vignoble, 51100 Reims, tél. 03 26 84 43 00, alison.bouchet@charlesheidsieck.com

HENRIOT 2012 ★

●	n.c.	🍾	75 à 100 €

Négociants en draps et en vins établis dans la région au XVIIes., les Henriot s'intéressent au champagne dès le siècle suivant. La marque remonte à 1808, lancée par une veuve champenoise, Apolline Henriot. Restée indépendante, la maison a connu un beau développement avec Joseph Henriot, disparu en 2015 ; elle s'est étendue à la Bourgogne (Bouchard Père et Fils, William Fèvre) et au Beaujolais (Villa Ponciago). Aujourd'hui présidée par Gilles de Larouzière, dirigée par Guillaume Cocude, elle a confié en 2020 les clés de la cave à Alice Tétienne, venue du Champagne Krug. Le chardonnay est très présent dans les champagnes Henriot. (NM)

Composé de chardonnay et de pinot noir à parts égales, un rosé d'un millésime coté, grâce à des raisins concentrés et frais. Vieilli 5 ans sur ses lies, il affiche une robe saumon pâle animée de bulles actives. Précis et complexe au nez, il allie les fruits mûrs à des nuances de brioche et de pain grillé. Dans le même registre, la bouche conjugue une matière consistante et une réelle élégance. La finale persistante se teinte d'une légère amertume. Un vin complet, pour l'apéritif comme pour la table. ⧗ 2020-2023

CHAMPAGNE HENRIOT, 81, rue Coquebert, 51100 Reims, tél. 03 26 89 53 00, contact@champagne-henriot.com

GÉRARD HENRY Dosage zéro ★★

●	1500	🍾	15 à 20 €

Conduite par Gérard Henry depuis 1986, cette exploitation est implantée dans la vallée de la Marne. Le vigneron fait vieillir ses cuvées longuement sur lattes : il faut 4 à 7 ans pour que le grain de raisin se retrouve dans la flûte. (RM)

Aucun sucre ajouté après le dégorgement, voilà qui pourrait expliquer la fraîcheur de cette cuvée issue de meunier majoritaire (73 %, avec un appoint de chardonnay et une goutte de pinot noir) de la récolte 2011, complétée des 2 années précédentes. D'un jaune soutenu, ce champagne libère des notes de fleurs blanches et d'agrumes, teintées d'une touche fumée. Expressif, subtil, complexe, harmonieux et long, il laisse un bon souvenir. ⧗ 2020-2023 ● ★ **(11 à 15 €; 6000 b.)** Une dominante de meunier (75 %, avec 20 % de chardonnay et 5 % de pinot noir) et les récoltes 2012 et 2011 au service de ce brut vineux, chaleureux et évolué, aux arômes d'abricot, de fruits secs ou compotés et de pain grillé. ⧗ 2020-2023

CHAMPAGNE GÉRARD HENRY, 8, rue de Reims, 51700 Verneuil, tél. 03 26 52 96 02, champagnegerardhenry@wanadoo.fr V r.-v.

PHILIPPE HENRY Blanc de blancs ★★

●	1500	🍾	15 à 20 €

Installé en 1990 sur 3 ha, Philippe Henry a agrandi son vignoble qui couvre aujourd'hui près de 6 ha sur les 2 rives de la Marne, à Dormans et à Verneuil. Ses cuvées sont vinifiées à la coopérative de Verneuil. Propriété certifiée Haute valeur environnementale. (RC)

Délicat et frais, ce blanc de blancs s'ouvre à l'aération sur les agrumes teintés d'une note originale de framboise blanche. Très équilibré en bouche, fruité, frais et salin, il dévoile en finale une agréable amertume aux accents de pamplemousse. De la subtilité. ⧗ 2020-2023 ● ★ **(15 à 20 €; 1500 b.)** Un rosé à dominante de meunier (90 %, avec du chardonnay en appoint). Avec son nez puissant, sur la cerise épicée, sa bouche vineuse et charpentée, il pourra accompagner un repas. ⧗ 2020-2023

CHAMPAGNE PHILIPPE HENRY, 26, rue du Bois-Lecomte, 51700 Verneuil, tél. 03 26 52 94 57, champagne.philippehenry@orange.fr V r.-v.

HERBELET Extra-brut Prestige 2012 ★

● Gd cru	1295	🍾	30 à 50 €

Installés dans une maison champenoise typique avec ses parements de brique, Grégoire et Valérie Herbelet conduisent depuis 2005 ce domaine familial de 9 ha, très bien situé à Oger, grand cru de la Côte des Blancs. Les champagnes de la propriété reposent au moins trois ans en cave. Adresse du caveau : 15, rue du Gué, à Oger. (RM)

Issue d'un millésime réputé, cette cuvée peu dosée est un blanc de blancs. Au nez comme en bouche, elle exprime des arômes évolués de pomme au four et de pâte de coings. Ample et crémeuse, dotée d'une finale de belle longueur aux accents de pain d'épice, elle a gardé une fraîcheur tonique, tout en adoptant un profil «automnal». Elle devrait s'accorder avec viandes blanches, poissons en sauce et fromages. ⧗ 2020-2023

CHAMPAGNE HERBELET, 4, rue de Chastillon, 51190 Oger, tél. 03 26 52 24 75, gregoire.herbelet@wanadoo.fr V r.-v.

DIDIER HERBERT Extra-brut ★★

●	4000		20 à 30 €

Didier Herbert reprend en 1982 l'exploitation familiale, installe un pressoir, aménage une cuverie, lance sa marque. Ses vignes ne lui suffisant plus, il prend le statut de négociant. Il dispose aujourd'hui en propre de plus de 6 ha dans cinq communes de la Montagne de Reims, en 1er cru et en grand cru (Mailly, Verzenay). (NM)

Un mot pour résumer cette cuvée, qui assemble pinot noir et chardonnay : élégance, le mot revient sur toutes les fiches. Délicatesse et minéralité d'un nez sur les fleurs et les fruits blancs; pureté, fraîcheur et longueur d'une bouche tout en finesse, aux arômes d'agrumes et de fruits exotiques, servie par une finale nette et minérale : un champagne idéal pour un apéritif dînatoire, des fruits de mer ou du poisson cru. ⧗ 2020-2023

DIDIER HERBERT, 32, rue de Reims, 51500 Rilly-la-Montagne, tél. 03 26 03 41 53, infos@champagneherbert.fr V r.-v. 5

STÉPHANE HERBERT Cuvée Excellence ★

● 1er cru	5100		20 à 30 €

Héritier de plusieurs générations de vignerons, Stéphane Herbert a lancé sa marque en 2000, quatre ans après son installation. Il exploite 4,5 ha autour de Rilly-la-Montagne, 1er cru de la Montagne de Reims proche de la cité des Sacres. Ses vins de base sont vinifiés en fût. (RC)

Un brut né de pur chardonnay et de la récolte 2016. Un élevage de 10 mois en fût a contribué à son expression délicate et assez complexe, entre fruits blancs, pain, noisette fraîche, fruits secs et brioche. Vif en attaque, à la fois ample et frais, le palais finit sur une note d'agrumes. Un blanc de blancs bien typé. ⧗ 2020-2023 ● **1er cru Réserve Véronèse ★ (20 à 30 €; 5000 b.)** Construite sur la récolte 2016, une cuvée mi-blancs mi-noirs (pinot noir) séduisante tant par son nez de fruits jaunes, de frangipane et de pain grillé que par sa bouche équilibrée, vive, de belle longueur. ⧗ 2020-2023 ● **1er cru Chardonnay 2013 ★ (30 à 50 €; 4200 b.)** Une expression séduisante, évoluée et boisée (pêche au sirop, mirabelle, fruits cuits, miel, beurre, brioche, notes toastées) pour ce blanc de blancs millésimé, en harmonie avec une bouche à la fois ample et fraîche, marquée en finale par une touche de moka. ⧗ 2020-2023

CHAMPAGNE STÉPHANE HERBERT, 11, rue Roger-Salengro, 51500 Rilly-la-Montagne, tél. 03 26 03 49 93, champagneherbert@orange.fr V r.-v.

CHARLES HESTON Sélection Chardonnay ★

●	15000		15 à 20 €

Lancée en 2010, Charles Heston est la marque de la coopérative Les Six Coteaux, fondée en 1951 dans le massif de Saint-Thierry, au nord-ouest de Reims : plus de cent adhérents y apportent la récolte de leurs 120 ha. (CM)

Les vins de base, vinifiés en partie sous bois, ont ajouté une note de café à l'expression florale et fruitée de ce blanc de blancs. Le beurre et la brioche s'ajoutent à cette palette dans une bouche très équilibrée, à la longue finale saline. ⧗ 2020-2023 ● **L'Ambassadrice ★ (15 à 20 €; 13000 b.)** : une nouvelle réussite pour cet assemblage de chardonnay (60 %) et de pinot noir, au nez floral et minéral et à la bouche harmonieuse, ample et fraîche, vivifiée par une finale citronnée. ⧗ 2020-2023

CHAMPAGNE CHARLES HESTON, 20, rte de Thil, 51220 Villers-Franqueux, tél. 03 26 03 08 78, contact@champagne-charlesheston.com V *t.l.j. 9h-13h 14h-19h; sam. 10h-19h30; dim. 10h-13h30*

GUILLAUME HEUCQ Émotion 2012 ★★

●	1500		20 à 30 €

François Heucq a pris en 1974 la suite de 3 générations. Il a agrandi le domaine familial et a installé en 1978 un pressoir pour devenir récoltant-manipulant. Il exploite aujourd'hui avec son fils Guillaume un vignoble aux environs de Fleury-la-Rivière, village proche d'Épernay, situé sur la rive droite de la Marne. (RM)

Ce brut millésimé doit tout au chardonnay. La robe au cordon persistant et fourni montre encore des reflets verts. Frais et bien typé blanc de blancs, le nez mêle agrumes, fruits blancs ou jaunes et beurre, avec une touche mentholée. La bouche complexe et vive déploie des notes flatteuses de tarte au citron, servie par un dosage précis et par une belle minéralité. Un champagne de caractère, riche et gourmand. ⧗ 2020-2025 ● **François Heucq Réserve ★ (11 à 15 €; 30000 b.)** Meunier (50 %), pinot noir (20 %) et chardonnay (30 %) concourent à ce brut au nez floral et minéral, vif et équilibré, pour l'apéritif. ⧗ 2020-2023

CHAMPAGNE FRANÇOIS HEUCQ, 3, imp. de l'École, 51480 Fleury-la-Rivière, tél. 03 26 58 60 20, champagne.francoisheucq@gmail.com V r.-v.

L'HOSTE PÈRE ET FILS Blanc de blancs Prestige ★★

●	45000	15 à 20 €

À l'écart des capitales du champagne que sont Reims et Épernay, le vignoble de Vitry-le-François ne s'est développé que récemment. Jean L'Hoste, qui a constitué son exploitation à partir de 1971, est un des pionniers de l'élaboration du champagne dans la région. Aujourd'hui, ses fils Pascal et Dominique, et son petit-fils Clément disposent d'un coquet domaine de 15 ha à dominante de chardonnay. (NM)

Une bulle rapide et vive dans une robe jaune-vert, un nez finement fruité, entre agrumes et fruits blancs, un palais bien construit, onctueux et suave en attaque, aux arômes de pêche mûre, dynamisé par une finale fraîche : un blanc de blancs accompli. ⧗ 2020-2022

CHAMPAGNE L'HOSTE, 11, rue de Vavray, 51300 Bassuet, tél. 03 26 73 94 43, champagnelhoste@wanadoo.fr V t.l.j. sf dim. 9h-12h 14h-19h

HOUSSART ★

rosé	1000		15 à 20 €

Fraîchement diplômé d'œnologie, Romain Houssart reprend en 2007 l'exploitation de ses grands-parents à Chamery, 1er cru de la Montagne de Reims. Sa démarche : vinification sans fermentation malolactique, élevages longs sur lies fines, en cuve Inox ou en fût, conservation des vins de réserve en demi-muid. (RM)

Trois quarts de pinots (dont meunier 55 %) et un élevage partiel sous bois pour ce rosé d'assemblage qui tire d'un apport de 16 % de vin rouge sa couleur saumonée. Sa palette aromatique mêle confiture de fraises, framboise, fruits jaunes et notes briochées. Dans le même registre gourmand et suave, évocateur de crumble aux fruits rouges, la bouche séduit par sa texture crémeuse. Accessible et flatteur. ⧗ 2020-2023 ● **1er cru Réserve ★ (11 à 15 €; 5000 b.)** Privilégiant les raisins noirs (73 %, meunier surtout), il inclut 20 % de vins élevé sous bois. Un brut structuré et vif, à la palette évoluée et complexe (agrumes, fruits blancs, cerise confite et kirschée, vanille). ⧗ 2020-2022

ROMAIN HOUSSART, 7, rue de l'Église, 51500 Chamery, tél. 06 84 38 39 66, champagnehoussart@hotmail.fr V *r.-v.*

AUGUSTE HUIBAN Blanc de noirs ★

●	15231		15 à 20 €

Repris en 1990 par Éric Ammeux et son épouse Isabelle, ce vignoble familial d'environ 4 ha se partage entre Jonquery, dans un vallon entre Ardre et Marne, et Fontaine-sur-Aÿ, près d'Épernay. Les raisins de Jonquery donnent naissance au champagne Auguste Huiban, ceux de Fontaine-sur-Aÿ à la marque Paul Augustin, lancée en 2005 par Isabelle. (RM)

Bien typé blanc de noirs, ce pur meunier affiche une robe or soutenu. Beurré et brioché, il se révèle aussi rond que long. Une belle présence. ⧗ 2020-2023 ● **Cuvée des Dames blanches ★ (15 à 20 €; 3000 b.)** Issu de meunier, un blanc de noirs dosé avec mesure, au nez délicatement floral et anisé, droit, minéral et raffiné. ⧗ 2020-2023

CHAMPAGNE AUGUSTE HUIBAN, 1, rue de la Barbe-aux-Cannes, 51700 Jonquery, tél. 03 26 58 10 55, info@champagne-maison-huiban.fr V *t.l.j. 9h-12h 13h30-18h; sam. dim. sur r.-v.*

LOUIS HUOT Réserve ★

●	8000		20 à 30 €

En 1950, Louis Huot, héritier d'une lignée de viticulteurs, lance son champagne. En 2000, ses arrière-petits-enfants, Virginie et Olivier Huot, reprennent le domaine, fort d'un vignoble de 7,6 ha sur les coteaux sud d'Épernay. (RM)

Mariant par tiers les 3 cépages champenois, ce brut sans année comprend 25 % de vins de réserve élevés en solera (la cuve est régulièrement renouvelée par l'apport de vins jeunes). Il séduit par la richesse de sa palette à dominante fruitée et compotée (pomme, poire, coing, fruits jaunes et amande, avec une note briochée), en harmonie avec un palais rond et opulent, de bonne longueur. ⧗ 2020-2022

CHAMPAGNE LOUIS HUOT, 27 rue Julien-Ducos, 51530 Saint-Martin-d'Ablois, tél. 03 26 59 92 81, champagne.huot@wanadoo.fr V *r.-v.*

FERNAND HUTASSE ET FILS Clin d'œil ★

● Gd cru	2500		30 à 50 €

Les Hutasse se sont installés dans les années 1930 à Bouzy (grand cru de la Montagne de Reims réputé pour son pinot noir). Leur vignoble de 10 ha est aujourd'hui cultivé par Rudy et Nathalie. (RM)

Pinot noir et chardonnay de noble origine assemblés à parts égales composent cette cuvée qui séduit par son harmonie et par sa personnalité. Précis et flatteur, le nez sur la poire, le coing et le miel, prélude à une bouche franche, élégante, de belle longueur. Parfait pour l'apéritif ou des fruits de mer. ⧗ 2020-2023

CHAMPAGNE TORNAY, rue du Haut-Petit-Chemin, 51150 Bouzy, tél. 03 26 57 08 58, info@champagne-tornay.fr V *r.-v.*

GILBERT JACQUESSON Cuvée Sélection ★

●	9600		15 à 20 €

Henri Michel s'est lancé dans l'élaboration du champagne en 1926. Installé en 2004, son descendant Jean-Baptiste Jacquesson représente la 4e génération de récoltants-manipulants. Établi sur la rive gauche de la Marne, il exploite 6,8 ha de vignes. Exploitation certifiée Haute valeur environnementale. (RM)

« Bel équilibre des 3 cépages », écrit un juré à propos de ce brut associant meunier (40 %), pinot noir et chardonnay (30 % chacun). Le nez floral et fruité séduit par sa fraîcheur, la bouche sur le fruit blanc offre une belle ampleur, tonifiée par une finale nerveuse. Parfait pour l'apéritif. ⧗ 2020-2023

CHAMPAGNE GILBERT JACQUESSON, 6, rue de l'Avenir, 51700 Troissy, tél. 03 26 52 70 69, troissy@club-internet.fr V *r.-v.* 3

CAMILLE JACQUET Tradition ★

●	50000	15 à 20 €

Un ancêtre de Christophe et de Frédéric Pernet cultivait la vigne au début du XVIIes. Le tandem dirige aujourd'hui une petite maison de négoce forte d'un vignoble de 16 ha répartis entre Côte des Blancs, vallée de la Marne et coteaux d'Épernay. Deux étiquettes : Jean Pernet et Camille Jacquet. (NM)

Pinot noir (45 %), meunier (15 %) et chardonnay (40 %) composent cette cuvée au nez d'une belle élégance, floral et mentholé, un rien biscuité. Le fruit blanc et la brioche se font jour dans une bouche ample et vineuse, à la finale un peu stricte. ⧗ 2020-2023 ● **Gd cru Chardonnay ★ (20 à 30 €; 50000 b.)** Un blanc de blancs aux parfums subtils d'acacia et à la bouche équilibrée et fraîche. ⧗ 2020-2023

CHAMPAGNE JEAN PERNET, 6, rue de la Brèche-d'Oger, 51190 Le Mesnil-sur-Oger, tél. 03 26 57 54 24, champagne.pernet@orange.fr V *r.-v.*

CHAMPAGNE

MICHEL JACQUOT Réserve ★

● | 60000 | | 11 à 15 €

Le premier de la lignée, fils de forgeron, épouse à la fin du XIXes. une fille de vignerons d'Arconville, près de Bar-sur-Aube. La famille cultive aussi des céréales. Georges Gaucher développe l'exploitation viticole au sortir de la Seconde Guerre mondiale. Son fils Bernard lance son champagne en 1985. En 2017, Guillaume a rejoint l'exploitation, qui couvre 22 ha. Deux étiquettes : Bernard Gaucher et Michel Jacquot. (RM)

Issu de pinot noir très majoritaire (90 %, avec un appoint de chardonnay), ce brut séduit par son expression assez complexe, entre fleurs et fruits mûrs, avec une touche d'agrumes. Ce fruité subtil se prolonge dans une bouche équilibrée, fraîche et persistante. ⧗ 2020-2022

CHAMPAGNE MICHEL JACQUOT, 27, rue de la Croix-de-l'Orme, 10200 Arconville, tél. 03 25 27 87 31, champagnemicheljacquot@gmail.com V t.l.j. sf sam. dim. 9h-12h 14h-18h

E. JAMART ET CIE Extra-brut Libertine ★

● | 3000 | | 15 à 20 €

En 1936, année de crise et de mévente, le jeune boulanger Émilien Jamart monte une affaire de négoce avec son beau-père, caviste. Dirigée aujourd'hui par son arrière-petit-fils Maxime Oudart, la maison, qui a son siège à Saint-Martin-d'Ablois, village des coteaux sud d'Épernay, dispose de près de 5 ha de vignes. (NM)

Le meunier (50 %) apporte sa rondeur, le chardonnay, à parité, sa fraîcheur et une finale citronnée et saline qui laisse une impression de finesse. L'alliance équilibrée des blancs et des noirs lègue à cette cuvée une palette aromatique flatteuse, entre fleurs blanches, pêche jaune, abricot sec et noisette. ⧗ 2020-2023

CHAMPAGNE E. JAMART ET CIE, 13, rue Marcel-Soyeux, 51530 Saint-Martin-d'Ablois, tél. 03 26 59 92 78, champagne.jamart@wanadoo.fr V r.-v.

JEAN DE LA FONTAINE L'Éloquente ★★★

● | 90000 | | 11 à 15 €

Fondé en 1947 par Albert Baron, repris en 1972 par son fils Claude, largement secondé aujourd'hui par ses 3 filles, Claire, Aline et Lise (ces dernières œnologues), ce négoce dispose d'un important vignoble (55 ha) dans la vallée de la Marne, aux environs de Château-Thierry. Les champagnes élaborés par Lise Baron cultivent la fraîcheur. Leurs marques : Baron Albert, Claude Baron, Jean de La Fontaine, Eugénie Bezard. Maison certifiée Haute valeur environnementale. (NM)

Composée pour l'essentiel de meunier (80 %, avec le pinot noir et le chardonnay en appoint) et vinifiée pour une petite partie sous bois, cette Éloquente ne manque pas d'arguments : des bulles alertes, un nez tonique montrant aussi des nuances évoluées de cire, une bouche crémeuse, fraîche et longue aux arômes de fleurs et de fruits mûrs, avec une touche de tabac. De la finesse. ⧗ 2020-2023 ● **La Majestueuse 2011 ★★ (15 à 20 €; 10000 b.)** Aussi remarquable que dans le millésime précédent mais moins incisive, elle privilégie le chardonnay (80 %, complété par les 2 pinots) et intègre 15 % de vins élevés en fût. Un brut structuré, à la fois ample et vif, aux arômes complexes et mûrs (mirabelle, fruits macérés, pralin). ⧗ 2020-2023

CHAMPAGNE BARON ALBERT, 1, rue des Chaillots, Le Grand-Porteron, 02310 Charly-sur-Marne, tél. 03 23 82 02 65, baron@champagnebaronalbert.fr V t.l.j. sf dim. 8h-12h 13h30-17h45; sam. sur r.-v.

DIDIER JEANGOUT ET FILS ★

● | 17000 | | 11 à 15 €

Fondée en 1920, une exploitation familiale de 3,7 ha implantée dans la Montagne de Reims, non loin de la cité des Sacres. Elle est conduite depuis 1983 par Didier Jeangout, rejoint par son fils. Ces récoltants-coopérateurs proposent aussi des tables et chambres d'hôtes. Domaine certifié Haute valeur environnementale. (RC)

Les 3 cépages champenois, dont 2/3 de noirs (récoltes 2017 et 2016), concourent à l'agrément de cette cuvée or jaune, à la palette agréablement évoluée : confiture de coings, compote de pomme, cire et miel. Ce brut n'en montre pas moins une belle fraîcheur et une finale vive, plutôt longue, qui laisse une impression de légèreté. ⧗ 2020-2022

CHAMPAGNE JEANGOUT ET FILS, 3, rue Gervais, 51500 Rilly-la-Montagne, tél. 06 81 10 20 90, champagnedidierjeangout@orange.fr V r.-v. 3

ABEL JOBART Prestige ★

● | 3000 | 15 à 20 €

Fils de viticulteurs, Abel et Odette Jobart, installés dans la vallée de l'Ardre, au sud-ouest de Reims, ont lancé leur champagne en 1975 et sont devenus récoltants-manipulants en 1988. Leurs fils Thierry, Laurent et Vincent ont repris en 2002 le domaine (13 ha), aujourd'hui certifié Haute valeur environnementale. (RM)

Les 3 cépages champenois (meunier 40 %, pinot noir 20 %, chardonnay 40 %) contribuent à ce brut sans année vieilli 3 ans en cave, au nez grillé, légèrement évolué. De bonne longueur, le palais se déploie avec une ampleur équilibrée par une belle fraîcheur. ⧗ 2020-2023

CHAMPAGNE ABEL JOBART, 4, rue de la Sous-Préfecture, 51170 Sarcy, tél. 03 26 61 89 89, contact@champagne-abeljobart.com V r.-v.

RENÉ JOLLY Blanc de blancs ★

● | 9000 | | 20 à 30 €

Créé au XVIIIes. dans la vallée de l'Ource (Aube), ce domaine familial de 14 ha est conduit depuis 2000 par Pierre-Éric Jolly. Ce dernier, s'il est fidèle aux traditions (pressoir Coquard, dégorgement à la volée, élevage en fût), est aussi soucieux d'innovation, et a mis au point un muselet à trois branches. Diplômé de commerce international, il développe l'export. Propriété certifiée Haute valeur environnementale. (RM)

Au nez, ce chardonnay mêle les fleurs à des notes plus mûres de coing et de fruits confits. Agréable, vif et acidulé en bouche, il laisse transparaître un très subtil boisé aux nuances de tabac qui révèle un petit apport de vins élevés en fût. ⧗ 2020-2023

CHAMPAGNE RENÉ JOLLY, 10, rue de la Gare, 10110 Landreville, tél. 03 25 38 50 91, contact@jollychamp.com V r.-v.

JOLY-CHAMPAGNE ★★

●	9984		15 à 20 €

Rémy Joly et ses fils Aurélien et Maximilien représentent la 3ᵉ et la 4ᵉ générations sur ce domaine fondé en 1880. Ils exploitent la marque lancée en 1954 par les grands-parents et sont devenus récoltants-manipulants. Leur vignoble, d'une douzaine d'hectares, est implanté sur 5 communes des 2 rives de la Marne. (RM)

Rosé de noirs à dominante de meunier (80 %), il attire l'attention par sa robe rose bonbon à reflets rouges et par son expression intense et fraîche, entre fleur blanche et groseille. Ronde en attaque, la bouche, à l'unisson du nez, montre une vivacité qui souligne ses arômes persistants de petits fruits rouges acidulés. ⧗ 2020-2023

● **Grand Brut de réserve ★ (15 à 20 €; 21 684 b.)** : 3 années et 3 cépages (pinot noir, meunier et chardonnay à parts égales) sont assemblés dans ce brut équilibré, de bonne longueur, à la palette fruitée flatteuse (fruits jaunes compotés, figue et abricot confits). ⧗ 2020-2023

JOLY-CHAMPAGNE, 16, rte de Paris, 51700 Troissy, tél. 03 26 52 73 48, info@champagne-joly-champagne.com V r.-v.

JOSEPH-PERRIER
Extra-brut Blanc de blancs Esprit de Victoria 2010 ★★

●	5000	75 à 100 €

À la fin du XIXᵉ s., les vignes entourant Châlons-en-Champagne, qui ont aujourd'hui cédé la place à la ville, étaient réputées et la cité comptait une dizaine de maisons de champagne. Seule subsiste celle-ci, fondée en 1825 par Joseph Perrier, fils de négociant. Elle est présidée par Jean-Claude Fourmon, descendant de Paul Pithois qui avait pris le contrôle de l'affaire en 1888, rejoint à la direction générale par son fils Benjamin. L'entreprise possède un vignoble de 21 ha dans le cœur historique de la Champagne, aux alentours de Cumières et de Hautvillers. Nathalie Laplaige est chef de cave. (NM)

Le nom de la cuvée rappelle que la maison fournissait en champagne la reine Victoria. Resté 6 ans en cave, ce blanc de blancs millésimé provient de grands crus et de 1ᵉʳˢ crus de la Côte des Blancs et de la Grande Vallée de la Marne. D'un or pâle traversé par une bulle fine et élégante, il dévoile un nez aussi complexe que délicat : la fleur blanche et le tilleul s'allient au beurre et à des notes suaves de coing et de fruits à l'eau-de-vie. Ces arômes se teintent de miel dans une bouche fraîche en attaque, ample et ronde, d'une grande persistance. Une réelle finesse. ⧗ 2020-2023

JOSEPH PERRIER FILS ET CIE, 69, av. de Paris, 51000 Châlons-en-Champagne, tél. 03 26 68 29 51, contact@josephperrier.fr V r.-v.

♥ KRUG Grande cuvée 168ᵉ édition ★★★

●	n.c.		+ de 100 €

Originaire de la vallée du Rhin, Joseph Krug, fondateur en 1843 de cette célèbre maison rémoise, fut un assembleur hors pair, qui réussit à magnifier terroirs, cépages et millésimes pour élaborer des cuvées de prestige à son goût qui racontent le meilleur de la Champagne. Il codifia sa méthode, transmise de génération en génération. Une obsession du détail qui fait de Krug une maison à part. Si l'affaire appartient depuis 1999 au groupe LVMH, elle est restée maîtresse de son savoir-faire, le style étant garanti par Olivier Krug, gardien du temple, et l'élaboration suivie par Julie Cavil, chef de cave. Elle ne propose que des cuvées haut de gamme, fruits d'assemblages minutieux et savants de vins vinifiés en fûts de 205 l identifiés par le cru. La cave conserve en petites cuves 150 vins de réserve, certains âgés de 15 ans. Le vieillissement sur pointe des champagnes dure 6 ans au minimum. Il en résulte des cuvées complexes, au fort potentiel de garde. (NM)

LA cuvée de la maison Krug : celle qui, recréée chaque année, rend hommage au fondateur Joseph Krug et à son idée d'élaborer un champagne à la fois unique et universel, dépassant la notion de millésime et les aléas climatiques. Un champagne conçu comme une partition musicale, à partir de 198 vins issus de 11 années différentes allant de 1996 à 2012 pour cette 168ᵉ édition, avec ce dernier millésime au cœur de l'orchestre. Une année magnifique en Champagne malgré une météo qui avait fait craindre le pire (gel, pluie, tempêtes et grêle au cours de l'hiver et du printemps), avant une période de maturation exceptionnellement sèche ayant donné des raisins moins nombreux mais d'une qualité remarquable. Grâce à quoi, cette nouvelle édition (52 % de pinot noir, 35 % de chardonnay et 13 % de meunier) fait entendre une douce musique. La robe est limpide, doré clair, parcourue par des bulles évanescentes. Au nez, apparaissent des arômes de citron et de menthol, puis des notes de fleurs blanches, de pâte d'amande et de beurre frais. La bouche attaque avec beaucoup de finesse et de fraîcheur, avant de se faire ample, dense, veloutée, tendre, sur des saveurs de nougat, de noisette grillée et de fruits blancs mûrs, et de s'étirer dans une longue finale dynamique et déliée. Un champagne d'une profondeur inimitable, et pour longtemps. ⧗ 2020-2030

● **24ᵉ édition ★★★ (+ de 100 €; n.c.)** ♥ La dernière édition en date depuis le 1ᵉʳ opus de 1983, composée de 22 vins différents issus de 7 années : de 2006 à 2012. L'assemblage final associe 40 % de pinot noir, 32 % de meunier et 28 % de chardonnay, avec comme toujours du pinot noir macéré sur ses peaux (11 %) pour un surcroît de structure. Les vins de réserve constituent 71 % de l'assemblage. Robe corail d'une superbe intensité, nez puissant et riche de griotte, de groseille, de noisette grillée, de brioche, d'amande et d'épices douces : l'approche a un charme fou. La bouche affiche un équilibre parfait : à la fois tendue, finement acidulée, volumineuse et d'un soyeux envoûtant, elle déploie une finale d'une longueur infinie. ⧗ 2020-2030 ● **2006 ★★ (+ de 100 €; n.c.)** Un beau millésime champenois que 2006, marqué par une météo capricieuse, alternant périodes très sèches et fortes pluies, puis par une arrière-saison ensoleillée ayant donné des raisins mûrs et généreux. Dans le verre, un champagne très expressif, ouvert sur des arômes de fruits mûrs (poire, coing, mandarine), de brioche chaude et de tarte Tatin, avec en appoint une fine pointe minérale, crayeuse. En bouche, une attaque souple et veloutée, beaucoup de rondeur, une texture crémeuse et charnue, et une longue finale qui renoue avec la minéralité perçue à l'olfaction. ⧗ 2020-2030

KRUG, 5, rue Coquebert, 51100 Reims, tél. 03 26 84 44 20, krug@krug.fr

LABBÉ ET FILS Brut nature Blanc de blancs ★

● 1er cru	2000		20 à 30 €

Depuis la fin du XIXe s., les Labbé se succèdent de père en fils sur leurs terres de Chamery, 1er cru situé sur le flanc nord de la Montagne de Reims, qui mérite le détour pour la très haute flèche de son église. Ils élaborent leur champagne depuis l'arrivée en 1975 de Didier Labbé, aujourd'hui épaulé par ses fils Damien et Jérôme. À la tête de 10 ha, ces vignerons s'inspirent de la biodynamie (sans certification) et pratiquent des vinifications parcellaires. (RM)

Issue de 2 parcelles de chardonnay récoltées en 2015, année solaire, cette cuvée intègre 25 % de vins élevés en fût avec bâtonnage. Elle affiche une robe jaune-vert parcourue de bulles foisonnantes et libère des parfums frais et délicats de pêche et d'agrumes. Structurée, elle dévoile un aimable caractère sans rien de tranchant, malgré l'absence de sucre ajouté après le dégorgement. ⧗ 2020-2025

CHAMPAGNE LABBÉ ET FILS, 5, chem. du Hasat, 51500 Chamery, tél. 03 26 97 65 45, contact@champagnelabbe.com V r.-v.

LACROIX-TRIAULAIRE
Extra-brut Mont Marvin 2012 ★

●	6800		30 à 50 €

Les grands-parents des actuels récoltants, qui avaient pris en 1962 une ferme en Côte des Bar (Aube), furent agriculteurs et éleveurs de moutons. François Lacroix, leur fils, planta en 1972 les premières parcelles de pinot noir, vinifia dès 1983 et vendit du champagne à partir de 1987. Leurs enfants Théodore, œnologue, et Marie-Claire l'ont rejoint en 2007 et en 2012 respectivement, avant de lui succéder en 2013. À la tête de 8 ha de vignes, ils aiment créer des cuvées.

Peu cultivé dans l'Aube, le meunier représente plus du quart des superficies de ce domaine. Il est à l'origine de cette cuvée née d'un lieu-dit (2 ha) et d'une unique année. Vieilli 7 ans, ce champagne se signale par la finesse et la fraîcheur de ses parfums de fruits frais et d'agrumes, des qualités qui se retrouvent en bouche, alliées à une certaine ampleur, et même à un côté suave, malgré le faible dosage. ⧗ 2020-2025

LACROIX-TRIAULAIRE, 4, rue de la Motte, 10110 Merrey-sur-Arce, tél. 03 25 29 83 59, contact@champagne-lacroix-triaulaire.fr V r.-v.

LAGILLE ET FILS
Reflet d'une passion Grand Vintage 2012 ★★

●	3336		20 à 30 €

Treslon n'est pas le village champenois le plus connu. Si l'autoroute et le TGV passent tout près, la localité se cache dans un vallon proche de l'Ardre, à l'ouest de Reims. La grand-mère avait cultivé ici les premiers plants et Bernard Lagille lancé sa marque (1975). Ses filles Claire et Maud, installées en 2005, puis Vincent, le fils, en 2012, l'ont rejoint. Propriété certifiée Haute valeur environnementale. (RM)

Un brut millésimé issu de chardonnay majoritaire (68 %), complété par du pinot noir vinifié pour partie en fût. Il affiche une robe dorée animée d'un cordon de bulles fines et s'ouvre sur la pêche jaune et les agrumes confits. Complexe et persistant en bouche, il dévoile une texture crémeuse, ample avec élégance, qui met en valeur ses arômes : du citron, qui prend en finale des tons confits et miellés, du fruit sec. Une réelle harmonie. ⧗ 2020-2024

CHAMPAGNE LAGILLE, 49, rue de la Planchette, 51140 Treslon, tél. 03 26 97 43 99, contact@champagne-lagille.com V r.-v.

PHILIPPE LAMARLIÈRE Grande Réserve ★

●	100000		15 à 20 €

Fondée en 1929 par les familles Tribaut et Schloesser, cette structure de négoce se niche dans un vallon tributaire de la Marne, à l'orée de la forêt d'Hautvillers. Valentin et Sébastien Tribaut, qui ont pris la suite de Jean-Marie à la tête de l'affaire, disposent de 20 ha de vignes. Deux étiquettes : Tribaut-Schloesser et Philippe Lamarlière – cette dernière créée en hommage à un ouvrier fin dégustateur qui travailla trente ans au service de la maison. (NM)

Née de raisins noirs majoritaires (pinot noir et meunier à 40% chacun), ce brut vieilli 3 ans en cave offre un nez frais, d'une belle finesse, où s'annoncent avec discrétion les arômes qui s'affirment en bouche : fruits blancs, fruits jaunes, une touche de fruits secs. La cerise à l'eau-de-vie et les épices s'ajoutent à cette palette dans un palais généreux, d'une suavité soulignée par le dosage, tonifié par une finale fraîche et citronnée. ⧗ 2020-2023 ● **★ (20 à 30 €; 20000 b.)** Issu des 3 cépages champenois (avec 30 % de chardonnay), vieilli 3 ans, un rosé tout en finesse, crémeux et frais, minéral et élégant, aux arômes de fraise des bois et de citron vert. ⧗ 2020-2022

CHAMPAGNE PHILIPPE LAMARLIÈRE, 8, rue des Gais-Hordons, 51480 Romery, tél. 03 26 58 64 21, contact@svromery.fr

LAMIABLE Brut nature Graine d'étoiles ★

● Gd cru	2000		30 à 50 €

Installée à Tours-sur-Marne depuis 8 générations, la famille plante des vignes dans les années 1950, tandis que les frères Lamiable creusent les caves à la pioche

pendant plus de vingt hivers. Jean-Pierre Lamiable, installé en 1972, développe les ventes et prend le statut de négociant. En 2006, il a laissé les rênes de la maison à Ophélie Lapie-Lamiable, l'une de ses filles. Propriété certifiée Haute valeur environnementale. (NM)

Majoritaire (70 %, avec le chardonnay en appoint), le pinot noir laisse son empreinte sur ce brut non dosé, intense, vif et précis au nez, plutôt rond, de belle longueur, aux arômes de fruits jaunes confiturés. De l'harmonie et du caractère. ⧗ 2020-2023

LAMIABLE, 8, rue de Condé, 51150 Tours-sur-Marne, tél. 03 26 58 92 69, lamiable@champagnelamiable.fr V r.-v. *SARL O.Lamiable*

R. LAMIRAUX Hauts Coteaux ★★

● | 30000 | 15 à 20 €

Reprise par Béatrice et Raphaël Lamiraux au début des années 2000, cette structure familiale établie à Venteuil dans la vallée de la Marne a commercialisé ses premières bouteilles en 1907. La maison s'approvisionne dans la vallée de la Marne et en Côte des Blancs. Trois étiquettes : Granzamy Père et Fils, R. Lamiraux et Georges Fremy. (NM)

Issu d'une sélection de parcelles, ce brut à la robe bien dorée est un blanc de noirs issu des 2 pinots à parts égales. Construit sur l'année 2017, délicate, il n'en séduit pas moins : son nez intense et acidulé est un panier de fruits exotiques (fruit de la Passion, mangue, ananas). Le prélude à un palais gourmand, onctueux et étoffé, de belle longueur, où l'on retrouve en finale le côté acidulé. ⧗ 2020-2023 ● **Granzamy Père et Fils Cuvée spéciale ★ (15 à 20 €; 30000 b.)** Né d'un assemblage de meunier (70 %) et de chardonnay, un brut gourmand et équilibré, rond et frais, aux arômes de fruits blancs et de petits fruits rouges. ⧗ 2020-2023

CHAMPAGNE GRANZAMY PÈRE ET FILS, 15, rue de Champagne, 51480 Venteuil, tél. 03 26 58 60 62, champ.granzamy@orange.fr V r.-v.

JEAN-JACQUES LAMOUREUX ★

● | 12040 | 15 à 20 €

René Lamoureux a planté ses premières vignes en 1947 aux Riceys, relayé en 1978 par Jean-Jacques qui a lancé son champagne en 1985. Son fils Vivien, œnologue, officie aujourd'hui en cave. Le domaine couvre 12 ha. (RM)

Issu pour l'essentiel de pinot noir (94 %), ce rosé de noirs arbore une robe soutenue tirant sur le rubis, à laquelle répond un nez intense, panier de cerises, de mûres et de fruits blancs, prolongé par une bouche puissante, tout en petits fruits des bois, à la finale fraîche. ⧗ 2020-2023

CHAMPAGNE JEAN-JACQUES LAMOUREUX, 27_bis, rue du Gal-de-Gaulle, 10340 Les Riceys, tél. 03 25 29 11 55, champlamoureux@orange.fr V *t.l.j. sf dim. 10h-12h 14h-18h*

P. LANCELOT-ROYER
Blanc de blancs Cuvée des Chevaliers ★★

● Gd cru | 13149 | 20 à 30 €

Située à Cramant, grand cru de la Côte des Blancs, une exploitation créée par Pierre Lancelot et Françoise Royer en 1960 et conduite depuis 1996 par leur fille Sylvie et son mari Michel Chauvet, qui officie en cave. Le vignoble couvre 4 ha. (RM)

La dernière version de cette cuvée assemble la récolte 2016 et des vins de réserve des 3 années précédentes, élevés sous bois. Intense au nez, elle mêle brioche, fruits compotés et mandarine confite. Des agrumes confits que l'on retrouve dans une bouche vive en attaque, puis ronde avec élégance, de belle longueur, toujours tendue par une ligne de fraîcheur. ⧗ 2020-2023

CHAMPAGNE P. LANCELOT-ROYER, 540, rue du Gal-de-Gaulle, 51530 Cramant, tél. 03 26 57 51 41, champagne.lancelot.royer@cder.fr V r.-v.

LANSON Rose label ★

● | n.c. | 20 à 30 €

Maison fondée en 1760 par François Delamotte, propriétaire de vignes à Cumières. Jean-Baptiste Lanson prend le contrôle de l'affaire en 1837, lui donne son nom et sa dimension internationale en commerçant vers l'Europe du Nord. Dans l'orbite du groupe BCC depuis 2006, la marque dispose de 57 ha en propre, complétés d'apports de raisins qui lui permet d'avoir accès à plus d'une centaine de crus différents. Le style maison : une grande fraîcheur due à des vinifications sans fermentation malolactique. (NM)

Proche de la composition du Black Label (pinot noir 53 %, meunier 15 %, chardonnay 32 %), ce rosé affiche une robe pastel tirant sur l'orangé. Intense et fin, le nez se partage entre de légères notes toastées et des touches fraîches d'agrumes. La bouche se déploie avec souplesse sur des notes mûres, beurrées et empyreumatiques, équilibrée par une fraîcheur acidulée. ⧗ 2020-2023 ● **Black label ★ (20 à 30 €; n.c.)** : pour le brut sans année emblématique de la maison, né de pinot noir (50 %), de chardonnay (35 %) et de meunier, un nez intense et suave, entre fruits confits et amande, bien prolongé par un palais frais, de belle persistance, à la finale beurrée. ⧗ 2020-2023

CHAMPAGNE LANSON, 66, rue de Courlancy, 51100 Reims, tél. 03 26 78 50 50, info@lanson.com V r.-v.

GUY LARMANDIER ★★

● 1er cru | 28000 | 15 à 20 €

Récoltants-manipulants depuis plusieurs générations, les Larmandier sont bien connus dans la Côte des Blancs. La marque a été lancée en 1961. Depuis le décès de Guy, Colette Larmandier, associée à ses enfants, Marie-Hélène et François, conduit le domaine : 9 ha à Vertus, Chouilly et Cramant. (RM)

Portant la marque du chardonnay (90 %, avec un appoint de pinot noir), un brut or pâle à reflets verts, au nez discret, sur l'aubépine, les fruits blancs, les fruits exotiques et les agrumes. Son ampleur est équilibrée par un trait de fraîcheur qui laisse la bouche nette. Un champagne tonique et aérien. ⧗ 2020-2023

CHAMPAGNE GUY LARMANDIER, 30, rue du Gal-Kœnig, Vertus, 51130 Blancs-Coteaux, tél. 03 26 52 12 41, guy.larmandier@wanadoo.fr V r.-v.

CHAMPAGNE

LARNAUDIE-HIRAULT Prestige ★

1er cru | 5000 | | 20 à 30 €

Installés à Trois-Puits, 1er cru situé aux portes de Reims, Yves et Marie-Thérèse Larnaudie ont lancé leur champagne en 1975. Leur fils aîné Michaël les a rejoints en 2006 avant de prendre en 2015 les rênes du vignoble qui couvre 7 ha. (RM)

Pinot noir et chardonnay se partagent équitablement ce brut issu des années 2014 et 2013 et passé par le bois pour 20 % des volumes. Or pâle, il dévoile un nez précis et fin, sur les fruits mûrs, que prolonge une bouche vineuse et fondue, à la finale fraîche, de belle longueur. Un brut élégant et charmeur. ⧗ 2020-2023

LARNAUDIE-HIRAULT, 20, Grande-Rue, 51500 Trois-Puits, tél. 03 26 85 47 14, contact@champagne-larnaudie-hirault.com V *r.-v.*

PIERRE LAUNAY Sélection ★

| 3000 | | 15 à 20 €

Pierre Launay a commencé ses plantations en 1967 dans le Sézannais et vendu ses premières bouteilles en 1973. Associés, ses 3 fils Jérôme (à la vigne), Lionel (à la cave) et Laurent (à la gestion) commercialisent leurs vins sous des prénoms différents. Le domaine de 14 ha s'étend aussi dans la Côte des Bar, dans l'Aube. (RM)

Mi-chardonnay, mi-pinot noir (années 2015 et 2014), ce brut libère des parfums légèrement évolués de fruits secs, de miel, d'agrumes confits et d'abricot. Sa rondeur, soulignée par un dosage généreux, est équilibrée par une finale fraîche, de belle longueur, teintée d'agrumes. ⧗ 2020-2022

CHAMPAGNE PIERRE LAUNAY, 11, rue Saint-Antoine, 51120 Barbonne-Fayel, tél. 03 26 80 20 03, contact@champagne-launay.fr V *t.l.j. sf dim. 9h-19h*

JEAN LAURENT Cuvée blanche ★

| 4110 | | 20 à 30 €

Athanas Laurent s'établit en 1850 dans la Côte des Bar (Aube) et fournit les maisons de négoce. Installé en 1996, son lointain successeur, Jean, élabore ses champagnes. Il privilégie les cuvées monocépage. Ses installations sont autonomes énergétiquement grâce à des panneaux solaires et il récupère l'eau de pluie pour traiter les vignes et laver les sols. (RM)

Un blanc de blancs original, car il ne contient pas une goutte de chardonnay : il doit tout au pinot blanc, cépage «oublié» en Champagne, dont les vignerons de la Côte des Bar cultivent quelques rangs. Associant 4 années de vendanges, cette Cuvée blanche équilibrée, de belle longueur, offre une expression intéressante, entre fruits blancs, brioche et légère torréfaction. ⧗ 2020-2023

JEAN LAURENT, 5, rue des Craies, 10110 Celles-sur-Ource, tél. 03 25 38 56 02, champagne.jean.laurent@gmail.com V *t.l.j. sf sam. dim. 9h-12h 13h30-17h30; f. 5-20 août*

LAURENT-GABRIEL Grande Réserve ★

1er cru | 8000 | 15 à 20 €

Une marque créée par Daniel Laurent en 1982. Depuis 2007, Marie-Marjorie Laurent, sa fille, exploite les 3 ha du domaine répartis dans la Grande Vallée de la Marne et dans la Côte des Blancs. (RM)

Du pinot noir majoritaire (70 %), chardonnay et un soupçon de meunier. Le nez évoque le citron. Florale, acidulée et minérale, vive en attaque, la bouche se déploie avec rondeur, marquée en finale par une pointe de nervosité et par une légère amertume. De la jeunesse et du caractère. ⧗ 2020-2024 **1er cru Extra-brut ★ (15 à 20 €; 1000 b.)** Né du pinot noir majoritaire (70 %), il associe la récolte 2012 et 50 % de vins tirés d'une réserve perpétuelle. Riche et assez long, plein de vitalité, il dévoile une palette agréablement évoluée (tilleul, miel, coing et léger toasté). ⧗ 2020-2023

CHAMPAGNE LAURENT-GABRIEL, 25, rue Chanzy, 51160 Avenay-Val-d'Or, tél. 03 26 52 32 69, email@laurent-gabriel.com V *t.l.j. sf sam. dim. 9h-12h 14h-16h30*

♥ NOËL LEBLOND-LENOIR Prestige ★★

| 9983 | | 15 à 20 €

Les Leblond-Lenoir sont plusieurs à Buxeuil, village de la région de Bar-sur-Seine (Aube). Fils et petit-fils de vignerons, Noël y exploite depuis 1969 un vignoble de près de 14 ha; il est aujourd'hui secondé par ses filles Mélaine et Élise. (RM)

Associant chardonnay (80 %) et pinot noir, ce brut construit sur la récolte 2016 charme d'emblée grâce à son nez complexe, bien ouvert sur l'orgeat, l'amande, les fleurs et les fruits blancs, nuancés de touches de fruits exotiques et de vanille. On retrouve cette farandole d'arômes dans une bouche ample et onctueuse, tendue par une belle acidité qui confère un remarquable équilibre à l'ensemble. Un champagne solaire et harmonieux, reflet de raisins bien mûrs. ⧗ 2020-2024 **Perle de Dizet ★ (15 à 20 €; 2659 b.)** Né du rare pinot blanc issu d'une seule parcelle (récolte 2017), un brut équilibré et fin, aux légers arômes briochés. ⧗ 2020-2023

NOËL LEBLOND-LENOIR, 3, rue de la Fontaine-Saint-Loup, 10110 Buxeuil, tél. 03 25 38 53 33, noel.leblond@wanadoo.fr V *r.-v.*

♥ ALAIN LEBŒUF Extra-brut Blanc de noirs Quiétude ★★

| 10000 | | 15 à 20 €

Fils et petit-fils de vignerons aubois, Alain Lebœuf a repris en 1989 le domaine familial : plus de 7 ha dans la Côte des Bar, aux confins sud-est de la Champagne, non loin de Bar-sur-Aube. (RM)

Pour être établis loin de la Marne, les récoltants de la Côte des Bar élaborent des cuvées saluées par nos jurés, qui ont aussi pour elles un bon rapport qualité-prix. Comme celle-ci, issue du pinot noir, qui trouve dans le secteur une de ses terres d'élection. Née de la récolte 2016 et des 2 précédentes, elle brille par sa robe or lumineux animée d'un cordon persistant et par son nez intense et gourmand, entre fleur blanche, beurre, coing, fruits secs et brioche toastée. Le fruit exotique vient compléter cette palette dans une bouche structurée et ample, tendue par une fraîcheur minérale qui porte loin la finale. Puissance et finesse. ⧗ 2020-2023

SCEV ALAIN LEBŒUF, 1, rue du Moulin, 10200 Colombé-la-Fosse, tél. 03 25 27 11 26, scevleboeuf@wanadoo.fr V r.-v.

PAUL LEBRUN
Cuvée Prestige 2010 ★★

● | 7500 | | 20 à 30 €

Établie au cœur de la Côte des Blancs, une famille dans la viticulture depuis plus de 10 générations. Première marque en 1902. En 1931, Paul Lebrun lance son champagne. Aujourd'hui, ses petits-enfants Nathalie et Jean Vignier cultivent 16 ha de chardonnay autour de Cramant et dans le Sézannais. (RM)

Déjà goûté en 2019, ce blanc de blancs millésimé vinifié pour 1/3 en fût garde ses caractères de complexité, de puissance et d'élégance, avec une étoile en plus. Beurre, épices, miel, toute une palette d'arômes boisés et évolués monte du verre et s'enrichit en bouche d'ananas, de pêche, de caramel, de cannelle et de réglisse. La fraîcheur est toujours au rendez-vous. ⧗ 2020-2023 ● **Extra-brut Blanc de blancs ★ (15 à 20 €; 15000 b.)** : mariant les années 2014, 2013 et 2011, il offre un nez assez évolué (miel, épices et notes grillées) et une bouche gourmande, équilibrée et longue. ⧗ 2020-2023

CHAMPAGNE PAUL LEBRUN, 65, rue Nestor-Gaunel, 51530 Cramant, tél. 03 26 57 54 88, champagne.vignier-lebrun@wanadoo.fr V t.l.j. sf dim. 8h-12h 13h30-17h; f. août

LE BRUN SERVENAY
Extra-brut Exhilarante Vieilles Vignes 2009 ★

● | 4500 | | 30 à 50 €

Patrick Le Brun, qui conduisait depuis 1996 le vignoble familial (près de 7 ha situés pour la majeure partie au cœur de la Côte des Blancs), l'a transmis en 2017 à son fils Gauthier, qui représente la 5e génération sur le domaine. Les cuvées de la propriété ne font pas leur fermentation malolactique et sont faiblement dosées. (RM)

Vinifiée sans fermentation malolactique, vieillie 9 ans sur lies et faiblement dosée, cette cuvée or jaune issue de chardonnay majoritaire (80 %) et née d'un millésime solaire se maintient à un très bon niveau. Elle s'ouvre sur les fruits secs et conserve en bouche une vivacité qui souligne ses arômes de brioche beurrée et de fruits à coque, tout en donnant de l'allonge à la finale. Un champagne patiné, pour le repas. ⧗ 2020-2022

CHAMPAGNE LE BRUN SERVENAY, 14, pl. Léon-Bourgeois, 51190 Avize, tél. 03 26 57 52 75, contact@champagnelebrun.com V t.l.j. sf dim. 9h30-12h30 14h-17h30; sam. sur r.-v.; f. août

LECLAIRE-THIÉFAINE Avize 01 Apolline ★

● Gd cru | 9000 | | 20 à 30 €

La famille a constitué son vignoble à partir de 1878 et connaît toutes les facettes du milieu viticole champenois. Reynald Leclaire, marié à Virginie Thiéfaine, conduit depuis 1991 l'exploitation qui compte 4 ha et a lancé une étiquette aux noms des 2 époux, selon la tradition champenoise. Ses cuvées vieillissent au moins 4 ans en cave. (RM)

Ici, les cuvées sont numérotées. La n° 1 met en œuvre du chardonnay d'Avize, récolté en 2014 dans cette version. Elle affiche une robe paille doré et dévoile un nez minéral, qui s'ouvre sur les fruits jaunes. Ce fruité se prolonge avec intensité dans une bouche puissante et longue, qui permettra à ce blanc de blancs d'accompagner un repas. ⧗ 2020-2023

LECLAIRE-THIÉFAINE, 24, rue Pasteur, 51190 Avize, tél. 06 79 56 78 34, champagneleclairethiefaine@gmail.com V r.-v.

DANIEL LECLERC ET FILS Tradition ★★

● | 45000 | | 11 à 15 €

Daniel Leclerc plante sa première vigne en 1975 à Polisot, au sud de Bar-sur-Seine, et se lance en 1990 dans l'élaboration du champagne, avec 2 ha. Ses enfants Alexandre et Raphaëlle le rejoignent en 1999 et prennent le relais en 2011; ils exploitent aujourd'hui 8 ha. (RM)

Il doit tout aux raisins noirs (le pinot noir, omniprésent dans la Côte des Bar) et il ne le cache pas, ce brut tout doré à reflets rosés. Sa palette gourmande porte elle aussi la marque des noirs, riche en arômes de fruits jaunes compotés, mirabelle en tête, de fruits confits, avec une note de tarte aux pommes. Ce fruité s'épanouit avec intensité dans une bouche équilibrée, à la finale légèrement saline. Ce blanc de noirs s'accordera avec une viande blanche ou une volaille aux fruits. ⧗ 2020-2022 ● ★ (11 à 15 €; 6000 b.) 100 % pinot noir, un rosé accessible, gourmand, acidulé, de belle longueur, aux arômes de fraise et de bonbon anglais. ⧗ 2020-2023

CHAMPAGNE DANIEL LECLERC, Maison-Rouge, 10110 Polisot, tél. 03 25 38 51 12, champagne.daniel.leclerc@orange.fr V r.-v.

HERVÉ LECLÈRE Esprit de tradition ★

● 1er cru | 13450 | | 15 à 20 €

Installé en 1980 sur le domaine familial, Hervé Leclère cultive 4 ha à deux pas de la cité des Sacres, autour des villages d'Écueil, de Villers-aux-Nœuds, de Sermiers, 1ers crus, et de Verzenay, grand cru. (RC)

Pratiquement un blanc de noirs (à 6 % de chardonnay près). Le pinot noir lui lègue des arômes bien fruités (pomme, fruits jaunes, quetsche, fruits des bois et fruits secs) qui se prolongent dans une bouche fraîche et plutôt dosée, à la finale épicée. ⧗ 2020-2023 ● **1er cru Reflet de sélection ★ (15 à 20 €; 9500 b.)** Né de pinot noir (75 %) et de chardonnay des années 2013 et 2012, un brut structuré et frais, à l'expression agréablement évoluée (fruits confits, abricot, pruneau, pain d'épice). ⧗ 2020-2023 ● **1er cru Blanc de blancs Élégance ★ (15 à 20 €; 2550 b.)** Issu des années 2012 et 2011, il offre une palette complexe de vieux chardonnay (miel, cire) et un corps ample, onctueux et encore vif. 2020-2023

*CHAMPAGNE HERVÉ LECLÈRE,
2, rue Saint-Vincent, 51500 Écueil, tél. 03 26 49 76 64, champagneherveleclere@orange.fr* V r.-v.

FRANÇOIS LECOMPTE Nature 2012 ★

1er cru | 3000 | | 15 à 20 €

François Lecompte conduit depuis 1999 le domaine créé par ses ancêtres en 1876. Son vignoble s'étend sur plus de 9 ha autour de Rilly-la-Montagne, village en 1er cru proche de Reims. Il vinifie avec des levures indigènes et a développé les cuvées millésimées. (RM)

Élaborée sans sucres ajoutés à l'issue du dégorgement (brut nature), cette cuvée assemble par tiers pinot noir, meunier et chardonnay d'un beau millésime. Elle s'habille d'une robe or jaune parcourue de bulles fines qui font monter d'intenses parfums d'amande, de beurre, de pâtisserie et de bergamote. Cette palette complexe et mûre se confirme dans une bouche fraîche et nette, un peu nerveuse. 2020-2023

*CHAMPAGNE FRANÇOIS LECOMPTE,
9, rue Carnot, 51500 Rilly-la-Montagne,
tél. 03 26 49 47 30, champagnelecompte@orange.fr* V r.-v.

SÉBASTIEN LEFÈVRE Blanc de blancs Les Dryades Élevé en fût de chêne 2016 ★

| 1000 | | 30 à 50 €

Sébastien Lefèvre a pris en 1997 la suite de 2 générations à la tête du domaine familial. Il cultive 6,6 ha aux environs de Vert-Toulon, dans la vallée du Petit Morin, au sud de la Côte des Blancs. Il confie ses vendanges à la coopérative locale. (RC)

Une seule parcelle de chardonnay, récoltée en 2016, est à l'origine de cette cuvée, élevée 11 mois dans des fûts de meursault de réemploi et dosée avec mesure. D'une belle finesse, légèrement boisé, le nez associe le beurre frais, la noisette et le pain grillé. Dans le même registre, la bouche montre une fraîcheur et une discrétion de jeunesse. 2020-2025

*CHAMPAGNE SÉBASTIEN LEFÈVRE,
10, rue de Presles, 51130 Vert-Toulon, tél. 06 86 92 04 95, sebastien-lefevre2@orange.fr* V r.-v.

LEGOUGE-COPIN À Fleur de note 2010 ★

| 2000 | | 20 à 30 €

Viticulteur comme les générations qui l'ont précédé, Serge Copin crée sa marque en 1962. Sa fille aînée, Jocelyne, épouse de Jean-Marie Legouge, reprend l'exploitation en 1992. À la tête d'un domaine de 5 ha dans la vallée de la Marne et l'Aube, ils sont coopérateurs. (RC)

L'année 2010, plus modeste que les 2 précédentes, n'a pas si mal réussi au chardonnay, témoin cette cuvée, séduisante par ses arômes de miel, de fruits jaunes, d'amande, de grillé et de truffe, qui traduisent une heureuse évolution. Dans le même registre, la bouche ample et équilibrée finit par une amertume tonique. Parfait avec des poissons en sauce, crustacés et viandes blanches. 2020-2023

*CHAMPAGNE LEGOUGE-COPIN,
6, rue de l'Abbé-Bernard, 51700 Verneuil,
tél. 03 26 52 96 89, champagnelegougecopin@orange.fr* V r.-v.

LE GOUIVE PÈRE ET FILS ★

| 27888 | | 11 à 15 €

Implantée depuis 1963 à Monthelon (coteaux sud d'Épernay), la famille Le Gouive a porté la surface de son vignoble de 14 ares à 5,5 ha. Elle a installé son premier pressoir en 1991 et s'est lancée dans l'élaboration de ses cuvées. La 3e génération a pris les rênes du domaine en 2005. Les champagnes de la propriété sont vinifiés en général sans fermentation malolactique. (RM)

Issu de meunier majoritaire (75 %) et de chardonnay, ce brut assemble la prolifique et belle récolte 2018 et la précédente. Un champagne agréable par son expression florale et miellée aux accents de chèvrefeuille, par sa souplesse soulignée par le dosage et par sa finale fraîche. 2020-2023

*CHAMPAGNE LE GOUIVE PÈRE ET FILS,
8, rue de Montauban, 51530 Monthelon,
tél. 03 26 59 75 69, champagnelegouive@gmail.com* V r.-v.

ÉRIC LEGRAND ★★

| 12000 | | 15 à 20 €

Rejoint par son fils Édouard en 2014, Éric Legrand cultive depuis 1982 la propriété familiale qui couvre 13 ha dans les vallées de l'Ource et de la Seine (Aube). En 2017, après 4 ans passés en Chine, son second fils, Valentin, est revenu sur l'exploitation pour développer l'export. Deux étiquettes : Éric Legrand et Legrand Frères. (RM)

Ce rosé saumoné doit tout au pinot noir, mais il assemble vin blanc et vin rouge, selon la tradition champenoise. Une fois de plus, il est fort loué, tant pour son nez vineux et complexe, floral et fruité, mêlant acacia, poire, cerise et fraise des bois, que pour son palais à l'unisson, à l'attaque ronde relayée par une agréable fraîcheur et par une longue finale acidulée. De la matière et de l'élégance. 2020-2023

*CHAMPAGNE ÉRIC LEGRAND,
39, Grande-Rue, 10110 Celles-sur-Ource,
tél. 03 25 38 55 07, eric@champagne-legrand.com* V *t.l.j. sf sam. dim. 9h-12h 14h-17h30*

LEGRAS ET HAAS Exigence n°9 Vieilles Vignes ★

Gd cru | 6150 | | 50 à 75 €

Brigitte Haas s'établit en Champagne dans les années 1960, fonde une maison en 1983. Elle s'associe avec François Legras, héritier de 4 siècles de tradition vigneronne, pour créer en 1991 cette structure de négoce à Chouilly (grand cru de la Côte des Blancs), transmise à leurs fils Olivier, Rémy et Jérôme. Le vignoble ne compte pas moins de 38 ha, dont 18 à Chouilly, 12 dans le Vitryat et plus de 6 aux Riceys, complété par des achats de vendanges de la vallée de la Marne. (NM)

Du chardonnay de Chouilly, pour les 2/3, et du pinot noir d'Aÿ composent ce brut au nez élégant, minéral, floral et citronné, nuancé de fruits blancs, bien prolongé par une bouche charnue et fraîche, de belle persistance. Parfait pour tous les produits de la mer. ⧗ 2020-2025 ● **Intuition ★ (20 à 30 €; 33000 b.)** Les trois cépages champenois composent cette cuvée aromatique (fleurs blanches et pâtisserie au nez, pêche blanche et prune en bouche), à la fois vineuse et fraîche, citronnée et teintée d'une agréable amertume en finale. ⧗ 2020-2023

LEGRAS ET HAAS, 9, Grande-Rue, 51530 Chouilly, tél. 03 26 54 92 90, info@legras-et-haas.com V r.-v.

LÉGUILLETTE ROMELOT Extra-brut Prélude ★★

●	5000		15 à 20 €

Laboureurs dans la vallée de la Marne, les Romelot plantent leurs premiers ceps en 1705. Le domaine actuel prend naissance en 1972, après le mariage d'un Léguillette et d'une Romelot, issus de familles de récoltants-coopérateurs. Géré depuis 2017 par Christine Léguillette et certifié Haute valeur environnementale, il couvre 8 ha autour de Charly-sur-Marne. Il livre ses vendanges à la Covama, coopérative bien connue de Château-Thierry. (RC)

Le Prélude incite à découvrir la symphonie… Construite sur la récolte 2016, cette cuvée d'entrée de gamme mobilise le meunier (80 %), cépage principal de la vallée de la Marne occidentale, avec les 2 autres variétés en appoint (chardonnay surtout). Elle séduit par son expression complexe, entre fleurs blanches, fruits légèrement compotés et vanille, qui se prolonge dans une bouche ample, structurée et fondue, à la finale fraîche et persistante, teintée d'agrumes. ⧗ 2020-2023 ● **Blanc de noirs Notes noires ★★ (20 à 30 €; 1650 b.)** Du meunier majoritaire et du pinot noir de la récolte 2009 au service d'un brut or intense, beurré à souhait, avec des nuances de noisette grillée, de caramel et de pâte de coings, conjuguant rondeur et fraîcheur. Belle finale sur l'orange amère. ⧗ 2020-2023 ● **Symphonie 2013 ★ (20 à 30 €; 1800 b.)** Né des trois cépages champenois (meunier 59 %), un brut millésimé complexe (fruits blancs, agrumes, brioche et notes plus évoluées), d'une belle fraîcheur. ⧗ 2020-2025

LÉGUILLETTE-ROMELOT, Le Mont-Dorin, 15, rte de Villiers, 02310 Charly-sur-Marne, tél. 03 23 82 03 79, info@champagne-leguillette-romelot.com V *t.l.j. sf dim. 10h-12h 14h-17h; f. aout*

CLAUDE LEMAIRE Blanc de noirs Fût de chêne ★★

●	3000		15 à 20 €

Louis Lemaire élabore les premiers champagnes dans les années 1920, avant d'être relayé par Claude en 1950. Patrice, installé en 1987 sur ce domaine situé rive gauche de la Marne est secondé par son fils Aurélien. Il commercialise ses bouteilles sous son nom ou sous celui de son père. Propriété certifiée Haute valeur environnementale et pour partie en conversion bio. (RM)

Née de pinot noir élevé en barrique avec bâtonnage, cette cuvée or lumineux libère des senteurs beurrées, vanillées, épicées et empyreumatiques. Des notes florales et des nuances de petits fruits rouges s'ajoutent à cette palette dans un palais intense, structuré et vif, qui finit sur des évocations de pain grillé et de tabac blond. Un champagne élégant, reflet de raisins bien mûrs et d'un élevage sous bois maîtrisé. ⧗ 2020-2023 ● **Patrice Lemaire Blanc de blancs Élevé en fût de chêne ★ (20 à 30 €; 4000 b.)** Élevé 8 mois en fût de chêne avec bâtonnage, il évoque les cannelés bordelais, avec ses arômes boisés et évolués de beurre, de caramel, de vanille, de pâtisserie et de grillé. ⧗ 2020-2022

CLAUDE LEMAIRE, 9, rue Croix-Saint-Jean, 51480 Boursault, tél. 06 72 45 93 14, champagne.lemaire@wanadoo.fr V *r.-v.*

FERNAND LEMAIRE Grande Réserve ★★

● 1er cru	20000		15 à 20 €

Fernand Lemaire devient vigneron en 1903 à Hautvillers, berceau du champagne où officia dom Pérignon. Après Robert, Frédéric lui a succédé en 1984, rejoint par Hélène. L'exploitation couvre 6,5 ha. (RM)

Deux mots pour résumer cette cuvée : élégance et fraîcheur. Elle évoque un blanc de blancs accompli et, de fait, le chardonnay entre à hauteur de 80 % dans l'assemblage (avec le pinot noir en appoint). Le nez allie les fleurs blanches et les agrumes à des touches grillées traduisant une légère évolution; la bouche persistante, tout en finesse se montre harmonieuse de l'attaque à la finale. ⧗ 2020-2023 ● **1er cru ★ (15 à 20 €; 31664 b.)** Issu des 3 cépages champenois à parts égales, un brut au nez frais et minéral, aux nuances d'agrumes et à la bouche tonique, au fruité exubérant. ⧗ 2020-2023

CHAMPAGNE FERNAND LEMAIRE, 88, rue des Buttes, 51160 Hautvillers, tél. 03 26 59 40 44, champagne-lemaire@wanadoo.fr V *r.-v.*

CHARLES LEPRINCE Grande Réserve ★

●	19000	20 à 30 €

Fondée en 1955, la coopérative de Mardeuil vinifie 85 ha de vignes, principalement implantées sur les coteaux proches d'Épernay. Elle apparaît avec régularité dans les sélections du Guide, sous différentes marques : Beaumont des Crayères, Comte Stanislas, Charles Leprince, Jacques Lorent. (CM)

Un rosé mariant les 3 cépages champenois. La robe montre des reflets pelure d'oignon. Agréablement évolué, le nez mêle prune, cerise à l'eau-de-vie, fraise compotée, miel, cire et noix muscade. Florale et compotée, la bouche ronde offre une finale fraîche, de belle longueur. ⧗ 2020-2022

CHARLES LEPRINCE, 64, rue de la Liberté, 51530 Mardeuil, tél. 03 26 55 29 40, contact@champagne-beaumont.com V *r.-v.*

LAURENT LEQUART Extra-brut 2012 ★

●	5800		30 à 50 €

Domaine transmis depuis 4 générations à Passy-Grigny, aux confins de la Marne et de l'Aisne. Installé en 1988, Laurent Lequart met en valeur plus de 11 ha et chérit le meunier, cépage très cultivé dans le secteur. Il confie sa récolte à la coopérative de son village. Exploitation certifiée Haute valeur environnementale. (RC)

CHAMPAGNE

Une belle étoile pour cette cuvée millésimée associant à parité meunier et chardonnay, ce dernier élevé 6 mois en fût. Complexe, le nez mêle minéralité, fruits frais (poire, pêche, abricot et agrumes mûrs), fruits secs (amande), beurre, crème et notes toastées. La bouche adopte le même registre, intense, évoluée, fraîche et longue, marquée en finale par une touche d'orange amère. ⧗ 2020-2024 ● **Extra-brut Pur Meunier Prestige ★ (30 à 50 €; 2500 b.)** Les vins de base ont été élevés 6 mois en fût. Un blanc de noirs puissant, frais et élégant, aux parfums flatteurs de fleurs, de fruits blancs et de noix de cajou, mâtinés de fruits rouges au palais. ⧗ 2020-2023

CHAMPAGNE LAURENT LEQUART,
17, rue Bruslard, 51700 Passy-Grigny, tél. 03 26 58 97 48,
l.lequart@champagnelaurentlequart.fr V r.-v.

♥ LEQUIEN ET FILS Tradition La Rencontre ★★

●	13546		11 à 15 €

Philippe Lequien reprend en 1995 l'exploitation familiale, installe des pressoirs et quitte la coopérative. Il met en valeur 6,7 ha à Chavot-Courcourt, village des coteaux sud d'Épernay, célèbre pour son église romane au milieu des vignes. (RM)

La rencontre des pinots (40 % de meunier et 10 % de pinot noir) et des chardonnays à parts égales est à l'origine de ce brut sans année à la robe or clair traversée d'un cordon de bulles fines. Fort séduisant, précis et subtil, le nez marie les agrumes et la mousse aux petits fruits rouges évocateurs des raisins noirs. Ce fruité complexe s'épanouit dans une bouche harmonieuse et longue. Du caractère et de l'élégance. ⧗ 2020-2024 ● **Rosé de saignée Les Flâneries ★ (15 à 20 €; 4000 b.)** Un rosé de noirs issu de la macération du pinot noir et du meunier à parts égales. Robe cuivrée, nez suave et évolué, entre framboise, fruits confits, miel et cire d'abeille, bouche généreuse à la finale fraîche teintée d'agrumes. ⧗ 2020-2022

CHAMPAGNE LEQUIEN ET FILS,
1, rue d'Ilbesheim, 51530 Chavot-Courcourt,
tél. 03 26 54 95 84, champagnelequienetfils@orange.fr V r.-v.

LERICHE-TOURNANT
50 Tout en nuance Fût de chêne ★

●	2000		20 à 30 €

Fondé en 1967 par une famille de vieille souche vigneronne, ce domaine s'étend sur 6 ha, couvrant les coteaux argilo-calcaires de la vallée de la Marne. En 2007, Isabelle Moulun-Leriche a repris avec son mari Benjamin l'exploitation créée par ses parents. Le couple a aménagé une nouvelle cuverie. (RM)

Un blanc de noirs issu de vieilles vignes de pinot noir et de meunier à parts égales. Le nez agréable est centré sur le boisé vanillé de l'élevage, que l'on retrouve dans une bouche à la fois ronde et longue. Parfait pour du foie gras, des viandes blanches ou du fromage. ⧗ 2020-2023 ● **Tradition Meunier ★ (11 à 15 €; n.c.)** D'un bel or, un blanc de noirs rond, gourmand et équilibré, dominé par des arômes de poire et de coing, mâtinés d'agrumes, de brioche beurrée, de fruits secs et de miel. ⧗ 2020-2023

CHAMPAGNE LERICHE-TOURNANT,
8, rue Gamache, 51700 Vandières, tél. 06 83 29 50 84,
champagne.leriche-tournant@orange.fr
V r.-v. E

♥ B LHEUREUX PLÉKHOFF Extra-brut ★★

●	8000	20 à 30 €

Née en 2002 de l'union de Georges Lheureux et de Stéphanie Plékhoff, cette maison a son siège à Mutigny, près d'Épernay, et s'appuie sur un vignoble en propre de 14 ha, exploité pour partie en bio, situé dans une quinzaine de crus différents, dans la Grande Vallée de la Marne, la Montagne de Reims et la Côte des Blancs. (NM)

Associant pinot noir (70 %) et meunier, cette cuvée bio est un blanc de noirs très peu dosé (3 g/l). La robe or jaune est parcourue de bulles très fines. Intense, complexe et évolué, le nez mêle miel et fruits secs, nuancés de touches de sous-bois et de fumé. Une même richesse aromatique se découvre au palais, qui s'impose par sa puissance et sa longueur, avec un côté salin et une belle netteté. Fruit d'une matière première de grande qualité, ce champagne se suffit à lui-même tout en pouvant accompagner un repas. ⧗ 2020-2025

CHAMPAGNE LHEUREUX PLÉKHOFF,
manoir de Montflambert, rte de Montflambert,
51160 Mutigny, tél. 03 26 52 33 21, contact@manoirdemontflambert.fr V r.-v. 5 A

LIÉBART-RÉGNIER Les Sols bruns ★

●	30000		15 à 20 €

Installé en 1987 sur la propriété familiale, Laurent Liébart exploite avec Valérie et leur fille Alexandra 10 ha de vignes autour des 2 villages d'origine de ses parents : Baslieux-sous-Châtillon et Vauciennes, sur les deux rives de la Marne. Domaine certifié Haute valeur environnementale. (RM)

Privilégiant les noirs (85 %, dont 50 % de meunier), ce brut issu des 3 cépages champenois allie au nez suavité florale et fraîcheur fruitée (fruits blancs et agrumes). On retrouve les fruits blancs, associés aux fruits secs et à des notes douces de guimauve dans un palais structuré et vif, à la finale épicée. ⧗ 2020-2023

CHAMPAGNE LIÉBART-RÉGNIER,
6, rue Saint-Vincent, 51700 Baslieux-sous-Châtillon,
tél. 03 26 58 11 60, liebart-regnier@orange.fr
V r.-v. B

GÉRARD LITTIÈRE Grande Réserve ★

●	8200		15 à 20 €

Récoltant-manipulant, Geoffray Littière a pris en 2006 la suite de son père Gérard à la tête du domaine familial constitué par son grand-père dans les années

1950. Le vignoble couvre 5 ha autour d'Œuilly, sur la rive gauche de la Marne. (RM)

Récoltés en 2017, le chardonnay et le pinot noir à l'origine de cette cuvée ont été assemblés à parts égales dès la sortie du pressoir, et mariés à des vins de réserve de l'année précédente. Or clair, le champagne délivre des arômes de fruits jaunes confits, de fruits secs et de brioche, prélude à un palais miellé et pâtissier, ample, gras et équilibré. ⧗ 2020-2023

⊶ CHAMPAGNE GÉRARD LITTIÈRE, 1, rue du Palais, 51480 Œuilly, tél. 03 26 58 31 76, littiere.gerard@wanadoo.fr V r.-v.
⊶ EARL Champagne Gérard Littière

MICHEL LITTIÈRE Réserve ★

	25000		11 à 15 €

Marie-Hélène Chaumont a rejoint son père Michel Littière en 1991 avant de prendre en 2004 les rênes de l'exploitation familiale, qui couvre plus de 5 ha sur la rive gauche de la vallée de la Marne. (RM)

Issu des 3 cépages champenois, avec ¾ de raisins noirs (pinot noir 47 %, meunier 26 %), ce brut or jaune a vieilli 3 ans sur lies. Il s'ouvre avec discrétion sur des notes toastées. Plus expressif et fruité en bouche, charnu, il offre une longue finale aux accents d'agrumes confits. ⧗ 2020-2023

⊶ MICHEL LITTIÈRE, 15, rue Saint-Vincent, 51480 Œuilly, tél. 03 26 58 30 25, champagne-michel-littiere@orange.fr V r.-v.

LOMBARD Extra-brut Blanc de noirs ★

1er cru	20000		30 à 50 €

Née en 1925, cette maison de négoce familiale a connu une belle croissance dans les années 1960 avec Philippe Lombard. Elle poursuit son développement depuis 1980 avec Thierry Lombard, petit-fils du fondateur. Sa spécialité : les 1ers et les grands crus, élevés au moins 4 ans en cave, aux dosages faibles. (NM)

Issu de pur pinot noir, vinifié pour l'essentiel sans fermentation malolactique, cet extra-brut a été élevé pour 40 % en fûts de réemploi. Sa robe dorée, animée de bulles régulières, son nez discret, entre fruits blancs et notes grillées, sa bouche élégante, fraîche et longue aux arômes d'agrumes laissent une impression de finesse. ⧗ 2020-2023

⊶ CHAMPAGNE LOMBARD, 1, rue des Cotelles, 51200 Épernay, tél. 03 26 59 57 40, info@champagne-lombard.com V r.-v.

BERNARD LONCLAS 2012 ★

	7700		20 à 30 €

Bernard Lonclas a planté ses premiers ceps en 1974 dans le jeune vignoble de Vitry-le-François, à l'est du département de la Marne, et lancé sa marque en 1976. Avec sa fille Aurélie, qui l'a rejoint en 2002, il exploite 10 ha de vignes, essentiellement du chardonnay. (NM)

Du chardonnay (90 %), ce brut millésimé a hérité un nez discret, tout en finesse, entre fleurs blanches et agrumes confits, et une bouche élégante et fraîche. De l'année 2012, il a tiré une belle tenue, sans verser dans l'opulence, et une grande longueur. Laissant une impression de légèreté, il conviendra aux fruits de mer et aux poissons crus ou grillés. ⧗ 2020-2024

⊶ BERNARD LONCLAS, chem. de Travent, 51300 Bassuet, tél. 03 26 73 98 20, lonclas@hexanet.fr V t.l.j. sf dim. 9h-12h30 14h-19h

JACQUES LORENT Grande Réserve ★

	175000		15 à 20 €

Fondée en 1955, la coopérative de Mardeuil vinifie 85 ha de vignes, principalement implantées sur les coteaux proches d'Épernay. Elle apparaît avec régularité dans les sélections du Guide, sous différentes marques : Beaumont des Crayères, Comte Stanislas, Charles Leprince, Jacques Lorent. (CM)

Meunier (55 %), chardonnay (30 %) et pinot noir (15 %) concourent à l'agrément de ce brut sans année or pâle, mêlant au nez fruits jaunes et agrumes, vif en attaque, équilibré, de belle longueur. De la tenue et du peps ⧗ 2020-2022

⊶ SCV CHAMPAGNE BEAUMONT DES CRAYÈRES, 64, rue de la Liberté, 51530 Mardeuil, tél. 03 26 55 29 40, contact@champagne-beaumont.com V r.-v.

DE LOZEY Tradition ★★

	50000		20 à 30 €

Quatre générations de Cheurlin se sont succédé depuis qu'Edmond a acheté et planté les premières parcelles à la fin du XIXes. Après lui, Raymond (premiers champagnes), Daniel et Philippe. Ce dernier lance la marque De Lozey dans les années 1980. Certifiée Haute valeur environnementale, la maison possède 12 ha de vignes en propre dans la Côte des Bar (Aube). (NM)

Mi-blancs mi-noirs (pinot noir), ce brut inclut des vins de réserve de 2004 à 2019 conservés selon le principe de la solera qui permet un renouvellement perpétuel des cuves. Vieilli 3 ans, il enchante par la finesse et la précision de son nez mêlant les fruits jaunes à des nuances évoluées (fruits confits, fruits secs, foin, grillé). La bouche suit la même ligne, complexe, fraîche, saline, bien dosée, élégante et persistante. ⧗ 2020-2023

⊶ CHAMPAGNE DE LOZEY, 72, Grande-Rue, 10110 Celles-sur-Ource, tél. 03 25 38 51 34, philippe@delozey.com V r.-v.

MACQUART-LORETTE Tradition ★

1er cru	15286	15 à 20 €

André Macquart a repris dans les années 1970 les vignes de son grand-père. Il a été rejoint en 2006 par son fils Clément, qui est depuis 2016 aux commandes de la propriété. Couvrant 4,5 ha, le domaine est situé à Écueil, à quelques kilomètres au sud de Reims. (RC)

Si l'on excepte le dosage, perçu par certains dégustateurs, ce pur pinot noir dévoile de réelles qualités : un nez puissant sans lourdeur, floral et fruité, rehaussé de nuances de tabac, d'épices et de fraîches touches mentholées et réglissées, une bouche dans le même registre, consistante et tonique. De la tenue et une belle finesse aromatique. ⧗ 2020-2023

⊶ CHAMPAGNE MACQUART-LORETTE, 6, chem. des Glaises, 51500 Écueil, tél. 03 26 49 74 42, contact@champagne-macquart.fr V r.-v.

CHAMPAGNE

MADAME RAYMONDE Blanc de blancs ★★

● | 5000 | 🍾 | 20 à 30 €

« Madame Raymonde ne vient pas du grand monde, et alors ? » proclament Sophie et Mathieu Michel, petits-enfants de cette paysanne marnaise. Ces récoltants-coopérateurs, à la tête de 4,55 ha de vignes depuis 2007, ont lancé 10 ans plus tard leur champagne. Leur domaine est situé aux confins orientaux de l'appellation, dans le Vitryat (environs de Vitry-le-François), enclave viticole abandonnée après le phylloxéra et replantée à partir des années 1970. Le chardonnay y est roi. (RC)

Les récoltants espèrent, comme aurait peut-être dit « Madame Raymonde », que leur champagne pétillera « plus haut que son cru » : Saint-Lumier est moins connu qu'Oger... En tout cas, leur chardonnay fait une entrée remarquée dans le Guide, grâce ce blanc de blancs au nez très frais, intensément fruité, et au palais bien construit, rond en attaque et tendu par une belle vivacité. ⧗ 2020-2023

CHAMPAGNE MADAME RAYMONDE, 35, rue de Cheppes, 51300 Saint-Lumier-en-Champagne, tél. 06 40 53 93 68, sophie@madame-raymonde.fr

MAILLY GRAND CRU
Blanc de blancs Exception blanche 2009 ★

● Gd cru | 11077 | 🍾 | 50 à 75 €

Le terroir pour enseigne, telle est la démarche de cette coopérative fondée en 1929. Pour en être adhérent, on doit obéir à une exigence de taille : n'apporter que des raisins de l'aire de Mailly, grand cru du flanc nord de la Montagne de Reims, où prospère le pinot noir. La cave regroupe 80 viticulteurs qui cultivent 70 ha. (CM)

Cette cuvée fait exception, car la coopérative déroge pour ce blanc de blancs millésimé à son principe de n'admettre dans ses caves que des raisins de Mailly. Même si l'on cultive du chardonnay dans ce fief des noirs, les vins de base de ce blanc de blancs proviennent pour moitié d'un grand cru de la Côte des Blancs. Le 2007 avait grande impression. Né d'une année plus solaire, le 2009 a intéressé nos dégustateurs, qui louent la complexité naissante du nez, l'harmonie de la bouche alliant vinosité et fraîcheur et un dosage « léger, judicieux ». Un champagne élégant et raffiné. ⧗ 2020-2025

CHAMPAGNE MAILLY GRAND CRU, 28, rue de la Libération, 51500 Mailly-Champagne, tél. 03 26 49 41 10, contact@champagne-mailly.com V *t.l.j. sf sam. dim. 9h-12h 14h-17h; sam. dim. mai-déc. 11h-17h*

ÉRIC MAÎTRE Tradition ★★

● | 60000 | 🍾 | 15 à 20 €

Installé en 1985, Éric Maître perpétue une exploitation familiale qui remonte à 1869. Son vignoble s'étend sur 8,5 ha dans la Côte des Bar, secteur de l'Aube où le pinot noir est roi. (RM)

La nouvelle version de ce brut resté 3 ans en cave reste à un haut niveau. Elle assemble des pinots noirs de la vendange 2017 et des 2 années précédentes. Ses parfums floraux et fruités d'une grande fraîcheur et son palais minéral, complexe (cerise et noyau, brioche, miel), structuré, vif sans mordant, d'une belle persistance ont enchanté nos dégustateurs. Pour l'apéritif comme pour la table. ⧗ 2020-2024 ● **Cuvée spéciale ★ (20 à 30 €; 2000 b.)** Né des années 2015 et 2014, un pinot noir structuré, gourmand, frais et bien dosé, à l'expression aromatique flatteuse, entre cerise, noyau et notes miellées. ⧗ 2020-2023

ÉRIC MAÎTRE, 32, Grande-Rue, 10110 Celles-sur-Ource, tél. 03 25 38 58 69, champagne.ericmaitre@orange.fr V *t.l.j. sf sam. dim. 9h-12h 13h30-17h*

MALARD Blanc de noirs Aÿ Les Historiques ★

● Gd cru | 8250 | 🍾 | 30 à 50 €

Originaire d'Épernay, Jean-Louis Malard a créé sa maison à Aÿ en 1996. Le siège est à Aÿ, tandis que la vaste cuverie et les caves sont situées à Oiry, dans la Côte des Blancs. Ce négoce privilégie les dosages faibles et laisse ses cuvées au minimum 3 ans en cave. (NM)

Un pinot noir (récoltes 2017 et 2016) issu de l'un de ses fiefs historiques. Si sa robe or pâle apparaît encore jeune, il dévoile une palette aromatique évoluée, entre figue, fruits confits, touches minérales et caramel au beurre salé. D'une grande puissance en bouche, il est allégé par une finale fraîche et longue. Un champagne de repas. ⧗ 2020-2023

CHAMPAGNE MALARD, 23, rue Jeanson, 51160 Aÿ, tél. 03 26 32 40 11, n.nyamsi@marquesetdomaines.com V *r.-v.*

MALLOL-GANTOIS Blanc de blancs ★★

● Gd cru | 40000 | 🍾 | 15 à 20 €

En 2016, Grégory Mallol a pris la suite des 3 générations précédentes, succédant à son père Bernard. Son vignoble de 7 ha est très bien situé, implanté pour l'essentiel à Cramant et à Chouilly, grands crus de la Côte des Blancs, et à Mareuil-sur-Aÿ, 1er cru, où il cultive du pinot noir. Deux étiquettes : Mallol-Gantois et Bernard Gantois. (RM)

De belle origine, ce chardonnay charme d'emblée par son nez floral tout en finesse, bien ouvert et frais. Une fraîcheur qui se confirme dans un palais persistant, intensément fruité et vanillé, agrémenté en finale d'une note de crème pâtissière. Un blanc de blancs intense et tonique. ⧗ 2020-2023 ● **Gd cru 2013 ★ (15 à 20 €; 5000 b.)** Élégant dans son expression aromatique mêlant fleur blanche, notes beurrées et briochées, un brut millésimé puissant et frais, marqué en finale par une pointe d'amertume. ⧗ 2020-2023 ● **Gd cru Blanc de blancs Grande réserve ★ (15 à 20 €; 5000 b.)** Issu des années 2015 et 2014, un blanc de blancs puissant et persistant, à l'expression aromatique charmeuse et évoluée (crumble, fruits compotés et macérés). ⧗ 2020-2023

MALLOL-GANTOIS, 290, rue du Gal-de-Gaulle, 51530 Cramant, tél. 03 26 57 96 14, champagne.mallol@wanadoo.fr V *r.-v.*

MANDOIS Brut Origine ★

● | 150000 | 🛢🍾 | 20 à 30 €

En 1735, Jean Mandois devient propriétaire de vignes près d'Épernay. Victor, son arrière-petit-fils, fonde en

1860 la maison dirigée aujourd'hui par la 9e génération. Les Mandois disposent en propre de 40 ha sur les coteaux d'Épernay, la Côte des Blancs et dans le Sézannais. Leurs caves ont été creusées à la fin du XVIIes. sous l'église de Pierry où repose le frère Jean Oudard, qui œuvra comme dom Pérignon dans le vignoble. (NM)

Le chardonnay (40 %) et les deux pinots à parts égales composent cette cuvée dont une petite partie des vins de base (10 %) a connu le bois. Toasté et beurré au nez, fruité, vif et élégant en bouche, ce champagne devrait être très agréable à l'apéritif ou sur des entrées marines. ⧗ 2020-2023

CHAMPAGNE MANDOIS, 66, rue du Gal-de-Gaulle, 51530 Pierry, tél. 03 26 54 03 18, info@champagne-mandois.fr V r.-v.

♥ GILLES MANSARD Ancestral ★★

●	5000		20 à 30 €

En 1901, Benoni Mansard, installé à Cerseuil, dans la vallée de la Marne, élabore les premières cuvées. Arrivé à la tête de la maison en 1986, Gilles Mansard, son arrière-petit-fils, est aujourd'hui rejoint par ses fils, Vincent et Maxime. La famille dispose de 24 ha de vignes et de caves du XVIIIes. à Épernay. (RM)

Les vieilles recettes ont parfois du bon. Pour ce rosé, les Mansard appliquent le même assemblage que leur aïeul Benoni : une base de chardonnay (65 %), des vins de réserve de pinot noir et de meunier, dont 12 % vinifiés en rouge; un élevage de 6 mois en fût, sans fermentation malolactique ni filtration. Une fois de plus, ce champagne enchante. D'une teinte orangée, il mêle au nez brioche, fruits secs et touche fumée. Pêche, cerise, le fruit s'affirme dans un palais à la fois rond et frais, à la finale minérale. Un rosé profond et complexe. ⧗ 2020-2023 ● **Ancestral ★ (15 à 20 €; 5000 b.)** Mi-blancs mi-noirs, il met en œuvre les 3 cépages champenois et connaît le bois. Un champagne expressif, équilibré et long. ⧗ 2020-2023

GILLES MANSARD, 48, rue de la Chapelle, Cerseuil, 51700 Mareuil-le-Port, tél. 06 86 04 26 99, contact@champagne-mansard-gilles.com V r.-v.

ARTHUR MARC Rosé chéri ★★

●	3053		20 à 30 €

À la tête de 4 ha de vignes, Patrice Marc, rejoint par Grégory, perpétue une lignée de vignerons qui remonte à 1625. Il est installé à Fleury-la-Rivière, dans une petite vallée sur la rive droite de la Marne. Du fait du réchauffement climatique, il ne fait plus faire à ses champagnes leur fermentation malolactique, pour préserver l'acidité du raisin. Il exporte 66 % de sa production. (RM)

Construit sur l'année 2016, ce rosé assemble 50 % de chardonnay, du pinot noir et un appoint de meunier. Un petit apport de vin rouge lui lègue une teinte saumon foncé et une gamme variée d'arômes de fruits rouges – groseille, griotte, grenade –, mise en valeur par une mousse crémeuse. Autres attraits de ce champagne, sa matière vineuse et consistante, son équilibre et sa longueur. Certains jurés lui auraient bien donné un coup de cœur. ⧗ 2020-2023

CHAMPAGNE MARC, 1, rue du Creux-Chemin, 51480 Fleury-la-Rivière, tél. 07 71 28 08 88, contact@champagne-marc.fr V r.-v.

D. MARC Brut nature Tradition ★

●	10000	15 à 20 €

Les Marc sont plusieurs à Fleury-la-Rivière, où leurs ancêtres cultivaient la vigne au début du XVIIes. Installé en 1982, Didier Marc perpétue la tradition, rejoint en 2017 par sa fille Émeline Il vinifie sans fermentation malolactique pour garder à ses vins beaucoup de fraîcheur et garde ses champagnes au moins 3 ans en cave. Domaine certifié Haute valeur environnementale. (RM)

Comme la plupart des cuvées non millésimées de la propriété, celle-ci fait la part belle au meunier (70 %), complété par du chardonnay (20 %) et par du pinot noir. Malgré l'absence de sucre ajouté après le dégorgement (brut nature), il n'a rien de tranchant et laisse plutôt une impression de délicatesse suave, du nez mêlant agrumes et mirabelle à la bouche ronde et harmonieuse, de belle longueur. ⧗ 2020-2023

CHAMPAGNE DIDIER MARC, 11, rue Dom-Pérignon, 51480 Fleury-la-Rivière, tél. 06 86 76 05 60, champagnedidiermarc@free.fr V *t.l.j. sf dim. 9h-12h 14-18h* B

MICHEL MARCOULT Extra-brut Authentique Les Macrêts ★★

●	1000		30 à 50 €

Domaine fondé en 1967 par Michel Marcoult. En 2004, Julien, le petit-fils, a rejoint son père Francis. Leur exploitation couvre près de 10 ha : plus de la moitié dans le Sézannais où la propriété a son siège, le reste dans le secteur de Vitry-le-François et dans la Côte des Bar (Aube). Propriété certifiée Haute valeur environnementale. (RM)

Un blanc de blancs issu d'une parcelle de vieux chardonnay, vendangé en 2011, vinifié et élevé en fût de chêne. Resté sur lattes 48 mois, il affiche une robe or parcourue d'un fin cordon et déploie des parfums complexes, à la fois frais et évolués : tilleul, bergamote, réglisse, eucalyptus, menthe, léger boisé et cire. Le miel, la datte et les fruits secs viennent compléter cette palette dans une bouche ample, structurée, riche et persistante, au boisé bien fondu. Richesse et maturité. ⧗ 2020-2022 ● **Extra-brut L'Exception ★ (20 à 30 €; 4000 b.)** Mi-blancs mi-noirs (pinot noir), resté 5 ans sur lattes, il est subtilement floral au nez, plus intense en bouche, vif et long. Idéal pour l'apéritif, les entrées et les produits de la mer. ⧗ 2020-2023 ● **Réserve ★ (20 à 30 €; 4000 b.)** Né d'un assemblage de chardonnay (60 %) et de pinot noir, vieilli 3 ans en cave, il offre la fraîcheur du premier et l'ampleur du second, avec une finale longue et citronnée. On aime aussi son expression délicate (pêche blanche, poire et fruits secs). ⧗ 2020-2023

CHAMPAGNE MICHEL MARCOULT, 12, rte de Queudes, 51120 Barbonne-Fayel, tél. 03 26 80 20 19, contact@marcoult.com V r.-v. B

JEAN MARNIQUET ★

1er cru | 7300 | 20 à 30 €

Fondateur de la marque, Jean Marniquet fut dans les années 1920 l'un des pionniers de l'aviation, d'où les ailes dorées sur les étiquettes. Son petit-fils, Brice Marniquet, a pris le relais en 1995; il est à la tête de 6,5 ha dans la Montagne de Reims, la Grande Vallée de la Marne et la Côte des Blancs. (RM)

Un rosé de noirs, dont cette nouvelle version, obtenue par macération de pinot noir de 2017 complété par des vins de 2016, inclut des vins du grand cru Verzenay. Pastel à reflets tuilés, il libère des parfums intenses de fraise, de cassis et de cerise. Cette dernière ressort dans une bouche vive en attaque, ample, généreuse et longue. ⧗ 2020-2023

CHAMPAGNE JEAN MARNIQUET, 12, rue Pasteur, 51160 Avenay-Val-d'Or, tél. 03 26 52 32 36, contact@marniquet.fr V *r.-v.*

OLIVIER ET LAËTITIA MARTEAUX Réserve ★★

24 000 | 15 à 20 €

Petit-fils d'un viticulteur et pépiniériste viticole, fils d'un récoltant, Olivier Marteaux s'est installé sur une partie de la propriété familiale en 1998. À la tête de 8 ha de vignes réparties sur autant de communes à l'ouest de Château-Thierry, il a créé sa marque en 2009 avec son épouse. (RM)

Les noirs (80 %), meunier en tête (65 %), sont majoritaire dans cette cuvée qui assemble la vendange 2014 avec 30 % de vins de réserve. D'un jaune doré, elle mêle les fruits exotiques, le beurre à des notes empyreumatiques évoluées. Beurré et confit, ample, harmonieux et long, le palais est marqué en finale par une amertume tonique. ⧗ 2020-2023

CHAMPAGNE OLIVIER ET LAËTITIA MARTEAUX, 6, rte de Bonneil, 02400 Azy-sur-Marne, tél. 06 87 15 31 12, contact@champagnemarteaux.com V *r.-v.*

G.H. MARTEL & C° Prestige ★

150 000 | 20 à 30 €

Ernest-Louis Rapeneau fonde en 1901 une société de négoce en vins. Ses descendants, notamment Bernard Rapeneau au cours de la seconde moitié du siècle dernier, en ont fait un groupe important en Champagne, avec les marques Ernest Rapeneau, G.-H. Martel et P. Louis Martin. (NM)

Né d'un assemblage classique des 3 cépages champenois (pinot noir 50 %, chardonnay 30 %), ce brut demande de l'aération pour livrer des arômes grillés, rappelant le pain toasté et le moka. La brioche, les fruits secs et la pâte de fruits s'invitent dans une bouche bien construite, gourmande et dosée avec justesse. Un champagne élégant et facile d'accès. ⧗ 2020-2023 ● ★ **(20 à 30 €; 200 000 b.)** : un rosé saumoné composé des 3 cépages champenois (pinot noir 40 %, meunier 35 %, chardonnay 25 %), agréable par ses parfums délicats de fruits rouges, et par son palais frais en attaque puis souple, partagé entre pamplemousse et framboise. ⧗ 2020-2023 ● **1er cru ★ (20 à 30 €; 60 000 b.)** Mariant chardonnay (60 %) et pinot noir, un brut assez rond et suave, à l'expression aromatique flatteuse (brioche, coing et pomme). ⧗ 2020-2023

CHAMPAGNE G.H. MARTEL & C°, CS_31011, 51318 Épernay cedex, tél. 03 26 51 06 33, vl@champagnemartel.com V *t.l.j. 10h-13h 14h-19h; f. noël*

THIERRY MASSIN Prestige ★★

26 700 | 15 à 20 €

Affluent de la Seine, l'Arce suit un cours sinueux dans la Côte des Bar (Aube). Sur ses coteaux, Thierry et Dominique Massin, frère et sœur, cultivent depuis 1974 un vignoble qui compte aujourd'hui 12 ha, dont 9,5 sont consacrés au pinot noir. Thibault et Violaine, leurs enfants respectifs, les ont rejoints. (RM)

Pinot noir majoritaire (70 %) et chardonnay de la récolte 2017, complété des 2 années précédentes, composent ce brut or pâle aux reflets verts. Un champagne aérien, tout en fraîcheur, du nez minéral partagé entre fleurs blanches et agrumes à la bouche tendue, de belle longueur, briochée, grillée et citronnée en finale. ⧗ 2020-2023 ● **2014 ★ (20 à 30 €; 2700 b.)** Issu de pinot noir, un brut millésimé encore jeune, avec sa robe à reflets verts, son nez discret, entre beurre et agrumes, et sa bouche élégante et fraîche, marquée en finale par un retour des agrumes et une pointe d'amertume. ⧗ 2020-2023

CHAMPAGNE THIERRY MASSIN, 6, rte des Deux-Bar, 10110 Ville-sur-Arce, tél. 03 25 38 74 01, contact@champagnethierrymassin.com V *t.l.j. sf dim. 9h-12h 14h-18h*

RÉMY MASSIN ET FILS ★

12 550 | 20 à 30 €

Louis-Aristide Massin, né en 1865, plante les premiers ceps. Rémy lance son champagne en 1974 et transmet le domaine à ses enfants Florence et Sylvère. Avec Cédric arrivé en 2002, rejoint en 2017 par Marion, œnologue, la 3e génération de récoltants-manipulants prend le relais et développe l'export. Forte de 20 ha dans les vallées de l'Arce et de l'Ource, dans l'Aube, l'exploitation est certifiée Haute valeur environnementale. (RM)

Une robe pastel pour ce rosé qui assemble 85 % de pinot noir et 15 % de chardonnay. Minéral et mentholé au nez, ce champagne aux arômes de groseille et de cerise séduit par sa vivacité qui lui confère finesse et longueur. ⧗ 2020-2023 ● **Extra-brut L'Intégrale ★ (20 à 30 €; 6100 b.)** Né de la vendange 2015, il offre un nez gourmand, bien ouvert sur la pâte de fruits et sur les épices. Rond en attaque, puis frais, élégant et minéral, il mise sur la finesse. ⧗ 2020-2023

CHAMPAGNE RÉMY MASSIN ET FILS, 34, Grande-Rue, 10110 Ville-sur-Arce, tél. 03 25 38 74 09, contact@champagne-massin.com V *t.l.j. 9h-12h 14h-18h; dim. 10h30-12h30*

LOUIS MASSING Blanc de blancs Operis 2014 ★

Gd cru | 2642 | 30 à 50 €

Héritiers d'une tradition vigneronne remontant au début du XXe s., Estelle Massing et son mari Jean-Bernard Moroy sont les petits-enfants de Louis Massing, fondateur de la maison de négoce. Rejoints par leur fils Julien, ils disposent en propre de 11 ha dans la Côte des Blancs. (NM)

Frais durant l'été, très chaud pendant l'arrière-saison, un millésime plutôt propice au chardonnay. Celui-ci, d'Avize, a donné naissance à un blanc de blancs aux arômes de fruits jaunes, de fruits exotiques, de poire et de brioche, salué pour son équilibre entre rondeur et fraîcheur, pour son dosage juste et pour sa persistance. ⧗ 2020-2023

SAS DEREGARD-MASSING,
118, allée Jules-Lucotte, 51190 Avize, tél. 03 26 57 52 92, champagne.louismassing@wanadoo.fr V r.-v.

MATHELIN Réserve ★

●	50000	20 à 30 €

L'aventure viticole de la famille Mathelin a débuté en 1791 sur la rive gauche de la Marne. La marque remonte à 1960. Aujourd'hui, Cédric et Aurélien gèrent en famille une exploitation qui couvre 15 ha. Un domaine certifié Haute valeur environnementale. (RM)

Mariant la vendange 2017 et la précédente, ce brut privilégie les noirs (meunier 60 %, complété par le pinot noir et le chardonnay à parité). Structuré, ample, à la fois gras et frais, il offre une belle expression aromatique à dominante fruitée (fruits des bois, fruits exotiques au nez, avec une touche d'herbe aromatique, de tabac blond et de grillé, fruits jaunes en bouche). Réservé aux cavistes. ⧗ 2020-2023 ● **Extra-brut ★ (15 à 20 €; 5000 b.)** Issu des 3 cépages champenois (dans les mêmes proportions que le Réserve, mais des années 2015 et 2014), peu dosé, il conjugue rondeur et vivacité, et allie des arômes de fruits jaunes et une minéralité marquée. ⧗ 2020-2023

CHAMPAGNE MATHELIN,
4, rue des Gibarts, Village Cerseuil, 51700 Mareuil-le-Port, tél. 03 26 52 73 58, mathelin.champagne@orange.fr
V r.-v.

HERVÉ MATHELIN Réserve ★★

●	35000		15 à 20 €

En 1930, Gaëtan Mathelin constitue sur la rive gauche de la Marne un vignoble qui compte aujourd'hui 14 ha. Son fils Hervé devient récoltant-manipulant en 1961 et lance sa marque, valorisée par Nicolas à partir de 1999. Arrivé en 2012, Florian, qui élabore aujourd'hui les vins, représente la 4e génération. (RM)

Pinot noir, meunier et chardonnay sont assemblés pratiquement par tiers dans ce brut qui comprend une part importante de vins de réserve – ce que devinent et apprécient nos dégustateurs. Un champagne or jaune, qui s'ouvre sur le beurre, les fruits blancs et la noisette avant de confirmer sa complexité dans une bouche équilibrée et fraîche, aux arômes de fruits cuits, de brioche et d'agrumes. ⧗ 2020-2023

CHAMPAGNE HERVÉ MATHELIN,
2, rte de Paris, 51700 Troissy, tél. 03 26 52 74 42, herve.mathelin@wanadoo.fr V r.-v.

MATHIEU-PRINCET ★★

● 1er cru	40000		15 à 20 €

Grauves est situé entre la Côte des Blancs et les coteaux sud d'Épernay. C'est dans ce village que Michel Mathieu et Françoise Princet ont débuté en 1960 leur carrière vigneronne avec à peine 1 ha. En 40 ans, ils ont constitué un domaine d'environ 9 ha. Ils ont réalisé leur projet d'élaborer leurs champagnes et sont aujourd'hui épaulés par leurs filles Sylvie et Véronique, ainsi que par Patrick Lefebvre, responsable d'exploitation. (RM)

Mi-blancs mi-noirs (pinot noir), ce brut mariant les récoltes 2015 et 2014 reste de 3 à 4 ans en cave. Il a d'emblée enchanté les dégustateurs par sa robe dorée parcourue de cordons de bulles très fines et par son nez frais et précis, floral et épicé. Le prélude à un palais puissant et raffiné, de belle longueur, aux arômes de fruits blancs. Du caractère et de l'élégance. ⧗ 2020-2023

CHAMPAGNE MATHIEU-PRINCET,
21, rue Bruyère, 51190 Grauves, tél. 03 26 59 73 72, info@mathieuprincet.fr V r.-v.

B PASCAL MAZET Unique ★

● 1er cru	12000		20 à 30 €

En se mariant avec une vigneronne en 1978, Pascal Mazet a embrassé le métier et lancé son étiquette en 1981. Leur fils Olivier, après avoir exercé comme conseiller viticole pendant 4 ans, s'est installé en 2018 sur l'exploitation, proche du parc régional de la Montagne de Reims. Conduite auparavant en lutte raisonnée, la propriété a obtenu la certification bio en 2012. (RM)

Les 3 cépages champenois (70 % de noirs, meunier en tête) des récoltes 2013 et 2012 contribuent à l'agrément de cette cuvée minérale et fruitée, de belle longueur, qui séduit par sa vivacité dynamique. De l'énergie et de la personnalité. ⧗ 2020-2022

SCEV MAZET, 8, rue des Carrières, 51500 Chigny-les-Roses, tél. 03 26 03 41 13, contact@champagne-mazet.com V r.-v.

MERCIER ★★

●	n.c.		20 à 30 €

Maison fondée en 1858 par Eugène Mercier, pionnier du marketing qui démocratisa le champagne en regroupant plusieurs maisons pour bénéficier de volumes suffisants. Il fit creuser à Épernay un immense réseau de 18 km de galeries que l'on visite à bord d'un petit train. En 1970, Mercier a fusionné avec Moët et Chandon, avant de rejoindre le groupe LVMH. La maison dispose d'un vaste vignoble de 249 ha. Christophe Bonnefond est son chef de cave. (NM)

Ce brut sans année privilégie les pinots (pinot noir 45 %, meunier 40 %), le chardonnay faisant l'appoint. Les raisins noirs lui lèguent une robe or jaune, un nez complexe et bien fruité (pêche, mangue), un palais souple en attaque, ample, gras et persistant, aux arômes de brioche beurrée, d'amande, de miel, de cannelle et de grillé. ⧗ 2020-2023 ● **Blanc de noirs ★ (20 à 30 €; n.c.)** Issu de pinot noir majoritaire et de meunier, il dévoile une robe dorée, des arômes intenses de fruits jaunes mûrs et de viennoiserie, prélude à une bouche ample, puissante et longue. Parfait avec de la volaille. ⧗ 2020-2023

MERCIER, 68-70, av. de Champagne, 51200 Épernay, tél. 03 26 51 22 22, idesmontiers@moethennessy.com
V *t.l.j. 9h30-12h 14h-16h30; f. janv.-fév.*

LE MESNIL Prestige 2007 ★★

● Gd cru	44407	30 à 50 €

Cette marque appartient à l'Union des propriétaires récoltants, une structure coopérative fondée en 1937

CHAMPAGNE

au Mesnil-sur-Oger, grand cru de la Côte des Blancs. La récolte, issue de 310 ha, est pressée sur place. (CM)
Un champagne élaboré au Mesnil-sur-Oger ? Du blanc de blancs, cela va de soi pour les connaisseurs. Précoce mais maussade en été, le millésime 2007 s'est révélé favorable au chardonnay, et celui-ci offre une belle image de l'année. Évoluée, d'un jaune soutenu, la robe montre encore une effervescence vive. Gourmand et suave, le nez a pris des tons de caramel au lait que l'on retrouve, alliés au fruit mûr, dans un palais persistant, qui surprend par sa fraîcheur. ⧗ 2020-2023

LE MESNIL, 19, rue Charpentier-Laurain, 51190 Le Mesnil-sur-Oger, tél. 03 26 57 53 23, lemesnil@upr.coop V *r.-v.*

MÉTÉYER PÈRE ET FILS Carte argent ★

● | 18 000 | | 20 à 30 €

Représentant le 5e génération sur le domaine, constitué en 1860 à partir de 1 ha de vignes, Franck Météyer est installé depuis 1998. Son aïeul a été le premier récoltant de Trélou-sur-Marne à installer son propre pressoir en 1929 et l'actuel récoltant développe l'œnotourisme. Son vignoble s'étend sur la rive droite de la rivière. Les vins de la propriété sont vinifiés sans fermentation malolactique. (RM)
Pinot noir, meunier et chardonnay assemblés par tiers composent ce brut gourmand, d'une belle complexité, finement minéral et fruité. Bien construit et long, il dévoile une attaque souple équilibrée par une agréable fraîcheur finale. ⧗ 2020-2023 ● **Prestige ★ (20 à 30 €; 5000 b.)** Le chardonnay (60 %, avec le pinot noir en complément) ressort dans cette cuvée au nez de fleurs blanches, de pain beurré, d'agrumes et d'amande, bien prolongé par une bouche briochée, fraîche et crémeuse. ⧗ 2020-2023 ● **Extra-brut Blanc de noirs Expression noir ★ (20 à 30 €; 2000 b.)** Né de pur pinot noir, faiblement dosé, un champagne floral au nez, puissant, persistant et incisif en bouche, aux arômes de fruits blancs. ⧗ 2020-2023

MÉTÉYER PÈRE ET FILS, 39, rue de l'Europe, 02850 Trélou-sur-Marne, tél. 03 23 70 26 20, contact@champagne-meteyer.com V *r.-v.*

CLAUDE MICHEZ Cuvée Flore ★

● | 1000 | | 20 à 30 €

Descendants d'apporteurs de raisins, les parents de Laurence Michez deviennent récoltants-coopérateurs en 1973. Installée en 1999, cette dernière décide avec son mari Cyrille Chenevotot de se lancer dans l'élaboration du champagne. Principalement situé autour de Boursault, sur la rive gauche de la Marne, leur vignoble (4,2 ha) est en conversion bio. (RM)
Privilégiant les raisins noirs (pinot noir 45 %, meunier 25 %), cette cuvée assemble la récolte 2014 avec des vins des 2 années précédentes. Son nom est bien choisi, puisque son expression, d'une belle complexité, tout en nuances, met en avant l'acacia et le mimosa. Harmonieuse, la bouche conjugue rondeur et fraîcheur. Très mesuré pour un brut (6 g/l), le dosage devrait bientôt se fondre. ⧗ 2020-2023

CHAMPAGNE CLAUDE MICHEZ, 3, rue du Chêne, 51480 Boursault, tél. 06 77 95 90 02, claude.michez@orange.fr V *r.-v.*

MOËT ET CHANDON
Extra-brut Grand Vintage Collection 2002 ★

● | n.c. | 75 à 100 €

L'une des plus anciennes maisons de Champagne, fondée en 1743 par Claude Moët, propriétaire de vignes. Au début du XIXe s., son petit-fils Jean-Rémy donne à la société une dimension internationale, avec la complicité de son gendre Pierre-Gabriel Chandon de Briailles. Leurs héritiers ont conforté le succès de la marque, devenue la plus connue et la plus vendue au monde. Aujourd'hui, Moët et Chandon, riche de 1 150 ha de vignes dans 234 crus (dont 50 % en grand cru) et de 28 km de caves, continue son expansion au sein du puissant groupe LVMH. Ses ambitions se sont concrétisées par l'inauguration en 2012, sur le site du Mont Aigu, à Oiry, au bas de la Côte des Blancs, d'une vaste cuverie de style contemporain, qui s'ajoute à ses installations historiques d'Épernay. Benoît Gouez est depuis 2005 le chef de cave. (NM)
Le millésime 2002 jouit en Champagne d'une excellente réputation que ne démentira pas cette cuvée, qui garde une très bonne tenue. Pratiquement mi-blancs mi-noirs (chardonnay 51 %, pinot noir 26 %, meunier 23 %), elle a été dosée en extra-brut (5,5 g/l). Après un long repos en cave, elle montre encore une effervescence active dans sa robe dorée et si sa palette développe surtout des tons beurrés, briochés et grillés, elle garde une belle fraîcheur qui affine sa matière souple et ronde. On la verrait bien sur une volaille ou sur du fromage. ⧗ 2022-2023 ● **Extra-brut Grand Vintage 2012 ★ (50 à 75 €; n.c.)** Né d'une année très réputée en Champagne, il met en avant les raisins noirs (pinot noir 42 %, chardonnay 35 %, meunier 23 %). Robe saumon clair animée de bulles fines et alertes, nez intense et évolué, pâtissier, épicé et grillé, bouche plus fruitée (fruits rouges et jaunes), poivrée, ample, fraîche et longue, marquée en finale d'une pointe d'amertume tonique. ⧗ 2020-2023

MOËT ET CHANDON, 20, av. de Champagne, 51200 Épernay, tél. 03 26 51 20 00, idesmonstiers@moethennessy.com V *t.l.j. sf sam. dim. 9h30-11h30 14h-16h30*

PIERRE MONCUIT
Extra-brut Blanc de blancs 2010 ★★

● Gd cru | 3000 | | 30 à 50 €

Héritiers d'une lignée de vignerons remontant à 1889, Nicole Moncuit (à la vigne et au chai) et son frère Yves (au commerce), secondés par Valérie, fille de Nicole, dirigent cet important domaine (20 ha). Implantée au cœur de la Côte des Blancs, au Mesnil-sur-Oger, la propriété fait la part belle au chardonnay. (RM)
Difficile en Champagne, l'année 2010 a tout de même offert des cuvées millésimées de bonne tenue, notamment en blanc de blancs. D'un or jaune parcouru d'un cordon de bulles fines, celui-ci associe au nez les fruits exotiques à des nuances évoluées de miel, de cire et de fruits à l'eau-de-vie. Les agrumes confits entrent en scène dans une bouche élégante et fondue, à la fois généreuse et fraîche, qui finit sur une amertume tonique aux accents de zeste d'orange. ⧗ 2020-2024

CHAMPAGNE PIERRE MONCUIT, 11, rue Persault-Maheu, 51190 Le Mesnil-sur-Oger, tél. 03 26 57 52 65, contact@pierre-moncuit.fr V *r.-v.*

MONMARTHE Blanc de blancs 2012 ★

● 1er cru | 7800 | | 20 à 30 €

Sous Louis XV, les Monmarthe étaient déjà propriétaires de vignes. En 1930, Ernest élabore les premières bouteilles de champagne. Son arrière-petit-fils, Jean-Guy Monmarthe, s'installe en 1989 à la tête du domaine (17 ha, pour l'essentiel situés dans la Montagne de Reims). En 2014, il prend en outre la succession de Gérard Doré (4 ha à Ludes), dont il conserve la marque. (RM)

Déjà apprécié l'an dernier, ce blanc de blancs millésimé de la Montagne de Reims, qui a connu le bois, garde ses attraits : une robe or jaune animée de bulles foisonnantes, et surtout un nez complexe, gourmand et évolué, floral et toasté, agrémenté de nuances de pomme cuite, de pêche et de mirabelle au sirop, de caramel, d'amande. Des arômes qui se prolongent dans une bouche structurée, ronde et suave, équilibrée par une belle fraîcheur. ⧗ 2020-2023

CHAMPAGNE MONMARTHE, 38, rue Victor-Hugo, 51500 Ludes, tél. 03 26 61 10 99, contact@champagne-monmarthe.com V r.-v.

MONTAUDON Réserve première ★

● | 376 581 | | 20 à 30 €

Créée en 1891 par un chef de cave d'Épernay, cette maison, dont Joséphine Baker raffolait, est restée dans la famille du fondateur jusqu'en 2008. Si la marque fait partie depuis 2010 du vaste groupe coopératif Alliance Champagne, elle a conservé le style de ses champagnes, qui fait une belle place au pinot noir. (CM)

Un assemblage classique de 70 % de pinots (dont pinot noir 50 % et meunier 20 %) et de 30 % de chardonnay a permis d'obtenir ce brut harmonieux, de belle longueur, aux arômes de fruits jaunes frais, nuancés de notes de viennoiserie et de touches grillées. ⧗ 2020-2023

CHAMPAGNE MONTAUDON, 1, rue Kellermann, 51061 Reims Cedex, tél. 03 26 79 01 01, info@champagnemontaudon.com

MONT-HAUBAN Extra-brut ★★

● | 4500 | 20 à 30 €

Née en 1947, la coopérative de Monthelon-Morangis commercialise sous la marque Mont-Hauban des champagnes produits à partir des 73 ha de ses adhérents. Elle est située sur l'un des coteaux sud d'Épernay. (CM)

Complété par le chardonnay, le meunier (90 %) marque de son empreinte ce champagne au nez discrètement minéral, qui s'ouvre à l'aération sur les fleurs et les fruits blancs, accompagnés d'un léger grillé. Ample, le palais bénéficie d'un dosage faible qui souligne sa longue finale fraîche et délicatement saline. De l'élégance. ⧗ 2020-2023

CHAMPAGNE MONT-HAUBAN, 3, rte de Mancy, 51530 Monthelon, tél. 03 26 59 70 27, accueil@champagnemonthauban.fr V *t.l.j. sf dim. lun. 9h-12h 13h30-17h30*

MONTHUYS PÈRE ET FILS 2011 ★★

● | 30 000 | | 20 à 30 €

Maison née en 1967 du mariage de Gabriel Baron, vigneron champenois, avec Dolorès Fuenté, originaire d'Andalousie. Elle est gérée depuis 1993 par leurs enfants, Sophie et Ignace, qui s'appuient sur un domaine de 38 ha à l'ouest de Château-Thierry. Deux étiquettes : Baron-Fuenté et Monthuys Père et Fils. (NM)

Né d'un millésime précoce mais pas très chaud, ce brut marie les 3 cépages champenois (meunier et chardonnay 40 % chacun, avec le pinot noir en appoint). Encore jeune d'aspect, avec ses reflets verts, il dévoile un nez élégant, beurré et brioché, et séduit en bouche par sa fraîcheur, sa longueur et ses arômes de fruits blancs et de viennoiserie. ⧗ 2020-2023

CHAMPAGNE MONTHUYS PÈRE ET FILS, 21, av. Fernand-Drouet, 02310 Charly-sur-Marne, tél. 03 23 82 01 97, accueil@baronfuente.com

MOUSSÉ-GALOTEAU ET FILS 2010 ★

● | 5000 | | 20 à 30 €

Des Galoteau cultivaient la vigne en 1810 à Binson-et-Orquigny, sur la rive droite de la Marne. Louis Galoteau achète le premier pressoir en 1880; la propriété s'agrandit après le second conflit mondial, se lance dans l'élaboration du champagne en 1958 (sous la marque actuelle en 1975). Le domaine est depuis 2014 aux mains de Jérémy et de Geoffroy Moussé. (RM)

Vieilli 10 ans sur lattes, un brut millésimé presque juvénile, composé des pinot noir, meunier et chardonnay assemblés par tiers. Subtilement fruité et teinté d'évolution au nez, souple en attaque, il montre une fraîcheur acidulée qui souligne ses arômes de pomme Granny et finit sur de fins amers. ⧗ 2020-2023 ● **Emblématique Meunier ★ (20 à 30 €; 1645 b.)** Issu de 3 parcelles de vieux meunier récoltées en 2015, vieilli 3 ans sur lattes, un brut dosé avec mesure, discret, élégant et frais, aux arômes d'agrumes. Parfait à l'apéritif. ⧗ 2020-2023

CHAMPAGNE MOUSSÉ-GALOTEAU ET FILS, 19, rue Blanche, 51700 Binson-Orquigny, tél. 03 26 58 08 91, moussegaloteau@laposte.net V *r.-v.*

MOUTARDIER Extra-brut Alchimie ★★

● | 2300 | | 30 à 50 €

Camille est le premier des Moutardier à avoir élaboré son champagne en 1921. William Saxby, l'arrière-petit-fils, s'est installé en 2010. Proche de la vallée de la Marne et forte de 18 ha, la maison a un slogan peu commun : « le meilleur du meunier ». Très cultivé dans la vallée de la Marne, ce cépage forme la base de presque toutes ses cuvées. (NM)

Construit sur la vendange 2013 et sur du meunier élevé en fût de chêne (80 %), complété par du chardonnay, un champagne droit, frais, de belle longueur, qui mêle les arômes gourmands de fruits mûrs caractéristiques du cépage majoritaire à des notes boisées et légèrement évoluées, briochées et grillées. ⧗ 2020-2023

CHAMPAGNE JEAN MOUTARDIER, 12, chem. des Ruelles, 51210 Le Breuil, tél. 03 26 59 21 09, contact@champagne-jean-moutardier.fr V *t.l.j. 8h30-12h 13h30-17h30; sam. dim. sur r.-v.*

ALAIN NAVARRE Rosé saignée ★★

● | 2500 | | 15 à 20 €

Installée sur la rive droite de la Marne, en amont de Château-Thierry, la famille Navarre produit du vin

CHAMPAGNE

depuis au moins 4 générations et du champagne depuis 3. En 1980, Alain Navarre a pris la direction du domaine (9,5 ha aujourd'hui) et signé ses premières cuvées. Propriété certifiée Haute valeur environnementale. (RM)

D'un rubis clair aux reflets cuivrés, ce rosé provient de la macération de raisins noirs (meunier à 80 %). L'intensité de son nez, sur le noyau de cerise, la fraise compotée et les fruits des bois annonce la puissance de sa bouche aux accents de griotte macérée. La vinification sans fermentation malolactique apporte à l'ensemble une tension bienvenue. Un champagne de caractère, qui pourra accompagner non seulement un dessert, mais aussi une viande rouge. ⧗ 2020-2023

CHAMPAGNE ALAIN NAVARRE, 14, rue de la Marne, 02850 Passy-sur-Marne, tél. 03 23 70 35 12, contact@champagne-navarre.fr V *t.l.j. 10h-18h; dim. et janv.- mars sur r.-v.*

NAVEAU Extra-brut Demain 100_% Chardonnay ★

●	477		30 à 50 €

En 2011, après avoir travaillé 24 ans dans l'industrie verrière et le conditionnement du champagne, Christian Naveau a repris à plein temps le domaine familial de la Côte des Blancs qu'il gérait depuis plus de 20 ans. Il vend une partie de sa production au négoce et commercialise directement des cuvées vieillies 60 mois au minimum, élaborées par Union Champagne. (RC)

Une microcuvée de chardonnay issue de 4 grands crus de la Côte des Blancs. Un blanc de blancs intéressant, tant par ses arômes évolués de miel et d'hydromel que par sa bouche tendue et longue. ⧗ 2020-2023

CHAMPAGNE NAVEAU, 19, rue des Berceaux, 51130 Bergères-les-Vertus, tél. 06 43 98 13 37, info@champagne-naveau.fr V *r.-v.* E

NÉRET-VÉLY
Brut nature La Fûtée Pur Chardonnay Élevé en fût de chêne ★★

●	1146		20 à 30 €

Une exploitation familiale constituée en 1945 et transmise à Alain Néret en 1980. Son vignoble (un peu plus de 5 ha) est situé à environ 20 km en aval d'Épernay, à Festigny, sur la rive gauche de la Marne. Le récoltant pratique le travail du sol à l'aide d'un cheval. (RM)

Non dosée, cette cuvée met en œuvre du chardonnay de la récolte 2014, vinifié sans fermentation malolactique et élevé 6 mois en fût. Élégant et frais, le nez mêle l'aubépine et les fruits blancs. Allié à la pêche et à des notes beurrées, le bois transparaît davantage dans une bouche onctueuse, fraîche et persistante. D'une belle finesse, ce blanc de blancs pourra accompagner un repas. ⧗ 2020-2025

CHAMPAGNE NÉRET-VÉLY, 333, rue des Sources, Fontaine-au-Bron, 51210 Vauchamps, tél. 03 26 81 66 59, neretvelychamp@orange.fr V *r.-v.*

NICOLO ET PARADIS Tradition ★

●	69985	11 à 15 €

David Nicolo a pris les rênes en 2011 de l'exploitation familiale fondée en 1951 et repris peu de temps après la maison Camille Paradis et Fils. Sa cave est située à Arsonval, commune proche de Bar-sur-Aube, et son vignoble couvre une coquette surface de 17 ha, pour l'essentiel à Colombé-le-Sec, à quelques kilomètres de là. (RM)

Issue des 3 cépages champenois, cette cuvée privilégie les raisins noirs (70 % de pinot noir et 20 % de meunier). Sa robe jaune doré, sa bouche puissante reflètent la forte présence des pinots; ses arômes intenses et gourmands de fruits exotiques, d'agrumes et de viennoiserie lui donnent un côté très flatteur. ⧗ 2020-2023

CHAMPAGNE NICOLO ET PARADIS, 6, rue du Désert, 10200 Arsonval, tél. 03 25 27 30 57, champagne.np@gmail.com V *r.-v.*

CAROLE NOIZET Cuvée Perle noire ★★

●	6000		15 à 20 €

En 500, saint Thierry fonda au nord-ouest de Reims une abbaye qui fut l'un des berceaux du vignoble champenois et qui donna son nom au village où Carole Noizet est aujourd'hui établie. La récoltante, installée en 2000, représente la 3e génération sur un domaine couvrant environ 7 ha. Elle élabore ses cuvées. (RM)

Issue de pur pinot noir, cette cuvée offre bien le profil d'un blanc de noirs : une robe or jaune, un nez intense sur les fruits mûrs, une bouche ronde et suave, tonifiée par une belle acidité qui lui donne de l'allonge. ⧗ 2020-2023

CAROLE NOIZET, 1, rte de Thil, D_330_bis, 51220 Saint-Thierry, tél. 03 26 97 77 45, champagnenoizetcarole@gmail.com V *r.-v.* 3

FRANCIS ORBAN Extra-brut ★

●	8000		20 à 30 €

L'arrière-grand-père de Francis Orban a été le premier en 1929 à se lancer dans l'élaboration de ses cuvées. Installé en 1999, ce dernier exploite sur la rive gauche de la Marne un vignoble de 7,5 ha composé à 90 % de meunier. Il s'applique à promouvoir ce cépage qu'il juge trop méconnu. (RM)

Ce blanc de noirs (meunier) peu dosé associe la vendange 2015 avec 50 % de vins de réserve des 2 récoltes précédentes. Or jaune aux reflets rosés, il livre des parfums printaniers engageants : acacia, touches miellées et beurrées. La pêche jaune, la mirabelle et la pâte de coings s'ajoutent à cette palette dans une bouche en harmonie avec le nez, fraîche en attaque, structurée et élégante. ⧗ 2020-2024

FRANCIS ORBAN, 23, rue du Gal-de-Gaulle, 51700 Leuvrigny, tél. 03 26 58 84 41, francis.orban@free.fr V *r.-v.*

CHARLES ORBAN Blanc de blancs ★★

●	5000		20 à 30 €

Les Orban sont établis dans la vallée de la Marne depuis le XVIIIes. Vers la fin des années 1950, Charles Orban quitte la coopérative et lance sa marque. L'exploitation (5 ha) est passée en 1997 dans le giron de la famille Rapeneau. (RM)

À la fois minéral et fruité au nez, entre pêche blanche et mirabelle, ce blanc de blancs dévoile dès l'attaque en bouche un côté salin et une belle vivacité citronnée. Équilibré et long, il semble avoir un potentiel intéressant. ⧗ 2020-2024

CHAMPAGNE CHARLES ORBAN, 44, rte de Paris, 51700 Troissy, tél. 03 26 52 70 05, contact@champagnecharlesorban.com

LUCIEN ORBAN Cuvée d'or Cuvée de réserve ★

	5000		15 à 20 €

À la tête de plus de 6 ha de vignes dans la vallée de la Marne, Hervé Orban dirige depuis 1991 l'exploitation fondée par son grand-père; ses champagnes portent l'étiquette créée par son père Lucien. (RM)

Une robe saumon aux reflets orangés pour ce rosé au nez flatteur et complexe mêlant fraise, fruits des bois, fruits confits et nuances briochées. Rond et suave en attaque, il se déploie au palais sur des notes persistantes de cerise, de cassis et de viennoiserie, stimulé par une pointe acidulée en finale. Un très bel équilibre. ⧗ 2020-2023

CHAMPAGNE LUCIEN ORBAN, 11, rue du Gal-de-Gaulle, 51700 Cuisles, tél. 03 26 58 16 11, herve.orban@wanadoo.fr V *r.-v.*

BRUNO PAILLARD Extra-brut N.P.U. Nec plus ultra 2004 ★★

	7119		+ de 100 €

L'une des plus jeunes maisons de négoce, créée en 1981 par Bruno Paillard. Alors âgé de 27 ans, ce descendant de courtiers et de vignerons vend sa vieille Jaguar pour fonder son affaire. Il constitue patiemment un vignoble (environ 34 ha aujourd'hui, répartis dans 16 crus parmi les plus recherchés de la région, tels Le Mesnil-sur-Oger, Oger, Cumières, Verzenay...) et s'équipe d'une cuverie «hors sol» ultramoderne. En 2019, Alice Paillard, fille du fondateur, a pris les rênes de la société. Misant sur des champagnes haut de gamme, la maison met l'accent sur le caractère septentrional et crayeux de la Champagne. Toutes les cuvées comptent au moins 20 % de vins vinifiés en fût, leur dosage est très réduit (extra-brut), leur bulle très fine. Le temps d'élevage est 2 à 4 fois plus long que le minimum requis par l'appellation. (NM)

La cuvée de prestige millésimée de la maison est rarement élaborée. Né d'un assemblage de pinots noirs et de chardonnay issus de grands crus fermentés et élevés en fût, ce 2004 est resté 12 ans sur ses lies et 3 ans en cave après le dégorgement, ce qui a permis à ses éléments de se fondre et d'évoluer. Déjà dégusté, il garde ses attraits de vieux champagne : une robe jaune soutenu traversée de bulles fines et légères, un nez puissant, entre beurre, pêche et ananas confits, miel et épices, une bouche à l'unisson, où l'on retrouve les fruits confits et les fruits secs, marquée en finale par une note de torréfaction. ⧗ 2020-2023 **Dosage Zéro ★ (30 à 50 €; n.c.)** Issu des 3 cépages champenois, vinifié à 50 % sous bois, il comprend 50 % de vins de réserve. Resté 3 à 4 ans sur lies, il n'a reçu aucun sucre ajouté après le dégorgement. Dans le verre, un champagne or intense parcouru d'un cordon très fin. Intense et complexe, il mêle les fruits exotiques compotés (ananas) et un léger boisé aux accents d'amande et de noisette grillées, qui s'affirme en bouche. Un peu strict en finale, il conjugue ampleur, gras et fraîcheur. ⧗ 2020-2025

CHAMPAGNE BRUNO PAILLARD, av. de Champagne, 51100 Reims, tél. 03 26 36 20 22, info@brunopaillard.com

PALMER & CO Réserve ★

	450000		30 à 50 €

Fondée à Avize en 1947 par sept vignerons, cette coopérative aujourd'hui installée à Reims a connu un bel essor dans les années 1980. Elle tire son approvisionnement de plus de 400 ha répartis dans une quarantaine de crus – pour l'essentiel situés dans la Montagne de Reims. Palmer est sa marque. (CM)

Mi-blancs mi-noirs (pinot noir 40 %, meunier 10 %), cette cuvée assemble la récolte 2014 avec des vins des 4 années précédentes. Restée de 4 à 5 ans sur ses lies, elle séduit par son nez minéral, qui s'ouvre sur les agrumes. Ces arômes se mêlent au miel dans une bouche fraîche et longue. Apéritif, poisson, volaille, elle fera le même usage qu'un blanc de blancs. ⧗ 2020-2023 **Vintage 2012 ★ (30 à 50 €; 60000 b.)** Du chardonnay (54 %) et du pinot noir presque à égalité, de belle origine (Trépail et Villers-Marmery pour les blancs, Mailly et Verzenay pour les noirs) pour ce millésime à l'expression évoluée (pain grillé, fruits confits) et à la texture onctueuse, vivifié par une pointe de fraîcheur en finale. ⧗ 2020-2023

CHAMPAGNE PALMER & CO, 67, rue Jacquart, 51100 Reims, tél. 03 26 07 35 07, contact@champagnepalmer.fr V *r.-v.* 5

PAQUES ET FILS Origine Élevé en fût de chêne 2012 ★

1er cru	3000		20 à 30 €

Les Paques font du vin depuis 4 générations. D'abord à Chigny-les-Roses, ensuite à Rilly-la-Montagne, village distant d'un saut de puce, sur le versant nord de la Montagne de Reims. Installé en 1995, Philippe Paques est à la tête d'un domaine de 12,5 ha en 1er cru, certifié Haute valeur environnementale. (RM)

Ce brut millésimé tire son caractère d'une forte présence du chardonnay (80 %, avec le pinot noir en appoint) et d'une vinification en fût sur lies, sans fermentation malolactique. Après le 2008 et le 2011, très appréciés, ce 2012 or pâle à reflets verts ne démérite pas. Il s'ouvre sur les fleurs blanches, puis sur les agrumes et la pâtisserie. Les agrumes s'allient aux fruits jaunes dans une bouche intense, minérale et très fraîche, à la finale acidulée. ⧗ 2020-2024

CHAMPAGNE PAQUES ET FILS, 1, rue Valmy, 51500 Rilly-la-Montagne, tél. 03 26 03 42 53, philippepaques@champagne-paques.com V *r.-v.*

DENIS PATOUX 2012 ★★

	2000		15 à 20 €

Viticulteurs depuis plus d'un siècle sur la rive droite de la Marne, les Patoux ont commencé à élaborer du champagne en 1945. Installé en 1976, Denis Patoux dispose d'un vignoble de 8,5 ha qui s'est beaucoup agrandi ces vingt dernières années grâce à des plantations nouvelles. Domaine certifié Haute valeur environnementale. (RM)

De vieux plants de pinot noir (50 %), de chardonnay (40 %) et de meunier d'un beau millésime ont engendré cette cuvée dorée à la bulle vive, au nez intense et complexe, entre minéralité, noisette et fruits jaunes. Les arômes fruités se prolongent dans un palais frais en attaque, ample et généreux dans son développement, tonifié par une finale acidulée. Un champagne harmonieux, consistant et gourmand. ⧗ 2020-2023 ● **Carte d'or ★★ (15 à 20 €; 6000 b.)** Privilégiant les noirs (70 %, dont 50 % de pinot noir), un brut vieil or, expressif, complexe et mûr, aux arômes de pêche jaune, de beurre, d'épices et de brioche, complétés en bouche d'une note de café. Franc au palais, il finit sur l'amertume tonique du pamplemousse. ⧗ 2020-2023

⊶ CHAMPAGNE DENIS PATOUX, 1, rue Bailly, 51700 Vandières, tél. 03 26 58 36 34, denis.patoux@wanadoo.fr V *r.-v.*

♥ GHISLAIN PAYER ET FILLE Réserve ★★

● | 6000 | | 15 à 20 €

Viticulteurs depuis 1854, établis dans un vallon proche de la vallée de la Marne, les Payer se flattent de figurer parmi les vingt-quatre fondateurs de la Coopérative régionale des vins de Champagne en 1962 (voir Jacquart, de Castelnau), qui élabore encore deux de leurs cuvées, même s'ils sont devenus récoltants-manipulants. Ghislain Payer a transmis en 2019 le vignoble de 4 ha à sa fille Élise. (RM)

Il a fait son entrée dans le Guide il y a 5 ans à peine et, déjà, plusieurs de ses cuvées ont été à l'honneur. Après un superbe 2008, voici un excellent brut sans année. Issu des 3 cépages champenois (meunier 42 %, pinot noir 22 %, chardonnay 36 %), il met en œuvre la récolte 2015 et les 2 années précédentes. Ses atouts? Un nez intense à la fois frais et évolué, floral, brioché et miellé, une bouche à l'unisson, confite, arrondie, harmonieusement patinée. ⧗ 2020-2023 ● **★ (15 à 20 €; 2500 b.)** Mariant les 3 cépages champenois (meunier 63 %, chardonnay 27 %, pinot noir 10 %), avec un apport de 17 % de vin rouge vinifié sous bois, un rosé intense, puissant, frais et long. ⧗ 2020-2023

⊶ CHAMPAGNE GHISLAIN PAYER ET FILLE, 18, rue des Longs-Champs, 51480 Fleury-la-Rivière, tél. 06 30 44 66 11, contact@champagne-ghislain-payer.com V *t.l.j. 10h-16h; sam. dim. sur r.-v.*

JEAN PERNET Chardonnay 2012 ★★

● Gd cru | 4830 | 20 à 30 €

Un ancêtre de Christophe et de Frédéric Pernet cultivait la vigne au début du XVIIes. Le tandem dirige aujourd'hui une petite maison de négoce forte d'un vignoble de 16 ha répartis entre Côte des Blancs, vallée de la Marne et coteaux d'Épernay. Deux étiquettes : Jean Pernet et Camille Jacquet. (NM)

Un millésime qualitatif, des chardonnays de noble origine, un vieillissement de 4 ans en cave, tout concourt à l'harmonie de ce blanc de blancs. La robe a pris des tons dorés, mais les bulles restent abondantes. Le nez s'ouvre sur les fleurs et les agrumes, vite relayés par des notes de maturité : fruits jaunes mûrs, pain grillé, moka, notes beurrées et briochées. Le miel s'ajoute à cette palette complexe dans une bouche crémeuse, riche et fraîche, servie par un dosage juste. ⧗ 2020-2023 ● **Gd cru Blanc de blancs Prestige ★ (20 à 30 €; 5112 b.)** Élevé 4 ans sur lies, un blanc de blancs aux arômes de fruits blancs et d'agrumes assez complexes. Puissante, fraîche, saline et longue, «une bouteille qui rend un bel hommage au chardonnay». ⧗ 2020-2023

⊶ CHAMPAGNE JEAN PERNET, 6, rue de la Brèche-d'Oger, 51190 Le Mesnil-sur-Oger, tél. 03 26 57 54 24, champagne.pernet@orange.fr V *r.-v.*

PERNET-LEBRUN ★

● | 5550 | | 15 à 20 €

Les Pernet-Lebrun sont vignerons depuis 5 générations, et le champagne Pernet-Lebrun a été lancé au tournant des années 1960. Janick Pernet a repris en 1990 l'exploitation familiale qui couvre 11 ha situés pour l'essentiel sur les coteaux sud d'Épernay.

Complété par le chardonnay (30 %) et le pinot noir (10 %), le meunier domine l'assemblage de ce rosé à la robe soutenue, aux arômes intenses de fleurs et de fruits rouges, et au palais structuré, chaleureux et persistant. Un rosé « musclé », selon un juré. ⧗ 2020-2023

⊶ PERNET-LEBRUN, Ancien-Moulin, 51530 Mancy, tél. 03 26 59 71 63, contact@champagne-pernetlebrun.com V *t.l.j. 10h-12h 14h-18h; sam. dim. sur r.-v.; f. 10-25 août* B

♥ PERROT-BATTEUX ET FILLES Hélixe ★★

● 1er cru | 2500 | | 20 à 30 €

En 1985, Gervais et Maryline Perrot-Batteux font l'acquisition d'un pressoir et commencent à commercialiser leur récolte. Après avoir travaillé pour plusieurs maisons, leur fille Cynthia Vigneron-Perrot les rejoint en 2006 et reprend le domaine en 2013; sa sœur Céline collabore à la promotion. La famille exploite 5 ha dans la partie sud de la Côte des Blancs. (RM)

Issu de la récolte 2016 complétée par les 2 années précédentes, ce rosé est dominé par le chardonnay (90 %). Le pinot noir sert uniquement à élaborer le vin rouge qui teinte d'un rose franc sa robe animée de fines bulles alertes et qui lègue des arômes intenses et frais de fruits rouges ainsi qu'une ampleur généreuse. Le cépage majoritaire apporte la vivacité qui donne de l'allonge à la finale. Complexe et riche, ce rosé pourra accompagner un repas. Hélixe? Le nom de la gamme évoque l'ammonite, fossile très présent dans la craie de la Côte des Blancs. ⧗ 2020-2023

⊶ CHAMPAGNE PERROT-BATTEUX ET FILLES, 62, av. des Comtes-de-Champagne, 51130 Bergères-lès-Vertus, tél. 09 66 91 96 75, perrot.batteux@orange.fr V *r.-v.*

BRUNO ET GRÉGOIRE PERSEVAL Blanc de blancs ★★

● 1er cru | 2500 | | 15 à 20 €

Héritier d'une lignée remontant à 1625, Bruno Perseval a pris les rênes en 1988 du domaine familial.

Il exploite avec son fils Grégoire un vignoble de 2,6 ha entièrement situé à Sacy, dans la partie ouest de la Montagne de Reims, à deux pas de la Cité des Sacres. (RM)

Né de la récolte 2013 et de la précédente, un blanc de blancs loué tant pour son nez frais et expressif, fruité, beurré et torréfié, que pour son palais conjuguant rondeur et vigueur, aux arômes d'aubépine, d'agrumes et de brioche. Certains jurés lui auraient bien donné un coup de cœur. ⧗ 2020-2024 ● **1er cru Bruno Perseval Blanc de noirs ★ (15 à 20 €; 4 000 b.)** Du meunier et du pinot noir à parts égales, la vendange 2014 complétée par la précédente, à l'origine d'un champagne consistant et frais, aux arômes d'agrumes. ⧗ 2020-2023

BRUNO PERSEVAL, 13, rue des Sources, 51500 Sacy, tél. 06 13 74 03 58, bruno.perseval@champagne-perseval.fr V r.-v.

DANIEL PÉTRÉ ET FILS Réserve 3 Cépages ★

● | 10 000 | | 11 à 15 €

À la suite de nombreuses générations, Daniel et Marie-Christine Pétré, rejoints par leurs fils Vincent et Étienne, exploitent 18 ha à Ville-sur-Arce et à Essoyes, dans l'Aube, avec le statut de coopérateurs. (RC)

Complété par le pinot noir (31 %) et par le chardonnay (21 %), le meunier est très présent (48 %) dans cette cuvée, ce qui n'est pas si fréquent dans la Côte des Bar. Il est vrai que la famille cultive 7 cépages. Construit sur la récolte 2016, ce brut sans année au nez léger et minéral s'ouvre sur les agrumes et les fruits blancs. Après une attaque vive, il déploie de belles rondeurs sur des notes suaves de fruits compotés, de cerise et de fruits secs. ⧗ 2020-2023

DANIEL PÉTRÉ ET FILS, 2, chem. de la Voie-aux-Chèvres, 10110 Ville-sur-Arce, tél. 03 25 38 77 23, mc.petre10@gmail.com V r.-v.

MAURICE PHILIPPART Prestige 2013 ★★

● | 1706 | | 15 à 20 €

Un Nicaise Philippart cultivait déjà la vigne sur la Montagne de Reims en 1827, mais c'est un siècle plus tard, en 1930, que Maurice Philippart lança son champagne. En 1996, son petit-fils Franck a pris les commandes du vignoble familial, rejoint en 2013 par son fils Christophe; pour compléter la production de ses 3 ha, il a adopté le statut de négociant en 2011. (NM)

Ce brut millésimé met en avant le chardonnay (90 %), avec le pinot noir en appoint. Son nez puissant et mûr évoque les fruits jaunes, la mirabelle. La bouche ajoute à ces arômes le coing et des notes beurrées. Ample et généreuse, elle est équilibrée par une belle fraîcheur qui donne tonus et allonge à la finale. Un champagne patiné que l'on verrait bien avec du poisson en sauce. ⧗ 2020-2023 ● **1er cru ★ (15 à 20 €; 4 117 b.)** Un rosé de noirs (meunier 60 %, pinot noir 40 %, dont 10 % vinifié en rouge). Robe d'un rose profond, nez tout en petits fruits (cerise, framboise et mûre) avec une touche d'eau-de-vie, palais à l'unisson, ample, chaleureux et riche, vivifié par une pointe d'acidité. ⧗ 2020-2023

CHAMPAGNE MAURICE PHILIPPART, 3, rue des Vignes, 51500 Chigny-les-Roses, tél. 03 26 03 42 44, contact@champagne-mphilippart.com V r.-v.

PHILIPPONNAT
Extra-brut Clos des Goisses 2010 ★★

● | 5108 | | + de 100 €

Les Philipponnat sont propriétaires de vignes à Aÿ depuis le début du XVIes.; négociants et vinificateurs, ils ont un blason datant de la fin du XVIIes. et un château à Mareuil-sur-Aÿ, acquis en 1910. Le fleuron de leur vignoble en propre de 20 ha (en 1er cru et grand cru) est le Clos des Goisses, acheté en 1935, d'où provient la plus célèbre cuvée de prestige millésimée de la maison. L'un des rares clos champenois ceint de murs et le plus vaste aussi (5,5 ha), implanté sur un coteau aux pentes vertigineuses, en surplomb du canal latéral de la Marne et de cette rivière. Les cuvées non millésimées tirent leur style de l'apport de vins de réserve élevés sous bois selon le principe de la solera, ou réserve perpétuelle. (NM)

Environ 20 000 bouteilles pour les 2 millésimes précédents, à peine plus de 5 000 pour le 2010. Des pluies diluviennes en août ont imposé des tris draconiens du pinot noir (71 %) et du chardonnay (29 %) à l'origine cette célèbre cuvée. Une vinification sous bois sans fermentation malolactique, un repos en cave d'une dizaine d'années et un dosage très faible, en extra-brut, ont permis d'obtenir un champagne or pâle brillant animé d'un cordon très fin. Le nez complexe, d'abord floral, s'ouvre sur les petits fruits rouges et sur un léger boisé grillé et toasté. Rond et riche, dans le même registre que l'olfaction, le palais apparaît fondu et très persistant. Une réelle harmonie. ⧗ 2020-2024 ● **Extra-brut Blanc de noirs 2012 ★★ (50 à 75 €; 40 793 b.)** Une année difficile mais finalement très favorable, propice en particulier aux pinots noirs seuls à l'œuvre dans cette cuvée. Les vins de base ont été vinifiés et élevés en partie sous bois et le champagne est resté en cave de 5 à 7 ans. De couleur paille doré, il est salué pour la finesse de son nez mêlant fleurs blanches, miel et fruits bien mûrs à un léger boisé vanillé. Il brille aussi pour sa fraîcheur, son élégance et sa longueur. Un blanc de noirs qui laisse une impression de plaisante légèreté. ⧗ 2020-2025

CHAMPAGNE PHILIPPONNAT, 13, rue du Pont, 51160 Mareuil-sur-Aÿ, tél. 03 26 56 93 00, info@philipponnat.com V r.-v.

♥ CORINNE PICARD ★★

● | 20 000 | | 15 à 20 €

En 1950, Roger Picard plante des vignes sur les flancs du mont de Berru, qui s'élève dans la plaine, à l'est de Reims. Son fils Jacques lance son champagne. Sylvie et Corinne, filles de Jacques, José Lievens, son gendre, rejoints par Fiona, 4e génération, conduisent aujourd'hui la propriété : 17 ha, à Berru, Avenay-Val-d'Or et Montbré. Plusieurs étiquettes : Jacques Picard, Corinne Picard, Henri de Berr. (RM)

Le chardonnay (60 %) s'allie aux pinots (meunier surtout, 35 %) dans ce brut à la robe dorée, salué pour son nez intensément floral et fruité, aux nuances d'orange, de cédrat et de fruits exotiques. Une touche de rose vient compléter cette palette dans une bouche d'une agréable souplesse, vivifiée par une finale acidulée sur les agrumes. Un champagne élégant qu'une dégustatrice aimerait goûter sur de la cuisine asiatique. ⧗ 2020-2023

CHAMPAGNE JACQUES PICARD, 12, rue du Luxembourg, 51420 Berru, tél. 03 26 03 22 46, champagnepicard@aol.com V t.l.j. 9h-12h 14h-18h: sam. dim. sur r.-v.

PIOT-SÉVILLANO Essence de terroir ★

●	20 000	20 à 30 €

Descendant d'une lignée d'agriculteurs et de viticulteurs, spécialisés dans la vigne au début du siècle dernier, Alexis Piot devient récoltant-manipulant en 1955. En 2007, sa petite-fille Christine Sévillano et Vincent Scher quittent leur métier respectif de journaliste et de créateur de site Internet pour reprendre ce vignoble de 8 ha dans la vallée de la Marne. Ils ont renoncé aux herbicides et aux insecticides. (RM)

Composée de 70 % de meunier complété par le pinot noir et le chardonnay à parts égales, cette cuvée reflète l'encépagement du vignoble implanté sur le coteau de Vincelles. Elle a été vinifiée sans sulfites après la vendange. D'un doré flatteur, elle séduit par ses parfums intenses de fruits jaunes, d'abricot sec et de noisette grillée. Tout aussi fruitée, gourmande et ronde, justement dosée, la bouche est équilibrée par une pointe d'acidité qui lui donne tonus et allonge. ⧗ 2020-2023

PIOT-SÉVILLANO, 23, rue d'Argentelle, 51700 Vincelles, tél. 03 26 58 23 88, contact@piot-sevillano.com V r.-v.

PIPER-HEIDSIECK
Extra-brut Blanc de blancs Essentiel ★

●	n.c.	🍾	30 à 50 €

À l'origine de cette marque, Florens Louis Heidsieck. Arrivant en Champagne en 1777 de sa Westphalie natale pour faire fortune dans le commerce de la laine, il s'intéresse bien vite à l'autre richesse locale, appelée à un avenir plus durable, et fonde son négoce de vins en 1785. La maison est à l'origine de toutes les maisons Heidsieck de Champagne, notamment Charles Heidsieck, la société sœur. Quant à la maison Piper-Heidsieck, elle résulte de l'association de Christian Heidsieck, neveu du fondateur, avec Henri-Guillaume Piper. Le groupe EPI, spécialisé dans le luxe, est aujourd'hui le propriétaire de ces négoces prestigieux. (NM)

Dosé à 4 g/l, il comprend 35 % de vins de réserve et reste longtemps en cave. Un blanc de blancs de caractère, intense à l'œil comme au nez, partagé entre fruité frais et nuances évoluées. La maturité et la puissance se confirment au palais, où les fruits jaunes se mêlent à des notes briochées. Très persistant, marqué en finale par une pointe d'amertume, il accompagnera fruits de mer et repas de poissons. ⧗ 2020-2023

CHAMPAGNE PIPER-HEIDSIECK, 12, allée du Vignoble, 51100 Reims, tél. 03 26 84 43 00, contact.piperheidsieck@champagnes-ph-ch.com

POINTILLART ET FILS Le Brut ★

● 1er cru	16 000	🍾	15 à 20 €

Marque créée en 1946 par le grand-père d'Anthony Pointillart. Ce dernier, après avoir travaillé en Provence, a repris en 2006 l'exploitation familiale : près de 6 ha sur les coteaux d'Écueil (1er cru), d'où l'on aperçoit la cathédrale de Reims. (RC)

Mariant la vendange 2017 avec des vins de la récolte précédente, ce brut est construit sur le pinot noir (90 %, avec un appoint de chardonnay) qui lui donne une certaine étoffe. Il séduit surtout par son nez printanier et frais, sur l'aubépine, le sureau en fleur et la menthe, bien prolongé par une bouche alerte, florale et anisée, à la finale citronnée. Parfait pour l'apéritif. ⧗ 2020-2023

CHAMPAGNE POINTILLART ET FILS, 10, Grande-Rue, 51500 Écueil, tél. 03 26 49 74 95, anthony@champagnepointillartetfils.com V r.-v.

GASTON POITTEVIN Cuvée de réserve ★

● 1er cru	1789	🍾	15 à 20 €

Entre les deux guerres, un Gaston Poittevin fut député de la Marne et président du Syndicat des vignerons. Son arrière-petit-fils, prénommé lui aussi Gaston, exploite 5,8 ha à Cumières, 1er cru de la Grande Vallée de la Marne. Dans sa cave, on pratique encore le remuage à la main. (RM)

Mi-blancs mi-noirs (pinot noir), ce brut assemble la vendange 2016 et des vins de l'année précédente. D'un or pâle animé de bulles actives, il s'ouvre après aération sur des arômes fruités qui se prolongent en bouche. Son ampleur et sa générosité sont contrebalancées par une fraîcheur discrète qui lui donne un bel équilibre. ⧗ 2020-2023

CHAMPAGNE GASTON POITTEVIN, 129, rue Louis-Dupont, 51480 Cumières, tél. 03 26 55 38 37, gaston.poittevin@wanadoo.fr V r.-v.

POL ROGER Réserve ★★

●	n.c.	30 à 50 €

Cette maison de négoce d'Épernay expédia ses premières bouteilles en Angleterre dès sa création par le jeune Pol Roger en 1849. Devenue rapidement célèbre dans le royaume, elle a tissé des liens privilégiés avec les amateurs britanniques, et Winston Churchill ne manquait pas d'afficher sa préférence pour le champagne Pol Roger. L'affaire, restée familiale, s'appuie sur un vignoble de 92 ha. Au directoire, Hubert de Billy représente la 5e génération de la famille; Laurent d'Harcourt, président du directoire, a succédé en 2013 à Patrice Noyelle après avoir coiffé la direction stratégique de l'export. Parti à la retraite, Dominique Petit, chef de cave, a laissé en avril 2018 sa cave à Damien Cambres, ancien directeur de la coopérative de la Goutte d'or de Vertus. (NM)

Un tiers de pinot noir, un tier de meunier et un tiers de chardonnay pour cette cuvée fort bien née. Le nez, très agréable, très fin, évoque les fleurs blanches et les fruits mûrs. Des arômes que l'on retrouve dans une bouche cohérente, équilibrée, à la fois ronde et bien fraîche, prolongée par une longue finale sur les herbes sèches et le citron. ⧗ 2020-2024 ● **Sir Winston Churchill 2009 ★ (+ de 100 €; n.c.)** La cuvée de prestige de la maison reflète les goûts du client le plus célèbre de la maison pour les vins puissants et patinés. Si sa composition reste secrète, l'assemblage privilégie le pinot noir, complété par le chardonnay – des vins issus de grands crus. Après un séjour de 10 ans en cave, le 2009 affiche une robe or pâle parcourue de bulles fines et dynamiques. Il s'ouvre sur l'amande fraîche, des notes beurrées et briochées, avec un soupçon de caramel et un léger sous-bois. On retrouve cette gamme complexe et évoluée dans une matière structurée et généreuse. Fraîche et longue, la finale est marquée par une légère amertume. Un champagne de gastronomie. ⧗ 2020-2025

⊶ POL ROGER, 1, rue Winston-Churchill, 51200 Épernay, tél. 03 26 59 58 00, polroger@polroger.fr

CHRISTOPHE POMMELET Grande Réserve ★★

● | 1200 | 🍾 | 15 à 20 €

Installé en 1988 sur les 5,5 ha de l'exploitation familiale située dans la vallée de la Marne, Christophe Pommelet représente la 4e génération sur le domaine. Son fils l'a rejoint en 2010. (RM)

Mariant chardonnay majoritaire (80 %) et meunier des récoltes 2014 et 2013, ce brut affiche une robe bien dorée parcourue de fines bulles et délivre des arômes de pêche, d'abricot confituré et de café grillé qui traduisent une heureuse évolution. Les fruits mûrs et la torréfaction se confirment dans un palais structuré, ample et rond, vivifié en finale par une fraîcheur bienvenue. Un champagne de repas, qui pourrait même convenir à un dessert peu sucré. ⧗ 2020-2023

⊶ CHAMPAGNE CHRISTOPHE POMMELET, 5, rue Cuirasse-Bretagne, 51480 Fleury-la-Rivière, tél. 03 26 58 62 34, champchristophe.pommelet@gmail.com V 🚶 🍷 *r.-v.*

POMMERY 2008 ★★

● Gd cru | n.c. | 50 à 75 €

Maison née en 1836 sous le nom de Dubois-Greno, devenue Pommery et Greno à l'arrivée de Louis-Alexandre Pommery en 1856. Sa fortune est liée à Jeanne Alexandrine Louise Pommery qui, devenue veuve en 1858, donna une dimension internationale à l'affaire, fit aménager des crayères monumentales et contribua à renouveler le style du champagne, créant le brut nature en 1874. C'est aussi elle qui fit construire les bâtiments néogothiques abritant le siège de la société, décor familier pour les Rémois. Depuis 2002, Pommery fait partie du groupe Vranken Monopole. (NM)

Concentrées, à la fois mûres et fraîches, les vendanges 2008 ont donné naissance à de remarquables cuvées millésimées, à l'instar de celle-ci, assemblage de pinot noir et de chardonnay de noble origine. Or clair animée de fines bulles, la robe est encore jeune. Le nez s'ouvre sur l'acacia, le miel et les fruits confits, avec un léger caramel. Ce côté miellé s'allie à la poire et à la brioche dans une bouche harmonieuse, mentholée et alerte. De la finesse et une fraîcheur préservée. ⧗ 2020-2023

⊶ VRANKEN-POMMERY MONOPOLE, 5, pl. du Gal-Gouraud, 51100 Reims, tél. 03 26 61 62 63 V 🚶 🍷 *r.-v.*

POTEL-PRIEUX Blanc de blancs Les Crayères Folies 2012 ★★

● | 2000 | 🍾 | 20 à 30 €

Charles Potel, qui vivait en 1640, semble être le premier vigneron d'une lignée qui aboutit à François Potel, à la tête du domaine entre 1997 et 2016. Depuis cette date, Béatrice Lamiraux gère la propriété située sur la rive droite de la Marne. (RM)

Issu d'une seule parcelle de chardonnays âgés d'un demi-siècle et d'un millésime coté, ce blanc de blancs affiche une robe dorée parcourue de bulles persistantes, à laquelle répond un nez riche et évolué, mêlant beurre, brioche, fruits secs ou macérés et un léger sous-bois. La bouche, à l'unisson, développe ces arômes en harmonie avec une belle ampleur, équilibrée par une finale fraîche, sur le zeste d'agrumes. Un champagne consistant et gourmand, adapté au repas. ⧗ 2020-2023

⊶ CHAMPAGNE POTEL-PRIEUX, 10, rue de Champagne, 51480 Venteuil, tél. 06 80 62 78 07, potel.prieux@wanadoo.fr V 🚶 🍷 *r.-v.*

YVELINE PRAT Blanc de blancs Sélection ★

● | 30000 | 🍾 | 15 à 20 €

Établis entre Côte des Blancs et Sézannais, au nord des marais de Saint-Gond, Yveline et Alain Prat ont constitué à partir de 1975 un coquet domaine de plus de 14 ha, avec du chardonnay à Congy et dans le Sézannais, du meunier dans la vallée de la Marne et du pinot noir dans la Côte des Bar. En 2015, leur fils Alexandre les a rejoints à la cave. Deux étiquettes : Yveline Prat et Georges de la Chapelle. (RM)

La robe très pâle à reflets verts est caractéristique d'un blanc de blancs, tout comme la suite de la dégustation : un nez subtil, qui s'ouvre sur l'acacia puis s'oriente vers les fruits blancs; une bouche dans le même registre, à la fois crémeuse et fraîche, marquée en finale par une pointe d'acidité. ⧗ 2020-2023

⊶ PRAT, 9, rue des Ruisselots, 51130 Vert-Toulon, tél. 03 26 52 12 16, info@champagneprat.com V 🚶 🍷 *t.l.j. sf dim. 8h-17h30*

PRÉVOTEAU-PERRIER Blanc de noirs ★

● | 5000 | 🍾 | 15 à 20 €

Champenois d'adoption, le Breton Christophe Boudard et Delphine, née Prévoteau, sont installés à Damery, à l'ouest d'Épernay. Ils représentent la 3e génération à la tête de cette maison fondée en 1900, qui commercialise du champagne depuis 1946. Implanté en grande partie dans la vallée de la Marne, leur vignoble en propre (22 ha) s'étend aussi sur les coteaux sud d'Épernay et dans la Côte des Blancs. (NM)

Pinot noir (65 %) et meunier contribuent à ce brut né de la vendange 2016 complétée des 2 années précédentes. Son nez d'une belle fraîcheur, tout en fleurs blanches, tout comme sa bouche aux arômes d'agrumes, bien construite et justement dosée, ronde et attaque, tonique et longue laissent une impression flatteuse. ⧗ 2020-2023

⊶ CHAMPAGNE PRÉVOTEAU-PERRIER, 15, rue André-Maginot, 51480 Damery, tél. 03 26 58 41 56, champagneprevoteau-perrier@orange.fr V 🚶 🍷 *r.-v.*

FABIENNE PRIÉ Brut nature Zéro dosage ★★

● | 10000 | 🍾 | 15 à 20 €

Mariée à Philippe Prié, viticulteur aubois héritier d'une tradition vigneronne remontant au XVIIIe s.,

CHAMPAGNE

Fabienne Prié a repris en 1999, après la disparition de son époux, l'exploitation familiale qui couvre près de 17 ha sur la rive droite de la Seine, dans la Côte des Bar. Elle signe ses cuvées depuis 2012. Autres étiquettes proposées par sa structure de négoce : Philippe Prié, de Montenelle. (RM)

Cette cuvée non dosée assemble pinot noir majoritaire (75 %) et chardonnay, comme toutes celles de la propriété. Elle associe la belle vendange 2012 à des vins de réserve. Jeune d'aspect, elle affiche une robe claire animée de bulles vives et nombreuses. Complexe, minérale et précise au nez, elle mêle des notes fraîches d'agrumes, de fruits blancs et jaunes à des nuances grillées et épicées plus évoluées. Tendue sans maigreur, servie par une longue finale minérale et citronnée, elle laisse une impression d'élégance. ⧗ 2020-2024 ● **Philippe Prié Tradition ★ (11 à 15 €; 100000 b.)** Issu de pinot noir (80 %) et d'un appoint de chardonnay, un brut sans année bien construit, de belle longueur, aux arômes d'agrumes. ⧗ 2020-2022

CHAMPAGNE FABIENNE PRIÉ, 108, Grande-Rue, 10250 Neuville-sur-Seine, tél. 03 25 38 21 51, fprie@champagne-prie.com V *t.l.j. sf sam. dim. 9h-12h 14h-18h; f. mi-août*

PROY-GOULARD Funambule ★★

●	1200		20 à 30 €

Les grands-parents de Lucile Goulard commercialisaient déjà du champagne dans les années 1950. Cette dernière s'installe à Épernay avec Alexandre Proy, agriculteur. À la tête de 5 ha de vignes, le couple a créé sa marque en 2012. Il cultive ses raisins noirs au nord-ouest de Reims, dans le massif de Saint-Thierry, et ses chardonnays en Côte des Blancs. Il élève ses vins de réserve en fût, ses champagnes 3 ans sur lies au minimum, et pratique des dosages très mesurés. (RM)

Les pinot noir (60 %) et chardonnay à l'origine de cette cuvée restée 4 ans en cave ont été vinifiés à 75 % en fût de chêne avec bâtonnage. Le dosage est à la limite de l'extra-brut. Dans le verre, un champagne or jaune, aux parfums complexes d'agrumes confits et de miel. La pomme compotée, le beurre et la brioche s'ajoutent à cette palette dans un palais rond en attaque, dont la belle tension souligne les arômes d'agrumes de la finale. Pour l'apéritif comme pour la table. ⧗ 2020-2023 ● **Tentation ★ (15 à 20 €; 2000 b.)** Issu des 3 cépages champenois, un rosé consistant et frais, aux arômes subtils de fruits rouges (groseille, griotte, fruits des bois) teintés de réglisse en finale. ⧗ 2020-2023

CHAMPAGNE PROY-GOULARD, 8, chem. de la Ferme-des-Forges, 51200 Épernay, tél. 03 26 32 44 69, champagne@proy-goulard.fr V *r.-v.*

QUENARDEL ET FILS Blanc de blancs ★

●	2000	20 à 30 €

Alfred Ravez produit ses premières bouteilles en 1863. Avant la Seconde Guerre mondiale, une Ravez épouse un Quenardel de Verzenay. Leur fils Francis, installé en 1965, porte la superficie du domaine de 60 ares à 6,5 ha et le transmet en 1993 à sa fille et à son gendre, qui le cèdent en 2012 à la famille Labruyère, propriétaire à Meursault (Jacques Prieur), à Pomerol (Ch. Rouget) et en moulin-à-vent (Dom Labruyère). Exploitation certifiée Haute valeur environnementale. (RM)

Une belle étoile pour cette cuvée or pâle qui a bénéficié d'un long vieillissement en cave. Sans exubérance au nez mais subtile et complexe, elle s'ouvre sur les fleurs blanches, puis sur les agrumes mûrs, nuancés de légères notes beurrées et, en bouche, d'arômes de poire. Structurée et vive, servie par une finale ciselée et longue, elle laisse une impression de finesse, de jeunesse et d'énergie. ⧗ 2020-2024

CHAMPAGNE QUENARDEL ET FILS, 1, pl. Carnot, 51360 Verzenay, tél. 03 26 49 40 63, info@champagne-labruyere.com V *r.-v.*

LOUIS RÉGNIER Blanc de blancs ★

●		10000	30 à 50 €

Lancée en 2002, la marque appartient à Jean-Noël Haton, à la tête d'une petite maison de négoce de Damery, village situé sur la rive droite de la Marne près d'Épernay. (NM)

Paré d'une robe aux reflets dorés, ce blanc de blancs séduit par son nez franc, bien ouvert sur les fruits blancs (coing). Des arômes de fruits jaunes se développent en bouche, soulignés par un trait d'acidité. Un champagne expressif, bien construit, structuré, de belle longueur. ⧗ 2020-2023

SAS LOUIS RÉGNIER, 10, av. de Champagne, 51480 Damery, tél. 06 32 18 31 95

DE REKENEIRE-PETIT 2011 ★★

●	1600		15 à 20 €

Quatre générations se sont succédé sur cette propriété implantée dans la partie ouest de la vallée de la Marne. Les récoltants actuels, qui ont repris le domaine en 1989, ont porté la surface du vignoble de 7 à 12,5 ha et commencé les vinifications à la propriété en 2008. Exploitation certifiée Haute valeur environnementale. (RM)

Un millésime difficile, selon un juré. Précoce mais compliqué. Privilégiant le chardonnay (60 %, pour 30 % de pinot noir et 10 % de meunier), cette cuvée en offre une remarquable image. Bien ouverte sur le chèvrefeuille, le citron mûr et les fruits jaunes nuancés d'une touche de pain d'épice, elle brille par sa tenue, sa netteté, sa minéralité et par sa fraîcheur, qui souligne une longue finale mentholée. ⧗ 2020-2025 ● **Tradition ★ (11 à 15 €; 14000 b.)** Né d'une majorité de raisins noirs (80 %, dont 60 % de meunier), un brut flatteur, floral, brioché et toasté, bien construit et persistant, dont la puissance et l'ampleur sont équilibrées par une belle acidité. ⧗ 2020-2023

CHAMPAGNE DE REKENEIRE-PETIT, 41, rue Robert-Gerbaux, 02570 Chézy-sur-Marne, tél. 03 23 82 81 48, les-hautes-roches@wanadoo.fr V *r.-v.*

SIMON RION Terroir Version originel ★★

●	4000		15 à 20 €

Héritier de 4 générations de viticulteurs, Simon Rion a repris l'exploitation familiale en 2007 – un peu plus de 2 ha à Courmas, village de la Petite Montagne de Reims – et a commencé en 2011 la commercialisation

de ses bouteilles. Il apporte sa récolte à la coopérative du village, où il est chargé des vinifications. (RC)
Privilégiant les raisins noirs (meunier 50 %, pinot noir 30 %), ce brut comprend 40 % de vins de réserve et reste 3 ans en cave. Il affiche une robe or jaune parcourue de bulles fines et persistantes qui font monter des arômes évolués de mirabelle, de miel d'acacia et d'amande grillée. En bouche, il s'impose par son attaque vive, par son dosage juste et par sa finale fraîche et fumée. Du caractère. ⧗ 2020-2023 ● **Extra-brut Blanc de noirs ★★ (30 à 50 €; 800 b.)** Pinot noir (80 %) et meunier composent cette cuvée construite sur la récolte 2016 mariée à des vins de réserve. Nez intense, entre beurre et amande, bouche complexe, dense, onctueuse, vive, élégante et longue, ce champagne n'a qu'un seul défaut, sa rareté. ⧗ 2020-2023

⊶ SIMON RION, 3_bis, rue des Auches, 51390 Courmas, tél. 06 67 50 04 91, champagne.rionsimon@gmail.com V r.-v.

ROBERT-ALLAIT
Cuvée Stéphanie 100_% chardonnay 2015 ★★

●	6216	🍾	20 à 30 €

De vieille souche vigneronne, Sylvie et Régis Robert ont repris en 1979 l'exploitation familiale sise à Villers-sous-Châtillon. Avec l'aide de leur fille Stéphanie et de son mari Aurélien, ils cultivent 14 ha de vignes dans 6 communes de la vallée de la Marne. Domaine certifié Haute valeur environnementale. (RM)
Cette cuvée millésimée doit tout au chardonnay, cépage le moins répandu de la vallée de la Marne. Elle a bénéficié d'un bel ensoleillement jusqu'à la mi-août, puis de pluies bienfaisantes qui se sont arrêtées en septembre. Elle offre tout ce que l'on attend d'un blanc de blancs : des arômes subtils de fleurs et de fruits blancs, un rien mentholés, une bouche consistante, ronde en attaque, tendue par une belle fraîcheur qui souligne la longue finale citronnée. De l'élégance. ⧗ 2020-2024 ● **Trilogie de cépages Cuvée Jordan 2014 ★ (20 à 30 €; 5328 b.)** Né des pinot noir, meunier et chardonnay à parts égales, il offre un nez évolué, bien ouvert sur les fruits jaunes confits, la noisette et le pain grillé, et une bouche ample, tonique et citronnée en finale, agréable par sa fraîcheur préservée. Un champagne adapté au repas. ⧗ 2020-2023

⊶ CHAMPAGNE ROBERT-ALLAIT, 6, rue du Parc, 51700 Villers-sous-Châtillon, tél. 03 26 58 37 23, champagne.allait@wanadoo.fr V *t.l.j. sf dim. 9h-11h30 14h-17h; f. août*

LOUIS ROEDERER 2014 ★

●	n.c.	🛢🍾	75 à 100 €

Une maison née à Reims dès 1776. Louis Roederer en devient le patron en 1833, la développe, acquiert des vignes. Dans les années 1870, la maison, qui livre 2,5 millions de bouteilles, a pour principal client la Russie où le tsar Alexandre II demande à Louis Roederer de lui créer un champagne de prestige : la célèbre cuvée Cristal est lancée (1876). Riche d'un vignoble de 240 ha (en 1er cru ou en grand cru) représentant les 2/3 de ses approvisionnements, la société est toujours dirigée par les descendants des fondateurs. Le dernier, Frédéric Rouzaud, est aujourd'hui à la tête d'un groupe détenant les Champagnes Deutz et de nombreux crus de prestige, du Médoc à la Provence, du Portugal à la Californie. (NM)
Le millésime 2014 se caractérise par un été maussade et frais, heureusement suivi d'un mois de septembre sec et radieux. Il a engendré ce rosé de très belle facture, assemblage savant de pinot noir macéré (63 %) et de chardonnay fermentés ensemble, avec fermentation malolactique partielle et léger apport de bois. Le champagne reste 4 ans sur lies. Le résultat? Une robe très pâle, rose poudré aux reflets or blanc, parcourue d'une bulle active, un nez sur le fruit mûr, nuancé de notes pâtissières et de touches évoquant le cognac et le fût, prélude à une bouche à la fois ample, riche et tendue, de belle longueur. ⧗ 2020-2025

⊶ CHAMPAGNE LOUIS ROEDERER, 21, bd Lundy, CS_40014, 51722 Reims, tél. 03 26 40 42 11, com@champagne-roederer.com

ROGGE-CERESER Cuvée Excellence ★★

●	6000	🍾	15 à 20 €

Créée en 1982 sur la rive droite de la Marne, cette exploitation familiale a lancé son champagne en 1997. Le fils, Benjamin Rogge, a rejoint en 2000 le domaine, qui couvre 11 ha. (RM)
Née d'un assemblage de chardonnay (60 %) et de pinot noir, cette cuvée à la robe or clair animée d'un fin cordon charme par l'élégance et la fraîcheur minérale de son nez aux nuances de citron, d'orange et de miel, puis par son équilibre et par son fruité intense et persistant au palais. Agréable à l'apéritif, elle pourra aussi accompagner un repas. ⧗ 2020-2023

⊶ CHAMPAGNE ROGGE-CERESER, 1, imp. des Bergeries, 51700 Passy-Grigny, tél. 03 26 52 96 05, info@rogge-cereser.fr V r.-v. 3

ALFRED ROTHSCHILD ET CIE Grande Réserve ★★

●	n.c.	20 à 30 €

Marque créée dans les années 1930 par la maison Charles Alexandre Gauthier (1858), elle-même rachetée en 1958 par Gaston Burtin, dont la maison (ex Marne et Champagne) est passée en 2006 dans l'orbite du groupe Lanson-BCC. Ses cuvées sont très présentes en grande distribution. (NM)
Un brut d'une réelle harmonie qui met en œuvre les 3 cépages champenois, meunier en tête (61 %, pour 26 % de chardonnay et 13 % de pinot noir). Le nez puissant sur la cerise et le kirsch, nuancés de notes d'amande et d'agrumes, le palais gourmand, solide, ample et rond, traduisent la présence majoritaire de bons raisins noirs. La complexité est là, l'acidité aussi. Pour l'apéritif comme pour la table. ⧗ 2020-2023 ● **Blanc de blancs Grande Réserve ★ (20 à 30 €; n.c.)** Si l'expression aromatique, marquée par le café torréfié aux côtés de la pêche, traduit l'évolution, ce chardonnay montre une belle fraîcheur. ⧗ 2020-2023

⊶ ALFRED ROTHSCHILD ET CIE, 22, rue Maurice-Cerveaux, 51200 Épernay, tél. 03 26 78 52 16

OLIVIER ROUSSEAUX 2013 ★

● Gd cru	1000	🍾	20 à 30 €

Petit-fils d'un tonnelier viticulteur, Olivier Rousseaux a succédé à son père en 1985, à l'âge de 19 ans.

À la tête d'environ 5 ha de vignes, il est installé à Verzenay, grand cru de la Montagne de Reims, non loin du célèbre moulin. Certifiée Haute valeur environnementale, l'exploitation n'utilise ni désherbant ni insecticide. (RM)

Le chardonnay (60 %) l'emporte sur le pinot noir dans ce brut millésimé très équilibré, qui dévoile de belles qualités à l'aération. D'abord discrètement floral, il s'ouvre sur les fruits jaunes compotés et la gelée de coing. Des arômes que l'on retrouve, nuancés de fruits secs et de notes réglissées, dans un palais structuré, marqué en finale par une touche mentholée. ⧗ 2020-2023

⊶ OLIVIER ROUSSEAUX, 21, rue de Mailly, 51360 Verzenay, tél. 03 26 49 40 50, orousseaux@orange.fr V r.-v.

ROUSSEAUX-FRESNET Blanc de noirs Prestige ★

● Gd cru | 5000 | 20 à 30 €

Les coteaux nord de la Montagne de Reims accueillent un trio de grands crus prestigieux dédiés au pinot noir : Mailly-Champagne, Verzenay et Verzy. Héritiers de deux lignées vigneronnes et de trois générations de récoltants, Jean-Brice Rousseaux et son épouse exploitent 6,5 ha dans ces communes. (RM)

Une belle étoile pour ce pur pinot noir de noble origine, à l'expression complexe, gourmande et mûre, entre fruits secs, épices et torréfaction (noisette, café, cacao). La bouche, à l'unisson du nez, séduit par sa puissance, alliée à une fraîcheur qui lui donne de l'allonge. ⧗ 2020-2023

⊶ JEAN-BRICE ROUSSEAUX-FRESNET, 17, rue de Mailly, 51360 Verzenay, tél. 03 26 49 45 66, champagnerousseauxfresnet@orange.fr V r.-v.

PHILIPPE ROUYER Tradition ★

● | 17000 | 15 à 20 €

Domaine installé à Fleury-la-Rivière, village accroché aux coteaux de la rive droite de la Marne. Descendant de trois générations de récoltants, Philippe Rouyer en a pris les rênes en 1986. Le pinot meunier représente les trois quarts de ses 4,5 ha de vignes. (RM)

L'an dernier, nos dégustateurs avaient apprécié la version non dosée de cette cuvée. En brut, l'assemblage des cépages, similaire, privilégie les noirs (85 %, meunier en tête). Le résultat est tout aussi séduisant. D'un or profond, ce champagne s'ouvre à l'aération sur des notes complexes, briochées, vanillées et toastées, qui rencontrent la pomme et le coing dans une bouche à la fois évoluée et fraîche. ⧗ 2020-2023

⊶ CHAMPAGNE PHILIPPE ROUYER, 10, rue du Chauffour, 51480 Fleury-la-Rivière, tél. 03 26 58 44 29, contact@champagne-philippe-rouyer.com V r.-v.

JEAN-JACQUES ET SÉBASTIEN ROYER Cuvée Prestige 100 % chardonnay ★

● | 5000 | 15 à 20 €

Un domaine constitué en 1974 dans la Côte des Bar (Aube) par Jean-Jacques Royer, fils de viticulteurs. Après l'installation de la 2e génération (Sébastien et sa sœur Carine), la famille s'est lancée dans l'élaboration du champagne, la commercialisation ayant débuté en 2005. (RM)

Construit sur la récolte 2013, ce blanc de blancs dévoile un nez engageant, d'une belle fraîcheur, partagé entre fruits blancs et fruits secs, avec une touche briochée. L'amande, la noisette et un léger toasté ressortent dans une bouche nette et harmonieuse, dosée avec précision et tendue par une acidité crayeuse. Parfait à l'apéritif et sur des produits de la mer. ⧗ 2020-2024

⊶ CHAMPAGNE JEAN-JACQUES ET SÉBASTIEN ROYER, 18, rue de Viviers, 10110 Landreville, tél. 03 25 38 52 62, champagne.royerjjs@orange.fr V *t.l.j. 8h30-12h 13h30-17h; sam. dim. sur r.-v.*

RICHARD ROYER Réserve ★

● | 8000 | 20 à 30 €

Ingénieur agronome et œnologue, Richard Royer a repris en 2007 un domaine cultivé par sa famille depuis au moins deux siècles dans la Côte des Bar (Aube), qui couvre aujourd'hui 13 ha. Il a lancé son étiquette en 2008. (RM)

Composé à 80 % de pinot noir, complété par le chardonnay, ce brut libère de subtils parfums floraux, nuancés de touches beurrées et briochées. Plus compoté en bouche, il se montre équilibré et long, à la fois ample et frais, servi par un dosage juste. ⧗ 2020-2023 ● ★ **(20 à 30 €; 4000 b.)** Issu presque exclusivement de pinot noir (95 %), un rosé d'assemblage à l'expression fruitée intense et complexe (fruits rouges variés, pêche, agrumes rehaussés de fleurs blanches et d'épices douces). Plutôt rond, il est tonifié par une finale fraîche et saline. ⧗ 2020-2023

⊶ CHAMPAGNE RICHARD ROYER, 18, rue Sainte-Anne, 10110 Balnot-sur-Laignes, tél. 03 25 29 33 23, richard-royer@hotmail.fr V r.-v.

♥ ROYER PÈRE ET FILS ★★

● | 16944 | 15 à 20 €

Les Royer sont plusieurs à Landreville, petit village aubois des bords de l'Ource, près de Bar-sur-Seine. Franck et Jean-Philippe sont les petits-fils de Georges Royer, le fondateur de l'exploitation en 1960. Dans leur vignoble de plus de 28 ha, le pinot noir trouve une large place. Domaine certifié Haute valeur environnementale. (RM)

Issu du seul pinot noir de la récolte 2015, ce rosé saumon pâle a charmé nos dégustateurs par la fraîcheur et par la finesse de son nez mêlant la pêche, le litchi et les épices à une touche végétale. La fraise s'ajoute aux fruits exotiques dans une bouche persistante, qui concilie ampleur et élégance. On appréciera ce champagne de l'apéritif au dessert, avec des viandes blanches et même avec certains poissons, comme le thon ou le saumon. ⧗ 2020-2023 ● **Prestige ★ (15 à 20 €; 20111 b.)** Un brut qui porte la marque du chardonnay (80 %, avec du pinot noir en appoint) dans sa robe or vert, dans son nez floral, beurré et un rien citronné, et dans sa bouche plutôt ronde, vivifiée par une finale fraîche et longue. ⧗ 2020-2023

CHAMPAGNE ROYER PÈRE ET FILS, 120, Grande-Rue, 10110 Landreville, tél. 03 25 38 52 16, infos@champagne-royer-pf.com V t.l.j. sf sam. dim. 8h30-12h 13h30-17h; f. 5-31 août

LOUIS DE SACY
Extra-brut Les Courtisols 2013 ★

1500 | 30 à 50 €

Propriétaires de vignes dans la région depuis 1633, élaborateurs de champagne depuis 1962, négociants, les Sacy sont établis à Verzy, village de la Montagne de Reims classé en grand cru. La marque actuelle, lancée en 1986, rend hommage à un ancêtre, avocat et homme de lettres du XVIIes. Forte de 18 ha de vignes en propre, la société a été dirigée entre 1998 et 2018 par Alain Sacy, qui a passé la main à son fils Yaël. (NM)

Cette cuvée à la robe or pâle parcourue de bulles fines et paisibles est issue d'une seule parcelle, complantée de pinot noir (75 %) et de chardonnay. Expressive au nez, elle allie minéralité, fleurs blanches, fruits mûrs (poire, pêche jaune, mirabelle), notes beurrées et pâtissières (charlotte aux poires). On retrouve la poire et la crème anglaise dans une bouche tendue et longue, à la finale minérale et citronnée. Une tension soulignée par le dosage très faible (3 g/l). ⧗ 2020-2025

LOUIS DE SACY, 6, rue de Verzenay, 51380 Verzy, tél. 03 26 97 91 13, contact@champagnelouisdesacy.com V r.-v.

♥ SALMON A.S. ★★

2160 | 30 à 50 €

Ce domaine de 10 ha est implanté dans la vallée de l'Ardre. Olivier Salmon a succédé en 1980 à Michel Salmon, fondateur de la marque, et a été rejoint en 2003 par son fils Alexandre. (RM)

Cette cuvée assemble à parts égales du chardonnay de 2009 élevé 20 mois en fût et du pinot noir de 2010 passé 8 mois sous bois. Affichant une robe jaune paille intense animée d'une mousse abondante et persistante, elle s'ouvre sur un boisé vanillé élégant avant de dévoiler une bouche fraîche et longue, où le chêne, bien fondu, apporte de la complexité sans dominer le vin. Le jury est conquis. ⧗ 2020-2025 ● **Prestige ★★ (20 à 30 €; 8269 b.)** Issu des récoltes 2016 et 2015, un brut mi-blancs mi-noirs (meunier et pinot noir à parité, ce dernier ayant connu le bois). Élégant, frais et complexe, il déploie de multiples nuances aromatiques – fleurs blanches, fruits secs, frangipane au nez et, en bouche, fruits blancs, beurre frais, pain grillé, avant une finale citronnée. «Joli voyage !». Proche du coup de cœur. ⧗ 2020-2023 ● **100% meunier ★ (20 à 30 €; 13055 b.)** Robe dorée, nez sur les fruits jaunes et la pomme cuite, palais rond, puissant et structuré : un blanc de noirs caractéristique. Pas très complexe mais intense et flatteur. ⧗ 2020-2023

CHAMPAGNE SALMON, 21, rue du Capitaine-Chesnais, 51170 Chaumuzy, tél. 03 26 61 82 36, info@champagnesalmon.com V t.l.j. 9h-12h 13h30-17h30

CHRISTELLE SALOMON Cuvée Euphonie ★

4258 | 15 à 20 €

Christelle Salomon a pris en 1999 les rênes du domaine familial, qui couvre 3 ha à Vandières, sur la rive droite de la Marne. Elle a commencé la commercialisation de son champagne en 2004, construit pressoir et cuverie en 2006. (RM)

Blanc de noirs associant pinot noir (70 %) et meunier, ce brut jaune d'or séduit d'emblée par son nez précis, bien ouvert sur les fruits mûrs (quetsche, figue). Rond, structuré, fondu et persistant, il conjugue puissance et élégance. Pour l'apéritif comme pour la table. ⧗ 2020-2022

CHAMPAGNE CHRISTELLE SALOMON, 7, rue Principale, 51700 Vandières, tél. 03 26 53 18 55, champ.c.salomon@orange.fr V r.-v.

DENIS SALOMON Blanc de noirs Prestige 2014 ★

12468 | 20 à 30 €

Un domaine implanté sur la rive droite de la Marne, à Vandières, derrière les remparts du village. Créé en 1974 par Denis Salomon, il élabore ses champagnes depuis 1996. Il a été repris en 2004 par son fils Nicolas, qui s'est équipé d'une cuverie adaptée à la vinification parcellaire et d'un pressoir Coquard. Le vignoble couvre aujourd'hui 4,8 ha. (RM)

La propriété propose souvent des cuvées millésimées. Celle-ci associe pinot noir majoritaire (75 %) et meunier. Des raisins noirs qui ont affronté un été 2014 frais et arrosé jusqu'à fin août, suivi d'une arrière-saison très chaude. Peu dosé pour un brut, vinifié sans fermentation malolactique, ce champagne or soutenu montre une énergie qui équilibre son ampleur et sa richesse. Sa palette fruitée mêle le citron et le zeste d'agrumes confits à des notes suaves de fruits jaunes mûrs, de cerise confiturée ou kirschée, soulignées par une finale acidulée. ⧗ 2020-2023

CHAMPAGNE DENIS SALOMON, 5, rue Principale, 51700 Vandières, tél. 03 26 58 05 77, info@champagne-salomon.com V r.-v. D

♥ SALON Blanc de blancs Le Mesnil 2007 ★★

50000 | + de 100 €

Aimé Salon, fils de charron, naît en 1867 à Pocancy, village de la plaine, à quelques kilomètres de la Côte des Blancs. Ses parents veulent faire de lui un instituteur. Il choisit les affaires et commence sa carrière en ramassant, à bicyclette, des peaux de lapin pour une entreprise de fourrures de la capitale qu'il finit par diriger. Épicurien, il revient dans son pays natal pour créer un champagne de rêve. Avec l'aide de son beau-frère, chef de cave, il choisit le terroir : Le Mesnil-sur-Oger; les meilleures

parcelles : celles du haut de l'église; son premier millésime, 1905, est réservé à sa consommation personnelle. La maison (dans l'orbite du groupe Laurent-Perrier depuis 1988) naît en 1920. Elle est célèbre pour ne proposer qu'une cuvée de blanc de blancs millésimé élaborée seulement les bonnes années et exclusivement issue du Mesnil-sur-Oger, grand cru de la Côte des Blancs. Michel Fauconnet est le chef de cave. (NM)

Déjà goûté l'an dernier, ce millésime confirme l'excellent potentiel de cette année pour le chardonnay et, en particulier, pour cette cuvée de grand prestige. Or pâle à reflets verts, la robe est animée de bulles fines. Le nez, aussi intense que complexe, associe les fruits blancs frais à des notes plus évoluées, miellées, épicées (cannelle), toastées et grillées, évoquant le café. Une attaque tonique ouvre sur un palais structuré, à la fois ample et frais, où l'on retrouve les notes empyreumatiques toastées. La finale d'une rare longueur laisse le souvenir d'une réelle élégance. ⧗ 2020-2030

⊶ CHAMPAGNE SALON, 5, rue de la Brèche-d'Oger, 51190 Le Mesnil-sur-Oger, tél. 03 26 57 51 65, champagne@salondelamotte.com

FRANÇOIS SECONDÉ
Sillery Blanc de noirs La Loge ★

Gd cru	3000		20 à 30 €

La production de Sillery, grand cru de la Montagne de Reims, approvisionne surtout les maisons de champagne. François Secondé était le seul récoltant à proposer du sillery grand cru. Ancien ouvrier viticole, il avait acheté sa première vigne en 1972 et constitué un domaine de 5,5 ha dans 4 grands crus. Après son décès accidentel en 2018, Jérôme Groslambert, qui travaillait à ses côtés, cogère l'exploitation et élabore les cuvées. (RM)

Ce pur pinot noir, qui connaît le bois, est l'un des chevaux de bataille de la propriété. La cuvée comprend 30 % de vins tirés d'une « réserve perpétuelle » (renouvelée chaque année), débutée en 2005. D'un or chaleureux, elle s'ouvre sur la pêche et la mirabelle compotées et épicées, rafraîchies d'une touche mentholée. Ces fruits jaunes se prolongent dans une bouche ronde et suave, équilibrée par une fine acidité citronnée. Un champagne gourmand et fruité, parfait avec des viandes blanches et des plats sucrés-salés. ⧗ 2020-2023

⊶ CHAMPAGNE FRANÇOIS SECONDÉ, 6, rue des Galipes, 51500 Sillery, tél. 03 26 49 16 67, francois.seconde@wanadoo.fr V t.l.j. sf sam. dim. 8h-12h 13h-17h

SECONDÉ-SIMON Cuvée Nicolas ★

Gd cru	11000		15 à 20 €

Fils et petit-fils de vignerons, Jean-Luc Secondé s'installe en 1983 à Ambonnay, village de la Montagne de Reims classé en grand cru. Le domaine, qui s'étend sur 6 ha, est aujourd'hui dirigé par Jérôme Bôle, son gendre, tandis que son fils, Nicolas Secondé, œnologue, se charge des vinifications. (RM)

Une nouvelle version d'un brut sans année mariant 2/3 de pinot noir et 1/3 de chardonnay. Le nez s'ouvre sur la brioche, les épices douces et les fruits blancs (pêche et poire). Dans le même registre, la bouche se montre fraîche en attaque, structurée et harmonieuse, de bonne longueur. ⧗ 2020-2023 ● **Gd cru Cuvée Valérie ★ (15 à 20 €; 3000 b.)** Un rosé mariant 40 % de chardonnay et 52 % de pinot noir, complétés de 8 % de vin rouge. Plutôt discrets au nez, ses arômes de fruits rouges (groseille, cerise, fraise) s'affirment dans une bouche élégante et fraîche. ⧗ 2020-2023

⊶ J.-L. SECONDÉ-SIMON, 14, rue de Trépail, 51150 Ambonnay, tél. 03 26 53 13 02, champagne@seconde-simon.fr V t.l.j. sf dim. 9h-12h 14h-18h

JEAN SÉLÈQUE Blanc de noirs ★★

	5000		20 à 30 €

Arrière-grand-père de l'actuelle récoltante, Jean Bagnost, fondateur de la coopérative de Pierry et maire de la commune, plante avec son gendre Henry Sélèque les premiers ceps à la fin des années 1960. Jean Sélèque commence à vendre du champagne. Sa fille Nathalie, installée en 2011, a lancé la marque au nom de son père 2 ans plus tard. Son vignoble de 5,3 ha est implanté sur différents coteaux aux environs d'Épernay. (RC)

Il doit tout au meunier, ce brut vieilli 3 ans sur lies. Paré d'une robe jaune doré couronnée d'une mousse onctueuse, il dévoile un nez bien ouvert, beurré, brioché, confit et miellé. En bouche, il adopte le même registre évolué, compoté et toasté et séduit par son intensité, son équilibre et sa longueur. Un champagne patiné que l'on verrait bien sur des ris de veau. ⧗ 2020-2023

⊶ CHAMPAGNE JEAN SÉLÈQUE, 12, rue de l'Égalité, 51530 Pierry, tél. 06 80 38 66 32, champagnejeanseleque@orange.fr V r.-v.

SERVEAUX FILS Carte noire ★★

	9500		15 à 20 €

Domaine familial créé en 1954 sur la rive droite de la Marne, entre Dormans et Château-Thierry. Installé en 1993, Pascal Serveaux, rejoint à partir de 2002 par ses enfants Nicolas, Hugo et Élodie, cultive 15 ha de vignes. Exploitation certifiée Haute valeur environnementale. (RM)

Mariant à parts égales les 2 cépages noirs de Champagne, le pinot noir et le meunier, ce blanc de noirs affiche une robe doré brillant animée d'un élégant cordon de bulles rapides. Intense au nez, il mêle des notes toniques de fruits blancs et de menthe à des nuances plus mûres de figue sèche et de cappuccino. Expressif et très persistant, le palais suit la même ligne, conjuguant suavité et fraîcheur. ⧗ 2020-2024 ● **Pur Meunier ★ (20 à 30 €; 12500 b.)** Vinifié partiellement en fût sans fermentation malolactique, un blanc de noirs souple en attaque, de belle longueur, aux arômes d'orange amère, de noisette et de café, original par sa fraîcheur acidulée. ⧗ 2020-2023 ● **Extra-brut Grand Vintage 2008 ★ (30 à 50 €; 9900 b.)** Mariant du chardonnay (60 %) vinifié en fût et du meunier passé en cuve, ce champagne d'un beau millésime, floral et frais au nez, fruité et long, montre une belle vivacité, favorisée par sa vinification et par son faible dosage. ⧗ 2020-2023

⊶ CHAMPAGNE SERVEAUX FILS, 2, rue de Champagne, 02850 Passy-sur-Marne, tél. 03 23 70 35 65, serveaux.p@wanadoo.fr V r.-v.

JACQUES SONNETTE Réserve ★

●	10 000		11 à 15 €

Installé en 1973 sur l'exploitation familiale située dans un hameau de Charly-sur-Marne, sur la rive droite de la Marne, Jacques Sonnette élabore son champagne depuis 1976. Dans son vignoble de 8 ha, le meunier est très présent. (RM)

Mariant la vendange 2015 avec les 2 années précédentes, cette cuvée assemble meunier (48 %), chardonnay (40 %) et pinot noir. Elle s'ouvre avec discrétion sur des notes citronnées, puis prend des tons beurrés, briochés et compotés. Plus intense en bouche, elle offre une attaque ronde, sur la pomme cuite, relayée par une belle vivacité qui donne tonus et longueur à la finale aux accents de beurre et d'agrumes. Une belle harmonie. ⧗ 2020-2023

CHAMPAGNE JACQUES SONNETTE, 2, rue du Port-Picard, Grand-Porteron, 02310 Charly-sur-Marne, tél. 03 23 82 05 71, contact@champagne-sonnette.fr V r.-v.

TAISNE RIOCOUR Grande Réserve ★

●	7000		20 à 30 €

Dans la Côte des Bar (Aube), le village des Riceys, avec plus de 840 ha de vignes, est sans doute le plus étendu de la Champagne. Angelito de Taisne et Claude de Riocour y ont fait renaître en 1967 un vignoble familial fondé au XIXe s. Aujourd'hui, c'est une maison de négoce forte de 20 ha en propre, gérée par leurs 5 enfants. Maison certifiée Haute valeur environnementale. (NM)

Une cuvée composée pour les 2/3 de pinot noir (cépage majoritaire du vignoble), complété par du chardonnay élevé en foudre. Or pâle, elle s'annonce par un nez discret, subtil et frais, prélude à une bouche gourmande et tonique, aux arômes de beurre et d'agrumes. Son côté alerte en fait un beau champagne d'apéritif, mais elle offre assez d'étoffe pour accompagner un repas. ⧗ 2020-2023

MAISON TAISNE RIOCOUR, 28, rue de Bise, 10340 Les Riceys, tél. 03 25 29 64 37, mariehelene@champagnetaisneriocour.com V r.-v.

TAITTINGER 2014 ★

●	n.c.		30 à 50 €

Alexandre Fourneaux produisait des vins tranquilles à Rilly-la-Montagne. Son fils créa une maison de négoce dès 1734. Deux siècles plus tard, Pierre Taittinger devint en 1936 l'actionnaire principal de la maison Forest-Fourneaux à laquelle il donna son nom. Passée en 2005 sous le contrôle d'un fonds de pension américain, rachetée un an plus tard par la famille, l'affaire a été dirigée jusqu'en 2020 par Pierre-Emmanuel Taittinger. Ce dernier vient de passer la main à sa fille Vitalie, qui a commencé son parcours comme artiste et directrice du marketing et de la communication. Avant de s'installer sur la butte Saint-Nicaise, site historique, Taittinger avait son siège à l'hôtel des Comtes de Champagne, d'où le nom de sa cuvée de prestige. La maison dispose de crayères du IVe s. et d'un vaste vignoble (288 ha). Le chardonnay est son cépage emblématique. (NM)

Cuvée Comtes de Champagne exceptée, les millésimés de la maison assemblent à parité pinot noir et chardonnay (70 % de grands crus et 30 % de 1ers crus); ils reposent plus de 5 ans en cave. La présence du chardonnay, et peut-être l'année, assez fraîche, confèrent au 2014 un caractère tonique. Parcourue de bulles fines, la robe jaune pâle aux reflets verts offre un caractère juvénile, tout comme le nez, subtilement minéral, qui s'ouvre sur les agrumes. On retrouve ces fruits et cette minéralité dans un palais à la fois onctueux et frais, dont la longue finale se teinte de la légère amertume de l'écorce du pamplemousse. De la jeunesse et du potentiel. ⧗ 2020-2026

CHAMPAGNE TAITTINGER, 9, pl. Saint-Nicaise, 51100 Reims, tél. 03 26 85 45 35, contactus@taittinger.fr V t.l.j. 9h30-17h30; f. sam. dim. nov.-mai

TANNEUX-MAHY Cuvée de réserve ★

●	22 000	11 à 15 €

La famille élabore son champagne depuis 1927. Prenant la suite des trois générations précédentes, Christophe et Katia Tanneux se sont installés sur l'exploitation en 2009. Proche d'Épernay, leur vignoble couvre 8,5 ha sur les deux rives de la Marne. (RM)

Les 3 cépages champenois (meunier 48 %, pinot noir 20 %, chardonnay 32 %) composent ce brut sans année, qui libère des senteurs miellées d'évolution et une touche mentholée. Riche, intense et mûre, la bouche associe des notes suaves de sirop d'érable et des arômes plus frais d'ananas confit. ⧗ 2020-2023 ● **Vieilli en fût de chêne ★ (15 à 20 €; 5000 b.)** Issu de pinot noir (40 %), de meunier et de chardonnay (30 % chacun), vinifié sous bois, sans fermentation malolactique, un brut agréable, tant par sa palette aromatique, entre amande, beurre, agrumes et fruits blancs, que par sa bouche gourmande et acidulée. ⧗ 2020-2023

CHAMPAGNE TANNEUX-MAHY, 2, rue Jean-Jaurès, 51530 Mardeuil, tél. 03 26 55 24 57, champagne.tanneux@orange.fr V t.l.j. sf dim. 9h-12h 14h-18h; f. août

SÉBASTIEN TAPRAY Prestige ★

●	6000		15 à 20 €

Viticulteur depuis 2000 dans la région de Bar-sur-Aube, Sébastien Tapray représente la 2e génération sur l'exploitation familiale. Il apporte la récolte de ses 2 ha à la coopérative de Colombé-le-Sec qui élabore ses cuvées. (RC)

Une fois de plus appréciée, cette cuvée met en avant le chardonnay (80 %, avec le pinot noir en appoint). Construite sur la récolte 2016, cette version s'ouvre sur les fruits jaunes et le pain, nuancés au palais de notes de fruits secs et de pain d'épice. Puissante et vineuse, elle bénéficie en finale d'une pointe de fraîcheur bienvenue. Un champagne adapté au repas. ⧗ 2020-2022

CHAMPAGNE SÉBASTIEN TAPRAY, 29, Grande-Rue, 10200 Colombé-la-Fosse, tél. 03 25 27 99 12, tapray.sebastien@orange.fr V r.-v.

TARLANT Brut nature Zéro ★★

●	6000		30 à 50 €

Enracinés en Champagne, les Tarlant cultivaient déjà la vigne à l'époque de dom Pérignon. Constitution du

CHAMPAGNE

domaine à partir de 1780 dans la vallée de la Marne, premier champagne livré en 1929. Aujourd'hui, un vignoble de 14 ha et un style reconnu. Aux commandes depuis 1999, Benoît et Mélanie, les enfants de Jean-Mary Tarlant, qui préside la maison. À la cave, Benoît vinifie en petite cuve ou en barrique par «climat», sans fermentation malolactique, élève sur lies les vins de réserve et privilégie les dosages faibles (extra-brut) ou absents (brut zéro). (RM)

La version «rosé» d'une cuvée non dosée bien connue de nos lecteurs. Beaucoup de chardonnay (50 %), de pinot noir (44 %) et un soupçon de meunier, des vins de 2013 et 2012 vinifiés et élevés en tonneaux, 4 ans et 9 mois d'élevage en bouteille. D'un rose orangé, le champagne offre un nez complexe, déployant toute une gamme de petits fruits rouges acidulés et une touche fumée. Dans le même registre au palais, il monte en puissance et s'impose par son ampleur et par sa richesse, équilibrées par un trait de vivacité aux accents de pamplemousse. ⧗ 2020-2023 ● **Brut nature L'Aérienne 2004 ★★ (75 à 100 €; 3000 b.)** Un rosé millésimé, issu des 3 cépages champenois (chardonnay 50 %), élevé sous bois, puis 13 ans et 9 mois en bouteilles, non dosé. D'un rose très pâle aux reflets cuivrés, il dévoile un nez complexe et évolué, sur le beurre, les fruits confits, la figue sèche, puis un palais encore jeune, à la finale fraîche. ⧗ 2020-2023

CHAMPAGNE TARLANT, 21, rue de la Coopérative, 51480 Œuilly, tél. 03 26 58 30 60, champagne@tarlant.com V r.-v.

ÉRIC THERREY Cuvée spéciale ★

● | 25000 | 15 à 20 €

La ville de Troyes est dominée à l'ouest par la butte calcaire de Montgueux où excelle le chardonnay. Jacky Therrey y a planté les premières vignes dans les années 1960 et lancé son champagne en 1978. Après 25 ans de collaboration familiale, son fils Éric a pris en 2006 la direction du domaine et rajeuni l'outil de production en 2011. Rejoint par sa fille Morgane, il cultive 8 ha à Montgueux et à Celles-sur-Ource. (RM)

Le chardonnay joue les premiers rôles dans cette cuvée or pâle, complété par 10 % de pinot noir. Le nez intense mêle fleurs blanches, fruits jaunes et touches toastées. En bouche, ce brut se signale par sa générosité, son volume et par sa longue finale sur les fruits blancs et les agrumes. ⧗ 2020-2023

CHAMPAGNE ÉRIC THERREY, 6, rte de Montgueux, 10300 Montgueux, tél. 03 25 70 30 25, contact@champagne-therrey.fr V *t.l.j. sf dim. 9h-12h 14h-18h30*

THÉVENET-DELOUVIN Carte rosée ★

● | 4000 | 15 à 20 €

Issus l'un comme l'autre de familles vigneronnes, Isabelle et Xavier Thévenet mettent leurs compétences agronomiques au service d'une viticulture durable depuis le début des années 1990 (exploitation certifiée Haute qualité environnementale depuis 2016). Leur vignoble s'étend sur les 2 rives de la Marne. (RM)

Le meunier compose les 4/5 de ce rosé, complété par le chardonnay. Une partie des raisins noirs, vinifiés en rouge, donnent à ce champagne sa teinte saumon ainsi que de puissants parfums de fruits rouges, griotte en tête. Ce fruité intense s'épanouit dans une bouche de belle tenue, nette et fraîche, marquée en finale par de pimpants arômes de framboise. ⧗ 2020-2023

CHAMPAGNE THÉVENET-DELOUVIN, 28, rue Bruslard, 51700 Passy-Grigny, tél. 03 96 52 91 64, xavier.thevenet@wanadoo.fr V *r.-v.*

J.M. TISSIER
Rosé de saignée Délicatessence 2015 ★

● | 2000 | 20 à 30 €

Petit-fils de Diogène Tissier, vigneron à la nombreuse descendance, Jacques Tissier a travaillé dès l'âge de 14 ans avec son père Jean-Marie et repris la propriété en 1993. Il exploite plus de 5 ha de vignes sur les coteaux d'Épernay et dans le Sézannais. (RM)

Issue d'une macération de meunier et de pinot noir à parts égales, une cuvée de 2015, année caractérisée par un été chaud et sec. Si la robe, saumonée à reflets cuivrés, n'est pas très foncée, le nez s'exprime avec intensité sur la griotte, mâtinée de notes pâtissières, végétales et fumées. Le palais ajoute à la palette aromatique une touche d'amande. Structuré, puissant et long, il est marqué en finale par un petit côté tannique pas désagréable. Un rosé de repas qui conviendra aussi aux desserts. ⧗ 2020-2023

J.M. TISSIER, 9, rue du Gal-Leclerc, 51530 Chavot-Courcourt, tél. 03 26 54 17 47, contact@champagne-jm-tissier.com V *r.-v.*

GUY TIXIER Cuvée de réserve ★

● | 14856 | 15 à 20 €

Guy Tixier hérite en 1960 du quart du vignoble paternel constitué par André à partir de 1920 et lance sa marque. Son fils Olivier lui succède en 1989. Le domaine couvre un peu plus de 5 ha, principalement dans la Montagne de Reims. (RC)

Né des 3 cépages champenois (pinot noir 40 %, meunier 32 %, chardonnay 28 %) et de la récolte 2017 complétée de vins de l'année précédente, ce brut s'ouvre sur de subtiles notes beurrées, sur la fleur blanche et sur la poire, avec une touche mentholée. Il déploie ces arômes fruités et floraux dans une bouche équilibrée, fraîche et longue, à la finale élégante. Un champagne expressif et bien construit. ⧗ 2020-2023

CHAMPAGNE GUY TIXIER, 12, rue Jobert, BP_3, 51500 Chigny-les-Roses, tél. 03 26 03 42 51, champguytixier@wanadoo.fr V *r.-v.*

MICHEL TIXIER Cuvée réservée ★

● | 18046 | 20 à 30 €

Le vignoble familial remonte aux années 1920. En 1963, Michel Tixier s'installe et lance sa marque. Benoît, son fils, prend le relais en 1998. Son domaine de 5 ha comprend 36 parcelles réparties dans la Montagne de Reims, la Côte des Blancs et la vallée de la Marne. Domaine certifié Haute valeur environnementale. (RM)

Meunier (60 %), pinot noir et chardonnay (à parité) composent ce brut très flatteur par son nez aérien et vif, sur le fruit blanc, bien prolongé par un palais floral et fruité, frais et persistant, marqué en finale par une légère amertume tonique. ⧗ 2020-2023

CHAMPAGNE MICHEL TIXIER,
8, rue des Vignes, 51500 Chigny-les-Roses,
tél. 03 26 03 42 61, champ.michel.tixier@wanadoo.fr
V r.-v.

ANDRÉ TIXIER ET FILS Carte Perle ★

1er cru	14 000		15 à 20 €

André Tixier constitue son vignoble à l'aube des années 1920. À la naissance de son fils Robert en 1926, il débute l'élaboration et la commercialisation de son propre champagne. En 2011, son arrière-petit-fils Julien a pris la direction du domaine : 5 ha dans la Montagne de Reims. (RM)

Les raisins noirs, meunier en tête (60 %) représentent les 4/5 de l'assemblage de ce brut sans année qui comprend 50 % de vins de réserve. Le nez intense se partage entre aubépine et fruits blancs, tandis que la bouche équilibrée, fraîche et saline déploie des notes plus mûres de fruits compotés et de torréfaction. ⧗ 2020-2023 ● **1er cru ★ (20 à 30 €; 3000 b.)** Un rosé de noirs (pinot noir et meunier à parité, récolte 2016), qui tire sa couleur de l'apport de 20 % de vin rouge vinifié en fût. Malgré sa couleur rubis, il offre un nez de fruits rouges subtil, tout en finesse, prélude à un palais très équilibré, vineux et velouté. ⧗ 2020-2023

CHAMPAGNE ANDRÉ TIXIER ET FILS,
19, rue des Carrières, 51500 Chigny-les-Roses,
tél. 03 26 03 44 62, julien@champagne-andre-tixier.fr
V r.-v.

LOUIS TOLLET ★

1er cru	45 000		20 à 30 €

Charles Mignon est une maison de négoce familiale créée à Épernay en 1995 par Bruno Mignon, arrière-petit-fils de vignerons, et par sa femme Laurence. Trois marques : Charles Mignon, Louis Tollet (destinée aux cavistes et aux restaurateurs) et Léon Launois. (NM)

Mariant pinot noir majoritaire et chardonnay, ce brut sans année mêle au nez notes beurrées, pomme et poire. Plus complexe et plus floral en bouche, il séduit par sa fraîcheur et par sa délicatesse qui conviendront à l'apéritif. ⧗ 2020-2023

CHARLES MIGNON, 7, rue Irène-Joliot-Curie,
51200 Épernay, tél. 03 26 58 33 33, info@
champagne-mignon.fr V r.-v.

FRÉDÉRIC TORCHET
Brut nature Blanc de blancs Élevé en fût de chêne ★

	5000		20 à 30 €

Installé en 1985 sur le vignoble planté à partir de 1966 par son père dans le Sézannais, Frédéric Torchet a construit sa cave et commercialise ses cuvées depuis 2000. Rejoint par ses 2 enfants, il exploite 6 ha, essentiellement du chardonnay, cépage dominant de ce secteur, ainsi que 2 ha de pinot noir implantés à l'autre extrémité de l'Aube, près des Riceys. Ses vins ne font pas la fermentation malolactique. (RM)

Une robe pâle aux reflets verts, un nez partagé entre le zeste de citron, les fleurs, le miel et la viennoiserie, une bouche tendue et minérale, à la finale longue et nerveuse : cette cuvée porte la marque du chardonnay, de sa vinification et de l'absence de dosage. Parfait pour l'apéritif et pour les produits de la mer. ⧗ 2020-2023

CHAMPAGNE TORCHET,
12-14, rue Saint-Vincent, 10370 Villenauxe-la-Grande,
tél. 03 25 21 36 15, champagnetorchet@gmail.com
V *t.l.j. sf dim. 9h30-12h 14h30-18h30; f. 1er-15 août*

BERNARD TORNAY ★★

Gd cru	28 728		20 à 30 €

Les Hutasse se sont installés dans les années 1930 à Bouzy (grand cru de la Montagne de Reims réputé pour son pinot noir). Leur vignoble de 10 ha est aujourd'hui cultivé par Rudy et Nathalie. (RM)

Pinot noir (60 %) et chardonnay de la récolte 2014 et des 2 années précédentes composent ce brut au nez discret mais élégant, floral et brioché. Ample et vineuse, la bouche aux arômes de fruits blancs conjugue une texture crémeuse et une finale citronnée, fraîche et longue. Du charme. ⧗ 2020-2023 ● **Gd cru Blanc de noirs ★★ (20 à 30 €; 5911 b.)** Issu de pur pinot noir (vendanges 2016 et 2015), un brut à l'expression complexe (mirabelle, agrumes, touches mentholées et grillées, fruits blancs en bouche). Consistant, frais et long, il est marqué en finale d'une amertume tonique. ⧗ 2020-2024

CHAMPAGNE TORNAY, rue du Haut-Petit-Chemin,
51150 Bouzy, tél. 03 26 57 08 58, info@
champagne-tornay.fr V r.-v.

G. TRIBAUT Grande Cuvée spéciale ★

1er cru	17 000		20 à 30 €

Gaston Tribaut s'est installé en 1935 à Hautvillers, «berceau du champagne», où officia dom Pérignon. Ses 2 fils sont devenus récoltants-manipulants en 1975. Aux commandes depuis 1992, Vincent et Valérie, petits-enfants du fondateur, viennent de recevoir le renfort de Gauthier, la 4e génération, et d'aménager une salle de dégustation panoramique. Leur vignoble couvre 13 ha. (NM)

Cette cuvée assemble 70 % de chardonnay de la récolte 2012 et 30 % de pinot noir vendangé en 2014. Elle reste de 4 à 5 ans sur lattes. D'un jaune pâle aux reflets argentés, elle séduit d'emblée par son nez minéral et complexe, mêlant fleurs blanches, poire, agrumes confits et touches citronnées. On retrouve le citron frais, nuancé de tilleul, dans une bouche élégante, d'une fraîcheur acidulée. ⧗ 2020-2023

CHAMPAGNE G. TRIBAUT,
88, rue d'Eguisheim, 51160 Hautvillers, tél. 03 26 59 40 57,
contact@champagne-tribaut-hautvillers.com V
t.l.j. 9h-12h 14h-18h; f. dim. janv.-fév.

TROUILLARD
Extra-brut Blanc de noirs ★

	20 000		20 à 30 €

Maison fondée en 1896 par Lucien Trouillard, alors jeune caviste à façon, devenu à la force du poignet chef de cave d'une petite affaire à Pierry, avant de créer sa société. Celle-ci a été reprise en 2006 par la famille Gobillard de Hautvillers. (NM)

Un pur pinot noir des années 2016 et 2015. Nos dégustateurs saluent son nez fruité bien ouvert, compoté et biscuité, son attaque dynamique relayée par un corps charnu et ample, et sa finale fraîche, sur la poire et la mandarine. ⧗ 2020-2023

CHAMPAGNE TROUILLARD, 38, rue de l'Église, 51160 Hautvillers, tél. 03 26 55 37 55, contact@champagnetrouillard.com V *t.l.j. sf sam. dim. 8h-12h 14h-17h*

TRUDON Magnificence ★

●	2900		30 à 50 €

Fondée en 1920 par l'arrière-grand-père de Jérôme Trudon, œnologue et dirigeant depuis 2010, cette exploitation s'étend sur 7,5 ha aux environs de Festigny, dans la vallée de la Marne. (RM)

Partiellement vinifiés et élevés en fût, sans fermentation malolactique, meunier et chardonnay contribuent à parité à cette cuvée restée 5 ans sur ses lies et peu dosée, à la limite de l'extra-brut. Le bois ne ressort guère au nez, laissant toute leur place à des nuances de fruits jaunes confits qui se prolongent dans une bouche structurée, à la fois ronde et nerveuse. ⧗ 2020-2025

CHAMPAGNE TRUDON, 1, rue de la Libération, 51700 Festigny, tél. 03 26 58 00 38, contact@champagne-trudon.com V *r.-v.*

TSARINE ★

●	n.c.	30 à 50 €

Dès 1730, les frères Chanoine creusent leur cave à Épernay. Leur maison, la plus ancienne après Ruinart, a subi une éclipse après la guerre, avant de renaître grâce à son intégration dans le groupe Lanson-BCC. Elle a créé la marque Tsarine en souvenir de Catherine II, grande amatrice de champagne. Aujourd'hui, Isabelle Tellier officie à la cave. (NM)

Un rosé plus d'une fois mentionné dans le Guide. Il assemble pinot noir, meunier et chardonnay à parts égales et tire sa couleur franche, rose intense, d'un apport de vin rouge. D'abord discret, il délivre de fraîches senteurs d'agrumes et de bonbon anglais. Le fruit rouge – fraise, fraise des bois et framboise – se dévoile dans une bouche tonique, minérale et longue. ⧗ 2020-2023

CHAMPAGNE TSARINE, allée du Vignoble, 51100 Reims, tél. 03 26 78 50 08, contact@champagnechanoine.com

JEAN VALENTIN
Blanc de blancs Saint-Avertin ★

● 1er cru	6000	15 à 20 €

Ancien ingénieur viticole au CIVC (Comité interprofessionnel des vins de Champagne), Gilles Valentin est établi à Sacy, aux portes de la cité des Sacres. Il dirige depuis 1995 le domaine fondé en 1922 par sa grand-mère. Le vignoble de 5 ha est situé dans la Montagne de Reims. (RM)

Dédié au saint patron local, ce blanc de blancs assemble les années 2016 et 2015. Il s'ouvre sur des notes beurrées, briochées et grillées qui se prolongent dans une bouche élégante et fraîche, à la finale saline, de belle longueur. Toute la finesse d'un blanc de blancs. ⧗ 2020-2024

CHAMPAGNE JEAN VALENTIN, 9, rue Saint-Rémi, 51500 Sacy, tél. 03 26 49 21 91, givalentin@wanadoo.fr V *r.-v.*

PATRICE VALTON ET FILS Réserve ★★

●	3500		15 à 20 €

Installés dans la vallée de la Marne, Patrice et Véronique Valton ont pris en 2014 la relève de la génération antérieure. Leur vignoble de 3,5 ha se partage entre meunier et chardonnay. (RM)

Meunier et chardonnay contribuent à parité à cette cuvée qui a enchanté les dégustateurs par son fruité discret mais gourmand, mêlant la fraîcheur de l'ananas à la suavité d'un fruit jaune tirant sur l'abricot confit. Cette palette aromatique se confirme dans une bouche structurée, fraîche et longue, à la finale acidulée. Une seule question a divisé les jurés : un coup de cœur ou non ? ⧗ 2020-2023

CHAMPAGNE PATRICE VALTON ET FILS, 26, rue des Vignes, 51480 Vauciennes, tél. 03 26 58 64 82, veronique-valton@orange.fr V *r.-v.*

M. VANZELLA Prestige ★★

● Gd cru	1500		20 à 30 €

Domaine constitué en 1950 par Marius Vanzella, exploité depuis 1987 par Alain Gérin, marié à Sophie, petite-fille du fondateur, rejoints par la 4e génération. Leur vignoble couvre 9,5 ha entre Montagne de Reims et vallée de la Marne. Ces récoltants confient leurs raisins à la coopérative Les Clos à Mailly, mais ils réalisent les assemblages et font vieillir leurs champagnes au moins 3 ans dans leur cave. Exploitation certifiée Haute valeur environnementale. (RC)

Née de la récolte 2015 assemblée avec des vins des 2 années précédentes, cette cuvée marie pinot noir majoritaire (70 %) et chardonnay. À la fois puissante et charmeuse, bien dosée et persistante, elle exprime au nez comme en bouche de séduisantes notes florales, épicées et poivrées. ⧗ 2020-2023

CHAMPAGNE M. VANZELLA, 7, rue Joliot-Curie, 51500 Mailly-Champagne, tél. 03 26 49 41 67, champagne.vanzella@wanadoo.fr V *r.-v.*

VARRY-LEFÈVRE ★★

● 1er cru	19061		15 à 20 €

Établie dans la Montagne de Reims, près de la cité des Sacres, cette propriété (4,6 ha) a commercialisé ses premières cuvées en 1948. À sa tête depuis 2009, Christophe Lefèvre confie les vinifications à la coopérative d'Écueil, mais il effectue les assemblages, la mise en bouteilles et le dégorgement. (RC)

Écueil est une petite terre d'élection du pinot noir, majoritaire dans ce village. Complété par les 2 autres cépages champenois, ce cépage entre à hauteur de 85 % dans l'assemblage de ce brut or rose, discret au nez mais puissant en bouche, vineux et long, aux arômes de pêche jaune et d'abricot bien mûrs, un rien miellés. Rond avec élégance, ce champagne tiendra sa place à table. ⧗ 2020-2023

CHAMPAGNE VARRY-LEFÈVRE, 17, Grande-Rue, 51500 Écueil, tél. 03 26 49 74 47, champagnelefevre@wanadoo.fr V *r.-v.*

B VAUVERSIN
Extra-brut Oger Blanc de blancs Orpair 2014 ★

Gd cru | 1700 | | 30 à 50 €

Si la lignée remonte à 1640, c'est Fernand Vauversin qui, en 1930, a commercialisé les premières bouteilles. Le domaine n'est pas vaste mais il s'agrandit (de 3 à 4,4 ha) et il est très bien situé dans la Côte des Blancs. À sa tête, Bruno, rejoint par son fils Laurent en 2011. L'exploitation a obtenu en 2014 la certification bio, rare en Champagne. (RM)

Premier extra-brut millésimé bio pour la propriété. Le chardonnay s'est bien comporté cette année plutôt fraîche, mais chaude à l'approche des vendanges. Celui-ci, vinifié sans fermentation malolactique, a été élevé en fût de chêne ancien. Il tire de cette élaboration un côté tonique, salivant, ainsi qu'une palette complexe, mêlant léger boisé aux accents de cendre et d'épices, touches vives d'agrumes et d'écorce de citron, et notes plus évolués de fruits blancs surmûris et de pâte de fruits. De la personnalité, de la longueur et un apport de bois maîtrisé. ⧗ 2020-2024

VAUVERSIN, 9_bis, rue de Flavigny, 51190 Oger, tél. 03 26 57 51 01, champagnevauversin@orange.fr V *r.-v.*

VAZART-COQUART ET FILS
Chouilly Blanc de blancs Réserve ★

Gd cru | 35 000 | | 20 à 30 €

Établis dans la Côte des Blancs, les Vazart ont lancé en 1954 leur marque, qui s'est développée sous l'impulsion de Jacques Vazart. Son fils Jean-Pierre a rejoint la propriété en 1991, prenant le relais en 1995. Entièrement situé à Chouilly (grand cru), le vignoble familial couvre 11 ha. Certifiée Haute valeur environnementale, l'exploitation a engagé sa conversion bio. (RM)

Déjà remarqué l'an dernier, ce blanc de blancs met en œuvre dans cette version 65 % de la vendange 2016, complétée par un petit apport des 2 années précédentes et par 25 % de vins de réserve élevés depuis 1982 selon la méthode de la solera (réserve perpétuelle renouvelée en partie tous les ans). On apprécie son expression intense et fine, entre pêche jaune et torréfaction, puis son palais beurré et biscuité, d'une belle fraîcheur. ⧗ 2020-2023

CHAMPAGNE VAZART-COQUART ET FILS, 6, rue des Partelaines, 51530 Chouilly, tél. 03 26 55 40 04, contact@vazart-coquart.com V *r.-v.*

JEAN VELUT ★

| 5921 | | 20 à 30 €

Avec ses sols argilo-calcaires propices au chardonnay, la colline de Montgueux, à l'ouest de Troyes, fait figure d'exception dans un vignoble aubois acquis au pinot noir. C'est sur ces pentes que Jean Velut, agriculteur des environs, a constitué son domaine (7,7 ha aujourd'hui) et réalisé sa première mise en bouteilles en 1976. Il l'a transmis en 1972 à Denis, qui a passé le relais en 2016 à son fils Benoit. Propriété certifiée Haute valeur environnementale. (RM)

Benoit Velut consacre une grande parcelle sur craie du Turonien au pinot noir, cépage à l'origine de ce rosé de saignée construit sur la récolte 2012 et vieilli 4 ans. Ce champagne porte bien la marque d'un rosé de macération : robe rubis, nez intense de rose, de fruits rouges (cerise, framboise, grenadine) et de cassis, bouche puissante et équilibrée, où l'on retrouve ces arômes complexes de petits fruits rouges. ⧗ 2020-2023

CHAMPAGNE JEAN VELUT, 9, rue du Moulin, 10300 Montgueux, tél. 03 25 74 83 31, champ.velut10@gmail.com V *r.-v.*

VÉLY-PRODHOMME Marquise des anges 2013 ★

1er cru | 3200 | | 20 à 30 €

À deux pas de Reims, Séverine Vély et son conjoint Jean-Marie Di Girolamo ont pris la suite en 2003 de quatre générations. Ils confient pour le pressurage la récolte de leurs 4 ha de vignes à la coopérative d'Écueil. Ils se chargent ensuite des assemblages et de la commercialisation. (RC)

De renommée modeste, le millésime 2013, fort tardif, a donné tout de même des cuvées millésimées très honorables, comme celle-ci, qui privilégie le chardonnay (60 %), complété par le pinot noir. Or clair, ce brut se partage au nez entre minéralité, agrumes, beurre et fruits jaunes. Floral et fruité (agrumes), équilibré entre rondeur et fraîcheur, il laisse une impression d'élégance et de jeunesse. ⧗ 2020-2024

CHAMPAGNE VÉLY-PRODHOMME, 5, rue de Chamery, 51500 Écueil, tél. 03 26 49 74 52, contact@champagne-vely-prodhomme.fr V *t.l.j. 9h-12h 13h-19h*

DE VENOGE Cordon bleu ★★

| 400 000 | | 30 à 50 €

Cette maison de champagne doit son existence à un citoyen helvète venu du canton de Vaud, région viticole de la Suisse. Henri-Marc de Venoge crée la société en 1837. Son fils la développe à l'international, lance des cuvées spéciales et introduit en 1851 sur les étiquettes le cordon bleu emblématique, qui rappelle une décoration du temps de la monarchie. L'affaire appartient depuis 1998 au groupe Lanson-BCC. Isabelle Tellier est à la tête de la cave. (NM)

Le brut sans année de la maison assemble les 3 cépages champenois – mariés par tiers dans cette version. Dans le verre, un or franc parcouru d'un fin cordon, un nez bien ouvert sur le fruit blanc mûr, le beurre et des notes toastées. Le palais suit la même ligne, riche, onctueux et structuré, bien équilibré entre onctuosité et tension, servi par une finale fraîche aux accents d'agrumes et de fruits exotiques. ⧗ 2020-2024

CHAMPAGNE DE VENOGE, 33, av. de Champagne, 51200 Épernay, tél. 03 26 53 34 34, advexport@champagnedevenoge.com V *t.l.j. 10h-18h* 5

J.-L. VERGNON
Extra-brut Blanc de blancs MSNL Chétillons et Mussettes 2010 ★

Gd cru | 3900 | | 50 à 75 €

Issu d'une famille de négociants du Mesnil-sur-Oger, Jean-Louis Vergnon reconstitue en 1950 le vignoble familial et commence à élaborer ses champagnes en 1985. Conduite aujourd'hui par Didier Vergnon et son fils Clément, appuyés par l'œnologue Julian Gout,

l'exploitation dispose de 5 ha très bien situés dans la Côte des Blancs. La maison évite la fermentation malolactique et choie les cuvées peu ou non dosées. Propriété certifiée Haute valeur environnementale. (NM)

Moins cotée en Champagne qu'en Bordelais, l'année 2010 a livré finalement des millésimés fort honorables, notamment en blanc de blancs. Issu de 2 parcelles du Mesnil-sur-Oger nommées sur l'étiquette, celui-ci, resté 7 ans en cave, reste un petit cran en dessous du brut nature 2011 élu coup de cœur l'an dernier, mais il ne manque pas d'attraits : une palette aromatique gourmande, complexe et évoluée, mêlant fruits confits (agrumes, ananas, abricot), beurre et pâte d'amandes, ainsi qu'une bouche généreuse, ample et longue, encore fraîche. ⧗ 2020-2023

CHAMPAGNE J.-L. VERGNON, 1, Grande-Rue, 51190 Le Mesnil-sur-Oger, tél. 03 26 57 53 86, contact@champagne-jl-vergnon.com V r.-v.

VERRIER ET FILS Fleuron ★

●	7500	🍾	20 à 30 €

Auguste et Ismérie Verrier produisaient des vins tranquilles en 1860. Raymond Verrier élabore ses premiers champagnes en 1929. Installé en 2009, son petit-fils Emmanuel exploite 5 ha entre Sézanne et Épernay. Propriété certifiée Haute valeur environnementale. (NM)

Né de l'assemblage de 3 vendanges (2016 et les 2 précédentes) et resté 3 ans en cave, ce brut porte la marque du chardonnay (90 %, avec le pinot noir en appoint) : robe or pâle animée d'une mousse fine et alerte, nez frais, bien ouvert sur les fleurs blanches et les agrumes, bouche juvénile, acidulée, tendue, voire nerveuse en finale. Il aura l'usage d'un blanc de blancs. ⧗ 2020-2023

CHAMPAGNE VERRIER ET FILS, rue des Rochelles, 51270 Étoges, tél. 03 26 59 32 42, champagne.verrier@orange.fr V r.-v.

MAURICE VESSELLE Extra-brut 2008 ★

● Gd cru	9200	🍾	30 à 50 €

Les Vesselle sont nombreux à Bouzy, grand cru de la Montagne de Reims célèbre pour son pinot noir. Maurice Vesselle a inscrit la première fois son prénom sur une étiquette en 1955. Didier et Thierry, ses fils, sont attachés aux pratiques traditionnelles et labourent l'ensemble de leur vignoble. (RM)

Composée de pinot noir (80 %) et d'un appoint de chardonnay, une version agréable d'un millésime réputé. Son expression délicate mêle un fruité frais (fruits blancs, pêche jaune) et des notes d'amande, de frangipane et de biscuit. La bouche, à l'unisson du nez, allie des arômes évolués de fruits secs à une vivacité acidulée sensible dans la finale teintée de groseille, d'agrumes et de pomme verte. Une fraîcheur soulignée par la vinification (sans fermentation malolactique) et par le faible dosage (extra-brut). ⧗ 2020-2024

MAURICE VESSELLE, 2, rue Yvonnet, 51150 Bouzy, tél. 03 26 57 00 81, champagne.vesselle@wanadoo.fr V r.-v.

ALAIN VESSELLE Antoine Vesselle ★

●	5000	🍾	20 à 30 €

Une des branches de la famille Vesselle, établie depuis 1885 à Bouzy, village classé en grand cru sur le flanc sud et sud-est de la Montagne de Reims. Après Alain, puis Éloi, Guillaume Vesselle a repris en 2014 les rênes de l'exploitation, forte de 18 ha. (RM)

Dédiée « au plus blond de la fratrie Vesselle », une nouvelle cuvée, originale pour une propriété installée dans un fief des « grands noirs » : elle doit tout au chardonnay, qui lui lègue sa robe or pâle, son nez élégant, minéral et frais, entre fleurs blanches, agrumes, fruits blancs et fruits exotiques, et son palais intense, tendu, harmonieux et long, à la finale grillée. ⧗ 2020-2023

CHAMPAGNE ALAIN VESSELLE, 15, rue de Louvois, 51150 Bouzy, tél. 03 26 57 00 88, contact@champagne-alainvesselle.fr V r.-v.

GEORGES VESSELLE Juline ★★

● Gd cru	6000	🍾	30 à 50 €

La famille Vesselle est installée depuis plusieurs générations à Bouzy, célèbre grand cru de la Montagne de Reims. Georges, qui fut durant 25 ans maire du village, a créé la maison en 1954. Ses deux derniers fils, Éric et Bruno, se sont associés avec lui en 1993 avant de reprendre l'affaire, forte de 17 ha principalement dédiés au pinot noir. (NM)

Le pinot noir est en vedette (80 %, avec un appoint de chardonnay) dans cette cuvée tirée sous liège, vieillie au moins 5 ans en cave et dosée avec mesure. Si elle demande de l'aération pour s'ouvrir au nez, elle s'impose par son palais gourmand, complexe, harmonieux, tendu et long, aux nuances vanillées et toastées. Un champagne adapté au repas. ⧗ 2020-2023

CHAMPAGNE GEORGES VESSELLE, 16, rue des Postes, 51150 Bouzy, tél. 03 26 57 00 15, contact@champagne-vesselle.fr V *t.l.j. sf sam. dim. 9h-12h 14h-17h* 5

VEUVE A. DEVAUX Sténopé 2011 ★

●	6000	🍾	+ de 100 €

Les frères Jules et Auguste Devaux fondent en 1846 une maison de champagne qui a pignon sur rue à Épernay et que la dernière génération, sans héritier, cède en 1987 à l'Union auboise, importante coopérative créée en 1967. Sous la marque Veuve Devaux (ou Devaux), la cave « habille » son haut de gamme, des champagnes vieillis au moins 3 ans. (CM)

Cosignée par la cave et le célèbre vigneron-négociant rhodanien Michel Chapoutier, ce brut millésimé, assemblage de pinot noir et de chardonnay à parts égales, naît de vins de base majoritairement vinifiés et élevés en fût. Comparé au frais millésime précédent, remarqué dans la dernière édition, ce 2011 exprime une année précoce mais pas vraiment sèche ni chaude. Très expressif, il mêle au nez notes beurrées, pêche jaune et fruits exotiques. La prune et la figue s'ajoutent à cette palette dans une bouche aromatique, à la finale tonique. Du caractère. ⧗ 2020-2023

CHAMPAGNE VEUVE A. DEVAUX, hameau de Villeneuve, 10110 Bar-sur-Seine, tél. 03 25 38 30 65, elodiechevriot@champagne-devaux.fr V *t.l.j. sf dim. 10h-18h; f. fév.*

♥ VEUVE CLICQUOT La Grande Dame 2008 ★★★

● | n.c. | | + de 100 €

Héritier de banquiers, négociants en textile et propriétaires de vignes, Philippe Clicquot fonde en 1772 sa maison de champagne, avec l'ancre pour symbole et l'exportation en ligne de mire. Son fils meurt prématurément en 1805 et c'est sa belle-fille, Barbe-Nicole Ponsardin, âgée alors de 27 ans, qui, assumant dès lors la responsabilité de la société, passera à la postérité. Femme d'affaires accomplie, la «Grande Dame du champagne» dirige la maison pendant une bonne partie du XIXᵉs., lui impulsant un essor considérable. Aujourd'hui, l'entreprise dispose d'un vignoble en propre de près de 400 ha, et son étiquette jaune est connue dans le monde entier. Elle fait partie depuis 1987 du groupe LVMH. Le pinot noir est très présent dans les cuvées de la maison. En 2020, Dominique Demarville, chef de cave depuis 2009, a rejoint une autre maison, remplacé par Didier Mariotti. (NM)

La cuvée de prestige de la maison. Servie par le soleil et la fraîcheur au moment des vendanges, 2008 est une année champenoise mémorable. Or pâle, ce millésime doit presque tout au pinot noir (92 %), complété par le chardonnay. Après de longues années de repos en cave, il enchante par sa complexité, qui s'annonce au nez et se confirme au palais : les fruits secs, un soupçon de fumée se mêlent à des notes fraîches de fleurs, d'orange et d'écorce d'agrumes. À cette richesse aromatique répond l'équilibre parfait de la bouche, qui conjugue une texture crémeuse, onctueuse, et une rare fraîcheur, soulignée par la note «pamplemousse», un rien amère, de la finale. ⧗ 2020-2025 ● **Carte jaune ★★★ (30 à 50 €; n.c.)** Le brut sans année emblématique de la maison est élaboré chaque année à partir de raisins de de 50 à 60 crus différents; du pinot noir (55 %), du chardonnay (30 %) et du meunier. Il comprend 30 à 45 % de vins de réserve et vieillit au moins 3 ans. De quoi fournir un brut salué pour sa richesse comme pour sa finesse. Élégance d'un nez entre fruits jaunes et pain grillé, harmonie d'une bouche ronde et souple en attaque, soyeuse, fondue, fraîche et longue, aux arômes d'amande et de brioche. Pour l'apéritif comme pour la table. ⧗ 2020-2024 ● **★ (30 à 50 €; n.c.)** Pinot noir (60 %), chardonnay (27 %) et meunier concourent à l'harmonie de ce rosé tout en finesse, resté 3 ans en cave. Finement grillé, épicé et mentholé au nez, avec une touche de résine de pin, il allie en bouche rondeur et vivacité, et déploie des arômes gourmands de fruits rouges, de tarte aux fraises, de crème d'amande, tonifiés par une note de pamplemousse. ⧗ 2020-2023

⊶ VEUVE CLICQUOT-PONSARDIN, 12, rue du Temple, BP 2714, 51100 Reims, tél. 03 26 89 54 40 V r.-v.

VEUVE ÉLÉONORE
Extra-brut Blanc de blancs Extase ★

● Gd cru | 2500 | | 20 à 30 €

Bernard Dzieciuck crée en 1965 son exploitation dans la Côte des Blancs, à partir de 5 ares de vignes, élabore son premier champagne 10 ans plus tard. Aujourd'hui, ses enfants Didier (à la cave) et Carole mettent en valeur un vignoble de plus de 13 ha. Le domaine a son siège à Oger, prestigieux grand cru intégré dans la commune de Blancs-Coteaux, issue de la fusion de plusieurs localités. (RM)

Un assemblage de chardonnay du Mesnil-sur-Oger de 2016 vinifié en foudre sans fermentation malolactique et de vins de réserve de 2013 vinifiés en cuve. Dans le verre, un champagne à la fois ample et juvénile, aux frais arômes de fruits blancs. ⧗ 2020-2023

⊶ CHAMPAGNE VEUVE ÉLÉONORE, 11, rue Margot, Oger, 51190 Blanc-Coteaux, tél. 06 78 97 88 65, veuve.eleonore@cder.fr V r.-v.

VEUVE MAITRE-GEOFFROY Blanc de noirs ★

● 1ᵉʳ cru | 3000 | | 20 à 30 €

Thierry Maitre et son fils Maxime perpétuent l'exploitation fondée en 1878 par leur aïeule devenue veuve. Situé dans la Grande Vallée de la Marne, le domaine couvre 12 ha. Il a son siège à Cumières, un 1ᵉʳ cru réputé pour sa précocité. Il est certifié Haute valeur environnementale. (RM)

Avec ses reflets rosés, ce brut 100 % pinot noir suggère d'emblée son cépage d'origine. Il offre une belle image du blanc de noirs par ses arômes de fruits rouges et de mûre, qui s'allient à la torréfaction dans un palais gourmand, puissant, de bonne longueur. Pour l'apéritif comme pour la table. ⧗ 2020-2023

⊶ CHAMPAGNE VEUVE MAITRE-GEOFFROY, 116, rue Gaston-Poittevin, 51480 Cumières, tél. 03 26 55 29 87, th.maitre@wanadoo.fr V *t.l.j. sf dim. 10h-12h 14h-17h; f. août*

VEUVE PAGE ★

● | 150000 | | 15 à 20 €

Maison de négoce créée en 1905 par Charles-Émile Ellner, remueur devenu élaborateur. Les générations successives ont agrandi peu à peu le vignoble, qui compte aujourd'hui 50 ha. Jean-Pierre Ellner, petit-fils du fondateur, est aux commandes, épaulé par ses 2 filles et ses 2 neveux. Autres étiquettes : Charles de Floricourt, Veuve Page. (NM)

Construite sur la récolte 2012, vinifiée sans fermentation malolactique et dosée à la limite de l'extra-brut, cette cuvée fait la part belle au chardonnay (60 %, avec le pinot noir en complément). Elle livre de délicates fragrances d'acacia, légèrement miellées et confites, avant de dévoiler une bouche fringante, fraîche et saline. ⧗ 2020-2023 ● **Extra-brut Intégral ★ (20 à 30 €; 40000 b.)** La version non dosée du brut sans année de la marque, née elle aussi de la vendange 2012 avec un assemblage (chardonnay et pinot noir) et une vinification similaires. Arômes de fleurs blanches et d'agrumes, bouche structurée et tendue, le chardonnay (60 %) ressort bien. ⧗ 2020-2023 ● **★ (20 à 30 €; 40000 b.)** Mariant pinot noir et chardonnay à parts égales, un rosé pastel, élégant, vif et minéral, de belle longueur, aux arômes de fleurs blanches et d'agrumes. ⧗ 2020-2023

⊶ VEUVE PAGE, 6, rue Côte-Legris, 51200 Épernay, tél. 03 26 55 60 25, info@champagne-ellner.com

CHAMPAGNE

FLORENT VIARD Prestige 2009 ★★

1er cru	2000	20 à 30 €

Une exploitation fondée en 1842. En s'installant en 1994 avec Karine sur le domaine familial à Vertus (Blancs-Coteaux), Florent Viard a commencé à signer les champagnes de la propriété. Il cultive près de 5 ha dans la Côte des Blancs et confie sa récolte à la coopérative de la Goutte d'Or à Vertus. Domaine certifié Haute valeur environnementale. (RC)

Épaulé par le pinot noir, le chardonnay (85 %) domine l'assemblage de ce brut d'un millésime solaire, à la robe jaune paille parcourue de bulles fines et légères. Ce champagne s'impose par son expression complexe, mêlant fleurs blanches, agrumes mûrs et notes miellées, comme par son palais structuré et long, qui brille par sa fraîcheur conservée. ⧗ 2020-2024 ● **1er cru Brut absolu ★ (15 à 20 €; 1500 b.)** Issu des récoltes 2012 et des 2 précédentes, un blanc de blancs extra-brut, voire nature (sucres : 1 g/l), aux arômes évolués de fruits secs, rond en attaque et salin en finale. Parfait avec des crustacés ou une volaille en sauce. ⧗ 2020-2022

FLORENT VIARD, 35, av. Saint-Vincent, Vertus, 51130 Blancs-Coteaux, tél. 03 26 51 60 82, champagne.florent.viard@orange.fr V r.-v.

VIELLARD-MILLOT Original Vintage 2008 ★

Gd cru	500		30 à 50 €

Fondée en 1822, l'exploitation conjuguait à l'origine viticulture, agriculture et élevage de chevaux. Après un parcours dans l'organisation de voyages d'affaires, Pascale Viellard a repris en 2014 un petit vignoble de 2 ha fort bien situé à Ambonnay, grand cru de la Montagne de Reims. Elle confie sa récolte à l'Union Champagne. (RC)

Expression d'une belle année champenoise, une micro-cuvée mi-blancs mi-noirs (pinot noir), élevée 6 ans sur lattes. Robe or jaune à l'effervescence fine et discrète, nez complexe, mêlant acacia, miel, notes compotées, nougat et caramel au beurre, palais ample et frais, plutôt long. De l'élégance. ⧗ 2020-2024

CHAMPAGNE VIELLARD-MILLOT, 24, rue Saint-Vincent, 51150 Ambonnay, tél. 06 89 28 87 76, contact@champagne-viellardmillot.com V r.-v.

LA VILLESENIÈRE Extra-brut Harmony 2012 ★★

	2500		20 à 30 €

Descendants d'apporteurs de raisins, les parents de Laurence Michez deviennent récoltants-coopérateurs en 1973. Installée en 1999, cette dernière décide avec son mari Cyrille Chenevotot de se lancer dans l'élaboration du champagne. Principalement situé autour de Boursault, sur la rive gauche de la Marne, leur vignoble (4,2 ha) est en conversion bio. (RM)

La gamme La Villesenière propose des champagnes issus d'une seule récolte et met en œuvre des vins vinifiés et élevés en barrique. Mi-chardonnay mi-pinot noir, celui-ci naît du millésime 2012, belle année champenoise. Après un repos de 30 mois, il arbore une robe or jaune et offre une expression complexe : notes briochées, toastées, fruits blancs confits. Équilibré, de bonne longueur, il laisse une impression de finesse. ⧗ 2020-2023

CHAMPAGNE CLAUDE MICHEZ, 3, rue du Chêne, 51480 Boursault, tél. 06 77 95 90 02, claude.michez@orange.fr V r.-v.

VILMART ET CIE Cœur de cuvée 2012 ★

1er cru	6900		75 à 100 €

Domaine fondé en 1890 par Désiré Vilmart, au sud de Reims. Un siècle plus tard, son arrière-arrière-petit-fils, Laurent Champs, en a pris les rênes. Il dispose de 11 ha partagés entre chardonnay (majoritaire) et pinot noir. À la cave, il évite la fermentation malolactique et, comme les vignerons du XVIes. représentés sur les stalles de l'église de Rilly, il est resté fidèle au bois pour l'élevage de ses vins. (NM)

Le chardonnay, majoritaire (80 %), et le pinot noir composent ce brut millésimé vieilli 70 mois sur lies et dosé à la limite de l'extra-brut. Un champagne à l'expression florale printanière (fleurs blanches, tilleul) rehaussée d'un subtil boisé épicé, plus toasté en bouche. Acidulé et frais, il offre une finale saline et citronnée. ⧗ 2020-2025

VILMART ET CIE, 5, rue des Gravières, 51500 Rilly-la-Montagne, tél. 03 26 03 40 01, patricia@champagnevilmart.fr V r.-v.

VINCENT-LAMOUREUX ★★

	7000	15 à 20 €

Ce domaine est né en 1987 de l'union de Sylviane Vincent et de Jean-Michel Lamoureux. Ces récoltants cultivent 8 ha sur les coteaux des Riceys, dans l'Aube, et proposent les trois AOC de la Champagne, dont le confidentiel rosé-des-riceys. (RM)

« Par sa structure, il fait penser au pinot noir », écrit un dégustateur à propos de ce rosé rubis. Bien vu, il s'agit de ce cépage, qui trouve aux Riceys une de ses terres d'élection. Un champagne salué pour son nez d'une grande finesse, sur la cerise fraîche, comme pour son harmonie au palais, qui conjugue vinosité et fraîcheur. Il conviendra au repas. ⧗ 2020-2023 ● **Blanc de noirs ★ (11 à 15 €; 30000 b.)** Un nez expressif (fleurs, puis pêche et abricot sec), une bouche équilibrée et persistante, aux arômes suaves de fruits jaunes et de mangue. ⧗ 2020-2023

VINCENT-LAMOUREUX, 2, rue du Sénateur-Lesaché, 10340 Les Riceys, tél. 03 25 29 39 32, lamoureux-vincent@wanadoo.fr V r.-v.

A. VIOT ET FILS 100_% chardonnay Prestige ★

	10400		20 à 30 €

Fondée au lendemain de la Première Guerre mondiale, cette propriété proche de Bar-sur-Aube a élaboré ses premiers champagnes en 1921. Julien Viot, qui représente la 4e génération, la dirige depuis 2005. Il exploite 8 ha de vignes et commercialise ses bouteilles après au moins 4 ans de vieillissement en cave. (RM)

Resté 7 ans sur lattes, ce blanc de blancs assemble la récolte 2011 avec des vins de l'année précédente. Subtil et frais au nez, entre fleurs blanches, touches mentholées et nuances de pain d'épice, il déploie des notes de pêche dans une bouche élégante, droite et longue. ⧗ 2020-2023 ● **★ (20 à 30 €; 6639 b.)** Un rosé (pinot noir 60 %, chardonnay 40 %) de belle tenue, agréable par sa fraîcheur et par son expression fruitée (pêche, fruits rouges, agrumes). ⧗ 2020-2023 ● **Blanc de blancs Tirage 2011 ★ (20 à 30 €; 5040 b.)** Des vins de base élevés 24 mois en cuve et un repos de 8 ans sur lattes pour cette cuvée née des récoltes 2009 et 2008. Un brut à la fois gras et dynamique, à la finale saline, évolué dans son expression (agrumes confits, fruits jaunes, viennoiserie). ⧗ 2020-2023

CHAMPAGNE A. VIOT ET FILS, 67, Grande-Rue, 10200 Colombé-la-Fosse, tél. 03 25 27 02 07, contact@champagne-viot.com V *t.l.j. 10h-12h 13h30-18h; dim. 10h-12h* D

VOIRIN-DESMOULINS Tradition ★

●	44 000		15 à 20 €

Aidée de son mari Sébastien pour le vignoble et de son cousin Laurent à la cave, Pascale Voirin exploite depuis 1997 le domaine et la marque créés en 1960 par ses parents, Bernard Voirin et Nicole Desmoulins. Le vignoble (9 ha) se partage entre la Côte des Blancs (Chouilly) et la vallée de la Marne, non loin de Château-Thierry. (RM)

Pinot noir (40 %), meunier (20 %) et chardonnay (40 %) composent ce brut or jaune, mêlant au nez fruits mûrs, voire confits, agrumes, minéralité et notes toastées. Une expression fruitée et grillée que l'on retrouve dans une bouche structurée, de belle longueur. ⧗ 2020-2023

VOIRIN-DESMOULINS, 24, rue des Partelaines, 51530 Chouilly, tél. 03 26 54 50 30, champagne.voirin.desmoulins@wanadoo.fr V *r.-v.*

VOIRIN-JUMEL Tradition ★

●	20 000		15 à 20 €

En 1945, les Voirin élaborent leurs premières cuvées et les Jumel achètent des vignes. La marque est lancée en 1967. Depuis 1980, Patrick et Alice Voirin, frère et sœur, exploitent le domaine (12 ha de vignes situées principalement dans la Côte des Blancs) et développent l'accueil : ils ont inauguré un bar à champagne avec terrasse panoramique. (NM)

Chardonnay et pinot noir contribuent à parité à ce brut élégant, fruité, soyeux et persistant, qui a hérité du premier cépage sa finesse florale et du second sa vinosité et sa charpente. ⧗ 2020-2023 ● **Gd cru Brut zéro Blanc de blancs ★ (20 à 30 €; 5000 b.)** Une belle expression (fruits exotiques, agrumes, pain grillé) pour cette cuvée bien construite, à la fois ample et fraîche, qui supporte très bien l'absence de dosage. ⧗ 2020-2023

DOM. CHAMPAGNE VOIRIN-JUMEL, 555, rue de la Libération, 51530 Cramant, tél. 03 26 57 55 82, info@champagne-voirin-jumel.com V *t.l.j. sf dim. 9h-12h 14h-17h* 2 E

VRANKEN Diamant ★

●	n.c.	30 à 50 €

En 1976, l'homme d'affaires belge Paul-François Vranken a lancé un champagne à son nom, avant de créer la marque Demoiselle en 1985. Il s'est taillé un empire, grâce aux acquisitions successives de maisons comme Charles Lafitte, Heidsieck and Co Monopole, Pommery et de domaines viticoles en Languedoc, en Provence et au Portugal (Rozès). (NM)

Mariant chardonnay et pinot noir issus de grands crus et de 1ers crus, ce brut sans année offre un nez tout en fruit et une bouche équilibrée, fraîche en attaque, puis d'une agréable souplesse. Parfait pour l'apéritif. ⧗ 2020-2023

VRANKEN, 5, pl. du Gal-Gouraud, 51100 Reims, tél. 03 26 61 62 63 V *r.-v.*

WARIS ET FILLES La Cardinale ★★

●	2000		20 à 30 €

Bertrand et Virginie Waris représentent la 4e génération de Waris sur le domaine qui couvre 7 ha répartis entre Côte des Blancs, Sézannais, vallée de l'Ardre et Côte des Bar (Aube). Ils ont d'abord conduit un domaine en Provence, puis un autre en Languedoc (qu'ils régissent toujours), avant de lancer leur étiquette en 2002, peu après la reprise du vignoble familial. (NM)

La vinification des chardonnays à l'origine de ce blanc de blancs s'est déroulée pour 30 % en fût. Le champagne en retire une expression complexe, entre pêche, prune et brioche, et une bouche intense, riche et tendue, légèrement boisée en finale. ⧗ 2020-2023

CHAMPAGNE WARIS ET FILLES, 6, rue d'Oger, 51190 Avize, tél. 06 07 26 04 96, virginie.waris@wanadoo.fr V *r.-v.*

WARIS-HUBERT Extra-brut Annexä 2013 ★★

● Gd cru	1200		75 à 100 €

Installés à Avize, grand cru de la Côte des Blancs, Olivier Waris et son épouse Stéphanie conduisent depuis 1997 un vignoble de 11,5 ha implanté dans ce secteur, ainsi que dans le Sézannais, la vallée de l'Ardre et la Côte des Bar. Succédant à trois générations de viticulteurs, le couple s'est lancé dans l'élaboration du champagne. Il privilégie les cuvées monocépage et les faibles dosages. (RM)

Issu d'une « annexe » du domaine situé à Aÿ, fief des grands noirs, sur l'autre rive de la Marne, ce brut de l'année 2013 a remarquablement évolué. Sa robe jaune-vert à la vive effervescence reste jeune. Son expression mêle la pêche blanche et les agrumes, relayés en bouche par des arômes beurrés. Gras, riche, plein et frais, de belle longueur, le palais montre beaucoup de relief. ⧗ 2020-2024

CHAMPAGNE WARIS-HUBERT, 14, rue d'Oger, 51190 Avize, tél. 03 26 58 29 93, contact@champagne-waris-hubert.fr V *t.l.j. 10h-12h 14h-17h30*

WARIS-LARMANDIER Extra-brut Blanc de blancs Particules crayeuses ★

● Gd cru	7000		30 à 50 €

Marie-Hélène Waris-Larmandier, aujourd'hui associée avec ses trois enfants, exploite le domaine. Son frère François et son fils aîné Jean-Philippe, arrivé sur l'exploitation en 2010, se chargent de l'élaboration des cuvées, pour l'essentiel une gamme de blancs de blancs provenant d'un vignoble de 7 ha situé dans la Côte des Blancs. Avec l'arrivée de la nouvelle génération, le domaine a engagé sa conversion bio. (RM)

Pas moins de 5 grands crus de la Côte des blancs se marient dans cette cuvée à la robe doré intense. Le nez demande de l'aération pour s'ouvrir sur les fruits blancs.

CHAMPAGNE

Les fruits exotiques et les agrumes ressortent dans un palais puissant, frais, salin et persistant, qui supporte très bien le faible dosage. ⧗ 2020-2024

⊶ CHAMPAGNE WARIS-LARMANDIER, 608, rempart du Nord, 51190 Avize, tél. 06 83 45 80 07, earlwarislarmandier@wanadoo.fr V r.-v.

COTEAUX-CHAMPENOIS

Production : 550 hl

Appelés à l'origine vins nature de Champagne, ils devinrent AOC en 1974 et prirent le nom de coteaux-champenois. Tranquilles, souvent rouges, plus rarement blancs ou rosés, ils sont la survivance de temps antérieurs à la naissance du champagne. Comme ce dernier, ils peuvent naître de raisins noirs vinifiés en blanc (blanc de noirs), de raisins blancs (blanc de blancs) ou encore d'assemblages. Le coteaux-champenois rouge le plus connu porte le nom de la célèbre commune de Bouzy (grand cru de pinot noir). Dans cette commune, on peut découvrir l'un des deux vignobles les plus étranges au monde (l'autre est situé à Aÿ) : de « vieilles vignes françaises pré-phylloxériques », conduites en foule, selon une technique immémoriale abandonnée partout ailleurs. Tous les travaux sont exécutés artisanalement, à l'aide d'outils anciens. C'est la maison Bollinger qui entretient ce joyau destiné à l'élaboration d'un rare champagne. Les coteaux-champenois se boivent jeunes, à 7-8 °C pour les blancs, à 9-10 °C pour les rouges que l'on pourra, pour quelques années exceptionnelles, laisser vieillir.

ALLOUCHERY-DEGUERNE Les Plantelles 2018 ★

■ 1er cru | 437 | 11 à 15 €

Domaine familial fondé en 1998 à Chamery, village de la Montagne de Reims tout proche de la Cité des Sacres et classé en 1er cru. Nicolas Allouchery a pris la direction en 2015 de ce vignoble, qui s'étend sur plusieurs communes des environs. La propriété est certifiée Haute valeur environnementale. (RM)

Sombre à l'œil, franc et complexe (pivoine, violette, petits fruits des bois, pruneau, épices), bien structuré et fondu, ce pinot noir d'Écueil issu d'une petite parcelle (17 ares) n'a qu'un défaut : son caractère confidentiel. ⧗ 2020-2023

⊶ ALLOUCHERY-DEGUERNE, 9, rue du Château-Rouge, 51500 Chamery, tél. 06 18 83 29 16, champagne@allouchery-deguerne.com V r.-v.

♥ PATRICE MARC Fleury-la-Rivière 2018 ★★

■ | 1500 | 20 à 30 €

À la tête de 4 ha de vignes, Patrice Marc, rejoint par Grégory, perpétue une lignée de vignerons qui remonte à 1625. Il est installé à Fleury-la-Rivière, dans une petite vallée sur la rive droite de la Marne. Du fait du réchauffement climatique, il ne fait plus faire à ses champagnes leur fermentation malolactique, pour préserver l'acidité du raisin. Il exporte 66 % de sa production. (RM)

Les vins rouges tranquilles sont ici une tradition familiale et ceux de Fleury ont une ancienne réputation. Particulièrement gâté par le soleil de 2018, année précoce, abondante et qualitative, le meunier a été vendangé le 27 août pour donner un coteaux dont la robe intense annonce une belle concentration. Complexe, le nez marie griotte, fraise des bois, fruits noirs, notes florales et épicées ; arômes qui s'épanouissent dans une bouche souple en attaque, étoffée sans astringence, fraîche et persistante. ⧗ 2020-2024

⊶ CHAMPAGNE MARC, 1, rue du Creux-Chemin, 51480 Fleury-la-Rivière, tél. 07 71 28 08 88, contact@champagne-marc.fr V r.-v.

DENIS SALOMON La Justice de Salomon 2018 ★

■ | 304 | 30 à 50 €

Un domaine implanté sur la rive droite de la Marne, à Vandières, derrière les remparts du village. Créé en 1974 par Denis Salomon, il élabore ses champagnes depuis 1996. Il a été repris en 2004 par son fils Nicolas, qui s'est équipé d'une cuverie adaptée à la vinification parcellaire et d'un pressoir Coquard. Le vignoble couvre aujourd'hui 4,8 ha. (RM)

Qualitatif, notamment pour les raisins noirs, le millésime 2018 a été abondant. Faut-il alors rendre justice à cette microcuvée de meunier, née de quelques rangs de vignes (10 ares) plantées sur le lieu-dit La Justice ? Nez tout aussi intense que la robe, entre fruits noirs et fin boisé vanillé, attaque sur les tanins du fût, qui laissent percer le fruit, finale longue et fraîche. ⧗ 2021-2024

⊶ CHAMPAGNE DENIS SALOMON, 5, rue Principale, 51700 Vandières, tél. 03 26 58 05 77, info@champagne-salomon.com V r.-v. D

ALAIN VESSELLE Bouzy ★★

■ Gd cru | 4000 | 15 à 20 €

Une des branches de la famille Vesselle, établie depuis 1885 à Bouzy, village classé en grand cru sur le flanc sud et sud-est de la Montagne de Reims. Après Alain, puis Éloi, Guillaume Vesselle a repris en 2014 les rênes de l'exploitation, forte de 18 ha. (RM)

Les vins rouges de Bouzy étaient réputés avant que le champagne ne prît mousse. Celui-ci affiche une robe évoluée, tuilée, à laquelle répond un nez mûr, mêlant la framboise, le fruit à l'eau-de-vie et les notes vanillées de l'élevage. On retrouve ces tons de noyau et de cerise macérée dans une bouche souple, ronde à souhait. Un vin patiné. ⧗ 2020-2023

⊶ CHAMPAGNE ALAIN VESSELLE, 15, rue de Louvois, 51150 Bouzy, tél. 03 26 57 00 88, contact@champagne-alainvesselle.fr V r.-v.

VEUVE DOUSSOT Vieilli en fût de chêne 2016 ★★

■ | 3200 | 11 à 15 €

Stéphane Joly est établi à l'est de Bar-sur-Seine où il dirige depuis 2000 la maison créée en 1973 par son grand-père. Son vignoble de plus de 7 ha est implanté dans l'Aube, au pied du plateau de Blu (357 m), un des points culminants de la Champagne viticole. (NM)

Chaotique, avec notamment des gels de printemps, des attaques de mildiou, l'année 2016 a été marquée par de fortes températures à partir de la fin du mois d'août. Elle a réservé de belles surprises comme ce coteaux aubois au nez complexe et fin, associant aux fruits rouges la figue sèche, les fruits noirs, le bois de rose, la réglisse et les épices. Des notes gourmandes de fruits compotés s'épanouissent dans un palais bien construit, ample et frais, pas très puissant mais fort élégant. ⧗ 2020-2024

⊶ CHAMPAGNE VEUVE DOUSSOT,
1, rue de Chatet, 10360 Noé-les-Mallets,
tél. 03 25 29 60 61, champagne.veuve.doussot@wanadoo.fr V r.-v.

ROSÉ-DES-RICEYS

Production : 360 hl

Les trois villages des Riceys (Haut, Haute-Rive et Bas) sont situés à l'extrême sud de l'Aube, non loin de Bar-sur-Seine. La commune accueille les trois appellations : champagne, coteaux-champenois et rosé-des-riceys. Ce dernier est un vin tranquille, l'un des meilleurs rosés de France. Déjà apprécié par Louis XIV, il aurait été apporté à Versailles par les canats, spécialistes réalisant les fondations du château, originaires des Riceys.

Ce rosé est issu de la vinification par macération courte de pinot noir, dont le degré alcoolique naturel ne peut être inférieur à 10 % vol. Il faut interrompre la macération – saigner la cuve – à l'instant précis où apparaît le « goût des Riceys » (un goût d'amande et de fruits rouges) qui, sinon, disparaît. Ne sont labellisés que les rosés marqués par ce goût spécial. Élevé en cuve, le rosé-des-riceys se boit jeune, à 8-9 °C, à l'apéritif ou en entrée; élevé en pièce, il mérite d'attendre entre trois et cinq ans, et on le servira alors à 10-12 °C pendant le repas.

MOREL 2017 ★★

■	5000	⏸	20 à 30 €

Prenant la suite de 4 générations, Pascal Morel s'est installé en 1973 à la tête du vignoble familial (8 ha aujourd'hui). C'est l'un des spécialistes du rosé-des-riceys, qu'il a vinifié avant le champagne. En 2016, Simon a rejoint son père au vignoble, et Émilie à la cave et à la commercialisation. Propriété certifiée Haute valeur environnementale. (RM)

Élevé 11 mois en fût et 3 ans en bouteille, un rosé à la robe soutenue, qui brille tant par l'intensité et la complexité de son expression aromatique mariant les épices, les fruits rouges et la pivoine, que par la persistance et l'élégance de son palais à la fois vineux et frais. ⧗ 2020-2023

⊶ CHAMPAGNE MOREL PÈRE ET FILS,
93, rue du Gal-de-Gaulle, 10340 Les Riceys,
tél. 03 25 29 10 88, info@champagnemorel.com
V r.-v.

MORIZE PÈRE ET FILS 2017 ★

■	3404	▮	15 à 20 €

Établis aux Riceys (Aube) en 1830, les Morize sont récoltants-manipulants depuis 3 générations. Guy Morize, installé en 1970, dispose d'un vignoble de plus de 6 ha et de splendides caves voûtées bâties par les cisterciens au XII^e^s. (RM)

Montrant dans sa robe des reflets orangés d'évolution, ce rosé libère à l'aération des arômes de fruits rouges et des fragrances florales. Une attaque dynamique ouvre sur un palais bien fruité, nuancé d'une note d'amande. La finale de bonne longueur est marquée par une agréable touche d'amertume. Un riceys alerte. ⧗ 2020-2023

⊶ CHAMPAGNE MORIZE PÈRE ET FILS,
122, rue du Gal-de-Gaulle, 10340 Les Riceys,
tél. 03 25 29 30 02, champagnemorize@wanadoo.fr
V *t.l.j. 9h-12h 14h-17h30*

RATAFIA CHAMPENOIS

♥ DANIEL ÉTIENNE ★★

■	600	⏸	11 à 15 €

Depuis 4 générations, la famille Étienne cultive 7 ha de vignes autour de Cumières, dans la Grande Vallée de la Marne. Exposé au sud, son vignoble est connu pour sa précocité et fournit, outre des champagnes en 1er cru, des vins rouges réputés. Après le père, Jean-Marie, déjà présent dans le Guide, Daniel, son fils, signe la production depuis 2009. (RM)

Un moût de pinot noir de la vendange 2016 a été muté à la fine champenoise distillée sur un alambic municipal. Après un vieillissement de 2 ans en fût de chêne, le ratafia séduit par sa couleur brun ambré et par ses parfums intenses et riches : fruits rouges, mirabelle et agrumes compotés, pâte de coings, figue, datte, miel et caramel au beurre salé se bousculent au-dessus du verre, rejoints en bouche par la noix, la noisette et la pistache. Ample, suave et fondu, le palais monte en puissance pour finir sur une note chaleureuse. Une douceur gourmande… et confidentielle. ⧗ 2020-2023

⊶ DANIEL ÉTIENNE,
166, rue de Dizy, 51480 Cumières, tél. 03 26 55 14 33,
champagne.etiennedaniel@wanadoo.fr
V r.-v. 4

FANIEL ET FILS 2017 ★

■	329	⏸	20 à 30 €

Au milieu du XX^e^s., André Faniel plante des vignes autour de Cormoyeux, sur la rive droite de la Marne, et lance son champagne. En 1992, son fils Jacques crée sa marque. Avec Mathieu, la 3e génération arrive en 2009 sur le domaine, qui compte aujourd'hui 9 ha et a son siège dans un ancien presbytère doté de caves voûtées. (RM)

Certains l'auraient souhaité plus long. Cette réserve émise, ce ratafia élevé en fût de chêne ne manque pas d'attraits avec sa robe paille doré et son expression aromatique flatteuse : acacia, violette, figue fraîche, poire et pomme verte au premier nez, qui se teintent à l'aération de notes chaleureuses d'eau-de-vie de fruits blancs. La bouche, à l'unisson, se déploie avec onctuosité, douceur et générosité, sur des notes d'abricot, de pomme d'amour et de bonbon anglais. 2020-2023

CHAMPAGNE FANIEL ET FILS,
19, rue des Gouttes-d'Or, 51480 Cormoyeux,
tél. 03 26 51 68 19, adv@champagne-faniel.fr
V *r.-v.*

♥ FRESNE-DUCRET ★★

| | 300 | | 20 à 30 € |

Sept générations de viticulteurs, premiers champagnes en 1946. Après avoir vinifié en Bourgogne et en Nouvelle-Zélande, puis épaulé ses parents, Pierre Fresne a pris en 2007 les rênes du domaine : 6 ha autour de Villedommange, 1er cru au sud de Reims. (RM)

Déjà apprécié l'an dernier, ce ratafia grenat tuilé a enchanté le jury cette année. Il assemble 2 lots de pinot noir, l'un muté à la fine de Champagne, élevé en fût de chêne 8 mois, et l'autre muté au distillat et élevé en cuve. Le nez est tout en fruits rouges, avec des nuances de quetsche au sirop et de pruneau. Cette palette se complète de notes de fraise confiturée et de gelée de groseille dans un palais intense et puissant, aussi rond que long, équilibré par une belle acidité. Parfait avec un dessert aux fruits rouges. 2020-2025

CHAMPAGNE FRESNE-DUCRET,
10, rue Saint-Vincent, 51390 Villedommange,
tél. 03 26 49 24 60, champagne.fresne.ducret@gmail.com V *r.-v.*

MONDET ★

| | 1460 | | 20 à 30 € |

Jules Mondet commence à vinifier en 1926. La maison est aujourd'hui gérée par la 4e génération. Elle dispose de 10 ha de vignes, principalement dans les villages de Romery et de Cormoyeux, blottis dans un vallon proche de la vallée de la Marne, non loin d'Hautvillers. (NM)

Ce ratafia intègre du meunier (70 %) et du pinot noir. Après mutage et vieillissement de 2 ans, il affiche une robe or soutenue et laisse de belles larmes sur les parois du verre. Très engageant, le nez mêle fruits confits (coing, mirabelle, poire, orange), résine de pin et touches fumées et mentholées. La torréfaction, le chocolat, le café s'ajoutent à cette palette dans une bouche chaleureuse, moelleuse et longue, servie par une belle fraîcheur. La finale est marquée par un retour des impressions mentholées et réglissées. 2020-2023

CHAMPAGNE MONDET,
2, rue Dom-Pérignon, 51480 Cormoyeux,
tél. 03 26 58 64 15, champagne.mondet@wanadoo.fr
V *t.l.j. 9h-12h 14h-17h30; dim. sur r.-v.; f. 5-28 août*

DIOGÈNE TISSIER ET FILS D ★

| | 2000 | | 11 à 15 € |

Diogène Tissier, le fondateur de la maison en 1931, eut 9 enfants, dont 3 suivirent ses traces. Rejoint en 2016 par Margaux, Vincent Huber, son petit-fils, exploite 9 ha à Chavot-Courcourt, au sud d'Épernay. Exploitation certifiée Haute valeur environnementale. (NM)

Constitué de meunier, muté au distillat de vin, ce ratafia est resté 24 mois dans le bois. Tuilé très pâle, il apparaît plutôt discret au nez, où l'on perçoit des notes suaves de bonbon, de réglisse et un alcool subtil. C'est surtout en bouche qu'il enchante, tant par ses arômes (pruneau, noix, abricot confit, rose et miel) que par sa matière consistante, souple et élégante. 2020-2023

DIOGÈNE TISSIER ET FILS,
10, rue du Gal-Leclerc, 51530 Chavot-Courcourt,
tél. 03 26 54 32 47, diogenetissier@hexanet.fr
V *r.-v.*

VOIRIN-JUMEL ★

| | 1500 | | 11 à 15 € |

En 1945, les Voirin élaborent leurs premières cuvées et les Jumel achètent des vignes. La marque est lancée en 1967. Depuis 1980, Patrick et Alice Voirin, frère et sœur, exploitent le domaine (12 ha de vignes situées principalement dans la Côte des Blancs) et développent l'accueil : ils ont inauguré un bar à champagne avec terrasse panoramique. (NM)

D'une couleur ambrée séduisante, ce ratafia mêle au nez le caramel, le chocolat et une pointe de marc. S'il apparaît très doux, l'alcool bien fondu, la présence du raisin et une finale persistante le rendent flatteur. Il devrait bien s'accorder avec une crème brûlée. 2020-2023

DOM. CHAMPAGNE VOIRIN-JUMEL,
555, rue de la Libération, 51530 Cramant,
tél. 03 26 57 55 82, info@champagne-voirin-jumel.com
V *t.l.j. sf dim. 9h-12h 14h-17h*

LE JURA

Faisant le pendant de celui de la Bourgogne, de l'autre côté de la vallée de la Saône, ce vignoble à la géologie tourmentée et au climat plus continental, est d'une superficie bien plus restreinte. Il occupe les pentes qui descendent du premier plateau des monts du Jura vers la plaine : une bande de 80 km de long, traversant tout le département du Jura, de Salins-les-Bains, au nord, à Saint-Amour, au sud. Les terroirs les plus favorables se situent en coteaux entre 250 et 400 m d'altitude. Ils voient naître des vins atypiques, à l'image du célèbre vin jaune, du vin de paille ou encore du macvin.

Les cépages locaux sont parfaitement adaptés aux terrains argileux du Jura. On trouve ainsi le poulsard, cépage rouge peu tannique à l'origine de rosés et de rouges légers. Le trousseau, autre cépage local, donne des vins rouges plus colorés et riches en tanins. Le pinot noir est souvent associé au trousseau dans les rouges et dans les effervescents blancs de noirs. Autre cépage bourguignon, le chardonnay apporte son riche bouquet aux vins blancs, secs et effervescents. Le savagnin, cépage blanc local, donne naissance au célèbre vin jaune, autre spécialité jurassienne avec le vin de paille.

Principaux **millésimes** dégustés dans cette **édition**

TYPES DE VIN	CARACTÉRISTIQUES DU MILLÉSIME	QUALITÉ DU MILLÉSIME
Rouges 2018	Un millésime prolixe en volume et excellent en qualité, avec une fin de printemps humide, un mildiou sévère et un été très solaire qui apporte une maturité idoine. Les vins rouges sont riches, généreux, de belle garde, notamment ceux nés de trousseau.	★★★★★
Blancs 2018	Une belle année aussi en blanc, en savagnin et en chardonnay, avec des vins denses, ronds, pleins, sans manquer de fraîcheur.	★★★★☆

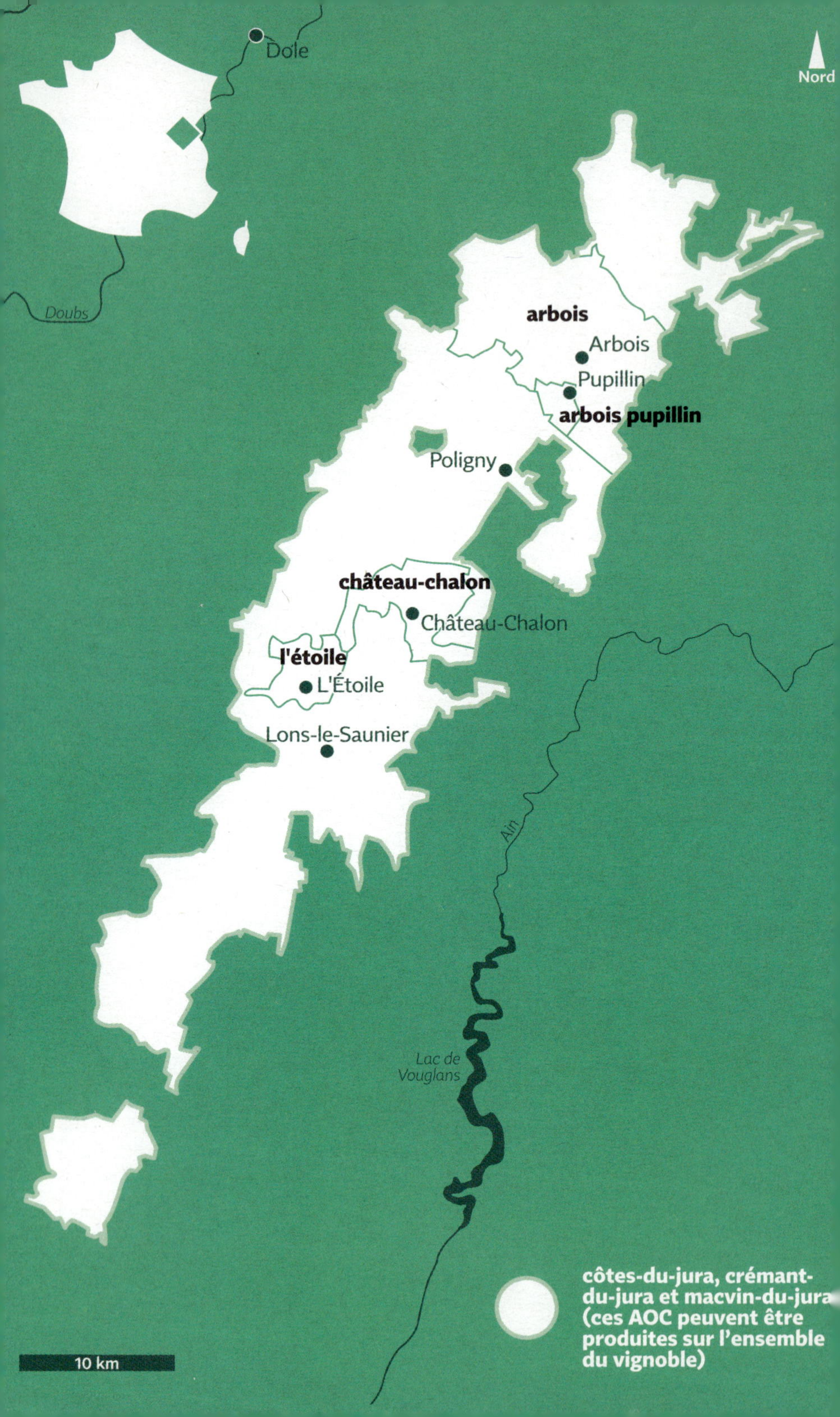
Dole
Nord
Doubs
arbois
Arbois
Pupillin
arbois pupillin
Poligny
château-chalon
Château-Chalon
l'étoile
L'Étoile
Lons-le-Saunier
Ain
Lac de Vouglans
côtes-du-jura, crémant-du-jura et macvin-du-jura (ces AOC peuvent être produites sur l'ensemble du vignoble)
10 km

Le **vigneron** de l'année

Benjamin **Benoit**

(Cellier Saint-Benoit)

Titulaire d'un BTS « viti-oeno » et d'une licence pro « commerce des vins et œnotourisme », Benjamin Benoit est à 25 ans seul maître à bord d'un domaine de 6,25 ha à Pupillin, principalement dévolu au ploussard et au trousseau. Il décroche un coup de cœur pour son arbois Pupillin trousseau Gryphées 2018, après celui obtenu pour son ploussard Vieilles Vignes 2017 dans le Guide 2018.

• Parlez-nous de votre trousseau ?

Je suis à la fois heureux et touché d'obtenir un coup de cœur pour mon trousseau 2018. C'est à mon père Denis, hélas décédé brutalement en février 2019, que je dédie cette récompense. Nous avons apporté chacun notre façon de vinifier. Mon père avait l'habitude d'érafler le raisin avant de le fouler. Quant à moi, je préfère vinifier en grappes entières après avoir passé les baies dans un crible, sorte de planche à trous utilisée autrefois, afin de préserver tout le potentiel de ce cépage emblématique. Chez nous à Pupillin, le trousseau pousse sur un coteau escarpé plein sud, sur des calcaires bleu-noir à gryphées, du nom des huîtres fossiles contenues dans les marnes qui révèlent ses arômes de fruits rouges et noirs, ses notes réglissées et sa superbe matière.

• Pour vous, quelle est la place des vins du Jura ?

Juste après mes études, j'ai passé 7 mois en Nouvelle-Zélande dans un domaine de 160 ha planté en sauvignon. Une expérience courte, mais qui m'a ouvert les yeux sur la place à part qu'occupent nos vins de terroir si originaux, si typés. J'ai la chance d'avoir de vieilles vignes de ploussard qui donnent un vin rouge léger, fruité et digeste. Et aussi un chardonnay planté en 1938 pour la naissance de mon grand-père. Je ne veux surtout pas l'arracher. Préserver le patrimoine est pour moi une priorité. Je tiens à tout faire, de la vigne à la mise en bouteille. Je suis un artisan vigneron.

Et le bio ?

Je ne suis pas en bio, mais je fais très peu de traitements, et surtout je prends soin de mes sols. C'est la clé d'un bon vin. La plupart de mes vignes poussent sur des coteaux pentus, 35 à 40 % de pente pour la côte de Feule. Je ne peux utiliser que de petits engins. Avec un chenillard, le sol est moins tassé et reste vivant.

Que représente le sablier sur vos étiquettes ?

Le vin et le temps sont intimement liés. Chaque 1er juillet, je cueille une grappe que je conserve dans de l'alcool. C'est un point de repère de la maturité du raisin. Ça donne aussi une idée de la date des vendanges. En observant la vigne, on se rend compte que le climat change. Les vendanges ont lieu plus tôt qu'autrefois. Si l'on veut préserver la fraîcheur fruitée des rouges et la bonne acidité des vins jaunes, il ne faut pas attendre octobre ! Le sablier représente aussi le temps d'élevage, si long pour le vin jaune, et aussi celui passé pour chaque bouteille. Surtout quand on fait tout à la main : je mets en bouteille à la main, je cire à la main... Mais c'est le prix à payer pour des vins rares.

Les coups de cœur

- **Arbois Pupillin Trousseau Gryphées 2018**

Le **Jura** en un clin d'œil

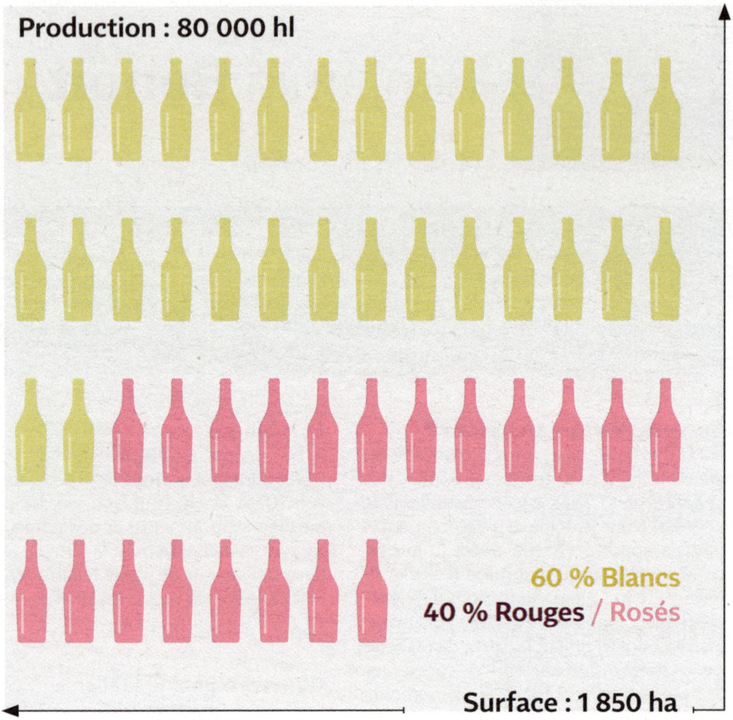

Types de vins

Blancs secs | Vins jaunes | Blancs liquoreux (vins de paille) | Rouges | Rosés | Effervescents

Principaux **cépages**

Chardonnay | Savagnin | Pinot noir | Poulsard (ou ploussard) | Trousseau

Hiérarchie des vins

4 AOC viticoles
dites « géographiques » :
arbois, côtes-du-jura, l'étoile et château-chalon

2 AOC
dites « produits » :
macvin-du-jura (vin de liqueur) et crémant-du-jura (effervescent)

Un peu d'histoire

- **Ier s. apr. J.-C. :** Pline le Jeune évoque les vins du Jura.
- **Tournant du XXe s. :** la région compte 20 000 ha de vignes avant la crise phylloxérique et produit surtout des vins rouges.
- **1870-1892 :** Louis Pasteur étudie la fermentation alcoolique dans ses vignes d'Arbois.
- **1906 :** création de la coopérative d'Arbois.
- **1936 :** reconnaissance des AOC arbois, la plus ancienne appellation de France, et château-chalon.
- **1937 :** reconnaissance des AOC côtes-du-jura et l'étoile.
- **1991 :** reconnaissance de l'AOC macvin-du-jura.
- **1995 :** reconnaissance de l'AOC crémant-du-jura.

Mots-clé du Jura

1 Passerillage

Séchage des grappes de raisins sur claies de façon à obtenir un taux de sucre élevé.

2 Vin de paille

Vin liquoreux issu du raisin passerillé de savagnin, de poulsard, de chardonnay et de trousseau (AOC arbois, côtes-du-jura et l'étoile).

3 Vin jaune

Vin issu du savagnin élevé pendant un minimum de 6 ans et 3 mois sous voile de levures, dans des fûts non-ouillés, laissés en vidange, afin d'assurer une lente oxydation (AOC château-chalon, arbois, côtes-du-jura et l'étoile).

4 Vin de voile

Vin élevé dans des fûts non-ouillés, sous une couche de levures qui assurent une oxydation lente propice au développement des composants aromatiques.

ARBOIS

Superficie : 795 ha
Production : 30 000 hl (54 % rouge et rosé ; 45 % blanc et jaune ; 1 % vin de paille)

La plus connue des AOC du Jura s'applique à tous les types de vins produits sur douze communes de la région d'Arbois. Il faut rappeler l'importance des marnes triasiques dans cette zone, et la qualité toute particulière des « rosés » de poulsard qui sont issus des sols correspondants. Réputé justement pour ses vins de poulsard, le village de Pupillin peut faire figurer son nom sur les étiquettes à côté de celui d'Arbois.

♥ CAVEAU DE BACCHUS
Trousseau Nonceau Cuvée des Géologues 2018 ★★★

	3350		15 à 20 €

Le caveau de Bacchus, c'est le repaire original qu'a créé Lucien Aviet en 1961 dans le charmant village de Montigny-lès-Arsures. Son fils l'y a rejoint en 1999. Ils dirigent une exploitation de 5 ha et pratiquent la vinification et l'élevage en foudre pour toutes leurs cuvées, dont les bouteilles sont cirées.

On ne la présente plus cette fameuse cuvée des Géologues, elle qui figure depuis des années dans le Guide aux meilleures places. Vinifiée en foudre avec des levures indigènes, elle sublime le trousseau, cépage roi de Montigny-lès-Arsures. La séduisante robe couleur framboise à reflets violacés révèle aussi des éclats orangés. Dans une expression intense et continue, le nez mêle la myrtille et les épices. Immédiatement accessible mais imposant le respect, le vin fait preuve d'une richesse et d'un relief étonnants au palais. Les tanins soyeux respectent le développement d'un fruité des plus élégants, sur le fruit noir. À carafer dans les premières années. ⧗ 2021-2024

CAVEAU DE BACCHUS, 4, quartier de la Boutière, 39600 Montigny-lès-Arsures, tél. 06 10 68 64 77, caveaubacchus39@gmail.com V r.-v.

PAUL BENOIT ET FILS
La Grande Chenevière 2017 ★

	2500		20 à 30 €

Paul Benoit et son fils Christophe, installés au hameau La Chenevière, ancien lieu de culture du chanvre, exploitent un domaine de 10 ha sur le terroir de Pupillin, complété par une activité de négoce.

Pur pinot noir, cette cuvée a séjourné 18 mois en fût. De couleur intense, elle offre un nez puissant et une bouche structurée, gardant pour ligne aromatique les notes de grillé, de griotte et de kirsch. Un vin généreux, bien vinifié. ⧗ 2021-2025 **Pupillin La Loge 2017 ★ (20 à 30 € ; 2000 b.)** Élaborée à partir de raisins de chardonnay sévèrement triés, cette cuvée a été élevée 18 mois en fût. L'élevage trouve une traduction immédiate dans les arômes toastés. En bouche, l'équilibre est au rendez-vous, avec une belle matière, mais un boisé marqué. ⧗ 2021-2024

PAUL BENOIT ET FILS, 2, rue du Chardonnay, 39600 Pupillin, tél. 03 84 37 43 72, paul-benoit-et-fils@orange.fr V r.-v.

♥ CELLIER SAINT-BENOIT
Pupillin Gryphées Trousseau 2018 ★★★

	1500		15 à 20 €

Denis Benoit s'est installé en 1989 et a d'abord livré en coopérative avant de créer sa cave sur la ferme de ses grands-parents (6,25 ha en lutte raisonnée) et vinifier lui-même ses raisins à partir de 2004. Benjamin, représentant la quatrième génération, est à l'œuvre depuis 2019 et le décès prématuré de son père.

Un travail à quatre mains, dont le résultat est probant : un tiers du volume a été vinifié selon la méthode du père (vendange éraflée et foulée) et deux tiers selon la méthode du fils (100 % de grappes entières). L'alliance des générations a du bon ! Épices, groseille, mûre, cassis : un panier d'arômes nous est offert dès le premier nez. Très puissante, structurée, la bouche semble néanmoins ronde, enveloppante même, grâce à un joli gras et à des arômes de fruits cuits. Une légère note de caramel clôt la dégustation. ⧗ 2021-2025 **Pupillin Ploussard Côte de Feule 2018 ★★ (8 à 11 € ; 700 b.)** Cuvé 15 jours avec un peu de pigeage, ce ploussard est bien coloré. Au nez, de la griotte, des épices et une petite touche animale se distinguent. Les tanins sont bien présents, mais enrobés dans le gras de la matière. Ce vin a de la présence, mais aussi de la fraîcheur grâce à un long développement aromatique sur les fruits rouges. ⧗ 2021-2024

CELLIER SAINT-BENOIT, 36, rue du Chardonnay, 39600 Pupillin, tél. 06 43 22 01 27, contact@celliersaintbenoit.com V r.-v.

DOM. DUGOIS Vin jaune 2012 ★

	n.c.		30 à 50 €

Daniel Dugois s'installe en 1974 et commercialise sa production au négoce. En 1982, il décide d'élaborer lui-même ses vins. Son fils, Philippe, le rejoint en 2007 après avoir vinifié à l'étranger. Il conduit seul le domaine (10,3 ha) depuis 2013 à la retraite de son père. En 2014, son épouse Mélanie le rejoint sur le domaine. Une conversion vers l'agriculture biologique est engagée.

Déjà présent dans le Guide 2020, ce vin jaune 2012 ne démérite pas. Il est toujours aussi éclatant à l'œil dans sa robe or prononcé. Noix, noisette, réglisse et curry forment un nez riche et intense. Si la vivacité est perceptible à l'attaque, la bouche se développe ensuite avec harmonie. Une présence certaine et une garde assurée. ⧗ 2021-2040

DOM. DANIEL DUGOIS, 4, rue de la Mirode, 39600 Les Arsures, tél. 03 84 66 03 41, daniel.dugois@orange.fr V *t.l.j. sf dim. 9h-12h 14h-18h*

SYLVAIN FAUDOT
Trousseau Tour Canoz 2018 ★

| 2000 | | 8 à 11 € |

Créé en 1998, ce domaine de 6 ha conduit en agriculture raisonnée a modernisé sa cuverie en 2005, en l'équipant notamment de thermorégulation automatique. La création d'un gite en 2016 a fait rentrer l'exploitation dans l'œnotourisme.

Après une vinification en cuve Inox, cette cuvée a été élevée 12 mois en fût. Sous une teinte brillante, elle affiche une bonne puissance aromatique, dans les registres fruité et épicé, puis c'est une note de bonbon anglais qui apparaît au palais, soulignant le caractère souple et friand de l'ensemble. 2020-2022

SYLVAIN FAUDOT, 13, rte de Salins, 39600 Saint-Cyr-Montmalin, tél. 06 56 78 03 36, sylvain.faudot-vigneron@sfr.fr V *r.-v.*

DOM. AMÉLIE GUILLOT
Trousseau En Tartot 2018 ★★

| 3000 | | 8 à 11 € |

Forte d'un diplôme d'œnologue obtenu en 1995, Amélie Guillot s'installe la même année sur 2 ha de vignes. Originaire de Bourgogne mais étrangère au milieu viticole, elle exploite aujourd'hui 4,2 ha qu'elle vendange manuellement.

La vendange éraflée a cuvé 15 jours, puis l'élevage a été mené en cuve pendant 12 mois. Il en résulte un vin à reflets noirs, dont le nez évoque la framboise sauvage, puis la cerise et la réglisse, avant de tendre vers le cuir. C'est simple, dans le bon sens du terme, mais expressif. Le fruité se prolonge intensément au palais, accompagnant la matière ample, bâtie autour de tanins harmonieux. 2020-2023

AMÉLIE GUILLOT, 1, rue du Coin-des-Côtes, 39600 Molamboz, tél. 06 81 56 17 42, amelie.guillot@wanadoo.fr V *r.-v.*

DOM. LIGIER
Chardonnay Vieilles Vignes 2018 ★

| 3500 | | 11 à 15 € |

Installée à Arbois, la famille Ligier a créé ce domaine de toutes pièces en 1986 – 10 ha aujourd'hui. Des investissements réguliers ont été faits, notamment la construction, en 2002, d'un chai adapté au vieillissement des vins jaunes. Une valeur sûre du vignoble jurassien, avec une femme de talent aux commandes de la vinification, Marie-Colette Vandelle.

Après un début de fermentation en cuve Inox, le vin a été mis en pièces pour faire sa fermentation malolactique, puis a bénéficié d'un élevage de 18 mois (25 % de fût neuf). Or pâle, brillant et limpide, il dévoile un nez de fleurs blanches, certes discret, mais très agréable. En bouche, il laisse une première impression de fraîcheur, puis développe une rondeur enveloppante avant de finir sur une note d'amande. Le boisé est présent, mais non ostentatoire. Un agréable moment. 2021-2024

DOM. LIGIER, 56, rue de Pupillin, 39600 Arbois, tél. 03 84 66 28 06, gaec.ligier@wanadoo.fr V *t.l.j. sf dim. 10h-18h30*

♥ DOM. MARTIN-FAUDOT
Vin jaune 2012 ★★

| 2000 | | 30 à 50 € |

Louis Faudot obtint en 1896 de la part de la société de viticulture d'Arbois un diplôme d'honneur pour ses recherches concernant le greffage. Héritiers de ces savoir-faire, Michel Faudot et Jean-Pierre Martin sont à la tête d'un domaine familial de 12 ha.

Une robe vieil or, limpide et lumineuse. Encore discret, le nez est cependant prometteur : on y décèle toute la potentialité aromatique des fameux vins jaunes. La noix est déjà là, ainsi que les notes minérales, puis viennent les épices en bouche. Puissance, équilibre et complexité sont au rendez-vous jusque dans la longue finale d'une remarquable fraîcheur. 2021-2040

DOM. MARTIN-FAUDOT, 19, rue Bardenet, 39600 Mesnay, tél. 03 84 66 29 97, info@domaine-martin.fr V *r.-v.*

DOM. DÉSIRÉ PETIT
Pupillin Chardonnay Le Grapiot 2018 ★

| 4500 | | 11 à 15 € |

Désiré Petit a bâti dès 1932 ce domaine, qui compte aujourd'hui 27 ha. Ses fils Gérard et Marcel l'ont fait prospérer à partir de 1970, et ce sont désormais les enfants de Marcel, Anne-Laure et Damien, qui en ont la responsabilité, confortant certains positionnements, comme les vendanges manuelles, mais explorant aussi de nouvelles voies, telle la cuvée sans soufre. Une valeur sûre du vignoble jurassien, qui a obtenu de nombreux coups de cœur. Une conversion à l'agriculture biologique a été engagée en 2019.

Pressé en grappes entières, le chardonnay issu de marnes grises été élevé en foudre pendant 2 ans. Sous une robe pimpante, jaune citron, se libère un nez à la fois floral et fruité. Puis au palais, le côté acidulé rehaussé de notes d'agrumes apporte de la fraîcheur et un caractère friand. 2020-2023

DOM. DÉSIRÉ PETIT, 62, rue du Ploussard, 39600 Pupillin, tél. 03 84 66 01 20, contact@desirepetit.com V *t.l.j. 8h-12h 14h-18h; f. dim. en janv.*

FRUITIÈRE VINICOLE DE PUPILLIN
Pupillin Vin de paille 2016 ★

| 4500 | | 20 à 30 € |

Fondée par quelques vignerons en 1909, cette coopérative couvre aujourd'hui 67 ha provenant d'une trentaine de sociétaires, pour une production d'environ 3500 hl. Située au cœur du village, dans un cadre régulièrement modernisé, elle allie les dernières techniques de vinification et le respect des usages traditionnels.

Un vin de paille ambré à reflets orangé plus clair, composé de 50 % de ploussard, de 25 % de chardonnay et de 25 % de savagnin. Une riche palette se décline au nez : fruits secs, cerise à l'eau-de-vie, coing, pruneau,

JURA

fruits confits, épices, miel et cédrat. Elle se poursuit durablement au palais, en contrepoint d'une matière équilibrée. ⧗ 2021-2030

FRUITIÈRE VINICOLE DE PUPILLIN, 35, rue du Ploussard, 39600 Pupillin, tél. 03 84 66 12 88, info@pupillin.com V *t.l.j. 9h-12h 14h-18h*

DOM. ROLET
Poulsard Vieilles Vignes 2018 ★

| | 43000 | | 11 à 15 € |

Un domaine crée par Désiré Rolet dans les années 1940, puis géré par ses enfants des années durant et cédé à la famille Devillard en 2018. Les Bourguignons ont ainsi investi dans ce domaine de premier ordre, aujourd'hui encore l'une des plus importantes exploitations du Jura, dans les AOC arbois, côtes-du-jura, l'étoile et château-chalon.

Robe couleur cerise et nez fin où se côtoient kirsch, griotte, amande douce et épices. La bouche dynamique fait du fruité son leitmotiv. C'est agréable, frais et homogène. ⧗ 2020-2022 **Tradition 2013 ★ (15 à 20 €; 16000 b.)** Pour cette cuvée, le chardonnay et le savagnin ont été élevés séparément en fût pendant 4 ans, le savagnin ayant connu le voile. Ils ont ensuite été assemblés à 50/50. Flatteur, le nez dévoile la nature de l'élevage par des notes oxydatives. N'y voyez là aucun défaut, bien au contraire pour ce type de produit. La bouche est équilibrée et épanouie. ⧗ 2020-2025

DOM. ROLET, rte de Dôle, 39600 Arbois, tél. 03 84 66 00 05, contact@domainerolet.com V *t.l.j. 10h-12h30 13h30-19h*

LES 5 WY
Poulsard Dédicace 2018 ★

| | 1300 | | 8 à 11 € |

Quinze ans après avoir loué son 1er ha de vignes et avoir apporté sa vendange à la coopérative d'Arbois, Yohann Widmer a souhaité finalement vinifier la production de ses 7 ha et a franchi le pas en 2018.

Une robe intense pour un poulsard, d'un rouge cerise burlat à reflets rosés. Expressif dès l'attaque, le nez puissant associe griotte et épices. Au palais, la rondeur de l'alcool enveloppe une structure solide, encore un peu austère mais élégante. Le fruité bien présent, avec une prédominance des fruits rouges, apporte un caractère friand. ⧗ 2021-2024

DOM. LES 5 WY, 28_bis, av. du Gal-Leclerc, 39600 Arbois, tél. 06 70 60 35 24, yohann.widmer@domaine-5wy.fr V *r.-v.*

CHÂTEAU-CHALON

Superficie : 50 ha / Production : 1 620 hl

Le plus prestigieux des vins du Jura est exclusivement du vin jaune, le célèbre vin de voile élaboré en quantité limitée selon des règles strictes. Le raisin est récolté sur les marnes noires du lias, dans un site remarquable : un vieux village établi sur des falaises. La mise en vente s'effectue six ans et trois mois après la vendange. Il est à noter que, dans un souci de qualité, les producteurs eux-mêmes ont refusé l'agrément en AOC pour les récoltes de 1974, 1980, 1984 et 2001.

♥ MARCEL CABELIER 2013 ★★

| | 20000 | | 30 à 50 € |

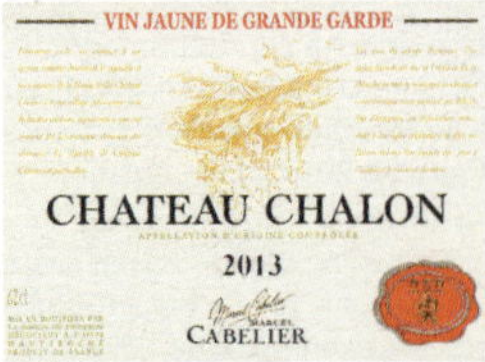

Sous cette dénomination œuvre un négociant-vinificateur qui s'est installé en 1986 et s'est fortement développé depuis quelques années dans le Jura en vendant ses vins sous la marque Marcel Cabelier. Les apports de 70 vignerons concernent toutes les appellations jurassiennes.

Un léger voile trouble la robe or pâle. Le nez commence tranquillement sur un accent citronné frais, puis évolue vers des notes plus épicées, plus chaleureuses et puissantes. L'attaque en bouche se fait sur la fraîcheur, mais on sent vite la puissance du vin de garde. L'équilibre est cependant parfaitement établi. Minéraux et épicés, les arômes tiennent sur la longueur pour assurer une très belle finale. ⧗ 2025-2040

SAS LA MAISON DU VIGNERON, 22, rte de Champagnole, Crançot, 39570 Hauteroche, tél. 03 84 87 61 30, enoel@maisonduvigneron.fr V *t.l.j. sf sam. dim. 10h-12h30 13h30-18h*

♥ DOM. DURAND-PERRON
Vin jaune 2012 ★★

| | 3500 | 30 à 50 € |

Un domaine de 45 ha, créé en 1986 par Claude Rousselot-Pailley et acquis une quinzaine d'années plus tard par la Maison du Vigneron, affaire de négoce établie à Crançot, dans le giron des Grands Chais de France.

Certes, la robe semble discrète dans ses tons or pâle, mais la dégustation prend bientôt une tout autre tournure. D'abord le nez, complexe, riche et avec tout ce qu'il faut de puissance. Ensuite la bouche, d'un étonnant volume. Une matière imposante, empreinte d'un fruité mûr d'une rare persistance. ⧗ 2025-2040

SCEA DOM. DE SAVAGNY, 22, rte de Champagnole, Crançot, 39570 Hauteroche, tél. 03 84 87 61 30, enoel@maisonduvigneron.fr V *t.l.j. sf sam. dim. 10h-12h30 13h30-18h*

DOM. GRAND En Beaumont 2012 ★

| | 1600 | | 30 à 50 € |

Chez les Grand, on est vigneron de père en fils depuis 1692. Après René Grand, Lothain et ses frères consacrent les années 1970 à 1990 à développer le domaine familial. Aujourd'hui, ce sont Emmanuel (fils de Lothain) et son épouse Nathalie qui conduisent les 9,5 ha de vignes, en AOC côtes-du-jura, château-chalon et arbois. Le vignoble est désormais en conversion à l'agriculture biologique. Une valeur sûre.

Ce château-chalon est né de raisins de savagnin récoltés sur la commune de Menétru-le-Vignoble. Une robe couleur de la paille après les moissons. La noix fraîche domine au nez, mais laisse entrevoir les épices dans une séquence délicate. La bouche est bien équilibrée et toujours agréablement épicée. Un vin représentatif de l'appellation. ⧗ 2025-2035

DOM. GRAND, 139, rue du Savagnin, 39230 Passenans, tél. 03 84 85 28 88, contact@domaine-grand.com V r.-v.

DOM. MAIRE ET FILS 2011 ★

	7000		50 à 75 €

Né en 1917, Henri Maire fut le pionnier de la vente de vin grâce à laquelle il fit prospérer après guerre sa petite maison de négoce. Également propriétaire de vignes, la société rebaptisée Dom. Maire et fils est depuis 2015 sous le contrôle de l'entreprise bourgignone Boisset. Un acteur important du vignoble.

La maison a toujours pris tout le temps nécessaire avant de mettre les millésimes en vente et privilégie un long vieillissement de ses vins jaunes. Robe d'or et nez caractéristique de noix verte et d'épices, relativement discret mais fin. Bouche minérale, équilibrée et assez longue. Un vin classique, au bon sens du terme. ⧗ 2025-2035

DOM. MAIRE ET FILS, En Boichailles, 39600 Arbois, tél. 03 84 66 42 53, jhauller@henri-maire.fr V *t.l.j. 9h-19h*

CÔTES-DU-JURA

Superficie : 512 ha
Production : 20 540 hl (70 % blanc et jaune ; 28 % rouge et rosé ; 2 % vin de paille)

L'appellation englobe toute la zone du vignoble de vins fins et produit tous les types de vins jurassiens, à l'exception des effervescents.

B DOM. BADOZ
Trousseau Marnes rouges 2018 ★★

	5000		11 à 15 €

Dix générations de Badoz se sont succédé sur ce domaine de 10 ha, dont les caves sont situées dans la petite ville de Poligny, qui sait si bien marier production viticole et affinage de fromage de Comté. Benoît a pris la succession de son père en 2003 et engagé la conversion bio en 2016.

Macéré et fermenté à basse température, ce trousseau intense en couleur a été vieilli en cuve Inox pendant un an. La complexité est au rendez-vous au nez : fruits rouges et cuir forment un bel ensemble. Bien équilibrée, la bouche fraîche, soutenue par des tanins souples, donne la faveur à un caractère animal plus que fruité, qui laisse imaginer un bon accord avec du gibier. ⧗ 2020-2023

DOM. BENOÎT BADOZ, 3, av. de la Gare, 39800 Poligny, tél. 03 84 37 18 00, contact@domaine-badoz.fr V *t.l.j. 8h30-12h30 14h-19h*

DOM. DES BÉLEMNITES
Trousseau Conventus 2018 ★

	4228		8 à 11 €

Après des années passées à Paris, Christian Melet a choisi de donner libre cours à sa passion pour la vigne et les vins dans le cadre d'une reconversion professionnelle. Il conduit depuis 2015 un vignoble de 7 ha, issu du domaine de Joël Boilley.

Conventus signifie « assemblage » en latin. Mais dans ce millésime, le trousseau est quelque peu dominateur (95 %) à côté de 5 % de pinot noir. Après 9 mois d'élevage en cuve, voici un vin rubis assez léger, ouvert sur les arômes de griotte, de fruits noirs et d'épices. Une juste acidité, des tanins présents, mais sans agressivité, un fruité bien installé au palais : il ne laisse décidément pas indifférent. ⧗ 2021-2024

DOM. DES BÉLEMNITES, 5, chem. de Bannans, 39600 Mesnay, tél. 06 84 16 55 27, contact@domaine-belemnites.com V *r.-v.*

♥ B DOM. BERTHET-BONDET
Tradition 2016 ★★

	12000		15 à 20 €

Domaine créé en 1985 par Jean Berthet-Bondet, ancien maire de Château-Chalon et ingénieur agronome, tout comme son épouse. Conduit selon les règles de l'agriculture biologique, les 13 ha de vignes et les caves voûtées sont gérés depuis 2018 par leur fille Hélène.

Un assemblage de 80 % de chardonnay et de 20 % de savagnin élevé sous voile pendant 2 ans : telle est la base immuable de cette cuvée qui figure régulièrement dans le Guide. C'est de l'or intense qui coule dans le verre. Si l'œil est séduit, le nez l'est aussi par la finesse des arômes de fleurs, de noisette, de poire, de miel ou encore de brioche. La bouche ronde et équilibrée puise dans chacun des cépages ce qu'il a de meilleur. La matière bien présente s'exprime pleinement sur des tons de fleurs blanches, de mirabelle, de noisette et de beurre. La noix vient couronner le tout en finale. Si la méditation est à la mode, en voici un sujet. ⧗ 2021-2035 **Savagnier 2018 ★ (11 à 15 € ; 5000 b.)** B Un savagnin pur, qui a fait l'objet d'ouillage régulier. Ses notes de tilleul et de fleur d'acacia séduisent d'emblée. La bouche ne déçoit pas : fraîche et équilibrée elle joue sur le fruit, avant de s'orienter vers des accents minéraux et une touche d'amertume non dénuée de complexité. ⧗ 2020-2024

DOM. BERTHET-BONDET, 7, rue de la Tour, 39210 Château-Chalon, tél. 03 84 44 60 48, domaine@berthet-bondet.com V *r.-v.*

ANDRÉ BONNOT
Chardonnay Nuance 2018 ★

	7500		8 à 11 €

Située au cœur du village de Saint-Lothain, la maison André Bonnot est une petite affaire de négoce créée en 1936 par Xavier Bonnot.

Ce chardonnay de couleur claire a été vinifié et élevé en fût. Des tons de vanille, de brioche, d'agrumes et de fruits jaunes bien mûrs forment une palette intense à l'olfaction, alors qu'en bouche les arômes se manifestent beaucoup plus progressivement. Gras et fraîcheur s'équilibrent très agréablement. 2021-2024

ANDRÉ BONNOT, 75, rte du Revermont, 39230 Saint-Lothain, tél. 03 84 37 10 89, vins-bonnot@orange.fr V r.-v.

PHILIPPE BUTIN
Trousseau 2018 ★

4 200 | 11 à 15 €

Cette exploitation (5,5 ha aujourd'hui), dans la famille depuis trois générations, est fidèle aux vendanges manuelles. Philippe Butin produit surtout des vins à partir de cépages blancs qu'il cultive sur les coteaux de Lavigny. Sa production figure régulièrement en bonne place dans le Guide.

Un trousseau pourpre intense qui résulte d'une cuvaison de 12 jours et d'un élevage en cuve de 12 mois. Tout d'abord timide puis s'ouvrant à l'aération, il associe fruits cuits, notes végétales et vanillé au nez. Puis c'est le fruit qui s'impose au palais, dans une matière souple. Une pointe de gaz renforce l'impression de fraîcheur, de même que la finale aux notes végétales. 2020-2023

PHILIPPE BUTIN, 21, rue de la Combe, 39210 Lavigny, tél. 03 84 25 36 26, ph.butin@wanadoo.fr V r.-v.

♥ CAVEAU DES BYARDS
Chardonnay 2018 ★★

50 000 | 8 à 11 €

Cette petite coopérative est relativement récente puisqu'elle a été créée en 1953. C'est une affaire à taille humaine : 42 ha de vignes seulement et 17 adhérents. Mais elle investit régulièrement et sa production figure souvent en bonne place dans le Guide, notamment en crémant, qui représente 50 % de sa production.

Si les fermentations alcoolique et malolactique ont eu lieu en cuve, le vieillissement a été conduit en fût pendant 6 mois. La robe jaune doré de ce chardonnay issu de vignes de 25 ans brille de reflets verts. Le nez est encore un peu timide, mais déjà pointent la fleur d'acacia, le lilas blanc et la brioche. Un délice que prolonge la bouche souple et ample, parfaitement équilibrée entre gras et fraîcheur. En finale, une note de pêche apporte une signature délicate. 2021-2025

CAVEAU DES BYARDS, rte de Voiteur, 39210 Le Vernois, tél. 03 84 25 33 52, info@caveau-des-byards.fr V *t.l.j. sf dim. 9h-12h 14h-18h*

CLAVELIN ET FILS
Pinot noir Armoni 2018 ★★

3 000 | 11 à 15 €

Ce n'est pas moins de 5 générations de Clavelin qui, depuis 1845, exploitent un vignoble à Le Vernois. Romain, Patrick et Christian sont aujourd'hui à la tête de 33 ha en appellations côtes-du-jura et château-chalon.

« Armoni » est l'anagramme de Romain, l'un des 3 cogérants et créateur de cette cuvée pur pinot noir, élevée en fût de moins de 3 ans avec ouillage hebdomadaire. Le nez confirme à la fois l'identité du cépage et le mode d'élevage : les fruits rouges, intenses, se mêlent à des tons grillés, vanillés et torréfiés. Il en va de même en bouche, le sillage boisé soulignant une matière puissante, aux tanins fondus. Un style qui rappelle la Bourgogne. 2021-2025

GAEC CLAVELIN ET FILS, pl. de la Mairie, 39210 Le Vernois, tél. 03 84 25 31 58, clavelin@orange.fr V *t.l.j. sf sam. dim. 8h30-12h 13h30-17h*

DOM. JEAN-CLAUDE ET ANNIE CREDOZ
Savagnin ouillé Cuvée Valentin
Vieilli en fût de chêne 2018 ★

2 500 | 11 à 15 €

Issu d'une famille vigneronne depuis 1859, Jean-Claude Credoz a repris le domaine familial en 2002, après s'être associé avec ses frères. Les parents apportaient leur vendange à la coopérative, mais Jean-Claude a suivi la voie de ses plus lointains ancêtres et vinifie au domaine. Le vignoble couvre 8,7 ha, dont 4,5 en château-chalon acquis en 2014. L'exploitation est en conversion à l'agriculture biologique.

Valentin, fils de la maison, donne son nom à cette cuvée composée de savagnin, en version « ouillée ». Les arômes évoquent l'hiver, le besoin de se mettre au chaud avec des amis : marron chaud, fumé, voire torréfié, sans oublier la noisette et la noix. De la rondeur en bouche, tant la matière apparaît ample et chaleureuse. Un peu à la croisée des chemins entre les vins dits « floraux » et ceux qualifiés de « typés » dans la gamme jurassienne. 2021-2025

JEAN-CLAUDE CREDOZ, 3, rue des Chèvres, 39210 Château-Chalon, tél. 06 80 43 17 44, contact@domaine-credoz.fr V r.-v.

DOM. DURAND-PERRON
Chardonnay 2015 ★★

10 000 | 5 à 8 €

Le domaine Durand-Perron a été fondé par la famille Perron, exploité longtemps par Marius Perron, puis par son gendre, Jacques Durand. La propriété a été reprise en 2010 par la Maison du Vigneron, pour laquelle Jacques Durand travaille désormais.

Le temps a encore joué en la faveur de ce 2015 et a préservé la qualité de la palette aromatique centrée sur les fruits jaunes et une touche torréfiée. La bouche légèrement boisée conserve aussi une fraîcheur agréable. 2020-2022

SCEA DOM. DE SAVAGNY, 22, rte de Champagnole, Crançot, 39570 Hauteroche, tél. 03 84 87 61 30, enoel@maisonduvigneron.fr V *t.l.j. sf sam. dim. 10h-12h30 13h30-18h*

♥ DOM. GRAND Trousseau 2018 ★★★

■ | 3500 | | 15 à 20 €

Chez les Grand, on est vigneron de père en fils depuis 1692. Après René Grand, Lothain et ses frères consacrent les années 1970 à 1990 à développer le domaine familial. Aujourd'hui, ce sont Emmanuel (fils de Lothain) et son épouse Nathalie qui conduisent les 9,5 ha de vignes, en AOC côtes-du-jura, château-chalon et arbois. Le vignoble est désormais en conversion à l'agriculture biologique. Une valeur sûre.

Récoltées tardivement, les grappes de trousseau ont atteint une grande maturité. Le pressurage a été engagé après 2 mois de macération et le vieillissement a été fait en cuve pendant un an. Résultat de ce travail patient, une robe pourpre à reflets ambrés, peu courante pour ce cépage. Dans la même ligne, la palette aromatique traduit bien le contact prolongé des baies avec le jus : fruits très mûrs, voire confits, notes épicées. La bouche semble être l'aboutissement de cette recherche : le fruité est confit et se mêle à des notes du registre animal. Les épices renforcent cette démonstration de force. La structure est remarquable, la matière riche et équilibrée, les tanins harmonieux et la finale fraîche. Une très grande harmonie se dégage de ce vin prometteur. ⧗ 2022-2026 ■ **La Grande chaude 2017 ★ (15 à 20 €; 500 b.)** Pur chardonnay, cette cuvée est issue d'une fermentation en fût de 400 l et d'un élevage de 24 mois. Le fruit est son crédo au nez dans une partition très exotique : ananas, mangue, litchi, citron et pêche. On reste dans le même registre aromatique au palais, avec beaucoup de fraîcheur. À boire bien frais avec un poisson grillé. ⧗ 2021-2024

DOM. GRAND, 139, rue du Savagnin, 39230 Passenans, tél. 03 84 85 28 88, contact@domaine-grand.com V r.-v.

CH. GRÉA
Chardonnay Vieilles Vignes 2018 ★

■ | 8000 | | 8 à 11 €

Commandés depuis 1995 par Nicolas Caire et Alexandre Rousselot, les 24 ha du domaine sont situés dans la partie du vignoble dénommée sud Revermont. La vigne y domine la plaine de la Bresse et ses célèbres poulets qui se marient si bien avec le vin jaune.

C'est le caramel qui domine au nez, nuancé de fruits secs comme l'amande. L'attaque franche laisse place à un développement sur le gras, d'une bonne longueur sur les fruits secs. Un ensemble harmonieux. ⧗ 2020-2025

CH. GRÉA, 14, Froideville, 39190 Sainte-Agnès, tél. 03 84 25 05 47, nicolas.caire@aricia.fr

DOM. FRÉDÉRIC LAMBERT
Les Rougelots 2018 ★★

■ | 1500 | | 15 à 20 €

Œnologue de formation, Frédéric Lambert a commencé à acheter des vignes en production et des terrains dès 1993. L'installation s'est faite dix ans plus tard et l'exploitation compte désormais 11 ha, comprenant tous les cépages jurassiens, vendangés manuellement.

Cette cuvée de pinot noir n'est élaborée que dans les grands millésimes : elle est élevée en fût, dont 40 % de barriques neuves, durant 6 mois. Robe grenat profond à reflets violets qui force le respect. Fruits noirs (cassis), fruits rouges (griotte, groseille) et épices se déclinent avec élégance. En bouche, la matière est présente mais sans excès, structurée autour de tanins fondus et d'une juste fraîcheur. Aux arômes de fruits rouges succède une finale sur la réglisse et le menthol. ⧗ 2021-2025

DOM. FRÉDÉRIC LAMBERT, 14, Pont-du-Bourg, 39230 Le Chateley, tél. 03 84 25 97 83, domainefredericlambert@orange.fr V r.-v.

DOM. MAIRE ET FILS
Chardonnay Grand Minéral 2019 ★★

■ | 40000 | | 8 à 11 €

Né en 1917, Henri Maire fut le pionnier de la vente de vin grâce à laquelle il fit prospérer après guerre sa petite maison de négoce. Également propriétaire de vignes, la société rebaptisée Dom. Maire et fils est depuis 2015 sous le contrôle de l'entreprise bourguignone Boisset. Un acteur important du vignoble.

Les vinificateurs ont cherché à obtenir un vin sur le fil en écartant l'option d'une fermentation malolactique et en choisissant un élevage court en cuve. Poire et fleurs blanches se partagent ainsi la vedette au nez, tandis que la bouche, marquée du sceau de la jeunesse, apparaît franche, souple et fruitée. Un côtes-du-jura à boire frais à l'apéritif. ⧗ 2021-2024

DOM. MAIRE ET FILS, En Boichailles, 39600 Arbois, tél. 03 84 66 42 53, jhauller@henri-maire.fr V *t.l.j. 9h-19h*

JURA

NOIR FRÈRES Les Creux d'enfer 2018 ★

■ | 4000 | | 11 à 15 €

Jean-Yves et Philippe Noir ont pris la suite de leur père sur une propriété de 11 ha. Adhérents à la cave coopérative depuis 1976, ils ont décidé en 2003 de vinifier au domaine. Le nom de celui-ci fait référence à la nature des sols du terroir polinois. Un nouveau caveau a ouvert ses portes en 2016.

Un pur savagnin vinifié en pièces de 228 l et élevé avec ouillage et bâtonnage pendant un an. Un nez de café, associé à des tons fruités, comme les fruits à chair blanche et la poire, ainsi que des senteurs vanillées. La matière est un peu plus austère au palais, mais reste agréable sur le plan aromatique. Loin de l'enfer, on sent l'élevage en barrique. ⧗ 2021-2025 ■ **Vin de paille 2015 ★ (20 à 30 €; 1600 b.)** Principalement des cépages blancs pour ce vin de paille (50 % de chardonnay et 40 % de savagnin) et un peu de poulsard (10 %). Il est cuivré à reflets orangé plus clair. Fruits secs, fruits confits et coing composent un nez expressif et plaisant. Cette expression aromatique se prolonge en bouche avec de longues notes de pain d'épice, de cannelle, de caramel. C'est rond et harmonieux. Pour une tarte aux fruits. ⧗ 2021-2035

DOM. NOIR FRÈRES, La Petite-Marne, ZAC Grimont-Sud, 39800 Poligny, tél. 09 81 39 19 74, petitemarne.noir@wanadoo.fr V *t.l.j. sf mar. dim. 10h-12h 14h-18h30*

XAVIER REVERCHON
Vin jaune 2012 ★

| 1416 | | 30 à 50 € |

Xavier représente la quatrième génération de Reverchon sur ce domaine créé en 1900. Il s'est installé en 1978, appliquant un principe qui lui est cher et qui est pratiqué sur le domaine depuis 1901 : le labour des vignes. Il se fait fort aussi de n'employer, depuis 30 ans sur ses 6 ha de vignes, ni engrais ou désherbant chimiques, ni insecticide ou acaricide. Les vendanges sont manuelles. Une belle régularité, notamment en côtes-du-jura et en crémant.

Il lui faut un peu de temps pour s'ouvrir, mais le nez présente bien l'attribut aromatique type du vin jaune : de la noix. Riche, puissante et ample, la bouche ajoute un peu d'épices. Il y a certes de la vivacité, constitutive de ce type de vin, mais elle demeure équilibrée. ⧗ 2021-2040

XAVIER REVERCHON, 2, rue du Clos, 39800 Poligny, tél. 03 84 37 02 58, reverchon.chantemerle@wanadoo.fr V *t.l.j. sf dim. 9h-12h 14h-18h30*

B ÉRIC ET BÉRENGÈRE THILL
Savagnin Cuvée Romane 2018 ★

| 2400 | | 20 à 30 € |

Il est Alsacien, elle est Berrichonne. Après des études à Dijon, Éric et Bérengère Thill s'installent dans le Jura en 2009, où ils cultivent dans la partie sud 6,7 ha de vignes, dont 3,15 ha en chardonnay.

Portant le prénom de la fille des propriétaires, cette cuvée est composée uniquement de savagnin, vinifié à partir de levures indigènes et élevé en cuve. Sans surprise au regard du mode de vinification, c'est le côté floral qui ressort au nez, mais le fruité apparaît également, dans un ensemble empli de fraîcheur. Mirabelle et brioche soulignent une bouche équilibrée, de bonne longueur. ⧗ 2021-2024

DOM. ÉRIC ET BÉRENGÈRE THILL, 11, rue Principale, 39570 Trenal, tél. 06 89 72 10 33, eric.thill202@orange.fr V *r.-v.*

LES 5 WY
Chardonnay Savagnin
Les Champs de la corne 2018 ★★

| 600 | | 8 à 11 € |

Quinze ans après avoir loué son 1er ha de vignes et avoir apporté sa vendange à la coopérative d'Arbois, Yohann Widmer a souhaité finalement vinifier la production de ses 7 ha et a franchi le pas en 2018.

Le chardonnay représente 70% de l'assemblage, à côté du savagnin. Des 9 mois d'élevage en fût, rien ne paraît sur le plan aromatique : le nez joue dans le registre floral et fruité, tandis que la bouche offre une harmonie fraîche où le fruit a toute sa place, nuancé d'une petite touche de miel. Un caractère léger et agréable. ⧗ 2020-2022

DOM. LES 5 WY, 28_bis, av. du Gal-Leclerc, 39600 Arbois, tél. 06 70 60 35 24, yohann.widmer@domaine-5wy.fr V *r.-v.*

CRÉMANT-DU-JURA

Superficie : 331 ha
Production : 19 700 hl (93% blanc)

Reconnue en 1995, l'AOC crémant-du-jura s'applique à des mousseux élaborés selon les règles strictes des crémants (la méthode traditionnelle), à partir de raisins récoltés à l'intérieur de l'aire de production de l'AOC côtes-du-jura. Les cépages rouges autorisés sont le poulsard (ou ploussard), le pinot noir (appelé localement gros noirien) et le trousseau; les cépages blancs sont le chardonnay (appelé aussi melon d'Arbois ou gamay blanc), le savagnin (appelé localement naturé) et le pinot gris (rare).

FRUITIÈRE VINICOLE D'ARBOIS
Montboisie 2017 ★★

| 30035 | 11 à 15 € |

Arbois, 1906 : après la crise phylloxérique, quelques vignerons décident de fonder cette coopérative, l'une des premières en France. La fruitière est toujours là, forte des apports de cent familles vigneronnes (pour 270 ha de vignes), de chais modernes au château Béthanie, acquis en 1969, et d'une gamme très complète. Ses vins figurent souvent en tête d'affiche dans le Guide.

Un vin de base composé de 70% de chardonnay et de 30% de pinot noir. La mousse fine et légère invite à découvrir les arômes. Avec un peu de patience, les voici qui se révèlent élégamment comme une promesse : fleurs blanches, pêche, agrumes et pomme. Le fruité s'exprime plus nettement encore au palais, soulignant l'impression de fraîcheur bien équilibrée. Il commence par la pêche blanche et finit sur l'orange. ⧗ 2020-2021

FRUITIÈRE VINICOLE D' ARBOIS, 2, rue des Fossés, 39600 Arbois, tél. 03 84 66 11 67, contact@chateau-bethanie.fr V *r.-v.*

MARCEL CABELIER ★★

| 700000 | 5 à 8 € |

Sous cette dénomination œuvre un négociant-vinificateur qui s'est installé en 1986 et s'est fortement développé depuis quelques années dans le Jura en vendant ses vins sous la marque Marcel Cabelier. Les apports de 70 vignerons concernent toutes les appellations jurassiennes.

Les bulles dessinent de fins sillons dans la robe jaune citron à reflets argentés. Tout est délicatesse dans ce crémant, qui laisse poindre ses arômes de fruits et plus particulièrement d'agrumes. De la vivacité à l'attaque, un côté minéral, puis le fruité continue son ascension, accompagné de tons briochés. La finale, sur le gras, finit de séduire. ⧗ 2020-2021

SAS LA MAISON DU VIGNERON, 22, rte de Champagnole, Crançot, 39570 Hauteroche, tél. 03 84 87 61 30, enoel@maisonduvigneron.fr V *t.l.j. sf sam. dim. 10h-12h30 13h30-18h*

MARIE-PIERRE CHEVASSU-FASSENET ★

| 3500 | | 8 à 11 € |

Les vignes ont été plantées par les parents de la vigneronne, éleveurs. Nichée dans la verdure sur les hauts de Menétru, la maison familiale, une ancienne tuilerie, abrite des caves du XVIIIe s. Marie-Pierre Chevassu a pris les rênes de ce domaine très régulier en qualité en 2008 (4,5 ha aujourd'hui), après avoir travaillé dans d'autres vignobles.

Un pur chardonnay, limpide et brillant, duquel s'échappe un train de bulles fines. Il y a de la fraîcheur dans ce nez d'agrumes. Un fruité qui se retrouve en bouche, à côté du litchi et de l'ananas. On dirait presque que ce vin sauvignonne. Le caractère aromatique séduit durablement. 2020-2021

MARIE-PIERRE CHEVASSU-FASSENET, Les Granges-Bernard, 39210 Menétru-le-Vignoble, tél. 06 89 86 89 06, mpchevassu@yahoo.fr V r.-v.

DOM. MOUILLARD ★

| 6500 | | 8 à 11 € |

Depuis 1991, Jean-Luc Mouillard élève dans ses belles caves voûtées de la fin du XVIe s. des vins des AOC l'étoile, côtes-du-jura, macvin-du-jura, crémant-du-jura et château-chalon. Un vigneron multi-appellations et une valeur sûre du vignoble jurassien.

À l'œil, tout ce que l'on attend d'un bon crémant est là : robe jaune pâle à reflets dorés et bulles fines, régulières, formant un cordon persistant. Complet, le nez évoque les fruits blancs, le citron, le miel et une petite touche beurrée. La matière ronde, presque vineuse, offre une même qualité, mais ses arômes ne s'attardent pas en finale. 2020-2021

JEAN-LUC MOUILLARD, 379, rue du Parron, 39230 Mantry, tél. 03 84 25 94 30, domainemouillard@hotmail.fr V *t.l.j. 9h-12h 13h30-18h30* 2

♥ FRUITIÈRE VINICOLE DE PUPILLIN
Papillette ★★

| 18000 | | 8 à 11 € |

Fondée par quelques vignerons en 1909, cette coopérative couvre aujourd'hui 67 ha provenant d'une trentaine de sociétaires, pour une production d'environ 3500 hl. Située au cœur du village, dans un cadre régulièrement modernisé, elle allie les dernières techniques de vinification et le respect des usages traditionnels.

La célèbre Papillette de la fruitière de Pupillin suit généralement la même recette avec un assemblage de cépages rouges, mais dont la proportion varie selon les années. Dans cette cuvée, le pinot noir est présent à hauteur de 70 % et le ploussard à 30 %. Couleur corail, c'est un crémant qui tient sa mousse, grâce à de fines bulles persistantes. Fruité à dominante de griotte, le nez demande encore à s'ouvrir, mais à l'aération la violette apporte une touche de complexité. Cette gamme aromatique se prolonge au palais sous des accents dominants de cerise. Tonique et équilibré, ce crémant a toute l'élégance attendue. 2020-2021

FRUITIÈRE VINICOLE DE PUPILLIN, 35, rue du Ploussard, 39600 Pupillin, tél. 03 84 66 12 88, info@pupillin.com V *t.l.j. 9h-12h 14h-18h*

DOM. DE SAVAGNY ★

| 20000 | 8 à 11 € |

Un domaine de 45 ha, créé en 1986 par Claude Rousselot-Pailley et acquis une quinzaine d'années plus tard par la Maison du Vigneron, affaire de négoce établie à Crançot, dans le giron des Grands Chais de France.

Des bulles fines montent à l'assaut d'une robe jaune pâle. Frais et fin, le nez capitalise sur les agrumes et un léger caractère floral. On apprécie la vivacité en bouche, avec toujours ces arômes d'agrumes. Beaucoup d'équilibre et de cohérence dans ce crémant. 2020-2021

SCEA DOM. DE SAVAGNY, 22, rte de Champagnole, Crançot, 39570 Hauteroche, tél. 03 84 87 61 30, enoel@maisonduvigneron.fr V *t.l.j. sf sam. dim. 10h-12h30 13h30-18h*

B ÉRIC ET BERENGÈRE THILL
Cuvée Adrian 2016 ★

| 5400 | | 15 à 20 € |

Il est Alsacien, elle est Berrichonne. Après des études à Dijon, Éric et Bérengère Thill s'installent dans le Jura en 2009, où ils cultivent dans la partie sud 6,7 ha de vignes, dont 3,15 ha en chardonnay.

C'est un chardonnay extra-brut tout doré. Un cordon de bulles fines et régulières forme une mousse légère et fugace. Beaucoup de fruit au nez, notamment des notes d'agrumes, mais aussi des fleurs blanches et un peu de brioche. La bouche est ronde, tout en gardant une juste fraîcheur. 2020-2021

DOM. ÉRIC ET BÉRENGÈRE THILL, 11, rue Principale, 39570 Trenal, tél. 06 89 72 10 33, eric.thill202@orange.fr V r.-v.

DOM. JACQUES TISSOT ★

| 8000 | 8 à 11 € |

C'est en 1962 que Jacques Tissot crée son domaine avec une parcelle héritée de son père. La modernisation des chais est engagée en 1992 avec la création d'une surface de 2 000 m² au bord de la nationale 83. Aujourd'hui, la propriété, conduite désormais par les enfants, Philippe et Nathalie, compte 30 ha de vignes en culture raisonnée.

Un assemblage pinot-chardonnay est à l'origine de ce vin à l'effervescence modérée, qui décline les fruits blancs, le citron et les fleurs. L'attaque en bouche est franche, puis un côté acidulé se développe. C'est simple, bien équilibré et agréablement fruité. 2020-2021

DOM. JACQUES TISSOT, 39, rue de Courcelles, 39600 Arbois, tél. 03 84 66 24 54, courrierjt@yahoo.fr V r.-v.

♥ TISSOT-MAIRE 2015 ★★

● | 10 000 | | 11 à 15 €

La marque Tissot-Maire a été créée en référence à deux entreprises de négoce réputées du vignoble jurassien et passées sous la coupe de la société civile viticole domaines Maire.

Pur chardonnay, cette cuvée offre une mousse persistante dans une robe dorée. Au nez, les arômes d'agrumes retiennent l'attention, mais de subtiles notes de brioche et d'amande apparaissent également. En bouche, on perçoit ce qu'il faut de vivacité dans un bon équilibre et des arômes complexes et intenses qui se prolongent durablement. Pour un dessert brioché et une glace à la vanille. ⧗ 2020-2022 ● ★ **(8 à 11 €; 10 000 b.)** Un rosé couleur saumon, issu de 85 % de pinot noir, de 8 % de trousseau et de 7 % de poulsard. Le nez de groseille laisse une impression de fraîcheur, de même que la mousse est persistante et la bouche équilibrée, avec un côté un peu minéral pas désagréable du tout. La finale fruitée se fait vineuse. ⧗ 2020-2021

DOM. MAIRE ET FILS, En Boichailles, 39600 Arbois, tél. 03 84 66 42 53, jhauller@henri-maire.fr V t.l.j. 9h-19h

DOM. PHILIPPE VANDELLE 2017 ★★

● | 25 000 | | | 5 à 8 €

La famille Vandelle est arrivée à L'Étoile dans les années 1880. Philippe et Bernard sont installés depuis 2001, en bas du village, où ils exploitent 16 ha de vignes. Une valeur sûre de l'appellation l'étoile, très à l'aise aussi en crémant.

Une mousse généreuse créée par de fines bulles surmonte la robe jaune pâle. Au nez, la pomme verte s'associe aux agrumes et au floral. L'attaque de ce brut bien dosé est fraîche et le développement se fait dans un bel équilibre. De la puissance, mais de l'élégance jusqu'en finale. ⧗ 2020-2022

DOM. PHILIPPE VANDELLE, 186, rue Bouillod, 39570 L'Étoile, tél. 03 84 86 49 57, info@vinsphilippevandelle.com V t.l.j. sf dim. 9h-12h 14h-19h B

L'ÉTOILE

Superficie : 66 ha / Production : 2 345 hl

Le village doit son nom à des fossiles, segments de tiges d'encrines (échinodermes en forme de fleurs), petites étoiles à cinq branches. Son vignoble produit des vins blancs, jaunes et de paille.

DOM. JOLY 2015 ★

■ | 3 400 | | 8 à 11 €

Cette société a été créée en 2000 à partir d'un domaine fondé à la fin des années 1960 par Claude Joly. Son fils Cédric en est aujourd'hui le gérant et conduit un vignoble de 7 ha.

Composée uniquement de chardonnay vendangé manuellement, cette cuvée a été élevée 42 mois en fût, sans ouillage. Seule une légère filtration a été effectuée avant la mise en bouteille. La robe claire présente des reflets argentés. Bien représentative du type d'élevage, la palette aromatique privilégie la noix et la noisette tout au long de la dégustation. Le palais est frais, franc et puissant. ⧗ 2021-2025

EARL CLAUDE ET CÉDRIC JOLY, 3, chem. des Patarattes, 39190 Rotalier, tél. 03 84 25 04 14, contact@domainejoly.fr V r.-v.

DOM. DE MONTBOURGEAU
Chardonnay La Chaux 2018 ★

■ | 2000 | | 11 à 15 €

En 1920, Victor Gros, le grand-père de Nicole Deriaux, s'est installé à Montbourgeau. Le père, Jean Gros, conforta la renommée du domaine. À proximité des 11 ha de vignes se dévoile un lieu bucolique, bordé par une allée de tilleuls débouchant sur les chais qui entourent la maison familiale. Un domaine de référence de l'appellation l'étoile.

C'est la deuxième expérience de vinification de vin ouillé pour César Deriaux, fils de Nicole, qui prend les rênes en douceur. Un chardonnay assez coloré, élevé en barrique de 228 l pendant 18 mois. Floral avec une pointe d'ananas, il révèle en outre un léger fond boisé au nez. S'il a de la puissance en milieu de bouche, il s'évanouit un peu rapidement en finale. ⧗ 2020-2023 ■ **Vin jaune 2012 ★ (30 à 50 €; 4 000 b.)** Sept ans de fût, à l'ombre d'une cave, et voici dans le verre un vin jaune d'or. Quoique discret, le nez évoque bien l'univers du vin jaune dans ses tons de noix verte, d'épices et de camphre. La bouche est également assez discrète. ⧗ 2020-2035

DOM. DE MONTBOURGEAU, 53, rue de Montbourgeau, 39570 L'Étoile, tél. 03 84 47 32 96, domaine@montbourgeau.com V r.-v.

CH. DE QUINTIGNY Savagnin 2016 ★

■ | 5 000 | | 11 à 15 €

L'exploitation familiale a été créée en 1973. Co-exploitant en 1993, Sébastien Cartaux assure seul le devenir du domaine depuis 2010, secondé par son épouse Sandrine. Le vignoble couvre 16 ha, dont la moitié en AOC l'étoile.

Après une fermentation en cuve, ce savagnin a été élevé en fût, sous voile, pendant 3 ans et demi. Doré à reflets argentés, c'est un vin d'accès facile. Le nez, typé par l'élevage, décline des notes d'humus, de champignon et de noix fraîche. Équilibrée, la bouche laisse une impression générale de fraîcheur. ⧗ 2020-2028 ■ **Dom. Cartaux-Bougaud Vin jaune 2012 ★ (20 à 30 €; 2 000 b.)** Même type d'élevage que le vin précédemment décrit mais avec 6 ans et demi de fût. Sous une robe intense à reflets or, des arômes de noix et de curry s'expriment dans une palette évolutive. La matière, toujours assez aromatique, demande du temps pour gagner en harmonie. ⧗ 2022-2035

DOM. CARTAUX-BOUGAUD, 5, rue des Vignes, Juhans, 39140 Arlay, tél. 03 84 48 11 51, contact@vinscartaux.fr V r.-v.

DOM. PHILIPPE VANDELLE Vin de paille 2016 ★

■ | 1000 | | 20 à 30 €

La famille Vandelle est arrivée à L'Étoile dans les années 1880. Philippe et Bernard sont installés depuis 2001, en bas du village, où ils exploitent 16 ha de vignes. Une valeur sûre de l'appellation l'étoile, très à l'aise aussi en crémant.

Le chardonnay compose l'essentiel de la vendange qui a servi à élaborer ce vin de paille doré à reflets cuivrés, mais poulsard et savagnin ont aussi été à l'œuvre. Coing, abricot et orange confite composent un nez peu puissant, mais complexe, accompagnés d'une touche d'anis et de foin sec. Après une attaque fraîche, le développement de la matière au palais se fait dans un bel équilibre. La finale sur les fruits secs (raisins, noisette) est appréciable. ⧗ 2020-2028

DOM. PHILIPPE VANDELLE, 186, rue Bouillod, 39570 L'Étoile, tél. 03 84 86 49 57, info@vinsphilippevandelle.com V *t.l.j. sf dim. 9h-12h 14h-19h* B

MACVIN-DU-JURA

Superficie : 88 ha
Production : 4 095 hl (92 % blanc)

Tirant probablement son origine d'une recette des abbesses de l'abbaye de Château-Chalon, l'AOC macvin-du-jura – anciennement maquevin ou marc-vin-du-jura – a été reconnue en 1991. C'est en 1976 que la Société de Viticulture engagea pour la première fois une démarche de reconnaissance en AOC pour ce produit très original. L'enquête fut longue. En effet, au cours du temps, le macvin, d'abord vin cuit additionné d'aromates ou d'épices, est devenu mistelle, élaboré à partir du moût concentré par la chaleur (cuit), puis vin de liqueur muté soit au marc, soit à l'eau-de-vie de vin. C'est cette dernière méthode, la plus courante, qui a été finalement retenue pour l'AOC. Vin de liqueur, le macvin met en œuvre du moût ayant subi un léger départ en fermentation, muté avec une eau-de-vie de marc de Franche-Comté à appellation d'origine issue de la même exploitation que le moût. Ce dernier doit provenir des cépages et de l'aire de production ouvrant droit à l'AOC. L'eau-de-vie doit être « rassise », c'est-à-dire vieillie en fût de chêne pendant dix-huit mois au moins. Après cette association réalisée sans filtration, le macvin doit « reposer » pendant un an en fût de chêne, puisque sa commercialisation ne peut se faire avant le 1er octobre de l'année suivant la récolte. Apéritif d'amateur, il rappelle les produits jurassiens à forte influence du terroir.

MARIE-PIERRE CHEVASSU-FASSENET ★

■ | 2000 | | 11 à 15 €

Les vignes ont été plantées par les parents de la vigneronne, éleveurs. Nichée dans la verdure sur les hauts de Menétru, la maison familiale, une ancienne tuilerie, abrite des caves du XVIIIe s. Marie-Pierre Chevassu a pris les rênes de ce domaine très régulier en qualité en 2008 (4,5 ha aujourd'hui), après avoir travaillé dans d'autres vignobles.

Une robe or à reflets argentés habille ce macvin élaboré à partir du seul chardonnay. Au nez, de chaleureux arômes d'orange confite s'expriment, tandis que la bouche apparaît riche, légèrement boisée. L'alcool est certes présent, mais il se fond complètement. Belle longueur. ⧗ 2020-2024

MARIE-PIERRE CHEVASSU-FASSENET, Les Granges-Bernard, 39210 Menétru-le-Vignoble, tél. 06 89 86 89 06, mpchevassu@yahoo.fr V *r.-v.*

♥ DOM. MOUILLARD ★★

■ | 7000 | | 15 à 20 €

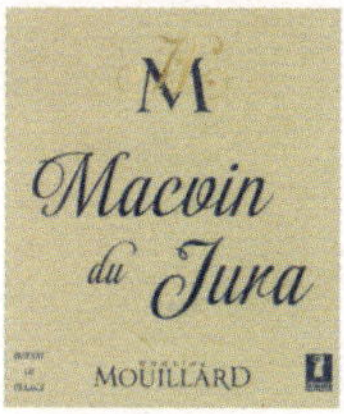

Depuis 1991, Jean-Luc Mouillard élève dans ses belles caves voûtées de la fin du XVIe s. des vins des AOC l'étoile, côtes-du-jura, macvin-du-jura, crémant-du-jura et château-chalon. Un vigneron multi-appellations et une valeur sûre du vignoble jurassien.

La rencontre d'un moût de chardonnay et du marc du Jura a donné naissance à ce macvin doré à souhait. Presque un petit air de vin de paille dans la palette d'arômes de pain d'épice, de fruits secs et de fruits confits. La même signature se retrouve dans une bouche riche et harmonieuse, complétée par de subtiles notes de miel. C'est très fondu, rond et gras. ⧗ 2020-2024

JEAN-LUC MOUILLARD, 379, rue du Parron, 39230 Mantry, tél. 03 84 25 94 30, domainemouillard@hotmail.fr V *t.l.j. 9h-12h 13h30-18h30* 2

JURA

LA SAVOIE ET LE BUGEY

Du lac Léman à la rive droite de l'Isère, dans les départements de la Haute-Savoie, de l'Ain, de l'Isère et surtout de la Savoie, le vignoble savoyard s'éparpille en îlots le long des vallées, borde les lacs ou s'accroche aux basses pentes les mieux exposées des Préalpes. Il fournit surtout des vins friands à boire jeunes, blancs secs pour les deux tiers, mais les sélections du Guide montrent l'existence de vins de caractère, voire de garde.

Dans le département de l'Ain, le vignoble du Bugey connu pour ses effervescents rosés (Cerdon) occupe les basses pentes des monts du Jura, dans l'extrême sud du Revermont, de Bourg-en-Bresse à Ambérieu-en-Bugey, ainsi que celles qui, de Seyssel à Lagnieu, descendent vers la rive droite du Rhône.

Dans ces régions, l'encépagement épouse la diversité des terroirs avec des variétés locales comme la jacquère, l'altesse, la mondeuse, le poulsard jurassien (Cerdon) ou encore la molette, le gringet et le persan qui voisinent avec le chardonnay, le chasselas, le pinot noir et le gamay.

Principaux **millésimes** dégustés dans cette **édition**

TYPES DE VIN	CARACTÉRISTIQUES DU MILLÉSIME	QUALITÉ DU MILLÉSIME
Rouges 2019	Entre pluie, fraîcheur et soleil, une année contrastée, ponctuée par la grêle (200 ha touchés), qui s'achève sur une belle arrière-saison. Les rouges sont moins riches et puissants qu'en 2018, mais bien équilibrés, fruités et gourmands, avec des mondeuses poivrées, d'une douce acidité, aux tanins présents mais intégrés.	★★★☆☆
Blancs 2019	Une bonne année pour les blancs : des jacquères et des altesses très aromatiques (plus fruitées et moins exotiques qu'en 2018), fraîches, élégantes, aériennes, aux finales crayeuses et salines ; des roussannes amples et riches, contrebalancées par des notes acidulées et de beaux amers en finale.	★★★★☆
Blancs 2018	Une superbe année 2018 avec son été des plus radieux, sec, à l'origine de vins rouges riches, solaires, généreux, denses, notamment en mondeuse, qui a produit de beaux vins de garde.	★★★★★

SUISSE
Nord
Lac Léman
Lac de Vouglans
Thonon-les-Bains
Marin
Genève
Annemasse
Bourg-en-Bresse
Cerdon
Ain
Ayse
Cluses
Rhône
Frangy
Ambérieu-en-Bugey
seyssel
Seyssel
Annecy
Lac d'Annecy
BUGEY
Virieu-le-Grand
Rhône
SAVOIE
Montagnieu
Jongieux
Aix-les-Bains
Albertville
Lac du Bourget
Isère
Chambéry
St-Jeoire-Prieuré
Chignin
Apremont
St-Jean-de-la-Porte
Cruet
Arbin
Montmélian
20 km

SAVOIE **Région viticole**

bugey et roussette-de-bugey (ces AOC peuvent être produites sur l'ensemble du vignoble du Bugey)

Dénominations des AOC bugey et roussette-de-bugey

- a Cerdon
- b Montagnieu
- c Virieu-le-Grand
- d Manicle

vin-de-savoie et roussette-de-savoie (ces AOC peuvent être produites sur l'ensemble du vignoble de Savoie)

Dénominations des AOC vin-de-savoie et roussette-de-savoie

1. Marin
2. Ripaille
3. Marignan
4. Crépy
5. Ayze
6. Frangy
7. Chautagne
8. Marestel
9. Jongieux
10. Monthoux
11. Charpignat
12. Monterminod
13. Saint-Jeoire-Prieuré
14. Chignin et Chignin-Bergeron
15. Apremont
16. Abymes
17. Montmélian
18. Arbin
19. Cruet
20. Saint-Jean-de-la-Porte

La Savoie et le Bugey en un clin d'œil

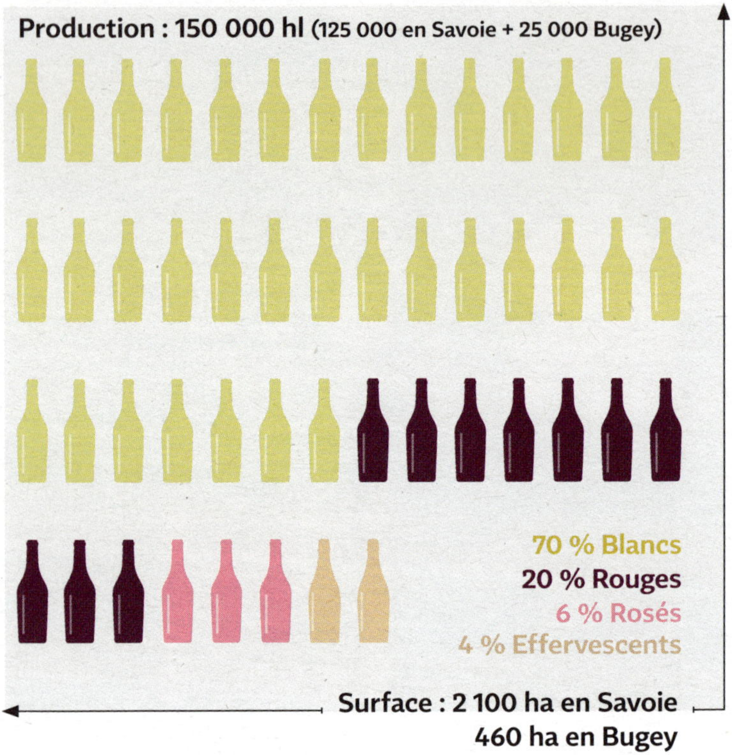

Types de vins

Principaux **cépages**

- Jacquère (majoritaire)
- Altesse (roussette)
- Bergeron (roussanne)
- Chasselas
- Chardonnay
- Molette
- Gringet
- Mondeuse
- Gamay noir à jus blanc
- Pinot noir
- Persan
- Poulsard (Cerdon)

Hiérarchie des vins

Savoie

4 AOC
savoie ou vins-de-savoie

(à laquelle sont rattachées 20 dénominations géographiques : voir carte), roussette-de-savoie, seyssel et crémant-de-savoie.

Bugey

2 AOC
bugey et roussette-du-bugey

(auxquelles sont rattachées 4 dénominations géographiques : voir carte)

Un peu d'**histoire**

- **Ier s. apr. J.-C. :** le vignoble des Allobroges est cité par Pine et Columelle.
- **Moyen Âge :** les moines identifient des terroirs viticoles spécifiques pour la qualité des vins.
- **1559 :** édit d'Emmanuel Philibert qui instaure le ban des vendanges, afin de garantir la qualité du raisin.
- **XVIe-XVIIIe s. :** le vignoble se développe et la production de vin augmente. Essor du métayage. Révolution : les terres du clergé, devenues biens nationaux, sont rachetées par des propriétaires privés.
- **1860 :** rattachement de la Savoie à la France
- **1877 :** crise phylloxérique. Replantation du vignoble avec des cépages plus résistants.
- **1930 :** les cépages locaux sont remis à l'honneur.
- **1942 :** reconnaissance de l'AOC seyssel.
- **1948 :** reconnaissance de l'AOC crépy.
- **1973 :** reconnaissance des AOC vin-de-savoie et roussette-de-savoie.
- **2015 :** reconnaissance de l'AOC crémant-de-savoie.

Mots-clés de la Savoie

1 Altesse

Cépage blanc cultivé en Savoie et dans le Bugey, appelé aussi roussette, donnant des vins secs, corsés, élégants et aromatiques. Il est vinifié seul en roussette-de-savoie et roussette-du-bugey, et peut être associé à d'autres variétés de ces régions pour produire des vins tranquilles ou effervescents.

2 Bergeron

Le nom local de la roussanne. Ce cépage blanc (également très répandu dans la vallée du Rhône) produit des vins amples et élégants, aux arômes de miel, d'abricot et d'aubépine, dont l'acidité permet une bonne aptitude à la garde. Il est le cépage unique du vin-de-savoie Chignin-Bergeron.

3 Jacquère

Le cépage le plus répandu de Savoie (55 % du vignoble). Il donne des vins légers et frais, aux arômes de fleurs blanches et d'agrumes nuancés de touches de pierre à fusil. Variété principale de l'appellation vin-de-savoie, il est vinifié seul ou en assemblage. On le rencontre également dans le Bugey.

4 Mondeuse

Cépage noir cultivé depuis longtemps en Savoie, d'où il s'est propagé dans l'Isère et dans l'Ain. Avec le gamay et le pinot noir, il entre dans l'encépagement des appellations vin-de-savoie et bugey où il fournit le plus souvent des cuvées monocépages (notamment à Arbin et à Saint-Jean-de-la-Porte). Il donne un vin coloré, solide, chaleureux et de garde, aux arômes de fraise, de framboise et de cassis agrémentés de notes réglissées et épicées.

5 Effervescents du Bugey

S'il produit des vins tranquilles dans les 3 couleurs, le Bugey s'est fait une spécialité des vins effervescents (60 % de sa production), élaborés selon la méthode traditionnelle ou selon la méthode ancestrale. Cette dernière méthode est utilisée dans la vallée très accidentée de Cerdon et donne un rosé demi-sec très aromatique et peu alcoolisé (7 à 8 % vol.), né de gamay et de poulsard, qui représente la moitié de la production des vins du Bugey. On produit aussi des bulles, selon la méthode traditionnelle, en brut, sur le coteau de Montagnieu.

Le **vigneron** de l'année

Chantal, Jean-Pierre et Antoine **Chevallier-Bernard**

(Dom. Chevallier-Bernard)

Chantal Chevallier et son époux Jean-Pierre Bernard exploitent 13 ha de vieilles vignes en cru Jongieux et en roussette-de-savoie et de Marestel. En blanc comme en rouge, ils sont passés maîtres en vinification. Leurs études à Beaune et un terroir de rêve dans l'avant-pays savoyard, ainsi que l'arrivée au domaine de leur fils Antoine en 2016, ont sans aucun doute contribué à l'excellence de leurs vins et à l'obtention de 3 coups de cœur en 4 éditions. Rencontre avec Chantal Chevallier.

• Quelle est la place de la jacquère parmi vos autres vins blancs ?
On a d'abord été surpris d'être distingué en jacquère, mais on est très content. On l'a élaborée dans la plus pure tradition, sans malolactique, afin de garder le perlant et la fraîcheur qui la caractérisent. C'est un vin « de soif », et ce n'est pas péjoratif ! Il titre seulement 11° comme les vins que faisait mon père Francis ; son faible taux alcoolique est aujourd'hui recherché. Notre Jongieux blanc est très léger, à l'inverse de nos roussettes.

• Un coup de cœur aussi pour votre roussette : comment faites-vous pour parvenir à ce niveau d'excellence ?
Rien d'extraordinaire, mais une somme de petits détails ! On effeuille toutes nos vignes, on ébourgeonne, on vendange en vert, on récolte à la main et on trie beaucoup. On a la chance d'avoir de très vieilles vignes dans un des plus beaux terroirs de Savoie. C'est le terroir qui fait tout. On reconnaît une roussette de Marestel à ses notes de raisin confit et à ses arômes de miel. Ce sont les moraines glaciaires reposant sur des roches calcaires friables qui lui donnent ce goût.

• Votre certification HVE est-elle une étape vers le bio ?
Pas nécessairement. Vous pouvez être en bio et vos vignes peuvent ressembler à un désert. Pour nous, ce qui compte, ce sont des sols vivants, non désherbés et pleins d'azote, qui donnent des vins francs de goût. Je ne supporte pas les vins qui « puent ». Ils me font penser aux vins de mon grand-père qui sentaient le fumier. Je suis allée à l'école pour apprendre à faire de bons vins sans faux goût ni verdeur. Quand on me dit que ma mondeuse ne râpe pas assez, je le prends pour un compliment. On fait tout pour obtenir des vins fins et fruités. Sur nos gamays, nous procédons comme dans le Beaujolais à une macération semi-carbonique qui fait ressortir le fruit rouge.

Des projets ?
Surtout ne pas nous agrandir. Mais chercher à améliorer encore nos vins. Je ne suis jamais satisfaite de ce que je fais, je me pose toujours mille questions. Dans les salons, je goûte les vins de mes voisins et je les interroge. L'avenir, c'est Antoine. Nous formons un trinôme. Il nous aide à nous départager. Jean-Pierre me reproche d'être une maniaque du tri et me fait remarquer qu'on n'est pas à Petrus. En tout cas, depuis qu'Antoine est avec nous, nous avons obtenu 3 coups de cœur. Ce n'est pas un hasard...

Les coups de cœur

- **Vin-de-savoie Jongieux Jacquère 2019**
- **Roussette-de-savoie Marestel 2018**

VIN-DE-SAVOIE

Superficie : 1 744 ha
Production : 93 372 hl (70 % blanc)

Le vignoble donnant droit à l'appellation est installé le plus souvent sur les anciennes moraines glaciaires ou sur des éboulis. La dispersion géographique s'ajoute à ce facteur géologique pour expliquer la diversité des vins savoyards, souvent consacrée par l'adjonction d'une dénomination locale à celle de l'appellation régionale (ex. : vin-de-savoie Apremont). Au bord du lac Léman, à Marin, Ripaille, Marignan et Crépy (ex-AOC), comme sur la rive suisse, c'est le chasselas qui règne. Il donne des vins blancs légers, à boire jeunes, souvent perlants. Les autres zones ont des cépages différents et, selon la vocation des sols, produisent des vins blancs ou des vins rouges. On trouve ainsi, du nord au sud, Ayze, au bord de l'Arve, et ses vins blancs pétillants ou mousseux, puis, au bord du lac du Bourget (et au sud de l'appellation seyssel), la Chautagne et ses vins rouges au caractère affirmé. Au sud de Chambéry, les bords du mont Granier recèlent des vins blancs frais, comme le cru Apremont et celui des Abymes, vignoble établi sur le site d'un effondrement qui, en 1248, fit des milliers de victimes. En face, Monterminod, envahi par l'urbanisation, a malgré tout conservé un vignoble qui donne des vins remarquables; il est suivi de ceux de Saint-Jeoire-Prieuré, de l'autre côté de Challes-les-Eaux, puis de Chignin, dont le bergeron a une renommée justifiée. En remontant l'Isère par la rive droite, les pentes sud-est sont occupées par les crus de Montmélian, Arbin, Cruet et Saint-Jean-de-la-Porte.

DOM. DES ANGES Gamay 2019 ★★

3500 | 5 à 8 €

Situé à la frontière de la Savoie et de l'Isère, ce domaine de 16 ha se trouve non loin du château des Marches. En 2016, Michel et Joseph Angelier ont transmis la propriété à Benjamin et Armand Caillet, sixième génération aux commandes d'une exploitation. Ces derniers continuent à être épaulés au caveau et au chai par les ex-propriétaires.

Les notes florales de pivoine, de violette et de lilas se mêlent aux notes fruitées (griotte) et épicées (poivre noir). Croquant et friand, ce gamay est un vin ouvert et facile d'approche. ⧗ 2020-2023

⊶ DOM. DES ANGES, 526, chem. de Mûrs, Les Marches, 73800 Porte-de-Savoie, tél. 06 89 05 07 41, domainedesanges.vinsdesavoie@orange.fr V r.-v.

G. & G. BOUVET
Arbin Mondeuse Saint-Charles 2018 ★

6400 | 11 à 15 €

Établi sur les versants sud du massif des Bauges, ce domaine étend son vaste vignoble sur 36 ha et une soixantaine de parcelles qui lui permettent de proposer une large palette de cépages et de vins savoyards. Depuis 2017, c'est Philippe Viallet qui conduit l'exploitation.

Est-ce la présence d'oxyde de fer dans le sol argilo-calcaire d'Arbin qui a conféré à cette mondeuse son élégance et sa finesse ? Les arômes de fruits noirs juteux, de poivre et de réglisse, la bouche gourmande aux tanins serrés ont séduit le jury. ⧗ 2021-2024

⊶ DOM. G. ET G. BOUVET, Le Villard, 130, chem. des Pillettes, 73250 Fréterive, tél. 04 79 28 54 11, cave@domaine-bouvet.com r.-v.

DOM. EUGÈNE CARREL ET FILS
Jongieux Mondeuse 2019 ★★

18000 | 5 à 8 €

Les Carrel sont vignerons de père en fils et filles depuis 1830 et six générations. Spécialisé dans les années 1970 par Eugène Carrel et conduit par son fils Olivier depuis 1994, le domaine couvre 24 ha implantés sur les fortes pentes du mont de la Charvaz et du mont du Chat. Une valeur sûre en blanc comme en rouge.

Un panier de fruits rouges et noirs, une bouche suave dotée de fins tanins enveloppés : voici un profil de mondeuse ronde, souple et fruitée. ⧗ 2020-2024

⊶ EARL DOM. EUGÈNE CARREL ET FILS, Le Haut, 73170 Jongieux, tél. 04 79 44 00 20, domaine.carrel.eugene@gmail.com V t.l.j. 8h-12h 14h-18h; dim. sur r.-v.

FRANÇOIS CARREL ET FILS
Mondeuse Vieilles Vignes 2018 ★★

3000 | 8 à 11 €

Créé en 1882, ce domaine familial se consacre à la viticulture depuis 1977. Éric Carrel, représentant la cinquième génération, conduit aujourd'hui un vignoble de 13,5 ha.

Les arômes intenses de fruits noirs, de cerise et de prune, la matière soyeuse, fruitée et réglissée : tout n'est que plaisir dans cette mondeuse harmonieuse et prête à boire. ⧗ 2020-2022

⊶ FRANÇOIS CARREL ET FILS, 3480, rte des Vignobles, 73170 Jongieux, tél. 04 79 33 18 48, gaec-la-rosiere@wanadoo.fr V r.-v.

MICHEL ET MIREILLE CARTIER Apremont ★

8000 | 5 à 8 €

Laurent Cartier s'est installé en 1996 sur ce domaine de 11 ha, sur lequel il produit des vins en AOC vins-de-savoie, en Apremont et en Abymes.

Voici une jacquère dont les arômes délicats de fleurs blanches et de pulpe de citron vert se prolongent en bouche. Les saveurs trouvent un bon équilibre en bouche. ⧗ 2020-2022

⊶ LAURENT CARTIER, 164, rue du Puits, 38530 Chapareillan, tél. 04 76 45 21 26, earl-du-chateau@wanadoo.fr V t.l.j. sf dim. 9h-19h

♥ CHEVALLIER-BERNARD
Jongieux Jacquère 2019 ★★

20000 | 5 à 8 €

Jean-Pierre Bernard, épaulé par son épouse Chantal, a apporté du Beaujolais sa connaissance du gamay quand il s'est installé en 1996 à

Jongieux sur la petite exploitation de son beau-père, étendue aujourd'hui sur 12,5 ha. Il maîtrise aussi la vinification des blancs, comme en témoignent les sélections régulières de sa roussette-de-savoie. Son fils Antoine l'a rejoint en 2016.

Une jacquère tout en élégance et en finesse autour d'arômes de fleurs blanches, d'agrumes, d'ananas et de miel d'acacia. La bouche fraîche, ample, longue et saline est un modèle d'harmonie. Un vin d'une grande typicité, à marier avec un poisson de lac au beurre blanc. ⧗ 2020-2023 ■ **Jongieux Gamay 2019 ★★ (5 à 8 €; 20 000 b.)** Vinifié à la beaujolaise en macération semi-carbonique, ce gamay regorge de fruits (fraise et cerise) relevés de notes fumées et épicées (poivre blanc, sarriette et thym). Un vin à la fois opulent et friand, très persistant. ⧗ 2020-2024

DOM. CHEVALLIER-BERNARD, Le Haut, 73170 Jongieux, tél. 04 79 44 00 33, cjpbernard@orange.fr V *r.-v.*

DOM. DE CHEVILLARD
Saint-Jean de la Porte Mondeuse 2018 ★★

■ | 3500 | | 20 à 30 €

Né en 2016, ce tout jeune domaine est situé à 350 m d'altitude, en plein cœur de la Savoie, dans le hameau de Chevillard. Savoyard d'origine et partisan d'une vinification très peu interventionniste, Matthieu Goury conduit 9,5 ha de vignes implantées sur les beaux terroirs de la Combe de Savoie.

Des arômes concentrés de fruits noirs et une bouche généreuse à la belle trame tannique témoignent du caractère solide de cette mondeuse de cru qui gagnera en velouté avec le temps. ⧗ 2024-2028 ■ **Jacquère 2018 ★ (8 à 11 €; 8000 b.)** Avec ses notes de fleurs et d'herbes fraîchement coupées, et ses arômes d'agrumes, cette jacquère vive, saline et persistante est le type même du vin blanc de Savoie fin et léger. ⧗ 2020-2021

DOM. DE CHEVILLARD, 433, rue des Chevillard, 73250 Saint-Pierre-d'Albigny, tél. 06 33 01 12 21, domainedechevillard@yahoo.com V *r.-v.*

CLOS DE LA GALÈZE
Arbin Mondeuse 2019 ★

■ | 7733 | | 11 à 15 €

Philippe Viallet a racheté en 2008 ce domaine fondé dans les années 1930 avec Claire Taittinger, des champagnes éponymes. Depuis 2014, Philippe Viallet conduit seul cette propriété de 18 ha (dont 15 ha de bergeron).

Des arômes de fleurs, de fruits noirs et de réglisse, des tanins qui chatouillent le palais sans accrocher, de la matière : voici une mondeuse représentative du cru Arbin, qui s'affinera à la faveur de quelques années de garde. ⧗ 2023-2026

SCEA LES FILS DE RENÉ QUÉNARD, rte de Myans, 73190 Apremont, tél. 04 79 28 33 29, ccheze@vins-viallet.com t.l.j. sf sam. dim. 8h-12h 13h30-16h

♥ CH. DE LA GENTILHOMMIÈRE
Mondeuse à l'ancienne Prestige 2018 ★★

■ | 5000 | | 11 à 15 €

Créé en 1910 par Jean-Baptiste Perceval, ce domaine situé aux Marches, juste en-dessous du mont Granier, est conduit depuis 1990 par Pascal Perceval. En 2014, le vigneron reprend le château de la Gentilhommière. Il exploite aujourd'hui un vignoble de 50 ha donnant naissance à une gamme d'une trentaine de vins en AOC et en IGP.

Pivoine, cerise et myrtille... que de jolis arômes pour cette mondeuse vinifiée sans sulfites. La bouche, ample, charnue et fruitée, bénéficie de tanins soyeux. Un modèle d'équilibre et d'élégance veloutée. ⧗ 2023-2025

SARL VIGNOBLES PERCEVAL, 709, chem. de Cresmont, Lieu-dit Les Marches, 73800 Porte-de-Savoie, tél. 04 79 28 13 13, vignobles-perceval@orange.fr V *t.l.j. sf dim. 8h-12h 14h-18h; sam. 9h-12h*

DOM. LABBÉ Abymes L'Authentique 2019 ★★

■ | 4000 | | 5 à 8 €

Depuis 2004, les cousins Jérôme et Alexandra Labbé exploitent 10 ha au pied du mont Granier.

Voici une jacquère très représentative du cépage, aux frais arômes de fleurs blanches et de gelée de citron. Ces saveurs harmonieuses persistent agréablement en bouche. Un ensemble cohérent et facile d'accès. ⧗ 2020-2022 ■ **L'Étincelant 2019 ★ (5 à 8 €; 4000 b.)** Issu de pinot et de mondeuse, ce rosé à la couleur vive porte bien son nom. Croquant, tendre, léger et long en bouche, il offre des arômes de framboise et de griotte bien tentants. ⧗ 2020-2021

DOM. LABBÉ, 22, chem. Pré-la-Grange, 73800 Porte-de-Savoie, tél. 04 76 13 21 79, domainelabbe@free.fr V *t.l.j. sf dim. 8h-12h 13h30-18h; sam. sur r.-v.*

(B) CH. DE MÉRANDE
Chignin Bergeron Le Grand Blanc 2018 ★

■ | 15 000 | | 15 à 20 €

En 2009, l'ensemble du domaine (12 ha) est passé en biodynamie, et la certification est à présent acquise. Daniel Genoux travaille principalement la roussette (1,2 ha) et l'arbin (4 ha).

Le nom de la cuvée évoque le rocher au pied duquel a poussé la roussanne. Ce bergeron aux arômes de poire, de pêche et d'abricot offre une bouche opulente, à la délicate amertume en finale. ⧗ 2021-2023

CH. DE MÉRANDE, chem. de Mérande, 73800 Arbin, tél. 04 79 65 24 32, domaine.genoux@wanadoo.fr V *t.l.j. 9h-12h 14h-19h; sam. dim. sur r.-v.*

MICHEL ET XAVIER MILLION-ROUSSEAU
Jongieux Jacquère 2019 ★

| 15 000 | | 5 à 8 € |

En 1920 déjà, Charles Million-Rousseau vendait sa production aux grands hôtels d'Aix-les-Bains. Ses héritiers, Michel et son fils Xavier, sont aujourd'hui à la tête d'un vignoble de 10 ha implanté sur le coteau de Monthoux. Situées à une altitude de 300 à 500 m, les vignes s'étagent en forte pente avec une exposition au sud-sud-ouest.

Poire, mirabelle et citron caractérisent cette jacquère bien mûre, ample et harmonieuse, qui laisse en finale le souvenir de fines notes d'agrumes. ⧗ 2020-2022

MICHEL ET XAVIER MILLION-ROUSSEAU, Lieu-dit Monthoux, 73170 Saint-Jean-de-Chevelu, tél. 06 86 95 34 26, vinsmillionrousseau@orange.fr V t.l.j. sf dim. 8h-12h 13h30-19h

♥ JEAN PERRIER ET FILS
Chignin Bergeron Cuvée Gastronomie 2019 ★★★

| 25 000 | | 11 à 15 € |

Les Perrier cultivent la vigne depuis 1853. Par la suite, l'entreprise (négoce et propriété) s'est largement développée, notamment sous la conduite de Gilbert Perrier dans les années 1960. Ce sont aujourd'hui ses fils Philippe, Christophe et Gilles qui conduisent le vignoble familial, lequel s'étend sur 60 ha, huit communes et plusieurs domaines.

Richesse, puissance et concentration alliées à la fraîcheur et au joli perlant d'une roussanne d'un millésime chaleureux font de ce Chignin Bergeron un grand vin blanc sec. Ajoutez à cela des arômes flatteurs de fruits confits qui persistent en bouche grâce au soutien de la vivacité, et vous comprendrez que le jury a été unanime pour lui décerner un coup de cœur. ⧗ 2022-2025

DOM. PERRIER PÈRE ET FILS, Saint-André, La Grue, 73800 Les Marches, tél. 04 79 28 11 45, info@vins-perrier.com V r.-v.

DOM. PLANTIN
Chignin Vieilles Vignes 2019 ★★

| 9000 | | 5 à 8 € |

Ce domaine familial de 6 ha est tenu par les frères Samuel et Fabien Girard-Madoux (quatrième génération). Le premier s'est destiné à la vigne dès ses quatorze ans, le second a fait un détour par la boulangerie avant de s'installer en 2001.

Riche d'arômes de fleurs blanches et d'agrumes, cette jacquère à la vivacité harmonieuse laisse un souvenir durable de citron et de pamplemousse rose. ⧗ 2020-2023

SAMUEL GIRARD-MADOUX, 32, chem. de la Borne-Romaine, Torméry, 73800 Chignin, tél. 06 22 23 29 22, caveplantin@gmail.com V r.-v.

LA CAVE DU PRIEURÉ Pinot noir 2018 ★

| 14 000 | | 8 à 11 € |

Pascal et Noël Barlet, épaulés par Julien (cinquième génération et fils du second), sont à la tête d'un vignoble d'une trentaine d'hectares sur les coteaux de Jongieux. Des vignerons aussi à l'aise en rouge qu'en blanc; en témoigne la présence régulière dans le Guide de leurs cuvées, désormais vinifiées par Julien.

Des arômes de mûre et de framboise, des saveurs franches, riches, suaves et croquantes, une finale longue et chaleureuse donnent de la profondeur à ce pinot équilibré. ⧗ 2021-2025

R. BARLET ET FILS, Le Haut, 73170 Jongieux, tél. 04 79 44 02 22, contact@cavedupprieure.fr V t.l.j. sf dim. 9h-12h 14h-18h

ANDRÉ ET MICHEL QUÉNARD
Chignin Persan 2019 ★★

| 2900 | | 15 à 20 € |

Michel Quénard s'est installé en 1976 à la tête du domaine familial, fondé par ses grands-parents. Son fils Guillaume l'a rejoint en 2009, après des études au lycée viticole de Beaune, puis à l'école d'ingénieurs de Changins (Suisse). Il assure aujourd'hui les vinifications aux côtés de son frère Romain, arrivé en 2013 après des études de viticulture. Aujourd'hui l'un des domaines les plus réputés de Savoie, très régulier en qualité, aussi bien en rouge qu'en blanc.

Élevé en cuve puis en fût, ce persan égrappé, d'un abord timide, s'ouvre sur un fruité profond et surprend par sa longueur en bouche. Déjà friand et croquant, avec de petites notes boisées bien intégrées, il n'en est pas moins taillé pour la garde. ⧗ 2021-2028

DOM. ANDRÉ ET MICHEL QUÉNARD, 1327, rte du Coteau-de-Torméry, Torméry Cidex 210, 73800 Chignin, tél. 04 79 28 12 75, am.quenard@orange.fr V r.-v.

PHILIPPE ET SYLVAIN RAVIER
Chignin Bergeron Les Amandiers 2019 ★

| 30 000 | | 8 à 11 € |

Philippe Ravier conduit un domaine qui s'est considérablement agrandi, passant de 3 ha à ses débuts, en 1983, à 40 ha aujourd'hui. Son fils Sylvain l'a rejoint en 2007. L'une des belles références de la Savoie viticole.

Un nez délicat de fruits blancs et jaunes, une bouche puissante, équilibrée par un léger perlant et une fine amertume persistante : voici un Chignin Bergeron typique. ⧗ 2020-2023

DOM. PHILIPPE ET SYLVAIN RAVIER, 68, chem. du Cellier, 73800 Myans, tél. 04 79 28 17 75, vinsdesavoie@wanadoo.fr V t.l.j. sf dim. 9h-12h 14h-18h

CH. DE RIPAILLE Ripaille 2019 ★★

| 110 000 | | 8 à 11 € |

Bénéficiant d'une situation privilégiée grâce à la proximité du lac Léman, les 21 ha de vignes du

domaine entourent un château construit en 1434 par les ducs de Savoie, puis détenu par les chartreux au XVIIᵉs. Devenu bien national sous la Révolution, le domaine est vendu à plusieurs reprises, avant d'entrer dans la famille Necker en 1892, toujours propriétaire des lieux et unique exploitante du cru Ripaille.

Un chasselas tout en finesse dans ses évocations d'acacia, de pierre frottée et de végétal frais. La bouche vive, florale et iodée invite à déguster ce vin-de-savoie avec des filets de perche. ⧗ 2020-2023

⊶ *DOM. DE RIPAILLE, 83, av. de Ripaille, 74200 Thonon-les-Bains, tél. 04 50 71 75 12, domaine@ripaille.fr* V 🍷 *t.l.j. 11h-17h; 10h-18h (été)*

B DOM. SAINT-GERMAIN
Le Persan du Princens 2019 ★★★

■	5600	🍾	15 à 20 €

Étienne et Raphaël Saint-Germain conduisent en biodynamie leur domaine de 10,8 ha. Ils sont installés depuis 1999 à Saint-Pierre-d'Albigny, sur le côté « Bauges » du vignoble, exposé au sud-est et implanté sur le cône de déjection argilo-calcaire et caillouteux de la montagne.

Un concentré de fruits rouges et noirs (fraise, mûre et framboise), une matière ronde et soyeuse, soutenue par des tanins bien patinés, une finale longue et un volume imposant font de ce « princens » – nom originel du persan – un vin d'exception et de garde. ⧗ 2024-2030

⊶ *DOM. SAINT-GERMAIN, 65, rte de Miolans, chai la Noiriat rte du col-du-Frêne, 73250 Saint-Pierre-d'Albigny, tél. 04 79 28 61 68, domainesaintgermainsavoie@gmail.com* V 🚶 🍷 *r.-v.*

FABIEN TROSSET
Chignin Bergeron Les Cerisiers 2019 ★★★

■	18000	🍾	8 à 11 €

Fabien Trosset a repris en 2011 le domaine familial à la suite du décès de son père : à l'époque, 7 ha à Arbin – un des crus consacrés à la mondeuse – et une vendange intégralement livrée en coopérative. Aujourd'hui, le vigneron vinifie à la propriété et a porté la surface plantée à 17 ha, dont 13 ha de mondeuse.

Fruits jaunes bien mûrs (pêche, abricot), ainsi que miel d'acacia au nez comme en bouche caractérisent cette roussanne à la fois ample, riche et fraîche, parfaitement équilibrée en somme et très longue. ⧗ 2021-2024

⊶ *FABIEN TROSSET, av. Gambetta, ZA d'Arbin, 73800 Arbin, tél. 04 79 79 98 50, contact@domainetrosset.com* V 🚶 🍷 *r.-v.*

ADRIEN VACHER
Mondeuse 1973 L'Accession 2019 ★★

■	10000	🍾	5 à 8 €

Charles-Henri Gayet, propriétaire du château de la Violette, est également négociant et dirigeant depuis 1989 de la maison familiale Adrien Vacher, fondée en 1950. Il est épaulé par ses filles Pauline et Charlotte.

Une mondeuse pleine de charme, ronde, tendre, longue et harmonieuse avec ses arômes de gelée de mûre, de framboise, de cerise et de pivoine. Une vraie gourmandise. ⧗ 2021-2024 ■ **Abymes Jacquère En altitude 2019 ★ (- de 5 €; 30000 b.)** Une jacquère typique, vive et minérale, mais toujours équilibrée. Les arômes évoquent les agrumes, les fleurs blanches et l'herbe fraîchement coupée. ⧗ 2020-2023

⊶ *MAISON ADRIEN VACHER, ZA Plan Cumin, 177, rue de la Mondeuse, 73800 Les Marches, tél. 04 79 28 11 48, production@adrien-vacher.fr* V 🍷 *t.l.j. sf sam. dim. 8h-12h 13h30-17h30*

LE VIGNERON SAVOYARD
Chautagne Gamay Cuvée Exception 2019 ★

■	40000	🍾	5 à 8 €

Les coopératives viticoles de Chautagne et du Vigneron savoyard d'Apremont ont fusionné en 2016. Fondées respectivement en 1952 et en 1966, elle réunissent aujourd'hui 60 vignerons qui travaillent individuellement leurs vignes (150 ha au total), puis les vendangent en commun. Ils apportent leur récolte à la cave qui assure la vinification à Ruffieux, l'embouteillage et la commercialisation.

Le sol de grès molassiques confère des notes fumées à ce gamay qui regorge d'arômes de fraise et de framboise. Saveurs amples et croquantes que l'on retrouve dans une bouche tout en souplesse. Un bon classique. ⧗ 2020-2024

⊶ *LE VIGNERON SAVOYARD, 47, imp. de la Cave, 73310 Ruffieux, tél. 04 79 54 27 12, info@vigneron-savoyard.com* V 🍷 *t.l.j. 9h-12h 14h-19h*

SAVOIE

CH. DE LA VIOLETTE
Mondeuse Sous les cèdres 2019 ★★

■	20000	🍾	5 à 8 €

Charles-Henri Gayet, négociant et patron de la maison Adrien Vacher, a repris en 2000 ce domaine créé en 1957 au pied du mont Granier, passé de 7 à 30 ha et dont les vins sont régulièrement au rendez-vous du Guide, en blanc comme en rouge.

Des tanins épicés étayent cette mondeuse d'un beau volume, longue et expressive, aux arômes de mûre, de framboise, de pivoine, nuancés d'accents réglissés. Un vin très représentatif du cépage. ⧗ 2023-2025

⊶ *DOM. DU CH. DE LA VIOLETTE, 203, rte de Myans, 73800 Les Marches, tél. 04 79 28 13 30, chateaudelaviolette@gmail.com* V 🚶 🍷 *t.l.j. sf sam. dim. 9h-12h 14h-18h*

ROUSSETTE-DE-SAVOIE

Superficie : 213 ha / Production : 10 600 hl

Issue aujourd'hui du seul cépage altesse, la roussette-de-savoie est produite à Frangy, le long de la rivière des Usses, à Monthoux et à Marestel, au bord du lac du Bourget. L'usage qui veut que l'on serve jeunes les roussettes de ce cru est regrettable, puisque, bien épanouies avec l'âge, elles font merveille sur du poisson, des viandes blanches ou encore avec le beaufort local.

DOM. DES ANGES La Forge blanche 2019 ★★

■	3200	🍾	5 à 8 €

Situé à la frontière de la Savoie et de l'Isère, ce domaine de 16 ha se trouve non loin du château des Marches. En 2016, Michel et Joseph Angelier ont

transmis la propriété à Benjamin et Armand Caillet, sixième génération aux commandes d'une exploitation. Ces derniers continuent à être épaulés au caveau et au chai par les ex-propriétaires.

Les arômes de fleurs des champs et d'agrumes se développent jusqu'au palais. Frais et équilibré, nuancé d'une fine amertume de zeste d'orange grillée, c'est un vin de plaisir immédiat. ⧗ 2020-2024 ■ **Monterminod 2018 ★ (11 à 15 €; 1000 b.)** Cire d'abeille et fruits secs rafraîchis par des notes mentholées. Bouche ample et équilibrée, longue et gourmande. Indéniablement, une roussette de cru. ⧗ 2023-2025

⊶ DOM. DES ANGES, 526, chem. de Mûrs, Les Marches, 73800 Porte-de-Savoie, tél. 06 89 05 07 41, domainedesanges.vinsdesavoie@orange.fr V 🚶 🍷 *r.-v.*

FRANÇOIS CARREL ET FILS
Marestel La Marèté ★★

■	11000	🍾	8 à 11 €

Créé en 1882, ce domaine familial se consacre à la viticulture depuis 1977. Éric Carrel, représentant la cinquième génération, conduit aujourd'hui un vignoble de 13,5 ha.

Une palette complexe d'agrumes confits et de fruits mûrs (mangue, pêche et ananas) témoigne de la typicité de cette roussette de cru, à laquelle une fine amertume apporte de la fraîcheur en finale ⧗ 2021-2024

⊶ FRANÇOIS CARREL ET FILS, 3480, rte des Vignobles, 73170 Jongieux, tél. 04 79 33 18 48, gaec-la-rosiere@wanadoo.fr V 🚶 🍷 *r.-v.*

CHEVALLIER-BERNARD Marestel 2018 ★★

■	5000	🍾	11 à 15 €

Jean-Pierre Bernard, épaulé par son épouse Chantal, a apporté du Beaujolais sa connaissance du gamay quand il s'est installé en 1996 à Jongieux sur la petite exploitation de son beau-père, étendue aujourd'hui sur 12,5 ha. Il maîtrise aussi la vinification des blancs, comme en témoignent les sélections régulières de sa roussette-de-savoie. Son fils Antoine l'a rejoint en 2016.

La pêche blanche et l'ananas anoblis par la truffe blanche; une vivacité de bon aloi pour équilibrer la matière : cette roussette riche, franche et précise est représentative du cru Marestel. Elle a gardé une juste fraîcheur dans un millésime chaleureux. ⧗ 2021-2025

⊶ DOM. CHEVALLIER-BERNARD, Le Haut, 73170 Jongieux, tél. 04 79 44 00 33, cjpbernard@orange.fr V 🚶 🍷 *r.-v.*

CH. DE LA GENTILHOMMIÈRE
Vieilles Vignes 2019 ★★

■	8000	🛢	11 à 15 €

Créé en 1910 par Jean-Baptiste Perceval, ce domaine situé aux Marches, juste en-dessous du mont Granier, est conduit depuis 1990 par Pascal Perceval. En 2014, le vigneron reprend le château de la Gentilhommière. Il exploite aujourd'hui un vignoble de 50 ha donnant naissance à une gamme d'une trentaine de vins en AOC et en IGP.

Un bouquet de fleurs associé à des fruits compotés (pomme, pêche et abricot) : belle complexité d'une roussette ample, franche, fine et souple. ⧗ 2021-2024

⊶ SARL VIGNOBLES PERCEVAL, 709, chem. de Cresmont, Lieu-dit Les Marches, 73800 Porte-de-Savoie, tél. 04 79 28 13 13, vignobles-perceval@orange.fr V 🍷 *t.l.j. sf dim. 8h-12h 14h-18h; sam. 9h-12h*

DOM. DE L'IDYLLE Anne de Chypre 2019 ★★

■	20000	🍾	8 à 11 €

Philippe et François Tiollier ont accueilli au domaine la jeune génération, en l'occurrence Sylvain, de retour pour les vendanges 2012 après des études d'œnologie sur cet important domaine de 22 ha. Depuis que Philippe a pris sa retraite en 2017, ce sont Sylvain et son oncle François qui gèrent l'exploitation.

Le nom de cette cuvée évoque l'origine orientale légendaire de l'altesse. Quelle harmonie dans les saveurs fondues et les arômes beurrés, floraux et fruités! On reconnaît les agrumes et le coing. ⧗ 2023-2025

⊶ DOM. DE L' IDYLLE, 345, rue Croix-de-l'Ormaie, 73800 Cruet, tél. 04 79 84 30 58, tiollier.idylle@anadoo.fr V 🚶 🍷 *t.l.j. sf dim. 9h-12h15 14h-18h30*

GUY JUSTIN Marestel 2018 ★

■	2000	🍾	8 à 11 €

Emmanuelle Justin (quatrième génération) épaule son père Guy depuis 2008 au domaine : à lui, le tracteur et les vinifications (il a été initié à l'œnologie dès son plus jeune âge par sa tante Gabrielle); à elle, le commerce et les marchés. Le domaine est spécialiste de l'altesse, ce cépage occupant près des deux tiers de la superficie totale (12 ha).

Une roussette de cru riche, souple et longue, aux arômes complexes de miel, de fruits blancs et d'abricot sec. ⧗ 2022-2025

⊶ DOM. JUSTIN, La Touvière, 73170 Jongieux, tél. 06 82 43 06 64, justin.emmanuelle@live.fr V 🍷 *t.l.j. sf dim. 9h-12h 14h-19h*

LA CAVE DU PRIEURÉ 2019 ★★

■	25000	🍾	8 à 11 €

Pascal et Noël Barlet, épaulés par Julien (cinquième génération et fils du second), sont à la tête d'un vignoble d'une trentaine d'hectares sur les coteaux de Jongieux. Des vignerons aussi à l'aise en rouge qu'en blanc; en témoigne la présence régulière dans le Guide de leurs cuvées, désormais vinifiées par Julien.

Fort plaisant grâce à ses arômes de fruits exotiques et à ses saveurs bien mariées, ce 2019 d'un bon volume présente la fine amertume caractéristique de la roussette dans sa jeunesse. ⧗ 2022-2025

⊶ R. BARLET ET FILS, Le Haut, 73170 Jongieux, tél. 04 79 44 02 22, contact@caveduprieure.fr V 🍷 *t.l.j. sf dim. 9h-12h 14h-18h*

Ⓑ DOM. SAINT-GERMAIN
La Pierre marquée 2019 ★★

■	7300	🍾	15 à 20 €

Étienne et Raphaël Saint-Germain conduisent en biodynamie leur domaine de 10,8 ha. Ils sont installés depuis 1999 à Saint-Pierre-d'Albigny, sur le côté «Bauges» du vignoble, exposé au sud-est et implanté sur le cône de déjection argilo-calcaire et caillouteux de la montagne.

Fraîcheur, vivacité et légèreté caractérisent cette altesse très plaisante au nez par ses arômes fins d'agrumes et de pomme Canada. ⧗ 2020-2024

DOM. SAINT-GERMAIN, 65, rte de Miolans, chai la Noiriat rte du col-du-Frêne, 73250 Saint-Pierre-d'Albigny, tél. 04 79 28 61 68, domainesaintgermainsavoie@gmail.com V *r.-v.*

♥ FABIEN TROSSET La Dévire 2019 ★★

| | 14 000 | | 8 à 11 € |

Fabien Trosset a repris en 2011 le domaine familial à la suite du décès de son père : à l'époque, 7 ha à Arbin – un des crus consacrés à la mondeuse – et une vendange intégralement livrée en coopérative. Aujourd'hui, le vigneron vinifie à la propriété et a porté la surface plantée à 17 ha, dont 13 ha de mondeuse.

Une roussette d'une grande élégance, au nez intense de fruits blancs, d'acacia et de jasmin. La bouche à la fois ample et vive développe des arômes d'abricot et des notes de caramel au beurre. Une richesse équilibrée par une noble amertume en finale. Bon potentiel de garde. Une belle surprise que ce coup de cœur décerné à une roussette élaborée par un jeune vigneron davantage spécialiste de la mondeuse. ⧗ 2023-2025

FABIEN TROSSET, av. Gambetta, ZA d'Arbin, 73800 Arbin, tél. 04 79 79 98 50, contact@domainetrosset.com V *r.-v.*

ADRIEN VEYRON 2019 ★★

| | 7 000 | | 5 à 8 € |

Ce domaine familial fondé en 1950 est conduit depuis 1979 par Adrien Veyron (quatrième génération), à la tête aujourd'hui de 14 ha de vignes à Apremont.

Une altesse aux arômes de fleurs et de fruits exotiques. De la rondeur sans sucrosité, une finale franche, du volume et de la longueur. Que demander de plus ? ⧗ 2021-2024

DOM. ADRIEN VEYRON ET FILS, chem. de la Ratte, 73190 Apremont, tél. 04 79 28 20 20, veyron.vins.savoie@wanadoo.fr V *r.-v.; f. 15-30 août*

CH. DE LA VIOLETTE 2019 ★★

| | 13 000 | | 8 à 11 € |

Charles-Henri Gayet, négociant et patron de la maison Adrien Vacher, a repris en 2000 ce domaine créé en 1957 au pied du mont Granier, passé de 7 à 30 ha et dont les vins sont régulièrement au rendez-vous du Guide, en blanc comme en rouge.

Souple, longue fraîche et bien faite, avec des arômes persistants dans le registre floral et fruité : voici une roussette déjà fort agréable à déguster. ⧗ 2020-2024

DOM. DU CH. DE LA VIOLETTE, 203, rte de Myans, 73800 Les Marches, tél. 04 79 28 13 30, chateaudelaviolette@gmail.com V *t.l.j. sf sam. dim. 9h-12h 14h-18h*

CRÉMANT-DE-SAVOIE

Superficie : 45 ha / Production : 4000 hl

Le dernier des crémants français à avoir accéder à l'appellation, en 2014. Comme les autres crémants, il est élaboré à partir de la méthode traditionnelle de seconde fermentation en bouteille et avec une durée de vieillissement en bouteille d'au moins douze mois après le tirage. Il est produit à partir de 60 % de cépages blancs locaux, avec un minimum de 40 % de jacquère et le reste en altesse, le chardonnay ne pouvant excéder 40 %. Sont toutefois autorisés en complément l'aligoté, la mondeuse blanche, le chasselas et la molette pour le département de la Haute-Savoie exclusivement, ainsi que les cépages noirs (gamay, mondeuse, pinot noir).

♥ CH. DE LA VIOLETTE 2018 ★★★

| | 4 000 | 8 à 11 € |

Charles-Henri Gayet, négociant et patron de la maison Adrien Vacher, a repris en 2000 ce domaine créé en 1957 au pied du mont Granier, passé de 7 à 30 ha et dont les vins sont régulièrement au rendez-vous du Guide, en blanc comme en rouge.

Très fortement identifié Savoie, ce crémant 100 % jacquère est d'une grande finesse. Appétence d'un nez évocateur de rose, de brioche et de tarte au sucre. La bouche ? Toucher émoustillant et vivifiant au palais, des saveurs précises et harmonieuses, et une finale longue et élégante. Impressionnant. ⧗ 2020-2024

DOM. DU CH. DE LA VIOLETTE, 203, rte de Myans, 73800 Les Marches, tél. 04 79 28 13 30, chateaudelaviolette@gmail.com V *t.l.j. sf sam. dim. 9h-12h 14h-18h*

BUGEY

Superficie : 490 ha
Production : 30 335 hl (55 % rouge et rosé)

Dans le département de l'Ain, le vignoble du Bugey occupe les basses pentes des monts du Jura, dans l'extrême sud du Revermont, de Bourg-en-Bresse à Ambérieu-en-Bugey, ainsi que celles qui, de Seyssel à Lagnieu, descendent vers la rive droite du Rhône. Autrefois important, il est aujourd'hui réduit et dispersé. En 2009, il a accédé à l'AOC. Il est établi le plus souvent sur des éboulis calcaires assez escarpés. L'encépagement reflète la situation de carrefour de la région : en rouge, le poulsard jurassien – limité à l'assemblage des effervescents de Cerdon – y voisine avec la mondeuse savoyarde et le pinot et le gamay de Bourgogne; de même, en blanc, la jacquère et l'altesse sont en concurrence avec le chardonnay – majoritaire – et l'aligoté, sans oublier la molette, cépage local surtout utilisé dans l'élaboration des vins effervescents. En 2011 a été reconnue l'appellation roussette-du-bugey.

DOM. DE BEL-AIR
Chardonnay Cuvée Séduction 2018 ★

20000 | 11 à 15 €

Un domaine conduit par Régis Mollex et Pierre-Alain Vionnet, également propriétaires du Clos d'Arvières et de la Brune à Corbonod.

Issu de vignes exposées plein sud sur les éboulis du Grand Colombier, ce chardonnay aux arômes de fleurs blanches, d'amande et de beurre révèle des saveurs généreuses et gourmandes. ⧗ 2020-2023

DOM. DE BEL-AIR, rue Albert-Férier, 01350 Culoz, tél. 04 79 42 75 21, sas.mollex.vionnet@gmail.com mer. jeu. ven. 15h-18h; sam. 10h-18h

CAVE SYLVAIN BOIS 2019 ★★

5600 | - de 5 €

Sylvain Bois s'est établi en 2001, à vingt et un ans, sur les 1,5 ha de vignes plantées par son grand-père. Un domaine qu'il a agrandi progressivement sur Béon et les coteaux pentus de Talissieu. Il exploite aujourd'hui 5 ha exposés plein sud dans les éboulis de pierres du Grand Colombier et s'est imposé comme l'une des valeurs sûres du Bugey.

Des arômes intenses de pivoine et de fraise caractérisent ce rosé issu de gamay et de pinot. La bouche est souple à l'attaque, puis soutenue par une tension rafraîchissante. ⧗ 2020-2021 ■ **Coteau de Chambon 2019 ★★ (5 à 8 €; 6000 b.)** Un nez intense et complexe de fruits rouges enveloppés de notes épicées et fumées, puis une bouche souple, charnue, aux tanins tendres font de ce pinot vinifié en macération semi-carbonique un vin fort plaisant. ⧗ 2020-2023

SYLVAIN BOIS, 11, rte de Bourgogne, 01350 Béon, tél. 06 88 49 03 95, cavesylvainbois@yahoo.fr r.-v.

MAISON BONNARD
Mondeuse de Montagnieu 2018 ★★

15000 | 11 à 15 €

Ce domaine de 16 ha sur les coteaux de Montagnieu est mené par deux frères, Roland et Frédéric, rejoints par la nouvelle génération Romain, Anne-Sophie et Jean-Christophe. Les principes de la biodynamie ont été adoptés tant dans la vigne qu'en cave.

Une mondeuse aux arômes intenses de cerise croquante qui se prolongent durablement au palais. Des tanins fondus, respectueux du fruité et une belle rondeur en font un vin de plaisir immédiat. ⧗ 2020-2023

MAISON BONNARD, 78, rue de la Chapelle, 01470 Seillonnaz, tél. 04 74 36 14 50, bonnardfils@orange.fr r.-v.

DOM. EUGÈNE CARREL ET FILS
La Camusette 2018 ★★

6000 | 5 à 8 €

Les Carrel sont vignerons de père en fils et filles depuis 1830 et six générations. Spécialisé dans les années 1970 par Eugène Carrel et conduit par son fils Olivier depuis 1994, le domaine couvre 24 ha implantés sur les fortes pentes du mont de la Charvaz et du mont du Chat. Une valeur sûre en blanc comme en rouge.

Agréable nez anisé, floral et fruité pour ce chardonnay gras, issu d'un millésime solaire, certes, mais qui garde de la fraîcheur. De beaux amers en finale. ⧗ 2020-2023

EARL DOM. EUGÈNE CARREL ET FILS, Le Haut, 73170 Jongieux, tél. 04 79 44 00 20, domaine.carrel.eugene@gmail.com t.l.j. 8h-12h 14h-18h; dim. sur r.-v.

DUBREUIL ET FILS
Cerdon Méthode ancestrale Demi-sec 2019 ★

7730 | 8 à 11 €

Pierre Dubreuil s'est lancé en 2004 en reprenant les vignes de sa grand-mère, complétées de quelques plantations et, plus récemment, de la propriété de ses parents. Il conduit aujourd'hui un vignoble de 7 ha sur les pentes escarpées de Cerdon.

Beaucoup de fraîcheur dans ce Cerdon issu de gamay, qui livre sans ambages des arômes flatteurs de framboise et de grenadine. ⧗ 2020-2021

PIERRE DUBREUIL, 56, rue de Balme, 01450 Cerdon, tél. 06 80 71 76 40, pierredubreuil.cerdon@gmail.com r.-v.

DOM. D'ICI LÀ 2018 ★

5000 | 11 à 15 €

Un petit domaine de 5,5 ha créé en 2018 et cultivé selon les méthodes d'agriculture biologique. Ici, le Rhône. Là, la montagne. Altesse, chardonnay, mondeuse et gamay se partagent ce terroir d'éboulis calcaires.

Vinifié en méthode traditionnelle brut nature non dosé, le chardonnay issu de moraines glaciaires a donné naissance à un vin léger, aux arômes de fleurs et de fruits à chair blanche. Il doit sa fraîcheur à des notes d'agrumes au palais. ⧗ 2020-2023

DOM. D' ICI LÀ, 190, imp. du Richemond, 01680 Groslée-Saint-Benoît, tél. 06 95 00 51 31, contact@domainedicila.fr r.-v.

♥ LE CELLIER LINGOT MARTIN
Cerdon Méthode ancestrale Demi-sec Classic 2019 ★★

151149 | 5 à 8 €

Le Cellier Lingot-Martin, dédié au seul Cerdon, regroupe cinq familles et 3 ha de vignes. Les deux fondateurs sont partis à la retraite : messieurs Martin, en 2010, et Lingot, en 2014, mais de nouveaux associés les ont remplacés, et l'aventure débutée en 1970 continue.

Que de chemin parcouru depuis 1970 par le domaine Lingot-Martin qui vient d'être certifié haute valeur environnementale (HVE). Ces spécialistes de la méthode ancestrale signent ici un Cerdon aux arômes de fraise des bois, de framboise et de pivoine. Équilibré, d'une grande fraîcheur et très persistant, il a fait l'unanimité. ⧗ 2020-2024

CELLIER LINGOT-MARTIN, ZA 383, rue Sous-la-Côte, 01450 Poncin, tél. 04 74 39 97 77, lingot-martin.isa@orange.fr t.l.j. 8h-12h 13h30-18h

B CAVEAU QUINARD Gamay 2019 ★★

■ | 6000 | | 5 à 8 €

Situées sur les hautes rives de la vallée du Rhône, les vignes du Caveau Quinard sont exploitées par la même famille de viticulteurs depuis quatre générations. Certifié bio, le domaine s'étend sur 12 ha, dirigé par Julien Quinard depuis 2007.

Quoi de plus agréable qu'un gamay léger aux arômes de fruits rouges, aux saveurs acidulées et aux tanins fins ? Les notes de cassis persistent bien, qui plus est. ⧗ 2020-2023

CAVEAU QUINARD, 201, rte du Lit-au-Roi, 01300 Massignieu-de-Rives, tél. 04 79 42 10 18, caveauquinard@orange.fr V *t.l.j. sf dim. 9h30-12h 14h30-19h*

BERNARD ET MARJORIE RONDEAU Cerdon Méthode ancestrale 2019 ★★

● | 52000 | | 5 à 8 €

Bernard et Marjorie Rondeau se sont installés en 1998 à Boyeux-Saint-Jérôme. Ils conduisent aujourd'hui un vignoble de 6 ha.

Issu de gamay (90 %) et de poulsard (10 %), ce Cerdon présente un nez intense de petits fruits rouges dominé par la framboise. Une vivacité bienvenue équilibre la sucrosité naturelle de ce Cerdon aérien. ⧗ 2020-2021

DOM. RONDEAU, Cornelle, 7, rue des Vignerons, 01640 Boyeux-Saint-Jérôme, tél. 04 74 37 12 34, contact@domaine-rondeau.fr V *t.l.j. 8h-19h30; dim. 9h-12h*

B THIERRY TISSOT Gamay 2019 ★★

■ | 8000 | | 8 à 11 €

Après plusieurs expériences dans différents vignobles en France et à l'étranger, Thierry Tissot, œnologue, a repris en 2001 l'exploitation familiale créée à la fin du XIXᵉs. Il a rénové la cave et replanté le coteau du Mataret, longtemps laissé à l'abandon en raison de son caractère morcelé et pentu. Il exploite aujourd'hui un petit vignoble de 5,3 ha, dont il a entamé en 2016 la conversion bio.

Vinifié en grappes entières par macération semi-carbonique, ce gamay issu de culture biologique affiche un nez discret de framboise, mais il révèle une matière dense, des tanins souples et une longueur prometteuse. Encore sur la réserve. ⧗ 2021-2023

THIERRY TISSOT, 42, quai du Buizin, 01150 Vaux-en-Bugey, tél. 06 70 65 96 52, tissot.bugey@gmail.com V *r.-v.*

ROUSSETTE-DU-BUGEY

La roussette-du-bugey a eu droit à une AOC spécifique en 2009. Comme la roussette-de-savoie, elle est dédiée aux vins blancs issus du cépage altesse (roussette est synonyme d'altesse). L'appellation possède deux crus : Montagnieu et Virieu-le-Grand. La roussette est plantée sur les sols les plus pentus.

CAVE SYLVAIN BOIS
Roussette Coteau de Chambon 2019 ★★

■ | 10000 | | 5 à 8 €

Sylvain Bois s'est établi en 2001, à vingt et un ans, sur les 1,5 ha de vignes plantées par son grand-père. Un domaine qu'il a agrandi progressivement sur Béon et les coteaux pentus de Talissieu. Il exploite aujourd'hui 5 ha exposés plein sud dans les éboulis de pierres du Grand Colombier et s'est imposé comme l'une des valeurs sûres du Bugey.

Issue d'un coteau exposé plein sud protégé par le Grand Colombier, cette altesse présente de fins arômes de fleurs et de fruits blancs (pomme, poire). La bouche fraîche et gourmande se prolonge avec délicatesse. ⧗ 2020-2023

SYLVAIN BOIS, 11, rte de Bourgogne, 01350 Béon, tél. 06 88 49 03 95, cavesylvainbois@yahoo.fr V *r.-v.*

IGP DES ALLOBROGES

LE CELLIER DU PALAIS
Mondeuse Chapelle Sainte-Anne 2018 ★

■ | 2000 | | 20 à 30 €

Au pied du mont Granier, le Cellier du Palais est la propriété de la famille Bernard depuis 1700. Ce sont 8 ha de vignes, dont la majeure partie est plantée en jacquère. Un domaine régulier en qualité.

Plantée sur des schistes, la mondeuse a donné naissance à un vin de caractère dont les arômes profonds rappellent la violette, les fruits noirs et le poivre. La même gamme se décline en bouche, soulignant la matière soyeuse. ⧗ 2021-2024 ■ **Roussane Chapelle Sainte-Anne 2018 ★ (20 à 30 €; 2500 b.)** Un vin ensoleillé, de teinte jaune or, dont les arômes de fruits blancs mûrs et d'abricot contribuent à l'impression de rondeur. De la puissance. ⧗ 2021-2024

LE CELLIER DU PALAIS, L'Église, 73190 Apremont, tél. 04 79 28 33 30, bea-bernard@wanadoo.fr V *r.-v.*

SAVOIE

LE LANGUEDOC

Ce vignoble immense s'étale le long du littoral méditerranéen, principalement sur trois départements, l'Aude, le Gard et l'Hérault, et s'étire vers les Pyrénées-Orientales avec l'aire de la vaste AOC régionale languedoc. Il offre une diversité de paysages et une mosaïque de terroirs entre mer et montagne, sous influence climatique méditerranéenne (parfois plus océanique vers les terres), qui vont de pair avec une large palette de cépages, dont 75 % de rouges.

Un vignoble très ancien aussi, avec plus de 2 000 ans d'histoire. Et pourtant, que de mutations ! Aucun vignoble de France n'a connu de tels bouleversements. Naguère symbole de la viticulture de masse, il a fait l'objet d'un renouveau constant depuis les années 1980. S'il fournit encore un tiers de la production française, en AOC et en IGP, il a su développer aussi de grands vins de garde et dynamiser ses appellations en individualisant des crus réputés (AOC terrasses-du-larzac, la clape…). Il représente aussi plus de 30 % du vignoble cultivé en bio dans l'Hexagone.

Au fil des années, le Guide a apporté la preuve de son ascension qualitative. Des vins rouges (très majoritaires) aux styles variés, tour à tour profonds, charpentés ou souples, épicés, suaves, fringants, aux arômes de cerise, de garrigue, de réglisse… Des vins blancs frais ou plus ronds, tranquilles et effervescents, et des rosés « tendance ». Quant aux vins doux naturels, ils demeurent une référence.

Principaux **millésimes** dégustés dans cette **édition**

TYPES DE VIN	CARACTÉRISTIQUES DU MILLÉSIME	QUALITÉ DU MILLÉSIME
Blancs 2019	Un millésime marqué par le gel d'avril, la canicule de juin et une forte sécheresse estivale, avec une vigne qui a souffert et moins produit. Mais la qualité est au rendez-vous avec des blancs d'une belle maturité, amples et ronds.	★★★★☆
Rouges 2018	Un superbe millésime malgré la canicule, les attaques de mildiou sur certaines AOC et les inondations, qui a connu un été très chaud ponctué de pluies régulières et salutaires. Les rouges sont élégants, soyeux, très équilibrés, aux tanins fins, notamment ceux nés de la syrah, moins sensible au mildiou.	★★★★★
Blancs 2018	Une belle année aussi pour les vins blancs qui présentent un bel équilibre entre rondeur et acidité.	★★★★☆
Rouges 2017	Un millésime faible en volume, mais de grande qualité, avec un été très sec mais suffisamment de réserve hydrique accumulée pendant l'hiver et au printemps. Les rouges sont fruités, frais, dotés de tanins soyeux.	★★★★☆

faugères
saint-chinian roquebrun
Faugères
saint-chinian berlou
Roquebrun
Berlou
LANGUEDOC
saint-chinian
Saint-Jean-de-Minervois
St-Chinian
minervois la livinière
Minerve
minervois
La Livinière
cabardès
minervois
Carcassonne
Narbonne
la clape
malepère
Boutenac
corbières-boutenac
Limoux
limoux
blanquette-de-limoux
crémant-de-limoux
corbières
fitou et corbières
fitou et corbières
Fitou
ROUSSILLON
Perpignan
20 km

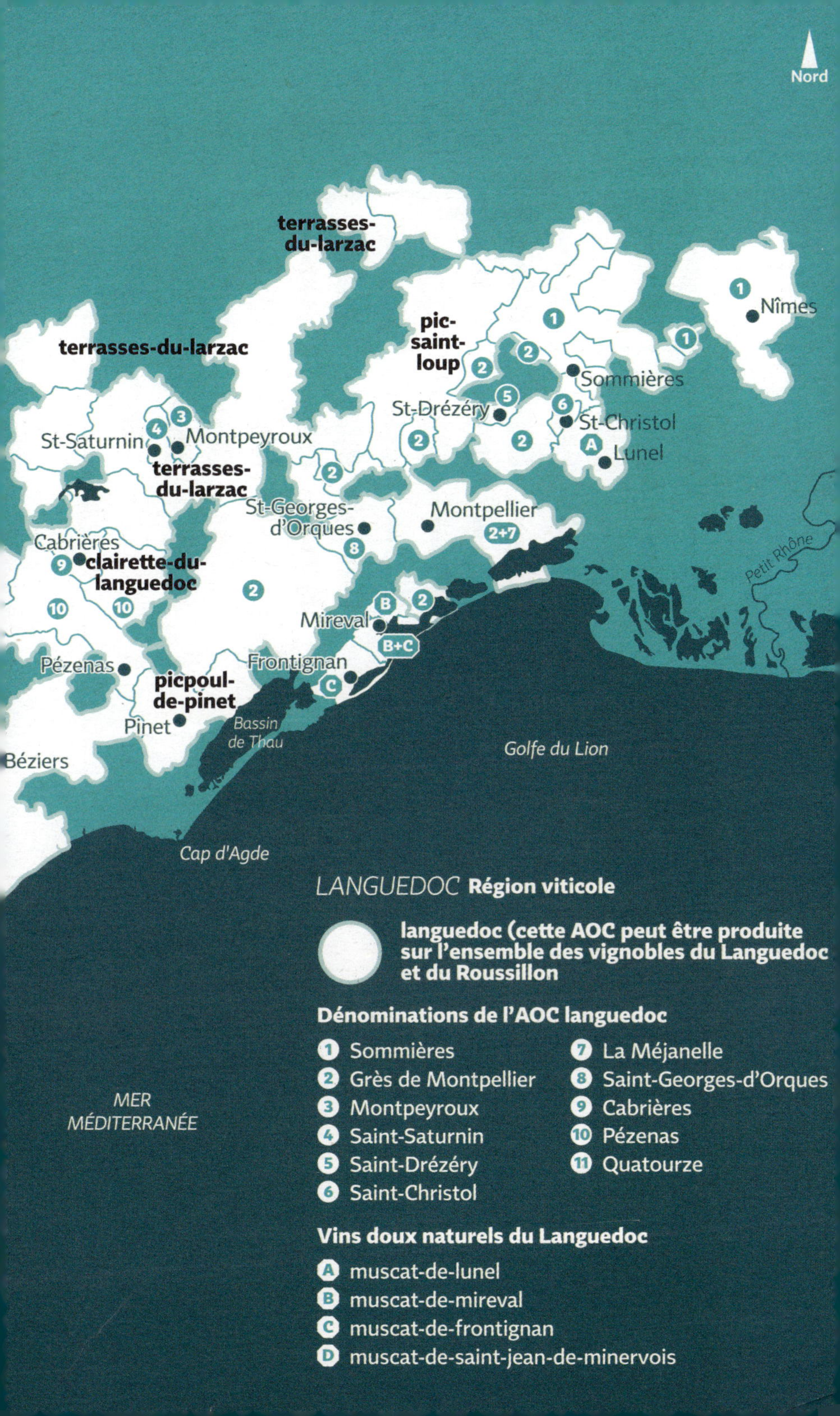
Nord
terrasses-du-larzac
terrasses-du-larzac
pic-saint-loup
Nîmes
Sommières
St-Drézéry
St-Christol
Lunel
St-Saturnin
Montpeyroux
terrasses-du-larzac
St-Georges-d'Orques
Montpellier
2+7
Cabrières
clairette-du-languedoc
Mireval
B+C
Frontignan
Pézenas
picpoul-de-pinet
Pinet
Bassin de Thau
Petit Rhône
Golfe du Lion
Béziers
Cap d'Agde
MER MÉDITERRANÉE
LANGUEDOC Région viticole
languedoc (cette AOC peut être produite sur l'ensemble des vignobles du Languedoc et du Roussillon
Dénominations de l'AOC languedoc
1 Sommières
2 Grès de Montpellier
3 Montpeyroux
4 Saint-Saturnin
5 Saint-Drézéry
6 Saint-Christol
7 La Méjanelle
8 Saint-Georges-d'Orques
9 Cabrières
10 Pézenas
11 Quatourze
Vins doux naturels du Languedoc
A muscat-de-lunel
B muscat-de-mireval
C muscat-de-frontignan
D muscat-de-saint-jean-de-minervois

Le **Languedoc** en un clin d'œil

Production : 12,7 Mhl (toutes catégories confondues)
1 245 000 hl (AOC Languedoc)

76 % Rouges
14 % Rosés
10 % Blancs
5 % Effervescents
2 % Vins doux naturels (muscat)

Surface : 246 000 ha

Types de vins

Hiérarchie des vins

4 AOC « crus »
(terrasses-du-larzac, la clape, pic-saint-loup, minervois-la-livinière, corbières-boutenac)

18 AOC sous-régionales
(ex : limoux, saint-chinian, faugères…)

1 AOC régionales
(languedoc, anciennement coteaux-du-languedoc)

IGP
(70 % de la production)

Principaux **cépages**

- Grenache noir
- Syrah
- Carignan
- Mourvèdre
- Cinsault
- Cabernet-sauvignon
- Grenaches gris et blanc
- Macabeu
- Clairette
- Bourboulenc
- Vermentino (rolle)
- Muscat à petits grains
- Muscat d'Alexandrie
- Marsanne
- Roussanne
- Piquepoul
- Chardonnay
- Mauzac
- Chenin
- Ugni blanc

Un peu d'**histoire**

- **VIIIe s. av. J.-C. :** 1res traces de la culture de la vigne par les Grecs.
- **118 av. J.-C. :** les Romains arrivent dans la Narbonnaise.
- **IXe s. :** développement du vignoble sous l'impulsion des monastères (Lagrasse, Fontfroide, Valmagne, notamment).
- **XIVe - XVIIIe s. :** essor du commerce du vin grâce aux nouveaux réseaux de transports (1666 : création du port de Sète ; 1681 : ouverture du canal du Midi). Le vin de Frontignan est connu jusque dans le nord de l'Europe.
- **1850-1880 :** essor du chemin de fer et ouverture de nouveaux marchés urbains. Développement du vin de consommation courante.
- **1850 :** crise du mildiou dans les vignes.
- **1863 :** crise du phylloxéra, puis de l'oïdium.
- **1901 :** création de la coopérative de Maraussan (Biterrois), suivie par d'autres dans la région.
- **1907 :** dans un contexte de crise due à une pratique généralisée de vins frelatés, les vignerons manifestent. Leur révolte, menée par Marcelin Albert, cafetier audois, est réprimée par le gouvernement de Clemenceau.
- **1936 :** reconnaissance de l'AOC muscat-de-frontignan.
- **1949 :** création du statut de « vin de qualité supérieure », catégorie moins contraignante que l'AOC, qui permet aux vignobles languedociens de progresser par paliers jusqu'à l'accession à l'AOC.
- **1970-1976 :** nouvelle crise viticole due à la concurrence des vins italiens. Manifestations de Montredon, près de Narbonne.
- **1976 :** reconversion du vignoble vers la qualité grâce à un arrachage des plants communs (aramon, carignan), subventionné par l'Europe.
- **2007 :** création d'une appellation régionale languedoc.
- **2017 :** reconnaissance de l'AOC pic-saint-loup.

Mots-clés du Languedoc

1 Bio (vins)

Le Languedoc est la région viticole de France qui produit le plus de vins bio ; plus de 30 % des vignes cultivées en bio se trouvent dans cette région, qui devance ainsi la Provence-Alpes-Côte d'Azur et le Bordelais.

2 Cépages

Le Languedoc est largement dominé par les variétés rouges (75 % du vignoble), avec en tête la syrah, le grenache noir, le carignan, puis le merlot (en IGP surtout), complétés par une grande diversité de cépages méditerranées (cinsault, mourvèdre, marselan, alicante, caladoc…) ou « extérieurs » (cabernet-sauvignon, cabernet franc, pinot noir). Même diversité en blanc : chardonnay (majoritaire grâce aux IGP), sauvignon, muscat à petits grains (à l'origine des 4 vins doux naturels), viognier, grenaches blanc et gris, macabeu, vermentino, piquepoul, colombard, roussanne, mauzac, ugni blanc, marsanne…

3 Climat méditerranéen

Il assure l'unité du Languedoc. C'est un climat chaud et sec, renforcé par les vents qui soufflent de la terre (mistral, cers, tramontane), tandis que ceux qui proviennent de la mer modèrent les effets de la chaleur et apportent une humidité bénéfique à la vigne.

4 Dénominations

Au sein de l'appellation languedoc (qui couvre aussi le Roussillon), 11 vignobles ont été délimités en fonction de leurs sols, de leurs nuances climatiques, parfois de leur ancienne notoriété, qui engendrent des vins plus complexes *(voir carte du Languedoc)*. Leur élaboration répond à des règles plus strictes que pour les simples languedocs, et l'encépagement est fonction du terroir. Par exemple, le grenache est très présent sur le terroir chaud et précoce, proche de la mer, des Grès de Montpellier, aux côtés du mourvèdre et de la syrah.

5 Indication géographique protégée (IGP)

Le Languedoc fournit les deux tiers des vins de pays français. Les producteurs se montrent imaginatifs, tant dans le choix des cépages que dans les modes de vinification ou encore dans leur communication marketing sur les étiquettes, dans la mesure où les règles de production sont beaucoup moins strictes qu'en AOC. L'IGP Oc représente 120 000 ha et plus de 6 millions hl. Les plus gros volumes de vins rosés en France sont étiquetés sous cette IGP.

6 Terroirs

Le vignoble languedocien s'étage sur 4 zones : un secteur montagneux, notamment sur des terrains anciens du Massif central, une zone de coteaux abrupts et de garrigue, une plaine alluviale pourvue de coteaux en faible pente et une zone littorale basse, bordée de plages et d'étangs. Les sols sont tout aussi variés : schistes primaires, grès, terrasses et galets roulés, calcaires caillouteux.

Le **vigneron** de l'année

Diane **Losfelt**

(Ch. de L'Engarran)

C'est par le truchement des dégustations, de la connaissance des cépages et de l'intimité géologique des sols qu'un vignoble délivre ses secrets. Trouver ce petit quelque chose dépassant le cadre du très bon vin, c'est ce que l'on s'évertue à dénicher ici, à l'Engarran, patrimoine historique du Languedoc établi à Laverune, là où les Romains avaient installé des chapiteaux dédiés à Bacchus, à proximité de la Voie Domitienne.

• D'émérites personnages

En 1924, dans un décor rocailleux où la vigne s'adosse à un fragrant univers de garrigue, Florian Bertrand, vigneron à Pignan, fit classer monument historique l'élégante « folie » établie sur les terres de ce château fondé en 1632 par Henri d'Engarran. L'ancêtre des actuelles propriétaires prenait ainsi le relais d'émérites personnages à la tête de ce domaine devenu aujourd'hui une valeur sûre de l'appellation languedoc : Jean Vassal (1722), conseiller à la Cour des Aides de Montpellier, Laurent Quetton Saint Georges (1816), brillant négociant qui exporta ses vins jusqu'au Canada, et Henri Mares, un savant qui découvrit l'action du soufre sur l'oïdium.

• Prendre le passé pour racine et le terroir pour avenir

Avec Marguerite Grill à partir de 1935, Francine Grill et la première mise en bouteille en 1978, et aujourd'hui les sœurs Diane Losfelt et Constance Rerolle, ce sont 3 générations de femmes-vigneronnes qui vont s'enthousiasmer pour L'Engarran, créant des gammes de vins nées d'une œnologie de bon sens, fondées sur la connaissance scientifique et sur d'innombrables contacts avec l'environnement. « Je connaissais cet édifiant passé lorsqu'en 1984, je pris les rênes de l'exploitation », confie Diane Losfelt, laquelle s'attache à valoriser ce terroir « ancien et reconnu » des Grès de Montpellier, où la vigne échappe au stress hydrique. « J'ai désiré en faire la signature 'terroiriste' de L'Engarran ».

• Le langage des fleurs et des choses muettes

Forte d'acquis scientifiques – elle est ingénieur-agronome –, Diane Losfelt emprunte une voie unissant le cœur et la raison. Démarche forte où chaque vin offrira sa propre authenticité. « Réussir un vin, c'est de l'assiduité, de la maîtrise technique et du sentiment. Beaucoup ! » Une approche nourrie d'impressions olfactives – « le nez, c'est capital », précise-t-elle – et tactiles : « comme par exemple découvrir un caillou que je vais humer, respirer et dont la manipulation révélera mon futur 'coussin de vendange', qui représente l'année sur chaque niveau, IGP ou AOC ». Chaque vin dévoile ainsi à sa manière « le langage des fleurs et des choses muettes ». La sixième génération est en place. Nouvel objectif : participer à la naissance de Saint-Georges d'Orques en appellation. Une voie ouverte aux grandes espérances…

Le coup de cœur

■ **Languedoc Grès de Montpellier 2017**

CABARDÈS

Superficie : 400 ha / Production : 18 000 hl

Rouges ou rosés, les cabardès proviennent de 18 communes situées au nord de Carcassonne et à l'ouest du Minervois. Implanté dans la partie la plus occidentale du Languedoc, le vignoble subit davantage l'influence océanique que les autres appellations. C'est pourquoi les cépages autorisés comprennent des cépages atlantiques, comme le merlot et le cabernet-sauvignon, à côté de variétés méditerranéennes comme le grenache noir et la syrah.

DOM. DE CABROL Vent d'Est 2017 ★★

■ | 25 000 | | 15 à 20 €

Un pilier de l'appellation cabardès, avec nombre de coups de cœur à son actif. Le domaine s'étend sur 150 ha, mais la vigne n'occupe que 20 ha, à 300 m d'altitude sur le piémont de la Montagne Noire, dans un paysage de garrigue et de bois. Claude Carayol y est installé depuis 1987.

La robe très sombre et concentrée annonce un nez intense, résolument méditerranéen : fruits rouges très mûrs, garrigue et épices. Un profil que confirme une bouche puissante, fraîche et gourmande à l'attaque, qui se resserre sous l'effet de tanins imposants, avant une longue finale détendue sur le fruit mûr. Une belle et solide constitution qui invite à la patience. ⧗ 2022-2027

DOM. DE CABROL, Dom. de Cabrol, D_118, 11600 Aragon, tél. 06 81 14 00 26, cc@domainedecabrol.fr V r.-v.

COMTES DE LORGERIL Le Montpeyre 2017 ★

■ | 2 000 | | 20 à 30 €

Les Lorgeril possèdent 6 domaines familiaux en Languedoc-Roussillon, parmi lesquels le Ch. de Ciffre (70 ha en conversion bio, dont 37 ha de vignes) qui s'étend sur les appellations faugères, saint-chinian et languedoc. Nicolas et Miren de Lorgeril sont également à la tête d'une structure de négoce.

Derrière des notes toastées et boisées d'un élevage partiel en barriques neuves, le nez laisse poindre des nuances de sous-bois, de menthol et de truffe. Le merlot et la syrah, manifestement bien mûrs, concourent à la rondeur d'une bouche douce et puissante, généreusement torréfiée et chocolatée, qui porte d'évidence l'empreinte d'un élevage ambitieux. À boire ou à garder quelques années. ⧗ 2020-2024 ■ **L'Esprit de Pennautier 2017** ★ **(20 à 30 €; 35 000 b.)** Des arômes épanouis de fruits rouges mûrs, de poivre, de réglisse et un soupçon de chêne : le nez est de bon augure. Ce que confirme une bouche ronde à souhait, adossée à des tanins fondants et relevée par une agréable fraîcheur. Tendre, à point, c'est une agréable évocation de l'appellation. ⧗ 2020-2023

MAISON LORGERIL, BP_4, 11610 Pennautier, tél. 04 68 72 65 29, contact@lorgeril.com V r.-v.

♥ CH. DEUMIÉ 2018 ★★★

■ | 3 750 | | 8 à 11 €

Enfant du pays, fils de vigneron, Loïc Galy reprend en 2009, avec sa femme Mélanie, 10 ha de vignes situées au cœur de Cabardès sur des calcaires marins et lacustre riches en fossiles dont des natices.

Un jury sous le charme de ce cabardès élevé en cuve et fût, au nez flatteur de fruits (cassis, framboise) et de garrigue. Une pureté de fruit qui explose dans une bouche voluptueuse, concentrée et fermement structurée par de beaux tanins, certes imposants mais d'une maturité parfaite. La texture soyeuse et la longueur sont celles des grands vins. L'ensemble dessine un cabardès abouti, à la fois luxuriant et taillé pour la garde si on résiste au charme insolent de sa jeunesse. ⧗ 2021-2026

CH. DEUMIÉ, Ch. Deumié, 11610 Ventenac-Cabardès, tél. 06 72 02 16 31, glg2008@hotmail.fr

♥ DOM. DU DONJON L'Autre 2017 ★★

■ | 8 000 | | 8 à 11 €

Véritable curiosité, le pittoresque donjon du XIIIe s. de l'antique Ch. de Bagnoles – ancienne dépendance de l'abbaye de Caunes – jaillit au milieu de la cave du XXIe s. de la famille Panis, propriétaire des lieux depuis le XVe s. À la tête de la propriété depuis 1996 : Jean et Caroline Panis. Le vignoble est implanté à cheval sur les appellations minervois et cabardès.

Déjà doublement étoilée dans le millésime 2016, cette cuvée décroche le Graal. Longuement élevé en cuve (24 mois), le trio merlot, grenache et syrah fait mouche dès l'entame : une robe intense et brillante, puis un nez tout aussi éclatant, volubile, bien dans le ton de appellation, entre violette, cassis et notes végétales tonifiantes. Vibrante de fruit, fraîche, gourmande, la bouche repose sur une trame tannique ferme et élégante qui donne encore plus de relief à ce rouge allègre et de bonne garde. ⧗ 2021-2025

CH. DU DONJON, Ch. du Donjon, 11600 Bagnoles, tél. 04 68 77 18 33, jean.panis@wanadoo.fr V r.-v.

DOM. GALY Pech-Saint-Jean 1907 2018 ★

■ | 6 000 | | 8 à 11 €

Créé en 1907 par la famille Galy, ce grand domaine de Cabardès a quitté la coopérative en 2016. Au programme, vins (50 ha de vignes), œnotourisme et truffes (5 ha de truffières).

Syrah et cabernet-sauvignon dominants dans cette cuvée rubis au nez discret, mais plaisant, centré sur les fruits rouges et noirs, avec des touches originales de résine et d'orange amère. De la bouche, on retient son attaque douce et fraîche, sa rondeur, son corps mesuré, ses tanins soyeux et sa finale sur le fruit noir. Sans être puissant, c'est un vin équilibré et frais, à boire sans tarder. ⧗ 2020-2023

⊶ DOM. GALY, hameau Caunettes-Hautes, 11170 Moussoulens, tél. 06 45 77 26 73, camille@domaine-galy.com V *t.l.j. 17h-20h*

CH. JOUCLARY
Cuvée Guillaume de Jouclary Élevé en fût 2018 ★★

■	3000		11 à 15 €

Fondé en 1530 par un consul de la cité de Carcassonne qui a légué son nom à la propriété, le Dom. Jouclary (60 ha) appartient à la famille Gianesini depuis 1969. Une valeur sûre de l'appellation cabardès. Pascal Gianesini a créé en outre en 2017 une structure de négoce pour élargir sa gamme (marque Nore).

Merlot, syrah et grenache composent ce rouge à la robe pourpre et au nez plein de charme et de nuances, qui passe en revue les fruits rouges, la tapenade, la garrigue, le chocolat et les épices douces. Une palette que l'on retrouve dans une bouche ronde, veloutée, de bonne concentration, dynamisée par un fond mentholé et par une touche de fermeté en finale. Du relief et de l'élégance. ⧗ 2020-2024 ■ **Cuvée Tradition 2018 ★★** (5 à 8 €; 45000 b.) Une cuvée qui assemble à parts égales merlot, cabernet franc, grenache et syrah. Le nez en fait la synthèse : fruits mûrs, garrigue, épices et poivron rouge. Puissante, complexe, dotée de tanins fermes, la bouche déborde de fruit, avec une dimension de fraîcheur bien dans le ton de l'appellation. ⧗ 2021-2025

⊶ CH. JOUCLARY, rte de Villegailhenc, 11600 Conques-sur-Orbiel, tél. 06 80 28 51 03, chateau.jouclary@orange.fr V *t.l.j. sf dim. 11h-19h*

CH. LALANDE Vieilli en fût de chêne 2018 ★

■	72000		8 à 11 €

À Pennautier, entre Toulouse et Carcassonne, un domaine acquis en 1996 par le Belge Pierre Degroote, ingénieur agronome et œnologue, et par le vigneron Bernard Montariol. Le Ch. Lalande est une bâtisse historique : Paul Riquet y aurait dessiné au XVIIᵉs. les plans du canal du Midi, qui borde ce vaste vignoble de 130 ha.

Une robe rubis, un nez délicat, léger, où pointent des arômes de fleurs et de petits fruits rouges, une bouche fluide, fraîche et sapide, aux tanins discrets, un élevage imperceptible, voilà un cabardès friand, franc et digeste, à boire sur le fruit. ⧗ 2020-2023

⊶ SCEA CH. LALANDE, 11610 Pennautier, tél. 04 67 37 22 36, mp@montariol.degroote.com

DOM. SESQUIÈRES 2019 ★★

■	2800		5 à 8 €

Situé au pied de la Montagne Noire, le domaine appartenait aux moines de l'abbaye de Villelongue au XVIIᵉs. Au XIXᵉs, il vivait surtout de la vente de bois de chauffage et de fagots de bruyère aux villages alentour. Les premières vignes sont apparues ici au début du XXᵉs. Depuis quatre générations, la famille Lagoutte exploite 20 ha dans la garrigue, sur un terroir calcaire exposé au sud.

Derrière une robe pétale de rose, un nez intense, friand, qui décline le bonbon, la violette et les petits fruits rouges acidulés. En bouche : un grand bol de fruits rouges, ce qu'il faut de gras, beaucoup de vivacité et un brin de longueur en plus. Aucune fausse note dans ce rosé franc, généreux et polyvalent à table. ⧗ 2020-2021

⊶ DOM. SESQUIÈRES, rte de Montolieu, 11170 Alzonne, tél. 06 08 45 96 83, lagouttegerard@wanadoo.fr V *r.-v.*

CLAIRETTE-DU-LANGUEDOC

Superficie : 60 ha / Production : 2 487 hl

Les vignes du cépage clairette sont cultivées dans 8 communes de la vallée moyenne de l'Hérault. Après vinification à basse température avec le minimum d'oxydation, on obtient un vin blanc généreux, à la robe jaune soutenu. Il peut être sec, demi-sec ou moelleux. En vieillissant, il acquiert un goût de rancio.

FULCRAND CABANON 2019 ★

■	10000		5 à 8 €

Coopérative fondée en 1937 et forte des 330 ha de ses adhérents, les caves de l'Estabel, réputées pour leurs rosés qui ont fait la gloire de Cabrières, présentent aussi une gamme de rouges dignes d'un vif intérêt. Elles produisent également de l'AOC clairette-du-languedoc, sur une vingtaine d'hectares de schistes, et, depuis 2018, une gamme de vins sans soufre. Le paysage dominé par le pic de Vissou, la richesse géologique et les sites archéologiques en font une étape obligée.

Une clairette vinifiée à basse température, élevée sur lies fines en cuve pendant 6 mois. Résultat, un nez délicat, fermentaire, floral et fruité (fruits blancs), et une bouche friande, tout aussi délicate, fraîche, longue et harmonieuse. ⧗ 2020-2022

⊶ SCA L' ESTABEL, 20, rte de Fontes, 34800 Cabrières, tél. 04 67 88 91 60, contact@estabel.fr V *r.-v.*

CORBIÈRES

Superficie : 13 000 ha / Production : 461 000 hl

VDQS depuis 1951, reconnus en AOC en 1985, les Corbières constituent une région typiquement viticole, et ce massif montagneux aride, qui sépare le bassin de l'Aude des plaines du Roussillon, n'offre guère d'autres possibilités de culture. Cette vaste appellation s'étend sur 87 communes. Les corbières rouges, majoritaires, ont en commun un côté chaleureux et souvent charpenté. Ils assemblent aux traditionnels carignan et grenache noir la syrah, le cinsault, le mourvèdre, le lladoner pelut… L'appellation produit aussi des rosés et des blancs; ces derniers mettent à contribution les cépages grenache, macabeu, bourboulenc, marsanne, roussanne et vermentino. Corbières maritimes au sud-est, hautes Corbières au sud, Corbières centrales faites de terrasses et de collines, montagne d'Alaric au nord-ouest… la région présente un relief très compartimenté et des terroirs divers par leur altitude, leurs sols, l'influence

méditerranéenne plus ou moins dominante. Ce cloisonnement des sites a conduit à une réflexion sur les spécificités des terroirs de l'AOC, notamment ceux de Durban, Lagrasse et Sigean.

ABBAYE DE FONTFROIDE Ocellus 2019 ★

6000 | 8 à 11 €

Fondée en 1093, l'abbaye bénédictine de Fontfroide fut rattachée à l'ordre cistercien au XIIᵉs. Une puissance spirituelle et temporelle qui donna un pape à la chrétienté. Aujourd'hui, un site splendide, un domaine viticole (38 ha) depuis les années 1990 et une cave rénovée entre 2000 et 2005, sous l'impulsion de Laure d'Andoque et de Nicolas de Chevron Villette, installés en 2004.

Roussanne et vermentino à parité dans cet assemblage vinifié à basse température pour préserver le fruit et la fraîcheur. Objectif atteint sur la foi de ce nez débridé, gorgé de poire et de fleurs blanches, et d'une bouche vive à l'attaque, onctueuse, riche, sans une once de lourdeur, prolongée par un trait d'épices en finale. ⧗ 2020-2023

ABBAYE DE FONTFROIDE, RD_613, 11100 Narbonne, tél. 04 68 41 06 92, vin@fontfroide.com V *t.l.j. 10h-12h30 13h30-18h* E

ABBOTTS ET DELAUNAY À tire d'Aile 2018 ★

6800 | 11 à 15 €

Issu d'une famille de producteurs et négociants bourguignons, Laurent Delaunay, œnologue, après avoir créé Badet Clément & Cie, a racheté en 2005 l'affaire fondée en 1996 par l'œnologue australienne Nerida Abbott, créant sous le nom d'Abbotts & Delaunay une société de négoce-vinificateur spécialisée dans les vins du Languedoc-Roussillon. En 2015, Laurent Delaunay a racheté à Jean-Louis Denois, vigneron bien connu de Limoux, le domaine de la Métairie d'Alon et ses 25 ha cultivés en bio.

Un élevage mixte en cuve et fût pour cet assemblage grenache et syrah qui ne manque ni de fruit ni de tempérament. Nez « explosif » de confiture de fruits rouges, de tisane et d'épices. Bouche à la mesure, ample à l'attaque, dotée de tanins fins, d'une agréable sucrosité et de saveurs épanouies de fruits confits. Un trait de fraîcheur en finale attise un peu plus la gourmandise de l'ensemble. À boire sur le fruit. ⧗ 2020-2023

ABBOTTS ET DELAUNAY, 32, av. du Languedoc, 11800 Marseillette, tél. 04 68 24 60 00, contact@abbottsetdelaunay.com

CH. AIGUILLOUX Trois Seigneurs 2017 ★

25000 | 11 à 15 €

Fondé en 1860 sur le site d'une *villa* gallo-romaine, un domaine de 125 ha, dont 36 de vignes d'un seul tenant, traversé par un ruisseau du nom d'Aiguilloux. Né en Normandie, François Lemarié a parcouru le monde avant de se poser dans ce coin des Corbières en 1982. En 2018, il a transmis la propriété à son fils Georges. Ce dernier, fort d'une expérience de dix ans dans la restauration, allie vin et gastronomie sur le domaine.

Le trio carignan, grenache, syrah, vinifié en grappes entières, à l'honneur dans cette cuvée élevée 12 mois en fûts, qui s'ouvre sur un nez volubile de fruits cuits généreusement vanillés. Des notes d'eucalyptus et de clou de girofle apportent une dimension de fraîcheur aromatique à la bouche, par ailleurs puissante, dense mais veloutée, nantie de tanins joliment travaillés. Du potentiel en cave. ⧗ 2021-2025

CH. AIGUILLOUX, Ch. Aiguilloux, 11200 Thézan-des-Corbières, tél. 04 68 43 32 71, aiguilloux@wanadoo.fr V *t.l.j. 10h-12h 14h-18h;* G

B CH. AURIS A 2018 ★

10000 | 11 à 15 €

Ancienne grange cistercienne de l'abbaye de Fontfroide – 162 ha, dont 40 ha de vignes –, sur le versant nord du massif de Fontfroide. Jean-Claude Albert acquiert le domaine en 2005, restructure le vignoble et engage sa conversion bio, aujourd'hui acquise.

De subtils arômes de fruits cuits introduisent la dégustation de ce vin riche en matière. Une agréable impression de rondeur résulte des tanins bien fondus. L'élevage sous bois est encore perceptible, mais le temps y remédiera. ⧗ 2021-2025 **2019 ★ (8 à 11 €; 25000 b.)** B Agréable et classique : il n'en faut pas plus pour faire de ce rosé un bon compagnon de table. Les arômes de petits fruits sont au rendez-vous, ainsi que la matière et la juste fraîcheur. ⧗ 2020-2021

CH. AURIS, rte du Massif-de-Fontfroide, CD 613, 11100 Narbonne, tél. 04 68 90 79 03, contact@maisonalbert.fr V *r.-v.*

♥ CH. D'AUSSIÈRES 2017 ★★

120000 | 15 à 20 €

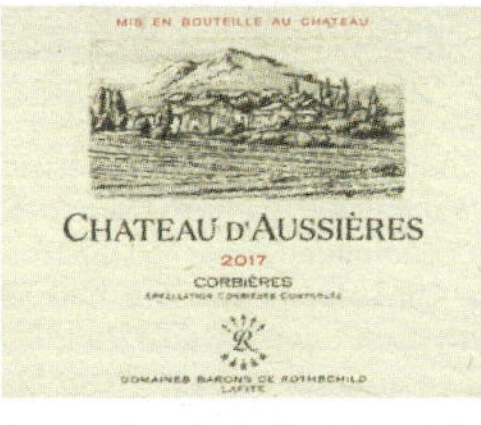

Grange cistercienne rattachée à l'abbaye de Fontfroide avant la Révolution, Aussières comptait 270 ha de vignes et 120 employés en 1920, formant un véritable hameau avec ses artisans et son école. Il reste l'un des plus vastes domaines languedociens (167 ha). Les Domaines Barons de Rothschild (Lafite) l'ont repris en 1999 et entièrement replanté, l'encépagement tenant compte des sols.

Un retour remarqué dans le Guide pour ce château qui signe un 2017 d'une classe folle. Une robe intense d'où émerge un bouquet déjà complexe de fruits frais et cuits, de sous-bois, de garrigue, de poivre et de végétal frais. La bouche creuse le même sillon d'élégance : attaque fraîche, tanins fins, fruit très gourmand et poivré, vivacité, rondeur, allonge. Tout est au diapason et parfaitement à point aujourd'hui. « Gracieux », conclut le jury. ⧗ 2020-2025 **Blason d'Aussières 2018 ★★ (8 à 11 €; 2100000 b.)** Dominée par la syrah et le grenache, une cuvée au nez intense de fruits noirs, de poivre et de garrigue. Le fruit s'exprime avec la même générosité dans une bouche harmonieuse, ample, cadrée par des tanins fins et soutenue par une fraîcheur exemplaire. Longue finale fruitée et chocolatée. On frôle le deuxième coup de cœur. ⧗ 2021-2025

DOMAINE D'AUSSIÈRES, RD 613, 11100 Narbonne, tél. 04 68 45 17 67, aussieres@lafite.com V r.-v.

CH. LA BASTIDE Tradition 2018 ★

| | 88533 | | 8 à 11 € |

Au nord-ouest de Lézignan-Corbières, un vaste domaine (180 ha) tourné vers l'exportation, acquis en 1987 par Anne-Marie et Guilhem Durand. Première en Languedoc-Roussillon. En 2015, il a été le premier en Languedoc à passer aux mains d'un groupe chinois, l'importateur BHC International Wine Assets Management. Proche du Minervois, le vignoble est installé sur une terrasse ancienne de l'Aude, riche en galets roulés.

Tout est élégant dans ce 2018 à point, depuis le nez, fin, sur les petits fruits rouges macérés, jusqu'à la bouche tout en rondeur de fruit et de tanins, dont la finale laisse apprécier un fruit bien mûr, légèrement évolué. À boire. 2020-2023

CH. LA BASTIDE, Lieu-dit La Bastide, 11200 Escales, tél. 04 68 27 08 47, contact@chateaulabastide.com V *t.l.j. 8h-12h 14h-17h*

ROC DE BONELLI Élevé en fût de chêne 2017 ★

| | 3510 | | 11 à 15 € |

Les terroirs du Vertige, c'est la contrée, jalonnée de châteaux cathares, la plus en altitude des Corbières. C'est le nom d'une cave issue de la fusion de plusieurs petites coopératives communales. Elle regroupe 170 vignerons cultivant 1 200 ha dans une vingtaine de villages et dispose de ce fait de terroirs très variés.

Syrah et grenache noir au menu de cette cuvée, dédiée à l'aigle de Bonelli qui plane au-dessus des Corbières. Sombre de robe, elle libère des arômes épanouis de fruits surmûris et de vanille. Puissante, chaleureuse, manifestement issue de raisins très mûrs et encore sous le joug de l'élevage, la bouche possède une structure à la mesure, entre tanins corsés et acidité. De bon augure. 2021-2024

LES TERROIRS DU VERTIGE, 2, chem. des Vignerons, 11220 Talairan, tél. 04 68 44 02 17, info@terroirsduvertige.fr V *t.l.j. 9h-12h 14h-18h*

B CH. LA BOUTIGNANE Révélation Terroir de Lagrasse 2018 ★★

| | 11454 | | 11 à 15 € |

Les Domaines languedociens possèdent le Ch. La Boutignane et le Ch. de Fournas en AOC corbières, ainsi que le Dom. du Ch. d'Eau et le Dom. Saint-Paul en IGP Oc.

Un nez flatteur et puissant pour ce vin bio qui décline le fruit en confiture (mûre et cerise noire) et les épices. Dans la continuité, la bouche offre la même intensité d'arômes et une matière riche et ample. Des tanins ronds respectent le fruit. Déjà du plaisir et aussi du potentiel. 2020-2025

CH. LA BOUTIGNANE, Ch. La Boutignane, 11200 Fabrezan, tél. 03 80 21 22 45, domaine@labaume.com V *t.l.j. sf sam. dim. 9h-18h; dom. de la Baume*

CALMEL ET JOSEPH Les Terroirs 2018 ★★

| | 40000 | | 11 à 15 € |

Laurent Calmel, œnologue, s'est associé avec Jérôme Joseph pour fonder en 1995 une maison de négoce spécialisée dans les vins de terroir du Languedoc-Roussillon. Le duo a lancé son étiquette en 2007. Il sélectionne les parcelles, vinifie et élève les cuvées.

Un petit négoce de qualité, rarement pris en défaut. En témoigne ce corbières qui n'a pas vu de bois et dont le nez (fruits confits, réglisse et garrigue) fait voir du pays. Une attaque vigoureuse ouvre sur un palais velouté, ourlé de tanins arrondis, qui restitue toute la franchise du fruit perçu à l'olfaction. À la fois élégant et bien typé, il peut être apprécié sans attendre. 2020-2024

DOM. CALMEL ET JOSEPH, chem. de la Madone, 11800 Montirat, tél. 04 68 72 09 88, contact@calmel-joseph.com V r.-v. E

LES VIGNERONS DE CAMPLONG Le C 2017 ★

| | 9000 | | 15 à 20 € |

Fondée en 1932, la coopérative du village de Camplong (30 vignerons, 270 ha à 80 % en AOC corbières) bénéficie d'un excellent terroir, sur les pentes sud de l'Alaric. À l'origine, un seul vin rouge vendu en vrac; aujourd'hui, de larges gammes et des cuvées ambitieuses.

Derrière une robe grenat, un nez avenant et nuancé de fruits noirs (myrtilles, mûre), de violette, d'olive noire et de sous-bois. On retrouve cette même complexité aromatique enrichie de notes boisées dans une bouche qui surprend par sa vivacité et qui séduit par ses tanins soyeux comme par sa longueur honorable. L'ensemble dessine un vin complet, à boire ou à laisser en cave. 2020-2025

SCAV LES VIGNERONS DE CAMPLONG, 25, av. de la Promenade, 11200 Camplong-d'Aude, tél. 04 68 43 60 86, secretariat.camplong@orange.fr V *t.l.j. sf dim. 9h-12h 14h-18h*

CH. CAPENDU 2018 ★

| | 80000 | 11 à 15 € |

Vigneron-négociant, Jean-Claude Mas dispose d'un vaste vignoble de plus de 600 ha en propre constitué par quatre générations, auxquels s'ajoutent les apports des vignerons partenaires (1 300 ha). Le Ch. Paul Mas se compose de 25 ha à Conas, 27 ha à Moulinas, près de Pézenas, et 80 ha à Nicole, près de Montagnac. Côté négoce, plusieurs marques : Prima Perla, Forge Estate, Arrogant Frog, Côté Mas…

Une robe profonde, un nez ensoleillé, de garrigue et de fruits surmûris : bienvenue dans le Languedoc. La bouche insiste sur les fruits rouges macérés dans un ensemble bien arrondi, aux tanins discrets et soyeux, portée par une agréable fraîcheur. Beaucoup d'élégance et de retenue dans ce flacon qui ne demande qu'à être ouvert. 2020-2023

CH. CAPENDU, Dom. Nicole, rte de Villeveyrac, 34530 Montagnac, tél. 04 67 90 16 10, info@paulmas.com V r.-v. 5

LANGUEDOC

B CH. DE CARAGUILHES La Font Blanche 2019 ★

	26000		11 à 15 €

D'origine cistercienne, le domaine, commandé par des bâtiments imposants, est situé à flanc de coteau. Il domine le vaste vignoble de 95 ha d'un seul tenant qui s'étale tout autour en pente douce, entouré de 500 ha de garrigue. Un pionnier du bio – dès 1987. Propriétaire depuis 2007, Pierre Gabison reste sur cette ligne.

La roussanne en vedette dans cet assemblage remarqué dont une petite partie a été vinifiée en barriques. Complexe et intense, le nez décline le fruit à noyau et le fruit exotique sur fond de fleurs blanches. Pureté et intensité du fruit, grande fraîcheur, gourmandise, la bouche a tout pour séduire et rebondit en finale sur des notes citronnées et minérales. ⧗ 2020-2022

CH. DE CARAGUILHES, 11220 Saint-Laurent-de-la-Cabrerisse, tél. 04 68 27 88 99, chateau@caraguilhes.fr V r.-v.

B CH. CASCADAIS 2017 ★

	50000		8 à 11 €

Natif du Médoc où il exploite entre autres le Château Tour Haut-Caussan, Philippe Courrian découvrit un jour de 1992 la superbe vallée de la Nielle, petit affluent de l'Orbieu, dans les Corbières. Il y planta des vignes (23 ha) et des oliviers, et fit d'un vieux moulin sa résidence. Exploitation en bio.

Vendange égrappée et élevage mixte au programme de ce rouge qui marque le retour du domaine dans le Guide. Déjà épanoui, le nez trahit une évolution agréable, entre sous-bois et épices douces. La bouche le confirme avec ses tanins fondus, sa texture assouplie et sa longue finale sur les épices, la mousse et le fruit confit. Charmeur et à boire. ⧗ 2020-2023

CH. CASCADAIS, 28, rue Beurada, 11220 Saint-Laurent-de-la-Cabrerisse, tél. 06 80 03 65 70, courrian@tourhautcaussan.com V r.-v.

B DOM. LES CASCADES RC 2019 ★

	800		11 à 15 €

Œnologue, Laurent Bachevillier a vinifié de la Suisse à la Nouvelle-Zélande avant de créer en 2010 avec sa femme Sylvie ce domaine en pleine nature, vers Lagrasse. Du vin, mais aussi de la bière, des olives, du safran, des truffes, des légumes… D'emblée, le bio (certification en 2013). L'hiver, les 6 ha de vignes servent de parcours aux ânes et aux moutons, qui font un bon travail de désherbage.

Un élevage haut de gamme en barriques neuves de chêne et d'acacia avec bâtonnages pour ce blanc ambitieux, au nez déroutant de pêche, de pomme mûre, de fruits à coque et d'épices douces. Beaucoup d'onctuosité, de gras, un boisé noble, ce qu'il faut de fraîcheur en soutien, une légère pointe d'évolution qui aura divisée le jury : un sacré caractère et de belles promesses à table avec une volaille à la crème. ⧗ 2020-2024

DOM. LES CASCADES, 4 bis, av. des Corbières, 11220 Ribaute, tél. 06 88 21 84 99, domainelescascades@yahoo.fr V r.-v. 2 D

CASTELMAURE La Pompadour 2018 ★

	200000		8 à 11 €

Cave fondée en 1921 dans les hautes Corbières, entre les communes de Durban et de Tuchan. Les inondations catastrophiques de 1999 furent l'occasion d'un nouveau départ, et la coopérative a investi dans des installations modernes. Après une restructuration des caves du secteur, elle intervient autant en fitou qu'en corbières. Une structure qui revendique haut et fort son statut de « vigneron ».

Pompadour, c'était le nom des seigneurs d'Embres et Castelmaure, et on trouvera une certaine noblesse dans ce nez très juteux de fruits noirs, mâtiné de réglisse, de garrigue et d'épices du chêne (12 mois d'élevage). Attaque souple, texture ronde, tanins fins, fruité intense et persistant : il ne manquait qu'une touche de fraîcheur supplémentaire pour décrocher la deuxième étoile. « Très gourmand », conclut le jury. ⧗ 2021-2024 ■ **Ch. Castelmaure Rouge Vigneron 2018 ★ (5 à 8 €; 150000 b.)** Des fruits rouges à foison, une touche animale, le nez laisse apprécier le caractère d'un carignan (majoritaire) vinifié en macération carbonique. Simple, franche, gourmande, dotée de tanins doux, la bouche séduit tout autant. À boire sur le fruit. ⧗ 2020-2022

SCV CASTELMAURE, 4, rte des Canelles, 11360 Embres-et-Castelmaure, tél. 04 68 45 91 83, vins@castelmaure.com V *t.l.j. 10h-12h 15h-18h*

LES CELLIERS D'ORFÉE Cuvée Sextant 2017 ★★

	26000		15 à 20 €

Créée en 1933, la cave d'Ornaisons a fusionné avec celle de Ferrals-les-Corbières. Son nom poétique réunit la première syllabe de ces deux villages. La coopérative dispose d'un vignoble de 1 000 ha répartis sur les AOC corbières et corbières-boutenac et, depuis 2017, d'un chai de stockage et de vieillissement flambant neuf.

Coup de cœur sur le millésime 2016, ce Sextant, assemblage de syrah et carignan, a été élevé 12 mois en fûts neufs. Le nez nous le rappelle avec ses notes grillées et fumées qui ne masquent pas les qualités du raisin (violette, fruits confits, olive noire). Bouche intense, tanins bien enrobés par l'élevage, texture suave, longueur des saveurs qui témoignent d'une juste intégration du chêne : tout est en harmonie dans ce rouge déjà voluptueux. ⧗ 2020-2025 ■ **L'Infernale 2018 ★ (8 à 11 €; 30240 b.)** Un vin qui met en avant le fruit (élevage en cuve), la mûre notamment, que l'on retrouve dans une bouche ronde, à la sucrosité discrète, concentrée et tenue par des tanins fermes. On peut l'ouvrir sans attendre. ⧗ 2020-2023 ■ **Ego in terra 2018 ★ (20 à 30 €; 7290 b.)** Une version pointue de la macération carbonique qui vise à extraire uniquement les jus fermentés à l'intérieur des baies. Le nez en tire des arômes expressifs, à la fois mûrs et frais (fruits cuits, olive verte, végétal), et la bouche beaucoup de rondeur et de douceur, avec des tanins à peine esquissés. ⧗ 2020-2022

LES CELLIERS D'ORFÉE, 53, av. des Corbières, 11200 Ornaisons, tél. 04 68 27 09 76, lydie.orfee@yahoo.fr V *t.l.j. sf dim. 8h-12h 14h-18h; sam. 9h-12h*

B DOM. DE LA CENDRILLON N°1 2016 ★★

■ | 5000 | | 30 à 50 €

La Cendrillon? Un lieu-dit d'Ornaisons, au pied du massif de Fontfroide, une ancienne auberge le long de la voie romaine qui reliait la Narbonnaise à l'Aquitaine. Enfant du pays, l'entrepreneur Robert Joyeux a repris en 1993 le domaine familial et n'a pas lésiné sur les investissements : nouvelles plantations, aménagement d'un chai. Aujourd'hui, 42 ha en bio certifié depuis fin 2012.

Une cuvée haut de gamme dont le très long élevage en fûts (24 mois) n'a pas terni les arômes, bien au contraire. Très élégant, le nez décline la mûre, la framboise et la pivoine sur un fond finement boisé. La même élégance caractérise la bouche, qui séduit par sa texture charnue, ses tanins de grande classe et son fruit qui a digéré le chêne. Puissant, harmonieux et de belle garde. ⧗ 2022-2028 ■ **Inédite 2016 ★ (15 à 20 €; 18000 b.)** B Une cuvée vinifiée en cuve de bois, dont le nez diffuse d'intenses arômes de fruits rouges et noirs frais et de violette. La réglisse, le poivre et le gingembre s'invitent dans une bouche généreuse, d'une grande rondeur, soutenue par des tanins soyeux. Une structure déliée qui invite à l'ouvrir sans attendre, même si le potentiel est là. ⧗ 2020-2025

DOM. DE CENDRILLON, rte de Narbonne, 11200 Ornaisons, tél. 09 61 37 85 51, info@lacendrillon.fr V r.-v.

CLOS CANOS 2019 ★

■ | 90000 | | 8 à 11 €

Poursuivant le travail des quatre générations précédentes, Pierre Galinier s'est installé en 1986 sur le domaine familial, qui compte aujourd'hui 24 ha. Il a parié sur la vente en bouteille et, dès l'an 2000, sur le rosé, adaptant sa vigne et sa cave à l'élaboration des vins de cette couleur, qui représentent aujourd'hui plus de 70 % de sa production en appellation.

Un rosé de pressurage direct qui assemble les 3 grenaches (noir, gris et blanc) à une touche de syrah. La robe saumonée ouvre sur un nez sans outrance, aux franches notes florales. La bouche est un agréable compromis entre rondeur et vivacité, et offre des saveurs nettes et acidulées. ⧗ 2020-2021

CLOS CANOS, rue de Canos, 11200 Luc-sur-Orbieu, tél. 04 68 27 00 06, chateau-canos@wanadoo.fr V r.-v.

DOM. DE LA COMBE GRANDE
Cuvée Ramonetage 2017 ★★

■ | 20000 | | 5 à 8 €

Selon la légende, les Wisigoths auraient enterré un trésor dans la montagne de l'Alaric. Ce relief, en tout cas, offre des terroirs propices. Sur ses pentes sud, Christophe Sournies et son cousin Jacques Tibie conduisent le domaine (80 ha) où leur famille est installée depuis 1890.

Le nez décline les fruits noirs frais, la violette, le poivre sur un fond finement boisé. Tonique, la bouche délivre cette même qualité de fruit dans un ensemble harmonieux, frais, porté par des tanins doux. Long, parfaitement équilibré, c'est une interprétation tout en élégance du caractère des corbières. ⧗ 2020-2023

DOM. DE LA COMBE GRANDE, chem. de Garrigue-Plane, 11200 Camplong-d'Aude, tél. 06 70 43 52 05, domaine.combegrande@orange.fr V *t.l.j. sf sam. dim. 8h-12h 14h-18h*

CRUSCADES HORTALA 2019 ★

■ | 2500 | 8 à 11 €

En l'an 985, à Cruscades, un Hortala faisait déjà du vin; une dizaine de siècles plus tard, en 2006, un de ses descendants, après avoir enseigné la gynécologie, devint viticulteur à 56 ans, en s'appuyant sur 21 associés de la famille, afin de perpétuer le domaine. Il confie la vinification aux Celliers d'Orfée, la coopérative d'Ornaisons.

Du classique, mais du très bon classique : pâle, friand dès le nez par ses notes de petits fruits rouges, un grand bol de fraise fraîche et de cassis en bouche, ce qu'il faut de rondeur et de fraîcheur. ⧗ 2020-2021

CH. HORTALA, 338, rue de la Poste, 11200 Cruscades, tél. 06 75 05 87 88, bernard.hedon@chateau-hortala.com V r.-v.

B CH. FABRE CORDON
Qui m'aime me suive ! 2018 ★★

■ | 2660 | | 11 à 15 €

Situé dans la zone côtière des étangs, un domaine implanté à l'emplacement d'une *villa* gallo-romaine qui bordait la voie Domitienne. Aujourd'hui, 15 ha (en bio certifié depuis 2013) conduits par Henri et Monique Fabre, longtemps coopérateurs et vignerons indépendants depuis 2001. Leur fille Amandine, œnologue, vient de les rejoindre.

Une invitation qui ne restera pas sans réponse. Le nez fleure bon la garrigue, le thym, le fruit bien mûr et la gentiane. La bouche creuse le même sillon : du fruit à foison cadré par des tanins puissants qui donnent à la finale une certaine fermeté à ce stade. On le laisse respirer en cave et on le sert à sur un viande mijotée. ⧗ 2021-2024

CH. FABRE CORDON, L'Oustal-Nau, 11440 Peyriac-de-Mer, tél. 06 87 84 15 46, chateaufabrecordon@gmail.com V r.-v.

FONTENELLES Élysée 2018 ★★

■ | 33000 | | 8 à 11 €

Domaine familial situé sur le versant nord de l'Alaric. En cinq générations, sa surface est passée de 7 à 40 ha. Aux commandes depuis 1993, Thierry et Nelly Tastu misent sur la qualité.

Coup de cœur dans l'édition précédente, cette cuvée fait à peine moins bien cette année. On retrouve avec enthousiasme ce même nez de fruit torréfié qui témoigne d'un élevage (9 mois de fûts) sur mesure. Généreux et riche, le palais déroule une chair voluptueuse, tout en équilibre entre tanins gras et fraîcheur préservée. La longue finale finement toastée confirme le juste usage de la barrique. À laisser en cave si on résiste au charme de sa jeunesse. ⧗ 2023-2030 ■ **Ch. de Fontenelles Renaissance Élevé en fût de chêne 2018 ★ (15 à 20 €; 33000 b.)** Un séjour prolongé en barrique pour cette cuvée au nez généreux de griotte et de fruits confiturés, avec une touche de sous-bois et de chêne, à la bouche généreuse, charnue, dotée de tanins fermes et d'une finale élégamment boisée. ⧗ 2021-2024

LANGUEDOC

DOM. DE FONTENELLES, 76, av. des Corbières, 11700 Douzens, tél. 04 68 79 12 89, info@fontenelles.com V r.-v.

DOM. DE FONTSAINTE Gris de gris 2019 ★

	182000		8 à 11 €

Conduite par une ancienne famille vigneronne, la propriété domine le village de Boutenac, dans la partie la plus réputée des Corbières. À partir de 1971, Yves Laboucarié a agrandi l'exploitation et introduit de nouvelles pratiques comme la macération carbonique. Son fils Bruno, qui a pris le relais en 1993, dispose de près de 54 ha.

Le grenache gris à l'honneur dans ce rosé de saignée qui affiche une robe saumon, séduit par son nez très floral, discret mais précis. Plus tendre que frais, le palais a pour lui une agréable rondeur et une fluidité qui le rendent très facile à aimer. ⧗ 2020-2021

DOM. DE FONTSAINTE, 16, rte de Ferrals, 11200 Boutenac, tél. 04 68 27 07 63, earl.laboucarie@fontsainte.com V *t.l.j. sf dim. 9h30-11h30 14h-19h*

LES FRÊNES Élevé en fût de chêne 2018 ★★

	80 000		8 à 11 €

Créée en 1921 dans le massif des Hautes Corbières et le Haut Fitou, à 20 km de la Méditerranée, la cave des Maîtres Vignerons de Cascastel rassemble une centaine d'adhérents qui cultivent 750 ha. À sa carte, des fitou, des corbières, des vins doux naturels et des vins en IGP.

Un vin élevé en fût, mais c'est le fruit noir qui s'impose au nez. Le chêne se fait tout aussi discret en bouche, apportant de la patine aux tanins et enrobant un peu plus un corps rond, plaisant, gourmand, qui ouvre sur une finale douce et légèrement torréfiée. ⧗ 2020-2023

Héritage de Bonnafous 2018 ★ (8 à 11 €; 100 000 b.) Avec ses notes intensément vanillées et fumées sur fond de fruits surmûris, le nez porte l'empreinte de la barrique. Les mêmes arômes imprègnent une bouche bien constituée, concentrée, aux tanins enrobés et réglissés. Un vin généreusement boisé, moderne et séduisant.

LES MAÎTRES VIGNERONS DE CASCASTEL, Grand-Rue, 11360 Cascastel, tél. 04 68 45 91 74, info@cascastel.com V *r.-v.*

CH. GAUBERT CAVAYÉ Élevé en fût de chêne 2018 ★★

	20 000		5 à 8 €

Implanté dans la partie ouest du massif des Corbières, au cœur du val de Dagne, le domaine s'étend sur une cinquantaine d'ha. Guillaume et Thomas Cavayé, les fils, ont rejoint Gilles et Corinne Cavayé qui, depuis 1989, ont peu à peu modernisé le vignoble et le chai.

Un nez très avenant de fruits rouges et noirs bien mûrs, de vanille et de noisette grillée, une bouche légère à l'attaque qui déploie une agréable rondeur, une texture soyeuse, des tanins fondus : tout est de bon goût dans ce rouge caressant, finement boisé, d'un équilibre irréprochable. ⧗ 2020-2024

DOM. GAUBERT, Dom. Gaubert, 11220 Arquettes-en-Val, tél. 04 68 24 04 49, domainegaubert@orange.fr V *r.-v.*

GRAIN DE FANNY Au Fil du vent 2018 ★★

	2000	11 à 15 €

En 2006, Fanny Tisseyre, héritière de 4 générations de vignerons, reçoit 6 ha de vignes. Elle cherche à faire évoluer ses pratiques, bannit les désherbants et, pour les traitements, se limite au soufre, au cuivre et aux plantes. Le vignoble est en conversion depuis 2018. Elle se flatte de faire des vins différents chaque année, reflets de leur millésime.

Bien en vue dans le Guide l'année passée, Fanny Tisseyre récidive avec ce rouge qui assemble presque à parts égales syrah, grenache et carignan, et dont le jury a loué l'équilibre et l'élégance. Il a aimé le nez ouvert de confiture de fraises, d'olive noire et de pâte fruit, et la bouche ronde, charnue, soutenue par des tanins bien présents mais soyeux. L'ensemble laisse le souvenir d'un vin tendre et harmonieux. ⧗ 2020-2023

DOM. GRAIN DE FANNY, 10, av. du Chemin-Neuf, 11200 Ornaisons, tél. 06 78 47 62 98, ftisseyre@free.fr V *r.-v.* D

CH. DU GRAND CAUMONT Cuvée Tradition 2019 ★

	11 300		5 à 8 €

Une *villa* gallo-romaine, puis un château incendié à la Révolution; constitué au milieu du XIX^e^s., ce domaine a été acquis en 1906 par Louis Rigal, propriétaire de caves de Roquefort. En 2003, sa petite-fille Laurence, après un début de carrière dans le marketing, est arrivée aux commandes de cette vaste unité (148 ha, dont une centaine plantée de vignes).

Souvent bien en vue pour ses rouges, le château ne néglige manifestement pas ses rosés. Derrière une robe saumon lumineuse, des arômes fringants de poire, d'agrumes et de groseille. Bien vivace, la bouche offre le fruit, la fraîcheur et la légèreté que l'on attend d'un rosé et y ajoute un soupçon de tanins en finale, pas inutiles pour tenir à table. ⧗ 2020-2022

CH. DU GRAND CAUMONT, Ch. du Grand Caumont, 11200 Lézignan-Corbières, tél. 04 68 27 10 82, chateau.grand.caumont@wanadoo.fr V *t.l.j. 8h-12h 13h-17h30; sam. dim. sur r.-v.* E

DOM. DU GRAND CRÈS Cuvée majeure 2017 ★★

	10 000		15 à 20 €

En 1989, Hervé Leferrer a quitté la Romanée-Conti, où il était régisseur, après avoir eu le coup de foudre pour ce domaine (17 ha aujourd'hui) niché à 300 m d'altitude au cœur des Corbières, au milieu des bois et de la garrigue.

Le domaine aime filer la métaphore musicale et la Cuvée majeure est le point d'orgue de la gamme. Elle met à l'honneur le caractère de la syrah (80 %), égrappée et élevée en barriques puis en cuve. Le nez, discret, en tire des arômes de fruits noirs compotés et d'épices. Les jurés ont salué la fraîcheur d'une bouche plus délicate que concentrée, portée par des tanins fins et par une belle acidité. Longue finale gourmande sur les fruits noirs et l'olive. Finesse, élégance, harmonie. ⧗ 2021-2025

DOM. DU GRAND CRÈS, 26, rue Sainte-Élisabeth, 11200 Fabrezan, tél. 09 61 48 72 67, grand.cres@outlook.fr V *r.-v.*

CH. GRAND MOULIN Réserve 2017 ★

50000 | 8 à 11 €

Son père, vendeur de bétail, possédait une petite vigne. Jean-Noël Bousquet décide à 8 ans qu'il sera vigneron, achète son premier hectare à 17 ans, s'installe comme jeune agriculteur en 1978 – en fermage – et fait l'acquisition de vignes en coteaux alors dédaignées (500 F l'hectare...). En 1988, à la tête de 24 ha, il installe sa cave dans un ancien moulin. Il a transmis en 2014 à son fils Frédéric 130 ha de vignes, en IGP, en corbières et en corbières-boutenac. Un domaine d'une louable régularité.

Une robe profonde pour cette cuvée à dominante de syrah, au nez charmeur entre fruits noirs et notes boisées. Ample à l'attaque, concentrée, dotée d'une agréable sucrosité et de tanins bien mûrs, la bouche séduit aussi par sa fraîcheur préservée et par la belle expression de son fruit qui s'étire longuement avec les épices en finale. ⧗ 2020-2024

CH. GRAND MOULIN, 6, av. Gallieni, 11200 Lézignan-Corbières, tél. 04 68 27 40 80, contact@chateaugrandmoulin.com
V t.l.j. sf dim. 9h-19h

CH. HAUTERIVE LE HAUT Au Finistère 2018 ★

20000 | 5 à 8 €

Le Ch. Hauterive, vaste domaine implanté sur plusieurs terroirs, était une dépendance de l'abbaye de Fontfroide. Le vignoble est dans la famille de Jean-Marc Reulet depuis 40 ans.

Au Finistère, lieu-dit des Corbières, a donné son nom à cette cuvée couleur rouge cerise, qui fleure bon les fruits noirs et les épices. En bouche, de la souplesse à l'attaque, un fruit franc et gourmand, et des tanins carrés pour conclure qui s'assoupliront à table, sur une viande juteuse par exemple. ⧗ 2020-2023

CH. HAUTERIVE LE HAUT, 1, ancien chem. de Ferrals, 11200 Boutenac, tél. 04 68 27 62 00, hauterive-le-haut@orange.fr
V r.-v.

CH. JÉRÉMIE Jérémie 2018 ★★

6000 | 11 à 15 €

Constitués par la famille Gau, les Vignobles de la Ferrandière ont été rachetés en 2013 par Jean-Claude Mas (Dom. Paul Mas). Couvrant 100 ha de vignes (surtout) et de pommiers, le domaine est implanté sur l'étang asséché de Marseillette, une ancienne lagune, entre les Corbières et le Minervois, à 40 km de la Méditerranée. Les sols salés doivent être périodiquement inondés au printemps, ce qui permet aux vignes d'échapper au phylloxéra : de nombreux ceps sont ici francs de pied (non greffés).

Jérémie aura passé 6 mois en fûts, et pour une petite partie de l'assemblage seulement. Pas de quoi marquer le nez, qui met surtout en avant les qualités d'un raisin bien mûr. La bouche confirme ces belles promesses : matière pulpeuse, sucrosité agréable, tanins fondus, boisé intégré qui laisse s'exprimer un fruit ensoleillé. Du charme et du plaisir dès à présent. ⧗ 2020-2023 ■ **Ch. Férandière Jérémie Les Laisses 2018 ★ (8 à 11 €; 6000 b.)** Des arômes de fruits bien mûrs teintés d'une touche de caramel issue d'un bref passage en fûts. Le fruit confit et le pruneau imprègnent longuement une bouche bien équilibrée, souple, appuyée sur des tanins dont la douceur renforce la sensation de rondeur de l'ensemble. ⧗ 2020-2023

DOM. DE LA FERRANDIÈRE, Dom. de la Ferrandière, 11800 Aigues-Vives, tél. 04 68 79 29 30, info@paulmas.com

♥ CH. DE LASTOURS
La Bergerie Roussanne vermentino 2019 ★★

8500 | 11 à 15 €

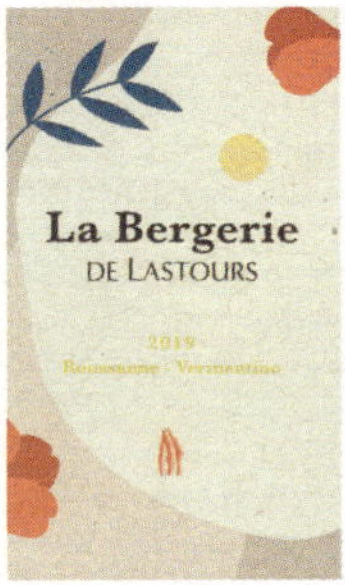

Dominant l'étang de Bages, cette propriété de 850 ha, rachetée en 2004 par des courtiers en assurances, offre des attraits variés : les sports mécaniques, l'œnotourisme... Les pistes tortueuses servent de pistes de rallye. On y trouve gîte et couvert. Le vin ? Le vignoble couvre plus de 85 ha. D'importants investissements y ont été effectués, un chai moderne a été aménagé et le vignoble est en conversion bio depuis 2017.

Bien connu pour ses rouges, le château ne néglige pas ses blancs sur la foi de cette cuvée enthousiasmante. Une base de vermentino pour le fruit, une touche de roussanne pour l'ampleur, un bref passage en cuve : la combinaison fait mouche. Clair, précis, nuancé, entre fleurs blanches et fruits exotiques, le nez séduit. Le citron se mêle à la fête dans une bouche qui charme par sa rondeur, par son énergie et par son équilibre frais et aérien. ⧗ 2020-2023 ■ **2017 ★ (15 à 20 €; 52000 b.)** La robe profonde et le nez (fruits noirs, tapenade, notes florales) signent la présence de la syrah (50 %). Texture soyeuse, fraîcheur anisée, tanins bien extraits et réglissés, longueur plus qu'honorable : un vin élégant, raffiné, à la puissance maîtrisée qui donne déjà beaucoup de plaisir. ⧗ 2020-2023 ■ **Grande réserve 2017 ★ (20 à 30 €; 12000 b.)** De l'élégance, de la chair, de la richesse et de la longueur pour ce vin plein de fruit (mûre, cassis, kirsch, garrigue), aux tanins structurants et à la fraîcheur préservée, bref d'un équilibre sans fausse note. ⧗ 2020-2023

CH. DE LASTOURS, Ch. de Lastours, 11490 Portel-des-Corbières, tél. 04 68 48 64 74, contact@chateaudelastours.com V t.l.j. sf sam. dim. 9h-12h 14h-18h

DOM. DES LAUZES La Vie en Lauzes 2019 ★★

6000 | 5 à 8 €

Ce domaine familial dont les origines remontent à 1875 est situé sur la commune de Tournissan, à une trentaine de kilomètres à l'ouest de Narbonne. Agrandi en 1978, dirigé aujourd'hui par Philippe Prévot, le vignoble s'étend sur 32 ha.

Déjà remarquée l'an dernier, cette cette cuvée revient en grande forme dans sa version 2019. Belle robe claire, nez intense de bonbon anglais et de fruits rouges, bouche au diapason, très expressive, parfaitement équilibrée entre une aimable rondeur et une fine fraîcheur, jolie

LANGUEDOC

longueur finale un brin épicée : ce vin coche toutes les cases du rosé sudiste et harmonieux. ⧗ 2020-2021

DOM. DES LAUZES, 2, traverse du Château, 11220 Tournissan, tél. 04 68 44 03 59, domainelauzes@wanadoo.fr V r.-v.

DOM. DE LONGUEROCHE
Cuvée réservée Élevé en fût de chêne 2017 ★★

10 000 | 8 à 11 €

Diplômé en droit, marchand d'antiquités, Roger Bertrand cède à sa passion du vin en reprenant en 1995 l'exploitation familiale située au pied de la barre rocheuse de Roquelongue (d'où le nom du domaine, Longueroche), dans le massif de Fontfroide. Il cultive sans pesticides ses 30 ha de vignes qu'il vendange à la main. Il a ouvert une boutique à Narbonne.

Une vinification en grappes entières qui donne des arômes fringants de fruits rouges mûrs et acidulés sur fond vanillé. La bouche se montre tout aussi volubile, très parfumée, fraîche, riche, appuyée sur des tanins croquants qui ouvrent sur une finale sans astringence. Gourmand et d'une tenue remarquable. ⧗ 2020-2024

DOM. DE LONGUEROCHE, 16, rue de l'Ancienne-Poste, 11200 Saint-André-de-Roquelongue, tél. 06 75 22 85 51, contact@rogerbertrand.fr V r.-v. 4 B

CH. MANSENOBLE
Montagne d'Alaric 2018 ★★

3 600 | 8 à 11 €

En 1993, Guido Jansegers, belge, courtier en assurances et chroniqueur en œnologie, s'est fait vigneron dans les Corbières en reprenant un domaine remontant au XVII[e]s. Avec succès. Ses parcelles sont au pied de l'Alaric.

Le château fait son retour dans le Guide de la plus belle manière avec ce 2018 gouleyant. Vinifié de manière classique (vendange égrappée), il charme d'emblée par des arômes de fruits mûrs et de pâtisserie. La même qualité de fruit anime une bouche souple, fraîche, ronde, dotée de tanins doux. Tout est au diapason dans ce corbières élégant et séduisant. ⧗ 2020-2023 ■ **Réserve 2017 ★ (15 à 20 €; 3600 b.)** Un nez intense, nuancé, entre fruits compotés et épices, avec des touches animales et vanillées. On retrouve cette complexité dans un palais bien construit, charnu, pourvu de tanins serrés qui ouvrent sur une finale agréable mêlant le fruit bien mûr et le chêne. ⧗ 2020-2024

CH. MANSENOBLE, 15, av. Henri-Bataille, 11700 Moux, tél. 04 68 32 56 12, chateaumansenoble@gmail.com V t.l.j. 9h-13h 14h-19h; sam. dim. sur r.-v. A

CH. DE MATTES-SABRAN
Apollon 2018 ★

2 000 | 11 à 15 €

Proche des étangs littoraux, une ancienne dépendance de l'abbaye de Lagrasse, puis une terre noble : 4 000 ha jusqu'en 1914. De nos jours, 300 ha, dont 90 ha de vignes (65 ha en AOC). Dans la même famille depuis 1733, le domaine est géré depuis plus d'un siècle par des femmes – Marie-Alyette Brouillat aujourd'hui.

Assemblage dominé par la syrah (80 %), cette cuvée s'ouvre lentement mais sûrement, dévoilant progressivement ses nuances de fruits noirs, de poivre, de violette et de garrigue. Déjà épanoui, d'une agréable souplesse, le palais restitue ces mêmes notes enrichies de confiture de fraises dans un ensemble gouleyant, aux tanins joliment travaillés. Facile d'accès et charmeur. ⧗ 2020-2024

CH. DE MATTES-SABRAN, Ch. de Mattes-Sabran, 11490 Portel-des-Corbières, tél. 09 77 78 21 35, mattes.sabran@laposte.net V t.l.j. 8h-12h 14h-19h; f. noël B

♥ CH. MAYLANDIE Le Cabanon 2019 ★★

50 000 | 5 à 8 €

Jacques Maymil, entrepreneur narbonnais, crée le domaine dans les années 1950; son fils Jean quitte la coopérative en 1987, après l'accession du corbières à l'AOC. La troisième génération, Delphine et son compagnon Éric Virion, a pris les rênes du vignoble en 2007 (27 ha aujourd'hui). La première, qui a d'abord travaillé dans la communication culturelle, oriente le domaine vers l'œnotourisme.

Quatre cépages et une vinification qui associe pressurage direct et saignée, c'est la formule gagnante de ce rosé pâle et cristallin, très volubile au nez avec ses arômes exubérants de petits fruits rouges frais. La bouche va droit au but : une attaque intense et fraîche, ce qu'il faut de rondeur, une franche acidité et un fruit pur qui persiste très longtemps. Un équilibre idéal et un jury comblé. ⧗ 2020-2021

CH. MAYLANDIE, 18, av. de Lézignan, 11200 Ferrals-les-Corbières, tél. 06 61 93 01 33, contact@maylandie.fr V t.l.j. 9h-12h30 14h-18h; sam. dim. sur r.-v. E

B CH. MONTFIN L'Étang danse 2019 ★★

9 000 | 8 à 11 €

Peyriac-de-Mer, où est implanté le domaine acquis en 2002 par Jérôme et Raymond Estève, tire son charme des étangs littoraux, où l'on peut apercevoir des flamants roses, de la garrigue, des pinèdes et des vignes. Les 20 ha de l'exploitation sont cultivés en bio, dans un esprit biodynamique. Les propriétaires ont replanté plus de mille arbres sur leurs terres.

Tri scrupuleux des raisins, pressurage délicat à froid, fermentation en cuve Inox thermorégulée, tout est fait pour préserver la fraîcheur des raisins. Les cinsault et grenache noir prêtent leur pâleur à ce rosé délicat et parfumé, aux senteurs d'agrumes et de petits fruits rouges frais relevées d'une touche d'épices. Fringant, frais et caressant, voilà un rosé qui sait conjuguer tonicité et onctuosité. Savoureux. ⧗ 2020-2021

CH. MONTFIN, 10, rue du Rec-de-l'Aire, 11440 Peyriac-de-Mer, tél. 04 68 41 93 30, info@chateaumontfin.com V t.l.j. sf sam. dim. 10h-12h 14h-18h

MONT TAUCH Héritage Hibrini 2018 ★

15000 | 15 à 20 €

Locomotive des Hautes Corbières, cette coopérative fondée à Tuchan en 1913 regroupe quelque 200 vignerons et vinifie le fruit de 1 500 ha de vignes implantées sur un terroir rude et sec propice aux grands vins. À sa carte, des corbières, fitou, vins doux naturels et vins en IGP.

Haut de gamme de la cave, Hibrini (premier seigneur de Durban) est un assemblage de grenache, syrah et carignan, vinifiés de manière traditionnelle (c'est-à-dire égrappés). Au nez, des effluves puissantes et ensoleillées de fruits en confiture et de garrigue; en bouche, une bonne concentration, de la rondeur, des tanins bien proportionnés et des saveurs généreuses de fruits qui persistent longuement en finale. Bref, un corbières moderne et bien équilibré. ⧗ 2020-2024

SCA MONT TAUCH,
2, rue de la Cave, 11350 Tuchan, tél. 04 68 45 41 08,
pamiot@mont-tauch.com V *r.-v.*

ORFÈVRE 2019 ★

6000 | 5 à 8 €

La première coopérative languedocienne date de 1905. À peine moins ancienne, celle de Lézignan – la plus ancienne du département de l'Aude – a gardé sa façade de 1909 et ses immenses foudres en chêne. Au début des années 2000, elle s'est tournée vers la vente directe et tient boutique près de la ligne de chemin de fer.

Paré d'une robe pâle à reflets verts, cet assemblage original de vermentino et de maccabeu déploie un nez généreux, franchement fruité, centré sur les agrumes (pamplemousse, mandarine) et l'abricot. Volubile, aromatique, la bouche associe gras, volume et fraîcheur bien sentie, acidulée en finale. Un équilibre idéal pour un blanc du sud. ⧗ 2020-2022

SCA LE CHAI DES VIGNERONS,
15, av. Frédéric-Mistral, 11200 Lézignan-Corbières,
tél. 04 68 27 00 36, chai-vignerons@wanadoo.fr
V *t.l.j. sf dim. 9h-12h 14h-18h30*

(B) CH. PECH-LATT Le Roc 2017 ★★

2400 | 15 à 20 €

Comme bien des propriétés des Corbières, Pech-Latt est d'origine monastique : le domaine dépendait de l'abbaye de Lagrasse, toute proche, dont le vignoble est attesté en 784. Implantée au pied de la montagne d'Alaric, cette vaste unité (340 ha, dont 160 ha de vignes) est cultivée en bio depuis 1991. Lise Sadirac est aujourd'hui la directrice de l'exploitation, qui appartient au groupe bourguignon Louis Max.

Sélection des vieilles vignes de carignan (80 %) du domaine, Le Roc séduit d'emblée par son nez généreusement fruité (pâte de fruits, mûre, cassis), teinté de garrigue et de résine qui nous ramènent dans le Languedoc. Le fruit s'exprime avec la même plénitude dans une bouche harmonieuse, appuyée sur des tanins croquants, relevée par une agréable fraîcheur et prolongée par un trait d'épices et d'olive noire en finale. Du caractère et déjà beaucoup de plaisir. ⧗ 2020-2024

CH. PECH-LATT,
11220 Lagrasse, tél. 04 68 58 11 40,
chateau.pechlatt@louis-max.fr V *r.-v.*

CH. PRAT DE CEST Cuvée Ermengarde 2017 ★★

1800 | 11 à 15 €

Place fortifiée située sur l'antique voie Domitia, le château a été édifié à la fin du XIe s. pour défendre Narbonne. Dans le giron de la même famille depuis 1803, soit 9 générations, le château assume ses deux vocations : l'accueil (gîtes, réceptions, séminaires) et la viticulture. Le vignoble couvre 34 ha situés à flanc de colline sur des sols argilo-calcaires.

Déjà étoilée dans l'édition précédente du Guide, Ermengarde, la comtesse à qui l'on doit le château, récidive avec ce 2017 dont le jury loue l'équilibre et la plénitude. Très frais, le nez interpelle par ses arômes puissants d'eucalyptus. Franchement fruitée avec une soupçon de chêne en soutien, la bouche charme par sa texture douce et charnue, par ses tanins présents mais fondus et par sa finale persistante sur le fruit frais. Un vin à la fois solaire et élégant, déjà gourmand mais que l'on peut garder. ⧗ 2020-2024 ■ **Héritage Cuvée Jeremy Banster 2018 ★ (11 à 15 €; 8300 b.)** Acteur et réalisateur, Jeremy Banster a participé à l'assemblage de cette cuvée qui met en avant une syrah (80 %) élevée en cuve, manifestement bien mûre sur la foi de ce nez chaleureux de cerise et de kirsch. Matière généreuse, fruité expressif, tanins bien extraits, fraîcheur préservée : tout est en place pour faire une belle bouteille après un peu de cave. ⧗ 2021-2025

CH. PRAT DE CEST,
Ch. Prat de Cest, 11100 Bages, tél. 06 75 29 99 96,
chateaupratdecest@hotmail.fr V *juil. à sept. tlj 8h-18h; oct. à mai sur r.-v.*

(B) DOM. PY Antoine 2018 ★

20000 | 8 à 11 €

Jean-Pierre Py a repris depuis 10 ans les vignes familiales, décidé de sortir de la coopérative pour faire son vin, et consenti à d'importants investissements d'équipements de la cave. Il dispose de 130 ha sur le flanc nord de la montagne d'Alaric, désormais en bio certifié.

Coup de cœur l'année passé, cette cuvée nous revient en forme dans le millésime 2018. Intense au nez comme en bouche, elle déploie une palette ensoleillée de fruits surmûris, rehaussée de notes grillées et animales. Arômes qui imprègnent une bouche aux tanins fermes et soutenue par une fraîcheur de bon ton. La finale porte l'empreinte de la barrique et invite à laisser Antoine respirer un peu de temps en cave. ⧗ 2021-2024 ■ **Jules 2019 ★ (5 à 8 €; 30000 b.)** (B) Un nez tonique de bourgeon de cassis et de fruits frais, une bouche souple et tout aussi dynamique, portée par une belle acidité qui donne du croquant au fruit. La touche végétale finale ne fait que renforcer l'impression de fraîcheur de ce rosé friand. ⧗ 2020-2022

JEAN-PIERRE PY,
114, av. des Corbières, 11700 Douzens, tél. 06 07 45 49 63,
domaine.py@orange.fr V *t.l.j. 9h-12h 13h30-17h30; sam. dim. sur r.-v.*

DOM. REGAZEL Petites Mains 2019 ★

	2400		8 à 11 €

Ancien coopérateur, Michel Moreno et son neveu Adrian se sont associés en 2012 pour proposer des vins de terroir. Désormais seul à la barre, Adrian exploite 5 ha de vignes couvrant les pentes nord de l'Alaric, entre garrigue, oliviers et chênes truffiers.

Le grenache blanc et la roussanne entretiennent une belle complicité dans ce 2019 brièvement élevé en cuve, qui décline les fruits à noyau (pêche, abricot) sur un fond intensément floral. Confortable à l'attaque par son volume et sa chair généreuse mais nullement pesante, le palais déroule ces mêmes saveurs gourmandes, rafraîchies en finale par une pointe bienvenue de vivacité citronnée. Un blanc épanoui, parfumé, équilibré. ⧗ 2020-2022

DOM. REGAZEL, 1, pl. de l'Église, 11700 Douzens, tél. 06 73 11 37 04, domaine.regazel@live.fr V *r.-v.*

LES CAVES ROCBÈRE Thesaurus 2018 ★

	14 000		11 à 15 €

Fondées en 1930, les coopératives de Peyriac-de-Mer, Sigean et Portel se sont regroupées, devenant les Caves Rocbère en 1972. Aujourd'hui, le groupement rassemble 5 villages des Corbières maritimes, un peu moins de 200 viticulteurs et 1 500 ha de vignes, produisant 10 % de l'appellation.

Le fruit et le bois se marient harmonieusement dans ce 2018 séveux et ample. Les tanins bien présents assurent son ossature et laissent un sillage épicé, en accompagnement des arômes de fruits noirs, de réglisse et de garrigue. ⧗ 2021-2025

LES CAVES ROCBÈRE, 1, av. des Corbières, 11490 Portel-des-Corbières, tél. 04 68 48 28 05, a.ardite@rocbere.com V *t.l.j. sf lun. dim. 9h30-12h30 15h-18h30*

CH. ROQUEFORT SAINT MARTIN
Grande réserve 2017 ★

	6000		11 à 15 €

La coopérative du Cap Leucate, issue d'une fusion de plusieurs coopératives, est incontournable dans le Fitou maritime. Plus de 200 sociétaires y sont rassemblés, exploitant près de 1 400 ha de vignes.

Des dégustateurs unanimes pour saluer les charmes de cette cuvée élégante et gourmande de bout en bout. Au nez, des notes friandes de fruits frais et mûrs et de garrigue. En bouche, une agréable rondeur, des tanins fins et une jolie acidité qui renforce la sensation de légèreté de l'ensemble. Un corbières très croquant. ⧗ 2020-2023

VIGNOBLES CAP LEUCATE, Chai La Prade, 11370 Leucate, tél. 04 68 33 20 41, contact@cave-leucate.com V *r.-v.*

ROQUE SESTIÈRE Carte blanche 2018 ★

	6000		8 à 11 €

Cette propriété familiale a produit en 1977 ses premières bouteilles : des corbières blancs. C'est dire son originalité : deux tiers des vins sont ici de cette couleur. Arrivé en 1993 sur le domaine, Roland Lagarde a fait passer la superficie cultivée de 28 à 17 ha (sur 2 terroirs distincts) et construit un chai. En 2014, il a cédé l'exploitation à l'entrepreneur Thierry Fontanille. En mars 2016, l'exploitation a reçu le label Haute Valeur Environnementale.

Beaucoup de fruits rouges, du cassis, une touche de bois, le nez est de bon augure. La bouche ne déçoit pas : matière généreuse, tanins fermes, flaveurs épanouies avec une légère évolution et un fond boisé qui apportent un surplus de complexité. Des sensations et du caractère dans ce corbières d'inspiration traditionnelle. ⧗ 2021-2024

DOM. ROQUE SESTIÈRE, 8, rue des Étangs, 11200 Luc-sur-Orbieu, tél. 04 68 27 18 00, roque.sestiere@orange.fr V *r.-v.*

Ⓑ SAINTE MARIE DES CROZES
Cuvée Hector et Juliette 2017 ★★★

	25 000		11 à 15 €

Après 3 générations de vignerons pluriactifs «par habitude et par héritage», Bernard Alias prend en 1997 les rênes du domaine situé sur le flanc nord de l'Alaric. Il restructure le vignoble et modernise la cave. Sa fille Christelle l'a rejoint en 2012, après une expérience à l'étranger. Aujourd'hui, 40 ha de vignes, en bio certifié depuis 2014 et en biodynamie depuis 2020.

Hector et Juliette, en photo sur l'étiquette, ont manifestement inspiré leur petite-fille, Christelle. D'abord timide, le nez s'ouvre lentement sur des notes de fruits noirs, de grenade, de laurier et d'olive noire. La cuvée prend son envol en bouche : texture douce et soyeuse, volume, tanins fondus, précision du fruit, grande longueur... Un vin «infusé» plus qu'extrait, d'un charme absolu. ⧗ 2021-2025 **Premiers Pas sur la lune 2019 ★** (8 à 11 €; 10 000 b.) Ⓑ Une touche de grenache à l'appui de la roussanne dans ce blanc qui fleure bon le pamplemousse et les fruits exotiques. Vif dès l'attaque, un peu de rondeur en milieu de bouche, c'est un blanc léger, aromatique et fringant bien dans l'air du temps. ⧗ 2020-2022

SARL SAINTE-MARIE DES CROZES, 50, av. des Corbières, 11700 Douzens, tél. 06 59 00 67 90, d.alias11@orange.fr V *r.-v.*

CH. DE SAINT-EUTROPE Le Redoutable 2019 ★★

	31 000	8 à 11 €

Quatre générations se sont succédé sur ce domaine. Après avoir vinifié plus de 25 ans dans une coopérative, Olivier Verdale a repris en 2000 avec son frère Jean-Louis l'exploitation familiale : 47 ha de vieilles vignes sur le terroir réputé de Boutenac.

Un rosé de saignée mi-grenache mi-syrah, plus coloré que la moyenne et effectivement redoutable de gourmandise. Le nez offre des senteurs débridées et très pures d'agrumes et de mangue. On les retrouve dans une bouche puissante, vineuse, débordant de saveurs exotiques, qui assume pleinement ses rondeurs. Riche mais harmonieux, un rosé de table qui sort des sentiers battus. ⧗ 2020-2021

EARL CH. DE SAINT-EUTROPE, 31, rue de Fabrezan, 11220 Saint-Laurent-de-la-Cabrerisse, tél. 04 68 44 05 55, verdale.olivier@orange.fr V *r.-v.*

DOM. SERRES-MAZARD
Cuvée Joseph Mazard 2017 ★★

■ | 4100 | | 11 à 15 €

Portant le nom des grands-parents, cette exploitation (55 ha) proche de Lagrasse, où s'activent Jean-Pierre et Annie Mazard, Damien et Marie-Pierre, est accueillante avec ses gîtes et ses sentiers botaniques qui permettent de découvrir la flore sauvage.

Un vin dense, à la robe profonde et au nez encore retenu qui diffuse des notes de cèdre, d'olive noire et d'épices. Puissante, la bouche impressionne par son ampleur, par sa chair concentrée bien cadrée par des tanins musclés mais proportionnés et par sa grande longueur. Autant de belles promesses d'avenir. ⧗ 2022-2027 ■ **L'Origine 2017 ★ (8 à 11 €; 3400 b.)** Au nez, des senteurs de garrigue, de cassis et d'olive noire. Des variations que l'on retrouve dans une bouche déliée, douce et gourmande, sertie de tanins soyeux et dotée d'une bonne acidité. Un corbières élégant. ⧗ 2020-2023

DOM. SERRES-MAZARD, 6, pl. Fontvieille, 11220 Talairan, tél. 06 85 56 13 39, mazard.jeanpierre@free.fr V t.l.j. 9h-18h

TERRE D'EXPRESSION Délicatesse 2018 ★

■ | 17000 | | 5 à 8 €

Fondée en 1932, la coopérative de Fabrezan s'est choisi comme nom Terre d'Expression; une manière d'exprimer la diversité des terroirs cultivés par ses adhérents – 1 400 ha répartis dans 23 communes, de Boutenac aux pentes de l'Alaric, de Lézignan à Lagrasse.

Un nez fruité, entre fruits en confiture et notes végétales, qui offre les charmes d'une vinification en grappes entières. La bouche confirme la gourmandise du nez et y ajoute une rondeur agréable, des notes de confiture de figues et un soupçon de menthol. À boire sur le fruit. ⧗ 2020-2022

TERRE D'EXPRESSION, 5, rue des Coopératives, 11200 Fabrezan, tél. 04 68 43 61 18, info@terredexpression.fr V t.l.j. 9h-19h

♥ CH. VAUGELAS V 2018 ★★★

■ | 300000 | | 8 à 11 €

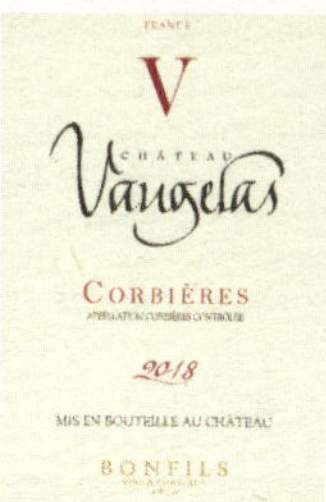

Créé par les bénédictins de l'abbaye de Lagrasse, cet ancien et vaste domaine (200 ha de vignes d'un seul tenant) est principalement implanté sur une terrasse de galets de l'Orbieu. Repris en 2000 par la famille Bonfils, il est devenu une valeur sûre du Guide.

Intensité, puissance, harmonie, ce sont les 3 mots-clés qui caractérisent cette cuvée impressionnante, dont la robe très sombre annonce un nez puissant et concentré de fruits noirs et d'épices. La bouche est de la même trempe : riche, généreuse, charnue, imprégnée de fruits noirs, structurée par de beaux tanins gras et mûrs ouvrant sur une longue finale juste soulignée de bois. Un vin voluptueux, déjà diablement séduisant, mais de longue garde assurément. ⧗ 2022-2030 ■ **Cuvée Prestige 2018 ★★ (5 à 8 €; 100000 b.)** Avec ses accents de fruits surmûris, de cannelle et de pâtisserie, le nez se montre très flatteur. De chauds effluves de fruits à l'alcool et de poivre emplissent un palais capiteux, rond, aux tanins fermes qui donnent ce qu'il faut de relief à l'ensemble. Un vin solaire, long et résolument languedocien. ⧗ 2021-2025 ■ **Le Prieuré Élevé en fût de chêne 2018 ★ (11 à 15 €; 60000 b.)** Un vin solaire, puissant, généreux, au nez complexe, à la fois mûr (fruits confits) et frais (violette, camphre), à la bouche gorgée de fruits rouges confits, bâtie sur des tanins imposants, fermes, à la mesure de l'ensemble. Un corbières corsé. ⧗ 2022-2026

CH. VAUGELAS, 11200 Camplong-d'Aude, tél. 04 67 93 10 10, bonfils@bonfilswines.com V r.-v. E

VIA NOSTRUM 2018 ★

■ | 26665 | | 5 à 8 €

Créée en 1967, cette union de caves coopératives du Languedoc propose des vins d'un très grand Sud qui s'étend de la Gascogne à la vallée du Rhône. Elle regroupe plus de 650 vignerons et dispose de 4 000 ha.

Un nez franc et fruité sur les fruits rouges, une bouche qui restitue cette même qualité de fruit dans un ensemble souple, rond, bien fait, doté de tanins fins, voilà un corbières facile d'accès et fédérateur. ⧗ 2020-2023

UNION DE COOPÉRATIVE FONCALIEU, Dom. de Corneille, 11290 Arzens, tél. 04 68 76 21 68, contact@foncalieu.com V t.l.j. sf lun. dim. 10h30-19h

CH. DU VIEUX PARC L'Air de rien 2019 ★★

■ | 6100 | | 5 à 8 €

Fondé en 1880, un domaine familial proche de Lézignan-Corbières, qui a commencé la vente en bouteilles en 1975. Installé en 1987, Louis Panis – rejoint en 2006 par son fils Guillaume – a agrandi la propriété (68 ha aujourd'hui), rénové la cave et aménagé un chai à barriques.

Roussanne et vermentino à parité dans cet assemblage vinifié à basse température pour préserver le fruit et la fraîcheur. Objectif atteint sur la foi de ce nez débridé, gorgé de poire et de fleurs blanches, et de cette bouche vive à l'attaque, onctueuse, riche, mais sans une once de lourdeur, prolongée par un trait d'épices en finale. ⧗ 2020-2023 ■ **Ambroise 2017 ★ (15 à 20 €; 4000 b.)** Après aération, le nez diffuse des notes de mûre, de cassis, d'épices et de cèdre qui trahissent la forte proportion de syrah et le long élevage en fûts neufs. Intense, fermement structurée autour de tanins puissants et d'une belle acidité, avec un boisé qui a besoin de se fondre, cette cuvée a tout pour bien vieillir. ⧗ 2022-2026

CH. DU VIEUX PARC, 1, av. des Vignerons, 11200 Conilhac-Corbières, tél. 04 68 27 47 44, contact@chateau-vieuxparc.fr V *t.l.j. 9h-12h 13h30-18h; dim. sur r.-v.*

CH. LA VOULTE-GASPARETS 2019 ★

■ | 26600 | | 8 à 11 €

Six générations se sont succédé sur ce domaine couvrant aujourd'hui 60 ha, implanté sur une terrasse

d'alluvions anciennes longue de 5 km, appuyée sur les collines gréseuses de Boutenac. Conduit avec brio depuis plus de 30 ans par Patrick Reverdy, aujourd'hui épaulé par son fils Laurent, il ne quitte pas le devant de la scène.

Le rolle (ou vermentino) est majoritaire dans cet assemblage élevé 5 mois en cuve. La robe pâle annonce un nez léger et printanier, entre fleurs blanches et pêche de vigne. Les fruits exotiques s'invitent dans une bouche dont on retient l'agréable fraîcheur, la sucrosité légère et la rondeur gourmande. Un équilibre sans fausse note pour un blanc polyvalent, de l'apéritif à la table. ⧗ 2020-2023

CH. LA VOULTE-GASPARETS, 13, rue des Corbières, hameau de Gasparets, 11200 Boutenac, tél. 04 68 27 07 86, chateaulavoulte@wanadoo.fr V *t.l.j. 9h-12h 14h-18h*

CORBIÈRES-BOUTENAC

Superficie : 245 ha / Production : 8 926 hl

Le terroir de Boutenac (dix communes de l'Aude) fait depuis 2005 l'objet d'une AOC à part entière pour des vins rouges comportant une proportion notable de carignan (30 à 50 %).

GÉRARD BERTRAND La Forge 2017 ★★★

■	14000	30 à 50 €

Enfant des Corbières, Gérard Bertrand est un important propriétaire et négociant du sud de la France, dont les cuvées apparaissent dans le Guide sous diverses appellations (corbières, fitou, minervois, languedoc, côtes-du-roussillon) et en IGP.

Cuvée vedette de Gérard Bertrand, la Forge naît de vignes centenaires vinifiées en grappes entières et d'un élevage de 12 mois en barriques. Le nez monte tranquillement en puissance, dévoilant des arômes de fruits compotés sur fond de garrigue et de vanille. Le cacao et les fruits noirs s'invitent dans une bouche dense mais soyeuse, bien structurée par des tanins fins, qui offre une sensation de douceur déjà très agréable. Longue garde en perspective pour ce grand vin qui entretient sa flatteuse réputation. ⧗ 2023-2030 ■ **Ch. de Villemajou 2018 ★ (20 à 30 €; 80000 b.)** Ce 2018 dévoile un nez charmeur, entre fruits mûrs et boisé vanillé, et une bouche suave, profonde, chaleureuse, gorgée de fruit, subtilement boisée et bien équilibrée. Un vin à la fois moderne et bien ancré dans le Languedoc. De garde mais déjà accessible. ⧗ 2021-2028

GÉRARD BERTRAND - CH. DE VILLEMAJOU, Ch. l'Hospitalet, rte de Narbonne-Plage, 11100 Narbonne, tél. 04 68 45 28 50, vins@gerard-bertrand.com V *t.l.j. 9h-19h*

DOM. CALVEL Cuvée Gaston 2017 ★

■	6000	⏸	11 à 15 €

Pascale Calvel a repris l'exploitation familiale en 1996, s'est séparée de quelques vignes pour en planter de meilleures et a créé son chai, quittant la coopérative. Son domaine de 30 ha se trouve entre le massif de Fontfroide et les basses collines de Boutenac.

Au nez, un fruit bien mûr généreusement souligné de vanille et de torréfaction. En bouche, de la richesse, une matière ronde à souhait, saupoudrée de notes de chêne, qui se resserre en finale sous l'effet de tanins fermes. Un vin en devenir qui porte encore la marque de son élevage (14 mois de fûts) et qui profitera d'un séjour en cave. ⧗ 2022-2027 ■ **Cuvée Ghislain 2018 ★ (8 à 11 €; 5000 b.)** Pas de bois dans cette cuvée, mais du fruit bien mûr à foison que l'on croque avec plaisir dans une bouche généreuse, touffue, puissante, fraîche, cadrée par des tanins jeunes qui demandent à s'attendrir en cave. ⧗ 2021-2026

DOM. CALVEL, 3, enclos des Grillons, 11200 Saint-André-de-Roquelongue, tél. 06 88 76 89 10, domainecalvel@hotmail.fr V *r.-v.*

Ⓑ CH. DE CARAGUILHES Le Trou de l'ermite 2018 ★★

■	18000	⏸	11 à 15 €

D'origine cistercienne, le domaine, commandé par des bâtiments imposants, est situé à flanc de coteau. Il domine le vaste vignoble de 95 ha d'un seul tenant qui s'étale tout autour en pente douce, entouré de 500 ha de garrigue. Un pionnier du bio – dès 1987. Propriétaire depuis 2007, Pierre Gabison reste sur cette ligne.

Un élevage partiel en barriques ajoute une touche épicée à un nez bien sudiste, aux accents de garrigue et de fruits très mûrs. Juteuse à l'attaque, la bouche se raffermit autour d'une belle structure qui apporte ce qu'il faut de fermeté, avant de dérouler longuement en finale des saveurs épanouies et nuancées de chêne. ⧗ 2021-2025

CH. DE CARAGUILHES, 11220 Saint-Laurent-de-la-Cabrerisse, tél. 04 68 27 88 99, chateau@caraguilhes.fr V *r.-v.*

DOM. LE CHAMP DES MURAILLES Grande Cuvée 2018 ★★

■	20000	⏸	11 à 15 €

Bien connu pour son Ch. Ollieux Romanis, Pierre Bories a racheté en 2012 le Champ des Murailles, domaine en corbières-boutenac créé par François des Ligneris, ancien propriétaire du Ch. Soutard, grand cru classé de Saint-Émilion. Couvrant quelque 10 ha sur le flanc ouest du massif du Pinada, ce vignoble se caractérise par un microclimat plus frais que le Ch. Ollieux Romanis.

Fidèle au Guide, le domaine signe une cuvée bien dans le ton de l'appellation par sa consistance et sa puissance. Ouvert et riche, le nez hésite entre fruits bien mûrs, sous-bois et notes discrètes de chêne. Intense dès l'attaque, le palais a tout pour charmer : rondeur de la matière, gourmandise du fruit, tanins bien enrobés avec un soupçon de fermeté en finale. Déjà du plaisir et un solide potentiel. ⧗ 2021-2028

LE CHAMP DES MURAILLES, Le Champ-des-Murailles, RD212, chem. des Lègnes, 11200 Fabrezan, tél. 04 68 43 35 20, clients@artisans-partisans.com

Ⓑ CH. FABRE GASPARETS 2017 ★

■	50000	⏸	15 à 20 €

Enracinée dans les Corbières depuis 1605, la famille Fabre exploite 360 ha répartis sur 4 domaines : le Ch. Fabre Gasparets (corbières-boutenac, le berceau),

le Ch. Coulon, le Ch. de Luc et le Dom. de la Grande Courtade, sur le territoire de Béziers, dédié aux vins IGP. Ingénieur agronome et œnologue, Louis Fabre a pris en 1982 la tête de ces vignobles cultivés en bio dès 1991 (certification pour l'ensemble en 2014).

12 mois de fûts pour cette cuvée vinifiée sans soufre, mais c'est le fruit qui s'impose au nez : griotte, cassis et mûre. La bouche affiche les mêmes dispositions : souple, croquante de fruit, sans fard, dotée de tanins fins et d'une vivacité pas toujours de mise dans l'appellation. Un boutenac friand que l'on peut ouvrir sans tarder. ⧗ 2020-2024

CH. FABRE GASPARETS / CH. DE LUC, 1, rue du Château, 11200 Luc-sur-Orbieu, tél. 04 68 27 10 80, info@famille-fabre.com t.l.j. 9h-12h 14h-19h

CH. FONTSAINTE Clos du Centurion 2017 ★

■ | 11300 | | 15 à 20 €

Conduite par une ancienne famille vigneronne, la propriété domine le village de Boutenac, dans la partie la plus réputée des Corbières. À partir de 1971, Yves Laboucarié a agrandi l'exploitation et introduit de nouvelles pratiques comme la macération carbonique. Son fils Bruno, qui a pris le relais en 1993, dispose de près de 54 ha.

Le fruit cuit très mûr et en confiture se distingue avec subtilité dans ce vin rond, qui doit son amabilité à des tanins fins. ⧗ 2021-2023

DOM. DE FONTSAINTE, 16, rte de Ferrals, 11200 Boutenac, tél. 04 68 27 07 63, earl.laboucarie@fontsainte.com t.l.j. sf dim. 9h30-11h30 14h-19h

CH. GRAND MOULIN Grès de Boutenac 2017 ★★

■ | 30 000 | | 11 à 15 €

Son père, vendeur de bétail, possédait une petite vigne. Jean-Noël Bousquet décide à 8 ans qu'il sera vigneron, achète son premier hectare à 17 ans, s'installe comme jeune agriculteur en 1978 – en fermage – et fait l'acquisition de vignes en coteaux alors dédaignées (500 F l'hectare…). En 1988, à la tête de 24 ha, il installe sa cave dans un ancien moulin. Il a transmis en 2014 à son fils Frédéric 130 ha de vignes, en IGP, en corbières et en corbières-boutenac. Un domaine d'une louable régularité.

Un terroir calcaire, celui des grès de Boutenac, a donné naissance à cette cuvée longuement macérée (35 jours), élevée 12 mois en fûts neufs, qui assemble des vignes de 40 ans de mourvèdre et de carignan. Discrets au nez, les arômes (fruits rouges, épices, réglisse) explosent dans une bouche riche, puissante et structurée, étonnante de fraîcheur et d'un équilibre magistral. Le miracle du calcaire ? De garde. ⧗ 2023-2030

CH. GRAND MOULIN, 6, av. Gallieni, 11200 Lézignan-Corbières, tél. 04 68 27 40 80, contact@chateaugrandmoulin.com t.l.j. sf dim. 9h-19h

CH. HAUTERIVE LE HAUT Faïti 2018 ★

■ | 1840 | | 11 à 15 €

Le Ch. Hauterive, vaste domaine implanté sur plusieurs terroirs, était une dépendance de l'abbaye de Fontfroide. Le vignoble est dans la famille de Jean-Marc Reulet depuis 40 ans.

Faïti ? L'ancien nom du domaine. Dans le verre, un assemblage classique (carignan, grenache, syrah, mourvèdre) et un nez qui l'est tout autant, entre fruits mûrs et garrigue. Encore serrée, la bouche déploie une rondeur agréable cadrée par des tanins fermes, un tantinet sévères à ce stade. Un peu de cave ou un passage en carafe lui feront le plus grand bien. ⧗ 2022-2025

CH. HAUTERIVE LE HAUT, 1, ancien chem. de Ferrals, 11200 Boutenac, tél. 04 68 27 62 00, hauterive-le-haut@orange.fr r.-v.

CH. JÉRÉMIE Y 2018 ★★★

■ | 1000 | | 15 à 20 €

Constitués par la famille Gau, les Vignobles de la Ferrandière ont été rachetés en 2013 par Jean-Claude Mas (Dom. Paul Mas). Couvrant 100 ha de vignes (surtout) et de pommiers, le domaine est implanté sur l'étang asséché de Marseillette, une ancienne lagune, entre les Corbières et le Minervois, à 40 km de la Méditerranée. Les sols salés doivent être périodiquement inondés au printemps, ce qui permet aux vignes d'échapper au phylloxéra : de nombreux ceps sont ici francs de pied (non greffés).

Une base de carignan vinifié en macération carbonique dans cet assemblage qui a frôlé le coup de cœur. Le jury a apprécié la pureté d'un nez qui décline le fruit frais, la garrigue et la violette, et l'élégance d'une bouche soyeuse qui combine fraîcheur, finesse des tanins et pureté de fruit. Un boutenac tout en nuances qui privilégie l'équilibre à la puissance. Déjà agréable. ⧗ 2021-2025

DOM. DE LA FERRANDIÈRE, Dom. de la Ferrandière, 11800 Aigues-Vives, tél. 04 68 79 29 30, info@paulmas.com

CH. MAYLANDIE Villa Ferrae Élevé en fût de chêne 2018 ★★

■ | 10 000 | | 11 à 15 €

Jacques Maymil, entrepreneur narbonnais, crée le domaine dans les années 1950 ; son fils Jean quitte la coopérative en 1987, après l'accession du corbières à l'AOC. La troisième génération, Delphine et son compagnon Éric Virion, a pris les rênes du vignoble en 2007 (27 ha aujourd'hui). La première, qui a d'abord travaillé dans la communication culturelle, oriente le domaine vers l'œnotourisme.

Cette cuvée, étoilée l'année passée, nous revient en grande forme avec les mêmes fondamentaux : des raisins manifestement très mûrs, de la richesse et un boisé ambitieux. Cela donne ce nez opulent, généreusement torréfié, presque sucré grâce à la grande maturité du fruit. Voluptueuse, charnue à l'attaque, la bouche en impose par sa puissance, par ses tanins fermes et par ses saveurs chaleureuses, confiturées et caramélisées. Une belle bouteille qui s'affinera en cave. ⧗ 2022-2028

CH. MAYLANDIE, 18, av. de Lézignan, 11200 Ferrals-les-Corbières, tél. 06 61 93 01 33, contact@maylandie.fr t.l.j. 9h-12h30 14h-18h ; sam. dim. sur r.-v.

OLLIEUX ROMANIS Cuvée Or 2018 ★

| 20 000 | | 20 à 30 € |

Fondé en 1860 dans le terroir de Boutenac, ce vaste vignoble familial, à l'origine dépendance de l'abbaye de Fontfroide, est resté dans la même famille depuis lors. Il possède dès 1896 cave et chai à barriques construits avec les pierres de la carrière du domaine. Jacqueline et François Bories le relancent au cours des années 1980, rejoints en 2001 par leur fils Pierre. Cultivé sans désherbants ni pesticides, le vignoble, en conversion bio, s'étend sur 65 ha.

Le 2018 est le digne successeur des 2016 et 2017, encensés dans les éditions précédentes. Le nez d'abord discret libère progressivement ses effluves de fruits mûrs et de torréfaction. Matière pulpeuse, tanins fins, fermeté de bon aloi : tout est en place pour faire une belle bouteille après quelques années de garde. ⧗ 2023-2028

OLLIEUX ROMANIS, Ollieux, RD_613, 11200 Montséret, tél. 04 68 43 35 20, clients@artisans-partisans.com V *t.l.j. 9h-12h 13h-18h; f. noël*

SAINTE-LUCIE D'AUSSOU Bella Dama 2017 ★

| 12 000 | | 15 à 20 € |

Dans l'Antiquité, une *villa* gallo-romaine; au XVII[e]s., une congrégation religieuse. Situé à 4 km de l'abbaye de Fontfroide, le domaine actuel, commandé par des bâtiments imposants organisés autour d'une cour d'honneur, remonte à 1869. Il a été acquis en 1992 par Jean-Paul Serres, passé du barreau toulousain à la vigne. Certifiée Haute valeur environnementale, la propriété compte 53 ha (dont une quarantaine en production) en corbières et en corbières-boutenac.

Une Bella Dama dont la robe noire annonce un nez profond et fin, alliant fruits rouges en confiture, épices et torréfaction. La même déclinaison aromatique s'impose dans une bouche riche, ample et vineuse, dont le jury a unanimement souligné l'équilibre, la gourmandise et la longueur. Tout pour séduire dès à présent. ⧗ 2020-2025

CH. SAINTE-LUCIE D'AUSSOU, Dom. de Sainte-Lucie d'Aussou, 11200 Boutenac, tél. 06 87 34 12 67, saintelucied aussou@orange.fr V *r.-v.*

♥ CH. SAINT-ESTÈVE Ganymède 2018 ★★★

| 4 266 | | 20 à 30 € |

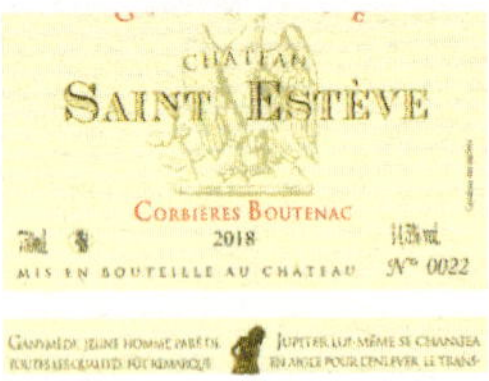

Dans la famille Latham, on trouve Hubert, qui tenta le premier de traverser la Manche en avion, ou Henri de Monfreid, le célèbre explorateur et écrivain. Petit-fils du second, Éric Latham, après avoir exporté du café et du cacao de la Côte-d'Ivoire, a acquis en 1984 le Ch. Saint-Estève (120 ha aujourd'hui) rattaché jadis à l'abbaye de Fontfroide.

Une cuvée dédiée à Ganymède, échanson de Zeus, dont la statue trône à l'entrée du domaine. Des vieilles vignes de carignan forment sa colonne vertébrale. Un élevage de 12 mois en fûts lui a été réservé. Le nez est à la mesure de la robe, dense, et décline les fruits bien mûrs (griotte en confiture), sans outrance et avec élégance. Riche, explosive, dotée d'une texture onctueuse, la bouche séduit par son amplitude, sa profondeur, son équilibre magistral et sa longueur qui ne trompe pas. De longue garde. ⧗ 2023-2030

CH. SAINT-ESTÈVE, Ch. Saint-Estève, 11200 Thézan-des-Corbières, tél. 04 68 43 32 34, contact@chateau-saint-esteve.com V *t.l.j. 9h-19h*

CH. DE SAINT LOUIS 2017 ★★

| 10 000 | | 15 à 20 € |

Martine et Philippe Pasquier-Meunier ont conduit en viticulture raisonnée pendant près de trente ans ce vaste domaine familial connu des lecteurs sous le nom de Meunier-Saint-Louis. En 2012, ils ont cédé la propriété à un investisseur russe, Praskoveiskoe, lui-même à la tête de vignobles dans son pays et déjà présent en Languedoc au travers du Ch. Saint-Martin-de-la-Garrigue. Jean-François Farinet, ancien œnologue de Deutz puis de Delas, en a pris la direction. La cuverie a été refaite en 2014.

Des vieilles vignes de carignan (50 ans) forgent l'ossature de cette cuvée qui s'annonce discrètement sur des arômes diffus de petits fruits rouges et noirs et de torréfaction. Bien plus volubile, le palais impressionne par sa matière généreuse, fondante à l'attaque, puissante dans son développement, presque paradoxale dans son association de chaleur et de fraîcheur. Beaucoup de caractère et un plaisir à la mesure. ⧗ 2022-2027

CH. SAINT-LOUIS, Saint-Louis, 11200 Boutenac, tél. 04 68 27 09 69, contact@chateau-saintlouis.com V *r.-v.*

CH. LA VOULTE-GASPARETS Cuvée Romain Pauc 2018 ★★★

| 38 000 | | 20 à 30 € |

Six générations se sont succédé sur ce domaine couvrant aujourd'hui 60 ha, implanté sur une terrasse d'alluvions anciennes longue de 5 km, appuyée sur les collines gréseuses de Boutenac. Conduit avec brio depuis plus de 30 ans par Patrick Reverdy, aujourd'hui épaulé par son fils Laurent, il ne quitte pas le devant de la scène.

Régulièrement à l'honneur dans le Guide, le domaine brille cette année grâce à ce haut de gamme, assemblage classique né de très vieilles vignes (75 ans en moyenne), vinifiées en macération carbonique. Charmeur mais sur la réserve, le nez livre des nuances de fruits mûrs que l'on retrouve bien plus intensément dans une bouche ample, à la fois charnue et élégante, fermement structurée et promise à un bel avenir. ⧗ 2023-2030

CH. LA VOULTE-GASPARETS, 13, rue des Corbières, hameau de Gasparets, 11200 Boutenac, tél. 04 68 27 07 86, chateaulavoulte@wanadoo.fr V *t.l.j. 9h-12h 14h-18h*

FAUGÈRES

Superficie : 2 004 ha
Production : 68 733 hl (99 % rouge et rosé)

Reconnus en AOC depuis 1982, comme les saint-chinian leurs voisins, les faugères sont produits

sur 7 communes situées au nord de Pézenas et de Béziers, et au sud de Bédarieux. Les vignobles sont plantés sur des coteaux à forte pente, d'une altitude relativement élevée (250 m), dans les premiers contreforts schisteux peu fertiles des Cévennes. Produits à partir des cépages grenache, syrah, mourvèdre, carignan et cinsault, les faugères rouges sont bien colorés, chaleureux, avec des arômes de garrigue et de fruits rouges. L'appellation produit aussi des rosés et de rares blancs.

ABBAYE SYLVA PLANA Le Songe de l'abbé 2017 ★

26000 | 15 à 20 €

Une abbaye fondée en 1139 sous l'abbatiat de Desiderius. Elle dresse sa tour capitulaire au cœur des schistes de Faugères, où la tradition viticole inaugurée par les moines cisterciens se perpétue depuis plus de huit siècles. Nicolas Bouchard officie aujourd'hui sur les 54 ha de vignes du domaine, conduits en bio (certification en 2008).

Un 2017 expressif, sur des arômes de fruits très mûrs et de ciste. Souple, il bénéficie de tanins en passe de se fondre, respectueux du fruité. Quelques notes de garrigue et une très légère amertume font tout l'agrément de la finale. ⧗ 2020-2025

ABBAYE SYLVA PLANA, 13, Ancienne-RN, 34480 Laurens, tél. 04 67 24 91 67, info@vignoblesbouchard.com r.-v.

CH. DES ADOUZES Frère et Sœur 2018 ★

2500 | 11 à 15 €

C'est en 2017 que Jeanne et Olivier Coste ont acquis ce domaine de 42 ha, dont l'âge moyen des vignes est de 90 ans.

Un vin aux arômes de cèdre et de bois exotique, nuancé de poivre blanc. Nul doute, l'élevage le marque encore, mais il a de la matière et des tanins de qualité de très bon augure. ⧗ 2021-2025

CH. DES ADOUZES, 8, imp. des Caves, 34320 Roquessels, tél. 04 67 98 63 33, contact@chateaudesadouzes.com

DOM. DE CÉBÈNE Les Bancèls 2017 ★

12000 | 15 à 20 €

Après avoir œuvré pendant vingt ans dans le négoce bordelais, Brigitte Chevalier, originaire du Médoc, a pris en 2007 la tête de ce domaine de 11 ha, cultivés en bio, au cœur du parc régional du Haut-Languedoc, sur les schistes de Faugères.

Les Bancèls (du nom des terrasses qui supportent les vignes) assemblent 4 cépages élevés en cuve. Une agréable sensation de fraîcheur émane du nez, élégant, floral, fruité, épicé et fumé. Ce caractère friand perce aussi dans une bouche juteuse, cadrée par des tanins fermes et vivifiée par des effluves d'eucalyptus, de garrigue et de végétal frais. Gourmand, équilibré, c'est un faugères très stimulant. ⧗ 2020-2025

DOM. DE CÉBÈNE, Dom. de Cébène, BP_72, 34600 Faugères, tél. 06 74 96 42 67, bchevalier@cebene.fr r.-v.

CH. CHÊNAIE Les Douves blanches 2019 ★★

1500 | 11 à 15 €

Un vrai château du XIIe s. : au Moyen Âge, un poste de guet sur le passage de la montagne du Carroux vers la plaine littorale. Établie du côté de Faugères depuis 5 générations, la famille Chabbert est propriétaire des 38 ha de vignes du domaine et a installé son chai à barriques et son caveau de dégustation dans l'imposant donjon.

Macération pelliculaire, fin de fermentation puis élevage sur lies en barrique, ce blanc qui assemble roussanne (80 %) et viognier a fait l'objet de tous les soins. Cela paie sur la foi de ce nez élégant, où le bois s'efface devant le jasmin, le chèvrefeuille et les fruits exotiques, et de cette bouche délicate, bien en chair et bien du Sud, dotée d'une texture noblement travaillée, remarquable de finesse et d'élégance. Un grand blanc aérien qui saura tenir dans le temps. ⧗ 2020-2024

CH. CHÊNAIE, Le Château, 1, rue du Carcan, 34600 Caussiniojouls, tél. 04 67 95 48 10, chateauchenaie@orange.fr r.-v.

♥ COMTES DE LORGERIL Le Causse Sélection parcellaire 2017 ★★★

2600 | 20 à 30 €

Les Lorgeril possèdent 6 domaines familiaux en Languedoc-Roussillon, parmi lesquels le Ch. de Pennautier, un Versailles en Languedoc construit en 1620 à la gloire des seigneurs locaux, trésoriers des États du Languedoc; une valeur sûre de l'appellation cabardès. Nicolas et Miren de Lorgeril, qui représentent la 10e génération à conduire ce vaste ensemble de 180 ha, sont également à la tête d'une structure de négoce.

Une des cuvées haut de gamme du domaine qui tient magnifiquement son rang dans le millésime 2017. Issue d'une parcelle d'altitude et de sols de schiste, elle s'ouvre lentement mais sûrement sur des notes complexes de fruits mûrs mâtinés de camphre, de menthol et de grillé. Veloutée à souhait, très tactile, dotée de tanins enrobés et d'une fraîcheur de bon aloi, la bouche ajoute à la palette du nez de fines senteurs d'évolution évoquant le cuir et le sous-bois qui s'éternisent en finale. Tout est harmonieux et dynamique dans ce grand rouge épanoui qui respire le Sud, l'altitude et le savoir-faire. Irrésistible dès à présent. ⧗ 2020-2025

MAISON LORGERIL, BP_4, 11610 Pennautier, tél. 04 68 72 65 29, contact@lorgeril.com r.-v.

CH. ESTANILLES Vallongue 2019 ★★

5000 | 11 à 15 €

L'autodidacte Julien Seydoux a racheté en 2009 ce domaine de 44 ha, conduit en bio, qui propose des faugères souvent remarquables. Une valeur sûre.

Un producteur qui privilégie l'élégance à la puissance. Cela se sent dans ce rosé exemplaire de naturel et de

LANGUEDOC

délicatesse. Au nez, des arômes raffinés de fleurs blanches, d'agrumes et de petits fruits rouges. En bouche, une attaque tonique, ce qu'il faut de gras, une acidité au cordeau qui donne éclat et allégresse à un fruité fin, précis, sur le pamplemousse et la framboise. Ajoutons-y une longueur très appréciable et une petite salinité en finale et on obtient un parfait rosé de gastronomie. ⧗ 2020-2022 ■ **Clos du fou 2017 ★ (20 à 30 €; 7500 b.)** Ⓑ Les 18 mois de fût laissent leur empreinte sur cette presque pure syrah, au nez toasté et vanillé sur fond de fruits noirs. Présent en bouche mais sans outrance, l'élevage a joliment enrobé des tanins fins et fermes qui soutiennent une chair ample, gourmande et remarquable de fraîcheur. Beaucoup de relief et d'avenir pour ce rouge que l'on oubliera quelques années en cave. ⧗ 2022-2027

CH. ESTANILLES, hameau-de-Lentheric, 34480 Cabrerolles, tél. 04 67 90 29 25, contact@chateau-estanilles.com V t.l.j. sf sam. dim. 10h-17h

GUILLAUME GANGLOFF Noctambule 2018 ★★

■	3224		11 à 15 €

Cette toute récente maison de négoce haute couture a été créée en 2019 par Guillaume Gangloff, par ailleurs propriétaire du Dom. de la Salveterra dans le Roussillon. Au programme, une large déclinaison des AOC du Languedoc et du Roussillon à partir de partenariats noués avec des vignerons travaillant dans le respect de l'environnement, labellisés ou non.

Une entrée dans le Guide en fanfare pour Guillaume Gangloff, coauteur (avec les vignerons partenaires) de ce splendide Noctambule, assemblage équilibré de 4 cépages. Au nez, c'est un festival : mûre, cassis, garrigue, olive noire, poivre et épices exotiques. En bouche, du soleil mais pas trop, une douceur de texture très sensuelle, des tanins tendres, une richesse de fruit savoureuse, ce qu'il faut de tonicité et une longue finale suave et réglissée. Un rouge absolument délicieux conçu pour donner sa pleine mesure dans sa jeunesse. ⧗ 2020-2024

GUILLAUME GANGLOFF DIFFUSION, 25, av. du Stade, 66600 Rivesaltes, tél. 07 60 39 50 99, administratif@guillaumegangloff.com

CH. GRÉZAN Schistes dorés 2018 ★★

■	18000		20 à 30 €

Jadis *villa* romaine puis commanderie de Templiers, ce curieux château vaut le détour. On l'appelle le «petit Carcassonne du Biterrois» avec son mur d'enceinte fortifié et crénelé remanié au XIXᵉs. Côté vignes, 85 ha conduits par Rémy Fardel et Jean-Louis Pujol.

La robe sombre de ce vin annonce un nez puissant où le chêne impose ses notes de moka et de vanille. Le boisé est certes ambitieux, mais le fruit (noir) et les épices de la syrah (80 %) respirent dans une bouche ample, puissante, concentrée, épaulée par de beaux tanins gras et souples, et soutenue par une très belle acidité. Une bien belle constitution pour ce faugères de caractère et de garde, mais qui saura aussi donner du plaisir dès à présent après une longue aération. ⧗ 2021-2026

CH. GRÉZAN, Ch. Grézan, RD_909, 34480 Laurens, tél. 04 67 90 27 46, caveau@cg-fcp.com V t.l.j. sf dim. 9h-12h 14h30-18h

VIGNOBLES JEANJEAN Extraits de schiste 2018 ★

■	50000		5 à 8 €

Ce domaine qui tire son nom du ruisseau qui traverse le vignoble a été racheté par la famille Jeanjean en 2012, acteur de poids des vins du sud de la France, rattaché au groupe Advini. Niché au pied d'une falaise, le vignoble s'étend sur une douzaine d'hectares sur des sols de schistes.

Un nez lent à s'éveiller qui décline à l'aération la cerise à l'eau-de-vie et la garrigue introduit une bouche ample et chaleureuse, dynamisée par une agréable acidité en soutien et par des tanins encore jeunes et serrés. Au final, un rouge bien équilibré et de bonne typicité que l'on peut pourra laisser respirer un peu en cave. ⧗ 2021-2024

DOM. DE FENOUILLET, BP_1, 34725 Saint-Félix-de-Lodez, tél. 04 67 88 80 00, brigitte.barreiro@vignobles-jeanjean.com V *t.l.j. sf dim. 9h-12h 14h-19h (à la boutique Vignerons et Passions)*
VignoblesJeanjean

Ⓑ CH. DE LA LIQUIÈRE Tarrousel 2017 ★

■	3000		20 à 30 €

Depuis les années 1970, ce domaine en bio certifié est l'un des fleurons de l'appellation, présent dans le Guide avec une régularité sans faille. Doté d'un magnifique terroir de 70 petites parcelles de schistes (58 ha) qui sculptent le paysage, il bénéficie aujourd'hui du savoir-faire de la jeune génération, hérité du grand-père Jean et du père Bernard Vidal, l'un et l'autre anciens présidents de l'appellation.

Du nom de la parcelle qui l'a vu naître et d'un petit cours d'eau, ce faugères assemble de très vieilles vignes (80 ans) de grenache et de carignan. Malgré les 18 mois de vieillissement en cuve, le nez reste sur la réserve, libérant de fines notes de fruits noirs, d'épices et de garrigue à l'aération. Toute jeune, la bouche se montre encore bien serrée, fermement tannique, mais offre aussi de la suavité et de la profondeur. On laissera donc le temps faire son œuvre sur ce rouge d'avenir. ⧗ 2022-2027

CH. DE LA LIQUIÈRE, La Liquière, 12, rue de la Chapelle, 34480 Cabrerolles, tél. 04 67 90 29 20, info@chateaulaliquiere.com V *t.l.j. sf sam. dim. 10h-12h 14h-18h*

SÉBASTIEN LOUGE Envol 2018 ★★

■	10000		8 à 11 €

Œnologue diplômé, Sébastien Louge a fait ses classes dans divers vignobles de France et du monde avant de s'installer en 2014 comme jeune agriculteur sur le terroir schisteux de Faugères. Il a créé sa cave et exploite 10,5 ha en lutte raisonnée.

D'une robe sombre émergent des senteurs complexes, intensément fumées et épicées, nuancées de sous-bois. Les fruits noirs et les épices agrémentent un palais ample, charnu, de bonne concentration, cadré par de beaux tanins denses et fins, et relevé par une très agréable fraîcheur aromatique. Plein, à la fois suave et dynamique, ce rouge complet et harmonieux est une très belle évocation de l'appellation. À boire ou à garder. ⧗ 2020-2025

DOM. DE L'ARBUSSELE, 6, Le Moulenc, 34320 Fos, tél. 06 18 07 47 96, contact@domaine-larbussele.com V *r.-v.*

MAS GABINÈLE Rarissime 2018 ★

■ | 8000 | | 30 à 50 €

Petit-fils de vignerons, Thierry Rodriguez débute sa carrière dans l'exportation de vins du Languedoc, puis dans le négoce. Il redevint vigneron en achetant en 1997 ses premières parcelles en faugères à son ami Gabriel Mas, surnommé Gabinelle. *Gabinelà* désigne en occitan un cabanon de vignes, c'est le nom qu'il a choisi pour son domaine, qui couvre aujourd'hui 20 ha.

Habillé de noir, concentré, juteux, sur la liqueur de cassis, la myrtille, la garrigue et le clou de girofle, ce 2018 témoigne d'une syrah (70 %) vendangée bien mûre et joliment élevée en fût (16 mois). Puissante, concentrée, gorgée d'épices, de fruits noirs et de menthol, la bouche confirme les belles dispositions du nez et y ajoute une structure à la mesure, dense et serrée. Un faugères bien bâti qu'il convient de laisser reposer en cave. ⧗ 2022-2026

MAS GABINÈLE, 1750, chem. de Bédarieux, 34480 Laurens, tél. 04 67 89 71 72, info@masgabinele.com V *t.l.j. sf sam. dim. 10h-12h 16h-18h* E

MAS OLIVIER Expression 2018 ★★

■ | 83000 | | 11 à 15 €

La coopérative Crus Faugères est l'une des toutes dernières créées en Languedoc. Sa fondation en 1959 correspond à l'émergence du vignoble de cette appellation. Dès les années 1970, la cave vend aux particuliers. En 1995, elle lance la marque Mas Olivier. Elle organise aussi des promenades dans le vignoble où l'on peut découvrir les moulins restaurés de Faugères.

De ce 2018, on retient la robe profonde et le nez riche, nuancé, qui restitue la palette de la syrah dominante : cassis frais, violette et épices. Dynamique, portée par une belle acidité, la bouche prolonge cette plénitude de fruit qui s'épanouit dans une matière souple, savoureuse, idéalement épaulée par des tanins fermes et croquants. De l'allégresse et beaucoup de plaisir. Le jury est conquis. ⧗ 2020-2024

LES CRUS FAUGÈRES, mas-Olivier, 34600 Faugères, tél. 04 67 95 08 80, contact@lescrusfaugeres.com V *t.l.j. 9h-12h 14h-18h*

B MAS ONÉSIME Le Sillon 2018 ★★

■ | 5000 | | 11 à 15 €

Ses grands-parents ont acquis des vignes après la Seconde Guerre mondiale. Ses parents ont apporté leurs raisins à la coopérative, puis agrandi le vignoble (12 ha aujourd'hui, en bio certifié avec une vue sur la biodynamie). Après ses études en œnologie et quelques escapades à travers le monde, Olivier Villaneuva s'est installé en 1999 sur le domaine et a débuté la mise en bouteilles à la propriété en 2011. Onésime ? Le prénom du grand-père.

Un assemblage atypique dominé par le grenache et élevé 10 mois en cuve. Garrigue, fruits ensoleillés, violette, menthol, eucalyptus : bienvenu dans le Sud. Tout aussi parfumée, juteuse, très fraîche à l'attaque, la bouche rebondit sur des tanins fringants, encore un peu serrés à ce stade mais extraits avec doigté. De l'éclat et de la longueur dans ce rouge accompli qui donnera sa pleine mesure après un court repos en cave. ⧗ 2021-2024

EURL MAS ONÉSIME, hameau de la Liquière, lotissement de la Crouzette, 34480 Cabrerolles, tél. 06 20 86 50 35, olivier@masonesime.com V *r.-v.*

B DOM. OLLIER-TAILLEFER Grande réserve 2017 ★

■ | 35000 | | 11 à 15 €

Fos est un charmant village fleuri du haut Languedoc. Incarnant la cinquième génération, Luc et Françoise Ollier, frère et sœur natifs du cru, y conduisent un vignoble familial de 36 ha certifié bio depuis 2012. Sixième génération, Florent, fils de Luc, les a rejoint en 2020. Une valeur sûre de l'AOC faugères.

Blancs, rouges, rosés, le domaine sait tout faire, et bien. Groseille, framboise, touche de garrigue et de végétal frais, le nez est appétant. Toute en élégance, ample, douce, ourlée de tanins fins et relevée de menthol, la bouche confirme la fraîcheur perçue à l'olfaction. Une agréable petite amertume apparaît en finale. ⧗ 2020-2024

DOM. OLLIER TAILLEFER, rte de Gabian, 34320 Fos, tél. 04 67 90 24 59, ollier.taillefer@orange.fr V *t.l.j. sf dim. 11h-12h 14h30-18h; 16 oct.-14 avr. sur r.-v.* D

♥ B CH. DES PEYREGRANDES 2019 ★★

■ | 2000 | | 11 à 15 €

Marie Boudal cultive avec un soin méticuleux ses vieilles vignes (24 ha en bio) de syrah, de grenache, de carignan et de mourvèdre (certaines sont âgées de plus de 70 ans) accrochées sur les flancs des coteaux escarpés de Roquessels, en appellation faugères. Elle a 2 étiquettes : Ch. de Peyregrandes et Dom. Bénézech-Boudal.

Roussanne, marsanne et sols de schiste s'entendent à merveille dans cette cuvée qui glane son deuxième coup de cœur consécutif. Dépouillé, élégant, le nez décline les agrumes et les fleurs blanches avec une petite note fumée du meilleur effet qui signe le terroir. Cette tonalité minérale, rehaussée de fruits secs, fait le charme d'une bouche qui brille par sa tension et par son équilibre irréprochable entre rondeur et fraîcheur. La finale saline et citronnée étire et illumine un peu plus ce beau vin qui prouve tout l'intérêt des rares blancs de l'appellation (3 % de la production). ⧗ 2020-2023 ■ **Peyregrandes Prestige 2018 ★★ (11 à 15 €; 3000 b.)** B Sélection parcellaire élevée 18 mois en cuve, ce beau rouge tutoie le coup de cœur. Confiture de fruits noirs, cannelle, note grillée, orange sanguine : le nez est d'une classe folle. Une déclinaison qui s'étoffe de notes de ciste, de laurier, de poivre et de réglisse dans une bouche puissante mais ronde, suave, appuyée sur des tanins gras d'une maturité accomplie. Une magnifique promenade olfactive et une non moins belle évocation de l'appellation. ⧗ 2021-2025

CH. DES PEYREGRANDES, 11, chem. de l'Aire, 34320 Roquessels, tél. 04 67 90 15 00, chateau-des-peyregrandes@wanadoo.fr V r.-v.

JÉRÔME RATEAU Les Petites Plumes 2018 ★

	4000		11 à 15 €

Jérôme Rateau, œnologue formé à Bordeaux et issu d'une famille champenoise, a repris ce vignoble de 15 ha en 2007 et installé sa cave dans un ancien relais de poste datant du XIXᵉs.

Les Petites Plumes, un nom de cuvée à propos pour ce rouge délié, gracile, qui fleure bon la confiture de fruits rouges et le pain grillé. On aime aussi l'élégance de la bouche, douce, souple, suave et digeste. Une vraie gourmandise, à boire sur le fruit. ⌛ 2020-2023

CH. HAUT-LIGNIÈRES, 188, rte de Pézenas, Bel-Air, 34600 Faugères, tél. 06 82 85 65 16, hautlignieres@yahoo.fr V *t.l.j. sf sam. dim. 10h-12h 14h-18h*

DOM. SAINT-MARTIN D'AGEL Le Pèlerin 2018 ★

	9000		8 à 11 €

Propriété de la famille Lugagne Delpon depuis 1822, ce domaine de 32 ha entre vignes et oliviers, ancienne étape des pèlerins sur le chemin de Compostelle, est situé aux portes du Parc régional du Haut-Languedoc. Le vignoble, implanté sur plusieurs niveaux de terrasses de l'AOC faugères, jouit d'une intéressante diversité de sols.

Une vendange égrappée de grenache, syrah, carignan et mourvèdre, vinifiée en douceur et élevée 18 mois en cuve. Des senteurs chaleureuses de ciste, de genièvre et d'épices fraîches montent du verre. On les croque sans retenue dans une bouche douce et souple, soutenue par des tanins détendus et par une jolie acidité. De la mesure et de l'élégance dans ce rouge à point aujourd'hui. ⌛ 2020-2023

SCEA SAINT-MARTIN D'AGEL, Dom. Saint-Martin d'Agel, 34480 Magalas, tél. 06 10 03 29 49, lugagne.delpon@wanadoo.fr V *r.-v.* E

DOM. LA SARABANDE Bousigue 2017 ★★

	5800		20 à 30 €

Ce domaine situé à Laurens – l'une des sept communes de l'appellation faugères – a été repris en 2009 par Paul Gordon, australien, et sa femme Isla, irlandaise. Ensemble, ils exploitent un petit vignoble de 6,5 ha en conversion bio.

Le mourvèdre (80 %) brièvement élevé sous bois forge le caractère de ce 2017 qui exhale de bien belles notes de fruits surmûris, pimentés de plantes aromatiques et de notes fumées et grillées. Portée par une belle fraîcheur et par des tanins déjà fondants, la bouche se fait douce, suave, très élégante et libère longuement en finale un bouquet infusé d'épices et de venaison. Un vin racé et terriblement séduisant qui tutoie le coup de cœur. ⌛ 2020-2025

DOM. LA SARABANDE, 14, ancienne-RN, 34480 Laurens, tél. 09 63 68 22 68, info@sarabande-wines.com V *r.-v.*

FITOU

Superficie : 2 590 ha / Production : 90 023 hl

L'appellation fitou, la plus ancienne AOC rouge du Languedoc-Roussillon (1948), est située dans la zone méditerranéenne de l'aire des corbières; elle comprend à l'est le fitou maritime, qui borde l'étang de Leucate, séparé par un plateau calcaire du fitou de l'intérieur situé dans le massif des Corbières, à l'abri du mont Tauch. L'AOC s'étend sur neuf communes, qui ont également le droit de produire les vins doux naturels rivesaltes et muscat-de-rivesaltes. Le carignan trouve ici son terroir de prédilection. Il peut être complété par le grenache noir, le mourvèdre et la syrah. Élevé au moins neuf mois, le fitou affiche une couleur rubis foncé et un corps puissant et charpenté.

CH. ABELANET Roma 2017 ★

	4000		15 à 20 €

Autrefois relais de diligences sur la route de l'Espagne, le domaine (18,5 ha) est dans la même famille depuis 1697. Douze générations se sont succédé. Régis Abelanet a passé le témoin à son épouse Marie-Françoise et à leur fils Romain.

Vinifiée en barriques, cette cuvée associant les prénoms Romain et Marie se présente dans une robe grenat aux reflets rubis. Le nez intense et complexe offre des senteurs de fruits très mûrs, puis évolue vers le pruneau, les épices douces et les amandes grillées. Une attaque douce et vanillée ouvre sur une bouche ample et souple, dotée de jolis tanins. Généreuse et longue, la finale évoque les épices de la garrigue. ⌛ 2021-2024

SCEA CH. ABELANET, Ch. Abelanet, 7, av. de la Mairie, 11510 Fitou, tél. 04 68 45 76 17, contact@chateau-abelanet.com V *t.l.j. 10h-12h 14h-18h*

GÉRARD BERTRAND Réserve 2018 ★★

	40000		5 à 8 €

Enfant des Corbières, Gérard Bertrand est un important propriétaire et négociant du sud de la France, dont les cuvées apparaissent dans le Guide sous diverses appellations (corbières, fitou, minervois, languedoc, côtes-du-roussillon) et en IGP.

Grenache et carignan pour cette cuvée éclatante dans sa robe rubis intense. Le nez, flatteur tout autant que subtil, associe les fruits rouges à la violette et à une touche mentholée. La bouche, nette et franche, évoque le croquant d'une cerise et les épices, les tanins sont soyeux et l'équilibre s'avère parfait. Un vin de plaisir immédiat qui promet aussi de belles années. ⌛ 2020-2025

GÉRARD BERTRAND - CH. DE VILLEMAJOU, Ch. l'Hospitalet, rte de Narbonne-Plage, 11100 Narbonne, tél. 04 68 45 28 50, vins@gerard-bertrand.com V *t.l.j. 9h-19h*

B DOM. BERTRAND-BERGÉ Les Mégalithes 2018 ★★

	10000		15 à 20 €

À l'instar de son aïeul Jean Sirven, qui vinifiait son vin à la fin du XIXᵉs., Jérôme Bertrand a quitté la

coopérative en 1993 pour élaborer ses propres vins. Il a cru très tôt dans la qualité des terroirs rudes de Fitou, a élevé et valorisé les vins du cru, puis hissé son domaine (36 ha) parmi les grands. Depuis la récolte 2011, le vignoble est conduit en bio certifié.

Le carignan, présent à hauteur de 95 % (le grenache en appoint), apporte de la profondeur à la robe grenat très intense de cette cuvée. Au nez, des notes de fraise, de cerise, de musc et de rhubarbe côtoient des nuances minérales et fumées. Dès l'attaque, le palais se montre souple et rond, puis de très beaux tanins se dévoilent, apportant du volume et de la personnalité à ce vin aux saveurs de fruits rouges. ⧗ 2021-2024 ■ **Les Origines 2018 ★ (8 à 11 €; 40 000 b.)** Ⓑ Une cuvée où les fruits rouges et les épices se marient harmonieusement et qui propose une bouche ample, fraîche et longue. ⧗ 2021-2024

⊶ DOM. BERTRAND-BERGÉ, 38, av. du Roussillon, 11350 Paziols, tél. 04 68 45 41 73, bertrand-berge@wanadoo.fr V ✝ ▪ *t.l.j. 9h-12h 14h-18h* ⌂ Ⓒ

LES VIGNERONS DE CAP LEUCATE
Cap 42° 2017 ★★

■	14 400	◍	15 à 20 €

La coopérative du Cap Leucate, issue d'une fusion de plusieurs coopératives, est incontournable dans le Fitou maritime. Plus de 200 sociétaires y sont rassemblés, exploitant près de 1 400 ha de vignes.

Après 12 mois de fût, cette cuvée, donnant la part belle au carignan et au mourvèdre (la syrah en complément), s'affiche dans une seyante robe grenat aux reflets pourpres. Le nez, élégant, dévoile des senteurs de fruits rouges, d'épices et de ciste. Du volume, beaucoup de densité, des tanins soyeux, une belle expression aromatique (cannelle, fruits noirs) : la bouche présente une grande harmonie. ⧗ 2022-2025 ■ **Les Vignerons de Cap-Leucate Saint-Pancrace 2017 ★ (8 à 11 €; 13 000 b.)** Un vin qui allie puissance et ampleur autour de tanins veloutés et d'arômes de fruits noirs, de réglisse et de garrigue. ⧗ 2022-2025

⊶ VIGNOBLES CAP LEUCATE, Chai La Prade, 11370 Leucate, tél. 04 68 33 20 41, contact@cave-leucate.com V ✝ ▪ *r.-v.*

LES MAÎTRES VIGNERONS DE CASCASTEL
Les Cazals 2018 ★★

■	110 000	▮	8 à 11 €

Créée en 1921 dans le massif des Hautes Corbières et le Haut Fitou, à 20 km de la Méditerranée, la cave des Maîtres Vignerons de Cascastel rassemble une centaine d'adhérents qui cultivent 750 ha. À sa carte, des fitou, des corbières, des vins doux naturels et des vins en IGP.

Le carignan et la syrah associés dans cette cuvée sont vinifiés en macération carbonique, le grenache en vinification traditionnelle. La robe est charmeuse, pourpre avec des reflets violines. Les petits fruits rouges et noirs (cassis, groseille, myrtilles) composent un bouquet d'une belle intensité. On trouve de la souplesse en bouche, de la fraîcheur également, des tanins fins et une belle finale saline. Une vision moderne du fitou. ⧗ 2020-2023 ■ **Les Vignerons de Cascastel L'Extravagant 2018 ★ (8 à 11 €; 140 000 b.)** Un nez ouvert sur les épices et les fruits rouges, une attaque souple, un volume agréable, des tanins présents et une note épicée en finale pour ce vin bien construit. ⧗ 2020-2023

⊶ LES MAÎTRES VIGNERONS DE CASCASTEL, Grand-Rue, 11360 Cascastel, tél. 04 68 45 91 74, info@cascastel.com V ✝ ▪ *r.-v.*

CH. CHAMP DES SŒURS
Cuvée Jarre 2018 ★

■	390	▮	30 à 50 €

Domaine de 15 ha situé dans la zone maritime de Fitou. Aux commandes, Laurent Maynadier, quatorzième génération de viticulteurs du cru, et Marie Valette, œnologue.

Ce domaine est en perpétuel mouvement et cette cuvée en témoigne : une vinification sans sulfites et 10 mois d'élevage en jarre. Dans le verre, un joli vin rubis aux reflets violines, d'une belle complexité aromatique (cerise noire, épices, garrigue), fruité et concentré en bouche, avec des tanins bien en place. ⧗ 2022-2024

⊶ CH. CHAMP DES SŒURS, 19, av. des Corbières, 11510 Fitou, tél. 04 68 45 66 74, laurent.maynadier@orange.fr V ✝ ▪ *r.-v.*

Ⓑ CLOS NYSA Éclosion 2018 ★

■	2 600	▮	15 à 20 €

Installé en 2015, Sylvain Faixo cultive 10 ha dans une démarche bio et en s'inspirant des travaux de son ami hydrogéologue, Henri Savayre.

La robe est très sombre et brillante avec de beaux reflets rubis. Beaucoup de fruits frais apparaissent au nez, agrémentés de notes de garrigue et d'épices. La bouche offre de la rondeur, du gras et des arômes de fruits macérés et de réglisse, avec des tanins fermes en soutien. ⧗ 2021-2024

⊶ CLOS NYSA, 5, chem. de l'Arneille, 11350 Paziols, tél. 06 75 06 68 13, syl.faix@orange.fr V ✝ ▪ *r.-v.*

CH. LES FENALS 2018 ★

■	11 000	▮	5 à 8 €

Le domaine est un mas languedocien entre étangs littoraux et Corbières. Commandé par un château détenu par la maison d'Aragon au Moyen Âge, il fut administré par un neveu de Voltaire qui fit apprécier à la cour la « liqueur du Cap de Salses ». Racheté et restauré en 1970 par une sage-femme parisienne, il est aujourd'hui dirigé par sa fille Marion Fontanel qui le conduit avec Mickaël Moyer, venu de Touraine. Le vignoble de 13 ha est en conversion bio.

Une robe violine aux reflets cerise habille ce fitou au nez fin et agréable, centré sur les fruits rouges et les épices. La bouche est souple, fraîche et fruitée (cerise acidulée), dotée de tanins fins. Beaucoup d'énergie dans ce vin. ⧗ 2020-2023

⊶ CH. LES FENALS, lieu-dit Les Fenals, 11510 Fitou, tél. 04 68 45 71 94, les.fenals@wanadoo.fr V ✝ ▪ *t.l.j. sf dim. 9h-12h 14h30-18h30* ⌂ Ⓓ

♥ DOM. GABINATO FRESQUET Sacré Bonhomme 2018 ★★★

■ | 1248 | 🍾 | 15 à 20 €

Si Isabelle et David Gabinato apportent une large partie de leurs raisins à la cave coopérative du Mont Tauch, ils ont décidé en 2018 de consacrer 2,5 ha de leur vignoble d'une vingtaine d'hectares à l'élaboration de leurs propres vins. Des vignes plantées sur les hauteurs du pays Cathare, au pied du château Aguilar.

Première cuvée à leur nom et déjà un coup de cœur! Un vin qui met à l'honneur le carignan (80 % de l'assemblage aux côtés du grenache) et les Cathares, jadis surnommés les Bonshommes. De vénérables ceps de 120 ans sont à l'origine de ce fitou intense, couleur cerise burlat bien mûre. Le nez, puissant et complexe, évoque la terre chaude, les épices, le bâton de réglisse et les fruits compotés (mûre bigarreau). Une attaque riche et ronde ouvre sur un palais aussi large que long, doté de tanins généreux et de grande qualité, enrobés de notes de tapenade et de fruits noirs. Un vin qui dégage beaucoup de sérénité et de profondeur. ⧗ 2023-2026

DOM. GABINATO FRESQUET, 17, chem. des Rebouls, 11350 Tuchan, tél. 06 33 84 88 49, isabelle.gabinato@orange.fr V *r.-v.*

Ⓑ CH. DE LA GRANGE Fonteius 2018 ★

■ | 10 000 | 🍾 | 11 à 15 €

Implanté dans le Fitou maritime, le domaine des frères Dell'Ova vinifie en cave particulière depuis 1986. Traversé par la voie Domitienne, le vignoble, cultivé en bio depuis 2012, couvre aujourd'hui 65 ha sur le territoire de La Palme, dans une zone ventée bénéficiant de la fraîcheur des embruns.

Ce fitou met en avant le mourvèdre (50 %), accompagné du grenache (40 %) et de la syrah. La robe est soutenue, avec des reflets rubis. Le nez, expressif, associe les fruits cuits, les épices, la garrigue et une touche lactée. La bouche renoue avec les fruits et dévoile une belle fraîcheur, du volume et de jolis tanins au grain fin ⧗ 2021-2024

DOM. DE LA GRANGE, Cabanes-de-la-Palme, 11480 La Palme, tél. 06 16 21 14 65, dellovafreres@orange.fr V *t.l.j. sf dim. 10h-12h 14h-18h*

DOM. LEPAUMIER Vieilles vignes 2018 ★★

■ | 9 000 | 🛢 | 8 à 11 €

Ce domaine est inscrit depuis longtemps dans le paysage fitounais. Fernand Lepaumier a débuté la mise en bouteilles en 1997. Son fils Christophe, après l'avoir secondé, a pris les rênes de la propriété en 2004. Il exploite aujourd'hui 20 ha de vignes, côté mer et côté montagne.

Habituée du Guide, cette cuvée née de vieux ceps de carignan, de grenache et de syrah séduit d'emblée par sa robe grenat d'une belle limpidité. Le nez intense évolue entre cerise et autres fruits frais sur fond de boisé léger. La bouche apparaît ample, suave et ronde, soutenue par des tanins bien présents. Une longue finale sur les fruits noirs conclut avantageusement la dégustation. ⧗ 2023-2025

DOM. LEPAUMIER, 15, av. de la Mairie, 11510 Fitou, tél. 06 12 26 27 71, lepaumier.christophe@hotmail.fr V *t.l.j. 10h-12h 14h-19h*

CH. LERYS Pur Schistes 2018 ★★

■ | 20 000 | 🍾 | 5 à 8 €

Domaine familial fondé en 1861 sur les terres schisteuses du Haut Fitou. Succédant à ses parents Alain et Maguy Izard, Alban Izard a repris cette propriété de 55 ha implantée sur un terroir de schistes. Il est fidèle à la conduite des vignes en gobelet et aux vendanges manuelles, et a engagé la conversion bio.

Un hommage aux terres tourmentées du Haut Fitou que cette cuvée d'un beau grenat profond. Le nez, intense, convoque les fruits noirs (myrtille, mûre) et le poivre blanc. Beaucoup de volume et de puissance se dégagent du palais, où les fruits noirs s'affirment sans détour, de même que les tanins, à la fois fermes et élégants. ⧗ 2023-2025

DOM. LERYS, 13, av. des Hautes-Corbières, 11360 Villeneuve-les-Corbières, tél. 06 49 53 27 33, domlerys@gmail.com V *lun. mar. jeu. ven. 9h-12h 13h30- 17h30; mer. dim. sur r.-v.*

DOM. MAMARUTA Ratatouille 2018 ★

■ | 4 000 | 🛢 | 11 à 15 €

Marc Castan s'est installé en 2003 entre garrigue, étang et mer, reprenant les vignes de son grand-père, qui était vétérinaire de campagne. Première vinification en 2009. Le jeune vigneron cultive ses 14 ha en bio et s'essaye à la biodynamie.

Les jus obtenus sont authentiques et surfent avec le caractère nature. Cette cuvée dominée par le mourvèdre (70 %) est vinifiée en grappes entières et en cuves bois. La robe est peu intense, d'une teinte cerise. Le nez associe quelques nuances animales à des notes fraîches de fruits rouges. La bouche se montre douce, légère, fruitée (framboises rôties), avec en finale une agréable touche minérale. ⧗ 2020-2023

DOM. MAMARUTA, 10, rue Dr-Ferroul, 11480 La Palme, tél. 06 83 24 90 92, marccastan@hotmail.fr V *r.-v.*

DOM. MAYNADIER Cuvée Sélection 2017 ★

■ | 8 000 | 🛢 | 8 à 11 €

Une lignée vigneronne remontant au XVI[e]s. Aujourd'hui, Marie-Antoinette et sa fille Cécile vinifient dans la plus ancienne cave de Fitou, jadis relais de diligences datant de 1697, et exploitent un vignoble de 23 ha dans un esprit bio mais sans certification.

Une cuvée régulièrement en vue dans ces pages. Elle se présente sous son meilleur jour avec une robe rouge grenat aux reflets acajou. Le nez, intense et profond, marie les fruits noirs (cassis, myrtille) aux épices et au menthol. Une structure solide se dévoile dans une bouche ample et riche, où l'on retrouve les arômes du bouquet. ⧗ 2022-2025

DOM. MAYNADIER, 45, RD 6009, 11510 Fitou, tél. 06 81 35 65 80, cecile@domainemaynadier.com V *t.l.j. 9h-19h30*

DOM. LES MILLE VIGNES
Vendangeurs de la violette 2017 ★

■ | 2200 | | 30 à 50 €

Les mille pieds de vignes des débuts se sont transformés au fil des achats et des plantations en une propriété de 11 ha dans le Fitou maritime. Ce domaine créé en 1979 par Jacques Guérin, ancien professeur de « viti » au lycée d'Orange, est conduit depuis 2000 par sa fille Valérie.

Les vendangeurs fidèles au domaine ont droit à leur cuvée, ainsi nommée car les vignes sont entourées de violettes. Le mourvèdre y domine l'assemblage et la cuvaison de 45 jours annonce un vin plein et riche. Des reflets acajou apparaissent sur la robe grenat. Le nez, complexe, convoque les fruits rouges et noirs, la réglisse, le poivre et les senteurs variées de la garrigue environnante. La bouche offre beaucoup de volume et d'intensité autour de tanins puissants mais enrobés, et déploie une longue finale réglissée. Un fitou de caractère. ⧗ 2023-2026

DOM. LES MILLE VIGNES, 24, av. San-Brancat, 11480 La Palme, tél. 04 68 48 57 14, les.mille.vignes@free.fr r.-v.

MONT TAUCH Hommage 2018 ★★

■ | 14000 | | 15 à 20 €

Locomotive des Hautes Corbières, cette coopérative fondée à Tuchan en 1913 regroupe quelque 200 vignerons et vinifie le fruit de 1 500 ha de vignes implantées sur un terroir rude et sec propice aux grands vins. À sa carte, des corbières, fitou, vins doux naturels et vins en IGP.

Cette cuvée est un hommage au savoir-faire séculaire des hommes et des femmes, et à la richesse de la nature. La richesse précisément caractérise ce vin à la robe pourpre intense. Au nez, les notes boisées (vanille, toastées) se mêlent aux fruits noirs à maturité (mûre, myrtille). Bel écho à l'olfaction, la bouche se révèle ample, puissante et longue, bâtie sur des tanins élégants. ⧗ 2023-2026 ■ **Ch. de Ségure 2018 ★★ (11 à 15 €; 132800 b.)** Un vin à la robe profonde, suave, d'une jolie rondeur et dotée de tanins doux sur fond de délicates notes boisées. ⧗ 2023-2025 ■ **Dom. du Tauch 2018 ★ (5 à 8 €; 125000 b.)** Au nez, des arômes de vanille, de réglisse et de venaison; en bouche, un vin très rond et équilibré. ⧗ 2021-2024

SCA MONT TAUCH, 2, rue de la Cave, 11350 Tuchan, tél. 04 68 45 41 08, pamiot@mont-tauch.com r.-v.

CH. DE NOUVELLES Gabrielle 2018 ★

■ | 8000 | | 15 à 20 €

Aux abords du col d'Extrême, le domaine tire son nom de Jacques Fournier de Novelli – pape sous le nom de Benoît XII au XIV[e]s. – qui eut ici un château. Propriété de la famille Daurat-Fort depuis 1834, il couvre 75 ha (en conversion bio). À sa tête, Jean Daurat-Fort et son fils Jean-Rémy.

Cette cuvée, en hommage à la grand-mère paternelle, est née sur les schistes du domaine, dans le rude climat du pays cathare. S'appuyant sur une longue macération, la robe est noire, ornée de reflets rubis. Le nez, profond, mêle la mûre, la prune, la violette et les senteurs des sous-bois. Une attaque fraîche prélude à un palais équilibré, doté de tanins souples, élégants, et de saveurs de fruits macérés et d'épices douces. ⧗ 2023-2025

CH. DE NOUVELLES, Lieu-dit Nouvelles, 11350 Tuchan, tél. 04 68 45 40 03, daurat-fort@chateaudenouvelles.fr t.l.j. 9h-12h 14h-18h; sam. dim. sur r.-v.

DOM. DE LA ROCHELIERRE
Noblesse du temps 2018 ★

■ | 4000 | | 20 à 30 €

Quatre générations se sont succédé sur ce domaine dirigé depuis 1998 par Jean-Marie Fabre, œnologue et président des Vignerons indépendants de l'Aude. Un producteur engagé qui, accompagné de sa fille Émilie depuis 2008, préserve son terroir de Fitou : ses vignes (15 ha) n'ont pas vu de produits chimiques depuis 1979 (méthode Cousinié) et sont labellisées HVE.

Le mourvèdre est un peu le roi du fitou maritime : il domine dans cette cuvée. Une robe rubis intense et un nez expressif, sur les fruits noirs et rouges accompagnés d'une fine touche boisée, composent une belle entrée en matière. La bouche se montre charnue, chaleureuse et fruitée (prune, cerise), accompagnée de délicates senteurs boisées et de tanins bien présents. ⧗ 2023-2026

DOM. DE LA ROCHELIERRE, 8, rue de la Noria, 11510 Fitou, tél. 04 68 45 70 52, la.rochelierre@orange.fr t.l.j. 9h-12h 14h-18h; janv. à fév. t.l.j. sf dim. 14h-18h

DOM. DE ROUDÈNE Sélection 2017 ★★

■ | 10000 | | 11 à 15 €

Le village de Paziols, au pied du mont Tauch : c'est là que sont installés depuis 1986 Jean-Pierre (expert en hydrogéologie) et Bernadette Faixo, à la tête de 36 ha de vignes.

Née sur un terroir argilo-calcaire, cette cuvée a l'originalité de contenir 20 % de lledoner pelut, cépage autochtone cousin de grenache. La robe est d'un beau grenat profond avec des reflets pourpres. Le nez, intense, conjugue les fruits rouges mûrs, les senteurs de la garrigue et les nuances florales. Centrée sur les fruits rouges relevés d'épices douces, la bouche apparaît ample, profonde et longue, charpentée par des tanins puissants, mais soyeux. Une personnalité affirmée. ⧗ 2023-2026

DOM. DE ROUDÈNE, 5, espace des Écoles, 11350 Paziols, tél. 06 73 95 69 17, domainederoudene@orange.fr t.l.j. 9h-12h 14h-19h; groupe sur r.-v.

DOM. SARRAT D'EN SOL Arménie 2017 ★

■ | 3500 | | 15 à 20 €

Sur ce domaine, des vignes ancestrales entourent une bergerie datant du XIV[e]s. transformée en gîte. Vigneron depuis près de 30 ans, Nicolas Brassou vinifie des raisins vendangés manuellement sur le terroir de Tuchan.

Cette cuvée, passée un an en fût, présente une belle robe grenat aux reflets brique. Le nez, discret mais élégant, évoque les petits fruits rouges agrémentés d'une touche épicée de poivre vert. La bouche est chaleureuse, vanillée et fruitée, soulignée par des tanins souples et fondus. ⧗ 2021-2023

LANGUEDOC

SARRAT D'EN SOL, 4, chem. Sarrat-d'en-Sol, 11350 Tuchan, tél. 04 68 45 02 38, famille.brassou@wanadoo.fr V r.-v. D

LANGUEDOC

Superficie : 9 522 ha
Production : 398 780 hl (85 % rouge et rosé)

En 2007, l'appellation coteaux-du-languedoc s'est élargie et a pris le nom de languedoc. L'ancienne AOC était formée de terroirs disséminés en Languedoc, dans la zone des coteaux et des garrigues, entre Narbonne et Nîmes, du pied de la Montagne Noire et des Cévennes à la mer Méditerranée – d'anciennes aires VDQS promues en AOC en 1985. Elle a fait place à partir du millésime 2006 à une vaste appellation régionale incluant toutes les aires d'appellation du Languedoc et du Roussillon, jusqu'à la frontière espagnole – à l'exception de Malepère : près de 500 communes (122 dans les Pyrénées-Orientales, 195 dans l'Aude, 160 dans l'Hérault et 19 dans le Gard). Les AOC existantes (corbières, faugères, côtes-du-roussillon, etc.) subsistent. Quant au nom « coteaux-du-languedoc », il a pu figurer sur les étiquettes jusqu'en 2012 pour les vins provenant de l'aire historique de l'appellation.
6 cépages dominent la production des vins rouges (majoritaires) et des rosés : carignan et cinsault (limités à 40 %) complétés par les grenache noir, lladoner, mourvèdre et syrah ; en blanc, grenache blanc, clairette, bourboulenc, marsanne, roussanne et vermentino sont les principaux cépages, le piquepoul étant également utilisé. Ce dernier, qui donne un vin vif, est la variété exclusive du picpoul-de-pinet, produit autour du bassin de Thau, promu au rang d'AOC avec le millésime 2013. Six autres dénominations géographiques correspondent à un terroir particulier et affichent des conditions de production plus restrictives que dans le reste de la région : le pic Saint-Loup pour les rouges et les rosés, les Grés de Montpellier, Pézenas et les Terrasses du Larzac pour les rouges, ainsi que Sommières depuis 2009. Les Terrasses du Larzac, La Clape et le pic Saint-Loup sont devenus des appellations à part entière. En outre, certaines dénominations liées à une renommée ancienne peuvent figurer sur l'étiquette des rouges et des rosés : Cabrières, célèbre pour ses rosés, Montpeyroux, Saint-Saturnin, Saint-Georges-d'Orques, La Méjanelle, Quatourze, Saint-Drézéry, Saint-Christol et Vérargues.

DOM. L'AIGUELIÈRE
Montpeyroux La Côte rousse 2018 ★

■	6000		20 à 30 €

Issu d'une ancienne famille de vignerons de Montpeyroux, Aimé et Auguste Commeyras rencontrent, il y a de cela plus de trente ans, le docteur Pierre-Louis Teissedre, actuellement professeur d'œnologie à l'Université de Bordeaux, avec qui ils créent ce domaine en 1986. Leurs héritiers Pierre-Louis Teissedre, Christine (la fille d'Aimé), Auguste (le frère cadet) et son épouse Claude sont aujourd'hui aux commandes de 18,5 ha de vignes, en conversion bio depuis 2018.

Cette presque pure syrah a pour elle son nez intense où la garrigue, le cuir et les fruits secs percent derrière des arômes qui portent la marque du chêne. Tout aussi généreusement boisée, vanillée et chocolatée, la bouche laisse apprécier un corps gras, étayé de beaux tanins fermes ouvrant sur une finale fraîche. L'ensemble dessine un vin séduisant et structuré qui réclame un peu de patience. ⧗ 2022-2026

DOM. L' AIGUELIÈRE, 2, pl. du square Michel-Teisserenc, 34150 Montpeyroux, tél. 07 50 04 98 31, contact@aigueliere.com V *t.l.j. sf sam. dim. 9h-12h 14h-17h* *SCEA Dom. l'Aiguelière*

B VIGNOBLES ALBERT Les Bugadelles 2019 ★

■	13330		8 à 11 €

Épaulé depuis 2013 par sa fille Béatrice, Jean-Claude Albert a repris en 2005 ce domaine établi sur le massif de la Clape : 400 ha d'oliviers, de chênes truffiers et de vignes. Ces dernières, étendues sur 45 ha, sont conduites en bio.

Un assemblage classique (grenache, syrah) pour un rosé qui l'est tout autant : robe pâle, dans l'air du temps, nez friand de bonbon anglais et de fruits rouges acidulés, bouche ronde, bien en chair, plus suave que fraîche, qui restitue les arômes perçus au nez. Polyvalent, de l'apéritif à la table. ⧗ 2020-2021

CH. LES BUGADELLES, rte de Saint-Pierre-la-Mer, CR_438, 11560 Fleury-d'Aude, tél. 04 68 90 79 03, contact@maisonalbert.fr V *r.-v.*

B ALLEGRIA Dolce vita 2019 ★

■	15000		11 à 15 €

Créé en 2008 sur les premières collines du Haut Languedoc, au nord de Pézenas, Allegria est le fruit d'une amitié franco-argentine entre Ghislain et Delphine d'Aboville et Roberto de la Mota (œnologue de renom). La nouvelle cave bioclimatique, implantée au pied du volcan des Baumes, est entourée d'un vignoble de 9 ha conduit en bio dès l'origine.

Derrière une robe drapée d'un rose orangé, un nez expressif, frais, floral et d'une maturité de fruit pas toujours de mise dans les rosés. La bouche confirme ce profil à la fois mûr et frais, et offre une matière ample, bien structurée, savoureuse et longue, qui destine ce vin à la table. ⧗ 2020-2021

EARL D' ABOVILLE DE LA MOTA, Dom. Allegria, lieu-dit Fontarêche, 34720 Caux, tél. 06 25 93 08 08, allegria@vinotinto.fr *r.-v.* E

B DOM. AMPELHUS 2019 ★

■	5000		11 à 15 €

Ingénieur agronome, Thibaud Vermillard a repris le vignoble familial de 10 ha en 2012 qu'il convertit à l'agriculture biologique. Passionné d'ampélographie, il ressuscite les cépages locaux, soit une vingtaine de variétés présentes aujourd'hui sur le domaine. Avec Jenia Vasiljeva, pharmacienne lituanienne tombée sous le charme du Languedoc, ils redonnent vie à la l'ancienne cave du mas et créent le domaine Ampelhus en 2019.

Un assemblage baroque et original de 6 cépages qui intègre les rarissimes piquepoul noir, rivairenc et morrastel. Après 6 mois de cuve, ce tout jeune rouge livre un nez déjà épanoui, entre fruits rouges mûrs, réglisse et poivre. Bien languedocienne, charnue, dotée d'une sucrosité gourmande, de tanins élégants et d'une finale bien vivace, la bouche ne souffre d'aucune mollesse ni de chaleur excessive. Convaincant. ⧗ 2020-2024

DOM. AMPELHUS, Mas-de-Bresson, 34400 Lunel-Viel, tél. 07 51 94 45 41, domaineampelhus@gmail.com V r.-v.

DOM. LES ANGES DE BACCHUS
Grès de Montpellier Alycia 2016 ★★

■ | 2000 | | 15 à 20 €

À une quinzaine de kilomètres au nord de Montpellier, ce domaine familial de 20 ha a repris vie à partir de 2005 grâce à David Mouysset, qui a recréé la cave de son grand-père, inactive depuis 1963.

Alycia, la petite-fille de David Mouysset, à l'honneur dans ce beau rouge puissant et concentré marqué par la syrah (80 %). Cerise noire, cassis, violette, tapenade, réglisse, notes de chêne, le nez est de bon augure. Des promesses tenues dans une bouche qui impressionne par son volume, sa concentration, l'intensité et la variété de ses arômes et par sa puissance tannique que les 24 mois d'élevage n'ont pas encore tout à fait dompté. Un bien bel édifice bâti pour durer. ⧗ 2023-2030

DOM. LES ANGES DE BACCHUS, 59, rue des Verdales, 34570 Vailhauquès, tél. 06 17 31 57 18, lesangesdebacchus@yahoo.fr V *r.-v.*

B CH. ARGENTIÈS L'Alaric 2019 ★

■ | 30000 | | 5 à 8 €

Propriété familiale, le Ch. d'Argentiès est implanté près de Carcassonne, à Lagrasse, l'un des « plus beaux villages de France ». 55 ha de vignes cultivées en bio (certification en 2014) immergées dans 430 ha de garrigues, de bois et de lac. 15 cépages sont exploités, classiques ou originaux tels l'alvarinho ou le castets.

Un rosé né de grenache, syrah et cinsault, élevé sur lies avec bâtonnage. Tout y est fin et élégant : la robe saumon lumineuse, le nez expressif, sur les fruits à noyau et la fraise des bois, et la bouche tendre, soyeuse, de bon volume et d'une grande fraîcheur en finale. Beaucoup de goût. ⧗ 2020-2021

CH. ARGENTIÈS, D114, 11220 Lagrasse, tél. 04 68 91 29 12, admin@argenties.com V *r.-v.*

B DOM. D'AUPILHAC
Montpeyroux Les Cocalières 2017 ★★

■ | 15000 | | 15 à 20 €

Descendant de 4 générations de vignerons, Sylvain Fadat a créé en 1989 ce domaine qui couvre 25 ha. Il travaille en agriculture biologique (biodynamie) ses 2 terroirs, argilo-calcaires et marnes bleues pour Aupilhac, en versant sud, et argilo-calcaire et vestiges volcaniques pour Cocalières, à 350 m d'altitude. Millésime après millésime, il continue à nous faire partager son savoir-faire.

Du caractère à revendre dans ce 2017 né d'un terroir d'altitude et façonné par l'un des vignerons les plus en vue de Montpeyroux. D'une robe pourpre soutenu émergent des arômes puissants et sauvages qui évoquent la garrigue, la réglisse, le cuir et les épices. Une intensité qui ne faiblit pas dans une bouche puissamment structurée, tannique et vive, mais qui possède le gras et la concentration pour les intégrer. Vibrant, encore austère à ce stade, portée par la fraîcheur des vignobles d'altitude, voilà un rouge de grande garde qui ne peut laisser indifférent. ⧗ 2023-2030

DOM. AUPILHAC, 32, rue du Plô, 34150 Montpeyroux, tél. 04 67 96 61 19, aupilhac@wanadoo.fr V *r.-v.*

♥ CH. BAS D'AUMELAS 2018 ★★

■ | 40000 | | 5 à 8 €

Cette ferme du XII[e]s. devint château au XVI[e]s., quand le seigneur Bonnet la préféra à son domaine ravagé par les guerres de Religion. Propriété depuis trois siècles de la famille d'Albenas, le domaine (17 ha) est exploité depuis 2001 par Geoffroy et Jean-Philippe, qui l'ont converti à l'agriculture biologique.

Grenache, roussanne et viognier, élevés sur lies et en cuve, c'est la formule gagnante de ce blanc qui n'a de modeste que le prix. Derrière une robe d'un jaune soutenu, un nez subtil, complexe, floral, qui intègre un soupçon d'évolution (fruits secs). Ronde, généreuse, insistant sur les fruits secs, ponctuée d'une touche grillée et d'une petite amertume délicate, la bouche offre l'amplitude des blancs du sud mais y ajoute une élégance et une finesse singulières. ⧗ 2020-2024

CH. BAS D'AUMELAS, Ch. Bas d'Aumelas, 34230 Aumelas, tél. 04 30 40 60 29, contact@chateaubasaumelas.fr V *t.l.j. 9h30-12h30 14h-18h*

♥ CH. BELLES EAUX
Pézenas Carmin 2017 ★★

■ | 23021 | | 15 à 20 €

Appelé à l'origine Mas Belles Eaux, ce domaine du XVII[e]s. devait son nom aux sources qui naissent sur ses terres pour rejoindre la vallée de la Peyne, au nord de Pézenas. Son vignoble (65 ha) est implanté à Caux, sur des terrasses anciennes de galets roulés, d'argiles rouges et de graviers de quartz. Propriété entre 2002 et 2015 d'Axa Millésimes, il a été revendu aux Grands Chais de France qui l'ont rebaptisé.

De vieilles vignes de syrah et de grenache sont à l'origine de cette cuvée longuement élevée en fût et en cuve. Carmin fait référence à la teinte de ce rouge encore juvénile qui séduit dès l'entame par ses senteurs capiteuses et profondes, épicées, grillées et musquées. Le fruit et la garrigue s'invitent dans une bouche ample, concentrée, sertie de tanins fermes mais bien domptés par l'élevage et relevée par une belle acidité. Une petite amertume stimulante achève de donner beaucoup de relief à ce grand rouge méditerranéen qui donnera sa pleine mesure dans le temps. ⧗ 2022-2028

MAS BELLES EAUX, lieu-dit Belles-Eaux, 34720 Caux, tél. 04 67 39 29 41, domaine@labaume.com V t.l.j. sf sam. dim. 9h-18h

GÉRARD BERTRAND Or et Azur 2019 ★★

	9000		8 à 11 €

Enfant des Corbières, Gérard Bertrand est un important propriétaire et négociant du sud de la France, dont les cuvées apparaissent dans le Guide sous diverses appellations (corbières, fitou, minervois, languedoc, côtes-du-roussillon) et en IGP.

Or et Azur, c'est le soleil et la Méditerranée, et une belle évocation du Languedoc. Fruits noirs mûrs, épices, poivre et garrigue : le nez nous fait voir du pays. Ensoleillé, souple, étayé de tanins fins, le palais enfonce le clou et libère ces mêmes effluves suaves d'épices et de plantes aromatiques. Un bel ambassadeur du Languedoc prêt à passer à table. ⧗ 2020-2023

GÉRARD BERTRAND - CH. DE VILLEMAJOU, Ch. l'Hospitalet, rte de Narbonne-Plage, 11100 Narbonne, tél. 04 68 45 28 50, vins@gerard-bertrand.com V t.l.j. 9h-19h

DOM. BOIS BORIES Les Peyrades 2018 ★

	4902		8 à 11 €

Dans le giron de la famille Raymond depuis 4 générations, dirigé par Vincent et Delphine, le domaine qui compte 25 ha de vignes est situé sur la commune de Clermont-l'Hérault, à proximité du lac de Salagou.

Le domaine signe ici un bel assemblage syrah-grenache vieilli un an en cuve, qui joue sur la plénitude d'un fruit manifestement bien mûr, mâtiné de cacao et d'épices douces. Les fruits rouges et la figue s'imposent aussi intensément dans une bouche à la fois ronde et fraîche, appuyée sur des tanins fins et fermes et prolongée par une fine acidité. De l'allégresse et du soleil dans ce 2018 gourmand et prêt à boire. ⧗ 2020-2023

DOM. BOIS BORIES, Les Bories, 34800 Clermont-l'Hérault, tél. 06 80 95 41 44, domaineboisbories@orange.fr V *t.l.j. sf dim. 10h-12h 15h-18h*

DOM. DE BRESCOU Le Château blanc 2019 ★

	5000		11 à 15 €

Situé à Alignan-du-Vent, près de Pézenas, à 25 km de la Méditerranée, ce domaine dont l'histoire débute au XIVᵉs. exploite un vignoble de 30 ha, en conversion biologique depuis 2017.

Cinq cépages et un bref séjour en cuve et en œuf pour ce blanc pâle de robe, discret au nez mais élégant, qui diffuse de douces notes de fruits secs et de romarin. Confortable, charnue, solaire, la bouche fait preuve de la même retenue et de la même élégance, puis finit sur une note saline stimulante. ⧗ 2020-2023

DOM. DE BRESCOU, rte de Margon, 34290 Alignan-du-Vent, tél. 04 67 24 96 66, info@brescou.com V *t.l.j. sf sam. dim. 13h30-17h30*

CAIZERGUES Les Magnarelles 2018 ★

	2000		11 à 15 €

Au mois d'août 2017, Patricia et Robert Middleton, deux entrepreneurs britanniques amoureux du vin, ont repris les rênes de ce domaine situé à Brissac, au nord de Montpellier, sur les contreforts des Cévennes. Sur 33 ha de vignobles, en conversion bio, ils cultivent une large palette de cépages et signent des vins en AOC languedoc, en terrasses-du-larzac et en IGP.

Les carignan, cinsault et syrah épaulent le grenache pour composer cette cuvée grenat brillant, au nez stimulant de cassis frais et de garrigue. La même fraîcheur émane d'une bouche ronde, allègre, croquante de fruit et de poivre vert, cadrée par des tanins encore un peu serrés en finale. Une interprétation fraîche et élégante de l'appellation. À boire après un bref séjour en cave. ⧗ 2021-2024

LES CAIZERGUES, lieu-dit Les Caizergues, 34190 Brissac, tél. 04 67 73 36 55, contact@domainelescaizergues.com V *t.l.j. sf sam. dim. 9h-12h 13h-17h*

CALMEL ET JOSEPH 2018 ★

	10000		8 à 11 €

Laurent Calmel, œnologue, s'est associé avec Jérôme Joseph pour fonder en 1995 une maison de négoce spécialisée dans les vins de terroir du Languedoc-Roussillon. Le duo a lancé son étiquette en 2007. Il sélectionne les parcelles, vinifie et élève les cuvées.

Toute la plénitude des vins du Languedoc dans cette cuvée qui n'a pas vu de bois mais beaucoup de soleil : une robe grenat, un nez chaleureux de cerise à l'eau-de-vie et de cacao, et de suie, et une bouche capiteuse aux tanins fondus qui laisse s'épanouir jusqu'en finale ses effluves chaleureux de fruits surmûris. À ouvrir au cœur de l'hiver sur une viande en sauce. ⧗ 2020-2023

DOM. CALMEL ET JOSEPH, chem. de la Madone, 11800 Montirat, tél. 04 68 72 09 88, contact@calmel-joseph.com V *r.-v.*

CH. CAPION Le Chemin des Garennes 2018 ★

	4900		15 à 20 €

Dans la vallée du Gassac, entre Aniane et Gignac, sur un terroir de petits cailloutis calcaires entourés de bois et garrigues, le Ch. Capion exploite 35 ha de vignes en conversion vers l'agriculture biologique. Un domaine géré depuis 2016 par Philippe Morel qui propose tout au long de l'année, expositions, concerts et soirées thématiques.

Un blanc dominé par la roussanne et vieilli 9 mois en cuve et fût. La robe en tire sa teinte jaune soutenu et le nez ses notes grillées sur fond de noisette et de fleurs séchées. Étoffée et parfumée par l'élevage, la bouche offre ce que l'on attend d'un blanc du sud et de gastronomie : de la chair, du fond et du volume, mais sans mollesse. 2020-2023

CH. CAPION, chem. de Capion, 34725 Aniane, tél. 04 67 57 71 37, contact@chateaucapion.com r.-v.

DOM. ALAIN CHABANON
Campredon 2018 ★★

	21000		15 à 20 €

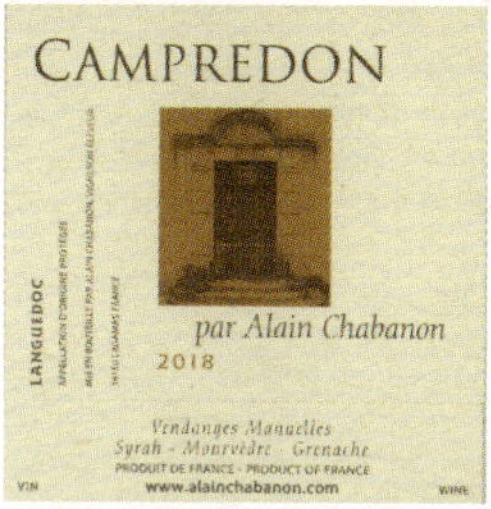

Fils d'enseignants et ingénieur œnologue, Alain Chabanon a acquis des vignes en 1992 à Montpeyroux et dans les villages environnants. Il a construit sa cave au milieu de son vignoble (17 ha) travaillé en culture biologique (certification en 2002) et en biodynamie (2011).

Toute la sensibilité et le savoir-faire de ce grand vigneron dans cette cuvée née de syrah, grenache et mourvèdre, et qui n'a pas vu de bois. Un nez aérien et frais de grenadine et de cerise rehaussées de notes de thym et de garrigue. Une bouche ciselée, légère, qui décline la palette perçue à l'olfaction, délicatement structurée par des tanins de velours et relevée par une touche acidulée. Tout est raffiné, délicat, long et absolument savoureux. Le jury s'incline devant tant de grâce. 2020-2025

DOM. ALAIN CHABANON, 1, chem. de Saint-Étienne, 34150 Lagamas, tél. 04 67 57 84 64, domainechabanon@gmail.com mer. sam. 9h30-12h30; jeu. 17h30-19h30

CLOS DE L'AMANDAIE 2018 ★

	7000		11 à 15 €

À Aumelas, village situé à l'ouest de Montpellier, hameaux et vignobles parsèment la garrigue. Autour d'un château du XIIᵉs., parmi les chênes verts, de petites parcelles cachées dans les combes et une cave en pierre du Gard composent le domaine de Philippe Peytavy (20 ha).

20 % de roussanne à l'appui du grenache blanc dans ce blanc élevé en cuve, dont le nez discret distille des notes de noisette et de fleurs séchées. Les fruits blancs et confits prennent le relais dans une bouche tout en mesure, à l'équilibre irréprochable entre rondeur et fraîcheur, stimulée par une légère amertume finale. Bien fait et convivial. 2020-2022

CLOS DE L'AMANDAIE, rte de Montpellier, 34230 Aumelas, tél. 06 86 68 08 62, closdelamandaie@free.fr r.-v.

LA COMBE SAINT-PAUL
Calcaires d'Ensérune 2019 ★★

	2000		8 à 11 €

Représentant la quatrième génération d'une famille de vignerons, Paul Maury, épaulé par son épouse Line, exploite 25 ha de vignes pour partie sur les bords du massif de la Clape, entre garrigue et pins, pour partie près de l'oppidum de Nissan-les-Ensérune.

Cet assemblage roussanne-vermentino a pour lui un nez tonique et séducteur de pêche et de peau de pamplemousse, et une bouche parfaitement fraîche, légère et limpide. Des fruits de mer s'imposent pour ce joli blanc de plaisir. 2020-2021

LA COMBE SAINT-PAUL, 34b, rue du Jeu-du-Mail, 11110 Salles-d'Aude, tél. 06 15 08 54 07, contact@lacombesaintpaul.com r.-v.

DOM. DE LA COSTE-MOYNIER
Saint-Christol Héritage 2017 ★

	5000		20 à 30 €

L'ordre des chevaliers de Saint-Jean-de-Jérusalem (ou ordre de Malte) cultivait déjà la vigne sur ce terroir de galets roulés de Saint-Christol. Luc et Élisabeth Moynier perpétuent depuis 1975 la tradition des moines hospitaliers sur un vignoble de 74 ha.

Des arômes de fruits cuits, de prune à l'alcool, de cacao et de torréfaction, une bouche capiteuse, bâtie sur des tanins fondus, des saveurs chaleureuses tout aussi confites et gourmandes que celles perçues au nez avec une touche d'évolution, c'est un languedoc voluptueux qui offre de belles et fortes sensations. 2020-2023

DOM. DE LA COSTE-MOYNIER, 166, chem. du Mas-de-la-Coste, 34400 Saint-Christol, tél. 04 67 86 02 10, a.moynier@coste-moynier.com t.l.j. sf dim. 8h-19h30

DOM. COSTES ROUGES Éric M. 2017 ★★

	3300		20 à 30 €

Éric Mauri, à la tête du Dom. Costes Rouges depuis 1988, a décidé de vinifier ses raisins à la propriété en 2007 et a engagé la conversion bio de ses 9 ha de vignes.

N'étant jamais mieux servi que par soi-même, Éric Mauri s'est consacré cette cuvée ! Et il se fait honneur sur la foi de ce nez très torréfié qui porte la marque d'un élevage ambitieux, mais qui laisse respirer le fruit noir de la syrah. Belle sucrosité, tanins puissants mais enrobés, chair pulpeuse, certes encore très vanillée mais pétrie de fruit, acidité en soutien : la bouche, bien structurée, prend la mesure du chêne qui ne laisse qu'une petite fermeté en finale. Sa grande longueur en dit long sur le potentiel de cette cuvée. 2023-2028

DOM. COSTES-ROUGES, 9, rue du Potarouch, 34320 Neffiès, tél. 06 88 44 43 40, contact@costesrouges.fr r.-v.

CÔTÉ MAS Pézenas 2018 ★

	12000		11 à 15 €

Vigneron-négociant, Jean-Claude Mas dispose d'un vaste vignoble de plus de 600 ha en propre constitué par 4 générations, auxquels s'ajoutent les apports des vignerons partenaires (1 300 ha). Le Ch. Paul Mas se compose de 25 ha à Conas, 27 ha à Moulinas, près de Pézenas, et 80 ha à Nicole, près de Montagnac. Côté négoce, plusieurs marques : Prima Perla, Forge Estate, Arrogant Frog, Côté Mas…

Plaisant, moderne, le nez associe des notes fugaces de fruits rouges mûrs à un fond boisé et vanillé issu de l'élevage. Souple, dotée d'une structure élégante, entre tanins tendres et petite vivacité, la bouche séduit par son harmonie et sa fraîcheur préservée. À boire dans sa jeunesse. ⧗ 2020-2023 ■ **Ch. Paul Mas Lieu-dit Nicole 2019 ★ (11 à 15 €; 20000 b.)** Une jolie robe rose pâle poudré habille ce rosé léger et parfumé (bonbon, groseille et pamplemousse), dont la bouche, bien ronde à l'attaque, offre ensuite un grand bol de fruit acidulé et de fraîcheur. Parfaitement exécuté, c'est un bon standard. ⧗ 2020-2021

DOM. PAUL MAS, rte de Villeveyrac, 34530 Montagnac, tél. 04 67 90 16 10, info@paulmas.com V r.-v.

DOM. DÉCALAGE La Méjanelle Héritage 2018 ★

■ | 4000 | | 15 à 20 €

Domaine familial depuis 1867, ce vignoble d'un seul tenant sur les terroirs de galets roulés, tout proche de Montpellier, est conduit depuis 2004 par Nathalie Delbez. Elle l'a restructuré, tout en conservant précieusement de vieilles vignes, et a obtenu la certification bio pour ses 16 ha.

À dominante de syrah, ce rouge convivial a pour lui un nez allègre qui soigne le fruit (framboise, mûre), agrémenté d'une touche de violette, et une bouche très friande, plus épicée, dotée de tanins doux, vivace dès l'attaque et fraîche de bout en bout. Un languedoc croquant. ⧗ 2020-2023

DOM. DÉCALAGE, Mas-de-Calage, chem. de Calage, 34130 Saint-Aunes, tél. 06 75 02 37 49, ndelbez@gmail.com V r.-v.

LES DÉESSES MUETTES Élégance 2018 ★

■ | 18000 | | 5 à 8 €

Fondée en 1950, la cave coopérative de Saint-Mathieu-de-Tréviers, établie au pied du pic Saint-Loup, exploite un vaste vignoble de 800 ha qui couvre le tiers de l'appellation dont une partie en bio. La gamme est large et balaie, outre l'AOC pic-saint-loup, les terrasses-du-larzac et les IGP locales.

Les Déesses Muettes sont des statues-menhirs de plus de 5 000 ans, dont l'une a été trouvée près du pic Saint-Loup. Elles sont privées de bouche, d'où leur nom, ce qui n'est pas le cas de ce joli duo roussanne-vermentino, discret au nez mais généreux au palais : de la rondeur, du gras, des parfums de fruits blancs et de fruits confits, et ce qu'il faut de fraîcheur en finale. ⧗ 2020-2022

VIGNOBLES DES TROIS CHÂTEAUX, 140, av. des Coteaux-de-Montferrand, 34270 Saint-Mathieu-de-Tréviers, tél. 04 67 55 81 19, secretariat.vd3c@gmail.com V *t.l.j. sf lun. dim. 9h30-12h30 14h30-18h*

VILLA DONDONA Montpeyroux 2018 ★

■ | 8200 | | 15 à 20 €

André Suquet, médecin devenu vigneron, reçoit les visiteurs dans la chapelle de l'ancien hôpital du XIV[e]s, convertie en caveau de dégustation, en compagnie de l'artiste peintre Jo Lynch, devenue vigneronne. Tous deux conduisent depuis 2001 ce domaine de 8,6 ha situé à la sortie du hameau du Barry.

Dominée par le mourvèdre et la syrah, cette cuvée a patienté 2 ans en cuve. Le nez en tire son élégance et sa complexité : le végétal, les fleurs blanches et la garrigue se mêlent à un fond de fruits mûrs. En bouche, de la sucrosité à l'attaque, du volume, de la gourmandise, puis une vivacité qui donne du relief et du croquant à l'ensemble. Un bel équilibre pour ce languedoc dynamique. ⧗ 2020-2023

VILLA DONDONA, Le Barry, 34150 Montpeyroux, tél. 04 67 96 68 34, villadondona@wanadoo.fr V *r.-v.*

DOM. DE LA DOURBIE Marius 2018 ★

■ | 10000 | | 11 à 15 €

Créé en 1781, le domaine tire son nom de La Dourbie, petite rivière qui traverse le vignoble pour se jeter dans l'Hérault. Modernisé au début des années 2000, le domaine s'étend sur 32 ha de vignes cultivées en agriculture biologique.

Le cinsault en vedette, secondé par la syrah (élevée en fût) et le grenache, dans ce 2018 logiquement pâle de robe, dont le nez discret évoque le fruit rouge frais et le cuir. Les parfums de fruits rouges, de pivoine et de réglisse montent en puissance dans une bouche élégante, fraîche et légère. Un vin souple et délicat, conçu pour être bu dans sa jeunesse. ⧗ 2020-2023

DOM. DE LA DOURBIE, rte d'Aspiran, 34800 Canet, tél. 04 67 44 45 82, lgraell@ladourbie.fr V *t.l.j. sf sam. dim. 10h-17h*

LE CHAI D'ÉMILIEN E... Majuscule 2017 ★★

■ | 1200 | | 20 à 30 €

Les 5 générations précédentes ont agrandi le domaine et cultivé la vigne. Installé en 2014, Émilien Fournel perpétue cette tradition avec son épouse Ophélie tout en devenant récoltant. Il exploite 35 ha au nord-est de Montpellier.

Une étoile de plus que l'année passée pour cette sélection parcellaire de syrah (95 %). Garrigue, thym, romarin, cachou, menthe et fruits surmûris : on ne peut faire plus languedocien. Des tanins fins encadrent une bouche de bon volume, élégante plus que puissante, remarquable de fraîcheur et gorgée jusqu'en finale de plantes aromatiques. Une formidable évocation de la garrigue et de la région. ⧗ 2020-2024

LE CHAI D' ÉMILIEN, 6, rte de Montpellier, 34160 Sussargues, tél. 06 99 50 45 38, contact@lechaidemilien.com V *r.-v.*

♥ CH. DE L'ENGARRAN Grès de Montpellier 2017 ★★★

■ | 25000 | | 11 à 15 €

Le Ch. de l'Engarran est une «folie» montpelliéraine du XVIII[e]s., classée à l'Inventaire national des Monuments historiques. Trois générations de femmes ont fait de ce domaine de 55 ha l'une des belles adresses des Grés de Montpellier et de Saint-Georges-d'Orques.

La cuvée emblématique du domaine, d'une constance qui impose le respect et qui a fait le bonheur du jury. Ce qui les a tant séduit ? Le nez raffiné qui met en avant les

charmes d'une syrah (63 %) vendangée à belle maturité : cerise noire, confiture de myrtilles, notes florales et épicées. Puis la bouche, ample, tapissée d'une matière dense et chaleureuse, pétrie de fruit mûr, de cannelle et de poivre blanc, sérieusement cadrée par des tanins gras et tonifiée par ce qu'il faut de fraîcheur. Le Languedoc en bouteille, et pour longtemps. ⌛ 2022-2030
■ **Saint-Georges d'Orques 2019 ★★ (8 à 11 €; 15000 b.)** Grenache et cinsault, vinifiés à part puis assemblés, entretiennent une joyeuse complicité dans ce rosé saumoné au nez charmeur et fin, qui passe en revue le pamplemousse, les fleurs et le fruit rouge mûr. Caressante, tactile, délicate et nullement démonstrative dans ses arômes, la bouche n'en oublie pas de rester parfaitement fraîche. Un grand rosé de table, à la fois vineux et aérien. ⌛ 2020-2022

CH. DE L'ENGARRAN, rte de Lavérune, 34880 Lavérune, tél. 04 67 47 00 02, lengarran@wanadoo.fr V t.l.j. 10h-13h 15h-19h

CH. D'EXINDRE Grès de Montpellier Amélius 2018 ★

■	3300		11 à 15 €

Ancienne *villa* gallo-romaine puis bien épiscopal (des vestiges de la chapelle Sainte-Marie-Madeleine d'Exindre furent trouvés ici), le domaine a été acquis à la Révolution par la famille Sicard, toujours propriétaire aujourd'hui. Une cave du XIXᵉs., 45 ha de vignes. Des IGP, des AOC languedoc, du muscat-de-mireval.

Syrah et grenache élevés 8 mois en cuve au programme de ce rouge fringant dont le nez passe en revue la groseille, la fraise et la framboise teintées de fumé et d'herbes séchées. Un grand bol de fruits rouges que l'on croque avec allégresse dans une bouche fluide, souple, ourlée de tanins soyeux qui laisse le souvenir d'un languedoc léger. À boire sur le fruit. ⌛ 2020-2023

CH. D'EXINDRE LA MAGDELAINE, La Magdelaine-d'Exindre, 34750 Villeneuve-lès-Maguelone, tél. 04 67 69 49 77, catherinegeroudet@yahoo.fr V *tlj. sf mer. dim. 15h-19h; sam. 9h-12h*

FAMILLE FABRE L'Orangerie de Luc 2019 ★★

■	20000		8 à 11 €

Enracinée dans les Corbières depuis 1605, la famille Fabre exploite 360 ha répartis sur 4 domaines : le Ch. Fabre Gasparets (corbières-boutenac, le berceau), le Ch. Coulon, le Ch. de Luc et le Dom. de la Grande Courtade, sur le territoire de Béziers, dédié aux vins IGP. Ingénieur agronome et œnologue, Louis Fabre a pris en 1982 la tête de ces vignobles cultivés en bio dès 1991 (certification pour l'ensemble en 2014).

Une cuvée dont les profits servent à rénover l'orangerie du château. Très intense, sur les fruits noirs, la violette et le Zan, le nez signe la présence de la syrah. Pleine, ample, appuyée sur des tanins fondus, dotée d'une belle acidité, la bouche restitue toute la palette perçue à l'olfaction et s'élargit sur la garrigue. Parfumée, typée et irrésistible dès à présent. «On se régale et on y revient», s'enthousiasme le jury. L'Orangerie devrait progresser!
⌛ 2020-2023

CH. FABRE GASPARETS / CH. DE LUC, 1, rue du Château, 11200 Luc-sur-Orbieu, tél. 04 68 27 10 80, info@famille-fabre.com V *t.l.j. 9h-12h 14h-19h*

DOM. DE FABRÈGUES Pézenas La Villa 2017 ★

■	33000		8 à 11 €

Les archéologues ont retrouvé là un four à amphores datant de l'époque romaine. Plus tard, ce domaine, entre Pézenas et Clermont-l'Hérault, fut une halte sur la route de Compostelle où les pèlerins faisaient ferrer leurs chevaux. Depuis 2005, Carine Pichot y conduit un vignoble de 35 ha.

Carine Pichot entretient sa bonne réputation avec ce 2017 au nez retenu mais élégant, sur les fruits mûrs, la garrigue et le sous-bois. Du volume, des tanins fondus, des flaveurs chaleureuses de plantes aromatiques et de fruits surmûris, une belle acidité en soutien : la bouche ne manque de rien. Harmonieux, on peut le boire ou le garder. ⌛ 2020-2024

DOM. DE FABRÈGUES, rte de Péret, 34800 Aspiran, tél. 04 67 44 54 99, contact@domainefabregues.fr V *t.l.j. 8h-18h; sam. dim. sur r.-v.*

Ⓑ FLEUR SAUVAGE Sommières 2017 ★

■	2506		15 à 20 €

Fondée en 1923 à Sommières, dans la partie la plus orientale de l'appellation languedoc, cette cave coopérative dispose d'un vignoble de près de 700 ha répartis dans 7 communes gardoises, sur des terroirs variés : marnes, alluvions, terres rouges à silex, cailloux calcaires. Le pont romain de Sommières orne les étiquettes.

De l'éclat dans la robe, de l'intensité et de la finesse dans les arômes de framboise et d'épices, l'entame est prometteuse. Ronde, détendue, savoureuse par sa sucrosité gourmande, bien dynamique en finale, avec une touche discrètement vanillée, la bouche ne déçoit pas. Un vin gourmand, net et frais, à déboucher dans ses jeunes années. ⌛ 2020-2023

LES VIGNERONS DU SOMMIÉROIS, 2, rue de l'Arnède, 30250 Sommières, tél. 04 66 80 03 31, contact@vin-vds.com V *t.l.j. sf dim. 9h-12h30 15h-19h*

FONJOYA Belle de soie 2019 ★

■	10000		8 à 11 €

Née de la réunion des caves viticoles de Saint-Félix-Saint-Jean et de Saint-Saturnin, Fonjoya («fontaine des joyaux» en latin) a vu le jour en décembre 2018. Le nouveau groupe fédère 160 coopérateurs pour 1000 ha de vignes en AOC (terrasses-du-larzac, languedoc) et IGP (Oc et Mont Baudile).

Grenache blanc, marsanne et vermentino associés dans ce blanc frais et léger dont on aime le nez élégant, floral et fruité (fruit blanc), agrémenté de fenouil, et la bouche délicate, éclatante, dynamisée par une finale aussi tonique que saline. ⌛ 2020-2022

FONJOYA, 5, av. Noël-Calmel, 34725 Saint-Saturnin-de-Lucian, tél. 04 67 96 61 52, contact@fonjoya.com V *t.l.j. sf dim. 9h-12h 14h-18h*

Ⓑ LA FONT DES ORMES Pézenas Basalte 2017 ★

■	3390		20 à 30 €

Sur un site qui porte les traces de peuplements d'hominidés très anciens, Guy Cazalis de Fondouce

LANGUEDOC

a redonné un nouvel élan à ce domaine familial typiquement languedocien et restauré de très belle façon le chai et ses cuves semi-enterrées datant du XVIIes. pour les convertir en chai à barriques. Le vignoble de 20 ha est certifié en biodynamie depuis 2018.

Née de parcelles situées en haut d'une épaisse coulée de basalte, élevée en demi-muids, cette cuvée déploie des arômes expressifs de fruits cuits et de grillé sur un fond minéral. On les retrouve dans une bouche puissante, riche, chaleureuse et bien cadrée par des tanins solides, à la mesure de l'ensemble. Un rouge opulent, charnu et structuré, de garde mais déjà savoureux sur une viande en sauce. ⧗ 2021-2026

CH. LA FONT DES ORMES, rte de Nizas, 34720 Caux, tél. 04 67 11 09 48, contact@fontdesormes.fr V *r.-v.*

♥ FULCRAND CABANON Cabrières 2019 ★★

| ■ | 20000 | | 5 à 8 € |

Coopérative fondée en 1937 et forte des 330 ha de ses adhérents, les caves de l'Estabel, réputées pour leurs rosés qui ont fait la gloire de Cabrières, présentent aussi une gamme de rouges dignes d'un vif intérêt. Elles produisent également de l'AOC clairette-du-languedoc, sur une vingtaine d'hectares de schistes, et, depuis 2018, une gamme de vins sans soufre. Le paysage dominé par le pic de Vissou, la richesse géologique et les sites archéologiques en font une étape obligée.

Au nez, un panier de fruits frais (pêche, fraise et framboise) et une note minérale pour la complexité. La bouche conforte cette gourmandise par une chair ample, enveloppante, savoureuse, qui se tend idéalement en finale. Aromatique, charnu, frais, complexe, long : que demander de plus ? ⧗ 2020-2021

SCA L' ESTABEL, 20, rte de Fontes, 34800 Cabrières, tél. 04 67 88 91 60, contact@estabel.fr V *r.-v.*

DOM. LA GRANGE Pézenas Castalides Icône 2017 ★

| ■ | 3000 | | 30 à 50 € |

Un domaine acquis en 2007 par Rolf et Renate Freund, anciens importateurs allemands de vins. Idéalement situé en bordure du parc naturel régional du Haut Languedoc, à une altitude de 250 m, son vignoble de 54 ha est cerné par la garrigue. Les raisins mûrissent entourés de thym et de romarin, puis sont vinifiés parcelle par parcelle dans une nouvelle cave en pierre à l'équipement neuf.

La cuvée haut de gamme du domaine assemble syrah et mourvèdre. La richesse et la puissance s'imposent dès le nez : fruits noirs, cassis, violette, avec des notes chocolatées d'un élevage en fût (18 mois). La bouche est au diapason : du gras, de la mâche, des tanins corsés, une franche acidité qui vient en contrepoint et une longue finale qui libère une nuance plus végétale. Concentré, ensoleillé mais harmonieux, un bon vin de garde. ⧗ 2022-2027

DOM. LA GRANGE, rte de Fouzihon, 34320 Gabian, tél. 04 67 24 69 81, compta@domaine-lagrange.com V *t.l.j. 10h-12h 14h-16h* E

DOM. GUINAND
Saint-Christol Grande cuvée 2017 ★★

| ■ | 14500 | | 11 à 15 € |

C'est au cœur de Saint-Christol, village de culture taurine, que se trouve la cave de la famille Guinand (6e génération), qui a quitté la coopérative en 1993 pour créer ce domaine réputé de 60 ha. Le caveau de vente voûté est situé dans une bâtisse datant du XVIes. Ici, les vignes de syrah et de grenache trouvent leur expression sur un sol de galets.

Abonné au Guide, le domaine soigne sa réputation avec ce beau vin rouge concentré qui assemble syrah et grenache. Noire, la robe annonce un nez puissant qui livre à l'aération ses parfums de cerise et d'olive noires nuancés de fines épices. Consistant, structuré, intense, le palais s'appuie sur des tanins fermes, mais extraits avec justesse, qui ouvrent sur une longue finale poivrée. On lui prédit un avenir radieux. ⧗ 2023-2028

DOM. GUINAND, 36, rue de l'Épargne, 34400 Saint-Christol, tél. 04 67 86 85 55, contact@domaineguinand.com V *t.l.j. sf dim. 9h-12h 14h-19h* E

B HECHT ET BANNIER 2018 ★

| ■ | 150000 | | 5 à 8 € |

Grégory Hecht et François Bannier sont négociants-éleveurs à Aix-en-Provence. Ayant créé leur maison en 2002, ils se consacrent aux vins du sud de la France. Ils visitent chaque année plusieurs centaines de domaines pour sélectionner les vins correspondant à leur approche.

Un négoce plutôt haute couture, souvent remarquable pour ses entrées de gamme comme pour ses grands vins. De ce 2018, on retient le nez friand et bien sudiste qui associe les fruits rouges mûrs au romarin, au poivre et à la réglisse. Des tanins encore un peu saillants n'entament pas le plaisir que procure une bouche mesurée, pétrie d'épices et de garrigue, qui respire le Languedoc. Accord gourmand en perspective avec une belle viande rouge juteuse au thym. ⧗ 2020-2024

HECHT & BANNIER, 45, rue Roux-Alpheran, 13100 Aix-en-Provence, tél. 04 42 69 19 71, contact@hbselection.com V *r.-v.*

B DOM. VIRGILE JOLY
Saint-Saturnin Virgile 2017 ★

| ■ | 6000 | | 20 à 30 € |

Cet œnologue natif de la vallée du Rhône, petit-fils de vigneron, a fondé son propre domaine en 2000 après avoir été *flying winemaker* dans le sud de la France et au Chili. Il s'est installé sur la place du village de Saint-Saturnin-de-Lucian, entre mairie et église. Les vignes, agrandies petit à petit, couvrent 18 ha, conduites en bio.

Le trio grenache, syrah et carignan, longuement élevé en cuve et en fût : une combinaison qui fait mouche. Ouvert, complexe, le nez décline les fruits rouges, les plantes aromatiques, le cuir, le poivre et une touche fumée de chêne. Droite, joliment sculptée, à la fois mûre et fraîche, la bouche offre une agréable rondeur appuyée sur des tanins fins et une juste vivacité en finale. Harmonieux, fruité et élégant. ⧗ 2020-2024

VIRGILE JOLY, 6 bis, pl. de la Fontaine, 34725 Saint-Saturnin-de-Lucian, tél. 04 67 44 52 21, virgilejoly34@orange.fr V t.l.j. 9h-12h 14h-18h; sam. dim. sur r.-v. *VirgileJoly et Cie*

CH. LALIS Briac d'Alaric 2018 ★

■	7000		8 à 11 €

Œnologue depuis 1995 et conseiller viticole, Philippe Estrade a repris en 2002 le domaine familial fondé un siècle plus tôt, qu'il a modernisé. Il exploite aujourd'hui 52 ha sur les pentes de l'Alaric et sur le terroir de Lagrasse.

Briac est le nom de la parcelle située au pied de la montagne Alaric qui a vu naître ce vin. Mourvèdre et grenache vinifiés en macération carbonique, cela donne ce nez à la fois solaire et fringant de fruits en confiture (cerise, mûre) relevé de laurier. La gariguette, la framboise et les épices (muscade, poivre) s'invitent dans une bouche intense, capiteuse mais alerte, qui peut compter sur de beaux tanins fermes et sans austérité. Du relief, de la tenue et du soleil dans ce rouge à boire ou à laisser mûrir en cave. ⧗ 2020-2024

CH. LALIS, 2, rue des Fleurs, 11220 Ribaute, tél. 04 68 43 19 50, lalis@orange.fr V r.-v.

CH. LANCYRE Le Rosé 2019 ★

■	20000		5 à 8 €

Régis Valentin, œnologue et maître de chai, a repris en 2001 le domaine familial créé en 1960 par les familles Durand-Valentin. Il produit des vins sur 80 ha de vignes occupant un beau terroir de calcaires durs et d'argiles rouges.

Une robe pétale de rose et un nez flagrant qui fleure bon le fruit rouge écrasé et les épices. Une plénitude de fruit qui fait le charme d'une bouche très friande, joliment épicée, tendre, souple, à laquelle il n'a manqué qu'un peu de vivacité en plus pour décrocher la deuxième étoile. Du charme et du naturel. ⧗ 2020-2021

CH. LANCYRE, hameau-de-Lancyre, 34270 Valflaunès, tél. 04 67 55 32 74, contact@chateaudelancyre.com V t.l.j. sf dim. 10h-12h30 14h30-18h30

B **CH. DE LASCAUX** Garrigue 2019 ★

■	20000		8 à 11 €

Jean-Benoît Cavalier, agronome de formation, a relancé le domaine familial au milieu des années 1980, marchant dans les pas de 14 générations de vignerons sur ce terroir de cailloutis calcaires mis en valeur par sa famille depuis 1554. Cette figure emblématique du pic Saint-Loup conduit son vignoble (85 ha aujourd'hui) en agriculture biologique et en biodynamie. Sur certaines parcelles, des moutons broutent l'herbe entre les ceps, labourent et apportent un engrais tout naturel. Une valeur sûre.

Cinq cépages associés dans ce blanc qui a fait l'objet d'une courte macération pelliculaire avant pressurage. Très charmeur et bien mûr, centré sur le coing et l'ananas, le nez annonce une bouche onctueuse, riche, dotée d'une rondeur presque sucrée et très gourmande. Un plus de vivacité n'aurait pas nui à l'ensemble, mais il plaira. ⧗ 2020-2022

CH. DE LASCAUX, rte du Brestalou, 34270 Vacquières, tél. 04 67 59 00 08, info@chateau-lascaux.com V t.l.j. sf dim. 10h-12h 14h-18h

DOM. MAGELLAN 2019 ★

■	5539		11 à 15 €

Bruno Lafon a hérité de son père la passion du vin et la rigueur bourguignonne. Séduit par le terroir languedocien, il s'associe en 1999 avec Sylvie Legros pour restaurer ce domaine de 32 ha, conduit en agriculture biologique.

Après un fort joli 2018, cette cuvée nous revient en forme dans le millésime 2019. D'un assemblage grenache blanc et roussanne et d'un court séjour en fût, le nez tire ses arômes de fleurs grasses et de vanille. La barrique ajoute un supplément de rondeur à une bouche qui n'en manque pas : gras, plein ensoleillé, c'est un blanc voluptueux taillé pour une viande blanche à la crème. ⧗ 2020-2023

DOM. MAGELLAN, 467, av. de la Gare, 34480 Magalas, tél. 04 67 36 20 83, contact@domainemagellan.com V t.l.j. sf sam. dim. 8h30-17h

MARCIANICUS 2019 ★

■	2000		5 à 8 €

Née en 2014 de la fusion de 2 caves (Les Vignerons de Montpellier et Les Coteaux Saint-Geniès-des-Mourgues), rénovée en 2019, cette coopérative regroupe une centaine d'adhérents.

Une robe pâle et saumonée, un nez friand et intense de bourgeon de cassis, de grenadine et de citron, une bouche légère, alerte, parfumée de bout en bout : aucune fausse note dans ce rosé dynamique, souple et pimpant de fruit. ⧗ 2020-2021

SCA LES COTEAUX DE MONTPELLIER, rte de Beaulieu, BP_13, 34160 Saint-Geniès-des-Mourgues, tél. 04 67 86 21 99, coteauxdemontpellier@orange.fr V t.l.j. sf lun. dim. 9h30-12h 15h-18h

MAS BRUNET
Cuvée Tradition Élevé en fût de chêne 2018 ★★

■	12000		11 à 15 €

Le haut terroir du Causse-de-la-Selle, fait d'argiles rouges et de pierres dolomitiques sculptées par les ans, est l'un des plus septentrionaux de l'appellation. Représentant la 4e génération, Serge et Marc Coulet, désormais épaulés par Louis, le fils de Serge, œuvrent respectivement depuis 1988 et 1990 sur ce domaine de 28 ha implanté en pleine garrigue, en conversion bio depuis 2019.

Un travail à la bourguignonne (élevage en fût, sur lies, avec bâtonnage) pour ce blanc qui réunit roussanne, vermentino et viognier. Complexe, marqué par le chêne (vanille, fruits secs), le nez laisse respirer le fruit à travers des notes de coing et de fleurs blanches. En bouche, de la matière, une texture soyeuse, une fraîcheur préservée, des notes crémeuses et beurrées en finale : un beau blanc onctueux, bien travaillé, destiné à la table et qui saura vieillir avec grâce. ⧗ 2020-2025

DOM. DE BRUNET, rte de Saint-Jean-de-Bueges, 34380 Causse-de-la-Selle, tél. 04 67 73 10 57, brunet.vins.oc@domainedebrunet.com V r.-v.

MAS COMBARÈLA Des si et des mi 2018 ★

■ | 5500 | 🛢🍾 | 11 à 15 €

Après une carrière dans le marketing international, Olivier Faucon, petit-fils d'agriculteur et amateur de vin, décide de devenir vigneron à la lecture de la bande dessinée *Les Ignorants* d'Étienne Davodeau. En 2012 et après une solide formation en Bourgogne, il jette son dévolu sur le Languedoc où il crée son domaine, 12 ha aujourd'hui, lance la conversion bio du vignoble et signe son premier millésime en 2016.

«Des si et des mi» ou l'art de la discussion et de la convivialité selon une expression locale. D'abord taiseux, le nez se fait plus volubile à l'aération, libérant progressivement de doux effluves de fruits mûrs et d'épices. Toucher caressant, tanins fondants, suavité du fruit, finale vivace et tendue : c'est une bien belle évocation du Languedoc signée par une des valeurs montantes de la région. À ouvrir dans sa jeunesse et à carafer. ⧗ 2020-2023

⊶ MAS COMBARÈLA, 1833, rte de Montpeyroux, 34150 Saint-Jean-de-Fos, tél. 06 19 42 07 00, contact@mas-combarela.com V r.-v.

MAS CORIS Cabrières Ça c'est Julou !!! 2017 ★★

■ | 1200 | 🍾 | 8 à 11 €

Véronique Attard s'est installée en 2009 au pied du pic de Vissou, site classé, sur 8 ha de vignes et de garrigue. Conduit en bio, son domaine couvre aujourd'hui 5 ha sur des sols de schistes caractéristiques du terroir de Cabrières.

La très talentueuse Véronique Attard a donné bien du plaisir au jury avec ce rouge produit à 1200 exemplaires seulement et qui fait la part belle au cinsault. Pas de bois dans la cuvée, mais du fruit rouge, de la violette, du Zan et des notes fumées minérales délicates. Ample et ronde à l'attaque, ourlée de tanins de soie, la bouche déroule un fruit très gourmand, pur, qui respire le terroir de Cabrières. Julou ? Il travaillait au domaine il y a un siècle et a donné son nom au mazet présent dans les vignes. ⧗ 2020-2024

⊶ MAS CORIS, 3, rue du Dauphiné, 34170 Castelnau-le-Lez, tél. 06 74 14 88 91, byvero34@gmail.com V *r.-v.*

MAS D'ARCAŸ Saint-Drézéry Valentibus 2018 ★

■ | 2000 | 🛢 | 15 à 20 €

Jean Lacauste est issu d'une très longue lignée de vignerons qui débute en 1730. Il a acquis en 2010 cette ancienne propriété viticole de la fin du XIXe s., et exploite aujourd'hui 45 ha sur le terroir historique de Saint-Drézéry.

Valentibus? Un petit cours d'eau qui peut se faire torrent en hiver. La syrah, épaulée par le grenache et le mourvèdre, donne le tempo de ce rouge élégant aux franches notes fruitées de cassis et de cerise, nuancées de garrigue. Une attaque vive ouvre sur une bouche élégante, souple, aux notes capiteuses de fruits mûrs et d'épices, stimulée par un belle fraîcheur en finale. Un vin allègre qui souffle le chaud et le froid. ⧗ 2021-2026

⊶ MAS D'ARCAŸ, 1080, rte de Beaulieu, 34160 Saint-Drézéry, tél. 06 76 04 21 11, contac@arcay.fr V *t.l.j. sf dim. 16h-19h; sam. 10h-12h 14h-18h*

MAS DE BAYLE Cuvée Tradition 2018 ★

■ | 5000 | 🍾 | 5 à 8 €

Céline Michelon, œnologue et ingénieur agronome, a repris en 2002 ce domaine de 20 ha, acquis par son arrière-grand-père en 1907, situé sur les coteaux argilo-calcaires de Villeveyrac, entre Montpellier et Béziers.

Grenache, syrah et carignan composent un languedoc de facture classique, au nez chaleureux de fruits confits, d'épices et de garrigue. Riche, charnue, la bouche tire son équilibre de tanins fermes, qui sauront se fondre, et d'une touche de fraîcheur bienvenue en finale. Un rouge bien typé, équilibré, qui gagnera en harmonie avec un peu de cave. ⧗ 2021-2024

⊶ MAS DE BAYLE, mas-de-Bayle, 34560 Villeveyrac, tél. 06 62 75 03 88, contact@masdebayle.com V *r.-v.*

MAS DE CARRAT Décidément 2018 ★★

■ | 5437 | 🛢🍾 | 11 à 15 €

Sandrine Mialanes dirige depuis 2000 ce vignoble de 16 ha situé au cœur du terroir de Saint-Drézéry, à 20 km au nord-est de Montpellier. Les vignes se répartissent sur les flancs d'une colline, sur des sols de galets roulés au sud et d'éboulis calcaires au nord.

Sandrine Mialanes soigne son entrée dans le Guide avec un languedoc raffiné à dominante de syrah. Du verre montent des senteurs discrètes et fines de fruits mûrs et de poivre. Arômes que l'on retrouve dans une bouche jamais démonstrative, qui joue sur la finesse des tanins et sur l'élégance de la texture. Une finale fraîche met la touche finale à cette bien jolie composition. ⧗ 2020-2024

⊶ MAS DE CARRAT, mas-de-Carrat, Ancien chem. de Castries, 34160 Saint-Drézery, tél. 06 20 63 82 56, romain@mas-de-carrat.fr V *r.-v.*

Ⓑ **MAS DE FIGUIER** Seigneur de Leuze 2019 ★

■ | 9000 | 🍾 | 11 à 15 €

Le domaine fut créé par le grand-père en 1920. Gilles Pagès, installé en 1984, y conduit aujourd'hui un vignoble de 22 ha converti à l'agriculture biologique.

Roussanne et grenache blanc à parité dans ce vin dynamique et fruité qui fleure bon la pomme et la poire Williams. Vif dès l'attaque et frais de bout en bout, ce blanc franc s'entiche de notes citronnées qui renforcent encore un peu plus la vitalité de l'ensemble. ⧗ 2020-2022

⊶ MAS DE FIGUIER, mas-de-Figuier, 34270 Vacquières, tél. 06 18 19 53 33, pagesgi@orange.fr V *r.-v.*

Ⓑ **MAS DE JANINY** Grès de Montpellier Les Hauts de Laborie 2018 ★

■ | 2500 | 🛢 | 15 à 20 €

Thierry et Pascal Julien ont repris le domaine familial situé à Saint-Bauzille-de-la-Sylve à la fin des années 1980. Exploité en bio depuis 1989, le vignoble couvre 105 ha.

De petits rendements et une majorité de grenache forgent le caractère généreux de cette cuvée au nez intense et fin de violette et de garrigue nuancé des épices douces issues de l'élevage. Solaire, langoureuse, tout en chair et en suavité, la bouche intègre des tanins d'une grande douceur et séduit par sa finale parfumée, sur le laurier, le poivre et la muscade. Un vin généreux, à boire dans ses jeunes années. ⧗ 2020-2023

⊶ MAS DE JANINY, chem. Saint-Jean-Laval, 34230 Saint-Bauzille-de-la-Sylve, tél. 04 67 57 96 70, masdejaniny@orange.fr V *t.l.j. sf dim. 8h-12h 13h30-17h30; sam. sur r.-v.*

B **MAS DE LUNÈS** Grès de Montpellier 2018 ★

■	60 000	8 à 11 €

Le Mas de Lunès, un mas de pierre d'architecture typiquement languedocienne, est l'un des 7 domaines des vignobles Jeanjean, le berceau, acquis dès 1936 par Maurice et Paul Jeanjean en 1936. Ces derniers ont petit à petit transformé cette partie du plateau d'Aumelas en un vignoble qui couvre aujourd'hui 45 ha cultivés en bio au milieu de 1 000 ha de garrigue.

Un Grès de Montpellier élégant, dont le nez embaume le fruit bien mûr, la réglisse et les fleurs grasses. Des tanins bien enrobés, une texture veloutée, des saveurs débridées de cachou, de fleurs et de confiture de fruits rouges avec ce qu'il faut de pep : c'est gourmand, rond et sans mollesse. ⧗ 2020-2023

⊶ MAS DE LUNÈS, BP_1, 34725 Saint-Félix-de-Lodez, tél. 04 67 88 80 00, brigitte.barreiro@vigobles-jeanjean.com V *t.l.j. sf dim. 9h-12h 14h-19h; brigitte.barreiro@vigobles-jeanjean.com*

MAS DE MARTIN Grand Rosé 2019 ★

■	2400	🍾	8 à 11 €

Le Mas de Martin est un îlot secret de 20 ha de vignes caché au milieu des garrigues et des pinèdes. Ancienne dépendance de l'abbaye de Saint-Germain et halte sur le chemin de Saint-Jacques de Compostelle, ce domaine mentionné dès le XIIes. a été repris au printemps 2017 par Marie-Christine Florent, qui succède à Christian Mocci, son propriétaire pendant plus de 20 ans.

Le duo grenache-syrah en bonne forme dans ce rosé saumoné, au nez émoustillant de fruits rouges agrémentés de notes lactées et d'une touche fumée. Le fruit coule avec volupté dans une bouche bien en chair, vineuse mais fraîche, imprégnée de fraise écrasée. Un rosé expansif taillé pour la table. ⧗ 2020-2021

⊶ MAS DE MARTIN, rte de Carnas, 34160 Saint-Bauzille-de-Montmel, tél. 04 67 86 98 82, contact@masdemartin.fr V *t.l.j. 9h-12h 14h-17h*

MAS DES CABRES Sommières La Draille 2018 ★

■	8000	🛢🍾	11 à 15 €

Les Boutin sont présents à Aspères depuis 1724, et Florent est depuis 2003 à la tête du domaine familial et de ses 13 ha de vignes, dont il a engagé la conversion bio. Cet ingénieur agronome et œnologue est aussi le président du terroir Sommières AOC languedoc officiellement reconnu en 2011.

La Draille, ou chemin de transhumance pour les troupeaux, est un assemblage grenache-syrah-mourvèdre élevé en grands fûts et en cuves. Le nez, lent à s'ouvrir, déploie après aération des notes de fruits mûrs, de fleurs blanches et de cacao. Le palais, bien gras et concentré à l'attaque, se resserre sous l'effet de tanins carrés qui invitent à la patience. Un languedoc à laisser reposer en cave et qui réclame un plat consistant, à son image. ⧗ 2021-2026

⊶ FLORENT BOUTIN (MAS DES CABRES), 12, Le Plan, 30250 Aspères, tél. 06 23 68 14 24, masdescabres@hotmail.fr V *r.-v.*

MAS GOULAMAS Lava 2018 ★

■	2400	🍾	11 à 15 €

Après avoir travaillé pendant 15 ans pour les autres, Vassil Cordonnier a repris en 2017 un domaine de 9 ha qu'il a restructuré et converti au bio. La gamme, en développement, couvre les AOC languedoc et languedoc Pézenas.

Déjà repéré dans sa version 2017, ce Lava («lave» en occitan) n'a rien perdu de son charme. Fruits rouges cuits, épices et chocolat, le nez ne manque pas de présence. On retrouve cette largeur en bouche, cette rondeur et cette générosité du fruit qui cadrent sans mal des tanins bien extraits ouvrant sur une finale richement épicée. Généreux et savoureux, il peut être servi dès à présent ou attendu. ⧗ 2020-2025

⊶ MAS GOULAMAS, 27, av. de Faugères, 34320 Gabian, tél. 06 95 34 64 24, contact@masgoulamas.com V *r.-v.*

MAS GRANIER Les Marnes 2018 ★

■	25 000	🛢	8 à 11 €

Situé dans le Gard, ce domaine était autrefois une ferme du prieuré Saint-Pierre-d'Aspères, qui remonte au IXes. pour ses parties les plus anciennes. Acquis par Marcel Granier dans l'après-guerre, il est depuis 1992 la propriété de ses 2 fils, Dominique et Jean-Philippe, qui conduisent aujourd'hui 40 ha de vignes en conversion biologique.

La roussanne (70 %) à l'œuvre dans ce beau blanc issu d'un terroir de marnes argilo-calcaires et élevé 7 mois en fût. Le nez nous le rappelle avec ses notes de grillé et de fruits secs qui entourent un fond de fruits à noyau et de genêt. La bouche combine une attaque vive, une matière consistante et une jolie finale dotée d'une légère amertume stimulante. Un blanc bien élevé, dont on retient l'équilibre, la fraîcheur et le potentiel en cave. ⧗ 2020-2024

⊶ MAS GRANIER-MAS MONTEL, 2, chem. du Mas-Montel, 30250 Aspères, tél. 04 66 80 01 21, contact@masmontel.fr V *t.l.j. 9h30-12h30 14h30-18h30* 5

B **DOM. MIRABEL** Le Chant du Sorbier 2018 ★

■	2600	🛢🍾	15 à 20 €

Les frères Feuillade, Samuel et Vincent, travaillent ensemble et en bio les quelque 15 ha du domaine. Les meilleures parcelles sont situées à la limite nord de l'aire d'appellation du pic Saint-Loup, sur un terroir d'éboulis d'éclats calcaires s'étalant entre Corconne et Brouzet-lès-Quissac.

Un assemblage de 4 cépages dominé par un grenache manifestement bien mûr sur la foi de ce nez solaire, gorgé de fruits rouges mûrs, d'épices et de notes fumées. La bouche ne déçoit pas dans ce registre généreux et solaire : charnue, riche, étayée de tanins bien pris dans la chair, elle diffuse des saveurs capiteuses et persistantes. Chaleureux et puissant, il réconfortera au cœur de l'hiver. ⧗ 2021-2025

DOM. MIRABEL, 261, rte du Brestalou,
30260 Brouzet-lès-Quissac, tél. 06 22 78 17 47,
domainemirabel@neuf.fr V *r.-v.*

CH. MIRE L'ÉTANG Corail 2019 ★

8000 | 8 à 11 €

Depuis les hauteurs du domaine, face au soleil levant, on «mire les étangs», l'embouchure de l'Aude, la Méditerranée et le golfe du Lion. Le terroir caillouteux s'étale en terrasses, caressé par la brise marine. Acquis par la famille Chamayrac en 1972, le domaine comptait alors 36 ha de vignes; il s'étend sur 51 ha aujourd'hui. Un pilier de La Clape.

Corail comme la robe de ce rosé de saignée qui diffuse au nez des notes généreuses de fraise et de bonbon. Le jury a apprécié l'attaque tout en rondeur, la gourmandise d'un fruit qui s'encanaille d'une petite note fumée minérale, la longueur et la vivacité finale qui donne à l'ensemble ce qu'il faut de tonicité. Un vin épanoui, séducteur et polyvalent, de l'apéritif à la table. ⧗ 2020-2021

EARL CH. MIRE L'ÉTANG,
rte des Vins, 11560 Fleury-d'Aude,
tél. 04 68 33 62 84, mireletang@wanadoo.fr
V *t.l.j. sf dim. 9h-12h 15h-19h*

♥ DOM. LE NOUVEAU MONDE Gabriel-Émile 2018 ★★★

2000 | 20 à 30 €

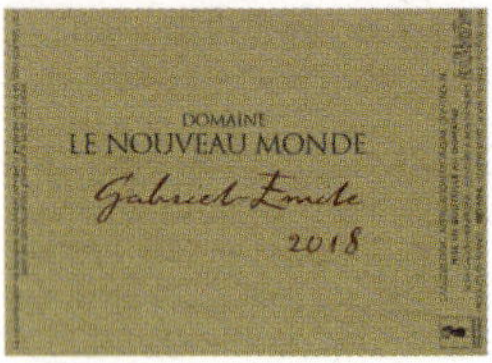

Ce vignoble de 20 ha, en bio certifié depuis 2020, établi au sud de Béziers, propriété de la famille Borras-Gauch depuis plusieurs générations, est situé entre mer et étang, sur une terrasse villafranchienne de galets roulés mêlés à l'argile rouge, et sous l'influence de la Méditerranée. Anne-Laure, œnologue, et Sébastien Borras, restaurateur, ont pris les commandes en 2003.

Une cuvée dédiée aux deux grands-pères d'Anne-Laure Borras. Un bien bel hommage qui a fait le bonheur du jury. Le mourvèdre (80 %), épaulé par la syrah, élevé en fût et en cuve, donne le tempo de cette cuvée ouverte sur un nez puissant et suave associant les fruits noirs (mûre, myrtille, cassis) à des nuances fumées et grillées. Cette complexité monte d'un cran en bouche : ciste, laurier, thym et menthol infusent et rafraîchissent une matière ample, concentrée, généreuse, solaire certes, mais parfaitement tenue par des tanins bien travaillés et enrobés par un élevage au cordeau qui libère une note vanillée en finale. Long, harmonieux, résolument sudiste et déjà irrésistible. ⧗ 2020-2026

DOM. LE NOUVEAU MONDE,
av. du Port, 34350 Vendres, tél. 04 67 37 33 68,
info@nouveaumonde.com
V *r.-v.* E

B DOM. ORTOLA Quatourze La Main de l'homme 2018 ★

100000 | 11 à 15 €

Aux portes de Narbonne et au bord de l'étang de Bages, le plateau de Quatourze est un terroir historique du Languedoc, aux sols de galets roulés. Les évêques de la cité audoise y avaient des vignes. En 1983, Georges Ortola, ingénieur, rachète un vignoble à l'abandon, puis un deuxième 5 ans plus tard. Aujourd'hui, il exploite avec ses enfants Hélène et Nelson 120 ha en biodynamie. Son vignoble sert de pacages à des moutons en hiver.

Vinifié sans sulfite et avec des levures indigènes, puis élevé 12 mois sous bois, ce Quatourze séduit par sa complexité entre fruits, épices et petite note kirschée. En bouche, un corps consistant, animé de tanins fermes et vivifié par une belle fraîcheur, avec une petite astringence agréable pour conclure. Un vin vivant, élégant et bien typé. ⧗ 2021-2025

DOM. ORTOLA, Notre-Dame-du-Quatourze,
11100 Narbonne, tél. 06 38 43 49 24, georges@ortola.fr
V *r.-v.* A

B LES VIGNERONS DU PIC Grès de Montpellier Le Sentier Balades en bio 2017 ★

13000 | 11 à 15 €

Sous le nom de Vignerons du Pic, les caves coopératives de Claret, Assas, Saint-Gely-du-Fesc et Baillargues ont fusionné en 1997. La structure dispose des 700 ha de ses adhérents et propose une gamme de vins IGP et d'appellation, notamment des pic-saint-loup et des languedoc Grès de Montpellier.

Élevée en fûts neufs, cette cuvée libère des notes ensoleillés de fruits noirs mâtinées des notes épicées et grillées du chêne. La matière ronde et capiteuse parfumée (ciste, tapenade, fraise écrasée), bénéficie de tanins bien fermes et d'une finale agréablement mentholée. Séduisant, complet, moderne, ce 2017 devrait plaire. ⧗ 2021-2025

SCA LES VIGNERONS DU PIC,
285, av. de Sainte-Croix, 34820 Assas,
tél. 04 67 59 62 55, cave@vpic.fr
V *t.l.j. sf lun. dim. 9h-12h 15h-19h*

PRIEURÉ SAINT-HIPPOLYTE Cuvée d'excellence 2019 ★

300000 | 5 à 8 €

La cave de Fontès a été créée en 1932 par une trentaine de vignerons. Aujourd'hui, cette coopérative, rebaptisée La Fontesole, en compte près de 160. Sur les premiers contreforts des Cévennes méridionales, les vignes recouvrent les coulées basaltiques de Fontès.

Né de syrah et de grenache, ce rosé affiche une robe pâle et un nez fringant de fruits rouges, avec une touche réglissée pour la complexité. Ample à l'attaque, puis dynamique, fruitée, portée par une belle fraîcheur, la bouche laisse le souvenir d'un rosé vif, gourmand et irréprochable. ⧗ 2020-2021

SCAV LA FONTESOLE, 16, bd Jules-Ferry,
34320 Fontès, tél. 04 67 25 14 25, cave@fontesole.fr
V *r.-v.*

DOM. PUECH 1913 2017 ★

1300 | 20 à 30 €

Installé au cœur du village de Saint-Clément-de-Rivière, le domaine, versé depuis longtemps dans l'oenotourisme, est la propriété de la famille Puech. À sa tête, Christophe Puech, qui gère un vignoble de 17 ha situé dans et autour du village.

Cuvée phare du domaine, 1913 est un assemblage emmené par le carignan et élevé un an en fût. Bien présentes au nez, les notes grillées et épicées du chêne n'éteignent pas le fruit (framboise mûre, cassis), agrémenté d'une touche de violette. En bouche, du gras, de la concentration, des tanins fermes et ciselés, des saveurs hésitant entre fruits noirs confits, poivre et cacao de la barrique. Un vin cossu, structuré, bien élevé, qui a tout pour faire une belle bouteille après un peu de garde. ⧗ 2021-2025 **Le Rosé 2019 ★ (8 à 11 €; 5000 b.)** Un rosé moderne, pâle et saumoné, qui séduit par son nez frais et friand de fraise, de groseille et d'agrumes, et par sa bouche exemplaire, bien arrondie, mais légère et très tonique. De l'éclat et du fruit. ⧗ 2020-2021

DOM. PUECH, 25, rue du Four, 34980 Saint-Clément-de-Rivière, tél. 04 67 84 12 31, chcarignan@domainepuech.com t.l.j. sf lun. dim. 16h30-19h; sam. 9h-12h

♥ DOM. PUECH-AUGER
Montpeyroux Les Dolomies 2017 ★★★

6000 | 8 à 11 €

Sur ce domaine créé par leur père, Christophe et Didier Crézégut vinifient et élèvent leurs vins dans la plus stricte tradition. Les 15 ha du vignoble sont disséminés sur des terroirs argilo-calcaires et marno-calcaires typiques du terroir de Montpeyroux, où syrah, grenache, mourvèdre et carignan ont trouvé une terre de prédilection.

Habitué aux honneurs et aux étoiles, le domaine en accroche 3 autres à son palmarès. 12 mois du fût pour cet assemblage de 4 cépages dominé par la syrah, mais c'est le fruit (fruits noirs, cerise, gelée de fruit rouge) qui domine au nez, avec une touche de sous-bois et de vanille en soutien. Fermes mais pris dans la chair, les tanins rehaussent une bouche riche, suave qui déborde d'épices et de garrigue et qui tire son équilibre d'une belle acidité donnant vie et éclat à ce grand rouge fermement ancré dans son terroir. Délicieux aujourd'hui et pour quelques années. ⧗ 2020-2025

DOM. PUECH-AUGER, 3, chem. de la Cagaroulette, 34150 Montpeyroux, tél. 06 74 63 33 02, domainepuechauger@wanadoo.fr r.-v.

CH. RAISSAC Terra incognita 2017 ★

3000 | 20 à 30 €

Au nord de Béziers, le Ch. de Raissac, implanté sur les vestiges d'une villa romaine, s'étend sur 60 ha, dont de belles terrasses villafranchiennes. En 1999, Gustave Viennet a succédé à 5 générations de vignerons sur le domaine familial; il développe l'œnotourisme et cultive la diversité, avec pas moins de 12 cépages et 5 terroirs.

Issue de vignes isolées, entourées de pinède et de garrigue, cette Terra Incognita se découvre au nez sans exubérance mais avec nuance : fruits rouges, tapenade et poivre saupoudrés de notes grillées issues de l'élevage. Bien ronde à l'attaque, suave, épaulée par des tanins fermes mais enrobés, la bouche libère des notes chaleureuses de fruits très mûrs avec une présence encore appuyée de la barrique. On peut boire ce 2017 ou attendre que l'élevage se fonde davantage. ⧗ 2021-2026

CH. DE RAISSAC, rte du Murviel, 34500 Béziers, tél. 04 67 28 15 61, info@raissac.com t.l.j. sf sam. dim. 9h-12h 13h-17h 5

B DOM. DE ROQUEMALE
Grès de Montpellier Mâle 2017 ★

3500 | 20 à 30 €

Roquemale signifie « mauvaise roche » en langue d'Oc; la vigne y produit peu de raisin, mais un raisin de bonne maturité. Valérie et Dominique Ibanez, enfants de vignerons, ont entièrement créé ce domaine en 2001, séduits par ce terroir constitué de sols argilo-calcaires et de terres rouges : 12 ha aujourd'hui, en bio certifié.

La robe sombre et le nez centré sur les fruits noirs, les épices et les plantes aromatiques signent la présence de la syrah (90 %). On retrouve son empreinte, nuancée de ciste, de cachou, de notes fumées et iodées, dans une bouche ronde à souhait, charnue, épaulée par des tanins d'une grande douceur. Un rouge voluptueux et sensuel que l'on peut ouvrir dès à présent. ⧗ 2020-2024

DOM. DE ROQUEMALE, 25, rte de Clermont, 34560 Villeveyrac, tél. 04 67 78 24 10, contact@roquemale.com mer. à sam. 10h-12h 16h-19h 3 B

CH. SAINT-JEAN D'AUMIÈRES L'Affranchi 2018 ★

40000 | 8 à 11 €

Au XVIII[e]s., cette propriété appartenait au procureur du roi J.-B. Claparède. Situé sur une colline marno-calcaire à l'entrée de Gignac, ce domaine de 50 ha, dont 35 de vignes, a été repris en 2013 par le négociant Vianney Castan, qui renoue ainsi avec la tradition vigneronne familiale.

La fraîcheur est le fil conducteur de ce languedoc raffiné, vinifié en douceur et élevé en cuve et en fût. Élégant, fruité (cerise) et légèrement chocolaté, le nez annonce une bouche aérienne, fraîche, sur les plantes aromatiques, portée par des tanins droits qui laissent en finale un sillon de fermeté. Aérien en même temps que bien structuré. ⧗ 2020-2024

CH. SAINT-JEAN D'AUMIÈRES, Ch. Saint-Jean-d'Aumières, 34150 Gignac, tél. 04 67 40 00 64, contact@sainjeandaumieres.fr t.l.j. sf dim. 8h30-12h30 13h30-18h

CH. SAINT-MARTIN DE LA GARRIGUE
Bronzinelle 2017 ★

40000 | 8 à 11 €

Au milieu des pins centenaires, le château d'inspiration Renaissance a conservé son esthétique classique

en s'enrichissant des apports de ses propriétaires successifs : seigneurs et notables, hommes d'épée ou d'Église, investisseurs dont le dernier en date (2019) est norvégien. Depuis 2011, Jean-Luc Parret, assisté de Gilles Habit à la vinification, est responsable de ce domaine de 60 ha, planté de 17 cépages répartis sur des terroirs de grès rouges et de calcaires lacustres.

Bronzinelle, du viel occitan «bronziner», est une évocation du bourdonnement des abeilles. Élégant, le nez hésite entre fruits noirs et cuir. La palette s'étend sur la réglisse et le poivre dans une bouche qui brille par son équilibre, sa retenue, sa fraîcheur et ses tanins fermes qui serrent un peu la finale à ce stade. Un peu de cave devrait les détendre. ⧗ 2021-2025 ■ **Grès de Montpellier 2017 ★ (15 à 20 €; 15000 b.)** Cette cuvée dominée à 60 % par le grenache a été élevée 16 mois en demi-muids. Très gourmand, centré sur les les fruits confits et la réglisse, le nez offre les charmes d'une vendange bien mûre. Charnue, ronde, concentrée, intégrant de beaux tanins bien assouplis et plus complexe dans ses arômes (cuir, mûre, épices douces), la bouche confirme ce profil solaire et savoureux. ⧗ 2021-2026

CH. SAINT-MARTIN DE LA GARRIGUE, Saint-Martin de la Garrigue, 34530 Montagnac, tél. 09 71 05 68 67, contact@stmartingarrigue.com V *t.l.j. 8h-12h 14h-17h30; sam. dim. sur r.-v.; f. noël* E

LE TARRAL Montpeyroux 2017 ★★

■	50000		8 à 11 €

Rebaptisée CastelBarry, la «coopérative artisanale» de Montpeyroux a été fondée en 1950 : c'est l'une des dernières caves créées en Languedoc (le grand boom coopératif se situant entre 1910 et 1929). Elle a bien grandi depuis sa création : 75 adhérents alors, de modestes propriétaires, 130 aujourd'hui. Le vignoble (510 ha) se partage entre 3 entités toutes baignées de soleil : le causse, le piémont et la terrasse d'éboulis.

Pour débuter, une robe pourpre et un nez distingué et complexe : fruits rouges mûrs, garrigue, cuir, notes grillées et vanillées. Une texture soyeuse, du gras, des tanins fermes et fins, une juste vivacité, un fruit intense et bien typé qui s'éternise en finale : aucune faute de goût dans ce rouge parfaitement harmonieux qui est un bien bel ambassadeur du terroir de Montpeyroux. ⧗ 2021-2025

CASTELBARRY, 5, pl. François-Villon, 34150 Montpeyroux, tél. 04 67 96 61 08, contact@castelbarry.com V *t.l.j. 9h30-12h 14h-18h* 2

TERRE DES 2 SOURCES Empreintes 2019 ★

■	5300		8 à 11 €

Bâti sur les fondations d'une ancienne *villa* gallo-romaine, ce domaine, développé pendant 50 ans par la famille Damais, a été repris en 2018 par 2 couples (les «2 sources»), les Creasy (États-Unis et Nouvelle-Zélande) et les Taillefer (France), représentant l'Ancien et le Nouveau Monde. 2 sources aussi comme celles qui traversent le vignoble étendu sur 35 ha dans un écrin naturel préservé, à l'extrémité nord de l'appellation terrasses-du-larzac.

Ce jeune domaine fait son apparition dans le Guide avec un rosé plutôt atypique, vineux, à la robe soutenue et au nez expressif centré sur les fruits rouges bien mûrs, grenade et framboise en tête. Charnu, ample, bien structuré et riche en saveurs, c'est un vin sincère, nullement «techno», qui devrait ravir les amateurs de rosés de gastronomie. Prometteur. ⧗ 2020-2022

TERRE DES 2 SOURCES, La Plaine, 34190 Montoulieu, tél. 04 67 73 70 21, contact@terredes2sources.com V *t.l.j. sf dim. 9h-17h*

B DOM. DE TERRE MÉGÈRE Grès de Montpellier Garric 2018 ★

■	2600		8 à 11 €

Ce domaine familial qui signe ses propres vins depuis 1984 est situé à Cournonsec, à 15 km à l'ouest de Montpellier. Certifié bio, le vignoble s'étend sur une douzaine d'ha en pleine garrigue sur un terroir dominant Sète, Montpellier et la mer. Le domaine propose une poignée de cuvées en languedoc Grès de Montpellier et en IGP Oc.

Garric? Chêne kermès en vieil occitan. Peu de bois dans cette cuvée à base de mourvèdre pourtant longuement élevée en cuve et en fût, mais des arômes distingués de fraise des bois, de réglisse et de poivre. Ample et ronde à l'attaque, la bouche fait preuve de la même élégance : des tanins finement ouvragés, de la fluidité, des notes discrètes d'élevage et une sensation de fraîcheur. Un 2018 harmonieux, gourmand et de très bon goût. ⧗ 2020-2025

DOM. DE TERRE MÉGÈRE, 10, rue du Jeu-de-Tambourin, 34660 Cournonsec, tél. 04 67 85 42 85, terremegere@wanadoo.fr V *t.l.j. sf dim. 11h-12h30 17h-19h*

TERRES DES GUILHEM Cabrières 2018 ★

■	40000		5 à 8 €

Coopérative fondée en 1937 et forte des 330 ha de ses adhérents, les caves de l'Estabel, réputées pour leurs rosés qui ont fait la gloire de Cabrières, présentent aussi une gamme de rouges dignes d'un vif intérêt. Elles produisent également de l'AOC clairette-du-languedoc, sur une vingtaine d'hectares de schistes, et, depuis 2018, une gamme de vins sans soufre. Le paysage dominé par le pic de Vissou, la richesse géologique et les sites archéologiques en font une étape obligée.

Une sélection parcellaire de syrah et de grenache, une longue macération puis un élevage en cuve sur lies, cela donne ce rouge puissant, au nez bien typé, entre fruits bien mûrs, garrigue, olive noire et poivre. Dense, riche, appuyée sur des tanins fondus, longue et réglissée en finale, soutenue par ce qu'il faut de fraîcheur, la bouche ne manque ni de carrure ni de caractère. Un beau rouge pour les soirées d'automne et d'hiver. ⧗ 2021-2025

SCA L'ESTABEL, 20, rte de Fontes, 34800 Cabrières, tél. 04 67 88 91 60, contact@estabel.fr V *r.-v.*

TERRES DU LANGUEDOC 2019 ★

■	66666		8 à 11 €

Établie à Castillon, près du pont du Gard, Vignobles et Compagnie (anciennement la Compagnie rhodanienne) est une maison de négoce créée en 1963, dans le giron du groupe Taillan. Elle propose des vins (marques ou cuvées de domaine) dans de nombreuses AOC de la vallée du Rhône, de la Provence et du Languedoc.

Une robe pimpante, rubis aux reflets violines, et un nez volubile de fruits rouges et de grenadine teinté de réglisse et d'épices pour ce 2019 élevé en cuve. La bouche restitue cette plénitude de fruit dans un ensemble ample, souple et chaleureux. Un languedoc ensoleillé, convivial et facile d'accès. ⧗ 2020-2023

⊶ VIGNOBLES ET COMPAGNIE, SPECR 19, chem. Neuf, CS 80002, 30210 Castillon-du-Gard, tél. 04 66 37 49 50, nicolas.quiles@vignoblescompagnie.com

B DOM. DE TRÉPALOUP Les Costes 2018 ★

■ | 5700 | | 8 à 11 €

Situé sur les éboulis de calcaire jurassique du bois de Paris, le domaine a été repris en 2002 par Laurent et Rémi Vandôme. Les deux frères ont converti leurs 15 ha de vignes à l'agriculture biologique en 2013 et replanté figuiers et oliviers.

Dominé par le grenache, élevé en cuve, ce 2018 déjà à point séduit d'emblée par son nez bien ouvert sur les fruits rouges mûrs et les épices. Très rond à l'attaque, doté de tanins discrets, offrant des saveurs franchement fruitées sur fond de garrigue, voilà un languedoc bien typé, qui devrait plaire à beaucoup. À boire sur le fruit. ⧗ 2020-2023

⊶ DOM. DE TRÉPALOUP, rue du Moulin-d'Huile, 30260 Saint-Clément, tél. 04 66 77 48 39, trepaloup@gmail.com V mer. ven. 17h-19h30; sam. 15h-19h30

LES TROIS PUECHS Pézenas Prestige 2018 ★

■ | n.c. | | 11 à 15 €

Le vignoble (25 ha sur argilo-calcaires mêlés de basalte) est implanté sur 3 puechs – « monts » en occitan –, correspondant chacun à un lieu-dit. Un patrimoine familial que Jacques Couderc a largement restructuré (nouvelles plantations, remembrements) pour créer le domaine en 2010. L'emploi de désherbant a été aboli bien avant la conversion bio entamée en 2018.

De cette cuvée habillée d'un rubis vif, on retient le nez friand et intense, centré sur la violette et les fruits rouges et noirs frais, et la bouche vive à l'attaque, qui garde le cap d'un languedoc dynamique, gourmand, souple, d'une fraîcheur singulière. ⧗ 2020-2024

⊶ DOM. LES TROIS PUECHS, 4, rte de Magalas, 34480 Fouzilhon, tél. 09 62 20 98 87, lestroispuechs@gmail.com V r.-v.

DOM. LA VOÛTE DU VERDUS 2019 ★★

■ | 2300 | | 8 à 11 €

Guilhem Bonnet et son épouse Sylvie ont repris en 1983 les vignes familiales (23 ha aujourd'hui). Coopérateurs, ils décident en 2011 d'en vinifier une part croissante. Leur fille Mélanie (à la vinification) et son mari Pierre Estival, œnologues, les accompagnent dans l'aventure. Au cœur de Saint-Guilhem-le-Désert, leur cave voûtée enjambe le ruisseau du Verdus qui traverse le village.

Régulièrement en vue dans le Guide, le domaine signe un rosé exemplaire, mi-cinsault mi-syrah. Expressif, fin, sans outrance, floral et fruité (fruits rouges), le nez annonce une bouche gourmande, épurée, aussi ample que fraîche, qui s'entiche de fruits à chair blanche en finale. De l'éclat, de la mesure et beaucoup de plaisir. ⧗ 2020-2021

⊶ DOM. LA VOÛTE DU VERDUS, 15, rue Descente-du-Portal, 34150 Saint-Guilhem-le-Désert, tél. 04 67 57 45 90, lavouteduverdus@gmail.com V r.-v.

TERRASSES-DU-LARZAC

Superficie : 470 ha / Production : 14 000 hl

Ancienne dénomination de l'AOC languedoc, les terrasses-du-larzac sont devenues en 2015 une appellation à part entière (vins rouges). L'aire est délimitée dans 32 communes au nord-ouest de Montpellier aux terroirs variés (terrasses de galets, argilo-calcaires, grès, schistes, ruffes…), tous pauvres et caillouteux. Éloignée de la mer, elle est limitée au nord du plateau du Larzac, avec pour repère le mont Baudile, qui culmine à 800 m. La bordure abrupte du causse abrite le vignoble des vents du nord, tout en maintenant une atmosphère fraîche. Elle favorise de fortes amplitudes thermiques entre le jour et la nuit (jusqu'à 20 °C en été), avec pour conséquence des maturations lentes et des récoltes plus tardives que près du littoral. Les vins en tirent une grande fraîcheur et une belle expression aromatique.
Les terrasses-du-larzac proviennent de l'assemblage d'au moins trois cépages, choisis parmi neuf variétés. Deux des variétés principales – syrah, grenache, mourvèdre et carignan – doivent entrer dans leur composition. Après un élevage d'au moins douze mois, ils apparaissent colorés, concentrés, structurés, profonds et frais. Complexe, leur palette aromatique mêle les fruits rouges et noirs, la réglisse, la violette, l'olive noire, la garrigue et les épices, auxquels peuvent s'ajouter avec le temps le cuir, le tabac et la truffe.

LE CLOS DU LUCQUIER Cuvée Philippe 2018 ★

■ | 38 000 | | 11 à 15 €

Anne-Charlotte Mélia et son mari Laurent Bachas, installés en 2003, représentent la quatrième génération sur ce domaine acquis en 1950 par l'arrière-grand-père de la première. L'exploitation couvre 20 ha.

Quatre cépages à parts égales et un élevage en fût (90 %) d'un an dans ce 2018 à la robe profonde et au nez complexe qui associe le fruit en confiture, la garrigue et le poivre à des notes animales. Une attaque intense ouvre sur un palais concentré, épicé, épaulé par des tanins carrés que l'élevage n'a pas fini d'attendrir. On le laissera donc en cave. ⧗ 2021-2025

⊶ SCEA LA FONT-DU-LOUP, 251, rue de la Font-du-Loup, 34725 Jonquières, tél. 07 68 05 70 19, leclosdulucquier@free.fr V r.-v.

♥ B LE CLOS RIVIERAL Le Roc des Cistes 2017 ★★

■ | 4 000 | | 15 à 20 €

Ce domaine a été créé en 2008 par Olivier Bellet, jeune œnologue : un petit vignoble de 7 ha conduit en bio, éparpillé sur une vingtaine de parcelles autour du village du Bosc, dans les premiers contreforts du Larzac, sur un terroir de schistes et de grès.

Magnifique cuvée à laquelle les 18 mois de fûts n'ont guère entamé la pureté d'un nez élégant qui met en scène les fruits rouges et la garrigue, juste soulignés de fines notes grillées. La bouche offre toute la plénitude et l'équilibre des meilleurs vins de l'appellation : une rondeur jamais pesante, des tanins présents mais soyeux, un fruit raffiné, méditerranéen mais sans sucrosité inutile, une belle finale qui laisse parler les épices douces d'un élevage discret. Un équilibre parfait et de bien belles promesses d'avenir. ⧗ 2021-2026

⊶ *OLIVIER BELLET, 6, rue du Rivieral, Loiras, 34700 Le Bosc, tél. 06 72 22 38 68, belletol@wanadoo.fr* V r.-v.

B DOM. COSTON Les Garigoles 2018 ★

■	8000		15 à 20 €

Les 18 ha de vignes de ce domaine sont nichés au cœur de la garrigue sur les communes d'Aniane et de Puéchabon. Perpétuant la tradition familiale, les frères Coston ont réhabilité en 2002 la cave de leur grand-père. Le vignoble est certifié bio depuis 2010.

Classiquement dominé par la syrah, bien élevé, ce rouge séduit dès l'entame par son nez plus fin que puissant qui décline le fruit en confiture, la réglisse, le sous-bois et les fleurs blanches. La même sensation d'élégance émane d'un palais tout en mesure : rondeur agréable, tanins fins, belle fraîcheur finale qui étire longuement le fruit et les épices. Une belle évocation de l'appellation. ⧗ 2021-2025

⊶ *GAEC COSTON, 3, rte de Montpellier, 34150 Puéchabon, tél. 04 67 57 48 96, domainecoston@yahoo.fr* V *t.l.j. 10h-18h*

CH. DES CRÈS RICARDS Œnothera 2018 ★★

■	12 000		15 à 20 €

Colette et Gérard Foltran ont passé la main à Jean-Claude Mas en 2010. Ce domaine fondé en 1960 est situé au lieu-dit Les Crès Ricards, au cœur des Terrasses du Larzac, sur un terroir de schistes et de galets roulés. Agrandi, il compte une quarantaine d'hectares. Une valeur sûre.

Une robe pourpre profonde, un nez puissant déclinant le cachou et la confiture de fruits noirs : la syrah marque de son empreinte ce rouge juvénile, bien bâti et prometteur. Très ronde, concentrée, appuyée sur des tanins à la mesure, costauds mais bien enrobés par l'élevage (10 mois de fût), la bouche en impose par sa richesse et sa carrure d'athlète. Une cuvée aussi impressionnante qu'harmonieuse, et qui ira loin. ⧗ 2022-2027

⊶ *SARL CRÈS RICARDS, Dom. des Crès Ricard, 34800 Ceyras, tél. 04 67 90 66 51, contact@cresricards.com* V *r.-v.*

DOM. DE L'ÉGLISETTE Terre astrale 2018 ★

■	5785		11 à 15 €

Quand trois amis décident en 2015 de créer leur domaine, ils découvrent au nord de l'appellation un vignoble au pied des montagnes orné d'une petite église romane. Un an plus tard un chai en pierre du Gard est construit, et les 14 ha du domaine sont orientés vers l'agriculture biologique.

Troisième sélection en 3 éditions pour cette Terre astrale. Le nez diffuse des senteurs de fruits noirs bien mûrs, de laurier, de garrigue et de cuir. Avenante, la bouche confirme ce profil épanoui et livre une rondeur de fruit très gourmande, tenue par des tanins présents, mais bien mûrs, et par une superbe fraîcheur qui confère à l'ensemble un caractère juteux et aérien. Belle incarnation de l'appellation. ⧗ 2020-2025

⊶ *SCEA DE L'ÉGLISETTE, D 115, quartier de l'Églisette, 34190 Moulès-et-Baucels, tél. 04 67 68 54 28, contact@domainedeleglisette.com* V *r.-v.*

B DOM. DU JONCAS Canta 2018 ★★

■	3072		15 à 20 €

Pascal et Christiane Dalier se sont reconvertis dans la viticulture en 2010, au pied du mont Baudile. Ils ont dès le départ choisi l'agriculture biodynamique (certifié depuis 2013) pour leur vignoble (13 ha).

Garrigue, thym, fruits mûrs, le nez, délié, respire le Sud. Si l'attaque est douce et ronde, la bouche monte ensuite en puissance et déploie une chair concentrée, chaleureuse mais sans excès, ourlée de tanins bien enrobés qui laissent s'épanouir longuement le fruit mûr et les épices en finale. On frôle le coup de cœur. ⧗ 2022-2026

⊶ *SCEA DOM. DU JONCAS, 670, chem. des Saumailles, 34150 Montpeyroux, tél. 06 09 43 29 61, domaine@labaume.com*

MAS BRUNET Cuvée Élégance Élevé en fût de chêne 2018 ★

■	6900		20 à 30 €

Le haut terroir du Causse-de-la-Selle, fait d'argiles rouges et de pierres dolomitiques sculptées par les ans, est l'un des plus septentrionaux de l'appellation. Représentant la 4e génération, Serge et Marc Coulet, désormais épaulés par Louis, le fils de Serge, œuvrent respectivement depuis 1988 et 1990 sur ce domaine de 28 ha implanté en pleine garrigue, en conversion bio depuis 2019.

Le mourvèdre (75 %) longuement élevé en barrique (18 mois) sur les terroirs d'altitude du domaine, cela donne ce nez typé et complexe qui passe en revue les fruits noirs mûrs, le thym, le chocolat et le poivre. Une complexité que l'on retrouve dans une bouche sensuelle, ample et bien charnue, tonifiée par une belle acidité qui allège, éclaire et étire le fruit en finale. Puissant, frais, harmonieux, élégant : un grand vin. ⧗ 2022-2027

⊶ *DOM. DE BRUNET, rte de Saint-Jean-de-Bueges, 34380 Causse-de-la-Selle, tél. 04 67 73 10 57, brunet.vins.oc@domainedebrunet.com* V *r.-v.*

MAS COMBARÈLA Ode aux ignorants 2017 ★

■	6000		15 à 20 €

Après une carrière dans le marketing international, Olivier Faucon, petit-fils d'agriculteur et amateur de vin, décide de devenir vigneron à la lecture de la bande dessinée *Les Ignorants* d'Étienne Davodeau. En 2012 et après une solide formation en Bourgogne, il jette son dévolu sur le Languedoc où il crée son domaine, 12 ha aujourd'hui, lance la conversion bio du vignoble et signe son premier millésime en 2016.

Hommage à la BD qui a inspiré la vocation d'Olivier Faucon, la cuvée a fait l'objet d'un élevage long (24 mois) et complexe, en œuf béton et demi-muid. Si le nez se livre timidement, sur des notes de fruits rouges, de thym et de boisé fumé, la bouche en impose par sa puissance, son volume et sa franche sucrosité qui intègre sans mal les tanins pris dans la chair. Un vin sensuel et exubérant qui ravira les amateurs de sensations fortes. ⧗ 2022-2027

⊶ MAS COMBARÈLA, 1833, rte de Montpeyroux, 34150 Saint-Jean-de-Fos, tél. 06 19 42 07 00, contact@mas-combarela.com V r.-v.

B MAS CONSCIENCE L'Éveil 2017 ★

■ | 6000 | ▮ | 15 à 20 €

Après 2 années passées en Inde en tant que volontaires pour une ONG locale, Éric et Nathalie Ajorque ont été séduits par le site et le vignoble du Mas Conscience. Ils ont mis en place un financement collectif avec 40 associés pour acquérir le domaine et ses 15 ha de vignes, conduits en bio.

Sélection des plus vieilles vignes du domaine, cette cuvée se donne pour objectif «d'éveiller» nos papilles et nos sens. C'est chose faite : nez parfumé déclinant la garrigue, le fruit confit et le cacao, bouche svelte, presque aérienne, dont on apprécie l'équilibre rondeur-fraîcheur et une petite amertume stimulante en finale. Une belle typicité pour cette bouteille que l'on peut ouvrir sans attendre. ⧗ 2020-2024

⊶ SCEA MAS CONSCIENCE, rte de Montpeyroux, 34150 Saint-Jean-de-Fos, tél. 06 76 42 87 88, mas.conscience@gmail.com V r.-v.

B MAS DE LA SÉRANNE Antonin et Louis 2017 ★★

■ | 9100 | ◫▮ | 20 à 30 €

À la suite d'une reconversion professionnelle, Isabelle et Jean-Pierre Venture se sont installés en 1998 sur le terroir réputé d'Aniane. Ils conduisent aujourd'hui, en bio certifié, un vignoble de 16 ha qu'ils continuent d'embellir, remontant des murs de pierre sèche et plantant des essences méditerranéennes. Côté cave, des vins d'une grande régularité, souvent en vue dans ces pages.

Une robe profonde annonce un nez intense qui porte la marque d'une syrah (70 %) élevée en fût : fruits noirs, garrigue, notes fumées et touches de pierre à fusil. Ample, sphérique, concentrée mais sans une once de lourdeur, la bouche rebondit sur des tanins soyeux et livre une finale enlevée sur la réglisse. En un mot, savoureux. ⧗ 2020-2025

⊶ EARL VENTURE, rte de Puechabon, 34150 Aniane, tél. 06 82 19 36 56, mas.seranne@wanadoo.fr V *t.l.j. sf dim. 10h-12h 15h-18h*

B MAS DES CHIMÈRES Nuit grave 2018 ★

■ | 17500 | ◫▮ | 11 à 15 €

Guilhem Dardé, « paysan-vigneron » comme il se présente, produit ses vins en agriculture biologique, en bordure du lac du Salagou. Son épouse Palma travaille avec lui, et leur fille Maguelone les a rejoints en 2008 à la tête d'un vignoble de 23 ha.

Une cuvée régulièrement en vue, que l'on retrouve aussi élégante que par le passé. Ni collée ni filtré, élevée en cuve et en foudre, elle diffuse de fines notes d'épices et de cachou sur fond de fruits mûrs. Rien de démonstratif en bouche, mais une sensation singulière de rondeur, de légèreté et d'équilibre au service d'un fruité fin, étiré et très méditerranéen. Un style à part, délicieux dès à présent. ⧗ 2020-2025

⊶ SCEA MAS DES CHIMÈRES, 26, rue de la Vialle, 34800 Octon, tél. 04 67 96 22 70, mas.des.chimeres@wanadoo.fr V r.-v.

B MAS DES QUERNES Les Ruches 2018 ★★

■ | 8000 | ▮ | 15 à 20 €

Pari réussi pour Peter Riegel, négociant allemand, et Jean Natoli, œnologue, qui ont créé en 2009 ce domaine de 16 ha. Leur vignoble, établi sur un glacis de cailloutis calcaires converti au bio, orne les flancs d'un petit vallon secret sur le versant sud du Larzac.

Souvent en vue dans ces pages, le domaine récidive avec cette cuvée parcellaire. Épaulé par une touche de syrah, le trio grenache, mourvèdre et carignan entretient ici une joyeuse complicité. Le jury a apprécié le nez d'abord discret qui s'ouvre sur la cerise, la garrigue et la réglisse. Il s'est enthousiasmé pour une bouche très élégante et ciselée, soyeuse de texture, finement tannique, qui diffuse un fruit allègre et remarquable de fraîcheur aromatique. Un travail d'orfèvre. ⧗ 2020-2025

⊶ SAS GENS ET PIERRES, mas-des-Quernes, 1 bis, imp. du Pressoir, 34150 Montpeyroux, tél. 06 61 08 22 02, pierre@mas-des-quernes.com V r.-v.

MAS FABREGOUS Sentier botanique 2017 ★

■ | 5000 | ◫▮ | 15 à 20 €

Parti du village pittoresque de Soubès, un sentier botanique longe les vignes du domaine en direction du cirque de Navacelles. Descendant d'une lignée d'agriculteurs et de viticulteurs remontant au XVIe s., Philippe Gros reprend en 1988 le domaine familial au pied du Larzac, restructure le vignoble et s'installe en cave particulière en 2004. Il exploite 17 ha sur un terroir d'altitude (de 300 à 400 m).

L'élégance est le fil conducteur de ce 2017 ouvert sur les fruits rouges, l'olive noire et la garrigue. En bouche, de la chair, de la rondeur, des tanins déjà bien patinés et un fruit allègre qui monte en puissance tout au long de la dégustation. On peut l'ouvrir ou le garder. ⧗ 2020-2025

⊶ PHILIPPE GROS, 1772, rte d'Aubaygues, 34700 Soubès, tél. 06 17 51 84 96, masfabregous@free.fr V r.-v.

DOM. PUECH-AUGER Les Canques 2018 ★★

■ | 4000 | ◫ | 15 à 20 €

Sur ce domaine créé par leur père, Christophe et Didier Crézégut vinifient et élèvent leurs vins dans la plus stricte tradition. Les 15 ha du vignoble sont disséminés sur des terroirs argilo-calcaires et marno-calcaires typiques du terroir de Montpeyroux, où syrah, grenache, mourvèdre et carignan ont trouvé une terre de prédilection.

Un bref passage en fût (6 mois) n'a guère marqué le nez de ce vin qui fleure bon le Languedoc avec ses effluves d'olive noire, de garrigue et de cade sur fond d'épices et de fruits surmûris. Le soleil s'impose dans une bouche puissante, grasse, gorgée de Zan et de confiture de fruits, idéalement cadrée par les tanins corsés et fondus du mourvèdre, ici dominant. Une petite touche de fraîcheur s'invite en finale donnant un peu plus de relief à ce rouge pulpeux et épanoui. ⧗ 2021-2027

DOM. PUECH-AUGER, 3, chem. de la Cagaroulette, 34150 Montpeyroux, tél. 06 74 63 33 02, domainepuechauger@wanadoo.fr V r.-v.

DOM. TERRE DE FEU Fin fond 2018 ★

■	2520		20 à 30 €

Kathrin et Gonzalo Amigo, couple germano-argentin, ont fondé en 2017 ce domaine situé à Montpeyroux et baptisé Terre de Feu, clin d'œil au soleil du Midi et à l'Argentine. Les 10 ha du vignoble, essentiellement plantés de vieilles vignes, sont disséminés sur plusieurs communes.

Première sélection pour ce domaine et déjà une très belle réussite. Le carignan (48 %) en vedette dans ce vin longuement élevé en fût et en cuve, qui libère à l'olfaction des notes de fruits rouges mêlés de thym et de romarin. Attaque ronde, tanins élégamment extraits, flaveurs intenses tonifiées par des nuances de menthe poivrée : tout est équilibré et de bon goût dans ce 2018 vinifié avec doigté. ⧗ 2021-2026

EARL AMIGO, 6, pl. du Jeu-de-Ballon, 34150 Montpeyroux, tél. 06 88 48 24 59, info@domaineterredefeu.com V r.-v.

B LA TÊTE DANS LES ÉTOILES Au-delà des rêves 2018 ★

■	2500		11 à 15 €

L'héritage de 5 générations de vignerons, un passage par la coopérative, « l'envie de faire quelque chose de petit pour maîtriser toutes les étapes » : Luc Jourdan a redonné vie en 2009 à l'ancienne cave de son grand-père en créant un petit domaine d'à peine 4 ha.

Mourvèdre, syrah et grenache composent ce 2018 élevé 14 mois en cuve et en fût. On en retient le nez de fruits rouges macérés saupoudrés de plantes aromatiques et de notes fumées issues de l'élevage, et la bouche élégante, fraîche et mesurée, animée par une petite sucrosité gourmande et des tanins finement extraits. Harmonieux, délicat, il est prêt à passer à table, mais peut aussi attendre en cave. ⧗ 2020-2025

LUC JOURDAN, 1 bis, rue des Hortensias, 34700 Salelles-du-Bosc, latetedanslesetoiles@orange.fr V r.-v. G

PIC-SAINT-LOUP

Superficie : 980 ha / Production : 30 000 hl

Ce terroir réputé, ancienne dénomination géographique du Languedoc, est devenu en 2017 une appellation à part entière réservée aux vins rouges et aux rosés. À 20 km de Montpellier, dans la partie nord-est du Languedoc, l'AOC Pic-saint-loup s'étend sur 15 communes de l'Hérault et 2 du Gard, toutes dominées par la pointe acérée du pic Saint-Loup, l'un des sites les plus spectaculaires du vignoble languedocien.

Le vignoble du pic Saint-Loup, implanté sur des sols à dominante calcaire, s'inscrit dans un paysage de garrigue et de pinèdes, succession de crêtes et de combes, à l'écart de grandes vallées. Le climat y est plus frais et plus arrosé que dans le reste du Languedoc. Les pluies, qui tombent au printemps et en automne, permettent aux ceps d'éviter sécheresse et stress hydrique; elles autorisent des plantations à densité élevée, facteur de concentration. En août et septembre, l'amplitude thermique importante entre le jour et la nuit favorise l'expression aromatique et l'acidité. Ces conditions sont propices au cépage syrah, l'une des variétés principales de la nouvelle appellation, aux côtés du grenache et du mourvèdre, et de cépages accessoires (carignan, cinsault, counoise, morrastel, plus le grenache gris pour les rosés). Tant les rouges que les rosés doivent toujours assembler au moins deux cépages, la syrah étant mise en avant (50 % minimum pour les rouges et 30 % pour les rosés). Les vins rouges tirent de la syrah leur texture dense, leurs arômes intenses de fruits noirs et de réglisse et leur potentiel. Les rosés sont, eux aussi, toniques et fruités. Le climat donne à tous ces vins relief et fraîcheur.

L'AVEN DES NYMPHES 2018 ★

■	4000		15 à 20 €

Ce petit domaine de 3 ha de vieilles vignes, en conversion bio, a été créé en 2017 par un couple d'œnologues, Katrina et Richard Lavanoux. Il est situé sur la commune médiévale des Matelles, à proximité de l'aven et de la grotte des Nymphes.

90 % de syrah dans cette cuvée diserte au nez, sur le fruit rouge, les épices et la réglisse. Concentrée, serrée, tendue, appuyée sur des tanins fermes, la bouche libère des senteurs toniques d'eucalyptus et de menthe poivrée qui renforcent encore la fraîcheur de l'ensemble. Joliment composée, bien dans le ton de l'appellation, elle devra se détendre en cave. ⧗ 2021-2025

RICHARD LAVANOUX, 485, ancien chem. du Moulin, 34270 Les Matelles, tél. 06 61 16 43 02, richard.lavanoux@gmail.com V r.-v.

BERGERIE DE FENOUILLET Les Clapas 2018 ★

■	4000		15 à 20 €

Après une longue carrière dans l'entreprise familiale de négoce, Toni Schuler a quitté la Suisse pour racheter en 1998 une vieille bâtisse du XIIes. et ses 140 ha de terres. Depuis 2002, Michel Wack gère le domaine et son vignoble de 30 ha.

Les *clapas*, ancien nom de la ville de Montpellier, désignent aussi ces petits tas de pierres sèches retirées des champs. Ces clapas-là produisent un vin à la robe grenat limpide, discret au nez, mais plus volubile en bouche : des notes de plantes aromatiques, des tanins fins, une matière plus délicate que concentrée portée par une belle acidité teintée de menthol en finale. Fin, élégant, allègre, à boire dans sa jeunesse. ⧗ 2020-2023

SARL BERGERIE DE FENOUILLET, 3, chem. de Fenouillet, 34270 Vacquières, tél. 06 20 77 61 76, info@fenouillet.com V r.-v. E

BERGERIE DE L'HORTUS 2019 ★★

| | 28000 | | 11 à 15 € |

Entre le pic Saint-Loup et le causse de l'Hortus, dans la combe de Fambetou, ce domaine de référence s'étend sur 85 ha de terroirs variés. À partir de 1978, Jean et Marie-Thérèse Orliac ont défriché la garrigue, remis en état des terrasses, construit un chai, bâti une maison, puis installé leurs enfants désormais à leurs côtés.

Une robe classiquement pâle pour un rosé de pressurage direct et un nez volubile, et très frais, qui décline la fleur d'oranger et les agrumes avec une pointe de poivre. Une entrée en bouche dynamique, des saveurs juteuses et acidulées de petits fruits rouges et de pamplemousse, une acidité vibrante, ce qu'il faut de chair, une petite amertume de zeste pour conclure, voilà un rosé stimulant, intense, complet et parfaitement équilibré. ⧗ 2020-2021

DOM. DE L' HORTUS, Dom. de l'Hortus, 34270 Valflaunès, tél. 04 67 55 31 20, contact@domaine-hortus.fr V t.l.j. sf dim. 9h-12h 13h-18h

DOM. CAUSSARELLE En Héritage 2018 ★★

| | 7000 | | 15 à 20 € |

Après une première carrière dans un bureau d'étude, Maxence Panchau, fils de vigneron, crée à 32 ans le Dom. Caussarelle, à Vacquières dans l'Hérault (là où il est né), grâce au financement participatif de Terra Hominis. Ses 116 «associés» lui ont permis d'acquérir 6 ha d'un seul tenant, plantés en cépages rouges uniquement et en conversion bio.

Syrah et grenache à parts égales dans cette cuvée pourpre, brièvement élevée en cuve. Le nez de fruits noirs et rouges se nuance d'arômes de réglisse et de garrigue. Arômes que l'on retrouve intensément dans une bouche bien mûre, puissante, appuyée sur des tanins fins et fermes, et portée en finale par une très belle fraîcheur. De la matière, de la structure, des parfums, de la tenue : il ne manque rien à ce beau rouge, si ce n'est un peu de temps en cave. ⧗ 2021-2024

MAXENCE PANCHAU, Dom. Caussarelle, 14, chem. des Cammaous, 34270 Vacquières, tél. 06 75 94 20 13, panchau.maxence@gmail.com V r.-v.

B LE CHEMIN DES RÊVES La Soie 2018 ★

| | 3000 | | 20 à 30 € |

Pour Benoît Viot, ancien pharmacien et toujours passionné de biologie et de médecine, l'alchimie du vin n'a pas de secret. Après une première vie professionnelle, ce Tourangeau, qui revendique aujourd'hui une «vie de passion», a créé ex nihilo en 2004 son domaine (aujourd'hui 20 ha en conversion bio).

Le nom de cette cuvée est un clin d'œil aux aïeux de la famille Viot, venus d'Italie à la Renaissance pour travailler la soie. Issu d'une parcelle de vénérables souches de syrah (59 ans), élevé 12 mois en fût, c'est un vin puissant, solaire, centré sur le fruit rouge confituré relevé d'une touche grillée. Charnue, grasse, capiteuse, intégrant des tanins bien pris dans le fruit, la bouche rebondit sur une petite vivacité bienvenue en finale. Très généreux et de bonne garde. ⧗ 2021-2026

SCEA BENOÎT VIOT, Le Chemin des Rêves, 218, rue de la Syrah, 34980 Saint-Gély-du-Fesc, tél. 04 99 62 74 25, contact@chemin-des-reves.com V r.-v.

B LA CHOUETTE DU CHAI Rien ne m'effraie 2017 ★

| | 20000 | | 15 à 20 € |

Après plus de 10 ans au Mas de Mortiès, Sylvie Guiraudon et Oivier Rabassa se sont installés sur les hauteurs de Cazevieille avec 17 ha de vigne cultivés en bio.

Un nom de cuvée et une étiquette inspirés ne sont pas les seuls atouts de ce 2017 qui a patienté 18 mois en cuve. On aime le nez détendu qui respire la garrigue et le fruit rouge macéré, et la bouche allègre, parfumée, plus fumée, animée par une petite sucrosité gourmande, par des tanins fins et par une finale fraîche sur le menthol. Plaisant, vivant, croquant, il peut être apprécié dès maintenant ou plus tard. ⧗ 2020-2025

SCEA LA CHOUETTE DU CHAI, Lieu-dit La Figarède, 34270 Cazevieille, tél. 04 67 57 34 75, contact@lachouetteduchai.com V r.-v. SCEA La Chouette du Chai

B CLOS DES AUGUSTINS Les Bambins 2019 ★★

| | 13000 | | 5 à 8 € |

Les cuvées du domaine évoquent chacune un membre de la famille : Sourire d'Odile, Secret de Monique, les deux Roger… Frédéric Mézy est à la manœuvre et travaille selon les préceptes de l'agriculture biodynamique et le calendrier lunaire.

S'il est discret au nez, sur des nuances de melon et de pêche, le vin se montre ensuite bien plus intense, libérant de franches notes exotiques et acidulées dans une matière de bon volume, vivace et tendue par une très belle acidité. Un rosé fringant et complet. ⧗ 2020-2021

CLOS DES AUGUSTINS, 2, rte de Sommières, 34270 Saint-Mathieu-de-Tréviers, tél. 04 67 54 73 45, contact@closdesaugustins.fr V t.l.j. sf dim. 10h-12h30 14h-18h

DOM. LA COSTESSE Louis 2017 ★★

| | 4000 | | 15 à 20 € |

Pâtissier de formation, Gilles Nougalliat a repris en 1999, à l'âge de 19 ans, l'exploitation familiale avant de créer en 2013 son propre domaine (18 ha), dont le nom signifie «légère pente» – le nom donné par le grand-père à la parcelle sur laquelle il a construit sa cave. Il a engagé en 2017 la conversion bio de sa propriété.

Louis, le grand-père de Gilles Nougalliat, à l'honneur dans ce rouge né de syrah (80 %) et de grenache. Une touche de torréfaction issue d'un élevage en fût teinte un nez centré sur les fruits rouges et le bourgeon de cassis. L'eucalyptus et les épices relèvent le fruit dans une bouche qui brille par le soyeux de sa texture, par sa structure tannique ferme et fine, et par sa juste tension étirant la finale. Une bien belle composition pour ce vin de garde qui passe à un cheveu du coup de cœur. ⧗ 2022-2027

GILLES NOUGALLIAT (DOM. LA COSTESSE), 11, chem. des Cammaous, 34270 Vacquières, tél. 06 87 43 77 28, gilles.nougalliat@orange.fr V r.-v.

CH. L'EUZIÈRE Almandin 2018 ★

■ | 25000 | | 11 à 15 €

Représentant la quatrième génération de vignerons, Marcelle Causse a rejoint son frère Michel en 1991 sur ce domaine de 25 ha, dans la famille depuis 1920; un ancien relais de chevaux au XIVᵉs. situé sur la route de Maguelonne, devenu aujourd'hui une référence en Pic Saint-Loup.

Cette cuvée tire son nom d'une pierre de couleur rouge de la famille des grenats qui fait écho à la robe. Le nez est séduisant, axé sur les fruits rouges frais, avec une pointe de garrigue. En bouche, de la rondeur à l'attaque, une belle matière, du fruit et du poivre, comme il se doit avec la syrah (75 %), le tout cadré par des tanins encore un peu fermes, mais élégants. On laissera ce vin respirer en cave. ⧗ 2022-2027

⊶ GAEC DE L' EUZIÈRE, 9, ancien chem. d'Anduze, 34270 Fontanès, tél. 06 27 17 90 77, leuziere@chateauleuziere.fr V *r.-v.*

Ⓑ **LA GRAVETTE** 2018 ★

■ | 5400 | | 11 à 15 €

Créée en 1939, la coopérative de Corconne, aujourd'hui appelée Cave La Gravette, regroupe une centaine d'adhérents cultivant environ 500 ha sur le territoire de quatre communes. Une partie importante du vignoble est en AOC languedoc-pic-saint-loup.

Vinifié sans soufre, brièvement macéré (12 jours) et élevé en cuve, ce pic friand et léger offre un nez expressif, entre fruit, garrigue et épices fumées, puis une bouche fluide, finement tannique, fraîche en finale. Croquant, il est à boire dans ses jeunes années. ⧗ 2020-2023

⊶ SCA CAVE COOP. LA GRAVETTE, rte de Montpellier, 30260 Corconne, tél. 04 66 77 32 75, manon.veillet@lagravette.fr V *t.l.j. 9h-12h30 14h-19h*

CH. LANCYRE Y D'ici on voit la mer... 2019 ★

■ | 6000 | | 11 à 15 €

Régis Valentin, œnologue et maître de chai, a repris en 2001 le domaine familial créé en 1960 par les familles Durand-Valentin. Il produit des vins sur 80 ha de vignes occupant un beau terroir de calcaires durs et d'argiles rouges.

Une robe d'un rosé poudré léger à l'entame de ce rosé mi-grenache mi-syrah, qui s'éveille lentement sur le fruit jaune, le bonbon et le fruit rouge mûr. Un signe annonciateur d'une bouche volumineuse et charnue, imprégnée de pêche et d'agrumes, bien fraîche en finale. Une belle présence pour ce rosé de table. ⧗ 2020-2021

⊶ CH. LANCYRE, hameau-de-Lancyre, 34270 Valflaunès, tél. 04 67 55 32 74, contact@chateaudelancyre.com V *t.l.j. sf dim. 10h-12h30 14h30-18h30*

Ⓑ **CH. DE LASCAUX** Les Nobles Pierres 2017 ★

■ | 25846 | | 20 à 30 €

Jean-Benoît Cavalier, agronome de formation, a relancé le domaine familial au milieu des années 1980, marchant dans les pas de 14 générations de vignerons sur ce terroir de cailloutis calcaires mis en valeur par sa famille depuis 1554. Cette figure emblématique du pic Saint-Loup conduit son vignoble (85 ha aujourd'hui) en agriculture biologique et en biodynamie. Sur certaines parcelles, des moutons broutent l'herbe entre les ceps, labourent et apportent un engrais tout naturel. Une valeur sûre.

Le duo syrah-grenache est à l'œuvre dans cette cuvée élevée en cuve et en fût. Fin, mêlant les fruits rouges, le sous-bois et le poivre aux notes vanillées du chêne, le nez prélude à une bouche charmeuse et fruitée à l'attaque, qui se raffermit en finale. Jeune, bien composé mais serré, ce 2017 devra digérer son élevage en cave. ⧗ 2021-2025

⊶ CH. DE LASCAUX, rte du Brestalou, 34270 Vacquières, tél. 04 67 59 00 08, info@chateau-lascaux.com V *t.l.j. sf dim. 10h-12h 14h-18h*

♥ Ⓑ **MAS BRUGUIÈRE** L'Arbouse 2018 ★★★

■ | 45000 | | 15 à 20 €

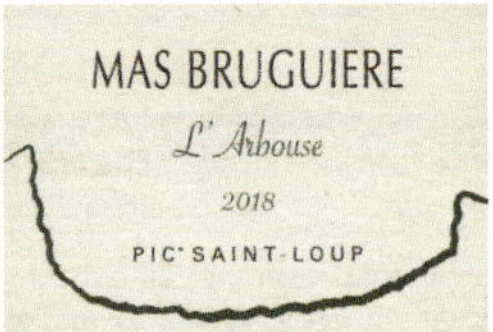

On accède au Mas Bruguière par une route sublime se faufilant entre les falaises de l'Hortus et le pic Saint-Loup. Après avoir succédé à son père Guilhem en 1999, Xavier Bruguière (septième génération) a converti au bio le domaine familial de 11 ha.

Une des très belles adresses de l'appellation qui justifie son rang avec cette cuvée issue de parcelles entourées d'arbousiers. Senteurs de thym, de pin d'Alep, de garrigue, de petits fruits rouges compotés s'entremêlent dans un bouquet déjà expressif. La même intensité et fraîcheur d'arômes s'épanouit dans une bouche détendue par un élevage soigné, sertie de tanins finement extraits, fraîche de bout en bout, qui laisse le souvenir d'un pic-saint-loup délicat, sculptural, d'une harmonie parfaite. « La montagne dans le verre », conclut un jury conquis. ⧗ 2022-2028

⊶ SCEA MAS BRUGUIÈRE, La Plaine, 34270 Valflaunès, tél. 04 67 55 20 97, xavier.bruguiere@wanadoo.fr V *t.l.j. sf dim. 10h-12h 14h-18h*

MAS DE FARJOU Les Lembrusques 2018 ★★

■ | 17900 | | 11 à 15 €

Ancienne métairie seigneuriale du XVIIᵉs., le mas de Farjou est la propriété de la famille Jean. Louis Jean, le grand-père, a été à l'origine de la naissance du cru Pic Saint-Loup en 1955. Son fils et petit-fils conduisent aujourd'hui un vignoble de 15 ha.

Les lembrusques, ce sont les vignes sauvages qui poussaient jadis dans les environs, mais il s'agit bien d'un assemblage de *Vitis vinifera* (syrah, grenache et carignan) qui donne ce rouge épanoui, dont la robe trahit un début d'évolution. Le nez reste fringant, libérant des senteurs de garrigue, de cade et de romarin. La bouche enchante par son grain soyeux, sa jolie déclinaison de plantes aromatiques et sa finale fraîche et longue. Raffiné, typé, il peut être dégusté dès à présent ou attendu. ⧗ 2021-2025

EARL CHRISTIAN-LOUIS JEAN, chem. de Farjou, 34270 Claret, tél. 06 20 87 33 00, masdefarjou@hotmail.fr V r.-v.

MAS DE FIGUIER Joseph 2018 ★

9500 | 15 à 20 €

Le domaine fut créé par le grand-père en 1920. Gilles Pagès, installé en 1984, y conduit aujourd'hui un vignoble de 22 ha converti à l'agriculture biologique.

Cette cuvée souvent en vue, qui rend hommage au premier acquéreur du domaine en 1920, nous revient en bonne forme dans le millésime 2018. Fruits mûrs, laurier, cade et réglisse, le nez ne manque pas de nuances. On retrouve cette déclinaison dans une bouche vive à l'attaque, puis puissante, capiteuse et solidement structurée. Du caractère et du potentiel. À laisser en cave. ⧗ 2022-2026

MAS DE FIGUIER, mas-de-Figuier, 34270 Vacquières, tél. 06 18 19 53 33, pagesgi@orange.fr V r.-v.

MAS GOURDOU Divin Venin 2017 ★★

5000 | 15 à 20 €

Domaine historique de l'appellation, le mas Gourdou appartient à la famille de Jocelyne Thérond depuis la Révolution. Benoît, le fils, a pris en 2013 la tête de ce vignoble de 20 ha commandé par une bâtisse datant du XIIIes. En 2015, un nouveau chai a été aménagé.

Deux étoiles de plus au compteur de cette cuvée abonnée au Guide et luxueusement élevée (24 mois en barriques neuves). Au nez, c'est la barrique qui donne le la : boisé vanillé et chocolaté sur fond de fruits mûrs. Chaleureuse, grasse, épaulée par des tanins bien arrondis par le chêne, la bouche laisse respirer le fruit mûr et la garrigue dans un ensemble qui impressionne par son ampleur et sa structure. De garde. ⧗ 2022-2028

EARL MAS GOURDOU, mas-de-Gourdou, 34270 Valflaunès, tél. 06 22 63 34 25, jtherond@masgourdou.com V t.l.j. sf dim. 10h-12h 14h-19h

MAS PAGÈS André 2018 ★

7000 | 11 à 15 €

Ce tout jeune domaine (2018) est l'œuvre du non moins jeune vigneron Pierre Pagès, issue d'une longue lignée de viticulteurs. Ses 12 ha, sur la commune de Vacquières, sont en conversion bio.

Du soleil et du caractère à revendre dans ce 2018, syrah-grenache, au nez gorgé de fruits rouges confits et de réglisse. La bouche capiteuse et parfumée bénéficie d'une pointe de menthol pour la fraîcheur. La petite sécheresse finale disparaîtra à table sur une viande grasse. Une entrée dans le Guide qui ne passe pas inaperçue. ⧗ 2021-2025

PIERRE PAGÈS, mas-de-Figuier, 34270 Vacquières, tél. 06 12 65 33 81, pagespierre34@gmail.com V r.-v.

MAS PEYROLLE Chant de l'aire 2018 ★★

6500 | 15 à 20 €

Descendant d'une longue lignée de vignerons, Jean-Baptiste Peyrolle a réaménagé la cave de son arrière-grand-père à partir de 2002, après plusieurs aventures viticoles à l'étranger (Maroc, États-Unis, Nouvelle-Zélande, Australie). Il conduit aujourd'hui un vignoble de 11 ha en agriculture biologique.

Beaucoup de charme et de rondeur dans cette syrah épaulée par 40 % de mourvèdre et vinifiée en douceur. Du nez, on retient l'élégance, les parfums de violette, de laurier et de poivre. Les fruits cuits, la réglisse et la pâtisserie étendent la palette dans une bouche concentrée, dense mais soyeuse, relevée en finale par une belle acidité. Puissant mais caressant, déjà très séduisant, on prédit à ce vin un grand avenir. ⧗ 2021-2028

MAS PEYROLLE, 5, rte du Brestalou, 34270 Vacquières, tél. 06 12 29 53 91, jbpeyrolle@yahoo.fr V r.-v.

♥ DOM. MIRABEL Les Éclats 2018 ★★★

16000 | 15 à 20 €

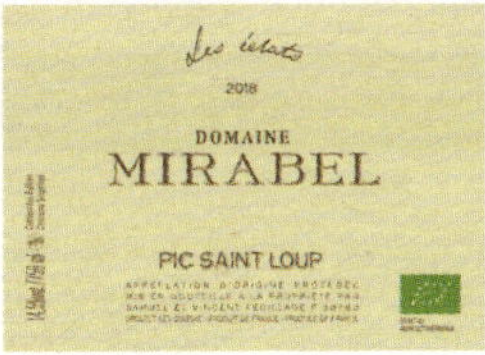

Les frères Feuillade, Samuel et Vincent, travaillent ensemble et en bio les quelque 15 ha du domaine. Les meilleures parcelles sont situées à la limite nord de l'aire d'appellation du pic Saint-Loup, sur un terroir d'éboulis d'éclats calcaires s'étalant entre Corconne et Brouzet-lès-Quissac.

Un 2018 au niveau du 2014 qui avait déjà obtenu la note maximale. Dominé par la syrah et le mourvèdre plantés sur des sols d'éclats calcaires, élevé 18 mois en fûts, ce rouge se livre progressivement : fruits rouges mûrs et vanille, puis garrigue et notes fumées. Une attaque ronde ouvre sur un palais raffiné, rafraîchi par la garrigue et les plantes aromatiques, finement cadré par des tanins ciselés, bien travaillés. Long, frais, harmonieux, toute la grâce et l'équilibre des meilleurs pic-saint-loup dans cette bouteille que l'on prendra soin de laisser s'affiner encore un peu en cave. ⧗ 2022-2030

DOM. MIRABEL, 261, rte du Brestalou, 30260 Brouzet-lès-Quissac, tél. 06 22 78 17 47, domainemirabel@neuf.fr V r.-v.

MORTIÈS 2018 ★★

22000 | 15 à 20 €

Ce domaine, créé en 1996 autour d'un mas du XVIIIes., est situé à 20 km au nord de Montpellier, sur le versant sud du pic Saint-Loup, dans la cuvette de Mortiès. Depuis 2017 la famille Moustiés exploite ce vignoble de 12 ha, entièrement conduit en bio. Une valeur sûre de l'appellation.

Longuement infusée plus qu'extraite, cette cuvée séduit d'emblée par son nez nuancé, ouvert, où la griotte s'entiche de muscade, de poivre et de garrigue. Tout aussi parfumée, déliée, fraîche, « très calcaire », nantie de tanins fermes mais croquants, la bouche enchante par son élégance bien dans le ton des meilleurs vin de l'appellation. Facile d'accès mais complexe, ce 2018 peut aussi attendre que les tanins se fondent davantage. ⧗ 2021-2027

SARL DOM. DE MORTIÈS, rte de Cazevieille, 34270 Saint-Jean-de-Cuculles, tél. 04 67 55 11 12, contact@morties.com V r.-v.

LANGUEDOC

CH. DES MOUCHÈRES
Cuvée Les Centaurées Élevé en fût de chêne 2017 ★

■ | 3100 | | 11 à 15 €

À la fin du XVII[e]s., Fulcrand Teissèdre cultivait quelques parcelles dans le lieu-dit Masage-de-la-Vieille, à Saint-Mathieu-de-Tréviers, au pied du pic Saint-Loup. En 2004, Jean-Philippe Teissèdre est revenu au domaine de son ancêtre et lui a donné un nouvel essor, avec aujourd'hui 29 ha exploités.

Une robe sombre, des arômes intenses de fruits rouges frais, de réglisse et de garrigue, une bouche structurée, typée syrah qui monte en puissance tout au long de la dégustation jusqu'à la finale dynamique, tendue et mentholée : un rouge intense, joliment élevé, complet, à boire ou à encaver quelques années. ⧗ 2021-2025

EARL TEISSÈDRE, 1, chem. de la Vieille, 34270 Saint-Mathieu-de-Tréviers, tél. 06 20 10 50 90, contact@chateaudesmoucheres.com V *t.l.j. sf dim. 17h-19h*

CH. LA SALADE SAINT-HENRI
Cuvée Rosa Rosae 2019 ★

■ | 3500 | | 8 à 11 €

Sur ce domaine familial, qui doit son nom à un casque romain trouvé en ces lieux, les bâtiments datent du Moyen Âge, et la vigne est cultivée depuis le début du XVIII[e]s. Anne Donnadieu, pharmacienne de formation, est aux commandes depuis 2006, avec à sa disposition un vignoble de 35 ha qu'elle prépare à une future conversion bio.

Une robe légère, mais un nez expressif, complexe, entre pêche, fleurs blanches, garrigue et fenouil. Le kumquat et l'orchidée se joignent à la fête dans une bouche à la fois ronde, pleine et bien tendue. À en perdre son latin. Très belle présence à table en perspective. ⧗ 2020-2021 ■ **Cuvée 1803 2018 ★ (15 à 20 €; 14600 b.)** Bien mûr, parfumé, sur la confiture et le cachou, ce «1803» (date de l'acquisition du domaine par la famille), frais à l'attaque, déploie une bien belle chair, riche, flatteuse par sa sucrosité marquée, puis qui se retend un peu en finale. Voluptueux. ⧗ 2021-2025

SCA SCOLMAT, 1050, rte de Saint-Jean-de-Cuculles, 34270 Saint-Mathieu-de-Tréviers, tél. 04 67 55 20 11, annedonnadieu@gmail.com V *r.-v.*

SEIGNEUR DE LAURET 2019 ★★

■ | 60000 | | 5 à 8 €

Fondée en 1950, la cave coopérative de Saint-Mathieu-de-Tréviers, établie au pied du pic Saint-Loup, exploite un vaste vignoble de 800 ha qui couvre le tiers de l'appellation dont une partie en bio. La gamme est large et balaie, outre l'AOC pic-saint-loup, les terrasses-du-larzac et les IGP locales.

Ce rosé éclatant fait la part belle à la syrah. Canneberge, framboise, groseille, pêche et fleurs blanches : le nez a inspiré le jury. En bouche, tout est de bon goût : l'attaque intense, la pureté et la persistance des saveurs, la texture fine et la fraîcheur imparable qui donne à l'ensemble un éclat singulier. Très friand, élégant, désaltérant, on n'est pas loin du rosé idéal. ⧗ 2020-2021

VIGNOBLES DES TROIS CHÂTEAUX, 140, av. des Coteaux-de-Montferrand, 34270 Saint-Mathieu-de-Tréviers, tél. 04 67 55 81 19, secretariat.vd3c@gmail.com V *t.l.j. sf lun. dim. 9h30-12h30 14h30-18h*

LA CLAPE

Superficie : 780 ha / Production : 23 900 hl

Cette ancienne dénomination géographique de l'appellation languedoc a été élevée en 2015 au rang d'appellation communale pour ses vins rouges (80%) et aussi pour ses blancs. La Clape, en occitan, désigne un «tas de pierres». Du IIe jusqu'au XIV[e]s., ce massif calcaire forme une barrière séparant la côte de Narbonne. Favorisée dès la conquête romaine par l'importance de cette ville, capitale de la Narbonnaise, alors ouverte sur la Méditerranée, la vigne a colonisé ses contreforts et ses vallons, entre garrigue sauvage et pinède. Éclats calcaires, terres rouges, marnes, grès, les sols, très variés, expliquent la variété des cépages cultivés. Les vins bénéficient d'un climat méditerranéen très ensoleillé, presque semi-aride, de l'air maritime et de nombreux vents qui éloignent les pluies. L'appellation concerne sept communes, dont Narbonne. Les vins assemblent au moins deux variétés. En rouge, les principales sont les grenache, mourvèdre, syrah, adaptés à la chaleur. Parmi les onze cépages autorisés en blanc, le bourboulenc est le plus typé du lieu (40% des surfaces). À la fois ronds et frais, les blancs sont floraux, fruités, minéraux et iodés. Les rouges sont profonds, amples et structurés, souvent marqués par des notes balsamiques.

CH. LE BOUÏS Arthur 2017 ★★

■ | 10000 | | 20 à 30 €

Appuyé aux contreforts du massif de La Clape, un ancien domaine de 50 ha. À l'horizon, le trait bleu de la mer; aux alentours, les pins et le vacarme reposant des cigales. Petite-fille d'un négociant sétois, Frédérique Olivié a été kiné à la Réunion. De retour en métropole avec ses enfants, elle a acheté d'abord quelques parcelles de la propriété et vinifié dans un garage. Aujourd'hui propriétaire de la totalité, elle s'implique dans le tourisme (musée, restaurant, activités œnotouristiques, etc.).

Du caractère et de la puissance à revendre dans ce 2017 élevé 10 mois en fût. La robe dense et sombre annonce un nez très riche, mûr, grillé, qui embaume le fruit mûr, la violette et la garrigue. La vanille et la tapenade étirent encore la palette dans une bouche «monstre», riche, concentrée et très structurée, mais gourmande par sa sucrosité affirmée. Tout est donc au diapason. De longue garde assurément. ⧗ 2023-2030

SCEA TERRE PATRIMOINES, rte Bleue, 11430 Gruissan, tél. 04 68 75 25 25, contact@chateaulebouis.com V *t.l.j. 9h-12h 14h-18h* 3

CH. CAPITOUL Grand Terroir 2018 ★

■ | 80000 | | 5 à 8 €

Ses arrière-grands-parents maternels s'étaient installés en Algérie dans les années 1930. Son grand-père décida d'acquérir plusieurs domaines en Languedoc, dont le Ch. Capitoul. Charles Mock, la 4e génération de vigneron, y est arrivé en 1983. Depuis 2011, la famille Bonfils préside aux destinées du domaine et de ses 62 ha de vignes. Une curiosité : la cave, comme l'intérieur d'un bateau.

D'abord réservé, le nez livre une jolie complexité où les fruits noirs bien mûrs s'entichent de nuances de cuir, de grillé et de laurier. On les retrouve avec plus d'intensité dans une bouche qui charme par sa grande rondeur, ses tanins doux et sa fraîcheur discrète qui pointe en finale. Élégant, facile à aimer et bien dans le ton de l'appellation. ⧗ 2020-2024

VIGNOBLES BONFILS (CH. CAPITOUL), rte de Gruissan, 11100 Narbonne, tél. 04 67 93 10 10, bonfils@bonfilswines.com

DOM. COMBE DES DUCS Pierres de Mer 2019 ★

6000 | 8 à 11 €

Sur les pas de ses ancêtres, Gautier Fountic, installé en 2005, a longtemps dirigé ce beau domaine de 50 ha de vignes dans le massif de La Clape, essentiellement sur le flanc sud, entre mer et garrigue. Son gendre a pris la relève.

Les Pierres de Mer, ce sont les nombreux fossiles marins qui parsèment le vignoble. Élevé en cuve et sur lies, ce blanc fait la part belle au bourboulenc associé aux marsanne, roussanne et viognier. Le jury a apprécié le nez franc et intense, centré sur la pêche, les fruits confits et exotiques, tout comme la bouche tendre, ronde, élégante, qui restitue la plénitude du fruit perçu à l'olfaction. ⧗ 2020-2023

SAS COMBE DES DUCS, 24, bd du Gal-de-Gaulle, 11560 Fleury-d'Aude, tél. 06 23 06 13 76, combedesducs@orange.fr

S. DELAFONT 2017 ★

5000 | 15 à 20 €

Après avoir créé une structure de négoce en 2000, Samuel Delafont a eu envie de s'investir davantage dans l'élaboration et s'est installé en 2010 dans un petit village gardois comme négociant-éleveur pour produire des vins dans quelques-unes des appellations les plus en vue du Languedoc. Il a depuis acquis des vignes en propre, travaillées en permaculture.

Après aération, ce 2017 livre une palette bien typée La Clape : garrigue, poivre, fruits rouges mûrs et terre sèche. On retrouve ces arômes dans une bouche déjà allègre, droite, qui s'appuie sur des tanins ciselés, croquants, bien enrobés par le fruit et les épices. Un vin sapide, digeste, prêt à passer à table, mais après carafage. ⧗ 2020-2024

SAS S. DELAFONT, mas-David, chem. du Cimetière, 30360 Vézénobres, tél. 04 66 56 94 78, info@delafont-languedoc.fr V r.-v.

CH. LAQUIROU Ausines 2017 ★

13000 | 15 à 20 €

Repris par un couple suisse, Erika et Eckard Hug-Harke en 1993, le Ch. Laquirou (« petit rocher rouge »), dont les origines remontent au XIVe s., est niché dans le creux d'une vaste vallée. Le vignoble, cultivé en bio, s'étend sur 35 ha, plantés d'une dizaine de cépages.

Ausines est une variété de chêne vert qui entoure les parcelles du domaine. Le nez fleure bon la garrigue, le romarin et le ciste sur fond de fruits rouges mûrs, avec une touche fumée et chocolatée issue de l'élevage. Beaucoup de rondeur et de sucrosité viennent enrober des tanins musclés dans une bouche puissante et concentrée, allégée par le croquant des épices et par une fraîcheur discrète en soutien. De la puissance sans lourdeur, c'est une juste évocation de l'appellation. À laisser respirer en cave. ⧗ 2021-2025

GFA CH. LAQUIROU, rte de Saint-Pierre, 11560 Fleury-d'Aude, tél. 04 68 33 91 90, caveau.laquirou@wanadoo.fr V *t.l.j. 9h-12h 14h-19h*

CH. MIRE L'ÉTANG Cuvée des Ducs de Fleury 2018 ★★

34500 | 11 à 15 €

Depuis les hauteurs du domaine, face au soleil levant, on « mire les étangs », l'embouchure de l'Aude, la Méditerranée et le golfe du Lion. Le terroir caillouteux s'étale en terrasses, caressé par la brise marine. Acquis par la famille Chamayrac en 1972, le domaine comptait alors 36 ha de vignes ; il s'étend sur 51 ha aujourd'hui. Un pilier de La Clape.

Syrah, grenache et mourvèdre à parité dans ce 2018 qui a longuement infusé en cuve avant un élevage de 12 mois en fût. Le nez en tire ses nuances alléchantes et fraîches de violette et de laurier, saupoudrées de notes grillées et vanillées. Les plantes aromatiques, menthol, garrigue et réglisse en tête, insistent dans une bouche remarquable d'équilibre, charnue, ronde, portée par des tanins croquants et soyeux qui donnent une dimension d'allégresse à ce rouge très gourmand et bien ancré dans son terroir. ⧗ 2021-2026

EARL CH. MIRE L'ÉTANG, rte des Vins, 11560 Fleury-d'Aude, tél. 04 68 33 62 84, mireletang@wanadoo.fr V *t.l.j. sf dim. 9h-12h 15h-19h*

CH. PECH REDON La Centaurée 2018 ★★

2000 | 20 à 30 €

Une route sinueuse mène au point culminant du massif de La Clape, le Coffre de Pech-Redon, qui donne son nom au domaine, situé au cœur du parc naturel. Christophe Bousquet y conduit, depuis 1988, ses 30 ha de vignes en agriculture biologique.

Vinifié et élevé en demi-muid, ce blanc voluptueux à base de bourboulenc (80 %) n'a pas laissé le jury indifférent. À la robe jaune très soutenu répond un nez riche, complexe, où le fruit exotique et l'orange confite s'associent à des nuances de pomme surmûrie. Une pointe d'évolution ménagée qui fait aussi le charme d'une bouche épanouie, riche, saline, solaire et sensuelle. Très longue et légèrement doucereuse, la finale clôt en beauté ce blanc de gastronomie et de caractère. ⧗ 2020-2024

SCEA BOUSQUET, rte de Gruissan, chem. de la Couleuvre, 11100 Narbonne, tél. 04 68 90 41 22, chateaupechredon@orange.fr V *t.l.j. sf dim. 10h-12h30 14h-17h30*

♥ CH. ROUQUETTE-SUR-MER L'Esprit Terroir 2018 ★★

35000 | 8 à 11 €

Implantées sur les falaises de bord de mer du massif de La Clape, les vignes, disposées en îlots entourés de garrigues et de bois, regardent la mer, dont elles reçoivent les brises

salutaires. Ancienne propriété de la vicomtesse de Narbonne au XVᵉs., le domaine appartient depuis 1970 à Jacques Boscary, à la tête aujourd'hui d'un vignoble de 50 ha.

Quatre cépages dans ce 2018 d'un charme fou. Rien de cuit dans ce nez aussi fin que complexe qui passe en revue les fruits noirs, la violette, la garrigue et les épices douces. Une dimension d'élégance que l'on retrouve dans une bouche finement ciselée, mûre certes, mais surtout fondue, veloutée, fraîche, adossée à de beaux tanins fins et imprégnée de bout en bout de poivre, de cannelle et de plantes aromatiques. Parfumé, détendu, à point aujourd'hui, c'est une bien belle évocation de l'appellation, à prix doux qui plus est. ⧗ 2020-2024

SAS CH. ROUQUETTE-SUR-MER, rte Bleue, 11100 Narbonne-Plage, tél. 04 68 65 68 65, bureau@chateaurouquette.com V *r.-v.*

♥ DOM. SARRAT DE GOUNDY
Le Planteur 2018 ★★

	10000		11 à 15 €

Pour la famille Calix, Sarrat de Goundy est une aventure familiale démarrée en 2000. Claude, le père, a acquis sa première vigne en 1966 – le vignoble couvre 80 ha aujourd'hui (en conversion bio) sur le massif de la Clape – et présidé aux destinées de la cave coopérative d'Armissan. Puis il a voulu tirer profit de son terroir rocailleux pour signer ses propres vins, aidé par sa femme Rosy et rejoint par son fils Olivier, en 2003, actuellement à la tête de l'exploitation.

Vinifié sans soufre ajouté avec les levures indigènes, élevé en cuve et en fût, cet assemblage dominé par le mourvèdre (50 %) a enflammé le jury. Fruits mûrs, violette, poivre, encens, boisé fumé discret, le nez fait voyager. Puissante, suave, charnue, très parfumée, tapissée de tanins fondants, la bouche impressionne, puis force l'admiration en finale par sa vivacité qui donne à l'ensemble une dimension aérienne. « Ne peut pas ne pas plaire », résume le jury. Un coup de cœur qui fait écho aux versions 2017 et 2014. ⧗ 2020-2026

SARL OLIVIER CALIX, 46, av. de Narbonne, 11110 Armissan, tél. 04 68 45 30 68, secretariatsarrat@hotmail.fr V *t.l.j. sf dim. 9h30-12h30 15h-19h*

PICPOUL-DE-PINET

Superficie : 250 ha

Couvrant six communes autour de l'étang de Thau, sur le littoral, entre Agde, Pézenas et Sète, cet ancien terroir délimité de l'appellation languedoc (il bénéficiait d'une dénomination complémentaire), dédié de longue date aux vins blancs, est devenu en 2013 une appellation à part entière. Déjà cité par Olivier de Serres au début du XVIIᵉs., le cépage piquepoul donne des vins particulièrement vifs pour la région, aux arômes de fleurs blanches et d'agrumes, avec une note minérale. Des vins parfaits pour les huîtres, notamment celles de Bouzigues produites localement. Ils sont à apprécier jeunes, dans les trois ans.

♥ BEAUVIGNAC 2019 ★★

	240000		5 à 8 €

Après les fusions avec la cave de Castelnau-de-Guers (2003), puis avec celle de Mèze (2007), la cave de Pomérols, fondée en 1932, regroupe aujourd'hui environ 400 viticulteurs en AOC picpoul-de-pinet, languedoc et en IGP côtes-de-thau. Elle gère un vignoble de 1 750 ha, qui couvre aussi bien le terroir de garrigue de Castelnau-de-Guers que le glacis d'épandage qui constitue le cœur historique de l'appellation picpoul-de-pinet.

D'une robe pâle à reflets verts émergent des arômes fringants, citronnés, qui se nuancent à l'aération d'une touche de menthol et de fruits exotiques. Les fleurs blanches et la poire Williams se mêlent à la fête dans un palais qui enchante par sa plénitude aromatique et sa rondeur relevée en finale par une petite amertume tonifiante. Épanoui, puissant, remarquable d'équilibre, ce 2019 mérite un poisson à sa hauteur (daurade, bar). ⧗ 2020-2022

LES COSTIÈRES DE POMÉROLS, 68, av. de Florensac, 34810 Pomérols, tél. 04 67 77 01 59, info@cave-pomerols.com V *t.l.j. sf dim. 8h30-12h30 14h-18h*

DOM. DE BELLE MARE 2019 ★

	25000		5 à 8 €

Un domaine de 55 ha (dont 5 ha dédiés à l'AOC picpoul-de-pinet) établi tout au bord de l'étang de Thau, qui vivifie les vignes de son influence maritime.

Tout est élégant dans ce blanc, depuis la robe pâle et brillante, en passant par le nez délicat, printanier, très floral, jusqu'à la bouche d'abord tendre et ronde, puis pleine de fraîcheur et de vivacité citronnée en finale. Net et sans bavure. ⧗ 2020-2021

SA DOM. DE BELLE MARE, rte des Salins, D 18, 34140 Mèze, tél. 04 67 43 17 68, exploitation@belle-mare.com V *r.-v.*

CH. FONT-MARS 2019 ★

	35000		5 à 8 €

Situé sur le tracé de l'ancienne voie romaine de la reine Juliette, ce domaine fut en des temps immémoriaux un lieu de ponte pour dinosaures. On y cultive aujourd'hui la vigne sur 8 ha.

Du fruit et de la vivacité au menu de ce blanc d'emblée très tonique (citron, pamplemousse, aubépine, pollen), dont la bouche tout en nerf et en arômes est tempérée par une petite rondeur bienvenue. Très énergique. ⧗ 2020-2021

FONT-MARS, rte de Marseillan, 34140 Mèze, tél. 04 67 43 81 19, infos@font-mars.com V r.-v.

♥ DOM. DES LAURIERS Prestige 2019 ★★★

	30 000		5 à 8 €

Jouxtant Pézenas, le domaine de Marc Cabrol s'étend sur 45 ha entre garrigue et pinèdes (22 ha pour la vigne), à Castelnau-de-Guers, l'une des 5 communes de l'appellation picpoul-de-pinet.

Une cuvée qui n'usurpe pas son nom. Aussi riche que frais, le nez passe en revue les agrumes, l'ananas, le tilleul et le miel. Une maturité que l'on retrouve dans une bouche parfumée de bout en bout, puissante, presque grasse, mais sans une once de lourdeur car tenue par une pointe de CO_2 et par une amertume délicate qui donnent ce qu'il faut de relief et de fraîcheur. Un blanc sérieux, harmonieux, qui rappelle que picpoul sait aussi donner de grands blancs de gastronomie. Encore plus remarquable à ce prix. ⧗ 2020-2022

DOM. DES LAURIERS, 15, av. de Pézenas, 34120 Castelnau-de-Guers, tél. 04 67 98 18 20, contact@domaine-des-lauriers.com V *t.l.j. 9h30-12h 14h-18h*

L'ORMARINE Duc de Morny 2019 ★★

	200 000		5 à 8 €

Coopérative fondée en 1922, L'Ormarine – à l'époque Association des producteurs de vins blancs de Pinet – est un acteur de poids dans la défense de l'AOC picpoul-de-pinet. Après la fusion avec les caves de Villeveyrac (2009) et de Cournonterral (2014), puis en 2017 des caves de Saint-Hippolyte-du-Fort et de Vias, elle regroupe 500 coopérateurs et dispose de 2 500 ha, dont 520 dédiés au seul cépage piquepoul. Depuis 2018, 650 ha sont en Terra Vitis.

Une robe pâle, un nez fringant, citronné, floral et mentholé : un agréable prélude à une bouche aussi intense que fraîche, qui restitue toute la pureté aromatique perçue à l'olfaction et y ajoute une rondeur très agréable. Du fruit, ce qu'il faut de matière, de la vivacité : bienvenue en picpoul ! ⧗ 2020-2021

CAVE DE L' ORMARINE, 13, av. du Picpoul, 34850 Pinet, tél. 04 67 77 03 10, contact@caveormarine.com V *t.l.j. sf dim. 8h30-12h 14h-18h ; juil.-août t.l.j. 8h-30-12h 14h-19h*

DOM. DU CH. DE PINET Cuvée des comtesses 2019 ★

	40 000		5 à 8 €

Le Ch. de Pinet se transmet de père en fils depuis plus de 250 ans. Depuis plus de 20 ans, ce sont deux femmes, Simone Arnaud-Gaujal et sa fille Anne-Virginie, qui conduisent le domaine étendu sur 35 ha.

Un picpoul bien typé qui s'ouvre sur un nez élégant, entre pêche et jasmin. Attaque fraîche, rondeur agréable, fruité croquant, sur le kumquat, finale tonique et appétente : rien à redire. ⧗ 2020-2021

CH. DE PINET GAUJAL DE SAINT-BON, 1, rue Ludovic-Gaujal, 34850 Pinet, tél. 04 68 32 16 67, chateaudepinet@orange.fr V *r.-v.*

▶ LES APPELLATIONS DE LIMOUX

BLANQUETTE MÉTHODE ANCESTRALE

AOC à part entière, la blanquette méthode ancestrale reste un produit confidentiel. Le principe d'élaboration réside dans une seule fermentation en bouteille. Aujourd'hui, les techniques modernes permettent d'élaborer un vin peu alcoolisé (autour de 6 % vol.), doux, provenant de l'unique cépage mauzac.

CAPDEPON Héritage ★

	10 000		8 à 11 €

L'arrière-grand-père a été pionnier dans la commercialisation de la blanquette de « propriétaires ». Une production alors confidentielle. Depuis 1984, Régis et David conduisent le vignoble (80 ha) implanté à l'ouest de Limoux, entre chênes et garrigues, et mettent en avant leur mère Michèle sur leurs étiquettes. Si leur spécialité est la blanquette méthode ancestrale, ils proposent tous les styles de vins.

Douce (95 g/l de sucres résiduels), légère (6,5 % d'alcool), intensément fruitée (pomme, abricot sec) au nez, suave mais rafraîchie par une fine effervescence en bouche, cette blanquette remplit parfaitement son objectif : convivialité et gourmandise. ⧗ 2020-2021

SARL CAPDEPON, 4, chem. de l'Horto, 11300 Villelongue-d'Aude, tél. 06 73 43 86 36, domaine@capdepon.fr V *t.l.j. 8h-12h 14h-18h*

BLANQUETTE-DE-LIMOUX

Ce sont les moines de l'abbaye Saint-Hilaire, commune proche de Limoux, qui, découvrant que leurs vins repartaient en fermentation, ont été les premiers élaborateurs de blanquette-de-limoux. Trois cépages sont utilisés pour son élaboration : le mauzac (90 % minimum), le chenin et le chardonnay ; ces deux derniers cépages introduits à la place de la clairette apportent à la blanquette acidité et finesse aromatique. La blanquette-de-limoux est élaborée suivant la méthode de seconde fermentation en bouteille et se présente sous dosages brut, demi-sec ou doux.

ANTECH M le Mauzac 3.0 ★

	9 000		15 à 20 €

Propriétaire de vignes, une maison de négoce familiale depuis 6 générations, dirigée aujourd'hui par Françoise Antech, à la suite de son père Georges et

de son oncle Roger. Une valeur sûre, spécialisée dans l'élaboration des bulles limouxines.
Le nez, généreux, évoque la pêche blanche, le miel et le tilleul. La poire et les épices douces s'invitent à leur tour dans une bouche crémeuse, délicate de texture et dotée d'une petite amertume finale qui vient en contrepoint du sucre. Une blanquette fruitée et friande. ⌛ 2020-2021 ● **Tradition ★ (8 à 11 €; 100 000 b.)** Quatre cépages dans cette blanquette à la robe jaune pâle animée de fines bulles. À un nez complexe qui associe la pomme fraîche à des touches florales et beurrées répond une bouche bien en chair, riche et parfumée, plus ronde que fraîche. ⌛ 2020-2021

SAS MAISON ANTECH, Dom. de Flassian, 11300 Limoux, tél. 04 68 31 15 88, courriers@antech-limoux.com V *t.l.j. sf sam. dim. 8h-12h 14h-18h*

J. LAURENS Le Moulin ★

● | 85 600 | | 8 à 11 €

Jacques Calvel, un enfant du pays de Sault, dans les Pyrénées audoises, est revenu aux sources après une carrière dans l'informatique aux États-Unis et en Suisse. En 2002, il a repris le Dom. Laurens, fondé dans les années 1980 par le Champenois Michel Dervin, l'a agrandi (30 ha aujourd'hui) et modernisé, secondé par son maître de chai Henri Albrus.
Neuf mois d'élevage sur lies pour cette blanquette classique dans son assemblage mais singulier dans ses arômes musqués, floraux et miellés. En bouche, une attaque élégante et fraîche ouvre sur un palais doux et onctueux, sans lourdeur, tonifié par des notes de citron confit. ⌛ 2020-2021

SARL J. LAURENS, Les Graimenous, rte de la Digne-d'Amont, 11300 La Digne-d'Aval, tél. 04 68 31 54 54, contact@jlaurens.fr V *t.l.j. 8h30-12h 13h30-18h; sam. dim. sur r.-v.*

MAISON ROSIER ★

● | 28 000 | | 5 à 8 €

En 1982, Michel Rosier a quitté sa Champagne natale pour venir s'implanter sur les terres d'altitude (300 à 450 m) de Villelongue-d'Aude, ancien village fortifié en circulade, situé dans la partie ouest de l'appellation limoux. Douceur du climat… et du foncier, les terres du Sud ont leurs attraits. Au programme, des bulles de blanquette et de crémant. En 1985, la maison s'est installée à Limoux. Michel Rosier est épaulé depuis 2010 par son fils Nicolas et 12 viticulteurs lui apportent leurs raisins.
Le haut de gamme de la maison. On aime la finesse de la bulle, le nez de fruits frais et de miel de tilleul, et la bouche tendre, lactée, pétrie de fruit, en parfait équilibre entre douceur légère et fraîcheur. ⌛ 2020-2021 ● **Dom. Rosier Cuvée Prestige ★ (5 à 8 €; 25 000 b.)** Dernière création de la maison, cette cuvée assemble mauzac et chardonnay. On retient sa robe soutenue, presque dorée, son nez singulier, vineux, aux accents de fruits très mûrs et d'épices douces, et sa bouche large, suave, résolument puissante. ⌛ 2020-2022

SAS DOM. ROSIER, rue Farman, 11300 Limoux, tél. 04 68 31 48 38, domaine-rosier@wanadoo.fr V *r.-v.*

♥ SIEUR D'ARQUES Diaphane Grande Cuvée ★★

● | 30 000 | | 8 à 11 €

La cave coopérative Sieur d'Arques est un acteur incontournable du vignoble limouxin, où elle assure environ 60 % de la production. Fondée en 1946, elle fédère aujourd'hui quelque 205 adhérents et dispose d'un vaste vignoble de 1 800 ha éparpillés dans plus de 40 communes, ce qui lui permet d'opérer une sélection parcellaire rigoureuse sur une très large variété de terroirs. Sa vente aux enchères Toques et Clochers, instituée en 1990, a donné à Limoux un regain de notoriété et attiré l'attention sur ses vins tranquilles.
Une touche de chenin et de chardonnay à l'appui du mauzac dans ce vin au nez fringant et très pur de pomme verte agrémenté de sureau. Gourmande comme il se doit dans l'appellation, dotée d'une pointe de douceur et d'une belle fraîcheur, la bouche enchante par son harmonie et par l'éclat et la persistance de son fruit. Une blanquette redoutable de gourmandise. ⌛ 2020-2022

SAS SIEUR D'ARQUES, av. du Languedoc, 11303 Limoux, tél. 04 68 74 63 00, contact@sieurdarques.com V *t.l.j. 9h30-12h30 14h-18h30; dim. 10h-12h*

CRÉMANT-DE-LIMOUX

Production : 30 000 hl

Reconnu seulement en 1990, le crémant-de-limoux n'en bénéficie pas moins de la solide expérience et de l'exigence des producteurs de la région en matière de vins effervescents. Les conditions de production de la blanquette étant déjà très strictes, les Limouxins n'ont eu aucune difficulté à adopter la rigueur de l'élaboration propre au crémant. Depuis déjà quelques années s'affinaient dans leurs chais des cuvées issues de subtils mariages entre la personnalité et la typicité du mauzac, l'élégance et la rondeur du chardonnay, la jeunesse et la fraîcheur du chenin. Depuis 2004, le mauzac, cépage traditionnel de la région, est désormais réservé à la blanquette et c'est le chardonnay qui règne en maître dans l'appellation crémant-de-limoux. Enfin, le pinot noir peut être utilisé en appoint dans l'élaboration des rosés.

♥ ANTECH Émotion 2018 ★★

● | 50 000 | | 11 à 15 €

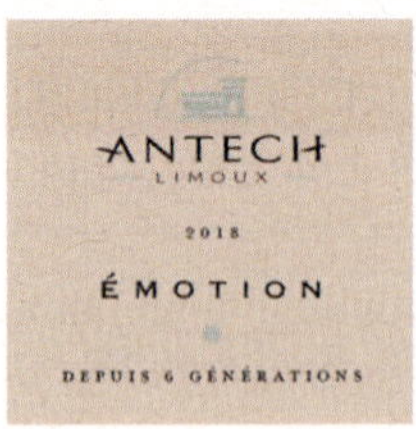

Propriétaire de vignes, une maison de négoce familiale depuis 6 générations, dirigée aujourd'hui par Françoise Antech, à la suite de son père Georges et de son oncle Roger. Une valeur sûre, spécialisée dans l'élaboration des bulles limouxines.

Un coup de cœur et deux étoiles de plus dans le ciel déjà très étoilé de cette maison hautement recommandable. Une touche de pinot agrémente un assemblage classique et teinte la robe d'une nuance rose pâle. Le nez frais et précis, centré sur les petits fruits rouges, s'enrichit de touches minérales et épicées. La bouche? Texture épanouie aiguisée par une très belle acidité, fruité immaculé et redoutable de gourmandise, légère amertume stimulante pour finir, équilibre parfait : que demander de plus? ⧗ 2020-2023 ● **Saint-Laurent 2018 ★★ (11 à 15 €; 30000 b.)** 12 mois de lattes pour ce brut dominé par le chardonnay et le chenin. Le nez en tire ses arômes fins et complexes entre fruit frais, épices douces et notes grillées. Traversée par une belle acidité, la bouche charme par son toucher ample, épanoui, et par sa finale éclatante sur le fruit frais. De la classe. ⧗ 2020-2023 ● **Expression 2018 ★ (11 à 15 €; 50000 b.)** Robe jaune pâle, bulles fines, nez expressif sur les fleurs blanches et l'amande grillée, l'introduction est de bon augure. La bouche très fraîche séduit par l'onctuosité de sa texture et par ses saveurs dynamiques, longues et citronnées. ⧗ 2020-2023

SAS MAISON ANTECH, Dom. de Flassian, 11300 Limoux, tél. 04 68 31 15 88, courriers@antech-limoux.com V t.l.j. sf sam. dim. 8h-12h 14h-18h

DOM. LES BOUZIERS ★

● | 1404 | | 8 à 11 €

Le domaine a toujours vendu ses vins en vrac, jusqu'en 2007, année où la petite-fille de Jo Riu, Caroline, a repris les 30 ha de vignes (en conversion bio), épaulée par Luis Pereira Gomes, son maître de chai.

Cette cuvée laisse apprécier un cordon élégant de bulles fines et un nez intense où les fleurs blanches côtoient la noisette, la brioche et le fruit frais. De la bouche, on retient son attaque vive, sa finesse, son juste dosage et la clarté d'un fruit aussi tonique que gourmand. Complet, net et sans bavure. ⧗ 2020-2023

SCEA LES BOUZIERS, Les Bouziers, 11300 Pieusse, tél. 06 22 87 82 17, contact@domaine-joriu.com V r.-v.

CALMEL ET JOSEPH Brut nature ★★

● | 5000 | | 11 à 15 €

Laurent Calmel, œnologue, s'est associé avec Jérôme Joseph pour fonder en 1995 une maison de négoce spécialisée dans les vins de terroir du Languedoc-Roussillon. Le duo a lancé son étiquette en 2007. Il sélectionne les parcelles, vinifie et élève les cuvées.

Chardonnay, chenin et pinot noir au menu de cet excellent crémant à peine dosé (2 gr/l), longuement élevé (15 mois) sur lattes, qui s'ouvre sur un nez raffiné, entre zeste d'agrumes, aubépine et pierre à fusil. Intense, tonique dès l'attaque et jusqu'au bout, le palais s'enrichit de notes grillées et laisse le souvenir d'une bulle aérienne, finement ciselée, ferme aussi, comme il se doit pour un brut nature, mais jamais austère. ⧗ 2020-2023 ● **★ (11 à 15 €; 10000 b.)** Pêche, pomme, fleurs grasses, petites notes grillées, le nez ne manque ni d'intensité ni de nuances. La bouche se montre tout aussi soutenue : confortable, souple, crémeuse, d'un arrondi sans lourdeur, elle est dynamisée par une belle acidité et par un trait de citron en finale. ⧗ 2020-2022

DOM. CALMEL ET JOSEPH, chem. de la Madone, 11800 Montirat, tél. 04 68 72 09 88, contact@calmel-joseph.com V r.-v.

CAPDEPON Révélation ★

● | 10000 | | 8 à 11 €

L'arrière-grand-père a été pionnier dans la commercialisation de la blanquette de «propriétaires». Une production alors confidentielle. Depuis 1984, Régis et David conduisent le vignoble (80 ha) implanté à l'ouest de Limoux, entre chênes et garrigues, et mettent en avant leur mère Michèle sur leurs étiquettes. Si leur spécialité est la blanquette méthode ancestrale, ils proposent tous les styles de vins.

Pomme verte et agrumes pour la fraîcheur, brioche et pain d'épice pour la complexité, le nez est très prometteur. Très vif, tendu comme un arc à l'attaque, le vin se détend, prend ses aises et emplit le palais d'une chair crémeuse et briochée, pour finir net et frais. ⧗ 2020-2023

SARL CAPDEPON, 4, chem. de l'Horto, 11300 Villelongue-d'Aude, tél. 06 73 43 86 36, domaine@capdepon.fr V t.l.j. 8h-12h 14h-18h

S. DELAFONT Extra-brut 2016 ★

● | 2400 | | 15 à 20 €

Après avoir créé une structure de négoce en 2000, Samuel Delafont a eu envie de s'investir davantage dans l'élaboration et s'est installé en 2010 dans un petit village gardois comme négociant-éleveur pour produire des vins dans quelques-unes des appellations les plus en vue du Languedoc. Il a depuis acquis des vignes en propre, travaillées en permaculture.

Une robe lumineuse et un nez friand, intense, qui passe en revue la poire, la groseille, le lys et le tilleul : l'approche est engageante. Portée par une bulle fine et une acidité au cordeau, la bouche offre la rondeur d'un crémant longuement vieilli sur lattes (18 mois) et s'entiche de notes citronnées qui renforcent la singulière sensation de fraîcheur qui émane de ce vin léger, fruité et aérien. Parfait à l'apéritif. ⧗ 2020-2022

SAS S. DELAFONT, mas-David, chem. du Cimetière, 30360 Vézénobres, tél. 04 66 56 94 78, info@delafont-languedoc.fr V r.-v.

B J. L. DENOIS Extra-brut Tradition ★

● | 19000 | | 11 à 15 €

Après avoir voyagé dans les vignobles du Cap en Afrique du Sud, Jean-Louis Denois, fils d'une famille vigneronne de Cumières (1er cru de Champagne), s'est installé en 1989 dans la haute vallée de l'Aude. Ce vignoble de 15 ha planté entre 400 et 500 m d'altitude est l'un des plus élevés du Languedoc.

Excellent spécialiste de la bulle limouxine, Jean-Louis Denois signe cet extra-brut dosé avec des jus frais de chenin. D'abord réservé, le nez monte en puissance et déploie ses senteurs de fleurs capiteuses, d'abricot et d'amande fraîche. Crémeuse et toastée, la bouche séduit par sa texture épanouie et sa richesse bien contenue par ce qu'il faut d'acidité. Un crémant ample et savoureux qui trouvera sa place à table. ⧗ 2020-2023

LANGUEDOC

EURL JL DENOIS, Borde-Longue, 11300 Roquetaillade, tél. 04 68 31 39 12, jldenois@orange.fr

J. LAURENS Les Graimenous 2018 ★★

	175 097		8 à 11 €

Jacques Calvel, un enfant du pays de Sault, dans les Pyrénées audoises, est revenu aux sources après une carrière dans l'informatique aux États-Unis et en Suisse. En 2002, il a repris le Dom. Laurens, fondé dans les années 1980 par le Champenois Michel Dervin, l'a agrandi (30 ha aujourd'hui) et modernisé, secondé par son maître de chai Henri Albrus.

Du nom d'un lieu-dit signifiant «graminées», cette cuvée a fait des heureux au sein du jury. Ce dernier a apprécié la finesse d'un nez expressif qui décline les fruits blancs, les agrumes et les fleurs blanches, et a souligné l'éclat d'une bouche immaculée, tendue, aux saveurs ciselées, précises et citronnées. Un crémant revigorant, fin et délié. ⧗ 2020-2022

SARL J. LAURENS, Les Graimenous, rte de la Digne-d'Amont, 11300 La Digne-d'Aval, tél. 04 68 31 54 54, contact@jlaurens.fr V *t.l.j. 8h30-12h 13h30-18h; sam. dim. sur r.-v.*

DOM. DE MOUSCAILLO Brut nature ★

	9306		15 à 20 €

Pierre Fort, après avoir passé 10 ans au château de Tracy, à Pouilly-sur-Loire, est revenu sur sa terre natale de Roquetaillade en 2004 et fait de Mouscaillo est une des très bonnes adresses de Limoux. Le vignoble occupe 6 ha situés à 400 m d'altitude. Thomas Fort et son épouse Camille, formés à l'agro-écologie, ont repris les rennes en 2016.

Chardonnay, pinot noir et chenin composent ce brut nature dont le nez complexe marie les fruits (pêche blanche, citron), les fleurs et le pain grillé. Un élevage partiel des vins de base en fût apporte un fond beurré et vineux à une bouche par ailleurs vive, dynamique, mais crémeuse et bien arrondie par l'élevage sur lattes. Un crémant complexe et complet, de gastronomie, qui offre de belles perspectives en cave. ⧗ 2020-2025

EARL MOUSCAILLO, 4, rue du Frêne, 11300 Roquetaillade, tél. 06 87 07 02 36, info@mouscaillo.com V *r.-v.*

DOM. ROSIER Cuvée Ma Maison ★★

	28 000		11 à 15 €

En 1982, Michel Rosier a quitté sa Champagne natale pour venir s'implanter sur les terres d'altitude (300 à 450 m) de Villelongue-d'Aude, ancien village fortifié en circulade, situé dans la partie ouest de l'appellation limoux. Douceur du climat... et du foncier, les terres du Sud ont leurs attraits. Au programme, des bulles de blanquette et de crémant. En 1985, la maison s'est installée à Limoux. Michel Rosier est épaulé depuis 2010 par son fils Nicolas et 12 viticulteurs lui apportent leurs raisins.

Dernière création du domaine, ce rosé à dominante de chardonnay a fait mouche. Subtil, frais, fin, floral et minéral, le nez est splendide. Des notes discrètes de fruits rouges animent une bouche épurée, à l'accent minéral, d'un équilibre idéal entre rondeur et tension. Tout y est délicat et gourmand. Du cousu-main. ⧗ 2020-2022 ● **Terre de Villelongue ★ (11 à 15 €; 20 000 b.)** Une étoile de plus au compteur de cette cuvée distinguée dans les deux dernières éditions. On retrouve avec plaisir ce nez généreusement fruité (mirabelle, agrumes) et floral, et cette bouche vive à l'attaque, puis ample et onctueuse, qui diffuse en finale des notes d'épices douces et de fruits secs. Frais et harmonieux. ⧗ 2020-2022

SAS DOM. ROSIER, rue Farman, 11300 Limoux, tél. 04 68 31 48 38, domaine-rosier@wanadoo.fr V *r.-v.*

SIEUR D'ARQUES
VanBinh Première Bulle Premium ★

	40 000		15 à 20 €

La cave coopérative Sieur d'Arques est un acteur incontournable du vignoble limouxin, où elle assure environ 60 % de la production. Fondée en 1946, elle fédère aujourd'hui quelque 205 adhérents et dispose d'un vaste vignoble de 1 800 ha éparpillés dans plus de 40 communes, ce qui lui permet d'opérer une sélection parcellaire rigoureuse sur une très large variété de terroirs. Sa vente aux enchères Toques et Clochers, instituée en 1990, a donné à Limoux un regain de notoriété et attiré l'attention sur ses vins tranquilles.

Une bulle fine, une robe jaune clair, un nez centré sur les notes beurrées et les épices douces, une bouche ronde et onctueuse aux franches notes torréfiées qui ouvre sur une finale bien tonique : un crémant généreux et épanoui. ⧗ 2020-2022 ● **Toques et Clochers 2015 ★ (15 à 20 €; 12 000 b.)** Un 2015 au nez joliment évolué, beurré et grillé. Des notes citronnées donnent plus de tonus au fruit dans une bouche attendrie par le vieillissement, mais qui conserve la fraîcheur de sa jeunesse. Un crémant entre deux âges, long, complexe, toujours fringant et destiné à la table. ⧗ 2020-2023 ● **Aguila ★ (5 à 8 €; 300 000 b.)** Un nez frais, floral et fruité introduit une bouche ronde, souple, au dosage perceptible, qui gagne en fraîcheur et en énergie en finale. Un bon crémant d'apéritif. ⧗ 2020-2021

SAS SIEUR D'ARQUES, av. du Languedoc, 11303 Limoux, tél. 04 68 74 63 00, contact@sieurdarques.com V *t.l.j. 9h30-12h30 14h-18h30; dim. 10h-12h*

LIMOUX

Superficie : 194 ha
Production : 8 097 hl (60 % blanc)

L'appellation limoux nature, reconnue en 1938, désignait le vin de base destiné à l'élaboration de l'appellation blanquette-de-limoux et toutes les maisons de négoce en commercialisaient quelque peu. En 1981, cette AOC s'est vu interdire, au grand regret des producteurs, l'utilisation du terme *nature*, et elle est devenue limoux. Resté à 100 % mauzac, le limoux a décliné lentement, les vins de base de la blanquette-de-limoux étant alors élaborés avec du chenin, du chardonnay et du mauzac. Cette appellation renaît depuis l'intégration, pour la première fois à la récolte 1992, des cépages chenin et chardonnay, le mauzac restant toutefois obligatoire. La dynamique équipe

limouxine voit ainsi ses efforts récompensés. Une particularité : la fermentation et l'élevage jusqu'au 1er mai, à réaliser obligatoirement en fût de chêne. Depuis 2004, l'AOC produit également des vins rouges à partir des cépages atlantiques (merlot surtout, cabernets et côt) et des cépages méditerranéens (syrah, grenache).

ANNE DE JOYEUSE Very Limoux 2018 ★

■ | 10000 | | 5 à 8 €

Fondée en 1929, la cave coopérative Anne de Joyeuse qui regroupe 370 vignerons s'est fait une spécialité de l'élaboration des vins rouges de Limoux et de la haute vallée de l'Aude issus de sélections parcellaires rigoureuses, sans pour autant négliger la production des vins blancs de l'appellation. À sa carte figurent aussi des vins en IGP.

Les 4 cépages qui composent ce vin (merlot, syrah, malbec et cabernet franc) sont vinifiés séparément avant assemblage. Le nez, complexe, associe les fruits rouges frais et confits à des notes épicées. On retrouve cette même complexité dans une bouche ample à l'attaque, appuyée sur des tanins assouplis et dotée d'une finale de bonne longueur. Complet. ⌛ 2020-2023 ■ **Very Chardonnay 2018 ★ (5 à 8 €; 50000 b.)** Du nez, on retient les arômes de fleurs, d'épices douces et de fruits exotiques qui signent un chardonnay du sud vinifié et élevé en barrique. La bouche révèle de notes lactées et grillées qui s'épanouissent dans une matière ronde, suave et grasse très aimable. Un peu de tonus supplémentaire lui aurait valu une deuxième étoile. ⌛ 2020-2023 ■ **La Butinière Chardonnay Élevé en fût de chêne 2018 ★ (8 à 11 €; 50000 b.)** Une robe paille clair à l'entame de ce chardonnay au nez élégant de pêche jaune, de fruits secs, de brioche et de toast. Bien présent, le chêne vient en soutien sans l'écraser d'une bouche ronde, dynamisée par une jolie acidité qui éclaire et étire le fruit. Boisé mais alerte et bien structuré, il devrait plaire. ⌛ 2020-2024

SARL L'OUSTAL ANNE DE JOYEUSE, 41, av. Charles-de-Gaulle, 11300 Limoux, tél. 04 68 74 79 40, commercial.france@cave-adj.com
V t.l.j. sf dim. 10h-12h 15h-19h

♥ DOM. DE BARONARQUES 2017 ★★

■ | 90000 | | 30 à 50 €

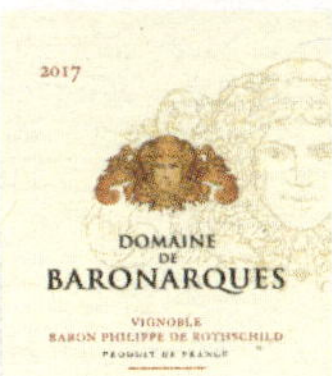

Ancienne propriété de l'abbaye de Saint-Polycarpe au XVIIes., ce domaine (110 ha, dont 43 ha de vignes) a été acquis en 1998 par la baronne Philippine de Rothschild (Ch. Mouton-Rothschild à Pauillac) et ses deux fils, qui l'ont entièrement rénové, à la vigne et au chai, et en ont fait l'une des valeurs sûres de l'appellation.

Cette cuvée très haut de gamme tient parfaitement son rang dans le millésime 2017. Assemblage bordelais agrémenté d'un peu de syrah, elle a besoin de temps pour libérer tout son nuancier aromatique : fruits noirs écrasés, prune cuite, épices douces et vanille. La bouche impressionne par son ampleur, sa largeur, ses tanins puissants parfaitement enrobés, par l'intensité de ses saveurs et sa grande longueur. Un ensemble très harmonieux où l'élevage maîtrisé a pleinement tenu son rôle d'éducateur. De belle garde assurément. ⌛ 2022-2028 ■ **Chardonnay 2018 ★ (30 à 50 €; 42000 b.)** Un nez discret entre fruit (citron, ananas) et pâtisserie (noisette, beurre), une bouche serrée, vive dès l'attaque, qui aura besoin de temps pour se libérer : un blanc presque chablisien, tranchant et austère mais prometteur. ⌛ 2021-2026

SASU DOM. DE BARONARQUES, 11300 Saint-Polycarpe, tél. 04 68 31 96 60, cfoucachon@domainedebaronarques.com
V t.l.j. sf sam. dim. 9h-12h 14h-18h

COLLOVRAY ET TERRIER Altugnac Terres amoureuses 2018 ★

■ | 40000 | | 11 à 15 €

L'aventure au domaine commence en 1928 avec les premières vignes que Joanny Collovray possède autour de Davayé, à l'ouest de Mâcon. Deux générations plus tard, les Collovray ont rencontré les Terrier et s'associent au sein du Dom. des Deux Roches qui naît en 1986. Aujourd'hui, la quatrième génération est à l'œuvre... Une valeur sûre du Mâconnais, qui œuvre aussi dans le Languedoc.

Acacia, beurre frais, pain grillé et vanille, le nez est d'un beau classicisme. Le chêne (12 mois) se fait plus discret dans un palais qui se montre ample à l'attaque, puis vivace et bien acidulé, prolongé en finale par un trait d'agrumes stimulant et vivifiant. Un joli contraste pour ce vin que l'on peut boire ou garder quelques années. ⌛ 2020-2024 ■ **Altugnac Las Gravas Chardonnay 2018 ★ (15 à 20 €; 2400 b.)** Cette cuvée parcellaire issue du seul chardonnay séduit d'emblée avec son nez nuancé, fumé, exotique (fruit de la Passion), floral et finement boisé (vanille, amande grillée). Une délicatesse d'arômes que l'on retrouve dans une bouche ronde et large à l'attaque, puis ciselée par une acidité tranchante. Une finale vive, à l'accent minéral, ponctue en beauté ce blanc de bonne garde. ⌛ 2021-2025

ALTUGNAC, 4, rue du Château, 11190 Antugnac, tél. 03 85 35 86 51, info@collovrayterrier.com V r.-v.

LA COUME-LUMET 2018 ★

■ | 5000 | | 15 à 20 €

Domaine créé en 2013 par Luc Abadie, ingénieur en informatique, conseillé par son beau-frère Mathieu Dubernet, œnologue de renom établi à Narbonne. Couvrant 54 ha d'un seul tenant, le vignoble est implanté à Cépie, au nord de Limoux, dans un site préservé classé Natura 2000.

Au nez, un fond puissamment toasté n'étouffe pas les notes florales et miellées du chardonnay, épaulé par 30 % de chenin. La barrique enrobe tout aussi généreusement une bouche bien en chair, voluptueuse, à la sucrosité affirmée, mais qui rebondit sur une agréable vivacité en finale. Un beau contraste qui fait le charme de ce blanc généreux et séducteur. ⌛ 2020-2024 ■ **2017 ★ (15 à 20 €; 2000 b.)** Merlot, grenache et syrah associés dans ce 2017 dont la robe profonde annonce un nez intense de fruits rouges bien mûrs, de cannelle et de clou de girofle. Généreuse, ample, la bouche y ajoute les notes grillées d'un élevage mesuré et une structure ferme entre tanins serrés et vivacité finale. De quoi affronter sereinement l'avenir. ⧗ 2022-2026

SCEA ABADIE-MALET, La Coume, 11300 Cépie, tél. 06 30 60 23 77, luc.abadie@la-coume-lumet.com V r.-v.

DOM. GARRABOU
Fontvieille Chardonnay 2018 ★

■	4000	◍	15 à 20 €

Fils et petit-fils de coopérateurs, Frédéric Garrabou a repris l'exploitation familiale en 2014. Avant de s'installer sur ces terres fraîches de la haute vallée de l'Aude, dans l'aire du limoux, cet œnologue formé à Bordeaux a travaillé dix ans dans des vignobles qui comptent de l'ancien et du nouveau monde, notamment en Bourgogne – aux domaines A.-F. Gros et Chanson –, en Australie, en Californie (Napa Valley) et en Nouvelle-Zélande. Il a engagé la conversion bio de ses 22 ha de vignes.

Issu d'une parcelle unique (Fontvieille) exposée au nord pour maximiser la fraîcheur, vinifié et élevé en fût, ce chardonnay révèle des arômes intenses et nuancés qui mêlent les fleurs blanches et la noisette à un fond discrètement vanillé. Sa belle fraîcheur se manifeste dès l'attaque, puis le vin s'arrondit en milieu de bouche en révélant des saveurs de fruits blancs accompagnées de notes boisées plus marquées. Tonique, persistant et doté d'une fine amertume en finale, c'est un digne représentant de l'appellation. ⧗ 2020-2024

FRÉDÉRIC GARRABOU, 3, Grand-Rue, 11250 Gardie, tél. 06 16 28 30 22, frederic.garrabou@hotmail.fr V r.-v.

PLÔ ROUCARELS Las Planelos 2017 ★★

■	2000	◍	11 à 15 €

Deux jeunes vignerons et un jeune domaine, constitué à partir de 2006. Originaire de Dresde, Julia s'est formée à Montpellier et dans le Bordelais. Quant à Julien, natif du sud de la France, passionné de cuisine et de vin dès l'adolescence, il a fait un détour par le Médoc pour apprendre le métier. Le couple a commencé par « sauver » 2 ha de vieux carignans promis à l'arrachage puis acquis des vignes en AOC limoux. Au total, 10 ha.

Complexe et complet, ce blanc met à l'honneur le chenin (70 %), épaulé par le chardonnay. Et c'est une bonne idée sur la foi de ce nez charmeur, où la pêche, les fleurs blanches et la truffe révèlent une note grillée et vanillée. Certes ample et charnue, la bouche brille surtout par sa tension, sa fraîcheur et la complexité d'un fruit qui intègre de fines notes d'évolution. Beau blanc de table. ⧗ 2020-2024

JULIEN GIL, 18, rue Frédéric-Mistral, 11250 Couffoulens, tél. 06 63 21 82 70, post@plo-roucarels.com V r.-v.

DOM. PONT MAJOR
Chardonnay Élevé en fût de chêne 2018 ★

■	17527	◍	8 à 11 €

Des collines aux pentes douces du pays cathare, entre 100 et 250 m d'altitude, accueillent les vignes de ce domaine créé en 2017 et dans le giron du Dom. de la Baume.

Le jury a d'emblée apprécié ce chardonnay délicat, au nez fleurant bon la pomme, le citron et les fleurs blanches. La bouche offre un juste compromis entre rondeur et fraîcheur, avec un élevage discret qui se contente de teinter la finale d'une touche de beurre salé et d'une petite amertume stimulante. À boire sur sa jeunesse. ⧗ 2020-2023

SARL DOM. DE LA BAUME (DOM. PONT MAJOR), 14, av. du Béal, 11250 Saint-Hilaire, tél. 04 67 39 29 41, domaine@labaume.com

CH. RIVES-BLANQUES
Dédicace Chenin blanc 2018 ★★

■	5800	◍	11 à 15 €

Ce domaine de 30 ha (dont 20 de vignes en conversion bio) est établi dans une zone protégée Natura 2000, à la croisée des influences méditerranéennes et océaniques. Un couple anglo-hollandais, les Panman, a pris la suite en 2001 d'Érick Vialade, resté sur l'exploitation pour former le fils des nouveaux propriétaires, Jan Ailbe, arrivé aux commandes du chai en 2017.

Une des très bonnes adresses de l'appellation qui prend soin de ses raisins, ici triés deux fois à la main. Trois parcelles de chenin vinifiées séparément, dont on ne garde que les premiers jus avant assemblage, et un court élevage en fût : un travail de haute précision qui a donné naissance à une cuvée vibrante, au nez très citronné et finement beurré. En bouche, on garde le cap d'un vin tranchant, serré et lumineux, dans lequel l'élevage se contente d'arrondir sans trahir. Une vraie minéralité anime la finale de ce grand blanc d'amateur, qui vieillira avec grâce. ⧗ 2022-2027 ■ **Odyssée Chardonnay 2018 ★ (11 à 15 €; 25000 b.)** Ce vin séduit par la clarté de son nez sans exubérance, jolie déclinaison entre citron, pomelo, vanille et pointe de miel. Puissante, structurée, riche et bien sudiste à l'attaque, volubile dans ses arômes de fruits jaunes mûrs et de miel d'acacia, la bouche surprend par sa finale bien tranchante. Déjà de belles sensations et aussi de belles promesses. ⧗ 2020-2024

SARL JAXA, Ch. Rives-Blanques, 11300 Cépie, tél. 04 68 31 43 20, rives-blanques@wanadoo.fr V r.-v.

♥ TOQUES ET CLOCHERS
Haute Vallée Chardonnay 2017 ★★

■	15200	◍	11 à 15 €

La cave coopérative Sieur d'Arques est un acteur incontournable du vignoble limouxin, où elle assure environ 60 % de la production. Fondée en 1946, elle fédère aujourd'hui quelque 205 adhérents et dispose d'un vaste vignoble de 1 800 ha éparpillés dans plus de 40 communes, ce qui lui permet d'opérer une sélection parcellaire rigoureuse sur une très large variété de terroirs. Sa vente aux enchères Toques et Clochers, instituée en 1990, a donné à Limoux un regain de notoriété et attiré l'attention sur ses vins tranquilles.

Des 4 terroirs vinifiés séparément chaque année, c'est la Haute Vallée qui remporte cette fois la palme. Issu d'un terroir d'altitude (300 m), vinifié et élevé en fût, ce grand chardonnay dévoile un nez aussi intense que complexe d'ananas, de fruits jaunes et de pierre à fusil sur un fond de chêne (vanille et toast). Du volume, de la tension, de la chair, une finale aussi longue que fraîche, la bouche ne manque de rien pour digérer un élevage ambitieux. Un limoux de caractère à laisser un peu en cave. ⧗ 2021-2025 ■ **Océanique Chardonnay 2017 ★ (11 à 15 €; 45 000 b.)** Le terroir océanique à l'œuvre dans cette autre interprétation de l'appellation. Derrière les notes vanillées et grillées du bois, un fruité frais et fringant se manifeste. La même fraîcheur perce dans une bouche tendue à souhait, saline et épicée en finale. Du nerf et de l'éclat. ⧗ 2020-2024

SAS SIEUR D'ARQUES, av. du Languedoc, 11303 Limoux, tél. 04 68 74 63 00, contact@sieurdarques.com V *t.l.j. 9h30-12h30 14h-18h30; dim. 10h-12h*

MALEPÈRE

Superficie : 384 ha / Production : 18 521 hl

Longtemps AOVDQS côtes-de-la-malepère, ce vignoble a accédé à l'appellation d'origine contrôlée en 2007. Il s'étend sur le territoire de 39 communes de l'Aude. Sa situation au nord-ouest des hauts de Corbières limite les influences méditerranéennes pour le soumettre à des influences océaniques. Aussi les malepères, vins rouges ou rosés, ne privilégient-ils pas les cépages du Sud mais les variétés bordelaises. En rouge, le merlot doit constituer la moitié de l'assemblage, suivi du cabernet franc ou du côt (20 %). En rosé, c'est le cabernet franc qui joue le rôle majeur (50 %). Les cépages méditerranéens comme le grenache et le cinsault n'entrent dans les assemblages qu'à titre accessoire.

CH. BELVÈZE Élevé en fût de chêne 2017 ★

■ | 6000 | ◖◗ | 5 à 8 €

Le château du XVIII^e^s., plutôt une bastide, est entouré d'un parc dessiné par un élève de Le Nôtre. On y jouit entre les massifs d'une belle vue (Belvèze). Il bénéficie de l'implication et des investissements de Guillaume Malafosse, qui a repris le domaine familial et ses 35 ha de vignes en 1997.

Le merlot et les deux cabernets à parts égales dans ce 2017 qui a patienté un an en fût. Avec ses notes de chêne et de vanille sur fond de fruits mûrs et de sous-bois, le nez nous le rappelle. Tanins agréablement assouplis, bonne rondeur, notes vanillées en finale qui témoignent d'un élevage bien géré : la bouche ne manque ni de charme ni d'harmonie. ⧗ 2021-2025

GUILLAUME MALAFOSSE, 2, chem. de Ronde, 11240 Belvèze-du-Razès, tél. 06 81 18 09 51, chateaubelveze@gmail.com V *r.-v.*

CH. DE CAUX ET SAUZENS 2018 ★

■ | 7000 | ◖◗ | 11 à 15 €

Située à 5 km de Carcassonne au bord du canal du Midi, l'une des plus anciennes propriétés viticoles de la Malepère, dont l'origine remonte au XIII^e^s. et à la famille Roger Cahuzac de Caux, et le vignoble au XVI^e^s. Acquise en 1871 par les ancêtres des actuels propriétaires, une vieille famille du cru, elle connaît un premier essor vers 1900. Son renouveau, récent, est lié à la réhabilitation de la cave en 2015 par les Boyer, qui ont pris les rênes du domaine (70 ha, dont 55 de vignes).

Les cépages sont atlantiques (merlot, cabernet franc), mais le vin possède la rondeur des rouges méditerranéens. Le nez puissant de confiture de fruits rouges, de griotte et de sous-bois donne le ton. Douce, étayée par des tanins fondus par 18 mois de fût, la bouche restitue cette même plénitude de fruit, agrémentée d'une touche poivrée en finale. Du charme et de la souplesse. ⧗ 2020-2023

SCEA DE CAUX, rue Louis-Guitard, 11170 Caux-et-Sauzens, tél. 04 68 26 97 39, sceadecaux@gmail.com V *r.-v.*

COINTES Clémence 2017 ★

■ | 3000 | ◖◗ | 11 à 15 €

Consuls de Carcassonne au XVII^e^s., les premiers châtelains ont légué leur nom à la propriété. Au siècle dernier, les grands-parents de François Gorostis y exploitaient les vignes (30 ha) pour le négoce. Ce dernier a repris avec Anne, son épouse, ce domaine devenu une valeur sûre du Guide.

Clémence, grand-mère de François Gorostis qui fit l'acquisition du domaine, est à l'honneur dans cette cuvée associant 10 % de grenache aux cépages bordelais. On doit à ces derniers la note fraîche de sous-bois mêlée à un fond chaleureux de fruits rouges bien mûrs. Une touche d'épices douces agrémente une bouche bien composée, souple, solaire, épaulée par des tanins d'une fermeté mesurée. Une bonne expression de l'appellation. ⧗ 2021-2024

CH. DE COINTES, 11290 Roullens, tél. 04 68 26 81 05, chateaudecointes@wanadoo.fr V *t.l.j. sf dim. lun. 10h-12h30 17h30-19h; f. hiver*

♥ DOM. LE FORT Élevé en fût de chêne 2017 ★★★

■ | 12 000 | ◖◗ | 8 à 11 €

Une propriété familiale où siège une ancienne bâtisse fortifiée du XVII^e^s., entourée de 35 ha de vignes et conduite depuis 1995 par Marc et Stéphanie Pagès, tous deux œnologues, qui ont parachevé la reconstruction du domaine.

Un assemblage très «rive droite bordelaise» emmené par le merlot pour ce vin qui coche toutes les cases du beau vin de garde. Café, caramel, vanille, le nez porte l'empreinte d'un élevage ambitieux. La bouche le confirme, mais offre surtout et d'abord tout ce qu'il faut pour le digérer : du volume dès l'attaque, des tanins bien intégrés dans un corps cossu et concentré, et de la longueur. Une remarquable composition à prix doux et de belles promesses pour l'avenir. ⧗ 2021-2027

■ **La Tour du Fort 2018 ★★ (5 à 8 €; 4000 b.)** 15 % de malbec à l'appui du merlot et du cabernet franc dans ce rouge séduisant, au nez de fruits rouges compotés et de cerise noire agrémenté de notes épicées. Riche, ample, appuyée sur des tanins fermes mais enrobés, rafraîchie par des nuances végétales typiques de malepère, la bouche laisse le souvenir d'un vin très harmonieux. ⧗ 2021-2025

SCEA DOM. LE FORT, Dom. le Fort, 11290 Montréal, tél. 06 81 03 02 16, info@domainelefort.com V *t.l.j. sf dim. 10h-12h 14h30-18h30*

Ⓑ CH. GUILHEM Prestige 2019 ★

■	26000		8 à 11 €

Établi à Malviès, près de Carcassonne, ce domaine, commandé par un château construit à la fin du XVIIIᵉs. sur des vestiges gallo-romains, est dans la même famille depuis 1878 et 6 générations. Brigitte Gourdou-Guilhem, aux commandes pendant plus de 25 ans, a passé le relais en 2005 à Bertrand Gourdou. Aujourd'hui, ce dernier exploite 35 ha (en bio certifié depuis 2013). Une valeur sûre de l'appellation malepère.

Fermentation à basse température et élevage en cuve au programme de ce rosé mi-cabernet franc mi-merlot, dont on apprécie le nez très friand de fruits rouges frais et de rose, et la bouche souple, élégante, dotée d'une belle acidité qui donne encore un peu plus d'éclat au fruité fringant perçu à l'olfaction. Un vin léger, à boire sur le fruit. ⧗ 2020-2021

SAS CH. GUILHEM, 1, bd du Château, 11300 Malviès, tél. 04 68 31 14 41, contact@chateauguilhem.com V *t.l.j. sf sam. dim. 9h-12h 14h-18h* Ⓔ

Ⓑ DOM. LA LOUVIÈRE L'Empereur 2018 ★★

■	3000		30 à 50 €

C'est l'histoire d'un industriel allemand, Klaus Grohe, qui tombe sous le charme de cette région et de ce terroir de la Malepère. Installé en 1992, désormais épaulé par son fils Nicolas, il a patiemment reconstruit ce domaine dont le vignoble couvre aujourd'hui 50 ha en bio.

Une base de cabernet franc dans ce beau rouge vinifié (vinification intégrale) et longuement élevé en fût (18 mois). Une technique exigeante qui porte ses fruits : débridé, le nez fleure bon les fruits confits, la violette, le poivre et la vanille. La même richesse de fruit s'impose dans une bouche large, douce, ensoleillée, à la sucrosité agréable, épaulée par des tanins d'abord onctueux puis plus fermes en finale. De la carrure, du fond et du potentiel en cave. Impérial en effet. ⧗ 2022-2026 ■ **Le Marquis 2019 ★ (5 à 8 €; 15000 b.)** Ⓑ Du cabernet franc majoritaire pour ce rosé soutenu aux reflets orangés, qui fleure bon les agrumes et les épices douces. Pleine, l'attaque ouvre sur un palais avec du volume, citronné et tonifié par une belle fraîcheur. Polyvalent, pour l'apéritif ou la table. ⧗ 2020-2021

KLAUS GROHE, Dom. la Louvière, 11300 Malviès, tél. 04 68 20 71 55, j.harris@domaine-la-louviere.com t.l.j. sf sam. dim. 8h-12h 14h-18h

DOM. DE LA SAPINIÈRE Saint-Alix 2017 ★

■	4164		11 à 15 €

Il n'y a plus de sapins à la Sapinière : le bois a été fourni à Viollet-le-Duc pour la restauration du château comtal de Carcassonne. Il n'y avait plus de ceps non plus sur la propriété, mais Joëlle Parayre, après une carrière dans l'industrie agro-alimentaire, a redonné vie à partir de 1997 à ce domaine à l'abandon, créé par un négociant bordelais en 1865. L'exploitation est certifiée Haute valeur environnementale et son vignoble, de 13 ha, est en conversion bio.

Du charme et de la gourmandise dans ce rouge dont la robe trahit une légère évolution. Au nez, des arômes ensoleillés de fruits à l'alcool, de cassis et d'épices. Ces mêmes saveurs capiteuses s'épanouissent dans un palais généreux adossé à des tanins fermes mais sans dureté. On pourra boire ce vin dans sa jeunesse. ⧗ 2020-2023

SAS DOM. DE LA SAPINIÈRE, Maquens, 11000 Carcassonne, tél. 04 68 72 65 99, j.parayre@domainedelasapiniere.com V *t.l.j. sf dim. 9h-12h30 15h-19h*

MINERVOIS

Superficie : 4 000 ha
Production : 120 000 hl (97 % rouge et rosé)

Le minervois est produit sur 61 communes, dont 45 dans l'Aude et 16 dans l'Hérault. Cette région plutôt calcaire, aux collines douces et aux revers exposés au sud, protégée des vents froids par la Montagne Noire, produit des vins blancs, rosés et rouges. Le vignoble du Minervois est sillonné de routes séduisantes; un itinéraire fléché constitue la route des Vins, bordée de nombreux caveaux de dégustation. Un site célèbre dans l'histoire du Languedoc, celui de l'antique cité de Minerve, où eut lieu un acte décisif de la tragédie cathare; de nombreuses chapelles romanes et les églises de Rieux et de Caune sont les atouts touristiques de la région.

CH. D'AGEL Caudios 2018 ★

■	1200		15 à 20 €

Sur son rocher dominant un méandre de la Cesse, Agel est établi sur la route Minervoise, à mi-chemin entre Béziers et Carcassonne. La vigne est implantée sur des terroirs d'altitude (180 m) aux sols formés d'éclats calcaires ou, en plaine, sur des galets roulés. Le domaine a été acquis en 2003 par une quarantaine d'amateurs fédérés par Robin Budowski, ingénieur agronome suisse.

Le maccabeu en vedette (70 %) dans cet assemblage au nez très floral, doux et discret. L'amande fraîche et les fruits exotiques s'invitent à leur tour dans une bouche ronde et fraîche, ponctuée par une petite amertume stimulante. Sans fausse note ni outrance, ce blanc élégant est à boire sur sa jeunesse. ⧗ 2020-2023

CH. D' AGEL, Les Crozes, 34210 Agel, tél. 04 68 91 37 74, contact@chateaudagel.com V *t.l.j. sf sam. dim. 9h-18h*

CH. L'AMIRAL Cuvée Prestige 2018 ★★

| 2000 | | 20 à 30 € |

Un domaine fondé en 1817 par l'amiral Gayde, commandé par de spectaculaires bâtiments en forme de fer à cheval, que l'on remarque par satellite. Dans ce cadre abrité des vents dominants, Bénédicte Gobé, arrière-petite-nièce de l'amiral, est aux commandes depuis 2008 d'un vignoble de 30 ha en conversion bio. À la carte du domaine, des minervois et des vins en IGP.

80 % de carignan vinifié en grappes entières dans ce rouge débridé, au nez volubile et suave de fruits rouges confiturés relevé de girofle, de poivre et d'eucalyptus. De belles sensations que l'on retrouve dans une bouche volumineuse et concentrée, bien charnue mais étayée de tanins fermes et fins, avec un trait de fraîcheur qui tonifie une longue finale réglissée. Un rouge solaire et remarquable d'équilibre qui tutoie le coup de cœur. ⧗ 2020-2025

BÉNÉDICTE GOBÉ, 14, av. de l'Amiral-Gayde, 11800 Aigues-Vives, tél. 06 83 51 68 88, contact@chateaulamiral.fr V *r.-v.*

DOM. ANCELY La Muraille 2017 ★★

| 10000 | | 5 à 8 € |

La propriété est née dans les années 1970 sur les coteaux de Siran, au pied de la Montagne Noire, quand les parents de Bernard et Nathalie Ancely firent l'acquisition des premières parcelles et y plantèrent syrah et grenache. Elle compte aujourd'hui 20 ha, en conversion biologique depuis 2019.

Souvent encensée dans ces pages, La Muraille nous revient en très grande forme dans le millésime 2017. Le nez typé syrah (70 % de l'assemblage) regorge d'arômes fringants de cassis et de fleurs (gentiane), que l'on croque aussi dans une bouche ronde et riche à souhait, étayée de tanins soyeux. Un rouge moderne et voluptueux à déguster dès à présent. ⧗ 2020-2024 ■ **Chemins de traverse 2018 ★ (5 à 8 €; 39000 b.)** Après aération, le nez libère de fines notes de fruits mûrs, de pinède et d'épices sur un fond fumé. Fraîche et ronde à l'attaque, dotée de tanins fins, la bouche déroule une chair souple, pétrie de fruits noirs et de plantes aromatiques, avec ce qu'il faut d'acidité pour tonifier l'ensemble. ⧗ 2020-2023

DOM. ANCELY, 17, av. du Minervois, 34210 Siran, tél. 04 68 91 55 43, domaineancelybernard@wanadoo.fr V *r.-v.*

B CH. D'ARGENS 2017 ★

| 29000 | | 11 à 15 € |

L'un des rares domaines de la région à garder l'imposante superficie des vignobles languedociens d'autrefois : plus de 210 ha. Il est aujourd'hui la propriété des vignobles Dourthe, et le négociant bordelais a fait aussi les choses en grand, en convertissant tout le vignoble au bio (certification en 2013).

Plus délicat qu'intense, le nez décline le fruit rouge mâtiné de nuances iodées et épicées. Dans la même veine, la bouche séduit par sa délicatesse, son toucher soyeux, ses tanins discrets et fondus qui soutiennent une matière de bon volume mais mesurée. Une retenue et une élégance singulières qui en font un vin déjà à point. ⧗ 2020-2024

CH. DE SÉRAME, Ch. de Sérame, 11200 Lézignan-Corbières, tél. 04 68 33 32 22, caveau@chateaudeserame.fr V *t.l.j. sf dim. 9h-12h30 14h-19h*

♥ CH. ARTIX
Les Murailles Élevé en fût de chêne 2018 ★★

| 80000 | | 5 à 8 € |

Installé en 1997, Jérôme Portal, qui exploite plusieurs propriétés en Minervois, non loin de la Serre d'Oupia, a pris ses marques dans le Guide. Il décline bon nombre de cuvées, sous différentes étiquettes : Ch. Beaufort, Ch. Molières, Ch. Artix, Ch. Portal, Ch. Sainte-Madeleine.

Syrah, grenache et carignan vinifiés en macération carbonique : du grand classique, mais cette cuvée y ajoute une dimension de gourmandise et de plénitude qui a fait l'unanimité. Franc, élégant, juteux, le nez embaume le cassis frais et les épices. Mesurée, veloutée, fraîche, tenue par des tanins fermes, la bouche délivre un fruit d'un croquant irrésistible. Sans fard, ni artifice, ce vin de fruit à boire dans sa jeunesse a fait mouche. ⧗ 2020-2023 ■ **Ch. Molières Sainte-Lune Vieilles vignes 2018 ★★ (5 à 8 €; 50000 b.)** Du fruit rouge, de l'olive noire, des notes fumées, une touche végétale, le nez ne manque pas de variations. De la douceur à l'attaque, des tanins fins, une agréable acidité qui étire et éclaire le fruit, une finale sur le cacao et les épices : pas une ombre au tableau. À boire sur sa jeunesse. ⧗ 2020-2023 ■ **Ch. Sainte-Madeleine Vieilles vignes 2018 ★★ (5 à 8 €; 50000 b.)** Une robe profonde habille ces vieilles vignes de syrah, grenache et carignan qui ont donné naissance à un rouge volubile déclinant le fruit noir et le cacao. L'attaque onctueuse sur la violette et le poivre ouvre sur un palais capiteux, concentré, soutenu par des tanins d'une grande douceur. Certes riche, mais surtout élégant et voluptueux à souhait. ⧗ 2021-2026 ■ **Ch. Portal Vieilles vignes Cuvée Haute Expression 2018 ★ (5 à 8 €; 750000 b.)** Bien ouvert, le nez diffuse des senteurs de cerise amarena, de cassis frais et de cuir. On retrouve cette même déclinaison d'arômes mâtinée de cacao dans un palais charnu et suave qui ne manque ni de tenue ni de longueur. ⧗ 2020-2024

CH. DE BEAUFORT, Dom. d'Artix, 34210 Beaufort, tél. 04 68 91 28 28, ch-beaufort@wanadoo.fr V *r.-v.*

DOM. DE BARROUBIO Marie-Thérèse 2018 ★

| 6000 | | 11 à 15 € |

La famille est établie dans le Minervois depuis la fin du XVe s. Installé en 2000, Raymond Miquel exploite 60 ha, dont 31 ha sont dédiés à la vigne. Référence en muscat-de-saint-jean-de-minervois, le domaine propose aussi des rouges intéressants en AOC minervois.

Barroubio cumule les étoiles et Marie-Thérèse perpétue cette saine habitude. De son nez, on retient la finesse et la pureté d'une framboise bien mûre. De la bouche, on

LANGUEDOC

apprécie la rondeur, la souplesse des tanins et l'expression sans fard d'un fruit qui se teinte de réglisse en finale. Très aimable et gourmande, elle n'en reste pas moins profonde et saura tenir dans le temps. ⧗ 2020-2025

DOM. DE BARROUBIO, 11, chem. des Jardins, Barroubio, 34360 Saint-Jean-de-Minervois, tél. 04 67 38 14 06, barroubio@barroubio.fr V *t.l.j. 10h-12h 14h-18h*

FRANK BÉNAZETH Aragonite 2018 ★★

■	40000		11 à 15 €

Frank Bénazeth a suivi les traces de ses parents vignerons et repris en 1987 le domaine familial (32 ha), établi sur les contreforts de la Montagne Noire. Plus original, il élève depuis 1998 une cuvée en barrique sous les stalactites du gouffre géant de la Cabrespine.

Un élevage bien pensé en cuve et en fût ajoute un fond de vanille et de torréfaction à un nez intensément fruité, mûr mais frais. En bouche, le grenache pour la rondeur et la volupté, la syrah pour la structure affirmée, les tanins corsés et la déclinaison épicée : un duo qui fonctionne en parfaite harmonie et dessine un rouge puissant, structuré et de belle garde, dans la continuité des 4 millésimes précédents, tous étoilés. Une valeur sûre. ⧗ 2021-2028

DOM. BÉNAZETH, rte du Pont-Vieux, Le Moulin, 11160 Villeneuve-Minervois, tél. 06 30 61 30 01, benazeth.frank@orange.fr V *t.l.j. 9h-12h 13h30-17h30; f. oct. à mars*

BORN TO BE A WINE
Cuvée Patrick Hernandez 2018 ★

■	10000		5 à 8 €

Fondée en 1955, la coopérative Le Muscat – autrement nommée Les Vignerons de Saint-Jean –, a contribué au renouveau de ce cépage traditionnel, qui n'occupait qu'une dizaine d'hectares au début du siècle dernier. Elle regroupe les 220 ha de ses adhérents et fournit la moitié des volumes de l'appellation muscat-de-saint-jean-de-minervois. Elle fournit aussi des minervois rouges et des IGP Oc.

Parrainée par Patrick Hernandez (l'auteur du tube *Born to be alive*), cette cuvée s'ouvre lentement sur des notes discrètes de fruits noirs. Plus volubile, bien épicée, charnue et pleine, la bouche est rythmée par des tanins fondants et une agréable vivacité. Une partition sans fausse note pour un vin à boire sur le fruit. ⧗ 2020-2023

CAVE LE MUSCAT, 2, pl. du Muscat, 34360 Saint-Jean-de-Minervois, tél. 04 67 38 03 24, lemuscat@wanadoo.fr V *t.l.j. 9h-12h 14h-18h*

CH. CABEZAC Cuvée Arthur 2017 ★★

■	5800		11 à 15 €

En 1997, Gontran Dondain, industriel dans l'agroalimentaire et grand amateur de vins, a racheté cette propriété dans le Minervois, dotée de chais vieux d'un siècle et de 78 ha de terres (65 ha de vignes aujourd'hui). Il a restructuré le vignoble et les installations et fait du Ch. Cabezac un complexe œnotouristique avec hôtel et restaurant gastronomique. En 2003, il a acquis le Mas Roc de Bo en minervois-la-livinière.

La cuvée tire du mourvèdre majoritaire et d'un long élevage en fût (15 mois) son nez profond marqué par le chêne, mais qui laisse percer le fruit noir et des notes animales. Encore sous le joug de la barrique, la bouche possède tout ce qu'il faut pour la domestiquer : beaucoup de chair, de structure, une acidité en contre-point et une longueur appréciable. De garde, Arthur est armé pour bien vieillir. ⧗ 2022-2026

CH. CABEZAC, 23, hameau de Cabezac, 11120 Bize-Minervois, tél. 04 68 46 23 05, info@chateaucabezac.com V *t.l.j. sf dim. 10h-13h 14h-18h*

CH. CANET 2019 ★★

■	20000		8 à 11 €

Commandé par une grande demeure du XIXe s., ce domaine viticole en Minervois a été racheté en 2007 par les Néerlandais Floris et Victoria Lemstra. Aujourd'hui, 52 ha de vignes, 3 ha d'oliviers et 55 ha de champs et de pinèdes, un chai créé dans les écuries, ainsi que des gîtes aménagés dans les anciennes maisons des ouvriers vignerons.

Bourgeon de cassis, buis, pêche et fruits exotiques, le nez ne manque ni de fraîcheur ni de parfums. Vivace dès l'attaque, tendue de bout en bout par une belle acidité, la bouche ne fait que confirmer ce profil résolument tonique et frais. Pour l'apéritif et les fruits de mer. ⧗ 2020-2022 ■ **2018 ★ (8 à 11 €; 50000 b.)** Des jurés unanimes pour saluer les charmes d'un rouge voluptueux et concentré, aux francs arômes de cerise mûre et d'épices. La bouche s'organise autour d'une sucrosité gourmande et de tanins d'abord fondants, qui laissent en finale un sillon stimulant d'amertume. Civilisé et harmonieux, ce minervois est fin prêt à passer à table. ⧗ 2020-2024

CH. CANET, lieu-dit Ch. Canet, 11800 Rustiques, tél. 04 68 79 28 25, floris@chateaucanet.com V *r.-v.*

DOM. CAVAILLES Cuvée Coralie 2018 ★

■	5493		5 à 8 €

Situé dans le causse de Minerve, ce domaine d'environ 13 ha se transmet depuis 3 générations. Il a son siège au cœur même de la superbe cité qui a donné son nom à l'appellation, dans la rue qui surplombe les gorges de la Cesse. Installé en 1995, Didier Cavailles pratique avec un grand savoir-faire la macération carbonique.

Tout est discret et élégant dans ce rouge dominé par le carignan vinifié en grappes entières, depuis le nez retenu, sur le fruit mûr et les épices, jusqu'à la bouche, fluide, souple, ourlée de tanins doux et relevée par une agréable acidité. Un vin conçu pour être bu dans ses jeunes années. ⧗ 2020-2023

DIDIER CAVAILLES, 2, Grand-Rue, 34210 Minerve, tél. 04 68 91 12 60, didier.cavailles0486@orange.fr V *r.-v.*

CH. CESSERAS Cuvée Olric 2018 ★

■	35000		8 à 11 €

Huit générations se sont succédé depuis 1840 sur le château. Pierre-André Ournac a rejoint son frère

(aujourd'hui disparu) au domaine en 1985, l'année où la propriété a quitté la coopérative. L'encépagement a été revu, deux chais ont été aménagés. Aujourd'hui, Pierre-André exploite avec son neveu Guillaume 90 ha, dont 15 en minervois-la-livinière. L'exploitation produit un tiers de vins de cépages blancs.

Avec ses notes de fruits frais, de poivre vert, d'anis et de réglisse, le nez dégage une singulière sensation de fraîcheur. Encore jeune et fougueuse, la bouche possède tout ce qu'il faut : chair, sucrosité, tanins fermes et belle acidité. Une petite garde sera nécessaire pour fondre l'ensemble. ⧗ 2021-2024

CH. CESSERAS, 5, chem. de Minerve, 34210 Cesseras, tél. 04 68 49 35 21, domainecoudoulet@gmail.com V t.l.j. sf sam. dim. 9h-12h30 13h30-17h

B CIRY CATTANEO Les Hirondelles 2017 ★★

■ | 2400 | | 20 à 30 €

David Ciry, œnologue conseil en France et à l'étranger, a créé son propre domaine en 2015 sur des parcelles d'altitude au-dessus de Siran et de La Livinière auxquelles se sont ajoutées en 2019 des vignes situées sur la commune de Laure-Minervois. Il y produit sur 6,5 ha plusieurs microcuvées que l'on pourra déguster avec les chocolats spécialement imaginés par Marion Cattaneo, sa femme, ou avec les tapas servies dans le bar à vin inauguré en 2019. Les vignes sont cultivées en bio (certification pour l'essentiel à partir du millésime 2016).

Une belle étiquette pour un duo grenache-syrah convaincant, dont le nez intense associe les fruits rouges et noirs et la réglisse à un subtil boisé vanillé. Une attaque fraîche introduit un palais bien plein, appuyé sur des tanins mûrs et fondus qui laissent le souvenir d'un minervois harmonieux. Une légère astringence et un retour du chêne en finale invitent à laisser ce beau flacon reposer un peu en cave. ⧗ 2021-2026

DAVID CIRY, 9, av. de la Montagne-Noire, 11800 Laure-Minervois, tél. 06 70 36 36 37, cirycattaneo@gmail.com V *r.-v.*

DOM. LA CROIX DE SAINT-JEAN Lo Paire 2018 ★★

■ | 6000 | | 15 à 20 €

La famille Fabre est établie depuis 3 générations en Minervois. Pierre, le grand-père, mise sur la pêche; Robert, le fils, réintroduit le vignoble sur les coteaux. Michel parie sur le vin de propriété et crée en 2003 (pour commencer) le Dom. la Croix de Saint-Jean. Dominé par la syrah et le carignan, le vignoble couvre 17 ha, implanté pour l'essentiel sur le plateau de Cazelles, à l'orient du Minervois.

Élevée 12 mois en fût, Lo Paire (« le père » en occitan) fait la part belle à la syrah (55 %). Fruits compotés, tomate séchée, tapenade, le nez respire le Sud. Puissant, solaire, concentré, c'est un vin sérieux, en devenir, cadré pour l'heure par des tanins solides mais qui laissent respirer le fruit (confit). La longue finale salivante est de très bon augure pour la suite. De garde. ⧗ 2022-2027

DOM. CHABBERT, hameau-de-Fauzan, 34210 Cesseras, tél. 06 20 92 02 93, earldomainechabbert@gmail.com

PIERRE CROS Le Clos 2018 ★★

■ | 4500 | | 50 à 75 €

Installé sur 25 ha de vignes, et au moins autant d'oliviers, d'amandiers et de chênes truffiers, Pierre Cros est un grand artiste vigneron, référence du Minervois, à en juger par son palmarès dans le Guide. Il se voit comme un « paysan » et dit tenir de ses père et grand-père, boulangers à Badens, son respect du client. Outre les cépages de l'appellation, Pierre Cros préserve de vieux ceps oubliés, voire « mal aimés » (comme l'aramon et le terret), et acclimate des variétés venues d'ailleurs.

Depuis le Guide 2001, pas une seule cuvée du domaine à moins d'une étoile ! Celle-ci en remporte deux, et haut la main. Très complexe, le nez diffuse des senteurs d'épices, d'olive noire et de fruit surmûri avec une touche d'évolution qui répond au léger grenat de la robe. Une nuance boisée étire encore la palette aromatique dans une bouche qui brille par sa mesure, ses tanins parfaitement enrobés et sa fraîcheur finale prolongeant le fruit. Un charme fou et un grand potentiel en cave. ⧗ 2023-2030 ■ **Les Costes 2017 ★★ (20 à 30 €; 2800 b.)** Le très long élevage (18 mois de fût), comme de coutume chez ce vigneron, marque le nez d'un boisé doux, cacaoté et fumé. De la densité, du gras, du corps, bref de l'étoffe pour ce vin impressionnant et solaire, qui donne et donnera de belles et fortes sensations. À laisser en cave. ⧗ 2021-2030

PIERRE CROS, 20, rue du Minervois, 11800 Badens, tél. 06 74 47 25 80, dom-pierre-cros@sfr.fr V *t.l.j. sf dim. 8h-12h 13h30-17h*

CH. DU DONJON Grande Tradition 2017 ★

■ | 60000 | | 8 à 11 €

Véritable curiosité, le pittoresque donjon du XIIIes. de l'antique Ch. de Bagnoles – ancienne dépendance de l'abbaye de Caunes – jaillit au milieu de la cave du XXIes. de la famille Panis, propriétaire des lieux depuis le XVes. À la tête de la propriété depuis 1996 : Jean et Caroline Panis. Le vignoble est implanté à cheval sur les appellations minervois et cabardès.

Sur la réserve, le nez dispense ses nuances de fruits mûrs avec un soupçon agréable et tonifiant de végétal. Une fraîcheur qui se confirme en bouche et s'associe à une matière généreuse, riche et ronde, résolument sudiste et structurée par des tanins à la fois fins et fermes. À l'arrivée, on obtient un rouge tendre, bien équilibré, complet et prêt à boire. ⧗ 2020-2024 ■ **2019 ★ (8 à 11 €; 8000 b.)** Vermentino et roussanne pour ce blanc fringant dont le nez élégant décline les agrumes, les fleurs blanches, avec des notes plus chaudes de miel. Un contraste de rondeur et de fraîcheur qui fait aussi le charme d'une bouche parfumée, charnue, tonique, dynamisée par une finale acidulée. Un bel équilibre pour un blanc Sud qui sera très polyvalent à table. ⧗ 2020-2023

CH. DU DONJON, Ch. du Donjon, 11600 Bagnoles, tél. 04 68 77 18 33, jean.panis@wanadoo.fr V *r.-v.*

L'ENCLOS 2018 ★

■ | 50000 | | 8 à 11 €

Quatre générations se sont succédé sur ce domaine fondé au début du XXes. En 1997, l'exploitation s'équipe d'une cave au hameau de Cailhol. En 2006,

Jeanne et Christian Gautran transmettent le domaine à leur fils Nicolas et à son épouse Olivia qui l'ont doté d'un nouveau chai leur permettant de travailler avec peu ou pas de sulfites. En conversion bio, le vignoble couvre 55 ha dans le Causse du haut Minervois.

Raffiné plus que puissant, le nez séduit par les nuances de menthol et de garrigue qui saupoudrent un fond de fruits rouges bien mûrs. De belles promesses tenues dans une bouche vivante, acidulée, animée par des tanins fermes qui cadrent une matière pleine. Un minervois élégant, complet, à la fraîcheur préservée. ⧗ 2021-2025

⊶ DOM. CAILHOL GAUTRAN, hameau de Cailhol, 34210 Aigues-Vives, tél. 04 68 91 26 03, gautran@orange.fr V r.-v.

DOM. ENTRETAN 2017 ★

■	3000		5 à 8 €

Vigneron discret, Jean-Claude Plantade s'est installé en 1980 avec Dominique et vinifie en cave particulière depuis 2001. Il cultive 12 ha au sud du Minervois, près du canal du Midi, et exporte 25 % de ses vins.

À une robe soutenue répond un nez exubérant de cerise mûre. Toute aussi intense et fruitée, l'attaque ouvre sur un palais solaire, charnu, étayé de tanins fondants qui accompagnent jusqu'en finale les flaveurs capiteuses perçues à l'olfaction. Vin de fruit et de soleil, il est à boire sur sa jeunesse. ⧗ 2020-2023 ■ **Cuvée Polère 2017 ★ (8 à 11 €; 3000 b.)** Le mourvèdre épaule la syrah dans ce rouge élevé 4 mois en fût. Cela a suffi pour marquer le nez de notes toastées dominantes. Le fruit mûr s'exprime plus intensément dans une bouche riche, concentrée, aux tanins corsés. Autant de belles promesses d'avenir. ⧗ 2021-2026

⊶ DOM. ENTRETAN, Dom. Entretan, 10, rue des Alizés, 11200 Roubia, tél. 06 12 01 15 54, jean.plantade@wanadoo.fr V r.-v.

CH. DE FAUZAN 2018 ★

■	100000		5 à 8 €

Domaine proche de Minerve. Le grand-père de Jean-Philippe Bourrel, intéressé par les truites fario de la Cesse, l'achète en 1956 et s'attache à ce terroir lumineux et minéral. Son père, double actif, continue les plantations de cépages nobles et lui lègue en 2002 la propriété. À son tour, Jean-Philippe concasse, rénove, construit un chai et restructure un vignoble qui couvre aujourd'hui 70 ha. En 2016, il plante les plus hautes syrah de l'appellation, à 400 m d'altitude. En conversion bio.

La syrah en vedette dans cet assemblage élevé 12 mois en cuve, dont le nez hésite entre fruits rouges, fruits noirs et notes balsamiques. Au palais, une jolie mâche, des tanins encore un tantinet serrés, une très agréable qualité de fruit et une finale épicée. Un minervois élégant que l'on peut ouvrir sans attendre. ⧗ 2020-2023

⊶ CH. DE FAUZAN, 3, chem. de Cesseras, hameau de Fauzan, 34210 Cesseras, tél. 06 83 82 24 90, chateaudefauzan@orange.fr V r.-v.

DOM. PIERRE FIL Heledus 2018 ★

■	44800		8 à 11 €

Situé dans la partie orientale du Minervois, ce domaine couvre 28 ha sur des terrasses de graves ou des calcaires lacustres. Dans la famille depuis 7 générations, il associe l'expérience du père et la technicité du fils. Le tandem vinifie la plupart des cépages en macération carbonique.

Quatre cépages à parts égales, vinifiés en grappes entières et élevés en cuve, c'est la recette de cet Heledus qui doit son nom à un lieu-dit. Du fruit confit à foison, une note de truffe, une autre de tapenade, le nez séduit. En bouche, une acidité soutenue, des tanins serrés, une vraie complexité du fruit et une finale pour l'heure astringente : du caractère à revendre qu'il faut canaliser par un bref séjour en cave. ⧗ 2021-2025

⊶ SARL DOM. PIERRE FIL, 12, imp. Les Combes, 11120 Mailhac, tél. 09 67 19 40 24, info@domaine-pierre-fil.fr V *t.l.j. 9h-12h 13h30-18h; sam. dim. sur r.-v.*

CH. LA GRAVE Expression 2019 ★★

■	20000		5 à 8 €

Ancien prieuré de l'abbaye de Lagrasse devenu métairie, ce domaine de 100 ha est installé sur les balcons de l'Aude, vaste amphithéâtre dominant le canal du Midi. Héritiers d'une longue lignée de vignerons, Josiane et Jean-Pierre Orosquette, établis en 1978, ont transmis le flambeau en 1985 à leur fils Jean-François.

Du caractère dans ce rosé de saignée mi-grenache mi-syrah, pas tant dans la robe orangée que dans les arômes francs et intenses de fraise, de fruits rouges bien mûrs et de fumé. L'attaque offre toute la fraîcheur que l'on attend des bons rosés, mais avec un supplément de chair et de structure relevé par un trait d'agrumes stimulant en finale. Un beau rosé de gastronomie. ⧗ 2020-2022

⊶ CH. LA GRAVE, Ch. la Grave, 11800 Badens, tél. 04 68 79 16 00, chateaulagrave@wanadoo.fr V *t.l.j. sf sam. dim. 9h-12h 14h-17h; sam. dim. sur r.-v.*

CH. GUÉRY Grès 2018 ★★

■	20000		5 à 8 €

René-Henry Guéry représente la huitième génération d'une famille vigneronne enracinée à Azille, dans le Minervois. Avec son épouse Florence, venue du Lot, autre terre de vignes, il exploite depuis 1998 le domaine, qui compte 40 ha.

Grenache, syrah et mourvèdre composent ce rouge au nez discrètement fruité et fumé. Charnue mais sans outrance ni surextraction, la bouche séduit par sa retenue, son volume, ses tanins souples, l'expression sans fard de son fruit et sa fraîcheur préservée. Un exemple abouti de minervois élégant et prêt à boire. ⧗ 2020-2023

⊶ CH. GUÉRY, 4, av. du Minervois, 11700 Azille, tél. 04 68 91 44 34, chateau.guery@gmail.com V *t.l.j. sf dim. 10h-12h 16h-19h*

B DOM. DES HOMS Gravières de Sancastel 2018 ★★

■	8000		15 à 20 €

À la croisée du vent marin et du cers, les vignes sont idéalement plantées sur des terrasses caillouteuses au pied de la Montagne Noire. Jean-Marc de Crozals a repris en 2000 l'exploitation familiale, qui compte

aujourd'hui environ 20 ha (en bio depuis 2007). Il a replanté 90 % du vignoble et commencé la mise en bouteilles à la propriété.

Syrah (80 %) et grenache s'entendent à merveille dans cette cuvée vinifiée et élevée en foudres de 400 l. Le nez en tire ses arômes parfaitement intégrés de chêne vanillé qui laissent s'exprimer la framboise bien mûre. Arrondie, polie par la vinification « intégrale », la bouche brille par l'éclat d'un fruit d'une fraîcheur immaculée et s'étire sur les épices en finale. Un vin raffiné, gourmand, élégant. ⧗ 2020-2023

DOM. DES HOMS, hameau des Homs, 11160 Rieux-Minervois, tél. 04 68 78 10 51, jm.decrozals@free.fr V *t.l.j. 10h-12h30 15h-19h30*

KHALKHAL-PAMIÈS Loriza 2017 ★

■ | 1800 | | 11 à 15 €

En 2001, David Pamiès fonde avec son épouse Danielle Khalkhal un domaine sur le causse de Vialanove à la Caunette, dans la région natale du premier. Dans ces confins nord de l'appellation minervois, l'hiver est froid, l'été sec et venté, le sol calcaire très rocailleux. Le vignoble (15 ha aujourd'hui) est conduit en bio certifié.

Fruits confits, figue, kirsch, tapenade, les raisins ont manifestement profité des chaleurs du millésime, ce que confirme la bouche, séduisante par ses tanins mûrs et doux, ses rondeurs et ses flaveurs capiteuses. Un vin au charme solaire dont la petite astringence finale disparaîtra à table. ⧗ 2020-2024

LAURAIRE DES LYS, Vialanove, 9, rte du Sieuré, 34210 La Caunette, tél. 06 70 63 60 53, laurairedeslys@wanadoo.fr V *r.-v.*

CH. MIGNAN Pech Quisou 2018 ★

■ | 30 000 | | 8 à 11 €

Domaine créé en 1956 par le grand-père de Christian Mignard sur les hautes terrasses argilo-calcaires de Siran et repris en 2002 par ce dernier. Aujourd'hui, 22 ha partagés entre les AOC minervois et minervois-la-livinière. L'actuel vigneron a construit sa cave et converti son vignoble au bio (certification en 2012).

Des petites notes de mûres et de camphre égayent un nez frais et mentholé. La même sensation de fraîcheur et de bon goût animent une bouche ronde, douce, aromatique, où rien ne dépasse. Un minervois coulant, élégant et très fédérateur. ⧗ 2020-2023

CH. MIGNAN, Puech-Quisou, 34210 Siran, tél. 06 74 23 33 54, christianmignard@icloud.com V *r.-v.*

♥ CH. MIRAUSSE Le Cendrous 2017 ★★

■ | 4 000 | | 15 à 20 €

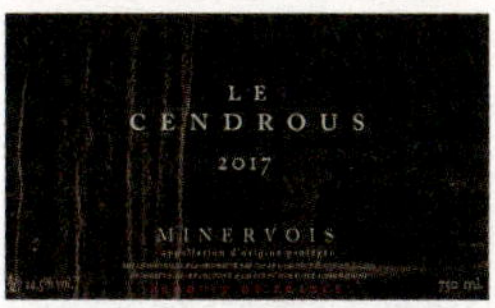

Proche de Carcassonne, une ancienne terre du seigneur de Badens, émigré en Autriche à la Révolution, devenue bien national et achetée par un ancêtre de Raymond Julien. Ce dernier a pris les rênes de la propriété en 1971 et exploite aujourd'hui une vingtaine d'hectares, accompagné de ses deux enfants. Viticulteur exigeant, il reste fidèle à la vendange manuelle et pratique la vinification en grains entiers.

Troisième coup de cœur en 4 éditions pour le domaine avec cette année en vedette sa cuvée Le Cendrous issue du lieu-dit éponyme. Le jury a loué la pureté et la finesse d'un nez redoutable de gourmandise, déclinant le cassis et la confiture de fraises saupoudrés d'épices. Il est ensuite tombé sous le charme d'une bouche sphérique, moelleuse, tapissée de tanins doux et arrondie par un élevage parfaitement intégré. Une composition tout en rondeur de fruit et en douceur qui laisse le souvenir d'un vin voluptueux et tentateur. ⧗ 2020-2024

CH. MIRAUSSE, Dom. de Mirausse, 11800 Badens, tél. 06 87 77 81 53, julien.mirausse@wanadoo.fr V *r.-v.*

DOM. MONASTREL Bizan 2018 ★★

■ | 5000 | | 8 à 11 €

Constitué dans les années 1920, ce domaine du Minervois a été repris en 2001 par Vincent Enaud, œnologue, et Brigitte, son épouse, qui ont restructuré le vignoble, arrachant certains ceps et défrichant la garrigue pour constituer un ensemble 8,5 ha. Ils ont construit une cave en 2007 et planté des oliviers.

Ce vin d'un beau rouge profond dévoile un nez juteux, gorgé de cassis, de fruits rouges mûrs et de menthol, qui augure d'une bouche très gourmande. On n'est pas déçu : après une attaque ample et souple, le fruit s'épanouit, soutenu par des tanins encore vifs et par une fraîcheur très stimulante. Vibrant et bien structuré, ce minervois a de belles années devant lui. ⧗ 2021-2025

MONASTREL, 24, chem. de Mailhac, 11120 Bize-Minervois, tél. 04 68 46 01 55, domaine@monastrel.com V *r.-v.*

♥ DOM. DE L'OSTAL Estibals 2018 ★★

■ | n.c. | | 11 à 15 €

Jean-Michel Cazes, propriétaire du Ch. Lynch-Bages en pauillac, a acheté en 2002 au pied de la Montagne Noire 150 ha de terres. Le vignoble a été restructuré, et une ancienne tuilerie aménagée en cave. Aujourd'hui, 62 ha situés en partie sur le prestigieux terroir de La Livinière et formant l'Ostal Cazes, terme occitan qui signifie à la fois la famille et la maison.

Plantée à flanc de coteau, la parcelle Estibals a enfanté ce rouge façonné par la syrah (60 %). La robe en tire sa profondeur et le nez son nuancier puissant qui évoque les fruits rouges et noirs frais, le cuir, les épices, avec une touche végétale rafraîchissante. En bouche, le soleil l'emporte : ample, généreux, suave, gorgé de flaveurs capiteuses de fruits bien mûrs, soutenu par des tanins fondants, le palais étire très longuement le fruit. Un minervois sensuel et fièrement languedocien. ⧗ 2020-2025

⊶ DOM. DE L' OSTAL, Tuilerie Saint-Joseph, 34210 La Livinière, tél. 04 68 91 47 79, contact@jmcazes.com V *r.-v.*

CH. D'OUPIA Nobilis 2018 ★

■	2500		11 à 15 €

De la forteresse médiévale des seigneurs d'Oupia, il ne reste que des pans de mur, vestiges de l'enceinte, et une tour. En 1860, Romain Iché achète le château qui échoit à son petit-fils André en 1970. Ce dernier entreprend de rénover le domaine et la cave, et fait de la propriété une référence de l'appellation minervois. Disparu en 2007, il a laissé l'œuvre de sa vie à sa fille Marie-Pierre.

Un premier nez bien méditerranéen sur la griotte mûre et la pinède, un second nettement plus axé sur le bois. Ce que confirme une bouche charnue sous l'emprise du chêne à ce stade : tanins enrobés, flaveurs persistantes fumées et épicées, petite sévérité finale. Un tout jeune vin bien constitué, mais qui doit encore digérer un élevage ambitieux. ⧗ 2022-2027

⊶ CH. D' OUPIA, 4, pl. du Château, 34210 Oupia, tél. 04 68 91 20 86, contact@chateauoupia.fr V *r.-v.*

CH. DE PARAZA Clos Saint-Michel 2017 ★★

■	42500		8 à 11 €

Au cœur du village de Paraza, ce château datant du XVIIes. accueillit à l'époque Paul Riquet, l'architecte à qui l'on doit le percement du canal du Midi. Annick Danglas a repris ce domaine familial de 75 ha en 2005, épaulée par ses deux fils.

«Glamour», «élégant», «féminin», la cuvée a inspiré le jury. Somptueux et nuancé, le nez convoque la cerise noire, la réglisse, le chocolat et les plantes aromatiques. Intense, soyeuse, fraîche à l'attaque, la bouche se montre tout aussi parfumée, ajoutant à sa palette une touche boisée de bon ton, et rebondit sur une belle acidité qui tonifie le fruit et aiguise un peu plus la sensation d'élégance de ce rouge sensuel. On frôle le coup de cœur. ⧗ 2020-2024 ■ **Cuvée Velvet 2018 ★ (8 à 11 €; 70800 b.)** Syrah, grenache, mourvèdre et un élevage en cuve ont façonné ce vin convivial, au nez avenant, fruité (cassis), épicé et mentholé. D'une grande souplesse, agrémentée de petits tanins croquants, la bouche restitue ce fruit très gourmand dans un ensemble rond et savoureux. «Vin de copain», conclut un juré. ⧗ 2020-2023

⊶ CH. DE PARAZA, 1, rue du Viala, 11200 Paraza, tél. 09 64 33 37 43, chateaudeparaza@gmail.com V *t.l.j. 9h-19h30* 5

CH. PIQUE PERLOU Batacla 2017 ★

■	8000		8 à 11 €

Serge Serris a repris en 1981 le domaine familial implanté dans le Minervois. Il exploite 35 ha sur des terrasses argilo-calcaires dominant le canal du Midi, au sud de l'AOC minervois (Ch. Pique Perlou) et en corbières (Dom. Fairjal).

Énième sélection pour cette cuvée forgée à partir des 4 principaux cépages de l'appellation et qui doit son nom à Baptiste et Claire, les enfants du domaine. La bouche hésite entre griotte, sous-bois, chêne discret et nuances végétales. Vin en devenir, il a pour lui une matière ample et généreuse, des tanins fermes, un élevage encore perceptible et une petite sévérité en finale. Doit se fondre. ⧗ 2022-2027

⊶ CH. PIQUE PERLOU, 12, av. des Écoles, 11200 Roubia, tél. 04 68 43 22 46, chateau.pique-perlou@wanadoo.fr V *t.l.j. 10h-12h 16h-19h*

LES VIGNERONS DE POUZOLS MAILHAC Premier de Fontalières 2018 ★★

■	5000		8 à 11 €

Réunissant une centaine de vignerons de 2 communes voisines au sud-est de l'appellation minervois, non loin de Narbonne, cette coopérative dispose des quelque 500 ha de ses adhérents.

Des notes puissantes et solaires de fruits noirs confits nuancés de café et de cacao : le nez est tentateur et de très bon augure. Ce que confirme la bouche, qui ne manque de rien : attaque onctueuse, matière pleine et suave, tanins proportionnés, fruité, boisé démonstratif, avec ce qu'il faut de fraîcheur en soutien. Un fort beau minervois, concentré, moderne et voluptueux. ⧗ 2021-2026 ■ **Florilège 2018 ★★ (5 à 8 €; 20000 b.)** Des arômes de fruits bien mûrs rehaussés d'intenses notes mentholées qui montent en puissance dans une bouche aimable, civilisée, juteuse, à la fois charnue et fraîche : c'est un rouge parfumé, flatteur, souple et redoutable de gourmandise. ⧗ 2020-2023

⊶ SCAV LES VIGNERONS DE POUZOLS MAILHAC, RD_5, 11120 Pouzols-Minervois, tél. 04 68 46 13 76, cave.pouzols@yahoo.fr V *t.l.j. 9h-12h 14h-19h*

DOM. PUJOL Cuvée Saint-Fructueux 2017 ★

■	8300		15 à 20 €

Le domaine résulte de l'association en 2000 de deux vieilles familles vigneronnes de Saint-Frichoux, village proche du canal du Midi : André Izard (aux vignes), ancien coopérateur, et Yves et Jean-Claude Pujol (le premier aux vignes et à la cave, le second à la gestion). Les deux exploitations réunies couvrent 110 ha. Emmanuel Pujol, fils de Jean-Claude, est le maître de chai.

Un élevage en cuve et fût pour ce rouge marqué par la syrah (80 %) au nez retenu mais agréable de fruits rouges et noirs en confiture et d'épices. Une touche vanillée et chocolatée agrémente une bouche ronde, bien en chair, suffisamment fraîche et tenue par des tanins encore jeunes mais finement extraits. Aucune faute de goût dans ce minervois harmonieux qui profitera d'un passage en cave. ⧗ 2021-2025

⊶ DOM. PUJOL, 8_bis, av. de l'Europe, 11800 Saint-Frichoux, tél. 04 68 78 15 30, info@domainepujol.com V *t.l.j. 8h-12h 14h-18h; sam. dim. sur r.-v.*

DOM. SAINT-ANTOINE Intuition 2017 ★★

■	4160		8 à 11 €

Tombé sous le charme de la région, le couple Lehmann, berlinois d'origine, a posé ses valises dans

le haut Minervois et acquis en 2011 le Dom. Saint-Antoine et ses 23 ha de vignes situées sur les communes de Rieux, Saint-Frichoux et Aigues-Vives, majoritairement plantées de syrah, grenache et carignan.

La robe profonde et le nez intense, sur les fruits noirs agrémentés de malt et de chêne, signent la forte proportion de syrah dans l'assemblage et un élevage partiel en barrique. En bouche, de beaux tanins encadrent une matière volumineuse, puissante et parfumée, idéalement équilibrée par une fraîcheur préservée. De bonne garde mais déjà très séduisant. ⧗ 2021-2025

⊶ DOM. SAINT-ANTOINE, Dom. Saint-Antoine, 11160 Rieux-Minervois, tél. 07 77 46 56 59, bouchez@domaine-st-antoine.com V r.-v.

DOM. SAINTE-LÉOCADIE
Cuvée Fernand Avéroux 2017 ★

■	8000		8 à 11 €

Établi au sud-est de l'appellation minervois sur un terroir de mourrels particulièrement chaud et aride, ce domaine de 30 ha, en conversion bio, tire son nom d'une martyre vénérée par les arrière-grands-parents, fondateurs du vignoble. Arrivé sur l'exploitation en 1996, Thierry Bonnel a bâti une nouvelle cave en 2002.

Un joli nez allègre de fruits noirs frais et de poivre, une bouche friande et ronde animée par une sucrosité légère et des petits tanins discrets, une finale qui laisse parler le fruit, voilà un rouge harmonieux, facile d'accès, qui devrait plaire à beaucoup. ⧗ 2020-2023

⊶ SAINTE-LÉOCADIE, La Combe, 34210 Aigne, tél. 06 82 10 96 09, contact@domaine-sainteleocadie.com V r.-v.

CH. SAINT-MÉRY 2017 ★★

■	3600		5 à 8 €

Héritier de 8 générations de vignerons et petit-fils d'un viticulteur roussillonnais venu s'établir en Minervois, Richard Labène exploite 23 ha sur deux terroirs bien distincts, l'un sec et rocailleux, sur les coteaux de Tourouzelle, l'autre de galets roulés à Marseillette, près du canal du Midi, ce qui lui offre une belle richesse d'assemblage. Avec le mont Alaric comme horizon lointain, il s'attache à marier la tradition au souffle neuf d'un jeune vigneron.

De cet assemblage syrah-grenache vinifié en grappes entières et élevé en cuve, on retiendra le nez expressif sur les fruits noirs, les épices et le tabac, l'attaque ample, la texture douce, les tanins granuleux bien pris dans la chair d'une matière ronde et généreuse et la longue finale fruitée qui fait écho au bouquet. Du plaisir dès à présent et du potentiel en cave. ⧗ 2020-2024

⊶ CH. SAINT-MÉRY, rte de Puichéric, 11800 Marseillette, tél. 09 50 30 06 00, info@saintmery.com V r.-v.

DOM. SICARD La Rosée cochonne 2019 ★

■	6000	5 à 8 €

À la tête de 40 ha de vignes en Minervois, Philippe Sicard est l'actuel propriétaire de ce domaine familial fondé par son arrière-grand-père Élie en 1920, avec moins de 3 ha de vignes. Les Sicard sont également apiculteurs, d'où l'abeille sur l'étiquette.

Le comédien Jean-Claude Dreyfus, grand amateur de cochonnailles et collectionneur de bibelots porcins, a parrainé ce bon rosé, à l'écart des modes : issu d'une macération de syrah (dominante), pas avare en couleur, il diffuse de plaisantes notes de fruits rouges frais et de bonbon. Très parfumée, la bouche n'est pas en reste et offre ce qu'il faut de gras et de tonicité pour tenir à table. ⧗ 2020-2021

⊶ DOM. SICARD, 11, rte de Saint-Pons, 34210 Aigues-Vives, tél. 04 68 91 23 94, gaecsicard@wanadoo.fr V r.-v.

DOM. TERRES GEORGES Quintessence 2018 ★

■	6600		11 à 15 €

Trois semaines après avoir confié son bien, Georges s'est éteint. Satisfait de savoir que ses vignes resteraient dans la famille. Anne-Marie, sa fille, et Roland Coustal ont quitté leur métier pour assurer la pérennité du domaine, qu'ils ont rebaptisé en 2001 Terres Georges en hommage au père. Ce dernier était coopérateur; les héritiers, adeptes de la méthode Cousinié, ont créé une cave et limité à 14 ha la surface de leur exploitation pour tout suivre de près.

Les meilleures parcelles de la propriété réunies dans cette Quintessence dont le nez languedocien sent bon la garrigue et le kirsch. Tout aussi typée, la bouche porte fièrement les couleurs de la région : capiteuse, épicée, dotée de tanins doux, avec un élevage à peine perceptible, elle laisse s'exprimer le fruit et le soleil. Belle illustration de l'appellation. ⧗ 2020-2024

⊶ DOM. TERRES GEORGES, 2, rue des Jardins, 11700 Castelnau-d'Aude, tél. 06 30 49 97 73, info@domaineterresgeorges.com V r.-v.

DOM. VORDY Françoise 2017 ★★

■	9400		8 à 11 €

Ingénieur, Didier Vordy a repris en 1994, avec son épouse Hélène, le domaine familial autour de la citadelle cathare de Minerve : 20 ha, en bio certifié depuis 2013; ils sont aujourd'hui épaulés par leur fils Thibaut. S'accrochant aux versants de la Cesse et du Brian, les ceps plongent leurs racines dans des calcaires appelés grésettes.

Vendangé à la main, vinifié sans soufre ajouté, élevé 6 mois en cuve et fût, ce 2017 s'ouvre sur un nez discret mais nuancé, entre fruits noirs, truffe, poivre et note lactée. La bouche, bien sudiste, délivre ces mêmes saveurs chaleureuses prises dans un corps riche et rond soutenu par un trait d'acidité bienvenu en finale. ⧗ 2020-2023

⊶ DOM. VORDY, Mayranne, 34210 Minerve, tél. 04 68 32 41 52, domainevordy@orange.fr V *t.l.j. 9h-12h 14h-18h; sam. dim. sur r.-v.*

MINERVOIS-LA-LIVINIÈRE

Superficie : 200 ha / Production : 7 000 hl

Reconnue en 1999, l'appellation minervois-la-livinière regroupe cinq communes des contreforts de la Montagne Noire. Elle produit des vins rouges issus de petits rendements.

LANGUEDOC

♥ DOM. AIRES HAUTES Réserve 2018 ★★

48 000 | 11 à 15 €

C'est à Siran, sur le chemin des Aires, que se cachent le Clos de l'Escandil et le Dom. Aires Hautes de Gilles Chabbert. Fondée par le grand-père, alors éleveur, la propriété est devenue incontournable, avec plusieurs coups de cœur à son actif, en particulier grâce au Clos de l'Escandil. En 1995, Gilles a pris les commandes du domaine.

Les vins de Gilles Chabbert laissent rarement indifférent et celui-ci encore moins. À dominante de syrah, cette cuvée a bénéficié d'un long élevage en foudre et en cuve nécessaire pour canaliser sa puissance hors norme. Du nez, on retiendra la parfaite maturité du fruit et la marque d'un élevage encore dominant mais bien pensé. Des tanins puissants et enrobés donnent le tempo d'une bouche impressionnante, ample, profonde, gorgée de fruit, complexe malgré l'emprise du chêne à ce stade. Un vin sculptural, construit pour durer et qui ira loin. ⧗ 2023-2030

DOM. DES AIRES HAUTES, 12, chem. des Aires, 34210 Siran, tél. 04 68 91 54 40, gilles.chabbert@wanadoo.fr V r.-v.

DOM. DE LA BORIE BLANCHE Terroirs d'altitude 2018 ★

18 000 | 11 à 15 €

Les Lorgeril possèdent 6 domaines familiaux en Languedoc-Roussillon, parmi lesquels le Ch. de Ciffre (70 ha en conversion bio, dont 37 ha de vignes) qui s'étend sur les appellations faugères, saint-chinian et languedoc. Nicolas et Miren de Lorgeril sont également à la tête d'une structure de négoce.

Issue d'une sélection de parcelles d'altitude (350 m), dominée par la syrah, élevée un an en fût, cette cuvée libère des notes de fruits noirs frais et d'épices douces sur un fond minéral de pierre à fusil. Une matière étoffée tapisse un palais intense, soutenu par des tanins fermes et prolongé par une finale vibrante sur le fruit frais. Un vin «plein de vie» souligne le jury, à boire ou à garder quelques années. ⧗ 2020-2024

MAISON LORGERIL, BP_4, 11610 Pennautier, tél. 04 68 72 65 29, contact@lorgeril.com V r.-v.

CH. CESSERAS 2018 ★

15 000 | 15 à 20 €

Huit générations se sont succédé depuis 1840 sur le château. Pierre-André Ournac a rejoint son frère (aujourd'hui disparu) au domaine en 1985, l'année où la propriété a quitté la coopérative. L'encépagement a été revu, deux chais ont été aménagés. Aujourd'hui, Pierre-André exploite avec son neveu Guillaume 90 ha, dont 15 en minervois-la-livinière. L'exploitation produit un tiers de vins de cépages blancs.

Une robe profonde, presque opaque, ouvre sur un nez surprenant et plaisant qui décline les fruits noirs bien mûrs, l'olive noire, la datte et l'écorce d'orange. En bouche, des tanins déjà assouplis soutiennent une matière suave, chaleureuse et savoureuse, gorgée de bout en bout de fruits surmûris et de poivre. Généreuse et solaire, cette cuvée fera mouche dès l'automne sur une viande en sauce. ⧗ 2020-2024

CH. CESSERAS, 5, chem. de Minerve, 34210 Cesseras, tél. 04 68 49 35 21, domainecoudoulet@gmail.com V t.l.j. sf sam. dim. 9h-12h30 13h30-17h

CHAMPS DU LIÈVRE 2018 ★

1 900 | 20 à 30 €

Dirigé par Nicolle Meyer, le Champs du Lièvre est un petit domaine de 2,5 ha en conversion bio, divisé en 5 parcelles toutes situées dans le cru La Livinière. Le chai est situé au cœur du village.

Syrah et grenache au menu de ce rouge longuement élevé (18 mois) en fût. Avec son fond de caramel, le nez nous le rappelle, mais laisse aussi filtrer des notes suaves de fruits rouges compotés, de myrtille et de kirsch. Un profil solaire et boisé que confirme une bouche puissante et structurée par de beaux tanins serrés. L'ensemble laisse le souvenir d'un vin concentré et bien construit, conçu pour vieillir avec grâce. ⧗ 2022-2026

NICOLLE MEYEER (CHAMPS DU LIÈVRE), chem. de Parignoles, (angle rte des Meulières), 34210 La Livinière, tél. 06 80 43 40 61, nicolle@champsdulievre.com V r.-v.

CLOS DU CAUSSE 2017 ★★

8 000 | 11 à 15 €

Guy Vanlancker, à la tête du Dom. Combe Blanche, a saisi l'opportunité d'acquérir en fermage 1,5 ha de jeunes vignes closes par le Causse situées sur la commune de Félines, en minervois-la-livinière. Le domaine est en conversion bio depuis 2018.

Les jeunes vignes de grenache, syrah et mourvèdre (15 ans) ont façonné un vin plus élégant que puissant, au nez gourmand de fruits noirs frais, de bonbon et d'herbes sèches. Ample à l'attaque, tonique, la bouche, parfaitement assouplie par un long élevage en cuve (24 mois), délivre sans réserve un fruité très plaisant, gourmand, à croquer sans attendre. ⧗ 2020-2023

CLOS DU CAUSSE, 3, ancien chem. du Moulin-Rigaud, 34210 La Livinière, tél. 06 80 43 40 61, contact@lacombeblanche.com r.-v.

LES COMBES CACHÉES Les 3 Écus 2017 ★★

10 765 | 15 à 20 €

Ce domaine du Minervois a vu le jour grâce à trois amis du Lauragais, passionnés de viticulture : Michel Pousse, géographe de formation, Xavier Michelin, céréalier, et François Aumonier, agronome et chef d'entreprise. C'est avec David Ciry, œnologue conseil, et Christian Mignard, vigneron accompli, qu'ils ont élaboré leur premier millésime en 2015. Les vignes (15 ha), certifiées bio depuis 2018, sont éparpillées sur les communes de La Livinière, Siran et Cesseras.

La syrah majoritaire a teinté la robe d'un rubis violacé et profond. Le nez, fringant et d'une belle netteté, dévoile un fruité intense de griotte saupoudré de vanille provenant d'un élevage en fût bien mené. L'attaque, aussi riche que parfumée, ouvre sur un palais sensuel, aux tanins soyeux, qui libère en finale des saveurs longues et complexes de fruits noirs épicés, de truffe et de réglisse. Long, harmonieux, patiné par un bel élevage, on frôle le coup de cœur. Grand potentiel. ⧗ 2023-2028

DOM. LES COMBES CACHÉES, La Distillerie, 8, av. du Causse, 34210 Siran, tél. 06 72 88 65 10, lescombescachees@gmail.com V r.-v.

B CH. MIGNAN Œil du temps 2017 ★★

■ | 6000 | | 20 à 30 €

Domaine créé en 1956 par le grand-père de Christian Mignard sur les hautes terrasses argilo-calcaires de Siran et repris en 2002 par ce dernier. Aujourd'hui, 22 ha partagés entre les AOC minervois et minervois-la-livinière. L'actuel vigneron a construit sa cave et converti son vignoble au bio (certification en 2012).

Une longue cuvaison, une extraction maximale, un élevage en cuve et en fût et des raisins (grenache et syrah) manifestement bien mûrs ont forgé le caractère de ce rouge concentré, haut en couleur, au nez généreusement boisé mais nuancé de fruits surmûris, de garrigue et d'orange amère. La même sensation de concentration et de plénitude s'impose dans une bouche musclée, aux tanins bien enrobés par l'élevage et par une matière à la mesure de l'ensemble. Un bien bel édifice qui réclame de la patience. ⧗ 2023-2028

CH. MIGNAN, Puech-Quisou, 34210 Siran, tél. 06 74 23 33 54, christianmignard@icloud.com V r.-v.

♥ DOM. DE L'OSTAL 2017 ★★★

■ | n.c. | | 20 à 30 €

Jean-Michel Cazes, propriétaire du Ch. Lynch-Bages en pauillac, a acheté en 2002 au pied de la Montagne Noire 150 ha de terres. Le vignoble a été restructuré, et une ancienne tuilerie aménagée en cave. Aujourd'hui, 62 ha situés en partie sur le prestigieux terroir de La Livinière et formant l'Ostal Cazes, terme occitan qui signifie à la fois la famille et la maison.

La syrah (70 %) marque de sa profondeur la robe de ce 2017 élevé en cuve, dont le nez élégant et avenant évoque les fruits noirs frais et les épices douces agrémentés d'une touche florale. Du gras dès l'attaque, une texture onctueuse, des tanins fondus bien pris dans cette chair généreuse, une sucrosité gourmande, une longue finale solaire : tout est voluptueux et harmonieux dans ce grand vin de soleil vinifié avec talent et bon goût. Longue garde en perspective. ⧗ 2023-2030

DOM. DE L' OSTAL, Tuilerie Saint-Joseph, 34210 La Livinière, tél. 04 68 91 47 79, contact@jmcazes.com V r.-v.

DOM. DE THOLOMIES 2017 ★★

■ | 24420 | | 15 à 20 €

Le domaine a appartenu à la vicomtesse de Narbonne en 977, puis au clergé et, après divers changements de mains, est échu en 1982 au rugbyman Lucien Rogé. Il a enfin été racheté en 2011 par les Grands Chais de France, puissant groupe basé en Alsace qui détient quelque 350 ha en Languedoc-Roussillon. Aujourd'hui, 65 ha dont 49 plantés, exploités en bio.

Derrière une robe sombre et profonde pointent des arômes raffinés et complexes associant fruits noirs, truffe, garrigue et, flottant au-dessus, un voile légèrement toasté. Des notes de sous-bois étirent un peu plus cette palette dans une bouche cossue, à la fois douce et riche, très parfumée, qui s'appuie sur de beaux tanins fermes enrobés par un élevage à-propos. Un rouge ample, bien construit, au solide potentiel de garde. ⧗ 2023-2028

DOM. DE THOLOMIES, 15, av. Marcellin-Albert, 34210 La Livinière, tél. 04 67 39 29 41, domaine@labaume.com V r.-v.

SAINT-CHINIAN

Superficie : 3 261 ha
Production : 138 218 hl (99 % rouge et rosé)

Mentionnés dès 1300, les saint-chinian, promus en VDQS en 1945, sont en AOC depuis 1982. Implanté dans l'Hérault, au nord-ouest de Béziers, orienté vers la mer, le vignoble couvre 20 communes et s'étend sur des coteaux le plus souvent situés entre 100 et 300 m d'altitude. Il s'enracine dans les schistes, surtout dans la partie nord, et dans les cailloutis calcaires, vers le sud. Les vins sont surtout rouges, de 2 styles différents : empyreumatiques et souples dans la zone schisteuse; fruités, gras et pus apes à la garde dans la zone argilo-calcaire. L'appellation produit aussi des rosés et de rares blancs.

LES SENTIERS DE BAGATELLE
Donnadieu 2018 ★★

■ | 16500 | | 11 à 15 €

En 1623, un ancêtre, artisan drapier, s'établit à Saint-Chinian, au lieu-dit Bagatelle. Au XXe s., le domaine est transmis de mère en fille. Le vignoble est replanté dans les années 1960, avec une extension sur un terroir de muscat. Depuis 1993, ce sont Christine Deleuze (au commercial) et son frère Luc Simon (à la vigne) qui sont aux commandes des 60 ha de vignes familiales, à l'origine de saint-chinian et de muscat-de-saint-jean-de-minervois appréciés. Une valeur sûre.

La syrah (80 %) et les schistes de Donnadieu (petit village au nord de Saint-Chinian) forgent le caractère de ce 2018 qui n'a pas vu de bois. On retient son nez épanoui, fin et concentré de cassis, de framboise et de cerise à l'eau-de-vie, puis sa bouche ample, veloutée, dotée de tanins fins et mûrs, avec une pointe idéale de fraîcheur en finale. Bien du Sud mais remarquable d'équilibre, on peut l'ouvrir dès à présent. ⧗ 2020-2024

EARL LES 4 VENTS, Clos Bagatelle, 34360 Saint-Chinian, tél. 04 67 93 61 63, closbagatelle@wanadoo.fr V *t.l.j. sf sam. dim. 9h-12h 14h-17h*

♥ VIGNOBLE BELOT Mouleyres 2018 ★★★

| 10500 | | 8 à 11 € |

Dans les années 1980, peu après la promotion en AOC du saint-chinian, Jacques Belot, instituteur, crée un vignoble de toutes pièces, défrichant, plantant des cépages nobles. Lionel, qui prend sa suite en 1997, acquiert, pour agrandir son domaine et installer sa cave, un ancien rendez-vous des chasses royales du XVII^{e}s., qui aurait reçu la visite de Louis XIV. Il cultive aujourd'hui 36 ha en saint-chinian, languedoc et IGP.

Un coup de cœur qui récompense une composition parfaite née de la syrah majoritaire. Longuement macérée puis élevée en fût, cette cuvée offre un nez raffiné qui mêle les fruits noirs à un fond balsamique et épicé. Jamais démonstrative, la bouche en impose par son ampleur, sa chair parfumée, pétrie de fruit, de garrigue et de poivre, et par sa structure aussi fraîche que fondante. La très longue finale sur les plantes aromatiques parachève merveilleusement ce tableau de maître. La douceur des tanins en fait un vin déjà irrésistible, mais ne nous y trompons pas, il est aussi de belle garde. Simplement parfait. ⧗ 2020-2025 ■ **Vignalet 2019** ★ **(5 à 8 €; 10000 b.)** Très pâle, expressif, floral et intensément fruité (pêche, pamplemousse, grenade, groseille) au nez, tendre, souple, arrondi et parfumé en bouche, dotée d'une fraîcheur discrète en soutien, ce bon rosé a fédéré le jury. ⧗ 2020-2021

EARL BELOT, Dom. du Tendon, 34360 Pierrerue, tél. 04 67 38 08 96, vignoble.belot@wanadoo.fr V *t.l.j. sf sam. dim. 9h-12h 14h-18h*

BORIE LA VITARÈLE Les Schistes 2017 ★

| 8000 | | 15 à 20 € |

Un domaine de 20 ha conduit depuis 1998 (en bio et biodynamie) par Jean-François Izarn, adepte des vinifications douces avec des levures indigènes, respectueuses de l'environnement et du terroir. Ce vigneron d'une grande valeur, reconnu et apprécié de ses pairs, a « quitté la scène » prématurément, en 2014. Sa femme Cathy poursuit aujourd'hui son œuvre, à laquelle elle a largement contribué. Une valeur sûre.

Retenu, le nez livre par paliers ses notes de fruits bien mûrs, de cuir et d'épices. On les retrouve plus intensément dans une bouche à la fois ensoleillée et serrée par des tanins encore anguleux à ce stade. Un vin solidement constitué que le temps saura assouplir. ⧗ 2022-2026

SARL IZARN-PLANÈS, Borie-la-Vitarèle, 34490 Causses-et-Veyran, tél. 04 67 89 50 43, contact@borielavitarele.fr V *t.l.j. sf dim. 9h-18h*

DOM. CASTAN Lou Crès 2018 ★

| 10000 | | 11 à 15 € |

André Castan, qui tenait les rênes du domaine familial depuis 1993, l'avait orienté vers l'agriculture raisonnée avant d'obtenir la certification Haute valeur environnementale. Ses enfants Guilhem et Valérie, qui ont pris le relais en 2016, ont engagé la conversion bio de la propriété. Située près de Béziers, en bordure de l'appellation saint-chinian, l'exploitation dispose d'une cave centenaire et de 41 ha de vignes sur terroir argilo-calcaire de la période du Lias.

Syrah et grenache en duo dans ce 2018 au nez discret mais élégant qui diffuse des notes fruitées et épicées. Plus loquace, la bouche offre une agréable matière, beaucoup de fraîcheur et des tanins qui raffermissent la finale à ce stade. Bien composé, il a juste besoin d'un peu de temps en cave. ⧗ 2021-2024

EARL DOM. CASTAN, 26 bis, av. Jean-Jaurès, 34370 Cazouls-lès-Béziers, tél. 04 67 93 54 45, info@domainecastan.com V *t.l.j. sf dim. 10h-12h30 16h-19h30*

CLOS LA RIVIÈRE 2019 ★★

| 4000 | | 5 à 8 € |

Le grand-père de Jean-Philippe Madalle a planté de la syrah dès 1970. Ce dernier, œnologue, a repris en 2007 avec Carole le domaine familial établi dans un décor magnifique : de vieilles vignes (17 ha) cultivées en terrasses, à 300 m d'altitude.

Une robe pétale de rose élégante et un nez centré sur les fruits rouges qui ne l'est pas moins à l'entame de ce rosé de saignée. Des notes de pomme mûre, de pêche et de poivre étirent la palette dans une bouche vineuse, puissante, structurée et portée par une acidité à la mesure de l'ensemble. Du caractère à revendre dans ce grand rosé de gastronomie riche et frais, à l'écart des modes. ⧗ 2020-2022

CLOS LA RIVIÈRE, 52, av. Jean-Jaurès, 34490 Causses-et-Veyran, tél. 06 76 29 26 34, madallejp@orange.fr

DOM. COMPS Cuvée Le Soleiller 2018 ★

| 2000 | | 8 à 11 € |

Défriché par un ancêtre venu des premiers contreforts du Massif central, le domaine est resté dans la même famille depuis 1870. Pierre Comps vend les premières bouteilles en 1975. En 1982, il est le premier à produire du saint-chinian à Puisserguier. Pierre-François Comps conduit aujourd'hui l'exploitation, à la suite de Jean-Christophe Martin. Le vignoble compte 17 ha.

Une longue macération a prévalu à la naissance de ce beau rouge, à la robe légère et au nez pimpant de fruits rouges et de violette. Tout aussi allègre, la bouche restitue cette plénitude de fruit soutenue par ce qu'il faut de structure, entre fine acidité et tanins souples. Savoureux, croquant à souhait, c'est un exemple de saint-chinian équilibré et fruité. ⧗ 2020-2023

SCEA MARTIN-COMPS, 23, rue Paul-Riquet, 34620 Puisserguier, tél. 06 08 75 77 38, contact@domainecomps.com V *r.-v.*

CH. COUJAN Tradition 2019 ★

| 14000 | | 8 à 11 € |

La famille Guy est propriétaire depuis 1868 de ce vaste domaine (plus de 140 ha cultivables) établi

sur un îlot de corail fossilisé. Replanté par François Guy et exploité depuis 1990 par sa fille Florence, le vignoble, converti à l'agriculture biologique, couvre 55 ha et côtoie oliveraie, vergers et jardins peuplés de paons.

D'un assemblage de mourvèdre et de syrah, ce bon rosé de saignée à la robe pâle et limpide tire ses arômes gourmands de fruits rouges écrasés, de groseille et de pomelo. Les mêmes saveurs croquantes font le charme d'une bouche tout en mesure, ronde, élégante, fraîche, harmonieuse et très apéritive. ⧗ 2020-2021

CH. COUJAN, Ch. Coujan, 34490 Murviel-lès-Béziers, tél. 04 67 37 80 00, chateau-coujan@orange.fr V *t.l.j. 9h-12h 14h-18h; dim. sur r.-v.* E

CH. CREISSAN Joi d'Amor 2018 ★

	2700		5 à 8 €

La cave du domaine est située dans l'enceinte médiévale de Creissan. Bernard Reveillas, à la tête de 35 ha de vignes plantés sur la partie argilo-calcaire de l'appellation saint-chinian, met à l'honneur la langue d'Oc dans le nom de ses vins, notamment avec sa cuvée Cort d'Amor (« Cour d'amour »), inspirée d'un célèbre récit poétique du XII[e]s.

La joie et l'amour chantés par les troubadours, un joli nom pour cette cuvée qui a bien d'autres atouts : sa robe d'un grenat limpide, son nez tonique de groseille, de fraise et de garrigue, sa bouche à peine tannique, qui séduit par sa petite sucrosité gourmande et par la franchise et l'éclat d'un fruit frais, relevé de menthol et de poivre. « Un pur délice », conclut un jury ravi. À boire sur le fruit. ⧗ 2020-2023

BERNARD REVEILLAS, Ch. Creissan, 3, chem. du Moulin-d'Abram, 34370 Creissan, tél. 06 85 13 83 15, bernard.reveillas@orange.fr V *r.-v.*

CH. LA DOURNIE Étienne 2016 ★

	15000		11 à 15 €

Ce domaine de 45 ha d'un seul tenant, implanté sur les sols schisteux de Saint-Chinian, a vu se succéder 5 générations de femmes de la famille Étienne.

Classiquement dominé par la syrah (60 %), élevé pour partie en fût, ce 2016 a eu tout le temps de s'épanouir. On le sent à son nez complexe (garrigue, cacao, épices douces, cuir) et à sa bouche détendue, dotée de tanins fondus, qui laissent une agréable sensation de fraîcheur et de souplesse. ⧗ 2020-2024

EARL CH. LA DOURNIE, rte de Saint-Pons, 34360 Saint-Chinian, tél. 04 67 38 19 43, chateau.ladournie@wanadoo.fr V *t.l.j. sf dim. 9h-12h 14h-18h*

CH. GALTIER L'Accompli 2015 ★★

	2000		11 à 15 €

Entouré de garrigue et de pins, ce domaine, commandé par un mas du XVIII[e]s. construit jadis par le médecin du village, compte aujourd'hui 30 ha. Il est implanté sur un plateau entre 100 et 120 m d'altitude, à 15 km au nord de Béziers. Entré en 1948 dans la famille Galtier-Carbonne, il commercialise des vins depuis 1996. Œnologue, Lise Carbonne propose des vins typés, en languedoc, saint-chinian et IGP.

Cette cuvée a eu le temps de respirer en bouteille et cela se sent au nez, ouvert sur des notes complexes de fruits noirs, de garrigue, de cacao et de torréfaction. Le même charme émane d'une bouche ample, très veloutée, épaulée par des tanins fondus, qui laisse s'épanouir des notes chaleureuses et intenses de mûre, de ciste et de laurier. Un vin concentré mais détendu, que l'on peut boire ou garder. ⧗ 2020-2025

LISE CARBONNE, Mas-Maury, 34490 Murviel-lès-Béziers, tél. 04 67 37 85 14, domainegaltier@wanadoo.fr V *t.l.j. sf dim. lun. 10h-12h 14h-18h*

B DOM. DES JOUGLA Viels Arrasics 2017 ★

	2500		15 à 20 €

Dans ce domaine familial, qui se transmet de génération en génération depuis 1545, le chai de vinification a été construit en 1900 et rénové la dernière fois en 2007. Les 28 ha de vignes sont conduits en bio certifié depuis 2009.

Fruits noirs en confiture, pain grillé, épices douces, écorce d'orange : le nez séduit et surprend. De belles promesses tenues dans un palais rond et charnu à souhait, qui intègre des tanins très fondus et libère des saveurs douces et capiteuses de fruits bien mûrs et de poivre. Harmonieuse, solaire, légèrement évoluée, cette cuvée peut passer à table. ⧗ 2020-2024

SCEA DOM. DES JOUGLA, 6, rue Bel-Air, 34360 Prades-sur-Vernazobre, tél. 04 67 38 06 02, info@domainedesjougla.com V *t.l.j. sf mer. dim. 9h-12h 15h-18h30*

DOM. DU LANDEYRAN 2018 ★

	20000		8 à 11 €

Ce domaine qui tire son nom du ruisseau qui traverse le vignoble a été racheté par la famille Jeanjean en 2012, acteur de poids des vins du sud de la France, rattaché au groupe Advini. Niché au pied d'une falaise, le vignoble s'étend sur une douzaine d'hectares sur des sols de schistes.

30 % de grenache à l'appui de la syrah dans ce 2018 élégant dont le nez marie la confiture de fruits noirs à une touche discrète de vanille et de réglisse. Le chêne (12 mois) se fait plus présent en bouche mais n'entame pas le plaisir que procure ce vin ample, frais, appuyé sur des tanins fermes mais enrobés, et doté d'un petit amer agréable en finale. ⧗ 2020-2024

DOM. DE FENOUILLET, BP_1, 34725 Saint-Félix-de-Lodez, tél. 04 67 88 80 00, brigitte.barreiro@vignobles-jeanjean.com V *t.l.j. sf dim. 9h-12h 14h-19h (à la boutique Vignerons et Passions)*
VignoblesJeanjean

B MARIE DE LAUZERDA
Le Chant du silence 2019 ★

	3000	5 à 8 €

Pascal Brunier a baptisé ce domaine du prénom de sa grand-mère Marie qui a longtemps travaillé la vigne sur cette terre connue sous le nom de Lauzerda (luzerne). Au cœur de la garrigue et des pierres, sur le plateau de Villespassans, le vignoble, certifié bio depuis 2018, couvre 30 ha.

LANGUEDOC

Ne pas se fier à la pâleur de sa robe, ce rosé déborde de fruit et d'intensité. Agrumes, fruits exotiques, fruits rouges, le nez est d'une richesse singulière. En écho, une bouche généreuse, très aromatique, à laquelle il n'a manqué qu'un soupçon de tension en plus pour décrocher une deuxième étoile. ⧗ 2020-2021 ■ **Second pas sur la lune 2018 ★ (8 à 11 €; 5000 b.)** Ⓑ Derrière une robe rubis, un nez franc, chaleureux, fruité et floral. Une attaque ample ouvre sur un palais intense, pétri de fruits surmûris, appuyé sur des tanins déjà fondus, mais avec une petite sévérité en finale qui disparaîtra à table. ⧗ 2020-2023

SCEA MARIE DE LAUZERDA, 2, av. d'Agel, 34360 Villespassans, tél. 04 67 24 15 35, sceamariedelauzerda@ozone.net V r.-v.

DOM. LA LINQUIÈRE
Le Chant des cigales Élevé en fût de chêne 2018 ★

■ | 23000 | | 11 à 15 €

Le nom du domaine rappelle que le lin et le textile, avant la vigne, ont fait la prospérité de Saint-Chinian. Robert Salvestre sort de la coopérative en 2001 et reconstitue le vignoble familial, fondé au milieu du XIX^e^s. En 2010, il disparaît et ses fils Luc et Pierre poursuivent son œuvre. Le domaine, qui couvre 25 ha sur les trois terroirs de Saint-Chinian (schistes, calcaires et grès), s'est affirmé comme l'un des porte-drapeaux de l'appellation.

Une syrah (70 %) vendangée à belle maturité et élevée un an en fût s'exprime pleinement dans ce vin au nez ouvert, complexe et frais de mûre, de garrigue et de cannelle. Rondeur, sucrosité, saveurs «explosives» de ciste, de laurier et de torréfaction, tanins bien pris dans la chair, finale savoureuse qui «pousse à se resservir» : la bouche a séduit le jury. ⧗ 2020-2024

SCEA DOM. LA LINQUIÈRE, 12, av. de Béziers, 34360 Saint-Chinian, tél. 04 67 38 25 87, linquiere@neuf.fr V *t.l.j. 9h-12h 14h30-19h; dim. 9h-12h*

♥ MAS CHAMPART Causse du Bousquet 2017 ★★

■ | 9732 | | 11 à 15 €

Un paysage magnifique, des vignes en terrasses, un mas à flanc de coteau, un terroir très pierreux, argilo-calcaire. Depuis 1976, Isabelle et Matthieu Champart cultivent dans ce cadre de carte postale 13 ha de vignes (dont 80 % en bio) avec une sensibilité bio bien antérieure à la conversion officielle entamée en 2019, qu'ils vinifient depuis 1988, année de leur sortie de la coopérative.

Une des toutes meilleures adresses de l'appellation qui justifie son rang avec cette cuvée née du Causse et de son calcaire très pierreux. Les 24 mois d'élevage (80 % sous bois) ont affiné un nez centré sur la cerise bien mûre, la prune et les épices. L'attaque tonique et intense donne le ton d'une bouche rythmée par des tanins d'une grande finesse qui cadrent en douceur une chair ample, veloutée, infusée de fruits mûrs, d'une longueur, d'une fraîcheur et d'une pureté particulières. De la grâce. ⧗ 2021-2026

EARL CHAMPART, Bramefan, 34360 Saint-Chinian, tél. 04 67 38 05 59, mas-champart@wanadoo.fr V *r.-v.*

MAS D'ALBO Perarol 2017 ★

■ | 4500 | | 8 à 11 €

Le domaine a confié pendant plusieurs décennies sa vendange à la cave coopérative. En 2004, Max Azema a décidé de créer ses propres vins. Dix ans plus tard, son fils Fabien, après une décennie passée dans le secteur du social, a pris la relève. Il est à la tête de 11 ha de vignes en saint-chinian, répartis sur une vingtaine de micro-parcelles.

Carignan (50 %), syrah et grenache vinifiés en grappes entières et élevés en cuve au menu de ce rouge épanoui, au nez à la fois mûr et frais, centré sur les fruits rouges (cerise, framboise) et les épices. De la bouche, on retiendra la rondeur caressante, les tanins souples, la fraîcheur préservée et la grande gourmandise. À boire sur le fruit. ⧗ 2020-2023

FABIEN AZEMA, hameau de Ceps, D 14, 34460 Roquebrun, tél. 06 80 06 99 24, masdalbo@wanadoo.fr V *t.l.j. 9h-19h*

Ⓑ DOM. DES MATHURINS Variation 2018 ★

■ | 2000 | | 8 à 11 €

Ce domaine familial depuis 5 générations est proche de l'abbaye de Fontcaude, qui renoue avec le chant grégorien. Nicolas Pistre, arrivé en 2006, est un vigneron mélomane : ses vins s'appellent Variation ou La 5e (Beethoven à la vigne). Le vignoble de 17 ha est cultivé en bio.

On aime filer la métaphore musicale au domaine des Mathurins. Déjà en vue l'année passée, cette cuvée n'a pas perdu le rythme en 2018. Intense, hésitant entre fruits rouges mûrs, cassis et garrigue, le nez donne le tempo. Tout en harmonie et en souplesse, la bouche séduit par sa rondeur, par la franchise d'un fruit bien mûr et par sa structure déliée, un tantinet plus ferme en finale. ⧗ 2020-2023

EARL PISTRE, Dom. des Mathurins, 22, av. de Saint-Baulery, 34460 Cazedarnes, tél. 06 80 53 22 65, contact@domainedesmathurins.com V *r.-v.*

DOM. LA MAURERIE Vieilles Vignes 2017 ★★

■ | 7200 | | 5 à 8 €

Le domaine des Depaule (30 ha) se trouve dans un petit hameau d'une vingtaine d'âmes cerné de garrigue, et ses vignes sont plantées sur des schistes. En 2016, Nicolas (huitième génération) a rejoint son père Michel.

Trente-six ans en moyenne pour ces vieilles vignes de syrah (80 %) épaulées par le grenache. Le robe noire annonce un nez intense, dense, aux nuances de fruits noirs, de graphite et de poivre noir. Un beau tempérament qui explose dans une bouche dodue, charnue, dotée de tanins suaves et pétrie de réglisse et de fruits confits qui s'éternisent en finale. En un mot, savoureux. ⧗ 2020-2024

SCEA DEPAULE, La Maurerie, 34360 Prades-sur-Vernazobre, tél. 04 67 38 22 09, michel.depaule@wanadoo.fr V *r.-v.*

DOM. LA MAURINE Rachel 2019 ★

■	6000	5 à 8 €

Carole et Sébastien Collot ont restructuré le domaine familial fondé en 1905, se sont lancés en 2003 dans la vinification et, dans une ancienne écurie restaurée au cœur du village, ont aménagé un caveau de dégustation. En bio certifié depuis 2017, le vignoble s'étend aujourd'hui sur 22 ha parsemés de ruches, de haies et de cabanes à chauve-souris.

Une dominante inhabituelle de mourvèdre vinifié en saignée forge le caractère de ce 2019 à la robe corail, dont le nez discret mais nuancé évoque la grenade, les fruits exotiques et les fleurs grasses. Rond, gourmand, complexe et épicé, avec une légère sévérité en finale, ce rosé ne manque ni de charme ni de personnalité. ⧗ 2020-2022

DOM. LA MAURINE, 2, rue du Stade, 34490 Causses-et-Veyran, tél. 06 82 96 28 00, lamaurinerouge@hotmail.fr V r.-v.

DOM. DE L'ORCHIS POURPRE Charleston 2018 ★

■	4200		11 à 15 €

Repris en 2018 et rebaptisé l'Orchis pourpre en référence à cette jolie fleur qui parsème le vignoble au printemps, le domaine s'étend sur 12 ha d'un seul tenant sur les coteaux de schistes de Saint-Chinian.

Syrah et grenache noir à la baguette dans cet assemblage de 4 cépages qui signe l'entrée du domaine dans le Guide. On aime le nez discret de cette cuvée, plus fin que puissant, qui évoque la cerise à l'eau-de-vie, le raisin écrasé et les épices, et la bouche bien plus solaire, ample et chaleureuse, adossée à des tanins jeunes et serrés qui n'enlèvent rien au charme de l'ensemble. À boire ou à garder. ⧗ 2020-2024

SCEA DOM. DE L' ORCHIS POURPRE, 430, rte de la Louvière, 34360 Babeau-Bouldoux, tél. 06 85 81 87 00, domaineorchispourpre@outlook.com

DOM. LES PAÏSSELS 2018 ★★

■	9000		11 à 15 €

Vivien Roussignol et Marie Toussaint se sont installés en 2011 avec un seul hectare, de vignes taillées en gobelet, cultivé sur des coteaux schisteux. Ils ont petit à petit agrandi le vignoble en privilégiant les vieilles vignes et en conservant vivant un riche patrimoine de cépages (une vingtaine aujourd'hui). Les 12 ha sont en conversion bio depuis 2019.

Cinquante ans au compteur pour ces vieilles vignes qui forgent le caractère bien languedocien de cette cuvée qui avait décroché l'an dernier un coup de cœur. On retrouve avec plaisir ce nez capiteux de maquis, de cacao et d'épices, et cette bouche ample, généreuse, complexe, sans artifice, riche d'une matière aussi concentrée que ronde. Un grand saint-chinian qui respire le terroir et le naturel. ⧗ 2021-2027

VIVIEN ROUSSIGNOL, rue des Cèdres, 34360 Babeau, tél. 06 22 74 24 51, contact@paissels.fr V r.-v.

PECH-MÉNEL La Villa 2017 ★

■	4000		8 à 11 €

Au cœur de la garrigue, sur une éminence (Pech), un dolmen et les vestiges d'une villa romaine témoignent de l'ancienneté de l'occupation des lieux. Les bâtiments actuels, de 1720, abritaient la bergerie des moines de Quarante. Les sœurs Marie-Françoise et Élisabeth Poux sont nées sur ce domaine de 55 ha – dont 25 ha de vignes en conversion bio, qui produisent du saint-chinian et des vins en IGP.

Poivre, épices douces, fraise en confiture et une touche originale de fruit de la Passion à l'entame de ce rouge plutôt fringant, aux tanins encore serrés, mais plaisant par l'intensité et la fraîcheur de son fruit. À ouvrir sur une belle viande rouge saignante. ⧗ 2020-2024

SCEA DOM. DE PECH-MÉNEL, D 37 E, 34310 Quarante, tél. 06 07 96 50 01, pech-menel@wanadoo.fr V r.-v.

CH. DU PRIEURÉ DES MOURGUES 2017 ★

■	13000		5 à 8 €

Bâti en 1820, le prieuré appartenait alors à l'évêché de Saint-Pons-de-Thomières, époque dont témoignent encore plusieurs calvaires. Installé en 1990, Jérôme Roger a souhaité reconstituer ce vignoble tel qu'il était au XIXᵉs. L'œuvre est achevée et les vignes couvrent aujourd'hui une surface de quelque 20 ha.

Syrah, grenache et mourvèdre forment l'assemblage de ce vin à la robe profonde et au nez intense, un peu animal à l'ouverture, puis boisé et épicé à l'aération. La bouche y ajoute des fruits noirs surmûris qui se fondent dans un ensemble fluide et plaisant, doté de tanins fermes mais sans dureté et d'une agréable fraîcheur. Un vin équilibré qui pourra profiter d'un bref séjour en cave. ⧗ 2021-2025

SARL VIGNOBLES ROGER, Ch. du Prieuré des Mourgues, 34360 Pierrerue, tél. 04 67 38 18 19, prieure.des.mourgues@wanadoo.fr V r.-v. E

LANGUEDOC

CH. QUARTIRONI DE SARS Haut Coup de foudres 2018 ★

■	6600		8 à 11 €

Guilhem et Magali Quartironi ont pris en 2008 la suite de leurs parents Armelle et Roger à la tête de ce domaine créé en 1950 par leurs grands-parents et aujourd'hui conduit en bio. Au hameau du Priou – au sud du Caroux et de l'Espinouse –, les vignes (15,7 ha) sont implantées sur des coteaux aux sols de schistes, entre 300 et 400 m d'altitude, au-dessus de la vallée de Saint-Chinian.

Vignes de 40 ans (syrah majoritaire), extraction douce et élevage en foudre : c'est la formule gagnante de ce saint-chinian souple et gourmand. Nez léger, friand, qui décline le fruit rouge et les épices, bouche tendre, fluide, tonique, animée de tanins discrets, conçue pour exalter la fraîcheur de fruit perçue à l'olfaction : un vin séduisant et facile à aimer. ⧗ 2020-2024

DOM. DES PRADELS QUARTIRONI, hameau Le Priou, 34360 Saint-Chinian, tél. 04 67 38 01 53, quartironipradels@gmail.com V r.-v.

CAVE DE ROQUEBRUN Éclats de schistes Roquebrun 2017 ★

■	85000		15 à 20 €

Inclus dans l'aire AOC saint-chinian, le village de Roquebrun, à 30 km au nord de Béziers, bénéficie d'un microclimat permettant la culture des orangers

et d'un terroir de schistes qui lui valent une dénomination particulière. La Cave de Roquebrun, créée en 1967, dispose de 650 ha de vignes. Exigeante, la coopérative pratique des sélections parcellaires selon les cépages, les vignobles et les maturités.

Au nez de fruits mûrs, d'épices et de garrigue répond une bouche fortement structurée. Les tanins méritent de se fondre dans la matière à la faveur du temps. ⧗ 2021-2024

CAVE DE ROQUEBRUN, 62, av. des Orangers, 34460 Roquebrun, tél. 04 67 89 64 35, cave@cave-roquebrun.fr V r.-v.

DOM. DU SACRÉ-CŒUR
Cuvée Charlotte 2017 ★

■	5000		11 à 15 €

La famille Cabaret est installée depuis 1991 à Assignan. Luc a pris la succession de son père Marc en 2007, mais tous deux travaillaient depuis longtemps côte à côte – la vigne certes (40 ha en saint-chinian et en muscat-de-saint-jean-de-minervois), mais pas seulement : ici, on propose aussi de l'huile d'olive et des navets du Pardailhan. Et l'épouse du propriétaire tient l'épicerie fine du village.

Charlotte, première d'une fratrie de 5 enfants, à l'honneur dans ce rouge né de carignan majoritaire. On en retient le nez friand, sur le cassis et le cuir, et la bouche fluide, légère, vivace, dotée de tanins encore saillants mais proportionnés à l'ensemble et d'une finale agréablement mentholée. Un saint-chinian aimable mais pas sans caractère. ⧗ 2020-2023

SCEA DU SACRÉ-CŒUR, Dom. du Sacré-Cœur, rte de Saint-Chinian, 34360 Assignan, tél. 04 67 38 17 97, gaecsacrecoeur@wanadoo.fr V *t.l.j. 8h-12h 14h-18h* B

DOM. SAINT-CELS Grand Travers 2018 ★

■	8000		8 à 11 €

Créé en 1974 par Henri Rouanet à partir de deux vignobles familiaux, ce domaine est conduit depuis 1992 par Étienne, le petit-fils, à la tête d'un vaste ensemble de 80 ha en conversion biologique.

Typé par le carignan (40 %), le nez libère des senteurs d'abord animales et grillées, puis laisse émerger à l'aération des nuances de confiture de fraises des bois. Le thym et la garrigue et des notes intensément fumées montent en puissance dans une bouche plaisante, souple et fluide, soutenue par des tanins légers et fondus. Un saint-chinian au caractère aromatique bien trempé, que l'on pourra passer en carafe. ⧗ 2020-2024

EARL DES VIGNOBLES DE SAINT-CELS, lieu-dit Saint-Cels, 34360 Saint-Chinian, tél. 06 23 36 78 90, info@saintcels.fr V *r.-v.* C

CH. SAINT-MARTIN-DES-CHAMPS
Seigneurie d'Adiano 2018 ★

■	15000		5 à 8 €

Michel Birot et son fils Pierre ont acquis en 1997 ce château situé à Murviel-lès-Béziers, une des communes de l'AOC saint-chinian – un terroir déjà cultivé par leurs ancêtres en 1675. Ils l'ont restauré de fond en comble, le vignoble (95 ha) tout comme la cave.

Tout est léger et de bon goût dans cet assemblage classique syrah-grenache : le nez qui hésite entre garrigue, fruits rouges, violette et épices orientales, comme la bouche, souple, légère, délicate qui embaume la pivoine et les épices. Beaucoup de charme dans ce rouge délié, à boire dans sa jeunesse. ⧗ 2020-2023

EARL LES VINS DU CH. SAINT-MARTIN-DES-CHAMPS, av. de Saint-Martin, 34490 Murviel-lès-Béziers, tél. 04 67 32 92 58, domaine@saintmartindeschamps.com V *t.l.j. sf sam. dim. 8h-12h 14h-18h* E

CH. VIRANEL Le V 2017 ★★

■	10000		11 à 15 €

Histoire familiale et patrimoine se transmettent depuis 1551 sur cette propriété en terrasses dominant la vallée de l'Orb, dans l'aire du saint-chinian. Depuis 2012, la dernière génération, représentée par Arnaud et Nicolas Bergasse, conduit le vignoble qui couvre aujourd'hui 40 ha.

Un assemblage classique syrah-grenache élevé 12 mois en fût et en cuve. Déjà intense, le nez décline le cassis et le poivre relayés par des notes plus complexes de cuir et de fumé à l'agitation. La bouche charme tout autant par sa juste mesure : matière généreuse, intensité du fruit, tanins élégamment extraits, fraîcheur préservée, longue finale mentholée. Magistralement équilibré, voilà un bien bel ambassadeur pour l'appellation. ⧗ 2021-2026

GFA DE VIRANEL, rte de Causses-et-Veyran, 34460 Cessenon-sur-Orb, tél. 04 67 89 60 59, contact@viranel.fr V *r.-v.*

MUSCAT-DE-LUNEL

Superficie : 321 ha / Production : 8 206 hl

Implanté entre Nîmes et Montpellier, le vignoble est principalement installé sur des nappes de cailloutis de plusieurs mètres d'épaisseur à ciment d'argile rouge. Le seul muscat à petits grains est à l'origine de vins doux naturels qui doivent garder au minimum 110 g/l de sucre.

DOM. DES AIRES 2019 ★

■	7354		8 à 11 €

En créant le domaine en 1986, Robert Brun a misé d'emblée sur la vente directe. Son fils Christophe, après avoir été professeur d'espagnol pendant 6 ans, a repris l'exploitation paternelle en 2012 : 19 ha, du muscat à petits grains et d'autres cépages pour les IGP.

D'abord discret, le nez s'ouvre sur les fleurs blanches (jasmin) et s'enrichit de notes de fruits frais à l'aération. L'ananas étire la palette dans une bouche qui offre toute l'onctuosité et la générosité attendues du cépage, mais en y ajoutant une finale légèrement acidulée et citronnée du meilleur effet. ⧗ 2020-2023

SCEA DOM. DES AIRES, 67, rue des Aires, 34400 Lunel, tél. 06 83 30 67 43, domainedesaires@yahoo.fr V *t.l.j. 8h-18h ; 8h-19h30 (été)*

MAS DE BELLEVUE Lacoste 2019 ★

10000 | | 8 à 11 €

Situé sur les hauteurs de Saturargues, le domaine porte bien son nom. La vue panoramique donne sur la mer au sud et la montagne au nord. Racheté aux époux Lacoste en 2010 par Nicolas Charrière, ancien directeur d'une coopérative ardéchoise, le Clos de Bellevue compte 19 ha. Le vigneron cultive du muscat dont il tire les vins les plus divers : outre le muscat-de-lunel, des vins hors appellation (muscats secs, pétillants, cartagènes...), il propose aussi des languedoc.

Clin d'œil aux anciens propriétaires, voici un muscat bien typé dont on aime le nez fin et retenu, entre tilleul et agrumes, et la bouche volumineuse, dotée d'une petite vivacité citronnée dynamisante qui vient en contrepoint de la douceur. Très pur, gourmand et sans lourdeur. 2020-2023

EARL LE CLOS DE BELLEVUE, Mas de Bellevue, 34400 Saturargues, tél. 04 67 83 24 83, leclosdebellevue@gmail.com t.l.j. sf dim. 9h-12h 15h-19h

MUSCAT-DE-FRONTIGNAN

Superficie : 812 ha / Production : 19 666 hl

Reconnu en 1936, le frontignan a été le premier muscat à obtenir l'appellation d'origine contrôlée. Il naît entre Sète et Mireval. Le vignoble, exposé au sud-est, est abrité des vents du nord par le massif de la Gardiole. Il s'enracine dans des terrains secs, caillouteux, pierreux, issus de couches jurassiques, molassiques et d'alluvions anciennes - des sols ingrats pour toute autre culture. Autrefois appelé « muscat doré de Frontignan », le muscat à petits grains est le cépage exclusif de l'appellation. Avec un minimum de 110 g/l de sucre, les frontignan sont des vins doux naturels puissants; ils ne manquent pourtant jamais d'élégance.

♥ **MAS DE MADAME** 2018 ★★★

12000 | | 11 à 15 €

Conduit par les Sourina père et fils, le premier agronome, le second œnologue, ce vignoble de coteaux (46 ha d'un seul tenant sur le piémont du massif de la Gardiole) est l'un des plus anciens de Frontignan : les archives municipales attestent la présence du muscat dès 1170. Bâti au XVIes., le mas a été restauré en 2003 et les chais ont été modernisés en 2006.

Vieux compagnon du Guide, le Mas de Madame décroche un nouveau coup de cœur grâce à ce muscat convaincant, où tout est de bon goût : la robe, d'un or pâle brillant ; le nez enivrant qui passe en revue la pêche blanche, l'abricot, le litchi, le jasmin et le pomelo; la bouche enfin, d'abord capiteuse, riche et douce, imprégnée de fruits (abricot sec, poire) et de fleurs, puis fine et délicate en finale, allégée par un trait de menthol. Splendide. 2020-2024

EARL DOM. DU MAS DE MADAME, rte de Montpellier, 34110 Frontignan, tél. 06 08 75 96 23, jacques.sourina@mas-de-madame.com t.l.j. 9h-12h30 14h-19h

MAS ROUGE 2019 ★

5000 | | 11 à 15 €

Un mas (rouge effectivement) entre Méditerranée et étangs, niché au cœur du bois des Aresquiers. Julien Cheminal, qui l'a acquis en 1997, en a restauré sans relâche le vignoble (35 ha), ainsi que le chai à l'imposante charpente. Il vinifie depuis 2002, montrant une belle régularité dans ses vins doux de muscat, en mireval et frontignan. Il développe aussi une production de vins secs en IGP.

Derrière une robe jaune paille, un nez discret qui s'ouvre peu à peu sur des arômes gourmands de fruits à noyau, pêche et abricot en tête. Ronde et douce, la bouche laisse une singulière et très agréable sensation de légèreté. Ni pesant ni démonstratif, c'est un muscat épatant d'équilibre et de droiture. 2020-2023

SCEA LES ARESQUIERS, Mas Rouge, 34110 Vic-la-Gardiole, tél. 04 67 51 66 85, contact@domainedumasrouge.com t.l.j. sf dim. 10h-13h 15h-19h

DOM. PEYRONNET Belle Étoile 2019 ★★

8000 | | 11 à 15 €

Le petit commerce de vins et muscats installé en 1935 dans l'ancienne forge de l'arrière-grand-père est toujours là. L'achat de la première parcelle date de la même époque. Œnologue, Alain Peyronnet a repris en 1990 le vignoble familial - 12 ha dédiés au muscat - et montre une régularité sans faille.

La robe est dorée, intense et brillante. Typé sans être excessif, le nez exhale des arômes de fruits blancs bien mûrs comme la poire et la pêche de vigne. En bouche, l'attaque est bien ronde, grasse même, autour de saveurs chaleureuses de fruits exotiques idéalement équilibrées par une pointe acidulée de pomme verte et d'agrumes. Un muscat accompli, caressant, fin et sans lourdeur qui vaut bien non pas une, mais deux belles étoiles. 2020-2023

EARL DOM. PEYRONNET, 9, av. de la Libération, 34110 Frontignan, tél. 06 08 63 68 63, caves.favier-bel@wanadoo.fr t.l.j. sf dim. 9h-12h 14h-19h

LE ROLLIER Cinq ans d'âge 2013 ★★

2900 | | 15 à 20 €

Fondée dès 1904, la cave de Frontignan (devenue Frontignan Muscat) dispose aujourd'hui plus de 600 ha (dont plus de 540 en AOC) cultivés par 150 coopérateurs; elle fournit 85 % de l'AOC muscat-de-frontignan, tout en déclinant de multiples styles de vins à base de muscat à petits grains.

Un long vieillissement en fût de 5 ans pour ce muscat hors des clous et très convaincant. Il en tire sa robe ambrée et ses délicats d'arômes d'oxydation : agrumes confits, caramel et pain d'épice, évoluant sur les herbes sèches, la noix verte et la cire d'abeille. Bien souple, soyeuse, patinée par le temps, la bouche restitue cette palette en insistant sur la noix et des notes intensément fumées et grillées. La douceur discrète et bien intégrée disparaît en finale laissant la place à une petite amertume très agréable. Un style traditionnel magnifiquement ressuscité qui fera un très bel accord avec un fromage à pâte persillée. ⧗ 2020-2030 ■ **Ch. Bernadou 2019 ★ (8 à 11 €; 37300 b.)** Un muscat à la robe pâle, brillante et au nez gourmand de fruits (abricot, figue, pêche), avec une touche florale pour la délicatesse. Une bouche ample, souple, parfumée comme il se doit, qui séduit par son équilibre assuré entre gras et vivacité. Du très bon classique. ⧗ 2020-2023 ■ **Ch. de Peysonnie 2019 ★ (8 à 11 €; 37800 b.)** Une robe claire à reflets verts pour ce muscat typique de l'appellation. Le nez est léger, floral (petites fleurs, verveine), évoluant vers des notes de grillé et d'amande. La bouche, onctueuse et chaleureuse, infuse des saveurs exotiques et d'agrumes et offre une finale plus fraîche. Net et sans bavure. ⧗ 2020-2023

SCA FRONTIGNAN MUSCAT,
14, av. du Muscat, BP 136, 34112 Frontignan,
tél. 04 67 48 12 26, contact@frontignanmuscat.fr
V t.l.j. 9h30-12h30 14h30-18h

MUSCAT-DE-MIREVAL

Superficie : 275 ha / Production : 6 211 hl

Ce vignoble est bordé par Frontignan à l'ouest, le massif de la Gardiole au nord et la mer et les étangs au sud. D'origine jurassique, les sols se présentent sous forme d'alluvions anciennes de cailloutis calcaires. Le cépage exclusif est le muscat à petits grains; le mutage est effectué assez tôt, car les vins doivent avoir un minimum de 110 g/l de sucre; ceux-ci sont fruités et liquoreux, avec onctuosité.

CH. D'EXINDRE Vent d'anges 2019 ★★

■ | 3500 | | 11 à 15 €

Ancienne *villa* gallo-romaine puis bien épiscopal (des vestiges de la chapelle Sainte-Marie-Madeleine d'Exindre furent trouvés ici), le domaine a été acquis à la Révolution par la famille Sicard, toujours propriétaire aujourd'hui. Une cave du XIXe s., 45 ha de vignes. Des IGP, des AOC languedoc, du muscat-de-mireval.

Le Vent d'anges ? L'effet du mistral sur le passerillage des raisins. Fruits exotiques, citron confit, fleurs blanches, le nez respire le muscat. Capiteuse et moelleuse, la matière tapisse généreusement la bouche, agréablement tonifiée en finale par le citron confit. À la fois puissant et harmonieux. ⧗ 2020-2024

CH. D' EXINDRE LA MAGDELAINE,
La Magdelaine-d'Exindre,
34750 Villeneuve-lès-Maguelone,
tél. 04 67 69 49 77, catherinegeroudet@yahoo.fr
V tlj. sf mer. dim. 15h-19h; sam. 9h-12h

MAS ROUGE 2019 ★★

■ | 8000 | | 11 à 15 €

Un mas (rouge effectivement) entre Méditerranée et étangs, niché au cœur du bois des Aresquiers. Julien Cheminal, qui l'a acquis en 1997, en a restauré sans relâche le vignoble (35 ha), ainsi que le chai à l'imposante charpente. Il vinifie depuis 2002, montrant une belle régularité dans ses vins doux de muscat, en mireval et frontignan. Il développe aussi une production de vins secs en IGP.

Un robe pâle et brillante et un nez non moins éclatant qui dispense la pureté aromatique du cépage (rose, fleurs blanches, citron, litchi), relevée d'une touche originale de menthol et de résine. Bien balancée entre moelleux et acidité, la bouche restitue cette plénitude d'arômes et laisse le souvenir d'un muscat tendre, aérien, sans une once de lourdeur. ⧗ 2020-2024

SCEA LES ARESQUIERS, Mas Rouge,
34110 Vic-la-Gardiole, tél. 04 67 51 66 85,
contact@domainedumasrouge.com
V t.l.j. sf dim. 10h-13h 15h-19h

♥ DOM. DE LA RENCONTRE Éclat 2018 ★★

■ | 4500 | | 11 à 15 €

C'est ici, en 1854, que Gustave Courbet a peint son chef-d'œuvre *La Rencontre*, stylisé sur les étiquettes. Rencontre encore, au Mexique, entre Pierre Viudes qui courait le monde et Julie, une Anglaise exilée. Enfin, les jeunes mariés «rencontrent» ces vignes de Vic-la-Gardiole et créent en 2011 un domaine qui compte aujourd'hui 12 ha.

Une présence ininterrompue dans le Guide depuis la création du domaine et un premier un coup de cœur avec ce muscat admirable. Lent à s'ouvrir, le nez délivre ses nuances florales et citronnées. Les fruits exotiques et le miel se joignent à la fête dans une bouche beaucoup plus expressive, complexe, profonde, puissante, d'une douceur jamais pesante. La finale interminable et remarquable de fraîcheur force l'admiration. ⧗ 2020-2025

PIERRE ET JULIE VIUDES (DOM. DE LA RECONTRE),
50, chem. de la Condamine, 34110 Vic-la-Gardiole,
tél. 06 24 05 39 46, pierre@domainedelarencontre.com
V r.-v.

MUSCAT-DE-SAINT-JEAN-DE-MINERVOIS

Superficie : 185 ha / Production : 5 522 hl

Constitué de parcelles imbriquées dans la garrigue, le vignoble est perché à 200 m d'altitude. Il s'ensuit une récolte tardive – près de trois semaines environ après les autres appellations de muscat de l'Hérault. Seul cépage autorisé, le muscat à petits grains plonge ses racines dans des sols calcaires d'un blanc étincelant où apparaît parfois le rouge de l'argile. Les vins doivent avoir un minimum de

125 g/l de sucre. Ils sont très aromatiques, avec beaucoup de finesse, de fraîcheur et des notes florales caractéristiques.

DOM. DE BARROUBIO 2019 ★★

| 40000 | | 8 à 11 € |

La famille est établie dans le Minervois depuis la fin du XVe s. Installé en 2000, Raymond Miquel exploite 60 ha, dont 31 ha sont dédiés à la vigne. Référence en muscat-de-saint-jean-de-minervois, le domaine propose aussi des rouges intéressants en AOC minervois.

La robe est d'un jaune très pâle aux reflets argentés. Le nez, d'abord discret, monte en puissance pour déployer des senteurs intensément muscatées et exotiques. Le jury a salué une bouche « explosive » de fruit, portée par une très belle acidité qui donne un éclat singulier à ce muscat aussi intense que lumineux. Une réussite de plus à mettre au crédit de ce domaine remarquable de régularité. ⧗ 2020-2023

DOM. DE BARROUBIO, 11, chem. des Jardins, Barroubio, 34360 Saint-Jean-de-Minervois, tél. 04 67 38 14 06, barroubio@barroubio.fr V t.l.j. 10h-12h 14h-18h

ÉCLAT BLANC 2019 ★

| 8000 | | 11 à 15 € |

Fondée en 1955, la coopérative Le Muscat – autrement nommée Les Vignerons de Saint-Jean –, a contribué au renouveau de ce cépage traditionnel, qui n'occupait qu'une dizaine d'hectares au début du siècle dernier. Elle regroupe les 220 ha de ses adhérents et fournit la moitié des volumes de l'appellation muscat-de-saint-jean-de-minervois. Elle fournit aussi des minervois rouges et des IGP Oc.

Une robe claire et limpide habille ce vin au nez ensoleillé, chaleureux, de cire et de mangue. La même sensation de richesse et de chaleur s'impose dans une bouche très capiteuse qui rebondit sur une forte acidité en finale. Des sensations fortes pour ce muscat généreux qui a besoin de reprendre ses esprits en cave. ⧗ 2021-2024

CAVE LE MUSCAT, 2, pl. du Muscat, 34360 Saint-Jean-de-Minervois, tél. 04 67 38 03 24, lemuscat@wanadoo.fr V t.l.j. 9h-12h 14h-18h

♥ DOM. MARCON Petit grain 2019 ★★★

| 10000 | | 8 à 11 € |

Fils de viticulteur, Philippe Marcon, installé en 1989, fait ses premières gammes comme coopérateur et préside aux destinées de la cave pendant 3 ans. En 2010, il décide de voler de ses propres ailes et de vinifier ses propres vins. Il dispose aujourd'hui de 13,5 ha de vignes. Si le caveau de dégustation se trouve à Saint-Chinian, le vignoble est implanté au hameau de Barroubio, à Saint-Jean-de-Minervois.

Très souvent au rendez-vous du Guide, ce domaine n'a rien perdu de son expertise du muscat à petits grains. Derrière une robe pâle, un nez fringant et net qui restitue la pureté de fruit du cépage : fruits blancs, pêche jaune et notes florales. On retrouve ce même éclat aromatique dans une bouche intense dès l'attaque, qui déploie une matière luxuriante, ample, douce, relevée par un trait de fraîcheur citronnée. Une longue finale ponctue en beauté ce muscat de grande classe. ⧗ 2020-2024

DOM. MARCON, 30, rue du Magot, 34360 Saint-Chinian, tél. 06 15 02 18 34, marconp@orange.fr V r.-v.

IGP AUDE

Ⓑ DOM. LA BOUYSSE Viognier 2019 ★★

| 12700 | | 8 à 11 € |

En 1996, Martine Pagès et son frère Christophe Molinier, tous deux œnologues, reprennent le domaine familial (aujourd'hui 40 ha près de Fontfroide, sur le terroir de Boutenac) et quittent la coopérative. Ils engagent la conversion bio de l'exploitation (certification en 2013). Ils ont récemment été rejoints par Hélène, la cinquième génération.

Un viognier déroutant mais convaincant, au nez original mêlant les fruits tropicaux et la noisette à des notes végétales d'herbe fraîche et d'asperge. Ronde, dynamique, intense, longue, la bouche s'entiche de notes franchement minérales et crayeuses. « Vin néo-zélandais ! », s'exclame un juré surpris mais enchanté. ⧗ 2020-2022

SARL LA BOUYSSE, 3 chem. de Montséret, 11200 Saint-André-de-Roquelongue, tél. 04 68 45 50 34, info@domainelabouysse.com V t.l.j. sf sam. dim. 8h-12h 14h-17h Ⓑ

S. DELAFONT Malbec 2018 ★

| 1800 | | 11 à 15 € |

Après avoir créé une structure de négoce en 2000, Samuel Delafont a eu envie de s'investir davantage dans l'élaboration et s'est installé en 2010 dans un petit village gardois comme négociant-éleveur pour produire des vins dans quelques-unes des appellations les plus en vue du Languedoc. Il a depuis acquis des vignes en propre, travaillées en permaculture.

Rarement vinifié seul en dehors de Cahors et de la Touraine, le malbec, élevé en « fût Inox » (création maison) au contact de douelles de chêne, forge le caractère de ce 2018. Plaisant, ouvert, charmeur, le nez décline le fruit noir, la vanille et la torréfaction. Ce sont ces dernières notes qui s'imposent dans une bouche jeune, encore serrée mais bien constituée autour de tanins fermes et d'une belle acidité. À laisser reposer en cave. ⧗ 2021-2025

SAS S. DELAFONT, mas-David, chem. du Cimetière, 30360 Vézénobres, tél. 04 66 56 94 78, info@delafont-languedoc.fr V r.-v.

LES CAVES ROCBÈRE Berval La Côte rêvée 2019 ★

3000 | - de 5 €

Fondées en 1930, les coopératives de Peyriac-de-Mer, Sigean et Portel se sont regroupées, devenant les Caves Rocbère en 1972. Aujourd'hui, le groupement rassemble 5 villages des Corbières maritimes, un peu moins de 200 viticulteurs et 1 500 ha de vignes, produisant 10 % de l'appellation.

Marselan, caladoc et syrah associés dans ce rouge qui a fait l'objet d'une cuvaison courte et d'un élevage en cuve. Le nez en tire ses arômes fringants de fraise et de framboise agrémentés de réglisse, et la bouche sa structure déliée, sa souplesse et sa douceur qui mettent en avant une bien belle qualité de fruit. Le rouge gourmand par excellence. ⧗ 2020-2022

LES CAVES ROCBÈRE, 1, av. des Corbières, 11490 Portel-des-Corbières, tél. 04 68 48 28 05, a.ardite@rocbere.com V t.l.j. sf lun. dim. 9h30-12h30 15h-18h30

B LA ROQUE DANSANTE Coteaux de la Cabrerisse 2018 ★★

4800 | 5 à 8 €

Natif du Médoc où il exploite entre autres le Château Tour Haut-Caussan, Philippe Courrian découvrit un jour de 1992 la superbe vallée de la Nielle, petit affluent de l'Orbieu, dans les Corbières. Il y planta des vignes (23 ha) et des oliviers, et fit d'un vieux moulin sa résidence. Exploitation en bio.

Beaucoup de fruit et de générosité au programme de ce 2018 mi-carignan mi-grenache élevé en cuve. S'élèvent du verre des arômes capiteux et généreux de fruits noirs surmûris. Arômes qui font aussi le charme d'une bouche ronde, intense, nantie de tanins bien assouplis. Un vin de fruit et de soleil, très convivial et d'un équilibre idéal. ⧗ 2020-2023

SCEA PHILIPPE COURRIAN, 28, rue Beurada, 11220 Saint-Laurent-de-la-Cabrerisse, tél. 06 80 03 65 70, courrian@tourhautcaussan.com V r.-v.

IGP CÉVENNES

LES COLLINES DU BOURDIC Éclat de gris 2019 ★

80000 | 5 à 8 €

Créée en 1928 grâce à la volonté d'une poignée de viticulteurs, la cave coopérative Les Collines du Bourdic, dans le Gard, compte aujourd'hui une centaine d'adhérents qui cultivent 1 700 ha. À sa carte, du duché-d'uzès et des vins en IGP.

Un rosé de couleur chair, agréablement aromatique. Il évoque le bonbon à la framboise ! En bouche, il apparaît rond et bien charnu, avec une touche de réglisse. ⧗ 2020-2021

SCA LES COLLINES DU BOURDIC, chem. de Saint-Chaptes, 30190 Bourdic, tél. 04 66 81 20 82, contact@bourdic.fr V t.l.j. sf dim. 9h-12h30 14h-18h

DURFORT LA CAVE 2019 ★

10000 | - de 5 €

Déjà plusieurs fois sélectionnés, les vins de la coopérative de Durfort sont une valeur sûre. Une cave qui travaille depuis plusieurs années avec Philippe Nusswitz, meilleur sommelier de France en 1986, pour l'élaboration de ses cuvées.

Une robe claire, au ton de pêche, des arômes floraux et fruités (agrumes, petits fruits rouges, fruits exotiques), une entrée en bouche tonique, ce qu'il faut de consistance, puis une finale acidulée : du classique mais du très bon classique. ⧗ 2020-2021

SCA LES COTEAUX CÉVENOLS, rte de Canaules, 30170 Durfort, tél. 04 66 77 50 55, secretariat@coteaux-cevenols.fr

DOM. GRAND CHEMIN Le Bay 2019 ★

8000 | 5 à 8 €

Au pied des Cévennes, le Dom. du Grand Chemin est exploité depuis 5 générations par la famille Floutier, de père en fils. Le vignoble s'étend sur une superficie de 70 ha.

Légèreté et gourmandise au menu de ce pinot noir à la robe classiquement légère, qui diffuse au nez des arômes de fruits rouges acidulés et de rose. Croquante de fruit, soutenue par des tanins à peine esquissés, la bouche délivre ces mêmes arômes fringants et un peu sucrés qui s'entichent de notes plus complexes de girofle et de poivre en finale. Migration réussie en terre cévenole pour le cépage star de Bourgogne. ⧗ 2020-2022

SARL JEAN-MARC FLOUTIER, Dom. du Grand-Chemin, 115, rue des Vins, 30350 Savignargues, tél. 04 66 83 42 83, contact@domainegrandchemin.fr V t.l.j. 9h-12h 13h30-18h30

DOM. LES LYS Aillargues 2016 ★

15000 | 8 à 11 €

Ce vignoble s'étend sur 21 ha de vignes à la frontière des Côtes-du-Rhône et des Cévennes. Marie-Hélène Veyrunes et Thomas Faure sont à la tête de cette exploitation en conversion bio.

Le chardonnay pour la rondeur, le sauvignon (20 %) pour la fraîcheur, un joli pas de deux dans ce blanc affiné par un très long élevage en cuve et sur lies. Aucune note d'évolution au nez mais des arômes élégants et raffinés, floraux et fruités, prolongés par une bouche intense, fraîche et bien équilibrée qui offre même une petite perspective de garde. On frôle la deuxième étoile. ⧗ 2020-2023

SARL LES LYS, rte d'Uzès, 30700 Blauzac, tél. 04 66 59 33 08, contact@les-lys.fr V t.l.j. 9h30-12h30 14h-17h30

♥ MAS DES CABRES Estive 2019 ★★

13000 | 5 à 8 €

Les Boutin sont présents à Aspères depuis 1724, et Florent est depuis 2003 à la tête du domaine familial et de ses 13 ha de vignes, dont il a engagé la conversion bio. Cet ingénieur agronome et œnologue est aussi le président du terroir Sommières AOC languedoc officiellement reconnu en 2011.

Des dégustateurs unanimes pour louer les qualités de cet assemblage de 4 cépages vinifié à basse température et élevé 4 mois en cuve. Derrière une robe pâle à reflets verts, un nez tonique centré sur les agrumes et le fruit à noyau. Pure, intense, très fraîche, l'attaque ouvre sur un palais somptueux, riche, gras, sans une once de lourdeur, prolongé par une finale très exotique. Intense de bout en bout, c'est un savoureux compromis de plénitude et de fraîcheur. ⧗ 2020-2021

FLORENT BOUTIN (MAS DES CABRES), 12, Le Plan, 30250 Aspères, tél. 06 23 68 14 24, masdescabres@hotmail.fr V r.-v.

DOM. REBOUL DES SAINT-PIERRE 2019 ★

8000 | - de 5 €

Si les Reboul possèdent cette propriété depuis 1988, le domaine viticole a été officiellement créé en 2006, sur 40 ha de vignes, dont une partie en AOC et le reste en IGP. Le logo du domaine représente deux moutons se nourrissant d'une souche en clin d'œil à l'histoire de la propriété qui possédait initialement un troupeau de moutons.

Des cépages bordelais à l'aise en pays cévenol. Avec ses notes généreuses de fruits cuits et d'épices relevées par une touche rafraîchissante de menthol, le nez séduit. Ronde, gouleyante, appuyée sur des tanins doux, généreusement réglissée et chocolatée, la bouche ne déçoit pas et dessine un rouge harmonieux et facile à boire. ⧗ 2020-2023

EARL DU BOUDRE (DOM. REBOUL DES SAINT-PIERRE), hameau de Vic, CD_18, 30190 Sainte-Anastasie, tél. 06 17 22 40 45, reboul.jeanmarie@sfr.fr V *t.l.j. sf dim. lun. 15h-19h*

CAVE SAINT-MAURICE
Poujol Lacoste 2018 ★

19400 | 8 à 11 €

Fondée en 1924 au pied des Cévennes, la Cave Saint-Maurice regroupe aujourd'hui 200 viticulteurs répartis sur 44 communes autour de Saint-Maurice-de-Cazevieille et quelque 2 000 ha de vignes (dont 10 % en bio), ce qui en fait la coopérative la plus importante du Gard septentrional.

Les arômes grillés issus d'un élevage partiellement sous bois ne masquent pas les notes florales et intensément fruitées du viognier. La bouche se montre riche et ample, diffusant ses notes de vanille et d'abricot confit dans une matière généreuse à souhait. Un blanc de gastronomie et de caractère. ⧗ 2020-2023

SCA LES VIGNERONS DE SAINT-MAURICE, 370, montée de Pissevin, rte d'Uzès, 30360 Saint-Maurice-de-Cazevieille, tél. 04 66 83 26 85, adv@cavestmaurice.com

LA TOUR DE GÂTIGNE 2019 ★

13000 | 5 à 8 €

En 1212, les Templiers élèvent une commanderie à Saint-Chaptes, sur les terres alluviales de la rive nord du Gardon. Huit cents ans après, le donjon des Templiers domine toujours les bâtiments du domaine. L'exploitation, dans la famille des actuels propriétaires depuis 1835, compte aujourd'hui 85 ha de vignes (en conversion bio), en AOC duché-d'uzès et en IGP. Jean-Michel Guibal en a pris les rênes en 1980.

Une robe jaune aux reflets verts introduit un nez bien ouvert, aguicheur, aux notes de bonbon et de fleurs blanches. En bouche, une attaque bien vivace, une rondeur caressante, des saveurs franchement exotiques : tout est en place. ⧗ 2020-2022

EARL DE LA TOUR DE GÂTIGNE, rte de la Tour, D 18, 30190 Saint-Chaptes, tél. 04 66 81 26 80, latourdegatigne@gmail.com V *t.l.j. sf dim. 9h-12h 14h-18h; sam. 9h-12h*

LES VIGNES DE L'ARQUE Alexia 2019 ★

25000 | 5 à 8 €

Ce domaine du pays d'Uzège (Gard) porte le nom du château médiéval du IXe s. qui surplombe la cave. Il a été créé en 1994 par MM. Fabre et Rouveyrolles, deux anciens coopérateurs. Patrick, fils du premier, est responsable des vinifications. Le vignoble s'étend sur 85 ha dispersés dans 4 villages voisins; il produit du duché-d'uzès et des vins en IGP Cévennes et Pays d'Oc.

Peut-être moins dithyrambiques que l'année passée (Alexia 2018 décrocha un coup de coeur), mais tout de même très satisfaits, les jurés ont pris plaisir à humer les senteurs de fruits exotiques et de pamplemousse de cet assemblage muscat-sauvignon. Ronde, riche, très flatteuse, gorgée de mangue et d'ananas, soutenue par ce qu'il faut de fraîcheur, la bouche les a comblés. ⧗ 2020-2023

SARL LES VIGNES DE L'ARQUE, rte d'Alès, 30700 Baron, tél. 04 66 22 37 71, vigne-de-larque@wanadoo.fr V *t.l.j. 9h-12h 14h-18h30*

IGP CITÉ DE CARCASSONNE

DOM. DE CAUX ET SAUZENS 2019 ★★

20000 | 8 à 11 €

Située à 5 km de Carcassonne au bord du canal du Midi, l'une des plus anciennes propriétés viticoles de la Malepère, dont l'origine remonte au XIIIe s. et à la famille Roger Cahuzac de Caux, et le vignoble au XVIe s. Acquise en 1871 par les ancêtres des actuels propriétaires, une vieille famille du cru, elle connaît un premier essor vers 1900. Son renouveau, récent, est lié à la réhabilitation de la cave en 2015 par les Boyer, qui ont pris les rênes du domaine (70 ha, dont 55 de vignes).

Une jolie robe rubis intense aux accents violines pour ce vin qui associe cépages sudistes (syrah) et océaniques (cabernet et merlot). Le nez généreux mais élégant de fruits noirs mûrs et d'épices douces annonce un palais très agréable, où de beaux tanins ronds soutiennent une matière bien charnue, pétrie de cassis et de mûre, avec une touche de caramel en finale. Un rouge long, harmonieux, d'une séduction immédiate, mais qui saura se garder quelques années. ⧗ 2020-2024

SCEA DE CAUX, rue Louis-Guitard, 11170 Caux-et-Sauzens, tél. 04 68 26 97 39, sceadecaux@gmail.com V *r.-v.*

LANGUEDOC

DOM. DE L'ESTAGNÈRE 2018 ★

■ | 40 000 | | 11 à 15 €

Enfant des Corbières, Gérard Bertrand est un important propriétaire et négociant du sud de la France, dont les cuvées apparaissent dans le Guide sous diverses AOC (corbières, fitou, minervois, languedoc, côtes-du-roussillon) et en IGP.

Six cépages et pas de soufre ajouté dans ce rouge qui soigne la souplesse et la pureté du fruit. Pas de bois non plus mais de beaux arômes de fruits rouges et noirs que l'on retrouve dans une bouche ensoleillée, déjà fondue, aux tanins discrets et à la rondeur caressante. Un « sans soufre » bien maîtrisé à boire dans sa jeunesse. ⧗ 2020-2022

SPH GÉRARD BERTRAND, Ch. l'Hospitalet, rte de Narbonne-Plage, 11100 Narbonne, tél. 04 68 45 28 50, vins@gerard-bertrand.com V t.l.j. 9h-19h

LES PINÈDES DE SAINT-MARTIN 1919 2018 ★

■ | 4 000 | | 11 à 15 €

Situé en plein cœur du pays cathare, ce domaine, ancienne métairie du château de Leuc, au sud de Carcassonne, est entré dans la famille d'Henri Cases en 1919. Il doit son nom au célèbre évêque de Tours qui évangélisa les campagnes au IVe s. À sa tête depuis 2000, Henri Cases, quatrième génération, exploite aujourd'hui un vaste ensemble de 150 ha.

Cinq cépages à l'œuvre dans ce vin coloré au nez séducteur et bien ouvert, entre fruits mûrs (cassis, fraise des bois), poivre et nuances torréfiées. La bouche se montre tout aussi flatteuse : élégance, rondeur, tanins fondus, finale sur le fruit confit et une note vanillée qui souligne le juste usage de la barrique. Une bien belle manière de fêter les 100 ans de vinification de la famille Cases. ⧗ 2020-2024

SCEA LES PINÈDES DE SAINT-MARTIN, Dom. Saint-Martin, 11250 Leuc, tél. 06 85 80 91 03, henri.cases@domaine-saintmartin.fr V t.l.j. 9h-12h 14h-18h B

IGP COTEAUX DE BÉZIERS

DOM. PREIGNES LE NEUF Le 9 2019 ★★

■ | 50 000 | | 5 à 8 €

Entre Agde et Béziers, un terroir mis en valeur depuis les Romains, un château fortifié et aujourd'hui un vignoble de 150 ha d'un seul tenant, qui s'étend en pente douce sur les coteaux du Libron. Le domaine a été acquis en 1905 par l'arrière-grand-père de la génération actuelle, ouvrier agricole enrichi par la distillation et le négoce du vin. Depuis 1990, il est conduit par Jérôme Vic, rejoint par Aurélie qui vinifie.

Un rosé savoureux et généreux issu du grenache et du cinsault. Derrière une robe saumonée perce un nez très convivial, aux arômes engageants de fleurs blanches, de bonbon et de fraise des bois. Bien en chair, onctueux mais sans lourdeur, imprégné de bout en bout de fruits rouges qui persistent longuement en finale, ce rosé de caractère procure de bien belles sensations. ⧗ 2020-2021

SCEA DE PREIGNES LE NEUF, chem. de Preignes, 34450 Vias, tél. 04 67 21 51 48, contact@preignesleneuf.com V r.-v.

VERMEIL DU CRÈS 2019 ★

■ | 13 500 | | - de 5 €

Située près de Béziers à 3 km d'« éco-plages », la coopérative de Sérignan, fondée en 1935, regroupe quelque 1 000 ha de vignes établies sur les plateaux caillouteux de cette commune et des villages de Vendres et de Sauvian.

Pomme mûre, raisin, fleurs blanches, brioche, beurre frais, voilà un nez expressif et appétissant. Une attaque fraîche et tonique ouvre sur un palais tendre, de bonne épaisseur, arrondi par une petite sucrosité gourmande. Un assemblage chardonnay-viognier convaincant. ⧗ 2020-2022

SCAV DE SÉRIGNAN, 114, av. Roger-Audoux, 34410 Sérignan, tél. 04 67 32 24 82, gestion@vignerons-serignan.com V t.l.j. sf dim. 9h-12h 15h-18h

IGP COTEAUX DE MURVIEL

B DOM. DE RAVANÈS L'Ibis rouge 2018 ★

■ | 7 000 | | 8 à 11 €

Le Dom. de Ravanès, 35 ha travaillés en agriculture biologique depuis 2011 à proximité de Béziers, est l'oeuvre de la famille Benin. Au début des années 1970, Guy Benin fut l'un des pionniers du réencépagement qualitatif en Languedoc, avec l'introduction des cépages bordelais et des vignes palissées en région méditerranéenne. Marc Benin, épaulé par son fils Axel, sont aujourd'hui aux manettes.

Si le nez est discret (fruits noirs mûrs, groseille, épices), cet Ibis prend son envol en bouche : attaque tonique, corps généreux, tanins soyeux, belles épices dans un écrin de fruits confits, petite amertume finale bienvenue pour donner un supplément de nerf. À boire ou à garder quelques années. ⧗ 2020-2024

MARC BENIN, Dom. de Ravanès, lieu-dit Aspiran, 34490 Thézan-lès-Béziers, tél. 04 67 36 00 02, ravanes@wanadoo.fr V r.-v.

IGP COTEAUX D'ENSÉRUNE

LES VIGNOBLES FONCALIEU Ensedune 2019 ★

■ | 62 000 | | 5 à 8 €

Créée en 1967, cette union de caves coopératives du Languedoc propose des vins d'un très grand Sud qui s'étend de la Gascogne à la vallée du Rhône. Elle regroupe plus de 650 vignerons et dispose de 4 000 ha.

Un 100 % cabernet franc vendangé de nuit et vinifié en pressurage direct, cela donne ce rosé friand qui fleure bon l'amylique, les agrumes et les fruits rouges acidulés, et dont la bouche fraîche, légère et délicatement arrondie laisse le souvenir d'un vin fin et élégant. ⧗ 2020-2021

UNION DE COOPÉRATIVE FONCALIEU, Dom. de Corneille, 11290 Arzens, tél. 04 68 76 21 68, contact@foncalieu.com V t.l.j. sf lun. dim. 10h30-19h

DOM. SAINT-GEORGES LES CARDINELLES
Les Cardinelles 2018 ★

| 2559 | | 8 à 11 € |

Un domaine familial établi à Nissan depuis le XVIe s., fruit de la réunion de deux propriétés de vignerons nissanais : les Audouy et les Lignon-Donnadieu. Le vignoble, conduit depuis 2003 par Christine Tarroux, année des premières mises en bouteille au domaine, s'étend sur une dizaine d'hectares en coteaux, au pied de l'oppidum d'Ensérune.

Cette pure syrah, élevée en cuve, s'ouvre sur des notes discrètes mais élégantes de fruits confits et d'épices. Plus volubile, la bouche insiste sur les épices et offre rondeur, souplesse et plaisir. Une syrah conviviale, aux tanins très doux, à déboucher sur le fruit, mais que l'on pourra prendre soin de carafer. ⧗ 2020-2023

SCEA DOM. SAINT-GEORGES, 7, rue du Square, 34440 Nissan-lez-Ensérune, tél. 04 67 39 45 04, contact@cardinelles.com V r.-v.

DOM. DE SOUSTRES
Esprit d'Ensérune Les Grenaches Gris de gris 2019 ★

| 4700 | | 8 à 11 € |

Créé par la famille Mamert dans les années 1970, dirigé par Anne-Sophie et Jean-Paul Mamert, le domaine est situé sur les coteaux d'Ensérune dont la vocation viticole remonte à l'Antiquité. Sur la centaine d'hectares que compte la propriété, un peu moins de la moitié est consacrée à la vigne et aux IGP locales.

Le grenache gris vinifié en gris cela donne logiquement une robe très pâle, à peine teintée. Le nez lui aussi se fait discret, dispensant de fines notes florales. En bouche : rondeur, légèreté et équilibre, avec des saveurs fruitées agréables qui s'expriment avec un peu plus d'intensité. Finesse et délicatesse, les deux maîtres-mots de cette cuvée. ⧗ 2020-2021

SCEA DOM. DE SOUSTRES, chem. de Soustres, 34310 Montady, tél. 04 67 93 43 75, contact@domaine-de-soustres.fr V t.l.j. sf dim. 10h-12h 14h-19h; f. 15/09-1/04

IGP COTEAUX DE PEYRIAC

♥ CHAMPS DU LIÈVRE
Réserve Carignan Vieilles Vignes 2018 ★★

| 1200 | | 15 à 20 € |

Dirigé par Nicolle Meyer, le Champs du Lièvre est un petit domaine de 2,5 ha en conversion bio, divisé en 5 parcelles toutes situées dans le cru La Livinière. Le chai est situé au cœur du village.

Des vieilles vignes de carigan que l'on a pris soin d'érafler sont seules à l'œuvre dans ce très beau rouge résolument sudiste. Au nez, des arômes puissants de fruits confits et de griotte prennent sans mal la mesure d'un long élevage de 18 mois en fût. Après une attaque souple, le vin monte lentement en puissance et déploie une chair capiteuse, chocolatée, épicée, qui tient en respect des tanins bien pris dans le fruit. Un rouge épanoui, riche et harmonieux qui prouve, si nécessaire, le grand potentiel des vieilles vignes de carignan. ⧗ 2021-2025

NICOLLE MEYEER (CHAMPS DU LIÈVRE), chem. de Parignoles, (angle rte des Meulières), 34210 La Livinière, tél. 06 80 43 40 61, nicolle@champsdulievre.com V r.-v.

IGP CÔTES DE THAU

LES VIGNERONS DE FLORENSAC
Les Constellations Sculptor 2018 ★

| 5000 | | 8 à 11 € |

Née en 1934, cette coopérative installée dans des bâtiments à l'architecture typique du Languedoc regroupe 150 adhérents et 700 ha de vignes. À sa carte, du picpoul-de-pinet et des vins IGP.

La robe sombre et le nez marqué par les fruits noirs, le menthol, les épices douces et le pain grillé trahissent la forte proportion de cabernet-sauvignon (90 %) et les 10 mois d'élevage en fût. Sous le soleil du Midi, le cépage a pris de bien belles rondeurs et séduit par la souplesse de ses tanins et par son corps généreux pétri de chocolat, de vanille et de coco issus du chêne. Un rouge moderne et séducteur. ⧗ 2021-2024

SCA LES VIGNERONS DE FLORENSAC, 5, av. des Vendanges, 34510 Florensac, tél. 04 67 77 00 20, caveau@vignerons-florensac.fr V t.l.j. 9h-18h; ; lun. jeu. 9h-12h 14h-18h

IGP CÔTES DE THONGUE

DOM. DE L' ARJOLLE Équinoxe 2018 ★★

| 12000 | | 11 à 15 € |

Situé à Pouzolles, ce très vaste domaine de 110 ha s'est réveillé en 1974 avec l'arrivée de la famille Teisserenc (7 associés), qui en a fait l'une des belles références des Côtes de Thongue.

Assemblage de cabernet-sauvignon et de syrah, ce 2018 d'un rubis limpide s'ouvre sur un nez encore marqué par le boisé de son élevage avec ses arômes de chocolat et de vanille sur fond de fruits noirs. L'élevage donne aussi le tempo en bouche, mais laisse respirer plus intensément le fruit et a joliment affiné des tanins présents mais soyeux. Une belle structure, de la sucrosité, une texture raffinée, de l'allonge : beaucoup de vertus dans ce rouge moderne et élégant. ⧗ 2021-2025

SAS ARJOLLE, 7 bis, rue Fournier, 34480 Pouzolles, tél. 04 67 24 81 18, domaine@arjolle.com V t.l.j. sf dim. 9h-18h; sam. nov.-mars 9h-13h SAS Arjolle

DOM. LA CROIX BELLE
Le Champ du coq 2018 ★

| 95000 | | 8 à 11 € |

En 1977, Jacques et Françoise Boyer ont repris et agrandi (135 ha aujourd'hui) le domaine familial de

LANGUEDOC

Puissalicon, petit village médiéval accroché aux flancs des Cévennes. Outre La Croix Belle, ils exploitent deux autres domaines (Coussan et Saint-Michel), tous situés en IGP Côtes de Thongue.

Souvent en vue pour ses blancs et ses rosés, ce domaine très régulier ne néglige pas ses rouges. Celui-ci, assemblage de syrah et grenache, a été vinifié dans le but d'exalter le fruit et la souplesse. Nez friand, entre cassis et fruits rouges, bouche souple, parfumée et gouleyante, aux tanins très discrets : objectif atteint. À déboucher sans attendre. ⧗ 2020-2022 ■ **Dom. Saint-Michel 2019 ★ (8 à 11 €; 10000 b.)** Un assemblage classique de syrah et grenache pour un rosé non moins classique : une robe pâle aux reflets grisés, un nez délicat, fruité et floral, une bouche tendre, ronde, élégante et légère. ⧗ 2020-2021

SAS JACQUES ET FRANÇOISE BOYER, 160, av. de la Gare, 34480 Puissalicon, tél. 04 67 36 27 23, information@jacques-boyer-fils.com V t.l.j. sf dim. 9h-12h 14h-18h

DOM. DE MONTMARIN 2019 ★★

■ | 40000 | | - de 5 €

La famille Sarret est aux commandes de cette ancienne seigneurie royale depuis 13 générations, aujourd'hui un vaste domaine de 450 ha (dont 85 de vignes et autant de céréales) qui s'étend sur une ligne de coteaux dominant plein sud le Golfe du Lion.

À dominante de grenache, ce rosé de macération, à la belle robe saumonée, séduit dès l'entame par son nez friand, intense, floral et fruité (pamplemousse). Vivacité puis rondeur rythment une bouche puissante, un poil chaleureuse, à la sucrosité discrète, qui conserve l'éclat fruité de l'olfaction et y ajoute une note gourmande de bonbon acidulé. Un fort beau rosé de gastronomie. ⧗ 2020-2021

GFA DE MONTMARIN, D 28, 34290 Montblanc, tél. 04 67 77 47 70, domainemontmarin@outlook.fr V t.l.j. sf sam. dim. 8h-12h 13h-17h

IGP MONT BAUDILE

B MAS DE L'ERME Avanti 2019 ★

■ | 4700 | | 8 à 11 €

Créé en 2006 par Florence Milesi, œnologue et ingénieur agronome, et son mari Fabien, informaticien, fils et petit-fils de vignerons languedociens, ce domaine étend son vignoble sur 10 ha, convertis à l'agriculture biologique et à la biodynamie.

Le nez, aussi intense que la robe, d'un beau rubis brillant, séduit par ses franches notes de fruits rouges bien mûrs et de petites baies noires saupoudrées de poivre et de tapenade. Le corps, les tanins, tout est rond et gourmand dans cette bouche puissante mais bien équilibrée par une jolie fraîcheur. Un vin très agréable et ouvert, qui profitera d'une brève aération avant le service. ⧗ 2020-2023

FLORENCE ET FABIEN MILESI (MAS DE L'ERME), 261, rte de Saint-André, 34725 Jonquières, tél. 06 87 81 32 35, contact@masdelerme.fr V r.-v.

IGP PAYS CATHARE

DOM. PIERRE FIL Le Fil rouge 2018 ★

■ | 16500 | | 5 à 8 €

Situé dans la partie orientale du Minervois, ce domaine couvre 28 ha sur des terrasses de graves ou des calcaires lacustres. Dans la famille depuis 7 générations, il associe l'expérience du père et la technicité du fils. Le tandem vinifie la plupart des cépages en macération carbonique.

Au nez, des arômes généreux de fruits cuits, de pruneau et de poivron grillé. La bouche ne perd pas le fil, insiste sur le fruit confit et les épices, et y ajoute ce qu'il faut de fraîcheur, un corps bien arrondi, des tanins gras et doux et une finale légèrement caramélisée. À boire sur le fruit. ⧗ 2020-2022

SARL DOM. PIERRE FIL, 12, imp. Les Combes, 11120 Mailhac, tél. 09 67 19 40 24, info@domaine-pierre-fil.fr V t.l.j. 9h-12h 13h30-18h; sam. dim. sur r.-v.

IGP PAYS D'HÉRAULT

B DOM. ALLEGRIA Carignan gourmand 2018 ★

■ | 3072 | | 15 à 20 €

Créé en 2008 sur les premières collines du Haut Languedoc, au nord de Pézenas, Allegria est le fruit d'une amitié franco-argentine entre Ghislain et Delphine d'Aboville et Roberto de la Mota (œnologue de renom). La nouvelle cave bioclimatique, implantée au pied du volcan des Baumes, est entourée d'un vignoble de 9 ha conduit en bio dès l'origine.

Des carignans de 40 ans seuls à l'œuvre dans cette cuvée qui n'a pas vu de bois. Fruits rouges, notes florales et fumées, épices et garrigue, le nez ne manque pas de nuances. Les épices insistent longuement dans une bouche élégante, à la puissance contenue et ponctuée par une petite sévérité en finale. À boire ou à garder quelques années. ⧗ 2020-2023

EARL D' ABOVILLE DE LA MOTA, Dom. Allegria, lieu-dit Fontarêche, 34720 Caux, tél. 06 25 93 08 08, allegria@vinotinto.fr r.-v. E

DOM. CASTAN Savignus 2019 ★

■ | 8000 | | 5 à 8 €

André Castan, qui tenait les rênes du domaine familial depuis 1993, l'avait orienté vers l'agriculture raisonnée avant d'obtenir la certification Haute valeur environnementale. Ses enfants Guilhem et Valérie, qui ont pris le relais en 2016, ont engagé la conversion bio de la propriété. Située près de Béziers, en bordure de l'appellation saint-chinian, l'exploitation dispose d'une cave centenaire et de 41 ha de vignes sur terroir argilo-calcaire de la période du Lias.

Derrière une robe aussi limpide que brillante, apparaissent des arômes toniques d'agrumes et de fruits à chair blanche qui ne manquent pas de séduction. Le même charme opère dans une bouche légère, vivace, aux franches notes de fruits frais et de raisin. Une interprétation tout en fraîcheur du viognier. ⧗ 2020-2022

EARL DOM. CASTAN, 26 bis, av. Jean-Jaurès, 34370 Cazouls-lès-Béziers, tél. 04 67 93 54 45, info@domainecastan.com V *t.l.j. sf dim. 10h-12h30 16h-19h30*

PIERRE CHAVIN
Chevalier d'or Grande Cuvée 2019 ★

| | 400 000 | | 5 à 8 € |

Implantée à Béziers, une maison de négoce créée en 2010 par l'œnologue Fabien Gross, fils de vigneron du Haut-Rhin devenu « assembleur et éleveur de vins français ». Présente sur différents vignobles du pays, elle vise des « créations haute couture » et des vins « prêt-à-consommer », aptes à conquérir les marchés internationaux. La certification bio est acquise.

Légèreté et souplesse au menu de ce rouge qui associe le grenache aux cépages bordelais. Un nez franc de fruits rouges et de bonbon, une bouche lisse, simple, fruitée, aux tanins à peine perceptibles : le rouge gouleyant par excellence, à boire sur son fruit de jeunesse. ⧗ 2020-2021

SARL DOMAINES PIERRE CHAVIN, 2, bd Jean-Bouin, 34500 Béziers, tél. 04 67 90 12 60, commercial@pierre-chavin.com V *r.-v.*

DOM. DE COULONDRES Mila Délice 2019 ★

| | 1821 | | 5 à 8 € |

Ce domaine, situé non loin du pic Saint-Loup, à Saint-Gély-du-Fesc, s'étend sur 37 ha de vignes. Acquis dans les années 1960 par la famille Grousset, longtemps productrice de vin en vrac exclusivement, les premières mises en bouteille remontent à 2006. Éthel et Pierre Grousset, cinquième génération, en sont aujourd'hui les co-gérants.

Le domaine fait son entrée dans le Guide avec un rosé issu du seul cinsault. Une robe pivoine, un grand bol de fruits rouges et une touche florale au nez, une bouche de bonne ampleur, souple et ronde, ponctuée par une petite amertume stimulante pour finir : voilà un bon rosé pour la table. ⧗ 2020-2021

SCEA DOM. DE COULONDRES, rte de Pradès, 34980 Saint-Gély-du-Fesc, tél. 06 50 17 96 96, domainedecoulondres@gmail.com V *r.-v.*

♥ DOM. DE FABRÈGUES As de cœur 2017 ★★

| | 2000 | | 20 à 30 € |

Les archéologues ont retrouvé là un four à amphores datant de l'époque romaine. Plus tard, ce domaine, entre Pézenas et Clermont-l'Hérault, fut une halte sur la route de Compostelle où les pèlerins faisaient ferrer leurs chevaux. Depuis 2005, Carine Pichot y conduit un vignoble de 35 ha.

Régulièrement sélectionnée pour ses languedoc dans les 3 couleurs, Carine Pichot livre un vin IGP haut de gamme, mi-syrah mi-cabernet-sauvignon, élevé 24 mois en fût. La cuvée en tire sa robe profonde aux nuances grenat et son nez intense entre fruit (cerise, cassis), cacao et herbes de Provence. Gras et ample, soutenu par des tanins caressants, le palais s'enrichit de parfums de truffe et tire son équilibre d'une sensation de fraîcheur préservée. Un rouge voluptueux, à point aujourd'hui et qui vieillira bien. ⧗ 2020-2025

DOM. DE FABRÈGUES, rte de Péret, 34800 Aspiran, tél. 04 67 44 54 99, contact@domainefabregues.fr V *t.l.j. 8h-18h; sam. dim. sur r.-v.*

LA GRANGE DES COPAINS 2019 ★

| | 7500 | | 8 à 11 € |

Trois Copains, Cyril, Jérémy et Julien, passionnés par la viticulture, débarquent dans l'Hérault en 2002, avec l'idée de cultiver la vigne. Ils rachètent en 2008 une petite parcelle vouée à l'arrachage, vendent bien leur vin et rachètent une parcelle. À ce jour, 2 ha.

Syrah, carignan et grenache composent ce 2019 brièvement élevé en cuve. Au nez, des arômes sympathiques de fruits rouges, que l'on retrouve dans une bouche tendre, bien du sud, qui charme par ses flaveurs ensoleillées, ses rondeurs et ses tanins joliment patinés. À boire sur le fruit. ⧗ 2020-2023

SCEA LA GRANGE DES COPAINS, 10, rue Mistral, 34800 Nébian, contact@lagrangedescopains.com

B MAS DE JACQUET Abel 2019 ★

| | 10 000 | | 5 à 8 € |

Situé à Vic-la-Gardiole, entre la Méditerranée et le massif de la Gardiole, ce domaine a été racheté par Vincent Solive en 2002, qui signait la même année les premiers vins mis en bouteille sur la propriété. Le vignoble, conduit en bio certifié, couvre une quinzaine d'hectares et fait la part belle au muscat à petits grains.

Une cuvée hommage à Abel, le grand-père vigneron de Vincent Solive, issue exclusivement du muscat à petits grains vinifié en sec. Une robe lumineuse ouvre sur un nez non moins lumineux, frais et intensément floral. Les agrumes et les fruits à chair blanche se joignent à la fête dans une bouche à la fois tendre et fraîche, aérienne, qui restitue toute la pureté aromatique du cépage. Une entrée dans le Guide réussie. ⧗ 2020-2022 **Pauline 2019 ★ (8 à 11 €; 4400 b.) B** Un rosé très tonique dédié à Pauline, fille de Vincent, pâle de robe mais volubile au nez avec ses senteurs de verveine, de raisin frais et d'agrumes confits. Vivace, léger, parfumé et porté par une belle acidité, c'est le rosé d'apéritif par excellence. ⧗ 2020-2021

SCEA MAS DE JACQUET, 23, bd des Aresquier, 34110 Vic-la-Gardiole, tél. 06 19 54 96 15, muscatmasdejacquet@gmail.com V *r.-v.* E

MOULIN DE GASSAC Faune 2019 ★

| | 50 000 | | 8 à 11 € |

Bel exemple de la percée des vins du Languedoc à travers les cinq continents, ce domaine fondé en 1971 par Aimé et Véronique Guibert a suscité l'étonnement il y a quelques années en proposant des vins

de pays au même prix que des grands Bordeaux. Il est toutefois resté en haut de l'affiche avec des vins d'une qualité constante et d'un potentiel de garde remarquable. Une référence aujourd'hui dirigée par les fils des fondateurs.

Le viognier, le chardonnay et le sauvignon, élevés en cuve, sont joliment associés dans ce blanc fringant, au nez printanier de rose et de fruits à chair blanche. La bouche se montre tout aussi intensément parfumée et séduit par sa tenue et son juste compromis entre sucrosité et fraîcheur. Un blanc harmonieux à boire sans trop attendre. ⌛ 2020-2022

SAS MOULIN DE GASSAC, Haute-Vallée-du-Gassac, 34150 Aniane, tél. 04 67 57 71 28, prives@daumas-gassac.com V t.l.j. sf sam. dim. 10h-12h30 14h-18h

DOM. PEYRONNET Tata Rose 2018 ★

3000 | 5 à 8 €

Le petit commerce de vins et muscats installé en 1935 dans l'ancienne forge de l'arrière-grand-père est toujours là. L'achat de la première parcelle date de la même époque. Œnologue, Alain Peyronnet a repris en 1990 le vignoble familial – 12 ha dédiés au muscat – et montre une régularité sans faille.

Un rosé pâle, pelure d'oignon, obtenu par pressurage direct du muscat à grains noirs et dédié à Tata Rose, une aïeule d'Alain Peyronnet. On aime le nez aux parfums savoureux et entêtants de raisin et de fleurs, tout comme la bouche généreuse, riche mais sans lourdeur, pétrie de fruit et de rondeurs. Original et très gourmand. ⌛ 2020-2023

EARL DOM. PEYRONNET, 9, av. de la Libération, 34110 Frontignan, tél. 06 08 63 68 63, caves.favier-bel@wanadoo.fr V t.l.j. sf dim. 9h-12h 14h-19h

DOM. SAVARY DE BEAUREGARD La Petite Cour 2018 ★

6000 | 8 à 11 €

Cinq générations de Savary se sont succédé sur ce domaine familial typiquement méditerranéen bordant le bassin de Thau, doté de bâtiments du XVIIe et XIX[e]s. Installé en 1982 à la suite de son grand-père, Christophe Savary y conduit un vignoble de 20 ha.

La Petite Cour, c'est le nom de la parcelle de cabernet-sauvignon assemblé ici à une minorité de syrah et de grenache. Avec ses notes discrètement fruitées, ses épices et sa touche de sous-bois, le nez en fait la synthèse. Bien proportionnée et plus intense dans l'expression du fruit, la bouche offre une matière ample soutenue par des tanins fermes. Une composition sans fausse note qui vieillira quelques années. ⌛ 2021-2024

CHRISTOPHE SAVARY DE BEAUREGARD, D 613, La Vernazobres, 34530 Montagnac, tél. 06 20 28 09 93, contact@savarydebeauregard.com V t.l.j. sf dim. 10h-19h

DOM. DES VAGABONDS La Bohème 2018 ★

1776 | 11 à 15 €

Après avoir sillonné les vignobles du monde pendant 10 ans, Clémentine et Rémi Isarn ont posé leurs valises dans l'Hérault, sur les premiers contreforts du Massif Central, et créé en 2017 le Dom. des Vagabonds, soit 4,5 ha plantés de cépages rouges et cultivés selon les principes de l'agriculture biologique (en conversion).

Vinifié avec les levures indigènes, brièvement élevé en cuve et en fût, le duo grenache-syrah fonctionne en bonne harmonie dans ce 2018 au nez plus distingué que puissant, qui décline le cassis et la réglisse. Une qualité de fruit qui fait tout l'intérêt d'une bouche mesurée, ronde et élégante, à la sucrosité discrète, appuyée sur des tanins granuleux. Une première apparition prometteuse dans le Guide. ⌛ 2020-2023 ■ **L'Âme 2018 ★ (8 à 11 €; 2836 b.)** Une cuvée née de syrah, carignan et grenache, élevée sans bois. Si le nez est timide, elle prend son envol en bouche : ample, ronde, souple et rythmée par une agréable expression du fruit. Un vin très convivial. ⌛ 2020-2023

CLÉMENTINE NYKIEL ISARN (DOM. DES VAGABONDS), campagne de Cadables, 34320 Gabian, tél. 07 60 36 78 06, clementine.nykiel@gmail.com V r.-v.

DOM. DE VIRANEL Trilogie 2018 ★★★

30000 | 5 à 8 €

Histoire familiale et patrimoine se transmettent depuis 1551 sur cette propriété en terrasses dominant la vallée de l'Orb, dans l'aire du saint-chinian. Depuis 2012, la dernière génération, représentée par Arnaud et Nicolas Bergasse, conduit le vignoble qui couvre aujourd'hui 40 ha.

Syrah, cabernet franc et alicante bouschet, une trilogie originale pour ce rouge brièvement élevé en cuve. Cassis, notes florales, menthol, thym, garrigue, touche fumée, le nez se révèle complexe. Tanins polis, rondeur, petite sucrosité affriolante, fraîcheur impeccable, fruité fringant : pas une ombre au tableau dans ce rouge fin, complet, savoureux, qui devrait plaire à tous. ⌛ 2020-2023

GFA DE VIRANEL, rte de Causses-et-Veyran, 34460 Cessenon-sur-Orb, tél. 04 67 89 60 59, contact@viranel.fr V r.-v.

IGP PAYS D'OC

♥ ALMA CERSIUS Terra Patres 2015 ★★

2838 | 11 à 15 €

Fondée en 1937, la coopérative de Cers, rebaptisée Alma Cersius, regroupe 3 communes aux portes de Béziers : outre Cers, Portiragnes et Villeneuve-les-Béziers. Elle dispose des 1 200 ha de ses adhérents et développe vente en bouteilles et gammes de cuvées.

Un élevage luxueux de 24 mois en barrique et demi-muid pour cet assemblage de syrah, cabernet-sauvignon et merlot. La cuvée haut de gamme de la cave, hommage «à la terre des ancêtres». Un hommage appuyé, puissant, qui ne laisse pas de doute sur son intensité avec cette robe profonde et sombre. Au nez, la fraîcheur du menthol s'associe harmonieusement à un boisé cacaoté, aux fruits mûrs et à la truffe. En bouche, de la densité, du soleil, de la suavité, mais aussi cette belle fraîcheur perçue à l'olfaction, le tout cadré par un élevage savoureux et des tanins fins et soyeux. ⌛ 2023-2028

SAS ALMA CERSIUS, 3, av. de l'Égalité, 34420 Portiragnes, tél. 04 67 90 91 90, caveau.portiragnes@almacersius.com V t.l.j. sf dim. 9h-12h 15h-19h

DOM. L'AMIRAL
Marselan Le Voyage de l'Amiral 2019 ★★

	3600		11 à 15 €

Un domaine fondé en 1817 par l'amiral Gayde, commandé par de spectaculaires bâtiments en forme de fer à cheval, que l'on remarque par satellite. Dans ce cadre abrité des vents dominants, Bénédicte Gobé, arrière-petite-nièce de l'amiral, est aux commandes depuis 2008 d'un vignoble de 30 ha en conversion bio. À la carte du domaine, des minervois et des vins en IGP.

D'un rouge profond, ce marselan dévoile un nez intense de fruits rouges mûrs, d'épices, de camphre et de chocolat. En bouche, il se montre souple et frais, dynamisé par une finale acidulée. À boire sur le fruit. ⌛ 2020-2023

BÉNÉDICTE GOBÉ, 14, av. de l'Amiral-Gayde, 11800 Aigues-Vives, tél. 06 83 51 68 88, contact@chateaulamiral.fr V r.-v.

BRUNO ANDREU Sauvignon Aromatic 2019 ★

	20000		5 à 8 €

Issu d'une famille vigneronne et lui-même vigneron pendant 20 ans (Ch. la Condamine Bertrand), Bruno Andreu a créé sa propre marque en 2018. Il s'approvisionne auprès de vignerons et domaines languedociens et élève ses vins dans un chai datant de 1610, situé près de Montpellier.

Une cuvée qui vise la typicité du sauvignon et son profil éminemment aromatique. Objectif atteint : des fleurs blanches, du buis, des agrumes, nous sommes bien en «territoire sauvignonné». En bouche, c'est la version sudiste et solaire du cépage qui apparaît : du gras et de la rondeur plutôt que la vivacité. ⌛ 2020-2022

SAS BRUNO ANDREU, 53, av. de Béziers, 34290 Montblanc, tél. 04 67 31 58 48, contact@bruno-andreu.com V t.l.j. sf sam. dim. 9h-12h 14h-17h; f. 1er -17 août

BASTIDE DES SONGES
Pinot noir Louise 2018 ★★

	8000		11 à 15 €

Un domaine d'une cinquantaine d'hectares au coeur de l'Hérault, sur des sols argilo-calcaires et graveleux, fondé en 2003 par la famille Torquebiau. À la carte, des IGP Oc exclusivement, dont certaines cuvées nées de cépages atypiques pour la région, comme le gewurztraminer, le pinot noir ou encore le malbec.

Des jeunes ceps de 10 ans sont à l'origine de cette cuvée au nez intensément floral (violette) et balsamique. Une ligne aromatique que l'on retrouve dans une bouche souple et persistante, aux tanins fins et fondus. Un joli vin plaisir. ⌛ 2020-2023

SCEA LA GARRIGUE, chem. de la Garrigue, 34800 Canet, tél. 04 67 88 21 33, contact@bastidedessonges.com V r.-v.

DOM. BAUME-CELINGUET
Terra Serena 2009 ★

	7000		11 à 15 €

Un domaine familial établi au cœur du village d'Argelliers dans des bâtiments du XVIe s. Myriam Rouquette en a la charge depuis 2003, avec à sa disposition un vignoble d'un peu plus de 8 ha, planté de viognier, de syrah, de grenache et de cabernet-sauvignon.

Cette «Terre sereine» fleure bon les fruits (cassis, fraise), agrémentés d'une touche de sous-bois. La bouche, chaleureuse et puissante, offre une belle charge tannique, avec en appoint une petite note végétale. Un peu de patience pour un fondu optimal. ⌛ 2022-2025

MYRIAM ROUQUETTE, 2, Le Plas, 34380 Argelliers, tél. 06 08 36 73 03, rouquette.celinguet@gmail.com V r.-v.

DOM. DE BELLE MARE
Duo Chardonnay Vermentino 2019 ★

	13000		5 à 8 €

Un domaine de 55 ha (dont 5 ha dédiés à l'AOC picpoul-de-pinet) établi tout au bord de l'étang de Thau, qui vivifie les vignes de son influence maritime.

Un duo de chardonnay et de vermentino à parts égales : ou quand le nord rencontre le sud. Un mariage heureux qui se traduit par une cuvée d'une jolie brillance, aux parfums de fleurs des prés et de fruits blancs mâtinés d'une note saline et fumée, à la bouche fraîche, équilibrée, d'une bonne allonge. ⌛ 2020-2023

SA DOM. DE BELLE MARE, rte des Salins, D 18, 34140 Mèze, tél. 04 67 43 17 68, exploitation@belle-mare.com V r.-v.

CANTE CIGALE 2019 ★

	35000		5 à 8 €

Ancien domaine des évêques d'Agde, le Dom. du Bosc a été acquis en 1943 par la famille Bésinet, dont l'ancêtre était originaire des hautes terres de Lodève. Implanté à 5 km de la mer, sur une butte de 25 m d'altitude, d'où l'on peut distinguer les Pyrénées et la Montagne Noire, le vignoble est installé sur un terroir original de cendres volcaniques : les cinérites du Bosc. À la tête de la propriété (90 ha) depuis 2006, Dominique Bésinet-Castillon et son mari Alban Castillon.

Une belle étiquette chatoyante représentant une cigale multicolore, qui attire le regard. Dans le verre, un duo sauvignon-colombard (90-10). Au nez, des arômes de fruits secs, d'abricot et de fruits exotiques. En bouche, beaucoup de douceur, du gras et de la rondeur. Un profil généreux et un peu atypique. ⌛ 2020-2023

SICA SARL DELTA DOMAINES, Dom. du Bosc, 1073, chem. de Montblanc, 34450 Vias, tél. 04 67 21 73 58, contact@delta-domaines.com V t.l.j. sf dim. 9h-19h; sam. 10h- 13h

LANGUEDOC

DOM. DE CASTELNAU Syrah Cayenne 2019 ★

44 000 | - de 5 €

À proximité de Pézenas et de l'étang de Thau, Castelnau-de-Guers, entre plaine et garrigue, est une commune viticole dont le terroir argilo-calcaire est propice à la production de vins de qualité. Le vaste Dom. de Castelnau (110 ha), dont les origines remontent au XIIe s. y cultive une multitude de cépages sous la conduite de Béatrice et Christophe Muret.

Une jeune syrah de 15 ans est à l'origine de ce vin pourpre intense, au nez intense de fruits rouges (fraise, framboise) relevés d'épices. Une ligne aromatique prolongée par une bouche d'une grande fraîcheur, étayée par des tanins fins. Une jolie cuvée qui privilégie l'élégance à la puissance. ⧗ 2020-2024

SARL DOM. DE CASTELNAU, 32, av. de Pezenas, 34120 Castelnau-de-Guers, tél. 04 67 98 16 19, castelnau1@wanadoo.fr V *t.l.j. sf sam. dim. 8h-12h 14h-18h*

DOM. DE CAUX ET SAUZENS 2018 ★★

10 000 | 5 à 8 €

Située à 5 km de Carcassonne au bord du canal du Midi, l'une des plus anciennes propriétés viticoles de la Malepère, dont l'origine remonte au XIIIes. et à la famille Roger Cahuzac de Caux, et le vignoble au XVIes. Acquise en 1871 par les ancêtres des actuels propriétaires, une vieille famille du cru, elle connaît un premier essor vers 1900. Son renouveau, récent, est lié à la réhabilitation de la cave en 2015 par les Boyer, qui ont pris les rênes du domaine (70 ha, dont 55 de vignes).

Merlot (60 %) et cabernet franc pour cette cuvée. Un assemblage très bordelais qui donne un vin d'une profondeur, au nez soutenu de poivron rouge, de violette, de réglisse et de fruits rouges mûrs, mâtiné d'une touche plus méridionale de tapenade d'olives noires. Suivant la même ligne aromatique, la bouche apparaît dense, puissante, solidement arrimée à des tanins fermes. De bonne garde assurément. ⧗ 2023-2027

SCEA DE CAUX, rue Louis-Guitard, 11170 Caux-et-Sauzens, tél. 04 68 26 97 39, sceadecaux@gmail.com V *r.-v.*

CIRY CATTANEO Grenache gris Deus Sol 2019 ★★

1500 | 11 à 15 €

David Ciry, œnologue conseil en France et à l'étranger, a créé son propre domaine en 2015 sur des parcelles d'altitude au-dessus de Siran et de La Livinière auxquelles se sont ajoutées en 2019 des vignes situées sur la commune de Laure-Minervois. Il y produit sur 6,5 ha plusieurs microcuvées que l'on pourra déguster avec les chocolats spécialement imaginés par Marion Cattaneo, sa femme, ou avec les tapas servies dans le bar à vin inauguré en 2019. Les vignes sont cultivées en bio (certification pour l'essentiel à partir du millésime 2016).

Née sur un terroir de grès planté de vénérables ceps de 65 ans, cette cuvée se présente dans une belle robe paille aux reflets roses. Le nez, discret mais agréable, associe la pâte de coings à une note minérale. C'est en bouche que le vin se révèle pleinement : beaucoup de volume, du gras bien balancé par une fine acidité, un boisé grillé fondu qui apporte un supplément de mâche et de relief. Du caractère et un beau potentiel. ⧗ 2021-2025

DAVID CIRY, 9, av. de la Montagne-Noire, 11800 Laure-Minervois, tél. 06 70 36 36 37, cirycattaneo@gmail.com V *r.-v.*

♥ **DOM. CRÈS RICARDS** Alexaume 2019 ★★

7000 | 11 à 15 €

Colette et Gérard Foltran ont passé la main à Jean-Claude Mas en 2010. Ce domaine fondé en 1960 est situé au lieu-dit Les Crès Ricards, au cœur des Terrasses du Larzac, sur un terroir de schistes et de galets roulés. Agrandi, il compte une quarantaine d'hectares.

Cet assemblage entre cépages girondins (merlot, cabernet-sauvignon) et méditerranéens (carignan, syrah) avait déjà charmé nos dégustateurs dans sa version 2018. Le 2019 fait mouche. Un vin profond, au nez complexe et intense : fruits noirs, thym, réglisse, café, cannelle, un heureux mariage des raisins et du bois. Un profil généreux que l'on retrouve dans une bouche corsée, dense, puissante, solaire mais jamais lourde, étayée par des tanins soyeux. Irrésistible, et pour longtemps. ⧗ 2023-2028

SARL CRÈS RICARDS, Dom. des Crès Ricard, 34800 Ceyras, tél. 04 67 90 66 51, contact@cresricards.com V *r.-v.*

VIGNOBLE DELONCA
Sauvignon Leçon n° 5 2019 ★

2700 | 5 à 8 €

Un domaine implanté depuis 1884 aux portes de Béziers, dans le village de Cers. Olivier Delonca (5e génération) est aux commandes depuis 2015. Il produit des IGP Oc et Coteaux de Béziers.

Une jeune vigne de 15 ans a donné naissance à ce vin bien typé sauvignon. Robe pâle et limpide, nez expressif de pêche blanche et d'agrumes, bouche fraîche, tonique, fruitée (citron), d'un bon volume, avec, touche plus sudiste, un peu de gras pour arrondir les angles. À boire sur le fruit. ⧗ 2020-2022

SCEA LE CHAMP DU ROY, 21, av. de la Condamine, 34420 Cers, tél. 06 18 09 13 58, contact@vignoble-delorca.com V *t.l.j. sf sam. dim. lun. 9h-12h30 16h-19h*

DOM. DES DEUX RUISSEAUX La Rosée 2019 ★

25 000 | 5 à 8 €

En 1956, Gilbert Valéry achète entre Béziers et la côte un vignoble de 30 ha établi à l'emplacement d'une ancienne villa romaine, l'agrandit et le transmet à sa famille, qui commence en 2001 la vente en bouteille. Aujourd'hui la famille exploite 2 domaines qui totalisent 150 ha : le Ch. le Thou (15 ha en AOC languedoc) et le Dom. des Deux Ruisseaux en IGP Oc.

Mi-merlot mi-grenache, ce rosé clair et saumoné s'ouvre sur des parfums intenses de fruits frais (groseille, pêche). Il poursuit sur un palais frais, équilibré et tout aussi fruité. Un bon classique pour un apéritif sous la tonnelle. ⌛ 2020-2021

SARL VALÉRY, rte de Béziers, 34410 Sauvian, tél. 04 99 41 02 74, info@famillevalery.com V r.-v.

DOM. GRAND-CHEMIN
Les Combes Cabernet-sauvignon 2018 ★

■	50 000		5 à 8 €

Au pied des Cévennes, le Dom. du Grand Chemin est exploité depuis 5 générations par la famille Floutier, de père en fils. Le vignoble s'étend sur une superficie de 70 ha.

Après un court passage de 3 mois en fût, ce vin propose un bouquet boisé de notes fumées et grillées, qui laisse poindre à l'aération des parfums gourmands de fruits cuits. Même trame aromatique dans une bouche souple, douce et fine, aux tanins fondus. On attendra un peu que le merrain se fonde. ⌛ 2021-2024 ■ **Le Faillet Viognier 2019 ★ (5 à 8 €; 20 000 b.)** Fleurs blanches, ananas, pêche : pas de doute, l'intense bouquet de ce blanc évoque bien le viognier. Du gras et de la rondeur renforcée par un côté beurré : le cépage marque aussi le palais. Un ensemble typé et cohérent. ⌛ 2020-2023

SARL JEAN-MARC FLOUTIER, Dom. du Grand-Chemin, 115, rue des Vins, 30350 Savignargues, tél. 04 66 83 42 83, contact@domainegrandchemin.fr V *t.l.j. 9h-12h 13h30-18h30*

Ⓑ DOM. GUILHEM Prestige 2019 ★★

■	17 000		8 à 11 €

Établi à Malviès, près de Carcassonne, ce domaine, commandé par un château construit à la fin du XVIIIᵉs. sur des vestiges gallo-romains, est dans la même famille depuis 1878 et 6 générations. Brigitte Gourdou-Guilhem, aux commandes pendant plus de 25 ans, a passé le relais en 2005 à Bertrand Gourdou. Aujourd'hui, ce dernier exploite 35 ha (en bio certifié depuis 2013). Une valeur sûre de l'appellation malepère.

Sauvignon (80 %) et chardonnay vinifiés séparément pour ce blanc élégant, ouvert sur de délicates senteurs de fleurs blanches et de pêche. La bouche conjugue volume, rondeur et fraîcheur sans fausse note, avec en finale une note minérale qui vient stimuler et allonger l'ensemble. ⌛ 2020-2023 ■ **Famille Guilhem Chardonnay 2019 ★ (5 à 8 €; 15 000 b.)** Une jeune vigne de 15 ans à l'origine d'un vin expressif, centré sur les fleurs blanches et les agrumes au nez comme en bouche, gras et d'un bon volume. ⌛ 2020-2023

SAS CH. GUILHEM, 1, bd du Château, 11300 Malviès, tél. 04 68 31 14 41, contact@chateauguilhem.com V *t.l.j. sf sam. dim. 9h-12h 14h-18h* Ⓔ

DOM. HAUT-BLANVILLE
Jardins d'Albisson 2018 ★★

■	3000		20 à 30 €

À partir de 1997, Bernard Nivollet, après un long parcours dans le monde de la finance et de l'entreprise, réalise un projet de vie : constituer un domaine avec son épouse Béatrice. Il dispose aujourd'hui de 70 ha à l'ouest de Montpellier : 40 ha en languedoc Grés de Montpellier et 30 en IGP. Sa démarche vise à mettre en lumière des terroirs. Elle s'inspire aussi de la biodynamie.

Fermentation et vinification en barrique pour ce «quatre quarts» de chardonnay, viognier, roussanne et marsanne. Et le bois se fait sentir dès l'approche, accompagné de notes solaires et généreuses de fruits cuits et d'autres plus fraîches et minérales. Une jolie complexité que reprend à son compte un palais ample, gras, riche, persistant. Un blanc de caractère à réserver pour la table. ⌛ 2021-2025 ■ **Perle noire 2015 ★ (20 à 30 €; 2500 b.)** Un élevage luxueux de 36 mois pour ce pur cabernet-sauvignon. Une approche très médocaine pour un vin puissant de bout en bout : nez au boisé soutenu (toast, vanille), agrémenté de notes de fruits rouges bien mûrs, bouche à l'unisson, dense, riche, tannique, avec en prime la chaleur du sud. Pour la cave assurément. ⌛ 2023-2028

SCEA DE BLANVILLE, Rieutort, rte de Gignac, 34230 Saint-Pargoire, tél. 04 67 25 22 53, info@blanville.com V *r.-v.* 5 Ⓔ

HAUT DE SÉNAUX Sauvignon 2019 ★

■	60 000		- de 5 €

Coopérative fondée en 1922, L'Ormarine – à l'époque Association des producteurs de vins blancs de Pinet – est un acteur de poids dans la défense de l'AOC picpoul-de-pinet. Après la fusion avec les caves de Villeveyrac (2009) et de Cournonterral (2014), puis en 2017 des caves de Saint-Hippolyte-du-Fort et de Vias, elle regroupe 500 coopérateurs et dispose de 2 500 ha, dont 520 dédiés au seul cépage piquepoul. Depuis 2018, 650 ha sont en Terra Vitis.

De jeunes ceps de 10 ans sont à l'origine de ce vin d'une belle intensité olfactive : fruits exotiques, citron, buis. Un profil bien sauvignonné auquel fait écho une bouche souple et fraîche, dynamisée par une touche minérale et de beaux amers en finale. Énergique. ⌛ 2020-2022

CAVE DE L' ORMARINE, 13, av. du Picpoul, 34850 Pinet, tél. 04 67 77 03 10, contact@caveormarine.com V *t.l.j. sf dim. 8h30-12h 14h-18h; juil.-août t.l.j. 8h-30-12h 14h-19h*

DOM. DE L'HERBE SAINTE Syrah Artemisia 2018 ★

■	3450		15 à 20 €

Situé dans la partie orientale du Minervois, près de Narbonne, le domaine (85 ha) a été acquis en 2001 par la famille Greuzard, originaire de Bourgogne et installée en Languedoc depuis 1980. Premier achat de vignes en 1987 et premières vinifications à la propriété en 2001. Salle de réception, de dégustation, gîte, la famille a aussi fait le pari de l'œnotourisme.

À la vue de sa robe pourpre sombre , on imagine un vin au caractère bien trempé. Et l'on n'est pas déçu : bouquet puissant et chaleureux de fruits rouges compotés sur fond de boisé grillé, bouche ample, riche, sur les fruits confiturés et le merrain vanillé. À réserver pour la cave et une viande en sauce. ⌛ 2023-2027

SARL DE L' HERBE SAINTE, rte de Ginestas, 11120 Mirepeisset, tél. 04 68 46 30 37, herbe.sainte@wanadoo.fr V *t.l.j. sf dim. 10h-12h 14h-17h; (avr.-oct. 16h-19h)* Ⓔ

LANGUEDOC

LES JAMELLES
Grenache gris La Lauze du Moulin 2019 ★★

3400 | 15 à 20 €

Badet Clément est un important groupe de négoce viticole spécialisé dans les vins de marques et de domaines de Bourgogne, du Languedoc, de la Vallée du Rhône et de Provence, créé en 1995 par les œnologues Laurent et Catherine Delaunay.

Un grenache gris provenant du nord-ouest des Corbières, fermenté pour moitié en cuves Inox, pour moitié en demi-muids. Pas de « malo » et un élevage sur lies fines. Au nez, pas de bois mais du terroir avec de délicates notes minérales de caillou mouillé, quelques touches épicées et du fruit frais. Le boisé se fait un peu plus sentir, mais avec mesure et discrétion, dans une bouche fraîche, alerte, fine et citronnée. Une belle énergie et de l'élégance. ⧗ 2021-2025

SAS BADET CLÉMENT, 1, rte de Corbières, 11800 Monze, tél. 03 80 61 46 31, contact@les-jamelles.com V r.-v.

♥ DOM. LALAURIE Marselan 2018 ★★★

8000 | 5 à 8 €

Transmis depuis 10 générations, ce domaine familial de 50 ha a démarré la mise en bouteilles à la propriété en 1974. Jean-Charles et Catherine Lalaurie sont épaulés depuis 2007 par leurs filles jumelles, Camille et Audrey. À sa carte, des vins en IGP.

Le marselan à son meilleur. Un cépage réputé donner des vins aromatiques et ronds, capables aussi de bien vieillir. C'est bien le cas ici, avec un vin ouvert sans réserve sur des parfums complexes et variés : poivre noir, camphre, groseille, myrtille, touche minérale de caillou chaud. En bouche, une attaque souple et ronde, un développement ample, riche et concentré autour de tanins soyeux, une longue finale fruitée. Un beau vin puissant et racé. ⧗ 2022-2026 **Symphonie 2018** ★ **(8 à 11 €; 2400 b.)** Une Symphonie en mode soliste, avec le seul sauvignon à l'œuvre dans cette cuvée fermentée en barrique et élevée sur lies fines pendant 8 mois. Au nez, un boisé toasté et vanillé qui enrobe le fruit (litchi). En bouche, du gras, de l'amplitude, du bois toujours et une pointe de vivacité bienvenue. Pour la cave et la table. ⧗ 2021-2025

SARL JEAN-CHARLES LALAURIE, 2, rue Le-Pelletier-de-Saint-Fargeau, 11590 Ouveillan, tél. 04 68 46 84 96, lalaurie@domaine-lalaurie.com V *t.l.j. sf dim. 10h-12h 15h-19h*

LAROCHE
Chardonnay La Chevalière 2019 ★★

2000000 | 8 à 11 €

Le Chablisien Michel Laroche s'est constitué un petit empire jusqu'au Chili et en Afrique du Sud. En Languedoc, il a acquis en 1995 le Mas La Chevalière, domaine d'environ 40 ha situé dans la vallée de l'Orb, près de Béziers, et l'a équipé d'un chai en 2003. Il y vinifie ses récoltes et des vendanges de vignerons partenaires (négoce).

Une cuvée qui n'a rien de confidentiel (2 millions de bouteilles !) et c'est tant mieux, car la qualité est aussi au rendez-vous. Un chardonnay puissant de bout en bout, au nez généreux et complexe d'ananas, de fruits blancs, de menthe et de réglisse, à la bouche aussi large que longue, dense, ronde, fruitée, soulignée par une touche minérale bien sentie. ⧗ 2020-2024 **Chardonnay Climat d'altitude L'Art des sens 2018** ★★ **(11 à 15 €; 20000 b.)** Une déclinaison du chardonnay d'altitude (terroir calcaire étagé entre 400 et 500 m), passée en barrique et en cuve. Au nez, des arômes de cédrat, de fleurs blanches, de menthe et un boisé fumé et fondu. En bouche, beaucoup de fraîcheur et de longueur, une texture tendre et soyeuse, et une note de cire d'abeille qui amène de la rondeur. Un blanc à la fois intense et élégant. ⧗ 2021-2025

SAS MAS LA CHEVALIÈRE, lieu-dit La Chevalière, 34500 Béziers, tél. 04 67 49 88 30, camille.devergeron@larochewines.com V r.-v. E

DOM. LÉVÉJEAN
Syrah 2019 ★★

2000 | 5 à 8 €

Un domaine fondé en 1947 sur l'ancien lit de l'Orb, sur un terroir de graves réchauffé par le soleil méditerranéen. La famille Prades y cultive la vigne depuis 3 générations, aujourd'hui Alban et Michèle, à la tête d'une vaste propriété de 120 ha certifiée HVE.

Une syrah en version rosée qui fait des étincelles dans sa robe lumineuse. Au nez, le bonbon anglais s'associe à la pêche pour composer un ensemble friand. La bouche ne manque de rien mais ne fait rien de trop, conjuguant harmonieuse douceur et gras mesuré, fine acidité et fruité délicat. Sage et élégant. ⧗ 2020-2021

GAEC DES PEYRALS, chem. de la Plaine, 34490 Thézan-lès-Béziers, tél. 04 99 47 86 11, contact@domainelevejean.com V *t.l.j. sf dim. 9h-12h 15h-18h*

DOM. LA LOUVIÈRE
Le Libertin 2019 ★

20000 | 8 à 11 €

C'est l'histoire d'un industriel allemand, Klaus Grohe, qui tombe sous le charme de cette région et de ce terroir de la Malepère. Installé en 1992, désormais épaulé par son fils Nicolas, il a patiemment reconstruit ce domaine dont le vignoble couvre aujourd'hui 50 ha en bio.

Le Marquis, l'Empereur, le Galant, la Muse, la Maîtresse, la Séductrice... : le domaine décline une belle galerie de cuvées aux noms évocateurs et aux étiquettes très graphiques et élégantes. Honneur au Libertin ici, un pur sauvignon qui porte beau dans sa robe pâle, fleurant bon les agrumes et les fruits exotiques, frais, alerte, minéral et citronné en bouche. ⧗ 2020-2022

KLAUS GROHE, Dom. la Louvière, 11300 Malviès, tél. 04 68 20 71 55, j.harris@domaine-la-louviere.com t.l.j. sf sam. dim. 8h-12h 14h-18h

♥ DOM. DES MAELS
Roussanne Les Matelles 2019 ★★

■	7000		8 à 11 €

Un projet de vie : jeunes œnologues, Morgane et Frédéric Laigre-Schwertz ont quitté l'Alsace pour s'installer en 2002 sur les rives du canal du Midi dans un petit domaine de 16 ha exploité en bio (certification en 2011). Les nouvelles plantations sont menées en agroforesterie (plantées d'arbres ou entourées de haies). Pâtissiers à la retraite, les parents de Morgane s'occupent des chambres et tables d'hôtes.

Plus souvent en vue pour leurs vins rouges de l'AOC minervois, le couple Laigre-Schwertz signe ici une fort jolie cuvée née de la seule roussanne, élevée majoritairement en cuve, mais avec 10 % du vin passés en barrique pendant 3 mois sur lies fines. Un bâtonnage régulier est pratiqué sur les 2 jus, visant à apporter du gras. Grâce à quoi, le vin se présente dans une belle robe jaune soutenu, le nez bien ouvert sur des notes gourmandes d'abricot, d'amande et de grillé. La bouche se révèle ample, ronde, consistante, mais sans lourdeur aucune, une fine acidité venant en soutien. Un blanc généreux, pour la table, que l'on verrait bien sur une blanquette de veau. ⧗ 2021-2025

EARL DOM. DES MAELS, 32, av. des Platanes, 11200 Argens-Minervois, tél. 04 68 27 52 29, vignoble@domainedesmaels.com V *r.-v.* 4

DOM. DE MAIRAN Cabernet franc 2018 ★

■	10 000		5 à 8 €

Lieu de naissance de Jean-Jacques Dortous de Mairan, physicien du XVIIIe s., ce domaine de 25 ha fondé à l'emplacement d'une villa romaine est conduit depuis 5 générations par la famille Peitavy, et par Jean-Baptiste depuis 2004.

Intense et chaleureux, le nez de ce cabernet franc évoque le poivre noir, le marc et les fruits mûrs agrémentés d'une petite touche animale. Le prélude à un palais souple et frais en attaque, plus large et rond dans son développement, épaulé par des tanins mûrs et bien pris dans la chair. Un vin généreux, solaire, qui évoluera bien. ⧗ 2021-2025

SCEA DOM. DE MAIRAN, Dom. de Mairan, 34620 Puisserguier, tél. 06 88 52 10 10, mairan@domainedemairan.com V *t.l.j. 9h-18h*

DOM. MARIÉ Les Callades rousses 2019 ★

■	2300		5 à 8 €

Après un passage dans le monde des SSII, Pascal Marié a opté en 2010 pour la vigne en reprenant un domaine de 65 ha, dont l'essentiel des raisins est confié à une cave coopérative, hormis un îlot de 5 ha vinifié par ses propres soins.

Un assemblage classique grenache (75 %)-syrah pour ce rosé non moins classique avec sa jolie robe pâle et saumonée, son nez friand de framboise, de pêche et de bonbon anglais, sa bouche tendre et ronde, stimulée par une juste acidité. Simple et de bon goût. ⧗ 2020-2021

PASCAL MARIÉ, av. Notre-Dame-de-Rouviège, 34230 Puilacher, tél. 06 86 76 37 64, contact@domainemarie.com V *r.-v.* E

♥ DOM. PAUL MAS Cabernet-sauvignon Syrah
Vignes de Nicole Élevé en fût de chêne 2019 ★★

■	81 000		8 à 11 €

Vigneron-négociant, Jean-Claude Mas dispose d'un vaste vignoble de plus de 600 ha en propre constitué par 4 générations, auxquels s'ajoutent les apports des vignerons partenaires (1 300 ha). Le Ch. Paul Mas se compose de 25 ha à Conas, 27 ha à Moulinas, près de Pézenas, et 80 ha à Nicole, près de Montagnac. Côté négoce, plusieurs marques : Prima Perla, Forge Estate, Arrogant Frog, Côté Mas…

Une cuvée régulièrement en vue dans ces pages, souvent étoilée. La version rouge 2019 (elle existe aussi en blanc) fait mieux encore et rejoint sa « grande soeur » de 2007, elle aussi élue coup de cœur. Vinifiés séparément, le cabernet-sauvignon (55 %) et la syrah ont ensuite été associés pour le meilleur dans ce vin d'un rouge intense et profond, au nez non moins soutenu de moka, de cacao, de réglisse, de poivre et de fruits noirs. Une palette complexe qui s'enrichit d'une note de violette dans une bouche très souple en attaque, puis dense et très fraîche, cadrée en douceur par des tanins soyeux, avec un beau retour épicé en finale. ⧗ 2022-2026 ■ **Jean-Claude Mas Viognier Le Pioch 2019 ★ (5 à 8 €; 79 656 b.)** Fermentation en barrique neuve puis 3 mois d'élevage sous bois pour ce viognier qui fleure bon le menthol, la pêche, l'abricot, le coing et la vanille du merrain. La bouche est ample, riche, chaleureuse, avec un bon boisé en soutien. À réserver pour la table. ⧗ 2021-2024

DOM. PAUL MAS, rte de Villeveyrac, 34530 Montagnac, tél. 04 67 90 16 10, info@paulmas.com V *r.-v.* 5

MAS DE LUNÈS
Syrah Secret de Lunès 2019 ★

■	50 000		8 à 11 €

Le Mas de Lunès, un mas de pierre d'architecture typiquement languedocienne, est l'un des 7 domaines des vignobles Jeanjean, le berceau, acquis dès 1936 par Maurice et Paul Jeanjean en 1936. Ces derniers ont petit à petit transformé cette partie du plateau d'Aumelas en un vignoble qui couvre aujourd'hui 45 ha cultivés en bio au milieu de 1 000 ha de garrigue.

Au nez, de puissantes notes de cerise cuite, de violette et d'eucalyptus. En bouche, du volume, de la fraîcheur et des tanins fins et soyeux. Une belle expression de la syrah languedocienne, à boire ou à attendre. ⧗ 2020-2023

MAS DE LUNÈS, BP_1, 34725 Saint-Félix-de-Lodez, tél. 04 67 88 80 00, brigitte.barreiro@vigobles-jeanjean.com V *t.l.j. sf dim. 9h-12h 14h-19h; brigitte.barreiro@vigobles-jeanjean.com*

LANGUEDOC

B MAS NEUF Sage et sauvage 2019 ★

| 50000 | | 5 à 8 € |

L'une des 7 propriétés des Vignobles Jeanjean, le Mas neuf est une presqu'île entourée d'eau, entre Méditerranée, étangs et marais, relié à la côte par une fine bande de terre ; 42 ha conduits en bio, essentiellement dédiés à la culture du muscat à petits grains.

Un assemblage de cépages à l'origine d'un blanc intense, sur la rose, les fruits exotiques, les agrumes, qui « muscate bien », résume le jury. En bouche, de la fraîcheur, un bon volume et ce même profil muscaté. ⧗ 2020-2022

VIGNOBLES JEANJEAN, BP 1, 34725 Saint-Félix-de-Lodez, tél. 04 67 88 80 21, brigitte.boreiro@vignobles-jeanjean.com V

MISS ANAÏS
Chardonnay Viognier ★

| 50000 | | - de 5 € |

Le groupe Jean d'Alibert-Chantovent est une union de producteurs du Minervois constituée en 1993. Il regroupe 6 caves, ce qui représente 1 200 vignerons et 6 000 ha. À sa carte, des vins en AOC (minervois, languedoc) et en IGP. Jean d'Alibert? Un religieux de la région de Caunes-Minervois qui, au XVIes., participa au développement des vignobles languedociens.

Chardonnay (70 %), viogner (20 %), mais aussi un peu de sauvignon dans cette cuvée couleur paille clair, au nez discret mais frais de fruits d'été, de fleurs blanches et de menthol. Une fraîcheur préservée en bouche, avec juste ce qu'il faut de gras pour enrober le tout. ⧗ 2020-2022

SA CHANTOVENT, quai du Port-au-Vin, 78270 Bonnières-sur-Seine, tél. 01 30 98 59 10, gaudart@chantovent.fr

DOM. PREIGNES LE VIEUX
Petit Verdot Prestige 2018 ★

| 12000 | | 5 à 8 € |

Entre Agde et Béziers, un terroir mis en valeur depuis les Romains, un château fortifié et aujourd'hui un vignoble de 200 ha d'un seul tenant (certifié HVE), qui s'étend en pente douce sur les coteaux du Libron. Le domaine a été acquis en 1905 par l'arrière-grand-père de la génération actuelle, ouvrier agricole enrichi par la distillation et le négoce du vin. Depuis 1990, il est conduit par Jérôme Vic, rejoint par Aurélie qui vinifie.

Une jeune vigne de 10 ans à l'origine d'un vin clair à l'œil avec sa robe rubis limpide et net au nez avec ses arômes francs de fruits rouges mûrs agrémentés d'une touche boisée de cacao et de café. La bouche est tendre, soyeuse, souple, dotée de tanins fins. Une jolie gourmandise à boire dans ses jeunes années. ⧗ 2020-2023

Paradis 2019 ★ (5 à 8 €; 50000 b.) Un Paradis rose pâle, né du seul grenache. À un joli nez de bonbon et de fraise répond une bouche ronde et enrobée, elle aussi amylique et fruitée, un brin chaleureuse en finale. ⧗ 2020-2021

SCEA PREIGNES LE VIEUX, Dom. Preignes le Vieux, 34450 Vias, tél. 04 67 21 67 82, contact@preignes.com V *r.-v.*

LES VIGNERONS DE PUIMISSON
Chardonnay 1947 2019 ★

| 15000 | | 5 à 8 € |

Créée en 1947, la cave de Puimisson compte aujourd'hui une trentaine d'adhérents pour quelque 230 ha de vignes plantés sur des terroirs soubergues, sur les contreforts du Faugérois.

Ce vin sent bon la pêche, les fleurs blanches et la résine de pin. Une palette aromatique qui s'invite dans une bouche tendre, suave, gourmande, solaire sans lourdeur. À boire sur le fruit. ⧗ 2020-2022

SCA LES VIGNERONS DE PUIMISSON, 4, rue des Pins, 34480 Puimisson, tél. 04 67 36 09 74, vignerons-de-puimisson@wanadoo.fr V *ven. 8h- 12h*

DOM. RAISSAC
Chardonnay Viognier Muscat Le Puech 2019 ★

| 8000 | | 8 à 11 € |

Au nord de Béziers, le Ch. de Raissac, implanté sur les vestiges d'une villa romaine, s'étend sur 60 ha, dont de belles terrasses villafranchiennes. En 1999, Gustave Viennet a succédé à 5 générations de vignerons sur le domaine familial; il développe l'œnotourisme et cultive la diversité, avec pas moins de 12 cépages et 5 terroirs.

Une belle robe jaune d'or habille cette cuvée au nez expressif et flatteur de fleurs blanches et de boisé grillé nuancé d'une touche minérale. La bouche offre du volume, du gras mais point trop, une fine acidité faisant la balance en finale. Un équilibre bien assuré. ⧗ 2020-2023

CH. DE RAISSAC, rte du Murviel, 34500 Béziers, tél. 04 67 28 15 61, info@raissac.com V *t.l.j. sf sam. dim. 9h-12h 13h-17h* 5

DOM. ROSE ET PAUL Malbec 2019 ★

| 7000 | | 5 à 8 € |

Les ancêtres de Gilles Foussat cultivaient la vigne à la fin du XVIIIes. Ses grands-parents, Rose et Paul, ont œuvré à la création de la coopérative locale; son père Gérard a été l'un des premiers à introduire le merlot dans la région. Quant à Gilles, il a participé activement à la reconnaissance de l'appellation malepère. Il a repris l'exploitation familiale (43 ha) et s'est installé en 2009 en cave particulière. Le vignoble est en conversion bio.

Un malbec bien né sur un terroir argilo-gréseux est à l'origine de ce vin d'une belle profondeur de robe et de nez (cerise confite, poivron rouge, garrigue, menthol, épices douces). Le palais attaque sur la fraîcheur, on y retrouve les arômes bien sudistes perçus à l'olfaction, soutenus par des tanins encore assez réactifs. Un petit passage en cave est conseillé. ⧗ 2021-2025

EARL DOM. ROSE ET PAUL, 158, chem. de la Malepère, 11290 Arzens, tél. 06 03 92 91 11, domaine@rose-paul.fr V *t.l.j. sf dim. 17h-19h*

DOM. SAHUC
Marselan Les copains de bord 2019 ★★

| 5800 | | 5 à 8 € |

Un domaine de poche de 3 ha (anciennement Dom. De Py), dans la famille de Jean-Claude Sahuc depuis 4 générations.

«Un vin à déguster avec les copains, sur terre ou en mer», explique Jean-Claude Sahuc à propos de ce marselan né d'une jeune vigne de 7 ans aux rendements faibles (moins de 40 hl/ha). La valeur n'attendant point le nombre des années, cette cuvée a fait chavirer le jury, qui avait pourtant les pieds bien sur terre. Robe rouge intense, nez subtilement floral et fruité (fraise, framboise), bouche d'une souplesse et d'un équilibre remarquables, tendre, suave et fraîche à la fois, étirée dans une longue finale réglissée : un vin que l'on emporterait bien aussi dans les airs... Le coup de cœur fut mis aux voix. ⧗ 2020-2023

JEAN-CLAUDE SAHUC, Dom. de Py, 11800 Trèbes, tél. 06 77 01 69 89, jeanclaude.sahuc@gmail.com V r.-v.

DOM. SAINTE-MARIE DES CROZES
Cabernet franc L'Outsider 2018 ★

■	10000		5 à 8 €

Après 3 générations de vignerons pluriactifs «par habitude et par héritage», Bernard Alias prend en 1997 les rênes du domaine situé sur le flanc nord de l'Alaric. Il restructure le vignoble et modernise la cave. Sa fille Christelle l'a rejoint en 2012, après une expérience à l'étranger. Aujourd'hui, 40 ha de vignes, en bio certifié depuis 2014 et en biodynamie depuis 2020.

Souvent en vue pour ses corbières, on connaît moins les IGP du domaine. Ici, un Outsider qui s'impose moins par son nez un brin sauvage (notes animales aux côtés des fruits rouges) que par son palais ample, séveux, chaleureux, aux tanins bien en place. Un peu de cave ne lui nuira pas. ⧗ 2022-2025 ■ **Dom. Sainte Marie des Crozes Sauvignon Le Clandestin 2019 ★ (5 à 8 €; 9000 b.)** Ⓑ Ce Clandestin n'a rien à cacher. Au contraire, il respire le sauvignon bien né, bien typé : buis, fruits exotiques, note crayeuse. La bouche est tendue comme il se doit, avec un peu de gras pour arrondir les angles et une légère amertume en finale. ⧗ 2020-2022

SARL SAINTE-MARIE DES CROZES, 50, av. des Corbières, 11700 Douzens, tél. 06 59 00 67 90, d.alias11@orange.fr V r.-v.

DOM. SIBILLE Syrah 2018 ★★

■	3600		8 à 11 €

Un domaine qui avait arrêté la mise en bouteilles depuis 2011, repris en 2015 par les Alsaciens Barbara et Pierre Sibille, la première œuvrant dans la fonction publique, le second œnologue pendant 22 ans en cave coopérative à Ingersheim. Une nouvelle page méridionale au pied de la Montagne Noire à coups de pioche dans le vignoble (15 ha), de restauration du vendangeoir et de la cuverie, de réhabilitation des bâtiments... Au chai, peu de sulfites et pas d'élevage bois.

Une très belle entrée dans le Guide pour le couple Sibille avec une syrah vendangée à la main, bien engageante dans sa robe noire et profonde. Le prélude à un nez intense et nuancé d'épices, de fruits noirs et de cuir, et à un bouche fraîche, ample, dense, longue, poivrée à souhait et dotée de tanins très fins. «Très syrah», conclut un jury sous le charme. ⧗ 2021-2025

EARL DOM. SIBILLE, 3, av. des Bentoulades, 11800 Laure-Minervois, tél. 06 82 80 97 41, domainesibille@gmail.com V r.-v.

TERRA MERIDIA Chardonnay 2019 ★

■	20000		- de 5 €

Fondée en 2002, Moncigale est une marque ombrelle du groupe alcoolier Marie Brizard, destinée à la grande distribution.

Terra Meridia est une nouvelle gamme de Moncigale créée en 2020. Son nom évoque la situation entre terre et mer de l'Occitanie. Dans le verre, un chardonnay d'une belle brillance, au nez généreux de fruits blancs gorgés du soleil languedocien, au palais gras et tout aussi solaire, rafraîchi par une fine vivacité aux tonalités citronnées. ⧗ 2020-2022

SAS MONCIGALE, 6, quai de la Paix, 30300 Beaucaire, tél. 04 66 59 74 39, aurelie.saadi@mbws.com

VERMEIL DU CRÈS Sauvignon 2019 ★

■	6700		- de 5 €

Située près de Béziers à 3 km d'«éco-plages», la coopérative de Sérignan, fondée en 1935, regroupe quelque 1 000 ha de vignes établies sur les plateaux caillouteux de cette commune et des villages de Vendres et de Sauvian.

Zeste de citron vert, buis, fleurs blanches : nous ne sommes pas perdus, c'est du sauvignon dans le verre. En bouche, pas de doute non plus : de la vivacité, de la nervosité même, un fruité soutenu d'agrumes, une jolie pointe de salinité en finale. De l'énergie comme espéré. ⧗ 2020-2022 ■ **Muscat sec 2019 ★ (5 à 8 €; 44500 b.)** Au nez, l'exotisme est de mise (litchi, mangue), quelques notes florales (acacia) et acidulées (bonbon) en appoint. En bouche, du fruit toujours, de la fraîcheur, un bon volume et une longueur très honorable. ⧗ 2020-2022

SCAV DE SÉRIGNAN, 114, av. Roger-Audoux, 34410 Sérignan, tél. 04 67 32 24 82, gestion@vignerons-serignan.com V *t.l.j. sf dim. 9h-12h 15h-18h*

VILLA BLANCHE Chardonnay 2019 ★★

■	350000		8 à 11 €

Laurent Calmel, œnologue, s'est associé avec Jérôme Joseph pour fonder en 1995 une maison de négoce spécialisée dans les vins de terroir du Languedoc-Roussillon. Le duo a lancé son étiquette en 2007. Il sélectionne les parcelles, vinifie et élève les cuvées.

Après 3 mois de barrique, ce chardonnay né (et bien né) de jeunes vignes (15 ans) plantées sur un terroir volcanique et argilo-calcaire présente un bouquet varié de vanille, de beurre frais, d'épices, d'agrumes et de fruits blancs. Un petit air de Bourgogne non? La bouche pourrait être murisaltienne : du gras, de la rondeur, une texture élégante, toujours ce côté beurré typique du cépage, un boisé torréfié et une fine fraîcheur en soutien, mais avec tout de même cette suavité solaire bien méridionale en prime. Au final, un vin complet et complexe. ⧗ 2021-2024

DOM. CALMEL ET JOSEPH, chem. de la Madone, 11800 Montirat, tél. 04 68 72 09 88, contact@calmel-joseph.com V r.-v. Ⓔ

LANGUEDOC

VILLA NORIA
Cabernet-sauvignon Grand Prestige 2019 ★★

100000 | 8 à 11 €

Un domaine créé de toutes pièces en 2010 par quatre jeunes vignerons : 43 ha de vignes nichés entre mer et contreforts montagneux, sur des terroirs basaltiques, entre Pézenas et Montagnac. L'engagement en agriculture biologique (certifiée) concerne tous les aspects de la propriété, de l'eau aux paysages. Depuis 2019, deux partenaires ont quitté l'aventure et c'est désormais le duo Fabien Gross-Cédric Arnaud qui est aux commandes.

Suite aux aléas climatiques de 2017 (gel de printemps) et 2018 (mildiou), le domaine a souffert financièrement, d'où le départ de deux des quatre vignerons à l'origine du domaine. Espérons que ces étoiles étoiles leur apporteront baume au cœur... Car le vin est diablement bon : nez intense de fruits rouges et noirs relevés de fines notes d'herbe fraîche et d'épices, bouche suave, intense, généreuse, aux tanins fermes. Du muscle et du soleil. ⧗ 2022-2025

SCEA VILLA NORIA, L'Hortevieille, 34530 Montagnac, tél. 06 84 80 33 98, carnaud@domaine-noria.com r.-v.

DOM. LA VIVARELLE
Madame Rêve 2019 ★★

1600 | 8 à 11 €

Un domaine jeune fondé par 2 Tourbains, Eliette et Patrice Martinez, qui ont réuni et fait fructifier les vignes de leurs parents respectifs : 27 ha aujourd'hui sur les terroirs de Tourbes et de Cabrières. Leur fille, Audrey, œnologue comme son père, les a rejoint en 2014.

Un hommage à Alain Bashung ? Madame Rêve « en bouteille » est en tout cas une bien jolie mélodie née de grenache blanc, vermentino, roussanne et chardonnay. Au nez, une fine minéralité (silex) accompagne des parfums de noisette et d'agrumes. En bouche, du volume, de la fraîcheur mais aussi du gras, une texture fine et un beau retour du minéral et des fruits secs. Un ensemble des plus harmonieux. ⧗ 2020-2023

SCEA VIVARELLE, 4, chem. de la Rivière, 34120 Tourbes, tél. 04 67 98 26 09, scea-vivarelle@orange.fr r.-v.

IGP SABLE DE CAMARGUE

♥ DOM. LE PIVE
Ma Bohème Gris de Gris 2019 ★★

20000 | 11 à 15 €

Entre étangs et marais de la petite Camargue, cet îlot de 50 ha de vignes, propriété du groupe Jeanjean, entoure la magnifique Chapelle de Pive, trésor d'architecture néo-romane du XIXe s.

Un robe logiquement très pâle pour ce pinot gris vinifié en « gris » et un nez volubile, frais et tonique déclinant les agrumes et les fruits blancs. Tout aussi allègre et vivace, la bouche enchante par sa légèreté et par l'intensité de ses saveurs acidulées très croquantes. Aucune fausse note dans ce parfait rosé d'apéritif, digeste et éclatant. ⧗ 2020-2021 **Gris 2019 ★ (8 à 11 €; 400000 b.)** Très pâle de robe, ce rosé bio offre un nez discret mais gourmand de fruits frais et d'agrumes, et une bouche ronde, de bon volume, aux saveurs acidulées et dotée d'une agréable finale saline. ⧗ 2020-2021

SAS MAS DE PIVE, Dom. le Pive, Montcalm, 30600 Vanvert, tél. 04 67 88 80 00, brigitte.barreiro@vignobles-jeanjean.com *t.l.j. sf dim. 9h-12h 14h-19h*

IGP SAINT-GUILHEM-LE-DÉSERT

DOM. CAUSSARELLE
Val de Montferrand Tête de mule 2018 ★

4500 | 8 à 11 €

Après une première carrière dans un bureau d'étude, Maxence Panchau, fils de vigneron, crée à 32 ans le Dom. Caussarelle, à Vacquières dans l'Hérault (là où il est né), grâce au financement participatif de Terra Hominis. Ses 116 « associés » lui ont permis d'acquérir 6 ha d'un seul tenant, plantés en cépages rouges uniquement et en conversion bio.

Maxence Panchau fait son entrée dans le Guide avec ce 100 % merlot vinifié sans soufre ajouté. Fruits rouges confits, pruneau, chocolat, pain d'épices, olive noire : le nez ne manque ni de parfums ni de soleil. On retrouve cette complexité dans une bouche puissante et capiteuse, à la structure bien fondue. Un vin très plaisant, voluptueux, gourmand. ⧗ 2020-2023

MAXENCE PANCHAU, Dom. Caussarelle, 14, chem. des Cammaous, 34270 Vacquières, tél. 06 75 94 20 13, panchau.maxence@gmail.com r.-v.

IGP COLLINES DE LA MOURE

DOM. MASPIQUET
Cuvée Athéna 2018 ★

1250 | 8 à 11 €

Situé à Grabels, aux portes de Montpellier, le Dom. Maspiquet (15 ha en bio certifié) est l'exploitation pédagogique du lycée agricole Frédéric Bazille-Agropolis.

Un assemblage original de petit verdot et de marselan, et 12 mois de fût pour ce rouge au bouquet très épicé. Encore jeune, la bouche a tout pour bien vieillir : un fruit plus expansif qu'au nez, un corps d'un bon volume, des tanins encore « collants » mais bien proportionnés et une longueur honorable. À ouvrir après un bref séjour en cave. ⧗ 2021-2024

EPLEFPA MONTPELLIER-ORB-HÉRAULT, Dom. Maspiquet, ancienne rte de Ganges, 34790 Grabels, tél. 06 84 71 86 71, guillaume.alepee@educagri.fr *mer. jeu. 13h30-19h*

IGP VICOMTÉ D'AUMÉLAS

DOM. DE PUILACHER Chemin de Nougou 2015 ★

■ | 2500 | | 11 à 15 €

Propriété de la famille Fages depuis le XVIe s., ce domaine de 38 ha doit son nom au village éponyme où il est établi.

80 % de carignan et un long élevage en fût pour ce 2015 toujours en forme, aux francs arômes de fruits surmûris et d'épices douces. Le temps a joliment patiné la texture et arrondi des tanins bien présents qui donnent du relief à une bouche par ailleurs capiteuse et chaleureuse. Il est à point aujourd'hui mais a encore un peu de réserve. ⧗ 2020-2023

SCEA DOM. DE PUILACHER,
70, av. Notre-Dame-de-Rouviège, 34230 Puilacher,
tél. 04 67 96 72 33, contact@domainedepuilacher.fr
V *t.l.j. sf sam. dim. 9h-12h 14h-18h*
D

LANGUEDOC

LE ROUSSILLON

Le Roussillon viticole, qui correspond au département des Pyrénées-Orientales, est un vaste amphithéâtre aux terroirs multiples, cerné de massifs montagneux, une sorte d'île terrestre bordée au nord par les Corbières, par le massif du Canigou à l'ouest, par les Albères au sud et, à l'est, par la Côte Vermeille et ses vignobles plongeant dans la Méditerranée. Le tout balayé par la Tramontane.
Il est très proche du Languedoc voisin par son climat méditerranéen, son histoire, son encépagement très varié et les styles de vins. La différence est avant tout culturelle : le Roussillon est en majeure partie catalan.
La production du plus méridional des vignobles de France se partage entre de superbes vins doux naturels, qui ont fait sa réputation, et des vins secs : rouges aux multiples facettes, rosés généreux et, de plus en plus, blancs vifs.

Principaux **millésimes** dégustés dans cette **édition**

TYPES DE VIN	CARACTÉRISTIQUES DU MILLÉSIME	QUALITÉ DU MILLÉSIME
Blancs 2019	Des vendanges assez tardives, pluviométrie déficitaire et un été caniculaire. La fraîcheur nocturne d'août et les pluies de septembre ont été salutaires : peu de raisins mais un très bon état sanitaire. Les blancs sont excellents, très expressifs, exotiques et fruités, frais et équilibrés.	★★★★☆
Rouges 2018	Des situations disparates selon les secteurs mais globalement une année marquée par un printemps très humide, un mildiou sévère, un été caniculaire et sec, un gros travail à la vigne. Deux types de rouges : certains fruités, souples, d'une bonne fraîcheur malgré la chaleur estivale ; d'autres plus extraits avec des tanins présents, mais pas de grande garde.	★★★☆☆
Blancs 2018	Des blancs plus légers qu'à l'accoutumée, mais de bonne qualité dans l'ensemble, avec de la fraîcheur et du croquant.	★★★☆☆
Rouges 2017	Un millésime peu volumineux, très précoce en raison de températures plus élevées que la moyenne. Les rouges sont généreux en fruit, délicats, soyeux dans leurs tanins.	★★★★☆

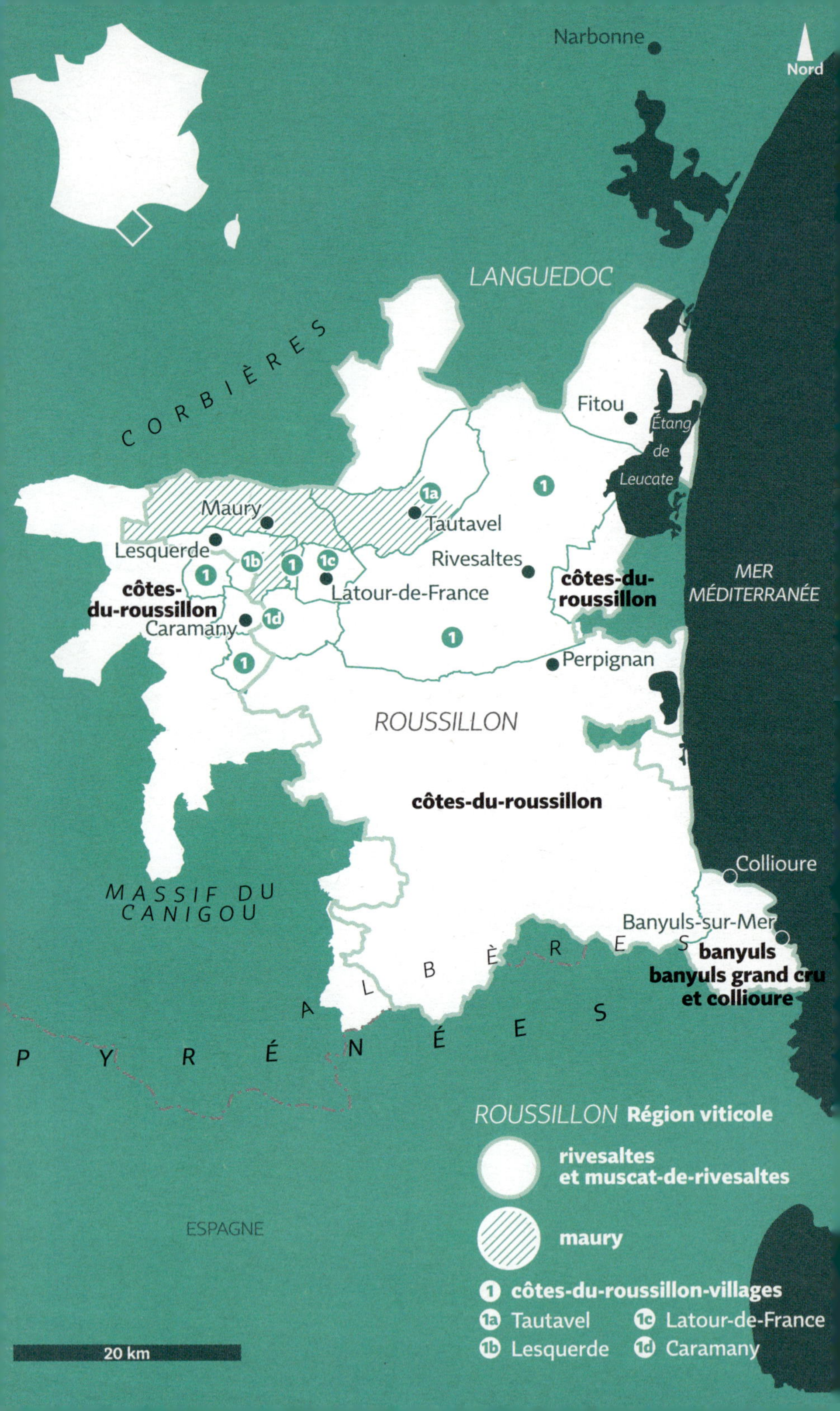

Narbonne
Nord
LANGUEDOC
CORBIÈRES
Fitou
Étang de Leucate
Maury
Tautavel
Lesquerde
Rivesaltes
Latour-de-France
côtes-du-roussillon
côtes-du-roussillon
Caramany
MER MÉDITERRANÉE
Perpignan
ROUSSILLON
côtes-du-roussillon
Collioure
MASSIF DU CANIGOU
Banyuls-sur-Mer
ALBÈRES
banyuls
banyuls grand cru
et collioure
PYRÉNÉES
ESPAGNE
ROUSSILLON Région viticole
rivesaltes et muscat-de-rivesaltes
maury
1 côtes-du-roussillon-villages
1a Tautavel
1b Lesquerde
1c Latour-de-France
1d Caramany
20 km

Le **vigneron** de l'année

Laurent **Dal Zovo**

(Dom. de Vial-Magnères)

Olivier et Chrystel Sapéras pilotent le Dom. Vial-Magnères, hissé au sommet des appellations du Roussillon par leur père Bernard Sapéras, disparu en 2013. Entretien avec Laurent Dal Zovo, œnologue, associé depuis 2016 à la fratrie Sapéras, dans la gestion d'une superbe propriété viticole installée sur la façade maritime de Banyuls et Port-Vendres.

• Pouvez-vous nous expliquer le principe de la solera utilisé pour votre banyuls ambré ?
Le principe de ce type de vinification vient d'Andalousie. Il consiste à refaire régulièrement le niveau de vins mis en barriques vieilles. La mise en place technique consiste à empiler des barriques remplies de vins de millésimes différents, échelonnés sur plusieurs hauteurs. La rangée la plus basse, contenant le vin le plus vieux s'appelle solera, celle du dessus appelée criadera, le plus jeune.

• Comment les opérations se déroulent-elles ?
Dans le système dit oxydatif, les barriques ne sont jamais pleines afin de laisser une surface conséquente avec l'air. Dès que l'on prélèvera du vin de la solera pour la mise en bouteilles, on ajoutera du vin de la criadera du haut, et ainsi de suite, pour qu'il y ait plusieurs millésimes dans la criadera, « assembleuse ». Avec une base constante de vin d'un demi-siècle pour la solera. Il y a, toujours, au final, et avant la mise en bouteille, trois millésimes en ordre de bataille.

• Et l'assemblage ? Comment cela se passe-t-il ?
C'est minutieux. Il se fait à coup de dizaines de litres. Petit à petit. Il faut goûter souvent...

• Plutôt agréable, non ?
Certes ! Ces dégustations répétées sont avant tout des repères, des guides utiles. Le but étant de présenter un vin toujours identique à lui-même, signature du « style maison solera ».

• Sur le marché, l'originalité gustative des banyuls Solera issus de grenache blanc et gris, a un succès fou ...
Pas seulement les soleras ! C'est à André Magnères – la cuvée éponyme lui rend hommage – et à son gendre Bernard Sapéras que l'on doit l'engouement pour le rancio et aussi la réussite de l'appellation collioure blanc. L'antériorité, ça aide ! Et comment ne pas citer André, l'aïeul, et sa fille Andrée, 95 ans aujourd'hui, à qui l'on doit l'envol du domaine, dû en particulier à des cuvées fétiches dont les mémoires sont imprégnées. Je me sens plutôt fier d'apporter aujourd'hui ma contribution à cette notoriété.

Le coup de cœur

- **Banyuls ambré Cuvée Bernard Sapéras**
- **Banyuls grand cru Cuvée André Magnères 2007**

Le **Roussillon** en un clin d'œil

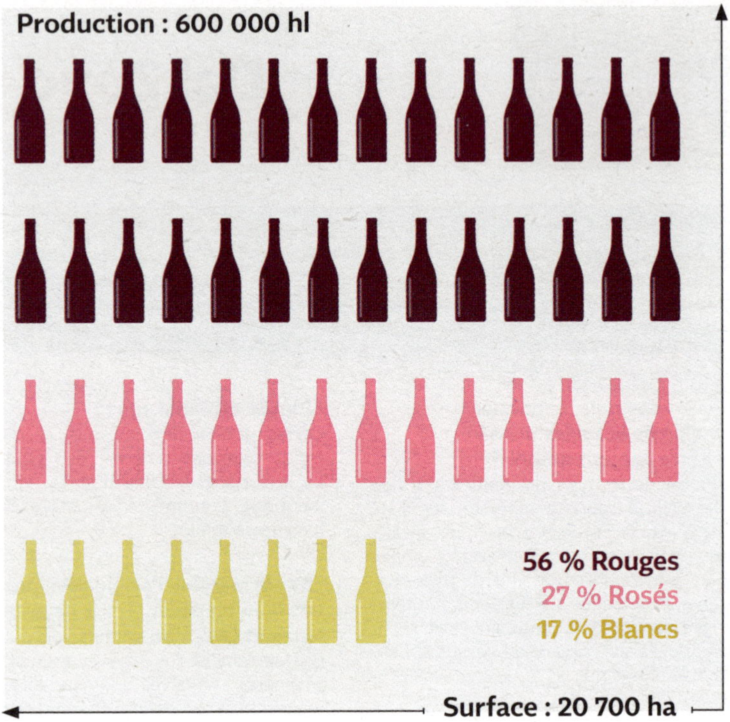

Types de vins

Principaux **cépages**

Grenache noir	Syrah	Carignan
Mourvèdre	Lledoner pelut	Grenaches gris et blanc
Macabeu	Malvoisie du Roussillon	Roussanne
Marsanne	Vermentino	Muscats à petits grains et d'Alexandrie

Hiérarchie des vins

1 AOC RÉGIONALE
(côtes-du-roussillon)

1 AOC SOUS-RÉGIONALE
(AOC côtes-du-roussillon-villages), éventuellement spécifiée par l'une des 5 dénominations (Tautavel, Lesquerde, Latour-de-France, Caramany, Les Aspres)

2 AOC COMMUNALES
(collioure, maury sec)

5 AOC VINS DOUX NATURELS
(rivesaltes, muscat-de-rivesaltes, maury, banyuls et banyuls grand cru)

3 IGP (côtes catalanes, côte vermeille, oc) : 40 % des volumes de vins secs produits

Un peu d'**histoire**

- **VIIe s. av. J.-C. :** implantation de la vigne sous l'impulsion des marins grecs attirés par les richesses minières de la côte.
- **XIIIe s. :** essor de la viticulture. Mise au point de la technique du mutage des vins à l'alcool par Arnaud de Villeneuve, médecin et professeur à l'université de Montpellier.
- **XIXe s. :** développement du vignoble.
- **1863 :** crise du phylloxéra, puis de l'oïdium. Le vignoble de plaine est détruit en partie. Nouvelles plantations en coteaux. Production de vins légers destinés au coupage avec les vins d'Afrique du Nord. Les vins doux naturels servent de matière première à l'élaboration d'apéritifs aromatisés.
- **1936 :** reconnaissance en AOC des vins doux naturels.
- **1971 :** reconnaissance de l'AOC collioure.
- **1977 :** reconnaissance de l'AOC côtes-du-roussillon et côtes-du-roussillon-villages.

Mots-clés du Roussillon

1 Vin doux naturel

Vin de liqueur issu du mutage à l'alcool vinique à 96 % vol. du moût en cours de fermentation. Au XIIIe s., Arnaud de Villeneuve, médecin catalan de l'université de Montpellier, découvre le mutage (arrêt de la fermentation par ajout de liqueur), principe qui encore utilisé aujourd'hui.

2 Ambré

Désignation des rivesaltes, banyuls, maury ou rasteau blancs élevés au moins 3 ans en milieu oxydatif et qui ont pris une couleur orangée.

3 Tuilé

Désignation des rivesaltes, banyuls, maury ou rasteau rouges élevés au moins 3 ans en milieu oxydatif et qui ont pris une couleur orangée.

4 Rimage

Banyuls millésimé mis en bouteille précocement et protégé de l'oxydation pour conserver son fruité et une couleur rubis, à la différence de ceux élevés en milieu oxydatif. Appelé aussi « vintage » (maury, porto).

5 Hors d'âge

Vin doux naturel élevé pendant au moins 5 ans en milieu oxydatif.

6 Mutage sur grains

Ajout d'alcool vinique à 96 % vol. avant pressurage pour interrompre la fermentation et préserver un taux de sucre élevé.

7 Solera

Méthode de vieillissement durant lequel les vins se mélangent les uns aux autres indépendamment de leur âge, en passant d'un fût à l'autre.

8 Bonbonnes de verre

Contenant utilisé pour l'élevage oxydatif des vins doux naturel en plein air, au soleil.

9 Rancio

Palette aromatique de fruits surmûris, d'amande, de noix, de café et d'épices. Balsamique et empyreumatique, le « goût de rancio » est recherché dans les vins doux naturels.

10 Rancio sec

Caractère particulier pris par certains vins doux naturels (fruits surmûris, amande, café, noix surtout) au cours de leur vieillissement.

▶ CÔTES-DU-ROUSSILLON ET CÔTES-DU-ROUSSILLON-VILLAGES

Ces deux appellations s'étendent dans les Pyrénées-Orientales – la région historique du Roussillon. L'aire la plus étendue, celle des côtes-du-roussillon, produit des vins dans les trois couleurs, tandis que les côtes-du-roussillon-villages sont toujours rouges.
Les côtes-du-roussillon blancs sont produits principalement à partir des cépages macabeu et grenache blanc, complétés par le grenache gris, la malvoisie du Roussillon, la marsanne, la roussanne et le rolle, et vinifiés par pressurage direct. Bien méditerranéens, finement floraux (fleur de vigne), ils accompagnent les fruits de mer, les poissons et les crustacés. Les vins rosés et les vins rouges sont obtenus à partir d'au moins trois cépages, le carignan (50 % maximum), le grenache noir, la syrah et le mourvèdre constituant les cépages principaux. Tous ces cépages (sauf la syrah) sont conduits en taille courte à deux yeux. Souvent, une partie de la vendange est vinifiée en macération carbonique, notamment le carignan qui donne, avec cette méthode de vinification, d'excellents résultats. Les vins rouges sont fruités, épicés et riches. Les rosés, vinifiés obligatoirement par saignée, sont aromatiques, corsés et nerveux.
Au sud de Perpignan, depuis 2003, on produit des côtes-du-roussillon-Les-Aspres, une dénomination attribuée aux vins rouges après identification parcellaire.
Les côtes-du-roussillon-villages sont localisés dans la partie septentrionale du département des Pyrénées-Orientales; ils s'enrichissent de quatre dénominations reconnues pour leur terroir particulier : Caramany, Lesquerde, Latour-de-France et Tautavel. Gneiss, arènes granitiques et schistes confèrent aux vins une richesse et une diversité qualitatives que les vignerons ont bien su mettre en valeur. Les côtes-du-roussillon-villages varient selon la nature de leur terroir mais affichent toujours de beaux tanins, fins pour les terroirs acides, plus solides sur schistes et argilo-calcaires; certains peuvent se boire jeunes, d'autres gagnent à être gardés quelques années; ils développent alors un bouquet intense et complexe.

CÔTES-DU-ROUSSILLON

Superficie : 5 770 ha
Production : 215 500 hl (98 % rouge et rosé)

ARNAUD DE VILLENEUVE N° 153 2019 ★★

■	25600		5 à 8 €

Résultant de la fusion de 3 caves, cette coopérative porte le nom de l'inventeur des vins doux naturels, Arnaud de Villeneuve. Elle rassemble 320 viticulteurs de Salses, de Rivesaltes et de Pézilla-la-Rivière, qui cultivent quelque 2 000 ha de vignes (dont 125 ha en bio) répartis sur 26 communes et des terroirs variés.

Un vin très pâle, à l'approche timide, mais qui s'exprime à l'aération sur des notes de fleurs blanches, un soupçon d'agrumes et une pointe vive d'herbe fraîche. Ample et de bonne longueur sur des notes de fruits exotiques et de pivoine, il bénéficie de la fraîcheur attendue. Pour un turbot grillé. ⧗ 2020-2021 ■ **Ch. Pézilla Premium 2019 ★★ (5 à 8 €; 7776 b.)** Séducteur au premier regard dans sa robe or très pâle, ce 2019 l'est aussi dans son expression florale, bientôt nuancée de notes d'agrumes et de miel. L'équilibre se réalise au palais et la finale se prolonge harmonieusement. ⧗ 2020-2024

ARNAUD DE VILLENEUVE, 153, RD 900, 66600 Rivesaltes, tél. 04 68 64 06 63, contact@caveadv.com V t.l.j. sf dim. 9h30-12h30 14h30-18h30

L'ARQUE 2018 ★

■	3000		11 à 15 €

Un domaine né en 2017 de la rencontre entre Pierre Alquier (Dom. Alquier) et Jérémy Fourquet, « chercheur de goûts », aux pieds des Albères, à 160 m d'altitude sur une terrasse caillouteuse du quaternaire.

Entre pomélo et fleurs blanches, avec une touche de noisette, ce 2018 se positionne comme un vin rond à souhait, mais non dénué de fraîcheur. Son équilibre n'est jamais remis en cause d'un bout à l'autre de la dégustation. ⧗ 2020-2024

L' ARQUE, Dom. Alquier, 66490 Saint-Jean-Pla-de-Corts, tél. 06 12 52 95 00, contact@larque.fr V r.-v.

B DOM. BOUCABEILLE Les Orris 2018 ★

■	2000		20 à 30 €

Un domaine de 35 ha sur la colline schisteuse de Força Réal. Les vignes, situées à une altitude de 150 à 400 m, sont conduites en agriculture biologique depuis 2008. Côtes-du-roussillon-villages et rivesaltes y sont produits.

Voici un vin construit pour une garde de 2 ou 3 ans, en attendant le poisson sauce au beurre blanc avec câpres. Un accord vif et doux, histoire d'accompagner la puissance et le moelleux du vin, la note florale miellée et le grillé épicé des barriques. Enfin, pour titiller la pointe savoureuse d'amertume et la fraîcheur des accents de cédrat de la finale. ⧗ 2020-2023

JEAN BOUCABEILLE, RD 614, rte de Millas, 66550 Corneilla-la-Rivière, tél. 04 68 61 30 20, domaine@boucabeille.com V r.-v.

DOM. BOUDAU Le Clos 2019 ★★

■	32000		8 à 11 €

Véronique Boudau et son frère Pierre sont à la tête du domaine familial depuis 1993. Ils ont décidé de donner un nouveau souffle à la propriété, qui couvre quelque 60 ha sur d'excellents terroirs, à l'entrée de la vallée de l'Agly. Le pari est réussi : la totalité de la production est mise en bouteilles et commercialisée, notamment dans un réseau de restaurants et de cavistes. Une valeur sûre, qui a engagé la conversion bio de son vignoble.

Il a l'apparence de la cerise burlat, mais il en a également les arômes. S'y ajoutent la mûre en confiture relevée par une note fraîche de cassis. La bouche est ample et généreuse : le fruit se croque, les tanins se fondent dans la douceur du fruit et une fraîcheur mentholée. La finale relevée revient sur la cerise. C'est puissant, éclatant et apte à la garde. ⧗ 2020-2026 ■ **Le Clos 2019 ★ (8 à 11 €; 8000 b.)** Un rosé tendre aux notes élégantes de framboise. La vivacité est son atout. ⧗ 2020-2021 ■ **Le Clos 2019 ★ (8 à 11 €; 13000 b.)** Des notes d'églantine et de pêche jaune annoncent la bouche opulente et riche de ce vin accueillant. ⧗ 2020-2022

ROUSSILLON

DOM. BOUDAU, 6, rue Marceau, 66600 Rivesaltes, tél. 04 68 64 45 37, contact@domaineboudau.fr
t.l.j. sf dim. 10h-12h 15h-18h; hiver sam. 10h-12h

CH. DE CALADROY Damoiselle 2019 ★★

	12 000		5 à 8 €

Une forteresse médiévale qui gardait la frontière entre le royaume de France et celui d'Espagne. De la terrasse du château, on découvre un panorama exceptionnel : au loin, la mer, le Canigou; en contrebas, les vignes (130 ha) et les oliviers (7 ha). La chapelle du XIIes. accueille le caveau de dégustation.

Un rosé framboise, finement floral et fruité. L'expression des tanins et la légère amertume aux accents d'agrumes contribuent à son charme au palais, car la matière est bien ronde et pleine. Et les arômes de poursuivre leur essor en finale. 2020-2021 **Rosé des Vents 2019 ★★ (8 à 11 €; 12 000 b.)** Composé à parité de syrah, de grenache et de carignan, ce rosé de teinte soutenue (framboise) « explose » sur la grenade, la fraise, la cerise. Le palais est ample, riche de fruit frais, porté par la fraîcheur du pamplemousse. 2020-2021 **Passion Rosé 2019 ★ (8 à 11 €; 13 000 b.)** Un rosé couleur saumon léger, riche de notes florales et d'accents de petits fruits rouges, une touche de poivre en plus. Il a de la présence au palais et laisse le souvenir du raisin frais. 2020-2021

CH. DE CALADROY, Ch. de Caladroy, 66720 Bélesta, tél. 04 68 57 10 25, chateau.caladroy@wanadoo.fr
t.l.j. sf dim. 9h-12h 13h-19h

CH. DE CALCE 2019 ★

	1200		5 à 8 €

Au nord-ouest de Perpignan, sur la rive gauche de l'Agly, le village vigneron de Calce hésite entre schistes et calcaires, entre plaine et collines. En son sein, une forteresse médiévale. Fondée en 1932, la coopérative est forte des 213 ha de ses 35 adhérents. En mai, elle organise une journée portes ouvertes festive : « Les caves se rebiffent ».

La minéralité l'emporte ici sur le fruit, mais laisse une place aux senteurs florales d'aubépine, de pivoine et de rose. Un joli volume se dessine en bouche, avec la rondeur du grenache et une touche de fruits exotiques. Puis reviennent la rose et les agrumes qui donnent une touche douce-amère très originale en finale. 2020-2022

SCV LES VIGNERONS DU CH. DE CALCE, 8, rte d'Estagel, 66600 Calce, tél. 04 68 64 47 42, scvcalce@orange.fr r.-v.

DOM. CAZES 2019 ★★

	100 000		11 à 15 €

Fondation en 1895, premières mises en bouteilles en 1955 et une croissance continue. Aujourd'hui, un domaine de 220 ha entièrement conduit en biodynamie depuis 2005. À sa carte, toutes les AOC du Roussillon, des IGP, tous les styles de vin. Dans le giron du groupe Advini depuis 2004.

Un vin sur le fruit frais, qui surprend par sa souplesse, son caractère gouleyant et sa finale marquée par la fraîcheur de l'eucalyptus. 2020-2023 **John Wine 2019 ★★ (11 à 15 €; 50 000 b.)** Un vin sans sulfites, de couleur sombre. Très aromatique, il libère les senteurs de violette et de réglisse de la syrah, ainsi qu'un fruité noir et des accents de tapenade. L'attaque suave revêt cette note réglissée de Zan. Puis l'on perçoit beaucoup de profondeur et de volume en cœur de bouche. L'équilibre se réalise entre rondeur et fraîcheur, avant un retour sur les fruits noirs (mûre). 2020-2025

SCEA CAZES, 4, rue Francisco-Ferrer, 66600 Rivesaltes, tél. 04 68 64 08 26, info@cazes.com
t.l.j. sf dim. 9h-12h 14h-18h30

M. CHAPOUTIER 2018 ★★★

	n.c.		8 à 11 €

Cette vénérable (XIXes.) et incontournable maison, mise sur orbite internationale par Michel Chapoutier à partir des années 1990, propose une large gamme issue de ses propres vignes (345 ha, en biodynamie) ou d'achats de raisin dans la plupart des appellations phares de la vallée du Rhône, et aussi en Roussillon et en Alsace.

Un vin or vert brillant, très floral, entre magnolia et jasmin, agrémenté de nuances épicées. Souple en attaque, le palais se révèle ample, onctueux et gras. Une touche de fruits exotiques (ananas) apporte de la fraîcheur à la longue finale. 2020-2024

SA M. CHAPOUTIER, 18, av. du Dr-Paul-Durand, 26600 Tain-l'Hermitage, tél. 04 75 08 28 65, chapoutier@chapoutier.com r.-v.

DOM. DES CHÊNES Les Magdaléniens 2017 ★

	4000		11 à 15 €

Propriété créée au XVIIIes, le domaine des chênes a vu se succéder plusieurs générations de la famille Razungles. Les vins sont produits dans le pittoresque cirque des falaises de Vingrau. Aujourd'hui, Alain et sa fille Marion perpétuent la tradition familiale dans l'enceinte de ce vieux mas catalan.

Du miel et des fleurs, de la vanille aussi… Jolis arômes qui se prolongent au palais. L'équilibre est atteint et l'élégance demeure. 2020-2023

DOM. DES CHÊNES, 7, rue Mal-Joffre, 66600 Vingrau, tél. 04 68 29 40 21, domainedeschenes@wanadoo.fr r.-v.

CLOS DES VINS D'AMOUR Idylle 2019 ★

	15 000		11 à 15 €

Christine et Nicolas Dornier, tous deux œnologues, se sont associés à Christophe et Laurence Dornier pour reprendre en 2002 les vignes cultivées par la famille depuis 1860. Les 2 couples ont quitté la coopérative en 2004 pour créer le Clos des Vins d'amour. Leur domaine (26 ha en bio) s'étend sur les terroirs schisteux de Tautavel, de Maury et de Saint-Paul-de-Fenouillet.

Au nez de pêche blanche, de pomélo et d'amande fraîche répond une bouche pleine, onctueuse et chaleureuse. Une touche de perlant apporte une pointe de fraîcheur bienvenue. 2020-2023

SCEA VIGNOBLES DORNIER, 3, rte de Lesquerde, 66460 Maury, tél. 06 13 24 87 75, maury@closdesvinsdamour.fr r.-v.

CH. DE CORNEILLA Héritage 2019 ★

	20 000		5 à 8 €

Célèbre pour les exploits olympiques de Pierre en hippisme et de Christian en escrime, la famille Jonquères

d'Oriola est installée depuis 1485 au Ch. de Corneilla bâti par les Templiers au XIIes. et conduit 78 ha de vignes. William, qui a rejoint en 2010 son père Philippe après un «tour du monde œnologique», représente la vingt-septième génération de vignerons!
Un vin à la couleur soutenue. À l'aération, il exprime des arômes de fruits rouges : fraise, mûre et cerise, sur fond épicé. Tout en rondeur et en fraîcheur au palais, il fait la part belle aux notes de garrigue en accompagnement de tanins veloutés. En finale, la réglisse s'allie aux notes épicées. ⧗ 2020-2021 ■ **Cavalcade 2019 ★ (11 à 15 €; 15000 b.)** Un léger boisé aux accents grillés et vanillés souligne les arômes de fleurs. C'est un vin bien construit qui se révèle au palais, équilibré et long, qui laisse en finale l'impression positive d'un travail bien fait à la vigne comme au chai. ⧗ 2020-2023 ■ **La Canaille 2018 ★ (5 à 8 €; 150000 b.)** Après agitation dans le verre, c'est une belle palette de fruits rouges (cassis et fraise mûre) qui se révèle, nuancée de poivre. De la rondeur en bouche, une certaine fraîcheur et des tanins veloutés qui laissent en finale des réminiscences de réglisse et de poivre. ⧗ 2020-2025

VIGNOBLES JONQUÈRES D'ORIOLA, 3, rue du Château, 66200 Corneilla-del-Vercol, tél. 04 68 22 73 22, admin@jonqueresdoriola.fr V t.l.j. sf lun. dim. 10h-12h 15h-18h30

B DOM. DES DEMOISELLES Les Charlines 2019 ★★

■ | 4000 | | 8 à 11 €

Sept générations de vignerons et de marchands de chevaux se sont succédé à la tête de ce domaine au cœur des Aspres. C'est en hommage aux trois dernières, représentées par des femmes, que la propriété porte son nom. Isabelle Raoux a abandonné l'équitation en 1998 pour perpétuer l'exploitation. Elle officie à la cave et son mari Didier à la vigne (30 ha en bio).
Savoir-faire de la vigneronne, de Brigitte Soriano, son œnologue, ou bien les bonnes «demoiselles» se sont-elles penchées sur son berceau? Les faits sont là : le rose franc aux notes de clairet a plu, ainsi que les senteurs de petits fruits rouges (fraise, petits fruits vifs). De même, la bouche ronde, riche, peut compter sur un support tannique léger, mais bien utile à la structure du vin. Un rosé «de table» persistant, frais et apte à affronter l'hiver en conservant son fruité. ⧗ 2020-2021

EARL TERRA SOL (ISABELLE RAOUX), Dom. des Demoiselles, Mas Mulés, 66300 Tresserre, tél. 06 83 04 34 62, domaine.des.demoiselles@gmail.com V r.-v. D

♥ DOM. DEPRADE-JORDA Tradition 2018 ★★

■ | 15500 | | 5 à 8 €

Domaine constitué en 1920 dans les Albères. Thomas Deprade est l'œnologue et le commercial, François est au vignoble. Toute la famille, parents compris, est mobilisée pour faire vivre cette vaste propriété (90 ha) dont toute la production s'écoule en vente directe – en bouteilles et en petit vrac.
Robe grenat intense, arômes de fruits cuits tout aussi intenses, chair ronde et charnue... intense. La puissance est au rendez-vous, certes, mais aussi la souplesse des tanins et une longueur remarquable. ⧗ 2020-2026

DEPRADE-JORDA, 98, rte Nationale, 66700 Argelès-sur-Mer, tél. 04 68 81 10 29, domainedepradejorda@free.fr V t.l.j. sf dim. 9h-12h30 14h30-19h

DOM BRIAL L'Étreinte 2019 ★★

■ | 11000 | | 8 à 11 €

Suivi à la parcelle, maîtrise de la totalité de la chaîne d'élaboration, du raisin à la bouteille, démarche de développement durable... La cave de Baixas, fondée en 1923, compte 380 coopérateurs qui exploitent 2500 ha répartis dans une trentaine de commune.
La délicatesse des arômes de fruits exotiques et des nuances briochées annoncent toute la gourmandise du palais. Une impression de rondeur avenante demeure, en toute harmonie. Un accord avec un blanc de poulet au citron et au gingembre est tout indiqué. ⧗ 2020-2023

VIGNOBLES DOM BRIAL, 14, av. Mal-Joffre, 66390 Baixas, tél. 04 68 64 22 37, contact@dom-brial.com V r.-v.

ÉLÉVATION Les Coteaux 2019 ★

■ | 40000 | | 8 à 11 €

En 1964, une poignée de vignerons s'unissent parce qu'ils sont convaincus que «le groupe est meilleur que le meilleur du groupe». Aujourd'hui, les Vignerons Catalans rassemblent 7 caves coopératives, 1 500 adhérents et une quarantaine de caves privées, soit plus de 10 000 ha.
Complexe dans son expression de fleurs blanches (aubépine) et de fruits exotiques, ce vin offre un bel équilibre général et une grande cohérence aromatique. La finale longue finit de convaincre par son élégance. ⧗ 2020-2023 ■ **Ginette 2019 ★ (5 à 8 €; 30000 b.)** Saumon clair, c'est un rosé tout en petits fruits, parmi lesquels la groseille ressort. D'une grande fraîcheur, il possède néanmoins suffisamment de gras et demeure longtemps au palais grâce à une pointe d'amertume. ⧗ 2020-2021

VIGNERONS CATALANS, 1870, av. Julien-Panchot, 66000 Perpignan, tél. 04 68 85 04 51, contact@vigneronscatalans.com

CH. L'ESPARROU Mas Grand 2017 ★★

■ | 30000 | | 15 à 20 €

Construit à la fin du XIXes. par l'architecte danois Petersen, comme ceux de Rey, de Valmy et d'Aubiry, un château noyé dans son parc, à deux pas des plages et de l'étang de Canet. Le vignoble (62 ha) occupe la pointe avancée d'un plateau viticole de galets roulés de haute expression. Longtemps propriété de la famille Rendu, il a été acquis en 2012 par Jean-Michel Bonfils, dont la famille détient de nombreux vignobles en Languedoc.
La robe traduit l'âge de ce vin par de légers reflets tuilés. Le nez est très intense et aérien : joli mariage entre les fruits noirs (mûre, cerise burlat) légèrement confiturés et un boisé toasté-vanillé, aux notes de cèdre. Un fond

ROUSSILLON

de venaison signe également l'évolution. Ample, rond, le palais impressionne par son volume et décline toute une palette aromatique allant de la cerise confite au tabac blond. Le boisé est élégant, fondu avec les tanins veloutés. Et la finale de retrouver une fraîcheur bienvenue. ⧗ 2020-2022

SCEA CH. DE L' ESPARROU, rte de Saint-Cyprien, 66140 Canet-en-Roussillon, tél. 04 68 73 30 93, esparrou@bonfilswines.com V r.-v.

CH. DES HOSPICES DE CANET Maïa 2019 ★

	6000		8 à 11 €

Depuis 5 générations, la famille Benassis est installée au cœur de Canet-en-Roussillon. La cave est abritée dans une bâtisse traditionnelle catalane datant de 1836. Le vignoble (50 ha) est implanté sur les terrasses de galets roulés entre le littoral et la ville de Perpignan. Aujourd'hui, 3 générations officient sur le domaine : Louis, le grand-père, Michel, le père et Marc, le petit-fils, ingénieur agronome.

Avec les fleurs fraîches en première intention, puis les fruits exotiques en seconde, c'est un vin aromatique qui se développe au palais avec équilibre et souplesse. En finale, quelques touches de miel apparaissent, comme pour en souligner la suavité. Un joli classique. ⧗ 2020-2023

SCEA HOSPICES BENASSIS, 13, av. Joseph-Sauvy, 66140 Canet-en-Roussillon, tél. 04 68 80 34 14, contact@chateau-des-hospices.fr V r.-v.

CH. DE JAU 2019 ★

	50000		5 à 8 €

Du bâtiment construit au XIIes. par les moines cisterciens, il ne reste que la superbe tour épousant la roche. Jean et Bernard Dauré ont acheté le domaine en 1974. La magnanerie du milieu du XIXes. abrite aujourd'hui l'Espace d'art contemporain, qui voisine avec l'un des premiers restaurants vignerons créés en France, ouvert l'été. Le vignoble couvre 85 ha.

L'attelage classique syrah-grenache qui a porté le Roussillon en dauphin de la Provence. Un rose tendre d'intensité moyenne qui, dès l'ouverture, propose des senteurs de fraise garriguette et de pêche blanche. Un rosé d'été, frais, gouleyant, fruité avec une juste nervosité pour apporter du relief. Pour pique-nique automnal ou apéro tapenade au printemps prochain. ⧗ 2020-2021

VIGNOBLES DAURÉ, Ch. de Jau, 66600 Cases-de-Pène, tél. 04 68 38 90 10, laurencerodor@wanadoo.fr V *t.l.j. 9h-12h 14h-16h30*

DOM. JAUBERT 2019 ★

	60000		- de 5 €

Le domaine des frères Jaubert et de Roland Noury, l'un des pionniers des crus du Roussillon, apparaît tel un balcon donnant sur les Albères, la mer et le Canigou. Le vignoble s'étend sur 100 ha, dont une soixantaine d'un seul tenant autour d'une bâtisse catalane du XIXes., sur le plateau de Planères.

Voici un vin plaisir, gorgé de fruits cueillis à juste maturité. Une note minérale vient souligner la douceur des arômes de grenadine du grenache. Les tanins sont totalement fondus, et une belle fraîcheur demeure le trait principal de la personnalité de ce 2019. ⧗ 2020-2022

GIE JAUBERT-NOURY, Ch. Planères, 66300 Saint-Jean-Lasseille, tél. 04 68 21 74 50, gilles.jaubert@orange.fr V *r.-v.*

F. JAUBERT Iris 2019 ★★★

	1200		11 à 15 €

En 2019, François Jaubert a repris officiellement la tête de ce domaine familial de 35 ha dans la plaine des Aspres, mais il y travaille depuis 2017. Pas moins de 11 cépages sont cultivés ici.

Si la robe seyante rappelle la framboise, c'est la rose centifolia, la groseille et la fraise qui, avec un zeste de citron, imposent leurs senteurs. Ample et fraîche, la bouche s'ouvre sur des arômes de fruits rouges (groseille) avant une finale citronnée. L'ensemble est bien équilibré, frais et extrêmement plaisant. ⧗ 2020-2021
■ Carmin 2018 ★ (11 à 15 €; 2000 b.) Un vin surprenant par ses notes florales. Il se révèle ample, rond, joliment souligné de notes réglissées et poivrées fraîches. ⧗ 2020-2022

EARL DOM. F. JAUBERT, 3, rue de la Tramontane, 66300 Ponteilla, tél. 06 33 71 71 02, francois.jaubert@outlook.fr V *r.-v.*

DOM. LAFAGE Gallica 2019 ★★

	50000		11 à 15 €

Éliane et Jean-Marc Lafage ont vinifié pendant 10 ans dans l'hémisphère Sud, puis ont repris l'exploitation familiale en 1995, établie sur 3 terroirs bien distincts du Roussillon : les terrasses de galets roulés proches de la mer; les Aspres et ses terres d'altitude; la vallée de l'Agly, vers Maury (depuis l'acquisition en 2006 du Ch. Saint-Roch). Aujourd'hui, quelque 180 ha cultivés à petits rendements. Un domaine très régulier en qualité, souvent en vue pour ses côtes-du-roussillon et ses muscats.

Si clair qu'il en paraît presque blanc, ce rosé mêle un caractère floral aux arômes intenses d'agrumes (pomélo, litchi). De la fraîcheur, il en a tout autant au palais, mais il présente aussi la rondeur nécessaire à l'harmonie. L'ensemble persiste fort agréablement. ⧗ 2020-2021

DOM. LAFAGE, rte de Canet, mas-Miraflors, 66000 Perpignan, tél. 04 68 80 35 82, contact@domaine-lafage.com V *t.l.j. sf dim. 10h-12h15 14h45-18h30*

B MAS BÉCHA Classique Charles Chapitre 19 2019 ★

	15600		8 à 11 €

Au sud de Perpignan, Charles Perez exploite son domaine depuis 2008 au hameau de Nyls, dans les Aspres – 25 ha en bio plantés sur 3 collines au sein d'un ensemble de 110 ha. En rouge, ses assemblages mettent la syrah en avant. Cette figure du vignoble se fait « croquer » par un artiste différent chaque année pour illustrer ses étiquettes. Il en va de même pour les membres de sa famille. Le Mouton Rothschild catalan, en quelque sorte !

De l'extraction dès l'approche avec un rouge profond flirtant avec le noir. À l'aération, les premiers arômes de sous-bois humide et de prune à l'eau-de-vie laissent place aux fruits mûrs épicés de clou de girofle. Si l'attaque est ronde, rapidement le vin impose sa structure et sa puissance, ainsi qu'une une vivacité notable en finale. Les tanins témoignent de sa jeunesse. ⧗ 2021-2025

⊶ *SARL MAS BÉCHA, 3, av. de Pollestres, 66300 Nyls-Ponteilla, tél. 04 68 95 42 04, contact@masbecha.com* V *t.l.j. sf lun. dim. 10h-13h 15h-18h*

MAS CRÉMAT L'Envie 2018 ★

■ | 8000 | | 8 à 11 €

Les terres de schistes noirs ont donné son nom au Mas Crémat (« brûlé » en catalan), repris en 2006 par une famille de vignerons bourguignons : Christine et Julien Jeannin, secondés par leur mère Catherine. Un superbe mas du XIX[e]s. et un vignoble de 30 ha labouré et conduit en fonction du cycle de la lune, en conversion bio.

Voilà un vin fruité, frais, élégant au joli fondu après 8 mois d'élevage en cuve. Légèrement épicé, réglissé, les tanins fondants contribuent à l'harmonie de l'ensemble. C'est un joli travail sur ces terres noires de l'Agly. ⧗ 2020-2023

⊶ *EARL JEANNIN-MONGEARD, mas Crémat, 66600 Espira-de-l'Agly, tél. 04 68 38 92 06, mascremat@mascremat.com* V *t.l.j. sf dim. 10h-12h 14h-18h*

♥ MAS DE LA DEVÈZE
Pandore Élevé en fût de chêne 2018 ★★★

■ | 1900 | | 11 à 15 €

Simon Hugues était agriculteur, Nathalie commerciale dans la filière viticole à l'export. Ils ont repris en 2012 au cœur du terroir de Maury une très ancienne propriété qui avait été démantelée dans les années 1980. Ils cultivent 33 ha de vignes, la plupart conduites en gobelet.

Un 2018 bien élevé, pour partie en barriques neuves, ce qui lui confère une palette certes vanillée et grillée, mais aussi très fruitée (pêche blanche) et florale (acacia), avec des touches de miel. Ample, structuré et chaleureux, il est taillé pour la garde. ⧗ 2020-2026 ■ **Malice 2019 ★★ (8 à 11 €; 20000 b.)** Rouge profond à reflets violets, cette cuvée décline à l'envi le cassis et la myrte, nuancés de poivre. L'élégance du palais naît tout autant du velouté des tanins et de la rondeur de la matière que de la finale réglissée. ⧗ 2020-2026 ■ **Malice 2019 ★★ (8 à 11 €; 6000 b.)** Un rosé de teinte claire, entièrement voué aux petits fruits rouges. Il dévoile beaucoup de gras et persiste sur des notes florales. ⧗ 2020-2021

⊶ *NATHALIE HUGUES, mas de la Devèze, rte des Mas, 66720 Tautavel, tél. 06 52 38 57 36, contact@masdeladeveze.fr* V *r.-v.*

Ⓑ MAS ROUS Cuvée 2017 ★★

■ | 6300 | | 11 à 15 €

En 1838, Michel Bizern, agriculteur, transforme en maison une bergerie des Albères, au pied des Pyrénées, fondant le Mas del Ros (« maison du blond » en catalan), qui devient Mas Rous. Son arrière-petit-fils, José Pujol, qui est brun, reprend l'exploitation en 1978 et vend sa production en bouteilles en 1983, obtenant un coup de cœur dans le Guide dès 1985. Une valeur sûre de 35 ha, en bio certifié depuis 2014.

Originale et heureuse la construction syrah-carignan ! Après 1 an passé sous bois, le vin a gardé une teinte vive et fraîche. La complexité aromatique surprend : du fruit, une douceur vanillée, des notes empyreumatiques et de sous-bois. Au palais, la matière ronde et gourmande fait la part belle aux notes de pruneau et de fruits confits, d'une part, à celles de réglisse et de moka apportées par les tanins veloutés, d'autre part. Longue finale. ⧗ 2021-2025

⊶ *SCEA DOM. DU MAS ROUS, 13, rue du Renard, 66740 Montesquieu-des-Albères, tél. 04 68 89 64 91, masrous@mas-rous.com* V *t.l.j. sf dim. 9h30-12h 14h-18h* Ⓑ ⊶ *SCEA Dom. du Mas Rous*

Ⓑ DOM. MODAT De-ci de-là 2018 ★

■ | 10000 | | 15 à 20 €

D'origine catalane, Philippe Modat, magistrat, est un amateur de vins éclairé – comme son père, devenu lui aussi vigneron. Cette passion s'est concrétisée par la constitution en 2007 d'un domaine dans la vallée de l'Agly : 27 ha de vignes sur un plateau à 200 m d'altitude, conduites en bio (conversion à partir de 2011) et une cave de conception écologique, dotée de cellules photovoltaïques, inaugurée en 2008. En 2016, les 2 fils de Philippe, Louis et Quentin, ont pris les rênes de la propriété.

Des cépages blancs plantés en mélange dans les vignes de rouge (et vendangés de-ci de-là) ont donné naissance à ce vin blanc aux notes de genêt. Une rondeur miellée le caractérise. ⧗ 2020-2023 ■ **Le Petit Modat'mour 2018 ★ (8 à 11 €; 25000 b.)** Ⓑ Issu d'une fermentation à l'aide de levures indigènes, ce vin a du caractère et se révèle puissant. Il se distingue par des arômes de fruits rouges confits et une tension naturelle due au terroir acide de gneiss. Il a sans doute hérité du sol d'arène et de cailloux cette fraîcheur fort à propos pour l'équilibre. ⧗ 2020-2024

⊶ *SARL DOM. MODAT, rte du Barrage, 66720 Cassagnes, tél. 09 88 18 62 57, contact@domaine-modat.fr* V *r.-v.*

ROUSSILLON

Ⓑ CH. MONTESQUIEU DES ALBÈRES
2019 ★★

■ | 20000 | | 5 à 8 €

Installée à Saint-Génis-des-Fontaines, la coopérative des vignerons des Albères regroupe une trentaine de viticulteurs et un vignoble de 440 ha. Elle propose une large gamme de vins rouges, rosés et blancs, sans oublier les vins doux naturels, et commercialise plusieurs étiquettes : le Prestige, Ch. la Roca, Ch. Montesquieu…

Le rose est soutenu, sans excès. Dès l'ouverture, le vin exprime les fruits rouges frais, épicés, avec un soupçon de poire Williams. En bouche, fraise, poire et petits fruits rouges accompagnent une chair structurée, gourmande et pourtant assez fraîche. Belle longueur. Pour viande blanche ou paella. ⧗ 2020-2021 ■ **2019 ★ (5 à 8 €; 20000 b.)** Ⓑ Un 2019 aux arômes d'épices (poivre), dont la matière ample se structure autour de tanins veloutés et réglissés. Une juste fraîcheur l'équilibre, signe de la qualité de ce terroir acide de piémont pyrénéen. ⧗ 2020-2024

SCV LES VIGNERONS DES ALBÈRES, 9, av. des Écoles, 66740 Saint-Génis-des-Fontaines, tél. 04 68 89 81 12, vigneronsdesalberes@wanadoo.fr V *t.l.j. sf dim. 9h30-12h 15h-18h*

DOM. MONT-NOIR Chêne vert 2016 ★

	2000		15 à 20 €

Gérée par Jean-Luc Garrigue depuis 1980, cette exploitation familiale de 20 ha doit son nom à la traduction en français du nom de la commune où elle est installée (Montner), située dans la vallée de l'Agly, à 25 km au nord-ouest de Perpignan. Conduit en bio certifié depuis 2008, le vignoble est implanté sur un sol de schiste métamorphique.

Déjà, il est original par l'association du grenache et du vermentino à parité, qui est presque unique en Roussillon. Ensuite, le millésime : 2016 ! Certes il y a l'élevage sur lies et l'année passée sous bois, mais une attente de 4 ans aiguise la curiosité. L'or soutenu est au rendez-vous, puis se révèle une palette intense : cire, fleurs miellées, grillé et eau-de-vie de prune. Le palais et à l'avenant, avec beaucoup de volume, des notes miellées, des arômes de fruits confiturés très persistants. Bref, un vin original ! ⧗ 2020-2023

GAEC VIGNOBLES JEAN-LUC GARRIGUE, 15, rue des Oliviers, 66720 Montner, tél. 04 68 29 15 34, domaine.mont.noir@gmail.com V *r.-v.*

CH. DE PENA Les Affranchis de Pena 2019 ★★

	13000		8 à 11 €

Le village de Cases-de-Pène tient son nom d'un ermitage du X^es. établi sur un roc (*pena* en catalan) calcaire qui ferme la vallée de l'Agly. Les terres noires schisteuses y alternent avec l'ocre des argilo-calcaires, formant 2 superbes terroirs de 480 ha sur lesquels travaillent les 35 vignerons de la coopérative locale.

Un nez intense de fruits noirs, ponctué de nuances d'olives noires et d'épices douces. Le ton est donné. C'est un vin ample, rond et chaleureux qui se présente au palais, que des tanins soyeux structurent élégamment. ⧗ 2020-2024 **Les Pierres noires 2018 ★★ (11 à 15 € ; 4500 b.)** Des tonalités de vanille et de pain d'épices héritées de l'élevage de 12 mois, ainsi qu'une subtile ligne florale (genêt) et beurrée introduisent la dégustation. Si l'attaque est fraîche, la bouche gagne en puissance et en gras, avec en finale de chaleureux accents de miel persistants. ⧗ 2020-2023 **Les Affranchis de Pena 2019 ★ (8 à 11 € ; 5000 b.)** La finesse de la robe pâle, celle aussi des arômes de pêche blanche et d'agrumes : belle présentation pour un rosé rond et frais à la fois. ⧗ 2020-2021

SCV L' AGLY, 2, bd Mal-Joffre, 66600 Cases-de-Pène, tél. 04 68 38 93 30, contact@chateau-de-pena.com V *t.l.j. sf dim. 9h-12h 14h-18h*

DOM. DE LA PERDRIX Encantat 2018 ★

	10000		11 à 15 €

À l'origine, en 1820, le vin était élaboré au village dans la vieille cave familiale. Installés en 1996, Virginie et André Gil décident d'élaborer leurs vins. Après avoir passé treize ans dans les anciens locaux, ils ont établi en 2009 un nouveau chai plus vaste au milieu des vignes, regardant le Canigou. Leur domaine couvre 35 ha en plein cœur des Aspres. La perdrix ? Un hommage au grand-père d'André, peintre catalan de renom, qui avait fait de l'animal l'un de ses sujets préférés.

Le fruit en confiture s'allie à des notes de tabac blond, signe d'une évolution intéressante. Il y a de la rondeur dans ce vin, ainsi qu'une bonne fraîcheur sur des notes de garrigue, qui le rendent plaisant dès maintenant. ⧗ 2020-2023

DOM. DE LA PERDRIX, traverse de Thuir, 66300 Trouillas, tél. 04 68 53 12 74, contact@domaine-perdrix.com V *r.-v.*

DOM. PIQUEMAL Tradition 2019 ★

	12000		8 à 11 €

Sous l'impulsion d'Annie et de Pierre Piquemal, ce domaine familial (48 ha) est devenu une référence du Roussillon. Tout en maintenant les pratiques traditionnelles, il dispose d'un chai très moderne, à l'extérieur du village. Un outil adapté pour exalter l'expression de chaque terroir (schistes feuilletés, argilo-calcaires, galets roulés). Les vinifications sont assurées par Marie-Pierre Piquemal.

Le triptyque syrah-carignan-grenache apporte à la fois fraîcheur réglissée, structure et rondeur à ce vin. Au nez, cerise noire, mûre et note plus sauvage de sous-bois s'accompagnent d'une touche d'épices. La bouche bénéficie de la complicité des cépages pour trouver l'équilibre et les tanins soyeux contribuent à son caractère velouté. ⧗ 2020-2024

DOM. PIQUEMAL, RD 117, Km 7, lieu-dit Della-Lo-Rec, 66600 Espira-de-l'Agly, tél. 04 68 64 09 14, contact@domaine-piquemal.com V *t.l.j. sf dim. 9h-12h 14h-16h*

CH. PLANÈRES Chantaïl 2019 ★

	65000		5 à 8 €

Le domaine des frères Jaubert et de Roland Noury, l'un des pionniers des crus du Roussillon, apparaît tel un balcon donnant sur les Albères, la mer et le Canigou. Le vignoble s'étend sur 100 ha, dont une soixantaine d'un seul tenant autour d'une bâtisse catalane du XIXes., sur le plateau de Planères.

Un vin profond, suave, ample et chaleureux, autour d'un fruité mûr et de tanins veloutés. Il aura acquis le fondu attendu dès l'automne. ⧗ 2020-2024 **Chantaïl 2019 ★ (5 à 8 € ; 20000 b.)** Une robe rose tendre habille ce vin élégant, qui hésite entre le fruité exotique et la pêche-abricot sur fond amylique et citronné. Frais, légèrement épicé au palais, il trouve dans les accents d'airelle et de groseille une bonne persistance. ⧗ 2020-2021

GIE JAUBERT-NOURY, Ch. Planères, 66300 Saint-Jean-Lasseille, tél. 04 68 21 74 50, gilles.jaubert@orange.fr V *r.-v.*

DOM. DE LA PRÉCEPTORIE
Terres nouvelles 2019 ★

	1800		20 à 30 €

Banyulenc et donc marin, ancré dans les schistes et les vignes de la Côte Vermeille, Joseph Parcé, fils

de Marc (La Rectorie), débarque à Maury en 2007 comme maître de chai au Dom. de la Préceptorie, qui avait été créé en 2001. En 2017, la nouvelle génération, avec Martin, Augustin et Vincent, a rejoint Marc et prend le relais dans la gestion des 45 ha du vignoble, conduit en bio.

Le grenache gris, cépage qui signe les blancs méditerranéens de Collioure, vient ici des terres les plus à l'ouest du Roussillon, marquées par une empreinte océane. Il apporte la nuance argentée à l'or de la robe et du croquant en bouche. On perçoit aussi beaucoup de volume et une certaine suavité, encore soulignée par les arômes de cannelle issus de l'élevage en demi-muids. Puis c'est une fraîcheur citronnée qui se manifeste en finale. ⧗ 2020-2024

SCEA LA PRÉCEPTORIE, 54, av. du Puig-del-Mas, 66650 Banyuls-sur-Mer, tél. 04 68 81 02 94, lapreceptorie@parce-freres.com V *r.-v.*

♥ CH. DE REY Sisquò 2019 ★★★

8 000 | 8 à 11 €

Dominant la Grande Bleue et les étangs, le Ch. de Rey, fondé en 1875, déroule ses 34 ha sur les galets et les sables de la «haute» terrasse de l'Agly culminant à 15 m. Un château très «fin XIXᵉs.» à la tour élancée, des gîtes à 5 mn des plages. Aux commandes depuis 1996, Cathy et Philippe Sisqueille, héritiers de quatre générations de vignerons.

Les fruits exotiques, aux accents d'ananas frais, caractérisent l'expression de ce vin. Le palais est parfaitement équilibré entre une belle douceur en milieu de bouche et de la fraîcheur en finale. De la dentelle. ⧗ 2020-2025

EARL CH. DE REY, rte de Saint-Nazaire, 66140 Canet-en-Roussillon, tél. 04 68 73 86 27, contact@chateauderey.com V *t.l.j. sf dim. 10h-12h 15h-18h; sam. a.m. été*

B DOM. RIÈRE CADÈNE Via Augusta 2019 ★

6 000 | 8 à 11 €

Fondé en 1904 par un arrière-grand-père opticien, ce domaine familial (30 ha aujourd'hui, en conversion bio) s'étend sur 2 terroirs : les galets roulés des hautes terrasses de la Têt et les marnes et schistes de la vallée de l'Agly. Laurence et Jean-François Rière, installés en 1994, ont renoué avec les vinifications à la propriété. Ils ont été rejoints en 2015 par leur neveu Guillem. La cave est située à Perpignan même, dans un secteur agricole encore préservé, ce qui a permis l'aménagement de gîtes.

Or à reflets verts, ce vin très aromatique est une invitation à parcourir la garrigue (acacia) et les vergers du Roussillon (pêche blanche et abricot rouge). Ample et structuré, respirant le soleil et les fruits mûrs, il révèle pourtant une fraîcheur citronnée en finale. ⧗ 2020-2023

EARL RIÈRE-CADÈNE, chem. de Saint-Génis-de-Tanyères, 66000 Perpignan, tél. 04 68 63 87 29, contact@domainerierecadene.com V *t.l.j. sf dim. 10h-19h*

CH. ROMBEAU 2019 ★★

5 500 | 8 à 11 €

Le Dom. de Rombeau est dans la famille depuis 1810. Vigneron médiatique, restaurateur et hôtelier, Pierre-Henri de La Fabrègue, arrivé à sa tête en 1993, lui a donné un bel éclat. Des 90 ha de l'exploitation, dont 27 ha en bio, naissent des muscat-de-rivesaltes, des rivesaltes et des vins secs, en AOC et en IGP. Une production large et bien connue des lecteurs du Guide.

Un court et judicieux passage en barrique a ajouté à la palette florale de seringa, de fleurs blanches miellées et de pollen une touche de liqueur de verveine. La jolie construction ainsi que le volume séduisent au palais. C'est sur des notes douces, miellées et vives à la fois, dues au vermentino et à la roussanne, que le vin progresse. Le toasté grillé de la barrique n'est perçu qu'en finale et témoigne d'un certain potentiel d'évolution. ⧗ 2020-2024

DOM. DE ROMBEAU, 2, av. de la Salanque, 66600 Rivesaltes, tél. 04 68 64 35 35, vin@domaine-de-rombeau.com V *t.l.j. 10h-12h30 13h-18h* 2

SAINT-ROCH Sélections parcellaires 2019 ★

20 000 | 5 à 8 €

Éliane et Jean-Marc Lafage ont vinifié pendant 10 ans dans l'hémisphère Sud, puis ont repris l'exploitation familiale en 1995, établie sur 3 terroirs bien distincts du Roussillon : les terrasses de galets roulés proches de la mer; les Aspres et ses terres d'altitude; la vallée de l'Agly, vers Maury (depuis l'acquisition en 2006 du Ch. Saint-Roch). Aujourd'hui, quelque 180 ha cultivés à petits rendements. Un domaine très régulier en qualité, souvent en vue pour ses côtes-du-roussillon et ses muscats.

Un 2019 or pâle, subtilement minéral et fruité (pamplemousse, fruits exotiques). Le palais, vif en attaque, garde tout son allant jusqu'à la finale marquée par une pointe d'amertume, aux accents de peau d'agrumes. ⧗ 2020-2023

SARL FAMILLE LAFAGE, mas Miraflors, rte de Canet, 66000 Perpignan, tél. 04 68 80 35 82, contact@domaine-lafage.com V *t.l.j. sf dim. 10h-12h15 14h45-18h30*

B DOM. DES SCHISTES Essencial 2019 ★

8 000 | 8 à 11 €

La cinquième génération officie dans cette exploitation de la vallée de l'Agly qui vinifie en cave particulière depuis 1989. Comme son nom l'indique, les marnes schisteuses dominent. À la vigne, Jacques et Michaël Sire sont pointilleux sur le travail du sol et leur domaine (plus de 50 ha) est conduit en bio. Une valeur sûre du guide.

Contraste entre les terres noires de la vallée du Maury et le blanc pâle à jolis reflets verts de ce vin aux senteurs délicates. Très floral, printanier, le grenache gris présent pour un tiers dans l'assemblage signe sa présence par une note plus sourde, presque boisée. Frais et plein d'allant, le palais offre progressivement de la rondeur : les notes florales légèrement miellées s'accompagnent alors d'une touche briochée très douce, avant la finale citronnée et épicée. ⧗ 2020-2023

ROUSSILLON

DOM. DES SCHISTES, 1, av. Jean-Lurçat, 66310 Estagel, tél. 06 64 75 66 54, sire-schistes@wanadoo.fr V r.-v.

DOM. SINGLA Bressol 2017 ★★

■	3000		15 à 20 €

L'ancien domaine de Besombes-Singla, devenu domaine Singla. Au XVIIIe s., la famille Singla s'installe en Roussillon pour développer un commerce vinicole entre l'Espagne et l'Afrique. Le commerce étant fructueux, elle s'installe à Rivesaltes pour exploiter dans la vallée de l'Agly un grand vignoble de 250 ha. En 2001, Laurent prend la tête de la propriété et en isole les meilleures parcelles : 50 ha conduits en bio certifié depuis 2006.

Après 18 mois de fût, ce vin n'a rien perdu de sa couleur grenat soutenu, affichant même un joli reflet violine. Le jury s'est attardé sur la complexité aromatique, car outre l'omniprésente cerise noire – héritage du grenache noir majoritaire dans l'assemblage –, épices, encens et olive noire témoignent de la maturité des raisins. Velouté dès l'attaque, le palais bénéficie d'un boisé harmonieux, dont les accents épicés respectent l'expression des fruits confiturés. La longue finale préserve toute l'élégance de cet ensemble. ⧗ 2021-2025

LAURENT DE BESOMBES SINGLA, 4, rue de Rivoli, 66250 Saint-Laurent-de-la-Salanque, tél. 09 67 30 77 90, laurent@domainesingla.com V r.-v.

♥ **TENDANCE DE RASIGUÈRES** 2019 ★★

■	10 000		8 à 11 €

Les Vignerons de Trémoine : une coopérative fondée en 1919, regroupant quelque 80 vignerons qui cultivent 540 ha dans 4 villages situés dans la vallée de l'Agly : Planèzes, Rasiguères, Lansac et Cassagnes. L'histoire de la cave est liée au festival de musique classique créé en 1980 par la pianiste britannique Moura Lympany.

Un 2019 de couleur tendre et brillante, nuancée de reflets violacés. Le côté floral domine agréablement la palette, avant que la cerise ne s'y mêle. Il en va de même au palais, dans un ensemble rond et chaleureux, persistant. Un rosé gastronomique. ⧗ 2020-2021 ■ **Trémoine de Rasiguères 2019 ★★ (5 à 8 €; 130 000 b.)** Rose franc nuancé de grenat, c'est un vin ouvert, aux notes de pêche de vigne, de banane et de fraise. Les fruits rouges trouvent un bel écho en bouche et soulignent la jolie structure. Belle fraîcheur finale. ⧗ 2020-2021

LES VIGNERONS DE TRÉMOINE, 5, av. de Caramany, 66720 Rasiguères, tél. 04 68 29 11 82, rasigueres@wanadoo.fr V t.l.j. sf dim. 8h-12h 14h-18h

TERRA NOBILIS Tradition 2019 ★★

■	10 000		8 à 11 €

Une société de négoce-éleveur fondée en 2019 et dirigée par David Loiret. De la sélection des raisins à la mise en bouteille, en passant par la vinification dans ses chais de Tautavel sous la conduite de son œnologue-conseil, elle suit tout le processus d'élaboration des vins. Elle possède également 12 ha de vignes en propre.

La fermentation en barrique avec bâtonnage d'une partie de l'assemblage a légué un profil intéressant à ce vin. Les arômes de pêche blanche et de citron se mêlent à une pointe fenouil et à un soupçon de toasté. Après une attaque ronde, suave, le vin impose son volume et sa structure, tout en déroulant ses arômes floraux et épicés. Un côtes-du-roussillon harmonieux, qui pourra rejoindre aussi bien des fruits de mer qu'une truite aux amandes. ⧗ 2020-2023

TERRA NOBILIS, allée la Part-des-Anges, 66390 Baixas, tél. 06 67 10 61 70, dlconseil66@gmail.com

LES TERRASSES DE L'ARAGO
Elecció 2019 ★★

■	28 000		8 à 11 €

Thomas Mangin a pris la tête du domaine en 2019, marchant sur les pas de Roger qui débuta son histoire dans les années 1980. Ce sont 35 ha de vignes, dont certaine plantées aux abords de la grotte de la Caune de l'Arago.

Le terroir réputé de Tautavel, de base argilo-calcaire, se traduit par une belle minéralité dans ce vin. La roussanne vient y ajouter des notes florales intenses de chèvrefeuille et d'aubépine, et surtout ce profil très frais en finale. Le grenache, incontournable en Roussillon, apporte pour sa part rondeur et volume, tant et si bien que l'harmonie se réalise. ⧗ 2020-2023 ■ **Elecció 2019 ★ (8 à 11 €; 10 000 b.)** Un belle couleur intense, ainsi que des arômes de pivoine et de rose invitent à découvrir ce vin friand. Après une attaque fraîche, c'est le moelleux qui s'installe au palais, puis une pointe d'amertume savoureuse vient relever la finale. ⧗ 2020-2021

SARL LES TERRASSES DE L'ARAGO, 16, rue de la Révolution, 66600 Vingrau, tél. 04 68 29 43 66, info@terrasses-arago.fr V r.-v.

♥ **LES VIGNOBLES TERRASSOUS**
Villare Juliani 2019 ★★★

■	20 400		8 à 11 €

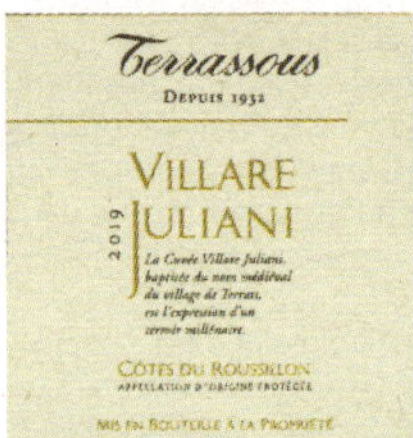

Les vignerons de Constance et Terrassous regroupent depuis 2009 trois caves des Aspres, dans la partie sud du Roussillon : 70 adhérents pour 700 ha de vignes. Un terroir de collines et de terrasses au pied du Canigou, lequel apporte avec ses schistes une palette supplémentaire de terroirs. La cave commercialise en tirage limité toute une gamme de splendides vins doux naturels, du 6 ans d'âge aux millésimes anciens.

Des reflets violines éclairent la robe sombre de ce côtes-du-roussillon intensément parfumé de fruits noirs (myrtille) et de tapenade. Ample, rond et soyeux dès l'attaque, le palais évolue avec élégance, sur des tanins veloutés, jusqu'à une très longue finale. Irrésistible dès aujourd'hui et pour plusieurs années. ⧗ 2020-2026 ■ **Ch. Mossé 2019 ★ (5 à 8 €; 28000 b.)** Quel volume dans ce vin aux tanins encore très présents, mais bénéficiant de suffisamment de gras pour les intégrer! Les arômes de fruits noirs (myrtille) et rouges (cerise) nuancés d'épices font déjà belle impression. ⧗ 2021-2025

SCV LES VIGNOBLES DE CONSTANCE ET DU TERRASSOUS, 46, av. des Corbières, BP 32, 66300 Terrats, tél. 04 68 53 02 50, contact@terrassous.com t.l.j. sf dim. 9h-12h 14h-18h30

DOM. TRILLES Initiation 2018 ★★

■ | 4000 | | 8 à 11 €

BTS en poche, Jean-Baptiste Trilles rejoint en 2000 le domaine familial (40 ha) dans les Aspres. Apporteur de raisins à la coopérative à ses débuts, il devient vinificateur en 2007, avant de construire une nouvelle cave à sa mesure en 2010, à Tresserre, au pays des «bruixes» (fées ou sorcières). Des sorcières qui ont inspiré le nom de ses cuvées.

Les 8 mois de fût n'ont pas altéré le grenat de la robe. D'abord subtil, le nez exprime après aération les petits fruits noirs (cassis, mûre) nuancés d'une note mentholée de myrte. Le vin monte en puissance au palais, après une attaque fraîche. Les tanins veloutés structurent sa matière sans excès et le boisé s'y fond. ⧗ 2020-2025

EARL DOM. TRILLES, chem. des Couloumінettes, 66300 Tresserre, tél. 06 15 46 64 71, contact@domainetrilles.fr r.-v.

CH. VALMY 2018 ★★

■ | 23000 | | 11 à 15 €

Au pied des Albères, le Ch. Valmy, construit en 1888 par l'architecte danois Viggo Dorph Petersen, est entouré de 26 ha de vignes. En 1998, Bernard Carbonnell et son épouse Martine ont fait renaître non seulement le vignoble et ses vins (réguliers en qualité), mais aussi le château en créant des chambres d'hôtes de luxe, complétées en 2014 par le restaurant *La Table de Valmy*, un projet conduit par les filles des propriétaires, Anaïs et Clara.

La syrah majoritaire sur ce terroir de colluvions et d'arènes granitiques s'exprime avec beaucoup de minéralité. Grenache et mourvèdre complètent l'assemblage, et c'est une palette également fruitée qui se déploie (mûre et cassis) sur fond épicé et réglissé. La bouche ample, très fruitée, fait preuve de souplesse et de moelleux, tant le grain des tanins est fin. Puis la finale revient sur les épices. ⧗ 2021-2025 ■ **Le Premier de Valmy 2017 ★ (15 à 20 €; 20000 b.)** Un vin souple, ample et finement boisé. Il a toutes les qualités pour accompagner un gibier dès cet automne. ⧗ 2020-2023

SARL CH. DE VALMY, chem. de Valmy, 66700 Argelès-sur-Mer, tél. 04 68 81 25 70, contact@chateau-valmy.com t.l.j. sf dim. 9h30-12h30 14h-18h

CH. DE VILLECLARE Révélation 2017 ★

■ | 2500 | | 11 à 15 €

Un domaine de la famille Jonquères d'Oriola situé dans les Albères, sur la rive gauche du Tech. Au milieu des vergers de pêchers et d'abricotiers, des vignes (35 ha, le bio en ligne de mire) et d'un parc aux arbres plus que centenaires, la bâtisse des Templiers du XIIes. se dessine, imposante, sur fond de massif pyrénéen.

Une macération approchant le mois, 1 an de fût : autant dire qu'après la recherche d'extraction, l'affinage s'imposait. Il n'est pas étonnant de découvrir dans ce 2017 de teinte sombre des arômes de fruits mûrs confiturés (cerise burlat), des notes empyreumatiques, des accents de cèdre et de sous-bois. Le vin a gardé une puissance et une mâche intacte, mais il s'est assoupli. ⧗ 2022-2026

SCEA YVES JONQUÈRES D'ORIOLA, Ch. de Villeclare, 66690 Palau-del-Vidre, tél. 04 68 22 14 92, villeclare@wanadoo.fr t.l.j. sf dim. 9h-12h30 16h-19h

CÔTES-DU-ROUSSILLON-VILLAGES

Superficie : 2 270 ha / Production : 67 500 hl

DOM. AGLY Vieilles Vignes 2019 ★★

■ | 60000 | | 11 à 15 €

En 1964, une poignée de vignerons s'unissent parce qu'ils sont convaincus que «le groupe est meilleur que le meilleur du groupe». Aujourd'hui, les Vignerons Catalans rassemblent 7 caves coopératives, 1 500 adhérents et une quarantaine de caves privées, soit plus de 10 000 ha.

De bonne intensité, les arômes de fruits noirs (cerise, kirsch et mûre en confiture), mêlés d'une touche de violette, sont particulièrement avenants. Rondeur et fraîcheur se rencontrent au palais, après une attaque puissante qui dévoile d'emblée une structure tannique de qualité. La finale revient généreusement sur le cassis et la réglisse. ⧗ 2021-2027 ■ **Acta Sanctorum 2017 ★ (20 à 30 €; 3000 b.)** De la rondeur et du soyeux, un fruité mûr évocateur de kirsch et ces quelques notes de grillé, de café et de cannelle qui signalent un élevage sous bois : ce vin a de quoi séduire. ⧗ 2021-2026 ■ **Red Domus 2018 ★ (8 à 11 €; 70000 b.)** Au nez intense de fruits secs légèrement vanillés répond une bouche tout aussi aromatique, souple et bien structurée. La bonne évolution de ce vin invite à ne pas attendre un trop grand nombre d'années pour le servir. ⧗ 2021-2024

VIGNERONS CATALANS, 1870, av. Julien-Panchot, 66000 Perpignan, tél. 04 68 85 04 51, contact@vigneronscatalans.com

BRUNO ANDREU Caramany 2017 ★

■ | 2400 | | 15 à 20 €

Issu d'une famille vigneronne et lui-même vigneron pendant 20 ans (Ch. la Condamine Bertrand), Bruno Andreu a créé sa propre marque en 2018. Il s'approvisionne auprès de vignerons et domaines languedociens et élève ses vins dans un chai datant de 1610, situé près de Montpellier.

Un Caramany fin et profond dans ses arômes de fruits rouges, ponctués de sous-bois qui se développent tout au long de la dégustation. Une trame de tanins fins le soutient bien, sans nuire à son caractère rond et séveux. Déjà très agréable. ⧗ 2020-2025

⊶ SAS BRUNO ANDREU, 53, av. de Béziers, 34290 Montblanc, tél. 04 67 31 58 48, contact@bruno-andreu.com V t.l.j. sf sam. dim. 9h-12h 14h-17h; f. 1er -17 août

DOM. ARGUTI Ugo 2018 ★★

■ | 5800 | | 15 à 20 €

En 2004, Marie-Christine et Ugo Arguti ont posé leurs valises dans la vallée de l'Agly. Toscan d'origine, Bordelais d'adoption, le second a longtemps dirigé un grand château à Saint-Émilion. Il signe désormais ses propres cuvées à partir de 6,5 ha de vignes.

Après 18 mois d'élevage en fût, c'est toute la complexité de cette cuvée qui se manifeste lors de la dégustation. Sous une robe grenat presque noire se décline des arômes de fruits noirs, des touches de pierre à fusil, de grillé et de réglisse. Complexe, assurément. La puissance caractérise la matière ample et persistante, parfaitement structurée. ⧗ 2021-2027

⊶ SCEA DOM. ARGUTI, 14, av. du 16-Août-1944, 66220 Saint-Paul-de-Fenouillet, tél. 06 73 85 17 93, domaine.arguti@orange.fr V r.-v.

ARNAUD DE VILLENEUVE Oppulum 2018 ★

■ | 7100 | | 15 à 20 €

Résultant de la fusion de 3 caves, cette coopérative porte le nom de l'inventeur des vins doux naturels, Arnaud de Villeneuve. Elle rassemble 320 viticulteurs de Salses, de Rivesaltes et de Pézilla-la-Rivière, qui cultivent quelque 2 000 ha de vignes (dont 125 ha en bio) répartis sur 26 communes et des terroirs variés.

Les notes d'épices accompagnent l'expression des arômes de cassis et de myrtille tant au nez qu'au palais. Il y a du volume, de la mâche et de la fraîcheur dans ce vin encore jeune, qui a toutes les chances de bien évoluer. ⧗ 2021-2027

⊶ ARNAUD DE VILLENEUVE, 153, RD 900, 66600 Rivesaltes, tél. 04 68 64 06 63, contact@caveadv.com V t.l.j. sf dim. 9h30-12h30 14h30-18h30

B DOM. BOUCABEILLE Les Orris 2018 ★

■ | 5500 | | 20 à 30 €

Un domaine de 35 ha sur la colline schisteuse de Força Réal. Les vignes, situées à une altitude de 150 à 400 m, sont conduites en agriculture biologique depuis 2008. Côtes-du-roussillon-villages et rivesaltes y sont produits.

La belle consistance de ce 2018 lui permet d'être déjà plaisant tout en ayant les qualités pour bien évoluer dans le temps. Grenat intense, il possède un fruité vanillé (cassis et mûre) très avenant. ⧗ 2020-2026

⊶ JEAN BOUCABEILLE, RD 614, rte de Millas, 66550 Corneilla-la-Rivière, tél. 04 68 61 30 20, domaine@boucabeille.com V r.-v.

DOM. BOUDAU Henri Boudau 2018 ★★

■ | 26000 | | 11 à 15 €

Véronique Boudau et son frère Pierre sont à la tête du domaine familial depuis 1993. Ils ont décidé de donner un nouveau souffle à la propriété, qui couvre quelque 60 ha sur d'excellents terroirs, à l'entrée de la vallée de l'Agly. Le pari est réussi : la totalité de la production est mise en bouteilles et commercialisée, notamment dans un réseau de restaurants et de cavistes. Une valeur sûre, qui a engagé la conversion bio de son vignoble.

Les fruits rouges très mûrs se mêlent aux notes chocolatées et vanillées, ainsi qu'à une pointe de violette. Belle introduction à l'appréciation de ce vin puissant et ample. Les tanins encore jeunes se signalent en finale, mais ce n'est que passager. ⧗ 2021-2026 ■ **Tradition Padri 2017 ★ (8 à 11 €; 13000 b.)** Le nez d'amande grillée, de réglisse et de fruits noirs est en toute cohérence avec la bouche puissante et chaleureuse. Certes, les tanins sont solides, mais ils apparaissent bien enrobés et laissent en finales des notes épicées bien relevées. ⧗ 2021-2026 ■ **Padri 2018 ★ (11 à 15 €; 13000 b.)** Un 2018 bien empreint de cerise mûre, de kirsch et de vanille, qui laisse au palais une sensation persistante de puissance chaleureuse. ⧗ 2020-2026

⊶ DOM. BOUDAU, 6, rue Marceau, 66600 Rivesaltes, tél. 04 68 64 45 37, contact@domaineboudau.fr V t.l.j. sf dim. 10h-12h 15h-18h; hiver sam. 10h-12h

CH. DE CALADROY Éclat de schistes 2018 ★★

■ | 40000 | | 8 à 11 €

Une forteresse médiévale qui gardait la frontière entre le royaume de France et celui d'Espagne. De la terrasse du château, on découvre un panorama exceptionnel : au loin, la mer, le Canigou; en contrebas, les vignes (130 ha) et les oliviers (7 ha). La chapelle du XIIes. accueille le caveau de dégustation.

De l'éclat, il y en a dans la robe grenat sombre de ce vin comme dans les senteurs complexes de mûre, de myrtille, de résine et de tabac. Une chair ample se déploie, empreinte des mêmes arômes et soutenue par une trame de tanins élégants. La finale est, elle aussi, éclatante sur une touche de fraîcheur bienvenue. ⧗ 2021-2027 ■ **La Cour carrée 2018 ★★ (11 à 15 €; 6000 b.)** Remarquable expression des arômes de fleurs (violette, pivoine, glycine) nuancés de touche de poivre du Sichuan et de yozu. Une impression aérienne se révèle au palais, car une surprenante fraîcheur vient équilibrer la matière dense, aux tanins parfaitement ronds. De la modernité. ⧗ 2020-2027 ■ **Les Deux Chapelles 2018 ★ (5 à 8 €; 40000 b.)** La violette et la réglisse jouent ensemble avec le cassis au nez, puis cherchent la compagnie des épices au palais. Un bon équilibre résulte du mariage de la rondeur et de la fraîcheur, les tanins au grain fin apportant la charpente nécessaire. Belle longueur. ⧗ 2020-2027 ■ **Pierre Droite 2018 ★ (15 à 20 €; 6900 b.)** Un nez profond de sous-bois, d'olive noire, de poivre, de réglisse et de cassis apparaît progressivement. Le palais présente des tanins puissants et une belle fraîcheur qui soutient favorablement la finale. Quelques années de garde assoupliront ce vin prometteur. ⧗ 2022-2027

⊶ CH. DE CALADROY, Ch. de Caladroy, 66720 Bélesta, tél. 04 68 57 10 25, chateau.caladroy@wanadoo.fr V t.l.j. sf dim. 9h-12h 13h-19h

♥ LES VIGNERONS DE CARAMANY
Caramany Y 2018 ★★

■ | 2500 | | 30 à 50 €

Caramany se niche dans la vallée de l'Agly, non loin d'un lac de retenue. Fondée en 1924, sa coopérative est au centre de la vie locale, proposant des journées d'animation au bord du lac. Les vignes en altitude de ses adhérents (280 ha) bénéficient de nuits fraîches et de terroirs de gneiss qui confèrent de la subtilité aux vins.

L'empreinte de l'élevage en fût domine encore le nez intensément coloré, mais ce n'est qu'une marque de jeunesse. En bouche, la matière dense, longuement fruitée et épicée, témoigne de la richesse et de tout le potentiel de ce 2018. ⧗ 2021-2027 ■ **Caramany François Bria 2018 ★ (8 à 11 €; 13000 b.)** Le cassis! C'est franc et net. Aucun doute n'est permis sur les arômes. Le palais présente un bel équilibre tannique, de la fraîcheur et une persistance notable. ⧗ 2020-2026

⊶ *SCV LES VIGNERONS DE CARAMANY, 70, Grand-Rue, 66720 Caramany, tél. 04 68 84 51 80, contact@vigneronsdecaramany.com* V *t.l.j. 9h-12h 14h-18h*

VIGNERONS CATALANS
Lesquerde Signature 2018 ★★

■ | 40000 | | 8 à 11 €

En 1964, une poignée de vignerons s'unissent parce qu'ils sont convaincus que «le groupe est meilleur que le meilleur du groupe». Aujourd'hui, les Vignerons Catalans rassemblent 7 caves coopératives, 1 500 adhérents et une quarantaine de caves privées, soit plus de 10 000 ha.

Des arômes de fruits rouges ponctués de touches de cannelle invitent à découvrir ce vin charnu et puissants comme il se doit. Les tanins sont bien présents, certes, mais fondus, si bien qu'un accord gourmand est déjà envisageable. ⧗ 2020-2025 ■ **Tautavel Signature 2018 ★ (8 à 11 €; 40000 b.)** Fruits rouges et bois forment un joli couple dans ce vins équilibré et frais, déjà fondant. Il ne demande qu'à passer à table. ⧗ 2020-2025 ■ **Les Aspres Signature 2018 ★ (8 à 11 €; 30000 b.)** C'est mûr, c'est fruité et épicé, c'est intense... On perçoit beaucoup de chair dans ce vin et des tanins fondus qui en font tout l'agrément. ⧗ 2020-2025

⊶ *VIGNERONS CATALANS, 1870, av. Julien-Panchot, 66000 Perpignan, tél. 04 68 85 04 51, contact@vigneronscatalans.com*

B MAS D'AGLY Édouard 2018 ★

■ | 3000 | | 15 à 20 €

L'ancien domaine de Besombes-Singla, devenu domaine Singla. Au XVIIIe s., la famille Singla s'installe en Roussillon pour développer un commerce vinicole entre l'Espagne et l'Afrique. Le commerce étant fructueux, elle s'installe à Rivesaltes pour exploiter dans la vallée de l'Agly un grand vignoble de 250 ha. En 2001, Laurent prend la tête de la propriété et en isole les meilleures parcelles : 50 ha conduits en bio certifié depuis 2006.

Un nez fin de fruits rouges et d'épices douces, à peine nuancé d'une touche de cuir neuf, suscite l'intérêt. Ce 2018 possède encore de la puissance et laisse au palais une sensation chaleureuse, avec des notes cacaotées en finale. ⧗ 2021-2027

⊶ *LAURENT DE BESOMBES SINGLA, 4, rue de Rivoli, 66250 Saint-Laurent-de-la-Salanque, tél. 09 67 30 77 90, laurent@domainesingla.com* V *r.-v.*

B MAS BÉCHA
Les Aspres La Bergerie du camps de Nyils 2018 ★★

■ | 2000 | | 75 à 100 €

Au sud de Perpignan, Charles Perez exploite son domaine depuis 2008 au hameau de Nyls, dans les Aspres – 25 ha en bio plantés sur 3 collines au sein d'un ensemble de 110 ha. En rouge, ses assemblages mettent la syrah en avant. Cette figure du vignoble se fait «croquer» par un artiste différent chaque année pour illustrer ses étiquettes. Il en va de même pour les membres de sa famille. Le Mouton Rothschild catalan, en quelque sorte!

Rouge sombre, intensément parfumé de cerise à l'eau-de-vie et d'épices, c'est un Aspres puissant, chaleureux et concentré qui se révèle aujourd'hui. Les tanins déjà soyeux sauront soutenir son évolution dans le temps. ⧗ 2021-2027

⊶ *SARL MAS BÉCHA, 3, av. de Pollestres, 66300 Nyls-Ponteilla, tél. 04 68 95 42 04, contact@masbecha.com* V *t.l.j. sf lun. dim. 10h-13h 15h-18h*

DOM. MAS CRÉMAT Cuvée Bastien 2018 ★★

■ | 3000 | | 15 à 20 €

Les terres de schistes noirs ont donné son nom au Mas Crémat («brûlé» en catalan), repris en 2006 par une famille de vignerons bourguignons : Christine et Julien Jeannin, secondés par leur mère Catherine. Un superbe mas du XIXe s. et un vignoble de 30 ha labouré et conduit en fonction du cycle de la lune, en conversion bio.

Des fruits rouges omniprésents et cette note de garrigue qui emporte les sens en Roussillon. Ce vin promet d'agréables sensations au palais et c'est bien son élégante matière qui séduit. Car si les tanins sont puissants, leur grain est suffisamment fins pour respecter l'expression durable du fruit et des épices douces. ⧗ 2021-2027

⊶ *EARL JEANNIN-MONGEARD, mas Crémat, 66600 Espira-de-l'Agly, tél. 04 68 38 92 06, mascremat@mascremat.com* V *t.l.j. sf dim. 10h-12h 14h-18h*

MAS DE LA DEVÈZE Tautavel 2018 ★

■ | 6600 | | 11 à 15 €

Simon Hugues était agriculteur, Nathalie commerciale dans la filière viticole à l'export. Ils ont repris en 2012 au cœur du terroir de Maury une très ancienne propriété qui avait été démantelée dans les années 1980. Ils cultivent 33 ha de vignes, la plupart conduites en gobelet.

L'héritage du bois est perceptible dans la palette de ce Tautavel, mais les notes de garrigue et de ciste

ROUSSILLON

ponctuent aussi agréablement le développement d'une matière chaleureuse. ⧗ 2021-2026

NATHALIE HUGUES, mas de la Devèze, rte des Mas, 66720 Tautavel, tél. 06 52 38 57 36, contact@masdeladeveze.fr V *r.-v.*

♥ MAS DE LAVAIL Tradition 2018 ★★★

■ | 30 000 | | 8 à 11 €

Jean et Nicolas Batlle, père et fils, ont acquis ce joli mas du XIXe s. en 1999, à l'installation du second. À la tête de ce domaine de 80 ha de vieilles vignes, Nicolas poursuit le travail de 4 générations de vignerons sur les terres noires de Maury.

De subtils reflets tuilés apparaissent dans la robe grenat intense, presque noire. C'est le signe d'un début d'évolution vers la complexité. Telle est aussi l'impression laissée par les arômes de sous-bois, d'olive, de Zan et les quelques notes grillées qui nuancent le fruité intense. La bouche charnue tire parti de tanins serrés pour se développer avec ampleur, tout en prolongeant l'expression aromatique. De l'élégance. ⧗ 2021-2027 ■ **La Désirade Élevage en barrique 2018 ★ (11 à 15 €; 10 000 b.)**. La puissance des arômes de fruits noirs très mûrs, d'épices vanillées et de truffe augure bien de celle du palais. Les tanins bien présents dans une matière chaleureuse et épicée ne demandent qu'à se fondre à la faveur du temps. ⧗ 2021-2027

EARL DOM. DE LAVAIL, mas de Lavail, RD 117, 66460 Maury, tél. 04 68 29 08 95, info@masdelavail.com V *t.l.j. sf dim. 9h30-12h 14h-17h30*

B DOM. MODAT Caramany Comme avant 2017 ★

■ | 15 000 | | 15 à 20 €

D'origine catalane, Philippe Modat, magistrat, est un amateur de vin éclairé – comme son père, devenu lui aussi vigneron. Cette passion s'est concrétisée par la constitution en 2006 d'un domaine dans la vallée de l'Agly : 27 ha de vignes sur un plateau à 300 m d'altitude, en conversion bio depuis 2011 (8 ha en biodynamie) et une cave de conception écologique, dotée de cellules photovoltaïques, inaugurée en 2008.

Gageons que dans 1 ou 2 ans, ce vin sera comme aujourd'hui, équilibré, rond et agréablement fruité. Il est déjà au meilleur de lui-même pour accompagner une grillade. ⧗ 2020-2023

SARL DOM. MODAT, rte du Barrage, 66720 Cassagnes, tél. 09 88 18 62 57, contact@domaine-modat.fr V *r.-v.*

B CH. DE L'OU Compartir 2018 ★★

■ | 7 000 | | 30 à 50 €

Philippe Bourrier, agronome, et son épouse Séverine, œnologue, ont acheté en 1999 ce domaine dont le nom vient d'une résurgence dans un bassin en forme d'œuf (*ou* en catalan). Ils ont refait le chai et travaillé d'emblée en bio leur vignoble qui couvre 49 ha entre plaine du Roussillon et Fenouillèdes.

Compartir signifie « partager ». Cette cuvée invite bel et bien au partage, tant elle est riche d'arômes de cerise noire confiturée et de garrigue, tant elle est ample et suave, persistante aussi. Il sera judicieux d'en garder quelques bouteilles pour de futurs moments de convivialité. ⧗ 2021-2027

SARL CH. DE L' OU, rte de Villeneuve, 66200 Montescot, tél. 04 68 54 68 67, contact@chateau-de-lou.fr V *r.-v.*

♥ PIERRE PELOU Tautavel Elixsyr 2018 ★★

■ | 2 230 | | 8 à 11 €

Dans la même famille depuis 1908, ce domaine de 22 ha est aussi connu sous le nom de Celler d'al Mouli. Il est implanté sur les argilo-calcaires de Tautavel, terroir particulièrement adapté au grenache noir. Jean-Pierre Pelou, « vigneron-kiné », a transmis ses vignes et son savoir-faire à son fils Pierre, œnologue, installé en 1999.

Aux fruits rouges et noirs très mûrs se mêlent des notes de garrigue évocatrices des paysages du Roussillon. Puis c'est la rondeur et la puissance généreuse de ce vin que chaque dégustateur a soulignées, séduit par la persistance notable des arômes en finale. ⧗ 2021-2027

EARL PIERRE PELOU, 9, rue de la République, 66720 Tautavel, tél. 06 16 96 49 61, pierre@pelou.eu V *r.-v.*

CH. DE PÉNA 2018 ★★

■ | 400 000 | | 5 à 8 €

Le village de Cases-de-Pène tient son nom d'un ermitage du Xe s. établi sur un roc (*pena* en catalan) calcaire qui ferme la vallée de l'Agly. Les terres noires schisteuses y alternent avec l'ocre des argilo-calcaires, formant 2 superbes terroirs de 480 ha sur lesquels travaillent les 35 vignerons de la coopérative locale.

Il y a de la gourmandise derrière cette robe grenat aux très légers reflets tuilés. Du cassis et du poivre côté olfactif, du volume, du gras et des tanins veloutés côté gustatif. La finale sur la liqueur de cassis ajoute au plaisir. ⧗ 2021-2025 ■ **L'ADN de Péna 2018 ★ (11 à 15 €; 5 000 b.)** Inscrit dans le registre fruité du cassis et de la figue sèche, souligné de notes épicées, voici un vin bien typé. Les tanins sont puissants, mais de qualité, la matière dense, et l'ensemble promet de bien évoluer dans le temps. ⧗ 2021-2026

SCV L' AGLY, 2, bd Mal-Joffre, 66600 Cases-de-Pène, tél. 04 68 38 93 30, contact@chateau-de-pena.com V *t.l.j. sf dim. 9h-12h 14h-18h*

CH. LES PINS 2015 ★

■ | 90 000 | | 11 à 15 €

Suivi à la parcelle, maîtrise de la totalité de la chaîne d'élaboration, du raisin à la bouteille, démarche de développement durable… La cave de Baixas, fondée

en 1923, compte 380 coopérateurs qui exploitent 2500 ha répartis dans une trentaine de commune.

Avec les fruits mûrs épicés pour leitmotiv, ce vin fait preuve d'une grande rondeur, si bien que l'on peut envisager sereinement de le servir dès à présent. ⧗ 2020-2024 ■ **Les Petits Pins 2018 ★ (8 à 11 €; 21500 b.)** Une note florale de chèvrefeuille se glisse dans la palette de cerise mûre épicée. Ample et souple dès l'attaque, ce 2018 bénéficie de tanins fins qui sauront le soutenir dans le temps. ⧗ 2020-2025

⊶ VIGNOBLES DOM BRIAL, 14, av. Mal-Joffre, 66390 Baixas, tél. 04 68 64 22 37, contact@dom-brial.com V r.-v.

DOM. PIQUEMAL Les Terres Grillées 2019 ★

■	10000		8 à 11 €

Sous l'impulsion d'Annie et de Pierre Piquemal, ce domaine familial (48 ha) est devenu une référence du Roussillon. Tout en maintenant les pratiques traditionnelles, il dispose d'un chai très moderne, à l'extérieur du village. Un outil adapté pour exalter l'expression de chaque terroir (schistes feuilletés, argilo-calcaires, galets roulés). Les vinifications sont assurées par Marie-Pierre Piquemal.

Ce vin est jeune, certes, mais il revêt bien des atouts pour évoluer favorablement. À commencer par sa teinte grenat profond, puis par ses arômes de violette, de réglisse intense, de cassis et autres fruits noirs. La matière ronde et dense mais fondue peut compter sur de bons tanins et une belle fraîcheur. ⧗ 2021-2027 ■ **Pygmalion 2018 ★ (15 à 20 €; 4000 b.)** Ce Pygmalion a connu le bois pendant 12 mois, mais il en garde des traces discrètes. Ce sont les fruits secs, la noix, les épices et un côté brioché qui se manifestent agréablement. La structure est bien en place, équilibrée et élégante, de sorte que le palais laisse une impression suave. ⧗ 2021-2027

⊶ DOM. PIQUEMAL, RD 117, Km 7, lieu-dit Della-Lo-Rec, 66600 Espira-de-l'Agly, tél. 04 68 64 09 14, contact@domaine-piquemal.com V t.l.j. sf dim. 9h-12h 14h-16h

CH. PLANÈRES Les Aspres La Romanie 2017 ★

■	10000		15 à 20 €

Le domaine des frères Jaubert et de Roland Noury, l'un des pionniers des crus du Roussillon, apparaît tel un balcon donnant sur les Albères, la mer et le Canigou. Conduit par la quatrième génération, le vignoble s'étend sur 105 ha, dont une soixantaine d'un seul tenant autour d'une bâtisse catalane du XIX^e^s., sur le plateau de Planères.

L'équilibre se réalise entre des tanins certes présents, mais fins, et un fruité mûr, dans une matière chaleureuse. La cerise confite et le sous-bois égrènent leurs arômes tout au long de la dégustation. ⧗ 2021-2025

⊶ GIE JAUBERT-NOURY, Ch. Planères, 66300 Saint-Jean-Lasseille, tél. 04 68 21 74 50, contact@chateauplaneres.com V t.l.j. 9h-12h30 15h-18h

DOM. RETY Souffle d'or 2018 ★★

■	7500		15 à 20 €

Fils de paysans bretons émigrés aux États-Unis, né à Manhattan et Franco-Américain, Patrick Rety a réalisé son rêve : faire du vin, travailler sur l'expression du terroir. Il étudie et commence son parcours en Bretagne, vendant des franchises d'une chaîne de restauration. En 2012, son domaine (15 ha aujourd'hui) voit le jour, près de Rivesaltes. En conversion bio (biodynamie).

Belle fraîcheur dans les arômes de cassis et de garrigue! Bon équilibre de la matière, car même si les tanins encore jeunes se manifestent, la finale demeure plaisante. Ce vin a de l'avenir. ⧗ 2021-2027

⊶ SCEA DOM. RETY, 6, rue Rigaud, 66600 Espira-de-l'Agly, tél. 06 14 92 83 98, bouscarel_c@orange.fr V r.-v.

CH. ROMBEAU Élise Vieilles Vignes 2018 ★

■	12000		15 à 20 €

Le Dom. de Rombeau est dans la famille depuis 1810. Vigneron médiatique, restaurateur et hôtelier, Pierre-Henri de La Fabrègue, arrivé à sa tête en 1993, lui a donné un bel éclat. Des 90 ha de l'exploitation, dont 27 ha en bio, naissent des muscat-de-rivesaltes, des rivesaltes et des vins secs, en AOC et en IGP. Une production large et bien connue des lecteurs du Guide.

Le classicisme a du bon en Roussillon. En témoigne ce vin grenat dense, aux arômes de petits fruits rouges et noirs : cerise, cassis, mûre. Classique, le palais tire profit de tanins bien enrobés pour prolonger le plaisir des saveurs d'épices et de bergamote. ⧗ 2020-2026 ■ **Le Rouge 2017 ★ (8 à 11 €; 8000 b.)** Des reflets à peine tuilés se dessinent dans la robe grenat sombre de ce 2017, qui a besoin d'aération pour révéler ses arômes de fruits noirs, d'épices et de sous-bois. La bouche opte pour l'élégance plutôt que pour la puissance, avec des tanins affinés qui soutiennent agréablement la matière ample et persistante. Un filet mignon aux morilles ou une côte de veau au cèpes seront des alliés à table. ⧗ 2020-2026

⊶ DOM. DE ROMBEAU, 2, av. de la Salanque, 66600 Rivesaltes, tél. 04 68 64 35 35, vin@domaine-de-rombeau.com V t.l.j. 10h-12h30 13h-18h ❷

CH. SAINT-ROCH Chimères 2018 ★

■	20000		11 à 15 €

Éliane et Jean-Marc Lafage ont vinifié pendant 10 ans dans l'hémisphère Sud, puis ont repris l'exploitation familiale en 1995, établie sur 3 terroirs bien distincts du Roussillon : les terrasses de galets roulés proches de la mer; les Aspres et ses terres d'altitude; la vallée de l'Agly, vers Maury (depuis l'acquisition en 2006 du Ch. Saint-Roch). Aujourd'hui, quelque 180 ha cultivés à petits rendements. Un domaine très régulier en qualité, souvent en vue pour ses côtes-du-roussillon et ses muscats.

D'un abord discret, ce 2018 n'en exprime pas moins de jolis arômes de fruits confiturés (mûre), rehaussés d'un boisé vanillé et de notes minérales de schiste chaud. D'attaque souple, le palais demeure sur le fruit et laisse une sensation soyeuse et chaleureuse. Un caractère toasté revient agréablement en finale. ⧗ 2021-2025 ■ **Dom. Lafage Les Aspres Les Onze Terrasses 2017 ★ (75 à 100 €; 2200 b.)** Syrah, mourvèdre, grenache noir et un long élevage de 25 mois en barrique ont donné naissance à ce vin grenat profond. Le nez dévoile des notes toastées, grillées, boisées et des arômes de fruits à l'eau-de-vie. L'attaque est généreuse, marquée par le sous-bois et le tabac. Les tanins dessinent une belle charpente. ⧗ 2021-2026

DOM. LAFAGE, rte de Canet, mas-Miraflors, 66000 Perpignan, tél. 04 68 80 35 82, contact@domaine-lafage.com V t.l.j. sf dim. 10h-12h15 14h45-18h30

B DOM. DES SCHISTES Essencial 2018 ★

■ | 12000 | | 8 à 11 €

La cinquième génération officie dans cette exploitation de la vallée de l'Agly qui vinifie en cave particulière depuis 1989. Comme son nom l'indique, les marnes schisteuses dominent. À la vigne, Jacques et Michaël Sire sont pointilleux sur le travail du sol et leur domaine (plus de 50 ha) est conduit en bio. Une valeur sûre du guide.

L'essentiel dans ce vin tient aux arômes de garrigue et de réglisse, de violette et de myrtille. Il tient aussi à la bouche souple en attaque, puis de belle rondeur. Les tanins apparaissent encore bien présents en finale, mais ils promettent de se fondre au cours de la garde. Et c'est là, l'essentiel. ⧗ 2021-2026 ■ **Tautavel Caune d'en Joffre 2018 ★ (15 à 20 €; 3000 b.)** B Avec la groseille et le cassis pour dominante, la garrigue en contrepoint, ce 2018 a tout pour être agréable sans attendre bien longtemps. Souple en attaque, rond et toujours fidèle à un fruité frais, il accompagnera un canard aux cerises. ⧗ 2021-2025

DOM. DES SCHISTES, 1, av. Jean-Lurçat, 66310 Estagel, tél. 06 64 75 66 54, sire-schistes@wanadoo.fr V r.-v. D

♥ B DOM. SINGLA Mataro 2016 ★★

■ | 3000 | | 15 à 20 €

L'ancien domaine de Besombes-Singla, devenu domaine Singla. Au XVIIIe s., la famille Singla s'installe en Roussillon pour développer un commerce vinicole entre l'Espagne et l'Afrique. Le commerce étant fructueux, elle s'installe à Rivesaltes pour exploiter dans la vallée de l'Agly un grand vignoble de 250 ha. En 2001, Laurent prend la tête de la propriété et en isole les meilleures parcelles : 50 ha conduits en bio certifié depuis 2006.

Un joli nez de fruits mûrs légèrement confiturés et de sous-bois ouvre la dégustation, bientôt nuancé d'une pointe animale, signe d'évolution. Très rond et généreux, le vin bénéficie de tanins au grain fin qui lui assurent tout le velouté souhaitable à ce stade. La fraîcheur ne lui fait cependant pas défaut, signe qu'il a encore de belles années devant lui. ⧗ 2020-2025 ■ **Passe-temps 2018 ★ (11 à 15 €; 10000 b.)** B Les fruits rouges très mûrs, une pointe de poivre, de la puissance et de la rondeur : voici un vin bien typé, dont la petite touche tannique en finale en dit long sur le potentiel de garde. ⧗ 2020-2026

LAURENT DE BESOMBES SINGLA, 4, rue de Rivoli, 66250 Saint-Laurent-de-la-Salanque, tél. 09 67 30 77 90, laurent@domainesingla.com V r.-v.

B DOM. DES SOULANES
Jean Pull 2019 ★

■ | 15000 | | 8 à 11 €

Avant de se mettre à son compte en 2002, Daniel Laffite a travaillé 15 ans pour une importante propriété, exploitée en agriculture biologique depuis 1972. Il en a racheté une partie et a aménagé sa cave. Il conduit aujourd'hui 17 ha avec sa femme Cathy.

Une vendange très mûre se traduit dans ce vin par des arômes de cerise noire intenses, nuancés de garrigue, et par une matière ronde et dense. Les tanins sont encore présents, mais leur grain apparaît fin, prometteur pour l'avenir. La finale longue est un autre atout. ⧗ 2021-2026

DOM. DES SOULANES, mas de Las Fredas, 66720 Tautavel, tél. 06 12 33 63 14, daniel.laffite@nordnet.fr V r.-v. B

TERRA NOBILIS Vieilles Vignes 2019 ★

■ | 10000 | | 11 à 15 €

Une société de négoce-éleveur fondée en 2019 et dirigée par David Loiret. De la sélection des raisins à la mise en bouteille, en passant par la vinification dans ses chais de Tautavel sous la conduite de son œnologue-conseil, elle suit tout le processus d'élaboration des vins. Elle possède également 12 ha de vignes en propre.

Pourpre profond, tout en arômes de réglisse, de poivre, de vanille et de fruits noirs, voici un vin harmonieux, qui ne demande qu'à plaire dès maintenant. Il laisse une impression de rondeur grâce au grain soyeux de ses tanins bien fondus dans la matière toute fruitée. ⧗ 2020-2025 ■ **Les Aspres 2018 ★ (11 à 15 €; 10000 b.)** Les 12 mois d'élevage en fût n'ont laissé qu'une empreinte subtile dans cet Aspres. En témoignent le nez élégant de fruits mûrs épicés et la bouche fraîche, aux petits tanins serrés. Des notes d'épices et de menthol se prolongent en finale, en contrepoint du fruité. ⧗ 2020-2025

TERRA NOBILIS, allée la Part-des-Anges, 66390 Baixas, tél. 06 67 10 61 70, dlconseil66@gmail.com

LES TERRASSES DE L'ARAGO
L'Héritages des terrasses 2015 ★

■ | 13000 | | 15 à 20 €

Thomas Mangin a pris la tête du domaine en 2019, marchant sur les pas de Roger qui débuta son histoire dans les années 1980. Ce sont 35 ha de vignes, dont certaine plantées aux abords de la grotte de la Caune de l'Arago.

Ce 2015 offre une belle évolution au cours de la dégustation, révélant peu à peu des arômes de fruits noirs, de réglisse et de sous-bois. L'attaque est ronde, le fruit omniprésent et les tanins se fondent agréablement. La petite vivacité encore apparente est un signe favorable pour la garde. ⧗ 2021-2026

SARL LES TERRASSES DE L'ARAGO, 16, rue de la Révolution, 66600 Vingrau, tél. 04 68 29 43 66, info@terrasses-arago.fr r.-v.

♥ TERRASSOUS Les Aspres Summum 2017 ★★

■	2039		30 à 50 €

Les vignerons de Constance et Terrassous regroupent depuis 2009 trois caves des Aspres, dans la partie sud du Roussillon : 70 adhérents pour 700 ha de vignes. Un terroir de collines et de terrasses au pied du Canigou, lequel apporte avec ses schistes une palette supplémentaire de terroirs. La cave commercialise en tirage limité toute une gamme de splendides vins doux naturels, du 6 ans d'âge aux millésimes anciens.

D'un rouge profond, cet Aspres présente beaucoup de finesse dans ses arômes de kirsch et d'épices (poivre blanc). Il enveloppe le palais d'une matière gourmande, aux tanins fins et soyeux, qui laisse le souvenir en finale de délicieuses notes briochées. Une vraie gourmandise, pour aujourd'hui ou pour plus tard. ⧗ 2020-2027

SCV LES VIGNOBLES DE CONSTANCE ET DU TERRASSOUS, 46, av. des Corbières, BP 32, 66300 Terrats, tél. 04 68 53 02 50, contact@terrassous.com t.l.j. sf dim. 9h-12h 14h-18h30

DOM. LA TOUPIE Volte-face 2018 ★

■	3800		20 à 30 €

Après 20 ans passés dans l'administration viticole, puis à parcourir le vignoble pour la coopérative du Mont Tauch, dans l'Aude, Jérôme Collas a franchi le pas et la « frontière » entre Languedoc et Roussillon, pour s'installer en 2012 sur 12 ha dans la vallée de l'Agly.

Rien ne fait volte-face au type de l'appellation dans ce vin grenat foncé, qui cède toute son expression à la cerise noire confite et à la garrigue. Les tanins suaves contribuent à la rondeur du palais jusqu'à une finale cacaotée. ⧗ 2021-2026

EARL DOM. LA TOUPIE, ZA Clos-de-la-Serre, rte des Mas, 66460 Maury, tél. 07 86 28 99 52, contact@domainelatoupie.fr r.-v.

VIGNERONS DE TRÉMOINE RASIGUÈRES Cuvée Moura Lympany Élevé en fût de chêne 2017 ★

■	66000		8 à 11 €

Les Vignerons de Trémoine : une coopérative fondée en 1919, regroupant quelque 80 vignerons qui cultivent 540 ha dans 4 villages situés dans la vallée de l'Agly : Planèzes, Rasiguères, Lansac et Cassagnes. L'histoire de la cave est liée au festival de musique classique créé en 1980 par la pianiste britannique Moura Lympany.

Une cuvée flatteuse dans une robe cerise burlat profond. Les fruits noirs et un caractère toasté séduisent d'emblée et demeurent au palais la ligne aromatique directrice. Bien équilibrée par une attaque puis une finale fraîches, la rondeur prend place, servie par des tanins au grain fin. ⧗ 2021-2026 ■ **Le Barral de Trémoine 2017 ★ (20 à 30 €; 6000 b.)** Un 2017 rond et riche d'arômes de cassis et de groseille, soulignés de notes grillées. Le volume et la puissance sont des signes favorables à la garde. ⧗ 2021-2026

LES VIGNERONS DE TRÉMOINE, 5, av. de Caramany, 66720 Rasiguères, tél. 04 68 29 11 82, rasigueres@wanadoo.fr t.l.j. sf dim. 8h-12h 14h-18h

DOM. VAQUER L'Exception 2017 ★

■	3500		15 à 20 €

Domaine acheté en 1912 par la famille Vaquer dans les Aspres. Dans la lignée, le « maréchal », Fernand Vaquer, figure historique du rugby catalan, deux fois champion de France avant-guerre puis entraîneur dans les années 1950 de l'USAP. Premières mises en bouteilles en 1968. Aujourd'hui, le domaine couvre 17 ha, conduits depuis 2001 par Frédérique.

Des vignes de carignan plantées en 1936 ont contribué à l'assemblage de ce vin, aux côtés du grenache majoritaire et de la syrah. Au premier nez de tabac, d'humus et de mine de crayon succède tout le fruité intense de la liqueur de cassis. La matière structurée par des tanins encore affirmés et une belle fraîcheur a de beaux atouts pour bien évoluer dans le temps. La longue finale en témoigne aussi. ⧗ 2021-2026

INDIVISION VAQUER, 1, rue des Écoles, 66300 Tresserre, tél. 04 68 38 89 53, domainevaquer@gmail.com r.-v.

COLLIOURE

Superficie : 619 ha
Production : 19 930 hl (85 % rouge et rosé)

Portant le nom d'un charmant petit port méditerranéen, cette appellation couvre le même terroir que celui de l'appellation banyuls; il regroupe les quatre communes de Collioure, Port-Vendres, Banyuls-sur-Mer et Cerbère. Les collioures rouges et rosés assemblent principalement grenache noir, mourvèdre et syrah, le cinsault et le carignan entrant comme cépages accessoires. Issus de petits rendements, ce sont des vins colorés, chaleureux aux arômes de fruits rouges bien mûrs. Les rosés sont aromatiques, riches et néanmoins nerveux. Les collioures blancs, qui font la part belle aux grenaches blanc et gris, sont produits depuis le millésime 2002.

ABBÉ ROUS In fine 2017 ★

■	1254		30 à 50 €

Devenu Terres des Templiers, l'ancien Cellier des Templiers est une coopérative créée en 1921. Elle revendique l'héritage de cet ordre militaire à qui l'on doit la mise en valeur des pentes schisteuses de Banyuls. Aujourd'hui, la cave dispose des 776 ha de ses 805 adhérents et, depuis la récolte 2011, du Mas Ventous, un vaste chai de vinification qui s'ajoute à la grande cave de 1964, réservée aux longs élevages. À sa carte, des collioure et des banyuls. La Cave de

l'Abbé Rous appartient au même groupe coopératif : une cave créée en 1950 et nommée en hommage à l'abbé qui vers 1870 devint négociant-éleveur de vins de Banyuls pour financer l'agrandissement de l'église paroissiale sans faire appel à la générosité publique et qui se fit à l'occasion le mécène de Maillol.

Avec le fruit rouge mûr pour ligne aromatique directrice, ce collioure présente un bel équilibre et ne fait pas son âge. Il est gras, rond et bien persistant sur des notes de réglisse. ⧗ 2021-2025 ■ **In fine 2019 ★ (11 à 15 €; 1518 b.)** Un rosé de teinte framboise à reflets corail. Tout en fruits rouges et noirs bien mûrs au nez, il se développe avec puissance et gras au palais. La petite pointe d'amertume en finale apporte une juste fraîcheur. ⧗ 2020-2021 ■ **Cuvée des peintres 2019 ★ (8 à 11 €; 15606 b.)** Une pointe mentholée apporte beaucoup de fraîcheur au nez de fleurs. Après une attaque légèrement citronnée, le vin dévoile une structure de qualité et surtout un bel équilibre entre vivacité et rondeur. Rien n'est en excès, tout est délicat. ⧗ 2020-2023 ■ **Cuvée des peintres 2019 ★ (8 à 11 €; 14754 b.)** Couleur groseille à reflets orangés, arômes intenses évocateurs de pêche de vigne et autres fruits mûrs. C'est un vin ample, non dénué de mâche qui accompagnera un repas. ⧗ 2020-2021

GICB TERRES DES TEMPLIERS (CAVE DE L'ABBÉ ROUS), 8, rte du Mas-Reig, 66650 Banyuls-sur-Mer, tél. 04 68 88 72 72, contact@abberous.com V r.-v.

DOM. AUGUSTIN Adeodat 2019 ★★

■ | 4500 | | 20 à 30 €

Une nouvelle page s'est ouverte en 2015 dans l'histoire viticole de l'incontournable famille Parcé : Augustin, fils de Marc et neveu de Thierry, a créé son domaine, 7 ha de vignes en collioure. Avant cela, il avait œuvré sur le domaine familial de la Rectorie, puis a eu envie d'ailleurs : quelques années de compagnonnage chez Jean Thévenet à Quintaine, puis chez Frédéric Mugnier à Chambolle, et enfin chez Pierre Borie à Boutenac.

Des reflets verts et argents parsèment la robe d'or de ce 2019, dont les arômes rappellent l'été dans le Roussillon : garrigue intense, zeste d'agrumes… De la fraîcheur, il en a avec ses notes persistantes de citron et de gingembre, mais il se révèle aussi ample et riche. C'est cette jolie construction, entre vivacité et douceur, qui lui permettra de bien évoluer dans le temps. ⧗ 2020-2023

EARL AUGUSTIN PARCÉ, 54, av. du Puig-del-Mas, 66650 Banyuls-sur-Mer, tél. 04 68 81 02 94, domaineaugustin@parce-freres.com V r.-v.

DOM. BERTA-MAILLOL Barral 2017 ★

■ | 10000 | | 15 à 20 €

Ce domaine de Banyuls remonte à 1611! Jean-Louis Berta-Maillol en 1996, puis ses frères Michel et Georges, respectivement en 2003 et 2009, ont pris la suite de leur père. Leur 15 ha de vignes s'accrochent aux pentes schisteuses de la vallée de la Baillauri, aménagées en terrasses.

La bonne évolution de ce 2017 se traduit à l'œil par des reflets tuilés, puis au nez par des arômes de fruits rouges en confiture et d'épices. Au palais, les tanins apparaissent fondus, respectueux de l'expression d'un fruité mûr, évocateur de cerise à l'eau-de-vie en finale. ⧗ 2020-2025

DOM. BERTA-MAILLOL, mas Paroutet, 66650 Banyuls-sur-Mer, tél. 04 68 88 00 54, domaine@bertamaillol.com V *t.l.j. 10h-12h30 15h-19h*

DOM. DE LA CASA BLANCA 2018 ★

■ | 8000 | | 15 à 20 €

L'enfant du pays, le terrien Laurent Escapa, a accueilli le marin Hervé Levano, puis Valérie Reig est venue compléter le trio pour œuvrer dans une des plus vieilles caves de Banyuls (1870). Sur ce petit domaine (7 ha), la mule et le treuil ont fait leur apparition pour éviter l'emploi de désherbant sur les terrasses accrochées aux collines banyulencques.

La figue sèche, la mûre et le cassis forment le trio de tête de la palette de ce vin flatteur. L'attaque est douce, puis la matière se développe délicatement grâce à des tanins certes présents, mais au grain fin. Les fruits noirs confits ponctuent la finale. ⧗ 2021-2026 ■ **Illuminari 2018 ★ (15 à 20 €; 2500 b.)** Il semble un peu sauvage, ce 2018, dans son expression aromatique de garrigue. Il se révèle chaleureux en bouche, mais il possède l'enveloppe nécessaire pour assumer une telle personnalité. En finale, les arômes de réglisse sont à leur avantage. ⧗ 2021-2026

GAEC DOM. DE LA CASA BLANCA, 16, av. de la Gare, 66650 Banyuls-sur-Mer, tél. 06 52 38 58 38, domainedelacasablanca@orange.fr V r.-v.

VIGNERONS CATALANS
Les Hauts de Consolation 2019 ★

■ | 12000 | | 11 à 15 €

En 1964, une poignée de vignerons s'unissent parce qu'ils sont convaincus que « le groupe est meilleur que le meilleur du groupe ». Aujourd'hui, les Vignerons Catalans rassemblent 7 caves coopératives, 1 500 adhérents et une quarantaine de caves privées, soit plus de 10 000 ha.

Un rosé net et précis : arômes de framboise et de groseille, vivacité. Il va droit au but, en toute légèreté et simplicité. ⧗ 2020-2021

VIGNERONS CATALANS, 1870, av. Julien-Panchot, 66000 Perpignan, tél. 04 68 85 04 51, contact@vigneronscatalans.com

♥ CLOS SAINT-SÉBASTIEN Le Clos 2017 ★★★

■ | 720 | | 50 à 75 €

Jacques Piriou et Romuald Peronne – l'œnologue – se sont associés pour racheter le Dom. Saint-Sébastien en 2008, rebaptisé Clos Saint-Sébastien en 2014 après le rachat du Clos Xatard. Ils sont entrés dans le Guide par la grande porte avec leurs cuvées de collioure. Ils gèrent à Banyuls un restaurant en terrasse face au port, *Le Jardin de Saint-Sébastien*, et proposent une promenade en bateau pour découvrir par la mer les 20 ha de leur vignoble en terrasses. À leur carte, du collioure et du banyuls exclusivement.

Très sombre à reflets violine, ce 2017 décline avec élégance des arômes de fruits rouges mûrs, comme la cerise ou la mûre. La violette apparaît également, ainsi que les épices. Une chair ample, toute fruitée et épicée, emplit le palais et y demeure longuement sur des accents de Zan et de torréfaction. ⧗ 2021-2026 ■ **Inspiration marine 2018 ★★★ (20 à 30 €; 3000 b.)** Les fruits rouges confits, la réglisse et la violette sur fond légèrement vanillé séduisent d'emblée par leur franchise. Au palais, l'équilibre entre rondeur et fraîcheur se réalise à la perfection. Les tanins à grain fin soutiennent le vin et la finale de mûre se prolonge indéfiniment. ⧗ 2021-2026 ■ **Inspiration minérale 2018 ★ (20 à 30 €; 5000 b.)** L'empreinte de l'année d'élevage en fût est encore perceptible dans la palette très épicée et vanillée, mais le fruit se distingue aussi, sous des tonalités d'abricot et de citron vert. Gras, ample, le palais offre une délicate rondeur. Les arômes évoluent vers les agrumes et la garrigue, avant de revenir sur le boisé en finale. ⧗ 2020-2023 ■ **Empreintes 2019 ★ (11 à 15 €; 10000 b.)** Un rosé pâle à reflets argentés, qui livre sans retenue de fins arômes de zeste d'agrumes (peau de citron), de fruits exotiques et d'épices. Ample et rond, il possède une belle matière et laisse une impression de fraîcheur bienvenue. ⧗ 2020-2021

SCEA SAINT-SÉBASTIEN, 10, av. Pierre-Fabre, 66650 Banyuls-sur-Mer, tél. 04 68 88 30 14, contact@clos-saint-sebastien.com V r.-v.

Ⓑ L'ÉTOILE Cauco Illiberis 2018 ★★★

■	2900		15 à 20 €

Au cœur du village, la petite cave garde l'aspect rétro de l'époque de sa création. Fondée en 1921, c'est la plus ancienne coopérative de Banyuls. Connue pour ses vins doux naturels traditionnels hors d'âge, elle a su maintenir les traditions dans un esprit de famille. Les grands foudres, les demi-muids et les dames-jeannes accueillent des produits bien typés.

Pourpre intense, ce 2018 joue sur les fruits noirs (mûre) et la garrigue en première approche. Puis il dévoile toute sa matière, riche et ample, ainsi qu'une structure tannique puissante, apte à affronter le temps. Le fruité s'exprime pleinement, souligné en finale de notes d'épices douces. ⧗ 2021-2028 ■ **Montagne 2018 ★ (11 à 15 €; 6700 b.)** Un collioure bien marqué par les arômes de garrigue et de fruits noirs séchés comme le pruneau. Les tanins sont fermes, la chair chaleureuse et ample. Tout contribue à façonner un style puissant. ⧗ 2020-2025 ■ **Colibri 2018 ★ (20 à 30 €; 1150 b.)** Ⓑ Une jolie matière ronde et fruitée, nuancée d'une pointe d'amertume, fait tout l'agrément de cette cuvée. ⧗ 2020-2023

CAVE L' ÉTOILE, 26, av. du Puig-del-Mas, 66650 Banyuls-sur-Mer, tél. 04 68 88 00 10, info@cave-letoile.com V *t.l.j. 9h30-12h30 14h30-18h*

FILIGRANE Hauts de Cosprons 2018 ★★

■	20000		11 à 15 €

Cette maison de négoce a été créée en 2018 par Emmanuel Parcé et Jun Xiao Parcé. Elle propose des vins dans les AOC côtes-du-roussillon, côtes-du-roussillon-villages, collioure, ainsi que dans les IGP Côtes Catalanes et Pays d'Oc.

Sous une robe grenat à reflets tuilés, ce 2018 décline des arômes de fruits secs et d'épices douces, avant de révéler toute sa matière, riche et bâtie sur des tanins fermes. Puissance et persistance sont ses atouts. Beau potentiel de garde. ⧗ 2021-2028

SAS FILIGRANE, 28, av. Puig-del-Mas, 66650 Banyuls-sur-Mer, tél. 06 03 36 50 10, filigranesas@outlook.fr V *r.-v.*

GUILLAUME GANGLOFF Vertige 2017 ★

■	2600		15 à 20 €

Cette toute récente maison de négoce haute couture a été créée en 2019 par Guillaume Gangloff, par ailleurs propriétaire du Dom. de la Salveterra dans le Roussillon. Au programme, une large déclinaison des AOC du Languedoc et du Roussillon à partir de partenariats noués avec des vignerons travaillant dans le respect de l'environnement, labellisés ou non.

Velouté, c'est bien ainsi que se définit ce 2017. Intensément parfumé de fruits rouges et noirs confits, nuancé de touches de garrigue, il développe une matière à la fois chaleureuse et soyeuse. Les arômes de fruits à l'eau-de-vie persistent bien. ⧗ 2020-2025

GUILLAUME GANGLOFF DIFFUSION, 25, av. du Stade, 66600 Rivesaltes, tél. 06 50 28 39 00, g.gangloff@guillaumegangloff.com

FAMILLE LAFAGE Arqueta 2018 ★

■	16000		20 à 30 €

Éliane et Jean-Marc Lafage ont vinifié pendant 10 ans dans l'hémisphère Sud, puis ont repris l'exploitation familiale en 1995, établie sur 3 terroirs bien distincts du Roussillon : les terrasses de galets roulés proches de la mer; les Aspres et ses terres d'altitude; la vallée de l'Agly, vers Maury (depuis l'acquisition en 2006 du Ch. Saint-Roch). Aujourd'hui, quelque 180 ha cultivés à petits rendements. Un domaine très régulier en qualité, souvent en vue pour ses côtes-du-roussillon et ses muscats.

Les dégustateurs ont apprécié le nez puissant de fruits mûrs (cerise noire), que nuancent des notes de poivre. L'équilibre du palais est également très réussi, dans un style rond. La finale sur la réglisse offre une légère amertume savoureuse. ⧗ 2020-2025

SARL FAMILLE LAFAGE, mas Miraflors, rte de Canet, 66000 Perpignan, tél. 04 68 80 35 82, contact@domaine-lafage.com V *t.l.j. sf dim. 10h-12h15 14h45-18h30*

DOM. MADELOC Cuvée Trémadoc 2018 ★★

■	16000		15 à 20 €

Pierre Gaillard aime les côtes et les schistes. Producteur bien connu de la Côte Rôtie, il s'est tourné vers le sud et s'est intéressé à Faugères, avant de racheter en 2002 Madeloc en Côte Vermeille. Sa fille Élise, ingénieure agricole, conduit le domaine (18 ha environ) et vinifie avec brio. Sur certaines pentes, on a recours au treuil, comme dans la vallée du Rhône.

Or pâle à reflets plus intenses, cette cuvée présente des notes d'évolution dans sa palette : cire d'abeille, miel et touches de vanille. Elle emplit le palais de sa matière ample et parfaitement fondue, puis déroule en finale des notes épicées bien fraîches. ⧗ 2020-2023 ■ **Penya 2018 ★ (20 à 30 €; 1200 b.)** Des arômes de raisin surmûri, de type grain noble, ressortent dans ce

ROUSSILLON

vin ample et rond. L'élevage de 9 mois sous bois lui a légué quelques touches de vanille et autres épices, en harmonie. 2020-2023 **Cuvée Crestall 2017 ★ (20 à 30 €; 2000 b.)** Un collioure disert, prompt à libérer des arômes de réglisse, de café et de sous-bois. Un fruité mûr apparaît au palais, mais les tanins se montrent encore très vigoureux. À attendre. 2021-2025

SARL PIERRE GAILLARD (DOM. MADELOC), 1 bis, av. du Gal-de-Gaulle, 66650 Banyuls-sur-Mer, tél. 04 68 88 38 29, madeloc@gaillard.vin r.-v.

DOM. MANYA-PUIG 2019 ★

	8000		11 à 15 €

Guy Puig est à la tête de ce domaine, dont les origines remontent au milieu du XIXᵉs. Plusieurs générations de médecins vignerons se sont investis dans son développement, dont le dernier représentant est Bernard Valentin, arrivé en 2019.

De discrets arômes de fleurs et des notes mentholées s'échappent du verre. C'est au palais que ce vin se révèle vraiment : rond, fruité avec une pointe de fraîcheur. Un dégustateur propose un accord avec des langoustines au basilic. 2020-2023 **Vieilles Vignes 2018 ★ (15 à 20 €; 4000 b.)** Cacao et garrigue sont bien les notes typiques du grenache, d'une part, et du mourvèdre, d'autre part. Les tanins sont puissants et la matière chaleureuse, mais l'équilibre est préservé. Il faudra juste patienter pour apprécier cette cuvée à maturité. 2022-2026

DOM. MANYA-PUIG, 7, av. de la République, 66190 Collioure, tél. 04 68 98 02 59, domaine-manya-puig@orange.fr t.l.j. 10h-12h30 14h30-19h

PARCÉ FRÈRES Le Petit Gus 2019 ★★

	7500		11 à 15 €

Parcé Frères est la structure de négoce qui commercialise les vins du Dom. Augustin et du Dom. de la Préceptorie, propriété de la famille Parcé. La nouvelle génération est désormais aux commandes avec Martin, Augustin et Vincent.

Le fruit domine la palette de ce 2019, sous des accents de pêche et de brugnon. De l'élevage sous bois ne restent que quelques notes élégantes de pain brioché. La bouche est ample, grasse et généreuse, toute empreinte d'arômes de fruits blancs. Les tanins aux accents balsamiques dessinent une jolie trame et laissent s'exprimer en finale une fraîcheur épicée. 2020-2023 **Le Petit Gus 2018 ★★ (11 à 15 €; 7500 b.)** Rouge sombre et intense, ce 2018 a tout pour plaire : un nez de fruits rouges surmûris (fraise) et de café (typique du grenache qui compose 90 % de l'assemblage), attaque souple, matière ample et tanins fins. En finale, c'est le velouté et le fruité vanillé persistant qui demeurent en mémoire. 2021-2026

SAS VINS PARCÉ FRÈRES, 54, av. du Puig-del-Mas, 66650 Banyuls-sur-Mer, tél. 04 68 81 02 94, contact@parce-freres.com r.-v.

LES HAUTS DE PAULILLES 2018 ★★

	80000		11 à 15 €

Avec 100 ha d'un seul tenant (dont 63 plantés), le plus vaste domaine des AOC collioure et banyuls, situé dans le site protégé de l'anse de Paulilles. Ancienne propriété de la famille Pams, puis pendant 35 ans des Dauré (Jau). Ces derniers l'ont vendue en 2013 à la famille Cazes, laquelle s'implante ainsi en Côte Vermeille. La cave a été totalement rénovée. Le restaurant *Les Pieds dans l'eau* est un des attraits du lieu.

Les fruits mûrs à peine poivrés s'expriment finement dans ce collioure suave et élégant. Les tanins sont de velours, laissant en finale des notes réglissées en parfait accord. 2021-2026 **Les Clos de Paulilles 2019 ★★ (15 à 20 €; 30000 b.)** Avec les fleurs de jasmin et les épices pour dominante au nez, ce vin annonce d'emblée sa délicatesse. Le gras reste mesuré au palais et une pointe de fraîcheur apporte du relief. Un beau vin blanc en devenir. 2021-2024 **Les Clos de Paulilles 2019 ★ (11 à 15 €; 100000 b.)** Un nez de bonbon à la fraise discret, une matière ample et fraîche, avec une petite pointe d'amertume fort agréable : voici un rosé de bonne constitution, en toute simplicité. 2020-2021

SCEA LES CLOS DE PAULILLES, Baie de Paulilles, 66660 Port-Vendres, tél. 04 68 64 08 26, info@cazes.com t.l.j. 10h-19h 5

DOM. PIC JOAN Insolence 2018 ★★

	7000		11 à 15 €

Jean Solé et Laura Parcé ont fondé leur domaine en 2009 à partir de vignes familiales et créé leur cave avec seulement 2,3 ha. Aujourd'hui, ils exploitent plus de 8 ha en «artisans vignerons». À leur carte, des collioure fort remarqués et de jeunes banyuls rimage.

Aux arômes intenses de fruits secs, de fruits noirs et de garrigue répond une bouche puissante, construite autour de tanins au grain fin. De la rondeur, il y en a dans cette matière toute fruitée, typée grenache. 2021-2026 **2018 ★ (15 à 20 €; 7000 b.)** Un 2018 souple à souhait, qui laisse une agréable impression de moelleux et de fruit épicé. 2020-2023 **Insolence 2019 ★ (11 à 15 €; 4300 b.)** S'il n'est pas très bavard au nez, ce blanc s'exprime bien au palais. Il trouve un parfait équilibre entre puissance, rondeur et fraîcheur, avec de beaux amers en finale. 2020-2023

SARL DOM. PIC JOAN, 20, rue de l'Artisanat, 66650 Banyuls-sur-Mer, tél. 04 68 98 74 41, domainepicjoan@orange.fr t.l.j. 10h-13h 15h-19h

DOM. PIÉTRI-GÉRAUD Sine Nomine 2018 ★★

	8000		11 à 15 €

Établi au cœur de Collioure, dans une des plus petites rues de la cité, ce domaine est dirigé depuis 2006 par Laetitia Piétri-Clara, qui a pris la suite de sa mère Maguy. Appuyée par l'œnologue Hélène Grau, la vigneronne perpétue la tradition inaugurée à la fin du XIXᵉs. par son arrière-grand-père Étienne Géraud, médecin retourné aux vignes familiales. Le vignoble couvre 20 ha, essentiellement en AOC banyuls et collioure.

Indéniablement aromatique, ce 2018 affiche des parfums puissants de figue sèche et de fruits confits. Sa belle matière aux tanins fin met en valeur un fruité confituré intense, avec la complexité des notes d'épices et de cuir en plus. On peut déjà s'en régaler. 2020-2026

SARL DOM. PIÉTRI-GÉRAUD, 22, rue Pasteur, 66190 Collioure, tél. 04 68 82 07 42, domaine.pietri-geraud@orange.fr r.-v.

DOM. DE LA RECTORIE L'Argile 2018 ★

■	10000		20 à 30 €

La famille Parcé avait renoncé à vinifier après la mort de l'arrière grand-père en 1913. Marc et son frère Thierry - rejoints par Jean-Emmanuel, fils de ce dernier – ont agrandi le domaine et sont sortis de la coopérative en 1984. À partir d'une trentaine de parcelles, Thierry, le vinificateur, propose des vins d'une régularité exemplaire en Banyuls et en Collioure.

Fruits mûrs, raisin passerillé, cire, miel, genêt... La palette est large dans cette cuvée ample et très ronde. C'est un concentré de vendange très mûre. ⧗ 2020-2023 ■ **Montagne 2018 ★ (20 à 30 €; 10000 b.)** Une cuvée chaleureuse, ronde à souhait et si riche en fruits qu'elle n'aura pas besoin d'attendre en cave pour être servie. ⧗ 2020-2022 ■ **L'Oriental 2018 ★ (15 à 20 €; 10000 b.)** Les arômes de garrigue (thym) intenses perçus au nez cèdent la place aux fruits mûrs macérés en bouche. C'est une matière riche, puissante et pourtant non dénuée de fraîcheur qui se déploie. Les tanins signalent un bon potentiel de garde. ⧗ 2021-2026

DOM. DE LA RECTORIE, 28-65, av. du Puig-del-Mas, 66650 Banyuls-sur-Mer, tél. 04 68 88 13 45, info@rectorie.fr V t.l.j. sf dim. 10h-12h 16h-19h

DOM. RENO
Cuvée François Capdet 2016 ★

■	4000		11 à 15 €

Fondée en 1948, cette exploitation est conduite depuis 1998 par la troisième génération : Anne et Frédéric Capdet, respectivement œnologue et viticulteur. Elle a son siège à l'entrée de Collioure, à deux pas de la mer, et son vignoble de 46 ha s'étage en terrasses. Les visiteurs peuvent voir son parc de 400 bonbonnes où le banyuls mûrit au soleil pendant 3 ans.

Les arômes de garrigue se déroulent d'un bout à l'autre de la dégustation. On perçoit des tanins denses au palais, signe que la garde sera nécessaire pour que ce vin dévoile pleinement son potentiel. ⧗ 2021-2026

EARL CAPDET ET FILS, Les Hauts-de-l'Ouille, D 114, 66190 Collioure, tél. 04 68 81 12 65, domainereno@orange.fr V t.l.j. 9h30-12h30 14h-18h30

TERRE DES TEMPLIERS Prestige 2018 ★★

■	6756		30 à 50 €

Devenu Terres des Templiers, l'ancien Cellier des Templiers est une coopérative créée en 1921. Elle revendique l'héritage de cet ordre militaire à qui l'on doit la mise en valeur des pentes schisteuses de Banyuls. Aujourd'hui, la cave dispose des 776 ha de ses 805 adhérents et, depuis la récolte 2011, du Mas Ventous, un vaste chai de vinification qui s'ajoute à la grande cave de 1964, réservée aux longs élevages. À sa carte, des collioure et des banyuls. La Cave de l'Abbé Rous appartient au même groupe coopératif : une cave créée en 1950 et nommée en hommage à l'abbé qui vers 1870 devint négociant-éleveur de vins de Banyuls pour financer l'agrandissement de l'église paroissiale sans faire appel à la générosité publique et qui se fit à l'occasion le mécène de Maillol.

Une robe d'un rubis profond et un nez expressif sur des notes boisées toastées (amandes, caramel). Suave en attaque, la bouche se révèle solide et puissante, dotée de tanins droits. Une nuance boisée et des fruits à l'eau-de-vie offrent une finale de belle longueur. ⧗ 2021-2026 ■ **Terres des Templiers Les Hauts du Roumani 2018 ★★ (11 à 15 €; 42690 b.)** Des notes de kirsch, de cassis et autres fruits noirs font toute l'élégance aromatique de ce vin. La fraîcheur est à son avantage au palais et assure un beau potentiel de vieillissement, au même titre que les tanins au grain serré. La finale intense est un autre atout de ce 2018. ⧗ 2021-2026 ■ **Terres des Templiers Cuvée de la Salette 2019 ★★ (8 à 11 €; 45060 b.)** Couleur framboise écrasée, ce rosé offre un nez délicat de fleurs, de grenade et de réglisse. Il a du corps, une bonne fraîcheur et fait preuve de persistance dans l'expression des fruits mûrs légèrement épicés. ⧗ 2020-2021 ■ **Terres des Templiers Premium 2018 ★ (30 à 50 €; 19518 b.)** Le boisé hérité de 9 mois de fût accompagne l'expression des arômes fruités (cerise), ainsi qu'une matière équilibrée et de bonne longueur. Les tanins fins assureront une bonne évolution dans le temps. ⧗ 2020-2025

GICB TERRES DES TEMPLIERS, 8, rte du Mas-Reig, 66650 Banyuls-sur-Mer, tél. 04 68 98 36 92, info@templers.fr V t.l.j. 10h-19h30; 10h-13h 14h30-18h30 (hiver); f. janv.

DOM. LA TOUR VIEILLE
Puig Oriol 2018 ★

■	5000		15 à 20 €

Créé en 1982, ce domaine de 13 ha regroupe les vignes de Vincent Cantié (à Collioure) et celles de Christine Campadieu (à Banyuls), issus l'un comme l'autre de vieilles familles vigneronnes. L'exploitation domine la mer sur les hauteurs de Collioure. Elle montre une belle régularité, aussi bien en vins doux naturels qu'en vins secs.

Des reflets bigarreau brillent dans le verre et l'on est vite tenté d'en savoir plus sur le profil de ce collioure. De la réglisse et des épices se mêlent aux fruits frais au nez, puis c'est une bouche encore jeune qui se révèle. Les tanins sont présents, mais agréables, et le fruité demeure. ⧗ 2021-2025

SCEA LA TOUR VIEILLE, 12, rte de Madeloc, 66190 Collioure, tél. 04 68 82 44 82, info@latourvieille.com V t.l.j. 9h-12h 14h-18h

DOM. VIAL-MAGNÈRES
Le Petit Couscouril 2019 ★

■	3300		11 à 15 €

Bernard Sapéras, œnologue et chimiste de formation, arrivé en 1985 sur le domaine de son beau-père, avait donné un bel élan à la propriété et à l'appellation : c'est à lui que l'on doit le banyuls blanc, l'engouement pour le rancio, la réussite du collioure blanc et le chemin d'Anicet pour découvrir le cru. Après sa disparition en 2013, Olivier et Chrystel Sapéras sont les garants de l'avenir. En 2016, ils se sont associés à Laurent Dal Zovo pour gérer les 10 ha de vignes répartis en petites unités sur la façade maritime des communes de Banyuls et Port-Vendres.

Aubépine et agrumes composent la palette de cette cuvée. La puissance est au rendez-vous au palais, mais elle s'équilibre avec une juste fraîcheur. À découvrir avec un tartare de daurade à la citronnelle, nous dit un dégustateur. ⧗ 2020-2023

DOM. VIAL-MAGNÈRES, 14, rue Édouard-Herriot, 66650 Banyuls-sur-Mer, tél. 04 68 88 31 04, info@vialmagneres.com V t.l.j. 9h-12h 14h-18h

MAURY SEC

Réservée à l'origine aux vins doux naturels, l'appellation maury est accordée à partir du millésime 2011 aux vins secs produits sur le même terroir (communes de Maury, Tautavel, Saint-Paul et Rasiguères). Les vignerons de cette aire d'appellation proposaient auparavant leurs vins secs en AOC côtes-du-roussillon-villages. Le grenache noir, emblématique de l'appellation, entre à hauteur de 60 % minimum (et 80 % maximum) dans les assemblages. Les vins bénéficient d'un élevage de six mois au minimum.

B CLOS DES VINS D'AMOUR Une Lubie 2019 ★

■ | 8000 | | 11 à 15 €

Christine et Nicolas Dornier, tous deux œnologues, se sont associés à Christophe et Laurence Dornier pour reprendre en 2002 les vignes cultivées par la famille depuis 1860. Les 2 couples ont quitté la coopérative en 2004 pour créer le Clos des Vins d'amour. Leur domaine (26 ha en bio) s'étend sur les terroirs schisteux de Tautavel, de Maury et de Saint-Paul-de-Fenouillet.

Robe profonde, cerise burlat, brillante et limpide. Le nez s'épanouit sur des notes de fruits des bois, d'épices et sur une pointe de poivre. La matière ample et généreuse dès l'attaque révèlent une structure solide, mais les tanins s'estompent pour laisser place à la rondeur en finale. ⧗ 2020-2026

SCEA VIGNOBLES DORNIER, 3, rte de Lesquerde, 66460 Maury, tél. 06 13 24 87 75, maury@closdesvinsdamour.fr V r.-v.

MAS DE LA DEVÈZE 2018 ★★

■ | 6600 | | 15 à 20 €

Simon Hugues était agriculteur, Nathalie commerciale dans la filière viticole à l'export. Ils ont repris en 2012 au cœur du terroir de Maury une très ancienne propriété qui avait été démantelée dans les années 1980. Ils cultivent 33 ha de vignes, la plupart conduites en gobelet.

Grenat intense à reflets bruns, ce 2018 propose une tendre alliance de violette, de cerise, de schistes chauds, de cistes et de toasté. Dès l'attaque, fraîche et fruitée, le ton est donné : les tanins sont veloutés, la matière gourmande, empreinte de notes de figue, de kirsch et de cacao. Finesse et équilibre caractérisent ce joli vin. ⧗ 2020-2026

NATHALIE HUGUES, mas de la Devèze, rte des Mas, 66720 Tautavel, tél. 06 52 38 57 36, contact@masdeladeveze.fr V r.-v.

MAS DE LAVAIL Initiale 2016 ★

■ | 2000 | | 20 à 30 €

Jean et Nicolas Batlle, père et fils, ont acquis ce joli mas du XIXe s. en 1999, à l'installation du second. À la tête de ce domaine de 80 ha de vieilles vignes, Nicolas poursuit le travail de 4 générations de vignerons sur les terres noires de Maury.

Grenat profond, c'est un 2016 au nez intense et séduisant de confiture de fraises, de fruits confits, de sous-bois, de fougère et de cuir. Soyeux, il enveloppe le palais de sa matière équilibrée, aux accents de cacao et de cerise à l'eau-de-vie. La structure est présente, mais respectueuse de l'équilibre. ⧗ 2020-2026

EARL DOM. DE LAVAIL, mas de Lavail, RD 117, 66460 Maury, tél. 04 68 29 08 95, info@masdelavail.com V t.l.j. sf dim. 9h30-12h 14h-17h30

LES VIGNERONS DE MAURY Nature de schiste 2018 ★

■ | 16000 | | 11 à 15 €

Fondée en 1910, la cave coopérative de Maury est aujourd'hui la plus ancienne du département encore en activité. Après les révoltes viticoles de 1907, elle regroupa plus de 130 propriétaires. Aujourd'hui, la cave dispose des 790 ha de ses adhérents; elle vit du grenache qui donne les traditionnels vins doux naturels et, depuis 2011, les maury secs.

Aux arômes de fruits compotés, nuancés d'épices, répond une bouche toute ronde mais bien structurée. C'est un vin plein et solide, aux délicieux accents de cerise mûre en finale. ⧗ 2020-2026 ■ **L'Akmé 2018 ★ (15 à 20 €; 5000 b.)** Sous une robe grenat sombre à reflets bleutés, ce vin intense s'ouvre sur des notes balsamiques, de ciste et de romarin, et sur une pointe florale. Surprenante, la bouche est douce et fraîche à la fois. La matière et la structure de tanins fins s'équilibrent, laissant en finale des touches de cacao amer. ⧗ 2020-2026

SCAV LES VIGNERONS DE MAURY, 128, av. Jean-Jaurès, 66460 Maury, tél. 04 68 59 00 95, xavierhardy@vigneronsdemaury.com V t.l.j. 9h-12h 14h-18h

CH. SAINT-ROCH Kerbuccio 2018 ★★

■ | 8000 | | 20 à 30 €

Éliane et Jean-Marc Lafage ont vinifié pendant 10 ans dans l'hémisphère Sud, puis ont repris l'exploitation familiale en 1995, établie sur 3 terroirs bien distincts du Roussillon : les terrasses de galets roulés proches de la mer; les Aspres et ses terres d'altitude; la vallée de l'Agly, vers Maury (depuis l'acquisition en 2006 du Ch. Saint-Roch). Aujourd'hui, quelque 180 ha cultivés à petits rendements. Un domaine très régulier en qualité, souvent en vue pour ses côtes-du-roussillon et ses muscats.

Des 10 mois passés en fût, ce 2018 a hérité un boisé parfaitement intégré. Il se distingue par des notes de fraise écrasée, de réglisse, de muscade et de cerise à l'eau-de-vie. Le cœur de bouche suave et frais à la fois, laisse le souvenir de confiture de groseille puis de kirsch en finale. À déguster avec un filet de bœuf en croûte d'épices ⧗ 2020-2024

DOM. LAFAGE, rte de Canet, mas-Miraflors, 66000 Perpignan, tél. 04 68 80 35 82, contact@ domaine-lafage.com V *t.l.j. sf dim. 10h-12h15 14h45-18h30*

TERRA NOBILIS 2019 ★

■ | 6000 | | 11 à 15 €

Une société de négoce-éleveur fondée en 2019 et dirigée par David Loiret. De la sélection des raisins à la mise en bouteille, en passant par la vinification dans ses chais de Tautavel sous la conduite de son œnologue-conseil, elle suit tout le processus d'élaboration des vins. Elle possède également 12 ha de vignes en propre.

Grenat profond et sombre, c'est un 2019 intense, prompt à libérer des senteurs de figue fraîche, de cacao, de réglisse, nuancés de notes balsamiques et animales. Séduisant dès l'attaque, il possède une jolie rondeur et révèle un boisé bien maîtrisé respectueux des arômes de petits fruits noirs, des notes de cuir et de café. Bonne longueur sur des tanins fondus. ⧗ 2020-2026

TERRA NOBILIS, allée la Part-des-Anges, 66390 Baixas, tél. 06 67 10 61 70, dlconseil66@ gmail.com

♥ DOM. LA TOUPIE Sur 1 fil rouge 2018 ★★★

■ | 2000 | | 11 à 15 €

Après 20 ans passés dans l'administration viticole, puis à parcourir le vignoble pour la coopérative du Mont Tauch, dans l'Aude, Jérôme Collas a franchi le pas et la «frontière» entre Languedoc et Roussillon, pour s'installer en 2012 sur 12 ha dans la vallée de l'Agly.

Les mots charme, équilibre et élégance conviennent parfaitement à cette cuvée issue de schistes noirs. En habit rouge et noir, à reflets violines, elle déploie une large palette : fraise et framboise en confiture, sous-bois, notes balsamiques et toastées. Après une attaque franche, la bouche apparaît soyeuse et fondue, tout en arômes de cacao et de torréfaction. La finale fraîche persiste longuement. Un parfait ambassadeur de l'appellation. ⧗ 2020-2026

EARL DOM. LA TOUPIE, ZA Clos-de-la-Serre, rte des Mas, 66460 Maury, tél. 07 86 28 99 52, contact@domainelatoupie.fr V *r.-v.*

▶ LES VINS DOUX NATURELS

Dès l'Antiquité, les vignerons de la région ont élaboré des vins liquoreux de haute renommée. Au XIIIe s., Arnaud de Villeneuve découvrit le mariage miraculeux de la «liqueur de raisin et de son eau-de-vie» : c'est le principe du mutage qui, appliqué en pleine fermentation sur des vins rouges ou blancs, arrête celle-ci en préservant ainsi une certaine quantité de sucre naturel. Les vins doux naturels d'appellation contrôlée se répartissent dans la France méridionale : Pyrénées-Orientales, Aude, Hérault, Vaucluse et Corse, jamais bien loin de la Méditerranée. Les cépages utilisés sont le grenache (blanc, gris, noir), le macabeu, la malvoisie du Roussillon, dite tourbat, le muscat à petits grains et le muscat d'Alexandrie. La taille courte est obligatoire. Les rendements sont faibles et les raisins doivent, à la récolte, avoir une richesse en sucre de 252 g minimum par litre de moût. L'agrément des vins est obtenu après un contrôle analytique. Ils doivent présenter un taux d'alcool acquis de 15 à 18 % vol., une richesse en sucre de 45 g minimum à plus de 100 g pour certains muscats et un taux d'alcool total (alcool acquis plus alcool en puissance) de 21,5 % vol. minimum. Certains sont commercialisés tôt (muscats), d'autres le sont après trente mois d'élevage. Vieillis sous bois de manière traditionnelle, c'est-à-dire dans des fûts, ils acquièrent parfois après un long élevage des notes très appréciées de rancio.

▶ BANYULS ET BANYULS GRAND CRU

Superficie : 1 160 ha
Production : 28 500 hl (90 % rouge)

Voici un terroir exceptionnel, comme il en existe peu dans le monde viticole : à l'extrémité orientale des Pyrénées, des coteaux en pente abrupte sur la Méditerranée. Seules les quatre communes de Collioure, Port-Vendres, Banyuls-sur-Mer et Cerbère bénéficient de l'appellation. Le vignoble s'accroche à des terrasses installées sur des schistes dont le substrat rocheux est, sinon apparent, tout au plus recouvert d'une mince couche de terre. Le sol est donc pauvre, souvent acide, n'autorisant que des cépages très rustiques, comme le grenache, au rendement extrêmement faible – souvent moins d'une vingtaine d'hectolitres à l'hectare. En revanche, le lieu bénéficie d'un microclimat particulier avec un ensoleillement optimisé par la culture en terrasses – culture difficile car manuelle, afin de protéger la terre qui ne demande qu'à être ravinée par le moindre orage – et par la proximité de la Méditerranée.

L'encépagement des rouges, majoritaires, est à base de grenache; ce sont surtout de vieilles vignes qui occupent le terroir. La vinification se fait par macération; le mutage intervient parfois sur le raisin, permettant ainsi une longue macération qui peut durer plus d'un mois; c'est la pratique de la macération sous alcool, ou mutage sur grains. Grenaches gris et blanc, macabeu, plus rarement muscat et malvoisie, entrent dans la composition des blancs.

L'élevage joue un rôle essentiel. En général, il tend à favoriser une évolution oxydative du produit, dans le bois (foudres, demi-muids) ou en bonbonnes exposées au soleil sur les toits des caves. Les différentes cuvées ainsi élevées sont assemblées avec le plus grand soin par le maître de chai

pour créer les nombreux types que nous connaissons. Dans certains cas, l'élevage cherche à préserver au contraire le fruit du vin jeune en empêchant toute oxydation; on obtient alors des produits différents : ce sont les rimages. Pour l'appellation grand cru, l'élevage sous bois est obligatoire pendant trente mois.

BANYULS

♥ ABBÉ ROUS
Rimage Mise tardive Cornet et Cie Élevé en fût de chêne 2018 ★★★

2034 | 20 à 30 €

Devenu Terres des Templiers, l'ancien Cellier des Templiers est une coopérative créée en 1921. Elle revendique l'héritage de cet ordre militaire à qui l'on doit la mise en valeur des pentes schisteuses de Banyuls. Aujourd'hui, la cave dispose des 776 ha de ses 805 adhérents et, depuis la récolte 2011, du Mas Ventous, un vaste chai de vinification qui s'ajoute à la grande cave de 1964, réservée aux longs élevages. À sa carte, des collioure et des banyuls. La Cave de l'Abbé Rous appartient au même groupe coopératif : une cave créée en 1950 et nommée en hommage à l'abbé qui vers 1870 devint négociant-éleveur de vins de Banyuls pour financer l'agrandissement de l'église paroissiale sans faire appel à la générosité publique et qui se fit à l'occasion le mécène de Maillol.

Un premier nez très concentré de confiture de mûres et de liqueur de cassis, puis de légères touches vanillées et épicées. Un grand volume se révèle au palais, après une attaque ronde et souple. Le velouté des tanins est au service d'une matière équilibrée, empreinte d'arômes de cassis. ⧗ 2020-2040 ■ **Cornet et Cie 2017 ★★★ (15 à 20 €; 10 026 b.)** Frais et léger, c'est ainsi que ce vin apparaît à l'olfaction grâce à ses notes de menthol et d'agrumes doux. La délicatesse du palais résulte tout autant de sa souplesse que des longs arômes de pêche, d'abricot, de miel et d'épices. La légère touche d'amertume en finale est un indéniable plus. ⧗ 2020-2030 ■ **Rimage Mise précoce Cornet et Cie 2018 ★★ (15 à 20 €; 2508 b.)** Un joli nez de garrigue, de cerise et de fruits noirs. Une bouche sur la fraîcheur en attaque, puis gourmande et persistante. Tout est remarquablement positionné. ⧗ 2020-2030 ■ **Ambré Cornet et Cie ★★ (15 à 20 €; 2490 b.)** Orange confite, poire, miel, rose fanée et caramel : belle palette qui augure une bouche onctueuse et gourmande. C'est long et agréable, avec une touche saline en finale. ⧗ 2020-2030 ■ **5 ans d'âge Baillaury ★ (11 à 15 €; 20 003 b.)** Acajou, ce vin exprime clairement les fruits cuits et le cacao tout au long de la dégustation. Un banyuls traditionnel, aux tanins fins. ⧗ 2020-2030

⊶ GICB TERRES DES TEMPLIERS (CAVE DE L'ABBÉ ROUS), 8, rte du Mas-Reig, 66650 Banyuls-sur-Mer, tél. 04 68 88 72 72, contact@abberous.com V *r.-v.*

♥ DOM. BERTA-MAILLOL Traditionnel 2002 ★★

10 000 | 30 à 50 €

Ce domaine de Banyuls remonte à 1611! Jean-Louis Berta-Maillol en 1996, puis ses frères Michel et Georges, respectivement en 2003 et 2009, ont pris la suite de leur père. Leur 15 ha de vignes s'accrochent aux pentes schisteuses de la vallée de la Baillauri, aménagées en terrasses.

On ne tarde pas à percevoir dans ce vin les effets de l'élevage oxydatif... 17 ans de fût. Le noir profond initial de la robe est passé à l'ambre soutenu. Mais pas d'inquiétudes, les fruits sont là : cassis et cerise ont laissé la place à la figue et au pruneau, tandis que cacao et café apportent l'exotisme. Un remarquable rancio est apparu, avec sa part de volatile. La noix (rancio) est également présente en bouche, avec la cohorte de fruits secs, l'écorce d'orange et le cacao. C'est puissant, généreux, complexe et sans fin. ⧗ 2020-2040

⊶ DOM. BERTA-MAILLOL, mas Paroutet, 66650 Banyuls-sur-Mer, tél. 04 68 88 00 54, domaine@bertamaillol.com V *t.l.j. 10h-12h30 15h-19h*

VIGNERONS CATALANS La Galline 2016 ★★

6000 | 15 à 20 €

En 1964, une poignée de vignerons s'unissent parce qu'ils sont convaincus que « le groupe est meilleur que le meilleur du groupe ». Aujourd'hui, les Vignerons Catalans rassemblent 7 caves coopératives, 1 500 adhérents et une quarantaine de caves privées, soit plus de 10 000 ha.

Conservé en cuve, puis en bouteille bien à l'abri de l'air, ce vin de couleur pâle a conservé toute la fraîcheur des raisins du grenache. Il libère ainsi des arômes d'agrumes frais (citron, pamplemousse) et des notes mentholées. La fraîcheur l'emporte également en bouche, où l'on retrouve les agrumes rejoints par la pêche blanche. C'est dynamique, avec une pointe de salinité et une finale mentholée. ⧗ 2020-2040

⊶ VIGNERONS CATALANS, 1870, av. Julien-Panchot, 66000 Perpignan, tél. 04 68 85 04 51, contact@vigneronscatalans.com

L'ÉTOILE Monseigneur Centène 1996 ★★

2000 | 30 à 50 €

Au cœur du village, la petite cave garde l'aspect rétro de l'époque de sa création. Fondée en 1921, c'est la plus ancienne coopérative de Banyuls. Connue pour ses vins doux naturels traditionnels hors d'âge, elle a su maintenir les traditions dans un esprit de famille. Les grands foudres, les demi-muids et les dames-jeannes accueillent des produits bien typés.

Espérant que Monseigneur nous pardonnera de pécher par gourmandise devant ce grenat pourpre à reflets tuilés. Complexe et très typé banyuls, celui-ci décline la cerise confite, la réglisse, les arômes miellés des foudres, le vieux cuir et le pruneau. Très doux en attaque, il ne tarde pas à imposer sa puissance et sa belle structure tannique, dont le velouté rappelle la douceur tactile des schistes lustrés. On décèle une note capiteuse de raisins secs, avant que le cacao et la noix n'apparaissent en finale. ⧗ 2020-2040 ■ **Rimage 2019 ★ (11 à 15 €; 112 000 b.)** C'est la cerise qui se laisse croquer avec une étonnante fraîcheur dans ce vin souple et frais, encore bien jeune. ⧗ 2022-2032 ■ **Blanc 2019 ★ (15 à 20 €; 16 000 b.)** Les fleurs de maquis finement muscatées accompagnent un joli fruité d'agrumes. La bouche douce et fondue est mise en valeur par une amertume saline bienvenue en finale. ⧗ 2020-2030

CAVE L' ÉTOILE, 26, av. du Puig-del-Mas, 66650 Banyuls-sur-Mer, tél. 04 68 88 00 10, info@cave-letoile.com V t.l.j. 9h30-12h30 14h30-18h

DOM. MADELOC Cirera 2017 ★

■	5 000		15 à 20 €

Pierre Gaillard aime les côtes et les schistes. Producteur bien connu de la Côte Rôtie, il s'est tourné vers le sud et s'est intéressé à Faugères, avant de racheter en 2002 Madeloc en Côte Vermeille. Sa fille Élise, ingénieure agricole, conduit le domaine (18 ha environ) et vinifie avec brio. Sur certaines pentes, on a recours au treuil, comme dans la vallée du Rhône.

Ce vin élaboré comme un vintage, avec 18 mois d'élevage sous bois, a été mis tardivement en bouteille. Il en résulte plus de fondu en bouche, des tanins souples et une puissance maîtrisée favorisés par une longue macération. La fraîcheur est en outre préservée, comme en témoignent la surprenante note florale et le parfum de la cerise perceptibles dès le nez. S'y ajoutent la fraise légèrement confiturée et une touche évolutive de pruneau. Le palais est concentré, gourmand, sur le fruit. ⧗ 2020-2040 ■ **Robert Pagès ★ (15 à 20 €; 5 000 b.)** Conduite en élevage oxydatif, cette cuvée est un banyuls traditionnel avec sa touche de fruits confits et de fruits secs, complices du cacao, ainsi que ses tanins élégants. ⧗ 2020-2030

SARL PIERRE GAILLARD (DOM. MADELOC), 1 bis, av. du Gal-de-Gaulle, 66650 Banyuls-sur-Mer, tél. 04 68 88 38 29, madeloc@gaillard.vin V r.-v.

DOM. MANYA-PUIG Rimage Cuvée Marine 2019 ★

■	8 000		11 à 15 €

Guy Puig est à la tête de ce domaine, dont les origines remontent au milieu du XIXᵉ s. Plusieurs générations de médecins vignerons se sont investis dans son développement, dont le dernier représentant est Bernard Valentin, arrivé en 2019.

La longue macération suivie d'un court élevage en cuve a permis d'extraire et de conserver tout le fruit du grenache noir. Le nez comme la bouche offrent ainsi une corbeille de cerise, framboise, fraise et cassis. Tout en rondeur et en fraîcheur, avec des tanins puissants mais soyeux, ce vin harmonieux est construit pour durer. ⧗ 2022-2040 ■ **Tradition Cuvée Julie ★ (15 à 20 €; 4 000 b.)** Un produit rare que ce blanc doux qui a connu un élevage oxydatif. Il dévoile des notes caramélisées de pomme à la cannelle et de poire, puis se développe tout en douceur, avec une pointe de fraîcheur bienvenue. Pour un plaisir immédiat. ⧗ 2020-2025

DOM. MANYA-PUIG, 7, av. de la République, 66190 Collioure, tél. 04 68 98 02 59, domaine-manya-puig@orange.fr V t.l.j. 10h-12h30 14h30-19h

DOM. PIÉTRI-GÉRAUD Maguy 2017 ★★

■	5 000		15 à 20 €

Établi au cœur de Collioure, dans une des plus petites rues de la cité, ce domaine est dirigé depuis 2006 par Laetitia Piétri-Clara, qui a pris la suite de sa mère Maguy. Appuyée par l'œnologue Hélène Grau, la vigneronne perpétue la tradition inaugurée à la fin du XIXᵉ s. par son arrière-grand-père Étienne Géraud, médecin retourné aux vignes familiales. Le vignoble couvre 20 ha, essentiellement en AOC banyuls et collioure.

Après un élevage d'un an en barrique neuve, ce vin est à la fois dynamique, grâce à une pointe de salinité, et suave par ses accents de chocolat blanc. Au-delà, c'est toute une palette d'agrumes, de miel, de vanille et de toasté qui se décline allègrement. ⧗ 2020-2040

SARL DOM. PIÉTRI-GÉRAUD, 22, rue Pasteur, 66190 Collioure, tél. 04 68 82 07 42, domaine.pietri-geraud@orange.fr V r.-v.

DOM. RENO 2018 ★★

■	2 700		11 à 15 €

Fondée en 1948, cette exploitation est conduite depuis 1998 par la troisième génération : Anne et Frédéric Capdet, respectivement œnologue et viticulteur. Elle a son siège à l'entrée de Collioure, à deux pas de la mer, et son vignoble de 46 ha s'étage en terrasses. Les visiteurs peuvent voir son parc de 400 bonbonnes où le banyuls mûrit au soleil pendant 3 ans.

L'or est au rendez-vous, lumineux. Les arômes intenses aussi, évocateurs d'agrumes et de fleurs blanches, nuancés par la note douce et lactée de l'élevage sur lies fines. La bouche trouve l'équilibre entre la fraîcheur et une douceur beurrée, tout en accueillant rose, pamplemousse et liqueur de pêche. Un fond de minéralité, puis une finale épicée apportent du relief à l'ensemble. ⧗ 2020-2040

EARL CAPDET ET FILS, Les Hauts-de-l'Ouille, D 114, 66190 Collioure, tél. 04 68 81 12 65, domainereno@orange.fr V t.l.j. 9h30-12h30 14h-18h30

TERRA NOBILIS 2016 ★★

■	2 000		11 à 15 €

Une société de négoce-éleveur fondée en 2019 et dirigée par David Loiret. De la sélection des raisins à la mise en bouteille, en passant par la vinification dans ses chais de Tautavel sous la conduite de son œnologue-conseil, elle suit tout le processus d'élaboration des vins. Elle possède également 12 ha de vignes en propre.

Pour un vin traditionnel, élevé en milieu oxydatif, la robe cerise noire révèle une oxydation ménagée. Et pourtant, c'est bien le kirsch, le sous-bois, les schistes chauds et un soupçon de cacao qui signent un bel élevage.

ROUSSILLON

En bouche, le fruit rappelle la cerise cuite agréablement caramélisée. Les tanins sont encore bien présents, mais la finale s'avère ronde, souple, sur une touche de cacao. ⧗ 2020-2040

⊶ TERRA NOBILIS, allée la Part-des-Anges, 66390 Baixas, tél. 06 67 10 61 70, dlconseil66@gmail.com

TERRE DES TEMPLIERS
Rimage Mise précoce 2018 ★

■ | 15120 | | 15 à 20 €

Devenu Terres des Templiers, l'ancien Cellier des Templiers est une coopérative créée en 1921. Elle revendique l'héritage de cet ordre militaire à qui l'on doit la mise en valeur des pentes schisteuses de Banyuls. Aujourd'hui, la cave dispose des 776 ha de ses 805 adhérents et, depuis la récolte 2011, du Mas Ventous, un vaste chai de vinification qui s'ajoute à la grande cave de 1964, réservée aux longs élevages. À sa carte, des collioure et des banyuls. La Cave de l'Abbé Rous appartient au même groupe coopératif : une cave créée en 1950 et nommée en hommage à l'abbé qui vers 1870 devint négociant-éleveur de vins de Banyuls pour financer l'agrandissement de l'église paroissiale sans faire appel à la générosité publique et qui se fit à l'occasion le mécène de Maillol.

Un vin plein de promesses, dont la robe profonde est la signature d'une longue macération. Il exprime avec intensité cassis, mûre, myrte et cerise noire à l'eau-de-vie. Au palais, les fruits se croquent, bien en chair, accompagnés de tanins encore bien présents. L'ensemble est ample et riche. ⧗ 2020-2030 ■ **Impertinence 2019 ★ (15 à 20 €; 16000 b.)** À un sorbet aux fruits rouges, ce rosé ajoutera ses notes très fraîches de fraise et d'agrumes. Son caractère suave sera aussi très appréciable dans cet accord. ⧗ 2020-2030 ■ **Rimage Premium 2018 ★ (30 à 50 €; 6726 b.)** Un banyuls très concentré, puissant et encore en pleine jeunesse. Le grillé et le fruit épicé composent une palette subtile. ⧗ 2022-2030

⊶ GICB TERRES DES TEMPLIERS, 8, rte du Mas-Reig, 66650 Banyuls-sur-Mer, tél. 04 68 98 36 92, info@templers.fr V t.l.j. 10h-19h30; 10h-13h 14h30-18h30 (hiver); f. janv.

DOM. LA TOUR VIEILLE Reserva ★

■ | 8000 | | 15 à 20 €

Créé en 1982, ce domaine de 13 ha regroupe les vignes de Vincent Cantié (à Collioure) et celles de Christine Campadieu (à Banyuls), issus l'un comme l'autre de vieilles familles vigneronnes. L'exploitation domine la mer sur les hauteurs de Collioure. Elle montre une belle régularité, aussi bien en vins doux naturels qu'en vins secs.

Imaginez, sur les pentes dominant la Méditerranée, une petite terrasse à côté du chai et en plein air, des dame-jeanne exposées au climat. Une partie de la future Reserva vous attend. Certes, ce n'est qu'un pourcentage de l'assemblage qui viendra compléter le vin élevé 6 ans en fût, mais c'est « la » touche originale. Sombre, nuancé d'acajou, ce banyuls aux arômes de fruits confiturés, de cacao et d'épices se révèle élégant grâce à une bonne fraîcheur et à des tanins fins. ⧗ 2020-2040

⊶ SCEA LA TOUR VIEILLE, 12, rte de Madeloc, 66190 Collioure, tél. 04 68 82 44 82, info@latourvieille.com V t.l.j. 9h-12h 14h-18h

♥ DOM. VIAL-MAGNÈRES
Ambré Cuvée Bernard Sapéras ★★★

■ | 1600 | | 30 à 50 €

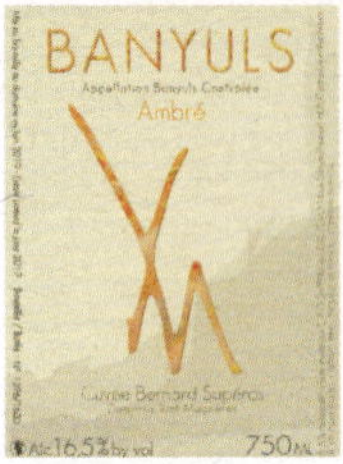

Bernard Sapéras, œnologue et chimiste de formation, arrivé en 1985 sur le domaine de son beau-père, avait donné un bel élan à la propriété et à l'appellation : c'est à lui que l'on doit le banyuls blanc, l'engouement pour le rancio, la réussite du collioure blanc et le chemin d'Anicet pour découvrir le cru. Après sa disparition en 2013, Olivier et Chrystel Sapéras sont les garants de l'avenir. En 2016, ils se sont associés à Laurent Dal Zovo pour gérer les 10 ha de vignes répartis en petites unités sur la façade maritime des communes de Banyuls et Port-Vendres.

Une solera de plus de 20 ans en banyuls ambré, c'est la perle rare. Bel hommage à Bernard Saperas qui avait initié l'élaboration du vin doux blanc dans cette appellation. Sous une parure vieil or brillant, les arômes se révèlent intenses, à la fois sur les fruits confits, l'abricot sec, l'orange amère et les fleurs au parfum miellé. Une douceur lactée due à l'élevage sur lies fines et une touche exotique de vanille apparaissent aussi. Volume, rondeur, suavité caractérisent le palais, ainsi que cette fraîcheur héritée de la solera. La finale sur les agrumes, très relevée, contribue à faire durer le plaisir. ⧗ 2020-2040 ■ **Rancio très vieux 1993 ★ (50 à 75 €; 1600 b.)** Outre ses notes très persistantes de cacao, de noix et de pruneau, ce rancio impressionne par sa puissance et ses tanins au grain fin. ⧗ 2020-2035

⊶ DOM. VIAL-MAGNÈRES, 14, rue Édouard-Herriot, 66650 Banyuls-sur-Mer, tél. 04 68 88 31 04, info@vialmagneres.com V t.l.j. 9h-12h 14h-18h 5

BANYULS GRAND CRU

ABBÉ ROUS
Cuvée Christian Reynal 2000 ★★

■ | 1659 | | 30 à 50 €

Devenu Terres des Templiers, l'ancien Cellier des Templiers est une coopérative créée en 1921. Elle revendique l'héritage de cet ordre militaire à qui l'on doit la mise en valeur des pentes schisteuses de Banyuls. Aujourd'hui, la cave dispose des 776 ha de ses 805 adhérents et, depuis la récolte 2011, du Mas Ventous, un vaste chai de vinification qui s'ajoute à la grande cave de 1964, réservée aux longs élevages. À sa carte, des collioure et des banyuls. La Cave de l'Abbé Rous appartient au même groupe coopératif : une cave créée en 1950 et nommée en hommage à l'abbé qui vers 1870 devint négociant-éleveur de vins de Banyuls pour financer l'agrandissement de l'église paroissiale sans faire appel à la générosité publique et qui se fit à l'occasion le mécène de Maillol.

C'est un concentré de mûre, de prune, de figue. S'y mêlent les épices, la touche minérale issue du schiste et le cacao. La bouche est ronde, puissante, étayée par des tanins soyeux. Le fond aromatique évoque les fruits à l'alcool et le pruneau, ainsi que la vanille, le chocolat, les fruits secs et, pour la touche finale, le rancio. Belle complexité. ⧗ 2020-2045 ■ **Terres des Templiers La Serra 2011 ★ (20 à 30 €; 101 640 b.)** Malgré sa petite dizaine d'années d'élevage, dont 6 ans dans l'allée des grands foudres qui est la signature de l'entreprise, ce vin est encore en pleine puissance. Fruits confiturés, épicés, quelques fruits rouges, fruits secs torréfiés... Le fruit se conjugue à tous les modes. Vanille et cacao font bon ménage dans une matière puissante, structurée par des tanins encore vifs. D'un équilibre plutôt sec, ce banyuls se prépare pour dompter tout chocolat noir durant des années. ⧗ 2020-2045

GICB TERRES DES TEMPLIERS (CAVE DE L'ABBÉ ROUS), 8, rte du Mas-Reig, 66650 Banyuls-sur-Mer, tél. 04 68 88 72 72, contact@abberous.com V *r.-v.*

VIGNERONS CATALANS
Les Murets d'Esprades 2009 ★★

■ | 11 000 | | 15 à 20 €

En 1964, une poignée de vignerons s'unissent parce qu'ils sont convaincus que « le groupe est meilleur que le meilleur du groupe ». Aujourd'hui, les Vignerons Catalans rassemblent 7 caves coopératives, 1 500 adhérents et une quarantaine de caves privées, soit plus de 10 000 ha.

Certes, le vin a été d'un rouge profond, mais aujourd'hui, c'est un acajou tirant sur le fauve qui domine. L'élevage oxydatif est perceptible à tous niveaux, apportant pruneau, tabac, épices, vanille et chocolat à la palette. La rondeur et les tanins soyeux du grenache caractérisent la bouche, tout autant que les arômes de kirsch. Un vin complexe, également remarqué pour la fraîcheur de sa longue finale. ⧗ 2020-2045

VIGNERONS CATALANS, 1870, av. Julien-Panchot, 66000 Perpignan, tél. 04 68 85 04 51, contact@vigneronscatalans.com

LE CLOS DE PAULILLES 2014 ★

■ | 4 000 | | 30 à 50 €

Avec 100 ha d'un seul tenant (dont 63 plantés), le plus vaste domaine des AOC collioure et banyuls, situé dans le site protégé de l'anse de Paulilles. Ancienne propriété de la famille Pams, puis pendant 35 ans des Dauré (Jau). Ces derniers l'ont vendue en 2013 à la famille Cazes, laquelle s'implante ainsi en Côte Vermeille. La cave a été totalement rénovée. Le restaurant *Les Pieds dans l'eau* est un des attraits du lieu.

Un grand cru qui cultive son originalité, avec 5 ans d'élevage en fûts, mais en fûts ouillés afin d'éviter une oxydation rapide. Ces fûts ont, en outre, contenu cognac et autres whisky. Ainsi, la couleur est encore très soutenue, et les arômes de cerise bien présents. S'y ajoutent les notes de figue, de fruits cuits, d'épices, de chocolat et de café. En bouche, le vin apparaît très rond, empreint de cerise confite et de nuances torréfiées. La finale se prolonge sur des notes de noyau et de fumé. ⧗ 2020-2045

SCEA LES CLOS DE PAULILLES, Baie de Paulilles, 66660 Port-Vendres, tél. 04 68 64 08 26, info@cazes.com V *t.l.j. 10h-19h* 5

L'ÉTOILE 2010 ★

■ | 21 330 | | 20 à 30 €

Au cœur du village, la petite cave garde l'aspect rétro de l'époque de sa création. Fondée en 1921, c'est la plus ancienne coopérative de Banyuls. Connue pour ses vins doux naturels traditionnels hors d'âge, elle a su maintenir les traditions dans un esprit de famille. Les grands foudres, les demi-muids et les dames-jeannes accueillent des produits bien typés.

Une alliance de cuve et de fût afin de préserver quelques arômes frais de cerise. La palette s'est enrichie de pruneau et d'épices, tandis que le palais a acquis une belle rondeur, sans abandonner totalement la fraîcheur. Les tanins sapides ont juste ce qu'il faut d'amertume pour relever la finale aux notes de cacao. ⧗ 2020-2045

CAVE L' ÉTOILE, 26, av. du Puig-del-Mas, 66650 Banyuls-sur-Mer, tél. 04 68 88 00 10, info@cave-letoile.com V *t.l.j. 9h30-12h30 14h30-18h*

♥ DOM. VIAL-MAGNÈRES
Cuvée André Magnères 2007 ★★

■ | 1380 | | 30 à 50 €

Bernard Sapéras, œnologue et chimiste de formation, arrivé en 1985 sur le domaine de son beau-père, avait donné un bel élan à la propriété et à l'appellation : c'est à lui que l'on doit le banyuls blanc, l'engouement pour le rancio, la réussite du collioure blanc et le chemin d'Anicet pour découvrir le cru. Après sa disparition en 2013, Olivier et Chrystel Sapéras sont les garants de l'avenir. En 2016, ils se sont associés à Laurent Dal Zovo pour gérer les 10 ha de vignes répartis en petites unités sur la façade maritime des communes de Banyuls et Port-Vendres.

Respecter le plus possible le vin, c'est accepter que, sur de vieux millésimes, la robe ne soit pas toujours éclatante et lumineuse. Toutefois, la récompense vient bientôt pour les plus curieux. Quelle complexité aromatique ! Se bousculent fruits noirs et rouges confits, note fumée, tabac doux, poivre, pruneau à l'eau-de-vie et cette touche originale entre camphre, myrte, cèdre et eucalyptus. Riche et rond, équilibré par une certaine fraîcheur, le palais tire profit de tanins au grain fin. Les arômes de noyau de cerise jouent avec ceux de pruneau, le café avec le chocolat, puis les fruits secs s'invitent en finale. C'est fin, complexe : tout en plaisir. ⧗ 2020-2045

DOM. VIAL-MAGNÈRES, 14, rue Édouard-Herriot, 66650 Banyuls-sur-Mer, tél. 04 68 88 31 04, info@vialmagneres.com V *t.l.j. 9h-12h 14h-18h* 5

RIVESALTES

Superficie : 5 180 ha
Production : 107 930 hl (55 % blanc)

Longtemps, rivesaltes fut la plus importante des appellations des vins doux naturels : elle couvrait 14 000 ha et produisait 264 000 hl en 1995. Puis la crise a frappé et après un Plan rivesaltes qui a permis la reconversion d'une partie de ce vignoble, la production de cette appellation se rapproche désormais en volume de celle du muscat-de-rivesaltes. Le terroir du rivesaltes s'étend en Roussillon et dans une toute petite partie des Corbières, sur des sols pauvres, secs, chauds, favorisant une excellente maturation. Quatre cépages sont autorisés : grenache, macabeu, malvoisie et muscat, les deux premiers étant largement dominants. La vinification se fait en blanc et en rouge. Les rivesaltes rouges proviennent principalement du grenache noir ; ce cépage subit alors souvent une macération, afin de donner le maximum de couleur et de tanins.
L'élevage des rivesaltes est fondamental pour la détermination de la qualité. Les blancs donnent les ambrés, et les rouges les tuilés, au terme de deux ans ou plus d'élevage. Selon l'élevage, en cuve ou dans le bois, ils développent des arômes bien différents. Le bouquet rappelle la torréfaction, les fruits secs, avec une note de rancio dans les vins les plus évolués. Certains rivesaltes rouges ne sont pas soumis à un élevage et sont mis très jeunes en bouteilles. Ce sont les grenats, caractérisés par des arômes de fruits frais : cerise, cassis, mûre. Les derniers cahiers des charges autorisent les rivesaltes rosés.

ARNAUD DE VILLENEUVE
Ambré 5 ans d'âge Tradition ★

■ | 8800 | | 8 à 11 €

Résultant de la fusion de 3 caves, cette coopérative porte le nom de l'inventeur des vins doux naturels, Arnaud de Villeneuve. Elle rassemble 320 viticulteurs de Salses, de Rivesaltes et de Pézilla-la-Rivière, qui cultivent quelque 2 000 ha de vignes (dont 125 ha en bio) répartis sur 26 communes et des terroirs variés.

L'ambre a pris des reflets cuivrés après 5 ans de fût, élevage qui se traduit au nez par un joli boisé de vanille et de tabac blond miellé, en contrepoint de l'orange confite. Fin, net, suave, le palais évoque aussi le miel, ainsi que les épices et les fruits secs. C'est simple, fondu et très plaisant. ⧗ 2020-2040 ■ **Ambré Prestige 1999 ★ (30 à 50 € ; 1000 b.)** Riche, intense, sur la figue, le kumquat et un fin rancio, c'est un vin encore « jeune », qui saura affronter encore les années. Mais il n'en reste que 1 000 cols… ⧗ 2020-2035 ■ **Ambré 20 ans d'âge Grande réserve ★ (20 à 30 € ; 3000 b.)** Un ambré frais et élégant au nez, qui joue sur le boisé toasté, l'abricot sec et un début de rancio (noix). Il se montre ample et très doux au palais, de bonne longueur. ⧗ 2020-2030

ARNAUD DE VILLENEUVE, 153, RD 900, 66600 Rivesaltes, tél. 04 68 64 06 63, contact@caveadv.com V *t.l.j. sf dim. 9h30-12h30 14h30-18h30*

DOM. BOUDAU Grenat sur grains 2018 ★

■ | 8000 | | 11 à 15 €

Véronique Boudau et son frère Pierre sont à la tête du domaine familial depuis 1993. Ils ont décidé de donner un nouveau souffle à la propriété, qui couvre quelque 60 ha sur d'excellents terroirs, à l'entrée de la vallée de l'Agly. Le pari est réussi : la totalité de la production est mise en bouteilles et commercialisée, notamment dans un réseau de restaurants et de cavistes. Une valeur sûre, qui a engagé la conversion bio de son vignoble.

La teinte grenat est brillante, accueillante, mais le nez s'ouvre timidement. C'est à la faveur de l'aération que s'expriment le cassis, la cerise et des notes confiturées de mûre. L'attaque est douce et fondue, puis la bouche révèle des tanins puissants et toute la force d'un vin construit pour durer. La mûre s'impose en finale. ⧗ 2020-2040

DOM. BOUDAU, 6, rue Marceau, 66600 Rivesaltes, tél. 04 68 64 45 37, contact@domaineboudau.fr V *t.l.j. sf dim. 10h-12h 15h-18h ; hiver sam. 10h-12h*

CH. DE CALCE Ambré 1996 ★★

■ | 1560 | | 15 à 20 €

Au nord-ouest de Perpignan, sur la rive gauche de l'Agly, le village vigneron de Calce hésite entre schistes et calcaires, entre plaine et collines. En son sein, une forteresse médiévale. Fondée en 1932, la coopérative est forte des 213 ha de ses 35 adhérents. En mai, elle organise une journée portes ouvertes festive : « Les caves se rebiffent ».

Après quasiment 25 années d'élevage, l'or pâle a évolué vers un vieil or brillant. Au nez, c'est l'empreinte de l'élevage qui se distingue à travers des senteurs douces de vieux foudres et de cire en accompagnement du sous-bois, du cuir et de la fraîcheur du cédrat. Ample et chaleureuse, la bouche décline des arômes de canne à sucre, de zeste d'agrumes et de fruits confits, avant une finale épicée. ⧗ 2020-2035

SCV LES VIGNERONS DU CH. DE CALCE, 8, rte d'Estagel, 66600 Calce, tél. 04 68 64 47 42, scvcalce@orange.fr V *r.-v.*

VIGNOBLES CAP LEUCATE
Ambré Royal Macabéo 2016 ★

■ | 7200 | | 8 à 11 €

La coopérative du Cap Leucate, issue d'une fusion de plusieurs coopératives, est incontournable dans le Fitou maritime. Plus de 200 sociétaires y sont rassemblés, exploitant près de 1 400 ha de vignes.

Ce pur macabeu de teinte ambre clair a pris des accents vanillés au cours de ses 3 ans d'élevage. Le boisé évolue en bouche vers des notes de torréfaction et de café. Il respecte le caractère floral, ainsi que la fraîcheur des arômes de pamplemousse et de litchi. Le vin est souple, fondu, bien équilibré. À conseiller en première approche des rivesaltes ambré. ⧗ 2020-2040

VIGNOBLES CAP LEUCATE, Chai La Prade, 11370 Leucate, tél. 04 68 33 20 41, contact@cave-leucate.com V *r.-v.*

B DOM. CARLE-COURTY
Ambré Escolta Quan Plou 2014 ★★

| 900 | | 30 à 50 € |

Implanté au pied de l'ermitage de Força Réal, d'où le panorama embrasse tout le Roussillon, le vignoble de Carle-Courty (3,5 ha au départ, 12 ha aujourd'hui) est cultivé en bio depuis 2002. Un choix de vie pour Frédéric Carle, comptable né en Champagne, installé depuis 1995 dans la vallée de la Têt, entre ceps de syrah et schistes bruns, vieilles vignes de carignan et de grenache, et cheminées de fées.

L'ambré a pris des nuances topaze et le nez a gagné en complexité : cire, épices, de fruits entre stades mûr et sec, zeste d'orange, torréfaction et pointe de noix (rancio). Il en va de même en bouche, où se confirme le rancio, en accompagnement des notes de café, de nougatine, de figue, de miel et d'épices. Bien équilibré, présent, long, ce vin peut être servi en digestif dès aujourd'hui et sans problème demain. ⧗ 2020-2040

FRÉDÉRIC CARLE, 6, rte de Corneilla, 66170 Millas, tél. 06 23 91 14 38, domaine.carlecourty@orange.fr V t.l.j. 9h-12h 14h30-19h

VIGNERONS CATALANS
Ambré Haute Coutume 1986 ★★★

| 3000 | | 30 à 50 € |

En 1964, une poignée de vignerons s'unissent parce qu'ils sont convaincus que «le groupe est meilleur que le meilleur du groupe». Aujourd'hui, les Vignerons Catalans rassemblent 7 caves coopératives, 1 500 adhérents et une quarantaine de caves privées, soit plus de 10 000 ha.

Une teinte ambre roux et toute une palette de fruits secs (figue, abricot), d'agrumes confits, de tabac blond, de caramel au beurre salé et de torréfaction (café). Même déclinaison au palais, dans une matière ronde, profonde et élégante. Un tel fondu ne passe pas inaperçu, non plus que la longue finale sur les agrumes frais mêlés à une note douce amère de coing. ⧗ 2020-2035 **Ambré Haute Coutume 1976 ★★ (50 à 75 €; 3500 b.)** Un rivesaltes très liquoreux, typé «sherry». ⧗ 2020-2030 **Ambré Haute Coutume 1996 ★★ (20 à 30 €; 6000 b.)** Un ambré roux, très aromatique (fruits secs, confits) sur fond muscaté. La puissance est ici maîtrisée. ⧗ 2020-2030 **Ambré Haute Coutume 1966 ★★ (75 à 100 €; 2000 b.)** Un rivesaltes sur les fruits confits et la torréfaction. ⧗ 2020-2030 **Ambré Haute Coutume 1987 ★★ (30 à 50 €; 3000 b.)** Un vin très sombre, tout en arômes de pruneau et de cacao, enfin prêt à être consommé. ⧗ 2020-2030

VIGNERONS CATALANS, 1870, av. Julien-Panchot, 66000 Perpignan, tél. 04 68 85 04 51, contact@vigneronscatalans.com

B CAZES Ambré 2005 ★

| 7000 | | 20 à 30 € |

Fondation en 1895, premières mises en bouteilles en 1955 et une croissance continue. Aujourd'hui, un domaine de 220 ha entièrement conduit en biodynamie depuis 2005. À sa carte, toutes les AOC du Roussillon, des IGP, tous les styles de vin. Dans le giron du groupe Advini depuis 2004.

Un très beau travail d'élevage a permis d'obtenir ce vin de couleur fauve, dont les arômes évoquent l'abricot confit, le zeste d'orange, la liqueur de verveine, nuancés de boisé. Il a surtout été remarqué pour sa suavité, sa rondeur et cette puissance maîtrisée au palais. Il garde en effet une pointe de fraîcheur qui contribue à sa longueur. ⧗ 2020-2035

SCEA CAZES, 4, rue Francisco-Ferrer, 66600 Rivesaltes, tél. 04 68 64 08 26, info@cazes.com V t.l.j. sf dim. 9h-12h 14h-18h30

♥ DOM BRIAL Grenat 2018 ★★

| 5000 | | 8 à 11 € |

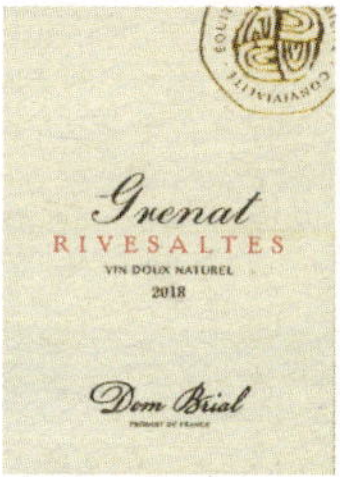

Suivi à la parcelle, maîtrise de la totalité de la chaîne d'élaboration, du raisin à la bouteille, démarche de développement durable… La cave de Baixas, fondée en 1923, compte 380 coopérateurs qui exploitent 2500 ha répartis dans une trentaine de commune.

Il fallait bien un an pour arrondir une telle matière si bien extraite. D'emblée, le ton est donné : ce sera noir. Effectivement, même si la groseille pointe sa note fraîche, les fruits noirs mûrs dominent au nez, avec finesse, sur fond épicé. Un vin «tactile», ample, de belle onctuosité. Il a de la présence, sans excès, grâce à des tanins fondus. Fruits noirs et rouges se croquent avec la fraîcheur de l'épice et un soupçon de cacao en finale. ⧗ 2020-2040 **Tuilé 2012 ★ (8 à 11 €; 8000 b.)** Vêtu d'une robe acajou, ce vin joue sur les fruits secs et une touche de pruneau. Ample et bien structuré, il fait la part belle au cacao en finale. ⧗ 2020-2025

VIGNOBLES DOM BRIAL, 14, av. Mal-Joffre, 66390 Baixas, tél. 04 68 64 22 37, contact@dom-brial.com V r.-v.

DOM. FONTANEL Ambré 2011 ★★

| 4000 | | 11 à 15 € |

Les origines du domaine, où 6 générations se sont succédé, remontent à 1864. La propriété est forte d'un vignoble de 25 ha installé sur des terroirs variés. À sa tête depuis 1989, Pierre et Marie-Claude Fontaneil ont proposé pendant près de 30 ans des cuvées à forte personnalité, aussi bien en vins secs qu'en vins doux naturels. En 2017, ils ont cédé l'exploitation à un jeune couple de vignerons, Élodie et Matthieu Collet.

Tout n'est que délicatesse dans ce vin, depuis l'ambre clair de la robe jusqu'aux arômes d'épices, de gingembre, de pomélo et au soupçon de rancio. Il en va de même du palais, souple et bien construit. Le fruit confit y retrouve le miel, la vanille, le rancio et la fraîcheur des épices. ⧗ 2020-2040

EARL COLLET, 25, av. Jean-Jaurès, 66720 Tautavel, tél. 04 68 29 45 21, contact@domainefontanel.fr V t.l.j. sf dim. 15h-18h; nov. à mars sur r.-v.

ROUSSILLON

CH. DES HOSPICES
Ambré Hors d'âge Petite Vermeille ★★

2000 | 15 à 20 €

Depuis 5 générations, la famille Benassis est installée au cœur de Canet-en-Roussillon. La cave est abritée dans une bâtisse traditionnelle catalane datant de 1836. Le vignoble (50 ha) est implanté sur les terrasses de galets roulés entre le littoral et la ville de Perpignan. Aujourd'hui, 3 générations officient sur le domaine : Louis, le grand-père, Michel, le père, et Marc, le petit-fils, ingénieur agronome.

Dans ce rivesaltes issu de solera, le vin de base a plus de 15 ans. Il donne cette couleur fauve profond. Les arômes d'abricot sec s'imposent sur fond muscaté d'orange confite, avec une pointe épicée très fraîche. L'attaque est suave, ronde, puis la solera marque le vin de notes plus tendues, vives. Les fruits secs (abricot, amande) complètent des notes miellées, avant une finale chaleureuse et très longue. Un beau produit jouant sur la fraîcheur et la douceur, apte à affronter le temps. ⧗ 2020-2030

SCEA HOSPICES BENASSIS, 13, av. Joseph-Sauvy, 66140 Canet-en-Roussillon, tél. 04 68 80 34 14, contact@chateau-des-hospices.fr V r.-v.

F. JAUBERT
Ambré Hors d'âge Or du temps 2002 ★★

1500 | 20 à 30 €

En 2019, François Jaubert a repris officiellement la tête de ce domaine familial de 35 ha dans la plaine des Aspres, mais il y travaille depuis 2017. Pas moins de 11 cépages sont cultivés ici.

Original, cet élevage effectué uniquement en cuve. Il en résulte une teinte vieil or, ainsi qu'une harmonie entre les senteurs de fruits secs, d'amande et d'eau-de-vie de fruits à noyau. La bouche est étonnamment fraîche, à l'équilibre plutôt sec. Après le miel de romarin et les épices (curry), la finale laisse une impression citronnée. Ce vin se prêtera à un accord avec un fromage de chèvre affiné ou avec la cuisine asiatique. ⧗ 2020-2035

EARL DOM. F. JAUBERT, 3, rue de la Tramontane, 66300 Ponteilla, tél. 06 33 71 71 02, francois.jaubert@outlook.fr V r.-v.

MAS ALART Ambré Que ma joie demeure ★

2000 | 15 à 20 €

Fondé en 1897, ce domaine familial a longtemps été voué aux seuls vins doux naturels. En 1997, Frédéric Belmas a diversifié la production en proposant également des côtes-du-roussillon et des IGP côtes-catalane.

Le boisé se fond dans ce vin en ayant accompli son travail d'oxydation durant les 9 ans d'élevage en fût en vidange. La robe est finement ambrée, lumineuse. Les arômes d'agrumes (citron), de fleur d'oranger et de miel offrent délicatesse, fraîcheur et douceur. Le palais n'est pas de grande ampleur, mais très fin et tellement élégant. Les épices (gingembre) laissent place à une note muscatée en finale. ⧗ 2020-2040

EARL MAS ALART, Mas Alart, rte de Cabestany, 66280 Saleilles, tél. 04 68 50 51 89, contact@masalart.com V t.l.j. sf dim. 10h-12h 16h-18h

MAS CRISTINE Ambré ★

2000 | 15 à 20 €

Superbe mas installé depuis 1810 dans le massif des Albères, à la limite du cru banyuls, isolé au milieu du maquis ponctué de chênes-lièges. Les vignes dominent les pins qui descendent en pente douce vers la mer. Implanté sur des sols de schistes, de quartz et d'argile rouge, le domaine (25 ha aujourd'hui) a été acheté en 2007 à la famille Dauré (Jau) par Philippe Gard (Coume del Mas), Julien Grill (vigneron roussillonnais) et Andy Cook (œnologue britannique).

Joli travail entre élevage en cuve et en solera. Une couleur or en résulte, ainsi que des arômes muscatés, des notes de poire Williams, de cire, de miel et de de vanille. Très fin, le grenache impose sa douceur avec un fond d'amertume sapide utile à la persistance. Fruits secs et torréfaction accompagnent la finale de ce vin encore jeune et qui n'a pas encore exprimé toute sa puissance. ⧗ 2020-2040

SARL DOM. DES DEUX PUITS (MAS CRISTINE), chem. de Saint-André, 66700 Argelès-sur-Mer, tél. 04 68 54 27 60, info@mascristine.com V t.l.j. sf dim. 10h-12h 14h-19h

B MAS DES CAPRICES Grenat 2017 ★★★

3500 | 11 à 15 €

Enfants de viticulteurs alsaciens, Mireille et Pierre Mann ont été restaurateurs avant de devenir viticulteurs en 2005. Premières bouteilles en 2009, premiers succès. Aujourd'hui, 16 ha en biodynamie sur le plateau calcaire de Leucate et sur les contreforts schisteux des Corbières.

Conservation en cuve sur lies et petit passage en barriques ouillées : là est certainement le secret de ce rivesaltes de pur grenache noir. Les arômes complexes et intenses déclinent les fruits mûrs (cerise, mûre, léger cassis confituré), avec une surprenante touche de garrigue et une pointe mentholée. Après la fraîcheur de l'attaque, la bouche révèle des tanins fins, ainsi que des accents chaleureux de garrigue et un fruité épicé omniprésent. La pointe poivrée en finale prolonge le plaisir. ⧗ 2020-2040

SARL LE MAS DES CAPRICES, 5, imp. de la Menuiserie, 11370 Leucate, tél. 06 76 99 80 24, masdescaprices@free.fr V r.-v.

♥ DOM. DE RANCY Ambré 1978 ★★★

1000 | 75 à 100 €

Brigitte et Jean-Hubert Verdaguer conduisent depuis 1989 le domaine familial (17 ha aujourd'hui en bio) installé au cœur du village de Latour-de-France. Depuis sa fondation en 1920, cette propriété s'intéresse aux vins doux naturels longuement élevés sous bois, notamment aux rivesaltes, même si au tournant de ce siècle, elle s'est lancée dans

l'élaboration de vins secs, en AOC ou en IGP. Autre cheval de bataille des vignerons, le rancio sec, en IGP.
Attention, rancio ! Un vin très typé, Graal des amateurs, mais à réserver à un public averti. D'un autre côté, il n'y a que 1 000 cols disponibles... Difficile d'imaginer que ce vin fut blanc, tant l'ambré flirte avec le brou de noix. Et de la noix, il y en a dans la palette, accompagnée de notes de cire, de tabac brun, de café et de l'incontournable touche volatile. Onctueux en attaque, le palais retrouve vite de la fraîcheur. Se développent alors des arômes de sous-bois, de pruneau, de figue sèche, d'abricot, de torréfaction et surtout de noix. ⧗ 2020-2040

EARL RANCY, 8, pl. du 8-Mai-1945, 66720 Latour-de-France, tél. 04 68 29 03 47, info@domaine-rancy.com V *t.l.j. sf dim. 10h-13h 15h-18h*

♥ CH. ROMBEAU Ambré 2008 ★★

| 3000 | | 8 à 11 € |

Le Dom. de Rombeau est dans la famille depuis 1810. Vigneron médiatique, restaurateur et hôtelier, Pierre-Henri de La Fabrègue, arrivé à sa tête en 1993, lui a donné un bel éclat. Des 90 ha de l'exploitation, dont 27 ha en bio, naissent des muscat-de-rivesaltes, des rivesaltes et des vins secs, en AOC et en IGP. Une production large et bien connue des lecteurs du Guide.
Ambrée aux légers reflets verts, la robe annonce un début de rancio. Il en va de même du nez ouvert, complexe, jouant entre épices, patine des foudres, figue sèche, fruits à l'eau-de-vie et noix. Au palais, c'est ample et délicat, enrobé et frais, soyeux. Les arômes de fruits secs (abricot), de fumé et de café se développent, avant de laisser place en finale à la réglisse et à une note de noix persistante, typique du rancio. ⧗ 2020-2035

DOM. DE ROMBEAU, 2, av. de la Salanque, 66600 Rivesaltes, tél. 04 68 64 35 35, vin@domaine-de-rombeau.com V *t.l.j. 10h-12h30 13h-18h* 2

TERRASSOUS Hors d'âge 6 ans 2013 ★

| 25000 | | 11 à 15 € |

Les vignerons de Constance et Terrassous regroupent depuis 2009 trois caves des Aspres, dans la partie sud du Roussillon : 70 adhérents pour 700 ha de vignes. Un terroir de collines et de terrasses au pied du Canigou, lequel apporte avec ses schistes une palette supplémentaire de terroirs. La cave commercialise en tirage limité toute une gamme de splendides vins doux naturels, du 6 ans d'âge aux millésimes anciens.
Un pur grenache blanc qui se présente sous une teinte ambrée lumineuse. De belle intensité, le nez décline la figue, des notes toastées et les fruits secs. Bien sûr, la noix et sa touche rancio s'invitent au concert. De la puissance en bouche, certes mais aussi une structure équilibrée et de la rondeur. Des touches fumées et torréfiées, des arômes de figue et de noix sur fond miellé se disputent la finale. ⧗ 2020-2040

SCV LES VIGNOBLES DE CONSTANCE ET DU TERRASSOUS, 46, av. des Corbières, BP 32, 66300 Terrats, tél. 04 68 53 02 50, contact@terrassous.com V *t.l.j. sf dim. 9h-12h 14h-18h30*

DOM. VAQUER Tuilé Escapade 2016 ★

| 2000 | | 8 à 11 € |

Domaine acheté en 1912 par la famille Vaquer dans les Aspres. Dans la lignée, le « maréchal », Fernand Vaquer, figure historique du rugby catalan, deux fois champion de France avant-guerre puis entraîneur dans les années 1950 de l'USAP. Premières mises en bouteilles en 1968. Aujourd'hui, le domaine couvre 17 ha, conduits depuis 2001 par Frédérique.
L'élevage en cuve n'a pas altéré la couleur cerise noire. Seuls des nuances légèrement acajou sont apparues. De la vendange, le bouquet garde l'empreinte du grenache noir très mûr, et des 3 ans de cuve, la note évolutive de pruneau et celle, plus sourde, de sous-bois. Le palais révèle une matière ample et des tanins bien présents, mais fondus. Les arômes de fruits secs font juste leur apparition dans ce vin encore dans la force de la jeunesse. ⧗ 2020-2040

INDIVISION VAQUER, 1, rue des Écoles, 66300 Tresserre, tél. 04 68 38 89 53, domainevaquer@gmail.com V *r.-v.*

ROUSSILLON

MUSCAT-DE-RIVESALTES

Superficie : 5 221 ha / Production : 106 765 hl

Le muscat-de-rivesaltes peut provenir de l'ensemble du terroir des appellations rivesaltes, maury et banyuls. Les deux cépages autorisés sont le muscat à petits grains et le muscat d'Alexandrie. Le premier, souvent appelé muscat blanc ou muscat de Rivesaltes, est précoce et préfère les terrains relativement frais et calcaires. Le second, appelé aussi muscat romain, est plus tardif et très résistant à la sécheresse. La vinification s'opère soit par pressurage direct, soit avec une macération plus ou moins longue. La conservation se fait obligatoirement en milieu réducteur, pour éviter l'oxydation des arômes primaires. Avec 100 g/l minimum de sucres, les vins sont liquoreux. Ils sont à boire jeunes, à une température de 9 à 10 °C.

DOM. BOUDAU Classique 2019 ★

| 12000 | 11 à 15 € |

Véronique Boudau et son frère Pierre sont à la tête du domaine familial depuis 1993. Ils ont décidé de donner un nouveau souffle à la propriété, qui couvre quelque 60 ha sur d'excellents terroirs, à l'entrée de la vallée de l'Agly. Le pari est réussi : la totalité de la production est mise en bouteilles et commercialisée, notamment dans un réseau de restaurants et de

cavistes. Une valeur sûre, qui a engagé la conversion bio de son vignoble.

Or limpide à reflets verts, ce vin semble discret au premier nez, puis il libère des arômes mentholés très frais. L'attaque en bouche est puissante, liquoreuse, mais bientôt une juste vivacité apparaît, qui maintient l'équilibre. L'ensemble laisse le souvenir des notes fruitées et miellées. ⧗ 2020-2025

⊶ DOM. BOUDAU, 6, rue Marceau, 66600 Rivesaltes, tél. 04 68 64 45 37, contact@domaineboudau.fr V *t.l.j. sf dim. 10h-12h 15h-18h; hiver sam. 10h-12h*

CH. DE CALADROY 2019 ★

■ | 13000 | | 8 à 11 €

Une forteresse médiévale qui gardait la frontière entre le royaume de France et celui d'Espagne. De la terrasse du château, on découvre un panorama exceptionnel : au loin, la mer, le Canigou; en contrebas, les vignes (130 ha) et les oliviers (7 ha). La chapelle du XIIᵉs. accueille le caveau de dégustation.

Des reflets verts animent la robe pâle de ce muscat aux arômes intenses et complexes, mêlant fruits exotiques, rose et fleur de sureau. La bouche est finement acidulée, empreinte de notes d'agrumes (citron confit) et d'une pointe réglissée. ⧗ 2020-2025

⊶ CH. DE CALADROY, Ch. de Caladroy, 66720 Bélesta, tél. 04 68 57 10 25, chateau.caladroy@wanadoo.fr V *t.l.j. sf dim. 9h-12h 13h-19h*

DOM. DES CHÊNES 2018 ★

■ | 2000 | | 11 à 15 €

Propriété créée au XVIIIᵉs, le domaine des chênes a vu se succéder plusieurs générations de la famille Razungles. Les vins sont produits dans le pittoresque cirque des falaises de Vingrau. Aujourd'hui, Alain et sa fille Marion perpétuent la tradition familiale dans l'enceinte de ce vieux mas catalan.

On perçoit beaucoup de finesse dans les arômes de raisin surmûri et de miel. D'attaque onctueuse, le palais offre beaucoup de rondeur, mais celle-ci est équilibrée par une juste vivacité. Un vin plein et long. ⧗ 2020-2025

⊶ DOM. DES CHÊNES, 7, rue Mal-Joffre, 66600 Vingrau, tél. 04 68 29 40 21, domainedeschenes@wanadoo.fr V *r.-v.*

DEPRADE JORDA 2019 ★

■ | 4400 | | 8 à 11 €

Domaine constitué en 1920 dans les Albères. Thomas Deprade est l'œnologue et le commercial, François est au vignoble. Toute la famille, parents compris, est mobilisée pour faire vivre cette vaste propriété (90 ha) dont toute la production s'écoule en vente directe – en bouteilles et en petit vrac.

La robe est d'or clair à reflets argentés. Elle invite à se pencher sur les arômes : notes de fruits à l'eau-de-vie, de pamplemousse rose et de raisin bien mûr. En bouche, la belle rondeur séduit, tout en nuances de coing. ⧗ 2020-2025

⊶ DEPRADE-JORDA, 98, rte Nationale, 66700 Argelès-sur-Mer, tél. 04 68 81 10 29, domainedepradejorda@free.fr V *t.l.j. sf dim. 9h-12h30 14h30-19h*

♥ DOM. LAFAGE Grain de vigne 2019 ★★

■ | 15000 | | 11 à 15 €

Éliane et Jean-Marc Lafage ont vinifié pendant 10 ans dans l'hémisphère Sud, puis ont repris l'exploitation familiale en 1995, établie sur 3 terroirs bien distincts du Roussillon : les terrasses de galets roulés proches de la mer; les Aspres et ses terres d'altitude; la vallée de l'Agly, vers Maury (depuis l'acquisition en 2006 du Ch. Saint-Roch). Aujourd'hui, quelque 180 ha cultivés à petits rendements. Un domaine très régulier en qualité, souvent en vue pour ses côtes-du-roussillon et ses muscats.

Une grande finesse émane des arômes de fleurs blanches, de fruits exotiques et de citron frais. Puis, en bouche, c'est l'élégance d'une matière à la fois fraîche et liquoreuse qui marque les esprits. ⧗ 2020-2025

⊶ DOM. LAFAGE, rte de Canet, mas-Miraflors, 66000 Perpignan, tél. 04 68 80 35 82, contact@domaine-lafage.com V *t.l.j. sf dim. 10h-12h15 14h45-18h30*

DOM. MANYA PUIG 2019 ★

■ | 5000 | | 11 à 15 €

Guy Puig est à la tête de ce domaine, dont les origines remontent au milieu du XIXᵉs. Plusieurs générations de vignerons se sont investis dans son développement, dont le dernier représentant est Bernard Valentin, arrivé en 2019.

D'intenses arômes de fleurs se présentent dès l'approche : acacia, fleur d'oranger. C'est fin et délicat, tout comme l'équilibre du palais. Le caractère onctueux est contrebalancé par une vivacité très agréable, laquelle soutient aussi la finale. ⧗ 2020-2025

⊶ DOM. MANYA-PUIG, 7, av. de la République, 66190 Collioure, tél. 04 68 98 02 59, domaine-manya-puig@orange.fr V *t.l.j. 10h-12h30 14h30-19h*

DOM. MAS CREMAT 2019 ★★

■ | 1500 | | 8 à 11 €

Les terres de schistes noirs ont donné son nom au Mas Crémat (« brûlé » en catalan), repris en 2006 par une famille de vignerons bourguignons : Christine et Julien Jeannin, secondés par leur mère Catherine. Un superbe mas du XIXᵉs. et un vignoble de 30 ha labouré et conduit en fonction du cycle de la lune, en conversion bio.

Or pâle brillant, ce muscat ne manque pas d'élégance, tout en étant intense à souhait dans son expression aromatique de fleurs blanches, de pêche et de melon mûr. L'attaque est puissante, onctueuse, puis l'équilibre se réalise grâce à une fraîcheur acidulée bienvenue. ⧗ 2020-2025

⊶ DOM. MAS CREMAT, Mas Crémat, 66600 Espira-de-l'Agly, tél. 04 68 38 92 06, mascremat@mascremat.com V *t.l.j. sf dim. 10h-12h 14h-18h*

B MAS DELMAS
L'Or Élevé en fût de chêne 2012 ★★

	2500		15 à 20 €

Installé sur le dernier versant maritime des Corbières, au sud de la forteresse de Salses, ce domaine de création récente (2007) conduit par Pierre-André Delmas et son épouse Mercedes, couvre 15 ha.

Vêtu d'une robe scintillante, ambrée à reflets verts, ce 2012 présente un nez puissant et original de noix, de figue sèche, de bois et de rancio. La bouche est d'une rare puissance et d'une longueur remarquable. Un grand rancio issu de l'évolution oxydative du muscat. ⧗ 2020-2025

MAS DELMAS, 29, av. du Stade, 66600 Rivesaltes, tél. 04 68 51 88 10, info@masdelmas.com V *r.-v.*

LAURE DE NYLS 2019 ★

	7000	5 à 8 €

Cette structure est issue du regroupement de trois coopératives : Bages, Saint-Jean-Lasseille et Trouillas, soit 650 ha. Ici, pas de constructions spectaculaires, mais un bon usage des compétences et des équipements de chaque cave. Une destinée commune pour 150 viticulteurs du terroir des Aspres, ces collines du sud de Perpignan.

Il y a beaucoup de fraîcheur et de subtilité dans les nuances mentholées comme dans les arômes de jasmin et d'acacia. La fraîcheur se retrouve en bouche, avec une note acidulée agréable en finale. ⧗ 2020-2025

SCV LES VIGNOBLES SUD ROUSSILLON, av. de la Canterrane, 66450 Pollestres, tél. 04 68 54 22 86, chateaupollestres@wanadoo.fr V *t.l.j. sf dim. 9h-12h 14h-18h*

DOM. DE LA PERDRIX Hors d'âge ★

	1000		20 à 30 €

À l'origine, en 1820, le vin était élaboré au village dans la vieille cave familiale. Installés en 1996, Virginie et André Gil décident d'élaborer leurs vins. Après avoir passé treize ans dans les anciens locaux, ils ont établi en 2009 un nouveau chai plus vaste au milieu des vignes, regardant le Canigou. Leur domaine couvre 35 ha en plein cœur des Aspres. La perdrix? Un hommage au grand-père d'André, peintre catalan de renom, qui avait fait de l'animal l'un de ses sujets préférés.

Ambré clair, ce muscat présente des arômes de sucre brûlé et d'écorce d'orange confite déconcertantes et tellement passionnantes. Du gras et de la longueur : sa présence au palais est indéniable. ⧗ 2020-2030

DOM. DE LA PERDRIX, traverse de Thuir, 66300 Trouillas, tél. 04 68 53 12 74, contact@domaine-perdrix.com V *r.-v.* E

DOM. PIQUEMAL
Les Larmes d'Hélios 2019 ★

	7000	8 à 11 €

Sous l'impulsion d'Annie et de Pierre Piquemal, ce domaine familial (48 ha) est devenu une référence du Roussillon. Tout en maintenant les pratiques traditionnelles, il dispose d'un chai très moderne, à l'extérieur du village. Un outil adapté pour exalter l'expression de chaque terroir (schistes feuilletés, argilo-calcaires, galets roulés). Les vinifications sont assurées par Marie-Pierre Piquemal.

Robe d'or soutenu, brillant de reflets verts. Le premier nez est discret, mais la palette s'ouvre ensuite sur le raisin mûr, les agrumes et l'abricot. La bouche est riche, souple, équilibrée, avec des arômes de citronnelle et de menthol en finale. ⧗ 2020-2025

DOM. PIQUEMAL, RD 117, Km 7, lieu-dit Della-Lo-Rec, 66600 Espira-de-l'Agly, tél. 04 68 64 09 14, contact@domaine-piquemal.com V *t.l.j. sf dim. 9h-12h 14h-16h*

CH. ROMBEAU 2019 ★

	5000		8 à 11 €

Le Dom. de Rombeau est dans la famille depuis 1810. Vigneron médiatique, restaurateur et hôtelier, Pierre-Henri de La Fabrègue, arrivé à sa tête en 1993, lui a donné un bel éclat. Des 90 ha de l'exploitation, dont 27 ha en bio, naissent des muscat-de-rivesaltes, des rivesaltes et des vins secs, en AOC et en IGP. Une production large et bien connue des lecteurs du Guide.

La robe est d'or clair à reflets verts. Au nez, apparaissent des arômes intenses et frais de fleurs, de pêche blanche et d'ananas. L'équilibre se réalise entre la grande fraîcheur et l'onctuosité de la matière. ⧗ 2020-2025 **2018 ★ (11 à 15 €; 3000 b.)** Les arômes d'une grande finesse rappellent les fleurs blanches et la menthe sauvage. En bouche, vivacité et onctuosité s'harmonisent, et ce sont des notes de citron confit qui signent la dégustation en finale. ⧗ 2020-2025

DOM. DE ROMBEAU, 2, av. de la Salanque, 66600 Rivesaltes, tél. 04 68 64 35 35, vin@domaine-de-rombeau.com V *t.l.j. 10h-12h30 13h-18h* 2

ROYAL Muscat 2019 ★

	16000		8 à 11 €

La coopérative du Cap Leucate, issue d'une fusion de plusieurs coopératives, est incontournable dans le Fitou maritime. Plus de 200 sociétaires y sont rassemblés, exploitant près de 1 400 ha de vignes.

Subtil et aérien, tel est ce vin prompt à décliner ses notes exotiques (citronnelle, agrumes) et florales (rose). L'équilibre en bouche se réalise entre le gras abondant et la fraîcheur. Aux nuances de fruit de la Passion succède alors l'orange amère en finale. ⧗ 2020-2025

VIGNOBLES CAP LEUCATE, Chai La Prade, 11370 Leucate, tél. 04 68 33 20 41, contact@cave-leucate.com V *r.-v.*

B DOM. DES SCHISTES
Joia Muscat petits grains 2018 ★★

	3000		11 à 15 €

La cinquième génération officie dans cette exploitation de la vallée de l'Agly qui vinifie en cave particulière depuis 1989. Comme son nom l'indique, les marnes schisteuses dominent. À la vigne, Jacques et Michaël Sire sont pointilleux sur le travail du sol et leur domaine (plus de 50 ha) est conduit en bio. Une valeur sûre du guide.

ROUSSILLON

Vieil or soutenu et brillant, ce 2018 affiche une dominante «écorce d'orange confite». La puissance aromatique est plus patente encore en bouche, soutenue par un équilibre réussi entre liqueur et fraîcheur. Un vin original. ⧗ 2020-2025

DOM. DES SCHISTES, 1, av. Jean-Lurçat, 66310 Estagel, tél. 06 64 75 66 54, sire-schistes@wanadoo.fr V r.-v. D

TERRA NOBILIS 2019 ★

■	2000		11 à 15 €

Une société de négoce-éleveur fondée en 2019 et dirigée par David Loiret. De la sélection des raisins à la mise en bouteille, en passant par la vinification dans ses chais de Tautavel sous la conduite de son œnologue-conseil, elle suit tout le processus d'élaboration des vins. Elle possède également 12 ha de vignes en propre.

Robe très claire, limpide à reflets verts. Les arômes intenses d'agrumes (citron) et de litchi, légèrement réglissés, trouvent un bel écho. Au palais, la douceur initiale est parfaitement équilibrée par une touche de fraîcheur, puis une pointe d'amertume savoureuse en finale. ⧗ 2020-2025

TERRA NOBILIS, allée la Part-des-Anges, 66390 Baixas, tél. 06 67 10 61 70, dlconseil66@gmail.com

TRÉMOINE 2019 ★★

■	25 000	8 à 11 €

Les Vignerons de Trémoine : une coopérative fondée en 1919, regroupant quelque 80 vignerons qui cultivent 540 ha dans 4 villages situés dans la vallée de l'Agly : Planèzes, Rasiguères, Lansac et Cassagnes. L'histoire de la cave est liée au festival de musique classique créé en 1980 par la pianiste britannique Moura Lympany.

Des notes beurrées viennent apporter un brin de douceur aux arômes d'agrumes frais. Un joli présage de l'équilibre qui se réalise au palais, entre la fraîcheur et la grande rondeur de la matière. En finale, ce sont des touches finement muscatées et des nuances d'orange amère qui font durer le plaisir. ⧗ 2020-2025

LES VIGNERONS DE TRÉMOINE, 5, av. de Caramany, 66720 Rasiguères, tél. 04 68 29 11 82, rasigueres@wanadoo.fr V *t.l.j. sf dim. 8h-12h 14h-18h*

MAURY

Superficie : 280 ha
Production : 6 600 hl (85 % rouge)

Le vignoble recouvre la commune de Maury, au nord de l'Agly, et une partie des trois communes limitrophes. Encadré par des montagnes calcaires, les Corbières au nord et les Fenouillèdes au sud, il s'accroche à des collines escarpées aux sols de schistes noirs de l'aptien plus ou moins décomposés. Les maury rouges doivent leur caractère au grenache noir, cépage dominant. La vinification se fait souvent par de longues macérations, suivies d'un long élevage en fût – parfois en bonbonnes de verre – qui permet d'affiner des cuvées remarquables. D'un rouge profond lorsqu'ils sont jeunes, les maury prennent par la suite une teinte acajou. Au bouquet, ils évoquent d'abord les petits fruits rouges, avant d'évoluer vers le cacao, les fruits cuits et le café. Plus rares sont les blancs, élaborés à partir des grenaches blancs et gris et du macabeu.

DOM. ARGUTI Grenat Ugo 2017 ★★

■	2130		15 à 20 €

En 2004, Marie-Christine et Ugo Arguti ont posé leurs valises dans la vallée de l'Agly. Toscan d'origine, Bordelais d'adoption, le second a longtemps dirigé un grand château à Saint-Émilion. Il signe désormais ses propres cuvées à partir de 6,5 ha de vignes.

Le vin n'hésite pas : ce sera extraction et concentration comme l'annonce la robe d'un noir profond. Pour apaiser la puissance de la cerise burlat, du cassis et de la mûre, la douceur vanillée et épicée de l'élevage bois fait merveille. La surprise avec une telle puissance, c'est l'équilibre. Rien ne dépasse, les tanins sont fondus, la force maîtrisée, la fraîcheur se joue de la générosité, et le fruité mûr gourmand appelle le fondant au chocolat. Maintenant, demain, dans 5, 10 ans ou plus, vous avez le choix. ⧗ 2020-2040

SCEA DOM. ARGUTI, 14, av. du 16-Août-1944, 66220 Saint-Paul-de-Fenouillet, tél. 06 73 85 17 93, domaine.arguti@orange.fr V *r.-v.* 3 C

CLOS DES VINS D'AMOUR
Padrì Two 12 ans d'âge ★★

■	2000		20 à 30 €

Christine et Nicolas Dornier, tous deux œnologues, se sont associés à Christophe et Laurence Dornier pour reprendre en 2002 les vignes cultivées par la famille depuis 1860. Les 2 couples ont quitté la coopérative en 2004 pour créer le Clos des Vins d'amour. Leur domaine (26 ha en bio) s'étend sur les terroirs schisteux de Tautavel, de Maury et de Saint-Paul-de-Fenouillet.

Après 12 ans de fût, la robe hésite entre tuilé et ambré. Fruits confits, abricot sec et prune à l'eau-de-vie accompagnent la note patinée (cire d'abeille) des foudres. Rond, ample, ce vin ne manque pas de fraîcheur, cependant, et offre en finale une note originale de liqueur de verveine. ⧗ 2020-2040 ■ **Alcôve 2015 ★★ (15 à 20 € ; 5 000 b.)** B Des notes de fruits confiturés et de sous-bois automnal se déclinent avec intensité. C'est un 2015 rond et plein, de belle fraîcheur encore. ⧗ 2020-2040

SCEA VIGNOBLES DORNIER, 3, rte de Lesquerde, 66460 Maury, tél. 06 13 24 87 75, maury@closdesvinsdamour.fr V *r.-v.*

DOM. FONTANEL 2018 ★★

■	2600		15 à 20 €

Les origines du domaine, où 6 générations se sont succédé, remontent à 1864. La propriété est forte d'un vignoble de 25 ha installé sur des terroirs variés. À sa tête depuis 1989, Pierre et Marie-Claude Fontaneil ont proposé pendant près de 30 ans des cuvées à forte

personnalité, aussi bien en vins secs qu'en vins doux naturels. En 2017, ils ont cédé l'exploitation à un jeune couple de vignerons, Élodie et Matthieu Collet.

Malgré le passage en barrique, la robe est toujours d'un grenat profond avec des reflets violines. On perçoit une belle maturité au nez, au travers d'un fruité noir intense (mûre) et des épices, mais une touche de sous-bois apporte de la fraîcheur. Fruits confiturés, retour de fruits noirs et un léger grillé accompagnent le développement de la chair ample, solide. Construit pour durer, ce vin se prête dès à présent à un accord avec du chocolat noir, à un service à l'apéritif, accompagné de fruits secs, ou avec une tarte aux cerises. ⧗ 2020-2040

EARL COLLET, 25, av. Jean-Jaurès, 66720 Tautavel, tél. 04 68 29 45 21, contact@domainefontanel.fr V t.l.j. sf dim. 15h-18h; nov. à mars sur r.-v.

LAFAGE Grenat 2018 ★

20 000 | 11 à 15 €

Éliane et Jean-Marc Lafage ont vinifié pendant 10 ans dans l'hémisphère Sud, puis ont repris l'exploitation familiale en 1995, établie sur 3 terroirs bien distincts du Roussillon : les terrasses de galets roulés proches de la mer; les Aspres et ses terres d'altitude; la vallée de l'Agly, vers Maury (depuis l'acquisition en 2006 du Ch. Saint-Roch). Aujourd'hui, quelque 180 ha cultivés à petits rendements. Un domaine très régulier en qualité, souvent en vue pour ses côtes-du-roussillon et ses muscats.

Beaucoup de profondeur dans la robe noire. Des reflets violines soulignent la jeunesse du vin, laquelle se confirme avec un fruité intense de myrtille et de cassis sur fond épicé. Remarqué pour son équilibre et sa rondeur, le palais développe un joli fruité où perce la cerise burlat. La finale offre un retour épicé, bien frais. Pour une mousse au chocolat ou une soupe de fruits noirs. ⧗ 2020-2040

DOM. LAFAGE, rte de Canet, mas-Miraflors, 66000 Perpignan, tél. 04 68 80 35 82, contact@domaine-lafage.com V t.l.j. sf dim. 10h-12h15 14h45-18h30

LES VIGNERONS DE MAURY Grenat 2018 ★

8 000 | 8 à 11 €

Fondée en 1910, la cave coopérative de Maury est aujourd'hui la plus ancienne du département encore en activité. Après les révoltes viticoles de 1907, elle regroupa plus de 130 propriétaires. Aujourd'hui, la cave dispose des 790 ha de ses adhérents; elle vit du grenache qui donne les traditionnels vins doux naturels et, depuis 2011, les maury secs.

La teinte grenat est brillante, accueillante. Fin, délicat, le nez rappelle la vendange fraîche et la cerise mûre. Au palais, le vin se révèle tout en rondeur, souple, fruité, sans se départir d'une fraîcheur appréciable. Les tanins soyeux sont la signature d'un grenache noir récolté mûr sur les terres noires de Maury. Pourquoi garder ce 2018 plus longtemps? Le plaisir est assuré avec un melon et de la pata negra. ⧗ 2020-2030

SCAV LES VIGNERONS DE MAURY, 128, av. Jean-Jaurès, 66460 Maury, tél. 04 68 59 00 95, xavierhardy@vigneronsdemaury.com V t.l.j. 9h-12h 14h-18h

DOM. POUDEROUX Vendange mise tardive 2013 ★

3 000 | 15 à 20 €

Une remarquable régularité pour ce domaine de 20 ha niché au cœur du village de Maury. Une petite cave bien agencée et un joli jardin-terrasse où Robert et Cathy Pouderoux accueillent leurs visiteurs. À leur carte, le rouge est en vedette : du maury, bien sûr (doux ou sec), et aussi des côtes-du-roussillon-villages. Certifié bio sur une partie du vignoble, en conversion sur d'autres parcelles.

Un vin construit pour durer, habillé d'une robe noir profond, au léger reflet tuilé. Les arômes de fruits mûrs (cerise noire) s'expriment pleinement, l'élevage de 36 mois en demi-muids n'ayant laissé qu'une empreinte épicée légère. Il y a beaucoup de concentration, d'ampleur, de rondeur dans ce maury au joli grain tannique. Le fruit se croque au palais, accompagné d'une légère note de cacao. ⧗ 2020-2040

ROBERT POUDEROUX, 2, rue Émile-Zola, 66460 Maury, tél. 04 68 57 22 02, domainepouderoux@sfr.fr V t.l.j. sf dim. 11h-18h; f. oct. à avr.

♥ DOM. DES SOULANES Tuilé Hors d'âge Solera ★★★

1 300 | 20 à 30 €

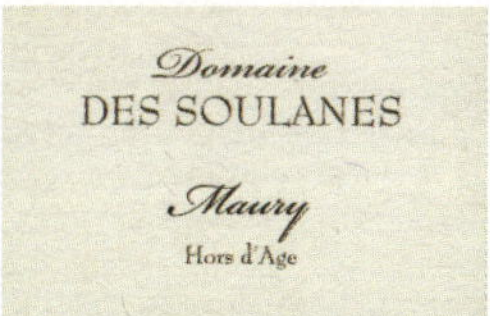

Avant de se mettre à son compte en 2002, Daniel Laffite a travaillé 15 ans pour une importante propriété, exploitée en agriculture biologique depuis 1972. Il en a racheté une partie et a aménagé sa cave. Il conduit aujourd'hui 17 ha avec sa femme Cathy.

Une solera qui prend pour base un vin datant du siècle dernier, c'est un privilège. Et si le rancio apparaît, c'est un pur bonheur. Certes, le grenat initial est oublié, et c'est un fauve lumineux, un tuilé très dépouillé qui suscite l'intérêt. Fruits secs, note de noix typique du rancio, cire, agrumes confits, pruneau : la palette apparaît complexe. Au palais, générosité et ampleur s'imposent. Les fruits à l'eau-de-vie jouent avec l'amande grillée et la note suave de la noix de cajou; le miel enrobe la note vive du citron combava. L'équilibre est parfait et la note rancio finale, infinie. ⧗ 2020-2050

DOM. DES SOULANES, mas de Las Fredas, 66720 Tautavel, tél. 06 12 33 63 14, daniel.laffite@nordnet.fr V r.-v.

IGP CÔTES CATALANES

LES VIGNERONS DES ALBÈRES Grenache Vieilles Vignes 2019 ★

8 000 | 5 à 8 €

Installée à Saint-Génis-des-Fontaines, la coopérative des vignerons des Albères regroupe une trentaine de viticulteurs et un vignoble de 440 ha. Elle propose une large gamme de vins rouges, rosés et blancs, sans oublier les vins doux naturels, et commercialise plusieurs étiquettes : le Prestige, Ch. la Roca, Ch. Montesquieu…

ROUSSILLON

Cette cuvée de grenache est une habituée du Guide. Le 2019, rubis éclatant, séduit par sa souplesse et sa rondeur, comme par ses arômes dominants de fruits rouges frais (framboises, fraises, cerises). Il se prolonge sur une note amylique. ⧗ 2020-2022 ■ **Macabeu 2019** ★ (- de 5 €; 4 000 b.) Jolies notes de fleurs et d'agrumes dans ce vin qui cède tout à la fraîcheur. Pour des calamars à la plancha. ⧗ 2020-2022 ■ **Chardonnay 2019** ★ (- de 5 €; 19 800 b.) Fruits blancs mûrs, agrumes, papaye confite composent l'agréable palette de ce chardonnay bien frais. ⧗ 2020-2022

SCV LES VIGNERONS DES ALBÈRES, 9, av. des Écoles, 66740 Saint-Génis-des-Fontaines, tél. 04 68 89 81 12, vigneronsdesalberes@wanadoo.fr V *t.l.j. sf dim. 9h30-12h 15h-18h*

♥ AULIUS D'EN GUITER 2019 ★★★

■ | 1200 | | 5 à 8 €

Un domaine viticole et oléicole fondé en 2007 par Françoise et Jean-Philippe Mari et Philippe Bisschop.

Si ce rosé a séduit le jury, c'est qu'il sort du lot grâce à sa couleur soutenue, « comme avant » dit même un dégustateur : cerise aux reflets grenats. Le bouquet suave évoque la cerise croquante et la barbe à papa, l'amande et la framboise. Puis c'est une belle matière qui enveloppe le palais, avec des notes noyau de cerise délicatement fumées. Un équilibré et tendre, qui surprend par son expression minérale en finale. ⧗ 2020-2021

EARL AULIUS D'EN GUITER, rte Saint-Hippolyte, 66600 Salses-le-Château, tél. 06 23 44 22 82, jean.muri@sfr.fr V *t.l.j. 11h-14h 16h-20h*

LAURENT BATTLE Les Landes de Pierres 2019 ★★

■ | 2500 | | 11 à 15 €

Le domaine se compose de 4 ha situés sur les hautes terrasses caillouteuses de Baixas, Peyrestortes et Saint-Estève. Après avoir travaillé dans de grands domaines du Languedoc-Roussillon, Laurent Battle, œnologue de formation, a repris, avec l'aide de son père, 4 ha de vignes et créé en 2019 son domaine.

C'est une cuvée de grenache qui brille dans une robe rubis profond. La bouche ample est aussi florale (iris) que le nez, avec, en complément, des arômes d'épices douces (vanille) et des notes empyreumatiques. Une sensation veloutée prédomine, même si quelques tanins s'expriment en finale. ⧗ 2020-2024

LAURENT BATTLE, 47, rue du Château-d'Eau, 66600 Peyrestortes, tél. 06 95 46 23 67, leslandesdepierres@gmail.com V *r.-v.*

Ⓑ LA BEILLE Syrah 2018 ★

■ | 2000 | | 11 à 15 €

La cave est située en plein cœur de Corneilla-la-Rivière, au pied du massif du pic de Força Réal. En attendant la future cave en projet, les Larrère perpétuent la tradition familiale avec une production de vins éclectiques, des cuvées monocépages aux classiques assemblages, en passant par la production de vins doux naturels et une certification en bio depuis 2014.

Cette syrah s'offre au regard dans une robe pourpre à reflets violets. Intenses, les arômes de fruits mûrs et de figue rôtie s'expriment pleinement au nez. Puis c'est une grande matière structurée par des tanins encore bien présents, qui s'installe au palais. Les notes de fruits noirs et les accents empyreumatiques se prolongent alors. ⧗ 2020-2025

AGATHE LARRÈRE (DOM. LA BEILLE), 18, rue Saint-Jean, 66550 Corneilla-la-Rivière, tél. 06 80 07 25 88, la-beille@neuf.fr V *r.-v.*

Ⓑ DOM. BELLAVISTA Marie-Flore 2019 ★★

■ | 5150 | | 8 à 11 €

Acquis en 1992 par la famille Bertrand, ce domaine de 50 ha, adossé aux collines de Castelnou, dresse fièrement de superbes bâtisses du XIIIes. bien restaurées. Le vignoble est conduit en bio certifié depuis 2013.

De teinte éclatante à reflets verts, cette cuvée affiche un nez fin et très frais d'agrumes (citron vert) et de pêche blanche, nuancé de notes minérales. La bouche garde intacte cette ligne fraîche et fait preuve de complexité aromatique dans ses notes de jasmin, de pêche blanche et de cailloux chauds. De beaux amers soutiennent la finale. ⧗ 2020-2023

SARL D'EXPLOITATION DU DOM. BELLAVISTA, Mas Bellavista, 66300 Camélas, tél. 04 68 53 25 18, domaine-bellavista@orange.fr V *t.l.j. sf sam. dim. 9h-12h30 13h30-17h* Ⓔ

♥ DOM. BISCONTE Les Vignes de Fontclare 2019 ★★

■ | 1200 | | 15 à 20 €

Créé en 1940, le domaine Bisconte compte 61 ha de vignes réparties sur trois terroirs distants de quelques kilomètres. En 2005, Pascale Jonca, docteure en pharmacie, et Manuel Vincent, hydrogéologue, l'ont repris, et c'est en 2016 qu'ils sont devenus vignerons indépendants.

Cette syrah de très longue cuvaison offre une robe grenat profond. Le nez s'ouvre progressivement sur des notes de fruits noirs confiturés (myrtilles) et d'olives noires. Après une attaque suave, c'est une matière gourmande qui se dévoile, aux tanins soyeux. La finale longue laisse le souvenir de la violette. ⧗ 2020-2024 ■ **Psychogénie 2019** ★★ (8 à 11 €; 1200 b.) Très beau carignan aux notes de fruits frais et d'épices. La bouche est ronde et friande, soutenue par des tanins soyeux ⧗ 2020-2023 ■ **Psychoroby 2019** ★★ (8 à 11 €; 1200 b.) Une syrah qui allie volume, puissance et charpente, en gardant toujours un parfait équilibre. Elle offre un concentré de fruits délicieux. ⧗ 2020-2025

EARL LE BISCONTE, chem. du Salitar, 66740 Saint-Génis-des-Fontaines, tél. 06 87 42 96 46, bisconte@wanadoo.fr V *t.l.j. 11h-19h* Ⓒ

DOM. DE CALADROY Expression 2019 ★★★

	6000		8 à 11 €

Une forteresse médiévale qui gardait la frontière entre le royaume de France et celui d'Espagne. De la terrasse du château, on découvre un panorama exceptionnel : au loin, la mer, le Canigou; en contre-bas, les vignes (130 ha) et les oliviers (7 ha). La chapelle du XIIᵉs. accueille le caveau de dégustation.

Jaune pâle, c'est un vin expressif qui se dévoile en arômes de noix de coco, de pêche jaune, de fleurs (arum), nuancés de notes vanillées. L'attaque est ronde, puis il se dégage de la matière des notes de crème de marron, de mangue, ainsi qu'un boisé fin. La finale fraîche apporte du relief à ce vin soigneusement élevé. ⧗ 2020-2024 ■ **Rosée des vignes 2019 ★ (5 à 8 €; 16000 b.)** Un rosé gourmand aux notes de fruits rouges. Rondeur et fraîcheur sont au rendez-vous. ⧗ 2020-2021

CH. DE CALADROY, Ch. de Caladroy, 66720 Bélesta, tél. 04 68 57 10 25, chateau.caladroy@wanadoo.fr V t.l.j. sf dim. 9h-12h 13h-19h

LES VIGNERONS DE CARAMANY Huguet de Caraman Vinifié et élevé en fût de chêne 2019 ★★★

	3500		11 à 15 €

Caramany se niche dans la vallée de l'Agly, non loin d'un lac de retenue. Fondée en 1924, sa coopérative est au centre de la vie locale, proposant des journées d'animation au bord du lac. Les vignes en altitude de ses adhérents (280 ha) bénéficient de nuits fraîches et de terroirs de gneiss qui confèrent de la subtilité aux vins.

Le grenache gris se plaît sur ce terroir et se satisfait d'un léger élevage en barrique. En témoigne ce vin jaune paille brillant, qui mêle notes empyreumatiques, agrumes, épices douces et autres touches florales en un bouquet charmeur. La bouche a surpris les dégustateurs avec ses notes d'agrumes et de toasté, sa fraîcheur et son léger perlant qui dynamise la finale. ⧗ 2020-2024

SCV LES VIGNERONS DE CARAMANY, 70, Grand-Rue, 66720 Caramany, tél. 04 68 84 51 80, contact@vigneronsdecaramany.com V t.l.j. 9h-12h 14h-18h

B DOM. CARLE-COURTY Carignan 2018 ★★★

	900		15 à 20 €

Implanté au pied de l'ermitage de Força Réal, d'où le panorama embrasse tout le Roussillon, le vignoble de Carle-Courty (3,5 ha au départ, 12 ha aujourd'hui) est cultivé en bio depuis 2002. Un choix de vie pour Frédéric Carle, comptable né en Champagne, installé depuis 1995 dans la vallée de la Têt, entre ceps de syrah et schistes bruns, vieilles vignes de carignan et de grenache, et cheminées de fées.

Le carignan exprime toutes ses qualités sans complexe ni artifice (levures indigènes). Il nécessite un temps d'aération pour s'exprimer, mais bientôt des notes mentholées et des touches de café frais apparaissent, suivies d'arômes de fruits noirs et de gibier. Souple et avenant au palais, il tire parti d'une belle fraîcheur aux accents de framboise. Les tanins fins contribuent à l'harmonie générale. Pour un steak de thon mi-cuit, espuma de lard, boulgour aux courgettes. ⧗ 2020-2025

FRÉDÉRIC CARLE, 6, rte de Corneilla, 66170 Millas, tél. 06 23 91 14 38, domaine.carlecourty@orange.fr V t.l.j. 9h-12h 14h30-19h

VIGNERONS CATALANS Casa Saint-Pierre Gris 2019 ★★★

	40000		5 à 8 €

En 1964, une poignée de vignerons s'unissent parce qu'ils sont convaincus que «le groupe est meilleur que le meilleur du groupe». Aujourd'hui, les Vignerons Catalans rassemblent 7 caves coopératives, 1 500 adhérents et une quarantaine de caves privées, soit plus de 10 000 ha.

Un rosé charmeur à la robe pastel. Le bouquet s'articule autour de la rose, des agrumes, du jonc et du poivre blanc avec beaucoup d'élégance. Dès l'attaque, les notes de pêche et d'épices envahissent le palais. Ce vin est certes gras et rond, mais il propose également une belle fraîcheur jusqu'en finale. ⧗ 2020-2021

VIGNERONS CATALANS, 1870, av. Julien-Panchot, 66000 Perpignan, tél. 04 68 85 04 51, contact@vigneronscatalans.com

CLOS CÉRIANNE Anfora 2018 ★★

	2200		15 à 20 €

Si on cultive la vigne depuis au moins 6 générations dans la famille, Laurianne Garcia-Tournier et son père ont créé la cave particulière seulement en 2017. À suivre...

Pâle à reflets verts, cet assemblage de carignan blanc et de grenache blanc affiche un agréable nez de fleurs blanches (arum), nuancé de minéral. Après une attaque ronde, il évolue avec élégance et fraîcheur jusqu'à une finale persistante, marquée par une touche de fenouil sauvage. C'est aérien. ⧗ 2020-2022 ■ **Carignan C 07 15 2018 ★ (15 à 20 €; 1000 b.)** Les tanins apparaissent encore sensiblement, mais l'expression du fruit est déjà aboutie. Les arômes de fruits noirs réglissés font ainsi le charme de ce vin qui aura le temps de bien s'arrondir. ⧗ 2021-2024

EARL TERRE DES ASPRES (CLOS CÉRIANNE), 25, av. de la Canterrane, 66300 Trouillas, tél. 06 76 84 91 65, laurianne.tournier@free.fr V r.-v.

COLLET 2019 ★★★

	1500		8 à 11 €

Les origines du domaine, où 6 générations se sont succédé, remontent à 1864. La propriété est forte d'un vignoble de 25 ha installé sur des terroirs variés. À sa tête depuis 1989, Pierre et Marie-Claude Fontaneil ont proposé pendant près de 30 ans des cuvées à forte personnalité, aussi bien en vins secs qu'en vins doux naturels. En 2017, ils ont cédé l'exploitation à un jeune couple de vignerons, Élodie et Matthieu Collet.

Issu de viognier, ce 2019 jaune paille offre un profil gourmand, non dénué de complexité. Le végétal côtoie le minéral et le fruité (pêche blanche). La bouche est ronde, intense, sur des notes de fruits à chair blanche et de zeste de citron. Mais une belle fraîcheur assure l'allonge souhaitée et une note saline marque la finale. ⧗ 2020-2021

EARL COLLET, 25, av. Jean-Jaurès, 66720 Tautavel, tél. 04 68 29 45 21, contact@domainefontanel.fr V *t.l.j. sf dim. 15h-18h; nov. à mars sur r.-v.*

DOM BRIAL Les Camines 2019 ★★

	64 000		5 à 8 €

Suivi à la parcelle, maîtrise de la totalité de la chaîne d'élaboration, du raisin à la bouteille, démarche de développement durable... La cave de Baixas, fondée en 1923, compte 380 coopérateurs qui exploitent 2500 ha répartis dans une trentaine de commune.

Les camines sont les chemins de vignes empruntées par les anciens. Cette cuvée est ainsi un hommage au travail d'autrefois. Le 2019, composé de grenache et de viognier, mêle avec intensité des effluves d'agrumes et de fleurs blanches à une pointe poivrée. Le gras domine en bouche, mais la fraîcheur aux accents de citron et d'anis équilibre l'ensemble. ⧗ 2020-2023 **Le Pot 2019 ★★** (5 à 8 €; 15 000 b.) Un muscat moderne aux notes de pamplemousse, de pêche jaune et de muscat, bien sûr. Souple, il fait preuve d'équilibre et bénéficie en finale d'une pointe d'amertume. ⧗ 2020-2023 **Les Camines 2019 ★** (5 à 8 €; 12 000 b.) Un rosé gourmand, empreint de cannelle, de réglisse et d'abricot mûr. Sa rondeur le rend plaisant dès l'attaque. ⧗ 2020-2021

VIGNOBLES DOM BRIAL, 14, av. Mal-Joffre, 66390 Baixas, tél. 04 68 64 22 37, contact@dom-brial.com V *r.-v.*

DOM. DES HOSPICES Nova Ona 2019 ★

	15 000		5 à 8 €

Depuis 5 générations, la famille Benassis est installée au cœur de Canet-en-Roussillon. La cave est abritée dans une bâtisse traditionnelle catalane datant de 1836. Le vignoble (50 ha) est implanté sur les terrasses de galets roulés entre le littoral et la ville de Perpignan. Aujourd'hui, 3 générations officient sur le domaine : Louis, le grand-père, Michel, le père et Marc, le petit-fils, ingénieur agronome.

Le marselan s'adapte bien au terroir du Roussillon. Cette cuvée en apporte la preuve par sa complexité aromatique : fleurs, note balsamique, fruits noirs et épices douces. Au palais, la chair veloutée séduit d'emblée, de même que la structure de tanins soyeux, puis les notes épicées et florales de la finale. ⧗ 2020-2023

SCEA HOSPICES BENASSIS, 13, av. Joseph-Sauvy, 66140 Canet-en-Roussillon, tél. 04 68 80 34 14, contact@chateau-des-hospices.fr V *r.-v.*

FAMILLE LAFAGE Miraflors 2019 ★★

	50 000		8 à 11 €

Éliane et Jean-Marc Lafage ont vinifié pendant 10 ans dans l'hémisphère Sud, puis ont repris l'exploitation familiale en 1995, établie sur 3 terroirs bien distincts du Roussillon : les terrasses de galets roulés proches de la mer; les Aspres et ses terres d'altitude; la vallée de l'Agly, vers Maury (depuis l'acquisition en 2006 du Ch. Saint-Roch). Aujourd'hui, quelque 180 ha cultivés à petits rendements. Un domaine très régulier en qualité, souvent en vue pour ses côtes-du-roussillon et ses muscats.

Couleur pastel à reflets gris, cette cuvée livre un premier nez floral, avant d'évoluer vers les fruits frais (pêche) et les agrumes (pamplemousse). La bouche, tout en notes de framboise et de fleurs blanches, trouve un bon équilibre entre rondeur et fraîcheur, avec en finale une note d'amertume bienvenue. ⧗ 2020-2021 **Nicolas Vieilles Vignes de grenache 2019 ★** (11 à 15 €; 50 000 b.) Un grenache au nez tendre de fruits rouges frais et à la bouche gourmande, épicée en finale. ⧗ 2020-2023

DOM. LAFAGE, rte de Canet, mas-Miraflors, 66000 Perpignan, tél. 04 68 80 35 82, contact@domaine-lafage.com V *t.l.j. sf dim. 10h-12h15 14h45-18h30*

DOM. MAS CRÉMAT Tamarins 2019 ★★

	20 000		5 à 8 €

Les terres de schistes noirs ont donné son nom au Mas Crémat («brûlé» en catalan), repris en 2006 par une famille de vignerons bourguignons : Christine et Julien Jeannin, secondés par leur mère Catherine. Un superbe mas du XIXe s. et un vignoble de 30 ha labouré et conduit en fonction du cycle de la lune, en conversion bio.

Cette cuvée composée de grenache, de syrah et d'une pointe de marselan offre des senteurs d'épices comme le thym, la sarriette et la sauge en complément des arômes de fruits noirs discrets et élégants. Elle affirme sa plénitude au palais, grâce à des tanins au grain fin, à une matière ample et à une allonge notable : les épices et les fruits mûrs s'affrontent dans une joute équitable. ⧗ 2020-2023

DOM. MAS CREMAT, Mas Crémat, 66600 Espira-de-l'Agly, tél. 04 68 38 92 06, mascremat@mascremat.com V *t.l.j. sf dim. 10h-12h 14h-18h*

MAS CRISTINE Consolation Red Socks 2018 ★★

	2000		15 à 20 €

Superbe mas installé depuis 1810 dans le massif des Albères, à la limite du cru banyuls, isolé au milieu du maquis ponctué de chênes-lièges. Les vignes dominent les pins qui descendent en pente douce vers la mer. Implanté sur des sols de schistes, de quartz et d'argile rouge, le domaine (25 ha aujourd'hui) a été acheté en 2007 à la famille Dauré (Jau) par Philippe Gard (Coume del Mas), Julien Grill (vigneron roussillonnais) et Andy Cook (œnologue britannique).

Née de pur carignan, cette cuvée grenat violine s'ouvre sur des notes fruits noirs et rouges d'une grande profondeur. L'attaque est franche, les tanins puissants et de qualité, la chair ronde et persistante. Seuls de vieux carignans marquent d'une telle empreinte les vins. ⧗ 2020-2025 **Consolation Petit Gris 2018 ★** (15 à 20 €; 1500 b.) Carignan gris et grenache gris unis pour proposer un vin élégant, riche de matière et à la belle minéralité. ⧗ 2020-2022

SARL DOM. DES DEUX PUITS (MAS CRISTINE), chem. de Saint-André, 66700 Argelès-sur-Mer, tél. 04 68 54 27 60, info@mascristine.com V *t.l.j. sf dim. 10h-12h 14h-19h*

B **MAS LLOSSANES** Là-haut 2019 ★★

	8000		8 à 11 €

Après avoir géré pendant 10 ans un vignoble renommé de Toscane, Solenn (sommelière) et Dominique

(agronome et œnologue) Génot ont eu un coup de cœur pour les 11 ha du Mas Llossanes qui constituent un îlot unique sur un terroir de schistes et d'arènes granitiques à 700 m d'altitude. Installés depuis 2016, ils sont en conversion vers l'agriculture biologique et appliquent les préceptes de la biodynamie.

Rubis à reflets framboise, ce vin (sans sulfites ajoutés) s'ouvre progressivement sur des notes de fruits rouges et de rose rouge. L'attaque est souple et énergique, la fraîcheur intense en milieu de bouche. Les arômes de framboise et de grenade emplissent dès lors le palais. Un style nature, sans complexe et friand. ⧗ 2020-2023 ■ **Pur chasan 2018 ★★ (15 à 20 €; 1980 b.)** Le cépage chasan (croisement listan x chardonnay) est adapté au terroir de haute altitude. Il livre ici une expression minérale au nez, puis plus originale au palais, avec des notes de brioche en contrepoint de la fraîcheur. De beaux amers apparaissent en finale. ⧗ 2020-2023 ■ **Pur cinsault 2019 ★★ (11 à 15 €; 2450 b.)** Ⓑ Un rosé de cinsault de haute volée, friand, élégant et frais. Le minéral côtoie la rose et une note saline ressort en finale. ⧗ 2020-2021 ■ **Pur carignan 2017 ★★ (30 à 50 €; 1000 b.)** De vieux ceps de carignan sont à l'origine de ce vin souple, aux arômes de cerises croquante. L'allonge est remarquable. ⧗ 2020-2028

SCEA MAS LLOSSANES, rte d'Arboussols, 66320 Tarérach, tél. 07 83 01 95 15, info@masllossanes.fr V *r.-v.*

Ⓑ MAS ROUS Cabernet-sauvignon 2016 ★★

■	6500		8 à 11 €

En 1838, Michel Bizern, agriculteur, transforme en maison une bergerie des Albères, au pied des Pyrénées, fondant le Mas del Ros («maison du blond» en catalan), qui devient Mas Rous. Son arrière-petit-fils, José Pujol, qui est brun, reprend l'exploitation en 1978 et vend sa production en bouteilles en 1983, obtenant un coup de cœur dans le Guide dès 1985. Une valeur sûre de 35 ha, en bio certifié depuis 2014.

Malgré les quelques années derrière lui, ce cabernet nous présente une robe noire, dense à reflets pourpres. Remarquable jeunesse, en somme. Il déroule ses arômes de fruits noirs, de pruneau, de réglisse et un soupçon de noix fraîche. Après une attaque ample et franche apparaît toute sa matière, dense, qui enrobe parfaitement les tanins au grain fin. Et la finale de s'allonger. ⧗ 2020-2025

SCEA DOM. DU MAS ROUS, 13, rue du Renard, 66740 Montesquieu-des-Albères, tél. 04 68 89 64 91, masrous@mas-rous.com V *t.l.j. sf dim. 9h30-12h 14h-18h* Ⓔ *SCEA Dom. du Mas Rous*

LES VIGNERONS DE MAURY
Les Maurynates Carignan 2019 ★

■	10000		5 à 8 €

Fondée en 1910, la cave coopérative de Maury est aujourd'hui la plus ancienne du département encore en activité. Après les révoltes viticoles de 1907, elle regroupa plus de 130 propriétaires. Aujourd'hui, la cave dispose des 790 ha de ses adhérents; elle vit du grenache qui donne les traditionnels vins doux naturels et, depuis 2011, les maury secs.

Jeune dans sa robe grenat à reflets violines, cette cuvée l'est aussi dans son expression aromatique : les fruits rouges et noirs dominent le nez, cerise et cassis en tête, avec une pointe d'agrume. Le palais franc et ample garde cette ligne fruitée et s'appuie sur des tanins fins, aux accents épicés en finale. ⧗ 2020-2023 ■ **Nature de schiste 2019 ★ (8 à 11 €; 9000 b.)** De quelle nature nous parle cette cuvée jaune pâle, issue de grenache gris? Celle du terroir de schistes, bien sûr. Une palette florale se décline avec subtilité, ponctuée de notes de pamplemousse et de pomme. Une bonne fraîcheur caractérise le palais jusqu'en finale. ⧗ 2020-2022

SCAV LES VIGNERONS DE MAURY, 128, av. Jean-Jaurès, 66460 Maury, tél. 04 68 59 00 95, xavierhardy@vigneronsdemaury.com V *t.l.j. 9h-12h 14h-18h*

Ⓑ DOM. MODAT Le Petit Modat'mour 2019 ★★

■	7000		8 à 11 €

D'origine catalane, Philippe Modat, magistrat, est un amateur de vin éclairé – comme son père, devenu lui aussi vigneron. Cette passion s'est concrétisée par la constitution en 2006 d'un domaine dans la vallée de l'Agly : 27 ha de vignes sur un plateau à 300 m d'altitude, en conversion bio depuis 2011 (8 ha en biodynamie) et une cave de conception écologique, dotée de cellules photovoltaïques, inaugurée en 2008.

Ce rosé à la délicate robe abricot livre un bouquet étonnamment complexe : noyau d'abricot, bois de rose, miel et aubépine. La bouche ronde révèle une touche iodée en complément des arômes omniprésents de fruits rouges et d'amande fraîche. En finale, une pointe fumée apparaît. Tous les accords sont permis, mais notre préférence va à un ragoût d'agneau au curcuma, patate douce en écrasé et zeste d'orange. ⧗ 2020-2021

SARL DOM. MODAT, rte du Barrage, 66720 Cassagnes, tél. 09 88 18 62 57, contact@domaine-modat.fr V *r.-v.*

Ⓑ CH. DE L'OU Grenache Rhapsody 2018 ★★★

■	4000		50 à 75 €

Philippe Bourrier, agronome, et son épouse Séverine, œnologue, ont acheté en 1999 ce domaine dont le nom vient d'une résurgence dans un bassin en forme d'œuf (*ou* en catalan). Ils ont refait le chai et travaillé d'emblée en agriculture biologique leur vignoble qui couvre 49 ha entre plaine du Roussillon et Fenouillèdes.

Ce grenache a été vinifié dans des jarres de grès, un travail minutieux afin d'en révéler la minéralité. De teinte soutenue, il offre un nez intense et élégant, aux accents d'abord floraux et mentholés, avant que la framboise et les épices (poivre blanc) ne prennent le relais. La bouche charnue et généreuse, tire profit de tanins au grain fin, et c'est toute une palette d'arômes de fruits rouges et noirs qui se déploie jusqu'à la finale réglissée. ⧗ 2020-2025 ■ **Infiniment 2017 ★ (20 à 30 €; 15000 b.)** Ⓑ Nez mentholé, bouche fraîche et intense, dont les beaux amers en finale évoquent l'orange sanguine... Ce 2017 mérite d'être apprécié dans sa plénitude, dans quelques années. ⧗ 2022-2025 ■ **Secret de schistes 2018 ★ (20 à 30 €; 4000 b.)** Ⓑ Élevé pour moitié en jarre de gré et pour moitié en barrique, ce grenache gris propose un bouquet complexe, élégant et très minéral. La bouche est ronde et grasse, tout en

ROUSSILLON

nuances toastées, puis elle laisse en finale une sensation chaleureuse. ⧗ 2020-2023

SARL CH. DE L' OU, rte de Villeneuve, 66200 Montescot, tél. 04 68 54 68 67, contact@chateau-de-lou.fr V r.-v.

PARCÉ FRÈRES Hommage à Fernand 2019 ★

| 10 000 | | 5 à 8 € |

Parcé Frères est la structure de négoce qui commercialise les vins du Dom. Augustin et du Dom. de la Préceptorie, propriété de la famille Parcé. La nouvelle génération est désormais aux commandes avec Martin, Augustin et Vincent.

Une cuvée composée de macabeu né sur schistes. Brillant de reflets gris-vert, elle mise sur les arômes de citron vert, avant de révéler des notes de fleurs blanches et des touches minérales. Si l'attaque est ronde, la fraîcheur apparaît bientôt dans un élégant registre floral. C'est ainsi que la finale s'allonge sur une pointe d'arum et sur de beaux amers. ⧗ 2020-2022

SAS VINS PARCÉ FRÈRES, 54, av. du Puig-del-Mas, 66650 Banyuls-sur-Mer, tél. 04 68 81 02 94, contact@parce-freres.com V r.-v.

CH. DE PENA Pas d'excuses 2019 ★★

| 10 000 | | 8 à 11 € |

Le village de Cases-de-Pène tient son nom d'un ermitage du Xe s. établi sur un roc (*pena* en catalan) calcaire qui ferme la vallée de l'Agly. Les terres noires schisteuses y alternent avec l'ocre des argilo-calcaires, formant 2 superbes terroirs de 480 ha sur lesquels travaillent les 35 vignerons de la coopérative locale.

Cette cuvée est pour le moins originale : élaborer un vin moelleux au pays des vins doux est une gageure… Pari réussi en tout cas. Ce muscat d'Alexandrie a conquis le jury. Agrumes, litchi et fruits blancs composent un bouquet agréable et élégant, tandis que la bouche, douce et moelleuse, s'accompagne de notes d'abricot et de pêche, puis en finale d'une pointe musquée. Beaucoup de gourmandise, mais avec une certaine légèreté. ⧗ 2020-2025 **Ninet de Pena 2019 ★★ (5 à 8 €; 30 000 b.)** Le grenache et le carignan offrent un vin très rond, franc, aux notes de fruits frais puis confiturés en finale. Les tanins apparaissent fins et serrés. ⧗ 2020-2024

SCV L' AGLY, 2, bd Mal-Joffre, 66600 Cases-de-Pène, tél. 04 68 38 93 30, contact@chateau-de-pena.com V *t.l.j. sf dim. 9h-12h 14h-18h*

DOM. DE RANCY Le Grenache de Rancy 2018 ★★

| 3 000 | | 11 à 15 € |

Brigitte et Jean-Hubert Verdaguer conduisent depuis 1989 le domaine familial (17 ha aujourd'hui en bio) installé au cœur du village de Latour-de-France. Depuis sa fondation en 1920, cette propriété s'intéresse aux vins doux naturels longuement élevés sous bois, notamment aux rivesaltes, même si au tournant de ce siècle, elle s'est lancée dans l'élaboration de vins secs, en AOC ou en IGP. Autre cheval de bataille des vignerons, le rancio sec, en IGP.

Nous sommes dans la vallée de l'Agly et le grenache y règne en maître. La robe carmin à reflet cerise invite à découvrir le bouquet d'orange sanguine et de framboise. En bouche, l'attaque est fraîche, puis une impression de volume s'installe, de souplesse aussi malgré la puissance des tanins. Les arômes de fruits noirs ressortent, assortis de notes de gibier. ⧗ 2020-2025 **Ver.. tige 2018 ★ (8 à 11 €; 3 000 b.)** Première sélection pour ce blanc de macabeu et de grenache gris, aux notes de tilleul, de pêche blanche, de pierre à fusil. En bouche, la fraîcheur s'impose et de beaux amers apparaissent en finale, sous des accents iodés. ⧗ 2020-2023

EARL RANCY, 8, pl. du 8-Mai-1945, 66720 Latour-de-France, tél. 04 68 29 03 47, info@domaine-rancy.com V *t.l.j. sf dim. 10h-13h 15h-18h* E

DOM. RIÈRE CADÈNE Huppée 2019 ★★

| 4 000 | | 8 à 11 € |

Fondé en 1904 par un arrière-grand-père opticien, ce domaine familial (30 ha aujourd'hui, en conversion bio) s'étend sur 2 terroirs : les galets roulés des hautes terrasses de la Têt et les marnes et schistes de la vallée de l'Agly. Laurence et Jean-François Rière, installés en 1994, ont renoué avec les vinifications à la propriété. Ils ont été rejoints en 2015 par leur neveu Guillem. La cave est située à Perpignan même, dans un secteur agricole encore préservé, ce qui a permis l'aménagement de gîtes.

Composée de viognier et de roussanne, cette cuvée se pare d'un jaune doré lumineux. De la douceur et de la délicatesse au nez, à travers des notes de coing miellé et d'agrumes (pamplemousse). L'attaque est ronde, puis un certain gras tapisse le palais, avec en contrepoint cette fraîcheur apportée par les arômes d'agrumes et de fleurs blanches. Une note saline signe la longue finale. ⧗ 2020-2023

EARL RIÈRE-CADÈNE, chem. de Saint-Génis-de-Tanyères, 66000 Perpignan, tél. 04 68 63 87 29, contact@domainerierecadene.com V *t.l.j. sf dim. 10h-19h* C

DOM. DES SCHISTES Illico 2018 ★

| 20 000 | | 5 à 8 € |

La cinquième génération officie dans cette exploitation de la vallée de l'Agly qui vinifie en cave particulière depuis 1989. Comme son nom l'indique, les marnes schisteuses dominent. À la vigne, Jacques et Michaël Sire sont pointilleux sur le travail du sol et leur domaine (plus de 50 ha) est conduit en bio. Une valeur sûre du guide.

Le marselan domine l'assemblage de ce 2018 aux arômes de fruits noirs et rouges. Souple et acidulé, le palais bénéficie de tanins fins et légers, puis d'une bonne persistance sur des notes épicées. ⧗ 2020-2023 **Illico 2019 ★ (5 à 8 €; 17 000 b.)** Un macabeu tout en finesse au nez, la bouche est éclatante et pleine de dynamisme, dans un royaume où les fleurs blanches s'imposent. ⧗ 2020-2022 **Illico 2019 ★ (5 à 8 €; 12 000 b.)** Un rosé de teinte saumonée, qui exprime des arômes de fraise, de réglisse et de fenouil. En bouche, il est souple, long et salin. ⧗ 2020-2021

DOM. DES SCHISTES, 1, av. Jean-Lurçat, 66310 Estagel, tél. 06 64 75 66 54, sire-schistes@wanadoo.fr V *r.-v.* D

SERRE ROMANI Providence 2018 ★★

■ | 2500 | | 8 à 11 €

Laurent et Cylia Pratx se sont rencontrés lors de leurs études d'ingénieurs agronomes à Toulouse. Laurent a travaillé successivement pour le Ch. de Nages à Nîmes et pour la maison Gabriel Meffre à Gigondas. En 2008, le couple a fait l'acquisition de ce domaine de 25 ha répartis sur les communes d'Espira-de-l'Agly et de Maury, planté majoritairement de grenache. La propriété tire son nom (la « montagne aux romarins ») de celui de l'une des parcelles.

Le grenache gris est un cépage emblématique qui, jadis, était utilisé pour l'élaboration de vins doux naturels, mais qui s'est avéré un excellent cépage pour celle de vins blancs secs. Le nez exprime le chèvrefeuille, la pêche mûre, les épices (curcuma), nuancés d'une pointe de beurre. En bouche, la personnalité du grenache se révèle à travers une matière ronde et fraîche à la fois. Ce vin accompagnera avec élégance un crustacé prestigieux. ⧗ 2020-2023 ■ **Providence 2017 ★★ (8 à 11 €; 4000 b.)** Cette cuvée traduit bien l'expression du grenache, tant les arômes de fruits rouges et d'épices explosent. Une rondeur avenante est aussi sa signature. L'accord avec une joue de veau au rancio devrait être fort plaisant. ⧗ 2020-2023

⊶ EARL PRATX, Serre Romani, Mas Parets, RD 18, 66600 Espira-de-l'Agly, tél. 06 74 03 29 01, pratx.sr@gmail.com V r.-v.

Ⓑ DOM. DES SOULANES Kaya 2019 ★

■ | 3000 | | 11 à 15 €

Avant de se mettre à son compte en 2002, Daniel Laffite a travaillé 15 ans pour une importante propriété, exploitée en agriculture biologique depuis 1972. Il en a racheté une partie et a aménagé sa cave. Il conduit aujourd'hui 17 ha avec sa femme Cathy.

Grenache blanc et gris, plus carignan gris, voici la base très catalane de ce vin jaune paille. Le nez est complexe, à la fois floral (aubépine), fruité (poire) et boisé (fumé, vanillé). L'élevage ne domine pas. On perçoit en bouche de la rondeur et de la fraîcheur, tandis que les notes fumées et minérales se déroulent. La finale s'allonge sur une note saline. ⧗ 2020-2023

⊶ DOM. DES SOULANES, mas de Las Fredas, 66720 Tautavel, tél. 06 12 33 63 14, daniel.laffite@nordnet.fr V r.-v. Ⓑ

DOM. LA TOUPIE Petit Frisson 2019 ★★★

■ | 6600 | | 8 à 11 €

Après 20 ans passés dans l'administration viticole, puis à parcourir le vignoble pour la coopérative du Mont Tauch, dans l'Aude, Jérôme Collas a franchi le pas et la « frontière » entre Languedoc et Roussillon, pour s'installer en 2012 sur 12 ha dans la vallée de l'Agly.

C'est un 2019 à la couleur chair et aux reflets argent qui a séduit les dégustateurs. Le nez complexe évoque la pêche blanche, les agrumes, les épices, avec une pointe de réglisse. Un même fruité frais s'exprime au palais, soulignant la souplesse de la matière. Décidément, ce rosé possède des qualités proches de celles d'un vin blanc et une tajine de la mer au cumin lui ira bien. ⧗ 2020-2021 ■ **Solo Macabeu 2019 ★ (8 à 11 €; 3000 b.)** Un macabeu au bouquet frais, floral et épicé et à la bouche gourmande. Rondeur et vivacité s'associent, avec en contrepoint des notes de fruits exotiques. ⧗ 2020-2023

⊶ EARL DOM. LA TOUPIE, ZA Clos-de-la-Serre, rte des Mas, 66460 Maury, tél. 07 86 28 99 52, contact@domainelatoupie.fr V r.-v.

DOM. TRILLES Calignan Vieille Vigne 2018 ★

■ | 4000 | | 8 à 11 €

BTS en poche, Jean-Baptiste Trilles rejoint en 2000 le domaine familial (40 ha) dans les Aspres. Apporteur de raisins à la coopérative à ses débuts, il devient vinificateur en 2007, avant de construire une nouvelle cave à sa mesure en 2010, à Tresserre, au pays des « bruixes » (fées ou sorcières). Des sorcières qui ont inspiré le nom de ses cuvées.

Cette cuvée de carignan est emblématique du domaine. Robe noire, nez fin aux notes de fruits rouges surmûris, de cacao, d'épices poivrées et de réglisse : ce vin valorise le terroir des Aspres. L'attaque en bouche est ample et généreuse, les fruits rouges emplissent le palais, les tanins généreux s'affirment et la finale réglissée s'allonge. Un vin charpenté qui se bonifiera en cave. ⧗ 2022-2025

⊶ EARL DOM. TRILLES, chem. des Coulouminettes, 66300 Tresserre, tél. 06 15 46 64 71, contact@domainetrilles.fr V r.-v.

♥ DOM. GILLES TROULLIER Indigène 2018 ★★★

■ | 600 | | 20 à 30 €

Né en terres rhôdaniennes, c'est dans le Roussillon que Gilles Troullier s'installe en 2002 sur 4 ha après une période chez Chapoutier où il implanta la biodynamie. Cet amoureux de la syrah a sélectionné méticuleusement ses parcelles, parmi les plus en altitude du département. Il s'essaye également aux cépage locaux, grenache, lledoner et carignan, sans oublier ses vins blancs très accomplis.

Un carignan issu de très vieilles vignes et vinifié comme un blanc. C'est étonnant et audacieux. Sous une robe carmin à reflets framboise, se révèle un nez de fleurs (hibiscus et jasmin) et d'épices douces. L'attaque est fraîche, le milieu de bouche souple et réglissé, et la finale fraîche sur une note de rose fanée. ⧗ 2020-2023

⊶ DOM. GILLES TROULLIER, 1, rue du Lavoir, 66310 Estagel, tél. 06 10 57 55 55, g.troullier@troullier.cat V r.-v.

CH. DE VALMY Première rose 2019 ★★★

■ | 25000 | | 11 à 15 €

Au pied des Albères, le Ch. Valmy, construit en 1888 par l'architecte danois Viggo Dorph Petersen, est entouré de 26 ha de vignes. En 1998, Bernard Carbonnell et son épouse Martine ont fait renaître non seulement le vignoble et ses vins (réguliers en qualité), mais aussi le château en créant des chambres d'hôtes de luxe, complétées en 2014 par le

ROUSSILLON

restaurant *La Table de Valmy*, un projet conduit par les filles des propriétaires, Anaïs et Clara.

Très beau rosé proposé à la dégustation. Le nez élégant et complexe libère des notes de fleurs (jasmin et rose) et de zeste d'agrumes. L'attaque en bouche est vive, mais la puissance se développe ensuite. Des arômes de bergamote et de poire se distinguent, avant que la longue finale ne donne la faveur à des notes réglissées, salines et minérales. Une belle surprise. ⧗ 2020-2021

■ **Le Secret de Valmy 2016 ★ (30 à 50 €; 2700 b.)** Ce vin corsé et charpenté, d'inspiration «Sud-Ouest», marie le tannat, le cabernet-sauvignon et le petit verdot. Des arômes de fruits noirs et de cacao accompagnent de beaux tanins en devenir. ⧗ 2020-2025

SARL CH. DE VALMY, chem. de Valmy, 66700 Argelès-sur-Mer, tél. 04 68 81 25 70, contact@chateau-valmy.com V *t.l.j. sf dim. 9h30-12h30 14h-18h* 5

IGP RANCIO SEC

Le Roussillon est une province française de culture catalane correspondant à la plus grande partie du département des Pyrénées-Orientales. Bien avant la naissance des vins doux naturels, fierté des Catalans, on y produisait des vins secs à fort degré, élevés sans ouillage dans de vieux fûts de bois (élevage oxydatif). Au bout de longues années, ce vin prenait ce que l'on appelle des notes de rancio, arômes très complexes évoquant notamment la noix fraîche et les fruits secs, tandis que des reflets verts apparaissaient dans leur robe. Ces vins faillirent tomber dans l'oubli. Cependant, de nombreux vignerons en conservaient un tonneau au fond de leur cave, car ces rancios étanchaient la soif des anciens, coupés d'eau et, surtout, servaient à élaborer une cuisine typique. Aujourd'hui, cette saveur authentiquement catalane redevient à la mode et séduit un public de plus en plus nombreux.

Après les vignerons de l'IGP Côte Vermeille, qui ont été les premiers à disposer d'un cahier des charges, ceux de l'autre indication géographique protégée départementale, l'IGP Côtes catalanes, en ont défini en 2011, avec l'aide de l'INAO, le mode d'élaboration : ce cahier des charges impose cinq ans d'élevage minimum, liste les cépages autorisés, qui sont ceux de la région (grenaches, carignan, tourbat, macabeu…), et prévoit quelques variantes dans l'élaboration, ouvrant la possibilité d'un élevage sous voile ou en solera, système où les vins vieux reçoivent régulièrement un apport de vins plus jeunes. Les rancios secs accompagnent jambons bellota, anchois salés de Collioure, fromages très affinés ou simplement, pour les amateurs, un bon cigare.

DOM. BERTA MAILLOL Côte Vermeille Soléra ★

■ | 1000 | ◍ | 20 à 30 €

Ce domaine de Banyuls remonte à 1611! Jean-Louis Berta-Maillol en 1996, puis ses frères Michel et Georges, respectivement en 2003 et 2009, ont pris la suite de leur père. Leur 15 ha de vignes s'accrochent aux pentes schisteuses de la vallée de la Baillauri, aménagées en terrasses.

Ce grenache noir s'est transformé en un rancio par la magie du temps et le mystère de la solera. Sa robe est brique à reflets orangés. Le nez allie puissance et complexité : vieux bois, humus, notes iodées, eucalyptus, réglisse et café. La bouche laisse une impression de fraîcheur, tout en déclinant des notes de caramel bien cuit, de réglisse. En finale, une pointe d'amertume apporte du relief. ⧗ 2020-2050

DOM. BERTA-MAILLOL, mas Paroutet, 66650 Banyuls-sur-Mer, tél. 04 68 88 00 54, domaine@bertamaillol.com V *t.l.j. 10h-12h30 15h-19h*

DOM. DE LA RECTORIE Vin de pierre Pedro Soler ★

■ | 1200 | ◍ | 50 à 75 €

La famille Parcé avait renoncé à vinifier après la mort de l'arrière grand-père en 1913. Marc et son frère Thierry - rejoints par Jean-Emmanuel, fils de ce dernier – ont agrandi le domaine et sont sortis de la coopérative en 1984. À partir d'une trentaine de parcelles, Thierry, le vinificateur, propose des vins d'une régularité exemplaire en Banyuls et en Collioure.

Cette cuvée a bénéficié de plus de 15 ans d'élevage. Elle se présente aujourd'hui sous une robe acajou et libère un nez complexe de noix, de fruits secs (figue), d'épices (poivre) et de café. Un caractère très rancio, en somme. La bouche intense et persistante bénéficie d'une pointe iodée bienvenue. ⧗ 2020-2050

DOM. DE LA RECTORIE, 28-65, av. du Puig-del-Mas, 66650 Banyuls-sur-Mer, tél. 04 68 88 13 45, info@rectorie.fr V *t.l.j. sf dim. 10h-12h 16h-19h*

B DOM. DES SCHISTES Côtes Catalanes Algo ★

■ | 3000 | ◍ | 20 à 30 €

La cinquième génération officie dans cette exploitation de la vallée de l'Agly qui vinifie en cave particulière depuis 1989. Comme son nom l'indique, les marnes schisteuses dominent. À la vigne, Jacques et Michaël Sire sont pointilleux sur le travail du sol et leur domaine (plus de 50 ha) est conduit en bio. Une valeur sûre du guide.

Les Sire sont des ardents défenseurs de cette production identitaire que sont les vins oxydatifs. Cette cuvée est une belle introduction au rancio. Sa robe évoque le tabac blond. Des notes iodées, de levain et de voile dominent un bouquet aérien, tandis que la bouche présente équilibre et volume. Des notes salines et des touches de café accompagnent longuement la finale. Un vin harmonieux qui se fait une place dans la cour des grands. ⧗ 2020-2050 ■ **Côtes Catalanes ★ (15 à 20 €; 3000 b.)** Le nez est complexe, très rancio : fruits secs, épices douces, poire et un zeste coco. La bouche généreuse y fait écho jusqu'à une longue finale. ⧗ 2020-2040

DOM. DES SCHISTES, 1, av. Jean-Lurçat, 66310 Estagel, tél. 06 64 75 66 54, sire-schistes@wanadoo.fr V *r.-v.* D

TERRES DES TEMPLIERS ★★

■ | 2154 | 8 à 11 €

Devenu Terres des Templiers, l'ancien Cellier des Templiers est une coopérative créée en 1921. Elle revendique l'héritage de cet ordre militaire à qui l'on doit la mise en valeur des pentes schisteuses de Banyuls. Aujourd'hui, la cave dispose des 776 ha de ses 805 adhérents et, depuis la récolte 2011, du Mas

Ventous, un vaste chai de vinification qui s'ajoute à la grande cave de 1964, réservée aux longs élevages. À sa carte, des collioure et des banyuls. La Cave de l'Abbé Rous appartient au même groupe coopératif : une cave créée en 1950 et nommée en hommage à l'abbé qui vers 1870 devint négociant-éleveur de vins de Banyuls pour financer l'agrandissement de l'église paroissiale sans faire appel à la générosité publique et qui se fit à l'occasion le mécène de Maillol.

Issu de grenache et de carignan, ce rancio brille dans une robe ambré clair. Alliant des notes fraîches de menthol aux accents de torréfaction et de noix, il fait preuve d'élégance. En bouche, l'alcool est bien fondu et l'on retrouve des notes classiques de rancio, de noix, de fruits secs et de café. Un bel équilibre. ⧗ 2020-2050

⊶ GICB TERRES DES TEMPLIERS, 8, rte du Mas-Reig, 66650 Banyuls-sur-Mer, tél. 04 68 98 36 92, info@templers.fr V 🚶 🍷 *t.l.j. 10h-19h30; 10h-13h 14h30-18h30 (hiver); f. janv.*

DOM. GILLES TROULLIER
Côtes Catalanes Ranciest ★★★

■	100	🛢	30 à 50 €

Né en terres rhôdaniennes, c'est dans le Roussillon que Gilles Troullier s'installe en 2002 sur 4 ha après une période chez Chapoutier où il implanta la biodynamie. Cet amoureux de la syrah a sélectionné méticuleusement ses parcelles, parmi les plus en altitude du département. Il s'essaye également aux cépage locaux, grenache, lledoner et carignan, sans oublié ses vins blancs très accomplis.

C'est en 2002 que Gilles Troullier décide d'élaborer un vin oxydatif sec, au gré des barriques produites et de ses envies. Le résultat va au-delà de toute espérance : cette solera produit chaque année un rare nectar. Le nez élégant évoque la cannelle, le clou de girofle et autres épices douces. On perçoit beaucoup de finesse en bouche, avec les arômes attendus de fruits secs (abricot, figue, raisin) et une note de noix caractéristique. L'ensemble est d'un équilibre parfait et la finale longue bénéficie d'une note saline. ⧗ 2020-2050

⊶ DOM. GILLES TROULLIER, 1, rue du Lavoir, 66310 Estagel, tél. 06 10 57 55 55, g.troullier@troullier.cat V 🍷 *r.-v.*

DOM. VIAL MAGNÈRES
Côte Vermeille Ranfio Cino ★

■	n.c.	🛢	15 à 20 €

Bernard Sapéras, œnologue et chimiste de formation, arrivé en 1985 sur le domaine de son beau-père, avait donné un bel élan à la propriété et à l'appellation : c'est à lui que l'on doit le banyuls blanc, l'engouement pour le rancio, la réussite du collioure blanc et le chemin d'Anicet pour découvrir le cru. Après sa disparition en 2013, Olivier et Chrystel Sapéras sont les garants de l'avenir. En 2016, ils se sont associés à Laurent Dal Zovo pour gérer les 10 ha de vignes répartis en petites unités sur la façade maritime des communes de Banyuls et Port-Vendres.

Ranfio Cino est un classique dans la tradition des vins de voile. Au nez, il évoque les épices douces, la noix, le levain ou encore le foin. L'attaque est puissante et iodée, puis la bouche offre un grain très fin, aux accents d'épices douces et de fleurs. La finale très longue laisse le souvenir d'une touche iodée. ⧗ 2020-2050

⊶ DOM. VIAL-MAGNÈRES, 14, rue Édouard-Herriot, 66650 Banyuls-sur-Mer, tél. 04 68 88 31 04, info@vialmagneres.com V 🚶 🍷 *t.l.j. 9h-12h 14h-18h* 🏠 ⑤

LE POITOU ET LES CHARENTES

Prospères au Moyen Âge, quand le Poitou se rattachait à l'Aquitaine, les vignobles du Haut-Poitou furent très étendus jusqu'à la fin du XIXe s. Ils se réduisent aujourd'hui à des enclaves entre herbages et cultures, au nord et à l'est de Poitiers. Leurs vins appartiennent à la famille du Val de Loire tout en montrant des influences bordelaises. Les rouges sont généralement légers et frais, mais possèdent une bonne structure. Les rosés présentent un caractère assez proche. Les blancs sont vifs et bouquetés.
Si le Poitou n'a gardé que quelques ceps, les Charentes ont, depuis le XVIe s., fondé leur essor sur la distillation de vins blancs et la production du cognac, qui a fait la réputation de la région. Celui-ci est « l'esprit » du pineau-des-charentes, vin de liqueur qui résulte du mélange de moûts de raisins partiellement fermentés avec la fameuse eau-de-vie.

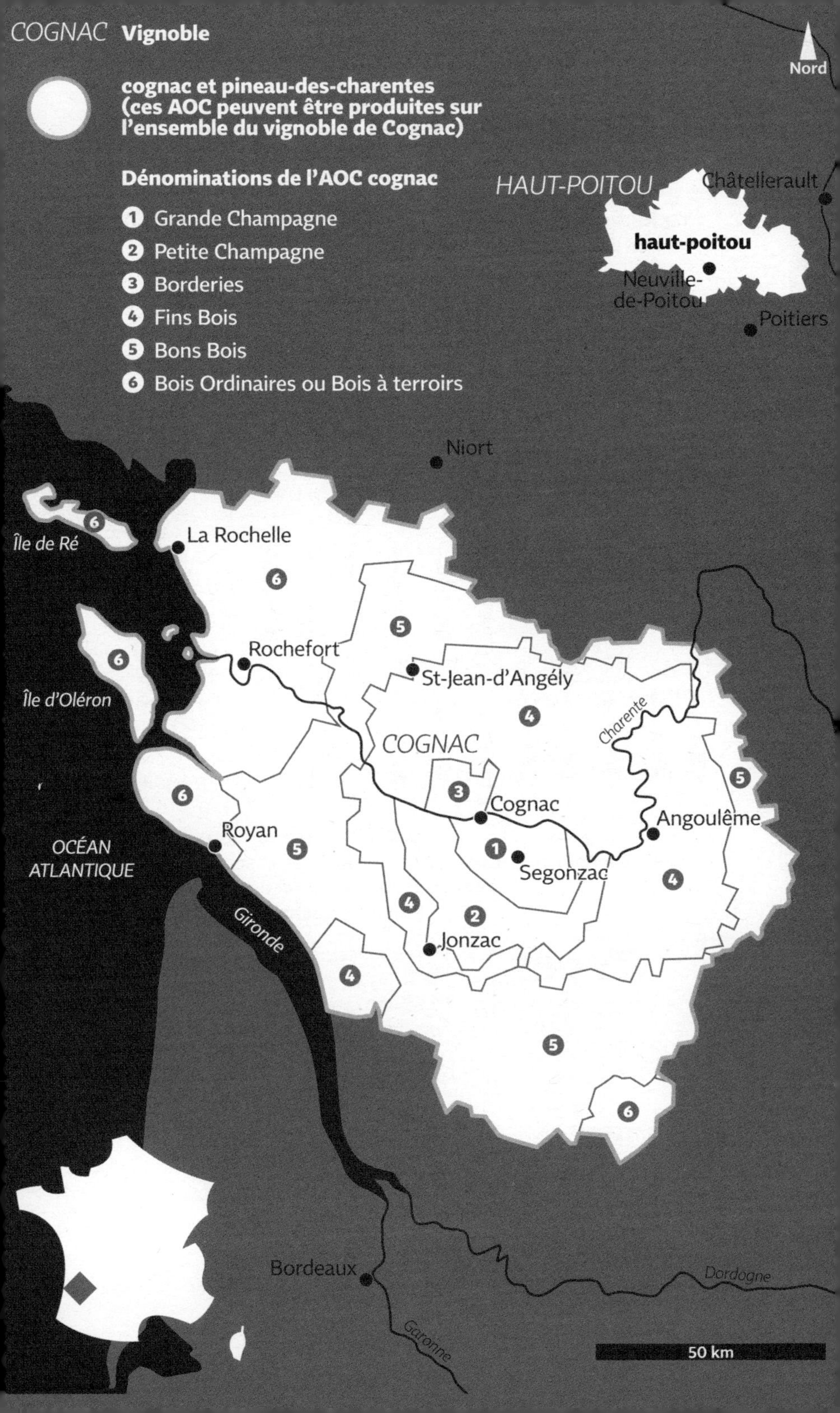
COGNAC Vignoble
cognac et pineau-des-charentes (ces AOC peuvent être produites sur l'ensemble du vignoble de Cognac)
Dénominations de l'AOC cognac
1 Grande Champagne
2 Petite Champagne
3 Borderies
4 Fins Bois
5 Bons Bois
6 Bois Ordinaires ou Bois à terroirs
Nord
HAUT-POITOU
Châtellerault
haut-poitou
Neuville-de-Poitou
Poitiers
Niort
La Rochelle
Île de Ré
Rochefort
Île d'Oléron
St-Jean-d'Angély
COGNAC
Charente
Cognac
Angoulême
Royan
Segonzac
OCÉAN ATLANTIQUE
Gironde
Jonzac
Bordeaux
Dordogne
Garonne
50 km

Le **Poitou** et les **Charentes** en un clin d'œil

Production : haut-poitou : 3400 hl ; cognac : 895 000 hl ; pineau-des-charentes 72 250 hl

Le Poitou
55 % Blans
45 % Rouges / Rosés

Surface : Haut-poitou : 100 ha
Cognac : 685 400 ha (82 000 plantés, essentiellement destinés à la production de l'eau-de-vie)
Pineau-des-charentes : 1 132 ha

Types de vins

vins tranquilles	vins de liqueur	Eau-de-vie

Principaux **cépages**

- Cabernet franc
- Cabernet-sauvignon
- Merlot
- Gamay
- Ugni blanc
- Colombard
- Sémillon
- Montils
- Sauvignon
- Folle blanche (pour le cognac)

Hiérarchie des vins

1 AOC
régionale
haut-poitou

1 AOC
vin de liqueur : pineau-des-charentes

1 AOC
eau-de-vie : cognac

1 IGP
(charentais)

Un peu d'**histoire**

- **XIe-XIIIe s. :** le Poitou ente dans le royaume Plantagenêt, avec l'Aquitaine, l'Anjou et l'Angleterre. Le vignoble se développe. La Rochelle est le principal port d'expédition des vins vers l'Angleterre jusqu'à sa prise par le roi de France en 1224.
- **1562-1598 :** les guerres de religion ravagent le vignoble.
- **XVIIe s. :** l'Europe du Nord devient le principal débouché des vins du Poitou. Comme le vin voyage mal, les Hollandais le distillent pour élaborer de l'eau-de-vie. L'alambic se répand dans les campagnes de l'Aunis et de la Saintonge.
- **XVIIIe-XIXe s. :** la notoriété du cognac s'affirme. Des maisons de négoce sont créées.
- **1882 :** crise phylloxérique et destruction du vignoble.
- **1909 :** délimitation de la zone géographique de production du cognac.
- **1936 :** création de l'AOC cognac.
- **1938 :** délimitation régionales des crus du cognac.
- **1945 :** création de l'AOC pineau-des-charentes.
- **1970 :** création de l'AOVDQS haut-poitou.
- **2011 :** l' AOVDQS haut-poitou devient AOC.

HAUT-POITOU

Superficie : 186 ha
Production : 11 000 hl (55 % blanc)

Le docteur Guyot rapporte en 1865 que le vignoble de la Vienne représente 33 560 ha. De nos jours, outre le vignoble du nord du département, rattaché au Saumurois, et une enclave dans les Deux-Sèvres, seuls subsistent deux îlots viticoles autour des cantons de Neuville et de Mirebeau. Marigny-Brizay est la commune la plus riche en viticulteurs indépendants. Les autres se sont regroupés pour former la cave de Neuville-de-Poitou. En 2011, le Haut-Poitou a accédé à l'appellation d'origine contrôlée. Les sols du plateau du Neuvillois, évolués sur calcaires durs et craie de Marigny ainsi que sur marnes, sont propices aux différents cépages de l'appellation; le plus connu d'entre eux est le sauvignon (blanc ou gris). En rouge, le cépage principal est le cabernet franc, complété par le merlot, le pinot noir et le gamay.

DOM. DE LA RÔTISSERIE 2019 ★

■	5000	5 à 8 €

Valeur sûre de l'AOC, ce domaine tire son nom d'un four creusé dans le tuffeau qui servait autrefois aux habitants du hameau. Le vignoble, dirigé par Pierre Baudon et son fils Michaël, couvre 25 ha.

Cabernet franc (75 %) et gamay pour ce haut-poitou au joli nez de fruits rouges frais. Une fraîcheur que l'on retrouve dans une bouche souple, gouleyante, à la texture fine. À boire dans sa jeunesse. ⧗ 2020-2022

⊶ DOM. DE LA RÔTISSERIE, 2 bis, rue de la Croix-l'Abbé, Marigny-Brizay, 86380 Jaunay-Marigny, tél. 05 49 52 09 02, domaine.rotisserie86@orange.fr V t.l.j. sf sam. dim. 9h-12h 14h-19h

DOM. LA TOUR BEAUMONT
Cabernet franc 2019 ★

■	23500		8 à 11 €

Le donjon d'un ancien château du XII[e]s. a donné son nom au domaine, dont les 30 ha se répartissent sur deux coteaux séparés par la rivière Clain. Une valeur sûre du Haut-Poitou. Après 5 années passées en Bourgogne, Pierre Morgeau a rejoint en 2011 son père, Gilles, sur cette exploitation familiale créée en 1860, qu'il dirige depuis 2015.

Ce vin d'un seyant rouge violine dévoile un nez gourmand de petits fruits rouges. En bouche, il se montre souple et rond, un brin plus sévère en finale. ⧗ 2021-2024 ■ **Le Fié gris 2019 ★ (11 à 15 €; 16 000 b.)** Un vin au nez sympathique d'agrumes et de fruits exotiques, au palais bien équilibré entre rondeur et vivacité. ⧗ 2020-2023

⊶ MORGEAU LA TOUR BEAUMONT, 2, av. de Bordeaux, 86490 Beaumont-Saint-Cyr, tél. 05 49 85 50 37, contact@domainelatourbeaumont.fr V *t.l.j. sf dim. 9h30-12h 14h30-19h (18h sam. et hiver)*

PINEAU-DES-CHARENTES

Le pineau-des-charentes est produit dans la région de Cognac – vaste plan incliné d'est en ouest avec une altitude maximale de 180 m, qui s'abaisse progressivement vers l'océan Atlantique. Le vignoble, traversé par la Charente, est implanté sur des coteaux au sol essentiellement calcaire. Sa destination principale est la production du cognac. Cette eau-de-vie est « l'esprit » du pineau-des-charentes, vin de liqueur résultant du mélange des moûts des raisins charentais frais ou partiellement fermentés avec du cognac.
Selon la légende, c'est par hasard qu'au XVI[e]s. un vigneron un peu distrait commit l'erreur de remplir de moût de raisin une barrique qui contenait encore du cognac. Constatant que ce fût ne fermentait pas, il l'abandonna au fond du chai. Quelques années plus tard, alors qu'il s'apprêtait à vider la barrique, il découvrit un liquide limpide, doux et fruité: ainsi serait né le pineau-des-charentes. Le recours à cet assemblage se poursuit aujourd'hui encore de la même façon artisanale et à chaque vendange, car le pineau-des-charentes ne peut être élaboré que par les viticulteurs.
Les moûts de raisin proviennent essentiellement, pour les blancs, des cépages ugni blanc, colombard, montils, sauvignon et sémillon, auxquels peuvent être adjoints le merlot et les deux cabernets, et, pour les rouges et rosés, des cabernets, du merlot et du malbec. Le moût doit dépasser les 170 g de sucre par litre en puissance. Le pineau-des-charentes vieillit en fût de chêne pendant au moins 1 an, le plus souvent pendant plusieurs années. Il ne peut sortir de la région que mis en bouteilles.
Comme en matière de cognac, il n'est pas d'usage d'indiquer le millésime. En revanche, un qualificatif d'âge est souvent spécifié. Le terme « vieux pineau » est réservé au pineau de plus de 5 ans, et celui de « très vieux pineau » à celui de plus de 10 ans. Dans ces deux cas, le vieillissement s'accomplit exclusivement en barrique. La qualité de ce vieillissement doit être reconnue par une commission de dégustation. Le degré alcoolique est généralement compris entre 17 % vol. et 18 % vol., et la teneur en sucre non fermenté entre 125 et 150 g; le rosé est généralement plus doux et plus fruité que le blanc, lequel est plus nerveux et plus sec.
Le pineau-des-charentes peut être consommé jeune (à partir de 2 ans); il donne alors tous ses arômes de fruits, encore plus présents dans le rouge et le rosé. Avec l'âge, il prend des parfums de rancio très caractéristiques.

DOM. DE BIRIUS ★★

■	3300		8 à 11 €

Valeur sûre du pineau-des-charentes, ce domaine – dans la même famille depuis 10 générations – est situé en Petite Champagne, tout près de la cité médiévale de Pons. Philippe Bouyer, rejoint en 2014 par sa fille Élodie, pratique depuis longtemps la lutte raisonnée et l'enherbement naturel de son vignoble de 32 ha.

Sous une robe grenat intense à reflets violines se révèlent des arômes gourmands de fruits noirs (cassis) et de chocolat. De la rondeur, certes, mais aussi une belle fraîcheur au palais, et toujours ces délicieuses notes en finale. ⧗ 2020-2024 ■ **★ (8 à 11 €; 3300 b.)** Une légère fraîcheur est perceptible dès le nez, à travers des arômes de fruits acidulés. Elle équilibre bien la bouche souple, avant de laisser place à un subtil rancio en finale. ⧗ 2020-2024

EARL BOUYER, Dom. de Birius, 4, rue des Peupliers, La Brande, 17800 Biron, tél. 06 30 62 28 77, contact@cognac-birius.com V r.-v.

BOULE ET FILS ★

| 20000 | 8 à 11 € |

Cette exploitation, située à la limite de la Charente-Maritime et de la Gironde, a été créée par la famille Boule en 1975. Vincent a repris le flambeau transmis en 2003 par son père Philippe. Le vignoble de 48 ha est réparti entre appellations du Cognaçais et du Blayais.

Rouge vif, ce pineau évoque les fruits rouges comme il se doit et enveloppe le palais de sa rondeur. Un léger caractère de rancio apparaît en finale. Bel équilibre. 2020-2022

GAEC BOULE ET FILS, 3, La Verrerie, 17150 Boisredon, tél. 06 89 90 36 56, vignobles-boule@orange.com V r.-v.

CHAINIER Vieux ★

| 1000 | 20 à 30 € |

Cette propriété familiale située au cœur de la région de Cognac étend son vignoble de 39 ha dans les crus de la Petite et de la Grande Champagne. Dominique Chainier y produit des cognacs et des pineaux.

Couleur vieil or brillant, c'est un pineau au nez légèrement mentholé qui se révèle dans un premier temps, puis il s'ouvre sur les fruits jaunes confits, les épices et un subtil boisé. L'attaque est ronde, la bouche riche et dans la même ligne aromatique, avec en finale une subtile amertume. 2020-2022

SAS DOMINIQUE CHAINIER ET FILS, 15, La Barde-Fagnouse, 17520 Arthénac, tél. 05 46 49 12 85, info@cognacchainier.com V *t.l.j. sf dim. 10h-12h 14h-18h*

CHARLEMAGNE ★

| 8000 | 11 à 15 € |

Héritier de 3 générations de vignerons distillateurs, Emmanuel Bouyer est à la tête de chais à Angoulême. Il a racheté en 2009 la Maison des Maines, propriété de 40 ha implantée sur les coteaux argilo-calcaires autour de Segonzac, capitale de la Grande Champagne.

Fruits secs et vanille se partagent la palette d'un pineau harmonieux, qui joue la carte de la simplicité. 2020-2022

SARL CHARLEMAGNE, 15, imp. du Tropic, 16000 Angoulême, tél. 05 45 95 02 77, a.renaud@charlemagne.fr V r.-v.

DOM. DU CHÊNE ★★

| 50000 | 11 à 15 € |

Si ce domaine situé au cœur de la Saintonge romane a été créé en 1865, la production de pineau-des-charentes ne s'est réellement développée qu'à partir de 1947. Jean Doussoux et Jean-Marie Baillif y conduisent 51 ha de vignes implantées sur sol argilo-calcaire, près de la cité de Pons.

C'est puissant, aromatique et persistant au possible. De l'harmonie et du charme. 2020-2024 **Vieux ★★ (20 à 30 €; 5000 b.)** Notes de pain d'épice, de rancio, de sous-bois et de miel: le nez est complexe. La bouche n'est pas en reste, ronde et riche, harmonieuse et d'une belle longueur sur les arômes de rancio. 2020-2024

SCEA DOUSSOUX-BAILLIF, 20, rue des Chênes, 17800 Saint-Palais-de-Phiolin, tél. 05 46 70 90 53, baillif.jm@wanadoo.fr V r.-v.

PASCAL CLAIR ★★

| 5000 | 8 à 11 € |

Dans la même famille depuis 1850, ce domaine étend son vignoble de 25 ha sur les coteaux argilo-calcaires de Grande et Petite Champagne. Pascal Clair est aux commandes depuis 1981 et signe des pineaux d'une belle régularité.

Un nez intensément floral invite à découvrir la bouche toute ronde. Là, c'est le fruit qui a la part belle, souligné par une fraîcheur bienvenue. De la gourmandise et de l'élégance. 2020-2024 **Vieux ★ (15 à 20 €; 2000 b.)** Des reflets pelure d'oignon éclairent la robe rose de ce pineau. L'élevage de 10 ans en fût lui a légué des accents vanillés et toastés en complément des arômes classiques de fruits cuits et du léger rancio. Rond en bouche, il garde ce profil gourmand jusqu'en finale. 2020-2024

EARL PASCAL CLAIR, 6, chem. de Genebrière, 17520 Neuillac, tél. 06 74 04 45 32, pascal.clair@free.fr V r.-v.

DOM. DES CLAIRES Galion d'or ★★

| 2423 | 11 à 15 € |

Domaine viticole depuis 6 générations, d'abord orienté vers la production de cognac (le seul bouilleur de cru de la presqu'île d'Arvert). Toutefois, l'activité ostréicole et l'affinage des huîtres en claires prédominaient jusque dans les années 1970. Jonathan Guillon, son diplôme d'œnologue en poche, s'est installé en 2010 et a diversifié l'encépagement. Les mises en bouteilles à la propriété de vins de pays, de cognac et de pineau ont alors débuté. Le vignoble compte environ 18 ha.

Les arômes de fruits secs se déclinent d'un bout à l'autre de la dégustation de ce pineau ouvert et puissant. L'équilibre demeure intact également. 2020-2024

EARL DOM. DES CLAIRES, 2, rue des Tonnelles, 17530 Arvert, tél. 05 46 47 31 87, contact@domainedesclaires.fr V *t.l.j. sf dim. 10h-12h30 14h30-19h*

DEAU Vieilli en fût de chêne 2000 ★★

| 2600 | 30 à 50 € |

Roland Bru a fondé en 1963 cette distillerie, sises à Sireuil. C'est sa fille, Véronique Legaret, qui en est aujourd'hui à la tête. Les 32 ha de vignes sont classés en crus Fins Bois de cognac.

Un nez d'agrumes (pamplemousse) et de fruits exotiques, légèrement boisé et nuancé de rancio, suscite déjà l'intérêt. Puis, la bouche souple convainc non seulement par son équilibre entre gourmandise et fraîcheur bienvenue, mais aussi par les notes complexes de tabac en finale. 2020-2024

SAS DOM. DES MOISANS, 9, imp. des Chais, 16440 Sireuil, tél. 05 45 90 38 46, distillerie@moisans.com V r.-v.

POITOU-CHARENTES

DROUET ★

5000 | 11 à 15 €

Les arrière-grands-parents étaient domestiques sur ce domaine fondé en 1848; les grands-parents achetèrent l'exploitation, et le père installa l'alambic. Les Drouet, livreurs de vins, devinrent ainsi bouilleurs de cru en Grande Champagne. Patrick s'est établi en 1993 et a développé la vente en direct. Il conduit aujourd'hui, avec son épouse Corinne, un vignoble de 40 ha.

Un pineau chaleureux, de bonne intensité fruitée. Le gras est manifeste au palais, mais un côté acidulé l'équilibre. Puis vient la note de rancio attendue. ⧗ 2020-2022

SARL DROUET ET FILS, 1, rte du Maine-Neuf, 16130 Salles-d'Angles, tél. 05 45 83 63 13, contact@cognac-drouet.fr V t.l.j. 9h-13h 14h-17h30; sam. dim. sur r.-v.

JÉRÔME FLEURET ★

2500 | 8 à 11 €

Ce jeune viticulteur, installé en 1997, produit des pineaux depuis 2003, élevés dans de petits chais qui assurent une bonne qualité de vieillissement.

Des subtils arômes de fruits rouges se libèrent de ce pineau rouge carmin. Le palais est en cohérence, rond, fruité et doté d'une certaine fraîcheur qui le rend attrayant. ⧗ 2020-2022

JÉRÔME FLEURET, 12 bis, rue du Seudre, Le Seudre, 17240 Champagnolles, tél. 06 11 23 93 16, maisonfleuret@wanadoo.fr V r.-v.

DOM. DE FRAICHEFONT 2012 ★★

1500 | 15 à 20 €

Vendange manuelle à maturité, extraction lente des jus, élevage à 50% en fûts neufs, vieillissement durant 3 à 5 ans, telles sont les méthodes d'élaboration respectueuses du raisin employées par Lionel Ducom, installé en 1990 sur ce petit domaine familial (2 ha) qui avait créé son activité 10 ans plus tôt.

L'élevage en fût de 7 ans a légué une ligne boisée notable dans ce pineau, mais les arômes de fruits secs ressortent aussi. L'ensemble est équilibré et persistant. ⧗ 2020-2024

LIONEL DUCOM, 19, rue du Labeur, Fraichefont, 16170 Auge-Saint-Médard, tél. 06 80 00 87 84, dl.ducom@wanadoo.fr V r.-v.

♥ GUÉRIN Ruby Vieilli en fût de chêne ★★

3300 | 11 à 15 €

Au sortir de la Seconde Guerre mondiale, Robert Guérin, viticulteur à Chenac-sur-Gironde, s'oriente vers la production de pineau-des-charentes. Ses enfants développent l'activité familiale pour fonder en 1967 la société Puy Gaudin. À partir des années 1980, les produits de Puy Gaudin sont commercialisés en grande distribution sous la marque «Guérin Frères». Ce sont aujourd'hui les petits et arrière-petits-enfants qui conduisent la maison.

Un léger rancio est perceptible dans la palette chaleureuse de fruits cuits, de miel et de caramel blond. Le palais, rond, garde un équilibre remarquable jusqu'en finale. ⧗ 2020-2024 **Rosé de Guérin ★ (11 à 15 €; 4000 b.)** Un pineau très léger et frais, aux notes de fraise, de cerise et de miel. Il monte en intensité au fil de l'aération pour dévoiler un côté rancio. Un vin jeune et équilibré. ⧗ 2020-2024

SAS PUY GAUDIN, rte de Pons, 17260 Gémozac, tél. 05 46 90 79 81, boutique@puygaudin.com V t.l.j. sf sam. dim. 9h-12h 14h-18h

GUÉRINAUD ★

4000 | 8 à 11 €

L'histoire vigneronne de la famille débute en 1914 avec l'arrière-grand-père. Emmanuel Guérinaud s'installe en 1998 sur le domaine, situé près de Pons, et se lance aussitôt dans la mise en bouteilles et la vente en direct. Ses vignes couvrent 27 ha.

Une palette de pêche, de fruits rouges et de bonbon anglais indique que ce pineau est un original. Au palais, il trouve une bonne harmonie entre vivacité et douceur, puis se prolonge bien sur des notes légères de bois. ⧗ 2020-2024

GUÉRINAUD, 3, L'Opitage, 17800 Mazerolles, tél. 05 46 94 01 56, emmanuel.guerinaud@orange.fr V r.-v.

GUILLON-PAINTURAUD Extra vieux Exception Or ★★

6000 | 50 à 75 €

Il faut remonter jusqu'en 1610 pour retrouver les origines de cette famille dont l'exploitation est ancrée au cœur de la Grande Champagne, sur des coteaux argilo-calcaires et crayeux. Un domaine de 19 ha très régulier en qualité, réputé notamment pour ses pineaux extra vieux. Arrivée en 1994, Line Sauvant a pris la suite de son père Pierre Guillon.

Ce pineau élevé 15 ans en fût possède du caractère. Après des notes boisées, épicées et mentholées, il dévoile une matière ronde et riche, nuancée de miel et de fruits confits. Et ça dure! ⧗ 2020-2024 **Extra vieux ★★ (20 à 30 €; 4000 b.)** Robe vieil or, nez intense de zeste d'agrumes confits (orange et pamplemousse), équilibre d'un vin qui a gardé toute sa fraîcheur et qui persiste bien: un pineau d'une grande précision, qui comble les sens. ⧗ 2020-2024

GUILLON-PAINTURAUD, 7, rue du Coteau, Biard, 16130 Segonzac, tél. 05 45 83 41 95, info@guillon-painturaud.com V t.l.j. sf dim. lun. 10h-12h 14h-18h

H FILS Extra vieux 19 ans ★

2400 | 30 à 50 €

Henri Fils commença l'aventure en Charentes dans les années 1950. Aujourd'hui, la maison collabore avec des vignerons indépendants et cherche à étendre sa clientèle aux grands restaurants et hôtels.

Dix-neuf ans d'élevage en fût ont façonné un pineau vieil or, au nez intense de miel, de fruits jaunes confits, d'épices et de sous-bois. Rond, le palais a trouvé l'harmonie et offre une jolie finale. ⧗ 2020-2024

SAS SPIRIT MANAGEMENT, Logis de Tourton, 2, rue du Four-à-Pain, 16120 Saint-Simeux, tél. 06 22 76 09 92, francois.sehpossian@gmail.com V r.-v.

F. JOBET Très vieux ★

1000 | 20 à 30 €

Un domaine familial de 30 ha situé dans l'aire des Fins Bois, conduit depuis 2010 par la dernière génération de Belin : Delphine et sa sœur Séverine, ingénieurs agronomes et œnologues.

Le rancio est très présent dans ce vin et la fraîcheur également. On le réservera à un accord avec des fromages secs qui mettront son caractère en valeur. ⧗ 2020-2022

SCEA F. JOBET, 17, rue du Château, Bouchereau, 17490 Macqueville, tél. 05 46 26 64 11, scea-f.jobet@orange.fr V *t.l.j. sf dim. 10h-12h 15h-19h*

DOM. LANDREAU ★

3000 | 11 à 15 €

Un domaine de 25 ha, dont l'histoire remonte à 1850. Il est dirigé par Thomas Landreau depuis 2012.

Rouge tuilé intense, voici un «vieux» plein de jeunesse encore. Les arômes de fruits rouges sur fond de rancio égayent le nez puis la bouche, en contrepoint de la rondeur et de la douceur. En finale, le rancio revient et il est fort à propos. ⧗ 2020-2022 **★ (11 à 15 €; 3000 b.)** Fraîcheur et bonne persistance sont les atouts d'un pineau tout doré, ouvert sur les arômes de fruits. ⧗ 2020-2022

EARL DE LA MÉTAIRIE, Dom. Landreau, 10, rue de la Métairie, 16300 Criteuil-la-Magdeleine, tél. 05 45 80 54 25, domaine-landreau@orange.fr V *r.-v.*

DOM. DE CHEZ MAILLARD Leyrat Les Pierres Blanches ★

8000 | 15 à 20 €

La maison Leyrat, productrice de cognac, est née en 1900. Depuis 2004, elle est propriétaire du Domaine de Chez Maillard, qui compte 90 ha de vignes.

De longues larmes ornent les bords du verre, sur fond or brillant. Tout aussi tentant est le nez intense et acidulé, à peine teinté de rancio. L'équilibre se réalise au palais, avec une délicate fraîcheur en finale. ⧗ 2020-2022

SNC DU MAINE DRILHON (DOMAINES FRANCIS ABÉCASSIS), Dom. de chez Maillard, 1, rte du Ménager, 16440 Claix, tél. 05 45 66 35 72, contact@abk6-cognac.com V *sam. dim. sur r.-v.*

DOM. DE LA MARGOTTERIE Vieux ★

3000 | 15 à 20 €

Cette exploitation familiale de 80 ha, propriété des Terrigeol depuis 3 générations, se situe à Saint-Ciers-sur-Gironde aux limites de 2 départements. Le mariage des terroirs de la Gironde et de la Charente-Maritime permet à la propriété d'offrir une gamme des plus variées: vins du Blayais – dont elle est l'une des valeurs sûres avec son Ch. des Matards, ses pineaux et cognacs (Dom. de la Margotterie). Depuis 2016, c'est Quentin Terrigeol qui officie au chai.

Si le nez est discret, le palais est nettement marqué par les arômes de fruits blancs comme la poire et la pêche. La petite amertume finale apporte de la persistance et une fraîcheur bienvenue pour équilibrer la rondeur d'ensemble. ⧗ 2020-2022

SCEA TERRIGEOL ET FILS, 27, av. du Pont-de-la-Grâce, Le Pas-d'Ozelle, 33820 Saint-Ciers-sur-Gironde, tél. 05 57 32 61 96, info@vignobles-terrigeol.com V *t.l.j. 8h-12h30 13h45-18h; sam. dim. sur r.-v.*

MÉNARD ★

40000 | 11 à 15 €

La société Ménard exploite plusieurs propriétés (64 ha), toutes établies en Grande Champagne, terroir très réputé du cognac, et vend pineaux et cognacs en bouteilles depuis 1946, à Saint-Même-les-Carrières. Une valeur sûre.

Il faut laisser à ce pineau le temps de s'exprimer dans le verre. Au second nez, il libère alors un fruité intense. Une touche acidulée apporte de la fraîcheur au palais et c'est une sensation de légèreté qui demeure. ⧗ 2020-2022 **Très vieux ★ (20 à 30 €; 15000 b.)** Certains dégustateurs auraient aimé percevoir la note de rancio si caractéristique. Mais ici, c'est le fruit, le miel, les épices ainsi qu'un boisé grillé qui s'imposent. La matière est riche, équilibrée, et les notes d'évolution demeurent discrètes. ⧗ 2020-2022

SARL J.-P. MÉNARD ET FILS, 2, rue de la Cure, 16720 Saint-Même-les-Carrières, tél. 05 45 81 90 26, menard@cognac-menard.com V *r.-v.*

♥ LES FRÈRES MOINE Très vieux 1978 ★★

600 | 50 à 75 €

En 1980, Jean-Yves et François Moine re-prennent la petite exploitation familiale de 5 ha, qui s'étend aujourd'hui sur 40 ha. En 1986, ils débutent la vente directe. En 1990, ils créent un Circuit du chêne pour montrer le rôle du bois dans le vieillissement du cognac, puis en 2010, ils ouvrent le Preswar, lieu d'exposition installé au-dessus de la distillerie.

Le nez est un mélange intense et complexe de petits fruits confits, d'épices et de bois, subtilement mariés au rancio. En bouche, tout est rond, riche et cependant parfaitement équilibré. La palette aromatique se développe remarquablement jusqu'en finale. ⧗ 2020-2024

SNC LES FRÈRES MOINE, 1, rue de la Boucle, 16200 Chassors, tél. 05 45 80 98 91, contact@moinefreres.fr V *t.l.j. sf dim. 14h-19h*

CH. DE MONTIFAUD Vieux ★

20000 | 15 à 20 €

Domaine familial depuis 6 générations, le château Montifaud étend ses vignes sur 130 ha, en Petite et en Grande Champagne.

Couleur tuilée limpide et brillante. Arômes d'agrumes et de rancio, mêlés de notes boisées. Deux bons points pour ce pineau. Le palais n'est pas en reste, bien équilibré, long sur des accents de noix et toujours marqué par un rancio puissant. ⧗ 2020-2022

⊶ SARL CH. MONTIFAUD, 36, rte Darchiac, 17520 Jarnac-Champagne, tél. 05 46 49 50 77, vallet@chateau-montifaud.com V r.-v.

NATOL ★★

■ | 32000 | | 8 à 11 €

Un domaine familial fondé en 1964 où l'on produit du pineau-des-charentes à partir d'un vignoble de 65 ha. Olivier Barbotin est aux commandes depuis 1990.

Sous une robe grenat intense apparaît un nez de framboise et de cassis confituré, nuancé de boisé et d'épices. Tout est rond et gourmand au palais, d'une grande cohérence aromatique. De la fraîcheur se révèle aussi, harmonieuse. Puis en finale, c'est une touche de cacao amer qui aiguise la curiosité. ⧗ 2020-2024 ■ ★ **(8 à 11 €; 40000 b.)** Des notes de noix fraîche, de noyau de prune à l'eau-de-vie et un boisé soutenu caractérisent ce pineau d'une vivacité notable. ⧗ 2020-2022

⊶ EARL JEAN ET OLIVIER BARBOTIN, 68, rue de Saintonge, Les Épeaux, 17120 Meursac, tél. 05 46 96 20 00, contact@natol-barbotin.fr V r.-v.

DOM. DE L'OISELLERIE 2017 ★

■ | 6000 | | 8 à 11 €

Situé à la périphérie d'Angoulême, le château de l'Oisellerie (édifié à la fin du XVes.) était autrefois réputé pour son élevage de faucons et aussi pour son cognac. Racheté au XXes. par le Conseil général, il a été reconverti en lycée viticole. Les vignes couvrent 34 ha.

La palette aromatique monte en intensité dans le verre: fruits rouges, noyau de cerise, un peu de noix et de miel, et bien sûr du rancio. L'attaque est douce, mais intense, le fruité bien présent au palais. Un style frais et léger. ⧗ 2020-2022

⊶ LYCÉE VITICOLE DE L' OISELLERIE, Ch. de l'Oisellerie, Service Exploitation, 16400 La Couronne, tél. 05 45 67 36 89, expl.angouleme@educagri.fr V *t.l.j. sf sam. dim. lun. 9h-12h 13h30-18h*

ANDRÉ PETIT Sélection 2017 ★

■ | 8000 | | 8 à 11 €

Un domaine de 18 ha établi sur un coteau calcaire, à Berneuil, dans la «petite Toscane charentaise», repris en 1986 par l'œnologue Jacques Petit, qui l'a ouvert à la vente directe.

De l'harmonie et une certaine profondeur: telles sont les qualités relevées par les dégustateurs. Car les senteurs de mûre, de cassis confituré nuancées d'une pointe de fumé trouvent un bel écho jusqu'au palais. La matière est puissante, structurée. ⧗ 2020-2022

⊶ ANDRÉ PETIT ET FILS, Au Bourg, 16480 Berneuil, tél. 05 45 78 55 44, andrepetit3@wanadoo.fr V r.-v.

LE PETIT COUSINAUD ★

■ | 3000 | | 8 à 11 €

Un domaine de 25 ha repris en 2012 par Geoffrey Valentin, étranger au milieu viticole mais formé pendant un an par le futur retraité. Le jeune vigneron propose du cognac, du pineau-des-charentes et des vins de pays charentais.

Le rancio est au rendez-vous, léger, respectueux du fruité qui se prolonge jusqu'au palais. Fraîcheur et rondeur sont aussi de la partie. ⧗ 2020-2022 ■ ★ **(8 à 11 €; 2500 b.)** Un pineau fidèle à l'appellation, fruité (griotte, fruits à l'eau-de-vie), épicé, à la fois rond et assez frais pour bien se prolonger en finale. ⧗ 2020-2022

⊶ GEOFFREY VALENTIN, Le Petit-Cousinaud, 16480 Guizengeard, tél. 06 72 64 65 96, geoffrey.valentin@orange.fr V r.-v.

LES RAISINS DE L'ABBAYE ★★

■ | 3000 | | 8 à 11 €

Cet ancien domaine ecclésiastique, devenu une ferme charentaise avec cour fermée et porche typiques, étend son vignoble de 27 ha près de Saint-Jean-d'Angély, sur des terres de groies peu profondes et séchantes. La vente directe de pineau et de cognac a débuté en 1999 avec Thierry et Olivier Madé, installés depuis 1992.

Un puissant fruité accueille les sens et c'est une belle harmonie qui se dessine dès l'attaque. On perçoit au palais les prémices d'un rancio de qualité, ainsi que des notes de noix et autres fruits à coque. ⧗ 2020-2022

⊶ GAEC DE L' ABBAYE, 17, chem. de l'Abbaye, 17400 Asnières-la-Giraud, raisins.abbaye@gmail.com V r.-v.

ROUSSILLE 2017 ★

■ | 6500 | | 11 à 15 €

Gaston Roussille fonde ce domaine en 1928 puis se lance dans la vente en bouteilles dans les années 1950. Son petit-fils Pascal a pris les rênes en 1976 des 30,7 ha de vignes. Les bâtiments d'exploitation sont disposés en enfilade, ce qui permet de suivre les étapes de l'élaboration du cognac (pressoir, distillerie et vieillissement).

De la légèreté dans les arômes de fruits rouges (cerise et noyau de cerise), de l'intensité dans les saveurs. Le caractère rancio se dessine à peine dans ce «jeune vieux» rond et bien équilibré. ⧗ 2020-2022 ■ **Extra vieux 2001 ★ (20 à 30 €; 2000 b.)** Un pineau aux notes très épicées de girofle et de noix muscade, alliées aux accents de chocolat. Le palais est tout aussi aromatique, harmonieux. ⧗ 2020-2022

⊶ ROUSSILLE, 21, rue de Libourdeau, 16730 Linars, tél. 05 45 91 05 18, contact@pineau-roussille.com V *t.l.j. 8h-12h 14h-19h*

VEUVE BARON ET FILS Vieux 2010 ★

■ | 4266 | | 15 à 20 €

Commandée par un ancien pavillon de chasse datant de François Ier, avec cour fermée par les chais de vinification et de vieillissement, la propriété, située au nord de Cognac, se transmet de père en fils depuis 1837.

Antoine Baron, cinquième du nom, dirige depuis 2007 le domaine de 54 ha réputé pour ses pineaux blancs.
Au nez de fruits confits et d'épices (noix muscade, clou de girofle), légèrement mentholé, répond une bouche ronde, riche et harmonieuse, avec en finale une certaine fraîcheur aromatique. ⌛ 2020-2024

SCEA VIGNOBLES BARON, Logis-du-Coudret, 16370 Cherves-Richemont, tél. 05 45 83 16 27, veuve.baron@wanadoo.fr V *t.l.j. sf dim. 10h-12h 14h-18h30*

IGP CHARENTAIS

BRARD-BLANCHARD
Les Couleurs de Sophie Le Rouge 2019 ★

■	3500	🍾	5 à 8 €

Depuis 1972 en agriculture biologique, ce domaine de 23 ha s'est développe autour d'une ferme du XIXes.
Un nez de fruits noirs fins, nuancé d'une pointe animale invite à découvrir plus avant ce 2019 souple et frais. Un dégustateur propose un accord avec une côte de bœuf à la moelle. ⌛ 2020-2022

SCEA BRARD-BLANCHARD, 1, chem. de Routreau, 16100 Boutiers-Saint-Trojan, tél. 05 45 32 19 58, contact@brard-blanchard.fr V *t.l.j. sf dim. 10h-12h 14h-18h*

DOM. DES CLAIRES Cuvée Presqu'île 2018 ★★★

■	4545	🛢	8 à 11 €

Domaine viticole depuis 6 générations, d'abord orienté vers la production de cognac (le seul bouilleur de cru de la presqu'île d'Arvert). Toutefois, l'activité ostréicole et l'affinage des huîtres en claires prédominaient jusque dans les années 1970. Jonathan Guillon, son diplôme d'œnologue en poche, s'est installé en 2010 et a diversifié l'encépagement. Les mises en bouteilles à la propriété de vins de pays, de cognac et de pineau ont alors débuté. Le vignoble compte environ 18 ha.
Si dense qu'il en paraît presque noir, ce vin libère des arômes gourmands de fruits noirs mûrs, ponctués de nuances torréfiées. Il se révèle ample et charnu, toujours fruité. Les tanins issus du bois le structurent sans excès et laissent en finale un souvenir épicé. ⌛ 2020-2024

EARL DOM. DES CLAIRES, 2, rue des Tonnelles, 17530 Arvert, tél. 05 46 47 31 87, contact@domainedesclaires.fr V *t.l.j. sf dim. 10h-12h30 14h30-19h*

DOM. COURPRON Merlot 2019 ★★

■	40000	🍾	- de 5 €

Un domaine de 48 ha dans la même famille depuis 1824, à l'origine producteur exclusif de cognac, jusqu'en 1998 et l'arrivée de Thierry Courpron (septième génération), qui diversifie la propriété avec la production d'IGP Charentais.
Un rosé fait pour accompagner un repas, avec ses arômes très frais d'agrumes, de framboise et de bonbon anglais, puis son beau volume, gourmand et persistant. ⌛ 2020-2021 ■ **Alliance 2019 ★ (- de 5 €; 15000 b.)** Des reflets cassis brillent dans sa robe dense. Ils semblent en bon accord avec le nez de fruits mûrs. Le fruité se manifeste aussi au palais, apportant de la fraîcheur à la matière souple et gouleyante. ⌛ 2020-2022

EARL COURPRON PÈRE ET FILS, 10, rue de Chez-Mothay, 17260 Saint-André-de-Lidon, tél. 06 72 14 42 89, domainecourpron17@gmail.com V *r.-v.*

DOM. FRADON Merlot 2019 ★★

■	5000	🍾	- de 5 €

Ici, on commercialise le pineau en bouteilles depuis 1933. Damien Fradon a pris la suite de son père Michel en 2008 à la tête de ce domaine de 37 ha situé en Petite Champagne, près de Jonzac. La tradition est de ne proposer à la vente que de vieux pineaux (5 ans minimum d'élevage sous bois) et de très vieilles qualités de cognac.
Un vin grenat à reflets framboise qui exprime avant tout les fruits noirs. C'est une fraîcheur acidulée qui fait le charme du palais, en équilibre avec le côté gourmand et souple. Bonne persistance. ⌛ 2020-2024 ■ **Sauvignon 2019 ★ (- de 5 €; 10000 b.)** Un sauvignon bien typé, couleur paille et parfumé de bourgeon de cassis, d'agrumes et de notes florales. Léger, très frais, il garde un bon équilibre jusqu'en finale. ⌛ 2020-2022

SCEA FRADON, 8, Le Château, 17500 Réaux-sur-Trèfle, tél. 05 46 48 46 02, contact@domaine-fradon.com V *r.-v.*

DOM. GARDRAT Sauvignon 2019 ★★★

■	10000	🍾	- de 5 €

Dans la famille Gardrat depuis 5 générations, ce domaine s'est tourné vers les vins de pays charentais à partir de 1986. Lionel Gardrat, qui en a pris les commandes en 2007, exploite un vignoble de 40 ha en conversion bio.
Un sauvignon très expressif, tout en arômes de fruits exotiques, de pamplemousse et autres agrumes. Il garde ce profil au palais en offrant volume et fraîcheur. ⌛ 2020-2022 ■ **Chardonnay Sauvignon Élevé en fût de chêne 2019 ★★ (8 à 11 €; 3000 b.)** Les 4 mois d'élevage en fût ont légué à ce vin des notes de pain grillé bien mariées aux arômes d'agrumes et d'acacia. Un bel équilibre se réalise entre rondeur et fruité acidulé. ⌛ 2020-2022

SARL GARDRAT, La Touche, 17120 Cozes, tél. 05 46 90 86 94, lionelgardrat@hotmail.com V *t.l.j. sf mer. dim. 14h-18h*

GRAINS D'ESTUAIRE
Chardonnay P'tite Folie 2019 ★★★

■	10000	🛢	8 à 11 €

Julien Bonneau, fils de Joël Bonneau (Ch. Haut-Grelot dans le Blayais), et son ami Alexandre Lavigne, restaurateur à Saint-Palais-sur-Mer, ont créé en 2014 une gamme de vins, Grains d'Estuaire, à partir d'un vignoble de 10 ha situé à Saint-Bonnet-sur-Gironde, au sud de la Charente-Maritime.
Typique du chardonnay, le nez décline abricot, pêche, poire et beurre. Le palais n'est pas en reste, à la fois rond et frais, délicatement parfumé. Une note de noisette apparaît délicieusement. ⌛ 2020-2022

EARL JOËL BONNEAU, 28, Les Grelauds, 33820 Saint-Ciers-sur-Gironde, tél. 05 57 32 65 98, jbonneau@wanadoo.fr V t.l.j. sf sam. dim. 8h30-12h30 14h-18h

LES HAUTS DE TALMONT-SUR-GIRONDE
Le merlot 2019 ★

■	2400		11 à 15 €

Ce petit vignoble de 5 ha conduit en biodynamie, créé en 2003 par trois amis, Lionel Gardrat, Michel Guillard et Jean-Jacques Vallée, domine l'église romane de Talmont (XIIes.) et le vaste estuaire de la Gironde.

Un disque violacé cercle la robe noire de ce vin dense et fruité au palais, mais encore sous l'emprise des tanins. ⧗ 2021-2023

SARL LES HAUTS DE TALMONT, rue du Port, 17120 Talmont-sur-Gironde, tél. 05 46 90 86 94, lionelgardrat@hotmail.com V t.l.j. 10h-13h 15h-19h

LEPONTIS Croix de Lune 2018 ★

■	2616		5 à 8 €

Une maison de négoce nommée en référence aux trois ponts emjambant la Seugne dans la cité de Pons, bourg de Haute Saintonge dominé par un donjon carré. Œnologue de souche vigneronne, fondateur en 1989 de la Distillerie de la Tour, Jean-Michel Naud a créé en 2013 cette structure pour diversifier sa production tournée jusqu'alors vers les spiritueux. Il travaille avec 25 vignerons partenaires.

De subtils arômes de fruits rouges se développent au nez puis en bouche. Si les tanins apparaissent encore fermes, le vin n'en est pas moins agréable dès maintenant. ⧗ 2020-2022

SAS DISTILLERIE DE LA TOUR, 4, rue des Distilleries, 17800 Pons, tél. 05 46 91 31 44, cl.naud@distilleriedelatour.com V r.-v.

DOM. DE LA LURE Merlot 2019 ★

■	32000		- de 5 €

Cette exploitation, située à la limite de la Charente-Maritime et de la Gironde, a été créée par la famille Boule en 1975. Vincent a repris le flambeau transmis en 2003 par son père Philippe. Le vignoble de 48 ha est réparti entre appellations du Cognaçais et du Blayais.

Fraise et framboise se partagent la palette de ce merlot bien fruité tout au long de la dégustation. Sa légèreté et sa fraîcheur en font un vin de plaisir immédiat. ⧗ 2020-2021 ■ **Sauvignon 2019 ★ (- de 5 €; 8000 b.)** Au beau nez d'agrumes et de fruit de la Passion répond une fraîcheur agréable au palais. Les arômes de litchi, de pêche blanche, de poire complètent la gamme progressivement. ⧗ 2020-2021

GAEC BOULE ET FILS, 3, La Verrerie, 17150 Boisredon, tél. 06 89 90 36 56, vignobles-boule@orange.com V r.-v.

MAINART Merlot Cabernet-sauvignon 538 2018 ★

■	15000		5 à 8 €

Héritier de 3 générations de vignerons distillateurs, Emmanuel Bouyer est à la tête de chais à Angoulême. Il a racheté en 2009 la Maison des Maines, propriété de 40 ha implantée sur les coteaux argilo-calcaires autour de Segonzac, capitale de la Grande Champagne.

Un assemblage à peine dominé par le merlot (60%) se traduit dans ce vin par une certaine rondeur et des tanins fondus. Fruits rouges et épices forment un agréable duo aromatique. ⧗ 2020-2022

SARL CHARLEMAGNE, 15, imp. du Tropic, 16000 Angoulême, tél. 05 45 95 02 77, a.renaud@charlemagne.fr V r.-v.

LE PETIT COUSINAUD 2019 ★

■	4500		- de 5 €

Un domaine de 25 ha repris en 2012 par Geoffrey Valentin, étranger au milieu viticole mais formé pendant un an par le futur retraité. Le jeune vigneron propose du cognac, du pineau-des-charentes et des vins de pays charentais.

Un 2019 flatteur par ses arômes de fruits frais (framboise et mûre) qui contribuent à une impression de fraîcheur. Déjà assagi, souple, il peut être servi sans attendre. ⧗ 2020-2021

GEOFFREY VALENTIN, Le Petit-Cousinaud, 16480 Guizengeard, tél. 06 72 64 65 96, geoffrey.valentin@orange.fr V r.-v.

DOM. LE PETIT MARAND
Chardonnay Cuvée Élise 2019 ★★

■	2350		15 à 20 €

Un domaine familial de 10 ha situé sur un coteau calcaire. 7 ha sont destinés à la production de vin de Cognac. Fabrice Papin en est à la tête depuis 2019.

Un chardonnay légèrement vanillé, mais aussi fruité comme il se doit (fruits exotiques). Il est gras, rond, agréablement persistant sur une note de noisette fraîche. ⧗ 2020-2022 ■ **Merlot À Papy Guy 2019 ★ (15 à 20 €; 2180 b.)** Quelques notes de chocolat et des arômes de fruits noirs bien nets. Voilà pour le nez. Une certaine puissance tannique marque encore le palais et invite à laisser le temps faire son œuvre. ⧗ 2021-2023

SAS DOM. PAPIN, 12, le Petit-Marand, 17150 Saint-Bonnet-sur-Gironde, tél. 05 46 86 07 10, fabrice@domaine-papin.com r.-v.

DOM. DE PONCEREAU DE HAUT
Merlot 2019 ★

■	2000		- de 5 €

Ce domaine familial a longtemps produit volailles, céréales et vins de chaudière pour le cognac. En 1978, Jean-Claude Benassy signe le premier vin blanc sec, suivi en 1983 des premiers rouges et rosés, et se lance dans la vente directe. Aujourd'hui, le vigneron, qui ne produit que du vin de pays charentais, travaille avec deux de ses trois enfants (Ophélie et Florian) sur 36 ha.

Un merlot gourmand et équilibré qui joue la légèreté. Et cela lui va bien. Les arômes de cerise et de groseille sont bien soutenus par une certaine fraîcheur. ⧗ 2020-2022

EARL OPHÉLIE ET FLORIAN BENASSY, 1, Poncereau-de-Haut, 17120 Épargnes, tél. 05 46 90 73 63, contact@vin-benassy.fr V t.l.j. sf dim. 9h-12h 14h30-19h

DOM. DE LA PRENELLERIE
Malbec Élevé en fût de chêne 2018 ★★★

■ | 3000 | | 11 à 15 €

Conduit par la même famille depuis 5 générations, ce domaine est situé sur les coteaux argilo-calcaires de l'estuaire de la Gironde, à 5 km de Talmont, site touristique emblématique de la Charente-Maritime. Frédéric Billonneau est à sa tête depuis 2004.

Ce 2018 a bien évolué comme en témoignent son nez fin de fruits légèrement boisés et sa bouche ample et souple. Les tanins le charpentent avec justesse. ⌛ 2020-2022

SCEA BILLONNEAU, 1, Dom. la Prenellerie, 17120 Épargnes, tél. 06 08 33 00 80, fbillonneau@yahoo.com V

VILNEAU
Merlot Cuvée Privilège de Roland 2018 ★

■ | 8533 | | 5 à 8 €

Roland et Élisabeth Vilneau sont installés depuis 1974 sur ce domaine de 35 ha. Un chai flambant neuf est sorti de terre en 2020.

Violette et cassis signent la palette de ce merlot. Chaleureux, un peu épicé, le palais s'appuie sur des tanins encore très présents, mais la matière semble suffisante pour les enrober à la faveur du temps. ⌛ 2021-2023

EARL ROLAND VILNEAU, 4, rue Saint-Vincent, Le Breuil, 16140 Verdille, tél. 06 70 70 03 88, roland.vilneau@orange.fr V *r.-v.*

LA PROVENCE

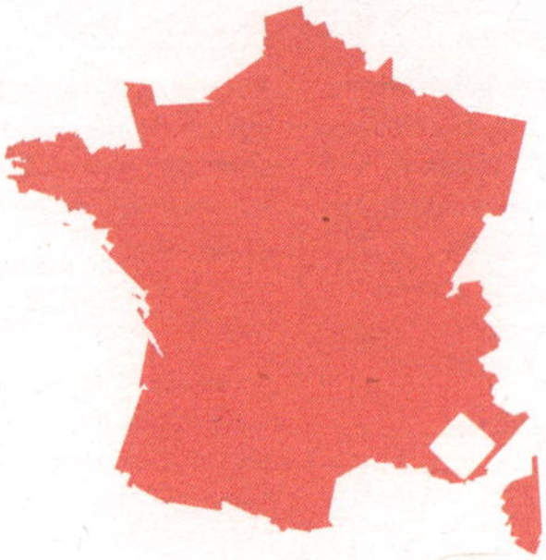

La Provence, un pays des vacances, « où il fait toujours soleil » et où les gens, à l'accent chantant, prennent le temps de vivre… Pour les vignerons aussi, c'est un pays de soleil, qui brille 3 000 heures par an. Les pluies y sont rares mais violentes, les vents fougueux et le relief tourmenté. Les Phocéens, débarqués à Marseille vers 600 av. J.-C., ne se sont pas étonnés d'y voir de la vigne, comme chez eux, et ont participé à sa diffusion.
Le vaste vignoble provençal s'étend sur près de 200 km de long, d'est en ouest, de Nice au sud d'Avignon, et sur 60 km de large entre les Alpilles et la Méditerranée. Aux côtés des pins et des oliviers, la vigne occupe des îlots très diversifiés. Si l'on y trouve les trois couleurs, la Provence voit le vin en rosé, consacrant près de 90 % de sa production à cette couleur.

Principaux **millésimes** dégustés dans cette **édition**

TYPES DE VIN	CARACTÉRISTIQUES DU MILLÉSIME	QUALITÉ DU MILLÉSIME
Rosés 2019	Malgré le stress hydrique, une sécheresse en juillet qui a brûlé des grappes et des feuilles, et quelques épisodes de grêle, 2019 est un bon millésime : peu de pression sanitaire grâce aux pluies salutaires d'août et de bonnes maturités. Les rosés sont plus colorés qu'en 2018, expressifs, fruités, floraux, assez complexes, bien équilibrés entre rondeur et fraîcheur acidulée.	★★★☆☆
Blancs 2019	Des blancs aromatiques et délicats, floraux et fruités, aux palais bien équilibrés entre acidité et rondeur.	★★★☆☆
Rouges 2019	Des robes profondes, des nez aromatiques, fruités et épicés, avec du volume et de la densité pour les meilleurs et un potentiel de garde intéressant.	★★★☆☆
Rouges 2018	Une année très pluvieuse marquée par un fort mildiou, avec une grande hétérogénéité de rendements et de maturités. Mais l'été ensoleillé a favorisé un bon état sanitaire du raisin. Les rouges sont fruités, assez souples et ronds, d'une structure mesurée.	★★☆☆☆
Rouges 2017	Une année particulièrement sèche, d'un petit volume, avec aussi des épisodes de gel. Les rouges sont fruités, assez sveltes et ronds si extraits en douceur, mais avec aussi parfois des tanins un peu durs à cause du stress hydrique. Bonne année pour le mourvèdre et bandol, avec des vins équilibrés, au potentiel honorable.	★★☆☆☆

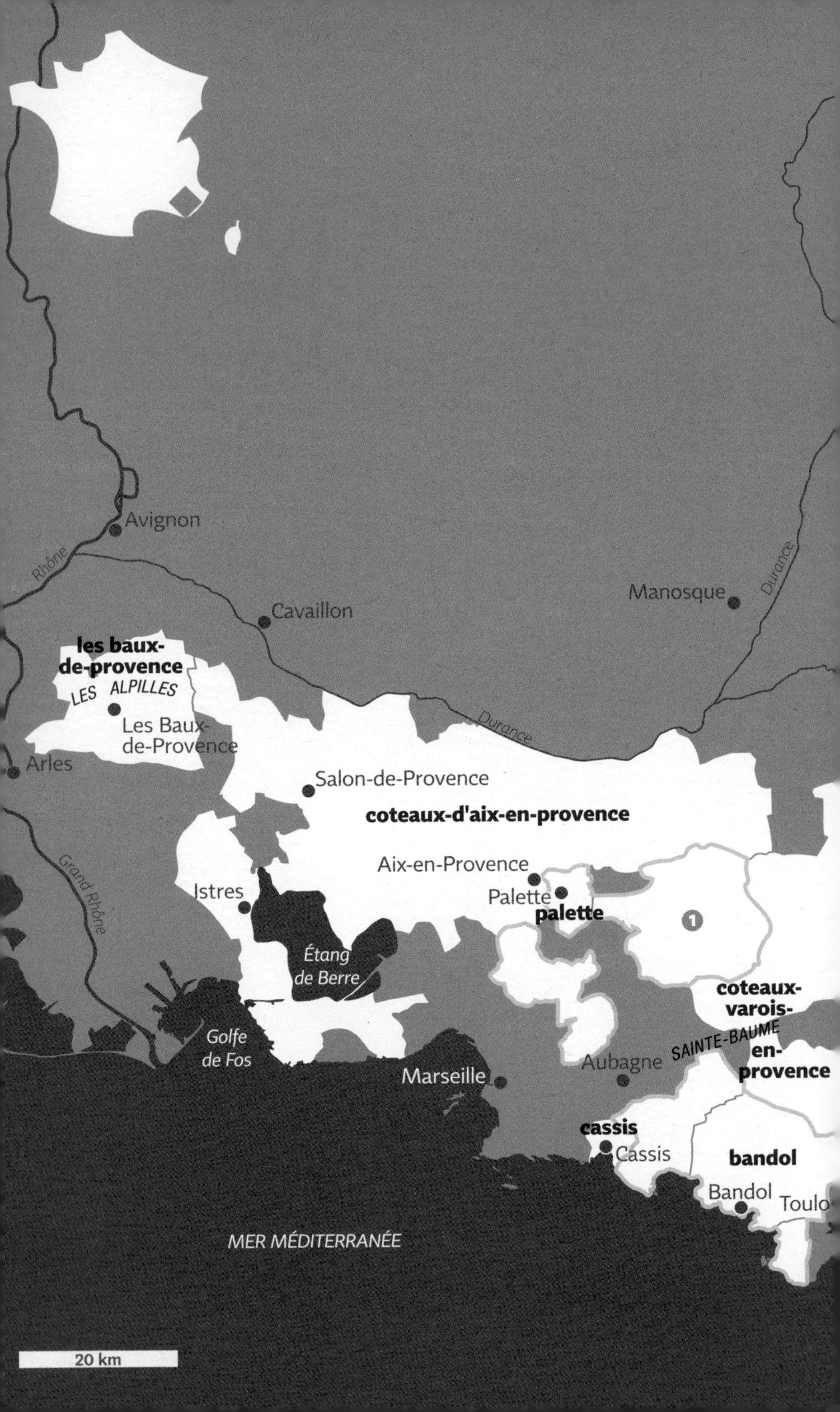

Avignon
Rhône
Manosque
Durance
Cavaillon
les baux-de-provence
LES ALPILLES
Les Baux-de-Provence
Durance
Arles
Salon-de-Provence
coteaux-d'aix-en-provence
Grand Rhône
Aix-en-Provence
Istres
Palette
palette
1
Étang de Berre
coteaux-varois-en-provence
SAINTE-BAUME
Golfe de Fos
Aubagne
Marseille
cassis
Cassis
bandol
Bandol
Toulo
MER MÉDITERRANÉE
20 km

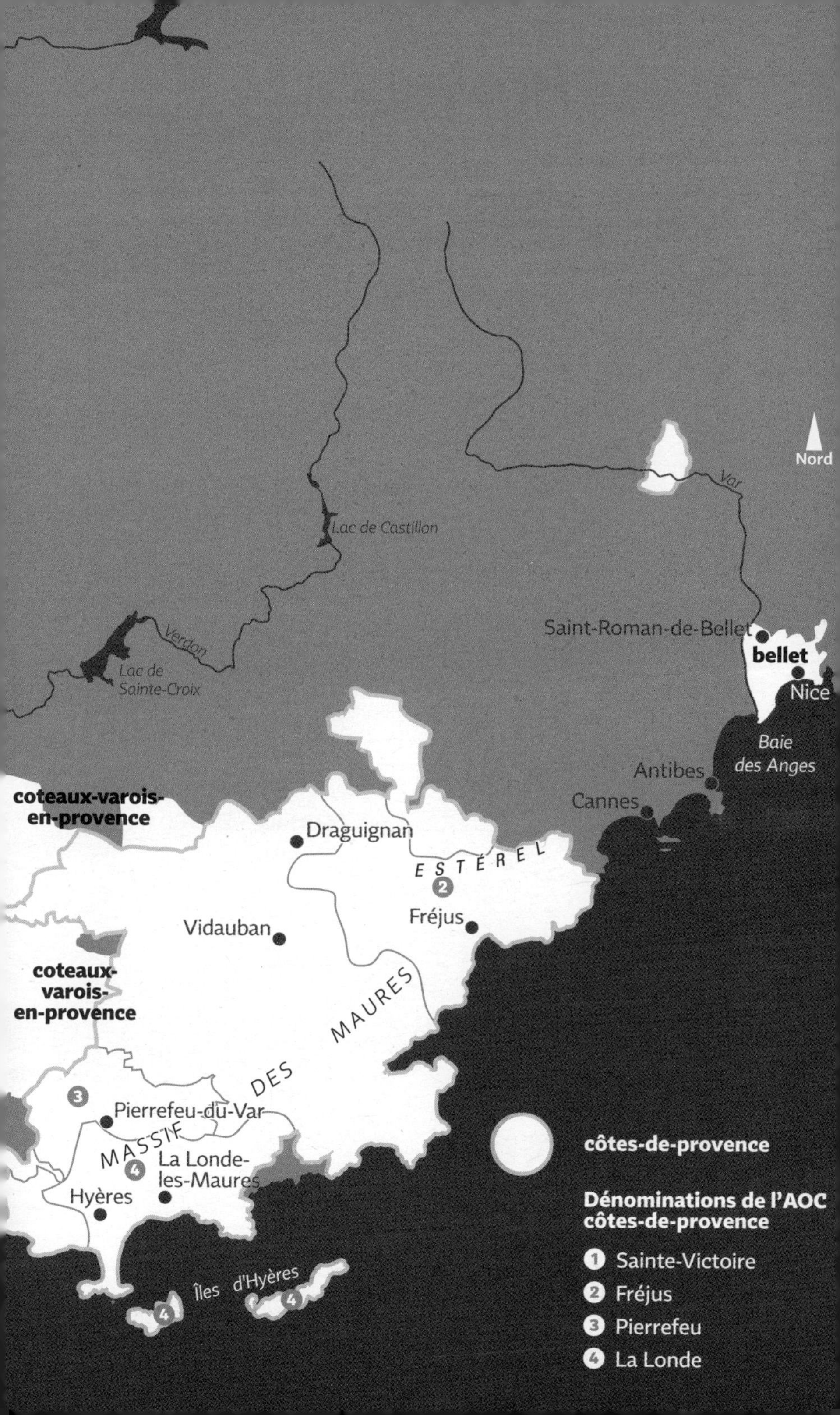

Nord
Var
Lac de Castillon
Verdon
Lac de Sainte-Croix
Saint-Roman-de-Bellet
bellet
Nice
Baie des Anges
Antibes
Cannes
coteaux-varois-en-provence
Draguignan
ESTÉREL
2
Fréjus
Vidauban
coteaux-varois-en-provence
MASSIF DES MAURES
3
Pierrefeu-du-Var
4
La Londe-les-Maures
Hyères
Îles d'Hyères
4
4
côtes-de-provence
Dénominations de l'AOC côtes-de-provence
1 Sainte-Victoire
2 Fréjus
3 Pierrefeu
4 La Londe

La **Provence** en un clin d'œil

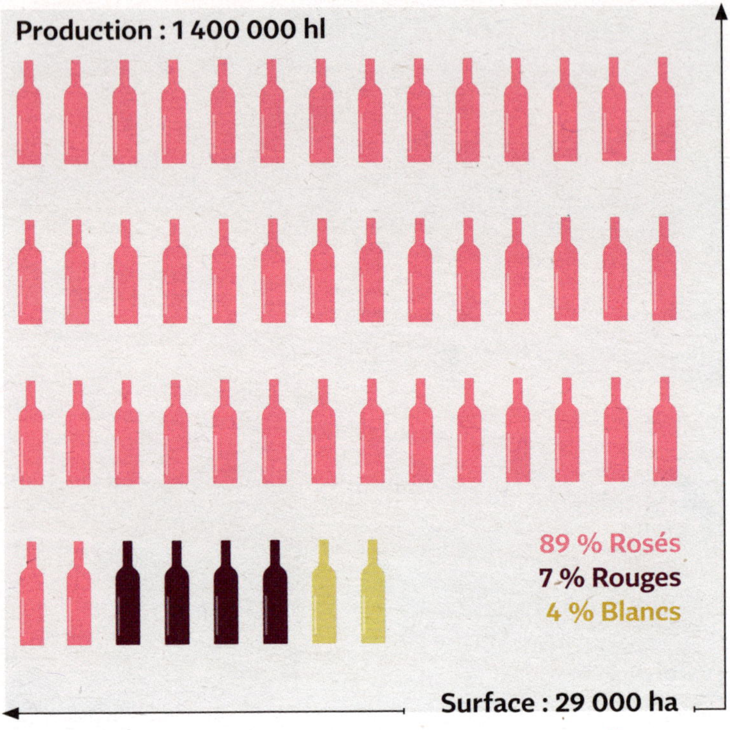

Types de vins

Principaux **cépages**

Cinsault

Grenache

Mourvèdre

Syrah

Tibouren

Carignan

Cabernet-sauvignon

Clairette

Vermentino (rolle)

Sémillon

Ugni blanc

Hiérarchie des vins

8 AOC
COMMUNALES

96 %
de la production en côtes-de-provence, coteaux-d'aix-en-provence et coteaux-varois-en provence

Un peu d'**histoire**

- **600 av. J.-C. :** les Phocéens s'installent à Marseille. Les Grecs développent la vigne.
- **125 av. J.-C. :** les Romains font la conquête de la région et fondent Aix-en-Provence. Développement du vignoble et exportation de la production depuis Marseille, Toulon et Fréjus.
- **Moyen Âge :** les nobles et les moines de Saint-Victor de Marseille, de Lérins, de Saint-Pons de Nice, puis les Cisterciens intensifient la viticulture.
- **1236 :** Éléonore de Provence épouse Henri III d'Angleterre. Elle fait connaître les vins de la région.
- **XVe s. :** René d'Anjou, devenu comte de Provence et connu sous le nom de « roi vigneron », introduit le cépage muscat dans son vignoble de Palette. Il favorise le commerce des vins par les ports de Marseille et de Bandol.
- **1850 :** la viticulture est la 1re activité agricole de la région.
- **1880 :** crise phylloxérique. La région se tourne vers la viticulture de masse et des cépages productifs comme l'aramon.
- **1936 :** création de l'AOC cassis.
- **1941 :** création de l'AOC bandol et bellet.
- **1948 :** création de l'AOC palette.
- **Après 1945 :** essor du tourisme et des vins rosés.
- **1977 :** création de l'AOC côtes-de-provence.
- **1985 :** création de l'AOC coteaux-d'aix-en-provence.
- **1993 :** création de l'AOC coteaux-varois-en-provence.
- **1995 :** création de l'AOC les baux-de-provence.

Mots-clés
de la Provence

1 Nuancier des rosés de Provence

Groseille, pêche, pomelo, melon, mangue et mandarine sont les 6 couleurs des vins rosés référencés par le centre de recherche et d'expérimentation sur le vin rosé de Vibaudan et le conseil interprofessionnel des vins de Provence.

2 Méditerranéen (climat)

Une longue saison sèche en été, encadrée par un printemps et un automne frais et pluvieux, caractérise le climat de la Provence. Avec 2 700 à 2 900 heures d'ensoleillement annuel, le vignoble bénéficie de températures élevées.
Mais les microclimats sont nombreux, selon les reliefs. La région est en effet extrêmement morcelée.

3 Crus classés

En 1955 une étude réalisée sur chaque domaine par l'Institut national des appellations d'origine (INAO) a abouti à un classement des crus de Provence. Ils sont aujourd'hui 18 : Dom. de l'Aumérade, Ch. de Brégançon, Dom. de la Clapière, Clos Cibonne, Dom. de la Croix, Ch. du Galoupet, Dom. du Jas d'Esclans, Ch. Mauvanne, Ch. Minuty, Clos Mireille (Dom. Ott), Dom. du Noyer, Dom. de Rimauresq, Ch. Roubine, Ch. Sainte-Marguerite, Ch. de Saint-Martin, Ch. de Saint-Maur, Ch. Sainte-Roseline, Ch. de Selle (Dom. Ott).

4 Garrigue

Les vignes voisinent avec la garrigue dans la Provence intérieure, dominée par le calcaire : des terrains pentus, aux sols caillouteux. Le second grand ensemble géologique caractéristique du vignoble est celui du massif des Maures et du massif de l'Estérel, marqué par une roche volcanique rougeâtre (le porphyre).

5 Mistral

Ce vent parfois violent favorise le bon état sanitaire du vignoble.

6 Rosé

La Provence possède le 1er vignoble au monde de vins rosés et s'impose comme la 1re région en France des vins de cette couleur, avec environ 40 % de la production nationale. D'une grande diversité, les rosés provençaux peuvent être aussi bien frais et légers (issus d'un pressurage direct) que riches et vineux (en raison d'une plus longue macération).

Le **vigneron** de l'année

© Thvallier

Magali, Delphine et François **Combard**

(Figuières)

Délaissant en 1992 les charmes du Chablisien pour les collines parées de vignobles qui contemplent La Grande Bleue, Alain Combard a hissé Saint-André de Figuières au firmament des meilleurs crus provençaux. Ses enfants Magali, Delphine et François ont pris le relais, et de belle manière.

• De Chablis à la Provence

C'est parce qu'il rencontra sa future épouse en Bourgogne qu'Alain Combard s'investit longtemps à Chablis, notamment avec la maison Laroche, talentueuse actrice vigneronne, hexagonale et internationale. Mais comment un personnage aussi haut en couleurs qu'Alain Combard aurait-il pu résister à l'appel de l'envoûtante Provence qui l'avait vu naître ? Et c'est là, au creux des collines de Lalonde-les-Maures, face à Port Cros et aux îles de Porquerolles, que, depuis 2015, ses enfants poursuivent son œuvre, partageant leur « tropisme bio » au service de la vigne. Un trio conquérant perpétuant un réel savoir-faire artisanal, voir même... artistique.

• Exalter les cépages...

« Lorsqu'Alain s'est installé en ces lieux, il s'est immédiatement mis en tête de les exalter », souligne sa fille Magali, chargée du marketing, qui fait équipe avec sa sœur Delphine, responsable financière. Cela ne les empêche pas de donner des avis circonstanciés à leur frère François, diplômé des Beaux-Arts et directeur technique du domaine, passionnément entiché de ces feuilletés schisteux allant du gris argenté à l'ocre rouge qui composent le terroir de Figuières et ses 85 ha, cultivés en bio depuis 1979. « C'est là qu'Alain s'était fait l'agent du rolle et qu'il l'a, à sa manière, divinisé », rappelle François, pas peu fier de recueillir un tel héritage.

•... et les terroirs

Aujourd'hui, le nom de Combard est plus que jamais associé à la terre de La Londe-les-Maures. Non seulement la fratrie continue à y valoriser avec talent les vins, dans les 3 couleurs, du domaine familial, mais ils soutiennent aussi un projet collectif, né en 2008, visant à créer une appellation spécifique La Londe-les-Maures Villages, avec son propre cahier des charges, un peu à la manière d'un... *climat* bourguignon. Enfin, dernier projet en date, et non des moindres, les Combard ont acquis en décembre 2019 le Ch. Barbeiranne, situé à Pignans, et ses 34 ha de vignes plantés sur un terroir argilo-calcaire complémentaire des schistes de Figuière : ou quand la structure vient renforcer la finesse...

Le coup de cœur

- **Côtes-de-provence La Londe Confidentielle 2019**

BANDOL

Superficie : 1 690 ha
Production : 56 466 hl (95 % rouge et rosé)

Noble vin produit sur les terrasses brûlées de soleil des villages de Bandol, Le Beausset, La Cadière-d'Azur, Le Castellet, Évenos, Ollioules, Saint-Cyr-sur-Mer et Sanary, à l'ouest de Toulon, le bandol est blanc, rosé ou rouge. Ce dernier est corsé et tannique grâce au mourvèdre, cépage qui le compose pour plus de la moitié. Généreux, il s'accorde avec les venaisons et les viandes rouges. Sa palette aromatique et subtile est faite de poivre, de cannelle, de vanille et de cerise noire. Le bandol rouge supporte fort bien une longue garde.

DOM. DES BAGUIERS 2019 ★

| | 16000 | | 11 à 15 € |

Transmis de génération en génération, le domaine délaisse la polyculture à la fin des années 1970 pour se consacrer à la vigne. Depuis 2016, c'est Claudine Jourdan qui est à la tête de ce vignoble de 24 ha qui s'étend entre Bandol, Le Castellet et La Cadière-d'Azur.

Issue de l'assemblage traditionnel mourvèdre-cinsault-grenache, cette cuvée à la robe corail offre un nez fin de fruits blancs et jaunes, de fleurs blanches et d'épices. Une palette aromatique que l'on retrouve, après une attaque franche, dans une bouche riche, ronde et persistante, dont on appréciera aussi la belle trame saline et la finale poivrée. ⧗ 2020-2021

DOM. DES BAGUIERS, 227, rue des Micocouliers, 83330 Le Castellet, tél. 04 94 90 41 87, jourdan@domainedesbaguiers.com V t.l.j. sf dim. 9h30-12h 14h30-18h

CH. BARTHÈS 2019 ★★

| | 58000 | | 15 à 20 € |

La famille Barthès est à la tête de deux domaines : le Dom. de Font-Vive et le Ch. Barthès, implantés dans les restanques du Val d'Arenc. Elle signe des vins régulièrement en vue dans le Guide, des rosés notamment.

Cet assemblage, associant 41 % de cinsault à 31 % de grenache et 28 % de mourvèdre, séduit l'œil par sa robe couleur peau de pêche. Au nez, c'est un bouquet complexe de fruits rouges, de fruits exotiques, de pamplemousse et de bonbon anglais. La bouche plaît par son volume, sa rondeur, sa puissance, son gras et sa longueur. Un rosé de caractère, très harmonieux. ⧗ 2020-2022 **2019 ★ (20 à 30 € ; 15000 b.)** 57 % de clairette, 33 % d'ugni blanc, 5 % de rolle et 5 % de sauvignon composent cette cuvée limpide aux reflets dorés. Le nez est à la fois fruité (poire, agrumes) et floral. La bouche, dans le même registre aromatique, montre de l'ampleur, de la souplesse, de la vivacité et une belle longueur. ⧗ 2020-2023

CH. BARTHÈS, chem. du Val-d'Aren, 83330 Le Beausset, tél. 04 94 98 60 06, barthesph2@wanadoo.fr V r.-v.

BASTIDE DE LA CISELETTE Lou Pigna 2019 ★

| | 18600 | | 8 à 11 € |

Jusqu'alors coopérateur, Robert De Salvo s'est lancé dans l'élaboration de son propre vin en 2010. Installé sur les terres de ses ancêtres, au Brûlat-du-Castellet, il exploite un vignoble de 15 ha sur des terroirs variés, au parcellaire découpé.

Un assemblage de grenache (45 %), de cinsault (30 %) et de mourvèdre (25 %) est à l'origine de cette cuvée à la robe très pâle. Le nez montre de la finesse, sur des notes florales et poudrées mâtinées d'un zeste d'agrumes. Fraîcheur, croquant, délicatesse et longueur caractérisent le palais, centré sur des arômes de fraise des bois, de dragée, de bergamote confite et marqué par une plaisante salinité de fond. Un vin élégant, subtil et aérien. ⧗ 2020-2021

BASTIDE DE LA CISELETTE, 1205, chem. de l'Enfant-Jésus, 83330 Le Castellet, tél. 04 94 07 98 84, rds.bastideciselette@orange.fr V r.-v.

B DOMAINES BUNAN Ch. la Rouvière 2017 ★

| | 7000 | | 20 à 30 € |

La 3e génération est aujourd'hui aux commandes des Domaines Bunan, créés par Paul et Pierre Bunan en 1961. Un ensemble de plusieurs exploitations réputées en côtes-de-provence et en bandol : le Moulin des Costes, le Ch. et le Mas de la Rouvière, Bélouvé, tous ces vignobles étant conduits en agriculture biologique depuis 2008. Aux commandes des vinifications, Philippe Bunan, ingénieur agronome.

Élevé 18 mois en foudre, cet assemblage de 95 % de mourvèdre et de 5 % de grenache offre, sous sa robe profonde et soutenue, un nez étonnant de complexité : fruits noirs, réglisse, notes grillées, amandes, tabac blond, vieux cuir. Les fruits mûrs et le boisé s'affirment ensuite dans une bouche dense et ample, construite sur des tanins consistants. De la puissance et de la personnalité. ⧗ 2023-2030 **Moulin des Costes 2019 ★ (15 à 20 € ; 12000 b.)** B 50 % d'ugni blanc, 20 % de rolle, 20 % de bourboulenc et 10 % de clairette pour ce blanc ouvert sur le zeste de pamplemousse, nuancé à l'aération de parfums de fleurs blanches. La bouche, dans le même registre aromatique, sait se montrer souple, ronde, gourmande, sans manquer de fraîcheur. ⧗ 2019-2022

DOMAINES BUNAN, 336_bis, chem. de Fontanieu, 83740 La Cadière-d'Azur, tél. 04 94 98 58 98, bunan@bunan.com V r.-v. 5

DOM. DE CABAUDRAN 2018 ★

| | 3000 | | 15 à 20 € |

Le Dom. de Cabaudran est une exploitation familiale située dans la commune du Beausset qui se transmet de père en fils depuis quatre générations. 2017 marque le premier millésime vinifié au domaine après la construction d'un chai de vinification. Le vignoble couvre 29 ha.

Si le nez de ce vin sombre, élevé 18 mois en fût, apparaît discret (quelques notes fruitées, végétales et épicées à l'aération), la bouche s'affirme sans réserve : dense, vineuse, chaleureuse, construite sur des tanins très serrés mais au grain fin, elle fait montre de puissance sans manquer d'élégance. ⧗ 2023-2028

⊶ *DOM. DE CABAUDRAN, 215, chem. de Cabaudran, 83330 Le Beausset, tél. 06 71 13 41 62, domaine.cabaudran@gmail.com* **V** *t.l.j. sf dim. 10h-12h 15h-18h30*

LA CADIÉRENNE 2019 ★★

| 43 000 | 8 à 11 € |

Quelque 300 coopérateurs et 635 ha de vignes, des vins en AOC bandol et côtes-de-provence, en IGP Var, Méditerranée et Mont-Caume : la Cadiérenne, créée en 1929, est un acteur qui compte dans le paysage provençal.

Cet assemblage de 65 % de clairette, 30 % d'ugni blanc, 3 % de bourboulenc et 2 % de rolle se distingue aussi bien par sa robe jaune pâle brillante que par son nez intense, agrémenté de notes délicatement fruitées (sur le citron doux notamment), minérales et florales. Celles-ci, mêlées à des saveurs de fruits blancs et de fruits exotiques, se retrouvent dans une bouche franche en attaque, ample et chaleureuse dans son développement et longue en finale. ⧗ 2020-2023

⊶ *LA CADIÉRENNE, quartier Le Vallon, 83740 La Cadière-d'Azur, tél. 04 94 90 11 06, cadierenne@wanadoo.fr* **V** *r.-v.*

DOM. DU CAGUELOUP 2019 ★

| 27 000 | 11 à 15 € |

Héritier d'une longue lignée de vignerons (21 générations), Richard Prébost conduit depuis les années 1980 ce domaine (40 ha) bien connu pour ses bandol, qui propose aussi de beaux côtes-de-provence. Cagueloup? C'est l'histoire d'un petit Prébost qui un jour avala un louis d'or. Son père, pris de panique, lui lança : « Cague l'ou »...

Composée de 70 % de mourvèdre et de 30 % de grenache, cette cuvée rose pâle offre un nez ouvert sur les agrumes, la minéralité et des notes de pâtisserie. La bouche, dans le même registre aromatique, soulignée par une fraîcheur mesurée, montre de l'amplitude et de la rondeur avant de déployer une jolie finale saline. Un vin fin, élégant, équilibré. ⧗ 2020-2021 **2019 ★ (15 à 20 €; 6100 b.)** Les notes fraîches, minérales et florales, du nez invitent à découvrir plus avant ce 2019. Léger, il garde de son élevage en fût de 24 mois une délicate ligne boisée au palais, respectueuse des arômes d'agrumes et de fruits à chair blanche. ⧗ 2020-2022 **2018 ★ (11 à 15 €; 18 600 b.)** Élevé 24 mois en fût, cet assemblage de mourvèdre (90 %) et de grenache s'ouvre sur les fruits noirs (cassis et mûre) et des notes végétales. La même palette fruitée revient dès l'attaque dans une bouche ample, dense et saline, agrémentée d'une touche d'épices. Une finale fraîche et réglissée vient couronner le tout. ⧗ 2023-2030

⊶ *DOM. DE CAGUELOUP, 267, chem. de la Verdelaise, 83270 Saint-Cyr-sur-Mer, tél. 04 94 26 15 70, domainedecagueloup@gmail.com* **V** *t.l.j. 9h-19h*

DOM. LOU CAPELAN L'Originel 2019 ★

| 2500 | 15 à 20 € |

Créé par Séraphin Silvestri, un petit domaine de 4 ha au lieu-dit Les Capelaniers, repris en 1992 par son fils Maurice. La production est alors en vin de table, mais les terrains sont classés en AOC bandol. Arrachage, replantation et premier bandol rosé élaboré en 1996, puis premier bandol rouge en 2000. Aujourd'hui, le vignoble couvre 55 ha, dont 17 en production de vin de pays et d'AOC bandol blanc, rosé et rouge, sur La Cadière et Le Castellet.

95 % de clairette et 5 % de rolle composent cette cuvée jaune paille aux reflets vert tendre. Le nez, expressif, s'ouvre sur les fruits blancs, puis sur des notes de miel, de buis et d'acacia, le tout relevé d'une touche minérale. Après une attaque alerte, la bouche, élégante, bien équilibrée entre rondeur et fraîcheur, offre une belle persistance sur les fruits blancs et jaunes, avant de distiller une agréable pointe d'amertume en finale. ⧗ 2020-2023

⊶ *DOM. LOU CAPELAN, 1480, chem. de Cuges, 83740 La Cadière-d'Azur, tél. 09 50 05 11 00, info@domaineloucapelan.com* **V** *t.l.j. sf lun. dim. 10h-12h 14h-18h*

CH. DE FONT VIVE 2019 ★

| 1500 | 20 à 30 € |

La famille Barthès est à la tête de deux domaines : le Dom. de Font-Vive et le Ch. Barthès, implantés dans les restanques du Val d'Arenc. Elle signe des vins régulièrement en vue dans le Guide des rosés notamment.

Sous sa robe limpide, cette cuvée, issue de 58 % de clairette et de 42 % d'ugni blanc, dévoile un nez intense d'agrumes, de pêche, de menthol et d'herbes de Provence. La bouche se révèle ample, souple, vive et longue, centrée sur des arômes fruités et épicés, avant de prendre des tonalités salines en finale. Un vin équilibré et gourmand. ⧗ 2020-2023

⊶ *CH. DE FONT VIVE, chem. du Val-d'Aren, 83330 Le Beausset, tél. 04 94 98 60 06, barthesph2@wanadoo.fr* **V** *r.-v.*

♥ DOM. DE FRÉGATE 2019 ★★

| 45 000 | 11 à 15 € |

« Entre mer et pierres »; ainsi s'affiche le domaine, dans la même famille depuis 1882. Son nom vient du vieux provençal *fragato* (« cassé »), en référence au travail d'épierrage nécessaire pour planter la vigne. La Grande Bleue, ici omniprésente, borde la propriété dont le vignoble couvre 30 ha, à cheval entre Saint-Cyr et Bandol.

Cet assemblage, pour moitié de mourvèdre, pour un quart de grenache et un autre de cinsault, séduit d'emblée par la brillance de sa robe couleur chair, aux reflets orangés. Le nez, discret mais complexe, charme par ses parfums d'agrumes confits, de pêche blanche et de fruits rouges. Le palais, ample, qui sait se montrer gras sans manquer de fraîcheur, se nuance de framboise, de meringue et de citron confit, le tout sur fond de notes salines et épicées. De beaux amers viennent dynamiser la finale. Un très beau bandol bien dans l'air du temps, tout en élégance et en équilibre. ⧗ 2020-2022 **2019 ★ (11 à 15 €; 6500 b.)** Dominé par la clairette (70 %),

PROVENCE

ce bandol, également composé de bourboulenc, d'ugni blanc et de rolle, exhale, sous sa robe jaune pâle, des arômes frais de fruits jaunes et blancs. Cette palette se retrouve dans une bouche dense et vive, d'une longueur appréciable. Un vin croquant, sur le fruit. ⧗ 2020-2023

DOM. DE FRÉGATE, rte de Bandol, 83270 Saint-Cyr-sur-Mer, tél. 04 94 32 57 57, commercial@domainedefregate.com V t.l.j. 8h30-12h30 14h-18h30

DOM. LE GALANTIN 2017 ★

14 000 | 11 à 15 €

Céline Devictor et son frère Jérôme Pascal ont pris en 2000 la suite de leurs parents Liliane et Achille, qui avaient créé le domaine en 1965 au Plan-du-Castellet face à la montagne du Gros-Cerveau, à quelques encablures de la mer. Le vignoble s'est étendu sur plusieurs parcelles de l'AOC bandol et couvre aujourd'hui 30 ha. L'une des belles références de l'appellation.

5 % de grenache aux côtés du roi mourvèdre dans ce bandol aux reflets grenat, qui demande à s'aérer un peu avant de diffuser ses arômes de fruits noirs et d'épices. La bouche, bâtie sur des tanins bien présents et marquée par une certaine sucrosité, fait preuve de volume et d'équilibre. ⧗ 2023-2026 **2019 ★ (11 à 15 €; 8 666 b.)** Clairette (86 %), ugni blanc (10 %) et rolle pour ce bandol jaune tilleul, ouvert sur les fruits blancs, les agrumes, l'herbe fraîche et les fleurs blanches. Les fruits blancs reviennent, plus expressifs encore, dans une bouche puissante, persistante et opulente, soulignée par une fine vivacité qui va crescendo jusqu'à la finale, ciselée par une pointe d'amertume. ⧗ 2020-2023

DOM. LE GALANTIN, 690, chem. du Galantin, 83330 Le Plan-du-Castellet, tél. 04 94 98 75 94, domaine-le-galantin@wanadoo.fr V t.l.j. sf lun. sam. dim. 9h-12h 14h-17h (18h30 en été)

♥ B DOM. DE LA GARENNE Cuvée «M» 2019 ★★

15 000 | 15 à 20 €

La Garenne? Un enclos qui servait de terrain de chasse aux ancêtres de l'actuelle propriétaire. Jean de Balincourt a constitué le domaine à partir de 1960 en achetant des parcelles mitoyennes, sur le territoire de la Cadière-d'Azur. Aujourd'hui, sa fille Béatrix exploite un vignoble de 26 ha environné de pinèdes et certifié HVE (haute valeur environnementale).

Un assemblage de mourvèdre (65 %), de cinsault (15 %), de grenache (15 %) et de carignan (5 %) pour ce bandol d'un seyant rose franc aux reflets cuivrés. Le nez ravit par son intensité et sa complexité : fruit de la Passion, zeste de citron vert et fruits blancs mûrs s'y mêlent avec bonheur. La bouche, ample et fraîche, est une véritable corbeille de fruits exotiques et déploie une longue finale soulignée par de beaux amers et une touche citronnée. Un rosé tout en équilibre et en élégance. ⧗ 2020-2021

DOM. DE LA GARENNE, chem. de Saint-Côme, 83740 La Cadière-d'Azur, tél. 06 88 69 15 97, domaine-garenne@orange.fr V t.l.j. sf sam. dim. 9h-12h 14h-17h

VIGNOBLES GUEISSARD 2017 ★

7 000 | 15 à 20 €

Pauline Giraud et Clément Minne, diplôme de «viti-œno» en poche, après des expériences en Provence et aux antipodes, décident de faire leur propre vin. Vignerons sans terres, ils prennent des parcelles en fermage en 2010 puis en pleine propriété, et constituent ainsi une mosaïque de 17 ha répartis sur plusieurs terroirs, en AOC bandol et côtes-de-provence.

Une robe d'un rouge rubis profond habille cette cuvée élevée 18 mois en fût et issue d'un assemblage de mourvèdre (70 %), de grenache (15 %), de carignan (10 %) et de cinsault (5 %). Le nez libère des arômes de fruits rouges, de grillé et d'épices. La bouche, tapissée de tanins granuleux, est tenue sur la longueur par l'amertume du bois. Un vin qui demande à vieillir pour livrer sa plus belle expression. ⧗ 2023-2030

VIGNOBLES GUEISSARD, 405, traverse des Grenadières, Les Escadenières, RN_8, 83330 Le Beausset, tél. 09 81 49 76 00, pauline@lesvignoblesgueissard.com V r.-v.

B DOM. MARIE BÉRÉNICE 2018 ★★

1 000 | 20 à 30 €

Ce domaine créé en 2012 par Damien Roux entre les villages de La Cadière-d'Azur et du Castellet dispose de 14 ha de vignes en restanques, conduites en agriculture biologique. Il produit aussi de l'huile d'olive, bio également.

90 % de mourvèdre et 10 % de grenache sont assemblés dans ce rouge sombre, au nez expressif et mûr mêlant griotte confiturée, pâte de fruits, notes végétales et épicées. Après une attaque sur les fruits noirs, la bouche se montre ample, dense et suave, étirée dans une longue finale grillée et vanillée. Un bandol généreux, de caractère, marqué par son élevage en fût et qui demande à s'assouplir quelques années. ⧗ 2023-2030

MARIE BERENICE, 1826, rte du Grand-Vallat, 83330 Le Castellet, tél. 09 50 67 59 59, contact@domainemarieberenice.com V t.l.j. sf dim. 10h-13h 15h-19h

DOM. MAUBERNARD 2017 ★

15 000 | 15 à 20 €

Installé en 1994 sur la propriété familiale après avoir dirigé les domaines viticoles de Paul Ricard, Michel Vidal conduit ce petit domaine créé vers 1830 par son arrière-grand-père Julien Fabre, qui fut capitaine au long cours. En conversion bio, le vignoble s'étend sur 8 ha aux portes de Saint-Cyr.

Cet assemblage de mourvèdre, de grenache et de syrah s'ouvre sur un nez complexe et intense de griotte, de cassis, de poivre, de cannelle, de café et de grillé. La rondeur et la puissance caractérisent la bouche, bien équilibrée entre le fruité et le boisé de son élevage. Des tanins bien présents promettent à ce bandol un solide potentiel de garde. ⧗ 2024-2030

DOM. MAUBERNARD, 4949, chem. de Saint-Antoine, 83270 Saint-Cyr-sur-Mer, tél. 04 91 37 03 44, domaine.maubernard@wanadoo.fr V r.-v.

B DOM. DE LA NARTETTE 2019 ★★

| 25 000 | 11 à 15 € |

En 1950, les caves de Saint-Cyr, Sanary-sur-Mer et La Cadière-d'Azur (bandol), aménagent un espace commun dans un moulin du XVIes. situé dans cette dernière commune. Une cave semi-enterrée aux normes éco-environnementales et un lieu d'accueil construits au Castellet se sont ajoutés en 2012. La coopérative s'est agrandie et compte environ 200 adhérents; le site de la Cadière-d'Azur abrite désormais les vinifications.

34 % de grenache, 32 % de cinsault, 27 % de mourvèdre et 7 % de syrah composent ce rosé pâle aux reflets pétale de rose. Le nez s'ouvre avec légèreté entre notes de fruits exotiques et de fleurs blanches. La bouche se montre vineuse mais pas trop, ample, aromatique et longue, soulignée par ce qu'il faut de fraîcheur. ⧗ 2020-2021 ■ **Dom. des Capélaniers 2019 ★ (11 à 15 €; 25 000 b.)** 53 % de mourvèdre, 36 % de cinsault et 11 % de grenache pour ce rosé corail aux nuances orangées, au nez de fruits des bois, de pêche de vigne et d'épices. Ces dernières se retrouvent, mêlées à des arômes de fruits noirs, dans une bouche fraîche et saline. ⧗ 2020-2021 ■ **Tarente Réserve 2019 ★ (15 à 20 €; 25 000 b.)** Une robe rose pâle habille cet assemblage de mourvèdre (65 %) et de grenache. Le nez plaît par sa fraîcheur végétale et la bouche par son caractère à la fois salin et acidulé. ⧗ 2020-2021

SCA MOULIN DE LA ROQUE, 1, rte des Sources, 83330 Le Castellet, tél. 04 94 90 10 39, contact@laroque-bandol.fr V *r.-v.*

CH. DE LA NOBLESSE "Noblesse oblige" 2019 ★

| 2 700 | 15 à 20 € |

Ce domaine, fondé dans les années 1930 et resté familial depuis lors, étend ses vignes sur 10 ha d'un seul tenant. Aux commandes, Henri Gaussen, épaulé depuis 1990 par sa fille Agnès Gaussen-Cade, œnologue.

60 % de clairette, 30 % d'ugni blanc et 10 % de rolle composent cette cuvée dorée et limpide. Le nez fin et discret s'ouvre sur des notes de fruits et de fleurs. Une palette que l'on retrouve dans une bouche franche, souple et fraîche, qui ne manque ni de rondeur ni de longueur. Une pointe de salinité marque la finale. ⧗ 2020-2023

CH. DE LA NOBLESSE, 1685, chem. de l'Argile, 83740 La Cadière-d'Azur, tél. 04 94 98 72 07, chateau.noblesse@gmail.com V *t.l.j. sf dim. 10h-12h 14h-17h30*

DOM. DE L'OLIVETTE 2019 ★

| 7 000 | 15 à 20 € |

Depuis deux siècles, la famille Dumoutier, très impliquée dans la création de l'AOC bandol, anime l'un des plus vastes domaines de l'appellation avec ses 55 ha de vignoble implantés entre les villages médiévaux du Castellet et de La Cadière-d'Azur; il est aussi l'un des plus constants.

Cet assemblage de 80 % de clairette, 10 % de rolle et 10 % d'ugni blanc séduit d'emblée par sa robe jaune pâle brillant aux reflets verts et par ses arômes d'agrumes et de fleurs blanches. Une palette que l'on retrouve dans une bouche dense, ample, vive et longue, étirée dans une belle finale aux tonalités salines. Un vin fin, équilibré et gourmand. ⧗ 2020-2023 ■ **2017 ★ (20 à 30 €; 40 000 b.)** 85 % de mourvèdre, 10 % de grenache, 3 % de carignan et 2 % de syrah pour cette cuvée grenat foncé, ouverte sur le cassis, la cerise confiturée et les épices, agrémentés de notes végétales. Ces dernières, mêlées à une touche de boisé grillé, reviennent dans une bouche ample, dense et tannique. Pour la cave. ⧗ 2023-2030

DOM. DE L' OLIVETTE, 519, chem. de l'Olivette, Le Brûlat, 83330 Le Castellet, tél. 04 94 98 58 85, contact@domaine-olivette.com V *t.l.j. 8h30-12h 14h-18h*

CH. PEY NEUF 2019 ★

| 60 000 | 8 à 11 € |

Héritier de 3 générations de vignerons sur les terres familiales de La Cadière-d'Azur, non loin du port de Bandol, Guy Arnaud a pris en 1982 les rênes du domaine, dont il a porté la superficie à 80 ha (plus de la moitié en AOC bandol), travaillant son vignoble en s'inspirant de la biodynamie, sans certification. Son fils Anthony conduit aujourd'hui la propriété.

Ce vin, issu de 60 % de mourvèdre, 20 % de grenache et 20 % de cinsault, offre un nez intense porté sur les fruits rouges mûrs. Palette aromatique à laquelle fait écho une bouche souple en attaque, ample, généreuse et persistante, étirée dans une jolie finale tout en douceur. Un rosé de bouche, plutôt structuré. ⧗ 2020-2022

EARL DOM. PEY NEUF, 1947, rte de la Cadière, 83270 Saint-Cyr-sur-Mer, tél. 06 03 53 35 33, domaine.peyneuf@wanadoo.fr V *t.l.j. sf dim. 9h-12h 15h-18h*

♥ CH. DE PIBARNON 2017 ★★

| 75 000 | 30 à 50 € |

La famille de Saint-Victor (aujourd'hui Éric) prend pied en 1978 sur ces terres bandolaises qu'elle exploite en bio non certifié. Après de nombreux travaux d'agrandissement, la propriété compte aujourd'hui 52 ha de vignes s'étageant en restanques, à 300 m d'altitude, et formant un cirque exposé au sud-est. Une référence incontournable de l'appellation bandol.

Un nouveau coup de cœur pour Pibarnon et ce bandol composé de 90 % de mourvèdre et de 10 % de grenache, élevé 18 à 20 mois en fût. Une belle robe rubis, un nez complexe et intense, végétal, boisé, fruité (fruits noirs, orange amère), épicé (coriandre, poivre) : voilà une entrée en matière des plus engageantes. La suite ne déçoit pas : la bouche, typique de son terroir, ravit par son volume, sa densité, ses tanins bien présents mais d'un soyeux remarquable, par sa longue finale finement cacaotée. Un très beau représentant de l'appellation, au caractère affirmé comme il se doit. ⧗ 2023-2030

CH. DE PIBARNON, 410, chem. de la Croix-des-Signaux, 83740 La Cadière-d'Azur, tél. 04 94 90 12 73, contact@pibarnon.fr V *t.l.j. 9h-12h 14h-18h*

PROVENCE

B DOM. RAY-JANE
Cuvée de la ville de Sanary 2019 ★

■	5000		11 à 15 €

Perpétuant une tradition vigneronne qui remonte au XIII[e]s., Alain Constant compte parmi les 30 ha de son domaine un tiers de vignes centenaires; un vignoble cultivé en bio (certifié depuis 2009) dans la plus pure tradition, avec labour à la charrue et piochage à la main.

40 % de mourvèdre, 30 % de grenache et 30 % de cinsault sont à l'origine de ce rosé très pâle aux reflets peau de pêche. Le nez est un savant mélange de groseille et de fleurs blanches, rehaussés d'une note amylique. Souple, légère, rectiligne, la bouche se montre aromatique et persistante sur des arômes de fruits rouges. Un vin franc du collier. ⧗ 2020-2021

DOM. RAY-JANE, 353, av. du Bosquet, 83330 Le Castellet, tél. 04 94 98 64 08, domainerayjane@gmail.com V *t.l.j. sf dim. 8h30-12h 14h-19h*

B DOM. ROCHE REDONNE 2017 ★

■	1230		20 à 30 €

Geneviève et Henri Tournier sont à la tête de ce domaine depuis 1982. Élaboré à partir des vignes familiales, il est constitué d'une mosaïque de parcelles de 5 ha (en bio certifié) située au pied de La Cadière-d'Azur, sur des coteaux exposés au nord.

Le mourvèdre et 5 % de grenache ont donné cette cuvée grenat foncé, fermée au premier nez, qui s'ouvre à l'agitation sur des notes de fruits mûrs (cerise, cassis), de bois, de café et d'épices. Si l'attaque se montre fraîche et tonique, la bouche offre ensuite du gras et de la rondeur, portée par des tanins fondus et élégants. Un bandol déjà savoureux, mais qui vieillira bien. ⧗ 2022-2028

DOM. ROCHE REDONNE, Ancien chem. des Paluns, 83740 La Cadière-d'Azur, tél. 06 61 19 84 52, roche.redonne@free.fr V *r.-v.*

B CH. SALETTES 2017 ★

■	n.c.		20 à 30 €

Depuis 1604, 18 générations de vignerons se sont succédé sur ce terroir argilo-calcaire et caillouteux sur lequel est implanté le vignoble : 34 ha d'un seul tenant au pied de La Cadière-d'Azur, conduit en bio. Un domaine entièrement restructuré, à la vigne et au chai, par Jean-Pierre Boyer, aux commandes depuis 1964. Une valeur sûre, d'une grande constance dans la qualité, et ce dans les 3 couleurs de l'appellation.

Le mourvèdre (71 %), le grenache, la syrah et le cinsault composent un bon bandol au nez légèrement toasté. La bouche se montre équilibrée, fraîche, d'un bon volume, structurée sans excès par des tanins souples. Une bouteille qui pourra s'apprécier dans sa jeunesse. ⧗ 2021-2025

CH. SALETTES, 913, chem. des Salettes, 83740 La Cadière-d'Azur, tél. 04 94 90 06 06, salettes@salettes.com V *t.l.j. sf sam. dim. 8h-12h 14h-17h*

DOM. LA SUFFRÈNE 2017 ★

■	45000	15 à 20 €

C'est au lieu-dit La Suffrène – qui aurait été autrefois la résidence d'une compagne du Bailli de Suffren – que s'étend une partie des vignes de ce domaine incontournable de l'AOC bandol. Un vignoble familial de 60 ha, morcelé en une centaine de parcelles, dont les raisins étaient portés à la coopérative jusqu'à l'arrivée de Cédric Gravier, qui a pris en 1996 la suite de ses grands-parents. Le domaine est en conversion bio.

55 % de mourvèdre, 20 % de grenache, 15 % de cinsault et 10 % de carignan composent cette cuvée au nez ouvert sur les fruits mûrs (cassis, cerise) et sur les notes grillées de l'élevage sous bois. Ces arômes reviennent dans une bouche dense et ronde, dotée de tanins fermes et bien intégrés. Un beau vin au potentiel de garde indéniable. ⧗ 2023-2030

DOM. LA SUFFRÈNE, 1066, chem. de Cuges, 83740 La Cadière-d'Azur, tél. 04 94 90 09 23, commercial@suffrene.fr V *t.l.j. sf dim. 9h-12h 14h-18h*

♥ B CH. GUILHEM TOURNIER 2017 ★★

■	3500	20 à 30 €

Fils des propriétaires du Dom. Roche Redonne, Guilhem Tournier exploite depuis 2004 son propre vignoble conduit en bio : 6,5 ha établis au pied du village médiéval de La Cadière-d'Azur.

Cette cuvée, qui voit le mourvèdre épaulé par 5 % de grenache, se présente dans une robe d'un élégant rubis profond. Le nez, encore assez fermé mais déjà très fin, s'ouvre sur des notes de fleurs, de cassis et d'épices. La bouche, fruit d'un beau travail d'extraction et d'élevage, séduit par sa densité, son volume, ses tanins racés et sa très jolie finale épicée. Un bandol qui ne demande qu'à mûrir pour montrer son plus beau visage. ⧗ 2023-2030

CH. GUILHEM TOURNIER, Ancien chem. du Pey-Neuf, Ch. des Paluns, 83740 La Cadière-d'Azur, tél. 06 61 19 84 52, chateauguilhemtournier@gmail.com V *r.-v.*

DOM. DES TROIS FILLES 2019 ★

■	14500		11 à 15 €

Une nouvelle vie pour ce tout jeune domaine sorti en 2013 de la coopérative par les trois filles de la famille Arlon – Audrey, Léonie et Justine. Le vignoble, dont la surface a été portée à 9 ha, s'accroche à une colline surplombant la mer, à La Cadière-d'Azur.

Cet assemblage de 60 % de mourvèdre, 20 % de grenache et 20 % de cinsault offre à l'œil une jolie robe pâle aux reflets peau de pêche. Le nez dévoile des notes gourmandes et généreuses de fruits compotés. La bouche, restant dans cette continuité aromatique, apparaît ample, riche et puissante. Un bandol rosé bien dans le ton de l'appellation : du caractère. ⧗ 2020-2022

DOM. DES TROIS FILLES, 1616, chem. de la Bégude, 83740 La Cadière-d'Azur, tél. 06 62 89 79 90, contact@domainesdestroisfilles.com V *r.-v.*

CH. VANNIÈRES 2017 ★

35000 | 30 à 50 €

Cette aventure familiale a débuté en 1956 avec Colette Boisseaux, s'est prolongée avec son fils Éric et aujourd'hui son petit-fils Charles-Éric. Le domaine dispose d'un vignoble de 34 ha, commandé par un château du XIXᵉs. dont le chai, plus ancien, témoigne d'une activité viticole dès le XVIᵉs.

Cette cuvée (5 % de grenache aux côtés du mourvèdre) propose, sous sa robe sombre et profonde, un bouquet de fruits mûrs et d'épices. Après une attaque tout en fraîcheur, la bouche, dans la continuité aromatique du nez, montre de l'amplitude et de la sucrosité, portée par des tanins élégants et puissants. Un rouge aussi équilibré qu'intense. ⧗ 2023-2030

CH. VANNIÈRES, 1440, chem. Saint-Antoine, 83740 La Cadière-d'Azur, tél. 04 94 90 08 08, info@vannieres.com V *t.l.j. sf dim. 9h-12h 15h-19h*

DOM. LA VIVONNE 2018 ★★

11333 | 15 à 20 €

Situé sur les hauteurs du village médiéval du Castellet, entre mer et montagne, au cœur du vignoble bandolais, ce domaine de 23 ha a été racheté à Walter Gilpin par Michel Benhaim en 2010. L'exploitation est en conversion bio.

Le traditionnel assemblage mourvèdre (90 %) et grenache (10 %) est au rendez-vous de cette cuvée à la robe rubis. Le nez diffuse des notes à la fois florales, végétales et fruitées (cassis, myrtille). Bâtie sur des tanins veloutés, la bouche se montre très dense, ample, croquante, offrant beaucoup de matière jusque dans sa longue finale cacaotée et réglissée, le tout sur un beau fond de salinité. ⧗ 2023-2030

CH. LA VIVONNE, 3345, montée du Château, 83330 Le Castellet, tél. 04 94 98 70 09, domaine@vivonne.com V *t.l.j. sf dim. 10h-13h 14h-19h*

LES BAUX-DE-PROVENCE

Superficie : 300 ha / Production : 9 212 hl

Perchée sur un éperon rocheux, la citadelle des Baux garde le souvenir des seigneurs orgueilleux qui l'édifièrent à partir du XIᵉs. La blancheur de ses murailles est celle du calcaire des Alpilles, dont elle constitue un avant-poste. Ce massif au relief pittoresque taillé en biseau par l'érosion est le paradis de l'olivier, dont les fruits bénéficient de deux AOC. Le vignoble trouve également dans ce secteur un milieu favorable, sur les dépôts caillouteux caractéristiques de cette région, comme les grèzes litées, éboulis d'origine glaciaire. Elles sont ici peu épaisses et la fraction fine, dont dépend la réserve hydrique du sol, est importante. Ce secteur se distingue par une nuance climatique qui en fait une zone précoce, peu gélive, chaude et plus arrosée (650 mm).

Reconnue en 1995 au sein de la zone des coteaux-d'aix-en-provence, cette AOC est réservée aux vins rouges (80 %) et rosés. Les règles de production y sont plus strictes (rendement plus bas, densité plus élevée, taille plus restrictive, élevage d'au moins douze mois pour les vins rouges, minimum de 50 % de saignée pour les vins rosés); l'encépagement, mieux défini, repose sur le couple grenache-syrah, accompagné quelquefois du mourvèdre.

♥ MAS SAINTE BERTHE
Passe-Rose 2019 ★★

45000 | 8 à 11 €

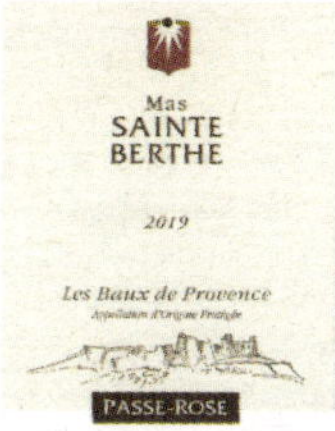

Ce domaine de 40 ha (dont 4 ha d'oliviers), situé au pied du village des Baux-de-Provence, est une valeur sûre qui produit sous cette AOC du vin et de l'huile d'olive. Il tire son nom d'une chapelle érigée en 1538 sur ses terres. Les David l'ont acquis en 1950 et c'est depuis 2000 leur fille Geneviève Rolland qui est aux commandes, épaulée par Christian Nief à la vigne et au chai.

Passe-Rose ? Le surnom d'une princesse des Baux au Moyen-Âge. Dans le verre ? Un rosé épatant, à la robe intense et brillante, et au nez non moins intense de fruits rouges, de fruits blancs et de brioche. En bouche, du volume, une texture d'une délicatesse remarquable, une légère acidité en soutien et une longue finale épicée. La dernière vinification de Christian Nief, pour qui l'heure de la retraite et du retour dans sa Bourgogne natale, a sonné : un départ en beauté. ⧗ 2020-2021 ■ **Louis David 2018 ★★ (15 à 20 €; 10000 b.)** Louis David est le père de Geneviève Rolland et l'acquéreur du domaine. D'un rouge profond, cette cuvée dévoile un bouquet harmonieux et gourmand de fruits petits fruits rouges écrasés relevés d'épices douces. La bouche est fine, soyeuse, équilibrée, relevée par une note poivrée qui amène de la fraîcheur. ⧗ 2022-2026

GFA MAS SAINTE BERTHE, chem. de Sainte-Berthe, 13520 Les Baux-de-Provence, tél. 04 90 54 39 01, massteberthe@orange.fr V *t.l.j. 9h-12h 14h-18h*

Ⓑ CH. ROMANIN La Chapelle 2018 ★

35200 | 15 à 20 €

Anciens propriétaires du Ch. Montrose, cru classé de Saint-Estèphe, Anne-Marie et Jean-Louis Charmolüe ont acquis en 2006 ce vaste domaine (250 ha) au passé ancien, situé au cœur du Parc Naturel Régional des Alpilles à Saint Rémy de Provence. Le vignoble couvre 58 ha, conduits en biodynamie depuis 1988, et les vins sont élevés dans une cave monumentale, creusée dans la roche et conçue comme une cathédrale gothique.

Syrah (65 %), grenache et mourvèdre composent ce baux intensément coloré, au nez puissant de fruits noirs, d'épices et de cuir. La bouche est dans le ton : de la structure, de la richesse, de la générosité, du volume. Pour la cave assurément. ⧗ 2023-2028

SC CH. ROMANIN, CS 7000, 13210 Saint-Rémy-de-Provence, tél. 04 90 92 45 87, contact@chateauromanin.fr V *t.l.j. sf dim. 10h-13h 15h-18h*

B DOM. DES TERRES BLANCHES 2019 ★

| 30 000 | | 11 à 15 € |

Ce domaine précurseur en matière de viticulture biologique (« bio-actif » depuis 1970) a été fondé en 1968 par Noël Michelin. Conduit par la famille Parmentier-Jolly entre 2007 et 2012, racheté à cette date par Laurent Hild, industriel alsacien, il a à nouveau changé de mains en 2015, acquis par l'homme d'affaires Christian Latouche. Une constante : la conduite en bio de ce vignoble couvrant aujourd'hui 33 ha, régulièrement en vue pour ses baux-de-provence, dans les 3 couleurs.

Une robe pâle bien typée Provence, un nez subtil de fleurs blanches et de pêche, l'approche est agréable. La bouche ne déçoit pas : un bon volume, des arômes en accord avec l'olfaction, de la fraîcheur et une jolie finale poivrée. ⧗ 2020-2021

SCEA DOM. DES TERRES BLANCHES, RD 99, rte de Cavaillon, 13210 Saint-Rémy-de-Provence, tél. 04 90 95 91 66, info@terresblanches.com V *t.l.j. sf dim. 10h-13h 14h-18h*

BELLET

Superficie : 48 ha
Production : 1 150 hl (65 % rouge et rosé)

De rares privilégiés connaissent ce minuscule vignoble situé sur les hauteurs de Nice, dont la production est presque introuvable ailleurs que localement. Elle est faite de blancs originaux et aromatiques, grâce au rolle, cépage de grande classe, et au chardonnay (qui se plaît à cette latitude quand il est exposé au nord et suffisamment haut); de rosés soyeux et frais; de rouges somptueux, auxquels deux cépages locaux, la fuella et le braquet, donnent une typicité certaine. Ils seront à leur juste place avec la riche cuisine niçoise si originale, la tourte de blettes, le tian de légumes, l'estocaficada, les tripes, sans oublier la socca, la pissaladière ou la poutine.

B COLLET DE BOVIS 2018 ★

| 1 700 | | 15 à 20 € |

Jean Spizzo, enseignant universitaire, s'est passionné pour la culture de la vigne et la vinification dès 1974. Son vignoble de 4,5 ha, converti à l'agriculture biologique, est situé sur les collines de Bellet qui dominent la ville de Nice. Un domaine très régulier en qualité.

Cette cuvée d'un rubis léger, composée pour moitié de rolle et pour l'autre de grenache, séduit par son nez très floral (violette, rose et jasmin), fruité (fruits rouges) et épicé (poivre blanc). Après une attaque sur la fraîcheur, la bouche, souple et persistante, se développe dans le même registre aromatique. Un vin léger et friand. ⧗ 2020-2023

COLLET DE BOVIS, Le Fogolar, 370, chem. de Crémat, 06200 Nice, tél. 06 14 76 09 71, jeanetmichele.spizzo@sfr.fr V *t.l.j. sf dim. 8h-12h30 14h30-19h*

♥ B CH. DE CRÉMAT 2016 ★★

| 10 500 | | 20 à 30 € |

Propriété de Cornelis Kamerbeek, amateur éclairé et passionné de vin depuis 2001, ce domaine de 10 ha (converti au bio) s'étend sur un terroir de galets roulés caractéristiques de l'appellation bellet. Une valeur sûre.

Ce rouge d'un beau rubis aux reflets violines interpelle par la complexité de son nez ouvert sur des notes d'épices, de graphite et de fruits (cassis et groseille). Une palette aromatique, agrémentée d'une touche de cannelle, que l'on retrouve dans une bouche ample et ronde en attaque, structurée par des tanins serrés et dont la fraîcheur saline en finale emporte l'adhésion. Un vin aussi intense qu'élégant, bâti pour durer. ⧗ 2022-2026

SCEA DOM. DU CH. DE CRÉMAT, 442, chem. de Crémat, 06200 Nice, tél. 04 92 15 12 15, chateau.cremat@orange.fr V *t.l.j. sf sam. dim. 9h-12h 14h-17h*

B DOM. SAINT-JEAN 2019 ★

| 2 900 | | 20 à 30 € |

Un domaine créé *ex nihilo* en 2006 par Jean-Patrick et Nathalie Pacioselli, issus d'une famille d'agriculteurs bas-alpins. Aux côtés de 20 ha de lavande, le vignoble couvre 4 ha certifiés bio depuis 2013. Depuis 2018, le domaine s'est agrandi, avec un nouveau chai, de nouvelles parcelles achetées et plantées.

Ce 100 % rolle, à la robe jaune brillant ornée de reflets verts, propose un nez d'abord un peu fermé, qui s'aère ensuite sur des notes d'aubépine, de chèvrefeuille, de pêche et d'agrumes. La bouche attaque sur la souplesse et la vivacité, avant de s'arrondir autour d'une gourmande touche miellée. La finale florale, rehaussée d'une agréable pointe de salinité, achève de convaincre. Un vin intense et complexe. ⧗ 2020-2023

2019 ★ (15 à 20 €; 650 b.) B Un assemblage de 80 % de braquet et de 20 % de grenache noir pour ce jolie rosé saumoné. Le nez demande à s'aérer pour révéler son bouquet de sous-bois, d'amande, de fruits à chair jaune et d'épices. Après une attaque franche, la bouche se montre droite, acidulée et élégante, offrant de la longueur sur le fruit. Un vin frais et équilibré. ⧗ 2020-2021

DOM. SAINT-JEAN, 34, chem. de la Pouncia, 06200 Nice, tél. 06 08 43 22 53, saintjeanbellet@orange.fr V *r.-v.*

B DOM. DE LA SOURCE 2018 ★

| 4 000 | | 30 à 50 € |

Une source qui alimentait autrefois des cultures florales et maraîchères donne son nom à ce domaine de 5 ha conduit en agriculture biologique par Jacques

Dalmasso, épaulé de ses enfants Carine et Éric depuis 2003.

Née sur un terroir de poudingue, cette cuvée rubis intense, élevée 8 mois en cuve et 12 mois en fût, porte l'empreinte de son passage sous bois : ce dernier se mêle agréablement, au nez, à des notes de poivre et de fruits noirs et rouges. Le fruit (le cassis notamment) persiste dans une bouche construite sur des tanins vifs mais élégants, dynamisée par une finale fraîche, épicée et mentholée. ⧗ 2022-2025

⊸ DOM. DE LA SOURCE, 303, chem. de Saquier, 06200 Nice, tél. 06 17 77 87 98, contact@domainedelasource.fr V *t.l.j. 10h-18h*

DOM. DE TOASC 2019 ★

■	5000	20 à 30 €

En 1995, Bernard Nicoletti achète 12 ha de terrains laissés à l'abandon au lieu-dit Toasc, sur les collines de Nice. Il conserve les oliviers et replante les cépages typiques du bellet : 8 ha de vignes (convertis au bio) plantés en restanques et dominant la vallée du Var.

Sous sa robe jaune pâle aux reflets verts, cette cuvée dévoile un nez expressif et complexe d'acacia, de pêche, de fruits exotiques et d'épices. Après une attaque pleine de fraîcheur, la bouche se développe sur la rondeur et le fruit, jusqu'à une finale rehaussée par de fins amers. Un vin gourmand, tout en équilibre et en finesse. ⧗ 2020-2023 ■ **2017 ★ (20 à 30 €; 8000 b.)** Ⓑ Une robe d'un rubis intense habille cette cuvée au nez bien fruité (groseille, mûre, cassis) et épicé, agrémenté de senteurs d'humus. On retrouve le fruit dès l'attaque dans une bouche dense, ample et ronde, épaulée par des tanins souples et soyeux. ⧗ 2021-2025

⊸ SCEA DOM. DE TOASC, 213, chem. de Crémat, 06200 Nice, tél. 04 92 15 14 14, contact@domainedetoasc.com V *t.l.j. sf lun. dim. 14h30-17h30*

CASSIS

Superficie : 200 ha / Production : 7 687 hl

Un creux de rochers, auquel on n'accède que par des cols relativement hauts de Marseille ou de Toulon, abrite, au pied des plus hautes falaises de France, des calanques et une certaine fontaine qui, selon les Cassidens, rendrait leur ville plus remarquable que Paris... Mais aussi un vignoble que se disputaient déjà au XIe s. les puissantes abbayes, en demandant l'arbitrage du pape, et qui produit aujourd'hui des vins rouges, rosés et surtout blancs. Mistral disait de ces derniers qu'ils sentaient le romarin, la bruyère et le myrte. Capiteux et parfumés, les cassis blancs sont des vins de classe qui s'apprécient particulièrement avec les bouillabaisses, les poissons grillés, les coquillages et les viandes blanches.

Ⓑ DOM. DU BAGNOL 2019 ★

■	36000	🍾	15 à 20 €

Les archives mentionnent la présence de vignes dès 1430 en ce lieu appelé « Lobanhou », au pied du cap Canaille, la plus haute falaise maritime de France. Depuis 1997, Sébastien Genovesi dirige ce domaine de 17 ha en bio certifié, implanté en plein cœur de Cassis, qui fut créé en 1884 par le marquis de Fesques.

Une robe d'un beau rose soutenu habille cette cuvée issue de grenache, de cinsault et de mourvèdre, au nez complexe de fruits rouges (fraise, framboise, cerise, groseille) et jaunes (brugnon, poire). Après une attaque acidulée, la bouche, gorgée elle aussi de fruits rouges, se montre à la fois ample, ronde et très fraîche. Un ensemble tout en équilibre. ⧗ 2020-2021

⊸ DOM. DU BAGNOL, 12, av. de Provence, 13260 Cassis, tél. 04 42 01 78 05, lebagnol@orange.fr V *t.l.j. sf sam. dim. 10h-12h 14h-18h30*

Ⓑ CH. BARBANAU Kalahari 2017 ★

■	5000	🍾	20 à 30 €

Émile Bodin a créé le Clos Val Bruyère en 1889. Un siècle plus tard, Sophie, son arrière-petite-fille, et ses parents reprennent les quelques hectares de vignes reçus en héritage et font revivre ce Clos. La même année, ils font l'acquisition du Ch. Barbanau, 23 ha de vignes situés à l'extrême ouest de l'appellation côtes-de-provence, à 360 m d'altitude. Aujourd'hui, Sophie et son mari Didier sont à la tête de ce château et produisent des vins en biodynamie certifiés Biodyvin depuis le millésime 2018.

Cette cuvée d'un seyant jaune doré propose un nez original et généreux de fruits confits et d'épices douces. Après une attaque sur la fraîcheur, la bouche se fait ample, riche et longue, évoluant sur des saveurs d'épices et de coing, ainsi que sur des nuances minérales. Un blanc complexe et expressif. ⧗ 2020-2023

⊸ CH. BARBANAU, hameau de Roquefort, 13830 Roquefort, tél. 04 42 73 14 60, contact@chateau-barbanau.com V *t.l.j. sf dim. 10h-12h 15h-18h*

♥ Ⓑ CLOS SAINTE-MAGDELEINE 2019 ★★

■	40000	🍾	15 à 20 €

Bientôt un siècle (1921) que la famille Sack exploite ce domaine aujourd'hui conduit en bio. La propriété, située dans le parc national des Calanques, dispose d'un vignoble de 13 ha étagé en restanques, face à la mer sur les flancs du cap Canaille, et commandé par une demeure au style Art déco.

Cet assemblage de 40 % de marsanne, 25 % de clairette, 20 % d'ugni blanc et 15 % de bourboulenc charme l'œil par sa robe jaune aux reflets d'or. Le nez séduit par ses arômes d'agrumes (pamplemousse et citron) et de fruits exotiques, auxquels se mêlent de fines notes de violette, de buis et de genêt. La bouche offre beaucoup de volume et une remarquable complexité autour de saveurs à la fois miellées, zestées, minérales et salines. Un grand blanc de gastronomie. ⧗ 2021-2024 ■ **Bel-Arme 2018 ★ (20 à 30 €; 6000 b.)** Ⓑ Cette cuvée née de vieilles vignes, élevée sur lies fines pendant plusieurs mois, s'ouvre sur des arômes fruités (notamment d'agrumes) et de pierre à fusil. Après une attaque sur la fraîcheur, la bouche se montre dense, riche et longue, soulignée par une pointe d'amertume en finale. ⧗ 2020-2023

CLOS SAINTE-MAGDELEINE, av. du Revestel, 13260 Cassis, tél. 04 42 01 70 28, clos.sainte.magdeleine@gmail.com V *t.l.j. sf dim. 9h-12h30 14h30-18h*

♥ DOM. DU PATERNEL
Blanc de blancs 2019 ★★

200 000 | 15 à 20 €

En 1943, Antoine Santini et ses sœurs Catherine et Jeanne deviennent propriétaires de la ferme du Paternel, alors exploitée en polyculture. La première mise en bouteilles date de 1951. Un domaine conduit aujourd'hui par Jean-Pierre Santini, son épouse Chantal et leurs trois enfants, l'un des plus grands (65 ha) de l'appellation cassis. L'autre domaine des Santini, Couronne de Charlemagne (7 ha) est situé au pied de la colline éponyme. La famille Santini élabore aussi des bandol et des côtes-de-provence sur un vignoble de Saint-Cyr-sur-Mer. L'ensemble de ces terroirs est cultivé en agriculture biologique.

Issue de 38 % de clairette, 31 % de marsanne, 27 % d'ugni blanc et 4 % de bourboulenc, ce cassis d'un beau jaune pâle présente un bouquet intense et complexe d'agrumes, de fruit de la Passion et de fleurs blanches. Le charme continue d'opérer dans une bouche vive en attaque, fruitée dans son développement (sur les fruits blancs et les agrumes) et qui sait se montrer suave, sans jamais se départir d'une fraîcheur bienvenue qui apporte équilibre et allonge. Un vin à la fois gourmand et tonique. ⧗ 2020-2023 **2019 ★ (15 à 20 €; 60 000 b.)** Ce rosé né de grenache (83 %) et de cinsault offre un nez frais et croquant de citron et de pamplemousse. Une palette que l'on retrouve, mêlée à des arômes de fruit de la Passion, dans une bouche tendue et persistante. ⧗ 2020-2021

DOM. DU PATERNEL, 11, rte Pierre-Imbert, 13260 Cassis, tél. 04 42 01 77 03, contact@domainedupaternel.com V *t.l.j. 9h30-12h30 14h-18h*

COTEAUX-D'AIX-EN-PROVENCE

Superficie : 4 720 ha
Production : 211 012 hl (95 % rouge ou rosé)

Sise entre la Durance au nord et la Méditerranée au sud, entre les plaines rhodaniennes à l'ouest et la Provence triasique et cristalline à l'est, l'AOC coteaux-d'aix-en-provence appartient à la partie occidentale de la Provence calcaire. Le relief est façonné par une succession de chaînons, parallèles au rivage marin et couverts de taillis, de garrigue ou de résineux : chaînon de la Nerthe près de l'étang de Berre, chaînon des Costes prolongé par les Alpilles, au nord. Entre ces reliefs s'étendent des bassins sédimentaires d'importance inégale (bassin de l'Arc, de la Touloubre, de la basse Durance) où se localise l'activité viticole. Grenache et cinsault forment encore la base de l'encépagement, avec une prédominance du premier; syrah et cabernet-sauvignon sont en progression et remplacent peu à peu le carignan.
Les vins rosés sont légers, fruités et agréables. Les vins rouges bénéficient d'un contexte pédologique et climatique favorable. Ils atteignent leur plénitude après deux ou trois ans de garde. La production de vins blancs est limitée. La partie nord de l'aire de production est plus favorable à l'élaboration de ces cuvées qui mêlent la rondeur du grenache blanc à la finesse de la clairette, du rolle et du bourboulenc.

LA BARGEMONE Cuvée Marina 2019 ★

60 000 | 8 à 11 €

Créée par les Templiers au XIIIe s., cette propriété fut le bien du comte des Baux, puis passa aux mains de la famille Arbaud de Bargemon, d'où le nom de Bargemone. Le vignoble, abandonné, fut reconstitué dans les années 1970 et s'étend aujourd'hui sur 50 ha cultivés en agriculture biologique.

Syrah, grenache et cinsault sont assemblés dans ce rosé pâle et brillant. Au nez, des agrumes, des fleurs blanches et du bonbon anglais. En bouche, de la chair, un bon volume et de la fraîcheur, confortée par une finale acidulée. ⧗ 2020-2021

SAS CAVE DE LA BARGEMONE, RN 7, 13760 Saint-Cannat, tél. 04 42 57 22 44, contact@bargemone.com V *t.l.j. sf sam. dim. 8h-18h*

CH. DE BEAUPRÉ Le Château 2019 ★

75 000 | 11 à 15 €

Construite en 1739, cette bastide servait au XIXe s. de relais de chevaux à la famille Double, des armateurs marseillais, avant d'être convertie en domaine viticole en 1890 par le baron Émile Double. Sa descendante, Phanette, œnologue et ingénieur en agriculture, conduit aujourd'hui un vignoble de 43 ha, en bio certifié depuis 2013.

Au grenache largement majoritaire (80 %) sont associés la syrah et le cinsault pour composer un rosé énergique de bout en bout. Au nez, des senteurs de pierre à fusil se mêlent aux agrumes. En bouche, toujours cette saveur minérale et fruitée qui apporte beaucoup de fraîcheur et une belle allonge. ⧗ 2020-2021 **Collection du Château 2019 ★ (20 à 30 €; 13 000 b.)** Rolle (50 %), sauvignon, sémillon et grenache blanc pour cette cuvée élevée en fût avec bâtonnage. Au nez, des arômes de melon et de toasté. En bouche, du gras, de la rondeur et un boisé soutenu, aux tonalités pâtissières. Un blanc de repas. ⧗ 2021-2024

EARL CH. DE BEAUPRÉ, 3525, RD 7N, 13760 Saint-Cannat, tél. 04 42 57 33 59, contact@beaupre.fr V *t.l.j. 10h-19h*

BY L'HOSTELLERIE
L'Ambassadeur 2019 ★

72 000 | 5 à 8 €

La cave coopérative de Rognes, fondée en 1924, est devenue l'Hostellerie des Vins de Rognes en 2012. Elle

regroupe 65 producteurs pour une surface en vignes de plus de 600 ha en coteaux-d'aix-en-provence.

D'une pâleur toute méridionale, ce rosé s'ouvre sur des parfums bien mariés de fleurs blanches, de pâtisserie et de menthol. En bouche, il se montre fin, frais, croquant. Un joli classique à prix doux. ⧗ 2020-2021

⊶ SCV HOSTELLERIE DES VINS DE ROGNES, 1, chem. de Brès, RD 15, 13840 Rognes, tél. 04 42 50 15 12, contact@hvrognes.com V *t.l.j. 9h-12h30 14h30-19h30*

CH. DE LIBRAN 2019 ★★

■	20 000	🍾	8 à 11 €

La coopérative de Lambesc, située à une vingtaine de kilomètres au nord-ouest d'Aix-en-Provence, a été fondée par Jules Reynaud en 1922. Forte de 700 ha de vignes, elle est un acteur important de l'AOC coteaux-d'aix et une valeur sûre pour ses rosés.

Robe limpide et claire, nez tout en finesse de fleurs blanches et de petits fruits rouges, bouche ample, délicate, fraîche et longuement fruitée. Un rosé hautement recommandable, dans la mesure et l'élégance. ⧗ 2020-2021

⊶ SCA LES VIGNERONS DU ROY RENÉ, 6, av. du Gal-de-Gaulle, 13410 Lambesc, tél. 04 42 57 00 20, contact@lesvigneronsduroyrene.com V *r.-v.*

DOM. NAÏS 2019 ★

■	108 000	🍾	5 à 8 €

Laurent Bastard et Éric Davin, 2 amis d'enfance attachés à leur terre natale, ont créé ce domaine en 2001 avec l'aide de leurs épouses Christiane et Évelyne, et de leurs enfants Adrien et bastien. Ils conduisent un vignoble de 47 ha morcelé sur la commune de Rognes.

La robe est rose pâle à reflets bleutés. Le nez convoque la mandarine, le cédrat, la fraise des bois et les fleurs blanches. La bouche a du nerf et de l'allonge. Un rosé expressif et alerte. ⧗ 2020-2021

⊶ EARL NAÏS, 161, rte du Puy, 13840 Rognes, tél. 04 42 50 16 73, domainenais@gmail.com V *t.l.j. 9h-12h 15h-18h30*

DOM. L'OPPIDUM DES CAUVINS Tradition 2019 ★

■	13 400	🍾	5 à 8 €

Établis au cœur du massif de la Trévaresse, à Rognes, et producteurs en coteaux-d'aix-en-provence (dont ils sont l'une des valeurs sûres), Rémy et Dominique Ravaute exploitent aussi le Clos de la Tuilière, un vignoble de 10 ha en Luberon, sur l'autre rive de la Durance. Leur domaine provençal doit son nom à une ancienne place forte néo-romaine.

Plus souvent en vue pour leurs blancs et leurs rosés, les Ravaute signent ici un joli rouge ouvert sur la violette, les épices douces et les fruits rouges. La bouche offre du volume et une agréable fraîcheur mentholée, avec en soutien des tanins soyeux. Un vin harmonieux et expressif. ⧗ 2020-2024

⊶ EARL DOM. L' OPPIDUM DES CAUVINS, RD 543, Les Cauvins, 13840 Rognes, tél. 04 42 50 29 40, oppidumdescauvins@wanadoo.fr V *t.l.j. sf lun. dim. 9h-12h 14h-18h*

CH. PARADIS 2019 ★

■	20 000	🍾	8 à 11 €

Situé face au massif des Maures, à l'extrême nord de l'appellation coteaux-d'aix-en-provence, ce domaine de 80 ha est propriété de Xavier et Odile Thieblin depuis 2011.

Rolle (60 %) et sauvignon sont à l'œuvre dans ce blanc expressif. On y perçoit des senteurs élégantes et originales de muguet, de fleur, de cassis et de gariguette. La bouche, bien tendue, propose un joli panaché de fleurs et de fruits agrémentés de nuances iodées et de fins amers en finale. Un vin qui ne laisse pas indifférent. ⧗ 2020-2023

⊶ SARL VIGNOBLES PARADIS, chem. de Pommier, 13610 Le Puy-Sainte-Réparade, tél. 04 42 54 09 43, communication@chateauparadis.com V *t.l.j. sf dim. 9h-12h30 14h-18h*

DOM. PEY BLANC Pluriel 2019 ★★

■	40 000	🍾	8 à 11 €

Matteo Giusiano, éleveur de bovins, avait planté les premiers ceps dans les années 1930. Son petit-fils Gabriel s'est installé au domaine en 2004 et a fait construire une cave. Le voici maintenant aux commandes d'une exploitation de 25 ha sur le territoire d'Aix-en-Provence.

Grenache et syrah pour ce vin très élégant dans sa robe limpide et brillante. Une élégance qui caractérise toute la dégustation : nez fin d'agrumes, d'orange, de pamplemousse et de pêche blanche, bouche délicate, souple et fraîche, tout en fruit elle aussi. Un rosé que l'on a envie de conjuguer au pluriel. ⧗ 2020-2021 ■ **N° 1 2019 ★★ (11 à 15 €; 24 000 b.)** Né de grenache (70 %) et de cabernet, ce rosé se présente dans une robe pâle comme il se doit. Au nez, c'est un grand bol de fruits rouges et blancs. En bouche, du fruit toujours, de la fraîcheur, du volume. Il ne manque rien. ⧗ 2020-2021

⊶ EARL GIUSIANO VIGNERONS, 1200, chem. du Vallon-des-Mourgues, rte d'Éguilles, 13090 Aix-en-Provence, tél. 04 42 12 34 76, peyblanc@wanadoo.fr V *t.l.j. 9h30-12h30 15h-19h*

CH. PIGOUDET L'Oratoire Cuvée Divine 2019 ★

■	20 000	🍾	11 à 15 €

Propriété depuis 1992 de la famille Schmidt-Rabe, ce château, situé à l'extrême nord-est de l'appellation, à l'emplacement d'une ancienne villa romaine, fut la résidence d'été de l'archevêque d'Aix au XVIes. Le domaine couvre 110 ha, dont 40 ha plantés en vignes, à 400 m d'altitude.

La robe, d'une pâleur extrême, tirant vers le blanc cristallin, compose une approche aussi originale qu'élégante. Les fleurs (muguet, chèvrefeuille) sont de mise à l'olfaction. On les retrouve dans une bouche ample et fraîche, enrobée par juste ce qu'il faut de gras. Un rosé raffiné. ⧗ 2020-2021

⊶ SC PIGOUDET, 289, chem. de Pigoudet, 83560 Rians, tél. 04 94 80 31 78, pigoudet@pigoudet.com t.l.j. sf sam. dim. 8h30-12h 13h30-17h30; ven. 8h30-12h

PROVENCE

DOM. SAINTE-PHILOMÈNE Capucine 2019 ★

51 600 | 5 à 8 €

La famille de la Perrière a racheté ce domaine en 2005, passant ainsi de l'élevage du charolais (30 ans d'expérience) à celui du vin. Geoffroy, le fils, est aujourd'hui aux commandes.

Un rosé d'une belle brillance, ouvert sur des senteurs d'acacia, de pêche et de miel. La bouche, à l'unisson du bouquet, est franche, nette, bien fraîche et d'une longueur très appréciable. Un ensemble des plus équilibré. ⧗ 2020-2021

DOM. SAINTE-PHILOMÈNE, rte de Cazan, 13330 Pélissanne, tél. 04 90 53 28 61, domainesaintephilomene@yahoo.fr V *t.l.j. 9h-19h* 2

CH. SAINT-HILAIRE 2019 ★

25 000 | 8 à 11 €

La famille Lapierre cultive la vigne depuis le XVIIIe s. à Coudoux. Elle vinifie au domaine depuis 1973. La propriété, en conversion bio, compte aujourd'hui 55 ha de vignes et 15 ha environ d'oliviers. En 2016, elle a inauguré une cave flambant neuve.

Framboise, fraise écrasée, groseille, le nez de ce joli rouge joue le fruit sans réserve. La bouche est dans ce ton : du fruit toujours, une belle fraîcheur qui lui donne de la longueur et des tanins fondus qui lui confèrent de la souplesse. ⧗ 2020-2023

SCEA CH. SAINT-HILAIRE, La Plantade, RD 19, 13111 Coudoux, tél. 04 42 52 10 68, contact@chateau-saint-hilaire.fr V *t.l.j. sf dim. 9h-12h30 14h30-19h*

CH. DU SEUIL 2019 ★★

27 000 | 8 à 11 €

Dupéré-Barrera est une société de négociant vinificateur éleveur créée en 2000 par Emmanuelle Dupéré et Laurent Barrera. Elle a été rachetée en décembre 2018 par Provence Wine Heritage.

D'un élégant rose franc, ce coteaux-d'aix dévoile un nez tout en subtilité, à dominante florale. En bouche, c'est le fruit qui s'impose (rouge et jaune). La fraîcheur est bien présente également et confère une belle allonge à ce rosé d'une réelle élégance. ⧗ 2020-2021 ■ **2018 ★ (8 à 11 €; 20 000 b.)** Au nez, des fruits rouges et une touche épicée. En bouche, beaucoup de souplesse et une aimable rondeur autour de tanins soyeux et bien fondus. Un joli retour du fruit marque la finale. ⧗ 2020-2024

PROVENCE WINE HERITAGE (DUPÉRÉ-BARRERA) - CH. DU SEUIL, 4690, rte du Seuil, 13540 Puyricard, tél. 04 42 92 15 99, contact@pwh.vin V *t.l.j. 9h-12h30 14h-18h*

DOM. DE SURIANE 1884 2019 ★

21 000 | 5 à 8 €

Situé entre l'étang de Berre et les collines de La Crau, ce vaste domaine de 220 ha comprend plus de 35 ha de vignes et une oliveraie. Marie-Laure Merlin a pris les commandes en 2002 de cette exploitation qui appartient à sa famille depuis 4 générations.

1884 comme la date de création de la cave du domaine. Dans le verre, un rosé pâle, ouvert sur les fruits rouges, le chèvrefeuille et le bonbon anglais, souple, frais et d'un bon volume en bouche. ⧗ 2020-2021

SCEA DU DOM. DE SURIANE, 5600, CD 10, 13250 Saint-Chamas, tél. 04 90 50 91 19, contact@domainedesuriane.fr V *t.l.j. sf dim. 9h-12h 14h-18h30*

B DOM. VAL DE CAIRE Lou Cantaï 2019 ★★

6 000 | 8 à 11 €

Après avoir travaillé comme salarié dans plusieurs domaines, Guillaume Reynier a pris en fermage ce vignoble implanté dans son village natal à la suite du départ à la retraite du propriétaire, qui était coopérateur. Il a créé la cave en 2003 et converti au bio ses 17 ha de vignes.

Un peu de sauvignon blanc (10 %) entre dans l'assemblage de ce rosé qui fait chanter la Provence dans le verre – « lou cantaï » signifie le chanteur, c'est aussi le nom de la parcelle qui l'a vu naître. Robe très pâle, nez de petits fruits rouges, d'agrumes et de bonbon, bouche d'une grande finesse, souple, fraîche, soyeuse, persistante sur le fruit : une partition sans fausse note. ⧗ 2020-2021

DOM. VAL DE CAIRE, rte de Caire-Val, 13840 Rognes, tél. 06 79 71 28 93, valdecaire@gmail.com V *t.l.j. sf mer. dim. 16h-19h*

B DOM. DE VALDITION Vallon des Anges 2018 ★★

10 000 | 11 à 15 €

Cet important domaine de 250 ha (dont 90 de vignes et 30 d'oliveraies) est une ancienne propriété de François Ier, qui l'offrit en dot à sa fille naturelle Caroline du Prévôt. Commandé par une bastide, le vignoble est en bio certifié depuis 2012.

La syrah (70 %) et le cabernet-sauvignon associés pour le meilleur dans ce rouge élevé 18 mois en cuve et en foudre. Au nez, les fruits rouges frais (fraise, framboise) épousent un boisé parfaitement fondu, à peine perceptible. Les fruits, relevés d'une touche poivrée, sont toujours bien présents en bouche, épaulés par des tanins veloutés qui renforcent le profil souple et gourmand de ce vin. Une note mentholée s'invite en finale et apporte une belle fraîcheur. Une bouteille déjà agréable, et pour quelques années encore. ⧗ 2020-2025

SNC DOM. DE VALDITION, rte d'Eygalières, 13660 Orgon, tél. 04 90 73 08 12, valdition@valdition.com V *t.l.j. 9h30-12h30 14h-18h*

♥ LA VENISE PROVENÇALE Cuvée Réservée 2019 ★★

55 500 | 5 à 8 €

La Venise provençale est le nom que l'on donne à Martigues – tout comme Bruges est la Venise du Nord. Un nom adopté par la coopérative de Saint-Julien-des-Martigues, créée en 1959. La cave regroupe aujourd'hui 110 viticulteurs qui cultivent 185 ha.

Cette cuvée est une sélection des meilleures parcelles de la cave : des terroirs argilo-calcaires de bord de mer, situés sur la Côte bleue. Et le meilleur est aussi dans le verre avec un rosé majuscule, qui porte beau dans sa robe pâle frangée de nuances orangées. Le nez, expressif et complexe, évoque les agrumes, les fruits exotiques et les fleurs blanches. La bouche est d'une élégance folle, finement texturée, fraîche sans manquer de rondeur, longue et intense. ⧗ 2020-2021 ■ **Miss 2019 ★ (8 à 11 €; 25 000 b.)** Une jolie robe rose pâle aux reflets framboise pour cette Miss qui fait dans la finesse plutôt que dans l'exubérance avec ses arômes délicats de fruits rouges et de fleur d'oranger, comme avec sa bouche ronde sans lourdeur, fruitée et un brin épicée, énergique et fraîche en finale. ⧗ 2020-2021

⊶ CAVE COOPÉRATIVE DE LA VENISE PROVENÇALE, 233, rte de Sausset, 13500 Martigues, tél. 04 42 81 33 93, direction@laveniseprovencale.fr V t.l.j. sf dim. 9h-12h 14h-19h

B CH. VIGNELAURE 2019 ★

■	70 000	🍾	15 à 20 €

Ce château de belle notoriété fut constitué à partir de la fin des années 1960 par Georges Brunet, ancien propriétaire du Ch. la Lagune, cru classé du Médoc. Les vignes, qui s'étendent sur 55 ha au pied de la montagne Sainte-Victoire, font la part belle au cabernet-sauvignon et à la syrah. Propriétaire depuis 2008, Bengt Sundström est aussi amateur et marchand d'art.

Un vin assez soutenu en couleur, au nez gourmand et généreux de fruits rouges mûrs agrémentés d'une touche beurrée. La bouche est enveloppante, ronde, soyeuse, fruitée et briochée. Un joli rosé de repas. ⧗ 2020-2021

⊶ SAS CH. VIGNELAURE, rte de Jouques, 83560 Rians, tél. 04 94 37 21 10, info@vignelaure.com V r.-v.

COTEAUX-VAROIS-EN-PROVENCE

Superficie : 2 285 ha
Production : 123 900 hl (97 % rouge et rosé)

Reconnue en 1993, l'AOC est produite dans le département du Var sur 28 communes. Ceinturé à l'est et à l'ouest par les côtes-de-provence, le vignoble, discontinu, se niche entre les massifs calcaires boisés, au nord de la Sainte-Baume et autour de Brignoles qui fut la résidence d'été des comtes de Provence. Signalons que le syndicat a son siège dans l'ancienne abbaye de La Celle reconvertie en hôtel-restaurant sous la houlette d'Alain Ducasse.

B DOM. DES ANNIBALS Grands Annibals 2019 ★

■	4000	🍾	11 à 15 €

Après une 1ère vie dans la finance, Nathalie Coquelle a pris en 2001 la tête de ce vignoble créé en 1792, qui comprend aujourd'hui 28 ha conduits en bio et un caveau voûté du XIIe s. L'éléphant figurant sur les étiquettes rappelle la légende selon laquelle le Carthaginois Hannibal marchant sur Rome avec ses pachydermes serait passé à l'emplacement du domaine. En 2016, après avoir géré pendant vingt ans une entreprise de recyclage de déchets industriels, Henri De Wulf s'est associé à Nathalie Coquelle pour conduire le domaine.

À dominante de grenache, associé à la syrah et au rolle, cette cuvée offre un nez d'agrumes, d'épices et de fruits exotiques. Ce bouquet complexe se retrouve dans une bouche à la fois ronde et acidulée, agrémentée de quelques notes florales et prolongée par une jolie finale citronnée. ⧗ 2020-2021 ■ **La Jouvencelle 2019 ★ (8 à 11 €; 9300 b.)** B Du rolle et 20 % de grenache blanc pour cette cuvée au nez floral (aubépine, genêt, muguet) et fruité (abricot mûr, agrumes). Après une attaque ample et riche, la bouche se montre tonique et persistante, sur fond de fruits exotiques et de fruits blancs. Une acidité bien dosée, une fine amertume et une touche de salinité en finale viennent équilibrer ce vin résolument élégant. ⧗ 2020-2023

⊶ DOM. DES ANNIBALS, rte de Bras, RD_35, 83170 Brignoles, tél. 04 94 69 30 36, dom.annibals@orange.fr V t.l.j. sf dim. 9h-12h 14h-18h

B BASTIDE DE BLACAILLOUX Quintessence d'éclosion 2019 ★★

■	3300	🍾	11 à 15 €

Depuis plus de 4 générations, la famille de Bruno Chamoin cultive les terres de la Bastide de Blacailloux, situées en plein cœur du parc naturel de la Sainte-Baume. Bruno a repris le bastion de la propriété en 1995 et cultive aujourd'hui 40 ha de vignes en agriculture biologique.

Composé à 80 % de grenache noir et à 20 % de syrah, ce vin d'un rose tendre charme par son nez floral (lilas) et fruité (cerise, fraise). La bouche évolue sur des notes d'agrumes et de fruits jaunes, soulignée par une fine trame acidulée jusqu'à la finale, centrée sur le citron vert. Un vin tout en fraîcheur, qui fleure bon la Provence. ⧗ 2020-2021 ■ **Éclosion 2019 ★ (8 à 11 €; 4800 b.)** B Un 100 % rolle d'une belle brillance, au nez intense de pêche blanche, d'abricot et de mangue. Arômes prolongés par une bouche ample et ronde, soulignée par une fine acidité aux tonalités fruitées (agrumes) et végétales. ⧗ 2020-2023 ■ **Quintessence d'éclosion 2018 ★ (11 à 15 €; 1400 b.)** B 6 mois de fût pour ce pur rolle aux reflets dorés, au nez gourmand de beurre, de vanille, de meringue, d'agrumes et de fleurs blanches. La bouche se montre délicate, aérienne, fraîche, avec en soutien un bon boisé toasté. ⧗ 2020-2023 ■ **Cuvée Mathieu 2017 ★ (15 à 20 €; 3500 b.)** B À un nez puissant et généreux de boisé vanillé et torréfié, de fruits à l'alcool et d'épices répond une bouche ample, dense, dotée de tanins bien présents mais soyeux et d'une jolie finale plus fraîche et minérale. ⧗ 2022-2025

⊶ BASTIDE DE BLACAILLOUX, Dom. de Blacailloux, 83170 Tourves, tél. 04 94 86 83 83, contact@bastide-de-blacailloux.com V t.l.j. sf dim. 10h-12h30 14h30-19h

BASTIDE DE FAVE Héritage de Saint-Victor 2019 ★

■	2500	🍾	8 à 11 €

Ancien maître de chai chez Martell, Benoît Fil, ingénieur agronome et œnologue, a débuté sa carrière en 2000 en Georgie – berceau probable du vin. En 2017, il a quitté la Charente et le cognac pour renouer avec ses racines provençales, s'installant avec sa famille au Dom. de Fave, ancien prieuré de l'abbaye Saint-Victor : près de 8 ha de vignes en 2 îlots, 1 ha

PROVENCE

d'oliviers, et des chambres d'hôtes. La conversion bio est engagée.

Sous sa robe jaune pâle aux reflets or blanc, ce 100 % vermentino s'ouvre à l'aération sur des notes florales (lys, jasmin) et fruitées (agrumes, fruits exotiques et à chaire blanche). Des arômes de confiserie et d'anis s'affirment ensuite dans une bouche ample, ronde et suave, faisant preuve d'une belle longueur. Un vin complexe et élégant. ⧗ 2020-2023 ■ **Héritage de Saint Victor 2019 ★ (8 à 11 €; 10 000 b.)** Vermentino, syrah, cinsault et grenache pour ce rosé pâle, ouvert sur des arômes de poire, de pêche et de groseille nuancés de notes amyliques. Après une attaque puissante, les fruits reviennent en force dans une bouche ronde et suave, équilibrée par une fine tension en finale. ⧗ 2020-2021

BASTIDE DE FAVE, Bastide-de-Fave, rte de Bras, 83119 Brue-Auriac, tél. 06 73 40 58 41, benoit.fil@bastidedefave.com V r.-v. 4

B CH. BELLINI 2019 ★★

■ | 4000 | | 15 à 20 €

Un domaine établi le long de la Via Aurelia dès le Xes., qui fut fréquenté par les Comtes de Provence. Un vignoble ancien donc, étendu sur 35 ha en terrasses et repris en 2016 par Tom Bove. L'exploitation est certifiée bio.

Cet assemblage de syrah et de cabernet séduit d'emblée par sa robe franche et brillante aux reflets violines. Le charme continue d'opérer au nez à travers des arômes intenses de fruits rouges, de violette, de menthe et de réglisse. Une palette prolongée par une bouche ample, ronde, riche, concentrée, bâtie sur des tanins veloutés à souhait. Un vin complexe et généreux. ⧗ 2021-2025

DOM. BELLINI, 1484, RD_79, 83170 Brignoles, tél. 04 94 39 45 40, info@mascaronne.com

B CH. LA CALISSE Cuvée Étoiles 2017 ★★

■ | 800 | | 20 à 30 €

Une ancienne magnanerie, exploitée en polyculture au XIXes. On y cultivait notamment des amandiers dont les fruits servaient aux confiseurs d'Aix-en-Provence pour la fabrication des calissons. Désormais dédié à la vigne (12 ha), le domaine est dirigé par Patricia Ortelli depuis 1991, et conduit en bio depuis 1996. Une valeur (très) sûre des coteaux-varois.

70 % de rolle, 20 % de grenache blanc et 10 % de clairette sont à l'origine de cette cuvée à la robe cristalline et brillante. Le nez expressif et élégant s'ouvre sur des arômes de beurre, de fruits exotiques, de fruits à chair jaune confits et d'amandes grillées. Ronde et grasse, la bouche marque par son amplitude et son volume sur fond de pêche jaune au sirop jusqu'à sa finale agréablement épicée. Un vin qui montre en outre de la longueur et de la persistance sur la fraicheur. ⧗ 2020-2025 ■ **Patricia Ortelli 2019 ★★ (20 à 30 €; 8000 b.)** B 70 % de grenache noir et 30 % de syrah pour ce rosé pâle et limpide, au nez « explosif » de pomélo, de litchi et de fruit de la Passion. On retrouve cette intensité aromatique dans une bouche fraîche en attaque, plus tendre et arrondie dans son développement. ⧗ 2020-2021 ■ **Cuvée Étoiles 2015 ★ (30 à 50 €; 2200 b.)** B Une robe profonde habille ce vin d'un abord un peu animal, qui s'ouvre à l'aération sur la liqueur de cassis. La bouche est suave, ample, dense, dotée de tanins fermes qui permettront à cette bouteille de bien évoluer. ⧗ 2022-2025

CH. LA CALISSE, RD_560, 83670 Pontevès, tél. 04 94 77 24 71, contact@chateau-la-calisse.fr V r.-v.

CH. DE CANCERILLES 2019 ★

■ | 4600 | | 11 à 15 €

Ancienne propriété des Chartreux de Montrieux, ce domaine créé en 1989 par Chantal et Serge Garcia est situé au milieu des forêts aux portes de la vallée du Gapeau, sur le versant sud de la Sainte-Baume. Depuis l'installation de Syril, le fils, en 2014, l'exploitation de 12 ha est, à la vigne comme au chai, en pleine restructuration et en cours de conversion bio.

Cet assemblage à dominante de grenache, complété de 15 % de cabernet sauvignon et de 9 % de syrah, offre un joli nez fruité, centré sur les agrumes, le pamplemousse notamment. La bouche s'inscrit dans cette continuité aromatique, avec de la longueur et de la fraîcheur, jusqu'à une finale relevée d'une pointe d'amertume. ⧗ 2020-2021

CH. DE CANCERILLES, 1400, rte de Belgentier, Vallée du Gapeau, 83870 Signes, tél. 04 94 90 83 93, garcia@chateaudecancerilles.com V r.-v. 4 E

B DOM. DU DEFFENDS Rosé d'une nuit 2019 ★

■ | 21 000 | | 11 à 15 €

Cette ancienne ferme datant de la fin du XVIIIes. a été achetée par la famille de Lanversin en 1963. Aujourd'hui, le domaine compte 15 ha de vignes situées sur les contreforts des monts Auréliens sur un coteau montant jusqu'à 420 m d'altitude. Le vignoble est conduit en agriculture biologique.

Cette cuvée née de grenache (60 %) et de cinsault séduit par son joli nez de fruits mûrs et de fruits à noyaux. Un fruité auquel fait écho une bouche dense et bien équilibrée, dynamisée par une finale plus nerveuse. Un beau rosé de repas. ⧗ 2020-2022

DOM. DU DEFFENDS, 2020, chem. du Deffends, 83470 Saint-Maximin-la-Sainte-Baume, tél. 04 94 78 03 91, domaine@deffends.com V *t.l.j. sf dim. 10h-12h 15h-18h*

♥ CH. DE L'ESCARELLE Les Deux Anges 2019 ★★

■ | 8000 | | 11 à 15 €

En 1920, François-Joseph Fournier (déjà propriétaire de l'île de Porquerolles) fit cadeau à son épouse de cette propriété adossée aux contreforts de la montagne de La Loube. Dans les années 1960, la famille Gassier a transformé le domaine qui, avec 110 ha de vignes, représente sans doute la plus grande cave particulière de l'AOC coteaux-varois. Acquis en 2014 par l'homme d'affaires Yann Pineau, il est en conversion bio.

Ce 100 % rolle aux beaux reflets jaunes dorés dévoile un nez complexe et racé, floral (genêt, jasmin), fruité (melon, abricot) et miellé. Une complexité prolongée par une bouche enthousiasmante par son élégance et son équilibre entre acidité et rondeur, suavité et alcool. Et quelle finale, longue, intense, épicée ! Un grand blanc de gastronomie, qui ne manquera pas de se bonifier avec le temps. ⧗ 2021-2024 ■ **Croix d'Engardin 2016 ★ (30 à 50 €; 6000 b.)** Au nez, cette cuvée propose des notes empyreumatiques et des arômes de miel, de cire d'abeille, de fruits confits et de brioche. Un profil gourmand confirmé par un palais ample, riche et suave, bien épaulé par l'élevage et souligné par trame de fraîcheur en finale. ⧗ 2020-2023 ■ **Les Deux Anges 2019 ★ (11 à 15 €; n.c.)** Un rosé élégant, empreint de notes d'herbes aromatiques, d'agrumes et de pêche. Sa fraîcheur offre un plaisir simple. ⧗ 2020-2021

CH. DE L' ESCARELLE, rte de la Roquebrussanne, 83170 La Celle, tél. 04 94 69 09 98, v.naquet@escarelle.fr V *r.-v.*

DOM. LA GAYOLLE Syagria 2019 ★

■	12000		8 à 11 €

Au cœur de la Provence verte, entre chênes et pins maritimes, ce domaine, ancienne dépendance de l'abbaye Saint-Victor, est dans la famille de Nicolas Paul depuis 1855. Ce dernier, après avoir pris la tête de l'exploitation en 2008, a achevé en 2014 la construction d'un nouveau chai. Son vignoble s'étend aujourd'hui sur 54 ha au pied du massif de La Loube.

Composée de grenache, syrah, cinsault et rolle, cette cuvée couleur litchi présente un bouquet discret, amylique et fruité (petits fruits rouges, pomélo). La bouche, dans le même registre aromatique, se révèle ample, ronde et persistante, équilibrée par la fraîcheur de sa finale. Un rosé de repas, aussi intense qu'élégant. ⧗ 2020-2021

DOM. LA GAYOLLE, rte de la Roquebrussanne, 83170 La Celle, tél. 07 77 72 64 06, la-gayolle@orange.fr V *t.l.j. sf dim. 9h30-12h30 14h30-18h30*

DOM. LA GRAND'VIGNE
Cuvée Les Fournerys 2019 ★

■	4000		8 à 11 €

Roland Mistre, œnologue, a repris en 1998 l'exploitation familiale créée à la fin du XIXe s., qui livrait ses raisins à la coopérative. Il a relancé en 2002 la vinification à la propriété et exploite 13 ha de vignes.

Cette cuvée, issue de 70 % de grenache et de 30 % de mourvèdre, s'ouvre, après aération, sur des notes d'agrumes, de fruits rouges et de bonbon Arlequin. La bouche est très harmonieuse, offrant de la rondeur, de la douceur, du fruit, une fine vivacité venant dynamiser la finale. ⧗ 2020-2021 ■ **2019 ★ (5 à 8 €; 20000 b.)** Un assemblage de grenache, de syrah et de cinsault pour ce rosé au nez intense de fruits blancs frais et d'agrumes, et à la bouche longue, à la fois suave et saline, stimulée par une finale pleine de fraîcheur. ⧗ 2020-2021 ■ **2019 ★ (5 à 8 €; 2000 b.)** Sous sa robe d'un jaune limpide et brillant, cette cuvée née de rolle (70 %) et de grenache blanc offre un nez fin et expressif de fruits blancs, de fruits exotiques, de beurre et de fleurs. La bouche apparaît riche, ample et suave, avec une juste acidité en soutien. ⧗ 2020-2023

DOM. LA GRAND'VIGNE, rte de Cabasse, 83170 Brignoles, tél. 04 94 69 37 16, contact@lagrandvigne.com

♥ B CH. LAFOUX Vinicius 2016 ★★

■	1600		30 à 50 €

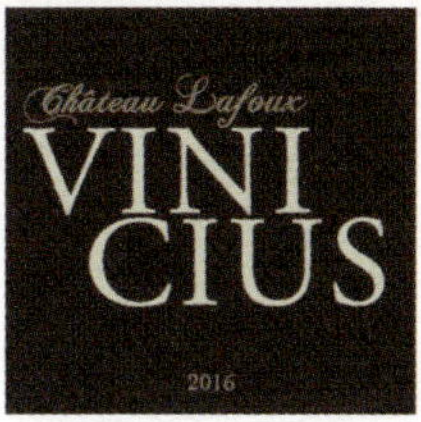

Rachetée en 1999 par Claudine et Yvon Boisdron, la propriété doit son nom à la source voisine, La Foux. Elle est commandée par une bastide du XVIIIe s. bâtie sur un ancien fortin romain situé le long de la voie aurélienne. Le domaine s'étend sur 174 ha : du blé dur, des oliviers et 24 ha de vignes plantées sur un sol argilo-calcaire et entourées de chênes. L'exploitation est conduite en agriculture biologique.

Une cuvée enthousiasmante de bout en bout. Née de syrah (90 %) et de grenache, elle dévoile, sous les atours d'une belle robe dense et profonde, un nez complexe de fruits compotés (cerise mûre, figue) et de cacao. La bouche apparaît ample, dense, concentrée à souhait, adossée à des tanins puissants et enrobés, avec en finale une acidité bienvenue qui lui confère beaucoup d'allonge. ⧗ 2021-2025 ■ **Auguste 2018 ★★ (15 à 20 €; 7132 b.)** B Une élégante robe pourpre et profonde pour cet assemblage de syrah et de grenache (20 %), élevé pour partie en fût, pour partie en jarres. Le nez, complexe, convoque les fruits noirs très mûrs, le poivre et le clou de girofle. Après une attaque vive, sur le fruit, la bouche monte en puissance, offrant une belle mâche et des arômes intenses de cannelle, de réglisse et de vanille. ⧗ 2023-2025

CH. LAFOUX, RN_7, 83170 Tourves, tél. 04 94 78 77 86, contactlafoux@gmail.com V *t.l.j. sf dim. 9h-12h30 14h30-18h30*

B CH. LA LIEUE 2019 ★

■	95000		8 à 11 €

Fondé en 1876 par Batilde Philomène, veuve d'un soyeux lyonnais, ce domaine (77 ha aujourd'hui) se transmet depuis 5 générations au sein de la famille Vial. Converti à l'agriculture biologique dès 1997, le vignoble est conduit par Jean-Louis Vial et son fils Julien. Créée en 1906, la cave a été réaménagée pour permettre des vinifications sur de petits volumes.

Grenache, cabernet-sauvignon, carignan et syrah ont donné naissance à cette cuvée d'un rouge profond aux reflets bleutés. Des notes animales se dégagent au premier nez, puis, après aération, c'est un bouquet fleurant bon la garrigue et les fruits rouges qui s'exprime. La bouche se montre dense, ronde et persistante, plus austère en finale. Un vin de caractère, pour lequel le meilleur reste à venir. ⧗ 2021-2024

CH. LA LIEUE, rte de Cabasse, 83170 Brignoles, tél. 04 94 69 00 12, chateau.la.lieue@orange.fr V *t.l.j. 9h-12h30 14h-19h; dim. 10h-12h 15h-18h*

PROVENCE

♥ B DOM. DU LOOU Rosée de printemps 2019 ★★

6600 | 8 à 11 €

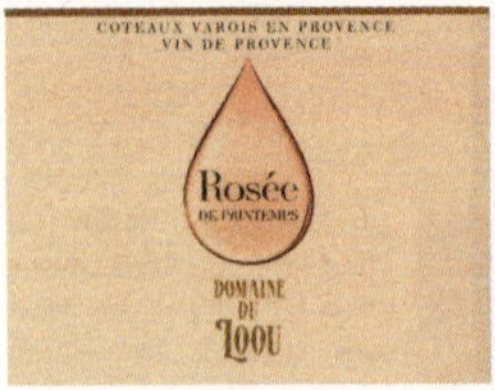

Longtemps propriété de l'abbaye Saint-Victor à Marseille, le Dom. du Loou, dont la tradition viticole remonte à l'Antiquité, appartient depuis 1954 à la famille Di Placido. Couvrant 25 ha à l'origine, il compte aujourd'hui 60 ha de vignes d'un seul tenant, conduites en bio.

Syrah, grenache et cinsault sont associés pour le meilleur dans cette cuvée d'un très bel éclat rosé. Le nez offre une véritable explosion d'arômes : bonbon acidulés, agrumes, fruits blancs, fruits rouges. Le ravissement se prolonge dans un palais ample, suave sans lourdeur, intense et long, vivifié par une finale plus tendue. ⧗ 2020-2021 ■ **Terres du Loou 2019 ★★ (8 à 11 €; 35000 b.)** B Un rosé pâle, ouvert sur les fruits rouges (cerise, fraise), les fruits exotiques (mangue, papaye) et les agrumes, frais, acidulé et tout aussi fruité en bouche. Une personnalité bien affirmée. ⧗ 2020-2021

DOM. DU LOOU, chem. du Loou, 83136 La Roquebrussanne, tél. 04 94 86 94 97, contact@domaineduloou.fr V *r.-v.*

B CH. MARGILLIÈRE Bastide 2019 ★

15000 | 11 à 15 €

Domaine implanté à quelques kilomètres de Brignoles, comprenant vignes (22 ha aujourd'hui), oliviers et un caveau de dégustation aménagé dans une ancienne magnanerie du XVIIᵉs. Patrick Caternet, à partir de 1996, lui a redonné son lustre et l'a converti à l'agriculture biologique avant de le transmettre en 2002 à sa fille Pauline. En 2016, la gestion de la propriété a été confiée à la famille Bunan.

90 % de rolle et 10 % d'ugni blanc composent cette cuvée jaune pâle aux reflets verts et argentés. Le nez, franc et complexe, s'ouvre sur des notes de fleurs blanches, de pêche, de poire, de pamplemousse et de fruits exotiques. Le fruité continue de s'exprimer dans une bouche dense et volumineuse, équilibrée sur la fraîcheur et persistante. Un vin expressif. ⧗ 2020-2023 ■ **Hautes Terres 2017 ★ (15 à 20 €; 5700 b.)** B 90 % de syrah et du cabernet-sauvignon pour ce rouge rubis profond, au nez intense de moka, de vanille et de fruits confiturés, à la bouche à la fois soyeuse et puissante, bâtie sur des tanins fondus. Belle et longue finale sur les épices, la vanille et la coco. ⧗ 2022-2025

CH. MARGILLIÈRE, 2125,rte de Cabasse, 83170 Brignoles, tél. 04 94 69 05 34, contact@chateau-margilliere.com V *t.l.j. sf dim. 9h30-12h 14h30-18h*

B CH. MARGÜI 2017 ★

4000 | 20 à 30 €

Le Ch. Margüi a rejoint Skywalker Vineyards, propriétaire de vignobles en Californie, en Italie et en France, en 2017. Le domaine est situé dans le Haut Var à 300 m d'altitude, au cœur de la zone Natura 2000. Yann Jouët, régisseur depuis 2018, conduit les 15 ha de vignes en agriculture biologique.

Né de 60 % de syrah, 30 % de cabernet-sauvignon et 10 % de grenache, ce vin s'ouvre sans réserve sur des notes de fumé, d'épices, de vanille, de tabac blond et de fruits noirs. Centrée sur les fruits et les épices, la bouche se révèle dense, ample, généreuse, étayée par des tanins encore fermes qui demandent un peu de temps pour s'assouplir. ⧗ 2023-2026

CH. MARGÜI SKYWALKER VINEYARDS, Dom. de Margüi, rte de Barjols, 83670 Châteauvert, tél. 09 77 90 23 18, contact@chateaumargui.com V *t.l.j. sf lun. dim. 10h-18h; oct. à avril sur r.-v.*

DOM. MASSON 2019 ★

30000 | 8 à 11 €

Gilles Masson a acquis en 2002 un vignoble de 24 ha environné de bois, niché au pied du massif du Bessillon. Après avoir apporté pendant près de quinze ans sa vendange à la coopérative locale, cet œnologue n'a pas résisté à la tentation de faire son vin : il a construit sa cave en 2016, vinifié le produit de 8,5 ha, le solde de la récolte restant confié à la coopérative. La production est en conversion bio.

Du fruit, du fruit et encore du fruit pour ce rosé au nez très expressif, centré sur le fruit de la Passion, les agrumes et la pêche blanche. Un fruit que ne renie pas le palais, ample, frais, aérien, relevée par une agréable saveur de peau de clémentine en finale. ⧗ 2020-2021

DOM. MASSON, 1014, chem. du Gavelier, 83119 Brue-Auriac, tél. 04 94 80 09 49, info@domainemasson.fr V *t.l.j. sf lun. dim. 15h-19h; sam. 10h-13h*

♥ CH. D'OLLIÈRES Prestige 2019 ★★

33000 | 11 à 15 €

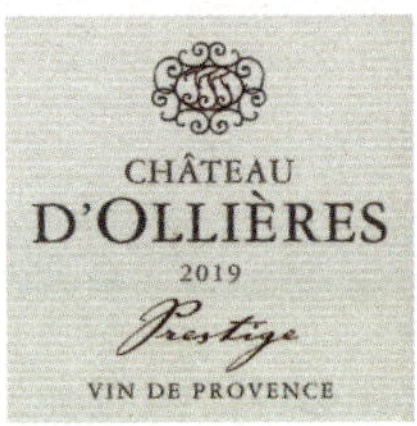

Sous la direction de Charles Rouy, qui a fait ses armes dans la célèbre maison beaunoise Bouchard Père et Fils, cette ancienne seigneurie a su retrouver sa tradition viticole à partir de 2003 grâce à une restructuration du vignoble (16 ha replantés sur les 35 ha que compte aujourd'hui le domaine) et à un investissement dans des équipements modernes.

Cette cuvée associe 40 % de grenache, autant de syrah et 20 % de cinsault. Elle séduit d'emblée par sa robe pâle et lumineuse. Le nez, très élégant, évoque les fruits rouges, les agrumes et le jasmin. Autant de saveurs relayées par une bouche fraîche, croquante, fine et persistante. Un rosé d'un grand raffinement. ⧗ 2020-2021

CH. D' OLLIÈRES, Le Château, 83470 Ollières, tél. 04 94 59 85 57, info@chateau-ollieres.com V *t.l.j. sf. sam. dim. 9h-12h30 14h-17h30*

CH. LA PRÉGENTIÈRE 2019 ★

7200 | 5 à 8 €

Au sein de ce vaste vignoble de 57 ha exposé plein sud, au pied des Petit et Gros Bessillon, au cœur de la

Provence verte, on distingue encore les traces de la ligne de chemin de fer qui reliait Nice à Meyrargues au XIXe s. Reprise en 2001 par l'entrepreneur Jean-Claude Caillou, cette propriété a connu une profonde restructuration.

De jeunes ceps (15 ans) de rolle ont donné naissance à ce blanc pâle et brillant, au nez complexe de fleurs blanches, de réglisse, de confiserie et de menthol. La bouche se révèle fine, élégante, très fraîche, une légère note épicée venant pimenter la finale. ⧗ 2020-2023

⊶ DOM. DE LA PRÉGENTIÈRE, 6095, rte de la Draguignan, 83670 Pontevès, tél. 04 94 77 10 64, directeurexploitation@lapregentiere.fr V t.l.j. sf dim. 10h-12h 15h-18h

Ⓑ DOM. LA ROSE DES VENTS
Seigneur de Broussan 2019 ★★

| 2600 | | 8 à 11 € |

Fondée au début du XXe s., l'exploitation s'est transmise au fil des générations. Depuis 1994, Gilles Baude, œnologue talentueux, conduit le domaine et ses 60 ha de vignes (certifiés bio) avec son beau-frère Thierry Josselin, chargé de la commercialisation. Une valeur sûre en coteaux-varois.

Une touche de sémillon (15 %) accompagne le rolle dans ce blanc fermenté en barrique et bâtonné sur lies fines. La robe est élégante, limpide, ornée de reflets verts. Le nez conjugue intensité et complexité autour de notes de coulis de mangue, d'agrumes et d'épices. La bouche associe gras, rondeur, boisé bien dosé et fine acidité pour composer un ensemble des plus harmonieux. ⧗ 2020-2023 ■ **2019 ★★ (8 à 11 €; 15300 b.) Ⓑ** À un nez expressif de buis, de fruits exotiques et de pêche blanche répond une bouche tout aussi fruitée, ronde et tendre sans manquer de fraîcheur. De l'équilibre et de l'élégance. ⧗ 2020-2023 ■ **Seigneur de Broussan 2019 ★ (8 à 11 €; 15000 b.) Ⓑ** Grenache, syrah et rolle pour ce rosé bien ouvert sur des arômes de poire et de fruits exotiques (litchi, fruit de la Passion, mangue). La bouche poursuit dans le même registre aromatique, sous-tendue par des notes épicées et portée par une belle fraîcheur jusqu'en finale. ⧗ 2020-2021

⊶ DOM. LA ROSE DES VENTS, rte de Toulon, 83136 La Roquebrussanne, tél. 04 94 86 99 28, larosedesvents073@orange.fr V t.l.j. sf dim. 9h-12h 14h-18h

CAVE SAINT-ANDRÉ 2019 ★

| 40000 | | 5 à 8 € |

Seillons-Source-d'Argens est un village perché plein de charme d'où la vue embrasse la Sainte-Baume, la Sainte-Victoire et Saint-Maximin. Fondée en 1909, sa cave coopérative, après diverses fusions à partir de 1995, dispose de quelque 380 ha. Elle propose des coteaux-varois et des IGP du Var.

Un assemblage de syrah, de grenache et de carignan pour cette cuvée d'un rose pourpre qui propose un joli bouquet de fruits rouges, de fleurs et de menthol. La bouche offre du volume, de la densité et une rondeur onctueuse autour de saveurs de fruits mûrs. Un rosé de repas. ⧗ 2020-2021

⊶ CAVE SAINT-ANDRÉ, Plaines-de-l'Aire, 83470 Seillons-Source-d'Argens, tél. 04 94 72 14 10, cave.st.andre@gmail.com V t.l.j. sf lun. dim. 9h-12h 14h-18h

LES VIGNERONS DE LA SAINTE BAUME
Les restanques bleues 2019 ★

| 37066 | | 5 à 8 € |

Fondée en 1913 dans l'ouest varois sous le nom de la Fraternelle, la coopérative de Rougiers, rebaptisée Vignerons de la Sainte-Baume, est l'une des plus anciennes de la région. Ses bâtiments sont classés à l'Inventaire général du patrimoine culturel de Rougiers. C'est aujourd'hui une petite structure qui regroupe une quarantaine d'adhérents pour un vignoble de 185 ha.

80 % de grenache et 20 % de syrah composent cette cuvée très pâle aux reflets gris. Le nez se montre expressif, à dominante exotique. Une attaque sur la fraîcheur, un développement plus en rondeur, une finale aiguisée, la bouche est équilibrée. ⧗ 2020-2021

⊶ LES VIGNERONS DE LA SAINTE-BAUME, rte de Brignoles, 83170 Rougiers, tél. 04 94 80 42 47, cave.saintebaume@orange.fr V t.l.j. sf dim. 9h-12h 15h-18h

DOM. SAINT-JEAN DE VILLECROZE
2019 ★

| 10000 | | 8 à 11 € |

À l'origine, une propriété des Templiers. Saint-Jean de Villecroze a (re)trouvé sa vocation viticole à partir de 1973 après avoir été acheté par un couple franco-américain qui a replanté le vignoble. Le domaine a été repris en 1993 par un vigneron italien, Francesco Caruso, aujourd'hui à la tête de 28 ha, en côtes-de-provence, coteaux-varois et IGP.

Un assemblage à parts égales de grenache et de cinsault est à l'origine de ce rosé très pâle, qui s'ouvre sur un nez fin et discret de fleurs blanches, de menthe et d'herbe fraîche. La bouche s'affirme davantage : franche en attaque, elle s'arrondit sur des arômes de prune, de mirabelle et de pêche qui charment par leur persistance. ⧗ 2020-2021

⊶ DOM. SAINT-JEAN, quartier Saint-Jean, 83690 Villecroze, tél. 04 94 70 63 07, contact@domaine-saint-jean.com V t.l.j. sf dim. 10h-12h30 14h-18h30; f. janv.

PROVENCE

DOM. SAINT-JEAN-LE-VIEUX
Cuvée Le Grand Clos 2018 ★★

| 3800 | | 8 à 11 € |

Pierre et Claude Boyer conduisent depuis 1990 ce domaine familial de 60 ha fondé par leur grand-père et sur lequel ils s'emploient à moderniser les techniques culturales et le travail au chai dans le respect de l'environnement (agriculture raisonnée depuis 2004, HVE niveau 2 depuis 2012).

Une belle robe pourpre intense habille ce vin associant les fruits rouges à de fines notes épicées et fumées au nez. La bouche se révèle ample, soyeuse et concentrée; on y retrouve le fruit et les épices enrobant des tanins d'une agréable souplesse. ⧗ 2020-2023

⊶ DOM. SAINT-JEAN-LE-VIEUX, 317, av. du 8-Mai-1945, 83470 Saint-Maximin, tél. 04 94 59 77 59, domaine@saintjeanlevieux.com V t.l.j. sf dim. 8h-12h30 14h-19h

DOM. SAINT-MITRE M 2019 ★

■	92 000	▮	8 à 11 €

Un domaine de 35 ha repris en 2004 par Nelly et Daniel Martin, vignerons champenois, qui ont procédé à une importante restructuration du vignoble et du chai.

Grenache, syrah, cinsault et vermentino pour ce vin d'un beau rose franc, au nez fin et complexe de pêche, de fraise et d'abricot légèrement confiturés. Du volume, de la fraîcheur, du fruit, une belle finale minérale et épicée : la bouche ne manque de rien. ⧗ 2020-2021

⊶ DOM. SAINT-MITRE, 1782, chem. de Saint-Mitre, 83470 Saint-Maximin-la-Sainte-Baume, tél. 04 94 78 07 54, saint.mitre@wanadoo.fr V r.-v.

CH. THUERRY Les Abeillons 2019 ★

■	10 800	▮	11 à 15 €

Au sein du parc régional du Haut-Var Verdon, une bâtisse templière du XIIᵉ s., soulignée par un chai longiligne ultramoderne et semi-enterré (2 200 m²), commande une propriété de 340 ha, dont environ 40 ha de vignes. Une valeur sûre de la Provence viticole qui a été rachetée en 1998 par le versaillais Jean-Louis Croquet, entrepreneur en études de marché, ancien joueur de rugby et d'abord propriétaire à Chablis.

La dégustation débute par un joli nez franc et élégant d'agrumes et de fleurs blanches agrémenté d'une touche minérale. Elle se poursuit sur le même ton avec une bouche fraîche, nette et fine. Un blanc raffiné et aérien. ⧗ 2020-2023

⊶ CH. THUERRY, Ch. Thuerry, 83690 Villecroze, tél. 04 94 70 63 02, thuerry@chateauthuerry.com V t.l.j. 9h-19h; hiver f. dim. 9h-17h30

DOM. VALCOLOMBE Baroque 2017 ★

■	6 000	▮▮	15 à 20 €

Créé en 1993 par Pierre et Marie-Pascale Leonetti, médecins, ce domaine comprend un vignoble de 6 ha et une oliveraie. Il a été racheté en 2012 par Marie-Hélène et Philippe Grammont, ce dernier ancien de chez Veuve-Clicquot.

Ballottage favorable pour la syrah (51 %) aux côtés du cabernet-sauvignon dans ce 2017. La robe est intense et profonde, et le nez bien ouvert et complexe, évoquant la vanille, le cacao, les fruits mûrs et la mine de crayon. La bouche se révèle suave et enveloppante, cadrée en douceur par des tanins veloutés. ⧗ 2022-2025

⊶ SCEA DOM. DE VALCOLOMBE, 1375, chem. des Espèces, 83690 Villecroze, tél. 06 79 61 20 13, p.grammont@domaine-valcolombe.com V t.l.j. 10h-13h 15h-19h

CÔTES-DE-PROVENCE

Superficie : 23 280 ha
Production : 975 977 hl (96 % rouge et rosé)

Née en 1977, cette vaste appellation occupe un bon tiers du département du Var, avec des prolongements dans les Bouches-du-Rhône, jusqu'aux abords de Marseille, et une enclave dans les Alpes-Maritimes. Trois terroirs la caractérisent : le massif siliceux des Maures, au sud-est, bordé au nord par une bande de grès rouge allant de Toulon à Saint-Raphaël, et, au-delà, l'importante masse de collines et de plateaux calcaires qui annonce les Alpes. Issus de nombreux cépages en proportions variables, sur des sols et des expositions tout aussi divers, les côtes-de-provence présentent, à côté d'une parenté due au soleil, des variantes qui font précisément leur charme... Un charme que le Phocéen Protis goûtait sans doute déjà, six cents ans avant notre ère, lorsque Gyptis, fille du roi, lui offrait une coupe en aveu de son amour... La diversité des côtes-de-provence a conduit à individualiser certains terroirs, comme ceux de Sainte-Victoire et de Fréjus, reconnus en 2005, ou La Londe en 2008.

Sur les blancs tendres mais sans mollesse du littoral, les nourritures maritimes et très fraîches seront tout à fait à leur place, tandis que ceux qui sont un peu plus « pointus », nés un peu plus au nord, appelleront des écrevisses à l'américaine et des fromages piquants. Les rosés, plus ou moins tendres ou nerveux, s'accorderont aux fragrances puissantes de la soupe au pistou, de l'anchoïade, de l'aïoli, de la bouillabaisse, et aussi aux poissons et fruits de mer aux arômes iodés : rougets, oursins, violets. Parmi les rouges, ceux qui sont tendres, à servir frais, conviennent aussi bien aux gigots et aux rôtis qu'au pot-au-feu, surtout si l'on sert ce dernier en salade; les rouges puissants, généreux, qui peuvent parfois vieillir une dizaine d'années, conviendront aux civets, aux daubes, aux bécasses. Et pour les amateurs d'harmonies insolites, rosés frais et champignons, rouges et crustacés en civet, blancs avec daube d'agneau (au vin blanc) procurent de bonnes surprises.

B FLEUR DE L'AMAURIGUE
Fleur de l'Amaurigue 2018 ★

■	8 000	▮▮	8 à 11 €

Un domaine situé entre Le Luc-en-Provence et Cabasse, cerné de vignes et de collines boisées entourant une longue bâtisse provençale. Il est la propriété depuis 1999 de la famille De Groot (Dick, Eugénie et leurs enfants Fleur et Melvin), qui a entièrement rénové le vignoble (45 ha) et les bâtiments, créé une cave de vinification et sorti la production de la coopérative du village. La certification HVE (haute valeur environnementale) a été acquise.

Élevé 12 mois en fût, cet assemblage de syrah (80 %) et de cabernet (20 %) s'ouvre sur un nez franc et boisé, dans lequel se mêlent d'agréables notes de vanille, de coco et d'épices. Après une belle attaque, le palais, toujours sur le boisé, offre du volume et de la rondeur. Un ensemble équilibré, bâti sur des tanins fondus, avant une finale plus serrée. ⧗ 2021-2025

⊶ DOM. DE L'AMAURIGUE, rte de Cabasse, 83340 Le Luc, tél. 06 77 04 54 33, contact@amaurigue.com V r.-v.

DOM. DE L'ANDOUILLER 2019 ★★

■	10 000	▮	5 à 8 €

Regroupement des caves du pays d'Aubagne jusqu'aux portes de Marseille, cette coopérative créée en 1924

dispose d'un vignoble de 165 ha entre les collines du Garlaban et de la Sainte-Baume, dans le secteur le plus occidental des côtes-de-provence.

Paré d'une robe rosée limpide aux reflets litchi, ce 2019 offre un bouquet discret mais agréable de fleurs blanches, d'agrumes et de fruits exotiques. Ces derniers se retrouvent dans une bouche à la fois fine, souple, ronde et d'une plaisante acidité. On aime aussi sa belle longueur sur le fruit, jusqu'à la finale. ⧗ 2020-2021

LES VIGNERONS DU GARLABAN, rte de Saint-Zacharie, RD 560, 13390 Auriol, tél. 04 42 04 70 70, vignerons.garlaban@orange.fr V *t.l.j. sf dim. 9h-12h 15h-19h*

CH. DES ANGLADES Empreinte 2017 ★★

■	2330		15 à 20 €

À la sortie de la ville d'Hyères, une allée de palmiers conduit à la bâtisse du XVIIe s., cœur de ce domaine racheté en 2000 par un Varois, M. Gautier, qui a engagé une remise à niveau de la cave et des vignes (28 ha sur un terroir de colluvions de schistes issus du massif des Maures).

De vieilles vignes de mourvèdre (95 %) et de syrah (5 %) ont laissé leur empreinte sur ce vin vin grenat d'une belle intensité, ouvert sur des nuances grillées, des arômes réglisse, de pruneau, de noix de muscade et de cerise confiturée. Arômes prolongés par un palais ample, bien équilibré, aux tanins ronds et veloutés. Une jolie longueur et une finale sur les épices complètent le profil de ce rouge bien élevé. ⧗ 2021-2025 ■ **2019 ★ (11 à 15 €; 3330 b.)** Ce blanc s'ouvre sur un nez gourmand de fruits blancs, de fleurs d'acacia et d'aubépine. Après une attaque nette, la bouche, à la fois fraîche, volumineuse et ronde, offre une belle intensité aromatique, toujours sur le fruité et le floral. Une longue finale couronne le tout. ⧗ 2020-2023

CH. DES ANGLADES, 1845, rte de Nice, quartier couture, 83400 Hyères, tél. 04 94 65 22 21, chateaudesanglades@gmail.com V *r.-v.*

CH. ANGUEIROUN Réserve Cuvée Iris 2019 ★

■	16000		11 à 15 €

Situé sur la Côte d'Azur, entre Toulon et Saint-Tropez, à Bormes-les-Mimosas, ce domaine, créé en 1931, est dirigé depuis 1998 par Éric Dumon. L'exploitation se convertit depuis 2017 à la culture biologique.

Cet assemblage de rolle (90 %) et d'ugni blanc (10 %) propose un bouquet frais de fruits blancs, de mirabelle et d'acacia, qui, en s'aérant, évolue sur des notes fumées. La bouche, fraîche et minérale, présente des arômes de pierre à fusil, avant une finale très acidulée aux tonalités citronnées. Un bon équilibre, de la longueur et de l'élégance. ⧗ 2020-2023

CH. ANGUEIROUN, 1077, chem. de l'Angueiroun, 83230 Bormes-les-Mimosas, tél. 04 94 71 11 39, contact@angueiroun.fr V *t.l.j. 8h-18h*

DOM. DE L'ANTICAILLE Calypso 2019 ★

■	46700		8 à 11 €

En 2012, Frédéric Féraud a laissé de côté sa carrière d'avocat pour s'investir sur le domaine familial. Le vignoble de 35 ha est situé à la limite du Var et des Bouches-du-Rhône, entre la montagne Sainte-Victoire et le mont Olympe. Un lieu où les habitants du canton de Trets se retrouvaient autrefois pour célébrer la fin des moissons et danser la farandole locale, l'Anticaille.

Cette cuvée, rose saumon aux reflets «blushés», offre un nez fin d'une jolie complexité : les notes florales s'y marient au fruité et au bonbon anglais. Autant d'arômes que l'on retrouve ensuite dans une bouche qui sait se montrer ample dans sa longueur. Rondeur, sucrosité et fraîcheur aromatique s'allient ici pour constituer un ensemble d'une jolie harmonie. ⧗ 2020-2021

DOM. DE L' ANTICAILLE, 192, CD_57, 13530 Trets, tél. 04 42 29 22 64, contact@anticaille.com V *t.l.j. sf sam. dim. 9h-17h*

AROMANES Eternity 2019 ★

■	51000		5 à 8 €

Sovex GrandsChateaux est une maison de négoce créée en 1982 par Justin Onclin, qui commercialise aussi bien des grands crus classés et des crus bourgeois que ses propres marques.

Une robe saumonée aux reflets pêche pour ce rosé au nez fin d'agrumes, de poivre blanc, de réglisse et de menthol. Le vin se développe ensuite avec finesse dans une bouche au fruité frais et persistant (melon, pêche, fruits rouges). Un 2019 à la fois gourmand et subtil. ⧗ 2020-2021

SAS SOVEX GRANDSCHÂTEAUX, 2, rue André- Marie-Ampère, 33560 Carbon-Blanc, tél. 05 56 77 81 00, contact@sovex-gc.com

DOM. DES ASPRAS Les Trois Frères 2019 ★★

■	11000		11 à 15 €

Le Dom. des Aspras, qui s'étend sur 25 ha, se situe à Correns. Michaël Latz, son propriétaire, fut l'un des premiers à se lancer dans la conversion intégrale en agriculture biologique en 1996. Aujourd'hui, le vigneron est épaulé par ses 3 fils, Sébastien, Alexandre et Raphaël, dans la gestion de l'exploitation labellisée Vignobles et Découvertes. Les collines calcaires à terre blanche qui entourent la propriété lui ont donné son nom (*asper-aspera*, la rocaille en latin).

Cet assemblage de rolle et d'ugni blanc offre un beau bouquet floral et fruité (agrumes notamment). Après une attaque intense, la bouche se montre riche et ronde, tout en restant délicate et harmonieuse, soulignée par une fine acidité. Y dominent des arômes persistants de lilas et de fleurs blanches. Un blanc expressif et très élégant. ⧗ 2020-2024

DOM. DES ASPRAS, chem. des Aspras, 83570 Correns, tél. 04 94 59 59 70, domaine@aspras.com V *t.l.j. sf lun. dim. 10h-12h30 14h30-18h30*

CH. D'ASTROS 2019 ★★

■	166000		8 à 11 €

Sept générations se succèdent à la tête de ce domaine de 80 ha, créé en 1637, autour d'un château de style italien. L'exploitation se trouve dans sa dernière année de conversion à l'agriculture biologique.

PROVENCE

Grenache, syrah, rolle, cinsault, mourvèdre et carignan pour ce rosé au nez intense, minéral et fruité (fruits rouges), sur fond de garrigue anisée. Ces senteurs se retrouvent en bouche, agrémentées de la fine acidité de la groseille, de la douceur de la framboise et des saveurs végétales du fenouil. Un vin élégant, complet et complexe. ⧗ 2020-2021

SAS DU CH. D'ASTROS, rte de Lorgues, 83550 Vidauban, tél. 04 94 99 73 00, contact@astros.fr V *t.l.j. sf dim. 10h-12h30 14h-18h*

CH. DE L'AUMÉRADE Sully 2019 ★

Cru clas.	6220		15 à 20 €

C'est en 1932 que Monsieur Henri Fabre devient propriétaire du Ch. de l'Aumerade. Sur les traces de son grand-père et de son père, Marie-Christine Fabre-Grimaldi et son mari Vincent perpétuent la tradition et gèrent aujourd'hui ce vaste cru classé situé à Pierrefeu-du-Var, étendu sur 330 ha d'un seul tenant. Les domaines Fabre représentent le plus grand vignoble familial du Var.

Ce 100 % rolle propose un nez subtil et complexe de fleurs blanches, de fruits (abricot, agrume), de romarin et d'amande fraîche. La bouche se révèle tonique et saline, et développe aussi des saveurs gourmandes d'agrumes confits lui conférant de la douceur et de la suavité. ⧗ 2020-2023

CH. DE L' AUMÉRADE, rte de Puget-Ville, 83390 Pierrefeu-du-Var, tél. 04 94 28 20 31, chateau@aumerade.com V *t.l.j. sf dim. 8h30-12h30 14h-18h*

BALETI Lussi 2019 ★

	65000		11 à 15 €

Les fondateurs de Baleti sont des amis d'enfance, tous fils et filles de vignerons. Ils souhaitent perpétuer la tradition familiale acquise depuis 1911.

Cet assemblage de grenache (50 %), de cinsault (40 %) et de syrah (10 %), très clair à l'œil, est doté d'un nez gourmand et expressif de pomélo, de litchi et de fraise. La bouche, vive dès l'attaque, prolonge les arômes d'agrumes, auxquels viennent se mêler des saveurs plus rondes de fruits mûrs. ⧗ 2020-2021

CAVE COOPÉRATIVE LES VIGNERONS DU LUC, rue de l'Ormeau, 83340 Le Luc-en-Provence, tél. 04 94 60 70 25, vignerons-du-luc@wanadoo.fr V *r.-v.*

CH. BARRALIÈRE 2018 ★

	7000		15 à 20 €

Ce domaine familial de 20 ha est situé à Cuers sur un terroir de gravoches. Gilles et Christophe Rouvier ont pris la succession de leur père.

Cet assemblage de mourvèdre et de syrah, à la robe rubis ornée de reflets violines, s'ouvre sur des arômes légèrement compotés de mûre et des notes finement boisées. Après une attaque soyeuse, ces dernières s'affirment dans un palais ample, construit sur des tanins élégants. ⧗ 2021-2025

CH. BARRALIÈRE, 270, RD_98, La Foux, 83580 Gassin, tél. 04 94 56 32 04, stephanie.cottreau@mavigne.com V *t.l.j. 9h-18h30*

LOU BASSAQUET Sainte-Victoire 2019 ★

	8000		8 à 11 €

Créée en 1914 dans la vallée de l'Arc, la cave coopérative de Trets tire son nom Lou Bassaquet du surnom donné aux Tretsois par les villages voisins en mémoire du saccage infligé au village par les armées de François Ier en 1537. Implanté face au massif de la Sainte-Victoire, le vignoble couvre près de 550 ha.

Ce rosé brillant et limpide offre un nez ouvert sur le fruit (agrumes, fruit de la Passion). Fruité que l'on retrouve avec persistance dans un palais franc, relevé par une plaisante acidité qui lui apporte du tonus et de la longueur. ⧗ 2020-2021

CELLIER LOU BASSAQUET, chem. du Loup, BP_22, 13590 Trets, tél. 04 42 29 20 20, contact@loubassaquet.com V *t.l.j. sf lun. dim. 9h-12h 14h-18h*

BASTIDE DES DEUX LUNES Tout près des étoiles 2019 ★

	70000		8 à 11 €

Au pied du massif des Maures, cette propriété familiale créée en 1850 produisait à l'origine du vin et de l'huile. À partir de 1940, les raisins furent livrés à la coopérative. Bertrand Dubois, œnologue, a repris en 2000 le vignoble (33 ha aujourd'hui) et relancé les vinifications au domaine. Le chai a vu le jour pour les vendanges 2012. L'exploitation est en conversion bio.

Cette cuvée dominée par le grenache présente un nez expressif et très fruité (pêche, mandarine, orange, ananas, fruit de la Passion). L'agrume s'impose dans une bouche gourmande, vive, d'une belle longueur, avant d'être relayée en finale par les fruits à noyau. ⧗ 2020-2021

BERTRAND DUBOIS, 467, chem. des Deux-Lunes, 83390 Puget-Ville, tél. 06 16 31 13 71, bastidedes2lunes@gmail.com V *r.-v.*

CH. LE BASTIDON L'Absolu 2019 ★

	4000		8 à 11 €

Sous le regard des îles de Port-Cros et de Porquerolles, une imposante bastide provençale, ancienne propriété des chartreuses de la Verne au XVIIIe s., commande un vignoble de 79 ha et quelque 3 000 oliviers. C'est sur ce terroir de schistes réputé de La Londe-les-Maures que la famille Rose, normande d'origine, est venue trouver la chaleur en 1995 et troquer la pomme et le cidre contre le raisin et le vin.

Ce 100 % rolle, doté d'une seyante robe jaune aux reflets or, présente à l'olfaction une dominante exotique bien typée Provence. Un exotisme dont se pare également une bouche vive, légère, alerte, agrémentée d'arômes d'agrumes. ⧗ 2020-2023

DOM. LE BASTIDON, Ch. Le Bastidon, 853, chem. du Pansard, 83250 La Londe-les-Maures, tél. 04 94 66 80 15, vigneronvar@aol.com V *t.l.j. sf dim. 9h-12h30 14h-19h30*

TERRES DE BERNE 2019 ★

	300000		15 à 20 €

Situé au cœur du Var, ce vaste domaine de 500 ha, dont 143 ha de vignes en conversion bio, est devenu

un véritable centre œnotouristique sur le modèle des *wineries* du Nouveau Monde, sous l'impulsion de son nouveau propriétaire depuis 2007, un homme d'affaires britannique : journées à thème, concerts, cours de cuisine, hôtel 5 étoiles, deux restaurants…

Le fruité domine cette cuvée d'un beau rose orangé, ouvert au nez sur des notes acidulées de pamplemousse, mâtinées de fines nuances florales (rose). On retrouve les agrumes et cette touche florale dans une bouche également appréciée pour son équilibre et sa fraîcheur. ⧗ 2020-2021

SA CH. DE BERNE, 2400, chem. des Imberts, 83780 Flayosc, tél. 04 94 60 49 60, info@chateauberne.com V t.l.j. 10h-18h; été 10h-19h

B CH. HENRI BONNAUD Terre promise 2019 ★

	15 000		8 à 11 €

En 1996, Stéphane Spitzglous reprend l'exploitation de son grand-père Henri Bonnaud. Après de grands travaux de construction d'un bâtiment rassemblant la cave, le chai et le caveau, il sort son 1er millésime en 2004 et rebaptise son domaine au nom de son grand-père. Le vignoble est situé à Tholonet, au sud-est d'Aix-en-Provence face à la montagne Sainte-Victoire et couvre 29 ha conduits en agriculture biologique depuis 2013.

Ce 2019 né de grenache, de syrah et de cinsault offre au regard une belle robe d'un rose brillant. Il séduit aussi par son nez aromatique et tout en finesse d'agrumes et de fleurs blanches; comme par sa bouche fraîche, persistante, équilibrée. ⧗ 2020-2021

CH. HENRI BONNAUD, 585, chem. de la Poudrière, 13100 Le Tholonet, tél. 04 42 66 86 28, contact@chateau-henri-bonnaud.fr V r.-v. E

DOM. DU BOURRIAN Prestige 2018 ★

	880		20 à 30 €

Situé au pied de la colline de Gassin au cœur de la presqu'île de Saint-Tropez, ce domaine a été fondé en 1871. Dans le bâtiment principal de la cave sont conservés les gigantesques fûts en chêne du Caucase installés à la fin du XIXes. Le domaine a été acquis en 2014 par de nouveaux propriétaires qui ont entrepris une reconstruction complète des installations, en préservant l'authenticité de vieux bâtis et de certains équipements anciens. Le vignoble est en conversion bio.

Paré d'une robe d'un jaune soutenu, ce 100 % rolle propose un nez riche et complexe de miel, de fleurs blanches et de fruits confits, le tout relevé d'une touche finement boisée. Une belle accroche en bouche, de la tenue, du volume. A réserver pour la table. ⧗ 2021-2024

DOM. DU BOURIAN, 2360, rte du Bourrian, 83580 Gassin, tél. 06 20 63 53 45, info@bourrian.com V r.-v. 5

B DOMAINES BUNAN Belouvé 2019 ★

	25 000		11 à 15 €

La 3e génération est aujourd'hui aux commandes des Domaines Bunan, créés par Paul et Pierre Bunan en 1961. Un ensemble de plusieurs exploitations réputées en côtes-de-provence et en bandol : le Moulin des Costes, le Ch. et le Mas de la Rouvière, Bélouvé, tous ces vignobles étant conduits en agriculture biologique depuis 2008. Aux commandes des vinifications, Philippe Bunan, ingénieur agronome.

Cette cuvée d'assemblage (cinsault, grenache, mourvèdre et cabernet) possède un nez élégant et fruité, sur fond de fraise et de cerise. Arômes que l'on retrouve mêlés aux agrumes dans une bouche alerte, fine, longue et pleine de fraîcheur. ⧗ 2020-2021 **Belouvé 2018 ★ (11 à 15 €; 5000 b.)** B 38 % de syrah, 32 % de mourvèdre, 14 % de grenache et 16 % de cabernet composent cette cuvée d'un beau grenat lumineux. Le nez dévoile des arômes d'épices et de laurier, puis quelques notes de cuir. Les épices font leur retour dans une bouche longue, charnue et onctueuse. ⧗ 2021-2025

DOMAINES BUNAN, 336_bis, chem. de Fontanieu, 83740 La Cadière-d'Azur, tél. 04 94 98 58 98, bunan@bunan.com V r.-v. 5

DOM. DE CABAUDRAN 2018 ★

	3500		8 à 11 €

Le Dom. de Cabaudran est une exploitation familiale située dans la commune du Beausset qui se transmet de père en fils depuis quatre générations. 2017 marque le premier millésime vinifié au domaine après la construction d'un chai de vinification. Le vignoble couvre 29 ha.

Il faut attendre un peu pour que le nez de cette cuvée issue de 70 % de syrah et de 30 % de carignan s'ouvre sur les fruits rouges. La bouche se montre ample, suave et veloutée, bâtie sur une structure et un boisé bien fondus. ⧗ 2020-2024

DOM. DE CABAUDRAN, 215, chem. de Cabaudran, 83330 Le Beausset, tél. 06 71 13 41 62, domaine.cabaudran@gmail.com V t.l.j. sf dim. 10h-12h 15h-18h30

CH. DE CABRAN Fréjus Cuvée de la Muraille 2018 ★★

	3482		8 à 11 €

Un domaine établi sur le site d'une villa gallo-romaine, en bordure de la voie Domitienne. Ses terres vouées autrefois aux troupeaux de chèvres (cabroen provençal) sont plantées de vignes depuis 1820 et l'installation des Monzat de Saint-Julien, toujours aux commandes. Le vignoble couvre 18 ha sur un terroir de roches volcaniques de l'Esterel.

Ce rouge couleur rubis livre un nez très puissant qui mêle notes animales et senteurs de sous-bois. La bouche, ample et ronde, en conserve les flaveurs, tout en restant très fraîche et s'agrémentant d'arômes de fruits noirs. On apprécie aussi sa longueur et sa belle finale réglissée. ⧗ 2021-2023 **Cuvée des Restanques 2019 ★★ (11 à 15 €; 3660 b.)** Ce 100 % rolle limpide et brillant s'ouvre sur un bouquet floral très élégant. La bouche, suave autant que précise, diffuse quant à elle un boisé subtil nuancé de notes fruitées. De la finesse et de la longueur en prime. ⧗ 2020-2023

CH. DE CABRAN, chem. de Cabran, 83480 Le Puget-sur-Argens, tél. 04 94 40 80 32, cabran@wanadoo.fr V t.l.j. sf dim. 10h-12h 14h-17h (19h juil.-août)

DOM. CAP SAINT-PIERRE Star 2019 ★★

| 4500 | | 8 à 11 € |

Fondé en 1880, ce domaine appartient depuis 1934 à la famille des propriétaires actuels, Alain et Michel Donadio. Ces viticulteurs reçoivent la clientèle à Gassin et exploitent leurs vignes à Saint-Tropez.

Grenache (52 %), syrah (30 %), tibouren (12 %), rolle (5 %) et sémillon (1 %) compose cette cuvée au nez intense, floral et fruité. La bouche, d'une belle rondeur, continue sur cette lancée jusqu'à une finale d'une fraîcheur très agréable, agrémentée d'une légère touche d'amertume qui lui confère un supplément de relief. ⧗ 2020-2021 ■ **Légende 2019 ★ (11 à 15 €; 6800 b.)** Ce rosé né d'un de grenache, de syrah, de tibouren, de rolle et de sémillon propose un nez de fleurs et d'agrumes, relayé par une bouche vive, structurée et d'une belle longueur. ⧗ 2020-2021

⊶ CAP SAINT-PIERRE, 263, RD_98, La Bouillabaisse, 83580 Gassin, tél. 04 94 96 69 21, alaindo2905@gmail.com V t.l.j. sf dim. 9h-12h 14h30-19h

CH. DU CARRUBIER Cuvée de Clara 2019 ★

| 6900 | | 11 à 15 € |

Située sur la route du fort de Brégançon, cette propriété, dans la famille des actuels propriétaires depuis 1974, est nichée à La Londe, en contrebas du massif des Maures, dans le secteur maritime des côtes-de-provence. Les vignes, implantées sur un sol siliceux d'origine schisteuse, occupent 25 des 88 ha que compte l'exploitation.

Ce rosé pâle, né de grenache, syrah et cinsault, dévoile un nez intense et complexe de pomélo, de fruits exotiques et de fruits rouges. Les agrumes sont de retour dans une bouche qui offre du relief, du volume et de la fraîcheur. ⧗ 2020-2021

⊶ CH. DU CARRUBIER, 1590, rte du Carrubier, 83250 La Londe-les-Maures, tél. 04 94 66 82 82, contact@carrubier.fr V r.-v.

CH. LA CASTILLE Cuvée Glorius 2019 ★★

| 6600 | | 8 à 11 € |

Ancienne propriété des Comtes de Provence au XVe s., le domaine de la Castille possède un château et des caves construites au XVIIIe s. par les bagnards de Marseille. Il appartient depuis 1922 au diocèse de Fréjus-Toulon. Aujourd'hui, le vignoble compte 160 ha.

Cet assemblage de rolle et d'ugni blanc dévoile, sous sa robe robe jaune doré, un nez flatteur de citron et de mangue. La bouche, aromatique à souhait, reste sur le fruit, avec une dominante d'ananas, et s'étire dans une finale longue et bien tendue. ⧗ 2020-2023 ■ **Cuvée Ciel et Terre 2019 ★ (8 à 11 €; 93000 b.)** Clair, nuancé de reflets corail, ce rosé expressif offre des senteurs de fruits exotiques et de pêche blanche tout au long de la dégustation. Ample, il se révèle élégant au palais, la finale tendue lui apportant du relief. ⧗ 2020-2021

⊶ CH. LA CASTILLE, RD 554, de la Farlède-à-la-Crau, 83210 Solliès-Ville, tél. 04 94 00 80 50, caveau@domaine-castille.fr V r.-v.

CH. CAVALIER Cuvée Marafiance 2019 ★★

| 390000 | | 8 à 11 € |

Acquis par Pierre Castel en 2000, ce vaste domaine ne produit que du rosé en AOC côtes-de-provence. D'un seul tenant, le vignoble s'étend sur 140 ha, au pied du massif des Maures.

Cette cuvée à dominante de grenache offre un nez aussi délicat qu'intense d'agrumes et de fraise. La bouche, très équilibrée, fraîche sans manquer ni de gras ni de volume, diffuse des arômes élégants de pamplemousse et de rose. ⧗ 2020-2021 ■ **Terre de Provence 2019 ★ (5 à 8 €; 450000 b.)** Un bouquet fin, floral et fruité (pêche jaune), une bouche ronde en attaque, plus fraîche dans son développement, stimulée par des arômes de buis : un rosé dynamique et équilibré. ⧗ 2020-2021

⊶ CH. CAVALIER, 1265, chem. de Marafiance, 83550 Vidauban, tél. 04 94 73 56 73, contact@chateaux-cavalier.com

CELLIER DE LA CRAU Cuvée Désir 2019 ★★

| 15000 | | 5 à 8 € |

Fondée en 1912, la cave coopérative de La Crau, située dans la plaine viticole du même nom, à une dizaine de kilomètres de Hyères, a fusionné en 1998 avec celle de Solliès. Elle dispose des quelque 300 ha cultivés par ses adhérents et d'un caveau rénové en 2007.

Ce rosé très pâle et brillant présente un nez élégant de fruits jaunes et de fleurs blanches. Après une attaque franche et alerte, la bouche affiche beaucoup de longueur et un beau relief fruité et frais autour de notes exotiques de litchi et de maracuja. ⧗ 2020-2021

⊶ CELLIER DE LA CRAU, 85, av. de Toulon, 83260 La Crau, tél. 04 94 66 73 03, cellier-lacrau@wanadoo.fr V t.l.j. sf dim. 9h-12h 14h-18h

CHÂTELLENIE DE MISTRAL Chatellenie de Mistral 2019 ★

| 35000 | | 11 à 15 € |

Fondée en 1906 et reprise en 1979 par la famille Mauro, la société de négoce Gilardi commercialise la production de plusieurs domaines provençaux (Ch. Mistral, Dom. de la Vieille Tour, Dom. de Grand Route...).

Un rose franc à l'œil pour cet assemblage de grenache (55 %), de cinsault (30 %) et de syrah (15 %), dont le nez aromatique est construit sur le fruit rouge. En bouche, de la finesse, de la longueur et de l'équilibre. ⧗ 2020-2021

⊶ SA GILARDI, ZAC du Pont-Rout, 123, imp. du Pont-Rout, 83460 Les Arcs, tél. 04 98 10 45 45, gilardi@gilardi.fr V r.-v.

Ⓑ CH. DE CHAUSSE 2019 ★

| 8000 | | 15 à 20 € |

Depuis 1990, Roseline Schelcher est à la tête de cette propriété qu'elle a créée de toutes pièces en contrebas du village de La Croix-Valmer, ses vignes implantées sur des coteaux de schistes et phyllades dominant la mer. Le vignoble compte aujourd'hui 15 ha. La certification bio est acquise.

Sous sa robe limpide et brillante, ce 100 % rolle dévoile un nez ouvert sur les fleurs blanches (acacia) et la pêche. Une attaque d'une fine acidité annonce un palais très frais, long, harmonieux, aux tonalités d'agrumes. ⧗ 2020-2023

CH. DE CHAUSSE, rue Frédéric-Mistral, 83420 La Croix-Valmer, tél. 04 94 79 60 57, contact@chateaudechausse.fr V t.l.j. sf dim. 10h-12h 15h-18h

B PIERRE CHAVIN Organic 2019 ★

■	400000		11 à 15 €

Implantée à Béziers, une maison de négoce créée en 2010 par l'œnologue Fabien Gross, fils de vigneron du Haut-Rhin devenu «assembleur et éleveur de vins français». Présente sur différents vignobles du pays, elle vise des «créations haute couture» et des vins «prêt-à-consommer», aptes à conquérir les marchés internationaux. La certification bio est acquise.

Ce rosé couleur pêche, aux reflets saumonés, offre un nez élégant de fleurs jaunes et d'agrumes. Des notes persistantes de fruits exotiques, de fraise et de pêche imprègnent le palais, qui charme par son volume, sa rondeur et sa fine suavité. ⧗ 2020-2021 ■ **Villa Victoria 2019 ★ (11 à 15 €; 60000 b.)** B Ce rosé aux reflets pelure d'oignon conjugue au nez arômes de fruits rouges, de pâtisserie et d'amande. Une attaque ronde et ample ouvre sur une bouche suave, aux saveurs de mandarine et d'agrumes confits. ⧗ 2020-2021

SARL DOMAINES PIERRE CHAVIN, 2, bd Jean-Bouin, 34500 Béziers, tél. 06 19 07 89 73, akervarec@pierre-chavin.com V r.-v.

CH. CLARETTES Thérapie 2018 ★★

■	3176		11 à 15 €

Le vignoble a changé de mains en 2013, racheté à la famille Crocé-Spinelli. Les vignes (11,5 ha) sont situées sur les hauteurs du village des Arcs-sur-Argens, réputé pour son passé médiéval.

Ce joli rouge bien brillant aux reflets violines offre un nez intense et généreux de fruits rouges compotés (fraise, framboise, griotte). La bouche, puissante et ample, est construite sur des tanins fermes mais qui ne manquent pas de finesse. Un vin très harmonieux, qui peut s'apprécier dans sa jeunesse ou dans quelques années. ⧗ 2021-2025 ■ **Grande Cuvée 2018 ★ (15 à 20 €; 2600 b.)** Un vin jaune pâle, au nez fin de fruits jaunes mûrs, agrémenté d'une touche toastée. La rondeur s'installe dès l'attaque dans une bouche alliant arômes de fruits jaunes et note beurrée. Un vin élégant, long et généreux. ⧗ 2020-2023

CH. CLARETTES, 1195, rte des Nouradons, 83460 Les Arcs-sur-Argens, tél. 09 52 19 33 65, chateauclarettes@gmail.com V t.l.j. sf lun. dim. 10h-13h 15h-18h E

CLOS CIBONNE Cuvée Prestige Olivier 2017 ★

■ Cru clas.	4000		20 à 30 €

Ce cru classé de 16 ha doit son nom au comte de Cibon, son propriétaire jusqu'en 1793, année de son achat par la famille Roux. Vers 1930, André Roux lui a donné ses lettres de noblesse à travers des vins issus de tibouren. Une tradition perpétuée depuis 2003 par Brigitte, la petite-fille, et son époux Claude Deforges.

60 % de syrah, 20 % de tibouren et 20 % de grenache composent ce vin élevé 24 mois en fût. Au nez, dominent les fruits noirs (cassis, myrtille) et la cerise, rehaussés des notes vanillées et épicées de la barrique. Après une attaque franche, la bouche développe un bon boisé fondu, épaulée par de soyeux tanins. Un vin équilibré, doté d'une belle longueur. ⧗ 2023-2025

DOM. CLOS CIBONNE, chem. de la Cibonne, 83220 Le Pradet, tél. 04 94 21 70 55, domde@clos-cibonne.com V r.-v.

CLOS LA NEUVE Sainte-Victoire 1482 2017 ★★

■	5000		11 à 15 €

Située aux confins du Var et des Bouches-du-Rhône, au pied du mont Aurélien et face à la montagne Sainte-Victoire, une propriété acquise en 1936 par la famille de Fabienne Joly, qui l'exploite avec son mari Richard Caire. Le domaine compte 260 ha de forêts et 40 ha de vignes.

Ce rouge issu à parts égales de syrah et de grenache propose un nez harmonieux, à la fois boisé, épicé et fruité. Après une attaque franche et limpide, des notes de fruits rouges, de poivre de vanille et de caramel animent une bouche puissante, ample, dotée de tanins fins. ⧗ 2022-2026

CLOS LA NEUVE, RN_7, 83910 Pourrières, tél. 04 94 37 33 90, closlaneuvecontact@orange.fr V t.l.j. sf lun. dim. 9h30-12h 15h-19h

LES CLOS SERVIEN Les Clos 2018 ★★

■	4000		11 à 15 €

Un domaine familial dont la production était jusqu'en 2010 portée à la coopérative. Charles Servien exploite avec son père Pierre-Gilles un vignoble de 11 ha planté sur une terre schisteuse, à quelques kilomètres du golfe de Saint-Tropez.

Ce rouge, issu d'un assemblage de syrah (80 %) et de mourvèdre, se présente dans une robe profonde aux reflets violines. Son nez, élégant, expressif et complexe, mêle les fruits noirs, le cacao, les épices, la vanille et des senteurs de garrigue. La bouche apparaît ample, charnue, bien structurée par des tanins veloutés et un boisé savamment dosé. ⧗ 2023-2025 ■ **Les Clos 2019 ★ (8 à 11 €; 24000 b.)** Ce rosé dominé par le grenache (cinsault et tibouren en complément) interpelle par l'extrême pâleur de sa robe. Au nez, il exhale des notes florales et d'écorce de pamplemousse. Arômes relayés par une bouche ronde et d'une belle longueur. ⧗ 2020-2021

DOM. LES CLOS SERVIEN, 310, chem. de la Tour, 83310 Grimaud, tél. 06 09 96 12 67, lesclosservien@orange.fr V t.l.j. sf dim. 15h30-19h

B LES VIGNERONS DE CORRENS Cuvée Croix de Basson 2019 ★★

■	38000		5 à 8 €

Née en 1935 de la fusion de deux coopératives rivales (L'Amicale et La Fraternelle), la cave de Correns compte 30 adhérents et couvre un territoire qui s'étend de la vallée d'Argens au pied du Bessillon. Les 150 ha de vignoble sont conduits en agriculture biologique depuis 1998.

PROVENCE

Ce 100 % rolle revêt une belle robe jaune paille et dévoile un joli nez fruité. La bouche est quant à elle dominée par des arômes floraux et une touche miellée. La finale sur la pêche apporte à cet ensemble équilibré une acidité fondue. Un vin d'une belle intensité. ⌛ 2020-2023 ■ **Cuvée Vallon Sourn 2017 ★ (11 à 15 €; 8000 b.)** Ⓑ Un assemblage de syrah et de cabernet-sauvignon, au nez soutenu de fruits rouges, prolongé par un palais ample, équilibré, construit sur des tanins souples, qui se raffermissent en finale. Un bon potentiel. ⌛ 2021-2025

LES VIGNERONS DE CORRENS, rue de l'Église, 83570 Correns, tél. 04 94 59 59 46, lesvignerons-correns@wanadoo.fr V r.-v.

CH. DE LA COULERETTE
Mademoiselle Tara 2018 ★

■	5000		11 à 15 €

Le vignoble de 60 ha d'un seul tenant s'étend sur une petite colline, *petit coulet* en provençal, exposée plein sud face aux Îles d'Or. Il est conduit depuis 1962 par la famille Bréchet, installée dans un château du XIXe s. au pied du massif des Maures, également productrice de gigondas et de châteauneuf-du-pape.

Ce 100 % vermentino, élevé 4 mois en cuve et autant en fût, offre un bouquet délicat de fleurs blanches (d'acacia notamment), nuancé de touches de miel et de noisette. La bouche attaque sur les fruits confits (poire, abricot), puis se développe sur la noix et l'amande grillée, avant une finale tout en fraîcheur, sur la vanille et la réglisse. Un blanc complexe et d'une aimable suavité. ⌛ 2020-2023

CH. DE LA COULERETTE, 83250 La Londe-les-Maures, tél. 06 38 64 65 37, contact@famillebrechet.fr V t.l.j. 8h-17h

DOM. DE CRISTOL 2019 ★★

■	108000	5 à 8 €

La cave des Maîtres Vignerons de Vidauban a été fondée en 1912. Le vignoble est situé au cœur même de l'appellation des côtes-de-provence dans le département du Var et s'étend sur 426 ha. Aux commandes des vinifications, le talentueux maître de chai François Brun.

Cet assemblage de grenache (55 %), cinsault (20 %), syrah (15 %), mourvèdre (5 %) et rolle (5 %) porte beau dans sa robe brillante, rose franc. Il propose un nez intense et exotique, sur l'écorce de pamplemousse, le zeste d'agrumes, le citron vert et le litchi. La bouche, toute aussi fruitée, offre du volume et de la longueur. Du caractère et de la complexité. ⌛ 2020-2021

LES MAÎTRES VIGNERONS DE VIDAUBAN, 89, chem. de Sainte-Anne, 83550 Vidauban, tél. 04 94 73 00 12, commercial@mvv.vin V t.l.j. sf dim. 8h-12h 14h-18h Ⓓ

DOM. DESACHY Stéphanie 2019 ★

■	5300		5 à 8 €

Situé face aux îles d'Hyères, au pied du massif des Maures, un domaine créé en 1980 par Bernard Desachy, repris en 1995 par son fils Marc, qui exploite son vignoble de 8 ha avec sa compagne Christine.

Née de grenache (40 %), de cinsault (35 %), de mourvèdre (18 %) et de rolle (7 %), cette cuvée d'un rose franc exhale un bouquet frais et fruité d'abricot et de pêche. La bouche est équilibrée, douce, fruitée (fraise écrasée) et d'une belle longueur. Un rosé expressif. ⌛ 2020-2021

DOM. DESACHY, 360, chem. des Oliviers, Le Bas-Pansard, 83250 La Londe-les-Maures, tél. 04 94 66 84 46, domaine.desachy@orange.fr V t.l.j. sf dim. 9h-12h 15h-19h

DOM. DES DIABLES L'Hydropathe 2019 ★★

■	4000		20 à 30 €

Virginie Fabre et Guillaume Philip, valeur sûre de la Provence viticole, dirigent depuis 2007 le Dom. des Diables, une propriété de 15 ha auparavant laissée à l'abandon. Une création récente, mais déjà une référence, souvent en vue dans le Guide pour ses côtes-de-provence rosés.

Ce 100 % rolle propose un très joli nez, intense, expressif, à la fois fruité (citron, bourgeon de cassis, litchi, ananas) et boisé. Après une attaque franche, la bouche impressionne par son gras, son volume, sa longueur, ses arômes soutenus de fruits exotiques et de pain grillé. Un beau blanc de gastronomie. ⌛ 2022-2025 ■ **Sainte-Victoire L'Hydropathe 2019 ★ (15 à 20 €; 22133 b.)** Un rosé de syrah (60 %) et de grenache (40 %), très pâle, couleur chair, au nez fruité (pomélo, bourgeon de cassis, fruits exotiques), bien équilibré en bouche entre une aimable rondeur et une fine acidité. ⌛ 2020-2021 ■ **Les Petits Diables de Provence 2019 ★ (5 à 8 €; 26666 b.)** Litchi, mangue et autres fruits exotiques se bousculent hors du verre. Des arômes que l'on retrouve plus discrètement au palais, mais la souplesse et la finale vive constituent également des atouts. ⌛ 2020-2021 ■ **Sainte-Victoire Rose Bonbon 2019 ★ (11 à 15 €; 30533 b.)** Cinsault (50 %), syrah et grenache pour ce rosé au nez intense d'agrumes, prolongé par une bouche fraîche, fine, d'une belle longueur. ⌛ 2020-2021

DOM. DES DIABLES, chem. de la Colle, 13114 Puyloubier, tél. 06 81 43 94 62, contact@mip-provence.com V t.l.j. sf dim. 10h-12h 13h-17h

DOM. DE L'ESTAN Grain d'opale 2019 ★

■	4000		5 à 8 €

Exploitation familiale transmise depuis trois générations chez les Bataille, le Dom. de l'Estan (40 ha) s'étend sur des restanques de cailloutis calcaires à quelques pas du joli village de Carcès.

Ce blanc pâle aux reflets argentés offre un nez expressif d'herbe fraîche et de pêche blanche. La bouche, tout en rondeur, suavité et longueur, fait de ce Grain d'opale un vin gourmand et généreux, davantage fait pour la table que pour l'apéritif. ⌛ 2020-2023

DOM. DE L'ESTAN, 174, chem. des Clos-de-Gérin, 83570 Carcès, tél. 04 94 04 31 73, earlbataille@orange.fr V r.-v.

ESTANDON
Sainte-Victoire La Vigne et la Roche 2019 ★

■	13000		11 à 15 €

En 2005, les Celliers de Saint-Louis, union de coopératives basée à Brignoles, accueillent les Vignerons

des caves de Provence, propriétaires de la marque Estandon (lancée en 1947). L'union prend le nom de Cercle des Vignerons de Provence avant d'adopter en 2012 celui de sa marque emblématique, Estandon Vignerons.

Cet assemblage de grenache, de cinsault et de syrah offre un joli nez d'agrumes (pomélo) et de fruits exotiques (ananas, fruit de la Passion). La bouche, fidèle à l'exotisme du bouquet (ananas, mangue), dégage de la finesse, un bel équilibre et une plaisante acidité. ⧗ 2020-2021 ■ **Solstice 2019 ★ (11 à 15 €; 106 000 b.)** Un bon rosé saumoné, qui offre de l'intensité autour d'arômes d'agrumes à l'olfaction et de fruits exotiques au palais. On aime aussi sa texture élégante, sa longueur et sa fraîcheur. ⧗ 2020-2021

ESTANDON COOPÉRATIVE EN PROVENCE, 727, bd Bernard-Long, ZAC Les Consacs, 83175 Brignoles, tél. 04 94 37 21 00, cgirard@cercleprovence.fr V t.l.j. sf sam. dim. 9h-12h 14h-17h

B DOM. DES FÉRAUD Cuvée Prestige 2019 ★

■ | 46533 | | 11 à 15 €

En 2011, à 50 ans, Markus Conrad, entrepreneur allemand œnophile, a réalisé son rêve en rachetant avec les siens ce domaine ancien, jusqu'alors propriété de la famille Fournier. Établi dans le sanctuaire écologique de la plaine des Maures, le vignoble couvre aujourd'hui 25 ha, plantés sur un terroir sablo-limoneux très qualitatif. La conversion bio de tout le vignoble a été achevée en 2017.

Ce rosé aux reflets pêche offre un nez flatteur et net, à la fois végétal et fruité (fraise, fruits exotiques). En bouche, il se montre bien frais, fin, élégant persistant sur le fruit. Un ensemble des plus harmonieux. ⧗ 2020-2021

DOM. DES FÉRAUD, 3590, rte de Saint-Tropez, RD_48, 83550 Vidauban, tél. 04 94 73 03 12, info@domainedesferaud.com V t.l.j. sf dim. 10h-18h

CH. FERRY LACOMBE Sainte-Victoire Équinoxe 2019 ★

■ | 1600 | | 20 à 30 €

L'histoire de ce domaine, situé dans le paysage de la montagne Sainte-Victoire, remonte avec l'installation des Ferry au temps du roi René (XVe s.). Au XVIIe s., Daniel de Ferry, maître-verrier, s'établit à La Combe, dont la forêt fournissait le bois nécessaire à son activité. La famille Pinot préside depuis 2000 aux destinées du vignoble qui couvre 55 ha, donnant naissance à des vins très réguliers en qualité.

60 % de syrah et 40 % de grenache composent ce Sainte-Victoire au nez discret, tour à tour fruité, floral et minéral. La bouche, centrée sur des arômes de fruits rouges et de fines notes exotiques, offre du gras, de la rondeur et de la longueur. Un rosé charnu. ⧗ 2020-2021 ■ **Naos 2019 ★ (11 à 15 €; 2 000 b.)** 90 % de rolle et 10 % de clairette composent ce blanc très clair, au nez fin de jasmin et de poire, à la bouche intense et équilibrée, à la fois ronde, fraîche et fruitée. ⧗ 2020-2022

CH. FERRY LACOMBE, 2068, rte de Saint-Maximin, 13530 Trets-en-Provence, tél. 04 42 29 40 04, info@ferrylacombe.com V r.-v. 5

♥ B FIGUIÈRE La Londe Confidentielle 2019 ★★

■ | 30500 | | 20 à 30 €

Situé dans la commune La Londe-les-Maures et dominant les îles d'Or, Figuière est une Maison appartenant à la famille Combard depuis 1992. Aujourd'hui, ce sont Magali, Delphine et François qui sont à la tête de ce vignoble cultivés en agriculture biologique depuis 40 ans. En décembre 2019, Figuière annonce l'acquisition du Ch. Barbeiranne situé à Pignans. Le vignoble passe ainsi d'une superficie de 85 à 120 ha.

Cette cuvée, assemblage de cinsault, de grenache et de mourvèdre, rejoint les versions 2014 et 2015 au palmarès des coups de cœur du domaine. Un rosé pâle comme il se doit, au nez intensément fruité de pomélo, d'abricot, de pêche et de fruit de la Passion. Un fruité auquel fait écho une bouche croquante et ronde à souhait, dynamisée par les notes acidulées du bonbon Arlequin et par une longue finale saline. ⧗ 2020-2021 ■ **Première 2019 ★ (15 à 20 €; 190 000 b.)** B Un véritable cocktail aromatique de fruit de la Passion, d'ananas et de goyave pour cette cuvée rose pâle, fraîche et fine, dominée par l'exotisme au nez qu'en bouche. ⧗ 2020-2021

FIGUIÈRE, 605, rte de Saint-Honoré, BP_47, 83250 La Londe-les-Maures, tél. 04 94 00 44 70, karine@figuiere-provence.com V t.l.j. sf dim. 10h-19h

DOM. FILHEA Cuvée Vanessa 2019 ★★

■ | 3059 | | 8 à 11 €

Après de longues années passées dans le domaine de l'horticulture, la famille Fille décide de se consacrer à la vigne. André, son épouse Rachel et sa fille Vanessa acquièrent 6 ha en 2013, au pied du mont Fenouillet, surface qu'ils doublent rapidement par des fermages. Premier millésime en 2015.

Une jolie robe claire couleur abricot pour cette cuvée au nez aromatique, ouvert sur des notes de pêche blanche qui se retrouvent au palais. Un palais ample, équilibré entre rondeur et fraîcheur, d'une belle longueur. ⧗ 2020-2021

DOM. FILHEA, 488, rte de la Crau, 83400 Hyères, tél. 04 94 35 20 65, contact@domainefilhea.fr V t.l.j. sf dim. 9h30-12h30 14h30-18h

B CH. FONT DU BROC 2019 ★

■ | 75000 | | 15 à 20 €

Implanté sur un terroir argilo-calcaire dominant la cité médiévale des Arcs-sur-Argens, ce domaine couvre 100 ha partagés entre la vigne (25 ha en bio certifié depuis 2013), les oliviers et l'élevage de chevaux de compétition. La certification bio est acquise.

Cet assemblage de 40 % de syrah, 35 % de grenache, 15 % de mourvèdre et 10 % de rolle se présente dans une robe très pâle « blanc litchi ». Le nez, fin et équilibré, offre des arômes de pêche blanche, d'agrumes (citron, orange) et une note d'exotisme. La bouche, à la fois ronde, fraîche et alerte, séduit par sa longueur et son harmonie. ⧗ 2020-2021

⊶ *CH. FONT DU BROC, chem. de la Font-du-Broc, 83460 Les Arcs-sur-Argens, tél. 04 94 47 48 20, info@chateau-fontdubroc.com* V 🚶 🍷 *t.l.j. sf dim. 10h-17h*

CH. DES GARCINIÈRES 2019 ★

■ | 3000 | 🍾 | 11 à 15 €

Le Ch. des Garcinières est un domaine provençal établi sur un ancien prieuré des moines cisterciens de l'abbaye Saint-Victor de Marseille, situé à deux pas du golfe de Saint-Tropez. Ce vignoble de 18 ha est dans la famille Valentin depuis 1898 et c'est Stéphanie qui en est à la tête depuis 32 ans. Le vignoble est en conversion bio.

Ce vin à la robe jaune clair offre un nez fin, ouvert sur les fruits blancs, le litchi, ainsi que sur des notes végétales et florales (acacia). La bouche, fruitée à son tour, présente une fine vivacité et de la longueur. Idéal pour les produits de la mer. ⧗ 2020-2022

⊶ *CH. DES GARCINIÈRES, 1082, rte de la Foux, 83310 Cogolin, tél. 04 94 56 02 85, info@chateau-garcinieres.com* V 🚶 🍷 *r.-v.*

Ⓑ CH. GASSIER Sainte-Victoire 946 2018 ★★

■ | 10000 | 🛢 🍾 | 30 à 50 €

Créé en 1982 dans la commune de Puyloubier, sur les coteaux calcaires issus de colluvions arrachées à la montagne Sainte-Victoire, le vignoble conduit par la famille Gassier – Anthony et son fils Georges (maître de culture) – couvre 40 ha et a amorcé sa conversion bio en 2010. Un important producteur de vins rosés de l'AOC côtes-de-provence, dans le giron du groupe Advini.

Ce rosé, issu à parts égales de syrah et de grenache et de 10 % de rolle, a connu le bois : une partie a été passée en demi-muids de chêne autrichien. 946 ? Comme l'altitude à laquelle se situe la croix de Provence, élevée sur le point culminant du massif de la Sainte Victoire. Dans le verre, un vin à la jolie robe orangée, au nez finement boisé de pain grillé et de pain d'épices, agrémenté de fruits confiturées. La bouche, ample, riche sans lourdeur, y ajoute des flaveurs de vanille et de noisette grillée. A réserver pour la table. ⧗ 2020-2022 ■ **Sainte-Victoire Le Pas du moine 2019 ★★ (15 à 20 €; 160000 b.)** Ⓑ Un fort joli rosé aux nuances saumonées, au nez à la fois puissant et fin de fleurs blanches et d'agrumes (de pamplemousse notamment), relayé par un palais long, équilibré, élégant et frais. ⧗ 2020-2023 ■ **Gassier Le Pas du moine 2019 ★★ (15 à 20 €; 3700 b.)** Ⓑ Un blanc né à parts égales de rolle et d'ugni blanc, à la robe limpide, au nez riche et généreux de fruits jaunes mûrs (pêche et mirabelle) et de genêt, à la bouche tout aussi fruitée, agrémentée d'une touche de romarin et d'épices douces. Un vin riche, plein et savoureux qui fleure bon la Provence. ⧗ 2020-2023 ■ **Esprit Gassier 2019 ★ (11 à 15 €; 250000 b.)** Un assemblage complexe de grenache, de syrah, de cinsault, de sémillon, de rolle et de cabernet pour cette cuvée couleur «rose layette», au nez fin et frais de fruits exotiques, de chèvrefeuille et de bonbon, à la bouche ronde et élégante, sur les agrumes et les fruits jaunes, dynamisée par une finale pleine de fraîcheur. ⧗ 2020-2021

⊶ *CH. GASSIER, chem. de la Colle, 13114 Puyloubier, tél. 04 42 66 60 09, anouk.basille@chateau-gassier.fr* V 🚶 🍷 *r.-v.*

CH. GIGERY 2019 ★★★

■ | 20900 | 🍾 | 8 à 11 €

Le domaine est géré par la famille Helfrich depuis le début de l'année 2019.

Cette magnifique cuvée couleur pétale de rose offre un bouquet complexe de citron, de pomélo, de fraise, de guimauve et de bonbon acidulé. Une attaque tonique ouvre sur une bouche d'une grande fraîcheur, ample, longue, qui fait écho à l'olfaction avec ses arômes amyliques et fruités. Une ode magnifique aux rosés de Provence. ⧗ 2020-2021

⊶ *CH. GIGERY, chem. de Gigery, 83390 Puget-Ville, tél. 06 17 26 70 68, mmartin@domaines-rhodaniens.com*

♥ EXCEPTION DE LA GISCLE 2019 ★★

■ | 16000 | 🍾 | 8 à 11 €

Ce domaine de 45 ha s'est développé dès le XVIe s. autour d'un moulin à farine devenu magnanerie, puis symbole de ce vignoble planté sur un terroir schisteux. Pierre Audemard et son épouse ont rejoint les parents au début des années 1990 pour développer l'activité et la vente au caveau.

Cette cuvée née d'un assemblage complexe de grenache, de syrah, de cinsault, de tibouren, de cabernet-sauvignon et de mourvèdre offre au nez des arômes intenses de pêche, de pomélo et de litchi, auxquels se mêlent de jolies notes d'églantine. La même complexité est à l'œuvre dans une bouche tout en volume et en rondeur, qui fait la part belle aux fruits exotiques et se voit dynamisée par une belle finale saline. Un rosé diablement gourmand et élégant, d'une longueur remarquable. ⧗ 2020-2021

⊶ *DOM. DE LA GISCLE, 1122, rte de Collobrières, hameau de l'Amiranté, 83310 Cogolin, tél. 04 94 43 21 26, dom.giscle@wanadoo.fr* V 🚶 🍷 *t.l.j. sf mer. dim. 9h-12h30 14h-18h30*

VIGNERONS DE GONFARON
Cuvée féerique 2019 ★★

■ | 6346 | 🛢 | 5 à 8 €

Créée en 1921, la coopérative des maîtres vignerons de Gonfaron réunit aujourd'hui quelque 120 adhérents pour un vignoble de 550 ha implanté sur des terroirs d'une grande diversité – schistes, grès rouge, argilo-calcaires – entre le massif des Maures et l'Aille, qui prend sa source au village.

Cette cuvée, issue de grenache (67 %), de syrah, de rolle et de tibouren, séduit l'œil par sa robe rose litchi. Le nez charme tout autant par son ses notes « explosives » d'agrumes, de fruits exotiques, de fruits à chair blanche et de fruits rouges. La bouche, tout aussi fruitée, ravit par son attaque fine et ciselée, par son amplitude, sa rondeur, son équilibre et son élégance. Féérique en effet… ⧗ 2020-2021 ■ **Hédonique 2019 ★ (5 à 8 €; 15000 b.)** Ce rosé couleur framboise séduit par son nez élégant de petits fruits rouges, de fleurs de vigne et de fenouil sauvage. La bouche se montre bien fruitée, finement minérale, soyeuse, avec une légère amertume en finale. ⧗ 2020-2021

⊶ LES MAÎTRES VIGNERONS DE GONFARON, rte Nationale, 83590 Gonfaron, tél. 04 94 78 30 02, info@vignerons-gonfaron.com V t.l.j. sf dim. 9h-12h 14h-18h

CH. LA GORDONNE
Pierrefeu La Chapelle Gordonne 2019 ★

■ | 180000 | 🍾 | 20 à 30 €

Situé sur les coteaux de Pierrefeu au cœur du massif des Maures, ce vaste vignoble, dans le giron du groupe Vranken-Pommery, s'étend sur 280 ha. Le nom du domaine rappelle un certain conseiller de Gourdon, qui acquit la propriété au XVIIes.

Ce Pierrefeu présente une robe diaphane, couleur litchi, en harmonie avec son nez élégant, floral et amylique. Après une attaque nerveuse et acidulée, la bouche se révèle fine, fraîche et un brin plus chaleureuse et douce en finale. ⧗ 2020-2021

⊶ CH. LA GORDONNE, Ch. la Gordonne, rte de Cuers, 83390 Pierrefeu-du-Var, tél. 04 94 33 48 52, bmailliard@gdl.fr V t.l.j. sf dim. 8h30-12h30 14h-18h30

DOM. LA GRAND'PIÈCE 2019 ★

■ | 34000 | 🍾 | 5 à 8 €

Sur cette exploitation familiale d'une vingtaine d'hectares d'un seul tenant (d'où son nom), située en bordure de la voie Aurélienne, des fouilles archéologiques ont permis de mettre au jour un village gallo-romain dont certains vestiges sont exposés au caveau. Les 27 ha de vignes sont conduits par Bruno de Chauvelin depuis 1984, épaulé depuis 2011 par son fils Thibaut.

Un assemblage de cinsault, grenache, syrah, carignan, cabernet-sauvignon, pour ce 2019 d'un rose très pâle et limpide, dont le nez discret s'ouvre sur des notes sucrées de dragées et de fruits rouges. La bouche offre un bel équilibre entre un gras bien dosé, une minéralité crayeuse et un fruité frais, avant de s'achever sur une finale onctueuse. ⧗ 2020-2021

⊶ LA GRAND'PIÈCE, Dom. La Grand'Pièce, 83340 Cabasse, tél. 06 10 78 49 55, lagrandpiece@live.fr V r.-v.

DOM. DE GRANDPRÉ Minotaure 2019 ★★

■ | 16000 | 🍾 | 8 à 11 €

Valérie Vidal-Revel conduit depuis 2006 ce domaine de 25 ha, niché dans la vallée de Puget-Ville, au pied du massif des Maures. Elle le travaille d'une manière de plus en plus raisonnée, utilisant en cave des produits œnologiques agréés en bio et limitant l'usage des sulfites.

Un tiers de grenache, un tiers de cinsault, un tiers de mourvèdre composent ce 2019 au nez ouvert sur le pamplemousse et, après aération, sur des notes florales de mimosa. Les agrumes reviennent en compagnie de la fraise mûre et de la mangue dans une bouche dotée d'une fine acidité. ⧗ 2020-2021

⊶ SCEA DOM. DE GRANDPRÉ, chem. des Grands-Prés, 83390 Puget-Ville, tél. 04 94 23 42 86, domaine.grandpre@orange.fr V t.l.j. 9h-12h 14h-17h

DOM. GRAND ROUVIÈRE Grande réserve 2019 ★

■ | 2000 | 🍾 | 11 à 15 €

La coopérative de Roquefort-la-Bédoule, petit village provençal proche de la Méditerranée, a été créée en 1963. Elle regroupe 100 ha de vignes implantées sur les coteaux argilo-calcaires de la commune.

Aux reflets litchi de sa robe très pâle répond un nez ouvert sur le même fruit et sur des arômes de fleurs blanches. En bouche, un bel équilibre aromatique est à l'œuvre, avec de la longueur et de la finesse. ⧗ 2020-2021 ■ **Vieilles vignes 2019 ★ (8 à 11 €; 10000 b.)** 85 % de rolle et 15 % d'ugni blanc composent cette cuvée aux arômes de fleurs blanches, de poire, de melon et de pêche, le tout agrémenté d'une touche exotique. Après une attaque tonique, la bouche, ample et fraîche, continue de diffuser ce bon fruité. ⧗ 2020-2021

⊶ LES VIGNERONS DE ROQUEFORT LA BÉDOULE, 1, bd Frédéric-Mistral, 13830 Roquefort-la-Bédoule, tél. 04 42 73 22 80, lesvigneronsderoquefort@orange.fr V t.l.j. sf dim. 8h-12h 14h-19h

Ⓑ CH. HERMITAGE SAINT-MARTIN
Pierrefeu Ikon 2017 ★★★

■ | 2100 | 🛢 | 20 à 30 €

Longtemps laissé à l'abandon, ce domaine situé au pied des barres rocheuses de Cuers et fondé par les moines de Saint-Victor en l'an 1000 se reconstruit depuis 1999, année de son rachat par Enzo Fayard. Les 17 ha du vignoble sont conduits en bio depuis 2003.

Cet assemblage de syrah et de grenache élevé longuement en fûts affiche d'emblée son intensité à travers une robe grenat profond et un nez dominé par un bon boisé vanillé et toasté et des notes de fruits à l'eau-de-vie. Le prélude généreux à une bouche riche, ronde et suave, portée par des tanins soyeux et veloutés. Un Pierrefeu qui ne laissera pas insensible les amateurs de (très bons) vins boisés. ⧗ 2022-2026 ■ **Pierrefeu Enzo 2019 ★★ (11 à 15 €; 44000 b.)** Ⓑ Un rosé limpide à l'œil et élégant au nez, ouvert sur des notes de fleurs blanches et de fruits jaunes, prolongées par une bouche ample, ronde, longue, agrémentée de notes d'agrumes. ⧗ 2020-2021 ■ **Pierrefeu Ikon 2019 ★ (15 à 20 €; 53000 b.)** Ⓑ Une cuvée limpide, couleur chair, au nez puissant d'agrumes, relayé par une bouche vive, ample et longue, assortie d'arômes de fruits exotiques et d'une finale sur le pamplemousse. Un rosé à la fois frais et généreux. ⧗ 2020-2021

⊶ CH. HERMITAGE SAINT-MARTIN, 303, Le Haut-Pansard, 83250 La Londe-les-Maures, tél. 04 94 00 44 44, contact@vinsfayard.com V t.l.j. sf dim. 9h-12h 14h-17h30

PROVENCE

B DOM. DE L'HEURE BLEUE
Notre-Dame-des-Anges Aube azur 2019 ★★

■	8800		11 à 15 €

À la tête d'un groupe familial spécialisé dans les transports et les voyages, Alain Place, venu du nord de la France et tombé sous le charme de la Provence, a repris avec son épouse ce domaine situé sur le flanc du massif des Maures, non loin de Saint-Tropez. Il a restructuré le vignoble (11 ha aujourd'hui, en conversion bio) et signé son premier millésime en 2012.

Une robe très pâle, d'un jaune léger, habille cette cuvée au nez ouvert sur la pêche, le pomélo et de fines nuances florales. Le palais se montre très gras, soyeux, vivifié par des notes fraîches de fruits exotiques. ⧗ 2020-2021

DOM. DE L' HEURE BLEUE, rte Notre-Dame-des-Anges, Les Houertz-des-Maures, 83590 Gonfaron, tél. 07 87 02 77 80, info@domaineheurebleue.com V *r.-v.*

DOM. HOUCHART 2018 ★

■	40000		8 à 11 €

Antoine Quiot acquiert la première vigne à Châteauneuf-du-Pape en 1748. Ses descendants, Geneviève, Jérôme et leurs enfants Florence et Jean-Baptiste exploitent 3 domaines dans la vallée du Rhône (Dom. du Vieux Lazaret, Ch. du Trignon) et deux propriétés en côtes-de-provence (Dom. Houchart, Les Combes d'Arnevel). Les Quiot sont aussi négociants.

Une robe d'un grenat intense habille ce vin au nez franc autant que généreux de fruits rouges compotés (fraise, framboise, cerise). Un fruité que l'on retrouve dans une bouche aux tanins fondus, agrémentée d'une touche vanillée signant le passage en fût. Un rouge équilibré, bien dans le ton du millésime 2018. ⧗ 2021-2023 ■ **2019 ★ (8 à 11 €; 8000 b.)** Un assemblage de clairette et de rolle pour ce vin jaune limpide, au nez de pêche et d'épices, à la bouche équilibrée, offrant à la fois du fruit, une fine acidité, du volume et de la suavité. ⧗ 2020-2022

DOM HOUCHART, 5, av. Baron-Leroy, 84230 Châteauneuf-du-Pape, tél. 04 90 83 73 55, vignoblesfamillequiot@gmail.com V *r.-v.*

DOM. JACOURETTE
Ange et Luce 2019 ★★

■	6400		8 à 11 €

Hélène Dragon, 4e du nom à diriger l'exploitation familiale, œuvre au chai et à la vente, tandis que son mari Frédéric Arnaud s'occupe de la vigne. Installé depuis 1997 à la tête de la propriété, le couple conduit un vignoble qui compte aujourd'hui 25 ha, situé à 5 km de la montagne Sainte-Victoire. Un domaine très régulier en qualité, qui a été certifié HVE3 (haute valeur environnementale) en 2019.

Ce 100 % rolle à la robe jaune paille offre une belle complexité au nez autour des fruits jaunes et blancs et de notes exotiques. Le palais séduit par sa salinité et sa minéralité qui lui confèrent beaucoup de fraîcheur et d'allonge. Un blanc énergique et fin, tout indiqué pour les produits de la mer. ⧗ 2020-2023

DOM. JACOURETTE, rte de Trets, RD_23, 83910 Pourrières, tél. 04 94 78 54 60, helene.dragon@jacourette.com V *r.-v.*

B JAS D'ESCLANS 2019 ★

■ Cru clas.	150000		8 à 11 €

Pastoralisme, agriculture, magnanerie et viticulture sont autant d'activités qui se sont succédé au fil des siècles sur cette propriété dont les raisins étaient déjà prisés à l'époque romaine. Depuis 2002, la famille de Wulf s'attache à cultiver en bio ce cru classé de Provence (50 ha). La cave de vinification, moderne, répond aux critères de l'éco-construction.

Ce cru classé tient son rang avec ce rosé d'une belle couleur saumonée, au nez gourmand et flatteur de confiserie et de banane mûre. La bouche ne déçoit pas : du volume, du gras, une juste fraîcheur, de la longueur. ⧗ 2020-2021

DOM. DU JAS D'ESCLANS, 3094, rte de Callas, 83920 La Motte, tél. 04 98 10 29 29, contact@jasdesclans.fr V *r.-v.*

CH. LAUZADE 2018 ★

■	39000		11 à 15 €

Propriétaire du Ch. Marquis de Terme (margaux) et du Val d'Arenc (bandol), la famille Sénéclauze a repris le Ch. Lauzade en 2007. Les origines de ce domaine remontent à 46 av. J.-C., date de construction d'une villa romaine sur ce terroir argilo-calcaire et gréseux. Le vignoble de 50 ha est commandé par une bastide du XIXes. à la cour carrée, plantée de platanes tricentenaires.

Le syrah domine cet assemblage composé également de cabernet-sauvignon. La robe rouge est franche, le nez, complexe, ouvert sur des notes de tabac, de fumé et de clou de girofle. La bouche, centrée sur les épices, apparaît ample, riche et bien structurée. Un joli vin corsé. ⧗ 2023-2025

CH. LAUZADE, 3423, rte de Toulon, 83340 Le Luc-en-Provence, tél. 04 94 60 72 51, chateaulauzade@orange.fr V *t.l.j. sf sam. dim. 9h-12h 13h30-17h30*

B CH. LÉOUBE Secret 2019 ★

■	44000		20 à 30 €

S'étendant sur 4 km le long du littoral du cap Bénat, cet imposant domaine de 560 ha est la propriété de Lord Bamford, un industriel anglais. Totalement réhabilité, il comprend 68 ha de vignes (en bio certifié depuis 2012) et 20 ha d'oliviers plantés autour d'un chai à l'architecture moderne. La direction a été confiée à Romain Ott. La certification bio est acquise.

Cette cuvée d'un seyant rose diaphane nuancé de reflets dorés offre un nez floral et printanier, souligné de notes exotiques. La bouche se montre souple, gouleyante et fraîche. La finale, marquée par une douceur pâtissière, lui amène un surcroît de rondeur. ⧗ 2020-2021

CH. LÉOUBE, 2387, rte de Léoube, 83230 Bormes-les-Mimosas, tél. 04 94 64 80 03, info@chateauleoube.com V *t.l.j. 9h-20h*

DOM. LE LOUP BLEU Vol de nuit 2019 ★★

	6500		11 à 15 €

Ce vignoble de 9 ha situé au pied de la montagne Sainte-Victoire, qui produit exclusivement en AOC côtes-de-provence, a été acquis en 2012 et restructuré par Sylvie et Marc Dubois. Le domaine, certifié bio depuis 2015, doit son nom à la montagne Podium Luperium, la « colline des Loups », et ceux des cuvées reflètent la passion des vignerons pour l'aviation.

C'est un « vol de nuit » vers des contrées exotiques que propose ce 100 % rolle ouvert sans réserve sur des arômes exubérants d'ananas et de fruit de la Passion, agrémentés d'une touche de bourgeon de cassis et d'agrumes. Le voyage se poursuit en douceur dans un palais à la fois ample, gras et fin, avant un « atterrissage » énergique, sur la vivacité. Nous vous souhaitons un agréable séjour en Provence... ⧗ 2020-2023

DOM. LE LOUP BLEU, Piconin, 13114 Puyloubier, tél. 07 72 55 91 31, contact@le-loup-bleu.com t.l.j. 9h-18h; dim. sur r.-v.

MADE IN PROVENCE Sainte-Victoire Collection 2017 ★★

	3333		15 à 20 €

Made in Provence Diffusion est la société de négoce et de commercialisation de Virginie Fabre et Guillaume Philip, propriétaires depuis 2007 de l'excellent Dom. des Diables à Puyloubier. Une valeur très sûre.

Cet assemblage de cabernet-sauvignon et de syrah, largement dominé par ce dernier, revêt une seyante robe rouge aux reflets bruns. Le nez allie les fruits (cerise, cassis) à de délicates notes de bois et d'épices. Après une attaque tout en souplesse, la bouche se développe avec équilibre, portée par des tanins fins et centrée sur un fruité gourmand de griottes au sirop. ⧗ 2021-2025 ■ **MIP Classic 2019 ★ (11 à 15 €; 106 666 b.)** À la jolie robe de ce 2019 couleur rose poudré répond un nez intense de groseille et de fruits exotiques agrémenté d'une touche de chèvrefeuille. La bouche, très fraîche, énergique, reste sur le même registre aromatique. Un ensemble harmonieux. ⧗ 2020-2021 ■ **Collection 2019 ★ (11 à 15 €; 64 666 b.)** Un rosé pâle et nacré, ouvert sans réserve sur les agrumes à l'olfaction, à la bouche tout aussi aromatique, friande et fraîche. Un 2019 dynamique. ⧗ 2020-2021 ■ **Collection 2019 ★ (11 à 15 €; 9333 b.)** Un 100 % rolle aux reflets or, centré sur les fruits exotiques mûrs et les agrumes confits au nez, mâtiné de nuances végétales et florales. Après une attaque croquante, sur fond de fruits blancs et de citron, la bouche affiche de la rondeur, du gras et de la longueur. ⧗ 2020-2023

MIP DIFFUSION, chem. de la Colle, 13114 Puyloubier, tél. 06 81 43 94 62, contact@mip-provence.com t.l.j. sf dim. 10h-12h 13h-17h

CH. MARAVENNE Collection privée 2019 ★

	21000		11 à 15 €

Ce vignoble de 30 ha implanté sur des sols schisteux au pied du massif des Maures est conduit en agriculture biologique depuis 2001. En 2012, Jean-Louis Gourjon a cédé son domaine à Karine et Alexandre Audinet, un couple de néo-vignerons, et à Raphaël Venturini.

Ce vin dominé par le grenache se pare d'une jolie robe rose pâle et offre un nez de citron, de réglisse et de menthe, agréablement rehaussé d'une touche florale (fleur de jasmin et acacia). La bouche, longue, fine et souple, évoque les agrumes, la pêche et les fleurs blanches. ⧗ 2020-2021

CH. MARAVENNE, rte de Valcros, 83250 La-Londe-les-Maures, tél. 04 94 66 80 20, contact@maravenne.com r.-v.

CH. LA MARTINETTE 2017 ★★

	10800		15 à 20 €

Trois investisseurs d'origine russe ont acquis en 2011 le Ch. la Martinette, une exploitation agricole datant de 1620. Situés au cœur du Var, au bord des rives de l'Argens, entre Lorgues et Le Thoronet, les 40 ha qui composent le vignoble sont en conversion vers l'agriculture biologique depuis 2017.

Cette cuvée, dotée d'une robe intense tirant sur le violet, propose un nez ouvert sur la mûre, la griotte et le boisé grillé et torréfié. Une attaque ronde ouvre sur une bouche intense et puissante, aux arômes de café et de noisette, avec des tanins bien présents en soutien. Un vin déjà bien équilibré, qui se bonifiera encore avec les années. ⧗ 2021-2025

CH. LA MARTINETTE, 4005, chem. de la Martinette, 83510 Lorgues, tél. 04 94 73 84 93, contact@chateaulamartinette.com t.l.j. sf dim. 10h-18h

CH. LA MASCARONNE Vita Bella 2019 ★

	11000		15 à 20 €

Le Ch. la Mascaronne s'étend sur 80 ha de collines et de vignes en coteaux à la sortie du village médiéval de Luc-en-Provence. Tom Bove, homme d'affaires américain ayant découvert le vin à Londres, a acheté le domaine en 1999. Le vignoble couvre plus de 50 ha, en bio certifié.

Ce 100 % rolle se présente dans une jolie robe aux reflets jaune, le nez ouvert sur l'abricot, les fruits blancs mûrs. Arômes que l'on retrouve dans une bouche riche, ronde et vineuse. Un vin d'une belle intensité. ⧗ 2020-2023

CH. LA MASCARONNE, RN_7, 83340 Le Luc-en-Provence, tél. 04 94 39 45 40, info@mascaronne.com r.-v.

CH. MATHERON Tradition Le M' 2019 ★★

	10000		5 à 8 €

En 1962, la famille Bernard, déjà à la tête du Domaine des Vérans à Cannet-des-Maures depuis plus de deux cents ans, rachète le Château Matheron à Vidauban.

Depuis 1992, Paul Bernard est aux commandes de ce vignoble de 15 ha.

Ce rosé, doté d'une intense robe cuivrée, présente au nez des arômes de fruits mûrs et exotiques agrémentés de notes amyliques. Ces dernières persistent dans une bouche fraîche en compagnie d'un beau fruité de pêche jaune et de melon. De beaux amers animent la finale. ⧗ 2020-2021

CH. MATHERON, 400, chem. du Domaine-de-Matheron, 83550 Vidauban, tél. 04 94 73 01 64, contact@chateau-matheron.com V *t.l.j. sf dim. 9h30-12h30 15h-19h*

CH. MENTONE Excellence 2017 ★

	1600		20 à 30 €

Un domaine historique où la marquise de Sévigné aimait séjourner : 170 ha, dont une forêt aux arbres centenaires, une oliveraie, des vergers, un potager, un parc avec bassins d'agrément et un vignoble de 25 ha sur argilo-calcaires, conduit en bio certifié depuis 2012 (biodynamie). La cave voûtée date du milieu du XIX[e]s. La propriété a été achetée en 2003 par la famille Caille, qui l'a ouverte à l'œnotourisme, aménageant notamment une ferme-auberge.

Élevé 24 mois en fût, cet assemblage de syrah, de cabernet-sauvignon et de carignan offre un nez au boisé prononcé (notes de fumé, de café, de vanille) qui ne masquent pas pour autant les fruits rouges. Une attaque franche introduit une bouche ample, dense et ronde, stimulée par une pointe d'acidité en finale. ⧗ 2022-2025

CH. MENTONE, 401, chem. de Mentone, 83510 Saint-Antonin-du-Var, tél. 04 94 04 42 00, info@chateaumentone.com V *t.l.j. sf sam. dim. 10h-17h*

CH. LES MESCLANCES Cuvée Saint Honorat 2017 ★

	7000		11 à 15 €

En 2009, Arnaud et Élisabeth de Villeneuve Bargemon ont repris la gestion du domaine familial. Une propriété de 110 ha d'un seul tenant dont 32 ha de vignoble en conversion biologique (certifié en 2020). En 10 ans, ils ont fait construire chai, cuverie et salle de dégustation, ouvrant un nouveau chapitre d'une longue histoire.

Cette cuvée à la robe sombre ornée de reflets rubis offre un nez soutenu de fruits noirs et rouges, rehaussés des notes de vanille et d'épices de l'élevage en fût. L'attaque est franche et vive, le développement ample et rond, étayé par des tanins fins et soyeux. ⧗ 2023-2025

LES MESCLANCES, 3583, chem. du Moulin-Premier, 83260 La Crau, tél. 04 94 12 10 95, chateaulesmesclances@mesclances.com V *t.l.j. sf sam. dim. 9h-12h 14h-18h; sam. mai à sept.*

CH. MINUTY Rose et Or 2019 ★★

Cru clas.	600 000		20 à 30 €

Les vignes du Ch. Minuty, construit à l'époque de Napoléon III, surplombent la presqu'île de Saint-Tropez, en contrebas du village de Gassin. Incarnant la troisième génération à la tête de ce cru fort réputé, classé depuis 1955, Jean-Étienne et François Matton conduisent aujourd'hui un vaste domaine de 145 ha. Le vignoble occupe des terroirs variés : 45 ha d'un seul tenant sur des sols de calcaire schisteux, 20 ha sur un sol calcaire et 15 ha sur les coteaux du Val de Rians à Ramatuelle.

Cette cuvée d'un rose très pâle s'ouvre sur un nez élégante et subtil de jasmin, d'agrumes et de fruits exotiques. La bouche, dotée d'un fruité persistant, propose un équilibre très assuré entre une aimable rondeur et une fraîcheur bien sentie. ⧗ 2020-2021

CH. MINUTY, 2491, rte de la Berle, 83580 Gassin, tél. 04 94 56 12 09 V *t.l.j. sf sam. dim. 9h-12h 14h-18h*

LES VIGNERONS DU MONT SAINTE-VICTOIRE Sainte-Victoire 2019 ★

	8500		8 à 11 €

Établie dans le site classé de la montagne Sainte-Victoire, cette coopérative fondée en 1924 exploite 710 ha de vignes implantés sur la face sud de ce mont si cher à Cézanne. Le vignoble est certifié depuis 2014 en développement durable. La certification HVE3 (haute valeur environnementale) est en cours.

Ce rosé aux reflets abricot propose un premier nez amylique, puis s'ouvre sur des notes subtiles d'aubépine et de tilleul. Une attaque tout en rondeur prélude à un palais croquant et frais, aux arômes de fruits rouges et de fleurs blanches. ⧗ 2020-2021

LES VIGNERONS DU MONT SAINTE-VICTOIRE, 63, av. d'Aix, 13114 Puyloubier, tél. 04 42 66 32 21, vignerons-msv@wanadoo.fr V *t.l.j. sf dim. 9h-12h 14h-18h*

DOM. MURENNES 2019 ★★

	4000		11 à 15 €

Depuis la création en 2010 de ce domaine de 5 ha, certifié bio, les vignes plantées sont maintenant en pleine production et l'exploitation est en mesure de présenter ses 3 couleurs de vin.

Ce 100 % rolle, à la robe claire, dévoile un nez à la fois subtil et intense de fruits exotiques, d'agrumes, de poire et d'épices douces. Le fruité se retrouve dans une bouche ronde et suave, mais sans lourdeur, bien ajustée par une fine acidité. ⧗ 2020-2022 **2019 ★ (11 à 15 €; 10 600 b.)** Un rosé franc aux jolis reflets bleutés habille cette cuvée au nez floral et fruité (fraise, groseille). Un fruité qui se diffuse aussi dans une bouche d'une belle longueur, fraîche et fine. De l'harmonie pour ce vin expressif. ⧗ 2020-2021

DOM. DE MURENNES, lieu-dit Murene, 83310 La Môle, tél. 06 09 08 61 86, domainemurennes@yahoo.fr V *r.-v.*

DOM. DES MYRTES La Londe Prestige 2019 ★

	10 000		8 à 11 €

Situé sur les contreforts sud du massif des Maures, le vignoble du domaine, implanté sur un sol de cailloutis de schistes caractéristique de la dénomination La Londe, s'étend sur 41 ha. L'exploitation, dans la famille Barbaroux depuis 1835, pratique une polyculture horticole, arboricole, viticole et maraîchère. Les Barbaroux, longtemps coopérateurs, ont construit leur cave en 1981.

Cette cuvée séduit d'emblée par sa robe pâle brillante et limpide, et par son nez intense de fruits rouges frais agrémentés d'une pointe d'agrumes et de bonbon Arlequin. Une attaque ample ouvre sur une bouche d'une belle persistance aromatique, qui prolonge les sensations perçues à l'olfaction jusqu'à une finale fraîche et friande. ⧗ 2020-2021 ■ **Tradition 2019 ★ (5 à 8 €; 26 660 b.)** Grenache, cinsault, syrah, ugni blanc, carignan et vermentino pour ce rosé pâle et complexe, ouvert sur les agrumes, les fruits rouges et la rose. Après une attaque franche et vive, la complexité persiste en bouche, sur fond d'arômes de pomélo et de notes amyliques. De l'équilibre entre sucrosité et acidité, de la souplesse, de la longueur : un vin complet. ⧗ 2020-2021

⊶ DOM. DES MYRTES, 1167, rte de la Jouasse, 83250 La Londe-les-Maures, tél. 04 94 66 83 00, domainedesmyrtes@free.fr V ⛹ ■ *t.l.j. sf sam. dim. 9h-12h 14h30-18h*

DOM. DE LA NAVARRE Sacrifice 2019 ★

■	10 000	▮	8 à 11 €

S'il doit son nom à la famille Navarre, propriétaire avant la Révolution, le domaine s'est développé au milieu du XIXᵉs. lorsqu'il devint un orphelinat placé en 1878 sous la direction de Jean Bosco, fondateur de la congrégation des Salésiens. Aujourd'hui, la propriété est constituée d'un collège privé catholique et d'un vignoble de 80 ha situé au pied du massif des Maures.

Ce 100 % rolle à la robe jaune pâle d'une jolie brillance dévoile un bouquet élégant de fruit de la Passion, de fleurs blanches et de genêt. Après une attaque riche, la bouche se révèle florale, fine et équilibrée. ⧗ 2020-2022

⊶ DOM. DE LA NAVARRE, 3451, chem. de La Navarre, 83260 La Crau, tél. 04 94 66 04 08, caveau@lanavarre.com V ⛹ ■ *t.l.j. sf dim. 9h-12h 13h-18h*

Ⓑ DOM. DE LA NAVICELLE 2019 ★

■	13 300	▮	11 à 15 €

Entre Méditerranée et forêt, au pied de la Colle noire d'origine volcanique, les 20 ha du domaine poussent sur un terroir de grès et d'argiles. Le vignoble, certifié bio depuis 2014 et en HVE (haute valeur environnementale) depuis 2019, est tourné vers les principes fondamentaux de la biodynamie.

Ce rosé pâle exhale un bouquet gourmand aux senteurs de calisson, de framboise et de freesia sauvage. La bouche apparaît fraîche et minérale dès l'attaque et déploie une longue finale anisée. Du dynamisme et de l'élégance. ⧗ 2020-2023

⊶ DOM. DE LA NAVICELLE, 1617, chem. de la Cibonne, 83220 Le Pradet, tél. 04 94 21 79 99, contact@domainedelanavicelle.com V ⛹ ■ *r.-v.* ⌂ Ⓔ

CH. DE PALAYSON Ch. Réserve 2017 ★

■	35 000	◍	30 à 50 €

Christine et Alan von Eggers Rudd ont été séduits par ce domaine établi au pied du rocher de Roquebrune, riche d'une longue histoire : de villa romaine, au IIᵉs. av. J.-C., il devint la propriété des moines de Sainte-Victoire au Moyen Âge. Les nouveaux propriétaires n'ont pas ménagé leurs efforts pour le remettre en état et conduisent aujourd'hui un vignoble de 10,5 ha.

Ce rouge, à la robe très intense et aux reflets légèrement tuilés, porte au nez l'empreinte de son passage en fût : y dominent des notes vanillées, toastées et torréfiées, auxquelles se mêlent des arômes de fruits noirs. Ceux-ci se retrouvent, aux côtés de notes de cannelle et de poivre, dans une bouche dense et concentrée, qui laisse espérer un beau potentiel de vieillissement. ⧗ 2023-2028

⊶ CH. DE PALAYSON, chem. de Palayson, 83520 Roquebrune-sur-Argens, tél. 06 63 79 63 64, info@palayson.com V ⛹ ■ *t.l.j. sf dim. 10h-12h30 14h-19h*

CH. PANSARD 2019 ★★

■	3000	▮	8 à 11 €

Cette cave dynamique, créée en 1921 au lendemain de la Grande Guerre, n'a cessé d'évoluer. Un nouveau caveau a ainsi été construit en 2011. Forte d'une soixantaine d'adhérents, la coopérative est aujourd'hui sous la direction d'Éric Dusfourd.

Ce rosé couleur pêche claire offre un nez intense, à la fois fruité et minéral. La bouche, qui ne manque pas de longueur, propose une acidité bien balancée, surtout sur sa finale. De la fraîcheur et de l'harmonie. ⧗ 2020-2021

⊶ SCA CAVE DES VIGNERONS LONDAIS, 363, av. Albert-Roux, 83250 La Londe-les-Maures, tél. 04 94 66 80 23, boutique@vignerons-londais.com V ⛹ ■ *t.l.j. sf. lun. dim. 8h45-12h15 15h-18h*

CH. PARADIS Coup de cœur 2017 ★★

■	7500	◍	11 à 15 €

Le Ch. Paradis est situé face au massif des Maures et appartient à Jean-Charles Foellner depuis 1999. Après huit ans de travaux, il signe ses premières cuvées en 2007. Les 40 ha de vignes de la propriété sont conduits en agriculture raisonnée.

Le noir n'est pas seulement la couleur de la robe très sombre et très intense de cette cuvée, c'est aussi celle des fruits dont son nez exhale les arômes, aux côtés de nuances de vanille et d'épices. Sur les mêmes notes, la bouche séduit par son volume, sa rondeur et son gras, tout en offrant une belle structure tannique. Un vin à la fois gourmand, puissant et charpenté. ⧗ 2023-2025

⊶ CH. PARADIS, Dom. Paradis, av. Paradis, 83340 Le Luc-en-Provence, tél. 04 94 47 96 13, jcf@chateauparadis.fr V ⛹ ■ *t.l.j. 10h-19h*

Ⓑ CH. PEIGROS Pierrefeu Croix Haute des Schistes 2019 ★★★

■	6667	15 à 20 €

Robert Ghigo est propriétaire depuis 2010 du Ch. Vert (30 ha), l'un des plus vieux domaines de La Londe-les-Maures, et du Ch. Peigros. Exploité en bio certifié, ce dernier compte 30 ha – une partie sur le plateau argilo-calcaire de Pierrefeu et l'autre cultivée en restanques, sur les pentes schisteuses de la Règue des Botes.

Cette cuvée à la robe ambrée exhale un bouquet puissant d'agrumes que viennent ensuite nuancer des notes d'épices. La bouche, dont les arômes restent fidèles à ceux du nez, se montre ronde, riche et généreuse. Un vin diablement gourmand qui s'apprécie aussi sur la longueur. ⧗ 2020-2021

⊶ *CH. PEIGROS, chem. Peigros, 83390 Pierrefeu-du-Var, tél. 04 94 93 60 02, contact@vignobles-ghigo.com*

B DOM. DES PEIRECÈDES
Le Fil d'Ariane 2019 ★★★

■	74000	🍾	8 à 11 €

Situé sur le terroir de Pierrefeu, à l'orée des Maures, entre Saint-Tropez et Toulon, le Dom. de Peirecèdes se transmet de génération en génération depuis un siècle. Aujourd'hui, ce sont Alain Baccino et son épouse Véronique, rejoints par leurs filles Audrey, œnologue, et Leslie, qui conduisent en bio ce vignoble de 35 ha.

La couleur et le nez de ce rosé à la robe très claire sont sur la même note : celle de la pêche blanche. Le palais, aromatique, salin et «salivant», offre lui aussi un bel équilibre sur le fruit, ainsi que de la finesse, du volume et une longueur remarquable. ⧗ 2020-2021 ■ **Pierrefeu Règue des Botes 2019 ★ (8 à 11 €; 7000 b.)** B Un rosé à la robe ambrée, au nez discret mais qui se distingue par sa bouche ample, onctueuse et équilibrée. ⧗ 2020-2021 ■ **Ch. la Tulipe noire 2019 ★ (11 à 15 €; 26000 b.)** B Composé de tibouren (90 %) et de grenache, ce rosé élégant, couleur œil de perdrix, offre un nez intense de fleurs blanches et un palais fruité d'une belle finesse. ⧗ 2020-2021 ■ **Ch. la Tulipe noire 2019 ★ (11 à 15 €; 3000 b.)** B Un 100 % clairette au nez très floral et au palais fruité, gras, soyeux et persistant. Un blanc intense et harmonieux. ⧗ 2020-2022

⊶ *DOM. DES PEIRECÈDES, 1201, chem. la Mue, 83390 Cuers, tél. 04 94 48 67 15, compta@peirecedes.com* V 🚶 🍷 *t.l.j. sf dim. 9h-12h 14h-18h* 🏠 C

B DOM. PIERACCI 2019 ★

■	3500	🍾	11 à 15 €

Fils et petit-fils de vignerons, Jean-Pierre Pieracci a construit un nouveau chai à Saint-Cyr-sur-Mer. Il exploite 15 ha en bandol, à La Cadière-d'Azur, en côtes-de-provence, à Saint-Cyr-sur-Mer, en IGP, et produit aussi de l'huile d'olive. Son vignoble est certifié bio.

90 % de syrah et du grenache composent cette cuvée à la robe d'un pourpre intense et au nez intense, ouvert sur les fruits rouges et noirs. La bouche, ample, riche, portée par des tanins très souples et harmonieux, prolonge ces arômes jusqu'en finale. Un rouge de plaisir, à boire sur le fruit. ⧗ 2020-2023

⊶ *JEAN-PIERRE PIERACCI, Dom. Pieracci, 975, chem. du Sauvet, 83270 Saint-Cyr-sur-Mer, tél. 06 15 44 49 52, jp83@hotmail.fr* V 🚶 🍷 *r.-v.*

B DOM. PINCHINAT 2019 ★

■	75000	🍾	8 à 11 €

Situé dans la plaine de Trets au pied de la montagne Sainte-Victoire, ce domaine est dirigé par Alain de Welle, qui applique depuis son installation en 1990 les règles de l'agriculture biologique sur ses 30 ha de vignes.

Cette cuvée d'un élégant rose cristallin s'ouvre sur un nez d'agrumes et de fruits rouges d'une belle intensité. Le palais, tout aussi raffiné, se révèle bien équilibré entre vivacité et sucrosité et offre en prime une bonne longueur. ⧗ 2020-2021 ■ **Villa Victorine 2019 ★ (5 à 8 €; 20000 b.)** B Un rosé très pâle, au nez très expressif de fruits exotiques, de pêche blanche, d'ananas et de pamplemousse. Une attaque ample et ciselée ouvre sur un palais rond, gras, généreux, au fruité charnu (pêche et abricot mûr). ⧗ 2020-2021

⊶ *DOM. PINCHINAT, 83910 Pourrières, tél. 04 42 29 29 92, domainepinchinat@wanadoo.fr* V 🚶 🍷 *r.-v.*

B DOM. DES PLANES Blanc de blancs 2019 ★★

■	21000	🍾	11 à 15 €

Fondé en 1902 sur les premiers contreforts des Maures, ce vaste domaine de 96 ha a été racheté en 1980 par des Allemands, Ilse et Christophe Rieder, diplômés de l'école supérieure de viticulture de Geisenheim (Rheingau). Rejoints par leurs trois fils Stéphane, Oliver et David, le couple exploite aujourd'hui 28 ha de vignes, conduites de longue date en bio (certification en 2009).

Ce blanc très pâle, aux reflets bleutés, présente un nez d'une belle fraîcheur, ouvert sur le fruit de la Passion. Une fraîcheur exotique à laquelle fait écho une bouche ample, élégante, tendre et longue. ⧗ 2020-2023

⊶ *DOM. DES PLANES, Dom. des Planes, RD_7, 83520 Roquebrune-sur-Argens, tél. 04 98 11 49 00, vin@dom-planes.com* V 🚶 🍷 *r.-v.* 🏠 E

DOM. DE LA PORTANIÈRE
Pierrefeu Portanier 2017 ★★

■	1800	🛢	11 à 15 €

Fondé en 1858 et aujourd'hui exploité par Philippe et Pascale Blancard, ce domaine familial élabore ses vins depuis 2008. S'inscrivant dans une végétation de chênes-lièges, de pins parasols et d'arbousiers, il est implanté entre Collobrières et Pierrefeu, sur les contreforts des Maures. Au vignoble de 13 ha s'ajoute un verger de pommiers.

Composée à parts égales de grenache et de syrah, cette cuvée à la robe pourpre offre un nez complexe de fruits rouges mûrs, de pruneau, de réglisse et de poivre. La bouche, elle aussi généreusement fruitée, se montre ample, dense, corsée et fraîche à la fois, bâtie sur des tanins racés. Joli retour de la réglisse et du poivre en finale. ⧗ 2022-2025

⊶ *DOM. DE LA PORTANIÈRE, 790, rte des Maures, 83610 Collobrières, tél. 06 99 44 05 24, portaniere@nordnet.fr* V 🚶 🍷 *t.l.j. sf lun. 11h-19h*

CH. RASQUE Clos de Madame 2019 ★

■	2300	🍾	20 à 30 €

Gérard Biancone s'est installé en 1983 dans le village provençal de Taradeau, où il a créé le Ch. Rasque, établi sur un beau terroir argilo-calcaire. Sa fille, Sophie Courtois-Biancone, a pris en 2006 la conduite du domaine, fort de 100 ha, dont 30 plantés de vignes. La conversion à l'agriculture biologique est en cours.

Ce 100 % rolle présente un nez aussi gourmand qu'élégant de citron confit, de fleurs blanches et d'épices. En bouche, on découvre un vin équilibré, dans la continuité de l'olfaction, offrant du gras, du volume et une belle fraîcheur aux tonalités salines. 2020-2023 **Alexandra 2019 ★ (15 à 20 €; 74000 b.)** Composée à parts égales de cinsault et de grenache, cette cuvée, à la robe saumonée, répand, à l'olfaction, un fruité de pêche, de fraise et de citron. La bouche, quant à elle, se développe avec rondeur et souplesse sur des arômes de fruits rouges, puis de poire et d'abricot, avant une finale sur les agrumes. Un ensemble équilibré et gourmand. 2020-2021

CH. RASQUE, 2897, rte de Flayosc, 83460 Taradeau, tél. 04 94 99 52 20, contact@chateaurasque.com V *t.l.j. 9h-18h; pour les groupes sur r.-v.* 5

B CH. RÉAL MARTIN Perle de Rosé 2019 ★★

■	60000		8 à 11 €

Jean-Marie Paul, pionnier de la restauration moderne et fondateur du groupe Score, a été séduit par cet ancien domaine des comtes de Provence (320 ha, dont 35 ha de vignes en conversion bio) situé à 350 m d'altitude. Il s'y est installé en 2001 et a entrepris une rénovation complète de la bastide du XVIes. et de la cave. L'exploitation propose aussi de l'huile d'olive. La certification bio est acquise pour l'ensemble de la production.

Cette cuvée rose pâle aux reflets framboise s'ouvre à l'olfaction sur des notes d'agrumes, de fruits à noyau et de fleurs (rose, jasmin). Arômes que l'on retrouve dans une bouche longue et fraîche, agrémentée d'une touche de fraise et de zeste de citron. Un vin équilibré et élégant. 2020-2021

DOM. RÉAL MARTIN, 4476, rte de Barjols, 83143 Le Val, tél. 04 94 86 40 90, crm@chateau-real-martin.com V *r.-v.*

DOM. DE RIMAURESQ R 2017 ★

■ Cru clas.	25000		20 à 30 €

Fondé en 1864, ce cru classé de Provence a été acquis en 1988 par une famille de distillateurs écossais. Aujourd'hui forte de plus de 65 ha, la propriété, d'exposition nord-ouest, s'étend au pied de Notre-Dame-des-Anges, point culminant des Maures, sur un sol schisteux pauvre. En conversion bio.

Ce vin élevé 6 mois en cuve et 12 mois en fût, animé par de beaux reflets violines, dévoile un nez aux tonalités fumées, épicées et fruitées (fruits rouges). En bouche, il s'adosse à des tanins soyeux et fondus qui poussent loin la finale. À boire jeune ou dans quelques années. 2021-2025

DOM. DE RIMAURESQ, rte Notre-Dame-des-Anges, 83790 Pignans, tél. 04 94 48 80 45, rimauresq@wanadoo.fr V *r.-v.* 5 E

CH. ROSAN Élégance 2019 ★★

■	8600		11 à 15 €

Acquis en 2012 par Gérard Chauvet, ce domaine, construit autour d'une ancienne plâtrière et cultivé sur des restanques (terrasses), offre une superbe vue sur le massif des Maures et la chapelle de Notre-Dame-des-Anges. 5 générations de viticulteurs coopérateurs s'y sont succédées. Le nom de Ch. Rosan a été choisi pour rendre hommage aux grands-parents ROSe et ANdré à l'origine de l'extension de la propriété. Les 30 ha sont répartis sur 3 communes : Pignans, Gonfaron et les Mayons, constitués essentiellement de coteaux dans l'aire d'appellation côtes-de-provence. La conversion bio est en cours.

Ce rosé orangé aux reflets argent, né de syrah (85 %) et de grenache, offre un fort joli nez de fruits exotiques et d'agrumes. La bouche, à l'unisson du bouquet et agrémentée de notes de groseille, se montre ronde, ample et longue, soulignée par une juste fraîcheur. De l'élégance en effet. 2020-2021 **Évidence 2019 ★ (5 à 8 €; 65000 b.)** Un rosé pâle, couleur pétale de rose, ouvert sur les fruits exotiques et les agrumes, au palais frais et persistant, centré sur la pêche, la prune et le pomélo. 2020-2021

CH. ROSAN, quartier la Fondaille, RND_97, 83790 Pignans, tél. 06 70 08 13 79, scea.saint.michel@gmail.com V *t.l.j. sf dim. 9h30-12h 14h-18h*

DOM. SAINT-ANDRIEU 2019 ★★

■	40000		11 à 15 €

Acquis en 2003 et restructuré par Jean-Paul et Nancy Bignon, par ailleurs propriétaires du Ch. Talbot, cru classé de saint-julien dans le Médoc, ce vignoble de 30 ha jouit d'un terroir argilo-calcaire privilégié à 380 m d'altitude, au pied du Bessillon. Deux étiquettes ici : le Dom. Saint-Andrieu en côtes-de-provence et l'Oratoire Saint-Andrieu en coteaux-varois, sans oublier la production d'huile d'olive.

Ce rosé, à la robe litchi et aux reflets pêche, propose un nez discrètement fruité de clémentine. Passé une attaque franche, il déploie une bouche vive, tonique, bien tendue en finale. De l'énergie. 2020-2021

DOM. SAINT-ANDRIEU, chem. Saint-Andrieu, 83570 Correns, tél. 04 94 59 52 42, contact@domaine-saint-andrieu.com V *r.-v.*

CH. SAINTE-CROIX Saint-Pierre 2018 ★

■	33000		8 à 11 €

L'ancienne ferme fortifiée du XIIes. était habitée par les moines lors de la construction de l'abbaye du Thoronet. Fondé en 1927 par Fernand Pélépol, le domaine actuel est conduit depuis 2007 par Stéphane, qui a pris la relève de son père Jacques. Le vignoble compte 50 ha.

Ce rouge sombre offre un nez agréable de fruits mûrs et de garrigue. Portée par des tanins fondus et élégants, la bouche, centrée sur la cerise noire, charme par son équilibre, sa souplesse et sa finale chaleureuse mais sans lourdeur. 2022-2025

CH. SAINTE-CROIX, rte du Thoronet, 83570 Carcès, tél. 04 94 80 79 13, chateausaintecroix83@yahoo.fr V *t.l.j. sf dim. 9h-12h 14h-18h; 19h été* 5

B CH. SAINTE-MARGUERITE La Londe Symphonie 2019 ★★

■ Cru clas.	153000		15 à 20 €

Depuis sa création en 1929, ce vignoble est passé de 11 à 168 ha. Entouré de palmiers, il est implanté sur

PROVENCE

les premiers contreforts du massif des Maures et domine la Méditerranée, non loin des îles d'Or. Ce cru classé des côtes-de-provence a été repris en 1977 par Brigitte et Jean-Pierre Fayard, qui l'ont orienté en 2003 vers l'agriculture biologique. En 2017, la deuxième génération – Olivier et Christine, Guillaume et Véronique, Arnaud et Sigolène – a pris les rênes du domaine.

Ce rosé couleur pêche, composé pour 60 % de cinsault et 40 % de grenache, montre de l'équilibre et de l'intensité au nez, autour d'arômes de pomélo, de pêche blanche et de fruit de la Passion. L'exotisme reste au rendez-vous dans une bouche tendre, soyeuse, d'une agréable sucrosité, stimulée par une finale citronnée. De l'harmonie, de la rondeur et de la gourmandise. ⧗ 2020-2021 ■ **2019 ★ (11 à 15 €; 49 000 b.)** Ⓑ Le fruit mûr, exotique, fait tout l'agrément de ce vin frais et bien équilibré. ⧗ 2020-2021

CH. SAINTE-MARGUERITE, 381, rte de Valcros, 83250 La Londe-les-Maures, tél. 04 94 00 44 44, contact@vinsfayard.com V *t.l.j. sf dim. 9h-12h 14h-17h30*

Ⓑ DOM. SAINTE-MARIE 1884 2018 ★★

■ | 5959 | | 11 à 15 €

En 1884, une épidémie de choléra s'arrête aux portes de la propriété – dépendance de la chartreuse de la Verne au XVIIIe s. Une statue de la Vierge est édifiée, et le domaine trouve alors son nom. Le vignoble (40 ha) a été repris en 2007 par Christopher Duburcq, qui a engagé une conversion bio désormais acquise.

Élevé 12 mois en fût, cet assemblage composé à parts égales de syrah et de cabernet se présente dans une robe très dense, doté d'un nez tout aussi intense de fruit noirs, de garrigue et de vanille. La bouche est soyeuse, ample, longue, étayée par des tanins subtils et veloutés. Une bouteille qui ne craindra pas les années. ⧗ 2023-2028

DOM. SAINTE-MARIE, RN_98, rte de Saint-Tropez, 83230 Bormes-les-Mimosas, tél. 04 94 49 57 15, contact@domainesaintemarie.fr V *t.l.j. sf dim. 9h-18h* Ⓔ

♥ CH. SAINT-ESPRIT Signature 2017 ★★

■ | 9000 | | 11 à 15 €

Sur cette ancienne propriété de la confrérie du Saint-Esprit (XIIe s.), lieu de pèlerinage à la croisée des chemins entre Draguignan et Lorgues, s'étendent les 15 ha du vignoble acquis en 1955 par le père de Richard Crocé-Spinelli. Ce dernier, œnologue, lui a succédé en 1985 et travaille avec son épouse Hélène et ses enfants Mathilde et Florent. Domaine en conversion bio.

Une robe très sombre habille cet assemblage de syrah, grenache et mourvèdre. L'annonce d'un bouquet généreux, aux accents de pruneau, de cerise, de mûre et de violette. Dans la continuité du nez, la bouche, fondue, ample, dense, chaleureuse sans manquer de fraîcheur, révèle un très beau travail d'extraction des arômes et des tanins. Un vin complet, au potentiel de garde certain. ⧗ 2023-2030

CH. SAINT-ESPRIT, 449, rte des Nouradons, 83300 Draguignan, tél. 04 94 68 10 91, chateau@saintesprit-provence.com V *r.-v.* Ⓔ

CH. SAINT-MARC
Grande Réserve Domini 2019 ★

■ | 2000 | | 11 à 15 €

Situé à Cogolin, dans l'arrière-pays du Golfe de Saint-Tropez, le domaine, racheté en 2000 à Masayoshi Miyamoto, compte près de 8 ha de vignes en AOC côtes-de-provence. Une partie de l'exploitation est déjà en agriculture biologique. Toute la production est sous le contrôle du chef de culture, Franck Audibert.

Ce 100 % rolle élevé 6 mois en fût offre à l'œil une belle robe jaune d'or aux reflets verts. Au nez, il dévoile des notes complexes de noisette grillée, de chocolat blanc, de vanille et d'ananas rôti. Ce dernier, allié à la pêche, est aussi à l'honneur dans une bouche soutenue par un boisé subtil et offrant un bel équilibre entre finesse, tension et gras. ⧗ 2020-2023

CH. SAINT-MARC, 588, chem. des Crottes-et-de-Saint-Marc, 83310 Cogolin, tél. 09 75 64 22 91, chateau.saint.marc@wanadoo.fr V *r.-v.*

CH. DE SAINT-MARTIN
Grande réserve 2019 ★

■ Cru clas. | 100 000 | | 15 à 20 €

Les Romains au IIe s. av. J.-C., puis les moines de Lérins du Xe au XVIIIe s. ont cultivé la vigne sur ces terres. Depuis 1740, le château se transmet généralement de mère en fille. En 1993, Adeline de Barry prend les commandes de ce cru classé de Provence, dont le vignoble couvre 50 ha. L'exploitation est certifiée HVE (haute valeur environnementale) de niveau 3.

20 % de syrah, 20 % de cinsault, 20 % de grenache, 20 % de tibouren, 10 % de carignan et 10 % de mourvèdre : un assemblage complexe pour ce 2019 à la robe cuivrée et au nez bien ouvert de fleurs blanches et d'agrumes. La bouche apparaît souple, fruitée (fruits blancs), d'une plaisante acidité et d'une appréciable longueur. ⧗ 2020-2021

CH. DE SAINT-MARTIN, rte des Arcs, 83460 Taradeau, tél. 04 94 99 76 76, contact@chateaudesaintmartin.com V *t.l.j. sf dim. 9h-12h 13h-19h*

CH. SAINT-MAUR L'Excellence 2019 ★★

■ Cru clas. | 9000 | | 20 à 30 €

Déjà propriétaire de la Quinta do Pessegueiro (Douro), l'entrepreneur Roger Zannier a acquis en 1955 cette propriété située à Cogolin, au pied du massif des Maures et à 10 km de Saint-Tropez. C'est aujourd'hui son gendre, Marc Monrose, qui conduit ce cru classé de 100 ha, dont 60 sont plantés. Il a doté le domaine d'un nouveau chai de haute technologie.

Ce 100 % de rolle cristallin exhale au nez des notes florales et des arômes d'agrumes, lesquels continuent de se diffuser avec persistance dans une bouche fine, délicate et joliment acidulée, ce jusqu'à une finale dynamique, tout en fraîcheur. ⧗ 2020-2023

CH. SAINT-MAUR, 535, rte de Collobrières, 83310 Cogolin, tél. 04 94 95 44 55, csm@zannier.com V *r.-v.*

DOM. SAINT-PANCRACE 2019 ★

■ | 6500 | 11 à 15 €

Le domaine se situe au pied de la montagne Sainte-Victoire. Il s'étend autour de la chapelle Saint-Pancrace, construite sur le site d'une ancienne ville romaine. Son sol est constitué de cailloutis résultant de la dernière glaciation. Début 2016, Noémie Guez s'y installe et y réalise en 2019 sa première vinification. L'exploitation est en conversion biologique.

Ce rosé offre un nez intense de fruits exotiques, de bonbon anglais et d'épices. La bouche, longue, dense et fraîche, se développe sur le même registre aromatique, agrémentée d'une originale note de banane confite. ⧗ 2020-2021

DOM. SAINT-PANCRACE, 13114 Puyloubier, tél. 06 13 09 14 93, contact@domaine-saint-pancrace.com V *r.-v.*

SAINT-ROCH-LES-VIGNES Pierrefeu Quintessence 2018 ★

■ | 6200 | | 11 à 15 €

Cave coopérative depuis 1911, située dans le triangle d'or des Côtes de Provence, la cave de Saint-Roch-les-Vignes vinifie des vins rouges, blancs et rosés issus de raisins cultivés sur les 600 ha de son territoire.

Ce rouge à l'intense robe grenat propose un nez généreux de tabac, de réglisse, de menthe et de fruits rouges à l'eau-de-vie. La bouche se distingue par sa rondeur, ses jolies notes de fruits acidulés sur fond boisé et par sa solide trame tannique, un brin austère en finale. Du caractère et du potentiel. ⧗ 2023-2025

CAVE SAINT-ROCH-LES-VIGNES, 505, bd Gambetta, 83390 Cuers, tél. 04 94 28 60 60, chai@cuers-saintroch.com V *r.-v.*

DOM. LA SANGLIÈRE Spéciale 2019 ★

■ | 3300 | | 11 à 15 €

Situé au cap Bénat, site protégé à quelques kilomètres des îles d'Hyères, ce vignoble d'une quarantaine d'hectares a été acquis en 1980 par François Devictor, ingénieur agricole, qui y a installé une cave. Ses fils Rémy et Olivier exploitent le domaine dans un esprit bio, mais sans certification.

Ce 100 % rolle, paré d'une belle robe jaune intense, diffuse avec finesse des parfums d'épices, d'aubépine et de fruits blancs. La bouche se révèle ample, ronde et riche, imprégnée de saveurs de fruit et de garrigue. ⧗ 2020-2023

LA SANGLIÈRE, 3886, rte de Léoube, 83230 Bormes-les-Mimosas, tél. 04 94 00 48 58, sangliere@domaine-sangliere.com V *haute saison t.l.j. sf dim. 9h-12h 15h-18h*

♥ DOM. SIOUVETTE Le Clos 2019 ★★

■ | 3500 | | 15 à 20 €

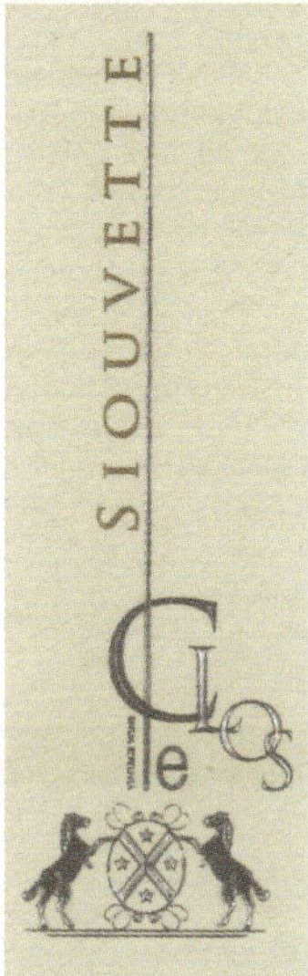

Ancienne ferme des pères chartreux de la Verne, cette propriété, dans la famille Sauron depuis 1836, produisait autrefois du bois d'œuvre. Elle se convertit à la viticulture au début du XXe s. : en cave particulière jusqu'en 1956, puis passage en coopérative jusqu'en 1985 avant un retour à la vinification au domaine. Les 23 ha de vignes, plantés en coteaux sur les sols argilo-schisteux du massif des Maures, surplombent la vallée de la Môle. La conversion bio est l'objectif à moyen terme.

88 % de grenache et 12 % de syrah composent cette cuvée d'un rose pâle très tendance. À un nez particulièrement intense et raffiné d'agrumes, de fleurs blanches et de fruits exotiques répond une bouche ample, fraîche, fruitée (agrumes toujours), qui ne manque ni de gras ni de longueur. Un modèle d'équilibre. ⧗ 2020-2021 ■ **Marcel Galfard 2017 ★ (11 à 15 €; 12000 b.)** Un assemblage dominé par la syrah, d'un beau rouge sombre aux reflets tuilés, au nez chaleureux, boisé, fumé et épicé. Un boisé (café) qui soutient, en compagnie d'une touche de cerise noire à l'eau-de-vie, une bouche intense, aux tanins bien présents. ⧗ 2023-2025

DOMAINES SIOUVETTE, 990, RD_98, 83310 La Môle, tél. 04 94 49 57 13, contact@siouvette.com V *t.l.j. 8h-12h 14h-19h; f. déc.*

DOM. LA SUFFRÈNE Les Paluns 2019 ★

■ | 7000 | | 11 à 15 €

C'est au lieu-dit La Suffrène – qui aurait été autrefois la résidence d'une compagne du Bailli de Suffren – que s'étend une partie des vignes de ce domaine incontournable de l'AOC bandol. Un vignoble familial de 60 ha, morcelé en une centaine de parcelles, dont les raisins étaient portés à la coopérative jusqu'à l'arrivée de Cédric Gravier, qui a pris en 1996 la suite de ses grands-parents. Le domaine est en conversion bio.

Ce rosé aux reflets orangés s'ouvre sur des arômes de fruits rouges (framboise) et de pêche jaune bien mûrs. Une générosité fruitée que l'on retrouve dans une bouche volumineuse dès l'attaque, riche, chaleureuse. Un vin atypique et gourmand, loin des traditionnels rosés légers. ⧗ 2020-2021

DOM. LA SUFFRÈNE, 1066, chem. de Cuges, 83740 La Cadière-d'Azur, tél. 04 94 90 09 23, commercial@suffrene.fr V *t.l.j. sf dim. 9h-12h 14h-18h*

ELIE SUMEIRE Sainte-Victoire 2019 ★

■ | 65000 | | 8 à 11 €

La famille Sumeire établie à Trets depuis au moins le XIIIe s., et depuis longtemps négociante en vins, est

PROVENCE

propriétaire de trois châteaux en Provence : L'Afrique, Coussin et Maupague. Aujourd'hui, ce sont Olivier et Sophie Sumeire qui gère ce vignoble de 90 ha.

Sous une robe claire et limpide, ce rosé de grenache (60 %), de cinsault (30 %) et de syrah (10 %) offre un nez intense, amylique et floral. La bouche, à l'unisson du bouquet, se montre ronde en attaque, plus fraîche et alerte dans son développement. Au final, un vin équilibré. ⧗ 2020-2021 ■ **Ch. l'Afrique 2019 ★ (11 à 15 €; 65000 b.)** Un rosé scintillant, au nez flatteur de fruits rouges, de pêche jaune, de mangue et d'abricot mûr. Ce fruité se retrouve dans une bouche ample, fraîche et gourmande. ⧗ 2020-2021 ■ **Ch. Coussin Sainte-Victoire 2019 ★ (11 à 15 €; 120000 b.)** Un vin rose clair, au nez agréable de citron et de fruits à chair blanche, rond, au palais ample et généreux, centré sur des arômes de pêche et d'abricot, avant une finale plus florale. ⧗ 2020-2021

CH. ÉLIE SUMEIRE, 1048, chem. de Coussin, 13530 Trets, tél. 04 42 61 20 00, sumeire@sumeire.com V *r.-v.*

DOM. DE TAMARY 2019 ★

■	133398		11 à 15 €

Propriété acquise par Messieurs Frédéric Salin et Jean-Luc Zuger, le domaine de 23 ha, situé sur le massif des Maures, dont les terrasses offrent une vue imprenable sur les eaux cristallines de la Méditerranée, bénéficie d'un climat et d'un sous-sol propices à la production d'un rosé vif et plaisant.

Sous une robe rose abricot, brillante et limpide, cette cuvée dévoile un nez fruité d'agrumes, mâtiné de nuances florales. Une attaque fraîche ouvre sur une bouche au diapason du nez, souple, alerte et persistante. ⧗ 2020-2021

DOM. DE TAMARY, rte de Valcros, 83250 La Londe-les-Maures, tél. 06 31 02 34 10, domaine.de.tamary@orange.fr V *r.-v.*

Ⓑ CH. LA TOUR DE L'ÉVÊQUE 2017 ★★

■	4800		30 à 50 €

La famille Sumeire, propriétaire depuis 1933 de Font Freye, acquiert en 1958 ce grand domaine de 85 ha proche de Pierrefeu dans le Var, naguère résidence d'été des évêques de Toulon. Il forme un cirque exceptionnel de vignes, entouré des collines des Maures.

Élevée 10 mois en fût, cette cuvée de syrah (87 %) et de cabernet-sauvignon se pare d'un beau rouge sombre aux reflets violines. Au nez, elle déploie des arômes élégants de fruits noirs et de sous-bois. Après une attaque franche, la bouche se développe en longueur sur un beau fruité agrémenté de notes d'épices, portée par des tanins fondus et veloutés. ⧗ 2020-2024

CH. LA TOUR DE L'ÉVÊQUE, la Tour Sainte-Anne, rte de Cuers, 83390 Pierrefeu-du-Var, tél. 04 94 28 20 17, contact@toureveque.com V *t.l.j. sf dim. 9h-17h; visite caves sur r.-v.*

Ⓑ DOM. LA TOURRAQUE Harmonie 2019 ★

■	2600		15 à 20 €

Sur le site classé des Trois Caps (Lardier, Camarat et Taillat) de la presqu'île de Saint-Tropez, les 35 ha de vignes du domaine (en bio certifié) s'étendent jusqu'à la mer aux côtés de quatre cents oliviers, conduits par les frères Sébastien et Guillaume Craveris.

Cette cuvée à la robe légèrement orangée propose un nez fin et discret de fleurs blanches, de citron vert et d'abricot. Une note de pierre à fusil s'invite dans un palais tendre et fruité, rafraîchi par une légère amertume en finale. ⧗ 2020-2021 ■ **Cuvée Classic 2019 ★ (11 à 15 €; 6600 b.)** Ⓑ Un 100 % rolle couleur jaune pâle, au nez complexe et intense d'agrumes, de poire et d'épices. Tout aussi aromatique, la bouche se montre à la fois dense, suave et fraîche. ⧗ 2020-2023

DOM. LA TOURRAQUE, 2444, chem. de la Bastide-Blanche-Sud, 83350 Ramatuelle, tél. 04 94 79 25 95, latourraque@wanadoo.fr V *t.l.j. sf sam. dim. 10h-12h 14h-17h*

Ⓑ CH. TOUR SAINT-HONORÉ
La Londe Sixtine 2019 ★

■	3200		15 à 20 €

Ancienne propriété d'une riche famille de notables locaux, la Tour Saint-Honoré est aujourd'hui entre les mains de Serge et Chantal Portal, propriétaires depuis 1988. Le domaine s'étend sur 28 ha conduits en agriculture biologique et situés sur la commune de la Londe-les-Maures, en face des îles d'Or.

Un tiers de mourvèdre, un tiers de grenache et un tiers de cinsault composent ce rosé élevé durant 5 mois pour moitié en cuve et pour moitié en fût. Le nez, fin et intense, s'ouvre sur des arômes floraux complétés de notes d'amande fraîche et de fruits blancs. Ces derniers se retrouvent en attaque d'une bouche ample et longue, qui se nuance ensuite de notes épicées, vanillées et torréfiées. En prime, une jolie finale sur les agrumes et la salinité. ⧗ 2020-2021

CH. TOUR SAINT-HONORÉ, 1255, rte de Saint-Honoré, 83250 La Londe-les-Maures, tél. 04 94 66 98 21, chateau-tsh@wanadoo.fr V *t.l.j. sf sam. dim. 10h-12h 15h30-18h*

DOM. TROIS FILLES 2019 ★★

■	3500		11 à 15 €

Une nouvelle vie pour ce tout jeune domaine sorti en 2013 de la coopérative par les trois filles de la famille Arlon – Audrey, Léonie et Justine. Le vignoble, dont la surface a été portée à 9 ha, s'accroche à une colline surplombant la mer, à La Cadière-d'Azur.

Cette cuvée d'un beau rouge profond, issue de mourvèdre et de carignan, propose un nez complexe de cassis, d'épices et de cacao. La bouche, persistante sur le fruit, apparaît ample, puissante et riche. Un vin de caractère. ⧗ 2022-2025

DOM. DES TROIS FILLES, 1616, chem. de la Bégude, 83740 La Cadière-d'Azur, tél. 06 62 89 79 90, contact@domainesdestroisfilles.com V *r.-v.*

ULTIMATE PROVENCE 2019 ★

■	7800		15 à 20 €

Situé sur les contreforts du massif des Maures, ce vignoble était conduit depuis 2005 par Jacqueline et Lambert Dielesen, des Hollandais qui avaient engagé d'importantes restructurations et fait de la propriété

un haut lieu d'œnotourisme, avec une écurie. Il a été acquis en 2014 par le propriétaire britannique du Ch. de Berne, qui a porté la superficie du vignoble à 40 ha et a rebaptisé le domaine Ultimate Provence. La production est en conversion bio.

Ce 100 % rolle s'ouvre à l'olfaction sur des notes de fruits mûrs et d'agrumes. Ces derniers s'invitent également dans une bouche fraîche et élégante, offrant de l'équilibre, de la longueur et une jolie finale stimulée par de bons amers. Un vin résolument friand et alerte. ⧗ 2020-2022

ULTIMATE PROVENCE, 7270, rte du Luc, 83680 La Garde-Freinet, tél. 04 94 85 29 10, contact@ultimateprovence.com V t.l.j. 10h-18h

DOM. VAL D'ASTIER 2019 ★

■ | 25 000 | | 11 à 15 €

C'est dans le lieu-dit Val-d'Astier, sur les hauteurs de Cogolin, au pied des Maures et à quelques kilomètres du golfe de Saint-Tropez, que Bruno Seignez a créé son domaine en 2003, après avoir fait ses armes dans des caves provençales. Le vignoble s'étend sur 23 ha.

Ce rosé pâle affiche un nez intense et complexe d'amande fraîche, d'agrumes, de poire et de fleurs blanches. Arômes qui continuent de diffuser leurs effets avec persistance dans une bouche bien équilibrée entre une fine vivacité et une agréable rondeur, tandis qu'une note plus chaleureuse s'invite en finale. ⧗ 2020-2021

BRUNO SEIGNEZ, 330, chem. du Val-d'Astier, 83310 Cogolin, tél. 06 09 13 27 64, accueil@domainevaldastier.com V t.l.j. 9h-13h 15h-19h; dim. sur r.-v.

B CH. LES VALENTINES
La Londe Blanc de blancs 2019 ★

■ | 15 500 | | 15 à 20 €

Apparu aux premières heures du XXᵉs., ce domaine apportait sa vendange à la coopérative, avant son rachat en 1997 par Gilles Pons, venu de la communication, qui a créé la cave et baptisé la propriété du nom de ses enfants Valentin et Clémentine. Situé au bord de la Méditerranée, au sein de la dénomination La Londe, le vignoble compte aujourd'hui 45 ha. La certification bio est acquise.

Ce blanc né de rolle (50 %), d'ugni blanc (35 %) et de clairette propose un joli nez de fleurs blanches et de poire. Une attaque ronde et gourmande introduit une bouche d'une belle persistance sur le fruit, tendre et suave en finale. ⧗ 2020-2023

CH. LES VALENTINES, 807, rte de Collobrières, 83250 La Londe-les-Maures, tél. 04 94 15 95 50, contact@lesvalentines.com V t.l.j. sf dim. 9h-18h; été 9h-19h

CH. VERT 2019 ★★

■ | 33 333 | | 8 à 11 €

Cette propriété viticole a vu le jour au XVIIᵉs. et comptait à l'époque un millier d'hectares de vignes, d'oliviers et de bois. Acquise par Robert Ghigo en 2010, elle dispose d'un vignoble de 25 ha entre le massif des Maures et la Méditerranée. L'exploitation est en conversion bio.

Cette cuvée à la robe claire offre un nez très expressif de fruits exotiques. Pas d'ambiguïté non plus en bouche : un bel équilibre entre une aimable rondeur et une fine fraîcheur aux tonalités salines, du volume et une belle longueur. ⧗ 2020-2021

CH. VERT, av. Georges-Clémenceau, 83250 La Londe-les-Maures, tél. 04 94 93 60 02, contact@vignobles-ghigo.com V t.l.j. sf dim. 9h30-12h 15h30-18h30

VILLA PEREIRE 2019 ★★

■ | 100 000 | | 5 à 8 €

Savas (Société d'approvisionnement de vins, d'alcools et de spiritueux) est une maison de négoce fondée en 1978, présidée par Evelyne Courriades, qui propose des vins de marque du Bordelais.

Cet assemblage dominé par le cinsault (avec le grenache en complément) s'ouvre à l'olfaction sur les fruits rouges mûrs et les fruits exotiques. Ces derniers s'invitent dans une bouche ample, suave et soyeuse, qui ne manque ni de tonus ni de longueur. ⧗ 2020-2021

SA SAVAS, 28, rue de Capeyron, 33200 Bordeaux, tél. 05 56 92 19 20, charlotte-chelhane@savas-sa.fr

PALETTE

Superficie : 48 ha
Production : 1 843 hl (70 % rouge et rosé)

Tout petit vignoble, aux portes d'Aix, qui englobe l'ancien clos du bon roi René. Rosés, rouges et blancs font appel à de nombreux cépages locaux. Les rouges, de garde, expriment la violette et le bois de pin.

♥ B CH. HENRI BONNAUD 2019 ★★★

■ | 15 000 | | 15 à 20 €

En 1996, Stéphane Spitzglous reprend l'exploitation de son grand-père Henri Bonnaud. Après de grands travaux de construction d'un bâtiment rassemblant la cave, le chai et le caveau, il sort son 1ᵉʳ millésime en 2004 et rebaptise son domaine au nom de son grand-père. Le vignoble est situé à Tholonet, au sud-est d'Aix-en-Provence face à la montagne Sainte-Victoire et couvre 29 ha conduits en agriculture biologique depuis 2013.

Une véritable « bombe atomique », selon les mots du jury, que cette cuvée à la belle pâleur saumonée et au nez explosif d'agrumes (citron et pamplemousse), de fruit de la Passion, de goyave et de fleurs blanches. Après une attaque pleine et gourmande, la bouche, complexe à souhait, prolonge le ravissement aromatique autour de notes de jasmin, de rose, de fruits rouges (framboise et groseille) et de pêche de vigne, le tout dans un équilibre parfait et avec beaucoup fraîcheur. Un très grand rosé doté, qui plus est, d'une longueur exceptionnelle. ⧗ 2020-2022 ■ **Quintessence 2019 ★★ (30 à 50 €; 8000 b.)** Ⓑ 40 % de clairette blanc, 40 % de clairette rose et 20 % d'ugni blanc composent cette cuvée jaune paille aux reflets gris. Le nez se montre autant boisé et toasté que floral (violette) et fruité (citron). La noblesse du bois est également présente dans une bouche ample, riche, opulente, mâtinée de notes de fruits jaunes, de fruits secs et de coing. Un blanc intense et complexe, offrant une belle alliance du bois et du fruit. ⧗ 2020-2024

CH. HENRI BONNAUD, 585, chem. de la Poudrière, 13100 Le Tholonet, tél. 04 42 66 86 28, contact@chateau-henri-bonnaud.fr V r.-v.

CH. CRÉMADE 2018 ★

■	8000		20 à 30 €

Un domaine incontournable de l'appellation palette, commandé par une bastide typiquement aixoise du XVIIIe s. qui accueillit en son temps Paul Cézanne et Émile Zola. Au pied de la montagne Sainte-Victoire, le vignoble de 9 ha riche de vingt-cinq cépages et en conversion bio s'étend sur le terroir très particulier de cailloutis calcaires de Langesse.

Cet assemblage complexe de vieilles vignes de clairette, de grenache, d'ugni, de terret, de pascal et de muscat offre un nez complexe, à la fois floral (lys et iris), fruité (ananas et coing) et intensément miellé. La bouche en impose par son volume, sa rondeur, son gras et son expression aromatique (fleurs blanches, discret boisé vanillé), le tout souligné d'une pointe d'acidité bienvenue. ⧗ 2020-2024 ■ **2016 ★ (20 à 30 €; 22000 b.)** Cet assemblage de grenache, syrah, mourvèdre, cinsault, cabernet-sauvignon et carignan offre un nez ouvert sur les épices, la violette, le cassis et la groseille. Après une attaque tout en rondeur, la bouche prolonge cette palette aromatique en s'affirmant sur un fond d'acidité entraînante jusqu'à une finale tonique et souple. Un vin frais et gouleyant. ⧗ 2020-2023 ■ **2019 ★ (15 à 20 €; 6000 b.)** Un rosé né de grenache, syrah, mourvèdre, cinsault, muscat et durif. À un bouquet de fruits jaunes (abricot et pêche), d'agrumes (citron vert) et de fleurs (genêt) succède une bouche longue et fraîche, saline, fruitée et épicée. ⧗ 2020-2021

CH. CRÉMADE, 649, rte de Langesse, 13100 Le Tholonet, tél. 06 62 07 00 70, chateaucremade@yahoo.fr V r.-v.

IGP ALPILLES

DOM. DES BLAQUIÈRES Les Blaquières 2018 ★★

■	2470		15 à 20 €

Clément Bernard a repris en 2014 les vignes de son père situées dans les collines de Châteaurenard. Il cultive 6,5 ha de vignes trentenaires en conversion bio.

Un élevage de 12 mois en fût a prévalu à la naissance de cette cuvée qui associe 50 % de cabernet-sauvignon à 50 % de syrah. Une robe profonde ouvre sur un nez intense de fruits écrasés et de framboise. Une note vanillée agrémente une bouche bien travaillée, ronde à souhait, charnue, qui intègre des tanins assouplis et s'étire en finale sur les notes grillées d'un élevage maîtrisé. ⧗ 2021-2025

DOM. DES BLAQUIÈRES, 601, chem. Notre-Dame, 13160 Châteaurenard, tél. 06 27 36 56 08, contact@domainedesblaquieres.com V r.-v.

DOM. LE GRAND CASTELET Violon d'Ingres 2019 ★

■	10200		5 à 8 €

Ce vaste domaine, propriété de la famille Gallego depuis 2011, s'étend le long du Rhône sur quelque 150 ha, alternant vignes, bois et cultures céréalières.

Caladoc (70 %), syrah et merlot sont assemblés dans ce rosé d'une belle clarté, orné de reflets dorés. Le nez, expressif, évoque un bouquet de fleurs blanches. La bouche est bien fruitée (pêche, agrumes) et très équilibrée, conjuguant une aimable rondeur à une fine acidité. ⧗ 2020-2021

DOM. LE GRAND CASTELET, 1830, chem. du Mas-de-Teissier, 13150 Tarascon, tél. 06 46 59 28 66, legrandcastelet@gmail.com V t.l.j. sf sam. dim. 8h-12h 13h-17h30

Ⓑ DOM. DU GRAND FONTANILLE 2019 ★

■	6700		8 à 11 €

Terre viticole depuis le XIVe s., ce domaine de 4,5 ha, conduit en bio, est commandé par une élégante bastide du XVIIIe s. Il est dirigé depuis 2008 par Jörg Schmitt, ancien conseiller clientèle dans la banque, devenu vigneron « par vocation et formation ».

Né de grenache (66 %), de syrah et de cabernet-sauvignon, ce rosé aux reflets grisés dévoile un joli nez minéral et fruité (petits fruits rouges). Arômes complétés d'une touche acidulée de bonbon anglais dans une bouche fraîche et alerte. ⧗ 2020-2021

DOM. DU GRAND FONTANILLE, av. d'Arles, 13103 Saint-Étienne-du-Grès, tél. 04 90 49 05 15, mail@domaine-fontanille.fr V t.l.j. sf sam. dim. 10-18h

DOM. GRAND MAS DE LANSAC Chardonnay 2019 ★

■	5500		- de 5 €

Ancienne possession franciscaine, ce domaine situé près de Tarascon appartient à la famille Millard-de Lembeye, viticulteur dans la région et dans le Beaujolais depuis 150 ans. 30 ha de céréales et 50 ha de vignes en conversion bio.

Un 100 % chardonnay vinifié et élevé en cuve qui séduit par son nez retenu, aux notes de fruit frais et de noisette. Les arômes se précisent en bouche : fleurs blanches, réglisse et zeste de pamplemousse animent une matière légère, fine et fraîche, qui n'a pas les rondeurs habituelles d'un chardonnay du Sud. Très élégant. ⧗ 2020-2022

SCEA DOM. DU GRAND MAS DE LANSAC, Grand Mas de Lansac, 13150 Tarascon, tél. 04 90 91 35 70, contact@grandmasdelansac.fr V t.l.j. sf lun. dim. 9h-12h 14h-18h

Ⓑ DOM. DE LAGOY Cuvée Classique 2018 ★

■	15000		8 à 11 €

Situé au nord de Saint-Rémy de Provence, dans le Parc naturel régional des Alpilles, ce domaine est

entré dans la famille des propriétaires en 1677. Commandé par un élégant château du XVIII es., il inclut une chapelle du XIIes. et un pigeonnier. Planté à partir de 1976, le vignoble (18 ha) est conduit en bio depuis 2001. Une nouvelle équipe a sorti l'exploitation de la coopérative en 2013.

Cinq cépages associés dans ce 2018 à la robe sombre et au nez intense, qui mêle les fruits noirs mûrs à la violette. Un fruité allègre qui fait aussi le charme d'une bouche déliée, souple, d'une légèreté de bon aloi et à la longueur très honorable. ⧗ 2020-2023 ■ **Cuvée Classique 2019 ★ (5 à 8 €; 14 500 b.)** Ⓑ Une seyante robe pâle aux reflets saumonés habille ce rosé qui offre un grand bol de fruits rouges à l'olfaction. Un fruité intense que l'on retrouve dans une bouche ample, ronde et gourmande. ⧗ 2020-2021

DOM. DE LAGOY, Dom. de Lagoy, rte d'Avignon, 13210 Saint-Rémy-de-Provence, tél. 06 18 08 32 96, contact@domaine-lagoy.com V *mai à oct. t.l.j. 10h-13h30 15h-19h*

♥ Ⓑ DOM. DE LANSAC
Les Quatre Reines 2019 ★★

■ | 5000 | | 8 à 11 €

À l'entrée de ce domaine commandé par un mas provençal du XIXes., une tour construite par les Templiers au XIIIes. sur des fondations romaines : une propriété qui a « vécu » en somme, entrée dans la famille d'Éléonore de Sabran en 1817. Cette dernière y conduit, depuis 1996 un vignoble de 387 ha en bio certifié, dont certains ceps ont été plantés en 1901.

Deux cépages (aubun et caladoc) pour quatre reines - comme les quatre sœurs couronnées de l'illustre famille Sabran : Marguerite de Provence, épouse Saint-Louis, Sancie, reine d'Autriche et impératrice d'Allemagne, Béatrix, reine d'Italie, de Naples et de Sicile, et Éléonore, reine d'Angleterre et épouse d'Henri III de Plantagenêt. Et dans le verre, un rosé en majesté, clair, limpide, élégant, au nez délicat de fleurs blanches et de pêche de vigne. Des arômes prolongés par une bouche altière, tout en fraîcheur, en finesse et en longueur. Royal! ⧗ 2020-2021

DOM. DE LANSAC, 1700, lieu-dit Lansac, 13150 Tarascon, tél. 04 90 91 38 38, contact@domaine-lansac.com V *t.l.j. sf dim. 9h-12h30 14h-18h30; 19h été*

Ⓑ DOM. DE VALDITION
Cuvée du bâtonnier 2019 ★

■ | 20 000 | | 11 à 15 €

Cet important domaine de 250 ha (dont 90 de vignes et 30 d'oliveraies) est une ancienne propriété de François Ier, qui l'offrit en dot à sa fille naturelle Caroline du Prévôt. Commandé par une bastide, le vignoble est en bio certifié depuis 2012.

De vieux ceps de grenache (85 %), de la roussanne et du macabeu sont à l'origine de ce rosé très clair, couleur sable, qui mêle au nez notes d'agrumes et de fleurs blanches. Puis une touche amylique et acidulée s'invite dans une bouche fraîche et dynamique. ⧗ 2020-2021

SNC DOM. DE VALDITION, rte d'Eygalières, 13660 Orgon, tél. 04 90 73 08 12, valdition@valdition.com V *t.l.j. 9h30-12h30 14h-18h*

Ⓑ DOM. DE LA VALLONGUE Les Calans 2019 ★★

■ | 23 700 | | 8 à 11 €

Niché au cœur des Alpilles, sur l'ancienne voie romaine qui reliait l'Espagne à l'Italie, ce domaine de 33 ha (une ancienne bergerie), en bio depuis 1985, est la propriété de M. Latouche depuis 2009.

Le trio grenache-syrah-cinsault pour ce rosé limpide et brillant qui fleure bon les petits fruits rouges mâtinés de nuances florales. De la fraîcheur, de la légèreté, de l'élégance, du fruit, en écho à l'olfaction, la bouche est parfaite. ⧗ 2020-2021

SCEA DOM. DE LA VALLONGUE, rte de Mouriès, 13810 Eygalières, tél. 04 90 95 91 70, contact@lavallongue.com V *t.l.j. sf dim. 10h-13h 14h-18h30*

IGP BOUCHES-DU-RHÔNE

LES VIGNERONS DU GARLABAN
Sentiers du Garlaban Grenache 2019 ★

■ | 20 000 | | - de 5 €

Regroupement des caves du pays d'Aubagne jusqu'aux portes de Marseille, cette coopérative créée en 1924 dispose d'un vignoble de 165 ha entre les collines du Garlaban et de la Sainte-Baume, dans le secteur le plus occidental des côtes-de-provence.

Ce grenache se présente dans une robe limpide aux reflets violines. Le nez déploie des arômes gourmands de petits fruits rouges, prolongés par une bouche très fraîche, croquante, de bonne longueur. ⧗ 2020-2021

LES VIGNERONS DU GARLABAN, rte de Saint-Zacharie, RD 560, 13390 Auriol, tél. 04 42 04 70 70, vignerons.garlaban@orange.fr V *t.l.j. sf dim. 9h-12h 15h-19h*

IGP HAUTES-ALPES

♥ DOM. ALLEMAND Rêverie d'été 2019 ★★

■ | 4 600 | | 5 à 8 €

Un domaine familial de 11 ha créé en 1954; le premier à avoir commercialisé des vins en bouteilles dans les Hautes-Alpes. Marc Allemand, installé en 1984, un ardent défenseur d'un cépage local oublié, le mollard, a passé la main en 2017 à sa fille Laetitia.

Muscat (60%) et cinsault sont à l'œuvre dans ce magnifique rosé pâle et brillant, aux délicats reflets violines. Le nez allie des notes gourmandes de petits fruits rouges à des nuances épicées. Arômes que l'on retrouve dans une bouche charnue, ronde et longue, dynamisée de bout en bout par une juste vivacité. ⧗ 2020-2021 ■ **Goût des vacances 2019 ★ (5 à 8 €; 4600 b.)** Un rosé issu de cabernet franc (85%) et de mollard, plaisant par ses parfums de fleur de sureau et de cassis, comme par son palais élégant, frais et léger. ⧗ 2020-2021

⊶ EARL ALLEMAND L. ET FILS, 1495, rte de l'Eau-Vive, lieu-dit La Plaine, 05190 Théüs, tél. 04 92 54 40 20, domaineallemand@orange.fr V t.l.j. sf dim. 9h-12h 14h-18h; visites cave mar. d'été

IGP MONT-CAUME

♥ DOM. PEY NEUF 2019 ★★

■ | 60000 | | 5 à 8 €

Héritier de 3 générations de vignerons sur les terres familiales de La Cadière-d'Azur, non loin du port de Bandol, Guy Arnaud a pris en 1982 les rênes du domaine, dont il a porté la superficie à 80 ha (plus de la moitié en AOC bandol), travaillant son vignoble en s'inspirant de la biodynamie, sans certification. Son fils Anthony conduit aujourd'hui la propriété.

Grenache (50%), cinsault et merlot sont associés pour le meilleur dans ce rosé lumineux dans sa robe saumonée. Le nez, aussi intense qu'élégant, associe le bonbon anglais, les fruits rouges et les agrumes. La bouche se révèle ample, ronde, persistante, bien en phase avec l'olfaction et soulignée par une fraîcheur bien dosée. ⧗ 2020-2021

⊶ EARL DOM. PEY NEUF, 1947, rte de la Cadière, 83270 Saint-Cyr-sur-Mer, tél. 06 03 53 35 33, domaine.peyneuf@wanadoo.fr V t.l.j. sf dim. 9h-12h 15h-18h

IGP VAR

DOM. LE BASTIDON Rosé de saignée 2019 ★

■ | 41866 | | - de 5 €

Sous le regard des îles de Port-Cros et de Porquerolles, une imposante bastide provençale, ancienne propriété des chartreuses de la Verne au XVIIIe s., commande un vignoble de 79 ha et quelque 3 000 oliviers. C'est sur ce terroir de schistes réputé de La Londe-les-Maures que la famille Rose, normande d'origine, est venue trouver la chaleur en 1995 et troquer la pomme et le cidre contre le raisin et le vin.

Ce rosé pâle aux reflets bleutés dévoile un bouquet intense, amylique (bonbon arlequin) et fruité (fraise). En bouche, il offre un bon volume et un fruité persistant qui fait écho à l'olfaction. Cohérent et équilibré. ⧗ 2020-2021

⊶ DOM. LE BASTIDON, Ch. Le Bastidon, 853, chem. du Pansard, 83250 La Londe-les-Maures, tél. 04 94 66 80 15, vigneronvar@aol.com V t.l.j. sf dim. 9h-12h30 14h-19h30

B DOM. LA LIEUE 2019 ★

■ | 20400 | | 8 à 11 €

Fondé en 1876 par Batilde Philomène, veuve d'un soyeux lyonnais, ce domaine (77 ha aujourd'hui) se transmet depuis 5 générations au sein de la famille Vial. Converti à l'agriculture biologique dès 1997, le vignoble est conduit par Jean-Louis Vial et son fils Julien. Créée en 1906, la cave a été réaménagée pour permettre des vinifications sur de petits volumes.

Vendanges nocturnes, fermentation à basse température, élevage en cuve, tout est fait pour préserver la finesse et la fraîcheur du chardonnay. C'est une réussite sur la foi de ce nez fin, très floral, entre tilleul et chèvrefeuille, et de cette bouche ample à l'attaque, élégante dans son déroulé, délicate dans ses saveurs et fraîche en finale. ⧗ 2020-2022

⊶ CH. LA LIEUE, rte de Cabasse, 83170 Brignoles, tél. 04 94 69 00 12, chateau.la.lieue@orange.fr V t.l.j. 9h-12h30 14h-19h; dim. 10h-12h 15h-18h

DOM. PEY-NEUF 2019 ★★

■ | 26000 | | - de 5 €

Héritier de 3 générations de vignerons sur les terres familiales de La Cadière-d'Azur, non loin du port de Bandol, Guy Arnaud a pris en 1982 les rênes du domaine, dont il a porté la superficie à 80 ha (plus de la moitié en AOC bandol), travaillant son vignoble en s'inspirant de la biodynamie, sans certification. Son fils Anthony conduit aujourd'hui la propriété.

Une belle robe pâle aux reflets jaunes habille ce rosé à dominante de grenache (50 %). Fraise, fruits exotiques, agrumes, le nez respire le fruit. Un fruit qui s'installe aussi dans un palais ample et long, souligné par une juste acidité. ⧗ 2020-2021

⊶ EARL DOM. PEY NEUF, 1947, rte de la Cadière, 83270 Saint-Cyr-sur-Mer, tél. 06 03 53 35 33, domaine.peyneuf@wanadoo.fr V t.l.j. sf dim. 9h-12h 15h-18h

LA CORSE

Montagne dans la mer, l'île de Beauté et sa topographie tourmentée offre une multiplication de pentes et de coteaux, de microclimats favorisés par la proximité de la Méditerranée, des montagnes et des vallées et par une pauvreté des sols bénéfiques à la vigne. Le vignoble court tout autour de l'île, à proximité des côtes.

La production viticole est avant tout orientée vers l'élaboration de vins identitaires portés par des cépages autochtones introuvables sur le continent comme le sciaccarellu et le niellucciu, qui, parfois associés aux « locaux » barbarossa et aleatico ou à des variétés importées, sont à l'origine de vins rouges et rosés bien typés et très majoritaires. En blanc, le vermentino (ou malvoisie de Corse) domine, accompagné parfois de l'ugni blanc (ou rossola), du bianco gentile, du codivarta... Sans oublier le muscat à petit grains qui engendre le muscat-du-cap-corse.

Principaux **millésimes** dégustés dans cette **édition**

TYPES DE VIN	CARACTÉRISTIQUES DU MILLÉSIME	QUALITÉ DU MILLÉSIME
Rosés et blancs 2019	Une année tardive avec un printemps pluvieux et frais, un été sec et chaud mais sans stress hydrique, et de bonnes conditions pendant la maturation qui ont donné des degrés très corrects. Les blancs et les rosés sont frais, expressifs, équilibrés.	★★★☆☆
Rouges 2019	Une bonne année pour les rouges, avec des vins concentrés, d'une belle maturité, notamment dans la Balagne et à Patrimonio.	★★★☆☆
Rouges 2018	Une année inhabituelle en Corse, marquée par d'importantes précipitations et une poussée de mildiou. Les rouges sont friands, sur le fruit et la souplesse plutôt que sur la concentration, et sont à boire plutôt dans leur jeunesse.	★★☆☆☆
Rouges 2017	Une année marquée par une forte sécheresse, compliquée pour les 2017 blancs surtout. Les rouges, aux cépages plus tardifs et grâce à quelques pluies de fin d'été pour parfaire leur maturité, s'en sortent un peu mieux, notamment en patrimonio. Des rouges souvent tendres et fruités, moins structurés que d'habitude.	★★☆☆☆

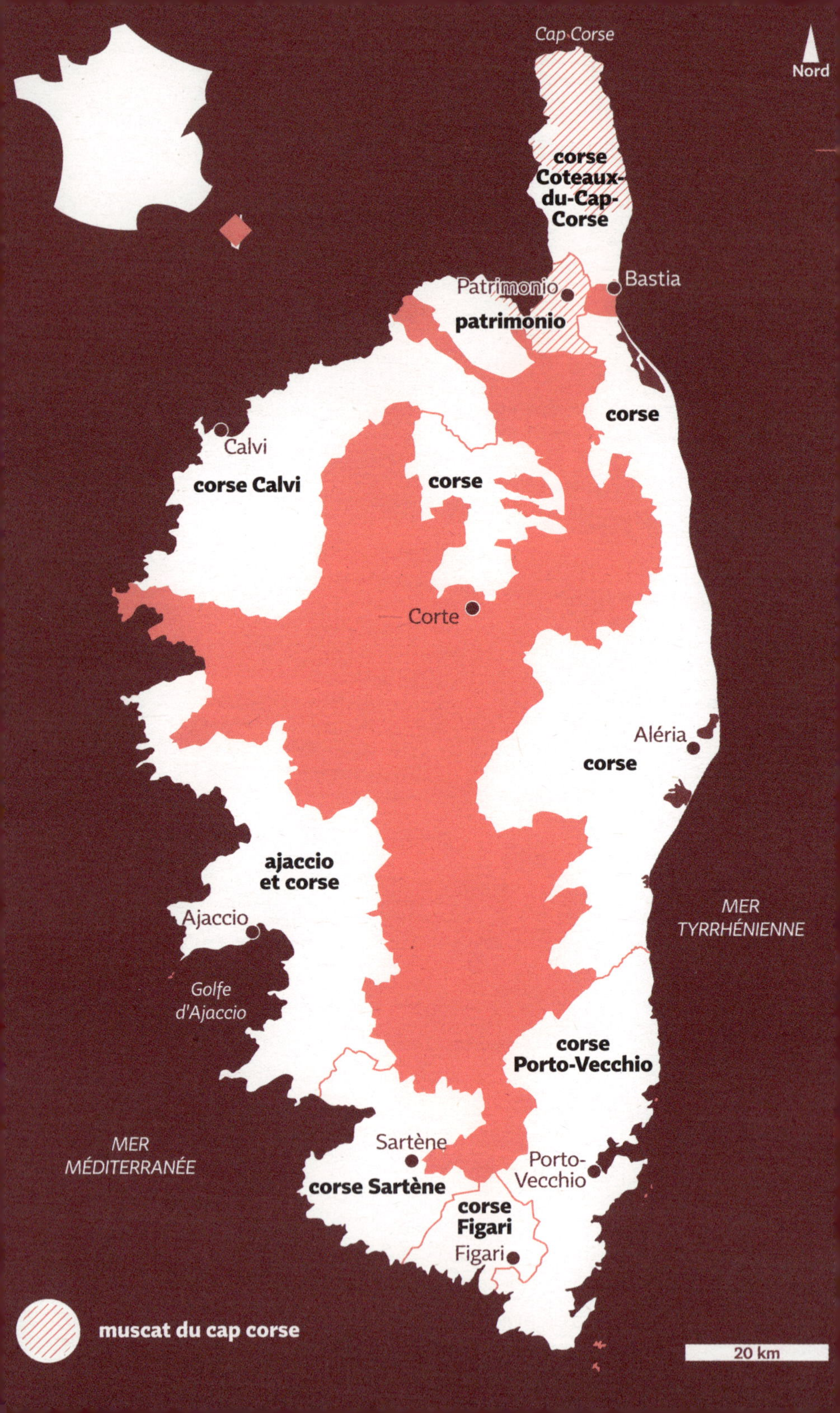

Cap Corse
Nord
corse Coteaux-du-Cap-Corse
Patrimonio
Bastia
patrimonio
corse
Calvi
corse Calvi
corse
Corte
Aléria
corse
ajaccio et corse
Ajaccio
Golfe d'Ajaccio
MER TYRRHÉNIENNE
corse Porto-Vecchio
MER MÉDITERRANÉE
Sartène
Porto-Vecchio
corse Sartène
corse Figari
Figari
muscat du cap corse
20 km

Mots-clés de la Corse

1 Méditerranéen (climat)

La Corse compte sur plus de 2 800 heures d'ensoleillement par an (record de France). Cependant, le climat est tempéré par la proximité de la mer omniprésente, ainsi que par les montagnes.

2 Montagne dans la mer

Le vignoble corse est l'un des plus hauts de France, avec un sol de type granitique au sud et à l'ouest de l'île ; calcaire dans la région de patrimonio et du golfe de Saint-Florent ; schisteux dans la région du cap Corse ; silico-argileux sur la côte est. Le jeu des montagnes et des vallées crée les microclimats.

3 Muscat blanc à petits grains

Cépage blanc au faible rendement, aux arômes d'une extrême finesse, à l'origine du vin doux naturel muscat-du-cap-corse.

4 Niellucciu

Il n'est autre que le sangiovese toscan. Ce cépage rouge, le plus cultivé en Corse (35 %), bien adapté aux sols calcaires, fait la réputation des patrimonio (90 % au moins du vin). Plus tannique que le sciaccarellu, il donne des vins colorés, chaleureux et charpentés, qui supportent bien la garde. On le retrouve aussi dans les autres appellations corses.

5 Sciaccarellu

Un cépage cultivé uniquement en corse, dont le nom signifie « craquant » en corse. Règnant en maître dans les parties granitiques de l'île, notamment autour d'Ajaccio et de Sartène, il est le principal cépage (rouge) de l'appellation ajaccio. Il donne des vins peu colorés, souples, fins, épicés et fruités qui s'apprécient plutôt jeunes.

6 Vents

Tramontane, mistral et libecciu tempèrent le climat et assainissent le vignoble corse.

7 Vermentinu

Également appelé rolle ou malvoisie de Corse, ce cépage produit des vins blancs généreux et très aromatiques. Très cultivée sur l'île, c'est la variété exclusive du patrimonio blanc et elle domine dans les autres appellations corses.

8 Vin doux naturel (VDN)

Vin de liqueur issu du mutage à l'alcool vinique à 96 % vol. du moût en cours de fermentation. Le muscat-du-cap-corse est le seul VDN de l'île.

La **Corse** en un clin d'œil

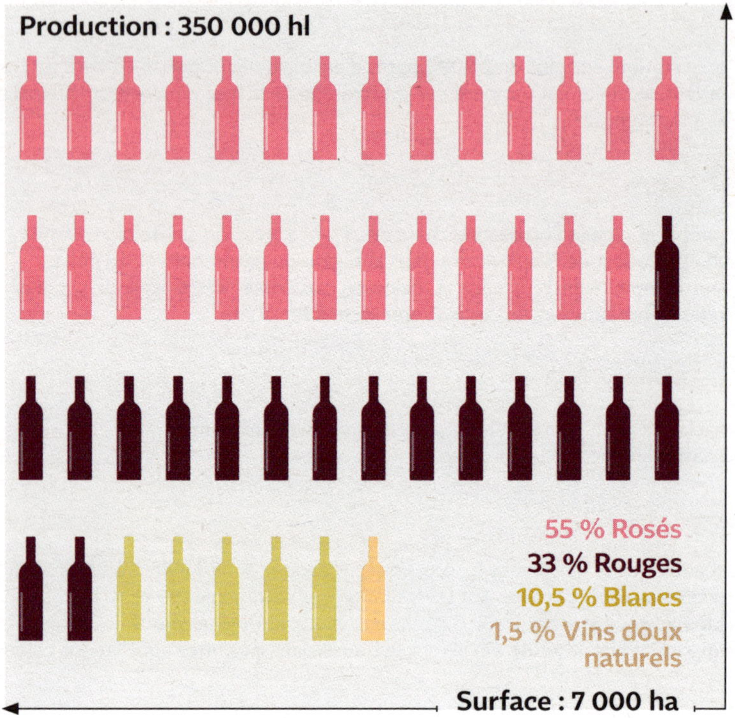

Types de vins

Principaux **cépages**

- Nielluciu
- Sciaccarellu
- Grenache
- Cinsault
- Syrah
- Carignan
- Aleatico
- Vermentino (rolle ou malvoisie de Corse)
- Bourboulenc
- Clairette
- Muscat à petits grains

Hiérarchie des vins

AOC COMMUNALES (ou « CRUS »)
Ajaccio, patrimonio, muscat-du-cap-corse (vin doux naturel)

AOC RÉGIONALE CORSE + dénominations (ou « VILLAGES »)
Calvi, Figari, Sartène, Porto-Vecchio, Coteaux-du-cap-corse

AOC RÉGIONALE CORSE

IGP ÎLE DE BEAUTÉ
Plus de la moitié de la production des vins corses

Un peu d'**histoire**

- **À partir du VIe s.av. J.-C. :** implantation de la vigne par les Phocéens, puis par les Romains.
- **XIe s. :** la Corse est sous la domination de Pise. Les ordres religieux développent la vigne.
- **XIIe-XVIIIe s. :** la Corse est sous la domination de Gênes. Poursuite de l'essor du vignoble.
- **XIXe s. :** l'arrivée du chemin de fer à Sète favorise la commercialisation des vins de Corse jusqu'à Paris. La production double.
- **1850 :** crise de l'oïdium, puis du phylloxéra. Le vignoble passe de 17 000 ha à moins de 6 000 ha. S'ensuit un long déclin.
- **1960 :** les rapatriés d'Afrique du Nord développent le vignoble, lequel atteint plus de 30 000 ha. Une viticulture de masse, orientée en partie vers la production de vins de table algérien.
- **1968 :** création de l'AOC patrimonio.
- **1970 :** crise économique due à la désaffection des vins ordinaires. Réorientation qualitative de la viticulture corse.
- **1976 :** création de l'AOC vin-de-corse.
- **1984 :** création de l'AOC ajaccio.
- **1993 :** création de l'AOC muscat-du-cap-corse

Le **vigneron** de l'année

© Rita Scaglia

Yves **Leccia**

(Domaine Yves Leccia)

Arrière-petit fils de vignerons, œnologue, Yves Leccia est un défenseur ardent et talentueux du patrimonio, la première des appellations corses ayant été reconnue, en 1968. Il a fait son entrée dans le Guide avec un rouge 1988 et obtient son énième coup de cœur avec un 2017. Avant de créer d'autres cuvées en IGP, tout aussi ambitieuses et tout aussi corses.

• Quelques mots sur l'évolution du domaine familial ?

Il y a toujours eu de la vigne dans la famille, mais c'est à l'époque de mon grand-père Napoléon, puis de mon père Pierre-Joseph, que l'exploitation est devenue purement viticole. Les cépages insulaires étaient complantés avec d'autres, plus productifs, comme l'ugni blanc ou le cinsault. Nos principaux débouchés étaient les cantines (NDLR : tavernes) de Bastia, puis le négoce. Mon père s'est impliqué dans la création de la coopérative de Patrimonio, mais en est sorti rapidement. Il s'est aussi beaucoup investi pour la reconnaissance du vignoble corse dans les années 1970. Reprendre le domaine était pour moi un objectif, un devoir et un acte militant : démontrer que l'on pouvait vivre et travailler dignement en Corse et y produire de bons vins. J'ai exploité pendant près de 25 ans le domaine familial avec ma sœur. Les difficultés de succession, le désir de bâtir quelque chose pour mes enfants avec mon épouse Sandrine m'ont poussé en 2005 à créer notre domaine actuel.

• Quelle est la physionomie actuelle de la propriété ?

Sur 16 ha, 6 sont plantés en niellucciu, 3 en grenache, 1 en sciaccarellu et autant en minustellu. En blanc, 3,5 ha de vermentinu, 1 de biancu gentile et ½ de muscat pour les vins doux naturels, mais nous n'en élaborons pas tous les ans ; une partie est vinifiée en sec et assemblée au vermentinu dans la cuvée Biancu Marinu. Le biancu gentile donne un blanc plus gras, ample, miellé et « gastronomique » que le vermentinu. En rouge, le minustellu apporte beaucoup de couleur, peu de tanins et une belle rondeur et se marie très bien avec le niellucciu, plus austère. 2017 a été l'année de la certification bio : un passage plus administratif que technique, car nous étions déjà « dans les clous », au vignoble comme en cave.

• Quelle différence entre vos patrimonio et vos IGP ?

Le patrimonio rouge est construit sur le niellucciu pour sa structure, sa profondeur, son potentiel. En IGP, la cuvée O Bà ! est plus chaleureuse et charmeuse ; le mariage de cépages, qui apporte de la complexité, peut être le futur du patrimonio. Le patrimonio blanc, c'est la pureté, le coté minéral, la droiture du vermentinu, avec un bouquet floral incomparable. L'IGP YL, qui comporte une part de biancu gentile, est plus immédiat et friand.

• Avez-vous évolué dans votre façon de vinifier ?

Oui, forcément. D'abord par une meilleure maîtrise du métier, puis par la proportion des cépages, qui a changé. Mes goûts aussi ont changé : je vais vers des vins plus épurés, avec le souci de respecter le terroir et l'expression du cépage. En matière d'élevage sous bois, j'ai encore beaucoup à apprendre, d'autant que ce n'est pas dans la tradition de notre région.

♥ Le coup de cœur

■ **Patrimonio E Croce 2017**

AJACCIO

Superficie : 243 ha
Production : 8 800 hl (90 % rouge et rosé)

L'appellation ajaccio borde sur quelques dizaines de kilomètres la célèbre cité impériale et son golfe. Ce terroir d'exception, généralement granitique, permet au sciaccarellu, cépage phare pour les rouges et rosés, et au vermentinu, en blanc, d'exprimer tout leur potentiel.

CLOS ORNASCA 2019 ★

■	14400	🍾	8 à 11 €

Un petit domaine adossé à la montagne, à quelques kilomètres de la mer – 13 ha d'un seul tenant, sur un sol granitique. Il est conduit depuis 2002 par Jean-Antoine Manenti et Laetitia Tola, fille du fondateur Vincent Tola. Après des années d'agriculture très raisonnée, les vignerons ont engagé la conversion bio (certification prévue en 2020). Un domaine qui s'affirme d'année en année.

Ce rosé œil-de-perdrix porte la marque du sciaccarellu dans son nez salin, complexe et élégant, mariant framboise et notes épicées, puis dans sa bouche subtile, minérale et acidulée, où l'on retrouve la complexité de l'olfaction. Une dégustatrice le verrait bien avec une salade de fruits de mer aux petits légumes. ⧗ 2020-2021 ■ **Tradition 2017 ★ (8 à 11 €; 10 000 b.)** Équilibré et frais, un ajaccio rouge bien typé par sa palette aromatique mêlant cerise, orange amère et épices. Il est prêt à accompagner charcuteries corses, viandes rouges et fromages. ⧗ 2020-2023 ■ **2019 ★ (8 à 11 €; 7200 b.)** Du premier coup de nez à la finale, ce vermentinu laisse une impression de finesse. ⧗ 2020-2022

CLOS ORNASCA, 20117 Eccica-Suarella, tél. 04 95 25 09 07, closornasca@orange.fr V *t.l.j. sf dim. 8h-12h 14h-18h (15h-19h mi-mai à sept.)*

DOM. COMTE PERALDI 2017 ★

■	90000	11 à 15 €

Établi à la lisière d'Ajaccio, ce domaine constitué avant la Révolution par de lointains ancêtres des propriétaires actuels a été acquis en 1965 et restauré par Louis de Poix, promoteur de l'appellation. Après la disparition prématurée de Guy de Poix en 2011, c'est son fils qui entretient la grande notoriété de ce vignoble, l'un des plus vastes de l'appellation avec 55 ha.

Présent dès la première édition du Guide, cet ajaccio rouge a collectionné les coups de cœur, le dernier remontant au millésime précédent. Majoritaire, le sciaccarellu laisse une place au niellucciu (30 %) et au carignan (10 %) dans l'assemblage. D'un rouge soutenu, le 2017 séduit d'emblée par son nez expressif, typé et complexe, aux nuances de fruits rouges mûrs, de fraise écrasée et d'orange confite. Souple en attaque, bien construit, il se déploie avec puissance et ampleur, marqué en finale par quelques tanins de bonne composition. ⧗ 2020-2025

DOM. COMTE PERALDI, chem. du Stiletto, 20167 Mezzavia, tél. 04 95 22 37 30, info@domaineperaldi.com V *r.-v.*

♥ GUILLAUME DE PRATAVONE
Guillaume 2017 ★★

■	10000	🛢	11 à 15 €

Cette propriété d'environ 50 ha située non loin du site préhistorique de Filitosa est dirigée par Isabelle Courrèges. Cette dernière en a modernisé le chai en 2012, le dotant d'un équipement à la pointe de la technologie, et a engagé en 2015 la rénovation des bâtiments. Une valeur sûre de l'appellation ajaccio.

Isabelle Courrèges a particulièrement bien négocié le millésime 2017 – une année marquée par la sécheresse, qui lui vaut 2 coups de cœur consécutifs : pour la cuvée Tradition l'an dernier et pour cette cuvée de prestige élevée 12 mois en barrique, issue d'un assemblage similaire (sciaccarellu, complété par 20 % de grenache et 10 % de niellucciu). D'un rouge profond, ce vin s'impose par son nez intense et complexe, bien ouvert sur la framboise et la mûre confiturées, le chocolat et le café, puis par sa bouche ronde, ample, soyeuse et suave, d'une grande puissance pour l'appellation. Idéal pour les viandes rouges en sauce et le gibier. ⧗ 2021-2026

DOM. DE PRATAVONE, 20123 Cognocoli-Monticchi, tél. 04 95 24 34 11, domainepratavone@wanadoo.fr V *t.l.j. sf dim. 8h-12h 14h-18h; ouv. dim. en juil.-août*

DOM. DE LA SORBA 2019 ★★

■	8000	🍾	8 à 11 €

Louis Musso a pris les rênes en 2000 du domaine fondé par son père, qui était coopérateur. À la tête d'un vignoble de 20 ha, il a doté l'exploitation d'un outil moderne de vinification.

Une dégustatrice écrit à propos de ce rosé saumon brillant : « un vin délicieux où tous les marqueurs du sciaccarellu (75 %) sont présents » : un nez minéral, bien ouvert et gourmand, sur les fruits rouges épicés, un palais à l'unisson, charnu et frais, aromatique et complexe, marqué en finale par un plaisant retour de la framboise relevée de poivre. Ce rosé de gastronomie pourra donner la réplique à une viande blanche. ⧗ 2020-2021

DOM. DE LA SORBA, rte du Finosello, 20090 Ajaccio, tél. 04 95 23 38 26, domainedelasorba@wanadoo.fr V *r.-v.*

CORSE OU VIN-DE-CORSE

Superficie : 2 150 ha
Production : 90 360 hl (90 % rouge et rosé)

L'AOC corse ou vin-de-corse peut être produite dans les trois couleurs sur l'ensemble des terroirs classés de l'île, à l'exception de l'aire d'appellation patrimonio, au nord. Selon les régions et les domaines, les proportions respectives des différents cépages ainsi que les variétés des sols apportent aux vins des tonalités diverses. Les nuances régionales justifient une dénomination spécifique de micro-régions, dont le nom peut être associé à l'appellation

CORSE

(Coteaux-du-Cap-Corse, Calvi, Figari, Porto-Vecchio, Sartène). La majeure partie de la production est issue de la côte orientale.

B CLOS POGGIALE 2018 ★

| 32 000 | 8 à 11 € |

En Corse orientale, vers la Costa Serena, entre maquis, mer et étang de Diana, Terra Vecchia et Clos Poggiale constituent un vignoble de 200 ha. Il était déjà cultivé par les Romains – ce que rappelle le nom de Terra Vecchia (« Terres anciennes »). Jean-François Renucci l'a acheté en 2011 à la famille Skalli. Les 2 ensembles ont obtenu leur certification bio pour le millésime 2018.

Le Clos Poggiale rouge assemble niellucciu (55 %) et syrah à parts presque égales; il est vinifié dans le chêne pour 50 % des volumes. Pour certains dégustateurs, le bois est d'ailleurs un peu appuyé, même si d'autres le trouvent bien dosé. Tous reconnaissent qu'il y a du vin derrière l'empreinte du merrain, même si dans la palette très épicée, les arômes de fruits noirs et de réglisse des raisins restent à l'arrière-plan. En bouche, ce 2018 déploie une matière ample et des tanins de grande qualité. ⧗ 2020-2025

DOM. TERRA VECCHIA - CLOS POGGIALE, lieu-dit Pompugliani, 20270 Aléria, tél. 04 95 32 33 01, contact@clospoggiale.fr V r.-v.

B DOM. FIGARELLA Calvi Prestige 2015 ★

| 8 000 | 8 à 11 € |

Implanté à Calenzana, près de Calvi, dans la partie nord-ouest de l'île, ce domaine de 25 ha conduit en bio a été créé par François Acquaviva en 1966. Le fils de ce dernier, Achille, a repris le vignoble dans les années 1980. C'est aujourd'hui Marina, petite-fille du fondateur, qui assure le suivi des vignes et des vinifications. Les mêmes propriétaires exploitent aussi le domaine A Ronca, contigu.

Après la cuvée classique l'an dernier, la vigneronne a choisi de présenter la cuvée Prestige du même millésime 2015. La robe montre quelques reflets tuilés; le nez bien ouvert et fin se partage entre épices et fruits rouges. Gourmande et complexe, la bouche montre la même intensité et une belle harmonie entre le fruit et les tanins. Une heureuse évolution pour cette cuvée prête à accompagner viandes rouges et gibiers. ⧗ 2020-2023

DOM. DE LA FIGARELLA, rte de l'Aéroport, 20214 Calenzana, tél. 06 60 29 00 04, domainefigarella@wanadoo.fr V t.l.j. sf dim. 10h-12h 16h-18h30

♥ B DOM. FIUMICICOLI Sartène Cuvée Vassilia 2016 ★★

| 25 000 | 11 à 15 € |

Créé en 1964 par Félix Andreani, ce domaine situé à l'extrême sud de la Corse fait partie des incontournables du Sartenois. Une très belle propriété de 75 ha conduite en bio par le fondateur et son fils Simon, vignerons rigoureux et vinificateurs de talent.

Issue d'une longue macération de niellucciu majoritaire (80 %, avec le sciaccarellu en complément), élevée 12 mois en cuve et autant en fût, cette cuvée s'habille d'une robe soutenue et déploie une large palette aromatique : la rose, les fruits noirs, associés à des notes d'élevage évoquant le toast, le café et le chocolat. Puissante et chaleureuse, elle s'appuie sur des tanins veloutés. La barrique est encore sensible mais bien fondue et la finale montre une fraîcheur de bon augure pour la garde. Le jury est conquis. ⧗ 2021-2025

DOM. FIUMICICOLI, rte de Levie, 20100 Sartène, tél. 04 95 77 10 20, domainefiumi-contact@orange.fr V t.l.j. sf sam. dim. 9h-12h 14h-18h; f. nov.-mars

♥ DOM. MAESTRECCI Calvi E Signurine 2018 ★★

| 1 500 | 15 à 20 € |

Domaine de 30 ha implanté en Balagne, au nord-ouest de l'île, dans une vallée dominée par le Monte Grossu. À l'origine, un vignoble et une oliveraie achetés en 1893 par l'arrière-grand-père de l'actuelle vigneronne. Après 1945, Roger Maestracci agrandit et restructure l'exploitation, qu'il transmet à sa fille et à son gendre, Dominique et Michel Raoust. En 2012, leur fille Camille-Anaïs a pris leur suite. Elle a engagé la conversion à la biodynamie du domaine (certification en 2019).

Composée de nielluciu, sciaccarellu et grenache (à parts égales) vendangés à la main, vinifiée en fût pour ¼ des volumes, cette cuvée revêt une robe grenat plutôt légère. Cependant, elle charme d'emblée par l'élégance de son nez intense et bien typé, sur les épices et le cassis, avec une touche de cuir. Les petits fruits rouges, fraise en tête, s'invitent dans un palais équilibré, complexe et persistant. « Le sciaccarellu ressort », écrit un juré. En réalité, ce cépage ne représente pas plus du tiers de l'assemblage, mais une réelle finesse associée à cette variété domine la dégustation et emporte l'adhésion. ⧗ 2020-2023

MAESTRACCI, E Prove, 20225 Feliceto, tél. 04 95 61 72 11, contact@domaine-maestracci.com V r.-v.

DOM. DE MARQUILIANI Rosé gris 2019 ★

| 8 000 | 11 à 15 € |

Implantée sur le plateau d'Aghione, non loin d'Aléria en Corse orientale, une ancienne ferme génoise reprise par le grand-père de l'actuelle propriétaire en 1954. Anne Amalric la conduit depuis 1997. Sur son domaine, elle tire de l'huile d'appellation (oliu di Corsica) de son oliveraie, récolte des amandes et depuis 2009, élabore des vins rosés.

Un pressurage direct, très léger, a donné à ce rosé une attrayante teinte pâle et une belle tension qui étire la finale. Le cépage sciaccarellu, seul à l'œuvre, lui a légué un fruité tout en finesse. Un joli rosé pour l'apéritif, qui fera également merveille sur les produits de la mer. ⧗ 2020-2021

DOM. MARQUILIANI, Marchigliani, 20270 Aghione, tél. 06 25 72 65 62, marquilianne@wanadoo.fr V r.-v. E

DOM. DE PIANA 2017 ★

30 000 | 5 à 8 €

Implantée dans la partie orientale de l'Île de Beauté, la propriété historique de la famille Poli, par ailleurs en possession d'autres domaines tels le Clos Alivu et le Clos Teddi (régulièrement en vue dans ces pages), vinifie depuis les années 1990. Créée en 1970 par Ange Poli, elle est conduite aujourd'hui par ses fils Éric et Antoine.

Un assemblage de niellucciu majoritaire (70 %) et de grenache : de quoi donner un vin rouge d'une belle ampleur, prêt à accompagner viandes rouges, gibier et certains fromages à pâte pressée. ⧗ 2020-2023

EARL DOM. DE PIANA, Bravone, 20230 Linguizzetta, tél. 04 95 38 86 38, domaine.de.piana@wanadoo.fr t.l.j. 8h30-12h 14h-18h

DOM. POLI 2018 ★★

7 000 | 8 à 11 €

Éric Poli, fils d'Ange Poli (Dom. de Piana), a d'abord travaillé à Paris en salle des marchés avant de revenir à ses racines corses et vigneronnes. Également responsable de domaines en AOC patrimonio, il a créé en 2007, non loin de la côte orientale, cette exploitation qui compte une quarantaine d'hectares de vignes.

Issu de pur niellucciu, ce 2018 affiche une robe soutenue à reflets violines de jeunesse. Bien typé, il mêle au nez la griotte et des senteurs de maquis. En bouche, il charme par sa texture ample et par sa maturité. Il a frôlé le coup de cœur. ⧗ 2020-2025 **2019 ★ (8 à 11 €; 35 000 b.)** 100 % niellucciu, ce rosé à la robe pastel a pour atouts son intensité, son élégance et sa fraîcheur, du premier coup de nez à la longue finale. ⧗ 2020-2021

DOM. POLI, Bravone, 20230 San-Nicolao, tél. 06 19 42 54 91, clos.alivu@orange.fr t.l.j. 10h-12h30 16h-20h

♥ PRESTIGE DU PRÉSIDENT 2019 ★★

12 000 | 8 à 11 €

Fondée en 1958, la SCA UVIB est la plus grande coopérative vinicole de Corse. Établie dans la plaine orientale, à Aléria, non loin de l'étang de Diana, elle vinifie quelque 1 400 ha de vignes appartenant à 70 adhérents.

Issue d'assemblages, cette cuvée s'est distinguée au fil des éditions du Guide dans les 3 couleurs. Après le rouge l'an dernier, le rosé obtient un coup de cœur. Mariant sciaccarellu (60 %), grenache et syrah, ce vin d'un rose plutôt soutenu est aussi intense et franc à l'œil qu'au nez. Panier de fruits mûrs, il mêle petites baies rouges, pêche blanche et agrumes. Son gras, sa générosité et sa longueur lui permettront d'accompagner tout un repas. ⧗ 2020-2021 **2017 ★★ (8 à 11 €; 25 000 b.)** Mariant niellucciu, sciaccarellu et syrah, élevé 6 mois en fût, ce millésime qui succède à un coup de cœur ne démérite pas. C'est un vin puissant et dense, au bouquet intense (fruits rouges confits, pruneau, réglisse, notes mentholées). ⧗ 2020-2025

SCA UVIB, Padulone, 20270 Aléria, tél. 04 95 57 02 48 t.l.j. 9h-12h 14h-17h30

A RONCA Calvi 2019 ★

21 000 | 8 à 11 €

En 2006, Marina Acquaviva a repris une partie du domaine familial de Figarella pour créer sa propre marque. Son exploitation, convertie à l'agriculture biologique, compte environ 20 ha.

Un vermentinu bien typé, au nez précis, minéral, teinté d'agrumes, aussi rond que long, d'une belle fraîcheur. Autant d'atouts pour l'apéritif, les produits de la mer et de nombreux fromages. ⧗ 2020-2023 **Calvi 2019 ★ (8 à 11 €; 26 000 b.)** Aussi plaisant que le millésime précédent, un pur sciaccarellu au teint pâle, au nez minéral et fruité, sur la pêche et les fruits du verger. À la fois rond et vif, il fait preuve d'une belle persistance. ⧗ 2020-2021

DOM. A RONCA, rte de l'Aéroport, 20214 Calenzana, tél. 06 87 55 55 45, aronca@orange.fr t.l.j. sf dim. 10h-12h 16h-18h30

DOM. SAPARALE Sartène 2018 ★★

106 000 | 8 à 11 €

Nichée dans la vallée de l'Ortolo, entre Sartène et Bonifacio, au sud de l'île, cette propriété a été fondée au XIXes. par Philippe de Rocca Serra. Elle a repris vie en 1998 avec l'arrivée à sa tête de Philippe Farinelli, œnologue de talent et vinificateur averti, descendant du fondateur. Le domaine couvre 50 ha.

Privilégiant le sciaccarellu (70 %), avec le niellucciu en appoint, cette cuvée affiche une robe d'une belle profondeur à laquelle répond un nez intense, sur les fruits rouges mûrs. La mise en bouche révèle un vin puissant, encore discret et austère à ce stade, même s'il montre déjà une complexité naissante. Il ne devrait pas tarder à s'épanouir. ⧗ 2020-2023

DOM. SAPARALE, vallée de l'Ortolo, 20100 Sartène, tél. 04 95 77 15 52, contact@saparale.com t.l.j. sf dim. 10h-19h

DOM. DE TANELLA Figari Cuvée Alexandra Cuvée Prestige 2019 ★

30 000 | 8 à 11 €

Fondé par la famille de Peretti Della Rocca en 1870, ce domaine de 80 ha d'un seul tenant, établi sur des arènes granitiques et transmis de père en fils depuis sa création, est conduit depuis 1975 par Jean-Baptiste de Peretti, aujourd'hui assisté par ses enfants à la cave. Un des fleurons du terroir de Figari, au sud de l'Île de Beauté. Exploitation certifiée Haute valeur environnementale.

Une fois de plus, cette cuvée de blanc se démarque. Avec son nez intense et tonique, aux accents d'agrumes, et sa bouche soyeuse et étoffée, alliant rondeur et fraîcheur, elle est bien typée vermentinu. ⧗ 2020-2023

DOM. DE TANELLA, Poggiale, 20114 Figari, tél. 04 95 70 46 23, tanella@wanadoo.fr t.l.j. sf dim. 9h30-12h30- 15h-19h

CORSE

TERRA NOSTRA Cuvée Corsica 2019 ★

75 000 | 8 à 11 €

L'Union des vignerons associés du Levant (UVAL) est la structure commercialisant les vins de la Cave coopérative de la Marana, groupement de producteurs fondé en 1975 et établi à Borgo, commune au sud de Bastia. La cave regroupe environ 900 ha de vignes et une soixantaine de vignerons répartis sur la côte orientale de la Corse. Elle propose des vins de marque et vinifie également pour quelques domaines particuliers.
Le sciaccarellu se prête à l'élaboration de rosés d'une grande finesse, tel celui-ci, issu de pressurage direct, à la robe pastel et au nez aussi intense qu'élégant, floral et fruité. En bouche, ce vin dévoile un beau gras et de la persistance, si bien qu'il pourra donner la réplique à des crustacés, à des viandes blanches et à des volailles grillées. ⧗ 2020-2021

CORSICAN - GROUPE UVAL, Rasignani, 20290 Borgo, tél. 04 95 58 44 00, f.malassigne@corsicanwines.com V t.l.j. sf sam. dim. 9h-12h 14h-17h

Ⓑ DOM. DE TORRACCIA
Porto-Vecchio Salvaticu 2018 ★

900 | 20 à 30 €

Un domaine acheté en 1964 par Christian Imbert, qui y a créé un vignoble de 42 ha après avoir défriché le maquis. Il est dirigé par son fils Marc depuis 2008. Le vignoble, conduit en bio, est situé dans la région du Freto, à l'extrémité méridionale de l'île. La famille cultive aussi des oliviers dont elle commercialise l'huile.
La robe pâle est caractéristique d'un vermentinu. Le nez associe l'amande et les épices douces. En bouche, ce corse blanc montre une belle ampleur qui permettra de le servir à table sur des crustacés ou des saint-jacques, sur des viandes blanches ou sur un risotto. ⧗ 2020-2023

DOM. DE TORRACCIA, Lecci, 20137 Porto-Vecchio, tél. 04 95 71 43 50, torracciaoriu@wanadoo.fr V t.l.j. 9h-12h 14h-18h

DOM. VECCHIO Mélusine 2018 ★★

2 900 | 30 à 50 €

Implanté non loin de la côte orientale, au pied du monte Sant'Appiano (1 100 m), face à la mer, un domaine progressivement agrandi (33 ha aujourd'hui) et restructuré à partir de 2000 par Florence Giudicelli-Girard et son mari. La conduite du vignoble se fait a *l'antiga* (à l'ancienne), ce que la vigneronne appelle la culture «sur-raisonnée» : limitation des rendements, enherbement hivernal, labourage un rang sur deux, emploi mesuré du cuivre.
Elle s'est placée sur les rangs au moment d'élire les coups de cœur, cette cuvée qui doit tout au niellucciu, vendangé à la main. Une macération prolongée (6 à 7 semaines) avec pigeages, suivie d'un élevage de 12 mois en barrique lui a donné un bouquet bien ouvert et complexe, partagé entre fruits rouges compotés, maquis, notes vanillées et toastées. Le prélude à une bouche ample et chaleureuse, soutenue par des tanins boisés d'une excellente qualité. Un vin généreux, fruit d'un élevage maîtrisé. ⧗ 2021-2026

DOM. VECCHIO, Listincone, 20230 Chiatra, tél. 06 03 78 09 96, vecchio@sfr.fr V r.-v. Ⓔ

PATRIMONIO

Superficie : 418 ha
Production : 16 140 hl (85 % rouge et rosé)

Au pied du cap Corse, la petite enclave de terrains calcaires qui, du golfe de Saint-Florent, se développe vers l'est et surtout vers le sud, présente les caractères d'un cru bien homogène. Le niellucciu, en rouge et en rosé, et le vermentinu en blanc laissent leur empreinte dans des vins typés et d'excellente qualité : des rouges fruités et épicés, qui peuvent être somptueux et de longue garde, des rosés colorés, puissants et fruités, des blancs gras et aromatiques.

CLOS ALIVU 2019 ★

20 000 | 11 à 15 €

Alivu? «Olivier», en corse. À l'origine 3 ha de vieux ceps de niellucciu et de vermentinu à Oletta et autant à Santo Pietro di Tenda. Ce petit domaine en patrimonio, acquis en 2005 par Éric Poli, compte aujourd'hui 15 ha grâce à de nouvelles plantations. Fils d'Ange Poli (Dom. de Piana), le vigneron est également à la tête des domaines familiaux de la région de Bravone, sur la Côte orientale ; il exploite 65 ha au total.
Récolté à la main, le vermentinu a donné naissance à un patrimonio blanc bien typé avec sa robe jaune clair et son nez d'une belle complexité, qui s'ouvre sur l'acacia, le genêt et l'ananas bien mûr, nuancés de touches d'infusion. Les fruits blancs et le sirop de fleur de sureau s'épanouissent en bouche, en harmonie avec une texture ronde et soyeuse. Un blanc gras, de bonne longueur, qui formera un bel accord avec viandes blanches, produits de la mer cuisinés et fromages. ⧗ 2020-2023

CLOS ALIVU, Bravone, 20230 San-Nicolao, tél. 06 19 42 54 91, clos.alivu@orange.fr t.l.j. 9h-12h30 16h-20h

♥ Ⓑ CLOS SAN QUILICO 2019 ★★

20 000 | 8 à 11 €

Seconde propriété de la famille Orenga de Gaffory, le Clos San Quilico, que dirige Henri Orenga, est commandé par un corps de ferme du XVIIIe s. Il compte 32 ha de vignes implantées au bord de la petite route qui rejoint Poggio-d'Oletta depuis Saint-Florent. En bio certifié à partir de 2019.
La robe jaune pâle à légers reflets verts est caractéristique du cépage vermentinu. Discrètement floral au nez, le vin laisse entrevoir une complexité naissante et libère de délicates fragrances d'aubépine, relayées au palais par des arômes de fruit blancs. C'est surtout en bouche qu'il révèle tous ses attraits, grâce à un équilibre parfait entre une belle ampleur et une vivacité lui donnant dynamisme, élégance et longueur. Une présence qui permettra à ce blanc de tenir sa place à table. ⧗ 2020-2023 ■ 2019 ★★ (8 à 11 €; 33 000 b.) Ⓑ Un appoint de grenache vient compléter le niellucciu dans

ce rosé issu de pressurage direct, qui charme par sa délicatesse et par sa fraîcheur, tout en offrant assez d'étoffe pour accompagner viandes blanches ou poissons grillés. 2020-2021

CLOS SAN QUILICO, Morta Majo, 20253 Patrimonio, tél. 04 95 37 45 00, contact@orangadegaffory.com V *t.l.j. 8h30-17h30; 8h-19h30 (été)*

MARIE-FRANÇOISE DEVICHI Mlle D 2019 ★★

5600 | 8 à 11 €

Un domaine créé en 1734, dans la famille Devichi depuis 6 générations. Situé à Barbaggio, village voisin de Patrimonio, en Haute-Corse, il étend ses 29 ha de vignes sur un sol argilo-calcaire. Arrivée sur l'exploitation en 2002 après un parcours dans le tourisme, Marie-Françoise est la première femme à la tête de l'exploitation. Elle a succédé à son père Jacques en 2012.

Marie-Françoise Devichi a récolté à la main le niellucciu à l'origine de ce rosé accompli. D'une couleur saumon pastel attrayante, ce vin déploie un fruité intense et frais, dominé par les agrumes, pamplemousse en tête. La bouche, à l'unisson, fait preuve d'une vivacité alerte qui souligne la persistance de la finale. Un rosé tonique, parfait pour l'apéritif comme pour les crustacés et le poisson grillé. 2020-2021

MARIE-FRANÇOISE DEVICHI, 20253 Barbaggio, tél. 06 03 83 57 03, m.f@wanadoo.fr V *r.-v.*

DOM. LECCIA 2019 ★

12000 | 11 à 15 €

Longtemps aidée par son frère Yves, Annette Leccia a repris seule en 2005 les rênes de la propriété familiale, qui couvre 13 ha en patrimonio et en muscat-du-cap-corse. Elle avait à cœur de convertir son vignoble à l'agriculture biologique; c'est chose faite depuis la récolte 2011.

Des vendanges manuelles de niellucciu, un pressurage direct pour l'essentiel, complété par des vins obtenus par saignée. Dans le verre, une robe saumonée à reflets orangés, une palette aromatique fraîche et fruitée, partagée entre fruits rouges et agrumes, et une bouche équilibrée et tonique, qui laisse une impression agréable de légèreté. 2020-2021

DOM. LECCIA, lieu-dit Morta-Piana, 20232 Poggio-d'Oletta, tél. 04 95 37 11 35, domaine.leccia@wanadoo.fr V *t.l.j. sf sam. dim. 9h-12h 14h-18h*

♥ YVES LECCIA E Croce 2017 ★★

20000 | 20 à 30 €

Œnologue, impliqué dans la renaissance et la promotion des vins insulaires, Yves Leccia a créé son propre domaine en 2005, après avoir dirigé avec sa sœur l'exploitation familiale pendant une quinzaine d'années. Il conduit aujourd'hui avec son épouse Sandrine un vignoble de 16 ha sur sols argilo-calcaires et schisteux à Poggio-d'Oletta. En bio certifié depuis 2017, l'un des piliers de l'appellation patrimonio, souvent en vue aussi pour ses muscats.

Bien connu des lecteurs, ce vin rouge élevé 12 mois en cuve assemble le niellucciu et un petit appoint de grenache – des raisins vendangés à la main sur les plus belles parcelles du domaine, au lieu-dit Croce. Le 2017 s'illustre par une robe soutenue, encore marquée par des reflets violines étonnants de jeunesse. Au nez puis en bouche, il brille par son expression complexe, mêlant les petits fruits rouges confiturés, la violette, le Zan, les épices et des touches de maquis. Ample et intense, le palais finit sur de belles notes grillées et sur une touche d'amertume. Un vin profond, déjà agréable tout en affichant un réel potentiel. 2021-2027

EARL YVES LECCIA, 20232 Poggio-d'Oletta, tél. 04 95 30 72 33, info@yves-leccia.com

LOUIS MONTEMAGNI Andria 2017 ★★

1500 | 20 à 30 €

Le domaine le plus important de l'appellation patrimonio en surface : 15 ha en 1850, date de sa création par l'arrière-grand-père, 83 ha aujourd'hui. Aux commandes, le patriarche respecté Louis Montemagni s'appuie sur ses filles. Il a confié les vinifications à une jeune œnologue de talent, Aurélie Melleray. Un pilier de la Corse viticole. En conversion bio.

La cuvée haut de gamme du domaine vieillit 12 mois dans des fûts de châtaignier et des demi-muids de chêne. D'un rouge profond, ce vin dévoile un nez complexe associant un fin boisé aux nuances de cacao et de tabac brun, des notes de fruits rouges compotés, des touches de maquis et de sous-bois. Cette palette se prolonge dans un palais puissant et ample, étayé par une trame tannique solide, un peu stricte en finale. Un patrimonio charpenté pour viandes rouges, gibiers et salaisons. 2022-2027

SCEA MONTEMAGNI, Puccinasca, 20253 Patrimonio, tél. 04 95 35 90 40, domainemontemagni@orange.fr V *r.-v.*

DOM. ORENGA DE GAFFORY OG 2019 ★

40000 | 11 à 15 €

C'est en 1966, alors que l'AOC patrimonio n'est pas encore reconnue, que Pierre Orenga de Gaffory crée son domaine. Aujourd'hui, un vaste ensemble de 54 ha, répartis dans différents terroirs et sur 5 des 7 communes de l'appellation, dont il est l'une des valeurs sûres. Aux commandes depuis 1974, Henri, fils de Pierre, dirige aussi un second domaine, le Clos San Quilico, dans la commune de Poggio-d'Oletta.

Premier millésime bio pour le domaine avec cette cuvée classique dans sa version blanche, vendangée à la main et vinifiée sur lies. Un vin aux légers reflets verts qui obtient une belle étoile grâce à sa palette aromatique complexe mêlant aubépine, tilleul, pêche et citrus et à sa bouche vive et acidulée en attaque, puis d'une belle ampleur, marquée en finale par un agréable retour du zeste d'agrumes. Bien typé vermentinu, il pourra se déboucher à l'apéritif ou accompagner poisson et produits de la mer. 2020-2023

DOM. ORENGA DE GAFFORY, Morta-Majo, 20253 Patrimonio, tél. 04 95 37 45 00, contact@orengadegaffory.com V *r.-v.*

MUSCAT-DU-CAP-CORSE

Superficie : 89 ha / Production : 1 977 hl

Délimitée dans les territoires de 17 communes de l'extrême nord de l'île, l'appellation a été reconnue en 1993 – aboutissement des longs efforts d'une poignée de vignerons regroupés sur les terroirs calcaires de Patrimonio et sur ceux, schisteux, de l'AOC vin-de-corse Coteaux-du-Cap-Corse.
Le seul muscat blanc à petits grains entre dans ce vin, élaboré par mutage à l'eau-de-vie de vin comme tout vin doux naturel. L'eau-de-vie arrête la fermentation et préserve ainsi au moins 95 g/l de sucres résiduels. Les muscats n'en gardent pas moins une belle fraîcheur.

♥ B DOM. LECCIA 2019 ★★

■	8 000	🍾	20 à 30 €

Longtemps aidée par son frère Yves, Annette Leccia a repris seule en 2005 les rênes de la propriété familiale, qui couvre 13 ha en patrimonio et en muscat-du-cap-corse. Elle avait à cœur de convertir son vignoble à l'agriculture biologique; c'est chose faite depuis la récolte 2011.
La robe pâle s'anime de reflets jaune doré. Encore discret, le nez s'ouvre sur des nuances subtiles et suaves de fleurs blanches et de miel, prélude à une bouche bien fondue et soyeuse, offrant un remarquable équilibre entre douceur et fraîcheur. Le jury suggère un accord avec un dessert glacé, à l'abricot en particulier. On pourra aussi déboucher cette bouteille à l'apéritif. Un vin doux naturel apte à la garde, que l'on débouchera toutefois dans les 3 ans si l'on veut apprécier son côté muscaté et fruité. ⧗ 2020-2030

⊶ DOM. LECCIA, lieu-dit Morta-Piana, 20232 Poggio-d'Oletta, tél. 04 95 37 11 35, domaine.leccia@wanadoo.fr V *t.l.j. sf sam. dim. 9h-12h 14h-18h*

IGP ÎLE DE BEAUTÉ

♥ DOM. CASANOVA 2019 ★★

■	32 000	🍾	- de 5 €

Créée en 1975, la cave d'Aghione, la 3e structure coopérative de l'île, vinifie la production de quelque 800 ha de vignes et regroupe une trentaine d'exploitations en bordure de la plaine orientale. 2017 voit l'arrivée d'une chaîne d'embouteillage aussi bien pour les vins tranquilles que pour les effervescents. Le président actuel, André Casanova, a donné son nom à la marque principale commercialisée par la cave.
L'intensité de la robe grenat n'a d'égale que celle du nez, tout en fruits rouges, soulignés de notes épicées. Le prélude à une bouche puissante et longue, étayée par des tanins soyeux : un excellent ambassadeur de l'Île de Beauté. ⧗ 2020-2025

⊶ LES VIGNERONS D' AGHIONE, lieu-dit Aristone, 20240 Ghisonaccia, tél. 04 95 56 60 20, contact@vignerons-d-aghione.com V *t.l.j. sf sam. dim. 9h-12h 14h-17h*

B YVES LECCIA YL 2019 ★★

■	20 000	🍾	15 à 20 €

Œnologue, impliqué dans la renaissance et la promotion des vins insulaires, Yves Leccia a créé son propre domaine en 2005, après avoir dirigé avec sa sœur l'exploitation familiale pendant une quinzaine d'années. Il conduit aujourd'hui avec son épouse Sandrine un vignoble de 16 ha sur sols argilo-calcaires et schisteux à Poggio-d'Oletta. En bio certifié depuis 2017, l'un des piliers de l'appellation patrimonio, souvent en vue aussi pour ses muscats.
Éclatant de reflets dorés, un blanc issu de cépages insulaires : le vermentinu, majoritaire, et le biancu gentile (20 %), variété qui réapparaît dans le vignoble. On aime son nez intense, gourmand et subtilement salin, mêlant agrumes, notes pâtissières et miellées, et son palais vif en attaque, rond et souple, lui aussi marqué par une minéralité saline, aux arômes d'agrumes relayés par des notes de fruits très mûrs. Un vin généreux, expressif et complexe, proche du coup de cœur. ⧗ 2020-2025
■ **O Bà ! 2017 ★★ (30 à 50 €; 4 000 b.)** B Une cuvée ambitieuse, issue d'un assemblage par tiers de minustellu, de niellucciu et de grenache. Colorée, complexe (fruits rouges mâtinés de notes animales), puissante et équilibrée, elle saura vieillir. ⧗ 2020-2025

⊶ EARL YVES LECCIA, 20232 Poggio-d'Oletta, tél. 04 95 30 72 33, info@yves-leccia.com

DOM. MONDANGE Primizia 2019 ★★

■	13 300	🍾	5 à 8 €

Enfants de Jean Mondange, président de la coopérative de Saint-Antoine, sur la côte orientale, Laura et Andria Mondange ont créé en 2018 leur propre domaine à partir du vignoble familial créé en 1989 (41 ha). Ils sélectionnent les meilleures parcelles pour les vinifier dans leur chai flambant neuf.
Sciaccarellu (55 %), cinsault et une goutte de vermentinu concourent à l'agrément de ce rosé à reflets orangés, au nez intense, sur les fruits blancs, et à la bouche tout aussi aromatique, d'une grande persistance. Proche du coup de cœur. ⧗ 2020-2021

⊶ DOM. MONDANGE, Saint-Antoine, 20240 Ghisonaccia, tél. 06 17 05 34 79, contact@domainemondange.com V *r.-v.*

DOM. POLI Niellucciu 2019 ★★

■	20 000	🍾	5 à 8 €

Éric Poli, fils d'Ange Poli (Dom. de Piana), a d'abord travaillé à Paris en salle des marchés avant de revenir à ses racines corses et vigneronnes. Également

responsable de domaines en AOC patrimonio, il a créé en 2007, non loin de la côte orientale, cette exploitation qui compte une quarantaine d'hectares de vignes.
Cépage privilégié du patrimonio, le niellucciu a engendré sur la frange orientale de l'Île de Beauté un vin coloré, grenat intense, au nez tout en petits fruits des bois et au palais lui aussi très fruité, gras et persistant. Une bouteille harmonieuse, qui s'est placée sur les rangs pour le coup de cœur. ⧗ 2020-2025

⊶ DOM. POLI, Bravone, 20230 San-Nicolao, tél. 06 19 42 54 91, clos.alivu@orange.fr t.l.j. 10h-12h30 16h-20h

♥ RÉSERVE DU PRÉSIDENT Niellucciu 2019 ★★

■ | 40000 | | - de 5 €

Fondée en 1958, la SCA UVIB est la plus grande coopérative vinicole de Corse. Établie dans la plaine orientale, à Aléria, non loin de l'étang de Diana, elle vinifie quelque 1 400 ha de vignes appartenant à 70 adhérents.
Depuis sa fondation il y a plus de 60 ans, la cave d'Aléria a multiplié les gammes et les références. Cette marque, qui se décline aujourd'hui dans 3 couleurs, en assemblage et en cuvées monocépage, est la plus ancienne. Avec ce niellucciu grenat intense, aromatique, équilibré, soyeux et long, à l'expression dominée par les fruits rouges frais, cerise en tête, elle propose une cuvée moderne par sa vinification mais bien insulaire, qui emporte l'adhésion. ⧗ 2020-2025 ■ **Vermentinu 2019 ★★ (- de 5 €; 40000 b.)** La version «Île de Beauté» (Indication géographique protégée) d'un cépage blanc typique de l'île, avec sa robe or pâle brillant, son nez minéral et complexe (orange, pâte d'amandes, plantes infusées) et sa bouche généreuse, saline et expressive, qui ajoute à la gamme aromatique de belles notes de fenouil. ⧗ 2020-2023

⊶ SCA UVIB, Padulone, 20270 Aléria, tél. 04 95 57 02 48 V t.l.j. 9h-12h 14h-17h30

DOM. DE TERRA VECCHIA 2019 ★★

■ | 850000 | | - de 5 €

En Corse orientale, vers la Costa Serena, entre maquis, mer et étang de Diana, Terra Vecchia et Clos Poggiale constituent un vignoble de 200 ha. Il était déjà cultivé par les Romains – ce que rappelle le nom de Terra Vecchia («Terres anciennes»). Jean-François Renucci l'a acheté en 2011 à la famille Skalli. Les 2 ensembles ont obtenu leur certification bio pour le millésime 2018.
Niellucciu (55 %) et syrah font presque jeu égal dans cette cuvée d'un rose franc. Au nez comme en bouche, ce vin se distingue par son équilibre et par l'intensité de sa palette aromatique, qui mêle les fruits rouges aux fruits exotiques et aux agrumes. ⧗ 2020-2021

⊶ DOM. TERRA VECCHIA - CLOS POGGIALE, lieu-dit Pompugliani, 20270 Aléria, tél. 04 95 32 33 01, contact@clospoggiale.fr V r.-v.

TERRAZZA D'ISULA Sciaccarellu Cinsault 2019 ★★

■ | 300000 | | - de 5 €

L'Union des vignerons associés du Levant (UVAL) est la structure commercialisant les vins de la Cave coopérative de la Marana, groupement de producteurs fondé en 1975 et établi à Borgo, commune au sud de Bastia. La cave regroupe environ 900 ha de vignes et une soixantaine de vignerons répartis sur la côte orientale de la Corse. Elle propose des vins de marque et vinifie également pour quelques domaines particuliers.
Bien connue de nos lecteurs, cette cuvée associe 2 cépages, l'un insulaire et l'autre méditerranéen, qui peuvent donner l'un comme l'autre d'excellents rosés. Vinifiées séparément puis assemblées, ces variétés ont engendré un vin à la robe pastel, tout en fraîcheur, de belle persistance, aux arômes intenses de fruits rouges, de fruits exotiques et d'agrumes. ⧗ 2020-2021

⊶ CORSICAN - GROUPE UVAL, Rasignani, 20290 Borgo, tél. 04 95 58 44 00, f.malassigne@corsicanwines.com V t.l.j. sf sam. dim. 9h-12h 14h-17h

DOM. VECCHIO Collezzione 2018 ★

■ | 25000 | | 11 à 15 €

Implanté non loin de la côte orientale, au pied du monte Sant'Appiano (1 100 m), face à la mer, un domaine progressivement agrandi (33 ha aujourd'hui) et restructuré à partir de 2000 par Florence Giudicelli-Girard et son mari. La conduite du vignoble se fait a *l'antiga* (à l'ancienne), ce que la vigneronne appelle la culture «sur-raisonnée» : limitation des rendements, enherbement hivernal, labourage un rang sur deux, emploi mesuré du cuivre.
Pas moins de 4 cépages, autochtones pour la plupart (niellucciu 60 %, complété par le minustellu, le sciaccarellu et le grenache), composent cette cuvée issue d'une longue macération des raisins (5 semaines avec pigeages et remontages). Élue coup de cœur dans le millésime précédent, elle semble un peu plus austère dans cette version. Des arômes boisés percent aux côtés des fruits rouges et du sous-bois, alors que la part du fût est réduite. Le vin n'en est pas moins intense et laisse déjà une impression d'harmonie. ⧗ 2020-2025

⊶ DOM. VECCHIO, Listincone, 20230 Chiatra, tél. 06 03 78 09 96, vecchio@sfr.fr V r.-v.

CORSE

LE SUD-OUEST

Groupant sous la même bannière des appellations aussi éloignées qu'irouléguy, bergerac ou gaillac, la région viticole du Sud-Ouest rassemble ce que les Bordelais appelaient le « Haut-Pays » et le vignoble de l'Adour, proche des Pyrénées. Elle comprend des micro-vignobles très anciens, jusqu'au pied du Massif central.

À la grande diversité des cépages cultivés dans ces régions dispersées, dont certaines variétés sorties de la nuit des temps viticoles, répond celle de la production : le Sud-Ouest fournit pratiquement tous les styles de vins. Des vins originaux, longtemps restés dans l'ombre, et qui bénéficient souvent de ce fait d'un bon rapport qualité-prix.

Quatre sous-régions se distinguent : le piémont du Massif Central, la moyenne Garonne, le Bergeracois et Duras, et le piémont pyrénéen.

Principaux **millésimes** dégustés dans cette **édition**

TYPES DE VIN	CARACTÉRISTIQUES DU MILLÉSIME	QUALITÉ DU MILLÉSIME
Blancs secs 2019	Des rendements modérés, des aléas (gel, grêle, canicule estivale), mais des conditions propices à une belle maturité et à l'expression aromatique des cépages blancs, avec des vins bien équilibrés, de bonne concentration et avec de la fraîcheur.	★★★☆☆
Rouges 2019	Des vins rouges aux structures assez souples et légères, avec des tanins concentrés sans excès et un fruit bien présent.	★★★☆☆
Blancs doux et blancs secs 2018	Une belle année malgré le mildiou du printemps, sauvée par un été chaud et un automne très solaire favorisant de belles maturités compensées par la fraîcheur des nuits automnales. Les liquoreux comme les blancs secs sont de fait très équilibrés, avec une fraîcheur bien préservée.	★★★★☆
Rouges 2018	Un très beau millésime pour les rouges, très aromatiques, bien fruités, amples, gourmands, charnus, ronds, avec une belle fraîcheur en soutien.	★★★★☆
Blancs doux 2017	Une année marquée par le gel fin avril, compensée par un été sec. Les vins doux sont de très bonne facture, aromatiques, équilibrés et frais.	★★★☆☆
Rouges 2017	Des rouges souples, légers et fluides dans l'ensemble, aux tanins discrets et fondus.	★★★☆☆

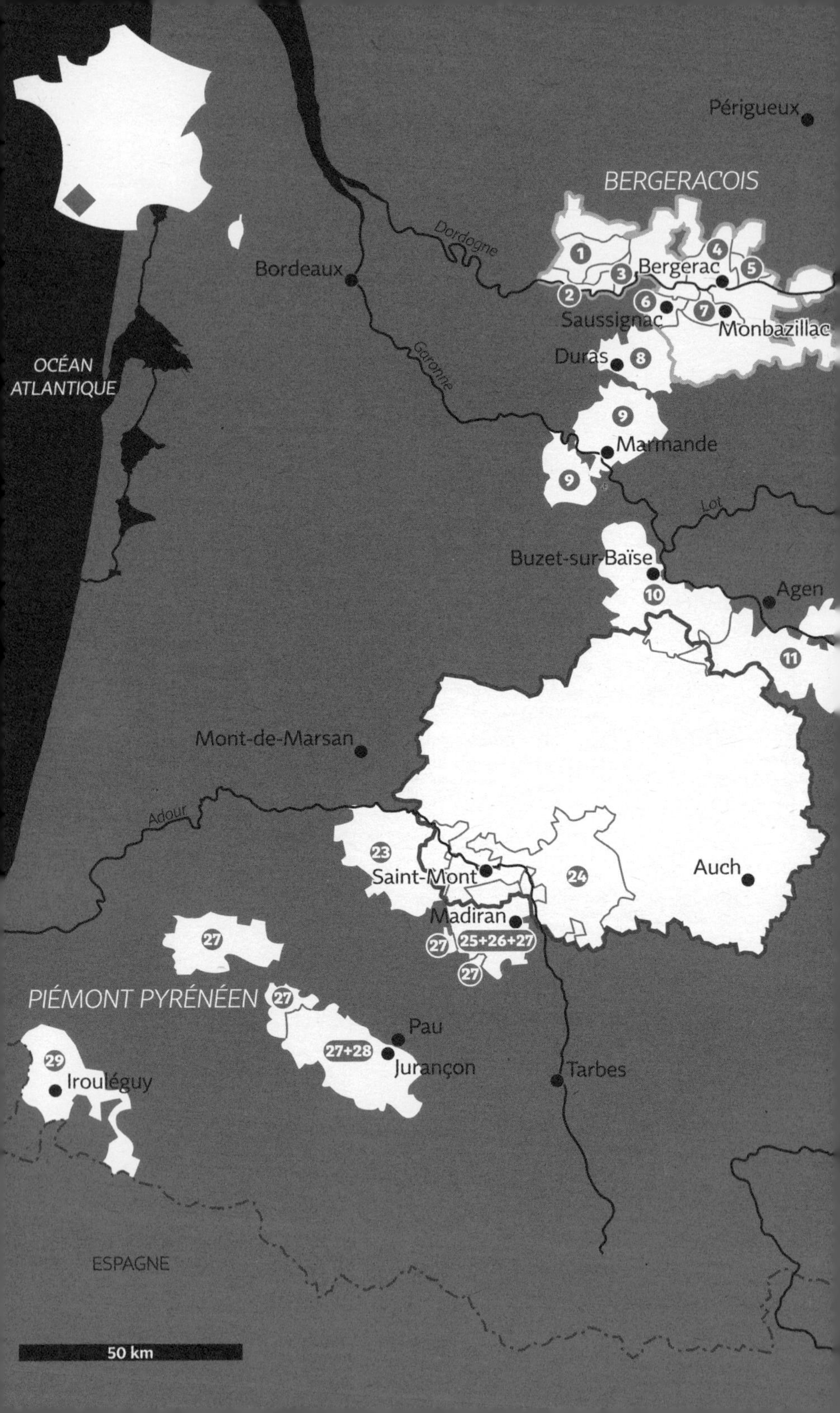

Périgueux
BERGERACOIS
Dordogne
1
4
Bergerac
5
3
2
6
7
Saussignac
Monbazillac
Bordeaux
Garonne
Duras
8
OCÉAN
ATLANTIQUE
9
Marmande
9
Lot
Buzet-sur-Baïse
10
Agen
11
Mont-de-Marsan
Adour
23
Saint-Mont
24
Auch
Madiran
27
27
25+26+27
27
PIÉMONT PYRÉNÉEN
27
Pau
27+28
Jurançon
29
Irouléguy
Tarbes
ESPAGNE
50 km

BERGERACOIS Sous-région viticole
bergerac et côtes-de-bergerac
armagnac
Nord
Brive-la-Gaillarde
Dordogne
Le Fel
Entraygues-sur-Truyère
Estaing
Marcillac-Vallon
Lot
Cahors
Rodez
PIÉMONT
DU MASSIF CENTRAL
Tarn
Montauban
Millau
Saint-
Sardos
Albi
Gaillac
Fronton
Toulouse
Garonne
14+15
AOC du Sud-Ouest
1 côtes-de-montravel
2 montravel
3 haut-montravel
4 rosette
5 pécharmant
6 saussignac
7 monbazillac
8 côtes-de-duras
9 côtes-du-marmandais
10 buzet
11 brulhois
12 cahors
13 coteaux-du-quercy
14 gaillac
15 gaillac-premières côtes
16 saint-sardos
17 fronton
18 corrèze
19 entraygues-le fel
20 marcillac
21 estaing
22 côtes-de-millau
23 tursan
24 saint-mont
25 madiran
26 pacherenc-du-vic-bilh
27 béarn
28 jurançon
29 irouléguy

Le **Sud-Ouest** en un clin d'œil

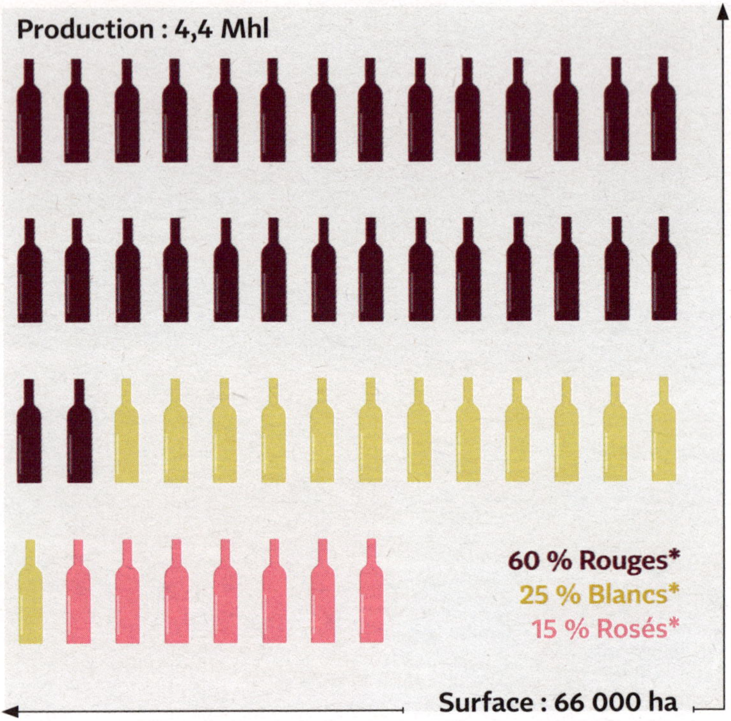

Chiffres relatifs aux AOC.
En IGP 20 % rouges, 65 % blancs et 15 % rosés

Types de vins

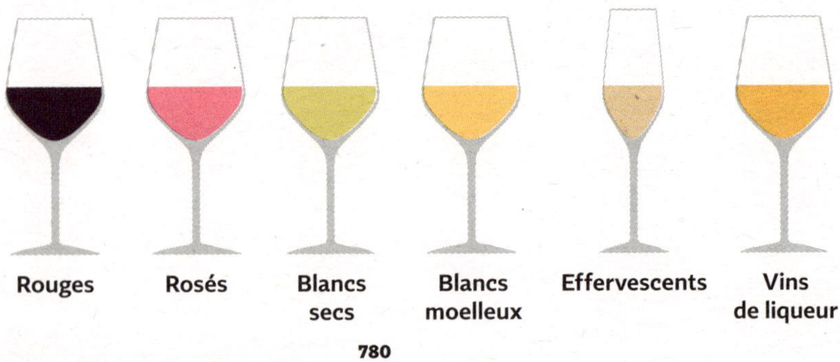

Principaux **cépages**

Merlot	Malbec (cot ou auxerrois)	Cabernet-sauvignon
Cabernet franc	Tannat	Fer servadou
Duras	Négrette	Colombard
Sauvignon	Sémillon	Muscadelle
Gros manseng	Petit manseng	Mauzac
L'en-de-lel (loin-de-l'œil)		

Hiérarchie des vins

Le vignoble du Sud-Ouest se compose d'une mosaïque de terroirs très distincts. C'est pourquoi, il n'y a pas de hiérarchie d'appellations, à la différence du Bordelais voisin. Les volumes de production des AOC (près d'une cinquantaine) et des IGP (une quinzaine) sont sensiblement équivalents.

Un peu d'**histoire**

- **I[ers]. av. J.-C. :** conquêtes de Jules César, la culture de la vigne se développe, notamment à Gaillac. Montans est un centre de fabrication de poteries et d'amphores exportées dans tout l'empire romain.
- **XIe s. :** essor du vignoble sous l'influence des monastères (Madiran, Bergerac, Gaillac, Irouléguy, etc.).
- **1241 :** le « privilège de Bordeaux » impose aux producteurs du Sud-Ouest (« le haut pays ») d'attendre la fin de l'année pour écouler leurs vins vers l'Europe du Nord par Bordeaux. Les vins du Sud-Ouest restent dans l'anonymat et servent de « vins médecins » pour remonter des clairets bordelais.
- **XIVe s. :** la distillation du vin se développe.
- **XVIIe s. :** le cahors gagne en réputation en Angleterre et jusqu'en Russie. Les Hollandais apprécient les vins blancs doux (monbazillac). Essor des vins de Madiran.
- **1776 :** abolition du privilège de Bordeaux. Extension de la viticulture.
- **1880 :** la crise phylloxérique détruit les vignobles aveyronnais. Cahors et le Quercy sont particulièrement touchés.
- **1936 :** création des AOC bergerac, jurançon, monbazillac.
- **1937 :** création des AOC montravel et côtes-de-duras.
- **1938 :** création de l'AOC gaillac (en blanc).
- **1970-2011 :** de nombreux vignobles délimités en AOVDQS deviennent AOC. Coopératives et vignerons indépendants travaillent au renouveau des vins de la région.

Mots-clés du Sud-Ouest

1 Conservatoire des cépages

Si les vignobles les plus proches du Bordelais, dans le Bergeracois ou le Lot-et-Garonne, accueillent les mêmes variétés que leur voisin girondin, les autres constituent un véritable musée des cépages d'autrefois. L'enclavement de nombreuses régions du Sud-Ouest explique la survivance de cépages locaux. Les Gascons ont ainsi le petit et le gros mansengs, le tannat, le baroque, sans parler de l'arrufiac, du raffiat de Moncade ou du camaralet de Lasseube. Le cahors tire son originalité du malbec (ou auxerrois), le fronton de la négrette, le gaillac des duras, len-de-l'el (loin-de-l'œil), mauzac, braucol…

2 Hautains (culture en)

Mode de conduite de la vigne à plus de 2 m du sol, courante dans les vignobles du jurançon et du pacherenc-du-vic-bilh (cette AOC lui doit son nom, « pachet en rang du Vic-Bilh », pachet désignant le long échalas qui supporte la vigne haute). Elle permet de préserver les ceps des gelées.

3 Vent d'autan

Vent venu du Sud-Est qui tempère l'automne dans le Frontonnais et le Gaillacois.

4 Foehn

Vent sec et chaud qui marque l'arrière-saison dans le vignoble du Béarn et favorise le bon état sanitaire de la vendange.

5 Botrytis cinerea

Champignon qui dans des conditions météorologiques favorables permet le développement de la pourriture noble sur les baies de raisin. Les grains se flétrissent et se concentrent alors en sucre, permettant l'élaboration de vins liquoreux (monbazillac, haut-montravel…).

6 Passerillage

Dessèchement naturel des grappes de raisin sur souches afin d'obtenir une vendange au taux de sucre élevé. Dans les AOC jurançon et pacherenc-du-vic-bilh, les grappes passerillent durant l'automne, lorsque le cycle végétatif est en sommeil, puis elles sont récoltées manuellement par tries successives d'octobre à décembre.

7 Tries successives

Sélection des baies de raisin concentrées sur souche et/ou botrytisées au cours de passages réguliers dans le vignoble.

8 Black wine (« vin noir »)

Nom donné par les Anglais au vin de Cahors, en raison de l'intensité de sa couleur et de sa puissance.

9 Méthode gaillacoise (ou méthode ancestrale, ou rurale)

Mode d'élaboration des effervescents de Gaillac qui consiste à effectuer la mise en bouteille du vin précocement, avant la fin de la fermentation alcoolique du moût. La fermentation s'achève donc dans la bouteille. La prise de mousse se fait ainsi naturellement avec les sucres naturels du raisin, sans liqueur de tirage ou d'expédition ajoutée, à la différence de la méthode traditionnelle (typique de la Champagne).

Le **piémont** du **Massif central** en un clin d'œil

Production : 475 000 hl

75 % Rouges
20 % Blancs
15 % Rosés

Surface : 99 000 ha

Types de vins

Rouges
Blancs secs
Blancs doux
Rosés
Effervescents

Principaux **cépages**

Malbec
Merlot
Tannat
Duras
Fer servadou
Gamay
Cabernet-sauvignon
Mauzac
Len-de-l'el
Muscadelle
Ondenc
Chenin

Une mosaïque de vignobles

Entre la vallée du Lot, au nord, et celle du Tarn, au sud, se succèdent les vignobles les plus orientaux du Sud-Ouest, qui confinent au Massif central. Ce sont les AOC gaillac et cahors, prolongée par les coteaux-du-quercy. Les terroirs et les cépages y sont très divers. La plupart des petits vignobles de l'Aveyron (marcillac, entraygues-le-fel, estaing, côtes-de-millau) appartiennent déjà au Massif central. On y trouve toutes les couleurs, mais avec une dominante de vins rouges.

La **moyenne Garonne** en un clin d'œil

Production : 370 000 hl

70 % Rouges
5 % Blancs
25 % Rosés

Surface : 6200 ha

Types de vins

Rouges — Blancs secs — Rosés

Principaux **cépages**

Merlot — Cabernet-sauvignon — Cabernet franc — Malbec (ou cot) — Négrette — Duras

Fer servadou — Abouriou — Sauvignon — Sémillon — Muscadelle — Chardonnay

Un vignoble proche du Bordelais, mais singulier

Entre Fronton et Marmande, à cheval entre le Midi-Pyrénées et l'Aquitaine, s'égrènent des vignobles établis sur les terrasses du Tarn et de la Garonne. Ceux du Midi-Pyrénées (fronton, saint-sardos) gravitent autour de Toulouse ; ceux de Buzet et de Marmande ont longtemps vécu dans l'ombre du Bordelais. Les vins rouges dominent, très souvent nés d'assemblages. Les cépages y sont les mêmes qu'en Gironde, associés à quelques variétés locales (abouriou dans le Marmandais, tannat et côt (malbec) dans le Brulhois, négrette à Fronton…).

Le **Bergeracois** et **Duras** en un clin d'œil

Production : 505 000 hl

49 % Blancs
40 % Rouges
11 % Rosés

Surface : 11 300 ha

Types de vins

Blancs secs
Blancs moelleux et liquoreux
Rouges
Rosés

Principaux **cépages**

Merlot
Cabernet-sauvignon
Cabernet franc
Malbec
Sauvignon
Sémillon
Muscadelle
Chenin
Mauzac

La transition Bordelais/Sud-Ouest

Extension naturelle du Libournais, cette région s'articule autour de la ville de Begerac et étend ses vignobles au nord et au sud de la Dordogne (AOC bergerac, monbazillac, montravel, pécharmant…). On y trouve le même climat océanique, tempéré par des influences continentales. Les cépages sont pour l'essentiel ceux du Bordelais : sauvignon, sémillon, muscadelle en blanc, merlot (dominant), cabernet-sauvignon, cabernet franc en rouge. Les vins sont donc proches : rouges friands ou plus tanniques, parfois élevés sous bois ; blancs secs sous l'influence du sauvignon ; blancs moelleux et liquoreux.

Le **Piémont pyrénéen** en un clin d'œil

Production : 1,4 Mhl

55 % Rouges
45 % Blancs
10 % Rosés

Surface : 18 600 ha

Types de vins

- Rouges
- Blancs secs
- Blancs moelleux
- Rosés
- Vins de liqueur (floc-de-gascogne)

Principaux **cépages**

- Tannat
- Cabernet franc
- Cabernet-sauvignon
- Fer-servadou
- Gros et petit mansengs
- Courbu
- Arrufiac
- Sauvignon
- Clairette

L'original

Tout au sud, ce vignoble est irrigué par l'Adour et ses affluents. Il est soumis à la double influence climatique de l'Atlantique et de la chaîne de montagne des Pyrénées. Aux côtés des cépages bordelais, on trouve des variétés originales comme le tannat en madiran et en irouléguy, ou les gros et petits mansengs en jurançon et pacherenc-du-vic-bilh.

Les **vignerons** de l'année

Anne-Marie **Selle** Sylvain **Thomas**

© Pierre Soissons

(Ch. Bouissel)

Sur les graves de la plus haute terrasse du Tarn, où les hommes du paléolithique taillaient des pierres, les cépages du fronton prospèrent. Installé sur la ferme familiale en 1978, 3 ans après la reconnaissance de l'AOC, Pierre Selle, rejoint par Anne-Marie, vend ses premières bouteilles en 1989 : premier coup de cœur au Guide Hachette. En 2008, leur fils Nicolas leur succède avec brio, puis… décide de changer de vie et de vendre. Dernier millésime, Le Bouissel 2018, coup de cœur lui aussi, après bien d'autres. Récit à deux voix d'une transition.

• Anne-Marie Selle

« Sur ses 30 ha, le père de Pierre Bouissel élevait des vaches laitières, récoltait céréales et pêches, mais la vigne occupait déjà presque la moitié des surfaces. Tout le monde, notables en tête, avait des vignes ; le grand-père a acheté des parcelles, en a replanté, notamment après le gel de 1956. Pierre s'est installé en 1978, je l'ai rejoint l'année suivante. Je l'ai secondé, abandonnant en 1983 mon métier d'infirmière – repris temporairement à la suite du gel de 1991. Après une formation, je me suis installée à mon tour, cette même année. Nous avons aménagé chai et locaux d'accueil, agrandi le vignoble (environ 20 ha aujourd'hui), cultivé les cépages du fronton : négrette, le cépage typique de l'appellation, syrah, malbec, cabernet-sauvignon, gamay. À côté de la cuvée d'assemblage, nous avons proposé une pure négrette, avec une version en barrique neuve. Pour la cuvée Le Bouissel, nous assemblons une bonne moitié de négrette, qui apporte ses arômes floraux, à la syrah, qui lègue sa structure et ses notes épicées, et au malbec, dont les nuances fruitées s'expriment mieux avec l'âge. Nous avons adopté l'agriculture raisonnée, avec labour du sol, enherbement semé, traitements locaux. Installé en 2008, BTS de commercialisation et formation viti-œno en poche, notre fils Nicolas a engagé la conversion bio. Il a multiplié les cuvées en IGP Comté tolosan. De la syrah, et aussi, en petits volumes, des blancs. Pour ces derniers, il a planté des cépages à l'origine de vins frais et/ou aromatiques, comme le petit manseng, le colombard, le viognier, et même le riesling et le gewurztraminer »

• Sylvain Thomas

« À la tête d'un groupe de travaux publics, Luc Florès, petit-fils d'un viticulteur du pays, a racheté Bouissel en 2020. Ma sœur Fanny, sa compagne, s'occupera de la gestion. Quant à moi, caviste durant 7 ans à Calvi, j'ai accepté de contribuer à la production, aux côtés d'Arnaud Giambra, maître de chai depuis un an. Anne-Marie Selle reste associée jusqu'en 2021. Il est hors de question de casser l'identité de Bouissel et de renoncer à son orientation bio. J'emprunterai sans doute à la biodynamie. Je m'intéresse aux nouveaux contenants, œufs béton et amphores, ainsi qu'au bouysselet, cépage local qui produira peut-être un jour des fronton blancs, si l'INAO donne son aval... »

Le coup de cœur

Fronton Négrette Syrah Malbec Le Bouissel 2018

Brigitte et Corinne **Dousseau**

(Dom. Sergent)

Détenteurs de plaisirs insoupçonnés, les madiran et pacherenc trouvent en Brigitte et Corinne Dousseau de talentueuses ambassadrices. L'espace de leurs réussites ? Le Dom. Sergent, qui décroche cette année son 4e coup de cœur en 4 éditions avec un magnifique madiran 2018 !

• L'héritage du père

C'est parce qu'il tenait ses madiran et pacherenc pour ambassadeurs de partages gustatifs, que Gilbert Dousseau abandonna la vente en vrac. Faire de la bouteille l'engagea, dès 1975, sur la voie sans retour des communications directes avec le particulier, ce dernier devenant le meilleur des messagers, par la grâce de connivences vécues dans l'intimité du chai. Il voyait juste. De revigorantes dégustations accompagnées des produits de la ferme du domaine. Des vins « à vous mettre au garde à vous » tant ils traduisent le respect pour la plante et le terroir. Depuis 1995, date de la transmission du témoin à ses filles Brigitte et Corinne, Gilbert Dousseau observe avec fierté le chemin parcouru.

• L'excellence en ligne de mire

À Brigitte, diplômée en gestion et commerce des vins et spiritueux, l'indispensable conduite administrative. À Corinne, riche de multiples expériences à Saint-Emilion, Montpellier, puis en Australie et en Nouvelle-Zélande, la délicate recherche d'adéquations entre cépage et terroir ainsi que l'adoubement, au chai, de vendanges effectuées sur trois îlots : celui de boulbènes producteur de vins souples, celui de gravettes générateur de jus alliant puissance et élégance, et, réservé au tannat, celui argileux offrant des trames tanniques veloutées.

• La fraîcheur comme ambition

Modestes, Brigitte et Corinne rappellent que leur travail « poursuit humblement celui des aïeux, car ce sont eux qui ont compris la vérité profonde du terme enracinement. » Ce propos traduit les liens affectifs entre les héritages du passé et les projections qualitatives qu'entrevoit le présent.

« Nous avons eu les larmes aux yeux lors de notre premier coup de cœur du Guide. Un peu comme la joie d'un ado qui réussit ses examens scolaires. » Au Dom. Sergent, on demeure en prise directe avec un seul désir : dispenser de la joie au consommateur. « Le dénominateur commun de nos vins – pacherenc comme madiran – c'est, et cela restera, la fraîcheur. Elle nous commande ». Ambition pertinente et inspirante.

♥ Le coup de cœur

■ **Madiran 2018**

➔ LE PIÉMONT DU MASSIF CENTRAL

CAHORS

Superficie : 4 050 ha / Production : 155 370 hl

D'origine gallo-romaine, le vignoble de Cahors est l'un des plus anciens de France. Jean XXII, pape d'Avignon, fit venir des vignerons quercynois pour produire le châteauneuf-du-pape, et François Ier planta à Fontainebleau un cépage cadurcien; l'Église orthodoxe adopta le cahors comme vin de messe, et la cour des tsars comme vin d'apparat... Pourtant, ce vignoble revient de loin! Totalement anéanti par les gelées de 1956, il était retombé à 1 % de sa superficie antérieure. Reconstitué dans les méandres de la vallée du Lot avec des cépages nobles traditionnels – le principal étant l'auxerrois, également appelé côt ou malbec (70 % de l'encépagement), complété par le merlot (environ 20 %) et le tannat –, le terroir de Cahors a retrouvé la place qu'il mérite, gagnant même les causses comme dans les temps anciens.
Appelé jadis *black wine* par les Anglais, le cahors est puissant, robuste, haut en couleur; il s'agit incontestablement d'un vin de garde, même si cette aptitude au vieillissement varie en fonction du terroir, de l'encépagement et de la vinification. Il peut toutefois être servi jeune : il est alors charnu, agréablement fruité, et doit être consommé légèrement rafraîchi, sur des grillades, par exemple.

DOM. LA BÉRANGERAIE
La Gorgée de Mathis Bacchus 2018 ★★

■	6 000	◍	15 à 20 €

Née officiellement en 1971, la propriété des Bérenger a le même âge que l'AOC cahors. Le fils (Maurin) et la fille (Juline) de Sylvie et d'André Bérenger, aidés de leurs conjoints, ont repris le vignoble familial (35 ha) en 1997.
Un pur malbec de sols kimméridgiens, élevé 2 ans en fût. Le résultat est la hauteur des soins apportés à la vigne comme au chai : un nez complexe de fruits noirs, de grillé et de tabac blond, une bouche charpentée, mais non dénuée de souplesse, avec en finale une fraîcheur bienvenue pour soutenir durablement les arômes. ⧗ 2022-2030 ■ **Cuvée Maurin 2018 ★ (8 à 11 €; 20 000 b.)** Aux classiques arômes de fruits rouges se mêlent des notes florales originales dans ce vin concentré et rond. ⧗ 2022-2028

⊶ LA BÉRENGERAIE, Coteaux de Cournou, 46700 Grézels, tél. 05 65 31 94 59, berangeraie@wanadoo.fr V *r.-v.*

CH. LA CAMINADE 2018 ★

■	130 000	▮	8 à 11 €

Ce domaine familial, dont le nom signifie « presbytère » en occitan, a appartenu au clergé jusqu'à la Révolution. Représentant la quatrième génération, Dominique et Richard Ressès sont aujourd'hui à la tête d'un vignoble de 35 ha. Un pilier de l'appellation cahors.
L'apport d'un quart de merlot au malbec confère à cette cuvée un caractère rond et aimable. Très expressif sur la framboise rehaussée de cassis, de violette et de poivre, c'est un vin complexe sur le plan aromatique. La bouche ample bénéficie de tanins déjà assagis, et la finale donne l'impression de croquer dans la mûre et les amandes fraîches. Nul besoin d'attendre. ⧗ 2020-2024

⊶ SCEA CH. LA CAMINADE, 314, rue de la Forge, 46140 Parnac, tél. 05 65 30 73 05, resses@wanadoo.fr V *t.l.j. sf sam. dim. 9h-12h 14h-18h*

DOM. CAMPOY
Cuvée Clos des Pradelles 2017 ★

■	1 000	◍	15 à 20 €

En 2001, Christophe Campoy a rejoint l'exploitation familiale située sur le causse du Lot, avec l'idée de replanter de la vigne. Après un déboisement, il plante en 2005 1 ha de malbec et en 2007 0,5 ha de chenin. En 2008, il reprend une parcelle de vieilles vignes âgées de 30 ans, ce qui porte son domaine à 3 ha.
Les deux années d'élevage sous bois n'ont rien ôté du caractère fruité (cassis, griotte) de ce vin structuré, ample et charnu. Les tanins sont totalement arrondis et quelques touches anisées en finale apportent de la fraîcheur. ⧗ 2021-2024

⊶ CHRISTOPHE CAMPOY, 200, imp. des Pradelles, 46090 Flaujac-Poujols, tél. 06 99 95 15 80, christophe.campoy@orange.fr V *r.-v.*

CH. DE CAYX Malbec 2018 ★

■	53 000	◍	15 à 20 €

Les caves de Técou, de Rabastens, de Fronton et des Côtes d'Olt ont uni leurs forces en 2006 en créant le groupe Vinovalie, dont le nom renvoie aux valeurs collectives du rugby. Un groupe qui fédère 400 vignerons et regroupe quelque 3 800 ha de vignes répartis sur 3 appellations : gaillac, fronton et cahors.
Quinze mois de fût et pourtant c'est bien le fruit qui séduit dans ce pur malbec d'un seyant pourpre soutenu. Au nez, les fruits noirs mûrs et la fraise se mêlent à une touche minérale, le boisé, finement toasté, restant bien en retrait. La bouche offre du volume, beaucoup de fraîcheur, sur des tonalités mentholées, et une trame tannique ferme, et même un brin austère en finale. Un peu de garde est conseillée. ⧗ 2022-2025

⊶ SCA VINOVALIE (SITE DE CÔTES D'OLT), Caunezil, 46140 Parnac, tél. 05 65 30 71 86, herve.froment@vinovalie.com V *r.-v.*

CH. DE CÉNAC Prestige 2018 ★

■	28 900	▮	8 à 11 €

Une famille au service du vin depuis le XIXe s. La génération précédente, à partir de 1968, développe le vignoble, avec le Ch. de Cénac et celui du Port, à Albas. Après 1993, les 3 frères Arnaud, Didier et Francis Pelvillain prennent le relais; ils acquièrent en 2013 le Ch. du Théron, ce qui porte à 52 ha la totalité de leurs vignobles, complétés d'une maison de négoce. À partir de 2018, le second reste seul aux commandes de l'ensemble.
Puissance et richesse résument le caractère de ce vin taillé pour la garde, mais déjà accessible. La complexité aromatique est liée à un élevage bien maîtrisé : les fruits rouges s'expriment, nuancés de notes empyreumatiques, de grillé et de graphite. Et si la matière est

opulente, les tanins apparaissent déjà arrondis, sans une once d'austérité en finale. C'est bien la violette que l'on perçoit longuement. ⧗ 2021-2028

EARL VIGNOBLES PELVILLAIN, RD 9, Circofoul, 46140 Albas, tél. 05 65 20 13 13, contact@vignoblespelvillain.fr V r.-v.

CLOS D'AUDHUY 2018 ★

■ | 5000 | | 15 à 20 €

Son grand-père avait planté les vignes en 1988, sur la troisième terrasse du Lot. Benoît Aymard, vigneron et œnologue, s'y est installé en 2014 alors que le domaine était menacé de disparition. Il a arraché, replanté et préside aujourd'hui aux destinées de ce vignoble de 14 ha.

Nez de fruits rouges (fraise, framboise) légèrement épicés. Bouche souple et chaleureuse, charnue au possible, qui développe les mêmes arômes jusqu'en finale. Il serait dommage de ne pas profiter dès maintenant du charme de ce cahors. ⧗ 2020-2023

EARL CLOS D'AUDHUY, Clos d'Audhuy, 46700 Lacapelle-Cabanac, tél. 06 84 62 05 27, benoit.aymard@wanadoo.fr V r.-v.

CLOS DE GAMOT Gariotte 2018 ★★

■ | 30000 | | 8 à 11 €

Les Jouffreau sont enracinés dans la région de Cahors depuis le Moyen Âge et au Clos de Gamot depuis 1610. Leur vignoble dédié au malbec couvre aujourd'hui 21 ha sur des terroirs argilo-calcaires et siliceux des deuxième et troisième terrasses du Lot, dans un méandre de la rivière.

Le cépage s'exprime parfaitement dans ce cahors au nez de petits fruits noirs nuancés de menthol et de moult épices, dont les baies roses. L'équilibre se réalise au palais entre rondeur et structure, puis la finale se développe en cohérence avec la palette olfactive. ⧗ 2022-2028 ■ **M 2018 ★ (8 à 11 €; 25000 b.)** Dense et généreux, ce 2018 est aussi friand par ses arômes fruités relevé d'une minéralité originale. ⧗ 2021-2024

EARL JOUFFREAU-HERMANN, Clos de Gamot, 46220 Prayssac, tél. 05 65 22 40 26, closdegamot@orange.fr V r.-v.

CLOS DU CHÊNE Monsieur Malbec 2018 ★

■ | 10000 | | 5 à 8 €

Après le classement en AOC du vignoble de Cahors en 1971, la famille Roussille a abandonné la polyculture pour miser sur le malbec, qu'elle a planté sur la deuxième terrasse de la vallée du Lot, complété de merlot. Le domaine, situé à Duravel, sur le site d'une villa gallo-romaine nommée Diolindum, dispose d'un vignoble de 18 ha, conduit par Marie-Françoise et Jean-Paul Roussille et leurs filles Valérie et Ingrid.

Monsieur Malbec se veut franc et expressif. Au nez gourmand de fruits rouges (framboise) ponctués de poivre rose répond une bouche somme toute légère grâce à une bonne fraîcheur. La note mentholée finale en témoigne. ⧗ 2021-2024

EARL ROUSSILLE, rte de la Gineste, 46700 Duravel, tél. 05 65 36 50 09, closduchene@wanadoo.fr V *t.l.j. sf dim. 9h-12h30 15-18h* B

♥ B LE CLOS D'UN JOUR
Un Jour sur Terre 2018 ★★

■ | 4800 | | 15 à 20 €

Un jour... Stéphane Azémar, architecte de formation, et Véronique, archéologue, ont quitté la région parisienne pour s'installer en 1999 sur une petite propriété à Duravel, un village abrité du vent du nord par un arc de collines, et faire de la vigne leur métier. Ils conduisent leur vignoble (7 ha sur la troisième terrasse du Lot) en bio certifié. Ils produisent aussi du safran.

Cette cuvée issue de malbec planté sur des sols argilo-calcaires a reçu pas moins de 6 coups de cœur dans le Guide Hachette au fil des années. Voici le sixième pour un 2018 typé, puissant et gourmand. Pourpre foncé, le vin livre avec exubérance des arômes de fruits noirs (myrtille, cassis), de kirsch et de griotte. En bouche, tout n'est que velours tant les tanins se fondent dans la matière dense. Et la longue finale évocatrice de fraise écrasée d'apporter une ultime touche de séduction. Un cahors certes déjà prêt à être servi, mais également construit pour le futur. ⧗ 2022-2030

VÉRONIQUE AZÉMAR, Le Clos d'un Jour, Le Port, 46700 Duravel, tél. 06 70 74 18 33, s.azemar@wanadoo.fr V r.-v.

COSY DE CAUSE 2018 ★

■ | 8500 | | 8 à 11 €

Serge et Martine Costes ont quitté la ville et leur profession dans les années 1990 pour perpétuer l'exploitation familiale. Après une décennie de plantations et d'aménagement des bâtiments d'exploitation, ils exploitent 15 ha dans la partie ouest de l'appellation, non loin du château fort de Bonaguil. À leur carte, des cahors et des vins en IGP.

Un fruité intense envahit les sens dès le premier nez : fraise et mûre légèrement confiturées, complétées de nuances toastées et grillées dues à l'élevage. Un côté minéral est même perceptible. Quant à la bouche, ample, elle ne manque pas de fraîcheur grâce aux quelques notes de menthol qui rejoignent cette palette fruitée. La finale encore un peu austère invite à la garde, cependant. ⧗ 2022-2028

DOM. DE CAUSE, Cavagnac, 46700 Soturac, tél. 06 85 75 55 18, contact@domainedecause.fr V r.-v.

CROCUS Le Calcifère 2017 ★

■ | 9000 | | 30 à 50 €

Pont entre le Nouveau et l'Ancien mondes, entre 2 approches du malbec, ce négoce est né en 2014 de l'association du *winemaker* international Paul Hobbs, spécialiste du cépage dans sa version argentine, et de Bertrand-Gabriel Vigouroux, dont la famille s'investit dans le vignoble cadurcien depuis les années 1960.

Noir d'encre, ce cahors livre des arômes complexes de fruits noirs confiturés, parmi lesquels la mûre et le pruneau, de sous-bois et de truffe. Charnu, il trouve un juste équilibre au palais et se prolonge durablement sur des notes de quetsche rehaussées de pointes balsamiques. Il a encore quelques secrets à dévoiler dans le temps. ⧗ 2021-2025

SAS PAUL BERTRAND, rte de Toulouse, 46000 Cahors, tél. 05 65 20 80 80, info@crocuswines.com r.-v.

CH. LES CROISILLE Divin 2018 ★

■ | 8000 | | 20 à 30 €

Cécile et Bernard Croisille se sont installés en 1979 au hameau de Fages, perdu sur le causse au-dessus de Luzech. Ils ont agencé une cave moderne et commencé à élaborer leur vin en 2000, à partir de 25 ha de vignes (30 ha aujourd'hui, en bio certifié). Depuis 2007, ce sont leurs fils Germain et Simon, accompagnés de leur ami d'enfance Nicolas, qui élaborent, avec talent, les cuvées du domaine, sous le regard attentif des parents, en visant la finesse et la fraîcheur (pas de bois neuf mais des foudres et des fûts de 500 l).

Expressif et déjà appréciable, tel est ce cahors qui livre sans hésitation des parfums de fruits noirs et des notes de kirsch. Un même caractère friand résulte de la matière veloutée et des tanins bien fondus. La finale joue la simplicité, avec une agréable fraîcheur. ⧗ 2021-2023

GAEC DES CROISILLE, Fages, 46140 Luzech, tél. 06 72 31 02 71, chateaulescroisille@wanadoo.fr V r.-v.

DOM. DE LA GARDE Réserve Edward 2018 ★★

■ | 8000 | | 11 à 15 €

Installé au sud du Lot, dans la région du Quercy blanc, Jean-Jacques Bousquet conduit depuis 1984 un vignoble de 17 ha. Présent dans le Guide dès les premières éditions en coteaux-du-quercy (alors vins de pays), ce domaine très régulier en qualité s'est agrandi et propose aussi du cahors, ainsi que des vins en IGP.

Un beau classique que cette cuvée fruitée et épicée. Très bien structurée, dotée d'une fraîcheur bienvenue, elle se distingue par sa cohérence aromatique jusqu'en finale. La complexité devrait venir avec les années. ⧗ 2022-2028 ■ **Cuvée Momentum 2018 ★ (15 à 20 €; 6500 b.)** Robe sombre aux reflets violines, nez finement fruité après aération, bouche souple, fraîche, aux tanins de qualité, joliment réglissée en finale : un malbec équilibré. ⧗ 2021-2024

EARL DE LA GARDE, Le Mazut, 46090 Labastide-Marnhac, tél. 06 03 89 72 45, contact@domainedelagarde.com V t.l.j. sf dim. 9h-12h 14h-18h30

CH. DE GAUDOU Le Sang de ma terre 2018 ★★

■ | 7500 | | 15 à 20 €

Au XVIIIe s., Louis Durou s'installa au lieu-dit Gaudou, près de Vire-sur-Lot. Flanqué de pigeonniers, selon la tradition quercynoise, le château domine un vignoble de 50 ha. Fabrice Durou (septième génération), qui conduit depuis 2000 l'exploitation, a diminué les rendements à la vigne et les interventions au chai.

Du cépage malbec, ce vin a hérité des arômes dominants de mûre et de griotte à l'eau-de-vie. De l'élevage, il a tiré ses notes de grillé et de fumé, ainsi qu'une trame tannique puissante. Il se révèle équilibré et persiste remarquablement sur une pointe de fraîcheur mentholée. ⧗ 2022-2030

FABRICE DUROU, Gaudou, 46700 Vire-sur-Lot, tél. 05 65 36 52 93, info@chateaudegaudou.com V t.l.j. sf sam. dim. 9h-12h 14h-18h

♥ CH. GAUTOUL 2018 ★★★

■ | 55200 | | 8 à 11 €

L'industriel belge Éric Swenden a acheté en 1992 au chef étoilé Alain Senderens ce domaine de 19 ha commandé par une chartreuse du XVIIIe s., en parfaite harmonie avec le joli village médiéval de Puy-l'Évêque. Exploitation certifiée Haute valeur environnementale.

Beaucoup de maîtrise dans cette cuvée vêtue d'une robe digne d'un tableau de Soulage. Le nez complexe explose en notes de mûre, de caramel, de raisins secs, soulignées par la fraîcheur de la réglisse et du menthol. Puis, la matière dense et charpentée trouve un juste équilibre entre suavité et fraîcheur, tant et si bien que les arômes de fruits confits et de tapenade sont mis en valeur. La finale est croquante comme un grain de raisin. Produire plus de 50 000 bouteilles d'un tel vin mérite le respect. ⧗ 2022-2030

SCEA CH. GAUTOUL, lieu-dit Meaux, 46700 Puy-l'Évêque, tél. 05 65 30 84 17, chateau.gautoul@wanadoo.fr

CH. LES GRAUZILS L'Essentiel 2018 ★

■ | 10000 | | 11 à 15 €

Le nom de Grauzils provient de «grès» ou de «graves»; il désigne des sols maigres et caillouteux. Une référence au terroir où sont plantés les 22 ha de vignes du domaine occupant les deuxième et troisième terrasses qui s'étagent de la rivière jusqu'au village de Prayssac. Dans la famille Pontié depuis 4 générations, le vignoble est conduit par Philippe Pontié depuis 1982.

Cette cuvée a souvent été mentionnée dans le Guide. Le 2018 a le caractère d'un millésime généreux. En témoigne le nez intense et complexe, d'abord sur les fruits noirs (cassis, mûre), puis sur l'empyreumatique et la réglisse. La bouche est charpentée par des tanins encore jeunes, mais elle s'allonge agréablement sur des arômes de fruits rouges (cerise). ⧗ 2022-2028 ■ **Initial 2018 ★ (5 à 8 €; 45000 b.)** La cerise burlat et le cassis accompagnent la dégustation de ce vin charnu et bien équilibré jusqu'en finale. ⧗ 2021-2025

EARL LES GRAUZILS, lieu-dit Gamot, 46220 Prayssac, tél. 05 65 30 62 44, pontie.philippe@wanadoo.fr V t.l.j. sf dim. 9h-12h 14h-19h D

DOM. DES GRAVALOUS Cuvée Tradition 2018 ★★

■ | 12000 | | 5 à 8 €

Une propriété familiale de 26 ha, transmise de père en fils depuis 5 générations, en polyculture jusque

dans les années 1970 avant de se tourner vers la vigne. Hervé Fabbro s'y est installé en 2006 après ses études de « viti-œno ».

Une belle matière bien née et bien extraite. C'est ce que traduisent les arômes de fruits noirs, de cerise et d'épices (poivre noir), ainsi que le caractère charnu et souple. La pêche de vigne rejoint la palette fruitée-épicée au palais, puis c'est la fraîcheur qui se révèle en finale, signe que ce vin a le potentiel pour affronter le temps. ⧗ 2022-2030 ■ **Obsession 2018 ★ (15 à 20 €; 4 000 b.)** De l'harmonie avant toute chose, de la générosité aussi dans les arômes de fruits noirs et de violette, légèrement ponctués de notes animales. De l'originalité, enfin. ⧗ 2021-2024

SCEA LES GRAVALOUS, 277, rte de l'Écluse, 46220 Pescadoires, tél. 06 10 39 37 69, gravalous@wanadoo.fr V r.-v.

CH. HAUTE-BORIE Tradition 2018 ★

■ | 60 000 | | 8 à 11 €

Établi aux confins ouest de l'aire d'appellation cahors, à la limite de l'Agenais, Jean-Marie Sigaud, installé en 1970, a fait une longue carrière au service du vin de Cahors. Son vignoble de 17 ha, implanté sur les troisièmes terrasses du Lot, plonge ses racines dans des graves siliceuses.

La sobriété est un atout des grands classiques. Ici, tout se joue dans l'expression des arômes de fruits rouges relevés de poivre et de réglisse, puis dans la souplesse d'une matière empreinte de notes de cassis. La rondeur de la finale contribue au plaisir immédiat que procure ce cahors. ⧗ 2021-2024

JEAN-MARIE SIGAUD, 46700 Soturac, tél. 05 65 22 41 80, barat.sigaud@wanadoo.fr r.-v.

CH. DE HAUTERIVE H 2018 ★

■ | 35 000 | | 5 à 8 €

Les frères Gilles et Dominique Filhol ont rejoint leur père sur le domaine familial implanté au cœur de Vire-sur-Lot. Le vignoble couvre 21 ha sur la deuxième terrasse de la vallée du Lot et bénéficie d'une exposition plein sud.

Un quart de merlot entre dans l'assemblage de ce 2018 gourmand, expressif et franc. Cerise et fraise figurent en haut de la liste des arômes, suivies du poivre noir. Puis c'est la souplesse et la fraîcheur qui définissent le mieux son caractère. Un bonheur simple. ⧗ 2020-2024

CH. DE HAUTERIVE, Le Bourg, 46700 Vire-sur-Lot, tél. 05 65 36 52 84, chateaudehauterive@wanadoo.fr V *t.l.j. sf dim. 8h30-12h30 14h-19h30*

♥ CH. LES IFS 2018 ★★

■ | 8 000 | | 8 à 11 €

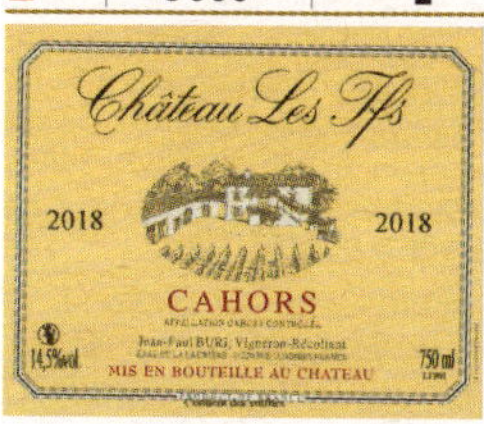

Au détour du village de Pescadoires, niché au creux d'une large boucle du Lot, le vignoble de Jean Paul Buri s'étend sur les terrasses d'alluvions formées de graves siliceux veinés d'argiles. À voir : la petite église XI[e]s. fraîchement restaurée.

Un pur malbec de graves, couleur noire comme il se doit, riche d'arômes de fruits noirs (cassis) et de pruneau, soulignés de réglisse et de menthol. La bouche ronde et charnue laisse une impression veloutée, sans jamais se départir de ce puissant fruité. Sur son avenir, aucun doute à formuler : la structure est là. ⧗ 2022-2030

EARL LA LAURIÈRE, Ch. les Ifs, 128, rue des Jardins, 46220 Pescadoires, tél. 05 65 22 44 53, chateau.les.ifs@orange.fr V *r.-v.*

CH. LAGRÉZETTE Chevalier 2018 ★

■ | 130 000 | | 11 à 15 €

Un domaine vedette du vignoble cadurcien, acquis en 1985 par l'homme d'affaires Alain-Dominique Perrin. Il est renommé pour l'architecture caractéristique de son manoir du XVI[e]s., avec ses tours en poivrière, ses toits pentus et son pigeonnier; pour son patrimoine viticole aussi (82 ha), exploité depuis le XVI[e]s.; pour ses vins ambitieux, surtout, régulièrement en vue dans ces pages.

Il ne sera pas nécessaire d'attendre de longues années pour apprécier ce cahors. Il exprime déjà fort bien la palette fruitée (fraise, framboise et cerise bigarreau), nuancée de réglisse, puis flatte le palais de sa matière veloutée et souple. Du caractère ? Il en a bel et bien à en juger par la puissance de sa finale. ⧗ 2021-2024

SA ALAIN-DOMINIQUE PERRIN, Dom. Lagrézette, 46000 Cahors, tél. 05 65 20 07 42, ccoutard@lagrezette.fr V *r.-v.* E

CH. LAMAGDELAINE NOIRE 2018 ★★

■ | 50 000 | | 8 à 11 €

Conduit par Anthony Janicot depuis 2002, ce vignoble familial est scindé en 3 îlots : le Dom. de Mériguet (8 ha), le Ch. Lamagdelaine noire (16 ha) et le Dom. de Matèle (4 ha en IGP côtes-du-lot).

Un concentré de fruits sur une trame tannique serrée et bien maîtrisée : c'est ainsi qu'apparaît ce cahors aux dégustateurs. Sous une robe noire à reflets violines, elle livre d'emblée des arômes de myrtille et de cassis, puis évolue vers des notes de confiture et de réglisse. La même gamme se décline en bouche, soulignant une matière élégante. ⧗ 2022-2030 ■ **Dom. de Mérignet 2018 ★ (8 à 11 €; 20 000 b.)** La fraîcheur met en valeur le fruité gourmand de fraise nuancé de réglisse. La matière dense et souple, dans laquelle se fondent les tanins, est déjà plaisante. ⧗ 2020-2024

EARL VIGNOBLES JANICOT, RD 820, 46090 Valroufié, tél. 06 84 34 15 72, anthonyjanicot@yahoo.fr V *t.l.j. 8h-19h*

CH. LAMARTINE Expression 2018 ★

■ | 25 000 | | 20 à 30 €

Selon la légende, la ramure d'un chêne centenaire abritait ici les rendez-vous galants d'une belle Martine. Depuis 2017, Alain Gayraud a laissé la place à son fils Benjamin, fort de solides expériences à l'étranger, pour conduire ce domaine aux origines anciennes (1883), situé aux confins du Lot-et-Garonne. Le vignoble couvre 37 ha, exposés plein sud. Un pilier de l'appellation cahors.

SUD-OUEST

L'élevage de 24 mois en fût se traduit par d'élégantes notes de cacao, de café et de grillé dans la palette aromatique de fruits noirs mûrs (myrtille et crème de cassis). La bouche concentrée adopte le thème du cassis et du kirsch, sa structure assurant un beau volume en finale. De la suavité et des accents fumés signent la dégustation en finale. Il est sage de patienter encore quelques années pour apprécier pleinement les qualités de cette cuvée. ⧗ 2022-2028

SCEA DU CH. LAMARTINE, Lamartine, 46700 Soturac, tél. 05 65 36 54 14, cahorslamartine@orange.fr V *r.-v.*

LATIS Réserve 2018 ★★

■ | 16 000 | | 8 à 11 €

Le Ch. Saint-Didier, jadis propriété des évêques de Cahors, est le berceau de la famille Rigal, présente dans la région depuis le milieu du XVIIIe s. Développé par Jean-Marie Rigal à partir des années 1950, cet ensemble, qui ne comptait à l'origine qu'une dizaine d'hectares, s'est agrandi (Ch. Grézels et Prieuré de Cénac) et couvre aujourd'hui 75 ha. En 2017, les Rigal ont cédé leurs vignobles à Hervé et Diane Joyaux.

Robe noir d'encre, nez de mûre et de myrtille rehaussé de poivre noir, bouche ample et structurée, non dénuée de fraîcheur grâce à la finale mentholée. Tout est en place pour garantir la bonne évolution de ce cahors dans le temps. ⧗ 2022-2030 ■ **Prieuré de Cénac 2018 ★★ (11 à 15 €; 8 000 b.)** Après agitation du verre, un élégant toasté se marie aux arômes de fruits dans ce vin charnu et puissant, long en bouche. Les tanins constituent une belle structure, sans dominer le profil gustatif. ⧗ 2022-2030 ■ **Ch. Saint-Didier-Parnac Cintux 2018 ★★ (15 à 20 €; 8 000 b.)** Vêtue d'une robe sombre à reflets violines, cette cuvée affiche des arômes complexes de fruits rouges compotés, relevés de réglisse et d'épices. Charnue de l'attaque à la finale, elle n'en est pas moins puissante et structurée : gage de longévité. ⧗ 2022-2030

SAS LES VIGNOBLES SAINT-DIDIER-PARNAC, 26, allée Porte-Vitré, 46140 Parnac, tél. 05 65 30 78 13, secretariat@vignobles-saintdidier-parnac.com V *r.-v.*

CH. LERET Monpezat 2018 ★

■ | 26 000 | | 15 à 20 €

Le comte Jean-Baptiste de Monpezat a reconstitué et remembré les vignes ancestrales dans les années 1960 et 1970, de retour d'un séjour dans la Napa Valley californienne, avant de s'affilier au début des années 1990 au Groupe cadurcien Georges Vigouroux.

Les fruits se conjuguent à tous les modes dans ce vin gourmand : fruits rouges (cerise burlat) et noirs frais, compotés, en confiture, secs. Ils se nuancent d'accents grillés hérités de l'élevage. Dans le même registre aromatique, la bouche est pleine et équilibrée, structurée par des tanins bien présents qui se manifestent encore en finale. ⧗ 2022-2028 ■ **Réserve 2018 ★ (11 à 15 €; 36 000 b.)** Fraise et menthol font l'attrait de la palette aromatique de ce cahors. La souplesse et le charnu sont d'autres atouts appréciables. Quelques petits tanins encore fringants et une bonne fraîcheur sont des signes favorables pour la garde. ⧗ 2022-2028

SCEA COMTE JEAN-BAPTISTE DE MONPEZAT, Ch. Leret, 46140 Albas, tél. 05 65 20 80 80, vigouroux@g-vigouroux.fr

DOM. DE MAISON NEUVE 2018 ★

■ | 20 000 | | 5 à 8 €

Michelle Delmouly et son fils Cyrille sont installés dans la commune du Boulvé, du canton de Montcuq, là où le chanteur Nino Ferrer avait élu domicile. L'exploitation s'est transmise de père en fils depuis 1900 et compte aujourd'hui 16 ha.

Une palette bien typée cahors se développe dès le premier nez : prune d'Ente, kirsch, pointe d'épices, fraîcheur mentholée. En bouche, les arômes semblent plus timides, mais tout est question de temps pour qu'ils trouvent leur expression dans cette matière dense et équilibrée. ⧗ 2022-2028

GAEC DE MAISON NEUVE, Maison Neuve, Le Boulvé, 46800 Porte-du-Quercy, tél. 05 65 31 95 76, domainemaisonneuve@wanadoo.fr V *r.-v.*

MÉTAIRIE GRANDE DU THÉRON Cuvée Prestige 2018 ★★

■ | 50 000 | | 11 à 15 €

Ce domaine aux bâtiments en pierre jaune du Quercynois ordonnés autour d'une grande cour carrée dispose de 38 ha de vignes plantés sur les coteaux pentus de la troisième terrasse dominant la vallée du Lot. Régulier en qualité, il est conduit depuis 1973 par Liliane Barat-Sigaud.

L'élevage de 18 mois en barrique a bien profité à ce vin couleur tulipe noire. En témoigne le nez exubérant et complexe de fruits noirs réglissés, vanillés et épicés. La bouche pleine et puissante bénéficie de tanins bien intégrés, de sorte qu'en finale ce sont le cassis et la vanille qui s'expriment librement. ⧗ 2022-2030

LILIANE SIGAUD, 46220 Prayssac, tél. 05 65 22 41 80, barat.sigaud@wanadoo.fr V *r.-v.*

♥ CH. NOZIÈRES Ambroise de l'Her Élevé en fût de chêne 2018 ★★

■ | 47 000 | | 5 à 8 €

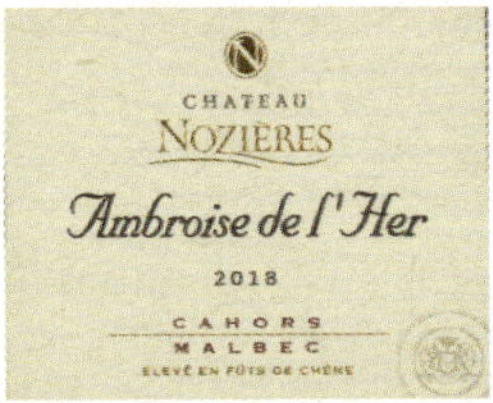

Pierre et Paulette Maradenne ont acheté en 1956 cette propriété où se côtoyaient la vigne, la lavande, les céréales et les vaches laitières. Les premières bouteilles ont été commercialisées en 1975. Claude Guitard, leur gendre, épaulé depuis 2006 par son fils Olivier, a modernisé la propriété et agrandi le vignoble, qui compte 52 ha, répartis en une mosaïque d'une quarantaine de parcelles en AOC et en IGP.

Une touche de merlot vient nuancer le malbec dans cette cuvée d'un millésime fort en potentiel. Encore jeune, celle-ci révèle déjà un nez complexe, entre fruits rouges et noirs, la griotte vanillée apportant une touche élégante. De la puissance en bouche, de la matière, certes, mais aussi de l'équilibre grâce à une pointe de fraîcheur finale. Bel avenir. ⧗ 2022-2030

CH. NOZIÈRES, lieu-dit Bru, 46700 Vire-sur-Lot, tél. 05 65 36 52 73, chateaunozieres@orange.fr V *t.l.j. sf dim. 9h-12h 14h-19h*

DOM. LE PASSELYS Tradition 2018 ★★

■ | 20 000 | | 8 à 11 €

Les quais de Douelle, ancien port sur le Lot, sont décorés d'une fresque dédiée au vin de Cahors. Installés aux environs, Marie-Hélène et Thierry Baudel conduisent un domaine familial de 8 ha qui étend ses vignes sur les troisièmes terrasses du Lot.

Qu'est-ce qu'un style moderne? La définition en est donnée par cette cuvée. D'abord, des arômes complexes de mûre et de framboise. Ensuite, une matière souple, aux tanins fins et à la fraîcheur discrète. En quelques mots : un cahors accessible, qui met en valeur un fruité authentique. ⧗ 2022-2026 ■ **Prestige 2017 ★ (11 à 15 €; 10 000 b.)** Fruits noirs et truffe, pointe fumée : il y a de la complexité dans la palette de ce cahors. L'équilibre se réalise au palais, mais les tanins méritent de s'assagir. ⧗ 2022-2028

EARL LE PASSELYS, La Prade, 46140 Douelle, tél. 05 65 20 05 76, contact@lepasselys.com V *r.-v.* ❷

DOM. PÉJUSCLAT Tradition 2018 ★

■ | 5 000 | | 5 à 8 €

Dans le sud de l'appellation cahors, un petit domaine de 10 ha environ tenu par Guillaume Bessières, installé en 2002 sur ces terres familiales plantées par son arrière-grand-père Henri en 1970. Avec son père Dominique, il a engagé la conversion bio du vignoble.

Un vin couleur aubergine bien représentatif du millésime par ses arômes complexes de cassis et de mûre, rehaussés de gingembre et de noix de muscade. Il possède de la structure et beaucoup de volume, mais ne perd jamais l'équilibre. La finale s'allonge sur des notes de fraise typiques du cépage. C'est déjà bon et ce le sera encore dans quelques années. ⧗ 2022-2030

GAEC DOM. PÉJUSCLAT, 46090 Villesèque, tél. 06 83 80 01 46, pejusclat.guillaume@live.fr V *t.l.j. sf sam. dim. 9h-12h30 13h30-19h*

CH. PINERAIE Élevé en fût de chêne 2018 ★

■ | 200 000 | | 8 à 11 €

Un domaine de 50 ha fondé en 1862 sur les deuxième et troisième terrasses du Lot. Aujourd'hui, les cinquième et sixième générations travaillent ensemble, Anne et Emmanuelle Burc ayant rejoint leur père Jean-Luc, et signent des cahors très réguliers en qualité. La conversion bio est engagée.

Un vin concentré, encore jeune, mais gourmand déjà par ses arômes de fruits noirs (mûre) relevés de notes grillées et réglissées. La charpente est bien perceptible au palais, mais apparaît aussi une matière opulente qui déroule volontiers ses accents de fruits mûrs. ⧗ 2022-2028

SCEA BURC ET FILLES, Leygues, 46700 Puy-l'Évêque, tél. 05 65 30 82 07, chateaupineraie@wanadoo.fr V *t.l.j. sf sam. dim. 9h-12h 14h-18h*

CH. VINCENS Origine 2018 ★

■ | 60 000 | | 8 à 11 €

Prosper Vincens acheta sa première parcelle à son retour de la Grande Guerre. En 1982, Michel Vincens quitta la coopérative pour élever ses propres vins. La famille – aujourd'hui Isabelle Vincens et son frère Philippe – est toujours aux commandes et conduit un vignoble de 43 ha.

Les origines sont connues : malbec sur terroir argilo-calcaire, élevage de 15 mois en fût. Et l'avenir se profile bien pour cette cuvée au nez élégant : les fruits rouges disputent la première place aux épices exotiques, avec en contrepoint une note minérale singulière. La bouche est généreuse, charpentée, certes, mais équilibrée, tout en nuances de cacao et d'épices en finale. ⧗ 2022-2028

SCEA CH. VINCENS, lieu-dit Foussal, 46140 Luzech, tél. 05 65 30 51 55, philippe@chateauvincens.fr V *t.l.j. sf dim. 10h-18h* D

COTEAUX-DU-QUERCY

Superficie : 300 ha / Production : 13 290 hl

Située entre Cahors et Gaillac, la région viticole du Quercy s'est reconstituée assez récemment. Mais, comme dans toute l'Occitanie, la vigne y était cultivée dès l'Antiquité. La viticulture connut cependant plusieurs périodes de reflux. Elle pâtit notamment, au Moyen Âge, de la prépondérance de Bordeaux, puis au début du XXᵉs., du poids du Languedoc-Roussillon. La recherche de la qualité, qui s'est manifestée à partir de 1965 par le remplacement des hybrides, a conduit à la définition d'un vin de pays en 1976. Peu à peu, les producteurs ont isolé les meilleurs cépages et les meilleurs sols. Ces progrès qualitatifs ont débouché sur l'accession à l'AOVDQS en 1999. Le territoire délimité s'étend sur 33 communes des départements du Lot et du Tarn-et-Garonne. En 2011, la catégorie des AOVDQS a disparu et les coteaux-du-quercy ont été reconnus en AOC. Rouges et rosés, les coteaux-du-quercy assemblent le cabernet franc, cépage principal pouvant atteindre 60 %, et les tannat, côt, gamay ou merlot (chacune de ces variétés à hauteur de 20 % maximum).

DOM. DE LACOSTE Réserve du Directeur 2018 ★★

■ | 5 000 | | 8 à 11 €

Annexé au lycée viticole de Cahors-Le Montat, le domaine de Lacoste est un outil pédagogique pour les élèves suivant la formation viticole et œnologique. Complété par une truffière, son vignoble de 18 ha, situé au cœur du Quercy blanc et de l'appellation coteaux-du-quercy, permet aux étudiants de faire des travaux pratiques.

Cette Réserve du Directeur a de l'ambition... et les qualités pour l'atteindre... Grenat soutenu, elle exprime intensément les fruits noirs mûrs et les épices. Franche, elle l'est dès l'attaque et ne manque ni de présence ni de structure. Mais elle a aussi cette rondeur qui l'amène jusqu'en finale. Beau potentiel de garde. ⧗ 2021-2026

DOM. DE LACOSTE, 422, Lacoste, 46090 Le Montat, tél. 05 65 21 03 67, domainedelacste@gmail.com V *t.l.j. sf sam. dim. 8h-12h 13h-17h*

LES VIGNERONS DE QUERCY
Bessey de Boissy Collégiale 2018 ★

■ | 34 000 | | 5 à 8 €

Créée en 1984, cette coopérative est implantée à Montpezat-de-Quercy, très belle bastide située au

SUD-OUEST

nord du Tarn-et-Garonne, au milieu d'un pays vallonné, où la vigne compose avec de multiples cultures. La cave vinifie le produit de 110 ha récoltés par 24 adhérents et propose depuis 2014 des cuvées certifiées bio.

Le fruit s'allie à la réglisse pour composer une partition bien enlevée. D'attaque veloutée, ce vin privilégie la légèreté, avec des tanins fins et persistants sur des notes d'amande. ⧗ 2021-2024

LES VIGNERONS DU QUERCY, 4555, rte de Paris, 82270 Montpezat-de-Quercy, tél. 05 63 02 03 50, lesvignerons-du-quercy@wanadoo.fr V *t.l.j. sf dim. 9h-12h 14h-19h*

DOM. DE REVEL Meloïse 2018 ★

■ | 6000 | | 11 à 15 €

Domaine familial de 15 ha implanté à l'est de Montauban, non loin du village médiéval de Bruniquel. Avant l'an 2000, il fournissait son vin en vrac aux négociants. Sous l'impulsion de Mickaël Raynal, arrivé sur l'exploitation en 2010, il développe la vente directe. Domaine en bio certifié à partir de 2019.

Cette cuvée porte le nom de la deuxième fille du producteur. Sous une robe sombre et brillante, c'est un nez intense qui se libère, porté sur les fruits noirs et la réglisse. D'attaque suave, le vin bénéficie de tanins veloutés qui le portent en finale sur des notes également réglissées. ⧗ 2021-2025

DOM. DE REVEL, 45, chem. des Brugues, 82800 Vaïssac, tél. 06 77 11 93 31, domainederevel@yahoo.com V *t.l.j. sf dim. 10h-12h 14h-18h30*

GAILLAC

Superficie : 3 923 ha
Production : 160 000 hl (65 % rouge et rosé)

Comme l'attestent les vestiges d'amphores fabriquées à Montels, les origines du vignoble gaillacois remontent à l'occupation romaine. Au XIIIe s., Raymond VII, comte de Toulouse, prit à son endroit un des premiers décrets d'appellation contrôlée, et le poète occitan Auger Gaillard célébrait déjà le vin pétillant de Gaillac bien avant l'invention du champagne. Le vignoble se répartit entre les premières côtes, les hauts coteaux de la rive droite du Tarn, la plaine, la zone de Cunac et le pays cordais. Les coteaux calcaires se prêtent admirablement à la culture des cépages blancs traditionnels comme le mauzac, le len de l'el (loin de l'œil), l'ondenc, le sauvignon et la muscadelle. Les zones de graves sont réservées aux cépages rouges, duras, braucol ou ferservadou, syrah, gamay, négrette, cabernet, merlot. La variété des cépages explique la palette des vins gaillacois. Pour les blancs, on trouvera les secs et perlés, frais et aromatiques, et les moelleux des premières côtes, riches et suaves. Ce sont ces vins, très marqués par le mauzac, qui ont fait la renommée de l'appellation. Le gaillac mousseux peut être élaboré soit par une méthode artisanale à partir du sucre naturel du raisin (méthode gaillacoise), soit par la méthode traditionnelle (la première donne des vins plus fruités, avec du caractère). Les rosés de saignée sont légers; quant aux vins rouges, s'ils sont souvent gouleyants, notamment lorsqu'ils sont issus de gamay, ils peuvent aussi se montrer plus charpentés et offrir un certain potentiel de garde.

DOM. AL COUDERC 2018 ★

■ | 3800 | | 8 à 11 €

Coopérateur à Labastide-de-Lévis depuis 1998, Fabien Rouffiac a repris auprès de la famille Bousquet ce petit domaine de 4 ha en 2016; son objectif est d'y intégrer ses propres 7 ha.

Vêtu d'or pâle, ce vin offre d'intenses arômes de miel et de fleurs blanches. La bouche ronde et ample trouve un bon équilibre et laisse en finale le souvenir du miel et de la confiture. ⧗ 2020-2023

DOM. AL COUDERC, Al-Couderc, 81150 Labastide-de-Lévis, tél. 06 87 41 46 08, fabien.rouffiac@neuf.fr V *r.-v.*

ASTROLABE 2018 ★★

■ | 44000 | | 8 à 11 €

Les caves de Técou, de Rabastens, de Fronton et des Côtes d'Olt ont uni leurs forces en 2006 en créant le groupe Vinovalie, dont le nom renvoie aux valeurs collectives du rugby. Un groupe qui fédère 400 vignerons et regroupe quelque 3 800 ha de vignes répartis sur 3 appellations : gaillac, fronton et cahors.

Un gaillac bien ouvert et typé dans son expression (cassis et poivron). Il fait preuve de volume, de rondeur et de persistance dans un même registre aromatique. Les tanins de qualité lui donnent un caractère plaisant dès à présent. ⧗ 2020-2024 ■ **Saint-Michel Grande Réserve 2019 ★★ (- de 5 €; 200 000 b.)** Ce rosé cède tout aux fruits rouges et au bonbon anglais. La fraîcheur est un autre de ses atouts. ⧗ 2020-2021

VINOVALIE (SITE DE TÉCOU), 100, rte de Técou, Pagesou, 81600 Técou, tél. 05 63 33 00 80, passion@cavedetecou.fr V *t.l.j. sf dim. 8h30-12h30 14h30-18h30*

CH. BALSAMINE Un ange passe 2019 ★★

● | 1619 | | 8 à 11 €

Christelle Demanèche et Christophe Merle ont décidé de voler de leurs propres ailes et ont quitté la coopérative en 2007. Ainsi a vu le jour le Ch. Balsamine, sur les premières côtes de Gaillac. Depuis, leurs vins fréquentent assidûment ces pages, souvent en très bonne place. Les vignes (20 ha) sont exposées au sud-sud-est, avec pour horizon lointain les Pyrénées.

Des bulles fines et persistantes s'élèvent sur fond jaune pâle. Le nez très frais et délicat évoque le melon et la poire au sirop nuancés d'une touche muscatée. De belle présence en bouche, ce gaillac laisse une sensation à la fois veloutée et acidulée, avant de développer en finale de longs arômes de fruits jaunes et de rhubarbe. Un régal ! ⧗ 2020-2023

CH. BALSAMINE, 365, chem. de Téoulet, 81600 Gaillac, tél. 06 11 28 12 99, chateaubalsamine@orange.fr V *t.l.j. 9h-12h 14h-19h; dim. sur r.-v.*

DOM. BARREAU Sec Les Braisiers 2018 ★★

■ | 6000 | | 8 à 11 €

Installé sur la rive droite du Tarn, au niveau des premières côtes de Gaillac, ce domaine familial, régulier

en qualité, a été fondé en 1865. Il compte 45 ha de vignes conduits aujourd'hui par la sixième génération de Barreau : Sylvain et Romain.

Quelques larmes coulent le long du verre à l'observation de ce gaillac jaune doré. Épanoui, celui-ci offre un nez intense et raffiné : des parfums floraux épanouis, des fruits secs grillés, une touche d'agrume et une pointe minérale. Il emplit le palais de sa matière veloutée et ronde, riche d'arômes de fruits secs et de fruits à noyau. Une belle minéralité le porte en finale. ⧗ 2020-2023

SYLVAIN ET ROMAIN BARREAU, 850, rte de Cordes, Boissel, 81600 Gaillac, tél. 05 63 57 57 51, domaine.barreau@wanadoo.fr V t.l.j. sf dim. 9h-12h 14h30-18h30

CH. BOURGUET 2018 ★

■ | 5800 | | 5 à 8 €

Quatre générations se sont succédé sur ce domaine conduit par Jean et Jérôme Borderies, situé à Vindrac-Alayrac, sur les terres les plus au nord de l'AOC gaillac. Le vignoble d'un seul tenant s'étend sur 21,5 ha, exposé au levant face à la cité médiévale de Cordes-sur-Ciel.

Robe rubis, légère et limpide, nez délicat et frais de fruits, de poivron, nuancé d'une note fumée. Après une attaque ronde, la bouche souple révèle ce qu'il faut de fraîcheur pour soutenir les arômes. ⧗ 2020-2023

CH. BOURGUET, Les Bourguets, 81170 Vindrac-Alayrac, tél. 05 63 56 15 23, chateaubourguet@orange.fr V r.-v.

B DOM. DES CAILLOUTIS Cuvée Plénitude 2018 ★★

■ | 3000 | | 15 à 20 €

En culture biologique depuis 2001, ce domaine de 5 ha est mené par Patricia et Bernard Fabre. Tous deux organisent des stages pour découvrir la vinification en bio.

De teinte cerise burlat, ce 2018 offre un nez montant, très épicé (poivré) et riche de fruits noirs. Quelques touches de poivron grillé se distinguent également. Au palais, il révèle une matière ample et ronde, bien fruitée, avant un long retour des épices. ⧗ 2020-2024

DOM. DES CAILLOUTIS, Dom. des Cailloutis, 81140 Andillac, tél. 05 63 33 97 63 V r.-v.

DOM. CALMET Secret du Galet 2018 ★

■ | 4000 | | 8 à 11 €

Lorsqu'en 1997, David Calmet, fils et petit-fils de vigneron, rejoint son père Yves sur le domaine familial situé sur les graves de la rive gauche du Tarn, en amont de Gaillac, il restructure le vignoble et l'agrandit, achetant des parcelles favorables aux cépages blancs sur les premiers coteaux de la rive droite. Seul aux commandes depuis 2007, il conduit aujourd'hui 43 ha de vignes

Un gaillac ouvert sur les fruits rouges et noirs, avec une tonalité de cassis marquée. L'harmonie se réalise au palais, la faveur étant donnée à la rondeur et au gras, avec en finale des accents de crème de cassis persistants. ⧗ 2020-2024

DOM. CALMET, 60, chem. de Prat-Castel, 81150 Lagrave, tél. 05 63 41 74 47, domainecalmet@orange.fr V t.l.j. sf dim. 10h-12h 14h-18h

DOM. CARCENAC Exception Braucol 2018 ★★

■ | 5000 | | 11 à 15 €

Situé au cœur de Montans, petit village aux vestiges gallo-romains, ce domaine, dans la même famille depuis 7 générations, est aujourd'hui conduit par Joseph, Nicole et leur fils Cédric Carcenac. Il compte 70 ha de vignes établis sur les 3 types de terroirs gaillacois : graveleux, argilo-graveleux et argilo-calcaire.

Aussi intense dans sa robe pourpre que dans ses arômes de cerise à l'eau-de-vie, de fruits mûrs et d'épices, ce gaillac a du corps et du caractère. Rond en attaque, il gagne vite en volume et en structure. Les notes épicées d'un boisé fondu se déclinent jusqu'en finale. ⧗ 2021-2025 ■ **Joseph 2018 ★ (15 à 20 € ; 5000 b.)** De l'élégance et de la suavité dans cette cuvée qui fait la part belle aux arômes de fruits mûrs, tout en conservant une certaine fraîcheur. ⧗ 2020-2024

DOM. CARCENAC, Le Jauret, 81600 Montans, tél. 05 63 57 57 28, domaine.carcenac@orange.fr V t.l.j. 8h-12h 14h-19h

CH. DE CARIMON 2018 ★★

■ | 50000 | 8 à 11 €

La plus ancienne coopérative du Tarn (fondée en 1949) est aussi le plus gros producteur de vins blancs de la région. Elle s'est illustrée dès 1957 en créant le gaillac perlé. Elle regroupe aujourd'hui une centaine d'adhérents.

Le raffinement d'un robe pourpre brillant et d'un nez complexe, évocateur de fruits rouges et noirs compotés, d'épices et de garrigue (poivre, thym), avec une étonnante note d'écorce d'orange. C'est l'expression du fruit qui importe dans ce 2018 ample, velouté, et cependant non dénué de fraîcheur. Les tanins se fondent remarquablement, au profit du caractère gourmand. ⧗ 2020-2024

MAISON LABASTIDE, lieu-dit La Barthe, 81150 Labastide-de-Levis, tél. 05 63 53 73 73, commercial@cave-labastide.com V t.l.j. sf dim. 9h-12h 14h-18h

DOM. DE LA CHANADE Galien 2018 ★★

■ | 4500 | | 8 à 11 €

Situé sur le plateau cordais, le vignoble de la Chanade (40 ha) a été repris en 1997 par Christian Hollevoet qui l'a sorti de la coopérative. Le vigneron, petit-fils de viticulteur gaillacois, a ainsi renoué avec ses racines.

Sous une teinte jaune pâle à reflets dorés, c'est un premier nez explosif et complexe, bien typé, qui apparaît : se côtoient des notes d'agrumes mûrs (citron, pamplemousse) et quelques autres fruits exotiques, un peu de noisette aussi et des accents boisés. D'attaque souple, la bouche propose non seulement un joli volume, de la suavité, du gras, mais aussi de la finesse. Une longue finale de fruits à la crème et de noisette conclut la dégustation. ⧗ 2020-2024

DOM. DE LA CHANADE, La Chanade, 81170 Souel, tél. 05 63 56 31 10, lachanade@orange.fr V r.-v.

DOM. LA CROIX DES MARCHANDS Douceur d'automne 2019 ★

■ | 14000 | | 5 à 8 €

Montans, près de Gaillac, abritait dans l'Antiquité de multiples ateliers de fabrication d'amphores frappées

SUD-OUEST

du sceau du village. C'est là que les Bézios, père et fils, conduisent depuis 1971 le Dom. de la Croix des Marchands et ses 30 ha de vignes. Depuis 1999, ils possèdent aussi le Ch. Palvié, situé à Cahuzac-sur-Vère (20 ha). Domaine certifié Haute valeur environnementale.

De la tendresse dans ce vin jaune clair à reflets verts, délicatement porté sur les agrumes et le coing en gelée. Franc en attaque, il se révèle équilibré entre douceur et fraîcheur, tout en finesse. ⧗ 2020-2023

DOM. LA CROIX DES MARCHANDS, av. des Potiers, 81600 Montans, tél. 05 63 57 19 71, contact@croixdesmarchands.fr V r.-v.

DOM. DUFFAU Les Songes 2018 ★★

■	2400		8 à 11 €

Ingénieur hydraulicien, Bruno Duffau a sillonné l'Afrique et le Brésil durant 20 ans avec sa famille – Anne, sa femme, et ses 3 enfants – avant de se poser à Gaillac. En 2007, il a racheté ce vignoble (15 ha en conversion bio) et a signé ses premières vinifications en 2009.

Un gaillac grenat intense qui laisse monter les arômes de fruits mûrs, d'épices et de chocolat. Chaleureux, certes il l'est en attaque, mais la matière riche et dense, bien mûre, permet cette puissance. Les tanins solides et très bien enrobés augurent une bonne évolution dans le temps. ⧗ 2020-2024

DOM. DUFFAU, 915, rte de Barat, 81600 Gaillac, tél. 06 29 51 19 65, bruno.duffau@wanadoo.fr V t.l.j. 10h-19h; dim. sur r.-v.

♥ CH. L'ENCLOS DES ROSES 2018 ★★

■	3000		11 à 15 €

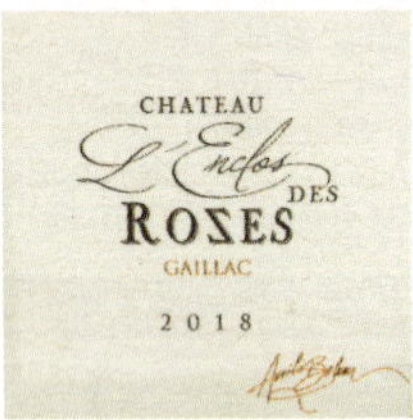

Aurélie Balaran, fille de Roselyne et Jean-Marc Balaran (Dom. d'Escausses), a acquis en 2007 des parcelles du Ch. Larroze, propriété de la famille Cros dans les années 1980, et créé le Ch. l'Enclos des Roses. Elle conduit aujourd'hui un vignoble de 50 ha. Domaine certifié Haute valeur environnementale.

Un bouquet de fleurs et de fruits jaunes s'exprime sous la robe jaune d'or brillant. Belle promesse qui se concrétise au palais par du volume, du gras et de la complexité. L'équilibre se réalise entre la générosité et une fraîcheur qui porte loin les arômes. ⧗ 2020-2024

■ **Dom. d'Escausses La Croix Petite 2018 ★ (11 à 15 €; 12000 b.)** Sombre, très sombre... d'un fruité noir et épicé profond... C'est un vin rond et ample, de belle longueur, façonné par l'élevage sous bois de 12 mois. ⧗ 2021-2025

CH. L' ENCLOS DES ROSES, 32, rte de la Salamandrie, 81150 Sainte-Croix, tél. 05 63 56 80 52, contact@famillebalaran.com V t.l.j. 9h-13h 14h-19h; dim. sur r.-v.

CH. D'ESCABES Braucol 2018 ★★

■	3500		11 à 15 €

En 2018, la famille Lacharde, propriétaire du château d'Escabes, a décidé de quitter le giron de la coopérative et de travailler en tant que cave particulière. Son domaine de 60 ha d'un seul tenant est en cours de conversion en agriculture biologique.

La mûre en confiture et les fleurs montent en puissance dans le verre. Le braucol s'exprime totalement dans ce vin couleur cerise noire, qui laisse en bouche une impression chaleureuse. Dense et structuré, celui-ci persiste longtemps en finale. ⧗ 2021-2024

CH. D' ESCABES, rte des Barrières, 81310 Lisle-sur-Tarn, tél. 06 71 74 90 53, chateau.escabes81@gmail.com t.l.j. sf sam. dim. 8h30-17h30

DOM. GAYRARD Braucol 2018 ★

■	15800		8 à 11 €

Un domaine familial ancien, établi depuis 5 siècles à l'orée des causses entre Cordes-sur-Ciel et Albi. L'arrière-grand-père, Maurice, a été parmi les premiers à vendre son gaillac en bouteilles. Après 20 ans de sommeil, l'exploitation a été réveillée en 2013 par Pierre et Laure Fabre. Aujourd'hui forte de 29 ha, elle est en conversion bio depuis 2016.

Tout en retenue, ce vin ne livre pas moins des arômes bien distincts de cassis, de cerise et d'épices. Au palais, il s'exprime plus clairement dans le même registre et laisse une impression de souplesse. La finale sur la fraîcheur est à son avantage. ⧗ 2020-2024

DOM. GAYRARD, hameau Capendut, 81130 Milhavet, tél. 06 12 09 01 34, contact@maison-gayrard.com V t.l.j. sf sam. dim. 10h-18h

DOM. DE GAYSSOU Le Doux 2018 ★

■	1300		8 à 11 €

Situé sur les premières côtes de Gaillac, ce domaine se transmet de génération en génération depuis le XVIᵉs. Il s'étend aujourd'hui sur 40 ha, conduit depuis 2000 par Nathalie Caussé (à la cave et à la commercialisation) et par son frère Christophe (à la vigne).

Les arômes de fruits compotés sont la marque de ce gaillac rond et suave. Reflets or pâle, intensité maîtrisée, douceur : tout est en délicatesse. ⧗ 2020-2024

DOM. DE GAYSSOU, lieu-dit Gayssou, 81600 Broze, tél. 06 03 61 08 31, gayssou.broze@gmail.com V t.l.j. sf dim. 10h-12h 15h-19h

♥ DOM. GRAND CHÊNE Sélection Aristide Julian 2018 ★★

■	8080		8 à 11 €

Dans la famille Lacombe depuis 1910, ce domaine de 35 ha en appellation gaillac est implanté sur plusieurs versants de la rive droite du Tarn. En 2018, Yannick et Nelly Lacombe ont passé le relais à leur fils Aristide et à son épouse Céline. Le jeune vigneron complète les savoir-faire ancestraux par des perfectionnements techniques. Il a ainsi breveté un moyen de récupérer la chaleur induite par la fermentation.

Grenat brillant, ce gaillac présente des arômes de plus en plus intenses de fruits rouges compotés relevés d'une

note mentholée. De la rondeur et de l'ampleur au palais, et ce fruit rémanent, valorisé par une juste fraîcheur et une trame de fins tanins épicés. La classe ! ⧗ 2020-2024
● **Méthode ancestrale 2019 ★ (8 à 11 € ; 3300 b.)** De bons arômes de pomme fraîche, comme il se doit d'une méthode ancestrale, s'expriment dans ce vin qui a, en outre, toute la fraîcheur attendue. ⧗ 2020-2022

DOM. DU GRAND CHÊNE, La Figayrade, 81600 Senouillac, tél. 06 88 75 80 39, domainedugrandchene@hotmail.fr t.l.j. sf dim. 9h-12h 14h-17h30

DOM. LES GRÉZELS 2018 ★

■	2700		5 à 8 €

C'est le trisaïeul de Raphaël Lagasse qui a acheté les premières parcelles il y a plus d'un siècle. Installé sur le domaine familial depuis 2013, ce dernier conduit ce vignoble en AOC gaillac selon les principes de l'agriculture raisonnée : enherbement naturel, apport de matière organique.

Un plaisir à partager, voilà ce que propose ce gaillac rubis qui livre avec franchise des arômes de fruits noirs (cassis), de poivre et de poivron. Ici, le braucol s'associe à 20% de syrah. Une agréable vivacité caractérise le palais, mais l'équilibre demeure et le fruité est ainsi mis en valeur jusqu'à la finale, légère. Des tanins, on n'en parle presque pas, tant ils sont fins. ⧗ 2020-2024

LES GRÉZELS, 469, chem. de la Camuse, 81600 Gaillac, tél. 05 63 57 40 94, lesgrezels.gaillac@gmail.com t.l.j. sf dim. 9h-12h 14h-18h30

♥ DOM. DE GROUZE
Gourmandise Méthode ancestrale 2019 ★★

●	13000		8 à 11 €

Implanté depuis 4 générations sur les sols argilo-calcaires de Rabastens, ce domaine de 32 ha est aux mains de Jérôme et Sébastien Alquier, le premier œuvrant principalement à la vigne et au chai, le second à la commercialisation des vins.

De fines bulles forment un cordon persistant sur fond jaune clair. Ouvert et intense, le nez évoque d'emblée la pomme fraîche typique du cépage mauzac. C'est la finesse de l'effervescence qui met en valeur cet arôme au palais jusqu'en finale. Toute l'élégance et la gourmandise d'une méthode ancestrale gaillacoise. ⧗ 2020-2022
■ **Rives du Tarn 2018 ★★ (5 à 8 € ; 15000 b.)** Cassis, violette, cacao se distinguent dans la palette de ce vin souple et charnu, tellement concentré qu'il en devient un « monument de gourmandise », selon un dégustateur. La finale plus fraîche met en valeur les épices. ⧗ 2020-2024

DOM. DE GROUZE, Mas de Grouze, 81800 Rabastens, tél. 05 63 33 80 70, gaecmasdegrouze@wanadoo.fr t.l.j. sf jeu. dim. 9h-12h30 14h-19h

CH. DE LACROUX
Brut Méthode ancestrale Mauzac ★

●	5000		8 à 11 €

Sur les coteaux de l'Albigeois, les frères Philippe-Xavier, Jean-Marie et Bruno Derrieux perpétuent un héritage ancien sur leurs 41 ha de vignes : en 1700, Jeanne et Guillaume Derrieux, laboureurs, cultivaient déjà les coteaux de Lincarque.

Des bulles fines font l'ascension du verre et mettent en valeur la teinte brillante à reflets dorés. La palette évolue lentement des senteurs de reine-claude à la pomme à cidre, très attendue dans un gaillac typé. Et c'est en toute cohérence que se développe le palais, équilibré et persistant. ⧗ 2020-2021

GAEC PIERRE DERRIEUX ET FILS, Lincarque, 81150 Cestayrols, tél. 05 63 56 88 88, lacroux@chateaudelacroux.com t.l.j. sf dim. 9h-12h30 14h-19h

CH. LASTOURS 2018 ★★

■	100000		5 à 8 €

Au bout d'une longue allée de platanes, un château construit au XVIIe s. et remanié au siècle suivant, entouré d'un jardin à la française. Son propriétaire, Hubert de Faramond, installé en 1981, est aujourd'hui à la tête d'un vignoble de 50 ha et signe des gaillac de belle facture, notamment en blanc.

Petits fruits rouges à foison comme la fraise ou la framboise, un peu de poivron mûr aussi et une pincée de poivre. Une palette typée qui trouve un long écho au palais. Le vin est ample, rond, suave même… épanoui. Un élégant équilibre. ⧗ 2020-2024

CH. LASTOURS, Lastours, 81310 Lisle-sur-Tarn, tél. 05 63 57 07 09, contact@chateau-lastours.com t.l.j. 8h30-12h30 13h30-18h30

♥ DOM. DE LONG-PECH Jean-Gabriel 2018 ★★

■	2500		8 à 11 €

Implanté sur les hauteurs de Lisle-sur-Tarn, un domaine familial créé par l'arrière-grand-père dans les années 1930, mais les premières mises en bouteilles datent de 1989. Depuis 2000, Sandra Bastide et sa sœur Karine exploitent ce vignoble de 19 ha perché sur une « longue colline » calcaire (*long pech* en occitan), et proposent tous les types de vin gaillacois. Propriété certifiée Haute valeur environnementale.

Impeccable dans sa robe grenat, ce gaillac libère un nez frais et gourmand : cassis, myrtille, cerise burlat. Il est tout aussi gourmand en bouche tant il est souple et rond. Le bois est parfaitement intégré. ⧗ 2020-2024
■ **Raphaël 2019 ★★ (5 à 8 € ; 3300 b.)** Un gaillac sur le fruit d'un bout à l'autre de la dégustation. Les arômes d'abricot sont mis en valeur par des touches miellées au nez, puis trouvent un faire-valoir dans la fraîcheur du palais. Belle ampleur. ⧗ 2020-2023

DOM. DE LONG-PECH, Lapeyrière, lieu-dit Long-Pech, 81310 Lisle-sur-Tarn, tél. 06 31 85 66 93, sandra@long-pech.com r.-v.

CH. MARESQUE Tradition 2018 ★

■ | 12000 | 🍾 | 5 à 8 €

Après avoir cultivé la vigne dans le Mâconnais et en Médoc, le Néerlandais Lucas Schutte est arrivé en 1999 sur des terres viticoles depuis 3 siècles. Son vignoble de 13 ha couvre les premiers coteaux de Gaillac.

C'est une première : le 2018 inclut dans son assemblage le cépage prunelard (50 %), qui serait génétiquement l'un des parents du malbec. Duras, braucol et syrah l'accompagnent. Dans le verre, le vin apparaît presque noir et monte en puissance dans ses arômes fruités : myrtille, cassis, prune d'Ente. Souple et suave, il s'inscrit dans un style à la fois moderne par son caractère immédiatement accessible et très gaillacois. ⧗ 2020-2023

CH. MARESQUE, 586, chem. des Crêtes, 81600 Gaillac, tél. 06 82 43 87 36, info@maresque.com V r.-v.

MAS D'AUREL 2018 ★★

■ | 8000 | 15 à 20 €

Après avoir cultivé le célèbre vignoble algérien de Mascara, Albert Ribot s'installe en 1963 sur ce domaine, à présent conduit par sa fille Brigitte et son mari Jacques Molinier. Un corps de bâtiment en pierre calcaire blanche, une cour fermée, un pigeonnier : le mas d'Aurel est des plus typiques.

Couleur aubergine, ce gaillac revendique un caractère gourmand, en diffusant progressivement des notes de cassis, de mûre et de violette. La matière bien extraite et bien construite révèle toutes les qualités du cépage braucol. ⧗ 2020-2024

MAS D'AUREL, Mas d'Aurel, 81170 Donnazac, tél. 05 63 56 06 39, masdaurel@wanadoo.fr V *t.l.j. sf dim. 9h-12h 14h-19h*

DOM. MAS PIGNOU Les Hauts de Laborie 2019 ★

■ | 15000 | 5 à 8 €

Héritiers de 4 générations, Jacques et Bernard Auque conduisent un domaine de 44 ha, établi à plus de 200 m d'altitude au sommet des premières côtes de Gaillac, offrant une vue exceptionnelle à 360 ° sur la route des Bastides.

Un gaillac ouvert sur les fruits blancs, les agrumes et le nougat. Il a du corps, certes, mais il est aussi équilibré et de bonne longueur, grâce à une bonne fraîcheur et une pointe d'amertume. ⧗ 2020-2022 ● **Brut Bulle de paradis Méthode ancestrale 2019 ★ (8 à 11 €; 15000 b.)** Des bulles flatteuses animent ce gaillac qui laisse une douce impression, en toute simplicité. On aime ses arômes de fruits blancs et de pomme Granny. ⧗ 2020-2021

DOM. MAS PIGNOU, chem. du Mas-de-Bonnal, 81600 Gaillac, tél. 05 63 33 18 52, maspignou@gmail.com V *t.l.j. sf dim. 9h-12h 14h-19h*

B CH. DE MAYRAGUES Classique 2018 ★★

■ | 8700 | | 8 à 11 €

Laurence et Alan Geddes ont acquis ce vignoble en 1980. Ensemble, ils ont restructuré le château (XIIe-XVI[e]s.), le vignoble et aménagé un chai. Ils conduisent 12 ha de vignes, en biodynamie depuis 1999, et privilégient les cépages locaux (duras, braucol, mauzac et len de l'el).

Beau travail ! Ce gaillac a tout ce qu'il faut pour représenter l'appellation : une robe cerise noire, des arômes intenses de fruits noirs (cassis écrasé) et une touche d'épices, puis une attaque franche et du corps, de la sève même. La trame tannique le structure sur la longueur, sans austérité aucune. ⧗ 2021-2025 ● **Brut de Mayragues Méthode ancestrale 2019 ★★ (15 à 20 €; 2100 b.)** B Les bulles fines montent en abondance et ornent une robe à reflets or. Bien ouvert, le nez évoque les fleurs et les fruits blancs, c'est toute la rondeur et la douceur du vin qui flatte le palais. L'effervescence vient rafraîchir très justement le palais. Une belle nature. ⧗ 2020-2021

CH. DE MAYRAGUES, Ch. de Mayragues, 81140 Castelnau-de-Montmiral, tél. 05 63 33 94 08, contact@chateau-de-mayragues.com V r.-v.

CH. MONTELS Vendanges tardives 2017 ★★

■ | 8500 | 🍾 | 8 à 11 €

Créé par Bruno Montels en 1985, ce domaine de 25 ha est situé à Souel, sur le plateau calcaire de Cordes. Il est bien connu des lecteurs du Guide, notamment pour ses gaillac doux.

Couleur paille doré, ce gaillac séduit par ses arômes ouverts de miel d'acacia et de gelée de coing. Il se révèle ample, gras et miellé, tout en bénéficiant d'une juste fraîcheur pour le soutenir sur la longueur. ⧗ 2020-2022 ■ **Les Trois Chênes 2018 ★ (5 à 8 €; 6500 b.)** Le floral et le fruité explosent dans le verre, avec en contrepoint des notes de beurre. C'est une agréable tension et une salinité minérale en finale qui retiennent l'intérêt au palais. ⧗ 2020-2021

CH. MONTELS, Burgal, 81170 Souel, tél. 05 63 56 01 28, brmontels@gmail.com V *r.-v.*

DOM. DU MOULIN Braucol Florentin 2018 ★

■ | 5000 | | 20 à 30 €

Représentant la sixième génération sur le domaine, Nicolas et Jean-Paul Hirissou conduisent 40 ha de vignes : 20 ha sur la rive gauche du Tarn, sur des graves, et autant sur la rive droite, sur des terres argilo-calcaires. Très réguliers en qualité, leurs vins fréquentent assidûment le Guide, souvent aux meilleures places. Domaine en conversion bio partielle.

Arômes de cerise à l'eau-de-vie et d'épices viennent d'emblée à l'esprit du dégustateur. Puis la force de la matière s'impose, car ce vin révèle une sérieuse structure tannique et un fruité chaleureux au palais. La petite note végétale en finale apporte une note de fraîcheur agréable. Un gaillac à laisser en cave. ⧗ 2021-2024

DOM. DU MOULIN, chem. des Crêtes, 81600 Gaillac, tél. 05 63 57 20 52, domainedumoulin81@orange.fr V *t.l.j. sf dim. 9h-12h 14h-19h*

CH. PALVIÉ Les Secrets 2017 ★★

■ | 6000 | | 11 à 15 €

Les Bézios possèdent le Ch. Palvié (20 ha), depuis 1999.

Quinze mois d'élevage en fût ont façonné le bouquet complexe de ce 2017 : on y perçoit des notes de gibier d'abord, puis de fruits noirs mûrs, de réglisse, ainsi que des accents empyreumatiques. Quelle concentration au palais ! La matière est ronde et veloutée, les tanins tendres et la finale laisse un long souvenir de crème de cassis. ⧗ 2020-2024

CH. PALVIÉ, 81140 Cahuzac-sur-Vère, tél. 06 80 65 44 69, jeromebezios@orange.fr

CH. DE RHODES 2018 ★★

■ | 22 270 | 8 à 11 €

Dans un paysage de collines rappelant la Toscane, un château aux tourelles aiguisées, 2 caves voûtées en brique, et 26,5 ha de vignes alentour, cultivées en bio. Éric Lepine a quitté le monde de la finance parisienne en 2002 pour acquérir ce domaine qu'il mène en bio depuis 2008 et sur lequel il a réintroduit le prunelard, vieux cépage local.

Couleur cerise burlat à reflets violets, ce gaillac se développe comme sur du velours… Les fruits rouges et noirs s'expriment aisément, la matière chaleureuse bénéficie de la trame soyeuse de tanins réglissés. ⧗ 2020-2024

CH. DE RHODES, 49, chem. de Rhodes, 81600 Gaillac, tél. 05 63 57 06 02, info@chateau-de-rhodes.com V *r.-v.*

LA ROQ Brut Méthode ancestrale ★

● | 4 000 | 8 à 11 €

Nathalie et Rémi Larroque se sont installés en 1988 sur ce domaine familial (34 ha aujourd'hui), fondé en 1890 dans le hameau d'Oustry, sur une crête dominant le Tarn et Gaillac au sud, le plateau cordais au nord.

Un caractère floral et muscaté caractérise la palette de ce vin, aux côtés des accents de poire et de reine-claude. Tout aussi savoureux, le palais tire profit d'une bonne fraîcheur qui souligne le fruité, avec en finale une touche de salinité et d'amertume qui renforce la persistance. ⧗ 2020-2021

LA ROQ, 391, chem. du Mas-d'Oustry, 81600 Gaillac, tél. 05 63 57 06 13, masdescombes.rl@orange.fr V *t.l.j. sf dim. 9h-12h 14h-19h*

DOM. ROTIER
Renaissance Vendanges tardives 2017 ★★

■ | 5 299 | 15 à 20 €

Alain Rotier et Francis Marre, beaux-frères, se partagent le travail : Francis aux cultures et Alain à l'élaboration des vins. La propriété (35 ha), fondée en 1985, est aujourd'hui l'un des piliers du vignoble gaillacois, notamment pour ses vins doux qui collectionnent étoiles et coups de cœur du Guide. Le vignoble, qui met notamment en valeur le duras (en rouge) et le len de l'el (en blanc), est en bio certifié depuis 2012.

La cuvée Renaissance reste une valeur sûre. La voici sous le millésime 2017, tout d'or vêtue, très expressive, riche et complexe dans ses arômes de poire, de coing, de figue et de miel. Le bois y apparaît comme une caresse. Énorme, la matière ample et veloutée garde un remarquable équilibre et se prolonge à l'infini. ⧗ 2020-2025

DOM. ROTIER, Petit-Nareye, 81600 Cadalen, tél. 05 63 41 75 14, rotier.marre@domaine-rotier.com V *t.l.j. sf dim. 9h-12h 14h-18h*

DOM. SALVY
Cuvée Léonie Vendanges tardives 2017 ★

■ | 1 800 | 11 à 15 €

Un aïeul prénommé Salvy a fondé en 1881 ce domaine, auquel il a laissé son nom. Sur les coteaux pierreux qui surplombent la Vère, Anne, Marc et Patrick Durel cultivent sur 25 ha les cépages à l'accent gaillacois, les rouges duras et braucol, et les blancs mauzac et len de l'el.

Cette cuvée a de la présence tout en restant élégante. Pour preuve, le nez de coing, de figue et de miel, puis la bouche puissante, mais équilibrée. Le fruit s'installe pour longtemps. Un gaillac solaire. ⧗ 2020-2024 ■ **Braucol 2018 ★ (8 à 11 € ; 3 000 b.)** Flatteur, bien fruité (cassis), rond et velouté… C'est un gaillac typé, prêt à être partager autour de la table. ⧗ 2020-2022

DOM. SALVY, 1219, rte d'Arzac, 81140 Cahuzac-sur-Vère, tél. 05 63 33 97 29, salvy@wanadoo.fr V *t.l.j. sf lun. 10h-12h 15h-18h*

DOM. SANBATAN
Dry Méthode ancestrale 2019 ★★

● | 3 300 | 8 à 11 €

Jacques et Régine Crayssac se sont installés à Gaillac en 1997, sur 9 ha. Il cultivent 18 ha aujourd'hui, avec les fermages.

Le charme a opéré auprès des dégustateurs, dès le premier regard porté sur la robe or pâle à reflets verts, parsemée de fines bulles. Puis les arômes intenses et élégants ont fait leur œuvre : poire, pomme reinette et mirabelle. Au palais, une fraîcheur équilibrée soutient l'expression aromatique, avec en finale des accents de viennoiserie délicieux. Une grande réussite dans un style moderne. ⧗ 2020-2021 ■ **Cuvée Antique 2018 ★★ (5 à 8 € ; 6 000 b.)** Un gaillac de teinte aubergine, qui monte crescendo dans ses arômes de fruits concentrés, de réglisse et de tabac. Souple et charnu, il laisse une sensation veloutée flatteuse et persiste bien sur des notes de gelée de mûre. ⧗ 2020-2024

DOM. SANBATAN, Lavelanet, 81600 Montans, tél. 06 81 95 50 71, jacques.crayssac@orange.fr V *r.-v.*

CH. CLÉMENT TERMES 2019 ★

■ | 93 333 | 5 à 8 €

Situé dans le Gaillacois, le domaine est né en 1860 sous l'impulsion de Clément Termes qui construisit un chai, puis le château. Olivier et Caroline David, ses descendants (septième génération), sont désormais à la tête de 120 ha de vignes. Ils sont aussi négociants.

Un rosé de teinte soutenue, à reflets orangés, très engageant par ses senteurs de cerise et de fraise. Sa matière souple et équilibrée, suffisamment persistante, témoigne d'une bonne extraction. ⧗ 2020-2021

SCEV DAVID, Les Fortis, 81310 Lisle-sur-Tarn, tél. 05 63 40 47 80, contact@clement-termes.com t.l.j. sf dim. 8h30-12h 14h-18h

CH. DE TERRIDES 2019 ★★

16 000 | 5 à 8 €

Un château flanqué de 2 tours carrées – un ancien relais de chasse construit en 1650 par un maître-verrier –, devenu viticole dans les années 1960, se dresse devant un vignoble de quelque 34 ha ceint de bois. Jean-Paul et Solange David ont acquis le domaine en 1996; ils sont aujourd'hui relayés par leur fille Alix, œnologue, et par son mari Gérard.

Un gaillac soutenu au regard et tout aussi intense dans son expression aromatique. Les fruits rouges (framboise, fraise) viennent d'emblée flatter les sens et demeurent jusqu'en finale. La matière est bien présente, dotée de la fraîcheur attendue pour un rosé. ⧗ 2020-2021

CH. DE TERRIDE, Ch. de Terride, 81140 Puycelsi, tél. 05 63 33 26 63, info@chateau-de-terride.com t.l.j. sf dim. 10h-12h 14h-19h

DOM. DES TERRISSES 2018 ★

26 000 | 11 à 15 €

Les terrisses sont des briques de terre crue et de paille mélangées qui servaient à l'édification des bâtisses traditionnelles du Gaillacois, comme l'imposante ferme à 4 pentes qui commande ce vignoble. À la suite de 7 générations, Brigitte et Alain Cazottes gèrent depuis 1984 le domaine familial, qui compte aujourd'hui 38 ha.

Intense la robe grenat, intense aussi le nez de cassis, de girofle et de poivron. De la franchise en attaque, puis de l'ampleur et une fraîcheur bien équilibrée qui maintient le fruit au palais. Un gaillac sincère. ⧗ 2020-2024

EARL CAZOTTES, 249, chem. des Terrisses, 81600 Gaillac, tél. 05 63 57 16 80, gaillacterrisses@orange.fr r.-v.

CH. LES VIGNALS
Tradition Les Trois Lièvres 2019 ★

20 000 | 5 à 8 €

Un domaine de 75 ha situé à Cestayrols, au nord-ouest de Gaillac, sur le terroir argilo-calcaire de la rive droite du Tarn balayé par le vent d'autan. Racheté en 1996 par les Vanoli, il est régi par Olivier Jean, qui a engagé la conversion bio du domaine (certification en 2013), avec Éric Brun comme maître de chai et Caroline Boisset comme œnologue.

Un bouquet de fleurs blanches et jaunes pour accueil. Puis du gras, de la puissance et cette fraîcheur bienvenue pour assurer la persistance ces arômes. La pointe d'amertume finale est un avantage. ⧗ 2020-2022 **Les Vignals Brut L'Innocent 2018 ★ (8 à 11 €; 14 600 b.)** Des bulles fines et abondantes dansent dans le verre, tandis que s'évadent les arômes de fruits frais à chair blanche et de pâtisserie. Aérien, c'est un gaillac rafraîchissant. ⧗ 2020-2022

CH. LES VIGNALS, Les Vignals, 81150 Cestayrols, tél. 05 63 55 41 53, contact@lesvignals.fr t.l.j. sf dim. 9h-19h

VIGNÉ-LOURAC V 2018 ★★★

5 700 | 8 à 11 €

Un domaine régulier en qualité, pour ses gaillac mais aussi pour ses vins de pays (IGP), dirigé par Alain Gayrel et par son fils Vincent.

Des reflets verts brillent dans la robe jaune pâle de ce gaillac bouqueté, riche de senteurs florales (foin printanier), anisées (fenouil), fruitées (agrumes) et résinées. La bouche ample est tout aussi généreuse et complexe. La fraîcheur et le trait de salinité soutiennent durablement les saveurs en finale. ⧗ 2020-2024 **Terrae Veritas 2019 ★★ (5 à 8 €; 27 000 b.)** Un gaillac gorgé de fruits exotiques rôtis, rond et gourmand. Il garde tout son allant grâce à une fraîcheur intacte, aux accents mentholés en finale. ⧗ 2020-2024 **Ch. Larroze 2019 ★★ (5 à 8 €; 14 600 b.)** L'élégance même et la complexité : un nez intense de bourgeon de cassis, de notes muscatées et mentholées, puis une bouche ronde, empreinte de fruits exotiques comme la mangue et l'ananas. ⧗ 2020-2024

SAS LES VIGNOBLES GAYREL, 103, av. Foch, 81600 Gaillac, tél. 05 63 81 21 11, gaillac@cave-gaillac.fr t.l.j. 9h30-12h30 14h30-19h30

MARCILLAC

Superficie : 185 ha / Production : 7 904 hl

Reconnu en AOC en 1990, ce vin rouge naît dans l'Aveyron, dans une cuvette naturelle au microclimat favorable : le «vallon». Cultivé sur des argiles riches en oxyde de fer – les rougiers –, le mansois (fer-servadou) lui donne une réelle originalité, faite d'une rusticité tannique et d'arômes de framboise.

♥ DOM. LAURENS Cuvée de Flars 2018 ★★

10 000 | 11 à 15 €

Quand Michel Laurens revint à Clairvaux en 1983 et qu'il retrouva son frère Gilbert, il décida avec lui d'étendre le domaine familial et de poursuivre l'œuvre de leur père Henri, qui avait commencé à restaurer le vignoble : rachat de vieilles vignes, de terrasses, de terres en friches, défrichage, plantations. Après des années de travail, la propriété qui couvrait à l'origine 1,5 ha s'étend aujourd'hui sur 25 ha. La nouvelle génération (Vincent, Éric et Pascal) a pris les commandes en 2015.

Cassis, poivron mûr et épices : nul doute, nous sommes en présence de fer-servadou (90 %) et de cabernet-sauvignon. Un marcillac de beau volume, concentré certes, mais équilibré. Car si les tanins et le boisé sont bien présents, ils se révèlent de qualité et prometteurs. Les dégustateurs ont apprécié le retour des arômes sur un joli fond vanillé dans une finale fraîche. ⧗ 2021-2026

DOM. LAURENS, 7, av. de la Tour, 12330 Clairvaux, tél. 05 65 72 69 37, info@domaine-laurens.com t.l.j. sf dim. 10h-12h 14h-19h *SARLLaurens*

CÔTES-DE-MILLAU

Superficie : 56 ha
Production : 2 030 hl (97 % rouge et rosé)

Reconnu en AOVDQS en 1994, le plus méridional des vignobles aveyronnais est implanté sur des coteaux de la haute vallée du Tarn, dans un secteur déjà soumis aux influences méditerranéennes. Majoritaires, les rouges et rosés sont composés de syrah et de gamay et, dans une moindre proportion, de cabernet-sauvignon, de fer-servadou et de duras. Les blancs assemblent chenin et mauzac. Les côtes-de-millau ont accédé à l'AOC en 2011.

♥ B DOM. DU VIEUX NOYER Louradou 2018 ★★

■ | 6 000 | | 15 à 20 €

Un grand noyer au tronc sculpté des symboles de la vigne trône à l'entrée de cette propriété conduite par 3 associés, vignoble de 32 ha conduit en bio, établi au pied des Grandes Causses.

Assemblage de syrah (50 %), de gamay et de cabernet, cette cuvée parvient à une remarquable harmonie. Le nez ouvert et gourmand évoque la cerise, la violette et les épices. Tout aussi expressive, la bouche révèle un juste équilibre entre la rondeur de la matière, des tanins présents mais fondus et un fruité frais. ⧗ 2021-2025

DOM. DU VIEUX NOYER, rte des Gorges-du-Tarn, Boyne, 12640 Rivière-sur-Tarn, tél. 06 82 58 73 48, contact@levieuxnoyer.fr V *t.l.j. 9h-12h30 15h-19h*

➔ LA MOYENNE GARONNE

FRONTON

Superficie : 2 060 ha / Production : 97 242 hl

Vin des Toulousains, le fronton provient d'un très ancien vignoble, autrefois propriété des chevaliers de l'ordre de Saint-Jean-de-Jérusalem. Lors du siège de Montauban, Louis XIII et Richelieu se livrèrent à force dégustations comparatives… Reconstitué grâce à la création des coopératives de Fronton et de Villaudric, le vignoble a conservé un encépagement original avec la négrette, variété locale que l'on retrouve à Gaillac. Elle est vinifiée seule ou assemblée à la syrah, au côt, au cabernet franc et au cabernet-sauvignon, au fer-servadou et, dans une moindre mesure, au gamay. Le terroir occupe les trois terrasses du Tarn, aux sols de boulbènes, de graves ou de rougets. Les vins rouges comprenant des cabernets, du gamay ou de la syrah, sont fruités et aromatiques. Plus riches en négrette, ils sont alors puissants, assez tanniques, dotés d'un fort parfum de terroir aux accents de violette. Les rosés sont francs, vifs et fruités.

CH. BELLEVUE LA FORÊT 2019 ★

■ | 80 000 | | 5 à 8 €

Avec 100 ha d'un seul tenant, Bellevue la Forêt est le plus vaste domaine de l'appellation. Patrick Germain, issu d'une lignée de viticulteurs d'Afrique du Nord, l'avait acquis en 1974, un an avant la création de l'AOC, puis l'avait mis en valeur et en avait largement diffusé les vins. En 2008, il l'a vendu à Philip Grant. Formé au vin, l'homme d'affaires irlandais ne manque pas d'ambition pour le vignoble.

Sous une robe saumon clair se révèlent des arômes discrets de fruits et d'épices à la faveur de l'aération. C'est en bouche que la personnalité de ce vin apparaît pleinement : bon équilibre entre fraîcheur et rondeur, légère amertume finale et le fruit retrouvé. ⧗ 2020-2021

SCEA CH. BELLEVUE LA FORÊT, 5580, rte de Grisolles, 31620 Fronton, tél. 05 34 27 91 91, cblf@chateaubellevuelaforet.com V *t.l.j. sf dim. 10h-12h 14h-17h*

♥ B CH. BOUISSEL
Négrette Syrah Malbec Le Bouissel 2018 ★★

■ | 50 000 | | 15 à 20 €

Constitué par le grand-père dans les années 1930, ce vignoble de 21 ha est implanté sur la troisième terrasse du Tarn, la plus haute et la plus ancienne. Anne-Marie et Pierre Selle ont spécialisé le domaine et lancé la mise en bouteilles en 1989. Arrivé en 2009, leur fils Nicolas a engagé la conversion bio (certification en 2012). Son cheval de bataille : la négrette. Une valeur sûre du Frontonnais, en AOC comme en IGP.

De la profondeur depuis la robe pourpre jusqu'aux arômes de fruits mûrs, de confiture et d'épices. De la concentration et du volume en bouche, tant la matière est riche, soutenue par des tanins ronds. De l'ampleur et la persistance sur des notes épicées. Un grand fronton. ⧗ 2021-2026 ■ **Négrette Malbec Syrah Rosenc 2019** ★ (8 à 11 €; 5000 b.) B Un rosé presque rouge qui rappelle le bonbon, la framboise et la cerise au nez. Son corps et sa structure le rapprochent d'un vin rouge léger. ⧗ 2020-2022

SCEA BOUISSEL, Ch. Bouissel, 200, chem. du Vert, 82370 Campsas, tél. 05 63 30 10 49, contact@bouissel.com V *t.l.j. sf dim. 15h-18h*

CH. CAZE
Patrimoine Élevé en fût de chêne 2018 ★

■ | 8 000 | | 8 à 11 €

Martine Rougevin-Baville exploite depuis 1991 le domaine créé en 1776 par son ancêtre, un notable toulousain. Elle dispose aujourd'hui de 14 ha, plantés à 50 % de négrette et pour l'autre moitié de cabernets et de syrah. La cave semi-enterrée date de la création du domaine.

Bien mis dans une robe grenat brillant, ce 2018 arbore un nez intense de fruits mûrs. Le boisé hérité de l'élevage

SUD-OUEST

de 12 mois s'exprime dans des tonalités de santal et de vanille. L'attaque est franche, la bouche bien soutenue par des tanins fermes et un boisé épicé affirmé. Laissez-le juste patienter en cave. ⧗ 2022-2026

⊶ CH. CAZE, Ch. Caze, 45, rue de la Négrette, 31620 Villaudric, tél. 05 61 82 92 70, chateau.caze@wanadoo.fr V *t.l.j. sf dim. lun. 9h-12h 15h-19h*

CH. COUTINEL 2018 ★

■ | 60000 | | 5 à 8 €

En 1920, la famille Arbeau, également négociante, a acquis le Ch. Coutinel (50 ha). Un terroir majoritairement composé de boulbène, où la négrette représente la moitié de l'encépagement. La vigne est conduite en bio.

De teinte pivoine soutenu, ce 2018 libère un nez intense, un peu sauvage au départ, mais qui trouve sa dominante fruitée-épicée à l'aération. Il se révèle ample et gras, charpenté mais toujours élégant au palais. La longue finale épicée est un atout indéniable. ⧗ 2021-2024

⊶ EARL CH. COUTINEL, chem. de Coural, 82370 Labastide-Saint-Pierre, tél. 05 63 64 01 80, anne@arbeau.com V *r.-v.*

CH. FONT BLANQUE 2018 ★

■ | 6000 | | 5 à 8 €

Ce domaine familial créé en 2005 est déjà bien connu des habitués du Guide. Implanté sur un sol argilo-limoneux, il s'étend sur 20 ha. Le vignoble a été entièrement restructuré et replanté par Jacqueline et Didier Bonhoure.

Les arômes s'égrènent progressivement avec élégance : des épices, des notes de violette se manifestent à qui prend le temps de déguster. En bouche, l'amplitude et la bonne tenue des tanins retiennent l'intérêt, puis c'est la finale poivrée qui achève de convaincre sur la typicité et la qualité de l'ensemble. ⧗ 2021-2025

⊶ EARL DE FONT BLANQUE, 1055, rte de Fabas, D 50, 82370 Campsas, tél. 05 63 64 08 91, chateau.font-blanque@orange.fr V *r.-v.*

CH. JOLIET Négrette 2018 ★★

■ | 6000 | | 5 à 8 €

Créateurs du domaine en 1984, François et Marie-Claire Daubert, ardents défenseurs de la négrette, ont pris leur retraite en 2010 et ont transmis leur propriété à de jeunes vignerons frontonnais, coopérateurs à la cave locale, Marie-Ange et Jérôme Soriano, qui ont agrandi le vignoble, portant sa surface à 25 ha.

Habillé de grenat, voici une négrette intensément parfumée de fruits mûrs, d'épices et de réglisse. À l'attaque fraîche succède une bouche ronde, ample et chaleureuse. Les tanins sont certes présents, mais parfaitement fondus. ils contribuent à l'excellente tenue de ce vin et à sa persistance sur des notes de Zan. ⧗ 2021-2026

⊶ EARL DE JOLIET, 1070, chem. des Peyrounets, 31620 Fronton, tél. 05 61 82 46 02, dejoliet@orange.fr V *r.-v.*

♥ B **CH. LAUROU** Les Complices 2018 ★★

■ | 15000 | | 11 à 15 €

Informaticien et parisien dans une vie antérieure, Guy Salmona s'est reconverti dans la viticulture à Fronton en rachetant ce domaine. Il a engagé en 2009 la conversion bio (aujourd'hui achevée) de ses 45 ha de vignes. Une valeur sûre du Frontonnais.

Assemblage de négrette et de syrah, ce fronton affiche une couleur profonde illuminée de reflets violets. Le nez est bien ouvert, à la fois floral et fruité. Cette ligne aromatique perdure jusqu'en finale, en soulignant la matière concentrée et puissante. Des tanins et un fruit de qualité témoignent de la maîtrise du vinificateur. ⧗ 2021-2026 ■ **Délit d'initiés 2018 ★ (8 à 11 €; 15000 b.)** B Une cuvée de pure négrette qui ne saurait être réservée qu'aux seuls initiés. Elle a du caractère, certes, mais elle sait être avenante grâce à ses arômes de cassis nuancés de notes florales, à son attaque fraîche et à ses tanins souples. ⧗ 2021-2025

⊶ GUY SALMONA, Ch. Laurou, 2250, rte de Nohic, 31620 Fronton, tél. 05 61 82 40 88, contact@chateaulaurou.fr V *r.-v.*

♥ **CH. MARGUERITE** 2019 ★★

■ | 60000 | | 5 à 8 €

Les caves de Técou, de Rabastens, de Fronton et des Côtes d'Olt ont uni leurs forces en 2006 en créant le groupe Vinovalie, dont le nom renvoie aux valeurs collectives du rugby. Un groupe qui fédère 400 vignerons et rassemble quelque 3 800 ha de vignes répartis sur trois appellations : gaillac, fronton et cahors.

De teinte saumon clair, ce rosé évoque les fruits et le bonbon anglais. Fraîcheur et rondeur s'équilibrent, avec en finale une légère amertume qui lui donne de la longueur, sans nuire à l'expression fruitée. ⧗ 2020-2021 ■ **Capitoulat Réserve particulière 2019 ★★ (5 à 8 €; 4000000 b.)** Un léger perlant apporte une juste fraîcheur au palais de ce rosé de teinte saumon, intensément fruité et rond. Sa structure est perceptible jusque dans la petite amertume finale, signe d'excellente tenue. ⧗ 2020-2021 ■ **Astrolabe 2017 ★ (8 à 11 €; 1100 b.)** Neuf mois d'élevage en fût ont marqué ce fronton grenat d'arômes empyreumatiques. Mais les fruits rouges compotés apparaissent aussi et accompagnent le développement d'une matière ronde, ample et concentrée, dans laquelle se fondent les tanins. ⧗ 2021-2025 ■ **L'Infini Négret 2017 ★ (5 à 8 €; 1500 b.)** Typé, ce fronton affiche une personnalité avenante : nez de fruits rouges compotés, bouche ronde, aux arômes de framboise et de cerise, voire de violette, tanins fondus. ⧗ 2021-2024

⊶ SCA VINOVALIE (SITE DE FRONTON), 175, av. de la Dourdenne, 31620 Fronton, tél. 05 62 79 97 79, magasin@vins-fronton.com V *t.l.j. sf dim. 9h-12h30 14h-18h30*

CH. PLAISANCE Tot ço que cal 2018 ★★

■ | 6000 | | 15 à 20 €

Ingénieur agronome et œnologue, Marc Penavayre a donné un nouvel élan au domaine familial qu'il a repris en 1991, restructuré et agrandi. Son fils Thibaut l'a rejoint en 2019. Le vignoble s'étend aujourd'hui sur 26 ha et a achevé sa conversion bio en 2012.

Tout ce qu'il faut... *Tot ço que cal...* Cette cuvée, la bien-nommée, s'affiche dans une robe grenat brillant. Toute la palette attendue se décline avec intensité, du fruit mûr (cassis, framboise) à la réglisse, complété par un boisé vanillé-toasté délicat, hérité de 18 mois d'élevage en fût. Ampleur, rondeur et tanins fondus : la cohérence est parfaite. ⧗ 2021-2025 ■ **Le Pitchou 2018 ★ (8 à 11 €; 14000 b.)** Une réelle tendresse s'exprime dans cette cuvée grenat, tant dans ses arômes de fruits très mûrs, légèrement toastés, que dans sa matière souple et ronde, qu'un léger grain tannique soutient jusqu'en finale. ⧗ 2021-2024

EARL DE PLAISANCE, 102, pl. de la Mairie, 31340 Vacquiers, tél. 05 61 84 97 41, chateau-plaisance@wanadoo.fr V t.l.j. sf dim. lun. mar. 9h-12h 15h-19h

♥ G. SICA
Secret de Fronton Confidence Négrette 2018 ★★★

■ | 3000 | | 8 à 11 €

Ce domaine a été créé par Jérôme Soriano, propriétaire de château Joliet, et quatre autres vignerons de Haute-Garonne et du Tarn-et-Garonne, en mai 2019.

D'emblée, ce fronton couleur pivoine livre ses atouts, sans faire d'anodines confidences. Les arômes de violette, de fruits noirs (cassis), de poivre, de menthol et de Zan se déclinent à l'envi. En bouche, tout y est : c'est dense, riche et savoureux. La matière mûre enrobe les tanins et les intègre parfaitement. Leur grain serré soutient l'ensemble jusqu'à une longue finale épicée et réglissée. ⧗ 2021-2026 ■ **Secret de fronton 2018 ★ (5 à 8 €; 12000 b.)** Une cuvée appréciée pour la netteté de ses arômes de fruits noirs, d'épices et de violette, comme pour la fraîcheur du palais. L'harmonie demeure d'un bout à l'autre de la dégustation. ⧗ 2021-2025

SAS G. SICA, 8, av. de la Tuilerie, 31620 Villeneuve-lès-Bouloc, tél. 06 32 81 15 93

CH. VIGUERIE DE BEULAYGUE
Terre de Négrette Les Rougets 2018 ★

■ | 2700 | | 8 à 11 €

Transmise dans la même famille depuis cinq générations, cette exploitation ne s'est spécialisée dans la vigne qu'à la fin des années 1990 et commercialise sa production depuis 1995. Cédric Faure, qui a pris la relève en 2002, cultive 22 ha et élabore des cuvées qui laissent rarement indifférent, en rouge comme en rosé.

Issu d'une sélection parcellaire, ce 2018 a les atouts pour plaire dès maintenant comme pour patienter encore en cave. Au nez franc de fruits rouges nuancés de réglisse répond une bouche ronde, aux tanins serrés, mais bien intégrés. ⧗ 2021-2025 ■ **Terre de Négrette Les Boulbènes 2018 ★ (8 à 11 €; 1500 b.)** Des raisins bien mûrs sont à l'origine de cette cuvée marquée par des arômes de fruits noirs. La bouche est à l'avenant, suave tant les tanins se sont fondus dans la matière. ⧗ 2021-2024 ■ **Tradition 2019 ★ (5 à 8 €; 3000 b.)** Un rosé de teinte saumon, qui cède tout aux arômes de fruits mûrs (fraise) épicés. La bouche en est empreinte, tant et si bien que la suavité l'emporte sur la fraîcheur. ⧗ 2020-2021

EARL CÉDRIC FAURE, 1650, chem. de Bonneval, 82370 Labastide-Saint-Pierre, tél. 05 63 30 54 72, ce.faure@gmail.com V t.l.j. sf dim. 9h-19h

BRULHOIS

Superficie : 194 ha / Production : 8 787 hl

Passés de la catégorie des AOVDQS en 1984 à celle de AOC en 2011, ces vins sont produits de part et d'autre de la Garonne, autour de la petite ville de Layrac, dans les départements du Gers, du Lot-et-Garonne et du Tarn-et-Garonne. Essentiellement rouges, ils sont issus des cépages bordelais et des cépages locaux, tannat et côt.

CH. GRAND CHÊNE 2019 ★

■ | 14000 | | 5 à 8 €

Née de l'association, en 2002, des caves de Goulens et de Donzac, elles-mêmes créées en 1960, la cave du Brulhois vinifie sous des marques diverses la plus grande partie des vins de l'appellation brulhois.

Un rosé de bonne intensité dans le verre, qui joue les charmeurs grâce à ses arômes de fraise et à son équilibre sur la fraîcheur. ⧗ 2020-2021 ■ **Les Vignerons du Brulhois Carrelot des amants 2018 ★ (5 à 8 €; 150000 b.)** Sombre à l'œil, ouvert et chaleureux au nez, ce 2018 exprime les fruits rouges nuancés d'épices. La bouche est ronde, gourmande même, tant le fruité se développe. Les tanins soutiennent l'ensemble sur la longueur, sans jamais s'imposer outre mesure. ⧗ 2020-2025

LES VIGNERONS DU BRULHOIS, 3458, av. du Brulhois, 82340 Donzac, tél. 05 63 39 91 92, gbenac@vigneronsdubrulhois.com V r.-v.

BUZET

Superficie : 2 091 ha
Production : 115 003 hl (95 % rouge et rosé)

Connu depuis le Moyen Âge et autrefois partie intégrante du haut pays bordelais, le vignoble de Buzet s'étendait entre Agen et Marmande. D'origine monastique, il a été développé par les bourgeois d'Agen puis a failli disparaître après la crise phylloxérique. Il est devenu à partir de 1956 le symbole de la renaissance du vignoble du haut pays. Deux hommes, Jean Mermillod et Jean Combabessouse, ont présidé à ce renouveau, qui doit beaucoup à la cave coopérative de Buzet, laquelle élève une grande partie

de sa production en barrique. Ce vignoble s'étend aujourd'hui entre Damazan et Sainte-Colombe, sur les premiers coteaux de la Garonne, près des villes touristiques de Nérac et de Barbaste. L'alternance de boulbènes et de sols graveleux et argilo-calcaires permet d'obtenir des vins à la fois variés et typés. Les rouges, puissants, profonds, charnus et soyeux, rivalisent avec certains de leurs voisins girondins.

♥ BARON D'ALBRET 2018 ★★★

■	335 000		5 à 8 €

Importante coopérative du Sud-Ouest de la France, la cave de Buzet réunit 184 viticulteurs et produit de nombreux vins de l'appellation (en rouge, blanc et rosé). Elle a été créée en 1953, et l'appellation buzet a vu le jour vingt ans plus tard. Elle prône une viticulture durable, conciliant progrès techniques et pratiques naturelles. Un tiers de son vignoble est certifié Haute valeur environnementale.

Harmonie, tel est le maître-mot de la dégustation de ce buzet rubis profond, aux arômes de fruits très mûrs (cassis) nuancés de fleurs. Gras en attaque, il bénéficie d'une matière dense et ronde, parfaitement soutenue par des tanins au grain fin. La petite amertume finale témoigne de son potentiel de garde. ⧗ 2021-2026 ■ **Dom. du Grand Bourdieu 2018 ★★ ♥ (8 à 11 €; 46 600 b.)** Couleur cerise noire bien mûre : le ton est donné. Au nez, les fruits mûrs (cassis) s'expriment intensément et trouvent un bel écho en bouche. On perçoit une grande structure et de la matière, mais les tanins demeurent soyeux. L'équilibre est remarquable. ⧗ 2021-2026 ■ **Dom. de la Sébastiane 2018 ★★ (5 à 8 €; 25 000 b.)** Un buzet expressif sur les fruits mûrs, comme il se doit. Rond, gras, il s'appuie sur une structure de qualité qui lui assure un avenir favorable. ⧗ 2021-2026 ■ **Dom. de Lhiot 2018 ★★ (8 à 11 €; 69 800 b.)** Une touche boisée de cacao et d'épices souligne les arômes de fruits noirs intenses : héritage de 9 mois d'élevage en fût. D'attaque franche, ce 2018 s'appuie sur des tanins bien présents, mais intégrés à la matière ample et fruitée. ⧗ 2021-2026 ■ **L'Éphémère 2018 ★ (5 à 8 €; 250 000 b.)** Certes, les tanins sont encore marqués, mais la matière ample saura les enrober dans le temps. Les arômes de fruits mûrs sont au rendez-vous, intenses et déjà charmeurs. ⧗ 2021-2025

⊶ LES VIGNERONS DE BUZET, 56, av. des Côtes-de-Buzet, 47160 Buzet-sur-Baïse, tél. 05 53 84 74 30, buzet@vignerons-buzet.fr V r.-v.

DOM. DU BOIS DE SIMON Harmonie 2018 ★

■	13 000		8 à 11 €

Dans la même famille depuis 1923, ce domaine de 33 ha est en conversion vers le bio, tant pour la vigne que pour les céréales.

Aromatique, ce vin l'est bel et bien. Les fruits rouges mûrs sont le leitmotiv de la dégustation, mais là n'est pas son seul atout. Il a pour lui une grande structure et de la puissance. La pointe d'amertume en finale signale que le temps jouera encore en sa faveur. ⧗ 2021-2025

⊶ DOM. DU BOIS DE SIMON, Laclède, 47310 Laplume, tél. 06 09 85 71 91, domaineduboisdesimon@gmail.com V r.-v.

CH. PIERRON 2018 ★

■	60 000		5 à 8 €

Établi sur un plateau dominant Nérac, cet ancien domaine de 26 ha a été replanté en merlot et cabernets dans les années 1970. Il été racheté en 2007 à la famille Hérail par Guy Beloussoff, acheteur national dans la grande distribution, et par Jean-François Fonteneau, chef d'entreprise et œnologue, qui ont mis en place une nouvelle équipe et rénové les chais.

D'attaque chaleureuse, ample et gras, voici un buzet bien typé. Les arômes de fruits rouges et noirs mûrs, voire compotés (pruneau), se prolongent durablement et en font oublier la petite pointe d'austérité due aux tanins encore jeunes. ⧗ 2021-2025

⊶ CH. PIERRON, rte de Mézin, 47600 Nérac, tél. 06 12 57 11 80, chateau.pierron@orange.fr V *r.-v.*

CH. SAUVAGNÈRES Prédiction 2017 ★★

■	8 800		5 à 8 €

Jacques Therasse effectua ses premières plantations dans les années 1970 et 1980 avec son fils Bernard, pour porter le domaine à 18 ha aujourd'hui. Exploitées depuis 2007 par Pierre Therasse, les vignes sont disposées en arc de cercle autour du chai, situé à Sainte-Colombe-en-Bruilhois, aux portes d'Agen.

Deux ans d'élevage en cuve et un an sous bois : ce vin a bénéficié de toutes les attentions au chai, ce qui se traduit par une palette intense de fruits rouges, soulignés d'épices et d'une pointe de réglisse. Après une attaque franche apparaît une structure de qualité, respectueuse du fruit. ⧗ 2020-2023

⊶ CH. SAUVAGNÈRES, 533, chem. de Sauvagnères, 47310 Sainte-Colombe-en-Bruilhois, tél. 05 53 67 20 23, contact@sauvagneres.fr V r.-v.

CÔTES-DU-MARMANDAIS

Superficie : 1 314 ha
Production : 67 387 hl (97 % rouge et rosé)

Les côtes-du-marmandais sont produits sur les deux rives de la Garonne; le vignoble, un peu en aval de Buzet, jouxte à l'ouest l'entre-deux-mers, au nord les côtes-de-duras. Les vins blancs, à base de sémillon, de sauvignon, de muscadelle et d'ugni blanc, sont secs, vifs et fruités. Les vins rouges, issus des cépages bordelais et d'abouriou, de syrah, de côt et de gamay, sont bouquetés et souples. La Cave du Marmandais, qui regroupe les deux sites de Beaupuy et de Cocumont, fournit les volumes les plus importants de l'AOC.

♥ DOM. GILBERT BONNET
Les Astéries Élevé en fût de chêne 2018 ★★

■ | 20 000 | | 5 à 8 €

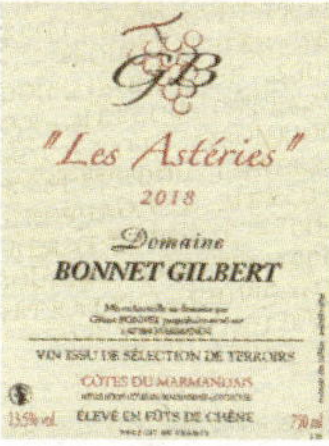

Œnologue, Gilbert Bonnet décide en 2004 de sortir de la cave coopérative. Il crée un chai en 2012 et installe un espace d'accueil à Marmande. Il a engagé en 2015 la conversion bio de son vignoble. Ses 25 ha se répartissent entre coteaux pentus et hauts de coteaux

Issue des cépages merlot (40 %), cabernets, abouriou et malbec, cette cuvée tire son nom du substrat géologique (calcaire à astéries) que l'on retrouve dans le Bordelais. Complexité, excellente constitution, le 2018 a tous les atouts. La robe profonde et jeune au liseré bleuté est de bon augure. Au bouquet comme au palais, l'élevage en barrique ajoute aux arômes de fruits noirs du raisin toute une gamme boisée : vanille, réglisse, pain grillé et chocolat noir. À la fois ample et tonique, de belle longueur, la bouche dévoile une texture ferme et élégante, étayée par des tanins vifs qui donnent finesse et fraîcheur à la finale. ⧗ 2021-2026 ■ **Tulipanum 2019 ★ (5 à 8 €; 10 000 b.)** Ⓑ Élevé en cuve, mi-merlot mi-abouriou, le premier millésime bio du domaine. Arômes engageants de fruits rouges mûrs, de vendanges fraîches, ampleur, fraîcheur, longueur, tanins de qualité encore un peu stricts, tout ce qu'il faut pour grillades et volailles rôties. ⧗ 2020-2024 ■ **Clos de l'Adret Élevé en fût de chêne 2018 ★ (8 à 11 €; 7 500 b.)** Né de merlot, d'abouriou et de malbec assemblés par tiers, resté 15 mois en barrique, un vin généreux, structuré, de belle persistance, qui intéresse aussi par son expression aromatique (cerise noire, boisé vanillé et grillé, cuir, sous-bois). ⧗ 2021-2026

DOM. GILBERT BONNET, Lachaupe-Bouilhats, 47200 Marmande, tél. 06 14 74 78 90, domainebonnet-gilbert@vinsdemarmande.com V r.-v.

♥ Ⓑ CLOS CAVENAC Grand Cros 2018 ★★

■ | 2000 | | 11 à 15 €

Diplômée en viti-œno, Emmanuelle Piovesan a repris en 2003 le domaine de sa famille avec son compagnon Thierry Heydon, ingénieur agricole et œnologue. Ils ont installé un chai et adopté l'agriculture biologique (certifiée depuis le millésime 2012). La propriété compte aujourd'hui 10 ha.

Pas moins de 5 cépages se partagent cette cuvée plébiscitée par nos dégustateurs : merlot, cabernets (franc et sauvignon), malbec et syrah. De quoi déployer une large gamme d'arômes (cassis, griotte, note florale), complétée de la touche empyreumatique discrète laissée par un élevage de 16 mois en fût de 500 l. Gourmand et fruité en attaque, puissant, étayé par des tanins équilibrés, solides juste ce qu'il faut, le palais finit sur les accents grillés du bois. Une bouteille complexe et riche. ⧗ 2021-2026

CLOS CAVENAC, Cavenac, 47180 Castelnau-sur-Gupie, tél. 06 45 80 43 23, closcavenac@yahoo.fr V r.-v.

Ⓑ DOM. DES GEAIS 2018 ★

■ | 11 300 | | 8 à 11 €

Un domaine créé en 1839 par Pierre Boissonneau sur le plateau de l'Entre-deux-Mers, d'abord en polyculture, puis dédié à la vigne dans les années 1960. Aujourd'hui, les 5e (Philippe) et 6e (Pascal) générations sont aux commandes d'un vignoble de 55 ha conduit en bio depuis 2011. Elles produisent des bordeaux et des côtes-du-marmandais.

Un assemblage où le merlot (9 %) laisse sur le devant de la scène l'abouriou du pays, le cabernet-sauvignon et la syrah. Le vin s'ouvre à l'aération sur les baies rouges et noires, teintées de réglisse et de notes épicées. Après une attaque sur les fruits noirs, des tanins vifs prennent le dessus, un peu stricts en finale. Un marmandais ferme, frais et structuré. ⧗ 2021-2025

VIGNOBLES BOISSONNEAU, lieu-dit Cathelicq, 33190 Saint-Michel-de-Lapujade, tél. 05 56 61 72 14, vignobles@boissonneau.fr V r.-v.

♥ QUÉZACO 2019 ★★

■ | 20 000 | | - de 5 €

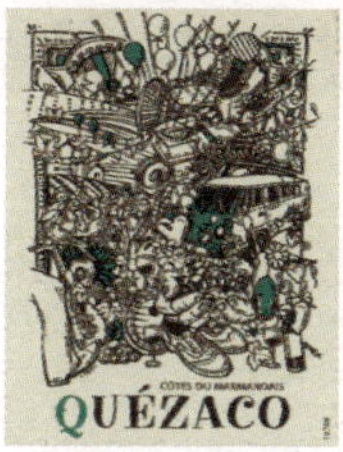

Née en 2003 de la fusion de la cave de Beaupuy (1947) située sur la rive droite de la Garonne, et de celle de Cocumont (1956), sur la rive gauche, la coopérative de Marmande représente 95 % de la production de l'appellation, soit environ 800 ha pour 6 millions de bouteilles répartis dans de nombreux domaines. Elle a remis à l'honneur l'abouriou, vieux cépage rouge du Lot-et-Garonne menacé de disparition, en lui aménageant un conservatoire en 2004.

Quézaco Du sauvignon ! Nos dégustateurs ne se sont pas posé la question, tant ce blanc élevé en cuve donne une expression accomplie de ce cépage. Aromatique à souhait, précis, le nez se partage entre les fruits exotiques et le tilleul, la touche variétale de buis se signalant sans dominer. Rond et fruité, le palais finit sur un joli trait de fraîcheur minérale qui donne équilibre et finesse à cette bouteille. ⧗ 2020-2022 ■ **2019 ★★** ♥ **(- de 5 €; 20 000 b.)** Merlot, abouriou, cabernet et malbec, pas moins de 4 cépages ont concouru à l'agrément de ce rosé. Robe pastel, églantine, nez tout en fruits, entre framboise, cassis, myrtille et bonbon, palais gourmand, généreux avec élégance, « un vin qui fait aimer le vin », conclut un juré. ⧗ 2020-2021 ■ **Bazin Excellence 2018 ★★ (8 à 11 €; 10 000 b.)** Proche du coup de cœur, un excellent rouge issu de 6 cépages et élevé 12 mois en barrique. Charnu, fondu, élégant et long,

SUD-OUEST

il offre une expression complexe, mêlant cassis, myrtille, réglisse, chocolat noir et tabac. ⧗ 2020-2025 ■ **Ch. La Bastide 2018 ★★ (5 à 8 €; 26000 b.)** Intense au nez, rond et gras, frais en finale, de belle longueur, ce blanc de sauvignon aux arômes de fleurs blanches et de fruits mûrs ajoute à sa palette des touches boisées laissées par un séjour de 10 mois en barrique. Il pourra accompagner saint-jacques et viandes blanches. ⧗ 2020-2023 ■ **Garo' Valia 2019 ★ (- de 5 €; 20000 b.)** Des parfums typés de fleurs blanches et de fruits exotiques pour ce sauvignon bien équilibré entre rondeur et fraîcheur, à la finale longue et citronnée. Parfait pour des fruits de mer et du poisson grillé. ⧗ 2020-2022

CAVE DU MARMANDAIS, La Cure, 47250 Cocumont, tél. 05 53 94 50 21, info@cavedumarmandais.fr V r.-v.

SAINT-SARDOS

Superficie : 104 ha / Production : 5 492 hl

Ancien vin de pays, le saint-sardos a été reconnu en AOVDQS en 2005 et en AOC en 2011. Ce vignoble fut créé au XIIᵉs. lors de la fondation de l'abbaye de Grand Selve à Bouillac. Il s'étend sur la rive gauche de la Garonne, au sud-ouest du Tarn-et-Garonne et au nord de la Haute-Garonne. Rouges et rosés, les saint-sardos assemblent au moins trois cépages : la syrah (plus de 40 % de l'encépagement) et le tannat (plus de 20 %), complétés par le cabernet franc et le merlot.

LES VIGNERONS DE SAINT-SARDOS 2019 ★

■ | 15900 | | 5 à 8 €

L'appellation saint-sardos est née autour de la coopérative locale, fondée en 1956, qui a fait renaître ce vignoble de la Lomagne, déjà mis en valeur au Moyen Âge par les cisterciens. La cave assure l'essentiel de la production et a créé de multiples marques.

Entre cerise et fraise, le cœur de ce rosé balance. Une impression générale de gourmandise et de fraîcheur s'impose et fait consensus. ⧗ 2020-2021 ■ **Morban 2018 ★ (5 à 8 €; 16000 b.)** Des reflets noirs animent la robe de ce vin intensément aromatique : fruité, feuille de cassis, violette et quelques épices composent une palette complexe. La bouche demeure souple grâce à une matière ample et à des tanins fondus qui laissent en finale une note poivrée. ⧗ 2020-2023

LA CAVE DES VIGNERONS DE SAINT-SARDOS, 2, chem. de Naudin, 82600 Saint-Sardos, tél. 05 63 02 52 44, sylvie.saintsardos@orange.fr V *t.l.j. sf dim. 9h-12h 14h-18h*

➔ LE BERGERACOIS ET DURAS

BERGERAC

Superficie : 10 002 ha
Production : 500 562 hl (70% rouge et rosé)

Héros de la célèbre pièce d'Edmond Rostand, Cyrano de Bergerac a certainement accru la notoriété de la cité dordognaise qui a donné son nom à l'AOC en 1936. Sa gastronomie comme son vignoble vallonné, mosaïque de terroirs, confèrent à la région un réel intérêt touristique. Les vins peuvent être produits dans 90 communes de l'arrondissement de Bergerac. Rouges, rosés ou blancs secs, les bergerac naissent principalement du merlot, des cabernets et du malbec en rouge et en rosé, du sémillon, du sauvignon et de la muscadelle en blanc. Les rouges sont aromatiques et souples, les rosés, frais et fruités. La diversité des terroirs (calcaires, graves, argiles, boulbènes) donne aux blancs des expressions aromatiques variées. Jeunes, les vins sont fruités, élégants, un rien nerveux. Vinifiés dans le bois, ils devront attendre un an ou deux avant de révéler l'expression du terroir.

CH. LES BRANDEAUX 2018 ★★

■ | 30000 | | - de 5 €

Jean-Marc Piazzetta est œnologue, son frère Thierry est commercial : des compétences complémentaires pour conduire ce vignoble familial, acquis en 1936 par l'arrière-grand-père, qui s'étend aujourd'hui sur 30 ha.

Prenant la suite d'un 2017 élu coup de cœur, ce bergerac rouge est de la même veine : né de merlot majoritaire (90 %) complété par un petit appoint de cabernet-sauvignon, élevé en cuve, c'est un vin agréable dès maintenant, tout en fruit, à l'expression charmeuse, entre mûre et cassis. ⧗ 2020-2024 ■ **Cabernet franc 2018 ★ (8 à 11 €; 3000 b.)** Élevé en cuve, il a hérité de son cépage d'origine une agréable mâche et des arômes de fruits noirs, cassis en tête. ⧗ 2020-2025

CH. LES BRANDEAUX, Les Brandeaux, 24240 Thénac, tél. 05 53 58 41 50, les.brandeaux@gmail.com V *t.l.j. sf sam. dim. 9h-12h 14h-18h*

DOM. DU CASTELLAT Sélection Vieilles Vignes Merlot Cabernet-sauvignon 2018 ★

■ | 12000 | | 5 à 8 €

Dominant la vallée de la Dordogne, sur la rive gauche, le « petit castel » est une maison de plaisance qui a pris la place d'une tour de garde. Autrefois exploité en polyculture, le domaine (23 ha) est désormais consacré aux vins. À sa tête depuis 1981, Jean-Luc Lescure est rejoint par son fils Hugo, qui représente la 6ᵉ génération.

Remarquable dans le millésime précédent, cette cuvée composée de merlot (70 %), de cabernet-sauvignon et d'un petit appoint de malbec montre une belle tenue. Son nez évoque sans exubérance mais avec subtilité les fruits rouges, griotte en tête. On retrouve les fruits rouges mûrs dans une attaque souple et suave, qui ouvre sur un palais agréable par ses tanins enrobés et par sa finale nette. Un vin bien fruité, qui saura évoluer. ⧗ 2020-2025

DOM. LE CASTELLAT, Le Castellat, 24240 Razac-de-Saussignac, tél. 05 53 27 08 83, domaine.castellat@sfr.fr V *t.l.j. sf dim. 9h-19h*
EARL Jean-LucLescure

CH. LE CHRISLY Les Cailloux 2018 ★★

■ | 8500 | | 8 à 11 €

Établie au cœur de l'appellation monbazillac, cette propriété familiale où se sont succédé 5 générations est dirigée depuis 2012 par Madeleine Beigner. Le vignoble de 13 ha est implanté sur le plateau de

Rouffignac de Sigoulès (Clos la Selmonie) et sur le haut des coteaux de Pomport (Ch. le Chrisly). La famille pratique aussi l'apiculture.

Certains jurés auraient bien donné un coup de cœur à cette cuvée issue d'un assemblage classique de merlot et de cabernets récoltés à pleine maturité, le 15 octobre. Ses atouts ? Une robe sombre et jeune à reflets violets, des arômes de fraise écrasée, de framboise confiturée ou macérée, rejoints en bouche par le pruneau, un palais ample, de belle longueur, adossé à des tanins fondus. Le bois de l'élevage semble imperceptible, tant le fruit est intense. De bons raisins bien vinifiés. ⧗ 2020-2025

CH. LE CHRISLY ET CLOS LA SELMONIE, Ch. Le Chrisly, 24240 Pomport, tél. 06 83 25 39 00, lechrislybeigner@orange.fr V r.-v. 2

CLOS DU MAINE-CHEVALIER 2019 ★★★

■	5000		5 à 8 €

Fondée en 1947 et conduite depuis 1988 par Claudine et Claude Caillard, une propriété de 13 ha située aux confins du Lot-et-Garonne, sur le plateau argilo-calcaire d'Issigeac. Un bon terroir viticole, si bien que la famille a arrêté la polyculture-élevage pour se consacrer au seul vin.

Souvent remarqué pour ses rosés (pour mémoire, un coup de cœur dans cette couleur il y a 6 ans), le domaine semble en avoir changé quelque peu la « recette » : le merlot, souvent majoritaire en bergerac rouge, s'efface ici presque complètement devant un malbec triomphant, escorté du cabernet franc. Des raisins récoltés la nuit pour garantir la fraîcheur de ce vin charmeur, rose bonbon à reflets violines, aussi rond que long, aux arômes acidulés de fraise, de framboise et de bonbon à la fraise. ⧗ 2020-2021

CLOS DU MAINE-CHEVALIER, Le Maine-Chevalier, 24560 Plaisance, tél. 06 15 62 66 93, closdumainechevalier@orange.fr V *t.l.j. sf dim. 9h-12h 13h30-18h*

CLOS D'YVIGNE Princesse de Clèves 2018 ★

■	6000		5 à 8 €

Fondée en 1939, la coopérative de Sigoulès regroupe aujourd'hui 75 adhérents, qui cultivent 950 ha de vignes au sud de Bergerac.

Les vendanges du domaine fondé en 1990 par la Britannique Patricia Atkinson sont confiées depuis 2011 à la cave de Sigoulès. Ici, un sauvignon limpide, souple en attaque et bien équilibré, plaisant par ses arômes de fleurs blanches, d'agrumes et de litchi. Un blanc pour maintenant. ⧗ 2020-2022 ■ **Les Vignerons de Sigoulès Le vin nu 2019 ★ (5 à 8 €; 6000 b.)** Né des deux cabernets, un bergerac dans le plus simple appareil, c'est-à-dire sans enveloppe de chêne. Vif, fruité et épicé, un bergerac qui… « bretonne » un peu, laissant percer au nez la touche végétale du cabernet franc majoritaire. ⧗ 2020-2022

LES VIGNERONS DE SIGOULÈS, Foncaussade, 24240 Mescoules, tél. 05 53 61 55 00, contact@vigneronsdesigoules.fr V *t.l.j. sf dim. 9h-12h30 14h-17h30 (18h30 mai à sept.)*

CH. COMBRILLAC L'Inédit 2018 ★★

■	3000		11 à 15 €

Ingénieur en agriculture et œnologue, Florent Girou a géré un domaine en Toscane (qu'il continue de conseiller) et dirigé l'Église Clinet à Pomerol avant de reprendre en 2008 l'exploitation familiale – à plein temps à partir de 2018. Situé aux portes de Bergerac sur une haute terrasse de la Dordogne, le vignoble couvre 15 ha d'un seul tenant, aujourd'hui en conversion bio. Un domaine très régulier en qualité, qui a aussi développé une activité de négoce.

En blanc comme en rouge, la gamme L'Inédit présente des bergerac plus travaillés, élevés en barrique et originaux par leur assemblage : ce blanc issu de sauvignon majoritaire incorpore 10 % de chenin. Plutôt réservé au nez, il enchante par sa structure harmonieuse et par son expression aromatique tout en fruit et en fraîcheur, entre agrumes, pêche et fruits exotiques. ⧗ 2020-2023 ■ **L'Inédit 2018 ★ (11 à 15 €; 15000 b.)** « Inédite » ou presque, la place prépondérante donnée au cabernet-sauvignon dans cette cuvée. Le cépage dominant lui lègue des tanins serrés mais polis, l'élevage des touches épicées et le millésime solaire de l'ampleur, un côté chaleureux et des arômes de cerise à l'eau-de-vie. Un vin puissant. ⧗ 2021-2025

CH. COMBRILLAC, Impasse Coucombre, 24130 Prigonrieux, tél. 06 30 74 44 92, contact@combrillac.fr V *t.l.j. sf dim. 9h-12h 13h-17h*

♥ CH. COURT-LES-MÛTS 2019 ★★

■	9000		5 à 8 €

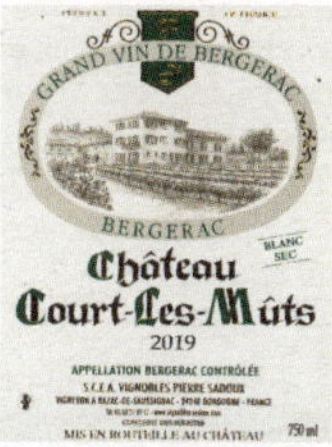

Cinq générations au service du vin. Pierre Sadoux quitte les hauts plateaux algériens en 1961 pour s'établir sur cet ancien domaine (XVIIᵉs.) du Bergeracois implanté sur les coteaux de la rive gauche de la Dordogne. Un domaine dédié depuis longtemps à la vigne : « mûts » signifie « moût » en ancien français. En 2007, son fils du même prénom a pris la relève et conduit l'exploitation qui compte aujourd'hui 53 ha. Une valeur (très) sûre du Bergeracois.

Le sauvignon blanc (50 %) laisse une belle place au sauvignon gris (30 %) et au sémillon dans cette cuvée. Un assemblage qui apporte rondeur et complexité à ce vin étincelant et très pâle, délicatement floral et fruité, même si la touche variétale de buis tente une percée au nez avant de s'estomper au palais. Complexe, gras, frais et long, ce blanc emporte l'adhésion et donne envie de poissons grillés ou d'un cabécou sur lit de salade. ⧗ 2020-2023

CH. COURT-LES-MÛTS, Court-les-Mûts, 24240 Razac-de-Saussignac, tél. 05 53 27 92 17, court-les-muts@wanadoo.fr V *t.l.j. sf dim. 9h-12h 14h-18h; sam. sur r.-v.*

CYRANO DE BERGERAC 2018 ★

■	16000		5 à 8 €

Issu d'une famille apparentée à Cyrano de Bergerac, Antoine de Corbiac, propriétaire du château du même nom en Bergeracois (pécharmant, monbazillac, bergerac) a créé une structure de négoce en partenariat avec un vigneron de la région. La maison commercialise les vins de sa propriété et ceux de la gamme Cyrano de Bergerac.

Il porte la marque d'un été radieux et de raisins bien mûrs, ce rouge mariant merlot (60 %) et cabernets, élevé 18 mois en cuve sans sulfites ajoutés. La robe est profonde. Le nez, d'abord animal, s'ouvre sur les petites baies surmûries. On retrouve le fruit noir dans une bouche ample en attaque, charpentée, de bonne longueur, qui dévoile jusqu'à la finale volume et rondeur, suave jusque dans ses tanins. ⧗ 2020-2024

⊶ SARL CYRANO DE BERGERAC, rte de Corbiac, 24100 Bergerac, tél. 05 53 57 20 75, cyrano@bergerac.com V *t.l.j. 10h-19h*

CH. DE FAYOLLE 2019 ★★

■ | 11000 | | 8 à 11 €

Déjà propriétaire d'une ferme bio en Écosse, Julian Taylor a acheté en 2010 ce domaine commandé par un château du XVᵉs. à l'architecture typiquement périgourdine. Il a porté sa superficie de 17 à moins de 13 ha, ne gardant que les meilleures parcelles. En mars 2019, il a vendu la propriété à l'homme d'affaires américain Frank Campbell et à son épouse Riki.

Venus du pays de Vaud en Suisse, les nouveaux propriétaires goûtent sans doute les vins blancs frais. Ils en proposent une cuvée accomplie, remarquable reflet du millésime et du sauvignon (95 %). Le nez intense se partage entre les fleurs blanches et les agrumes. Vif en attaque, rond dans son développement, le palais s'étire en une longue finale qui porte l'empreinte de son cépage. ⧗ 2020-2023 ■ **Sang du sanglier 2018 ★ (11 à 15 €; 6900 b.)** La continuité dans la qualité avec cette cuvée 100 % merlot élevée 12 mois en barrique. Un style de bergerac consistant et charpenté que l'on peut garder en cave. ⧗ 2022-2027

⊶ CH. DE FAYOLLE, Fayolle, 24240 Saussignac, tél. 05 53 74 32 02, admin@chateaufayolle.com V *t.l.j. 13h30-17h30; sam. dim. sur r.-v.*

CH. FONGRENIER Entre Acte 2018 ★★

■ | 5000 | | 5 à 8 €

Représentant la 4ᵉ génération de vignerons, Olivier Mayet s'est installé sur le domaine familial en 1992. Après avoir quitté la coopérative, il a signé sa première vinification en 2011 sous le nom de « Premier Acte ». Avec l'arrivée sur le domaine de sa fille Axelle, de nouvelles cuvées sont créées et le vin change de nom : Le Ch. Fongrenier succède au Ch. La Ferrière.

Robe limpide et nette, nez très fruité, tonique et subtil : cette cuvée de sauvignon blanc, incorporant un peu de sauvignon gris, brille par sa présentation. Elle dévoile ensuite l'intensité aromatique et la fraîcheur attendues d'un bergerac sec, avec un surcroît d'élégance et de longueur. ⧗ 2020-2022

⊶ CH. FONGRENIER, La Prade, 24240 Razac-de-Saussignac, tél. 06 81 67 14 99, mayet-olivier@orange.fr V *r.-v.*

CH. LA FORÊT Réserve 2019 ★

■ | 13300 | | 5 à 8 €

Domaine en polyculture créé vers 1900 par les Borie sur les coteaux sud de l'appellation, près d'Eymet, dédié à la vigne, aux pruniers d'ente et aux noyers. Installé en 1998, Hervé Borie étend et restructure le vignoble (85 ha aujourd'hui). Depuis l'arrivée en 2011 de sa compagne Laurence Nicolas, œnologue, il développe la vente directe. Propriété certifiée Haute valeur environnementale.

L'année 2019 a été marquée par des épisodes estivaux caniculaires. Le sauvignon à l'origine de ce bergerac sec a été vendangé la nuit. Une pratique qui n'est sans doute pas pour rien dans la vivacité tonique de ce blanc mêlant au nez aubépine, citron et la note variétale de buis, à la fois gras et alerte, qui persiste sur de plaisantes évocations d'agrumes. ⧗ 2020-2023

⊶ CH. LA FORÊT, 24500 Sainte-Innocence, tél. 06 63 90 08 71, contact@chateaulaforet-bergerac.com V *r.-v.*

♥ CH. LES GRIMARD Demi-sec 2019 ★★

■ | 10000 | | - de 5 €

La famille Joyeux (aujourd'hui Jacques Joyeux et Bernard Havard) exploite la vigne depuis 1933, sur ces terres de Montazeau, au cœur du Montravel, pays cher à Montaigne. Elle a commencé à vendre son vin en bouteilles en 1974. Le chai a été aménagé dans une ancienne grange du XVᵉs., pour accueillir le fruit de 27 ha de vignes.

Déjà remarqué dans des millésimes antérieurs, ce rosé assemble à parité merlot et cabernet. Demi-sec, il contient un peu plus de 4 g/l de sucres résiduels. Juste assez pour donner un côté suave à ses arômes intenses de fruits rouges et pour marquer de jolies rondeurs sa matière consistante, pas assez pour l'empâter. L'acidité est là aussi, pour exalter le fruité et donner du tonus en finale. Parfait à l'apéritif et pour des spécialités sucrées-salées. ⧗ 2020-2021

⊶ CH. LES GRIMARD, lieu-dit Les Grimard, 24230 Montazeau, tél. 05 53 63 09 83, ch.lesgrimard@orange.fr V *t.l.j. 8h-19h; dim. sur r.-v.*

♥ Ⓑ DOM. DE GRIMARDY 2018 ★★

■ | 2230 | | 5 à 8 €

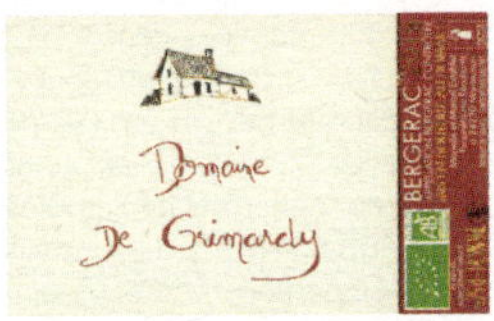

Issu d'une famille de vignerons, Marcel Establet s'est formé dans le Bordelais où il a débuté comme viticulteur, avant d'acquérir en 1998 avec son épouse ce domaine situé à Montazeau, à équidistance de Saint-Émilion et Bergerac. Il a créé un chai et, après avoir adopté l'agriculture raisonnée, a converti progressivement à l'agriculture biologique ses 11 ha de vignes (certification en 2013).

La cuvée Révélation, élevée en barrique, est souvent en vue dans ces pages. Cette année, la révélation, c'est ce vin élevé 6 mois en cuve ! Comme dans le Libournais voisin, l'assemblage privilégie le merlot qu'il complète de cabernet franc (20 %). Il en résulte un nez chaleureux et expansif et une bouche séveuse, très longue, conciliant puissance, rondeur, élégance et finesse. Parfait pour une volaille (bio bien sûr) ou un rôti de bœuf. ⧗ 2020-2025

DOM. DE GRIMARDY, 14, Les Grimard, 24230 Montazeau, tél. 06 09 96 60 55, grimardy@wanadoo.fr V r.-v.

CH. HAUTE BRANDE 2018 ★★

■ | 25 000 | | 5 à 8 €

Éric Nicolas a pris en 1984 les rênes de cette propriété familiale constituée en 1950, et située en Gironde, à la limite du Bergeracois. Son vignoble de 38 ha est implanté dans les aires d'appellation bordeaux et bergerac. En conversion bio depuis 2018.

Le merlot (50 %) et les cabernets (franc et sauvignon) font jeu égal dans cette cuvée agréablement fruitée qui n'a pas connu le bois. Le premier apporte sa rondeur flatteuse et les seconds lèguent structure, mâche et fraîcheur. La longue finale achève de convaincre. ⧗ 2020-2025

CH. HAUTE BRANDE, 124, rte de la Brande, 33220 Saint-Avit-Saint-Nazaire, tél. 05 57 46 38 48, vignobles-nicolas@gmail.com V *r.-v.*

CH. HAUT LAMOUTHE 2019 ★

■ | 9 600 | 5 à 8 €

Implantée sur la rive gauche de la Dordogne, cette propriété familiale, conduite par Michel Durand et ses neveux Nicolas Pouget et Julien Durand, possède aussi des vergers de pruniers et de pommiers. Côté vigne, le domaine s'est développé à partir des années 1980 pour atteindre aujourd'hui 42 ha, implantés au pied du tertre de Montcuq.

Il offre tout ce que l'on attend d'un blanc sec issu de sauvignon : un nez expressif, floral et fruité, nuancé de la petite touche variétale de buis, et un palais frais et alerte. Avec une rondeur, une ampleur et des arômes de fruits mûrs, legs probables du millésime. La finale sur les agrumes laisse la bouche nette. ⧗ 2020-2023 ■ **L'Inédite Élevé en fût de chêne 2018 ★ (8 à 11 €; n.c.)** Des parfums de fruits noirs soulignés d'un fin boisé pour cette cuvée issue de merlot majoritaire et élevée 16 mois en barrique. Un vin consistant, structuré, à l'attaque suave et à la finale persistante, fraîche et fruitée. ⧗ 2021-2025

CH. HAUT LAMOUTHE, 56, rte de Lamouthe, 24680 Lamonzie-Saint-Martin, tél. 06 21 03 51 36, chateauhautlamouthe@wanadoo.fr V *t.l.j. sf dim. 8h30-18h; sam. 8h30-12h* E

B CH. LES HAUTS DE CAILLEVEL Été 2018 ★★

■ | 16 200 | | 8 à 11 €

Après 8 ans passés dans l'aéronautique, Pierre-Étienne Serey, ingénieur, est retourné au lycée (agricole) pour se reconvertir dans la viticulture. Il a racheté en 2018 avec sa femme Charlotte le domaine des Hauts de Caillevel où il s'est établi avec sa nombreuse famille. Implanté sur la rive gauche de la Dordogne, le vignoble de 18 ha d'un seul tenant est exploité en bio certifié depuis 2013. Les cépages rouges sont cultivés sur le coteau, les blancs sur le plateau.

Les merlots et cabernets (franc et sauvignon) à l'origine de cette cuvée ont peut-être eu chaud l'été et ont parfait leur maturation jusqu'à la mi-octobre, dans une atmosphère plus fraîche, favorable à l'expression des arômes. Moyennant quoi ce vin bénéficie d'un nez intense et fin, d'une belle précision, sur les fruits rouges, et d'une bouche elle aussi très fruitée en attaque, adossée à des tanins souples et affables et servie par une finale agréable et longue, marquée par un retour des fruits rouges. Un 2018 avenant et élégant. ⧗ 2020-2025

LES HAUTS DE CAILLEVEL, Caillevel Est, 24240 Pomport, tél. 06 67 47 75 56, caillevel@orange.fr V *t.l.j. sf dim. 9h-12h30 14h-18h*

B CH. DE LA JAUBERTIE Mirabelle 2018 ★

■ | 17 000 | | 15 à 20 €

Tirant son nom d'un ruisseau, ce domaine est commandé par un château Directoire, qui a succédé à un pavillon de chasse élevé par Henri IV à l'emplacement d'un bâtiment du XIIe s. Nick Ryman, homme d'affaires britannique, a acheté la Jaubertie en 1973. Son fils Hugh a quitté les vignobles d'Australie il y a plus de 30 ans pour reprendre la propriété, toujours dans la famille. Le vignoble, en bio, couvre 45 ha. Une valeur sûre.

Née des meilleures parcelles du domaine, une cuvée composée de merlot et de cabernets (sauvignon surtout) sensiblement à parité, vendangés le 5 octobre. Après un séjour de 18 mois en barrique, elle s'annonce par une robe très colorée, presque noire, à laquelle répondent un nez intense et chaleureux et une bouche particulièrement solide, puissante et longue, pleine de mâche. Un bergerac de garde. ⧗ 2023-2030

CH. DE LA JAUBERTIE, Ch. de la Jaubertie, 24560 Colombier, tél. 05 53 58 32 11, jaubertie@wanadoo.fr V *t.l.j. 10h-17h*

CH. LADESVIGNES Une Belle Histoire 2019 ★★

■ | 10 000 | | 5 à 8 €

Véronique et Michel Monbouché ne cessent d'améliorer et d'étendre leur propriété (60 ha aujourd'hui), qui bénéficie d'un panorama imprenable sur Bergerac et la vallée de la Dordogne. Certifié Haute valeur environnementale (2011) et en bio à partir du millésime 2020, un domaine régulier en qualité, en rouge comme en blanc.

Que de fruit ! Que d'intensité ! Avec précision, finesse et complexité. Une belle histoire contée par le sauvignon (90 %), avec un appoint de sémillon pour apporter rondeur et liant. Sous le charme, les dégustateurs sont restés quelque peu laconiques, mais ils ont su dire l'essentiel avec concision. Les points d'exclamation sur leurs fiches suffiraient d'ailleurs presque à traduire le plaisir qu'ils ont eu à goûter cette bouteille. ⧗ 2020-2023

CH. LADESVIGNES, Ladesvignes, 24240 Pomport, tél. 05 53 58 30 67, contact@ladesvignes.com V *t.l.j. 9h-12h 14h-18h*

♥ LATOUR DES MARCHE Réserve 2018 ★★★

■ | 15 000 | | 8 à 11 €

Les coteaux de Latour, à Prigonrieux, s'étagent sur la rive droite de la Dordogne, en aval de Bergerac. S'ils portaient déjà de la vigne au XVIIIe s., ce domaine familial de 20 ha n'a été constitué qu'en 1950. Catherine Marche, propriétaire, s'est associée en 2017 avec Jean-Paul Tensou et Renaud Lachèze pour l'exploiter en bio.

SUD-OUEST

Une robe cerise noire engageante pour cette cuvée à majorité de merlot (80 %, avec le cabernet-sauvignon en appoint). Des raisins vendangés bien mûrs, début octobre, longuement macérés, avant, pendant et après la fermentation et qui, sans renfort de bois, s'expriment sur des notes de fruits rouges et de mûre d'une grande finesse. La bouche tient les promesses du nez, ample et ronde, bâtie sur des tanins soyeux et élégants, d'une belle persistance. La petite pointe tannique en finale indique un potentiel intéressant pour ce vin tout en fruit. ⌛ 2020-2025

LATOUR DES MARCHE, Latour, 58, rte de la Croix-du-Treuil, 24130 Prigonrieux, tél. 06 12 03 72 60, alliance.latourdivin@gmail.com V t.l.j. 7h-20h30

♥ B CH. LES MAILLERIES 2019 ★★

■ | 26600 | | 8 à 11 €

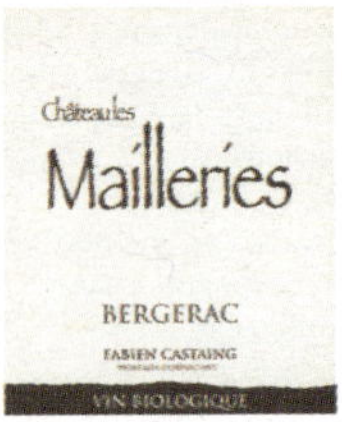

Un domaine de 12 ha en bio, acquis en 2016 par Fabien Castaing, déjà aux commandes depuis 2008 du vignoble constitué par sa famille à partir de la fin du XIXes. sur la rive gauche de la Dordogne, en particulier du Dom. de Moulin-Pouzy, 55 ha en conversion bio.

Déjà appréciée dans le millésime précédent, cette cuvée donne une place non négligeable au malbec (30 %) aux côtés du merlot (60 %), le cabernet-sauvignon venant en appoint. Le 2019 a tout bon : des reflets fuchsia de jeunesse, un nez mariant de délicates notes florales à des arômes de fruits mûrs, une bouche harmonieuse, à la fois ronde et fraîche, qui montre une belle présence tout en laissant une impression de légèreté. ⌛ 2020-2025 ■ **Aroma Gaïa 2019 ★★** (5 à 8 €; 6000 b.) B Issu presque exclusivement de merlot, un rosé à la robe «moderne» saumon pastel, aux arômes flatteurs de bonbon anglais, conjuguant rondeur et vivacité, à la finale suave. ⌛ 2020-2021

CH. LES MAILLERIES, 12, rte des Rivailles, 24240 Cunèges, tél. 05 53 58 41 20, info@fabiencastaing.com V *t.l.j. sf sam. dim. 8h-30 12h 13h-17h30 (ven. 16h30)*

CH. LES MERLES 2018 ★★★

■ | 30000 | | 5 à 8 €

À partir de 1914, 3 générations de Lajonie ont constitué dans le Bergeracois un vaste vignoble. La famille, qui commercialise son vin en bouteille depuis 1965, exploite 3 domaines : les châteaux Pintouquet (30 ha), le berceau, Bellevue (70 ha, en monbazillac et côtes-de-bergerac blanc) et Les Merles (70 ha), gérés depuis 1983 par Joël et Alain. La dernière génération, avec Romain Lajonie, a rejoint la propriété.

Les Lajonie ont tiré un excellent parti du millésime 2018 en rouge, puisqu'ils ont obtenu un coup de cœur en pécharmant et se sont placés sur les rangs en bergerac rouge. Mariant 4 parts de merlot pour 1 de cabernet-sauvignon, cette cuvée se passe d'élevage en barrique pour faire valoir ses qualités : un nez frais, tout en fruit, aux accents de cassis et de mûre, un palais à l'unisson, intensément aromatique, d'une rondeur aimable, à la finale d'une rare élégance. ⌛ 2020-2024

CH. LES MERLES, 2, chem. des Merles, 24520 Mouleydier, tél. 06 22 13 54 13, alain.lajonie@wanadoo.fr V *r.-v.*

B CH. LES MIAUDOUX 2019 ★★

■ | 46000 | | 5 à 8 €

Une valeur sûre du Bergeracois, avec plusieurs coups de cœur à la clé. Gérard et Nathalie Cuisset conduisent leur domaine depuis 1986, épaulés par leur fils Samuel et son épouse Lisa : 32 ha convertis à l'agriculture biologique en 2003 et à la biodynamie en 2014. L'exploitation, qui pratiquait aussi le maraîchage, a arrêté cette activité pour se concentrer sur la vigne.

Pour appartenir à l'entrée de gamme du domaine, ce bergerac blanc élevé 2 mois en cuve n'en procure pas moins beaucoup de plaisir. Né d'un assemblage des 3 grands cépages blancs du Bergeracois, sauvignon (50 %), sémillon (40 %) et muscadelle, il déploie toute une gamme fruitée intense et fraîche qui se prolonge dans un palais tonique, délicat et persistant. ⌛ 2020-2022

CH. LES MIAUDOUX, Lieu-dit Les Miaudoux, 24240 Saussignac, tél. 05 53 27 92 31, lesmiaudoux@gmail.com V *t.l.j. sf sam. dim. 10h-12h 14h-18h* E

MOSAÏQUE 2019 ★★

■ | 40000 | | - de 5 €

Alliance Aquitaine est une structure coopérative née en 2010 de la fusion de la cave de Saint-Vivien et de celle de Bergerac-Le Fleix. Disposant de 3 sites de vinification, la cave regroupe 140 adhérents pour une surface totale de 1 350 ha de vignes, dans le Bergeracois (80 %) et en AOC bordeaux.

Si certains lui trouvent un côté flatteur, pour ne pas dire commercial, ce rosé reflète un excellent savoir-faire : ne s'est-il pas placé sur les rangs pour le coup de cœur? Il charmera le plus grand nombre avec sa robe pastel à la mode, son nez frais, bien ouvert sur le pamplemousse et sur le bonbon anglais, et son palais à la fois gras et tonique, acidulé en finale, où la cerise rejoint les agrumes. ⌛ 2020-2021

SCA ALLIANCE AQUITAINE, Le Vignoble, 24130 Le Fleix, tél. 05 53 24 64 32, pyprudhomme@allianceaquitaine.com V *t.l.j. 8h30-12h30 14h-18h*

DOM. DE MOULIN-POUZY 2019 ★

■ | 73000 | | 5 à 8 €

Fabien Castaing est à la tête depuis 2008 d'un vignoble constitué par cinq générations à partir de la fin du XIXes. sur la rive gauche de la Dordogne, en particulier le Dom. de Moulin-Pouzy : 55 ha exploités d'abord en viticulture raisonnée, et aujourd'hui certifiés Haute qualité environnementale et en conversion bio. En 2016, il a acquis le Ch. les Mailleries, un domaine de 12 ha conduit en bio.

Un petit cran en dessous du 2018, un des coups de cœur de la dernière édition, ce rouge issu de merlot très majoritaire n'en offre pas moins des traits communs avec son aîné : un nez chaleureux, entre fruits rouges et notes florales, une bouche ample et ronde sans mollesse, relevée de touches épicées. ⌛ 2020-2024

DOM. DE MOULIN-POUZY, 12, rte des Rivailles, 24240 Cunèges, tél. 05 53 58 41 20, info@fabiencastaing.com V *t.l.j. sf sam. dim. 8h30-12h 13h-17h30 (ven. 16h30)*

DOM. DE PÉCOULA 2019 ★★★

blanc	6500	bouteille	5 à 8 €

Exploitation constituée en 1930 par le grand-père de l'actuel vigneron. Benjamin d'une fratrie de 8 enfants, Jean-Marie Labaye a fait ses armes dans un autre métier avant de rejoindre son frère René sur la propriété familiale, qu'il gère seul depuis 2018. En 2019, il a engagé la conversion bio du domaine, qui compte aujourd'hui 33 ha, dont 27 sont destinés au monbazillac. Un domaine souvent en vue pour ses bergerac et monbazillac.

Né de sauvignon majoritaire et d'un appoint de sémillon, ce bergerac élevé en cuve dévoile tout ce que l'on attend d'un vin blanc sec : une palette fruitée intense, entre pêche et agrumes, qui se prolonge dans une bouche fringante, d'une rare persistance. De quoi oublier les ardeurs de l'été 2019 avec un plateau de fruits de mer. ⧗ 2020-2023

DOM. DE PÉCOULA, Pécoula, 24240 Pomport, tél. 06 80 52 38 68, pecoula.labaye@wanadoo.fr V *r.-v.*

CH. PIQUE-SÈGUE 2018 ★

rouge	80500	bouteille	5 à 8 €

Dirigée par Philip et Marianne Mallard, une propriété déjà mentionnée au XIVe s. par l'archevêque de Bordeaux pour la qualité de ses vins. Henri IV y fit halte, dit-on, pour abreuver son cheval à l'une de ses fontaines. La vigne représente 70 ha sur cette exploitation qui couvre plus de 220 ha sur les plus hauts coteaux de Montravel. On y élève aussi des vaches limousines.

Né d'un assemblage classique dans la région de merlot majoritaire et de cabernet-sauvignon, ce vin rouge charme d'emblée par son nez intense, tout en petits fruits rouges et noirs. La bouche tient les promesses du nez, offrant une matière consistante, de la mâche et une finale persistante marquée par un agréable retour du fruit. De la présence. ⧗ 2020-2024

CH. PIQUE-SÈGUE, Ponchapt, 33220 Port-Sainte-Foy-et-Ponchapt, tél. 05 53 58 52 52, info@chateau-pique-segue.fr V *r.-v.*

CH. POULVÈRE La Part des anges 2019 ★

blanc	8933	bouteille	5 à 8 €

Ancienne dépendance du château de Monbazillac, le Ch. Poulvère date de la même époque. Il est exploité depuis plus de cent ans par les Borderie, qui travaillent toujours en famille : Francis conduit le vignoble (102 ha) depuis 1977, épaulé par ses neveux Frédéric (au chai) et Benoît (au commercial), rejoints en 2018 par Paul et Anaïs, enfants de Frédéric.

Portant la marque du millésime et de l'assemblage (sauvignon très majoritaire et sémillon), cette cuvée s'ouvre sur les fleurs blanches et les fruits blancs mûrs, teintés d'une touche minérale. Ample et ronde, elle est tonifiée par une belle fraîcheur finale. Une bouteille qui pourra accompagner une viande blanche en sauce. ⧗ 2019-2022

CH. POULVÈRE, lieu-dit Poulvère, 24240 Monbazillac, tél. 05 53 58 30 25, famille.borderie@poulvere.com V *t.l.j. sf dim. 9h-12h30 13h30-18h30*

SOURCE DES VERDOTS Merlot Cabernet-sauvignon Malbec 2018 ★★

rouge	35000	bouteille	5 à 8 €

À l'origine caviste, Périgord Millésimes et Terroirs est devenue, en 1998, une maison de négoce dont la gamme s'étend au-delà du Bergeracois.

La cave souterraine de David Fourtout est traversée par la source des Verdots qui donne son nom à ses cuvées de négoce. La version rouge privilégie le merlot (80 %), complété par le cabernet-sauvignon et par une goutte de malbec. Élevée en cuve, elle séduit par son nez centré sur le fruit rouge bien mûr mais non confituré comme par son palais puissant et frais, adossé à des tanins veloutés, servi en finale par un joli retour fruité. ⧗ 2020-2025 **Cabernet-sauvignon Malbec Merlot 2019 ★ (5 à 8 €; 10000 b.)** Issu de cabernet-sauvignon majoritaire (65 %), un rosé pastel, au nez discrètement fruité et amylique, séduisant par son palais bien construit, rond en attaque et tonique en finale, aux arômes de fraise et de framboise. ⧗ 2020-2021

SARL PÉRIGORD MILLÉSIMES ET TERROIRS, 56, bd Joseph Santraille, 24100 Bergerac, tél. 05 53 73 24 26, pmt.bergerac@gmail.com

CH. THÉNAC 2018 ★★

rouge	30000	fût, bouteille	15 à 20 €

Un château construit sur les ruines d'un prieuré bénédictin et une vaste propriété de 200 ha où la vigne côtoie pruniers, cultures, prés, bois et étangs. Racheté en 2001 par Eugene Shvidler, homme d'affaires américain d'origine russe, le domaine, équipé d'un nouveau chai et conseillé depuis 2017 par Hubert de Boüard, est devenu en quelques années une valeur sûre du Bergeracois.

Les 4 cépages rouges de l'appellation contribuent à l'harmonie de cette cuvée élevée 12 mois en barrique, une goutte de malbec venant compléter le merlot majoritaire (66 %), et les deux cabernets. Si le fût apporte ses touches épicées et grillées, il laisse toute sa place au raisin, qui s'épanouit sur des notes de fruits noirs, mûre et cassis en tête. Ce fruité très présent se confirme dans une bouche harmonieuse et longue, à laquelle le merlot apporte sa rondeur et les cabernets leur structure tannique et leur mâche. ⧗ 2022-2027 **Fleur de Thénac 2018 ★ (8 à 11 €; 5000 b.)** Privilégiant le sauvignon, complété du sémillon et d'un petit appoint de muscadelle, élevé en cuve, un bergerac sec de belle tenue, finement fruité, à la fois gras et frais. ⧗ 2020-2023

SCEA CH. THÉNAC, Le Bourg, 24240 Thénac, tél. 05 53 61 36 85, wines@chateau-thenac.com V *r.-v.*

CH. TOUR DE GRANGEMONT 2019 ★★

rouge	40000	bouteille	5 à 8 €

Le gros de ce vignoble de 70 ha se trouve au lieu-dit Grangemont; une haute tour se dressait autrefois en haut du coteau, d'où le nom du domaine. Fabien Lavergne, œnologue, a pris en 2012 la direction de la propriété familiale, où il secondait depuis des années son père Christian. Il a engagé la conversion bio des vignes rouges du domaine.

Pas de bois pour cette cuvée tout en fruit, qui s'est placée parmi les finalistes au moment d'élire les coups de cœur. Le merlot (50 %) laisse une bonne place au cabernet-sauvignon (40 %) et au malbec pour donner un vin grenat intense et soutenu, au nez précis et frais, alliant les fleurs et les petits fruits rouges, framboise en tête. Le fruit se fait plus noir et plus compoté dans un palais ample et rond, adossé à des tanins doux et affables. La finale persistante laisse le souvenir d'un vin harmonieux, qui ne manque pas de réserves. ⧗ 2020-2025

CH. TOUR DE GRANGEMONT, Portugal, 24560 Saint-Aubin-de-Lanquais, tél. 05 53 24 32 89, tour-de-grangemont@sfr.fr V *t.l.j. sf dim. 10h-12h 15h-19h*

CH. TOUR DES GENDRES 2019 ★

■	60 000		5 à 8 €

***Una storia italiana*. En 1986, les frères de Conti joignent leurs terres, associent leurs familles et fondent l'entreprise de Conti. Jean, Luc, leurs épouses et un cousin, Francis, qui apporte ses 20 ha, suivent ainsi les pas de Vincenzo, arrivé là en 1925. Rejoints par Gilles et Guillaume, ils exploitent 57 ha de vignes, en bio depuis 2005, complétés par une structure de négoce qui met en œuvre des vins de voisins viticulteurs convertis eux aussi à la bio.**

Une robe intense et jeune pour cette cuvée mariant merlot (60 %) et malbec, qui s'ouvre sur le cassis et la mûre. Ample en attaque, le palais déroule une agréable trame de tanins fondus, un peu plus fermes et stricts en finale. Un vin déjà agréable qui pourra se garder un peu. ⧗ 2020-2024 ■ **Terre des Gendres Sans soufre 2019 ★ (5 à 8 €; 20 000 b.)** Issue d'une sélection de parcelles, la cuvée de négoce des Conti marie malbec, merlot et cabernet. Elle séduit par ses arômes de cassis et de framboise écrasés et par sa bouche équilibrée entre souplesse et fraîcheur, à la finale nerveuse. ⧗ 2020-2023 ■ **Terre des Gendres 2019 ★ (5 à 8 €; 20 000 b.)** La version blanche de cette cuvée de négoce assemble sémillon, sauvignon et muscadelle. Un bergerac sec fruité, frais et long. ⧗ 2020-2023

CH. TOUR DES GENDRES, Les Gendres, 24240 Ribagnac, tél. 05 53 57 12 43, familledeconti@wanadoo.fr V *r.-v.*

CH. VARI 2018 ★

■	18 000		5 à 8 €

Yann Jestin, installé depuis 1994 sur ce domaine de 22 ha, est œnologue et courtier en grands crus classés du Bordelais. Il a engagé en 2009 la conversion bio de son vignoble, aujourd'hui certifié. Avec son épouse Sylvie, il a également créé un bar à vins et une épicerie fine pour mieux valoriser sa production.

Le malbec (20 %) prend la place des cabernets en complément du merlot dans cette cuvée à la robe colorée et au nez d'une belle finesse, tout en fruits noirs, cassis en tête. Les petits fruits s'épanouissent dans une bouche ample et ronde en attaque, étayée par des tanins enrobés, encore un peu austères en finale, qui permettront à cette bouteille de vieillir avec grâce. ⧗ 2021-2025

CH. VARI, lieu-dit Le Pataud, 24240 Monbazillac, tél. 05 57 19 65 70, contact@chateau-vari.com V *t.l.j. sf sam. dim. 9h-17h*

LES VERDOTS SELON DAVID FOURTOUT
L'Excellence du Château les Tours des Verdots David Fourtout 2018 ★

■	8 000		20 à 30 €

Conduite depuis 1992 par le talentueux David Fourtout, issu d'une famille originaire de Saint-Émilion, cette exploitation de 45 ha est une valeur sûre du Bergeracois, avec plusieurs coups de cœur à son actif. Un succès lié à un beau terroir de calcaires veinés de silex, à des installations modernes et à des sélections exigeantes.

Le haut de gamme de David Fourtout, issu de vieilles vignes de sauvignon blanc (46 %), de sauvignon gris (26 %) et de muscadelle (18 %), vendangées à la main, pratique devenue rare dans la région. L'élevage de 14 mois en barrique neuve montre aussi l'ambition de cette cuvée. Au moment de la dégustation, le vin était encore sous l'emprise du boisé, très vanillé et marqué par une touche d'amertume en finale. Intense, déjà agréable, il dévoilait le gras et la longueur d'un blanc de garde, qui gagnera en expression et en complexité avec le temps. Il pourra donner la réplique à une viande blanche ou à un poisson en sauce. ⧗ 2020-2025

VIGNOBLE DES VERDOTS, Les Verdots, 24560 Conne-de-Labarde, tél. 05 53 58 34 31, verdots@wanadoo.fr V *t.l.j. sf dim. 9h-12h 14h-18h*

CH. LES VIGONIES 2019 ★

■	20 000		- de 5 €

Union de coopératives, Couleurs d'Aquitaine est née en 2008 à l'initiative des 4 caves de la Dordogne : Cave de Port-Sainte-Foy, Les Vignerons de Sigoulès, Cave de Monbazillac et Alliance Aquitaine. Prolongée par une structure de négoce, elle sélectionne, élève et distribue aussi et surtout des vins de propriétés du Bergeracois et du Bordelais. Un acteur de poids du grand Sud-Ouest viticole.

Vinifiés séparément, le merlot majoritaire et les 2 cabernets ont fait l'objet d'une macération semi-carbonique. Pratiquée notamment en Beaujolais, cette technique de vinification exalte les arômes de fruits rouges (fraise, framboise) et de fleurs de cette cuvée, et lui donne un côté pimpant et juvénile. Un peu de sucrosité marque la bouche étayée de jolis tanins plus typés Sud-Ouest. Une bouteille à apprécier jeune. ⧗ 2020-2023

COULEURS D'AQUITAINE, Les Seguinots, rte de Marmande, 24100 Saint-Laurent-des-Vignes, tél. 05 53 63 78 55, avernhet@couleursdaquitaine.fr

CÔTES-DE-BERGERAC

Cette appellation ne définit pas un terroir mais des conditions de récolte plus restrictives qui doivent permettre d'obtenir des vins riches, concentrés, charpentés, au potentiel de garde plus important que les bergerac.

DOM. DE L'ANCIENNE CURE
L'Abbaye 2018 ★

■	10 000		15 à 20 €

Cinquième génération à cultiver la vigne, Christian Roche hérite d'une partie de la propriété familiale

en 1984. Cinq ans plus tard, il aménage son chai de vinification. Établi dans l'ancien presbytère de Colombier, il conduit aujourd'hui – en bio – un vaste vignoble de près de 50 ha (avec une dominante de vignes blanches) aux sols variés, ce qui lui permet de proposer une large gamme de vins du Bergeracois, complétée par une activité de négociant-éleveur. Incontournable.

Assemblage de merlot et des 2 cabernets, cette cuvée bien connue des lecteurs du Guide est restée moins longtemps en barrique que dans certains millésimes antérieurs (14 mois). Il en résulte un vin harmonieux, finement boisé, laissant toute sa place à un fruit gourmand, qui s'épanouit en une gamme de petits fruits noirs : cassis, mûre, baie de sureau, myrtille. On retrouve ces petites baies dans une attaque tendre et suave, qui ouvre sur un palais agréable par sa texture, malgré une finale un peu stricte. ⧗ 2022-2026

L' ANCIENNE CURE, N 21, 24560 Colombier, tél. 05 53 58 27 90, ancienne-cure@orange.fr V *r.-v.*

CH. BÉLINGARD Réserve 2018 ★

■	16000		8 à 11 €

Ce vignoble familial (75 ha) fondé en 1820 domine la vallée de la Dordogne, établi sur un promontoire célèbre pour son ancien culte druidique – «Belengaard» ou «jardin du soleil» –, où se déroulèrent aussi les premiers combats de la guerre de Cent Ans. Laurent de Bosredon et son épouse Sylvie sont aux commandes depuis 1986.

Issue à parité de merlot et de cabernet-sauvignon, cette cuvée se partage au nez entre de belle notes fruitées et florales (pivoine) et les nuances vanillées et fumées léguées par un séjour de 10 mois en barrique. Très souple en attaque, puissante, de belle longueur, elle est rapidement marquée par les tanins du bois qui masquent le fruit. Elle a assez de réserve pour bien évoluer. ⧗ 2022-2028

CH. BÉLINGARD, Lieu-dit Bélingard, 24240 Pomport, tél. 05 53 58 28 03, contact@belingard.com V *t.l.j. sf sam. dim. 9h-12h30 13h30-18h; sam. mai à sept.; dim. sur r.-v.*

CH. LA BESAGE
Prestige Élevé en fût de chêne 2018 ★★

■	17300		8 à 11 €

Fondée en 1939, la coopérative de Sigoulès regroupe aujourd'hui 75 adhérents, qui cultivent 950 ha de vignes au sud de Bergerac.

Née de raisins bien mûrs, récoltés début octobre, cette cuvée reflète la présence majoritaire du merlot (80 %, avec un appoint de cabernet-sauvignon), avec son nez floral, marqué par l'empreinte vanillée et toastée de la barrique (12 mois), et sa bouche ample, suave et ronde, de belle longueur, où le merrain épicé, bien intégré, laisse sa place au fruit. Un vin de garde élégant, qui a frôlé le coup de cœur. ⧗ 2022-2028

LES VIGNERONS DE SIGOULÈS, Foncaussade, 24240 Mescoules, tél. 05 53 61 55 00, contact@vigneronsdesigoules.fr V *t.l.j. sf dim. 9h-12h30 14h-17h30 (18h30 mai à sept.)*

DOM. DU BOIS DE POURQUIÉ
Révélation 2017 ★

■	2000		20 à 30 €

Alain Mayet descend d'une famille de bâtisseurs de cathédrales originaire du centre de la France, dont certains s'installèrent dans la vallée de la Dordogne. Avec son épouse Marlène, il est depuis 1981 à la tête de ce domaine de 30 ha.

La cuvée de garde du domaine doit presque tout au merlot. Élevée 15 mois en barrique, elle apparaît pour le moment encore fermée. Le nez s'ouvre sur un léger boisé qui s'affirme au palais sur des notes vanillées, les arômes de fruits noirs du raisin restant en retrait. Solidement charpentée, marquée en finale par des tanins sévères, un rien amers, elle devrait gagner en expression et en fondu avec le temps. ⧗ 2022-2027

DOM. DU BOIS DE POURQUIÉ, Fonnadales, 24560 Conne-de-Labarde, tél. 06 82 22 02 76, domaine-du-bois-de-pourquie@wanadoo.fr V *t.l.j. 9h-12h 14h-18h*

CANTUS TERRA Moelleux 2018 ★

■	19333		- de 5 €

Union de coopératives, Couleurs d'Aquitaine est née en 2008 à l'initiative des 4 caves de la Dordogne : Cave de Port-Sainte-Foy, Les Vignerons de Sigoulès, Cave de Monbazillac et Alliance Aquitaine. Prolongée par une structure de négoce, elle sélectionne, élève et distribue aussi et surtout des vins de propriétés du Bergeracois et du Bordelais. Un acteur de poids du grand Sud-Ouest viticole.

Le sémillon donne à ce moelleux jaune pâle un nez floral aérien et beaucoup de souplesse, de rondeur en bouche, où une fine acidité contribue à son harmonie. Un bel équilibre entre douceur et fraîcheur. ⧗ 2020-2023

COULEURS D'AQUITAINE, Les Seguinots, rte de Marmande, 24100 Saint-Laurent-des-Vignes, tél. 05 53 63 78 55, avernhet@couleursdaquitaine.fr

CASTEL LA PÈZE Moelleux 2019 ★★

■	6000		5 à 8 €

Fondateur du domaine en 1727, Raymond de la Pèze exportait des vins blancs doux en Hollande. Entrée dans la famille en 1850, la propriété comptait alors 4 ha de terres. Le grand-père de l'actuel vigneron aménagea une cuverie et vendit son vin en bouteilles dès 1962. Installé en 1993, Patrick Daniel agrandit peu à peu le vignoble, qui compte aujourd'hui 50 ha. À sa carte, des bergerac, côtes-de-bergerac et monbazillac.

Il s'est placé sur les rangs au moment d'élire les coups de cœur, ce moelleux qui libère des parfums discrets mais précis de citron et d'agrumes confits avant de développer en bouche des arômes exubérants de poire confite, de pêche et de mangue bien mûres. Onctueux et très long, fruité à souhait, un vin doux magnifique, reflet du sauvignon gris, seul à l'œuvre dans cette cuvée. ⧗ 2020-2023

CASTEL LA PÈZE, La Pèze, 24240 Pomport, tél. 06 48 94 86 12, daniel.la.peze@wanadoo.fr V *lun. mar. jeu. ven. 14h-17h*

♥ CLOS DES VERDOTS Moelleux 2018 ★★

■ | 18000 | | 5 à 8 €

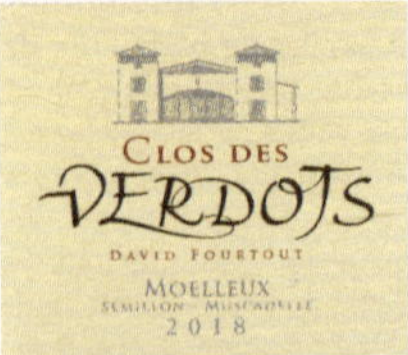

Conduite depuis 1992 par le talentueux David Fourtout, issu d'une famille originaire de Saint-Émilion, cette exploitation de 45 ha est une valeur sûre du Bergeracois, avec plusieurs coups de cœur à son actif. Un succès lié à un beau terroir de calcaires veinés de silex, à des installations modernes et à des sélections exigeantes.

Le sémillon (90 %) et la muscadelle ont été vendangés surmûris à la main, en un seul passage, alors que 2/3 des raisins avaient pris la pourriture noble. Après débourbage, une fermentation de 2 semaines et un élevage de 10 mois en cuve ont permis d'obtenir un moelleux complexe et harmonieux, qui s'ouvre sur des fragrances florales subtiles, entre acacia et tilleul, et sur un discret fruité. La pêche et les fruits exotiques rejoignent les fleurs dans une bouche intense, généreuse et ronde, servie par une finale vive qui porte loin la finale. Coup de cœur ! ⧗ 2020-2026

VIGNOBLE DES VERDOTS, Les Verdots, 24560 Conne-de-Labarde, tél. 05 53 58 34 31, verdots@wanadoo.fr V *t.l.j. sf dim. 9h-12h 14h-18h* 3

LE CLOS DU BREIL Expression 2018 ★

■ | 4800 | | 11 à 15 €

Aux marges orientales de l'appellation, cette petite propriété familiale de 16 ha est conduite depuis 2009 par Yann Vergniaud, qui a pris la suite de ses parents, Nadine et Jean. Le vignoble bénéficie du terroir des calcaires d'Issigeac, riche en silex.

Un domaine bien connu de nos lecteurs pour ses vins rouges, qui font une bonne place aux cabernets. Ces derniers (cabernet-sauvignon surtout) représentent la moitié de l'assemblage de cette cuvée aux arômes puissants de mûre écrasée et à la bouche ample, généreuse, tout en sucrosité, bâtie sur des tanins à la fois serrés et doux. Malgré un séjour de 16 mois en barrique, le boisé reste discret, se bornant à laisser en finale un sillage vanillé. ⧗ 2021-2027 ■ **Lei Peires 2018 ★ (20 à 30 €; 2400 b.)** Issu pour l'essentiel de cabernet-sauvignon, récolté le 17 octobre sur une parcelle pierreuse, élevé 20 mois en barrique, un vin coloré, généreux et concentré, au bouquet de cerise confiturée. Si le boisé est bien intégré, la finale vanillée reste tannique. ⧗ 2023-2028

LE CLOS DU BREIL, Le Breil, 24560 Saint-Léon-d'Issigeac, tél. 05 53 58 75 55, info@leclosdubreil.fr V *t.l.j. sf sam. dim. 10h-12h30 14h-17h30*

CLOS DU PECH BESSOU Cuvée Salomé 2018 ★★

■ | 2000 | | 5 à 8 €

Au sud de l'appellation, du côté d'Issigeac, Pech Bessou est la dernière colline (Pech) calcaire du Bergeracois aux confins du Lot-et-Garonne, la rivière Dropt marquant la limite. Le domaine (8 ha) est conduit depuis 2000 par Pascal et Sylvie Thomassin, frère et sœur, qui ont spécialisé l'exploitation, abandonnant l'élevage laitier.

Macération pelliculaire à froid et élevage sur lies avec bâtonnage ont exalté les arômes de ce moelleux qui libère des fragrances printanières et délicates d'acacia, légèrement beurrées. Les agrumes et les épices rejoignent les fleurs blanches dans un palais rond, tonifié par une finale fraîche, de belle longueur. Un blanc doux complexe, qui ne cède pas à l'embonpoint. ⧗ 2020-2023

CLOS DU PECH BESSOU, La Pouge, 24560 Plaisance, tél. 06 85 63 23 93, closdupechbessou@wanadoo.fr V r.-v.

♥ DOM. DE LA COMBE Cuvée Jules Élevé en fût de chêne 2017 ★★

■ | 3800 | | 8 à 11 €

Sylvie et Claude Sergenton ont créé ce domaine en 1980 à partir de 8 ha de vignes, surface qu'ils ont portée à 26 ha. Leur fils Thierry les a rejoints en 2005 avant de prendre leur succession 10 ans plus tard. Exploitation certifiée Haute valeur environnementale.

Merlot (70 %), malbec et cabernet franc (à parité) ont patienté sur pied jusqu'à la fin de l'arrière-saison, le 20 octobre, pour rejoindre le chai à pleine maturité, avant de bénéficier d'un élevage luxueux en chêne neuf, durant 14 mois. D'une couleur intense et jeune, encore animé de reflets violines, le vin n'est pas pour autant boisé à l'extrême. Fondu à souhait, le merrain se borne à souligner des notes de fruits noirs bien mûrs qui font un nez accueillant avant de s'épanouir dans une bouche ample et ronde, aussi large que longue. Les tanins se montrent soyeux jusqu'à la finale de belle longueur. ⧗ 2021-2026

DOM. DE LA COMBE, Dom. de la Combe, 24240 Razac-de-Saussignac, tél. 06 11 42 74 73, thierrysergenton@gmail.com V r.-v.

CH. COURT-LES-MÛTS 2018 ★

■ | 8000 | | 8 à 11 €

Cinq générations au service du vin. Pierre Sadoux quitte les hauts plateaux algériens en 1961 pour s'établir sur cet ancien domaine (XVIIe s.) du Bergeracois implanté sur les coteaux de la rive gauche de la Dordogne. Un domaine dédié depuis longtemps à la vigne : « mûts » signifie « moût » en ancien français. En 2007, son fils du même prénom a pris la relève et conduit l'exploitation qui compte aujourd'hui 53 ha. Une valeur (très) sûre du Bergeracois.

Dans cette cuvée, le merlot (40 %) laisse une large place au malbec et au cabernet-sauvignon – des raisins vendangés à la main. Le 2015 avait fait sensation. Le 2018, très coloré, apparaît moins charpenté, plus souple que son devancier mais il ne manque pas de couleur. Il adopte la nuance et les arômes de la cerise noire et séduit par son fruit triomphant, qui ferait presque oublier l'élevage de 12 mois en barrique. Il pourra bientôt paraître à table. ⧗ 2020-2025

CH. COURT-LES-MÛTS, Court-les-Mûts, 24240 Razac-de-Saussignac, tél. 05 53 27 92 17, court-les-muts@wanadoo.fr V *t.l.j. sf dim. 9h-12h 14h-18h; sam. sur r.-v.*

CH. HAUT LAMOUTHE Moelleux 2019 ★

10000 | 5 à 8 €

Implantée sur la rive gauche de la Dordogne, cette propriété familiale, conduite par Michel Durand et ses neveux Nicolas Pouget et Julien Durand, possède aussi des vergers de pruniers et de pommiers. Côté vigne, le domaine s'est développé à partir des années 1980 pour atteindre aujourd'hui 42 ha, implantés au pied du tertre de Montcuq.

Né de sauvignon (avec 20 % de sauvignon gris), ce vin doux au teint pâle manque, pour certains palais, d'un peu de liant et de douceur, tirant sur le demi-sec par sa texture comme par ses arômes. Il a pour lui un fruité exubérant et frais, alliant le citron vert, les fruits exotiques (ananas, mangue) et une touche amylique. Marquée par un retour des agrumes, la finale laisse le souvenir d'un moelleux moderne et tonique. ⧗ 2020-2023

CH. HAUT LAMOUTHE, 56, rte de Lamouthe, 24680 Lamonzie-Saint-Martin, tél. 06 21 03 51 36, chateauhautlamouthe@wanadoo.fr V t.l.j. sf dim. 8h30-18h; sam. 8h30-12h E

CH. DU HAUT PEZAUD Moelleux Séduction 2018 ★

3000 | 5 à 8 €

Comptable à Bruxelles, éprise des liquoreux du Sud-Ouest, Christine Borgers a quitté en 1999 sa Belgique natale pour devenir vigneronne à Monbazillac. Elle a construit une cave moderne et renouvelé des parcelles sur les quelque 9 ha de la propriété. En conversion bio depuis 2019, un domaine régulier en qualité, notamment pour ses monbazillac.

Son monbazillac 2017 brille, et son côtes-de-bergerac blanc 2018, au teint plus pâle, jaune clair, émoustille. Le sauvignon gris (50 %) s'allie à la muscadelle (25 %) et au sémillon pour donner un moelleux au nez printanier, intensément floral (acacia, tilleul) et à la bouche vive, de belle longueur, douce sans excès, titillée par un petit perlant. ⧗ 2020-2023

CH. DU HAUT PEZAUD, lieu-dit Les Pezauds, 24240 Monbazillac, tél. 06 70 75 56 72, christine.borgers@gmail.com V r.-v.

♥ MARQUIS DE CHAMTERAC 2019 ★★

18000 | 5 à 8 €

Propriété de la cave de Monbazillac depuis 1960, le château de Monbazillac (XVI[e]s.) présente une architecture originale, qui allie des systèmes défensifs médiévaux et des éléments Renaissance. Emblématique du Bergeracois, il est le cadre de multiples activités culturelles (expositions, conférences, cinéma de plein air…). La coopérative vinifie près d'un tiers de l'appellation monbazillac.

Après un coup de cœur en liquoreux l'an dernier, la cave de Monbazillac montre une nouvelle fois son savoir-faire en vin doux. Pour le côtes-de-bergerac moelleux, le sauvignon prend le pas sur le sémillon (20 %) et la machine se substitue aux vendangeurs méticuleux, pour une récolte rapide. Après un élevage sur lies, on découvre un vin or pâle au nez délicatement floral et à la bouche élégante et nette, dont la douceur est équilibrée par une vivacité aux accents d'agrumes confits. ⧗ 2020-2023

CAVE DE MONBAZILLAC, rte de Mont-de-Marsan, 24240 Monbazillac, tél. 05 53 63 65 00, cave@chateau-monbazillac.com V t.l.j. 9h-12h30 13h30-18h30

Ⓑ CH. MONESTIER LA TOUR 2018 ★

16000 | 15 à 20 €

Cette valeur sûre du Bergeracois a changé de mains en 2012, Karl-Friedrich Scheufele, coprésident de la société horlogère suisse Chopard, l'ayant rachetée. Dès 1998, son ancien propriétaire, Philip de Haseth-Möller, avait entièrement restauré cette ancienne capitainerie du XIII[e]s., où voisinent des bâtiments du XVIII[e]s. et une tour du XIX[e]s. façon Viollet-le-Duc. Sur ce vaste domaine de plus de 100 ha, près de 30 sont consacrés aux vignes, conduites désormais en biodynamie.

Un peu en retrait par rapport au millésime antérieur, ce 2018 n'en a pas moins un bon fond et des réserves qui montrent le savoir-faire du domaine, notamment en rouge. Il assemble merlot (53 %), cabernet franc et une goutte de malbec et séjourne 15 mois en barrique. Discret mais fin au nez, il déploie un palais puissant, frais et soyeux, aux nuances de fruits mûrs et de léger boisé. La finale tannique, un peu amère, appelle la garde. ⧗ 2022-2027

CH. MONESTIER LA TOUR, Le Bourg, 24240 Monestier, tél. 05 53 24 18 14, contact@chateaumonestierlatour.com V r.-v.

LA RÉSERVE DES MILLAUDES Moelleux 2018 ★★

52000 | 5 à 8 €

Univitis est une coopérative regroupant 230 adhérents et 2 000 ha dans le « grand Sud-Ouest » viticole. Elle propose une large gamme de vins de marques et de propriétés dans une quinzaine d'AOC, à laquelle s'ajoute le Ch. les Vergnes acquis en 1986 (130 ha près de Sainte-Foy).

Ce moelleux jaune très pâle tire du sémillon majoritaire (10 % de muscadelle) son nez délicat mariant la pêche et les fleurs blanches et son palais tout en rondeur et en douceur, tonifié par une longue finale d'une belle fraîcheur. ⧗ 2020-2023

SCA UNIVITIS, Le Bourg, 33220 Les Lèves-et-Thoumeyragues, tél. 05 57 56 02 02, univitis@univitis.fr V t.l.j. sf lun. dim. 9h30-12h30 14h30-18h30

SUD-OUEST

Ⓑ CH. TOUR DES GENDRES
La Gloire de mon père 2018 ★

40000 | 11 à 15 €

***Una storia italiana.* En 1986, les frères de Conti joignent leurs terres, associent leurs familles et fondent l'entreprise de Conti. Jean, Luc, leurs épouses et un cousin, Francis, qui apporte ses 20 ha, suivent ainsi les pas de Vincenzo, arrivé là en 1925. Rejoints par Gilles et Guillaume, ils exploitent 57 ha de vignes (en bio depuis 2005), complétés par une structure de négoce qui met en œuvre des vins de voisins viticulteurs convertis eux aussi à la bio.**

Bien connue des fidèles lecteurs du Guide, cette cuvée en hommage au fondateur du domaine, élevée 18 mois en foudre et en fût de 500 l, assemble cabernet-sauvignon et malbec, le merlot (10 %) restant à l'arrière-plan. Encore fermée à ce stade, discrètement boisée, elle laisse percer en bouche des arômes de cassis et de mûre. Construite sur des tanins serrés, sévère en finale, elle appelle la garde. ⧗ 2023-2027

⊶ CH. TOUR DES GENDRES, Les Gendres, 24240 Ribagnac, tél. 05 53 57 12 43, familledeconti@wanadoo.fr V *t.l.j. sf sam. dim. 9h-12h 14h-17h30*

B CH. VARI Réserve 2018 ★

■	4000		11 à 15 €

Yann Jestin, installé depuis 1994 sur ce domaine de 22 ha, est œnologue et courtier en grands crus classés du Bordelais. Il a engagé en 2009 la conversion bio de son vignoble, aujourd'hui certifié. Avec son épouse Sylvie, il a également créé un bar à vins et une épicerie fine pour mieux valoriser sa production.

Mariant le merlot majoritaire et le malbec, cette cuvée affiche une robe profonde et dévoile au nez un boisé bien intégré, fumé et épicé, légué par un séjour de 12 mois en barrique. Le fruit s'affirme dans une attaque suave, avant que les tanins serrés et réglissés de l'élevage ne viennent marquer de leur présence un peu austère la fin de bouche. Un vin gourmand et riche, de belle longueur, qui gagnera en expression et en aménité avec le temps. ⧗ 2023-2028

⊶ CH. VARI, lieu-dit Le Pataud, 24240 Monbazillac, tél. 05 57 19 65 70, contact@chateau-vari.com V *t.l.j. sf sam. dim. 9h-17h*

CH. DE LA VAURE 2018 ★★

■	6000		8 à 11 €

Alliance Aquitaine est une structure coopérative née en 2010 de la fusion de la cave de Saint-Vivien et de celle de Bergerac-Le Fleix. Disposant de 3 sites de vinification, la cave regroupe 140 adhérents pour une surface totale de 1 350 ha de vignes, dans le Bergeracois (80 %) et en AOC bordeaux.

Situé sur les coteaux du Fleix, ce vignoble historique de la cave couvre près de 35 ha. Choyé par la coopérative, son vin laisse une large place au cabernet-sauvignon (42 %) aux côtés du merlot. Après un séjour de 12 mois en barrique, il revêt une robe intense et dévoile au nez un boisé élégant, vanillé et toasté. Ces notes d'élevage épicées, réglissées et fumées, traduisant un fût d'excellente qualité, laissent percer des notes de pruneau cuit dans un palais ample et rond, de bonne longueur. Encore sous l'emprise du chêne, cette remarquable bouteille gagnera à attendre. ⧗ 2023-2027

⊶ SCA ALLIANCE AQUITAINE, Le Vignoble, 24130 Le Fleix, tél. 05 53 24 64 32, pyprudhomme@allianceaquitaine.com V *t.l.j. 8h30-12h30 14h-18h*

MONBAZILLAC

Superficie : 1 949 ha / Production : 44 152 hl

Ce vignoble est implanté au cœur du Bergeracois, sur des coteaux pentus de la rive gauche de la Dordogne, exposés au nord. Les grappes y reçoivent en automne la fraîcheur et les brumes qui favorisent le développement du botrytis, la pourriture noble. Le sol argilo-calcaire apporte des arômes intenses ainsi qu'une structure puissante à ces vins moelleux et liquoreux.

L'ANCIENNE CURE L'Abbaye 2017 ★

■	2400	20 à 30 €

Cinquième génération à cultiver la vigne, Christian Roche hérite d'une partie de la propriété familiale en 1984. Cinq ans plus tard, il aménage son chai de vinification. Établi dans l'ancien presbytère de Colombier, il conduit aujourd'hui – en bio – un vaste vignoble de près de 50 ha (avec une dominante de vignes blanches) aux sols variés, ce qui lui permet de proposer une large gamme de vins du Bergeracois, complétée par une activité de négociant-éleveur. Incontournable.

Issu de sémillon majoritaire, avec en appoint le sauvignon et une goutte de chenin, cette cuvée jaune doré ne fait pas oublier le mémorable 2015, dernier en date des coups de cœur obtenus par cette cuvée; les volumes sont aussi réduits (moins du quart de la production 2015). Plus discret dans son approche que son aîné, ce 2017 séduit déjà et inspire confiance. Quant à la bouche, tout aussi réservée mais riche et bien construite, elle dévoile des qualités de richesse et surtout d'équilibre, avec une belle fraîcheur en finale : la promesse d'une bouteille accomplie dans quelques années. ⧗ 2022-2030

⊶ L' ANCIENNE CURE, N 21, 24560 Colombier, tél. 05 53 58 27 90, ancienne-cure@orange.fr V *r.-v.*

CASTEL LA PÈZE 2018 ★★

■	20000		8 à 11 €

Fondateur du domaine en 1727, Raymond de la Pèze exportait des vins blancs doux en Hollande. Entrée dans la famille en 1850, la propriété comptait alors 4 ha de terres. Le grand-père de l'actuel vigneron aménagea une cuverie et vendit son vin en bouteilles dès 1962. Installé en 1993, Patrick Daniel agrandit peu à peu le vignoble, qui compte aujourd'hui 50 ha. À sa carte, des bergerac, côtes-de-bergerac et monbazillac.

Sémillon (60 %), muscadelle (30 %) et sauvignon s'allient pour donner un excellent monbazillac, produit sur 5 ha. D'un doré profond, ce 2018 montre une belle envolée aromatique, s'ouvrant sur le coing, la poire et la mandarine confite, avec des notes de rôti typiques des liquoreux, et une touche minérale. L'abricot mi-cuit rejoint cette palette dans une bouche ample en attaque, généreuse avec élégance grâce à un trait de fine acidité qui porte loin la finale. De garde, mais «une consommation immédiate ne déplaira à personne», souligne un dégustateur. ⧗ 2020-2030

⊶ CASTEL LA PÈZE, La Pèze, 24240 Pomport, tél. 06 48 94 86 12, daniel.la.peze@wanadoo.fr V *lun. mar. jeu. ven. 14h-17h*

CH. LE FAGÉ Cuvée Pierre-Louis 2018 ★

■ | 4600 | | 11 à 15 €

Créé en 1757, ce domaine commandé par un petit château aux allures de chartreuse, sur la côte nord de Monbazillac, couvre 48 ha aujourd'hui. Héritier de 10 générations, Benoît Gérardin en a pris les rênes en 2012. Il cherche à élaborer des vins droits, fruités et frais.

Cette cuvée fermentée en cuve et élevée 12 mois en barrique apparaît comme un très bon classique de l'appellation : robe or jaune, nez d'une belle intensité, mariant nuances toastées du fût, léger miel et large gamme fruitée (abricot confit, pêche, marmelade d'oranges, coing et poire compotés), bouche particulièrement ample, suave et riche, où l'on retrouve le fruit confit, longue finale empyreumatique. Un liquoreux un peu «vieille école» par son côté imposant et cossu, au potentiel en rapport avec sa puissance. ⧗ 2020-2032

■ **Cuvée Grande Réserve Vinifié en fût de chêne 2018 ★ (15 à 20 €; 2400 b.)** Le successeur d'un 2016 coup de cœur, fermenté et élevé 18 mois en barrique. Concentré, confit, puissant, équilibré et long, il est pour l'heure marqué par l'élevage. Son fort potentiel permettra de donner au boisé le temps de se fondre. ⧗ 2022-2032

CH. LE FAGÉ, Ch. le Fagé, 24240 Pomport, tél. 05 53 58 32 55, info@chateau-le-fage.com t.l.j. 9h-18h; sam. dim. sur r.-v.

♥ B GRANDE MAISON Cuvée du Château 2018 ★★

■ | 3000 | | 20 à 30 €

Grande Maison? Une ancienne demeure fortifiée construite par les Anglais pendant la guerre de Cent Ans. Acquis en 1990 par Thierry Desprès, qui l'a converti à la bio et à la biodynamie (label Demeter depuis 2019) et lui a donné tout son lustre, notamment grâce à ses monbazillac, le domaine et ses 14 ha de vignes ont été repris en 2012 par la famille Chabrol.

Avec ce 2018 fermenté puis élevé 2 ans en barrique, ce domaine renoue avec les coups de cœur en monbazillac. La robe soutenue annonce une belle richesse. Le nez monte en puissance sur des notes de poire très mûre, de fruits exotiques, de pêche jaune, d'orange et de cédrat confits, avec la touche de rôti des grands liquoreux, le tout souligné d'un trait vanillé et empyreumatique. Ample, consistant et profond, riche sans lourdeur, le palais développe des arômes de rôti et de fruits compotés, puis s'oriente vers des nuances plus fraîches de mandarine confite, soulignées en finale d'une note de fève de cacao. Un vin très bien construit qui gagnera encore en harmonie avec le temps. ⧗ 2021-2032

GRANDE MAISON, lieu-dit La Grande-Maison, 24240 Monbazillac, tél. 05 53 58 26 17, grandemaison.monbazillac@gmail.com t.l.j. sf dim. 8h30-19h

♥ DOM. DE GRANGE NEUVE 2018 ★★★

■ | 53500 | | 5 à 8 €

Anthony Castaing préside depuis 1997 aux destinées de ce domaine fondé en 1896 par son aïeul Pierre Pichon. À l'origine, 4 ha, en polyculture. Aujourd'hui, pas moins de 92 ha de vignes, pour l'essentiel à Pomport, à 12 km au sud de Bergerac. Côté vins, on recherche ici le fruit et l'expression du terroir, en évitant souvent l'élevage sous bois.

Le domaine s'était signalé par de remarquables moelleux en côtes-de-bergerac. Le voici sur la plus haute marche du podium grâce à ce 2018 qui exprime avec éclat son millésime solaire et un sémillon triomphant (95 %), sans oublier la fraîcheur qui fait toute la différence. Paré d'une robe jonquille du plus bel effet, il libère avec générosité une gamme fruitée opulente : figue, coing, pêche et abricot au sirop, notes plus acidulées de fruits exotiques et de mandarine, avec une touche épicée. La bouche, à l'unisson du nez, s'impose par sa puissance et par sa longueur, tonifiée par une fine acidité. Une rare harmonie. ⧗ 2020-2032

DOM. DE GRANGE NEUVE, Lieu-dit Grange-Neuve, 24240 Pomport, tél. 05 53 58 42 23, castaing@grangeneuve.fr r.-v.

♥ CH. DU HAUT PEZAUD Révélation Élevé en fût de chêne 2017 ★★★

■ | 2400 | | 15 à 20 €

Comptable à Bruxelles, éprise des liquoreux du Sud-Ouest, Christine Borgers a quitté en 1999 sa Belgique natale pour devenir vigneronne à Monbazillac. Elle a construit une cave moderne et renouvelé des parcelles sur les quelque 9 ha de la propriété. En conversion bio depuis 2019, un domaine régulier en qualité, notamment pour ses monbazillac.

De 2017, on retient le gel d'avril dévastateur… En matière de liquoreux toutefois, la quantité est rarement attendue (ici, 18 hl/ha). Il faut juste que se développe en automne la pourriture noble. Pour cette cuvée, élaborée seulement les années propices à la concentration, les raisins (sémillon 80 %) ont été récoltés par tries jusqu'au 17 octobre. Un vin doré brillant, aux parfums intenses de fruits jaunes confits, abricot en tête, et au boisé très discret, malgré un séjour de 30 mois en barrique. Ces arômes s'épanouissent dans un palais onctueux, structuré et dense et s'éternisent dans une finale soulignée par une belle acidité. Un grand monbazillac de garde. ⧗ 2022-2032

CH. DU HAUT PEZAUD, lieu-dit Les Pezauds, 24240 Monbazillac, tél. 06 70 75 56 72, christine.borgers@gmail.com V r.-v.

B CH. KALIAN 2017 ★★

	6300		15 à 20 €

Anne et Alain Griaud ont acquis en 1992 cette propriété (10,5 ha convertis à la bio) qu'ils ont baptisée Ch. Kalian, en référence aux prénoms de leurs enfants : Katell et Kilian. La première est aujourd'hui *winemaker* en Virginie, et le second a pris la suite de ses parents.

Aussi remarquable que dans le millésime précédent, ce 2017 assemble sémillon (70 %) et sauvignon et séjourne 11 mois en fût de réemploi. Or clair à reflets verts, il séduit par son nez complexe et bien ouvert sur les fruits confits et sur les notes rôties typiques de la pourriture noble. Cette richesse aromatique se prolonge en bouche où ce liquoreux brille par sa finesse, sa fraîcheur et sa persistance. Il s'est placé parmi les finalistes au moment d'élire les coups de cœur. ⧗ 2020-2032 **Sélection de grains nobles 2017 ★ (20 à 30 €; 1400 b.)** B Des vendanges par tries achevées le 10 octobre pour ce liquoreux concentré, élevé 22 mois en barriques, neuves à 50 %. Une expression confite encore discrète, beaucoup de matière, de douceur et une heureuse vivacité. ⧗ 2023-2032

CH. KALIAN, lieu-dit Bernasse, 24240 Monbazillac, tél. 05 53 24 98 34, kalian.earl@orange.fr V *t.l.j. 10h-19h*

CH. LADESVIGNES Automne 2017 ★★

	3000		20 à 30 €

Véronique et Michel Monbouché ne cessent d'améliorer et d'étendre leur propriété (60 ha aujourd'hui), qui bénéficie d'un panorama imprenable sur Bergerac et la vallée de la Dordogne. Certifié Haute valeur environnementale (2011) et en bio à partir du millésime 2020, un domaine régulier en qualité, en rouge comme en blanc.

Bien connu des lecteurs du Guide, ce monbazillac alliant sémillon majoritaire et muscadelle a séjourné 24 mois en barrique. D'un jaune paille brillant, il charme d'emblée par son nez expansif et frais, qui gagne en intensité et en complexité à l'aération : des arômes d'acacia, de miel et de fruits confits, orange en tête, s'élèvent au-dessus du verre et se prolongent dans une bouche dense, riche, chaleureuse et de belle persistance. Un vrai liquoreux de garde. ⧗ 2022-2032

CH. LADESVIGNES, Ladesvignes, 24240 Pomport, tél. 05 53 58 30 67, contact@ladesvignes.com V *t.l.j. 9h-12h 14h-18h*

DOM. DE MOULIN-POUZY Prestige Vinifié et élevé en fût de chêne 2018 ★

	4600		11 à 15 €

Fabien Castaing est à la tête depuis 2008 d'un vignoble constitué par cinq générations à partir de la fin du XIXᵉs. sur la rive gauche de la Dordogne, en particulier le Dom. de Moulin-Pouzy : 55 ha exploités d'abord en viticulture raisonnée, et aujourd'hui certifiés Haute qualité environnementale et en conversion bio. En 2016, il a acquis le Ch. les Mailleries, un domaine de 12 ha conduit en bio.

Une teinte cuivrée lumineuse, aux couleurs de l'arrière-saison, pour cette cuvée issue de sémillon (70 %) et de muscadelle largement botrytisés et restée 12 mois en barrique. Le nez demande un peu d'aération pour livrer des fragrances suaves d'acacia et de mimosa, avant de s'orienter vers la pêche, les fruits exotiques, la mandarine et la figue rôtie, teintés d'une nuance de pain d'épice léguée par l'élevage. Ce fruité exubérant et ce boisé s'épanouissent dans un palais riche et chaleureux, auquel un trait de fraîcheur donne une belle allonge. ⧗ 2020-2030

DOM. DE MOULIN-POUZY, 12, rte des Rivailles, 24240 Cunèges, tél. 05 53 58 41 20, info@fabiencastaing.com V *t.l.j. sf sam. dim. 8h30-12h 13h-17h30 (ven. 16h30)*

CH. POULVÈRE Prestige Le Caillou 2018 ★

	28000		11 à 15 €

Ancienne dépendance du château de Monbazillac, le Ch. Poulvère date de la même époque. Il est exploité depuis plus de cent ans par les Borderie, qui travaillent toujours en famille : Francis conduit le vignoble (102 ha) depuis 1977, épaulé par ses neveux Frédéric (au chai) et Benoît (au commercial), rejoints en 2018 par Paul et Anaïs, enfants de Frédéric.

Le sémillon (50 %) compose avec le sauvignon et avec la muscadelle (à parité) dans cette cuvée issue d'une parcelle bien exposée. Si son intensité, sa puissance et sa longueur sont suffisantes, ce 2018 charme surtout par son expression aromatique fraîche et agréable où l'orange confiturée rencontre la rose et le bois de rose. Très douce mais bien construite, la bouche finit sur une pointe grillée. ⧗ 2020-2027 **Picata 2018 ★ (30 à 50 €; 2533 b.)** La vendange s'est terminée début novembre pour ce liquoreux d'un doré lumineux, dominé par des impressions de richesse, de puissance et de rondeur, équilibrées par une pointe d'acidité bienvenue. Sa palette aromatique mêle au rôti, à la figue et à l'orange confite la vanille, le toast et le léger caramel de l'élevage. ⧗ 2022-2030

CH. POULVÈRE, lieu-dit Poulvère, 24240 Monbazillac, tél. 05 53 58 30 25, famille.borderie@poulvere.com V *t.l.j. sf dim. 9h-12h30 13h30-18h30*

B CH. LA ROBERTIE 2018 ★★

	6675		11 à 15 €

« Vigneron artisan », c'est ainsi que se définit Brigitte Soulier, depuis 1999 à la tête de ce domaine bien connu des lecteurs du Guide. Privilégiant la qualité à la quantité, elle a recentré son vignoble autour de ses meilleures parcelles et de ses jeunes vignes plantées à haute densité. Des vignes réparties sur 2 ensembles : les sémillons en coteau, à Rouffignac, et les cépages rouges sur le plateau calcaire de Flaugeac. En bio certifié depuis 2011.

Né de pur sémillon récolté par tries minutieuses, ce 2018 d'un jaune doré lumineux libère des parfums subtils et complexes de fruits confits, orange en tête. Le zeste d'agrumes s'allie à un léger boisé bien fondu dans un palais dense, puissant, structuré et long. Un des finalistes au moment d'élire les coups de cœur. ⧗ 2020-2030

CH. LA ROBERTIE, La Robertie, 24240 Rouffignac-de-Sigoulès, tél. 06 88 49 00 48, chateau.larobertie@wanadoo.fr V *t.l.j. 9h-18h30; sam. dim. sur r.-v.*

CH. SEPTY 2018 ★

	32 200		11 à 15 €

Propriété de la cave de Monbazillac depuis 1960, le château de Monbazillac (XVIe s.) présente une architecture originale, qui allie des systèmes défensifs médiévaux et des éléments Renaissance. Emblématique du Bergeracois, il est le cadre de multiples activités culturelles (expositions, conférences, cinéma de plein air...). La coopérative vinifie près d'un tiers de l'appellation monbazillac.

Après un 2016 élu coup de cœur, ce 2018, qui doit pratiquement tout au sémillon (95 %), ne manque pas d'arguments pour séduire, malgré une petite pointe de chaleur en finale : le doré lumineux de sa robe; la complexité de son bouquet, où un discret vanillé vient caresser des nuances d'acacia, de poire mûre, d'orange confite et de rôti; la générosité élégante de son palais où se confirme un fruité exubérant : mandarine, abricot et ananas confits, figue, pruneau. Un liquoreux harmonieux et doux. ⧗ 2020-2027 **Ch. Monbazillac 2018 ★ (15 à 20 €; 25 000 b.)** Une robe jaune soleil pour ce liquoreux aux parfums aériens d'acacia, de miel et de fruits blancs rehaussés d'épices douces et de vanille. Ample, tout en rondeur suave, la bouche est vivifiée en finale par une pointe acidulée. De la finesse. ⧗ 2020-2027

CAVE DE MONBAZILLAC, rte de Mont-de-Marsan, 24240 Monbazillac, tél. 05 53 63 65 00, cave@chateau-monbazillac.com V *t.l.j. 9h-12h30 13h30-18h30*

CH. THENOUX 2018 ★★

	5 300		8 à 11 €

Sur les terres du Ch. Thenoux, tout près de Monbazillac, ont été trouvés de nombreux vestiges attestant la présence d'une villa gallo-romaine. Depuis 2010, Joëlle Carrère y exploite un vignoble de 46 ha dominant la vallée de la Dordogne. Elle élabore également des vins sous l'étiquette du Ch. le Vieux Manoir. Propriété certifiée Haute valeur environnementale.

Pas de bois pour ce liquoreux issu de sémillon majoritaire et de muscadelle, qui offre un style « moderne » selon un dégustateur : entendez une approche discrète, or pâle, un nez sans exubérance mais agréable, mêlant fleurs blanches, poire, figue, ananas et abricot rôtis rehaussés d'une pointe d'épices douces, une bouche pas trop riche mais équilibrée, gourmande et fruitée (pêche, mangue). Chaleureuse, miellée et épicée, la finale se teinte d'une touche raffinée de mandarine confite. ⧗ 2020-2027

CH. THENOUX, Thenoux, 24560 Colombier, tél. 05 53 61 26 42, vignoblesjoellecarrere@orange.fr V *t.l.j. 10h-12h 14h-18h; sam. dim. sur r.-v.*

B CH. VARI Réserve 2017 ★

	3 000		15 à 20 €

Yann Jestin, installé depuis 1994 sur ce domaine de 22 ha, est œnologue et courtier en grands crus classés du Bordelais. Il a engagé en 2009 la conversion bio de son vignoble, aujourd'hui certifié. Avec son épouse Sylvie, il a également créé un bar à vins et une épicerie fine pour mieux valoriser sa production.

Un petit cran en dessous du remarquable 2015, ce 2017 qui doit presque tout au sémillon (90 %) a été élevé 24 mois en barrique. Le bois ne transparaît pourtant guère dans son expression aromatique encore discrète, qui dévoile une complexité naissante dans sa palette aux nuances d'abricot, de fruits confits et de rôti. Dans le même registre, le palais séduit par son équilibre et sa fraîcheur. ⧗ 2022-2030

CH. VARI, lieu-dit Le Pataud, 24240 Monbazillac, tél. 05 57 19 65 70, contact@chateau-vari.com V *t.l.j. sf sam. dim. 9h-17h*

MONTRAVEL

Cette région garde le souvenir de Montaigne : c'est dans la maison forte familiale que l'écrivain rédigea ses *Essais* et l'on peut encore visiter sa « librairie » à Saint-Michel-de-Montaigne. La production se divise en montravel blanc sec, typé par le sauvignon, en côtes-de-montravel et haut-montravel, deux appellations de vins moelleux, et depuis 2001 en montravel rouge. En rouge comme en blanc, les cépages sont ceux du Bordelais voisin.

CH. LAULERIE Comtesse de Ségur 2019 ★

	6 600		8 à 11 €

Installés dans le Périgord en 1977, les Dubard ont créé un vaste ensemble viticole, conduit depuis 2008 par la 2e génération, représentée par Marine et Grégory Dubard, ingénieurs-œnologues. Leur fleuron bergeracois est le Ch. Laulerie, 85 ha aujourd'hui. Ils ont étendu leurs propriétés dans le Libournais voisin. Une valeur sûre du Bergeracois. Domaine certifié Haute valeur environnementale.

Avec 4 coups de cœur à son actif, cette cuvée fermentée et élevée 6 mois en foudre de chêne constitue le cheval de bataille du domaine en blanc. Le 2019 allie un petit côté minéral, sur la pierre à fusil, et un fruité évoquant le sauvignon à pleine maturité, aux nuances complexes de fruits exotiques. Du fruit de la Passion, de la papaye, du litchi, en veux-tu en voilà, au nez comme en bouche. Cette suavité fruitée va de pair avec une matière ample et onctueuse, qui montre moins d'acidité que le superbe 2017. L'élevage se manifeste dans une finale un peu resserrée, aux accents fumés. ⧗ 2020-2023

CH. LAULERIE, Le Gouyat, 24610 Saint-Méard-de-Gurçon, tél. 05 53 82 48 31, contact@vignoblesdubard.com V *t.l.j. sf sam. dim. 8h30-12h30 13h30-17h30*

CH. MOULIN CARESSE Grande Cuvée Cent pour 100 2017 ★

	18 500		11 à 15 €

Très ancienne propriété familiale (1749) située sur les hauteurs de Montravel, ce vaste domaine est aujourd'hui l'une des références en Bergeracois, grâce au travail mené depuis 1990 (sortie de la coopérative) par Jean-François Deffarge, « autodidacte en œnologie », qui passe aujourd'hui la main à ses enfants Benjamin et Quentin. Le vignoble (50 ha) s'étend sur 2 terroirs bien distincts : des pentes

SUD-OUEST

argilo-calcaires et un haut plateau de boulbène. En conversion bio.

Chance pour le domaine, les merlot (50 %), cabernet franc (30 %) et malbec qui constituent cette cuvée élevée 18 mois en barrique ont été peu touchés par le gel. Les amateurs de cette cuvée réputée trouveront donc un successeur au 2016, superbe coup de cœur de l'édition précédente. S'il ne montre pas l'étoffe et le potentiel de son aîné, il est apprécié pour sa finesse et pour son expression aromatique, entre griotte et boisé torréfié bien fondu. Frais et parfumé en bouche, il dévoile des tanins fondus et vanillés, un peu vifs et austères en finale. ⧗ 2021-2026

CH. MOULIN CARESSE, 1235, rte de Couin, 24230 Saint-Antoine-de-Breuilh, tél. 05 53 27 55 58, contact@moulincaresse.fr V *t.l.j. sf sam. dim. 9h-12h 14h-18h*

DOM. DE PERREAU Désir carmin 2017 ★

■ | 6000 | | 11 à 15 €

Le domaine de la famille Reynou se situe à Perreau, hameau du XVIe s., proche du village de Saint-Michel-de-Montaigne. Succédant à 4 générations de viticulteurs, Gaëlle Reynou-Gravier, diplôme d'ingénieur en poche, a pratiqué en France et à l'étranger avant de prendre en 2013 les commandes de ce vignoble de 21 ha. D'abord conduite en agriculture raisonnée, certifiée Haute valeur environnementale, l'exploitation a amorcé sa conversion bio en juillet 2019.

En cette année compliquée, la vigneronne a attendu la mi-octobre pour obtenir une maturité optimale du merlot (majoritaire) et du cabernet-sauvignon qui composent cette cuvée. Élevé 12 mois en fût de chêne bourguignon, ce 2017 s'ouvre à l'aération sur des arômes généreux de fruits rouges et dévoile un palais riche, onctueux et fondu, à la finale subtilement toastée. Un réel équilibre. ⧗ 2021-2026

DOM. DE PERREAU, Lieu-dit Perreau, 24230 Saint-Michel-de-Montaigne, tél. 06 81 08 98 36, contact@domainedeperreau.com V *r.-v.*

♥ CH. LE RAZ Sauvignon muscadelle Sur lie 2019 ★★

■ | 28900 | | 5 à 8 €

Le domaine, régulièrement en vue pour ses montravel, est entré dans la famille Barde en 1958. Au fil des ans, des achats et des fermages, il s'est agrandi de vignes, de bois et de cultures, et embelli après la restauration de sa gentilhommière du XVIIe s. Les vignes occupent aujourd'hui 60 ha sur les hauts plateaux.

Cette année, c'est le blanc classique qui prend le pas sur la cuvée Grand Chêne. Élevé en cuve, il porte la marque des sauvignons (blanc 65 % et gris, 15 %), complétés par la muscadelle et par un soupçon de sémillon. Un vin salué pour son nez intense, floral et légèrement minéral, avec cette touche de buis qui trahit le cépage dominant, et plus encore pour son palais aromatique, consistant, ample et gras, tendu par une fraîcheur citronnée qui lui donne allant et allonge. ⧗ 2020-2022

■ **Sauvignon muscadelle Cuvée Grand Chêne Élevé en fût de chêne 2018 ★ (5 à 8 €; 5800 b.)** Né d'un assemblage proche de la cuvée classique, avec un peu plus de muscadelle et de sémillon, ce Grand Chêne 2018 est lui aussi structuré, ample, gras et long. Sa palette assez sauvignonnée, entre fleurs blanches et bourgeon de cassis, s'enrichit d'un boisé vanillé et épicé. ⧗ 2020-2023

LE RAZ, Le Raz, 24610 Saint-Méard-de-Gurçon, tél. 05 53 82 48 41, vignobles-barde@le-raz.com V *sam. sur r.-v.*

ROQUE 2017 ★★

■ | 10000 | | 30 à 50 €

À l'origine, au début du XIXe s., cette petite propriété familiale produisait uniquement des vins doux, comme la plupart des exploitations de la région. Aujourd'hui, elle propose aussi des vins rouges. Restée plus d'un siècle dans la famille Vallette, elle a été vendue en 2017 à Laëtitia et Sébastien Gaillard, qui conduisent en bio les 35 ha de vignes du domaine.

Roque est le nom du lieu-dit où sont implantées les parcelles de merlot (80 %) et de cabernet-sauvignon à l'origine de cette cuvée élevée 18 mois en barrique. C'est aussi, rappelle le vigneron, un déplacement du roi et d'une des tours au jeu d'échecs, qui met le roi à l'abri. Comme ce 2017, qui a paré avec brio aux aléas de ce millésime compliqué, jusqu'aux vendanges, manuelles, qui se sont prolongées jusqu'au 7 octobre. Dans le verre, une robe intense, un nez chaleureux et un palais gras, riche et gourmand, à la finale toastée, étayé par des tanins encore fermes et vifs. Proche du coup de cœur. ⧗ 2023-2028

CH. ROQUE PEYRE, Lieu-dit Roque, 33220 Fougueyrolles, tél. 05 53 73 06 95, gaecdemazurie@gmail.com V *r.-v.*

CÔTES-DE-MONTRAVEL

Superficie : 30 ha / Production : 1 169 hl

CH. PIQUE-SÈGUE 2018 ★

■ | 8000 | | 8 à 11 €

Dirigée par Philip et Marianne Mallard, une propriété déjà mentionnée au XIVe s. par l'archevêque de Bordeaux pour la qualité de ses vins. Henri IV y fit halte, dit-on, pour abreuver son cheval à l'une de ses fontaines. La vigne représente 70 ha sur cette exploitation qui couvre plus de 220 ha sur les plus hauts coteaux de Montravel. On y élève aussi des vaches limousines.

Plus connu pour ses vins rouges, le domaine a proposé aussi cette année un côtes-de-montravel de belle facture. Ce moelleux or limpide provient d'un assemblage original : il privilégie le sauvignon gris (80 %, avec un appoint de sémillon). Cette mutation du sauvignon à la pellicule gris rosé donne des vins plus riches en sucres, moins acides et moins végétaux que le sauvignon blanc. Une variété adaptée à l'élaboration de vins doux comme celui-ci, à l'expression intensément florale et fruitée, dont l'ampleur et la rondeur marquées sont équilibrées en finale par une acidité bienvenue. ⧗ 2020-2025

CH. PIQUE-SÈGUE, Ponchapt, 33220 Port-Sainte-Foy-et-Ponchapt, tél. 05 53 58 52 52, info@chateau-pique-segue.fr V *r.-v.*

HAUT-MONTRAVEL

CH. PUY-SERVAIN Terrement 2018 ★★

8500 | 11 à 15 €

Puy-Servain est le nom du lieu-dit et signifie «sommet» (*puy*), «venteux ou servi par le vent» (*servain*). Daniel Hecquet fut œnologue au célèbre Ch. d'Yquem avant de regagner la propriété familiale à Ponchapt, qui compte aujourd'hui 48 ha de vignes. Un pilier du Bergeracois pour ses montravel et haut-montravel.

Le vieux sémillon (66 ans) à l'origine de la cuvée la plus réputée du domaine a été vendangé atteint par la pourriture noble, grain à grain, par tries successives, jusqu'à la mi-octobre, pour donner un liquoreux doré d'une grande richesse, à l'expression intense dominée par les fruits jaunes confits, abricot en tête. Gras et persistant, ce 2018 bénéficie en finale d'une belle acidité qui laisse une impression d'harmonie. ⧗ 2020-2030

CH. PUY-SERVAIN, 196, rte de Puy-Servain, Calabre, 33220 Port-Sainte-Foy-et-Ponchapt, tél. 05 53 24 77 27, oenouit.puyservain@wanadoo.fr V *t.l.j. 8h-12h 14h-17h30; sam. dim. sur r.-v.*

PÉCHARMANT

Superficie : 418 ha / Production : 14 864 hl

Au nord-est de Bergerac, ce «Pech», colline couverte de vignes, donne un vin rouge aux tanins fins et élégants, apte à la garde.

CH. LES DONATS RBelle 2018 ★★

1800 | 15 à 20 €

Un domaine acheté en 1994 par Patrick Somers, négociant originaire de Belgique, qui l'a restructuré et rénové. En 2011, son gendre Olivier Verhelst, ingénieur-œnologue, a rejoint l'équipe dont il a pris les commandes en 2013. Il a mis en pratique le savoir-faire des maîtres bordelais, avec lesquels il a travaillé après sa formation initiale en Belgique. Le domaine, qui s'est agrandi en AOC pécharmant, compte aujourd'hui quelque 20 ha de vignes.

Un nez flatteur, chaleureux avec finesse, sur les fruits rouges mûrs; une bouche à l'unisson, ample et douce sans lourdeur, teintée d'un léger grillé hérité d'un court séjour (3 mois) en fût : un pécharmant riche et harmonieux. ⧗ 2021-2026

CH. LES DONATS, Imp. des Donats, 24520 Saint-Nexans, tél. 05 53 58 42 78, info@chateaulesdonats.com V *r.-v.*

DOM. DU HAUT-PÉCHARMANT Cuvée Veuve Roches 2018 ★★

20500 | 8 à 11 €

Installé dans une demeure du XIXe s. entourée d'un parc dominant la vallée de la Dordogne, Didier Roches a pris la tête en 1998 du domaine exploité par sa famille depuis 1929 : un vignoble (30 ha aujourd'hui) exposé plein sud et implanté au sommet du coteau de Pécharmant, sur des sables et graviers, avec ses argiles grises et rouges ferrugineuses. Propriété certifiée Haute valeur environnementale.

Le merlot (50 %) s'allie au malbec (20 %) et aux 2 cabernets dans cette cuvée élevée 12 mois en cuve et en fût. D'emblée, ce 2018 affirme sa puissance dans son nez intensément fruité et épicé, prélude à un palais ample, consistant et long, dont la solide charpente tannique, pour l'heure austère, assurera une bonne garde. ⧗ 2023-2027

DOM. DU HAUT-PÉCHARMANT, Haut-Pécharmant, 24100 Bergerac, tél. 05 53 57 29 50, hautpecharmant@orange.fr V *t.l.j. sf dim. 8h-12h30 13h30-18h*

HUKULUMBARROS L'Écoute 2018 ★

10000 | 8 à 11 €

Petit-fils et fils de viticulteur, Mickaël Gaulhiac s'intéresse à la biodynamie qui l'incite à rester dans la filière, et débute en 2007 comme chef de culture en Gironde au Ch. Couronneau dont il mène à bien la conversion bio. En 2017, il s'installe sur un vignoble d'environ 6 ha en pécharmant (aujourd'hui en conversion bio). Le nom du domaine attire l'attention! Nom de navire et province romaine qui devint la Grombalia, région viticole tunisienne, il est lié à la mémoire familiale.

Premier millésime pour Mickaël Gaulhiac qui a subi le gel en 2017. Son chai a été livré en août 2018, fin prêt pour accueillir, le 4 octobre, les merlot (55 %), malbec (30 %) et cabernet-sauvignon à l'origine de cette cuvée. Le nez généreux, précis et charmeur mêle cassis bien mûr et pruneau. Ample, rond et soyeux, le palais est marqué en finale par quelques tanins vifs. Un pécharmant sur le fruit, agréable dans sa jeunesse. ⧗ 2020-2025

HUKULUMBARROS, Le Marsalet, 24240 Monbazillac, tél. 06 26 56 35 62, mickael.gaulhiac@orange.fr V *r.-v.*

♥ CH. LES MERLES L'Envol 2018 ★★

24400 | 8 à 11 €

À partir de 1914, 3 générations de Lajonie ont constitué dans le Bergeracois un vaste vignoble. La famille, qui commercialise son vin en bouteille depuis 1965, exploite 3 domaines : les châteaux Pintouquet (30 ha), le berceau, Bellevue (70 ha, en monbazillac et côtes-de-bergerac blanc) et Les Merles (70 ha), gérés depuis 1983 par Joël et Alain. La dernière génération, avec Romain Lajonie, a rejoint la propriété.

L'Envol est le nom de la cuvée de pécharmant du domaine. Mariant dans ce millésime merlot (50 %), cabernet (40 %) et malbec, élevé 12 mois en barrique sur lies, ce 2018 à la robe profonde a enchanté nos dégustateurs. Son nez monte en puissance à l'aération sur des notes de fruits rouges mûrs. Le fruit prend des tons confiturés dans un palais ample, suave, minéral et persistant. Le mariage harmonieux d'un boisé fondu et d'un fruit mûr, reflet d'un millésime épanoui. ⧗ 2022-2026

SUD-OUEST

CH. LES MERLES, 2, chem. des Merles, 24520 Mouleydier, tél. 06 22 13 54 13, alain.lajonie@wanadoo.fr V r.-v. *SCEA desMerles*

♥ CH. MÉTAIRIE-HAUTE
Élevé en fût de chêne 2018 ★★

■	26660		5 à 8 €

Alliance Aquitaine est une structure coopérative née en 2010 de la fusion de la cave de Saint-Vivien et de celle de Bergerac-Le Fleix. Disposant de 3 sites de vinification, la cave regroupe 140 adhérents pour une surface totale de 1 350 ha de vignes, dans le Bergeracois (80 %) et en AOC bordeaux.

Un pécharmant qui prend ses habitudes dans le Guide. Après un agréable 2017 modeste en quantité en raison du gel, voici le 2018 porté aux nues par nos jurés, et c'est tant mieux, car il y a 3 fois plus de volume. L'assemblage privilégie largement le merlot (76 %, avec les 2 cabernets en complément). L'élevage sous bois (11 mois) respecte le fruit, qui s'épanouit en notes gourmandes, fines et complexes et se déploie dans un palais gras avec finesse, minéral, aussi rond que long. ⧗ 2022-2026 ■ **Dom. du Vieux Sapin 2018 ★ (8 à 11 €; 43700 b.)** Élevé en barrique, issu des merlot, cabernet-sauvignon et cabernet franc à parts égales, avec un appoint de malbec, un vin intense et chaleureux, complexe et épicé, à la finale un peu tannique. ⧗ 2021-2024

SCA ALLIANCE AQUITAINE, Le Vignoble, 24130 Le Fleix, tél. 05 53 24 64 32, pyprudhomme@allianceaquitaine.com V *t.l.j. 8h30-12h30 14h-18h*

CH. LA RENAUDIE
Élevé en fût de chêne 2018 ★

■	32000		8 à 11 €

Ce château du XVIIe s. aux vastes toits pentus de tuiles rousses typiques du Périgord se dresse à Lembras, sur une colline dominant Bergerac. Le domaine s'étend sur 110 ha, dont un vaste vignoble de 32 ha d'un seul tenant. Propriété certifiée Haute valeur environnementale.

Composé de merlot, de cabernet-sauvignon et d'un appoint de malbec, ce millésime a terminé sa fermentation en barrique où il est resté 12 mois. Le boisé de l'élevage se dévoile à l'aération, allié à d'agréables notes de griotte et de cassis bien mûrs. Consistant sans excès, plaisant par sa palette fruitée et boisée, le palais montre en finale quelques tanins austères qui demandent à se fondre. ⧗ 2022-2028

CH. LA RENAUDIE, 46, rte de Périgueux, RN 21, 24100 Lembras, tél. 05 53 27 05 75, contact@chateaurenaudie.com V *t.l.j. sf dim. 10h-18h (été); sf sam. dim. 10h-17h (hiver)*

CH. TERRE FORT
Élevé en fût de chêne 2018 ★

■	29600		5 à 8 €

Union de coopératives, Couleurs d'Aquitaine est née en 2008 à l'initiative des 4 caves de la Dordogne : Cave de Port-Sainte-Foy, Les Vignerons de Sigoulès, Cave de Monbazillac et Alliance Aquitaine. Prolongée par une structure de négoce, elle sélectionne, élève et distribue aussi et surtout des vins de propriétés du Bergeracois et du Bordelais. Un acteur de poids du grand Sud-Ouest viticole.

Ce pécharmant montre un très bon équilibre, tant par son expression aromatique, où le fruit rouge mûr s'allie aux notes torréfiées de l'élevage en barrique, que par son palais, onctueux, rond et suave, marqué en finale par un retour de notes boisées. Un vin puissant et gourmand. ⧗ 2022-2026

COULEURS D'AQUITAINE, Les Seguinots, rte de Marmande, 24100 Saint-Laurent-des-Vignes, tél. 05 53 63 78 55, avernhet@couleursdaquitaine.fr

CH. DE TIREGAND 2018 ★★

■	118000		11 à 15 €

Ce domaine appartient à une branche lointaine de la famille de l'auteur du *Petit Prince*. Son somptueux château (XVIIIe s et Second Empire) est inscrit à l'Inventaire des Monuments historiques. Dirigée aujourd'hui par François-Xavier de Saint-Exupéry, la propriété s'étend sur 130 ha comprenant des forêts, un parc et 38 ha de vignes.

Mariant merlot (52 %), cabernets et malbec, ce 2018 obtient la même note que le 2016 Grand Millésime l'an dernier et il s'agit de la cuvée principale. Son élevage de 12 mois en barrique ne fait aucune part au bois neuf, de là un vin plus marqué par le fruit, tout en présentant les qualités d'un pécharmant de garde : une robe profonde, un nez encore discret mais d'une réelle finesse, sur les fruits rouges bien mûrs, la prune et le pruneau, un palais dans le même registre, ample, riche, structuré et persistant, tendu par une fine acidité. La finale encore resserrée appelle un séjour en cave. ⧗ 2023-2028

CH. DE TIREGAND, 118, rte de Sainte-Alvère, 24100 Creysse, tél. 05 53 23 21 08, contact@chateau-de-tiregand.com V *t.l.j. sf dim. 9h30-12h 14h-17h*

ROSETTE

Superficie : 10,6 ha / Production : 402 hl

Dans un amphithéâtre de collines dominant au nord la ville de Bergerac, sur un terroir argilo-graveleux, est installée l'appellation la plus confidentielle de la région, qui produit un vin moelleux.

♥ DOM. DU GRAND JAURE 2019 ★★

■	13000		5 à 8 €

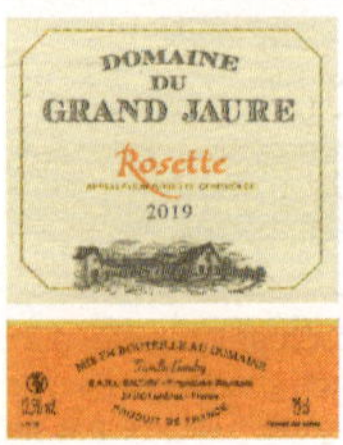

Bernadette Baudry et son frère Bertrand ont pris la relève sur le domaine familial. Longtemps producteurs exclusifs de vins rouges (pécharmant) sur les 17 ha de vignes que compte leur exploitation, ils se sont diversifiés en plantant des cépages blancs pour produire du

rosette et se montrent autant à l'aise dans les deux couleurs. En conversion bio depuis 2018.

Un coup de cœur en rosette, et ce n'est pas le premier. Les vins de cette appellation sont des moelleux et non des liquoreux issus de pourriture noble. Dans l'assemblage de cette cuvée, le sémillon, qui apporte le gras, cède le pas aux sauvignons (du blanc et du gris, plus délicat). Il en résulte un nez tout en finesse florale et une bouche juvénile et fraîche, aux arômes élégants de bergamote. Un vin doux pour aujourd'hui. ⧗ 2020-2024

DOM. DU GRAND JAURE, 16, chem. de Jaure, 24100 Lembras, tél. 06 86 77 47 90, domaine.du.grand.jaure@wanadoo.fr V t.l.j. sf dim. 9h-12h30 14h-19h

CH. DU LAC 2019 ★

	46600	5 à 8 €

À Ginestet, terroir situé au nord de Bergerac et plutôt dédié à la production de blancs moelleux, Sébastien Dantin conduit avec autant de discrétion que de talent un domaine de 35 ha.

Un des «spécialistes» du rosette, qui a reçu un coup de cœur dans le millésime précédent. Le 2019 est un moelleux à la robe étincelante et au nez discret, subtilement floral. Ample et rond, il reste bien équilibré et plaisant. ⧗ 2020-2023

SCEA DOM. DU LAC, Le Lac, 24130 Ginestet, tél. 05 53 57 45 27, domainedulac@orange.fr V t.l.j. 8h-12h 14h-19h

CH. DU ROOY 2019 ★★

	22900		5 à 8 €

Partis de rien, avec un vignoble en mauvais état, Gilles et Laëtitia Gérault améliorent chaque année les vignes, le chai, les équipements de vinification et de stockage, et la qualité des vins, nés d'un vignoble de 20 ha. Souvent en vue pour leurs pécharmant. Domaine certifié Haute valeur environnementale.

Rosette est un lieu-dit, et c'est sur le chemin de Rosette, au nord de Bergerac, que le domaine a son siège. Pour cette édition, il se distingue en blanc moelleux, avec cette cuvée née des sauvignons blanc et gris, du sémillon et de la muscadelle. Un vin clair et limpide, qui enchante tant par son nez délicatement floral et fruité (fruits blancs, groseille à maquereau) que par sa bouche franche et vive, aux arômes d'agrumes. ⧗ 2020-2023

CH. DU ROOY, 982, chem. de la Côte-de-Rosette, 24100 Bergerac, tél. 05 53 24 13 68, contact@chateau-du-rooy.com V t.l.j. sf dim. 10h-13h 14h30-18h30

SAUSSIGNAC

Superficie : 49 ha / Production : 771 hl

Un vignoble situé sur la rive gauche de la Dordogne, entre celui du pays foyen (Gironde), à l'ouest, et l'aire du monbazillac, à l'est. Loué au XVIᵉs. par le Pantagruel de François Rabelais, inscrit au cœur d'un superbe paysage de plateaux et de coteaux, ce terroir engendre de grands vins liquoreux.

B CH. LE PAYRAL Cuvée fleurie 2018 ★★

	5500		11 à 15 €

Isabelle et Thierry Daulhiac ont pris la suite en 1992 de 6 générations à la tête de 15 ha de vignes implantées sur un terroir riche en silex, en AOC bergerac, côtes-de-bergerac, saussignac et rosette. Depuis 2005, ils l'exploitent en bio, avec des emprunts à la biodynamie.

Un 2015 avait obtenu un coup de cœur dans la même appellation. Pour être très harmonieux, ce 2018 jaune doré, assemblage de sémillon (50 %), de sauvignon et de muscadelle offre un style différent, moins concentré, non boisé. Reflétant le nom de la cuvée, le nez apparaît très floral, puis s'oriente vers des notes confites évoquant le raisin sec. Une attaque tonique relayée par des impressions de rondeur et par une finale fraîche et longue laissent le souvenir d'un vin fort bien construit. ⧗ 2020-2026

CH. LE PAYRAL, Le Bourg, 24240 Razac-de-Saussignac, tél. 05 53 22 38 07, contact@le-payral.com V r.-v.

LES VIGNERONS DE SIGOULÈS Légende 2018 ★★

	3000		11 à 15 €

Fondée en 1939, la coopérative de Sigoulès regroupe aujourd'hui 75 adhérents, qui cultivent 950 ha de vignes au sud de Bergerac.

Issue d'une sélection de parcelles (du sémillon, avec 10 % de muscadelle), élevée 12 mois dans le chêne neuf, cette cuvée n'est élaborée que dans les millésimes «de légende». Le 2007 avait reçu un coup de cœur. D'un doré intense, ce 2018 né d'une année solaire apparaît moins exubérant, mais sa discrétion s'accompagne d'une belle élégance. Sa bouche vive et longue, qui monte en puissance, annonce un réel potentiel. S'il lui a manqué une voix pour obtenir un coup de cœur, ce liquoreux pourrait bien se montrer digne de cette distinction après quelques années de garde. ⧗ 2020-2030

LES VIGNERONS DE SIGOULÈS, Foncaussade, 24240 Mescoules, tél. 05 53 61 55 00, contact@vigneronsdesigoules.fr V t.l.j. sf dim. 9h-12h30 14h-17h30 (18h30 mai à sept.)

CÔTES-DE-DURAS

Superficie : 1 943 ha
Production : 111 660 hl (65 % rouge et rosé)

Entre côtes-du-marmandais au sud et vignes du Bergeracois au nord, ce vignoble fait la jonction entre ceux de la Garonne et ceux de la Dordogne. Il est implanté sur des coteaux découpés par la Dourdèze et ses affluents, aux sols d'argilo-calcaires et de boulbènes. Prolongement du plateau de l'Entre-deux-Mers, il a accueilli tout naturellement les cépages bordelais : en blanc, sémillon, sauvignon et muscadelle; en rouge, cabernet franc, cabernet-sauvignon, merlot et malbec. Historiquement, il a

été marqué par l'influence des huguenots, très présents dans la région. Après la révocation de l'édit de Nantes, les exilés protestants faisaient venir, dit-on, le vin de Duras jusqu'à leur retraite hollandaise et marquer d'une tulipe les rangs de vigne qu'ils se réservaient. Le vignoble se partage entre les vins blancs, secs ou moelleux, et les vins rouges, souvent vinifiés en cépages séparés. Il produit aussi des rosés. La Maison des Vins de Duras permet de découvrir tous ces vins ainsi que les cépages, dans un Jardin des vignes où l'on peut pique-niquer.

DOM. DES ALLÉGRETS Malbec 2018 ★

■ | 3000 | | 11 à 15 €

Quatre générations de Blanchard ont façonné ce domaine familial de 19 ha conduit en bio non certifié depuis 2007 et aujourd'hui en conversion. Une propriété où l'on cultive aussi des pruniers, des légumes, et où l'on pratique l'apiculture. Une valeur sûre des côtes-de-duras, dirigée depuis 2001 par Julien.

Aux Allégrets, on aime innover, créer de nouvelles cuvées. Comme celle-ci, qui met l'accent sur le malbec, cépage de diffusion assez récente dans l'appellation, mais qui contient autant de cabernet-sauvignon. Elle a été vinifiée sans sulfites, bien dans l'esprit « bio », même si le cahier des charges bio permet un apport restreint de sulfites. La robe est profonde, le nez, franc et concentré, entre cassis et épices; le palais apparaît puissant et charpenté, avec une finale assez stricte. ⧗ 2020-2024

DOM. DES ALLÉGRETS, 47120 Villeneuve-de-Duras, tél. 06 87 11 50 20, contact@allegrets.com V *r.-v.*

DOM. AMBLARD 2018 ★★

■ | 84 000 | | 5 à 8 €

Ce vaste domaine de 100 ha appartient à la famille Pauvert depuis 1938. Ses vins sont régulièrement en vue dans ces pages, notamment ses côtes-de-duras blancs.

Cette année, le rouge tient le devant de la scène. Né d'un assemblage de merlot (60 %) et des 2 cabernets, il se pare d'une robe plutôt soutenue et limpide. Son nez, attirant, marie les fruits noirs et les épices, nuancés d'une touche grillée. Montrant un bel équilibre entre rondeur et fraîcheur, soutenu par des tanins de qualité, bien fondus, le palais fait preuve d'une réelle élégance. ⧗ 2021-2026

DOM. AMBLARD, Dom. Amblard, 47120 Saint-Sernin, tél. 05 53 94 77 92, domaine.amblard@wanadoo.fr V *t.l.j. sf sam. dim. 8h-12h 14h-18h*

LES VIGNERONS DE BERTICOT
Cuvée Première 2019 ★

■ | 15 000 | | - de 5 €

Fondée en 1965, au lieu-dit Berticot, par une poignée de vignerons, la cave coopérative de Duras rassemble 120 viticulteurs et 1 000 ha de vignes. Un acteur incontournable des côtes-de-duras qui fournit 55 % de la production de l'appellation, dans les trois couleurs : des vins de propriétés et des vins de la cave, sous la marque Berticot.

Issu d'un pressurage direct de merlot et de cabernet, il affiche une couleur pastel aux reflets orangés et délivre un plaisant fruité, aux nuances de bonbon anglais, avec une pointe végétale. Après une attaque vive, il se développe avec ampleur et suavité. Un rosé aromatique et bien équilibré. ⧗ 2020-2021 ■ **La Cuvée sans nom Pièces nobles 2018 ★ (11 à 15 €; 6000 b.)** Associant merlot et cabernets, cette cuvée a connu le bois. Fruitée au nez, plus marquée par l'élevage en bouche, mais sans excès, elle montre une rondeur aimable. ⧗ 2020-2024 ■ **Premier Frimas 2018 ★ (5 à 8 €; 50 000 b.)** Mariant sémillon et sauvignon, il a pour atouts ses parfums subtils de fruits confits, sa fraîcheur alliée à un beau gras et sa concentration notable pour un moelleux. (Bouteilles de 50 cl.) ⧗ 2020-2024

BERTICOT, rte de Sainte-Foy-la-Grande, 47120 Duras, tél. 05 53 83 75 47, contact@berticot.com V *t.l.j. sf dim. 9h-12h30 14h-17h30; visite sur r.-v.*

DOM. LES BERTINS Le Trésor de Célia 2018 ★

■ | 9 300 | | 5 à 8 €

Ce domaine de 14,7 ha, régulier en qualité, a été acquis en 1968 par Pierrette et Dominique Manfé qui l'ont transmis en 2001 à Jacqueline, leur fille. Il produit des côtes-de-duras ainsi que des vins en IGP.

Un moelleux or pâle qui doit tout au sauvignon, vendangé début octobre. Il tire de son cépage d'origine un fruité intense aux nuances d'agrumes, en harmonie avec une fraîcheur qui équilibre la douceur de son attaque et donne du tonus à sa finale. ⧗ 2020-2023

DOM. LES BERTINS, Dom. Les Bertins, 47120 Saint-Astier, tél. 06 47 47 10 46, contact@lesbertins.fr V *t.l.j. sf dim. 9h-12h 14h-18h30* B

LE BONHOMME RICHARD 2019 ★★

■ | 4 000 | | 5 à 8 €

Fabrice Pauvert a plusieurs cordes à son arc : vigneron avec la reprise en 2007 du petit vignoble de sa belle-famille (10 ha), négociant avec la création de marques (Les Cours et Petit Sauvageon) et coopérateur (il dédie 5 ha de vignes à la cave). Il est aussi fondateur de la Caisse de solidarité des vignerons de Duras.

Une cuvée lancée pour financer la reconstruction de l'ancienne frégate Duc de Duras (rebaptisée Bonhomme Richard), donnée par Louis XVI aux États-Unis en guerre pour leur indépendance et coulée au large de l'Angleterre. Issu de merlot, ce rosé s'habille d'une robe pastel légèrement tuilée et se partage au nez entre les fruits blancs et les agrumes. Le prélude à une bouche aromatique et tout en fraîcheur. ⧗ 2020-2021

SARL FASY, Le Grand Coup, 47120 Saint-Sernin, tél. 06 42 88 78 00, vinlebonhommerichard@gmail.com V *r.-v.*

B DOM. GRAND BOIS 2019 ★★★

■ | 2 950 | | 5 à 8 €

Marque de la structure de négoce créée par Marie-Thérèse et Denis Vuillien, propriétaires du Dom. de Ferrant en côtes-de-duras.

Issu de pressurage direct de malbec majoritaire et de cabernet franc, un rosé bio à la robe pétale de rose, aux parfums intenses de fraise et de bonbon, et à la bouche harmonieuse, conjuguant rondeur suave et belle fraîcheur finale. Il s'est placé sur les rangs au moment d'élire les coups de cœur. ⧗ 2020-2021 ■ **2017 ★★ (8 à 11 €; 33300 b.)** Un vin issu de raisins en conversion bio. Dominé par le merlot, avec le cabernet franc en appoint, élevé en cuve, il a frôlé le coup de cœur. Ses atouts : des arômes intenses de fruits rouges mûrs rehaussés d'épices douces, une réelle ampleur et une belle charpente de tanins soyeux, plus stricts en finale. ⧗ 2022-2026

⊶ *DOM. GRAND BOIS, Dom. de Ferrant, 47120 Esclottes, tél. 05 53 84 45 02, sas@domaineferrant.com* V *t.l.j. 9h-18h*

GRAND MAYNE Merlot-Cabernet 2018 ★

■ | 70000 | | 5 à 8 €

Référence de l'appellation, le domaine a été acheté en 1986 et restauré par l'importateur britannique Andrew Gordon qui a entièrement replanté le vignoble (34 ha aujourd'hui) et confié la direction à l'œnologue Mathieu Crosnier.

Les 2 cabernets escortent le merlot (60 %) dans cette cuvée au nez délicat, assez complexe, mariant les fruits rouges bien mûrs et des touches épicées. On retrouve les fruits rouges dans un palais bien structuré et frais, qui laisse une impression d'élégance. ⧗ 2020-2025

⊶ *DOM. DU GRAND MAYNE, Le Grand-Mayne, 47120 Villeneuve-de-Duras, tél. 05 53 94 74 17, domaine@grandmayne.net* V *t.l.j. sf dim. 9h-17h*

♥ PHILIPPE ET MARIE-AGNÈS KLELS LAMBOTTE Merlot Barrique 2018 ★★

■ | 2600 | | 11 à 15 €

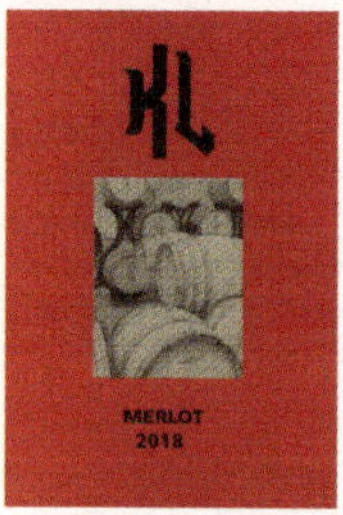

En 2017, Philippe Klels, ancien industriel et chef d'entreprise belge, a racheté avec son épouse Marie-Agnès un domaine en côtes-de-duras. Les nouveaux propriétaires ont engagé la restructuration du vignoble (en bio certifié depuis 2019) et la modernisation du chai.

Une entrée dans le Guide par la grande porte pour ces néo-vignerons grâce à une petite cuvée élevée 12 mois en barrique et issue de merlot vendangé à la main. Dans le verre, un vin grenat soutenu montrant des reflets violets de jeunesse, au nez bien ouvert sur un fruit rouge suave, presque miellé. Ce fruité franc se prolonge dans une attaque ample, qui ouvre sur un palais consistant, aux tanins ronds, marqué par le merrain en finale. ⧗ 2021-2025

⊶ *DOM. KLELS LAMBOTTE, Lieu-dit Vignoble de la Lègue, 47120 Saint-Sernin-de-Duras, tél. 00 32 475493243, domainekl@gmail.com* V *r.-v.*

DOM. DE LAPLACE Petit Jules Boisé 2017 ★★

■ | 6000 | | 8 à 11 €

Jean-Luc Carmelli conduit depuis 1984 ce domaine de 36 ha régulier en qualité, créé en 1924 par son grand-père à Saint-Jean-de-Duras, sur les coteaux surplombant la vallée du Dropt. La propriété se dédie non seulement à la viticulture, mais aussi à la culture de céréales et du tournesol, ainsi qu'à l'élevage de vaches Blondes d'Aquitaine.

La version « barrique» de cette cuvée est encore plus aboutie que la version «cuve» (appréciée l'an dernier dans le même millésime); ici, le cabernet-sauvignon (40 %) séjourne 2 ans en fût. La robe profonde montre des reflets violets de jeunesse. Le nez monte en puissance sur les fruits rouges et des notes toastées. Ronde et suave en attaque, la bouche dévoile une agréable trame de tanins boisés bien fondus, marquée en finale par de belles nuances de framboise. Un ensemble harmonieux. ⧗ 2022-2026 ■ **Petit Caprice 2019 ★ (5 à 8 €; 4170 b.)** Mi-merlot mi-cabernet-sauvignon, un rosé plaisant par sa vivacité fringante qui s'accordera avec rillettes, terrines et toutes les grillades. ⧗ 2020-2021

⊶ *DOM. DE LAPLACE, Laplace, 47120 Saint-Jean-de-Duras, tél. 05 53 83 00 77, laplace.carmelli@wanadoo.fr* V *t.l.j. sf mer. dim. 9h-12h 14h-18h*

DOM. DE LAULAN M Merlot 2018 ★

■ | 3000 | | 8 à 11 €

Des habitués du Guide. Depuis leur arrivée en 1974, Gilbert et Claudie Geoffroy ont entièrement rénové leur vignoble tout en l'agrandissant : 33 ha aujourd'hui. En 2000, ils ont passé le relais à leur fils, Régis.

Alors que ces vignerons brillent souvent grâce à leurs vins blancs secs, le sauvignon cède cette année le pas au vin rouge élevé en barrique. Il s'agit d'un pur merlot, récolté bien mûr le 9 octobre et resté 12 mois dans le bois. Le chêne lègue un surcroît de complexité à cette cuvée ample et généreuse, aux tanins mûrs, de belle longueur, ajoutant à sa palette aromatique fruitée des notes vanillées et épicées. ⧗ 2021-2026

⊶ *DOM. DE LAULAN, Petit-Sainte-Foy, 47120 Duras, tél. 05 53 83 73 69, contact@domainelaulan.com* V *t.l.j. sf dim. 8h-12h 13h30-18h30; sam. sur r.-v.*

CH. MOLHIÈRE Terroir des ducs 2019 ★

■ | 7400 | | 5 à 8 €

Au XVIe s., un nommé Lamolhière, venu au pays de Duras dévasté par la guerre de Cent Ans, obtint une tenure du baron de Duras et se convertit au protestantisme. Après la révocation de l'édit de Nantes, le domaine fut confisqué. Une exploitation acquise en 1950 par le Bordelais Claude Blancheton, qui a vendu son vin en bouteille dès 1967, et transmise à partir de 1993 à ses fils Patrick et Francis (ce dernier à la retraite depuis 2014). Agrandi, le vignoble est passé de 8 à 30 ha de vignes.

Élevé sur lies, un rosé composé de merlot majoritaire et de cabernet franc. Il séduit par sa robe tuilée très pâle et par ses arômes de fruits blancs légèrement fumés, prélude à une bouche à la fois ronde et très fraîche. ⧗ 2020-2021 ■ **Terroir des ducs Sauvignon 2019 ★ (5 à 8 €; 13000 b.)** Un «archétype» du sauvignon, qui dévoile tous les arômes (fleurs blanches, agrumes) et la fraîcheur attendus des vins blancs secs issus de ce cépage. ⧗ 2020-2022 ■ **Cuvée Pierrot 2018 ★ (11 à 15 €; 4200 b.)** Une robe profonde, un nez d'une belle complexité (fruits rouges, épices, notes de sous-bois) pour ce vin structuré, équilibré et persistant, issu pour

SUD-OUEST

l'essentiel de cabernet-sauvignon et élevé sous bois. ⧗ 2021-2025

CH. MOLHIÈRE, 1816, rte de Sainte-Foy-la-Grande, Le Boucaud, 47120 Duras, tél. 06 86 57 49 51, hello@molhiere.com V *t.l.j. sf dim. 10h-19h; visite sur r.-v.*

LE PIÉMONT PYRÉNÉEN

MADIRAN

Superficie : 1 273 ha / Production : 61 738 hl

D'origine gallo-romaine, le madiran fut pendant longtemps le vin des pèlerins de Saint-Jacques-de-Compostelle, avant de retrouver la notoriété grâce à la gastronomie du Gers. Son aire de production, à quelque 40 km au nord-est de Pau, est à cheval sur trois départements : le Gers, les Hautes-Pyrénées et les Pyrénées-Atlantiques. Le cépage roi à l'origine de ce vin rouge est le tannat, complété par les cabernet franc (ou bouchy), cabernet-sauvignon et fer-servadou (ou pinenc). Les vignes, cultivées en demi-hautain, partagent les coteaux avec cultures et bosquets.

Les madiran traditionnels, à forte proportion de tannat, sont colorés et virils. Fort tanniques, ils supportent très bien le passage sous bois et doivent attendre quelques années. Avec l'âge, ils se montrent à la fois sensuels, charnus et charpentés. Lorsqu'ils sont moins riches en tannat et issus de cuvaisons plus courtes, les madiran sont plus souples et fruités. Ils peuvent alors être servis jeunes.

CH. AYDIE L'Origine 2018 ★

■ | 150 000 | | 5 à 8 €

Le Ch. d'Aydie est une affaire de famille (et une valeur sûre) : 4 enfants Laplace suivent aujourd'hui les traces de leur grand-père Frédéric, qui fut l'un des premiers à vendre du madiran en bouteilles, avec l'aide d'André Daguin, le célèbre cuisinier gascon. À l'exploitation, qui couvre 70 ha, s'est ajoutée une structure de négoce.

Un madiran de plaisir, habillé d'une robe cerise burlat en parfaite cohérence avec les arômes de fruits épicés (framboise, cassis, mûre). L'attaque est souple, puis c'est une fraîcheur fruitée qui emplit le palais. Dans ce contexte, les tanins jouent les seconds rôles. ⧗ 2021-2025

SAS FAMILLE LAPLACE, Ch. d'Aydie, 64330 Aydie, tél. 05 59 04 08 00, contact@famillelaplace.com V *t.l.j. sf dim. 9h-12h30 14h-18h*

CH. BARRÉJAT Cuvée de l'extrême 2017 ★

■ | 6 600 | | 11 à 15 €

Quatre générations se sont succédé sur ce domaine qui commercialise sa production en bouteilles depuis 1967. Installé en 1992, Denis Capmartin exploite aujourd'hui 40 ha avec une belle régularité. Il a équipé son exploitation d'un nouveau chai à barriques souterrain en 2008, avant de moderniser sa cuverie.

Signe d'une extraction très réussie, une robe grenat profond habille ce vin dont l'expression aromatique monte en puissance, entre fruits noirs confiturés et notes toastées-vanillées. D'attaque souple, il charme par son gras et sa suavité. Des tanins de qualité le soutiennent jusqu'en finale. Des promesses d'avenir certaines. ⧗ 2021-2028

SCEA DENIS CAPMARTIN, Ch. Barréjat, 32400 Maumusson-Laguian, tél. 05 62 69 74 92, deniscapmartin@laposte.net V *t.l.j. sf dim. 9h-12h 14h-18h*

DOM. BERNET Tradition 2018 ★

■ | 55 000 | | 5 à 8 €

Au milieu du XVIIIe s., des ancêtres cultivaient quelques rangs de vignes, des céréales et élevaient du bétail. Le vignoble se développe à partir de 1935 et surtout après 1980, quand le père d'Yves Doussau décide de vendre le vin en bouteilles. Ce dernier prend sa suite en 1984 et plante des vignes blanches. Ses 11 ha sont répartis entre madiran et pacherenc-du-vic-bilh.

Les reflets violines sont particulièrement prononcés dans la robe sombre de ce 2018. Est-ce le signe de la jeunesse ? Sans aucun doute, car les arômes demeurent encore timides au premier nez. L'aération révèle les fruits frais et les épices. En bouche, le croquant du fruit prend toute la place et les tanins gardent une certaine fermeté, mais tous les éléments sont présents pour assurer une bonne évolution dans le temps. ⧗ 2022-2028

EARL BERNET, Dom. Bernet, 32400 Viella, tél. 05 62 69 71 99, earl.bernet@wanadoo.fr V *t.l.j. 9h-12h30 14h-19h*

♥ DOM. BERTHOUMIEU Au calvaire 2018 ★★

■ | 8 000 | | 20 à 30 €

Fondée vers 1850, cette propriété familiale a vu se succéder 6 générations. À la suite de son père Louis, Didier Barré, installé en 1983, a contribué au renouveau du madiran, dont il fut l'un des porte-étendards. En 2017, les sœurs Claire et Marion Bortolussi (filles d'Alain Bortolussi du Ch. Viella) ont pris en main les destinées de ce domaine phare de 25 ha en nouant un partenariat avec le négociant Lionel Osmin pour la conduite de l'exploitation et la commercialisation des cuvées.

Une robe noire comme de l'encre et des reflets grenats. Un nez puissant, riche et complexe qui décline les fruits du stade frais au stade très mûr, ponctués d'épices et de boisé subtil. En bouche, une matière ample et soyeuse se développe, suffisamment puissante et aromatique pour s'éterniser en finale. ⧗ 2022-2028 ■ **Dom. Bortolussi 2018 ★ (5 à 8 €; 80 000 b.)** Un madiran sur la fraîcheur et la souplesse, dans des tonalités fruitées et mentholées. ⧗ 2021-2025

SCEA CH. DE VIELLA, Dutour, 32400 Viella, tél. 05 62 69 74 05, contact@domaine-berthoumieu.com V r.-v.

SEIGNEURIE DE CROUSEILLES 2018 ★

■	35000		8 à 11 €

La coopérative de Crouseilles a été créée en 1950, 2 ans après la reconnaissance en AOC du madiran et du pacherenc-du-vic-bilh. Elle a largement contribué au renouveau du grand vin rouge pyrénéen, dont elle fournit plus du tiers des volumes. Regroupant 130 vignerons, elle propose, outre le madiran, du pacherenc et du béarn.

La grande maturité du raisin se traduit tant au nez qu'en bouche. À l'olfaction, des arômes de fruits confits, de fruits noirs et d'épices, sans oublier la touche toastée issue de l'élevage en fût. La bouche ronde et charnue laisse une impression chaleureuse, avec des tanins bien fondus et un fruité persistant. ⧗ 2021-2026 ■ **Grande Réserve Carte d'or 2018 ★ (5 à 8 €; 80000 b.)** Un vin chaleureux et encore sous l'emprise des tanins, mais qui a bien des atouts pour s'affiner au fil des années en cave. Car il a suffisamment de corps et cette intensité du fruit qui ne trompe pas. ⧗ 2022-2026

CAVE DE CROUSEILLES, rte du Château, 64350 Crouseilles, tél. 05 62 69 66 77, m.darricau@crouseilles.fr V t.l.j. sf dim. 9h-12h30 14h-18h

DOM. DAMIENS Saint Jean 2018 ★★

■	11000		15 à 20 €

En 1970, André Beheïty, jeune agriculteur, achète un coteau en friche de 10 ha proche de son petit vignoble de 6 ha. Première vinification en 1971, aménagement du chai à barriques en 1987. Installé en 1999, son fils Pierre-Michel dispose de 17 ha de vignes, exploitées en bio.

Sous une robe sombre apparaissent des arômes intenses, mais non dénués d'élégance, de fruits noirs mûrs, de réglisse et d'épices douces. La bouche ample et puissante garde un bel équilibre : séveuse, la matière bénéficie d'une structure de qualité qui lui donne du caractère. ⧗ 2022-2029 ■ **Tradition 2018 ★ (8 à 11 €; 40000 b.)** On aime les arômes de fruits noirs intenses, l'attaque souple et la matière souple, bien expressive. Quelques tanins viennent jouer les fougueux en finale, mais il auront tout le loisir de se policer au cours de la garde. ⧗ 2022-2028

SCEA BEHEÏTY, RD 317, 64330 Aydie, tél. 05 59 04 03 13, domainedamiens64@gmail.com V t.l.j. 9h-12h 14h-19h; dim. sur r.-v.

CH. DE FITÈRE Tradition 2018 ★

■	100000		5 à 8 €

Conduit par René Castets depuis 1978, épaulé par sa fille Karine depuis 2016, un domaine de 56 ha implanté sur les sols argilo-calcaires de Cannet, tout petit village du Gers. Si la propriété a changé de nom, on y cultive la vigne depuis le XVIIes.; la première production fut commercialisée en 1872 en barrique, pour des clients anglais.

La fraîcheur du fruit et la souplesse de la matière : voici ce que les dégustateurs ont préféré dans ce vin sans autre ambition que de plaire dans l'instant. ⧗ 2020-2024

EARL VIGNOBLES FITÈRE, Saint-Jean, 32400 Cannet, tél. 05 62 69 82 36, rene.castets@gmail.com V t.l.j. 8h30-12h 14h-19h; sam. dim. sur r.-v.

DOM. LABRANCHE LAFFONT Vieilles Vignes 2016 ★★

■	19000		15 à 20 €

Le domaine familial remonte à la Révolution. Jeune œnologue, Christine Dupuy s'installe en 1992 sur l'exploitation. Elle porte sa superficie de 6 à 21 ha et, surtout, s'impose comme l'une des valeurs sûres des appellations madiran et pacherenc. Son trésor : 50 ares de vignes préphylloxériques. Vignoble en bio certifié depuis 2014.

Robe sombre et dense, rouge grenat. Nez riche et intense, à la fois fruité et boisé : fruits en confiture, à l'eau-de-vie, épices. Attaque charnue, puis une grande matière, puissante et structurée par des tanins de qualité jusqu'en finale. Un madiran généreux. ⧗ 2022-2030 ■ **2018 ★ (11 à 15 €; 45000 b.)** Cassis, mûre et épices composent un beau nez et trouvent écho au palais, dans une matière bien concentrée. Les tanins demeurent assez discrets. ⧗ 2021-2024

EARL CHRISTINE DUPUY, Dom. Labranche Laffont, 32400 Maumusson-Laguian, tél. 05 62 69 74 90, christine.dupuy@labranchelaffont.fr V t.l.j. 9h-12h30 14h-19h; dim. sur r.-v.

DOM. LAFFONT Erigone 2017 ★

■	6000		11 à 15 €

Pierre Speyer, d'origine belge, a vendu en 2013 cette propriété de Maumusson qu'il exploitait depuis 1993. Le nouveau propriétaire, René Ozorio, associé à d'autres partenaires (notamment hongkongais), est aujourd'hui à la tête de 12 ha (3,8 ha en cépages rouges pour le madiran et le reste en vignes blanches pour le pacherenc). Il continue la conversion bio engagée par l'ancien propriétaire.

Un madiran amical, signalent les dégustateurs. Cela signifie simple et plaisant, et cela suffit à notre bonheur. Sous une robe grenat aux légères nuances violettes, ce vin offre un nez délicat et frais, fruité et floral. Souple au palais, il ne dévoile pas de grand volume, mais il est de bonne tenue grâce à des tanins bien en place. ⧗ 2021-2024

SCEA DOM. LAFFONT, lieu-dit Laffont, 32400 Maumusson-Laguian, tél. 05 62 69 75 23, info@domainelaffont.fr V t.l.j. 9h-18h; sam. dim. sur r.-v.

♥ DOM. LAOUGUÉ Marty 2018 ★★

■	41000		11 à 15 €

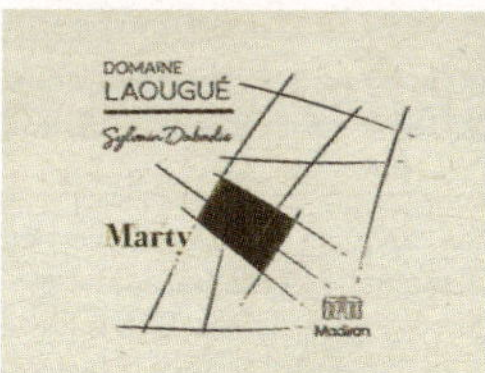

Pierre Dabadie s'est installé en 1980 sur l'exploitation familiale, dont la superficie est passée de 7 à 25 ha. Ses vins, rouges comme blancs, secs comme doux, sont régulièrement en vue. En 2014, son fils Sylvain, qui a pris le relais, réoriente la conduite de la vigne et renouvelle les cuvées.

Si dense qu'il en est presque opaque dans le verre, mais il brille de tous ses feux. Ce vin puissamment fruité présente de la complexité dans ses notes boisées et ses accents de réglisse. Il trouve au palais un équilibre parfait entre fraîcheur et suavité, la matière ample enrobant des tanins bien disciplinés. En finale, la gourmandise peut dès lors prévaloir. ⧗ 2022-2030 ■ **Camy 2018 ★ (8 à 11 €; 32 000 b.)** Frais et aromatique, voici un madiran souple qui ne demande qu'à passer à table aux côtés d'un carré d'agneau rôti aux légumes printaniers. ⧗ 2020-2024

EARL DABADIE, rte de Madiran, 32400 Viella, tél. 05 62 69 90 05, contact@domaine-laougue.fr V *t.l.j. 9h-12h 14h-18h*

DOM. DE MAOURIES Les Orchis de Pyren 2018 ★★

■ | 8000 | | 15 à 20 €

Fondé en 1907, le Dom. de Maouries compte aujourd'hui 25 ha de vignes, répartis sur 3 communes et 25 parcelles. Si Jacqueline et André Dufau s'activent toujours sur l'exploitation, ce sont leurs 3 enfants, Philippe, Pascal et Isabelle qui en assurent la gestion, avec la nouvelle génération (Claire, ingénieur agronome). La carte des vins propose 3 AOC (pacherenc, madiran et saint-mont) et des IGP côtes-de-gascogne.

Une élégante puissance. Ce n'est pas un oxymore s'agissant de ce vin intensément aromatique : les fruits noirs se mêlent aux épices et à un toasté délicat. La chair ample et généreuse bénéficie de tanins mûrs, respectueux du fruit. L'ensemble persiste bien en finale. ⧗ 2022-2029 ■ **Cailloux de Pyren 2018 ★ (8 à 11 €; 20 000 b.)** Un vin de belle texture, souple et attrayant dès à présent. ⧗ 2020-2022

DOM. DE MAOURIES, lieu-dit Maouries, 32400 Labarthète, tél. 05 62 69 63 84, domainemaouries@gmail.com V *r.-v.* E

VIGNOBLES MARIE MARIA Novel 2018 ★

■ | 30 000 | | 8 à 11 €

Une structure coopérative créée par des vignerons de la cave de Crouseilles dans le but de proposer des madiran tout en fraîcheur, loin de l'archétype de l'appellation privilégiant la puissance et la concentration. À sa carte figurent aussi des pacherenc-du-vic-bilh. Le nom des vins de cette gamme évoque l'abbaye bénédictine de Madiran (devenue paroisse Sainte-Marie), qui a contribué à l'essor du vignoble.

De la réglisse et des fruits rouges pour leitmotiv dans ce madiran rond et corpulent, fait pour tenir dans le temps. ⧗ 2021-2025

VIGNOBLE MARIE MARIA, rte de Madiran, 64350 Crouseilles, tél. 05 62 69 66 77, m.darricau@crouseilles.fr V *r.-v.*

MAISON MARLÈRE Accords parfaits 2018 ★

■ | 50 000 | | 5 à 8 €

Riche d'une expérience acquise en Californie, en Amérique Latine et en Espagne, Jérôme Baradat, ingénieur en agriculture, est revenu dans son Béarn natal pour créer en 2011 la marque de négoce Marlère, dédiée aux vins du Sud-Ouest, qui porte le nom de la ferme de sa famille. Sur ses étiquettes, il entend faire œuvre de pédagogie pour faciliter le choix du consommateur.

Joli vin couleur cerise intense, net dans son expression de fruits frais bien mûrs, à peine épicés. L'attaque est franche, la bouche fraîche et moyennement concentrée, mais les tanins n'en sont pas moins serrés. Un dégustateur propose un accord gourmand avec des travers de porc caramélisés. ⧗ 2021-2024

SARL MARLÈRE GASTRONOMIE, 9, av. du Dr-Lafourcade, 64100 Bayonne, tél. 06 98 02 10 00, contact@marlere.com

CH. DE PERRON 2017 ★

■ | 9000 | | 8 à 11 €

Construit en 1645, le château de Perron domine la vallée de l'Adour. Il a gardé un chai datant de 1734 – âge d'or des vins de Madiran. Devenu bien national à la Révolution, il disposait à l'époque de 50 ha de vignes. Replanté à partir de 1945, il compte aujourd'hui 14 ha. À sa tête depuis 2012, Isabelle de Saint-Sernin a succédé à son père et à son frère.

D'abord timide, ce vin mérite d'être aéré pour livrer tous ses arômes de fruits noirs mûrs. En bouche, il se révèle équilibré, structuré et charnu, voire opulent car il monte progressivement en puissance. L'ensemble est bien maîtrisé et prometteur. ⧗ 2022-2028

ISABELLE DE SAINT-SERNIN, 10, rte de Perron, 65700 Madiran, tél. 06 86 52 27 06, isabelle@chateaudeperron.fr V *r.-v.*

PLAIMONT Altéus 2017 ★

■ | 13 698 | | 15 à 20 €

Le groupe Plaimont est le fruit d'une association de 3 caves qui, en 1979, unirent leurs initiales (PL pour Plaisance, AI pour Aignan et MONT pour Saint-Mont) pour créer ce leader des vins du Sud-Ouest produisant 40 millions de bouteilles par an. Rejoint en 1999 par les caves de Condom et de Crouseilles, Plaimont représente 98% de l'appellation saint-mont, environ la moitié des AOC madiran et pacherenc-du-vic-bilh ainsi que des IGP côtes-de-gascogne. Un acteur de poids.

Un panier garni de fruits rouges et noirs : voilà pour la première impression. Une matière dense, mûre, structurée : voilà de quoi convaincre totalement. Certes, les tanins doivent se fondre, mais l'empreinte de l'élevage est élégant et tout n'est qu'une question de temps. ⧗ 2021-2026 ■ **Paradox 2017 ★ (11 à 15 €; 40 000 b.)** Rien de paradoxal dans ce vin. Tout est cohérent, au contraire. Un nez discret mais agréable de cassis et de vanille, une bouche souple, sans anicroche. Un style léger. ⧗ 2021-2024

USCA PLAIMONT TERROIRS ET CHÂTEAUX, rte d'Orthez, 32400 Saint-Mont, tél. 05 62 69 62 87, l.mene-castillou@plaimont.fr V *t.l.j. sf sam. dim. 9h-12h 14h-18h* 4 D

DOM. LES PYRÉNÉALES 2018 ★

■ | 3900 | | 8 à 11 €

Issu d'une lignée de vignerons, Nicolas Tortigue s'installe en 2013 sur le Dom. de Larroque, rebaptisé Pyrénéales, clin d'œil au massif pyrénéen et à ses enfants Pierre et Alan. Il conduit près de 8 ha de vignes.

Le bonbon arlequin aux fruits est venu à l'esprit d'un dégustateur, charmé par le nez de ce vin gourmand. D'attaque souple, la bouche a bien cette fraîcheur acidulée et ce fruité de cassis et de framboise évocateurs de petites douceurs. ⧗ 2020-2023

SCEA DOM. LES PYRÉNÉALES, chem. de Las-Techeneres, 65700 Madiran, tél. 06 88 39 59 00, lespyreneales@orange.fr V r.-v. E

♥ DOM. SERGENT 2018 ★★

55 000 | 5 à 8 €

En 1902, Hubert Dousseau acquiert le domaine. Depuis 1995, Brigitte et Corinne, ses arrière-petites-filles, y conduisent un vignoble de 22 ha. Elles ont converti en gîte une petite maison gasconne au cœur des vignes et proposent, outre le vin, des foies gras, confits et autres magrets de canard.

Des reflets violines éclairent la robe noire de ce madiran généreux dans ses parfums de fruits noirs mûrs, de crème de cassis et d'épices. L'attaque est d'une grande suavité, la bouche ronde à souhait et de beau volume, avec tout le fruit attendu d'une vendange mûre à point. Des tanins, on n'en fait peu de cas tant ils sont enrobés, et la longue finale laisse une impression flatteuse. ⧗ 2022-2030 ■ **Les Noyers 2017 ★ (8 à 11 €; 15 000 b.)** Un 2017 qui a du corps et de la mâche. L'élevage d'un an en fût a laissé sa marque dans les arômes vanillés et grillés comme dans l'expression encore affirmée des tanins. La fraîcheur mentholée est une originalité bienvenue. ⧗ 2022-2028

EARL DOUSSEAU, Dom. Sergent, 32400 Maumusson-Laguian, tél. 05 62 69 74 93, contact@domaine-sergent.com V *t.l.j. sf dim. 9h-18h30; sam. sur r.-v.* B

STRATÉUS 2018 ★

4 000 | 15 à 20 €

En 2014, Simon Ribert reprend le vignoble de son grand-père, environ 3 ha à Madiran. C'est en cultivant avec ce dernier des vignes de 80 ans qu'il a conforté sa vocation de vigneron. Il s'est formé un an au Ch. Montus. Ses vins sont d'ailleurs pour l'heure vinifiés à la coopérative de Castelnau-Rivière-Basse en partenariat avec les vignobles d'Alain Brumont. Il applique la démarche biodynamique sans label, en «artisan vigneron». En 2019, à 26 ans, il présente son premier millésime et fait son entrée dans le Guide.

Un madiran chaleureux, riche d'arômes de fruits noirs très mûrs. Il laisse une impression tout simplement gourmande en bouche, tant il est souple. Les tanins aux accents poivrés restent discrets. ⧗ 2021-2024

EARL DES 4 V, 7, imp. Congalinon, 65700 Madiran, tél. 06 76 54 13 21, strateus.madiran@gmail.com V *r.-v.*

PACHERENC-DU-VIC-BILH

Superficie : 260 ha / Production : 10 510 hl

Né sur la même aire que le madiran, ce vin blanc est issu de cépages locaux (courbu, gros et petit mansengs, arrufiac) et bordelais (sauvignon); cet ensemble apporte une palette aromatique d'une extrême richesse. Tous les pacherenc sont gras et vifs. Suivant les conditions climatiques du millésime, ils sont secs ou moelleux. Les premiers, à boire jeunes, expriment les agrumes, les fruits exotiques et le miel. L'amande et la noisette s'ajoutent à cette gamme dans les moelleux, de moyenne garde.

♥ CH. D'AYDIE 2018 ★★

5 000 | 8 à 11 €

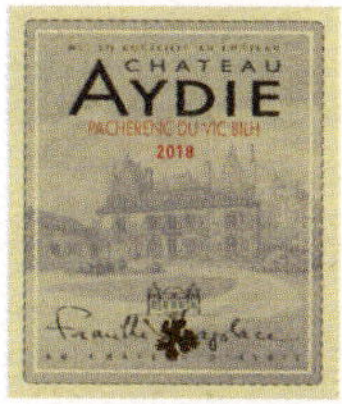

Le Ch. d'Aydie est une affaire de famille (et une valeur sûre) : 4 enfants Laplace suivent aujourd'hui les traces de leur grand-père Frédéric, qui fut l'un des premiers à vendre du madiran en bouteilles, avec l'aide d'André Daguin, le célèbre cuisinier gascon. À l'exploitation, qui couvre 70 ha, s'est ajoutée une structure de négoce.

Une superbe robe à reflets ambre et or habille ce vin qui développe un nez aussi intense que complexe de fruits exotiques confits, de miel, de coing et de noix. Cette grande maturité se retrouve en bouche dans la richesse des arômes, dans la qualité et la persistance des saveurs. C'est rond, gras et équilibré, d'une longueur remarquable. ⧗ 2020-2025 ■ **Odé d'Aydie 2018 ★ (11 à 15 €; 30 000 b.)** Un pacherenc sec qui révèle toute son expression après aération (compote de coings, épices). Il se révèle gourmand au palais, tant il est rond. ⧗ 2020-2024

SAS FAMILLE LAPLACE, Ch. d'Aydie, 64330 Aydie, tél. 05 59 04 08 00, contact@famillelaplace.com V *t.l.j. sf dim. 9h-12h30 14h-18h*

DOM. DOU BERNÈS 2019 ★

3 600 | 5 à 8 €

Dans le paysage des petites collines dodues d'Aydie, Jean-Paul Cazenave, à la suite de 3 générations, cultive un vignoble qui compte aujourd'hui 14 ha – les trois-quarts en madiran, le reste en pacherenc-du-vic-bilh et en béarn rosé.

Un disque nacré orne les bords de la robe brillante de ce vin porté sur les arômes d'agrumes et de fruits exotiques. Au palais se dessine un beau volume et c'est une sensation gourmande de rondeur qui perdure. ⧗ 2020-2024

EARL DOU BERNÈS, imp. Curon, 64330 Aydie, tél. 05 59 04 06 78, domaine.doubernes@orange.fr V *t.l.j. 8h30-13h 14h-19h*

DOM. BERNET Cuvée des Moiselles 2019 ★

3 000 | 5 à 8 €

Au milieu du XVIIIe s., des ancêtres cultivaient quelques rangs de vignes, des céréales et élevaient du bétail. Le vignoble se développe à partir de 1935 et surtout après 1980, quand le père d'Yves Doussau décide de vendre le vin en bouteilles. Ce dernier prend sa suite en 1984 et plante des vignes blanches. Ses 11 ha sont répartis entre madiran et pacherenc-du-vic-bilh.

De teinte soutenue à reflets dorés, ce pacherenc ne demande qu'à être aéré pour libérer ses arômes

SUD-OUEST

de coing, de fruits exotiques et d'agrumes (cédrat, citron). D'attaque souple, il trouve un bon équilibre entre vivacité et douceur jusqu'à la finale évocatrice d'agrumes confits. ⧗ 2020-2024 ■ **2018 ★ (8 à 11 €; 5000 b.)** Intense, chaleureux, suave... Ce 2018 moelleux fait la part belle au miel dans une palette également composée de fruits confits, d'ananas rôti et de notes boisées (vanille, pain grillé). ⧗ 2020-2024

⊶ EARL BERNET, Dom. Bernet, 32400 Viella, tél. 05 62 69 71 99, earl.bernet@wanadoo.fr V t.l.j. 9h-12h30 14h-19h

B CLOS BASTÉ 2018 ★

■	3000		11 à 15 €

En 1998, Philippe Mur, œnologue et maître de chai, achète avec son épouse Chantal une bâtisse en ruine, la maison Basté, puis quelques parcelles alentour. Le domaine, qui compte aujourd'hui 11 ha, est conduit en agriculture biologique. Très régulier en qualité.

La robe ambrée annonce un vin parvenu à maturité. Le nez complexe en témoigne également : fruits cuits comme la pomme et le coing, miel et notes empyreumatiques. Une bonne fraîcheur n'en est pas moins perceptible à l'attaque, puis le moelleux prend le dessus pour laisser une sensation riche et ronde, dans une même ligne aromatique. ⧗ 2020-2024

⊶ SCEA CHANTAL ET PHILIPPE MUR, Clos Basté, 64350 Moncaup, tél. 05 59 68 27 37, closbaste@wanadoo.fr V t.l.j. sf dim. 10h-18h

CAVE DE CROUSEILLES Carte d'Or 2019 ★

■	80000		- de 5 €

La coopérative de Crouseilles a été créée en 1950, 2 ans après la reconnaissance en AOC du madiran et du pacherenc-du-vic-bilh. Elle a largement contribué au renouveau du grand vin rouge pyrénéen, dont elle fournit plus du tiers des volumes. Regroupant 130 vignerons, elle propose, outre le madiran, du pacherenc et du béarn.

Expressif, sans exubérance, ouvert sur les fruits exotiques, les agrumes et quelques notes florales, ce pacherenc joue la carte de la fraîcheur au nez. Il en va de même au palais. Après une attaque franche, la bouche garde une juste vivacité jusqu'en finale. ⧗ 2020-2024 ■ **Les Ombrages 2019 ★ (8 à 11 €; 40000 b.)** De subtiles notes d'agrumes annoncent la fraîcheur de ce 2019 bien équilibré et structuré par la vivacité. ⧗ 2020-2024 ■ **Barriques d'Or Perles de Givre 2019 ★ (15 à 20 €; 20000 b.)** Du fruit, jaune de préférence, toujours du fruit. Ce vin intense séduit par son bon équilibre entre vivacité en attaque, puis douceur. Les arômes de pêche persistent agréablement en finale. ⧗ 2020-2024

⊶ CAVE DE CROUSEILLES, rte du Château, 64350 Crouseilles, tél. 05 62 69 66 77, m.darricau@crouseilles.fr V t.l.j. sf dim. 9h-12h30 14h-18h

B DOM. DAMIENS 2019 ★★

■	4000		8 à 11 €

En 1970, André Beheïty, jeune agriculteur, achète un coteau en friche de 10 ha proche de son petit vignoble de 6 ha. Première vinification en 1971, aménagement du chai à barriques en 1987. Installé en 1999, son fils Pierre-Michel dispose de 17 ha de vignes, exploitées en bio.

Un 2019 qui ne demande qu'à s'ouvrir sur une palette florale et fruitée. En bouche, on perçoit du volume et un bon équilibre entre le gras et la vivacité. Les saveurs évoluent avec finesse et persistent harmonieusement. ⧗ 2020-2024

⊶ SCEA BEHEÏTY, RD 317, 64330 Aydie, tél. 05 59 04 03 13, domainedamiens64@gmail.com V t.l.j. 9h-12h 14h-19h; dim. sur r.-v.

CH. DE FITÈRE Cuvée Karine 2018 ★

■	16000		8 à 11 €

Conduit par René Castets depuis 1978, épaulé par sa fille Karine depuis 2016, un domaine de 56 ha implanté sur les sols argilo-calcaires de Cannet, tout petit village du Gers. Si la propriété a changé de nom, on y cultive la vigne depuis le XVIIe s.; la première production fut commercialisée en 1872 en barrique, pour des clients anglais.

Paille à reflets or, ce pacherenc typé révèle toute la maturité du fruit à travers des notes d'abricot et d'agrumes confits, nuancées d'amandes grillées. Il offre une certaine concentration, ainsi qu'une vivacité bienvenue. Les arômes évoquent dès lors les fruits exotiques doucement acidulés. ⧗ 2020-2024

⊶ EARL VIGNOBLES FITÈRE, Saint-Jean, 32400 Cannet, tél. 05 62 69 82 36, rene.castets@gmail.com V t.l.j. 8h30-12h 14h-19h; sam. dim. sur r.-v.

B DOM. LABRANCHE LAFFONT 2018 ★

■	10000		11 à 15 €

Le domaine familial remonte à la Révolution. Jeune œnologue, Christine Dupuy s'installe en 1992 sur l'exploitation. Elle porte sa superficie de 6 à 21 ha et, surtout, s'impose comme l'une des valeurs sûres des appellations madiran et pacherenc. Son trésor : 50 ares de vignes préphylloxériques. Vignoble en bio certifié depuis 2014.

Il a de la matière, ce pacherenc, mais il faut lui laisser le temps de sortir de sa réserve. Après aération, un boisé élégant apparaît en contrepoint du fruit. Bien concentré, il offre une vivacité encore marquée, mais la matière est suffisamment concentrée pour bien évoluer dans le temps. ⧗ 2020-2024

⊶ EARL CHRISTINE DUPUY, Dom. Labranche Laffont, 32400 Maumusson-Laguian, tél. 05 62 69 74 90, christine.dupuy@labranchelaffont.fr V t.l.j. 9h-12h30 14h-19h; dim. sur r.-v.

DOM. LAOUGUÉ Les Péricles 2018 ★★

■	1500		8 à 11 €

Pierre Dabadie s'est installé en 1980 sur l'exploitation familiale, dont la superficie est passée de 7 à 25 ha. Ses vins, rouges comme blancs, secs comme doux, sont régulièrement en vue. En 2014, son fils Sylvain, qui a pris le relais, réoriente la conduite de la vigne et renouvelle les cuvées.

Intense et complexe, la palette mêle fruits confits, ananas, coing, pain grillé, vanille et fleurs mellifères. Une belle présence aromatique qui trouve écho au palais, dont le moelleux est souligné par une légère vivacité. Un vin élégant. ⧗ 2020-2024

⊶ *EARL DABADIE, rte de Madiran, 32400 Viella, tél. 05 62 69 90 05, contact@domaine-laougue.fr* V t.l.j. 9h-12h 14h-18h

DOM. DE MAOURIES Équinoxe 2019 ★

■	2666		8 à 11 €

Fondé en 1907, le Dom. de Maouries compte aujourd'hui 25 ha de vignes, répartis sur 3 communes et 25 parcelles. Si Jacqueline et André Dufau s'activent toujours sur l'exploitation, ce sont leurs 3 enfants, Philippe, Pascal et Isabelle qui en assurent la gestion, avec la nouvelle génération (Claire, ingénieur agronome). La carte des vins propose 3 AOC (pacherenc, madiran et saint-mont) et des IGP côtes-de-gascogne.

Des reflets jaune vif invitent à faire connaissance avec ce pacherenc. De la personnalité, il en a, comme en témoignent ses arômes intenses et chaleureux de fleurs, de fruits (poire, coing), d'épices et de miel. Bien structuré, il est tendu par l'acidité et se prolonge suffisamment en finale. ⧗ 2020-2024 ■ **Grains d'Hiver 2018 ★ (11 à 15 €; 4500 b.)** Un vin discret au premier nez, mais plus disert au second : notes empyreumatiques (pain grillé) et quelques nuances de fruits confits et de réglisse apparaissent. Il fait preuve d'un bon équilibre entre moelleux et vivacité au palais. ⧗ 2020-2024

⊶ *DOM. DE MAOURIES, lieu-dit Maouries, 32400 Labarthète, tél. 05 62 69 63 84, domainemaouries@gmail.com* V r.-v. E

VIGNOBLES MARIE MARIA Novel 2019 ★★

■	20000		8 à 11 €

Une structure coopérative créée par des vignerons de la cave de Crouseilles dans le but de proposer des madiran tout en fraîcheur, loin de l'archétype de l'appellation privilégiant la puissance et la concentration. À sa carte figurent aussi des pacherenc-du-vic-bilh. Le nom des vins de cette gamme évoque l'abbaye bénédictine de Madiran (devenue paroisse Sainte-Marie), qui a contribué à l'essor du vignoble.

Expressif, certes, mais élégant, le nez se partage entre fruits frais et fruits mûrs. Le fruité demeure au palais, souligné par une vivacité mesurée qui soutient la finale et ses notes de bergamote. ⧗ 2020-2024 ■ **Lutz 2019 ★ (11 à 15 €; 40000 b.)** Un moelleux évocateur de miel, de confiture d'abricots et de pâtisserie. Tout n'est que douceur. ⧗ 2020-2024

⊶ *VIGNOBLE MARIE MARIA, rte de Madiran, 64350 Crouseilles, tél. 05 62 69 66 77, m.darricau@crouseilles.fr* V r.-v.

Ⓑ DOM. DU MOULIÉ L 2018 ★

■	3300		11 à 15 €

En gascon, *moulié* signifie «moulin» et «meunier». Le domaine remonte au XVIIIe s. Dans la famille depuis 1920, il borde l'ancien chemin menant au moulin du village situé sur le Bergons, petit affluent de l'Adour. Les 2 sœurs Charrier, Lucie (à la cave) et Michèle (à la vigne), y conduisent un vignoble de 16 ha selon des pratiques respectueuses de l'environnement (domaine certifié Haute valeur environnementale et agriculture biologique pour les cépages du pacherenc).

Un pacherenc lumineux qui propose des arômes de litchi, d'abricot et de citron. L'attaque est franche, la bouche très fraîche et puissante, avec en finale le retour des notes d'agrumes et de fruits exotiques, ainsi qu'une touche d'amertume. Du caractère. ⧗ 2020-2024

⊶ *EARL CHIFFRE-CHARRIER, 32400 Cannet, tél. 05 62 69 77 73, domainedumoulie@orange.fr* V *t.l.j. 9h-12h 14h-18h; dim. sur r.-v.*

CH. DE PERRON 2018 ★

■	4600		8 à 11 €

Construit en 1645, le château de Perron domine la vallée de l'Adour. Il a gardé un chai datant de 1734 – âge d'or des vins de Madiran. Devenu bien national à la Révolution, il disposait à l'époque de 50 ha de vignes. Replanté à partir de 1945, il compte aujourd'hui 14 ha. À sa tête depuis 2012, Isabelle de Saint-Sernin a succédé à son père et à son frère.

Au nez intense de fleurs blanches, de pâte d'amande et de pamplemousse répond une bouche bien équilibrée entre fraîcheur et suavité. La finesse prévaut. ⧗ 2020-2024

⊶ *ISABELLE DE SAINT-SERNIN, 10, rte de Perron, 65700 Madiran, tél. 06 86 52 27 06, isabelle@chateaudeperron.fr* V r.-v.

CH. DU POUEY L'Aydasse 2018 ★★

■	2000		8 à 11 €

Exploité en famille depuis 4 générations, ce domaine de 24 ha, conduit par Bastien Lannusse depuis 2012, est situé sur les hauteurs de Viella, face à la chaîne des Pyrénées. Le jeune vigneron, qui propose madiran, pacherenc et IGP côtes-de-gascogne, développe l'œnotourisme.

L'ananas attire l'attention au premier nez, puis une palette plus large s'ouvre, révélant d'autres fruits exotiques comme la mangue, ainsi que les épices. Ample dès l'attaque, la bouche laisse une sensation de rondeur et de concentration, équilibrée par une ligne plus fraîche en finale. Un vin généreux. ⧗ 2020-2024 ■ **2019 ★ (5 à 8 €; 10000 b.)** Un pacherenc sec floral et fruité (coing) au nez, qui fait la part belle à une vivacité citronnée au palais. ⧗ 2020-2024

⊶ *EARL LANNUSSE, Ch. du Pouey, 32400 Viella, tél. 06 31 82 96 91, ch.pouey@orange.fr* V t.l.j. *9h-12h 14h-19h; sam. dim. sur r.-v.*

STRATÉUS 2018 ★★

■	3500		15 à 20 €

En 2014, Simon Ribert reprend le vignoble de son grand-père, environ 3 ha à Madiran. C'est en cultivant avec ce dernier des vignes de 80 ans qu'il a conforté sa vocation de vigneron. Il s'est formé un an au Ch. Montus. Ses vins sont d'ailleurs pour l'heure vinifiés à la coopérative de Castelnau-Rivière-Basse en partenariat avec les vignobles d'Alain Brumont. Il applique la démarche biodynamique sans label, en «artisan vigneron». En 2019, à 26 ans, il présente son premier millésime et fait son entrée dans le Guide.

Avenant grâce à ses arômes intenses de fleurs et de fruits, ce 2018 se révèle frais en attaque, puis bien équilibré entre sucrosité, vivacité et amertume. Il a du rythme dans l'enchaînement des saveurs. La finale généreuse renforce le caractère gourmand de l'ensemble. ⧗ 2020-2024

EARL DES 4 V, 7, imp. Congalinon, 65700 Madiran, tél. 06 76 54 13 21, strateus.madiran@gmail.com r.-v.

CH. VIELLA Louise d'Aure 2019 ★★

13 000		8 à 11 €

Propriété de la famille depuis 1952, conduite par Alain Bortolussi depuis 1982, épaulé par ses filles Claire et Marion (qui ont repris le Dom. Berthoumieu), l'exploitation tire son nom de la commune gersoise où elle est implantée. Bien restauré, un vrai château du XVIIIes., dominant un coteau viticole, des caves voûtées abritant le chai à barriques; 25 ha de vignes et des vins (madiran et pacherenc) souvent en vue.

Un panier de fruits exotiques (mangue, litchi, pamplemousse) pour accueil, une attaque douce, puis une bouche ronde et concentrée, avec cependant une bonne fraîcheur en fond. Voici un vin bien équilibré qui fait durer le plaisir en finale sur des notes de miel, de fruits compotés et sur une touche d'amertume. ⧗ 2020-2024 **Dom. Berthoumieu Constance 2019 ★ (15 à 20 €; 6 500 b.)** Un moelleux très fruité (agrumes et fruits à chair blanche), fin et frais, qui apporte la preuve d'une excellente maîtrise à la vigne comme au chai. ⧗ 2020-2024

SCEA CH. DE VIELLA, rte de Maumusson, 32400 Viella, tél. 05 62 69 75 81, contact@chateauviella.fr *t.l.j. sf sam. 8h-12h 14h-18h30; dim. sur r.-v.*

SAINT-MONT

Superficie : 1 149 ha
Production : 76 724 hl (80 % rouge et rosé)

Consacré AOVDQS en 1981 sous le nom de côtes-de-saint-mont, le saint-mont a accédé trente ans plus tard à l'AOC. Prolongement vers l'est du vignoble de Madiran, il tire son nom et son origine d'une abbaye fondée au XIes. et a connu une renaissance à partir de 1970. Le cépage rouge principal est encore ici le tannat, les cépages blancs, vinifiés en secs, se partageant entre la clairette, l'arrufiac, le courbu et les mansengs. L'essentiel de la production est assuré par l'union dynamique des caves coopératives Plaimont. Les rouges sont colorés et corsés, rapidement ronds et plaisants, les rosés, fins et fruités, les blancs secs et nerveux.

♥ **VIGNOBLE DE GASCOGNE**
Les Vieilles Vignes 2018 ★★

15 000		8 à 11 €

La coopérative des Vignerons de Gascogne appartient au groupe Plaimont Producteurs, acteur de poids des vins du Piémont pyrénéen produisant 40 millions de bouteilles par an.

Les fruits noirs, le poivre et le menthol composent un nez intense qui invite à poursuivre la dégustation. La bouche très ronde, dense et puissante garde un équilibre remarquable et se prolonge durablement, témoignant de la maturité du raisin et de la qualité des tanins. ⧗ 2021-2025

VIGNOBLE DE GASCOGNE, rte d'Orthez, 32400 Saint-Mont, tél. 05 62 69 62 87, l.mene-castillou@plaimont.fr *t.l.j. sf sam. dim. 9h-12h 14h-18h*

DOM. DE MAOURIES 2017 ★

15 000		8 à 11 €

Fondé en 1907, le Dom. de Maouries compte aujourd'hui 25 ha de vignes, répartis sur 3 communes et 25 parcelles. Si Jacqueline et André Dufau s'activent toujours sur l'exploitation, ce sont leurs 3 enfants, Philippe, Pascal et Isabelle qui en assurent la gestion, avec la nouvelle génération (Claire, ingénieur agronome). La carte des vins propose 3 AOC (pacherenc, madiran et saint-mont) et des IGP côtes-de-gascogne.

Couleur cerise noire à reflets violets, ce 2017 affiche une belle intensité aromatique dans le registre des fruits frais. Équilibré et souple, il laisse une impression agréable au palais. Les tanins s'affirment juste encore un peu en finale. ⧗ 2021-2024

DOM. DE MAOURIES, lieu-dit Maouries, 32400 Labarthète, tél. 05 62 69 63 84, domainemaouries@gmail.com r.-v.

♥ **PLAIMONT**
Béret blanc 2019 ★★

60 000		8 à 11 €

Le groupe Plaimont est le fruit d'une association de trois caves qui, en 1979, unirent leurs initiales (PL pour Plaisance, AI pour Aignan et MONT pour Saint-Mont) pour créer ce leader des vins du Sud-Ouest produisant 40 millions de bouteilles par an. Rejoint en 1999 par les caves de Condom et de Crouseilles, Plaimont représente 98 % de l'appellation saint-mont, environ la moitié des AOC madiran et pacherenc-du-vic-bilh ainsi que des IGP côtes-de-gascogne. Un acteur de poids.

Des reflets or et argent animent la robe soutenue de ce 2019 prolixe en arômes de fleurs et de fruits exotiques : agrumes, ananas. Quelle fraîcheur ! L'attaque est vive, la bouche équilibrée, portée par une vivacité qui confère longueur et tension. La finale évoque nettement les fruits exotiques et la minéralité. ⧗ 2020-2023 **Océanide 2019 ★★ (5 à 8 €; 2 000 b.)** Un duo de fleurs et de petits fruits rouges se joue dans ce rosé de belle concentration, persistant et gourmand. ⧗ 2020-2021 **Un air de campagne 2019 ★ (- de 5 €; 2 000 b.)** Un rosé couleur saumon, aux arômes fins de petits fruits rouges. Équilibré et franc, il joue la carte de la légèreté. ⧗ 2020-2021

PLAIMONT, 199, rte de Corneillan, 32400 Saint-Mont, tél. 05 62 69 62 87, l.mene-castillou@plaimont.fr *t.l.j. sf sam. dim. 9h-12h 14h-18h*

TURSAN

Superficie : 300 ha
Production : 16 532 hl (82% rouge et rosé)

Autrefois vignoble d'Aliénor d'Aquitaine, le terroir de Tursan s'étend essentiellement dans les Landes, sur les coteaux de l'est de la Chalosse, autour d'Aire-sur-Adour et de Geaune. Il produit des vins dans les trois couleurs. Les plus intéressants sont les blancs, issus principalement d'un cépage original, le baroque. Des vins secs et nerveux, au parfum inimitable. Longtemps classé en AOVDQS (appellation d'origine vin délimité de qualité supérieure), il a accédé à l'AOC à la disparition des AOVDQS en 2011.

LES VIGNERONS LANDAIS
Cœur de vignerons 2017 ★

■ | 20000 | | 8 à 11 €

Cette coopérative fondée en 1958 regroupe aujourd'hui quelque 150 vignerons sur les terroirs de Tursan et de Chalosse, dans le sud des Landes. Elle dispose de 500 ha et vinifie 95% de l'AOC tursan.

Sous une robe noire à reflets pourpre apparaît un nez flatteur de fruits rouges confiturés (fraise, cerise), de cuir et de cacao. La même gamme aromatique se développe en bouche, avec en finale une touche toastée. L'équilibre des saveurs se réalise pleinement, car si la trame tannique est prononcée, elle s'intègre bien à l'ensemble. ⧗ 2021-2023

LES VIGNERONS LANDAIS TURSAN-CHALOSSE, 30, rue Saint-Jean, 40320 Geaune, tél. 05 58 44 51 25, technique@tursan.fr V *t.l.j. sf dim. 9h-12h 14h30-17h30*

BÉARN

Les vins du Béarn peuvent être produits sur trois aires séparées. Les deux premières coïncident avec celles du jurançon et du madiran. La troisième comprend les communes qui entourent Orthez, Salies-de-Béarn et Bellocq. Reconstitué après la crise phylloxérique, le vignoble occupe les collines prépyrénéennes et les graves de la vallée du Gave. Les cépages rouges sont constitués par le tannat, les cabernet-sauvignon et cabernet franc (bouchy), les anciens manseng noir, courbu rouge et fer-servadou. Les vins sont corsés et généreux, les rosés vifs et délicats, avec des arômes fins de cabernet et une bonne structure en bouche.

CAVE DE GAN JURANÇON Oh ! Biarnesa ★

■ | n.c. | | - de 5 €

Fondée en 1949, la cave de Gan réunit 750 ha de vignes, soit plus de 250 viticulteurs. Elle fournit plus de la moitié des volumes de l'appellation jurançon et joue aussi un rôle majeur dans l'AOC béarn. Elle propose ses vins de marque et des vins de propriétés élaborés par ses soins. Un acteur incontournable du vignoble du piémont pyrénéen.

Framboise et autres petits fruits, bonbon anglais… la gamme d'un rosé gourmand se décline allègrement. La bouche ne dépare pas : suave, bien concentrée, fruitée et de bonne longueur. ⧗ 2020-2021

CAVE DE GAN JURANÇON, 53, av. Henri-IV, 64290 Gan, tél. 05 59 21 57 03, cave@cavedejurancon.com V *r.-v.*

DOM. LAPEYRE 2018 ★

■ | 12500 | | 8 à 11 €

Installé à Salies-de-Béarn, une des nombreuses petites villes thermales du piémont pyrénéen, Pascal Lapeyre a repris en 1987 le domaine fondé en 1909 par son arrière-grand-père et aménagé la cuverie et le chai. Exposés plein sud, ses 13 ha de vignes couvrent les coteaux du Guilhemas, face aux Pyrénées. Ses vins, valeurs sûres de l'AOC béarn, sont vendus sous l'étiquette Dom. Lapeyre ou Dom. Guilhemas.

D'intensité moyenne, ce 2018 révèle des notes de sous-bois et de fruits rouges, sur fond de torréfaction. La bouche est aussi marquée par le bois, mais elle garde une agréable élégance. ⧗ 2021-2023

DOM. LAPEYRE, 52, av. des Pyrénées, 64270 Salies-de-Béarn, tél. 05 59 38 10 02, scea.pascallapeyre@orange.fr V *t.l.j. sf dim. 8h30-12h30 14h30-19h30*

JURANÇON

«Je fis, adolescente, la rencontre d'un prince enflammé, impérieux, traître comme tous les grands séducteurs : le jurançon», écrit Colette. Célèbre depuis qu'il servit à Pau au baptême d'Henri IV, le jurançon est devenu le vin des cérémonies de la maison de France. On trouve ici les premières notions d'appellation protégée – car il était interdit d'importer des vins étrangers – et même une hiérarchie des crus, puisque toutes les parcelles étaient répertoriées suivant leur valeur par le parlement de Navarre. Comme les autres vins de Béarn, le jurançon, alors rouge ou blanc, était expédié jusqu'à Bayonne, au prix de navigations parfois hasardeuses sur les eaux du Gave. Très prisé des Hollandais et des Américains, le jurançon connut une éclipse avec la crise phylloxérique. La reconstitution du vignoble fut effectuée avec les méthodes et les cépages anciens, sous l'impulsion de la Cave de Gan et de quelques propriétaires.

Ici plus qu'ailleurs, le millésime revêt une importance primordiale, surtout pour les jurançon moelleux qui demandent une surmaturation tardive par passerillage sur pied. Les cépages traditionnels, uniquement blancs, sont le gros et le petit mansengs, et le courbu. Les vignes sont cultivées en hautains pour échapper aux gelées. Il n'est pas rare que les vendanges se prolongent jusqu'aux premières neiges.

Le jurançon sec est un blanc de couleur claire à reflets verts, très aromatique, avec des nuances miellées. Les jurançon moelleux ont une couleur dorée, des arômes complexes de fruits exotiques (ananas et goyave) et d'épices (muscade et cannelle), et offrent un bel équilibre acidité-liqueur. Ils peuvent vieillir très longtemps et donner de grandes bouteilles qui accompagneront un repas.

DOM. BELLEGARDE Comète 2017 ★★

■ | 6200 | | 20 à 30 €

Pascal Labasse s'est formé au Ch. la Tour Blanche à Sauternes. Installé en 1986, il exploite près de 15 ha

autour de Monein, important bourg viticole dédié au jurançon. En 2019, Maxime, son fils, a fait son entrée au domaine.

La curiosité est grande devant les larmes dorées que le vin laisse sur les parois du verre. Serait-ce le signe d'une palette variée et puissante? Il en est ainsi, en effet : fruits confits, figue, miel... L'équilibre entre la douceur et la fraîcheur permettra à cette Comète de partir loin dans l'espace-temps. ⧗ 2020-2030

DOM. BELLEGARDE, quartier Coos, 64360 Monein, tél. 05 59 21 33 17, contact@domaine-bellegarde.fr V *t.l.j. 8h-12h 13h30-18h*

DOM. BORDENAVE Encore et encore... 2018 ★★

12000 | 11 à 15 €

Implantée à Monein, au cœur de l'appellation jurançon, cette propriété familiale se transmet depuis 1676. Elle élabore ses propres vins depuis que Gisèle Bordenave, œnologue, l'a reprise en 1993.

Encore et encore des arômes dans ce vin lumineux : fruits confits, papaye et menthe fraîche. La bouche confirme ces bonnes dispositions par son caractère friand, rond et souple. ⧗ 2020-2025 **Les Copains d'abord 2019** ★ **(8 à 11 €; 11500 b.)** Après un premier nez de fleurs et de fruits jaunes, c'est l'influence du bois qui se révèle. Mais la matière est bien présente pour assurer une bonne évolution dans le temps. ⧗ 2020-2025 **Le Plaisir partagé 2018** ★ **(8 à 11 €; 18500 b.)** Une cuvée qui joue la légèreté et la subtilité tant au nez qu'au palais. ⧗ 2020-2025

DOM. BORDENAVE, 245, rte d'Ucha, 64360 Monein, tél. 05 59 21 34 83, gisele@domaine-bordenave.com V *t.l.j. 9h-19h; dim. sur r.-v.*

DOM. BRU-BACHÉ La Quintessence 2018 ★

6000 | 20 à 30 €

Claude Loustalot poursuit l'œuvre de son oncle sur ce domaine célèbre, très régulier en qualité. Il cultive les 11 ha en agriculture biologique et en biodynamie, avec pour objectif de préserver l'identité du jurançon.

Patine vieil or pour la robe. Complexité pour le nez subtil d'amandes et de confiture d'abricots. L'équilibre est déjà en place au palais, mais il faudra attendre quelques années pour que ce vin révèle sa pleine expression. ⧗ 2022-2028

DOM. BRU-BACHÉ, 39, rue Barada, 64360 Monein, tél. 05 59 21 36 34, domaine.bru-bache@orange.fr V *r.-v.*

DOM. DE BURGUÉ-SÉRÉ Hommage 2017 ★

3000 | 15 à 20 €

Fondé en 1807 et conduit depuis 2010 par Benoît et Sébastien Séré, ce domaine familial de 7,5 ha est implanté sur les coteaux environnant le petit village de Saint-Faust. Il propose non seulement des jurançons, mais aussi des vins rouges nés de tannat et de cabernets.

Résolument orienté vers la fraîcheur et la souplesse, ce jurançon intègre parfaitement la sucrosité. Il offre de frais arômes de fruits exotiques, nuancés de miel. Une pointe boisée est encore perceptible en finale, mais elle devrait se fondre avec le temps. ⧗ 2022-2028

DOM. BURGÉ SÉRÉ, 157, chem. Labiste-Bassot, Maison Burgué, 64110 Saint-Faust, tél. 05 59 83 06 40, jeannot.sere@orange.fr V *t.l.j. 9h-19h*

DOM. DE CABARROUY 2018 ★★

4300 | 8 à 11 €

Dans les années 1980, Patrice Limousin, alors jeune vigneron dans la région nantaise, rencontre Freya Skoda, une étudiante berlinoise venue faire les vendanges. Le couple achète en 1988 ce domaine à l'abandon, replante les vignes, restaure la demeure du XVIIIe s. et aménage un chai. Le vignoble compte aujourd'hui environ 5 ha.

De teinte jaune intense à reflets verts, ce 2018 affiche un nez délicat de fruits exotiques (ananas) nuancés d'une pointe minérale. Il mise sur un style souple et vif, tout à fait dans le style de l'appellation. ⧗ 2020-2026 **Ambre de Samonios 2016** ★★ **(11 à 15 €; 8400 b.)** Beaucoup d'intensité dans les arômes de miel, de fleurs blanches et de pêche. De la fraîcheur aussi, dès l'attaque au palais, puis une certaine puissance et une ligne fruitée persistante. ⧗ 2020-2028

DOM. DE CABARROUY, 448, chem. Cabarrouy, 64290 Lasseube, tél. 05 59 04 23 08, domaine.cabarrouy@orange.fr V *r.-v.*

DOM. CAPDEVIELLE Rêve de Pyrène 2018 ★

6000 | 11 à 15 €

Fondée en 1847, cette propriété familiale est installée à Monein, en AOC jurançon, dans une ferme béarnaise avec vue sur les Pyrénées. Le grand-père commence à faire du vin (rouge), son fils commence les mises en bouteilles. Didier Capdevielle (troisième génération) prend le relais en 1995 et aménage un chai ; il conduit 12 ha de vignes. Le domaine est certifié HVE depuis 2019.

La robe jaune doré est en harmonie avec les arômes de miel d'acacia perçus dans la palette de fruits exotiques. Le caractère chaleureux et la sucrosité contribuent à la sensation d'ampleur au palais. Un vin de belle tenue. ⧗ 2020-2028

DOM. CAPDEVIELLE, 7, chem. Lamarche, quartier Coos, 64360 Monein, tél. 05 59 21 30 25, contact@domaine-capdevielle.com V *t.l.j. sf dim. 8h30-12h 13h30-18h*

DOM. CAPDEVIELLE Rêve de Pyrène 2018 ★

6000 | 11 à 15 €

Fondée en 1847, cette propriété familiale est installée à Monein, en AOC jurançon, dans une ferme béarnaise avec vue sur les Pyrénées. Le grand-père commence à faire du vin (rouge), son fils commence les mises en bouteilles. Didier Capdevielle (troisième génération) prend le relais en 1995 et aménage un chai ; il conduit 12 ha de vignes. Le domaine est certifié HVE depuis 2019.

La robe jaune doré est en harmonie avec les arômes de miel d'acacia perçus dans la palette de fruits exotiques. Le caractère chaleureux et la sucrosité contribuent à la sensation d'ampleur au palais. Un vin de belle tenue. ⧗ 2020-2028

DOM. CAPDEVIELLE, 7, chem. Lamarche, quartier Coos, 64360 Monein, tél. 05 59 21 30 25, contact@domaine-capdevielle.com V *t.l.j. sf dim. 8h30-12h 13h30-18h*

DOM. CASTÉRA Caubeigt 2018 ★

■ | 5 000 | | 15 à 20 €

Achetée en 1895 par un trisaïeul de l'actuel propriétaire, cette ferme béarnaise fondée au XVIIIes. a longtemps accueilli veaux, vaches, cochons, couvées. Les blondes d'Aquitaine paissent tout à côté ; les champs de maïs ont disparu, et le vignoble a gagné du terrain (12 ha) avec l'arrivée de Christian Lihour. Son fils Franck, qui l'a rejoint en 2014, est aujourd'hui aux commandes.

L'élevage en fût de 11 mois, très bien maîtrisé, permet la pleine expression du petit manseng sous des accents de pêche et de goyave élégants. L'attaque est charnue, la bouche fraîche grâce à des touches citronnées. ⧗ 2020-2025 ■ **Tauzy 2018 ★ (15 à 20 €; 5 000 b.)** Fruits exotiques et notes de miel, bonne vivacité et bonne amplitude : c'est un jurançon de bonne constitution. ⧗ 2020-2025

DOM. CASTÉRA, quartier Ucha, 64360 Monein, tél. 05 59 21 34 98, contact@domainecastera.fr V r.-v.

DOM. CAUHAPÉ Geyser 2019 ★

■ | 22 000 | | 11 à 15 €

Dans la première édition du Guide, un coup de cœur avait couronné un jurançon moelleux 1982 élaboré par Henri Ramonteu, installé en 1980. Douze autres ont suivi. Le domaine s'étend sur 43 ha de vignes escarpées, plantées à flanc de colline. Il propose une large gamme de jurançon secs et doux.

Un assemblage de gros et petit mansengs, de camaralet, de courbu et de lauzet, comme les affectionne Henri Ramonteu. Jaune paille, le vin est porté par les arômes d'agrumes : citron, pamplemousse, litchi, zestes. Il trouve un bon équilibre au palais, avec du gras et une touche saline en finale. ⧗ 2020-2025

SCEA DOM. CAUHAPÉ, quartier Castet, 64360 Monein, tél. 05 59 21 33 02, contact@cauhape.com V *t.l.j. sf sam. dim. 8h-12h30 13h30-18h*

♥ DOM. DU CINQUAU Ambitions Élevé en fût de chêne 2018 ★★

■ | 6 600 | | 15 à 20 €

Germain Laborde est le directeur et le maître de chai de cette très ancienne maison (on en trouve trace peu après la mort d'Henri IV), propriété de la famille Saubot. En 1985, Pierre Saubot y a fait renaître la viticulture, tournée vers la vente directe. Couvrant 13 ha, l'exploitation a entrepris sa conversion en agriculture biologique en 2019.

Les superlatifs n'ont pas manqué lors de la dégustation. Est-ce le mariage du petit manseng et du petit courbu ou bien l'élevage dans des cuves en forme d'œuf qui a si bien réussi à cette cuvée? Le talent de l'équipe de ce domaine n'y est sûrement pas étranger. Le vin affiche une grande complexité aromatique, convoquant le miel, l'acacia, les fruits secs (noix) et le minéral. La vivacité est certes très présente au palais, mais équilibrée par un volume étonnant. Il en résulte une très longue finale. ⧗ 2020-2025 ■ **L'Esprit 2017 ★★ (20 à 30 €; 3 000 b.)** Richesse de la palette de fruits mûrs, de fleurs épanouies, de miel, voire de truffe à l'aération. Notes toastées bien intégrées. Quelle densité au palais! Et cette pointe acidulée en finale d'apporter ce qu'il faut de relief. ⧗ 2020-2030

DOM. DU CINQUAU, chem. du Cinquau, 64230 Artiguelouve, tél. 05 59 83 10 41, g.laborde@cinquau.fr V *t.l.j. sf dim. 9h-12h 14h-18h*

CLOS DE LA VIERGE 2019 ★★

■ | 20 000 | | 5 à 8 €

La maison est sise sur la place de l'église à Lahourcade. Anne-Marie Barrère, épaulée par sa sœur et sa mère, gère un vignoble de 16 ha répartis sur 2 terroirs : le Clos Cancaillaü et le Clos de la Vierge. Très régulier en qualité.

Un 100 % manseng. Belle démonstration que ce cépage se suffit à lui-même lorsqu'il est vinifié avec précision. Jaune-vert, ce vin encore jeune réveille les sens par sa fraîcheur. Des notes florales et minérales accompagnent son développement au nez, relayées par le fruit en bouche. S'il est déjà agréable, il se bonifiera avec les années. ⧗ 2020-2025 ■ **Cancaillaü Crème de tête 2018 ★★ (11 à 15 €; 15 000 b.)** Un jurançon expressif et complexe dans ses évocations de fleurs et de coing, nuancées de touches mentholées. L'attaque est vive, la bouche aérienne et cependant bien gourmande par ses notes de miel persistantes. ⧗ 2020-2028

DOM. BARRÈRE, 4, rte de Monein, 64150 Lahourcade, tél. 05 59 60 08 15, earl.barrere@orange.fr V *t.l.j. sf dim. 8h-18h*

♥ Ⓑ CLOS THOU Suprême de Thou 2017 ★★★

■ | 4 500 | | 15 à 20 €

Métayers puis fermiers, les arrière-grands-parents d'Henri Lapouble-Laplace ont acheté en 1920 le domaine que ce vigneron, installé en 1993, met aujourd'hui en valeur avec une belle constance dans la qualité. Les 9 ha de vignes sont conduits en bio depuis 2007.

Une robe or intense et éclatant, d'une parfaite transparence habille cette cuvée. La voici qui livre d'intenses arômes de fruits exotiques rôtis, mariés à un boisé noble. Après une attaque veloutée, l'équilibre se réalise pleinement entre une pointe de fraîcheur et une liqueur dense. La finale longue parachève le profil d'un 2017 d'anthologie. ⧗ 2020-2030 ■ **Terroir de la Cerisaie 2017 ★★★ (20 à 30 €; 1200 b.)** Ⓑ Cette cuvée impressionne par l'expressivité de ses arômes de mangue, d'ananas, de rhubarbe.... Sa liqueur est soulignée par de beaux amers en finale. ⧗ 2020-2030 ■ **Cuvée Guilhouret 2018 ★★ (11 à 15 €; 13 000 b.)** Ⓑ Agrumes (citron vert), menthol et notes vanillées annoncent la complexité de ce vin. D'abord rond, celui-ci se développe harmonieusement

SUD-OUEST

jusqu'à une longue finale sur les fruits exotiques (mangue, ananas). ⧗ 2020-2025

CLOS THOU, 245, chem. Larredya, 64110 Jurançon, tél. 05 59 06 08 60, clos.thou@wanadoo.fr V *t.l.j. 9h-12h 14h-18h30; sam. dim. sur r.-v.*

DOM. COUSTARRET Renaissance 2019 ★★

12000 | 11 à 15 €

Sur les coteaux de Lasseube, au sud de Pau, ce petit domaine de 5 ha est installé en altitude, à 380 m, face aux Pyrénées. Fondé en 1842, il est conduit depuis 1995 par Sébastien Bordenave-Coustarret. Après avoir suivi pendant 5 ans la démarche de l'agriculture biologique, il a engagé en 2017 la conversion de son exploitation et produira en 2020 son premier millésime bio.

Le petit manseng constitue 70 % de cet assemblage, complété de courbu, de camaralet et de gros manseng. Il ne fait que renforcer le caractère pyrénéen de ce jurançon sec. Or pâle, orné d'un liseré vert, celui-ci affiche un nez d'abord discret, mais bientôt se révèlent la pêche, la goyave et les agrumes. La chair veloutée et dense est un bon indicateur de son potentiel d'évolution. ⧗ 2020-2025

DOM. COUSTARRET, 411, chem. Ranque, 64290 Lasseube, tél. 05 59 21 72 66, domainecoustarret@wanadoo.fr V *t.l.j. sf dim. 9h-12h30 13h30-18h*

CH. DE CUQUÉRON Cuvée N°1 2017 ★★

2148 | 15 à 20 €

En 2013, Nicole et Olivier Peyret ont repris ce vignoble et ont choisi de planter de nouvelles vignes en adoptant le seul cépage petit manseng. Ils ont choisi d'entamer une conversion en agriculture biologique.

Les reflets cuivrés de la robe or témoignent bien du millésime 2017. Les arômes de fruits secs se mêlent aux fruits à l'eau-de-vie et quelques notes oxydatives viennent en soutien de la complexité et rappellent aussi les 18 mois d'élevage en fût. En bouche, une impression chaleureuse et ample se développe, mais une pointe de fraîcheur préserve l'équilibre. ⧗ 2020-2028 **Cuvée N°2 2018 ★ (15 à 20 €; 2196 b.)** Après aération, les arômes floraux et les notes de citron se dévoilent. Souple et rond, légèrement exotique, c'est un jurançon plaisant. ⧗ 2020-2024

CH. DE CUQUERON, chem. de l'École, 64360 Cuqueron, tél. 05 47 92 19 78, olivier.peyret@chateaudecuqueron.com V *r.-v.*

♥ CAVE DE GAN JURANÇON Prestige 2018 ★★★

180000 | 8 à 11 €

Fondée en 1949, la cave de Gan réunit 750 ha de vignes, soit plus de 250 viticulteurs. Elle fournit plus de la moitié des volumes de l'appellation jurançon et joue aussi un rôle majeur dans l'AOC béarn. Elle propose ses vins de marque et des vins de propriétés élaborés par ses soins. Un acteur incontournable du vignoble du piémont pyrénéen.

Robe d'or limpide, nez intense et complexe, allant des fruits confits aux fleurs blanches. Tout est en place. Le palais consacre la parfaite harmonie entre arômes persistants, fraîcheur et douceur. Un incontournable. ⧗ 2020-2030 **L'Or d'hiver 2019 ★★★ (8 à 11 €; 10 000 b.)** Cristallin à l'œil et parfaitement ciselé dans son expression aromatique, ce vin a l'insolence de la jeunesse : pêche blanche, abricot et fleur de jasmin composent un tableau complexe. Le palais est certes rond, mais la fraîcheur se révèle aussi, avec un retour floral très apprécié en finale. ⧗ 2020-2030 **Clos Laffitte Campagne 2018 ★★ (8 à 11 €; 33 300 b.)** Or pâle, ce 2018 livre d'intenses arômes de fruits exotiques (ananas) et fait preuve de légèreté grâce à une juste vivacité en contrepoint de la douceur. ⧗ 2020-2030 **Dom. Lasserde 2019 ★ (5 à 8 €; 16 660 b.)** Un jurançon suave, sur des notes de coing et d'ananas rôti qui persistent intensément. ⧗ 2020-2025 **Prestige d'automne 2018 ★ (8 à 11 €; 100 000 b.)** Un vin épanoui et élégant dans son expression de fruits à noyau bien mûrs (abricot, pêche blanche). À l'aération, des notes de jasmin apparaissent. Le palais rond bénéficie d'une pointe de fraîcheur avenante, qui souligne bien la gamme aromatique. La petite amertume finale est bienvenue. ⧗ 2020-2028

CAVE DE GAN JURANÇON, 53, av. Henri-IV, 64290 Gan, tél. 05 59 21 57 03, cave@cavedejurancon.com V *r.-v.*

DOM. HAUGAROT Esberit 2018 ★★

1500 | 11 à 15 €

En 2001, à 19 ans, Jean-Pierre Proharam reprend les vignes familiales (6 ha en jurançon) jusqu'alors vinifiées à la coopérative. En 2004, il réalise sa première vinification et inaugure son chai en 2008. En 2019, il a entrepris de convertir le domaine à l'agriculture biologique.

La couleur or intense témoigne de la maturité du raisin. Il en va de même des arômes d'ananas rôti, de truffe et d'épices, comme de la bouche opulente et dense. Le boisé s'harmonise parfaitement avec cette matière et la finale tire profit d'une juste fraîcheur et d'une pointe d'amertume pour se prolonger. Bel avenir. ⧗ 2020-2028 **André Jean 2018 ★ (11 à 15 €; 3500 b.)** Belle complexité aromatique dans ce vin aux accents de rhubarbe, de fruits blancs, d'agrumes et d'ananas, puis de fumé et de tabac blond. Il offre fraîcheur et richesse au palais, en parfait équilibre. ⧗ 2020-2025

DOM. HAUGAROT, 672, chem. des Crêtes, 64110 Saint-Faust, tél. 06 80 40 87 00, domainehaugarot@yahoo.fr V *t.l.j. sf dim. 8h30-12h30 13h30-19h*

CH. JOLYS Cuvée Jean 2018 ★★★

30000 | 15 à 20 €

Les domaines Latrille se composent de 2 propriétés en jurançon. Le berceau est le Ch. Jolys (32 ha), créé en 1962 par Pierre-Yves Latrille, ingénieur agronome; le Ch. de Jurque (10 ha) a été planté entre 2003 et 2011. Petites-filles du fondateur, Claire Bessou-Latrille, ingénieur agronome et œnologue, et sa sœur Camille, commerciale, étaient aux commandes depuis

2012. En 2019, Michel Boutin a repris les rênes du Ch. Joly.

Un 100 % petit manseng finement floral (tilleul et camomille) et fruité (ananas mûr) tout au long de la dégustation. Il présente une harmonie totale entre la sucrosité et la fraîcheur, avec une préférence pour le côté croquant et léger. Le boisé hérité des 9 mois d'élevage est parfaitement fondu. ⧗ 2020-2028

DOMAINES LATRILLE, 330, rte de la Chapelle-de-Rousse, 64290 Gan, tél. 05 59 21 72 79, contact@domaineslatrille.fr V t.l.j. sf sam. dim. 8h30-12h30 13h30-16h30

B LOU MANSENGOU 2018 ★

■ | 4000 | | 11 à 15 €

Christiane et Julien Estoueigt ont commencé en 1986 la vente en bouteilles sur leur exploitation, située entre gave de Pau et gave d'Oloron. Après l'arrivée du fils, Jérémy, en 2012, la famille a engagé la conversion bio de la propriété. Son vignoble (8 ha) couvre des coteaux exposés plein sud, face aux Pyrénées.

Encore sur la réserve, ce jurançon se révèle néanmoins expressif à l'aération : abricot sec, figue et miel apparaissent alors. Souple et frais en attaque, il emplit le palais de toute sa sucrosité. Le temps devrait le servir favorablement. ⧗ 2021-2028

DOM. LARROUDÉ, 20, chem. du Then, 64360 Lucq-de-Béarn, tél. 05 59 34 35 40, domaine.larroude@wanadoo.fr V t.l.j. sf dim. 9h-12h30 13h30- 19h

♥ DOM. MONTESQUIOU
Vendanges tardives 2017 ★★

■ | 1800 | | 20 à 30 €

Les racines des vignes plongent dans les galets dont on a fait les bâtiments du domaine. Les frères Fabrice et Sébastien Bordenave-Montesquiou mènent la propriété familiale (12 ha aujourd'hui) depuis 2002, après avoir exercé dans divers vignobles de France (Alsace, Jura et Provence).

L'or intense illuminé de reflets paille impressionne et invite à en savoir davantage sur ce vin. La parfaite maturité du raisin se traduit à toutes les étapes de la dégustation. Les arômes ne se livrent pas immédiatement, mais à la faveur de l'aération apparaissent des notes d'ananas et de fruits confits. La bouche dense bénéficie d'une fraîcheur bien dosée, qui apporte toute l'élégance souhaitable. ⧗ 2020-2030 ■ **Grappe d'or 2017 ★★ (11 à 15 €; 10 000 b.)** Un dégustateur suggère un accord avec un ceviche de bar aux agrumes. Nul doute que les arômes de mangue et d'abricot rôti subtils y trouveront un faire-valoir. Souple à l'attaque, ce vin revêt un caractère aérien, frais et minéral. ⧗ 2020-2030 ■ **L'Estela 2019 ★ (5 à 8 €; 20 000 b.)** Robe brillante à reflets verts, nez floral (acacia, aubépine) et minéral, nuancé de fruits blancs, de pêche et de goyave. Voilà un jurançon élégant. Sa souplesse et sa fraîcheur en font un vin plaisant dès à présent. ⧗ 2020-2022

DOM. MONTESQUIOU, quartier Haut-Ucha, 64360 Monein, tél. 05 59 21 43 49, domainemontesquiou@orange.fr V t.l.j. sf dim. 9h-12h 14h-18h30

DOM. NABA Milord 2018 ★★

■ | 3000 | | 11 à 15 €

Un tout jeune domaine créé en 2014 par Mathieu Lacanette-Naba entre gave d'Oloron et gave de Pau, face à la chaîne des Pyrénées. Formé au Ch. la Tour blanche (sauternes), le vigneron a travaillé dans une bodega au Chili puis pour des producteurs de jurançon, tout en créant patiemment son petit vignoble (premières plantations en 2008, 5 ha aujourd'hui). Il s'est engagé dans une conversion en agriculture biologique en 2019.

Du fruit exotique avant toute chose, et de préférence de l'ananas confit. Certes, mais le style de ce vin n'en est pas moins fringant et constitue une bonne introduction aux qualités du petit manseng. Déjà plaisant. ⧗ 2020-2026

DOM. NABA, 17, chem. Carrère, 64290 Estialescq, tél. 06 30 69 69 78, mathieunaba@gmail.com V t.l.j. sf dim. 9h-12h 14h-19h

DOM. NIGRI Confluence 2019 ★★

■ | 25 000 | | 8 à 11 €

Créé en 1685 et commandé par une bâtisse du XVIIIᵉ s., le Dom. Nigri (15 ha en jurançon) est depuis 4 générations dans la famille de Jean-Louis Lacoste, œnologue, arrivé à sa tête en 1993. Ce dernier l'a complété d'une structure de négoce, Vignobles et Domaines Lacoste.

Un 2019 qui joue dans la précision. Précis dans les registres aromatiques, minéral au nez, fruité en bouche (citron, pamplemousse). Précis dans l'équilibre porté sur la fraîcheur. ⧗ 2020-2025 ■ **Toute une histoire... 2017 ★ (15 à 20 €; 10 000 b.)** Un 2017 qui a commencé à évoluer comme en témoigne les nuances ambrées de la robe or intense. Le premier nez est franc, évocateur de mangue rôtie et d'orange sanguine. C'est au palais que des touches de tabac blond apparaissent, avant qu'une pointe minérale ne se manifeste en finale. Souplesse et rondeur demeurent les maîtres-mots. ⧗ 2020-2025 ■ **Le Plein de sens 2018 ★ (11 à 15 €; 10 000 b.)** Finesse des arômes, ampleur et sucrosité du palais, belle longueur : un vin de découverte de l'appellation. ⧗ 2020-2025

DOM. NIGRI, 31, chem. Lacoste, quartier Candeloup, 64360 Monein, tél. 05 59 21 42 01, domaine.nigri@wanadoo.fr V t.l.j. sf dim. 9h-12h 13h30-18h

CH. DE ROUSSE Séduction 2018 ★★

■ | 5000 | | 15 à 20 €

Domaine de 12 ha conduit depuis 2000 par les frères Marc et Olivier Labat. Cultivées en étroites terrasses, les vignes exposées au sud-sud-est sont disposées en amphithéâtre, avec à l'arrière-plan la chaîne des Pyrénées. Henri IV y venait chasser.

Les reflets cuivrés se mêlent à l'or et témoignent de la richesse et du style solaire de ce vin. La palette aromatique en apporte elle aussi la preuve : abricot, peau d'orange confie, miel de châtaignier et pain d'épice. La sucrosité porte remarquablement ce profil aromatique. ⧗ 2020-2030

CH. DE ROUSSE, 1723, rte de la Chapelle-de-Rousse, 64110 Jurançon, tél. 05 59 21 75 08, chateauderousse@wanadoo.fr V *t.l.j. 9h-12h30 15h-18h30*

B DOM. DE SARROS
La Vallée heureuse 2018 ★

■ | 1750 | | 11 à 15 €

Situé à Gelos, village voisin de Pau et de Jurançon, ce petit domaine (environ 2 ha) a été restauré en 2004, replanté l'année suivante et converti à l'agriculture biologique. Le chai de vieillissement est aménagé sous la maison d'habitation datant du XIXᵉs. L'exploitation est conduite depuis 2017 par Hugues Chadal et Jean-Luc Ducasse.

Après 2 ans d'élevage sur lies fines en barrique, ce petit manseng est taillé pour la garde. Forcément encore sur la retenue, il présente un caractère chaleureux et puissant, mais une certaine fraîcheur et une pointe saline en finale sont de bon augure pour la garde. Les arômes d'agrumes et les notes florales déjà perceptibles satisferont les plus impatients. ⧗ 2020-2028

CHAPAL ET DUCASSE, 390, vallée Heureuse, 64110 Gelos, tél. 06 86 37 11 54, domainedesarros@gmail.com V *r.-v.*

B DOM. VIGNAU LA JUSCLE
Vendanges tardives 2018 ★★

■ | 1000 | | 20 à 30 €

Acheté en 1983 et replanté par Michel Valton, chirurgien devenu vigneron, ce domaine de 5 ha cultivé en bio est installé à l'emplacement d'une ferme du XVIIIᵉs. Il est traversé par un sentier de randonnée, une occasion pour les promeneurs de faire halte pour découvrir une vue imprenable sur les Pyrénées et les vins de ce domaine, valeurs sûres du Guide. Le fils Antonin a pris le relais en 2014.

Beaucoup de richesse dans ce 2018 de teinte soutenue à reflets or. La grande concentration est assagie par la légendaire fraîcheur du petit manseng. Les arômes se déploient au nez comme en bouche avec complexité : goyave, kiwi, miel d'acacia, notes empyreumatiques. La finale suave témoigne également du potentiel de garde de ce jurançon. ⧗ 2020-2030 ■ **2018 ★ (11 à 15 €; 1500 b.)** B Un jurançon ample et rond, croquant, joliment souligné d'arômes floraux. Nul besoin d'attendre pour l'apprécier. ⧗ 2020-2022

DOM. VIGNAU-LAJUSCLE, chem. Mantoulan, 64110 Saint-Faust, tél. 06 58 99 64 88, antonin.valton@gmail.com V *r.-v.*

IROULÉGUY

Superficie : 214 ha
Production : 6 380 hl (88 % rouge et rosé)

Dernier vestige d'un grand vignoble basque dont on trouve la trace dès le XIᵉs., l'irouléguy témoigne de la volonté des vignerons de perpétuer l'antique tradition des moines de Roncevaux. Le vignoble s'étage sur le piémont pyrénéen, dans les communes de Saint-Étienne-de-Baïgorry, d'Irouléguy et d'Anhaux.
Les cépages d'autrefois ont à peu près disparu pour laisser place au cabernet-sauvignon, au cabernet franc et au tannat pour les vins rouges et rosés, au courbu et aux gros et petit mansengs pour les blancs. De couleur cerise, le rosé est vif et léger, le blanc, fruité et frais, le rouge, charnu, volontiers tannique et de bonne garde.

♥ CAVE D'IROULÉGUY Xuri 2019 ★★

■ | 22000 | | 15 à 20 €

Non loin de Saint-Étienne-de-Baïgorry et de son château, la coopérative a été créée en 1952, une année avant la promotion des irouléguy en «vins délimités de qualité supérieure». Elle a participé à l'ascension de l'appellation et amorcé un virage qualitatif au cours des années 1990. Aujourd'hui, elle regroupe 40 viticulteurs qui apportent le fruit de près de 140 ha. Les chais ont été rénovés à plusieurs reprises après 2000 (avec notamment, après 2015, la création d'un nouveau cuvier de petite capacité et d'un nouveau magasin). Une valeur sûre.

Jaune paille nuancé de vert et d'or pâle, cet irouléguy brille aussi par ses arômes explosifs de fruits à chair blanche (poire), de fruits exotiques, d'agrumes et de fleur d'oranger. L'attaque est bien fraîche, légèrement perlante, la bouche intense et bien construite, ample et très aromatique. La longue finale met en valeur de beaux amers. ⧗ 2021-2024 ■ **Kattalin 2019 ★ (11 à 15 €; 14000 b.)** B Aromatique et gourmand, ce vin trouve un bon équilibre entre gras et fraîcheur. ⧗ 2020-2023

CAVE D' IROULÉGUY, CD 15, rte de Saint-Jean-Pied-de-Port, 64430 Saint-Étienne-de-Baïgorry, tél. 05 59 37 41 33, contact@cave-irouleguy.com V *t.l.j. sf dim. 9h30-12h 14h-18h30*

DOM. MOURGUY 2018 ★★

■ | 10000 | | 11 à 15 €

Après plusieurs expériences dans les vignobles du Nouveau Monde (Argentine et Chili), Florence Mourguy a repris en 2003 avec son frère Pierre le domaine familial implanté à Ispoure, au-dessus de Saint-Jean-Pied-de-Port. Son frère cultive les vignes, 9 ha sur les flancs de la montagne Arradoy, tandis qu'elle se charge des vinifications.

Robe dense, nez puissant de fruits rouges mûrs et de réglisse. Au plais, c'est l'équilibre entre fraîcheur et maturité, entre volume, gras et belle tension qui retient l'intérêt. Les tanins fondus, doucement épicés, et la finale persistante sont d'autres atouts de ce vin bien en chair. ⧗ 2021-2024

DOM. MOURGUY, Etxeberria, 64220 Ispoure, tél. 06 78 84 89 25, domainemourguy@hotmail.com V *t.l.j. sf dim. 10h-12h 15h-18h30*

FLOC-DE-GASCOGNE

Le floc-de-gascogne est produit dans l'aire géographique de l'appellation armagnac. Il s'agit d'un vin de liqueur muté à l'aide de la célèbre eau-de-vie. La région viticole fait partie du piémont pyrénéen et se répartit sur trois départements : le Gers, les Landes et le Lot-et-Garonne. Afin de donner une force supplémentaire à l'antériorité de leur production, les vignerons du floc-de-gascogne ont mis en place un principe nouveau qui n'est ni une délimitation parcellaire telle qu'on la rencontre pour les vins, ni une simple aire géographique comme pour les eaux-de-vie. C'est le principe des listes parcellaires approuvées annuellement par l'INAO.
Les blancs sont issus des cépages colombard, gros manseng et ugni blanc, qui doivent ensemble représenter au moins 70 % de l'encépagement et ne peuvent dépasser seuls 50 % depuis 1996, avec pour cépages complémentaires le baroque, la folle blanche, le petit manseng, le mauzac, le sauvignon, le sémillon; pour les rosés, les cépages sont le cabernet franc et le cabernet-sauvignon, le côt, le fer-servadou, le merlot et le tannat, ce dernier ne pouvant dépasser 50 % de l'encépagement. Les règles de production mises en place par les producteurs sont contraignantes : 3 300 pieds/ha taillés en guyot ou en cordon, nombre d'yeux à l'hectare toujours inférieur à 60 000, rendement de base des parcelles inférieur ou égal à 60 hl/ha…
Les moûts récoltés ne peuvent avoir moins de 170 g/l de sucres. La vendange, une fois égrappée et débourbée, est mise dans un récipient où le moût peut subir un début de fermentation. Aucune adjonction de produits extérieurs n'est autorisée. Le mutage se fait avec une eau-de-vie d'armagnac d'un compte d'âge minimum 0 et d'un degré minimum de 52 % vol. Tous les lots de vins sont dégustés et analysés. En raison de l'hétérogénéité toujours à craindre de ce type de produit, l'agrément se fait en bouteilles et ces dernières ne peuvent sortir des chais des récoltants avant le 15 mars de l'année qui suit celle de la récolte.

DOM. DE BILÉ 2019 ★★

■	6600	▮	8 à 11 €

Un domaine familial de 25 ha, entre les mains du « clan » Della-Vedove – Didier et Marie-Claude, et leurs fils Romain et Thibault – établi non loin de Bassoues, une bastide fortifiée dominée par son donjon. Plantation du vignoble en 1968, premiers armagnacs en 1973, premiers flocs vers 1990.

Sous une teinte pâle apparaît un nez d'acacia et de fruits, certes discret, mais élégant. Le caractère floral se manifeste plus intensément au palais, conforté par la rondeur et le gras. La finale persistante signe ce remarquable vin. ⧗ 2020-2023

DOM. DE BILÉ, Dom. de Bilé, 32320 Bassoues, tél. 06 12 86 01 97, contact@domaine-de-bile.com V *t.l.j. 9h-19h; dim. 9h-12h30*

♥ DOM. DES CASSAGNOLES ★★

■	4426	▮	8 à 11 €

Autrefois consacré à la seule production d'armagnac, le domaine campe à Gondrin, au cœur de la Ténarèze. Installés en 1974, Janine et Gilles Baumann se sont lancés dans l'élaboration des « flocs de terroir » et des vins de pays (IGP). En 2010, leur fille Laure a repris l'exploitation, qui compte aujourd'hui 60 ha. Propriété certifiée Haute valeur environnementale.

La fraise, à n'en pas douter. C'est la dominante aromatique de ce floc-de-gascogne intense et fruité, rond, gras, très long au palais. La générosité même ! ⧗ 2020-2024

DOM. DES CASSAGNOLES, 32330 Gondrin, tél. 05 62 28 40 57, j.baumann@domainedescassagnoles.com V *r.-v.*

DOM. D'EMBIDOURE 2019 ★

■	6000	▮	8 à 11 €

Établies en Haut-Armagnac, à Réjaumont, les 2 sœurs Ménégazzo, Nathalie et Sandrine, ont ajouté les flocs et les vins de pays à la tradition bachique inaugurée par leur père avec l'armagnac. Elles ont abandonné leurs vergers de pommiers pour se consacrer à leurs 36 ha de vignes. Une valeur sûre de la Gascogne viticole.

D'une grande intensité, le nez libère des arômes de fruits blancs mûrs et de fruits à noyau. Avec la suavité pour dominante, le palais trouve un bon équilibre et fait preuve de longueur. ⧗ 2020-2024

DOM. D' EMBIDOURE, Dom. d'Embidoure, 621, chem. d'Embidoure, 32390 Réjaumont, tél. 05 62 65 28 92, menegazzo.embidoure@wanadoo.fr V *t.l.j. sf sam. dim. 9h-12h 14h-18h30*

DOM. ENTRAS 2017 ★

■	5180	▮▮	8 à 11 €

Tout a commencé après-guerre dans la Ténarèze : Zoé et Miguel Maestrojuan sont ouvriers agricoles à la ferme de Bordeneuve, qu'ils finissent par acheter. Aujourd'hui, leurs héritiers, qui ont abandonné la production laitière, cultivent 29 ha de coteaux entre l'Auloue et la Baïse. Michel Maestrojuan, à la tête du domaine depuis 2011, a engagé en 2017 la conversion bio de la propriété.

Rouge profond et brillant, tout en fruits mûrs (mûre, cassis) et en fruits confits, ce vin est une gourmandise très riche. Une impression chaleureuse ressort de la finale. ⧗ 2020-2024

DOM. ENTRAS, Entras, 32410 Ayguetinte, tél. 05 62 68 11 41, contact@domaine-entras.fr V *t.l.j. 9h-12h30 14h-18h; dim. sur r.-v.*

FERME DE GAGNET 2018 ★★

■	5000	▮	8 à 11 €

Établie à Mézin, bourg connu jadis pour ses bouchonniers, aux confins sud-ouest du Lot-et-Garonne,

Marielle Tadieu a pris en 1993 la suite de son père et de son grand-père. Elle conduit 10 ha de vignes et un élevage de canards, dont les foies gras accompagnent fort bien le floc.

Nez de fruits rouges mûrs, attaque franche et bon équilibre, finale chaleureuse sur le fruit : c'est un floc-de-gascogne typé à souhait qui se dégustera sans doute très bien avec les produits de la maison. ⧗ 2020-2023 ■ **2018 ★ (8 à 11 €; 5000 b.)** Les arômes intenses de fruits cuits, de fruits mûrs, nuancés d'une pointe florale, se développent tout au long de la dégustation. L'attaque est souple, le palais rond et gras, mais toujours équilibré. ⧗ 2020-2022

⊶ FERME DE GAGNET, Gagnet, 47170 Mézin, tél. 06 82 36 19 82, fermedegagnet@gmail.com V 🚶 ▮ *t.l.j. sf dim. 9h-13h 15h-19h* 🏠 B

B DOM. DE GUILHON D'AZE 2019 ★★

■	10000	▮	8 à 11 €

Propriété de la famille Tastet depuis plus d'un siècle, le domaine couvre 62 ha dans le Bas-Armagnac, à Larée dans le Gers. Denis Tastet est l'actuel maître des lieux, à la suite de son père André. Exploitation certifiée Haute valeur environnementale.

D'un rouge léger, ce floc déroule des notes fruitées et des touches de pétale de rose délicates. Son ampleur et sa persistance sont notables au palais, et le charme opère. ⧗ 2020-2022 ■ **2019 ★ (8 à 11 €; 10000 b.)** B Du fruité (poire et autres fruits blancs) et du floral, de la suavité et une certaine longueur font de ce floc un bon représentant. ⧗ 2020-2022

⊶ DOM. DE GUILHON D'AZE, 112, rte de Bellevue, 32150 Larée, tél. 05 62 09 53 88, contact@denis-tastet.fr V 🚶 ▮ *r.-v.*

LES HAUTS DE MONTROUGE De Castelfort ★★

■	20000	▮	8 à 11 €

Créée en 1963, la coopérative de Nogaro, au cœur du Bas-Armagnac, a été rebaptisée en 2016 Les Hauts de Montrouge. Regroupant 60 viticulteurs qui cultivent environ 1 000 ha de vignes, elle propose armagnacs et floc-de-gascogne issus de sables fauves, ainsi qu'une gamme de vins en IGP côtes-de-gascogne.

Les arômes de fruits et de fleurs blanches montent progressivement en intensité au nez, puis envahissent le palais. Voici un floc de bonne tenue jusqu'en finale. ⧗ 2020-2023

⊶ LES HAUTS DE MONTROUGE, rte d'Aire-sur-l'Adour, 32110 Nogaro, tél. 05 62 09 01 79, info@hdmontrouge.com V 🚶 ▮ *r.-v.*

DOM. DE JOŸ ★★★

■	2000	8 à 11 €

Originaire de Suisse, Paul Gessler s'installe en Bas-Armagnac en 1927. Roland et Olivier, ses petits-fils, lui succèdent en 1988, puis le second reste seul aux commandes. Il est aujourd'hui secondé par ses enfants Vanessa et Kévin. Implanté sur des sols argilo-siliceux et limono-siliceux, le vaste domaine (160 ha) propose une large gamme d'armagnacs, de flocs et de côtes-de-gascogne.

Fruits blancs et fleurs blanches s'accordent dans le verre et montent en puissance à la faveur de l'aération. Dès l'attaque, on perçoit le parfait équilibre d'une matière ample, ronde et très longue. Irrésistible. ⧗ 2020-2022

⊶ DOM. DE JOŸ, Lieu-dit À-Joÿ, 32110 Panjas, tél. 05 62 09 03 20, info@domaine-joy.com V 🚶 ▮ *r.-v.*

DOM. DE MAGNAUT 2019 ★★

■	3000	▮	11 à 15 €

Fondé en 1975, ce domaine de 44 ha situé en Ténarèze, dans le nord du Gers, s'est fait connaître grâce aux armagnacs de Pierre Terraube. C'est son fils Jean-Marie, arrivé en 2000, qui entretient à présent sa réputation. À sa carte, des armagnacs, des flocs et des côtes-de-gascogne. Exploitation certifiée Haute valeur environnementale.

Avec en tête d'affiche les fruits rouges et noirs, ce floc plaît par sa rondeur équilibrée et sa persistance. ⧗ 2020-2022 ■ **2019 ★ (11 à 15 €; 3000 b.)** Des fruits blancs comme la pêche, des fleurs pour arômes et un équilibre plaisant font de ce floc un apéritif subtil. ⧗ 2020-2022

⊶ DOM. DE MAGNAUT, Lieu-dit Magnaut, 32250 Fourcès, tél. 05 62 29 45 40, domainedemagnaut@wanadoo.fr V 🚶 ▮ *t.l.j. sf dim. 9h-12h 14h-18h*

DOM. DE MALARTIC Saveur Gascogne ★

■	5000	▮	8 à 11 €

Installé à Sarragachies, village des coteaux de l'Adour abritant de très vieux ceps inscrits aux Monuments historiques, Sébastien Périssé a pris en 1997 la suite de 4 générations sur ce domaine, propriété de sa famille depuis 1901. Le vignoble de 45 ha produit de l'armagnac, du floc-de-gascogne et, depuis 2001, des côtes-de-gascogne.

Une pointe florale vient souligner les arômes de fruits blancs bien mûrs qui s'échappent du verre. Il en va de même au palais, dans un contexte rond, gras et bien équilibré. ⧗ 2020-2022

⊶ DOM. DE MALARTIC, Dom. de Malartic, 32400 Sarragachies, tél. 05 62 69 75 72, contact@domainedemalartic.com V ▮ *r.-v.*

CH. DE MILLET ★★

■	7000	▮	8 à 11 €

Au Ch. de Millet, les touristes œnophiles séjournent dans l'ancien pigeonnier restauré du XVe s. Fondé en 1890 à Eauze, l'une des plus anciennes cités de Gascogne, au cœur du Bas-Armagnac, le domaine (90 ha aujourd'hui) est passé de la polyculture à la viticulture et propose des côtes-de-gascogne, des flocs et quelques armagnacs. Francis et Lydie Dèche ont passé le relais en 2002 à leur fille Laurence, qui a aménagé une nouvelle cave en 2015.

C'est fruité, très fruité, à peine nuancé d'une touche florale. C'est rond, gras et persistant. Tout est en place et d'une cohérence parfaite. ⧗ 2020-2022 ■ **★ (8 à 11 €; 7000 b.)** Une fraîcheur fruitée et florale s'exprime dans le verre, puis c'est une matière chaleureuse qui prend le dessus, sans déséquilibre. ⧗ 2020-2022

⊶ DOM. DE MILLET, 3356, rte de Parlebosq, 32800 Eauze, tél. 05 62 09 87 91, info@chateaudemillet.com V 🚶 ▮ *t.l.j. sf dim. 9h-12h 14h-18h* 🏠 D

DOM. DE POLIGNAC ★

5000 | 8 à 11 €

Village gascon posé au milieu du vignoble de l'Armagnac, Gondrin est situé sur l'une des routes empruntées jadis par les pèlerins de Saint-Jacques-de-Compostelle. Jacques Gratian, à la tête de l'exploitation familiale depuis 1981, est passé maître dans l'art du floc. Il propose aussi armagnacs et côtes-de-gascogne.

Marqué par la groseille au nez, ce floc présente la rondeur et la longueur attendues d'un bon représentant de l'appellation. ⧗ 2020-2022 ■ **★ (8 à 11 €; 5000 b.)** Des notes d'armagnac se mêlent aux fruits à l'olfaction, puis les arômes de prune et de pêche jouent les vedettes au palais, soulignant le caractère rond et gras. ⧗ 2020-2022

DOM. DE POLIGNAC, Polignac, 32330 Gondrin, tél. 05 62 28 54 74, domainedepolignac@gascanza.fr V t.l.j. 10h-12h30 15h-18h30; sam. dim. sur r.-v.

VAL DE GASCOGNE ★

13000 | 5 à 8 €

Fondée en 1951, la cave de Condom, au centre du terroir armagnacais de la Ténarèze, rassemble aujourd'hui 130 adhérents sur un territoire d'environ 1 300 ha. Elle fournit un tiers des vins (en IGP côtes-de-gascogne) diffusés par l'Union Plaimont Producteurs, qu'elle a intégrée en 1999. Pour la distribution de ses armagnacs et de ses flocs, que l'on trouve notamment dans ses boutiques de Condom et de Lectoure, elle est rattachée au vaste groupe coopératif polyvalent Val de Gascogne.

Belle intensité d'un nez de fruits jaunes frais et de prune à l'armagnac! Chaleureuse, la bouche demeure équilibrée et trouve en finale une bonne rémanence des arômes. ⧗ 2020-2022

VAL DE GASCOGNE, 59, av. des Mousquetaires, 32100 Condom, tél. 05 62 28 44 92, m.maupome@valdegascogne.coop V t.l.j. sf dim. 9h-12h 15h-18h

IGP AGENAIS

DOM. LOU GAILLOT
Excellence Élevé en fût de chêne 2018 ★

21000 | 8 à 11 €

Sur ce domaine situé aux confins du Lot et du Périgord, l'œnologue Gilles Pons (sixième génération) conduit un vignoble de 12 ha, en agriculture biologique depuis 2010.

Le merlot domine (80 %) dans cette cuvée élevée 12 mois en fût. Il en résulte des arômes de fruits mûrs mêlés à un boisé aux accents de menthol, puis une bouche ronde, légèrement épicée. ⧗ 2020-2024 ■ **Réserve 2018 ★ (8 à 11 €; 6000 b.)** Un 2018 plaisant, qui fait la part belle au cabernet franc (60 %) aux côtés du cabernet-sauvignon. Le boisé est encore très présent au nez comme en bouche, mais il laisse poindre un fruité mûr et ne nuit pas à l'équilibre du palais. ⧗ 2020-2024

DOM. LOU GAILLOT, Les Gaillots, 47440 Casseneuil, tél. 05 53 41 04 66, lougaillot@wanadoo.fr V t.l.j. sf lun. mer. dim. 9h-12h30 14h-18h30; sam. 9h-12h30

♥ MAS DE LA BORDE HAUTE Futée 2018 ★★

1200 | 8 à 11 €

Matthieu Tylski et Séverine Maury ont repris le vignoble de leurs parents en 2015 et ont réhabilité une ancienne grange en chai, afin de vinifier leurs propres vins et de quitter la coopérative. Ils possèdent désormais 9 ha de vignes.

Sombre, profond, intense : voilà pour la couleur. Puissant, tel est le nez de fruits mûrs aux accents boisés. De bonne attaque, ce vin enveloppe le palais de sa matière ronde et bien équilibrée. Le retour sur le bois en finale n'est que péché de jeunesse. ⧗ 2021-2024

MAS DE LA BORDE HAUTE, Borde-Haute, 47370 Anthe, tél. 06 37 44 99 46, labordehaute@gmx.fr V r.-v.

IGP ARIÈGE

DOMINIK BENZ Le Cavalier 2018 ★

700 | 15 à 20 €

Une formation dans l'artisanat, puis une conversion dans l'informatique. En 2008, Dominik Benz, natif de Zurich, entreprend un mois de trekking autour de l'Everest qui va changer sa vie : fini l'informatique bancaire, à lui les vignes et le vin. Après s'être formé en « viti-œno » dans son pays natal, il rejoint l'Ariège en 2013, avec sa compagne Martina Fretz, pour reprendre un vignoble de 12 ha certifié bio depuis 2009.

Un 100 % syrah vêtu de pourpre sombre, de belle intensité aromatique. La mûre, le cassis, les fruits compotés et une touche d'eucalyptus se déclinent au nez. La bouche, ronde et fraîche à la fois, fait preuve de souplesse, même si le joli grain des tanins est encore perceptible. La longue finale laisse un souvenir d'épices. ⧗ 2020-2024

DOMINIK BENZ, moulin-de-Beauregard, 09130 Le Fossat, tél. 05 61 69 47 56, info@dominikbenz.fr V t.l.j. sf sam. dim. 10h-12h 15h-18h

COTEAUX D'ENGRAVIÈS
Fleur de cailloux 2018 ★★

6300 | 11 à 15 €

Dans le cadre d'un groupement d'intérêt économique attaché à la renaissance du vignoble ariégeois, Philippe Babin a planté, en 1998 sur des coteaux en friches un petit vignoble de 8 ha qu'il a d'emblée cultivé en bio. Il a signé en 2014 ses dernières cuvées, avant de prendre sa retraite : Thomas Piquemal, déjà en place sur le domaine depuis 2011, prend la relève.

Sous une robe grenat aux nombreux reflets violets apparaît un nez intense et bien relevé de fruits noirs et d'épices (poivre). L'élevage sous bois d'un an a laissé des touches de bois précieux et de toasté. L'attaque est souple, déjà épicée, puis la matière se révèle ronde, ample et séveuse, tout en bénéficiant de fraîcheur. Les tanins fins tapissent agréablement le palais. ⧗ 2020-2024

DOM. DES COTEAUX D'ENGRAVIÈS, Le Coumel, 09120 Vira, tél. 05 61 68 68 68, contact@coteauxdengravies.com V t.l.j. sf dim. lun. 14h-18h

IGP AVEYRON

DOM. DU GRÈS 2019 ★

550 | 5 à 8 €

Jean-Marie Paillard prend soin de 1 ha de vignes plantées entre 2003 et 2011. Il privilégie le fer-servadou et le pinot noir.

Framboise pour la couleur, clémentine et pomme pour les arômes, encore du fruit en bouche dans un bel équilibre sur la vivacité. ⧗ 2020-2021

DOM. DU GRÈS, 12, rue du Lavoir, Fijaquet, 12330 Valady, tél. 06 87 15 30 71, jean-marie.paillard@wanadoo.fr V r.-v.

DOM. LAURENS Cuvée de Flars 2018 ★

n.c. | 11 à 15 €

Quand Michel Laurens revint à Clairvaux en 1983 et qu'il retrouva son frère Gilbert, il décida avec lui d'étendre le domaine familial et de poursuivre l'œuvre de leur père Henri, qui avait commencé à restaurer le vignoble : rachat de vieilles vignes, de terrasses, de terres en friches, défrichage, plantations. Après des années de travail, la propriété qui couvrait à l'origine 1,5 ha s'étend aujourd'hui sur 25 ha. La nouvelle génération (Vincent, Éric et Pascal) a pris les commandes en 2015.

50% sauvignon et 25% chenin, complétés de saint-come et de muscadelle composent ce vin de couleur pâle. Après aération, il dévoile des notes de fruits à chair blanche légèrement briochées et toastées. Il est souple et tout en légèreté au palais. ⧗ 2020-2022

DOM. LAURENS, 7, av. de la Tour, 12330 Clairvaux, tél. 05 65 72 69 37, info@domaine-laurens.com V t.l.j. sf dim. 10h-12h 14h-19h

IGP COMTÉ TOLOSAN

♥ CABIDOS
Petit manseng Gaston Phoebus 2016 ★★

3600 | 15 à 20 €

Agriculteur originaire de l'Aisne, Vivien de Nazelle avait hérité d'une gentilhommière dans le nord du Béarn. Découvrant son passé viticole, il entreprit à partir de 1995 d'y développer le vignoble et planta notamment du petit manseng : 9 ha aujourd'hui, et des installations dernier cri qui lui permettent d'élaborer d'excellents vins, blancs secs et doux notamment, très souvent en vue dans ces pages. En 2015, le domaine a été repris par Robert Alday, promoteur et constructeur de la côte basque.

Vieil or soutenu, ce petit manseng offre un nez intense et complexe de fruits charnus, de mangue, de fruit de la Passion, d'ananas, de pâte de coing et de miel. En bouche, toute la liqueur s'exprime, équilibrée par une jolie vivacité. C'est gras, c'est plein et garni d'arômes de fruits en confiture. ⧗ 2020-2030 **Petit manseng Gaston Phoebus 2017 ★★ (11 à 15 €; 7500 b.)** Une extraction de qualité est à l'origine de ce vin riche en arômes de fruits en confiture, de coing et de pain d'épice. La bouche est parfaitement équilibrée grâce à une pointe de vivacité. Une certaine originalité le caractérise. ⧗ 2020-2025

DOM. DU CH. DE CABIDOS, Dom. du Ch. de Cabidos, 64410 Cabidos, tél. 05 59 04 43 41, contact@chateau-de-cabidos.com V t.l.j. 9h-12h 13h-17h; sam. dim. sur r.-v.

L'ESCUDÉ Osez l'Escudé 2018 ★★

12000 | 5 à 8 €

En 2004, Laurent et Murielle Caubet décident d'apporter un nouveau souffle à cette ancienne ferme béarnaise. Ils louent des parcelles de vieilles vignes et transforment le poulailler en chai, puis la grange en cuvier. Depuis, ils produisent avec brio, sur 7,5 ha, dans toutes les couleurs et sous 2 étiquettes : L'Escudé et le Dom. de Moncade.

Grenat, ce 2018 livre un nez subtil de fruits noirs, puis une bouche souple et friande, dotée d'une pointe de violette en finale. ⧗ 2020-2023 **Osez l'Escudé 2019 ★ (5 à 8 €; 17000 b.)** Le fruit monte en intensité dans ce vin : on reconnaît la poire Williams et l'ananas. D'attaque souple, la bouche revêt un bon équilibre entre vivacité et matière. Les arômes persistent bien, en cohérence avec la gamme perçue au nez. ⧗ 2020-2022 **Osez l'Escudé 2018 ★ (8 à 11 €; 3000 b.)** Un moelleux intensément parfumé de coing, de mirabelle, de miel et de pâte d'amande. Souple en attaque, il garde une belle harmonie et développe les arômes jusqu'à une longue finale. De la classe. ⧗ 2020-2026

L' ESCUDÉ, 220, chem. de l'Escudé, 64410 Cabidos, tél. 06 07 47 10 27, vin.lescude@orange.fr V t.l.j. sf dim. 9h-12h 14h-18h

DOM. DE LESCURE De tout temps 2018 ★

5000 | 5 à 8 €

Acquise en 1923 par la famille Cardetti, cette exploitation a commencé la viticulture en 1970, avec Jean-Marie. Installé en 2008, Fabien Cardetti a porté la superficie du vignoble à 25 ha; il cultive également 15 ha de céréales et 12,5 ha de noisetiers. Son exploitation est certifiée Haute valeur environnementale. Le jeune vigneron propose des fronton bien typés, souvent en vue dans ces pages, et des IGP.

Robe jaune claire brillant, nez intense et évolutif, marqué par les agrumes et le miel. Voici un vin rond, qui ne cherche pas à être démonstratif, mais équilibré et cohérent dans son expression aromatique. ⧗ 2020-2022

EARL DOM. DE LESCURE, 151, chem. de Lescure, 82370 Labastide-Saint-Pierre, tél. 06 61 70 55 45, domainedelescure@orange.fr V r.-v.

DOM. LES PYRÉNÉALES
Plaisir de Bigorre 1489 2019 ★

| 5700 | | 5 à 8 € |

Issu d'une lignée de vignerons, Nicolas Tortigue s'installe en 2013 sur le Dom. de Larroque, rebaptisé Pyrénéales, clin d'œil au massif pyrénéen et à ses enfants Pierre et Alan. Il conduit près de 8 ha de vignes.

Subtilement fruité (fraise, orange, clémentine corse) et floral, ce rosé affiche un style léger, sans prétention mais de bon aloi. ⧗ 2020-2021

SCEA DOM. LES PYRÉNÉALES, chem. de Las-Techeneres, 65700 Madiran, tél. 06 88 39 59 00, lespyreneales@orange.fr V *r.-v.*

DOM. DE RIBONNET Merlot Syrah 2017 ★

| 4600 | | 8 à 11 € |

Cette propriété, avec son château du XVe s., a appartenu à Clément Ader, pionnier de l'aviation au début du XXe s. Son vignoble, 21 ha conduits depuis 1975 par l'œnologue suisse Christian Gerber, est en bio certifié depuis le millésime 2005.

Rubis brillant, ce 2017 exprime des arômes flatteurs de fruits rouges et de fruits à noyau. Une impression de générosité se révèle en bouche, tant il a de la sève. Un vin intense et parfumé qui met en appétit. ⧗ 2020-2024

DOM. DE RIBONNET, 716, chem. de Ribonnet, 31870 Beaumont-sur-Lèze, tél. 05 61 08 71 02, vinribonnet31@aol.com V *t.l.j. sf dim. 8h-12h 14h-18h*

VINOVALIE Tarani 2019 ★★

| 1155600 | | - de 5 € |

Les caves de Técou, de Rabastens, de Fronton et des Côtes d'Olt ont uni leurs forces en 2006 en créant le groupe Vinovalie, dont le nom renvoie aux valeurs collectives du rugby. Un groupe qui fédère 470 vignerons et quelque 3 800 ha de vignes répartis sur 3 appellations : gaillac, fronton et cahors.

Or très pâle, ce 2019 est très engageant et typé sauvignon dans ses évocations de buis, de bonbon aux agrumes et à l'ananas. Rond et plein, il garde cette belle expression aromatique comme une signature. ⧗ 2020-2022

VINOVALIE (VIGNERONS DE RABASTENS), 33, rte d'Albi, 81800 Rabastens, tél. 05 63 33 73 80, laboratoire.rabastens@vinovalie.com V *t.l.j. 10h-12h30 14h30-19h; dim. 10h-12h30*

IGP COTEAUX DE GLANES

LES VIGNERONS DU HAUT-QUERCY
Fondateurs 2018 ★

| 39588 | | 5 à 8 € |

À la fin des années 1960, 7 vignerons ont réuni leurs compétences pour fonder la petite coopérative du Haut-Quercy, faisant ainsi renaître un vignoble qui existait déjà au IXe s. et qui s'étend aujourd'hui sur près de 40 ha.

Un vin expressif, aux arômes montants de fruits noirs et de cerise. L'attaque est ronde, la bouche puissante et concentrée, bien structurée, et la finale se prolonge sur des notes de kirsch. ⧗ 2020-2024 **Quatre Saisons Élevé en fût de chêne 2018 ★ (8 à 11 €; 13661 b.)** Au nez de fruits à noyau et d'épices répond une bouche veloutée. Les tanins demeurent soyeux jusqu'en finale. ⧗ 2020-2023

LES VIGNERONS DU HAUT-QUERCY, 84, rte du Pontouillac, 46130 Glanes, tél. 05 65 39 73 42, coteauxdeglanes@orange.fr V *r.-v.*

IGP CÔTES DE GASCOGNE

BERGEYRE LABADIE
Colombard Saunvignon Réserve 2019 ★★

| 80000 | | 5 à 8 € |

Le groupe Plaimont est le fruit d'une association de 3 caves qui, en 1979, unirent leurs initiales (PL pour Plaisance, AI pour Aignan et MONT pour Saint-Mont) pour créer ce leader des vins du Sud-Ouest produisant 40 millions de bouteilles par an. Rejoint en 1999 par les caves de Condom et de Crouseilles, Plaimont représente 98% de l'appellation saint-mont, environ la moitié des AOC madiran et pacherenc-du-vic-bilh ainsi que des IGP côtes-de-gascogne. Un acteur de poids.

La groseille à maquereau ne fait aucun doute dans la palette aromatique. Cette note s'allie au fruit avec élégance. Le palais insiste sur le fruit, avec une grande fraîcheur. ⧗ 2020-2022 **Gros Manseng Réserve 2019 ★ (5 à 8 €; 60000 b.)** Ambiance douce et fruitée dans cette Réserve qui trouve l'équilibre grâce à la fraîcheur des arômes d'agrumes qui persiste joliment. ⧗ 2020-2023 **Dom. de Cassaigne 2019 ★ (8 à 11 €; 17400 b.)** Les fruits rouges et les fleurs composent un nez élégant. Au palais, le fruité vient souligner le gras de ce vin harmonieux. ⧗ 2020-2022 **Dom. de Cassaigne Le Labyrinthe 2019 ★★ (5 à 8 €; 36000 b.)** Rose fuschia, c'est un rosé dynamique qui trouvera sa place à côté de tapas. Le nez intense libère des notes de fleurs, comme l'acacia, et de fruits tels que la fraise. Il est aussi franc que le palais. Un bel équilibre se réalise entre les saveurs, avec une tendance à la fraîcheur. C'est tant mieux, car la finale se prolonge bien ainsi. ⧗ 2020-2021

USCA PLAIMONT TERROIRS ET CHÂTEAUX, rte d'Orthez, 32400 Saint-Mont, tél. 05 62 69 62 87, l.mene-castillou@plaimont.fr V *t.l.j. sf sam. dim. 9h-12h 14h-18h*

PIERRE CHAVIN 2019 ★★

| 130000 | | 11 à 15 € |

Implantée à Béziers, une maison de négoce créée en 2010 par l'œnologue Fabien Gross, fils de vigneron du Haut-Rhin devenu « assembleur et éleveur de vins français ». Présente sur différents vignobles du pays, elle vise des « créations haute couture » et des vins « prêt-à-consommer », aptes à conquérir les marchés internationaux. La certification bio est acquise.

SUD-OUEST

L'harmonie générale de ce vin a été saluée par les dégustateurs. La séduction opère dès le premier regard sur la robe brillante, puis au premier nez. Les arômes de fruits à chaire jaune et d'agrumes se révèlent intenses. La bouche n'est pas en reste, à la fois ronde, bien structurée par la fraîcheur et persistante. ⧗ 2020-2023

SARL DOMAINES PIERRE CHAVIN, 2, bd Jean-Bouin, 34500 Béziers, tél. 06 19 07 89 73, akervarec@pierre-chavin.com V *r.-v.*

DOM. CHIROULET Grande Réserve 2017 ★★★

■ | 20 000 | | 11 à 15 €

Héritier de 4 générations de vignerons établies ici depuis 1893, Philippe Fezas contemple de son domaine de 50 ha la petite église du XIIIᵉs. érigée au hameau d'Heux, tout proche. Dans les rangs de vignes souffle le *chiroula*, un vent bienfaisant qui sèche les grappes, lesquelles donneront des flocs, des armagnacs et des Côtes-de-Gascogne de haute expression. Une valeur sûre.

Après un élevage de 12 mois en fût, ce 2017 offre une palette intense de fruits noirs soulignés d'un boisé bien maîtrisé. La bouche d'abord souple et soyeuse gagne en volume, soutenue par une trame tannique de qualité. La vanille, le sous-bois et une note fumée se mêlent à la cerise jusqu'en finale. Si une petite austérité est perceptible, c'est signe de jeunesse tout simplement. ⧗ 2020-2024 ■ **Colombard Sauvignon Java 2019 ★★ (5 à 8 €; 100 000 b.)** Jaune à reflets verts, c'est un vin très fruité qui marque des points également par sa franchise en attaque, sa rondeur et sa finale bien persistante. ⧗ 2020-2022 ■ **Merlot Cabernet franc Syrah Java 2019 ★ (5 à 8 €; 70 000 b.)** Un nez profond de fruits rouges (cerise) et de prune nuancé de réglisse invite à découvrir le palais. Tout y est souple et rond, fruité, jusqu'à ce qu'une pointe de fraîcheur bienvenue apparaisse en finale. ⧗ 2020-2022 ■ **Merlot Cabernet franc Java 2019 ★ (5 à 8 €; 25 000 b.)** Un rosé tout en fraîcheur qui décline la gamme des agrumes : citron et pamplemousse. Certes, la vivacité le caractérise au palais, mais elle demeure plaisante et bienvenue. ⧗ 2020-2021 ■ **Le Temps des fleurs 2019 ★ (5 à 8 €; 25 000 b.)** Un rosé pâle aux reflets orangés, ouvert sur des notes amyliques et florales. En bouche, le fruit apparaît, avec une belle fraîcheur en soutien qui donne de la droiture à la finale. ⧗ 2020-2021

EARL FAMILLE FEZAS, Dom. Chiroulet, 32100 Larroque-sur-l'Osse, tél. 05 62 28 02 21, chiroulet@wanadoo.fr V *t.l.j. sf dim. 9h-12h 14h-18h; sam. sur r.-v.*

DOM. D'EMBIDOURE
Cuvée des Filles 2019 ★★

■ | 14 000 | | 8 à 11 €

Établies en Haut-Armagnac, à Réjaumont, les 2 sœurs Ménégazzo, Nathalie et Sandrine, ont ajouté les flocs et les vins de pays à la tradition bachique inaugurée par leur père avec l'armagnac. Elles ont abandonné leurs vergers de pommiers pour se consacrer à leurs 36 ha de vignes. Une valeur sûre de la Gascogne viticole.

Un nez fruité (agrumes), vanillé et miellé avenant, une bouche souple et fruitée, bien persistante. Voilà un vin expressif qui gagnera à accompagner tout un repas. ⧗ 2020-2022 ■ **Clin d'œil 2017 ★★ (11 à 15 €; 3 000 b.)** Un vin qui fera bel effet à l'apéritif, dans sa robe dorée. Les arômes seront alors à leur avantage : coing, poire, fruits confits et fruits secs. Le palais ample leur rend aussi service jusqu'en finale. ⧗ 2020-2023 ■ **2019 ★ (5 à 8 €; 20 000 b.)** La fraise et la framboise sont à l'honneur dans la palette de ce rosé surprenant de douceur. ⧗ 2020-2021

DOM. D' EMBIDOURE, Dom. d'Embidoure, 621, chem. d'Embidoure, 32390 Réjaumont, tél. 05 62 65 28 92, menegazzo.embidoure@wanadoo.fr V *t.l.j. sf sam. dim. 9h-12h 14h-18h30*

DOM. D'ESPÉRANCE
Sauvignon Gros manseng Cuvée d'Or 2019 ★★

■ | 15 000 | | 5 à 8 €

Après une carrière de «chasseur de tête» en Angleterre, Claire de Montesquiou décide en 1990 de revenir sur la terre de ses ancêtres. Elle est aujourd'hui à la tête d'un domaine de 40 ha et a fait appel au talent de Jean-Charles de Castelbajac pour dessiner l'étiquette qui habille ses cuvées.

Les notes d'agrumes perceptibles au nez sont en plein accord avec la fraîcheur du palais. Une très légère sucrosité et des arômes de fleurs blanches apportent la petite touche tendre au palais qui fait toute la différence. ⧗ 2020-2023 ■ **Cuvée Rosée 2019 ★ (5 à 8 €; 10 000 b.)** Allant de la douce fleur d'acacia au fruité vif de la groseille dans son expression aromatique, ce rosé délicat parvient également à harmoniser le gras et la fraîcheur au palais. ⧗ 2020-2021

SARL DOM. D' ESPÉRANCE, 320, chem. d'Espérance, 40240 Mauvezin-d'Armagnac, tél. 05 58 44 85 93, info@esperance.fr V *r.-v.*

♥ HAUT MARIN
Colombard Sauvignon Gros manseng Fossiles n° 6 2019 ★★★

■ | 533 300 | | 5 à 8 €

Domaine gersois fondé en 1922 par Jean-François Morel, viticulteur suisse, et exploité depuis 1988 par la troisième génération : Philippe Jegerlhener, Élisabeth Prataviera (œnologue) et son mari Henry. La quatrième génération se prépare à rejoindre la propriété, qui compte 160 ha dédiés à l'armagnac et (surtout) aux IGP côtes-de-gascogne.

Un caractère fruité intense marqué par les agrumes sert de fil conducteur à ce 2019 vif et persistant. Il a assez de volume pour garder un excellent équilibre. Harmonieux. ⧗ 2020-2023 ■ **Gulf Stream n° 3 2019 ★ (5 à 8 €; 120 000 b.)** Un rosé orangé qui joue la carte du fruité (cerise, framboise). Il parvient à harmoniser une légère sucrosité à une belle fraîcheur qui le tient en finale. ⧗ 2020-2021 ■ **Gros manseng Vénus n° 7 2019 ★ (5 à 8 €; 140 000 b.)** Une palette complexe et intense de fruits secs (abricot et noisette) annonce un vin ample et de bonne persistance au palais. Belle typicité et de l'harmonie. ⧗ 2020-2023

SARL MÉNARD, lieu-dit Charpenties, 32330 Gondrin, tél. 05 62 29 13 33, contact@domainedemenard.com V t.l.j. sf sam. dim. 8h-12h 14h-17h

HORGELUS
Cabernet-sauvignon Tannat Phi-Ling 2018 ★★★

| | 30000 | | 8 à 11 € |

Œnologue diplômé, Yoan Le Menn a repris en 2007, à l'âge de 21 ans, le domaine fondé par son grand-père entre Ténarèze et Bas-Armagnac, qui couvre aujourd'hui 90 ha, et l'a complété d'une structure de négoce. Il propose de l'armagnac, à côté d'une production tournée vers les IGP côtes-de-gascogne. Pour préserver la fraîcheur aromatique des baies, il privilégie les vendanges nocturnes.

Douze mois d'élevage en fût ont légué quelques notes toastés à la palette de fruits noirs : mûre, cassis, myrtille. L'équilibre se réalise au palais, les arômes se prolongent bien et la trame de tanins de qualité est gage d'avenir. ⧗ 2020-2024 **Gros manseng Sauvignon 2019 ★ (5 à 8 €; 200000 b.)** Un vin délicatement tourné vers les agrumes bien mûrs. La bonne fraîcheur du palais le rend agréable, en toute simplicité. ⧗ 2020-2022

SAS HORGELUS, lieu-dit le Cassou, 32250 Montréal-du-Gers, tél. 05 62 09 95 94, contact@horgelus.com V *t.l.j. 9h-12h 13h30-17h; sam. dim. sur r.-v.*

DOM. DE JOŸ Éros 2019 ★★

| | 80000 | | 5 à 8 € |

Originaire de Suisse, Paul Gessler s'installe en Bas-Armagnac en 1927. Roland et Olivier, ses petits-fils, lui succèdent en 1988, puis le second reste seul aux commandes. Il est aujourd'hui secondé par ses enfants Vanessa et Kévin. Implanté sur des sols argilo-siliceux et limono-siliceux, le vaste domaine (160 ha) propose une large gamme d'armagnacs, de flocs et de côtes-de-gascogne.

Rose saumon léger, ce 2019 privilégie la finesse. Finesse des senteurs de rose, de pivoine, de pamplemousse rose. Finesse et légèreté de la bouche, fraîche et aromatique. ⧗ 2020-2021 **L'Éclat 2019 ★ (5 à 8 €; 200000 b.)** Buis, cassis et pamplemousse : le décor est bien planté. Il y a aussi du volume et de la persistance dans ce côtes-de-gascogne typique. ⧗ 2020-2022

DOM. DE JOŸ, Lieu-dit À-Joÿ, 32110 Panjas, tél. 05 62 09 03 20, info@domaine-joy.com V *r.-v.*

DOM. LAGUILLE Petit manseng 2017 ★★★

| | 20000 | | 8 à 11 € |

Un domaine familial de 64 ha fondé en 1922 au cœur de la Gascogne, à Eauze. Aux commandes depuis 1980, Colette et Guy Vignoli ont une démarche très raisonnée, à tendance bio, visant à améliorer la biodiversité; ils investissent dans les énergies renouvelables.

Parfait équilibre entre gourmandise et fraîcheur. Telle est la conclusion des dégustateurs unanimes sur le profil de ce vin très aromatique (fleurs, épices, miel, truffe), très long et très racé. ⧗ 2020-2024

SCEA LA TREILLE, Laguille Saint-Amand, 32800 Éauze, tél. 05 62 09 77 05, contact@laguille.com V *t.l.j. sf dim. 9h-12h 14h-18h*

DOM. DE LARTIGUE 2019 ★★★

| | 5000 | | 5 à 8 € |

Proche d'Eauze, au cœur du Bas-Armagnac, ce domaine de 52 ha a été fondé en 1952 par le grand-père de Sonia et Jérôme Lacave, horticulteur et pépiniériste. Il a ajouté à sa production de plants de vignes, des armagnacs, des flocs et des côtes-de-gascogne. Le magasin se trouve face à la place du village de Bretagne-d'Armagnac.

Une belle fraîcheur se révèle dans la palette de fruits rouges et de fruits exotiques. Il en va de même au palais, en contrepoint d'une agréable suavité. La finale a du pep, entre arômes de réglisse et de groseille. ⧗ 2020-2021 **2019 ★ (5 à 8 €; 50000 b.)** Un assemblage dominé par le sauvignon (50%) et complété à parts égales par le colombard et le chardonnay. Le résultat? Des fruits et des fleurs, et cette vivacité expressive qui fait la typicité du côtes-de-gascogne. ⧗ 2020-2022

EARL FRANCIS LACAVE, Au Village, 32800 Bretagne-d'Armagnac, tél. 05 62 09 90 09, francis.lacave@orange.fr V *r.-v.*

DOM. DE LAXÉ
Merlot Tannat Soleil d'Oranie 2017 ★★★

| | 7000 | | 11 à 15 € |

Un domaine gersois créé à partir de 1962 par Désiré Estrade et ses fils. La commercialisation en bouteilles est plus récente : 2003, sous l'impulsion de la troisième génération (Rémy et Éric), aujourd'hui à la tête de 90 ha de vignes plantées sur des plateaux argilo-calcaires. En conversion bio.

Un 2017 qui a bien évolué comme en témoigne la robe soutenue, ainsi que les arômes puissants et complexes de fruits rouges mûrs, de sous-bois et de vanille. En bouche, les saveurs apparaissent fondues et c'est une sensation d'ampleur et d'élégance qui demeure. ⧗ 2020-2024

EARL VIGNOBLES ESTRADE ET FILS, Dom. de Laxé, 32250 Fourcès, tél. 05 62 29 42 49, contact@domaine-laxe.com V *t.l.j. sf sam. dim. 9h-12h 14h-18h*

DOM. DE MAGNAUT
Euphorie de Rosé 2019 ★★

| | 10000 | | 5 à 8 € |

Fondé en 1975, ce domaine de 44 ha situé en Ténarèze, dans le nord du Gers, s'est fait connaître grâce aux armagnacs de Pierre Terraube. C'est son fils Jean-Marie, arrivé en 2000, qui entretient à présent sa réputation. À sa carte, des armagnacs, des flocs et des côtes-de-gascogne. Exploitation certifiée Haute valeur environnementale.

Rose-violet, ce vin présente une belle expression tant par ses arômes de fruits rouges, de fleurs et d'épices que par sa matière souple et persistante. Sa teinte fuchsia ne laisse pas indifférent. ⧗ 2020-2021 **L'Éden Gascon 2019 ★★ (5 à 8 €; 5000 b.)** Fleurs blanches, agrumes et poire forment le délicat bouquet de ce vin qui allie le gras et la vivacité. La finale longue et fraîche est tout à son avantage. ⧗ 2020-2022

DOM. DE MAGNAUT, Lieu-dit Magnaut, 32250 Fourcès, tél. 05 62 29 45 40, domainedemagnaut@wanadoo.fr V *t.l.j. sf dim. 9h-12h 14h-18h*

DOM. DE MILLET
2019 ★★

■ | 130 000 | 🍾 | 5 à 8 €

Au Ch. de Millet, les touristes œnophiles séjournent dans l'ancien pigeonnier restauré du XVe s. Fondé en 1890 à Eauze, l'une des plus anciennes cités de Gascogne, au cœur du Bas-Armagnac, le domaine (90 ha aujourd'hui) est passé de la polyculture à la viticulture et propose des côtes-de-gascogne, des flocs et quelques armagnacs. Francis et Lydie Dèche ont passé le relais en 2002 à leur fille Laurence, qui a aménagé une nouvelle cave en 2015.

De la délicatesse dans ce rosé tout empreint de fruits rouges. Tenu par la vivacité, il se développe volontiers au palais et laisse une impression durable. ⧗ 2020-2021 ■ **Colombard Ugni blanc 2019 ★ (5 à 8 €; 280 000 b.)** La noisette apporte une touche élégante à la palette florale de ce vin souple et rond. Le fruité apparaît en finale, sous des accents d'agrumes et d'abricot frais. ⧗ 2020-2022

⊶ DOM. DE MILLET, 3356, rte de Parlebosq, 32800 Eauze, tél. 05 62 09 87 91, info@chateaudemillet.com V *t.l.j. sf dim. 9h-12h 14h-18h* D

DOM. DE MISELLE
Colombard Gros manseng 2019 ★★

■ | 107 200 | 🍾 | - de 5 €

Ce domaine est depuis longtemps déjà voué à la viticulture : des armagnacs y étaient élaborés au XIXe s. Depuis 1998, la famille Chevallier, originaire du nord de la France, fait revivre cette propriété typiquement gasconne avec son pigeonnier traditionnel, dotée d'un vignoble de 28 ha. À sa tête, Julien Chevallier, ingénieur en agriculture.

L'élégance de ce vin tient à la palette d'agrumes nuancés de notes de fougère, tout autant qu'à la vivacité équilibrée du palais, qui soutient l'expression aromatique en finale. ⧗ 2020-2022 ■ **Syrah 2019 ★★ (- de 5 €; 11 600 b.)** Rose franc à reflets violets, c'est un vin finement aromatique qui se dévoile : nuances de petits fruits rouges et de fruits exotiques, touche de nectarine. Il joue la carte de la suavité au palais, jusqu'en finale. ⧗ 2020-2021

⊶ EARL DOM. CHEVALLIER, Dom. de Miselle, 32110 Caupenne-d'Armagnac, tél. 05 62 08 84 56, contact@miselle.com V *r.-v.*

DOM. DE PELLEHAUT
L'Été gascon 2019 ★★

■ | 400 000 | 🍾 | 5 à 8 €

Située aux confins du Bas-Armagnac, dans la Ténarèze, cette exploitation familiale, dont l'origine remonte à 1750, est conduite depuis 1960 par les frères Martin et Mathieu Béraut. Le domaine, en polyculture (céréales, vignes, élevage bovin extensif), s'étend aujourd'hui sur 550 ha, dont 250 dédiés à la viticulture.

L'été en Gascogne, telle est la promesse de ce vin jaune or qui fleure l'abricot, la pêche blanche, l'orange, soulignés de notes mentholées. Les arômes se prolongent au palais, tenus par une certaine fraîcheur. ⧗ 2020-2024 ■ **Harmonie de Gascogne 2019 ★★ (5 à 8 €; 400 000 b.)** Fruits rouges frais et baies des bois se manifestent tout au long de la dégustation de ce rosé franc et droit. ⧗ 2020-2021 ■ **Harmonie de Gascogne 2019 ★ (5 à 8 €; 800 000 b.)** Le pamplemousse rose semble une évidence dans la palette de ce vin harmonieux, qui privilégie la fraîcheur au gras. ⧗ 2020-2022

⊶ SCV BÉRAUT, Dom. de Pellehaut, 32250 Montréal-du-Gers, tél. 05 62 29 48 79, contact@pellehaut.com V *t.l.j. sf dim. 9h-12h 14h-18h*

PLAIMONT
Du neuf en Gascogne 2019 ★★

■ | 150 000 | 🍾 | - de 5 €

Le groupe Plaimont est le fruit d'une association de 3 caves qui, en 1979, unirent leurs initiales (PL pour Plaisance, AI pour Aignan et MONT pour Saint-Mont) pour créer ce leader des vins du Sud-Ouest produisant 40 millions de bouteilles par an. Rejoint en 1999 par les caves de Condom et de Crouseilles, Plaimont représente 98% de l'appellation saint-mont, environ la moitié des AOC madiran et pacherenc-du-vic-bilh ainsi que des IGP côtes-de-gascogne. Un acteur de poids.

Quoi de neuf en Gascogne? Cette cuvée de belle intensité fruitée (nectarine, fruits exotiques) et d'un équilibre remarquable entre fraîcheur et suavité. Vraiment très aromatique! ⧗ 2020-2022 ■ **Merlot Manseng noir Cuvée Cyllène 2019 ★★ (5 à 8 €; 80 000 b.)** Intense et complexe, le nez évoque aussi bien les fruits noirs et rouges (mûre, cassis, pruneau, cerise) que le cuir et le foin séché. Il y a de la puissance dans ce vin, mais l'ensemble garde un équilibre remarquable. Belle persistance. ⧗ 2020-2024

⊶ USCA PLAIMONT TERROIRS ET CHÂTEAUX, rte d'Orthez, 32400 Saint-Mont, tél. 05 62 69 62 87, l.mene-castillou@plaimont.fr V *t.l.j. sf sam. dim. 9h-12h 14h-18h* 4 D

DOM. DU REY
Colombard Sauvignon 2019 ★★

■ | 43 000 | 🍾 | - de 5 €

De la biologie à l'œnologie, l'écart n'est pas si grand. Claude Almayrac a franchi le pas en 2008 pour reprendre les vignes exploitées en Ténarèze par la famille Appouy depuis 3 générations. Aujourd'hui à la tête de 34 ha, il propose armagnacs et vins en IGP côtes-de-gascogne.

Une expression typique du sauvignon à travers des notes de bourgeon de cassis et d'agrumes (pamplemousse) caractérise ce vin. Le palais trouve un équilibre pertinent entre fraîcheur et rondeur. Un classique. ⧗ 2020-2022 ■ **Quatre Cépages 2019 ★ (- de 5 €; 43 000 b.)** Ugni blanc, colombard alliés à une touche de gros manseng et de sauvignon (5% chacun). Les 4 cépages réunis composent un vin très aromatique. Le fruit (fruits exotiques et agrumes) se décline à l'envi, bien porté au palais par la fraîcheur. La note minérale en finale est appréciable. ⧗ 2020-2022

⊶ EARL VENTAYRAC, Dom. du Rey, 32330 Gondrin, tél. 05 62 29 11 85, contact@domainedurey.com V *r.-v.*

♥ SAINT-LANNES
Sauvignon Gros manseng 2019 ★★★

■ | 40 000 | 🍾 | 5 à 8 €

Au hameau de Saint-Lannes, dans les années 1950, les gens vivaient l'autarcie à la gersoise entre céréales, vaches, basse-cour et vignes. Michel Duffour, arrivé en 1973 sur l'exploitation familiale, l'a dédiée à la viticulture et a élaboré sa première bouteille de vin en 1982. Aujourd'hui son fils Nicolas, qui a pris le relais en 2004, exporte 80 % de sa production.

Des reflets verts soulignent la luminosité de la robe or. Intenses, les arômes évoquent les agrumes, l'ananas, avec quelques touches d'acacia. Une juste fraîcheur vient équilibrer le gras au palais et prolonger le plaisir en finale. ⧗ 2020-2022 ■ **Signature 2019 ★ (5 à 8 €; 200 000 b.)** Au nez d'agrumes mûrs et de fruits secs répond une bouche de bon volume et très fraîche en finale. ⧗ 2020-2022

SARL NICOLAS DUFFOUR, Saint-Lannes, 32330 Lagraulet-du-Gers, tél. 05 62 29 11 93, contact@saint-lannes.fr V r.-v.

DOM. TARIQUET
Dernières Grives 2017 ★★★

■ | 20 000 | ◍ | 15 à 20 €

À l'origine du Dom. Tariquet, un montreur d'ours ariégeois émigré aux États-Unis qui achète à son retour en France, en 1912, cette propriété gersoise ruinée par le phylloxéra. Sa petite-fille épouse Pierre Grassa; le couple et deux de ses enfants, Maïté et Yves, développent la production d'armagnac, puis misent, dans les années 1980, sur les vins de pays (IGP), essentiellement blancs, qui connaissent un immense succès. Armin et Rémy Grassa, fils d'Yves, achètent en 1999 le Dom. la Hitaire. En tout, pas moins de 1 125 ha.

Cette cuvée pourrait très bien accompagner tout un repas, selon un dégustateur. Florale et fruitée, elle possède suffisamment de gras, en effet, tout en gardant une touche de fraîcheur. ⧗ 2020-2023 ■ **Amplitude 2019 ★ (8 à 11 €; 30 000 b.)** Ce vin ne mise pas sur la puissance pour convaincre, mais sur la délicatesse des arômes de fruits jaunes et d'acacia. Sa vivacité en fait un bon candidat pour accompagner un poisson à la crème. ⧗ 2020-2022

SCV CH. DU TARIQUET, Saint-Amand, 32800 Eauze, tél. 05 62 09 87 82, contact@tariquet.com V *t.l.j. sf dim. 9h30-12h 14h30-18h*

UBY N° 6 2019 ★★★

■ | 600 000 | 🍾 | 5 à 8 €

La tortue cistude d'Europe, clin d'œil à ceux qui luttent pour la sauvegarde des espèces menacées, est souvent représentée sur les étiquettes de la maison Uby (domaine et négoce) fondée en 1956. À la tête de ce vaste vignoble (250 ha) depuis 1995, François Morel multiplie les démarches orientées vers le respect de l'environnement et sélectionne pour la partie négoce des partenaires apporteurs de raisins bio.

Avec le fruité pour mot d'ordre, nuancé de quelques notes florales, ce vin se développe élégamment grâce à un superbe équilibre entre fraîcheur et rondeur. ⧗ 2020-2021 ■ **Colombard Sauvignon N° 3 2019 ★ (5 à 8 €; 2 000 000 b.)** Un côtes-de-gascogne bien vif, porté sur les agrumes jusqu'en finale. Typique, en somme. ⧗ 2020-2022

SAS DISTRIBUTION DU DOM. D' UBY, Uby, 32150 Cazaubon, tél. 05 62 09 51 93, contact@domaine-uby.com V r.-v.

IGP CÔTES DU LOT

BELMONT Dolmen 2018 ★★

■ | 3 600 | ◍ | 20 à 30 €

Situé sur la rive droite du Lot, au nord-ouest de Cahors, un domaine replanté en 1993 par Christian Belmon sur les terres d'un ancien vignoble qui s'étendait sur plus de 150 ha au début du XIXᵉs. Comptant 6 ha, il est aujourd'hui conduit par Françoise Belmon, dont la démarche se rapproche de l'agriculture biologique.

Or pâle, ce 2018 affiche un nez relevé et complexe de fleur d'oranger et de fruits (poire et agrumes). L'élevage en fût de 10 mois a laissé quelques notes de vanille et de toasté bien intégrées. La matière ample et riche possède ce qu'il faut de vivacité pour rester équilibrée et persister en finale sur des accents citronnés et boisés. ⧗ 2020-2022 ■ **Syrah 2018 ★ (8 à 11 €; 5 000 b.)** Une cuvée tout en arômes de cassis et de poivron, ample et charnue. On apprécie sa matière concentrée, dans laquelle les tanins encore un peu accrocheurs actuellement sauront se fondre. ⧗ 2021-2024

DOM. BELMONT, Le Gagnoulat, 46250 Goujounac, tél. 05 65 36 68 51, contact@domaine-belmont.com V r.-v.

♥ LA BÉRENGERAIE
Malbec Tu bois côa ? 2019 ★★

■ | 10 000 | 5 à 8 €

Née officiellement en 1971, la propriété des Bérenger a le même âge que l'AOC cahors. Le fils (Maurin) et la fille (Juline) de Sylvie et d'André Bérenger, aidés de leurs conjoints, ont repris le vignoble familial (35 ha) en 1997.

Un vin de teinte soutenue, d'abord floral puis fruité au nez. Rond et d'un volume remarquable, il laisse un beau et long souvenir en finale, sur des notes de cerise. ⧗ 2020-2022

LA BÉRENGERAIE, Coteaux de Cournou, 46700 Grézels, tél. 05 65 31 94 59, berangeraie@wanadoo.fr V r.-v. 4 E

♥ DOM. DE LAGREZETTE
Viognier Le Pigeonnier White Vision 2018 ★★

2215 | 50 à 75 €

Un domaine vedette du vignoble cadurcien, acquis en 1980 par l'homme d'affaires Alain-Dominique Perrin. Il est renommé pour l'architecture caractéristique de son manoir du XVIᵉs., avec ses tours en poivrière, ses toits pentus et son pigeonnier; pour son patrimoine viticole aussi (88 ha), exploité depuis le XVIᵉs.; pour ses vins ambitieux, surtout, régulièrement en vue dans ces pages.

Un robe paille fraîche à reflets or et vert habille ce vin gourmand, prompt à libérer des parfums de fleurs, de fruits jaunes et de fruits exotiques sur fond grillé. La bouche est ample, grasse et chaleureuse, soutenue par un boisé élégant. Les arômes s'étirent en nuances de beurre et de brioche. ⧗ 2020-2024

DOM. DE LAGREZETTE, Ch. Lagrezette, 46140 Caillac, tél. 05 65 20 07 42, cblanc@lagrezette.fr V t.l.j. sf dim. 10h-12h 14h-18h; f. janv.

NOZIÈRES
Sauvignon Chardonnay Clin d'œil 2019 ★

18 000 | 5 à 8 €

Pierre et Paulette Maradenne ont acheté en 1956 cette propriété où se côtoyaient la vigne, la lavande, les céréales et les vaches laitières. Les premières bouteilles ont été commercialisées en 1975. Claude Guitard, leur gendre, épaulé depuis 2006 par son fils Olivier, a modernisé la propriété et agrandi le vignoble, qui compte 52 ha, répartis en une mosaïque d'une quarantaine de parcelles en AOC et en IGP.

Intense, ce vin l'est assurément. Typé sauvignon également, avec un cortège d'arômes d'agrumes et de fruits exotiques, et une légère nuance florale de buis. En bouche, il est animé par une bonne vivacité tout en restant équilibré. Les arômes variétaux reviennent en finale avec franchise : mandarine et pamplemousse. ⧗ 2020-2022 ■ **Malbec Le Gravis 2019 ★ (- de 5 €; 20 000 b.)** Un rosé intensément coloré, puissamment fruité et nuancé de notes florales. En bouche, c'est la légèreté qui le caractérise. ⧗ 2020-2021

CH. NOZIÈRES, lieu-dit Bru, 46700 Vire-sur-Lot, tél. 05 65 36 52 73, chateaunozieres@orange.fr V t.l.j. sf dim. 9h-12h 14h-19h

ROSÉVIR DE HAUTERIVE 2019 ★

7000 | 5 à 8 €

Les frères Gilles et Dominique Filhol ont rejoint leur père sur le domaine familial implanté au cœur de Vire-sur-Lot. Le vignoble couvre 21 ha sur la deuxième terrasse de la vallée du Lot et bénéficie d'une exposition plein sud.

Agrumes, fraise, framboise et fruits blancs... des arômes de belle intensité et complexes. L'équilibre entre fraîcheur et moelleux s'établit au palais, et le plaisir se prolonge bien en finale. ⧗ 2020-2021 ■ **Demi-sec 2019 ★ (5 à 8 €; 4000 b.)** Un rosé pâle, de bonne intensité aromatique sur les fleurs, puis les fruits. La bouche est tout aussi expressive, souple et ronde. ⧗ 2020-2021

CH. DE HAUTERIVE, Le Bourg, 46700 Vire-sur-Lot, tél. 05 65 36 52 84, chateaudehauterive@wanadoo.fr V t.l.j. sf dim. 8h30-12h30 14h-19h30

IGP CÔTES DU TARN

DOM. D'EN SÉGUR 2019 ★

27 000 | 5 à 8 €

Disparu en 2013, Pierre Fabre, pharmacien castrais de renommée mondiale, voulant promouvoir les vins de sa région natale, avait créé en 1989 ce domaine comptant aujourd'hui 36 ha, géré depuis 2017 par l'œnologue Lionel Barre.

Des reflets cuivrés se distinguent dans ce rosé intensément fruité : groseille, fraise, framboise... L'équilibre se réalise entre vivacité et rondeur, mais c'est bien la fraîcheur qui porte le fruité en finale. ⧗ 2020-2021

DOM. D' EN SÉGUR, rte de Saint-Sulpice, 81500 Lavaur, tél. 05 63 58 09 45, ensegur@wanadoo.fr V t.l.j. sf dim. 8h-17h

DOM. DE GUILLAU G de Guillau 2017 ★

6000 | 5 à 8 €

Un ancêtre charpentier a construit la grange qui sert aujourd'hui de chai, faisant parfois payer ses services en lopins de terre. Quant à Jean-Claude Lartigue, installé en 1990, il est au nombre des producteurs qui ont « bâti » leur appellation. Le Guide l'a découvert en 1999 alors que les coteaux-du-quercy étaient encore classés en vins de pays. Le domaine couvre aujourd'hui 15 ha, non loin de Montpezat-du-Quercy.

Nez de fruits légèrement réglissés, bouche souple, aux tanins fondus. C'est un vin aimable et bien persistant. ⧗ 2020-2022

DOM. DE GUILLAU, 181, rte de Borredon, 82270 Montalzat, tél. 06 11 86 22 04, jean-claude.lartigue@orange.fr V t.l.j. sf dim. 17h30-19h30; sam. 9h-18h

DOM. DE LONG-PECH
Gamay L'Envol des hirondelles 2019 ★

2700 | 5 à 8 €

Implanté sur les hauteurs de Lisle-sur-Tarn, un domaine familial créé par l'arrière-grand-père dans les années 1930, mais les premières mises en bouteilles datent de 1989. Depuis 2000, Sandra Bastide et sa sœur Karine exploitent ce vignoble de 19 ha perché sur une « longue colline » calcaire (*long pech* en occitan), et proposent tous les types de vin gaillacois. Propriété certifiée Haute valeur environnementale.

Les fruits rouges frais et le litchi composent la palette de ce vin très frais, mais non dénué de rondeur. Un joli équilibre. ⧗ 2020-2021

DOM. DE LONG-PECH, Lapeyrière, lieu-dit Long-Pech, 81310 Lisle-sur-Tarn, tél. 06 31 85 66 93, sandra@long-pech.com V r.-v.

VINOVALIE Les Granitiers 2019 ★

■	159 066		- de 5 €

Les caves de Técou, de Rabastens, de Fronton et des Côtes d'Olt ont uni leurs forces en 2006 en créant le groupe Vinovalie, dont le nom renvoie aux valeurs collectives du rugby. Un groupe qui fédère 470 vignerons et quelque 3 800 ha de vignes répartis sur 3 appellations : gaillac, fronton et cahors.

D'attaque vive, ce rosé bénéficie d'une bonne vivacité pour mettre en valeur les arômes fruités persistants. Au nez, pêche, poire et fruits à chair blanche se bousculent. ⧗ 2020-2021

VINOVALIE (VIGNERONS DE RABASTENS), 33, rte d'Albi, 81800 Rabastens, tél. 05 63 33 73 80, laboratoire.rabastens@vinovalie.com V *t.l.j. 10h-12h30 14h30-19h; dim. 10h-12h30*

IGP THÉZAC-PERRICARD

G. SICA
Secret de Fronton Confidence Négrette 2018 ★

■	30 000		8 à 11 €

À partir de 1980, une poignée d'hommes passionnés a fait renaître ce vignoble de quelque 40 ha implanté sur le causse au sol rocailleux. La marque phare de leur coopérative : le Vin du Tsar. L'histoire raconte qu'Armand Fallières, président de la IIIe République natif du Lot-et-Garonne, en offrit quelques bouteilles au tsar Nicolas II qui, séduit, en commanda en nombre.

Douze mois d'élevage en fût ont apporté à ce 2018 beaucoup de rondeur. Le boisé demeure équilibré, néanmoins, respectueux des arômes de fruits rouges. L'équilibre demeure jusqu'à la finale à peine marquée par l'amertume des tanins. ⧗ 2020-2023

VIN DU TSAR, Plaisance, 47370 Thézac, tél. 05 53 40 72 76, info@vin-du-tsar.fr V *t.l.j. sf lun. dim. 9h15-12h15 14h-18h*

SUD-OUEST

LA VALLÉE DE LA LOIRE

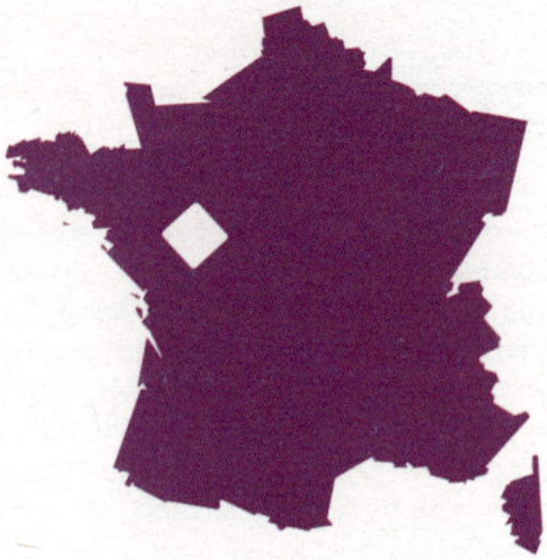

Unis par un fleuve majestueux jalonné de châteaux Renaissance, les divers pays de la vallée de la Loire sont baignés par une lumière unique, qui fait éclore ici le « Jardin de la France ». Dans ce jardin, bien sûr, la vigne est présente ; des confins du Massif central jusqu'à l'estuaire, elle ponctue le paysage au long du fleuve et d'une dizaine de ses affluents.

Les vignobles de la région nantaise, de l'Anjou-Saumur et de la Touraine forment de véritables entités. Sont également inclus dans les vignobles de la Loire ceux, plus dispersés, du Berry, des côtes d'Auvergne et roannaises. Ils appartiennent au bassin hydrographique de la Loire et se rapprochent des vignobles ligériens par les types de vins produits, friands et fruités.

Dans ce vaste ensemble aux terroirs et aux climats variés, une large palette de cépages donne naissance à une des productions les plus variées du pays : blancs secs, moelleux et liquoreux, effervescents, rouges légers ou plus tanniques, rosés souples et fruités… Des vins qui ont pour traits communs des prix doux et une vivacité qui anime jusqu'à ses grands vins liquoreux.

Principaux **millésimes** dégustés dans cette **édition**

TYPES DE VIN	CARACTÉRISTIQUES DU MILLÉSIME	QUALITÉ DU MILLÉSIME
Blancs secs et doux 2019	Qualité homogène mais des volumes fluctuant selon les caprices de la météo (gel, coulure, sécheresse estivale), mais globalement des vins blancs bien ligériens, aromatiques, riches mais avec une belle acidité malgré la chaleur de l'été.	★★★★☆
Rouges 2019	Une belle récolte de raisins sains aussi en rouge, qui a donné des vins bien équilibrés, à la fois concentrés, fruités et frais.	★★★★☆
Blancs secs et doux 2018	Une grande année, avec de la quantité et de la qualité : printemps très favorable et floraison précoce, fort mildiou bien géré, grosse chaleur estivale, arrière-saison parfaite et des raisins très mûrs. Les blancs sont très aromatiques, riches, complexes et gourmands dans toute la vallée.	★★★★★
Rouges 2018	Même constat pour les rouges, nés de raisins bien mûrs : des vins au fruité généreux, concentrés, profonds, riches et veloutés.	★★★★★
Rouges 2017	Un hiver doux, un gel terrible en avril, un bel été et des vendanges très précoces dans de bonnes conditions, avec des raisins très sains. Les rouges de cabernet franc sont variés selon l'impact du gel : fruités, souples et fluides ou plus denses. Les gamays sont riches, soyeux, colorés et bien fruités.	★★★★☆

CENTRE Sous-région viticole
AOC régionales de la Loire
crémant-de-loire
rosé-de-loire
Le Mans
Segré
TOURAINE
Angers
Ancenis
Vouvray
Saint-Nazaire
Savennières
St-Nicolas-de-Bourgueil
Tours
Loire
Brissac-Quincé
Bourgueil
Nantes
Saumur
Azay-le-Rideau
Chinon
Lac de Grand-Lieu
Loch
ANJOU-SAUMUR
RÉGION NANTAISE
La Roche-sur-Yon
Poitiers
Les Sables-d'Olonne
Fontenay-le-Comte
Niort
Île de Ré
La Rochelle
OCÉAN ATLANTIQUE
Île d'Oléron

Nord
Orléans
Vendôme
Loire
Gien
Blois
Mesland
Cour-Cheverny
Cheverny
mboise
Oisly
Chenonceaux
Sancerre
Pouilly-sur-Loire
Menetou-Salon
Valençay
Quincy
Reuilly
Bourges
Nevers
Châteauroux
CENTRE
Allier
Châteaumeillant
Moulins
Loire
Montluçon
St-Pourçain-
sur-Sioule
Guéret
Vichy
Roanne
Riom
Thiers
Clermont-Ferrand
Montbrison
Issoire
50 km

La vallée de la **Loire** en un clin d'œil

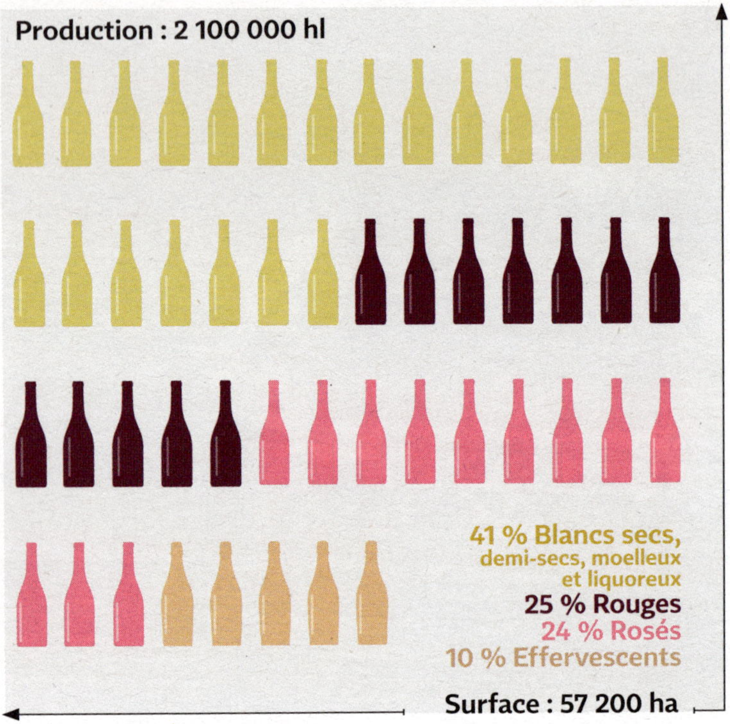

Types de vins

Principaux **cépages**

Cabernet franc (breton)

Gamay

Pinot noir

Grolleau

Cabernet-sauvignon

Cot

Accessoirement : pineau d'Aunis, cabernet-sauvignon, pinot meunier, négrette...

chenin (pineau de la Loire)

Muscadet (ou melon de Bourgogne)

Sauvignon

Accessoirement : gros plant, chardonnay, romorantin, pinot gris (malvoisie), tressallier, menu pineau...

Hiérarchie des vins

85 % du vignoble est consacré aux **AOC**

AOC COMMUNALES

AOC COMMUNALES + DÉNOMINATIONS (ex. : Clisson, le Pallet ou Gorges pour le muscadet-sèvre-et-maine, Puy-Notre-Dame pour saumur...).

3 AOC SOUS-RÉGIONALES muscadet (81 communes), anjou (154 communes) et touraine (143 communes)

2 AOC RÉGIONALES rosé-de-loire et crémant-de-loire

Un peu d'**histoire**

- **IVe s. :** saint Martin, ancien officier romain devenu évêque de Tours, fonde l'abbaye de Marmoutier. Les vignobles monastiques se développent.
- **VIIIe s. :** essor du vignoble de Vouvray.
- **XIe s. :** l'abbaye bénédictine de Bourgueil est réputée pour ses vins.
- **XIIe s. :** sous le règne d'Henri Plantagenêt, comte d'Anjou et duc d'Aquitaine, les vins sont exportés outre-Manche.
- **XVe s. :** sous l'impulsion du roi René, comte d'Anjou, de Provence, les vins de Loire poursuivent leur essor. Rabelais célèbre les vins de Chinon et le cépage breton.
- **XVe-XVIe s. :** construction des châteaux de la Loire où séjournent les souverains. Plantations de nouveaux vignobles.
- **XVIIe s. :** sous l'influence des négociants hollandais, les cépages gros-plant et chenin sont implantés, soit pour la distillation, soit pour l'élaboration de vins moelleux.
- **1709 :** le grand gel détruit une partie du vignoble. Le melon de bourgogne est acclimaté dans la région.
- **XIXe s. :** développement des vins effervescents. Création des premières maisons de négoce à Saumur.
- **1883 :** crise phylloxérique. Restructuration du vignoble avec des cépages rouges.
- **1930 :** une vingtaine d'AOC sont reconnues.
- **1980 :** les vignobles à la périphériedu Val de Loire (Sologne, Centre, Vendée et Poitou) passent en statut AOVDQS.
- **2000 :** la partie de la vallée de la Loire entre Sully-sur-Loire et Chalonnes est inscrite au patrimoine mondial de l'Unesco.
- **2011 :** les dernières AOVDQS sont promues en AOC.

Mots-clés de la vallée de la Loire

1 Breton

Nom donné au cabernet franc dans la vallée de la Loire. Il fait référence à l'abbé Breton, intendant de Richelieu, qui l'aurait importé du Bordelais et introduit dans la région de Bourgueil. Or, il semble bien que, du temps de Richelieu, le cabernet franc n'était pas cultivé dans le Bordelais… Plus probablement, le vin rouge de cabernet franc de Bourgueil était acheté et consommé par des Bretons ; on a donc fini par donner ce nom au vin, puis au cépage lui-même.

2 Chenin

Cépage blanc de la Loire (également appelé « pineau d'Anjou »). Ce plant doit son nom à la localité de Mont-Chenin, en Touraine. Il peut être vinifié en sec, en moelleux, en liquoreux et en effervescent. Les vins qui en sont issus sont d'une incroyable longévité et d'une bonne acidité. Aromatiquement riche, le chenin passe du crayeux-terreux minéral au miel le plus floral. On le connaît dans la Loire depuis le IXe s. ; Rabelais l'évoque par la formule « vin de taffetas ».

3 Sauvignon

Cépage blanc exceptionnellement typé en AOC sancerre et pouilly (où on l'appelle « blanc-fumé »). Il est reconnaissable à ses arômes de buis, de bourgeon de cassis et d'agrumes.

4 Melon de Bourgogne (ou muscadet)

Ce cépage a été introduit dans la région nantaise au XVIes. car il résistait bien au gel. Son très léger arôme muscaté lui a valu le surnom de « muscadet » repris dans les 4 AOC de vins blancs secs auxquels il participe : muscadet-sèvre-et-maine, muscadet-côtes-de-grand-lieu, muscadet-coteaux-de-la-loire, muscadet. Sujets à l'oxydation, ses vins doivent être protégés : ils sont souvent élevés sur lies et mis en bouteille précocement.

5 Gros-plant (ou folle blanche)

Cépage d'origine charentaise qui a donné son nom à l'AOC gros-plant-du-pays-nantais, vin blanc sec qui peut être mis en bouteille sur lies.

6 Élevage sur lies

Les lies sont les matières solides qui se déposent au fond du tonneau ou de la cuve. Éliminées au 1er soutirage, les grosses lies ne présentent aucun intérêt œnologique ni organoleptique. En revanche, les lies fines sont préservées dans les vins blancs. Remises en suspension par bâtonnage, elles leur donnent du gras et de la complexité. Dans le Muscadet, l'élevage sur lies se fait sans bâtonnage, de façon à obtenir des vins frais et perlants.

7 Minéral

Signature aromatique des vins blancs très frais, issus du sauvignon de Touraine orientale et du Centre. Le registre minéral comprend les notes de silex et de craie.

8 Tuffeau

Pierre crayeuse et tendre, typique du Val de Loire, qui a servi à la construction de nombreux monuments de la région. Son exploitation a entraîné le percement de galeries aménagées en habitats troglodytiques et en cave.

9 Bio

30 % du vignoble ligérien est sous label environnemental (agriculture biologique, haute valeur environemmentale, TerraVitis, Agriconfiance).

10 Rabelais

Né à la fin du XVe s. à Seuilly, près de Chinon, François Rabelais célèbre le culte de la « dive bouteille » ainsi que les vertus de cépage breton (cabernet franc) et dédie son *Gargantua* aux « buveurs très illustres ». Dans son œuvre, la « potion de Bacchus » suscite des épisodes truculents, tel celui des guerres pichrocholines ayant pour cadre le Chinonais. La « cave paincte » de Chinon, où l'humaniste a « beu maints verres de vin frays », est aujourd'hui le siège de la confrérie des Bons Entonneurs rabelaisiens. Quant à la Devinière, maison natale de l'écrivain, elle abrite un musée.

Les **appellations** régionales de la vallée de la Loire

Rosé-de-loire

Production : 44 200 hl

Surface : 860 ha

Types de vins

- Rosés
- Effervescents blancs
- Effervescents rosés

Principaux **cépages**

- Grolleau
- Cabernet franc
- Cabernet-sauvignon
- Pineau d'Aunis
- Gamay
- Cot

Base de la hiérarchie des vins

Les appellations rosé-de-loire et crémant-de-loire sont considérées comme régionales et peuvent être produites dans les limites des aires d'appellations anjou, saumur et touraine, ainsi que cheverny pour les crémants.

Crémant-de-loire

Production : 148 000 hl

Surface : 22 000 ha

Types de vins

Rosés

Effervescents blancs

Effervescents rosés

Principaux cépages

Chenin

Chardonnay

Cabernet-sauvignon

Cabernet franc

Pinot noir

Grolleau

Pineau d'Aunis

La **région nantaise** en un clin d'œil

Production : 485 000 hl

95 % Blancs
5 % Rosés / Rouges

Surface : 12 500 ha

Types de vins

Blancs secs — Blancs moelleux — Rouges — Rosés

Principaux **cépages**

Melon de Bourgogne — Gros plant (folle blanche) — Melon de Bourgogne — Cabernet franc — Négrette — Pinot noir

Un vignoble dominé par les blancs

Après un hiver terrible en 1709, le vignoble fut complètement détruit, puis reconstitué principalement par des plants du cépage melon venu de Bourgogne. Ils'étend au sud et à l'est de Nantes, principalement en Loire-Atlantique, débordant un peu vers la Vendée et le Maine-et-Loire. Les vignes, surtout blanches, sont plantées sur des coteaux ensoleillés exposés aux influences océaniques, sur des sols légers et caillouteux composés de terrains anciens entremêlés de roches éruptives. On distingue 7 AOC : muscadet, muscadet-coteaux-de-la-loire, muscadet-sèvre-et-maine (la plus vaste), muscadet-côtes-de-grand-lieu, gros-plant-du-pays-nantais, coteaux-d'ancenis et fiefs-vendéens.

Les crus du muscadet-sèvre-et-maine

Au sommet de l'AOC muscadet-sèvre-et-maine, ont été délimités 7 crus communaux : Gorges, Clisson, Le Pallet, Goulaine, Château-Thébaud, Monnières Saint-Fiacre et Mouzillon-Tillières. Ils ont été délimités en fonction de critères pédologiques (granites, gneiss, gabbro…). Leur cahier des charges prévoit un temps d'élevage sur lies fines, entre 18 et 24 mois. Leur profil varie selon les terroirs (minéraux à Gorges, plus fruités et mûrs à Clisson, floraux et fruités au Pallet…), mais tous se distinguent par leur puissance et leur potentiel de garde.

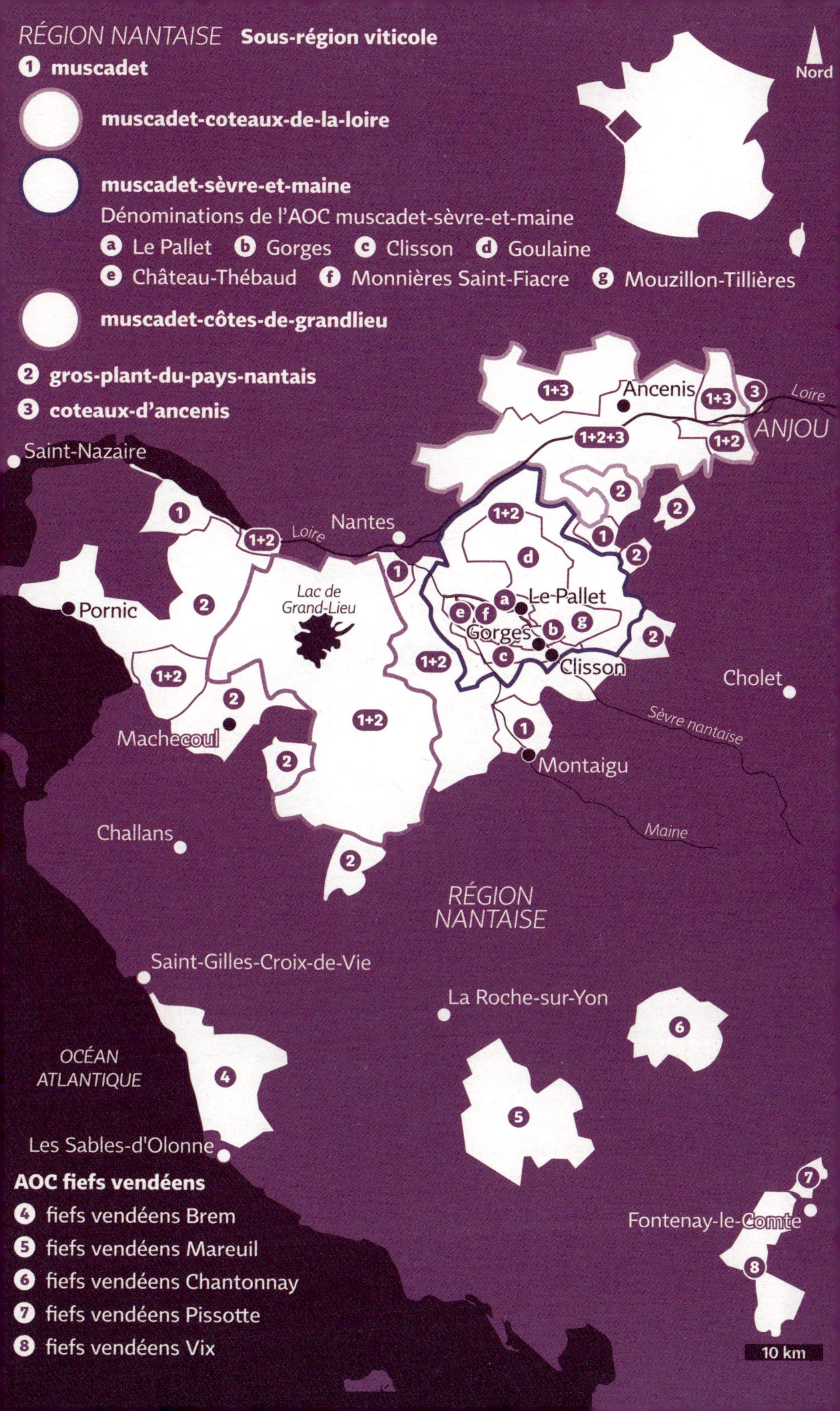
RÉGION NANTAISE Sous-région viticole
1 muscadet
muscadet-coteaux-de-la-loire
muscadet-sèvre-et-maine
Dénominations de l'AOC muscadet-sèvre-et-maine
a Le Pallet b Gorges c Clisson d Goulaine
e Château-Thébaud f Monnières Saint-Fiacre g Mouzillon-Tillières
muscadet-côtes-de-grandlieu
2 gros-plant-du-pays-nantais
3 coteaux-d'ancenis
Nord
Saint-Nazaire
Ancenis
Loire
ANJOU
Nantes
Pornic
Lac de Grand-Lieu
Le Pallet
Gorges
Clisson
Cholet
Machecoul
Sèvre nantaise
Montaigu
Maine
Challans
RÉGION NANTAISE
Saint-Gilles-Croix-de-Vie
La Roche-sur-Yon
OCÉAN ATLANTIQUE
Les Sables-d'Olonne
Fontenay-le-Comte
AOC fiefs vendéens
4 fiefs vendéens Brem
5 fiefs vendéens Mareuil
6 fiefs vendéens Chantonnay
7 fiefs vendéens Pissotte
8 fiefs vendéens Vix
10 km

L'Anjou-Saumur en un clin d'œil

Production : 980 000 hl

50 % Rosés
20 % Rouges
19 % Effervescents
11 % Blancs

Surface : 21 400 ha

Types de vins

- Blancs secs
- Blancs demi-secs
- Blancs moelleux et liquoreux
- Rouges
- Rosés
- Effervescents

Principaux cépages

- Cabernet franc
- Cabernet-sauvignon
- Gamay
- Chenin (majoritaire)
- Sauvignon
- Chardonnay

Anjou blanc et Anjou noir

Sous un climat atlantique, avec un relief peu accentué et de nombreux cours d'eau, le vignoble s'étend surtout dans le Maine-et-Loire, débordant un peu sur la Vienne et les Deux-Sèvres. À l'ouest, l'Anjou noir correspond aux terrains sombres, schisteux de la bordure orientale du Massif armoricain. À l'est, l'Anjou blanc correspond au Saumurois et ses terres blanches sédimentaires provenant du tuffeau.

Anjou : le règne du chenin

Si l'on y trouve de nombreux rouges et rosés, la réputation de l'Anjou est due aux blancs doux nés du chenin. Un cépage qui se plaît sur les sols schisteux et produit aussi bien des vins secs, demi-secs, moelleux ou liquoreux (avec 6 AOC dédiées à ce type de vins). En liquoreux, l'AOC quarts-de-chaume est devenu le 1er grand cru de la vallée de la Loire.

Saumurois : des rouges estimés

Dans le Saumurois, les rouges (saumur, saumur-champigny), sont les plus estimés de même que les vins effervescents qui ont connu une forte croissance, notamment les AOC saumur et crémant-de-loire.

2e région de France en rosés

Environ 50 % des vins de l'Anjou-Saumur sont des rosés : secs (cabernet-de-saumur, rosé-de-loire), demi-secs (cabernet-d'anjou, rosé-d'anjou, cabernet-de-saumur) ou moelleux (cabernet-d'anjou). Ce qui en fait la 2e région de France en la matière, derrière la Provence.

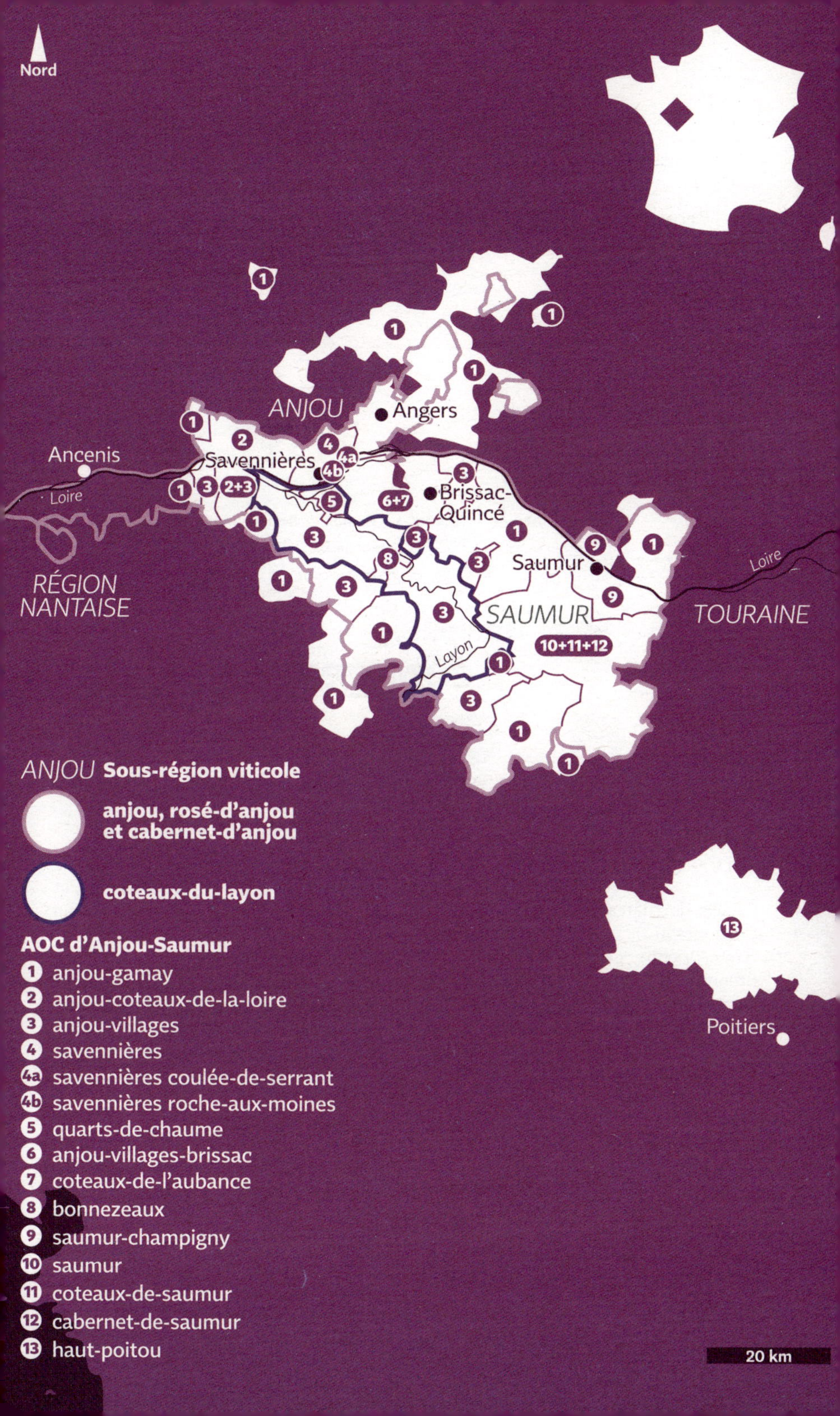
Nord
ANJOU
Angers
Ancenis
Savennières
Loire
Brissac-Quincé
Saumur
RÉGION NANTAISE
SAUMUR
TOURAINE
Layon
Loire
Poitiers
ANJOU Sous-région viticole
anjou, rosé-d'anjou et cabernet-d'anjou
coteaux-du-layon
AOC d'Anjou-Saumur
1 anjou-gamay
2 anjou-coteaux-de-la-loire
3 anjou-villages
4 savennières
4a savennières coulée-de-serrant
4b savennières roche-aux-moines
5 quarts-de-chaume
6 anjou-villages-brissac
7 coteaux-de-l'aubance
8 bonnezeaux
9 saumur-champigny
10 saumur
11 coteaux-de-saumur
12 cabernet-de-saumur
13 haut-poitou
20 km

La **Touraine** en un clin d'œil

Production : 980 000 hl

51 % Rouges
27 % Blancs
17 % Effervescents
5 % Rosés

Surface : 16 300 ha

Types de vins

Blancs secs — Blancs demi-secs — Blancs moelleux et liquoreux — Rouges — Rosés — Effervescents

Principaux **cépages**

Cabernet franc — Gamay — Cot — Chenin — Sauvignon — Chardonnay

Un vignoble de vallées

Émaillé de châteaux (Chinon, Amboise, Chenonceau...), ce vignoble de vallées (Loire, Vienne, Cher, Indre, Loir, Cisse, Brenne) se répartit essentiellement dans l'Indre-et-Loire et le Loir-et-Cher, empiétant au nord sur la Sarthe, sur des coteaux et plateaux soumis à un jeu d'influences atlantiques et continentales entretenant une saine humidité. On y trouve une large palette de vins ayant en commun fraîcheur et fruité.

Des cépages qui s'illustrent

En rouge, le cabernet franc est l'unique cépage dans les bourgueil, saint-nicolas-de-bourgueil et chinon. En Touraine orientale, il voisine et parfois s'assemble avec le gamay, le cot, le pinot noir et le pineau d'Aunis. En blanc, le chenin est à l'origine de vins secs, demi-secs, moelleux, liquoreux ou encore effervescents (vouvray, montlouis). En Touraine orientale (Sologne, Berry, Orléanais), il s'efface devant le sauvignon et le chardonnay, sans oublier le romoratin (cour-cherverny).

Le règne du tuffeau

Dans les vallées du Loir, de la Loire, du Cher, de l'Indre, de la Vienne, les coteaux de tuffeau offrent des nuances climatiques. Le tuffeau est creusé d'innombrables caves dont la température de 12 °C est idéale pour l'élevage des vins..

TOURAINE Sous-région viticole
touraine
Dénominations de l'AOC touraine
a Azay-le-Rideau
b Noble-Joué
c Chenonceaux
d Amboise
e Mesland
f Oisly
Nord
Orléans
Loire
Loir
Vendôme
TOURAINE
Blois
Cour-Cheverny
Cheverny
Mesland
Vouvray
Tours
Amboise
Oisly
St-Nicolas-de-Bourgueil
Montlouis-sur-Loire
Chenonceaux
Bourgueil
Azay-le-Rideau
Chinon
Valençay
Loches
Châtellerault
Châteauroux
Poitiers
20 km
AOC de Touraine
1 coteaux-du-loir
2 jasnières
3 coteaux-du-vendômois
4 saint-nicolas-de-bourgueil
5 bourgueil
6 chinon
7 vouvray
8 montlouis-sur-loire
9 cheverny
10 cour-cheverny
11 orléans
12 orléans-Cléry
13 valençay

Le **Centre** en un clin d'œil

Production : 980 000 hl

80 % Blancs
15 % Rouges
5 % Rosés

Surface : 16 300 ha

Types de vins

Blancs secs
Rouges
Rosés

Principaux cépages

Pinot noir
Gamay
Cot
Sauvignon
Chardonnay
Chasselas
Pinot gris

Trois zones viticoles

De Gien au cœur du Massif central, le vignoble se répartit sur 3 zones viticoles : le Centre-Loire (autour de Sancerre), zone la plus vaste et largement dominée par les blancs, le Roannais et le Forez (département de la Loire), l'Auvergne (Puy-de-Dôme et le piémont des volcans) et le Bourbonnais (Saint-Pourçain dans l'Allier) ; ces deux dernières zones étant très majoritairement rouges.

Le Centre-Loire, « boulevard des grands sauvignons »

Les AOC sancerre, pouilly-fumé, quincy, reuilly et menetou-salon offrent l'une des expressions les plus abouties du sauvignon : minéralité, fraîcheur et aptitude à la garde. À noter, la spécialité des blancs de pouilly-sur-loire, nés du seul chasselas. Le pinot noir s'est aussi fait une place dans le Centre-Loire en rouge et en rosé.

Gamay et chardonnay

Le gamay est le cépage exclusif des côte-roannaise et côtes-du-forez (rouges et rosés). Il s'impose aussi en côtes-d'auvergne et en saint-pourçain, aux côtés du pinot noir. En blanc, le chardonnay est seul à l'œuvre en Auvergne et s'associe avec le tressallier (ou sacy) et le sauvignon dans le Bourbonnais.

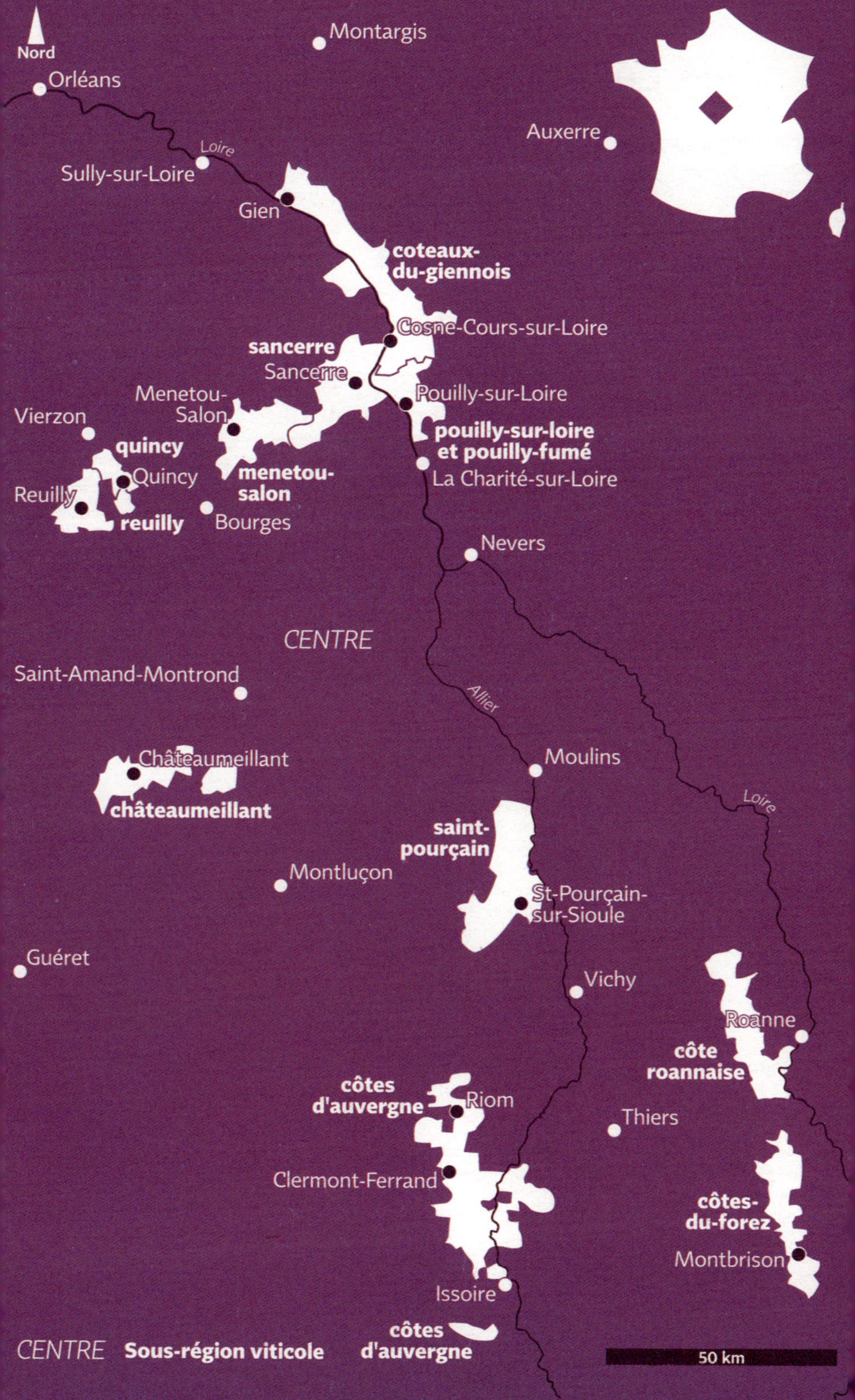

Nord
Montargis
Orléans
Loire
Sully-sur-Loire
Auxerre
Gien
coteaux-du-giennois
Cosne-Cours-sur-Loire
sancerre
Sancerre
Menetou-Salon
Pouilly-sur-Loire
Vierzon
pouilly-sur-loire et pouilly-fumé
quincy
Quincy
menetou-salon
La Charité-sur-Loire
Reuilly
reuilly
Bourges
Nevers
CENTRE
Saint-Amand-Montrond
Allier
Moulins
Châteaumeillant
châteaumeillant
Loire
saint-pourçain
Montluçon
St-Pourçain-sur-Sioule
Guéret
Vichy
Roanne
côte roannaise
côtes d'auvergne
Riom
Thiers
Clermont-Ferrand
côtes-du-forez
Montbrison
Issoire
côtes d'auvergne
CENTRE Sous-région viticole
50 km

Les **vignerons** de l'année

@ J.Paressant

Yannick et Benoît **Amirault**

(Dom. Yannick Amirault)

Une référence incontestable et dynamique du Bourgueillais, en saint-nicolas et en bourgueil, que le domaine de Yannick Amirault, rejoint par son fils Benoît sur les 19 ha du vignoble familial, conduit en bio depuis les origines, en 1977. Un statut confirmé par plusieurs coups de cœur dans ces pages, dont le dernier en date pour le bourgueil Le Grand Clos 2018.

• À quatre mains et avec le calendrier lunaire

Lorsque Benoît Amirault rejoint son père Yannick en 2003, après avoir enchaîné stages, voyages, et connaissances théoriques, c'est « pour vouloir faire, chez moi, le vin dont j'ai l'idée », affirme-t-il avec fermeté. Mais en précisant toutefois « qu'ici les décisions se prennent à deux : 40 ans d'expérience paternelle, ça compte ! » Yannick Amirault, conflit générationnel et philosophique oblige face aux excès de l'agriculture et des produits de synthèse, n'a pas repris la suite de son père comme convenu ; il a créé son propre domaine en 1977 à partir des vignes de son grand-père Eugène. Et, avant même la reconnaissance officielle en bio (2009), « il a toujours travaillé avec le calendrier lunaire, gardant néanmoins ses distances avec certains aspects ésotériques de la biodynamie », précise son fils. Son intime connaissance de chaque parcelle de ce domaine très morcelé demeure précieuse.

• Exhausser le génie du breton

« Le génie d'un vin est dans le cépage », écrivait déjà Olivier de Serres dans son *Théâtre d'agriculture et mesnage des champs* (1600). Cet énoncé trouve un bel écho au domaine Amirault, là où, plus que la voix du terroir, l'on cherche à exhausser les multiples caractères du cabernet-franc – alias le « breton » qui « poinst ne croist en Bretaigne » notait Rabelais. On déploie ici la même énergie pour chaque parcelle, sachant que cet entêté de cabernet-franc traduit dans ses jus « les caractéristiques du millésime, bien plus que celles du terroir ». Avec humilité, Benoît Amirault précise que « ça ne va pas toujours comme on voudrait ; et le Guide, écho impartial de nos vins, est en ce sens très formateur car il permet de nous situer. »

Pas de « sur »

Dans les bourgueil et saint-nicolas signés Amirault, pas de flamboyances excessives gavées de « sur » : sur-maturité, sur-extraction... « C'est ce qu'on cherchait naguère », répond Benoît. Ici, on recherche la nature du cabernet, parfois un peu sauvage, mais arrondie par la futaille et, depuis 2014, par des amphores ou des jarres en grès, à l'image du Grand Clos 2018. Un vin diablement pulpeux et fruité, intense et frais, né sur l'un des terroirs les plus emblématiques de Bourgueil.

Le coup de cœur

Bourgueil Le Grand Clos 2018

© Domaine des Trottières

Thierry **Spadoni**

(Dom. des Trottières)

La très vaste propriété des Trottières est un domaine qui incarne avec sérieux l'idée que le dégustateur se fait de l'Anjou viticole. Une valeur sûre qui dédroche deux coups de cœur cette année pour un original anjou moelleux et un anjou rouge sans soufre.

• Exigence et confiance

Thierry Spadoni, chef d'exploitation du Dom. des Trottières, fut à peine surpris à l'annonce des deux coups de cœur décernés à son anjou moelleux 2019 et à l'anjou rouge 2019. *« Moi qui suis originaire de la vallée du Rhône, je me sens parfaitement à l'aise au sein de cette propriété dont l'existence remonte à la fin du XIXe s. Produire à partir de 125 ha répartis sur 9 appellations, dont les célébrissimes bonnezeaux et coteaux-du-layon, ne peut se faire sans exigence, avec aussi un paternalisme débordant de confiance en nos équipes ».* Symbiose totale qui explique la constance des résultats.

• Viser les jeunes générations

Si, à Trottières, la méticulosité atteint un niveau rare, c'est parce que la cohésion autour d'un projet moderne occupe une place prépondérante. Il s'agit tout simplement de prendre en compte les aspirations d'une jeune génération de consommateurs à la recherche de « vins plaisir », peu alcoolisés, si possible sans sulfites ajoutés, que l'on accompagne de repues franches entre copains. *« Les goûts évoluent »*, nous fait observer Thierry Spadoni. *« Ne pas en tenir compte serait suicidaire, surtout pour une entité comme la nôtre qui, visant un public large, a le devoir d'associer pleinement quantité et qualité. »*

• Des vins au fruité précis

De fait, le moelleux couronné par un coup de cœur ne titre que 9,5°, d'où son nom, et le rouge est un vin sans sulfite. Des cuvées qui manifestent une étonnante fraîcheur en bouche, exhaussent la noblesse et le fruit du chenin et du cabernet-franc, tout en exaltant la minéralité discrète de terroirs sablo-graveleux. Marché de niche ? Ne vous méprenez pas. *« C'est notre quatrième année de production. La demande est forte, y compris à l'étranger ».* Pour l'heure, ces cuvées passeraient plutôt pour vins d'esthètes. Ambition inimaginable il y a 20 ans ; ambition qui s'attache à valoriser cette immortelle « douceur angevine » chantée jadis par le poète.

Les coups de cœur

- **Anjou 9 ½ 2019**
- **Anjou 2019**

➡ **LES APPELLATIONS RÉGIONALES DU VAL DE LOIRE**

ROSÉ-DE-LOIRE

Superficie : 1 100 ha / Production : 61 672 hl

Vin d'appellation régionale, AOC depuis 1974, le rosé-de-loire peut être produit dans les limites des AOC anjou, saumur et touraine. Ce rosé sec naît des cépages cabernet franc, cabernet-sauvignon, gamay noir à jus blanc, pineau d'Aunis et grolleau.

DOM. DES BONNES GAGNES 2019 ★

4000 | - de 5 €

Exploité par les Héry de père en fils depuis 1610, ce domaine fondé par les moines de l'abbaye du Ronceray s'étend sur 38 ha. Il bénéficie d'une terre riche, argilo-calcaire, qui assure le bon développement de la vigne.

Le grolleau, le gamay et le cabernet composent ce rosé soutenu, au nez expressif dominé par les fruits rouges bien mûrs, presque confiturés. La bouche est ronde et suave, une légère amertume en finale lui apportant une agréable fraîcheur. ⧗ 2020-2021

EARL HÉRY VIGNERON, lieu-dit Orgigné, Saint-Saturnin-sur-Loire, 49320 Brissac-Loire-Aubance, tél. 02 41 91 22 76, hery.vigneron@orange.fr V t.l.j. sf dim. 9h-12h 14h-18h30

DOM. DE LA CLARTIÈRE 2019 ★

10000 | - de 5 €

Depuis 1930, quatre générations de « Pierre » se sont succédé à la tête de ce vignoble (35 ha) situé dans le haut Layon. Après Pierre-Marie, Pierre-Antoine Pinet a pris les rênes du vignoble en 2007, rejoint en 2017 par son frère cadet Édouard, de retour de l'étranger. Ce dernier œuvre à la cave.

Un mariage du grolleau noir, du grolleau gris et du cabernet-sauvignon d'une belle teinte rose pâle aux reflets orangés et au nez discret mais finement fruité. La bouche est équilibrée, offrant une belle acidité et une aimable rondeur. ⧗ 2020-2021

EARL PINET, La Clartière, 49560 Nueil-sur-Layon, tél. 02 41 59 53 05, earlpinet@orange.fr V r.-v.

DOM. DES DEUX ARCS 2019 ★

5000 | - de 5 €

Jean-Marie Gazeau, après une expérience en Afrique du Sud, a rejoint son père Michel en 2005 sur le domaine familial (53 ha). Leurs vins sont régulièrement sélectionnés dans le Guide, dans diverses appellations de l'Anjou et dans les trois couleurs. Une valeur sûre.

D'un rose léger, ce vin né du seul cabernet franc dévoile un nez expressif d'agrumes. La bouche se révèle souple, délicate, fruitée et d'une belle longueur. ⧗ 2020-2021

SCA VIGNOBLE MICHEL ET JEAN-MARIE GAZEAU, Dom. des Deux Arcs, 11, rue du 8-Mai-1945, Martigné-Briand, 49540 Terranjou, tél. 02 41 59 47 37, do2arc@wanadoo.fr V t.l.j. 9h-12h30 14h-19h

CH. DE LA MORINIÈRE 2019 ★

28000 | - de 5 €

Les Caves de la Loire, fondées en 1951, constituent l'une des plus grandes coopératives de la région : elles regroupent 350 adhérents et une superficie totale cultivée de 1 600 ha.

Ce 100 % cabernet franc, rose pâle aux reflets orangés, dévoile un nez expressif et amylique. La bouche surprend par son attaque nerveuse et perlante, puis elle s'assagit, s'assouplit et offre une finale agréable. ⧗ 2020-2021

SCA LES CAVES DE LA LOIRE, rte de Vauchrétien, 49320 Brissac-Quincé, tél. 02 41 91 22 71, emilien.jolivet@uapl.fr V t.l.j. sf dim. 9h-12h30 14h-18h30

DOM. DU PETIT CLOCHER 2019 ★

25600 | 5 à 8 €

Conduite par la jeune génération, Stéphane, Julien et Vincent Denis, arrivés respectivement en 2003, 2006 et 2009, une affaire de famille depuis 1920; 5 ha aux origines, 86 ha aujourd'hui. Un domaine phare du haut Layon, réputé notamment pour ses vins rouges, mais aussi très à l'aise en blanc et en rosé. Une valeur (très) sûre.

Mi-grolleau mi-cabernet franc, ce rosé pâle offre un nez intense de pamplemousse. La bouche, très agréable, se distingue par son fruité et sa grande fraîcheur jusqu'en finale. ⧗ 2020-2021

EARL DU PETIT CLOCHER, La Laiterie, 49560 Cléré-sur-Layon, tél. 02 41 59 54 51, contact@domainedupetitclocher.fr V t.l.j. sf dim. 9h-12h30 14h-18h

DOM. DE LA PETITE ROCHE Origine 2019 ★★

n.c. | 5 à 8 €

Ce vénérable domaine du haut Layon fondé en 1791 compte aujourd'hui 82 ha de vignes plantées sur des sols argilo-schisteux, graveleux et limono-sableux; 50 % de sa superficie sont destinés à l'élaboration des rosés (cabernet-d'anjou et rosé-d'anjou), mais il se distingue aussi dans d'autres couleurs. Le domaine est certifié Terra Vitis depuis 2018.

Né du seul cabernet franc, ce rosé pâle aux reflets fuchsia est bien ouvert sur les fruits à l'olfaction (cassis, mûre), relevés de notes épicées. La bouche, tout aussi aromatique, dévoile une belle fraîcheur acidulée qui culmine dans une finale tonique. ⧗ 2020-2021

SCEV REGNARD, La Petite-Roche, Trémont, 49310 Lys-Haut-Layon, tél. 02 41 59 43 03, contact@domainepetiteroche.com V r.-v.

♥ DOM. DES RICHÈRES 2019 ★★

3000 | - de 5 €

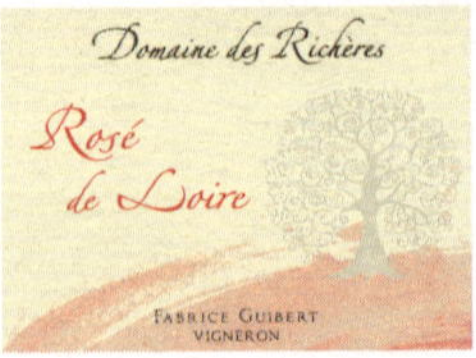

Anciennement rattaché à la seigneurie de Millé, ce domaine est exploité par la famille Guibert depuis 1775. En 2006, Fabrice Guibert a pris les rênes de la

propriété et de ses 67 ha situés au cœur des coteaux-du-layon.

Ce 100 % gamay pâle aux reflets saumonés propose un nez expressif et frais de pamplemousse rose et de pêche blanche. Du nerf en attaque, de l'expressivité autour de notes d'agrumes et de fleurs blanches, de la souplesse, une finale joliment acidulée : la bouche signe un vin friand à souhait. ⧗ 2020-2021

⊶ EARL GUIBERT, 7, rte d'Angers, Millé, Chavagnes-les-Eaux, 49380 Terranjou, tél. 02 41 54 10 47, faguibert@yahoo.com V t.l.j. sf dim. 8h-12h 14h-18h

DOM. DE TROMPE TONNEAU 2019 ★★

2500 | 5 à 8 €

D'abord conduit en polyculture, ce domaine s'est spécialisé dans la viticulture en 1977. Il s'est agrandi au fil des années et s'étend aujourd'hui sur 38 ha à proximité de Faveraye-Machelles. Argile, schiste, graviers d'Anjou : la diversité des terroirs donne naissance à une vingtaine de cuvées soignées.

Robe délicate aux reflets violines, nez ouvert et expressif dégageant une belle complexité autour des fleurs blanches et de la groseille, cet assemblage de grolleau (80 %) et de pineau d'Aunis est engageant. Une attaque franche prélude à un palais bien équilibré, sur les fruits à noyau, qui laisse une sensation de fraîcheur en finale. C'est long et c'est bon. ⧗ 2020-2021

⊶ EARL GUILLET, 12, rue du Layon, Faveraye-Machelles, 49380 Bellevigne-en-Layon, tél. 02 41 54 14 95, guillet@trompetonneau.com V r.-v.

CRÉMANT-DE-LOIRE

Superficie : 1 512 ha / Production : 100 963 hl

Il s'agit d'une appellation régionale qui peut s'appliquer à des vins effervescents surtout blancs, parfois rosés, produits selon la méthode traditionnelle dans les limites des appellations anjou, saumur, touraine et cheverny. Les cépages, nombreux, sont les variétés plantées dans les différents secteurs du Val de Loire : chenin ou pineau de Loire, cabernet-sauvignon et cabernet franc, pinot noir, chardonnay… Reconnue en 1975, l'AOC a trouvé son public.

LE CLOS DES MAILLES ★★

10 000 | 5 à 8 €

François Rullier dirige depuis 2005 ce domaine (32 ha) situé à quelques kilomètres des bords de Loire à proximité du château de Brissac.

Doté d'une jolie robe dorée, ce crémant libère une fine effervescence lente et tournoyante. Au nez, apparaissent instantanément des arômes de pêche et d'abricot relevés d'une touche de poivre. La bouche est à l'équilibre en attaque, plus vineuse à l'évolution et fraîche en finale avec sa tonalité citronnée. Une cuvée élégante et raffinée. ⧗ 2020-2023

⊶ EARL LE CLOS DES MAILLES, Les Jauraux, 49320 Brissac-Quincé, tél. 02 41 47 28 54, francois@leclosdesmailles.com V r.-v.

COTEAU SAINT-VINCENT Quartz rosé ★★

2060 | 5 à 8 €

Cette exploitation est établie à Chalonnes-sur-Loire, commune située au bord de l'eau, au confluent du Layon et de la Loire. Œnologue, Olivier Voisine y conduit depuis 1999 un vignoble de 23 ha sur des sols schisteux caractéristiques de l'Anjou noir. Une bonne référence de l'Anjou viticole, pour ses liquoreux notamment.

La mousse est fine et persistante. Au nez, se déploient des arômes élégants de violette, de fraise des bois et de bonbon anglais. Une attaque raffinée et fruitée (groseille, cassis) prélude à une bouche ample, souple, onctueuse, qui s'étire dans une finale longue et vive. ⧗ 2020-2023

⊶ EARL OLIVIER VOISINE, Coteau Saint-Vincent, 49290 Chalonnes-sur-Loire, tél. 02 41 78 59 00, coteau-saint-vincent@wanadoo.fr V r.-v.

DOM. DUBOIS ★

3000 | 5 à 8 €

Ce domaine remonte à 1880, époque à laquelle le vignoble produisait presque exclusivement des vins blancs. Depuis 2008, c'est Christelle Dubois, représentant la cinquième génération, qui exploite quelque 20 ha essentiellement plantés en cabernet franc.

Discret dans ses manifestations gazeuses et paré d'une robe d'un beau jaune doré, ce crémant dévoile des arômes gourmands de poire et de sorbet au citron. Arômes prolongés par une bouche équilibrée, à la mousse tendre et persistante. ⧗ 2020-2022

⊶ EARL DOM. CHRISTELLE DUBOIS, 8, rte de Chacé, Saint-Cyr-en-Bourg, 49260 Bellevigne-les-Châteaux, tél. 02 41 51 61 32, ch-dubois@hotmail.com V r.-v.

DOM. LA GACHÈRE ★

10 766 | 8 à 11 €

Ce domaine familial de 30 ha est situé dans les Deux-Sèvres, aux confins méridionaux du vignoble angevin. Les frères jumeaux Alain et Gilles Lemoine ont pris la succession de leur père Claude en 1998.

Séduisant par la finesse de ses bulles et sa robe jaune pâle, le charme de cette cuvée 100 % chardonnay s'accentue avec son nez subtil et finement minéral. La bouche, veloutée et soyeuse, apporte une autre palette aromatique avec ses arômes de pamplemousse et de poire. ⧗ 2020-2022

⊶ GAEC LEMOINE, 4, La Gachère, Saint-Pierre-à-Champ, 79290 Val-en-Vignes, tél. 05 49 96 81 03, gachere@orange.fr V r.-v.

DOM. DES GALLOIRES Brut nature Léon Jean ★★

4000 | 8 à 11 €

Située à l'emplacement d'un ancien manoir, cette propriété familiale créée en 1967 est régulièrement en vue pour l'une ou l'autre de ses 18 cuvées. L'exploitation, conduite par la famille Toublanc depuis 7 générations, couvre aujourd'hui 50 ha surplombant la Loire, côté sud.

LOIRE

36 mois d'élevage sur lattes ont donné à cette cuvée une teinte jaune soutenu et un nez intense de fruits macérés et de brioche vanillée. Souple à l'attaque, fraîche dans son évolution, la bouche présente une mousse onctueuse et dense. La finale est longue, teintée de notes florales. ⧗ 2020-2023

SCEA DES GALLOIRES, 1, La Galloire, 49530 Drain, tél. 02 40 98 20 10, contact@galloires.com V t.l.j. sf dim. 9h-12h 14h-19h (sam. 17h)

DOM. DES GIRAUDIÈRES ★

●	8600		5 à 8 €

Ce domaine familial créé en 1927 étend son vignoble sur 45 ha. Il est conduit depuis 1983 par Dominique et Françoise Roullet, rejoints en 2018 par leurs enfants Marion et Guillaume. Ils proposent toute la gamme des vins de la région de Brissac.

De teinte jaune pâle, animée par de fines bulles, cette cuvée propose un nez fruité de mirabelle et de compote fraîche. En bouche, l'attaque est ample et charnue, puis se développe rapidement une vivacité soutenue en soutien d'une mousse crémeuse. ⧗ 2020-2022

EARL DOM. DES GIRAUDIÈRES, Les Giraudières, Vauchrétien, 49320 Brissac-Loire-Aubance, tél. 02 41 91 24 00, roulletdo@orange.fr V t.l.j. sf dim. 9h-12h 14h-17h

LACHETEAU ★

●	2000000		5 à 8 €

Créée en 1990, la société de négoce Lacheteau s'est spécialisée dans la production de rosés et de vins effervescents. Elle est entrée dans le giron des Grands Chais de France en 2005.

La bulle exubérante témoigne de la jeunesse de ce vin. Le coing et la groseille qui s'expriment au nez traduisent une vendange bien mûre. Une vinification traditionnelle a su préserver cette belle matière. L'attaque est souple, puis le palais s'exprime avec vivacité, voire nervosité. ⧗ 2020-2022

SAS LACHETEAU, 282, rue Lavoisier, 49700 Doué-la-Fontaine, tél. 02 41 59 26 26, mbrieau@lacheteau.fr

LANGLOIS-CHATEAU Langlois ★★

●	140000		11 à 15 €

Spécialisée dans l'élaboration des vins effervescents, cette maison de négoce également propriétaire de vignes (90 ha dominant la Loire et la ville de Saumur) fait partie depuis 1973 du groupe Bollinger. Ses caves sont aménagées dans d'anciennes carrières creusées dans le tuffeau.

Animé de belles bulles persistantes, ce brut rosé cède tout aux arômes de fruits blancs comme la poire et la pêche de vigne. Le palais, tout aussi charmeur, déploie une élégante fraîcheur et une effervescence crémeuse et persistante. ⧗ 2020-2023 ● **Extra-brut Quadrille** ★ **(20 à 30 €; 13500 b.)** De fines bulles pour cet assemblage de quatre cépages (chenin, pinot noir, chardonnay et cabernet franc), ouvert sur d'expressives notes toastées et briochées marquant un élevage sur lattes prolongé. Impression de rondeur confirmée dans une bouche équilibrée par une juste fraîcheur. Un ensemble harmonieux et fondu. ⧗ 2020-2022

SA LANGLOIS-CHATEAU, 3, rue Léopold-Palustre, 49400 Saint-Hilaire-Saint-Florent, tél. 02 41 40 21 40, contact@langlois-chateau.fr V *t.l.j. 10h-12h30 14h-18h; nov.-mars sur r.-v.*

DOM. DE LA PALEINE ★

●	16120		11 à 15 €

Établis depuis 2003 au Puy-Notre-Dame, le deuxième point le plus haut du Maine-et-Loire, Laurence et Marc Vincent conduisent un vignoble de 37 ha conduit en biodynamie, situé au pied d'une butte calcaire.

Ce crémant couleur jaune or propose un nez expressif fait de notes beurrées, de pain d'épice et d'angélique. La bouche, vineuse, florale et vanillée, est équilibrée par une fraîcheur bienvenue. ⧗ 2020-2022

SAS DOM. DE LA PALEINE, 9, rue de la Paleine, 49260 Le Puy-Notre-Dame, tél. 02 41 52 21 24, contact@domaine-paleine.com V *r.-v.*

DOM. DES PETITES GROUAS ★

●	4000		8 à 11 €

Ce domaine de 14 ha est établi à Martigné-Briand, commune principalement tournée vers la production des rosés. Il tire son nom de sables coquilliers appelés faluns. Constituée de nombreuses parcelles, l'exploitation a été reprise en 1998 par Philippe Léger.

Le nez délicat et élégant associe la noisette et le praliné à des nuances vanillées et briochées. La bouche est souple, dotée de bulles soyeuses, bien équilibrée et se prolonge dans une finale gourmande, vineuse et miellée. ⧗ 2020-2022

EARL LÉGER, Les Petites-Grouas, Cornu, Martigné-Briand, 49540 Terranjou, tél. 06 87 36 44 95, leger.joselon@wanadoo.fr V *r.-v.*

DOM. DES SABLONNIÈRES ★★

●	2600		8 à 11 €

Ce domaine, repris en 1990 par Tony Raboin et Pascal Busson, compte aujourd'hui 20 ha de vignes. Il est établi à Doué-la-Fontaine, ville riche en sites troglodytiques creusés dans le falun. Depuis 2010, le vignoble est conduit en bio.

Des bulles délicates et persistantes animent ce pur chardonnay d'une grande complexité aromatique avec ses notes de brioche, d'agrumes confits et de rose. En bouche, l'équilibre est parfait, la mousse onctueuse, presque crémeuse, et la fraîcheur remarquable, accentuée par une finale sur le zeste de citron vert. ⧗ 2020-2023

GAEC RABOIN BUSSON, 365, rue Jean-Gaschet, Doué-la-Fontaine, 49700 Doué-en-Anjou, tél. 06 73 94 65 23, lessablonnieres@wanadoo.fr V *r.-v.*

DOM. SAINT-PIERRE Louise R. ★★

●	12000		8 à 11 €

Un domaine familial de 42 ha conduit depuis 1998 par Pierre Renouard, qui joue aussi la carte de

l'œnotourisme (chambres d'hôtes et gîte dans les vignes, restaurant).

L'effervescence est aussi intense que le nez, ouvert sur de surprenantes notes empyreumatiques, voire pétrolées, ainsi que sur la rose et le chèvrefeuille. Soyeuse et raffinée par son toucher crémeux, la bouche apparaît fraîche, longue et délicatement fruitée en finale. Un ensemble sans fausse note. ⧗ 2020-2023

⊶ EARL DOM. SAINT-PIERRE,
Le Bas-Pé, 49290 Chaudefonds-sur-Layon,
tél. 02 41 78 04 21, domaine.st.pierre@wanadoo.fr
V t.l.j. 9h-18h 4

DOM. DE TERREBRUNE ★★

●	22000		5 à 8 €

Situé non loin du château de Brissac, ce domaine de 56 ha (pour onze appellations) était géré depuis 1986 par Alain Bouleau et Patrice Laurendeau. Installé en 2013, Nicolas, fils d'Alain, leur a succédé. Les rosés représentent aujourd'hui la moitié des vins produits par la propriété.

Dans une robe limpide couleur jaune doré se forme un cordon de bulles fines et régulières. Le nez intense et expressif associe la fleur d'acacia à des notes de prune à l'eau-de-vie. La bouche, dotée d'une attaque souple et d'une mousse onctueuse, offre un bel équilibre, de la fraîcheur et des arômes fruités qui s'étirent dans une finale harmonieuse et élégante. ⧗ 2020-2023

⊶ SCA DU DOM. DE TERREBRUNE,
La Motte, Notre-Dame-d'Allençon, 49380 Terranjou,
tél. 02 41 54 01 99, domaine-de-terrebrune@wanadoo.fr
V t.l.j. sf sam. dim. 9h-12h 14h-19h

♥ VEUVE AMIOT Canelle ★★★

●	8400		8 à 11 €

Créée en 1884 par Élisa Amiot, devenue veuve prématurément, cette maison, reprise en 1988 par la Compagnie française des grands vins, est l'un des négoces dédié aux fines bulles les plus importants du Saumurois.

Le soin particulier pour obtenir un moût d'une grande pureté se retrouve dans la délicatesse et l'harmonie de ce crémant à la bulle fine et à la robe scintillante. Le registre aromatique est subtil et riche : jasmin, fleurs blanches et une touche de vanille apportée par les 6 mois d'élevage en fût du vin de base. La bouche se déploie sans à-coups et se révèle longue, ronde et fraîche à la fois. Un ensemble homogène et parfaitement équilibré. ⧗ 2020-2023

⊶ SAS VEUVE AMIOT, 19-21, rue Jean-Ackerman,
49400 Saumur, tél. 02 41 83 14 14, admin@
veuve-amiot.com V t.l.j. sf dim. 10h-13h 14h-18h

DOM. DU VIEUX BOURG ★★

●	3460		5 à 8 €

Jean-Marie Girard et son frère Noël ont créé en 1987 ce domaine établi à Varrains, qui a pour enseigne un pressoir à long fût datant du XVIII[e]s. Leurs vignes implantées sur des sols argilo-sableux couvrent 18 ha.

La robe voluptueuse, couleur dorée aux reflets cuivrés, révèle instantanément la maturité du raisin à l'origine de ce beau crémant ouvert sur des arômes d'ananas, de pêche de vigne et de coing. La bouche est une véritable friandise par son onctuosité, la vivacité de sa bulle et ses saveurs persistantes de fruits jaunes. ⧗ 2020-2023

⊶ EARL GIRARD FRÈRES, 30, Grand-Rue,
49400 Varrains, tél. 02 41 52 91 89, n.girard@
vieux-bourg.com V r.-v.

➜ LA RÉGION NANTAISE

▶ LES AOC DU MUSCADET ET LE GROS-PLANT DU PAYS NANTAIS

Le muscadet est un vin blanc sec reconnu en appellation d'origine contrôlée dès 1936. Il est issu d'un cépage unique : le melon. Principalement situé dans la partie sud du département de Loire-Atlantique, avec quelques incursions dans le Maine-et-Loire et en Vendée, le vaste vignoble comprend quatre appellations d'origine contrôlée : l'AOC régionale muscadet ; le muscadet-sèvre-et-maine, qui regroupe 23 communes des vallées de la Sèvre et de la Maine, et qui fournit les plus importants volumes; le muscadet-coteaux-de-la-loire, qui s'étend plus en amont sur 24 communes des deux rives du fleuve, en particulier dans la région d'Ancenis sur la rive droite; le muscadet-côtes-de-grand-lieu, AOC plus récente, qui correspond à 19 communes au sud-ouest de Nantes.

À ces appellations se sont ajoutés 7 crus communaux délimités dans l'AOC sèvre-et-maine en fonction des critères pédologiques (granites, gneiss, gabbro...) : Gorges, Clisson, Le Pallet, Goulaine, Château-Thébaud, Monnières-Saint-Fiacre, Mouzillon-Tillières. Ces crus constituent le sommet de la hiérarchie des muscadets. Leur cahier des charges prévoit un temps d'élevage sur lie très long, entre 18 et 24 mois. Si leur profil varie selon les terroirs (minéraux à Gorges, plus fruités et mûrs à Clisson, floraux et fruités au Pallet) tous se distinguent par leur puissance et leur potentiel.

La mise en bouteilles sur lie est une technique traditionnelle de la région nantaise, qui fait l'objet d'une réglementation précise, renforcée en 1994. Pour bénéficier de cette mention, les vins doivent n'avoir passé qu'un hiver en cuve ou en fût, et se trouver encore sur leur lie et dans leur chai de vinification au moment de la mise en bouteilles; celle-ci ne peut intervenir qu'à des périodes définies et en aucun cas avant le 1er mars, la commercialisation étant autorisée seulement à partir du premier jeudi de mars. Ce procédé permet d'accentuer la fraîcheur, la finesse et le bouquet des vins. Vif mais sans verdeur, aromatique, le muscadet accompagne parfaitement les poissons et les fruits

de mer; il constitue également un excellent apéritif et doit être servi frais mais non glacé (8-9 °C).

MUSCADET

Superficie : 2 977 ha / Production : 185 011 hl

CH. DE LA BRETONNERIE
Élevé en fût de chêne 2018 ★

| | 17 000 | | 5 à 8 € |

Campé au milieu d'un coteau, la bâtisse Second Empire qui commande l'exploitation, acquise par les ancêtres de la famille en 1858, domine des vignes vénérables, parfois centenaires. Installé en 1992, Frédéric Guilbaud représente la quatrième génération à la tête de ce domaine qui s'étend sur 40 ha.

Un joli muscadet à la robe dorée, élevé en partie en fûts, provenant d'un terroir de roches siliceuses. Très expressif au nez, il dégage des arômes de caramel au lait et de sous-bois. Cette surprenante alchimie de parfums se poursuit à travers des notes de whisky et de beurre dans une bouche ample, fraîche et alerte. Un style particulier mais très agréable et un bon potentiel de garde. ⧗ 2022-2026

SARL CH. DE LA BRETONNERIE, Ch. de la Bretonnerie, 44690 La Haie-Fouassière, tél. 06 62 82 22 45, camillemarie.guilbaud@gmail.com V r.-v.

MUSCADET-SÈVRE-ET-MAINE

Superficie : 7 822 ha / Production : 421 272 hl

VIGNOBLE BARON Sur lie 2019 ★

| | 7 500 | | - de 5 € |

Un domaine familial situé à Monnières, au cœur du vignoble nantais, conduit depuis plus d'un siècle et 4 générations par la famille Baron. Jean-François Baron y est aux commandes depuis 1990, avec 15 ha de vignes à sa disposition.

D'un seyant jaune doré, ce vin dévoile un nez frais et fin d'agrumes, de fruits blancs et d'épices. Bien typée et équilibrée, la bouche offre une bonne structure, du gras, de la fraîcheur et une belle longueur sur le fruit. ⧗ 2020-2023

JEAN-FRANÇOIS BARON, 114, Le Village-Boucher, 44690 Monnières, tél. 02 40 54 65 34, jf.baron@orange.fr t.l.j. 9h-12h30 14h-19h30

DOM. DE BEAUREPAIRE
Sur lie Haute Sélection 2019 ★

| | 17 000 | | - de 5 € |

Le vignoble, situé sur les communes de Mouzillon et de Clisson, couvre 20 ha autour de l'exploitation, dont les bâtiments de brique rouge rappellent le style italien de la cité médiévale. Depuis 2009, Christine Bouin est aux commandes.

Ce 2019 dégage des arômes intenses de fruits blancs et de citron. On les retrouve dans une bouche vive et minérale de bout en bout. Un bon classique, pimpant et persistant. ⧗ 2020-2023

EARL FAMILLE BOUIN, Dom. de Beaurepaire, 5, la Recivière, 44330 Mouzillon, tél. 02 40 36 35 97, domainedebeaurepaire@orange.fr V r.-v.

♥ DOM. MICHEL BERTIN Sur lie 2019 ★★★

| | 13 000 | | - de 5 € |

Situé dans le hameau La Tour-Gasselin, qui domine le vignoble et le marais de Goulaine, ce domaine familial qui se transmet depuis 4 générations est conduit depuis 1990 par Michel Bertin. À sa carte, du sèvre-et-maine, du gros-plant et des vins de cépage en IGP.

Née d'un terroir de gneiss et de micaschistes, cette cuvée d'un beau jaune soutenu dégage au nez beaucoup de finesse et d'élégance autour d'arômes de poivre et d'abricot. Le fruit persiste dans une bouche ample, riche, ronde et longue, avec une fraîcheur savamment dosée en soutien. Un blanc de caractère, parfait pour sublimer poissons et fruits de mer. ⧗ 2020-2024

EARL MICHEL BERTIN, La Tour-Gasselin, 44430 Le Landreau, tél. 02 40 06 41 38, earlbertin.michel@wanadoo.fr V r.-v.

DOM. DU BOIS-JOLY Sur lie Harmonie 2019 ★★

| | 15 000 | | - de 5 € |

Un arrière-grand-père tonnelier, des parents vignerons, Laurent Bouchaud a la vigne dans le sang. Depuis 1993, il conduit le domaine familial et ses 30 ha de vignes.

Brillante et intense, la robe attire l'œil. Au nez, les fruits blancs dégagent une belle fraîcheur. Une fraîcheur qui anime aussi une bouche délicate, à la texture fine, étirée dans une longue finale pleine de peps. Du fruit, de l'énergie, de la persistance, de l'élégance, rien ne manque. ⧗ 2020-2023

EARL DOM. DU BOIS-JOLY, 54, le Bois-Joly, 44330 Le Pallet, tél. 06 08 28 46 75, l.bouchaud@domaineduboisjoly.com V r.-v.

B BONNET-HUTEAU Sur lie Les Laures 2018 ★★

| | 10 000 | | 11 à 15 € |

Le siège de l'exploitation est à l'emplacement d'une ancienne demeure médiévale qui fut à l'origine de la commune de la Chapelle-Heulin. Rémi et Jean-Jacques Bonnet exploitent en bio depuis 2005 ce domaine de 40 ha et l'orientent vers la biodynamie.

Issu d'un terroir de granit, ce 2018 présente un nez intense de fleurs blanches, de poire et de fruits jaunes compotés sur fond de minéralité. La bouche offre du gras, de la puissance, du volume, tout en conservant une belle fraîcheur autour de notes de fruits exotiques et d'agrumes. Du caractère et un solide potentiel. ⧗ 2021-2026

SCEA BONNET-HUTEAU-PINEAU, La Levraudière, 44330 La Chapelle-Heulin, tél. 02 40 06 73 87, contact@bonnet.huteau.com V t.l.j. sf dim. 9h-12h30 14h-18h30

DOM. GILBERT BOSSARD Sur lie 2018 ★

| 30 000 | | 5 à 8 € |

Installé en 2001, Jean-Louis Bossard, dont la famille cultive la vigne à La Chapelle-Heulin depuis près de 5 siècles, exploite aujourd'hui un domaine de 50 ha.

Intensité et brillance caractérisent la robe bien dorée de ce 2018 au nez délicat et frais de pêche, de feuille de cassis et de pomme. Une intensité à laquelle fait écho une bouche ronde, généreuse et riche, aux saveurs d'amande et de fruits mûrs. Un vin solaire, bien dans le ton du millésime. ⧗ 2020-2025

EARL DOM. BASSE-VILLE, 9, la Basse-Ville, 44330 La Chapelle-Heulin, tél. 02 40 06 74 33, gilbert.bossard@wanadoo.fr V r.-v.

CHARPENTIER-FLEURANCE
Sur lie La Sélection du domaine 2019 ★

| 16 000 | | 5 à 8 € |

Situé au sud du Landreau, le domaine est proche du lycée viticole de Briacé, où les frères Patrice et Pierre-Yves Charpentier ont fait leurs études de viticulture, avant de reprendre l'exploitation familiale en 1989. Leur domaine couvre 36 ha.

Une belle brillance pour ce vin né de vieilles vignes, ouvert sur des arômes intenses de fruits blancs et d'agrumes. Suivant la même ligne aromatique, la bouche offre de l'ampleur, du corps et de la longueur. Un blanc de caractère, qui évoluera sereinement. ⧗ 2021-2025

GAEC CHARPENTIER-FLEURANCE, 56, la Bretonnière, 44430 Le Landreau, tél. 02 40 06 43 39, charpentierlabretonniere@orange.fr V r.-v.

VIGNOBLES CHÉNEAU
Mouzillon-Tillières 2012 ★★★

| 7 400 | | 8 à 11 € |

Le premier achat de vigne par les Chéneau date de... 1768. Neuf générations plus tard, la famille est toujours aux commandes du domaine familiale situé à Mouzillon.

Une cuvée d'exception qui porte haut les couleurs du nouveau cru Mouzillon-Tillières. Situé à l'est de l'appellation, sur les coteaux de la Sanguèze, ce terroir de gabbro caractérisé par une maturité tardive est réputé donner des vins complexes, puissants et de bonne garde. Ce 2012 est bien dans le ton. Drapé dans une robe dorée limpide, il déploie un nez intense de pain grillé, de noisette, de fruits blancs mûrs et d'aromates. Une complexité à laquelle fait écho une bouche aussi large que longue, riche, suave, aux arômes de fruits confits, de clou de girofle et de fleurs séchées. La finale, saline et minérale, apporte beaucoup de fraîcheur et d'énergie. Déjà savoureux, et pour longtemps. ⧗ 2022-2030

EARL CHÉNEAU ET FILS, Beau-Soleil, 44330 Mouzillon, tél. 02 40 33 94 01, contact@vignoblescheneau.bzh V r.-v.

CH. LA CHEVILLARDIÈRE Sur lie 2019 ★

| 59 700 | | - de 5 € |

Succédant à son père, Claude-Michel Pichon a pris les commandes en 2009 du Ch. la Chevillardière et de ses 88 ha de vignes, après avoir débuté sa carrière comme maître de chai d'une maison de négoce. Il a engagé un programme de plantation de nouveaux cépages.

Une belle robe or pâle, un nez puissant de fruits blancs et d'agrumes, l'approche est engageante. La bouche ne déçoit pas : elle offre une belle fraîcheur, tout en offrant de la rondeur et du gras. Un joli classique, bien équilibré. ⧗ 2020-2023

SCEA CLAUDE-MICHEL PICHON, 60, la Chevillardière, 44330 Vallet, tél. 06 28 98 58 97, cmpichon@orange.fr V r.-v.

OLIVIER CLÉNET Gorges 2014 ★★

| 1 800 | | 8 à 11 € |

Ce domaine cultive 14 ha de vignes de 40 ans enracinées sur les sols argilo-siliceux de Gorges, le plus ancien des crus du Muscadet. Olivier Clénet en a pris la direction en 2002.

Ce 2014 paré d'une belle robe d'or dévoile un nez intense et complexe de menthe, de sauge, de réglisse et de fruits confits. En bouche, il révèle toute la richesse et la profondeur du terroir de Gorges, réputé donner des vins longs et minéraux. Et de la minéralité cette cuvée n'en manque pas; une minéralité aux tonalités salines qui lui confère une tension magnifique. Un vin maritime par excellence, au fort potentiel de garde. « Une claque d'embruns et d'iode pour accompagner des langoustes », conclut le jury. ⧗ 2022-2030

OLIVIER CLÉNET, 1 bis, la Galussière, 44190 Gorges, tél. 06 77 79 28 26, oliv.clenet@orange.fr V r.-v.

DOM. DE LA COMBE Sur lie 2019 ★

| 49 000 | | 8 à 11 € |

Un domaine familial de 62 ha implanté à Saint-Fiacre, commune réputée de l'AOC muscadet sèvre-et-maine, au confluent des 2 rivières qui ont donné leur nom à l'appellation. Domaine conduit par Pierre-Henri Gadais depuis 2018, qui a sensiblement réduit la surface : 9,2 ha aujourd'hui.

D'un jaune intense, cette cuvée déploie des arômes délicats de fruits jaunes, de pêche notamment. Le prélude à une bouche fraîche et légère, stimulée par une fine minéralité en finale. Un vin énergique, idéal pour l'apéritif. ⧗ 2020-2023

EARL DOM. DE LA COMBE, La Petière, 2 bis, rue de la Combe, 44690 Saint-Fiacre, tél. 06 24 16 08 68, pierrehenri@domaine-combe.com V r.-v.

BRUNO CORMERAIS
Sur lie Vieilles Vignes 2018 ★

| 14 500 | | 5 à 8 € |

Établi non loin de la Maine, sur les coteaux granitiques de Saint-Lumine-de-Clisson, ce domaine familial de 32 ha a été longtemps conduit par Bruno Cormerais qui a transmis en 2009 le flambeau à son fils Maxime. Pour imprimer à leurs vins leur « marque de fabrique », ces vignerons vendangent souvent plus tardivement que leurs collègues.

Ce 2018 d'un seyant or pâle décline un nez floral et fruité discret mais fin. En bouche, il offre de la souplesse et de la fraîcheur, avec une légère suavité qui arrondit les angles et une jolie finale épicée. ⌛ 2020-2023

EARL BRUNO, MARIE-FRANÇOISE ET MAXIME CORMERAIS, 41, la Chambaudière, 44190 Saint-Lumine-de-Clisson, tél. 02 40 03 85 84, b.mf.cormerais@orange.fr V r.-v.

DOM. DU FIEF-SEIGNEUR Sur lie 2019 ★

| 17 000 | 5 à 8 € |

Thierry et Jean-Hervé Caillé dirigent depuis 2002 cette exploitation familiale, dont le vignoble couvre 17 ha autour de Monnières, village situé au cœur de l'appellation muscadet-sèvre-et-maine.

Après un 2018 épatant, coup de cœur dans l'édition précédente, le domaine signe un 2019 de très belle facture. Un vin d'un beau jaune soutenu, associant au nez une pointe de minéralité à des notes d'agrumes. Une approche sur la fraîcheur à laquelle fait écho une bouche vive et précise, prolongée par de fins amers en finale. ⌛ 2020-2023

EARL THIERRY ET JEAN-HERVÉ CAILLÉ, 12 bis, rue des Moulins, 44690 Monnières, tél. 02 40 54 65 03, thierry.caille343@orange.fr V r.-v.

CH. DE FROMENTEAU Vallet 2017 ★

| 2 500 | 11 à 15 € |

Les lointaines origines du domaine remontent au XVIe s.; l'exploitation actuelle se transmet dans la famille Braud depuis 4 générations. Installé en 1986, Christian exploite avec Anne 13 ha de vignes et développe l'œnotourisme sur le domaine familial.

Après un long élevage sur lie de 30 mois, ce 2017 se présente dans une seyante robe or pâle et dégage beaucoup de subtilité et de complexité au nez, à travers des arômes de pêche, de poire, de thym, de fougère et de genêt. Cette richesse aromatique se retrouve en bouche avec un bel équilibre entre le fruit, le végétal et une jolie finale saline. Un vin élégant et expressif, au bon potentiel de garde. ⌛ 2021-2025

EARL ANNE ET CHRISTIAN BRAUD, 12, Fromenteau, 44330 Vallet, tél. 02 40 36 23 75, chateaudefromenteau@orange.fr V r.-v. 2 E

CHRISTIAN GAUTHIER Clisson Roches d'exception 2014 ★

| 4 800 | 8 à 11 € |

Christian Gauthier est installé depuis 1986 à 3 km de Clisson, cité du sud de l'aire d'appellation bien connue grâce à son architecture de style italien, à son festival et à son terroir granitique qui a valu à son vignoble d'être promu en cru communal. Son domaine de 27 ha se partage entre vins en AOC et vins en IGP.

Ce 2014, fruit d'un élevage luxueux de 50 mois, présente une robe or jaune soutenue. Le nez, d'un abord un peu fermé, dévoile à l'aération des notes de fruits mûrs confits. Cette maturité bien typée Clisson se déploie avec plus d'intensité dans une bouche ample et riche, équilibrée par une fraîcheur aux nuances acidulées de citron et de bergamotte et par une touche de salinité en finale. ⌛ 2020-2025

EARL DOM. CHRISTIAN GAUTHIER, 19, La Mainguionière, 44190 Saint-Hilaire-de-Clisson, tél. 02 40 54 42 91, vins-gauthier@orange.fr V r.-v.

CH. DES GILLIÈRES Sur lie 2019 ★

| 26 000 | 5 à 8 € |

Fondé vers 1900 et racheté par D. Régnier en 1999, cet important domaine de quelque 88 ha est principalement installé dans l'aire d'appellation du muscadet-sèvre-et-maine, mais il s'est agrandi vers Corcoué-sur-Logne dans l'AOC muscadet-côtes-de-grand-lieu.

Cette cuvée s'ouvre sur des arômes discrets mais délicats de fruits blancs du verger. Arômes que l'on retrouve dans une bouche élégante et bien équilibrée entre une fine vivacité et une aimable rondeur. ⌛ 2020-2023

SAS DES GILLIÈRES, Les Gillières, 44690 La Haye-Fouassière, tél. 02 40 54 80 05, info@lesgillieres.com V r.-v.

♥ GOISLOT PAPIN Sur lie Haute-Cour de la Débaudière 2019 ★★

| 13 600 | - de 5 € |

Chantal et Yves Goislot sont installés depuis 1984 au sud de Vallet, au-dessus des boucles de la Sanguèze, petite rivière qui se jette dans la Sèvre. Leur domaine de 35 ha, établi sur des coteaux escarpés, bénéficie de sols de gabbro. En 2003, ils se sont associés avec Jeannick Papin, donnant naissance à l'étiquette Goislot-Papin.

Le melon de Bourgogne à son meilleur dans cette cuvée qui coche toutes les cases du muscadet sur lie bien typé : une robe nette, finement dorée et ornée de reflets verts; un nez pimpant et bien fruité d'agrumes, de citron notamment; une bouche alerte, souple et fraîche, enrobée par une pointe de gras bien dosé. Et tout cela à prix très doux. ⌛ 2020-2023

GAEC GOISLOT PAPIN, 220, La Débaudière, 44330 Vallet, tél. 06 13 24 48 91, goislot.papin0464@orange.fr V r.-v.

DOM. DE LA GRANGE Goulaine 2014 ★

| 5 800 | 11 à 15 € |

Propriété familiale située au sud-est de Nantes, au cœur de l'aire du muscadet-sèvre-et-maine. Incarnant la neuvième génération de vignerons, Raphaël Luneau a pris la suite de son père Rémy en 2010.

Trente mois d'élevage pour ce 2014 à la robe légèrement dorée et au nez intense, bien typé Goulaine, de miel, de cire et d'écorces d'agrumes. Une intensité et une maturité que ne renie pas la bouche, ample, riche et ronde, rafraîchie par des notes de pamplemousse et de papaye. On conseille un passage en carafe pour libérer tout le potentiel de ce vin. ⌛ 2021-2025

EARL RÉMY ET RAPHAËL LUNEAU, 1, la Grange, 44430 Le Landreau, tél. 02 40 06 45 65, contact@domaineraphelluneau.fr V *t.l.j. sf dim. 9h30-12h30 14h30-19h*

DAVID ET BERNARD GRATAS
Goulaine 2018 ★

	5000		8 à 11 €

Le marais de Goulaine couvre près de 2 000 ha et permet de découvrir des oiseaux migrateurs. Conduit par David et Bernard Gratas, ce domaine familial implanté à sa lisière est influencé par un microclimat favorable à la précocité des vignes. La famille y produit du muscadet-sèvre-et-maine, du gros-plant et des vins de cépages en IGP.

Ce 2018 aux reflets brillants libère des arômes gourmands et généreux de fruits mûrs et de miel. Nous sommes bien à Goulaine. La bouche confirme : du gras, de la richesse, une belle expression fruitée (pêche de vigne) et une fine tension en finale autour de beaux amers. ⧗ 2021-2025

EARL BERNARD ET DAVID GRATAS, La Houssais, 44430 Le Landreau, tél. 02 40 06 46 27, domainedelahoussais@orange.fr V t.l.j. sf dim. 10h-12h30 15h-18h

CH. GUIPIÈRE
Sur lie La Tour Vieilles Vignes 2018 ★

	10000		8 à 11 €

Autrefois appelé la Guiptière, ce domaine (28 ha aujourd'hui) dépendait de la seigneurie du Pallet, l'une des plus influentes de la région au XVIes. Après 1945, les Charpentier l'avaient exploité en métayage, puis en pleine propriété. À son départ à la retraite en 2015, Joël Charpentier l'a revendu à Philippe Nevoux et à Nicolas Routhiau. Stéphane Gouraud est chargé de l'exploitation.

Au nez, de discrètes mais fines nuances florales et fruitées (prune). C'est en bouche que le vin se révèle : une vivacité soutenue dès l'attaque, un fruité intense de pêche juteuse et de poire Comice, une belle longueur. Un sèvre-et-maine harmonieux. ⧗ 2020-2023

SCEA DOM. DE LA GUIPIÈRE, 5, la Guipière, 44330 Vallet, tél. 02 40 36 23 30, contact@chateauguipiere.com V r.-v.

CHRISTIAN ET PASCALE LUNEAU
Mouzillon-Tillières Nuance 2015 ★

	4000		11 à 15 €

Un domaine implanté au cœur du Muscadet, entre les communes de Vallet et Mouzillon, et conduit par la famille Luneau depuis 4 générations.

Issu d'un terroir de Ribis (nom local donné au gabbro), ce 2015 resté 3 ans sur sa lie se présente dans une robe or paille intense. De prime abord fermé, le nez s'ouvre à l'aération sur des notes de café. La bouche, ample et riche, révèle une palette plus variée d'aromates (thym notamment), d'agrumes et de fruits confits. Une belle expression du terroir de Mouzillon. ⧗ 2022-2030

EARL CHRISTIAN ET PASCALE LUNEAU, Bois-Braud, 44330 Vallet, tél. 02 40 33 93 76, cpluneau@wanadoo.fr V r.-v.

(B) CHRISTOPHE MAILLARD
L'Empreinte 2016 ★

	3000		11 à 15 €

Héritier d'une lignée de vignerons remontant à 1615, Christophe Maillard est installé au hameau du Pé-de-Sèvre, village doté jadis d'un petit port sur la Sèvre où l'on chargeait le vin à bord de gabares. Il travaille ses 12,5 ha de vignes en agriculture biologique.

Ce 2016 arbore une belle robe d'or intense et racée. L'annonce d'un bouquet non moins intense de miel, de fruits confits et de coing, et d'une bouche riche, suave, agrémentée d'une originale note de muscade. Un muscadet assez atypique mais fort gourmand, que l'on verrait bien s'accorder avec une blanquette de veau. ⧗ 2020-2024

CHRISTOPHE MAILLARD, 59, Le Pé-de-Sèvre, 44330 Le Pallet, tél. 06 70 29 24 19, lacave@mailllard-vigneron.com V r.-v.

CH. DE LA MALONNIÈRE Sur lie 2019 ★

	54666		- de 5 €

Ce château construit en 1650 et en partie détruit à la Révolution domine les marais de Goulaine, qui contribuent au microclimat du lieu.

Cette cuvée à la robe brillante dispense une belle intensité au nez sur des arômes de fleurs blanches, de feuille de cassis et de foin. La bouche exprime une belle tension autour d'une amertume légère et d'une finale fruitée de pêche et de poire. Un ensemble alerte et frais. ⧗ 2020-2023

EARL SAUVÊTRE, Ch. de la Malonnière, 44430 Le Loroux-Bottereau, tél. 02 40 33 81 48, yves.sauvetre@wanadoo.fr V r.-v.

CH. DE LA MERCREDIÈRE
Le Pallet Le Saphir 2017 ★

	6600		8 à 11 €

Établi sur un site gallo-romain dédié au dieu Mercure, ce beau manoir avec parc, allées cavalières, chapelle et plan d'eau, date de 1337. Longtemps propriété de familles nobles puis de planteurs et navigateurs alternant leur présence entre la Mercredière et Saint-Domingue, il est conduit depuis 1979 par la famille Futeul.

Vingt-quatre mois d'élevage pour cette cuvée qui doit son nom à la présence du très rare saphir étoilé sur le terroir qui l'a vue naître, le clos de la Masse, réputé pour sa richesse minérale. Le nez décline des arômes élégants de thym et de fruits secs. La bouche apparaît ample, onctueuse, expressive, associant des saveurs gourmandes d'amande grillée et de noisette à l'amertume de l'orange et du pamplemousse. ⧗ 2021-2025

EARL FUTEUL, Ch. de la Mercredière, 44330 Le Pallet, tél. 02 40 54 80 10, michel.futeul@laposte.net V r.-v.

DOM. DES MORTIERS-GUIBOURG Sur lie 2019 ★

	4000		- de 5 €

Quatre générations de vignerons se sont succédé sur ce domaine implanté à Gorges, village où l'on a délimité l'un des crus communaux du muscadet-sèvre-et-maine. Installés en 1992, Anita et Damien Cormerais conduisent à présent le vignoble familial, qui couvre 15 ha.

Cette cuvée d'un jaune soutenu offre un joli nez d'agrumes, entre citron et pamplemousse, prolongé avec intensité par une bouche très fraîche, très tonique. Un muscadet harmonieux et pimpant, doté d'un bon potentiel de garde. ⧗ 2020-2025

⊶ EARL DAMIEN ET ANITA CORMERAIS, 2, les Bas-Mortiers, 44190 Gorges, tél. 06 25 63 65 96, damien.cormerais@orange.fr V r.-v.

DOM. MOULIN DE SERJEUX Sur lie 2019 ★

20000 | - de 5 €

Le Moulin de Serjeux est domaine d'une trentaine d'hectares situé à Vertou et conduit par Vincent Landais.

De beaux reflets dorés animent cette cuvée élevée sur lie en cuve souterraine. Le nez associe des arômes d'agrumes et d'épices, de gingembre notamment. Arômes prolongés par une bouche bien équilibrée entre rondeur et vivacité. Un bon représentant de l'appellation. ⧗ 2020-2023

⊶ VINCENT LANDAIS, 13, rue de la Poëlerie, Les Reigniers, 44120 Vertou, tél. 06 64 44 84 82, vincent.landais0882@orange.fr V r.-v.

VIGNOBLE PAPIN Clisson 2014 ★★

3000 | 8 à 11 €

Un domaine de 26 ha conduit par Damien et Vincent Papin depuis 1996, situé au bord de la Moine, petit affluent de la Sèvre à l'extrême est du vignoble nantais et de l'aire du muscadet.

Un long élevage de 50 mois pour ce Clisson bien typé. La robe est dorée, ornée de reflets paille. Le nez, diablement gourmand, évoque la crème aux œufs et la pêche jaune. Un côté crémeux que l'on perçoit aussi dans une bouche généreuse, riche et ronde, rafraîchie par des notes fruitées d'ananas, de pêche et de nèfle. Un fort joli vin de garde que l'on verrait bien accompagner une lotte marinée au citron. ⧗ 2022-2030

⊶ GAEC DAMIEN ET VINCENT PAPIN, 3, la Colline, Saint-Crespin-sur-Moine, 49230 Sèvremoine, tél. 06 18 74 20 84, papin.lacolline49@orange.fr V r.-v.

LAURENT PERRAUD Clisson 2016 ★

6190 | 11 à 15 €

Les générations de Perraud se succèdent sur le domaine depuis 1804; dernier du nom, Laurent, installé en 1986, exploite 52 ha.

Ce 2016 d'un beau doré soutenu présente des arômes de fruits mûrs caractéristiques de ce terroir du sud de l'appellation. Avec ses saveurs de pêche cuite et de fleur d'oranger, sa longueur, son gras, son caractère généreux et charnu, la bouche est elle aussi typée Clisson, avec une finale légèrement acidulée qui lui confère de la fraîcheur. ⧗ 2021-2025

⊶ LAURENT PERRAUD, Dom. de la Vinçonnière, Le Perthuis-Fouques, 44190 Clisson, tél. 02 40 03 95 76, domaine.vinconniere@gmail.com V *t.l.j. sf dim. 8h30-12h 14h-19h; sam. sur r.-v.*

DOM. HENRI POIRON Goulaine 2014 ★

3000 | 8 à 11 €

Représentant la huitième génération, Éric Poiron est aux commandes du domaine familial (32 ha aujourd'hui) depuis 1990. Les Poiron sont également pépiniéristes et producteurs de pommes.

Fruit d'un élevage de 30 mois, cette cuvée arbore une robe jaune paille aux reflets dorés. Le nez intense et expressif dégage des arômes flatteurs de fruits exotiques (ananas, Passion) et d'écorces d'agrumes confits. On retrouve cette touche «agrumes» en bouche sur des notes élégantes de miel et de citron qui apportent de la rondeur et du velouté. Une belle expression du cru Goulaine. Carafage conseillé. ⧗ 2021-2025

⊶ SARL HENRI POIRON ET FILS, Les Quatre-Routes, 44690 Maisdon-sur-Sèvre, tél. 02 40 54 60 58, contact@poironhenri.com V *t.l.j. sf dim. 9h-13h 14h-18h30* 1

♥ TOPAZE
Monnières-Saint-Fiacre 2016 ★★★

2000 | 8 à 11 €

Jean-Paul et Nathalie Sauvaget ont travaillé 10 ans dans le Bordelais avant de reprendre en 2001 à Monnières un petit domaine, qu'ils agrandissent progressivement tout en diversifiant leur gamme. Leur vignoble implanté sur un terroir de gneiss compte aujourd'hui 6,5 ha.

Un magnifique expression du cru Monnières-Saint-Fiacre, étendu sur les coteaux de la rive gauche de la Sèvre. Un cru réputé produire des vins charnus et expressifs. C'est bien le cas avec ce 2016 ouvert sur des parfums intenses de fruits exotiques (mangue, papaye) et de fruits blancs confits. Une générosité de fruit qui explose dans une bouche dense, suave, à la texture crémeuse, encore arrondie par des notes miellées. Un muscadet riche et solaire, au solide potentiel de garde. ⧗ 2022-2030

⊶ GAEC TOPAZE, 22, rue de la Poste, 44690 Monnières, tél. 06 08 34 37 46, jpaul@topaze-monnieres.com V *t.l.j.* 2 B

CH. LA TURMELIÈRE
Château-Thébaud L'Orée 2016 ★★★

8000 | 11 à 15 €

La famille Chéreau Carré est établie dans la région depuis 1412. En 1953, Bernard Chéreau acquiert le Ch. de Chasseloir. Son mariage avec Edmonde Carré, qui possède le Ch. de l'Oiselinière de la Ramée, permet d'agrandir le vignoble. La famille a acquis ensuite le Dom. de la Chesnaie et le Dom. du Bois Bruley et enfin, en 2015, le Ch. de la Turmelière et le Ch. de la Cantrie. Rejoint par sa fille Louise, Bernard Chéreau fils, médecin de formation, soigne ces vignobles depuis 2003.

Une cuvée en tous points admirable, quintessence du cru Château-Thébaud, réputé pour sa finesse : les amateurs ne seront pas déçus par ce 2016 élevé 45 mois sur lies fines. Le nez exhale un parfum délicat de fleurs blanches agrémenté d'une touche bien typée de fenouil. En bouche, le vin débute par des notes de fruits frais, puis évolue sur une fine minéralité, expression du terroir granitique qui l'a vu naître, avant une longue finale acidulée sur le citron confit. De la tension, de l'élégance, de l'équilibre. ⧗ 2021-2030

ÉTABLISSEMENTS CHÉREAU-CARRÉ, Chasseloir, 44690 Saint-Fiacre-sur-Maine, tél. 02 40 54 81 15, louise@chereau-carre.fr V t.l.j.sf sam. dim. 9h-12h 14h-17h

MUSCADET-CÔTES-DE-GRAND-LIEU

Superficie : 277 ha / Production : 14 447 hl

DOM. DE LA CHAUSSÉRIE Sur lie 2019 ★

6600 | - de 5 €

Au cœur de l'appellation muscadet-côtes-de-grand-lieu, ce domaine familial de 30 ha, conduit depuis 2000 par Kristel et Patrick Gobin, est situé dans la petite commune de Saint-Léger-les-Vignes, en bordure de l'Acheneau, sur la route de Pornic.

Cette cuvée jaune pâle offre au nez des arômes flatteurs de fruits mûrs et de fleurs blanches. Une attaque souple et légère ouvre sur une bouche tout aussi florale et fruitée (notes exotiques de liqueur d'ananas), ample et fraîche sans manquer de rondeur. ⧗ 2020-2022

EARL KRISTEL ET PATRICK GOBIN, Dom. de la Chaussérie, 35, la Chaussérie, 44710 Saint-Léger-les-Vignes, tél. 02 40 32 67 81, earl.gobin@wanadoo.fr V t.l.j. sf dim. 15h-19h

LA GARNAUDIÈRE Sur lie 2019 ★★

7500 | - de 5 €

Au sud du lac de Grandlieu, la commune de La Limouzinière a conservé quelques exploitations viticoles. Celle-ci, constituée en 1981, est conduite depuis 2003 par François Denis, à la tête d'un vignoble de 45 ha qu'il envisage de convertir à la bio.

Cette cuvée d'un seyant jaune pâle dévoile des arômes intenses de poire et de pomme. Ce caractère fruité se prolonge dans une bouche alliant souplesse, fraîcheur et longueur, agrémentée de très plaisantes notes salines en finale. De l'équilibre et de la tenue. ⧗ 2020-2023

GAEC DE LA GARNAUDIÈRE, 15, la Garnaudière, 44310 La Limouzinière, tél. 02 40 05 82 28, lagarno@orange.fr V r.-v.

CH. DE LORIÈRE Sur lie 2019 ★

6500 | - de 5 €

Construit en 1640, pillé et incendié en 1793 puis confisqué par l'État, ce manoir établi sur les coteaux dominant l'Acheneau a été acquis par la famille Hervé en 1886. Depuis 1998, c'est Vincent Hervé, cinquième du nom, qui en conduit les 27 ha de vignes.

Ce muscadet se présente dans une robe brillante aux légers reflets dorés. Le nez très expressif déploie des arômes de fruits jaunes (pêche, abricot) et exotiques (ananas). Arômes que l'on retrouve dans une bouche très équilibrée, alliant sans fausse note fraîcheur et rondeur. ⧗ 2020-2022

VINCENT HERVÉ, Ch. de Lorière, 44830 Brains, tél. 02 40 65 68 47, chateauloriere@sfr.fr V r.-v.

MUSCADET-COTEAUX-DE-LA-LOIRE

Superficie : 244 ha / Production : 12 064 hl

VIGNES DE L'ALMA Sur lie 2019 ★★

4600 | - de 5 €

Saint-Florent-le-Vieil, village charnière entre l'Anjou et le pays nantais. Romain Chevalier y conduit (seul depuis 2017, son père Roland étant parti à la retraite) un clos de 11 ha, commandé par un bâtiment datant de 1856 baptisé par le propriétaire d'alors – un général des Armées – en souvenir de la bataille de l'Alma. Ses vins rosés et rouges se rattachent à l'Anjou, ses blancs à l'AOC muscadet-coteaux-de-la-loire. Une valeur sûre.

Cette cuvée jaune pâle présente au nez des arômes intenses de fleurs blanches et d'agrumes, qui lui confèrent beaucoup de finesse et d'élégance. Des arômes qui se poursuivent dans une bouche offrant une subtile alchimie de souplesse, de fraîcheur, de concentration et de suavité. Un vin aussi gourmand et équilibré qu'intense et flatteur. ⧗ 2020-2024

EARL DU CLOS DE L'ALMA, L'Alma, Saint-Florent-le-Vieil, 49410 Mauges-sur-Loire, tél. 02 41 72 71 09, lesvignesdelalma@orange.fr V t.l.j. sf dim. 9h-12h 14h-19h (sam. 18h)

GROS-PLANT-DU-PAYS-NANTAIS

Superficie : 1 212 ha / Production : 90 255 hl

Le gros-plant-du-pays-nantais est un vin blanc sec, AOVDQS depuis 1954 et AOC depuis 2011, produit dans 3 départements : Loire-Atlantique, Maine-et-Loire et Vendée. Il est issu d'un cépage unique d'origine charentaise, la folle blanche, appelée ici gros-plant. Comme le muscadet, le gros-plant peut être mis en bouteilles sur lie.

DOM. DE L'ERRIÈRE Sur lie 2019 ★

35000 | - de 5 €

Ce domaine familial de 30 ha créé en 1982 est bien connu des lecteurs du Guide à travers plusieurs étiquettes : le Dom. Madeleineau en IGP Val de Loire, le Dom. de l'Errière et le Dom. de la Taraudière en muscadet-sèvre-et-maine et gros-plant-du-pays-nantais. L'exploitation a reçu, pour son millésime 2019, la certification HVE (Haute valeur environnementale).

Ce gros-plant à la robe pâle caractéristique propose un nez discret mais subtil et harmonieux de fleurs blanches, d'agrumes, de pomme verte et d'ananas. Une attaque vive ouvre sur un palais souple, fin et très alerte, centré sur le citron et le pamplemousse. Tout indiqué pour des huîtres. ⧗ 2020-2022

GAEC MADELEINEAU PÈRE ET FILS, 12, L'Errière, 44430 Le Landreau, tél. 02 40 06 43 94, domainemadeleineau@orange.fr V r.-v.

LOIRE

FIEFS-VENDÉENS

Superficie : 469 ha
Production : 27 613 hl (85 % rouge et rosé)

Anciens fiefs du Cardinal : cette dénomination évoque le passé de ces vins appréciés par Richelieu

après avoir connu un renouveau au Moyen Âge, à l'instigation des moines comme bien souvent. L'AOVDQS fut accordée en 1984, puis l'AOC, en 2011. À partir de gamay, de cabernet et de pinot noir, la région de Mareuil produit des rosés et des rouges fins et fruités; les blancs sont encore confidentiels. Non loin de la mer, le vignoble de Brem, lui, donne des blancs secs à base de chenin et de grolleau gris, ainsi que des rosés et des rouges. Aux environs de Fontenay-le-Comte, blancs secs (chenin, colombard, melon, sauvignon), rosés et rouges (gamay et cabernets) proviennent des régions de Pissotte et de Vix. Plus récemment promu, le terroir de Chantonnay produit dans les trois couleurs.

LES ROCQUETIÈRES
Mareuil 2019 ★★

■ | 9000 | 🍾 | - de 5 €

Établie aux portes de Rosnay depuis 4 générations, la famille Brisson exploite 52 ha de vignes. Situées à une vingtaine de kilomètres de la côte atlantique, elles bénéficient d'un climat océanique qui favorise une lente et complète maturité du raisin.

Un assemblage complexe mais harmonieux de 5 cépages, dont la négrette. La robe est intense, brillante. Le nez propose des arômes de fruits rouges et d'épices bien typés négrette. Un fruité épicé (cassis, groseille, poivre) auquel fait écho une bouche bien équilibrée, ample, souple et longue. ⧗ 2020-2023

SCEA HAUT BRILLOUET, Dom. de la Vrignaie, La Noue, 85310 Le Tablier, tél. 02 51 98 99 24, contact@domainedelavrignaie.com V r.-v.

COTEAUX-D'ANCENIS

Superficie : 170 ha
Production : 10 131 hl (85 % rouge et rosé)

Produits sur les deux rives de la Loire, à l'est de Nantes, les coteaux-d'ancenis, classés AOVDQS en 1954, ont accédé à l'AOC en 2011. On en produit quatre types, à partir de cépages purs : gamay (80 % de la production), cabernet, chenin et malvoisie (pinot gris).

DOM. DES GALLOIRES
Les Grandes Vignes 2019 ★★

■ | 6530 | 🍾 | 5 à 8 €

Située à l'emplacement d'un ancien manoir, cette propriété familiale créée en 1967 est régulièrement en vue pour l'une ou l'autre de ses 18 cuvées. L'exploitation, conduite par la famille Toublanc depuis 7 générations, couvre aujourd'hui 50 ha surplombant la Loire, côté sud.

Une robe soutenue du meilleur effet habille ce vin tout en fruit à l'olfaction. Un fruité que prolonge une bouche intense et ample, aux tanins bien présents mais soyeux. De la tenue et de l'harmonie. ⧗ 2020-2023

SCEA DES GALLOIRES, 1, La Galloire, 49530 Drain, tél. 02 40 98 20 10, contact@galloires.com V t.l.j. sf dim. 9h-12h 14h-19h (sam. 17h)

DOM. DU HAUT FRESNE Malvoisie 2019 ★★

■ | 68000 | 🍾 | 5 à 8 €

Fondé en 1959, ce domaine de 78 ha se transmet de père en fils depuis 3 générations. Situé sur des coteaux faisant face à la Loire, près de Liré, il est souvent remarqué pour la qualité de ses vins, de ses coteaux-d'ancenis notamment.

Une très belle expression du pinot gris que ce moelleux lumineux, au nez intense d'agrumes et de fruits blancs. La bouche n'est pas en reste : de la souplesse, une aimable rondeur, une texture fine et une juste fraîcheur en soutien. ⧗ 2020-2024

SCEA RENOU FRÈRES ET FILS, Dom. du Haut-Fresne, Drain, 49530 Orée-d'Anjou, tél. 02 40 98 26 79, contact@renou-freres.com V r.-v.

MERCERON-MARTIN Malvoisie Parcelles 2019 ★

■ | 16000 | 🍾 | 5 à 8 €

Cette propriété de 30 ha est née en 2011 de l'association entre Emmanuel Merceron et Olivier Martin. De la fusion des 2 exploitations est né le Dom. Merceron-Martin, implanté sur les coteaux de la Loire.

Ce demi-sec, issu d'une sélection parcellaire et d'un tri manuel des grappes, arbore une intense robe aux reflets gris. Une intensité qui se retrouve au nez autour d'arômes gourmands de coing, de miel et de fleurs blanches. Cette harmonie se poursuit en bouche avec une attaque tendre, de subtiles notes miellées et épicées, et une finale tout en suavité. ⧗ 2020-2022

EARL DOM. MERCERON-MARTIN, 41, la Coindassière, La Varenne, 49270 Orée-d'Anjou, tél. 02 40 83 53 32, contact@domainemerceronmartin.fr ven. sam. 9h30-12h30 14h30-18h30

DOM. DU MOULIN GIRON Malvoisie 2019 ★★

■ | 28400 | 🍾 | 5 à 8 €

Construit dans les années 1450, cet ancien moulin est situé à 500 m des ruines du château où naquit le poète Joachim Du Bellay. Conduit par Nadine Allard, son fils Quentin et son père Jean-Pierre, le vignoble couvre 68 ha sur un beau terroir de schistes.

Ce moelleux offre au nez des arômes très frais de fleurs blanches et d'agrumes. En bouche, il affiche un équilibre très assuré entre une aimable suavité et une fine acidité qui lui donne du nerf et de l'allonge. Une malvoisie délicate et harmonieuse, « sensuelle » conclut un jury sous le charme. ⧗ 2020-2023

EARL DOM. DU MOULIN GIRON, Le Moulin-Giron, Liré, 49530 Orée-d'Anjou, tél. 06 08 09 56 20, domainemoulingiron@orange.fr V t.l.j. sf mer. dim. 9h-12h 14h30-18h30

DOM. DES PIERRES MESLIÈRES Malvoisie 2019 ★

■ | 16000 | 🍾 | 5 à 8 €

Conduit par Jean-Claude Toublanc depuis 1988 (troisième génération), ce domaine de la rive droite de la Loire est installé sur un site préhistorique où s'élève, en son centre, un mégalithe de 12 m de hauteur. Ses 18,5 ha de vignes, exposés au midi, reposent sur des sols de micaschistes.

Ce 2019 arbore une robe lumineuse aux délicates nuances grises. Expressif au nez, il dégage des arômes subtils et gourmands de coing, de miel et de pivoine. En bouche, il se montre souple et équilibré, offrant une agréable fraîcheur acidulée avant de s'achever sur une note délicatement sucrée. ⧗ 2020-2023

JEAN-CLAUDE TOUBLANC, Les Pierres-Meslières, 44150 Saint-Géréon, tél. 02 40 83 23 95, toublanc.jc@bbox.fr V t.l.j. 9h-13h 14h-19h

DOM. DU QUARTERON Malvoisie 2019 ★

	7000		5 à 8 €

Cette propriété est située dans le joli village de Bouzillé, sur la rive gauche de la Loire. Elle est conduite par François Vincent, l'arrière-petit-fils du fondateur.
Une belle robe brillante et dorée, un nez frais, floral (tilleul) et fruité, l'approche est engageante. La bouche ne déçoit pas : on y retrouve cette même expression aromatique, avec une dominante de figue, mais aussi de la souplesse et un dosage bien équilibré entre le sucre et l'acidité. ⧗ 2020-2023

EARL FRANÇOIS VINCENT, La Vasinière, 49530 Bouzillé, tél. 02 40 98 11 22, domaine.quarteron@orange.fr V r.-v.

ANJOU-SAUMUR

ANJOU

Superficie : 1 890 ha
Production : 98 794 hl (61 % rouge)

Constituée d'un ensemble de près de 200 communes, l'aire géographique de cette appellation régionale englobe toutes les autres. Traditionnellement, le vin d'Anjou était un vin blanc doux ou moelleux, issu de chenin, ou pineau de la Loire. L'évolution de la consommation vers des vins secs a conduit les producteurs à associer à ce cépage chardonnay ou sauvignon, dans la limite maximale de 20 %. La production de vins rouges s'est accrue depuis les années 1970 (et également celle des rosés, qui disposent d'appellations spécifiques). Ce sont les cépages cabernet franc et cabernet-sauvignon qui sont alors mis en œuvre.

VIGNOBLE DE L'ARCISON Cuvée Vieilles Vignes 2019 ★★

	5000		5 à 8 €

Une exploitation de 27 ha située sur le territoire de la commune de Thouarcé, célèbre pour son cru bonnezeaux. Romain Reulier a pris en 2008 la succession de ses parents sur ce domaine souvent en vue pour ses rosés.
Paré d'une robe grenat foncé, ce 2019 dévoile un nez riche et intense de framboise, de jasmin et de bonbon au cassis. Le palais est généreux, doté d'élégants tanins restés en seconde ligne. La finale acidulée amène de l'allonge et de la fraîcheur. ⧗ 2020-2023

ROMAIN REULIER, Vignoble de l'Arcison, 333, lieu-dit Le Mesnil - Thouarcé, 49380 Bellevigne-en-Layon, tél. 02 41 54 16 81, vignoble-arcison@orange.fr V r.-v.

CH. BELLERIVE Ronceray 2018 ★★

	2000		11 à 15 €

Les Caves de la Loire, fondées en 1951, constituent l'une des plus grandes coopératives de la région : elles regroupent 350 adhérents et une superficie totale cultivée de 1 600 ha.
Une nouvelle cuvée pour le Ch. Bellerive avec ce vin issu des plus belles parcelles du domaine. Un chenin or clair et très limpide, au nez franc et expressif (senteurs minérales, buis, acacia). La bouche séduit par sa souplesse et son volume, soulignée par une légère sensation acidulée qui persiste en finale et accentue la perception des notes boisées apportées par l'élevage d'un an en barrique. Du caractère. ⧗ 2022-2025

SCA LES CAVES DE LA LOIRE, rte de Vauchrétien, 49320 Brissac-Quincé, tél. 02 41 91 22 71, emilien.jolivet@uapl.fr V t.l.j. sf dim. 9h-12h30 14h-18h30

CH. DE BROSSAY Les Neprons 2018 ★★

	1500		5 à 8 €

Régulier en qualité, et ce dans tous les styles de vins d'Anjou, ce domaine créé en 1919 par Alexis Deffois se situe dans le haut Layon, dans le sud de l'Anjou et à l'ouest du Saumurois. Les petits-fils du fondateur, Hubert et Raymond Deffois – rejoints en 2010 par les gendres de ce dernier, Nicolas Tamboise et Benjamin Grandsart –, conduisent un vignoble de 50 ha.
Ce 2018 se présente dans une robe éclatante, couleur paille aux reflets dorés. Le nez, très flatteur, exhale des arômes intenses de fruits jaunes surmûris, de zeste de citron confit et d'ananas. Une attaque franche, ample et minérale ouvre sur une bouche très équilibrée, à la fois douce et fraîche, dominé par des notes de coing qui témoignent d'une vendange en légère surmaturité. Un blanc généreux. ⧗ 2021-2024

EARL CH. DE BROSSAY, Ch. de Brossay, 49560 Cléré-sur-Layon, tél. 02 41 59 59 95, contact@chateaudebrossay.fr V t.l.j. sf dim. 8h-12h 14h-19h

B **DOM. CADY** Cheninsolite 2018 ★

	12000		11 à 15 €

Appartenant à la famille Cady depuis 1927, ce domaine (28 ha conduits en bio) est une référence en matière de vins liquoreux. Il est implanté sur les coteaux surplombant le Layon à Saint-Aubin-de-Luigné, village surnommé la « Perle du Layon ».
Ce Cheninsolite a séjourné en fût depuis la fermentation jusqu'à la fin de l'élevage. Il se présente dans une robe aux beaux reflets verts et propose de discrètes senteurs de chlorophylle et de vanille. La bouche, bien équilibrée, tendre à l'attaque, déploie une longue finale aux accents floraux. ⧗ 2021-2024

EARL DOM. CADY, 20, lieu-dit Valette, 49190 Saint-Aubin-de-Luigné, tél. 02 41 78 33 69, contact@domainecady.fr V r.-v.

DOM. DE LA CLARTIÈRE Terres de Paillé 2018 ★

	6666		5 à 8 €

Depuis 1930, quatre générations de « Pierre » se sont succédé à la tête de ce vignoble (35 ha) situé dans le haut Layon. Après Pierre-Marie, Pierre-Antoine Pinet

LOIRE

a pris les rênes du vignoble en 2007, rejoint en 2017 par son frère cadet Édouard, de retour de l'étranger. Ce dernier œuvre à la cave.
Après 7 mois de fût, ce 2018 limpide et brillant dévoile un joli nez d'ananas et de mangue. La bouche, gourmande, affiche des arômes de vanille et de torréfaction qui signent l'élevage. Elle s'achève sur une petite astringence qui lui donne un surcroît de caractère. ⧗ 2021-2025

EARL PINET, La Clartière, 49560 Nueil-sur-Layon, tél. 02 41 59 53 05, earlpinet@orange.fr V *r.-v.*

DOM. DU CLOS DES GOHARDS Les Vigneries 2018 ★

■ | 8000 | | - de 5 €

Mickaël et Fabienne Joselon, frère et sœur, ont repris l'exploitation familiale en 2009 lors du départ de leur père en retraite. Régulièrement distingué dans le Guide, le domaine compte 48 ha et propose diverses appellations ligériennes.
Ce vin élégant dans sa belle robe pourpre présente au nez des notes de fruits rouges frais et de poivre. Dotée d'une attaque très enveloppante et de tanins soyeux et racés, la bouche mêle harmonieusement sucrosité, fraîcheur et fruit. Belle longueur finale. ⧗ 2020-2023

EARL JOSELON, Les Oisonnières, Chavagnes, 49380 Terranjou, tél. 02 41 54 13 98, earljoselon@orange.fr V *r.-v.*

COTEAU SAINT-VINCENT Minéralement Chenin 2019 ★

■ | 5100 | | - de 5 €

Cette exploitation est établie à Chalonnes-sur-Loire, commune située au bord de l'eau, au confluent du Layon et de la Loire. Œnologue, Olivier Voisine y conduit depuis 1999 un vignoble de 23 ha sur des sols schisteux caractéristiques de l'Anjou noir. Une bonne référence de l'Anjou viticole, pour ses liquoreux notamment.
Vêtue d'une jolie robe pâle et brillante, cette cuvée déploie des senteurs minérales et florales à l'olfaction. Une attaque souple introduit une bouche d'une belle fraîcheur, à l'acidité contenue. Une légère amertume vient souligner la finale. ⧗ 2020-2023

EARL OLIVIER VOISINE, Coteau Saint-Vincent, 49290 Chalonnes-sur-Loire, tél. 02 41 78 59 00, coteau-saint-vincent@wanadoo.fr V *r.-v.*

♥ VIGNOBLE DE L'ÉCASSERIE Le Moulin 2018 ★★

■ | 4000 | | 5 à 8 €

Trois générations de Reulier se sont succédé sur cette exploitation de 42 ha. Jérémy est aux commandes depuis 2003. Les vins du domaine sont régulièrement en vue dans le Guide.
Une très belle robe grenat soutenu habille ce vin aux arômes de fruits mûrs, de cassis et de figue, agrémentés de notes de cèdre et d'eucalyptus. Suavité à l'attaque, tanins fondus et soyeux, saveurs persistantes de réglisse et de cerise noire : le palais est un régal. Un anjou gourmand à souhait, et qui vieillira bien. ⧗ 2020-2025

SCEA REULIER, Vignoble de l'Écasserie, Champ-sur-Layon, 49380 Bellevigne-en-Layon, tél. 02 41 78 03 75, vignoble.ecasserie@orange.fr V *t.l.j. sf dim. 8h30-12h 14h-18h*

CH. DU FRESNE Les Cabernets 2019 ★

■ | 28800 | | - de 5 €

Ce château du XVᵉs. bâti en pierre de schiste a gardé de son architecture d'origine une tourelle ronde. Constitué en 1927, le vignoble de 90 ha est conduit depuis 2010 par trois associés, Nicolas Richez, David Maugin et Yannis Bretault.
Les deux cabernets (70 % de franc) sont à l'œuvre dans ce vin grenat intense, au nez gourmand de framboise et de pomme au four. La bouche apparaît croquante en attaque, soutenue par des tanins à la jeunesse encore fougueuse. ⧗ 2021-2025

EARL CH. DU FRESNE, 25_bis, rue des Monts, Faye-d'Anjou, 49380 Bellevigne-en-Layon, tél. 02 41 54 30 88, contact@chateaudufresneanjou.com V *t.l.j. sf dim. 8h-12h 14h-19h*

DOM. DES GALLOIRES Les Rougeries 2019 ★★

■ | 7000 | | 5 à 8 €

Située à l'emplacement d'un ancien manoir, cette propriété familiale créée en 1967 est régulièrement en vue pour l'une ou l'autre de ses 18 cuvées. L'exploitation, conduite par la famille Toublanc depuis 7 générations, couvre aujourd'hui 50 ha surplombant la Loire, côté sud.
La robe est d'une couleur grenat profond aux reflets noirs. Complexe et intense à l'olfaction, ce 2019 dévoile une large palette aromatique faite de confiture de cassis, de cerise confite, de marmelade d'oranges et de violette. Une suavité que l'on retrouve dans une bouche dotée d'une structure tannique généreuse. La réglisse sublime la finale. ⧗ 2022-2025

SCEA DES GALLOIRES, 1, La Galloire, 49530 Drain, tél. 02 40 98 20 10, contact@galloires.com V *t.l.j. sf dim. 9h-12h 14h-19h (sam. 17h)*

DOM. DU HAUT FRESNE La Pigeonnelle 2018 ★★

■ | 8400 | | 5 à 8 €

Fondé en 1959, ce domaine de 78 ha se transmet de père en fils depuis 3 générations. Situé sur des coteaux faisant face à la Loire, près de Liré, il est souvent remarqué pour la qualité de ses vins, de ses coteaux-d'ancenis notamment.
Une robe rouge profond aux reflets violines habille ce vin au nez épicé de cannelle et de vanille sur fond de fruits rouges à l'eau-de-vie. Un bon boisé toasté accompagne la bouche, longue, fondue, riche et charnue, aux tanins élégants. ⧗ 2021-2025

SCEA RENOU FRÈRES ET FILS, Dom. du Haut-Fresne, Drain, 49530 Orée-d'Anjou, tél. 02 40 98 26 79, contact@renou-freres.com V *r.-v.*

JEAN-LOUIS LHUMEAU 2018 ★

■ | 3000 | | 5 à 8 €

Ce domaine créé en 1963 par Joël Lhumeau, repris par son fils Jean-Louis en 1991, a vu sa surface passer de

3 ha de vignes à l'origine à 60 ha aujourd'hui. Cette expansion n'a pas été menée au détriment de la qualité, comme en témoignent de nombreuses sélections, aussi bien en AOC qu'en IGP, et plusieurs coups de cœur.

Paré d'une seyante robe grenat soutenu, cet anjou dévoile un nez tout en finesse de fruits noirs mûrs soutenus par des notes toastées. La bouche est ample, franche, offrant un joli équilibre entre les fruits et les tanins, bien fondus et soyeux. La longue finale achève de convaincre. ⧗ 2021-2025

⊶ EARL JOËL ET JEAN-LOUIS LHUMEAU, 7, rue Saint-Vincent, Linières, 49700 Brigné, tél. 02 41 59 30 51, domainedeshautesouches@orange.fr V t.l.j. 9h-12h30 14h-18h; sam. dim. sur r.-v.

DOM. MATIGNON Celui qui fût ! 2018 ★★

	2500		8 à 11 €

Ce domaine est situé à 500 m du château de Martigné-Briand, au cœur de l'aire des coteaux-du-layon, mais la commune est aussi la petite capitale des vins rosés de l'Anjou. Depuis 1988, Yves Matignon et sa soeur Hélène y cultivent 38 ha de vignes.

Une robe or pâle aux reflets argentés, une gamme aromatique complexe, où les fruits exotiques côtoient la pêche blanche, la poire et le toasté, une bouche ample, puissante, qui reste fraîche jusque dans sa longue finale florale : cet anjou marie l'élégance et l'intensité. ⧗ 2022-2026

⊶ SCEA MATIGNON, 21, av. du Château, 49540 Martigné-Briand, tél. 02 41 59 43 71, info@domaine-matignon.fr V r.-v.

DOM. DE MIHOUDY 2019 ★★

	15000		- de 5 €

Bruno et Jean-Charles Cochard sont associés avec leur père Jean-Paul sur ce vignoble de 72 ha situé dans la vallée du Layon, dans leur famille depuis six générations. Un domaine de référence qui s'illustre souvent en anjou, blanc ou rouge, ainsi qu'en liquoreux, en bonnezeaux notamment. Incontournable.

Ce chenin très pâle libère après aération des arômes de fruits bien mûrs, de pêche et de mangue notamment. On retrouve ces notes avec intensité et agrémentées de fleurs blanches dans une bouche sans aspérité, ronde et généreuse, vivifiée par une finale plus vive et tonique. ⧗ 2020-2023 **Quid novi? 2019 ★ (5 à 8 €; 12000 b.)** D'un jaune pâle brillant, ce 2019 livre un joli bouquet de poire et de pomme Granny. La bouche ne déçoit pas : franche dès l'attaque, elle déroule une fine trame acide avec une agréable petite amertume en finale. ⧗ 2020-2023

⊶ EARL COCHARD ET FILS, Dom. de Mihoudy, 49540 Aubigné-sur-Layon, tél. 02 41 59 46 52, domainedemihoudy@orange.fr V t.l.j. sf dim. 8h30-12h 14h-18h30

DOM. DE LA MOTTE 2018 ★

	10000		5 à 8 €

Ce domaine de 18 ha est implanté à l'entrée du village de Rochefort-sur-Loire, petit bourg situé juste avant la confluence du Layon et de la Loire. Fondé en 1935, il a été repris en 1995 par Gilles Sorin.

Mi-cabernet franc mi-cabernet-sauvignon, cet anjou sombre aux reflets violines propose un nez gourmand de fruits (fraise écrasée et bourgeon de cassis). La bouche se révèle homogène, ronde, ample, persistante. ⧗ 2020-2024

⊶ EARL SORIN, Dom. de la Motte, 35, av. d'Angers, 49190 Rochefort-sur-Loire, tél. 02 41 78 72 96, sorin.dommotte@wanadoo.fr V t.l.j. sf dim. 8h30-12h 13h30-18h30

DOM. DU PETIT CLOCHER 2019 ★

	50000		5 à 8 €

Conduite par la jeune génération, Stéphane, Julien et Vincent Denis, arrivés respectivement en 2003, 2006 et 2009, une affaire de famille depuis 1920; 5 ha aux origines, 86 ha aujourd'hui. Un domaine phare du haut Layon, réputé notamment pour ses vins rouges, mais aussi très à l'aise en blanc et en rosé. Une valeur (très) sûre.

La robe est intense, rouge profond avec des reflets cerise noire. Le nez, chaleureux, dévoile des parfums de raisin bien mûr, de cassis et de myrtille. La bouche offre une très belle attaque souple et suave, centrée sur les fruits noirs et le poivre, avant de dérouler une belle fraîcheur en finale. ⧗ 2020-2024 **2019 ★ (5 à 8 €; 35000 b.)** D'un beau jaune pâle, ce 2019 déploie d'intenses arômes de fruits jaunes et de fines effluves de fleurs blanches. Une attaque franche ouvre sur une bouche souple, longue et déliée. ⧗ 2020-2023

⊶ EARL DU PETIT CLOCHER, La Laiterie, 49560 Cléré-sur-Layon, tél. 02 41 59 54 51, contact@domainedupetitclocher.fr V t.l.j. sf dim. 9h-12h30 14h-18h

DOM. DE LA PETITE ROCHE Origine 2018 ★

	4000		8 à 11 €

Ce vénérable domaine du haut Layon fondé en 1791 compte aujourd'hui 82 ha de vignes plantées sur des sols argilo-schisteux, graveleux et limono-sableux; 50 % de sa superficie sont destinés à l'élaboration des rosés (cabernet-d'anjou et rosé-d'anjou), mais il se distingue aussi dans d'autres couleurs. Le domaine est certifié Terra Vitis depuis 2018.

Les arômes sont riches et intenses, avec une dominante florale et des senteurs de fruits noirs confiturés. La bouche se révèle généreuse, gourmande, dotée de tanins souples, et ne manque pas de fraîcheur. ⧗ 2020-2023

⊶ SCEV REGNARD, La Petite-Roche, Trémont, 49310 Lys-Haut-Layon, tél. 02 41 59 43 03, contact@domainepetiteroche.com V r.-v.

CH. PIERRE-BISE Le Haut de la garde 2018 ★

	14000		11 à 15 €

Ce domaine de 46 ha, né de la fusion de deux exploitations familiales, est conduit depuis 2010 par René Papin. Un domaine très réputé pour la qualité de ses vins blancs, en vin sec comme en liquoreux. Incontournable.

Ce 2018 à la robe or blanc très clair offre des parfums délicats de pêche, de rose et de fruits exotiques. La bouche est franche, vive, saline. Elle persiste sur des notes de zestes d'agrumes et déploie une belle

LOIRE

finale pleine de fraîcheur, relevée par de beaux amers. ⧗ 2020-2024

EARL CH. PIERRE-BISE, Pierre-Bise, 49750 Beaulieu-sur-Layon, tél. 02 41 78 31 44, chateaupb@hotmail.com V r.-v.

♥ DOM. DES TROTTIÈRES 9 1/2 2019 ★★★

■ | 6500 | | 5 à 8 €

Ce domaine créé en 1906 par M. Brochard, pionnier dans le vignoble angevin de l'introduction des porte-greffes américains résistant au phylloxéra, couvre aujourd'hui 117 ha et propose une large gamme d'appellations de l'Anjou et du Saumurois. Une valeur sûre.

En marge de son appellation, même si elle a pu y prétendre (et c'est heureux), cette cuvée séduit autant par son originalité que par ses qualités indéniables. 9 ½? Le (faible) degré alcoolique de ce vin à la sucrosité élevée (50 g/l de sucres résiduels). Un moelleux rayonnant, très aromatique, ouvert sur d'admirables notes de fruits exotiques (mangue, fruit de la Passion), d'agrumes et de violette. Aussi longue qu'équilibrée, la bouche offre le mariage parfait de la générosité et la légèreté. Un vin exubérant et diablement séduisant. À boire comme à attendre. ⧗ 2020-2028 ■ **2019 Sans sulfites ajoutés ★★ (8 à 11 €; 7733 b.)** ♥ Et un second coup de cœur pour le domaine avec cette cuvée sans soufre, au nez puissant et gourmand de confiture de myrtille, de cassis et de sirop de fraise. Tout aussi prolixe, la bouche se révèle ronde, croquante, charnue, centrée sur des arômes de raisins frais. La finale apporte une touche de fraîcheur qui parfait l'équilibre de ce très beau vin ligérien, simple mais pas simpliste. Épatant. ⧗ 2020-2023

SAS DOM. DES TROTTIÈRES, Les Trottières, Thouarcé, 49380 Bellevigne-en-Layon, tél. 02 41 54 14 10, contact@domainedestrottieres.com V *t.l.j. sf sam. dim. 9h-12h 14h-17h*

DOM. DE LA TUFFIÈRE
Ledit Vin Chenin 2019 ★

■ | 6500 | | 11 à 15 €

Situé sur la rive droite de la Loire, au nord-est d'Angers, ce domaine de 25 ha, de création monastique, remonte au XVIIᵉs. Longtemps propriété du Ch. de la Tuffière, il a été repris en 1989 par les Coignard, exploitants sur ces terres depuis 1972. Leur fille Clarisse et son mari Fabrice Benesteau sont aux commandes depuis 2002. Leurs vins (blancs et rosés notamment) sont régulièrement remarqués dans nos éditions.

Une cuvée bien connue des amateurs d'anjou blanc, coup de cœur dans ses versions 2018 et 2015. D'une belle couleur jaune aux reflets verts, le 2019 livre un bouquet intense et généreux de fruits bien mûrs (abricot, ananas). La bouche se révèle onctueuse, dense, opulente, soutenue par un bon boisé. ⧗ 2022-2025

EARL COIGNARD-BENESTEAU, Dom. de la Tuffière, Lué-en-Baugeois, 49140 Jarzé-Villages, tél. 02 41 45 11 47, vignobletuffiere@gmail.com V *t.l.j. sf dim. 9h-12h 14h-19h*

ANJOU-GAMAY

Superficie : 125 ha / Production : 6 630 hl

Vin rouge produit à partir du cépage gamay. Né sur les terrains les plus schisteux de la zone, bien vinifié, il peut donner un excellent vin de carafe. Quelques exploitations se sont spécialisées dans ce type, qui n'a d'autre ambition que de plaire au cours de l'année suivant sa récolte.

VIGNES DE L'ALMA 2019 ★

■ | 13000 | | 5 à 8 €

Saint-Florent-le-Vieil, village charnière entre l'Anjou et le pays nantais. Romain Chevalier y conduit (seul depuis 2017, son père Roland étant parti à la retraite) un clos de 11 ha, commandé par un bâtiment datant de 1856 baptisé par le propriétaire d'alors – un général des Armées – en souvenir de la bataille de l'Alma. Ses vins rosés et rouges se rattachent à l'Anjou, ses blancs à l'AOC muscadet-coteaux-de-la-loire. Une valeur sûre.

Issue d'un assemblage de macération carbonique (60 %) et de macération traditionnelle (40 %), cette cuvée rouge intense offre une belle palette de notes poivrées et de petits fruits noirs. Après une attaque souple, la bouche se montre suave et gourmande, et laisse en finale une agréable saveur de réglisse. ⧗ 2020-2022

EARL DU CLOS DE L'ALMA, L'Alma, Saint-Florent-le-Vieil, 49410 Mauges-sur-Loire, tél. 02 41 72 71 09, lesvignesdelalma@orange.fr V *t.l.j. sf dim. 9h-12h 14h-19h (sam. 18h)*

ANJOU-VILLAGES

Superficie : 190 ha / Production : 8 510 hl

Le terroir de l'AOC anjou-villages correspond à une sélection de terrains dans l'AOC anjou : seuls les sols se ressuyant facilement, précoces et bénéficiant d'une bonne exposition ont été retenus. Ce sont essentiellement des sols développés sur schistes, altérés ou non.

Issus du cabernet franc parfois complété par du cabernet-sauvignon, les anjou-villages sont colorés, fruités, charnus et assez charpentés. Vite prêts, ils se gardent en moyenne deux à trois ans.

B L'ARCHE DE LA REBELLERIE 2018 ★

■ | 13000 | | 5 à 8 €

Établissement et service d'aide par le travail, ce domaine appartient à la Fédération des communautés

de l'Arche de Jean Vanier. Il accueille trente adultes handicapés qui participent aux travaux de la vigne. L'exploitation de 25 ha est conduite en bio depuis 2000.

Paré d'une robe profonde presque noire, ce 2018 dévoile un nez gourmand de fruits rouges compotés et de tabac blond. Le prélude à un palais ample et souple. Les tanins apparaissent en finale, accompagnés d'une note de verveine. ⧗ 2021-2024

ESAT L' ARCHE EN ANJOU, La Rebellerie, Nueil-sur-Layon, 49560 Lys-Haut-Layon, tél. 02 41 59 53 51, secretariat.esat@arche-anjou.org V *t.l.j. sf sam. dim. 8h30-12h 14h-17h; f. août*

♥ DOM. BODINEAU
Héritage Élevé en fût 2018 ★★★

■	1200		11 à 15 €

Établis dans le petit hameau de Savonnières, Frédéric Bodineau et sa sœur Anne-Sophie officient ensemble sur ce domaine familial (40 ha) dont l'origine remonte à 1850. Lui est à la vigne et au chai, elle à l'accueil et au service clientèle.

Coup de cœur dans l'édition précédente pour un 2017, le domaine signe un magnifique 2018 d'un noir soutenu, au nez riche et complexe de fruits rouges bien mûrs, de gelée de groseille et de liqueur de cassis. Des arômes enrichis de notes épicées dans une bouche ronde, opulente et généreuse, où les tanins encore fougueux apportent structure et volume. Du caractère et du potentiel. ⧗ 2023-2027

EARL BODINEAU, 5, chem. du Château-d'Eau, Les-Verchers-sur-Layon, 49700 Doué-en-Anjou, tél. 02 41 59 22 86, domainebodineau@yahoo.fr V *t.l.j. sf dim. 9h-12h30 14h-17h30*

Ⓑ DOM. DE BOIS MOZÉ Le Champ noir 2017 ★

■	13000		5 à 8 €

Commandé par un ancien manoir du XVIᵉs., le domaine est devenu au XVIIᵉs. une métairie du château de Montsabert. Il s'est développé dans les années 1950-1970 avant de changer de mains en 1996 (famille Lancien). Il couvre aujourd'hui 38 ha labellisés bio depuis 2017.

La robe sombre s'éclaire de reflets violets. La complexité du nez s'exprime au travers de notes intenses de vanille, d'iris et de griotte. Ce vin finement structuré offre une bouche soyeuse et élégante, dotée de tanins bien enrobés. ⧗ 2021-2025

SCEA DOM. DE BOIS MOZÉ, Le Bois-Mozé, Coutures, 49320 Brissac-Loire-Aubance, tél. 02 41 57 91 28, contact@bois-moze.fr V *r.-v.*

SOPHIE ET JEAN-CHRISTIAN BONNIN
Les Grenuces 2018 ★

■	5000		8 à 11 €

Régulièrement mentionné dans le Guide, ce domaine créé en 1920 couvre aujourd'hui 43 ha autour de Martigné-Briand. En 1998, son diplôme d'œnologue en poche, Jean-Christian Bonnin a repris le vignoble familial en compagnie de sa femme Sophie.

Ce 100 % cabernet-sauvignon à la robe rouge foncé offre un joli nez fruité de myrtille et de groseille. La bouche, onctueuse et charnue, propose un savoureux mélange de fruits et d'aubépine. ⧗ 2020-2025

EARL SOPHIE ET JEAN-CHRISTIAN BONNIN, Dom. de la Croix des Loges, 4, chem. du Vignoble, Martigné-Briand, 49540 Terranjou, tél. 02 41 59 43 58, contact@famillebonnin.com V *r.-v.*

DOM. DU COLOMBIER
Les Rémones Élevé en fût de chêne 2018 ★★

■	7000		5 à 8 €

Ce domaine familial créé en 1974 comprend un vignoble de 44 ha situé non loin de Doué-la-Fontaine, la «cité des roses». À sa tête depuis 2003, Sylvain Bazantay et sa sœur Florence, à l'aise dans les trois couleurs, proposent une vaste gamme de vins d'Anjou.

D'une jolie teinte rouge soutenu, ce duo de cabernets dévoile un nez ouvert de noix de coco et d'eucalyptus. Il déploie ces mêmes arômes agrémentés de notes de poivre et de violette dans une bouche souple, ample, complexe. Un vin élégant et racé. ⧗ 2021-2026

EARL SYLVAIN ET FLORENCE BAZANTAY, 10, rue du Colombier, Linières, Brigné-sur-Layon, 49700 Doué-en-Anjou, tél. 02 41 59 31 82, earlbazantay@orange.fr V *t.l.j. sf dim. 9h30-12h30 14h-18h30; sam. 9h30-12h30*

DOM. LA GUILLAUMERIE 2018 ★

■	6682		5 à 8 €

Après vingt ans passés dans le monde du vin, Frédéric Hanse et son épouse réalisent leur rêve en rachetant le Dom. la Guillaumerie, situé dans l'aire des coteaux-du-layon. Ils exploitent près de 20 ha de vignes, dont la moitié en chenin.

Ce 2018 rouge aux reflets violines propose un nez discret de mûre et de griotte. La bouche se montre plus ouverte, souple et gouleyante, avec une belle finale tout en fraîcheur. Un *villages* alerte et gourmand. ⧗ 2020-2023

EARL DOM. LA GUILLAUMERIE, La Liaumerie, 49190 Rochefort-sur-Loire, tél. 06 51 03 10 54, domainelaguillaumerie@gmail.com V *r.-v.*

DOM. DE LA PETITE CROIX Vieilles Vignes 2018 ★

■	6000		5 à 8 €

Régulièrement mentionné dans le Guide, ce domaine est situé à Thouarcé, au cœur des vignes du Layon. François Geffard, à la tête de l'exploitation familiale (55 ha), propose une belle gamme ligérienne : bonnezeaux, coteaux-du-layon et anjou dans les trois couleurs.

Une belle robe rouge foncé, un nez fruité (groseille et cerise), ouvert et intense : l'approche est séduisante. Une attaque souple ouvre sur une bouche élégante et soyeuse, dynamisée par de bons amers en finale. ⧗ 2021-2024

SCEA VIGNOBLE DENÉCHÈRE-GEFFARD, Dom. de la Petite-Croix, Thouarcé, 49380 Bellevigne-en-Layon, tél. 02 41 54 06 99, lapetitecroix@yahoo.fr V *r.-v.* Ⓑ

DOM. DU PETIT MÉTRIS Aquilon 2018 ★

2900 | 8 à 11 €

Régulièrement mentionné dans le Guide, ce domaine s'affirme comme une valeur sûre du vignoble angevin, tant pour ses blancs secs que pour ses liquoreux. Créée en 1742, la propriété domine du haut de son coteau le village de Saint-Aubin-de-Luigné traversé par le Layon.

D'un seyant rouge rubis, cette cuvée s'adresse aux amateurs de vins friands. Au nez, elle développe d'intenses parfums de fruits rouges frais. Arômes relayés par une bouche ample, souple, fraîche, aux tanins soyeux. 2020-2023

GAEC JOSEPH RENOU ET FILS, 13, chem. de Treize-Vents, Le Grand-Beauvais, 49190 Saint-Aubin-de-Luigné, tél. 02 41 78 33 33, domaine.petit.metris@wanadoo.fr V *r.-v.*

DOM. DU PORTAILLE Le Vaux 2018 ★★

8000 | 8 à 11 €

Cette exploitation familiale s'est développée avec Marcel Tisserond, puis avec ses deux fils Philippe et François, qui se sont installés respectivement en 1998 et 2003. Aujourd'hui, 50 ha au-dessus des coteaux du bonnezeaux.

Ce vin s'annonce par une jolie robe rouge aux reflets violines et par un nez intense et bien typé de fruits rouges mûrs. Arômes prolongés par une bouche ample, ronde, riche en fruit. Les tanins, denses et veloutés, soulignés par une touche de réglisse, se révèlent en finale et confèrent une agréable persistance à l'ensemble. 2022-2027

EARL TISSEROND, lieu-dit Millé, Chavagnes, 49380 Terranjou, tél. 02 41 54 07 85, earl.tisserond@wanadoo.fr V *t.l.j. sf dim. 9h-12h 14h-19h*

DOM. SAUVEROY Ultima Terra 2017 ★

6900 | 20 à 30 €

Un domaine fondé en 1866, dans la famille de Pascal et Véronique Cailleau depuis 1947. Ces derniers, aux commandes depuis 1985 et désormais épaulés par leur fils Quentin, conduisent avec talent un vignoble de 28 ha (1 ha aux origines). Une valeur sûre de l'Anjou viticole, à l'aise dans les trois couleurs, en secs comme en doux. La conversion bio est en cours.

24 mois d'élevage dont 18 en fût de chêne pour cette cuvée sombre encore empreinte de ce passage en barrique avec ses notes de vanille, de torréfaction et d'eucalyptus. La bouche offre une belle structure tannique, solide, ferme, qui appelle la garde. 2023-2028

EARL PASCAL CAILLEAU, Dom. Sauveroy, Saint-Lambert-du-Lattay, 49750 Val-du-Layon, tél. 02 41 78 30 59, domainesauveroy@sauveroy.com V *t.l.j. sf dim. 9h-12h30 14h-18h*

DOM. DES TRAHAN Le Logis de Preuil 2018 ★★

4000 | 5 à 8 €

Ce domaine est situé dans le sud de l'appellation anjou, dans le département des Deux-Sèvres. Jean-Marc Trahan cultive 60 ha de vignes sur des sols de schistes plus ou moins altérés et propose toutes les appellations d'Anjou.

D'une jolie teinte rouge violet, ce vin dévoile un bouquet intense d'épices agrémenté de nuances florales. En bouche, il apparaît ample, expressif et long, avec de jolies notes de violette, et s'appuie sur des tanins fins et soyeux qui renforcent son élégance. 2022-2026

SCEA LES MAGNOLIAS DES TRAHAN, 2, rue des Genêts, Cersay, 79290 Val-en-Vignes, tél. 05 49 96 80 38, domainedestrahan@wanadoo.fr V *r.-v.*

ANJOU-VILLAGES-BRISSAC

Superficie : 105 ha / Production : 4 517 hl

Au sein de l'AOC anjou-villages, les dix communes situées autour du château de Brissac constituent l'aire géographique de cette AOC reconnue en 1998. Les vignes sont implantées sur un plateau en pente douce vers la Loire, limité au nord par ce fleuve et au sud par les coteaux abrupts du Layon. Les sols sont profonds. La proximité de la Loire, qui limite les températures extrêmes, explique également la particularité du terroir. Complexes, charnus et denses, les anjou-villages-brissac sont aptes à une moyenne garde (2 à 5 ans) et peuvent vivre 10 ans les meilleures années.

CH. D'AVRILLÉ 2018 ★

20000 | 5 à 8 €

Ne pouvant plus respirer le cuir, Eusèbe Biotteau abandonna en 1938 son métier de cordonnier pour créer à partir de 40 ha ce domaine, situé sur l'ancienne voie romaine conduisant Angers à Poitiers. Aujourd'hui, l'exploitation, gérée par l'un de ses petits-fils, Pascal, compte 200 ha. Elle domine la vallée de l'Aubance.

Ce brissac d'une couleur bien soutenue dévoile un nez franc et friand de fruits rouges et noirs mâtinés de parfums de réglisse et de pain grillé qui amènent de l'élégance. La bouche est ronde et généreuse, avec des tanins bien construits en soutien. 2022-2025

SCEA BIOTTEAU FRÈRES, Saint-Jean-des-Mauvrets, 49320 Les Garennes-sur-Loire, tél. 02 41 91 22 46, chateau.avrille@wanadoo.fr V *t.l.j. sf dim. 9h30-12h 14h30-18h30*

♥ B DOM. DES ROCHELLES La Croix de Mission 2018 ★★★

25000 | 8 à 11 €

Conduit depuis les années 1970 par Jean-Yves Lebreton, rejoint entre-temps par son fils Jean-Hubert, à la tête de l'exploitation depuis 2004, ce domaine de 47 ha s'était spécialisé en viticulture dès 1920. Avec plusieurs coups de cœur à son actif, il fait partie des références de l'Anjou pour sa production de vins rouges.

Une cuvée incontournable de l'appellation, à son sommet dans sa version 2018. La robe est noire, le nez superbe, explosif, sur des notes de violette, d'épices et de compote de cerise. La bouche est tout aussi impressionnante : charnue, complexe, opulente, généreuse, elle s'adosse à des tanins soyeux et déploie une finale délicate et harmonieuse de fruits frais. ⧗ 2024-2030 ■ **Breton 2018 ★ (8 à 11 €; 26000 b.)** Ⓑ Intense et expressive, l'olfaction propose des arômes de fruits frais et de bonbon à la violette. Ronde à souhait sans manquer de fraîcheur, la bouche est dominée par des arômes de cerise et la souplesse des tanins affinent sa structure très équilibrée. ⧗ 2023-2027

EARL LEBRETON, Dom. des Rochelles, chem. des Rochelles, 49320 Saint-Jean-des-Mauvrets, tél. 02 41 91 92 07, jy.a.lebreton@wanadoo.fr V t.l.j. sf dim. 9h-12h 14h-18h30

DOM. DE SAINTE ANNE
Les Pains bénis 2018 ★

■	10000		8 à 11 €

Domaine familial situé à proximité du château de Brissac, dont le vignoble de 56 ha est implanté sur une croupe argilo-calcaire. Marc Brault y est installé depuis 1983, épaulé par ses fils Florian (vinification) et Boris (commercialisation).

Une robe rubis sombre habille ce brissac expressif, qui associe le poivron, la violette et le bourgeon de cassis. La bouche est ample et intense, soutenue par des tanins encore assez fougueux que le temps apaisera. ⧗ 2024-2028

EARL BRAULT, Sainte-Anne, 49320 Brissac-Quincé, tél. 02 41 91 24 58, marc-brault@wanadoo.fr V t.l.j. sf dim. 9h-12h 14h-18h

CABERNET-D'ANJOU

Superficie : 5 341 ha / Production : 331 114 hl

On trouve dans cette appellation d'excellents vins rosés demi-secs issus des cépages cabernet franc et cabernet-sauvignon. À table, on les associe assez facilement, servis frais, au melon en hors-d'œuvre ou à certains desserts pas trop sucrés. En vieillissant, ces vins prennent une nuance tuilée et peuvent être bus à l'apéritif. Ceux qui naissent sur les faluns de la région de Tigné et dans le Layon sont les plus réputés.

VIGNOBLE DE L'ARCISON 2019 ★

■	2000		- de 5 €

Une exploitation de 27 ha située sur le territoire de la commune de Thouarcé, célèbre pour son cru bonnezeaux. Romain Reulier a pris en 2008 la succession de ses parents sur ce domaine souvent en vue pour ses rosés.

Un cabernet-d'anjou légèrement rosé, où la richesse l'emporte sur la fraîcheur. À un nez gourmand de bonbon anglais et de fraise mûre répond un palais ample, tendre et fruité, aux saveurs de framboise et de cassis. Un ensemble généreux, qui s'achève sur une note acidulée. ⧗ 2020-2021

ROMAIN REULIER, Vignoble de l'Arcison, 333, lieu-dit Le Mesnil - Thouarcé, 49380 Bellevigne-en-Layon, tél. 02 41 54 16 81, vignoble-arcison@orange.fr V r.-v. Ⓒ

Ⓑ DOM. DE BOIS MOZÉ Luron de la Tour 2019 ★★

■	10000		5 à 8 €

Commandé par un ancien manoir du XVI^e^s., le domaine est devenu au XVII^e^s. une métairie du château de Montsabert. Il s'est développé dans les années 1950-1970 avant de changer de mains en 1996 (famille Lancien). Il couvre aujourd'hui 38 ha labellisés bio depuis 2017.

Issu d'une vinification très soignée, ce 2019 séduit d'emblée par son élégante couleur rose léger. Le nez, puissant et complexe, libère à l'aération de jolies notes de fruits rouges bien mûrs et de pamplemousse rose. La bouche se révèle charnue et croquante, à la douceur maîtrisée, et l'ensemble reste frais jusqu'en finale. ⧗ 2020-2021

SCEA DOM. DE BOIS MOZÉ, Le Bois-Mozé, Coutures, 49320 Brissac-Loire-Aubance, tél. 02 41 57 91 28, contact@bois-moze.fr V r.-v.

DOM. DE LA BRUYÈRE 2019 ★★

■	8000		- de 5 €

Domaine familial créé en 1975 avec 4 ha de vignes. Antoine Butet prend la suite de ses parents en 2010 et exploite aujourd'hui un vignoble de 28 ha.

Ce 2019 rosé pâle présente un nez élégant et frais de fruits rouges frais et d'agrumes. Si l'attaque penche vers la sucrosité, le développement se montre plus frais grâce à une acidité bien présente et des arômes persistants de pamplemousse rose. L'ensemble est bien construit, homogène et sans aspérité. ⧗ 2020-2021

ANTOINE BUTET, Chavannes, 3, rue de l'Arguray, 49260 Le Puy-Notre-Dame, tél. 02 41 52 28 04, antoine.butet49@orange.fr V t.l.j. sf dim. 9h-12h 14h-18h

DOM. DE LA CLARTIÈRE Cuvée Élégance 2019 ★

■	26666		- de 5 €

Depuis 1930, quatre générations de « Pierre » se sont succédé à la tête de ce vignoble (35 ha) situé dans le haut Layon. Après Pierre-Marie, Pierre-Antoine Pinet a pris les rênes du vignoble en 2007, rejoint en 2017 par son frère cadet Édouard, de retour de l'étranger. Ce dernier œuvre à la cave.

Une jolie robe pâle, un bouquet réservé mais élégant où s'exprime la finesse de la framboise : l'approche donne envie de poursuivre. On découvre alors un palais frais, souple, au fruité délicat et à la sucrosité discrète. ⧗ 2020-2021

EARL PINET, La Clartière, 49560 Nueil-sur-Layon, tél. 02 41 59 53 05, earlpinet@orange.fr V r.-v.

DOM. DE CLAYOU 2019 ★

■	70000		5 à 8 €

Installé au cœur des coteaux du Layon, à Saint-Lambert-du-Lattay, ce domaine de 33 ha produit une vaste gamme de rosés, de rouges et de blancs sur la

rive gauche du Layon. Incarnant la troisième génération, Jean-Bernard Chauvin est aux commandes depuis 1984, épaulé par son épouse Catherine et son fils Denis.

Une majorité de cabernet franc dans ce rosé pâle aux reflets saumonés et au nez intense de groseille, de fraise et de bonbon anglais. De la fraîcheur, de la rondeur, une douceur mesurée, un fruité persistant, la bouche ne manque de rien. ⧗ 2020-2021

EARL CLAYOU CHAUVIN, 2, lieu-dit La Belle Angevin, Saint-Lambert-du-Lattay, 49750 Val-du-Layon, tél. 02 41 78 44 44, contact@domainedeclayou.fr V r.-v.

DOM. DES DEUX ARCS 2019 ★

■ | 10 000 | | - de 5 €

Jean-Marie Gazeau, après une expérience en Afrique du Sud, a rejoint son père Michel en 2005 sur le domaine familial (53 ha). Leurs vins sont régulièrement sélectionnés dans le Guide, dans diverses appellations de l'Anjou et dans les trois couleurs. Une valeur sûre.

Né d'un assemblage à parts égales de cabernet franc et de cabernet-sauvignon, ce rosé s'affiche dans une belle robe soutenue aux reflets violines. Le nez conjugue avec finesse les fruits rouges et les fleurs blanches. Une attaque souple introduit un palais ample et bien équilibré. Un brin d'amertume apparaît en finale. ⧗ 2020-2021

SCA VIGNOBLE MICHEL ET JEAN-MARIE GAZEAU, Dom. des Deux Arcs, 11, rue du 8-Mai-1945, Martigné-Briand, 49540 Terranjou, tél. 02 41 59 47 37, do2arc@wanadoo.fr V t.l.j. 9h-12h30 14h-19h

DOM. DE FLINES 2019 ★★

■ | 115 000 | | - de 5 €

Originaires du Loir-et-Cher, où leurs ancêtres étaient vignerons, Chantal et Jean Motheron s'installent comme négociants en 1955, en Anjou, à Martigné-Briand. En 1968, ils constituent ce domaine (52 ha aujourd'hui) que leur fille Catherine reprend en 2006 et modernise.

Ce pur cabernet franc, en robe brillante et lumineuse, dévoile un nez fin et élégant de fruits rouges frais et d'abricot. La bouche, fraîche en attaque, offre une matière charnue, une sucrosité flatteuse et un bel équilibre entre vivacité et douceur. Les arômes de fruits jaunes, de pêche notamment, persistent dans une finale savoureuse. ⧗ 2020-2021

EARL DOM. DE FLINES, 102, rue d'Anjou, Martigné-Briand, 49540 Terranjou, tél. 02 41 59 42 78, domaine.de.flines@wanadoo.fr V r.-v.

DOM. DE HAUT MONT 2019 ★

■ | 8 000 | | 5 à 8 €

Chez les Robin, on cultive la vigne depuis sept générations. C'est Alfred qui a fondé ce domaine en 1955. Son petit-fils Nicolas est aux commandes depuis 2013, avec à sa disposition un vignoble de 28 ha.

Ce 100 % cabernet franc tirant vers le rouge léger s'ouvre sur des arômes délicats de fruits rouges frais et de bonbon Arlequin. La bouche se montre tendre et onctueuse, avec la persistance des fruits rouges pour trame aromatique. La fraîcheur pointe en finale pour vivifier l'ensemble. ⧗ 2020-2021

EARL ROBIN-PICHERY, 31, rue des Monts, Faye-d'Anjou, 49380 Bellevigne-en-Layon, tél. 02 41 54 02 55, robin.pichery@orange.fr V t.l.j. sf dim. 9h-12h 14h-19h

JEAN-LOUIS LHUMEAU 2019 ★

■ | 3 000 | | 5 à 8 €

Ce domaine créé en 1963 par Joël Lhumeau, repris par son fils Jean-Louis en 1991, a vu sa surface passer de 3 ha de vignes à l'origine à 60 ha aujourd'hui. Cette expansion n'a pas été menée au détriment de la qualité, comme en témoignent de nombreuses sélections, aussi bien en AOC qu'en IGP, et plusieurs coups de cœur.

Un rosé saumoné et brillant, au nez gourmand de fruits rouges mûrs. La bouche, tout aussi fruitée, se révèle droite et tonique, une intense trame acidulée venant équilibrer la douceur. Un 2019 gourmand et frais. ⧗ 2020-2021

EARL JOËL ET JEAN-LOUIS LHUMEAU, 7, rue Saint-Vincent, Linières, 49700 Brigné, tél. 02 41 59 30 51, domainedeshautesouches@orange.fr V t.l.j. 9h-12h30 14h-18h; sam. dim. sur r.-v.

CH. DE MONTGUÉRET 2019 ★

■ | 150 000 | | - de 5 €

Les Grands Chais de France ont acquis en 2005, auprès de la société Lacheteau, les châteaux de Montguéret et de Champteloup, un vaste ensemble de 100 ha souvent en vue pour ses rosés et ses effervescents.

Le domaine signe une très belle cuvée d'un rosé pâle résolument tendance. Le nez, intense, libère des notes engageantes de petits fruits rouges. En bouche, du volume, du fruit et une sucrosité maîtrisée grâce à une acidité bien ajustée qui apporte du tonus en finale. ⧗ 2020-2021

SCEA CHAMPTELOUP (CH. DE MONTGUÉRET), Ch. du Cléray, 44194 Vallet, tél. 02 41 59 26 26 V t.l.j. sf dim. 8h30-17h

♥ DOM. DE LA PETITE ROCHE Essentiel 2019 ★★

■ | 130 000 | | 5 à 8 €

Ce vénérable domaine du haut Layon fondé en 1791 compte aujourd'hui 82 ha de vignes plantées sur des sols argilo-schisteux, graveleux et limono-sableux; 50 % de sa superficie sont destinés à l'élaboration des rosés (cabernet-d'anjou et rosé-d'anjou), mais il se distingue aussi dans d'autres couleurs. Le domaine est certifié Terra Vitis depuis 2018.

Les deux cabernets (40 % de sauvignon) composent un rosé admirable de bout en bout. On aime sa couleur légère et élégante, son nez tout aussi délicat de fleurs blanches et d'agrumes, sa bouche à la fois tendre, fine et fraîche. Pour parfaire cette harmonie, la finale, centrée sur le pamplemousse, se montre tonique et persistante. Une vraie maîtrise technique pour beaucoup de plaisir. ⧗ 2020-2021

SCEV REGNARD, La Petite-Roche, Trémont, 49310 Lys-Haut-Layon, tél. 02 41 59 43 03, contact@domainepetiteroche.com V r.-v.

ROSÉ-D'ANJOU

Superficie : 2 267 ha / Production : 149 536 hl

Après un fort succès à l'exportation au début du XXe s., ce vin demi-sec connaît à nouveau une embellie. Le grolleau, principal cépage, autrefois conduit en gobelet, produit des vins rosés légers, jadis appelés « rougets ».

♥ CH. DE FESLES La Chapelle 2019 ★★

31000 | 5 à 8 €

En juillet 2008, le groupe Grands Chais de France a acheté à Bernard Germain le Ch. de Fesles, situé dans l'aire du bonnezeaux. Le domaine a engagé au printemps 2010 la conversion bio de son vignoble de 43 ha.

Une seyante robe pâle aux reflets brillants habille ce rosé mi-cabernet franc mi-grolleau unanimement salué pour son équilibre. Très racé, le nez offre un mariage complexe de petits fruits rouges, de bonbon Arlequin et de pamplemousse. La bouche est particulièrement soignée : de la douceur sans excès, du volume, un fruité persistant et une fraîcheur qui apporte du peps et un surcroît d'élégance. Techniquement parfaitement maîtrisé, ce rosé est une vraie gourmandise. ⧗ 2020-2021

SAS DE FESLES, Ch. de Fesles, Thouarcé, 49380 Bellevigne-en-Layon, tél. 02 41 68 94 08, gbigot@sauvion.fr V *t.l.j. sf dim. 8h30-12h30 14h-17h30*

DOM. DES SAULAIES La Cotelle 2019 ★

1266 | 5 à 8 €

La famille Leblanc est installée depuis 1662 sur les terres escarpées de Faye-d'Anjou. Initialement tournée vers les vins blancs, puis vers les vins rosés au début du XXe s., l'exploitation a ajouté les rouges à sa gamme au cours des années 1960-1970. Le vignoble, certifié HVE, couvre 18 ha.

Tirant plutôt sur l'orangé, ce rosé floral au nez s'enrichit en bouche de petits fruits rouges. L'attaque apporte de la fraîcheur et de la légèreté à un dosage en sucre limité. Un rosé agréable et tonique. ⧗ 2020-2021

EARL PASCAL LEBLANC, 1, rue des Monts, 49380 Bellevigne-en-Layon, tél. 02 41 54 30 66, contact@domainedessaulaies.fr V *t.l.j. sf dim. 8h-12h30 14h-18h30*

DOM. DE LA TOUCHE BLANCHE 2019 ★

2000 | - de 5 €

Installés en 2007, Christian et Ronan Rochais, père et fils, ont créé ce domaine d'une trentaine d'hectares en regroupant deux exploitations situées sur les communes de Chavagnes-les-Eaux et de Martigné-Briand. Depuis 2015, Ronan est seul maître à bord, son père ayant pris sa retraite.

La robe est brillante et lumineuse. Le nez, discret mais plaisant, rappelle la groseille et l'abricot. La bouche apparaît souple, fraîche, d'une sucrosité équilibrée, centrée sur des arômes de fraise qui persistent dans une finale gourmande et acidulée. ⧗ 2020-2021

EARL ROCHAIS, 2, La Touche Blanche, Martigné-Briand, 49540 Terranjou, tél. 02 41 38 02 25, earlrochais@orange.fr V *r.-v.*

COTEAUX-DE-L'AUBANCE

Superficie : 216 ha / Production : 6 722 hl

Petit affluent de la rive gauche de la Loire, comme le Layon qui coule plus à l'ouest, l'Aubance est bordée de coteaux de schistes portant de vieilles vignes de chenin, dont on tire un vin blanc moelleux ou liquoreux qui s'améliore en vieillissant. Cette appellation a choisi de limiter strictement ses rendements. Depuis 2002, la mention « Sélection de grains nobles » est autorisée pour les vins de vendanges présentant une richesse naturelle minimale de 234 g/l, soit 17,5% vol. sans aucun enrichissement. Ceux-ci ne pourront être commercialisés que 18 mois après la récolte.

CH. D'AVRILLÉ Beaumont 2019 ★

20000 | 5 à 8 €

Ne pouvant plus respirer le cuir, Eusèbe Biotteau abandonna en 1938 son métier de cordonnier pour créer à partir de 40 ha ce domaine, situé sur l'ancienne voie romaine conduisant Angers à Poitiers. Aujourd'hui, l'exploitation, gérée par l'un de ses petits-fils, Pascal, compte 200 ha. Elle domine la vallée de l'Aubance.

Ce 2019 d'un jaune doré intense s'ouvre au premier nez sur les fruits compotés, puis laisse percer à l'aération des notes de fruits blancs. La bouche apparaît ample et généreuse, soutenue par une fine acidité aux tonalités de zeste d'orange amère en finale. Un vin bien dans son appellation. ⧗ 2020-2025

SCEA BIOTTEAU FRÈRES, Saint-Jean-des-Mauvrets, 49320 Les Garennes-sur-Loire, tél. 02 41 91 22 46, chateau.avrille@wanadoo.fr V *t.l.j. sf dim. 9h30-12h 14h30-18h30*

DOM. DES BONNES GAGNES La Butte 2018 ★★

8500 | 8 à 11 €

Exploité par les Héry de père en fils depuis 1610, ce domaine fondé par les moines de l'abbaye du Ronceray s'étend sur 38 ha. Il bénéficie d'une terre riche, argilo-calcaire, qui assure le bon développement de la vigne.

Paré d'une intense robe dorée, ce 2018 offre un bouquet typé où l'on sent la présence élégante du botrytis à

LOIRE

travers des notes de miel et d'abricot sec, agrémentées de délicates nuances d'aubépine. Le palais, à l'unisson, se révèle à la fois ample, fin, puissant sans lourdeur et très long. ⧗ 2022-2028

EARL HÉRY VIGNERON, lieu-dit Orgigné, Saint-Saturnin-sur-Loire, 49320 Brissac-Loire-Aubance, tél. 02 41 91 22 76, hery.vigneron@orange.fr V t.l.j. sf dim. 9h-12h 14h-18h30

DOM. DE GAGNEBERT Cuvée d'exception 2018 ★

4000 | 15 à 20 €

C'est sur les schistes ardoisiers de la commune de Juigné-sur-Loire qu'officie depuis cinq générations la famille Moron. Elle cultive aujourd'hui 125 ha et vinifie toutes les appellations d'Anjou.

Un liquoreux de style traditionnel, qui privilégie l'ampleur et la douceur tout en restant équilibré. On apprécie aussi son bouquet d'une réelle complexité, où l'ananas et une touche d'agrumes confits se marient aux raisins secs. ⧗ 2023-2030

SCEA MORON, 2, chem. de la Naurivet, 49610 Juigné-sur-Loire, tél. 02 41 91 92 86, moron@domaine-de-gagnebert.com V t.l.j. sf dim. 8h-12h 14h-19h

DOM. DE HAUTE PERCHE Cuvée Tradition 2018 ★

16000 | 11 à 15 €

Créé en 1966, ce domaine (31 ha) situé aux portes d'Angers était à l'origine dédié aux vins de table. Restructuré, replanté de cépages nobles, il est devenu une valeur sûre des appellations anjou-villages-brissac et coteaux-de-l'aubance. Véronique, la fille d'Agnès et Christian Papin, est à la tête du domaine depuis 2012.

D'une bonne complexité aromatique, sur les fleurs blanches et les fruits secs, ce 2018 présente un palais concentré et gras, qui conserve aussi une belle fraîcheur. Une touche d'amertume en finale lui donne du relief. ⧗ 2022-2028

EARL PAPIN ET ASSOCIÉS, 7, chem. de la Godelière, 49610 Saint-Melaine-sur-Aubance, tél. 02 41 57 75 65, contact@domainehauteperche.com V t.l.j. sf dim. 9h-12h 14h-18h30; sam. sur r.-v. janv. fév.

♥ DOM. DE MONTGILET Les Trois Schistes 2018 ★★★

8034 | 15 à 20 €

Ce domaine situé aux portes d'Angers est une référence de la région, notamment en matière de «douceurs angevines» avec de superbes coteaux-de-l'aubance à la carte. À la tête de l'exploitation créée par son grand-père, Victor, développée par son père, Victor également, Vincent Lebreton, aux commandes depuis 1995, conduit (de façon très raisonnée) 69 ha sur un terroir de schistes ardoisiers.

Ce liquoreux séduit d'emblée par sa robe jaune or paille intense et brillante. Le nez affiche de la complexité et de la concentration à travers des parfums intenses de fruits confits, de raisins et d'abricots secs, de coing et de pomme caramélisée. La bouche, veloutée à souhait, offre le mariage parfait de la richesse, de l'opulence et de l'acidité, le tout relevé par une amertume très agréable aux accents de zeste d'orange confite. La finale, longue, fraîche, intense, achève de convaincre. ⧗ 2023-2030

SCEA VICTOR ET VINCENT LEBRETON (DOM. DE MONTGILET), 10, chem. de Montgilet, Juigné-sur-Loire, 49610 Les-Garennes-sur-Loire, tél. 02 41 91 90 48, montgilet@wanadoo.fr V r.-v.

ANJOU-COTEAUX-DE-LA-LOIRE

Superficie : 30 ha / Production : 980 hl

Située en aval d'Angers, l'appellation est réservée aux vins blancs issus du pineau de la Loire. Elle constitue un vestige du vignoble médiéval d'Anjou, qui était planté sur les bords de la Loire, principale voie de transport à cette époque. Cette proximité du fleuve conditionne le climat des coteaux qui se caractérise par des températures douces, avec des écarts atténués. Les vins paraissent presque légers, délicats, ce qui traduit bien les conditions de maturation équilibrées. L'aire de production est située uniquement sur les schistes et les calcaires de Montjean.

VIGNOBLE MUSSET-ROULLIER La Royauté 2018 ★

11700 | 5 à 8 €

Les domaines Roullier et Musset se sont associés en 1994; leur exploitation couvre aujourd'hui 36 ha sur les coteaux de la Loire. Une valeur sûre du vignoble angevin, aussi bien en blanc qu'en rouge.

Jaune pâle et brillant, ce moelleux affiche un nez résolument citronné et fermentaire. Arômes qui résonnent également dans une bouche souple et ronde, équilibrée par une pointe d'acidité en finale. ⧗ 2020-2025

EARL LES NEUF VINGTS, Vignoble Musset-Roullier, 36, le Bas-Chaumier, 49620 La Pommeraye, tél. 02 41 39 05 71, musset.roullier@orange.fr V r.-v.

SAVENNIÈRES

Superficie : 147 ha
Production : 5 068 hl (crus inclus)

Implanté sur la rive droite de la Loire, à une quinzaine de kilomètres en aval d'Angers, ce vignoble se singularise par sa production : des vins blancs secs, issus du chenin, essentiellement sur la commune de Savennières. Les schistes et grès pourpres leur confèrent un caractère particulier, ce qui les a fait définir longtemps comme crus des coteaux de la Loire; mais ils méritent une appellation à part entière. Ce sont des vins pleins de sève, un peu nerveux.

DOM. DES BARRES Clos de l'Ailaut 2019 ★

2000 | 8 à 11 €

La commune de Saint-Aubin-de-Luigné, surnommée la «Perle du Layon», se situe dans le bas Layon,

tout près de la jonction entre la Loire et le Layon. La famille Achard y conduit ce domaine de 32 ha depuis trois générations.

La couleur jaune pâle de ce savennières annonce un vin bien typé, encore sur la jeunesse. Le nez exprime avec intensité des notes de citron sur fond boisé. Un boisé que l'on retrouve assez dominateur dans un palais frais et de bonne longueur. À attendre encore un peu pour plus de fondu. ⧗ 2022-2026

SCEV ACHARD, 1, les Barres, Saint-Aubin-de-Luigné, 49190 Val-du-Layon, tél. 02 41 78 98 24, achardpatrice@wanadoo.fr V r.-v.

CH. DE BELLEVUE La Croix Picot 2018 ★★

8 820 | 11 à 15 €

Le château, construit au XIXᵉs., est situé sur un point culminant de Saint-Aubin-de-Luigné. Il est entouré d'un parc de plus de 4 ha et d'un vignoble de 35 ha certifié HVE dont Hervé Tijou a pris les commandes en 1995.

Avec sa magnifique robe jaune pâle aux reflets dorés, cette cuvée impressionne par sa complexité aromatique autour de notes florales (genêt, aubépine), fruitées (poire, mangue, ananas) et vanillées. Une attaque fraîche et fruitée précède une sensation d'opulence, puis une fine fraîcheur saline vient dynamiser la finale et conférer beaucoup de longueur à ce très beau vin. ⧗ 2023-2028

EARL TIJOU ET FILS, Ch. de Bellevue, Saint-Aubin-de-Luigné, 49190 Val-du-Layon, tél. 02 41 78 33 11, chateaubellevuetijou@orange.fr V *t.l.j. sf dim. 9h-12h30 14h-18h*

DOM. DU CLOSEL La Jalousie 2018 ★

26 000 | 20 à 30 €

Un vignoble d'origine monastique, devenu Seigneurie de Vaults dans le comté de Serrant au XIIIᵉs. Quatre générations de femmes se sont succédé à sa tête. Aux commandes depuis 2001, Évelyne de Pontbriand y produit des vins de caractère et conduit en bio et en biodynamie un vignoble de 14 ha.

La robe brillante aux reflets or de ce savennières est engageante. Le bouquet, riche et complexe, exhale des notes d'acacia, de tilleul et d'agrumes, soulignées par une touche de minéralité. La bouche se révèle dynamique, portée par une fine trame acide, et bien équilibrée. ⧗ 2021-2025 **Clos du Papillon 2018 ★ (30 à 50 €; 7133 b.)** La vinification et l'élevage de ce 2018 se sont déroulés en fût de chêne pendant près de 18 mois. La robe jaune or est limpide, étincelante. Le nez associe les fleurs (iris et rose) aux notes de torréfaction. La bouche, ample, intense et gourmande, est marquée en finale par la vanille et les amandes grillées. ⧗ 2022-2027

EARL LES VINS DOM. DU CLOSEL, Ch. des Vaults, 1, pl. du Mail, 49170 Savennières, tél. 02 41 72 81 00, contact@savennieres-closel.com V *t.l.j. 10h-19h*

DOM. DE LA DUCQUERIE Clos de Frémine 2018 ★

5 000 | 8 à 11 €

Installés non loin du musée de la Vigne et du Vin à Saint-Lambert-du-Lattay, dans la vallée du Layon, les Cailleau sont à la tête de 50 ha de vignes. Leur fils Cyril a rejoint l'exploitation en 2003 et s'occupe des vinifications, épaulé depuis 2016 par sa sœur Céline.

Un chenin bien mûr compose cette cuvée aux arômes fins et élégants de fleurs blanches et d'agrumes agrémentés d'une pointe de bonbon anglais. Souplesse et ampleur caractérisent la bouche, dynamisée par un soupçon de sucres résiduels (5 g/l). ⧗ 2020-2024

SCEA LA DUCQUERIE CAILLEAU, 2, chem. du Grand-Clos, 49750 Saint-Lambert-du-Lattay, tél. 02 41 78 42 00, domaine.ducquerie@wanadoo.fr V r.-v.

♥ DOM. DU PETIT MÉTRIS Clos de la Marche 2018 ★★

10 500 | 11 à 15 €

Régulièrement mentionné dans le Guide, ce domaine s'affirme comme une valeur sûre du vignoble angevin, tant pour ses blancs secs que pour ses liquoreux. Créée en 1742, la propriété domine du haut de son coteau le village de Saint-Aubin-de-Luigné traversé par le Layon.

Cette cuvée séduit de bout en bout par son élégance, sa pureté et son équilibre. Du point de vue aromatique, le nez et le palais parlent le même langage floral, fruité, brioché et miellé. Sur la rondeur et la souplesse en attaque, la bouche se rafraîchit ensuite, tendue par une très fine acidité qui respire le terroir et donne beaucoup d'allonge à la finale. Un vin d'un équilibre remarquable. ⧗ 2022-2026

GAEC JOSEPH RENOU ET FILS, 13, chem. de Treize-Vents, Le Grand-Beauvais, 49190 Saint-Aubin-de-Luigné, tél. 02 41 78 33 33, domaine.petit.metris@wanadoo.fr V r.-v.

CH. PIERRE-BISE Clos de Coulaine 2018 ★

13 000 | 15 à 20 €

Ce domaine de 46 ha, né de la fusion de deux exploitations familiales, est conduit depuis 2010 par René Papin. Un domaine très réputé pour la qualité de ses vins blancs, en vin sec comme en liquoreux. Incontournable.

Toute la fraîcheur et l'authenticité de l'appellation savennières dans ce chenin élevé en foudre, en jarre et en barriques pendant plusieurs mois. La minéralité s'exprime au nez, discret mais plaisant, avant de soutenir sur toute sa longueur une bouche bien fruitée. ⧗ 2021-2025

EARL CH. PIERRE-BISE, Pierre-Bise, 49750 Beaulieu-sur-Layon, tél. 02 41 78 31 44, chateaupb@hotmail.com V r.-v.

SAVENNIÈRES-ROCHE-AUX-MOINES

Superficie : 19 ha / Production : 336 hl

Il est difficile de séparer les deux crus savennières-roche-aux-moines et savennières-coulée-de-serrant, qui ont pourtant reçu une appellation particulière, tant ils sont proches en caractère et en qualité. La coulée-de-serrant, plus restreinte en surface, est située de

part et d'autre de la vallée du Petit Serrant. Elle est propriété en monopole de la famille Joly. La roche-aux-moines appartient à plusieurs propriétaires. Si elle est moins homogène que son homologue, on y trouve cependant des cuvées qui n'ont rien à lui envier.

CLOS DE LA BERGERIE 2018 ★★

n.c. | 30 à 50 €

Dans les 3,2 ha du savennières-roche-aux-moines exploités par Nicolas Joly, le terroir est schisteux, mais moins pentu que celui de la célèbre coulée-de-serrant du même propriétaire. La démarche biodynamique est identique, et les rendements sont presque aussi faibles, de 25 à 30 hl/ha.

D'un beau doré soutenu, ce Clos de la Bergerie livre au nez des arômes intenses et chaleureux de curry, d'abricot mûr, de confiture de coing, avec en appoint une note crayeuse bien typée. En bouche, il se montre dense, riche, vineux même, mais aussi délicat et soyeux, souligné par cette même touche « terroitée » perçue à l'olfaction. Un vin à la fois solaire et minéral, d'un équilibre constant et assuré. ⧗ 2022-2030

FAMILLE JOLY, Ch. de la Roche aux Moines, 7, chem. de la Roche-aux-Moines, 49170 Savennières, tél. 02 41 72 22 32, info@coulee-de-serrant.com
V *t.l.j. sf dim. 9h-12h 14h-17h30*

DOM. DES FORGES 2018 ★

2700 | 15 à 20 €

La première parcelle a été acquise en 1890. Réputée pour ses vins liquoreux, la propriété, qui compte aujourd'hui 48 ha, a vu en 1996 l'installation de Stéphane et de Séverine Branchereau, qui représentent la cinquième génération aux commandes du domaine.

Ce joli vin aux reflets argentés propose un nez plaisant et gourmand de fruits blancs mûrs, de fleurs et de vanille. La bouche affiche sa jeunesse à travers un boisé léger et une finale acidulée, le tout arrondi par quelques notes briochées. ⧗ 2022-2026

SCEA BRANCHEREAU (DOM. DES FORGES), Le Clos-des-Forges, n°6, lieu-dit Les Barres, 49190 Saint-Aubin-de-Luigné, tél. 02 41 78 33 56, cb@domainedesforges.net V *r.-v.*

Ⓑ CH. PIERRE-BISE 2018 ★★

5500 | 20 à 30 €

Ce domaine de 46 ha, né de la fusion de deux exploitations familiales, est conduit depuis 2010 par René Papin. Un domaine très réputé pour la qualité de ses vins blancs, en vin sec comme en liquoreux. Incontournable.

Issu de raisins en surmaturité, ce vin se distingue par la brillance de sa robe jaune citron, sa richesse aromatique et son équilibre remarquable. Ses qualités olfactives s'expriment à travers des parfums intenses de tilleul, de confiture de coing et de quelques notes d'agrumes. La bouche, concentrée et structurée, s'équilibre entre fraîcheur et rondeur et se trouve dynamisée en finale par des arômes persistants d'abricot sec. ⧗ 2023-2028

EARL CH. PIERRE-BISE, Pierre-Bise, 49750 Beaulieu-sur-Layon, tél. 02 41 78 31 44, chateaupb@hotmail.com V *r.-v.*

SAVENNIÈRES-COULÉE-DE-SERRANT

♥ CLOS DE LA COULÉE DE SERRANT 2018 ★★

n.c. | 50 à 75 €

Ce vénérable clos de 7 ha planté de vieux ceps de chenin accrochés à des coteaux schisteux, création des cisterciens en 1130, est l'une des rares appellations en monopole du vignoble français. Confortée au fil des siècles par des amateurs illustres et couronnés, son aura a pris une dimension internationale depuis que Nicolas Joly, « pape » français de la biodynamie, préside à sa destinée, accompagné aujourd'hui de sa fille Virginie. Le vin tire son caractère original et unique de raisins récoltés en surmaturité – voire botrytisés – en quatre ou cinq passages. À la cave, surtout pas de bois neuf qui masquerait le terroir, mais des barriques de 500 l. Et aussi peu d'interventions que possible.

D'un beau jaune doré, cette Coulée 2018 présente un nez d'une grande délicatesse, ouvert sur des notes florales, minérales (silex chaud) et citronnées. Puis arrivent à l'aération des arômes d'herbe fraîche, de menthol, de grain de riz soufflé, de coing ou encore de poire. Une attaque fraîche et soyeuse à la fois ouvre sur une bouche d'une grande souplesse, caressante et onctueuse, avec une fine minéralité en soutien ; on y retrouve cette note d'orange amère si souvent présente dans ce vin et qui s'étire dans une longue finale. 888e vendange pour la Coulée de Serrant et un sentiment d'éternité... ⧗ 2025-2040

FAMILLE JOLY, Ch. de la Roche aux Moines, 7, chem. de la Roche-aux-Moines, 49170 Savennières, tél. 02 41 72 22 32, info@coulee-de-serrant.com
V *t.l.j. sf dim. 9h-12h 14h-17h30 ; f. janv.-fév.*

COTEAUX-DU-LAYON

Superficie : 1 486 ha / Production : 46 625 hl

Demi-secs, moelleux ou liquoreux, les coteaux-du-layon naissent du seul chenin, cultivé le long de la rive gauche de la Loire sur les coteaux des communes qui bordent le Layon, de Nueil à Chalonnes. Plusieurs villages sont réputés : le plus connu, devenu une appellation à part entière, est celui de Chaume. Six noms peuvent être ajoutés à l'appellation : Rochefort-sur-Loire, Saint-Aubin-de-Luigné, Saint-Lambert-du-Lattay, Beaulieu-sur-Layon, Rablay-sur-Layon, Faye-d'Anjou. Depuis 2002, les vins ont droit à la mention « Sélection de grains nobles » lorsque la richesse naturelle minimale de la vendange est de 234 g/l, soit 17,5 % vol. sans aucun enrichissement. Ils ne peuvent être commercialisés avant les 18 mois suivant la récolte. Vins subtils, or vert à Concourson, plus jaunes et plus puissants en aval, les coteaux-du-layon présentent des arômes de miel et d'acacia, acquis lors de la

surmaturation. Leur capacité de vieillissement est étonnante.

CH. DE BROSSAY Les Plantes 2018 ★

| 4000 | | 8 à 11 € |

Régulier en qualité, et ce dans tous les styles de vins d'Anjou, ce domaine créé en 1919 par Alexis Deffois se situe dans le haut Layon, dans le sud de l'Anjou et à l'ouest du Saumurois. Les petits-fils du fondateur, Hubert et Raymond Deffois – rejoints en 2010 par les gendres de ce dernier, Nicolas Tamboise et Benjamin Grandsart –, conduisent un vignoble de 50 ha.

Doté d'une belle robe jaune, ce 2018 propose un bouquet tout en puissance et en complexité d'ananas, de noisette grillée et de cire d'abeille, avec une nuance mentholée. La bouche se montre souple et onctueuse, avant une finale animée par de légers amers. ⧗ 2023-2030

EARL CH. DE BROSSAY, Ch. de Brossay, 49560 Cléré-sur-Layon, tél. 02 41 59 59 95, contact@chateaudebrossay.fr V t.l.j. sf dim. 8h-12h 14h-19h

B DOM. CADY Chaume 2018 ★

| 1er cru | 5200 | | 15 à 20 € |

Appartenant à la famille Cady depuis 1927, ce domaine (28 ha conduits en bio) est une référence en matière de vins liquoreux. Il est implanté sur les coteaux surplombant le Layon à Saint-Aubin-de-Luigné, village surnommé la « Perle du Layon ».

Ce 2018 jaune doré affiche un nez frais et fruité. Riche, dotée d'une belle sucrosité et rehaussée par une pointe d'acidité, la bouche est bien équilibrée et séduit aussi par ses arômes complexes de zeste de mandarine, d'abricot, de caramel et de miel. ⧗ 2023-2035

EARL DOM. CADY, 20, lieu-dit Valette, 49190 Saint-Aubin-de-Luigné, tél. 02 41 78 33 69, contact@domainecady.fr V r.-v.

DOM. DES CLOSSERONS Faye La Placette 2018 ★

| 3400 | | 15 à 20 € |

Les Leblanc sont viticulteurs de père en fils depuis le XVIIes. Jean-Claude a repris l'exploitation familiale en 1956. Ses fils Yannick et Dominique lui ont succédé en 1984, rejoints en 2008 par Fabien, fils du premier, et en 2014 par Pierre, fils du second. Un domaine de 45 ha conduit de manière très raisonnée, régulièrement en vue pour ses liquoreux, ses coteaux-du-layon notamment.

Cette cuvée d'une jolie couleur jaune pâle livre un nez intense de fruits mûrs, de pâte de coing et de miel. La bouche apparaît tendre et suave, avec en soutien une fraîcheur discrète qui donne une belle longueur à ce vin. 2022-2030 ⧗ 2022-2030

EARL JEAN-CLAUDE LEBLANC ET FILS, 2, rue des Monts, Les Closserons, 49380 Faye-d'Anjou, tél. 02 41 54 30 78, contact@domaine-leblanc.fr V t.l.j. sf dim. 8h-12h30 14h-18h; sam. sur r.-v.

DOM. DES DEUX VALLÉES Clos de la Motte 2019 ★★

| 20000 | | 8 à 11 € |

René Socheleau et son fils Philippe ont repris et restructuré ce domaine de 44 ha en 2001, et construit un nouveau chai situé sur la corniche angevine, surplombant les vallées de la Loire et du Layon. Leurs vins sont régulièrement retenus dans le Guide.

Une belle robe jaune paille dorée habille ce layon ouvert sur des arômes de raisins surmaturés, de fruits confits (coing, mandarine), de miel et de cire. Une richesse prolongée par une bouche ample, ronde et longue. Un grand vin de caractère et de garde. (50 cl.) ⧗ 2023-2035

SCEA DOM. DES DEUX VALLÉES, lieu-dit Bellevue, Saint-Aubin-de-Luigné, 49190 Val-du-Layon, tél. 02 41 78 33 24, contact@domaine2vallees.com V t.l.j. sf dim. 9h30-12h 14h-18h

DOM. DE LA DUCQUERIE Chaume 2018 ★

| 1er cru | 4000 | | 8 à 11 € |

Installés non loin du musée de la Vigne et du Vin à Saint-Lambert-du-Lattay, dans la vallée du Layon, les Cailleau sont à la tête de 50 ha de vignes. Leur fils Cyril a rejoint l'exploitation en 2003 et s'occupe des vinifications, épaulé depuis 2016 par sa sœur Céline.

Un vin à la robe raffinée, limpide et brillante, qui annonce une dégustation élégante et fraîche. On aime son expression aromatique mêlant des tonalités citronnées à des notes plus suaves d'abricot sec, ainsi que sa bouche bien équilibrée entre douceur et acidité. ⧗ 2023-2030

SCEA LA DUCQUERIE CAILLEAU, 2, chem. du Grand-Clos, 49750 Saint-Lambert-du-Lattay, tél. 02 41 78 42 00, domaine.ducquerie@wanadoo.fr V r.-v.

♥ DOM. DES FORGES Chaume Les Omnis 2018 ★★★

| 1er cru | 3400 | | 15 à 20 € |

La première parcelle a été acquise en 1890. Réputée pour ses vins liquoreux, la propriété, qui compte aujourd'hui 48 ha, a vu en 1996 l'installation de Stéphane et de Séverine Branchereau, qui représentent la cinquième génération aux commandes du domaine.

De subtils reflets dorés habillent la robe brillante et jaune paille de ce 1er cru intense, complexe et droit, qui évoque au nez les fruits confits, l'écorce d'orange, le pamplemousse, le nougat et les amandes grillées. La forte sucrosité est contrebalancée par une très fine acidité dans une bouche onctueuse et gourmande rappelant l'orange confite. La finale, sur la pâte de coings, est d'une longueur admirable. Une grande bouteille. ⧗ 2025-2035

SCEA BRANCHEREAU (DOM. DES FORGES), Le Clos-des-Forges, n°6, lieu-dit Les Barres, 49190 Saint-Aubin-de-Luigné, tél. 02 41 78 33 56, cb@domainedesforges.net V r.-v.

DOM. GAUDARD Les Varennes 2019 ★

4500 | 8 à 11 €

Valeur sûre de l'Anjou, ce domaine familial a été créé en 1969 par Pierre Aguilas et son épouse Janes. Couvrant 40 ha, l'exploitation est conduite par leur fils Antoine depuis 2012.

D'un beau jaune doré intense, ce layon livre un premier nez caramélisé, puis laisse percer à l'aération des notes de fruits blancs, de poire notamment. La bouche, dans le droit-fil, apparaît ample et généreuse, soutenue par une fine acidité. ⧗ 2021-2026

ANTOINE AGUILAS, Les Saules, 49290 Chaudefonds-sur-Layon, tél. 02 41 78 10 68, antoine.aguilas@orange.fr r.-v.

DOM. DE LA GERFAUDRIE Les Hauts de la Gerfaudrie 2019 ★

10000 | 8 à 11 €

Situé sur la corniche angevine, ce domaine de 20 ha domine la vallée du Layon, à quelques kilomètres de sa confluence. Il tire son nom du gerfaut, rapace utilisé jadis en fauconnerie.

Limpide et brillant dans sa belle robe jaune or, ce 2019 livre un nez fruité et généreux de fruits confits (coing, orange). Une même ligne aromatique anime la bouche, avec en plus des arômes d'agrumes qui lui confèrent un surcroît de dynamisme en harmonie avec sa richesse et sa générosité. ⧗ 2022-2030

SCEA DOM. DE LA GERFAUDRIE, 25, rue de l'Onglée, 49290 Chalonnes-sur-Loire, tél. 02 41 78 02 28, contact@domaine-gerfaudrie.fr r.-v.

CH. DE LA GUIMONIÈRE Chaume 2018 ★★

1er cru | 7000 | 11 à 15 €

Les Caves de la Loire, fondées en 1951, constituent l'une des plus grandes coopératives de la région : elles regroupent 350 adhérents et une superficie totale cultivée de 1 600 ha.

Ce domaine de 15 ha a été repris en 2017 par les Caves de la Loire. Dans le verre, une cuvée qui séduit immédiatement par sa robe brillante, d'un or jaune paille, et laisse présager une belle maturité. Au nez, les fruits frais (ananas, abricot) se mêlent au miel d'acacia. Une gamme aromatique qui se fond dans une bouche onctueuse et intense, relevée par une légère amertume lui apportant fraîcheur et longueur. ⧗ 2022-2032

SCA LES CAVES DE LA LOIRE, rte de Vauchrétien, 49320 Brissac-Quincé, tél. 02 41 91 22 71, emilien.jolivet@uapl.fr t.l.j. sf dim. 9h-12h30 14h-18h30

LEDUC-FROUIN Grand Clos 2018 ★

4000 | 11 à 15 €

Installés dans le village troglodytique de Martigné-Briand, Antoine Leduc, œnologue, et sa sœur Nathalie conduisent depuis 1990 le domaine familial (30 ha en agriculture raisonnée). Leurs vins séjournent comme il se doit dans la fraîcheur de caves souterraines creusées dans le falun. Une valeur sûre de l'Anjou viticole.

Un seyant drapé jaune habille ce layon aux arômes intenses d'ananas confit et de miel d'acacia. La bouche dévoile un vin d'une belle maturité, à la fois onctueux et minéral, qui s'enrichit de notes de citron vert au fil de la dégustation. ⧗ 2022-2028

SCEA DOM. LEDUC-FROUIN, 20, rue Saint-Arnoul, Sousigné, 49540 Martigné-Briand, tél. 02 41 59 42 83, info@leduc-frouin.com t.l.j. sf dim. 9h-12h30 14h-19h

DOM. OGEREAU Saint Lambert Bonnes Blanches 2018 ★★

1980 | 20 à 30 €

Implantée dans la vallée du Layon, cette exploitation créée à la fin du XIXes. collectionne étoiles et coups de cœur dans toutes les couleurs de l'Anjou. Le vignoble de 24 ha (en conversion bio) est conduit par Vincent Ogereau, l'un des vinificateurs ligériens les plus talentueux, épaulé par son fils Emmanuel depuis 2014. Incontournable.

D'un jaune paille aux jolis reflets, ce 2018 séduit par la belle complexité de son nez alliant pêche blanche, fruits confits et notes torréfiées. En bouche, il ne joue pas la concentration mais séduit par son attaque souple et aromatique et par la fraîcheur de sa finale acidulée. Un layon alerte et gourmand. ⧗ 2022-2030

EARL DOM. OGEREAU, 44, rue de la Belle-Angevine, 49750 Saint-Lambert-du-Lattay, tél. 02 41 78 30 53, contact@domaineogereau.com r.-v.

DOM. DE LA PETITE CROIX Chanzé 2019 ★

4000 | 8 à 11 €

Régulièrement mentionné dans le Guide, ce domaine est situé à Thouarcé, au cœur des vignes du Layon. François Geffard, à la tête de l'exploitation familiale (55 ha), propose une belle gamme ligérienne : bonnezeaux, coteaux-du-layon et anjou dans les trois couleurs.

Ce vin, séduisant dans sa belle robe or jaune, enchante par la fraîcheur de son bouquet, dominé par des senteurs de pamplemousse et d'ananas confit. La bouche, portée par une jolie sucrosité, laisse une impression de fraîcheur agréable en finale. Un ensemble expressif et harmonieux. ⧗ 2022-2026

SCEA VIGNOBLE DENÉCHÈRE-GEFFARD, Dom. de la Petite-Croix, Thouarcé, 49380 Bellevigne-en-Layon, tél. 02 41 54 06 99, lapetitecroix@yahoo.fr r.-v.

DOM. PIED FLOND 2018 ★

12800 | 5 à 8 €

Commandé par un petit manoir construit en pierre de falun (pierre coquillière), cette ancienne seigneurie du XVes. est entrée dans la famille Gourdon en 1864 et a vu se succéder sept générations. En 2000, Franck Gourdon a pris les commandes du domaine, qui compte 25 ha.

Une belle robe brillante, couleur jaune doré, habille ce 2018 au nez intense d'abricot et de pomme compotée. Le prélude à une bouche riche et moelleuse, d'un joli volume, avec une juste fraîcheur en soutien. ⧗ 2021-2025

EARL FRANCK GOURDON, Dom. de Pied-Flond, 49540 Martigné-Briand, tél. 02 41 59 92 36, pied-flond@9business.fr r.-v.

DOM. DE LA RAIMBAUDIÈRE
La Raimbaudière 2019 ★

| 13 000 | | 5 à 8 € |

Ce domaine familial a été créé à la fin des années 1930, à la suite du morcellement d'une exploitation viticole et agricole. Le vignoble, implanté sur de légères buttes schisteuses, s'étend sur 22 ha. Il est exploité depuis 2004 par Florian Cesbron, représentant la quatrième génération.

Même s'il offre un nez encore fermé, ce 2019 brille de mille feux avec sa couleur or paille. Il affiche en bouche un très bel équilibre entre rondeur et fraîcheur et une finale dynamique, sur le zeste de citron. ⧗ 2021-2025

EARL MARTIN CESBRON, La Frappillonnière, Champ-sur-Layon, 49380 Bellevigne-en-Layon, tél. 02 41 78 86 76, contact@la-raimbaudiere.fr V *r.-v.*

♥ DOM. DE LA ROCHE MOREAU
Saint Aubin 2018 ★★★

| 12 000 | | 8 à 11 € |

Ce domaine de 28 ha est situé sur la corniche angevine entre les vallées de la Loire et du Layon. Le chai ancien est classé (XVIIᵉs.) et la cave est installée dans une mine à charbon désaffectée, dans laquelle mûrissent les vins de garde. Une valeur sûre de l'Anjou viticole, souvent en vue pour ses liquoreux, ses coteaux-du-layon et quarts-de-chaume notamment.

La rencontre d'un grand savoir-faire et d'un beau terroir à l'origine d'un nouveau coup de cœur pour ce domaine incontournable. Ce Saint Aubin d'un superbe jaune doré dévoile un nez à la fois franc et généreux d'abricot confit, de raisin de Corinthe, d'ananas et de miel. On retrouve cette complexité aromatique dans une bouche d'un volume admirable, enrobée par une sucrosité sans excès et dynamisée par une longue finale acidulée. Tout est à sa place, soigneusement ordonné. ⧗ 2024-2035

1er cru Chaume 2018 ★ (11 à 15 €; 9 000 b.) De brillants reflets or animent la robe de ce vin ouvert sur les fruits confits (clémentine et citron) et la pomme caramélisée. D'une jolie fraîcheur en attaque, la bouche se révèle bien équilibrée, expressive, avec des arômes de coing, de figue fraîche et de caramel. Un vin élégant. ⧗ 2023-2030

SCEA ANDRÉ DAVY, 5, rte de la Corniche, La Haie-Longue, 49190 Saint-Aubin-de-Luigné, tél. 02 41 78 34 55, davy.larochemoreau@wanadoo.fr V *r.-v.*

LA ROCHE SAINT AENS Les Papillons 2019 ★★

| 25 000 | | 5 à 8 € |

Situé sur les hauteurs de Rochefort-sur-Loire, ce domaine s'inscrit dans le paysage remarquable de la corniche angevine. Exploitée par son fondateur et ses deux fils, la propriété est passée de 2 ha en 1976 à 58 ha aujourd'hui.

Paré d'une élégante robe jaune citron, ce 2019 dévoile un nez riche et expressif de citron frais, d'écorces d'orange confite et de gingembre. Une attaque moelleuse ouvre sur une bouche très équilibrée, concentrée avec de la fraîcheur, mariant les notes de coing et de citron confit. Une bouteille bien représentative de l'élégance des grands liquoreux nés du « ch'nin » (comme on prononce dans la région). ⧗ 2024-2035

EARL PIN, Les Hautes-Brosses, 49190 Rochefort-sur-Loire, tél. 02 41 78 35 26, pin@webmails.com V *r.-v.*

CH. DES ROCHETTES Vieilles Vignes 2018 ★

| 8 000 | | 11 à 15 € |

Catherine Nolot a repris en 2006 deux propriétés situées à Concourson-sur-Layon : le Ch. des Rochettes, qui appartenait à la famille Douet depuis de nombreuses générations, et le Dom. de l'Été, géré pendant vingt ans par Yannick Babin.

D'un bel or cuivré, ce layon déploie des arômes puissants d'acacia, de cire, de miel et de noix de coco. Dotée d'une bonne structure, la bouche se révèle ample et suave, stimulée par une sensation de fraîcheur en finale. ⧗ 2022-2028

SCEA CATHERINE NOLOT, Ch. des Rochettes, 104, les Rochettes, 49700 Concourson-sur-Layon, tél. 02 41 59 11 63, domainedelete@wanadoo.fr V *t.l.j. sf dim. 9h-12h30 13h30-17h30*

DOM. DES TROTTIÈRES 2018 ★

| 10 685 | | 8 à 11 € |

Ce domaine créé en 1906 par M. Brochard, pionnier dans le vignoble angevin de l'introduction des porte-greffes américains résistant au phylloxéra, couvre aujourd'hui 117 ha et propose une large gamme d'appellations de l'Anjou et du Saumurois. Une valeur sûre.

Une belle robe dorée aux reflets ambrés pour ce vin au nez frais, exotique et citronné. La bouche, bien ciselée, offre une vivacité savamment dosée renforcée par des sensations intenses de menthe fraîche. La finale est allongée par une belle amertume. Un layon tonique. ⧗ 2022-2028

SAS DOM. DES TROTTIÈRES, Les Trottières, Thouarcé, 49380 Bellevigne-en-Layon, tél. 02 41 54 14 10, contact@domainedestrottieres.com V *t.l.j. sf sam. dim. 9h-12h 14h-17h*

QUARTS-DE-CHAUME

Superficie : 28 ha / Production : 579 hl

Le nom de l'appellation dit l'ancienneté de ce vignoble réputé de la vallée du Layon : le seigneur se réservait le quart de la production et gardait le vin né sur le meilleur terroir. Les quarts-de-chaume proviennent d'une colline exposée plein sud autour de Chaume, à Rochefort-sur-Loire. Les vignes souvent vieilles, l'exposition et les aptitudes du chenin conduisent à des productions, généralement faibles, de grande qualité. Récoltés par tries, les vins sont moelleux ou liquoreux. Séveux et nerveux, ils sont de garde (de cinq ans à plusieurs décennies, selon le millésime).

DOM. DES FORGES 2018 ★★

Gd cru | 2800 | | 20 à 30 €

La première parcelle a été acquise en 1890. Réputée pour ses vins liquoreux, la propriété, qui compte aujourd'hui 48 ha, a vu en 1996 l'installation de Stéphane et de Séverine Branchereau, qui représentent la cinquième génération aux commandes du domaine.

Toute la lente alchimie du botrytis caractérise cette cuvée jaune doré, au nez intense et généreux de confiture de coing et de noix de coco. Concentrée, volumineuse, la bouche offre une belle matière imprégnée d'une saveur soutenue d'ananas confit. L'équilibre est ajusté par une finale pleine de fraîcheur. ⧗ 2025-2040

SCEA BRANCHEREAU (DOM. DES FORGES), Le Clos-des-Forges, n°6, lieu-dit Les Barres, 49190 Saint-Aubin-de-Luigné, tél. 02 41 78 33 56, cb@domainedesforges.net V r.-v.

♥ **DOM. OGEREAU** La Martinière 2018 ★★★

Gd cru | 2386 | | 30 à 50 €

Implantée dans la vallée du Layon, cette exploitation créée à la fin du XIXᵉ s. collectionne étoiles et coups de cœur dans toutes les couleurs de l'Anjou. Le vignoble de 24 ha (en conversion bio) est conduit par Vincent Ogereau, l'un des vinificateurs ligériens les plus talentueux, épaulé par son fils Emmanuel depuis 2014. Incontournable.

Vincent Ogereau revendique «une logique de climats à la bourguignonne» dans l'approche de ces terroirs. Ici, un terroir de schistes du Briovérien a vu naître ce quarts-de-chaume d'une magnifique couleur or jaune intense. Le nez, à la fois riche et délicat, évoque d'élégantes senteurs de chevrefeuille, d'abricot sec, de miel et d'épices douces, vivifiés par des notes d'agrumes. La bouche, ample, opulente et suave, soulignée par une fine trame acidulée, affiche un équilibre parfait. D'agréables et persistantes saveurs vanillées animent la finale. (50 cl.) ⧗ 2025-2040

EARL DOM. OGEREAU, 44, rue de la Belle-Angevine, 49750 Saint-Lambert-du-Lattay, tél. 02 41 78 30 53, contact@domaineogereau.com V r.-v.

DOM. DE LA ROCHE MOREAU 2018 ★

Gd cru | 965 | | 30 à 50 €

Ce domaine de 28 ha est situé sur la corniche angevine entre les vallées de la Loire et du Layon. Le chai ancien est classé (XVIIᵉ s.) et la cave est installée dans une mine à charbon désaffectée, dans laquelle mûrissent les vins de garde. Une valeur sûre de l'Anjou viticole, souvent en vue pour ses liquoreux, ses coteaux-du-layon et quarts-de-chaume notamment.

Les amateurs du domaine ne seront pas déçus par ce 2018 couleur jaune paille, au nez expressif et intense de raisins secs et de jasmin. Pleine de sucrosité, la bouche n'en demeure pas moins très souple et équilibrée grâce à une tonalité citronnée et une finale dynamique. (50 cl.) ⧗ 2025-2035

SCEA ANDRÉ DAVY, 5, rte de la Corniche, La Haie-Longue, 49190 Saint-Aubin-de-Luigné, tél. 02 41 78 34 55, davy.larochemoreau@wanadoo.fr V r.-v.

CH. LA VARIÈRE Les Guerches 2018 ★

Gd cru | 3300 | | 30 à 50 €

Issu d'une grande famille vigneronne installée depuis 1850 sur les coteaux de l'Aubance, Jacques Beaujeau est à la tête de la Varière, vaste domaine angevin (115 ha) qu'il a complété d'une propriété en saumur-champigny, le Dom. de la Perruche (40 ha). L'ensemble des propriétés est passé en 2015 sous le contrôle de la maison Ackerman, Jacques Beaujeau restant à la vinification.

D'une couleur dorée flamboyante, ce grand cru développe au nez des parfums intenses de miel, d'abricot confit et de figue sèche. La première impression en bouche, suave et ronde, est contrebalancée par une fine acidité qui génère une belle longueur. (50 cl.) ⧗ 2025-2035

SCEV CH. LA VARIÈRE, rte de Mozé, 49320 Brissac-Loire-Aubance, tél. 02 41 91 22 64, tourisme@chateaulavariere.fr V r.-v. SA Orchidées Maisons de vin

BONNEZEAUX

Superficie : 67 ha / Production : 1 830 hl

«L'inimitable vin de dessert», disait le Dr Maisonneuve en 1925. À cette époque, les grands liquoreux étaient surtout consommés à ce moment du repas ou dans l'après-midi, entre amis. De nos jours, on apprécie plutôt ce grand cru à l'apéritif. Très parfumé, plein de sève, de grande garde, le bonnezeaux doit toutes ses qualités au terroir exceptionnel qu'il occupe : surplombant le village de Thouarcé, trois petits coteaux de schiste abrupts exposés plein sud : La Montagne, Beauregard et Fesles.

DOM. DES CHAPELLES Moulin Tracas 2018 ★

1500 | | 15 à 20 €

Un domaine familial créé en 1962 par Louis Brault, dont le fils Yves a pris la suite en 1984. Ce dernier est à la tête aujourd'hui de 40 ha de vignes, épaulé par ses enfants Violaine et Antoine.

D'un seyant jaune paille, ce 2018 séduit par la complexité de son nez alliant pêche blanche et fruits jaunes confits. En bouche, ce vin savoureux ne joue pas la concentration mais séduit par son caractère souple et aromatique et par la fraîcheur de sa finale. (50 cl.) ⧗ 2025-2035

EARL DOM. DES CHAPELLES, Chasles, Thouarcé, 49380 Bellevigne-en-Layon, tél. 02 41 80 27 58, domaine.des.chapelles@wanadoo.fr V r.-v.

DOM. DE HAUT MONT 2018 ★★

4500 | | 15 à 20 €

Chez les Robin, on cultive la vigne depuis sept générations. C'est Alfred qui a fondé ce domaine en 1955. Son petit-fils Nicolas est aux commandes depuis 2013, avec à sa disposition un vignoble de 28 ha.

La robe bouton d'or est aussi attrayante que le bouquet de ce bonnezeaux dont les senteurs de gelée de coing, de miel d'acacia et de citron confit composent une palette complexe. Après une attaque souple, les arômes du nez s'épanouissent avec persistance dans une bouche très équilibrée, dynamisée par une finale d'une grande fraîcheur. ⧗ 2025-2035

⊶ EARL ROBIN-PICHERY, 31, rue des Monts, Faye-d'Anjou, 49380 Bellevigne-en-Layon, tél. 02 41 54 02 55, robin.pichery@orange.fr V t.l.j. sf dim. 9h-12h 14h-19h

♥ DOM. LE MONT Cuvée P'tit Louis 2018 ★★★

■	2500	(barrique)	20 à 30 €

Depuis 1995, c'est Claude Robin, fils de Louis, qui conduit l'exploitation fondée par son grand-père en 1930 et implantée au sommet d'un coteau dominant la vallée du Layon. Il y pratique sur ses 25 ha une culture raisonnée avec enherbement et travail du sol. Une bonne référence de l'Anjou, notamment pour ses liquoreux, bonnezeaux en tête.

Deuxième coup de cœur en deux éditions pour le domaine. Honneur ici à P'tit Louis, surnom du père de Claude Robin. Trois tries successives, une fermentation en barriques (pour moitié neuves) et douze mois d'élevage ont été nécessaires pour obtenir cette cuvée d'un beau doré soutenu. Le nez, d'une grande complexité, mêle de superbes notes de fruits exotiques aux abricots secs. Arômes qui s'agrémentent de fruits confits et de vanille dans une bouche ronde et concentrée certes, mais aussi surprenante de fraîcheur. Un bonnezeaux d'une grande élégance. ⧗ 2025-2040

⊶ EARL LOUIS ET CLAUDE ROBIN, 64, rue des Monts, Faye-d'Anjou, 49380 Bellevigne-en-Layon, tél. 02 41 54 31 41, robinclaudemont@orange.fr V r.-v.

♥ DOM. DES PETITS QUARTS 2018 ★★★

■	3300	(barrique)	15 à 20 €

Ce vignoble (33 ha aujourd'hui) constitué à la fin du XIXᵉs. est implanté à Faye-d'Anjou, au cœur des coteaux-du-layon. Installé en 1987, Jean-Pascal Godineau a assis la réputation du domaine sur les moelleux et les liquoreux, qui constituent l'essentiel de sa production. Une valeur (très) sûre.

Une robe dorée aux tonalités cuivrées habille cette cuvée qui mêle des senteurs de fruits exotiques confits témoignant de la surmaturité des raisins et des touches de pomme caramélisée et vanillée signant l'élevage en fût. Les fruits exotiques se prolongent dans un palais ample et concentré, tendu par une juste fraîcheur qui lui confère de la finesse et du tonus. Un grand vin de garde riche et complexe. ⧗ 2025-2040 ■ **Élevé en fût de chêne 2018** ★ (15 à 20 €; 2900 b.) Un liquoreux équilibré, qui associe harmonieusement la fraîcheur et la douceur. On apprécie son nez frais, où l'ananas et des notes d'agrumes confits se marient à l'abricot sec, avec une nuance empyreumatique laissée par l'élevage. Une touche d'amertume en finale lui donne du relief. ⧗ 2023-2030

⊶ EARL GODINEAU, Dom. des Petits Quarts, Faye-d'Anjou, 49380 Bellevigne-sur-Layon, tél. 02 41 54 03 00, earl.godineau@terre-net.fr V t.l.j. sf dim. 8h-12h30 14h-18h

SAUMUR

Superficie : 2 613 ha
Production : 161 278 hl (61 % mousseux, 24 % rouge)

Le vignoble s'étend sur 36 communes. Il couvre les coteaux de la Loire et du Thouet, implanté sur le blanc tuffeau qui marque aussi l'habitat local. Les vins blancs de Turquant et de Brézé étaient autrefois les plus réputés; depuis le milieu des années 1970, les vins rouges se développent. Ils dominent en volume les blancs secs tranquilles. Ceux du Puy-Notre-Dame, de Montreuil-Bellay et de Tourtenay ont acquis une bonne notoriété. Les premiers bénéficient d'ailleurs d'une dénomination officielle figurant sur l'étiquette. L'appellation est beaucoup plus connue pour les vins effervescents, qui ont progressé en qualité. Les élaborateurs, tous installés à Saumur, possèdent des caves creusées dans le tuffeau, que l'on peut visiter.

BOUVET-LADUBAY
Instinct Cuvée du millénaire 2015 ★

●	10 000	(barrique)	15 à 20 €

Fondée par Étienne Bouvet en 1851, la maison Bouvet-Ladubay est un négoce emblématique du Saumurois. Ancienne propriété des Monmousseau, puis de Taittinger, elle est passée entre 2005 et 2013 dans le giron d'un poids lourd mondial des spiritueux, l'indien UB Group, qui l'a revendue au groupe britannique Diageo. Finalement, la famille fondatrice, qui n'a jamais cessé de gérer l'affaire, a pu la racheter fin 2015.

Le nez, discret de prime abord, s'ouvre sur un bouquet de fleurs jaunes et blanches. L'élégance de la bouche est mise en valeur par un citronné tonique et une belle densité de matière. La finale renforce cette sensation de dynamisme à travers des notes de zeste d'agrumes. ⧗ 2020-2021

⊶ BOUVET-LADUBAY, 11, rue Jean-Ackerman, CS_94048 Saint-Hilaire-Saint-Florent, 49412 Saumur Cedex, tél. 02 41 83 83 83, cchevrier@bouvet-ladubay.fr V r.-v.

CH. DE BROSSAY ★★

●	2050	(cuve)	5 à 8 €

Régulier en qualité, et ce dans tous les styles de vins d'Anjou, ce domaine créé en 1919 par Alexis Deffois se situe dans le haut Layon, dans le sud de l'Anjou et à l'ouest du Saumurois. Les petits-fils du fondateur, Hubert et Raymond Deffois – rejoints en 2010 par les gendres de ce dernier, Nicolas Tamboise et Benjamin Grandsart –, conduisent un vignoble de 50 ha.

Avec son teint de pêche, ce saumur aux bulles fines se révèle aussi gourmand et frais qu'un bonbon acidulé. À l'olfaction, apparaissent de délicates senteurs florales auxquelles succèdent des arômes de petits fruits rouges (framboise, groseille). En bouche, le charme continue d'agir grâce à une mousse onctueuse et une finale de pomélo. ⧗ 2020-2021

⊶ *EARL CH. DE BROSSAY, Ch. de Brossay, 49560 Cléré-sur-Layon, tél. 02 41 59 59 95, contact@chateaudebrossay.fr* V t.l.j. sf dim. 8h-12h 14h-19h

DOM. DE LA BRUYÈRE Élevé en fût de chêne 2018 ★

■ | 2500 | | 5 à 8 €

Domaine familial créé en 1975 avec 4 ha de vignes. Antoine Butet prend la suite de ses parents en 2010 et exploite aujourd'hui un vignoble de 28 ha.

Ce saumur d'un rouge intense et généreux dévoile des arômes typiques du cabernet franc comme le poivron et la réglisse, ainsi que des notes de cuir. La bouche, fraîche et équilibrée, est en harmonie avec la finesse du bouquet. ⧗ 2021-2025

⊶ *ANTOINE BUTET, Chavannes, 3, rue de l'Arguray, 49260 Le Puy-Notre-Dame, tél. 02 41 52 28 04, antoine.butet49@orange.fr* V t.l.j. sf dim. 9h-12h 14h-18h

CLO 2019 ★

■ | 2000 | | 11 à 15 €

Représentant la troisième génération, Cyril Leau a repris en 2015 les rênes de cette propriété familiale de 20 ha située au nord-est du Puy-Notre-Dame.

Voilà une belle expression du chenin sur argiles à silex. Le nez est élégant avec ses notes de fruits à chair blanche agrémentées d'une touche boisée. On retrouve ce boisé sur une tonalité vanillée dans une bouche ample, ronde et gourmande. ⧗ 2021-2025

⊶ *EARL ARDILLAIS, 479, rue des Ardillais, 49260 Vaudelnay, tél. 06 28 62 57 91, contact.clo@sfr.fr* V r.-v.

CLOS DE BEAUREGARD Puy-Notre-Dame No So2 2018 ★★

■ | 512 | | 15 à 20 €

On trouve mention du Manoir de Beauregard dans des archives de 1593, à l'époque un logis destiné aux chamoines du Chapitre royal installé par Louis XI, remplacé par un manoir néo-gothique du XIXᵉs. Le vignoble couvre 23 ha.

Cette cuvée sans soufre ajouté issue à 100 % de cabernet franc se présente dans une belle robe rouge intense et offre un nez explosif de fruits rouges et de réglisse. La bouche, tout aussi généreuse, séduit par sa rondeur, son volume, ses tanins fondus et son boisé précis et maîtrisé. ⧗ 2021-2024 ■ **Puy-Notre-Dame 2018 ★ (11 à 15 €; 6100 b.)** Ce 2018 livre des parfums intenses de fruits rouges, de cerise à l'eau-de-vie notamment. Ronde, avec une bonne fraîcheur en soutien, un peu tannique mais avec une finale soyeuse, la bouche ne demande qu'un peu de temps pour s'épanouir. ⧗ 2022-2025

⊶ *SCEA CH. DE BEAUREGARD, 4, rue Saint-Julien, 49260 Le Puy-Notre-Dame, tél. 02 41 52 25 33, info@saumur-chateaudebeauregard.com* V r.-v.

CLOS DES CORDELIERS Osé Rosé 2019 ★★

■ | 6000 | | 5 à 8 €

Le Clos des Cordeliers, bâti au cours des XIIIᵉ et XIVᵉs., était autrefois exploité par des moines franciscains, lesquels ont planté et cultivé les premiers ceps du domaine. Conduit depuis 2017 par Marie-Françoise Ratron, le vignoble s'étend sur 22 ha.

D'un rose lumineux, cette cuvée très aromatique libère des parfums de fruits exotiques et de bonbon anglais. Arômes qui se prolongent avec persistance dans une bouche parfaitement équilibrée entre rondeur et fraîcheur, s'achevant sur une agréable note de cassis. ⧗ 2020-2021

⊶ *EARL DOM. RATRON, Clos des Cordeliers, chem. des Cordeliers, 49400 Souzay-Champigny, tél. 02 41 52 95 48, domaine-ratron@clos-des-cordeliers.com* V r.-v.

DOM. DES DAMOISELLES Cote sauvage 2019 ★

■ | 10000 | | 8 à 11 €

Un domaine familial de 27 ha, dirigé depuis 2016 par Catherine et Patrice Rétif, qui ont converti leur vignoble à l'agriculture biologique (certification prévue pour le millésime 2021).

Arborant une robe pâle aux reflets verts, ce 2019 présente un nez discret où l'on entrevoit d'élégantes notes de poire et de tilleul. En bouche, il propose une vivacité prononcée qui persiste jusqu'en finale. Un saumur énergique. ⧗ 2020-2023

⊶ *SAS VIGNOBLE RÉTIF, Dom. des Damoiselles, Le Fief Garnier, 49400 Souzay-Champigny, tél. 02 41 51 48 97, domaine@desdamoiselles.fr* V r.-v.

DOM. ARMAND DAVID Di'Vin 2018 ★

■ | 2400 | | 8 à 11 €

Créé en 1932, ce domaine porte le nom de son fondateur. Sébastien David, qui représente la quatrième génération, s'y est installé en 2012 et exploite aujourd'hui 50 ha de vignes; la cave troglodytique où il élève ses vins date... de l'invasion des Vikings.

Ce 2018 affiche une robe profonde aux reflets violines, témoins de sa jeunesse. D'emblée, il dévoile sa fraîcheur soulignée par des parfums de groseille, de cerise noire et de réglisse. On retrouve des notes croquantes de cassis dans une bouche équilibrée, soutenue par des tanins soyeux. À la fois tonique, ample et suave, c'est un vrai ligérien. ⧗ 2022-2026

⊶ *EARL DAVID, 122, rte du Puy-Notre-Dame, Messemé, 49260 Vaudelnay, tél. 02 41 52 20 84, contact@armand-david.com* V t.l.j. sf dim. 9h-12h 14h-18h

CH. D'ÉTERNES Elegio 2019 ★

■ | 9600 | | 5 à 8 €

La SCEA Beaulieu, née en 2013 de la rencontre de trois passionnés de vin, dispose de deux domaines distincts : le Ch. d'Éternes, à Saix, dans le secteur nord-ouest de la Vienne inclus dans le vignoble saumurois, une très ancienne propriété mentionnée en 889 dans un diplôme du roi Eudes; le Ch. de Varrains, datant du XVIIIᵉs. et situé à 4 km de Saumur.

Issue à 100 % de cabernet franc, cette cuvée séduit par la richesse et la complexité de ses arômes de petits fruits bien mûrs, presque confiturés. L'attaque est ronde, le développement harmonieux et généreux, soutenu par des tanins encore jeunes mais prometteurs. Un saumur équilibré et droit. ⧗ 2022-2025

SCEA BEAULIEU, 15, Grand-Rue, 49400 Varrains, tél. 02 41 03 31 72, domaine.viticole@lvdomaine.com r.-v.

CH. DE LA FESSARDIÈRE 2109 ★

	1630		5 à 8 €

Les caves cathédrales de ce domaine, qui vit naître en 1793 le navigateur et explorateur Abel Aubert du Petit Thouars, renferment quelques vestiges vinicoles du XVII[e]s. : pressoirs à vis en bois et imposantes cuves à vin creusées dans le tuffeau.

Ce vin harmonieux dévoile un côté minéral et vif qui s'exprime aussi bien au nez qu'en bouche. Le bouquet propose également des notes de poire et des arômes floraux. Élégant et suave, le palais affiche aussi beaucoup de fraîcheur, qui lui confère une belle longueur. ⧗ 2020-2023

SCEA CH. DE LA FESSARDIÈRE, 5, rue des Martyrs, 49730 Turquant, tél. 02 41 51 48 89, la-fessardiere@wanadoo.fr V t.l.j. sf dim. 9h30-12h 14h-18h30

DOM. FILLIATREAU Château Fouquet 2019 ★★

	50 000		8 à 11 €

En 1967, Paul Filliatreau s'installe sur la propriété familiale, à la suite de son père Maurice. Il l'agrandit et l'oriente vers la production de vins rouges. Aujourd'hui rejoint par son fils Frederik, il conduit un vignoble de 45 ha devenu une référence en saumur-champigny.

Propriété des Filliatreau, le Ch. Fouquet étend ses vignes sur 11 ha conduits en bio. Son 2019 se présente dans une jolie robe grenat aux reflets violets. Le nez flatteur et intense évoque la cerise, le cassis et l'écorce d'orange. La bouche est charnue, tapissée de fruits frais qui enrobent une trame de tanins serrés. Un saumur bien structuré et au fruité omniprésent. ⧗ 2021-2025

SA FILLIATREAU, Chaintres, Dampierre-sur-Loire, 49400 Saumur, tél. 02 41 52 90 84, domaine@filliatreau.fr V t.l.j. 10h-18h

DOM. DES FRÉMONCLAIRS Coup d'éclat 2019 ★★

	800		8 à 11 €

Christophe Hallouin a pris en 1997 la tête de ce domaine de 22 ha qui se transmet de père en fils depuis cinq générations. Le vigneron conduit, selon les principes de l'agriculture raisonnée, un vignoble adossé à la falaise de Turquant.

Une robe brillante, jaune pâle nuancée de vert, habille ce vin au nez intensément fruité (abricot, fruit de la Passion) et mâtiné de senteurs de noix de coco et de réglisse apportées par la fermentation en barrique. La bouche est fraîche en attaque, puis monte en densité jusqu'à la finale, longue et intense. ⧗ 2021-2025

EARL DOM. DES FRÉMONCLAIRS, 45, rue des Martyrs, 49730 Turquant, tél. 02 41 38 14 81, dom.fremonclairs@wanadoo.fr V r.-v.

DOM. DES GARENNES 2019 ★

	6500		5 à 8 €

Une exploitation familiale implantée depuis quatre générations à Montreuil-Bellay, petit village célèbre pour son château et pour les vestiges de ses remparts. Deux cousins, Stéphane Mainguin et Fabrice Baron, sont aujourd'hui à la tête du vignoble, qui couvre 41 ha.

Frais et délicat, ce saumur est un beau représentant de son appellation et une expression aboutie du chenin. Le nez, bien ouvert, libère des arômes de pomme verte et de poire. La bouche, plus minérale et florale (acacia), reste onctueuse et laisse en finale une agréable sensation de fraîcheur. ⧗ 2020-2023

GAEC MAINGUIN BARON, dom. des Garennes, 156, av. Paul-Painlevé, 49260 Montreuil-Bellay, tél. 02 41 52 34 94, contact@domainedesgarennes.fr V t.l.j. sf dim. 9h-12h 14h-19h; sam. 9h-12h 16h-18h

LOUIS DE GRENELLE Grande Cuvée 2017 ★★

	84 666		8 à 11 €

Dotée de caves situées à 12 m sous terre en plein cœur de Saumur, cette vénérable maison de négoce fondée en 1859 est aujourd'hui la dernière affaire familiale du Saumurois. Quatre millions de bouteilles reposent dans une ancienne carrière de tuffeau creusée au XV[e]s.

Ce saumur s'habille d'une somptueuse couleur jaune soutenu aux reflets verts. Le nez, frais et alerte, dévoile des arômes d'agrumes (pamplemousse, citron vert) et de fleurs blanches (muguet). Au palais, équilibre et gourmandise sont de mise, avec de l'onctuosité qui enrobe la vivacité de la bulle et une persistance admirable. ⧗ 2020-2021

SA CAVES DE GRENELLE, 839, rue Marceau, BP 206, 49415 Saumur Cédex, tél. 02 41 50 17 63, grenelle@louisdegrenelle.fr V t.l.j. sf dim. 9h30-12h30 13h30-18h30

DOM. DU HAUT BELLAY Les Ormeaux 2019 ★★

	7500		5 à 8 €

En 2009, le lycée viticole de Montreuil-Bellay a été rebaptisé du nom d'Edgard Pisani, son fondateur en 1967, à l'époque maire de la commune, célèbre homme d'État qui fut ministre de l'Agriculture sous la présidence du général de Gaulle. Son vignoble de 14 ha est exploité en bio (4,5 ha sont certifiés) par les futurs professionnels de la région.

Ce saumur confectionné par les élèves du lycée Edgard Pisani arbore une couleur jaune pâle et offre au nez une jolie palette de fruits exotiques, d'ananas notamment. La bouche dense et charnue est subtilement rafraîchie par une pointe d'acidité qui apporte une belle allonge. ⧗ 2020-2023 ■ **Les Hauts de Caterne 2018 ★ (5 à 8 €; 16 000 b.)** Un élevage d'un an en cuve pour cet assemblage des deux cabernets (franc à 70 %, sauvignon à 30 %). Au nez, des fruits rouges, de la réglisse et de la violette. En bouche, un caractère rond, chaleureux et une jolie structure tannique. ⧗ 2021-2025

LEPA EDGARD PISANI, rte de Méron, 49260 Montreuil-Bellay, tél. 02 41 40 19 20, expl.montreuil-bellay@educagri.fr V t.l.j. sf dim. 9h-12h 14h-18h

LOIRE

LACHETEAU Cuvée Éphémère ★

97 000 | 5 à 8 €

Créée en 1990, la société de négoce Lacheteau s'est spécialisée dans la production de rosés et de vins effervescents. Elle est entrée dans le giron des Grands Chais de France en 2005.

Le chenin domine à 75 % cet assemblage, associé au grolleau et au chardonnay. La bulle est fine et régulière, le nez ouvert et délicatement floral et miellé. Le palais révèle une subtile harmonie entre la fraîcheur de son attaque, l'ampleur de son développement et son effervescence onctueuse. ⧗ 2020-2021

SAS LACHETEAU, 282, rue Lavoisier, 49700 Doué-la-Fontaine, tél. 02 41 59 26 26, mbrieau@lacheteau.fr

♥ DOM. DES MATINES 2018 ★★

12 000 | 5 à 8 €

Michèle Mallard-Etchegaray, fille du fondateur, a transmis en 2010 les rênes du domaine (52 ha et 14 appellations) à ses fils, Vincent et Hervé. La cave creusée dans le calcaire dur abrite tous les anciens millésimes de l'exploitation produits depuis 1950. Une valeur sûre.

La robe est d'un beau rouge profond tirant vers le noir. D'un abord fermé, le nez mêle à l'aération les fruits noirs (mûre et myrtille) à des parfums plus vifs de framboise. Frais, structuré, remarquable d'équilibre, le palais prolonge ce fruité charnu en y ajoutant la groseille et les épices. La partition s'achève sur une belle note de violette. Une vraie gourmandise. ⧗ 2020-2024

EARL DOM. DES MATINES, 31, rue de la Mairie, 49700 Brossay, tél. 02 41 52 25 36, contact@domainedesmatines.fr V *r.-v.*

CH. DE MONTGUÉRET ★

85 000 | 5 à 8 €

Les Grands Chais de France ont acquis en 2005, auprès de la société Lacheteau, les châteaux de Montguéret et de Champteloup, un vaste ensemble de 100 ha souvent en vue pour ses rosés et ses effervescents.

Parée d'une belle robe rose pâle, cette cuvée dévoile un joli nez de framboise et de bonbon anglais. La bouche apparaît fraîche en attaque comme en finale et offre une belle mousse dense et onctueuse. ⧗ 2020-2021

SCEA CHAMPTELOUP (CH. DE MONTGUÉRET), Ch. du Cléray, 44194 Vallet, tél. 02 41 59 26 26 V *t.l.j. sf dim. 8h30-17h*

DOM. DU MOULIN DE L'HORIZON Le Rosé ★

5 000 | 5 à 8 €

Du moulin de l'Horizon, qui donne son nom au domaine, il ne reste plus rien sur la butte témoin du Puy-Notre-Dame, la plus haute du Val de Loire (120 m). Hervé, Christine et Joffrey Desgrousilliers-Lefort, originaires du Pas-de-Calais, sont passés en 2002 de l'élevage laitier et la culture céréalière à la vigne en reprenant ce vignoble de 35 ha.

Le saumur effervescent est la spécialité de la maison. Celui-ci dévoile un nez tout en dentelle d'aubépine et de poire. La bouche se montre acidulée avec ses saveurs de groseille et propose une mousse soyeuse et dense. La finale affiche un soupçon d'amertume qui amène de la longueur. ⧗ 2020-2021 ● **Le Brut ★ (5 à 8 €; 30 000 b.)** Une robe jaune pâle aux reflets verts animée par des bulles fines et persistantes, un nez subtil, sur la minéralité et le pain d'épice, une bouche fraîche, souple et persistante. ⧗ 2020-2021

EARL DOM. DU MOULIN DE L'HORIZON, 11_bis, rue Saint-Vincent, Sanziers, 49260 Le Puy-Notre-Dame, tél. 02 41 52 25 52, domaine@moulindelhorizon.com V *t.l.j. 9h-12h 14h30-17h30*

DOM. DE NERLEUX Les Loups Blancs 2018 ★

5 900 | 15 à 20 €

Valeur sûre du Saumurois, le Dom. de Nerleux (« loups noirs » en ancien français) est ancré dans les terres de Saint-Cyr-en-Bourg depuis neuf générations. Couvrant aujourd'hui 50 ha (dont 30 en conversion bio), son vignoble est conduit par Amélie Neau, qui a rejoint le domaine en 2011.

Parée d'une robe jaune vif, cette cuvée propose un nez expressif de fruits secs et de pain d'épices, puis d'agrumes et de fruits à chair jaune. Une attaque fraîche ouvre sur un palais gras, ample et onctueux, aux arômes fruités et subtilement boisés. La finale est longue et délicate. ⧗ 2021-2025

SCEA NEAU, Dom. de Nerleux, 4, rue de la Paleine, 49260 Bellevigne-les-Châteaux, tél. 02 41 51 61 04, contact@nerleux.fr V *t.l.j. sf dim. 10h-12h30 14h-18h*

B DOM. DE LA PALEINE Puy-Notre-Dame 2017 ★★

11 284 | 8 à 11 €

Établis depuis 2003 au Puy-Notre-Dame, le deuxième point le plus haut du Maine-et-Loire, Laurence et Marc Vincent conduisent un vignoble de 37 ha conduit en biodynamie, situé au pied d'une butte calcaire.

Ce magnifique 2017 s'habille d'une robe profonde, couleur pourpre noir aux reflets violines. Il déploie un bouquet riche, au fruité puissant de cassis et de mûre, auquel viennent se mêler des notes de réglisse. La bouche se révèle ample, généreuse, très aromatique, bâtie sur des tanins fermes. Bien qu'opulent, rien n'est en excès dans ce vin d'un juste équilibre. ⧗ 2022-2025

SAS DOM. DE LA PALEINE, 9, rue de la Paleine, 49260 Le Puy-Notre-Dame, tél. 02 41 52 21 24, contact@domaine-paleine.com V *r.-v.*

CAVE ROBERT ET MARCEL Le Coteau blanc 2018 ★

50 000 | 8 à 11 €

Créée en 1957 par quinze viticulteurs, la coopérative de Saint-Cyr-en-Bourg compte aujourd'hui 180 adhérents,

vinifie la récolte de 2 000 ha et stocke ses vins dans une immense galerie longue de quelque 10 km.
La robe est brillante, d'un jaune soutenu. Le nez, expressif et complexe, associe les agrumes confits à l'ananas. La bouche offre une matière souple et charnue, du volume, ainsi que des arômes de poire qui persistent dans une finale longue et structurée. ⧗ 2021-2024 ■ **Ch. des Roches 2018 ★ (5 à 8 €; 50 000 b.)** Ce saumur d'un beau rouge sombre dévoile des arômes de fruits mûrs, de réglisse et de tabac blond. La bouche apparaît puissante, ronde et généreuse. Un joli vin de garde. ⧗ 2022-2025

⊶ SCA CAVE ROBERT ET MARCEL, La Perrière, 49260 Bellevigne-les-Châteaux, tél. 02 41 51 63 13, cellier@robertetmarcel.com V t.l.j. 10h-12h30 14h-18h30

DOM. SAINT LANDOR
Puy-Notre-Dame L'Obligé 2017 ★

■ | 1350 | | 11 à 15 €

Un domaine familial de 20 ha conduit depuis 2006 par la quatrième génération de Georget, les frères Thomas et Antoine. La conversion bio est en cours.
Encore marqué par l'élevage sous bois qui apporte au fruité du cabernet franc des notes de noix de coco et de thé à la menthe, ce 2017 se montre généreux et savoureux en bouche. La violette apparaît en finale, ainsi qu'une pointe de sévérité qui appelle la garde. ⧗ 2022-2025

⊶ EARL DE SAINT LANDOR, 3, rue de Petite-Fête, 86120 Les Trois-Moutiers, tél. 06 32 41 06 21, contact@demeuresaintlandor.fr V r.-v.

DOM. DE LA SALPÊTRIÈRE 2018 ★★

● | 10 000 | | 5 à 8 €

Un domaine familial de 3 ha à sa création en 1987, de 30 ha aujourd'hui, conduit depuis 2017 par la troisième génération de Jourdain.
Une myriade de bulles anime une robe jaune pâle aux reflets argentés. Au nez, la délicatesse des notes de lilas et de citron vert se mêlent à la brioche chaude. La bouche offre de la souplesse en attaque, puis une belle tension, le tout agrémenté d'une mousse dense et soyeuse. Un ensemble élégant, frais et persistant. ⧗ 2020-2022

⊶ EARL JOURDAIN, Dom. de la Salpêtrière, 1, rue de la Givaudière, 49260 Le Puy-Notre-Dame, tél. 02 41 52 25 12, earljourdain@orange.fr V r.-v.

♥ CH. DE TARGÉ Les Fresnettes 2018 ★★

■ | 9 520 | | 15 à 20 €

Une ancienne résidence de chasse des secrétaires personnels des rois Louis XIV et Louis XV. Certains de leurs descendants, dont Edgard Pisani, furent au service de la République. Après Édouard Pisani-Ferry, ingénieur agronome, c'est son fils Paul qui exploite aujourd'hui ce vignoble de 24 ha certifié bio depuis 2020.
Dix mois d'élevage en fût ont réussi à parfaire cette cuvée qui, après agitation, révèle des arômes intenses de fruits exotiques (mangue, litchi) et de vanille. Fraîche et sincère, la bouche n'en reste pas moins onctueuse, avec un boisé léger qui apporte structure et complexité. L'ensemble est homogène et très équilibré, prolongé par une finale intense et persistante. ⧗ 2022-2027

⊶ SCEA PISANI-FERRY, Ch. de Targé, chem. de Targé, 49730 Parnay, tél. 02 41 38 11 50, paul@chateaudetarge.fr V t.l.j. 10h-12h30 14h-18h

VEUVE AMIOT L'Essentiel 2014 ★

● | 20 000 | | 8 à 11 €

Créée en 1884 par Élisa Amiot, devenue veuve prématurément, cette maison, reprise en 1988 par la Compagnie française des grands vins, est l'un des négoces dédié aux fines bulles les plus importants du Saumurois.
On est attiré par la teinte très pâle, jaune clair aux reflets verts, de ce saumur animé par des bulles très fines. Finesse que l'on retrouve au nez, avec des arômes de brioche et de fruits jaunes. La bouche se révèle tendre, crémeuse, appuyée en finale par une élégante pointe d'amertume. ⧗ 2020-2022

⊶ SAS VEUVE AMIOT, 19-21, rue Jean-Ackerman, 49400 Saumur, tél. 02 41 83 14 14, admin@veuve-amiot.com V t.l.j. sf dim. 10h-13h 14h-18h

DOM. DU VIEUX PRESSOIR Élégance 2019 ★★

■ | 20 000 | | 5 à 8 €

Le domaine a été racheté en 2015 par la famille Vagnon qui en a délégué la gestion en 2017 à Frédéric Etienne, aux commandes de 26 ha de vignes. Le domaine tire son nom d'un vieux pressoir datant du début du XXes.
Issue d'une vendange de chenin bien mûr, cette cuvée se montre intense au nez avec ses arômes de fruits jaunes (abricot, pêche) et de zestes d'agrumes. La bouche se révèle complexe, suave, chaleureuse et montre autant de générosité aromatique que l'olfaction. Un vin qui respire la maturité. ⧗ 2020-2023 ■ **Les Silices 2018 ★ (5 à 8 €; 15 000 b.)** Une teinte grenat profond, un bouquet riche de cerise et de myrtille compotées, une bouche souple et fraîche, soutenue par une acidité bien maîtrisée, aux arômes élégants de fruits noirs composent un 2018 soyeux et gourmand. ⧗ 2020-2024

⊶ SCEA FAMILLE VAGNON, 205, rue du Château-d'Oire, 49260 Vaudelnay, tél. 02 41 52 21 78, contact@levieuxpressoir.fr V t.l.j. 9h-12h 14h-18h; sam. dim. sur r.-v.

LOIRE

COTEAUX-DE-SAUMUR

Superficie : 25 ha / Production : 736 ha

Ils ont acquis autrefois leurs lettres de noblesse. Les coteaux-de-saumur, équivalents en Saumurois des coteaux-du-layon en Anjou, sont élaborés à partir du chenin pur, planté sur la craie tuffeau.

ISABELLE SUIRE Cuvée Saint Martin 2018 ★

| 1690 | 11 à 15 €

Installée au sud du vignoble saumurois, dans la Vienne, Isabelle Suire conduit depuis 2006 l'exploitation (17 ha) créée par son grand-père 80 ans plus tôt. Ses vins sont élevés dans la fraîcheur de la cave troglodytique d'un ancien prieuré du XVᵉs.

Ce vin séduit d'emblée avec sa belle robe dorée et son nez frais et fruité de poire, de fruits exotiques et d'agrumes. La bouche, en parfaite cohérence avec les sensations olfactives, régale par son équilibre et son élégance, et laisse une impression de fraîcheur des plus agréables en finale. ⧗ 2020-2028

ISABELLE SUIRE, 12, rue des Perrières, 86120 Berrie, tél. 05 49 22 92 61, isabelle-suire@orange.fr V r.-v.

SAUMUR-CHAMPIGNY

Superficie : 1 376 ha / Production : 74 442 hl

Entre Saumur et Montsoreau, ce vignoble s'insère dans l'aire du saumur, près de la Loire. Si son expansion est récente, les vins rouges de Champigny sont connus depuis plusieurs siècles. Produits dans neuf communes à partir du cabernet franc (ou breton) parfois complété de cabernet-sauvignon, ils sont fruités, charnus et souples. Ils sont à découvrir dans des villages typiques aux rues étroites et aux caves de tuffeau.

DOM. DES AMANDIERS G'M 2019 ★

| 6000 | 5 à 8 €

Marc Rideau a repris les vignes de son grand-père en 1985, puis une autre exploitation en 1993 et agrandit le vignoble : 12 ha répartis dans quatre communes, Montsoreau, Parnay, Souzay, Champigny et Turquant. Son fils Étienne l'a rejoint en 2015.

Derrière une teinte rouge sombre aux reflets violacés se cachent de beaux arômes de fruits mûrs et de lilas. C'est en bouche que l'on se rend compte de la puissance de ce vin chaleureux, au fruité intense et aux tanins soyeux. ⧗ 2021-2025

EARL LES AMANDIERS, 11, rue Château-Gaillard, 49730 Turquant, tél. 02 41 51 79 81, domaineamandiers@orange.fr V *t.l.j. 11h-13h 16h-19h30 de mai à sept.; sur r.-v. d'oct. à avr.*

DOM. DU BOIS MOZÉ PASQUIER Clos du Bois Mozé 2019 ★

| 18000 | 5 à 8 €

Installé depuis 1991 sur le domaine créé par ses parents à Chacé, village voisin de Champigny, Patrick Pasquier produit sur ses 7 ha des saumur-champigny régulièrement sélectionnés dans le Guide, ainsi que du rosé et du crémant.

Discret au premier nez, ce 2019 s'ouvre à l'agitation sur les fruits rouges et le poivron. Les épices viennent en renfort d'un fruité élégant dans une bouche généreuse et ronde, dont les tanins commencent à se fondre. Un vin expressif, équilibré et déjà très agréable. ⧗ 2020-2025

EARL DOM. DU BOIS MOZÉ PASQUIER, 7, rue du Bois-Mozé, 49400 Chacé-Bellevigne-les-Châteaux, tél. 02 41 52 59 73, pasquierpatrick@orange.fr V *r.-v.*

♥ DOM. DES CHAMPS FLEURIS Les Vigneaux Vieilles Vignes 2018 ★★

| 30000 | 8 à 11 €

Denis Rétiveau préside aux destinées de ce domaine composé de 26 ha. Les vignes sont situées sur les coteaux qui dominent la Loire, sur les communes de Turquant et de Montsoreau.

La présentation de ce vin est engageante avec une robe d'un superbe carmin brun intense. Le bouquet est puissant et complexe, dominé par le cassis et la griotte, auxquels se mêlent le cuir, le chocolat noir et le paprika. Opulente, généreuse et ronde, la bouche présente une belle structure ancrée sur des tanins soyeux. Un saumur-champigny des plus harmonieux. ⧗ 2021-2025

SCEA RÉTIVEAU, Dom. des Champs Fleuris, 54, rue des Martyrs, 49730 Turquant, tél. 02 41 38 10 92, retiveau.denis@orange.fr V *t.l.j. sf dim. 10h-12h30 13h30-18h*

CLOS DES CORDELIERS Prestige 2018 ★

| 17500 | 11 à 15 €

Le Clos des Cordeliers, bâti au cours des XIIIᵉ et XIVᵉs., était autrefois exploité par des moines franciscains, lesquels ont planté et cultivé les premiers ceps du domaine. Conduit depuis 2017 par Marie-Françoise Ratron, le vignoble s'étend sur 22 ha.

D'un rubis profond aux nuances violettes, ce 2018 exprime avec discrétion des fruits rouges relevés d'agréables touches épicées. La bouche, équilibrée et légère, dévoile des tanins soyeux. Un joli vin de plaisir et une belle expression du millésime. ⧗ 2020-2024

EARL DOM. RATRON, Clos des Cordeliers, chem. des Cordeliers, 49400 Souzay-Champigny, tél. 02 41 52 95 48, domaine-ratron@clos-des-cordeliers.com V *r.-v.*

DOM. DES DAMOISELLES Horizon 2019 ★

| 60000 | 8 à 11 €

Un domaine familial de 27 ha, dirigé depuis 2016 par Catherine et Patrice Rétif, qui ont converti leur vignoble à l'agriculture biologique (certification prévue pour le millésime 2021).

Une courte macération est à l'origine de ce vin agréable et gourmand, qui s'exprime sur une palette aromatique florale et fruitée, fraîche et fine. La bouche apparaît souple, charnue, déjà mûre, même si les tanins, bien présents mais soyeux, appellent une petite garde. ⧗ 2021-2023

SAS VIGNOBLE RÉTIF, Dom. des Damoiselles, Le Fief Garnier, 49400 Souzay-Champigny, tél. 02 41 51 48 97, domaine@desdamoiselles.fr V *r.-v.*

DOM. DUBOIS Boutifolle 2019 ★★

| 10600 | 5 à 8 €

Ce domaine remonte à 1880, époque à laquelle le vignoble produisait presque exclusivement des vins

blancs. Depuis 2008, c'est Christelle Dubois, représentant la cinquième génération, qui exploite quelque 20 ha essentiellement plantés en cabernet franc.

La robe sombre, intense et profonde, couleur grenat noir, donne envie d'aller plus loin. Des arômes soutenus de fruits noirs compotés s'agrémentent d'épices telles que la muscade et le safran. La bouche est parfaitement équilibrée, fraîche, d'un volume généreux, musclée par des tanins bien présents. ⧗ 2021-2026

EARL DOM. CHRISTELLE DUBOIS, 8, rte de Chacé, Saint-Cyr-en-Bourg, 49260 Bellevigne-les-Châteaux, tél. 02 41 51 61 32, ch-dubois@hotmail.com V r.-v.

DOM. FILLIATREAU Vieilles Vignes 2018 ★

■ | 30 000 | | 11 à 15 €

En 1967, Paul Filliatreau s'installe sur la propriété familiale, à la suite de son père Maurice. Il l'agrandit et l'oriente vers la production de vins rouges. Aujourd'hui rejoint par son fils Frederik, il conduit un vignoble de 45 ha devenu une référence en saumur-champigny.

Ce vin présente une belle robe rouge aux reflets noirs et intenses. Le nez est élégant, ouvert sur les petits fruits noirs confiturés (cassis et myrtille). La bouche se révèle dense, solide, dotée de tanins puissants. Du caractère et du potentiel. ⧗ 2023-2028

SA FILLIATREAU, Chaintres, Dampierre-sur-Loire, 49400 Saumur, tél. 02 41 52 90 84, domaine@filliatreau.fr V t.l.j. 10h-18h

DOM. FOUET La Rouge et Noire 2018 ★★★

■ | 9340 | | 11 à 15 €

Julien Fouet s'est installé dans les années 1990 sur l'exploitation familiale, représentant la sixième génération. Il conduit ses 15 ha en bio (conversion en cours) et en éco-pâturage (un troupeau de moutons itinérant arpente le vignoble).

Cette cuvée plus noire que rouge mêle au nez des senteurs fruitées et de fines notes boisées et épicées léguées par un élevage d'un an en fût. La barrique est également présente dans une bouche franche et structurée; elle lui apporte du gras et du volume et soutient des tanins fondus et soyeux. La violette ajoute une touche florale des plus élégantes. ⧗ 2023-2027

EARL JULIEN FOUET, 11, rue de la Judée, 49260 Saint-Cyr-en-Bourg, tél. 02 41 51 60 52, j-fouet@domaine-fouet.com V t.l.j. sf dim. 10h-12h 14h-18h

DOM. DES HAUTES TROGLODYTES 2019 ★

■ | 10 000 | | 5 à 8 €

Ce domaine de 15 ha a été repris en 2003 par Laurent et Clarisse Machet. Les vins de la propriété sont élevés dans la fraîcheur des caves creusées dans le calcaire de la côte saumuroise, en bordure de la Loire.

La robe, grenat aux reflets pourpres, est profonde. Le bouquet se révèle riche et intense, avec ses senteurs de fruits noirs compotés, de cassis et de mûre notamment. Le palais est si rond qu'il en paraît suave, une pointe tannique venant titiller la finale. ⧗ 2021-2025

SAS MACHET-QUESSON, Dom. des Hautes Troglodytes, 3, chem. des Bournayes, 49400 Souzay-Champigny, tél. 02 41 59 87 32, domainehautestroglodytes@ozone.net V r.-v.

DOM. JOULIN Vieilles Vignes 2018 ★★

■ | 10 000 | | 5 à 8 €

Le domaine de Philippe Joulin est installé au cœur de l'appellation saumur-champigny, à Chacé, tout près de Champigny. Il est passé de 4 ha à sa création en 1990 à 22 ha aujourd'hui.

La robe grenat intense aux reflets pourpre de ce 2018 indique une bonne maturité des vendanges. Cette impression est confirmée par le nez et ses parfums de cassis et de framboise. À la fraîcheur de l'attaque succède un palais tannique, mais sans excès, ample et fruité. Un saumur-champigny croquant et gourmand, bien en phase avec son appellation. ⧗ 2020-2024

EARL DOM. JOULIN, 58, rue Émile-Landais, Chacé, 49400 Bellevigne-les-Châteaux, tél. 02 41 52 41 84, domaine.joulin@orange.fr V r.-v.

DOM. LAVIGNE Les Aïeules 2019 ★

■ | 34 000 | | 5 à 8 €

Pascale et Antoine Véron, fille et gendre de Gilbert Lavigne, sont aujourd'hui aux commandes de l'exploitation familiale qui s'étend sur 42 ha. Située au cœur de l'appellation saumur-champigny, elle est plantée majoritairement de cabernet franc.

Ce 2019 à la robe pourpre fleure bon le raisin frais cueilli à maturité avec son nez de fraise des bois et de griotte. Le relais est assuré par un palais charnu et croquant à souhait. Un joli vin de plaisir. ⧗ 2020-2023

SCEA LAVIGNE-VÉRON, 15, rue des Rogelins, 49400 Varrains, tél. 02 41 52 92 57, scea.lavigne-veron@orange.fr V t.l.j. sf dim. 9h-12h 14h-17h30

CLOTILDE LEGRAND Les Lizières 2018 ★

■ | 18 000 | | 5 à 8 €

Les Legrand sont vignerons depuis cinq générations à Varrains, commune considérée par certains comme la capitale du saumur-champigny. Depuis 2013, ce domaine de 17 ha est conduit par Clotilde Legrand, qui a pris la suite de son père René-Noël.

Pourpre aux nuances grenat, la robe est intense. On découvre ensuite un nez généreux et même chaleureux de cassis et de griotte mûrs. La bouche révèle un superbe profil tannique, très dynamique et musclé, témoin d'une extraction massive. Un vin ample et solide. ⧗ 2023-2027

SCEV RENÉ LEGRAND, Clotilde Legrand, 13, rue des Rogelins, 49400 Varrains, tél. 02 41 52 94 11, contact@clotildelegrand.com V r.-v.

DOM. DES MARIGROLLES Cuvée Antoine et Clothilde 2019 ★★

■ | 24 000 | | 5 à 8 €

Après avoir travaillé sur l'exploitation de leurs parents pendant dix-huit ans, Stéphane Jordi et sa sœur Karina Thierry en ont repris les rênes en 2011. Leur domaine couvre 13 ha.

Antoine et Clothilde sont les enfants des vignerons. D'une belle intensité à l'œil, cette cuvée présente des arômes généreux et gourmands de fruits rouges bien mûrs. Après une attaque franche et souple, la bouche dévoile un beau volume et une structure élégante portée par des tanins fins et soyeux. Une touche de fraîcheur en finale lui apporte de la longueur et du tonus. ⧗ 2022-2026

⊶ EARL DOM. DES MARIGROLLES, rte de Chaintres, 49400 Saumur, tél. 06 17 14 00 55, earl.domainedesmarigrolles@gmail.com V r.-v.

DOM. DE NERLEUX Clos des Châtains 2018 ★

	25300		11 à 15 €

Valeur sûre du Saumurois, le Dom. de Nerleux («loups noirs» en ancien français) est ancré dans les terres de Saint-Cyr-en-Bourg depuis neuf générations. Couvrant aujourd'hui 50 ha (dont 30 en conversion bio), son vignoble est conduit par Amélie Neau, qui a rejoint le domaine en 2011.

L'œil est instantanément attiré par la robe sombre de cette cuvée qui s'ouvre sur d'originales notes de zestes d'orange amère et de lilas. Tout autant séduisant et plus typique, le palais se montre souple et rond, souligné par une agréable fraîcheur en finale. ⧗ 2021-2025

⊶ SCEA NEAU, Dom. de Nerleux, 4, rue de la Paleine, 49260 Bellevigne-les-Châteaux, tél. 02 41 51 61 04, contact@nerleux.fr V t.l.j. sf dim. 10h-12h30 14h-18h E

DOM. DE LA PERRUCHE
Le Chaumont 2019 ★

	60000		8 à 11 €

Jacques Beaujeau, figure du vignoble de l'Anjou, également propriétaire du vaste domaine du Ch. la Varière à Brissac, a acquis en 2000 cette propriété en saumur-champigny. À la tête de 45 ha de vignes, il s'illustre avec régularité dans ces pages.

Un 2019 dense, à la robe élégante, pourpre sombre, et au nez intense et complexe associant la fraise et la violette. La bouche apparaît souple en attaque, puis généreuse, ample et riche, sans jamais manquer de fraîcheur. Un vin qui porte l'empreinte de son appellation. ⧗ 2021-2025

⊶ SCEA DOM. DE LA PERRUCHE, 29, rue de la Maumenière, 49730 Montsoreau, tél. 02 41 91 22 64, tourisme@domainedelaperruche.fr V t.l.j. 10h-13h 14h-18h d'avr. à sept.; sur r.-v. de nov. à mars

B LE PETIT SAINT VINCENT Pélo 2018 ★★

	6000		11 à 15 €

Dominique Joseph a repris en 1990 l'exploitation familiale de 12 ha située au cœur de l'appellation saumur-champigny, sur un coteau dominant la vallée de la Loire. Le vignoble est conduit en bio.

D'un rubis profond et brillant, cette cuvée Pélo, clin d'œil au surnom du vigneron, s'annonce par un nez de fruits rouges bien mûrs, témoin d'une jolie maturité des raisins. Équilibrée et longue, la bouche révèle en finale des tanins fermes et plutôt sévères qui devraient s'arrondir avec le temps. ⧗ 2022-2026

⊶ EARL DOMINIQUE JOSEPH, Le Petit Saint Vincent, 10, rue des Rogelins, 49400 Varrains, tél. 02 41 52 99 95, d-joseph@petit-saint-vincent.com V t.l.j. sf dim. 9h-12h 14h-18h; sam. sur r.-v. D

LE PRIEURÉ D'AUNIS Vieilles Vignes 2019 ★★

	30000		8 à 11 €

Remontant au XVIe s., le prieuré d'Aunis était une dépendance de l'abbaye de Fontevraud. Nicolas Pasquier, représentant la troisième génération, s'est installé en 2006 sur le domaine familial et ses 27 ha de vignes.

Les reflets grenat de sa robe rubis témoignent de la jeunesse de ce vin ouvert sur des arômes de fruits compotés (myrtille, bigarreau). La bouche est suave en attaque, portée par des tanins charnus qui lui donnent une sensation crémeuse. La finale laisse une impression agréable de réglisse et de bonbon au cassis. ⧗ 2020-2025

⊶ SCEA NICOLAS PASQUIER, Le Prieuré-d'Aunis, 49400 Dampierre-sur-Loire, tél. 02 41 50 33 61, leprieuredaunis@orange.fr V r.-v. E

DOM. DE ROCHEVILLE Le Page 2018 ★

	10600		8 à 11 €

Racheté en 2004 à un coopérateur, ce domaine s'étend sur 17 ha dans l'aire d'appellation saumur-champigny. Les châteaux de la Loire ont inspiré le nouveau propriétaire, Philippe Porché, qui a nommé ses cuvées «Le Roi», «Le Prince», «Le Fou du roi», «La Dame»...

D'un rouge intense, cette cuvée dévoile des parfums délicats de petits fruits rouges qui se retrouvent dans une bouche ample, ronde, soyeuse et fraîche. Un saumur-champigny accessible et polyvalent. ⧗ 2020-2023

⊶ SARL LES HAUTS DE ROCHEVILLE, Dom. de Rocheville, Les Hauts de Valbrun, 49730 Parnay, tél. 02 41 38 10 00, contact@domainederocheville.fr V t.l.j. sf dim. lun. 10h-18h

DOM. DES SANZAY Les Frogères 2018 ★

	1000		15 à 20 €

Établi au cœur de l'appellation saumur-champigny, Didier Sanzay est à la tête du domaine familial depuis 1991. Il exploite aujourd'hui avec Céline, son épouse, 28 ha (en conversion bio), dont 25 ha plantés en cabernet franc, le reste en chenin et en chardonnay. Leur saumur-champigny est régulièrement distingué dans le Guide.

Un 2018 charmeur par l'intensité, la fraîcheur et la finesse de ses parfums de petits fruits rouges. Ce fruité tonique, de framboise notamment, se retrouve dans une bouche agrémentée de notes de réglisse. La matière est souple et équilibrée, à peine marquée par de petits tanins un peu vifs en finale. ⧗ 2021-2024

⊶ EARL DOM. DES SANZAY, 93, Grand-Rue, 49400 Varrains, tél. 02 41 52 91 30, contact@domaine-sanzay.com V r.-v.

LA SEIGNEURIE Vieilles Vignes à Pierrot 2018 ★

	13500		8 à 11 €

Le vignoble (20 ha aujourd'hui), créé en 1969 par Pierre-Louis Foucher, est situé sur les hauteurs de la ville de Saumur et la salle de dégustation offre un panorama à 180° sur la vallée de la Loire. Il a été repris en 2005 par Alban Foucher, fils du fondateur.

Cette cuvée se présente dans une robe rouge foncé, presque noire. Noire aussi est la couleur des fruits qui animent le nez : mûre, cassis. La bouche, aux saveurs de cerise et de violette, est longue, puissante, volumineuse, bâtie sur une solide structure tannique. ⌛ 2022-2026

EARL FOUCHER, La Seigneurie, 71, rte de Champigny, 49400 Saumur, tél. 02 41 50 11 15, laseigneurie.vins@hotmail.fr V *r.-v.*

♥ CH. LA SERPE 2019 ★★★

60 000 | 8 à 11 €

Un domaine de 15 ha fondé en 2007 par Mathias Levron et son associé Régis Vincenot, par ailleurs propriétaires du Ch. de Parnay et son célèbre Clos d'Entre les Murs créé par Antoine Cristal.

Derrière une robe sombre, pourpre et ourlée de noir, se révèle un nez intense et généreux de myrtille confiturée, de liqueurs de cassis et de violette. Une générosité à laquelle fait écho une bouche ample, suave et croquante, étayée par des tanins soyeux. Un saumur-champigny des plus gourmand et déjà plaisant. ⌛ 2020-2025

SCEA CH. LA SERPE, 1, rue Antoine-Cristal, 49730 Parnay, tél. 02 41 38 10 85 r.-v.

➜ LA TOURAINE

TOURAINE

Superficie : 4 470 ha
Production : 254 353 hl (30 % rouge, 14 % mousseux)

S'étendant des portes de Montsoreau à l'ouest jusqu'à Blois et Selles-sur-Cher à l'est, l'aire d'appellation régionale touraine est principalement localisée de part et d'autre des vallées de la Loire, de l'Indre et du Cher. Le tuffeau affleure rarement; les sols surmontent le plus souvent l'argile à silex. Les vins rouges proviennent de gamay (cépage exclusif des touraines primeurs), ou d'assemblage de cépages plus tanniques, comme le cabernet franc et le côt. À base de deux ou trois cépages, ils ont une bonne tenue en bouteille. Nés du cépage sauvignon qui, depuis quarante ans, a détrôné les autres, les blancs sont secs. Une partie de la production des blancs et des rosés est élaborée en mousseux selon la méthode traditionnelle. Toujours secs, friands et fruités, les rosés sont élaborés à partir des cépages rouges.

GUY ALLION Malbec Le Poira 2019 ★

15 000 | 5 à 8 €

Cette ancienne ferme en polyculture s'est spécialisée dans la vigne et orientée vers la vente directe après l'installation en 1999 de Cédric Allion. Le vigneron exploite 30 ha couvrant les coteaux de Thésée sur la rive droite du Cher.

Un vin de malbec dominé par la même sensation aromatique que sa teinte : violette. Il est franc, plaisant par sa bonne rondeur, prêt à être apprécié. ⌛ 2020-2022

GUY ALLION, 15, rue du Haut-Perron, 41140 Thésée, tél. 02 54 71 48 01, contact@guyallion.com V *r.-v.* D

♥ AUGIS Réserve des caillouteux Élevé en fût de chêne 2018 ★★

8 000 | 5 à 8 €

Propriété familiale créée en 1900 à Meusnes, la commune la plus orientale de l'AOC touraine, réputée pour ses sols riches en silex. Depuis 1988, Philippe Augis, cinquième du nom à la tête de ce domaine régulier en qualité, exploite 17 ha en appellations touraine et valençay.

Intense au premier regard, ce vin l'est tout autant au nez. Cassis, fraise, groseille et cette pointe de fleurs blanches qui ajoutent au charme de la palette. Riche, plein, équilibré, le palais bénéficie de tanins structurants qui assureront une bonne évolution au cours des prochaines années. ⌛ 2021-2024

DOM. AUGIS, 1465, rue des Vignes, 41130 Meusnes, tél. 02 54 71 01 89, philippe.augis@wanadoo.fr V *t.l.j. sf dim. 8h-12h 14h-18h30* B

DOM. BEAUSÉJOUR Gamay noir Cuvée Vincent 2019 ★

12 000 | 5 à 8 €

Philippe Trotignon a pris en 2002 la suite de trois générations sur le domaine familial. Il exploite 20 ha sur des terrains siliceux (sables, argiles à silex) de la rive droite du Cher. Rouges ou blancs, ses touraine sont souvent mentionnés dans le Guide.

Ce 2019 pourra être servi dès à présent ou attendu une ou deux années. Il a, en effet, une matière suffisamment riche et fraîche. Un beau fruité généreux le caractérise déjà, qui devrait tenir dans le temps. ⌛ 2020-2022

DOM. BEAUSÉJOUR, 10, rue des Bruyères, 41140 Noyers-sur-Cher, tél. 02 54 71 34 17, trotignon.philippe@gmail.com V *r.-v.*

DOM. BELLEVUE Sauvignon 2019 ★★

200 000 | - de 5 €

Patrick Vauvy a pris en 1985 la suite des trois générations précédentes sur le domaine familial qui s'étend sur 40 ha à Noyers-sur-Cher. Une commune où l'on trouve une pépinière d'excellents vignerons et des terroirs siliceux au sous-sol argilo-calcaire donnant beaucoup de légèreté aux vins.

Un sauvignon jaune d'or, tout en fruits exotiques (mangue et litchi) et en pamplemousse. On perçoit beaucoup de gras et de rondeur, soulignés par de ces mêmes arômes bien frais au palais. ⌛ 2020-2022

DOM. BELLEVUE, 6, rue du Coteau, 41140 Noyers-sur-Cher, tél. 02 54 71 42 73, domainebellevue@orange.fr V *r.-v.*

DOM. DE LA BROSSETTE 2019 ★★

	3300		8 à 11 €

Joël Delaunay s'est lancé dans la vente en bouteilles en 1970. Ce vigneron réputé de l'AOC touraine a cédé en 2003 à son fils Thierry et à son épouse Marie l'exploitation, située sur la première côte de la vallée du Cher, qui couvre 34 ha aujourd'hui. Une valeur sûre.

Un rosé tellement pâle qu'il prend des airs de vin gris. Aux notes de fruits jaunes et de violette du nez répondent au palais celles de pêche et de cerise, nuancées d'épices, bien persistantes. La matière est ronde et souple. Un vin très expressif. ⧗ 2020-2021

DOM. DE LA DELAUNAY, 48, rue de la Tesnière, 41110 Pouillé, tél. 02 54 71 45 69, contact@joeldelaunay.com V *t.l.j. sf dim. 9h-12h 14h-17h30; sam. 10h-12h 14h-17h*

DOM. DE LA BRUYÈRE Sauvignon 2019 ★

	81200		5 à 8 €

Négociant apprécié en Touraine et producteur par ailleurs, Pierre Chainier a racheté en 2001 à la famille Paumier ce vaste domaine de 130 ha, situé sur la rive gauche du Cher. Les vignes sont implantées dans des sols argilo-calcaires propices au sauvignon.

Avec ses arômes d'agrumes et de fleurs blanches, voici un touraine bien typé, souple, rond et persistant. L'apéritif et les fruits de mer lui iront bien. ⧗ 2020-2022

SCEA ROC DE CHÂTEAUVIEUX, 1_bis, chem. de la Galerne, 41110 Châteauvieux, tél. 02 47 30 73 07, chainier@pierrechainier.com

DOM. PAUL BUISSE Sauvignon 2019 ★

	221600		5 à 8 €

La société Pierre Chainier a acquis auprès de Paul Buisse ce domaine en 2009.

De teinte soutenue, ce vin cède tout aux arômes d'agrumes et à la fraîcheur. Il laisse une impression d'équilibre élégant. ⧗ 2020-2022

SAS PIERRE CHAINIER, ZI La Boitardière, chem. du Roy, 37400 Amboise, tél. 02 47 30 73 07, chainier@pierrechainier.com

DOM. DU CHAPITRE
Côt Brin d'épice 2018 ★★

	6000	8 à 11 €

Installé à Saint-Romain-sur-Cher, aux portes de la Sologne viticole, sur les terroirs de la vallée du Cher, François Desloges perpétue une tradition vigneronne qui remonte à deux siècles. Il cultive le gamay, le cabernet, le côt et le sauvignon.

Le côt, nul doute à en juger par la teinte sombre à reflets violets. Ouvert, le nez a un caractère floral intéressant. Puis c'est la matière souple, d'une belle fraîcheur, qui retient l'attention, ainsi que la sensation fruitée persistante. ⧗ 2020-2023

DOM. DU CHAPITRE, 82, rue Principale, 41140 Saint-Romain, tél. 06 75 20 04 95, ledomaineduchapitre@wanadoo.fr V *t.l.j. 9h-18h*

♥ DOM. CHARBONNIER
Sauvignon Vieilles vignes 2019 ★★

	12000		5 à 8 €

Daniel Charbonnier a pris sa retraite en 2009, mais son frère Michel et son fils Stéphane, installés en 2001, sont toujours là pour conduire le domaine familial et ses 22 ha de vignes. Leurs vins sont régulièrement mentionnés dans le Guide.

Jaune pâle nuancé de reflets or, cette cuvée a tout pour plaire : un nez intense de fruits exotiques, une bouche souple, équilibrée et persistante. Aux agrumes s'ajoute une pointe minérale typée. ⧗ 2020-2023 **Malbec 2018 ★ (5 à 8 €; 16000 b.)** Violette intense, voilà pour le charme. Bel équilibre entre vivacité et rondeur : l'élégance est au rendez-vous. Les arômes de fruits noirs se prolongent bien, avec en contrepoint une amertume de bon aloi. ⧗ 2021-2023

DOM. CHARBONNIER, 4, chem. de la Cossaie, 41110 Châteauvieux, tél. 02 54 75 49 29, dms.charbonnier@wanadoo.fr V *r.-v.*

DOM. DES CLÉMENDIÈRES Côt 2018 ★

	12000		5 à 8 €

Après avoir acquis son expérience dans différents vignobles de France (Alsace, Bordelais, Bourgogne...) et en Californie, Arnault Ponlevoy a rejoint en 2006 le domaine familial (sept générations) : 20,5 ha qu'il cultive avec son frère.

Le fruit a été bien respecté dans ce vin sombre, ouvert sur la myrtille nuancée de notes florales. Les tanins perceptibles à l'attaque s'assouplissent et se fondent dans la matière progressivement plus ronde. Un peu de patience et l'ensemble sera prêt. ⧗ 2021-2023

DOM. DES CLÉMENDIÈRES, 402, La Hardionnerie, 37150 Bléré, tél. 06 70 89 59 71, arnaultponlevoy@hotmail.com V *t.l.j. sf dim. 8h30-12h30 14h-19h*

VIGNERONS DES COTEAUX ROMANAIS
L'Incôtruptible 2018 ★★

	26000		8 à 11 €

Établie sur la rive droite du Cher, cette coopérative, qui regroupe une vingtaine d'adhérents, a été fondée en 1957. Elle dispose de quelque 200 ha de vignes.

Il fait quelques mystères, ce côt sombre, encore discret au nez. Mais il a du potentiel avec sa trame tannique de qualité, sa belle fraîcheur et sa matière. Il gagnera juste à attendre un peu en cave. ⧗ 2021-2023

SCA LES VIGNERONS DES COTEAUX ROMANAIS, 50, rue Principale, 41140 Saint-Romain-sur-Cher, tél. 02 54 71 70 74, smorin@cave-vcr.fr V *t.l.j. sf dim. 9h30-12h30 14h30-18h*

GABRIÈLE ET RÉGIS DANSAULT
Côt Bruyère marin 2018 ★

2000		11 à 15 €

Gabrièle et Régis Dansault sont installés depuis 1987 sur un domaine qu'ils ont constitué petit à petit, en reprenant des vignes en location à de petits viticulteurs partant à la retraite. Ils conduisent aujourd'hui un vignoble de 15 ha, en bio certifié depuis 2010.

Fruits noirs, tanins fins, équilibre entre fraîcheur et rondeur, amertume délicate en finale : voici un côt typé et plaisant, qui saura évoluer favorablement s'il reste quelques bouteilles en cave. ⧗ 2020-2023 **Gamay Volubilis 2019 ★ (11 à 15 €; 3000 b.)** Il a un petit côté « bonbon arlequin » ce gamay frais et persistant, qui surprend et charme à la fois. Le bon fruité est à son avantage. ⧗ 2020-2022

DOM. DE L' OUCHE GAILLARD, 1, rue Gaspard-Monge, 37270 Montlouis-sur-Loire, tél. 02 47 44 36 23, regis.dansault@wanadoo.fr V r.-v.

DOM. DESLOGES Harmonie 2018 ★

4000		5 à 8 €

Campé sur les hauteurs dominant la vallée du Cher, ce domaine a augmenté sa superficie depuis 1989, passant de 10 à 22 ha. À l'installation de Cyril Desloges en 1997, il s'est équipé d'un chai de vinification.

Robe sombre, nez de baies noirs, quelques tanins qui titillent le palais, mais qui augurent une bonne évolution. C'est un touraine issu du malbec classique, mais sans académisme (écrit un dégustateur...). ⧗ 2020-2023 **2019 ★ (5 à 8 €; 50000 b.)** Jaune clair brillant, ce 2019 libère toute une gamme d'arômes d'agrumes, nuancés de minéral. Le fruité revient en bouche, soulignant un équilibre sur la rondeur. ⧗ 2020-2022

CYRIL DESLOGES, 7, Les Petits-Bois-Bernier, 41400 Monthou-sur-Cher, tél. 02 54 71 41 54, domainedesloges@orange.fr V *t.l.j. sf dim. 8h-12h 14h-18h*

LAURE ET STÉPHANE DUBREUIL Essentiel 2018 ★

1700		8 à 11 €

En 2010, Stéphane Dubreuil a pris le relais de son père à la tête de l'exploitation (44 ha de vignes et 90 ha de céréales) dans sa famille depuis un siècle et située au cœur de la vallée du Cher, à mi-chemin entre le zoo de Beauval et le château de Cheverny.

Du côt à 60 % et du cabernet pour le reste : il en résulte un vin très marqué par les arômes de cassis et de fraise, d'une bonne fraîcheur au palais. ⧗ 2020-2022

VIGNOBLE DUBREUIL, 525, rte de Thésée, 41700 Couddes, tél. 06 60 46 21 09, contact@vignobledubreuil.fr V *r.-v.*

DOM. GARNIER
Sauvignon Les Grenouillères 2019 ★

7500		5 à 8 €

La famille Garnier cultive la vigne depuis 1822. Ce sont aujourd'hui les deux frères Éric et Olivier qui gèrent ce domaine de 26 ha, le premier à la vigne et le second à la cave. À leur carte, du touraine et du valençay.

C'est rond, oui, mais les arômes apportent la fraîcheur qu'il lui faut. Ce vin fait la part belle au citron, à la pêche et à l'abricot frais, nuancés d'une pointe minérale. ⧗ 2020-2022

DOM. GARNIER, Chamberlin, 81, rue Delacroix, 41130 Meusnes, tél. 06 20 27 84 55, olivier@oliviergarnier.com V *r.-v.*

GIBAULT L'Audacieuse 2018 ★

5000		5 à 8 €

Établi à Meusnes, à l'extrémité orientale de la vallée du Cher, Patrick Gibault exploite depuis 1982 le vignoble constitué par son père : 30 ha sur des sols d'argiles à silex.

L'audace du malbec, c'est cette teinte sombre qui tire sur le violet, ce nez de petits fruits rouges et noirs, puis ces tanins encore assez présents, mais qui promettent de se fondre dans la matière assez rapidement. ⧗ 2021-2023

VIGNOBLE GIBAULT, 183, rue Gambetta, 41130 Meusnes, tél. 02 54 71 02 63, vignoblegibault@wanadoo.fr V *t.l.j. sf dim. 9h-12h 14h-19h*

DOM. DU HAUT PERRON
Sauvignon blanc 2019 ★

65000		5 à 8 €

Un domaine de 32 ha dans la vallée du Cher. Cédric Gallion est à sa tête depuis 1999. Il a marché dans les pas de son grand-père et de son père.

Pêche ou abricot ? La plume des dégustateurs hésite sur les fiches de dégustation. Qu'importe, ils sont d'accord sur les qualités d'équilibre, de rondeur et de persistance de ce vin. ⧗ 2020-2022

DOM. DU HAUT PERRON, 15, rue du Haut-Perron, 41140 Thésée, tél. 02 54 71 48 01, contact@guyallion.com V *r.-v.* D

DOM. JACKY MARTEAU Sauvignon 2019 ★

130000		5 à 8 €

Jacky Marteau a pris sa retraite en 2010 et laissé les clefs du domaine à ses enfants, Ludivine et Rodolphe, qui représentent la quatrième génération à la tête de cette exploitation de 27 ha bien connue des lecteurs du Guide.

Animé de reflets verts, ce 2019 jaune pâle séduit par son nez minéral, évocateur de pierre à fusil, ainsi que par ses évocations de fruits blancs. Riche et fruité, il bénéficie d'une juste fraîcheur qui lui permet de se prolonger en finale. ⧗ 2020-2022

DOM. JACKY MARTEAU, 36, rue de la Tesnière, 41110 Pouillé, tél. 02 54 71 50 00, contact@domainejackymarteau.fr V *r.-v.* E

RAPHAËL MIDOIR Sauvignon 2019 ★

50000		5 à 8 €

Représentant la cinquième génération, Raphaël Midoir a succédé à son père en 1997 sur la propriété familiale située au cœur de la Sologne viticole. Réputé pour ses crémants, ce domaine de 27 ha se distingue également par ses touraine blancs et rosés.

Au premier nez fruité subtil succèdent des arômes plus intenses d'agrumes et de fleur d'acacia. La patience est récompensée, car ce caractère plaisant se prolonge durablement au palais. Rondeur et petite touche acidulée se marient bien. ⧗ 2020-2022

⊶ RAPHAËL MIDOIR, 380, rue de la Grande-Brosse, 41700 Chémery, tél. 02 54 71 83 58, contact@raphaelmidoir.com V t.l.j. sf dim. 9h-12h30 14h-19h

CAVE DES PRODUCTEURS DE MONTLOUIS
Vert galant 2019 ★

| | 6000 | | 5 à 8 € |

La coopérative de Montlouis-sur-Loire, créée en 1961, regroupe une quinzaine de viticulteurs adhérents pour une surface cultivée de 170 ha.

Des reflets pelure d'oignon séduisent le regard, puis c'est un nez intense de fruits exotiques qui aiguise la curiosité. Une curiosité bienvenue, puisque le vin se révèle souple, ample et long au palais. ⧗ 2020-2021

⊶ SCA CAVE DES PRODUCTEURS DE MONTLOUIS, 2, rte de Saint-Aignan, 37270 Montlouis-sur-Loire, tél. 02 47 50 80 98, espace@cave-montlouis.com V t.l.j. 9h-12h30 14h-18h30; dim. 10h-13h 14h-18h

CH. DE NITRAY Sauvignon 2019 ★

| | 6900 | | 5 à 8 € |

Domaine viticole depuis le XVIIIe s., le château de Nitray possède près de 10 ha. En 2018, François de l'Épinay l'a repris et a engagé une conversion en agriculture biologique.

De beaux arômes d'agrumes se manifestent d'emblée dans ce sauvignon clair et brillant. De bonne ampleur, le palais trouve un équilibre élégant, sur la fraîcheur. ⧗ 2020-2021

⊶ CH. DE NITRAY, 69, rue du Château, 37270 Athée-sur-Cher, tél. 02 47 50 29 74, contact@chateau-nitray.fr V t.l.j. 9h-12h 14h-18h

DOM. DE PIERRE Les Grandes Bruyères 2019 ★

| | 15000 | | 5 à 8 € |

Ingénieur agricole, Lionel Gosseaume, après avoir travaillé 15 ans dans des organisations professionnelles, a sauté le pas en 2007 en reprenant en fermage 9 ha à Choussy, au cœur de la Sologne viticole. Son domaine compte aujourd'hui 28 ha.

De la tendresse dans la couleur de ce rosé. De la délicatesse dans les arômes de fruits rouges et de rose. De la finesse dans la rondeur nuancée d'une fraîcheur fruitée. ⧗ 2020-2021

⊶ DOM. DE PIERRE, 6, chem. des Étangs, 41700 Choussy, tél. 02 54 46 44 86, info@lionelgosseaume.fr

DOM. DES PIERRETTES Sens'S 2019 ★

| | 35000 | | 8 à 11 € |

À 2 pas du château de Chaumont-sur-Loire aujourd'hui célèbre pour son festival des Jardins, Vincent Guilbaud et Cyril Geffard sont installés depuis 2004 sur ce domaine de 18 ha.

Un sauvignon tout en légèreté et en simplicité. Fruité et floral s'associent délicatement, puis une impression de fraîcheur persiste. ⧗ 2020-2022

⊶ DOM. DES PIERRETTES, 9, Le Meunet, 41150 Rilly-sur-Loire, tél. 02 54 20 98 44, contact@domainedespierrettes.fr V t.l.j. 10h-18h

DOM. DES PIERRINES
Sauvignon blanc Les Bournais 2019 ★

| | 3000 | 5 à 8 € |

Ce domaine familial de 18 ha, rebaptisé Dom. des Pierrines en 2014, est situé sur la première côte du val de Cher. Il est conduit depuis 2004 par Fabrice Delaunay, qui succède à ses parents Daniel et Pierrette.

Au nez intense d'agrumes mûrs répond une bouche soyeuse et généreuse, en parfaite cohérence. Une tarte aux fruits conviendra bien à ce profil de sauvignon. ⧗ 2020-2022

⊶ DOM. DES PIERRINES, 2, rue de la Bergerie, 41110 Pouillé, tél. 06 84 05 64 43, fabricedelaunay@hotmail.com V t.l.j. sf dim. 8h-12h 14h-18h

CH. DE QUINÇAY
Sauvignon Sélection Tradition 2019 ★

| | 25000 | | 5 à 8 € |

Conduit par les frères Cadart, Frédéric et Philippe, le Ch. de Quinçay commande un joli parc arboré; ses 30 ha de vignes sont implantés sur un sol riche en silex et apte à la production de vins de qualité, comme en témoignent les sélections régulières du domaine dans le Guide.

Des reflets argents animent le verre. Puis le nez intense d'agrumes nuancé de minéral suscite l'intérêt. C'est un sauvignon ample, équilibré par une juste fraîcheur et persistant. ⧗ 2020-2022

⊶ CH. DE QUINÇAY, 5, Quinçay, 41130 Meusnes, tél. 02 54 71 00 11, cadart@chateaudequincay.com V t.l.j. sf dim. 9h-12h 14h-19h B

DOM. CHARLY RAVENELLE
Méthode traditionnelle ★

| | 3500 | 5 à 8 € |

Depuis 1980, Charly Ravenelle est à la tête de ce domaine familial implanté à la limite de la Sologne viticole et de la grande Sologne.

Des bulles fines s'élèvent dans le verre en formant un cordon persistant. Les arômes de fruits blancs, nuancés de touches d'ananas, sont le leitmotiv de la dégustation et l'on apprécie la fraîcheur de l'ensemble au palais. ⧗ 2020-2021

⊶ DOM. CHARLY RAVENELLE, 1592, rte de Touchebrault, Champdilly, 41230 Soings-en-Sologne, tél. 02 54 98 70 44, charly.ravenelle@orange.fr V t.l.j. 9h-12h 14h-18h30; dim. 9h-12h

DOM. DE LA RENAUDIE Cuvée Albert Denis 2018 ★

| | 13000 | | 5 à 8 € |

Établis à Mareuil-sur-Cher aux confins de la Touraine, du Berry et de la Sologne, Bruno Denis et son épouse Patricia – formée à l'œnologie – ont repris le domaine familial fondé par le grand-père Albert en 1928. Ils exploitent 30 ha de vignes avec l'aide de leur fille Charlotte depuis 2016.

Du côt à 100 % dans ce vin violet intense, tout en arômes de fruits noirs mûrs. Chaleureux, il l'est bel et bien, soutenu par des tanins de qualité qui sauront se fondre à la faveur d'un ou deux ans de garde. ⧗ 2021-2023

DOM. DE LA RENAUDIE, 115, rte de Saint-Aignan, 41110 Mareuil-sur-Cher, tél. 02 54 75 18 72, domaine.renaudie@wanadoo.fr V t.l.j. sf dim. 9h-12h 14h-18h30

DOM. DE LA ROCHETTE Sauvignon 2019 ★

blanc	120000		5 à 8 €

Établi dans le joli village viticole de Pouillé, sur la rive gauche du Cher, Vincent Leclair a pris la suite de son père François en 2014, à la tête d'une exploitation qui conjugue la modernité du chai avec la tradition des caves creusées dans le tuffeau. Le vignoble couvre 45 ha.

Plutôt vif en couleur, ce sauvignon est bien typé en arômes de silex et de fruits à chair blanche. On aime le palais minéral, de bonne fraîcheur. ⧗ 2020-2022

DOM. DE LA ROCHETTE, 79, rte de Montrichard, 41110 Pouillé, tél. 02 54 71 44 02, info@vin-rochette-leclair.com V t.l.j. sf dim. 8h-17h; sam. 9h-12h; f. noël

B DOM. SAUVÈTE Solaris 2019 ★

rouge	6500		11 à 15 €

Georges, l'arrière-grand-père, a planté le premier cep en 1905. Aujourd'hui, le vignoble couvre 17 ha conduits en bio par Jérôme Sauvète, sa femme Dominique et leur fille Mathilde.

Un gamay de belle intensité dans le verre, tant par sa teinte pourpre que par ses arômes de cerise noire. Il s'avère puissant au palais, bien structuré autour de tanins prêts à s'assagir dans les 12 mois. ⧗ 2020-2022

DOM. SAUVÈTE, 15, rte des Vignes, 41400 Monthou-sur-Cher, tél. 02 54 71 48 68, domaine-sauvete@wanadoo.fr V t.l.j. sf dim. 10h-12h 14h-19h; 18h nov. à mars

DOM. DES SOUTERRAINS Côt Chevalier du Saint-Esprit 2018 ★★

rouge	3000		20 à 30 €

Ce domaine fondé en 1820 s'est agrandi au fil des générations, passant de 6 à 24 ha. Nicolas Mazzesi, après avoir travaillé pour le secteur médical en Chine, s'est reconverti dans le secteur du vin.

Ouvert et élégant, tel est ce côt floral et fruité, qui propose un bon équilibre entre une vivacité bien maîtrisée, une amertume discrète et une texture soyeuse. ⧗ 2020-2024

DOM. DES SOUTERRAINS, 37_bis, rue des Souterrains, 41130 Châtillon-sur-Cher, tél. 02 54 71 02 94, adm@les-souterrains.com V t.l.j. sf dim. 8h30-12h 13h45-17h30

CH. VALLAGON Sauvignon 2019 ★★

blanc	68500		5 à 8 €

Fondée en 1961, la Confrérie des Vignerons de Oisly et Thésée est une coopérative qui réunit une vingtaine d'adhérents pour 180 ha de vignes en AOC cheverny et touraine. Une «coop» innovante, l'une des premières de Loire à avoir investi dans la thermorégulation, en 1975, et plate-forme d'essais en microbiologie pour l'Institut technique de la vigne et du vin (ITV) de Tours.

Vin de gastronomie, couleur or et intensément fruité (pêche et autres fruits à chair blanche), floral et minéral. Soyeux, il se révèle tout aussi aromatique au palais, parfaitement soutenu par une touche de fraîcheur en finale. ⧗ 2020-2023 ■ **2018 ★ (5 à 8 €; 23200 b.)** Gamay, côt et cabernet franc composent cette cuvée fruitée (cerise, cassis) et florale (rose, iris), qui revendique la fraîcheur pour trait de caractère. ⧗ 2020-2023

CONFRÉRIE VIGNERONS OISLY THÉSÉE, 5, rue du Vivier, 41700 Oisly, tél. 02 54 79 75 20, agnes.bardet@uapl.fr V t.l.j. sf dim. 9h-12h 14h-18h; visite cave sur r.-v.

DOM. JÉRÉMY VILLEMAINE Sauvignon 2019 ★

blanc	6000		- de 5 €

Issu d'une famille de viticulteurs de pères en fils depuis six générations, Jérémy Villemaine a pris la suite de son oncle en 2017. Situé à Thésée, il produit des vins rouges, blancs et rosés sur une surface de 30 ha. Les vendanges se font à la main pour le gamay, à la machine pour le sauvignon, le cabernet, le côt et le pineau d'Aunis.

Pêche et abricot pour les arômes, nuancés de minéral. La première impression est bonne et elle se confirme au palais, puisque une rondeur avenante et équilibrée se révèle. ⧗ 2020-2022

DOM. JÉRÉMY VILLEMAINE, 37, rue de la Fontaine, Herbault, 41140 Thésée, tél. 06 58 84 24 25, domainevillemainejeremy@gmail.com V r.-v.

TOURAINE-AMBOISE

Superficie : 165 ha
Production : 8 767 hl (83 % rouge et rosé)

De part et d'autre de la Loire, sur laquelle veille le château d'Amboise des XVe et XVIe s., non loin du manoir du Clos-Lucé où vécut et mourut Léonard de Vinci, ce vignoble produit des vins rosés et rouges à partir du gamay, du côt et du cabernet franc. Ce sont des vins pleins, aux tanins légers; lorsque côt et cabernet dominent, les rouges ont une certaine aptitude à la garde. Les mêmes cépages donnent des rosés secs et tendres, fruités et bien typés. Secs, demi-secs ou moelleux selon les années, les blancs, issus de chenin, peuvent également être gardés en cave.

DOM. DES BESSONS Les Silex 2018 ★

blanc	7600		5 à 8 €

Établi sur la rive droite de la Loire tout près d'Amboise, François Péquin s'est lancé dans la vinification et la vente directe après son installation en 1987. Il exploite 10 ha de vignes en touraine et en touraine-amboise.

Quelques reflets argentés brillent sur fond jaune pâle. Au nez ouvert d'agrumes répond une bouche ronde à souhait. Bien dans le style de l'appellation. 2020-2022

DOM. DES BESSONS, 113, rue de Blois, 37530 Limeray, tél. 02 47 30 09 10, francois.pequin@wanadoo.fr V t.l.j. sf dim. 9h-12h15 14h-19h

PHILIPPE CATROUX
Moelleux Cuvée de Moncé 2018 ★

2000 | 11 à 15 €

Comme dans de nombreuses exploitations de Limeray, l'histoire viticole familiale est ici ancienne (1890). Représentant la cinquième génération, Philippe Catroux, installé depuis 1984, conduit un domaine de 17 ha.

De l'intensité dans la palette de fruits bien mûrs (orange et autres agrumes). Le palais reprend cette ligne, en trouvant un équilibre satisfaisant. 2020-2022 **2019 ★ (5 à 8 €; 3000 b.)** Rose vif, ce 2019 plaît par ses arômes de fruits rouges et de fleurs. Souple et persistant, il a du pep grâce à une pointe de fraîcheur. 2020-2021

PHILIPPE CATROUX, 2 et 4, rue des Caves-de-Moncé, 37530 Limeray, tél. 02 47 30 13 10, philippe.catroux@caves-catroux.com V t.l.j. sf dim. 8h30-12h30 14h-19h; f. fév.

♥ DOM. DUTERTRE Les Buttelières 2018 ★★

9500 | 5 à 8 €

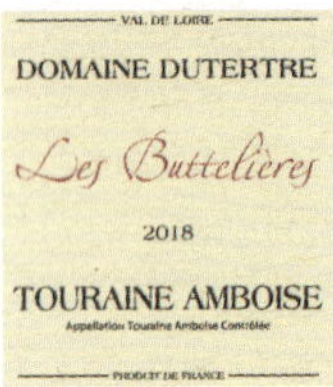

Représentant la cinquième génération, Gilles Dutertre, fils de Jacques et petit-fils de Gabriel, a repris les rênes de ce domaine familial en 1996. Créé par son trisaïeul au début du XXe s. à partir d'un hectare, le vignoble couvre aujourd'hui 37 ha.

Un côt riche d'arômes de cerise, de groseille et de myrtille, qui charme par sa rondeurs, ses tanins bien disciplinés et une très belle longueur. 2020-2024 **Clos du pavillon 2018 ★ (5 à 8 €; 12000 b.)** Délicatement parfumé d'agrumes, ce 2018 a en sa faveur douceur, équilibre et longueur sur des notes d'orange mûre. 2020-2022

EARL DOM. DUTERTRE, 20-21, rue d'Enfer, 37530 Limeray, tél. 02 47 30 10 69, domainedutertre@9business.fr V t.l.j. sf dim. 9h30-12h30 14h-18h

XAVIER FRISSANT Tendance 2019 ★

7000 | 5 à 8 €

Installé depuis 1990 à Mosnes, en aval d'Amboise, Xavier Frissant cultive 28 ha de vignes. Un vigneron bien connu des lecteurs grâce à ses vins souvent en bonne place dans le Guide.

De la cerise, de la groseille et de la fraise des bois, en-veux-tu-en-voilà... L'attaque tendre et fruitée laisse place à une expression plus puissante et généreuse, avec en finale une pointe épicée. Les grillades seront les bienvenues aux côtés de cette bouteille. 2020-2021

XAVIER FRISSANT, 1, chem. Neuf, 37530 Mosnes, tél. 02 47 57 23 18, xf@xavierfrissant.com V t.l.j. 9h-12h 14h-18h30; dim. sur r.-v.

DOM. DE LA GABILLIÈRE François 1er 2018 ★

6600 | 5 à 8 €

Ce domaine d'application pédagogique du lycée viticole d'Amboise (20 ha) est également une structure de recherche à l'échelle de la région Centre-Val de Loire, en lien avec les différents organismes viticoles.

Sous une teinte grenat se révèlent des arômes de fruits rouges bien nets qui se prolongent au palais. La bonne vivacité est à leur avantage et ce ne sont pas les tanins qui viendront contrarier leur expression. 2020-2023

DOM. DE LA GABILLIÈRE, 46, av. Émile-Gounin, BP_239, 37402 Amboise Cedex, tél. 02 47 23 35 51, expl.amboise@educagri.fr V t.l.j. sf dim. 9h-12h 14h-17h; f. août

DOM. DE LA GRANDE FOUCAUDIÈRE
Clos du Vau 2018 ★

2600 | 8 à 11 €

Après avoir passé 15 ans en région parisienne, Lionel Truet est revenu en 1992 sur les terres familiales situées dans la région d'Amboise. Il conduit aujourd'hui un petit vignoble de 6 ha niché au cœur d'un parc forestier de 40 ha.

Un élevage de 12 mois en fût a laissé à ce vin une bonne structure tannique. Le fruit est préservé, de bonne intensité et nuancé d'épices. Un à trois de garde permettront à l'ensemble de se fondre. 2021-2023 **Juliette 2018 ★ (8 à 11 €; 2000 b.)** Ce touraine-amboise va droit au but : côté arômes, des fruits à noyau et de l'amande grillée; côté équilibre, une vivacité justement mariée à la rondeur. Et le tout persiste bien. 2020-2022

DOM. DE LA GRANDE FOUCAUDIÈRE, La Grande-Foucaudière, 37530 Saint-Ouen-les-Vignes, tél. 02 47 30 04 82, lioneltruet@orange.fr V t.l.j. 9h-12h 14h-20h

MAISON GANDON Demi-sec 2018 ★

2200 | 8 à 11 €

Depuis 2019, Émilie Gandon & Christoph Pennings sont à la tête de ce domaine de 5 ha.

La subtilité et une douceur maîtrisée caractérisent ce demi-sec équilibré et fruité. 2020-2022

MAISON GANDON, 37, rue Amélie-Vincendeau, 37530 Nazelles-Négron, tél. 07 55 64 36 15, christoph@maisongandon.com V r.-v.

B DOM. MESLAND Cuvée 47 2018 ★

2000 | 15 à 20 €

Domaine créé en 1880 par l'arrière-grand-père, greffeur après la crise du phylloxéra, et agrandi par les deux générations suivantes. Aux commandes depuis 1997, Stéphane Mesliand oriente son vignoble de 11 ha vers l'agriculture biologique.

Après 11 mois passés sous bois, ce vin présente des arômes de cacao légers en accompagnement du fruité. On perçoit aussi toute la rondeur apportée par ce type d'élevage. 2020-2022

STÉPHANE ET SANDRA MESLIAND, 10, rue du Lavoir, 37530 Limeray, tél. 02 47 30 11 15, domaine.mesliand@orange.fr V jeu. ven. sam. 10h-19h; visite cave sur r.-v.

DOM. DES PIERRETTES Rédemption 2019 ★

■ | 15000 | 🍾 | 8 à 11 €

À 2 pas du château de Chaumont-sur-Loire aujourd'hui célèbre pour son festival des Jardins, Vincent Guilbaud et Cyril Geffard sont installés depuis 2004 sur ce domaine de 18 ha.

Frais à souhait, fruité, fondu, soyeux... ce 2109 est décidément de bonne compagnie dès à présent, avec une viande blanche, des grillades ou tout simplement à l'apéritif. ⌛ 2020-2022

DOM. DES PIERRETTES, 9, Le Meunet, 41150 Rilly-sur-Loire, tél. 02 54 20 98 44, contact@domainedespierrettes.fr V *t.l.j. 10h-18h*

DOM. PLOU ET FILS Elixir 2018 ★★

■ | 20000 | 🍾 | 5 à 8 €

Les Plou cultivent la vigne depuis... 1508 sur les terres de Chargé. La propriété s'est agrandie depuis, pour couvrir un coquet vignoble de 105 ha, conduit depuis 2003 par la dernière génération.

Il y a de la force dans l'expression typée de ce vin, empreint d'arômes de violette, de fruits noirs et de cannelle. L'ensemble se prolonge au palais, avec en contrepoint une trame de tanins de qualité. Le temps permettra d'arrondir encore la belle matière. ⌛ 2021-2024 ■ **Renaissance 2018 ★ (8 à 11 €; 6000 b.)** Le registre des fruits noirs se décline au nez : cassis, mûre et myrtille. S'y ajoute une touche de violette complexe. Tout aussi aromatique, la bouche ample bénéficie de tanins bien présents, mais sans agressivité. ⌛ 2021-2023

PLOU ET FILS, 26, rue du Gal-de-Gaulle, 37530 Chargé, tél. 02 47 30 55 17, contact@plouetfils.com V *t.l.j. 9h-19h*

DOM. DE LA TONNELLERIE Manguitte 2018 ★

■ | 2000 | 🛢 | 8 à 11 €

Vincent Péquin a pris en 1994 la suite de quatre générations de vignerons. Situé à mi-chemin des châteaux d'Amboise et de Chaumont-sur-Loire, son petit vignoble de 4 ha est implanté sur des coteaux aux sols argilo-calcaires et argilo-siliceux.

Couleur claire et nez floral, bouche apparaît très ronde, sur le fruit des agrumes : ce que l'on attend d'un touraine-amboise blanc. ⌛ 2020-2023

DOM. DE LA TONNELLERIE, 71, rue de Blois, 37530 Limeray, tél. 06 88 50 26 94, vincent.pequin@orange.fr V *r.-v.*

TOURAINE-AZAY-LE-RIDEAU

Superficie : 46 ha
Production : 1705 hl (44 % blanc)

Nés sur les deux rives de l'Indre, les vins ont ici l'élégance du château qui se reflète dans la rivière et dont ils ont pris le nom. Les blancs, secs à tendres, particulièrement fins et de bonne garde, sont issus du cépage chenin. Les cépages grolleau (60 % minimum de l'assemblage), gamay, côt et cabernets (au maximum 10 %) donnent des rosés secs et très friands. Les vins rouges ont l'appellation touraine.

BADILLER 2018 ★

■ | 3200 | 🍾 | 11 à 15 €

Héritier d'une lignée de vignerons remontant à 1789, Marc Badiller s'est installé en 1984 sur le domaine familial, établi entre la Loire et la forêt de Chinon : 13 ha sur les coteaux de Cheillé à l'origine d'une large gamme de vins de Touraine. En 2015, la dernière génération (Pierre et Vincent) a pris les commandes.

Un caractère gourmand se manifeste dès le premier nez de fruits compotés. La bouche est à l'avenant, miellée en attaque, puis toute douce jusqu'à la finale aux nuances de coing. ⌛ 2020-2022

DOM. BADILLER, 26, Le Bourg, 37190 Cheillé, tél. 02 47 45 24 37, contact@badiller.fr V *t.l.j. sf dim. 9h30-12h 14h-18h*

TOURAINE-CHENONCEAUX

Production : 1 900 hl

Couvrant les premières « côtes » des deux rives du Cher, sur vingt-sept communes de l'Indre-et-Loire et du Loir-et-Cher, le vignoble touraine-chenonceaux est, avec touraine-oisly, le plus récent des sous-ensembles délimités dans la vaste appellation touraine (2011). Conscients du potentiel de leur terroir, les vignerons ont œuvré, des décennies durant, à donner à leur vin une dimension qui les distingue de ceux de l'AOC régionale. Dans cette quête de qualité et d'authenticité, ils ont réservé l'encépagement au seul cépage sauvignon en blanc et ont privilégié le côt et le cabernet franc en rouge. Des parcelles sélectionnées, riches en silex, des rendements plus faibles, des élevages plus longs en rouge contribuent également au caractère de ces vins, des rouges amples et complexes et des blancs expressifs.

CELLIER DU BEAUJARDIN Les Arches 2018 ★

■ | 5406 | 🍾 | 5 à 8 €

Cette union de producteurs créée en 1925 vinifie les raisins de nombreuses exploitations situées aux portes des châteaux d'Amboise et de Chenonceau. Elle exploite aussi ses propres vignes, reprenant des vignobles sans succession.

Jaune or, cette cuvée exprime volontiers ses arômes de fruits jaunes, nuancés de menthol. Elle est souple en attaque, puis affiche une juste fraîcheur qui lui permet de se développer en finale. La petite touche d'amertume est au service de sa persistance. ⌛ 2020-2022

CELLIER DU BEAUJARDIN, 32, av. du 11-Novembre-1918, 37150 Bléré, tél. 02 47 57 91 04, accueil@vins-beaujardin.com V *t.l.j. sf dim. 8h-12h 14h-18h30*

DOM. DES CHÉZELLES Tentation 2018 ★

■ | 2000 | 🍾 | 8 à 11 €

Exploité par la famille Marcadet depuis 1850, ce domaine, qui s'étend aujourd'hui sur 25 ha de terroirs argilo-calcaires à tendance siliceuse, a changé de mains en 2016, repris par Philippe Derouet (fils et petit-fils de vignerons saumurois), son épouse Catherine et sa fille Aurélie.

Des fruits jaunes et du melon : la palette annonce la richesse du palais. L'expression et la maturité sont deux beaux atouts de ce millésime. ⧗ 2020-2022

DOM. DES CHÉZELLES, 18, rue du Grand-Mont, 41140 Noyers-sur-Cher, tél. 02 54 75 13 94, domaine-chezelles@orange.fr
V t.l.j. sf dim. 9h-12h 14h-19h

CH. DE FONTENAY Ingénue 2018 ★★

	6500		8 à 11 €

Didier et Carole Corby ont repris en 1996 une exploitation située sur la rive gauche du Cher, à deux pas de Chenonceaux. Nathalie et Philippe Carli les ont rejoints à la tête de ce domaine de 15 ha commandé par un château des XVIIe et XIX[e]s. entièrement restauré.

Des reflets verts sur fond jaune, des notes de buis et de melon : aucun doute, c'est bien l'expression d'un sauvignon. L'attaque révèle les fruits mûrs, puis la bouche trouve une fraîcheur bienvenue pour équilibrer toute cette rondeur avec précision. ⧗ 2020-2022

CH. DE FONTENAY, 3, Fontenay, 37150 Bléré, tél. 02 47 57 93 05, vin@lechateaudefontenay.fr
V r.-v. G E

DOM. DU HAUT PERRON 2018 ★

	35000		8 à 11 €

Un domaine de 32 ha dans la vallée du Cher. Cédric Gallion est à sa tête depuis 1999. Il a marché dans les pas de son grand-père et de son père.

Quelques touches anisées, de la pomme Granny : voici un sauvignon très moderne. D'attaque souple, il révèle une bonne fraîcheur et persiste harmonieusement. Un saumon à l'aneth lui conviendrait très bien. ⧗ 2020-2022

DOM. DU HAUT PERRON, 15, rue du Haut-Perron, 41140 Thésée, tél. 02 54 71 48 01, contact@guyallion.com
V r.-v. D

LES PIERRES D'AURÈLE Aurèle 2018 ★

	3000		11 à 15 €

Un jeune domaine fondé en 2010 par Pierre-André Frot, dont les vignes s'étendent sur près de 22 ha en AOC touraine et touraine-chenonceaux.

«C'est de l'encre!», note un dégustateur. Typique du côt, en somme. Et la palette ne dément pas : pruneau, cassis. La matière non plus : ample, structurée, quelque peu boisée en finale. Ce vin concentré n'aura pas peur d'une petite garde. ⧗ 2021-2024

LES PIERRES D'AURÈLE, 1, la Chauverie, 41400 Saint-Georges-sur-Cher, tél. 06 99 35 27 79, pierre@lespierresdaurele.com V t.l.j. sf dim. 9h30-19h30 G

CH. DE QUINÇAY 2018 ★

	4000		11 à 15 €

Conduit par les frères Cadart, Frédéric et Philippe, le Ch. de Quinçay commande un joli parc arboré; ses 30 ha de vignes sont implantés sur un sol riche en silex et apte à la production de vins de qualité, comme en témoignent les sélections régulières du domaine dans le Guide.

De la palette, on retient les notes anisées et mentholées en contrepoint des arômes de melon. Du palais, l'attaque très fruitée et une belle amplitude. C'est un vin onctueux et charmeur. ⧗ 2020-2022

CH. DE QUINÇAY, 5, Quinçay, 41130 Meusnes, tél. 02 54 71 00 11, cadart@chateaudequincay.com
V t.l.j. sf dim. 9h-12h 14h-19h B

DOM. DE LA RENAUDIE 2018 ★

	26400		8 à 11 €

Établis à Mareuil-sur-Cher aux confins de la Touraine, du Berry et de la Sologne, Bruno Denis et son épouse Patricia – formée à l'œnologie – ont repris le domaine familial fondé par le grand-père Albert en 1928. Ils exploitent 30 ha de vignes avec l'aide de leur fille Charlotte depuis 2016.

Des nuances de menthe et de citron apportent un peu de fraîcheur à l'expression d'un fruité mûr. Au palais, la maturité et la souplesse l'emportent, dans le respect de l'équilibre. ⧗ 2020-2022

DOM. DE LA RENAUDIE, 115, rte de Saint-Aignan, 41110 Mareuil-sur-Cher, tél. 02 54 75 18 72, domaine.renaudie@wanadoo.fr
V t.l.j. sf dim. 9h-12h 14h-18h30

B DOM. SAUVÈTE Oneiros 2018 ★

	11000		11 à 15 €

Georges, l'arrière-grand-père, a planté le premier cep en 1905. Aujourd'hui, le vignoble couvre 17 ha conduits en bio par Jérôme Sauvète, sa femme Dominique et leur fille Mathilde.

Des notes de fruits blancs mûrs apparaissent avec discrétion, nuancées de menthe fraîche. Mais le vin se révèle pleinement au palais, charnu, ample et riche, longuement fruité. ⧗ 2020-2023

DOM. SAUVÈTE, 15, rte des Vignes, 41400 Monthou-sur-Cher, tél. 02 54 71 48 68, domaine-sauvete@wanadoo.fr V t.l.j. sf dim. 10h-12h 14h-19h; 18h nov. à mars

DOM. DES SOUTERRAINS 2018 ★

	3666		8 à 11 €

Ce domaine fondé en 1820 s'est agrandi au fil des générations, passant de 6 à 24 ha. Nicolas Mazzesi, après avoir travaillé pour le secteur médical en Chine, s'est reconverti dans le secteur du vin.

Or soutenu, ce touraine-chenonceaux déploie des arômes de fruits exotiques délicats, avant de restituer tout son fruité au palais grâce à une juste fraîcheur : poire et pêche blanche, à peine miellées, se révèlent alors. ⧗ 2020-2022

DOM. DES SOUTERRAINS, 37_bis, rue des Souterrains, 41130 Châtillon-sur-Cher, tél. 02 54 71 02 94, adm@les-souterrains.com
V t.l.j. sf dim. 8h30-12h 13h45-17h30

DOM. DU VIEIL ORME Inphini 2018 ★

	8000		11 à 15 €

Créé en 1849 sur la rive gauche du Cher, le Dom. du Vieil Orme s'étend sur 13 ha, à Saint-Julien-de-Chédon.

Son terroir est composé de sols argilo-calcaires et d'argile à silex, de terres chaudes et d'autres froides. Autant de microclimats qui engendrent des vins expressifs et très différents.

Une pointe de violette se glisse dans la palette marquée par les fruits noirs de ce vin ample, chaleureux et structuré. ⧗ 2020-2023

o— DOM. DU VIEIL ORME, 8, rte de l'Ormeau, 41400 Saint-Julien-de-Chédon, tél. 02 54 32 73 74, inphini@domaineduvieilorme.fr V t.l.j. sf lun. dim. 9h-12h 15h-19h; f. janv.

TOURAINE-MESLAND

Superficie : 100 ha
Production : 5 105 hl (82 % rouge et rosé)

Sur la rive droite de la Loire, au nord de Chaumont et en aval de Blois, le vignoble est implanté sur des sols perrucheux (argile à silex à couverture localement sableuse du miocène, ou limono-sableuse). Les rouges, très majoritaires, sont issus du gamay assemblé à du cabernet et à du côt : ils sont bien structurés. Les blancs doivent contenir une majorité de chenin, éventuellement complété de chardonnay et de sauvignon.

DOM. DE LA BESNERIE 2019 ★★

	3000		5 à 8 €

Frédéric Pironneau a repris en 2008 les rênes du domaine (16 ha) acheté et remis en état à partir de 1976 par ses parents.

Chenin et chardonnay s'équilibrent dans cette cuvée brillant de reflets argentés, qui livre d'intenses arômes de coing et de poire mûre. Un joli équilibre entre fraîcheur et rondeur se dessine en bouche. ⧗ 2020-2022

o— DOM. DE LA BESNERIE, 41, rte de Mesland, La Besnerie, 41150 Monteaux, tél. 02 54 70 23 75, pironneau.f@wanadoo.fr V r.-v.

DOM. DES TERRES NOIRES 2019 ★

	4000		- de 5 €

Régulièrement mentionné dans le Guide pour ses touraine-mesland (dans les 3 couleurs), ce domaine, conduit par les 3 frères Rediguère depuis 1993, s'étend sur 20 ha.

Cassis, mûre et même frangipane séduisent les dégustateurs, avant même de découvrir le caractère rond, charnu et souple de ce rosé. La légère pointe de fraîcheur joue en sa faveur également. ⧗ 2020-2021

o— DOM. DES TERRES NOIRES, 81, rue de Meuves, 41150 Onzain, tél. 02 54 20 72 87, gaec.terres.noires@orange.fr V r.-v.

LES VAUCORNEILLES Du Grain au vin 2018 ★

	5000		8 à 11 €

Gilles Chelin, qui a repris ce domaine de 12 ha en 1998, a acquis une solide notoriété aux portes de Blois. Il propose ainsi en été une soirée « Spectacle et Vins », et le week-end de la Pentecôte un pique-nique au domaine où les vins sont offerts. Côté vigne, il intègre des méthodes biologiques à une culture raisonnée.

De teinte sombre, ce 2018 issu de l'assemblage de gamay (60 %), de côt et de cabernet franc affiche un nez discret de fruits noirs. Le fruité revient au palais, soutenu par la fraîcheur, mais quelques tanins encore présents en finale invitent à un tout petit peu de patience. ⧗ 2021-2023

o— LES VAUCORNEILLES, 10, rue de l'Égalité, 41150 Onzain, tél. 06 07 98 88 45, chelin@loire-touraine-mesland-vaucorneilles.fr V r.-v.

TOURAINE-NOBLE-JOUÉ

Superficie : 28 ha / Production : 1 908 hl

Présent à la cour du roi Louis XI, le noble-joué est au sommet de sa renommée au XIXᵉs. Grignoté par l'urbanisation de la ville de Tours, le vignoble, qui faillit disparaître, renaît sous l'impulsion de vignerons qui le reconstituent. Ce vin gris, issu des pinot meunier, pinot gris et pinot noir, a été reconnu en AOC.

ANTOINE ET VINCENT DUPUY 2019 ★

	30000	5 à 8 €

Vincent a rejoint son père Antoine Dupuy en 2007 pour exploiter les 12 ha de vignes de ce domaine dans leur famille depuis cinq générations.

Un rosé pâle, mêlant fleurs et fruits blancs comme la pêche. Au palais, ce sont les fruits exotiques qui s'expriment dans une belle harmonie générale. ⧗ 2020-2021

o— ANTOINE ET VINCENT DUPUY, Le Vau, 37320 Esvres-sur-Indre, tél. 02 47 26 44 46, dupuy.vignerons@orange.fr V r.-v.

TOURAINE-OISLY

Production : 1 000 hl

Sur la rive gauche de la Loire, entre ce fleuve et le Cher, le terroir viticole d'Oisly s'étend sur dix communes de la partie orientale de l'aire d'appellation touraine. Cheverny est à une quinzaine de kilomètres au nord. La Sologne forestière, avec ses étangs et son gibier, est toute proche, à l'est. Le vignoble est implanté sur le plateau de la Sologne viticole. À l'est de Tours, les influences océaniques apparaissent très atténuées, et le climat est semi-continental. L'encépagement change également : en blanc, le chenin fait place au sauvignon. Les sols, graviers et formations dites « de Sologne » (sables, argiles, faluns) sont propices à ce cépage, le seul autorisé dans l'appellation, créée en 2011.

DOM. OCTAVIE Sauvignon 2018 ★

	20000		8 à 11 €

Cette exploitation familiale créée en 1885 tient son nom de l'arrière-grand-mère à qui ont appartenu les premières parcelles. Un domaine dirigé depuis 1988 par Isabelle Rouballay, revenue sur les terres familiales après plusieurs années dans la banque, et son époux Noë, pépiniériste de formation, qui œuvre au chai : 32 ha de vignes à la lisière de la Sologne.

LOIRE

Quels beaux reflets or-vert dans le verre ! Ici, c'est le fruit mûr qui s'exprime, tout en nuances exotiques d'agrumes. S'il présente ce qu'il faut de gras et de rondeur, ce vin possède aussi la fraîcheur indispensable à l'équilibre et à la persistance. ⧗ 2020-2022

DOM. OCTAVIE, 7, rte de Marcé, 41700 Oisly, tél. 02 54 79 54 57, domaineoctavie@domaineoctavie.com V *t.l.j. sf dim. 9h-12h30 14h-18h30*

BOURGUEIL

Superficie : 1 356 ha / Production : 69 234 hl

Rouges et parfois rosés, les bourgueils sont produits à partir du cépage cabernet franc (breton), à l'ouest de la Touraine et aux frontières de l'Anjou, sur la rive droite de la Loire. Racés, dotés de tanins élégants, ils ont une très bonne aptitude au vieillissement, après une cuvaison longue, s'ils proviennent des sols sur tuffeau jaune des coteaux : au moins dix ans pour les meilleurs millésimes. Ils sont plus gouleyants et fruités s'ils proviennent des terrasses aux sols graveleux à sableux.

♥ B YANNICK AMIRAULT Le Grand Clos 2018 ★★

■ | 6600 | | 15 à 20 €

Présent en saint-nicolas et en bourgueil, Yannick Amirault, rejoint en 2003 par son fils Benoît, fait partie des valeurs sûres de ces 2 appellations. Les 19 ha du domaine sont aujourd'hui conduits en bio.

Cette cuvée, née sur des argiles à silex, a été élevé pour un tiers en tonneaux, un tiers en foudres et un tiers en jarres en grès. Dans le verre, elle affiche de solides qualités organoleptiques. Drapée de rubis aux nuances violines, elle délivre des arômes de fruits rouges et de vanille. La bouche, dense, onctueuse, « pulpeuse » même, est centrée sur un fruité gourmand et intense, souligné par des tanins délicats et une fine fraîcheur. Un bourgueil de haute expression. ⧗ 2023-2026 ■ **Cote 50 2018 ★★ (11 à 15 € ; 25 000 b.)** B Issu d'un terroir de sables et graviers situé non loin d'une ancienne voie romaine, ce bourgueil élevé en foudre et en jarre se distingue par son fruité remarquable (framboise, mûre, cassis), sa souplesse, sa rondeur, ses tanins fondus. Un vrai vin de plaisir à boire dans sa jeunesse. ⧗ 2020-2023

EARL YANNICK ET NICOLE AMIRAULT, 1, rte du Moulin-Bleu, 37140 Bourgueil, tél. 02 47 97 78 07, info@yannickamirault.fr V *t.l.j. sf sam. dim. 9h-12h 14h-17h*

LES VINS D'AZÉL Myosotis 2018 ★

■ | 5000 | | 11 à 15 €

Un domaine créé en 2017 par Azéline Delarue, issue d'une lignée de vignerons de Saint-Nicolas-de-Bourgueil, qui a fait des études en chimie et travaillé dans le secteur pharmaceutique. Un retour à ses racines donc avec un petit vignoble de 2 ha.

Limpide, strié de reflets bleutés, ce Myosotis est « une fleur qui dit quelque chose ». À un nez agréable, fruité et légèrement fumé, répond une bouche ronde et avenante, aux tanins souples, stimulée par une finale fraîche un brin mentholée. ⧗ 2021-2025

AZÉLINE DELARUE, La Perrée, 37140 Saint-Nicolas-de-Bourgueil, tél. 06 43 54 30 44, azeline.08@wanadoo.fr V *r.-v.*

♥ DOM. ALEXIS BOUCARD N° 1 2018 ★★

■ | 15000 | | 5 à 8 €

Un tout jeune domaine, créé en 2018 par Alexis Boucard, fils de Thierry Boucard (Dom. de la Chanteleuserie), à partir de 5 ha de vignes en cours de conversion à l'agriculture biologique.

Premier millésime en solo pour Alexis Boucard et déjà une grande réussite. Ce N° 1, qui porte décidément bien son nom, joue sur les saveurs de fruits mûrs au nez comme en bouche, mais sans recherche de la concentration. Pas un monstre, même s'il ne manque pas de structure, mais plutôt un bourgueil tout en rondeur et en fraîcheur mêlées, d'une grande élégance, long et savoureux. ⧗ 2021-2026

ALEXIS BOUCARD, La Chanteleuserie, 37140 Benais, tél. 06 33 45 81 89, alexis.boucard@orange.fr V *r.-v.*

DOM. DE LA CHANTELEUSERIE Beauvais 2018 ★

■ | 10000 | | 8 à 11 €

La fondation de la Chanteleuserie remonte à près de deux siècles (1822). Huit générations de vignerons s'y sont succédé. Aujourd'hui, Thierry Boucard et son fils Alexis, arrivé en 2013, gèrent de façon très raisonnée un domaine de 19 ha, implanté à Benais sur des terres argilo-calcaires.

Ce bourgueil né de ceps de 50 ans dévoile un nez intense de fruits rouges et noirs. En bouche, il montre un profil décidé autour d'arômes de fruits noirs persistants, d'une matière ample et d'une solide charpente tannique. Du caractère et du potentiel. ⧗ 2023-2026

EARL THIERRY BOUCARD, La Chanteleuserie, 37140 Benais, tél. 02 47 97 30 20, contact@chanteleuserie.fr V *t.l.j. sf dim. 9h-12h 14h-18h*

DOM. DUBOIS Épilogue 2018 ★

■ | 5000 | | 8 à 11 €

Depuis son installation en 2002 sur le domaine (12 ha aujourd'hui) créé par son père Serge en 1973, Mickaël Dubois fait preuve d'une remarquable constance dans la qualité avec ses bourgueil denses et racés. La conversion bio est à l'étude.

Un beau vin de caractère, typique de l'appellation, qui s'ouvre à l'aération sur les fruits rouges relevés d'épices. Une attaque fraîche, voir nerveuse, introduit une bouche dense, charnue, volumineuse, bâtie sur des tanins fermes. ⧗ 2023-2027

EARL DOM. DUBOIS, 62 bis, rue de Lossay, 37140 Restigné, tél. 02 47 97 31 60, domaine.dubois@orange.fr V r.-v.

DOM. BRUNO DUFEU Grand Mont 2018 ★

■	5700		5 à 8 €

Bruno Dufeu dirige depuis 1995 cette exploitation de 12,5 ha située sur la commune de Benais, au cœur de l'AOC bourgueil, dont il est l'une des valeurs sûres.

Élevé en partie en barriques, ce Grand Mont, issu de vieilles vignes de 60 ans, présente une belle intensité aromatique autour des fruits noirs et du clou de girofle. La bouche se révèle ample et ronde, soutenue par des tanins de qualité, encore un peu fermes en finale. ⧗ 2023-2026

EARL BRUNO DUFEU, Les Neusaies, 37140 Benais, tél. 02 47 97 76 53, brunodufeu@gmail.com V *t.l.j. sf dim. 9h-18h*

LAURENT FAUVY 2018 ★

■	3000		5 à 8 €

Héritier de quatre générations vigneronnes, Laurent Fauvy est un vigneron discret, installé à Benais depuis 1991, dont les bourgueil sont souvent mentionnés dans le Guide.

Agréable, fruité, facile à boire, ce vin fait dans la simplicité, et c'est un compliment. Au nez, les fruits rouges et noirs s'associent à la pivoine. Tout aussi fruitée, la bouche apparaît très fraîche, droite et longue. Un bourgueil franc du collier, à boire dans sa jeunesse. ⧗ 2020-2023

EARL LAURENT FAUVY, 14, rte de Saint-Gilles, 37140 Benais, tél. 02 47 97 46 67, earl.fauvy.laurent@wanadoo.fr V *r.-v.*

B DOM. DES GESLETS Les Geslets 2018 ★

■	15000		8 à 11 €

Valeur sûre du Bourgueillois, ce domaine de 20 ha, dont les origines remontent à 1935, est cultivé en bio certifié. Installé en 1997, Vincent Grégoire perpétue la tradition familiale, tant en saint-nicolas-de-bourgueil qu'en bourgueil.

Vincent Grégoire donne ici la parole au terroir de sables et d'argile qui sied bien au cabernet franc. Dans le verre, un joli vin fruité (prune, cassis) agrémenté des nuances de poivron typiques du cépage. La bouche allie densité et maturité sans manquer de fraîcheur et de droiture. Un ensemble harmonieux. ⧗ 2022-2025

DOM. DES GESLETS, 12, Dom. des Geslets, 37140 Bourgueil, tél. 06 82 16 18 11, domainedesgeslets@orange.fr V *t.l.j. 10h-12h 13h30-18h30; dim. sur r.-v.*

ARNAUD HOUX Le Clos Barbin 2018 ★

■	5000		5 à 8 €

Cette propriété de Restigné régulièrement mentionnée dans le Guide compte 22 ha de vignes implantées sur des sols argilo-calcaires. Arnaud Houx, à la tête du domaine familial depuis 2008, conserve les vins jugés « de garde » dans une cave taillée dans le roc.

Le Clos Barbin est un bourgueil accompli né de bretons mûris à point sur un terroir de sables et graviers. Discret mais fin, le nez évoque les fruits rouges, le cassis et la violette. La bouche associe fraîcheur, volume, tanins soyeux et longueur. À boire sur le fruit. ⧗ 2020-2024

■ **Cuvée de la Chopinière 2018 ★ (5 à 8 €; 5000 b.)** Au nez, des notes florales et fruitées. En bouche, un bon équilibre entre rondeur, fraîcheur et tanins doux. ⧗ 2021-2024

ARNAUD HOUX, 21, Le Clos-Barbin, 37140 Restigné, tél. 06 32 76 60 19, arnaud.houx@yahoo.com V *r.-v.*

B DOM. DE LA LANDE Prestige 2018 ★

■	5000		15 à 20 €

Dans la famille depuis quatre générations, ce domaine s'étend sur 17 ha en bordure de la route du Vignoble. François Delaunay, qui a pris les rênes de l'exploitation en 1991, l'a depuis converti au bio.

Cette cuvée dévoile d'emblée des notes grillées et fumées rappelant les 15 mois d'élevage en fût. La bouche est dense, charnue et fraîche à la fois; on y retrouve les fines saveurs boisées perçues à l'olfaction. Une belle harmonie. ⧗ 2023-2026

DOM. DE LA LANDE, 20, rte du Vignoble, 37140 Bourgueil, tél. 02 47 97 80 73, earl.delaunay.pfils@wanadoo.fr V *r.-v.*

DOM. LAURENT MABILEAU 2018 ★

■	50000		8 à 11 €

Depuis 1985, Laurent Mabileau conduit un domaine de 30 ha en bourgueil et en saint-nicolas, abrité des vents du nord par la forêt. Le vigneron signe avec une remarquable régularité des vins droits qui lui valent de fréquentes mentions dans le Guide. La conversion bio est en cours.

Une sympathique fraîcheur olfactive se dégage de ce vin, autour des fruits rouges et des épices. Nantie de tanins fins, la bouche apparaît souple, bien fruitée, fondue et longue. Un bourgueil équilibré. ⧗ 2021-2025

CH. LE MOULIN NEUF, La Croix-du-Moulin-Neuf, 37140 Saint-Nicolas-de-Bourgueil, tél. 02 47 97 74 75, chateaumoulinneuf@gmail.com V *r.-v.*

B ROUGE DE MINIÈRE 2018 ★

■	7146		8 à 11 €

Remontant au XVIe s., ce domaine transmis par les femmes est passé sous pavillon belge en 2010 avec son rachat par la famille Van den Berghe. Le vignoble de 29 ha est, lui, passé sous pavillon « bio ».

Le terroir sablonneux a transmis droiture et franchise à ce Rouge de Minière tourné vers la délicatesse fruitée et une belle maturité tannique. La bouche à la fois fraîche et charnue lui confère un style moderne. Du caractère et du potentiel. ⧗ 2023-2027

SCEV DU CH. DE MINIÈRE, 25, rue de Minière, 37140 Coteaux-sur-Loire, tél. 02 47 96 94 30, contact@chateaudeminiere.com V *r.-v.* B

♥ NAU FRÈRES Les Brunetières 2018 ★★

■ | 8700 | | 8 à 11 €

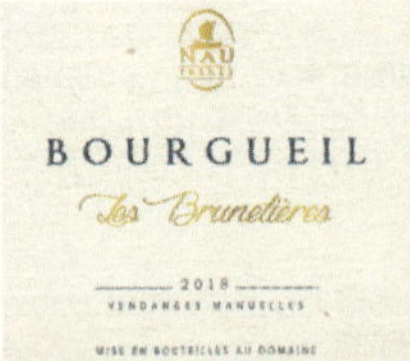

Les frères Nau conduisent un domaine familial de 20 ha situé sur les premières terrasses de Bourgueil. Leurs cuvées figurent régulièrement dans le Guide.

La maison Nau Frères fait autorité au pays du breton, sa cuvée Les Brunetières vient s'ajouter à son palmarès. Un bourgueil né sur des terres argilo-siliceuses, sombre, aromatique (fruits noirs et rouges, touches épicées), qui développe une bouche puissante et riche, à la fois tannique et soyeuse, offrant une très belle allonge. Un vin d'avenir. ⧗ 2025-2030 ■ **La Cigogne 2018 ★ (5 à 8 €; 3000 b.)** Un bourgueil intense, ouvert sur des arômes d'épices, de menthol et de fruits rouges compotés, dense en bouche, structuré par des tanins fermes. Pour la cave. ⧗ 2025-2030 ■ **Les Blottières 2018 ★ (5 à 8 €; 4800 b.)** Au nez, des fruits noirs frais; en bouche, de la concentration, de la puissance, du volume. Un bon bourgueil de garde. ⧗ 2024-2028

EARL NAU FRÈRES, 52, rue de Touraine, Ingrandes-de-Touraine, 37140 Coteaux-sur-Loire, tél. 02 47 96 98 57, naufreres@gmail.com V *t.l.j. sf dim. 9h-12h 14h-18h*

NATHALIE OMASSON Vieilles Vignes 2018 ★

■ | 6000 | | 5 à 8 €

Plantées sur les coteaux de Saint-Patrice, les vignes du domaine (9,5 ha) font face au romantique château d'Ussé. Nathalie Omasson s'y est installée en 2003 et, depuis, elle signe de jolies cuvées fréquemment retenues dans le Guide.

Nathalie Omasson signe un joli bourgueil ouvert sur les fruits des bois un brin confits à l'olfaction. La bouche attaque sur la souplesse et le fruit, puis monte en puissance pour finir sur une note plus austère. À mettre en cave. ⧗ 2023-2026

ETS NATHALIE OMASSON, 3, rue de la Cueille-Cadot, Saint-Patrice, 37130 Coteaux-sur-Loire, tél. 06 66 96 60 41, nathalie.omasson@gmail.com V *r.-v.*

DOM. DES OUCHES Les Clos Boireaux 2018 ★

■ | 6000 | | 11 à 15 €

Établis à Ingrandes, village qui marque la limite entre les anciens duchés d'Anjou et de Touraine, les Gambier cultivent la vigne depuis huit générations, avec Thomas et Denis aujourd'hui. Leur domaine couvre 16 ha. Une valeur sûre de l'appellation bourgueil.

Il porte beau ce bourgueil dans sa robe pourpre nuancée de violine. Au nez, il dispense de beaux arômes de fruits rouges rehaussés d'épices. La bouche séduit par sa rondeur, son côté plein et riche, avant une finale qui pirouette sur de beaux amers. ⧗ 2023-2026 ■ **Coteau des Ouches 2018 ★ (15 à 20 €; 6000 b.)** Un joli vin de garde, dense, puissant et chaleureux, qui doit encore discipliner ses tanins. ⧗ 2024-2028

EARL DOM. DES OUCHES, 3, rue des Ouches, Ingrandes-de-Touraine, 37140 Coteaux-sur-Loire, tél. 02 47 96 98 77, contact@domainedesouches.com V *t.l.j. sf dim. 10h-12h 14h-18h30*

DOM. DE LA PERRÉE
Papillon Élevé en fût de chêne 2018 ★★

■ | 2000 | | 8 à 11 €

«Perrée» est un vieux mot signifiant «pierre». Conduit par Patrice Delarue depuis 1985, ce domaine de 17 ha, dans sa famille depuis 1936, est implanté sur un terroir de graviers et de sables, où sont produits des vins réguliers en qualité, tout en fruit et en rondeur.

Finaliste du coup de cœur, cette cuvée a fait voyager les dégustateurs dans de jolis songes bachiques. À peine marquée par l'élevage en fût, elle évoque l'iris, la mûre, les épices et le poivron. La bouche se révèle ample, ronde, tendre, presque moelleuse, épaulée par des tanins fins. ⧗ 2022-2026

DOM. DE LA PERRÉE, La Perrée, 37140 Saint-Nicolas-de-Bourgueil, tél. 06 85 02 60 69, contact@domainedelaperree.fr V *r.-v.*

B DOM. DU PETIT BONDIEU Petit Mont 2018 ★★

■ | 18800 | | 8 à 11 €

Installée à Restigné, la famille Pichet s'évertue depuis quatre générations à produire des vins au plus près de la nature et des terroirs. Le domaine, qui s'étend sur 22 ha aujourd'hui, est géré par Thomas et son père Jean-Marc, conduit en bio certifié depuis le millésime 2013. Des vins d'une grande régularité dans la qualité.

Une cuvée référence dans l'appellation, dont la version 2017 obtint un coup de cœur. Le millésime 2018 a peu à lui envier. Issu de cabernets vendangés manuellement, ce bourgueil insolent de vitalité, paré d'une robe intense et profonde, s'ouvre sans réserve sur les fruits noirs, les épices et le poivron. La bouche est ample, puissante, dense, structurée par de beaux tanins de garde et s'étire dans une longue finale fruitée. ⧗ 2023-2030 ■ **Couplets 2018 ★★ (11 à 15 €; 7000 b.)** B Né de vénérables vignes de 80 ans, ce vin livre un bouquet gourmand de fruits noirs mûrs, relayés par une bouche ample, intense, dotée de tanins soyeux. Un solide potentiel. ⧗ 2023-2028 ■ **Terres Brunes 2018 ★ (8 à 11 €; 4900 b.)** B Porteur de notes fruitées et boisées au nez comme en bouche, ce vin séduit par son volume, sa densité et ses tanins tout en rondeur. ⧗ 2023-2026

EARL THOMAS PICHET, 30, rte de Tours, Le Petit Bondieu, 37140 Restigné, tél. 02 47 97 33 18, thomaspichet@orange.fr V *r.-v.* 3 B

DOM. DE LA PETITE MAIRIE
Cuvée Ronsard 2018 ★★

■ | 5000 | | 5 à 8 €

Établi à Restigné, James Petit a repris en 1997 le domaine de son oncle Jean Gambier aujourd'hui retiré. Le vignoble couvre 26 ha sur la première terrasse de l'appellation bourgueil.

Un vin intense que cette cuvée Ronsard souvent en vue dans ses pages. Sa robe profonde annonce un bouquet riche et mûr, aux accents de cerise à l'eau-de-vie, de prune et de boisé toasté. Une maturité et un boisé que l'on retrouve dans une bouche chaleureuse, puissante, aux tanins solides. ⧗ 2023-2030

⊶ EARL DOM. DE LA PETITE MAIRIE, Dom. de la Petite-Mairie, 37140 Restigné, tél. 02 47 97 30 13, jaco.petit@orange.fr V *t.l.j. 8h-12h 14h-19h*

DOM. DU PETIT SOUPER Rosé des sables 2019 ★★

■	6000	▮	5 à 8 €

Situé au cœur de Benais, là où les terres à forte teneur en argile sont disposées à produire des vins de garde, le domaine de Thierry Dupuis (installé en 1992) se distingue régulièrement pour ses bourgueil, en rouge comme en rosé.

Sur le lieu-dit La Barbinière, une parcelle sablo-graveleuse d'à peine 1 ha, cabernet franc et cabernet-sauvignon s'épanouissent pour donner ce rosé à la robe pimpante et limpide, qui affirme au nez de vivifiants arômes de pamplemousse. Longue et goûteuse, la bouche s'enrichit d'une belle minéralité qui en accentue la fraîcheur. ⧗ 2020-2021 ■ **Vieilles Vignes 2018 ★ (5 à 8 €; 12000 b.)** De vieux ceps de cabernet franc (55 ans) ont donné ce vin pourpre sombre nuancé de violine, ouvert sur des arômes de cerise à l'eau-de-vie, rond et généreux en bouche, doté de tanins soyeux. Un beau séducteur. ⧗ 2022-2025

⊶ EARL DUPUIS (DOM. DU PETIT SOUPER), 13, rue de la Barbinière, Saint-Patrice, 37130 Coteaux-sur-Loire, tél. 02 47 96 97 46, earl.thierrydupuis@gmail.com V *r.-v.*

DOM. ROILLUS Les Mots Vilains 2018 ★

■	35000	▮	5 à 8 €

Un domaine fondé en 2017 par Anthony Houx à partir de vignes familiales (14 ha). Roillus était le nom de son arrière-grand-père Alfred, premier vigneron de la lignée dans les années 1930.

«Sûrement un beau terroir et un bon vinificateur», écrit l'un des jurés, conquis par la complexité aromatique de ces Mots Vilains : cerise mûre, pointe de ronce, cassis, violette composent un joli bouquet printanier. Confirmation harmonieuse avec une bouche mûre, fondue, aux tanins soyeux. Vous avez dit «vilains»? Allons donc... ⧗ 2021-2025

⊶ DOM. ROILLUS, 23, rue des Clos-Barbins, 37140 Restigné, tél. 06 62 18 62 91, domaine.roillus@gmail.com V *r.-v.*

SAINT-NICOLAS-DE-BOURGUEIL

Superficie : 1076 ha / Production : 61307 hl

Malgré des caractéristiques proches de celles de l'aire contiguë de Bourgueil, la commune de Saint-Nicolas-de-Bourgueil (simple paroisse détachée de Bourgueil au XVIIIᵉ s.) possède son appellation particulière. Son vignoble croît, pour les deux tiers, sur les sols sablo-graveleux des terrasses de la Loire. Au-dessus, le coteau est protégé des vents du nord par la forêt; le tuffeau y est surmonté d'une couverture sableuse. Bien que ce ne soit pas le cas des vins provenant exclusivement du coteau, les saint-nicolas-de-bourgueil, souvent issus d'assemblages, ont la réputation d'être plus légers que les bourgueils.

Ⓑ YANNICK AMIRAULT
Les Malgagnes Amphore 2018 ★★

■	1560	▮	20 à 30 €

Présent en saint-nicolas et en bourgueil, Yannick Amirault, rejoint en 2003 par son fils Benoît, fait partie des valeurs sûres de ces 2 appellations. Les 19 ha du domaine sont aujourd'hui conduits en bio.

Un coup de cœur en bourgueil, 2 étoiles en saint-nicolas, Yannick Amirault signe un très beau millésime 2018. Ses Malgagnes ont bénéficié de vendanges manuelles, d'un double tri du raisin, de 5 semaines de macération en cuve bois tronconique et de 14 mois d'élevage en jarre de grès. Le résultat est un vin généreux, ouvert sur la cerise noire, la mûre et les épices, au palais ample, chaleureux, long, doté de tanins serrés, avec de beaux amers qui amènent un surcroît de nerf en finale. ⧗ 2023-2026

⊶ EARL YANNICK ET NICOLE AMIRAULT, 1, rte du Moulin-Bleu, 37140 Bourgueil, tél. 02 47 97 78 07, info@yannickamirault.fr V *t.l.j. sf sam. dim. 9h-12h 14h-17h*

MAISON AUDEBERT Vignoble de la Contrie 2018 ★

■	13000	▮▮	8 à 11 €

Installée depuis 1839 en Val de Loire, la famille Audebert exploite aujourd'hui un vignoble de 40 ha répartis en bourgueil, saint-nicolas et chinon, et conduit une activité de négoce. Les parcelles du domaine sont implantées dans tous les terroirs des trois appellations.

Un saint-nicolas issu de la partie négoce. Un vin sombre, au nez fruité relevé de nuances végétales. La bouche se montre fraîche en attaque, puis plus riche et suave, dotée de tanins fermes qui ajoutent à sa solidité. Joli retour de la fraîcheur en finale. ⧗ 2023-2026

⊶ MAISON AUDEBERT ET FILS, 20, av. Jean-Causeret, 37140 Bourgueil, tél. 02 47 97 70 06, maison@audebert.fr V *t.l.j. 8h-12h 13h30-18h30*

LES VINS D'AZÉL
Les Vignerons en herbe Cuvée participative 2018 ★

■	2000	▮	8 à 11 €

Un domaine créé en 2017 par Azéline Delarue, issue d'une lignée de vignerons de Saint-Nicolas-de-Bourgueil, qui a fait des études en chimie et travaillé dans le secteur pharmaceutique. Un retour à ses racines donc avec un petit vignoble de 2 ha.

«Un vin participatif»? Azéline Delarue organise des journées «Devenez un vigneron presque parfait» pour faire découvrir son métier aux amateurs, qui mettent alors la main à pâte : taille, ébourgeonnage, vendanges... En est née cette cuvée Vignerons en herbe, un vin ouvert sur les fruits noirs, d'une rondeur soyeuse en bouche, avec une agréable fraîcheur en finale. À boire sur le fruit. ⧗ 2020-2023

⊶ AZÉLINE DELARUE, La Perrée, 37140 Saint-Nicolas-de-Bourgueil, tél. 06 43 54 30 44, azeline.08@wanadoo.fr V *r.-v.*

HENRI BOURDIN Cuvée Cassandre 2018 ★

■ | 5820 | 🍾 | 5 à 8 €

Henri Bourdin, installé en 1991 à la suite de son père, fondateur du domaine en 1948, privilégie l'accueil et la vente directe à la propriété. Les 14,5 ha de vignes sont morcelés, répartis sur les appellations bourgueil et saint-nicolas, ce qui permet au vigneron de vinifier par terroir : argilo-calcaire, graviers, sables.

Serait-ce allusion à Cassandre Salviati, la muse de Pierre de Ronsard, que ce prénom gravé sur l'étiquette? Dans le verre, un vin aux arômes de fruits mûrs, long et suave au palais, doté de tanins délicats. Une jolie gourmandise à boire dans sa jeunesse. ⧗ 2021-2024

EARL HENRI BOURDIN, 7, rue du Bourg-de-Paille, 37140 Bourgueil, tél. 02 47 97 96 69, bourdin.henri37@orange.fr V *t.l.j. sf dim. 8h-12h30 14h-18h*

B SYLVAIN BRUNEAU Vieilles Vignes 2018 ★★

■ | 30000 | 🍾 | 8 à 11 €

Représentant la troisième génération de vignerons sur ce domaine régulier en qualité, Sylvain Bruneau, installé en 1998, a converti au bio son vignoble, étendu sur une vingtaine d'hectares.

Cette cuvée née de ceps de 40 ans plantés sur des coteaux argilo-calcaires et sablonneux revêt une sémillante robe rubis limpide. Ses arômes fruités, très présents à l'olfaction, se retrouvent dans une bouche ronde, souple, équilibrée et de belle longueur, étayée par des tanins fondus. ⧗ 2021-2025

CAVE BRUNEAU-DUPUY, 14, La Martellière, 37140 Saint-Nicolas-de-Bourgueil, tél. 02 47 97 75 81, info@cave-bruneau-dupuy.com V *r.-v.*

LE CHAI DES CHEVALIERS La Fosse aux Loups 2018 ★

■ | 2328 | 🍾 | 5 à 8 €

Après avoir fait vinifier leurs vins à la cave coopérative de Bourgueil, les Delanoue ont décidé en 2017 d'élaborer aussi leurs propres cuvées à partir de 6 des ses 16 ha que comptent leur vignoble.

On raconte qu'autrefois des loups venaient s'abreuver à proximité de la parcelle de graviers à l'origine de ce vin. Au nez, la fraise et la cerise composent une approche printanière, tout en fraîcheur. Une attaque enveloppante et douce ouvre sur une bouche équilibrée et fruitée, aux tanins fins. Jolie finale florale pour ce beau classique. ⧗ 2021-2025

CHAI DES CHEVALIERS, 3, rte de Tours, 37140 Restigné, tél. 06 10 57 27 18, delanoue.armel@wanadoo.fr V *t.l.j. 8h-12h 13h30-18h*

LA CHEVALLERIE Gueulebée Vieilles Vignes 2018 ★★

■ | 20000 | 🍾 | 8 à 11 €

La Chevallerie fait partie des plus anciens terroirs de Saint-Nicolas. Jean-Charles Bruneau a pris en 2007 les rênes des 25 ha de l'exploitation familiale, dont les premiers pas remontent à 1947. Son grand-père Martial cultivait alors 25 ares de vignes plantées sur sables et graviers.

En langage clair, «gueule bée» se traduit par «avoir la bouche ouverte». C'est qu'elle n'a pas volé son patronyme cette cuvée parée d'une riche tenue pourpre aux reflets violines. Une véritable valse olfactive de fruits rouges et noirs (groseille, cassis, myrtille) précède une bouche ample, dense et puissante, aux tanins soyeux. ⧗ 2023-2027 ■ **Nuances de grès 2018 ★ (15 à 20 €; 2600 b.)** Une année d'élevage en amphore pour cette cuvée ouverte sur les fruits mûrs un tantinet épicés, chaleureuse et volumineuse en bouche, étayée par des tanins fondus. ⧗ 2023-2026

LA CHEVALLERIE, 2, La Chevallerie, 37140 Saint-Nicolas-de-Bourgueil, tél. 02 47 97 93 58, contact@gaetanbruneau.com V *r.-v.*

B LE CLOS DES QUARTERONS Vieilles Vignes 2018 ★

■ | 28000 | 🛢 | 15 à 20 €

Installé en Touraine occidentale sur une terrasse ancienne de la Loire, ce domaine, dans la même famille depuis six générations, est bien connu des lecteurs du Guide pour ses saint-nicolas-de-bourgueil. Agnès et Xavier Amirault – qui a pris la suite de son frère Thierry en 2011 – exploitent aujourd'hui 37 ha de vignes en agriculture biologique et biodynamique.

Vieillie 15 mois en demi-muids, cette cuvée offre une olfaction fruitée discrètement soutenue par un boisé élégant. Franc à l'attaque, doté de tanins fondus et d'un bon volume, le palais fait écho au nez avec ses arômes fruités et torréfiés. Une petite sévérité marque encore la finale et appelle la garde. ⧗ 2023-2027

EARL CLOS DES QUARTERONS (AMIRAULT), 46, av. Saint-Vincent, 37140 Saint-Nicolas-de-Bourgueil, tél. 02 47 97 75 25, contact@domaineamirault.com V *t.l.j. sf dim. 8h30-12h30 14h-17h*

LE CLOS DU VIGNEAU Le Clos 2018 ★★

■ | 30000 | 🍾 | 5 à 8 €

Depuis 1820, six générations de Jamet se sont appliquées à faire prospérer la vigne sur des parcelles de sables et de cailloux, terroirs nommés «graviers». En 2012, la propriété de 25 ha a été cédée aux cousins Antoine et François Jamet du Dom. des Vallettes.

Voilà un Clos largement ouvert aux réjouissances gustatives. Né de cabernets francs plantés sur terres graveleuses, il déploie au nez des arômes intenses de fruits rouges. Arômes auxquels fait écho une bouche ronde, savoureuse, aux tanins très «soft», prolongée par une finale tout en finesse. ⧗ 2020-2025 ■ **Vieilles Vignes 2017 ★ (8 à 11 €; 7000 b.)** Un vin élevé en fût, floral, fruité et vanillé au nez, doux et rond en bouche, avec une juste fraîcheur et des tanins maîtrisés en soutien. ⧗ 2021-2025

EARL LE CLOS DU VIGNEAU, Le Vigneau, 37140 Saint-Nicolas-de-Bourgueil, tél. 02 47 97 44 44, contact@closduvigneau.com V *r.-v.*

JÉRÔME DELANOUE Générique 2018 ★

■ | 19000 | 🍾 | 5 à 8 €

Jérôme Delanoue s'est lancé dans la viticulture en 1998 et s'est attaché depuis à parfaire l'exploitation de ses vignes sur des sols de graviers très qualitatifs.

Il conduit aujourd'hui 13 ha en bourgueil et saint-nicolas, avec des cuvées régulières en qualité.
Jérôme Delanoue s'illustre à nouveau avec ce Générique né d'un terroir de graviers. Rubis limpide nuancé d'indigo, la robe prélude à une olfaction intense où le cassis, la mûre et la cerise tiennent la vedette. La bouche, ronde et tout aussi expressive, s'appuie sur des tanins soyeux. Une vraie friandise. ⧗ 2020-2024

⊶ EARL JÉRÔME DELANOUE, 11, rue du Port-Guyet, 37140 Saint-Nicolas-de-Bourgueil, tél. 06 16 95 16 55, vinjdelanoue@wanadoo.fr V t.l.j. 9h-18h; sam. dim. sur r.-v.

♥ B DOM. DES GESLETS La Contrie 2018 ★★

■	16000	🍾	8 à 11 €

Valeur sûre du Bourgueillois, ce domaine de 20 ha, dont les origines remontent à 1935, est cultivé en bio certifié. Installé en 1997, Vincent Grégoire perpétue la tradition familiale, tant en saint-nicolas-de-bourgueil qu'en bourgueil.
Né sur un terroir de graviers, ce vin arbore une magnifique robe purpurine aux reflets violets. Discret de prime abord, le nez s'affirme à l'agitation sur des arômes de fruits rouges. Une attaque nette et fraîche introduit une bouche intense, elle aussi tout en fruit, dotée de tanins fins et de beaux amers en finale. Un saint-nicolas d'une grande amabilité, qui signe l'élégance des meilleurs cabernets du Bourgueillais. Et l'on peut d'ores et déjà en profiter. ⧗ 2020-2025

⊶ DOM. DES GESLETS, 12, Dom. des Geslets, 37140 Bourgueil, tél. 06 82 16 18 11, domainedesgeslets@orange.fr V t.l.j. 10h-12h 13h30-18h30; dim. sur r.-v.

JÉRÔME GODEFROY Vieilles Vignes 2018 ★

■	23600	🍾	5 à 8 €

Après le départ à la retraite de son père en 2005, Jérôme Godefroy a pris les rênes de l'exploitation où se sont succédé cinq générations de vignerons. Il a ensuite entrepris un important travail de restauration de la propriété, qui couvre 11 ha aujourd'hui.
Au nez, les fruits noirs et rouges mûrs s'allient à des notes poudrées de rose. La bouche se révèle ronde, charnue et longue, avec une avenante fraîcheur fruitée en soutien. Un ensemble bien équilibré, à boire jeune. ⧗ 2020-2023

⊶ EARL JÉRÔME GODEFROY, 19, Le Plessis, 37140 Chouzé-sur-Loire, tél. 02 47 95 16 56, domaine.godefroy@orange.fr V t.l.j. sf dim. 9h-12h 14h-18h

B FRÉDÉRIC MABILEAU Les Rouillères 2018 ★

■	120000	🍾	11 à 15 €

Frédéric Mabileau est l'une des figures de proue en bourgueil et en saint-nicolas depuis son installation en 1991, en marge de l'exploitation paternelle. En 2003, les deux domaines ont fusionné, si bien que le vignoble couvre 28 ha aujourd'hui. Le producteur a adopté l'agriculture biologique en 2007 et la biodynamie en 2012.
Planté sur les terres sablo-graveleuses des Rouillères, le cabernet franc a produit un 2018 des plus harmonieux, éclatant de fruit (cassis, mûre, framboise) au nez comme en bouche, ample, mûr et long, épaulé par des tanins veloutés. Un vin friand et élégant. ⧗ 2020-2025

⊶ SAS FRÉDÉRIC MABILEAU, 6, rue du Pressoir, 37140 Saint-Nicolas-de-Bourgueil, tél. 02 47 97 79 58, contact@fredericmabileau.com V t.l.j. sf dim. 9h-12h 14h-17h30; sam. sur r.-v. B

JACQUES ET VINCENT MABILEAU La Gardière 2018 ★

■	80000	🍾	5 à 8 €

Jacques Mabileau a créé ce domaine en 1968. Son fils Vincent l'a rejoint en 1998; ensemble, ils ont modernisé et agrandi leur exploitation, qui s'étend sur 19 ha aujourd'hui.
Un joli vin de plaisir que ce 2018 certes discret au premier nez, mais qui s'enhardit à l'agitation, déployant un charmant registre olfactif à base de baies noires. Rond, souple et équilibré en bouche, on l'aimera pour sa typicité toute bourgueillaise et son aimable simplicité. ⧗ 2020-2023

⊶ EARL JACQUES ET VINCENT MABILEAU, La Gardière, 37140 Saint-Nicolas-de-Bourgueil, tél. 02 47 97 75 85, vincent.mabileau@wanadoo.fr V t.l.j. sf dim. 9h-12h 14h-18h

HERVÉ MORIN LeVant 2018 ★★

■	6000	🍾	8 à 11 €

C'est à la veille de la Seconde Guerre mondiale que le grand-père d'Hervé Morin a créé le Dom. de la Rodaie. Mais ce n'est qu'à partir de 1970 que la propriété, sous l'impulsion du petit-fils, s'est développée, puis ouverte à la clientèle. L'exploitation couvre 21 ha, complétés en 2017 par une brasserie artisanale sous le nom de marque Farmer.
Ce vin issu d'1 ha de breton enraciné sur un sol de graviers revêt une jolie robe rubis intense. Au nez, il évoque intensément mais avec subtilité les fruits rouges. On retrouve le fruit dans une bouche ample, généreuse et élégante à la fois. Un vin sincère et croquant que l'on pourra servir jeune mais qui devrait aussi bien évoluer. ⧗ 2020-2025 ■ **Élégance 2018 ★ (5 à 8 €; 36000 b.)** Un vin ouvert sur les fruits rouges mûrs, tout aussi fruité en bouche, rond et charmeur, étayé par des tanins souples. ⧗ 2020-2024

⊶ DOM. DE LA RODAIE, 20, La Rodaie, 37140 Saint-Nicolas-de-Bourgueil, tél. 02 47 97 75 34, contact@hervemorin.com V t.l.j. sf dim. 9h-18h E

DOM. OLIVIER Cuvée Le Mont des Olivier 2017 ★★

■	20000	🍾	8 à 11 €

Créée en 1959, cette exploitation familiale, qui n'a cessé de se diversifier et de s'agrandir, couvre désormais 65 ha. Conduite depuis 1983 par Patrick Olivier, elle est régulièrement distinguée dans le Guide.
Paré d'une robe rubis aux reflets violines, ce vin libère à l'olfaction des notes gourmandes de fruits mûrs.

Arômes prolongés avec intensité par une bouche riche, ample et longue, soutenue par des tanins veloutés, caressants. Un saint-nicolas rayonnant, d'une pureté aromatique très « classe ». ⧗ 2021-2025

SCEA DOM. OLIVIER, La Forcine, 37140 Saint-Nicolas-de-Bourgueil, tél. 02 47 97 75 32, contact@domaineolivier.com V *t.l.j. sf dim. 9h-12h 14h-18h*

♥ LES CAVES DU PLESSIS Vieilles Vignes 2018 ★★

▮ | 15 000 | ▮ | 5 à 8 €

Valeur sûre en saint-nicolas-de-bourgueil, ce domaine est depuis 2012 géré par Stéphane Renou, héritier de cinq générations de vignerons. Le vignoble est conduit en lutte raisonnée, avec un enherbement de près de 80 % de la superficie globale. La cave creusée dans le tuffeau date du XIIIe s.

Un « vin de soleil », note l'un des jurés, séduit par sa belle couleur carminée et par la haute maturité qui se dégage de ses arômes intenses et généreux de fruits rouges. La bouche, nantie de tanins soyeux et fondus, déroule une chair juteuse et veloutée jusque dans sa longue finale aux tonalités épicées. Un saint-nicolas sans aucune âpreté, magnifique expression bourgueillaise qui donne envie de relire Baudelaire : « Un soir, l'âme du vin chantait dans les bouteilles / Homme, vers toi je pousse, ô cher déshérité / Sous ma prison de verre et mes cires vermeilles / Un chant plein de lumière et de fraternité ! ». ⧗ 2021-2025 ▮ **Réserve Stéphane 2018 ★ (8 à 11 € ; 10 000 b.)** Une année de barrique pour ce vin au nez très torréfié, tout aussi boisé en bouche, mais avec une belle matière et des tanins de qualité pour digérer sans encombre son élevage. ⧗ 2023-2028

EARL STÉPHANE RENOU, 17, La Martellière, 37140 Saint-Nicolas-de-Bourgueil, tél. 02 47 97 85 67, lescavesduplessis@wanadoo.fr V *t.l.j. sf dim. 9h-12h 14h-18h30*

VIGNOBLE DE LA ROSERAIE 2018 ★

▮ | 5 000 | ▮ | 5 à 8 €

Ce domaine fondé en 1890 a vu se succéder cinq générations. Son vignoble s'étend sur 35 ha, conduit en agriculture raisonnée. Ses vins sont régulièrement sélectionnés dans le Guide en saint-nicolas ou en bourgueil.

Né d'un terroir de sables et de graviers, ce saint-nicolas gourmand évoque sans réserve les fruits rouges et noirs (groseille, framboise, mûre). Le palais se montre très équilibré, net, frais, fruité, en appui sur des tanins d'une belle souplesse. ⧗ 2020-2024

GAEC DU VIGNOBLE DE LA ROSERAIE, 46, rue Basse, 37140 Restigné, tél. 02 47 97 32 97, vignobledelaroseraie@orange.fr V *r.-v.*

JOËL TALUAU Vieilles Vignes 2018 ★

▮ | 9 900 | ▮ | 11 à 15 €

Joël et Clarisse Taluau se sont installés en 1970 sur 2,2 ha ; ils ont été rejoints en 1993 par leur fille Véronique et leur gendre Thierry Foltzenlogel, désormais aux commandes. Valeur sûre des AOC bourgueil et saint-nicolas, ce domaine de 32 ha se distingue régulièrement dans le Guide.

Cette maison ligérienne de belle renommée signe une cuvée discrète à l'olfaction, mais qui s'affirme en bouche : on y découvre un vin ample, gras, rond, vineux, doté de tanins élégants et d'une belle finale épicée. Un saint-nicolas généreux. ⧗ 2022-2025

EARL TALUAU ET FOLTZENLOGEL, 11, rue Chevrette, 37140 Saint-Nicolas-de-Bourgueil, tél. 02 47 97 78 79, joel.taluau@orange.fr V *t.l.j. sf dim. 8h30-12h 13h30-18h ; sam. sur r.-v.*

DOM. DES VALLETTES Origine 2018 ★

▮ | 90 000 | ▮ | 5 à 8 €

Un domaine créé en 1986 par Annick et Francis Jamet : 10 ha au départ, 26 ha aujourd'hui, sur lesquels sont produits du saint-nicolas-de-bourgueil et du bourgueil, mais aussi de l'anjou blanc. Après une expérience commerciale export pour une maison saumuroise, François, le fils, revient au domaine en 2001. Il est rejoint en 2008 par son frère Antoine qui a fait ses armes en Australie et en Espagne. En 2012, la fratrie reprend le Clos du Vigneau (saint-nicolas), dans la famille de leur cousin Alain Jamet depuis 1820 et maison-mère familiale.

Goûteux au possible avec ses arômes de fraise des bois et de framboise, ce vin plaisir, vif à l'attaque, déploie ensuite une bouche tout en rondeur, étayée par des tanins souples et bien ajustés. À boire sur le fruit. ⧗ 2020-2023

EARL JAMET, Les Vallettes, 37140 Saint-Nicolas-de-Bourgueil, tél. 02 47 97 44 44, contact@vallettes.com V *r.-v.*

CHINON

Superficie : 2 337 ha
Production : 119 239 hl (99 % rouge et rosé)

Autour de la vieille cité médiévale qui lui a donné son nom, au pays de Gargantua et de Pantagruel, l'AOC chinon est produite sur les terrasses anciennes et graveleuses du Véron (triangle formé par le confluent de la Vienne et de la Loire), sur les basses terrasses sableuses du val de Vienne (Cravant), sur les coteaux de part et d'autre de ce val (Sazilly) et sur les terrains calcaires, les « aubuis » (Chinon). Le cabernet franc, dit breton, y donne des vins rouges racés aux tanins élégants. De moyenne garde, les chinon peuvent dépasser une, voire plusieurs décennies dans les meilleurs millésimes. L'appellation produit aussi quelques rosés secs et de très rares blancs secs tendres – certaines années – issus de chenin.

B DOM. DES BÉGUINERIES Clos Braie 2018 ★

▮ | 6 000 | ▮ | 15 à 20 €

Ayant effectué ses premières armes dans le domaine familial puis en tant que responsable de cave au Ch. de Saint-Louans, Jean-Christophe Pelletier s'est installé en 1995. Il conduit en bio depuis 2009 ses 13 ha de vignes.

Les sols de tuffeau jouent à plein un rôle identitaire qui personnalisent les vins. Il en est ainsi avec ce Clos Braie, lieu-dit sur lequel le cabernet franc a trouvé une terre d'élection. Dans le verre, un vin qui affirme sa personnalité à travers des arômes fruités anoblis de fines senteurs de bois fumé et de vanille. La bouche, à l'unisson, apparaît franche, voire nerveuse à l'attaque, puis se fait plus suave et dense autour de tanins fondus. ⧗ 2022-2026

DOM. DES BÉGUINERIES, 52, rue de l'Ancien-Port, 37500 Chinon, tél. 06 08 92 88 17, domainedesbeguineries@wanadoo.fr V *t.l.j. 9h30-13h 14h-18h30; dim. sur r.-v.*

DOM. BELLIVIER CB 2018 ★

■ | 3000 | | 5 à 8 €

Matthieu Bellivier a rejoint son père Vincent sur ce domaine de 6 ha situé dans cette partie de l'appellation irriguée par l'Indre, à proximité du confluent avec la Loire. Dans le voisinage, les bois de Chinon protègent le vignoble des vents du nord.

CB ? Pour Chinon et Bellivier. Une cuvée bien connue des aficionados de la grappe chinonaise. Elégamment vêtue de rouge sombre, elle séduit d'emblée par ses arômes de petits fruits rouges, de mûre et de pruneau confit. Dotée de tanins soyeux, la bouche se révèle charnue, dense, suave et persistante. ⧗ 2022-2026

EARL BELLIVIER, 12, rue de la Tourette, 37420 Huismes, tél. 02 47 95 54 26, contact@domainebellivier.fr V *r.-v.*

B CH. DE LA BONNELIÈRE Chapelle 2018 ★★

■ | 10 000 | | 11 à 15 €

Le Ch. de la Bonnelière (XVIe s.) est dans la famille depuis 1846. Le vignoble a été replanté en 1976 par Pierre Plouzeau. Son fils Marc a repris en 2002 les rênes du domaine (34 ha) qu'il conduit en agriculture biologique. Une valeur sûre du Chinonais viticole.

Une cuvée souvent en vue dans ces pages. Le 2018, élevé 12 mois au contact de la barrique, livre un bouquet d'une très belle complexité : chocolat, violette, framboise, cassis, réglisse. La bouche se montre ample, dense, puissante, soutenue par des tanins bien présents. Un vrai chinon de garde. ⧗ 2025-2030

CH. DE LA BONNELIÈRE, 1, rte des Basses-Vignes, 37500 La Roche-Clermault, tél. 02 47 93 16 34, marc.plouzeau@gmail.com V *r.-v.*

DOM. DES BOUQUERRIES Cuvée Confidence 2018 ★★

■ | 6000 | | 11 à 15 €

Le nom du domaine rappelle que l'on abattait jadis les chèvres et les boucs en ces lieux. C'est le grand-père de Guillaume Sourdais, aidé par son frère Jérôme qui, dès 1935, a creusé les caves de cette exploitation de 31 ha située au bord de la Vienne. L'une des bonnes références du Chinonais.

18 mois d'élevage en barrique pour cette cuvée produite en petite quantité. Et c'est bien dommage car le vin est bon. Au nez, des notes suaves de fruits noirs s'associent à un boisé noble, vanillé et toasté. La bouche, soutenue par des tanins soyeux, se révèle ronde, caressante, boisée sans excès et s'étire dans une finale élégante et longue. ⧗ 2023-2030

GAEC DES BOUQUERRIES, 4, les Bouquerries, 37500 Cravant-les-Coteaux, tél. 02 47 93 10 50, gaecdesbouquerries@wanadoo.fr V *t.l.j. sf dim. 8h-12h 14h-18h*

♥ PHILIPPE BROCOURT Vieilles Vignes 2018 ★★

■ | 18 000 | | 5 à 8 €

Originaire de Normandie, la famille Brocourt est arrivée dans les années 1940 en Normandie. Implanté dans le petit village de Rivière, sur les bords de la Vienne, le domaine a été créé en 1968. Philippe Brocourt a pris la suite de sa mère Renée en 1986 : 5 ha de vignes à l'époque, 34 ha aujourd'hui, répartis dans 5 communes et une belle palette de terroirs de l'AOC chinon.

Cette cuvée produite sur des terroirs argilo-calcaires a longuement vieilli (16 mois) en fûts de chêne installés au creux du tuffeau. Un beau travail au chai à l'origine d'un chinon gorgé d'arômes de cerise, de mûre et de cassis sur un fond boisé bien dosé. Arômes prolongés par une bouche délicate, tendre, suave, arrondie comme il faut par la barrique et dotée de tanins soyeux. ⧗ 2023-2030

■ **Clos des Gailhards Cuvée du Baron William Desazars de Montgailhard 2018 ★ (11 à 15 €; 6000 b.)** Un vin expressif (fruits noirs, cerise, sous-bois), dense, tannique mais sans agressivité, au boisé fondu. Un beau classique. ⧗ 2023-2028

EARL BROCOURT, 3, chem. des Caves, 37500 Rivière, tél. 02 47 93 34 49, domainebrocourt@hotmail.fr V *t.l.j. sf dim. 10h-12h30 14h-18h30*

CH. COUDRAY-MONTPENSIER L'Apogée Vieilles Vignes 2018 ★

■ | 56 880 | | 8 à 11 €

Situé à Seuilly où naquit Rabelais, le château Coudray-Montpensier, classé Monument historique, dispose d'un vignoble de 30 ha créé en 2001. Aux commandes, Gilles Feray, également à la tête de plusieurs domaines à Vouvray.

Habillé de grenat, ce chinon dévoile au nez une pimpante expression centrée sur les fruits rouges et noirs. Un an d'élevage en fût a renforcé la richesse tannique du palais, ample et long, un brin sévère en finale. ⧗ 2023-2027

CH. COUDRAY-MONTPENSIER, 29, rue Pierre-et-Marie-Curie, 37500 Chinon, tél. 02 47 52 60 77, info@vignobles-feray.com V *t.l.j. sf dim. 10h-12h30 13h30-18h*

PIERRE ET BERTRAND COULY Saint Louans 2018 ★

■ | 12 000 | | 11 à 15 €

Pierre et Bertrand Couly ont constitué en 2007 un vignoble sur les coteaux et le plateau de Chinon. Ils ont agrandi sa superficie (22 ha aujourd'hui); en 2010, ils ont aménagé, sur la route de Tours, un chai ultramoderne que l'on peut visiter. Vincent Couly, fils de Bertrand, est aux manettes des vinifications

depuis 2018 de ce domaine certifié Haute valeur environnementale.

Premier millésime pour Vincent Couly et déjà une belle réussite. Ce Saint Louans se présente dans une belle robe rubis traversée d'éclairs violines. Le nez, friand et intense, évoque la confiture de mûres et les épices douces. Arômes auxquels fait écho une bouche ample, charnue, aux tanins fermes. ⧗ 2023-2028

SAS PIERRE ET BERTRAND COULY, 1, rond-point des Closeaux, rte de Tours, 37500 Chinon, tél. 02 47 93 64 19, contact@pb-couly.com V *t.l.j. 10h-12h30 14h-18h30*

DOM. RENÉ COULY 2018 ★★

30 000 | 8 à 11 €

La maison Couly-Dutheil a été créée en 1921 par Baptiste Dutheil; elle est aujourd'hui dirigée par Jacques Couly-Dutheil et son fils Arnaud. Avec un vignoble de près de 94 ha, dont les prestigieux Clos de l'Écho et Clos de l'Olive, un chai moderne aménagé dans le roc et des caves impressionnantes du Xes. situées sous le château de Chinon, elle fait partie intégrante du paysage viticole chinonais. Une référence incontournable.

Une superbe bouteille née sur des parcelles argilo-siliceuses sur lesquelles venait paître Mouton, le cheval de René Couly, père de Jacques. Dans le verre, un chinon de caractère, bien fruité (fruits noirs, touche d'agrumes) et finement épicé, long, riche et corpulent en bouche, bâti sur de solides tanins. ⧗ 2023-2030

SCEA COULY-DUTHEIL PÈRE ET FILS, 12, rue Diderot, 37500 Chinon, tél. 02 47 97 20 20, info@coulydutheil-chinon.com V *t.l.j. sf ven. sam. dim. 9h-12h30 14h-17h30*

DOM. RÉMI DESBOURDES Le Clos 2018 ★

3000 | 5 à 8 €

Ce domaine fondé par Rémi Desbourdes en 1983 s'étend sur 12 ha et comprend un ancien corps de ferme du XVIIIes. associé à un chai et une cave modernisés. Aux manettes des vinifications, Baptiste, le fils.

Née de ceps de 50 ans plantés sur un sol de sables et graviers et vendangés à la main, une cuvée que ses créateurs nomment modestement «vin de soif». Sa belle fraîcheur fruitée, perceptible à l'olfaction, plaide en sa faveur, tout comme sa souplesse en bouche et le soyeux de ses tanins. ⧗ 2020-2024 ■ **Caves de la Salle Vieilles Vignes 2018 ★ (5 à 8 €; 8000 b.)** Un chinon issu de sols argilo-calcaires, balsamique, épicé et mentholé, solidement charpenté en bouche. Une bonne garde le bonifiera. ⧗ 2023-2028

EARL RÉMI DESBOURDES, La Salle, 37220 Avon-les-Roches, tél. 02 47 95 24 30, remi.desbourdes@wanadoo.fr V *t.l.j. 9h-12h 14h-19h; dim. sur r.-v.*

DOM. DOZON Le Saut au Loup 2018 ★

3000 | 11 à 15 €

Propriété de la famille Dozon pendant cinq générations, ce domaine de 14 ha d'un seul tenant a été repris en 2013 par Éric Santier, originaire de Chinon, qui, après avoir eu diverses activités professionnelles, a fait une formation pour devenir vigneron.

Vinifié en fût avec un élevage sur lies fines, ce Saut au Loup, issu d'un terroir d'argiles à silex, délivre à l'olfaction des parfums fruités empreints d'une minéralité stimulante et de nuances fumées. En bouche, il se révèle vif, fruité et long, avec toujours cette trame minérale. Un beau blanc de terroir. ⧗ 2020-2025

EARL ÉRIC SANTIER, 52, rue du Rouilly, 37500 Ligré, tél. 02 47 93 17 67, domainedozon@gmail.com V *t.l.j. sf lun. dim. 10h-12h30 14h-18h*

DOM. DE LA DOZONNERIE La Coquine 2018 ★★

2000 | 8 à 11 €

Son grand-père a créé le domaine en 1936 et son père l'a agrandi. Installé en 1990, Jean-François Delalay exploite aujourd'hui 11 ha de vignes sur les coteaux de Cravant qui dominent la Vienne.

La Coquine? Le nom de la petite parcelle argilo-calcaire à l'origine de ce chinon au nez intense, floral et fruité, à la bouche «nature», sans artifice boisé, imprégnée de fragrances d'agrumes, souple, fraîche et minérale, sans manquer de gras. Un blanc savoureux, cohérent et plein de caractère. ⧗ 2020-2025

EARL JEAN-FRANÇOIS DELALAY, Dom. de la Dozonnerie, rue de la Haute-Olive, 37500 Chinon, tél. 06 08 92 97 15, domainedelalay.vin@orange.fr V *r.-v.*

♥ LE FUTREAU Vieilles Vignes 2018 ★★

18 800 | 8 à 11 €

Regroupant une cinquantaine de viticulteurs répartis sur l'ensemble de l'appellation chinon, cette structure créée en 1989 commercialise sa production sous plusieurs marques dans la grande distribution et à l'export.

Ce Futreau 2018 décroche un coup de cœur qu'eût sans nul doute apprécié l'auteur du Gargantua. Un vin d'un beau pourpre très foncé, qui propose un nez généreux associant les fruits macérés (cerise, pruneau) à un boisé torréfié. Adossé à des tanins soyeux, le palais offre une chair souple et ronde. Une vraie gourmandise. ⧗ 2021-2025

SICA CAVES DES VINS DE RABELAIS, Les Aubuis, Saint-Louans, 37500 Chinon, tél. 02 47 93 42 70, laurent.bourdin@uapl.fr

DOM. DES GÉLÉRIES Le Puy Blanc 2018 ★

20 000 | 5 à 8 €

Appartenant aux familles Meslet, Thouet et Rouzier, ce domaine de 32 ha régulier en qualité se répartit sur 45 parcelles et 3 AOC : chinon, bourgueil et saint-nicolas. Il est conduit depuis 2012 par Germain Meslet.

Bien connu des lecteurs du Guide, le Dom. des Géléries n'a pas manqué son rendez-vous annuel. Il propose un chinon charnu qui a su tirer parti des ressources du Puy- Blanc, lieu-dit élevé qui doit son qualificatif à la présence du calcaire. Légèrement épicé à l'olfaction, ce vin se montre suave et volumineux en bouche, un peu plus sévère en finale. ⧗ 2021-2025

⊶ EARL DOM. DES GÉLÉRIES, 4, rue des Géléries, 37140 Bourgueil, tél. 02 47 97 74 83, domainedesgeleries@orange.fr V t.l.j. sf dim. 9h-12h 14h-18h30

B DOM. GROSBOIS Clos du Noyer 2018 ★★

■ | 5000 | | 20 à 30 €

Une ancienne ferme fortifiée du XVe s. située sur les hauteurs du coteau de Chinon. La famille Grosbois y cultive la vigne depuis 1850; une longue tradition perpétuée depuis 2008 par Nicolas, qui a exploré le monde viticole, en France et à l'étranger (Chili, Oregon, Australie...) avant de reprendre ce vignoble de 15 ha.

Né sur un sol argilo-sableux, ce chinon assez confidentiel a participé à la finale des coups de cœur (récompense obtenue par la version 2017). Ses arguments : une superbe robe rubis, une olfaction intense dominée par les fruits noirs assaisonnés de notes épicées, une bouche longue, ample, dense, fruitée, adossée à des tanins soyeux. ⧗ 2023-2028 ■ **Gabare 2018 ★★ (15 à 20 €; 30000 b.)** B Clin d'œil au temps où des embarcations au front pesant viraient dans le vent ligérien, cette cuvée est un vin plein, charnu, bien structuré, doté d'un superbe équilibre et d'un fruité mûr relevé d'épices. ⧗ 2024-2030

⊶ EARL DOM. GROSBOIS, Le Pressoir, 37220 Panzoult, tél. 02 47 58 66 87, grosboisnicolas@yahoo.fr V t.l.j. 9h-12h30 13h30-17h; sam. dim. sur r.-v.

♥ DOM. ÉRIC HÉRAULT La Barriquade 2018 ★★

■ | 10216 | | 8 à 11 €

« Jamais homme noble ne hait le bon vin. » C'est par cette devise que les visiteurs sont accueillis dans les caves de dégustation du domaine. En 1964, la famille Hérault s'installe dans une ancienne ferme du XVIIe s., dépendance du château de Panzoult. De 50 ares de vignes à l'origine, leur vignoble est passé à 25 ha aujourd'hui, conduit depuis 1992 par Éric Hérault, le fils des fondateurs.

Ce chinon carminé né de vénérables ceps de 60 ans exhale un beau bouquet de cerise griotte et de cassis frais caressé par un délicat boisé. Très gracieuse, la bouche déploie une matière ronde, dense et suave, soutenue par une structure tannique conviviale, bien présente mais fondue. Une bouteille qui s'appréciera aussi bien jeune que patinée par le temps. ⧗ 2022-2030 ■ **Vieilles Vignes 2018 ★ (8 à 11 €; 16370 b.)** Un chinon fruité et épicé au nez, généreux, intense et riche en bouche, avec de bons tanins en soutien, un peu plus stricts en finale. ⧗ 2023-2028

⊶ EARL HÉRAULT, Le Château, 37220 Panzoult, tél. 02 47 58 56 11, domaineherault@orange.fr V t.l.j. sf dim. 8h30-12h 14h-18h30

ANGÉLIQUE LÉON Clos de Danzay 2018 ★

■ | 2700 | | 11 à 15 €

Angélique Léon a repris en 2002 un bien familial (6,5 ha) qui faisait partie de ces propriétés, nombreuses dans le Chinonais, vouées à la polyculture et à l'élevage et qui se sont spécialisées dans la viticulture à partir des années 1980. La conversion bio du vignoble est en cours.

Ce chinon dévoile un bouquet intense de fruits rouges, de violette et d'épices. La bouche apparaît souple, légère, fruitée, bâtie sur des tanins soyeux, présentant un joli grain. Un vin facile d'accès. ⧗ 2020-2025

⊶ EARL ANGÉLIQUE LÉON, 8 bis, rue de la Roche-Honneur, 37420 Beaumont-en-Véron, tél. 02 47 58 92 70, contact@leonchinon.fr V t.l.j. sf dim. 9h-12h 14h-19h

LE LOGIS DE LA BOUCHARDIÈRE Les Clos 2018 ★★

■ | 20000 | | 5 à 8 €

Installée depuis 1850 au Logis de la Bouchardière, la famille Sourdais a développé un vaste vignoble qui atteint aujourd'hui 55 ha. Représentant la sixième génération, Bruno a pris les rênes du domaine en 1992. Une valeur sûre de l'appellation chinon, en rouge et aussi en rosé.

Cette cuvée née d'une parcelle ceinte de murs séduit d'emblée par son intensité aromatique (fruits rouges et noirs, réglisse, herbe sèche). En bouche, elle apparaît souple, suave et soyeuse en attaque, puis monte en puissance autour de tanins qui se raffermissent en finale. Un chinon vibrant. ⧗ 2023-2030 ■ **Les Cornuelles Vieilles Vignes 2018 ★ (8 à 11 €; 10000 b.)** Un vin expressif et fin au nez (petits fruits rouges, réglisse, boisé discret), vineux et tannique en bouche. Pour la cave. ⧗ 2023-2030

⊶ EARL SERGE ET BRUNO SOURDAIS, La Bouchardière, 37500 Cravant-les-Coteaux, tél. 02 47 93 04 27, info@sergeetbrunosourdais.com V r.-v.

DOM. DE LA LYSARDIÈRE 2019 ★

■ | 33333 | | 5 à 8 €

Constitués à partir de 1989 par l'ESAT Les Chevaux blancs, les Vignobles du Paradis (37 ha aujourd'hui), à but associatif, font participer aux travaux des vignes des personnes handicapées pour les insérer progressivement dans un milieu professionnel.

Ce rosé de saignée d'un joli saumoné présente un nez fermé. En revanche, la bouche se montre plus loquace avec ses saveurs de fruits rouges aux forts accents framboisés. Elle plaît aussi par son équilibre et sa fraîcheur. ⧗ 2020-2021

⊶ VIGNOBLES DU PARADIS, imp. du Grand-Bréviande, 37500 La-Roche-Clermault, tél. 02 47 95 81 57, caveau@vignoblesduparadis.com V t.l.j. sf dim. 10h-12h30 14h-18h30

MANOIR DE LA BELLONNIÈRE Vieilles Vignes 2018 ★

■ | 12000 | | 5 à 8 €

Située au cœur du vignoble de Cravant-les-Coteaux, cette belle demeure, dont la construction remonte

au XVe s. servait de résidence aux gouverneurs de Chinon. Le vignoble, constitué beaucoup plus tard, couvre aujourd'hui 27 ha, conduit par Béatrice et Patrice Moreau.
Au nez, ce chinon évoque la rose, la violette et les petits fruits rouges relevés d'épices. En bouche, il se montre bien équilibré, puissant sans excès, doté de tains soyeux et fondus. Un beau classique. ⧗ 2022-2028

⊶ EARL PATRICE ET BÉATRICE MOREAU, La Bellonnière, 37500 Cravant-les-Coteaux, tél. 02 47 93 45 14, moreaupb.bellonniere@orange.fr V *r.-v.*

DOM. DES MILLARGES Les Trotte-Loups 2018 ★

■	30 000		8 à 11 €

Ce domaine de 23 ha rattaché au lycée agro-viticole de Fondettes près de Tours a la charge d'effectuer, en lien avec les professionnels, des recherches sur la conduite des vignobles. Une connaissance qui semble profiter à ses cuvées, régulièrement sélectionnées dans le Guide.
Sur un vaste plateau sablo-calcaire, Les Millarges, lieu autrefois peuplé de loups, accueille les 2 cabernets. Leur assemblage a donné ce chinon discret au premier nez, plus ouvert sur le fruit à l'aération. La bouche apparaît ronde, charnue, bien équilibrée entre un boisé fondu et des saveurs de cassis et de mûre compotés. ⧗ 2023-2028

⊶ CENTRE VITICOLE DE CHINON TOURS-FONDETTES AGROCAMPUS, Les Fontenils, 37500 Chinon, tél. 02 47 42 48 75, anne-lise.lapouge@educagri.fr V *r.-v.; f. juil.-août*

B DOM. DE LA NOBLAIE Les Chiens Chiens 2018 ★

■	25 000		15 à 20 €

Un domaine ancien (on y cultivait déjà la vigne au XVIIIe s.), acquis et remis en état à partir de 1952 par Jacqueline et Pierre Manzagol. Depuis 2003, leur petit-fils Jérôme Billard, œnologue, et sa compagne Élodie Peyrussie, sont aux commandes de ce vignoble de 24 ha d'un seul tenant, conduit en bio sur la rive gauche de la Vienne. Très régulier en qualité.
Cette cuvée grenat sombre offre au nez des parfums puissants de fruits (cerise noire) titillés de notes épicées, de violette et de tabac. Une belle complexité confirmée par une bouche ronde, chaleureuse et charnue. Un beau vin typique du millésime. ⧗ 2022-2028

⊶ DOM. DE LA NOBLAIE, Le Vau-Breton, 21, rue des Hautes-Cours, 37500 Ligré, tél. 02 47 93 10 96, contact@lanoblaie.fr V *t.l.j. sf dim. 10h-12h 14h-18h*

B DOM. DE NOIRÉ Amphora 2018 ★

■	3 600		20 à 30 €

Jean-Max Manceau, fort de 28 ans d'expérience dans l'un des plus beaux châteaux de Chinon, se consacre désormais à la propriété familiale de 17 ha dont il a pris la tête avec son épouse Odile en 2002. Le domaine est conduit en bio.
Élevé en amphores, ce blanc savoureux se distingue par de toniques saveurs d'agrumes. La bouche se montre tout aussi fraîche et fruitée (citron, pamplemousse) et la finale lui apporte un bel élan. Du peps. ⧗ 2020-2025 ■ **Élégance 2018 ★ (8 à 11 €; 25 000 b.)** B Un profil flatteur fondé sur de persistantes saveurs de fruits noirs pour ce chinon chaleureux et persistant, doté de tanins fermes. ⧗ 2023-2028

⊶ EARL DOM. DE NOIRÉ, 160, rue de l'Olive, 37500 Chinon, tél. 02 47 93 44 89, contact@domainedenoire.fr V *t.l.j. 10h-12h 14h-18h*

DOM. DE LA PERRIÈRE Vieilles Vignes 2018 ★

■	40 000		8 à 11 €

Christophe Baudry, issu de la sixième génération de vignerons, et Jean-Martin Dutour, ingénieur agronome et oenologue, gèrent une maison de négoce et quatre domaines à Chinon : le Ch. de Saint-Louans, le Ch. de la Grille, le Dom. du Roncée et le Dom. de la Perrière.
Né de vieilles vignes installées sur des terrasses graveleuses, ce chinon rubis étincelant offre un nez expressif gorgé de fruits rouges stimulés par un léger côté épicé. La bouche est élégante, équilibrée autour de souples tanins. Un bon représentant de l'appellation. ⧗ 2022-2025 ■ **Ch. de Saint Louans 2018 ★ (20 à 30 €; 5 000 b.)** Un blanc câliné 1 an en barrique. Le boisé reste encore présent mais ne masque par le fruit (agrumes). La bouche affiche un bel équilibre entre une matière soyeuse et une fraîcheur minérale. ⧗ 2021-2025

⊶ SAS BAUDRY-DUTOUR, Ch. de la Grille, rte de Huismes, 37500 Chinon, tél. 02 47 93 01 95, info@baudry-dutour.fr V *t.l.j. sf lun. dim. 10h-12h 14h-18h* A

CH. DU PETIT THOUARS Les Georges 2018 ★★

■	30 000		8 à 11 €

Le Ch. du Petit Thouars, propriété de la famille du Petit Thouars depuis 1636, commande un vignoble de 16 ha situé à l'extrême ouest de l'appellation touraine, à la jonction des AOC chinon et saumur. L'encépagement privilégie, pour les rouges et les rosés, le cabernet franc; et pour les blancs, le chenin. Michel Pinard, qui a fait ses armes à Chinon, en est le maître de chai depuis 2007.
Cette cuvée exprime la vitalité des terres argilo-calcaires qui l'ont vu naître et toute la personnalité du breton, ici vendangé à la main. Drapée dans une robe sombre, elle dévoile des arômes discrets de fruits et de réglisse. Le prélude à une bouche suave sans manquer de fraîcheur, élégante, fruitée, aux tanins soyeux. ⧗ 2022-2025

⊶ INDIVISION SUCCESSORALE AUBERT DU PETIT THOUARS SAINT-GEORGES, Ch. du Petit Thouars, 37500 Saint-Germain-sur-Vienne, tél. 02 47 95 96 40, chateau.du.petit.thouars@wanadoo.fr V *t.l.j. sf dim. 10h-13h 14h-17h30* E

JEAN-MAURICE RAFFAULT Clos de l'Hospice 2018 ★

■	6 000		20 à 30 €

Les ancêtres de Rodolphe Raffault cultivaient déjà la vigne sous Louis XIV. Aujourd'hui, le vigneron, qui a repris l'exploitation en 1997, dispose d'immenses caves et d'un vignoble de 45 ha en conversion bio, réparti sur plusieurs terroirs qu'il vinifie séparément.

Un séducteur que ce chinon dans sa robe pourpre, le nez ouvert sur les fruits mûrs (crème de cassis, cerise). La bouche se révèle dense et veloutée, soutenue par des tanins soyeux et un boisé intense mais de qualité. Un chinon harmonieux. ⧗ 2023-2028 ■ **Clos d'Isoré 2018 ★ (11 à 15 €; 18 000 b.)** Une cuvée issue de vieilles vignes, élevé sur lies fines. Un vin « extraverti », rond, riche, volumineux, aux tanins souples. ⧗ 2022-2025

EARL JEAN-MAURICE RAFFAULT, 74, rue du Bourg, 37420 Savigny-en-Véron, tél. 02 47 58 42 50, rodolphe.raffault@wanadoo.fr V r.-v.

DOM. DE LA SEMELLERIE
Cuvée Déborah Vieilles Vignes 2018 ★

■	5000		8 à 11 €

Ce domaine de 45 ha conduit par Fabrice Delalande s'étend sur la meilleure partie de la commune de Cravant, dans le plus haut du coteau, là où les rayons du soleil «tombent droit», comme on dit dans le Midi. Le sol argilo-calcaire, chaud et sain, contribue à la maturation du raisin.

Ce vin n'accorde ses faveurs sensorielles qu'après une longue aération. Passé cette attente, son olfaction s'avère élégante : framboise, violette, épices douces. La bouche, riche, dense, dotée d'un brin de sucrosité, est soutenue par la vigueur de tanins hérités d'un long flirt (12 mois) avec la barrique. ⧗ 2023-2030 ■ **Cuvée Kévin Vieilles Vignes 2018 ★ (5 à 8 €; 10000 b.)** Cette cuvée qui porte le prénom du fils de Fabrice Delalande offre un bouquet intense de fruits rouges et noirs sur fond de notes de sous-bois, prolongé par une bouche bien structurée, au boisé épicé. ⧗ 2023-2028 ■ **2019 ★ (5 à 8 €; 15000 b.)** Un rosé saumon pâle orné d'éclairs violines. On aime sa fine olfaction (pêche blanche, berlingot, groseille, rose), sa bouche fraîche, sur les agrumes, et sa jolie finale saline. ⧗ 2020-2021

EARL DE LA SEMELLERIE, La Semellerie, 37500 Cravant-les-Coteaux, tél. 02 47 93 18 70, la-semellerie@wanadoo.fr V r.-v. D

COTEAUX-DU-LOIR

Superficie : 79 ha
Production : 3 086 hl (55 % rouge et rosé)

Avec le jasnières, voici le seul vignoble de la Sarthe, sur les coteaux de la vallée du Loir. Il renaît après avoir failli disparaître dans les années 1970. Les vignes sont plantées sur l'argile à silex qui recouvre le tuffeau. Le pineau d'Aunis, assemblé aux cabernets, gamay ou côt, donne des rouges et des rosés légers et fruités tandis que le chenin produit des blancs secs.

B DOM. DE CÉZIN 2019 ★

■	9600		5 à 8 €

Ce domaine créé en 1925 est une valeur sûre de la Sarthe viticole. François Fresneau a fait l'acquisition de sa première parcelle de jasnières en 1975 et, après un parcours sans faute, il vient de passer le flambeau à la quatrième génération : ses enfants Xavier et Amandine, qui exploitent une quinzaine d'hectares en coteaux-du-loir et jasnières.

De teinte claire à reflets verts, ce 2019 dévoile un profil gourmand et persistant. Les arômes de fruits mûrs se développent du nez jusqu'au palais, soulignés par une fraîcheur bienvenue. ⧗ 2020-2022

DOM. DE CÉZIN, rue de Cézin, 72340 Marçon, tél. 02 43 44 13 70, earl.francois.fresneau@orange.fr V r.-v.

JASNIÈRES

Superficie : 66 ha / Production : 2 912 hl

C'est le cru des coteaux du Loir, bien délimité sur un unique versant plein sud de 4 km de long sur environ 65 ha. Seul cépage de l'appellation, le chenin ou pineau de la Loire peut donner des produits sublimes les grandes années. Curnonsky n'a-t-il pas écrit : «Trois fois par siècle, le jasnières est le meilleur vin blanc du monde»?

RENVOISÉ Demi-sec 2018 ★

■	3000	11 à 15 €

Jean-Marie Renvoisé reprend en 2002 l'exploitation agricole familiale sur laquelle subsistait 1 ha de vignes. Tout en conservant son activité d'élevage de vaches allaitantes, il décide de replanter les 5 ha alors dédiés aux céréales pour se consacrer à la vigne.

Des fruits mûrs et des fleurs blanches : joli bouquet fin. La douceur est le caractère principal de ce jasnières, qui persiste agréablement en finale. ⧗ 2020-2024

JEAN-MARIE RENVOISÉ, Le Vaugermain, 72340 Chahaignes, tél. 06 03 64 61 93, jean-marie.renvoise@wanadoo.fr V r.-v.

MONTLOUIS-SUR-LOIRE

Superficie : 447 ha / Production : 17 415 hl

La Loire au nord, la forêt d'Amboise à l'est, le Cher au sud sont les limites naturelles de l'aire d'appellation. Les sols «perrucheux» (argile à silex), localement recouverts de sable, sont plantés de chenin blanc (ou pineau de la Loire) et produisent des vins blancs vifs et pleins de finesse, tranquilles (secs ou doux), ou effervescents. Les premiers gagnent à évoluer longuement en bouteilles (une dizaine d'années).

♥ **PATRICE BENOIT** La cuvée Saint Martin 2018 ★★

■	3700		15 à 20 €

Patrice Benoit est issu d'une famille au service du vin depuis 4 générations. Pour s'installer, il a dû acheter des parcelles laissées par des vignerons partant à la retraite. Il est aujourd'hui à la tête d'une propriété de 14 ha.

Après la cuvée Delictum, un demi-sec de 2017, c'est au tour du liquoreux 2018 de recevoir le coup de cœur. Les raisins de cette cuvée Saint Martin sont issus d'une trie. Le vin a ensuite fermenté dans des fûts et a été élevé sur ses lies fines jusqu'à sa mise en bouteilles. La robe dorée intense présente de légers reflets verts. Le nez évoque les fruits bien mûrs, le nougat et le miel. L'acidité naturelle du chenin est gommée par le caractère liquoreux et la puissance du vin. Les arômes s'enrichissent de notes exotiques, de pêche et d'agrumes. En finale, on discerne une légère amertume et un socle minéral. ⧗ 2022-2030

PATRICE BENOIT, 3, rue des Jardins, 37270 Saint-Martin-le-Beau, tél. 02 47 50 63 93, patrice.benoit.vins@orange.fr V r.-v.

FRANCK BRETON Sec Les Caillasses 2018 ★

7500 | 11 à 15 €

Franck Breton s'est installé en 2008 à la tête d'un vignoble de 8,5 ha situé au sud de la Loire à partir duquel il propose des montlouis et des touraine. Il fait aujourd'hui partie des noms qui comptent dans la région tourangelle.

La parcelle dont est issu le vin est chargée de silex. Les raisins sont vendangés à la main et la fermentation se déroule dans des tonnes de 600 l, vaisseau vinaire traditionnel de la région. Ce 2018 est un vrai sec bien typé. Il présente un nez d'agrumes tout à fait plaisant. Le registre aromatique se complète en bouche de notes de poire et de pêche de vigne. On ressent la pleine maturité des raisins. ⧗ 2020-2024

FRANCK BRETON, 1_bis, rue de la Résistance, 37270 Saint-Martin-le-Beau, tél. 06 14 92 59 35, franckbretonvigneron@orange.fr V r.-v.

DOM. DE CRAY Demi-sec 2018 ★

8000 | 5 à 8 €

Fondé en 1893, le Dom. de Cray est une propriété familiale dont le savoir-faire se perpétue depuis 5 générations. Les 75 ha du vignoble sont juchés sur le plateau calcaire et surplombent la rive gauche de la Loire.

Sous sa robe jaune doré pâle, ce demi-sec dévoile un nez fin, riche de nombreuses nuances de fruits mûrs, de fruits confits, de pâte d'amande et de caramel. L'équilibre des saveurs est impeccable et les arômes de fruits ressortent à nouveau en bouche. Une légère amertume vient dynamiser la finale. ⧗ 2020-2022

DOM. DE CRAY, rte de l'Aquarium, 37400 Lussault-sur-Loire, tél. 02 47 45 75 21, info@domaine-cray.fr V r.-v.

GABRIELE ET RÉGIS DANSAULT Moelleux Héliodor 2018 ★★

700 | 20 à 30 €

Gabrièle et Régis Dansault sont installés depuis 1987 sur un domaine qu'ils ont constitué petit à petit, en reprenant des vignes en location à de petits viticulteurs partant à la retraite. Ils conduisent aujourd'hui un vignoble de 15 ha, en bio certifié depuis 2010.

Cette cuvée n'est pas passée loin d'un coup de cœur. Elle a été élevée 14 mois sur lies en demi-muids neufs. La robe est d'or avec quelques reflets verts. Le nez s'exprime discrètement autour des fruits frais et des fruits confits. Le palais est gras, riche, évoquant le miel, les amandes et les fruits exotiques. On y décèle aussi une touche boisée qui amène de la complexité et de la structure. Un grand moelleux. ⧗ 2022-2030

DOM. DE L' OUCHE GAILLARD, 1, rue Gaspard-Monge, 37270 Montlouis-sur-Loire, tél. 02 47 44 36 23, regis.dansault@wanadoo.fr V r.-v.

♥ **LAURA DAVID** Brut 2018 ★★

4500 | 11 à 15 €

Laura David a débuté son parcours de vigneronne en 2017. Elle exploite 7 ha de vigne d'un seul tenant juchés sur le coteau de Montlouis-sur-Loire. Les sols sableux y sont chargés de silex. Vendanges manuelles et levures indigènes sont ici de rigueur. La conversion bio est en cours.

« La valeur n'attend pas le nombre des années ! ». Laura David le démontre avec cette 2e sélection dans le Guide. Ce vin n'est resté que 9 mois sur lattes quand d'autres les laissent plusieurs années. C'est ce qui explique une bulle plutôt grosse et assez fugace. Pour le reste, le vin est formidable, très aromatique, à dominante de fruits frais et de ferment. Le palais séduit par sa fine acidité et sa légère amertume, par ses arômes de poire et de citron, et par sa longue finale. ⧗ 2020-2023

LAURA DAVID VIGNERONNE, 13, vallée Saint-Martin, 37270 Montlouis-sur-Loire, tél. 06 45 48 87 44, laura-david@orange.fr V r.-v.

♥ **ALAIN JOULIN ET FILS** Moelleux L'Or Saint-Martin 2018 ★★

2750 | 15 à 20 €

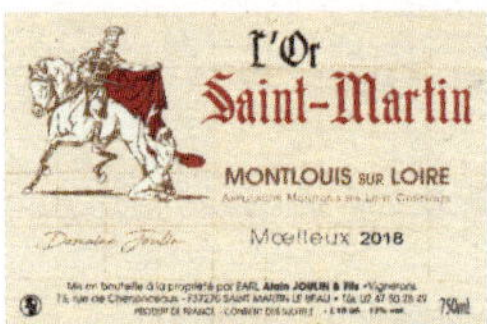

Saint-Martin-le-Beau est une commune du sud de l'appellation montlouis-sur-loire, tournée vers les rives du Cher. Les coteaux en pente douce sont baignés de soleil. Alain Joulin, ses deux fils et l'une de ses belles-filles y exploitent 13,5 ha de vignes qu'ils travaillent le plus naturellement possible.

La couleur dorée de la robe s'orne de reflets verts. Le nez, très ouvert, s'exprime sans réserve dans des registres de fruits exotiques, de ferment, de sève. Plus proche de celle d'un grand liquoreux que d'un simple moelleux, la bouche équilibre sa saveur sucrée par l'acidité naturelle du chenin. On y retrouve les arômes de caramel, de berlingot, de miel et de fruits exotiques perçus à l'olfaction. Enthousiasmant. ⧗ 2020-2028

ALAIN JOULIN ET FILS, 13, rue de Chenonceaux, 37270 Saint-Martin-le-Beau, tél. 02 47 50 28 49, alain.joulin@wanadoo.fr V *t.l.j. 9h-12h 14h-19h; dim. 10h-12h*

DOM. DES LIARDS Sec 2018 ★

10000 | 8 à 11 €

C'est la cinquième génération qui arrive sur l'exploitation familiale avec Martin et Cyril Berger. Un

vénérable domaine créé en 1893, dont le vignoble couvre 16 ha en bio.

Ce sec a toutes les caractéristiques d'un vin élevé en fûts : une belle robe jaune brillant, un nez encore un peu fermé où le boisé ressort discrètement, des notes plus suaves en bouche, autour de la poire, soutenue par une belle vivacité. ⧗ 2021-2025

⊶ DOM. DES LIARDS, 33, rue de Chenonceaux, 37270 Saint-Martin-le-Beau, tél. 06 24 46 23 93, bergerfreres@aol.com V r.-v.

CAVE DES PRODUCTEURS DE MONTLOUIS
Brut Cuvée des Anges ★

	160000		5 à 8 €

La coopérative de Montlouis-sur-Loire, créée en 1961, regroupe une quinzaine de viticulteurs adhérents pour une surface cultivée de 170 ha.

Après 18 mois de séjour en cave, le vin exprime la finesse. Les bulles sont fines et persistantes ornant une robe paille. Le nez léger évoque les fruits exotiques. La bouche fraîche et ronde révèle le fruit dans des notes citronnées. ⧗ 2021-2026 **Demi-sec Accord confidentiel Élevé en fût de chêne 2018 ★ (8 à 11 €; 7000 b.)** Une robe jaune vert doré, un nez qui intensément fruité et légèrement toasté, un palais dense et savoureux, toasté et brioché, avec une finale marquée par une légère amertume. ⧗ 2021-2025

⊶ SCA CAVE DES PRODUCTEURS DE MONTLOUIS, 2, rte de Saint-Aignan, 37270 Montlouis-sur-Loire, tél. 02 47 50 80 98, espace@cave-montlouis.com V *t.l.j. 9h-12h30 14h-18h30; dim. 10h-13h 14h-18h*

B LE ROCHER DES VIOLETTES
Sec Touche-mitaine 2018 ★★

	20000		15 à 20 €

Originaire de l'Oise, Xavier Weisskopf a créé son exploitation (17 ha en bio) en 2005. Rien ne le destinait à ce métier, mais ses études à Chablis lui ont fait découvrir l'univers du vin, ce qui l'a conduit à la « Viti » de Beaune, puis à Gigondas et enfin sur les rives de la Loire.

Ce vin porte le nom cadastral de la parcelle dont il est issu. Le rendement est modéré. Les fermentations longues se sont faites en fûts de chêne de l'Allier âgés de 5 à 10 ans et l'élevage a duré 1 an. Les agrumes et la pêche de vigne se révèlent au nez. La bouche, énergique et toute en longueur, apparaît parfaitement équilibrée, vive à l'attaque et dynamisée par de beaux amers en finale. ⧗ 2021-2026

⊶ XAVIER WEISSKOPF, 34, rue de la Roche, 37150 Dierre, tél. 06 25 07 22 70, xavier.weisskopf@hotmail.com V *r.-v.* D

VOUVRAY

Superficie : 2 151 ha
Production : 126 272 hl (70 % mousseux)

Un long vieillissement en cave et en bouteilles révèle toutes les qualités des vouvray, blancs nés au nord de la Loire, presque en face de Tours, sur un vignoble qu'écorne l'autoroute A10 au nord (le TGV passe en tunnel) et que traverse la large vallée de la Brenne. Le cépage blanc de Touraine, le chenin, donne ici des vins tranquilles, colorés et très racés, secs ou moelleux selon les années, et des vins pétillants et effervescents, vineux, élaborés selon la méthode traditionnelle. Si ces derniers sont bus assez jeunes, les vins tranquilles sont aptes à une longue garde qui leur donne de la complexité.

JEAN-CLAUDE ET DIDIER AUBERT 2018 ★

	42000		5 à 8 €

Jean-Claude et Didier Aubert représentent respectivement, les sixième et septième générations de vignerons installés au cœur de la Vallée Coquette depuis 1823. Avec leurs épouses, ils exploitent 42 ha de vignes en lutte raisonnée.

Une vendange mûre, un élevage sur lies fines jusqu'au printemps, la recette est simple et efficace. La robe jaune pâle présente des reflets d'or. Le nez s'exprime tout d'abord en nuances florales, puis fruitées à l'agitation : mirabelle, coing, groseille. Plus tendre que sec en bouche, on servirait bien ce vouvray sur un poisson à la crème. ⧗ 2020-2023

⊶ JEAN-CLAUDE ET DIDIER AUBERT, 10, rue Vallée-Coquette, 37210 Vouvray, tél. 02 47 52 71 03, vinsdevouvray@aubertjcd.fr V *t.l.j. 9h-12h 14h-19h; dim. 9h 12h*

PASCAL BERTEAU ET VINCENT MABILLE
Moelleux 2018 ★★

	1500	15 à 20 €

Les beaux-frères Pascal Berteau et Vincent Mabille se sont associés en 1990 afin de conduire ensemble ce domaine de 25 ha. En 2019 Pascal Berteau a pris sa retraite et Vincent Mabille, resté seul, a également repris l'activité de son cousin Francis Mabille.

La robe est jaune d'or soutenue. Le nez s'ouvre à l'agitation et annonce la richesse du vin avec ses senteurs de fruits confits et de cire d'abeille si caractéristiques des moelleux de Vouvray. Équilibré et persistant, le palais enrichit cette palette aromatique avec des notes gourmandes de pomme caramélisée. ⧗ 2020-2025

⊶ SCEA MABILLE, 46, rte de Vaugondy, 37210 Vernou-sur-Brenne, tél. 02 47 52 19 55, vincent.mabille1@libertysurf.fr V *r.-v.* A

DOM. BOUTET SAULNIER
Moelleux Hédoniste 2018 ★

	1500		15 à 20 €

Blotti au cœur de la vallée Chartier, le domaine couvre 12,7 ha. Les sols argileux peu épais peuvent souffrir de tassement par les roues d'un tracteur et le travail du sol est réalisé avec un cheval de trait. Christophe Boutet et sa femme Astrid ont franchi le pas et sont maintenant en conversion bio.

Ce vin est issu de la première trie des raisins atteints de pourriture noble. La robe a une couleur d'or. Le nez se montre peu loquace. En revanche, la bouche est très typique des vouvray moelleux. On y découvre des arômes de miel, de fruits confits et de pâte de coing. La saveur est bien équilibrée et le vin reste longtemps en bouche. « On le boit deux fois », conclut le jury. ⧗ 2020-2025

⊶ BOUTET SAULNIER, 17, Vallée-Chartier, 37210 Vouvray, tél. 02 47 52 73 61, christophe-boutet@wanadoo.fr V *r.-v.*

DENIS BREUSSIN Demi-sec 2018 ★★

| 5000 | | 5 à 8 € |

Depuis 5 générations, la famille Breussin cultive la vigne sur les hauteurs de Vernou-sur-Brenne. Denis Breussin conduit les 17 ha du domaine dans le respect du végétal et de la faune auxiliaire.

Ce demi-sec impressionne tant par sa robe jaune dorée intense et brillante que par sa présence olfactive qui suggère les fruits mûrs et les épices douces. Après une attaque toute en rondeur, la puissance du vin s'impose et une fine acidité lui confère une belle longueur. L'équilibre est parfait. ⧗ 2020-2025

YVES ET DENIS BREUSSIN, 45, Vallée-de-Vaugondy, 37210 Vernou-sur-Brenne, tél. 06 08 86 70 39, denis.breussin@orange.fr V r.-v.

VIGNOBLE BRISEBARRE Brut ★

| 15000 | | 5 à 8 € |

Philippe Brisebarre poursuit depuis 1981 l'exploitation du vignoble familial, dont l'origine remonte à 1945. Il est constitué aujourd'hui par un ensemble de parcelles qui couvre 24 ha.

Une belle effervescence de fines bulles anime la robe jaune pâle à reflets verts de ce vouvray. Le nez, aérien, dévoile des senteurs de pêche blanche et de figue. Le vin est tout aussi expressif en bouche, avec de la longueur et du gras, sans oublier une note de fraîcheur rappelant le citron vert. À inviter à l'apéritif. ⧗ 2020-2023

VIGNOBLE BRISEBARRE, 34, rue de la Vallée-Chartier, 37210 Vouvray, tél. 02 47 52 63 07, philippe@brisebarre.fr V *t.l.j. sf dim. 10h-17h30; mer. sam. sur r.-v.*

DOM. NICOLAS BRUNET
Moelleux Les Chapelles 2018 ★

| 25000 | | 8 à 11 € |

Nicolas Brunet a repris les vignes familiales en 2009. Il représente la neuvième génération. Le domaine (16 ha) est cultivé de façon douce. Les sols sont grattés, les vendanges se font à la main et ce sont les levures du cru qui assurent la fermentation.

La parcelle se situe en première côte, sur les hauteurs de Rochecorbon. Soucieux du respect de l'environnement et du consommateur, Nicolas Brunet pratique une viticulture raisonnée et l'analyse du vin ne révèle pas la moindre trace de pesticide. La robe est jaune paille. Les arômes sont typiques du vouvray avec des nuances de pruneau, de coing, de pomme, de miel et de cire d'abeille. En bouche, une petite saveur acidulée donne une impression de légèreté. ⧗ 2020-2026

DOM. NICOLAS BRUNET, 9-12, rue de la Croix-Mariotte, 37210 Vouvray, tél. 06 83 22 47 14, vouvraybrunet@hotmail.fr V *r.-v.*

DOM. CHAMPALOU
Demi-sec Les Fondraux 2018 ★★

| 8000 | | 15 à 20 € |

Établis à Vouvray, Catherine et Didier Champalou ont créé leur domaine en 1985 sur seulement 1,8 ha. Leur vignoble couvre aujourd'hui 21 ha cultivés en viticulture durable Terra vitis et certifié HVE3 depuis 2016. Leur fille Céline les a rejoints en 2006 à l'issue de ses études en viticulture et œnologie.

Le terroir des Fondraux mûrit bien ses raisins. Le moût est mis à fermenter en barriques de différents âges pour ne pas marquer le vin par le bois. Résultat : une belle robe jaune doré; un nez qui s'exprime en de nombreuses nuances, d'abord florales puis fruitées évoquant les agrumes et le caramel ; une bouche très équilibrée entre rondeur et fraîcheur, d'une belle persistance. ⧗ 2020-2024

CHAMPALOU, 7, rue du Grand-Ormeau, 37210 Vouvray, tél. 02 47 52 64 49, champalou@orange.fr V *r.-v.*

DOM. PIERRE CHAMPION Moelleux 2018 ★★

| 2600 | | 8 à 11 € |

La Vallée de Cousse est un vallon du vignoble de Vouvray où prospère la vigne depuis fort longtemps grâce à son microclimat très favorable. Pierre Champion assisté de son épouse Béatrice est à la tête d'un vignoble de 14,4 ha. Installé depuis 1992, il constitue la quatrième génération.

Le vin est d'une belle couleur d'or avec quelques reflets verts. Il s'exprime en notes de fleurs blanches et de miel à l'olfaction. À l'attaque, on perçoit de la rondeur et de la vivacité bien mariées, puis le palais s'étire ensuite dans la longueur sur des arômes généreux de fruits confits. Une expression aboutie du vouvray moelleux. ⧗ 2020-2025

DOM. PIERRE CHAMPION, 57, rue Jean-Jaurès, La Vallée-de-Cousse, 37210 Vernou-sur-Brenne, tél. 02 47 52 02 38, pierrechampion37@gmail.com V *t.l.j. sf dim. 9h-12h30 14h-18h30*

DOM. DE LA CHÂTAIGNERAIE
Sec Argilex de Gautier 2018 ★

| 12000 | | 8 à 11 € |

On trouve des Gautier sur le domaine depuis 7 générations. Les caves datent du XIVe et le chai est du XIXe. Installé en 1981, Benoît Gautier travaille 17 ha, dont le fameux Clos la Lanterne dominant la Loire.

Les raisins ont été pressés sous gaz inerte pour protéger le jus fragile libéré des baies. C'est sans doute cette précaution qui confère au vin un registre olfactif riche et ouvert parfaitement représentatif du chenin. On y trouve des senteurs de tilleul, de prune et de miel. À l'attaque, le vin paraît souple et se développe sur la fraîcheur, en véritable sec, avec des notes minérales et fruitées. ⧗ 2020-2024

DOM. DE LA CHÂTAIGNERAIE, La Châtaigneraie, 37210 Rochecorbon, tél. 02 47 52 84 63, info@vouvraygautier.com V *t.l.j. sf dim. 8h30-12h 13h30-17h30*

DOM. THIERRY COSME Moelleux 2018 ★★

| 2800 | | 11 à 15 € |

Thierry Cosme, formé en Champagne, s'est installé en 1988 sur 4,5 ha. Il s'est agrandi et cultive à ce jour 20 ha de vignes sur les communes de Noizay et de Chançay. Il accueille les œnophiles dans les caves troglodytiques qu'il tient de ses grands-parents, et signe des cuvées sélectionnées avec une belle régularité dans ces pages.

Après la fermentation en cuve, le vin est affiné par un passage en barrique. La couleur de la robe est jaune paille. Les arômes sont en évolution mais les fruits bien mûrs, comme la poire, le bonbon et une note boisée bien fondue apparaissent déjà. La bouche est soyeuse, gourmande, très bien équilibrée. Un bon potentiel en perspective ⧗ 2020-2025

DOM. THIERRY COSME, 1127, rte de Nazelles, 37210 Noizay, tél. 02 47 52 05 87, thierry.cosme@wanadoo.fr V *r.-v.*

ALAIN DELALEU Liquoreux 2018 ★

1100 | 8 à 11 €

Depuis 1888, 4 générations de viticulteurs se sont succédé sur ce domaine de 18 ha. Conduit par Alain Delaleu depuis 1995, le vignoble s'étend sur plusieurs communes de l'appellation Vouvray, ce qui permet de jouer sur une belle palette de terroirs.

La robe d'or pâle brille dans le verre. Le nez libère sans trop d'effusion des senteurs rappelant les fleurs, le coing et la confiture de fruits jaunes. Ce moelleux très riche offre de la matière et du fruit en bouche, mais aussi de l'équilibre et de la longueur. Parfait pour accompagner le foie gras et les fromages persillés. ⧗ 2021-2027

DOM. DES COUDRIÈRES, 44, rte de Château-Renault, 37210 Vernou-sur-Brenne, tél. 02 47 52 13 70, alain.delaleu@wanadoo.fr V *r.-v.*

RÉGIS FORTINEAU Sec 2018 ★

2000 | 5 à 8 €

Régis Fortineau représente la troisième génération établie à la Croix Mariotte, au cœur de Vouvray. Son domaine s'étend sur 11,5 ha et ses vins figurent régulièrement dans le Guide tantôt pour les fines bulles, tantôt pour les vins tranquilles.

Le vin a une couleur d'or et brille comme le métal. Le nez, sans être exubérant, se montre riche et dévoile de nombreuses nuances aromatiques : poire confite, rose, melon, pêche et des notes minérales et végétales. Un profil expressif qui se prolonge dans un palais harmonieux, enrobé par un léger reste de sucre du raisin qui n'obère aucunement sa belle fraîcheur. On pourrait le faire dialoguer avec quelque mets oriental. ⧗ 2021-2025 **Brut 2016 ★ (5 à 8 €; 12000 b.)** Ce brut est un vin qui ne brille pas par l'exubérance de ses bulles mais plutôt par sa couleur jaune d'or et son nez intense de fleurs blanches, de fruits jaunes bien mûrs et de coing. Un peu suave pour un brut, le palais se montre néanmoins d'une belle longueur et d'une intéressante complexité aromatique. ⧗ 2020-2022

RÉGIS FORTINEAU, 4, rue de la Croix-Mariotte, 37210 Vouvray, tél. 02 47 52 63 62, regis.fortineau@orange.fr V *t.l.j. 9h-19h*

♥ **DOM. GILLES GAUDRON**
Brut La Symphonie Dégorgement tardif 2015 ★★

15000 | 8 à 11 €

Le Domaine a été créé par Sylvain Gaudron en 1958 avec 7 ha. Il en compte maintenant 27 cultivés et mis en valeur par le fils, Gilles, aux commandes depuis les vendanges 1993.

Ce vin est le fruit de la patience. Il a été élaboré à partir d'un pressurage lent d'une durée de 4 heures et d'une sélection soigneuse des jus. La seconde fermentation a été faite avec les sucres du raisin et la mise en vente seulement après 3 ans d'élevage. Dans le verre, un vouvray somptueux, aux bulles fines et discrètes. Le nez, gourmand à souhait, évoque les fruits mûrs. La bouche est remarquable, charnue, soyeuse, souple et longue, parfumée par de subtils arômes de poire. ⧗ 2020-2023 **Dom. Sylvain Gaudron Sec 2018 ★★ (5 à 8 €; 28000 b.)** Ce sec à la robe jaune pâle brillante recèle un nombre considérable de nuances odorantes : fleurs blanches, abricot mûr, pomme, poire, ananas, fruits confits... Le palais paraît souple et rond, bien équilibré par une juste acidité. Une très belle expression du chenin. ⧗ 2020-2024 **Brut Blanc de chenin 2016 ★ (5 à 8 €; 100000 b.)** Ce brut à effervescence suffisamment abondante propose un nez frais évoquant les fruits blancs et jaunes, la brioche et le pain grillé. Les bulles sont également bien marquées dans une bouche ample et souple à la fois, prolongée par une légère amertume en finale. Tout indiqué pour l'apéritif. ⧗ 2020-2022

EARL DOM. SYLVAIN GAUDRON, 59, rue Neuve, 37210 Vernou-sur-Brenne, tél. 02 47 52 12 27, sylvain.gaudron@domainegaudron.fr V *r.-v.*

DOM. GENDRON Sec Cuvée Clos Cartaud 2018 ★

3720 | 8 à 11 €

Philippe Gendron s'est installé en 1982 et entretient une tradition familiale remontant à 1792, perpétuée par 5 générations. Les vignes sont souvent anciennes ; l'une d'elles, plantée par l'arrière-grand-père, date de 1912. Toute la propriété (23 ha) est en enherbement naturel, ce qui est propice à la biodiversité.

Voici un vin qui n'a connu que le bois de la barrique jusqu'à la mise en bouteille. Il ne renie en rien son éducation. La robe est d'un or soutenu avec quelques reflets argentés. Le nez, plutôt délicat et subtil, exhale des senteurs de toast, de vanille, de coco et de boisé fumé. On ressent de la puissance et de la vinosité en bouche, sans que celles-ci ne gomment son caractère fruité, beurré et finement boisé. ⧗ 2021-2026 **Liquoreux Cuvée Mathieu 2018 ★ (15 à 20 €; 2480 b.)** Les vendanges se sont déroulées en octobre pour cette cuvée, ce qui est tardif pour ce millésime. Le vin a une couleur soutenue. Le nez s'ouvre doucement à l'agitation, livrant des senteurs de fruits frais. L'équilibre est bien assuré en bouche, et les arômes de fleurs blanches et de coing se déploient dans la longueur. Un joli vin qui pourrait accompagner un nougat de Tours. ⧗ 2020-2027

EARL DOM. GENDRON, 10, rue de la Fuye, 37210 Vouvray, tél. 02 47 52 63 98, gendronvinsvouvray@orange.fr V *r.-v.*

LAURENT KRAFT Liquoreux Privilège 2019 ★

1500 | 30 à 50 €

Laurent Kraft a repris les vignes de son grand-père en 1992 à l'issue de ses études à Bordeaux, perpétuant ainsi le travail de 7 générations de vignerons. La conduite du domaine de 24 ha se fait en lutte raisonnée « et raisonnable », dixit le vigneron. Une valeur sûre de Vouvray.

La robe d'or intense est en harmonie avec un nez soutenu et gourmand évoquant les fleurs blanches, les fruits bien mûrs, le coing et la cire d'abeille. En bouche, c'est une douceur équilibrée qui prédomine et les arômes se développent à l'envi : fruits confits, abricot, poire, coing. ⧗ 2021-2027

DOM. DES LAURIERS, 29, rue du Petit-Coteau, 37210 Vouvray, tél. 02 47 52 61 82, lkraft@wanadoo.fr
V r.-v.

DOM. LE CAPITAINE Sec Les Perrières 2018 ★

■ | 10000 | | 8 à 11 €

Alain et Christophe Le Capitaine ont su agrandir leur domaine depuis leurs débuts en 1989 quand ils ne cultivaient qu'une parcelle de 0,25 ha. Ils cultivent aujourd'hui 25 ha dans différents terroirs. Leurs vins bénéficient d'un élevage sur lies. Les assemblages se font peu de temps avant la mise en bouteilles.

Les Perrières étaient des lieux d'extraction de la pierre, ce qui en dit long sur la nature du sol dont est issu cette cuvée. Celle-ci se présente dans une seyante robe or pâle. Le nez associe les fleurs blanches, les fruits bien mûrs et une légère note de caramel. Le palais, bien sec malgré quelques traces de sucres résiduels, affiche un bon volume et poursuit sur des notes fruitées rappelant le coing. ⧗ 2020-2024 ■ **Demi-sec Cuvée Adrien 2018 ★ (8 à 11 €; 20000 b.)** Cette cuvée porte le nom du fils de Christophe Le Capitaine. La robe est pâle ornée de reflets jaunes. Si le nez apparaît timide, la bouche, plus démonstrative, dévoile un fruité soutenu. On apprécie aussi sa rondeur et sa longueur. ⧗ 2020-2023 ■ **Moelleux Réserve 2018 ★ (15 à 20 €; 3000 b.)** Cette cuvée a été obtenue à partir de tries de raisins botrytisés. Une robe or pâle et brillante, un nez puissamment fruité, une bouche riche et d'une belle longueur, sur la figue sèche et le caramel : on est proche d'un liquoreux. ⧗ 2021-2025

DOM. LE CAPITAINE, 11, rue Saint-Georges, 37210 Rochecorbon, tél. 06 80 20 67 09, contact@domainelecapitaine.com
V *t.l.j. 8h30-12h 14h-18h*

♥ MAILLET PÈRE ET FILS
Liquoreux Coulée d'or 2018 ★★

■ | 6400 | | 20 à 30 €

Les 2 frères Maillet ont succédé à leur père, Laurent en 1991 et Fabrice en 2002, sur un vignoble de 35 ha situé sur les hauts de la vallée Coquette, dans leur famille depuis 1921 et 4 générations. C'est avec régularité que les cuvées de méthode traditionnelle contribuent à la réputation du domaine. Les vins tranquilles ne sont pas en reste.

Voilà un de ces grands liquoreux de Vouvray. Le vin est magnifique dans sa robe d'or brillante. Le charme continue d'opérer au nez et ses senteurs intenses de raisins bien mûrs et confits. La bouche, ample, suave mais jamais lourde, s'étire en longueur libérant des arômes aussi gourmands que délicats de figue, de fruits blancs confits, d'abricot et de coing. À déguster religieusement. ⧗ 2020-2026 ■ **Sec 2018 ★★ (5 à 8 €; 6400 b.)** La robe est jaune d'or brillante. Le nez, ouvert et complet, évoque la vanille, la poire, la pêche et l'ananas. En bouche, le vin apparaît rond et gras sans manquer de fraîcheur. Les fruits mûrs et les épices agrémentent la dégustation. On imagine facilement ce vin à table en compagnie d'un crumble de légumes ou d'une truite farcie en papillote. ⧗ 2020-2023

EARL LAURENT ET FABRICE MAILLET, 101, rue de la Vallée-Coquette, 37210 Vouvray, tél. 02 47 52 76 46, vouvray.maillet@orange.fr
V *t.l.j. 10h-12h 14h-18h; dim. 10h-12h*

DOM. DU MARGALLEAU Brut ★

● | 60000 | | 5 à 8 €

Chançay possède de jolis coteaux bien exposés dans la Vallée de la Brenne, un peu à l'écart du lit de la Loire. Bruno et Jean- Michel Pieaux y cultivent les 30 ha de vignes du Dom. du Margalleau depuis 1995.

Les fines bulles sont abondantes et animent une belle robe jaune pâle à reflets dorés. Le nez développe des arômes de fleurs d'acacia, de brioche et de grillé. La bouche apparaît ample, longue et riche. Un équilibre harmonieux règne tout au long de la dégustation. ⧗ 2020-2022

DOM. DU MARGALLEAU, 10_bis, rue du Clos-Baglin, 37210 Chançay, tél. 02 47 52 25 51, earl.pieaux@orange.fr
V r.-v.

PIERRE MORVAN Moelleux 2018 ★

■ | 1500 | | 8 à 11 €

Passionné depuis la petite enfance par le monde du vin, Pierre Morvan a eu l'opportunité de reprendre les vignes familiales de ses grands-parents maternels. Depuis 2015, il se retrouve à la tête d'une quinzaine d'hectares sur divers terroirs tantôt argileux, tantôt siliceux.

La robe paille est limpide. Les fruits mûrs dominent le nez; on perçoit la poire et aussi une certaine puissance alcoolique. En bouche, la saveur sucrée domine et confère un caractère gourmand à ce vin, renforcé par des arômes de poire et de pomme mûre et par la chaleur du millésime. Un 2018 solaire et vineux. ⧗ 2020-2024

PIERRE MORVAN, 58, rue Neuve, 37210 Vernou-sur-Brenne, tél. 06 15 22 51 76, morvan.vinsdevouvray@hotmail.com
V *t.l.j. sf dim. 8h-12h 14h-18h*

B DOM. D'ORFEUILLES
Demi-sec Les Coudraies 2018 ★

■ | 13530 | | 11 à 15 €

Un domaine fondé en 1947 sur les dépendances du château médiéval d'Orfeuilles par Paul Hérivault. Son fils Bernard et depuis 2000 son petit-fils Arnaud ont pris la suite, à la tête d'un vignoble de 21 ha certifié bio (en conversion vers la biodynamie) et planté sur un terroir riche en silex. Du château d'origine, il ne reste que les douves et un puits.

Un demi-sec délicat, paré d'une robe or pâle bien typée. Le nez est expressif, à dominante florale avec des notes de fruits exotiques. La bouche, un brin perlante en attaque, se révèle très fruitée, longue et élégante. ⧗ 2020-2023

DOM D' ORFEUILLES, La Croix-Blanche, 37380 Reugny, tél. 02 47 52 91 85, orfeuiles@gmail.com V r.-v.

MAISON PELTIER FRÈRES Sec 2018 ★

■	6500	▮	5 à 8 €

La maison Peltier a été créée vers 1900 sur le site d'une ancienne carrière. Les caves labyrinthiques du domaine ont été creusées dans le tuffeau au fil des générations. Un chai tout neuf y est associé depuis 2012. Aujourd'hui, 3 frères dirigent l'exploitation.

La robe jaune pâle de ce vouvray sec lance des reflets verts et argentés. Le nez se montre discret et délicat, en harmonie avec un bouche tendre et souple, à laquelle l'élevage sur lies fines a donné un surcroît de richesse et d'ampleur. Parfait pour accompagner aussi bien les charcuteries fines de la Touraine que des huîtres ou un poisson en sauce. ⧗ 2020-2023 ● **Brut Cuvée de la colinière 2016 ★ (5 à 8 €; 15000 b.)** Les bulles fines et nombreuses ornent agréablement la robe jaune clair de ce brut. Le nez, subtil, présente de fines notes florales. La bouche se révèle ronde et souple, mariant harmonieusement le gras et la fraîcheur, avec en fond des évocations de pain grillé. ⧗ 2020-2022 ■ **Moelleux 2018 ★ (8 à 11 €; 6500 b.)** Une robe brillante aux reflets dorés, un nez intense et riche évoquant les fleurs fleurs, les feuillages et les fruits mûrs, une bouche souple et longue, centrée sur des arômes pêche jaune et de coing compotés : un joli classique vouvrillon. ⧗ 2020-2024

MAISON PELTIER FRÈRES, 43, rue de la Mairie, 37210 Chançay, tél. 02 47 52 93 34, maisonpeltier1@gmail.com V r.-v.

Ⓑ DOM. DU PETIT COTEAU Sec 2018 ★★

■	4554	◍▮	8 à 11 €

Ce domaine de 17 ha appartenant à Gilles Feray a été créé en 2005 et il est certifié en agriculture biologique. Les vignes sont situées sur les sols argilo-siliceux des premières côtes de Vernou-sur-Brenne.

Si la robe jaune pâle et brillante est classique, le nez en revanche sort de l'ordinaire. Les fruits mûris au soleil, le miel, les fleurs blanches, les amandes font partie d'un panorama aromatique hors du commun; une note boisée-vanillée apparaît également. En bouche, le vin est gras, riche sans manquer de fraîcheur, long, avec en fond une composante boisée qui fait écho à l'olfaction. Le jury suggère de servir ce beau vin avec un foie gras et ses oignons confits ou avec un rôti de veau à la sauge. ⧗ 2020-2025

DOM. DU PETIT COTEAU, 71, rue du Petit-Coteau, 37210 Vouvray, tél. 02 47 52 72 90, romyscharre@vignobles-feray.com V *t.l.j. sf dim. 10h-12h30 13h30-18h*

DOM. DU PETIT NOYER Demi-sec 2018 ★

■	1000	▮	5 à 8 €

Michel Grenier, ancien éleveur de vaches laitières, cultive depuis 1983 une petite exploitation de 4 ha répartie sur 18 parcelles. La vinification est traditionnelle, en fût et en cuve, au creux des caves de tuffeau, et fait appel à la flore levurienne spontanée.

Encore jeune, ce "sec tendre" s'exprime avec timidité avec sa robe pâle et son nez plutôt discret, sur les fleurs blanches. La bouche, offrant un bel équilibre entre douceur et fine acidité, se montre plus loquace et gourmande : elle évoque le caramel, les fruits blancs confits et l'abricot. ⧗ 2020-2023

DOM. DU PETIT NOYER, 37, rue des Violettes, 37210 Chançay, tél. 02 47 52 20 52, michgren@hotmail.fr V r.-v.

Ⓑ FRANÇOIS ET JULIEN PINON
Demi-sec Les trois argiles 2018 ★

■	10000	◍	11 à 15 €

Le domaine remonte à 1786. Huit générations l'ont cultivé et c'est aujourd'hui Julien Pinon, installé en 2016 avec son père François, ancien psychologue pour enfants, qui veille sur les 15 ha de vignes, cultivés en bio depuis 2003 et vinifiés de façon parcellaire depuis 2006.

Ce vouvray demi-sec est issu de 3 parcelles au sol argileux. Il a été vinifié en fût et ce sont les levures du raisin qui ont réalisé la fermentation. La robe est jaune paille. Le nez livre des senteurs gourmandes de fruits mûrs rappelant la poire. Les fruits mûrs sont également bien présents dans un palais puissant, offrant de la rondeur sans manquer d'acidité. ⧗ 2020-2025

DOM. FRANÇOIS ET JULIEN PINON, 55, rue Jean-Jaurès, Vallée-de-Cousse, 37210 Vernou-sur-Brenne, tél. 02 47 52 16 59, francois.pinon@wanadoo.fr V r.-v.

DOM. DE LA PINSONNIÈRE
Moelleux 2018 ★★

■	1800	◍	5 à 8 €

Héritiers du domaine familial créé en 1850, Philippe et Vincent Gasnier cultivent 20 ha de vignes implantées dans les communes de Parçay-Meslay et de Rochecorbon sur des sols argilo-calcaires et argilo-siliceux.

Ce moelleux, d'un seyant jaune paille, est agréable à l'œil. Le nez s'ouvre sur des évocations de fruits mûrs comme la poire William. On retrouve la poire accompagnée de notes de pomme dans un palais long et très équilibré, rond et intense sans jamais manquer de fraîcheur. Un grand charmeur. ⧗ 2020-2026

DOM. DE LA PINSONNIÈRE, 13, rue de la Pinsonnière, 37210 Parçay-Meslay, tél. 06 60 02 53 10, lapinsonniere@aliceadsl.fr V r.-v.

VIGNOBLE ALAIN ROBERT Extra-brut ★

●	13480	▮	11 à 15 €

Christiane et Alain Robert cultivent leurs vignes depuis 1973; ils ont été rejoints par leur fils Cyril en 2000 et par leur fille Catherine en 2013. Ils laissent maintenant la main à leurs enfants pour exploiter les 37 ha de la propriété.

Cette cuvée est restée 40 mois en cave sur ses lies de seconde fermentation. Celle-ci a laissé quelques restes de sucres qui donnent une aimable douceur au vin, une effervescence limitée, un caractère fermentaire qui ne masque pas le fruit et aussi beaucoup de finesse. ⧗ 2020-2022

VIGNOBLE ALAIN ROBERT, Charmigny, 37210 Chançay, tél. 02 47 52 97 95, vignoblerobert@orange.fr V r.-v.

DOM. DE ROCHE BLONDE Brut 2016 ★

| 12 300 | | 5 à 8 € |

L'exploitation a été créée en 1963 par les parents de Christophe Gaudron qui exploitaient alors 10,5 ha. En 1996, Christophe reprend et agrandit son vignoble pour atteindre les 12 ha d'aujourd'hui. La salle de dégustation qui se situe dans le rocher a été rénovée en 2014.

Le vin se présente dans une agréable robe jaune doré aux reflets d'argent. Le nez est ouvert, bien typé chenin, évoquant tour à tour les fleurs, les fruits et la cire d'abeille. Plus discrète en arômes, la bouche se montre tendre, souple, ronde, harmonieuse. ⧗ 2020-2022

DOM. DE ROCHE BLONDE, 90, rue Neuve, 37210 Vernou-sur-Brenne, tél. 02 47 52 12 17, contact@christophegaudron.fr V *t.l.j. sf dim. 9h-12h30 14h-19h; f. 8-30 août*

CHRISTOPHE THORIGNY Sec 2018 ★

| 5 900 | | 5 à 8 € |

Christophe Thorigny est installé depuis 1989 sur le domaine familial. Il cultive un vignoble de près de 11 ha ha et vinifie chacune de ses parcelles en petits volumes. Les assemblages se font en vins finis.

La robe, classique, penche doucement vers le doré. Le nez est discret, libérant quelques notes florales et fruitées à l'aération. En bouche, on découvre un vin ayant du fond, bien typé, bien sec, mais ne manquant pas de rondeur, avec en finale une douce amertume. On le servira avec bonheur avec des coquillages ou du poisson. ⧗ 2020-2023

CHRISTOPHE THORIGNY, 30, rue des Auvannes, 37210 Parçay-Meslay, tél. 06 12 27 95 60, cthorigny@sfr.fr V *r.-v.*

CAVE DES PRODUCTEURS DE VOUVRAY Brut De Chanceny Tête de cuvée 2017 ★

| 133 693 | | 8 à 11 € |

Au cœur de la vallée Coquette, un haut lieu de production du Vouvray, cette cave coopérative créée en 1953 regroupe 35 vignerons qui détiennent 450 ha de vignes.

Ce vin apparaît assagi. Sa couleur vire doucement à l'or, les bulles sont très fines et plutôt discrètes. Le nez est mûr, agréable, évoquant les fruits et la brioche. L'attaque en bouche est souple et soyeuse, les bulles pétillent gentiment et le palais s'étire en longueur, stimulé par une fine amertume en finale. ⧗ 2020-2022

CAVE DES PRODUCTEURS DE VOUVRAY, 38, Vallée-Coquette, BP_06, 37210 Vouvray, tél. 02 47 25 57 25, cavedesproducteurs@cavedevouvray.com V *t.l.j. 10h-12h30 14h-19h*

CHEVERNY

Superficie : 579 ha
Production : 26 961 hl (49 % rouge et rosé)

VDQS en 1973, Cheverny a bénéficié d'une AOC vingt ans plus tard. À dominante sableuse (des sables sur argile de la Sologne aux terrasses de la Loire), le terroir s'étend le long de la rive gauche du fleuve, de la Sologne blésoise jusqu'aux portes de l'Orléanais. Les cépages, nombreux, sont assemblés dans des proportions variant légèrement selon les terroirs. Les vins rouges, à base de gamay et de pinot noir, avec parfois un appoint de cabernet franc et de côt, sont fruités dans leur jeunesse et acquièrent, en évoluant, des arômes animaux... en harmonie avec l'image cynégétique de cette région. Les rosés, dominés par le gamay, sont secs et parfumés. Les blancs, où le sauvignon est associé à un ou plusieurs autres cépages, le chardonnay en général, sont floraux et fins.

CHRISTELLE ET CHRISTOPHE BADIN 2019 ★★

| 10 000 | | - de 5 € |

En 1955, année de l'achat par le grand-père, l'exploitation comptait 4,5 ha; elle s'étend aujourd'hui sur 16 ha. Représentant la troisième génération, Christophe Badin, épaulé par son épouse, maintient la tradition familiale.

D'attaque souple, c'est un vin fruité et de bonne ampleur qui se révèle au cours de la dégustation. Les tanins bien fondus et la finale persistante sont ses atouts. ⧗ 2020-2023 **2019 ★ (- de 5 €; 15 000 b.)** Cette cuvée s'ouvre sur un nez floral, agrémenté d'arômes de bourgeon de cassis. La bouche, quant à elle, séduit par son équilibre, ses touches d'agrumes et ses notes minérales. Un vin bien fait et résolument plaisant. ⧗ 2020-2023

CAVE DE L' AUBRAS, L'Aubras, 41120 Cormeray, tél. 02 54 44 23 43, cavebadin@gmail.com V *t.l.j. sf dim. 8h-12h 14h-19h*

DOM. CHESNEAU 2019 ★

| 12 000 | | 5 à 8 € |

Établi à Sambin, à une quinzaine de kilomètres au sud-ouest de Cheverny, ce domaine familial, spécialisé dans la viticulture depuis deux générations, s'étend sur près de 15 ha sur des sols argilo-siliceux.

Cette cuvée offre un nez résolument porté sur les fruits rouges mûrs, lesquels continuent de dominer dans un palais tout en rondeur, construit sur des tanins soyeux mais qui peuvent s'assouplir encore un peu. Un vin qui fait preuve d'une belle longueur et d'une pointe d'amertume en finale. ⧗ 2021-2024

DOM. CHESNEAU, 26, rue Sainte-Néomoise, 41120 Sambin, tél. 02 54 20 20 15, cavechesneau@wanadoo.fr V *r.-v.*

DOM. DARIDAN 2019 ★★

| 20 000 | | 8 à 11 € |

Situé aux portes de la Sologne, entre les châteaux de Cheverny et de Chambord, ce domaine familial de 21 ha est conduit depuis 2001 par Benoît Daridan, qui s'est imposé comme une valeur sûre de l'appellation cheverny.

Ce blanc sec aux reflets verts propose un nez agréable, ouvert sur des notes de bourgeon de cassis et de fleurs blanches. La bouche, offrant de la rondeur et du gras, séduit par son équilibre et sa longueur. Un vin gourmand, plaisant et harmonieux. ⧗ 2020-2024

DOM. DARIDAN, 16, voie de la Marigonnerie, 41700 Cour-Cheverny, tél. 02 54 79 94 53, benoit.daridan@gmail.com V r.-v.

♥ DOM. DE LA GRANGE 2019 ★★

■ | 15000 | | 8 à 11 €

Implantée aux portes de Chambord, cette exploitation familiale tient son nom d'une ancienne grange dîmière, entièrement restaurée. Guy Genty et son fils Stéphane exploitent aujourd'hui quelque 20 ha et produisent en cheverny, cour-cheverny et crémant-de-loire.

Cet assemblage à dominante de sauvignon s'ouvre au nez, après aération, sur de beaux arômes de fleurs blanches. Quelques notes épicées viennent relever une bouche équilibrée, centrée sur la souplesse et la rondeur. Un vin plein de gourmandise, qui s'illustre aussi par sa belle longueur. ⧗ 2020-2023

DOM. DE LA GRANGE, La Grange, 41350 Huisseau-sur-Cosson, tél. 06 20 62 61 72, domainedelagrange@orange.fr V r.-v.

B DOM. DES HUARDS Envol 2018 ★

■ | 64000 | | 11 à 15 €

Très souvent distingué dans le Guide, ce domaine de 36 ha s'est transmis de père en fils depuis 1846. Il est conduit en bio et en biodynamie depuis 1990 par Jocelyne et Michel Gendrier.

Un assemblage à parts égales de gamay et de pinot noir pour ce rouge d'une couleur intense et dont le nez séduit par ses arômes de fruits rouges mûrs. Ceux-ci se prolongent dans un palais rond et soyeux, construit sur des tanins fondus. Un vin tendre et harmonieux. ⧗ 2020-2024

DOM. DES HUARDS, 30, voie des Huards, 41700 Cour-Cheverny, tél. 02 54 79 97 90, contact@domainedeshuards.com V *t.l.j. 9h-12h 14h-18h*

DOM. HUGUET 2018 ★

■ | 13000 | | 5 à 8 €

Situé dans le joli village de Saint-Claude-de-Diray, entre Blois et Chambord, ce domaine de 10 ha conduit par Patrick Huguet est implanté sur des terrasses de sables et de graviers sur la rive gauche de la Loire. Il est transmis de père en fils depuis quatre générations.

Parée d'une robe rouge intense, cette cuvée composée de pinot noir et de gamay déploie un bouquet généreux de fruits bien mûrs. Fidèle à ces arômes, la bouche, s'appuyant sur des tanins bien présents, se montre riche, chaleureuse et charnue. Un vin qui donne à la fois dans la puissance et la finesse. ⧗ 2021-2025 ■ **2019 ★ (5 à 8 €; 25000 b.)** Un concentré de sauvignon (80 %) que ce vin ouvert sur des arômes puissamment citronnés, complétés au palais de flaveurs de bonbon anglais, le tout déployé sur une très belle longueur jusqu'à une finale acidulée. ⧗ 2020-2023

DOM. HUGUET, 12, rue de la Franchetière, 41350 Saint-Claude-de-Diray, tél. 02 54 20 57 36, vin.p.huguet@orange.fr V r.-v.

DOM. MAISON PÈRE ET FILS 2019 ★★

■ | 43000 | | 5 à 8 €

Les premières vignes ont été plantées en 1906 par Alphonse Pinon sur des sols argilo-siliceux, mais le développement du domaine se fit dans les années 1950 sous la conduite de Guy Maison puis de son fils Jean-François. Appartenant aujourd'hui aux Vignobles Feray, la propriété s'étend sur 72 ha, soit le plus grand vignoble indépendant de l'appellation cheverny.

Cette cuvée, à base de pinot noir (60 %), de gamay (30 %) et de côt (10 %), exhale un bouquet de fleurs et de fruits rouges. Ces derniers se prolongent, après une attaque gouleyante, dans un palais rond, soyeux et chaleureux. Et aussi des tanins souples, de l'amplitude et de la longueur pour ce vin d'une belle harmonie. ⧗ 2020-2024 ■ **2019 ★ (5 à 8 €; 13000 b.)** Un rosé pâle, issu de 60 % de pinot noir et de 40 % de gamay, ouvert sur des arômes délicats de fruits rouges et de bonbon anglais, à la bouche ronde et riche, qui gagne en vivacité en finale autour de notes d'épices et d'une légère pointe d'amertume. ⧗ 2020-2021

MAISON PÈRE ET FILS, 22, rue de la Roche, 41120 Sambin, tél. 02 54 20 22 87, contact@domainemaison.com V *t.l.j. sf sam. dim. 8h30-12h 13h30-17h*

DOM. JÉRÔME MARCADET
Cuvée Les Coudrais 2019 ★

■ | 6000 | | 5 à 8 €

Dans les années 1900-1910, les arrière-grands-parents de Jérôme Marcadet travaillaient à la tâche dans les vignes de Chitenay. Ses grands-parents ont acquis les premières vignes et créé la propriété, située sur la route des vins qui relie les châteaux de Cheverny et de Chenonceaux. Le vignoble s'étend aujourd'hui au total sur 13 ha.

Ce rouge, à la robe grenat foncé, diffuse, à l'olfaction, des notes florales et des arômes de fruits rouges. Après une belle attaque, la bouche, toujours sur le fruit, se montre très dense, bâtie sur des tanins appelés à s'assouplir. Un vin riche et concentré, qui fait preuve aussi d'une belle longueur. ⧗ 2021-2024

DOM. JÉRÔME MARCADET, 5, rte de l'Orme-Favras, 41120 Feings, tél. 06 71 66 15 00, info@marcadet-cheverny.fr V r.-v.

VIGNERONS DE MONT PRÈS CHAMBORD 2019 ★

■ | 83333 | | 5 à 8 €

Fondée en 1931, cette coopérative rassemble une vingtaine d'apporteurs de raisins pour un vignoble de 150 ha. La cave est située sur la rive sud de la Loire,

aux portes de la Sologne, des étangs et de la forêt, en plein cœur du pays des châteaux.
Une robe jaune paille et un nez fin de fleurs blanches, d'agrumes et de fruits exotiques distinguent ce 2019 issu de 84 % de sauvignon et de 16 % de chardonnay. Après une attaque vive, la bouche, riche et soyeuse, montre la même complexité aromatique, sur des saveurs dominantes d'ananas et de pêche, jusqu'à une finale relevée d'une légère pointe d'amertume. ⧗ 2020-2023

LES VIGNERONS DE MONT-PRÈS-CHAMBORD, 816, la Petite-Rue, 41250 Mont-près-Chambord, tél. 02 54 70 71 15, cavemont@orange.fr V r.-v.

LAURENT PASQUIER 2019 ★

■ | 10 000 | | 8 à 11 €

Établis à Cour-Cheverny, aux portes de la Sologne, Jacky et Laurent Pasquier, père et fils, travaillent en duo sur leurs 24 ha de vignes. Un domaine régulier en qualité, en rouge comme en blanc.
Cette cuvée composée de 80 % de pinot noir et de 20 % de gamay offre un nez complexe de fleurs et de fruits rouges. Le palais séduit par son équilibre entre rondeur, souplesse des tanins et fine fraîcheur, tandis que son fruité laisse une fin de bouche gourmande. Un vin élégant et gouleyant. ⧗ 2020-2023

LAURENT PASQUIER, La Charmoise, 41700 Cour-Cheverny, tél. 06 87 11 15 19, earllaurentpasquier@orange.fr V r.-v.

LE PETIT CHAMBORD 2019 ★

■ | 14 000 | | 8 à 11 €

François Cazin exploite (en culture « très raisonnée ») une propriété familiale de 23 ha située à la lisière de la forêt de Cheverny, aux portes de la Sologne. Transmise de père en fils depuis quatre générations, elle est régulièrement sélectionnée dans ces pages.
65 % de pinot noir et 35 % de gamay composent ce rouge très dense, aux reflets rubis. Le nez s'ouvre sur les fruits rouges, soulignés de quelques notes de noix. Le palais, fruité lui aussi, se déploie en longueur, après une attaque gouleyante. Les tanins se montrent souples mais marquent la finale d'une légère sévérité. ⧗ 2021-2024

LE PETIT CHAMBORD, voie du Petit-Chambord, 41700 Cheverny, tél. 02 54 79 93 75, f.cazin@lepetitchambord.com V r.-v.

DOM. LE PORTAIL 2019 ★

■ | 50 000 | | 5 à 8 €

Ce domaine régulier en qualité, bâti à l'emplacement d'un ancien monastère et situé à 600 m du château de Cheverny, a été acquis en 1979 par Nicole et Michel Cadoux. En 2009, leur fils Damien a rejoint l'exploitation et ses 30 ha de vignes.
Ce blanc exhale un nez d'agrumes et de fleurs blanches. La bouche séduit par son attaque fraîche, puis par sa souplesse, son équilibre et ses notes de raisin pur. La longueur de la finale achève de convaincre. Un vin fruité, agréable et harmonieux. ⧗ 2020-2023

DOM. LE PORTAIL, Le Portail, 41700 Cheverny, tél. 02 54 79 91 25, leportailcadoux@wanadoo.fr V r.-v.

DOM. DU SALVARD 2019 ★

■ | 100 000 | | 5 à 8 €

Le domaine du Salvard est une propriété de 45 ha construite sur les ruines d'un ancien château de la seigneurie de Fougères qui remonterait à l'an 1000. Acheté en 1910 par Maurice Delaille, il est aujourd'hui conduit par ses petits-fils, les frères Thierry et Emmanuel Delaille, ce dernier signant aussi une cuvée de cheverny à son nom.
Ce blanc, paré d'une robe limpide, propose un nez fruité et floral (notamment sur la pivoine). La bouche, très aromatique, sur des notes de coing et de pêche, se développe avec une appréciable longueur jusqu'à une finale joliment relevée. Un vin frais et équilibré. ⧗ 2020-2023 ■ **Delaille Vignes des Marnières Vieilles vignes 2019 ★ (5 à 8 €; 30 000 b.)** Un blanc limpide au nez ouvert sur les agrumes et les fleurs blanches. On retrouve ces dernières, mêlées à une touche de fumé et une pointe d'amertume, dans une bouche droite, tendue. ⧗ 2020-2022 ■ **Emmanuel Delaille 2019 ★ (5 à 8 €; 30 000 b.)** Un nez très intense de fleurs blanches et de buis, et une bouche riche, tout en rondeur, aux arômes persistants de pêche et de pamplemousse, pour ce vin équilibré. ⧗ 2020-2023

SCEA DELAILLE, Le Salvard, 41120 Fougères-sur-Bièvre, tél. 02 54 20 28 21, delaille@orange.fr V r.-v.

DOM. SAUGER Tradition 2019 ★

■ | 100 000 | | 5 à 8 €

Valeur sûre de l'appellation, ce domaine familial situé aux portes de la Sologne, sur la route des châteaux de la Loire, se transmet de père en fils depuis 1870 et 5 générations. Installé en 1988, Philippe Sauger y cultive 32 ha de vignes sur des sols sablo-argileux.
Cette cuvée d'un seyant jaune paille propose un nez fruité. La bouche, qui l'est tout autant, séduit par son attaque alerte et sa longueur, tandis qu'une légère pointe d'amertume relève le tout en finale. Un vin équilibré. ⧗ 2020-2023 ■ **Tradition 2019 ★ (5 à 8 €; 3 500 b.)** Cette cuvée d'un rose intense diffuse un joli bouquet fruité de groseille et de fraise relayé par une bouche persistante et équilibrée, à la fois fraîche et ronde. ⧗ 2020-2021

DOM. SAUGER, 4, rue des Touches, Les Touches, 41700 Fresnes, tél. 02 54 79 58 45, domaine.sauger@orange.fr V r.-v.

♥ B CYRILLE SEVIN Le bois du Bisson 2018 ★★★

■ | 7 600 | | 11 à 15 €

Installé à Mont-près-Chambord, Cyrille Sevin, ancien professeur de mathématiques, a repris ce domaine en 2007, à la suite de Pierre Parent. Il conduit ses 10,8 ha de vignes en bio certifié depuis 2010. La biodynamie pratiquée depuis 2013 n'est pas certifiée.
Cette cuvée, issue de 85 % de pinot noir et de 15 % de gamay, ravit d'abord l'œil par sa couleur intense,

cerise noire, puis le nez par son bouquet puissant et fin de fruits rouges et noirs. Arômes que l'on retrouve plus mûrs encore, voire compotés, rehaussés de notes d'épices, dans un palais long, rond, gras et plein, bâti sur des tanins fins et un boisé parfaitement ajusté. Un vin construit pour durer. ⧗ 2022-2027

CYRILLE SEVIN, 201, rue de Chancelée, 41250 Mont-près-Chambord, tél. 06 88 33 43 44, cyr.sevin@wanadoo.fr V r.-v.

B DOM. DE VEILLOUX 2019 ★

	22000		8 à 11 €

Ce domaine familial depuis 6 générations est situé non loin du magnifique château féodal de Fougères-sur-Bièvre. Les vignes sont conduites en culture biologique et la vinification est gérée depuis 2007 par Arnaud Quenioux, fils de Michel. Souvent en vue pour ses cheverny rouges. La certification bio est acquise.

85 % de sauvignon et 15 % d'orbois composent ce 2019 à la robe jaune paille et au nez fin d'agrumes et de fruits frais. La bouche, puissante en attaque, se montre fine, acidulée et longue jusqu'à une superbe finale plus ronde et suave. ⧗ 2020-2023

DOM. DE VEILLOUX, Veilloux, Fougères-sur-Bièvre, 41120 Le-Controis-en-Sologne, tél. 02 54 20 22 74, contact@domainedeveilloux.fr V r.-v.

COUR-CHEVERNY

Superficie : 55 ha / Production : 2 433 hl

Reconnue en 1993, l'appellation est réservée aux vins blancs issus du seul cépage romorantin, produits dans quelques communes situées au sud-est de Blois. Le terroir est typique de la Sologne (sable sur argile). Élégants, les cour-cheverny méritent souvent de vieillir quelques années.

CHRISTELLE ET CHRISTOPHE BADIN 2018 ★

	10000		5 à 8 €

En 1955, année de l'achat par le grand-père, l'exploitation comptait 4,5 ha; elle s'étend aujourd'hui sur 16 ha. Représentant la troisième génération, Christophe Badin, épaulé par son épouse, maintient la tradition familiale.

Ce blanc d'un seyant jaune clair offre un joli nez d'acacia, de fruits secs, d'agrumes et de pêche. La bouche poursuit sur cette lancée, relevée en finale par une plaisante pointe d'amertume. De la complexité et un bon potentiel de garde. ⧗ 2021-2025

CAVE DE L' AUBRAS, L'Aubras, 41120 Cormeray, tél. 02 54 44 23 43, cavebadin@gmail.com V *t.l.j. sf dim. 8h-12h 14h-19h*

DOM. JÉRÔME MARCADET 2018 ★★

	4000		8 à 11 €

Dans les années 1900-1910, les arrière-grands-parents de Jérôme Marcadet travaillaient à la tâche dans les vignes de Chitenay. Ses grands-parents ont acquis les premières vignes et créé la propriété, située sur la route des vins qui relie les châteaux de Cheverny et de Chenonceaux. Le vignoble s'étend aujourd'hui au total sur 13 ha.

Un nez complexe et subtil, à la fois fruité, végétal et minéral, pour cette cuvée dont la bouche s'équilibre parfaitement autour de notes d'agrumes et de citron vert, entre un gras savamment dosé et une touche d'acidité bien placée. Un très beau vin, avec de la longueur en prime et un solide potentiel de garde. ⧗ 2021-2026

DOM. JÉRÔME MARCADET, 5, rte de l'Orme-Favras, 41120 Feings, tél. 06 71 66 15 00, info@marcadet-cheverny.fr V r.-v.

LE PETIT CHAMBORD 2018 ★★

	25140		8 à 11 €

François Cazin exploite (en culture « très raisonnée ») une propriété familiale de 23 ha située à la lisière de la forêt de Cheverny, aux portes de la Sologne. Transmise de père en fils depuis quatre générations, elle est régulièrement sélectionnée dans ces pages.

Dans cette cuvée d'un jaune doré, les arômes d'acacia et d'agrumes bien mûrs composent un nez flatteur, agrémenté d'une note beurrée. Des arômes que l'on retrouve dans une bouche tendue, dotée d'une belle et fine acidité. Un vin dynamique et expressif. ⧗ 2020-2024 **Renaissance 2018 ★ (8 à 11 €; 10 500 b.)** Un blanc doux ouvert sur les fruits jaunes et des notes miellées. Arômes prolongés par une bouche agréable, tendre et souple, agrémentée d'une touche d'agrumes. ⧗ 2021-2026

LE PETIT CHAMBORD, voie du Petit-Chambord, 41700 Cheverny, tél. 02 54 79 93 75, f.cazin@lepetitchambord.com V r.-v.

ORLÉANS

Superficie : 80 ha
Production : 2 986 hl (69 % rouge et rosé)

Autrefois AOVDQS, ce vignoble a été reconnu en AOC en 2006. Parmi les « vins françois », ceux d'Orléans eurent leur heure de gloire à l'époque médiévale. À côté des jardins, des pépinières et des vergers, la vigne a encore sa place aujourd'hui. Les vignerons tirent parti des cépages mentionnés depuis le Xes. – des plants que l'on disait venir d'Auvergne mais qui sont identiques à ceux de Bourgogne : auvernat rouge (pinot noir), auvernat blanc (chardonnay) et gris meunier. L'appellation s'étend des deux côtés de la Loire et s'applique aux trois couleurs : les rouges et rosés assemblent une majorité de pinot meunier au pinot noir et les blancs sont dominés par le chardonnay.

VIGNOBLE DU CHANT D'OISEAUX 2019 ★

	10000		11 à 15 €

Édouard Montigny, qui a pris la succession de Jacky Legroux, est à la tête de cette exploitation familiale depuis 2006. Valeur sûre de l'Orléanais, ce domaine de 16 ha est souvent en vue dans ces pages.

Le chardonnay (80 %) et le pinot gris ont donné un vin au nez floral et exotique. Des arômes que l'on retrouve agrémentés de notes de poire dans une bouche de belle intensité, équilibrée entre une aimable rondeur et une pointe de fraîcheur minérale. ⧗ 2020-2023 **2018 ★ (5 à 8 €; 7000 b.)** Un pur cabernet franc à la robe sombre,

LOIRE

aux tonalités végétales et fruitées, riche, tannique et dense en bouche. A attendre. ⧗ 2023-2028

VIGNOBLE DU CHANT D'OISEAUX, 321, rue des Muids, 45370 Mareau-aux-Prés, tél. 02 38 45 60 31, montignye@yahoo.fr V t.l.j. sf dim. 14h-19h

CLOS SAINT-FIACRE 2019 ★

| 20000 | | 8 à 11 € |

Créée en 1635, cette propriété familiale apparaît régulièrement dans le Guide, souvent aux meilleures places. Clos de murs, le vignoble couvre 18 ha conduit depuis 2001 par Hubert et Bénédicte Montigny-Piel.

Issu de chardonnay (90 %) et de pinot gris, ce vin présente au nez de fines notes de fleurs blanches. En bouche, il plaît par sa fraîcheur légèrement acidulée, sans pour autant manquer de rondeur pour enrober le tout. De l'équilibre. ⧗ 2020-2023 **2018 ★ (8 à 11 €; 30000 b.)** Né de pinot meunier (80 %) et de pinot noir, un vin au nez discret de fruits rouges, soyeux et rond en bouche, avant une finale plus austère qui appelle la garde. ⧗ 2022-2025

CLOS SAINT-FIACRE, 560, rue de Saint-Fiacre, 45370 Mareau-aux-Prés, tél. 02 38 45 61 55, contact@clossaintfiacre.fr V r.-v.

VALÉRIE DENEUFBOURG Rencontres 2019 ★

| 2000 | | 5 à 8 € |

Installée en 2005, Valérie Deneufbourg exploite un domaine de 14 ha à Cléry-Saint-André, près de la basilique qui renferme le tombeau de Louis XI. Depuis 2015, elle a remplacé les herbicides par le travail du sol. Avec ses « Rencontres » (nom de ses cuvées), elle est rapidement devenue l'une des valeurs sûres des appellations orléans et orléans-cléry.

Une belle robe pâle et saumonée habille ce rosé né de pinot meunier (60 %) et de pinot gris. Le nez, discret mais élégant, évoque la pivoine et les fleurs blanches. La bouche se montre souple, nette, bien fruitée, un brin épicée, persistante. ⧗ 2020-2021

VALÉRIE DENEUFBOURG, 28, rue du Village, 45370 Cléry-Saint-André, tél. 06 14 57 37 61, valerie@deneufbourg.fr V r.-v.

DOM. SAINT-AVIT 2018 ★

| n.c. | 5 à 8 € |

Héritier d'une longue histoire vigneronne (le domaine a été fondé en 1820), Pascal Javoy a repris les vignes familiales en 1987 : 16 ha en orléans et orléans-cléry.

Deux tiers de pinot meunier épousent un tiers de pinot noir dans cette cuvée où le fruit pur donne le ton. Le cassis et la mûre trouvent écho tout au long de la dégustation. Tout en légèreté à l'attaque, le vin révèle bien sa matière et ses tanins fondus. ⧗ 2020-2022 **Javoy et Fils 2019 ★(5 à 8 €; 4070 b.)** Ce rosé issu des deux pinots livre un bouquet à dominante florale (rose, fleurs blanches). La bouche se révèle souple et ronde, soulignée par une agréable ligne acidulée (bonbon anglais). ⧗ 2020-2021

JAVOY ET FILS, 450, rue du Buisson, 45370 Mézières-lez-Cléry, tél. 02 38 45 66 95, javoy-et-fils@orange.fr V t.l.j. sf lun. dim. 9h-12h 14h-19h; f. 15-30 août

COTEAUX-DU-VENDÔMOIS

Superficie : 125 ha
Production : 6 417 hl (82 % rouge et rosé)

Sur le cours du Loir, les coteaux sont truffés d'habitations troglodytiques et de caves taillées dans le tuffeau. Reconnue en 2001, l'AOC jouxte en amont de la vallée les aires des jasnières et coteaux-du-loir, sur un terroir similaire, entre Vendôme et Montoire. Elle produit des vins gris originaux aux arômes poivrés, issus de pineau d'Aunis, des blancs nés de chenin, et des rouges, devenus majoritaires. Vins d'assemblage, ces derniers allient la nervosité légèrement épicée du pineau d'Aunis, la finesse du pinot noir, les tanins du cabernet franc et le fruité du gamay.

DOM. DU FOUR À CHAUX Cuvée Tradition 2019 ★

| 7000 | | 5 à 8 € |

Ce domaine de 30 ha, géré par la même famille depuis 6 générations, est conduit depuis l'année 2000 par Dominique Norguet. Il tire son nom d'un four à chaux du XVIIIes. situé sur la propriété.

Cabernet franc et pineau d'Aunis à parts égales dans ce vin d'une belle intensité, ouvert sur les petits fruits rouges, sur la griotte notamment. La bouche apparaît bien structurée, portée par des tanins fermes, encore un peu stricts en finale. Du potentiel. ⧗ 2023-2026

DOM. DU FOUR À CHAUX, lieu-dit Berger, 41100 Thoré-la-Rochette, tél. 02 54 77 12 52, dominique.norguet@orange.fr V r.-v. B

DOM. J. MARTELLIÈRE Réserve Jean-Vivien 2018 ★

| 4000 | | 5 à 8 € |

Jean-Vivien Martellière a repris en 2004 cette exploitation familiale de 12 ha fondée en 1967 par son grand-père Jean. Il vinifie exclusivement les trois AOC de la vallée du Loir : jasnières, coteaux-du-loir et coteaux-du-vendômois, et produit aussi des IGP Val de Loire. Très régulier en qualité.

Pineau d'Aunis (50 %), cabernet franc (40 %) et pinot noir sont associés dans cette cuvée d'une belle intensité colorante, centrée sur les fruits rouges au nez, avec en fond un boisé bien maîtrisé. La bouche se révèle ronde et soyeuse, avant de montrer plus de fermeté en finale. ⧗ 2023-2025 **Cuvée Jasmine 2019 ★ (- de 5 €; 3000 b.)** Un joli pineau d'Aunis au nez bien typé d'épices et de fruits rouges, à la bouche légère et finement poivrée. Un bon classique. ⧗ 2020-2021

DOM. J. MARTELLIÈRE, 46, rue de Fosse, 41800 Montoire, tél. 06 08 99 94 15, contact@domainemartelliere.fr V r.-v.

MONTAGNE BLANCHE 2019 ★

| 23000 | | 5 à 8 € |

Créée en 1929, cette cave coopérative vinifie les 130 ha de vignes de ses adhérents. Elle propose une gamme intéressante de cuvées mettant en valeur des « cépages rares et oubliés ». Ses vins sont souvent distingués dans le Guide.

Une jolie robe brillante, un nez fruité, floral et épicé, une bouche souple, fraîche et poivrée : un rosé de pineau d'Aunis bien typé. ⧗ 2020-2021

⊶ *CAVE DU VENDÔMOIS, 60, av. du Petit-Thouars, 41100 Villiers-sur-Loir, tél. 02 54 72 90 69, caveduvendomois@orange.fr*

VALENÇAY

Superficie : 190 ha
Production : 8000 hl (50% blanc, 50% rouge et rosé)

Dans cette région marquée par le souvenir de Talleyrand et de la fameuse « Pierre à Fusil » à la croisée du Berry, de la Sologne et de la Touraine; la vigne alterne avec les forêts, la grande culture et l'élevage de chèvres. La majorité des terroirs sont des sols d'argiles à silex à dominante argilo-siliceuse ou argilo-limoneuse. Certaines parcelles sont toutefois situées sur des sous-sols de tuffeau et ainsi plus riches en calcaire.
Passée dans le giron des appellations d'origine en 2004, l'appellation valençay laisse à chaque vigneron le soin d'exprimer tout son savoir-faire d'assemblage. Les vins proposés sont plutôt variés et à découvrir jeunes.
Les blancs, mariage de sauvignon blanc et de chardonnay, parfois associé au sauvignon gris (ou à l'orbois) proposent un bel équilibre de souplesse et d'acidité avec des nuances printanières (genêt, fleurs blanches...).
Les vins rouges basés sur une trilogie gamay, côt et pinot noir (accessoirement le cabernet franc) expriment une présence tannique soyeuse avec une robe plutôt soutenue.
Les vins rosés quant à eux allient fraîcheur et vivacité avec des nuances de fruits rouges.
Cas unique en France, Valençay est la seule région qui offre deux appellations d'origine sous le même nom : le Valençay, fromage de chèvre avec sa forme originale de pyramide tronquée; et Valençay, vins d'assemblage. Avec le Valençay blanc, le fromage de Valençay nous propose un parfait exemple d'accord de Terroir.

DOM. AUGIS 2019 ★★

■ | 15000 | 🍾 | 5 à 8 €

Propriété familiale créée en 1900 à Meusnes, la commune la plus orientale de l'AOC touraine, réputée pour ses sols riches en silex. Depuis 1988, Philippe Augis, cinquième du nom à la tête de ce domaine régulier en qualité, exploite 17 ha en appellations touraine et valençay.

Un valençay placé sous le signe de l'intensité. La robe est d'un beau rouge foncé. Le nez exhale des parfums puissants de fruits noirs. Porté par des tanins soyeux et souples, le palais offre de la densité, de la rondeur et de la fraîcheur. ⧗ 2021-2025

⊶ *DOM. AUGIS, 1465, rue des Vignes, 41130 Meusnes, tél. 02 54 71 01 89, philippe.augis@wanadoo.fr* V *t.l.j. sf dim. 8h-12h 14h-18h30* B

DENIS BARDON 2019 ★★

■ | 25000 | 🍾 | 8 à 11 €

Valeur sûre de l'appellation valençay, ce domaine (50 ha) conduit par Denis Bardon depuis 1991 est situé à Meusnes, commune où l'on extrayait autrefois la pierre à fusil; son petit musée permet de découvrir cette activité importante du XVIIIe s. jusqu'au début du XIXe s.

Drapée dans une belle robe jaune pâle, cette cuvée propose un nez ouvert sur les fruits mûrs, l'orange et le fruit de la Passion. Restant dans le même registre aromatique, la bouche se montre souple à l'attaque, puis distille une agréable douceur relevée d'une petite pointe d'acidité en finale. Une belle longueur en prime pour un ensemble harmonieux. ⧗ 2020-2023 ■ **Les Hauts Taillons 2019 ★ (8 à 11 €; 20000 b.)** 90 % de sauvignon et 10 % de chardonnay composent ce blanc à la robe jaune pâle et au nez ouvert sur des arômes de fruits mûrs et de fruit de la Passion. Le palais, évoluant sur de la pêche, charme par son attaque tout en souplesse, légèrement grasse. Fraîcheur et rondeur sont au rendez-vous. ⧗ 2020-2022

⊶ *DOM. BARDON, 243, rue Jean-Jaurès, 41130 Meusnes, tél. 02 54 71 01 10, denisbardon@vinsbardon.com* V *r.-v.*

DOM. DU BOIS GAULTIER 2018 ★

■ | 12000 | 🍾 | 5 à 8 €

Tout près du magnifique château de Valençay, sur un terroir dit « de pierre à fusil », Marylène et Serge Leclair ont créé de toutes pièces en 1985 leur vignoble qui compte aujourd'hui 20 ha. Ils vendent la majorité de leur production à la propriété ou sur les foires et marchés.

Un rouge intense habille cet assemblage de gamay (50 %), de pinot noir (25 %), de côt (15 %) et de cabernet (10 %), au nez frais, végétal et fruité (fruits noirs). Un fruité que l'on retrouve dans une bouche intense, marquée par des tanins encore un brin sévères mais prometteurs. ⧗ 2021-2025

⊶ *DOM. DU BOIS GAULTIER, Le Bois-Gaultier, 36600 Fontguenand, tél. 02 54 00 18 46, serge_leclair@orange.fr* V *t.l.j. 8h-19h; dim. sur r.-v.*

DOM. GARNIER Prestige 2019 ★

■ | 4500 | 🍾 | 5 à 8 €

La famille Garnier cultive la vigne depuis 1822. Ce sont aujourd'hui les deux frères Éric et Olivier qui gèrent ce domaine de 26 ha, le premier à la vigne et le second à la cave. À leur carte, du touraine et du valençay.

Les 3 cépages typiques de l'appellation (pinot noir, gamay et côt) sont au rendez-vous de cette cuvée à la robe soutenue et au nez ouvert sur les fruits noirs. Après une attaque franche, la bouche, portée par des notes d'épices, se montre tout aussi intense, malgré la jeunesse de ses tanins qui rend la finale encore assez austère. Un vin qui demande un peu de patience... ⧗ 2021-2023 ■ **Montbail ★ (5 à 8 €; 1500 b.)** Un rosé couleur œil de perdrix, au nez aussi puissant qu'élégant de fraise et de bonbon anglais, et à la bouche intense et harmonieuse, fraîche et fruitée (framboise). ⧗ 2020-2021

⊶ *DOM. GARNIER, Chamberlin, 81, rue Delacroix, 41130 Meusnes, tél. 06 20 27 84 55, olivier@oliviergarnier.com* V *r.-v.*

VIGNOBLE GIBAULT 2018 ★

10000 | 5 à 8 €

Établi à Meusnes, à l'extrémité orientale de la vallée du Cher, Patrick Gibault exploite depuis 1982 le vignoble constitué par son père : 30 ha sur des sols d'argiles à silex.

Le traditionnel trio de gamay, côt et pinot noir (ce dernier dominant pour moitié l'assemblage) est à l'origine de ce vin au nez finement et discrètement floral. La bouche apparaît ronde, tendre, étayée par des tanins souples et agrémentée de quelques notes végétales qui amènent de la fraîcheur. ⧗ 2020-2023

VIGNOBLE GIBAULT, 183, rue Gambetta, 41130 Meusnes, tél. 02 54 71 02 63, vignoblegibault@wanadoo.fr V *t.l.j. sf dim. 9h-12h 14h-19h*

FRANCIS JOURDAIN Chèvrefeuille 2019 ★★

30000 | 5 à 8 €

Fondé en 1960, ce domaine familial (32 ha) a été repris en 1990 par Francis Jourdain qui avait auparavant exercé durant une dizaine d'années une activité de conseil en arboriculture secondé par Sophie depuis 2008. Son chai est situé près d'une très belle « loge » de vignes, dans la commune de Lye.

Dominée par le sauvignon, auquel se mêlent 20 % de chardonnay, cette cuvée d'un beau jaune citron assez pâle séduit par son nez complexe de pêche et de pâte d'amande. La bouche, fruitée elle aussi, se montre ronde, riche et soyeuse. Un vin gourmand, doté, qui plus est, d'une belle longueur. ⧗ 2020-2023 **Les Griottes 2018 ★★ (5 à 8 €; 22000 b.)** Un assemblage à parts égales des cépages traditionnels de l'appellation composent cette cuvée au nez généreux de fruits très mûrs. La bouche déploie une belle matière souple, ronde et charnue qui enrobe des tanins agréablement fondus. Un vin très harmonieux, à la fois riche et élégant. ⧗ 2021-2025 **Les Terrajots 2019 ★ (5 à 8 €; 10000 b.)** Un assemblage classique de sauvignon (70 %) et de chardonnay (10 %), complété du moins connu fié gris (20 %), pour un blanc ouvert sur des notes végétales et des arômes de fruits mûrs. Ces derniers dominent un palais équilibré et gourmand, gras et rond. ⧗ 2020-2022

DOM. FRANCIS JOURDAIN, 24, Les Moreaux, 36600 Lye, tél. 02 54 41 01 45, jourdain.earl@wanadoo.fr V *t.l.j. sf dim. 9h30-12h30 15h-19h*

JEAN-FRANÇOIS ROY Symphonie 2019 ★★

35000 | 5 à 8 €

Établi dans la commune de Lye, dans l'Indre, Jean-François Roy gère depuis 1989 un domaine dont il a porté la superficie à 30 ha, régulièrement sélectionné dans le Guide pour ses valençay, dans les trois couleurs.

Cette cuvée, quasi intégralement composée de sauvignon, offre un nez fin, minéral, fruité (pêche) et floral (fleur d'acacia). La bouche charme par la vivacité de son attaque, puis par sa rondeur et sa belle longueur. Un ensemble harmonieux. ⧗ 2020-2023 **2019 ★★ (5 à 8 €; 16000 b.)** Un rosé clair né de 60 % de pinot noir, 30 % de gamay et 10 % de malbec, au nez de fruits rouges et d'agrumes. Le fruit se prolonge, nuancé de notes florales, dans une bouche souple et ronde, à la finale croquante et fraîche. ⧗ 2020-2021

JEAN-FRANÇOIS ROY, 3, rue des Acacias, 36600 Lye, tél. 02 54 41 00 39, jeanfrancois.roy@wanadoo.fr V *r.-v.*

♥ SÉBASTIEN VAILLANT Les Chailloux 2018 ★★

35000 | 5 à 8 €

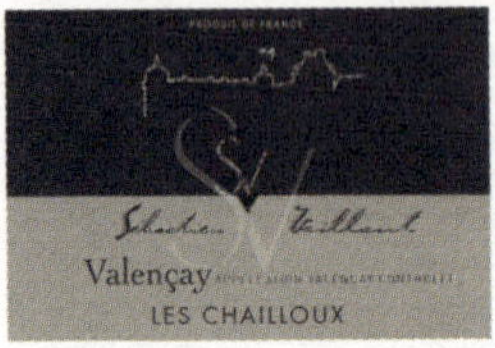

La petite coopérative de Valençay créée en 1964 regroupe trois adhérents et représente un vignoble de 42 ha. La production de chacun est récoltée et vinifiée séparément pour mettre en valeur l'expression des différents terroirs.

Ce superbe valençay issu du traditionnel trio gamay-côt-pinot noir a fait forte impression. Et ce dès le premier coup d'oeil avec sa robe d'un noir intense. Le prélude à un nez intense, bien ouvert sur les fruits rouges. Suit un palais tout en volume, rond, riche et charnu. ⧗ 2021-2025 **Dom. de Patagon 2019 ★ (5 à 8 €; 20000 b.)** Un 2019 pâle et limpide, au nez d'abord floral, qui s'ouvre ensuite sur les fruits blancs et mûrs. Arômes que l'on retrouve dans une bouche souple et fraîche, bien sauvignonnée, mais à laquelle le chardonnay apporte ce qu'il faut de gras. ⧗ 2020-2023 **Le Poirentin - Les Cosses 2019 ★ (5 à 8 €; 34000 b.)** Cette cuvée séduit par son joli nez fruité de poire et de citron. Après une attaque tout en douceur, la bouche affiche un bon équilibre entre fraîcheur et rondeur, sans manquer de longueur. ⧗ 2020-2023

SCA LA CAVE DE VALENÇAY, La Lie, 36600 Fontguenand, tél. 02 54 00 16 11, lacavedevalencay@orange.fr V *r.-v.*

➔ **LES VIGNOBLES DU CENTRE**

CHÂTEAUMEILLANT

Superficie : 82 ha / Production : 4 000 hl

Le gamay retrouve ici les terroirs qu'il affectionne, dans un site très anciennement viticole. La réputation de Châteaumeillant s'est établie grâce à son « gris », un rosé issu du pressurage immédiat des raisins de gamay présentant un grain, une fraîcheur et un fruité remarquables. L'appellation produit aussi des rouges, nés de sols d'origine éruptive, des vins gouleyants à boire jeunes et frais.

GILLES BERNARDEAU Le Généreux 2019 ★★

10000 | 8 à 11 €

Gilles Bernardeau, natif de la région et amoureux du vin, s'est lancé dans l'aventure viticole en 2018.

La couleur soutenue préfigure la suite de la dégustation. De l'olfaction émanent élégance et séduction : notes de fruits mûrs (fraise, framboise), menthol, épices douces. Les tanins souples et le gras donnent du charnu et de l'amplitude à la bouche, étirée dans une finale chaleureuse. Une cuvée qui porte bien son nom. ⧗ 2021-2024

⊶ GILLES BERNARDEAU, 1, Les Vincons, 18160 Saint-Hilaire-Lignières, tél. 06 09 04 71 18, gbernardeau@geobtp.fr V r.-v.

♥ DOM. DU CHAILLOT (Parenthèse) 2018 ★★★

■ | 10000 | | 11 à 15 €

Vigneron depuis 1993, Pierre Picot dirige une exploitation de 6 ha. Les vignes se répartissent sur trois sites : deux reposent sur des micaschistes à 320 m d'altitude et un sur des terrasses sédimentaires à 280 m d'altitude. Une valeur sûre de l'appellation châteaumeillant.

Une fois de plus, Pierre Picot nous montre son talent pour associer les vertus des micaschistes et du gamay. Impressionnant par sa parure noire violine sombre, ce châteaumeillant l'est aussi par la richesse de ses arômes. Les notes animales et épicées (noix de muscade) se fondent dans des nuances confiturées (cassis, mûre) et une touche de sous-bois. La bouche est étoffée de tanins denses, au grain fin, qui lui donnent beaucoup de mâche et de charnu. Charpenté, chaleureux, long, un concentré de qualités et de sobriété. ⧗ 2021-2025 ■ **Révésens 2019 ★★ (11 à 15 €; 1600 b.)** Une robe intense, un nez tout en subtilité, mêlant fruits noirs confiturés avec des notes d'armoise et de poivre, une bouche persistante et d'une grande pureté, aux tanins serrés, enrobés par un gras prononcé. Une cuvée qui concilie grandeur et simplicité. ⧗ 2022-2025

⊶ SCEA DOM. DU CHAILLOT, 1, pl. de la Tournoise, 18130 Dun-sur-Auron, tél. 02 48 59 57 69, pierre.picot@wanadoo.fr V r.-v.

DOM. DES CHAVOCHES 2018 ★

■ | 600 | | 11 à 15 €

Les Chavoches ? C'est le nom berrichon des chouettes chevêches, qui hantent le vignoble. Pascal Leclaire s'est installé en 2015 sur un petit domaine planté de gamay, à 320 m d'altitude. Avec l'ambition de contribuer à l'essor de son appellation, châteaumeillant.

La teinte pourpre à reflets noirs est intense. Les arômes sont bien typés du cépage : mûre, armoise, poivre. La bouche exprime une extraction retenue autour de tanins de bonne facture, bien en rapport avec la souplesse de fond. Le seul défaut de cette cuvée : sa confidentialité… ⧗ 2020-2023

⊶ SCEA DOM. DES CHAVOCHES, 9, pl. du Champ-de-Foire, 18130 Dun-sur-Auron, tél. 06 51 76 68 05, contact@domainedeschavoches.com V r.-v.

DOM. DUTHEIL Coccinelle 2018 ★★

■ | 5200 | | 11 à 15 €

Fils d'agriculteurs, Benoît Dutheil a accompli son rêve de toujours en créant son exploitation viticole en 2012, avec une parcelle de 50 ares de micaschistes et de sédiments plantée en gamay. Un domaine à suivre.

Noire violine à éclats rubis, cette cuvée montre de l'épaisseur à l'œil. Quelques notes animales fugaces apparaissent à l'ouverture, relayées par d'élégants arômes fruités (mûre, myrtille, framboise, cerise), ainsi qu'une touche de violette et de poivre. Douce et riche, la bouche est structurée par des tanins soyeux, extraits avec mesure. Puissant, d'un beau potentiel, ce vin plaira aussi dès maintenant. ⧗ 2020-2025 ■ **Coccinelle 2019 ★ (11 à 15 €; 1533 b.)** Fermé au premier nez, ce vin exprime un fruité gourmand à l'aération (framboise, fraise, cerise). La bouche juvénile est en retrait à ce stade, avec une attaque souple et des tanins frais. Un peu de patience. ⧗ 2021-2023

⊶ DOM. DUTHEIL, Le Pas, 36370 Bélabre, tél. 06 80 65 16 66, benoit.dutheilportable@orange.fr V r.-v.

♥ DOM. ANGÉLIQUE GABRIELLE N°23 2019 ★★

■ | 2000 | | 5 à 8 €

Une nouvelle exploitation créée en 2014 par Angélique Gabrielle. Fille d'un vigneron bourguignon, la jeune femme, à l'issue de ses études au lycée viticole de Beaune, a préféré voler de ses propres ailes. Installée dans la Creuse où travaille son compagnon agriculteur, elle a acquis 2 ha de vignes (gamay et pinot noir) dans l'AOC châteaumeillant toute proche, puis 70 ares de vignes blanches.

Angélique Gabrielle a franchi la frontière départementale de la Creuse voisine où elle réside pour rejoindre le vignoble de Châteaumeillant, d'où le nom de la cuvée. Issu d'un terroir de schistes sableux, son rosé se présente dans une robe franche et soutenue, aux reflets violines caractéristiques. Élégant et intense à la fois, le nez offre des senteurs suaves : bonbon à la fraise, sucre d'orge, nectarine. La bouche se révèle ample, veloutée, généreuse et charnue, centrée sur un fruité (mandarine, prune, cerise) remarquable de longueur et de finesse. ⧗ 2020-2021 ■ **Julius 2018 ★ (5 à 8 €; 8000 b.)** Au nez, des arômes élégants de cassis et d'épices (poivre vert, poivre noir), complétés de touches de café et de vanille. La bouche dévoile des tanins denses et tapissants, en bonne harmonie avec le gras. Un vin bien structuré, consistant. ⧗ 2021-2024

⊶ ANGÉLIQUE GABRIELLE, 1, av. Antoine-Meillet, 18370 Châteaumeillant, tél. 06 66 15 34 05, domaine.gabrielleangelique@gmail.com V r.-v.

DOM. HUBERT 2019 ★

■ | 3700 | | 8 à 11 €

En 2019, Maxime Hubert, après des pérégrinations œnologiques à travers le monde, a repris 2 ha de vignes en appellation châteaumeillant.

Rubis à reflets violets, la robe est de bonne intensité, de même que le nez, ouvert sur les fruits très mûrs à cuits (framboise, fraise). Fraîche en attaque, la bouche se développe progressivement pour finir sur des tanins

LOIRE

quelque peu sévères. De bonne tenue, on saura l'attendre. ⧗ 2022-2024

DOM. HUBERT, 32, rue Jeanne-d'Arc, 18500 Mehun-sur-Yèvre, tél. 06 77 23 52 37, mx.hbrt@gmail.com V t.l.j. 9h-17h; sam. dim. sur r.-v.

DOM. JOFFRE Nuance de gris 2019 ★★

■	800		5 à 8 €

Agriculteur, Jean-Luc Joffre s'est lancé en 2013 dans la viticulture, à 56 ans. En 2019, il a passé la conduite de son vignoble de poche (1,2 ha) à sa fille Agathe.

Cette cuvée confidentielle (le gel est sans doute malheureusement passé par là) provient d'un sol de sables gréseux et silex. La couleur rose saumonée est soutenue. Le nez présente une belle fraîcheur avec ses arômes d'agrumes (citron, pamplemousse) enrichis de nuances de fraise, de groseille et d'épices. Précise et fraîche en attaque, la bouche évolue ensuite vers des sensations plus douces de mangue et d'abricot. Un nez prometteur, une bouche gourmande : voilà un grand séducteur. ⧗ 2020-2021

DOM. JOFFRE, Montvril, 36130 Diors, tél. 06 10 66 16 95, contact@domaine-joffre.com V r.-v.

DOM. DES MAZIS La Belle Anglaise 2018 ★

■	2000		8 à 11 €

Isabelle et Alexandre des Mazis ont acquis en 2016 quelques arpents de vigne à Châteaumeillant sur lesquels ils produisent des vins rouges et rosés.

L'apparence noire et opaque de ce vin annonce la concentration. Le bouquet dévoile de beaux arômes suaves (liqueur de cassis, confiture de mûre, cacao), rehaussés de notes florales (violette) et épicées (poivre noir). La rondeur et le gras de l'attaque font place à des tanins serrés, nobles mais austères, que le temps saura dompter. À garder absolument. ⧗ 2022-2025

DOM. DES MAZIS, 3, pl. Tony-de-Graaf, 92190 Meudon, tél. 05 98 50 92 19, domaine.desmazis@gmail.com r.-v. *Alexandre desMazis*

DOM. NAIRAUD-SUBERVILLE Reflet des sept fonts 2019 ★

■	6000		8 à 11 €

Après plusieurs années passées à l'INAO, Daniel Nairaud jette son dévolu sur les terres argilo-sableuses de Châteaumeillant et acquiert en 2011 un vignoble de près de 8 ha. Il s'est très rapidement imposé comme une valeur sûre de l'appellation et exploite aujourd'hui un domaine de 27 ha, le plus vaste de l'appellation. Il dirige aussi la maison de négoce Bituriges Vins créée en 2013.

Ce rosé pâle aux reflets cuivrés se montre fermé au premier abord, puis livre à l'aération de belles notes de groseille et de framboise. De la fraîcheur de l'attaque jusqu'à la vivacité finale, la bouche est tonique, parcourue de notes discrètes de mandarine, de cerise et de bonbon anglais. ⧗ 2020-2021

DOM. NAIRAUD-SUBERVILLE, rte de Culan, 18370 Châteaumeillant, tél. 02 48 61 33 55, sceanairaudsuberville@gmail.com V t.l.j. 9h30-12h30 14h-18h

JACQUES ROUZÉ Grappes 2019 ★

■	6000		5 à 8 €

Figurant parmi les plus anciens vignerons de l'appellation quincy, et aussi parmi les plus réguliers, Jacques Rouzé a étendu son exploitation (23 ha) sur Reuilly et Châteaumeillant. Son fils Côme a repris le domaine en 2017.

D'apparence foncée, ce 2019 est nuancé de rubis et de violet. Le nez exprime d'abord une touche animale, puis des arômes de fruits mûrs presque confiturés (framboise) prennent le dessus. La souplesse de la bouche traduit la qualité des tanins et la maîtrise de l'extraction. Une agréable note de violette conclut la dégustation. ⧗ 2020-2023

DOM. JACQUES ROUZÉ, 2 ter, chem. des Vignes, 18120 Quincy, tél. 02 48 51 35 61, domainerouze@gmail.com V r.-v.

DOM. SIRET-COURTAUD 2019 ★

■	12000		8 à 11 €

Fils de Jacques Siret, producteur de céréales jusqu'en 1995 avant de passer à la vigne, Vincent Siret-Courtaud, ingénieur agronome et œnologue, fait ses classes à Gaillac avant de s'installer en 2006 en appellation quincy, complétés par 3 ha de châteaumeillant en 2010. En 2015, après le départ à la retraite de son père, il reprend avec son frère Clément le Dom. du Grand Rosières (7 ha en quincy).

La teinte est d'un grenat profond à reflets carminés. L'olfaction s'ouvre sur une belle série aromatique : cerise griotte, framboise, pointe épicée. Les tanins, encore assez vifs, confèrent une structure ample et ferme à ce vin proposant une agréable rétro-olfaction fruitée. ⧗ 2021-2024

DOM. SIRET-COURTAUD, Le Grand-Rosières, 18400 Lunery, tél. 06 63 51 71 18, contact@domaines-siret.fr V r.-v.

DOM. DE VIGNÉRIAS 2018 ★★

■	1375	8 à 11 €

Éleveur de bovins et céréaliculteur en Berry pendant 33 ans, Robert Chaze de Vignérias a réalisé son rêve à 58 ans : créer en châteaumeillant un petit vignoble (67 ares) qu'il bichonne en famille.

Pourpre violine nuancée de grenat, la couleur est sombre et intense. Des senteurs de fruits noirs (mûre, myrtille, cassis) dominent le nez, enrichies d'une touche de café. Dotée d'un gras généreux et de tanins denses et bien proportionnés, la bouche se montre charnue et harmonieuse. Le retour sur les fruits confiturés est d'une persistance remarquable. ⧗ 2021-2024

DOM. DE VIGNÉRIAS, Rouilly, 36300 Le Blanc, tél. 06 76 44 45 66, robert.chaze@orange.fr V r.-v.

COTEAUX-DU-GIENNOIS

Superficie : 194 ha
Production : 5 928 hl (48 % rouge et rosé)

Sur les coteaux de Loire réputés depuis longtemps, la viticulture a progressé, tant dans la Nièvre que dans le Loiret, attestant la bonne santé du vignoble. Les coteaux-du-giennois ont accédé à l'AOC en 1998. Plantés sur des sols siliceux ou calcaires, les cépages traditionnels, gamay, pinot noir et sauvignon, donnent des vins dans les trois couleurs. Les blancs, issus de sauvignon, sont légers et fruités. Tout aussi fruités, les rouges et les rosés assemblent le gamay et le pinot noir. Souples et peu tanniques, les premiers peuvent être servis jusqu'à cinq ans d'âge.

DOM. CHAUVEAU Silex 2019 ★

9000 | 5 à 8 €

Benoît Chauveau reprend en 1995 une partie du vignoble de ses parents. Deux ans plus tard, il construit sa première cave (une nouvelle est sortie de terre en 2012), complète son exploitation avec des vignes de ses grands-parents pour disposer aujourd'hui d'un domaine de 17 ha en coteaux-du-giennois et en pouilly-fumé, très régulier en qualité.

Après des notes de mangue, le nez joue dans un registre de fraîcheur (fruits blancs, agrumes, touches épicées). La bouche, tout en restant légère, confirme et amplifie ces bonnes impressions aromatiques (pamplemousse, poire). Fort élégant. ⧗ 2020-2023

DOM. CHAUVEAU, 11, rue du Coin-Chardon, Les Cassiers, 58150 Saint-Andelain, tél. 03 86 39 15 42, domainechauveau@gmail.com V *t.l.j. 9h-12h 14h-18h; sam. dim. sur r.-v.*

L'ÉPINEAU Forcément 2019 ★

10 000 | 5 à 8 €

Emmanuel Charrier, installé en 2004 avec quelques parcelles de vieilles vignes, étend progressivement son vignoble (8,7 ha aujourd'hui) et sa renommée. Priorité pour lui à la vigne par le travail du sol, par l'utilisation d'engrais naturels et organiques, et par des subterfuges naturels pour lutter contre les prédateurs de la plante.

Cette cuvée provient d'un sol d'argiles à silex. Elle cache de belles qualités derrière sa timidité : fraîcheur aux évocations d'agrumes, épices (poivre), touche cacaotée en arrière-plan. Précise tout autant que gourmande, la bouche offre du volume et un beau retour aromatique sur la pêche de vigne et le pamplemousse. ⧗ 2020-2023

DOM. DE L'ÉPINEAU, 7, allée des Sources, Paillot, 58150 Saint-Martin-sur-Nohain, tél. 03 86 22 57 15, contact@domaine-epineau.com V *t.l.j. 8h30-12h 13h30-18h30; dim. sur r.-v.*

DOM. DES GRANDES PERRIÈRES Mademoiselle Clothilde 2019 ★

27 000 | 5 à 8 €

Jérôme Gueneau a créé ce domaine en 1993, à partir d'un peu plus d'1 ha de vignes, et l'a étendu progressivement aux 19,5 ha actuels, dans les secteurs de Sury-en-Vaux, puis de Sainte-Gemme, de Chavignol et enfin dans l'aire des coteaux-du-giennois.

L'olfaction dessine une belle complexité autour de notes de brioche, de pierre à fusil, de genêt, de buis et de pêche. La bouche ronde et solaire se conclut avec fraîcheur par des notes de nectarine et de pamplemousse. ⧗ 2020-2023

DOM. DES GRANDES-PERRIÈRES, Les Grandes-Perrières, 18300 Sury-en-Vaux, tél. 02 48 79 39 31, gueneau.jerome@orange.fr V *r.-v.*

♥ DOM. POUPAT ET FILS Rivotte 2019 ★★

28 000 | 5 à 8 €

Établi à Briare, commune connue pour son canal et ses émaux, Philippe Poupat, épaulé par son fils Xavier, s'affirme comme l'une des valeurs sûres de l'appellation coteaux-du-giennois. Implanté sur une terrasse argilo-siliceuse dominant la Loire à Gien, le vignoble couvre environ 12 ha et la cave voûtée s'étire sur 40 m.

La qualité de cette cuvée Rivotte ne se dément pas d'un millésime à l'autre. Née d'un sol argilo-siliceux, elle montre sa richesse dès l'olfaction. Après quelques notes fermentaires fugaces, de charmeuses senteurs fruitées (pêche de vigne, abricot, mangue, agrumes) l'emportent. Ample, riche et généreuse, la bouche prolonge avec persistance toutes ces belles sensations. ⧗ 2020-2024

DOM. POUPAT ET FILS, Rivotte, 45250 Briare-le-Canal, tél. 02 38 31 39 76, domainepoupat@hotmail.fr V *t.l.j. 14h-18h; sam. 9h-12h 14h-19h; dim. sur r.-v.*

♥ QUINTIN FRÈRES (Dom. de Villegeai) Terre des violettes 2018 ★★

8500 | 5 à 8 €

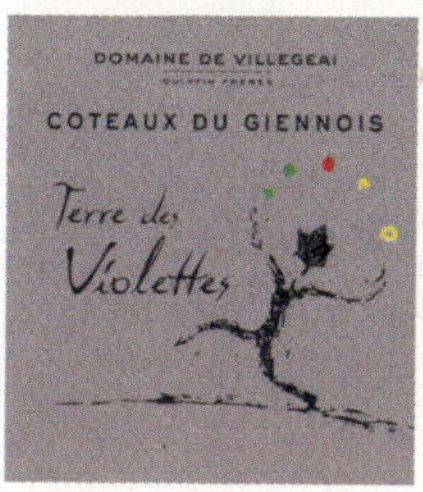

Le Dom. Quintin Frères a été créé en 1991 par François et Michel Quintin sur d'anciennes terres à vignes abandonnées après le phylloxéra. Aujourd'hui, les deux frères exploitent près de 10 ha et accueillent leurs clients dans une cave voûtée du XIXᵉs. Une valeur sûre du Guide en coteaux-du-giennois.

D'un grenat profond nuancé de violine, la robe suggère une impression d'opulence. Par ses senteurs suaves et délicates de groseille et de cerise, le nez est dans la même tonalité. La bouche apparaît ample, soyeuse et charnue, sans toutefois manquer de fermeté, et propose une étonnante fraîcheur. La finale relance les arômes fruités, relevés de poivre. Harmonie, finesse, persistance, tout est beau et facile dans ce vin. ⧗ 2020-2024 ■ **Rive droite 2019 ★ (5 à 8 €; 30 000 b.)** Discret mais agréable, le nez dégage des arômes d'agrumes confits (citron) et d'épices. Le bon équilibre entre rondeur et fraîcheur donne du croquant au palais. ⧗ 2020-2021 ■ **Frénésie 2019 ★ (5 à 8 €;**

LOIRE

4000 b.) Un rosé pâle, couleur coquille d'œuf à reflets saumonés, qui dévoile des notes timides mais agréables d'agrumes et de groseille. Sa rectitude et sa fraîcheur font bonne impression, de même que la finale sur le fruit (mousse de fraise, pêche). ⧗ 2020-2021

SCEA QUINTIN FRÈRES, 16, rte de Villegeai, 58200 Cosne-Cours-sur-Loire, tél. 03 86 28 31 77, quintin.francois@wanadoo.fr t.l.j. 8h30-12h 13h30-16h30; sam. dim. sur r.-v.

DOM. LUCIEN RAIMBAULT Les Pointes 2019 ★

	10000		8 à 11 €

Héritier de 13 générations de vignerons, Lucien Raimbault a créé son propre domaine en 2017 sur les appellations menetou-salon, coteaux-du-giennois et pouilly-fumé. Passionné de montgolfière, il propose le survol en ballon des vignobles.

Quelques notes de fruits secs et de fumé ouvrent l'olfaction avant de s'effacer devant un fruité discret mais agréable. La bouche, marquée par la chaleur du millésime et la jeunesse du vignoble, propose un profil généreux et de fines touches épicées. ⧗ 2020-2022

DOM. LUCIEN RAIMBAULT, 7, rte de Sancerre, 18300 Sury-en-Vaux, tél. 02 48 79 33 04, domainelucienraimbault@gmail.com r.-v.

FLORIAN ROBLIN Champ Gibault 2018 ★

	6000		11 à 15 €

L'une des étoiles montantes de l'appellation coteaux-du-giennois. Florian Roblin, fils d'éleveur de Beaulieu-sur-Loire, s'est lancé dans la vigne en 2008 à partir d'une petite parcelle d'un seul tenant, les Champ Gibault, cultivée autrefois par son grand-père. Quelques plantations plus tard, il exploite aujourd'hui une petite surface de 3 ha, en cours de conversion bio.

Déjà sélectionné à plusieurs reprises, ce Champ Gibault revient en 2018 avec la richesse de son fruité intense (cassis, cerise noire). Une extraction modérée et un élevage en fût bien mené lui confèrent plénitude et soyeux. Sur la réserve aujourd'hui, il est taillé pour la garde. ⧗ 2022-2025 **Champt Gibault 2018 ★ (8 à 11 €; 14000 b.)** Le terroir d'argiles à silex donne ici des senteurs florales (acacia) et fruitées (clémentine) d'une belle finesse. Souple et ample, la bouche se conclut dans la douceur. ⧗ 2020-2022 **Coulée des moulins 2018 ★ (11 à 15 €; 2000 b.)** Les marnes argilo-calcaires et un élevage d'un an en fût ont façonné un vin au nez fruité (orange confite, pâte de coing) et au palais très gras, allégé par de petites touches acidulées et épicées. ⧗ 2020-2023

FLORIAN ROBLIN, 11, rue des Saints-Martin, Maimbray, 45630 Beaulieu-sur-Loire, tél. 06 61 35 96 69, domaine.roblin.florian@orange.fr r.-v.

DOM. DE VILLARGEAU Sans complexe 2018 ★★

	12000		11 à 15 €

Depuis qu'ils ont commencé à défricher un plateau aux sols d'argiles à silex en 1991 pour y planter de la vigne, les frères Jean-Fernand et François Thibault – auxquels sont venus se joindre les fils Marc et Yves – ont fait la renommée du Dom. de Villargeau (23 ha), valeur sûre de l'appellation coteaux-du-giennois. La conversion bio est engagée.

Ce vin distille quelques notes variétales fugaces avant de s'ouvrir sur un joli bouquet au profil solaire : fruits très mûrs, orange confite, pâte de coing, clou de girofle. Souple en attaque, la bouche présente beaucoup de volume et d'expression autour des agrumes (orange, clémentine), avant d'offrir un regain de tension en finale. ⧗ 2020-2023 **Fernand et Sons 2018 ★ (11 à 15 €; 12600 b.)** Des arômes d'agrumes s'imposent au premier nez, puis arrivent des nuances florales (tilleul, acacia). Rond, d'un bon volume, le palais déroule une agréable fraîcheur mentholée en finale. ⧗ 2020-2022

DOM. DE VILLARGEAU, 1, allée des Noyers, Villargeau, 58200 Pougny, tél. 06 62 29 69 30, marc@domaine-villargeau.fr t.l.j. sf dim. 13h30-17h; sam. sur r.-v.

CÔTES-D'AUVERGNE

Superficie : 258 ha
Production : 10 549 hl (90 % rouge et rosé)

Très vaste jusqu'à la crise phylloxérique, le vignoble des côtes-d'auvergne a accédé à l'AOVDQS en 1977, puis à l'AOC en 2011. Qu'ils soient issus de vignobles des puys, en Limagne, ou de vignobles des monts (dômes), en bordure orientale du Massif central, les vins d'Auvergne rouges et rosés proviennent du gamay, cultivé ici de longue date, ainsi que du pinot noir. Le chardonnay produit quelques blancs. Dans les crus Boudes, Chanturgue, Châteaugay, Corent et Madargues, les vins peuvent prendre une ampleur et un caractère surprenants.

JACQUES ET XAVIER ABONNAT
Boudes La Gardonne 2019 ★★

	6000		5 à 8 €

Jacques Abonnat s'est installé en 1992 à Chalus, village pittoresque veillé par un château fort dominant la vallée de l'Allier. Couvrant 6,5 ha, le vignoble est conduit depuis 2007 par Xavier, fils de Jacques, qui souhaite l'orienter vers un mode de culture plus écologique.

Le mariage des fruits et des fleurs est annoncé dès le premier nez de ce vin subtil et friand, qui joue sur le charme immédiat. ⧗ 2020-2023

CAVE ABONNAT, pl. de la Fontaine, 63340 Chalus, tél. 06 60 21 57 72, cave.abonnat@gmail.com r.-v.

LES AMANDIERS Chateaugay 2019 ★

	10000		8 à 11 €

Domaine situé à quelque 500 m du château de Châteaugay construit au XIVe s. et coiffé d'une tour crénelée. L'exploitation créée en 1989 par Pierre Goigoux, sur 2,9 ha, compte aujourd'hui 18 ha de vignes.

La délicatesse est un avantage dans ce Chateaugay de belle couleur. Le fruit se présente par petites touches, puis se glisse dans une matière équilibrée, soutenu par des tanins au grain fin. ⧗ 2020-2023 **Pierre Goigoux La Frondeuse 2018 ★ (11 à 15 €; 3000 b.)** Un 2018 qui ne joue absolument pas les frondeurs, malgré son nom. Au contraire, il possède tout ce qui est attendu du chardonnay en Auvergne : des arômes de fleurs blanches et de fruits exotiques, nuancés de l'empreinte des 12 mois d'élevage sous bois. Rond, il bénéficie d'une juste fraîcheur qui lui assure l'équilibre. ⧗ 2020-2022

SCEA PIERRE GOIGOUX, Dom. de la Croix-Arpin, 63119 Châteaugay, tél. 04 73 25 00 08, gaec.pierre.goigoux@63.sideral.fr V r.-v.

YVAN BERNARD Boudes 2019 ★★

■	3500		8 à 11 €

Montpeyroux, commune classée parmi les «plus beaux villages de France», a été bâtie sur une butte d'arkose qui surplombe la vallée de l'Allier. C'est ici qu'Yvan Bernard, installé en 2002, conduit en bio son domaine de 8 ha.

Des vignes de gamay de 60 ans sont à l'origine de ce Boudes d'un grenat profond qui livre sans ambages ses senteurs de fruits et d'épices. Une même intensité aromatique est perceptible dans la matière ample et persistante. ⧗ 2020-2022

YVAN BERNARD, 5, montée de la Quye, 63114 Montpeyroux, tél. 06 84 11 49 88, bernard_corent@hotmail.com V r.-v.

DOM. CHARMENSAT Initiales BB 2019 ★★

■	1000		8 à 11 €

Installée dans la vallée des Saints, appelée aussi le «Colorado auvergnat», cette exploitation a vu se succéder 5 générations depuis sa création en 1850. Les vignes couvrent 9 ha et sont exposées plein sud; certaines, centenaires, sont cultivées en terrasses. Un domaine très régulier en qualité, dans les 3 couleurs des côtes-d'auvergne.

Voici un 2019 bien pourvu en fruité mûr et en rondeur. Il ne faut pas se fier à sa teinte pâle, car il est bien chaleureux au nez comme en bouche et laisse un long souvenir. ⧗ 2020-2022 ■ **Boudes Terres d'ocres 2019 ★ (5 à 8 €; 10600 b.)** Du caractère dans ce 2019 de teinte soutenue, tout en arômes de fruits rouges. On aime la fine trame tannique en soutien d'une matière équilibrée, et cette petite astringence finale qui nous rappelle que le temps est un allié pour les vins bien faits. ⧗ 2020-2023 ■ **Bout de rose 2019 ★ (5 à 8 €; 1800 b.)** Mûre, cassis et même bonbon apparaissent à l'aération dans ce vin tout en légèreté, qui révèle un juste équilibre entre un côté acidulé et une légère douceur. ⧗ 2020-2021

DOM. CHARMENSAT, rue du Coufin, 63340 Boudes, tél. 04 73 96 58 04, sam.gatinois@live.com V r.-v.

DESPRAT SAINT-VERNY Boudes 2019 ★

■	1300		5 à 8 €

Pierre Desprat représente la 4e génération de négociants à la tête de cette maison auvergnate fondée en 1885. Jean, son grand-père, découvrit qu'enfouir le vin dans les hêtraies d'altitude contribuait à sa bonification. Le domaine couvre 180 ha.

Un Boudes de caractère, grenat profond, qui livre d'emblée ses arômes de fruits rouges et d'épices. Il a de la mâche, indubitablement. Franc dès l'attaque, il emplit le palais de sa matière ample et structurée. Les tanins ne demandent qu'à se fondre. Bon pour la garde. ⧗ 2021-2024 ■ **Terre et Laves 2018 ★ (5 à 8 €; 400000 b.)** Un 2018 qui pinote bien : les notes de griotte se dévoilent volontiers, en accompagnement d'une matière équilibrée et joliment structurée par des tanins soyeux. ⧗ 2020-2023

DESPRAT SAINT-VERNY, 2, rte d'Issoire, 63960 Veyre-Monton, tél. 04 73 69 60 11, elinor@despratsaintverny.vin V r.-v.

DOM. DE LACHAUX 1968 2018 ★

■	7500		5 à 8 €

Installé en 1998, Thierry Sciortino a été rejoint par son épouse Yolande en 2013. Le couple conduit un domaine de 6 ha. C'est dans une belle bâtisse en pierre d'arkose avec une jolie vue sur le massif du Sancy que ces vignerons ont installé leur chai. L'une des bonnes références de l'Auvergne viticole.

Un beau rouge carmin brillant crée l'envie d'en savoir davantage sur ce vin qui célèbre le 50e anniversaire de Yolande. Un cadeau gourmand! Aux arômes de petits fruits mûrs répond une bouche ronde et ample, aux tanins fins. Il serait dommage d'attendre plus longtemps pour en profiter. ⧗ 2020-2022

DOM. DE LACHAUX, 1, chem. du Domaine-Lachaux, 63270 Vic-le-Comte, tél. 06 64 18 48 84, domainedelachaux63@gmail.com V r.-v.

BENOÎT MONTEL Chateaugay Vieilles Vignes 2018 ★

■	4000		15 à 20 €

Outre son domaine, Benoît Montel, valeur sûre en côtes-d'auvergne, a créé une activité de négoce pour compléter sa gamme.

Un disque violine se dessine autour de la robe grenat brillant. Un premier contact favorable que ne dément pas le nez ouvert de fruits rouges et noirs (cerise, cassis) et de fleurs. L'élevage de 9 mois sous bois a laissé une plus grande empreinte en bouche, mais l'équilibre se réalise grâce à une matière suffisamment ronde. ⧗ 2020-2024

BENOÎT MONTEL, 6, rue Henri-et-Gilberte-Goudier, 63200 Riom, tél. 06 32 00 81 05, benoit-montel@orange.fr V r.-v.

MARC PRADIER Corent 2019 ★★

■	2300		5 à 8 €

Après avoir travaillé 15 ans avec son frère, Marc Pradier a repris en 2005 l'exploitation créée en 1945 par son père Jean. Aujourd'hui, il conduit seul ce domaine de 5 ha. En conversion bio depuis 2016.

Une belle personnalité que ce rosé intensément coloré, qui laisse poindre des notes de fruits rouges et d'agrumes comme pour titiller la curiosité. En attaque, de la rondeur, en milieu de bouche, du volume et en finale, toute la fraîcheur souhaitée. ⧗ 2020-2021

MARC PRADIER, 9, rue Saint-Jean-Baptiste, 63730 Les Martres-de-Veyre, tél. 04 73 39 86 41, pradiermarc@orange.fr V r.-v.

♥ DOM. SAUVAT Anthéus 2018 ★★

	3000		8 à 11 €

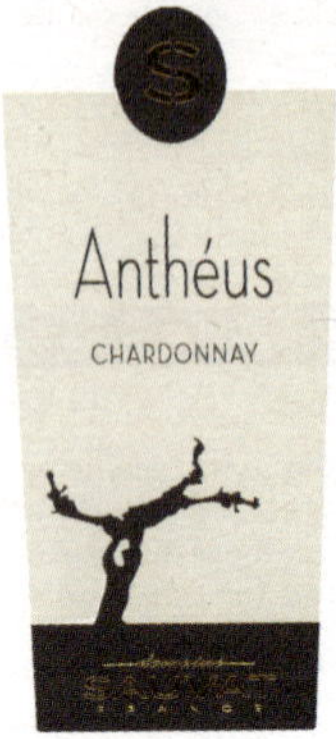

Claude Sauvat a créé ce domaine petit à petit, à partir de 1977, dans la vallée des Saints. Sa fille Annie a repris le flambeau en 1987, accompagnée à la vinification de Michel Blot, son mari. Le couple est aujourd'hui à la tête d'un vignoble de 10 ha et signe des côtes-d'auvergne souvent en vue dans ces pages.

Des reflets or attirent le regard vers ce vin aux élégantes notes de vanille et de grillé. Le fruit n'est pas absent, loin de là : mûr, il accompagne le développement d'une matière persistante, non dénuée de fraîcheur. ⧗ 2020-2023

DOM. SAUVAT, rte de Dauzat, 63340 Boudes, tél. 04 73 96 41 42, sauvat63@wanadoo.fr V *t.l.j. sf dim. 9h-12h 14h-19h*

LA TOUR DE PIERRE Les Lauriers de 16 ares 2018 ★

	800		11 à 15 €

Après 10 ans d'expérience dans le Languedoc et en Provence, Pierre Deshors, ingénieur agronome et œnologue, revient en 2007 dans sa région d'origine pour reprendre cette exploitation de 7,5 ha, dont l'emblème est l'ancien château surmonté d'un campanile du village vigneron du Crest.

Tout en discrétion au nez, cette cuvée n'en est pas moins intéressante, car elle offre beaucoup de matière et de gras au palais. Le fruité se révèle alors et persiste durablement. ⧗ 2020-2023

LA TOUR DE PIERRE, 10, rue Néraud, 63450 Le Crest, tél. 06 32 86 23 67, pdeshors@yahoo.fr V *r.-v.*

♥ ISABELLE ET MICHEL TOURLONIAS Chateaugay 2018 ★★

	1152		8 à 11 €

Isabelle Tourlonias a repris l'exploitation de son beau-père en 2003. Aidée de son mari Michel et de son fils Thibault, elle exploite 4 ha sur les coteaux de Châteaugay, dominés par la forteresse au donjon crénelé, emblème de ce village, un des crus auvergnats.

D'un abord discret dans sa robe claire et dans ses premiers arômes de fruits noirs, ce vin gagne à être exploré dans ses moindres détails. Car lorsque l'on s'y attarde, les heureuses découvertes ne manquent pas : des notes florales et des nuances de torréfaction, puis un second nez chaleureux, ouvert sur les fruits rouges. D'attaque fraîche, la bouche laisse une impression gouleyante et gourmande, toute en fruits. ⧗ 2020-2023

ISABELLE TOURLONIAS, 27, rue Antoine-Lannes, 63119 Châteaugay, tél. 06 83 16 25 28, cave.tourlonias@wanadoo.fr V *r.-v.*

CÔTE-ROANNAISE

Superficie : 220 ha / Production : 10 000 hl

Des sols d'origine éruptive; des vignes faisant face à l'est, au sud et au sud-ouest, sur les pentes d'une vallée creusée par une Loire encore adolescente : voilà un milieu naturel qui appelle le gamay. Quatorze communes situées sur la rive gauche du fleuve produisent d'excellents rouges et de frais rosés, plus rares. Des vins originaux et de caractère qui intéressent les chefs les plus prestigieux de la région.

♥ ALAIN BAILLON Montplaisir 2019 ★★

	3000		8 à 11 €

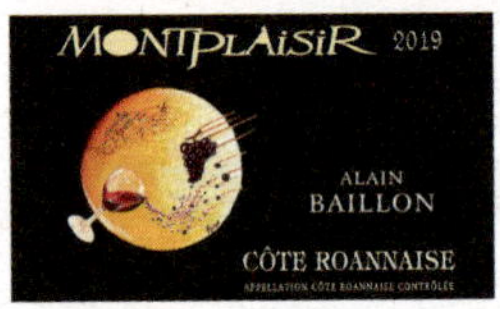

Autodidacte et ouvrier agricole pendant 10 ans dans le Beaujolais, Alain Baillon a loué ses premières vignes en 1989, sur le coteau de Montplaisir, à Ambierle, cité historique dont l'abbaye bénédictine fut dédiée à saint Martin. Aujourd'hui, il exploite 7 ha de vignes et s'est affirmé comme l'une des valeurs sûres des côte-roannaise.

Ce gamay à la robe très intense, couleur cerise noire, propose un nez aussi soutenu que fin de fruits rouges et noirs. La bouche, dans le même registre aromatique, affiche un équilibre impeccable, beaucoup de volume, des tanins bien présents et une bonne acidité qui lui confère une très appréciable longueur. Un vin qui peut encore vieillir. ⧗ 2023-2025

ALAIN BAILLON, 669, rte de Montplaisir, 42820 Ambierle, tél. 04 77 65 65 51, alain.baillon.42@free.fr V *r.-v.*

DOM. DÉSORMIÈRE Les Têtes 2019 ★

	9000		5 à 8 €

Ce domaine familial a été créé en 1974 par Michel Désormière, qui a commercialisé les premières bouteilles. Ses fils Éric et Thierry, aux commandes respectivement depuis 1996 et 2004, ont développé la production et disposent aujourd'hui de 16,5 ha de vignes, qu'ils exploitent de façon très raisonnée.

Ce vin, issu de vieilles vignes, présente un nez ouvert de fruits noirs et de cerise fraîche. En bouche, ce sont la longueur, la délicate sucrosité et les tanins fondus qui emportent l'adhésion. Un 2019 gourmand, intense et rond. ⧗ 2021-2025

DOM. DÉSORMIÈRE, Le Perron, 42370 Renaison, tél. 04 77 64 48 55, domaine.desormiere@orange.fr V *t.l.j. sf dim. 9h30-12h 14h-19h*

VINCENT GIRAUDON Quercus ★★

■	1800		11 à 15 €

Après des études de viticulture, d'œnologie et de commerce du vin, Vincent Giraudon s'installe en 2004 sur 0,5 ha de vignes en location. Aujourd'hui, son vignoble, dont une partie est plantée en aligoté depuis 2009, couvre 4 ha, en conversion biologique.

D'une couleur rubis intense, cette cuvée exhale, aux côtés de notes de tabac et d'épices, de jolis arômes de fruits rouges confiturés. Ceux-ci se prolongent, non sans une certaine exubérance, dans une bouche ample et longue, dans laquelle les tanins répondent aussi présents. Un vin atypique pour l'appellation mais qui vaut largement le détour. ⧗ 2022-2025 ■ **Éponyme 2018 ★ (8 à 11 €; 4200 b.)** Une belle cuvée diffusant des arômes de fruits rouges mariés à une pointe d'épices. Arômes prolongés par une bouche solide, bâtie sur des tanins fermes, encore un tantinet sévères en finale. ⧗ 2022-2025

VINCENT GIRAUDON,
15, rue Robert-Barathon, 42370 Renaison,
tél. 06 84 38 40 02, vincentgiraudon@free.fr
V r.-v.

FRANÇOIS LASSEIGNE
Malème Cuvée Noah 2018 ★

■	960		5 à 8 €

Ce lopin de vieilles vignes situées à Malème sur un coteau apchonnais plein sud, depuis 1877, est cultivé avec passion par la famille Lasseigne, à la main, car il n'est pas mécanisable.

Sous sa robe d'un grenat profond, cette cuvée issue de vignes de plus de 100 ans offre un nez ouvert sur les fruits rouges et noirs. Restant sur ces arômes, la bouche, tannique, puissante, dense, déploie une finale épicée et encore un peu stricte. À attendre un peu. ⧗ 2023-2025

FRANÇOIS LASSEIGNE,
221, rue Louis-Joubert, 42640 Saint-Romain-la-Motte,
tél. 04 77 64 54 72, vinmaleme42@aol.com
V r.-v.

LE RETOUR AUX SOURCES
Louis Robin 2018 ★

■	4500		5 à 8 €

Edgar Pluchot travaille avec son frère Marc sur le domaine hérité de leurs grands-parents, Louis et Suzanne Robin, d'où le nom donné à leur exploitation : Le Retour aux sources. Un retour mais aussi un nouveau virage puisque les aïeux n'étaient pas vignerons et que les 2 frères ont tout créé pour vinifier le fruit de leurs 7,6 ha, cultivés en bio mais sans certification.

Ce rosé, à la robe limpide et très claire, exhale un bouquet discret dominé par les petits fruits rouges. Marquante par son équilibre, la bouche évolue sur des notes d'agrumes qui persistent jusqu'en finale. De la longueur donc, mais aussi du gras pour cette harmonieuse cuvée. ⧗ 2020-2021

LE RETOUR AUX SOURCES,
640, rte de Roanne, 42370 Saint-Alban-les-Eaux,
tél. 06 74 50 51 24, leretourauxsources.pluchot@orange.fr V t.l.j. sf dim. 9h30-17h30

B DOM. DE LA ROCHETTE Bératard 2019 ★

■	5000		5 à 8 €

Dans cette famille, on est viticulteur de père en fils depuis 1630. Acquis en 1939, le domaine s'étend aujourd'hui sur 15 ha – du gamay pour le côte-roannaise et une parcelle de chardonnay qui produit de l'IGP pays d'Urfé. Il est conduit depuis 1979 par Pascal Néron, rejoint en 1991 par son frère Olivier, en 2013 par son neveu Antoine et en 2020 par Alexis (le fils d'Olivier) qui se forme pour travailler en biodynamie. Les vins sont en bio certifié depuis le millésime 2016.

Une couleur intense typique du gamay, un agréable nez ouvert sur les fruits rouges, une bouche souple et ample, fruitée à souhait, voilà qui fait de ce 2019 un vin harmonieux et bien typé. ⧗ 2020-2023

DOM. DE LA ROCHETTE, 2311, chem. de la Rochette, 42155 Villemontais, tél. 04 77 63 10 62, antoine.neron@orange.fr V t.l.j. sf dim. 8h-12h 14h-18h

♥ B DOM. SÉROL Oudan 2018 ★★★

■	16000		15 à 20 €

Incarnant avec talent la renaissance du vignoble local, Stéphane Sérol a pris en 1998 la tête de ce domaine de 30 ha (en bio certifié et en biodynamie), dont les origines remontent à 1700 et que son père Robert a fait connaître dès 1971 en pratiquant la vente directe en bouteilles. Une valeur sûre des côte-roannaise.

Élevé 11 mois en foudres, ce vin d'un rouge profond propose un nez tout en finesse, relevé de notes grillées et vanillées, avant d'évoluer sur des arômes fruités. Arômes auxquels fait écho une bouche à la fois chaleureuse, ample, tannique et élégante, étirée dans une longue finale d'une fraîcheur que l'on perçoit souvent dans cette cuvée. Un modèle d'équilibre. ⧗ 2022-2025 ■ **Les Millerands 2019 ★ (15 à 20 €; 9300 b.)** B Le gamay Saint Romain donne ici un vin complexe, sur les fruits rouges et les épices, à la bouche gouleyante à souhait, fraîche, fruitée (cerise, groseille, mûre), bâtie sur des tanins souples et soyeux. ⧗ 2020-2024

DOM. SÉROL, 1, montée des Estinaudes, 42370 Renaison, tél. 04 77 64 44 04, contact@domaine-serol.com V t.l.j. sf dim. 9h-12h 14h-19h

PHILIPPE ET JEAN-MARIE VIAL
Bouthéran Les Grumes 2018 ★★

■	n.c.		8 à 11 €

Issus de familles de viticulteurs, les frères Philippe et Jean-Marie Vial président aux destinées du domaine depuis 1993. Le vignoble couvre aujourd'hui 9,5 ha en côte-roannaise, sur le coteau de Bouthéran. Des ceps de viognier et de chardonnay produisent aussi des blancs en IGP.

Une robe et un nez placés sous le signe de l'intensité pour ce gamay exhalant des arômes de fruits rouges. On retrouve ces parfums agrémentés de notes d'épices dans un palais plein et charpenté, qui montre une légère sévérité en finale. Ce 2018 n'en reste pas moins un vin harmonieux, qui laisse espérer une belle évolution en cave. 2023-2025

DOM. VIAL, 300, rte de Bel-Air, 42370 Saint-André-d'Apchon, tél. 04 77 65 81 04, contact@domaine-vial.com t.l.j. sf dim. 8h-12h 14h-18h30

CÔTES-DU-FOREZ

Superficie : 168 ha / Production : 7 433 hl

C'est à une somme d'efforts intelligents et tenaces que l'on doit le maintien de ce vignoble abrité par les monts du Forez, qui s'étend sur dix-sept communes autour de Boën-sur-Lignon (Loire). Le climat y est semi-continental, les terrains sont tertiaires au nord et primaires au sud. Rosés et rouges, secs et vifs, les vins proviennent exclusivement du gamay et sont à consommer jeunes. Ils ont été reconnus en AOC en 2000.

AGAMY Richesse du Forez 2019 ★

8000 | 5 à 8 €

Deux des plus grandes coopératives de la région, l'une dans l'extrême sud du Beaujolais (Bully) et l'autre plus au nord (Quincié), dans la zone des beaujolais-villages et des crus, se sont unies en 2010, constituant Signé Vignerons : une entité forte de quelque 1 700 ha de vignes, qui vinifie plus de 10% de la production de la région. Chaque cave continue néanmoins de vinifier séparément ses vins. Le négociant Louis Tête a rejoint le groupement en 2012. La structure de commercialisation, Agamy (anagramme de gamay), inclut même depuis 2015 les caves des Coteaux du Lyonnais et des Vignerons foréziens.

La discrétion et l'élégance : tel est le mot d'ordre de ce rosé de teinte pêche, aux subtiles senteurs florales. Plutôt rond, il flatte le palais. 2020-2021

SCA AGAMY, La Martinière, 69210 Bully, tél. 04 37 55 50 35, contact@agamy.fr r.-v.

CLOS DE CHOZIEUX Vieilles Vignes 2019 ★

5000 | 5 à 8 €

Héritiers de 3 générations de vignerons, Jean-Luc et Yves Gaumon ont pris la suite de leurs parents en 2001, sur 3 ha de vignes. Les 2 frères ont replanté, portant la surface de la propriété à 10 ha, en diversifiant les cépages. Un domaine régulier en qualité.

Récoltées sur un sol granitique, des vignes de gamay de 70 ans ont donné naissance à un vin rubis, aux arômes variétaux. La légèreté sied bien à ce côtes-du-forez plaisant et de bonne longueur sur une pointe d'amertume typique. 2020-2021

LE CLOS DE CHOZIEUX, Chozieux, 42130 Leigneux, tél. 04 77 24 38 54, clos.chozieux@wanadoo.fr t.l.j. sf dim. 8h30-12h 14h-18h

STÉPHANIE GUILLOT Céladon 2019 ★★

4000 | 5 à 8 €

Un domaine créé en 2005 par Stéphanie Guillot, à la tête aujourd'hui d'un vignoble de 8,5 ha.

Le nom de cette cuvée se réfère au personnage du roman d'Honoré d'Urfé : Céladon, berger forézien, est l'amoureux d'Astrée. Il y a bel et bien un air de romance dans ce vin intense au regard, qui livre son fruité épicé par petites touches avant de se déclarer tout à fait. Le palais franc, doté de la petite pointe d'astringence attendue, possède assez d'étoffe pour assurer une bonne évolution dans le temps. 2020-2024

STÉPHANIE GUILLOT, 785, RD 1089, 42130 Sainte-Agathe-la-Bouteresse, tél. 06 82 49 26 44, cave.stephanieguillot@orange.fr lun. ven. sam. 15h-18h

LES VINS DE LA MADONE Migmatite Gamay sur granit 2019 ★

3000 | 15 à 20 €

Gilles Bonnefoy a créé son domaine ex nihilo à partir de 1997 : plantations de vignes de 2001 à 2016, création de la cave en 2004. Aujourd'hui, un domaine de 10,5 ha conduit en biodynamie, établi en périphérie de 2 volcans : La Madone et Le Pigeonnier.

Le migmatite est une roche contenant une part importante de mica noir. Ce vin revendique aussi son origine variétale dans ses arômes fruités et épicés, comme dans sa matière suffisamment persistante sur une touche d'amertume bienvenue. 2020-2022

SCEA LES VINS DE LA MADONE (GILLES BONNEFOY), 1581, chem. de Jobert, 42600 Champdieu, tél. 04 77 97 07 33, gilles.bonnefoy8@wanadoo.fr r.-v.

♥ **DOM. DU POYET** Cuvée des Vieux Ceps 2019 ★★

5000 | 5 à 8 €

Jean-François Arnaud a repris l'exploitation familiale de 8 ha en 1995, après une formation en viticulture-œnologie. Il pratique un égrappage partiel de ses cuvées rouges afin d'allier le fruit aux tanins. Une valeur sûre du vignoble forézien

Des reflets violets animent la robe profonde de ce 2019 de belle maturité, issu d'un terroir granitique. Les arômes de fruits, nuancés de pointes florales, se libèrent avec finesse tant au nez qu'au palais. La matière suffisamment ample laisse une agréable sensation, avec cette touche d'amertume finale qui signe la typicité des côtes-du-forez. 2020-2023

DOM. DU POYET, 255, rte de Sainte-Anne, 42130 Marcilly-le-Châtel, tél. 06 71 41 36 46, domainedupoyet@sfr.fr t.l.j. sf dim. 8h-12h 14h-18h

STÉPHANE RÉAL Les Perrières 2019 ★★

4500 | 8 à 11 €

Stéphane Réal a trouvé tout jeune sa vocation de vigneron auprès de son grand-père et a créé son domaine en 1997. Avec son frère Laurent, il exploite 5 ha à Saint-Romain-le-Puy, Urfé et Saint-Georges-Haute-Ville. La

propriété fournit des côtes-du-forez et des vins en IGP Urfé.

Ce côtes-du-forez aux reflets violets intenses a bien des atouts : d'abord, sa palette fruitée qui s'impose tant au nez qu'en bouche; puis sa matière ample, complexe et persistante; enfin, des notes minérales propres à aiguiser la curiosité. «Aucun risque à le conseiller», conclut un dégustateur. ⧗ 2020-2023

CAVE RÉAL, Fontvial, 42560 Boisset-Saint-Priest, tél. 04 77 76 63 04, cavereal@sfr.fr V *r.-v.*

♥ B CAVE VERDIER-LOGEL Poycelan 2018 ★★

■ | 4 000 | | 11 à 15 €

Ancien menuisier, Jacky Logel, Alsacien de naissance, s'est converti à la viticulture par amour du Forez, découvert en vacances dans la famille de son épouse Odile Verdier, diététicienne de métier. En 1992, le couple reprend le vignoble familial, situé au pied de l'ancienne forteresse Sainte-Anne, le convertit d'emblée au bio et introduit de nouveaux cépages (pinot gris, viognier, puis riesling, gewurztraminer et côt !). Il exploite aujourd'hui 17 ha, conduits depuis 2015 avec Maxime, un neveu.

Oh ! La belle couleur ! Intense, elle promet de séduisants arômes : du fruit, assurément... encore du fruit, tout en gourmandise. Au palais, cette palette demeure intacte et l'on perçoit une bonne matière soutenue par des tanins certes encore présents, mais de qualité. Quelques épices viennent ainsi se mêler au fruit dans une longue finale. ⧗ 2020-2023

CAVE VERDIER-LOGEL, 434, rue de la Côte, 42130 Marcilly-le-Châtel, tél. 04 77 97 41 95, cave.verdierlogel@orange.fr V *t.l.j. 9h-12h 14h-18h30*

MENETOU-SALON

Superficie : 473 ha
Production : 10 761 hl (60 % blanc)

Menetou-Salon doit son caractère viticole à la proximité de la métropole médiévale qu'était Bourges; Jacques Cœur y eut des vignes. À la différence de nombreuses régions jadis célèbres pour leurs crus, aujourd'hui disparus, ce secteur du Berry a gardé son vignoble, planté en coteaux. Menetou-Salon partage avec son prestigieux voisin Sancerre sols favorables et cépages nobles : sauvignon blanc et pinot noir sur kimméridgien. D'où ces blancs frais et épicés, ces rosés délicats et fruités, ces rouges harmonieux et bouquetés, à boire jeunes.

DOM. ALAIN ET VÉRONIQUE ASSADET L'Éclat 2019 ★

■ | 64 000 | | 8 à 11 €

Alain Assadat se lance dans la viticulture en 1988 avec son épouse Véronique, en reprenant le domaine familial constitué de diverses cultures et d'élevage, dont 24 ares de vignes petit à petit étendu : le vignoble couvre aujourd'hui 14 ha.

Le nez respire les fruits bien mûrs (abricot, pêche) relevés d'un trait de fleur d'oranger. Le palais apparaît chaleureux, gras et suave, modulé par une légère fraîcheur qui lui confère un bel équilibre. ⧗ 2020-2023 ■ **L'Attrait 2019 ★ (5 à 8 €; 22 800 b.)** Au nez, des notes de poivre, de mûre et de violette. La bouche, ronde et souple en attaque, monte progressivement en puissance, portée par des tanins solides, encore un peu austères en finale. Un bon vin de garde. ⧗ 2022-2025

DOM. ALAIN ASSADET, 29, Les Faucards, 18510 Menetou-Salon, tél. 02 48 64 86 39, domaine-assadet@orange.fr V *r.-v.*

DOM. DE BEAUREPAIRE 2018 ★

■ | 10 000 | | 5 à 8 €

Créée en 1987 par le père de Jean-François Gilbon, cette exploitation s'étend aujourd'hui sur 13 ha de vignes. Les clients sont accueillis dans une salle aménagée dans un ancien bâtiment de ferme, joliment restauré. Une bonne référence en menetou-salon.

Une belle intensité fruitée (cerise, groseille) et une touche poivrée composent un nez bien typé. La bouche est fraîche, souple, légère, dotée de tanins discrets, bien fondus. Le vin plaisir par excellence. ⧗ 2020-2023 ■ **Cuvée du Grand Argentier Élevé en fût de chêne 2018 ★ (8 à 11 €; 2 000 b.)** L'olfaction évoque d'abord les épices (poivre, clou de girofle), bientôt relayées par des arômes fruités (myrtille) et floraux (iris). D'élégants tanins soutiennent le palais, lui conférant une mâche agréable et un bon volume. Joli retour des épices en finale. ⧗ 2021-2025

DOM. DE BEAUREPAIRE, Beaurepaire, 18220 Soulangis, tél. 02 48 64 41 09, cave-gilbon@wanadoo.fr V *t.l.j. sf sam. dim. 9h-12h 14h-18h; f. mi-août*

♥ DOM. BELLEVILLE 2019 ★★★

■ | 15 000 | | 8 à 11 €

Alexandre et Fanny Belleville se sont installés en 2010, à la suite d'Alain Belleville, sur cette propriété de 6 ha.

Beaucoup de personnalité dans cette cuvée, d'emblée perceptible à travers des arômes minéraux (ardoise) et fruités (pulpe d'orange) intenses. La bouche est dans la droite ligne du nez : pure, élégante, très équilibrée, très fraîche, très longue, elle est elle aussi imprégnée de la minéralité des lieux. Un menetou qui respire le terroir. ⧗ 2020-2024 ■ **L'Egotte 2018 ★★★ (8 à 11 €; 7000 b.)** ♥

Cette étincelante cuvée parcellaire issue d'un terroir sablo-limoneux dévoile un bouquet intense et généreux de fruits rouges cuits (cerise, groseille) et de poivre blanc. En bouche, elle se révèle ample, souple et tendre, tapissée de tanins onctueux et finit en beauté sur une longue ligne fruitée et réglissée. ⧗ 2021-2025

BELLEVILLE, 2, rue de la Vieille-Grange, 18220 Aubinges, tél. 06 66 91 50 76, fanny.domainebelleville@gmail.com V r.-v.

CHAVET 2019 ★★

	60 000		8 à 11 €

Ingénieur agronome et œnologue, Antoine de la Farge est issu d'une longue lignée de vignerons installés à Menetou-Salon depuis le XVIe s. Après avoir parcouru la planète vin et dirigé les sélections du caviste Nicolas, il rejoint en 2013 le domaine familial de l'Ermitage, crée sa maison de négoce et reprend en 2019 le Dom. Chavet.

Des touches de pierre à fusil et de poivre, puis des parfums intenses de fruits rouges (framboise, fraise), des notes florales (violette, pivoine) et de tabac blond : ce 2019 séduit d'abord par sa complexité. Il charme aussi par sa bouche souple, ronde, ample, dotée d'une agréable fraîcheur et de tanins fondus qui se resserrent un peu en finale. ⧗ 2022-2025 **Antoine de la Farge 2019 ★ (8 à 11 €; 130 000 b.)** Une cuvée issue du négoce. À un nez complexe et élégant, fruité (poire, mirabelle, pomme verte) et iodé, succède une bouche souple et acidulée, qui déploie en finale une fine tension et un beau retour aromatique évoquant la tarte à la mirabelle.

DOM. CHAVET, 50, rte de Bourges, 18510 Menetou-Salon, tél. 02 48 64 80 87, contact@chavet-vins.com V t.l.j. sf dim. 9h-12h 14h-17h30 5

ISABELLE ET PIERRE CLÉMENT 2019 ★

	250 000		11 à 15 €

Depuis plus de 4 siècles, les Clément cultivent la vigne à Menetou-Salon. Sébastien fut le premier vigneron de la lignée. En digne successeur, Pierre travaille ses cuvées sur un domaine de 60 ha. Il est aidé de son épouse Isabelle, et sa fille Anne a rejoint l'aventure familiale en 2014. Une valeur sûre de Menetou-Salon.

Un joli vin chatoyant avec ses reflets dorés, qui exhale des parfums intenses de fruits exotiques (mangue, fruit de la Passion). Porté par une belle fraîcheur, le palais suit la même ligne aromatique et se termine agréablement sur de beaux amers qui renforcent son profil alerte. ⧗ 2020-2023

ISABELLE ET PIERRE CLÉMENT, 1, Dom. de Châtenoy, 18510 Menetou-Salon, tél. 02 48 66 68 70, info@clement-chatenoy.com V t.l.j. sf dim. 8h30-12h 13h30-17h30; sam. sur r.-v.

DOM. DE DIONET 2019 ★

	10 000		5 à 8 €

La famille Cherrier est installée depuis 1975 sur les terres de Menetou-Salon. Depuis 2009, c'est Nicolas qui est aux commandes du domaine familial et des ses 9 ha de vignes.

Une olfaction généreuse, sur les fruits confiturés (cassis, fraise, griotte), compose une approche séduisante. L'annonce d'une bouche consistante, bien enrobée, suave et ronde, soutenue par des tanins denses et bien structurants qui doivent encore se fondre. ⧗ 2022-2025

DOM. DE DIONET, Dionet, 18510 Menetou-Salon, tél. 02 48 64 81 22, cavecherriernicolas@orange.fr V t.l.j. sf dim. 9h-12h 14h-19h

OLIVIER FOUCHER 2018 ★

	50 000		5 à 8 €

Olivier Foucher crée son domaine en 1992 avec 50 ares de vignes. Il dispose aujourd'hui d'une exploitation de 12 ha implantée principalement sur les coteaux de la commune de Morogues.

Discret en première approche, le nez s'ouvre à l'aération sur des notes florales (acacia, sureau) et fruitées (agrumes, abricot, raisin frais). La bouche, à l'unisson du bouquet, se montre élégante, souple et fraîche, stimulée par une jolie touche iodée et acidulée en finale. ⧗ 2020-2023

DOM. OLIVIER FOUCHER, Les Gaultiers, 18220 Aubinges, tél. 02 48 64 26 23, domaine.olivierfoucher@orange.fr V t.l.j. sf dim. 8h-12h 13h30-18h30

DOM. FRAISEAU-LECLERC
Cuvée 3 Frères Élevé en fût de chêne 2018 ★★

	4 000		11 à 15 €

Installée à 500 m du château de Menetou-Salon, Viviane Fraiseau a développé l'œnotourisme sur sa propriété, qui abrite des chambres d'hôtes et un gîte installé dans une ancienne maison du XIXe s. Elle conduit un vignoble de 9 ha, un tiers en pinot noir, deux tiers en sauvignon. Son fils Pierre-Émile l'a rejointe en 2018 et s'occupe de la vinification et du commercial.

Rubis sombre à reflets grenat, la couleur est intense et profonde. L'olfaction, complexe et généreuse, associe les fruits mûrs presque confiturés (framboise, myrtille), les épices (vanille, poivre) et de fines nuances torréfiées (café, pain grillé). Ample, riche, dotée de tanins affirmés sans être envahissants, la bouche montre de la puissance tout en conservant de la fraîcheur. Une belle bouteille de garde. ⧗ 2023-2027

DOM. FRAISEAU-LECLERC, 3, rue du Chat, 18510 Menetou-Salon, tél. 02 48 64 88 27, cave.fraiseau.leclerc@orange.fr V sam. dim. 9h-12h 13h30-18h; lun.-ven. sur r.-v. 2 B

DOM. DU LORIOT 2019 ★★

	32 000		8 à 11 €

Le nom de la famille Cherrier est attaché au vignoble de Sancerre depuis 1848. Le Dom. de la Rossignole a été créé en 1927 par le grand-père Maurice, développé par son fils Pierre et depuis 1984 par la troisième génération, François et Jean-Marie, à la tête aujourd'hui de 15 ha de vignes. Ces derniers se sont implantés en 2010 dans l'appellation menetou-salon en reprenant les 10 ha du Dom. du Loriot.

Le nez associe d'intenses et élégantes senteurs fruitées (pêche et poire) à de fines nuances de cannelle. En harmonie, la bouche poursuit l'opération de séduction : bien texturée, soulignée par une belle fraîcheur, elle laisse sur une impression savoureuse de fruits blancs bien juteux. ⧗ 2020-2023

DOM. DU LORIOT, 26, rue de la Croix-Michaud, 18300 Verdigny, tél. 02 48 79 34 93, cherrierfreres@orange.fr V r.-v.

♥ DOM. DE LOYE 2019 ★★

12000 | 8 à 11 €

Établi à Loye depuis 1970, Jean-Bernard Moindrot a transmis le flambeau à son fils Valentin en 1999, aux commandes d'un vignoble de 15 ha créé par le grand-père, vigneron et… meunier.

La robe pourpre de ce superbe menetou scintille d'éclats rubis vifs et violines. L'olfaction offre un grand bol de fruits bien mûrs, de griotte et de cassis notamment. Un fruité qui s'impose également dans un palais ample, rond, gras et long, soutenu par des tanins soyeux, extraits avec mesure. Une gourmandise à savourer sur le fruit. ⧗ 2020-2023

DOM. DE LOYE, lieu-dit Loye, 18220 Morogues, tél. 02 48 64 35 17, domainedeloye@orange.fr V *t.l.j. 8h30-12h 14h-18h*

DOM. JEAN-PAUL PICARD 2019 ★

13500 | 8 à 11 €

Un domaine transmis de père en fils depuis 1750. Jean-Paul Picard a pris la tête de l'exploitation en 1976. Aujourd'hui, c'est son fils Mickaël qui conduit plus de 14 ha de vignes essentiellement plantées sur les coteaux de la commune de Bué (Sancerrois), ainsi qu'en appellation menetou-salon.

Une belle intensité se dégage du nez de ce 2019, ouvert sur des arômes frais d'agrumes et de groseille. On retrouve cette fraîcheur fruitée dans un palais ample et long. Un menetou-salon bien équilibré et primesautier. ⧗ 2020-2023

DOM. JEAN-PAUL PICARD ET FILS, 11, chem. de Marloup, 18300 Bué, tél. 02 48 54 16 13, jean-paul.picard18@wanadoo.fr V *t.l.j. 8h-12h 13h30-18h*

LE PRIEURÉ DE SAINT-CÉOLS 2019 ★

57600 | 8 à 11 €

Pierre Jacolin a créé ce vignoble de toutes pièces en 1986. Il l'a développé depuis, tant en surface qu'en notoriété (12 ha aujourd'hui). Le chai est installé dans les bâtiments d'un ancien prieuré bénédictin dépendant de l'abbaye de La Charité-sur-Loire.

Aérien et élégant, le nez associe de belles senteurs fruitées (pêche de vigne) et minérales (iode). Souple en attaque, la bouche est bâtie sur une jolie fraîcheur, particulièrement appréciée dans ce millésime solaire et renforcée par une finale acidulée, sur le pamplemousse. ⧗ 2020-2023

DOM. JACOLIN, Le Prieuré, 18220 Saint-Céols, tél. 02 48 64 40 75, domaine.jacolin@gmail.com V *t.l.j. 8h-19h; dim. sur r.-v.*

JEAN-MAX ROGER Morogues le Petit Clos 2018 ★

29000 | 11 à 15 €

Jean-Max Roger a repris en 1971 les 4 ha de vignes légués par ses parents. Rejoint en 2004 par deux de ses fils, Étienne et Thibault, il conduit désormais un domaine de 34 ha (28 ha en sancerre, 6 ha en menetou-salon).

L'olfaction est riche et élégante; on y perçoit des arômes de fleurs blanches, de poire, d'abricot et de litchi. La bouche associe harmonieusement fruité généreux, densité et vivacité, et déploie une belle finale minérale et végétale. ⧗ 2020-2023

SAS JEAN-MAX ROGER, 11, pl. du Carrou, 18300 Bué, tél. 02 48 54 32 20, contact@jean-max-roger.fr V *r.-v.*

Ⓑ DOM. JEAN TEILLER 2019 ★

3600 | 11 à 15 €

Deux générations contribuent au succès de ce domaine familial de 18 ha, chaque année en bonne place dans le Guide : Jean-Jacques et Monique Teiller, les parents, Patricia et Olivier Luneau, la fille et le gendre. Une valeur sûre.

Une jolie robe pâle et saumonée habille ce rosé expressif, ouvert sur les petits fruits rouges nuancés de romarin et d'épices douces. On retrouve le fruit agrémenté de touches florales dans une bouche bien équilibrée entre rondeur et fraîcheur, plus chaleureuse en finale. ⧗ 2020-2021

SCEA DOM. JEAN TEILLER, 13, rue de la Gare, 18510 Menetou-Salon, tél. 02 48 64 80 71, domaine-teiller@wanadoo.fr V *t.l.j. sf dim. 9h-12h 14h-18h*

LA TOUR SAINT-MARTIN Fumet 2018 ★

7000 | 15 à 20 €

Valeur sûre de l'appellation menetou-salon avec son Dom. la Tour Saint-Martin, Bertrand Minchin, aussi à l'aise en rouge qu'en blanc, est établi depuis 1987 à la tête de 17 ha de vignes sur les hauteurs de Morogues. En 2004, il s'est étendu sur l'appellation valençay avec les 15 ha du Claux Delorme, à Selles-sur-Cher, et s'y est rapidement imposé comme une belle référence.

Fumet est le nom de la parcelle à l'origine de ce vin ouvert sur des notes fruitées (ananas, poire, orange) et… fumées. La bouche apparaît ronde, volumineuse, de bonne longueur, avec en soutien une juste vivacité qui apporte l'équilibre. Un menetou-salon complet et généreux. ⧗ 2020-2024

LA TOUR SAINT-MARTIN, Saint-Martin, 18340 Crosses, tél. 02 48 25 02 95, cave@domaines-minchin.vin V *t.l.j. sf sam. dim. 8h30-12h30 13h30-17h*

▶ POUILLY-FUMÉ ET POUILLY-SUR-LOIRE

Œuvre de moines bénédictins, voilà l'heureux vignoble des vins blancs secs de Pouilly-sur-Loire. La Loire s'y heurte à un promontoire calcaire qui la rejette vers le nord-ouest et qui porte le vignoble exposé sud-sud-est, planté sur des sols moins calcaires qu'à Sancerre. Le sauvignon, ou « blanc fumé », y a presque entièrement supplanté le chasselas, pourtant historiquement lié à Pouilly. Ce dernier cépage produit, sous l'appellation pouilly-sur-loire, un vin léger non dénué de charme lorsqu'il est cultivé

sur sols siliceux. Le sauvignon, à l'origine de l'AOC pouilly-fumé, traduit bien les qualités enfouies en terre calcaire : une fraîcheur parfois assortie d'une certaine fermeté, une gamme d'arômes spécifiques du cépage, affinés par le terroir et les conditions de fermentation du moût. Ici, la vigne s'intègre harmonieusement aux paysages de Loire. Aux charmes des lieux-dits (les Cornets, les Loges, le calvaire de Saint-Andelain…) répond la qualité des vins.

POUILLY-FUMÉ

Superficie : 1 237 ha / Production : 60 263 hl

DOM. CÉDRICK BARDIN Les Bernadats 2019 ★

| 10 000 | 11 à 15 € |

Fils et petit-fils de vignerons, Cédrick Bardin a acheté ses premières vignes (15 ares) en 1989 à l'âge de 18 ans. L'exploitation, qui s'étend aujourd'hui sur 14 ha répartis sur les 2 rives de la Loire, apparaît régulièrement dans le Guide.

Ce pouilly-fumé développe au nez des arômes délicats de fleur d'oranger et de liqueur d'orange mâtinés de notes iodées et épicées. Presque liquoreuse, la bouche affiche un gras imposant, en équilibre avec une fraîcheur apportée par des notes de zeste d'orange en finale. Un profil original mais fort savoureux. ⧗ 2021-2024

DOM. CÉDRICK BARDIN, 12, rue Waldeck-Rousseau, 58150 Pouilly-sur-Loire, tél. 03 86 39 11 24, cedrick.bardin@wanadoo.fr V r.-v.

DOM. DES BERTHIERS Saint-Andelain 2019 ★

| 120 000 | 11 à 15 € |

Située au cœur du vignoble de Saint-Andelain, à 5 km du Ch. de Tracy, cette propriété ancienne a été reprise en 1996 par la maison Fournier Père et Fils. Le domaine s'appuie sur 16,5 ha de vignes répartis sur les coteaux de la Loire.

Après un premier nez sur les épices douces, les arômes de fruits mûrs apparaissent, sous des tonalités d'abricot. La bouche souple bénéficie d'une juste fraîcheur qui soutient bien la finale. ⧗ 2020-2024 **Cuvée d'Ève 2018 ★ (20 à 30 € ; 4 500 b.)** Au nez, des notes d'abricot mûr, de vanille et de toasté. En bouche, de la souplesse, de la fraîcheur et un boisé fondu qui apporte un supplément de densité. ⧗ 2021-2025

DOM. DES BERTHIERS, BP_30, 58150 Saint-Andelain, tél. 03 86 39 12 85, claude@fournier-pere-fils.fr

GILLES BLANCHET 2018 ★

| 40 000 | 5 à 8 € |

Ce domaine régulier en qualité est implanté à l'entrée des Berthiers, village vigneron de la commune de Saint-Andelain. Gilles Blanchet, installé en 1991, y cultive un vignoble de 13 ha.

Né sur un sol d'argiles à silex, ce vin dévoile un nez dominé par une minéralité prononcée (pierre à fusil), mâtiné de notes épicées. Ferme en attaque, la bouche est dense, ample, expressive. Un ensemble équilibré, belle interprétation de son terroir. ⧗ 2021-2024

GILLES BLANCHET, 16, rue Saint-Edmond, 58150 Saint-Andelain, tél. 03 86 39 14 03, gilles.blanchet@wanadoo.fr V r.-v.

FRANCIS BLANCHET Calcite 2019 ★

| 45 000 | 8 à 11 € |

Installé au cœur du village du Bouchot, Francis Blanchet perpétue l'ancienne (XVIII^e^s.) tradition viticole familiale depuis 1984. Son domaine couvre 13,6 ha, qu'il conduit avec son fils Mathieu.

Cette cuvée issue de marnes kimméridgiennes exhale des senteurs intenses de pêche au sirop, d'amande amère et d'écorce d'orange sur un fond de biscuit. En cohérence avec ces douces sensations, la bouche se montre tendre et aérienne et offre en finale des saveurs gourmandes de fruits jaunes bien mûrs (pêche, nectarine). ⧗ 2020-2023

DOM. FRANCIS BLANCHET, 33-35, rue Louis-Joseph-Gousse, 58150 Pouilly-sur-Loire, tél. 03 86 39 05 90, contact@vins-francis-blanchet.fr V r.-v.

♥ B DOM. DU BOUCHOT Petram 2018 ★★

| 10 000 | 15 à 20 € |

En 1968, la famille Kerbiquet a repris ce domaine, alors en ruine, et s'est lancée en 1983, dans la viticulture. Pascal Kerbiquet exploite aujourd'hui 10 ha de vignes autour de Saint-Andelain certifiés bio en 2009.

Magnifique expression de son terroir, cette cuvée s'ouvre sur des notes d'anis et de fenouil, puis déploie une minéralité crayeuse agrémentée d'une pointe pétrolée et d'un superbe fruité (Passion, clémentine, pamplemousse). En bouche, ce vin apparaît ample, dense et gras, souligné par une tension parfaitement dosée qui pousse loin la finale, centré sur le fruit. Un pouilly-fumé vibrant. ⧗ 2021-2025 **Vitae 2018 ★ (11 à 15 € ; 40 000 b.)** B Au nez, des parfums de fruits confits (orange, écorce de clémentine) et des notes lactées (yaourt aux agrumes). En bouche, de l'ampleur, de la densité et une belle fraîcheur en soutien. ⧗ 2020-2023 **Calicem 2018 ★ (15 à 20 € ; 4 200 b.)** B Le nez est dominé par des arômes de miel d'acacia, de cire, de pomme verte et de lilas. La bouche est tendre, épaulée par une fine fraîcheur, avant de renouer avec la douceur dans une finale aux tonalités de caramel au lait. ⧗ 2020-2023

DOM. DU BOUCHOT, 25, rte de l'Abbaye, 58150 Saint-Andelain, tél. 03 86 39 13 95, contact@domaine-du-bouchot.com V r.-v. ; f. août

RENÉ CARROI 2019 ★

| 100 000 | 11 à 15 € |

Établie à Pouilly-sur-Loire, l'importante maison de négoce Saget-La Perrière a été fondée en 1976 par Jean-Louis Saget et est aujourd'hui dirigée par ses fils Arnaud et Laurent. Elle propose plusieurs marques

(Guy Saget, La Perrière, René Carroi, Jean Dumont) et possède aussi en propre 250 ha de vignes et rayonne sur toute la vallée de la Loire, notamment dans son fief du Centre-Loire.

Une bonne minéralité et une touche florale (ortie) apportent de la fraîcheur au premier nez, puis apparaissent des notes de limoncello, d'orange et d'épices douces à l'aération. La bouche est ample, suave, mais aussi dotée d'une fine vivacité qui répond au gras et qui prend de jolies saveurs fruitées (pamplemousse) en finale. ⌛ 2020-2024

⊶ RENÉ CARROI, La Castille, BP_26, 58150 Pouilly-sur-Loire, tél. 03 86 39 57 75, accueil@sagetlaperriere.com

DOM. CHAMPEAU 2019 ★

110 000 | 8 à 11 €

Deux cousins, Franck et Guy Champeau, se sont associés pour diriger ce domaine de 20 ha qui appartient à leur famille depuis 1942. Ils sont installés au cœur du village de Saint-Andelain, près de l'église.

La vivacité du premier nez évolue vers un profil floral mellifère (acacia) et lacté à l'aération. La bouche confirme. Ronde, très riche, charnue, d'un bon volume, elle est empreinte d'arômes de sirop de fruits et de caramel au lait qui persistent en finale. Un pouilly-fumé généreux. ⌛ 2021-2024

⊶ DOM. CHAMPEAU, 20, rue Saint-Edmond, 58150 Saint-Andelain, tél. 03 86 39 15 61, domaine.champeau@wanadoo.fr V t.l.j. sf dim. 9h-12h 14h-18h

DOM. CHATELAIN Harmonie 19 ★

133 000 | 8 à 11 €

Régulièrement sélectionné dans le Guide, ce domaine de 30 ha, réparti sur 6 communes de l'appellation pouilly-fumé, est conduit par les Chatelain depuis 1630 et 12 générations. Jean-Claude Chatelain qui continue de prodiguer ses conseils a confié les rênes de la cave à Vincent son fils et la responsabilité du vignoble à Vincent Vatan son gendre.

L'olfaction traduit la diversité des terroirs qui composent cette cuvée (calcaires, marnes, silex) à travers des notes délicates de fleurs blanches (acacia, cerisier), de fruits (poire, melon) et une touche mentholée. Ronde et suave, la bouche tire son équilibre d'une acidité bien répartie et d'une jolie finale minérale, iodée. De l'harmonie en effet. ⌛ 2020-2024

⊶ DOM. CHATELAIN, 24, rue du Mont-Beauvois, Les Berthiers, 58150 Saint-Andelain, tél. 03 86 39 17 46, contact@domaine-chatelain.com V t.l.j. 8h-12h 13h30-17h; sam. dim. sur r.-v.

DOM. LES CHAUMES 2019 ★★

100 000 | 8 à 11 €

Fils de viticulteurs, Jean-Jacques Bardin s'est installé en 1969 à Pouilly-sur-Loire sur 1 ha de vignes achetées à son grand-père. Il conduit aujourd'hui 45 ha avec 3 de ses enfants.

L'olfaction est précise et délicate. La fraîcheur du fruité (mirabelle, abricot) est agrémentée d'une nuance minérale, puis, après aération, de notes de liqueur d'orange et de fruits confits. Le palais est séveux, gras, onctueux, puissant, incrusté de notes d'orange amère, de pêche et d'une pointe poivrée. Une personnalité très affirmée. ⌛ 2021-2025 ■ **Terre blanche 2019 ★ (8 à 11 €; 60 000 b.)** La fraîcheur des notes d'agrumes et de fruits exotiques est agréable au nez. Sur le même ton, la bouche apparaît alerte et bien ciselée. Un représentant du sol argilo-calcaire qui a vu naître ce vin. ⌛ 2020-2023

⊶ JEAN-JACQUES BARDIN, lieu-dit Les Chaumes, 58150 Pouilly-sur-Loire, tél. 03 86 39 15 87, jean-jacquesbardin@wanadoo.fr V t.l.j. sf dim. 9h-19h

♥ BENOÎT CHAUVEAU La Charmette 2019 ★★

90 000 | 8 à 11 €

Benoît Chauveau reprend en 1995 une partie du vignoble de ses parents. Deux ans plus tard, il construit sa première cave (une nouvelle est sortie de terre en 2012), complète son exploitation avec des vignes de ses grands-parents pour disposer aujourd'hui d'un domaine de 17 ha en coteaux-du-giennois et en pouilly-fumé, très régulier en qualité.

De beaux reflets argentés animent la robe de ce vin plein de vie et d'une élégance admirable. Le nez s'ouvre sur des senteurs d'abricot et de mirabelle, mêlées de nuances florales (aubépine). Un fond minéral et citronné se révèle à l'aération, apportant de la fraîcheur et de la finesse. Sensations auxquelles fait écho une bouche délicatement sculptée, ample, à la minéralité affirmée, étirée dans une longue finale sur les fruits jaunes. ⌛ 2020-2025 ■ **Les Croqloups 2019 ★★ (8 à 11 €; 10 000 b.)** Des arômes de fruits très mûrs (marmelade de pêches et d'abricots), de liqueur d'orange et de fleur d'oranger forment un nez riche et complexe. La bouche est savoureuse : beaucoup de gras, un fruité généreux (mousse de fruits) et de la fraîcheur en toile de fond, renforcée par une juste amertume en finale. Consistant, charmeur, très long, une superbe harmonie se dégage de ce vin. ⌛ 2021-2025

⊶ DOM. CHAUVEAU, 11, rue du Coin-Chardon, Les Cassiers, 58150 Saint-Andelain, tél. 03 86 39 15 42, domainechauveau@gmail.com V t.l.j. 9h-12h 14h-18h; sam. dim. sur r.-v.

COMTE HENRY Argiles à silex 2018 ★

10 000 | 15 à 20 €

Le Comte Henri d'Assay, propriétaire du Ch. de Tracy, a créé cette entreprise de négoce avec son épouse en 2016 pour sélectionner et commercialiser des sauvignons de toutes les régions de France, en privilégiant La Loire.

Les silex de Saint-Andelain confèrent aux vins fraîcheur et légèreté. Ce 2018 n'en manque pas : une olfaction dominée par les notes de fruits blancs (poire, pomme), les agrumes (orange, clémentine) et une touche épicée, et une bouche souple, alerte, fluide. ⌛ 2020-2023

⊶ COMTE HENRY D' ASSAY, Tour-de-l'Est, Ch. de Tracy, 58150 Tracy-sur-Loire, tél. 03 86 26 16 21, contact@henrydassay.com

DOM. COUET FONTAINE Cuvée Fontaine 2019 ★

| 30 000 | | 5 à 8 € |

En 2019, Emmanuel Couet et son épouse Claire ont fusionné leurs domaines : Dom. Couet pour le premier, Dom. de Fontaine pour la seconde. Ensemble, ils conduisent désormais un vignoble de 20 ha en coteaux-du-giennois et pouilly-fumé.

De jeunes vignes de 15 ans sont à l'origine de ce pouilly généreux, qui fleure bon la marmelade de fruits (banane bien mûre, abricot) et l'écorce d'orange. La bouche a du corps : un gras prononcé, du volume, mais aussi de la nervosité et une bonne vivacité minérale en finale. Le retour aromatique sur la confiture d'abricot en finale confirme la belle maturité du raisin. ⧗ 2020-2023

DOM. COUET FONTAINE, 25, Croquant, 58200 Saint-Père, tél. 03 86 28 14 80, domainecouet@gmail.com V t.l.j. sf dim. 9h-12h 14h-18h

DOM. SERGE DAGUENEAU ET FILLES Tradition 2019 ★

| 110 000 | | 11 à 15 € |

Ce domaine régulier en qualité, créé par l'arrière-grand-mère Léontine au début du XXᵉs., a été repris en 2006 par Florence et Valérie Dagueneau, les filles de Serge. Florence étant disparue prématurément, Valérie conduit seule aujourd'hui les 22 ha de vignes familiales.

La cuvée principale du domaine. Le nez se montre délicatement floral (chèvrefeuille, sureau) et fruité (banane, poire au sirop). La bouche apparaît riche, suave, très charnue, offrant une belle mâche et un toucher soyeux, mais sans lourdeur aucune, bien équilibrée par une pointe de vivacité. ⧗ 2021-2025

Clos des Chaudoux 2018 ★ (15 à 20 €; 8 000 b.)

De belles notes fruitées (poire, pomme, mandarine), florales (muguet) et minérales composent un nez frais et élégant. Ample, onctueuse, épaulée par une légère acidité, la bouche a de la tenue et de la longueur. ⧗ 2020-2023

SERGE DAGUENEAU ET FILLES, Les Berthiers, 22, rue du Mont-Beauvois, 58150 Saint-Andelain, tél. 03 86 39 11 18, sergedagueneaufilles@wanadoo.fr V r.-v.

ANDRÉ ET EDMOND FIGEAT Les Chaumiennes 2019 ★

| 40 000 | | 8 à 11 € |

À l'entrée de Pouilly-sur-Loire, au milieu de la côte du Nozet, se trouve la cave d'Edmond Figeat et de son fils André. Représentant la 9ᵉ génération sur le domaine, ce dernier exploite 17 ha de vignes.

Cette cuvée s'ouvre sur des arômes d'agrumes (bergamote, yuzu) et de fruits blancs (poire), agrémentés d'une pointe de poivre blanc qui renforce l'impression de fraîcheur. Souple en attaque, le palais se développe sur une saveur acidulée et tonique, avant de montrer plus d'onctuosité en finale. ⧗ 2020-2023

DOM. ANDRÉ FIGEAT, Côte-du-Nozet, 58150 Pouilly-sur-Loire, tél. 03 86 39 19 39, domaine.andre.figeat@wanadoo.fr V r.-v.

NICOLAS GAUDRY 2019 ★★

| 100 000 | | 8 à 11 € |

Fils de vigneron à Tracy-sur-Loire (quatrième génération), Nicolas Gaudry, installé en 2003 après une formation à Beaune et une expérience en Afrique du Sud, exploite avec son épouse Sandy un vignoble très morcelé entre les villages du Boisgibault et des Loges. Suite au décès de son père en 2017, il a fusionné le domaine paternel avec le sien : en tout 23 ha.

Ouvert et franc, le nez s'exprime avec beaucoup d'élégance et de fraîcheur sur des arômes de pêche, de vigne et de poivre. Gras, volumineux, séveux, le palais est équilibré par une acidité discrète qui procure une juste tension en finale. Une bouteille qui fait le plein de sensations dans la sobriété et la finesse. ⧗ 2021-2025

NICOLAS GAUDRY, 21, rue des Gominets, Boisgibault, 58150 Tracy-sur-Loire, tél. 03 86 26 17 92, domainenicolasgaudry@orange.fr V r.-v.

DOM. LANDRAT-GUYOLLOT La Rambarde 2018 ★

| 100 000 | | 11 à 15 € |

Depuis 1992, Sophie Guyollot est établie au pied de la colline de Saint-Andelain sur un vignoble de 17 ha constitué de parcelles très variées, réunies par dix générations de vignerons, et surtout de vigneronnes.

Très frais et élégant, le nez délivre de jolies senteurs de zeste d'agrumes (citron), de fruits exotiques (Passion, ananas) et de bouton de rose. Tendre en attaque, la bouche présente de la souplesse et du fruit, avec une fine acidité qui vient stimuler la finale. ⧗ 2020-2023

DOM. LANDRAT-GUYOLLOT, 16, rue du Mont-Beauvois, Les Berthiers, 58150 Saint-Andelain, tél. 03 86 39 11 83, contact@landrat-guyollot.com V r.-v.

DOM. MARCHAND ET FILS Les Kérots 2019 ★★

| 13 000 | | 8 à 11 € |

Clément Marchand a appris le métier dans différents vignobles français et étrangers. Il a repris en 2012 l'exploitation située dans le secteur viticole des Loges afin de perpétuer une tradition familiale qui remonte à 1650.

Ce vin affirme son noble caractère dès le premier contact. Les senteurs de fruits mûrs s'expriment avec délicatesse (orange et citron mûrs, presque confits), complétées de notes végétales et florales (violette). La bouche est riche, ample, puissante, très longue. Un pouilly d'une grande intensité, qui fleure bon le raisin à maturité. ⧗ 2021-2025

DOM. MARCHAND ET FILS, BP_2, Les Loges, 58150 Pouilly-sur-Loire, tél. 03 86 24 93 55, sarlmarchandetfils@gmail.com V r.-v.

JOSEPH MELLOT Le Troncsec 2019 ★

| 77 000 | | 15 à 20 € |

L'histoire de la maison Joseph Mellot débute en 1513 à Sancerre avec Pierre-Étienne Mellot, qui pose les fondations d'un petit vignoble. Catherine Corbeau-Mellot préside aujourd'hui aux destinées de cet

important négoce, qui rayonne sur l'ensemble des vignobles du Centre et de la vallée de la Loire, et possède aussi plusieurs domaines pour une surface de 100 ha. Incontournable.

La gourmandise de ce pouilly-fumé apparaît d'emblée à travers des parfums de fruits jaunes (pêche, mirabelle) et d'agrumes (orange, mandarine). Tendre à l'attaque, la bouche révèle de l'acidité en son milieu et de la salinité en finale. Une note de pamplemousse amène un soupçon d'amertume et de la longueur. ⧗ 2020-2023 ■ **Adrien Maréchal La Ralotte 2019 ★ (15 à 20 €; 20000 b.)** Au nez, de la minéralité (pierre à fusil), puis un fruité très mûr, presque confit (abricot, agrumes). Au palais, beaucoup de gras et de suavité apportés par la grande maturité du raisin. Un pouilly-fumé généreux en tous points. ⧗ 2021-2025

SARL VIGNOBLES JOSEPH MELLOT, rte de Ménétréol, BP 13, 18300 Sancerre, tél. 02 48 78 54 54, contact@josephmellot.com t.l.j. sf sam. dim. 8h-12h 13h30-17h

DOMINIQUE ET MALLORIE PABIOT
Les Vieilles Terres 2019 ★★

■ | 30000 | | 8 à 11 €

Le village des Loges, avec la Loire à proximité et ses caves anciennes, est au cœur de la tradition vigneronne ligérienne. C'est ici que s'est installé Dominique Pabiot en 1997, à la suite de son père Jean, à la tête de 11 ha de vignes. En 2018, le domaine s'est enrichi du prénom de la fille de Dominique, Mallorie, de retour sur ses terres après plusieurs de missions humanitaires.

Timide au premier abord, ce vin développe progressivement sa superbe olfaction : fleurs blanches (cerisier), fenouil, mélisse et touche camphrée. En bouche, il offre beaucoup de fraîcheur et de volume, avec un très beau retour floral en finale. Du relief et de l'énergie. ⧗ 2020-2024 ■ **Cuvée Plaisir 2019 ★ (15 à 20 €; 2800 b.)** Issue des parcelles les plus âgées du domaine, cette cuvée est dominée par les arômes de fruits jaunes que vivifient des notes d'anis et de réglisse. Enrobée en attaque, la bouche dévoile une acidité légère qui lui confère un côté aérien. ⧗ 2020-2023

DOM. DOMINIQUE ET MALLORIE PABIOT, pl. des Mariniers, Les Loges, 58150 Pouilly-sur-Loire, tél. 06 27 17 13 32, dominique-pabiot@orange.fr t.l.j. sf dim. 8h-12h 14h-18h

DOM. RENAUD 2019 ★★

■ | 8000 | | 8 à 11 €

Un domaine de 14,5 ha, exploité par la famille Renaud depuis 4 générations.

Assemblage des 3 principaux terroirs pouillyssois, cette cuvée exprime un fruité complexe et de grande distinction à l'olfaction : nuances exotiques (ananas, mangue) et fruits à chair jaune (abricot, pêche). La bouche allie harmonieusement, sans lourdeur, ce même fruité généreux et une belle vitalité acidulée. Plénitude des sensations, fraîcheur d'ensemble, élégance, une bouteille de caractère. ⧗ 2020-2024 ■ **Cuvée Silex 2019 ★ (11 à 15 €; 3000 b.)** Au premier nez, apparaît la minéralité du silex, puis se développe un fondu de nuances fruitées (abricot, mirabelle et citron bien mûrs) et délicatement boisées (crème de marrons, vanille). Rondeur et vivacité sont en équilibre au palais. ⧗ 2021-2025

DOM. RENAUD ET FILS, 8, rue Saint-Edmond, Le Bourg, 58150 Saint-Andelain, tél. 03 86 39 06 15, domainerenaud@orange.fr r.-v.

DOM. DE RIAUX 2019 ★

■ | 115000 | | 8 à 11 €

Les Jeannot, vignerons à Saint-Andelain depuis plus de 200 ans, se sont établis sur le Dom. de Riaux en 1923. Alexis et son père Bertrand incarnent les huitième et septième générations à la tête d'un vignoble de 16 ha : les générations passent, mais les silex restent et le talent aussi à en juger par l'impressionnante régularité du domaine et ses nombreux coups de cœur en pouilly-fumé et pouilly-sur-loire. Incontournable.

Sur une trame olfactive citronnée et végétale (buis), ce sont les arômes épicés (poivre, gingembre) qui traduisent ici la minéralité des argiles à silex qui ont vu naître cette cuvée. On retrouve les épices dans une bouche dense et ample, avec ce qu'il faut de fraîcheur en soutien pour un équilibre bien assuré. ⧗ 2020-2023 ■ **Auguste 2019 ★ (11 à 15 €; 8000 b.)** Le premier nez est dominé par la pierre à fusil. L'aération révèle un fruité très mûr (fruit de la Passion, mangue, abricot, pomme au four). Ronde, suave et chaleureuse, la bouche trouve l'équilibre grâce à l'apport d'une acidité légère. ⧗ 2020-2024

DOM. DE RIAUX, Dom. de Riaux, 58150 Saint-Andelain, tél. 03 86 39 11 37, alexis.jeannot@wanadoo.fr t.l.j. sf dim. 8h-13h 14h-19h

DOM. OLIVIER SCHLATTER 2019 ★

■ | 7000 | | 8 à 11 €

L'autodidacte Olivier Schlatter est passé d'un cabinet d'expertise comptable à la viticulture (en tant que chef de culture dans une propriété pouillysoise, où il exerce toujours), avant de créer son propre vignoble en 1994 (2,8 ha aujourd'hui).

Fraîcheur et élégance caractérisent l'olfaction : dominante de pamplemousse, nuances de litchi et de fleurs blanches. La bouche aussi est dans la séduction : équilibre entre douceur et tension, fruité suave et persistant (mirabelle), note iodée en finale. Un vin sobre et tout en finesse. ⧗ 2020-2023

OLIVIER SCHLATTER, 41, rue des Mardrelles, Boisgibault, 58150 Tracy-sur-Loire, tél. 03 86 26 19 31, olivier.schlatter@orange.fr t.l.j. 8h-19h

DOM. SEGUIN Cuvée B 2019 ★

■ | 3000 | | 15 à 20 €

Ce vignoble étend ses 20 ha sur les principaux terroirs de l'appellation pouilly-fumé : calcaires, marnes kimméridgiennes et silex. Créé en 1860 et transmis de père en fils depuis 6 générations, il est conduit depuis 2000 par Philippe Seguin, œnologue.

Des notes épicées (poivre blanc, cannelle) et fruitées (fruits jaunes à l'eau-de-vie, pomme au four) donnent du caractère et de l'originalité à l'olfaction. Ample et fraîche, la bouche déploie une belle finale fruitée (clémentine, fruits blancs), soulignée d'une pointe saline et d'un bon boisé vanillé. Un équilibre ajusté entre le raisin et le bois. ⧗ 2020-2024

DOM. SEGUIN, 48 ter, rue Louis-Joseph-Gousse, 58150 Pouilly-sur-Loire, tél. 03 86 39 10 75, contact@domaineseguin.com r.-v.

DOM. TABORDET 2019 ★★

80000 | 8 à 11 €

Les frères Yvon et Pascal Tabordet ont repris l'exploitation familiale en 1980. La relève est assurée par leurs fils Gaël et Marius, installés à partir de 2008 sur une partie du domaine et sur la totalité depuis 2012 et le départ à la retraite d'Yvon. Leur vignoble couvre 19 ha en pouilly-fumé et en sancerre.

Le nez déploie des senteurs fines et complexes : minéralité iodée, fraîcheur végétale (feuille de tomate), délicate nuance de miel frais. En bouche, toutes les sensations se mettent en place dans l'harmonie : gras et acidité sont fondus, le fruit est bien présent, la finale se révèle longue et alerte. Un pouilly-fumé à la fois généreux et élégant. ⧗ 2020-2024 **L'Autre Rive 2018 ★ (11 à 15 €; 6600 b.)** Le nez s'ouvre sur une touche de caramel au lait. Puis les nuances de fruits compotés (pêche, pomme) et d'épices (poivre blanc) s'imposent. La bouche est franche, droite et acidulée, sans manquer ni de gras ni de longueur. ⧗ 2020-2023

PASCAL GAËL MARIUS TABORDET, 52, rue du Carroir-Perrin, 18300 Verdigny, tél. 02 48 79 34 01, contact@domaine-tabordet.fr t.l.j. sf dim. 9h-12h 14h-18h

DOM. TINEL-BLONDELET Génetin 2018 ★★

28000 | 11 à 15 €

À la tête du domaine familial depuis 1985, Annick Tinel-Blondelet, qui apparaît régulièrement dans le Guide pour son pouilly-fumé, a franchi le fleuve pour produire aussi du sancerre. Son domaine couvre 15 ha. Sa fille Marlène, titulaire d'un mastère en vin et d'une expérience dans une autre région viticole, a rejoint l'exploitation en 2016.

Les calcaires de Villiers qui ont engendré cette cuvée communiquent une remarquable vivacité à l'olfaction : à une minéralité iodée s'ajoutent des notes toniques de citron et de pomme verte. En bouche, les sensations sont d'une pureté éclatante : tension parfaitement ciselée, long retour aromatique minéral et fruité. Un vin tout en élégance et en fraîcheur. ⧗ 2020-2023

DOM. TINEL-BLONDELET, 58, av. de la Tuilerie, La Croix-Canat, 58150 Pouilly-sur-Loire, tél. 03 86 39 13 83, contact@tinel-blondelet.fr t.l.j. 9h-12h30 14h-18h30

TREUILLET 2019 ★

60000 | 8 à 11 €

Sébastien Treuillet, installé depuis 1995 sur les terres de Tracy-sur-Loire, produit du vin dans 3 ppellations : pouilly-fumé, pouilly-sur-loire et coteaux-du-giennois. Son domaine couvre 6 h, complété en 2016 par une activité de négoce.

L'expression intense de ce vin associe de puissantes senteurs tropicales (mangue, fruit de la Passion) à des notes liquoreuses de cassis. Très gras, charnu et chaleureux, le palais est souligné par une subtile amertume qui lui apporte de la fraîcheur et de la tenue en finale. ⧗ 2021-2025

SARL TREUILLET, 12, rte de Boisfleury, Fontenille, 58150 Tracy-sur-Loire, tél. 06 78 11 00 96, sarltreuillet@orange.fr t.l.j. 9h-12h 14h-18h

POUILLY-SUR-LOIRE

Superficie : 31 ha / Production : 1 331 hl

♥ JEAN-PIERRE BAILLY 2019 ★★

2000 | 5 à 8 €

Installé en plein cœur du vignoble de Pouilly-sur-Loire, Jean-Pierre Bailly exploite cette propriété située en bordure de Loire depuis 1963 et dans sa famille depuis 6 générations. Il conduit ses 18 ha avec son fils Patrice, œnologue.

D'une complexité remarquable, ce pouilly-sur-loire délivre des parfums aussi gourmands qu'élégants d'amande fraîche, de noisette, de rhubarbe et d'essence d'orange. Souple et coulante en attaque, la bouche déroule un fondu de sensations agréables : du volume, un gras stimulé par de fines touches acidulées qui donnent de la mâche, une longue finale pleine d'énergie. ⧗ 2020-2024

DOM. JEAN-PIERRE BAILLY, Les Girarmes, 58150 Tracy-sur-Loire, tél. 03 86 26 14 32, domaine.jean-pierre.bailly@wanadoo.fr r.-v.

DOM. ROGER PABIOT 2019 ★

2600 | 5 à 8 €

Le village de Boisgibault est situé en bordure de la réserve naturelle de la Loire. C'est là que Gérard et Bernard Pabiot conduisent ce domaine familial de 22 ha. En 2017, Pauline (5e génération) a rejoint l'exploitation après des études de «viti-œno» en Bourgogne et en Suisse.

Le nez est dominé par un parfum bien typé d'amande laiteuse, agrémenté d'une touche d'orange confite qui apporte de la complexité. La bouche offre du volume, de la souplesse et une belle fraîcheur qui vient stimuler la finale. ⧗ 2020-2023

DOM. ROGER PABIOT, 131, rte de Pouilly, Boisgibault, 58150 Tracy-sur-Loire, tél. 03 86 26 18 41, contact.rogerpabiot@gmail.com t.l.j. 8h-12h15 13h30-18h30

QUINCY

Superficie : 249 ha / Production : 11 542 hl

C'est sur les bords du Cher, non loin de Bourges et près de Mehun-sur-Yèvre, lieux riches en souvenirs historiques du XVe s., que s'étendent les vignobles

de Quincy et de Brinay, couvrant des plateaux de graves sablo-argileuses sur calcaires lacustres. Le seul cépage sauvignon fournit des vins légers et distingués, parmi les plus élégants de Loire dans le type frais et fruité, qui peuvent toutefois s'exprimer différemment selon la nature des sols.

DOM. DE LA COMMANDERIE
Cuvée de Siam 2019 ★★

	2500		8 à 11 €

Jean-Charles Borgnat est passé en 1983 des plate-formes pétrolières à la viticulture, mettant également à profit dans cette nouvelle activité sa formation de géologue. Il travaille d'abord dans le domaine familial, puis crée ex nihilo cette exploitation en 1993 (près de 9 ha en quincy). En 2008, il acquiert un vignoble de 1,4 ha en reuilly.

Cette cuvée a frôlé le coup de cœur. L'olfaction, intense, dégage des notes variétales de buis, puis d'élégants arômes exotiques (mangue, fruit de la Passion, agrumes) et des nuances de fleurs blanches et d'abricot. La bouche se montre dense, ronde et charnue, avec beaucoup de gras. Une petite pointe d'acidité perce pour apporter un trait de fraîcheur et de la gourmandise à l'expression finale. ⧗ 2020-2023

DOM. DE LA COMMANDERIE, 6, rue des Champs-Moreaux, 18120 Cerbois, tél. 06 67 77 64 55, jcborgnat@gmail.com V r.-v.

B DOM. DU COUDRAY
Une pointe d'authenticité 2019 ★

	4500		11 à 15 €

Ce domaine spécialisé en culture céréalière se diversifie en viticulture à partir de 1995 et se convertit à l'agriculture biologique en 2006. À la tête des 6,75 ha de vignes, Vincent Nivet et Julien Jansen.

Le nez intense décrit un profil de grande maturité : notes lactées, compote de pêche, abricot confit. La bouche apparaît sans surprise très riche, avec d'heureuses touches de citron et de zeste de pamplemousse qui donnent à la finale un soupçon de fraîcheur. ⧗ 2020-2022

DOM. DU COUDRAY, Dom. du Coudray, 18290 Civray, tél. 02 48 55 62 80, info@domaineducoudray.com V r.-v. E

DOM. DE L'ÉPINE Un présage... 2018 ★

	1500		11 à 15 €

La polyculture caractérise ce domaine qui a débuté par l'élevage de vaches et de chèvres avant de se lancer dans la vigne au cours des années 2000. Ce sont aujourd'hui 4 ha de sauvignon en AOC quincy.

Cette cuvée captive par sa gourmandise et son boisé fondu. Au nez, elle évoque la nectarine, le citron confit, la gousse de vanille et la noisette grillée. La bouche est dans la continuité : concentrée, généreuse, elle réunit le fruité et le toasté et déploie une belle et longue finale. ⧗ 2020-2024

DOM. DE L' ÉPINE, lieu-dit Le Buisson-Long, 18120 Brinay, tél. 06 61 43 42 20, elodie-vilpellet@hotmail.fr V r.-v.

DOM. DES GRANDS ORMES 2019 ★

	13300		8 à 11 €

Sur cette propriété, la tradition viticole s'était endormie pendant de longues années après les attaques du phylloxéra. Christophe Gallon l'a réveillée en 1992. Le domaine est reconnaissable à sa longère accolée à un pigeonnier du XVIII^e^s.

L'olfaction s'exprime avec délicatesse sur des notes de pomme et d'agrumes (citron, mandarine) relevées de nuances minérales. Souplesse et douceur caractérisent le palais, équilibré par une fine fraîcheur saline et minérale. Une belle harmonie et beaucoup de gourmandise. ⧗ 2020-2022

DOM. DES GRANDS ORMES, Les Grands-Ormes, 18120 Brinay, tél. 02 48 51 09 06, christophegallon-quincy@orange.fr V *t.l.j. sf dim. 8h-12h30 14h-18h30*

DOM. MARDON 2019 ★

	85000		8 à 11 €

Hélène Mardon, qui a repris les rênes de l'exploitation en 2002, est le dernier maillon d'une des plus anciennes familles de vignerons de Quincy. Elle dirige aujourd'hui une exploitation de 16 ha.

Au nez, des notes de sureau se mêlent aux fruits (orange sanguine, fruits exotiques) avec élégance. Une attaque précise ouvre sur un palais croquant et bien équilibré, souligné par une fraîcheur aux tonalités d'agrumes. ⧗ 2020-2022

DOM. MARDON, 40, rte de Reuilly, 18120 Quincy, tél. 02 48 51 31 60, contact@domaine-mardon.com V r.-v.

DOM. DE LA PIERRE QUI DANSE 2019 ★

	13000		11 à 15 €

Pierre Duret fut le dernier vigneron de sa lignée. N'ayant pas de successeur, il a cédé son vignoble en 1994 à la famille Joseph Mellot. Le domaine (14 ha) est situé à quelques kilomètres du château royal de Mehun-sur-Yèvre.

De bonne intensité, le nez exprime la grande maturité du raisin à travers des notes d'abricot confit. Souple en attaque, la bouche offre une belle ampleur, de la chair et du croquant. Sur un fond de douceur, la petite tension finale est bienvenue. ⧗ 2020-2023

DOM. PIERRE DURET, Le Buisson-Long, rte de Quincy, 18120 Brinay, tél. 02 48 51 30 17, domainepierreduret@wanadoo.fr V *t.l.j. sf dim. 9h-12h 14-18h*

ANDRÉ PIGEAT 2019 ★

	50000		5 à 8 €

Un domaine situé dans une ancienne propriété de Charles VII. En 2001, Philippe Pigeat, après des études en chimie, s'est converti à la vigne et au vin pour reprendre les commandes de l'exploitation (8,5 ha) créée par son père en 1967.

Le nez dévoile de savoureuses notes de pêche de vigne et de fleur d'acacia, vivifiées par une touche citronnée. La bouche se révèle ample et ronde. La douceur de la finale est relevée par une pointe agréable d'amertume. ⧗ 2020-2023

ANDRÉ PIGEAT, 18, rte de Cerbois, 18120 Quincy, tél. 06 07 13 72 03, philippe-pigeat@orange.fr V t.l.j. sf dim. 9h-12h 14h-17h30; sam. sur r.-v.

DOM. PHILIPPE PORTIER La Quincyte 2019 ★★

	8000		11 à 15 €

En 1991, Philippe Portier a relancé la culture de la vigne sur cette exploitation familiale de 21 ha dédiée essentiellement au quincy (1 ha de reuilly) et commandée par une ancienne ferme berrichonne entièrement restaurée.

La quinciite (anciennement écrit quincyte) se rencontre dans les calcaires lacustres de la région de Quincy. Elle donne son nom à cette belle cuvée dominée par les arômes du cépage (mangue, citron, buis, cassis), que viennent finement accompagner des notes de pêche et d'ananas. La bouche, alliant souplesse et fraîcheur, propose une explosion de fruits exotiques joliment relevée par une sensation saline qui donne un beau relief à la finale. ⧗ 2020-2023

DOM. PHILIPPE PORTIER, Dom. de la Brosse, 18120 Brinay, tél. 02 48 51 04 47, philippe.portier@wanadoo.fr V t.l.j. 8h-12h 14h-18h; sam. dim. sur r.-v. 4 B

DOM. VALÉRY RENAUDAT Les Nouzats 2019 ★

	66000		8 à 11 €

Installé en 1999 sur 2,5 ha à cheval sur Reuilly et Quincy, Valéry Renaudat exploite désormais 26 ha de vignes sous 2 étiquettes (Valéry Renaudat et Dom. du Chêne vert). Une des valeurs sûres de ces appellations.

Les Nouzats est un terroir de graves sableuses. Le nez de ce 2019 est imprégné de notes chaleureuses de fruits jaunes mûrs (abricot, pêche). La bouche est en cohérence par son gras appuyé et sa trame vineuse. De texture moelleuse, elle charme par sa générosité. ⧗ 2020-2023

DOM. VALÉRY RENAUDAT, 3, pl. des Écoles, 36260 Reuilly, tél. 02 54 49 38 12, domaine@valeryrenaudat.fr V t.l.j. sf. dim. 9h-12h30 13h30-18h30

DOM. ROUX Q 2019 ★

	70000		8 à 11 €

Après 7 années passées en Asie dans une activité commerciale, Albin Roux a pris en 2016 les commandes du domaine à la suite de Jean-Claude, son père, producteur à Quincy depuis 1994 et issu d'une famille de céréaliers. Le vignoble couvre aujourd'hui près de 8 ha de quincy et 3 ha de châteaumeillant.

Le nez laisse transparaître de la finesse (notes de bergamote, citron, pêche, abricot). Composée d'arômes d'agrumes et de kiwi sur un filigrane de minéralité en rétro-olfaction, la bouche est un fondu de souplesse et de fraîcheur. ⧗ 2020-2022

DOM. ROUX, 21, chaussée de Chappe, 18000 Bourges, tél. 06 19 94 73 37, albinroux@gmail.com V r.-v. 4

♥ JACQUES ROUZÉ 2019 ★★

	80000		5 à 8 €

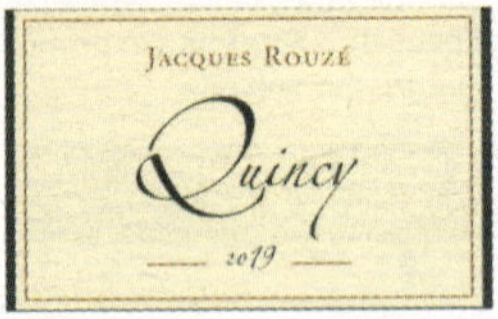

Figurant parmi les plus anciens vignerons de l'appellation quincy, et aussi parmi les plus réguliers, Jacques Rouzé a étendu son exploitation (23 ha) sur Reuilly et Châteaumeillant. Son fils Côme a repris le domaine en 2017.

Cette cuvée est la plus importante du domaine. Elle regroupe des sols gravelo-sableux caractéristiques des anciennes terrasses du Cher. Après quelques notes variétales (buis, bourgeon de cassis), ce sont de belles senteurs florales (lilas) et fruitées (orange, mangue) qui viennent flatter l'odorat. La bouche a beaucoup de tenue. D'une juste vivacité en attaque, elle se montre ample et croquante, soulignée par une fine tension qui dynamise le retour aromatique sur les fruits exotiques. ⧗ 2020-2023

DOM. JACQUES ROUZÉ, 2 ter, chem. des Vignes, 18120 Quincy, tél. 02 48 51 35 61, domainerouze@gmail.com V r.-v.

DOM. SIRET-COURTAUD Vieilles Vignes 2019 ★★

	2000		11 à 15 €

Fils de Jacques Siret, producteur de céréales jusqu'en 1995 avant de passer à la vigne, Vincent Siret-Courtaud, ingénieur agronome et œnologue, fait ses classes à Gaillac avant de s'installer en 2006 en appellation quincy, complétés par 3 ha de châteaumeillant en 2010. En 2015, après le départ à la retraite de son père, il reprend avec son frère Clément le Dom. du Grand Rosières (7 ha en quincy).

Cette cuvée est une sélection de parcelles très âgées implantées sur un sol limono-sableux. Un fruité omniprésent (ananas, mangue), qui va des nuances bien mûres à confites, et des senteurs florales (lilas) lui confèrent élégance et complexité. La bouche est en parfaite harmonie grâce à ses sensations suaves de mousse d'abricot. Construite sur une fine trame de fraîcheur, elle est l'interprète élogieux d'un très beau raisin. ⧗ 2020-2024

DOM. SIRET-COURTAUD, Le Grand-Rosières, 18400 Lunery, tél. 06 63 51 71 18, contact@domaines-siret.fr V r.-v.

JEAN-MICHEL SORBE Le Clos de la Victoire 2019 ★

	15000		11 à 15 €

Cette maison regroupe un domaine viticole (14 ha) et une activité de négoce qui connaissent le même succès. Un ensemble repris en 1999 par la famille Joseph Mellot, qui a développé un espace œnotouristique au siège de l'exploitation.

Ce quincy distille des notes de fleur de sureau au premier nez, puis s'ouvre sur des arômes de buis et de genêt. La bouche confirme ces arômes et séduit par sa douceur. La finale sur de jolis amers et une fine touche d'ananas est très agréable. ⧗ 2020-2022

DOM. JEAN-MICHEL SORBE, Le Buisson-Long, rte de Quincy, 18120 Brinay, tél. 02 48 51 30 17, jeanmichelsorbe@jeanmichelsorbe.com V *t.l.j. sf dim. 9h-12h 14h-18h*

DOM. DU TREMBLAY Cuvée Vieilles Vignes 2019 ★

7000 | 8 à 11 €

Jean Tatin tient ce domaine de sa famille maternelle, qui en est propriétaire depuis 1873. Établi à Brinay, il y a fait ses premières vendanges dans les années 1950. Maroussia, la plus jeune de ses 3 filles, a repris l'exploitation.

L'olfaction s'ouvre sur un beau fruité mûr (pêche, abricot, poire, pomme), puis sur des arômes de confiserie et d'écorce d'orange. Souple et aérienne en attaque, la bouche est soulignée par une pointe citronnée qui apporte une subtile fraîcheur en finale. De la finesse et de la gourmandise. ⧗ 2020-2022

SCEV LES DEMOISELLES TATIN, Le Tremblay, 18120 Brinay, tél. 02 48 75 20 09, contact@domaines-tatin.com V *t.l.j. sf sam. dim. 8h-12h 14h-18h*

REUILLY

Superficie : 202 ha
Production : 10 739 hl (53 % blanc)

Par ses coteaux accentués et bien ensoleillés, par ses sols remarquables, Reuilly semble prédestiné à la viticulture. L'appellation recouvre 7 communes situées dans l'Indre et le Cher, dans une région charmante traversée par les vertes vallées du Cher, de l'Arnon et du Théols. Le sauvignon produit des blancs secs et fruités, qui prennent ici une ampleur remarquable. Le pinot gris fournit localement un rosé de pressoir tendre et délicat, qui risque de disparaître, supplanté par le pinot noir dont on tire également d'excellents rosés, plus colorés, mais surtout des rouges pleins, toujours légers, au fruité affirmé.

♥ DOM. AUJARD 2019 ★★

9000 | 5 à 8 €

Régulièrement sélectionné dans le Guide, et souvent aux meilleures places, Bernard Aujard installé en 1988 est une valeur sûre du vignoble du Centre. Ses fils Damien (en 2012) et David (en 2017) l'ont rejoint sur un domaine qui couvre aujourd'hui 8 ha.

La robe pourpre intense donne une impression de profondeur et d'épaisseur. Les arômes de fruits bien mûrs (griotte, myrtille) et d'épices composent une olfaction riche et très engageante. La bouche dévoile des tanins superbes de finesse, un volume et une persistance fruitée impressionnants. Un reuilly à l'éclat naturel qu'on pourra servir aussi bien jeune que dans quelques années. ⧗ 2020-2025

DOM. AUJARD, 2, rue du Bas-Bourg, 18120 Lazenay, tél. 02 48 51 73 69, domaineaujard@wanadoo.fr V *t.l.j. 9h-12h 13h30-19h ; dim. sur r.-v.*

LES BERRYCURIENS 2019 ★★

2000 | 8 à 11 €

Damien Morand (Dom. Morand à Valençay) et Jean-Baptiste et Géraud Charpentier (Dom. Charpentier à Reuilly) ont repris ce domaine créé par des amateurs dans les années 1990 et qui produit du reuilly (1,1 ha) et du quincy (1,8 ha).

La robe est profonde et concentrée. L'olfaction voit défiler une kyrielle de senteurs : fruits confits (cassis, mûre, cerise, pruneau), notes florales (rose, violette), nuances de poivre, d'encens, de pistache. Souple et ouvert sur le fruit en attaque, le palais, souligné par une juste fraîcheur, montre ensuite un peu plus les muscles, pour finir sur une note d'austérité qui appelle la garde. Du caractère et du potentiel. ⧗ 2022-2025

DOM. LES BERRYCURIENS, Le Buisson-Long, rte de Quincy, 18120 Brinay, tél. 06 71 90 66 43, berrycuriens@gmail.com V *r.-v.*

DOM. CHARPENTIER Mano 2018 ★

4000 | 11 à 15 €

L'un a fait ses études en Bourgogne, l'autre à Bordeaux. Représentant la troisième génération, Géraud et Jean-Baptiste Charpentier ont pris en 2012 la succession de leur père François, qui s'était investi dans le renouveau de l'AOC reuilly. Le vignoble couvre 18 ha.

La vinification en fût a été bien pilotée. Les notes boisées (moka, pain grillé) s'inclinent respectueusement devant les arômes fruités (ananas, poire), épicés et mentholés. En bouche, des sensations crémeuses sont réveillées par une fraîcheur discrète qui ressort en finale. ⧗ 2020-2023

DOM. DU CHARPENTIER, Le Bourdonnat, 36260 Reuilly, tél. 06 71 90 66 43, charpentier.vins@orange.fr V *t.l.j. 9h-12h 14h-17h*

DOM. CORDAILLAT 2019 ★

17000 | 8 à 11 €

Créé en 1995 à partir d'à peine plus d'1 ha par Michel Cordaillat et repris en 2017 par Pascal Dethune, le domaine s'est agrandi régulièrement : il compte aujourd'hui 15 ha de vignes bien exposées au sud-est et disséminées sur 4 des 7 communes constituant l'appellation reuilly.

Le nez livre de jolies senteurs fruitées (framboise, cerise à point) et florales (cerisier, violette). D'un abord souple en attaque, la bouche développe des tanins fins qui prennent leur place progressivement. Sans emphase, de bonne consistance, ce vin charme par sa jeunesse et sa spontanéité. ⧗ 2021-2025 **2019 ★ (8 à 11 € ; 13000 b.)** Un rosé argenté, très pâle, aux nuances florales et épicées, persistant et bien équilibré entre gras et fraîcheur, dynamisé par une subtile amertume finale. Une vraie personnalité. ⧗ 2020-2021

DOM. CORDAILLAT, Le Sentier, 5, rte de Massay, 36260 Reuilly, tél. 02 48 53 23 94, domainecordaillat@orange.fr V *r.-v.*

LOIRE

♥ MARC ET PHILIPPE DANIEL 2019 ★★

9000 | 5 à 8 €

Née en 2001, la société de la fratrie Daniel a débuté avec 2,5 ha de vignes et une récolte vendue sur pied. Associé à Marc, son frère, et à sa sœur Anne-Sophie, Philippe Daniel a vinifié son premier millésime en 2011. Il conduit aujourd'hui un vignoble de 5,5 ha.

Issu de l'un des beaux terroirs argilo-calcaires de Reuilly, ce rosé apparaît vêtu d'une robe très pâle, de teinte beurre à nuances rose et bisque. Expressif, le nez est dominé par les senteurs fruitées (framboise, pêche, poire, banane), que vivifient des notes épicées. Tout en harmonie, la bouche associe dans un beau fondu enchaîné gras et fraîcheur, douceur et vivacité, une fine trame tannique venant soutenir le fruit. Remarquable de tenue et de délicatesse. ⧗ 2020-2022

DOM. MARC ET PHILIPPE DANIEL, av. Wilson, 36260 Reuilly, tél. 06 61 83 90 36, scev.daniel.reuilly@orange.fr V *r.-v.*

♥ DOM. LA DORETTE Les Belles Terres 2019 ★★

2500 | 8 à 11 €

Baptiste Pointereau s'est installé en 2015 sur l'exploitation agricole familiale à Giroux, dans l'Indre, avant de reprendre l'année suivante près de 2 ha de vignes en reuilly – des pinots noirs et sauvignons implantés sur argilo-calcaires de Lazenay et des pinots gris installés sur sables et graviers à Reuilly. En 2017, à 33 ans, il présente son premier millésime; en 2019, il lance la conversion bio de son vignoble

Le sol argilo-calcaire à l'origine de ce vin s'exprime à travers d'élégants arômes de fruits à chair blanche (poire, pêche). Une fraîcheur fruitée à laquelle fait écho une bouche ample, fondue, charnue, dynamisée par une vivacité finale qui couronne cette belle expression du terroir. ⧗ 2020-2023

DOM. LA DORETTE, La Dorette, 36150 Giroux, tél. 06 45 28 69 76, pointereau.baptiste@laposte.net V *r.-v.*

JEAN-SYLVAIN GUILLEMAIN 2019 ★

2900 | 8 à 11 €

Jean-Sylvain Guillemain a créé son exploitation en 1992 en rachetant 1 ha de vignes à un viticulteur qui prenait sa retraite. Vingt ans plus tard, il a été rejoint par ses 2 filles Aline et Lucie. Leur vignoble couvre près de 3 ha en appellation reuilly.

Grenat violine, la couleur est très foncée. Les arômes de fruits confiturés dominent (pruneau, fraise, cerise), complétés d'une touche de fumé. Un gras généreux enrobe les tanins avant que ceux-ci ne surgissent pour bien marquer la finale de leur empreinte. Un reuilly concentré qui doit encore s'arrondir. ⧗ 2022-2025 ■ **2019 ★ (8 à 11 €; 7800 b.)** Le nez offre beaucoup de fraîcheur fruitée (melon, orange, pamplemousse). La bouche est en accord avec sa trame acidulée et son retour olfactif aux évocations de poire. En devenir. ⧗ 2021-2023

DOM. GUILLEMAIN, Palleau, 18120 Lury-sur-Arnon, tél. 02 48 52 99 01, domaineguillemain@orange.fr V *t.l.j. sf sam. dim. 8h-12h 13h30-18h*

CLAUDE LAFOND La Raie 2019 ★

30000 | 8 à 11 €

Figure de Reuilly, fervent et inlassable défenseur de l'appellation qu'il avait contribué à relancer, Claude Lafond est décédé brutalement le 4 octobre 2015 à 63 ans. Le vigneron, bien épaulé par sa fille Nathalie, avait diversifié sa production dans les vignobles AOC valençay. Son domaine couvre 30 ha.

Vif et puissant, le nez propose d'intenses arômes de fruits jaunes légèrement confits (abricot). La bouche associe rondeur, fraîcheur et amplitude. Une touche minérale en rétro-olfaction lui donne de la race. ⧗ 2020-2023 ■ **La Grande Pièce 2018 ★ (8 à 11 €; 20000 b.)** Pelure d'oignon à reflets or rose, la couleur est typée. Des arômes de pêche blanche, d'agrumes et un soupçon safrané lui confèrent de la fraîcheur et de la délicatesse. La bouche se révèle vineuse, fruitée, dynamisée par de beaux amers et de bonne longueur. ⧗ 2020-2021

DOM. CLAUDE LAFOND, 8, rte de Saint-Pierre-de-Jards, 36260 Reuilly, tél. 02 54 49 22 17, nathalie.lafond.reuilly@orange.fr V *r.-v.*

MATTHIEU ET RENAUD MABILLOT 2019 ★★

14000 | 8 à 11 €

Habitué du Guide, Alain Mabillot, partisan de l'enherbement et de la lutte raisonnée, conduisait ce domaine depuis 1990. En 2012, il vinifie son dernier millésime avec ses 2 fils, Matthieu et Renaud, avant de les laisser officier seuls. Ces derniers ont depuis renforcé leur démarche en lutte raisonnée, en empruntant à la culture bio et biodynamique. Nouveauté au domaine : la production de whisky à partir de leur propre exploitation céréalière.

Vêtu d'une belle robe pourpre à reflets noirs, ce vin dévoile un bouquet concentré et mûr, entre confiture et liqueur de fruits (cerise, framboise, mûre, myrtille). Bâtie sur des tanins serrés et enveloppés d'un gras dense, la bouche présente tout le potentiel pour un vin de grande garde. Un reuilly sobre et élégant. ⧗ 2022-2025 ■ **2019 ★ (8 à 11 €; 40000 b.)** Le nez exhale de beaux arômes de fruits blancs et exotiques, soulignés de notes de buis. La bouche associe souplesse, rondeur, fraîcheur et volume dans un équilibre impeccable. ⧗ 2020-2022 ■ **Mont Cocu 2018 ★ (11 à 15 €; 3500 b.)** Le boisé est encore nettement présent mais ne masque pas la qualité du vin, généreux, d'un bon volume et bien bâti. Il ne lui reste qu'à vieillir pour que toutes les sensations s'intègrent et fusionnent. ⧗ 2022-2025

DOM. MABILLOT, 3, chem. de l'Orme, Villiers-les-Roses, 36260 Sainte-Lizaigne, tél. 02 54 04 02 09, contact@vins-mabillot.fr V *r.-v.*

DOM. VALÉRY RENAUDAT Les Lignis 2019 ★

| 26200 | | 8 à 11 € |

Installé en 1999 sur 2,5 ha à cheval sur Reuilly et Quincy, Valéry Renaudat exploite désormais 26 ha de vignes sous 2 étiquettes (Valéry Renaudat et Dom. du Chêne vert). Une des valeurs sûres de ces appellations.

Le nez, discret, s'ouvre peu à peu sur des arômes de fruits au sirop (agrumes, kiwi). La bouche, souple en attaque, affiche de la fraîcheur sans perdre son caractère solaire. Une belle progression des sensations pour un reuilly au bon potentiel. ⧗ 2020-2023 ■ **Le Sentier 2018 ★ (11 à 15 €; 5000 b.)** L'olfaction montre une belle complexité autour des fruits rouges (groseille, cerise) et des épices. Souple et ample, la bouche présente une légère tension tannique et une fraîcheur rare pour le millésime. De la fluidité et de la gourmandise. ⧗ 2021-2024

DOM. VALÉRY RENAUDAT, 3, pl. des Écoles, 36260 Reuilly, tél. 02 54 49 38 12, domaine@valeryrenaudat.fr V *t.l.j. sf. dim. 9h-12h30 13h30-18h30*

DOM. DES ROUESSES 2019 ★

| 14500 | | 8 à 11 € |

Cette maison regroupe un domaine viticole (14 ha) et une activité de négoce qui connaissent le même succès. Un ensemble repris en 1999 par la famille Joseph Mellot, qui a développé un espace œnotouristique au siège de l'exploitation.

Les arômes de fraise et de bonbon anglais s'expriment avec force dès l'ouverture. La bouche se montre chaleureuse, marquée par un joli fruité. Non dénué de fraîcheur en fond, c'est la sucrosité qui l'emporte sans nuire à l'équilibre. Un rosé gourmand autant que puissant. ⧗ 2020-2021

DOM. JEAN-MICHEL SORBE, Le Buisson-Long, rte de Quincy, 18120 Brinay, tél. 02 48 51 30 17, jeanmichelsorbe@jeanmichelsorbe.com V *t.l.j. sf dim. 9h-12h 14h-18h*

DOM. DE SERESNES Les Saints 2019 ★★

| 3500 | | 8 à 11 € |

Bien connu des lecteurs du Guide, Jacques Renaudat, qui conduisait le domaine (6,5 ha) de Seresnes depuis 1972, a pris sa retraite en 2015. Son fils Gaylord a pris sa succession. Auparavant, il a travaillé 3 ans pour la winery Forest Hill, dans l'ouest australien, puis comme caviste en Provence. La chapelle du XIIIes. située à l'entrée de la cave – le domaine est implanté à l'emplacement d'un ancien monastère – figure toujours sur l'étiquette.

D'abord dominé par les arômes classiques du cépage (agrumes), le nez s'ouvre ensuite sur d'élégantes notes d'amande. La bouche apparaît ample, riche et parfaitement équilibrée, la rondeur et le gras laissant toute sa place à une juste fraîcheur acidulée. Toutes ces sensations se fondent en une finale savoureuse. ⧗ 2020-2023

DOM. DE SERESNES, Le Grand-Seresnes, 36260 Diou, tél. 06 75 50 49 76, gaylordrenaudat@gmail.com V *r.-v.*

VINCENT 2019 ★

| 12000 | | 8 à 11 € |

Le village de Lazenay se situe à la limite de la Champagne berrichonne. Installé depuis 1976, Jacques Vincent est régulièrement sélectionné dans le Guide, notamment pour ses rosés, produits sur un terroir sablo-gravillonneux. Pierre, son fils, l'a récemment rejoint.

Le nez dévoile des arômes de fruits bien mûrs, presque confits (framboise, mûre), agrémentés de nuances épicées et lactées. Le gras cède progressivement la place à de beaux tanins qui se répartissent harmonieusement en bouche. Ce vin offre de la mâche et un agréable retour olfactif. ⧗ 2021-2024

SCEV VINCENT, 11, chem. des Caves, 18120 Lazenay, tél. 02 48 51 73 55, vincent.pierre.18@gmail.com V *t.l.j. sf dim. 8h-12h 14h-17h*

SAINT-POURÇAIN

Superficie : 695 ha
Production : 21 297 hl (71 % rouge et rosé)

Le paisible et plantureux Bourbonnais (département de l'Allier) possède aussi un vignoble, sur 19 communes, au sud-ouest de Moulins. Les vignes croissent sur les coteaux de la vallée de la Sioule ou sur des plateaux calcaires, à proximité. Les blancs ont fait autrefois la réputation de Saint-Pourçain; un cépage local, le tressallier, est assemblé au chardonnay et au sauvignon, donnant une grande originalité aromatique à ces vins. Aujourd'hui, les rouges sont les plus nombreux. Fruités et charmeurs, ils proviennent de l'assemblage de gamay et de pinot noir.

B AUVERNAT Auvernat 2019 ★★

| 9000 | | 11 à 15 € |

Cette propriété familiale de 17 ha, installée au pied d'une petite chapelle et traversée par le chemin de Saint-Jacques-de-Compostelle, a été créée en 1989 par Odile et Olivier Teissèdre, qui livraient leurs raisins à la cave coopérative. Depuis 2011 et la création du chai, c'est leur fils Jean qui est aux commandes. La certification bio, tournée vers la biodynamie, a été tout récemment acquise.

Une cuvée d'une belle intensité : celle de sa robe d'abord, d'un grenat vif, puis celle de son bouquet, construit sur les fruits noirs et rouges et le poivre. Après une attaque vive, le palais déploie un velouté tout en rondeur et en longueur autour d'un fruité voluptueux. La finale, légèrement plus tannique, amène un surcroît de caractère. ⧗ 2021-2023 ■ **Dom. des Bérioles Les Grandes Brières 2018 ★ (8 à 11 €; 4000 b.)** Un nez fruité, frais et discret, une bouche franche en attaque, plus chaleureuse dans son développement, étayée par des tanins soyeux qui donnent à l'ensemble une belle rondeur. Un vin équilibré et élégant, dont la finale ne manque pas de puissance. ⧗ 2021-2023

DOM. DES BÉRIOLES, 3, rue Saint-Barthélémy, 03500 Cesset, tél. 06 21 04 37 45, domainedesberioles@gmail.com V *t.l.j. 9h-12h 13h30-18h; dim. sur r.-v.*

LOIRE

DOM. DE BELLEVUE Grande Réserve 2018 ★

38000 | 5 à 8 €

Un domaine de référence en saint-pourçain, créé en 1922. Incarnant la quatrième génération, Jean-Louis Pétillat est aux commandes depuis 1977. Il exploite aujourd'hui 22 ha de vignes (confiées en 2014 à la responsabilité de Jacques Gautier) au cœur du vignoble bourbonnais, commandé par des bâtiments du XIXᵉs.

Ce vin grenat foncé révèle une intensité et une fraîcheur aromatiques dominées par les fruits rouges (cerise) et noirs (mûre). Ces saveurs persistent, agrémentées d'une note épicée, dans une bouche solide, aux tanins bien présents qui donnent de la consistance à l'ensemble et laissent augurer d'une belle évolution. ⧗ 2023-2025

⊶ DOM. DE BELLEVUE, 03500 Meillard, tél. 04 70 42 05 56, ledomaine@saintpourcain-bellevue.fr V t.l.j. sf dim. 9h30-12h30 14h-18h

♥ DOM. DE LA CROIX D'OR 2018 ★★

20000 | 5 à 8 €

Créée en 1952, cette cave coopérative est la seule de l'appellation saint-pourçain. Rassemblant aujourd'hui 60 vignerons, elle vinifie les deux tiers des volumes sous la baguette de l'œnologue Sylvain Miniot.

Un 2018 de haut vol, qui se révèle en crescendo. Derrière le rouge sombre de sa robe, on découvre un nez d'une intensité grandissante, centré sur le cassis, la framboise et les épices. Après une attaque souple et ronde, la bouche, dominée par le fruit (la cerise notamment), monte en puissance, se fait ample, vineuse, dense, bâtie sur des tanins soyeux et fondus. Un vin à la personnalité affirmée. ⧗ 2021-2024 **Cuvée Printanière 2019 ★ (5 à 8 €; 20000 b.)** Un blanc limpide et brillant, doté d'un agréable bouquet fumé et fruité, souple, net, long, frais et centré sur le fruit en bouche. Un ensemble très plaisant et équilibré. ⧗ 2020-2023

⊶ UNION DES VIGNERONS DE SAINT-POURÇAIN, 3, rue de la Ronde, 03500 Saint-Pourçain-sur-Sioule, tél. 04 70 45 42 82, udv@vinsaintpourcain.com V t.l.j. 8h30-12h30 13h30-18h

DOM. JALLET F. Tardy 2019 ★

6800 | 5 à 8 €

Ce domaine de 7 ha créé en 1913 par Jean-Marie Jallet est situé à 2 pas du pittoresque village de Verneuil-en-Bourbonnais. Il est conduit depuis 1990 par Philippe Jallet, qui incarne la quatrième génération à la tête de la propriété.

Ce 100 % gamay noir, couleur grenadine aux reflets orangés, propose un nez discrètement fruité, sur le raisin fraîchement vendangé. Une attaque amylique ouvre sur une bouche souple, gouleyante, fruitée, d'une belle longueur. Un saint-pourçain facile à aimer. ⧗ 2020-2023

⊶ DOM. JALLET, 30, pl. des Cailles, 03500 Saulcet, tél. 06 18 79 55 23, p.jallet@03.sideral.fr V t.l.j. 8h-12h 14h-19h

FAMILLE LAURENT Calnite 2018 ★

18000 | 5 à 8 €

La famille Laurent est établie à Saulcet depuis plusieurs siècles. En 2015, Damien – qui représente la... douzième génération de vignerons sur ces terres – a pris la suite de ses parents Jean-Pierre et Corinne à la tête d'un domaine de 33 ha habitué du Guide.

Résultant d'un assemblage de 60 % de gamay et de 40 % de pinot noir, ce Calnite, dont le nom rappelle les sols calcaire et granitique dont il est issu, révèle, sous sa belle robe grenat, un nez intense, sur des notes de fruits mûrs et confits (myrtille), d'acacia et d'épices. Ces dernières continuent d'agrémenter un palais ample, équilibré et gourmand, se déployant sur une belle longueur et faisant preuve de chaleur, notamment dans sa finale. ⧗ 2021-2023

⊶ FAMILLE LAURENT, 5, rue de Montifaud, 03500 Saulcet, tél. 04 70 45 90 41, cave.laurent@wanadoo.fr V t.l.j. sf dim. 9h-12h 14h-18h30

DOM. NEBOUT Insolite 2018 ★★

8000 | 8 à 11 €

Succédant à 4 générations de vignerons, Julien Nebout, après des expériences en Touraine, dans le Sancerrois et en Nouvelle-Zélande, a pris la tête en 2006 de cette propriété de 28 ha régulièrement mentionnée dans ces pages.

Un Insolite qui, avec sa belle robe d'un jaune doré et limpide, porte décidément bien son nom. Son élevage en fût de chêne n'y est sans doute pas étranger, vu les intenses arômes vanillés et légèrement grillés que son nez laisse respirer. Des arômes que l'on retrouve, après une attaque souple et ronde, dans une bouche tout en équilibre et en longueur. Voilà un vin des plus plaisants et des plus agréables. ⧗ 2021-2024 **Tradition 2019 ★ (5 à 8 €; 35000 b.)** Sous la robe de cette cuvée Tradition d'un jaune limpide et brillant, le tressallier (cépage typique de l'appellation) sait se montrer au rendez-vous : il diffuse en effet, à l'olfaction, un agréable fruité d'agrumes et de banane, que l'on retrouve ensuite à l'attaque du palais. S'ensuit, en bouche, une belle impression de souplesse et d'harmonie, que ne perturbe en rien une finale légèrement amère et chaude. ⧗ 2021-2023

⊶ DOM. NEBOUT, rte de Montmarault, 03500 Saint-Pourçain-sur-Sioule, tél. 04 70 45 31 70, domainenebout@orange.fr V t.l.j. sf dim. 9h-12h 14h-18h30

DOM. RAY Tradition 2019 ★

7300 | 5 à 8 €

Cette exploitation, acquise par la famille Ray en 1929, s'est agrandie au fil des générations pour couvrir aujourd'hui près de 14 ha. En 2011, la cinquième génération, représentée par Fanny et Alexandre Pinet, la fille et le gendre de François Ray, a rejoint le domaine, très régulier en qualité. Outre le saint-pourçain, on produit ici des vins d'orange, de noix, du vinaigre balsamique et même du… limoncello !

Ce rosé, 100 % gamay, dont la robe tire sur le rouge grenadine, offre un nez de qualité, agréable et fruité. La bouche, elle, s'affirme sur une attaque gouleyante et un développement qui l'est tout autant, jusqu'à une belle finale aromatique. ⧗ 2020-2021

DOM. RAY, 8, rue Louis Neillot, 03500 Saulcet, tél. 04 70 45 35 46, ray.francois@akeonet.com
V *t.l.j. sf dim. 9h-12h 14h30-19h*

SANCERRE

Superficie : 2 830 ha
Production : 135 393 hl (79 % blanc)

Perché sur un piton rocheux, Sancerre domine la Loire et son vignoble, réputé dès le Moyen Âge. Sur 14 communes s'étend un magnifique réseau de collines parfaitement adaptées à la viticulture, bien exposées et protégées. Les sols portent des noms locaux : « terres blanches » (marnes argilo-calcaires du kimméridgien); « caillottes » et « griottes » (calcaires); « cailloux » ou « silex » (sols siliceux du Tertiaire). Deux cépages règnent à Sancerre : le sauvignon en blanc et le pinot noir en rouge. Le premier s'épanouit dans des blancs frais, jeunes et fruités, qui prennent des nuances différentes selon les types de sols; le second s'exprime dans des rosés tendres et subtils, et dans des rouges légers, parfumés et amples. Sancerre, c'est aussi un milieu humain particulièrement attachant. Il n'est pas facile, en effet, de produire un grand vin avec le sauvignon, cépage de deuxième époque de maturité, non loin de la limite nord de la culture de la vigne, à des altitudes de 200 à 300 m et sur des sols qui comptent parmi les plus pentus du pays, d'autant que les fermentations se déroulent en fin de saison dans des conditions délicates.

DOM. SYLVAIN BAILLY La Louée 2018 ★★

7000 | 15 à 20 €

Chez les Bailly, on est vigneron de père en fils depuis 1700. À la tête du domaine depuis 1991, Jacques Bailly, viticulteur à Sancerre, a réussi à se faire une place dans le vignoble de Quincy. Sonia Bailly-Fau, sa fille, l'a rejoint sur l'exploitation fin 2007.

Pourpre à reflets brique, la couleur est typique des pinots noirs. Il en est de même des arômes de fruits rouges (fraise des bois, griotte) qui jouent harmonieusement avec de discrètes et élégantes notes boisées (chocolat). Les tanins veloutés contribuent à la densité du palais. Une pointe de vivacité apporte de la vitalité à la finale. Dans la grande tradition des sancerre rouges. ⧗ 2021-2024

DOM. SYLVAIN BAILLY, 71, rue de Venoize, 18300 Bué, tél. 02 48 54 02 75, domaine.sylvain.bailly@orange.fr V *t.l.j. 9h-12h 14h-17h30; sam. dim. sur r.-v.*

DOM. JEAN-PAUL BALLAND 2019 ★

7000 | 8 à 11 €

Issu d'une lignée de vignerons remontant au XVIIᵉs., Jean-Paul Balland, établi à Bué, a passé la main en 2015 à ses filles : Isabelle, œnologue, à la vinification, et Élise, au commercial. Le domaine couvre 22 ha. Un habitué du Guide, souvent aux meilleures places.

La robe saumonée est dotée d'éclatants reflets rose vif. Le nez, complexe, dégage une sensation de fraîcheur (pamplemousse, fraise, kiwi, groseille à maquereaux). La bouche apparaît bien équilibrée, à la fois suave et fraîche, relevée en finale par une agréable pointe d'amertume. ⧗ 2020-2021

DOM. JEAN-PAUL BALLAND, 10, chem. de Marloup, 18300 Bué, tél. 02 48 54 07 29, balland@balland.com
V *t.l.j. sf sam. dim. 8h-12h 13h30-18h*

♥ PASCAL BALLAND 2019 ★★

55000 | 8 à 11 €

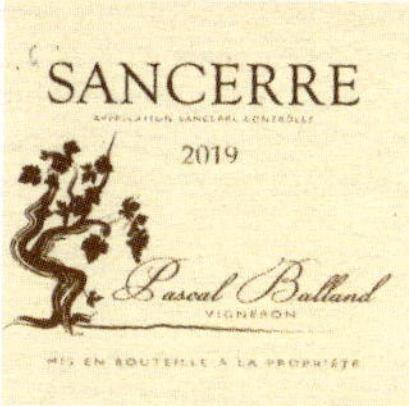

Pascal Balland est l'un des derniers maillons d'une longue chaîne de vignerons aux nombreuses ramifications, enracinée à Bué depuis le milieu du XVIIᵉs. Il exploite ce vignoble de 9,5 ha depuis 1984.

La cuvée comme le vigneron ont leurs racines profondément ancrées dans le terroir de Bué, village historique du vignoble sancerrois. L'olfaction, délicate et subtile, est une corbeille de fruits bien mûrs (poire, prune) et d'agrumes frais (mandarine, citron) agrémentée de notes fumées. Sphérique, ample et longue, la bouche est soutenue par une acidité bien répartie et par une belle minéralité. La pure expression du terroir. ⧗ 2020-2024

PASCAL BALLAND, rue Saint-Vincent, 18300 Bué, tél. 02 48 54 22 19, pascalballand@wanadoo.fr
V *t.l.j. 8h-12h 13h30-18h; dim. sur r.-v.*

DOM. BIZET Dolium 2019 ★

4000 | 8 à 11 €

Célestin Bizet plante les premiers pieds de vigne en 1900. Issu de la quatrième génération, Thibault Bizet s'est installé en 2005. Il gère un domaine de 8,5 ha au côté de sa maman Maryline.

Cette sélection issue de marnes argilo-calcaires a été fermentée et élevée en fûts de 300 l pendant 10 mois. Le nez se montre suave et fruité (litchi, papaye, kiwi, mandarine) sur un lit de fraîcheur végétale. Le palais, à l'unisson du bouquet, apparaît souple, généreux et long, souligné par une acidité contenue. ⧗ 2020-2024

DOM. BIZET, Chambre, 18300 Sury-en-Vaux, tél. 02 48 79 34 43, domaine.bizet@orange.fr
V *t.l.j. sf sam. dim. 9h-12h 14h-18h*

HENRI BOURGEOIS Grande Réserve 2019 ★★

96000 | 15 à 20 €

À sa création par Henri Bourgeois en 1950, la propriété comptait 1,5 ha de vignes à Chavignol. Aujourd'hui, la dernière génération (Arnaud, Jean-Christophe et Lionel) est à la tête de 72 ha répartis sur 120 parcelles, sans compter les 30 ha du Clos Henri Vineyard acquis en Nouvelle-Zélande. Une valeur sûre du Sancerrois.

Cette cuvée provenant de sols argilo-calcaires a été vinifiée avec tout le soin que l'on connaît dans cette maison phare du vignoble sancerrois. L'odorat est flatté par de délicates nuances de fleurs blanches et d'abricot bien mûr, relevées de touches minérales. La bouche est à l'unisson. Ample et riche, elle joue une magnifique symphonie dans laquelle une fine acidité répond au gras imposant pour porter loin la belle finale fruitée. ⧗ 2020-2023

FAMILLE BOURGEOIS, Chavignol, 18300 Sancerre, tél. 02 48 78 53 20, domaine@famillebourgeois-sancerre.com V t.l.j. 9h30-18h30

DOM. DES BROSSES Confidence 2018 ★★

| 4 000 | | 11 à 15 € |

Les 2 grandes caves de 22 m de long remontent aux débuts du domaine, créé en 1875, mais l'invasion phylloxérique avait fait disparaître le vignoble. Alain Girard l'a replanté à partir de 1970. Couvrant plus de 10 ha, le domaine est conduit depuis 2007 par son fils Nicolas.

Cette cuvée provient de calcaires lithographiques localement dénommés caillottes. L'olfaction lui imprime élégance et complexité. Les notes de fruits (cassis, agrumes confits) se mêlent aux nuances de moka, de caramel et d'encens. Bâtie sur le gras, la bouche se montre dense et charnue. À chaque instant, l'élevage en fûts est à la fois présent et respectueux. Une très belle harmonie dans le style boisé. ⧗ 2021-2024

DOM. DES BROSSES, Dom. des Brosses, 18300 Veaugues, tél. 02 48 79 24 88, domainedesbrosses@yahoo.fr V r.-v.

CARLIN-PINSON Manon 2018 ★

| 1200 | | 15 à 20 € |

Établi dans la commune de Crézancy, Jack Pinson a débuté en 1970 en reprenant l'hectare de vignes de son grand-père et les 3 vaches allaitantes. Aujourd'hui, le vignoble de 13 ha est conduit par sa fille et son gendre, Alix et Nicolas Carlin.

Particulièrement adaptées au pinot noir, les terres rouges de Crézancy ont coloré cette cuvée d'une teinte encre noire. L'élevage en fûts se traduit par de subtiles notes vanillées bien intégrées dans les arômes de fruits rouges frais. Souple en attaque, ample, le palais est soutenu par des tanins solides qui lui confèrent de la puissance et un bon potentiel de garde. ⧗ 2022-2026

DOM. CARLIN-PINSON, 14, rte de Neuilly, 18300 Crézancy-en-Sancerre, tél. 02 48 79 00 94, jack.pinson111@orange.fr V r.-v.

♥ **DOM. DU CARROIR PERRIN** 2019 ★★

| 4 000 | | 8 à 11 € |

Créée en 1990, une propriété de 11 ha située à 4 km de Sancerre. Son fondateur, Pierre Riffault, l'a transmise en 2006 à son fils Bertrand, qui s'attache à mettre en valeur les différents terroirs de l'appellation.

Après un coup de cœur en 2017, Bertrand Riffault monte à nouveau sur la plus haute marche du podium avec ce 2019 et confirme que ses rosés sont une valeur sûre de l'appellation. Corail à reflets argentés, la teinte est d'une belle intensité. Le nez exhale de puissantes et séduisantes senteurs fruitées bien mûres (fraise, framboise, coing). Ronde, ample, soutenue par une fine trame tannique qui lui donne de la mâche, la bouche est bien enveloppée, harmonieuse et persistante. Un grand rosé de gastronomie, riche et expressif. ⧗ 2020-2022

DOM. PIERRE RIFFAULT, rue du Carroir-Perrin, Chaudoux, 18300 Verdigny, tél. 02 48 79 31 03, pierre.riffault@aliceadsl.fr V t.l.j. sf dim. 9h-12h 14h-18h

DOM. DU CARROU 2019 ★

| 38 000 | | 11 à 15 € |

Chez les Roger, on est vigneron de père en fils depuis le XVII[e]s. Installé en 1985, Dominique Roger conduit, en viticulture raisonnée, un vignoble de près de 11 ha. Sa cave est installée au cœur du village de Bué, dans une ancienne «vigneronnerie» du XIX[e]s. Une valeur très sûre du Sancerrois.

Les arômes de fruits bien mûrs (pêche, poire, ananas) sont agrémentés de nuances de violette et d'une petite touche végétale. Ronde, riche, chaleureuse et persistante, la bouche présente aussi de la fermeté. Un blanc consistant. ⧗ 2021-2023 **Dominique Roger Chêne Marchand 2019 ★ (15 à 20 €; 3 000 b.)** Agrumes (pamplemousse) et minéralité impriment de l'élégance à l'olfaction. Vigoureuse en attaque, tendue, la bouche est droite et pure. ⧗ 2021-2024

DOM. DU CARROU, 7, pl. du Carrou, 18300 Bué, tél. 02 48 54 10 65, contact@dominique-roger.fr V *t.l.j. 9h-12h 14h-18h30; dim. matin sur r.-v.*

DOM. DES CHAINTRES 2019 ★

| 25 000 | | 15 à 20 € |

Ce domaine est principalement situé sur des parcelles autour du piton de Sancerre. Il a été acquis par la maison Joseph Mellot en 2007 et couvre 4,6 ha.

De prime abord réservée, l'olfaction s'exprime après aération sur des notes florales (rose) et fruitées de bonne complexité. Bien équilibrée entre opulence et fraîcheur, la bouche a de la tenue et de la longueur. ⧗ 2020-2023

DOM. DES CHAINTRES, 36, rte Nationale, Maltaverne, 58150 Tracy-sur-Loire, tél. 02 48 78 54 54, contact@domainedeschaintres.com V r.-v.

DOM. LA CLEF DU RÉCIT 2019 ★★

| 45 000 | | 11 à 15 € |

Après avoir acquis une solide expérience sur l'exploitation familiale du Sancerrois et dans plusieurs pays viticoles, Anthony Girard, natif de Récy, a repris en 2012 les clés de cette propriété de près de 11 ha.

Cette cuvée, la principale du domaine, mêle subtilement les fleurs blanches aux nuances fruitées (poire, pomme) sur un fond de raisin à la maturité aboutie (notes d'orange confite, de coing). Une attaque franche, relevée d'une pointe de minéralité, ouvre sur une bouche fraîche, dynamique et persistante sur le fruit. Un vin d'une grande harmonie. ⧗ 2020-2024 **Le Chêne fourchu 2018 ★★ (15 à 20 €; 5 500 b.)** Un concert de notes florales, fruitées (agrumes), sucrées (caramel, pâtisserie) et fraîches (menthe, groseille à maquereau) compose l'olfaction de ce vin élevé pour moitié en fût, pour moitié en amphore béton. Profonde et charnue, associant une sucrosité et une acidité bien proportionnées, la bouche allie plénitude et sobriété. ⧗ 2022-2025

DOM. LA CLEF DU RÉCIT, Récy, 18300 Vinon, tél. 06 07 66 93 29, laclefdurecit@gmail.com V r.-v.

CLOS DU NOZAY 2018 ★

■	2133		20 à 30 €

Ce domaine de 15 ha, créé en 1971 par Philippe de Benoist, entoure un château du XVIIIes. En 1993, le vigneron a été rejoint par son fils aîné Cyril, qui a fait ses armes chez son oncle Aubert de Villaine, co-gérant de la Romanée-Conti. Comme le mythique domaine bourguignon, le château du Nozay est conduit en bio et en biodynamie.

Une cuvée élevée en jarre. Le nez frais est empreint de sucrosité (orange confite, meringue) et de notes florales (oranger). Ample, la bouche dévoile de la douceur, du gras et une pointe de fermeté en finale qui doit se fondre. ⧗ 2021-2024

DOM. DU NOZAY, Ch. du Nozay, 18240 Sainte-Gemme-en-Sancerrois, tél. 02 48 79 30 23, baronsancerrois@orange.fr V r.-v.

DOM. DAULNY 2019 ★

■	100000		8 à 11 €

Étienne Daulny a pris en 1972 la tête du domaine régulier en qualité qui se transmet de père en fils depuis plusieurs générations et qui exporte aujourd'hui 85 % de sa production.

De bonne intensité, l'olfaction présente de la finesse et de la fraîcheur (zeste d'orange). Avec un gras prononcé, une tension mesurée et une finale acidulée qui apporte de la longueur, la bouche se montre ample et fruitée. Représentatif de l'appellation dans le millésime. ⧗ 2020-2023

DOM. DAULNY, Chaudenay, 18300 Verdigny, tél. 02 48 79 33 96, domaine-daulny@wanadoo.fr V r.-v.

ANDRÉ DEZAT ET FILS Les Celliers Saint-Romble 2019 ★

■	100000		11 à 15 €

La famille Dezat est l'une des plus anciennes familles vigneronnes du Sancerrois. Succédant en 1978 à leur père André, les frères Simon et Louis, épaulés par leurs enfants Firmin et Arnaud, ont étendu le vignoble familial sur l'aire du pouilly-fumé et conduisent aujourd'hui 43 ha de vignes.

Le nez ouvert et séducteur exhale des senteurs florales (lys, acacia) et fruitées (citron). La bouche allie souplesse, gras et fraîcheur dans un très bel équilibre. Un joli blanc de repas. ⧗ 2020-2023 ■ **Prestige 2018 ★ (15 à 20 €; 7500 b.)** Les arômes évoquent la crème de cassis et le poivre agrémentés des notes toastées et vanillées d'un élevage en fût bien présent et bien mené. La bouche s'appuie sur des tanins denses de bonne constitution. Du potentiel. ⧗ 2022-2026

ANDRÉ DEZAT ET FILS, 8, rue des Tonneliers, 18300 Verdigny, tél. 02 48 79 38 82, contact@andredezat.fr V *t.l.j. sf dim. 9h-12h 14h-18h*

DOM. GÉRARD FIOU Terroir Silex 2019 ★★

■	52000		11 à 15 €

Dans le giron de la maison Henri Bourgeois depuis 2010, ce domaine de 10 ha est majoritairement situé sur les silex des coteaux de Saint-Satur, là où les moines augustins installèrent leurs premières vignes au Moyen Âge.

Ouvert sur de puissants arômes de fleurs blanches (acacia), le nez exhale aussi de petites notes végétales qui lui donnent de la vivacité. Ample, riche, bien structurée, la bouche développe aussi de la tension et de la minéralité et déploie une longue finale sur le fruit (pêche). ⧗ 2021-2024

DOM. GÉRARD FIOU, 15, rue Hilaire-Amagat, 18300 Saint-Satur, tél. 02 48 54 16 17, florent@gerardfiou-sancerre.com V r.-v.

BERNARD FLEURIET ET FILS La Baronne 2018 ★

■	5000		15 à 20 €

En 1991, cette exploitation tournée vers l'agriculture et l'élevage a décidé de se consacrer également à la viticulture. Bernard Fleuriet et ses fils Benoît et Mathieu conduisent aujourd'hui un vignoble de 25 ha en sancerre et en menetou-salon convertis au bio.

Odeurs de moka et de vanille, notes beurrées, puis arômes d'abricot, le nez de cette cuvée boisée offre de la complexité. En bouche, le gras, le moelleux et le boisé se confrontent à la vivacité des agrumes en finale (orange, citron). ⧗ 2022-2025 ■ **2018 ★ (15 à 20 €; 25000 b.)** Ce vin propose au nez un beau fruité (cassis, pruneau, cerise) mêlé d'aromates et d'épices (menthe, réglisse, poivre). La bouche est solide, dotée de tanins puissants. Un peu de patience et la sévérité finale sera rentrée dans le rang. ⧗ 2022-2025

BERNARD FLEURIET ET FILS, La Vauvise, 18300 Menetou-Ratel, tél. 02 48 79 34 09, fleuriet.vauvise@wanadoo.fr V *t.l.j. sf dim. 9h-12h 14h-18h*

CH. DE FONTAINE-AUDON 2018 ★

■	76000		15 à 20 €

Le vignoble de la Fontaine-Audon implanté sur un terroir de silex entoure l'un des rares châteaux du Sancerrois. Il a été repris par les établissements Langlois-Château en 1989.

Les vignes sont implantées sur un coteau exposé au midi. Malgré ce microclimat chaud, le vin respire la fraîcheur : orange, pêche blanche, éclats floraux (rose). Ronde, dotée d'un gras bien équilibré avec une nervosité vivifiante, la bouche offre de la mâche, de la consistance. D'une harmonie sans faille, c'est un sancerre sobre et distingué. ⧗ 2021-2025

SA LANGLOIS-CHATEAU, 3, rue Léopold-Palustre, 49400 Saumur, tél. 02 41 40 21 40, contact@langlois-chateau.fr V r.-v.

DOM. OLIVIER FOUCHER 2019 ★★

■	26000		8 à 11 €

Olivier Foucher a suivi un parcours professionnel classique : études de viticulture et d'œnologie, quelques

LOIRE

années de collaboration avec ses parents et reprise en main du domaine familial à la retraite de son père en 2011. Il exploite aujourd'hui avec son épouse 9 ha de vignes.

Cette cuvée nous entraîne dans une agréable promenade olfactive : pamplemousse, fleurs blanches, touches fumées et acidulées. La bouche est tapissée de gras et de sucrosité. Étoffée et longue, elle affiche une belle tension fruitée en finale. Un sancerre complet. ⧗ 2020-2023

DOM. OLIVIER FOUCHER, 6, Les Guenoux, 18240 Sainte-Gemme-en-Sancerrois, tél. 06 76 12 24 35, domainefoucher@orange.fr V t.l.j. 9h-12h 14h-18h30; sam. dim. sur r.-v.

FOURNIER PÈRE ET FILS
Les Monts Damnés 2018 ★

	2500		20 à 30 €

Cette maison familiale créée au XIXᵉs. sur 2 ha de vignes dispose aujourd'hui d'un vaste domaine de quelque 100 ha répartis sur 3 appellations : pouilly-fumé, menetou-salon et sancerre.

Le nez dévoile une agréable séquence aromatique : nuances florales (lilas) et fruitées (orange, pêche) mêlées de touches de brioche. Tension et fraîcheur animent la bouche sur une trame minérale (notes iodées). La finale saline et la persistance augurent d'un bon potentiel. ⧗ 2021-2024

FOURNIER PÈRE ET FILS, 7, rte de la Garenne, Chaudoux, 18300 Verdigny, tél. 02 48 79 35 24, claude@fournier-pere-fils.fr V t.l.j. sf sam. dim. 8h-12h 13h30-18h

DOM. DE LA GARENNE Les Bouffants 2019 ★

	13000		11 à 15 €

Bernard-Noël Reverdy et son épouse ont transmis en 2008 le flambeau à leur fille Fabienne et à leur gendre Benoit Godon, qui exploitent aujourd'hui un domaine de 12 ha.

Les Bouffants est un lieu-dit de calcaires tendres, des «griottes» selon le terme sancerrois. Des senteurs de pamplemousse ouvrent l'olfaction, vite relayées par des notes sucrées (fleurs mellifères, confiseries à l'anis et à la noix de coco). Souple en attaque, le palais développe une belle acidité qui lui confère un élan de nervosité et de la tenue. ⧗ 2020-2023

DOM. DE LA GARENNE, 1, rue Saint-Vincent, 18300 Verdigny, tél. 02 48 79 35 79, contact@sancerrelagarenne.com V t.l.j. 9h-12h 14h-17h30; sam. dim. sur r.-v.

DOM. LA GEMIÈRE Louis 2018 ★

	3200		15 à 20 €

Ce domaine tire son nom d'un lopin de terre où la cave fut construite (sur 2 étages, ce qui permet de travailler par gravité). Depuis 1973, Daniel et Josette Millet conduisent cette exploitation de 19 ha répartis sur 3 terroirs (caillotis, terre rouge et terre blanche). Leurs 2 fils Sébastien et Nicolas les ont rejoints en 2000.

Sur une trame de nuances florales et de fruits exotiques, le nez dévoile de délicates notes minérales et lactées. Emplie d'arômes de fruits jaunes, souple et tendre, la bouche se termine sur une vivacité sans excès qui donne de la longueur à la finale. ⧗ 2020-2023

DOM. LA GEMIÈRE, 1, La Gemière, Champtin, 18300 Crézancy-en-Sancerre, tél. 02 48 79 07 96, contact@domainelagemiere.fr V t.l.j. 8h-12h 13h30-18h30

ANTHONY ET DAVID GIRARD
Florilège des Monts Damnés 2018 ★★

	872		20 à 30 €

Anthony exploitait les vignes de son grand-père depuis 2007 mais commercialisait la production en moût. En 2015, il s'associe avec son frère David, riche d'une expérience de 10 ans acquise au Dom. Paul Prieur, à Verdigny. Aujourd'hui, ils conduisent les 3 ha du domaine familial.

Une sélection élitiste et très confidentielle des plus vieilles vignes du domaine dans la célèbre Côte de Monts Damnés. Les senteurs boisées (crème de marrons, moka) s'effacent rapidement pour se fondre dans le fruité frais (poire, pêche) et la minéralité du vin. Comme «une main de fer dans un gant de velours», la rondeur et le gras enveloppent harmonieusement la fermeté et la nervosité. Finesse aromatique, densité gustative, jeunesse, c'est une bouteille rare mais à garder. ⧗ 2022-2026

DOM. ANTHONY ET DAVID GIRARD, Les Champions, 18300 Menetou-Râtel, tél. 06 88 71 78 19, david.g.18@hotmail.fr V t.l.j. 8h-12h 14h-19h; dim. sur r.-v.

DOM. FERNAND GIRARD 2019 ★

	16000		8 à 11 €

Ce domaine regardant la colline de Sancerre est transmis de père en fils depuis 6 générations. La dernière, représentée par Alain Girard, a pris les commandes à la fin des années 1990.

Composé d'arômes d'agrumes et d'épices, le nez affiche de la finesse. La bouche se montre charnue et charmante, complexe et précise, avec des notes d'amande douce et une bonne acidité qui souligne l'ensemble. Long et salivant en finale. ⧗ 2020-2023 ■ **2018 ★ (8 à 11 €; 3000 b.)** Rose saumoné pimpant, la teinte est soutenue et l'olfaction dominée par des arômes de fraise et de cerise bien mûres, presque confiturées. La bouche ample, dense et douce, tapissée de fruits rouges, garde une belle fraîcheur et de la légèreté. ⧗ 2020-2021

DOM. FERNAND GIRARD, 27, rte de la Perrière, Chaudoux, 18300 Verdigny-en-Sancerre, tél. 02 48 79 37 33, girardfernandetfils@orange.fr V r.-v.

MICHEL GIRARD ET FILS 2018 ★★

	2500		15 à 20 €

Ce domaine de 20 ha, propriété familiale depuis 7 générations, est conduit par Michel Girard et ses fils, Philippe et Benoît.

D'un joli pourpre à reflets noirs et violines, la robe est particulièrement foncée. D'un bel éclat, le nez associe un fruité frais (cassis, mûre), des nuances d'épices (vanille) et de caramel. Riche, dotée de tanins fins et veloutés, la bouche s'étire longuement dans le fruité. Une expression subtile et une grande personnalité. ⧗ 2022-2026 ■ **2019 ★ (8 à 11 €; 100 000 b.)** Complexe, le nez mêle fruité exotique, notes florales et aromates (menthe, basilic). Ample et sapide, la bouche est élégante. Elle s'achève sur une agréable touche minérale (iodée, crayeuse). ⧗ 2021-2024

⊶ DOM. MICHEL GIRARD ET FILS, 8, rte de Saint-Satur, 18300 Verdigny, tél. 02 48 79 33 36, michelgirard.fils@wanadoo.fr V t.l.j. 9h-12h 14h-18h; sam. dim. sur r.-v.

DOM. MICHEL GIRAULT La Silicieuse 2019 ★★

■ | 1900 | | 11 à 15 €

Olivier et Anthony Girault ont repris en 2007 la suite de leur père Michel sur ce domaine de 16 ha producteur de sancerre et de pouilly-fumé.

Cette cuvée tient son nom du sol argilo-siliceux qui l'a engendrée. Le sauvignon y exprime toutes ses qualités. Le nez dévoile des arômes fort plaisants de fleurs blanches, de fruits blancs, d'agrumes et de bourgeon de cassis. La bouche est dans le même registre. Sa rondeur est ciselée par des notes de zeste de pamplemousse qui la font vibrer de fraîcheur et par une petite amertume finale. ⧗ 2021-2023 ■ **P'tit Gus 2018 ★ (15 à 20 €; 1600 b.)** Vinifiée en vendange entière, cette cuvée a mûri en fûts pendant un an. Les nuances de fruits rouges sont complétées de touches vanillées. Souples en attaque, les tanins ont tendance à se rebeller en finale. Le temps saura les dompter. ⧗ 2022-2025

⊶ MICHEL GIRAULT, 1, chem. du Moulin, 18300 Bué, tél. 02 48 54 25 73, michel.girault5@wanadoo.fr V t.l.j. sf dim. 9h-12h 13h30-19h

ALAIN GUENEAU 2019 ★

■ | 12 000 | | 8 à 11 €

Alain Gueneau, qui a pris la suite de ses parents en 1970, est aux commandes d'un domaine qui étend ses 16,5 ha de vignes sur des coteaux pentus autour de Sury-en-Vaux, Sancerre et Chavignol. Sa fille Élisa l'a rejoint depuis quelques années.

Le nez s'exprime avec délicatesse autour des fruits rouges bien mûrs agréablement rafraîchis par des touches citronnées et végétales. Ronde et ample en attaque, la bouche évolue doucement vers une pointe de vivacité qui stimule la finale. La persistance fruitée, égayée de notes citronnées et lactées, laisse sur une belle impression. ⧗ 2020-2021

⊶ DOM. ALAIN GUENEAU, 28, rue des Champs-des-Prés, 18300 Sury-en-Vaux, tél. 02 48 79 30 51, contact@sancerre-gueneau.com V r.-v.

GUILLERAULT-FARGETTE Les Panseillots 2018 ★

■ | 12 000 | | 11 à 15 €

Situé sur la commune de Crézancy-en-Sancerre, ce domaine familial de 21 ha est conduit par le tandem Gilles Guillerault et Sébastien Fargette qui ont introduit de nouvelles méthodes de travail (enherbement, travail des sols...).

Quand le raisin est bon, tout s'en suit, nous dit cette jolie cuvée. La couleur rubis violine à reflets noirs est profonde. Le nez est un délicieux coulis de fruits bien mûrs (cassis, mûre, cerise, framboise) saupoudré de nuances épicées. La bouche marie un gras enrobant à des tanins soyeux et plus affirmés en finale. ⧗ 2022-2025 ■ **Chêne Marchand 2018 ★ (11 à 15 €; 2100 b.)** Au nez, les arômes floraux (sureau, ortie) s'associent à des notes de mousse de fruits (abricot). Onctueuse, la bouche finit sur une éclatante pointe acidulée. Du caractère et du croquant. ⧗ 2020-2023

⊶ GUILLERAULT-FARGETTE, 2, rue du Lavoir, Reigny, 18300 Crézancy-en-Sancerre, tél. 02 48 79 02 84, contact@guillerault-fargette.fr V t.l.j. sf dim. 9h-12h 14h-18h

RÉGIS JOUAN 2019 ★★

■ | 5000 | | 11 à 15 €

Après avoir travaillé 20 ans au domaine familial, Régis Jouan a créé en 2010, avec son épouse, sa propre exploitation à Sury-en-Vaux. Leurs vignes couvrent 4,5 ha. La propriété a été reprise en 2017 par leur fille Mariannick et leur gendre David Girard, par ailleurs vignerons à Menetou-Salon.

Une fois de plus, ce domaine excelle avec son rosé né de silex et de marnes. Corail à reflets gris bleutés, la teinte est soutenue. Dominée par les fruits à maturité (fraise des bois, pêche), l'olfaction se développe sur un fond de fraîcheur. Tendre en attaque, généreuse dans son expression, la bouche présente du volume et de la persistance. Un rosé riche et flatteur. ⧗ 2020-2021 ■ **2019 ★ (11 à 15 €; 20 000 b.)** Une atmosphère de fraîcheur entoure l'olfaction : arômes d'agrumes, de fruits jaunes (pêche), touche minérale. Nette en attaque, la bouche évolue vers des sensations douces et chaleureuses et déploie longuement son fruité gourmand. ⧗ 2020-2023

⊶ RÉGIS JOUAN, Maison-Sallé, 18300 Sury-en-Vaux, tél. 02 46 59 00 56, david.girard.champarlan@orange.fr V r.-v.

DOM. SERGE LALOUE 2019 ★

■ | 72 000 | | 11 à 15 €

Christine et Franck, qui ont repris le domaine (20 ha) en 2000, poursuivent l'œuvre de leur père Serge Laloue en travaillant selon le même état d'esprit, à dominante bio (enherbement, confusion sexuelle, traitements raisonnés...), sans pour autant opter pour la certification.

Une cuvée née de sols calcaires et de silex. Les arômes floraux et fruités sont agrémentés de touches minérales et épicées (curry, poivre). La bouche apparaît tendre et ample, avec en soutien une fine tension qui lui donne du caractère et tient la finale. ⧗ 2020-2023

⊶ SERGE LALOUE, 6, rue de la Mairie, 18300 Thauvenay, tél. 02 48 79 94 10, contact@serge-laloue.fr V t.l.j. sf dim. 9h-12h 14h-17h30; sam. sur r.-v.

B LAPORTE Les Grandmontains 2019 ★★

■ | 3330 | | 15 à 20 €

Située à Saint-Satur, la vénérable maison de négoce Laporte (XVIIe s.), dans le giron du groupe Henri Bourgeois, est propriétaire d'un domaine de 21 ha dédié aux appellations sancerre et pouilly-fumé. Elle est certifiée en agriculture bio depuis le millésime 2013.

Ce rosé né de sols calcaires et de pressurage direct se présente sous une teinte rose gris bleuté qui respire la

LOIRE

fraîcheur. Le nez est dominé par des senteurs de fruits frais (cerise, bergamote, pamplemousse) et de fines notes florales et minérales. Une acidité mesurée et un côté charnu confèrent plénitude et amplitude à la bouche, très équilibrée et longue. Une bien jolie gourmandise. ⧗ 2020-2021 ■ **La Comtesse 2018 ★ (20 à 30 €; 8330 b.)** Ⓑ La Comtesse est un lieu-dit situé dans la Côte des Monts Damnés à Chavignol. Le nez floral (violette) évolue vers des notes mentholées. La bouche, ronde, chaleureuse, riche, dégage une impression de puissance. ⧗ 2021-2024

DOM. LAPORTE, Cave de la Cresle, 18300 Saint-Satur, tél. 02 48 78 54 20, contact@laporte-sancerre.com V r.-v.

DOM. SERGE LAPORTE La Côte des Monts Damnés 2018 ★

■ | 800 | | 15 à 20 €

Cette exploitation familiale de 13 ha se situe en plein cœur de Chavignol. Serge Laporte et son fils Guillaume disposent de plus de 45 parcelles reposant sur presque autant de terroirs et de nuances géologiques.

Cette cuvée est faite pour la durée : 12 mois d'élevage sur lies en demi-muids, puis 12 mois de maturation en bouteilles. Les arômes de fruits à chair blanche, de fleur de sureau et de groseille sont rehaussés de touches vanillées. À la fois ronde et saline, avec une finale nette et persistante, la bouche est bien équilibrée. ⧗ 2021-2025

DOM. SERGE LAPORTE, Chavignol, 18300 Sancerre, tél. 02 48 54 30 10, domaine.serge.laporte@wanadoo.fr V r.-v.

DOM. PIERRE MARTIN 2018 ★

■ | 10 000 | | 11 à 15 €

Après avoir travaillé 15 ans avec son père, Pierre Martin lui a succédé en 2012, appuyé par son épouse Lauriane, œnologue. Il essaie de se rapprocher de la démarche bio (pas de désherbants ni d'insecticides ou d'anti-pourriture, vinifications peu interventionnistes). L'essentiel de son vignoble (18,5 ha) est situé autour du village de Chavignol.

Au nez, ce 2018 «pinote» à souhait autour d'arômes caractéristiques de griotte, agrémentés de jolies touches épicées. Bien construite autour de tanins bien en place, la bouche apparaît ample, crémeuse et chaleureuse. ⧗ 2021-2024

DOM. MARTIN ET FILS, Chavignol, 18300 Sancerre, tél. 02 48 54 24 57, domaine.martinetfils@orange.fr V r.-v.

DOM. MASSON-BLONDELET Thauvenay 2018 ★

■ | 20 000 | | 15 à 20 €

En 1972, Michelle Blondelet reprend les vignes de ses parents, bientôt rejointe par son mari Jean-Michel Masson. Depuis 2000, ils ont laissé la place à leurs enfants Pierre (à la vinification) et Mélanie (à la commercialisation), qui cultivent leurs 21 ha de vignes «comme leur potager», sans désherbant, insecticide ou engrais chimique. Pierre bénéficie en outre de l'appui de «bénévoles» : des abeilles qu'il a réintroduites sur le vignoble.

Une belle minéralité iodée sert de fil conducteur à cette cuvée issue de sols calcaires et siliceux. Le nez déploie une belle vitalité avec ses notes de fleurs, de fruits à chair blanche et d'ananas. La bouche, bien ciselée, associe des sensations de croquant et de charnu, et déploie une finale longue et pulpeuse sur l'orange et le citron. ⧗ 2020-2024

DOM. MASSON-BLONDELET, 1, rue de Paris, 58150 Pouilly-sur-Loire, tél. 03 86 30 00 34, info@masson-blondelet.com V *t.l.j. 9h-12h30 14h-18h*

JOSEPH MELLOT La Chatellenie 2019 ★

■ | 200 000 | | 15 à 20 €

L'histoire de la maison Joseph Mellot débute en 1513 à Sancerre avec Pierre-Étienne Mellot, qui pose les fondations d'un petit vignoble. Catherine Corbeau-Mellot préside aujourd'hui aux destinées de cet important négoce, qui rayonne sur l'ensemble des vignobles du Centre et de la vallée de la Loire, et possède aussi plusieurs domaines pour une surface de 100 ha. Incontournable.

Cette cuvée est produite sur les sols d'argiles à silex qui entourent le piton de Sancerre. La minéralité qu'on en attend perce un tapis de senteurs fruitées (mangue, fruit de la Passion, agrumes). Souple, tendre, généreuse, la bouche révèle aussi un peu de fraîcheur et une pointe d'amertume en finale (mandarine, citron). Un sancerre bien typé. ⧗ 2020-2023

SARL VIGNOBLES JOSEPH MELLOT, rte de Ménétréol, BP 13, 18300 Sancerre, tél. 02 48 78 54 54, contact@josephmellot.com V *t.l.j. sf sam. dim. 8h-12h 13h30-17h* Ⓔ

PIERRE MORIN 2018 ★★

■ | 8 000 | | 11 à 15 €

Pierre Morin a repris l'exploitation familiale en 2013 après le départ à la retraite de son père Gérard, avec qui il œuvrait depuis 2004 sur les 9 ha de vignes du domaine.

Une belle couleur pourpre sombre habille ce vin ouvert sur de succulentes senteurs de cassis, de mûre, de groseille et de poivre. Une attaque suave introduit une bouche ample, longue et harmonieuse, bâtie sur des tanins solides mais fondus et soyeux. Un joli vin de garde. ⧗ 2022-2026

PIERRE MORIN, 4, rue de l'Abbaye, 18300 Bué, tél. 02 48 54 36 75, morin.perefils@orange.fr V r.-v.

PATRICK NOËL 2018 ★★

■ | 8 000 | | 11 à 15 €

Patrick Noël, originaire de Chavignol, a créé ce domaine en 1988 en reprenant les vignes familiales. Ses caves, enterrées à flanc de coteaux, sont situées à Saint-Satur, là même où les moines de l'abbaye éponyme exploitaient la vigne dès le XIVe s. Depuis 2009, sa fille Julie est à ses côtés pour exploiter une quinzaine d'hectares répartis entre les appellations sancerre, pouilly-fumé et menetou-salon.

La fraîcheur et l'élégance de ce vin apparaissent dès le premier nez : fruits exotiques (mangue), fruits à chair blanche (poire), notes florales et épicées composent un bouquet racé. La bouche propose une savoureuse harmonie entre rondeur et fraîcheur, fruité et minéralité (touche iodée). De belle longueur, ce «vin charnel» a tout pour plaire. ⧗ 2021-2024

⊶ EARL PATRICK NOËL, av. de Verdun, rte de Bannay, 18300 Saint-Satur, tél. 02 48 78 03 25, patricknoel-vigneron@orange.fr V t.l.j. sf dim. 9h-12h 13h30-17h30

LA PERRIÈRE L'Origine 2019 ★

■	40000		11 à 15 €

Ce domaine s'étend sur 30 ha répartis sur 5 communes et produit exclusivement du sancerre. Il est dans le giron de la maison de négoce Saget-La Perrière, fondée en 1976 par Jean-Louis Saget et aujourd'hui dirigée par ses fils Arnaud et Laurent. Une maison qui propose plusieurs marques (Guy Saget, La Perrière, René Carroi, Jean Dumont) et possède aussi en propre 250 ha de vignes et rayonne sur toute la vallée de la Loire, notamment dans son fief du Centre-Loire.

Au nez, les notes de fleurs blanches dominent (aubépine, cerisier), agrémentées de nuances d'agrumes (orange). Riche en attaque, la bouche se resserre ensuite avec la montée d'une nervosité appuyée. De la mâche et de la tension, cette cuvée a les atouts pour tenir la distance. ⧗ 2021-2024

⊶ LA PERRIÈRE, Caves de la Perrière, BP 47, 18300 Verdigny-en-Perrière, tél. 02 48 54 16 93, domainelaperriere@wanadoo.fr V r.-v.

DOM. JEAN-PAUL PICARD ET FILS
Cuvée Prestige 2018 ★★

■	4000		11 à 15 €

Un domaine transmis de père en fils depuis 1750. Jean-Paul Picard a pris la tête de l'exploitation en 1976. Aujourd'hui, c'est son fils Mickaël qui conduit plus de 14 ha de vignes essentiellement plantées sur les coteaux de la commune de Bué (Sancerrois), ainsi qu'en appellation menetou-salon.

L'olfaction, tout en dentelle, s'exprime avec éloquence : senteurs fruitées (pêche blanche, citron) et minérales (pierre à fusil), complétées de petites touches moka et vanille. Gras, acidité, tension, mais aussi délicatesse, le palais offre une belle harmonie de saveurs. Une valeur sûre. ⧗ 2021-2025 ■ **Charlaux 2018 ★ (11 à 15 €; 1500 b.)** Le boisé domine le nez sans masquer les arômes confiturés de mûre et de cerise noire. La bouche met en avant une solide charpente tannique qui permettra à ce vin d'affronter les années. ⧗ 2022-2026

⊶ DOM. JEAN-PAUL PICARD ET FILS, 11, chem. de Marloup, 18300 Bué, tél. 02 48 54 16 13, jean-paul.picard18@wanadoo.fr V t.l.j. 8h-12h 13h30-18h

DOM. DU PRÉ SEMELÉ 2018 ★

■	20000		15 à 20 €

Situé dans la commune de Sury-en-Vaux, le hameau de Maimbray possède le charme des vieux villages vignerons. C'est ici que les frères Julien et Clément Raimbault ont succédé à leur père et à leur oncle à la tête d'un domaine de 21 ha, en apportant de nouvelles méthodes de travail (enherbement, travail des sols, bannissement des insecticides et autres produits chimiques). Ils signent des sancerre, notamment en rouge, régulièrement en vue. Une valeur sûre.

Née de sols ferrugineux, cette cuvée d'un noir violine intense est dominée par les fruits confiturés (mûre, myrtille, cerise). Les tanins, denses et bien intégrés, sont enrobés par le gras du vin. Du beau travail à la vigne comme en cave. ⧗ 2022-2026

⊶ DOM. DU PRÉ SEMELÉ, Maimbray, 18300 Sury-en-Vaux, tél. 02 48 79 33 50, rjc.raimbault@orange.fr V t.l.j. sf dim. 8h30-12h 14h-18h

PAUL PRIEUR ET FILS Monts Damnés 2018 ★

■	8500		20 à 30 €

Héritier d'une longue lignée de vignerons (11 générations) établie sur les terres de Verdigny, Paul Prieur fut l'un des premiers vignerons de Sancerre à vendre sa production en bouteilles, en France et à l'étranger. Ces héritiers, aujourd'hui Philippe et son neveu Luc, exploitent un domaine d'une grande régularité, de 19 ha au pied de la célèbre colline des Monts Damnés. La conversion bio est engagée.

Le nez présente un fondu de fruits mûrs (pêche, poire, orange) et de fleurs (cerisier) sur un filigrane boisé (vanille, épices douces). La bouche se montre à la fois ample, ferme et charnue. Il émane de ce Monts Damnés une jeunesse prometteuse. ⧗ 2022-2024 ■ **Pieuchaud 2018 ★ (20 à 30 €; 4800 b.)** La minéralité et les touches boisées constituent la trame et la force de cette cuvée issue d'un sol à silex. La vivacité de la bouche et sa finale saline créent une atmosphère de fraîcheur élégante. ⧗ 2021-2024

⊶ DOM. PAUL PRIEUR ET FILS, rte des Monts-Damnés, 18300 Verdigny, tél. 02 48 79 35 86, domaine@paulprieur.com V t.l.j. sf dim. 9h-12h 14h-18h; sam. sur r.-v.

PIERRE PRIEUR ET FILS
Cuvée Maréchal Prieur 2018 ★★

■	1000		20 à 30 €

Établis en plein cœur de Verdigny, tout près de la petite église, les frères Thierry et Bruno Prieur, rejoints par Sébastien, fils de ce dernier, conduisent en HVE un vignoble de 15 ha répartis sur différents terroirs sancerrois, majoritairement plantés en sauvignon. Une valeur sûre.

La concentration est évidente dès le premier regard : le pourpre violet de la robe confine au noir. Une fine touche animale se dissipe dès l'aération. De délicats arômes boisés (vanille, cacao) se fondent dans les fruits (cerise, griotte, cassis). Des tanins serrés et un gras très généreux dessinent un palais puissant et harmonieux, souligné par une juste fraîcheur. Une bouteille pour les grandes occasions. ⧗ 2022-2025 ■ **Chêne Marchand 2018 ★ (15 à 20 €; 2500 b.)** Au nez, des notes de fleurs printanières puis de fruits frais (pêche, fruits exotiques). Le palais apparaît gras, ample, dense, charnu et long. Un blanc de gastronomie. ⧗ 2021-2024

⊶ DOM. PIERRE PRIEUR ET FILS, 27, rue Saint-Vincent, 18300 Verdigny, tél. 02 48 79 31 70, contact@pierreprieur.com V t.l.j. 9h-12h 14h-18h; sam. dim. sur r.-v.

NOËL ET JEAN-LUC RAIMBAULT 2019 ★

| 3000 | | 8 à 11 € |

Chambre est un hameau situé sur la route qui conduit de Sancerre à Sury-en-Vaux. C'est là que sont installés Noël, sa fille Charlotte et Jean-Luc Raimbault. Ils exploitent un domaine de 13 ha.

Son rose pastel lumineux séduit l'œil. Ouverte, complexe, l'olfaction délivre avec générosité des senteurs fruitées (kiwi, mûre, groseille) et florales (rose). Franc à l'attaque, le palais révèle une belle harmonie faite de rondeur, de fraîcheur et une juste amertume qui souligne et amplifie sa persistance fruitée. ⧗ 2020-2021

EARL NOËL ET JEAN-LUC RAIMBAULT, 15, rue des Champs-des-Prés, lieu-dit Chambre, 18300 Sury-en-Vaux, tél. 02 48 79 30 85, raimbault-sancerre@orange.fr V *r.-v.*

♥ PASCAL ET NICOLAS REVERDY À Nicolas 2018 ★★

| 3220 | | 15 à 20 € |

Le village de Maimbray est entouré de coteaux abrupts aux sols de marnes kimméridgiennes. Après le décès, en 2007, de son époux Nicolas, Sophie Reverdy a repris l'exploitation familiale (18 ha) aux côtés de son beau-frère Pascal. En 2019, Victorien, fils de ce dernier, a rejoint le domaine.

Dès l'olfaction, cette cuvée soigneusement travaillée affirme son caractère bien trempé. Des arômes intenses de fruits mûrs dialoguent avec le menthol et l'eucalyptus sur fond de fines nuances boisées. La bouche, riche, dense et complexe, s'appuie sur une remarquable structure tannique et déploie en finale un long retour aromatique fruité et toasté traduisant un élevage conduit avec dextérité. ⧗ 2023-2028 **Terre de Maimbray 2019 ★★** (8 à 11 €; 100 660 b.) Du début à la fin, la surmaturation plane sur cette cuvée. Les arômes fruités (pêche, abricot, mangue, litchi, agrumes) ont une connotation de confit. La bouche est ample, très ronde, chaleureuse, soulignée par une fine fraîcheur mentholée. Un beau porte-drapeau du millésime. ⧗ 2020-2024 **La Grand Rue 2019 ★** (15 à 20 €; 3060 b.) Joli nez compoté (abricot, poire), vivifié par une note citronnée. Suave en attaque, le palais reste souple et affiche une belle vivacité en finale qui met en accord toutes les sensations. ⧗ 2020-2023

PASCAL ET NICOLAS REVERDY, Maimbray, 18300 Sury-en-Vaux, tél. 02 48 79 37 31, reverdypn@wanadoo.fr V *t.l.j. sf dim. 10h-12h 14h30-18h; mer. sam. sur r.-v.*

BERNARD REVERDY ET FILS 2019 ★

| 11000 | | 8 à 11 € |

L'arbre généalogique des Reverdy remontant au XVIe s. trône dans la cave. Aucun doute : ici, le sancerre est une spécialité familiale. Le domaine couvre 15 ha, dirigé depuis 2019 par Romain, petit-fils de Bernard. Une valeur sûre.

D'un saumoné légèrement cuivré, la teinte est caractéristique des rosés de pressurage direct. D'une belle intensité, l'olfaction associe senteurs fruitées (fraise des bois, bergamote) et florales (jasmin). Un trait d'acidité bien dosé apporte du relief à un palais marqué par beaucoup de gras. ⧗ 2020-2021

DOM. BERNARD REVERDY ET FILS, 11, rte des Petites-Perrières, Chaudoux, 18300 Verdigny, tél. 02 48 79 33 08, reverdybernard@orange.fr V *r.-v.*

JEAN REVERDY ET FILS La Reine Blanche 2019 ★

| 75000 | | 8 à 11 € |

Les origines de cette propriété remontent à 1650. Christophe Reverdy, fils de Jean, perpétue la tradition familiale depuis 1994 et dirige une exploitation de 12 ha. Un domaine régulier en qualité, en témoignent les différents coups de cœur obtenus depuis la création du Guide.

Le nez déploie un fruité expressif et complexe d'agrumes et de fruits blancs, auquel de belles notes florales (oranger) et une pointe minérale ajoutent de l'élégance. Ample et équilibrée, la bouche tient la longueur et laisse sur une impression aromatique soutenue. ⧗ 2020-2023

JEAN REVERDY ET FILS, rue du Carroir-Perrin, Chaudoux, 18300 Verdigny, tél. 02 48 79 31 48, jreverdy@wanadoo.fr V *t.l.j. 8h30-12h 13h30-19h; sam. dim. sur r.-v.*

JEAN-MARIE REVERDY ET FILS Héritage 2018 ★★★

| 3000 | | 15 à 20 € |

Perché au-dessus du village de Verdigny, ce domaine offre une belle vue sur la colline de Sancerre. Couvrant 38 ha, il est conduit depuis 1980 par Jean-Marie Reverdy, son épouse Catherine et ses fils Guillaume et Baptiste.

Une fois de plus, cette cuvée Héritage a séduit le jury. La vendange a été rigoureusement triée : les meilleurs raisins ont été sélectionnés pour en extraire en douceur toute la pureté. L'olfaction évoque les fruits à pleine maturité (cassis, framboise, groseille, pruneau), empreints de nuances liquoreuses et de belles touches épicées (cannelle). Les tanins denses et puissants viennent en soutien d'une bouche ample, longue et très fraîche, agrémentée d'une petite amertume et d'un beau retour aromatique fruité et vanillé en finale. ⧗ 2022-2025

DOM. DE LA VILLAUDIÈRE, 8, rte de Chaudenay, 18300 Verdigny, tél. 02 48 79 30 84, domaine@lavillaudiere.com V *t.l.j. sf dim. 9h-12h 14h-18h*

ALBAN ROBLIN Héritage 2018 ★★

| 2000 | | 15 à 20 € |

Issu d'une famille de vignerons depuis de nombreuses générations, Alban Roblin – installé depuis 2010 – conduit le domaine familial de 12 ha plantés principalement sur les terres blanches de la commune de Sury-en-Vaux et du hameau de Maimbray.

Un boisé voluptueux se manifeste dès le premier nez (crème de marrons, moka). Mais le vin ne s'en laisse pas conter et déploie d'élégantes senteurs florales et minérales (fumé, pierre à fusil). Rond et gras, lui aussi fortement imprégné par l'élevage en fût, le palais présente une acidité bien dosée et un retour aromatique de grande finesse. Typique d'un bon sancerre blanc élevé sous bois. ⧗ 2022-2026 ■ **2018 ★ (11 à 15 €; 6000 b.)** De délicates notes torréfiées et vanillées se mêlent aux fruits (cerise, myrtille, prune). Le palais apparaît souple et friand, épaulé par des tanins sages et sobres. ⧗ 2021-2024

ALBAN ROBLIN, La Rabotine, 9, rte de Maimbray, 18300 Sury-en-Vaux, tél. 02 48 79 31 15, roblin.larabotine@orange.fr t.l.j. sf dim. 9h-12h 14h-19h

DOM. DE LA ROSSIGNOLE 2019 ★★

64 000 | 8 à 11 €

Le nom de la famille Cherrier est attaché au vignoble de Sancerre depuis 1848. Le domaine actuel a été créé en 1927 par le grand-père Maurice, développé par son fils Pierre et depuis 1984 par la troisième génération, François et Jean-Marie, à la tête aujourd'hui de 15 ha de vignes. Ces derniers se sont implantés en 2010 dans l'appellation menetou-salon en reprenant les 10 ha du Dom. du Loriot.

La jolie palette de senteurs fruitées (pêche, agrumes) se complexifie en intensité et en élégance au fil de l'aération (touches anisées et florales). Au palais, le gras et la rondeur sont mis en relief par de beaux amers. Un magnifique crescendo de sensations qui reposent sur la fraîcheur et l'élégance. ⧗ 2020-2023

DOM. DE LA ROSSIGNOLE, 26, rue de la Croix-Michaud, 18300 Verdigny, tél. 02 48 79 34 93, cherrierfreres@orange.fr r.-v.

DOM. SALMON 2019 ★★

100 000 | 11 à 15 €

Constitué par Irénée Salmon, arrière-grand-père d'Armand, aux commandes depuis 1995, ce vignoble d'une vingtaine d'hectares s'étend sur les meilleurs coteaux de la commune de Bué ainsi que sur l'aire du pouilly-fumé. Un domaine très régulier en qualité.

La finesse des senteurs de fleurs blanches et de fruits exotiques (ananas, orange, citron) traduit la qualité du terroir et la maîtrise du vigneron. En bouche, la rondeur et le gras sont rafraîchis par une vivacité salivante. Précis et naturel, typé, il est plébiscité par le jury pour son élégance, sa persistance gustative et son potentiel. ⧗ 2020-2024

DOM. CHRISTIAN SALMON, rue Saint-Vincent, 18300 Bué, tél. 02 48 54 20 54, domainechristiansalmon@wanadoo.fr r.-v.

CAVE DES VINS DE SANCERRE 2019 ★

15 000 | 11 à 15 €

Créée en 1963, la Cave des vins de Sancerre, située à l'entrée de la ville, a apporté sa large contribution au développement de l'appellation. Elle regroupe 92 vignerons répartis dans 12 communes différentes. Équipée en matériel performant, elle est menée par une équipe compétente.

Des arômes de kiwi et de confiserie s'expriment au premier nez. Puis, on respire la maturité du raisin (pêche jaune, poire). Des touches de menthol et d'agrumes (citron, orange) apportent une heureuse fraîcheur à cette cuvée solaire. ⧗ 2020-2022

CAVE DES VINS DE SANCERRE, 682, av. de Verdun, 18300 Sancerre, tél. 02 48 54 19 24, infos@vins-sancerre.com t.l.j. sf dim. 8h-12h 13h30-17h30

CH. DE SANCERRE 2018 ★

300 000 | 15 à 20 €

En 1919, Alexandre Marnier-Lapostolle, fondateur de la liqueur Grand-Marnier, a acquis le château de Sancerre, ainsi que la tour des Fiefs qui domine la ville. Ces 2 édifices demeurent le symbole du domaine (55 ha) et illustrent les étiquettes. Il a été racheté en 2017 par Orchidées Maisons de vins (ex-Ackerman).

Assemblages des 3 principaux terroirs du sancerrois, cette cuvée séduit par la finesse de ses arômes rappelant les fruits mûrs (mangue, ananas) et les fleurs blanches. La bouche, dense et bien texturée, dégage un air de fraîcheur et une délicieuse minéralité dans ce millésime solaire. ⧗ 2021-2024 **Terre de Silex 2018 ★ (20 à 30 €; 2840 b.)** Le nez est porté par la douceur : liqueur d'orange, fleurs (oranger, violette). Ferme en attaque, la bouche devient tranchante pour finir sur une sensation minérale. ⧗ 2022-2025

CH. DE SANCERRE, 6, rue Porte-César, 18300 Sancerre, tél. 02 48 78 51 53, tourisme@chateaudesancerre.fr t.l.j. 8h-19h

♥ DOM. TINEL-BLONDELET
Frétoy 2019 ★★

25 000 | 15 à 20 €

À la tête du domaine familial depuis 1985, Annick Tinel-Blondelet, qui apparaît régulièrement dans le Guide pour son pouilly-fumé, a franchi le fleuve pour produire aussi du sancerre. Son domaine couvre 15 ha. Sa fille Marlène, titulaire d'un mastère en vin et d'une expérience dans une autre région viticole, a rejoint l'exploitation en 2016.

Ce sancerre est à la hauteur du sérieux et du renom du domaine. Il présente un bouquet subtil, floral et fruité (fruits tropicaux, citron), agrémenté de notes d'anis, de menthe et de poivre qui apportent du relief. La bouche apparaît opulente et corpulente, mais est soulignée par une juste vivacité qui lui donne beaucoup d'équilibre et d'allonge. Un grand 2019 qui concilie remarquablement la richesse et la fraîcheur, la puissance et la délicatesse. ⧗ 2021-2025

DOM. TINEL-BLONDELET, 58, av. de la Tuilerie, La Croix-Canat, 58150 Pouilly-sur-Loire, tél. 03 86 39 13 83, contact@tinel-blondelet.fr t.l.j. 9h-12h30 14h-18h30

ROLAND TISSIER ET FILS Étincelle 2018 ★

| 3000 | | 11 à 15 € |

Roland Tissier s'est installé en 1971 en reprenant l'hectare de son père. Ses 2 fils, Rodolphe et Florent, exploitent désormais le domaine de 11 ha tout autour du piton de Sancerre.

Issue d'un sol d'argile à silex, cette cuvée ne veut cacher ses origines ni par son nom allusif, ni par ses arômes d'abord axés sur la minéralité, complétés par de gourmandes notes d'ananas et d'orange. Vif en attaque, le palais évolue ensuite vers la douceur pour finir par une sensation de mousse de fruits frais. ⧗ 2020-2023

ROLAND TISSIER ET FILS, 56, Le Petit-Morice, 18300 Sancerre, tél. 02 48 54 02 93, sancerretissier@wanadoo.fr V *t.l.j. 9h-12h 14h30-18h; dim. sur r.-v.*

DOM. DE LA TONNELLERIE 2019 ★

| 87333 | | 8 à 11 € |

Les Thirot sont vignerons à Bué depuis 3 siècles. Hubert a pris la suite de son père Gérard à la tête de ce domaine qui couvre aujourd'hui 14 ha et pratique l'enherbement sur la quasi-totalité du vignoble.

Certes, le nez n'est pas très disert, mais l'élégance est là, autour de notes florales et fruitées (ananas, citron). La bouche se révèle ample et expressive. Les arômes exotiques reviennent avec force et persistance. Gourmand. ⧗ 2020-2023

DOM. DE LA TONNELLERIE, allée du Chatiller, 18300 Bué, tél. 02 48 54 16 14, gerard.thirot@wanadoo.fr V *r.-v.*

DOM. ANDRÉ VATAN Maulin Bèle 2019 ★

| 5000 | | 8 à 11 € |

Situé à Verdigny, ce domaine habitué des sélections du Guide étend son vignoble sur les différents terroirs du Sancerrois. André et Arielle Vatan ont été rejoints en 2012 par leur fils Adrien sur l'exploitation. Une valeur sûre.

Le nez dévoile d'intenses arômes fruités (fraise des bois, groseille à maquereaux) et floraux (verveine), colorés d'une touche lactée. Une fraîcheur confirmée par une bouche ample et citronnée, encore dynamisée par une finale acidulée. ⧗ 2020-2021

EARL ANDRÉ VATAN, rte des Petites-Perrières, 18300 Verdigny, tél. 02 48 79 33 07, avatan@wanadoo.fr V *r.-v.*

DOM. DES VIEUX PRUNIERS Cuvée Tominès 2018 ★

| 1500 | | 11 à 15 € |

Christian Thirot-Fournier a repris l'exploitation de ses parents en 1984 et exploite avec son épouse 10 ha de vignes. Le domaine, établi au pied du coteau viticole de Bué, offre aux visiteurs une belle vue sur le vignoble de Sancerre.

Au nez, les senteurs de fruits confiturés (cerise) et d'épices (muscade) se fondent dans des arômes torréfiés et toastés. Ample en attaque, la bouche révèle une petite tension qui apporte un soupçon de fraîcheur et s'appuie sur des tanins fermes qui composent avec le boisé une belle charpente. ⧗ 2023-2026

DOM. DES VIEUX PRUNIERS, 1, chem. de Marcigoi, 18300 Bué, tél. 02 48 54 09 40, thirot.fournier-christian@wanadoo.fr V *r.-v.*

J. DE VILLEBOIS 2019 ★

| 120000 | | 11 à 15 € |

En 2004, Joost de Villebois acquiert ce domaine et se spécialise alors dans la production de sauvignon blanc. Il est aujourd'hui aidé de son épouse Miguela et du vigneron Thierry Merlet.

La minéralité (pierre à fusil) s'affirme dès le premier nez, au milieu des notes florales (aubépine) et épicées (poivre blanc). Souple et rond, le palais dévoile une acidité légère et bien répartie. Plus sur la finesse que sur la puissance, il s'achève sur une agréable tension. ⧗ 2020-2022

SAS VILLEBOIS, 43, rue de la Quézardière, 41110 Seigy, tél. 02 48 79 35 24, leonard@villebois.eu V *t.l.j. sf sam. dim. 8h-12h 13h30-18h*

IGP CALVADOS

ARPENTS DU SOLEIL 2019 ★

| 10300 | | 11 à 15 € |

Gérard Samson est « le » vigneron du Calvados, installé depuis 1995 sur les terres argilo-calcaires de Saint-Pierre-sur-Dives, à la tête d'un petit vignoble de 6,6 ha, héritier d'une histoire viticole qui prospéra de l'époque médiévale jusqu'à la fin du XVIII[e]s. Il signe des vins réguliers en qualité, notamment en blanc.

Une robe d'un jaune clair limpide habille cette cuvée au nez subtil et à la bouche ronde, délicate et onctueuse. En dépit d'arômes peu marqués, un vin élégant, profond et agréable. ⧗ 2020-2023

ARPENTS DU SOLEIL, Grisy, 14170 Saint-Pierre-en-Auge, tél. 02 31 40 71 82, gerard.samson979@orange.fr V *r.-v.*

IGP CÔTES DE LA CHARITÉ

JEAN-JACQUES BARDIN Pinot noir Cuvée Romulus 2018 ★

| 5500 | | 11 à 15 € |

Fils de viticulteurs, Jean-Jacques Bardin s'est installé en 1969 à Pouilly-sur-Loire sur 1 ha de vignes achetées à son grand-père. Il conduit aujourd'hui 45 ha avec 3 de ses enfants.

Ce pinot noir d'un rouge très sombre présente un nez expressif et généreux de fruits cuits et d'épices. La bouche, puissante, est bâtie sur une belle structure de tanins et sur un boisé de qualité mais qui demande encore à se fondre. Un vin corsé à mettre en cave. ⧗ 2023-2025

JEAN-JACQUES BARDIN, lieu-dit Les Chaumes, 58150 Pouilly-sur-Loire, tél. 03 86 39 15 87, jean-jacquesbardin@wanadoo.fr V *t.l.j. sf dim. 9h-19h*

DOM. DE LA COQUILLERIE La Religieuse 2018 ★★

| 3015 | | 11 à 15 € |

Après des études à Beaune, puis différentes expériences professionnelles en Bourgogne et en Nouvelle-Zélande,

Nicolas Delgutte a eu l'opportunité, fin 2017, de reprendre ces 4 ha de vignes d'une vingtaine d'années, non loin de l'élevage familial.

Cette cuvée à base de chardonnay présente une jolie robe aux reflets dorés. Le nez exhale des notes originales de fruits exotiques, de rhum et de vanille. Des arômes que l'on retrouve dans une bouche fraîche et persistante. ⧗ 2020-2023

DOM. DE LA COQUILLERIE, 35, rte de Vezelay, 58350 Nannay, tél. 06 70 46 66 53, n.delgutte@gmail.com V r.-v.

DOM. LA PETITE FORGE Réserve 2018 ★★

■	1300		11 à 15 €

C'est à l'emplacement d'une ancienne forge qui dépendait du prieuré clunisien de La Charité-sur-Loire que le vignoble des Côtes de la Charité a connu sa renaissance sous l'impulsion de la famille Pabion. Daniel et Katrin sont aux commandes depuis 1980 d'une petite vigne de 1,3 ha.

Un vin élevé 11 mois en fût, à la robe cerise noire d'une belle intensité. Le nez, très puissant, dévoile des arômes de fruits rouges et noirs mâtinés de notes fumées et épicées. La bouche, centrée sur des arômes de cerise et de fruits macérés à l'eau-de-vie, montre une belle finesse, malgré des tanins encore un peu jeunes. Un vin gourmand, promis, qui plus est, à un bel avenir. ⧗ 2021-2025

DOM. LA PETITE FORGE, 136, chem. de la Petite-Forge, 58400 Raveau, tél. 03 86 70 30 80, petiteforge@yahoo.fr V r.-v.

IGP PUY-DE-DÔME

PIERRE GOIGOUX Le Damas noir 2018 ★★

■	3500		11 à 15 €

Domaine situé à quelque 500 m du château de Châteaugay construit au XIVᵉs. et coiffé d'une tour crénelée. L'exploitation créée en 1989 par Pierre Goigoux, sur 2,9 ha, compte aujourd'hui 18 ha de vignes.

Une curiosité que ce vin né du damas noir, aussi appelé petite syrah auvergnate, un cépage disparu avec le phylloxéra et ressuscité par Pierre Goigoux. Une curiosité, mais pas que : le vigneron en a tiré un fort joli vin au nez de fruits rouges et noirs très mûrs et d'épices. Le fruité est aussi à l'honneur dans une bouche équilibrée, à la fois fraîche et ronde, construite sur des tanins fins et souples. ⧗ 2020-2023

SCEA PIERRE GOIGOUX, Dom. de la Croix-Arpin, 63119 Châteaugay, tél. 04 73 25 00 08, gaec.pierre.goigoux@63.sideral.fr V r.-v.

BENOÎT MONTEL Game over 2018 ★

■	1000		15 à 20 €

Après des études au lycée viticole de Beaune suivies de quatre ans de vinification à Puligny-Montrachet, Benoît Montel a créé son propre domaine en 1999. Un vignoble de 12 ha dispersés sur quatre crus, de Riom à Clermont-Ferrand.

Issue du gamaret, un cépage créé en Suisse par croisement du gamay et du reichensteiner, cette cuvée d'un rouge très sombre révèle un nez bien ouvert de fruits rouges et de sous-bois. S'inscrivant dans cette même ligne aromatique, la bouche se montre très tannique, chaleureuse, stimulée par de beaux amers en finale. Un vin puissant qui gagnera à être attendu. ⧗ 2022-2025

BENOÎT MONTEL, 6, rue Henri-et-Gilberte-Goudier, 63200 Riom, tél. 06 32 00 81 05, benoit-montel@orange.fr V r.-v.

MARC PRADIER Pinot noir Authentique Élevé en fût de chêne 2018 ★

■	5480		5 à 8 €

Après avoir travaillé 15 ans avec son frère, Marc Pradier a repris en 2005 l'exploitation créée en 1945 par son père Jean. Aujourd'hui, il conduit seul ce domaine de 5 ha. En conversion bio depuis 2016.

Paré d'une robe rouge intense couleur rubis, ce 2018 propose un nez ouvert sur des arômes de fruits (cassis, mûre et cerise), lesquels continuent de distiller leurs effets dans une bouche agréablement boisée. Cet ensemble tout en rondeur, bâti sur des tanins déjà fondus, forme un vin souple et gourmand. ⧗ 2020-2023

MARC PRADIER, 9, rue Saint-Jean-Baptiste, 63730 Les Martres-de-Veyre, tél. 04 73 39 86 41, pradiermarc@orange.fr V r.-v.

♥ DOM. SAUVAT Pinot noir Nymphéa 2018 ★★

■	8000		8 à 11 €

Claude Sauvat a créé ce domaine petit à petit, à partir de 1977, dans la vallée des Saints. Sa fille Annie a repris le flambeau en 1987, accompagnée à la vinification de Michel Blot, son mari. Le couple est aujourd'hui à la tête d'un vignoble de 10 ha et signe des côtes-d'auvergne souvent en vue dans ces pages.

Ce pinot noir élevé 14 mois en fût fait des étincelles. Au nez, les fruits rouges se mêlent harmonieusement aux épices. La même intensité aromatique est à l'œuvre dans une bouche soyeuse, autant marquée par la souplesse de son attaque que celle de sa finale. Entre les deux, du volume, de la rondeur et de la fraîcheur. Un vin très équilibré, fin et gourmand. ⧗ 2021-2025

DOM. SAUVAT, rte de Dauzat, 63340 Boudes, tél. 04 73 96 41 42, sauvat63@wanadoo.fr V *t.l.j. sf dim. 9h-12h 14h-19h*

IGP URFÉ

VINCENT GIRAUDON Quercus 2018 ★

■	500		11 à 15 €

Après des études de viticulture, d'œnologie et de commerce du vin, Vincent Giraudon s'installe en

LOIRE

2004 sur 0,5 ha de vignes en location. Aujourd'hui, son vignoble, dont une partie est plantée en aligoté depuis 2009, couvre 4 ha, en conversion biologique.

60 % d'aligoté et 40 % de chardonnay composent cette cuvée élevée 12 mois en fût : le nez s'en ressent avec son caractère intensément boisé, nuancé d'une légère note de fleurs blanches et de fruits exotiques. Une complexité à laquelle fait écho une bouche ample et bien équilibrée entre rondeur et vivacité. ⧗ 2021-2024

VINCENT GIRAUDON, 15, rue Robert-Barathon, 42370 Renaison, tél. 06 84 38 40 02, vincentgiraudon@free.fr r.-v.

STÉPHANIE GUILLOT
Viognier Plume de perdrix 2019 ★

| | 2100 | | 8 à 11 € |

Un domaine créé en 2005 par Stéphanie Guillot, à la tête aujourd'hui d'un vignoble de 8,5 ha.

Cette cuvée offre un nez d'une agréable intensité, sur des notes florales (tilleul et muguet) et de fruits blancs. La bouche, d'une appréciable longueur, reste dans le même registre, avec une touche d'agrumes en plus. Un vin au beau profil aromatique. ⧗ 2020-2023

STÉPHANIE GUILLOT, 785, RD 1089, 42130 Sainte-Agathe-la-Bouteresse, tél. 06 82 49 26 44, cave.stephanieguillot@orange.fr lun. ven. sam. 15h-18h

LES VINS DE LA MADONE
Sauvignons gris et blanc 2019 ★

| | 3500 | | 11 à 15 € |

Gilles Bonnefoy a créé son domaine ex nihilo à partir de 1997 : plantations de vignes de 2001 à 2016, création de la cave en 2004. Aujourd'hui, un domaine de 10,5 ha conduit en biodynamie, établi en périphérie de 2 volcans : La Madone et Le Pigeonnier.

Si le nez de cette cuvée d'un beau jaune pâle limpide reste discret, la bouche se montre plus loquace, autour d'arômes fruités et floraux. On aime son volume, sa longueur et son agréable fraîcheur. ⧗ 2020-2023

SCEA LES VINS DE LA MADONE (GILLES BONNEFOY), 1581, chem. de Jobert, 42600 Champdieu, tél. 04 77 97 07 33, gilles.bonnefoy8@wanadoo.fr r.-v.

STÉPHANE RÉAL
Syrah Coquelicots 2018 ★

| | 4000 | | 8 à 11 € |

Stéphane Réal a trouvé tout jeune sa vocation de vigneron auprès de son grand-père et a créé son domaine en 1997. Avec son frère Laurent, il exploite 5 ha à Saint-Romain-le-Puy, Urfé et Saint-Georges-Haute-Ville. La propriété fournit des côtes-du-forez et des vins en IGP Urfé.

Ce vin d'un rouge intense et mat propose un nez corsé dominé par les épices. Arômes que l'on retrouve dans une bouche équilibrée et longue, marquée en finale par des tanins encore un brin sévères. ⧗ 2021-2024

CAVE RÉAL, Fontvial, 42560 Boisset-Saint-Priest, tél. 04 77 76 63 04, cavereal@sfr.fr r.-v.

IGP VAL DE LOIRE

DOM. ASSERAY Sauvignon 2019 ★★

| | 1500 | | - de 5 € |

Emmanuel et Aurélie Asseray sont la 4e génération à diriger cette exploitation de 53 ha. Situé dans la vallée de la Loire, au sud d'Angers, sur la commune de Vauchrétien, le domaine, bâti sur des terroirs de schistes ou argile-graveleux, produit un vin appartenant aux appellations coteaux-de-l'aubance et anjou-villages-brissac. L'acquisition du label HVE3 est en cours.

Ce blanc, au drapé jaune pâle mais néanmoins brillant, diffuse un bouquet intense construit sur des notes florales (fleur de sureau) et fruitées (agrumes). La bouche prolonge ces sensations sur une belle longueur, en y ajoutant une touche de genêt. Souplesse, rondeur et fraîcheur sont au rendez-vous de cette cuvée équilibrée et légère. ⧗ 2020-2022

EARL DOM. ASSERAY, La Raterie, 49320 Vauchrétien, tél. 02 41 91 25 16, domaineasseray@yahoo.fr r.-v.

DOM. DE BEAUREGARD Sauvignon 2019 ★★

| | 6000 | | - de 5 € |

Ce domaine familial créé en 1972 par Jean-Noël Macé est conduit par son fils Éric depuis 200 et par sa fille Patricia depuis 2011. Le vignoble compte aujourd'hui 36 ha.

Une robe lumineuse, parée de reflets vert pâle, pour cette cuvée qui ravit par son nez intense et riche : les notes de bonbon y dialoguent avec les fleurs de sureau, d'aubépine, de tilleul et de belles touches de zeste de citron. Fraîche dès l'attaque, tout aussi florale et fruitée, la bouche séduit par son amplitude généreuse et sa finale dynamisée par une légère amertume. Un beau vin typique. ⧗ 2020-2023

DOM. DE BEAUREGARD, Beauregard, La Chaussaire, 49600 Montrevault-sur-Èvre, tél. 02 41 56 73 84, beauregard.viticulteur@orange.fr r.-v.

LE CELTIQUE
Marches de Bretagne Pinot gris 2019 ★★

| | 13300 | | - de 5 € |

Installé en 1984, Daniel Bideau exploite un vignoble de 25 ha établi sur le terroir renommé du Grand Mortier Gobin, composé d'orthogneiss métamorphique datant de l'ère primaire.

Ce pur pinot gris se présente dans une belle robe jaune brillant. Le nez, très agréable, s'exprime avec intensité sur les fleurs (rose, glycine, sureau) et les agrumes, agrémentés de notes très mûres de coing, de confit et de miel. La douceur, la rondeur et la souplesse caractérisent la bouche. Un vin gourmand, suave et généreux. ⧗ 2020-2023

DOM. BID'GI, 11, rue du Calvaire, 44690 La Haye-Fouassière, tél. 02 40 54 83 24, contact@bidgi.fr r.-v.

LES CHABOISSIÈRES Sauvignon 2019 ★

| | 8000 | | - de 5 € |

Philippe Bodineau a repris en 2002 l'exploitation familiale après avoir été responsable du vignoble

pour la maison Barré Frères à Gorges. Il conduit un domaine de quelque 20 ha.

Paré d'une robe jaune aux reflets verts, ce blanc d'un abord discret se dévoile peu à peu sur des notes végétales et des arômes de cerise blanche. Cette dernière est aussi à l'œuvre, agrémentée de touches de noyau et de kirsch, dans un palais riche et onctueux. ⧗ 2020-2023

⊶ DOM. DES CHABOISSIÈRES, 18, Les Chaboissières, 44330 Vallet, tél. 02 40 36 34 40, philippebodineau@orange.fr V r.-v.

DOM. DES CLOSSERONS Sauvignon 2019 ★

■	10000		5 à 8 €

Les Leblanc sont viticulteurs de père en fils depuis le XVII[e]s. Jean-Claude a repris l'exploitation familiale en 1956. Ses fils Yannick et Dominique lui ont succédé en 1984, rejoints en 2008 par Fabien, fils du premier, et en 2014 par Pierre, fils du second. Un domaine de 45 ha conduit de manière très raisonnée, régulièrement en vue pour ses liquoreux, ses coteaux-du-layon notamment.

Ce blanc dévoile sous sa robe jaune et intense un nez bien ouvert sur le fruit. La bouche est à l'avenant, bien fruitée (citron vert, ananas et pêche), mais aussi longue et fine. Un ensemble des plus harmonieux. ⧗ 2020-2022

⊶ EARL JEAN-CLAUDE LEBLANC ET FILS, 2, rue des Monts, Les Closserons, 49380 Faye-d'Anjou, tél. 02 41 54 30 78, contact@domaine-leblanc.fr V *t.l.j. sf dim. 8h-12h30 14h-18h; sam. sur r.-v.*

DOM. DE LA COCHE Pays de Retz La Croix Grolleau 2019 ★

■	4400		5 à 8 €

Située dans l'extrême ouest du vignoble nantais, Sainte-Pazanne est une commune principalement tournée vers l'agriculture. Un îlot viticole demeure : celui des cousins Emmanuel et Laurent Guitteny, à la tête depuis 2000 d'un vignoble de 35 ha.

Un 2019 à la robe rubis tirant sur le noir, au nez très intense de cassis et de cerise mûrs. Bâtie sur des tanins fondus, riche sans manquer de fraîcheur, la bouche déploie de généreuses notes confiturées de mûre, de myrtille et de framboise, avant une finale épicée. Un vin équilibré et complexe. ⧗ 2020-2023

⊶ DOM. DE LA COCHE, La Coche, 44680 Sainte-Pazanne, tél. 02 40 02 44 43, contact@domainedelacoche.com V *t.l.j. sf dim. lun. 10h-12h 14h-19h*

VIGNOBLE COGNÉ Pinot noir 2019 ★

■	25000		5 à 8 €

L'une des valeurs sûres de l'IGP Val de Loire, connue aussi sous l'étiquette Dom. de la Couperie, avec laquelle la famille Cogné a déjà décroché plusieurs coups de cœur. Le vignoble s'étend sur 48 ha.

Brillant à l'œil, ce pinot noir présente un nez d'une belle typicité : les petits fruits rouges, notamment la cerise, s'y expriment avec élégance et se combinent à des notes de fraise et d'épices. Le palais offre une pointe de fraîcheur et devient onctueux en finale. Si les tanins sont encore un peu jeunes, il n'en reste pas moins un vin soyeux, délicatement structuré et d'une belle longueur. ⧗ 2020-2023

⊶ VIGNOBLE COGNÉ, 227, La Couperie, Saint-Christophe-la-Couperie, 49270 Orée-d'Anjou, tél. 02 40 83 73 16, cogne.vin@orange.fr V *ven. sam. 8h-12h 14h-18h*

DOM. DES COTEAUX BLANCS Rosé du Val de Loire 2019 ★★

■	2000		5 à 8 €

La famille Hilpert a racheté le domaine en 2015. Après une première vie passée dans le domaine des cosmétiques, Émilie, la fille aînée, s'est reconvertie avec bonheur dans la viticulture et a pris la tête de l'exploitation.

D'un beau rose soutenu couleur pivoine, cette cuvée, issue de 60 % de gamay, 30 % de grolleau et 10 % de pineau d'Aunis, offre un nez expressif de fruits rouges (framboise) et de pomélo. Après une attaque tout en souplesse, la bouche séduit par sa fraîcheur et son fruité (groseille, framboise, fraise des bois). Un vin léger et aérien, qui ne manque pas de tenue pour autant. ⧗ 2020-2021

⊶ DOM. DES COTEAUX BLANCS, Les Coteaux-Blancs, 49290 Chalonnes-sur-Loire, tél. 02 41 78 27 97, info@coteauxblancs.fr V *r.-v.*

VIGNOBLE DAHÉRON Dame Rose 2019 ★

■	1600		5 à 8 €

Implanté, entre Corcoué-sur-Logne et Rocheservière, sur un terroir de roches vertes, ce domaine est exploité par la même famille depuis la fin du XVIII[e]s. Il couvre aujourd'hui 65 ha, conduits depuis 2005 par Sylvie Dahéron et son frère Gaël. À sa carte, du muscadet-côtes-de-grand-lieu et des vins de cépage.

Issue de 40 % de grolleau, 40 % de merlot et 20 % de cabernet-sauvignon, cette cuvée pâle et brillante offre un nez à la fois intense et fin de framboise, d'épices et de fleur d'oranger. La bouche se développe avec fraîcheur et souplesse sur des saveurs de fruits à chair blanche. ⧗ 2020-2021

⊶ VIGNOBLE DAHÉRON, 9, Le Parc, 44650 Corcoué-sur-Logne, tél. 02 40 05 86 11, contact@vignoble-daheron.fr V *r.-v.*

DOM. ESCOGRIFFE Grolleau gris 2019 ★

■	4200		5 à 8 €

Ce domaine, dont le nom et le logo ont été inspirés par l'allure de ses fondateurs, était à l'arrêt depuis plusieurs années avant d'être repris en 2017 par 3 membres de la famille Legagneux. Les premières cuvées sortent ensuite à l'arrivée du printemps 2018 et balaient les AOC principales de l'Anjou. Des cuvées originales sont également produites au sein de cette exploitation qui se veut familiale avant tout.

Ce grolleau gris revêt une seyante robe jaune aux nuances gris et rose. Le nez évoque les fruits blancs et les agrumes. La bouche, suave, ronde et charnue, sans toutefois manquer de fraîcheur, se montre riche en saveurs : coing mûr, délicates touches épicées. ⧗ 2020-2023

⊶ DOM. ESCOGRIFFE, lieu-dit Montsabert, Coutures, 49320 Brissac-Loire-Aubance, tél. 06 59 58 40 14, domaine-escogriffe@gmail.com V *t.l.j. sf dim. 10h-12h30 15h-19h*

DOM. DES GALLOIRES Sauvignon 2019 ★

6000 | - de 5 €

Située à l'emplacement d'un ancien manoir, cette propriété familiale créée en 1967 est régulièrement en vue pour l'une ou l'autre de ses 18 cuvées. L'exploitation, conduite par la famille Toublanc depuis 7 générations, couvre aujourd'hui 50 ha surplombant la Loire, côté sud.

Ce sauvignon, à la robe lumineuse, légèrement dorée, présente un nez expressif et mûr d'abricot, d'ananas, de poire et de fleurs capiteuses. La bouche se déploie avec amplitude et générosité, en diffusant un fruité aux accents de litchi. ⧗ 2020-2022

SCEA DES GALLOIRES, 1, La Galloire, 49530 Drain, tél. 02 40 98 20 10, contact@galloires.com V t.l.j. sf dim. 9h-12h 14h-19h (sam. 17h)

♥ VIGNOBLE GOISLOT PAPIN Pinot noir 2019 ★★★

3000 | - de 5 €

Chantal et Yves Goislot sont installés depuis 1984 au sud de Vallet, au-dessus des boucles de la Sanguèze, petite rivière qui se jette dans la Sèvre. Leur domaine de 35 ha, établi sur des coteaux escarpés, bénéficie de sols de gabbro. En 2003, ils se sont associés avec Jeannick Papin, donnant naissance à l'étiquette Goislot-Papin.

Une robe intense et lumineuse habille ce pinot noir qui a tout d'un grand. À un nez puissant et expressif, ouvert sur des notes d'épices et de fruits à l'eau-de-vie, répond un palais souple en attaque, très fin, très long, sans toutefois manquer d'intensité et de chair. Un vin diablement gourmand, à la fois élégant et généreux. ⧗ 2020-2024

GAEC GOISLOT PAPIN, 220, La Débaudière, 44330 Vallet, tél. 06 13 24 48 91, goislot.papin0464@orange.fr V r.-v.

LACHETEAU Cabernet franc 2019 ★

100 000 | 5 à 8 €

Créée en 1990, la société de négoce Lacheteau s'est spécialisée dans la production de rosés et de vins effervescents. Elle est entrée dans le giron des Grands Chais de France en 2005. À noter qu'en 2019, le vignoble a reçu la certification HVE (Haute valeur environnementale).

Ce 2019 couleur pétale de rose diffuse un bouquet expressif de petits fruits rouges relevés d'une note de paprika. On retrouve le fruit (fraise, framboise) agrémenté d'une note de bonbon dans une bouche suave et ronde. Une jolie gourmandise. ⧗ 2020-2021

SAS LACHETEAU, Ch. du Cléray, 44330 Vallet, tél. 02 40 36 66 00, sauvion@sauvion.fr V t.l.j. sf dim. 9h-12h30 13h30-18h

DOM. MADELEINEAU Cabernet sauvignon 2019 ★

5000 | - de 5 €

Ce domaine familial de 30 ha créé en 1982 est bien connu des lecteurs du Guide à travers plusieurs étiquettes : le Dom. Madeleineau en IGP Val de Loire, le Dom. de l'Errière et le Dom. de la Taraudière en muscadet-sèvre-et-maine et gros-plant-du-pays-nantais. L'exploitation a reçu, pour son millésime 2019, la certification HVE (Haute valeur environnementale).

Ce rosé exhale un bouquet à la fois intense et fin de fruits rouges, notamment de fraise et de framboise. D'une belle tenue, ronde, tendre et suave, la bouche se révèle tout aussi fruitée. Un joli vin de plaisir. ⧗ 2020-2021

GAEC MADELEINEAU PÈRE ET FILS, 12, L'Errière, 44430 Le Landreau, tél. 02 40 06 43 94, domainemadeleineau@orange.fr V r.-v.

♥ LE MOULIN DE LA TOUCHE Pays de Retz Sauvignon gris 2019 ★★★

8000 | - de 5 €

Ce domaine a été créé en 1970 sur les coteaux sud qui dominent le marais breton et la baie de Bourgneuf. 16 ha de vignes entourent aujourd'hui un ancien moulin érigé en 1745 et transformé en caveau par la famille Hérissé. Vincent a repris l'exploitation en 2014.

Ce sauvignon gris d'un jaune très clair et lumineux charme d'emblée par son olfaction : on y respire des notes très intenses de fleurs de sureau et d'aubépine, de fruits blancs et de fumé. Ces mêmes saveurs florales et fruitées imprègnent une bouche ample, longue et fraîche, joliment acidulée en finale. Un vin «salivant», harmonieux et énergique. ⧗ 2020-2023

LE MOULIN DE LA TOUCHE, 44580 Bourgneuf-en-Retz, tél. 02 40 21 47 89, contact@lemoulindelatouche.com V t.l.j. sf dim. 10h-12h 15h-18h30

DOM. DE L'OLIVIÈRE VIEILLE Sauvignon gris Demi-sec 2019 ★

2000 | 5 à 8 €

Les vignerons Philippe et Didier Griffon sont les vignerons de ce domaine d'environ 16 ha qui propose aussi du muscadet et d'autres cuvées à base de cépages tels que le cabernet-sauvignon, le gamay, le sauvignon blanc ou encore le merlot.

Un blanc au nez bien mûr, fin et agréable, ouvert sur les fleurs et fruits blancs, relevés d'une pointe de réglisse. La bouche se révèle suave, tendre et ronde, centrée sur les fruits à chair blanche. Un joli «sec tendre», comme on dit dans la région. ⧗ 2020-2023

DOM. DE L'OLIVIÈRE VIEILLE, Tillières, 49230 Sèvremoine, tél. 06 22 86 37 41, gaecdelasauzaie@orange.fr V r.-v.

POIRON-DABIN
Marches de Bretagne Berligou 2018 ★

14 000 | | 15 à 20 €

En 1962, Jean Poiron épouse Thérèse Dabin. Déjà propriétaire du Ch. de l'Enclos, le couple agrandit son vignoble (acquisition du Clos du Château de la Verrie en 1970, puis du Dom. de Chantegrolle en 1990). Leurs fils Laurent et Jean-Michel achètent encore le Clos des Tabardières, ce qui porte la superficie de leur exploitation à 68 ha.

Une robe rouge sombre d'une belle intensité pour ce pinot noir élevé 8 mois en cuve et 12 mois en fût. Le nez, expressif, en porte la trace avec ses notes de pain grillé et d'épices. On retrouve le boisé, tendance vanille et caramel, dans une bouche solide, aux tanins bien présents. Un beau travail d'élevage pour un vin qui gagnera à vieillir encore un peu. ⧗ 2022-2025

DOM. POIRON-DABIN,
4, Chantegrolle, 44690 Château-Thébaud,
tél. 02 40 06 56 42, contact@poiron-dabin.com
t.l.j. sf dim. 9h-12h 14h-18h

DOM. DE LA POTARDIÈRE 2019 ★

11 000 | | - de 5 €

Propriétaire de ce domaine depuis 1879, la famille Couillaud conduit un vignoble de 27 ha au flanc d'un coteau appelé la Butte de la Roche, qui domine le marais de Goulaine. Romain a pris les commandes en 2010.

Ce sauvignon jaune pâle, brillant et lumineux, dévoile un nez fin et bien typé de pamplemousse, de bourgeon de cassis et de fleurs blanches. Une attaque ronde et souple ouvre sur un palais fruité, léger et frais. Un bon classique ligérien. ⧗ 2020-2022

DOM. DE LA POTARDIÈRE,
La Potardière, 44430 Le Loroux-Bottereau,
tél. 06 79 66 49 42, domainepotardiere@orange.fr
r.-v.

♥ DOM. DES QUATRE ROUTES
Chardonnay 2019 ★★

8 000 | | - de 5 €

Représentant la huitième génération, Éric Poiron est aux commandes du domaine familial (32 ha aujourd'hui) depuis 1990. Les Poiron sont également pépiniéristes et producteurs de pommes.

Une belle robe dorée ornée de reflets verts pour ce vin au nez floral et muscaté, aussi puissant et profond que fin. La bouche est un modèle d'équilibre : de la rondeur, une subtile suavité, mais aussi beaucoup de fraîcheur autour de notes d'agrumes et une très belle longueur. ⧗ 2020-2023

SARL HENRI POIRON ET FILS,
Les Quatre-Routes, 44690 Maisdon-sur-Sèvre,
tél. 02 40 54 60 58, contact@poironhenri.com
t.l.j. sf dim. 9h-13h 14h-18h30

DOM. DE LA RAGOTIÈRE
Chardonnay Cuvée Prestige 2019 ★

120 000 | | 5 à 8 €

Les frères Bernard, Michel et François Couillaud ont acquis en 1979 le Ch. de la Ragotière, ancienne maison noble ayant appartenu à un compagnon d'armes de Du Guesclin. En 2006, Amélie, fille de Bernard, et son mari Vincent ont pris la suite, à la tête d'un vaste vignoble de 30 ha d'un seul tenant, d'où ils tirent des muscadet-sèvre-et-maine et des vins de cépage en IGP Val de Loire vendus sous diverses étiquettes.

Ce chardonnay se présente dans une robe dorée aux reflets verts et argentés. Le nez, aussi intense que fin, dévoile des arômes de fleurs blanches, de kiwi et de pêche. Le fruit, sur des tonalités plutôt exotiques, est aussi présent dans une bouche fraîche, arrondie par une touche beurrée bien typée chardonnay. La finale, acidulée, lui amène un surcroît de nervosité. ⧗ 2020-2023

CH. DE LA RAGOTIÈRE (LES FRÈRES COUILLAUD),
La Grande-Ragotière, 44330 La Regrippière,
tél. 02 40 33 60 56, info@freres-couillaud.com
r.-v.

DOM. DES RENARDIÈRES
Sauvignon gris 2019 ★

1274 | | 8 à 11 €

Créé en 2015, le domaine est situé sur la commune de Beaumont et compte aujourd'hui 5 ha de vignes. Il est piloté par Isabelle Bureau qui fut durant quinze ans l'œnologue de la cave coopérative du Haut-Poitou.

Ce blanc aux nuances grises dévoile un nez intense et mûr de pêche, d'abricot, de rose et de brioche. La bouche, bâtie sur des saveurs d'épices et de fruits surmûris, apparaît ample, riche, généreuse. Un vin solaire. ⧗ 2020-2023

DOM. DES RENARDIÈRES,
13, Les Vallées, 86380 Ouzilly, tél. 06 47 04 71 38,
isabelle.bureau86@gmail.com
r.-v.

LA ROCHE BLANCHE
Chardonnay 2019 ★★

15 000 | | - de 5 €

Le grand-père a acheté les premières parcelles en 1946. Chaque génération a agrandi le domaine. Arrivés respectivement en 1994 et en 1997, Anthony et Thierry Lechat exploitent aujourd'hui 43 ha. Établis à Vallet, ils possèdent aussi un caveau de dégustation-vente sur la côte vendéenne, à Saint-Gilles-Croix-de-Vie.

Sous une robe claire, lumineuse et argentée, ce chardonnay délivre un nez élégant et profond, d'une belle intensité fruitée (ananas, fruit de la Passion, litchi, raisin frais). Une attaque franche et nette introduit une bouche généreuse, ronde et longue ; on y retrouve l'ananas, mais en version confit, jusqu'à ce qu'une pointe de fraîcheur ne relève la finale. ⧗ 2020-2023

LA ROCHE BLANCHE,
12, av. des Roses, 44330 Vallet, tél. 02 40 33 94 77,
earl-lechat@orange.fr t.l.j. sf dim. 8h-12h 14h-18h

DOM. SALMON
Chardonnay Grande Réserve 2019 ★★

| 4000 | | 5 à 8 € |

Dominique Salmon est installé à Château-Thébaud, village perché sur un coteau rocheux dominant la Maine. Il conduit le domaine fondé par son grand-père depuis 1984.

Un vin au nez intense, muscaté et profond, non dénué d'exotisme avec ses arômes de fruit de la Passion. Ce trait de caractère s'affirme davantage encore dans un palais rond, généreux, opulent même, d'une belle longueur, dynamisé par une finale sur la fraîcheur. ⧗ 2020-2023

DOM. SALMON, lieu-dit Les Landes-Devin, 44690 Château-Thébaud, tél. 02 40 06 53 66, contact@domaine-salmon-muscadet.com *t.l.j. sf dim. 9h-12h 14h-18h; sam. 9h-12h*

DOM. DU SILLON CÔTIER Grolleau gris 2019 ★

| 8000 | | - de 5 € |

Aux confins ouest du vignoble nantais, les vignes du Sillon Côtier dominent la baie de Bourgneuf. Installé en 2014, Nicolas Ferré représente la 5e génération à la tête de l'exploitation, qui compte 15 ha.

Ce 2019 d'un jaune intense, paré de nuances rosées, dévoile un nez fin et expressif d'agrumes, de pomme et d'ananas mâtiné de notes florales. En bouche, il offre de la fraîcheur, de la légèreté et une bonne longueur. Une belle expression du grolleau gris. ⧗ 2020-2022

DOM. DU SILLON CÔTIER, 1 ter, chem. de Trelebourg, 44760 Les Moutiers-en-Retz, tél. 02 40 64 77 29, sillon-cotier@wanadoo.fr *t.l.j. sf dim. lun. jeu. 10h-12h30 15h30-18h30*

DOM. DES TILLEULS
Chardonnay Sélection 2019 ★

| 45000 | | 5 à 8 € |

Créée en 1905, cette propriété familiale proche de Vallet comptait 5 ha à l'origine. Elle a été agrandie en 1989 par Daniel Houssin et par son épouse Évelyne, rejoints par leurs enfants Jérôme et Noémie. Le vignoble couvre aujourd'hui 27 ha.

Ce chardonnay se montre intense à l'olfaction : le citron et le pamplemousse rose, ainsi que des notes florales, s'y développent avec profondeur. Fraîche à l'attaque, la bouche s'arrondit ensuite, offrant une belle persistance sur des notes exotiques de fruit de la Passion. ⧗ 2020-2022

DOM. DES TILLEULS, Les Tilleuls, 47, rue du Vignoble, 44330 La Regrippière, tél. 02 40 33 60 04, contact@domainedestilleuls.fr *r.-v.*

♥ DOM. DE LA TUFFIÈRE
Grollo et Tuffo Grolleau noir 2019 ★★

| 2500 | | 5 à 8 € |

Situé sur la rive droite de la Loire, au nord-est d'Angers, ce domaine de 25 ha, de création monastique, remonte au XVIIe s. Longtemps propriété du Ch. de la Tuffière, il a été repris en 1989 par les Coignard, exploitants sur ces terres depuis 1972. Leur fille Clarisse et son mari Fabrice Benesteau sont aux commandes depuis 2002. Leurs vins (blancs et rosés notamment) sont régulièrement remarqués dans nos éditions.

Ce rouge intense et magnifique dévoile un nez complexe de myrtille, de cassis, de cerise noire et de mûre sauvage, le tout rehaussé d'une touche mentholée. La bouche apparaît tout aussi intense, centrée sur des arômes persistants et généreux de fruits rouges agrémentés d'une originale touche de guimauve. Elle convainc aussi par sa fraîcheur, son équilibre et le soyeux de ses tanins. ⧗ 2020-2024

EARL COIGNARD-BENESTEAU, Dom. de la Tuffière, Lué-en-Baugeois, 49140 Jarzé-Villages, tél. 02 41 45 11 47, vignobletuffiere@gmail.com *t.l.j. sf dim. 9h-12h 14h-19h*

LA VALLÉE DU RHÔNE

La vallée du Rhône porte des vignobles parmi les plus anciens de France, façonnés notamment par les Grecs et les Romains, puis par les papes d'Avignon.
Elle propose deux visages bien distincts. Le nord, entre Vienne et Valence, offre un vignoble parfois spectaculaire accroché aux coteaux surplombant le Rhône. Un vignoble modeste en taille, mais prestigieux par ses vins rouges de renom (côte-rôtie, cornas…), nés de la syrah, et par ses plus rares blancs, dont le fameux condrieu ou encore l'hermitage. Le Sud étend son vaste vignoble autour d'Orange. Outre des rosés et de rares blancs, son climat méditerranéen favorise les vins rouges chaleureux à dominante de grenache noir.
En matière de vins d'appellation, c'est la deuxième région viticole après le Bordelais. Les vins rouges, majoritaires, sont souvent chaleureux, souples ou de garde. Avec tavel, le vignoble possède la plus ancienne appellation de rosés ; il produit aussi des blancs de haute lignée comme les hermitage ou les condrieu. Enfin, les vins doux naturels montrent son appartenance à l'orbite méditerranéenne.

Principaux **millésimes** dégustés dans cette **édition**

TYPES DE VIN	CARACTÉRISTIQUES DU MILLÉSIME	QUALITÉ DU MILLÉSIME
Rouges 2019	Une grande année, chaude, très sèche, solaire mais avec un état sanitaire et une maturité irréprochables des raisins. Les rouges sont très complets, offrant du fruit, de la couleur, de la matière, des tanins de garde, de la rondeur et de la fraîcheur.	★★★★★
Blancs 2019	Très belle année aussi pour les blancs avec des vins équilibrés, nets, frais et francs en même temps qu'amples et veloutés.	★★★★★
Rouges 2018	Un hiver doux, un printemps très pluvieux avec du mildiou surtout dans le sud, un été chaud et des vendanges précoces sous le soleil. Les rouges sont souples, ronds, sur le fruit, moins profonds que les 2017.	★★★☆☆
Blancs 2018	Des blancs à maturité (parfois trop), aromatiques, notamment les clairettes et roussannes.	★★★☆☆
Rouges 2017	Un très beau millésime, sans gel ni grêle, avec beaucoup de chaleur et des jus concentrés. Les rouges, notamment ceux du Nord, sont profonds, denses, dotés de tanins mûrs, fins et veloutés.	★★★★☆

La **vallée du Rhône** en un clin d'œil

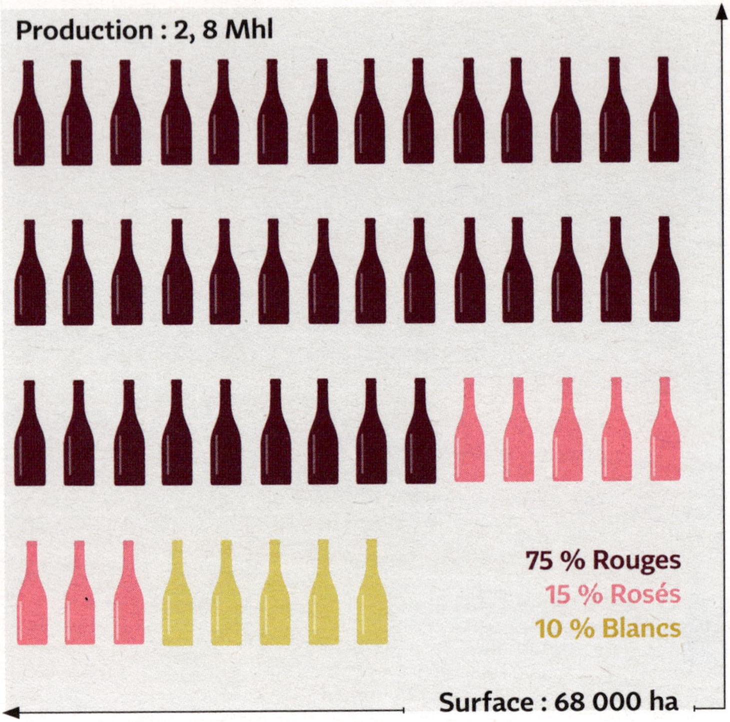

Types de vins

Principaux cépages

Syrah

Grenache

Mourvèdre

Cinsault

Carignan

Viognier

Roussanne

Marsanne

Grenache blanc

Clairette blanche

Bourboulenc

muscat blanc à petits grains

Hiérarchie des vins

AOC COMMUNALES
(côte-rôtie, cornas, tavel, châteauneuf-du-pape…).

AOC « SATELLITES »
On rattache aussi au vignoble rhodanien des AOP « satellites » plus éloignées du fleuve (ventoux, luberon, grignan-lès-adhémar…).

AOC RÉGIONALES
côtes-du-rhône et côtes-du-rhône-villages, avec ou sans nom de commune

Un peu d'histoire

- **Ve s. av. J.-C. :** les Grecs implantent la vigne.
- **125 av. J.-C. :** conquête de la région par les Romains, essor du vignoble et 1res réglementations viticoles. Les Allobroges, population locale, obtiennent le droit de produire du vin.
- **Ier s. :** Pline l'Ancien célèbre les vins produits sur les terrasses aux alentours de Vienne.
- **XIIe s. :** les Templiers développent le vignoble de Châteauneuf-du-Pape.
- **1309-1376 :** 5 papes légitimes demeurent à Avignon.
- **1317 :** le pape Jean XXII fait prospérer le vignoble de Châteauneuf-du-pape.
- **XVIIe s. :** la dénomination « Coste du Rhône » apparaît et désigne les vins du duché d'Uzès.
- **1731 :** un édit royal autorise le marquage des lettres CDR (« Côte du Rhône) sur les fûts de vins de Tavel, Lirac, Roquemaure et Chusclan qui s'exportent jusqu'en Europe du Nord.
- **1850 :** le vignoble de la Côte du Rhône s'étend à la rive gauche du fleuve : on parle des « côtes du Rhône ».
- **1860 :** crise phylloxérique.
- **1924, 1929 :** Le baron Le Roy crée le syndicat des Vignerons de Châteauneuf-du-pape, puis le syndicat des Côtes du Rhône. Rénovation du vignoble.
- **1930 :** le vignoble du Rhône septentrional bénéficie de l'élan donné par la coopérative de Tain-l'Hermitage.
- **1936 :** création des AOC châteauneuf-du-pape, hermitage, tavel, saint-péray, château-grillet.
- **1937 :** création de l'AOC côtes-du-rhône.
- **1966 :** création de l'AOC côtes-du-rhône-villages.
- **À partir de 1970** et jusqu'au début **2000 :** création des AOC communales (gigondas, vacqueyras, vinsobres, rasteau, beaumes-de-venise), et des AOC « satellites » (ventoux, costières-de-nîmes, luberon…). Nouvelle impulsion dans le vignoble septentrional.

Mots-clés de la vallée du Rhône

1 Vignoble septentrional

Cultivées sur des pentes raides, orientées au sud-sud-est, les vignes sont bien protégées du vent par les reliefs. Les vins rouges naissent de la syrah ; les blancs de la roussanne et de la marsanne, ou du viognier, cépage unique des appellations condrieu et château-grillet.

2 Climat continental

La vallée du Rhône nord est soumise à un climat de type continental tempéré. L'encaissement et les vents contribuent à la forte amplitude thermique observée entre l'hiver et l'été (l'ensoleillement est très important sur les coteaux). La pluviométrie (750 mm par an) est assez bien répartie.

3 Vignoble méridional

De Montélimar à Avignon, le vignoble s'étend sur des plateaux et des collines en pentes douces modelées par les affluents du Rhône. Plus complexes qu'au nord, les sols sont argilo-calcaires, plus ou moins caillouteux. On y cultive un grand nombre de cépages, qui sont assemblés dans les vins. En rouge, le grenache est dominant. Il est complété par la syrah, le mourvèdre et le cinsault, ou encore par le carignan, mais on compte une vingtaine de variétés, certaines confidentielles comme la counoise ou le vaccarèse. Les blancs sont essentiellement issus de la clairette, du grenache blanc, du bourboulenc, de la marsanne, de la roussanne, avec parfois du viognier et du rolle.

4 Climat méditerranéen

La vallée du Rhône sud bénéficie d'un climat méditerranéen, influencé par le mistral, vent sec et violent, qui contribue à la luminosité et au bon état sanitaire des raisins.

5 Crus

Ce sont les appellations communales qui constituent le sommet de la pyramide. Elles se répartissent équitablement entre le nord et le sud de la région. Dans la partie septentrionale du vignoble, entre Vienne et Valence, on trouve du nord au sud : côte-rôtie, condrieu, château-grillet, saint-joseph, crozes-hermitage, hermitage, cornas et saint-péray. Dans la zone méridionale, au sud de Montélimar, on trouve du nord au sud : vinsobres, rasteau, gigondas, vacqueyras, beaumes-de-venise, châteauneuf-du-pape, lirac et vacqueyras.

6 Galets roulés

Les sols de galets de quartzites sont typiques des vignobles de Châteauneuf-du-Pape, de Tavel et de Lirac. Ils constituent un excellent régulateur thermique : ils emmagasinent la chaleur du soleil pendant la journée et la restituent à la vigne pendant la nuit. En outre, ils assurent un bon drainage de l'eau, tout en limitant son évaporation.

7 Terrasses

Quand la pente des coteaux est trop inclinée, on élève des murets pour constituer des terrasses. Cet aménagement rend la culture de la vigne possible et évite le ravinement du sol, mais engendre des coûts de production élevés. Dans la vallée du Rhône septentrionale, en AOC côte-rôtie, ces murs de pierres (appelés « cheys ») rythment les pentes bien exposées qui dominent le fleuve.

8 Papes

Après l'effondrement de l'empire romain, les débouchés se tarissent. La renaissance vient non seulement des ordres monastiques comme ailleurs, mais aussi de la papauté elle-même, qui s'installe au début du XIVe s. en Avignon et développe les vignobles de la vallée méridionale. Jean XXII, notamment, fait planter le vignoble de Châteauneuf-du-Pape en 1317. Après lui, cinq papes légitimes demeurent à Avignon jusqu'en 1376.

9 Baron Le Roy

D'origine Normande, Pierre Le Roy de Boiseaumarié (1890-1967), dit le baron Le Roy, épouse l'héritière du château Fortia à Châteauneuf-du-Pape et se consacre à la vigne. En 1924, il est à l'origine de la création du syndicat des vignerons de Châteauneuf-du-Pape, puis en 1929 de celui des Côtes du Rhône. Il participe également avec Joseph Capus à la création de ce qui allait devenir l'Institut national des appellations d'origine (INAO), qu'il préside de 1947 à 1967.

Les **appellations** régionales de la vallée du Rhône

AOC Côtes-du-rhône

Production : 1,2 Mhl

84 % Rouges
10 % Rosés
6 % Blancs

Surface : 31 000 ha

Types de vins

Rouges

Blancs secs

Rosés

Principaux **cépages**

Grenache noir

Syrah

Mourvèdre

Cinsault

Carignan

Counoise

Grenache blanc

Clairette

Viognier

Marsanne

Roussanne

Bourboulenc

Une très vaste appellation dominée par les rouges

Définie dès 1937, l'appellation régionale côtes-du-rhône figure au nombre des plus anciennes. C'est aussi l'une des plus vastes, la seconde en superficie après bordeaux. Elle peut être produite sur l'ensemble de la région, du nord au sud, mais elle est en réalité très largement concentrée dans la partie méridionale. Les vins rouges, largement majoritaires, souvent souples, parfois plus charpentés, revêtent une grande diversité qui répond à celle des sols et des microclimats. Le grenache, la syrah et le mourvèdre peuvent être complétés par les nombreux cépages secondaires (30 % maximum). Des cépages blancs peuvent même entrer dans la composition des rouges (5 % maximum) et des rosés (20 % maximum). On trouve aussi de plus confidentiels blancs et rosés.

AOC Côtes-du-rhône-villages

Production : 315 000 hl

96 % Rouges
3 % Blancs
1 % Rosés

Surface : 9 000 ha

Types de vins

Rouges

Blancs secs

Rosés

Principaux cépages

Grenache noir

Syrah

Mourvèdre

Grenache blanc

Clairette

Viognier

Marsanne

Roussanne

Bourboulenc

Des conditions de production plus strictes

Créée en 1966, l'AOC côtes-du-rhône-villages se distingue par des conditions de production plus strictes. Les noms de 21 communes peuvent figurer sur l'étiquette (voir carte Vallée du Rhône méridionale). Sur le territoire de 70 autres communes du Gard, du Vaucluse et de la Drôme, dans l'aire des côtes-du-rhône, une délimitation plus fine permet de produire des côtes-du-rhône-villages sans nom de commune. Les vins sont très majoritairement rouges, plus charpentés que les côtes-du-rhône. Les rares blancs et rosés sont gras et fruités.

La vallée du Rhône **septentrionale** et le **Diois** en un clin d'œil

Production : 230 000 hl (dont 90 000 pour le Dios)

80 % Rouges
20 % Blancs

Surface : 54 000 ha

Types de vins

Rouges

Blancs secs

Effervescents clairette-de-die, crémant-de-die, saint-péray

Principaux **cépages**

Syrah

Gamay (Diois)

Pinot noir (Diois)

Viognier

Marsanne

Roussanne

Clairette (Diois)

Muscat à petits grains (Diois)

Aligoté (Diois)

Chardonnay (Diois)

Le Nord, synonyme de prestigieux crus rouges

La vallée du Rhône septentrionale s'étend de Valence à Vienne ; une vallée encaissée caractérisée par un climat frais, des sols anciens et des vignobles étroits et pentus, souvent aménagés en terrasses soutenues par des murets. Côte-rôtie, cornas, hermitage..., elle est avant tout synonyme de prestigieux vins rouges de garde. Elle fournit aussi de beaux vins blancs tranquilles, ainsi que quelques effervescents issus de la méthode traditionnelle (saint-péray).

Seuls 4 cépages ici : la syrah pour les rouges, le viognier, la marsanne et la roussanne pour les blancs. Viognier et syrah sont le plus souvent vinifiés seuls (un peu de viognier venant parfois s'ajouter à la syrah en côte-rôtie).

Plus ou moins corsés selon les appellations, les rouges sont à la fois denses et fins, sur la violette, le poivre, la réglisse, le cacao et la truffe. En blanc, le viognier (unique cépage du condrieu et du château-grillet) donne des vins suaves, gras et très expressifs (pêche, fleurs), et la finesse et la fraîcheur de la roussanne sont souvent associées à la rondeur de la marsanne (saint-péray, saint-joseph, hermitage...).

Le Diois

Un peu à l'écart, dans la haute vallée de la Drôme, la région préalpine de Die est, grâce à la fraîcheur due à l'altitude, propice aux cépages blancs comme la clairette et le muscat. Elle produit dans cette couleur des vins tranquilles et effervescents, et aussi de rares vins rouges et rosés nés de gamay, de pinot noir et de syrah (châtillon-en-diois).

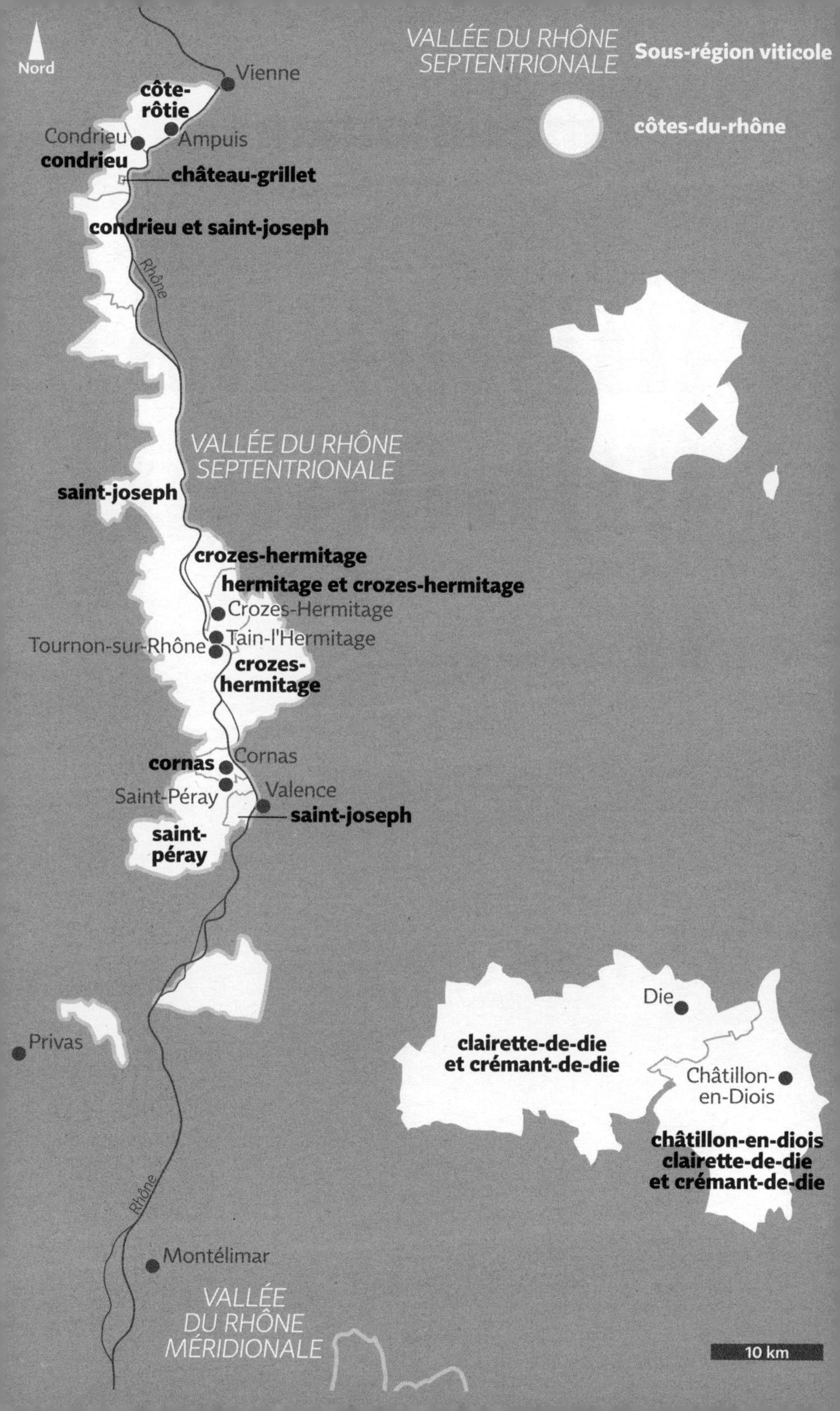

Nord
VALLÉE DU RHÔNE SEPTENTRIONALE
Sous-région viticole
côtes-du-rhône
Vienne
côte-rôtie
Condrieu
Ampuis
condrieu
château-grillet
condrieu et saint-joseph
Rhône
VALLÉE DU RHÔNE SEPTENTRIONALE
saint-joseph
crozes-hermitage
hermitage et crozes-hermitage
Crozes-Hermitage
Tain-l'Hermitage
Tournon-sur-Rhône
crozes-hermitage
Cornas
cornas
Valence
Saint-Péray
saint-joseph
saint-péray
Die
Privas
clairette-de-die et crémant-de-die
Châtillon-en-Diois
châtillon-en-diois clairette-de-die et crémant-de-die
Rhône
Montélimar
VALLÉE DU RHÔNE MÉRIDIONALE
10 km

La vallée du Rhône **méridionale** en un clin d'œil

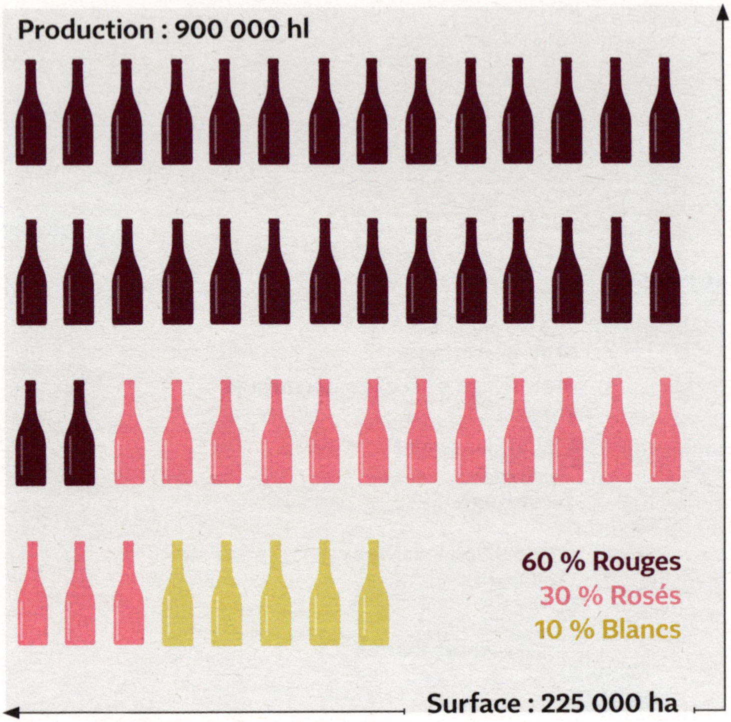

Types de vins

Principaux cépages

Grenache noir	Syrah	Mourvèdre	Cinsault	Grenache blanc	Clairette
Viognier	Marsanne	Roussanne	Bourboulenc		

Le Sud, synonyme de vins solaires et généreux

De Montélimar à Avignon, le vignoble s'étend sur des plateaux et des collines en pentes douces modelées par les affluents du Rhône, avec, à l'arrière-plan, des reliefs calcaires comme les Dentelles de Montmirail, le mont Ventoux ou le Luberon. Il se rattache au Midi méditerranéen, tant par sa culture que par ses paysages ou la générosité de son climat ensoleillé et balayé par le mistral.

On cultive ici des cépages multiples, souvent vinifiés en assemblage, avec une prédominance du grenache, à l'origine de vins rouges amples, charnus et généreux, aux arômes de fruits mûrs, d'épices et de garrigue. Les blancs, plus rares, sont aussi généreux, gras et expressifs. Issus des mêmes cépages que les rouges, les rosés se montrent savoureux, épicés et ronds.

C'est dans cette partie sudiste que l'on trouve l'essentiel des AOC régionales, accompagnées de 9 AOC communales dites « crus » (châteauneuf-du-pape, lirac, tavel, gigondas, vacqueyras, vinsobres, rasteau, beaumes-de-venise, cairanne), ainsi que les vins doux naturel muscat-de-beaumes-de-venise (en blanc) et rasteau (en rouge).

Les « satellites »

Plus éloignés du fleuve, d'autres appellations se rattachent à la vallée du Rhône méridionale par leur encépagement et leurs styles de vins : sur la rive droite, les côtes-du-vivarais, les costières-de-nîmes, la clairette-de-bellegarde, le duché-d'uzès ; sur la rive gauche, grignan-les-adhémar, ventoux, luberon et pierrevert.

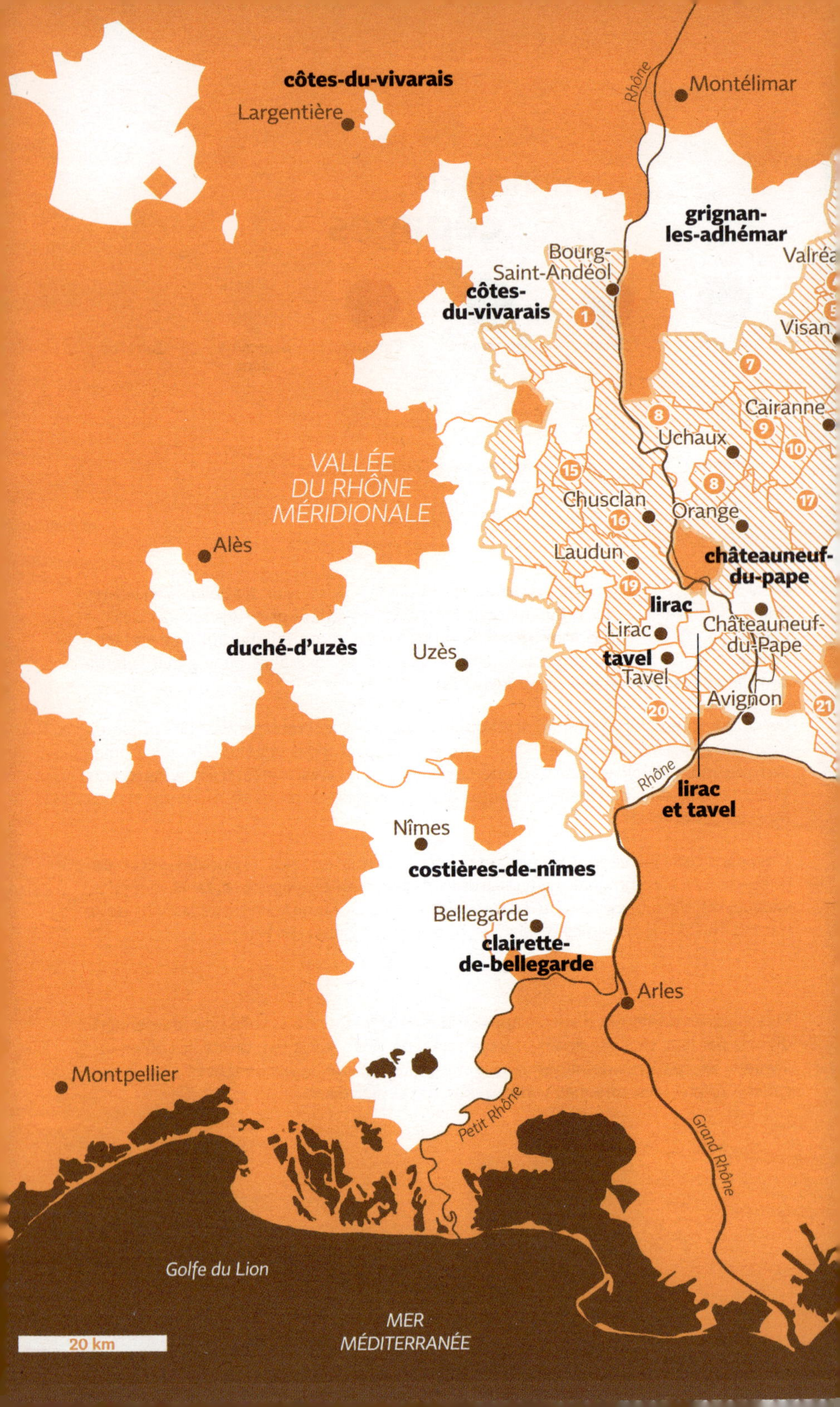

côtes-du-vivarais
Largentière
Montélimar
Rhône
grignan-les-adhémar
Bourg-Saint-Andéol
Valréa
côtes-du-vivarais
Visan
Cairanne
Uchaux
VALLÉE DU RHÔNE MÉRIDIONALE
Chusclan
Orange
Alès
Laudun
châteauneuf-du-pape
lirac
Lirac
Châteauneuf-du-Pape
duché-d'uzès
Uzès
tavel
Tavel
Avignon
Rhône
lirac et tavel
Nîmes
costières-de-nîmes
Bellegarde
clairette-de-bellegarde
Arles
Montpellier
Petit Rhône
Grand Rhône
Golfe du Lion
MER MÉDITERRANÉE
20 km

Nord
VALLÉE DU RHÔNE
MÉRIDIONALE
Sous-région viticole
côtes-du-rhône
côtes-du-rhône-villages
Dénominations de l'AOC côtes-du-rhône-villages
1 Saint-Andéol
2 Rousset-les-Vignes
3 Saint-Pantaléon-les-Vignes
4 Valréas
5 Visan
6 Saint-Maurice
7 Suze-la-Rousse
8 Massif d'Uchaux
9 Rochegude
10 Sainte-Cécile
11 Roaix
12 Séguret
13 Vaison-la-Romaine
14 Puyméras
15 Saint-Gervais
16 Chusclan
17 Plan de Dieu
18 Sablet
19 Laudun
20 Signargues
21 Gadagne
grignan-les-adhémar
Nyons
Vinsobres
vinsobres
cairanne et rasteau
Puyméras
rasteau
et rasteau sec
Rasteau
gigondas
Gigondas
Vacqueyras
beaumes-de-venise
et muscat de beaumes-de-venise
Beaumes-de-Venise
Carpentras
vacqueyras
ventoux
pierrevert
Manosque
Cavaillon
luberon
pierrevert
Durance
Salon-de-Provence
Aix-en-Provence

Les **vignerons** de l'année

Richard **Maby**

(Dom. Maby)

Richard Maby est à la tête d'un vignoble d'une soixantaine d'hectares situé pour l'essentiel sur les galets roulés du plateau de Vallongue. Accompagné par l'œnologue Philippe Cambie depuis 2011, le domaine se distingue par la régularité et la qualité de ces vins.

• Quelles sont ses singularités de votre lirac La Fermade?
C'est notre principale cuvée de lirac rouge, issue d'un très joli terroir de galets roulés identiques à ceux que l'on peut trouver à Châteauneuf-du-Pape. Les vignes d'environ 45 ans sont dans leur belle âge, avec des racines profondes qui donnent des rendements faibles, autour de 30 hl/ha, et qui tirent le meilleur de ce terroir. C'est un assemblage grenache-syrah-mourvèdre qui offre un bel équilibre. Les tanins de la syrah et du mourvèdre équilibrent l'opulence du grenache.

• Un vin élaboré sans apport de bois. Quelles sont les autres grandes lignes de son élaboration ?
Les vendanges, manuelles, ne se font que le matin pour ramasser des raisins frais et conserver tout le potentiel aromatique. Les grappes sont triées. Nous recherchons la maturité phénolique des raisins sans aller jusqu'à la surmaturité. En début de vinification, nous travaillons à basse température et, avec de tels raisins, on peut se permettre de faire macérer très longtemps, 5 semaines, sans prendre le risque d'extraire des tanins agressifs.

• Qu'est-ce qui vous a poussé vers la conversion bio certifiée ?
Nous travaillons en bio depuis de nombreuses années, mais jusqu'à présent je n'avais pas voulu franchir le pas de la certification. Je voulais que les gens achètent mes vins parce qu'ils sont bons, pas parce qu'ils sont bio. Le but de la viticulture bio, pour moi, n'est pas de faire des vins meilleurs, mais des vins plus représentatifs de leurs terroirs. Tout ne me plaît pas dans le cahier des charges bio, notamment la possibilité de vendanger à la machine. Mais nous avons de plus en plus de clients qui se focalisent sur les vins bio certifiés. Je trouve cependant dommage que des vignerons passent en bio pour des raisons strictement commerciales plutôt que par conviction.

• Quels étaient les points importants du millésime 2018 pas simple ?
C'est un millésime avec beaucoup d'alcool, dont il fallait équilibrer le niveau. Nous avons donc travaillé le sol des vignes plus tard que les autres années pour extraire de la fraîcheur.

• Un mot sur l'appellation lirac.
Je suis très heureux de produire du lirac. Un temps, j'ai voulu acheter des vignes à Châteauneuf-du-Pape. Mais je n'en ai pas vu l'intérêt parce que nous avons les mêmes terroirs à Lirac. Je me suis plutôt fixé comme challenge de faire des vins du même niveau que ceux de Châteauneuf. C'est ce qu'on arrive à faire aujourd'hui. Il y a 15 ou 20 ans, c'était dur de vendre des lirac, mais je constate que depuis 10 ans, les gens s'y intéressent de plus en plus.

Le coup de cœur

- **Lirac La Fermade 2018**

Stéphane **Robert**

(Dom. du Tunnel)

Stéphane Robert engrange les coups de cœur depuis son installation en 1994. Devenu un vigneron de référence dans les crus de la vallée du Rhône septentrionale, il revient sur son parcours hors du commun.

• Vous n'étiez pas destiné à devenir vigneron. Qu'est-ce qui a provoqué cette envie ?
Je voulais simplement être agriculteur. Mon père, assureur, a été muté à Saint-Péray. En allant chez des copains, fils de vignerons, j'ai découvert ce métier. Mon père était aussi passionné par le vin, il voyageait beaucoup pour son travail et ramenait des vins d'un peu partout. C'est aussi en goûtant tous ces vins que j'ai compris que cela me plaisait.

• L'apprentissage a-t-il été difficile ?
Quand vous plantez votre première vigne, vous découvrez pas mal de choses. Vous défrichez un endroit, vous le travaillez, vous piochez, etc. : c'est créer quelque-chose. Cinq ans après seulement, vous vendez votre première bouteille. C'est long, passionnant, mais cela vous engage pour la vie.

• Y-a-t-il eu des moments de doutes ?
Les choses se sont faites petit à petit. Je n'ai pas « grossi » en me mettant la pression. Je n'ai rien acheté au-dessus de mes moyens. C'est un métier où il faut pérenniser, mais en allant doucement et en gardant les pieds sur terre. Il faut être un peu... maniaque.

• Ce sont vos 7e et 8e coups de cœur depuis le Guide 2006. Comment expliquez-vous cette réussite ?
J'ai travaillé au mieux, mais ce qui fait le vin cela reste le terroir. Nous vinifions beaucoup parcelle par parcelle. Chacune a ses caractéristiques. C'est ce qui est magique dans le vin. Tout cela amène de la complexité. Ce n'est pas le vigneron qui le décide, il ne fait que se concentrer sur son travail pour avoir une jolie vigne, un beau raisin. Le vin, c'est aussi des goûts personnels. Et c'est aussi fédérer une équipe pour aller dans son sens.

• Parlez-nous de vos principales appellations : cornas, saint-joseph, saint-péray ?
À Saint-Péray, nous avons à la fois le gras, la puissance, l'aromatique - plutôt fruité pour les roussannes, plutôt florale pour les marsannes - et en plus la fraîcheur, la minéralité. C'est toute l'alchimie que l'on cherche dans un vin blanc. Saint-joseph est aussi une appellation sublime, avec beaucoup de coteaux. Elle donne des vins puissants qui gardent beaucoup d'élégance sur ce côté violette délicat. Cornas est notre appellation phare. On y trouve des épices, du poivre, avec une longueur extraordinaire. Je fais un cornas très rond. J'aime bien le côté un peu crémeux en attaque et des tanins pas trop agressifs.

♥ Les coups de cœur

- **Saint-péray Roussanne 2018**
- **Saint-joseph 2018**

➜ LES APPELLATIONS RÉGIONALES DE LA VALLÉE DU RHÔNE

CÔTES-DU-RHÔNE

Superficie : 37 465 ha
Production : 1 205 000 hl (97 % rouge et rosé)

Définie dès 1937, l'appellation régionale côtes-du-rhône figure au nombre des plus anciennes. C'est aussi l'une des plus vastes, la seconde en superficie après Bordeaux. Elle s'étend en effet sur six départements : Rhône, Loire, Ardèche, Gard, Drôme et Vaucluse. L'essentiel de la production provient des quatre derniers, situés dans la vallée du Rhône méridionale, au sud de Montélimar, les vignobles de la partie nord fournissant presque exclusivement des vins d'AOC locales. Sur la rive droite du Rhône, les vignes couvrent les pentes de collines; sur la rive gauche, elles affectionnent des bassins à fond plat aux sols de galets mêlés d'argiles sableuses rouges.
Dans cette partie sud du vignoble, l'encépagement est bien méridional, le dernier décret (1996) renforçant l'importance du grenache (40 % minimum), de la syrah et du mourvèdre dans les rouges et rosés. Les cépages secondaires, qui sont ici légion, ne peuvent pas totaliser plus de 30 % de l'encépagement. Ce sont notamment le cinsault, le carignan et encore la counoise, le muscardin, le vaccarèse, le terret. Des cépages blancs peuvent même entrer dans la composition des rosés. Les côtes-du-rhône blancs font intervenir principalement les grenache blanc, clairette, marsanne, roussanne, bourboulenc et viognier.
À la diversité des sols, des microclimats et des cépages répond celle des vins : vins rouges de semi-garde, tanniques et généreux, à servir sur de la viande rouge, produits dans les zones les plus chaudes et sur des sols de diluvium alpin (Domazan, Estézargues, Courthézon, Orange...); vins rouges plus légers, fruités et plus nerveux, nés sur des sols eux-mêmes plus légers (Nyons, Sabran, Bourg-Saint-Andéol...); vins primeurs disponibles à partir du troisième jeudi de novembre. La chaleur estivale contribue à la rondeur des blancs et des rosés. Producteurs et œnologues cherchent aujourd'hui à extraire le maximum d'arômes et à obtenir des vins frais et délicats. On servira les blancs sur des poissons de mer, les rosés sur des salades composées ou de la charcuterie.

DOM. DES 3 LYS Tradition 2018 ★

■ | 40000 | | 5 à 8 €

Propriété des familles Soulairac et Bosse-Platière depuis 1999, l'ensemble des Vignobles Saint-Bénezet compte plus de 200 ha intégralement cultivés en agriculture raisonnée.

Un rouge allègre, simple et efficace qui a pour lui un nez friand, centré sur le fruit rouge, et une bouche légère, souple, gourmande, qui devrait plaire au plus grand nombre. Simple et de bon goût, un vin idéal pour un repas sans chichi, une pizza ou des grillades au barbecue par exemple. ⧗ 2020-2022

DOM. DES 3 LYS, 477, rte de Sainte-Cécile, 30800 Saint-Gilles, tél. 04 66 70 17 45, commercial@saint-benezet.com r.-v.

Ⓑ LA BASTIDE SAINT-DOMINIQUE 2018 ★★

■ | 25000 | | 8 à 11 €

Créé en 1979 par Gérard et Marie-Claude Bonnet, ce domaine établi à Courthézon, sur les vestiges d'une ancienne chapelle du XVIᵉs., s'étend sur 50 ha. Il est aujourd'hui géré par Éric, qui a converti le vignoble à l'agriculture biologique (certification en 2014) et complété sa propriété par une structure de négoce. Il a été rejoint par sa sœur Véronique en 2016.

Du charme et de la suavité dans cet assemblage grenache et syrah né de sols de sables et d'argile. Les arômes de fruits rouges confiturés et de mirabelle perçus au nez s'épanouissent dans un palais souple, appuyé sur des tanins déjà fondus et relevé en finale par une touche de fraîcheur bienvenue. Soyeux, équilibré, facile d'accès et bien typé. ⧗ 2020-2023

LA BASTIDE SAINT-DOMINIQUE, 1358, chem. Saint-Dominique, 84350 Courthézon, tél. 04 90 70 85 32, contact@bastidesaintdominique.com **V** *t.l.j. 8h30-12h30 13h30-17h; sam. dim. sur r.-v.*

DOM. BEAU MISTRAL Grande Réserve gastronomique 2019 ★★

■ | 10000 | | 8 à 11 €

Côtes-du-rhône, *villages*, rasteau ou IGP de la principauté d'Orange, ce domaine familial très régulier en qualité étend son vignoble sur 28 ha plantés de vieux ceps, dont certains centenaires. Jean-Marc Brun est aux commandes depuis 1988.

Le grenache épaulé par la syrah, le cinsault et le mourvèdre, élevé 12 mois en cuve, a donné vie à ce 2019 qui fleure bon la mûre sauvage et la fraise des bois. Un agréable bouquet qui fait aussi le charme d'une bouche souple, bien arrondie et d'une finesse exemplaire. Déjà à point, on l'ouvrira sur une viande rouge. ⧗ 2020-2023

DOM. BEAU MISTRAL, 91, rte d'Orange, 84110 Rasteau, tél. 04 90 46 16 90, contact@domainebeaumistral.com **V** *t.l.j. sf dim. 9h-12h 13h30-18h*

Ⓑ DOM. BENEDETTI Vieilles Vignes 2018 ★★

■ | 30000 | | 8 à 11 €

Conduit par Christian Benedetti, ce domaine sorti de la coopérative en 1997 s'est rapidement tourné vers le bio (en 2001) pour mettre en valeur ses 26 ha de vignes. Depuis 2009, la gestion est assurée par le fils Nicolas.

Des vieilles vignes de grenache et de syrah, manifestement vendangées à maturité, ont forgé le caractère très plein et épanoui de ce 2018 élevé en cuve et en fût. Crème de cassis, confiture de cerises, épices douces, le nez donne le ton, suivi par une bouche chaleureuse, confortable, tout en rondeur et en chair, qui intègre de beaux tanins veloutés. L'élevage enrobe un peu plus cette composition qui ne manque ni de volume, ni de caractère, ni d'avenir. ⧗ 2021-2026

DOM. BENEDETTI, 1030, chem. Garriguette, 84850 Camaret-sur-Aigues, tél. 06 48 03 57 56, domainebenedetti@yahoo.fr **V** *r.-v.*

DOM. DU BOIS DE SAINT-JEAN Pur cent 2019 ★

■ | 6600 | | 15 à 20 €

Établie à Jonquerettes depuis 1620, la famille Anglès se consacre à la viticulture à partir de 1910. Une tradition perpétuée avec grand talent par Vincent et son frère Xavier qui, à la tête de 48 ha de vignes, proposent des vins d'une constance remarquable.

Un vin pas loin d'être unique par son assemblage qui intègre non pas 100 mais tout de même 16 cépages différents ! Qui dit mieux ? À l'arrivée, un nez délicat qui hésite entre fruits mûrs et notes florales, et une bouche très friande, avec ce qu'il faut de chair pour enrober des tanins bien fondus. ⧗ 2020-2024

DOM. DU BOIS DE SAINT-JEAN, 126, av. de la République, 84450 Jonquerettes, tél. 04 90 22 53 22, xavier.angles@wanadoo.fr V *t.l.j. sf dim. 8h30-12h 14h-19h*

DOM. DU BOIS DES DAMES 2019 ★

■ | 65000 | | 5 à 8 €

Cet ancien bois fut propriété des chartreusines de Prébayon. Vendu comme bien national à la Révolution, il fut transformé en vignoble en 1946. Le domaine (200 ha) est entré en 1956 dans la famille Meffre.

Un Bois des Dames très fréquentable qui met en exergue une belle maturité de fruits. Derrière une robe opaque, des arômes bien mûrs de cerise en confiture. La bouche ample et enveloppante s'appuie sur des tanins fondants. Du charme et de la plénitude dans ce rouge prêt à passer à table. ⧗ 2020-2023

DOM. DU BOIS DES DAMES, 2600, rte de Cairanne, 84150 Violès, tél. 04 90 70 94 90, bureau@boisdesdames.fr V *r.-v.*

MAISON BOUACHON Les Rabassières 2018 ★

■ | 20000 | | 5 à 8 €

Fondée en 1998 par des tonneliers, la maison Bouachon est établie à Châteauneuf-du-Pape. Ce négoce spécialiste des vins de la vallée du Rhône a été racheté en 2001 par la société Skalli, elle-même absorbée en 2011 par le groupe bourguignon Boisset.

Un assemblage grenache, syrah et mourvèdre, avec un élevage mixte en cuve et fût, est à l'origine de ce 2018 souple et fruité de bout en bout. À un nez friand, fruité et épicé, répond une bouche fluide, sans accroc, dotée de tanins fins et d'une agréable souplesse de fruits (rouges). Facile d'accès et déjà à point. ⧗ 2020-2023

BOUACHON LVS, av. Pierre-de-Luxembourg, 84230 Châteauneuf-du-Pape, tél. 04 90 83 58 34, pavillon@bouachon.com t.l.j. sf sam. dim. 10h-12h 14h-17h

♥ LAURENT BROTTE Les Brottiers 2019 ★★★

■ | 70000 | | 5 à 8 €

Cette maison réputée, fondée en 1931 par Charles Brotte, pionnier de la mise en bouteilles dans la vallée du Rhône, est aujourd'hui dirigée par Laurent, petit-fils du fondateur. Elle vinifie ses propres vignes et opère des sélections parcellaires pour le compte de son négoce, dont La Fiole du Pape, en châteauneuf, est la marque phare depuis sa création en 1952.

Un vin généreux, à point, qui commence sur les chapeaux de roue : nez très friand, intense, gorgé d'arômes de fraise et d'épices. Les épices insistent dans une bouche ronde à souhait, généreuse et charnue, soutenue par des tanins fermes et fins qui donnent du croquant à l'ensemble. Fruité mais conséquent et doté d'une longueur étonnante : on n'est pas loin du côtes-du-rhône idéal, et tout cela à prix très doux. ⧗ 2020-2024 ■ **Esprit Barville 2019 ★ (5 à 8 €; 20000 b.)** Une petite aération est nécessaire pour que ce rosé retrouve ses esprits et ses parfums de pamplemousse rose et de bonbon. Une attaque tonique ouvre sur un palais tout aussi gourmand, simple, franc et sans fausse note. Le rosé d'apéritif par excellence. ⧗ 2020-2021

LAURENT BROTTE, av. Pierre-de-Luxembourg, 84230 Châteauneuf-du-Pape, tél. 04 90 83 70 07, brotte@brotte.com V *t.l.j. 9h-12h 14h-18h (9h-19h en été)*

BRUNEL DE LA GARDINE 2019 ★

■ | 200000 | | 8 à 11 €

Le négociant Gaston Brunel, héritier d'une longue tradition vigneronne (XVIIe s.), acquit La Gardine en 1945. Ses fils, Patrick et Maxime, et ses petits-enfants, Marie-Odile et Philippe, continuent de mettre en valeur ce domaine réputé, fort d'une cinquantaine d'hectares. En 2007, la famille Brunel a créé une maison de négoce sous le nom de Brunel de la Gardine.

Un côtes-du-rhône puissant et concentré qui lorgne du côté des crus. Très mûr, comme souvent chez les Brunel, le nez affiche une belle concentration. Dans la lignée, la bouche s'impose par sa mâche et sa structure affirmée qui prédispose ce vin cossu à la garde. ⧗ 2021-2025

BRUNEL PÈRE ET FILS, rte de Roquemaure, BP 51, 84230 Châteauneuf-du-Pape, tél. 04 90 83 73 20, chateau@gardine.com V *t.l.j. sf dim. 10h-18h*

DOM. BRUSSET Laurent B. 2019 ★

■ | 50000 | | 5 à 8 €

Soixante-dix-huit terrasses exposées plein sud composent ce vignoble de 70 ha situé sous les Dentelles de Montmirail. Créé en 1947 par André Brusset, puis dirigé par son fils Daniel, il est aujourd'hui conduit par son petit-fils Laurent. Une valeur sûre en gigondas et en cairanne.

Les 4 principaux cépages du Rhône sud assemblés dans cette cuvée élevée en cuve qui libère à l'aération un bouquet de petits fruits rouges et d'épices. Souple, doté de petits tanins croquants, voilà un côtes-du-rhône gouleyant pour grillades et barbecue. ⧗ 2020-2022

SA DOM. BRUSSET, 70, chem. de la Barque, 84290 Cairanne, tél. 04 90 30 82 16, contact@domainebrusset.com V *t.l.j. 9h-12h 14h-18h*

LES VIGNERONS DU CASTELAS Liscardinal 2018 ★

■ | 100000 | | 5 à 8 €

Créée en 1956, cette coopérative, qui tire son nom d'une chapelle romane du XIe s. surplombant Rochefort-du-Gard, réunit aujourd'hui 45 viticulteurs

RHÔNE

pour 450 ha de vignes, dont 100 ha dédiés au seul côtes-du-rhône-villages Signargues.

Chaque année au rendez-vous du Guide, la cave signe un côtes-du-rhône plutôt fringant, dont la fraîcheur s'impose dès le nez : fruits rouges croquants, fleurs et plantes aromatiques. Ourlée de tanins fondus, la bouche offre la même sincérité et fraîcheur du fruit. Un rouge dépouillé qui va droit au but. ⧗ 2020-2023 ■ **Les Mésanges 2019 ★ (5 à 8 €; 40 000 b.)** Le trio viognier, grenache blanc et roussanne à l'œuvre dans ce jeune blanc fraîchement sorti des cuves. Eau de rose, fruits blancs, touche exotique : le nez séduit. Une douce mélodie qui s'enrichit de notes de litchi et de bonbon dans une bouche tendre et bien équilibrée. ⧗ 2020-2022

LES VIGNERONS DU CASTELAS, 674, av. de Signargues, 30650 Rochefort-du-Gard, tél. 04 90 26 62 66, info@vignerons-castelas.fr V *t.l.j.sf dim. 8h30-12h30 14h30-18h30*

CELLIER DES DAUPHINS Réserve 2019 ★

■ | 100 000 | | 5 à 8 €

Énorme structure rhodanienne née en 1965 de l'union de 6 coopératives de la Drôme, rejointes par 7 autres, dotée d'une cuverie de plus de 33 000 m² à Tulette. Elle a lancé en 1967 sa marque phare et populaire, le Cellier des Dauphins, qui revendique le 1er rang pour les volumes de vente en France de vin en AOC.

Quatre-vingt-cinq pour cent de grenache noir dans ce rosé vinifié en pressurage direct et élevé sur lies. Le vin en tire sa robe rose clair et le nez ses notes fringantes de petits fruits rouges acidulés, que l'on retrouve dans une bouche aussi fraîche qu'aromatique. Simple et efficace. ⧗ 2020-2021

UNION DES VIGNERONS DES CÔTES DU RHÔNE, 427, rte de Nyons, 26790 Tulette, tél. 04 75 97 38 42, j.facila@cellier-des-dauphins.com

♥ CELLIER DES GORGES DE L'ARDÈCHE Lou Raïol 2018 ★★

■ | 45 000 | | - de 5 €

Baptisée d'après un des sites naturels les plus remarquables du département, cette coopérative fondée en 1929 regroupe les producteurs de Saint-Martin-d'Ardèche, de Saint-Marcel-d'Ardèche et de Saint-Just-d'Ardèche pour une surface de 500 ha.

La cave a eu la bonne idée de vendanger des raisins (grenache et syrah) en légère surmaturité, puis de les vinifier en douceur. Il en ressort cet « Ardéchois de la rivière » (en patois Lou Raïol), paré d'une robe soutenue et centré au nez sur la myrtille et le cassis. En bouche, il a fort belle allure : charnu, velouté, tout en douceur et en rondeur, il restitue la plénitude de fruit perçue à l'olfaction. À ce prix, c'est remarquable. ⧗ 2020-2023

SCA CELLIER DES GORGES DE L'ARDÈCHE, 1405, rte de la Gare, 07700 Saint-Marcel-d'Ardèche, tél. 04 75 04 66 83, caveau@cellier-ardeche.fr V *t.l.j. sf dim. 9h-12h 14h-18h*

DOM. DIDIER CHARAVIN Lou Paris 2019 ★

■ | 13 000 | | 5 à 8 €

Un domaine créé en 1985 par Didier Charavin, habitué du Guide pour ses côtes-du-rhône, ses *villages* et ses rasteau.

Tout le savoir-faire de ce très bon vigneron dans ce Lou Paris à la robe soutenue et au nez ouvert, très épicé. Tout aussi intense, l'attaque ouvre sur un palais charnu et suave qui intègre de beaux tanins fermes donnant du relief à ce vin déjà très gourmand. Du plaisir et de la tenue. ⧗ 2020-2023

DOM. DIDIER CHARAVIN, 267, rte de Vaison, 84110 Rasteau, tél. 04 90 46 15 63, didier.charavin@orange.fr V *t.l.j. sf dim. 9h-12h 14h-18h*

DOM. CLAVEL Régulus 2019 ★

■ | 40 000 | | 5 à 8 €

Les Clavel conduisent depuis plusieurs générations cette exploitation fondée en 1934 sur la rive droite du Rhône, dont la vaste superficie (80 ha) leur permet de proposer une large gamme de vins. Aujourd'hui, c'est Claire, épaulée par son père Denis, qui est aux commandes de ce domaine en bio depuis 2008, très régulier en qualité, souvent en vue avec ses côtes-du-rhône et ses *villages* Saint-Gervais.

Vinifié par cépage et par parcelle avant assemblage, ce Régulus se livre sans réserve au nez : fruits rouges frais, notes florales et réglissées. Allègre, avec une fraîcheur de fruit affriolante, ce rouge croquant, délié, équilibré et bien du Sud incarne parfaitement l'esprit côtes-du-rhône. ⧗ 2020-2023

DOM. CLAVEL, rue du Pigeonnier, 30200 Saint-Gervais, tél. 04 66 82 78 90, claire@domaineclavel.com V *t.l.j. sf dim. 9h-12h 14h-18h*

B LE CLOS DU CAILLOU La Réserve 2018 ★

■ | 6 000 | | 20 à 30 €

Dirigé par Sylvie Vacheron depuis plus de 20 ans, en duo avec Bruno Gaspard, œnologue, ce domaine conduit en bio dispose d'un vignoble de 53 ha, dont 9 ha en châteauneuf-du-pape et 44 ha en côtes-du-rhône (dont une partie, Le Clos, est enclavée dans l'aire d'appellation de châteauneuf).

Ce côtes-du-rhône haut de gamme issu de parcelles enserrées dans le Clos a été élevé comme les grands, en demi-muid pendant 14 mois. Très épicé, encore sur la retenue, le nez ouvre sur une bouche onctueuse, dense, typée grenache, mais aussi bien pimentée par le mourvèdre. Du fond et de l'avenir. À laisser respirer en cave. ⧗ 2021-2026

LE CLOS DU CAILLOU, 1600, chem. Saint-Dominique, 84350 Courthézon, tél. 04 90 70 73 05, closducaillou@wanadoo.fr V *r.-v.*

B CH. DES COCCINELLES 2019 ★

■ | 17 600 | | 8 à 11 €

Un domaine situé à l'ouest d'Avignon, conduit par la famille Fabre depuis 1918 et 3 générations. Son essor date des années 1970, sous l'impulsion de René Fabre, pionnier de l'agriculture biologique, qui a engagé la conversion dès 1978. C'est son fils Paul Henri qui est

aux commandes depuis 2006, à la tête d'une vaste exploitation de 100 ha.

Régulier dans le Guide, le domaine se distingue par ce 2019 élevé en cuve Inox. Derrière une robe pourpre se découvre un nez d'abord légèrement animal qui libère après aération des notes de fruits rouges frais, groseille en tête. Les tanins encore fermes sont appelés à se fondre dans une matière qui possède ce qu'il faut d'étoffe et de fruit. Petite garde nécessaire. ⧗ 2021-2024

CH. DES COCCINELLES, 6, rue des Écoles, 30390 Domazan, tél. 04 66 57 03 07, sybille.coccinelles@gmail.com V t.l.j. 9h-19h

LES COLOMBES Exaltation corsée 2018 ★★

■	40000		5 à 8 €

Créée en 1936, cette coopérative regroupe 300 vignerons établis dans une vingtaine de communes environnant Sainte-Cécile-des-Vignes, pour une superficie de 2 000 ha. En 2016, elle a pris le nom de Colombes des Vignes.

Un nom de cuvée qui en dit long sur le contenu de ce côtes-du-rhône généreux, qui assemble grenache, syrah et carignan. Un vin sincère et gorgé de fruit dès le nez. De la bouche, on retiendra son ampleur, sa sucrosité et ses arômes intenses de fruits rouges et noirs et de réglisse. Corsé mais en rondeur, ce beau rouge volumineux donne déjà beaucoup de plaisir. ⧗ 2020-2023

CAVEAU COLOMBES DES VIGNES, 541, rte de Valréas, 84290 Sainte-Cécile-les-Vignes, tél. 04 90 30 79 30, cave@colombesdesvignes.fr V t.l.j. 9h-12h 14h-18h30; visites sur r.-v.

LA COMPAGNIE RHODANIENNE Club des Sommeliers 2019 ★

■	66666		- de 5 €

Établie à Castillon, près du pont du Gard, Vignobles et Compagnie (anciennement la Compagnie rhodanienne) est une maison de négoce créée en 1963, dans le giron du groupe Taillan. Elle propose des vins (marques ou cuvées de domaine) dans de nombreuses AOC de la vallée du Rhône, de la Provence et du Languedoc.

La marque Club des Sommeliers, qui appartient à l'enseigne Casino, a apposé son nom sur ce rosé très plaisant, rose pâle, aux arômes floraux et fruités (agrumes), et à la bouche simple, fraîche et aromatique. Rien à redire. ⧗ 2020-2021

VIGNOBLES ET COMPAGNIE, SPECR 19, chem. Neuf, CS 80002, 30210 Castillon-du-Gard, tél. 04 66 37 49 50, nicolas.quiles@vignoblescompagnie.com

CH. CORRENSON 2019 ★

■	40000		8 à 11 €

Le blason du château représente un casque et une épée étrusques trouvés dans les vignes par le grand-père de Vincent Peyre. Installé depuis 2000 sur un vignoble de 70 ha, ce dernier représente la 3e génération à la tête du domaine familial, souvent en vue pour ses lirac.

Des vignes de 40 ans de grenache, de bourboulenc et de clairette ont façonné ce blanc subtil qui se dévoile par touches successives : acacia, zeste d'agrume et fruits à noyau. La même délicatesse émane d'une bouche fraîche et tendrement parfumée. ⧗ 2020-2022

CH. CORRENSON, 40 bis, rte d'Avignon, 30150 Saint-Geniès-de-Comolas, tél. 04 66 50 05 28, contact@chateau-correnson.fr V t.l.j. sf dim. 10h-12h 15h30-18h30

Ⓑ DOM. DE COSTE CHAUDE Florilège 2018 ★

■	18279		8 à 11 €

Ce vignoble de 23 ha bénéficie d'un terroir de cailloutis et d'argiles couvert de galets roulés, établi à 360 m d'altitude. Fondé dans les années 1960, il a été repris en 1994 par Marianne Fues et son mari Marc, qui l'ont converti à l'agriculture biologique. Un domaine acquis en 2018 par Vincent Tradier, après une carrière dans le notariat.

Épices et violette, la syrah donne le ton d'un nez généreusement parfumé. Le grenache, dominant (70%), reprend ses droits et ajoute sa sucrosité et son volume à une bouche généreuse, gourmande, tout en rondeur et sans une once d'austérité. ⧗ 2020-2023

DOM. DE LA COSTE CHAUDE, 3100, chem. de la Carne, 84820 Visan, tél. 06 80 59 93 01, info@domaine-coste-chaude.com V t.l.j. 8h-13h 14h-16h; sam. dim. sur r.-v. Ⓔ

CAVE LES COTEAUX Les Murières 2019 ★

■	65000		5 à 8 €

Cette ancienne cave particulière a été convertie par Ferdinand Deloye en coopérative en 1897. Pionner de la viticulture visanaise, ce dernier fut le premier à commercialiser des vins sous la dénomination «côtes-du-rhône Visan». Concentration oblige, la cave a intégré en 2016 Le Cercle des Vignerons du Rhône qui réunit Rhonéa, la Cave de Rasteau et celle de Sablet.

Un pressurage direct de grenache, syrah et cinsault et un bref passage en cuve, c'est la formule gagnante de ce bon rosé classique au nez sans outrance, floral et fruité. Les fruits exotiques et les agrumes s'invitent dans une bouche nette, d'abord bien ronde, presque grasse, puis très alerte en finale. Une association réjouissante qui en fait un bon rosé de table. ⧗ 2020-2021

CAVE LES COTEAUX, chem. Peine, 84820 Visan, tél. 04 90 28 50 89, ecommerce@cerclerhone.vin V r.-v.

Ⓑ LES COTEAUX DU RHÔNE Cuvée Fabre 2019 ★

■	70000		5 à 8 €

Fondée en 1926, la cave Les Coteaux du Rhône, coopérative de Sérignan-du-Comtat, propose une large gamme allant des vins en IGP aux AOC comme vacqueyras, en passant par les côtes-du-rhône et les *villages*.

Quatre-vingt-cinq pour cent de grenache dans cette cuvée fraîchement sortie des cuve. Épices et fruits rouges, le nez est d'une grand classicisme. La sucrosité du cépage s'impose dès l'attaque et s'épanouit dans un palais d'abord d'une grande douceur puis raffermit par des tanins serrés. On attendra qu'ils s'assouplissent. ⧗ 2021-2024

LES COTEAUX DU RHÔNE, 57, chem. Derrière-le-Parc, 84830 Sérignan-du-Comtat, tél. 04 90 70 42 43, coteau.rhone@orange.fr V t.l.j. sf dim. 9h-12h30 14h-19h

CH. COURAC 2019 ★★

■ | 200000 | | 8 à 11 €

Ce château perché sur les hauteurs de Tresques, dans le Gard, est un habitué du Guide, le plus souvent aux meilleures places. Conduit par Joséphine et Frédéric Arnaud, il se distingue tant par ses côtes-du-rhône que par ses *villages* (Laudun). Ces passionnés d'archéologie sont comblés de mettre en valeur un terroir cultivé dès l'Antiquité.

Le jury est resté sous le charme de ce côtes-du-rhône plantureux, drapé d'une robe profonde qui livre sans réserve ses arômes de fruits rouges bien mûrs et d'épices douces. Fruit d'une vendange bien mûre, la bouche enchante par son volume, sa chair grasse, ses parfums ensoleillés et par son équilibre sans fausse note. Il possède la carrure pour patienter un peu en cave. ⧗ 2021-2024 ■ **Quart du roi 2019 ★★ (8 à 11 €; 50000 b.)** Deux étoiles de plus au palmarès bien fourni du château. Derrière une robe pourpre, un nez très séduisant, baigné de soleil, de petits fruits rouges écrasés. Très conviviale, fruitée, en souplesse, la bouche restitue sans effet de manche cette plénitude de fruit. ⧗ 2020-2024

CH. COURAC, 1520, chem. de Courac, 30330 Tresques, tél. 04 66 82 90 51, chateaucourac@orange.fr V r.-v.

♥ B DOM. CORINNE DEPEYRE Cuvée Style 2019 ★★

■ | 15000 | | 8 à 11 €

Souhaitant voler de ses propres ailes, cette vigneronne a créé son domaine en 2012 (19 ha) sur les terres paternelles, où elle a engagé la conversion bio des vignes.

Vinifié à basse température pour préserver le fruit et la fraîcheur, ce rosé idéal, qui assemble grenache et mourvèdre, dissimule derrière une robe saumon un nez pétulant : fruit de la Passion, notes florales et agrumes. Finesse, fraîcheur, éclat du fruit, équilibre parfait entre rondeur et acidité, Corinne Depeyre a pensé à tout. Un style classique, mais haute couture. ⧗ 2020-2021 ■ **Cuvée Style 2019 ★ (8 à 11 €; 50000 b.)** B Un tout jeune côtes-du-rhône né du grenache majoritaire, mais ce sont la syrah et le mourvèdre qui l'emportent au nez : fruits noirs et rouges, épices et touches animales de bon aloi. On retrouve cette palette dans une bouche ronde à l'attaque et fermement structurée derrière. À ouvrir après une petite garde. ⧗ 2021-2024

DOM. CORINNE DEPEYRE, 872, chem. du Marquis-de-Cabassole, 26900 Tulette, tél. 04 75 51 60 94, info@corinnedepeyre.fr V r.-v.

ROMAIN DUVERNAY 2019 ★★

■ | 80000 | | 5 à 8 €

Issu d'une lignée de négociants en vins – son arrière-grand-père Louis fonda en 1904 un commerce de vin en Haute-Savoie –, l'œnologue de renom Romain Duvernay a créé en 1998, avec son père Roland, une maison de négoce basée à Châteauneuf-du-Pape qui propose des vins de toute la vallée et qui, depuis 2016, appartient à Newrhône Millésimes, propriété de Jean-Marc Pottiez. Romain Duvernay continue d'élaborer les vins.

Un producteur d'une régularité sans faille dont on recommande cet excellent côtes-du-rhône, au nez déjà épanoui sur les fruits rouges macérés, saupoudrés de poivre. Les 80 % de grenache emplissent la bouche d'une mâche tendre, veloutée, sertie de tanins tout aussi mûrs et parfaitement soyeux. De la plénitude dans ce rouge caressant et ensoleillé. ⧗ 2020-2024

ROMAIN DUVERNAY, ZA la Grange-Blanche-Ouest, 225, rue Marcel-Valérian, 84350 Courthézon, tél. 04 90 60 20 00, marketing@newrhone.eu V *t.l.j. sf sam. dim. 9h-13h 14h-17h*

DOM. DES ESCARAVAILLES Les Antimagnes 2018 ★

■ | 20000 | | 8 à 11 €

Situé sur les hauteurs de Rasteau, ce domaine de 65 ha est très régulier en qualité. Acquis en 1953 par Jean-Louis Ferran, il a été défriché et planté par ses enfants Jean-Pierre et Daniel. Il est conduit depuis 1999 par Gilles, fils de ce dernier, rejoint aujourd'hui par Madeline, représentant la 4e génération.

Beaucoup de soleil et de richesse dans cet Antimagnes (nom de la parcelle) longuement macéré en cuve. Un nez pétri de chocolat et de fruits confits annoncent une bouche sensuelle, chaleureuse, douce de bout en bout, à peine relevée par des tanins eux-mêmes très fondants. Un rouge voluptueux et solaire à ouvrir au cœur de l'hiver. ⧗ 2021-2024

DOM. DES ESCARAVAILLES, 111, combe de l'Eoune, 84110 Rasteau, tél. 04 90 46 14 20, domaine.escaravailles@wanadoo.fr V *t.l.j. sf dim. 9h-12h 14h-18h*

B DOM. FOND CROZE 5 sens 2019 ★

■ | 10000 | | 5 à 8 €

Un domaine fondé après la Seconde Guerre mondiale par Charles Long. Ses petits-fils, Bruno et Daniel, qui ont créé la cave en 1997, conduisent aujourd'hui un vignoble de 80 ha certifié bio. Leurs vins sont souvent en bonne place dans le Guide.

Vingt pour cent de mourvèdre viennent pimenter l'assemblage de ce rosé à base de grenache, vinifié en pressurage direct puis à basse température. Le nez en tire son allégresse et ses notes toniques d'agrumes et de fruits blancs. Un léger perlant titille les papilles dès l'attaque et donne un supplément d'éclat à une bouche bien fraîche, conclue par une agréable petite amertume en finale. ⧗ 2020-2021

DOM. FOND CROZE, 155, rte de Cairanne, 84290 Saint-Roman-de-Malegarde, tél. 06 31 63 01 75, fondcroze@hotmail.com V *t.l.j. sf dim. 9h-17h*

B DOM. FONTAVIN Les Vignes de mon père 2018 ★

■ | 35000 | | 8 à 11 €

Situé au nord de Courthézon, ce domaine familial de 45 ha, réparti sur 8 communes et 5 appellations, est dirigé depuis 1998 par Hélène Chouvet, œnologue, qui a converti le vignoble à l'agriculture biologique.

Hélène Chouvet dédie cette cuvée à son père qui arpente toujours les vignes qu'il a plantées il y a 50 ans. Un bel hommage dont on retiendra le nez ouvert fleurant bon le cassis, la cerise et la réglisse, et la bouche ample, riche, bien composée entre gras et structure. À ouvrir après une courte garde. 2021-2025 **Fleur de coton 2019 ★ (8 à 11 €; 6000 b.)** Un rosé de saignée fermenté avec les levures indigènes. Robe saumonée, nez fin, frais et floral, bouche dynamique, aromatique, fraîche, enrobée par ce qu'il faut de gras. Un 2019 abouti à l'équilibre irréprochable. 2020-2021

DOM. FONTAVIN, 1468, rte de la Plaine, 84350 Courthézon, tél. 04 90 70 72 14, helene-chouvet@fontavin.com V *t.l.j. sf dim. 9h-12h15 14h-18h15*

LE GAULOIS 2018 ★

■	1300		8 à 11 €

L'arrière-grand-père de l'actuel vigneron, Théophile Barboussen, fit construire une maison de maître et aménagea des chais au lieu-dit La Font des Jonquier, qui a donné son nom à l'exploitation. Sa mère confia les raisins à la coopérative après la disparition de son époux. Installé en 2014, Frédéric Desplans a repris les vinifications au domaine, sur 4,7 ha.

Des arômes de griottes à l'eau-de-vie et de chocolat signent la nette majorité de grenache dans ce 2018 généreux, gourmand, mais solidement structuré et bâti pour bien évoluer. Les impatients pourront néanmoins l'ouvrir après quelques mois de bouteille. 2021-2025

CH. JONQUIER, Ch. Jonquier, 828, chem. du Moulin, 84110 Séguret, tél. 06 30 88 63 97, chateaujonquier@gmail.com V *r.-v.*

DOM. DE LA GAYÈRE Cuvée de Chris 2018 ★

■	15000		5 à 8 €

Installée en 1997, après 10 ans dans le marketing pour de grandes entreprises de l'agro-alimentaire, Christèle Plantevin est revenue sur le domaine familial fondé en 1902. À la tête de 50 ha de vignes, elle représente la 5e génération.

Cette cuvée spéciale, qui fut coup de cœur dans le millésime 2009, nous revient en forme dans une année plus compliquée. Plus élégants que puissants, les arômes de fruit teintés d'épices imprègnent une bouche joliment dessinée, équilibrée, qui s'appuie sur des tanins fondus et une fraîcheur préservée. Un bon classique. 2020-2023

DOM. DE LA GAYÈRE, 2015, chem. de la Gayère, 84290 Cairanne, tél. 04 90 30 83 34, plantevin.christele@wanadoo.fr V *t.l.j. 9h-12h 15h-18h*

B CH. GIGOGNAN 2019 ★

■	113437		8 à 11 €

Un ancien temple romain devenu prieuré, actif en termes de production de vins (et de fruits), puis un domaine exclusivement viticole à partir de son acquisition en 1996 par Anne et Jacques Callet. Le vignoble s'étend sur 40 ha en côtes-du-rhône (en conversion bio) et sur 40 ha certifiés bio en châteauneuf-du-pape. Une propriété acquise en 2017 par la famille Hénin.

Égrappés, les raisins ont subi une courte macération avant un élevage en cuve. Il en ressort un 2019 équilibré, bien dans son appellation. Le nez friand de fruits rouges frais et d'épices douces ouvre sur une bouche souple, aux flaveurs plus confiturées, mais qui ne perd rien de la fraîcheur perçue à l'olfaction. Vinifié en douceur, il est prêt à passer à table. 2020-2023

CH. GIGOGNAN, 1180, chem. du Castillon, 84700 Sorgues, tél. 04 90 39 57 46, info@gigognan.fr V *t.l.j. sf dim. 9h-18h* 5 E

GRAND BÉCASSIER Vieilles Vignes 2019 ★

■	500000		5 à 8 €

Éric Philip, installé en 1995, et son fils Sylvain exploitent, essentiellement à Sabran, un vaste vignoble de 130 ha répartis entre les domaines de Rochemond et du Grand Bécassier. Ils signent des côtes-du-rhône et des *villages* souvent en vue, et aux meilleures places, dans ces pages. Autre étiquette : le Dom. Pique Bouffigue.

Le duo syrah-grenache fonctionne en bonne harmonie dans cette cuvée née de vieilles vignes de 45 ans, qui n'a pas vu de bois. Le premier impose au nez ses notes de fruits noirs et de violette, et en bouche ses tanins bien assouplis ; le second apporte sa rondeur confortable et ses nuances de réglisse et de fruits rouges. L'ensemble dessine un côtes-du-rhône bien typé et parfaitement harmonieux. 2020-2023

DOM. DE ROCHEMOND, 2, quartier Phililadet, 30200 Sabran, tél. 04 66 79 04 42, domainederochemond@gmail.com V *r.-v.*

B DOM. DES GRAVENNES Les Frangins 2019 ★

■	13000		5 à 8 €

Bernadette et Jean Bayon de Noyer ont repris en 1996 une partie de l'exploitation familiale, créant ainsi le Dom. des Gravennes. En 2014, leurs fils Luc et Rémi ont pris la relève et converti leurs 30 ha à l'agriculture biologique.

Les Frangins Luc et Rémi à la baguette de ce très bon rosé : robe chatoyante, saumonée, nez guilleret sur les petits fruits rouges et les agrumes, bouche ronde et parfumée, dont la légère vinosité est vite cadrée par une belle vivacité. Du beau travail d'équipe. 2020-2021

DOM. DES GRAVENNES, 2933, rte de Baume, 26790 Suze-la-Rousse, tél. 04 75 04 84 41, contact@domainedesgravennes.com V *t.l.j. sf dim. 10h-12h30 15h-19h* 2

DOM. JAMET 2018 ★

■	20000		15 à 20 €

Corinne et Jean-Paul Jamet sont installés depuis 1976 à Ampuis, aujourd'hui rejoints par leur fils Loïc. Ils sont à la tête d'un domaine réputé, consacré aux appellations côte-rôtie et côtes-du-rhône, ainsi qu'aux IGP des Collines rhodaniennes.

Icône du nord de la vallée du Rhône, le domaine signe ici un côtes-du-rhône haut de gamme, né de la seule syrah et de parcelles situées sur les hauts coteaux de la commune d'Ampuis. Élevé en vieux fûts, ce vin libère des notes bien typées de fruits noirs de violette. La bouche monte en puissance et dévoile une structure tannique ferme qui cadre une matière aussi généreuse que fraîche. Belle et longue finale détendue. On le laissera reposer en cave au moins une paire d'années. 2022-2026

DOM. JAMET, 4600, rte du Recru, Le Vallin, 69420 Ampuis, tél. 04 74 56 12 57, contact@domainejamet.fr V *r.-v.*

RHÔNE

DOM. DE LA JANASSE 2019 ★

■ | 7000 | 🍾 | 5 à 8 €

Un habitué du Guide, souvent en bonne place pour ses châteauneuf-du-pape, ses côtes-du-rhône et ses vins de pays. Un vignoble de 90 ha éparpillés en de multiples parcelles, que conduisent Christophe Sabon et sa sœur Isabelle, enfants d'Aimé Sabon, fondateur du domaine en 1973. Un domaine complété en 2015 par l'achat du Clos Saint-Antonin et ses 15 ha de vignes sur la commune de Jonquière.

Ce grand nom de châteauneuf-du-pape soigne chaque année ses côtes-du-rhône et ce rosé 2019 ne fait pas exception à la règle. Issu d'une saignée de 5 cépages, il se distingue par son nez discret mais original d'amande et de calisson, et par sa bouche ronde, suave, sans lourdeur. Un rosé à l'écart des modes, raffiné, à réserver pour la table. ⧗ 2020-2021

DOM. DE LA JANASSE, 29, chem du Moulin, 84350 Courthézon, tél. 04 90 70 86 29, vignoblessabon@gmail.com V t.l.j. sf sam. dim. 8h30-17h30

DOM. PASCAL ET RICHARD JAUME 2019 ★

■ | 10 000 | 🍾 | 5 à 8 €

L'arrière-grand-père fut l'un des pionniers de l'appellation côtes-du-rhône, créée en 1937. Depuis, les générations se succèdent sur ce vaste domaine de 95 ha, les sélections dans le Guide aussi, en AOC régionales ou en vinsobres.

Une robe pâle aux reflets violines, un nez intense, tonique, sur la pêche et les fleurs blanches, une bouche ample, fraîche, aromatique, voilà un rosé sans histoire, bien de son temps et parfaitement exécuté. ⧗ 2020-2021

DOM. JAUME, 24, rue Reynarde, 26110 Vinsobres, tél. 04 75 27 61 01, vignoble@domainejaume.com V r.-v. E

B JULIEN DE L'EMBISQUE
Cuvée Plaisir 2019 ★★

■ | 20 000 | 🍾 | 8 à 11 €

L'histoire vigneronne des Gaïde a débuté en 1838 à Pauillac. Elle s'est poursuivie dans le haut Var et dans la vallée du Rhône où la famille a acheté un vignoble de 4 ha en 1972. La commercialisation en bouteilles, en revanche, n'a débuté qu'en 2011, sous la conduite de Thierry Gaïde et de son fils Fabien.

Voilà un nom de cuvée qui exige d'être à la hauteur et c'est le cas. Compotée de fruits rouges (fraise et framboise), le nez donne le ton d'un côtes-du-rhône tout en fruit. Ce qu'il faut de chair, des tanins fondus, une fraîcheur impeccable, une longueur honorable, la bouche enfonce le clou. À boire dans ses jeunes années pour profiter de l'éclat du fruit. ⧗ 2020-2022

DOM. JULIEN DE L'EMBISQUE, 1791, rte de l'Embisque, 84500 Bollène, tél. 06 77 50 68 56, julien.lembisque@orange.fr V

LAUDUN CHUSCLAN VIGNERONS
Éléments Terra 2019 ★

■ | 400 000 | 🍾 | - de 5 €

Cette coopérative, créée en 1925, est l'un des acteurs importants de la vallée du Rhône méridionale. Elle regroupe près de 250 vignerons et quelque 3 000 ha. Depuis 2012, elle propose des vins issus du bio.

Montent du verre les arômes primaires d'un rouge fraîchement sorti des cuves : fruits frais et cannelle. Très agréable, facile d'accès, tout en souplesse, la bouche ne se montre pas avare en fruit non plus et y ajoute une fraîcheur très croquante. Vin plaisir par excellence. ⧗ 2020-2022

MAISON SINAE, 201, rte d'Orsan, 30200 Chusclan, tél. 04 66 90 11 03, contact@sinnae.fr V t.l.j. 9h-12h 14h-18h

LEPLAN-VERMEERSCH RS 2019 ★★

■ | 6000 | 🍾 | 5 à 8 €

Dick Vermeersch, ancien pilote automobile flamand, a créé son vignoble en 2000 – aujourd'hui 25 ha en conversion bio. Une bonne référence de la vallée méridionale.

La robe pâle, couleur pétale de rose ancienne, a les reflets bleutés de sa jeunesse. Une entame agréable qui trouve un heureux prolongement dans un nez expressif, tonique, qui passe en revue le litchi, les fleurs blanches et le pamplemousse. Les petits fruits rouges se mêlent à la danse dans une bouche savoureuse, ronde à souhait, puis fringante en finale. Un excellent rosé en somme que cette Récolte Sélectionnée (RS). ⧗ 2020-2021

LEPLAN-VERMEERSCH, 100, chem. du Grand-Bois, 26790 Suze-la-Rousse, tél. 06 67 47 04 39, ann@vermeersch.fr V juin à août t.l.j. sf sam. dim. 14h-18h

♥ B DOM. LA LÔYANE Cuvée Bonheur 2019 ★★★

■ | 35 000 | 🍾 | 8 à 11 €

Établi au pied du sanctuaire Notre-Dame-de-Grâce, à Rochefort-du-Gard, non loin des anciens marais asséchés par les moines au Moyen Âge, ce domaine, né en 1994 de la fusion de 3 petites exploitations, fait preuve d'une grande constance dans la qualité. Succédant à ses parents Jean-Pierre et Dominique, Romain Dubois et son épouse Laure, désormais seuls à la tête du domaine, se sont offerts un nouveau caveau et ont entrepris en 2019 la conversion au bio du vignoble.

Cette cuvée avait tutoyé le coup de cœur dans sa version 2018, elle le décroche cette année, et un bonheur ne venant jamais seul, avec la note maximale. Un assemblage classique, grenache et syrah, mais un nez qui n'est pas commun : intense, pur, il laisse parler le fruit un peu confit (framboise), puis de belles épices qui ajoutent une dimension de fraîcheur affriolante. Des épices (cannelle, poivre et muscade) qui montent en puissance dans une bouche généreuse mais vinifiée avec doigtée, sans surextraction, appuyée sur des tanins finement sculptés. Une cuvée qui n'a jamais aussi bien porté son nom. Irrésistible. ⧗ 2020-2023 ■ **Cuvée Bonheur 2019 ★★ (8 à 11 €; 11000 b.)** B Quatre cépages associés dans ce blanc qui fait à peine moins bien que le rouge. Centré sur l'amande et le citron, le nez séduit par sa fraîcheur et sa délicatesse. Des qualités que l'on retrouve dans une bouche tendre et alerte, idéalement relevée en finale par une petite amertume stimulante. ⧗ 2020-2023

⊶ DOM. LA LÔYANE, chem. Font-des-Cavens, 30650 Rochefort-du-Gard, tél. 06 22 67 29 43, contact@domainelaloyane.com V *t.l.j. sf lun. mar. dim. 9h-19h*

CH. MALIJAY M de Malijay 2018 ★★

■ | 20500 | ▮ | 8 à 11 €

Si le château de Malijay existe depuis le XIe s., on y exploite la vigne depuis « seulement » le XVIe s. Ses élégants bâtiments remontent pour l'essentiel au XVIIIe s. Du haut de sa tour, on peut contempler son vaste vignoble de 140 ha d'un seul tenant. En 2007, Pierre Deltin, médecin marseillais, a racheté le domaine. Le nouveau propriétaire a entrepris d'importants travaux de restructuration à la vigne et au chai.

Un long élevage de 18 mois en cuves a débridé le nez de cet assemblage dominé par le grenache et la syrah, qui impressionne par sa concentration de fruits très mûrs. La bouche est à l'avenant : très charnue, volumineuse, gorgée de fruit et de gourmandise, épaulée comme il faut par des tanins bien enrobés. Très généreux et très séduisant. ⧗ 2020-2024

⊶ CH. MALIJAY, 1511, chem. des Plumes, 84150 Jonquières, tél. 04 90 70 33 44, contact@chateaumalijay.com V *t.l.j. sf mer. sam. dim. 9h-12h 14h-18h*

♥ CH. DE MARJOLET 2019 ★★

■ | 76500 | ▮ | 5 à 8 €

Cette propriété de 75 ha, régulière en qualité, se répartit sur les 2 villages gardois de Gaujac et de Laudun. Fondateur du domaine en 1978, Bernard Pontaud a laissé les rênes de l'exploitation à son fils Laurent en 2009.

Grenache et syrah à leur meilleur niveau dans ce côtes-du-rhône qui coche toutes les cases. Au nez, une touche de muscade et de réglisse assaisonne des arômes ensoleillés et pétris de fruits rouges mûrs. La bouche, ronde, sertie de tanins fondants, restitue ce fruit très gourmand et y ajoute une longueur plus qu'honorable. Irrésistible et irréprochable. ⧗ 2020-2023

⊶ CH. DE MARJOLET, allée des Platanes n°184, BP n°3, 30330 Gaujac, tél. 04 66 82 00 93, chateau.marjolet@gmail.com V *t.l.j. sf sam. dim. 9h-12h 14h-18h*

CH. DE MONTFAUCON 2018 ★★

■ | 80000 | ▮ | 11 à 15 €

Valeur sûre des côtes-du-rhône, ce domaine (60 ha) est commandé par une ancienne forteresse du XIe s. campée sur un promontoire rocheux, vigie sur le Rhône, fleuve qui marquait la frontière entre le royaume de France et le Saint-Empire romain germanique. Au XVIIIe s., les aïeux de Rodolphe de Pins (installé en 1995 après diverses expériences en France et à l'étranger) ont pris possession des lieux. Le vignoble se caractérise par des sols et un encépagement très diversifiés. Une structure de négoce a été créée en 2014.

Une touche de counoise et de cinsault vient pimenter un assemblage grenache, syrah et carignan. Macérés puis fermentés ensemble, avant un élevage de 18 mois en cuve béton, ils ont façonné ce côtes-du-rhône de haut vol, au nez fin et nuancé qui mêle à un fond de fruits rouges et noirs des tonalités de thé infusé et de violette. Une complexité qui se fond dans une bouche ample dès l'attaque, adossée à des tanins joliment extraits, de laquelle émerge une très belle fraîcheur. Remarquable d'élégance et d'équilibre. ⧗ 2021-2024

⊶ CH. DE MONTFAUCON, 22, rue du Château, 30150 Montfaucon, tél. 04 66 50 37 19, contact@chateaumontfaucon.com V *r.-v.*

♥ B MONTIRIUS La Muse Papilles 2019 ★★

■ | 4000 | ▮ | 11 à 15 €

Dans la même famille depuis 5 générations, ce domaine de 63 ha conduit par Christine et Éric Saurel, aidés par leurs filles Justine et Manon, est en biodynamie depuis 1996. Des vacqueyras et des gigondas vinifiés et élevés sans bois, régulièrement en vue.

Une fois n'est pas coutume, c'est avec un rosé que cet excellent domaine se distingue et renoue avec le coup de cœur. Il met en avant les charmes du cinsault dont la robe pâle, comme il se doit, annonce un nez léger, fin, floral et exotique. Rien de gras ni de surfait dans cette bouche qui brille par sa légèreté, son équilibre sans fausse note et par sa vivacité parfaitement ajustée qui stimule effectivement les papilles. ⧗ 2020-2021

⊶ DOM. MONTIRIUS, 1536, rte de Sainte-Edwige, 84260 Sarrians, tél. 04 90 65 38 28, samuel@montirius.com V *r.-v.*

B DOM. MONTMARTEL 2019 ★★

■ | 10000 | ▮ | 5 à 8 €

Domaine familial créé en 1919, c'est la 5e génération qui est aujourd'hui aux commandes. Travaillé en agriculture biologique depuis 1991, le vignoble couvre 60 ha sur la commune de Valréas, perché à 400 m d'altitude. Damien Marres est un adepte des vinifications sans soufre.

Mi-grenache mi-syrah, ce vin, peu loquace au nez, prend son envol en bouche : les fruits noirs et les épices montent en intensité dans un palais corsé, ample, chaleureux et rond, dont la petite fermeté finale n'est qu'un excès de jeunesse. Bien bâti, généreux, il fera un très beau côtes-du-rhône après une courte garde. ⧗ 2021-2025

⊶ SCEA MONNIER MARRES, 1915, chem. de Visan, 26790 Tulette, tél. 04 75 98 01 82, vmarres@hotmail.com V *r.-v.*

B DOM. NOTRE-DAME DE COUSIGNAC 2018 ★

■ | 80000 | | 8 à 11 €

Ce domaine, qui doit son nom à la présence de la chapelle éponyme sur ses terres, est dans la famille Pommier depuis 1780 et 7 générations. La culture de la vigne y est ancienne et le vignoble (60 ha répartis sur plus de 80 parcelles) est conduit en bio. Raphaël et Rachel Pommier se sont associés en 2004 avec la maison de négoce Ogier pour la diffusion de leurs vins.

Souvent à son avantage dans le Guide, le domaine nous gratifie d'un bon côtes-du-rhône classique issu d'un assemblage non moins classique (grenache et syrah à égalité). On en retient le nez réglissé et confituré et la bouche déliée, finement structurée, sertie de tanins élégants, qui étire longuement le fruit en finale. Déjà plaisant avec du potentiel en cave. ⧗ 2020-2024

DOM. NOTRE-DAME DE COUSIGNAC, Notre-Dame-de-Cousignac, quartier Cousignac, 07700 Bourg-Saint-Andéol, tél. 04 75 54 61 41, ndcousignac@gmail.com V r.-v. 3

DOM. DE L'ODYLÉE La Talentueuse 2018 ★★

■ | 1800 | | 15 à 20 €

Situé sur la commune de Violes, créé en 2015 par Odile Couvert, ce domaine comprend 15 ha de vignes en AOC côtes-du-rhône, qui seront certifiés bio à partir de la récolte 2020.

C'est la cuvée « VIP » du domaine, née d'un assemblage équilibré de syrah, grenache et carignan, élevé en cuve, fût et demi-muid. Le nez hésite entre les fruits rouges bien mûrs et les épices douces de la barrique. En bouche, la Talentueuse tient son rang : de la mâche, de la densité, de l'ampleur avec une structure à la mesure, fermement tannique, mais bien enrobée par le chêne. Un côtes-du-rhône puissant qui lorgne du côté des crus et qui doit digérer un peu plus son élevage. De garde. ⧗ 2022-2026

DOM. DE L'ODYLÉE, 1542, rte du Plan-de-Dieu, 84150 Violès, tél. 04 50 30 01 03, odilecouvert@wanadoo.fr V r.-v. E

DOM. DE L'OLIVIER 2019 ★

■ | 28000 | | 5 à 8 €

Situé tout près du pont du Gard, ce domaine autrefois complanté d'oliviers a été créé par la famille Bastide en 1943. Depuis 1977, c'est Éric qui conduit le vignoble (50 ha aujourd'hui), rejoint en 2013 par son fils Robin.

Un nez fin et suave de framboise à l'entame de ce 2019 élevé 8 mois en cuve. En bouche, ce fruité, qui paraît presque sucré grâce à la belle maturité du raisin, s'accompagne d'une structure déliée et d'une sensation bien appuyée de fraîcheur en finale. De la séduction et de l'équilibre. ⧗ 2020-2023

DOM. DE L' OLIVIER, 1, rue de la Clastre, 30210 Saint-Hilaire-d'Ozilhan, tél. 06 01 02 23 14, robin.bastide@yahoo.fr V *t.l.j. sf dim. 9h-12h 14h-19h*

DOM. DU PARC SAINT-CHARLES Madeleine Béjart 2018 ★

■ | 23000 | | 5 à 8 €

Un ancien parc d'artillerie où s'entraînait, sous Louis XV, le régiment du marquis Charles de Monteynard, seigneur de Montfrin; aujourd'hui, canons et mousquets ont fait place à 85 ha de vignes commandés par un beau mas à 3 corps d'origine templière et conduits par la famille Combe depuis 1984.

Nommée d'après la célèbre actrice et compagne de Molière, cette cuvée a bénéficié d'un long séjour (24 mois) en cuve. Un passage obligé pour canaliser la fougue et la puissance de cette cuvée au nez profond, sur les fruits noirs et la réglisse, et dont la bouche dense est sérieusement cadrée par des tanins serrés. Résolument de garde. Madeleine avait du caractère paraît-il... ⧗ 2023-2028

DOM. DU PARC SAINT-CHARLES, 1972, rte de Jonquières, 30490 Montfrin, tél. 04 66 57 22 82, vinstcharles@gmail.com V *t.l.j. sf dim. 10h-12h 14h-18h*

PÈRE ANSELME La Fiole 2019 ★★

■ | 60000 | | 5 à 8 €

Cette maison réputée, fondée en 1931 par Charles Brotte, pionnier de la mise en bouteilles dans la vallée du Rhône, est aujourd'hui dirigée par Laurent, petit-fils du fondateur. Elle vinifie ses propres vignes et opère des sélections parcellaires pour le compte de son négoce, dont La Fiole du Pape, en châteauneuf, est la marque phare depuis sa création en 1952.

Un des rares côtes-du-rhône blanc de la sélection. Un vin né de grenache blanc, de clairette et de viognier, pâle de robe et dont le nez détendu et élégant, sur la pêche et les fleurs blanches, est de bon augure. Avec sa matière bien charnue, sa fraîcheur préservée et son agréable nuancier d'arômes qui s'enrichit de notes d'amande fraîche, la bouche ne déçoit pas. ⧗ 2020-2023

PÈRE ANSELME, av. Pasteur, 84230 Châteauneuf-du-Pape, tél. 06 84 30 17 65 V *t.l.j. 9h-13h 14h-19h*

CH. LE PLAISIR 2019 ★

■ | 13300 | | 5 à 8 €

Cette exploitation est l'une des plus anciennes de la commune de Cairanne. Elle a été reprise en 2009 par la famille Julien qui l'a agrandie. Aujourd'hui à la tête d'un vignoble de 47 ha, elle produit des cairanne, des côtes-du-rhône, des *villages* (Plan de Dieu) et des IGP de la principauté d'Orange.

Une robe d'un rouge profond ouvre sur un nez élégant, frais et complexe où les nuances de foin sec viennent enrober le fruit. La réglisse et la violette parfument un peu plus une bouche élégante, qui séduit par sa retenue et son équilibre irréprochable. ⧗ 2020-2023

CH. LE PLAISIR, 440, rte d'Orange, 84290 Cairanne, tél. 06 11 54 54 19, domaine.le.plaisir@gmail.com V *r.-v.*

B MAISON PLANTEVIN Les Fraponaises 2019 ★★

■ | 2800 | | 5 à 8 €

BTS de « viti-œno » en poche et fort d'un stage de vinification en Nouvelle-Zélande, Laurent Plantevin a repris en 2009 le domaine familial et ses 30 ha de vignes. Certification bio acquise en 2014.

Issu d'un assemblage à parité de grenache et de mourvèdre, ce très bon rosé à la robe orangée a pour lui un nez friand et tonique de groseille et d'agrumes, et une bouche franche, très pure et très fraîche, prolongée par un trait de citron stimulant en finale. Le rosé plaisir par excellence. ⧗ 2020-2021

MAISON PLANTEVIN, 149, chem. des Ramières, 84110 Séguret, tél. 06 30 53 17 30, laurentplantevin@hotmail.fr V t.l.j. 9h-18h 2

MAISON RAVOIRE 2019 ★★

	130 000		5 à 8 €

Établi aux portes du Luberon, Ravoire est un négoce familial créé en 1987 par Roger Ravoire, fils de vigneron, qui propose une gamme de vins (marques et domaines) provençaux et rhodaniens.

Une extraction douce et un élevage en cuve ont préservé l'éclat et la précision du fruit de cet assemblage dominé par le grenache. Fruits mûrs, Zan, notes fumées, un nez complexe introduit une bouche de bon goût, tendre, soutenue par des tanins affinés et élégants qui ouvrent sur une longue finale renouant avec les notes perçues à l'olfaction. Du cousu-main, à ouvrir dans sa jeunesse. ⌛ 2020-2023

RAVOIRE ET FILS, 340, rue du Rémoulaire, 13300 Salon-de-Provence, tél. 04 90 73 01 10, contact@ravoire-fils.com V *r.-v.*

B DOM. LA RÉMÉJEANNE
Les Chèvrefeuilles 2018 ★

	26 000		8 à 11 €

Originaire d'Alsace-Lorraine et émigrée au Maghreb, la famille Klein s'est établie en 1960 à Sabran, à la tête de 5 ha de vignes. Aujourd'hui, Rémy Klein, installé en 1988 et rejoint par son fils Olivier en 2009, cultive 35 ha en bio. Une valeur sûre en côtes-du-rhône et en *villages*.

Cinq cépages, dont une touche de marselan, dans ce 2018 encore réservé au nez, qui distille des notes discrètes de fruits noirs. En bouche, c'est le croquant du fruit qui réjouit, que des tanins soyeux viennent étoffer en douceur. Le poivre blanc et la réglisse pointent en finale, toujours sur une trame fraîche et enlevée. À croquer dès à présent. ⌛ 2020-2023

DOM. LA RÉMÉJEANNE, hameau de Cadignac, 30200 Sabran, tél. 04 66 89 44 51, contact@remejeanne.com V *t.l.j. sf dim. 9h-12h 14h-18h*

DOM. ROC FOLASSIÈRE 2018 ★

	n.c.		8 à 11 €

Cette vénérable (XIXe s.) et incontournable maison, mise sur orbite internationale par Michel Chapoutier à partir des années 1990, propose une large gamme issue de ses propres vignes (345 ha, en biodynamie) ou d'achats de raisin dans la plupart des appellations phares de la vallée du Rhône, et aussi en Roussillon et en Alsace.

Derrière une robe grenat foncé, le nez de framboises fraîches et de Zan se montre d'emblée flatteur. La bouche y ajoute une agréable rondeur, un fruit expressif, des tanins fondus et une belle fraîcheur en appoint. La réglisse, caractéristique du grenache, donne une pointe de sérieux à ce vin et affirme la typicité d'un bon côtes-du-rhône méridional. ⌛ 2020-2023

SA M. CHAPOUTIER, 18, av. du Dr-Paul-Durand, 26600 Tain-l'Hermitage, tél. 04 75 08 28 65, chapoutier@chapoutier.com V *r.-v.*

B DOM. ROUGE GARANCE
Feuille de Garance 2019 ★

	22 000		8 à 11 €

Claudie et Bertrand Cortellini, anciens coopérateurs, ont acquis en 1997, en association avec l'acteur Jean-Louis Trintignant, ce domaine de 28 ha – en bio certifié depuis 2010. Une valeur sûre.

Un assemblage classiquement dominé par le grenache pour ce vin à la robe légère. Le nez, aux arômes de petits fruits rouges et noirs, distille le caractère solaire du millésime 2019. En bouche, ce côtes-du-rhône bien équilibré propose une matière souple, étayée par des tanins affinés et soyeux. La réglisse, par ses amers doux et sa suavité, et le brin de fraîcheur qui perce en finale donnent au vin toute son appétence. Il est à point. ⌛ 2020-2023

ROUGE GARANCE, 6, chem. de Massacan, 30210 Saint-Hilaire-d'Ozilhan, tél. 04 66 01 66 45, contact@rougegarance.com V *r.-v.*

B CH. SAINT-ESTÈVE Tradition 2019 ★

	8 000		8 à 11 €

Propriété de la même famille depuis 1809, ce domaine s'étend sur 230 ha, dont 45 de vignes en bio certifié, le reste étant couvert des bois et de la garrigue du massif d'Uchaux. Marc Français est aux commandes depuis 1993.

Une cuvée Tradition qui n'a pas cédé à la mode des rosés très pâles. Le résultat est une couleur intense, d'un ton rubis pâle. Le nez se révèle fidèle à cette robe prononcée et oscille entre des arômes gourmands de berlingot et des notes de petits fruits rouges frais. La bouche offre le volume attendu, une pointe de sucrosité et achève de convaincre grâce à sa fraîcheur et à la gourmandise d'un fruit débridé. Du caractère et beaucoup de plaisir. ⌛ 2020-2021

CH. SAINT-ESTÈVE, 1100, rte de Sérignan, D_172, 84100 Uchaux, tél. 04 90 40 62 38, saintesteve@orange.fr V *t.l.j. sf sam. dim. 9h30-12h 14h30-18h*

CH. SAINT-NABOR Tradition 2019 ★

	30 000		- de 5 €

Ce domaine, dans la même famille depuis 6 générations, s'est développé à partir de 1970, sous l'impulsion de Gérard Castor : 7 ha à son installation, 150 ha en production aujourd'hui, sur des terroirs variés. En 2011, ses fils Jérémie et Raphaël ont pris le relais.

Issu des cépages roussanne (80 %), grenache et ugni blanc, ce vin offre une robe d'un jaune pâle et un nez original, végétal et floral, d'où ressortent des arômes de foin, de camomille et de sureau. Un cachet et une fraîcheur aromatique qui font aussi l'intérêt d'une bouche tendre et tonique. À boire sur le fruit. ⌛ 2020-2022

CH. SAINT-NABOR, rte de Barjac, 30630 Cornillon, tél. 04 66 82 24 26, vignoblesaintnabor@yahoo.fr V *t.l.j. sf dim. 8h-12h 13h-18h*

CH. SAINT-NABOR Tradition 2019 ★

	30 000		- de 5 €

Ce domaine, dans la même famille depuis 6 générations, s'est développé à partir de 1970, sous l'impulsion de Gérard Castor : 7 ha à son installation, 150 ha

en production aujourd'hui, sur des terroirs variés. En 2011, ses fils Jérémie et Raphaël ont pris le relais.

Issu des cépages roussanne (80 %), grenache et ugni blanc, ce vin offre une robe d'un jaune pâle et un nez original, végétal et floral, d'où ressortent des arômes de foin, de camomille et de sureau. Un cachet et une fraîcheur aromatique qui font aussi l'intérêt d'une bouche tendre et tonique. À boire sur le fruit. ⧗ 2020-2022

CH. SAINT-NABOR, rte de Barjac, 30630 Cornillon, tél. 04 66 82 24 26, vignoblesaintnabor@yahoo.fr V t.l.j. sf dim. 8h-12h 13h-18h

CH. SAINT-ROCH 2019 ★★

■	30 000		8 à 11 €

Sur les coteaux silico-calcaires de Roquemaure, le vignoble de Saint-Roch couvre 40 ha. Réputé pour ses lirac, il appartient depuis 1998 aux frères Brunel, également propriétaires du Ch. la Gardine à Châteauneuf-du-Pape, autre valeur sûre de la vallée du Rhône méridionale.

Grenache, syrah et cinsault assemblés à la cuve composent ce rouge profond qui frappe par sa densité aromatique, sur la griotte bien mûre et l'eucalyptus. Une palette qui s'exprime aussi dans une bouche délicate, au toucher élégant, dotée de tanins bien assouplis, signe d'une vinification soignée, sans extraction excessive, ni besoin d'un recours au bois. Dépouillé, harmonieux, on peut l'ouvrir dès à présent ou l'attendre un peu. ⧗ 2020-2024

CH. SAINT-ROCH, chem. de Lirac, 30150 Roquemaure, tél. 04 66 82 82 59, brunel@chateau-saint-roch.com V t.l.j. sf sam. dim. 8h-12h 14h-17h

B DOM. LE SÉMINAIRE 2019 ★★

■	100 000		5 à 8 €

Situé au cœur de l'enclave des Papes, sur les hauteurs de Valréas, ce domaine appartient à la famille Pouizin depuis 4 générations. Le vignoble, 60 ha, est cultivé en bio certifié avec une sensibilité biodynamique.

Les vignes d'altitude, les levures indigènes et une vinification très douce concourent à l'élégance et la complexité d'un nez qui marie le fruit à des notes florales et fraîches de lilas, de laurier rose et de violette. Le vin restitue cette pureté aromatique dans un palais volumineux, à la fois gras et frais, soutenu par des tanins soyeux : un équilibre impeccable pour ce 2019 déjà savoureux, mais qui pourra avantageusement bénéficier d'un passage en cave. ⧗ 2020-2025

DOM. DU SÉMINAIRE, 321, rte de Saint-Pierre, 84600 Valréas, tél. 06 25 59 11 15, domaine.du.seminaire@gmail.com V r.-v. B

SEPTENTRIA Duo 2018 ★

■	25 000		8 à 11 €

En acquérant en 2006 ce domaine fondé en 1961, agrandi et modernisé dans les années 1990, Marcel Guigal a ajouté un joyau à sa couronne déjà richement décorée : un vignoble de 12 ha plantés majoritairement de « serine », variété ancienne de la syrah, qui produit du côte-rôtie et du condrieu.

De prime abord, c'est un vin aux arômes puissants qui se révèle au nez. Des petits fruits rouges mûrs et des notes poivrées évoquent la typicité de la dominante quasi-exclusive de syrah (95 %). Une intensité qui trouve un plongement très cohérent dans une bouche riche et fermement structurée par de beaux tanins mûrs. Le savoir-faire en matière de sélections de la famille Guigal s'illustre dans ce vin de bonne garde. ⧗ 2021-2025

DOM. DE BONSERINE, 2, chem. de la Viallière, Verenay, 69420 Ampuis, tél. 04 74 56 14 27, bonserine@wanadoo.fr V r.-v.

CH. DES SÉRAPHIN 2019 ★

■	65 333		5 à 8 €

Établie à Castillon, près du pont du Gard, Vignobles et Compagnie (anciennement la Compagnie rhodanienne) est une maison de négoce créée en 1963, dans le giron du groupe Taillan. Elle propose des vins (marques ou cuvées de domaine) dans de nombreuses AOC de la vallée du Rhône, de la Provence et du Languedoc.

Sur ces sols d'argile et de galets, les côtes-du-rhône peuvent offrir une bonne assise tannique, comme c'est le cas pour ce 2019 qui fait la part belle à la syrah. Les parfums de confiture de fraises et d'olives noires restent discrets, mais c'est en bouche que le vin se fait entendre avec des tanins accrocheurs qui cadrent une matière juteuse agrémentée de Zan. Du caractère. ⧗ 2021-2024

VIGNOBLES ET COMPAGNIE, SPECR 19, chem. Neuf, CS 80002, 30210 Castillon-du-Gard, tél. 04 66 37 49 50, nicolas.quiles@vignoblescompagnie.com

DOM. VENTAJOL 2019 ★

■	58 600		5 à 8 €

Le domaine existe depuis 1868 et a vu 5 générations se succéder à la tête de ce vignoble établi sur la commune de Pont-Saint-Esprit, conduit aujourd'hui par Sébastien Ventajol.

Un rouge « de soif » et qui mêle classiquement grenache, syrah et mourvèdre. Le nez friand dévoile la cerise griotte et quelques épices douces, tandis qu'à l'attaque, c'est la minéralité et le croquant du fruit qui séduisent. L'ensemble est frais, fluide et gouleyant à souhait. À boire sur le fruit. ⧗ 2020-2022 ■ **Les Petits Grains d'Hauteville 2019 ★ (- de 5 €; 16 000 b.)** Une dominante de mourvèdre dans ce rosé très clair, au nez discret d'agrumes. Des notes de pivoine agrémentées de nuances poivrées prennent le relais dans un palais vif et alerte. ⧗ 2020-2021

DOM. VENTAJOL, 936, rte de Saint-Paulet-de-Caisson, 30130 Pont-Saint-Esprit, tél. 04 66 39 38 46, sebventajol@gmail.com V t.l.j. sf dim. 9h-12h 14h-19h

DOM. LE VIEUX LAVOIR 2019 ★

■	29 300	5 à 8 €

Ce domaine – dont la cave a une architecture proche de celle du lavoir de Tavel – est dans la même famille depuis 6 générations. Le vignoble a été créé en 1956. Sébastien Jouffret, installé en 1991, vinifie aujourd'hui la récolte de 70 ha.

Coup de cœur l'année passée, cette cuvée reste très convaincante en 2019. On retrouve avec plaisir ce nez généreux de poivre noir, de baie de genièvre et de bonbon à la violette qui signe la présence de la syrah. Le grenache prend le relais et prête à la bouche sa chair enrobée, suave, qui intègre des tanins d'une grande douceur. Une souplesse qui rend ce vin déjà très appétant, mais il saura tenir quelques années. ⧗ 2020-2024

DOM. LE VIEUX LAVOIR / VIEUX MOULIN, 775, rte de la Commanderie, Le Palai-Nord, 30126 Tavel, tél. 04 66 82 85 11, roudil-jouffret@wanadoo.fr t.l.j. sf sam. dim. 8h-12h 14h-18h

LES VIGNERONS DE VILLEDIEU-BUISSON
Cuvée des Templiers 2019 ★★

	30 000		5 à 8 €

Au nord de Vaison-la-Romaine, cette coopérative fondée en 1939 regroupe 776 ha (dont 20 % en bio certifié depuis 1985), cultivés par les vignerons de Villedieu et de Buisson.

Le grenache en vedette dans ce côtes-du-rhône très convivial qui utilise la technique de la flash détente. Une bonne idée sur la foi de ce nez expressif, franc et direct, centré sur le fraise et les fruits exotiques. Dans la continuité, la bouche va à l'essentiel : soigner le fruit et la souplesse en préservant cette fraîcheur très agréable perçue à l'olfaction. Simplement bon et universel. ⧗ 2020-2022
Grappes d'antan 2019 ★ (5 à 8 €; 20 000 b.) Ⓑ Une robe saumon brillant habille ce rosé parfumé dont le nez convoque le bonbon, le fruit frais et le menthol. Une attaque vivace introduit une bouche souple, gourmande, bien équilibrée et de bonne longueur. ⧗ 2020-2021

LES VIGNERONS DE VILLEDIEU BUISSON, 165, rte de Buisson, 84110 Villedieu, tél. 04 90 28 92 37, cavevilledieu@orange.fr t.l.j. sf dim. 8h-12h 14h-18h

CÔTES-DU-RHÔNE-VILLAGES

Superficie : 10 240 ha
Production : 298 000 hl (98 % rouge et rosé)

À l'intérieur de l'aire des côtes-du-rhône, quelques communes ont acquis une notoriété certaine grâce à des terroirs qui produisent des vins de semi-garde dont les qualités sont unanimement reconnues. Les conditions de production de ces vins sont soumises à des critères plus restrictifs en matière notamment de délimitation, de rendement et de degré alcoolique par rapport à ceux des côtes-du-rhône. Au sein de l'aire d'appellation, 13 noms de communes historiquement reconnus peuvent figurer sur l'étiquette : Chusclan, Laudun et Saint-Gervais dans le Gard; Sablet, Séguret, Roaix, Valréas et Visan dans le Vaucluse; Rochegude, Rousset-les-Vignes, Saint-Maurice, Saint-Pantaléon-les-Vignes dans la Drôme. Ont été plus récemment reconnus Signargues, dans le Gard, Massif d'Uchaux, Plan de Dieu et Puyméras dans le Vaucluse. Gadagne (Vaucluse) s'est ajouté à la liste puis, en 2016, Sainte-Cécile, Suze-la-Rousse et Vaison-la-Romaine. Quant à Cairanne elle a été promue en appellation communale (à partir du millésime 2016). Sur le territoire de 70 autres communes du Gard, du Vaucluse et de la Drôme, dans l'aire côtes-du-rhône, une délimitation plus stricte permet de produire des côtes-du-rhône-villages sans nom de commune.

DOM. DE L'AMAUVE Séguret La Daurèle 2019 ★

	6 500		11 à 15 €

Héritier de plusieurs générations de vignerons, Christian Vœux, œnologue expérimenté et attaché à plusieurs domaines rhodaniens (dont le réputé Ch. la Nerthe à Châteauneuf-du-Pape), a repris en 2006 les 11,5 ha du domaine familial, qui doit son nom à la fleur de mauve, présente en grand nombre dans le vignoble. Le domaine est en conversion bio depuis 2017.

Une robe cristalline à l'entame de ce beau blanc élevé en cuve et en fût. Du nez, on retiendra l'intensité et les franches notes de fruits à noyau et de fleurs. De la bouche, sa rondeur, ses saveurs épanouies de jasmin et de sirop d'abricot, sa touche discrètement boisée et sa bonne fraîcheur finale. Complet, expressif et prêt à boire. ⧗ 2020-2023

DOM. DE L'AMAUVE, 197, chem. du Jas, 84110 Séguret, tél. 06 10 71 26 72, contact@domainedelamauve.fr r.-v.

DOM. DES BANQUETTES
Pan de Dieu Cuvée Fabien 2018 ★

	10 944		8 à 11 €

Mécanicien dans les travaux publics, Patrice André rejoint son père en 1993 sur les 30 ha de l'exploitation familiale, implantée sur les coteaux de Rasteau, face aux Dentelles de Montmirail et au mont Ventoux. En 2002, il choisit de sortir de la coopérative et de vinifier ses propres vins : côtes-du-rhône et *villages* Plan de Dieu, rasteau sec et vin doux naturel.

Créé pour fêter la naissance de Fabien, fils des propriétaires, ce « beau bébé » né à parité de grenache et de syrah fleure bon le fruit rouge en confiture, la mûre et la myrtille. Un fruité expansif que l'on retrouve dans une bouche capiteuse, au toucher élégant, cadrée par des tanins encore juvéniles mais sans dureté. Fabien a tout pour bien vieillir. ⧗ 2021-2025

DOM. DES BANQUETTES, 1360, rte d'Orange, 84110 Rasteau, tél. 04 90 46 10 22, lesbanquettes@domainedesbanquettes.fr r.-v.

Ⓑ **LA BASTIDE SAINT-DOMINIQUE** 2018 ★

	20 000		8 à 11 €

Créé en 1979 par Gérard et Marie-Claude Bonnet, ce domaine établi à Courthézon, sur les vestiges d'une ancienne chapelle du XVIes., s'étend sur 50 ha. Il est aujourd'hui géré par Éric, qui a converti le vignoble à l'agriculture biologique (certification en 2014) et complété sa propriété par une structure de négoce. Il a été rejoint par sa sœur Véronique en 2016.

Une étoile de plus au compteur de ce producteur régulier avec ce 2018 ouvert sur la fraise sauvage, la cerise mûre, les épices et le sous-bois. Une partition rejouée dans une bouche ronde et souple à souhait, mais dotée d'une petite structure bien vivace en soutien. De quoi tenir quelques années, même si ce joli *villages* a tout pour séduire dès à présent. ⧗ 2020-2024

LA BASTIDE SAINT-DOMINIQUE, 1358, chem. Saint-Dominique, 84350 Courthézon, tél. 04 90 70 85 32, contact@bastidesaintdominique.com t.l.j. 8h30-12h30 13h30-17h; sam. dim. sur r.-v.

DOM. DU BOIS DES DAMES Plan de Dieu 2019 ★

	150 000		8 à 11 €

Cet ancien bois fut propriété des chartreusines de Prébayon. Vendu comme bien national à la Révolution, il fut transformé en vignoble en 1946. Le domaine (200 ha) est entré en 1956 dans la famille Meffre.

Fraîchement sorti des cuves, ce Plan de Dieu séduit par son nez très épicé, aux douces notes chocolatées et

RHÔNE

goudronnées. La confiture de mûres prend le relais dans une bouche généreuse et chaleureuse, qui intègre de beaux tanins doux et déjà bien enrobés. Solaire, épanoui, ce 2019 est déjà fin prêt pour passer à table. ⧗ 2020-2024

DOM. DU BOIS DES DAMES, 2600, rte de Cairanne, 84150 Violès, tél. 04 90 70 94 90, bureau@boisdesdames.fr V r.-v.

B DOM. CAROLINE BONNEFOY Valréas 2018 ★

■ | 10000 | | 8 à 11 €

«Vignerons bio», Gilles Phétisson et Caroline Bonnefoy, unis dans la vie, vinifient leurs domaines séparément (Lumian pour lui, Bonnefoy pour elle). En 2012, ils se sont associés à travers une activité de négoce. Un nouveau chai de vieillissement a vu le jour en 2018, adossé à la cuverie modernisée et équipée de 16 nouvelles cuves béton.

Le domaine entretient sa bonne réputation avec ce Valréas au nez suave qui embaume le fruit mûr, les épices et le cuir. La même douceur émane d'une bouche marquée par le grenache (90%) qui prête sa chair veloutée et pétrie de fruit mûr et de soleil. Une souplesse qui invite à ouvrir cette bouteille dans sa jeunesse. ⧗ 2020-2023

DOM. CAROLINE BONNEFOY, rte de Montélimar, 84600 Valréas, tél. 09 75 66 62 30, domainedelumian@wanadoo.fr V t.l.j. sf dim. 9h-12h 14h-18h

BROTTE Laudun Bord Élégance 2019 ★★

■ | 20000 | | 8 à 11 €

Cette maison réputée, fondée en 1931 par Charles Brotte, pionnier de la mise en bouteilles dans la vallée du Rhône, est aujourd'hui dirigée par Laurent, petit-fils du fondateur. Elle vinifie ses propres vignes et opère des sélections parcellaires pour le compte de son négoce, dont La Fiole du Pape, en châteauneuf, est la marque phare depuis sa création en 1952.

Des 3 Laudun sélectionnés, la palme va à ce blanc séducteur aux parfums de fleurs blanches et d'épices douces, dont l'élégance apparaît dès le nez. Du volume, du gras, des notes complexes d'amande et de réglisse, une finale enlevée, bien fraîche et relevée de fins amers qui étirent le fruit : la bouche laisse le souvenir d'un blanc épanoui, fin et parfaitement harmonieux. ⧗ 2020-2023 ■ **Laudun La Grivelière 2018 ★ (5 à 8 €; 70000 b.)** Un nez bien typé, entre fruits mûrs, épices douces et légère note grillée, introduit une bouche charmante, fluide, ample, adossée à des tanins déjà fondus : un *villages* franc et généreux. ⧗ 2020-2023 ■ **Brotte Laudun Les Grands Mûriers 2018 ★ (5 à 8 €; 70000 b.)** Un nez généreux et expressif centré sur les fruits rouges, une bouche tout aussi généreuse, flatteuse par sa sucrosité gourmande, appuyée sur des tanins présents mais sans aucune rudesse : un 2018 sans fausse note et qui saura tenir quelques années. ⧗ 2020-2024

LAURENT BROTTE, av. Pierre-de-Luxembourg, 84230 Châteauneuf-du-Pape, tél. 04 90 83 70 07, brotte@brotte.com V t.l.j. 9h-12h 14h-18h (9h-19h en été)

DOM. DE CABASSE Séguret Cuvée Garnacho 2018 ★

■ | 15766 | | 11 à 15 €

Casa bassa («maison basse» en italien), c'est ainsi que cette propriété de 15 ha était appelée au temps des papes d'Avignon. Située sous le village de Séguret, elle a changé de mains en 2012 : Alfred et Nicolas Haeni ont cédé la place à la famille Baudry, qui a pour objectif de développer l'œnotourisme.

Du grenache certes, mais pas que (20% de syrah) dans ce Garnacho très convaincant dès l'entame avec ses notes capiteuses de fruits rouges saupoudrés de chocolat et d'épices. Confortable à l'attaque, enveloppé de confiture de fruits, le palais déploie une belle structure, marquée par de beaux tanins fermes et mûrs, puis il se détend en finale en libérant de francs arômes de cassis. Du plaisir et de la tenue, et pour quelques années. ⧗ 2020-2025

DOM. DE CABASSE, 547, rte de Sablet, 84110 Séguret, tél. 04 90 46 91 12, info@cabasse.fr V t.l.j. 8h-12h 14h-18h 5

B DOM. LA CABOTTE Massif d'Uchaux Garance 2018 ★

■ | 10000 | | 11 à 15 €

Ce domaine doit son nom à un abri en pierres sèches qui résiste aux intempéries de l'été et aux rigueurs de l'hiver. Il a été acquis en 1981 par Gabriel d'Ardhuy, qui l'a confié à l'une de ses 7 filles, Marie-Pierre Plumet. Cette dernière a patiemment restructuré le vignoble, refaçonné les anciennes terrasses, et conduit aujourd'hui, en biodynamie avec son mari Éric et leur fils Étienne, 35 ha de vignes d'un seul tenant au cœur du Massif d'Uchaux. Ils ont aussi acquis 2 parcelles sur châteauneuf-du-pape.

Une robe profonde et un nez riche sur le fruit mûr et le cuir à l'entame de ce rouge à fort caractère, déjà à l'honneur l'année passée. En bouche, de la mâche, de la concentration, des flaveurs intensément parfumées, épicées et sauvages, des tanins d'une belle souplesse et une longue finale sur la réglisse. Déjà savoureux mais aussi du potentiel en cave. ⧗ 2020-2025

DOM. LA CABOTTE, Dom. la Cabotte, 8035, rte de Rochegude, 84430 Mondragon, tél. 04 90 40 60 29, domaine@cabotte.com V t.l.j. 9h-12h30 13h30-17h; sam. dim. sur r.-v.

DOM. CHAMFORT Sablet La Pause 2018 ★

■ | 5000 | | 8 à 11 €

Situé au pied des Dentelles de Montmirail, ce domaine de 27 ha a été repris en 2010 par Vasco Perdigao, œnologue formé dans la vallée du Rhône septentrionale. Conseillé depuis 2018 par Philippe Cambie, le domaine privilégie une approche bio et a franchi le pas de la conversion en 2018.

Issu du lieu-dit La Pause, cet assemblage classiquement dominé par le grenache (70%) convainc dès l'entame avec sa robe pourpre soutenu et son nez intense de fruits rouges et noirs mâtinés de réglisse. Rien de trop dans cette bouche élégante, droite, mûre mais nullement confite, qui tire son équilibre d'une fraîcheur préservée et de jolis tanins souples et fins. Un *villages* vinifié avec tact et bon goût. ⧗ 2020-2025

DOM. CHAMFORT, 280, rte du Parandou, 84110 Sablet, tél. 04 90 46 94 75, domaine-chamfort@orange.fr V t.l.j. 9h-12h 13h30-17h30; sam. dim. sur r.-v.

♥ M. CHAPOUTIER Les Pentues 2018 ★★

	n.c.		8 à 11 €

Cette vénérable (XIXe s.) et incontournable maison, mise sur orbite internationale par Michel Chapoutier à partir des années 1990, propose une large gamme issue de ses propres vignes (345 ha, en biodynamie) ou d'achats de raisin dans la plupart des appellations phares de la vallée du Rhône, et aussi en Roussillon et en Alsace.

Toute la convivialité et la plénitude des très bons côtes-du-rhône-villages dans cet assemblage classique de grenache et de syrah qui n'a pas vu de bois. Gorgé de fraise et de framboise au nez, puis d'épices en bouche, on retient la grande amplitude de la matière, sa texture noble, soyeuse et confortable, qui se double d'une étoffe tannique généreuse mais sans une once d'austérité. La longueur impeccable étire généreusement le fruit dans une finale rafraîchie par une touche citronnée du meilleur effet. Beaucoup de plaisir dès à présent et sans doute un peu plus dans un an ou deux. ⧗ 2020-2024

SA M. CHAPOUTIER, 18, av. du Dr-Paul-Durand, 26600 Tain-l'Hermitage, tél. 04 75 08 28 65, chapoutier@chapoutier.com V r.-v.

LE CLOS DES SAUMANES 2019 ★

	7000		8 à 11 €

À la tête de ce domaine depuis 2008, les Champenois Robert et Martine Janer ont été séduits par ce terroir argilo-calcaire couvert de gros galets et battu par le mistral, situé dans l'un des plus anciens villages de Provence. Ces anciens professionnels de la santé conduisent aujourd'hui un vignoble de 24 ha, en bio certifié depuis 2014.

Un des rares *villages* blancs sélectionnés cette année. Des jeunes vignes, une majorité de roussanne, une vinification et un élevage court en cuve, c'est la formule gagnante de ce vin qui fleure bon la fleur de vigne et l'amande fraîche. Un fond gourmand d'abricot parfume un peu plus une bouche comme on les aime dans le Sud, à la fois bien grasse et bien fraîche. Un blanc généreux et équilibré. ⧗ 2020-2023

LE CLOS DES SAUMANES, 510, chem. des Saumanes, 84470 Châteauneuf-de-Gadagne, tél. 04 90 22 42 75, info@leclosdessaumanes.com V r.-v.

♥ CLOS SAINT-ANTONIN Plan de Dieu 2018 ★★★

	18 000		15 à 20 €

Un habitué du Guide, souvent en bonne place pour ses châteauneuf-du-pape, ses côtes-du-rhône et ses vins de pays. Un vignoble de 90 ha éparpillés en de multiples parcelles, que conduisent Christophe Sabon et sa sœur Isabelle, enfants d'Aimé Sabon, fondateur du domaine en 1973. Un domaine complété en 2015 par l'achat du Clos Saint-Antonin, et ses 15 ha de vignes sur la commune de Jonquière.

Un *villages* haut de gamme qui assemble le grenache au mourvèdre et à la syrah. Ce qui a tant plu? Le nez distingué, mûr certes, mais dont on retient surtout l'élégante déclinaison entre fruits confits, fraise des bois, notes florales et fines épices. Puis la bouche surtout, paradoxale, à la fois chaleureuse et dynamique, tendue et fondue, qui impressionne par son volume hors norme, par sa fraîcheur préservée, par la finesse de ses tanins et par la profondeur et la longueur très réglissée du fruit. Un air de châteauneuf-du-pape. De garde. ⧗ 2023-2028

CLOS SAINT-ANTONIN, 29, chem. du Moulin, 84350 Courthézon, tél. 04 90 70 86 29, vignoblessabon@gmail.com V *t.l.j. sf sam. dim. 8h30-17h30*

CH. COURAC Laudun 2019 ★★

	150 000		8 à 11 €

Ce château perché sur les hauteurs de Tresques, dans le Gard, est un habitué du Guide, le plus souvent aux meilleures places. Conduit par Joséphine et Frédéric Arnaud, il se distingue tant par ses côtes-du-rhône que par ses *villages* (Laudun). Ces passionnés d'archéologie sont comblés de mettre en valeur un terroir cultivé dès l'Antiquité.

Remarquable tir groupé pour ce vigneron qui place 3 cuvées issues du tout jeune mais très prometteur millésime 2019. Certes mûr mais sans excès d'aucune sorte, ce Laudun offre une déclinaison bien méditerranéenne entre fruits mûrs, garrigue et laurier. De la bouche, encore juvénile, on retiendra la générosité et les tanins déjà parfaitement enrobés. ⧗ 2021-2025 **Laudun Quart du roi 2019 ★★ (8 à 11 €; 30 000 b.)** Autre interprétation de l'appellation, ce Quart du roi affiche la même maturité de fruit mais y ajoute une légèreté et une élégance singulière. Un vin ciselé, tout en finesse. ⧗ 2020-2023 **Laudun 2019 ★ (11 à 15 €; 25 000 b.)** Un bel écrin cristallin pour ce blanc abouti, allègre et très floral, dont la bouche est un compromis idéal entre gras et fraîcheur. Une bien belle illustration de l'appellation. ⧗ 2020-2023

CH. COURAC, 1520, chem. de Courac, 30330 Tresques, tél. 04 66 82 90 51, chateaucourac@orange.fr V r.-v.

CROIX DE BONPAS 2019 ★★

	65 000		5 à 8 €

Cette maison de négoce, dans le giron du groupe bourguignon Boisset, doit son nom à un monastère fortifié, donné par le pape Jean XXII aux Chartreux, en 1318. Un lieu stratégique qui veillait autrefois sur la route menant d'Avignon à Rome : un *bonus passus* en latin (« bon passage »).

Confiture de prunes, iris, violette, cuir : ce 2019 dévoile une belle complexité. On la retrouve dans une bouche d'abord bien charnue et veloutée, puis qui se resserre sous l'effet d'une structure imposante, virile, de tanins corsés mais sans excès de dureté. De bien belles sensations et un caractère bien trempé qui sont aussi une promesse d'avenir. ⧗ 2021-2025

BOISSET LA FAMILLE DES GRANDS VINS BONPAS, 1, chem. de Réveillac, 84510 Caumont-sur-Durance, tél. 04 90 23 67 98, contact@bonpas.fr t.l.j. sf sam. dim. 10h-12h 14h-17h; f. août

DOM. LA CROIX DU VERGER Laudun 2018 ★★

20000 | 5 à 8 €

Créée en 1937, cette cave historique fut la première coopérative agricole à être inaugurée par un président de la République (Albert Lebrun). Actrice importante de la production taveloise (environ la moitié), elle a fusionné en 2018 avec la cave de Lirac.

Pas de bois dans ce Laudun somptueux, mais du fruit et de la complexité : fruits rouges et noirs bien mûrs, épices douces et cuir. La bouche suit le tempo et déploie un corps harmonieux, sertie de tanins de taffetas, ouvrant sur une finale tendue à souhait qui étire et illumine le fruit. De la classe et de l'énergie. ⧗ 2021-2025

LES VIGNERONS DE TAVEL ET LIRAC, rte de la Commanderie, 30126 Tavel, tél. 04 66 50 03 57, contact@cave-tavel-lirac.fr r.-v.

DOM. LA DÉCELLE Valréas Réserve 2018 ★

50000 | 8 à 11 €

Une maison de négoce fondée en 1964 par Jean-Guy Lavau, d'origine saint-émilionnaise. Ses héritiers Benoît et Frédéric proposent aujourd'hui une large gamme de vins à partir de la production de 350 vignerons de la vallée du Rhône méridionale, complétée par 180 ha de vignes en propriété.

Grenache et syrah à parité dans ce rouge langoureux élevé en cuve et en fût. On aime le nez profond de crème de cassis que l'on retrouve dans une bouche caressante, pulpeuse, d'une douceur un peu sucrée redoutable de gourmandise. Très séducteur, chaleureux et facile à aimer. ⧗ 2020-2024

SCEA LAVAU, 585, rte de Cairanne, 84150 Violès, tél. 04 90 70 98 70, info@lavau.fr t.l.j. sf sam. dim. 10h-12h 14h-18h

DOM DE L'ESPIGOUETTE Plan de Dieu 2018 ★

30000 | 8 à 11 €

Le nom de cette vaste exploitation de 50 ha est hérité du terme provençal *spigo* (petit épi de blé). Bernard Latour, aux commandes depuis 1979, privilégie les petits rendements et les vieilles vignes. À l'arrivée de ses fils Émilien et Julien en 2009, il a engagé la conversion bio du vignoble et créé une nouvelle cave de stockage.

Abonné au Guide, le domaine signe ici un Plan de Dieu d'une fraîcheur particulière. Assemblage de 3 cépages emmené par le grenache, le vin dispense au nez des arômes fringants de fruits frais. Vinifiée en douceur, la bouche séduit par sa fluidité, sa tonicité et ses tanins à la fois fins et fermes qui apportent ce qu'il faut de structure et de tenue. Élégant de bout en bout. ⧗ 2020-2024

DOM. DE L' ESPIGOUETTE, 1008, rte d'Orange, 84150 Violès, tél. 04 90 70 95 48, espigouette@aol.com t.l.j. sf sam. dim. 10h-12h 14h-18h

DOM. LA FLORANE Visan Terre pourpre 2018 ★★

10000 | 11 à 15 €

Installés en 2001 sur les terres familiales, Adrien et Françoise Fabre ont sorti le domaine de la cave coopérative pour vinifier leurs propres vins. Ils conduisent un vignoble (en bio certifié, tendance biodynamie) réparti entre les 24 ha du Dom. la Florane à Visan et les 14,5 ha du Dom. de l'Échevin à Saint-Maurice.

De cette Terre pourpre (sous-sol d'argile rouge), le domaine a tiré un Visan ébouriffant. Le jury a aimé l'éclat d'un nez qui convoque la prune et la cerise légèrement kirschée, relevé de plantes aromatiques. Au palais, un long élevage de 18 mois (foudre et amphore béton) a parfaitement canalisé la puissance et la richesse du fruit : toucher de bouche somptueux, matière tapissante, tanins veloutés, belle longueur. On frôle le coup de cœur. ⧗ 2020-2025

DOM. LA FLORANE, 199, chem. des Bourdeaux, 84820 Visan, tél. 04 90 41 90 72, contact@domainelaflorane.com t.l.j. sf sam. dim. 8h-12h30 13h30-17h

FONT SARADE Plan de Dieu Cuvée Égoïste 2019 ★

5200 | 8 à 11 €

Un domaine souvent en vue, né en 1936 au nord de Vacqueyras de l'association de 2 familles vigneronnes, les Devine et les Burle. Le vignoble, conduit depuis 2002 par Bernard Burle, associé à sa fille Claire en 2014, couvre aujourd'hui 35 ha.

Cerise mûre, notes chocolatées et fumées, le nez ne manque ni d'intensité ni de soleil. En bouche, le grenache noir (60 %) cède la place au mourvèdre et au carignan qui imposent leurs tanins puissants et serrés et leurs belles épices. Un Plan de Dieu structuré à souhait, qu'il faut oublier quelque temps en cave. ⧗ 2021-2025

DOM. FONT SARADE, 801, rte de Violes, 84190 Vacqueyras, tél. 07 87 46 17 02, infos@fontsarade.fr t.l.j. 9h-12h 14h-18h; sam. dim. sur r.-v.

GIGONDAS LA CAVE Séguret Le Dit de la Clapassière 2018 ★

8988 | 8 à 11 €

Créée en 1956 au pied des Dentelles de Montmirail, la coopérative de Gigondas vinifie aujourd'hui la production de quelque 247 ha de vignes, dont une partie en agriculture biologique.

Les amateurs de grenache seront à la fête avec ce rouge fougueux, au nez débridé et capiteux qui décline les fruits et noirs surmûris. En bouche, le cépage (85 %) déploie sa chair suave, souple et chaleureuse imprégnée de fruits ensoleillés et d'épices. Sensuel. ⧗ 2020-2024

GIGONDAS LA CAVE, 589, rte de Vaison, 84190 Gigondas, tél. 04 90 65 86 27, infos@cave-gigondas.fr t.l.j. 9h-12h30 14h-18h

LE GRAVILLAS Sablet Terroirs et traditions 2018 ★

13000 | 5 à 8 €

Créée en 1935, à Sablet, magnifique village provençal aux rues concentriques, la coopérative de Gravillas

est l'une des plus anciennes caves du département. En 2017, elle a intégré le Cercle des Vignerons du Rhône qui a rejoint Rhonéa en 2019.

Paré d'une robe d'un beau rubis brillant, ce Sablet offre des arômes épanouis qui hésitent entre fruits rouges mûrs et épices. Ils font le charme d'une bouche de bon volume, solide, appuyée sur des tanins fermes mais bien extraits qui laissent respirer le fruit dans une finale plutôt tonique. Classique et complet, à boire ou à laisser respirer en cave quelque temps. ⧗ 2020-2024

SCA LES VIGNERONS DU GRAVILLAS, 76, chem. de la Diffre, 84110 Sablet, tél. 04 90 46 90 20, direction.gravillas@orange.fr V *t.l.j. sf dim. 9h-12h 14h-18h*

DOM. DU GROS PATA
Vaison-la-Romaine Nos Racines 2018 ★

■ | 4000 | | 8 à 11 €

Au Moyen Âge, cette propriété de Vaison-la-Romaine était le siège d'un octroi, où il fallait s'acquitter de quelques *patas* (ancienne monnaie provençale) pour gagner la cité voisine de Villedieu. Couvrant aujourd'hui 30 ha, le domaine est conduit depuis 1992 par Sabine Garagnon (quatrième génération), qui a vinifié sa première cuvée à 17 ans.

Cinquante pour cent de mourvèdre et de syrah à l'appui du grenache dans ce 2018 au nez pimpant, très floral (acacia, iris) et fruité. Une introduction flatteuse qui trouve un heureux prolongement dans une bouche ronde, tonique et fraîche, qui laisse s'exprimer sans heurts ce fruité croquant et printanier. Allègre. ⧗ 2020-2024

DOM. DU GROS PATA, 2885, rte de Villedieu, 84110 Vaison-la-Romaine, tél. 06 21 72 13 60, sabine.garagnon@free.fr V *t.l.j. sf dim. 9h-12h 14h-18h* B

♥ LEPLAN VERMEERSCH
Suez-la-Rousse GT-X 2018 ★★★

■ | 4000 | | 20 à 30 €

Dick Vermeersch, ancien pilote automobile flamand, a créé son vignoble en 2000 – aujourd'hui 25 ha en conversion bio. Une bonne référence de la vallée méridionale.

On démarre sur les chapeaux de roue : nez explosif, suave, raffiné, associant un fond de fruits mûrs à des touches de fleurs, de cannelle, de cuir et de chêne. En bouche, on accélère : attaque ample, hyper soyeuse, matière tapissante, svelte, large, pétrie de tanins très fins, boisé parfaitement ajusté qui enrobe sans alourdir, finale interminable. On sort de cette dégustation ému devant tant d'élégance et de puissance contenue. Et cette cuvée en a beaucoup sous la capot bien entendu... ⧗ 2021-2028

LEPLAN-VERMEERSCH, 100, chem. du Grand-Bois, 26790 Suze-la-Rousse, tél. 06 67 47 04 39, ann@vermeersch.fr V *juin à août t.l.j. sf sam. dim. 14h-18h*

CH. DE MARJOLET
Laudun Cuvée tradition 2018 ★★

■ | 21000 | | 5 à 8 €

Cette propriété de 75 ha, régulière en qualité, se répartit sur les 2 villages gardois de Gaujac et de Laudun. Fondateur du domaine en 1978, Bernard Pontaud a laissé les rênes de l'exploitation à son fils Laurent en 2009.

Du fruit et encore du fruit, le nez donne le ton de ce rouge emmené par le grenache. La bouche offre tous les charmes d'un *villages* détendu et généreux : du fruit à foison (mûre et framboise) agrémenté d'une touche florale, une matière tendre, très caressante au toucher, juste appuyée sur des petits tanins croquants et soyeux. Le jury est sous le charme. ⧗ 2020-2024 ■ **Cuvée de Samnaga 2018 ★ (5 à 8 €; 13000 b.)** Du nom d'un oppidum romain situé à 50 m du vignoble, cette cuvée a fait mouche : du cassis au nez comme en bouche, de la fluidité, de la délicatesse et du plaisir. À boire sur le fruit. ⧗ 2020-2023

CH. DE MARJOLET, allée des Platanes n°184, BP n°3, 30330 Gaujac, tél. 04 66 82 00 93, chateau.marjolet@gmail.com V *t.l.j. sf sam. dim. 9h-12h 14h-18h* E

DOM. MARTIN Plan de Dieu 2018 ★★

■ | 40000 | | 8 à 11 €

Les frères David et Éric Martin sont installés depuis 2005 sur le domaine familial, créé en 1905 à partir de 5 ha sur le Plan de Dieu. Ils exploitent aujourd'hui 75 ha de vignes, essentiellement en gigondas et en châteauneuf-du-pape.

Toute la puissance et la plénitude des meilleurs Plan de Dieu dans cette cuvée élevée en vieux foudres. Intense, jeune, centré sur la réglisse et le fruit mûr, le nez séduit. La bouche, elle, impressionne par son volume, par le velouté de sa texture et par sa force tannique. Ce 2018 coche toutes les cases du beau vin de garde. ⧗ 2022-2027

SCEA DOM. MARTIN, 439, rte de Vaison, 84850 Travaillan, tél. 04 90 37 23 20, martin@domaine-martin.com V *t.l.j. 9h-12h 14h-18h*

B DOM. MONTMARTEL Visan 2018 ★

■ | 10000 | | 8 à 11 €

Domaine familial créé en 1919, c'est la 5e génération qui est aujourd'hui aux commandes. Travaillé en agriculture biologique depuis 1991, le vignoble couvre 60 ha sur la commune de Valréas, perché à 400 m d'altitude. Damien Marres est un adepte des vinifications sans soufre.

Un long élevage de 18 mois n'a pas été de trop pour dompter la richesse qui émane de ce Visan mi-grenache mi-syrah. Le jury a retenu sa robe profonde, son nez gorgé de crème de mûre, sa bouche ample, fruitée, soyeuse, qui rebondit en finale sur une petite austérité de bon aloi. ⧗ 2021-2025

SCEA MONNIER MARRES, 1915, chem. de Visan, 26790 Tulette, tél. 04 75 98 01 82, vmarres@hotmail.com V *r.-v.*

♥ B LA NERTHE Les Cassagnes 2018 ★★

■ | 76 900 | | 15 à 20 €

Un vaste domaine historique (92 ha en bio). Les Tulle de Villefranche, ses premiers propriétaires, mettaient déjà en bouteilles à la propriété en 1784 cet «excellent vin de La Nerthe», comme on le qualifiait à la cour de Louis XVI. Dévasté par le phylloxéra, le domaine est cédé en 1870 à Joseph Ducos, qui le remet sur pied. Depuis 1985, les Richard sont aux commandes et ont confié la direction à Alain Dugas, remplacé à son départ à la retraite en 2008 par Christian Voeux, auquel a succédé en 2015 l'oenologue Ralph Garcin. Un pilier de l'AOC châteauneuf.

Un assemblage classique grenache, syrah et mourvèdre longuement macéré, extrait avec douceur et élevé en cuve, cela donne ce rouge somptueux et langoureux, au nez solaire de fruits rouges en confiture et d'épices douces. Un fruité capiteux tapisse généreusement un palais large, fluide et bluffant de fraîcheur, ourlé de tanins de velours qui renforcent un peu plus la rondeur et la suavité de l'ensemble. Harmonieux, puissant, élégant et déjà irrésistible. ⧗ 2020-2025

SCA CHÂTEAU LA NERTHE, rte de Sorgues, 84230 Châteauneuf-du-Pape, tél. 04 90 83 70 11, contact@chateaulanerthe.fr V *r-v*

DOM. DE L'OLIVIER 2019 ★★

■ | 45 300 | | 8 à 11 €

Situé tout près du pont du Gard, ce domaine autrefois complanté d'oliviers a été créé par la famille Bastide en 1943. Depuis 1977, c'est Éric qui conduit le vignoble (50 ha aujourd'hui), rejoint en 2013 par son fils Robin.

Une robe d'un rubis profond pour cette cuvée grenache-syrah élevée 12 mois en fût, au nez charmeur et puissant centré sur la mûre et les épices. La même puissance s'impose dans une bouche concentrée, à la sucrosité affirmée et étayée par des tanins à la mesure, fermes mais enrobés par l'élevage. La longue finale sur la réglisse est un autre signe du potentiel de cette cuvée que l'on prendra soin de laisser se détendre en cave. ⧗ 2021-2025

DOM. DE L' OLIVIER, 1, rue de la Clastre, 30210 Saint-Hilaire-d'Ozilhan, tél. 06 01 02 23 14, robin.bastide@yahoo.fr V *t.l.j. sf dim. 9h-12h 14h-19h*

B DOM. DES PASQUIERS Plan de Dieu 2019 ★

■ | 200 000 | | 8 à 11 €

Jean-Claude et Philippe Lambert ont repris en 1998 le domaine familial, fondé en 1935 et fort d'un vignoble de 85 ha. Ils se sont lancés dans la vente en bouteilles 4 ans plus tard. La nouvelle génération est arrivée en 2013, et la conversion bio a été engagée la même année.

Un nez bien typé Plan de Dieu, chaleureux, confit, puissant mais rafraîchi par un trait mentholé bienvenu. La bouche y ajoute de belles épices et de la réglisse, et offre la matière capiteuse que l'olfaction suggérait, épaulée par de beaux tanins bien pris dans le fruit. Une belle évocation de l'appellation. ⧗ 2021-2024 ■ **Sablet 2019 ★ (8 à 11 €; 80 000 b.)** B Nez solaire et complexe associant la cerise mûre, le Zan et les épices douces. En bouche, un vin très convivial dont on aime les jolies rondeurs et la souplesse des tanins. Aimable, flatteur, on peut l'ouvrir dès à présent. ⧗ 2020-2023

DOM. DES PASQUIERS, 10, rte d'Orange, 84110 Sablet, tél. 04 90 46 83 97, domainedespasquiers@gmail.com V *t.l.j. 8h-12h 13h30-18h; sam. dim. sur r.-v.* 4

B DOM. DE PIERREDON Signargues 2018 ★

■ | 20 000 | | 5 à 8 €

Située non loin du pont du Gard, cette très qualitative coopérative fondée en 1965 vinifie le fruit de 536 ha de vignes et de 8 domaines certifiés bio ou en conversion. Elle s'est constituée une solide réputation grâce à la haute qualité des domaines adhérents.

Non filtré comme il est de rigueur dans cette excellente coopérative et élevé en cuve, cet assemblage intègre une forte minorité de mourvèdre. Vinifié avec tact et sans excès dans ce millésime exigeant, ce Signargues offre un nez élégant, entre cerise burlat et épices, et une bouche détendue, croquante, d'une souplesse exemplaire. On peut l'ouvrir sans tarder. ⧗ 2020-2023

LES VIGNERONS D'ESTÉZARGUES, rte des Grés, 30390 Estézargues, tél. 04 66 57 03 64, caveau@vins-estezargues.com V *t.l.j. sf dim. 8h-12h 14h-18h*

B MAISON PLANTEVIN
Plan de Dieu Le Vieux Couillon 2019 ★★

■ | 14 000 | | 8 à 11 €

BTS de «viti-œno» en poche et fort d'un stage de vinification en Nouvelle-Zélande, Laurent Plantevin a repris en 2009 le domaine familial et ses 30 ha de vignes. Certification bio acquise en 2014.

Le Vieux Couillon, c'est l'hommage affectueux de Laurent à son grand-père Justin. Outre le nom, tout est aimable dans cette cuvée qui assemble à parité grenache, syrah et mourvèdre : le nez frais et très juteux sur le cassis, la bouche certes très capiteuse, mais douce, tendre, nantie de tanins fondants et d'une fraîcheur remarquable, sans une once de lourdeur. Juste délicieux. ⧗ 2020-2023

MAISON PLANTEVIN, 149, chem. des Ramières, 84110 Séguret, tél. 06 30 53 17 30, laurentplantevin@hotmail.fr V *t.l.j. 9h-18h* 2 E

B DOM. LE PUY DU MAUPAS Puyméras 2018 ★

■ | 4 000 | | 8 à 11 €

Agriculteur jusqu'en 1987, Christian Sauvayre s'installe en cave particulière et débute avec 20 ha de vignes à Puyméras; sa fille lui a succédé en 2019 et conduit désormais un vaste ensemble de 46 ha en bio certifié.

Du soleil et des épices dans ce rouge résolument sudiste, au nez charmeur et chaleureux qui décline les fruits compotés et la cannelle. Le grenache, majoritaire, fait son effet en bouche : on croque dans une matière charnue, presque sucrée, qui emplit le palais d'une douce chaleur. On ne peut faire plus voluptueux. À ouvrir en hiver sur une viande en sauce. ⧗ 2020-2023

DOM. LE PUY DU MAUPAS, 1678, rte de Nyons, 84110 Puyméras, tél. 04 90 46 47 43, domaine@puy-du-maupas.com V *t.l.j. sf dim. 8h-12h 14h-19h* 3 E

LES VIGNERONS DES QUATRE CHEMINS
Laudun Sols et sens 2018 ★★

■	3820	🍾	5 à 8 €

Créée en 1960, cette coopérative du Gard regroupe 120 viticulteurs pour quelques 650 ha de vignes et produit des vins sous les étiquettes côtes du rhône, côtes du rhône villages et IGP.

La cave fait son retour dans le Guide avec un rouge exemplaire de finesse. Le jury a apprécié la clarté d'un nez aérien associant la fraise fraîche et l'acacia, puis la bouche ciselée, en dentelle, remarquable d'élégance et de souplesse, qui libère en finale de bien belles épices. À croquer sans attendre. ⧗ 2020-2023

LES VIGNERONS DES QUATRE CHEMINS, Les Quatre-Chemins, RD 6086, 30290 Laudun, tél. 04 66 82 00 22, technique@vignerons4chemins.com V r.-v.

DOM. DE RABUSAS Laudun 2019 ★

■	120 000	🍾	5 à 8 €

À la tête d'un vaste vignoble de 100 ha (Dom. de Rabusas et Dom. Antonins), Bernard Perret s'est lancé en 2011 dans la mise en bouteilles.

Cet assemblage grenache, syrah et mourvèdre brièvement élevé en cuve s'ouvre sur un nez élégant, mûr mais vivant, épicé et mentholé. La bouche y ajoute beaucoup de fruit, une matière tendre et des tanins d'une belle souplesse. Un *villages* très harmonieux et facile à boire. ⧗ 2020-2023

DOM. DE RABUSAS, 432, av. de Fontresquières, 30200 Bagnols-sur-Cèze, tél. 04 66 82 44 58, communication@davidgivaudan.com V *t.l.j. sf dim. 8h30-12h 14h-18h*

MAISON RAVOIRE Plan de Dieu 2018 ★

■	26 600	🍾	8 à 11 €

Établi aux portes du Luberon, Ravoire est un négoce familial créé en 1987 par Roger Ravoire, fils de vigneron, qui propose une gamme de vins (marques et domaines) provençaux et rhodaniens.

Un assemblage classique (GSM) qui réunit tous les ingrédients du bon *villages* convivial et facile d'accès : un nez généreux de fruit rouge, une bouche souple aux tanins discrets qui insiste agréablement sur la framboise en confiture, une finale nette sans sécheresse ni chaleur. Irréprochable et fédérateur. ⧗ 2020-2022

RAVOIRE ET FILS, 340, rue du Rémoulaire, 13300 Salon-de-Provence, tél. 04 90 73 01 10, contact@ravoire-fils.com V *r.-v.*

DOM. REDON SAINT-MARTIN
Cuvée de Pêcher 2019 ★

■	8600	🍾	5 à 8 €

Cave coopérative de Vénéjan, village médiéval à découvrir, outre ses vins, pour son moulin et sa chapelle Saint-Pierre, millénaire. Fondée en 1929, elle regroupe une quarantaine de coopérateurs pour quelque 200 ha de vignes.

Beaucoup de charme et de dépouillement dans ce 2019 qui s'ouvre sur un nez bien mentholé et qui donne en bouche les plaisirs simples d'un grenache vendangé à bonne maturité : de la matière, du fruit mûr, une rondeur confortable et des tanins bien adoucis. À ouvrir sans attendre. ⧗ 2020-2023

SCA CELLIER VÉNÉJAN LA PORTE D'OR, 473, rte de Bagnols-sur-Cèze, 30200 Vénéjan, tél. 04 66 79 25 04, sca.venejan@wanadoo.fr V *r.-v.*

FRÉDÉRIC REVERDY Plan de Dieu 2019 ★

■	100 000	8 à 11 €

Fondée en 1946 par Jean Orëns Ferraton, cette société de négoce de Tain-l'Hermitage, également propriétaire de vignes, a été reprise en 2004 par le groupe Chapoutier.

Un vin vinifié dans le but d'exalter le fruit et c'est très réussi. Au nez, de franches notes de fruit et une touche d'épices que l'on a plaisir à retrouver dans une bouche souple, bien veloutée, extraite en douceur. Le vin de plaisir par excellence. ⧗ 2020-2023

FERRATON PÈRE ET FILS, 13, rue de la Sizeranne, 26600 Tain-l'Hermitage, tél. 04 75 08 59 51, ferraton@ferraton.fr V *t.l.j. sf dim. lun. 10h-12h30 14h30-19h*

LES VIGNERONS DE ROAIX-SÉGURET
Roaix Le Rouge 2019 ★

■	30 000	🍾	5 à 8 €

Cette cave coopérative, née en 1960 de l'union entre les vignerons de Séguret et ceux de Roaix, fédère 130 adhérents.

Un *villages* peu connu et qui gagne à l'être sur la foi de cette cuvée de caractère, au nez charmeur passant en revue les fruits bien mûrs, le poivre et la violette. Les épices insistent dans une bouche jeune et généreuse, aux tanins encore vifs qui donnent de la mâche et du relief à l'ensemble. Un Roaix vigoureux qui reposera un peu en cave. ⧗ 2021-2024

VIGNERONS DE ROAIX-SÉGURET, 1865, rte de Vaison, 84110 Séguret, tél. 04 90 46 91 13, vignerons.roaix-seguret@wanadoo.fr V *t.l.j. 8h-12h 14h-18h*

Ⓑ CH. ROCHECOLOMBE 2018 ★

■	10 000	🛢	11 à 15 €

Ancienne propriété de l'auteur-compositeur flamand Robert Herberigs, ce domaine ardéchois de 28 ha (en bio certifié) est conduit depuis 1998 par Roland Terrasse. Il doit son nom à la pierre « blanche comme une colombe » qui compose le château, de style Directoire. Souvent en vue pour ses côtes-du-rhône et ses *villages*.

Une nouvelle étoile dans le ciel déjà très scintillant du domaine avec cette cuvée peut-être moins impressionnante en 2018 qu'en 2017, mais tout de même hautement recommandable. Non filtrée, élevée 12 mois en chêne, elle a pour elle un nez parfumé sur les fruits noirs frais et une bouche très réglissée, ample et généreuse, appuyée sur des tanins solides, certes fermes à ce stade mais proportionnés à l'ensemble. Puissant, généreux et garde. ⧗ 2022-2026

CH. ROCHECOLOMBE, chem. de Rochecolombe, 07700 Bourg-Saint-Andéol, tél. 04 75 54 50 47, rochecolombe@aol.com V *t.l.j. 9h-12h 14h-18h ; dim. sur r.-v.*

DOM. SAINT-BAPTISTE Visan 2018 ★

■ | 18 000 | | 8 à 11 €

Bourguignon d'origine et producteur dans la Côte de Nuits, Yves Cheron s'est installé en 2004 dans la vallée du Rhône. Propriétaire du Grand Montmirail à Gigondas, il possède 2 domaines en crozes-hermitage : Les Hauts de Mercurol et le Dom. Michel Poinard, dans la commune de La Roche-de-Glun.

Assemblage dominé par le grenache noir (75 %) et élevé en cuve, c'est un vin en devenir, très coloré, poivré au nez, qui a tout pour faire une bonne bouteille après un peu de repos en cave : un corps bien plein, des flaveurs ensoleillées et épicées, et des tanins encore fermes, un brin austères à ce stade. ⌛ 2022-2025

SEMA CAVE PASCAL, 2459, rte de Vaison, 84190 Vacqueyras, tél. 04 90 65 85 91, contact@vignoblescheron.fr V t.l.j. sf sam. dim. 9h-12h 14h-18h; f. 1er-20 août

♥ DOM. SAINTE-ANNE Notre-Dame des Cellettes 2018 ★★★

■ | 14 000 | | 8 à 11 €

Un ancien prieuré de la chartreuse de Valbonne acquis en 1965 et entièrement restructuré par Guy et Anne Steinmaier. Ces Bourguignons d'origine ont fait de ce domaine de 33 ha, désormais conduit par leur fils Jean, une référence incontournable, avec des vins d'une constance admirable.

Des vieilles vignes de 50 ans de grenache, syrah et mourvèdre, un élevage en cuve : du classique mais de l'excellent classique. Derrière une robe burlat plutôt claire, se dévoile un nez enchanteur aux douces notes d'épices et de réglisse qui pimente un fond de fruit bien mûr comme il se doit. Une intensité et une complexité qui trouvent un heureux écho dans une bouche volumineuse, d'un soyeux confondant, épaulée par des tanins finement sculptés ouvrant sur une finale aussi longue que fraîche. Un magnifique *villages*, racé, élégant, qui a tout d'un (grand) cru. ⌛ 2023-2030

DOM. SAINTE-ANNE, Les Cellettes, 30200 Saint-Gervais, tél. 04 66 82 77 41, domaine.ste.anne@orange.fr V t.l.j. sf sam. dim. 9h-11h 14h-18h

DOM. SAINT-PIERRE Plan de Dieu 2018 ★

■ | 23 000 | | 8 à 11 €

Jean-Claude Fauque a introduit la mise en bouteilles en 1972 sur ce domaine familial remontant à plusieurs générations. Ses fils, Jean-François et Philippe, ont pris la relève en 1984 et conduisent un vignoble de 55 ha.

Assemblage classique de grenache (60 %), de syrah et de mourvèdre, ce Plan de Dieu couleur d'encre livre un bouquet profond et intense d'épices et de confiture de mûres. La bouche affiche un beau volume et de la fermeté autour de tanins qui doivent encore se fondre. Un vin de caractère. ⌛ 2023-2025

DOM. SAINT-PIERRE, 923, rte d'Avignon, 84150 Violès, tél. 04 90 70 92 64, contact@domaine-saintpierre.fr V t.l.j. sf dim. 8h-12h 13h30-18h30

CH. SIGNAC Chusclan Combe d'enfer 2018 ★

■ | 10 667 | | 8 à 11 €

Établi sur la rive droite du Rhône, à quelques kilomètres de Bagnols-sur-Cèze, sous la Dent de Signac et au pied du camp de César, le château de Signac est une ancienne ferme fortifiée du XVIIIe s. Un domaine gardois de 33 ha régulièrement mentionné dans ces pages, souvent en bonne place, pour ses côtes-du-rhône-villages Chusclan. En 2015, il a été racheté par le Dom. Chanzy, implanté à Bouzeron en Bourgogne et dirigé par Jean-Baptiste Jessiaume.

Six mois de fûts ont suffi pour parfumer ce nez de notes grillées et d'âtre de cheminée. L'élevage marque aussi la bouche mais ne l'étouffe pas, loin s'en faut : imprégné de réglisse et de torréfaction, le fruit s'exprime plus librement dans un palais vinifié avec tact, infusé plus qu'extrait, équilibré, qui joue sur la finesse des tanins. On peut le boire sans attendre. ⌛ 2020-2023 ■ **Chusclan Cuvée Or 2019 ★ (5 à 8 €; 8 000 b.)** Derrière une robe saumon, un nez discret, très floral (acacia, chèvrefeuille) qui ouvre sur une bouche plus intensément fruitée, ronde, souple, dotée d'une petite astringence en finale. ⌛ 2020-2021

CH. SIGNAC, av. de la Roquette, 30200 Bagnols-sur-Cèze, tél. 04 66 89 58 47, info@chateau-signac.com V r.-v. E

BERTRAND STEHELIN Sablet Cheval Long 2018 ★

■ | 5 000 | | 11 à 15 €

La famille de Bertrand Stehelin exploite la vigne depuis 5 générations. Sa mère perpétue une lignée établie à Gigondas et son père descend d'un industriel suisse installé à Châteauneuf-du-Pape au XIXe s. Le vigneron exploite le domaine familial Paillère & Pied-Gû (gigondas); il a aussi créé en 2004 un domaine à son nom.

D'abord timide, ce 2018 libère à l'aération des notes douces de fruits mûrs, de goudron et de pain d'épice. Elles font aussi le charme d'une bouche qui offre la sucrosité et la douceur de tanins que l'on attend de vieilles vignes de grenache. Agréable, épanoui, sans excès d'aucune sorte, il peut être ouvert sans attendre. ⌛ 2020-2024

PAILLÈRE ET PIED-GÛ, 312, chem. de Pied-Gû, 84190 Gigondas, tél. 04 90 65 84 14, contact@vinstehelin.fr V r.-v. D

CH. LA THÉBAÏDE Plan de Dieu 2018 ★

■ | 1 350 | | 8 à 11 €

Quarante-deux ha de vignes travaillés depuis 5 générations par la famille Raynaud. Daniel Raynaud est aujourd'hui à la barre, épaulé par ses 2 fils : Mathieu dans la vigne et Guillaume dans le chai. Basé à Sablet, le domaine rayonne sur les AOC voisines, gigondas et les côtes-du-rhône Plan de Dieu et Vaison-la-Romaine.

Du caractère à revendre dans ce Plan de Dieu au nez complexe et sauvage qui associe les fruits mûrs et les épices à un fond animal. Le cassis et la myrtille prennent le relais dans une bouche qui ne manque de rien, ni de chair, ni de volume, ni de puissance tannique, ni d'avenir. À carafer ou, mieux, à laisser respirer en cave au moins une paire d'années. ⧗ 2022-2026

CH. LA THÉBAÏDE, 94, chem. de la Muse, 84110 Sablet, tél. 06 09 18 76 27, lathebaide84@gmail.com V *r.-v.*

DOM. TOURBILLON
Plan de Dieu Querelle de clochers 2018 ★★

■	18 000		11 à 15 €

Si le domaine créé par les grands-parents au milieu du XXᵉs. est ancien, Benjamin Tourbillon n'a signé la première vinification à la propriété qu'en 2012. À la tête de 33 ha, il propose gigondas, châteauneuf-du-pape, appellations régionales et vins en IGP.

Pas de querelle au sein du jury mais une belle unanimité pour ce rouge complexe et profond qui tire tous les bienfaits d'un grenache (60 %) vendangé à belle maturité. Puissant, parfumé, gorgé de Zan, de framboise et de fraise surmûries, le nez met en appétit. Promesse tenue : on se régale en bouche d'une matière bien charnue, complexe, puissamment structurée par des tanins eux aussi d'une grande maturité. De bien belles sensations pour ce rouge voluptueux et de bonne garde. ⧗ 2021-2026

DOM. TOURBILLON, 101, D 24, 84800 Lagnes, tél. 04 90 38 01 62, contact@domaine-tourbillon.com V *t.l.j. 10h-12h30 14h-19h*

CH. DE VÉRONE La Chapelle 2019 ★

■	2 000		8 à 11 €

Fief du chevalier Pierre de Vérone, le château fut bâti au XIIIᵉs. au pied du village de Vinsobres. La famille Pelissier en est l'heureux propriétaire depuis 1919. Elle sort de la coopérative, signe son premier millésime en 2015 et se dote en 2018 d'une cave capable de vinifier toute la récolte issue de ses 50 ha de vignes.

Beaucoup d'élégance dans ce 2019 qui marque l'entrée du domaine dans le Guide. Délicat, le nez fleure bon la violette et le menthol sur fond de fruits rouges mûrs. Capiteuse, douce et ronde, soutenue par des tanins d'une grande finesse, la bouche signe un *villages* gourmand et convivial. ⧗ 2020-2024

CH. DE VÉRONE, 26110 Vinsobres, tél. 04 69 27 40 41, contact@chateaudeverone.com V *t.l.j. sf lun. dim. 10h-12h 14h-17h30*

B PIERRE VIDAL
Suze-la-Rousse Cuvée spéciale 2019 ★

■	50 000		5 à 8 €

Pierre Vidal, installé à Châteauneuf-du-Pape avec son épouse vigneronne, a créé son négoce en 2010. Une maison déjà bien implantée grâce aux sélections parcellaires vinifiées par ce jeune œnologue formé en Bourgogne, qui s'est développée depuis 2015 vers les vins bio et les vins végan.

Tout le savoir-faire de Pierre Vidal, dont on ne compte plus les coups d'éclat, dans ce 2019 très volubile au nez avec ses parfums de fruits noirs et de violette nuancés d'épices. Expansif, juteux, la palais restitue cette belle pureté de fruit et y ajoute ce qu'il faut de volume et de structure. Complet et savoureux. ⧗ 2020-2024

EURL PIERRE VIDAL, 370, rue Calixte-Paillet, 84350 Courthézon, tél. 07 77 05 38 81, contact@pierrevidal.com r.-v.

DOM. CLAUDE VIGNE 2019 ★

■	10 600		11 à 15 €

Installée sur la commune de Montfrin, Claudine Vigne a produit son premier millésime en 2007. Elle exploite en bio (conversion en cours) un vignoble de 8 ha majoritairement situé sur des terroirs de galets roulés. Elle signe des vins IGP, sans soufre ajouté, et des côtes-du-rhône-villages.

Végan et sans soufre ajouté, cet assemblage équilibré de grenache et de syrah séduit dès l'entame par ses arômes fringants et dynamiques de fruits en confiture et de menthol. Caressante, douce, adossée à des tanins très souples, la bouche s'entiche d'épices douces qui donnent un brin de complexité supplémentaire. Très bon vin de fruit conçu pour être bu dans sa jeunesse. ⧗ 2020-2023

DOM. CLAUDINE VIGNE, 327, chem. de Ceserac, 30490 Montfrin, tél. 06 50 64 52 36, cvigne@ymail.com V *r.-v.*

♥ B VIGNERONS ARDÉCHOIS
Saint-Andéol 2019 ★★★

■	28 000		5 à 8 €

Cette structure coopérative résulte du regroupement successif de caves ardéchoises et notamment de la fusion, en 1994, de l'Union des caves de la Cévenne ardéchoise et de l'Union des caves coopératives de l'Ardèche. Elle dispose de 12 caves de vinification et exploite quelques 6 000 ha de vignes.

Syrah, grenache, cuve et galets roulés, c'est la formule gagnante de cette cuvée bio à la robe d'encre et au nez bien mûr de myrtille et de mûre en confiture saupoudré de notes fumées. On aime l'attaque pleine et pulpeuse, la texture de velours, le milieu de bouche rond, très capiteux épaulé par des tanins enrobés, fondus dans la masse impressionnante du fruit. En un mot : voluptueux. ⧗ 2020-2025

VIGNERONS ARDÉCHOIS, 107, av. de Vallon, 07120 Ruoms, tél. 04 75 39 98 00, uvica@uvica.fr V *t.l.j. sf dim. 9h-12h 14h-18h*

➜ LA VALLÉE DU RHÔNE SEPTENTRIONALE

CÔTE-RÔTIE

Superficie : 255 ha / Production : 10 603 hl

Situé à Vienne, sur la rive droite du fleuve, c'est le plus ancien vignoble de la vallée du Rhône. Il est réparti entre les communes d'Ampuis, de Saint-Cyr-sur-Rhône et de Tupin-et-Semons. La vigne y est cultivée

sur des coteaux très abrupts, presque vertigineux. On distingue la Côte blonde et la Côte brune en souvenir d'un certain seigneur de Maugiron qui aurait, par testament, partagé ses terres entre ses deux filles, l'une blonde, l'autre brune. Les vins de la Côte brune sont les plus corsés, ceux de la Côte blonde les plus fins.
Le sol est le plus schisteux de la région. Les vins sont uniquement des rouges, obtenus à partir du cépage syrah, mais aussi du viognier, dans une proportion maximale de 20%. La côte-rôtie est d'un rouge profond, et offre un bouquet délicat à dominante de framboise et d'épices, avec une touche de violette. Vin de garde d'une bonne structure tannique et très long en bouche, il a indéniablement sa place au sommet de la gamme des vins du Rhône et s'allie parfaitement aux mets convenant aux grands vins rouges.

VIGNOBLES CHIRAT La Rose brune 2018 ★

2500 | 30 à 50 €

Les origines de ce vignoble datent de 1925, alors que l'exploitation était en polyculture. C'est en 1984 que Gilbert Chirat décide de se consacrer à la seule viticulture. Rejoint par son fils Aurélien en 2012, il gère un ensemble de 9 ha.

Une Rose brune qui embaume la violette et l'iris sur fond de fruits mûrs. Des notes de gibier étirent la palette aromatique dans un palais intense, fermement cadré par des tanins puissants qui serrent la finale à ce stade. Beaucoup de caractère, de puissance et de potentiel dans cette cuvée à oublier en cave. ⧗ 2023-2030

AURÉLIEN ET GILBERT CHIRAT, 125, rue du Piaton, 42410 Saint-Michel-sur-Rhône, tél. 04 74 56 68 92, chirat.g@free.fr V r.-v.

♥ BENJAMIN ET DAVID DUCLAUX La Germine 2018 ★★

22000 | 30 à 50 €

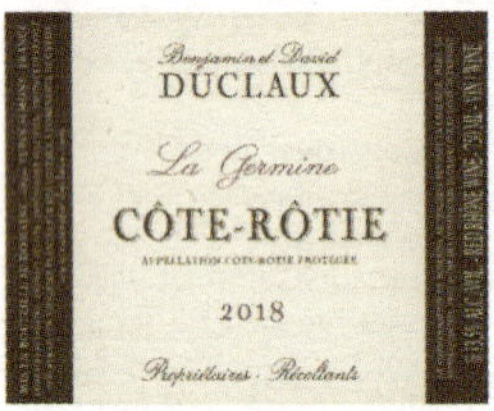

Sur leur domaine de 6 ha, fondé par leur arrière-grand-père en 1928, les frères Duclaux ne se consacrent qu'à l'appellation côte-rôtie (deux cuvées, La Germine et Maison rouge). Depuis 2014, ils proposent aussi du condrieu. Leur vignoble est implanté au sud de l'appellation, sur un sol de gneiss, sur les coteaux pentus de Tupin et Semons.

Un millésime solaire parfaitement dompté dans cette cuvée qui intègre une petite touche de viognier. Au nez, les notes grillées d'un élevage bien pensé (18 mois de fût) laissent émerger des notes plus fraîches de fruits noirs, d'aromates et de silex. La même dimension de fraîcheur perce dans une bouche volumineuse, de belle maturité mais élégante, tapissée de tanins soyeux et dont le fruité épicé s'étire longuement en finale. Beaucoup de finesse et de grâce dans ce côte-rôtie très typé, qui ira loin. ⧗ 2023-2030

BENJAMIN ET DAVID DUCLAUX, 34, rte de Lyon, 69420 Tupin-et-Semons, tél. 04 74 59 56 30, contact@coterotie-duclaux.com V r.-v.

PIERRE GAILLARD 2018 ★

25000 | 30 à 50 €

Pierre Gaillard acquiert ses premiers ceps en 1981 et constitue petit à petit son vignoble, défrichant et plantant de nouvelles parcelles. Établi aux portes du parc régional du Pilat, ce vigneron et négociant réputé de la vallée du Rhône nord, présent aussi en Languedoc-Roussillon (Madeloc à Banyuls-sur-Mer, Cottebrune à Faugères), est à la tête de 77 ha, tous domaines confondus.

10 % de viognier à l'appui de la syrah dans ce 2018 intense de robe, dont le nez bien ouvert libère des senteurs complexes de mûre, de réglisse et de silex. Beaucoup de fraîcheur, de la chair, des tanins de soie, une belle finale mêlant le chêne à une touche de gibier : un côte-rôtie accompli, d'un beau classicisme, déjà plaisant par sa structure déliée mais aussi de longue garde. ⧗ 2022-2028

FAMILLEPIERRE GAILLARD, 508, rte de Bazin, 42520 Malleval, tél. 04 74 87 13 10, commercial@gaillard.vin V r.-v.

LA LANDONNE 2016 ★

n.c. | + de 100 €

Parmi les crus d'exception de la maison Guigal, La Landonne se distingue à double titre : c'est un vrai lieu-dit cadastré, planté uniquement de syrah sur les pentes vertigineuses de la Côte blonde aux sols argilo-calcaires riches en oxyde de fer. Comme pour La Turque et La Mouline, l'élevage se prolonge 40 mois.

Après un 2015 «monumental», le 2016 apparaît logiquement plus austère, conformément au millésime moins solaire et plus rigoureux. Sur La Landonne, cela se traduit par un nez expressif, très typé syrah, élégant, sur la mûre et les épices douces. La structure s'impose dès l'entrée en bouche : attaque vive, tanins fermes qui tiennent en respect le fruit à ce stade, acidité minérale prononcée qui illumine une longue finale sur les épices douces. Une constitution impressionnante, janséniste, qui est aussi une belle promesse d'avenir. ⧗ 2025-2035

É. GUIGAL (LA LANDONNE), Ch. d'Ampuis, 69420 Ampuis, tél. 04 74 56 10 22, contact@guigal.com V r.-v.

♥ LA TURQUE 2016 ★★

n.c. | + de 100 €

Le fleuron des vignobles Guigal. Une parcelle impressionnante implantée dans la Côte brune, sur des sols de schistes riches en oxyde de fer. Négligée pendant des décennies, puis replantée en 1985 par Étienne Guigal, fondateur du domaine en 1946, suppléé par son fils Marcel en 1961. Des ceps de syrah associés à 7 % de viognier et un

élevage luxueux de 40 mois donnent naissance à l'un des plus grands vins de la vallée du Rhône nord.

Élégant, aérien, le nez aura transporté le jury : notes de fruits mûrs et frais (cerise, framboise, groseille), de réglisse et de menthol saupoudrées de fines nuances de chêne. La bouche l'aura conquis : une attaque remarquable de fraîcheur ouvre sur une bouche soyeuse, au fruité très pur imprégné d'épices et cadré par des tanins de velours, le tout porté par une très jolie acidité. La très longue finale en dit long sur le potentiel de cette cuvée d'un équilibre parfait entre finesse, fraîcheur et puissance. Un mythe en grande forme. ⧗ 2026-2040

É. GUIGAL (LA TURQUE), Ch. d'Ampuis, 69420 Ampuis, tél. 04 74 56 10 22, contact@guigal.com V r.-v.

♥ VIGNOBLES VERZIER
Indiscrète 2017 ★★★

■ | 4000 | | 30 à 50 €

Domaine familial de 10 ha en fin de conversion bio, fondé en 1828, en polyculture-élevage jusqu'à l'installation, en 1988, de Philippe Verzier, qui l'oriente vers la seule vigne et sort de la coopérative pour élaborer ses propres vins (condrieu, saint-joseph, côte-rôtie).

Retour en fanfare dans le Guide pour ce domaine avec son Indiscrète, seule cuvée du domaine issue d'achats de raisins. Une pointe de viognier épaule la syrah, élevée 18 mois en demi-muids et égrappée pour moitié. Du nez, on retiendra la pureté d'un fruit fin et très minéral, aux effluves de pierre chaude. Riche, charnue, réglissée, rehaussée de tanins parfaitement extraits, la bouche brille par son élégance et par sa finale d'exception, fraîche, minérale, relevée par un trait de zeste d'agrumes. Du grand art. ⧗ 2023-2035

DOM. VERZIER, 7, lieu-dit Izeras, 7, Izeras, 42410 Chavanay, tél. 04 74 87 06 36, chanteperdrixverzier@orange.fr V *jeu. ven. sam. 9h30-12h30 14h-18h*

LES VINS DE VIENNE
Les Grandes Places 2018 ★★

■ | 2800 | | 50 à 75 €

Pour faire renaître le vignoble de Seyssuel situé en amont de Vienne, 3 vignerons de renom, Yves Cuilleron, Pierre Gaillard et François Villard, ont créé cette affaire en 1996, à l'origine de beaux vins de propriété – IGP à Seyssuel, sélections parcellaires en AOC septentrionales – et de vins de négoce de toute la vallée.

Partiellement éraflées, les vieilles vignes de syrah (70 ans) ont façonné ce 2018 au nez intense, qui décline les fruits noirs bien mûrs, la réglisse et le schiste chaud. Des notes plus florales introduisent une bouche racée, finement extraite, structurée mais élégante, portée par une belle fraîcheur qui donne à l'ensemble éclat et relief. Du souffle dans ce côte-rôtie aérien, long, déjà charmeur mais de garde. ⧗ 2022-2028

LES VINS DE VIENNE, 1, ZA de Jassoux, 42410 Chavanay, tél. 04 74 85 04 52, contact@lesvinsdevienne.fr V *r.-v.*

CONDRIEU

Superficie : 145 ha / Production : 5 265 hl

Le vignoble est situé à 11 km au sud de Vienne. Bien que l'aire d'appellation soit répartie sur sept communes et trois départements, sa superficie est restreinte, ce qui fait du condrieu un vin rare. D'autant plus qu'il naît exclusivement d'un cépage assez peu répandu, le viognier, qui s'exprime parfaitement sur les sols granitiques de son terroir. Le condrieu est un vin blanc riche en alcool, gras, souple, mais avec de la fraîcheur. Très parfumé, il exhale des arômes floraux – où domine la violette – et des notes d'abricot. On le servira jeune, sur toutes les préparations à base de poisson, même s'il peut vieillir cinq ans. Il existe aussi une production de vendanges tardives obtenues par tries successives (jusqu'à huit passages par récolte).

DOM. DE BONSERINE 2019 ★

■ | 5000 | | 30 à 50 €

En acquérant en 2006 ce domaine fondé en 1961, agrandi et modernisé dans les années 1990, Marcel Guigal a ajouté un joyau à sa couronne déjà richement décorée : un vignoble de 12 ha plantés majoritairement de « serine », variété ancienne de la syrah, qui produit du côte-rôtie et du condrieu.

Avec sa robe dorée, ses arômes épanouis et élégants de fruits à noyau, de rose et de violette, sa bouche généreuse, riche mais sans mollesse et sa finale fraîche ponctuée d'une amertume délicate, ce condrieu est un très bon étalon de l'appellation. ⧗ 2020-2025

DOM. DE BONSERINE, 2, chem. de la Viallière, Verenay, 69420 Ampuis, tél. 04 74 56 14 27, bonserine@wanadoo.fr V *r.-v.*

VIGNOBLES CHIRAT Les Chays 2018 ★

■ | 8000 | | 20 à 30 €

Les origines de ce vignoble datent de 1925, alors que l'exploitation était en polyculture. C'est en 1984 que Gilbert Chirat décide de se consacrer à la seule viticulture. Rejoint par son fils Aurélien en 2012, il gère un ensemble de 9 ha.

L'élevage en fût (80 %) marque le nez de nuances d'amandes grillées sur fond de miel d'acacia. Délicate au toucher, consistante comme il se doit à Condrieu, la bouche tire son équilibre d'une fraîcheur préservée et diffuse ces mêmes notes grillées délicates, qui s'effacent dans une finale florale et mentholée. Un condrieu bien élevé qui demandera un peu d'aération avant le service. ⧗ 2020-2025

AURÉLIEN ET GILBERT CHIRAT, 125, rue du Piaton, 42410 Saint-Michel-sur-Rhône, tél. 04 74 56 68 92, chirat.g@free.fr V *r.-v.*

DOM. MOUTON Côte-Bonnette 2018 ★★

■ | 8000 | | 20 à 30 €

Issu d'une ancienne famille de vignerons, Jean-Claude Mouton a rejoint son père André en 1989 sur

l'exploitation familiale. Aujourd'hui, c'est lui qui dirige ce petit domaine de 8 ha, dont les terrasses exposées plein sud sont au cœur du village de Condrieu.

Un condrieu haut en couleur, puissamment aromatique, aux franches notes d'abricot, de mangue, d'iris, de fruits secs et d'épices douces. Riche, opulente même, et bien élevée, la bouche regorge de ces mêmes flaveurs qui tapissent généreusement un palais certes solaire mais élégant, tenu par une finale fraîche et agréablement amère, sur la noisette. De bien belles sensations. ⧗ 2020-2025

MOUTON PÈRE ET FILS, 23, montée du Rozay, 69420 Condrieu, tél. 04 74 87 82 36, contact@domaine-mouton.com V *r.-v.*

♥ ANDRÉ PERRET Coteau de Chery 2018 ★★★

| | 12 000 | | 30 à 50 € |

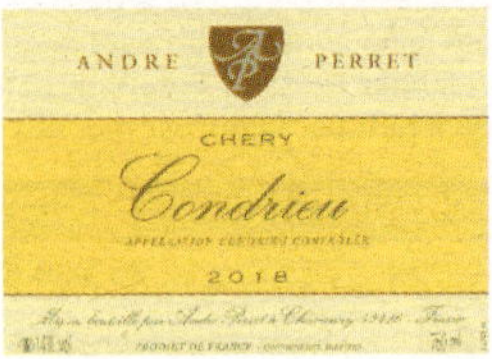

André Perret, alors biologiste, succède à son père en 1985 à la tête d'une petite vigne de 1,5 ha au lieu-dit Verlieu, à l'époque où Georges Vernay et quelques autres font renaître le condrieu. Il l'agrandit au fil des ans par achats, locations et plantations – 13 ha de coteaux abrupts en terrasses aujourd'hui – et s'impose comme l'un des grands élaborateurs de vins blancs rhodaniens. Sa fille Marie se tient prête à prendre la relève.

Énième coup de cœur pour André Perret, maître ès viognier qui livre un 2018 étourdissant et d'une élégance absolue. Au nez, le bois s'efface au profit d'une déclinaison très printanière de violette et d'iris. Pas une once de lourdeur en bouche, mais une matière tendre et soyeuse, gorgée de notes florales qui se teinte de miel et rebondit sur une finale d'une fraîcheur exemplaire. Pas de gras inutile mais de la grâce et beaucoup de talent à la « vinif ». ⧗ 2020-2026

DOM. ANDRÉ PERRET, 17, RD_1086, Verlieu, 42410 Chavanay, tél. 04 74 87 24 74, contact@andreperret.com V *r.-v.*

CHRISTOPHE PICHON PÈRE ET FILS 2018 ★

| | 15 000 | | 30 à 50 € |

Christophe Pichon a travaillé aux côtés de son père avant de reprendre seul, en 1991, l'exploitation établie dans le parc du Pilat : 21 ha aujourd'hui, répartis dans les appellations condrieu – dont il est l'actuel président –, côte-rôtie, saint-joseph et cornas. Corentin, son fils, revenu sur l'exploitation après un séjour en Australie, est désormais en charge de la vinification et de l'élevage des vins.

Un condrieu aérien et expressif, aux arômes francs de fleurs blanches et de litchi. La bouche, tout aussi parfumée, donne une singulière impression de légèreté renforcée par une belle acidité pas toujours de mise dans l'appellation. Fin et gourmand. ⧗ 2020-2024

CHRISTOPHE PICHON, 36, le Grand-Val, 42410 Chavanay, tél. 04 74 87 06 78, chrpichon@wanadoo.fr V *r.-v.*

SAINT-JOSEPH

Superficie : 1 160 ha
Production : 42 110 hl (92 % rouge)

Sur la rive droite du Rhône, l'appellation saint-joseph s'étend sur 26 communes de l'Ardèche et de la Loire. Ses coteaux en pente escarpée offrent de belles vues sur les Alpes, le mont Pilat et les gorges du Doux. Les vignes croissent sur des sols granitiques. La syrah engendre des vins rouges élégants, relativement légers et tendres, aux arômes subtils de framboise, de poivre et de cassis, qui se révéleront sur les volailles grillées ou sur certains fromages. Les cépages roussanne et marsanne donnent des vins blancs gras, aux parfums délicats de fleurs, de fruits et de miel. Ils rappellent les hermitage mais sont à servir assez jeunes.

♥ B ALÉOFANE 2018 ★★

| | 6 000 | | 20 à 30 € |

Depuis son installation en 2004 sur les terres de Mercurol, Natacha Chave s'affirme comme une valeur sûre dans les appellations crozes-hermitage et saint-joseph. Elle dispose aujourd'hui d'un vignoble de 12 ha, conduit en bio certifié.

Habitué du Guide, le domaine glane ici son deuxième coup de cœur après un magnifique crozes-hermitage 2010. Natacha Chave signe un saint-joseph tout aussi épatant, dont le nez complexe mêle l'iris et la violette à de subtiles notes boisées et iodées. La bouche est volumineuse et soyeuse, ciselée par des tanins de dentelle et par une longue finale saline. L'élégance incarnée. ⧗ 2021-2025

DOM. ALÉOFANE, 745, av. du Vercors, 26600 Mercurol, tél. 04 75 07 00 82, chavenatacha@yahoo.fr *r.-v.*

DOM. COURBIS 2018 ★★

| | 50 000 | | 20 à 30 € |

Une valeur sûre de la vallée du Rhône septentrionale, notamment dans les AOC cornas et saint-joseph. Dominique et Laurent Courbis conduisent depuis la fin des années 1980, à la suite de leur père, un domaine de 35 ha dont les origines remontent au XVIIe s. L'essentiel des vignes est perché sur des coteaux très abrupts à plus de 250 m d'altitude.

Avec ses effluves chaleureux de fruits mûrs, de réglisse et d'essence de violette, le nez porte la marque d'un millésime solaire. D'une maturité tout aussi accomplie, les tanins se fondent dans une matière élégante, douce et néanmoins remarquable de fraîcheur. Gourmand, à la fois mûr et frais, ce saint-joseph donne déjà bien du plaisir. ⧗ 2021-2027

DOM. COURBIS, 6, rte de Saint-Romain, 07130 Châteaubourg, tél. 04 75 81 60 60, contact@domaine-courbis.fr V *t.l.j. sf dim. 9h-12h 14h-17h30 ; sam. sur r.-v.*

PIERRE ET JÉRÔME COURSODON silice 2018 ★★

■ | 40000 | ◍ | 20 à 30 €

Établis depuis quatre générations à Mauves, berceau de l'appellation saint-joseph, Pierre Coursodon, le père, et Jérôme, le fils, installé en 1999, sont à la tête de 16 ha de vignes dédiés au seul saint-joseph, essentiellement dans sa version rouge. Depuis longtemps, les vins de ce domaine entrent dans les sélections du Guide : d'une constance rare, ils sont abonnés aux étoiles et aux coups de cœur.

Intense, ouvert sur la violette, la myrtille et les épices, le nez dévoile les attraits d'une syrah vendangée à maturité optimale. La pureté du fruit fait le charme d'une bouche tout en mesure, ronde, élégante, ourlée de beaux tanins fermes, qui insiste longuement sur les épices en finale. Harmonieux, raffiné, déjà plaisant, ce saint-joseph est aussi de bonne garde. ⧗ 2021-2028 ■ **L'Olivaie 2018** ★ **(30 à 50 €; 8000 b.)** Des syrah de 60 ans plantées sur le terroir très granitique du lieu-dit l'Olivaie pour ce rouge profond, aux senteurs de fruits rouges mûrs, de fleurs et d'épices douces. La bouche, à la sucrosité discrète, est cadrée par des tanins puissants qui ouvrent sur une finale torréfiée, signe d'un élevage qui doit se fondre. Structuré et de belle garde. ⧗ 2022-2027

⊶ *DOM. COURSODON, 3, pl. du Marché, 07300 Mauves, tél. 04 75 08 18 29, pierre.coursodon@wanadoo.fr* V ▮ *r.-v.*

YVES CUILLERON Lieu-dit Digue 2018 ★

■ | 9200 | ◍ | 20 à 30 €

Une référence de la vallée nord, notamment pour ses condrieu. Établi à Chavanay, Yves Cuilleron a repris en 1987 la propriété créée en 1920 par son grand-père paternel, puis gérée par son oncle Antoine. Il a progressivement agrandi le domaine (60 ha aujourd'hui), planté à haute densité et conduit de manière très raisonnée sur la rive droite du Rhône (condrieu, côte-rôtie, saint-joseph, saint-péray et cornas) et, depuis 2012, sur la rive gauche (crozes-hermitage).

Cuvée parcellaire, vinifiée puis élevée sur lies en fûts et foudres, cette pure roussanne libère des arômes citronnés et floraux qui s'enrichissent en bouche d'une nuance toastée issue du chêne. Rond, frais, doté d'une petite sucrosité appétissante, ce blanc peut être bu sur le fruit, sans attendre, ou rester quelques années en cave. ⧗ 2020-2025

⊶ *CAVE YVES CUILLERON, 58, RD 1086, Verlieu, 42410 Chavanay, tél. 04 74 87 02 37, cave@cuilleron.com* V ✱ ▮ *r.-v.*

DOM. FARJON Ma Sélection 2017 ★★

■ | 5000 | ◍ | 15 à 20 €

Malleval, village médiéval du Parc naturel régional du Pilat, se consacre à la viticulture. Thierry Farjon, après quatre ans passés derrière le piano d'un restaurant, y a créé son domaine en 1991, autour d'une ancienne ferme en pierre. Son fils Lucas l'a rejoint sur le domaine en 2019.

De la suavité et du soleil dans ce 2017 épanoui au nez comme en bouche. Du fruit en confiture et de la réglisse à foison, une bouche suave, aux saveurs «explosives», adossée à des tanins eux aussi d'une grande douceur : voilà un saint-joseph bien en chair, charmeur, généreux et néanmoins élégant. Il devrait plaire à beaucoup. ⧗ 2021-2026 ■ **2018** ★ **(11 à 15 €; 7000 b.)** La robe légère et le nez retenu, discrètement citronné, tranchent avec une bouche bien plus volubile et savoureuse qui associe volume, gras et fraîcheur. Épanoui, équilibré et bien élevé, il peut se boire sans attendre. ⧗ 2020-2024

⊶ *DOM. FARJON, 74, chem. de la Syrah, Morzelas, 42520 Malleval, tél. 04 74 87 16 84, domaine.farjon@orange.fr* V ✱ ▮ *r.-v.*

PIERRE FINON Quatuor 2018 ★

■ | 6000 | ◍ | 20 à 30 €

Pierre Finon est installé depuis 1983 sur le domaine familial établi à Charnas. Dédiée à la polyculture, l'exploitation a été progressivement orientée vers la vigne, qui couvre aujourd'hui 9 ha.

Marsanne et roussanne à parité dans ce blanc fermenté et élevé 8 mois en fût. Du nez, on retiendra des arômes délicats de fleurs des champs et de menthe poivrée. De la bouche, une belle netteté, une rondeur légère et ce qu'il faut de fraîcheur. Bien typé saint-joseph. ⧗ 2020-2024

⊶ *DOM. PIERRE FINON, 20, imp. des Vieux-Murs, Picardel, 07340 Charnas, tél. 04 75 34 08 75, domaine.finon@gmail.com* V ✱ ▮ *r.-v.*

MAISON CHRISTOPHE PICHON PÈRE ET FILS 2018 ★

■ | 29000 | ◍ | 20 à 30 €

Christophe Pichon a travaillé aux côtés de son père avant de reprendre seul, en 1991, l'exploitation établie dans le parc du Pilat : 21 ha aujourd'hui, répartis dans les appellations condrieu – dont il est l'actuel président –, côte-rôtie, saint-joseph et cornas. Corentin, son fils, revenu sur l'exploitation après un séjour en Australie, est désormais en charge de la vinification et de l'élevage des vins.

Déjà étoilée l'année passée, cette cuvée nous revient en forme avec les mêmes fondamentaux : un nez friand et frais qui hésite entre cassis et violette sur un fond finement boisé, et une bouche ample, caressante, dotée de tanins fondus, avec un élevage plus perceptible en finale. Un vin charmeur, que l'on peut boire ou attendre quelques années. ⧗ 2020-2025

⊶ *CHRISTOPHE PICHON, 36, le Grand-Val, 42410 Chavanay, tél. 04 74 87 06 78, chrpichon@wanadoo.fr* V ✱ ▮ *r.-v.*

DOM. DE PIERRE BLANCHE Les 85 Rangs 2018 ★

■ | 4500 | ◍ | 20 à 30 €

Ce domaine a été créé de toutes pièces en 1989 par Michel et Xavier Mourier, qui ont défriché les terres et aménagé des terrasses avant de planter. De 1,5 ha à l'origine, le vignoble est passé à plus de 17 ha aujourd'hui, sur des coteaux exposés sud-sud-est, avec des pentes de 40 à 60 %.

Mi-marsanne mi-roussanne, la parcelle contient précisément 85 rangs en plein coteau. Vinifié à basse température, élevé sur lies fines en fût de 2 vins, ce 2018 se livre sans réserve au nez, sur la violette et le lilas. Puissant, charnu, bien structuré par une belle acidité, c'est un blanc à fort caractère et de belle garde. ⧗ 2022-2028

DOM. DE PIERRE BLANCHE, 53, RN 86, 42410 Chavanay, tél. 04 74 87 04 07, contact@domainemourier.fr t.l.j. sf dim. lun. 9h-12h 15h-18h

DOM. DES REMIZIÈRES 2018 ★

15 600 | 15 à 20 €

Jusqu'en 1973, Alphonse Desmeure apportait sa vendange à la coopérative. Son fils Philippe développe la propriété à partir de 1977, généralise la production en bouteilles et accroît le vignoble : 36 ha aujourd'hui, disséminés sur plusieurs communes. Émilie et Christophe, ses enfants, ont rejoint le domaine. Une référence incontournable, avec des vins d'une rare constance.

Une robe profonde annonce un nez puissant, gorgé de fruits noirs, d'épices et de chocolat issus de l'élevage (40 % de bois neuf), avec une touche plus allègre de menthol. Généreuse, ample, dotée de beaux tanins fins et fermes, ponctuée par une petite amertume stimulante, la bouche est pleine de promesses. ⧗ 2022-2028

DOM. DES REMIZIÈRES, 1459, av. du Vercors, 26600 Mercurol-Veaunes, tél. 04 75 07 44 28, contact@domaineremizieres.com r.-v.

CAVE DE TAIN Les Hauts de Pavières 2019 ★

20 000 | 11 à 15 €

Créée en 1933 par Louis Gambert de Loche, la très qualitative cave coopérative de Tain-l'Hermitage rassemble 310 adhérents et vinifie à elle seule, avec plus de 1 000 ha de vignes, environ 50 % des appellations de la vallée du Rhône septentrionale. Elle possède aussi 26 ha en propre, dont 21 ha en AOC hermitage. Une valeur sûre de la région, qui s'est dotée en 2014 de structures de production flambant neuves permettant de multiplier les sélections parcellaires.

De ce blanc né de la seule marsanne, élevée en cuve et en fût, on aime le nez bien mûr, très floral et légèrement miellé, et la bouche très fraîche, presque nerveuse, de bon volume et dotée d'une longueur très honorable. Un saint-joseph tonifiant, à boire sur son fruit de jeunesse. ⧗ 2020-2022

CAVE DE TAIN, 22, rte de Larnage, 26602 Tain-l'Hermitage, tél. 04 75 08 20 87, contact@cavedetain.com r.-v.

♥ DOM. DU TUNNEL 2018 ★★

9 000 | 20 à 30 €

Depuis son installation en 1994, Stéphane Robert, qui n'est pas issu du monde viticole, s'est imposé comme une référence dans le paysage des crus septentrionaux. Il a créé son vignoble de toutes pièces, aujourd'hui 12 ha très morcelés, avec des vignes en cornas, saint-joseph, saint-péray et condrieu. Des vignes qui longent une ancienne voie ferrée et un tunnel de 160 m, toujours visible, qui donne son nom au domaine et dans lequel ont été aménagés en 2013 une nouvelle cuverie et le chai d'élevage.

Après le 2015, le saint-joseph de Stéphane Robert décroche un second coup de cœur avec le millésime 2018. Distingué, racé, le nez décline la cerise en version fraîche sur un fond minéral, presque salé. L'élevage se fait très discret arrondissant la texture, patinant un peu plus des tanins d'un fondant confondant et libérant en finale des flaveurs orientales de cannelle et de curry. L'ensemble, soutenu par une fraîcheur impeccable, laisse le souvenir d'un rouge velouté, totalement harmonieux et absolument irrésistible. ⧗ 2020-2028

STÉPHANE ROBERT - DOM. DU TUNNEL, 20, rue de la République, 07130 Saint-Péray, tél. 04 75 80 04 66, domaine-du-tunnel@wanadoo.fr r.-v. 5

DOM. VALLET Méribets 2018 ★

7 000 | 15 à 20 €

Ce domaine familial établi dans le village médiéval de Serrières a quitté la cave coopérative en 1990 pour vendre son vin en bouteille. Installé en 1998, Anthony Vallet a fait passer sa superficie de 2,9 ha à 13 ha aujourd'hui, en AOC saint-joseph et en condrieu.

De l'énergie à revendre dans ce joli blanc à dominante de roussanne, partiellement élevé sous bois. Frais et léger, le nez embaume la fleur. Un profil d'une belle pureté que l'on retrouve dans une bouche fraîche et tendue, à l'allonge minérale. À boire sur le fruit. ⧗ 2020-2022

DOM. VALLET, 694, La Croisette, RD_86, 07340 Serrières, tél. 04 75 34 04 64, domaine.vallet@orange.fr t.l.j. sf mer. sam. dim. 8h30-12h30 13h30-17h

CROZES-HERMITAGE

Superficie : 1 495 ha
Production : 67 000 hl (92 % rouge)

Cette appellation, couvrant des terrains moins difficiles à cultiver que ceux de l'hermitage, s'étend sur 11 communes environnant Tain-l'Hermitage. C'est le plus vaste vignoble des appellations septentrionales. Les sols, plus riches que ceux de l'hermitage, donnent à partir des mêmes cépages (syrah en rouge, marsanne et roussanne en blanc) des vins moins puissants, fruités et à servir jeunes. Rouges, ils sont assez souples et aromatiques ; blancs, ils sont secs, frais et floraux, légers en couleur et, comme les hermitage blancs, ils iront parfaitement sur les poissons d'eau douce.

B YANN CHAVE Le Rouvre 2018 ★★

20 000 | 30 à 50 €

Un domaine créé en 1969 par Bernard et Nicole Chave, repris en 1996, restructuré et agrandi (19,5 ha aujourd'hui, conduits en bio) par leur fils Yann. Ce dernier en a fait l'une des belles références des appellations hermitage et crozes-hermitage.

Des vieilles vignes de syrah et tout le talent de Yann Chave à l'œuvre dans ce 2018 qui est le digne successeur du 2017, déjà encensé. On retrouve avec plaisir l'élégance d'un nez qui combine la maturité du millésime et la fraîcheur aromatique toujours de mise chez ce vigneron. Résultat, un panier de fruits bien mûrs saupoudré de menthe, d'épices et de plantes aromatiques que l'on croque avec entrain dans une bouche ample, ourlée de tanins fins, et remarquable de relief et de fraîcheur en finale. À un poil du coup de cœur. ⧗ 2021-2028

YANN CHAVE, 1170, chem. de la Burge, 26600 Mercurol-Veaunes, tél. 04 75 07 42 11, chaveyann@yahoo.fr

CH. CURSON 2018 ★

	3000		20 à 30 €

Dans la famille Pochon depuis plus de deux siècles, ce château fut la propriété de Diane de Poitiers. Outre ses attraits architecturaux, ce domaine s'est installé dans le paysage de l'appellation crozes-hermitage par la qualité régulière de ses vins.

Acacia, aubépine, pêche blanche, discrètes notes de chêne : le nez est de bon augure. La bouche déploie une chair onctueuse, grasse, puissante qui a bien profité des chaleurs du millésime tout en conservant, en soutien, ce qu'il faut de tension. L'ensemble laisse le souvenir d'un crozes riche et structuré qui donnera sa pleine mesure après un peu de cave. ⧗ 2021-2025

DOM. ÉTIENNE POCHON, 80, chem. des Pierres, 26600 Chanos-Curson, tél. 04 75 07 34 60, domainespochon@wanadoo.fr V r.-v.

EMMANUEL DARNAUD Les Trois Chênes 2018 ★

	30 000		20 à 30 €

L'histoire vigneronne d'Emmanuel Darnaud débute en 2001 avec 1,5 ha de vignes en fermage sur l'appellation crozes-hermitage. Agrandi progressivement, le domaine couvre aujourd'hui 15 ha, avec des parcelles en saint-joseph, et fait preuve d'une belle constance dans la qualité avec ses sélections parcellaires.

De ces Trois Chênes, on retiendra la robe dense, le nez friand et fin, qui associe fruits rouges frais écrasés à un soupçon de vanille, et la bouche ronde, gourmande, poivrée, bien affinée par un long élevage de 18 mois. Un crozes gourmand, à déboucher sur le fruit de sa jeunesse. ⧗ 2020-2023

EARL EMMANUEL DARNAUD, 21, rue du Stade, 26600 La Roche-de-Glun, tél. 04 75 84 81 64, domaine@edarnaud.com V r.-v.

LAURENT ET CÉLINE FAYOLLE Sens 2018 ★

	30 000		15 à 20 €

En 2002, Laurent Fayolle et sa sœur Céline ont repris le domaine familial créé en 1870, l'un des premiers à avoir vendu son vin en bouteilles (1959). Le vignoble s'étend aujourd'hui sur près de 12 ha. Il est planté essentiellement de vieilles vignes, en hermitage, crozes et saint-péray, exploité de longue date dans l'esprit bio (conversion entamée en 2019).

Pas de bois dans cette syrah au nez ouvert et nuancé, où pointent le cuir, les épices et la garrigue sur fond de fruits noirs frais. Des tanins maîtrisés animent une bouche ample, parfumée et très fraîche. Une structure tonique au service d'un fruit déjà complexe : un bien bel ambassadeur pour l'appellation. ⧗ 2020-2024

DOM. LAURENT FAYOLLE, 9, rue du Ruisseau, 26600 Gervans, tél. 04 75 03 33 74, contact@laurentfayolle.fr V r.-v.

DOM. PHILIPPE ET VINCENT JABOULET 2018 ★

	9400		15 à 20 €

Philippe Jaboulet et son fils Vincent ont décidé de poursuivre l'aventure viticole après la vente de la maison familiale Paul Jaboulet Aîné à la famille Frey. Ainsi se sont-ils installés en 2005 sur une partie du Dom. de Collonge, à la tête de 31 ha en crozes-hermitage, hermitage et cornas. Certification HVE depuis 2015.

Ce 100 % marsanne élevé en cuve et fût (30 %) affiche une robe d'un jaune brillant et un nez franc centré sur les fleurs séchées. Nette et précise, la bouche délivre cette même qualité de fruit et s'appuie sur une belle acidité qui donne un éclat particulier à ce blanc tonique. ⧗ 2020-2023

DOM. PHILIPPE ET VINCENT JABOULET, 920, rte de la Négociale, 26600 Mercurol-Veaunes, tél. 04 75 07 44 32, jabouletphilippeetvincent@wanadoo.fr V r.-v.

DOM. MELODY L'Exception 2018 ★★

	6800		15 à 20 €

Ce jeune domaine de 18 ha (avec le bio dans le viseur), implanté sur trois terroirs plantés de vignes âgées de cinq à soixante ans, est né en 2010 de la rencontre entre trois vignerons, Marlène Durand, Marc Romak et Denis Larivière, qui maîtrisent parfaitement leur sujet au vu de leurs cuvées très convaincantes.

Souvent en vue dans ces pages, l'Exception (le domaine est le seul à produire des blancs dans ce secteur de crozes-hermitage) nous revient en grande forme en 2018. Le bois (50 % de vieilles barriques) laisse s'exprimer au nez des senteurs printanières de chèvrefeuille, d'œillet et de fruits blancs. Bien arrondie en même temps qu'élancée, aérienne, la bouche n'a rien perdu de sa légèreté et de sa fraîcheur malgré les chaleurs du millésime. Un blanc exemplaire de limpidité et d'équilibre. ⧗ 2020-2025

DOM. MELODY, 570, chem. des Limites, 26600 Mercurol-Veaunes, tél. 04 75 08 16 51, contact@domainemelody.fr V t.l.j. sf mer. sam. dim. 8h30-12h 14h-17h30

DOM. MICHELAS-SAINT-JEMMS Signature 2018 ★

	25 000		11 à 15 €

Fondée en 1972 par Robert et Yvette Michelas, cette exploitation ne compte pas moins de 53 ha répartis dans quatre appellations. Les enfants – Sylvie, Corine, Florence et Sébastien – sont désormais aux commandes. Régulièrement en vue pour ses crozes et ses cornas, le domaine est en conversion bio depuis 2019.

Vinifiée et élevée en cuve, cette syrah a pour elle une robe généreusement colorée et un nez non moins généreux de framboise, de kirsch et d'épices. En bouche, on goûte un vin ample, à la fois bien mûr, souple et très frais. De l'équilibre à tous les étages. ⧗ 2021-2025

DOM. MICHELAS SAINT-JEMMS, 557, rte de Bellevue, 26600 Mercurol-Veaunes, tél. 04 75 07 86 70, michelas.st.jemms@orange.fr V t.l.j. sf dim. 9h-12h 14h-18h

DOM. DU MURINAIS Cuvée Marine 2018 ★

7000 | 15 à 20 €

Cette exploitation viticole, dans la même famille depuis 1774, livrait ses raisins à la coopérative ou au négoce jusqu'en 1998 et l'installation de Luc Tardy. Ce dernier a progressivement développé la vente en bouteilles et conduit aujourd'hui un vignoble de 17 ha.

Clin d'œil à la fille de Luc Tardy, Marine est un assemblage mi-marsanne mi-roussanne élevé 8 mois sur lies fines en cuve béton ovoïde. Le nez fin dégage une singulière sensation de fraîcheur mentholée. Finesse du grain, élégance et éclat du fruit, ce blanc qui n'a pas fait sa « malo » est un exemple de crozes tendu et aérien. ⧗ 2020-2023

DOM. DU MURINAIS, 1890, rte du Laboureur, 26600 Beaumont-Monteux, tél. 09 67 63 49 93, domainedumurinais@orange.fr r.-v.

OGIER 2018 ★

50000 | 11 à 15 €

Cette vénérable maison castelpapale de négoce-éleveur (1859), dans le giron du groupe Advini, propose une large gamme de vins rhodaniens, du nord et du sud. Elle possède aussi le Clos de l'Oratoire des Papes (châteauneuf) et le Dom. Notre-Dame de Cousignac (vivarais).

De la violette et de la cerise au nez comme en bouche pour ce crozes bien élevé (12 mois en cuve et fût), frais, doté de tanins fondus et d'une chair ample et très gourmande. ⧗ 2020-2024

SAS OGIER, 10, av. Louis-Pasteur, 84230 Châteauneuf-du-Pape, tél. 04 90 39 32 58, stagiaire.marketing@ogier.fr r.-v. 5

DOM. PRADELLE 2018 ★★

80000 | 11 à 15 €

Les Pradelle cultivent la vigne à Chanos depuis le milieu du XIXᵉs. et six générations. Ce sont aujourd'hui Antoine et Alexandre qui sont aux commandes du domaine, dont le vignoble couvre 38 ha en appellations crozes-hermitage et saint-joseph.

Un nez séduisant et harmonieux où la cerise en confiture s'entiche des épices douces d'un passage en barrique, une bouche généreuse appuyée sur des tanins présents mais arrondis, qui témoignent d'un élevage bien pensé, une finale épicée sur la réglisse et le poivre, le tout porté par une très belle fraîcheur : ce crozes coche toutes les cases et devrait plaire à beaucoup. À boire ou à garder. ⧗ 2020-2024

DOM. PRADELLE, 5, rue du Riou, 26600 Chanos-Curson, tél. 04 75 07 31 00, domainepradelle@yahoo.fr t.l.j. sf dim. 9h30-18h ; f. du 1er au 15 janv.

DOM. DES REMIZIÈRES Cuvée Christophe 2018 ★

8800 | 15 à 20 €

Jusqu'en 1973, Alphonse Desmeure apportait sa vendange à la coopérative. Son fils Philippe développe la propriété à partir de 1977, généralise la production en bouteilles et accroît le vignoble : 36 ha aujourd'hui, disséminés sur plusieurs communes. Émilie et Christophe, ses enfants, ont rejoint le domaine. Une référence incontournable, avec des vins d'une rare constance.

Une touche de roussanne épaule la marsanne dans ce blanc vinifié et élevé en barrique dont le nez, lent à s'ouvrir, libère de discrètes notes florales. Une discrétion qui tranche avec la bouche, résolument riche et charnue, mais aussi dotée d'une acidité à la mesure qui tient le vin en équilibre. Un blanc de gastronomie, à carafer ou à garder. ⧗ 2020-2025

DOM. DES REMIZIÈRES, 1459, av. du Vercors, 26600 Mercurol-Veaunes, tél. 04 75 07 44 28, contact@domaineremizieres.com r.-v.

DOM. SAINT-CLAIR Un Matin… 2018 ★

7000 | 15 à 20 €

Un domaine récent, créé en 2007 par Denis Basset : 15 ha répartis entre des terroirs de galets roulés pour les crozes-hermitage et des terrasses granitiques pour les saint-joseph.

Marsanne et roussanne en duo dans ce blanc réglissé et marqué par les épices douces d'un passage en barrique. Soyeuse et veloutée, la bouche charme pour son toucher et son volume qui dessinent un blanc d'un parfait classicisme. ⧗ 2020-2024

DENIS BASSET, 265, chem. de la Grange, 26600 Beaumont-Monteux, tél. 06 86 81 83 58, domainesaintclair@orange.fr r.-v.

♥ VIDAL-FLEURY 2018 ★★

53500 | 15 à 20 €

Le plus ancien négoce rhodanien en activité, fondé en 1781 à partir de son vignoble en côte-rôtie et très tôt réputé – Thomas Jefferson y fit un banquet mémorable en 1787. Propriété des Guigal depuis 1986, il dispose d'une cave monumentale, dont l'architecture est inspirée du site égyptien de Saqqarah.

Une bref passage en fût de 6 mois n'a guère entamé la pureté de fruit qui émane de ce 2018 aux franches notes de fruits noirs mûrs et de violette. Immaculée, portée par une grande fraîcheur, la bouche témoigne d'une syrah vendangée à parfaite maturité, gorgée de fruits frais, d'épices et de fleurs, épaulée par des tanins fermes et croquants qui dessinent un crozes déjà irrésistible mais capable de tenir. ⧗ 2021-2026

VIDAL-FLEURY, 48, rte de Lyon, 69420 Tupin-et-Semons, tél. 04 74 56 10 18, contact@vidal-fleury.com r.-v.

DOM. DE LA VILLE ROUGE Cuvée Nathan 2018 ★★

5000 | 15 à 20 €

Un domaine familial de 20 ha en crozes-hermitage et en saint-joseph, qui vinifie ses propres vins depuis 2006, sous l'impulsion de Sébastien Girard, fils des fondateurs, installé trois ans plus tôt. En bio depuis 2012 et en biodynamie depuis 2015.

Brièvement élevé en cuve et en fût, ce vin s'ouvre sur des notes délicates d'amande fraîche, que l'on retrouve dans une bouche tonique, ciselée, qui laisse parler le fruit blanc en finale. Un crozes dynamique, remarquable de fraîcheur et d'équilibre qui a su déjouer les chaleurs du millésimes. ⧗ 2020-2025

DOM. DE LA VILLE ROUGE, 355, rte de la Ville-Rouge, 26600 Mercurol, tél. 04 75 07 33 35, la-ville-rouge@wanadoo.fr V r.-v.

HERMITAGE

Superficie : 135 ha
Production : 4 365 hl (75 % rouge)

Le coteau de l'Hermitage, très bien exposé au sud, est situé au nord-est de Tain-l'Hermitage. La culture de la vigne y remonte au IVe s. av. J.-C., mais on attribue l'origine du nom de l'appellation au chevalier Gaspard de Sterimberg qui, revenant de la croisade contre les Albigeois en 1224, décida de se retirer du monde. Il édifia un ermitage, défricha et planta de la vigne.
Le massif de Tain est constitué à l'ouest d'arènes granitiques, terrain propice à la syrah (les Bessards). Plantées de roussanne et surtout de marsanne, les parties est et sud-est de l'appellation, formées de cailloutis et de lœss, ont vocation à produire des vins blancs (les Rocoules, les Murets).
L'hermitage rouge est un très grand vin de garde, tannique, extrêmement aromatique, qui demande un vieillissement de cinq à dix ans, voire de vingt ans, avant de développer un bouquet d'une richesse et d'une qualité rares. On le servira entre 16 °C et 18 °C, sur du gibier ou des viandes rouges. L'hermitage blanc est un vin très fin, peu acide, souple, gras et parfumé. Il peut être apprécié dès la première année mais atteindra son plein épanouissement après un vieillissement de cinq à dix ans. Cependant, les grandes années, en blanc comme en rouge, peuvent supporter une garde de trente ou quarante ans.

♥ JEAN-LOUIS CHAVE 2017 ★★★

■ | n.c. | ◍ | + de 100 €

Au XVe s. déjà, les Chave cultivaient la vigne à Mauves. Aujourd'hui, Jean-Louis, fils de Gérard Chave, dirige un domaine de 12 ha dédié à l'hermitage. La réputation de ses vins dépasse depuis longtemps les frontières de l'Europe grâce à son travail méticuleux à la vigne (cultivée en bio sans certification) comme au chai. Les vendanges sont toujours tardives pour récolter le raisin à parfaite maturité, et le travail à la cave privilégie une vinification et un élevage séparés pour chaque terroir afin de mieux les assembler.

Un travail d'orfèvre comme de coutume a prévalu à la naissance de ce 2017 qui glane un coup de cœur, comme les 2015 et 2016. Intense, nuancé, déclinant le cassis, le chocolat noir, le graphite, le raisin frais et les épices douces, le nez donne le ton. Attaque tendre, développement tout en délicatesse, tanins ultra-soyeux, texture veloutée, finale suave et longue à souhait : tout dans cette bouche donne une sensation de concentration légère et aérienne. Un jury une nouvelle fois ému devant tant de grâce. ⧗ 2025-2040 ■ **2017 ★★ (+ de 100 €; n.c.)** Des notes légèrement toastées planent au-dessus des nuances d'acacia, de pêche et de brioche. Intense, expressive, la bouche déroule sa chair concentrée, grasse, pétrie de brioche et de noisette mais allégée par une très belle fraîcheur à l'accent minéral. À la fois riche et frais, puissant et délicat, déjà savoureux mais de longue garde, ce blanc associe les contraires, comme souvent chez ce vigneron d'exception. ⧗ 2023-2035

SCEA DOM. JEAN-LOUIS CHAVE, 37, av. du Saint-Joseph, 07300 Mauves, tél. 04 75 08 24 63

♥ DOM. DES REMIZIÈRES
Cuvée Émilie 2018 ★★★

■ | 8400 | ◍ | 30 à 50 €

Jusqu'en 1973, Alphonse Desmeure apportait sa vendange à la coopérative. Son fils Philippe développe la propriété à partir de 1977, généralise la production en bouteilles et accroît le vignoble : 36 ha aujourd'hui, disséminés sur plusieurs communes. Émilie et Christophe, ses enfants, ont rejoint le domaine. Une référence incontournable, avec des vins d'une rare constance.

Émilie, la fille de Philippe Desmeure, est à l'honneur dans cette cuvée créée en 1995, élevée 15 mois en fûts neufs. Derrière une robe opaque, un nez fringant de cerise mûre et de vanille, accompagné d'un fort accent minéral. La bouche, encore juvénile, déploie une classe folle : finesse, velouté, tanins élégamment extraits, boisé intégré. Un vin d'une rare élégance. ⧗ 2022-2030 ■ **Cuvée Émilie 2018 ★★ (30 à 50 €; 2800 b.)** Tout est délicat et de bon goût dans cette marsanne longuement élevée en fût : le nez parfumé aux notes de fleurs blanches et de pain grillé, la bouche intense, élégante, délicatement arrondie par l'élevage qui libère en finale des parfums de violette. Du potentiel en cave. ⧗ 2021-2026

DOM. DES REMIZIÈRES, 1459, av. du Vercors, 26600 Mercurol-Veaunes, tél. 04 75 07 44 28, contact@domaineremizieres.com V r.-v.

CAVE DE TAIN
Les Hauts de Pavières 2018 ★★

■ | 15000 | ◍ | 30 à 50 €

Créée en 1933 par Louis Gambert de Loche, la très qualitative cave coopérative de Tain-l'Hermitage rassemble 310 adhérents et vinifie à elle seule, avec plus de 1 000 ha de vignes, environ 50 % des appellations de la vallée du Rhône septentrionale. Elle possède aussi 26 ha en propre, dont 21 ha en AOC hermitage. Une valeur sûre de la région, qui s'est dotée en 2014 de structures de production flambant neuves permettant de multiplier les sélections parcellaires.

Un tout jeune hermitage dont le nez révèle un élevage ambitieux à travers des arômes puissants de chêne sur fond de fruits noirs et de pierre chaude. La barrique ne relâche pas son emprise en bouche, mais la matière est là, généreuse, réglissée, portée par des tanins fins et serrés et prolongée par une belle longueur qui est un autre gage d'avenir. À oublier en cave. ⧗ 2023-2030 **Nobles Rives 2018 ★ (30 à 50 €; 16538 b.)** Un nez ouvert et éclatant, sur des notes citronnées et pâtissières (brioche, toast), que l'on retrouve dans une bouche énergique, charmeuse par sa texture épanouie et son fruité fringant (pêche de vigne, agrumes), et qui a déjà pris la mesure de l'élevage. Un hermitage convivial, raffiné, que l'on peut ouvrir sans attendre mais aussi garder plusieurs années. ⧗ 2020-2026

CAVE DE TAIN, 22, rte de Larnage, 26602 Tain-l'Hermitage, tél. 04 75 08 20 87, contact@cavedetain.com V r.-v.

DOM. DES TOURETTES 2018 ★

5000 | 50 à 75 €

Maison fondée en 1835, propriété depuis 1977 du Champagne Deutz (groupe Roederer). Sous la direction de Fabrice Rosset et de son directeur technique Jacques Grange, elle dispose de 30 ha en propre dans les AOC septentrionales, complétés par des achats de raisin, la gamme méridionale provenant de la partie négociant-éleveur.

10 % de roussanne épaule la marsanne dans cette cuvée fermentée et élevée en fût. On en retient la robe soutenue et brillante, le nez citronné, la bouche ronde, confortable, miellée et moelleuse, finement teintée d'épices douces en finale. De la plénitude et du charme dans cet hermitage qu'il ne sera pas scandaleux d'ouvrir dès l'automne. ⧗ 2020-2025

MAISON DELAS FRÈRES, 40, av. Jules-Nadi, 26600 Tain-l'Hermitage, contact@delas.com V r.-v.

CORNAS

Superficie : 115 ha / Production : 4 210 hl

En face de Valence, l'appellation s'étend sur la seule commune de Cornas. Les sols, en pente assez forte, sont composés d'arènes granitiques, maintenues en place par des murets. Issu de syrah récoltée à faibles rendements (30 hl/ha), le cornas est un vin rouge viril, charpenté, qu'il faut faire vieillir au moins trois années – mais il peut attendre parfois beaucoup plus – afin qu'il puisse exprimer ses arômes fruités et épicés sur des viandes rouges et du gibier.

♥ DOM. A. CLAPE 2017 ★★

16000 | 50 à 75 €

Sous des noms divers, ce domaine phare de l'appellation cornas a plus de 250 ans d'existence. La commercialisation en bouteilles date elle de 1955. Pierre Clape, installé en 1997 à la suite de son père Auguste, perpétue avec talent la tradition familiale, accompagné par son fils Olivier. Vigneron discret et peu interventionniste, il pratique l'élevage long en foudre ancien pour une expression aboutie de la syrah. Sur un vignoble de 9 ha, il en consacre 3,5 à son « grand vin ».

Toute la puissance des vins de l'appellation dans cette cuvée au regard noir, magnifique dès l'entame par son nez généreux où l'intensité de la syrah (bigarreau, réglisse, graphite, violette) a pris la mesure de l'élevage. Puissante, cadrée par des tanins aussi fins que serrés, la bouche est d'une densité hors norme, comme il se doit dans les grands cornas, mais conserve une dimension d'élégance aérienne tout aussi impressionnante. La finale, d'une fraîcheur immaculée, laisse parler le terroir à travers des notes de cailloux chauds. Main de fer, gant de velours, grand vin. ⧗ 2025-2040

SCEA CLAPE, 146, av. Colonel-Rousset, 07130 Cornas, tél. 04 75 40 33 64 r.-v.

DOM. COURBIS Les Eygats 2018 ★★

5000 | 30 à 50 €

Une valeur sûre de la vallée du Rhône septentrionale, notamment dans les AOC cornas et saint-joseph. Dominique et Laurent Courbis conduisent depuis la fin des années 1980, à la suite de leur père, un domaine de 35 ha dont les origines remontent au XVIIes. L'essentiel des vignes est perché sur des coteaux très abrupts à plus de 250 m d'altitude.

Éraflée et élevée 18 mois en barriques pour moitié neuves, la syrah offre son nuancier fruité (fruits noirs) et épicé, saupoudré ici d'aromates et de garrigue. Charnue, volumineuse, parfumée de bout en bout, la bouche a déjà domptée la vigueur des tanins, d'une rondeur étonnante, et rebondit en finale sur une amertume savoureuse. La puissance des cornas joliment canalisée dans cette cuvée déjà séduisante mais qui ira loin. ⧗ 2023-2030

DOM. COURBIS, 6, rte de Saint-Romain, 07130 Châteaubourg, tél. 04 75 81 60 60, contact@domaine-courbis.fr V *t.l.j. sf dim. 9h-12h 14h-17h30; sam. sur r.-v.*

JACQUES LEMENICIER 2018 ★

14000 | 20 à 30 €

Alors employé chez Alain Voge, Jacques Lemenicier se met à son compte en 1983 avec quelques vignes en fermage, puis achète ses premiers ceps en 1994. Parcelle par parcelle, il constitue son domaine, qui s'étend aujourd'hui sur 10 ha (dont 50 % en propriété) en cornas et en saint-péray.

Gelée de groseille, grenadine, violette, c'est un cornas expressif qui s'annonce au nez. En bouche, si l'attaque se montre ronde et amène, le vin se raffermit ensuite sous l'effet de tanins bien serrés, comme il se doit dans l'appellation. Déjà démonstratif, mais à laisser s'épanouir en cave. ⧗ 2022-2026

LEMENICIER, chem. des Peyrouses, 07130 Cornas, tél. 04 75 81 00 57, lemenicier@wanadoo.fr V *r.-v.; f. le 15 août*

JOHANN MICHEL 2018 ★

10 000 | 20 à 30 €

Son arrière-grand-père François Michel, l'un des fondateurs de l'AOC cornas, créa le domaine en 1939, que son père Jean-Luc remit en route en 1988 après une longue période de fermage (Dom. Courbis). Johann, installé en 1997, exploite aujourd'hui 5 ha de vignes.

Des notes très gourmandes de fruits rouges, des nuances de fleurs séchées, de tilleul et d'anis, le nez ne manque pas de complexité. Une entrée en bouche tout en suavité, une texture soyeuse, des tanins bien présents mais enrobés, une fraîcheur sous-jacente qui perce en finale : tout est harmonieux et bien en place, et pour longtemps. 2021-2028

DOM. JOHANN MICHEL, 115, chem. de Ploye, 07130 Saint-Péray, tél. 04 75 40 56 43, johann-michel@wanadoo.fr V t.l.j. sf dim. 9h-12h 14h-19h

CAVE DE TAIN Arènes sauvages 2018 ★

16 000 | 30 à 50 €

Créée en 1933 par Louis Gambert de Loche, la très qualitative cave coopérative de Tain-l'Hermitage rassemble 310 adhérents et vinifie à elle seule, avec plus de 1 000 ha de vignes, environ 50 % des appellations de la vallée du Rhône septentrionale. Elle possède aussi 26 ha en propre, dont 21 ha en AOC hermitage. Une valeur sûre de la région, qui s'est dotée en 2014 de structures de production flambant neuves permettant de multiplier les sélections parcellaires.

Des syrah de 50 ans plantées sur les arènes granitiques des coteaux et terrasses de l'appellation ont forgé ce 2018 au nez bien ouvert sur le cassis et la torréfaction. Une attaque douce et suave introduit un palais très expressif, gorgé de fruit, appuyé sur des tanins finement sculptés et vivifié par une belle acidité. Au final, un cornas aimable et croquant que l'on pourra déboucher sous peu, mais aussi plus tard. 2021-2026

CAVE DE TAIN, 22, rte de Larnage, 26602 Tain-l'Hermitage, tél. 04 75 08 20 87, contact@cavedetain.com V r.-v.

FRANÇOIS VILLARD Jouvet 2018 ★

5 000 | 30 à 50 €

Vigneron réputé de la vallée du Rhône nord, François Villard, ancien cuisinier, s'est installé en 1989 à Saint-Michel-sur-Rhône pour créer son vignoble : 36 ha aujourd'hui dans cinq crus, complétés par une petite activité d'achat de raisin. Dans son chai cathédrale naissent de beaux vins dans les deux couleurs.

Vinifié en grappes entières, comme il est de rigueur chez François Villard, puis longuement élevé en vieux fûts, ce 2018 émerge lentement, dévoilant par touches successives sa déclinaison fruitée, épicée et mentholée. Puissante, très mûre, riche, mais sous le joug de tanins sans concession, la bouche en impose et réclame de la patience. Elle sera récompensée. Cornas dans toute sa splendeur. 2024-2032

FRANÇOIS VILLARD, 330, rte du Réseau-Ange, 42410 Saint-Michel-sur-Rhône, tél. 04 74 56 83 60, vinsvillard@wanadoo.fr V r.-v.

SAINT-PÉRAY

Superficie : 75 ha
Production : 2 170 hl (10 % effervescents)

Situé face à Valence, le vignoble de Saint-Péray est dominé par les ruines du château de Crussol. Un microclimat un peu plus froid et des sols plus riches que dans le reste de la région sont favorables à la production de vins plus acides et moins riches en alcool, issus de marsanne et de roussanne, cépages bien adaptés à l'élaboration de blanc de blancs par la méthode traditionnelle.

LAURENT ET CÉLINE FAYOLLE Montis 2018 ★

2 000 | 15 à 20 €

En 2002, Laurent Fayolle et sa sœur Céline ont repris le domaine familial créé en 1870, l'un des premiers à avoir vendu son vin en bouteilles (1959). Le vignoble s'étend aujourd'hui sur près de 12 ha. Il est planté essentiellement de vieilles vignes, en hermitage, crozes et saint-péray, exploité de longue date dans l'esprit bio (conversion entamée en 2019).

100 % marsanne élevée en barriques et en demi-muids, cette cuvée libère des senteurs délicates de tilleul et de cire d'abeille sur un fond minéral. Encore jeune, ronde et bien structurée par une juste acidité, elle a de beaux jours devant elle. À laisser reposer un peu en cave. 2021-2024

DOM. LAURENT FAYOLLE, 9, rue du Ruisseau, 26600 Gervans, tél. 04 75 03 33 74, contact@laurentfayolle.fr V r.-v.

♥ CAVE DE TAIN Nobles Rives 2019 ★★★

35 000 | 15 à 20 €

Créée en 1933 par Louis Gambert de Loche, la très qualitative cave coopérative de Tain-l'Hermitage rassemble 310 adhérents et vinifie à elle seule, avec plus de 1 000 ha de vignes, environ 50 % des appellations de la vallée du Rhône septentrionale. Elle possède aussi 26 ha en propre, dont 21 ha en AOC hermitage. Une valeur sûre de la région, qui s'est dotée en 2014 de structures de production flambant neuves permettant de multiplier les sélections parcellaires.

Trois étoiles et un coup de cœur, la Cave de Tain frappe un grand coup avec son saint-péray qui met en avant les charmes de la marsanne sans apport de bois. Du nez, on retiendra la fraîcheur et la large panoplie qui passe en revue le fruit jaune, la camomille et le citron. Une pureté de fruit que l'on croque dans une bouche ample, qui impressionne par sa longueur et par sa tonicité à l'accent franchement minéral. Vif, plein, expressif et déjà à point, simplement parfait. 2020-2024 **Fleur de roc 2019 ★★ (20 à 30 €; 16 000 b.)** Un bonheur ne venant jamais seul, la Cave place haut dans la hiérarchie du Guide cette autre cuvée élevée en fût. Mais point de bois à l'olfaction, plutôt les notes florales, miellées et citronnées de la marsanne. L'élevage enrobe joliment en revanche une bouche tendre, qui diffuse la fraîcheur citronnée et minérale perçue au nez. ⧗ 2020-2024

CAVE DE TAIN, 22, rte de Larnage, 26602 Tain-l'Hermitage, tél. 04 75 08 20 87, contact@cavedetain.com V r.-v.

♥ DOM. DU TUNNEL Roussanne 2018 ★★

14 000 | 20 à 30 €

Depuis son installation en 1994, Stéphane Robert, qui n'est pas issu du monde viticole, s'est imposé comme une référence dans le paysage des crus septentrionaux. Il a créé son vignoble de toutes pièces, aujourd'hui 12 ha très morcelés, avec des vignes en cornas, saint-joseph, saint-péray et condrieu. Des vignes qui longent une ancienne voie ferrée et un tunnel de 160 m, toujours visible, qui donne son nom au domaine et dans lequel ont été aménagés en 2013 une nouvelle cuverie et le chai d'élevage.

On ne change pas une formule qui gagne. Déjà coup de cœur l'an passé, Stéphane Robert récidive avec la même cuvée, toujours 100 % roussanne, élevée une douzaine de mois en fût. Un nez explosif de miel et de fleurs blanches précède une bouche somptueuse, ronde, mûre, affinée par une belle acidité minérale qui lui confère un éclat singulier. Savoureux, ouvert, en parfait équilibre, un grand blanc à réserver pour la table. ⧗ 2020-2025

STÉPHANE ROBERT - DOM. DU TUNNEL, 20, rue de la République, 07130 Saint-Péray, tél. 04 75 80 04 66, domaine-du-tunnel@wanadoo.fr V r.-v. 5

B ALAIN VOGE Fleur de Crussol 2018 ★

7 000 | 30 à 50 €

Alain Voge a rejoint son père sur le domaine familial en 1958. Abandon de la polyculture, replantation de coteaux abandonnés, vente directe en bouteilles, il met le vignoble sur les rails, 12 ha aujourd'hui cultivés en bio et biodynamie. Régulièrement en vue pour ses cornas et ses saint-péray.

Vinifiées puis élevées sur lies et en fût, ces vieilles vignes de marsanne (80 ans) font leur retour dans le Guide dans ce millésime riche. Lumineuse de robe, cette cuvée en tire ses arômes floraux, miellés et pâtissiers, qui animent aussi une bouche concentrée, puissante mais fraîche, taillée pour la garde. ⧗ 2021-2026

DOM. ALAIN VOGE, 4, imp. de l'Équerre, 07130 Cornas, tél. 04 75 40 32 04, contact@alain-voge.com V t.l.j. sf dim. 9h-18h; sam. sur r.-v.

CLAIRETTE-DE-DIE

Superficie : 1 401 ha / Production : 84 272 hl

Le vignoble du Diois occupe les versants de la moyenne vallée de la Drôme, entre Luc-en-Diois et Aouste-sur-Sye. Sans doute héritière du vin doux pétillant des Voconces mentionné par Pline l'Ancien, la clairette-de-die méthode dioise ou ancestrale est un vin mousseux doux et à faible teneur en alcool, dominé par le cépage muscat (75 % minimum) et qui termine naturellement sa fermentation en bouteille, sans adjonction de liqueur de tirage. L'appellation autorise aussi l'élaboration d'effervescents à base de clairette selon la méthode traditionnelle, avec seconde fermentation en bouteille.

B CAROD 7% Méthode ancestrale ★

200 000 | 8 à 11 €

À la fois propriété familiale et société de négoce, l'entreprise Carod s'est fortement développée depuis sa création en 1965, jusqu'à produire aujourd'hui 2 millions de cols par an. Un acteur de poids dans le Diois, acquis en 2008 par les Grands Chais de France, avec pour fleuron le Dom. Guigouret (40 ha).

Tout le charme des bonnes clairettes dans cette bulle délicate, gorgée au nez comme en bouche de raisins frais, d'agrumes et de fruits exotiques. Douce, légère (7 % d'alcool), caressante, c'est une vraie gourmandise. ⧗ 2020-2021

SAS CAROD, quartier du Gap, RD_93, 26340 Vercheny, tél. 04 75 21 73 77, contact@caves-carod.fr V t.l.j. sf dim. 9h-12h 14h-18h; dim. d'avr. à sept.

B JAILLANCE Légère Tradition ★

190 000 | 5 à 8 €

Cette coopérative fondée en 1950 est l'acteur principal du Diois viticole : 224 adhérents pour quelque 1 100 ha de vignes (dont 14 % cultivés en bio), soit plus de 70 % de la production locale. La cave s'est aussi développée dans le Bordelais, où elle produit du crémant-de-bordeaux.

Cette cave exemplaire livre une version « légère » et moins sucrée (40 gr) de la clairette. Une robe avenante, une mousse fine, des arômes fringants, bien typés muscat, avec un trait de citron qui rafraîchit la finale : c'est une belle réussite. ⧗ 2020-2021

LA CAVE DE DIE JAILLANCE, 355, av. de la Clairette, 26150 Die, tél. 04 75 22 30 00, info@jaillance.com V t.l.j. 9h-12h30 14h-19h

MONGE GRANON Très'Or ★

80 000 | 8 à 11 €

Un domaine de 39 ha dédié principalement à la clairette-de-die, né de l'association en 1984 des familles Mignon et Granon, au service du vin depuis quatre générations.

Pas de clairette dans cette clairette 100 % muscat. D'une robe vieil or aux reflets verts émergent des bulles fines et des arômes intenses de raisins de Corinthe, de fruits à coque et de pétale de rose. Une jolie sucrosité enrobe une bouche douce, soyeuse, qui insiste sur la rose et la pêche. ⧗ 2020-2021

CAVE MONGE GRANON, 3700, av. de la Clairette, 26340 Vercheny, tél. 04 75 21 74 93, contact@clairette-mongegranon.com V r.-v.

➜ **LA VALLÉE DU RHÔNE MÉRIDIONALE**

GRIGNAN-LES-ADHÉMAR

Superficie : 1 900 ha
Production : 36 500 hl (93 % rouge et rosé)

Longtemps appelée coteaux-du-tricastin, cette appellation est située au sud de Montélimar, dans la partie nord de la vallée du Rhône méridionale, à la limite du climat méditerranéen. Les vignes sont implantées sur des terrains caillouteux d'alluvions anciennes et sur des coteaux sableux, dans 22 communes de la rive gauche du fleuve, de La Baume-de-Transit au sud, en passant par Saint-Paul-Trois-Châteaux, jusqu'aux Granges-Gontardes, au nord. Assemblant les cépages grenache et syrah, complétés par le cinsault, le mourvèdre et le carignan, les vins rouges, largement majoritaires, sont pour la plupart à consommer jeunes.

B DOM. BONETTO-FABROL
Sélection Vieilles Vignes 2019 ★★

■ | 6000 | | 11 à 15 €

Implanté au pied du pittoresque village perché de La Garde-Adhémar, ce domaine de 12 ha, régulier en qualité, est né de la réunion de 2 vignobles familiaux – Bonetto (en AOC grignan) et Fabrol (en côtes-du-rhône). Philippe Fabrol le conduit en bio avec une inspiration biodyamique.

À dominante de syrah, ces vieilles vignes font leur effet dès l'entame : une robe profonde et un nez non moins profond, complexe, où le cassis et la garrigue se mêlent à des notes fumées de suie et à une touche plus florale de fleur de vigne. Puissante, d'une maturité accomplie, ambitieusement extraite, la bouche impressionne par sa densité et sa carrure tannique qui destine, sans réserve, ce beau vin à la garde. ⧗ 2022-2028 ■ **Le Colombier 2019 ★ (8 à 11 €; 12000 b.)** B Fringant et fruité, sur des arômes de cassis, de fraise et de barbe à papa, le nez ouvre sur une bouche plus solaire et puissante qu'attendue, centrée sur des notes de fruits mûrs et de Zan, fermement structurée par des tanins serrés. À laisser reposer en cave. ⧗ 2021-2024

⊶ EARL LES BRUIGUIÈRES, Dom. Bonetto-Fabrol, Quartier Les Jaffagnards, 26700 La Garde-Adhémar, tél. 04 75 52 14 38, domainebonettofabrol@orange.fr V r.-v. E

DOM. DE GRANGENEUVE
Vieilles Vignes 2018 ★

■ | 50000 | | 8 à 11 €

Un vaste domaine de 80 ha, souvent en vue dans ces pages, créé de toutes pièces à partir de 1964 par les Alsaciens Odette et Henri Bour sur les vestiges d'une *villa* romaine. Depuis 1998, leur fils Henri et leur petite-fille Nathalie sont aux commandes.

Un des domaines en vue de l'appellation, d'une régularité remarquable, et depuis longtemps. Des vignes de 40 ans (syrah et grenache à parité) ont façonné un nez agréable qui oscille entre fruits mûrs, iris, poivre et menthol. Bien structurée autour de tanins fins, la bouche offre ce qu'il faut de chair et de volume, et restitue longuement en finale la palette perçue à l'olfaction. Un joli vin de moyenne garde qui s'en sort avec les honneurs dans un millésime difficile. ⧗ 2021-2024

⊶ SARL DOMAINES BOUR, 1200, rte des Esplanes, 26230 Roussas, tél. 04 75 98 50 22, domaines.bour@wanadoo.fr V *t.l.j. 9h-12h30 14h-19h*

DOM. DE MONTINE Séduction 2018 ★

■ | 20000 | | 11 à 15 €

Installés dans une ancienne ferme du château de Grignan, les frères Jean-Luc et Claude Monteillet, également trufficulteurs, exploitent depuis 1987 ce domaine familial de 70 ha, très en vue pour ses grignan-les-adhémar, qui produit aussi du vinsobres et des IGP.

Un petit air de côte-rôtie dans cette syrah qui intègre 10 % de viognier. Les 12 mois d'élevage n'ont pas marqué le nez, centré sur des arômes fruités (mûre, fraise et framboise). L'élevage se fait tout aussi discret dans un palais bien rond, qui charme par le soyeux de sa texture et par ses flaveurs épanouies et joliment épicées. On peut commencer à l'ouvrir. ⧗ 2020-2024

⊶ SARL MONTEILLET, hameau de la Grande-Tuilière, BP 5, 26230 Grignan, tél. 04 75 46 54 21, contact@domainedemontine.fr V *r.-v.* E

B DOM. DU SERRE DES VIGNES
La Dignerette 2019 ★

■ | 20000 | | 5 à 8 €

Un domaine dans la même famille depuis 5 générations, patiemment planté de vignes à partir des années 1970 par les frères Jean-Louis et Daniel Roux, rejoints en 1994 par Jérôme et Vincent, leurs fils respectifs. Ces derniers sortent de la coopérative en 2003 et engagent la conversion bio (certification en 2008).

Une robe saumonée habille cette cuvée née de grenache et de cinsault qui offre tous les agréments d'un bon rosé d'été : des arômes intensément floraux agrémentés d'une touche de litchi, une bouche franche, parfumée, tonique, dotée d'une note tonifiante de citron, avec ce qu'il faut de gras pour enrober le tout. ⧗ 2020-2021 ■ **Mas de Merlère 2018 ★ (8 à 11 €; 10000 b.)** B Pas de bois dans cet assemblage mi-grenache mi-syrah mais du fruit mûr, de la garrigue et des épices. On retrouve ces parfums ensoleillés pris dans un chair dense, très mûre, d'une rondeur immédiatement séduisante. Du charme et de la richesse. ⧗ 2020-2024

⊶ GAEC DU SERRE DES VIGNES, 505, traverse du Serre-des-Vignes, 26770 La Roche-Saint-Secret, tél. 09 65 27 30 87, info@serredesvignes.com V *t.l.j. 9h-12h 14h- 18h*

LA SUZIENNE Pur 2019 ★

■ | 12000 | | 5 à 8 €

Située tout près du château de Suze-la-Rousse qui abrite l'Université du Vin, cette cave coopérative, créée en 1926, s'est lancée dans une démarche

bio sur ses 3 AOC : côtes-du-rhône, *villages* et grignan-lès-adhémar.

Pur car sans soufre ajouté, ce rouge convivial à la robe violacée séduit de bout en bout : un nez généreux de cerise fraîche et de Zan agrémenté d'un trait dynamique de rhubarbe, puis une bouche vinifiée en douceur, souple, aux tanins fondus, épicée, gourmande et facile d'accès. À boire sur le fruit. ⧗ 2020-2022

SCA LA SUZIENNE, av. des Côtes-du-Rhône, 26790 Suze-la-Rousse, tél. 04 75 04 48 38, contactcaveau@lasuzienne.com t.l.j. 8h30-12h 14h-18h30

VERGOBBI 2019 ★

1600 | 5 à 8 €

Revenus d'Algérie, où ils étaient propriétaires d'un vignoble créé par un ancêtre cévenol, les frères Jean et Georges Vergobbi s'installent en 1966 sur ces anciennes terres du baron d'Escalin et y implantent un vaste vignoble couvrant aujourd'hui 90 ha, complété par une structure de négoce.

Une robe limpide, couleur chair, habille ce rosé dynamique, ouvert au nez sur les fruits rouges et convaincant en bouche par sa fluidité, sa légèreté et son fruit parfaitement frais. Tout indiqué pour un plateau de charcuteries. ⧗ 2020-2021

SAS BARON D' ESCALIN, 980, rte des Charrettes, 26290 Les Granges-Gontardes, tél. 04 75 98 58 40, info@barondescalin.com r.-v.

VINSOBRES

Superficie : 450 ha / Production : 15 625 hl

Appartenant autrefois à l'appellation côtes-du-rhône-villages, Vinsobres a été promu en appellation locale en 2006. Celle-ci concerne uniquement les vins rouges nés sur la commune de Vinsobres, dans la Drôme.

Les vins doivent provenir d'un assemblage d'au moins deux cépages principaux, dont le grenache, qui doit représenter 50 % minimum, la syrah et/ou le mourvèdre devant atteindre 25 % minimum.

DOM. DU MOULIN Cuvée ++ 2017 ★

7000 | 8 à 11 €

Rejoint en 2010 par son fils Charles, Denis Vinson conduit depuis 1984 un vignoble de 20 ha. Habitué du Guide (plusieurs coups de cœur à son actif), le domaine présente régulièrement de belles cuvées, en appellations régionales comme en vinsobres.

Un peu plus de syrah et de barrique (d'où le nom de la cuvée) que dans les autres rouges de la gamme dans ce rouge d'un rubis léger. Malgré son nom, c'est la mesure que l'on retiendra : celle d'un nez délicat où le fruit s'entiche de notes poivrées agréables, et celle d'une bouche qui privilégie la rondeur et la souplesse à la concentration et à la structure. Aimable et prêt à boire. ⧗ 2020-2023

EARL DENIS VINSON ET FILS, Dom. du Moulin, Montée du Moulin, 26110 Vinsobres, tél. 04 75 27 65 59, denis.vinson@wanadoo.fr t.l.j. 8h-12h 13h30-19h; dim. 8h-12h

DOM. LE PUY DU MAUPAS 2018 ★

4299 | 11 à 15 €

Agriculteur jusqu'en 1987, Christian Sauvayre s'installe en cave particulière et débute avec 20 ha de vignes à Puyméras; sa fille lui a succédé en 2019 et conduit désormais un vaste ensemble de 46 ha en bio certifié.

De la douceur et de la volupté dans ce vinsobres solaire, aux arômes épanouis de fruits mûrs, d'épices orientales et de réglisse. Chaleureux, le palais déroule une matière capiteuse bien tenue par des tanins gras qui donnent du relief et de la tenue à l'ensemble. Un vin généreux, à servir sur une viande en sauce. ⧗ 2020-2024

DOM. LE PUY DU MAUPAS, 1678, rte de Nyons, 84110 Puyméras, tél. 04 90 46 47 43, domaine@puy-du-maupas.com t.l.j. sf dim. 8h-12h 14h-19h

SERRE BESSON 2017 ★

6250 | 15 à 20 €

Situé sur les coteaux à quelques encablures de Vinsobres, ce domaine acquis en 2016 par Victor Taylor étend son vignoble, certifié bio, sur 4,5 ha entre 250 et 350 m d'altitude. Une dimension à taille humaine qui permet une vendange à la main et un acheminement en caisses de 20 kg, puis un tri à la main des raisins. Les vinifications se font séparément par cépages et parcelles.

Grenache, syrah, cinsault et mourvèdre, par ordre d'importance, sont associés dans ce vin d'une belle maturité, ouvert sur des arômes intenses de fruits à noyau et d'épices douces. La bouche, centrée sur la réglisse et les fruits rouges mûrs, se montre dense et tannique dès l'attaque, et jusqu'en finale. Du caractère et un bon potentiel. ⧗ 2023-2026

SCEA POOR DEVIL WINES, Dom. Serre Bresson, Les Côtes, 26110 Vinsobres, tél. 06 35 77 50 64, contact@serre-bresson.com r.-v.

♥ LA VINSOBRAISE
Sélection Vieilles Vignes 2018 ★★

60000 | 5 à 8 €

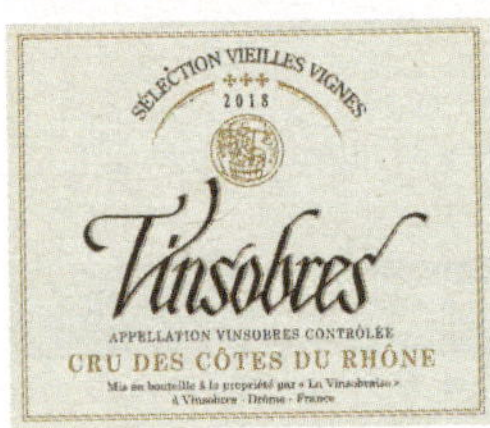

Fondée en 1947, la très qualitative cave de Vinsobres vinifie aujourd'hui plus de 95 000 hl produits sur 1 800 ha de vignes (dont 10% exploités en bio). Une valeur sûre de la vallée du Rhône méridionale.

Deuxième coup de cœur en 2 ans pour cette très bonne coopérative qui met cette année à l'honneur ses vieilles vignes de grenache noir et de syrah élevées 18 mois en cuve. Le jury a salué son nez allègre, très ouvert, qui fleure bon le cassis, l'olive noire et le menthol. Une allégresse que la bouche ne dément pas : intense, parfumée, terriblement gourmande, avec ce qu'il faut de structure pour relever le fruit sans l'assécher. C'est un vinsobres à croquer sans attendre. ⧗ 2020-2023

CAVE LA VINSOBRAISE, 1200, rte de la Cave, 26110 Vinsobres, tél. 04 75 27 64 22, infos@la-vinsobraise.com V t.l.j. 8h-12h 14h-18h

RASTEAU SEC

Superficie : 1 300 ha / Production : 29 000 ha

L'appellation d'origine contrôlée rasteau se décline désormais en VDN (*voir section Les vins doux naturels du Rhône*) et en vin rouge sec grâce à l'accession en 2009 des côtes-du-rhône-villages Rasteau (village reconnu depuis 1966) en cru des Côtes du Rhône, le seizième du secteur, qui s'étend sur la seule commune de Rasteau.

Les conditions bioclimatiques de cette zone géographique sont particulièrement favorables au cépage grenache, qui atteint ici naturellement la complète maturité nécessaire à l'élaboration de grands vins, plus particulièrement dans les situations où prédominent les sols sableux et caillouteux. Ces mêmes conditions sont également favorables à la syrah et au mourvèdre (cépage à maturité tardive), notamment lorsqu'ils sont plantés sur des marnes sableuses ou sablo-argileuses.

Les vins, exclusivement rouges, sont riches en alcool, gras, puissants et très aromatiques. Leur structure tannique est le gage d'un excellent potentiel de garde.

♥ DOM. DES BANQUETTES 2018 ★★

■ | 13902 | | 11 à 15 €

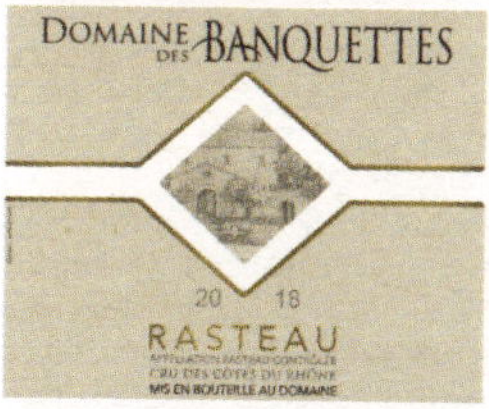

Mécanicien dans les travaux publics, Patrice André rejoint son père en 1993 sur les 30 ha de l'exploitation familiale, implantée sur les coteaux de Rasteau, face aux Dentelles de Montmirail et au mont Ventoux. En 2002, il choisit de sortir de la coopérative et de vinifier ses propres vins : côtes-du-rhône et *villages* Plan de Dieu, rasteau sec et vin doux naturel.

Un coup de cœur mérité car tout tout est de bon goût et harmonieux dans ce rasteau qui privilégie l'élégance à la puissance. Ce qui a tant plu? Le nez raffiné qui hésite entre garrigue, griotte, cuir et menthol, puis la bouche, très fraîche, tendue, sertie de tanins soyeux qui entourent une chair ronde et moelleuse. De la grâce et une habilité certaine à tirer le meilleur parti d'un millésime moins riche qu'à l'accoutumée. ⏳ 2020-2025

DOM. DES BANQUETTES, 1360, rte d'Orange, 84110 Rasteau, tél. 04 90 46 10 22, lesbanquettes@domainedesbanquettes.fr V r.-v.

DOM. BRUSSET La Bastide 2018 ★

■ | 4000 | | 15 à 20 €

Soixante-dix-huit terrasses exposées plein sud composent ce vignoble de 70 ha situé sous les Dentelles de Montmirail. Créé en 1947 par André Brusset, puis dirigé par son fils Daniel, il est aujourd'hui conduit par son petit-fils Laurent. Une valeur sûre en gigondas et en cairanne.

Née de grenache et de mourvèdre de 55 ans, cette cuvée sombre de robe déploie des senteurs complexes, fruitées et minérales qui évoquent le graphite, l'encre et la mûre sauvage. Une tonalité que l'on retrouve dans une bouche onctueuse, solaire et généreuse, rafraîchie par ce qu'il faut d'acidité. Très harmonieux, un vin peut être ouvert sans attendre. ⏳ 2020-2024

SA DOM. BRUSSET, 70, chem. de la Barque, 84290 Cairanne, tél. 04 90 30 82 16, contact@domainebrusset.com V t.l.j. 9h-12h 14h-18h

DOM. CHAMFORT La Planne 2017 ★

■ | 10000 | | 11 à 15 €

Situé au pied des Dentelles de Montmirail, ce domaine de 27 ha a été repris en 2010 par Vasco Perdigao, œnologue formé dans la vallée du Rhône septentrionale. Conseillé depuis 2018 par Philippe Cambie, le domaine privilégie une approche bio et a franchi le pas de la conversion en 2018.

Une parcelle d'argile et de galets roulés sur le lieu-dit La Planne est à l'origine de ce rouge, déjà repéré l'année passée. Intense et raffiné, le nez associe un joli fruit ensoleillé à un fond de plantes aromatiques. Une attaque fraîche introduit un palais à la fois puissant et délicat adossé à des tanins bien enrobés. À laisser un peu respirer en cave. ⏳ 2021-2024

DOM. CHAMFORT, 280, rte du Parandou, 84110 Sablet, tél. 04 90 46 94 75, domaine-chamfort@orange.fr V t.l.j. 9h-12h 13h30-17h30; sam. dim. sur r.-v.

DOM. LES ÉVIGNEAUX 2017 ★

■ | 30000 | | 11 à 15 €

Une maison de négoce fondée en 1964 par Jean-Guy Lavau, d'origine saint-émilionnaise. Ses héritiers Benoît et Frédéric proposent aujourd'hui une large gamme de vins à partir de la production de 350 vignerons de la vallée du Rhône méridionale, complétée par 180 ha de vignes en propriété.

Élevée en fût et en amphore, cette cuvée déploie une belle complexité aromatique : fruits mûrs, jasmin, genêt et garrigue. La bouche n'est pas en reste : attaque intense, palais onctueux bien campé sur des tanins fondus, longue finale qui laisse poindre le chêne. Il ne manque rien à ce rasteau bien typé si ce n'est un peu de temps pour intégrer un peu plus son élevage. ⏳ 2022-2028

SCEA LAVAU, 585, rte de Cairanne, 84150 Violès, tél. 04 90 70 98 70, info@lavau.fr V t.l.j. sf sam. dim. 10h-12h 14h-18h

B DOM. FOND CROZE 2017 ★

■ | 13000 | | 11 à 15 €

Un domaine fondé après la Seconde Guerre mondiale par Charles Long. Ses petits-fils, Bruno et Daniel, qui ont créé la cave en 1997, conduisent aujourd'hui un vignoble de 80 ha certifié bio. Leurs vins sont souvent en bonne place dans le Guide.

Quatre-vingts pour cent de grenache dans cette cuvée encore juvénile élevée en fût et en cuve. Les chaleurs du millésime marquent le nez avec ses nuances de fruits surmûris et de figue fraîche. Puissante et grasse à l'attaque, la bouche se raffermit sous l'effet de tanins puissants, un rien austères à ce stade mais proportionnés à l'ensemble. Un rasteau concentré bâti pour durer. ⧗ 2023-2030

⊶ DOM. FOND CROZE, 155, rte de Cairanne, 84290 Saint-Roman-de-Malegarde, tél. 06 31 63 01 75, fondcroze@hotmail.com V t.l.j. sf dim. 9h-17h

DOM. GRANGE BLANCHE Héritage 2017 ★

■ | 6000 | | 11 à 15 €

Un ancien relais de poste planté au milieu de 20 ha de vignes en coteaux, face aux Dentelles de Montmirail et au mont Ventoux, conduit par la famille Biscarrat, vigneronne depuis 1850. La cinquième génération a pris les rênes en 2003.

Si le nez est discret, les arômes se libèrent en bouche, sur des tonalités fraîches de menthol et de tisane sur fond de fruits surmûris. La bouche offre la suavité et la richesse des bons rasteau et le caractère fondu des tanins renforcent encore cette sensation de plénitude. «Très belle composition», conclut le jury. ⧗ 2021-2025

⊶ SCEA ROGER BISCARRAT, 73, hameau de Blovac, 84110 Rasteau, tél. 04 90 46 41 30, grangeblanche@orange.fr V r.-v.

DOM. NOTRE DAME DES PALLIÈRES Les Ribes 2017 ★

■ | 10000 | | 8 à 11 €

Au Moyen Âge, la source de Notre-Dame-des-Pallières, réputée prévenir la peste, attirait les pèlerins du Midi. Depuis 1991, Julien et Claude Roux y cultivent un vignoble de 60 ha en lutte «ultraraisonnée».

Issue d'un secteur d'altitude de l'appellation, cette cuvée libère à l'aération des notes de fruits noirs bien mûrs et de garrigue, avec une touche discrète de café froid. Une matière étoffée tapisse un palais ample soutenu par des tanins bien intégrés. L'ensemble dessine un vin suave, à la structure fondue, de bonne garde mais déjà plaisant. On peut le carafer. ⧗ 2021-2027

⊶ EARL NOTRE DAME DES PALLIÈRES, 311, chem. de Lencieu, 84190 Gigondas, tél. 04 90 65 83 03, contact@pallieres.com V t.l.j. sf sam. dim. 9h-12h 14h-18h

ORTAS Tradition 2018 ★

■ | 100000 | | 8 à 11 €

Fondée en 1925, cette coopérative qui regroupe plus de 650 ha de vignes et 80 adhérents est l'une des plus anciennes caves rhodaniennes et le principal producteur de l'AOC rasteau. Ortas est sa marque ombrelle. Elle a rejoint en 2015 le Cercle des Vignerons du Rhône, regroupant également les coopératives de Sablet (Cave le Gravillas) et de Visan (les Coteaux de Visan).

Pas de surmaturité au nez mais des arômes élégants de fruits mûrs accompagnés de notes florales fraîches. Le jury a salué le classicisme d'une bouche bien arrondie, soyeuse de texture, soutenue par des tanins fondus qui rendent cette cuvée déjà très aimable. Une belle évocation de l'appellation. ⧗ 2020-2024

⊶ ORTAS - CAVE DE RASTEAU, rte des Princes d'Orange, 84110 Rasteau, tél. 04 90 10 90 10, vignoble@rasteau.com V r.-v.

B MAISON PLANTEVIN Les Premiers Pas de Nao 2018 ★

■ | 4000 | | 11 à 15 €

BTS de «viti-œno» en poche et fort d'un stage de vinification en Nouvelle-Zélande, Laurent Plantevin a repris en 2009 le domaine familial et ses 30 ha de vignes. Certification bio acquise en 2014.

Nao, 7e génération de Plantevin, est honoré dans cette cuvée vinifiée en grappes entières avec les levures indigènes. Puissant, fruité (cassis écrasé), fumé, animal, le nez ne laisse pas indifférent. En bouche, les 6 mois de fûts ont enrobé les tanins, qui structurent une matière généreuse, encore sous l'emprise du chêne. Bien composé, ce rasteau n'a besoin que d'un peu de temps en cave pour donner sa pleine mesure. ⧗ 2022-2026

⊶ MAISON PLANTEVIN, 149, chem. des Ramières, 84110 Séguret, tél. 06 30 53 17 30, laurentplantevin@hotmail.fr V t.l.j. 9h-18h 2 E

CAIRANNE

B DOM. ALARY Tradition 2017 ★★

■ | 18000 | | 8 à 11 €

La famille Alary cultive la vigne à Cairanne depuis 1692 et 11 générations ! Installé en 1981, Denis Alary conduit aujourd'hui 30 ha en bio certifié depuis 2012 et signe des vins constants en qualité.

Du cassis frais à foison, de la violette, une touche animale : le nez annonce la couleur d'un cairanne fringant et intense. L'attaque fraîche le confirme et ouvre sur une palais tendre et solaire qui rebondit sur une finale mentholée. Bien du sud mais élégante, complexe dans ses arômes, cette cuvée est déjà à point. ⧗ 2020-2023

⊶ EARL DENIS ALARY, 1345, rte de Vaison, 84290 Cairanne, tél. 04 90 30 82 32, alary.denis@wanadoo.fr V r.-v.

DOM. BRUSSET Les Travers 2018 ★

■ | 40000 | | 11 à 15 €

Soixante-dix-huit terrasses exposées plein sud composent ce vignoble de 70 ha situé sous les Dentelles de Montmirail. Créé en 1947 par André Brusset, puis dirigé par son fils Daniel, il est aujourd'hui conduit par son petit-fils Laurent. Une valeur sûre en gigondas et en cairanne.

Des vignes de 45 ans en moyenne, de grenache, syrah et mourvèdre, ont façonné ce 2018 généreux de bout en bout. On aime le nez ouvert et nuancé, sur les fruits noirs, les épices et le garrigue, et la bouche très cohérente, généreuse, de belle maturité, bien tenue par des tanins croquants et affinés. Un vin solaire et vibrant qui donnera sa pleine mesure sur une viande rouge. ⧗ 2020-2024

SA DOM. BRUSSET,
70, chem. de la Barque, 84290 Cairanne,
tél. 04 90 30 82 16, contact@domainebrusset.com
V *t.l.j. 9h-12h 14h-18h*

CELLIER DES DAUPHINS 2018 ★

60 000 | 8 à 11 €

Énorme structure rhodanienne née en 1965 de l'union de 6 coopératives de la Drôme, rejointes par 7 autres, dotée d'une cuverie de plus de 33 000 m² à Tulette. Elle a lancé en 1967 sa marque phare et populaire, le Cellier des Dauphins, qui revendique le 1er rang pour les volumes de vente en France de vin en AOC.

Une marque populaire en pleine forme sur la foi de ce rouge très classique dans son assemblage (grenache et syrah), qui a pour lui une robe profonde, un nez généreux qui décline le fruit noir bien mûr et les épices et une bouche ronde, fruitée, facile à aimer. Un cairanne consensuel et gourmand. ⧗ 2020-2023

UNION DES VIGNERONS DES CÔTES DU RHÔNE, 427, rte de Nyons, 26790 Tulette, tél. 04 75 97 38 42, j.facila@cellier-des-dauphins.com

ROMAIN DUVERNAY 2018 ★

50 000 | 5 à 8 €

Issu d'une lignée de négociants en vins – son arrière-grand-père Louis fonda en 1904 un commerce de vin en Haute-Savoie –, l'œnologue de renom Romain Duvernay a créé en 1998, avec son père Roland, une maison de négoce basée à Châteauneuf-du-Pape qui propose des vins de toute la Vallée et qui, depuis 2016, appartient à Newrhône Millésimes, propriété de Jean-Marc Pottiez. Romain Duvernay continue d'élaborer les vins.

Du caractère à revendre dans ce cairanne traditionnel né de grenache et de syrah manifestement bien mûrs. Si le nez est encore sur la réserve, la bouche délivre une matière généreuse, solaire, imprégnée de fruits noirs confiturés et d'épices, et fermement cadrée par des tanins corsés. Une cuvée cohérente qui en impose et qui mérite un passage en cave. ⧗ 2021-2026

ROMAIN DUVERNAY, ZA la Grange-Blanche-Ouest, 225, rue Marcel-Valérian, 84350 Courthézon, tél. 04 90 60 20 00, marketing@newrhone.eu V *t.l.j. sf sam. dim. 9h-13h 14h-17h*

RÉMY FERBRAS Terre de Mistral 2018 ★

65 000 | 5 à 8 €

Les Grandes Serres? Une maison de négoce castelpapale fondée en 1977 à Châteauneuf-du-Pape, par Camille Serres et reprise en 2001 par Michel Picard, investisseur dans de nombreuses régions viticoles – jusqu'en Ontario. Désormais installée à Cairanne et à Gigondas, elle propose une large gamme de vins de la vallée du Rhône méridionale (et aussi de Provence) souvent en vue dans ces pages.

En vue l'année passée pour ses gigondas et ses côtes-du-rhône-villages, ce bon négociant signe un cairanne affable et bien typé. Avec ses arômes de fruits confiturés et de réglisse relevée d'une élégante touche florale, le nez séduit. La bouche lui fait écho : parfumée de bout en bout, charnue, assise sur des tanins fermes mais sans astringence qui laissent respirer le fruit en finale, elle donne déjà du plaisir. ⧗ 2020-2023

SA LES GRANDES SERRES, 430, rte de l'Islon-Saint-Luc, 84230 Châteauneuf-du-Pape, tél. 04 90 83 72 22, contact@grandesserres.com V *t.l.j. sf lun. dim. 11h-18h*

♥ B DOM. LES GRANDS BOIS Maximilien 2018 ★★

13 000 | 8 à 11 €

Fondé en 1929 par Albert Farjon, ce domaine de 47 ha est aujourd'hui conduit par sa petite-fille Mireille et son mari Marc Besnardeau. Leur vignoble est certifié bio depuis le millésime 2011. Côtes-du-rhône, *villages*, cairanne, rasteau, leurs vins sont régulièrement en vue dans ces pages.

La plupart des cuvées du domaine prennent le prénom d'un des membres de la famille. En 2018, la palme ira à Maximilien, parrain d'un cairanne généreux et terriblement charmeur. Un assemblage classique et un élevage dépouillé en cuve : pas d'effet de manche mais un fruit d'une séduction absolue, au nez comme en bouche, juste épaulée par des tanins fermes et caressants. Pourquoi faire compliqué ? ⧗ 2020-2024

SCEA DOM. LES GRANDS BOIS, 55, av. Jean-Jaurès, 84290 Sainte-Cécile-les-Vignes, tél. 04 90 30 81 86, mbesnardeau@grands-bois.com V *t.l.j. sf dim. 9h-12h 13h30-18h30*

DOM. DE LA PRÉSIDENTE Lucrèce 2018 ★

200 000 | 5 à 8 €

Un domaine fondé en 1701 par « Madame la Présidente », épouse du président du parlement de Provence, acquis en 1968 par Max Aubert, dont la fille Céline conduit aujourd'hui les 110 ha de vignes. Une belle référence en AOC régionales et en châteauneuf.

Lucrèce, à qui l'on doit la conversion de ces terres en vignobles en 1701, est à l'honneur dans ce cairanne expressif, au nez friand de fruits rouges écrasés. Les épices étendent la palette dans une bouche fraîche et ferme, nantie de tanins fins, qui entretient jusqu'en finale l'expression sans fard d'un fruit franc et gourmand. À ouvrir dès à présent. ⧗ 2020-2024

SCEA MAX AUBERT, 754, chem. des Partides, BP1, 84290 Sainte-Cécile-les-Vignes, tél. 04 90 30 80 34, aubert@presidente.fr V *t.l.j. sf sam. dim. 9h30-12h 14h-18h*

MAISON RAVOIRE 2018 ★

27 500 | 8 à 11 €

Établi aux portes du Luberon, ce négoce familial créé en 1987 par Roger Ravoire, fils de vigneron, propose une gamme de vins (marque et domaine) provençaux et rhodaniens.

Pas de bois dans cette cuvée mais du fruit né d'une vendange égrappée de grenache et de syrah et d'un élevage de 12 mois en cuve. Le jury a apprécié son nez mûr, bien dans le ton de l'appellation, et sa bouche fraîche et intense à l'attaque, qui déroule une matière pétrie de fruit et de réglisse, adossée à des tanins mûrs et délicatement extraits. De la mesure et du plaisir dans ce cairanne conçu pour être bu dans ses jeunes années. ⧗ 2020-2023

SAS RAVOIRE ET FILS, 340, rue du Rémoulaire, 13300 Salon-de-Provence, tél. 04 90 73 01 10, contact@ravoire-fils.com V r.-v.

GIGONDAS

Superficie : 1 225 ha / Production : 32 180 hl

Au pied des étonnantes Dentelles de Montmirail, le vignoble de Gigondas ne couvre que la commune du même nom. Il est constitué d'une série de coteaux et de vallonnements. La vocation viticole de l'endroit est très ancienne, mais son réel développement ne date que du XIXe s., sous l'impulsion d'Eugène Raspail. D'abord côtes-du-rhône, puis, en 1966, côtes-du-rhône-villages, Gigondas obtient ses lettres de noblesse en tant qu'appellation spécifique en 1971.

Les caractéristiques du sol et le climat donnent leur caractère aux vins, le plus souvent rouges à forte teneur en alcool, puissants et charpentés, tout en présentant une palette aromatique d'une grande finesse où se mêlent épices et fruits à noyau. Bien adaptés au gibier, les gigondas mûrissent lentement et peuvent garder leurs qualités pendant de nombreuses années. Il existe également quelques vins rosés, eux aussi chaleureux.

LA BASTIDE SAINT-VINCENT 2018 ★

■ | 12 900 | | 11 à 15 €

Installé dans une ancienne ferme rénovée aux airs de bastide, dont certains éléments datent du XVIIe s., Laurent Daniel, ancien responsable commercial export dans un négoce de vin, a repris en 2001 ce vignoble familial de 23 ha très morcelé, réparti dans 6 communes. Un habitué du Guide, d'une régularité sans faille, qui dispose depuis 2020 d'une cave agrandie.

Du charme à revendre dans ce 2018 au nez bien typé qui respire le thym et le laurier. Ronde, très gourmande, d'une puissance bien contenue, la bouche, aimable de bout en bout, régale par la douceur de son fruit et par l'onctuosité de sa texture. Voluptueux et prêt à boire. ⧗ 2020-2024

SCEA GUY DANIEL, 1047, rte de Vaison, 84150 Violès, tél. 04 90 70 94 13, bastide.vincent@free.fr V *r.-v.*

DOM. BRUSSET
Tradition Le Grand Montmirail 2018 ★

■ | 40 000 | | 15 à 20 €

Soixante-dix-huit terrasses exposées plein sud composent ce vignoble de 70 ha situé sous les Dentelles de Montmirail. Créé en 1947 par André Brusset, puis dirigé par son fils Daniel, il est aujourd'hui conduit par son petit-fils Laurent. Une valeur sûre en gigondas et en cairanne.

Moins impressionnant que le 2017 mais de très bon ton dans un millésime moins généreux. Fruits rouges écrasés, marc de raisin, le nez joue la carte du fruit. La cuvée monte en puissance en bouche, déployant une matière corpulente, étayée de tanins croquants et relevée par les épices d'un élevage bien maîtrisé. Bien bâtie, elle doit respirer en cave. ⧗ 2022-2026 ■ **Les Hauts de Montmirail 2018 ★ (20 à 30 €; 15 000 b.)** Une robe encre annonce un nez puissant, explosif, sur des notes de fruits rouges et d'épices. L'attaque toute aussi intense introduit un palais fermement structuré par des tanins carrés mais bien enrobés par un boisé qui marque la finale (épices douces). Un vin solide et généreux qui s'affinera en bouteille. ⧗ 2022-2028

SA DOM. BRUSSET, 70, chem. de la Barque, 84290 Cairanne, tél. 04 90 30 82 16, contact@domainebrusset.com V *t.l.j. 9h-12h 14h-18h*

DOM. LE CLOS DES CAZAUX
Prestige 2017 ★★

■ | 8 000 | | 15 à 20 €

Des origines templières pour ce domaine dans la famille Archimbaud-Vache depuis 5 générations. Aux commandes aujourd'hui, 2 frères, Frédéric à la cave et Jean-Michel à la vigne, à la tête de 20 ha en gigondas et de 25 ha en vacqueyras. Une valeur sûre.

Cinquante pour cent de syrah et de mourvèdre en complément du grenache dans cette cuvée longuement affinée en cuve et en fût, qui impressionne par sa puissance. Issue de petits rendements de raisins concentrés, elle peine à s'ouvrir au nez, mais déploie en bouche une structure imposante marquée par des tanins fermes qui cadrent une matière encore serrée, épicée, prometteuse et très bien élevée. La patience est de rigueur, mais que de belles promesses. ⧗ 2022-2030 ■ **La Tour sarrasine 2018 ★ (11 à 15 €; 30 000 b.)** Un vin élevé en cuve, qui séduit par son nez bien ouvert, entre fruits surmûris, épices et notes animales et par sa bouche souple, conviviale, douce à l'attaque, structurée mais aimable, qui finit sur le fruit et les épices. Déjà accessible, elle vieillira harmonieusement. ⧗ 2020-2025

EARL ARCHIMBAUD-VACHE, 317, chem. du Moulin, 84190 Vacqueyras, tél. 04 90 65 85 83, closdescazaux@wanadoo.fr V *t.l.j. sf sam. dim. 9h-12h 14h-18h*

LA FONTBOISSIÈRE 2018 ★

■ | 60 000 | | 15 à 20 €

Affaire de négoce-éleveur créée en 1936 par Gabriel Meffre, cette maison est devenue un acteur incontournable, propriétaire de 800 ha de vignes dans toute la vallée du Rhône, ainsi qu'en Provence. Reprise en 2009 par Éric Brousse, associé du groupe bourguignon Boisset.

Rondeur et souplesse sont les maîtres-mots de ce gigondas convivial qui séduit par son nez tout en fruit (cerise rouge) et en épices et par sa bouche sphérique, charnue, servie par des tanins de soie. Un grand bol de fruit, de la longueur et beaucoup de charme. À boire. ⧗ 2020-2023

GMDF (MAISON GABRIEL MEFFRE), 2, rte des Princes-d'Orange, 84190 Gigondas, tél. 04 90 12 32 43, gabriel-meffre@meffre.com V *t.l.j. sf lun. dim. 10h30-12h30 14h30-18h*

♥ DOM. LA FOURMONE Le Fauquet 2018 ★★

■ | 25000 | | 11 à 15 €

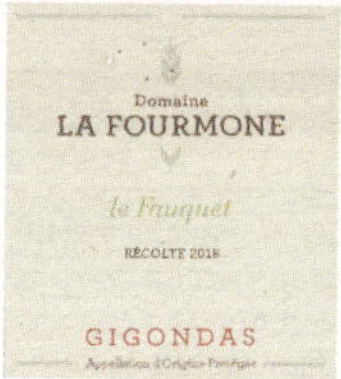

Un domaine fondé en 1885, valeur sûre en gigondas et vacqueyras (avec plusieurs coups de cœur à son actif), dans la famille Combe depuis 5 générations. Aux commandes des 40 ha de vignes, Marie-Thérèse Combe et ses enfants Albin et Florentine.

Une robe sombre habille ce gigondas de haut vol, dont le nez très fumé ne laisse percevoir qu'un aperçu de la palette qui se dégage en bouche : effluves de garrigue, de fruits rouges macérés, de réglisse et d'épices douces. Corps étoffé, grain de tanins de grande classe, texture raffinée, fraîcheur préservée, longueur : tout est maîtrisé et de bon goût dans cette cuvée qui donnera sa pleine mesure avec le temps. Une formidable illustration du style de l'appellation. ⧗ 2022-2028

SARL FAMILLE COMBE, 526, rte de Violès, 84190 Vacqueyras, tél. 04 90 65 86 05, contact@fourmone.com V *t.l.j. sf dim. 9h30-18h*

DOM. GOUR DE CHAULÉ Tradition 2018 ★

■ | 38000 | | 15 à 20 €

Rolande Beaumet, puis sa fille Aline et, en 2007, sa petite-fille Stéphanie Fumoso, toujours entourée des 2 générations précédentes : depuis 1970, ce domaine de 10 ha morcelé en une vingtaine de parcelles est conduit par des femmes.

Une dominante de vieilles vignes de grenache (80 %) dans cette cuvée rubis au nez flatteur, centré sur le fruit rouge et agrémenté d'une touche florale. Douce à l'attaque, la bouche offre volume et équilibre dans un style bien structuré mais qui soigne tout autant la rondeur du fruit. Long et complet, on peut le boire ou le garder. ⧗ 2020-2025

SCEA GOUR DE CHAULÉ, 6, rte Neuve, 84190 Gigondas, tél. 06 60 43 77 61, contact@gourdechaule.com V *r.-v.*

B MOULIN DE LA GARDETTE Cuvée Tradition 2017 ★

■ | 15000 | | 20 à 30 €

Ce domaine familial (5 générations), régulier en qualité, conduit depuis 1994 par Jean-Baptiste Meunier étend ses 10 ha certifié bio depuis 2012 sur les collines de la Gardette et de Saint-Jean, au pied des Dentelles de Montmirail.

Toute la plénitude des vins de l'appellation dans cette cuvée classiquement dominée par le grenache : une robe rubis, un nez chaleureux de fruits rouges écrasés, de plantes aromatiques et d'épices douces, une bouche puissante, riche, tenue en respect par des tanins corsés. Bien typée et bien nommée, elle doit s'assagir un peu en cave. ⧗ 2021-2025

SCEA MEUNIER-JURDIC, Moulin de la Gardette, 11, pl. Gabriel-Andéol, 84190 Gigondas, tél. 04 90 65 81 51, info@moulindelagardette.com V *t.l.j. sf dim. 10h-13h 14h-18h*

DOM. NOTRE DAME DES PALLIÈRES Les Mourres 2017 ★

■ | 20000 | | 11 à 15 €

Au Moyen Âge, la source de Notre-Dame-des-Pallières, réputée prévenir la peste, attirait les pèlerins du Midi. Depuis 1991, Julien et Claude Roux y cultivent un vignoble de 60 ha en lutte « ultraraisonnée ».

Fruits rouges confits, chocolat, douce chaleur, le nez restitue les charmes d'un grenache (80 %) vendangé à bonne maturité. Voluptueuse, joliment arrondie par l'élevage, gorgée de fruit et de soleil, la bouche suit la même trame et y ajoute une dimension d'élégance soulignée par le jury. Du plaisir et de l'avenir. ⧗ 2020-2025

EARL NOTRE DAME DES PALLIÈRES, 311, chem. de Lencieu, 84190 Gigondas, tél. 04 90 65 83 03, contact@pallieres.com V *t.l.j. sf sam. dim. 9h-12h 14h-18h*

BERTRAND STEHELIN 2019 ★

■ | 2000 | | 20 à 30 €

La famille de Bertrand Stehelin exploite la vigne depuis 5 générations. Sa mère perpétue une lignée établie à Gigondas et son père descend d'un industriel suisse installé à Châteauneuf-du-Pape au XIXe s. Le vigneron exploite le domaine familial Paillère & Pied-Gû (gigondas); il a aussi créé en 2004 un domaine à son nom.

Clairette rose, cinsault, counoise, muscardin et vaccarèse, voilà un assemblage complexe et original pour ce rosé à 50 % de saignée, 50 % de presse. La robe est saumonée et brillante, le nez intense, sur les fleurs blanches, et la bouche fraîche et persistante. ⧗ 2020-2021

PAILLÈRE ET PIED-GÛ, 312, chem. de Pied-Gû, 84190 Gigondas, tél. 04 90 65 84 14, contact@vinstehelin.fr V *r.-v.* D

PIERRE VIDAL 2018 ★

■ | 15000 | | 11 à 15 €

Pierre Vidal, installé à Châteauneuf-du-Pape avec son épouse vigneronne, a créé son négoce en 2010. Une maison déjà bien implantée grâce aux sélections parcellaires vinifiées par ce jeune œnologue formé en Bourgogne, qui s'est développée depuis 2015 vers les vins bio et les vins « vegan ».

À un nez emprunt de finesse déclinant la confiture de mûres, le tabac blond et la vanille répond une bouche déliée, toute en souplesse et en rondeur de tanins, qui s'étire élégamment sur le fruit noir et les épices. Un gigondas civilisé, bien élevé (18 mois en cuve et fût), plaisant et immédiatement accessible. ⧗ 2020-2024

EURL PIERRE VIDAL, 370, rue Calixte-Paillet, 84350 Courthézon, tél. 07 77 05 38 81, contact@pierrevidal.com r.-v.

VACQUEYRAS

Superficie : 1 455 ha
Production : 42 325 hl (97 % rouge et rosé)

Consacré en AOC communale en 1990, le vignoble de Vacqueyras est situé dans le Vaucluse, entre Gigondas au nord et Beaumes-de-Venise au sud-est.

Son territoire s'étend sur les deux communes de Vacqueyras et de Sarrians. Les vins rouges, largement majoritaires, sont élaborés à base de grenache, de syrah, de mourvèdre et de cinsault; ils sont aptes à la garde (trois à dix ans). Les quelques rosés sont issus d'un encépagement similaire. Les blancs, confidentiels, naissent des cépages clairette, grenache blanc, bourboulenc et roussanne.

LA BASTIDE SAINT-VINCENT Pavane 2018 ★

■ | 17800 | | 11 à 15 €

Installé dans une ancienne ferme rénovée aux airs de bastide, dont certains éléments datent du XVIIes., Laurent Daniel, ancien responsable commercial export dans un négoce de vin, a repris en 2001 ce vignoble familial de 23 ha très morcelé, réparti dans 6 communes. Un habitué du Guide, d'une régularité sans faille, qui dispose depuis 2020 d'une cave agrandie.

Cette cuvée issue du lieu-dit Pavane se montre chaleureuse au nez comme en bouche. On aime ses arômes de fruits surmûris, son attaque ample, sa chair ensoleillée soutenue par des tanins fins. Très harmonieuse, vinifiée avec goût et sans bois, on peut l'ouvrir sans attendre ou le laisser en cave. ⧗ 2020-2024

⊶ SCEA GUY DANIEL, 1047, rte de Vaison, 84150 Violès, tél. 04 90 70 94 13, bastide.vincent@free.fr V *r.-v.*

DOM. CHAMFORT La Perdrière 2017 ★

■ | 30000 | | 11 à 15 €

Situé au pied des Dentelles de Montmirail, ce domaine de 27 ha a été repris en 2010 par Vasco Perdigao, œnologue formé dans la vallée du Rhône septentrionale. Conseillé depuis 2018 par Philippe Cambie, le domaine privilégie une approche bio et a franchi le pas de la conversion en 2018.

La syrah et le mourvèdre épaulent le grenache dans cette cuvée, longuement élevée (18 mois) en cuve et fût. Bien ouvert, le nez décline les fruits noirs frais sur fond de garrigue et d'épices. Ample et généreux, soutenu par des tanins encore logiquement fermes, le palais possède tout pour faire une belle bouteille après un peu de garde. ⧗ 2021-2025

⊶ DOM. CHAMFORT, 280, rte du Parandou, 84110 Sablet, tél. 04 90 46 94 75, domaine-chamfort@orange.fr V *t.l.j. 9h-12h 13h30-17h30; sam. dim. sur r.-v.*

DOM. DE CHANTEGUT Les Clés de la Magnaneraie 2018 ★

■ | 135000 | | 15 à 20 €

Un domaine créé en 1959 par Rémy Marseille. Installé en 1981, son fils Pierre, pharmacien de formation, conduit aujourd'hui 68 ha de vignes, qu'il vinifie dans une ancienne magnaneraie du XVIIIes. Il dispose désormais d'un nouveau caveau qui offre une vue imprenable sur le Mont Ventoux.

Élevé 12 mois en cuve et fût, cet assemblage classique (grenache, syrah) a fait mouche auprès du jury : nez franc et direct sur les fruits rouges écrasés, bouche charnue, tanins habilement extraits, finale poivrée et légèrement vanillée qui soutient la complexité du fruit. ⧗ 2020-2024

⊶ EARL DE TOURREAU, 436, bd du Comté-d'Orange, 84260 Sarrians, tél. 04 90 65 46 38, domainedechantegut@orange.fr V *t.l.j. sf dim. 8h-12h 14h-19h*

CLOS DE CAVEAU Fruit sauvage 2018 ★

■ | 10600 | | 11 à 15 €

Pionniers en matière de viticulture biologique (certification en 1989), les Bungener conduisent un domaine de 16 ha d'un seul tenant au pied des Dentelles de Montmirail qui est aussi le plus haut de l'appellation. Attachés à l'expression des terroirs, ils privilégient les vinifications parcellaires et le recours aux seules levures indigènes.

Issue d'une parcelle d'altitude, élevée en cuve et fût, cette cuvée s'annonce par un nez complexe et effectivement sauvage : notes animales et cuir sur fond de fruit mûr et de garrigue. Suave, charnu, doté de tanins joliment affinés par l'élevage, imprégné d'épices et d'herbes de Provence, le palais laisse le souvenir d'un vin sincère et expressif. ⧗ 2020-2025

⊶ EARL LE CLOS DE CAVEAU, 1560, chem. de Caveau, 84190 Vacqueyras, tél. 04 90 65 85 33, domaine@closdecaveau.com V *t.l.j. 9h-19h*

DOM. DAMES DE LUNE 2018 ★★

■ | 980 | | 15 à 20 €

Lydie Alonso a créé son domaine en 2014 à partir d'un vignoble familial transmis de mère en fille depuis 4 générations travaillé selon les rythmes du calendrier lunaire, d'où le nom Dames des Lunes. Elle cultive 3,8 ha de vignes dont la moitié en appellation vacqueyras avec une forte conviction bio et une conversion programmée. Le premier vin du domaine est né avec le millésime 2017.

Nouvelle venue dans le Guide, Lydie Alonso n'est pas passée inaperçue avec cet assemblage classique (grenache, syrah) qui s'ouvre sur un nez étonnant et plaisant, fortement exotique. Chaleureuse à l'attaque, la bouche déploie une très agréable sucrosité qui entoure un corps harmonieux, souple, long et détendu. Un rouge déjà gourmand, vinifié en douceur et avec talent. De bon augure pour la suite. ⧗ 2020-2025

⊶ LYDIE ALONSO (DOM. DAMES DE LUNE), 361, rte de Crève-Cœur, 84260 Sarrians, tél. 06 12 59 61 78, alonsolydie@orange.fr V *r.-v.*

B DAUVERGNE-RANVIER De Natura Rerum 2018 ★

■ | 25000 | | 11 à 15 €

Créée en 2004 par François Dauvergne et Jean-François Ranvier, professionnels du vin qui ont décidé d'élaborer leurs propres cuvées après avoir œuvré chez les autres, cette maison de négoce s'affirme d'année en année à travers des vins de qualité issus de sélections parcellaires. En 2013, les deux compères ont repris l'exploitation du Dom. des Muretins (tavel et lirac) et ont développé en 2014 une gamme de vins bordelais en collaboration avec Patrice Hateau.

Cette cuvée bio classiquement dominée par le grenache détonne par son nez frais, entre fruits des bois et note mentholée. Encore serrée, la bouche séduit par sa retenue, son fruité allègre et ses tanins fermes. Un vacqueyras bien dans le ton du millésime, à carafer ou à laisser respirer quelque temps en cave. ⧗ 2021-2025

⊶ DAUVERGNE RANVIER, 47, chem. des Vestides, 30126 Tavel , tél. 04 48 24 00 41, contact@dauvergne-ranvier.com

♥ ROMAIN DUVERNAY 2018 ★★

■ | 35000 | | 11 à 15 €

Issu d'une lignée de négociants en vins – son arrière-grand-père Louis fonda en 1904 un commerce de vin en Haute-Savoie –, l'œnologue de renom Romain Duvernay a créé en 1998, avec son père Roland, une maison de négoce basée à Châteauneuf-du-Pape qui propose des vins de toute la Vallée et qui, depuis 2016, appartient à Newrhône Millésimes, propriété de Jean-Marc Pottiez. Romain Duvernay continue d'élaborer les vins.

Romain Duvernay signe un vacqueyras ébouriffant. Puissant, mûr mais frais, le nez ouvre sur une bouche épanouie, gorgée de cassis, de mûre et de réglisse, qui donne la même sensation d'allégresse et de fraîcheur préservée que celle perçue à l'olfaction. Ample, structuré, élégant, gourmand, ce vin ne manque de rien et se montre déjà irrésistible. ⧗ 2020-2024

⊶ ROMAIN DUVERNAY, ZA la Grange-Blanche-Ouest, 225, rue Marcel-Valérian, 84350 Courthézon, tél. 04 90 60 20 00, marketing@newrhone.eu V t.l.j. sf sam. dim. 9h-13h 14h-17h

DOM. FONTAINE DU CLOS
Castillon 2017 ★

■ | 2400 | | 15 à 20 €

Les Barnier (aujourd'hui Jean-François) sont enracinés sur leurs terres de Sarrians où ils sont vignerons et pépiniéristes viticoles. Au cœur de l'exploitation, une fontaine donne son nom à leur vaste vignoble (100 ha) planté de quelque 40 cépages.

D'un grenat profond, la robe augure d'un nez concentré mêlant les fruits rouges bien mûrs à des nuances de cacao et d'épices issues d'un passage en fût. Des tanins bien assagis encadrent une bouche fluide et généreuse, sans accroc, qui séduit d'ores et déjà par ses belles qualités de fruit. Du plaisir et du potentiel en cave. ⧗ 2020-2026 ■ **Reflets de l'âme 2018 ★ (11 à 15 €; 50000 b.)** Une cuvée souple qui soigne le fruit au nez comme en bouche : flagrances de fruits rouges confits teintées de réglisse, bouche suave, douce et longue, qui s'étire sur les épices. Un vacqueyras friand, vinifié pour donner un plaisir immédiat. Contrat rempli. ⧗ 2020-2023

⊶ EARL JEAN-FRANÇOIS BARNIER, 735, bd du Comté-d'Orange, 84260 Sarrians, tél. 04 90 65 59 39, cave@fontaineduclos.com V t.l.j. sf dim. 9h30-12h 14h30-19h

DOM. FONT SARADE
Les Hauts de la Ponche 2018 ★

■ | 40000 | | 11 à 15 €

Un domaine souvent en vue, né en 1936 au nord de Vacqueyras de l'association de deux familles vigneronnes, les Devine et les Burle. Le vignoble, conduit depuis 2002 par Bernard Burle, associé à sa fille Claire en 2014, couvre aujourd'hui 35 ha.

Le domaine fête ses 12 ans de présence ininterrompue dans le Guide avec ce 2018 issu d'une longue cuvaison. Lent à s'ouvrir, le nez diffuse à l'aération des notes discrètes de fruits rouges bien mûrs et de réglisse. On les retrouve avec plus d'intensité dans une bouche agréable, tendre, mûre, qui séduit par sa sucrosité sans lourdeur. À boire ou à garder. ⧗ 2020-2025

⊶ DOM. FONT SARADE, 801, rte de Violes, 84190 Vacqueyras, tél. 07 87 46 17 02, infos@fontsarade.fr V t.l.j. 9h-12h 14h-18h; sam. dim. sur r.-v.

Ⓑ ALAIN JAUME Ch. Mazane 2018 ★

■ | 30000 | | 11 à 15 €

D'origine castelpapale, Alain Jaume et ses fils Sébastien et Christophe perpétuent une tradition viticole qui remonte à 1826. Ils conduisent en bio un vignoble de 155 ha réparti sur 4 domaines : Grand Veneur à Châteauneuf-du-Pape, Clos de Sixte à Lirac, Ch. Mazane à Vacqueyras, et le Dom. la Grangette Saint-Joseph en AOC côtes-du-rhône, le tout complété par une activité de négoce. Une valeur sûre.

Issu de vignes de 50 ans, cet assemblage élevé en cuve et en fût libère de franches notes de fruits noirs et d'épices douces. Ronde et ensoleillée, la bouche délivre cette même qualité de fruit dans un ensemble pulpeux, parfumé, bien tenu par des tanins fins et fermes. Un vacqueyras complet. ⧗ 2021-2025 ■ **Grande Garrigue 2018 ★ (11 à 15 €; 15000 b.)** Ⓑ Fruit en confiture, cannelle, vanille, herbes sèches : le nez ne manque pas de nuances. Une palette que l'on retrouve dans une bouche ronde à souhait, nantie de tanins fins qui renforcent la sensation de souplesse et de plénitude de ce vacqueyras déjà épanoui. ⧗ 2020-2025

⊶ SARL VIGNOBLES ALAIN JAUME, 1358, rte de Châteauneuf-du-Pape, 84100 Orange, tél. 04 90 34 68 70, contact@alainjaume.com V t.l.j. sf dim. 8h-13h 14h-18h

CH. DE MONTMIRAIL
Cuvée des Deux Frères 2018 ★★

■ | 25000 | | 11 à 15 €

Situé à l'emplacement d'une ancienne station thermale connue pour ses eaux sulfureuses et magnésiennes, ce domaine de 45 ha est conduit par la famille Archimbaud depuis 4 générations. Une valeur sûre en vacqueyras et en gigondas.

Pas de bois dans ce 2018, mais du fruit qui se livre progressivement sur des notes classiques de fruits rouges et de réglisse. Puissante et chaleureuse, l'attaque ouvre sur un palais bien en chair, à la sucrosité affirmée, bien soutenue par des tanins souples qui donnent ce qu'il faut de tenue à l'ensemble. Un vin harmonieux et bien composé. ⧗ 2020-2025

SCEV ARCHIMBAUD-BOUTEILLER, 204, cours Stassart, 84190 Vacqueyras, tél. 04 90 65 86 72, archimbaud@chateau-de-montmirail.com V t.l.j. sf dim. 9h-12h 14h-18h

DOM. PALON 2018 ★★

13000 | 11 à 15 €

Issu d'une famille vigneronne depuis un siècle et fils de l'ancien président de la «coop» de Gigondas, Sébastien Palon a décidé en 2003 de créer sa propre cave. Il conduit aujourd'hui un vignoble de 15 ha en conversion bio depuis 2019.

Une étoile de mieux que l'année passée pour ce domaine habitué du Guide. Les 75 % de grenache noir contribuent à la belle suavité d'un palais gras, gorgé de fruit mûr et de réglisse, épaulé par des tanins fins et fondus malgré le très bref élevage en cuve béton (3 mois). Un vin solaire, à la puissance maîtrisée. ⧗ 2020-2024

SCEA PALON, 373, rte de Carpentras, 84190 Gigondas, tél. 04 90 62 24 84, contact@domainepalon.com V r.-v.

MAISON RAVOIRE 2018 ★

6500 | 11 à 15 €

Établi aux portes du Luberon, ce négoce familial créé en 1987 par Roger Ravoire, fils de vigneron, propose une gamme de vins (marque et domaine) provençaux et rhodaniens.

Des vieilles vignes de 60 ans, une extraction douce, une longue macération précédant un élevage en cuve et en fût, cela donne ce rouge intensément coloré, aromatique (fruits rouges et épices), doté d'une chair onctueuse qui tapisse généreusement le palais et s'étire sur la réglisse en finale. ⧗ 2020-2025

SAS RAVOIRE ET FILS, 340, rue du Rémoulaire, 13300 Salon-de-Provence, tél. 04 90 73 01 10, contact@ravoire-fils.com V r.-v.

DOM. SAINT-PIERRE 2018 ★

17000 | 11 à 15 €

Jean-Claude Fauque a introduit la mise en bouteilles en 1972 sur ce domaine familial remontant à plusieurs générations. Ses fils, Jean-François et Philippe, ont pris la relève en 1984 et conduisent un vignoble de 55 ha.

Une robe intense, un nez fruité et chocolaté qui porte la marque d'un élevage en fût, une attaque franche qui introduit un palais puissant et structuré : un rouge intense, long, réglissé en finale, qui donnera sa pleine mesure après un bref passage en cave. ⧗ 2021-2025

DOM. SAINT-PIERRE, 923, rte d'Avignon, 84150 Violès, tél. 04 90 70 92 64, contact@domaine-saintpierre.fr V t.l.j. sf dim. 8h-12h 13h30-18h30

DOM. LES SEMELLES DE VENT Séduction 2017 ★

3000 | 11 à 15 €

En 1991, Christophe Galon reprend la propriété familiale et donne ce nom au domaine en hommage à Arthur Rimbaud. Il conçoit lui-même ses étiquettes et réalise une nouvelle illustration chaque année. Le vignoble, conduit en agriculture raisonnée, s'étend sur 14 ha répartis en vacqueyras, gigondas, châteauneuf-du-pape et vaucluse.

Trente pour cent de syrah en complément du grenache noir dans ce 2018 sombre de robe qui fleure bon le fruit rouge compoté, la cannelle et la vanille. Puissant, chaleureux, bien enrobé par l'élevage en fût (12 mois) qui a attendri les tanins, ce vacqueyras est déjà fin prêt et n'usurpe pas son nom. ⧗ 2020-2024

EARL SERIVINIVIA, 6, chem. des Oliviers, 84190 Vacqueyras, tél. 06 75 74 62 34, galon.christophe@wanadoo.fr V r.-v.

CH. DU TRIGNON 2017 ★

5000 | 15 à 20 €

Antoine Quiot acquiert la première vigne à Châteauneuf-du-Pape en 1748. Ses descendants, Geneviève, Jérôme et leurs enfants Florence et Jean-Baptiste exploitent 3 domaines dans la vallée du Rhône (Dom. du Vieux Lazaret, Ch. du Trignon) et 2 propriétés en côtes-de-provence (Dom. Houchart, Les Combes d'Arnevel). Les Quiot sont aussi négociants.

Du soleil et de la puissance dans cette cuvée haute en couleur, au nez bien ouvert, fruité (fruits rouges) et réglissé. Riche et chaleureuse, la matière est tenue en respect par des tanins au diapason, puissants mais parfaitement enrobés. Une cuvée corsée et bâtie pour durer. ⧗ 2022-2027

VIGNOBLES FAMILLE QUIOT, 5, av. Baron-Leroy, 84230 Châteauneuf-du-Pape, tél. 04 90 83 73 55, vignoblesfamillequiot@gmail.com V r.-v.

BEAUMES-DE-VENISE

Superficie : 580 ha / Production : 19 880 hl

Reconnue en 2005, cette appellation concerne uniquement les vins rouges issus de quatre communes du Vaucluse limitrophes des AOC gigondas et vacqueyras : Beaumes-de-Venise, Lafare, La Roque-Alric, Suzette, sur une surface délimitée de 1 456 ha. Les vins doivent provenir d'un assemblage de cépages principaux (au moins 50 % de grenache noir et 25 % de syrah en 2015).

DOM. LA BOUÏSSIÈRE 2018 ★

4000 | 11 à 15 €

Établis au pied des Dentelles de Montmirail depuis 1990, les frères Gilles et Thierry Faravel conduisent à la suite de leur père un domaine de 18 ha en terrasses, à 300 m d'altitude, fort régulier en qualité en gigondas comme en vacqueyras.

Une régularité de métronome pour ce domaine présent dans le Guide chaque année. Puissant, solaire, le nez embaume la confiture de mûres et les épices. Une douce chaleur émane d'un palais caressant et soyeux gorgé de fruits en confiture et doté de tanins bien extraits qui ouvrent sur une finale très réglissée, bien typée grenache. Un bon classique. ⧗ 2021-2026

EARL FARAVEL, 15, rue du Portail, 84190 Gigondas, tél. 04 90 65 87 91, domaine@labouissiere.com V t.l.j. sf dim. 9h-12h 14h-18h

ROMAIN DUVERNAY 2018 ★

■ | 60 000 | 🍾 | 8 à 11 €

Issu d'une lignée de négociants en vins – son arrière-grand-père Louis fonda en 1904 un commerce de vin en Haute-Savoie –, l'œnologue de renom Romain Duvernay a créé en 1998, avec son père Roland, une maison de négoce basée à Châteauneuf-du-Pape qui propose des vins de toute la Vallée et qui, depuis 2016, appartient à Newrhône Millésimes, propriété de Jean-Marc Pottiez. Romain Duvernay continue d'élaborer les vins.

Une dominante de grenache qui se manifeste dès le nez par des arômes épanouis de fruits rouges écrasés, de fraise notamment. En bouche, si l'attaque est ronde, le vin se raffermit ensuite sous l'effet de beaux tanins fins et serrés qui augurent un bel avenir. On l'oubliera quelque temps en cave. ⧗ 2021-2025

⊶ ROMAIN DUVERNAY, ZA la Grange-Blanche-Ouest, 225, rue Marcel-Valérian, 84350 Courthézon, tél. 04 90 60 20 00, marketing@newrhone.eu V t.l.j. sf sam. dim. 9h-13h 14h-17h

DOM. DE PIÉBLANC Les Hauts 2017 ★★

■ | 6 000 | | 15 à 20 €

Situé sur les hauteurs de Caromb à 300 m d'altitude, ce domaine a été créé en 2014 par Matthieu Ponson. Le vignoble compte aujourd'hui 30 ha de vignes en beaumes-de-venise, ventoux et gigondas.

Après 15 mois de cuve et de fût, ce beaumes libère un nez fringant de fruits rouges bien mûrs relevé et rafraîchi par de belles notes de plantes aromatiques. Douce et ample dès l'attaque, la bouche se développe sans heurt, intégrant des tanins souples d'une gourmandise qui fait écho aux franches saveurs de fruits rouges épicés. « Vin de plaisir », conclut le jury. ⧗ 2020-2024

⊶ SCEA DOM. DE PIÉBLANC, 401, chem. de la Tuilière, 84330 Caromb, tél. 04 90 36 07 83, info@domainedepieblanc.fr V

CHÂTEAUNEUF-DU-PAPE

Superficie : 3 155 ha
Production : 83 865 hl (95 % rouge)

Le vignoble, qui garde le souvenir des papes d'Avignon, est situé sur la rive gauche du Rhône, à une quinzaine de kilomètres au nord de l'ancienne cité pontificale. L'appellation fut la première à avoir défini légalement ses conditions de production, dès 1931. Son territoire s'étend sur la quasi-totalité de la commune qui lui a donné son nom et sur certains terrains de même nature des communes limitrophes d'Orange, de Courthézon, de Bédarrides et de Sorgues. Son originalité provient de son sol, formé notamment de vastes terrasses de hauteurs différentes, recouvertes d'argile rouge mêlée à de nombreux cailloux roulés. Parmi les cépages autorisés, très divers, prédominent grenache, syrah, mourvèdre et cinsault.

Les châteauneuf-du-pape s'apprécient mieux après une garde qui varie en fonction des millésimes. Amples, corsés et charpentés, ce sont des vins au bouquet puissant et complexe, qui accompagnent avec succès les viandes rouges, le gibier et les fromages. Les rares blancs savent cacher leur puissance par la finesse de leurs arômes.

DOM. PAUL AUTARD 2017 ★

■ | 20 000 | | 30 à 50 €

Une statue de la Vierge à l'entrée du domaine rappelle qu'il fut une résidence du diocèse d'Avignon. Sous la colline de pins, la cave en safre abrite les barriques de vin pendant de longs mois. Paul est le prénom du fondateur, Jean-Paul celui de l'actuel propriétaire, à la tête de l'exploitation depuis ses 17 ans. Le vignoble couvre 25 ha, morcelés au nord de Châteauneuf, du côté de Courthézon.

Le long élevage en fût (14 mois) a affiné le nez de ce 2017, qui déploie une agréable complexité, entre fruits confits, cuir et poivre vert. La même trame d'élégance traverse une bouche raisonnablement concentrée, dont on aime la fraîcheur préservée, la gourmandise et la persistance sur la réglisse. Un châteauneuf sur le versant de la finesse que l'on peut ouvrir sans attendre ou garder quelques années. ⧗ 2020-2026

⊶ SCEA JEAN-PAUL AUTARD, rte de Châteauneuf-du-Pape, 84350 Courthézon, tél. 04 90 70 73 15, jean-paul.autard@wanadoo.fr V r.-v.

Ⓑ LA BASTIDE SAINT DOMINIQUE 2018 ★★

■ | 20 000 | 🍾 | 20 à 30 €

Créé en 1979 par Gérard et Marie-Claude Bonnet, ce domaine établi à Courthézon, sur les vestiges d'une ancienne chapelle du XVIe s., s'étend sur 50 ha. Il est aujourd'hui géré par Éric, qui a converti le vignoble à l'agriculture biologique (certification en 2014) et complété sa propriété par une structure de négoce. Il a été rejoint par sa sœur Véronique en 2016.

Fruits noirs, notes fumées, violette, épices : le nez ne manque pas de variété. Une palette que l'on retrouve dans une bouche intense, jeune, de bon volume, appuyée sur des tanins fermes qui dessinent un châteauneuf bien structuré et conçu pour s'épanouir avec les années. Une belle bouteille à encaver sereinement. ⧗ 2022-2030

⊶ LA BASTIDE SAINT-DOMINIQUE, 1358, chem. Saint-Dominique, 84350 Courthézon, tél. 04 90 70 85 32, contact@bastidesaintdominique.com V t.l.j. 8h30-12h30 13h30-17h ; sam. dim. sur r.-v.

Ⓑ DOM. DE BEAURENARD Boisrenard 2018 ★

■ | 4 000 | | 50 à 75 €

Depuis 1929, 7 générations se sont succédé jusqu'à Daniel et Frédéric Coulon, à la tête d'un vignoble de 63 ha conduit en bio et biodynamie certifiés. Une valeur sûre de la vallée méridionale, en châteauneuf comme en rasteau (sec et doux) et en côtes-du-rhône.

Une cuvée phare du domaine qui assemble les 13 cépages de l'appellation. Sans doute moins concentré que les millésimes précédents, ce 2018 n'en reste pas moins conséquent : arômes voluptueux de fruits noirs macérés, de cuir et d'épices, palais velouté, tanins serrés, douce chaleur en finale. Il ne lui manque rien, si ce n'est un peu de temps pour s'assouplir. ⧗ 2023-2030

SCEA PAUL COULON ET FILS, Domaine de Beaurenard, 10, av. Pierre-de-Luxembourg, 84231 Châteauneuf-du-Pape, tél. 04 90 83 71 79, contact@beaurenard.fr V r.-v.

DOM. BENEDETTI Tradition 2018 ★★

1500 | 20 à 30 €

Conduit par Christian Benedetti, ce domaine sorti de la coopérative en 1997 s'est rapidement tourné vers le bio (en 2001) pour mettre en valeur ses 26 ha de vignes. Depuis 2009, la gestion est assurée par le fils Nicolas.

Soixante-quinze pour cent de grenache noir, des vieilles vignes de 65 ans, un élevage mixte cuve et fût, cela donne ce nez riche et expressif de cerise burlat très mûre, de fruit à noyau, de musc et d'épices. La bouche est au diapason : généreuse, solaire, d'une grande densité, elle sait aussi préserver une certaine fraîcheur aromatique. Le tout offre un compromis idéal entre puissance et élégance. De belle garde. ⧗ 2022-2027

DOM. BENEDETTI, 1030, chem. Garriguette, 84850 Camaret-sur-Aigues, tél. 06 48 03 57 56, domainebenedetti@yahoo.fr V r.-v.

DOM. BERTHET-RAYNE Cuvée Cadiac 2017 ★

2400 | 30 à 50 €

Christian Berthet-Rayne a repris en 1980 une partie du domaine fondé par sa belle-famille. Sa fille Laure et son gendre Martial Capeau, arrivés en 2004, ont désormais pris la suite et conduisent un vignoble de 29 ha en bio certifié depuis 2007.

Cette cuvée assemble des vieilles vignes (70 ans) de grenache noir et de mourvèdre greffés par les grands-parents selon une vieille technique dénommée Cadiac. Les fruits rouges confits pour le grenache, le cuir et le fond animal pour le mourvèdre : le nez dévoile une belle complexité. Sans excès, la bouche déploie une matière mûre, douce et lisse, appuyée sur des tanins soyeux qui laissent apprécier la complexité du fruit perçue au nez. Du potentiel en cave mais déjà du plaisir. ⧗ 2021-2027

EARL DOM. BERTHET-CAPEAU, 2334, rte de Caderousse, 84350 Courthézon, tél. 04 90 70 74 14, christian.berthet-rayne@wanadoo.fr V *t.l.j. 8h-12h 13h30-17h30*

DOM. BOSQUET DES PAPES Chante le Merle Vieilles Vignes 2018 ★

10300 | 30 à 50 €

Le nom de ce domaine familial fondé en 1860 provient des Bosquets, un quartier de Châteauneuf-du-Pape où sont établis les chais. Aujourd'hui, Maurice et Nicolas Boiron exploitent 32 ha, essentiellement dans la prestigieuse appellation.

Fraîchement sorti des cuves et des fûts, ce 2018, paré d'une robe rubis brillant, se livre sur la pointe des pieds : des arômes discrets de fruits rouges et d'épices qui montent lentement en puissance dans une bouche ample, charnue, dotée de tanins bien extraits. Un vin bien proportionné et taillé pour la garde. ⧗ 2023-2028

EARL MAURICE ET NICOLAS BOIRON, 18, rte d'Orange, BP 50, 84232 Châteauneuf-du-Pape Cedex, tél. 04 90 83 72 33, bosquet.des.papes@orange.fr V *t.l.j. sf sam. dim. 9h-12h 14h-18h*

MAISON BOUACHON La Tiare du Pape 2018 ★

5000 | 20 à 30 €

Fondée en 1898 par des tonneliers, la maison Bouachon est établie à Châteauneuf-du-Pape. Ce négoce spécialiste des vins de la vallée du Rhône a été racheté en 2001 par la société Skalli, elle-même absorbée en 2011 par le groupe bourguignon Boisset.

Une robe profonde annonce un nez intense, concentré, de fruits rouges écrasés, avec des nuances empyreumatiques issues d'un élevage partiel en fût. La bouche confirme la belle maturité des raisins : matière suave pétrie de tanins fondants, riche expression du fruit, le tout souligné par une fraîcheur de bon ton. Bien construit, il donne déjà du plaisir. ⧗ 2020-2025

SAS LES VINS SKALLI (MAISON BOUACHON), 23, av. Pierre-de-Luxembourg, 84230 Châteauneuf-du-Pape, tél. 04 90 83 58 35, pavillon@maisonbouachon.com t.l.j. sf dim. 10h-12h 14h-17h

♥ DOM. DE LA CHARBONNIÈRE 2017 ★★★

17000 | 20 à 30 €

En 1912, Eugène Maret achète ce domaine pour l'offrir à sa femme, châteauneuvoise et fille de vigneron. En 2013, son petit-fils Michel, aux commandes à partir de 1973, a transmis la gestion de ses 28 ha de vignes à ses filles Caroline et Véronique, qui poursuivent avec le même talent le travail de sélections parcellaires pratiqué par leur père. Une valeur sûre en vacqueyras et en châteauneuf.

Grenache, syrah, mourvèdre, sables et galets roulés : une combinaison très castelpapale qui fait mouche dans ce millésime solaire. Derrière une robe grenat profond, un nez intense sur la griotte qui ouvre sur une bouche tout aussi expressive : un corps tout en rondeur et en suavité, des tanins bien pris dans le fruit, une fraîcheur d'arômes qui ajoute une dimension de gourmandise irrésistible, et une longueur qui ne trompe pas sur le pedigree de la cuvée. Le jury est conquis. ⧗ 2022-2030

EARL MICHEL MARET ET FILLES, Dom. de la Charbonnière, 26, rte de Courthézon, 84230 Châteauneuf-du-Pape, tél. 04 90 83 74 59, contact@domainedelacharbonniere.com V r.-v.

FAMILLE CHAUSSY Sélection 2017 ★

10000 | 20 à 30 €

Enclavé dans l'AOC châteauneuf, ce domaine familial est conduit depuis 1990 par Christine et Daniel Chaussy, à la tête de 24 ha en bio certifié depuis 2012.

Sélection de parcelles de vieilles vignes (70 ans) situées dans le nord de l'appellation, ce 2017 a bien profité des chaleurs du millésime et d'un long affinement en cave de 18 mois : flagrances ensoleillées de kirsch, de framboise écrasée, avec une touche tonifiante de menthol, bouche ample et ronde à souhait qui n'oublie pas de rester fraîche, longue finale sur le Zan. Harmonieux et élégant, le charme opère dès à présent. ⧗ 2020-2026

EARL CHRISTINE ET DANIEL CHAUSSY, rte de Châteauneuf-du-Pape, 84100 Orange, tél. 04 90 34 46 49, masdeboislauzon@wanadoo.fr t.l.j. sf dim. 10h-12h 14h-18h

DOM. CLEF DE SAINT-THOMAS 2018 ★

6000 | 30 à 50 €

Philippe Kessler, fort de son expérience à la Calissanne, une référence en coteaux-d'aix, a acquis en 2006 ce domaine alors propriété de la famille Boiron depuis le début du XVIIIes. À sa disparition, c'est son épouse Sophie Kessler-Matière et son directeur Christophe Barraud qui sont aux commandes de ce vignoble d'une dizaine d'hectares.

Des arômes de fruits rouges mûrs, de garrigue et d'herbes de Provence, une bouche tendre parcourue de tanins fins, un fruit capiteux qui se teinte de moka en finale, c'est un châteauneuf caressant, retenu, qui tire aussi sa différence d'un assemblage atypique dominé par la syrah. Du charme. ⧗ 2021-2027

SCEA DU DOM. CLEF DE SAINT-THOMAS, 9, rte de Bédarrides, 84230 Châteauneuf-du-Pape, tél. 04 90 42 63 03, commercial@chateau-calissanne.fr r.-v.

♥ B DAUVERGNE RANVIER De Natura Rerum 2018 ★★

5000 | 20 à 30 €

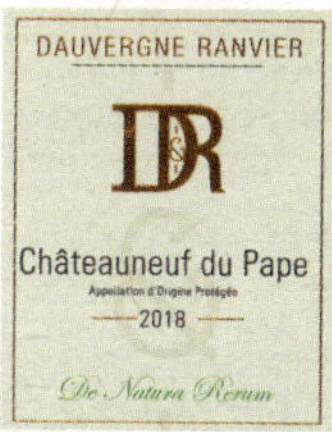

Créée en 2004 par François Dauvergne et Jean-François Ranvier, professionnels du vin qui ont décidé d'élaborer leurs propres cuvées après avoir œuvré chez les autres, cette maison de négoce s'affirme d'année en année à travers des vins de qualité issus de sélections parcellaires. En 2013, les deux compères ont repris l'exploitation du Dom. des Muretins (tavel et lirac) et ont développé en 2014 une gamme de vins bordelais en collaboration avec Patrice Hateau.

Les deux compères, habitués du Guide, décrochent un nouveau coup de cœur avec ce châteauneuf bio d'un parfait classicisme. De cet assemblage «GSM» (grenache, syrah, mourvèdre) élevé sans bois, on retient d'abord sa robe rubis intense et son nez complexe qui décline les épices, la violette et le tabac sur fond de fruits rouges confits. On s'enthousiasme ensuite pour sa bouche puissante sertie de tanins fondants qui cadrent une matière ample, étoffée, complexe et longue. De la structure, de la profondeur et du plaisir, déjà et pour longtemps. ⧗ 2021-2030

DAUVERGNE RANVIER, 47, chem. des Vestides, 30126 Tavel, tél. 04 48 24 00 41, contact@dauvergne-ranvier.com

B DOM. DE FONTAVIN Trilogies 2017 ★

20000 | 20 à 30 €

Situé au nord de Courthézon, ce domaine familial de 45 ha, réparti sur 8 communes et 5 appellations, est dirigé depuis 1998 par Hélène Chouvet, œnologue, qui a converti le vignoble à l'agriculture biologique.

Un ton en dessous du 2016, encensé dans ces pages, cette cuvée Trilogies (assemblage de 3 terroirs et de 3 cépages) n'en reste pas moins très convaincante et joue une partition plus légère. À un nez de fruits bien mûrs répond une bouche élégante, arrondie, charnue, où percent la réglisse et le cacao avec une dimension de fraîcheur stimulante. Allègre et détendu, on peut commencer à la boire. ⧗ 2020-2026

DOM. FONTAVIN, 1468, rte de la Plaine, 84350 Courthézon, tél. 04 90 70 72 14, helene-chouvet@fontavin.com t.l.j sf dim. 9h-12h15 14h-18h15

CH. LA GENESTIÈRE 2018 ★

2580 | 20 à 30 €

Implanté sur le site d'une ancienne magnanerie, ce domaine fondé en 1930 par la famille Bernard est aujourd'hui dirigé par Christian Latouche. Une bastide du XVIes. commande le vaste vignoble en lirac et tavel. Après l'acquisition d'autres propriétés, les vignobles familiaux comptent aujourd'hui 200 ha sur la rive droite du Rhône.

Six cépages et un élevage en demi-muid, cuve béton et cuve Inox concourent à la personnalité de ce blanc qui tire du millésime une agréable tonicité. Le nez frais, mentholé et légèrement boisé donne le ton. La bouche, riche comme il se doit en châteauneuf, joue la même partition entre rondeur et fraîcheur. Un équilibre irréprochable pour ce blanc taillé pour une volaille. ⧗ 2020-2024

SCEA CH. LA GENESTIÈRE, chem. de Cravailleux, 30126 Tavel, tél. 04 66 50 07 03, contact@domaine-genestiere.com

B CH. GIGOGNAN Clos du Roi 2017 ★★

41721 | 20 à 30 €

Un ancien temple romain devenu prieuré, actif en termes de production de vins (et de fruits), puis un domaine exclusivement viticole à partir de son acquisition en 1996 par Anne et Jacques Callet. Le vignoble s'étend sur 40 ha en côtes-du-rhône (en conversion bio) et sur 40 ha certifiés bio en châteauneuf-du-pape. Une propriété acquise en 2017 par la famille Hénin.

Une étoile de mieux que l'an passé pour cette cuvée d'un beau classicisme née du trio grenache, syrah et mourvèdre. Élevée en cuve et fût, elle offre un nez épanoui, gourmand et sauvage, qui mêle la griotte bien mûre, le cuir, la vanille et le cacao. Chair, rondeur, structure, tout est bien proportionné dans cette bouche capiteuse, très fidèle à l'appellation, qui donnera de bien belles sensations après un bref passage en cave. ⧗ 2022-2026

CH. GIGOGNAN, 1180, chem. du Castillon, 84700 Sorgues, tél. 04 90 39 57 46, info@gigognan.fr t.l.j. sf dim. 9h-18h

B DOM. GRAND VENEUR Le Miocène 2019 ★★

5700 | 20 à 30 €

D'origine castelpapale, Alain Jaume et ses fils Sébastien et Christophe perpétuent une tradition viticole qui remonte à 1826. Ils conduisent en bio un vignoble de 155 ha réparti sur 4 domaines : Grand

RHÔNE

Veneur à Châteauneuf-du-Pape, Clos de Sixte à Lirac, Ch. Mazane à Vacqueyras, et le Dom. la Grangette Saint-Joseph en AOC côtes-du-rhône, le tout complété par une activité de négoce. Une valeur sûre.

Issue d'une parcelle argilo-calcaire exposée au nord, sur le lieu-dit La Fontaine, cette cuvée associe clairette et roussanne. Élevée sans bois, elle laisse s'exprimer des nuances très florales et épicées. Le fruit à noyau s'invite dans une bouche ronde, fraîche, sans une once de lourdeur. La finale minérale, sur la pierre chaude, prolonge le plaisir. ⧗ 2020-2024

SARL VIGNOBLES ALAIN JAUME, 1358, rte de Châteauneuf-du-Pape, 84100 Orange, tél. 04 90 34 68 70, contact@alainjaume.com V t.l.j. sf dim. 8h-13h 14h-18h

♥ DOM. ALBIN JACUMIN La Bégude des Papes 2018 ★★★

■	26000		20 à 30 €

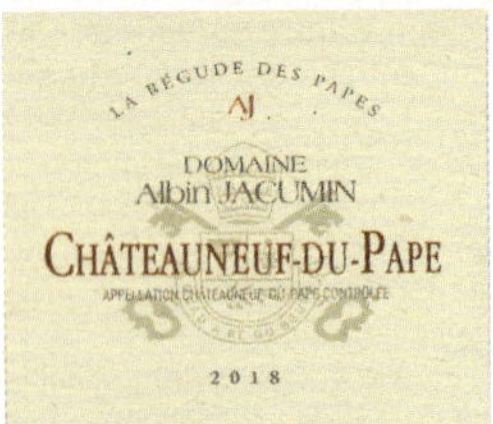

Albin Jacumin a pris la tête en 1999 de l'exploitation familiale agrandie par les générations précédentes : pas moins de 18 ha en châteauneuf-du-pape, auxquels s'ajoutent 6 ha en côtes-du-rhône et 1,4 ha d'où il tire un «vin de France». Il a aménagé une cave en 2007 et modernisé les installations.

Déjà encensée l'année passée, cette cuvée double la mise avec un second coup de cœur d'affilée. On le doit au talent de ses concepteurs et à des vieilles vignes de 65 ans qui donnent ici leur pleine mesure. Cela se sent dès le nez, ouvert, généreux, intensément fruité (kirsch, fruit macéré) et fumé, et dans le volume hors norme d'une bouche charnue, veloutée, imprégnée de cassis écrasée et de chocolat. Peut-être plus rapidement accessible que le 2017 mais pas moins impressionnant, ce 2018 fera des heureux, et pour longtemps. ⧗ 2021-2030

EARL ALBIN JACUMIN, 1, chem. Mgr-Jules-Avril, BP_28, 84230 Châteauneuf-du-Pape, tél. 04 90 83 78 55, domaine.ajacumin@orange.fr V r.-v.

LAVAU 2017 ★

■	15000		20 à 30 €

Une maison de négoce fondée en 1964 par Jean-Guy Lavau, d'origine saint-émilionnaise. Ses héritiers Benoît et Frédéric proposent aujourd'hui une large gamme de vins à partir de la production de 350 vignerons de la vallée du Rhône méridionale, complétée par 180 ha de vignes en propriété.

Le grenache épaulé par une forte minorité de syrah (40%) forge le caractère de ce châteauneuf délicat. Bien ouvert, le nez dispense ses notes complexes de fruit mûr, de sous-bois, de cuir et de violette. Une petite sucrosité gourmande enrobe un corps mesuré, plus élégant que concentré, doté de tanins fins et d'une finale fraîche et mentholée. On peut l'ouvrir sans attendre. ⧗ 2020-2026

SCEA LAVAU, 585, rte de Cairanne, 84150 Violès, tél. 04 90 70 98 70, info@lavau.fr V t.l.j. sf sam. dim. 10h-12h 14h-18h

DOM. LOU DÉVET Terroirs 2018 ★

■	2786		20 à 30 €

Vinifié en coopérative pendant 4 générations, ce domaine de 22 ha situé sur le versant sud-est de l'AOC châteauneuf-du-pape a créé sa cave particulière en 2006 sous la conduite de Jean-Marc Tort.

Sables, argiles rouges et galets roulés, ces 3 terroirs sont assemblés dans cette cuvée qui a longuement (15 mois) patienté en fût. Derrière une robe soutenue, un nez intense de fruits frais écrasés rehaussé des notes fumées du chêne. Attaque intense, structure présente mais civilisée, texture soyeuse, sucrosité : tout est en place pour faire une belle bouteille après un peu de garde. ⧗ 2021-2026

EARL LOU DÉVET, 7, chem. du Grand-Plantier, 84370 Bédarrides, tél. 04 90 33 18 61, jms.tort@wanadoo.fr V r.-v.

B CH. DE MANISSY Trinité 2018 ★

■	3000		20 à 30 €

À l'aube du XX^e^s., le château de Manissy datant du XVII^e^s. fut légué par la famille Lafarge, qui exploitait la pierre de Tavel, aux pères missionnaires de la Sainte-Famille. Ce sont ces derniers qui débutèrent la culture de la vigne sur ces terres pour approvisionner leur communauté et les paroisses des environs. En 2003, ils ont confié la gestion du domaine au jeune Tavelois Florian André. Conduit en bio, le vignoble couvre aujourd'hui 80 ha dans les AOC châteauneuf-du-pape, tavel, lirac et côtes-du-rhône.

Une cuvée concentrée issue du seul grenache noir et élevée 12 mois en barriques neuves. Au nez, un grand bol de fruits rouges macérés bien typé grenache, agrémenté des épices douces du chêne. Puissante, ample, cadrée par des tanins doux, la bouche confirme la belle maturité du raisin et dessine un rouge voluptueux. ⧗ 2021-2026

EARL CH. DE MANISSY, rte de Roquemaure, 30126 Tavel, tél. 04 66 82 86 94, info@chateau-de-manissy.com V t.l.j. sf dim. 10h-12h 13h-18h

DOM. JULIEN MASQUIN Montplaisir 2017 ★

■	2000		20 à 30 €

Paul Masquin acquiert des vignes à Courthézon en 1936, qu'il met en métayage. En 1998, son petit-fils Julien reprend l'exploitation, porte les raisins à la coopérative locale, qu'il quitte en 2009 pour signer ses propres vins. Le vignoble couvre aujourd'hui 22 ha et un nouveau chai de vinification a vu le jour en 2017.

Des vieilles vignes de grenache, syrah et mourvèdre sur des sols chauds de galets roulés et de sables, cela donne ce rouge langoureux, au nez marqué par la garrigue et le fruit compoté. La bouche y ajoute une rondeur suave bien cadrée par des tanins serrés qui ouvrent sur une finale épicée. De la tenue et du caractère dans ce vin à boire ou à garder. ⧗ 2020-2026

SCEA DOM. JULIEN MASQUIN, 582, chem. des Sourcières, 84350 Courthézon, tél. 06 22 92 01 07, julien@domainemasquin.com V r.-v.

B CH. MAUCOIL Tradition 2017 ★

■	40 000		20 à 30 €

Un domaine aux origines anciennes – les Romains y installèrent une légion, les princes d'Orange leur archiviste –, acquis par Guy Arnaud en 1995. Sa fille Bénédicte et son mari Charles Bonnet, installés en 2009, ont engagé la conversion bio des 45 ha de vignes.

Douze mois de fût pour cette cuvée dont on retient d'abord le nez très séduisant qui mêle le fruit rouge en confiture, le thym à des nuances chocolatées. Le jury a apprécié la gourmandise d'une bouche tout en finesse, ourlée de tanins extraits en douceur, qui laisse s'épanouir longuement en finale la garrigue et les épices douces du chêne. Bien typé mais délicat et détendu, on peut l'ouvrir sans attendre. ⧗ 2020-2026

SCEA CH. MAUCOIL, chem. de Maucoil, 84100 Orange, tél. 04 90 34 14 86, bbonnet@maucoil.com t.l.j. sf dim. 9h-12h30 14h-16h30 *SCEALavau*

DOM. DU PÈRE CABOCHE Tradition 2018 ★

■	60 000		15 à 20 €

Autrefois, on était maréchal-ferrant et vigneron de père en fils dans la famille Boisson, surnommée « caboche », terme qui désigne les clous servant à fixer les fers des chevaux et qui a donné son nom au domaine (76 ha), aujourd'hui dirigé par Émilie Boisson. Autre étiquette : Élisabeth Chambellan.

Régulièrement étoilé, le domaine se distingue à nouveau avec ce 2018 qui s'ouvre sur un nez original, très mentholé et grillé. Puissante, classique, la bouche laisse apprécier sa texture onctueuse, sa structure ferme et sa grande longueur qui sont autant de promesses d'avenir. À laisser reposer en cave. ⧗ 2022-2028

SCEA JEAN-PIERRE BOISSON, 5, imp. Martial-Imbart, 84230 Châteauneuf-du-Pape, tél. 04 90 83 71 44, boisson@jpboisson.com V *t.l.j. sf sam. dim. 8h30-12h30 13h30-17h30*

DOM. DU PÈRE PAPE Grand Coulet 2018 ★

■	15 000		20 à 30 €

Aux origines du vignoble familial, Alphonse Mayard, dit « Père Pape », l'arrière-grand-père des actuels propriétaires, fut précurseur de la vente en bouteille. Aujourd'hui Françoise Roumieux, Didier et Béatrice Mayard sont à la tête de 43 ha en châteauneuf-du-pape, répartis sur une quarantaine de parcelles. Le domaine est en conversion bio.

Une étiquette traditionnelle pour un vin qui ne l'est pas moins. Si la fraîcheur du fruit, la violette et la garrigue l'emportent au nez, la bouche est résolument sudiste, suave, chaleureuse, dotée de tanins doux et d'une finale capiteuse sur le kirsch et le cacao. À boire ou à garder quelques années. ⧗ 2020-2024

SCEA DES DOM. DU PÈRE PAPE, 24, av. Baron-Le-Roy, 84230 Châteauneuf-du-Pape, tél. 04 90 83 70 16, contact@vignobles-mayard.fr V *t.l.j. sf dim. 10h-18h*

CH. SIXTINE 2018 ★

■	19 280		30 à 50 €

La famille Diffonty est présente depuis le XVII^e^s. sur les terres de Châteauneuf-du-Pape et très impliquée dans la vie locale. Elle y pratique la viticulture depuis 1800 et exploite un domaine de 22 ha, conduit aujourd'hui par Jean-Marc Diffonty.

Soixante pour cent de grenache composent ce jeune vin encore sur la réserve : nez discret sur le fruit mûr mais qui conserve une agréable fraîcheur, bouche ferme et délicate, encore serrée mais bien élevée et bien composée qui s'étire en longueur sur la réglisse. À laisser en cave. ⧗ 2023-2027

EARL CH. SIXTINE, 10, rte de Courthézon, 84230 Châteauneuf-du-Pape, tél. 04 90 83 70 51, contact@chateau-sixtine.com V *t.l.j. sf sam. dim. 9h30-12h 14h-17h30*

PIERRE VIDAL 2018 ★

■	30 000		15 à 20 €

Pierre Vidal, installé à Châteauneuf-du-Pape avec son épouse vigneronne, a créé son négoce en 2010. Une maison déjà bien implantée grâce aux sélections parcellaires vinifiées par ce jeune œnologue formé en Bourgogne, qui s'est développée depuis 2015 vers les vins bio et les vins « vegan ».

Des vignes de 55 ans et 5 cépages dans ce 2018 signé par un habitué du Guide. On aime le nez, ouvert et bien typé, entre fruits compotés et épices douces, et la bouche ronde, de bon volume, étayée par des tanins bien extraits. L'ensemble laisse le souvenir d'un vin gourmand, arrondi par un long élevage et conçu pour donner du plaisir dès à présent. ⧗ 2020-2025

EURL PIERRE VIDAL, 370, rue Calixte-Paillet, 84350 Courthézon, tél. 07 77 05 38 81, contact@pierrevidal.com r.-v.

LIRAC

Superficie : 745 ha
Production : 19 440 hl (91 % rouge et rosé)

Située en face de Châteauneuf-du-Pape, sur la rive droite du Rhône, l'appellation regroupe les vignobles de Lirac, de Saint-Laurent-des-Arbres, de Saint-Geniès-de-Comolas et de Roquemaure, au nord de Tavel. Les vignerons de ces côtes du Rhône gardoises ont été pionniers, se regroupant dès le XVIII^e^s. pour défendre et valoriser leur production, déjà réputée au XVI^e^s. Les magistrats locaux l'authentifiaient en apposant sur les fûts, au fer rouge, les lettres « C d R ». Terrasses de cailloux roulés et terrains calcaires produisent des vins dans les trois couleurs : les rosés et les blancs, tout de grâce et de parfums, se boivent jeunes avec des fruits de mer ; les rouges puissants et généreux accompagnent les viandes rouges.

B DOM. DU CLOS DE SIXTE 2018 ★

■	60 000		11 à 15 €

D'origine castelpapale, Alain Jaume et ses fils Sébastien et Christophe perpétuent une tradition viticole qui remonte à 1826. Ils conduisent en bio un

vignoble de 155 ha réparti sur 4 domaines : Grand Veneur à Châteauneuf-du-Pape, Clos de Sixte à Lirac, Ch. Mazane à Vacqueyras, et le Dom. la Grangette Saint-Joseph en AOC côtes-du-rhône, le tout complété par une activité de négoce. Une valeur sûre.

Un assemblage grenache, syrah et mourvèdre qui restitue la belle maturité du raisin chère au producteur : des arômes opulents de fruits rouges ensoleillés teintés d'épices douces issues d'un élevage discret, un palais rond et suave et une finale tendue qui apporte une touche bienvenue de fraîcheur. ⧗ 2020-2024

SARL VIGNOBLES ALAIN JAUME, 1358, rte de Châteauneuf-du-Pape, 84100 Orange, tél. 04 90 34 68 70, contact@alainjaume.com V t.l.j. sf dim. 8h-13h 14h-18h

DOM. DES COLOMBETTES 2018 ★

■ | 15000 | | 8 à 11 €

Née en 1929, la coopérative de Pujaut, bourgade des environs d'Avignon, vinifie 720 ha de vignes dans les crus lirac et tavel, en AOC régionales et en IGP. Ses cuvées sont régulièrement en vue dans ces pages, notamment ses vins blancs.

Sélection parcellaire (sols argilo-calcaires à galets roulés), ce 2018 soigne le fruit et l'élégance. Le nez centré sur le fruit en confiture s'entiche de notes fraîches de menthol. Les épices (poivre blanc) et la réglisse prennent le relais dans une bouche délicate, étirée, fine et dynamique. Une belle réussite dans ce millésime compliqué. ⧗ 2020-2025

SCA CELLIER DES CHARTREUX, 1412, RD 6580, 30131 Pujaut, tél. 04 90 26 39 40, contact@cellierdeschartreux.fr V r.-v.

DOM. CORNE-LOUP Cuvée des Gouverneurs 2017 ★★

■ | 1500 | | 11 à 15 €

Ce domaine fondé en 1966 tire son nom d'un ancien quartier de Tavel où, autrefois, un villageois était chargé d'alerter les habitants de l'arrivée imminente des loups. Son vignoble s'étend aujourd'hui sur 40 ha, en lirac, tavel et côtes-du-rhône, conduit depuis 2010 par Géraldine Saunier-Lafond.

Le long élevage (18 mois en cuve et fût) et la forte proportion de mourvèdre en complément du grenache marquent de leur empreinte les arômes qui déclinent le thym, le Zan et le cuir, sur fond de fruits mûrs. On retrouve cette palette sauvage dans une bouche généreuse mais affinée par l'élevage et soutenue par des tanins à point. Du caractère, de la longueur et de l'avenir. Une bien belle illustration de l'appellation. ⧗ 2020-2025

SCEA DOM. CORNE-LOUP, rue Mireille, 30126 Tavel, tél. 04 66 50 34 37, corne-loup@wanadoo.fr V t.l.j. sf sam. dim. 9h-12h 14h-18h

DOM. COUDOULIS Évidence 2017 ★★

■ | 26000 | | 8 à 11 €

Établi sur une terrasse alluvionnaire dominant le village de Saint-Laurent-des-Arbres, ce domaine créé en 1960 – 28 ha d'un seul tenant implantés sur un sol de galets roulés – a été racheté en 1996 par Bernard Callet, issu du monde du BTP. L'une des bonnes références liracoises.

Régulièrement étoilé, ce très bon domaine nous livre un joli lirac bien dans le ton de ce millésime plus frais que de coutume. On en retient ce nez élégamment épicé et cette bouche sphérique qui offre une matière ronde à souhait, soutenue par des tanins tout aussi tendres. Vinifié en douceur, c'est un lirac particulièrement charmeur. ⧗ 2020-2025

SCEA DOM. COUDOULIS, 314, rue Nostradamus, 30126 Saint-Laurent-des-Arbres, tél. 04 66 50 22 52, contact.coudoulis@gmail.com V r.-v.

CH. LA GENESTIÈRE 2017 ★

■ | 9125 | | 11 à 15 €

Implanté sur le site d'une ancienne magnanerie, ce domaine fondé en 1930 par la famille Bernard est aujourd'hui dirigé par Christian Latouche. Une bastide du XVI[e]s. commande le vaste vignoble en lirac et tavel. Après l'acquisition d'autres propriétés, les vignobles familiaux comptent aujourd'hui 200 ha sur la rive droite du Rhône.

Un élevage mixte en cuve et fût pour ce 2017 qui se distingue par son nez fringant de fruits noirs frais et de violette. Plus solaire, la bouche offre une belle sucrosité idéalement soutenue par des tanins puissants qui donnent tenue et relief à l'ensemble. Une longue finale sur les épices vient clore en beauté ce lirac de caractère, taillé pour la garde. ⧗ 2021-2026

SCEA CH. LA GENESTIÈRE, chem. de Cravailleux, 30126 Tavel, tél. 04 66 50 07 03, contact@domaine-genestiere.com

B DOM. LAFOND ROC-ÉPINE 2018 ★

■ | 80000 | | 8 à 11 €

Porte-drapeau des appellations tavel et lirac, aussi très en vue pour ses châteauneuf et ses côtes-du-rhône, ce domaine, dont les lointaines origines remontent à la fin du XVIII[e]s., est conduit par Pascal Lafond depuis 1990. Son vaste vignoble en bio, certifié à partir de 2012, couvre aujourd'hui 83 ha répartis dans quatre AOC.

D'abord discret, le nez monte tranquillement en puissance, libérant des senteurs de fruits surmûris, de cuir et de pain d'épice. Bâti sur des tanins bien enrobés, le palais déroule ces mêmes saveurs imprégnées d'épices dans un ensemble charnu et charmeur. À ouvrir une bonne heure avant le service ou à carafer. ⧗ 2020-2025

SARL LAFOND ET FILS, 336, rte des Vignobles, 30126 Tavel, tél. 04 66 50 26 28, lafond@roc-epine.com V t.l.j. sf sam. dim. 8h-12h 13h30-17h30

B DOM. LA LÔYANE Cuvée Elie 2018 ★★★

■ | 3000 | | 8 à 11 €

Établi au pied du sanctuaire Notre-Dame-de-Grâce, à Rochefort-du-Gard, non loin des anciens marais asséchés par les moines au Moyen Âge, ce domaine, né en 1994 de la fusion de 3 petites exploitations, fait preuve d'une grande constance dans la qualité. Succédant à ses parents Jean-Pierre et Dominique, Romain Dubois et son épouse Laure, désormais seuls

à la tête du domaine, se sont offerts un nouveau caveau et ont entrepris en 2019 la conversion au bio du vignoble.

Ce domaine multi-étoilé signe un rouge de très haut vol : flagrances complexes de griotte, de garrigue, de fumée qui porte la marque d'un élevage distinguée, attaque fraîche et intense, corps affirmé étayé de tanins déjà polis, longue finale sur le kirsch et le Zan. Beaucoup de belles sensations et de caractère dans ce rouge qui aura enchanté le jury. ⌛ 2020-2025 ■ **2018 ★★ (8 à 11 €; 8000 b.)** Ⓑ Fruits noirs et rouges, garrigue, pain d'épices, le nez est de bon augure. La bouche ne déçoit pas et y ajoute ce qu'il faut de chair, des tanins fermes et une fraîcheur étonnante qui attise la gourmandise de l'ensemble. Extrait avec douceur, ce lirac élégant est déjà irrésistible. ⌛ 2020-2024

DOM. LA LÔYANE, chem. Font-des-Cavens, 30650 Rochefort-du-Gard, tél. 06 22 67 29 43, contact@domainelaloyane.com V *t.l.j. sf lun. mar. dim. 9h-19h*

♥ DOM. MABY La Fermade 2018 ★★

■ | 52 000 | | 11 à 15 €

Ce domaine très régulier en qualité, notamment pour ses lirac, dans les 3 couleurs, et ses tavel, a été créé en 1950 par Armand Maby. En 2005, son petit-fils Richard a pris les rênes du vignoble, 64 ha situés pour l'essentiel sur les galets roulés du plateau de Vallongue; des vignes cultivées «au naturel», en conversion bio depuis 2019. Depuis 2011, l'éminent œnologue rhodanien Philippe Cambie conseille le domaine.

Déjà coup de cœur dans le Guide 2020, le domaine récidive. On ne change pas une formule qui gagne : une expression sans fard et sans bois du fruit qui se manifeste par un nez débridé de fruits rouges en confiture, d'épices et de réglisse et par une bouche large, charnue, pétrie de fruit, à la fois solaire et élégante dans sa texture. Une magnifique expression de l'appellation avec une dimension supplémentaire de raffinement. Déjà irrésistible mais aussi de belle garde. ⌛ 2020-2026

SCEA DOM. MABY, 249, rue Saint-Vincent, 30126 Tavel, tél. 04 66 50 03 40, domaine-maby@wanadoo.fr V *t.l.j. 8h-12h 13h30-17h30; sam. dim. sur r.-v.*

Ⓑ CH. DE MANISSY Trinité 2019 ★

■ | 8 000 | | 11 à 15 €

À l'aube du XXᵉs., le château de Manissy datant du XVIIᵉs. fut légué par la famille Lafarge, qui exploitait la pierre de Tavel, aux pères missionnaires de la Sainte-Famille. Ce sont ces derniers qui débutèrent la culture de la vigne sur ces terres pour approvisionner leur communauté et les paroisses des environs. En 2003, ils ont confié la gestion du domaine au jeune Tavelois Florian André. Conduit en bio, le vignoble couvre aujourd'hui 80 ha dans les AOC châteauneuf-du-pape, tavel, lirac et côtes-du-rhône.

Le trio grenache blanc, viognier et roussanne à l'honneur dans ce blanc printanier, élevé en cuve et sur lies, aux francs arômes d'acacia et de rose blanche, qui séduit également par son équilibre entre rondeur et fraîcheur, par sa netteté et sa longue finale sur l'amande. À boire sur le fruit. ⌛ 2020-2023

EARL CH. DE MANISSY, rte de Roquemaure, 30126 Tavel, tél. 04 66 82 86 94, info@chateau-de-manissy.com V *t.l.j. sf dim. 10h-12h 13h-18h*

CH. DE MONTFAUCON 2019 ★

■ | 5 000 | | 8 à 11 €

Valeur sûre des côtes-du-rhône, ce domaine (60 ha) est commandé par une ancienne forteresse du XIᵉs. campée sur un promontoire rocheux, vigie sur le Rhône, fleuve qui marquait la frontière entre le royaume de France et le Saint-Empire romain germanique. Au XVIIIᵉs., les aïeux de Rodolphe de Pins (installé en 1995 après diverses expériences en France et à l'étranger) ont pris possession des lieux. Le vignoble se caractérise par des sols et un encépagement très diversifiés. Une structure de négoce a été créée en 2014.

Un rosé d'une couleur soutenue, issu d'un assemblage de 5 cépages, grenache en tête. Au nez, un bon fruité est de mise (framboise, fraise, cassis). En bouche, du fruit toujours, une texture fine, de la fraîcheur et de la longueur. ⌛ 2020-2021

CH. DE MONTFAUCON, 22, rue du Château, 30150 Montfaucon, tél. 04 66 50 37 19, contact@chateaumontfaucon.com V *r.-v.*

DOM. DES MURETINS 2018 ★

■ | 13 000 | | 8 à 11 €

Les négociants François Dauvergne et Jean-François Ranvier ont coiffé la casquette de producteur en reprenant en 2013 cette propriété familiale de 10 ha morcelés sur 11 parcelles en tavel et 3 en lirac. Depuis cette date, le domaine a été entièrement restructuré et est en cours de conversion bio.

Qautre cépages et un élevage mixte en cuve et fût au menu de cette cuvée au nez profond et solaire, qui offre en bouche une matière confortable appuyée sur des tanins déjà fondus et relevée par une agréable fraîcheur. Une longue finale sur le fruit mûr ponctue en beauté ce lirac harmonieux et gourmand. ⌛ 2020-2025

SARL DES MURETINS, Dom. des Muretins, chem. de Vacquières, 30126 Tavel, tél. 06 03 24 74 19, contact@dauvergne-ranvier.com

LUC PÉLAQUIÉ 2019 ★

■ | 14 000 | | 11 à 15 €

Saint-Victor-la-Coste s'étend sous les ruines du Castellas, le château fort médiéval des seigneurs de Sabran. Depuis 1976, Luc Pélaquié y conduit ce domaine familial vaste (98 ha) et ancien (XVIIᵉs.), dont les vins (côtes-du-rhône, *villages*, lirac et tavel) sont régulièrement en vue dans le Guide.

Un domaine d'une grande régularité en rouge comme en blanc. Les 6 mois de fût ont teinté le nez de nuances briochées sur fond de fruits jaunes. Puissante, riche et ensoleillée, la bouche diffuse longuement les parfums intenses et pâtissiers perçus au nez. Un blanc capiteux et résolument de table. ⧗ 2020-2023

EARL DOM. PÉLAQUIÉ, 7, rue du Vernet, 30290 Saint-Victor-la-Coste, tél. 04 66 50 06 04, contact@domaine-pelaquie.com V t.l.j. sf dim. 9h30-12h 14h-18h

DOM. JOCELYN RAOUX 2019 ★★

■	2666		5 à 8 €

Les origines de cette exploitation familiale remontent au XIXes. lorsqu'Aimé Raoux s'établit à Lirac, vivant de polyculture (céréales, oliviers, vignes, maraîchage, culture du ver à soie). Son fils adhère à la coopérative dès sa création. Cinq générations plus tard, Jocelyn, qui a tenté sa première vinification à l'âge de 7 ans, reprend la propriété en 2015. Il vinifie 6 ha de son domaine de 24 ha en cave particulière.

Cinsault, grenache, picpoul noir et un soupçon de syrah pour ce rosé pâle et tendance. Le nez, intense, évoque les fleurs blanches et les fruits jaunes. Arômes agrémentés d'une touche épicée dans une bouche délicate et parfaitement équilibrée entre rondeur et fraîcheur. ⧗ 2020-2021 ■ **Aimé 2018 ★ (15 à 20 €; 4000 b.)** Aimé, l'aïeul de Jocelyn, à l'honneur dans cette cuvée qui tire de ses 75% de grenache noir ses arômes profonds de fruits rouges écrasés, de myrtille et de cassis. La bouche, ronde, conviviale, animée de tanins fins, prolonge très agréablement le plaisir. Gourmand et déjà à point. ⧗ 2020-2024

JOCELYN RAOUX, entrée de la Plane, 30126 Lirac, tél. 06 19 15 42 72, contact@domainejocelynraoux.com V r.-v.

Ⓑ DOM. LA ROCALIÈRE Le Classique 2019 ★

■	8000		11 à 15 €

Très régulier en qualité dans les appellations lirac et tavel, ce domaine familial a été fondé par Armand et Bernard Maby et par Jacques Borrelly. À la retraite de ce dernier, il a été repris par ses filles Séverine Lemoine (vigne et cave) et Mélanie Borrelly (administratif et commercial). Les 2 sœurs conduisent aujourd'hui, en bio certifié, un vignoble de 38 ha.

Un trio grenache blanc, clairette et roussanne en grande forme sur la foi de ce nez pimpant, très floral, qui sent bon le genêt et le chèvrefeuille. Juste compromis entre rondeur et fraîcheur, la bouche séduit et s'étire sur une note végétale qui tonifie un peu plus l'ensemble. Un blanc polyvalent, pour l'apéritif et la table. ⧗ 2020-2023

SCEA DOM. LA ROCALIÈRE, Le Palai-Nord, 30126 Tavel, tél. 04 66 50 12 60, rocaliere@wanadoo.fr V r.-v.

LES VIGNERONS DE TAVEL ET LIRAC Jean XXII 2018 ★★

■	20000		5 à 8 €

Créée en 1937, cette cave historique fut la première coopérative agricole à être inaugurée par un président de la République (Albert Lebrun). Actrice importante de la production taveloise (environ la moitié), elle a fusionné en 2018 avec la cave de Lirac.

De l'élégance dans ce 2018 au nez parfumé et nuancé, entre sous-bois, mûre sauvage et violette. Le même charme opère dans une bouche plus délicate que puissante, ronde et dotée de tanins soyeux. Un lirac épanoui, fin, aussi accessible en style qu'en prix. ⧗ 2020-2023

LES VIGNERONS DE TAVEL ET LIRAC, rte de la Commanderie, 30126 Tavel, tél. 04 66 50 03 57, contact@cave-tavel-lirac.fr V r.-v.

DOM. PIERRE USSEGLIO ET FILS 2018 ★

■	4000		15 à 20 €

Dans les années 1930, Francis Usseglio, salarié viticole d'origine italienne, devient métayer et vinifie sa première récolte en 1949. Son fils Pierre agrandit le domaine et le transmet en 1990 à ses fils Jean-Pierre et Thierry, aujourd'hui à la tête de 40 ha de vignes.

Réputé pour ses châteauneuf, le domaine ne néglige pas ses lirac. La preuve avec cette cuvée élevée en cuve et fût qui aguiche par son nez intense où le fruit se mêle à des nuances de muscade et de menthol. Charnu, ourlé de tanins fermes, le corps affiche volume et structure. Un bel équilibre et du potentiel en cave. ⧗ 2021-2025

EARL PIERRE USSEGLIO ET FILS, 10, rte d'Orange, 84230 Châteauneuf-du-Pape, tél. 04 90 83 72 98, info@domainepierreusseglio.fr V r.-v.

DOM. LE VIEUX MOULIN 2018 ★

■	4900		8 à 11 €

Ce domaine – dont la cave a une architecture proche de celle du lavoir de Tavel – est dans la même famille depuis 6 générations. Le vignoble a été créé en 1956. Sébastien Jouffret, installé en 1991, vinifie aujourd'hui la récolte de 70 ha.

Une robe rubis lumineuse, un nez explosif de confiture de fraises et de chocolat qui trahit la forte présence du grenache, des tanins fondants pris dans une bouche veloutée, de la longueur : tout est au diapason dans ce rouge suave, solaire et langoureux, que l'on peut ouvrir sans attendre. ⧗ 2020-2024

DOM. LE VIEUX LAVOIR / VIEUX MOULIN, 775, rte de la Commanderie, Le Palai-Nord, 30126 Tavel, tél. 04 66 82 85 11, roudil-jouffret@wanadoo.fr V t.l.j. sf sam. dim. 8h-12h 14h-18h

TAVEL

Superficie : 945 ha / Production : 35 790 hl

Considéré par beaucoup comme le meilleur rosé de France, ce grand vin de la vallée du Rhône provient d'un vignoble situé dans le département du Gard, sur la rive droite du fleuve, à Tavel et sur quelques parcelles de la commune de Roquemaure. C'est la seule appellation rhodanienne à ne produire que du rosé. Sur des sols de sable, d'alluvions argileuses ou de cailloux roulés, grenache, cinsault, mourvèdre, syrah, accompagnés de carignan et aussi de cépages blancs donnent un vin généreux, au bouquet floral et fruité, qui accompagnera poissons en sauce, charcuterie et viandes blanches.

♥ CH. D'AQUERIA 2019 ★★★

■ | 229 400 | 🍾 | 11 à 15 €

Jean Olivier acquiert en 1919 l'ancien domaine des comtes d'Aqueria, commandé par un château du XVIIIᵉs. et orné d'un parc à la française. Son gendre Paul de Bez restructure entièrement le vignoble : aujourd'hui, 61 ha d'un seul tenant, conduits depuis 1984 par ses petits-fils Vincent et Bruno, rejoints désormais par Raphaël, la quatrième génération. Une valeur sûre en lirac et en tavel.

Trois étoiles et un coup de cœur de plus au palmarès très étoffé de ce château qui fête de la plus belle des manières, avec ce 2019, le 100ᵉ millésime vinifié par la famille Olivier. Le jury aura tout aimé : la robe d'un rose violacé soutenu, le nez très pur, puissant, gorgé de fraise écrasée et de fruits des bois, la bouche surtout, vive à l'attaque, ample et charnue dans son déroulé, puis d'une fraîcheur immaculée en finale. Plein et savoureux comme peuvent l'être les tavel, mais avec une dimension d'allégresse peu commune. ⧗ 2020-2022

CH. D' AQUERIA, rte de Pujaut, 30126 Tavel, tél. 04 66 50 04 56, contact@aqueria.com V t.l.j. 8h-12h 13h30-17h30

LES COMBELLES 2019 ★★

■ | 33 333 | 🍾 | 8 à 11 €

Établie à Castillon, près du pont du Gard, Vignobles et Compagnie (anciennement la Compagnie rhodanienne) est une maison de négoce créée en 1963, dans le giron du groupe Taillan. Elle propose des vins (marques ou cuvées de domaine) dans de nombreuses AOC de la vallée du Rhône, de la Provence et du Languedoc.

L'intensité de sa robe le rapproche d'un rouge léger. Ouvert, le nez en impose par son intensité et son nuancier qui évoque la fraise, le thé, les épices et le caramel. La même complexité et la même générosité de fruit s'imposent dans un palais gras et bien charnu comme il se doit dans l'appellation, mais sans une once de lourdeur. « Tavel par excellence », résume le jury. ⧗ 2019-2021

VIGNOBLES ET COMPAGNIE, SPECR 19, chem. Neuf, CS 80002, 30210 Castillon-du-Gard, tél. 04 66 37 49 50, nicolas.quiles@vignoblescompagnie.com

DOM. CORNE-LOUP 2019 ★

■ | 150 000 | 🍾 | 8 à 11 €

Ce domaine fondé en 1966 tire son nom d'un ancien quartier de Tavel où, autrefois, un villageois était chargé d'alerter les habitants de l'arrivée imminente des loups. Son vignoble s'étend aujourd'hui sur 40 ha, en lirac, tavel et côtes-du-rhône, conduit depuis 2010 par Géraldine Saunier-Lafond.

Un nez retenu et frais qui diffuse de fines notes de groseille et de cerise, une bouche bien typée, ronde à l'attaque, fruitée de bout en bout, puis acidulée et dotée d'une petite amertume plaisante pour conclure : c'est un tavel sans outrance, digeste et joliment équilibré. ⧗ 2020-2021

SCEA DOM. CORNE-LOUP, rue Mireille, 30126 Tavel, tél. 04 66 50 34 37, corne-loup@wanadoo.fr V t.l.j. sf sam. dim. 9h-12h 14h-18h

CH. LA GENESTIÈRE 2019 ★

■ | 13 300 | 🍾 | 11 à 15 €

Implanté sur le site d'une ancienne magnanerie, ce domaine fondé en 1930 par la famille Bernard est aujourd'hui dirigé par Christian Latouche. Une bastide du XVIᵉs. commande le vaste vignoble en lirac et tavel. Après l'acquisition d'autres propriétés, les vignobles familiaux comptent aujourd'hui 200 ha sur la rive droite du Rhône.

Quarante pour cent de syrah épaulent le grenache dans ce 2019 fringuant, qui décline les fruits rouges acidulés et les fleurs blanches. La même sensation de fraîcheur s'impose dans une bouche plus ronde que grasse, qui diffuse la même palette perçue au nez relevée d'une touche d'épices douces en finale. Une tavel friand, sur le versant de la fraîcheur. ⧗ 2020-2021

SCEA CH. LA GENESTIÈRE, chem. de Cravailleux, 30126 Tavel, tél. 04 66 50 07 03, contact@domaine-genestiere.com

DOM. MABY Prima donna 2019 ★

■ | 16 000 | 🍾 | 11 à 15 €

Ce domaine très régulier en qualité, notamment pour ses lirac, dans les 3 couleurs, et ses tavel, a été créé en 1950 par Armand Maby. En 2005, son petit-fils Richard a pris les rênes du vignoble, 64 ha situés pour l'essentiel sur les galets roulés du plateau de Vallongue; des vignes cultivées « au naturel », en conversion bio depuis 2019. Depuis 2011, l'éminent œnologue rhodanien Philippe Cambie conseille le domaine.

Une majorité de cinsault (60 %) a façonné ce rosé de teinte rubis, qui s'ouvre lentement sur des nuances de cerise rouge, d'épices et de thé. Discrète, tendre, relevée par une belle acidité et ponctuée par une légère amertume, la bouche fait preuve de la même retenue. Un tavel gouleyant. ⧗ 2020-2021

SCEA DOM. MABY, 249, rue Saint-Vincent, 30126 Tavel, tél. 04 66 50 03 40, domaine-maby@wanadoo.fr V t.l.j. 8h-12h 13h30-17h30; sam. dim. sur r.-v.

B CH. DE MANISSY Trinité 2019 ★★

■ | 40 000 | 🍾 | 11 à 15 €

À l'aube du XXᵉs., le château de Manissy datant du XVIIᵉs. fut légué par la famille Lafarge, qui exploitait la pierre de Tavel, aux pères missionnaires de la Sainte-Famille. Ce sont ces derniers qui débutèrent la culture de la vigne sur ces terres pour approvisionner leur communauté et les paroisses des environs. En 2003, ils ont confié la gestion du domaine au jeune Tavelois Florian André. Conduit en bio, le vignoble couvre aujourd'hui 80 ha dans les AOC châteauneuf-du-pape, tavel, lirac et côtes-du-rhône.

RHÔNE

Beaucoup de couleur et des parfums explosifs de fruits rouges écrasés teintés de caramel au lait : l'entame est prometteuse. Étonnante de fraîcheur à l'attaque, la bouche déroule un corps savoureux, plein, presque sucré, pétri de fruit et de douceur et néanmoins tonique. Promesses tenues et jury sous le charme. ⧗ 2020-2022

⊶ EARL CH. DE MANISSY, rte de Roquemaure, 30126 Tavel, tél. 04 66 82 86 94, info@chateau-de-manissy.com V *t.l.j. sf dim. 10h-12h 13h-18h*

DOM. DE LA MORDORÉE
La Dame rousse 2019 ★★

■ | 30 000 | | 11 à 15 €

Un domaine créé en 1986 par Francis Delorme et son fils Christophe (disparu prématurément en 2015), entrepreneurs issus d'une famille vigneronne, rejoints par Fabrice en 1999. Épouse et fille de Christophe, Madeleine et Ambre dirigent désormais la propriété qui couvre 60 ha (en bio certifié depuis 2013), répartis sur 38 parcelles et 8 communes. Partisans des petits rendements, les Delorme déclinent les millésimes avec une aisance déconcertante, aussi bien en tavel, leur fief d'origine, et en lirac, qu'en châteauneuf-du-pape ou en «simple» côtes-du-rhône. Incontournable.

Une jolie robe rose aux reflets bleutés, un nez délicat, sans outrance, de fruits rouges et de bonbon anglais, une bouche tout en texture et en finesse dont on retient la fraîcheur et la gourmandise : une Dame rousse très délicate, qui ne manque pas de charme et qui frise le coup de cœur. ⧗ 2020-2022 ■ **La Reine des bois 2019 ★★** (15 à 20 €; 30 000 b.) Vingt pour cent de cépages blancs dans cette Reine des bois qui s'habille d'un rose soutenu et séduit d'emblée par son nez frais et appétissant centré sur les fruits rouges. Bien en chair, ronde, imprégnée de fruit, mais sans rien de trop, la bouche laisse le souvenir d'un tavel harmonieux et très élégant. De la classe et du plaisir. ⧗ 2020-2022

⊶ DOM. DE LA MORDORÉE, 250, chem. des Oliviers, 30126 Tavel, tél. 04 66 50 00 75, info@domaine-mordoree.com V *r.-v.*

♥ TRÉSOR DES SABLES 2019 ★★

■ | 70 000 | | 5 à 8 €

Créée en 1937, cette cave historique fut la première coopérative agricole à être inaugurée par un président de la République (Albert Lebrun). Actrice importante de la production taveloise (environ la moitié), elle a fusionné en 2018 avec la cave de Lirac.

Les sols chauds de sable de l'appellation combinés à une majorité de grenache, cela donne cette robe intensément colorée et ce nez puissant et harmonieux qui fleure bon les fruits rouges et les épices douces. Confortable, charnue, la bouche en impose par sa richesse et ses effluves chaleureuses de fruits rouges écrasés qui se prolongent très longuement en finale. Un tavel solaire, totalement épanoui et diablement séducteur. ⧗ 2020-2022

⊶ LES VIGNERONS DE TAVEL ET LIRAC, rte de la Commanderie, 30126 Tavel, tél. 04 66 50 03 57, contact@cave-tavel-lirac.fr V *r.-v.*

CH. DE TRINQUEVEDEL 2019 ★

■ | 60 000 | | 11 à 15 €

Les Demoulin se succèdent depuis 1936 sur ce domaine de 30 ha, en conversion bio, commandé par une élégante bastide du XVIIIᵉs. Représentant la quatrième génération, Guillaume, ingénieur agronome, est aux commandes depuis 2006.

Six cépages assemblés dans ce rosé vinifié à basse température et élevé en cuve Inox. D'abord timide, le nez libère à l'aération des senteurs de fruits rouges et blancs et de fleurs. Une attaque toute en rondeur, un fruit délicat, une sucrosité gourmande, ce qu'il faut de fraîcheur : c'est un tavel séducteur bien dans le ton de l'appellation. ⧗ 2020-2021

⊶ CH. TRINQUEVEDEL, chem. des Prés, Trinquevedel, 30126 Tavel, tél. 04 66 50 04 04, demoulin@chateau-trinquevedel.fr V *t.l.j. 9h-12h 14h-18h; sam. dim. sur r.-v.*

DOM. LE VIEUX MOULIN My Tavel 2019 ★

■ | 8 200 | | 8 à 11 €

Ce domaine – dont la cave a une architecture proche de celle du lavoir de Tavel – est dans la même famille depuis 6 générations. Le vignoble a été créé en 1956. Sébastien Jouffret, installé en 1991, vinifie aujourd'hui la récolte de 70 ha.

Tout est léger et retenu dans ce tavel plus élégant que puissant : la robe, plus pâle que la moyenne, le nez discret, floral et fruité, la bouche délicate, d'une consistance mesurée, qui séduit par sa fraîcheur et son équilibre digeste. ⧗ 2020-2021

⊶ DOM. LE VIEUX LAVOIR / VIEUX MOULIN, 775, rte de la Commanderie, Le Palai-Nord, 30126 Tavel, tél. 04 66 82 85 11, roudil-jouffret@wanadoo.fr V *t.l.j. sf sam. dim. 8h-12h 14h-18h*

COSTIÈRES-DE-NÎMES

Superficie : 3 950 ha
Production : 207 365 hl (92% rouge et rosé)

Rouges, rosés ou blancs, les costières-de-nîmes naissent dans un vignoble établi sur les pentes ensoleillées de coteaux constitués de cailloux roulés – les cailloutis du Villafranchien –, dans un quadrilatère délimité par Meynes, Vauvert, Saint-Gilles et Beaucaire, au sud-est de Nîmes, et au nord de la Camargue. L'appellation s'étend sur le territoire de vingt-quatre communes. Les cépages autorisés en rouge sont le carignan, le cinsault, le grenache noir, le mourvèdre et la syrah; en blanc, ce sont la clairette, le grenache blanc, la marsanne, la roussanne et le rolle. Les rosés s'associent aux charcuteries de l'Ardèche, les blancs se marient fort bien aux coquillages et aux poissons de la Méditerranée, et les rouges, chaleureux et corsés, préfèrent les viandes grillées. Une route des vins parcourt cette région au départ de Nîmes.

CH. D'ESPEYRAN L'Envol 2019 ★★

25000 | 8 à 11 €

Un très vaste domaine de 535 ha, propriété de la famille Sabatier d'Espeyran depuis 1791. C'est aujourd'hui la 9e génération qui est aux commandes.

Pas de bois mais du fruit dans cet assemblage dominé par la syrah et sobrement élevé en cuve. Au nez, des arômes affriolants de fraise écrasée nuancés d'épices. Le fruit persiste dans un palais très rond à l'attaque, ourlé de tanins fins, puis plus vigoureux car portée par une belle fraîcheur renforcée par des arômes pimpants de bourgeon de cassis. Le Zan prend le relais dans une finale aussi longue que savoureuse. 2020-2023

SCEA DE LA RIBASSE ET DE L'ARGENTIÈRE, Mas d'Espeyran, 30800 Saint-Gilles, tél. 06 21 44 30 06, contact@domaine-espeyran.fr V r.-v.

CH. GUIOT 2019 ★

20000 | 5 à 8 €

François et Sylvia Cornut deviennent propriétaires du Ch. Guiot en 1976, une centaine d'hectares au cœur des Costières aujourd'hui en conversion bio. En 2008, leurs fils jumeaux Alexis et Numa complètent le vignoble avec l'Enclos de la chance, une vingtaine d'hectares sur les terres fraîches, argileuses, du Duché d'Uzès, dédiées surtout aux vins blancs.

Une robe lumineuse couleur chair, un nez enjôleur de petits fruits rouges et de bonbon relevé d'une note citronnée, une bouche fraîche dès l'entame, parfumée de bout en bout, parfaitement équilibrée entre rondeur et tension, et dotée d'une honorable longueur : ce rosé coche toute les cases. 2020-2021

GFA DOM. GUIOT, Ch. Guiot, D197, 30800 Saint-Gilles, tél. 04 66 73 30 86, contact@chateauguiot.com V *t.l.j. sf dim. 9h-12h 14h-19h*

MAS CARLOT Générations 2019 ★

25000 | 5 à 8 €

Ancienne propriété de l'amiral de Grasset, qui fut au service de Ferdinand II de Bourbon, roi de Naples, ce domaine de 70 ha, commandé par un vieux mas du XVIIIes., a été acquis et rénové par Paul Blanc en 1986. Sa fille, Nathalie Blanc-Marès, œnologue, en a pris la direction en 1998. Une valeur sûre des costières-de-nîmes.

Ce rosé de saignée séduit d'emblée par sa brillance et sa teinte rose pastel qui annonce un nez frais, vif et fruité, sur le citron et la grenadine. Le fruit insiste dans un palais tonique, de l'attaque à la finale, avec une touche de rondeur plus chaleureuse en milieu de bouche. Complet, harmonieux, avec ce qu'il faut de consistance pour passer à table. 2020-2021

GFA DU MAS CARLOT, Mas Carlot, rte de Redessan, 30127 Bellegarde, tél. 04 66 01 11 83, mascarlot@aol.com V *t.l.j. sf sam. dim. 8h-12h 13h-17h*

MAS DES BRESSADES Cuvée Tradition 2018 ★★

50000 | 5 à 8 €

Du Languedoc à l'Afrique du Nord, de l'Afrique du Nord au Médoc et à la vallée du Rhône, la famille Marès cultive la vigne sans frontières depuis 6 générations. Cyril s'est installé en 1996 à la tête du vignoble qui compte aujourd'hui 42 ha. Ses costières-de-nîmes sont régulièrement en bonne place dans le Guide.

Une présence ininterrompue dans le Guide depuis au moins 20 ans pour le Mas des Bressades ! Une saine habitude maintenue avec ce fort beau rouge, vinifié et élevé en toute simplicité, en cuve. Fruits rouges bien mûrs, garrigue, épices douces, poivre en tête, le nez hésite entre grenache et syrah, les 2 piliers de l'assemblage. Concentrée, la bouche charme par sa rondeur, sa suavité et ses tanins de velours qui ouvrent sur une finale épicée. Voluptueux et très sensuel. 2020-2024

EARL MAS DES BRESSADES, Mas du Grand-Plagnol, RD 3, 30129 Manduel, tél. 04 66 01 66 00, masdesbressades@aol.com V r.-v.

MAS DU NOTAIRE Signature 2018 ★

40000 | 8 à 11 €

Construit au milieu du XIXes. et acquis par la famille Rambier en 2004, le Mas du Notaire étend ses vignes sur 30 ha. Il tient son nom de l'un de ses anciens propriétaires, notaire honoraire au début du XXes.

À dominante de syrah, ce rouge dévoile une palette aromatique variée : fenouil, anis et touche mentholée entourant un fond discret de fruits mûrs. Des tanins très fondus donnent encore plus d'agrément à une bouche charnue, ensoleillée, d'une douceur et d'une souplesse qui devrait plaire à tous. Un costières très confortable. 2020-2023

SARL JEAN-PIERRE RAMBIER ET FILS VIGNERON, Mas du Notaire, 4, rue Saint-Sébastien, 30600 Gallician, tél. 04 67 55 38 50, info@masdunotaire.com V r.-v.

♥ DOM. PASTOURET Cuvée Mathieu 2019 ★★

10000 | 8 à 11 €

La famille Pastouret a créé son domaine au début du XXes. Jeanne et Michel Pastouret s'y sont établis en 1981 et ont engagé en 1993 la conversion bio de leur vignoble (30 ha aujourd'hui). Leurs enfants Virginie et Mathieu ont rejoint l'aventure.

Mathieu, le fils de Jeanne et Michel, s'est vu confier la vinification de cette cuvée enthousiasmante, née de grenache et de syrah à parité, qui glane son 4e coup de cœur en 4 éditions ! Très franc, affichant une grande pureté de fruit, le nez embaume le coulis de cassis et les épices. Sphérique, charnue, tout en souplesse, pétrie de fruit jusqu'en finale, sans rien qui ne dépasse, la bouche est d'une séduction absolue. « Diablement aimable », conclut un jury ravi. 2020-2025 **Cuvée Virginie 2019 ★ (5 à 8 €; 12500 b.)** Virginie Pastouret à la baguette de ce rosé convaincant. Une robe d'un rose pâle cristallin, un nez fin qui fleure bon le pamplemousse et les fruits rouges, une bouche d'abord bien ronde qui s'entiche de mandarine avant de rebondir en finale sur une agréable vivacité. Pour la famille Pastouret, la relève est assurée, et bien assurée. ⧗ 2020-2021

⊶ EARL DOM. PASTOURET, rte de Jonquières, 30127 Bellegarde, tél. 04 66 01 62 29, contact@domaine-pastouret.com V *t.l.j. sf mar. jeu. dim. 9h30-12h 14h-18h30*

♥ CAVE DE PAZAC Le Pigeonnier 2019 ★★

■	45 000		5 à 8 €

Située aux confins orientaux de l'AOC costières-de-nîmes, la petite coopérative de Meynes, créée en 1968 ne compte pas plus de 7 adhérents (pour 250 ha de vignes). Elle occupe un ancien relais de diligences, puis de chasse, transformé en ferme dédiée à la polyculture et à l'élevage ovin, avant de devenir le siège de cette cave qui a replanté la vigne sur le plateau de Pazac.

Une touche de marselan agrémente un assemblage classique, grenache et syrah. Un peu de saignée, un peu de pressurage direct, un bref passage en cuve et beaucoup de savoir-faire : c'est la formule magique de ce rosé affriolant, pâle de robe mais diablement séduisant dès le nez avec ses notes toniques de petits fruits rouges frais, d'agrumes et de bonbon. On les croque sans retenue dans une bouche immaculée, ronde, confortable, puis tendue comme il faut en finale. Un pure gourmandise. ⧗ 2020-2021 ■ **Dom. de Lognac 2018 ★★ (5 à 8 €; 14 000 b.)** Quatre cépages associés issus d'un terroir de galets puis élevés en cuve. Fruits rouges, feuille de tomate, bourgeon de cassis, au nez c'est la fraîcheur qui l'emporte. Amplitude, rondeur, souplesse des tanins, générosité du fruit, en bouche c'est le soleil qui s'impose. Un beau contraste qui fait le charme de ce rouge à ouvrir dans sa jeunesse. ⧗ 2020-2023 ■ **Le Pigeonnier 2019 ★ (5 à 8 €; 28 000 b.)** La passe de trois pour la cave avec ce blanc qui associe une majorité de grenache blanc au vermentino et à la roussanne. Délicat et complexe, sur le genêt, l'abricot et l'ananas, le nez séduit. La bouche y ajoute une nuance de jasmin et offre le volume et rondeur qui sied à un bon blanc de table. À boire sur le fruit. ⧗ 2020-2022

⊶ SCA DES GRANDS VINS DE PAZAC, rte de Redessan, 30840 Meynes, tél. 04 66 57 59 95, cavedepazac30@gmail.com V *t.l.j. sf dim. 8h-12h15 14h-19h*

CH. SAINT-BÉNÉZET Caprices de Lola 2019 ★

■	50 000		5 à 8 €

Propriété des familles Soulairac et Bosse-Platière depuis 1999, l'ensemble des Vignobles Saint-Bénezet compte plus de 200 ha intégralement cultivés en agriculture raisonnée.

Grenache et syrah vendangés de nuit puis rapidement pressés, cela donne ce rosé aux reflets framboise et au nez fringant de fraise et de citron. Un bouquet tonique que l'on retrouve dans une bouche d'abord bien ronde puis très fraîche en finale, avec une note amylique pour la gourmandise. ⧗ 2020-2021

⊶ SCEA SAINT-BÉNÉZET, Dom. Saint-Bénézet, 30800 Saint-Gilles, tél. 04 66 70 17 45, commercial@saint-benezet.com V *r.-v.*

CH. DE SURVILLE Prestige 2018 ★

■	50 000		8 à 11 €

Un domaine de 65 ha (dont une partie en conversion bio), l'un des plus importants de l'appellation costières-de-nîmes, propriété de la même famille depuis 1740. Basile et Nicolas Ricome, fils de Dominique, sont arrivés en 2009 à la tête de ce cru régulier en qualité.

La syrah et les galets roulés de la Durance s'entendent à merveille dans ce rouge élevé 12 mois en fûts. Le nez en tire sa touche discrète d'épices douces qui ne masque pas l'intensité d'un fruit (noir) agrémenté de notes fraîches de verveine et de feuille de pêcher. De la bouche, on retiendra la rondeur, la douceur, les tanins tendres et la finale plus tendue qui offre une intéressante perspective de garde. ⧗ 2021-2024 ■ **2019 ★ (8 à 11 €; 30 000 b.)** Pâle comme il se doit, aimable par ses arômes floraux et fruités (pêche et fruits rouges), ce rosé très classique remplit parfaitement sa mission : de la légèreté, des saveurs friandes qui tirent sur le fruit rouge en bouche, une fraîcheur préservée avec juste ce qu'il faut de rondeur pour enrober le tout. ⧗ 2020-2021

⊶ EARL LES VIGNOBLES DOMINIQUE RICOME, Ch. de Valcombe, 48000, rte de Saint-Gilles, 30510 Générac, tél. 04 66 01 32 20, info@chateaudevalcombe.com V *t.l.j. sf sam. dim. 9h-12h 13h30-17h30*

CH. DES TOURELLES Le Coin des Grenades 2019 ★

■	8 000		5 à 8 €

Propriété de la famille Durand depuis 1762, ce grand domaine d'une centaine d'ha est situé près de Beaucaire. Sur cet ancien site viticole gallo-romain, la famille a entrepris depuis 20 ans une initiative originale d'archéologie expérimentale : la première reconstitution d'une cave gallo-romaine grandeur nature et en état de fonctionner.

Une touche de syrah à l'appui du grenache dans ce rosé de saignée qui s'ouvre en deux temps : les agrumes et les fleurs, puis des touches discrètement épicées à l'aération. À une attaque franche succède une belle rondeur un peu sucrée, relevée par ce qu'il faut de fraîcheur. Harmonieux et gourmand. ⧗ 2020-2021

⊶ HERVÉ ET GUILHEM DURAND, Ch. des Tourelles, 4294, rte de Saint-Gilles, 30300 Beaucaire, tél. 04 66 59 19 72, tourelles@tourelles.com V *t.l.j. sf sam. dim. 9h-12h 14h-18h*

B CH. VESSIÈRE 2018 ★

■	80 000		8 à 11 €

Situé au cœur des Costières, ce domaine de 65 ha est dans la famille Teulon depuis 7 générations. Vincent Teulon, installé en 2007, a engagé la conversion bio du vignoble, certifié depuis 2013.

Du fruit et de la légèreté au programme de ce costières convivial dont on aime le nez gorgé de cerise, de cassis et de framboise, et la bouche souple, fruitée, presque aérienne, d'un équilibre sans fausse note. À boire sur sa jeunesse. ⧗ 2020-2022

⊶ EARL TEULON ET FILS, Ch. Vessière, 30800 Saint-Gilles, tél. 04 66 73 30 66, contact@chateau-vessiere.com V *r.-v.* E

B PIERRE VIDAL 2019 ★

■ | 200 000 | | 5 à 8 €

Pierre Vidal, installé à Châteauneuf-du-Pape avec son épouse vigneronne, a créé son négoce en 2010. Une maison déjà bien implantée grâce aux sélections parcellaires vinifiées par ce jeune œnologue formé en Bourgogne, qui s'est développée depuis 2015 vers les vins bio et les vins « vegan ».

Énième sélection pour Pierre Vidal, dont on retrouve le style très charmeur entre maturité et fraîcheur. Un nez friand à souhait de fruits noirs et de pulpe de raisins précède une bouche riche, concentrée et bien structurée, mais qui préserve la fraîcheur et l'intensité du fruit. On peut le boire avec grand plaisir dès à présent ou le laisser s'attendrir un peu en cave. ⧗ 2020-2024

⊶ EURL PIERRE VIDAL, 370, rue Calixte-Paillet, 84350 Courthézon, tél. 07 77 05 38 81, contact@pierrevidal.com r.-v.

VIGNERONS PROPRIÉTÉS ASSOCIÉS
Saveurs du temps 2019 ★

■ | 214 667 | | - de 5 €

La coopérative Costières et Soleil est devenue Vignerons Propriétés Associés en 2013. Regroupant les caves de Clavisson, Générac et Saint-Hilaire d'Ozilhan, elle vinifie le produit de 150 adhérents et de 24 domaines pour un total de 3 000 ha.

Deux pour cent de marselan épice cet assemblage grenache-syrah issu d'une sélection de parcelles. Friand de bout en bout, il offre un nez frais, entre fruits rouges et sureau, et une bouche souple, nantie de petits tanins croquants, qui a pour elle un fruit aussi simple que gourmand. Une cuvée printanière à ouvrir dans ses jeunes années. ⧗ 2020-2022

⊶ SCA VIGNERONS PROPRIÉTÉS ASSOCIÉS, 9, rue Émile-Bilhau, 30510 Générac, tél. 04 66 01 12 12, contact@vigneronsproprietesassocies.fr V *t.l.j. sf lun. dim. 10h-12h30 15h30-19h*

DUCHÉ D'UZÈS

Située au nord de Nîmes, la dernière-née des AOC (2013) a fourni d'abord des vins de pays. Depuis 1989, les viticulteurs de l'Uzège œuvraient pour obtenir l'accession de leurs vins à l'appellation d'origine. Ils se sont fixé de nombreuses contraintes et n'ont pas ménagé les investissements sur leurs exploitations. L'appellation, fondée sur un cahier des charges strict, ne vise pas les volumes, mais un vin haut de gamme. La région viticole est située au carrefour des Cévennes, du Languedoc et de la Provence, sur la rive droite du Rhône, et elle livre des vins rouges généreux, épicés et réglissés, surtout marqués par la syrah et le grenache, des rosés puissants et aromatiques, marqués par le grenache, ainsi que des blancs intenses, aux arômes de pêche et d'abricot, issus de grenache blanc et de viognier.

COLLINES DU BOURDIC Racine 2019 ★

■ | 30 000 | | - de 5 €

Créée en 1928 grâce à la volonté d'une poignée de viticulteurs, la cave coopérative Les Collines du Bourdic, dans le Gard, compte aujourd'hui une centaine d'adhérents qui cultivent 1 700 ha. À sa carte, du duché-d'uzès et des vins en IGP.

Cuvée hommage à Jean Racine, qui séjourna à Uzès entre 1661 et 1662, ce rosé va droit au but : une couleur légère, un nez élégant, floral et fruité, une bouche droite, fraîche mais pas mordante, vivifiée par des saveurs franchement citronnées et acidulées. Le rosé d'été par excellence. ⧗ 2020-2021

⊶ SCA LES COLLINES DU BOURDIC, chem. de Saint-Chaptes, 30190 Bourdic, tél. 04 66 81 20 82, contact@bourdic.fr V *t.l.j. sf dim. 9h-12h30 14h-18h*

GARRIGUE DE BORNÈGRE 2018 ★

■ | 26 600 | | 8 à 11 €

Ce domaine gardois a porté pendant 10 ans sa vendange à la coopérative voisine avant d'aménager, en 2004, un chai de vinification. Son vignoble de 33 ha lui permet de proposer une large gamme de vins en AOC (duché-d'uzès) et en IGP, dans les 3 couleurs.

Beaucoup d'agrément dans ce rouge délié, né de la syrah majoritaire et d'un élevage partiel en fût très discret. Le nez franc met en avant la framboise un peu acidulée. C'est la souplesse et la fraîcheur que l'on retiendra d'une bouche soutenue par des tanins bien fondus, séduisante par ses flaveurs franches et très gourmandes. Le vin de plaisir par excellence. ⧗ 2020-2023

⊶ EARL DOM. DE L' AQUEDUC, chem. du Mas-de-France, 30700 Saint-Maximin, tél. 04 66 37 41 84, domaineaqueduc@orange.fr V *t.l.j. 9h-12h 14h-19h* 2

♥ FAMILLE MONTESCAUD 2019 ★★

■ | 20 000 | | - de 5 €

Créée en 1928 grâce à la volonté d'une poignée de viticulteurs, la cave coopérative Les Collines du Bourdic, dans le Gard, compte aujourd'hui une centaine d'adhérents qui cultivent 1 700 ha. À sa carte, du duché-d'uzès et des vins en IGP.

La sélection parcellaire rigoureuse de grenache et de syrah et la douce macération en cuve portent manifestement leurs fruits. Une robe légère, rubis, et un nez fin, très floral et délicatement réglissé : l'entame signe un vin plus élégant que puissant. La bouche très gourmande le confirme : pas de concentration ni de tanins corsés, mais un palais caressant, aérien, d'une légèreté, d'un pureté de fruit et d'un raffinement exemplaire. Le jury est charmé par tant d'élégance. ⧗ 2020-2023

SCA LES COLLINES DU BOURDIC, chem. de Saint-Chaptes, 30190 Bourdic, tél. 04 66 81 20 82, contact@bourdic.fr V *t.l.j. sf dim. 9h-12h30 14h-18h*

DOM. REYNAUD 2019 ★

	4500		5 à 8 €

Entre les Reynaud et la vigne, c'est une histoire qui s'écrit depuis 3 générations. Luc Reynaud a forgé sa vocation auprès de son grand-père et cultive un vignoble de 50 ha en conversion bio depuis 2018.

Grenache et syrah assemblés dans ce rosé coloré et tonique, à la robe soutenue et au nez d'abord amylique qui se teinte à l'aération de notes de fraise et de framboise. Fraîche, longue, souple, la bouche fait preuve d'un équilibre irréprochable. ⧗ 2020-2021

DOM. REYNAUD, Les Carrelets, 30700 Saint-Siffret, tél. 04 66 03 18 20, luc.reynaud@wanadoo.fr V *t.l.j. 9h-12h 15h-18h30*

DOM. SAINT-FIRMIN Ananda 2019 ★

	13000		5 à 8 €

Un domaine familial de 45 ha situé au cœur de la cité ducale d'Uzès, créé en 1925 et conduit depuis 1990 par les frères Robert et Didier Blanc.

Un trio viognier, grenache et roussanne dans ce blanc élevé 6 mois en cuve, pâle de robe mais fringant par ses arômes qui hésitent entre fleurs (acacia, chèvrefeuille) et agrumes. La fraîcheur perçue au nez s'impose dans une bouche de bon volume, agrémentée d'une touche d'amande fraîche et d'une tonalité citronnée et saline revigorante en finale. De l'éclat et de l'équilibre dans ce blanc polyvalent, de l'apéritif à la table, que l'on peut boire ou garder quelques années. ⧗ 2020-2023

DOM. SAINT-FIRMIN, Dom. Saint-Firmin, 30700 Uzès, tél. 06 09 72 37 57, domstfirmin@gmail.com V *t.l.j. sf dim. 9h-19h*

VENTOUX

Superficie : 6 235 ha
Production : 226 300 hl (96 % rouge et rosé)

À la base du massif calcaire du Ventoux – le Géant du Vaucluse (1 912 m) –, des sédiments tertiaires portent ce vignoble qui s'étend sur 51 communes entre Vaison-la-Romaine au nord et Apt au sud. Le climat, plus froid que celui des côtes-du-rhône, entraîne une maturité plus tardive. Les vins rouges sont frais et élégants dans leur jeunesse; ils sont davantage charpentés dans les communes situées le plus à l'ouest (Caromb, Bédoin, Mormoiron). L'AOC produit de plus en plus des rosés à boire jeunes ainsi que des blancs.

DOM. DES ANGES Archange 2018 ★

	4500		11 à 15 €

Gabriel McGuinness, Irlandais de Kilkenny, a acquis en 1986 ce vignoble aux sols variés, situé en haut d'une colline sous la protection d'une chapelle qui donne son nom au domaine. Le domaine compte 16 ha aujourd'hui.

Quatre-vingt-dix pour cent de syrah dans cette cuvée qui a fait l'objet d'un vieillissement mixte, en fût et en amphore de terre cuite. Expressif, floral (violette) et fruité, le nez ouvre sur une bouche puissante, chaleureuse mais bien proportionnée, appuyée sur des tanins enrobés, et qui ne manque ni d'acidité ni de fruit (à l'eau-de-vie). Du potentiel en cave. ⧗ 2021-2025

SCA DOM. DES ANGES, 2342, chem. Notre-Dame-des-Anges, 84570 Mormoiron, tél. 04 90 61 88 78, contact@domainedesanges.com V *t.l.j. 9h-12h 13h-17h; sam. dim. sur r.-v.*

DOM. AYMARD Intemporel 2019 ★★

	12000		5 à 8 €

Autrefois dédié à la polyculture (tomates, melons, fraises, cerises), ce domaine a été créé en 1979 par Denis Aymard et ses 2 fils, Michel et Jean-Marie, qui ont construit une cave. Aujourd'hui, le vignoble couvre 30 ha et seul demeure 1 ha de cerisiers. Jean-Marie Aymard a confié les vinifications à sa fille Anne-Laure en 2012.

Un assemblage de 4 cépages emmené par le grenache blanc forge le caractère de ce beau blanc. Du verre s'élèvent des arômes généreux de mandarine, de miel et d'acacia, qui font aussi le charme d'une bouche ronde, soutenue par ce qu'il faut de fraîcheur et avec une petite note de zeste de pomélo qui relève la finale. Un bel équilibre et du dynamisme pour ce blanc à point aujourd'hui. ⧗ 2020-2023

SCEA AYMARD, 1238, chem. de Beaumes-à-Mazan, hameau de Serres, 84200 Carpentras, tél. 04 90 60 06 35, domaine.aymard@hotmail.fr V *t.l.j. sf dim. 9h-12h 14h-19h*

DOM. DE LA BASTIDONNE 2019 ★

	8000		5 à 8 €

Installé en 1990, Gérard Marreau, œnologue, représente la quatrième génération à conduire ce domaine familial de 40 ha fondé en 1903, souvent en vue pour ses ventoux et ses IGP.

Le domaine signe un joli rosé mi-syrah mi-grenache. Derrière une robe brillante et saumonée, des parfums fringants de fleurs blanches et d'agrumes. Aussi ronde que fraîche, la bouche délivre sans retenue ces mêmes arômes alertes et citronnés. Un très bon rosé d'été, gourmand et dynamique. ⧗ 2020-2021

SCEA DOM. DE LA BASTIDONNE, 206, chem. de la Bastidonne, 84220 Cabrières-d'Avignon, tél. 04 90 76 70 00, domaine.bastidonne@orange.fr V *t.l.j. sf dim. 9h-12h 14h-18h*

DOM. DU BON REMÈDE La Grange Delay 2018 ★

	45000		8 à 11 €

Situé à 25 km d'Avignon, ce domaine, propriété familiale depuis 3 générations, ménage une vue exceptionnelle sur le mont Ventoux. Créé en 1991, il a commencé à vinifier en 1997 et a largement étendu sa superficie (30 ha aujourd'hui).

Issu de vignes situées à 250 m d'altitude, cet assemblage marqué par le grenache a subi une longue macération avant un élevage de 12 mois en barrique. La robe en tire sa profondeur, le nez sa richesse, entre cassis, myrtille et subtiles notes vanillées, et la bouche sa structure tannique ferme qui se met au service d'une matière généreuse, à la sucrosité affirmée. Bien que déjà gourmande, cette cuvée mérite de passer en cave. ⧗ 2021-2025

EARL FRÉDÉRIC ET LUCILE DELAY, 1248, rte de Malemort, 84380 Mazan, tél. 04 90 69 69 76, domainedubonremede@orange.fr V *t.l.j. sf dim. 9h-12h30 14h-18h*

DOM. BRUSSET Les Boudalles 2019 ★★

■	30 000		5 à 8 €

Soixante-dix-huit terrasses exposées plein sud composent ce vignoble de 70 ha situé sous les Dentelles de Montmirail. Créé en 1947 par André Brusset, puis dirigé par son fils Daniel, il est aujourd'hui conduit par son petit-fils Laurent. Une valeur sûre en gigondas et en cairanne.

Abonné au Guide, le domaine signe un ventoux ébouriffant. Le jury s'est enthousiasmé pour ce nez «explosif», tout en fruits rouges (framboise et grenadine), et pour cette bouche vigoureuse, portée par de beaux tanins croquants et soyeux qui laissent s'exprimer sans réserve un fruit fringant et savoureux. À croquer dans sa jeunesse ou après quelques années de garde. ⧗ 2020-2023

SA DOM. BRUSSET, 70, chem. de la Barque, 84290 Cairanne, tél. 04 90 30 82 16, contact@domainebrusset.com V *t.l.j. 9h-12h 14h-18h*

DOM. CHAMP-LONG Tradition 2019 ★

■	11 000		5 à 8 €

Une propriété dans la même famille depuis le début du XIXᵉs. En 1964, Maurice Gély crée la cave de vinification; en 1994, son fils Christian la rénove; en 2004, son petit-fils Jean-Christophe rejoint le domaine, qui s'étend sur 30 ha au pied du mont Ventoux.

Une robe claire ourlée de reflets argentés, un nez fringant, fruité qui fleure bon les agrumes et la fraise, l'entame est de bon augure. Intense, ronde, dynamique, fraîche sans être vive, éclatante de fruit, la bouche ne déçoit pas. ⧗ 2020-2021

EARL DOM. DE CHAMP-LONG, 1900, chem. de Champ-Long, 84340 Entrechaux, tél. 04 90 46 01 58, domaine@champlong.fr V *t.l.j. sf dim. 9h-12h 14h-18h*

CLAUVALLIS Terres cachées 2019 ★

■	20 000		- de 5 €

La Cave La Courtoise a été fondée le 7 décembre 1924, à l'initiative de 7 viticulteurs dont les adhérents actuels rappellent le nom : l'esprit de la coopération, aventure humaine. La cave regroupe les vignerons de Saint-Didier, Malemort, Venasque et Pernes-les-Fontaines, au sud du mont Ventoux.

Des Terres cachées qui se découvrent sur un nez gorgé de fruits noirs et d'épices douces. Arômes que l'on retrouve dans une bouche conviviale, réglissée, animée par des tanins fermes mais sans dureté. De la tenue et du fruit. À boire ou à garder quelques années. ⧗ 2020-2023

Terres cachées 2019 ★ (- de 5 €; 15 000 b.) Grenache blanc et clairette en duo élevé en cuve dans ce 2019 qui embaume le litchi, la pêche et l'amande fraîche. Ronde mais sans lourdeur, agrémentée d'une touche florale, la bouche possède la consistance d'un bon blanc de gastronomie. ⧗ 2020-2023

SCA LA COURTOISE, 976, rte de la Courtoise, 84210 Saint-Didier, tél. 04 90 66 01 15, cave.la.courtoise@wanadoo.fr V *r.-v.*

CLOS DE GARAUD Kromb 2019 ★

■	15 000		5 à 8 €

Niché à Caromb, entre le Mont Ventoux et les Dentelles de Montmirail, le Clos de Garaud a été créé en 2014 par Jérémy Sagnier, issu d'une lignée enracinée dans cette région depuis 1560. Le domaine produit à la fois des ventoux et des vins en IGP sur une superficie de 25 ha.

Un assemblage dominé par la syrah et vinifié dans le but d'exalter le fruit et la souplesse. Au nez, du fruit rouge un peu fumé; en bouche, de l'amplitude à l'attaque, des tanins doux et une agréable sucrosité apportée par des notes de fruits confiturés. Un ventoux généreux et facile d'accès. ⧗ 2020-2023

SAS DOM. CLOS DE GARAUD, 974, chem. de Serres, 84330 Caromb, tél. 06 14 63 25 76, closdegaraud@gmail.com V *t.l.j. sf dim. 9h-12h 15h-19h*

Ⓑ DAUVERGNE RANVIER De natura rerum 2019 ★

■	60 000		5 à 8 €

Créée en 2004 par François Dauvergne et Jean-François Ranvier, professionnels du vin qui ont décidé d'élaborer leurs propres cuvées après avoir œuvré chez les autres, cette maison de négoce s'affirme d'année en année à travers des vins de qualité issus de sélections parcellaires. En 2013, les 2 compères ont repris l'exploitation du Dom. des Muretins (tavel et lirac) et ont développé en 2014 une gamme de vins bordelais en collaboration avec Patrice Hateau.

Un peu de syrah, mourvèdre et cinsault à l'appui du grenache dans ce ventoux délié, au nez franc et direct sur le fruit rouge, qui offre en bouche un grand bol de fruit et d'épices douces, une belle fraîcheur et des tanins souples, déjà bien fondus. Une fidèle évocation de l'appellation. À boire sur le fruit. ⧗ 2020-2022

DAUVERGNE RANVIER, 47, chem. des Vestides, 30126 Tavel, tél. 04 48 24 00 41, contact@dauvergne-ranvier.com

DOM. DE FONDRÈCHE 2019 ★

■	60 000		11 à 15 €

Nanou Barthélemy et son fils Sébastien Vincenti ont acquis cette propriété en 1995, construit puis régulièrement perfectionné la cave, et recomposé le vignoble – 40 ha conduits en bio et biodynamie (sans certification) – faisant ainsi de Fondrèche l'une des références de l'AOC ventoux.

Régulièrement mentionné pour ses vins rouges, ce très bon domaine soigne aussi ses rosés. La preuve avec ce 2019 à peinte teinté, à base de cinsault, qui offre au nez comme en bouche de franches notes acidulées de pamplemousse et une vivacité parfaitement ajustée. Un bon rosé d'apéritif. ⧗ 2020-2021

SARL BARTHÉLEMY-VINCENTI, Dom. de Fondrèche, 2589, La Venue-de-Saint-Pierre-de-Vassols, 84380 Mazan, tél. 04 90 69 61 42, contact@fondreche.com V t.l.j. sf sam. dim. 8h-12h 14h-18h

DOM. DE FONDRÈCHE 2019 ★

60 000 | 11 à 15 €

Nanou Barthélemy et son fils Sébastien Vincenti ont acquis cette propriété en 1995, construit puis régulièrement perfectionné la cave, et recomposé le vignoble – 40 ha conduits en bio et biodynamie (sans certification) – faisant ainsi de Fondrèche l'une des références de l'AOC ventoux.

Régulièrement cité pour ses vins rouges, ce très bon domaine soigne aussi ses rosés. La preuve avec ce 2019 à peinte teinté, à base de cinsault, qui offre au nez comme en bouche de franches notes acidulées de pamplemousse et une vivacité parfaitement ajustée. Un bon rosé d'apéritif. ⧗ 2020-2021

SARL BARTHÉLEMY-VINCENTI, Dom. de Fondrèche, 2589, La Venue-de-Saint-Pierre-de-Vassols, 84380 Mazan, tél. 04 90 69 61 42, contact@fondreche.com V t.l.j. sf sam. dim. 8h-12h 14h-18h

DOM. LES HAUTES BRIGUIÈRES Rosé d'une nuit 2019 ★★

14 180 | 5 à 8 €

Sa famille cultive la vigne depuis 160 ans; François-Xavier Rimbert s'est installé en 1998 sur le domaine familial, 28 ha de vignes en terrasses à 350 m d'altitude, au pied du Ventoux.

Derrière la robe classiquement pâle d'un rosé de pressurage direct, se présente un nez plutôt riche qui oscille entre framboise écrasée, mûre et notes florales. Le mourvèdre et la syrah (60 % de l'assemblage) prêtent leur chair à une bouche bien ronde, pétrie de fruits mais qui n'oublie pas de rester fraîche en finale. Du tempérament et du goût pour ce rosé de gastronomie. ⧗ 2020-2021

EARL LES HAUTES BRIGUIÈRES, 89, chem. de Canebier, 84570 Mormoiron, tél. 06 13 24 27 18, fxrimbert@orange.fr V t.l.j. 9h-19h; hiver 9h-17h30

B DOM. DES HAUTS TRAVERSIERS Les Traversiers 2019 ★

6 000 | 5 à 8 €

Créé en 1994 par Didier Morel, ce domaine familial est géré par son fils Florian depuis 2013. Soucieux de l'environnement et par respect du terroir, le vignoble de 15 ha est aujourd'hui conduit en agriculture biologique.

Un nez de primeur dans ce rouge allègre, vinifié à basse température pour préserver les arômes de fruits. Au nez, du fruit rouge frais à foison donc, qui s'épanouit tout autant dans une bouche très légèrement structurée et gourmande à souhait. Pourquoi faire compliqué? Un « ventoux de copains » et de pique-nique. ⧗ 2020-2022

EARL MOREL, 2335, chem. des Traversiers, 84210 Pernes-les-Fontaines, tél. 06 50 99 70 60, contact@hauts-traversiers.com V r.-v.

ALAIN JAUME Les Gélinottes 2018 ★★

45 000 | 5 à 8 €

D'origine castelpapale, Alain Jaume et ses fils Sébastien et Christophe perpétuent une tradition viticole qui remonte à 1826. Ils conduisent en bio un vignoble de 155 ha réparti sur 4 domaines : Grand Veneur à Châteauneuf-du-Pape, Clos de Sixte à Lirac, Ch. Mazane à Vacqueyras, et le Dom. la Grangette Saint-Joseph en AOC côtes-du-rhône, le tout complété par une activité de négoce. Une valeur sûre.

Du grenache et de la syrah qui composent cet assemblage, c'est la seconde qui l'emporte au nez avec ses arômes francs de violette. Le grenache impose en bouche ses notes de Zan, sa largeur et sa rondeur, épaulée par des tanins bien veloutés. Un duo qui fonctionne en bonne harmonie et qui dessine un ventoux généreux, long, d'une souplesse déjà gourmande. ⧗ 2020-2023

SARL VIGNOBLES ALAIN JAUME, 1358, rte de Châteauneuf-du-Pape, 84100 Orange, tél. 04 90 34 68 70, contact@alainjaume.com V t.l.j. sf dim. 8h-13h 14h-18h

♥ CAVE DE LUMIÈRES Dom. Terrus 2019 ★★

23 000 | 5 à 8 €

Connu pour ses verreries au XIVᵉ s. et pour ses faïenceries au XVIIIᵉ s., le village de Goult abrite la Cave de Lumières, fondée en 1925. Étant située à la limite du Luberon et du Ventoux, la coopérative produit des vins dans les 2 appellations, sur une surface totale de 511 ha.

Le grenache et la syrah associés dans ce rouge voluptueux élevé en cuve. Velouté, riche, bien ensoleillé, le nez embaume le fruit mûr, la cannelle et la muscade. En bouche, tout est sensuel et épanoui : la chair ample qui tapisse le palais, les tanins caressants et soyeux, les flaveurs généreuses et gourmandes de fruits écrasés qui s'éternisent dans une longue finale. Irrésistible. ⧗ 2020-2023 **Aubépine 2019 ★ (5 à 8 €; 25 000 b.)** Clairette, roussanne et grenache blanc composent ce blanc éclatant dont on retient le nez ouvert et frais sur le jasmin et la fleur d'amandier, et la bouche bien ronde, tendrement fruitée, qui libère des notes croquantes de pêche, de fleur de vigne et d'orange confite. Charmeur et bien équilibré. ⧗ 2020-2022

CA LA CAVE DE LUMIÈRES, 9, rte de Joucas, 84220 Goult, tél. 04 90 72 20 04, info@cavedelumieres.com V t.l.j. sf dim. 9h-12h 14h-18h

B MAS ONCLE ERNEST Instant présent 2019 ★

15 000 | 8 à 11 €

Une exploitation familiale créée par Camille, l'arrière-grand-père d'Alexandre Roux, et par Ernest, son arrière-grand-oncle, « un personnage au fort caractère, célibataire endurci, qui consacra sa vie à son travail ». Le jeune vigneron, associé à son père Pierre depuis 2003, a sorti le domaine de la cave coopérative

en 2007 pour produire ses propres vins et converti le vignoble à l'agriculture biologique.
Comme son nom l'indique, voici un ventoux conçu pour être bu sans délai. Le grenache longuement macéré pour les arômes de fruits confits, la syrah et le carignan en macération carbonique pour les notes de fruits frais : un agréable bouquet qui fait aussi le charme d'une bouche conviviale, ourlée de tanins doux, avec ce qu'il faut d'acidité. Cohérent et harmonieux. ⧗ 2020-2022

⊶ EARL SAINT-ANDRÉ, 325, chem. du Rat-Collet-Blanc, 84340 Entrechaux, tél. 06 64 71 56 15, mas-oncle-ernest@hotmail.fr V r.-v.

Ⓑ DOM. DE LA MASSANE Le Stil 2018 ★★

| 5000 | | 8 à 11 € |

Ce domaine familial de 12 ha situé sur le versant sud du mont Ventoux est conduit depuis 2002 par Laurent Trazic, représentant la 3e génération de vignerons sur l'exploitation. Les vignes sont cultivées en bio et les vendanges sont manuelles.
Stil? Les initiales des prénoms de la famille Trazic. Au menu de ce rouge enthousiasmant, une majorité de syrah et un peu de grenache, le tout élevé brièvement en cuve béton. Du dépouillement donc et le nez de laisser parler les fruits frais et les épices. Ample, généreuse, épicée de bout en bout, dotée de beaux tanins au grain fin, la bouche déroule jusqu'en finale ses flaveurs goûteuses de fruits bien mûrs. De la chair, de la présence et beaucoup de plaisir dès à présent. Du potentiel aussi. ⧗ 2020-2025 **Le Rosé 2019 ★ (5 à 8 €; 5000 b.)** Ⓑ Un plaisant rosé parfumé, né de grenache et de cinsault. Au nez, de la framboise fraîche, de la cerise, des notes florales et une touche d'agrumes. Une combinaison que l'on retrouve dans une bouche ronde à l'entame, fluide et élégante, sans une once de lourdeur, vivifiée par un trait d'agrumes en finale. Pour la table, avec sardinade et tian de courgettes. ⧗ 2020-2021

⊶ LAURENT TRAZIC, 880, rte de Carpentras, 84410 Bédoin, tél. 04 90 65 60 81, domainedelamassane@hotmail.fr V t.l.j. sf mer. dim. 10h-19h

Ⓑ CH. PESQUIÉ Quintessence 2018 ★

| 104600 | | 15 à 20 € |

Acquis en 1970 par Odette et René Bastide, ce vaste domaine de 100 ha, régulier en qualité, est conduit depuis 2003 par la 3e génération (Frédéric et Alexandre Chaudière). L'ensemble du vignoble est certifié bio et en cours de conversion à la biodynamie.
Ce domaine d'une constance remarquable se signale cette année par cette sélection parcellaire dominée par la syrah et élevée 12 mois en fût avec une partie de bois neuf. Discret, le nez livre à l'aération des notes de cerise saupoudrées de chêne. La réglisse s'invite dans une bouche jeune, ample, consistante et bien cadrée par de beaux tanins patinés par l'élevage. Un vin solide, à fort caractère, qui donnera sa pleine mesure après un peu de bouteille. ⧗ 2021-2025

⊶ SARL FAMILLE CHAUDIÈRE, Ch. Pesquié, 1365 bis, rte de Flassan, 84570 Mormoiron, tél. 04 90 61 94 08, contact@chateaupesquie.com V t.l.j. sf dim. 10h-12h 14h-18h

PEYRE Gala 2019 ★

| 16600 | | 5 à 8 € |

Patricia Alexandre, ancienne directrice du Gault et Millau, a repris 2 domaines du Luberon en 2013 : le Dom. Faverot, un mas provençal dont une partie date du XVIes., transformé en magnanerie au XVIIIes., puis en domaine viticole dans les années 1920; le Dom. des Peyre, une ancienne ferme fortifiée du XVIIIes. commandant 23 ha de vignes. Elle a restructuré le vignoble, construit un chai, développé l'œnotourisme et monté une petite structure de négoce en 2018.
Clin d'œil au parcours de Patricia Alexandre, les étiquettes et les noms de cuvées font référence à la presse. Une robe saumonée, un nez précis et délicat, floral et fruité (fruits rouges), une bouche ronde, élégante, détendue, qui restitue la palette perçue au nez : aucune « coquille » dans ce rosé fin et gourmand. Le jury donne son BAT (bon à trinquer). ⧗ 2020-2021 **Gusto 2019 ★ (5 à 8 €; 14700 b.)** Le grenache blanc complété par la clairette pour ce blanc doré de robe, qui séduit d'emblée par son nez printanier de genêt, d'agrumes et de fruits à chair blanche. Assez charnue, la bouche est dynamisée par une belle vivacité qui étire le fruit en finale et donne du nerf à l'ensemble. De l'éclat dans ce blanc polyvalent (de l'apéritif à la table). ⧗ 2020-2023

⊶ SCEA DOM. DES PEYRE, 1620, rte d'Avignon, 84440 Robion, tél. 06 08 92 87 71, boutique@domainedespeyre.com V t.l.j. 10h-19h Ⓔ

Ⓑ DOM. DU PUY MARQUIS Tradition 2019 ★

| 12000 | | 8 à 11 € |

Ancien cycliste professionnel, coéquipier de Jacques Anquetil, Claude Leclercq a posé son vélo en 1980 pour créer ce domaine planté à 450 m d'altitude, face au Luberon. Le domaine couvre 25 ha, dont 11 ha de vignes, en bio depuis 2017.
L'habit ne faisant pas le moine, la robe pâle cache un rosé de caractère. Si le nez est classique, entre bonbon anglais et fruits rouges acidulés, la bouche offre un beau volume : de la matière, de la rondeur, des arômes persistants de fraise et de cerise, avec ce q'il faut de vivacité en soutien. Un rosé expressif. ⧗ 2020-2021

⊶ CLAUDE LECLERCQ, Dom. du Puy Marquis, 84400 Apt, tél. 04 90 74 51 87, domainedupuymarquis@yahoo.fr V t.l.j. sf dim. 9h-12h 14h-18h30

SAINT-MARC 2018 ★

| 35000 | | 5 à 8 € |

Cette cave coopérative doit son nom à la proximité d'un oratoire dédié à saint Marc, patron des vignerons de Provence. Fondée en 1928, elle vinifie 1 200 ha de vignes et fédère aujourd'hui quelque 300 familles de vignerons.
Très souvent au rendez-vous du Guide, la cave place ce bon vin rouge sobre, sans effet de manche, qui a pour lui un nez franc de fruits rouges saupoudrés de notes épicées et une bouche fluide, délicate, joliment ciselée et, écho à l'olfaction, relevée d'épices. Un ventoux friand, simple mais pas simpliste, facile à aimer. ⧗ 2020-2023

SCA CAVE SAINT-MARC, 667, av. de l'Europe, BP 16, 84330 Caromb, tél. 04 90 62 40 24 V *t.l.j. 9h-12h 14h-18h30*

TERRASOLIS Intuition 2019 ★

9000 | 8 à 11 €

Née en 2003 de la fusion des caves Les Roches Blanches, à Mormoiron, et La Montagne Rouge, à Villes-sur-Auzon, toutes deux fondées en 1929, cette coopérative regroupe plus d'une centaine d'adhérents et propose une jolie gamme de ventoux. Elle organise des circuits touristiques pour partir à la découverte de la région et de ses vins.

Le grenache blanc élevé en fût pour la rondeur et le volume, la clairette vieillie en cuve pour la fraîcheur et le fruit : une combinaison qui fait mouche dans ce millésime solaire. On aime le nez nuancé, floral (pétale de rose) et fruité (citron), tout autant que la bouche, qui offre ce compromis entre gras et fraîcheur signant les bons blancs du Sud. ⧗ 2020-2023

SCA CAVE TERRAVENTOUX, 253, rte de Carpentras, 84570 Villes-sur-Auzon, tél. 04 90 61 78 10, sgass@terraventoux.com V *r.-v.*

♥ DOM. DE LA VERRIÈRE 2019 ★★

26000 | 5 à 8 €

Le roi René de Provence, alors propriétaire des lieux, fit venir ici des verriers italiens en 1470. Le domaine appartient aux Maubert depuis 1969 (avec Jacques aux commandes depuis 1985) et étend ses 28 ha de vignes en coteaux sur les contreforts du Ventoux.

Vendanges nocturnes, pressurage direct, vinification à basse température, élevage court en cuve sur lies fines : tout est fait pour préserver la fraîcheur et la pureté des arômes. Nez affriolant de framboise et d'agrumes, bouche puissante, ample à l'attaque, vibrante de fruit, soutenue par une très belle acidité, longue finale éclatante sur les agrumes et les fruits rouges : objectif atteint. Un grand rosé qui sera à sa place à table. ⧗ 2020-2022

EARL MAUBERT ET FILS, 2673, chem. de la Verrière, 84220 Goult, tél. 04 90 72 20 88, laverriere2@wanadoo.fr V *t.l.j. sf dim. 9h-12h 14h-18h*

LUBERON

Superficie : 3 200 ha
Production : 140 000 hl (80 % rouge et rosé)

Le vignoble, AOC depuis 1988, est implanté sur 36 communes des versants nord et sud du massif calcaire du Luberon, entre les vallées de la Durance au sud et du Calavon au nord. Les vins rouges et rosés portent l'empreinte du grenache et de la syrah, cépages obligatoires, éventuellement complétés par des variétés secondaires comme le cinsault et le carignan. Le climat plus frais qu'en vallée du Rhône et les vendanges plus tardives expliquent la part relativement importante des vins blancs, qui naissent principalement des cépages grenache blanc, clairette, vermentino et roussanne.

DOM. D'AIGUES 2019 ★

66000 | - de 5 €

Établi aux portes du Luberon, ce négoce familial créé en 1987 par Roger Ravoire, fils de vigneron, propose une gamme de vins (marque et domaine) provençaux et rhodaniens.

Du soleil en bouteille dans ce luberon au nez de fruits noirs confits et de figue. Arômes qui se livrent tout aussi généreusement dans une bouche très ronde, ample et capiteuse. À boire dans ses jeunes années. ⧗ 2020-2023

SAS RAVOIRE ET FILS, 340, rue du Rémoulaire, 13300 Salon-de-Provence, tél. 04 90 73 01 10, contact@ravoire-fils.com V *r.-v.*

CH. LA CANORGUE 2018 ★

48000 | 8 à 11 €

Ce domaine dans la même famille depuis 5 générations, l'une des références de l'appellation luberon, est d'une régularité sans faille. Jean-Pierre Margan, pionnier de l'agriculture biologique dans la région, a converti dès 1978 son vignoble, étendu aujourd'hui sur 40 ha. Sa fille Nathalie, installée depuis une quinzaine d'années, a pris la suite. Incontournable.

Le domaine entretient sa bonne réputation avec ce 2018 vinifié en douceur, qui met à l'honneur une syrah (70 %) fraîche et épanouie. Au nez, du fruit frais et des épices à foison, avec une petite tonalité minérale pour la complexité. La même fraîcheur émane d'une bouche ronde, vibrante de fruit, avec ce qu'il faut de mâche et de structure en soutien. Déjà savoureux mais suffisamment consistant pour tenir quelques années. ⧗ 2020-2025

EARL JEAN-PIERRE ET NATHALIE MARGAN, rte du Pont-Julien, 84480 Bonnieux, tél. 04 90 75 81 01, chateaucanorgue.margan@wanadoo.fr V *t.l.j. sf dim. 9h-12h 14h-18h*

CASTELS FRÈRES Les Barrabans 2019 ★

80600 | 5 à 8 €

Fondé à Bordeaux en 1949 par 9 frères et sœurs, le groupe Castel a connu une croissance considérable, devenant le premier producteur de vin en France, le troisième dans le monde, avec un empire qui s'étend de Bordeaux au continent africain. Outre ses nombreuses marques, il possède une vingtaine de propriétés sur l'ensemble du vignoble français.

Le grenache (50 %) à l'œuvre dans ce rouge franc, ouvert sur le fruit mûr, qui séduit par son attaque souple, sa rondeur généreuse et sa finale laissant parler le cuir et les épices de la syrah et du mourvèdre. Pas compliqué, bien typé, il devrait plaire à beaucoup. ⧗ 2020-2023

SAS CASTEL FRÈRES, 21, rue Georges-Guynemer, 33290 Blanquefort, tél. 05 56 95 54 00, contact@chateaux-castel.com

♥ DOM. LA GARELLE
La Cuvée du Solstice 2019 ★★

15000 | 8 à 11 €

Un domaine créé en 1995 par le Néerlandais Robert Vlasman, repris et rénové (nouvelles plantations, climatisation des chais, création d'un sentier œnologique) à partir de 2008 par l'ingénieur agronome Alain Audet, à la tête aujourd'hui de 30 ha de vignes.

Deuxième coup de cœur d'affilée pour ce rosé né de grenache et de syrah. Derrière une robe pétale de rose percent des arômes toniques d'agrumes, de bonbon et de petits fruits rouges qui montent en intensité à l'aération. On les retrouve encore plus éclatants et gourmands dans une bouche fluide, élégante, fraîche mais nullement incisive. Irrésistible. ⧗ 2020-2021 ■ **La Cuvée du Solstice 2018 ★★ (8 à 11 €; 15000 b.)** Le duo syrah et grenache en version rouge dans cette cuvée généreuse de bout en bout : de la couleur, des arômes de fruits mûrs et de Zan, une bouche ample, ronde, étayée de tanins bien calibrés, une finale nette et gourmande. ⧗ 2020-2023

SCA DOM. LA GARELLE, 4803, rte de Ménerbes, 84580 Oppède, tél. 04 90 72 31 20, info@lagarelle.fr
V t.l.j. sf sam. dim. 10h-12h 15h-18h

CH. ISOLETTE Ondine 2019 ★

6600 | 11 à 15 €

C'est l'un des plus anciens domaines viticoles du Lubéron. Acquis en 2018 par un couple franco-américain, il est situé en bordure de la pittoresque route départementale 3, entre Bonnieux et Apt, au cœur du Parc naturel régional du Luberon. Le vignoble s'étend sur 45 ha.

Le domaine signe un joli rosé à dominante de syrah. Classique, le nez décline les agrumes et les fruits rouges acidulés. On retrouve ces arômes dans une bouche confortable, bien dessinée, ronde à l'attaque et tonique en finale. Un rosé consistant que l'on réservera plutôt à la table. ⧗ 2020-2021

SASU CH. ISOLETTE, 2746, rte de Bonnieux, 84400 Apt, tél. 04 90 74 16 70, contact@isolette.fr
V t.l.j. 8h30-12h 13h30-17h

LOUÉRION Cœur de baies 2019 ★★

16000 | 5 à 8 €

Fondée en 1925, la coopérative de Cucuron a fusionné en 2009 avec les caves de Lourmarin, Cadenet et Lauris pour former Louérion Terres d'Alliance, qui regroupe la production de 150 vignerons.

Issu d'un assemblage on ne peut plus classique, dominé par le grenache et le cinsault, ce Cœur de baies offre tout ce que l'on attend d'un bon rosé : de la pâleur, des arômes toniques d'agrumes, une bouche d'abord bien ronde, pétrie de fruits frais, qui finit fraîche, longue et nette. De l'éclat et beaucoup de plaisir. Parfait sous la tonnelle. ⧗ 2020-2021

SCA LOUÉRION TERRES D'ALLIANCE, 15, cours Saint-Victor, 84160 Cucuron, tél. 04 90 77 21 02, contact@louerion.com V t.l.j. 9h (dim. 10h)-12h30 14h30-19h

MAS EDEM Delicato 2019 ★★

5800 | 8 à 11 €

La famille Dematté, d'origine italienne, a acquis ce domaine en 2017 et a entamé la conversion bio des 40 ha de vignes établis à 300 m d'altitude entre les villages de Goult et de Lacoste.

Repérée sur son millésime 2019, cette cuvée revient cette année et décroche une étoile de plus. Élevée en cuve, cette jeune syrah (85%) donne déjà le meilleur d'elle-même : beaucoup de fruit et d'épices, de la chair, de la rondeur, des tanins soyeux, une belle fraîcheur. Un style dépouillé qui va droit au but : du fruit et encore du fruit. ⧗ 2020-2023

SAS EDEM, 145, chem. des Maquignons, 84220 Goult, tél. 04 90 72 89 34, contact@mas-edem.fr
V r.-v.

Ⓑ PIERROURET Apolline 2019 ★

35600 | 5 à 8 €

Propriété de la famille Monod depuis les années 1950, ce domaine est sorti de la cave coopérative en 2001. Il s'est alors doté d'une nouvelle cave et a entièrement restructuré le vignoble qui a été converti au bio et à la biodynamie. Une activité de négoce a été en outre développée en 2016 sous la marque « Pierrouret ».

Une dominante de grenache, vinifié en pressurage direct puis élevé en cuve, du classique mais du très bon classique. Derrière une robe pâle et limpide comme il se doit, on découvre un nez très friand centré sur les fruits rouges, framboise en tête, qui ouvre sur une bouche confortable, à la rondeur très gourmande. Bien fait et polyvalent, de l'apéritif à la table. ⧗ 2020-2021

SARL PIERROURET, 15, chem. de Pierrouret, 84160 Lourmarin, tél. 04 90 68 35 83, pierrouret@fontvert.com

LE TEMPS DES SAGES
Le Temps des Valeurs 2018 ★

12000 | 5 à 8 €

Le Temps des Sages est le nom pris par une petite coopérative née en 1929 sous l'impulsion des vignerons de Cabrières-d'Aigues, un terroir situé sur le versant sud du Luberon à une soixantaine de kilomètres de Marseille. Elle produit en AOC luberon et en IGP Méditerranée.

Le fruit est le fil conducteur de cet assemblage syrah-grenache qui n'a pas connu le bois. Au nez, du fruit rouge et de la réglisse; en bouche, de la rondeur, des tanins souples et un fruit réglissé qui s'agrémente de guimauve en finale. En synthèse : une «explosion» de fruit. À boire dans sa jeunesse. ⧗ 2020-2023

SCA LE TEMPS DES SAGES, 4, rue du Bout-de-Viere, 84240 Cabrières-d'Aigues, tél. 04 90 79 08 06, contact@letempsdessages.com
V t.l.j. sf dim. 9h-12h 14h-18h

TERRES VALDÈZE Keras 2019 ★

13000 | 5 à 8 €

Premier producteur de l'AOC luberon, cette cave coopérative fondée en 1924 vinifie la production de 300 vignerons et 2 700 ha de vignes répartis sur 18 communes du parc naturel régional du Luberon.

Une touche de vermentino agrémente cet assemblage convaincant de syrah et de grenache. Pas d'exubérance au nez, mais des notes gourmandes de bonbon anglais et de fruits rouges acidulées qui font aussi le charme d'une bouche friande, fraîche et franche. Parfait pour l'apéritif. ⧗ 2020-2021

SCA TERRES VALDÈZE, 288, bd de la Libération, 84240 La Tour-d'Aigues, tél. 04 90 07 42 12, valdeze@terres-valdeze.fr V t.l.j. sf dim. lun. 9h-12h30 15h-19h

CH. THOURAME 2019 ★

11000 | 5 à 8 €

Connu pour ses verreries au XIVe s. et pour ses faïenceries au XVIIIe s., le village de Goult abrite la Cave de Lumières, fondée en 1925. Étant située à la limite du Luberon et du Ventoux, la coopérative produit des vins dans les 2 appellations, sur une surface totale de 511 ha.

Cette bonne coopérative qui ne néglige par ses rosés signe ce presque pur grenache (90 %) vinifié en pressurage direct. Si la robe offre peu de couleur, le nez regorge de fruits rouges et de bonbon. En bouche, on croque avec entrain dans ces mêmes saveurs débridées portées par une matière tendre et fraîche. ⧗ 2020-2021

CA LA CAVE DE LUMIÈRES, 9, rte de Joucas, 84220 Goult, tél. 04 90 72 20 04, info@cavedelumieres.com V t.l.j. sf dim. 9h-12h 14h-18h

CH. VAL JOANIS Tradition 2018 ★

100000 | 8 à 11 €

Cet ancien et vaste domaine (350 ha, dont 110 de vignes) a longtemps porté les armoiries de Jean de Joanis, secrétaire du roi Louis III de Naples. Entièrement restructuré en 1976 après son acquisition par la famille Chancel, il est une référence de l'AOC luberon. Acquis en 2001 par Léonard Roozen.

De ce 2018 à la robe brillante, on retient le nez fruité, floral et délicat, et la bouche joliment dessinée, souple, fraîche, qui se met entièrement au service de l'expression du fruit. Allègre et très plaisant, il est à boire dans ses premières années. ⧗ 2020-2023 **Tradition 2019 ★ (8 à 11 €; 100000 b.)** Une touche de rolle épaule le trio syrah-grenache-cinsault. On aime la robe, lumineuse aux reflets rose pâle, le nez tonique, citronné et floral, et le palais rond et gras, équilibré par une juste fraîcheur. De la présence et de l'harmonie. ⧗ 2020-2021

SC CH. VAL JOANIS, 2404, rte de Villelaure, 84120 Pertuis, tél. 04 90 79 20 77, info@val-joanis.com V r.-v.

PIERREVERT

Superficie : 360 ha
Production : 15 541 hl (90 % rouge et rosé)

Dans le département des Alpes-de-Haute-Provence, la majeure partie des vignes se trouve sur les versants de la rive droite de la Durance (Corbières, Sainte-Tulle, Pierrevert, Manosque...). Les conditions climatiques, déjà rigoureuses, cantonnent la culture de la vigne dans une dizaine de communes sur les quarante-deux que compte légalement l'aire d'appellation. Les vins rouges, rosés et blancs, d'un assez faible degré alcoolique et d'une bonne nervosité, sont appréciés par ceux qui traversent cette région touristique. Les coteaux-de-pierrevert ont été reconnus en appellation d'origine contrôlée en 1998.

B DOM. LA BLAQUE Réserve 2018 ★★

25000 | 11 à 15 €

Valeur sûre de l'AOC pierrevert, ce domaine a été créé en 1987 par Gilles et Laurence Delsuc, œnologues formés à Dijon. Ces derniers conduisent aujourd'hui en bio certifié un vignoble de 55 ha implanté jusqu'à 600 m d'altitude sur les contreforts du Luberon.

Une robe profonde annonce un nez intense qui restitue toute le nuancier d'une belle syrah (95 %) cueillie à juste maturité : fruits noirs confiturés, violette, épices et touche animale. Déjà fondu, le chêne (neuf) enrobe joliment des tanins fermes mais soyeux qui cadrent une bouche bien structurée, sans dureté, et d'une longueur qui en dit son long sur son potentiel. Les amateurs de syrah devraient être comblés. ⧗ 2023-2028 **2019 ★ (8 à 11 €; 23000 b.)** B Roussanne, vermentino, grenache et une touche de viognier composent ce blanc très floral, au nez comme en bouche, qui offre un corps souple et bien charnu. Ajoutons-y une belle fraîcheur et une longueur plus qu'honorable et l'on obtient un blanc complet, harmonieux, que l'on verrait bien sur un poisson grillé. ⧗ 2020-2022

DOM. LA BLAQUE, dom.-Châteauneuf, 04860 Pierrevert, tél. 04 92 72 39 71, domaine.lablaque@wanadoo.fr V t.l.j. sf dim. 9h-12h 14h-18h

CÔTES-DU-VIVARAIS

Superficie : 439 ha
Production : 12 000 hl (95 % rouge et rosé)

À la limite nord-ouest des côtes-du-rhône méridionales, les côtes-du-vivarais chevauchent les départements de l'Ardèche et du Gard. Les vins, produits sur des terrains calcaires, sont essentiellement des rouges à base de grenache (30 % minimum), de syrah (30 % minimum), et des rosés, caractérisés par leur fraîcheur et à boire jeunes. Ce VDQS a été reconnu en AOC en 1999.

CLOS DE L'ABBÉ DUBOIS 2018 ★

5900 | 5 à 8 €

L'abbé Dubois fut missionnaire en Inde au XVIIIe s. avant de revenir dans son village natal de Saint-Remèze. Il y

fit construire une maison provençale qui commande aujourd'hui un domaine de 27 ha, propriété de Claude Dumarcher depuis 1986, rejoint en 2016 par son fils.

Un fidèle du Guide qui se distingue cette année par un rouge exemplaire de légèreté. Pâle et limpide, la robe annonce un nez frais et printanier qui décline le jasmin, le glaïeul et les petits fruits rouges avec une touche épicée pour la complexité. Fluide, déliée, soutenue par des tanins à peine esquissés, la bouche régale de ses saveurs pimpantes et très florales. Un rouge d'apéritif et de pique-nique. ⧗ 2020-2022

⊶ CLOS DE L'ABBÉ DUBOIS, 7, rue Jean-Antoine-Dubois, 07700 Saint-Remèze, tél. 04 75 98 98 44, claudedumarcher@orange.fr V t.l.j. sf dim. 10h-12h 15h-18h30

DOM. DU PÈRE LÉON 2018 ★★

■	3000		8 à 11 €

Situé à Vinezac, créé en 2016, ce petit domaine de 5 ha en production a été baptisé en hommage à l'aïeul, Léon, à l'origine de l'exploitation agricole familiale.

Le Père Léon serait sans doute fier de ses descendants qui font leur entrée dans le Guide avec un rouge doublement étoilé. Élevé en cuve, cet assemblage syrah-grenache fait mouche dès le nez et libère de fringants arômes de fruit (confiture de fraises, cassis, myrtille) nuancés d'une touche florale et épicée. Une maturité accomplie qui fait le charme d'une bouche bien ciselée par des tanins fermes mais sans agressivité et relevée par une vivacité préservée en finale. Du fruit, de la consistance, de l'énergie et de la tenue, le jury est comblé. ⧗ 2021-2024

⊶ DOM. DU PÈRE LÉON, 70, imp. de Chambon, 07110 Vinezac, tél. 06 48 55 89 29, domaineduperelen@gmail.com V ven. sam. 9h-12h 14h-18h

→ LES VINS DOUX NATURELS DE LA VALLÉE DU RHÔNE

RASTEAU

Superficie : 38 ha / Production : 1 045 hl

Tout au nord du département du Vaucluse, ce vignoble s'étale sur deux formations distinctes : des sables, marnes et galets au nord; des terrasses d'alluvions anciennes du Rhône (quaternaire), avec des galets roulés, au sud. Le grenache (90 % minimum) y fournit un vin doux naturel rouge ou doré.

DOM. LA SOUMADE Hors d'âge 2014 ★

■	2068		11 à 15 €

Valeur sûre de la vallée du Rhône Sud (pour ses rasteau et ses *villages* notamment), ce domaine de 30 ha a été créé en 1979 par André Roméro, épaulé depuis 1996 par son fils Frédéric et conseillé depuis 2002 par l'œnologue bordelais Stéphane Derenoncourt.

Le millésime 2014 de ce 100 % grenache est bien la preuve que les meilleurs vins doux naturels peuvent se boire à tout âge, et sa capacité de garde est loin d'être épuisée. Langoureux, chaleureux, gorgé d'arômes de pruneaux et d'épices douces, avec une note de chêne en soutien, il ira loin. ⧗ 2020-2035

⊶ EARL FRÉDÉRIC ROMÉRO, 1655, rte d'Orange, 84110 Rasteau, tél. 04 90 46 13 63, dom-lasoumade@hotmail.fr V t.l.j. sf dim. 8h-12h 14h-18h

MUSCAT-DE-BEAUMES-DE-VENISE

Superficie : 490 ha / Production : 9 265 hl

Au nord de Carpentras se découpent les impressionnantes Dentelles de Montmirail. Le vignoble est implanté sur leur versant sud, dans un paysage qui doit ses couleurs à des calcaires grisâtres et à des marnes rouges. Une partie des sols est formée de sables, de marnes et de grès, une autre de terrains tourmentés datant du trias et du jurassique. Le seul cépage est le muscat à petits grains; mais dans certaines parcelles, une mutation donne des raisins roses. Mutés à l'eau-de-vie comme les autres vins doux naturels, ces vins doivent avoir au moins 110 g/l de sucre. Aromatiques, fruités et fins, ils trouvent toute leur place à l'apéritif et sur certains fromages ou desserts.

B VIGNOBLE ALAIN IGNACE
Le Petit Grain d'Antonin 2019 ★

■	2000		11 à 15 €

Après son grand-père Justin, fondateur du domaine en 1898, et son père Antonin, Alain Ignace conduit avec son épouse Nelly les 13 ha de vignes familiales (vacqueyras et beaumes-de-venise), en agriculture biologique certifiée.

Une cuvée dédiée à Antonin, le père d'Alain Ignace, orignale par son assemblage de muscat à petits grains blanc et rouge. La robe en tire sa teinte pétale de rose et le nez ses senteurs épanouies de rose et de fruits exotiques. On les croque dans une bouche épurée, douce, qui restitue toute la franchise et la gourmandise du muscat. ⧗ 2020-2023

⊶ SAS VIGNOBLE ALAIN IGNACE, 1727, rte de Vacqueyras, 84190 Beaumes-de-Venise, tél. 06 80 45 81 74, alain.ignace@wanadoo.fr V r.-v.

DOM. DE LA PIGEADE 2019 ★

■	60000		11 à 15 €

En 1996, après leurs études de viticulture et des stages en France et aux États-Unis, Thierry et Marina Vaute ont sorti le domaine familial de la coopérative et l'ont entièrement rénové (35 ha aujourd'hui).

Un classique de l'appellation en grande forme dans le millésime 2019. On aime la robe, d'un jaune paille éclatant, le nez qui passe en revue le raisin frais, le tilleul et la camomille, et la bouche tout en rondeur, à la douceur bien contenue qui finit fraîche. Un muscat très pur. ⧗ 2020-2027

⊶ EARL DOM. DE LA PIGEADE, 2439, rte de Caromb, 84190 Beaumes-de-Venise, tél. 04 90 62 90 00, contact@lapigeade.fr V t.l.j. sf dim. 9h-12h 14h-18h

B CH. SAINT-SAUVEUR Cuvée des Moines 2016 ★

	14500		11 à 15 €

Un domaine de 58 ha (en bio certifié), ancien fief d'une famille de la noblesse du Comtat venaissin et propriété des Rey depuis 1936 (Guy depuis 1973). Le caveau est installé dans une chapelle du XIes. et la cave de vinification dans un ancien monastère.

Le temps a teinté la robe d'une nuance dorée et le nez de douces notes d'orange confite qui se combinent aux arômes plus familiers de raisins frais, typiques du cépage muscat. Une touche de cédrat étire encore la complexité du fruit dans une bouche douce mais qui sait rester fraîche. Très agréable aujourd'hui, on peut aussi laisser le temps poursuivre son œuvre. ⧗ 2020-2026

EARL HÉRITIERS DE MARCEL REY, Dom. Saint-Sauveur, 1451, av. Joseph-Vernet, 84810 Aubignan, tél. 04 90 62 60 39, vins@domaine-st-sauveur.fr V *t.l.j. sf dim. 9h15-12h15 14h15-18h30*

IGP ARDÈCHE

LES AMOUREUSES Le Liby 2019 ★

	6900		8 à 11 €

Industriel ardéchois spécialiste des matériaux de construction, Jean-Pierre Bedel a racheté en 2011 ce domaine établi à Bourg-Saint-Andéol, sur la rive droite du Rhône. Il a construit une cave et restructuré le vignoble (80 ha), planté d'une large palette de cépages méridionaux.

Assemblage classique de grenache et de syrah (60-40), ce 2019 d'un beau rose franc s'ouvre sans réserve sur des parfums d'agrumes, de fruits rouges croquants et de fleurs mellifères. En bouche, on découvre un rosé très suave et riche, élaboré comme un demi-sec (13 g/l de sucres résiduels), séduisant par son intensité aromatique et son ampleur. Original, «clivant» mais gourmand. ⧗ 2020-2022

CH. LES AMOUREUSES, chem. de Vinsas, 07700 Bourg-Saint-Andéol, tél. 04 75 54 51 85, contact@lesamoureuses.wine V *t.l.j. sf dim. 9h-12h 13h30-18h*

LES SEPT PIERRES 2018 ★

	7000		8 à 11 €

Œnologue de formation, François Tissot a longtemps produit du vin pour les autres avant de s'installer en 2012 en Ardèche. Il y acquiert ses premiers hectares de vignes et achète des raisins avec l'objectif de vinifier les 7 appellations de l'Ardèche, d'où le nom des Sept Pierres.

Vinifié en grappes entières et élevé en 12 mois en vieux fûts, cet assemblage à forte dominante de syrah se distingue par un nez complexe où le fruit se teinte de sous-bois et d'humus. On retrouve cette jolie déclinaison dans une bouche tout en rondeur et en fraîcheur. «Propre et net», résume le jury. ⧗ 2020-2023

SARL LES SEPT PIERRES, 253, rue François-Boissec, 07260 Joyeuse, tél. 06 35 14 94 04, contact@lesseptpierres.com V *t.l.j. sf lun. mer. dim. 15h-19h*

LES TERRIERS 2018 ★

	16000		5 à 8 €

Créé en 1987 par la famille Roume, le Dom. des Terriers – du nom du lieu-dit où se situe l'essentiel du vignoble (16 ha) – a été vendu en 2017 à 2 amis, Benjamin Levère et Cyril Chamontin, qui ont aussi développé une activité de négoce en complément.

Une robe d'un rubis brillant, un nez friand de fruits rouges agrémenté d'une touche fumée, une bouche ronde à souhait, des tanins fins et habilement extraits, une longueur très honnête, voilà un merlot convivial et flatteur. À boire sur le fruit. ⧗ 2020-2022 **2019 ★ (5 à 8 €; 8500 b.)** Déjà repéré l'an passé, ce chardonnay élevé en cuve n'a rien perdu de ses charmes : un nez élégant où perce la noisette fraîche et les fleurs blanches, une attaque tonique qui ouvre sur une bouche joliment arrondie par un élevage sur lies et une longue finale dynamique. ⧗ 2020-2022

SARL LES TERRIERS, imp. Chamont, 07120 Ruoms, tél. 06 70 32 04 99, lesterriersardeche@gmail.com V *r.-v.*

VIGNERONS ARDÉCHOIS Orélie 2019 ★

	150000		5 à 8 €

Cette structure coopérative résulte du regroupement successif de caves ardéchoises et notamment de la fusion, en 1994, de l'Union des caves de la Cévenne ardéchoise et de l'Union des caves coopératives de l'Ardèche. Elle dispose de 6 000 ha de vignes et de 12 caves de vinification, ce qui en fait le plus important producteur de vins d'Ardèche.

De la fraîcheur et du fruit dans ce rouge printanier, à la robe burlat, vinifié en douceur, qui a pour lui des tanins lissés, une rondeur gourmande et des notes croquantes de cerise relevées d'une touche d'épices douces. Simple et efficace. ⧗ 2020-2022 **Orélie 2019 ★ (5 à 8 €; 150000 b.)** Mariage réussi entre sauvignon et chardonnay, ce blanc dégage de séduisantes notes de fleurs blanches, d'amande fraîche et de buis que l'on retrouve dans une bouche fraîche et légère. ⧗ 2020-2021 **Sarrasine 2018 ★ (5 à 8 €; 7000 b.)** Un sauvignon du sud aux arômes bien typés mais nullement exubérants d'agrumes et de fleurs blanches, dont on aime aussi la fraîcheur préservée et l'éclat en bouche. ⧗ 2020-2022

USCA UNION DES VIGNERONS DES COTEAUX DE L'ARDÈCHE, 107, av. de Vallon, 07120 Ruoms, tél. 04 75 39 98 00, uvica@uvica.fr V *t.l.j. sf dim. 9h-12h 14h-18h*

IGP COTEAUX DU PONT DU GARD

STÉPHANIE ET LUC BAUDET Luxe, calme et volupté 2018 ★

	12000		11 à 15 €

Ancien propriétaire du Dom. Mas Neuf (Costières de Nîmes), Luc Baudet a créé en 2016 le Clos des Centenaires, un domaine de 7 ha établi sur les flancs d'une colline de galets roulés villafranchiens. Il a, en parallèle, fondé avec des associés une petite affaire de négoce, plutôt haute couture, Les Deux Clos, qui se consacre aux vins rhodaniens.

De ce nom de cuvée inspiré par Baudelaire, on retiendra la volupté dont ce rouge d'inspiration bordelaise (dans ses cépages) ne manque pas. Au nez, des arômes complexes d'épices et de fruits rouges et noirs; en bouche, de l'intensité et des tanins encore sérieux qui cadrent une matière riche et capiteuse. À laisser reposer en cave. ⧗ 2021-2026

SAS LES DEUX CLOS, chem. des Salines, 30600 Vauvert, tél. 04 66 88 85 61, marketing@clos-des-centenaires.com V t.l.j. sf sam. dim. 9h-12h 13h-17h

DOM. MABY Baroques 2018 ★★

| 20000 | | 5 à 8 € |

Ce domaine très régulier en qualité, notamment pour ses lirac, dans les 3 couleurs, et ses tavel, a été créé en 1950 par Armand Maby. En 2005, son petit-fils Richard a pris les rênes du vignoble, 64 ha situés pour l'essentiel sur les galets roulés du plateau de Vallongue; des vignes cultivées «au naturel», en conversion bio depuis 2019. Depuis 2011, l'éminent œnologue rhodanien Philippe Cambie conseille le domaine.

Ce vin qui assemble syrah et cinsault se montre d'emblée jovial avec ses évocations de fleurs et de fruits confits soutenues par des nuances fumées. Savoureuse, d'une fraîcheur étonnante, la bouche n'en oublie pas de rester ferme et bien structurée par de beaux tanins croquants. Ils s'assoupliront à table ou en cave. Du caractère et du plaisir. ⧗ 2020-2023

SCEA DOM. MABY, 249, rue Saint-Vincent, 30126 Tavel, tél. 04 66 50 03 40, domaine-maby@wanadoo.fr V t.l.j. 8h-12h 13h30-17h30; sam. dim. sur r.-v.

CAVE DE PAZAC Medenas 2019 ★

| 50000 | | - de 5 € |

Située aux confins orientaux de l'AOC costières-de-nîmes, la petite coopérative de Meynes, créée en 1968 ne compte pas plus de 7 adhérents (pour 250 ha de vignes). Elle occupe un ancien relais de diligences, puis de chasse, transformé en ferme dédiée à la polyculture et à l'élevage ovin, avant de devenir le siège de cette cave qui a replanté la vigne sur le plateau de Pazac.

Medenas? L'ancien nom du village de Meynes, proche du Gardon. Une robe pâle bien dans l'air du temps mais un nez volubile de petits fruits rouges écrasés, de fleurs et de fruits blancs. Une petite rondeur donne ce qu'il faut de consistance à une bouche vivace et légère, parfumée de bout en bout sur le fruit frais et le bonbon acidulé. Un rosé de son époque, efficace et irréprochable. ⧗ 2020-2021

SCA DES GRANDS VINS DE PAZAC, rte de Redessan, 30840 Meynes, tél. 04 66 57 59 95, cavedepazac30@gmail.com V t.l.j. sf dim. 8h-12h15 14h-19h

DOM. CLAUDINE VIGNE Sauvignon n° 7 2018 ★

| 3036 | | 8 à 11 € |

Installée sur la commune de Montfrin, Claudine Vigne a produit son premier millésime en 2007. Elle exploite en bio (conversion en cours) un vignoble de 8 ha majoritairement situé sur des terroirs de galets roulés. Elle signe des vins IGP, sans soufre ajouté, et des côtes-du-rhône-villages.

Une robe limpide d'un ton jaune clair introduit un nez non moins limpide, précis, très frais, évoquant le sureau, les fruits à noyau et le fenouil. Discrète, sans les outrances du cépage, la bouche cultive la finesse, la fraîcheur et l'élégance. Une entrée dans le Guide prometteuse. ⧗ 2020-2021

DOM. CLAUDINE VIGNE, 327, chem. de Ceserac, 30490 Montfrin, tél. 06 50 64 52 36, cvigne@ymail.com V r.-v.

IGP COLLINES RHODANIENNES

YVES CUILLERON Les Vignes d'à côté 2018 ★

| 65000 | | 11 à 15 € |

Une référence de la vallée nord, notamment pour ses condrieu. Établi à Chavanay, Yves Cuilleron a repris en 1987 la propriété créée en 1920 par son grand-père paternel, puis gérée par son oncle Antoine. Il a progressivement agrandi le domaine (60 ha aujourd'hui), planté à haute densité et conduit de manière très raisonnée sur la rive droite du Rhône (condrieu, côte-rôtie, saint-joseph, saint-peray et cornas) et, depuis 2012, sur la rive gauche (crozes-hermitage).

Au nez, le chêne (8 mois d'élevage) s'incline devant les parfums intensément floraux du viognier. En bouche, du volume, de la finesse et une finale acidulée du meilleur effet. Une interprétation bien juteuse, fraîche et délicate du viognier. ⧗ 2020-2022

CAVE YVES CUILLERON, 58, RD 1086, Verlieu, 42410 Chavanay, tél. 04 74 87 02 37, cave@cuilleron.com V r.-v.

PIERRE FINON 2018 ★

| 7000 | | 8 à 11 € |

Pierre Finon est installé depuis 1983 sur le domaine familial établi à Charnas. Dédiée à la polyculture, l'exploitation a été progressivement orientée vers la vigne, qui couvre aujourd'hui 9 ha.

Élevée en cuve, une syrah sur le fruit, aux arômes généreux de violette, qui a pour elle une bouche fraîche et franche, éclatante de fruit, souple et dotée de petits tanins croquants. À boire sur le fruit. ⧗ 2020-2022

DOM. PIERRE FINON, 20, imp. des Vieux-Murs, Picardel, 07340 Charnas, tél. 04 75 34 08 75, domaine.finon@gmail.com V r.-v.

JEANNE GAILLARD Terres de Mandrin 2018 ★

| 30000 | | 8 à 11 € |

Fille de Pierre Gaillard, bien connu pour ses vins de la vallée du Rhône Nord, Jeanne Gaillard s'est installée en 2008 à la tête de son propre domaine, étendu sur une quinzaine d'hectares. Elle s'est fait petit à petit un prénom avec ses vins de pays et d'appellation.

Robe brillante, nez gourmand de chocolat au lait et de violette, bouche légère, délicatement extraite, bien arrondie, réglissée, à la finale fraîche et enlevée : une syrah de soif. ⧗ 2020-2022

⊶ JEANNE GAILLARD, 508, rte de Bazin, 42520 Malleval, tél. 04 74 87 13 10, jeanne@gaillard.vin V r.-v.

DOM. PICHAT Proxima 2019 ★

■	5000		11 à 15 €

Après des études à Beaune, puis une expérience aux États-Unis et dans le Bordelais, sur le domaine de son épouse (Ch. Filliol), Stéphane Pichat est revenu sur ses terres donner du souffle à cette propriété ancienne, fondée par ses arrière-grands-parents. Installé en 2000, il lance la mise en bouteilles (1 000 au commencement, 15 à 20 000 aujourd'hui) et signe à partir de 5 ha en côte-rôtie et en condrieu des vins d'une qualité toujours irréprochable.

Très en vue pour ses côte-rôtie, Stéphane Pichat ne néglige pas ses IGP, régulièrement étoilés. Proxima ne fait pas exception à la règle. Son nez riche et intense, sur le fruit macéré et les épices douces d'un élevage en fût, annonce une bouche ample, grasse, adossée à des tanins corsés. ⧗ 2021-2024

⊶ SCEA DOM. PICHAT, 6, chem. de la Viallière, 69420 Ampuis, tél. 04 74 48 37 23, info@domainepichat.com V r.-v.

CAVE DE TAIN Première Note 2019 ★

■	31000		8 à 11 €

Créée en 1933 par Louis Gambert de Loche, la très qualitative cave coopérative de Tain-l'Hermitage rassemble 310 adhérents et vinifie à elle seule, avec plus de 1 000 ha de vignes, environ 50 % des appellations de la vallée du Rhône septentrionale. Elle possède aussi 26 ha en propre, dont 21 ha en AOC hermitage. Une valeur sûre de la région, qui s'est dotée en 2014 de structures de production flambant neuves permettant de multiplier les sélections parcellaires.

Toute l'exubérance aromatique du viognier dans ce jeune blanc élevé en cuve et issu de jeunes vignes. Dans le verre, des parfums affriolants et très purs d'abricot et de jasmin, que l'on croque avec enthousiasme dans une bouche ciselée, précise, d'une fraîcheur impeccable. ⧗ 2020-2022

⊶ CAVE DE TAIN, 22, rte de Larnage, 26602 Tain-l'Hermitage, tél. 04 75 08 20 87, contact@cavedetain.com V r.-v.

LES VINS DE VIENNE Heluicum 2018 ★

■	26000		20 à 30 €

Pour faire renaître le vignoble de Seyssuel situé en amont de Vienne, 3 vignerons de renom, Yves Cuilleron, Pierre Gaillard et François Villard, ont créé cette affaire en 1996, à l'origine de beaux vins de propriété – IGP à Seyssuel, sélections parcellaires en AOC septentrionales – et de vins de négoce de toute la vallée.

Des parcelles de micaschistes, en coteaux, orientées sud et sud-ouest, sur la commune de Seyssuel, ont donné naissance à cette syrah élevée 12 mois en fûts. Violette, fruits rouges, épices douces, elle ne manque pas de nez. Intense, aérienne, portée par de jolis tanins déliés, vinifiée avec douceur, la bouche donne à croquer ces mêmes flaveurs délicates. ⧗ 2020-2024

⊶ LES VINS DE VIENNE, 1, ZA de Jassoux, 42410 Chavanay, tél. 04 74 85 04 52, contact@lesvinsdevienne.fr V r.-v.

IGP COTEAUX DES BARONNIES

B DOM. DU RIEU FRAIS 2018 ★

■	15000		5 à 8 €

Ce domaine de 40 ha (aujourd'hui certifié bio) a été façonné à partir de 1983 par Jean-Yves Liotaud qui a débuté sur une ancienne propriété familiale : création du vignoble, construction des chais, aménagement de la cave de vieillissement, tout était à faire. Depuis, le domaine, sur lequel œuvre également le fils de Jean-Yves, Alexandre (œnologue), est devenu l'une des références des Coteaux des Baronnies.

Après 12 mois de foudre, ce vin livre un joli bouquet de fruits rouges, de fleurs (iris, violette) et de réglisse. La bouche se montre équilibrée, souple, fine, tout en fruit. À boire dans sa jeunesse. ⧗ 2020-2023

⊶ EARL JEAN-YVES LIOTAUD, 120, chem. du Rieu-Frais, 26110 Sainte-Jalle, tél. 04 75 27 31 54, jean-yves.liotaud@orange.fr V *t.l.j. 9h-12h 14h-18h*

IGP DRÔME

LES VIGNERONS DE VALLÉON
Le Rosé des Dames 2019 ★

■	8500		5 à 8 €

Cette cave, issue de regroupements successifs de petites unités coopératives, rassemble 200 adhérents pour 930 ha de vignes et une production annuelle de 45 000 hl.

Merlot (60 %) et syrah sont assemblés dans ce rosé clair et brillant, ouvert sur des notes de fleurs, d'agrumes et de groseille à maquereau. La bouche est équilibrée, fraîche, souple, fruitée. Un bon classique. ⧗ 2020-2021

⊶ ERUL LES VIGNERONS DE VALLÉON, 1, rte de Nyons, 26770 Saint-Pantaléon-les-Vignes, tél. 04 75 53 80 08, contact@valleon.fr V *t.l.j. 9h-12h 14h30-18h30*

IGP GARD

DOM. LA CATHERINETTE Syrah Prestige 2018 ★

■	5000		8 à 11 €

Fondé en 1888 et conduit depuis 1981 par Philippe Jouve, épaulé par son fils Gabriel depuis 2018, ce domaine étend son vignoble sur 25 ha, au milieu de la garrigue, entre les gorges de l'Ardèche et celles de la Cèze.

Vendanges manuelles, longue cuvaison, élevage de 12 mois en fût, cette syrah a fait l'objet de tous les soins. Des efforts récompensés sur la foi de ce nez intensément floral et réglissé, et de cette bouche ronde à l'attaque, cadrée par des tanins soyeux et relevée par une acidité délicate. Un rouge complet, bien composé, qui a de belles années devant lui. ⧗ 2021-2025

EARL PHILIPPE JOUVE, 7, pl. de la Fontaine, 30760 Laval-Saint-Roman, tél. 04 66 82 17 62, catherinette.vinsjouve@orange.fr V t.l.j. sf dim. 9h-12h 14h-19h

CELLIER DES CHARTREUX
Origine Grand Chardonnay 2018 ★

■	4300		8 à 11 €

Née en 1929, la coopérative de Pujaut, bourgade des environs d'Avignon, vinifie 720 ha de vignes dans les crus lirac et tavel, en AOC régionales et en IGP. Ses cuvées sont régulièrement en vue dans ces pages, notamment ses vins blancs.

Les 8 mois d'élevage en fûts laissent leur empreinte sur ce chardonnay résolument sudiste, aux franches notes de chêne et de fruits exotiques. L'élevage se fait bien plus discret en bouche, tenu en respect par l'intensité du fruit (mangue) et de notes miellées, et par un corps capiteux à la sucrosité affirmée. Un chardonnay voluptueux et séducteur. ⧗ 2020-2023

SCA CELLIER DES CHARTREUX, 1412, RD 6580, 30131 Pujaut, tél. 04 90 26 39 40, contact@cellierdeschartreux.fr V *r.-v.*

CH. SAINT-CYRGUES Saint Cirice 2019 ★

■	25000		5 à 8 €

Le Ch. Saint-Cyrgues est situé à Saint-Gilles, près de Nîmes. Ancienne halte pour les pèlerins en route pour Compostelle ou Jérusalem, il est situé à l'endroit précis où se tenait jadis une église. Loïc Ferraud l'a acquis en 2014, convertissant d'emblée le vignoble (50 ha) au bio.

Des reflets saumonés égayent la robe de ce rosé intensément parfumé, aux notes de pivoine, de fruits rouges et de végétal frais. Tendre à l'attaque puis tendue comme un arc, la bouche offre un grand bol de fraîcheur et de légèreté. Un rosé de soif. ⧗ 2020-2021

SCEA CH. SAINT-CYRGUES, rte de Montpellier, 30800 Saint-Gilles, tél. 04 66 87 31 72, chateau@saintcyrgues.com V *t.l.j. sf sam. dim. 8h-12h 14h-18h*

IGP MÉDITERRANÉE

DOM. DE LA BASTIDE 2019 ★

■	10000		- de 5 €

Une ancienne ferme templière, puis un couvent avant la Révolution. Le domaine a été acquis en 1988 par Bernard Boyer, disparu en 2008, qui l'a légué à son fils Vincent et qui travaillait à ses côtés depuis 1998. Le vignoble couvre 75 ha à Visan et à Suze-la-Rousse.

Le viognier et le sauvignon blanc associés dans ce blanc vinifié à basse température et brièvement (3 mois) élevé en cuve pour préserver la pureté du fruit. Au nez, c'est le viognier qui l'emporte avec ses senteurs de jasmin, de pêche et d'abricot. Le sauvignon ajoute ses arômes plus toniques d'agrumes dans une bouche très estivale, fluide, tendre et légère. ⧗ 2020-2022 ■ **2019** ★ **(- de 5 €; 10000 b.)** Caladoc et grenache indique l'étiquette, mais surtout caladoc (à 80%). Une robe limpide et brillante, un nez intense de cassis, de fruits rouges et d'agrumes, une bouche pleine de vivacité et de dynamisme : un bon rosé de tonnelle. ⧗ 2020-2021

SCEA LA BASTIDE, 1250, chem.de la Bastide, 84820 Visan, tél. 04 75 52 48 64, contact@boyer.vin V *r.-v.*

BOISSY ET DELAYGUES
Expression de caladoc 2018 ★

■	30000		5 à 8 €

Énorme structure rhodanienne née en 1965 de l'union de 6 coopératives de la Drôme, rejointes par 7 autres, dotée d'une cuverie de plus de 33 000 m² à Tulette. Elle a lancé en 1967 sa marque phare et populaire, le Cellier des Dauphins, qui revendique le 1er rang pour les volumes de vente en France de vin en AOC.

Une bonne occasion de faire connaissance avec le caladoc, variété née d'un croisement entre le malbec et le grenache noir. La robe, d'un rubis profond, ouvre sur un nez puissamment vanillé et épicé. Généreuse, bien charnue dès l'entame, dotée de tanins doux, la bouche déroule une matière capiteuse imprégnée de fruits noirs confiturés et de réglisse. ⧗ 2020-2023

UNION DES VIGNERONS DES CÔTES DU RHÔNE, 427, rte de Nyons, 26790 Tulette, tél. 04 75 97 38 42, j.facila@cellier-des-dauphins.com

CANORGUE 2019 ★

■	9800		8 à 11 €

Ce domaine dans la même famille depuis 5 générations, l'une des références de l'appellation luberon, est d'une régularité sans faille. Jean-Pierre Margan, pionnier de l'agriculture biologique dans la région, a converti dès 1978 son vignoble, étendu aujourd'hui sur 40 ha. Sa fille Nathalie, installée depuis une quinzaine d'années, a pris la suite. Incontournable.

Des arômes intenses de fleurs blanches et de violette, une bouche ronde dotée d'une petite sucrosité gourmande, une finale nette, le tout porté par ce qu'il faut de fraîcheur : un blanc équilibré et très fédérateur qui restitue fidèlement les charmes du viognier. ⧗ 2020-2022

EARL JEAN-PIERRE ET NATHALIE MARGAN, rte du Pont-Julien, 84480 Bonnieux, tél. 04 90 75 81 01, chateaucanorgue.margan@wanadoo.fr V *t.l.j. sf dim. 9h-12h 14h-18h*

LES COTEAUX DU RHÔNE 2019 ★

■	100000		- de 5 €

Fondée en 1926, la cave Les Coteaux du Rhône, coopérative de Sérignan-du-Comtat, propose une large gamme allant des vins en IGP aux AOC comme vacqueyras, en passant par les côtes-du-rhône et les *villages*.

Grenache (85%) et syrah, un assemblage bien rhodanien pour ce rosé clair et brillant. Au nez, les fruits exotiques sont omniprésents. Ils reviennent accompagnés de notes d'orange dans une bouche fraîche et alerte. ⧗ 2020-2021

LES COTEAUX DU RHÔNE, 57, chem. Derrière-le-Parc, 84830 Sérignan-du-Comtat, tél. 04 90 70 42 43, coteau.rhone@orange.fr V *t.l.j. sf dim. 9h-12h30 14h-19h*

DOM. DE COYEUX Praemium Florae 2019 ★

| 10 600 | | 8 à 11 € |

Un vaste domaine de 112 ha (dont 65 de vignes) créé dans les années 1970 au pied des Dentelles de Montmirail et repris en 2013 par Hugues de Feraudy.

Expert du muscat à petits grains, connu pour ses muscat-de-beaumes-de-venise, le domaine en offre une très agréable version vinifiée en sec. Le nez fleure bon le raisin de Corinthe et l'amande grillée. Légère, tendre, fraîche, sans une once de lourdeur, la bouche restitue sans filtre cette même pureté de fruit. ⧗ 2020-2022

SCEA DU DOM. DE COYEUX, 167, chem. du Rocher, 84190 Beaumes-de-Venise, tél. 04 90 12 42 42, lbigazzi@domainedecoyeux.com V *r.-v.*

FLORIE 2019 ★

| 10 000 | | - de 5 € |

La coopérative de Lambesc, située à une vingtaine de kilomètres au nord-ouest d'Aix-en-Provence, a été fondée par Jules Reynaud en 1922. Forte de 700 ha de vignes, elle est un acteur important de l'AOC coteaux-d'aix et une valeur sûre pour ses rosés.

Rolle, chardonnay et sauvignon blanc à parts égales agrémentés d'une touche de muscat dans ce blanc pimpant de fruit et de fleur, tendre, frais et aromatique en bouche. Équilibre et délicatesse. ⧗ 2020-2022

SCA LES VIGNERONS DU ROY RENÉ, 6, av. du Gal-de-Gaulle, 13410 Lambesc, tél. 04 42 57 00 20, contact@lesvigneronsduroyrene.com V *r.-v.*

♥ MARRENON Roséfine 2019 ★★

| 120 000 | | 5 à 8 € |

Le Cellier Marrenon a été fondé en 1966 par Amédée Giniès, l'un des principaux artisans de la reconnaissance en appellation des vins du Luberon. Il regroupe 9 coopératives dans les AOC luberon et ventoux : pas moins de 1 200 adhérents et de 7 200 ha. Deux étiquettes : Marrenon et Amédée.

Un peu de merlot (10 %) accompagne le grenache (60 %) et la syrah dans ce rosé brillant dans tous les sens du terme. Une robe étincelante donc, mais aussi un nez d'une grande élégance, à dominante florale, prélude à une bouche tout aussi délicate, fraîche à point, finement texturée et longue. Du velours pour cette cuvée au nom bien pensé. ⧗ 2020-2021

MARRENON, rue Amédée-Giniès, 84240 La Tour-d'Aigues, tél. 04 90 07 40 65, marrenon@marrenon.com V *r.-v.*

(B) DOM. DES MASQUES Essentielle 2019 ★

| 36 000 | | 8 à 11 € |

Établi sur les contreforts de la Sainte-Victoire, à 500 m d'atitude, ce domaine tire son nom des «sorcières» («lo masquo» en provençal) qui venaient ici cueillir des plantes aromatiques et médicinales pour leurs potions. Après de longues décennies d'abandon, la vigne y a été replantée dans les années 1990. En 2003, Carl et Sophie Mestdagh acquièrent la propriété, s'entourent des conseils d'Yves Cuilleron et prennent Yannick Burles comme régisseur en 2018. Une structure de négoce-éleveur est aussi associée au domaine.

Syrah, grenache et une touche de cabernet-sauvignon pour ce joli rosé né de jeunes vignes de 10 ans. La robe est d'un rose pastel, le nez bien ouvert sur les agrumes et la groseille, la bouche très fraîche et tout aussi fruitée. Une belle expression de rosés sudistes. ⧗ 2020-2021

SARL LES MASQUES, Les Masques, chem. de Maurély, 13100 Saint-Antonin-sur-Bayon, tél. 04 42 12 38 50, g.mirabella@domainedesmasques.com V *t.l.j. sf dim. 10h-18h*

(B) DOM. DE L'OLIBAOU Diamant rose 2019 ★

| 15 000 | | 5 à 8 € |

Un domaine de 9 ha créé de toutes pièces à partir de 2003, face à la montagne Sainte-Victoire, par Henri Doglione. Ce dernier fait appel à Dominique Soriano, afin qu'il crée le domaine viticole : 9,5 ha de vigne aujourd'hui, en bio certifié, et près de 3 ha dédiés à l'huile d'olive.

La seule syrah est à l'œuvre dans ce rosé d'une belle limpidité, ouvert sur des parfums élégants de violette et d'agrumes. Ample, ronde mais sans jamais céder à la lourdeur, bien soutenue par une fine acidité, la bouche se révèle complète et harmonieuse. ⧗ 2020-2021

OLIBAOU, chem. du Plan, 13770 Venelles, tél. 04 42 54 28 91, olibaou@gmail.com V *t.l.j. 14h-19h* (5)

DOM. L'OPPIDUM DES CAUVINS 2019 ★

| 300 000 | | - de 5 € |

Établis au cœur du massif de la Trévaresse, à Rognes, et producteurs en coteaux-d'aix-en-provence (dont ils sont l'une des valeurs sûres), Rémy et Dominique Ravaute exploitent aussi le Clos de la Tuilière, un vignoble de 10 ha en Luberon, sur l'autre rive de la Durance. Leur domaine provençal doit son nom à une ancienne place forte néo-romaine.

Grenache (60 %), cinsault et caladoc pour ce rosé claire, au nez surprenant, ouvert sur des arômes de poivron rouge. Arômes auquel fait écho un palais rond et long, équilibré par une juste fraîcheur. Atypique. ⧗ 2020-2021

EARL DOM. L' OPPIDUM DES CAUVINS, RD 543, Les Cauvins, 13840 Rognes, tél. 04 42 50 29 40, oppidumdescauvins@wanadoo.fr V *t.l.j. sf lun. dim. 9h-12h 14h-18h*

DOM. DES PEYRE L'Apostrophe 2019 ★

| 11 000 | | 11 à 15 € |

Patricia Alexandre, ancienne directrice du Gault et Millau, a repris 2 domaines du Luberon en 2013 : le Dom. Faverot, un mas provençal dont une partie date du XVIes., transformé en magnanerie au XVIIIes., puis en domaine viticole dans les années 1920; le Dom. des Peyre, une ancienne ferme fortifiée du XVIIIes.

commandant 23 ha de vignes. Elle a restructuré le vignoble, construit un chai, développé l'œnotourisme et monté une petite structure de négoce en 2018.

Sauvignon et viognier, une alchimie réussie pour ce blanc élevé en cuve. Des arômes discrets de buis et d'agrumes et une belle fraîcheur pour le premier, des notes puissantes d'abricot et de la rondeur en bouche pour le second : un blanc complet et polyvalent, de l'apéritif à la table. ⧗ 2020-2022 ■ **Paparazzi 2019 ★ (8 à 11 €; 19 000 b.)** Une jolie robe provençale, comprenez pâle et brillante, habille ce rosé de grenache et de carignan. Au nez, de plaisantes notes fumées, florales et fruitées (agrumes, fraise). En bouche, une belle vivacité et de la longeur. ⧗ 2020-2021

SCEA DOM. DES PEYRE, 1620, rte d'Avignon, 84440 Robion, tél. 06 08 92 87 71, boutique@domainedespeyre.com V t.l.j. 10h-19h

LA ROMAINE 2019 ★

■ | 10 000 | | - de 5 €

Fondée en 1924, une des premières coopératives du Vaucluse, qui regroupe aujourd'hui 180 vignerons et plus de 1 400 ha de vignes. Elle propose des côtes-du-rhône, côtes-du-rhône-villages, ventoux, ainsi que des IGP Méditerranée et Coteaux des Baronnies.

Né de grenache (70 %) et de cinsault, ce rosé porte beau dans sa robe pâle et brillante. On aime aussi son bouquet intensément floral et son palais rond et long, à dominante amylique. ⧗ 2020-2021

SAS LA ROMAINE, 95, chem. de Saumelongue, 84110 Vaison-la-Romaine, tél. 04 90 36 55 90, adv@cave-la-romaine.com V t.l.j. 9h-12h30 14h-18h30; dim. 9h-12h

LE TEMPS DES SAGES Sous l'ormeau 2019 ★

■ | 8 000 | | 8 à 11 €

Le Temps des Sages est le nom pris par une petite coopérative née en 1929 sous l'impulsion des vignerons de Cabrières-d'Aigues, un terroir situé sur le versant sud du Luberon à une soixantaine de kilomètres de Marseille. Elle produit en AOC luberon et en IGP Méditerranée.

Un rosé végan, qui doit son nom à la place du village de Cabrières. Né du seul merlot, il se présente dans une robe pâle comme il se doit, le nez discret mais plaisant de fruits rouges. Un fruité prolongé par une bouche ronde et persistante. ⧗ 2020-2021

SCA LE TEMPS DES SAGES, 4, rue du Bout-de-Viere, 84240 Cabrières-d'Aigues, tél. 04 90 79 08 06, contact@letempsdessages.com V t.l.j. sf dim. 9h-12h 14h-18h

TRIENNES 2019 ★

■ | 720 000 | | 8 à 11 €

À l'origine de ce domaine, deux Bourguignons, Jacques Seysses (Dujac) et Aubert de Villaine (Romanée-Conti), et un ami parisien, Michel Macaux. En 1989, ils découvrent, à l'est d'Aix, le Dom. du Logis de Nans et son beau terroir argilo-calcaire. Un domaine de 46 ha aujourd'hui, rebaptisé Triennes, en référence aux Triennia, bacchanales qui se déroulaient tous les 3 ans sous l'empire romain et qui évoquent le trio de vignerons.

D'une belle brillance, ce rosé issu de cinsault, grenache, merlot et syrah convoque les fruits exotiques et le bonbon anglais à l'olfaction. La bouche, tout aussi fruitée, apparaît ronde, généreuse et ample, offrant un toucher soyeux. ⧗ 2020-2021

TRIENNES, 4669, RN 560, Le Logis de Nans, 83860 Nans-les-Pins, tél. 04 94 78 91 46, marine@triennes.com V t.l.j. sf dim. 9h-12h 13h-18h; sam. 10h-12h 14h-18h

VIGNELAURE Le Page 2019 ★

■ | 13 000 | | 8 à 11 €

Ce château de belle notoriété fut constitué à partir de la fin des années 1960 par Georges Brunet, ancien propriétaire du Ch. la Lagune, cru classé du Médoc. Les vignes, qui s'étendent sur 55 ha au pied de la montagne Sainte-Victoire, font la part belle au cabernet-sauvignon et à la syrah. Propriétaire depuis 2008, Bengt Sundström est aussi amateur et marchand d'art.

Un assemblage très bordelais de merlot (60 %) et de cabernet-sauvignon pour ce rosé dont l'étiquette fut dessinée par Yves Saint-Laurent. Au nez, de discrètes notes florales accompagnent la groseille. Plus loquace, sur les fruits rouges, la bouche se montre ronde et légèrement suave, bien équilibrée par une finale plus tonique. ⧗ 2020-2021

SAS CH. VIGNELAURE, rte de Jouques, 83560 Rians, tél. 04 94 37 21 10, info@vignelaure.com V r.-v.

IGP VAUCLUSE

CLOS DE GARAUD Léluza 2019 ★

■ | 5 000 | | 8 à 11 €

Niché à Caromb, entre le Mont Ventoux et les Dentelles de Montmirail, le Clos de Garaud a été créé en 2014 par Jérémy Sagnier, issu d'une lignée enracinée dans cette région depuis 1560. Le domaine produit à la fois des ventoux et des vins en IGP sur une superficie de 25 ha.

Dédié aux enfants de Jérémy Sagnier, Léya, Luce et Zadig (Léluza), ce rouge avait emballé le jury l'année passée. Toujours en forme, il offre la séduction d'un cabernet franc mûr, aromatique, aux franches notes de bourgeon de cassis. Ample, charnue, à la sucrosité affirmée, la bouche confirme la belle et forte maturité des raisins. Un rouge solaire et épanoui. ⧗ 2021-2025

SAS DOM. CLOS DE GARAUD, 974, chem. de Serres, 84330 Caromb, tél. 06 14 63 25 76, closdegaraud@gmail.com V t.l.j. sf dim. 9h-12h 15h-19h

DOM. FONTAINE DU CLOS 2019 ★

■ | 27 000 | | 5 à 8 €

Les Barnier (aujourd'hui Jean-François) sont enracinés sur leurs terres de Sarrians où ils sont vignerons et pépiniéristes viticoles. Au cœur de l'exploitation, une fontaine donne son nom à leur vaste vignoble (100 ha) planté de quelque 40 cépages.

Bien du sud mais sans outrance et sans bois, ce chardonnay livre de subtiles notes de fruit blanc et d'infusion. Toucher caressant, rondeur légère, fraîcheur préservée, finale nette sur la poire et la violette : il coche toutes les cases. À boire sur le fruit. ⧗ 2020-2021 ■ **Liberté 2019 ★ (5 à 8 €; 34 600 b.)** Du fruit rouge à foison au nez comme en bouche, une structure légère, des tanins à peine perceptibles, une rondeur appétissante : tout est fait et bien fait pour exalter le fruit et que le fruit. « À boire en toute Liberté », précise le producteur. On y adhère. ⧗ 2020-2022

⊶ EARL JEAN-FRANÇOIS BARNIER, 735, bd du Comté-d'Orange, 84260 Sarrians, tél. 04 90 65 59 39, cave@fontaineduclos.com V t.l.j. sf dim. 9h30-12h 14h30-19h

DOM. LA GARELLE 2019 ★★

■ | 12 000 | 🍾 | 5 à 8 €

Un domaine créé en 1995 par le Néerlandais Robert Vlasman, repris et rénové (nouvelles plantations, climatisation des chais, création d'un sentier œnologique) à partir de 2008 par l'ingénieur agronome Alain Audet, à la tête aujourd'hui de 30 ha de vignes.

Un rosé mi-merlot mi-syrah, limpide et brillant à l'œil et délicatement floral et fruité (agrumes) au nez. Voilà qui est bien engageant, et la bouche achève de convaincre : du gras et de la rondeur mais point trop, soulignés par une touche beurrée, une juste acidité en soutien, un beau volume et une longue finale dynamique sur le citron. ⧗ 2020-2021

⊶ SCA DOM. LA GARELLE, 4803, rte de Ménerbes, 84580 Oppède, tél. 04 90 72 31 20, info@lagarelle.fr V t.l.j. sf sam. dim. 10h-12h 15h-18h

DOM. DU GROS-PATA Fraîcheur d'été 2019 ★

■ | 80 000 | 🍾 | 5 à 8 €

Au Moyen Âge, cette propriété de Vaison-la-Romaine était le siège d'un octroi, où il fallait s'acquitter de quelques *patas* (ancienne monnaie provençale) pour gagner la cité voisine de Villedieu. Couvrant aujourd'hui 30 ha, le domaine est conduit depuis 1992 par Sabine Garagnon (quatrième génération), qui a vinifié sa première cuvée à 17 ans.

Merlot, cabernet, grenache et syrah sont associés dans ce rosé délicat, d'une belle limpidité, ouvert sur des notes gourmandes de massepain. On retrouve ces arômes d'amande dans une bouche offrant un équilibre très assuré entre le gras et l'acidité. ⧗ 2020-2021

⊶ DOM. DU GROS PATA, 2885, rte de Villedieu, 84110 Vaison-la-Romaine, tél. 06 21 72 13 60, sabine.garagnon@free.fr V t.l.j. sf dim. 9h-12h 14h-18h

DOM. DES LAURIBERT La Cuvée de Lisa 2019 ★

■ | 40 000 | 🍾 | 5 à 8 €

Un domaine régulier en qualité, dont le vignoble de 54 ha est réparti en une trentaine de parcelles sur les terroirs de Valréas et de Visan. Créé en 1973 par Robert et Marie Sourdon, il a été sorti de la coopérative en 1997 par leur fils Laurent, qui raconte avoir pressé ses premiers raisins à 5 ans dans un presse-légumes : une vocation précoce.

Ce 100 % grenache se présente dans une robe pâle et légère. Au nez, il exhale des parfums intenses de petits fruits rouges frais. Un fruité auquel fait écho un palais très tonique qui aiguise les papilles. Lisa? L'une des jumelles de la famille Sourdon. ⧗ 2020-2021

⊶ DOM. DES LAURIBERT, 2249, chem. de Roussillac, 84820 Visan, tél. 04 90 35 26 82, lauribert@wanadoo.fr V t.l.j. 8h30-12h 14h-18h30 E

♥ DOM. MALIJAY
Le Petit Prince de Malijay 2019 ★★

■ | 20 500 | 🍾 | 5 à 8 €

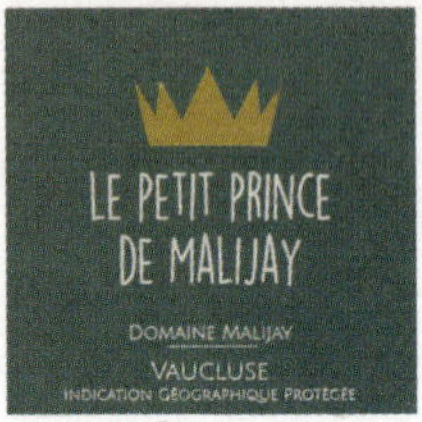

Si le château de Malijay existe depuis le XIe s., on y exploite la vigne depuis « seulement » le XVIe s. Ses élégants bâtiments remontent pour l'essentiel au XVIIIe s. Du haut de sa tour, on peut contempler son vaste vignoble de 140 ha d'un seul tenant. En 2007, Pierre Deltin, médecin marseillais, a racheté le domaine. Le nouveau propriétaire a entrepris d'importants travaux de restructuration à la vigne et au chai.

Souvent en vue pour ses côtes-du-rhône, le domaine touche au but avec cet IGP affriolant de fruit à dominante de syrah. Le nez délivre des notes bien juteuses de fruits noirs frais qui explosent dans une bouche allègre, souple et charnue dotée d'une petite sucrosité qui attise un peu plus la gourmandise de l'ensemble. Irrésistible. ⧗ 2020-2022

⊶ CH. MALIJAY, 1511, chem. des Plumes, 84150 Jonquières, tél. 04 90 70 33 44, contact@chateaumalijay.com V t.l.j. sf mer. sam. dim. 9h-12h 14h-18h

DOM. DES MARCHANDS 2019 ★

■ | 5 000 | 🍾 | 5 à 8 €

Elle est parisienne, lui auvergnat; les Pichot ont quitté la capitale pour créer ce domaine en 2003, étendu aujourd'hui sur 20 ha. Leur ambition : élaborer des « vins plaisir, des vins amicaux, souples et fruités ».

Des jeunes vignes de chardonnay et de sauvignon ont façonné ce blanc dont on aime les arômes francs de pamplemousse et de fruits à noyau et la bouche directe, sans effet de manche, légère et acidulée qui restitue la même franchise de fruit. Le blanc d'apéritif par excellence. ⧗ 2020-2021

⊶ EARL PICHOT ET FILS, Dom. des Marchands, 991, RD 9, 84240 Ansouis, tél. 04 90 07 57 03, pichotst@wanadoo.fr V r.-v.

DOM. MARTIN Cuvée Yves Martin 2018 ★

■ | 2 000 | 🛢 | 15 à 20 €

Les frères David et Éric Martin sont installés depuis 2005 sur le domaine familial, créé en 1905 à partir de 5 ha sur le Plan de Dieu. Ils exploitent aujourd'hui 75 ha de vignes, essentiellement en gigondas et en châteauneuf-du-pape.

Un IGP sérieux qui tire sa profondeur de vieilles vignes de syrah élevées 12 mois en fût. Chaleureux, le nez décline le cassis, la résine et la garrigue. Les épices douces étendent cette palette dans un palais bien en chair, ample et adossé à des tanins mûrs et souples. Déjà du charme mais du potentiel en cave. ⧗ 2021-2024

SCEA DOM. MARTIN, 439, rte de Vaison, 84850 Travaillan, tél. 04 90 37 23 20, martin@domaine-martin.com V t.l.j. 9h-12h 14h-18h

TERRES VALDÈZE Éphémère 2019 ★

■	4500		5 à 8 €

Premier producteur de l'AOC luberon, cette cave coopérative fondée en 1924 vinifie la production de 300 vignerons et 2 700 ha de vignes répartis sur 18 communes du parc naturel régional du Luberon.

Le seul caladoc est à l'œuvre dans ce rosé d'une couleur soutenue. Le nez, intense, évoque la fraise, les agrumes et les fruits exotiques. La bouche est à l'unisson et plaît par sa franche vivacité. 2020-2021

SCA TERRES VALDÈZE, 288, bd de la Libération, 84240 La Tour-d'Aigues, tél. 04 90 07 42 12, valdeze@terres-valdeze.fr V *t.l.j. sf dim. lun. 9h-12h30 15h-19h*

RHÔNE

LE LUXEMBOURG

Le Luxembourg viticole, situé à la frontière des mondes latin et germanique, s'étend sur 42 km et 1 300 ha de vigne, le long du cours sinueux de la Moselle, dont les coteaux portent des ceps depuis l'époque des Celtes et des Romains.
Longtemps pourvoyeur de vins ordinaires, le Grand-Duché s'est orienté dans les années 1930 vers une politique de qualité. La production, confidentielle, à la mesure de la modeste superficie du pays, est très largement dominée par les vins blancs, vifs et aromatiques. Les vins sont produits par des viticulteurs coopérateurs (51 %), des vignerons indépendants (32 %) et des négociants (17 %).

ALLEMAGNE
Nord
Sûre
Moersdorf
Sûre
Wasserbillig
Moselle
Grevenmacher
moselle
luxembourgeoise
et crémant-
de-luxembourg
ALLEMAGNE
LUXEMBOURG
Remich
Moselle
Schengen
FRANCE
5 km

Le **Luxembourg** en un clin d'œil

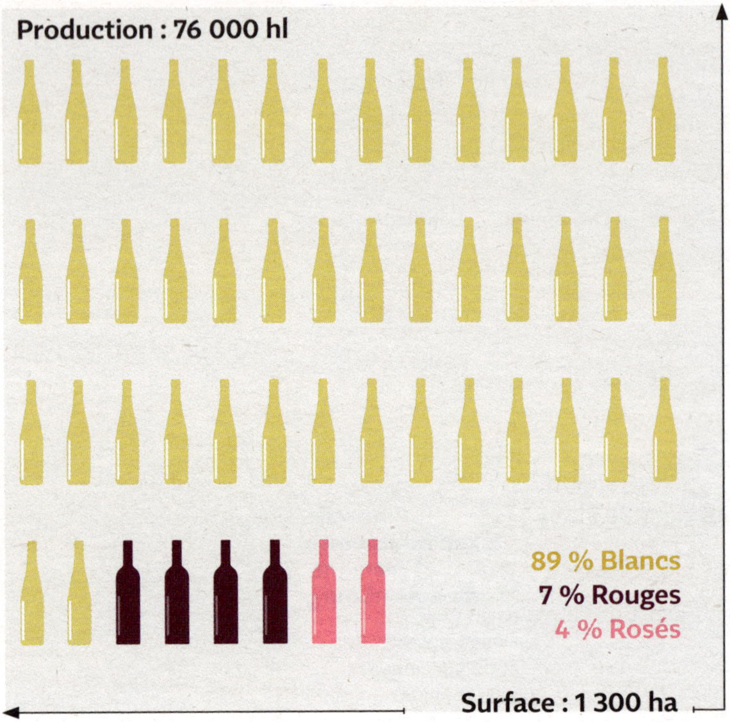

Types de vins

Principaux **cépages**

Rivaner (müller-thurgau)

Pinot gris

Pinot blanc

Riesling

Chardonnay

Gewürztaminer

Elbling

Pinot noir

Saint-Laurent

Hiérarchie des vins

Les vins sont organisés selon un système d'appellation classique (moselle luxembourgeoise et crémant-de-Luxembourg) basé sur la notion de terroir et d'origine : plus l'aire géographique est restreinte, plus les critères de qualité à remplir sont stricts.

Un peu d'**histoire**

- **IVe s. :** Trèves devient résidence impériale et l'une des 4 capitales de l'Empire romain.
- **Moyen-Âge :** essor de la viticulture sous l'influence des monastères.
- **1709 :** grand hiver qui détruit le vignoble. Les vignes se cantonnent à la Moselle.
- **XVIIIe-XIXe s. :** les vins d'elbing sont exportés en masse vers la Prusse pour la production des vins mousseux.
- **1918 :** fin de l'union douanière avec l'Allemagne.
- **1922 :** union douanière avec la Belgique.
- **1925 :** fondation de l'Institut viti-vinicole à Remich.
- **1935 :** introduction du système de qualité avec la création de la Marque nationale.
- **1991 :** création de l'appellation crémant-de-luxembourg.
- **2014 :** nouveau système de qualité pour les vins de l'AOP moselle luxembourgeoise.

MOSELLE LUXEMBOURGEOISE

CAVES BERNA
Vogelsang Pinot gris Vieilles vignes 2019 ★★★

1500 | 15 à 20 €

Les caves Berna sont établies au cœur du village d'Ahn, sous la maison des vignerons. Aujourd'hui épaulé par son fils Marc, Raymond Berna exploite un vignoble d'environ 8 ha.

Fruits des tropiques et fruits jaunes… c'est estival ! Bien volumineux au palais, ce pinot gris possède aussi suffisamment de fraîcheur pour conserver toute son élégance d'un bout à l'autre de la dégustation. ⧗ 2020-2023

CAVES BERNA, 7, rue de la Résistance, 5401 Ahn, tél. 352 76 02 08, berna@pt.lu

CAVES GALES
Riesling Domaine et Tradition 2019 ★★★

Gd 1er cru | 750 | 11 à 15 €

Fondée en 1916, cette maison familiale a plus de 100 ans d'existence. Marc Gales, qui représente la troisième génération, est à sa tête, rejoint par sa fille Isabelle. La structure dispose d'un vignoble de 13 ha, d'un centre de vinification récent à Ellange-Gare et a racheté le Dom. Saint-Martin à Remich en 1984.

Couleur jaune-vert, nez fruité d'une belle finesse… C'est en effet un riesling ! Au palais, il révèle une complexité parfaite, de la structure et une persistance rare. ⧗ 2020-2024

SA CAVES GALES, 6, rue de la Gare, 5690 Ellange-Gare, tél. 352 23 69 90 93, info@gales.lu
V t.l.j. sf lun. 10h-12h 13h-18h ; f. déc.-mars

♥ H. HÄREMILLEN
Riesling Ehnen Wousselt Vieille vigne en terrasses 2018 ★★★

Gd 1er cru | 1350 | 11 à 15 €

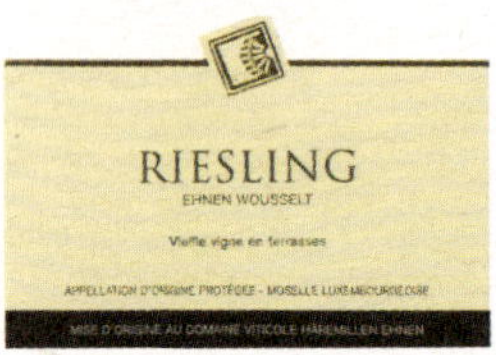

Ce domaine fondé en 1978 par la famille Mannes-Kieffer est l'un des plus récents bordant la Moselle. Sis dans l'ancien moulin du chanoine (Häremillen) de Trèves, il est entouré de 15 ha de vignes.

Un jeune riesling de couleur pâle, comme il se doit. Les arômes se révèlent intenses, tout en notes d'agrumes nuancées de touches de cire d'abeille. Finesse et complexité ! La bouche bénéficie d'une bonne structure et d'une minéralité typique qui se prolonge notablement en finale. ⧗ 2020-2023 **Gd 1er cru Gewürztraminer Ahn Pietert 2018 ★★★ (8 à 11 € ; 1500 b.)** Jaune pâle dans le verre, signe de jeunesse, ce vin dévoile des notes citronnées, ainsi que des nuances plus mûres de fruits confits. Moelleux, intense, il révèle au palais une juste vivacité. ⧗ 2020-2024

DOM. VITICOLE HÄREMILLEN, 3, op der Borreg, 5419 Ehnen, tél. 3 52 76 84 36, info@haeremillen.lu
V r.-v.

DOM. KEYSER-KOHLL
Ehnerberg Pinot gris Sélection du domaine 2019 ★★★

2500 | 11 à 15 €

Depuis le XVIIe s., la famille Kohll cultive la vigne à Ehnen. Le vignoble couvre à présent quelque 7 ha plantés notamment d'auxerrois, de pinots blanc, gris et noir, de chardonnay et de riesling. Il est conduit depuis 2002 par Esther Kohll-Reuland et par son gendre Frank Keyser qui officie au chai.

Des touches rosées apportent de la tendresse à la robe jaune doré de ce pinot gris. Au nez, des parfums de fleurs et d'abricot se révèlent, puis c'est au palais que le vin dévoile toute son intensité, sur des arômes de fruits jaunes et de miel persistants. ⧗ 2020-2023

DOM. VITICOLE KEYSER-KOHLL BY KOHLL-REULAND, 12, Hohlgaass, 5418 Ehnen, tél. 26 74 77 72, mkohll@pt.lu
V r.-v.

DOM. L&R KOX
Pinot blanc Vendanges tardives 2018 ★★★

1900 | 15 à 20 €

La famille avait vignes et cave à Remich. François Kox s'est fait vigneron, fondant le domaine et le transmettant en 1977, avec la passion du métier, à son fils Laurent Kox, marié à Rita. Le viticulteur a porté la surface du vignoble à 12 ha. Pionnier du crémant, expérimentateur (cépages oubliés ou résistants, élevages en jarres de Georgie – ce que le vigneron appelle la « rétro-innovation »), il choie le riesling et propose une gamme diversifiée (vins de glace, vins de paille, vins orange).

Au nez intense de fruits exotiques répond une bouche tout en miel et en fruits jaunes. L'équilibre se réalise entre le gras et une pointe de fraîcheur. ⧗ 2020-2026 **Auxerrois Remich Fels 2019 ★★★ (11 à 15 € ; 1000 b.)** Cet auxerrois a conquis le jury grâce à son nez floral et fruité, évocateur de fruits exotiques, de fruits du verger (pêche, poire) et de notes anisées. Assez sec, il trouve un équilibre parfait. ⧗ 2020-2022 **Auxerrois Vin de paille 2018 ★★ (30 à 50 € ; 500 b.)** La couleur ambrée annonce un vin de paille très concentré. Il en est ainsi des arômes de fruits exotiques, de pêche et d'abricot qui se prolongent tout naturellement au palais. Quelle harmonie et quelle précision dans ce vin liquoreux, dont l'acidité est idéalement intégrée ! ⧗ 2020-2024

DOMAINE VITICOLE LAURENT ET RITA KOX, 6A, rue des Prés, 5561 Remich, tél. 23 69 84 94, kox@pt.lu V r.-v.

CAVES KRIER FRÈRES
Pinot gris Domaine privé de la maison 2019 ★★

Gd 1er cru | 5400 | 8 à 11 €

Fondée par Jean Krier, négociant, vigneron et tonnelier, en 1914, cette maison de négoce dispose d'un domaine en propre de 13 ha. Elle est dirigée depuis 1989 par Marc Krier, arrière-petit-fils du fondateur.

Un nez intense et floral, très typique du pinot gris. La même intensité est perceptible en bouche, dans une gamme de fleurs blanches. Un joli vin d'apéritif, misant sur la fraîcheur. ⧗ 2020-2022

CAVES KRIER FRÈRES REMICH, 1, montée Saint-Urbain, 5501 Remich, tél. 352 23 69 60 1, caves@krierfreres.lu r.-v.

CAVES PAUL LEGILL
Pinot gris Sélection Coteaux de Schengen 2019 ★★

| 1400 | | 11 à 15 €

Transmis de père en fils depuis 6 générations, ce domaine est conduit depuis 1990 par Paul Legill, œnologue. Le vignoble, situé à Schengen Markusberg et sur les coteaux de Schengen, s'étend sur près de 6 ha. Si l'exploitation a forgé sa réputation grâce à ses pinots blanc et gris, elle destine aujourd'hui 10 % de sa récolte annuelle à la production de crémant.

Entre fleurs et fruits, ce pinot gris évolue en bouche vers des arômes plus précis de fruits jaunes (abricot) bien mûrs. Il présente un bon équilibre entre sucrosité et fraîcheur, grâce à une ligne minérale persistante. ⧗ 2020-2022

CAVES PAUL LEGILL, 27, rte du Vin, 5445 Schengen, tél. 23 66 40 38, plegill@pt.lu r.-v.

DOM. MATHES
Wormeldange Koeppchen Riesling 2019 ★★★

Gd 1er cru | 7800 | 11 à 15 €

Fondé en 1907 par Jean-Pierre Mathes, le domaine dispose de 8 ha exclusivement plantés en cépages nobles dans la commune de Wormeldange, notamment aux lieux-dits Wousselt, Mohrberg, Koeppchen.

Le nez est caractéristique du cépage avec ses notes minérales intenses et ses accents d'agrumes. D'attaque franche et vive, la bouche se développe, ample et équilibrée, sur un fruité exotique élégant. Belle finale. ⧗ 2020-2023

DOM. MATHES, 73, rue Principale, 5480 Wormeldange, tél. 003 52 76 93 93, info@mathes.lu r.-v.

DOM. HENRI RUPPERT
Coteaux de Schengen Pinot blanc Élevé en barrique 2018 ★★

| 5000 | | 20 à 30 €

En 1680, la famille Ruppert cultivait déjà la vigne du côté de Schengen. En 1990, Henri Ruppert, après avoir étudié à Trèves, reprend la propriété. Il porte sa superficie de 3 à 20 ha, plante notamment des pinots gris et noirs, cépages qu'il affectionne, construit un nouveau site en 2006.

Plutôt clair à reflets jaunes, c'est un pinot élégamment nuancé de boisé qui se révèle dans le verre. Le fruité s'exprime généreusement et la bouche laisse une impression chaleureuse de puissance. ⧗ 2020-2023

DOM. HENRI RUPPERT, 1, Um-Markusberg, 5445 Schengen, tél. 26 66 55 66, hruppert@pt.lu r.-v.

CAVES SAINT-MARTIN
Riesling Charta Schengen Prestige 2019 ★★★

Gd 1er cru | 700 | | 11 à 15 €

Maison fondée en 1919 à Remich par sept associés qui ont fait creuser près d'un kilomètres de galeries dans la falaise calcaire dominant la vallée de la Moselle en vue d'élaborer des crémants. Elle a été reprise par la famille Gales en 1984, qui dispose d'un vignoble de 13 ha. Un restaurant rattaché aux caves offre une vue sur la Moselle.

Bien fruité, mais aussi minéral, ce riesling révèle une belle maturité par sa chair ronde et ses notes d'abricot qui se prolongent au palais. ⧗ 2020-2023

SA CAVES SAINT MARTIN REMICH, 53, rte de Stadtbredimus, 5570 Remich, tél. 352 26 60 99 1, info@cavesstmartin.lu t.l.j. sf lun. 10h-12h 13h-18h

CAVES SAINT-RÉMY DESOM
Schengen Markusberg Pinot gris 2019 ★★★

Gd 1er cru | n.c. | 8 à 11 €

En 1925, les Desom fondent une maison de négoce, les Caves Saint-Remy. La société est installée à Remich, face à la Moselle, dans une ancienne filature ayant appartenu au poète luxembourgeois Edmond de la Fontaine. La famille possède aussi un vignoble en propre de 13 ha. L'ensemble est aujourd'hui dirigé par Albert, Georges et Marc Desom.

Des reflets dorés sur fond jaune paille attirent le regard, puis ce sont les arômes intenses de fruits jaunes qui aiguisent la curiosité. En bouche, s'imposent la puissance et la complexité, mais c'est une impression de rondeur avenante qui persiste en finale. ⧗ 2020-2023 **Gd 1er cru Remich Pinot gris Primerberg 2019 ★★★ (8 à 11 €; n.c.)** Un nez très typique de pinot gris, sur la fraîcheur avec un côté fruité. Cette fraîcheur demeure au palais et apporte beaucoup d'élégance au vin. La finale est de belle longueur. ⧗ 2020-2023 **Gd 1er cru Desom Wormeldange Köppchen Riesling 2018 ★★ (11 à 15 €; n.c.)** Issu du domaine, ce riesling de la célèbre côte de Wormeldange-Koeppchen s'habille d'une légère couleur or, puis livre des arômes fruités fins, typiques du cépage planté sur sol calcaire. De la structure en bouche, de la complexité et de la persistance : aucun doute, c'est un grand riesling. ⧗ 2020-2023

CAVES SAINT-RÉMY-DESOM, 9, rue Dicks, 5521 Remich, tél. 003 52 23 60 40, desom@pt.lu r.-v.

DOM. THILL-CH. DE. SCHENGEN
Auxerrois 2019 ★★★

| 6900 | | 8 à 11 €

Situé au sud du Luxembourg, le Ch. de Schengen a eu en 1871 un hôte illustre, Victor Hugo, qui a réalisé une aquarelle représentant la tour, reproduite sur nombre d'étiquettes. Ses 14 ha de vignes en font l'un des domaines qui comptent au Grand Duché. En 1986, la propriété a été rachetée par le groupe Bernard-Massard.

Ce vin a convaincu le jury par son ampleur et son équilibre. Savoureux, séveux et diablement fruité, il gagne en volume et tapisse le palais. La longue finale laisse le souvenir d'une touche d'eucalyptus. ⧗ 2020-2023 **Pinot gris 2019 ★★ (11 à 15 €; 16700 b.)** Des arômes fruités accueillent le dégustateur qui se penche sur le verre de ce pinot gris. Ils se poursuivent au palais, contribuant à l'élégante expression de la matière aussi équilibrée que persistante. ⧗ 2020-2023 **Riesling 2018 ★★ (11 à 15 €; 12370 b.)** Un riesling de grande maturité et cependant à peine doré. Les notes de citron confit sont, elles, typiques du millésime et du terroir de Schengen. Il en va de même de l'équilibre des saveurs, axé sur la fraîcheur. ⧗ 2020-2023

DOM. THILL (CH. DE SCHENGEN), 8, rue du Pont, 6773 Grevenmacher, tél. 352 75 05 45 1, info@chateau-de-schengen.com V *t.l.j. 9h-18h; f. nov-mars*

DOM. SCHUMACHER-LETHAL
Wormeldange Koeppchen Riesling Koeppchen 2019 ★★

| 3800 | 8 à 11 € |

Une cave établie sous la protection de la chapelle du Koeppchen. À sa tête, Erny et Monika Schumacher, rejoints par leur fils Tom. Le vignoble, qui s'est beaucoup développé à partir de la fin des années 1960 compte aujourd'hui 14 ha. Il couvre des coteaux très pentus à Wormeldange.

La teinte claire est caractéristique du millésime 2019 en riesling. Quant au nez, il est typique du cépage : fruits mûrs, poire et ananas. C'est aussi la structure de la bouche et la belle longueur qui ont convaincu le jury, sans oublier la minéralité typique du terroir calcaire de Koeppchen. ⧗ 2020-2023 **Wormeldange Pietert Auxerrois 2019 ★★ (8 à 11 €; 3750 b.)** Le nez pourra surprendre par ses notes de buis, mais celles-ci s'accompagnent d'arômes de fleurs et de miel. Cet auxerrois bien concentré n'en possède pas moins du punch et de la tension. Harmonieux, il alterne arômes de pomme au four et de fruit de la Passion, avant de se prolonger sur des notes de menthe. ⧗ 2020-2022

SCHUMACHER-LETHAL, 117, rte du Vin, 5481 Wormeldange, tél. 26 74 76 90, contact@schumacher-lethal.lu V *r.-v.*

B DOM. SUNNEN-HOFFMANN
Wintrange Hommelsbierg Riesling 2019 ★★

| 1330 | 15 à 20 € |

Fondé en 1872 par Anton Sunnen, ce domaine compte environ 9 ha de vignes conduites en bio (depuis 2001) et en biodynamie. Cinq générations se sont succédé à la tête du vignoble : aujourd'hui Corinne Kox-Sunnen, son frère Yves Sunnen et leurs conjoints Henri Kox et Chantal Sunnen.

Jaune pâle, ce vin expressif parle de fruits jaunes et d'épices douces, donc de vendange très mûre. Les notes de fruits exotiques se déploient dans une bouche assez ronde, mais équilibrée, marquée par la présence de sucres résiduels en finale. ⧗ 2020-2023

SUNNEN-HOFFMANN, 6, rue des Prés, 5441 Remerschen, tél. 23 66 40 07, info@caves-sunnen.lu V *t.l.j. sf sam. dim. 8h-12h 13h30-17h*

DOM. VINSMOSELLE
Wellenstein Kurschels Riesling 2019 ★★

| n.c. | 8 à 11 € |

Fondée en 1930, cette coopérative représente aujourd'hui le plus grand site des Domaines Vinsmoselle, un groupement de 6 caves qui rassemblent 130 collaborateurs et 300 familles de vignerons cultivant plus de 680 ha de vignes. C'est dans cette cave de Wellenstein qu'a lieu le pressurage des vins de paille.

La robe jaune doré retient l'attention, tout comme le nez intense de fruits exotiques et de fleurs blanches. Ample et riche, ce vin impressionne autant par son équilibre sur la fraîcheur que par sa longueur. ⧗ 2020-2023

DOMAINES VINSMOSELLE (CAVE WELLENSTEIN), 37, rue des Caves, 5471 Wellenstein, tél. 26 66 141, info@vinsmoselle.lu V *r.-v.*

DOM. VINSMOSELLE
Greiveldange Herrenberg Pinot blanc Fût 181 2019 ★★★

| 3000 | 8 à 11 € |

Cette cave fait partie du Centre d'élaboration des crémants Poll-Fabaire. Elle compte parmi les 6 caves des Domaines Vinsmoselle qui rassemblent 130 collaborateurs et 300 familles de vignerons cultivant plus de 680 ha de vignes au total.

Jaune pâle à reflets verts, ce pinot blanc fruité et floral joue la carte de la subtilité et de l'élégance. Une pointe d'agrumes et de fruits exotiques souligne la matière riche, structurée par une fraîcheur exemplaire. ⧗ 2020-2023

DOMAINES VINSMOSELLE (CAVE DE GREIVELDANGE), Cave de Greiveldange, Hamesgaass, 5427 Greiveldange, tél. 23 69 66, info@vinsmoselle.lu

♥ DOM. VINSMOSELLE
Pinot gris Vieilles vignes 2019 ★★★

| Gd 1er cru | 6800 | 11 à 15 € |

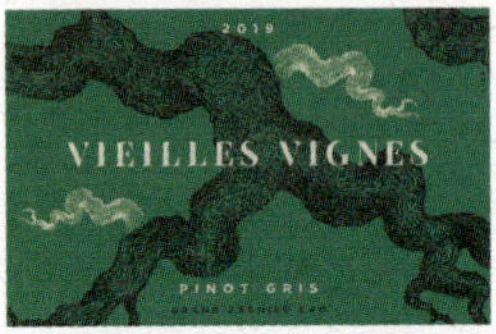

Fondée en 1921, cette cave est la plus ancienne de la Moselle luxembourgeoise. Elle fait partie des Domaines Vinsmoselle qui rassemblent 6 caves coopératives, 130 collaborateurs et 300 familles de vignerons cultivant plus de 680 ha de vignes.

Un pinot gris d'un or jaune intense et brillant, tout disposé à libérer ses arômes de fruits jaunes, surtout de pêche et d'abricot. Ceux-ci s'intensifient au palais, bien soutenus par la fraîcheur. ⧗ 2020-2023

DOMAINES VINSMOSELLE (CAVE DE GREVENMACHER), 12, rue des Caves, 6718 Grevenmacher, tél. 003 52 75 01 75, info@vinsmoselle.lu V *t.l.j. sf dim. 10h-12h 13h-18h*

DOM. VINSMOSELLE
Remerschen Kreitzberg Pinot blanc 2019 ★★

| Gd 1er cru | n.c. | 8 à 11 € |

Créée en 1948, la cave de Remerschen est la plus méridionale de la Moselle luxembourgeoise. Sur son territoire se trouve la localité de Schengen, devenue célèbre par les Accords de Schengen signés en 1985-1990. Elle fait partie des Domaines Vinsmoselle qui rassemblent 6 caves coopératives, 130 collaborateurs et 300 familles de vignerons qui travaillent sur plus de 680 ha de vignes. La cave apporte aussi son concours au Centre d'élaboration des crémants Poll-Fabaire.

Aux arômes d'agrumes, ce vin doit une partie de son charme, mais pas seulement. Car il a de la puissance, beaucoup de matière et toujours cette fraîcheur citronnée qui apporte un incomparable relief. ⧗ 2020-2023 ■ **Machtum Ongkâf Riesling 2019 ★★ (11 à 15 €; n.c.)** Un jeune riesling, assurément, d'une teinte claire. Fruits mûrs et léger boisé, vivacité structurante... Le plaisir est au rendez-vous. ⧗ 2020-2023 ■ **Wellenstein Foulschette Pinot gris 2019 ★★ (11 à 15 €; n.c.)** Une palette de fruits exotiques nuancés de pomme séchée se décline au nez, tandis que le palais développe une vivacité bienvenue. Belle harmonie. ⧗ 2020-2022

DOMAINES VINSMOSELLE (CAVE REMERSCHEN), 32, rte du Vin, 5440 Remerschen, tél. 23 66 41 65, info@vinsmoselle.lu V ▮ *t.l.j. sf lun. 10h-19h*

DOM. VINSMOSELLE
Stadtbrepimus Rousenberg Pinot blanc Fût 183 2019 ★★

■	5000	8 à 11 €

Cette cave fait partie du Centre d'élaboration des crémants Poll-Fabaire. Elle compte parmi les 6 caves des Domaines Vinsmoselle qui rassemblent 130 collaborateurs et 300 familles de vignerons cultivant plus de 680 ha de vignes au total.

C'est un vin complexe qui se dévoile dès le premier nez : le fruit laisse place à des notes florales élégantes. Vif en attaque, puis plus rond, le palais présente une ligne minérale qui le soutient bien en finale. ⧗ 2020-2022

DOMAINES VINSMOSELLE (CAVE DE STADTBREDIMUS), Cave de Stadtbredimus, Kellereiswee, 5450 Stadtbredimus, tél. 23 69 66, info@vinsmoselle.lu

♥ DOM. VINSMOSELLE
Wormeldange Mohrberg Pinot gris Fût 1138 2019 ★★★

■ Gd 1er cru	20000	◍	8 à 11 €

Créée en 1930, la cave de Wormeldange est devenue en 1991 le « Centre d'élaboration des crémants Poll-Fabaire ». Elle fait partie des Domaines Vinsmoselle qui rassemblent 6 caves coopératives, 130 collaborateurs et 300 familles de vignerons cultivant plus de 680 ha de vignes.

Quelques nuances saumon brillent dans la robe jaune de ce vin très élégant. Les notes fumées perceptibles au nez sont typiques du cépage sur ce terroir, puis en bouche ce sont les arômes d'orange et d'ananas qui prennent le relais, dans un ensemble bien équilibré. ⧗ 2020-2023

DOMAINES VINSMOSELLE (CAVE DE WORMELDANGE), 115, rte du Vin, 5481 Wormeldange, tél. 76 82 11, info@vinsmoselle.lu V 🚶 ▮ *t.l.j. 8h-19h*

CRÉMANT-DE-LUXEMBOURG

♥ CAVES BERNA ★★★

●	9000	▮	8 à 11 €

Les caves Berna sont établies au cœur du village d'Ahn, sous la maison des vignerons. Aujourd'hui épaulé par son fils Marc, Raymond Berna exploite un vignoble d'environ 8 ha.

Voici un crémant bien construit qui se distingue par des arômes intenses d'agrumes. On retrouve le fruit en bouche et c'est une impression d'harmonie qui demeure. ⧗ 2020-2022

CAVES BERNA, 7, rue de la Résistance, 5401 Ahn, tél. 352 76 02 08, berna@pt.lu

CAVES GALES Héritage ★★★

●	8500	▮	11 à 15 €

Fondée en 1916, cette maison familiale a plus de 100 ans d'existence. Marc Gales, qui représente la troisième génération, est à sa tête, rejoint par sa fille Isabelle. La structure dispose d'un vignoble de 13 ha, d'un centre de vinification récent à Ellange-Gare et a racheté le Dom. Saint-Martin à Remich en 1984.

Un nez fin de fruits à chair blanche (pêche), d'abricot et même de rhubarbe se révèle progressivement. La bouche est tout aussi fruitée, mais également minérale et citronnée. Il en résulte une fraîcheur bienvenue. ⧗ 2020-2021

SA CAVES GALES, 6, rue de la Gare, 5690 Ellange-Gare, tél. 352 23 69 90 93, info@gales.lu V 🚶 ▮ *t.l.j. sf lun. 10h-12h 13h-18h; f. déc.-mars*

DOM. KOHLL-LEUCK Grande Cuvée ★★★

●	4000	▮	15 à 20 €

Un domaine familial fondé en 1900. Marie-Cécile et Raymond Kohll-Leuck ont transmis en 2011 leur vignoble de 12 ha à leur fils Luc et à son beau-frère Claude Scheuren.

Un crémant au nez intense, riche, volumineux et complexe dans son expression d'épices et d'agrumes. Résolument gastronomique, il joue à la fois la carte de l'opulence et celle de la fraîcheur. ⧗ 2020-2022

DOM. VITICOLE KOHLL-LEUCK, 4, op der Borreg, 5419 Ehnen, tél. 352 76 02 42, domaine@kohll.lu V 🚶 ▮ *r.-v.*

POLL-FABAIRE 2015 ★★★

●	n.c.	▮	11 à 15 €

Créée en 1930, la cave de Wormeldange est devenue en 1991 le « Centre d'élaboration des crémants Poll-Fabaire ». Elle fait partie des Domaines Vinsmoselle qui rassemblent 6 caves coopératives, 130 collaborateurs et 300 familles de vignerons cultivant plus de 680 ha de vignes.

La robe légère, brillante, à reflets plus soutenus se pare d'un joli cordon de bulles persistantes. Le nez de fruits mûrs se décline délicatement, puis c'est une explosion de fraîcheur qui caractérise le palais. Arômes de melon et pointe d'amertume finale sont d'indéniables « petits plus ». Un crémant gastronomique. ⧗ 2020-2022

⊶ DOMAINES VINSMOSELLE (CAVE DE WORMELDANGE), 115, rte du Vin, 5481 Wormeldange, tél. 76 82 11, info@vinsmoselle.lu V t.l.j. 8h-19h

CAVES SAINT-RÉMY DESOM 2016 ★★

●	n.c.	11 à 15 €

En 1925, les Desom fondent une maison de négoce, les Caves Saint-Remy. La société est installée à Remich, face à la Moselle, dans une ancienne filature ayant appartenu au poète luxembourgeois Edmond de la Fontaine. La famille possède aussi un vignoble en propre de 13 ha. L'ensemble est aujourd'hui dirigé par Albert, Georges et Marc Desom.

Des senteurs d'agrumes aux accents très mûrs invitent à découvrir ce crémant bien brillant. Tout est crémeux au palais, mais également très bien équilibré par la vivacité. ⧗ 2020-2021

⊶ CAVES SAINT-RÉMY-DESOM, 9, rue Dicks, 5521 Remich, tél. 003 52 23 60 40, desom@pt.lu V *r.-v.*

DOM. SCHUMACHER-KNEPPER
Alexandre de Musset Cuvée Noblesse 2016 ★★

●	3000	▮	20 à 30 €

Ce domaine se transmet de père en fils depuis 1714. En 1965, il s'agrandit grâce au rachat du vignoble du notaire Constant Knepper. En 2003, Frank et Martine Schumacher, représentant la huitième génération, prennent la direction de cette exploitation, qui compte aujourd'hui 9,5 ha. La propriété a considérablement investi dans les énergies renouvelables (solaire, géothermie...).

Des reflets verts clairs mettent en valeur l'effervescence persistante de ce crémant harmonieux et frais. Aux arômes de fruits exotiques répond une bouche tendre, ronde et élégante. Les notes épicées viennent souligner les arômes de fruits blancs en finale. ⧗ 2020-2022

⊶ DOM. VITICOLE SCHUMACHER-KNEPPER, 28, rte du Vin, 5495 Wintrange, tél. 23 60 45, contact@schumacher-knepper.lu V *t.l.j. sf dim. 9h-12h 14h-17h30*

SCHUMACHER-LETHAL 2014 ★★★

●	2856	▮	11 à 15 €

Une cave établie sous la protection de la chapelle du Koeppchen. À sa tête, Erny et Monika Schumacher, rejoints par leur fils Tom. Le vignoble, qui s'est beaucoup développé à partir de la fin des années 1960 compte aujourd'hui 14 ha. Il couvre des coteaux très pentus à Wormeldange.

Un rosé finement aromatique, aux accents de fruits rouges gourmands comme la fraise et la framboise. La finesse des bulles rehausse ce caractère distingué, d'autant que l'équilibre se réalise parfaitement entre rondeur et fraîcheur. ⧗ 2020-2022

⊶ SCHUMACHER-LETHAL, 117, rte du Vin, 5481 Wormeldange, tél. 26 74 76 90, contact@schumacher-lethal.lu V *r.-v.*

INDEX

Index des appellations

INDEX DES APPELLATIONS

L'indexation ne tient pas compte de l'article défini

Index
des producteurs

INDEX DES PRODUCTEURS

L'indexation tient compte de l'article défini

PRODUCTEURS

PRODUCTEURS

PRODUCTEURS

D

PRODUCTEURS

PRODUCTEURS

PRODUCTEURS

Q

R

PRODUCTEURS

T

PRODUCTEURS

Index des vins

INDEX DES VINS

L'indexation tient compte de l'article défini

VINS

D

H

M

N

O

PAPIER À BASE DE FIBRES CERTIFIÉES

hachette s'engage pour l'environnement en réduisant l'empreinte carbone de ses livres. Celle de cet exemplaire est de :
2,4 kg. éq. CO_2
Rendez-vous sur www.hachette-durable.fr

Achevé d'imprimer en septembre 2020 en Italie
par Rotolito S.p.A.
Dépôt légal : octobre 2020
978-2-01-94540-12
10-7815-7 / 01